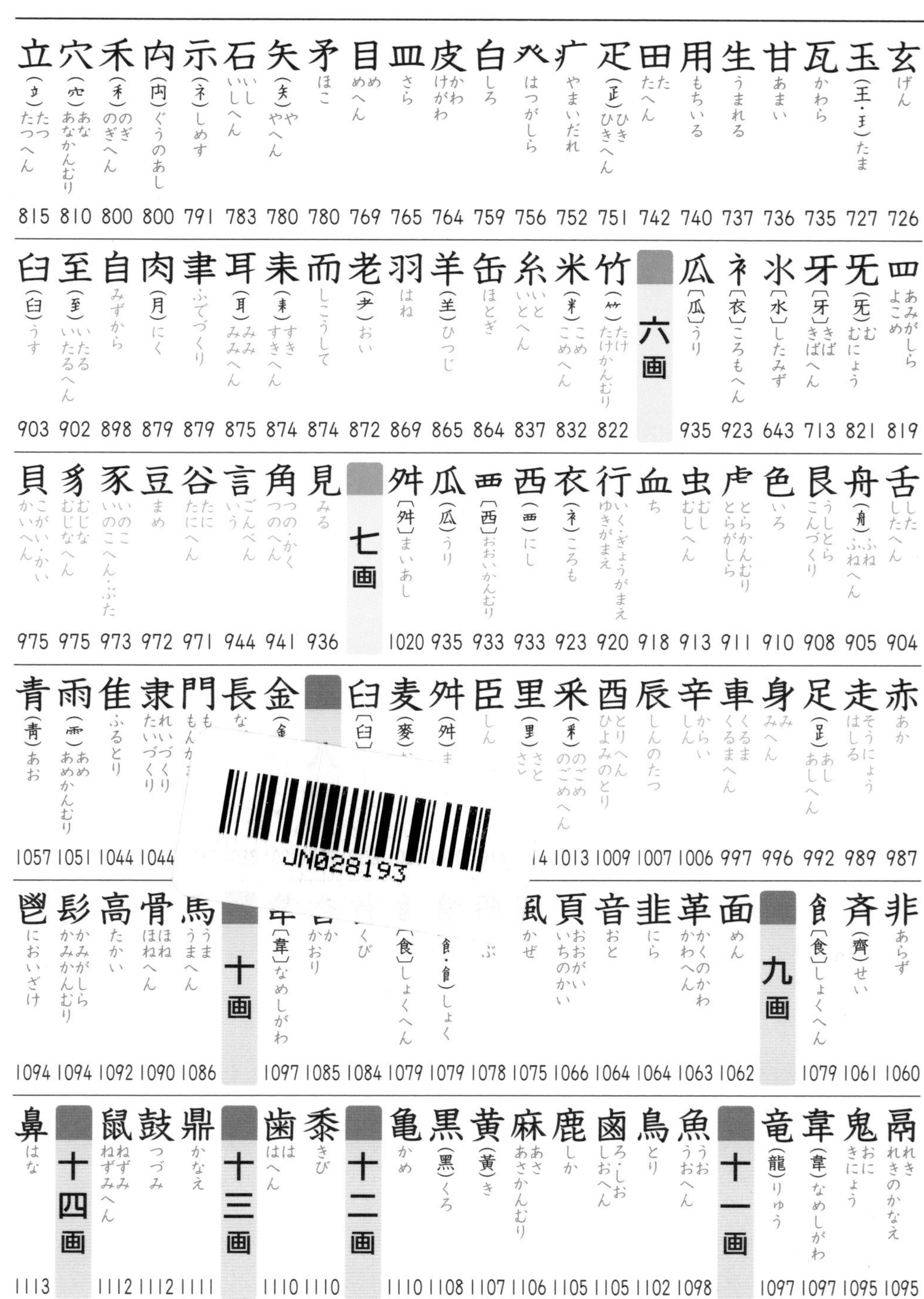

部首	名称	ページ
玄	げん	726
玉	（王・𤣩）たま	727
瓦	かわら	735
甘	あまい	736
生	うまれる	737
用	もちいる	740
田	た たへん	742
疋	（⻊）ひき ひきへん	751
疒	やまいだれ	752
癶	はつがしら	756
白	しろ	759
皮	かわ けがわ	764
皿	さら	765
目	め めへん	769
矛	ほこ	780
矢	（矢）や やへん	780
石	いし いしへん	783
示	（ネ）しめす	791
禸	（禸）ぐうのあし	800
禾	（禾）のぎ のぎへん	800
穴	（穴）あな あなかんむり	810
立	（立）たつ たつへん	815
罒	あみがしら よこめ	819
无	（旡）む むにょう	821
牙	（牙）きば きばへん	713
氺	（水）したみず	643
衤	（衣）ころもへん	923
瓜	（瓜）うり	935
六画		
竹	（⺮）たけ たけかんむり	822
米	（米）こめ こめへん	832
糸	いと いとへん	837
缶	ほとぎ	864
羊	（⺶）ひつじ	865
羽	はね	869
老	（耂）おい	872
而	しこうして	874
耒	（耒）すき すきへん	874
耳	（耳）みみ みみへん	875
聿	ふでづくり	879
肉	（月）にく	879
自	みずから	898
至	（至）いたる いたるへん	902
臼	（臼）うす	903
舌	した したへん	904
舟	（舟）ふね ふねへん	905
艮	うしとら こんづくり	908
色	いろ	910
虍	とらかんむり とらがしら	911
虫	むし むしへん	913
血	ち	918
行	いく・ぎょうがまえ ゆきがまえ	920
衣	（衤）ころも	923
西	（覀）にし	933
襾	（西）おおいかんむり	933
瓜	（瓜）うり	935
舛	（舛）まいあし	1020
七画		
見	みる	936
角	つの・かく つのへん	941
言	ごんべん いう	944
谷	たに たにへん	971
豆	まめ	972
豕	いのこ いのこへん・ぶた	973
豸	むじな むじなへん	975
貝	こがい・かい かいへん	975
赤	あか	987
走	そうにょう はしる	989
足	（⻊）あし あしへん	992
身	み みへん	996
車	くるま くるまへん	997
辛	からい しん	1006
辰	しんのたつ しん	1007
酉	とりへん ひよみのとり	1009
釆	（釆）のごめ のごめへん	1013
里	（里）さと さとへん	14
臣	しん	
舛	（舛）ま	
麦	（麥）	
臼	（臼）	
金	（金	
長	な	
門	もん もんが	
隶	れいづくり たいづくり	1044
隹	ふるとり	1044
雨	（⻗）あめ あめかんむり	1051
青	（青）あお	1057
非	あらず	1060
斉	（齊）せい	1061
飠	（食）しょくへん	1079
九画		
面	めん	1062
革	かくのかわ かわへん	1063
韭	にら	1064
音	おと	1064
頁	おおがい いちのかい	1066
風	かぜ	1075
飛	ぶ	1078
食	（食・飠）しょく	1079
飠	（食）しょくへん	1079
首	くび	1084
香	かおり	1085
韋	（韋）なめしがわ	1097
十画		
馬	うま うまへん	1086
骨	ほね ほねへん	1090
高	たかい	1092
髟	かみがしら かみかんむり	1094
鬯	においざけ	1094
鬲	れき れきのかなえ	1095
鬼	おに きにょう	1095
韋	（韋）なめしがわ	1097
竜	（龍）りゅう	1097
十一画		
魚	うお うおへん	1098
鳥	とり	1102
鹵	ろ・しお しおへん	1105
鹿	しか	1105
麻	あさ あさかんむり	1106
黄	（黃）き	1107
黒	（黑）くろ	1108
亀	かめ	1110
十二画		
黍	きび	1110
歯	は はへん	1110
十三画		
鼎	かなえ	1111
鼓	つづみ	1112
鼠	ねずみ ねずみへん	1112
十四画		
鼻	はな	1113

小学漢字辞典

改訂第6版

ワイド版

【監修】
加納 喜光

オールカラー

Gakken

ケースに登場する動物たち

- イソギンチャク
- オリックス
- カピバラ
- キツネ
- クワガタ
- ネコ
- ハリセンボン
- ヒヨコ
- ミーアキャット
- イルカ
- カバ
- カメレオン
- クマ
- トラ
- ネズミ
- ハリネズミ
- マンドリル
- リス

■装丁・イラスト（ケース・表紙・総扉・別冊表紙）
Indy Design　髙橋 進

絵と写真で見る漢字の世界

九寨溝の諾日朗瀑布

もくじ

●絵からできた漢字……2
●漢字のなりたちとイメージ……4
●日本と中国で異なるものを表す漢字……6
●四字熟語の風景……8

絵からできた漢字

もののかたちを絵にすることからできた漢字をしょうかいします。

※漢字の読みは代表的なものをしめしました。

●ウシの頭の部分

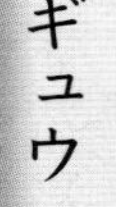

ギュウ

●首をもちあげたマムシ（ヘビ）

チュウ

●かがやく太陽

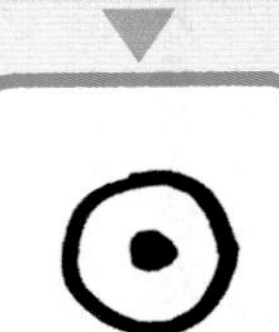

ニチ

●雲からおちる雨

ウ

●小(ちい)さい子(こ)ども

子

シ

●1まいのとびら

戸

コ

●ならんで生(は)えたタケ

竹

チク

●とまっている足(あし)の形(かたち)

足

ソク

漢字のなりたちとイメージ

※漢字の読みは代表的なものを示しました。

活　カツ

●水がいきおいよく流れていくようす

舌（カツ）…穴をあけてスムーズに通る
＋
氵…みず

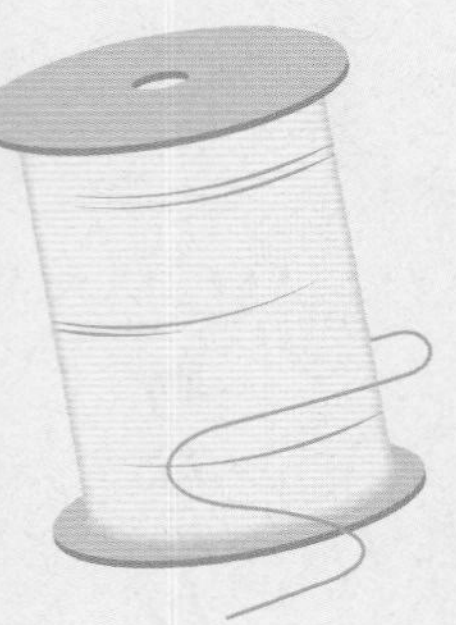

紀　キ

●糸のはしに目じるしをつけ、順序よく巻いたりするようす

己（キ）…目立つしるし
＋
糸…いと

積　セキ

●とり入れた作物をふぞろいにつみかさねるようす

責（セキ）…ギザギザにかさなる
＋
禾…作物

柱 チュウ

●じっと立(た)っている木(き)

主(シュ)…じっと立(た)っている ＋ 木…き

晴 セイ

●日(ひ)が出(で)て、空(そら)が
すみきっているようす

青(セイ)…すみきっている ＋ 日…たいよう

栄 エイ

●木(き)のまわりをとりまくように
してさいた花(はな)のようす

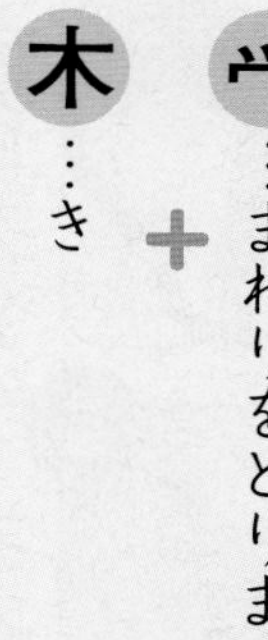

(エイ)…まわりをとりまく ＋ 木…き

日本と中国で異なるものを表す漢字

日本と中国では、植物や動物の分布が異なるので、同じ漢字でもちがうものを表すことがあります。ここではその一部をしょうかいします。

桜　オウ

杜若　トジャク

芝　シ

椿　チン

鶯　オウ

鵜　ウ

狸 リ

中国 ヤマネコ

日本 タヌキ

鮭 ケイ

中国 フグ

日本 サケ

鮎 ネン

中国 ナマズ

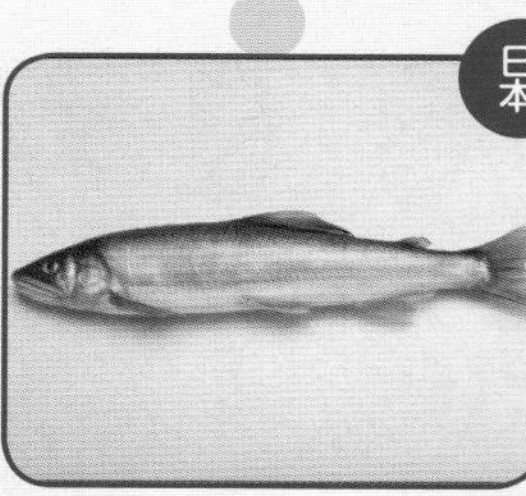

日本 アユ

いくつもの意味を表す漢字

1つの漢字がいくつものものを表す漢字もあります。

鴻 コウ

ヒシクイ

オオハクチョウ

菫 キン

スミレ

ムクゲ

トリカブト

※漢字の読みは代表的なものを示しました。

四字熟語の風景（よじじゅくごのふうけい）

五里霧中（ごりむちゅう）

意味 どうしてよいかわからないこと。

参考 深い霧の中で、方向がわからないことから。

深山幽谷（しんざんゆうこく）

意味 人のすむところから遠くはなれた、おくふかい山と谷。

参考 「深山」はおくふかい山、「幽谷」は山おくのふかい谷のこと。

百花繚乱（ひゃっかりょうらん）

意味 さまざまな多くの花が美しくさきみだれていること。

参考 「繚乱」は花がさきみだれていること。

はじめに

加納喜光

みなさんが小学校の六年間で習う漢字は一〇二六字ありますほかにも五万とも十万ともいわれる漢字が世の中にはあります。それらたくさんの漢字は、むかしの中国でつくられましたが、それぞれかってに、ばらばらにつくられたのではなく、一つ一つがきちんとしたイメージのもとにつくられ、グループにまとまっています。

この辞典には、漢字の「なりたち」と「漢字グループ」についてもくわしく書かれています。「なりたち」は、一つ一つの漢字のなりたちや、漢字のもっているイメージを書いています。「漢字グループ」は、共通のイメージを持っている漢字のなかまを集めています。なんども読んで、漢字の理解を深め、たくさんおぼえて使ってみてください。

この辞典は、今回で五回目の改訂で第6版となります。第6版では、みなさんがこの辞典をつかって、ことばや知識をふやすことができるよう、また、みなさんがより引きやすくつかいやすい辞典になるよう、次の点を変えています。

(1) 漢字のなりたちに、「象形」「指事」「会意」「形声」という漢字のなりたちの種類をしめしています。日本でつくられた漢字には「国字」としめしています。

(2) なりたちの解説を約四一〇ふやしています。

(3) ことわざ・慣用句などをふくむ熟語を約五〇〇ふやしています。

(4) さくいんの種類をふやしています。漢字をさがす「音訓さくいん」「総画さくいん」のほか、この辞典にのっている故事成語、四字熟語、句、植物名・動物名など、ことばをさがすさくいんを新しく掲載しています。また、漢字のなりたちの種類で漢字をさがすことのできるさくいんもあります。

(5) 新しく「空見出し」を立てています。さがしたい漢字の部首と画数がわかっても、部首がまちがっているとさがせません。そこで、部首をまちがいやすい漢字は、まちがいである部首に見出しを立てて、正しい部首とページ数をしめしています。

みなさんが、もしわからないことや、もう一度かくにんしたいことがあったら、ぜひこの辞典をひらいてみてください。最初はなれなくてさがしている漢字がなかなか見つからないかもしれません。それでも使っていると、いつのまにかすぐに漢字を見つけられるようになります。そうすることができれば、世界がよりはっきり見えて、より大きく広がっていくことでしょう。

わたしたちがつかっている日本語は、ひらがなとかたかな、それに漢字をまぜています。漢字は、たった一字でも意味をもっています。また、読み方が同じでも、漢字がちがえば意味もちがってきます。たくさん漢字をおぼえて、たくさん漢字をつかいこなせるようになると、短いことばで自分の気もちや考えをあいてに伝えられるようになります。また、書いてある文章もよくわかるようになることでしょう。

この辞典の中には、みなさんがまだ知らない世界が広がっているはずです。ぜひ辞典に、漢字に、文章になれしたしんでください。

では、この辞典をひらいてみましょう。

この辞典のくみたてときまり

この辞典は、漢字や漢字をつかったことばにたいするみなさんのぎもんに答えるようにつくられています。

漢字については、読み方（＝難しい読み・名まえの読み方もふくむ）、書き方（＝筆順・字形）、意味、なりたち、部首、画数などを調べることができます。

また、ことばについては、その漢字が上につく熟語・下につく熟語のほか、故事成語や四字熟語・ことわざなどを調べることができます。

漢字辞典は、国語辞典にくらべると引き方がむずかしいので、次のきまりをしっかりおぼえましょう。

1 漢字辞典（＝漢和辞典）とは

漢字辞典（＝漢和辞典）は、漢字と熟語の読み方や意味などを、漢字から引く辞典です。漢字は部首ごとにまとめてあります。なお、見出しとなっている漢字のことを、熟語をつくるもとの字という意味で、親字と言います。また、「漢和辞典」の「漢」は「漢字・漢語（＝むかしの中国語）」を、「和」は「和語（＝日本語）」を意味しています。

2 この辞典におさめてある漢字とことば

この辞典には、小学校で習う一〇二六字の学習漢字をふくむ、常用漢字の二一三六字と、人名につかえる人名用漢字、常用漢字表・人名用漢字表にのっていないが身の回りでよくみる表外漢字を合わせた約三一五〇字の漢字がおさめてあります。

また、熟語は、国語の教科書や、新聞・雑誌・物語などに出てくるだいじなことばや、重要な故事成語・四字熟語・ことわざなどを選んでのせてあります。

3 親字について

❶ 親字の見出し

この辞典では、②でしめした約三一五〇字の漢字を親字としてのせてあります。

【】は、小学校で習う学習漢字をふくむ常用漢字を、教科書でつかう書体でしめしました。

［］は、人名につかえる人名用漢字・表外漢字を、教科書でつかう書体でしめしました。なお、親字の下や横

にある字は、その親字の旧字（戦前までつかわれていた字体）や異体字（別の形の字体）の関係にあることをあらわしています。

〔 〕は、新聞や本などでつかわれる、明朝体の字をしめしました。

カ－10画【勝】12画 3年 〔勝〕明朝 音ショウ 訓かつ・まさる*

イ－2画【仏】4画 5年 音ブツ・フツ* 訓ほとけ
イ－5画【佛】7画 人名 〔仏〕明朝

冫－8画【凌】10画 人名 〔凌〕明朝 音リョウ 訓しのぐ

支－10画【敲】14画 表外 〔敲〕明朝 音コウ 訓たたく

親字の上には、その字が属する部首と、部首をのぞいた画数が、下には総画数がしめしてあります。学習漢字には、その字を習う学年をしめしました。

❷ 親字のならべ方

(1) 親字は部首ごとにまとめて、部首の画数の少ない順にならべてあります。そして、同じ部首の中では、部首をのぞいた画数の少ない順にならべてあります。同じ画数の中では音の五十音順（＝「あいうえお」順、訓だけの字は訓で）に、また同じ音の字どうしでは、学習漢字が先にならんでいます。一つの字に二つ以上の音があるときには、先にあげた音によりました。

イ－6画【例】8画 4年 〔例〕明朝 音レイ 訓たとえる

イ－7画【係】9画 3年 〔係〕明朝 音ケイ 訓かかる・かかり

イ－7画【侯】9画 常用 〔侯〕明朝 音コウ 訓—

(2) 部首の分け方は、現在広くおこなわれている分け方にしたがっています。なお、「聞」が「耳」の部とか、「相」が「目」の部など、部首のわかりにくいものもありますので、注意しましょう。

それぞれの部首のはじめのところに、その部首にふくまれる字のほかに、ほかの部首にはいるまちがえやすい字をしめして、部首をまちがえても目的の字をさがせるようにしました。その部首にふくまれる字の上には部首をのぞいた画数、下にはその字の出ているページをしめしました。

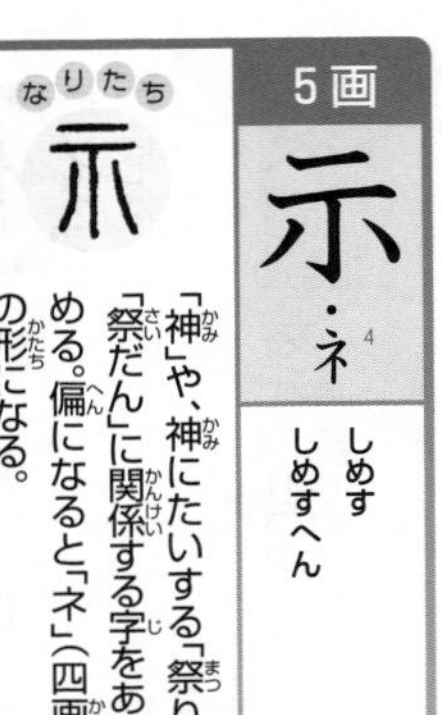

5画
示・ネ
しめす
しめすへん
なりたち
「神」や、神にたいする「祭り」「祭だん」に関係する字をあつめる。偏になると「ネ」(四画)の形になる。

この部首の字

画数	字	ページ
0画	示	791
1画	礼	791
3画	祁	792
3画	社	792
3画	社	792
4画	祈	793
4画	祈	793
4画	祇	793

ほかの部首の字

字	部首	ページ
奈	大部	268
宗	宀部	293
崇	山部	331
視	見部	938
款	欠部	621

❸ 音訓と送りがなについて

親字の音読みをかたかなで、訓読みをひらがなでしめしました。訓の赤い文字の部分は送りがなです。

音訓は、「常用漢字表」にきめられているものを、表に出ている順にしめしました。なお、小学校で習う漢字の音訓のうち、小学校で習わない音訓には「＊」を、常用漢字の音訓のうち、「常用漢字表」にきめられていない音訓には「＊」をつけてあります。「人名用漢字」「表外漢字」の音訓は、おもなものだけをしめしました。

上下にくる音によって濁音・半濁音・促音になったり、「する」がついてつかわれたり、特別な読み方をしたりするときは※でしめしました。

二－2画
【井】4画
4年
〔井〕明朝
音 セイ*・ショウ*
訓 い
※上にくる音により「ジョウ」ともよむ。

❹ 文字の書き方について

小学校で習う漢字には、毛筆・硬筆のもはん例、書き方の注意、全画の筆順をのせてあります。

味

味

4・5画めは5画めを長く書く。6画めは止めても、次の画へ向けてはねてもよい。

1 2 3 4 5 6 7 8 味

硬筆のもはん例には、赤色の記号で、正しく整った文字を書くために注意する点をしめしました。以下は、記号の意味とその例です。

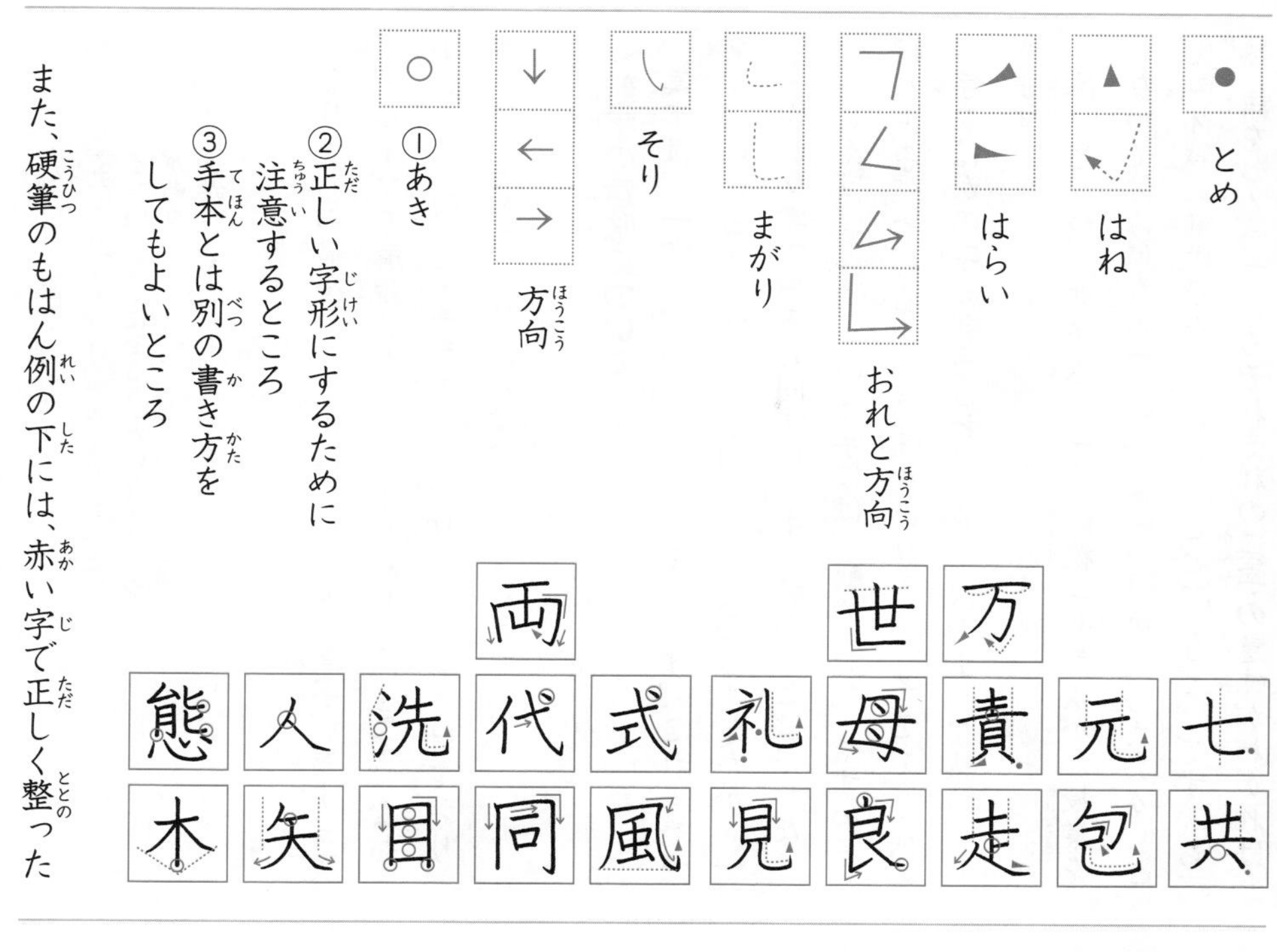

また、硬筆のもはん例の下には、赤い字で正しく整った文字を書くための注意書きをしめしました。記号と注意書きの両方を見ながら、書き方のコツをおぼえましょう。本書のもはん例と注意書きは、「常用漢字表の字体・字形に関する指針（報告）」（平成二八年・文化庁）にもとづいています。

⑤ なりたちと、漢字グループコラムについて

小学校で習う漢字と、そのほか約九五〇ほどの字について、そのなりたちを解説してあります。また、その漢字のつくられ方によって 象形 指事 会意 形声 といったなりたちの種類をしめしています。

漢字のなりたちについては、説が分かれるものがありますが、この辞典では、加納喜光先生の説をもとにしています。なお、巻末の「資料編」にも説明がありますので、参考にしてください。

なりたち 形声 右
又(右手)と口(もの)を合わせた字。かばうようにして、ものをもつ右手をあらわした。→又178

漢字を構成する部分には、共通イメージがあります。「漢字グループコラム」は、その共通のイメージをもっている漢字のなかまをあつめています。

共のつく漢字グループ
「共」のグループは「そろえて、さし上げる」「いっしょにそろう」というイメージがある。
↓供75 ↓恭463 ↓洪661 ↓港678

なりたちの最後の「↓止568」は、その漢字が属する漢字グループを解説したページをしめしています。なお、小学校で習う漢字を中心になりたちをもうけており、すべての漢字になりたちはいっていません。

⑥ 親字の意味について

漢字は、一字一字が意味をもっています。これを表意文字といいます。漢字は中国からつたわりましたが、一字一字が文字であると同時に、中国語のことばでした。

たとえば、「休」という字には、❶やすむ。やすめる。❷とまる。やめる。の意味があります。そこで、「休」の字をほかの字と組み合わせると、次のような熟語ができます。

「休」と「校（＝学校）」で「休校（＝学校が、授業をしないで休みになること）」、「休」と「戦（＝たたかい）」で「休戦（＝戦争を一時やめること）」など。ですから、熟語をつくっているそれぞれの漢字の意味がわかれば、熟語の意味をおしはかることができます。

この辞典では、親字の意味をしめしたあとに、その意味でつかった熟語の例もしめして、意味の理解が深まるようにしました。また、その親字と反対または対になる意味をもつ字を、㊟対のあとにしめしました。

意味をより深く理解するための参考情報は、「▽」をつけて補いました。

⑦ 参考 注意 難しい読み 使い分け 名まえで使う読み

参考や注意することがら、使い分け、難しい読み、名まえに使う読みをマークの下にしめしました。

参考 「相すみません」などの「相」は、いみがなく、ことばの調子をととのえることば。

注意 「待」「特」「持」などとまちがえないこと。

難しい読み 「相伴・相撲・相好・相殺(そうさい・そうさつ)」

意味 ❶ねだん。「価格」 ❷ねうち。「評価」

使い分け 「価」も「値」も「あたい」と読むが、ふつう「価」はお金のあたいのいみで、「値」は数のあたいのいみ。

使い分け つとめる「努める・務める・勤める」
↓147ページ

名まえで使う読み あい・あう・あきら・さ・しょう・すけ・そう・たすく・とも・はる・まさ・み・みる

4 熟語について

1 熟語の見出し

その親字が一字めにつく熟語を【 】に入れて、見出しとして出してあります。

熟語の読み方は見出しの下に、小さな字でしめしました。一つの熟語に読み方が二つ以上あるときは、／で区切って読みをならべ、読み方によって意味が異なるときは一二…で分けました。

2 熟語のならべ方

熟語は、読みの五十音順（＝「あいうえお」順）にならべました。同じ読みのときは、上に1，2…をつけ二字めの画数の少ないほうを先にしてあります。

3 ▼・▽・対・上につく熟語・下につく熟語のしるし

小学校で習う漢字以外の常用漢字には▼を、常用漢字外の漢字には▽をつけました。反対・対になる熟語は、対のあとにしめしました。上につく熟語 下につく熟語 の記号の下にしめした熟語のうち、＊がついたものは、見出しとしてとりあげなかったものです。

【勉▼励】べんれい 仕事や勉強をいっしょうけんめいにやること。

【動▽悸】どうき 心臓がどきどきと、はげしくうごくこと。例 動悸がはげしい。

【勝利】しょうり かつこと。対 敗北

上につく熟語 ＊勇み足

下につく熟語 ＊義勇・▼豪勇・▼蛮勇・武勇

4 用例

その熟語の使用例を 例 の記号の下にしめしました。その熟語が決まった言い回し（まとまり）でつかわれることが多いものは、そのまとまりに赤線をつけました。

【収▼穫】しゅうかく ①農作物をとり入れること。また、とり入れたもの。例 秋の収穫物。

1【収拾】しゅうしゅう 混乱しているものごとをおさめ、まとめること。例 収拾がつかない。

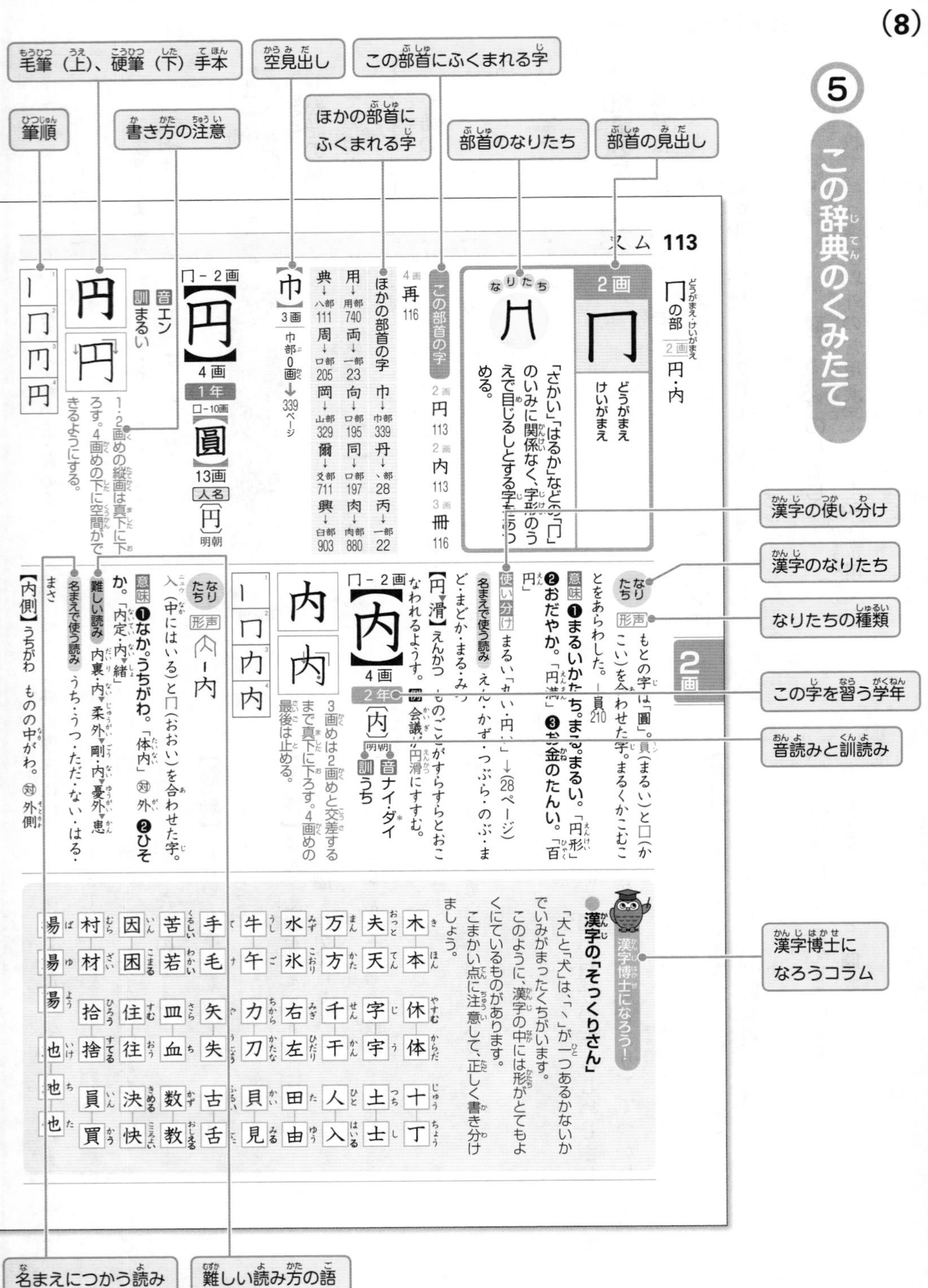

5
この辞典のくみたて
毛筆（上）、硬筆（下）手本
空見出し
この部首にふくまれる字
ほかの部首にふくまれる字
筆順
書き方の注意
部首のなりたち
部首の見出し
漢字の使い分け
漢字のなりたち
なりたちの種類
この字を習う学年
音読みと訓読み
漢字博士になろうコラム
名まえにつかう読み
難しい読み方の語
113
冂の部 どうがまえ・けいがまえ
2画 円・内
2画
冂
どうがまえ
けいがまえ
なりたち
「さかい」「はるか」などのいみに関係なく、字形のうえで目じるしとする字をあつめる。
この部首の字
2画 円 113
2画 内 113
3画 冊 116
4画 再 116
ほかの部首の字
巾→巾部339 丹→丶部28 丙→一部22
用→用部740 両→一部23 向→口部195 同→口部197 肉→肉部880
典→八部111 周→口部205 岡→山部329 爾→爻部711 興→臼部903
巾 3画 巾部0画 →339ページ
冂-2画
円
4画
1年
口-10画
圓
13画
人名
（円）
明朝
音 エン
訓 まるい
1・2画めの縦画は真下に下ろす。4画めの下に空間ができるようにする。
2画
なりたち
形声
もとの字は「圓」。員（まるい）と囗（かこい）を合わせた字。まるくかこむことをあらわした。→員210
意味 ❶まるいかたち。まる。まるい。「円形」「円満」❷おだやか。「円満」❸お金のたんい。「百円」
使い分け まるい「丸い・円い」→28ページ
名まえで使う読み えん・かず・つぶら・のぶ・まど・まどか・まる・みつ
【円滑】えんかつ ものごとがすらすらとおこなわれるようす。例会議が円滑にすすむ。
冂-2画
内
4画
2年
（内）
明朝
音 ナイ・ダイ
訓 うち
3画めは2画めと交差するまで真下に下ろす。4画めの最後は止める。
なりたち 形声
入（中にはいる）と冂（おおい）を合わせた字。
意味 ❶なか。うちがわ。「体内」対外 ❷ひそか。「内定・内緒」
難しい読み 内裏・内柔外剛・内憂外患
名まえで使う読み うち・うつ・ただ・ない・はる・まさ
【内側】うちがわ ものの中がわ。対外側
漢字博士になろう！
漢字の「そっくりさん」
「大」と「犬」は、「丶」が一つあるかないかでいみがまったくちがいます。このように、漢字の中には形がとてもよくにているものがあります。こまかい点に注意して、正しく書き分けましょう。
木 き　本 ほん　休 やすむ　体 からだ　十 じゅう　丁 ちょう
夫 おっと　天 てん　字 じ　宇 う　土 つち　士 し
万 まん　方 かた　千 せん　干 かん　人 ひと　入 はいる
水 みず　氷 こおり　右 みぎ　左 ひだり　田 た　由 ゆう
牛 うし　午 ご　力 ちから　刀 かたな　貝 かい　見 みる
手 て　毛 け　矢 や　失 うしなう　古 ふるい　舌 した
苦 くるしい　若 わかい　皿 さら　血 ち　数 かず　教 おしえる
因 いん　困 こまる　住 すむ　往 おう　決 きめる　快 こころよい
村 むら　材 ざい　拾 ひろう　捨 すてる　員 いん　買 かう
場 ば　湯 ゆ　陽 よう　池 いけ　地 ち　他 た

常用漢字　天柱　常用漢字を示す　漢字の意味　漢字グループコラム　明朝体　親字

口－7画
【唐】10画 常用 〔唐〕明朝
音 トウ
訓 から

なりたち 会意 庚と口を合わせた字。庚は、康にふくまれ、かたくすじばるというイメージをもつ。唐は、口を大きくはってしゃべるようすをあらわした。

唐のつく漢字グループ
「唐」のグループは「大きく、はり広げる」というイメージがある。
→糖 836

意味 ❶むかし、中国にあった国。とう。「▼遣唐使」 ❷中国。から。「▼唐人」 ❸ぶつかる。「▼唐▼突」 ❹でたらめ。「▼荒▼唐無▼稽(=言っていることがでたらめで、根きょがないこと)」

【唐▼傘】からかさ　竹で柄と骨をつくり、紙をはって油をぬった雨がさ。参考 日本ふうのかさのこと。

【▼唐紙】からかみ　①うつくしいもようをかいた中国ふうの、あつでの紙。ふすまなどにはる。②唐紙障子、つまり「ふすま」のこと。

【▼唐草模様】からくさもよう　つる草のはい回るようすをえがいた模様。参考 むかし中国からつたえられたので、「唐草」という。

【▼唐音】とうおん　漢字の音の一つ。中国の宋から清の時代の発音が日本につたえられたもの。

口－12画
【嘘】15画 表外 〔嘘〕明朝
音 キョ
訓 うそ

意味 うそ。本当ではないこと。「▽嘘をつく」

【▽嘘から出たまこと】うそからでたまこと　句 うそのつもりで言ったことが本当になること。

【▽嘘つきは▼泥棒の始まり】うそつきはどろぼうのはじまり　句 うそをついても悪いと思わない人は、やがて平気でどろぼうもするようになるということ。

【▽嘘も方便】うそもほうべん　句 ものごとをうまく進めるためには、うそをつかなければならないときもあるということ。

【▽嘘つき】うそつき　うそを言うこと。また、その人。

【▽嘘八百】うそはっぴゃく　たくさんのうそ。うそばかりをやたらにならべたてること。例 あの人の言うことは嘘八百だ。参考 「八百」は数の多いことをいう語。

使い分け　きぐ　器具・機具

【器具】道具。かんたんなしくみの器械。例 調理器具。／照明器具を取りつける。

【機具】大きな機械や道具。例 農機具を倉庫に入れる。／工場に機具を運び入れる。

口－12画
【嘱】15画 常用 〔嘱〕明朝
音 ショク
訓 ―

なりたち 形声 もとの字は「囑」。属(くっつける)と口を合わせた字。相手の耳に口をつけて、言いふくめるようすをあらわした。
↓属 325

意味 ❶たのむ。「▼嘱▼託・委▼嘱」 ❷のぞみをかける。期待する。「▼嘱望・▼嘱目」

【▼嘱▼託】しょくたく　会社などで、正式の社員でない人に、仕事の一部をまかせること。また、その仕事をする人。例 嘱託社員。

【▼嘱望】しょくぼう　のぞみをかけること。例 将来を嘱望される。

【▼嘱目】しょくもく　期待して見まもること。例 将来を嘱目される。

口－12画
【噌】15画 人名 〔噌〕明朝
音 ソ・ソウ
訓 ―

意味 〔「味▽噌」と書いて〕大豆・こうじ・塩などでつくった食品。

くち・くちへん
口の部
7画
哲・唐・哺・哩

3画

漢字クイズ　部首クイズ　3年でならう「所」の部首はなんでしょう？

小口の柱　人名用漢字・表外漢字を示す　表外漢字　ツメ　使い分けコラム　人名用漢字　クイズやミニ知識　この漢字の部首と部首をのぞいた画数

この辞典でつかっている記号

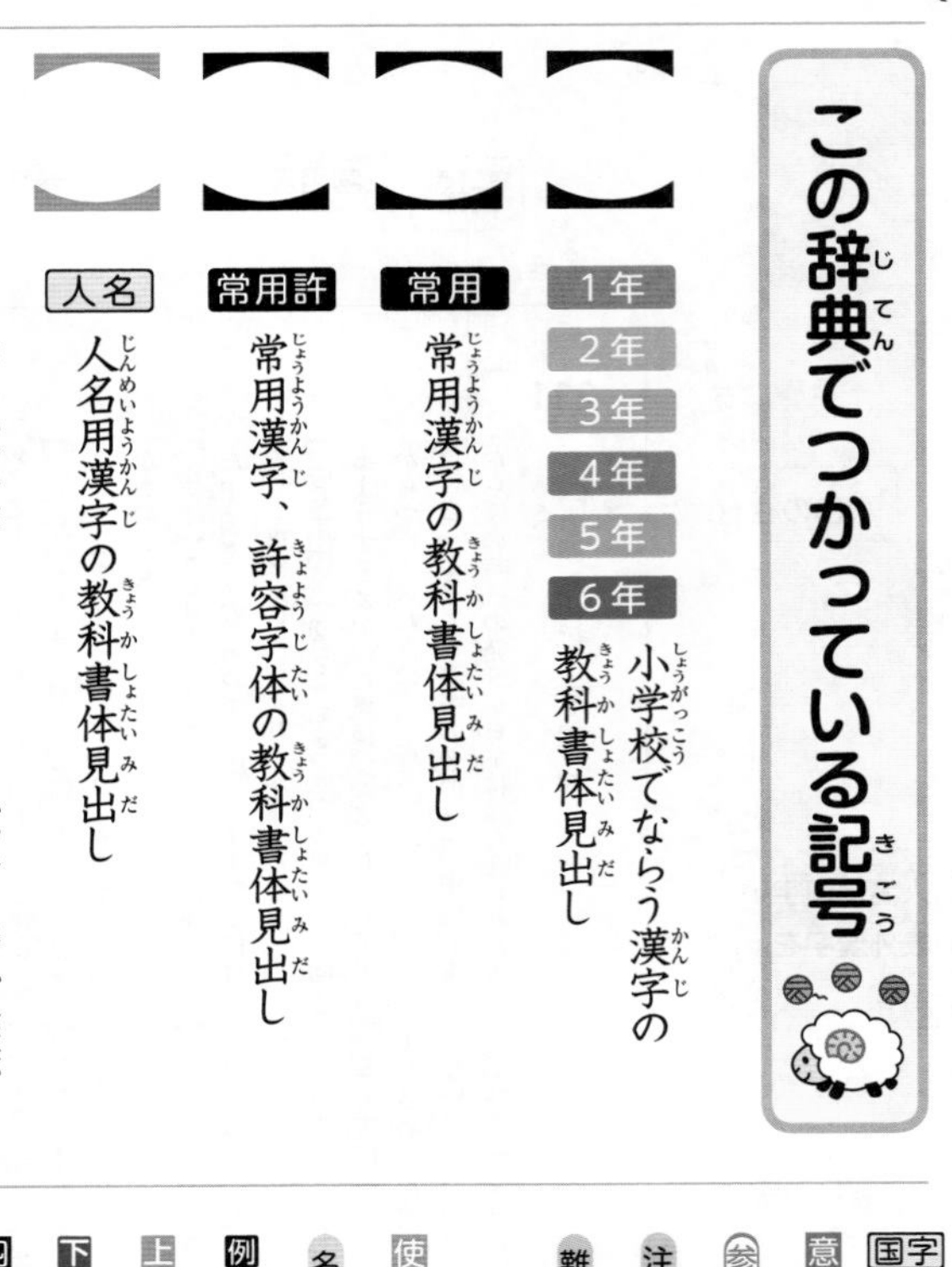

1年 2年 3年 4年 5年 6年	小学校でならう漢字の教科書体見出し
常用	常用漢字の教科書体見出し
常用許	常用漢字、許容字体の教科書体見出し
人名	人名用漢字の教科書体見出し
表外	常用漢字表にのっていない漢字の教科書体見出し
【】明朝	明朝体
音	音読み
訓	訓読み
なりたち	その漢字のなりたち
象形 指事 会意 形声	なりたちの種類

国字	日本でつくられた漢字
意味	その漢字の意味
参考	参考となることがら
注意	注意することがら
難しい読み	その漢字を使った、むずかしい読みのことば
使い分け	漢字や言葉の使い分け
名まえで使う読み	その漢字を名まえに使うときの読み
例	その熟語の使い方の例
上につく熟語	その漢字が上につく熟語の例
下につく熟語	その漢字が下につく熟語の例
四字熟語 故事成語	四字熟語・故事成語である熟語
句	ことわざ・慣用句である熟語
▼	小学校で習う漢字以外の常用漢字
▽	常用漢字以外の漢字
1【先行】	同じ読みの熟語
対	反対または対の意味をもつ漢字や熟語
↓	参照しなさい（数字はページ数）
▽	解説をおぎなう情報

音訓（おんくん）さくいん

このさくいんは、本書におさめられている漢字の親字の読みを五十音順に配列したものです。

★音訓で示した読みのほか、※で示した読み方・使い方も掲載しています。

★カタカナは、音読み、ひらがなは訓読みです。赤い字は送りがなです。

★親字の上に示した数字は総画数です。

★①～⑥の数字は、小学校で学習する漢字の、学習する学年をあらわします。

★常は常用漢字、許は常用漢字の許容字体、人は人名用漢字、外は表外漢字をあらわします。

あ

ア　亜 7 常 44　亞 8 人 44　阿 8 人 439　蛙 12 外 915
アイ　哀 9 常 208　娃 9 人 278　埃 10 外 235　挨 10 常 507　愛 13 ④ 471　曖 17 常 564
あい　相 9 ③ 775　藍 18 常 406
アイする　愛 13 ④ 471
あいだ　間 12 ② 1040
あう　会 6 ② 60　合 6 ② 195　逢 11 人 419　遇 12 常 425　遭 14 常 430
あお　青 8 ① 1057　蒼 13 人 401　碧 14 人 789
あおい　葵 12 人 398
あおい　青 8 ① 1057　蒼 13 人 401　碧 14 人 789
あおぐ　仰 6 常 62
あか　赤 7 ① 987　緋 14 人 856
あかい　赤 7 ① 987　緋 14 人 856
あかし　証 12 ⑤ 950
あかす　明 8 ② 551　飽 13 常 1081
あかつき　暁 12 常 558　曉 16 人 558
あかね　茜 9 人 392
あからむ　赤 7 ① 987　明 8 ② 551
あからめる　赤 7 ① 987
あかり　明 8 ② 551
あがる　上 3 ① 12　昂 8 人 550　挙 10 ④ 504　揚 12 常 517
あかるい　昊 8 人 550　明 8 ② 551
あかるむ　明 8 ② 551
あき　秋 9 ② 802
あきなう　商 11 ③ 212
あきらか　明 8 ② 551　亮 9 人 48　晃 10 人 556　晄 10 人 556　晟 10 人 558　燦 17 人 708
あきらめる　諦 16 常 964
あきる　飽 13 常 1081　厭 14 外 176
あきれる　呆 7 外 204
アク　悪 11 ③ 465　惡 12 人 465　握 12 常 515　渥 12 人 676
あく　明 8 ② 551　空 8 ① 811　開 12 ③ 1038
あくた　芥 7 人 386
あくる　明 8 ② 551
あけ　朱 6 常 582
あけぼの　曙 17 人 564
あける　明 8 ② 551　空 8 ① 811　開 12 ③ 1038
あげる　上 3 ① 12　挙 10 ④ 504　揚 12 常 517
あご　顎 18 常 1072
あこがれる　憧 15 常 480
あさ　麻 11 常 1106　朝 12 ② 574
あざ　字 6 ① 282
あさい　浅 9 ④ 662
あざける　嘲 15 常 219
あさひ　旭 6 人 548
あざむく　欺 12 常 621
あざやか　鮮 17 常 1099
あし　芦 7 人 388　足 7 ① 992　脚 11 常 891　葦 13 人 400　蘆 19 外 388
あじ　味 8 ③ 206　鰺 22 外 1101
あした　晨 11 人 558
あじわう　味 8 ③ 206
あずかる　預 13 ⑥ 1069
あずける　預 13 ⑥ 1069
あずさ　梓 11 人 601
あせ　汗 6 常 649
あせる　焦 12 常 699
あそぶ　遊 12 ③ 427
あだ　仇 4 外 52　寇 11 外 301

- あたい：8 価 ⑤ 74／10 値 ⑥ 86／15 價 人 74
- あたえる：3 与 常 16／14 與 人 16
- あたかも：9 恰 人 464
- あたたか：12 温 ③ 676／13 暖 ⑥ 562／13 溫 人 676
- あたたかい：12 温 ③ 676／13 暖 ⑥ 562／13 溫 人 676
- あたたまる：12 温 ③ 676／13 暖 ⑥ 562／13 溫 人 676
- あたためる：12 温 ③ 676／13 暖 ⑥ 562／13 溫 人 676
- あたま：16 頭 ② 1070
- あたらしい：13 新 ② 539
- あたり：5 辺 ④ 408
- あたる：6 当 ② 317
- アツ：5 圧 ⑤ 229／14 斡 人 536
- アッ：5 圧 ⑤ 229／11 悪 ③ 465／12 惡 人 465
- あつい：9 厚 ⑤ 173／11 惇 人 470／11 淳 人 672／12 敦 人 530／12 暑 ③ 559／13 暑 人 559／15 熱 ④ 706／16 篤 常 831
- あつかう：6 扱 常 494
- アッする：5 圧 ⑤ 229
- あつまる：12 集 ③ 1045
- あつめる：12 集 ③ 1045／13 蒐 人 401／16 輯 人 1004
- あて：8 宛 常 290
- あてる：6 充 常 99／6 当 ② 317／8 宛 常 290
- あと：9 後 ② 376／11 痕 常 754／13 跡 常 993／15 踪 常 995／18 蹟 人 995
- あな：5 穴 ⑥ 810
- あなどる：8 侮 常 76／9 侮 人 76
- あに：5 兄 ② 98
- あね：8 姉 ② 276
- あばく：15 暴 ⑤ 563
- あばら：6 肋 人 882
- あばれる：15 暴 ⑤ 563
- あびせる：10 浴 ④ 667
- あびる：10 浴 ④ 667
- あぶ：9 虻 外 914
- あぶない：6 危 ⑥ 171
- あぶら：8 油 ③ 659／10 脂 常 889／14 膏 人 896
- あふれる：13 溢 人 682
- あま：4 天 ① 263／5 尼 常 321／8 雨 ① 1051
- あまい：5 甘 常 736
- あまえる：5 甘 常 736
- あます：7 余 ⑤ 72
- あまやかす：5 甘 常 736
- あまる：7 余 ⑤ 72
- あみ：14 網 常 856
- あむ：15 編 ⑤ 860
- あめ：4 天 ① 263／8 雨 ① 1051／14 飴 外 1081
- あや：11 彪 人 373／12 斐 人 535／12 絢 人 850／14 綺 人 854／14 綾 人 857
- あやうい：6 危 ⑥ 171
- あやしい：7 妖 常 275／8 怪 常 458
- あやしむ：8 怪 常 458
- あやつる：16 操 ⑥ 520
- あやぶむ：6 危 ⑥ 171
- あやまち：12 過 ⑤ 424
- あやまつ：12 過 ⑤ 424
- あやまる：14 誤 ⑥ 956／17 謝 ⑤ 967／18 謬 外 968
- あゆ：16 鮎 人 1099
- あゆむ：7 歩 人 626／8 歩 ② 626
- あらい：9 荒 常 392／11 粗 常 833
- あらう：9 洗 ⑥ 663
- あらし：12 嵐 常 332
- あらす：9 荒 常 392
- あらず：8 非 ⑤ 1060
- あらそう：6 争 ④ 38／8 爭 人 38
- あらた：13 新 ② 539
- あらたまる：7 改 ④ 523
- あらためる：7 改 ④ 523
- あられ：20 霰 外 1056
- あらわす：8 表 ③ 924／11 著 ⑥ 397／11 現 ⑤ 731／12 著 人 397
- あらわれる：8 表 ③ 924／11 現 ⑤ 731
- あり：19 蟻 外 917
- ある：6 在 ⑤ 230／6 有 ③ 880／8 或 人 485
- あるいは：8 或 人 485
- あるく：7 歩 人 626／8 歩 ② 626
- あれる：9 荒 常 392
- あわ：8 泡 常 658／8 沫 人 659／12 粟 人 834
- あわい：11 淡 常 675
- あわす：6 合 ② 195
- あわせる：8 併 常 76
- あわせる：6 合 ② 195
- あわただしい：12 慌 常 475
- あわてる：12 慌 常 475
- あわび：16 鮑 外 1099
- あわれ：9 哀 常 208
- あわれむ

音訓
あいうえお
かきくけこ
さしすせそ
たちつてと
なにぬねの
はひふへほ
まみむめも
や
ゆ
よ
らりるれろ
わをん

読み	画数	漢字	区分	ページ
	9	哀	常	208
	16	憐	人	481
アン	6	安	③	287
	6	行	②	920
	7	杏	人	583
	9	按	人	504
	10	晏	人	556
	10	案	④	594
	11	庵	人	358
	13	暗	③	561
	15	鞍	人	1064
アンじる	10	案	④	594
あんず	7	杏	人	583

い

読み	画数	漢字	区分	ページ
イ	3	已	人	337
	5	以	④	54
	6	伊	人	59
	6	夷	人	267
	6	衣	④	923
	7	位	④	66
	7	医	③	159
	7	囲	⑤	223
	8	依	常	73
	8	委	③	276
	8	易	⑤	549
	9	威	常	278
	9	為	常	696
	9	畏	常	746
	9	胃	⑥	885
	11	唯	常	214
	11	尉	常	312
	11	萎	常	396
	11	惟	人	468
	11	異	⑥	748
	11	移	⑤	804
	12	偉	常	91
	12	椅	常	602
	12	爲	人	696
	13	彙	常	370
	13	葦	人	400
	13	違	常	428
	13	意	③	472
	14	維	常	854
	15	遺	⑥	431
	15	慰	常	478
	16	緯	常	860
	16	謂	人	964
い	4	井	④	43
	6	亥	人	45
	10	莞	人	395
	11	猪	人	723
	12	猪	人	723
いう	4	云	人	41
	7	言	②	944
	16	謂	人	964
いえ	10	家	②	297
いえる	18	癒	常	756
いおり	11	庵	人	358
いが	11	毬	人	637
いかす	5	生	①	737
	9	活	②	661
いかだ	12	筏	外	826
いかる	9	怒	常	461
イキ	11	域	⑥	236
いき	10	息	③	464
	10	粋	常	833
	14	粋	人	833
いきおい	13	勢	⑤	154
いきどおる	15	憤	常	480
いきる	5	生	①	737
	9	活	②	661
イク	8	育	③	883
	9	郁	人	435
いく	12	幾	常	352
いく	6	行	②	920
	10	逝	常	415
いくさ	13	戦	④	485
	16	戰	人	485
いけ	6	池	②	649
いける	5	生	①	737
いこい	16	憩	常	480
いこう	16	憩	常	480
いさぎよい	15	潔	⑤	688
いささか	8	些	人	44
いさむ	9	勇	④	150
いし	5	石	①	783
いしずえ	18	礎	常	790
いずみ	9	泉	⑥	655
いそ	17	磯	人	790
いそがしい	6	忙	常	456
いそぐ	9	急	③	459
いた	4	分	②	128
	8	板	③	588
いたい	12	痛	⑥	754
いだく	8	抱	常	503
いたす	10	致	常	902
いただき	11	頂	⑥	1067
いただく	11	頂	⑥	1067
いたむ	11	悼	常	469
	12	痛	⑥	754
	13	傷	⑥	94
いためる	14	慇	外	477
	12	痛	⑥	754
	13	傷	⑥	94
いたる	6	至	⑥	902
	8	到	常	137
いたわる	7	労	④	148
イチ	1	一	①	1
	7	壱	常	247
いち	5	市	②	340
いちご	8	苺	人	391
いちじるしい	11	著	⑥	397
	12	著	人	397
イツ	1	一	①	1
	1	乙	常	33
	11	逸	常	420
	12	逸	人	420
	13	溢	人	682
いつ	4	五	①	41
イッ	1	一	①	1
いつくしむ	13	慈	常	475
イッする	11	逸	常	420
	12	逸	人	420
いつつ	4	五	①	41
いつわる	11	偽	常	89
	12	詐	常	950
	14	僞	人	89
いと	6	糸	①	837
	11	絃	人	845
	14	綸	人	857
いとう	14	厭	外	176
いとなむ	12	営	⑤	450
いどむ	9	挑	常	507
いな	7	否	⑥	204
	14	稲	常	807
	15	稻	人	807
いぬ	4	犬	①	718
	6	戌	外	482
	8	狗	外	720
いぬい	11	乾	常	36
いね	14	稲	常	807
	15	稻	人	807
いのしし	11	猪	人	723
	12	猪	人	723
いのち	8	命	③	206
いのる	8	祈	常	793
	9	祈	人	793
	11	祷	人	799

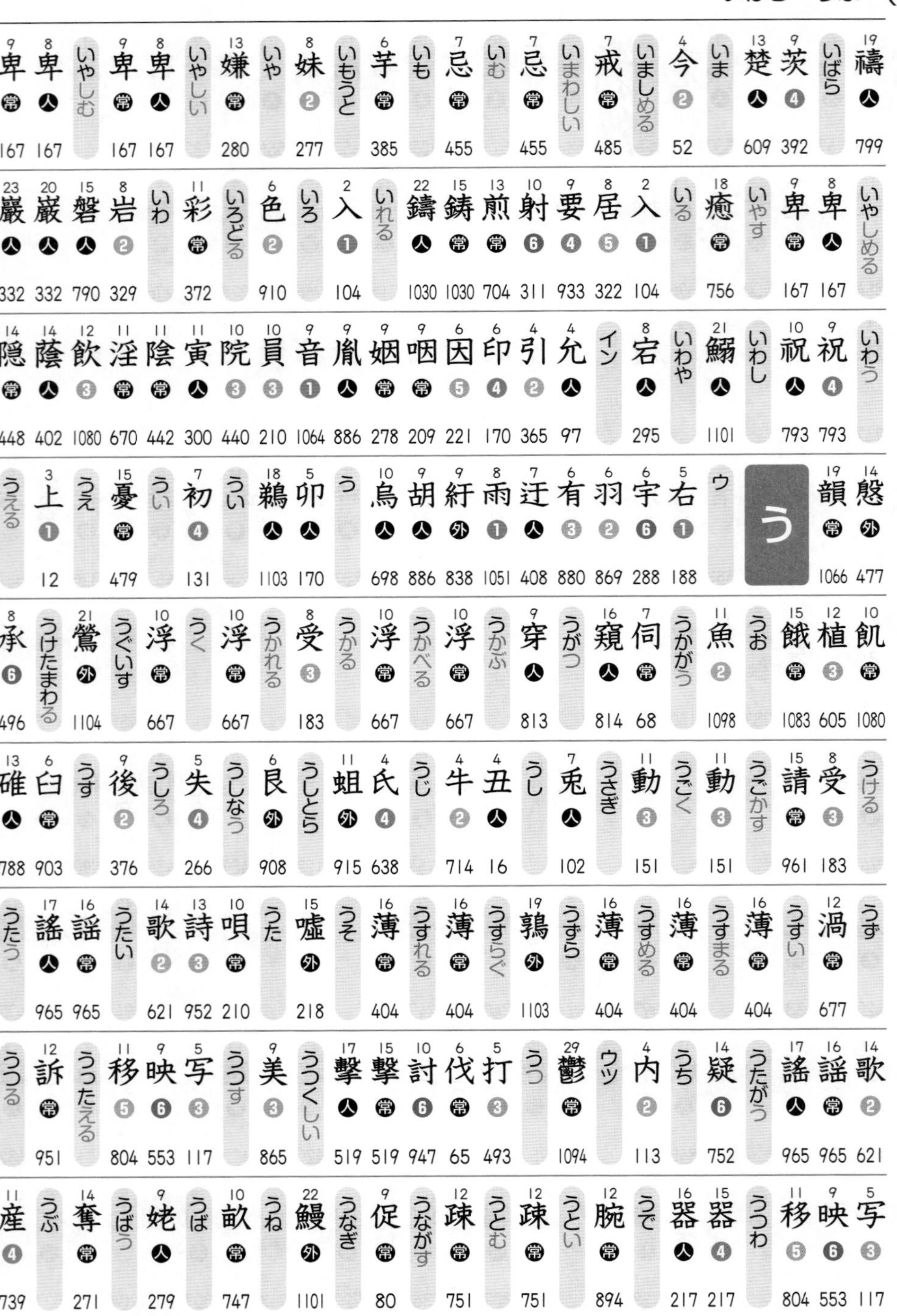

（続き） 禱 19 人 799

いばら 茨 9 ④ 392 ／ 楚 13 人 609

いま 今 4 ② 52

いましめる 戒 7 常 485

いまわしい 忌 7 常 455

いむ 忌 7 常 455

いも 芋 6 常 385

いもうと 妹 8 ② 277

いや 嫌 13 常 280

いやしい 卑 8 人 167 ／ 卑 9 常 167

いやしむ 卑 8 人 167 ／ 卑 9 常 167

いやしめる 卑 8 人 167 ／ 卑 9 常 167

いやす 癒 18 常 756

いる 入 2 ① 104 ／ 居 8 ⑤ 322 ／ 要 9 ④ 933 ／ 射 10 ⑥ 311 ／ 煎 13 常 704 ／ 鋳 15 常 1030 ／ 鑄 22 人 1030

いれる 入 2 ① 104

いろ 色 6 ② 910

いろどる 彩 11 常 372

いわ 岩 8 ② 329 ／ 磐 15 人 790 ／ 巌 20 人 332 ／ 巖 23 人 332

いわう 祝 9 ④ 793 ／ 祝 10 人 793

いわし 鰯 21 人 1101

いわや 宕 8 人 295

イン 允 4 人 97 ／ 引 4 ② 365 ／ 印 6 ④ 170 ／ 因 6 ⑤ 221 ／ 咽 9 常 209 ／ 姻 9 常 278 ／ 胤 9 人 886 ／ 音 9 ① 1064 ／ 員 10 ③ 210 ／ 院 10 ③ 440 ／ 寅 11 人 300 ／ 陰 11 常 442 ／ 淫 11 常 670 ／ 飲 12 ③ 1080 ／ 蔭 14 人 402 ／ 隠 14 常 448 ／ 慇 14 外 477 ／ 韻 19 常 1066

う

ウ 右 5 ① 188 ／ 宇 6 ⑥ 288 ／ 羽 6 ② 869 ／ 有 6 ③ 880 ／ 迂 7 人 408 ／ 雨 8 ① 1051 ／ 紆 9 外 838 ／ 胡 9 人 886 ／ 烏 10 人 698

う 卯 5 人 170 ／ 鵜 18 人 1103

うい 初 7 ④ 131

うい 憂 15 常 479

うえ 上 3 ① 12

うえる 飢 10 常 1080 ／ 植 12 ③ 605 ／ 餓 15 常 1083

うお 魚 11 ② 1098

うかがう 伺 7 常 68 ／ 窺 16 人 814

うがつ 穿 9 人 813

うかぶ 浮 10 常 667

うかべる 浮 10 常 667

うかる 受 8 ③ 183

うかれる 浮 10 常 667

うく 浮 10 常 667

うぐいす 鶯 21 外 1104

うけたまわる 承 8 ⑥ 496

うける 受 8 ③ 183 ／ 請 15 常 961

うごかす 動 11 ③ 151

うごく 動 11 ③ 151

うさぎ 兎 7 人 102

うし 丑 4 人 16 ／ 牛 4 ② 714

うじ 氏 4 ④ 638 ／ 蛆 11 外 915

うしとら 艮 6 外 908

うしなう 失 5 ④ 266

うしろ 後 9 ② 376

うす 臼 6 常 903 ／ 碓 13 人 788

うず 渦 12 常 677

うすい 薄 16 常 404

うすまる 薄 16 常 404

うすめる 薄 16 常 404

うずら 鶉 19 外 1103

うすらぐ 薄 16 常 404

うすれる 薄 16 常 404

うそ 嘘 15 外 218

うた 唄 10 常 210 ／ 詩 13 ③ 952 ／ 歌 14 ② 621

うたい 謡 16 常 965 ／ 謠 17 人 965

うたう 歌 14 ② 621 ／ 謡 16 常 965 ／ 謠 17 人 965

うたがう 疑 14 ⑥ 752

うち 内 4 ② 113

ウツ 鬱 29 常 1094

うつ 打 5 ③ 493 ／ 伐 6 常 65 ／ 討 10 ⑥ 947 ／ 撃 15 常 519 ／ 擊 17 人 519

うつくしい 美 9 ③ 865

うつす 写 5 ③ 117 ／ 映 9 ⑥ 553 ／ 移 11 ⑤ 804

うったえる 訴 12 常 951

うつる 写 5 ③ 117 ／ 映 9 ⑥ 553 ／ 移 11 ⑤ 804

うつわ 器 15 ④ 217 ／ 器 16 人 217

うで 腕 12 常 894

うとい 疎 12 常 751

うとむ 疎 12 常 751

うながす 促 9 常 80

うなぎ 鰻 22 外 1101

うね 畝 10 常 747

うば 姥 9 人 279

うばう 奪 14 常 271

うぶ 産 11 ④ 739

音訓　あいうえお　かきくけこ　さしすせそ　たちつてと　なにぬねの　はひふへほ　まみむめも　やゆよ　らりるれろ　わをん

音訓

読み	画数	漢字	区分	ページ
うま	4	午	❷	163
	10	馬	❷	1086
うまや	14	厩	人	176
うまる	10	埋	常	235
うまれる	5	生	❶	737
	11	産	❹	739
うみ	9	海	❷	659
	10	海	人	659
うむ	5	生	❶	737
	10	倦	人	83
	11	産	❹	739
うめ	10	梅	❹	600
	11	梅	人	600
うめる	10	埋	常	235
うもれる	10	埋	常	235
うやうやしい	10	恭	常	463
うやまう	12	敬	❻	529
うら	10	浦	常	665
	12	裡	人	929
	13	裏	❻	929
うらなう	2	卜	人	169
	5	占	常	169
うらみ	9	怨	常	458
うらむ	9	怨	常	458
	9	恨	常	464
うらめしい	9	恨	常	464
うらやましい	13	羨	常	869
うらやむ	13	羨	常	869
うり	6	瓜	人	935
うる	7	売	❷	248
	11	得	❺	380
	15	賣	人	248
うるう	12	閏	人	1041
うるおう	15	潤	常	689
うるおす	15	潤	常	689
うるし	14	漆	常	686
うるむ	15	潤	常	689
うるわしい	19	麗	常	1106
うれい	13	愁	常	476
	15	憂	常	479
うれえる	13	愁	常	476
	15	憂	常	479
うれしい	15	嬉	人	281
うれる	7	売	❷	248
	15	賣	人	248
	15	熟	❻	705
うろこ	24	鱗	人	1101
うわ	3	上	❶	12
うわさ	15	噂	人	219
うわる	12	植	❸	605
ウン	4	云	人	41
	12	運	❸	423
	12	雲	❷	1052

え

読み	画数	漢字	区分	ページ
エ	6	会	❷	60
	6	回	❷	221
	8	依	常	73
	10	恵	常	463
	12	惠	人	463
	12	絵	❷	848
え	6	江	常	649
	9	柄	常	593
	9	重	❸	1014
	13	愛	❹	471
	14	餌	許	1082
	15	餌	常	1082
エイ	5	永	❺	646
	6	曳	人	565
	8	英	❹	388
	8	泳	❸	653
	9	映	❻	553
	9	栄	❹	590
	9	洩	外	659
	12	営	❺	450
	12	瑛	人	733
	12	詠	常	949
	14	榮	人	590
	15	影	常	373
	15	鋭	常	1029
	16	叡	人	185
	16	衛	❺	922
	16	衞	人	922
	17	嬰	外	281
えがく	8	画	❷	745
	11	描	常	515
エキ	6	亦	人	45
	7	役	❸	374
	8	易	❺	549
	9	疫	常	752
	10	益	❺	766
	11	液	❺	670
	14	駅	❸	1087
えさ	14	餌	許	1082
	15	餌	常	1082
えだ	8	枝	❺	586
エツ	10	悦	常	467
	12	越	常	991
	15	謁	常	959
	15	閲	常	1043
	16	謁	人	959
えのき	14	榎	人	610
えび	15	蝦	人	916
えびす	6	夷	人	267
	9	胡	人	886
えむ	10	笑	❹	822
えらい	12	偉	常	91
えらぶ	15	選	❹	432
	15	撰	人	520
えり	9	衿	人	925
	18	襟	常	932
える	11	得	❺	380
	16	獲	常	725
エン	4	円	❶	113
	8	奄	人	267
	8	延	❻	361
	8	苑	人	389
	8	沿	❻	653
	8	炎	常	696
	9	怨	常	458
	10	宴	常	297
	12	堰	人	238
	12	媛	❹	280
	12	援	常	515
	12	淵	人	676
	12	焰	人	698
	13	圓	人	113
	13	園	❷	227
	13	塩	❹	241
	13	遠	❷	428
	13	煙	常	703
	13	猿	常	724
	13	鉛	常	1025
	14	厭	外	176
	14	演	❺	685
	14	鳶	人	1102
	15	縁	常	858
	15	緣	人	858
	16	薗	人	227
	16	燕	人	707
	19	艶	常	911
エンじる	14	演	❺	685

お

読み	画数	漢字	区分	ページ
オ	6	汚	常	648
	8	和	❸	207
	8	於	人	542
	11	悪	❸	465
	12	惡	人	465
お	3	小	❶	313
	7	尾	常	322
	12	御	常	381
	12	雄	常	1046
	14	緒	常	854
	15	緖	人	854
おい	10	笈	人	822
	12	甥	人	740
おいて	8	於	人	542
おいる				

あいうえお かきくけこ さしすせそ たちつてと なにぬねの はひふへほ まみむめも や ゆ よ らりるれろ わ を ん

6 老 ④ 872

オウ
4 王 ① 728
5 凹 常 123
5 央 ③ 266
7 応 ⑤ 454
8 往 ⑤ 375
8 押 常 499
8 旺 常 550
8 欧 常 620
8 殴 常 631
9 皇 ⑥ 763
10 桜 ⑤ 595
10 翁 常 869
11 凰 人 122
11 黄 ② 1107
12 奥 常 270
12 黃 人 1107
13 奧 人 270
15 横 ③ 612
16 橫 人 612
16 鴨 人 1103
17 應 人 454
18 襖 人 932
21 櫻 人 595
21 鶯 外 1104
22 鷗 人 1104
24 鷹 人 1105

おう
5 生 ① 737
9 追 ③ 413
9 負 ③ 976

おうぎ
10 扇 常 489

オウじる
7 応 ⑤ 454
17 應 人 454

おえる
11 終 ③ 846

おお
3 大 ① 257

おおい
6 多 ② 254
12 衆 ⑥ 919

おおいに
3 大 ① 257

おおう
8 奄 人 267
18 覆 常 934

おおかみ
10 狼 人 722

おおきい
3 大 ① 257
14 碩 人 789

おおせ
6 仰 常 62

おおとり
11 凰 人 122
14 鳳 人 1102
17 鴻 人 1103
19 鵬 人 1104

おおやけ
4 公 ② 106

おか
5 丘 常 21
8 岡 ④ 329
11 崚 人 332

おかす
5 犯 ⑤ 719
9 侵 常 79
9 冒 常 776

おがむ
8 拝 ⑥ 502
9 拜 人 502

おき
7 沖 ④ 652

おぎ
10 荻 人 395

おきな
10 翁 常 869

おぎなう
12 補 ⑥ 928

おきる
10 起 ③ 989

オク
9 屋 ③ 323
15 億 ④ 95
16 憶 常 480
17 臆 常 897

おく
12 奥 常 270
13 奧 人 270

おく
11 措 常 513
13 置 ④ 820

おくらす
12 遅 常 426

おくる
9 送 ③ 412
18 贈 常 987
19 贈 人 987

おくれる
9 後 ② 376
12 遅 常 426

おけ
11 桶 人 601

おこす
16 興 ⑤ 903

おこす
10 起 ③ 989

おごそか
17 厳 ⑥ 451
20 嚴 人 451

おこたる
9 怠 常 461

おこなう
6 行 ② 920

おこる
9 怒 常 461
16 興 ⑤ 903

おこる
10 起 ③ 989

おさえる
7 抑 常 499

おさえる
8 押 常 499

おさない
5 幼 ⑥ 351

おさまる
4 収 ⑥ 179
6 收 人 179
8 治 ④ 654
10 修 ⑤ 84
10 納 ⑥ 842

おさめる
4 収 ⑥ 179
6 收 人 179
8 治 ④ 654
10 修 ⑤ 84
10 納 ⑥ 842
11 脩 人 891

おしい
11 惜 常 469

おしえる
11 教 ② 527

おしむ
11 惜 常 469

おす
7 牡 人 715
12 雄 常 1046

おす
8 押 常 499
11 推 ⑥ 511
11 捺 人 514

おそい
10 晏 人 556
12 遅 常 426

おそう
22 襲 常 932

おそれ
13 虞 常 912

おそれる
9 畏 常 746
10 恐 常 463

おそろしい
10 恐 常 463

おそわる
11 教 ② 527

おだやか
16 穏 常 808

おちいる
10 陥 常 440
11 陷 人 440

おちる
12 落 ③ 399

オツ
1 乙 常 33

おっと
4 夫 ④ 265

おと
9 音 ① 1064

おとうと
7 弟 ② 366

おどかす
10 脅 常 889

おとこ
7 男 ① 744

おとしいれる
10 陥 常 440
11 陷 人 440

おとす
12 落 ③ 399

おどす
10 脅 常 889

おとずれる
11 訪 ⑥ 949

おどり
14 踊 常 994

おとる
6 劣 常 146

おどる
14 踊 常 994
21 躍 常 995

おとろえる
10 衰 常 925

おどろかす
22 驚 常 1090

おどろく
22 驚 常 1090

おなじ
6 同 ② 197

おに
10 鬼 常 1095

おの
8 斧 人 537

おのおの

各 6 ④ 193

おのれ
己 3 ⑥ 337

おび
帯 10 ④ 343
帶 11 人 343

おびやかす
劫 7 人 146
脅 10 常 889

おびる
帯 10 ④ 343
帶 11 人 343

おぼえる
覚 12 ④ 938

おぼれる
溺 13 常 684

おも
主 5 ③ 29
面 9 ③ 1062

おもい
重 9 ③ 1014

おもう
思 9 ② 460
惟 11 人 468
想 13 ③ 476
謂 16 人 964

おもて
表 8 ③ 924
面 9 ③ 1062

おもねる
阿 8 人 439

おもむき
趣 15 常 992

おもむく
赴 9 常 989

おや
親 16 ② 939

およぐ
泳 8 ③ 653

および
及 3 常 31

およぶ
及 3 常 31

およぼす
及 3 常 31

おり
折 7 ④ 496

おりる
下 3 ① 9
降 10 ⑥ 441

おる
折 7 ④ 496
織 18 ⑤ 863

おれ
俺 10 常 83

おれる
折 7 ④ 496

おろか
愚 13 常 475
魯 15 人 1099

おろし
卸 9 常 173

おろす
卸 9 常 173

おろす
下 3 ① 9
降 10 ⑥ 441

おわる
畢 10 人 747
終 11 ③ 846
竣 12 人 817

オン
怨 9 常 458
音 9 ① 1064
恩 10 ⑥ 462
温 12 ③ 676
遠 13 ② 428
溫 13 人 676
穏 16 常 808

おん
御 12 常 381

おんな
女 3 ① 272

か

カ
下 3 ① 9
化 4 ③ 156
火 4 ① 693
加 5 ④ 145
可 5 ⑤ 188
禾 5 人 800
仮 6 ⑤ 59
瓜 6 人 935
何 7 ② 66
伽 7 人 66
花 7 ① 385
価 8 ⑤ 74
佳 8 常 74
卦 8 外 169
苛 8 常 389
茄 8 人 389
果 8 ④ 586
河 8 ⑤ 653
迦 9 人 410
架 9 常 591
珂 9 人 729
珈 9 人 729
科 9 ② 802
夏 10 ② 251
家 10 ② 297
荷 10 ③ 394
華 10 常 395
菓 11 常 396
袈 11 人 926
訛 11 外 948
貨 11 ④ 977
過 12 ⑤ 424
渦 12 常 677
嘩 13 人 217
嫁 13 常 280
暇 13 常 561
禍 13 常 798
靴 13 常 1063
嘉 14 人 217
寡 14 常 305
榎 14 人 610
樺 14 人 610
歌 14 ② 621
禍 14 人 798
箇 14 常 828
價 15 人 74
稼 15 常 808
蝦 15 人 916
課 15 ④ 959
駕 15 人 1088
霞 17 人 1056

か
日 4 ① 545
乎 5 人 32
神 9 ③ 794
耶 9 人 876
香 9 ④ 1085
神 10 人 794
蚊 10 常 914
鹿 11 ④ 1105

ガ
牙 4 常 713
瓦 5 常 735
伽 7 人 66
我 7 ⑥ 484
芽 8 ④ 389
果 8 ④ 586
河 8 ⑤ 653
画 8 ② 745
俄 9 人 77
臥 9 人 1019
家 10 ② 297
峨 10 人 330
訛 11 外 948
賀 12 ④ 979
蛾 13 外 916
雅 13 常 1046
歌 14 ② 621
餓 15 常 1083
駕 15 人 1088

が
香 9 ④ 1085

カイ
介 4 常 52
会 6 ② 60
回 6 ② 221
灰 6 ⑥ 694
芥 7 人 386
快 7 ⑤ 456
戒 7 常 485
改 7 ④ 523
怪 8 常 458
拐 8 常 499
廻 9 人 361
悔 9 常 462
恢 9 人 463
海 9 ② 659
界 9 ③ 746
皆 9 常 763
悔 10 人 462
桧 10 人 617
海 10 人 659
晦 11 人 558
械 11 ④ 600
堺 12 人 238
階 12 ③ 445
絵 12 ② 848
街 12 ④ 922
開 12 ③ 1038
塊 13 常 241
楷 13 常 607
解 13 ⑤ 942
魁 14 人 1096
潰 15 常 688
壊 16 常 245
懐 16 常 481
諧 16 常 964
檜 17 人 617
壞 19 人 245
懷 19 人 481
蟹 19 人 917

かい
貝 7 ① 975
櫂 18 人 618

ガイ
外 5 ② 252
亥 6 人 45
会 6 ② 60
劾 8 常 148
咳 9 外 209

- 害 10 ④ 298
- 崖 11 常 331
- 涯 11 常 670
- 凱 12 人 122
- 階 12 ③ 445
- 街 12 ④ 922
- 蓋 13 常 400
- 慨 13 常 477
- 碍 13 外 788
- 該 13 常 952
- 概 14 常 610
- 漑 15 外 688
- 骸 16 常 1091
- 鎧 18 人 1033

がい
- 貝 7 ① 975

かいこ
- 蚕 10 ⑥ 914

カイする
- 会 6 ② 60

ガイする
- 害 10 ④ 298

カイリ
- 浬 10 人 667

かう
- 交 6 ② 46
- 買 12 ② 981
- 飼 13 ⑤ 1081

かえす
- 返 7 ③ 409
- 帰 10 ② 342

かえで
- 楓 13 人 609

かえりみる
- 省 9 ④ 774
- 顧 21 常 1075

かえる
- 蛙 12 外 915

かえる
- 返 7 ③ 409
- 帰 10 ② 342

かえる
- 代 5 ③ 56
- 変 9 ④ 250
- 換 12 常 516
- 替 12 常 569

かお
- 顔 18 ② 1072

がお
- 顔 18 ② 1072

かおり
- 香 9 ④ 1085
- 馨 20 人 1085

かおる
- 香 9 ④ 1085
- 薫 16 常 403
- 薰 17 人 403
- 馨 20 人 1085

かかえる
- 抱 8 常 503

かかげる
- 掲 11 常 509
- 揭 12 人 509

かがみ
- 鏡 19 ④ 1033

かがやく
- 暉 13 人 561
- 輝 15 常 1003
- 燿 20 人 871

かかり
- 係 9 ③ 77
- 掛 11 常 509

がかり
- 係 9 ③ 77
- 掛 11 常 509

かかる
- 係 9 ③ 77
- 罹 16 外 821

かかる
- 架 9 常 591
- 掛 11 常 509
- 繫 19 人 864
- 懸 20 常 482

かかわる
- 関 14 ④ 1042

かき
- 垣 9 常 234
- 柿 9 常 591
- 堵 12 人 240

かぎ
- 鍵 17 常 1032

がき
- 垣 9 常 234

かぎる
- 限 9 ⑤ 440

カク
- 各 6 ④ 193
- 角 7 ② 941
- 拡 8 ⑥ 499
- 画 8 ② 745
- 客 9 ③ 296
- 革 9 ⑥ 1063
- 格 10 ⑤ 595
- 核 10 常 596
- 郭 11 常 436
- 殻 11 常 632
- 覚 12 ④ 938
- 隔 13 常 447
- 較 13 常 1003
- 摑 14 人 518
- 閣 14 ⑥ 1042
- 確 15 ⑤ 789
- 獲 16 常 725
- 嚇 17 常 219
- 穫 18 常 809
- 鶴 21 常 1104

かく
- 欠 4 ④ 619
- 画 8 ② 745
- 書 10 ② 566
- 描 11 常 515

かぐ
- 嗅 13 常 217

ガク
- 角 7 ② 941
- 学 8 ① 284
- 岳 8 常 329
- 楽 13 ② 607
- 樂 15 人 607
- 額 18 ⑤ 1072
- 顎 18 常 1072
- 鰐 20 外 1100

かくす
- 隠 14 常 448

カクする
- 画 8 ② 745

かくれる
- 隠 14 常 448

かげ
- 陰 11 常 442
- 蔭 14 人 402
- 影 15 常 373

がけ
- 崖 11 常 331

かける
- 翔 12 人 871

かける
- 欠 4 ④ 619
- 架 9 常 591
- 掛 11 常 509
- 駆 14 常 1087
- 駈 15 人 1087
- 賭 16 常 986
- 懸 20 常 482

かげる
- 陰 11 常 442

かご
- 籠 22 常 832

かこう
- 囲 7 ⑤ 223

かこむ
- 囲 7 ⑤ 223

かさ
- 笠 11 人 824
- 傘 12 常 92
- 嵩 13 人 332

かざ
- 風 9 ② 1075

かさなる
- 重 9 ③ 1014
- 累 11 常 848

かさねる
- 重 9 ③ 1014
- 累 11 常 848

かざる
- 飾 13 常 1081

かし
- 樫 16 人 615

かじ
- 梶 11 人 602
- 舵 11 人 907

かしこい
- 賢 16 常 986

かしこまる
- 畏 9 常 746

かしら
- 頭 16 ② 1070

がしら
- 頭 16 ② 1070

かしわ
- 柏 9 人 593

かす
- 貸 12 ⑤ 981

かず
- 数 13 ② 530

かすみ
- 霞 17 人 1056

がすみ
- 霞 17 人 1056

かすめる
- 掠 11 人 515

カする
- 化 4 ③ 156
- 架 9 常 591
- 課 15 ④ 959

ガする
- 賀 12 ④ 979

かぜ
- 風 9 ② 1075

かせぐ
- 稼 15 常 808

かぞえる
- 数 13 ② 530

かた
- 方 4 ② 541
- 片 4 ⑥ 711

音訓
あいうえお
かきくけこ
さしすせそ
たちつてと
なにぬねの
はひふへほ
まみむめも
や
ゆ
よ
らりるれろ
わ
を
ん

読み	漢字	画数	区分	ページ
（かた）	形	7	②	371
	肩	8	常	883
	型	9	⑤	234
	潟	15	④	688
がた	方	4	②	541
	形	7	②	371
	型	9	⑤	234
	潟	15	④	688
かたい	固	8	④	224
	堅	12	常	239
	硬	12	常	787
	難	18	⑥	1048
	難	19	人	1048
かたき	仇	4	外	52
	敵	15	⑥	531
がたき	敵	15	⑥	531
かたくな	頑	13	常	1068
かたち	形	7	②	371
かたな	刀	2	②	126
がたな	刀	2	②	126
かたまり	塊	13	常	241
かたまる	固	8	④	224
かたむく	傾	13	常	93
かたむける	傾	13	常	93
かためる	固	8	④	224
かたよる	偏	11	常	91
かたらう	語	14	②	955
かたる	語	14	②	955
かたわら	傍	12	常	92
カツ	括	9	常	504
	活	9	②	661
	喝	11	常	212
	渇	11	常	670
	割	12	⑥	142
	葛	12	常	398
	渴	12	人	670
	滑	13	常	682
	褐	13	常	929
	轄	17	常	1005
	蠍	19	外	917
カッ	各	6	④	193
	合	6	②	195
	活	9	②	661
	格	10	⑤	595
	割	12	⑥	142
かっ	勝	12	③	152
かつ	且	5	常	21
	克	7	常	101
	勝	12	③	152
ガッ	月	4	①	570
	合	6	②	195
	学	8	①	284
	楽	13	②	607
	樂	15	人	607
かつお	鰹	23	外	1101
かつぐ	担	8	⑥	501
ガッする	合	6	②	195
かつて	嘗	14	人	217
かつら	桂	10	人	597
かて	糧	18	常	836
かど	角	7	②	941
	門	8	②	1037
	圭	9	人	269
	稜	13	人	806
かな	金	8	①	1022
	哉	9	人	209
かなう	叶	5	人	189
かなえ	鼎	13	人	1111
かなしい	悲	12	③	470
かなしむ	悲	12	③	470
かなでる	奏	9	⑥	270
かなめ	要	9	④	933
かならず	必	5	④	454
かに	蟹	19	人	917
かね	金	8	①	1022
	鐘	20	常	1034
がね	金	8	①	1022
かねる	兼	10	常	112
かの	彼	8	常	376
かのえ	庚	8	人	355
かのと	辛	7	常	1006
かば	椛	11	人	600
	蒲	13	人	401
	樺	14	人	610
かばう	庇	7	人	355
かばん	鞄	14	人	1064
かぶ	株	10	⑥	596
	蕪	15	人	403
かぶと	兜	11	人	103
かべ	壁	16	常	245
かま	釜	10	常	1024
	窯	15	常	814
	鎌	18	常	1033
がま	釜	10	常	1024
	蒲	13	人	401
かまう	構	14	⑤	610
かまえる	構	14	⑤	610
かまびすしい	喧	12	人	215
かみ	上	3	①	12
	神	9	③	794
	神	10	人	794
	紙	10	②	840
	髪	14	常	1094
	髮	15	人	1094
がみ	神	9	③	794
	神	10	人	794
	紙	10	②	840
	髪	14	常	1094
	髮	15	人	1094
かみしも	裃	11	外	926
かみなり	雷	13	常	1054
かめ	亀	11	常	1110
かも	鴨	16	人	1103
かもす	醸	20	常	1013
	釀	24	人	1013
かもめ	鷗	22	人	1104
かや	茅	8	人	391
	萱	12	人	398
かゆ	粥	12	人	834
かよう	通	10	②	417
から	空	8	①	811
	唐	10	常	211
	殻	11	常	632
	韓	18	常	1097
がら	柄	9	常	593
からい	辛	7	常	1006
からす	烏	10	人	698
からす	枯	9	常	591
からだ	体	7	②	69
からまる	絡	12	常	852
からむ	絡	12	常	852
からめる	絡	12	常	852
かり	仮	6	⑤	59
	雁	12	人	1045
かり	狩	9	常	721
かりる	借	10	④	84
かる				

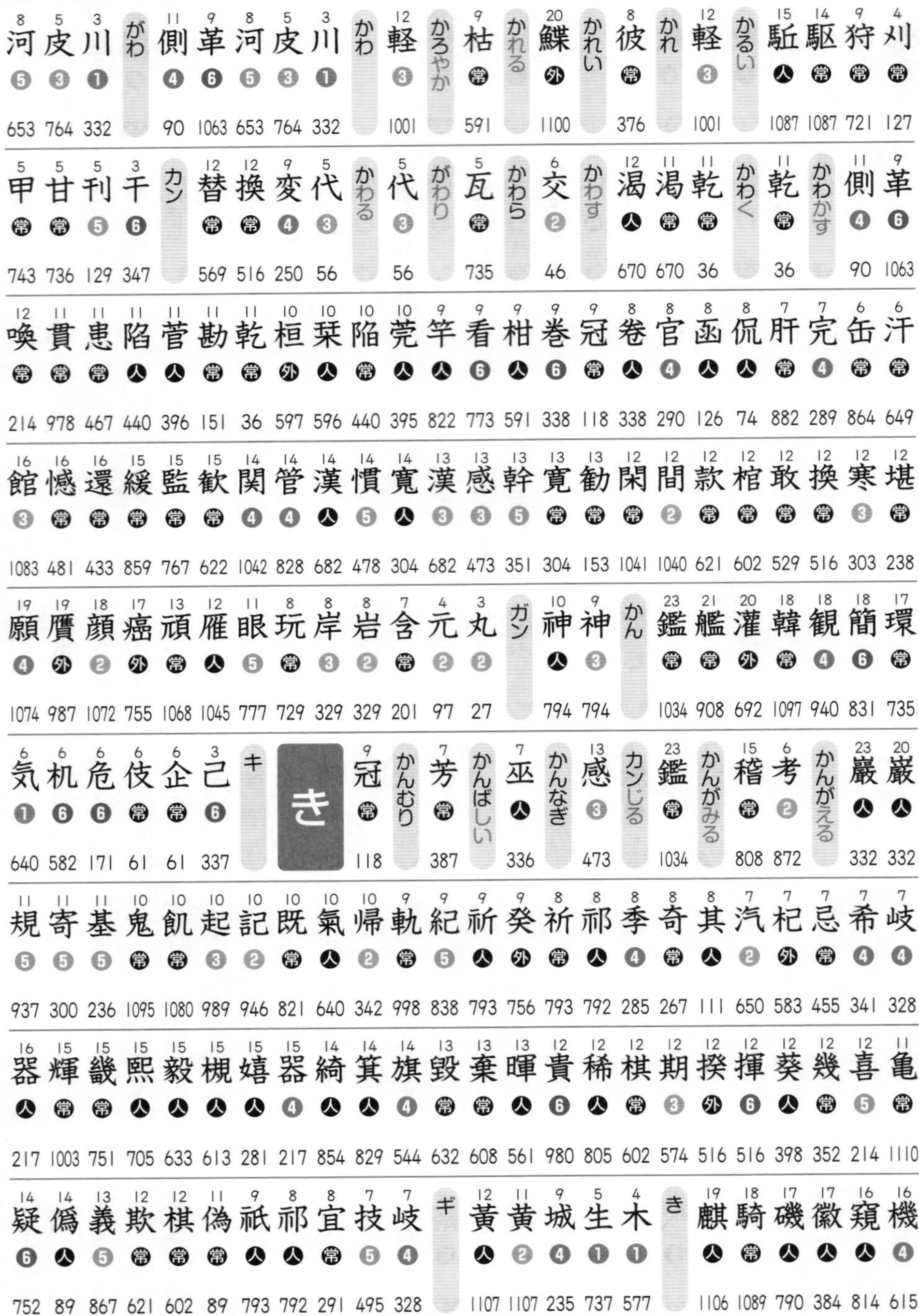

読み	画数	漢字	区分	ページ
（かる）	4	刈	常	127
	9	狩	常	721
	14	駆	常	1087
	15	駈	人	1087
かるい	12	軽	3	1001
かれ	8	彼	常	376
かれい	20	鰈	外	1100
かれる	9	枯	常	591
かろやか	12	軽	3	1001
かわ	3	川	1	332
	5	皮	3	764
	8	河	5	653
	9	革	6	1063
	11	側	4	90
がわ	3	川	1	332
	5	皮	3	764
	8	河	5	653
	9	革	6	1063
	11	側	4	90
かわかす	11	乾	常	36
かわく	11	乾	常	36
	11	渇	常	670
	12	渴	人	670
かわす	6	交	2	46
かわら	5	瓦	常	735
がわり	5	代	3	56
かわる	5	代	3	56
	9	変	4	250
	12	換	常	516
	12	替	常	569
カン	3	干	6	347
	5	刊	5	129
	5	甘	常	736
	5	甲	常	743
	6	汗	常	649
	6	缶	常	864
	7	完	4	289
	7	肝	常	882
	8	侃	人	74
	8	函	人	126
	8	官	4	290
	8	巻	人	338
	9	冠	常	118
	9	巻	6	338
	9	柑	人	591
	9	看	6	773
	9	竿	人	822
	10	莞	人	395
	10	陥	常	440
	10	栞	人	596
	10	桓	外	597
	11	乾	常	36
	11	勘	常	151
	11	菅	人	396
	11	陷	人	440
	11	患	常	467
	11	貫	常	978
	12	喚	常	214
	12	堪	常	238
	12	寒	3	303
	12	換	常	516
	12	敢	常	529
	12	棺	常	602
	12	款	常	621
	12	間	2	1040
	12	閑	常	1041
	13	勧	常	153
	13	寛	常	304
	13	幹	5	351
	13	感	3	473
	13	漢	3	682
	14	寬	人	304
	14	慣	5	478
	14	漢	人	682
	14	管	4	828
	14	関	4	1042
	15	歓	常	622
	15	監	常	767
	15	緩	常	859
	16	還	常	433
	16	憾	常	481
	16	館	3	1083
	17	環	常	735
	18	簡	6	831
	18	観	4	940
	18	韓	常	1097
	20	灌	外	692
	21	艦	常	908
	23	鑑	常	1034
かん	9	神	3	794
	10	神	人	794
ガン	3	丸	2	27
	4	元	2	97
	7	含	常	201
	8	岩	2	329
	8	岸	3	329
	8	玩	常	729
	11	眼	5	777
	12	雁	人	1045
	13	頑	常	1068
	17	癌	外	755
	18	顔	2	1072
	19	贋	外	987
	19	願	4	1074
	20	巌	人	332
	23	巖	人	332
かんがえる	6	考	2	872
	15	稽	常	808
かんがみる	23	鑑	常	1034
カンじる	13	感	3	473
かんなぎ	7	巫	人	336
かんばしい	7	芳	常	387
かんむり	9	冠	常	118

き

読み	画数	漢字	区分	ページ
キ	3	己	6	337
	6	企	常	61
	6	伎	常	61
	6	危	6	171
	6	机	6	582
	6	気	1	640
	7	岐	4	328
	7	希	4	341
	7	忌	常	455
	7	杞	外	583
	7	汽	2	650
	8	其	人	111
	8	奇	常	267
	8	季	4	285
	8	祁	人	792
	8	祈	常	793
	9	癸	外	756
	9	祈	人	793
	9	紀	5	838
	9	軌	常	998
	10	帰	2	342
	10	氣	人	640
	10	既	常	821
	10	記	2	946
	10	起	3	989
	10	飢	常	1080
	10	鬼	常	1095
	11	基	5	236
	11	寄	5	300
	11	規	5	937
	11	亀	常	1110
	12	喜	5	214
	12	幾	常	352
	12	葵	人	398
	12	揮	6	516
	12	揆	外	516
	12	期	3	574
	12	棋	常	602
	12	稀	人	805
	12	貴	6	980
	13	暉	人	561
	13	棄	常	608
	13	毀	常	632
	14	旗	4	544
	14	箕	人	829
	14	綺	人	854
	15	器	4	217
	15	嬉	人	281
	15	槻	人	613
	15	毅	人	633
	15	熙	人	705
	15	畿	常	751
	15	輝	常	1003
	16	器	人	217
	16	機	4	615
	16	窺	人	814
	17	徽	人	384
	17	磯	人	790
	18	騎	常	1089
	19	麒	人	1106
き	4	木	1	577
	5	生	1	737
	9	城	4	235
	11	黄	2	1107
	12	黃	人	1107
ギ	7	岐	4	328
	7	技	5	495
	8	宜	常	291
	8	祁	人	792
	9	祇	人	793
	11	偽	常	89
	12	棋	常	602
	12	欺	常	621
	13	義	5	867
	14	僞	人	89
	14	疑	6	752

読み	漢字	画数	区分	ページ
	儀	15	常	95
	戯	15	常	487
	誼	15	人	960
	戲	17	人	487
	擬	17	常	521
	犠	17	常	718
	魏	18	外	1096
	蟻	19	外	917
	議	20	4	969
ぎ	木	4	1	577
	城	9	4	235
ぎえ	消	10	3	665
きえる	消	10	3	665
キク	菊	11	常	396
	掬	11	人	509
	鞠	17	人	1064
	麴	19	外	1021
きく	利	7	4	133
	効	8	5	149

読み	漢字	画数	区分	ページ
	聞	14	2	877
	聴	17	常	877
	聽	22	人	877
きこえる	聞	14	2	877
きさき	后	6	6	195
	妃	6	常	274
きざし	兆	6	4	101
きざす	兆	6	4	101
	萌	11	人	397
	萠	11	人	397
きざむ	刻	8	6	134
きし	岸	8	3	329
きじ	雉	13	外	1047
ぎし	岸	8	3	329
きず	傷	13	6	94

読み	漢字	画数	区分	ページ
きずく	築	16	5	830
きずつく	傷	13	6	94
きずな	絆	11	人	848
キする	帰	10	2	342
	期	12	3	574
ギする	議	20	4	969
きせる	着	12	3	866
きそう	競	20	4	818
きた	北	5	2	157
きたえる	鍛	17	常	1032
きたす	来	7	2	585
	来	7	2	585
きたない	汚	6	常	648

読み	漢字	画数	区分	ページ
きたる	来	7	2	585
	来	7	2	585
キチ	吉	6	常	194
キツ	吉	6	常	194
	迄	7	人	408
	桔	10	人	597
	喫	12	常	215
	詰	13	常	952
	橘	16	人	616
キッ	吉	6	常	194
きっ	切	4	2	127
きつね	狐	9	外	721
きぬ	絹	13	6	853
ぎぬ	絹	13	6	853
きぬた	砧	10	人	786

読み	漢字	画数	区分	ページ
きね	杵	8	人	586
きのえ	甲	5	常	743
きのこ	茸	9	人	392
きのと	乙	1	常	33
きば	牙	4	常	713
きび	黍	12	外	1110
きびしい	厳	17	6	451
	嚴	20	人	451
ぎまり	決	7	3	650
きまる	決	7	3	650
きみ	君	7	3	201
ぎめ	決	7	3	650
きめる				

読み	漢字	画数	区分	ページ
	決	7	3	650
きも	肝	7	常	882
キャ	脚	11	常	891
キャク	却	7	常	171
	客	9	3	296
	脚	11	常	891
ギャク	逆	9	5	411
	虐	9	常	911
ギャッ	逆	9	5	411
キュウ	九	2	1	34
	久	3	5	31
	及	3	常	31
	弓	3	2	365
	仇	4	外	52
	丘	5	常	21
	旧	5	5	547
	休	6	1	61
	吸	6	6	194

読み	漢字	画数	区分	ページ
	朽	6	常	582
	臼	6	常	903
	求	7	4	647
	汲	7	人	650
	灸	7	人	695
	玖	7	人	728
	究	7	3	810
	泣	8	4	654
	穹	8	人	811
	急	9	3	459
	柩	9	外	591
	級	9	3	839
	糾	9	常	839
	宮	10	3	299
	笈	10	人	822
	赳	10	人	990
	救	11	5	527
	毬	11	人	637
	球	11	3	730
	給	12	4	849
	嗅	13	常	217
	鳩	13	人	1102
	厩	14	人	176
	窮	15	常	814

読み	漢字	画数	区分	ページ
ギュウ	牛	4	2	714
キョ	巨	5	常	27
	去	5	3	176
	居	8	5	322
	拒	8	常	499
	拠	8	常	499
	挙	10	4	504
	虚	11	常	912
	許	11	5	948
	虛	12	人	912
	距	12	常	993
	嘘	15	外	218
	鋸	16	人	1030
ギョ	魚	11	2	1098
	御	12	常	381
	漁	14	4	686
きよい	清	11	4	674
キョウ	凶	4	常	123
	兄	5	2	98

読み	漢字	画数	区分	ページ
	叶	5	人	189
	共	6	4	109
	匡	6	人	158
	叫	6	常	195
	亨	7	人	47
	杏	7	人	583
	狂	7	常	720
	京	8	2	47
	享	8	常	47
	供	8	6	75
	協	8	4	165
	況	8	常	654
	俠	9	人	77
	峡	9	常	330
	挟	9	常	504
	狭	9	常	721
	香	9	4	1085
	峽	10	人	330
	恐	10	常	463
	恭	10	常	463
	狹	10	人	721
	胸	10	6	888
	脅	10	常	889
	脇	10	常	889

強 11 ② 368
郷 11 ⑥ 436
教 11 ② 527
梟 11 外 601
経 11 ⑤ 844
卿 12 人 173
喬 12 人 215
境 14 ⑤ 243
蕎 15 人 403
鋏 15 外 1029
橋 16 ③ 616
興 16 ⑤ 903
矯 17 常 783
鏡 19 ④ 1033
競 20 ④ 818
響 20 常 1066
響 22 人 1066
饗 22 人 1083
驚 22 常 1090

ギョウ
仰 6 常 62
行 6 ② 920
形 7 ② 371
尭 8 人 102
堯 12 人 102
暁 12 常 558
業 13 ③ 608
凝 16 常 120
曉 16 人 558
驍 22 人 1090

キョク
旭 6 人 548
曲 6 ③ 565
局 7 ③ 321
極 12 ④ 602

ギョク
玉 5 ① 727

キョッ
曲 6 ③ 565
極 12 ④ 602

きよまる
清 11 ④ 674

きよめる
清 11 ④ 674

きらう
嫌 13 常 280

きらめく
煌 13 人 704
燦 17 人 708

きり
桐 10 人 600
錐 16 人 1031
霧 19 常 1056

ぎり
霧 19 常 1056

きる
切 4 ② 127
伐 6 常 65
斬 11 常 537
着 12 ③ 866

きれる
切 4 ② 127

きわ
際 14 ⑤ 448

ぎわ
際 14 ⑤ 448

きわまる
極 12 ④ 602
窮 15 常 814

きわみ
極 12 ④ 602

きわめる
究 7 ③ 810
極 12 ④ 602
窮 15 常 814

キン
巾 3 常 339
今 4 ② 52
斤 4 常 537
均 7 ⑤ 232
芹 7 人 386
近 7 ② 408
欣 8 人 620
金 8 ① 1022
衿 9 人 925
菌 11 常 396
菫 11 人 396
勤 12 ⑥ 152
欽 12 人 621
琴 12 常 733
筋 12 ⑥ 824
僅 13 常 93
勤 13 人 152
禁 13 ⑤ 797
禽 13 人 800
緊 15 常 859
錦 16 常 1030
謹 17 常 965
襟 18 常 932
謹 18 人 965

ギン
吟 7 常 201
銀 14 ③ 1027

キンじる
禁 13 ⑤ 797

ギンじる
吟 7 常 201

く

ク
九 2 ① 34
久 3 ⑤ 31
口 3 ① 186
工 3 ② 334
公 4 ② 106
区 4 ③ 159
功 5 ④ 145
句 5 ⑤ 189
供 8 ⑥ 75
苦 8 ③ 389
狗 8 外 720
紅 9 ⑥ 839
宮 10 ③ 299
庫 10 ③ 357
矩 10 人 782
貢 10 常 977
駆 14 常 1087
駈 15 人 1087

グ
具 8 ③ 111
倶 10 人 83
貢 10 常 977
惧 11 常 468
愚 13 常 475
虞 13 常 912

くい
杭 8 人 586

くいる
悔 9 常 462
悔 10 人 462

クウ
空 8 ① 811
腔 12 人 893

くう
食 9 ② 1079
喰 12 人 215

グウ
宮 10 ③ 299
偶 11 常 89
寓 12 人 304
遇 12 常 425
隅 12 常 445

くき
茎 8 常 390

くぎ
釘 10 人 1024

くさ
草 9 ① 392

ぐさ
草 9 ① 392

くさい
臭 9 常 901
臭 10 人 901

くさび
楔 13 外 609

くさむら
叢 18 人 185

くさらす
腐 14 常 893

くさり
鎖 18 常 1033

くさる
腐 14 常 893

くされる
腐 14 常 893

くし
串 7 常 27
櫛 19 人 618

くじく
挫 10 常 507

くじける
挫 10 常 507

くじら
鯨 19 常 1100

くしろ
釧 11 人 1024

くす
楠 13 人 609
樟 15 人 614

くず
屑 10 人 324
葛 12 常 398

くずす
崩 11 常 332

くすのき
楠 13 人 609

くすり
薬 16 ③ 405
藥 18 人 405

ぐすり
薬 16 ③ 405
藥 18 人 405

くずれる
崩 11 常 332

くせ
癖 18 常 756

くそ
糞 17 外 836

くだ
管 14 ④ 828

くだく
砕 9 常 785
碎 13 人 785

くだける
砕 9 常 785
碎 13 人 785

音訓
あいうえお
かきくけこ
さしすせそ
たちつてと
なにぬねの
はひふへほ
まみむめも
や
ゆ
よ
らりるれろ
わ
を
ん

読み	画数	漢字	区分	ページ
くださる	3	下	1	9
くだす	3	下	1	9
くだる	3	下	1	9
くち	3	口	1	186
ぐち	3	口	1	186
くちびる	10	唇	常	210
くちる	6	朽	常	582
クツ	8	屈	常	323
	11	掘	常	509
	13	窟	常	814
くつ	8	沓	人	652
	13	靴	常	1063
くつがえす	18	覆	常	934
くつがえる	18	覆	常	934
クッする	8	屈	常	323
くに	7	邑	人	434
	8	国	2	225
	11	國	人	225
ぐに	8	国	2	225
	11	國	人	225
くばる	10	配	3	1010
くび	9	首	2	1084
くぼ	14	窪	人	814
くぼむ	14	窪	人	814
くま	12	隈	人	447
	14	熊	4	705
ぐま	14	熊	4	705
くみ	11	組	2	847
ぐみ	11	組	2	847
くむ	7	汲	人	650
	10	酌	常	1009
	11	組	2	847
くも	12	雲	2	1052
ぐも	12	雲	2	1052
くもる	16	曇	常	564
くやしい	9	悔	常	462
	10	悔	人	462
くやむ	9	悔	常	462
	10	悔	人	462
くら	10	倉	4	86
	10	庫	3	357
	15	蔵	6	403
	15	鞍	人	1064
	18	藏	人	403
ぐら	10	倉	4	86
	15	蔵	6	403
	18	藏	人	403
くらい	7	位	4	66
くらい	8	昏	人	550
	13	蒙	人	401
	13	暗	3	561
ぐらい	7	位	4	66
くらう	9	食	2	1079
	12	喰	人	215
くらす	14	暮	6	562
くらべる	4	比	5	635
くり	10	栗	人	600
くりや	12	厨	人	176
くる	7	来	2	585
	7	来	2	585
	19	繰	常	864
くるう	7	狂	常	720
くるおしい	7	狂	常	720
くるしい	8	苦	3	389
くるしむ	8	苦	3	389
くるしめる	8	苦	3	389
くるま	7	車	1	997
ぐるま	7	車	1	997
くれない	9	紅	6	839
くれる	14	暮	6	562
くろ	11	黒	2	1108
	12	黑	人	1108
	15	黎	人	1110
くろい	11	黒	2	1108
	12	黑	人	1108
	15	黎	人	1110
くわ	10	桑	常	599
	17	鍬	人	1032
くわえる	5	加	4	145
くわしい	13	詳	常	954
くわだてる	6	企	常	61
くわわる	5	加	4	145
クン	7	君	3	201
	10	訓	4	947
	15	勲	常	154
	16	勳	人	154
	16	薫	常	403
	17	薰	人	403
グン	9	軍	4	998
	10	郡	4	435
	13	群	4	868

け

読み	画数	漢字	区分	ページ
ケ	4	化	3	156
	6	仮	5	59
	6	気	1	640
	8	卦	外	169
	10	家	2	297
	10	華	常	395
	10	氣	人	640
	11	袈	人	926
	12	稀	人	805
	20	懸	常	482
け	4	毛	2	636
ゲ	3	下	1	9
	4	牙	常	713
	5	外	2	252
	6	気	1	640
	10	夏	2	251
	10	家	2	297
	10	華	常	395
	10	氣	人	640
	13	碍	外	788
	13	解	5	942
げ	4	毛	2	636
ケイ	5	兄	2	98
	6	刑	常	130
	6	圭	人	230
	7	形	2	371
	7	系	6	838
	8	京	2	47
	8	径	4	375
	8	茎	常	390
	9	係	3	77
	9	勁	人	149
	9	型	5	234
	9	奎	人	269
	9	契	常	269
	9	計	2	945
	10	恵	常	463
	10	桂	人	597
	11	啓	常	212
	11	掲	常	509
	11	渓	常	671
	11	経	5	844
	11	蛍	常	914
	12	卿	人	173
	12	惠	人	463
	12	揭	人	509
	12	敬	6	529
	12	景	4	558
	12	軽	3	1001
	13	傾	常	93
	13	携	常	517
	13	継	常	852
	13	詣	常	952
	14	境	5	243
	15	慶	常	478
	15	慧	人	479
	15	憬	常	480
	15	稽	常	808
	16	憩	常	480
	19	繋	人	864
	19	警	6	968

音訓
あいうえお
かきくけこ
さしすせそ
たちつてと
なにぬねの
はひふへほ
まみむめも
や
ゆ
よ
らりるれろ
わ
を
ん

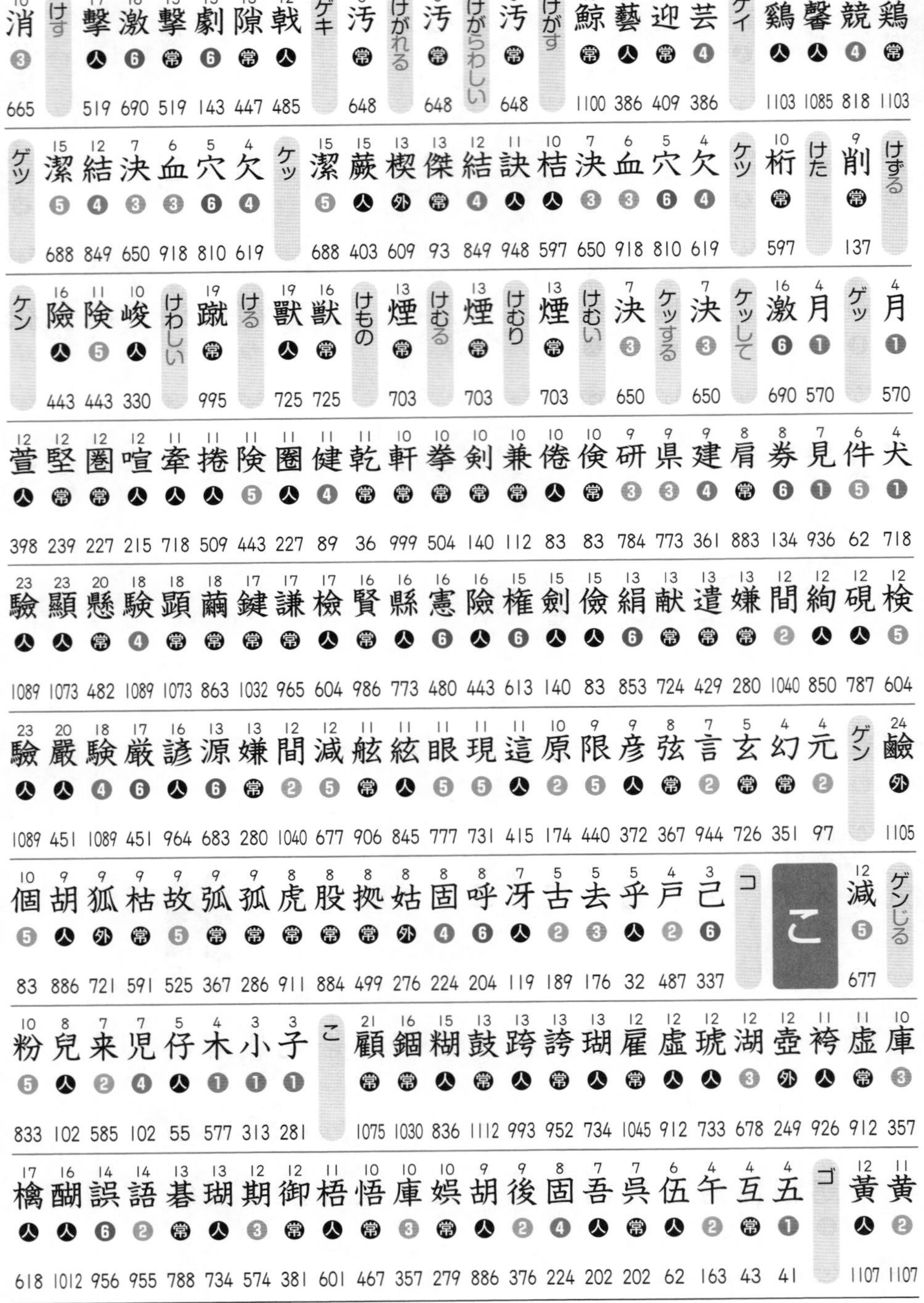

読み	画数	漢字	区分	ページ
（ケイ）	19	鶏	常	1103
	20	競	4	818
	20	馨	人	1085
	21	鷄	人	1103
ゲイ	7	芸	4	386
	7	迎	常	409
	18	藝	人	386
	19	鯨	常	1100
けがす	6	汚	常	648
けがらわしい	6	汚	常	648
けがれる	6	汚	常	648
ゲキ	12	戟	人	485
	13	隙	常	447
	15	劇	6	143
	15	撃	常	519
	16	激	6	690
	17	擊	人	519
けす	10	消	3	665
けずる	9	削	常	137
けた	10	桁	常	597
ケツ	4	欠	4	619
	5	穴	6	810
	6	血	3	918
	7	決	3	650
	10	桔	人	597
	11	訣	人	948
	12	結	4	849
	13	傑	常	93
	13	楔	外	609
	15	蕨	人	403
	15	潔	5	688
ケッ	4	欠	4	619
	5	穴	6	810
	6	血	3	918
	7	決	3	650
	12	結	4	849
	15	潔	5	688
ゲツ	4	月	1	570
ゲッ	4	月	1	570
	16	激	6	690
ケッして	7	決	3	650
ケッする	7	決	3	650
けむい	13	煙	常	703
けむり	13	煙	常	703
けむる	13	煙	常	703
けもの	16	獣	常	725
	19	獸	人	725
ける	19	蹴	常	995
けわしい	10	峻	人	330
	11	険	5	443
	16	險	人	443
ケン	4	犬	1	718
	6	件	5	62
	7	見	1	936
	8	券	6	134
	8	肩	常	883
	9	建	4	361
	9	県	3	773
	9	研	3	784
	10	倹	常	83
	10	倦	人	83
	10	兼	常	112
	10	剣	常	140
	10	拳	常	504
	10	軒	常	999
	11	乾	常	36
	11	健	4	89
	11	圈	人	227
	11	険	5	443
	11	捲	人	509
	11	牽	人	718
	12	喧	人	215
	12	圏	常	227
	12	堅	常	239
	12	萱	人	398
	12	検	5	604
	12	硯	人	787
	12	絢	人	850
	12	間	2	1040
	13	嫌	常	280
	13	遣	常	429
	13	献	常	724
	13	絹	6	853
	15	儉	人	83
	15	劍	人	140
	15	権	6	613
	16	險	人	443
	16	憲	6	480
	16	縣	人	773
	16	賢	常	986
	17	檢	人	604
	17	謙	常	965
	17	鍵	常	1032
	18	繭	常	863
	18	顕	常	1073
	18	験	4	1089
	20	懸	常	482
	23	顯	人	1073
	23	驗	人	1089
	24	鹼	外	1105
ゲン	4	元	2	97
	4	幻	常	351
	5	玄	常	726
	7	言	2	944
	8	弦	常	367
	9	彦	人	372
	9	限	5	440
	10	原	2	174
	11	這	人	415
	11	現	5	731
	11	眼	5	777
	11	絃	人	845
	11	舷	常	906
	12	減	5	677
	12	間	2	1040
	13	嫌	常	280
	13	源	6	683
	16	諺	人	964
	17	厳	6	451
	18	験	4	1089
	20	嚴	人	451
	23	驗	人	1089
ゲンじる	12	減	5	677

こ

読み	画数	漢字	区分	ページ
コ	3	己	6	337
	4	戸	2	487
	5	乎	人	32
	5	去	3	176
	5	古	2	189
	7	冴	人	119
	8	呼	6	204
	8	固	4	224
	8	姑	外	276
	8	拠	常	499
	8	股	常	884
	8	虎	常	911
	9	孤	常	286
	9	弧	常	367
	9	故	5	525
	9	枯	常	591
	9	狐	外	721
	9	胡	人	886
	10	個	5	83
	10	庫	3	357
	11	虚	常	912
	11	袴	人	926
	12	壺	外	249
	12	湖	3	678
	12	琥	人	733
	12	虛	人	912
	12	雇	常	1045
	13	瑚	人	734
	13	誇	常	952
	13	跨	人	993
	13	鼓	常	1112
	15	糊	人	836
	16	錮	常	1030
	21	顧	常	1075
こ	3	子	1	281
	3	小	1	313
	4	木	1	577
	5	仔	人	55
	7	児	4	102
	7	来	2	585
	8	兒	人	102
	10	粉	5	833
	11	黄	2	1107
	12	黃	人	1107
ゴ	4	五	1	41
	4	互	常	43
	4	午	2	163
	6	伍	人	62
	7	呉	常	202
	7	吾	人	202
	8	固	4	224
	9	後	2	376
	9	胡	人	886
	10	娯	常	279
	10	庫	3	357
	10	悟	常	467
	11	梧	人	601
	12	御	常	381
	12	期	3	574
	13	瑚	人	734
	13	碁	常	788
	14	語	2	955
	14	誤	6	956
	16	醐	人	1012
	17	檎	人	618

護 20 ⑤ 969

ご
子 3 ① 281 / 児 7 ④ 102 / 兒 8 人 102

こい
恋 10 常 465 / 鯉 18 人 1100

こい
来 7 ② 585 / 濃 16 常 691

こいしい
恋 10 常 465

コウ
口 3 ① 186 / 工 3 ② 334 / 公 4 ② 106 / 勾 4 常 154 / 孔 4 常 282 / 功 5 ④ 145 / 叩 5 外 190 / 巧 5 常 335 / 広 5 ② 353 / 弘 5 人 366
甲 5 常 743 / 亘 6 人 43 / 亙 6 人 43 / 交 6 ② 46 / 仰 6 常 62 / 光 6 ② 99 / 向 6 ③ 195 / 后 6 ⑥ 195 / 好 6 ④ 273 / 江 6 常 649 / 考 6 ② 872 / 行 6 ② 920 / 坑 7 常 233 / 孝 7 ⑥ 283 / 宏 7 人 290 / 抗 7 常 495 / 攻 7 常 524 / 更 7 常 566 / 肛 7 外 883 / 効 8 ⑤ 149 / 幸 8 ③ 350 / 庚 8 人 355 / 拘 8 常 500 / 昂 8 人 550
昊 8 人 550 / 杭 8 人 586 / 肯 8 常 884 / 肴 8 人 884 / 侯 9 常 78 / 厚 9 ⑤ 173 / 巷 9 人 339 / 後 9 ② 376 / 荒 9 常 392 / 郊 9 常 435 / 恒 9 常 463 / 恆 9 人 463 / 恰 9 人 464 / 洪 9 常 661 / 洸 9 人 662 / 狡 9 外 721 / 皇 9 ⑥ 763 / 紅 9 ⑥ 839 / 香 9 ④ 1085 / 候 10 ④ 84 / 倖 10 人 84 / 降 10 ⑥ 441 / 晃 10 人 556 / 晄 10 人 556
格 10 ⑤ 595 / 校 10 ① 597 / 浩 10 人 665 / 紘 10 人 840 / 耕 10 ⑤ 874 / 耗 10 常 875 / 胱 10 外 889 / 航 10 ⑤ 906 / 貢 10 常 977 / 高 10 ② 1092 / 寇 11 外 301 / 康 11 ④ 358 / 控 11 常 509 / 梗 11 常 601 / 皐 11 人 764 / 紺 11 常 845 / 黄 11 ② 1107 / 喉 12 常 215 / 慌 12 常 475 / 港 12 ③ 678 / 皓 12 人 764 / 硬 12 常 787 / 絞 12 常 850 / 腔 12 人 893
蛤 12 外 915 / 項 12 常 1067 / 黃 12 人 1107 / 幌 13 人 346 / 溝 13 常 683 / 滉 13 人 683 / 煌 13 人 704 / 鉱 13 ⑤ 1025 / 敲 14 外 523 / 構 14 ⑤ 610 / 綱 14 常 854 / 膏 14 人 896 / 酵 14 常 1011 / 閤 14 人 1043 / 廣 15 人 353 / 稿 15 常 808 / 縞 16 人 861 / 興 16 ⑤ 903 / 衡 16 常 923 / 鋼 16 ⑥ 1030 / 藁 17 人 406 / 糠 17 外 836 / 講 17 ⑤ 966 / 購 17 常 986
鴻 17 人 1103

こう
神 9 ③ 794 / 神 10 人 794

こう
乞 3 常 34 / 恋 10 常 465 / 請 15 常 961

ゴウ
号 5 ③ 190 / 后 6 ⑥ 195 / 合 6 ② 195 / 劫 7 人 146 / 拷 9 常 505 / 剛 10 常 140 / 強 11 ② 368 / 郷 11 ⑥ 436 / 傲 13 常 93 / 業 13 ③ 608 / 豪 14 常 974 / 壕 17 人 246 / 轟 21 人 1005

こうじ
麹 19 外 1021

コウじる
講 17 ⑤ 966

ゴウする
号 5 ③ 190

こうむる
被 10 常 926 / 蒙 13 人 401

こえ
声 7 ② 247 / 肥 8 ⑤ 884

ごえ
声 7 ② 247 / 肥 8 ⑤ 884

こえる
肥 8 ⑤ 884 / 越 12 常 991 / 超 12 常 991

コー
珈 9 人 729

こおり
氷 5 ③ 646

ごおり
氷 5 ③ 646

こおる
凍 10 常 120

こがす
焦 12 常 699

こがれる
焦 12 常 699

コク
石 5 ① 783 / 克 7 常 101 / 告 7 ⑤ 202 / 谷 7 ② 971 / 刻 8 ⑥ 134 / 国 8 ② 225 / 國 11 人 225 / 黒 11 ② 1108 / 黑 12 人 1108 / 穀 14 ⑥ 806 / 酷 14 常 1012 / 榖 15 人 806

こぐ
漕 14 人 687

ゴク
石 5 ① 783 / 国 8 ② 225 / 國 11 人 225 / 極 12 ④ 602 / 獄 14 常 725

こけ
苔 8 人 391

こげる
焦 12 常 699

ここ
此 6 人 625

こごえる
凍 10 常 120

ここの
九 2 ① 34

ここのつ
九 2 ① 34

こころ
心 4 ② 452

ごころ
心 4 ② 452

こころざし
志 7 ⑤ 455

こころざす
志 7 ⑤ 455

こころみる
試 13 ④ 953

読み	漢字	画数	区分	ページ
こころよい	快	7	⑤	456
こし	腰	13	常	896
	輿	17	人	1005
ごし	腰	13	常	896
こじれる	拗	8	外	503
こす	越	12	常	991
	超	12	常	991
こすい	狡	9	外	721
こずえ	梢	11	人	601
こたえ	答	12	②	825
こたえる	応	7	⑤	454
	答	12	②	825
	應	17	人	454
コツ	忽	8	人	457
	骨	10	⑥	1090
	惚	11	人	468
	滑	13	常	682
コッ	刻	8	⑥	134
	国	8	②	225
	骨	10	⑥	1090
	國	11	人	225
	酷	14	常	1012
ゴッ	極	12	④	602
こと	言	7	②	944
	事	8	③	39
	殊	10	常	630
	異	11	⑥	748
	琴	12	常	733
ごと	言	7	②	944
	事	8	③	39
ことごとく	悉	11	人	467
ことなる	異	11	⑥	748
ことば	詞	12	⑥	950
ことぶき	寿	7	常	307
	壽	14	人	307
ことわざ	諺	16	人	964
ことわる	断	11	⑤	537
こな	粉	10	⑤	833
こない	来	7	②	585
この	此	6	人	625
	斯	12	人	539
このむ	好	6	④	273
こばむ	拒	8	常	499
こぶし	拳	10	常	504
こぼす	溢	13	人	682
こぼつ	毀	13	常	632
こま	駒	15	常	1088
ごま	駒	15	常	1088
こまか	細	11	②	845
こまかい	細	11	②	845
こまる	困	7	⑥	223
こむ	込	5	常	408
	混	11	⑤	671
こめ	米	6	②	832
ごめ	米	6	②	832
こめる	込	5	常	408
こもる	籠	22	常	832
こやし	肥	8	⑤	884
こやす	肥	8	⑤	884
こよみ	暦	14	常	563
	曆	16	人	563
こらしめる	懲	18	常	482
	懲	19	人	482
こらす	凝	16	常	120
	懲	18	常	482
	懲	19	人	482
こりる	懲	18	常	482
	懲	19	人	482
こる	凝	16	常	120
これ	之	3	人	28
	此	6	人	625
	惟	11	人	468
ころ	頃	11	常	1066
ごろ	頃	11	常	1066
ころがす	転	11	③	1000
	轉	18	人	1000
ころがる	転	11	③	1000
	轉	18	人	1000
ころげる	転	11	③	1000
	轉	18	人	1000
ごろし	殺	10	⑤	631
ころす	殺	10	⑤	631
ころぶ	転	11	③	1000
	轉	18	人	1000
ころも	衣	6	④	923
ごろも	衣	6	④	923
こわ	声	7	②	247
こわい	怖	8	常	462
こわす	壊	16	常	245
	壞	19	人	245
こわれる	壊	16	常	245
	壞	19	人	245
コン	今	4	②	52
	艮	6	外	908
	困	7	⑥	223
	坤	8	外	234
	昆	8	常	550
	昏	8	人	550
	金	8	①	1022
	建	9	④	361
	恨	9	常	464
	根	10	③	598
	婚	11	常	279
	混	11	⑤	671
	痕	11	常	754
	紺	11	常	845
	渾	12	人	678
	献	13	常	724
	魂	14	常	1096
	墾	16	常	245
	懇	17	常	481
ゴン	艮	6	外	908
	言	7	②	944
	金	8	①	1022
	勤	12	⑥	152
	勤	13	人	152
	権	15	⑥	613
	厳	17	⑥	451
	嚴	20	人	451

さ

読み	漢字	画数	区分	ページ
サ	叉	3	人	179
	左	5	①	335
	再	6	⑤	116
	佐	7	④	67
	作	7	②	67
	沙	7	常	651
	些	8	人	44
	茶	9	②	393
	査	9	⑤	591
	砂	9	⑥	785
	唆	10	常	210
	差	10	④	336
	紗	10	人	840
	詐	12	常	950
	嵯	13	人	332
	蓑	13	人	400
	裟	13	人	928
	瑳	14	人	734
	鎖	18	常	1033
ザ	坐	7	人	233
	座	10	⑥	357
	挫	10	常	507
サイ	才	3	②	493
	切	4	②	127
	再	6	⑤	116
	西	6	②	933
	災	7	⑤	695
	妻	8	⑤	276
	采	8	常	709
	斉	8	常	1061

音訓

読み	漢字	画数	区分	ページ
	哉	9	人	209
	砕	9	常	785
	宰	10	常	299
	晒	10	人	556
	栽	10	常	598
	柴	10	人	599
	殺	10	⑤	631
	財	10	⑤	977
	彩	11	常	372
	菜	11	④	396
	採	11	⑤	510
	済	11	⑥	671
	砦	11	人	787
	祭	11	③	796
	細	11	②	845
	斎	11	常	1061
	最	12	④	568
	犀	12	人	718
	裁	12	⑥	926
	債	13	常	93
	催	13	常	93
	塞	13	常	241
	歳	13	常	627
	碎	13	人	785
	載	13	常	1003
	際	14	⑤	448
	齊	14	人	1061
さい	埼	11	④	237
ザイ	才	3	②	493
	在	6	⑤	230
	西	6	②	933
	材	7	④	583
	剤	10	常	140
	財	10	⑤	977
	菜	11	④	396
	済	11	⑥	671
	罪	13	⑤	819
	際	14	⑤	448
さいわい	幸	8	③	350
	倖	10	人	84
さえぎる	遮	14	常	430
さえる	冴	7	人	119
さお	竿	9	人	822
さか	坂	7	③	233
	阪	7	④	438
	逆	9	⑤	411
	酒	10	③	1009
	酒	10	③	1009
ざか	坂	7	③	233
さかい	堺	12	人	238
	境	14	⑤	243
ざかい	境	14	⑤	243
さかえる	栄	9	④	590
	榮	14	人	590
さかき	榊	14	人	611
さがす	捜	10	常	508
	探	11	⑥	513
	搜	12	人	508
さかずき	杯	8	常	588
	盃	9	人	588
さかな	肴	8	人	884
	魚	11	②	1098
ざかな	魚	11	②	1098
さかのぼる	遡	13	許	430
	遡	14	常	430
さからう	逆	9	⑤	411
ざかり	盛	11	⑥	766
さかる	盛	11	⑥	766
さがる	下	3	①	9
さかん	昌	8	人	551
	盛	11	⑥	766
さき	先	6	①	100
	埼	11	④	237
	崎	11	④	331
さぎ	鷺	24	人	1105
ざき	埼	11	④	237
	崎	11	④	331
さきがけ	魁	14	人	1096
サク	冊	5	⑥	116
	作	7	②	67
	削	9	常	137
	昨	9	④	553
	柵	9	常	592
	朔	10	人	572
	窄	10	人	813
	索	10	常	840
	策	12	⑥	824
	酢	12	常	1011
	搾	13	常	517
	錯	16	常	1031
さく	咲	9	常	209
	割	12	⑥	142
	裂	12	常	928
ザク	冊	5	⑥	116
さくら	桜	10	⑤	595
	櫻	21	人	595
ざくら	桜	10	⑤	595
	櫻	21	人	595
さぐる	探	11	⑥	513
さけ	酒	10	③	1009
	鮭	17	外	1099
ざけ	酒	10	③	1009
さげすむ	蔑	14	常	402
さけぶ	叫	6	常	195
さける	裂	12	常	928
	避	16	常	433
さげる	下	3	①	9
	提	12	⑤	516
ささ	笹	11	人	823
ささえる	支	4	⑤	522
ささげる	捧	11	人	515
さざなみ	漣	14	人	688
ささる	刺	8	常	135
さじ	匙	11	外	157
さす	刺	8	常	135
	指	9	③	505
	差	10	④	336
	挿	10	常	508
さずかる	授	11	⑤	511
さずける	授	11	⑤	511
さそう	誘	14	常	959
さそり	蠍	19	外	917
さだか	定	8	③	294
さだまる	定	8	③	294
さだめる	定	8	③	294
さち	幸	8	③	350
サツ	冊	5	⑥	116
	札	5	④	578
	刷	8	④	135
	刹	8	常	135
	拶	9	常	505
	殺	10	⑤	631
	察	14	④	305
	颯	14	人	1078
	撮	15	常	519
	撒	15	人	519
	薩	17	人	406
	擦	17	常	521
サッ	冊	5	⑥	116
	札	5	④	578
	早	6	①	548
	作	7	②	67
	刷	8	④	135
	昨	9	④	553
	殺	10	⑤	631
	察	14	④	305
	擦	17	常	521
ザツ	雑	14	⑤	1047
	雜	18	人	1047
ザッ	雑	14	⑤	1047
	雜	18	人	1047
サッする	察	14	④	305
さと	里	7	②	1014
ざと	里	7	②	1014
さとい	怜	8	人	462

あいうえお / かきくけこ / さしすせそ / たちつてと / なにぬねの / はひふへほ / まみむめも / や ゆ よ / らりるれろ / わ を ん

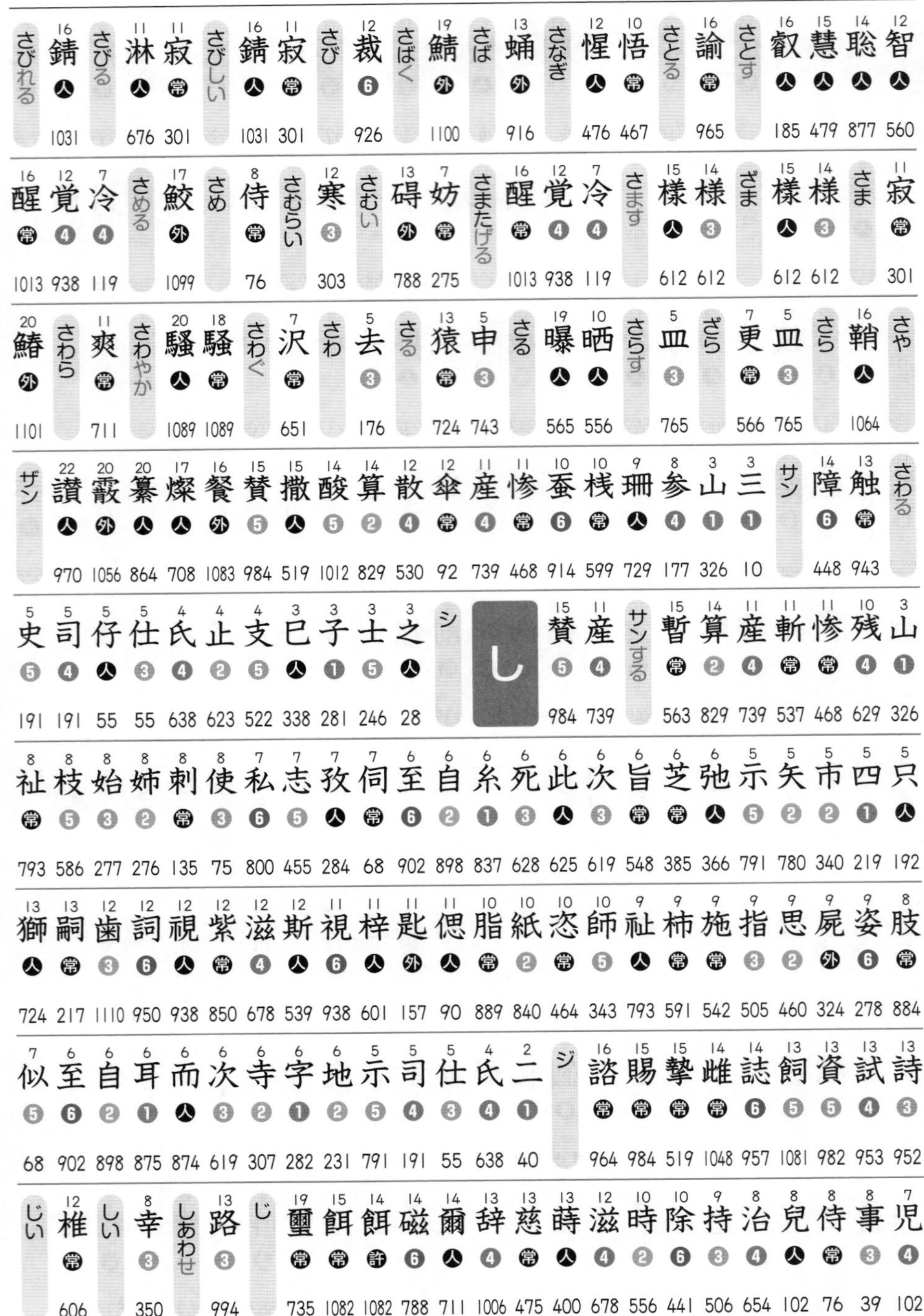

（さと）
- 智 12 人 560
- 聡 14 人 877
- 慧 15 人 479
- 叡 16 人 185

さとす
- 諭 16 常 965

さとる
- 悟 10 常 467
- 惺 12 人 476

さなぎ
- 蛹 13 外 916

さば
- 鯖 19 外 1100

さばく
- 裁 12 ⑥ 926

さび
- 寂 11 常 301
- 錆 16 人 1031

さびしい
- 寂 11 常 301
- 淋 11 人 676

さびる
- 錆 16 人 1031

さびれる
- 寂 11 常 301

さま
- 様 14 ③ 612
- 樣 15 人 612

ざま
- 様 14 ③ 612
- 樣 15 人 612

さます
- 冷 7 ④ 119
- 覚 12 ④ 938
- 醒 16 常 1013

さまたげる
- 妨 7 常 275
- 碍 13 外 788

さむい
- 寒 12 ③ 303

さむらい
- 侍 8 常 76

さめ
- 鮫 17 外 1099

さめる
- 冷 7 ④ 119
- 覚 12 ④ 938
- 醒 16 常 1013

さや
- 鞘 16 人 1064

さら
- 皿 5 ③ 765
- 更 7 常 566

ざら
- 皿 5 ③ 765

さらす
- 晒 10 人 556
- 曝 19 人 565

さる
- 申 5 ③ 743
- 猿 13 常 724

さる
- 去 5 ③ 176

さわ
- 沢 7 常 651

さわぐ
- 騒 18 常 1089
- 騷 20 人 1089

さわやか
- 爽 11 常 711

さわら
- 鰆 20 外 1101

さわる
- 触 13 常 943
- 障 14 ⑥ 448

サン
- 三 3 ① 10
- 山 3 ① 326
- 参 8 ④ 177
- 珊 9 人 729
- 桟 10 常 599
- 蚕 10 ⑥ 914
- 惨 11 常 468
- 産 11 ④ 739
- 傘 12 常 92
- 散 12 ④ 530
- 算 14 ② 829
- 酸 14 ⑤ 1012
- 撒 15 人 519
- 賛 15 ⑤ 984
- 餐 16 外 1083
- 燦 17 人 708
- 纂 20 人 864
- 霰 20 外 1056
- 讃 22 人 970

ザン
- 山 3 ① 326
- 残 10 ④ 629
- 惨 11 常 468
- 斬 11 常 537
- 産 11 ④ 739
- 算 14 ② 829
- 暫 15 常 563

サンする
- 産 11 ④ 739
- 賛 15 ⑤ 984

し

シ
- 之 3 人 28
- 士 3 ⑤ 246
- 子 3 ① 281
- 巳 3 人 338
- 支 4 ⑤ 522
- 止 4 ② 623
- 氏 4 ④ 638
- 仕 5 ③ 55
- 仔 5 人 55
- 司 5 ④ 191
- 史 5 ⑤ 191
- 只 5 人 192
- 四 5 ① 219
- 市 5 ② 340
- 矢 5 ② 780
- 示 5 ⑤ 791
- 弛 6 人 366
- 芝 6 常 385
- 旨 6 常 548
- 次 6 ③ 619
- 此 6 人 625
- 死 6 ③ 628
- 糸 6 ① 837
- 自 6 ② 898
- 至 6 ⑥ 902
- 伺 7 常 68
- 孜 7 人 284
- 志 7 ⑤ 455
- 私 7 ⑥ 800
- 使 8 ③ 75
- 刺 8 常 135
- 姉 8 ② 276
- 始 8 ③ 277
- 枝 8 ⑤ 586
- 祉 8 常 793
- 肢 8 常 884
- 姿 9 ⑥ 278
- 屍 9 外 324
- 思 9 ② 460
- 指 9 ③ 505
- 施 9 常 542
- 柿 9 常 591
- 祉 9 人 793
- 師 10 ⑤ 343
- 恣 10 常 464
- 紙 10 ② 840
- 脂 10 常 889
- 偲 11 人 90
- 匙 11 外 157
- 梓 11 人 601
- 視 11 ⑥ 938
- 斯 12 人 539
- 滋 12 ④ 678
- 紫 12 常 850
- 視 12 人 938
- 詞 12 ⑥ 950
- 歯 12 ③ 1110
- 嗣 13 常 217
- 獅 13 人 724
- 詩 13 ③ 952
- 試 13 ④ 953
- 資 13 ⑤ 982
- 飼 13 ⑤ 1081
- 誌 14 ⑥ 957
- 雌 14 常 1048
- 摯 15 常 519
- 賜 15 常 984
- 諮 16 常 964

ジ
- 二 2 ① 40
- 氏 4 ④ 638
- 仕 5 ③ 55
- 司 5 ④ 191
- 示 5 ⑤ 791
- 地 6 ② 231
- 字 6 ① 282
- 寺 6 ② 307
- 次 6 ③ 619
- 而 6 人 874
- 耳 6 ① 875
- 自 6 ② 898
- 至 6 ⑥ 902
- 似 7 ⑤ 68
- 児 7 ④ 102
- 事 8 ③ 39
- 侍 8 常 76
- 兒 8 人 102
- 治 8 ④ 654
- 持 9 ③ 506
- 除 10 ⑥ 441
- 時 10 ② 556
- 滋 12 ④ 678
- 蒔 13 人 400
- 慈 13 常 475
- 辞 13 ④ 1006
- 爾 14 人 711
- 磁 14 ⑥ 788
- 餌 14 許 1082
- 餌 15 常 1082
- 璽 19 常 735

じ
- 路 13 ③ 994

しあわせ
- 幸 8 ③ 350

しい
- 椎 12 常 606

じい

（…）爺 13 外 711

しいたげる　虐 9 常 911

しいる　強 11 ② 368

しお　汐 6 人 649　塩 13 ④ 241　潮 15 ⑥ 690

じお　塩 13 ④ 241

しおり　栞 10 人 596

しか　鹿 11 ④ 1105

じか　鹿 11 ④ 1105

しかして　而 6 人 874

しかばね　屍 9 外 324

しかる　叱 5 常 192

しかるに　而 6 人 874

シキ　式 6 ③ 364　色 6 ② 910　織 18 ⑤ 863　識 19 ⑤ 968

ジキ　色 6 ② 910　直 8 ② 771　食 9 ② 1079

しきりに　頻 17 常 1071

しく　敷 15 常 532

ジク　宍 7 外 290　竺 8 人 822　軸 12 常 1003

しげる　茂 8 常 392　蕃 15 人 403　繁 16 常 861　繁 17 人 861

しし　宍 7 外 290

じじ　爺 13 外 711

しじみ　蜆 13 外 916

しず　静 14 ④ 1059　靜 16 人 1059

しずか　静 14 ④ 1059　靜 16 人 1059

しずく　雫 11 人 1051　滴 14 常 687

しずまる　静 14 ④ 1059　靜 16 人 1059　鎮 18 常 1033　鎭 18 人 1033

しずむ　沈 7 常 652

しずめる　沈 7 常 652　静 14 ④ 1059　靜 16 人 1059　鎮 18 常 1033　鎭 18 人 1033

シする　資 13 ⑤ 982

ジする　持 9 ③ 506　辞 13 ④ 1006

した　下 3 ① 9　舌 6 ⑥ 904

したう　慕 14 常 478

したがう　従 10 ⑥ 379　從 11 人 379　随 12 常 445

したがえる　従 10 ⑥ 379　從 11 人 379

したしい　親 16 ② 939

したしむ　親 16 ② 939

したたる　滴 14 常 687

シチ　七 2 ① 7　質 15 ⑤ 984

ジチ　質 15 ⑤ 984

シツ　叱 5 常 192　失 5 ④ 266　室 9 ② 296　疾 10 常 753　執 11 常 237　悉 11 人 467　湿 12 常 679　嫉 13 常 281　漆 14 常 686　質 15 ⑤ 984　濕 17 人 679　櫛 19 人 618

シッ　七 2 ① 7　失 5 ④ 266　執 11 常 237　質 15 ⑤ 984

ジツ　日 4 ① 545　実 8 ③ 291　實 14 人 291

ジッ　十 2 ① 160　実 8 ③ 291　實 14 人 291

シッする　失 5 ④ 266

しな　品 9 ③ 209

じに　死 6 ③ 628

しぬ　死 6 ③ 628

しの　篠 17 人 831

しのぐ　凌 10 人 120

しのばせる　忍 7 常 456

しのぶ　忍 7 常 456　偲 11 人 90

しば　芝 6 常 385　柴 10 人 599

しばらく　暫 15 常 563

しばる　縛 16 常 861

しぶ　渋 11 常 672　澁 15 人 672

しぶい　渋 11 常 672　澁 15 人 672

しぶる　渋 11 常 672　澁 15 人 672

しぼる　絞 12 常 850　搾 13 常 517

しま　島 10 ③ 330　嶋 14 人 330　縞 16 人 861

じま　島 10 ③ 330　嶋 14 人 330

しまる　閉 11 ⑥ 1038　絞 12 常 850　締 15 常 860

しみ　染 9 ⑥ 592

しみる　染 9 ⑥ 592

しめす　示 5 ⑤ 791　湿 12 常 679　濕 17 人 679

しめる　湿 12 常 679　濕 17 人 679

しめる　占 5 常 169　閉 11 ⑥ 1038　絞 12 常 850　締 15 常 860

しも　下 3 ① 9　霜 17 常 1056

じも　霜 17 常 1056

シャ　且 5 常 21　写 5 ③ 117　社 7 ② 792　車 7 ① 997　舎 8 ⑤ 76　社 8 人 792　者 8 ③ 873　柘 9 人 592　砂 9 ⑥ 785　者 9 人 873　射 10 ⑥ 311　紗 10 人 840　捨 11 ⑥ 510　斜 11 常 536　赦 11 常 988　煮 12 常 698　煮 13 人 698　遮 14 常 430

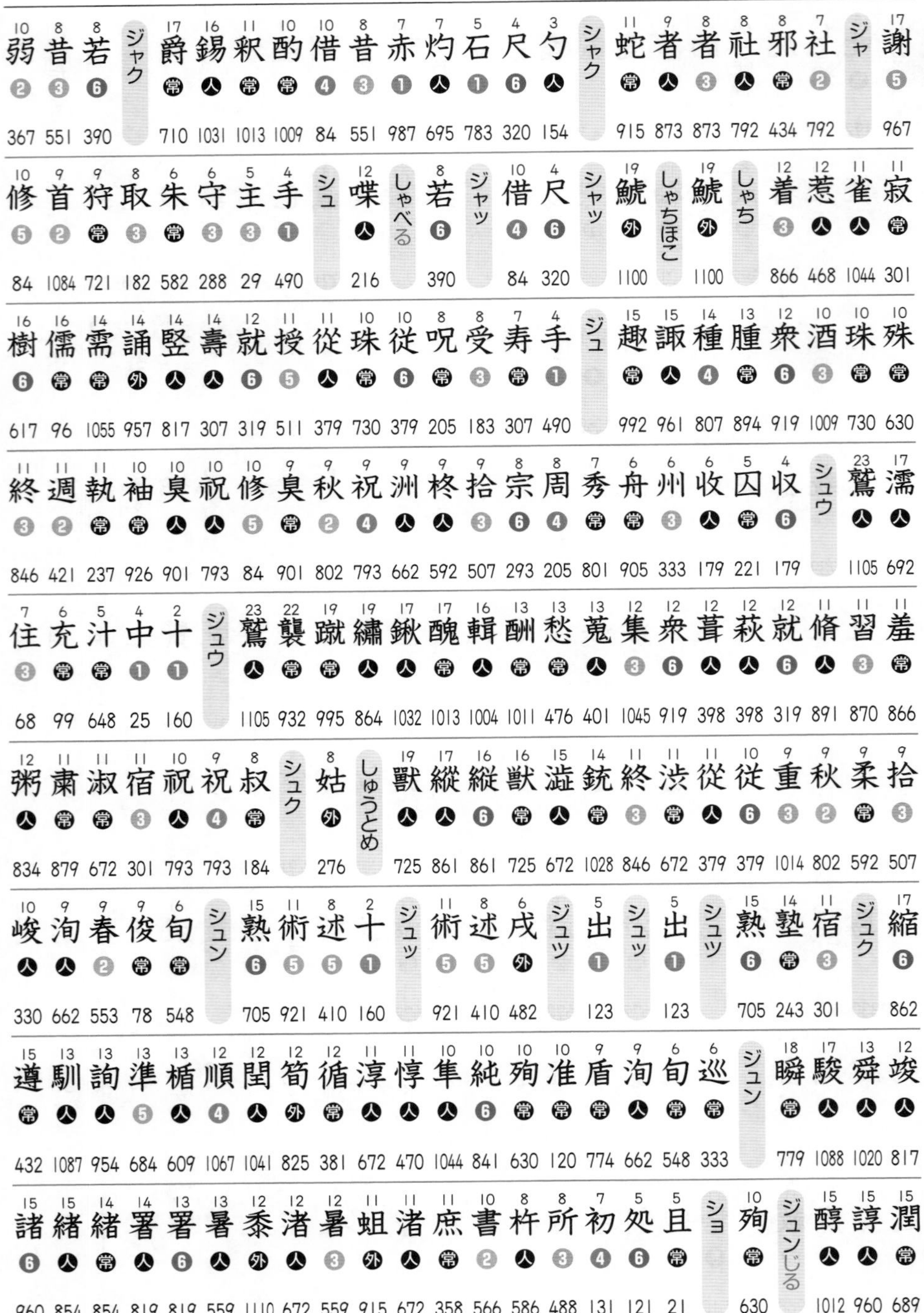

読み	漢字	画数	区分	ページ
	謝	17	⑤	967
ジャ	社	7	②	792
	邪	8	常	434
	社	8	人	792
	者	8	③	873
	者	9	人	873
	蛇	11	常	915
シャク	勺	3	人	154
	尺	4	⑥	320
	石	5	①	783
	灼	7	人	695
	赤	7	①	987
	昔	8	③	551
	借	10	④	84
	酌	10	常	1009
	釈	11	常	1013
	錫	16	人	1031
	爵	17	常	710
ジャク	若	8	⑥	390
	昔	8	③	551
	弱	10	②	367
	寂	11	常	301
	雀	11	人	1044
	惹	12	人	468
	着	12	③	866
しゃち	鯱	19	外	1100
しゃちほこ	鯱	19	外	1100
シャッ	尺	4	⑥	320
	借	10	④	84
ジャッ	若	8	⑥	390
しゃべる	喋	12	人	216
シュ	手	4	①	490
	主	5	③	29
	守	6	③	288
	朱	6	常	582
	取	8	③	182
	狩	9	常	721
	首	9	②	1084
	修	10	⑤	84
	殊	10	常	630
	珠	10	常	730
	酒	10	③	1009
	衆	12	⑥	919
	腫	13	常	894
	種	14	④	807
	諏	15	人	961
	趣	15	常	992
ジュ	手	4	①	490
	寿	7	常	307
	受	8	③	183
	呪	8	常	205
	従	10	⑥	379
	珠	10	常	730
	從	11	人	379
	授	11	⑤	511
	就	12	⑥	319
	壽	14	人	307
	竪	14	人	817
	誦	14	外	957
	需	14	常	1055
	儒	16	常	96
	樹	16	⑥	617
	濡	17	人	692
	鷲	23	人	1105
シュウ	収	4	⑥	179
	囚	5	常	221
	收	6	人	179
	州	6	③	333
	舟	6	常	905
	秀	7	常	801
	周	8	④	205
	宗	8	⑥	293
	拾	9	③	507
	柊	9	人	592
	洲	9	人	662
	祝	9	④	793
	秋	9	②	802
	臭	9	常	901
	修	10	⑤	84
	祝	10	人	793
	臭	10	人	901
	袖	10	常	926
	執	11	常	237
	週	11	②	421
	終	11	③	846
	羞	11	常	866
	習	11	③	870
	脩	11	人	891
	就	12	⑥	319
	萩	12	人	398
	葺	12	人	398
	衆	12	⑥	919
	集	12	③	1045
	蒐	13	人	401
	愁	13	常	476
	酬	13	常	1011
	輯	16	人	1004
	醜	17	常	1013
	鍬	17	人	1032
	繍	19	人	864
	蹴	19	常	995
	襲	22	常	932
	鷲	23	人	1105
ジュウ	十	2	①	160
	中	4	①	25
	汁	5	常	648
	充	6	常	99
	住	7	③	68
	拾	9	③	507
	柔	9	常	592
	秋	9	②	802
	重	9	③	1014
	従	10	⑥	379
	從	11	人	379
	渋	11	常	672
	終	11	③	846
	銃	14	常	1028
	澁	15	人	672
	獣	16	常	725
	縦	16	⑥	861
	縱	17	人	861
	獸	19	人	725
しゅうとめ	姑	8	外	276
シュク	叔	8	常	184
	祝	9	④	793
	祝	10	人	793
	宿	11	③	301
	淑	11	常	672
	粛	11	常	879
	粥	12	人	834
	縮	17	⑥	862
ジュク	宿	11	③	301
	塾	14	常	243
	熟	15	⑥	705
シュツ	出	5	①	123
シュッ	出	5	①	123
ジュツ	戌	6	外	482
	述	8	⑤	410
	術	11	⑤	921
ジュッ	十	2	①	160
	述	8	⑤	410
	術	11	⑤	921
	熟	15	⑥	705
シュン	旬	6	常	548
	俊	9	常	78
	春	9	②	553
	洵	9	人	662
	峻	10	人	330
	竣	12	人	817
	舜	13	人	1020
	駿	17	人	1088
	瞬	18	常	779
ジュン	巡	6	常	333
	旬	6	常	548
	洵	9	人	662
	盾	9	常	774
	准	10	常	120
	殉	10	常	630
	純	10	⑥	841
	隼	10	人	1044
	惇	11	人	470
	淳	11	人	672
	循	12	常	381
	筍	12	外	825
	閏	12	人	1041
	順	12	④	1067
	楯	13	人	609
	準	13	⑤	684
	詢	13	人	954
	馴	13	人	1087
	遵	15	常	432
	潤	15	常	689
	諄	15	人	960
	醇	15	人	1012
ジュンじる	殉	10	常	630
ショ	且	5	常	21
	処	5	⑥	121
	初	7	④	131
	所	8	③	488
	杵	8	人	586
	書	10	②	566
	庶	11	常	358
	渚	11	人	672
	蛆	11	外	915
	暑	12	③	559
	渚	12	人	672
	黍	12	外	1110
	暑	13	人	559
	署	13	⑥	819
	署	14	人	819
	緒	14	常	854
	緒	15	人	854
	諸	15	⑥	960

漢字	画数	区分	頁
諸	16	人	960
曙	17	人	564
ジョ			
女	3	1	272
如	6	常	274
汝	6	人	649
助	7	3	146
序	7	5	354
所	8	3	488
叙	9	常	184
徐	10	常	379
除	10	6	441
恕	10	人	464
書	10	2	566
敍	11	人	184
ショウ			
上	3	1	12
小	3	1	313
井	4	4	43
升	4	常	163
少	4	2	316
召	5	常	192
正	5	1	623
生	5	1	737
匠	6	常	158
庄	6	人	354
声	7	2	247
床	7	常	355
抄	7	常	495
肖	7	常	883
姓	8	常	277
尚	8	常	318
性	8	5	460
承	8	6	496
招	8	5	500
昇	8	常	550
昌	8	人	551
松	8	4	587
沼	8	常	655
青	8	1	1057
荘	9	常	393
政	9	5	526
昭	9	3	554
星	9	2	555
省	9	4	774
相	9	3	775
哨	10	人	210
宵	10	常	299
将	10	6	311
従	10	6	379
莊	10	人	393
消	10	3	665
涉	10	人	673
症	10	常	753
祥	10	常	796
称	10	常	803
秤	10	人	803
笑	10	4	822
商	11	3	212
唱	11	4	213
將	11	人	311
從	11	人	379
菖	11	人	397
捷	11	人	511
梢	11	人	601
渉	11	常	673
清	11	4	674
祥	11	人	796
章	11	3	816
笙	11	人	823
紹	11	常	847
訟	11	常	948
勝	12	3	152
掌	12	常	511
晶	12	常	559
湘	12	人	679
焼	12	4	699
焦	12	常	699
硝	12	常	788
粧	12	常	834
翔	12	人	871
装	12	6	927
証	12	5	950
詔	12	常	951
象	12	5	973
傷	13	6	94
奨	13	常	271
照	13	4	704
蛸	13	外	916
裝	13	人	927
詳	13	常	954
頌	13	人	1068
嘗	14	人	217
奬	14	人	271
彰	14	常	373
蔣	14	人	402
障	14	6	448
摺	14	人	519
精	14	5	835
裳	14	人	929
誦	14	外	957
蕉	15	人	403
憧	15	常	480
樟	15	人	614
樅	15	外	614
衝	15	常	922
賞	15	5	985
燒	16	人	699
償	17	常	96
礁	17	常	790
醤	18	人	1013
鐘	20	常	1034
ジョウ			
上	3	1	12
丈	3	常	14
井	4	4	43
冗	4	常	117
生	5	1	737
丞	6	人	22
成	6	4	483
条	7	5	583
杖	7	人	584
状	7	5	719
定	8	3	294
帖	8	人	341
性	8	5	460
狀	8	人	719
乗	9	3	32
城	9	4	235
茸	9	人	392
星	9	2	555
浄	9	常	662
乘	10	人	32
将	10	6	311
剰	11	常	141
將	11	人	311
常	11	5	344
情	11	5	468
條	11	人	583
淨	11	人	662
盛	11	6	766
剩	12	人	141
場	12	2	239
畳	12	常	750
蒸	13	6	401
静	14	4	1059
縄	15	4	859
壌	16	常	245
嬢	16	常	281
錠	16	常	1031
靜	16	人	1059
穣	18	人	809
孃	20	人	281
譲	20	常	970
醸	20	常	1013
疊	22	人	750
穰	22	人	809
讓	24	人	970
釀	24	人	1013
ジョウする			
称	10	常	803
賞	15	5	985
ショク			
色	6	2	910
拭	9	常	507
食	9	2	1079
植	12	3	605
殖	12	常	630
触	13	常	943
飾	13	常	1081
嘱	15	常	218
蝕	15	外	916
燭	17	人	708
織	18	5	863
職	18	5	878
ジョク			
辱	10	常	1007
ショクする			
食	9	2	1079
ショする			
処	5	6	121
ショッ			
食	9	2	1079
織	18	5	863
職	18	5	878
しら			
白	5	1	759
しらべる			
調	15	3	962
しり			
尻	5	常	320
しりぞく			
退	9	6	413
しりぞける			
退	9	6	413
しる			
汁	5	常	648
しる			
知	8	2	781
識	19	5	968
じる			
汁	5	常	648
しるし			
印	6	4	170
瑞	13	人	734
徽	17	人	384
じるし			
印	6	4	170
しるす			
記	10	2	946
しろ			
代	5	3	56
白	5	1	759
城	9	4	235
じろ			
城	9	4	235

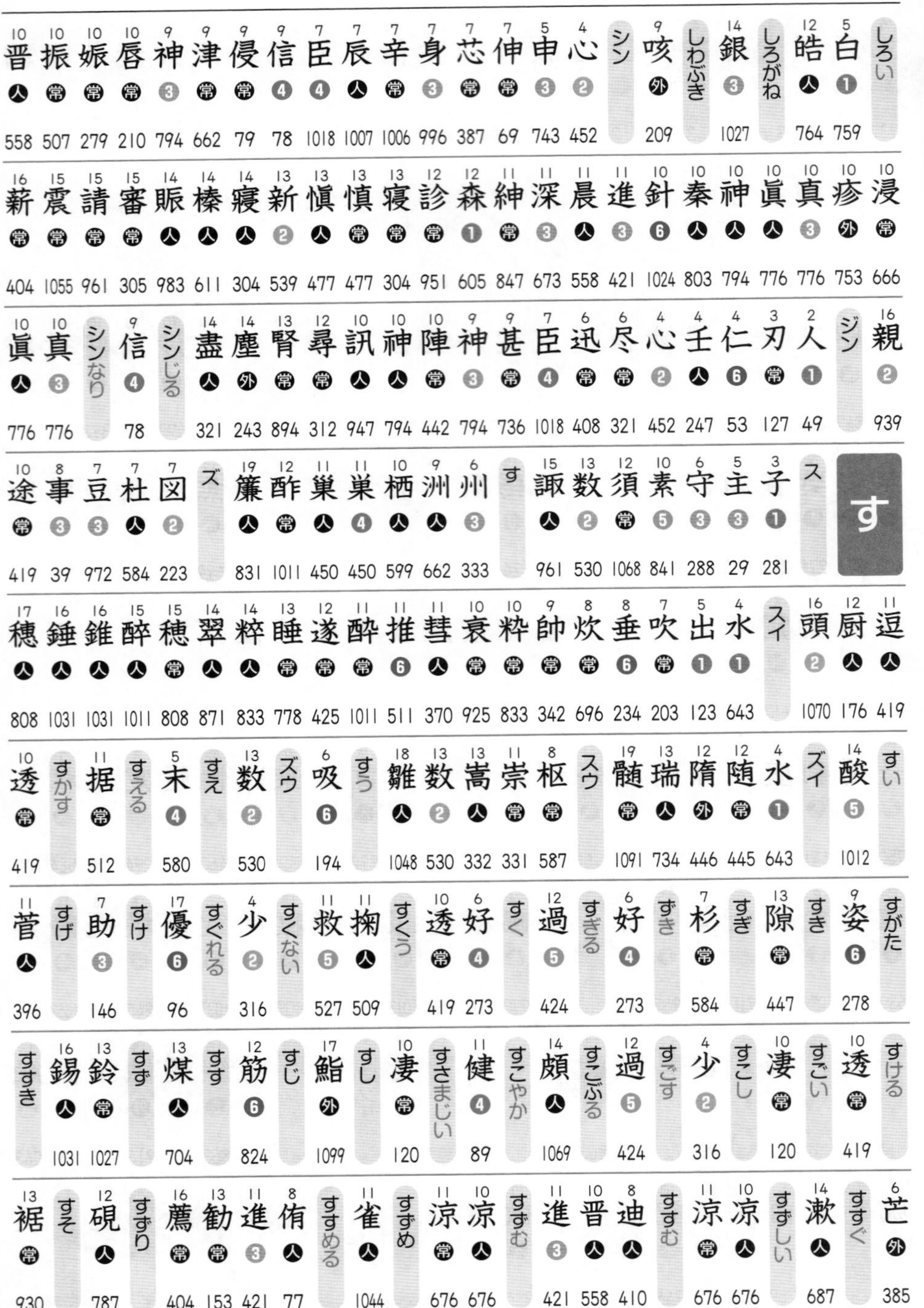

しろい
- 白 5 ① 759
- 皓 12 人 764

しろがね
- 銀 14 ③ 1027

しわぶき
- 咳 9 外 209

シン
- 心 4 ② 452
- 申 5 ③ 743
- 伸 7 常 69
- 芯 7 常 387
- 身 7 ③ 996
- 辛 7 常 1006
- 辰 7 人 1007
- 臣 7 ④ 1018
- 信 9 ④ 78
- 侵 9 常 79
- 津 9 常 662
- 神 9 ③ 794
- 唇 10 常 210
- 娠 10 常 279
- 振 10 常 507
- 晋 10 人 558
- 浸 10 常 666
- 疹 10 外 753
- 真 10 ③ 776
- 眞 10 人 776
- 神 10 人 794
- 秦 10 人 803
- 針 10 ⑥ 1024
- 進 11 ③ 421
- 晨 11 人 558
- 深 11 ③ 673
- 紳 11 常 847
- 森 12 ① 605
- 診 12 常 951
- 寝 13 常 304
- 慎 13 常 477
- 愼 13 人 477
- 新 13 ② 539
- 寢 14 人 304
- 榛 14 人 611
- 賑 14 人 983
- 審 15 常 305
- 請 15 常 961
- 震 15 常 1055
- 薪 16 常 404
- 親 16 ② 939

ジン
- 人 2 ① 49
- 刃 3 常 127
- 仁 4 ⑥ 53
- 壬 4 人 247
- 心 4 ② 452
- 尽 6 常 321
- 迅 6 常 408
- 臣 7 ④ 1018
- 甚 9 常 736
- 神 9 ③ 794
- 陣 10 常 442
- 神 10 人 794
- 訊 10 人 947
- 尋 12 常 312
- 腎 13 常 894
- 塵 14 外 243
- 盡 14 人 321

シンじる
- 信 9 ④ 78

シンなり
- 真 10 ③ 776
- 眞 10 人 776

す

ス
- 子 3 ① 281
- 主 5 ③ 29
- 守 6 ③ 288
- 素 10 ⑤ 841
- 須 12 常 1068
- 数 13 ② 530
- 諏 15 人 961

す
- 州 6 ③ 333
- 洲 9 人 662
- 栖 10 人 599
- 巣 11 ④ 450
- 巢 11 人 450
- 酢 12 常 1011
- 簾 19 人 831

ズ
- 図 7 ② 223
- 杜 7 人 584
- 豆 7 ③ 972
- 事 8 ③ 39
- 途 10 常 419
- 逗 11 人 419
- 厨 12 人 176
- 頭 16 ② 1070

スイ
- 水 4 ① 643
- 出 5 ① 123
- 吹 7 常 203
- 垂 8 ⑥ 234
- 炊 8 常 696
- 帥 9 常 342
- 粋 10 常 833
- 衰 10 常 925
- 彗 11 人 370
- 推 11 ⑥ 511
- 酔 11 常 1011
- 遂 12 常 425
- 睡 13 常 778
- 粹 14 人 833
- 翠 14 人 871
- 穂 15 常 808
- 醉 15 人 1011
- 錐 16 人 1031
- 錘 16 人 1031
- 穗 17 人 808

すい
- 酸 14 ⑤ 1012

ズイ
- 水 4 ① 643
- 随 12 常 445
- 隋 12 外 446
- 瑞 13 人 734
- 髄 19 常 1091

スウ
- 枢 8 常 587
- 崇 11 常 331
- 嵩 13 人 332
- 数 13 ② 530
- 雛 18 人 1048

すう
- 吸 6 ⑥ 194

ズウ
- 数 13 ② 530

すえ
- 末 5 ④ 580

すえる
- 据 11 常 512

すかす
- 透 10 常 419

すがた
- 姿 9 ⑥ 278

すき
- 隙 13 常 447

すぎ
- 杉 7 常 584

ずき
- 好 6 ④ 273

すぎる
- 過 12 ⑤ 424

すく
- 好 6 ④ 273
- 透 10 常 419

すくう
- 掬 11 人 509
- 救 11 ⑤ 527

すくない
- 少 4 ② 316

すぐれる
- 優 17 ⑥ 96

すけ
- 助 7 ③ 146

すげ
- 菅 11 人 396

すける
- 透 10 常 419

すごい
- 凄 10 常 120

すこし
- 少 4 ② 316

すごす
- 過 12 ⑤ 424

すこぶる
- 頗 14 人 1069

すこやか
- 健 11 ④ 89

すさまじい
- 凄 10 常 120

すし
- 鮨 17 外 1099

すじ
- 筋 12 ⑥ 824

すす
- 煤 13 人 704

すず
- 鈴 13 常 1027
- 錫 16 人 1031

すすき
- 芒 6 外 385

すすぐ
- 漱 14 人 687

すずしい
- 凉 10 人 676
- 涼 11 常 676

すすむ
- 迪 8 人 410
- 晋 10 人 558
- 進 11 ③ 421

すずむ
- 凉 10 人 676
- 涼 11 常 676

すずめ
- 雀 11 人 1044

すすめる
- 侑 8 人 77
- 進 11 ③ 421
- 勧 13 常 153
- 薦 16 常 404

すずり
- 硯 12 人 787

すそ
- 裾 13 常 930

読み	漢字	画数	区分	ページ
すたる	廃	12	常	359
すだれ	簾	19	人	831
すたれる	廃	12	常	359
すでに	已	3	人	337
	既	10	常	821
すてる	捨	11	6	510
	棄	13	常	608
すな	砂	9	6	785
ずな	砂	9	6	785
すなわち	乃	2	人	31
	即	7	常	172
	卽	9	人	172
すねる	拗	8	外	503
すばる	昴	9	人	556
すべて	全	6	3	62
	渾	12	人	678
すべる	滑	13	常	682
すべる	統	12	5	852
	総	14	5	854
	綜	14	人	856
すぼむ	窄	10	人	813
すまう	住	7	3	68
すます	済	11	6	671
	澄	15	常	690
すみ	炭	9	3	696
	隅	12	常	445
	墨	14	常	244
	墨	15	人	244
ずみ	炭	9	3	696
すみやか	速	10	3	416
すみれ	菫	11	人	396
すむ	住	7	3	68
	栖	10	人	599
	済	11	6	671
	棲	12	人	606
	澄	15	常	690
すもも	李	7	人	585
すり	刷	8	4	135
する	刷	8	4	135
	摺	14	人	519
	擦	17	常	521
ずるい	狡	9	外	721
するどい	鋭	15	常	1029
するめ	鯣	19	外	1100
すれる	擦	17	常	521
すわる	坐	7	人	233
	座	10	6	357
すわる	据	11	常	512
スン	寸	3	6	306

せ

読み	漢字	画数	区分	ページ
セ	世	5	3	21
	施	9	常	542
せ	背	9	6	887
	瀬	19	常	692
	瀨	19	人	692
ゼ	世	5	3	21
	是	9	常	554
ぜ	背	9	6	887
セイ	井	4	4	43
	世	5	3	21
	正	5	1	623
	生	5	1	737
	成	6	4	483
	西	6	2	933
	声	7	2	247
	制	8	5	136
	姓	8	常	277
	征	8	常	375
	性	8	5	460
	青	8	1	1057
	斉	8	常	1061
	政	9	5	526
	星	9	2	555
	牲	9	常	716
	省	9	4	774
	凄	10	常	120
	逝	10	常	415
	晟	10	人	558
	栖	10	人	599
	情	11	5	468
	清	11	4	674
	盛	11	6	766
	婿	12	常	280
	惺	12	人	476
	晴	12	2	559
	棲	12	人	606
	甥	12	人	740
	貰	12	人	980
	勢	13	5	154
	歳	13	常	627
	聖	13	6	876
	誠	13	6	954
	靖	13	人	1059
	精	14	5	835
	製	14	5	930
	誓	14	常	957
	静	14	4	1059
	齊	14	人	1061
	請	15	常	961
	整	16	3	532
	醒	16	常	1013
	錆	16	人	1031
	靜	16	人	1059
	臍	18	外	898
せい	背	9	6	887
ゼイ	情	11	5	468
	税	12	5	805
	勢	13	5	154
	説	14	4	957
ぜい	背	9	6	887
セイする	制	8	5	136
セキ	夕	3	1	252
	斥	5	常	537
	石	5	1	783
	汐	6	人	649
	赤	7	1	987
	昔	8	3	551
	析	8	常	587
	席	10	4	343
	脊	10	常	890
	隻	10	常	1044
	寂	11	常	301
	惜	11	常	469
	戚	11	常	485
	責	11	5	978
	跡	13	常	993
	碩	14	人	789
	積	16	4	809
	錫	16	人	1031
	績	17	5	863
	蹟	18	人	995
	籍	20	常	832
せき	咳	9	外	209
	堰	12	人	238
	関	14	4	1042
セチ	節	13	4	827
	節	15	人	827
セツ	切	4	2	127
	折	7	4	496
	刹	8	常	135
	拙	8	常	500
	窃	9	常	813
	殺	10	5	631
	接	11	5	512
	設	11	5	948
	雪	11	2	1051
	摂	13	常	518
	楔	13	外	609
	節	13	4	827
	説	14	4	957
	節	15	人	827
	攝	21	人	518
セッ	切	4	2	127
	石	5	1	783
	折	7	4	496
	赤	7	1	987
	窃	9	常	813
	接	11	5	512
	設	11	5	948
	雪	11	2	1051
	摂	13	常	518
	節	13	4	827
	説	14	4	957
	節	15	人	827
	積	16	4	809
	攝	21	人	518
ゼッ	舌	6	6	904
	絶	12	5	851
ゼッ				

読み	漢字	画数	区分	ページ
	舌	6	6	904
	絶	12	5	851
セッする	接	11	5	512
ゼッする	絶	12	5	851
ぜに	銭	14	6	1028
せばまる	狭	9	常	721
	狹	10	人	721
せばめる	狭	9	常	721
	狹	10	人	721
せまい	狭	9	常	721
	狹	10	人	721
せまる	迫	8	常	411
せみ	蟬	18	人	917
せめる	攻	7	常	524
	責	11	5	978
せり	芹	7	人	386
せる	競	20	4	818
セン	千	3	1	162
	川	3	1	332
	仙	5	常	56
	占	5	常	169
	亘	6	人	43
	先	6	1	100
	尖	6	人	317
	宣	9	6	297
	専	9	6	309
	茜	9	人	392
	染	9	6	592
	泉	9	6	655
	浅	9	4	662
	洗	9	6	663
	穿	9	人	813
	扇	10	常	489
	栓	10	常	599
	閃	10	人	1038
	專	11	人	309
	旋	11	常	543
	船	11	2	906
	釧	11	人	1024
	揃	12	人	516
	戦	13	4	485
	煎	13	常	704
	羨	13	常	869
	腺	13	常	895
	詮	13	常	954
	践	13	常	993
	箋	14	常	829
	銭	14	6	1028
	銑	14	人	1028
	遷	15	常	432
	選	15	4	432
	撰	15	人	520
	潜	15	常	689
	線	15	2	859
	薦	16	常	404
	戰	16	人	485
	繊	17	常	863
	鮮	17	常	1099
	蟬	18	人	917
	纖	23	人	863
ゼン	千	3	1	162
	全	6	3	62
	前	9	2	137
	善	12	6	215
	然	12	4	699
	禅	13	常	798
	漸	14	常	687
	膳	16	常	897
	禪	17	人	798
	繕	18	常	863

そ

読み	漢字	画数	区分	ページ
ソ	阻	8	常	439
	狙	8	常	720
	祖	9	5	795
	祖	10	人	795
	租	10	常	803
	素	10	5	841
	措	11	常	513
	粗	11	常	833
	組	11	2	847
	蛆	11	外	915
	疎	12	常	751
	疏	12	人	751
	訴	12	常	951
	塑	13	常	242
	遡	13	許	430
	想	13	3	476
	楚	13	人	609
	鼠	13	外	1112
	遡	14	常	430
	噌	15	人	218
	礎	18	常	790
	蘇	19	人	407
ゾ	祖	9	5	795
	祖	10	人	795
	曽	11	常	567
	曾	12	人	567
ソウ	双	4	常	180
	爪	4	常	709
	争	6	4	38
	壮	6	常	247
	早	6	1	548
	壯	7	人	247
	宋	7	人	290
	走	7	2	989
	爭	8	人	38
	宗	8	6	293
	奏	9	6	270
	草	9	1	392
	荘	9	常	393
	送	9	3	412
	相	9	3	775
	倉	10	4	86
	莊	10	人	393
	捜	10	常	508
	挿	10	常	508
	桑	10	常	599
	巣	11	4	450
	巢	11	人	450
	掃	11	常	513
	曹	11	常	567
	曽	11	常	567
	爽	11	常	711
	窓	11	6	813
	創	12	6	142
	喪	12	常	216
	葬	12	常	398
	葱	12	外	399
	惣	12	人	469
	搜	12	人	508
	曾	12	人	567
	湊	12	人	679
	痩	12	常	754
	装	12	6	927
	僧	13	常	94
	蒼	13	人	401
	想	13	3	476
	裝	13	人	927
	僧	14	人	94
	層	14	6	325
	遭	14	常	430
	槍	14	人	611
	漕	14	人	687
	漱	14	人	687
	総	14	5	854
	綜	14	人	856
	聡	14	人	877
	噌	15	人	218
	層	15	人	325
	槽	15	常	614
	瘦	15	人	754
	踪	15	常	995
	操	16	6	520
	燥	17	常	708
	霜	17	常	1056
	叢	18	人	185
	藪	18	外	406
	贈	18	常	987
	騒	18	常	1089
	藻	19	常	407
	贈	19	人	987
	騷	20	人	1089
そう	沿	8	6	653
	添	11	常	675
ゾウ	造	10	5	415
	象	12	5	973
	像	14	5	95
	増	14	5	244
	憎	14	常	479
	雑	14	5	1047
	增	15	人	244
	蔵	15	6	403
	憎	15	人	479
	藏	18	人	403
	贈	18	常	987
	雜	18	人	1047
	臓	19	6	898
	贈	19	人	987
	臟	22	人	898
そうろう	候	10	4	84
そえる	添	11	常	675
ソク	即	7	常	172
	束	7	4	584
	足	7	1	992
	促	9	常	80
	則	9	5	139
	卽	9	人	172
	速	10	3	416
	息	10	3	464
	捉	10	常	508
	側	11	4	90
	測	12	5	679
	塞	13	常	241
ゾク				

読み	漢字	画数	区分	ページ
	足	7	①	992
	俗	9	常	80
	族	11	③	543
	属	12	⑤	325
	粟	12	人	834
	続	13	④	853
	賊	13	常	983
ゾクする	属	12	⑤	325
そこ	底	8	④	355
ぞこ	底	8	④	355
そこなう	損	13	⑤	518
そこねる	損	13	⑤	518
そしる	誹	15	外	963
そそぐ	注	8	③	656
	濺	15	外	688
	灌	20	外	692
そそのかす	唆	10	常	210
そだつ	育	8	③	883
そだてる	育	8	③	883
ソツ	卒	8	④	166
	率	11	⑤	726
ソッ	足	7	①	992
	卒	8	④	166
	側	11	④	90
	率	11	⑤	726
	測	12	⑤	679
ゾッ	属	12	⑤	325
	続	13	④	853
そで	袖	10	常	926
そと	外	5	②	252
そなえる	供	8	⑥	75
	具	8	③	111
	備	12	⑤	92
そなわる	具	8	③	111
	備	12	⑤	92
その	苑	8	人	389
	園	13	②	227
	薗	16	人	227
その	其	8	人	111
ぞの	園	13	②	227
	薗	16	人	227
そば	側	11	④	90
	傍	12	常	92
	蕎	15	人	403
そまる	染	9	⑥	592
そむく	背	9	⑥	887
そむける	背	9	⑥	887
そめる	初	7	④	131
	染	9	⑥	592
そら	空	8	①	811
ぞら	空	8	①	811
そらす	反	4	③	180
そらんじる	誦	14	外	957
そる	反	4	③	180
それ	其	8	人	111
そろえる	揃	12	人	516
ソン	存	6	⑥	283
	村	7	①	584
	孫	10	④	286
	尊	12	⑥	312
	巽	12	人	339
	遜	13	許	430
	損	13	⑤	518
	遜	14	常	430
	噂	15	人	219
	樽	16	人	617
ゾン	存	6	⑥	283
	尊	12	⑥	312
	損	13	⑤	518

た

読み	漢字	画数	区分	ページ
タ	太	4	②	262
	他	5	③	56
	多	6	②	254
	汰	7	常	651
	陀	8	人	440
た	手	4	①	490
	田	5	①	742
ダ	打	5	③	493
	妥	7	常	275
	陀	8	人	440
	唾	11	常	213
	梛	11	人	601
	舵	11	人	907
	蛇	11	常	915
	堕	12	常	240
	惰	12	常	476
	楕	13	人	609
	駄	14	常	1088
	騨	22	外	1090
だ	田	5	①	742
タイ	大	3	①	257
	太	4	②	262
	代	5	③	56
	台	5	②	192
	体	7	②	69
	対	7	③	308
	苔	8	人	391
	待	9	③	378
	退	9	⑥	413
	怠	9	常	461
	殆	9	人	629
	耐	9	常	874
	胎	9	常	886
	帯	10	④	343
	泰	10	常	656
	堆	11	常	237
	帯	11	人	343
	逮	11	常	423
	袋	11	常	926
	隊	12	④	446
	替	12	常	569
	貸	12	⑤	981
	滞	13	常	684
	碓	13	人	788
	態	14	⑤	477
	滞	14	人	684
	黛	16	人	1109
	戴	17	常	487
たい	鯛	19	人	1100
ダイ	乃	2	人	31
	大	3	①	257
	内	4	②	113
	代	5	③	56
	台	5	②	192
	弟	7	②	366
	第	11	③	823
	態	14	⑤	477
	醍	16	人	1013
	題	18	③	1073
タイする	対	7	③	308
だいだい	橙	16	人	617
たいら	平	5	③	347
たえる	耐	9	常	874
	堪	12	常	238
	絶	12	⑤	851
たおす	倒	10	常	87
	顛	19	人	1075
たおれる	倒	10	常	87
たか	高	10	②	1092
	鷹	24	人	1105
たかい	尭	8	人	102
	峻	10	人	330
	高	10	②	1092
	堯	12	人	102
	嵩	13	人	332
たがい	互	4	常	43
たかまる	高	10	②	1092
たかめる	高	10	②	1092
たがやす	耕	10	⑤	874
たから	宝	8	⑥	295
だから	宝	8	⑥	295
たき	滝	13	常	684
	瀧	19	人	684
たきぎ	薪	16	常	404
タク	宅	6	⑥	289
	托	6	人	494
	択	7	常	497

- 沢 7 常 651
- 卓 8 常 166
- 拓 8 常 500
- 度 9 ③ 356
- 啄 10 人 210
- 託 10 常 947
- 琢 11 人 732
- 琢 12 人 732
- 擢 17 人 521
- 濯 17 常 692

たく
- 炊 8 常 696
- 焚 12 人 699

ダク
- 諾 15 常 961
- 濁 16 常 691

だく
- 抱 8 常 503

たぐい
- 類 18 ④ 1074
- 類 19 人 1074

タクする
- 託 10 常 947

たくましい
- 逞 11 人 418

たくみ
- 匠 6 常 158

たくみ
- 巧 5 常 335

たくわえる
- 貯 12 ⑤ 981
- 蓄 13 常 401

たけ
- 丈 3 常 14
- 竹 6 ① 822
- 岳 8 常 329
- 茸 9 人 392

だけ
- 竹 6 ① 822
- 岳 8 常 329

たけのこ
- 筍 12 外 825

たこ
- 凧 5 人 122
- 蛸 13 外 916

たしか
- 確 15 ⑤ 789

たしかめる
- 確 15 ⑤ 789

たす
- 足 7 ① 992

だす
- 出 5 ① 123

たすかる
- 助 7 ③ 146

だすけ
- 助 7 ③ 146

たすける
- 佑 7 人 72
- 助 7 ③ 146
- 侑 8 人 77
- 輔 14 人 1003

たずさえる
- 携 13 常 517

たずさわる
- 携 13 常 517

たずねる
- 訊 10 人 947
- 訪 11 ⑥ 949
- 尋 12 常 312

ただ
- 只 5 人 192

ただ
- 惟 11 人 468

たたえる
- 湛 12 人 680
- 頌 13 人 1068
- 讃 22 人 970

たたかう
- 戦 13 ④ 485
- 戰 16 人 485
- 鬪 18 常 1043

たたき
- 叩 5 外 190

たたく
- 叩 5 外 190
- 敲 14 外 523

ただし
- 但 7 常 70

ただしい
- 正 5 ① 623

ただす
- 正 5 ① 623
- 匡 6 人 158

ただちに
- 直 8 ② 771

たたみ
- 畳 12 常 750
- 疊 22 人 750

たたむ
- 畳 12 常 750
- 疊 22 人 750

ただよう
- 漂 14 常 687

ダチ
- 達 12 ④ 425

だち
- 立 5 ① 815

たちばな
- 橘 16 人 616

たちまち
- 忽 8 人 457

タツ
- 達 12 ④ 425

たつ
- 辰 7 人 1007
- 竜 10 常 1097
- 龍 16 人 1097

タッ
- 宅 6 ⑥ 289
- 達 12 ④ 425

たつ
- 立 5 ① 815
- 建 9 ④ 361
- 断 11 ⑤ 537
- 絶 12 ⑤ 851
- 裁 12 ⑥ 926

ダツ
- 脱 11 常 892
- 奪 14 常 271

だつ
- 立 5 ① 815

ダッ
- 脱 11 常 892

タッする
- 達 12 ④ 425

ダッする
- 脱 11 常 892

たっとい
- 尊 12 ⑥ 312
- 貴 12 ⑥ 980

たっとぶ
- 尊 12 ⑥ 312
- 貴 12 ⑥ 980

たつみ
- 巽 12 人 339

たて
- 盾 9 常 774
- 楯 13 人 609
- 竪 14 人 817
- 縦 16 ⑥ 861
- 縱 17 人 861

たてまつる
- 奉 8 常 269

たてる
- 立 5 ① 815
- 建 9 ④ 361

たとえる
- 例 8 ④ 77

たどる
- 辿 7 人 408

たな
- 棚 12 常 606

だな
- 棚 12 常 606

たに
- 谷 7 ② 971
- 渓 11 常 671

だに
- 谷 7 ② 971

たぬき
- 狸 10 外 722

たね
- 胤 9 人 886
- 種 14 ④ 807

だね
- 種 14 ④ 807

たのしい
- 楽 13 ② 607
- 樂 15 人 607

たのしむ
- 楽 13 ② 607
- 樂 15 人 607

たのむ
- 頼 16 常 1071
- 賴 16 人 1071

たのもしい
- 頼 16 常 1071
- 賴 16 人 1071

たば
- 束 7 ④ 584

たび
- 度 9 ③ 356
- 旅 10 ③ 542

たべる
- 食 9 ② 1079

たま
- 玉 5 ① 727
- 珠 10 常 730
- 球 11 ③ 730
- 弾 12 常 369
- 瑶 13 人 734
- 彈 15 人 369
- 霊 15 常 1055

だま
- 玉 5 ① 727

たまご
- 卵 7 ⑥ 172

たましい
- 魂 14 常 1096

たまる
- 溜 13 人 685

だまる
- 黙 15 常 1109
- 默 16 人 1109

たまわる
- 賜 15 常 984

音訓
あいうえお かきくけこ さしすせそ たちつてと なにぬねの はひふへほ まみむめも や ゆ よ らりるれろ わ を ん

読み	漢字	画数	学年等	ページ
たみ	民	5	④	638
ためす	試	13	④	953
ためる	貯	12	⑤	981
	矯	17	常	783
たもつ	保	9	⑤	81
たもと	袂	9	外	926
たやす	絶	12	⑤	851
たより	便	9	④	81
だより	便	9	④	81
たよる	頼	16	常	1071
	賴	16	人	1071
たら	鱈	22	外	1101
たらい	盥	16	外	768
たらす	垂	8	⑥	234
たりる	足	7	①	992
たる	樽	16	人	617
たる	足	7	①	992
たるむ	弛	6	人	366
だれ	誰	15	常	961
たれる	垂	8	⑥	234
たわむれる	戯	15	常	487
	戲	17	人	487
たわら	俵	10	⑥	88
だわら	俵	10	⑥	88
タン	丹	4	常	28
	反	4	③	180
	旦	5	常	547
	坦	8	人	234
	担	8	⑥	501
	単	9	④	449
	炭	9	③	696
	胆	9	常	886
	耽	10	人	876
	探	11	⑥	513
	淡	11	常	675
	蛋	11	外	915
	堪	12	常	238
	單	12	人	449
	湛	12	人	680
	短	12	③	782
	嘆	13	常	217
	嘆	14	人	217
	端	14	常	817
	綻	14	常	856
	憚	15	外	480
	歎	15	人	622
	誕	15	⑥	961
	壇	16	常	245
	檀	17	人	618
	鍛	17	常	1032
	簞	18	人	831
	灘	22	人	692
ダン	旦	5	常	547
	団	6	⑤	222
	男	7	①	744
	段	9	⑥	631
	断	11	⑤	537
	弾	12	常	369
	暖	13	⑥	562
	團	14	人	222
	彈	15	人	369
	談	15	③	961
	壇	16	常	245
	檀	17	人	618
ダンじる	談	15	③	961

ち

読み	漢字	画数	学年等	ページ
チ	地	6	②	231
	池	6	②	649
	治	8	④	654
	知	8	②	781
	値	10	⑥	86
	恥	10	常	465
	致	10	常	902
	遅	12	常	426
	智	12	人	560
	痴	13	常	755
	稚	13	常	806
	置	13	④	820
	雉	13	外	1047
	馳	13	人	1087
	質	15	⑤	984
	薙	16	人	404
	緻	16	常	861
ち	千	3	①	162
	血	6	③	918
	乳	8	⑥	36
ヂ	知	8	②	781
ぢ	血	6	③	918
ちいさい	小	3	①	313
ぢか	近	7	②	408
ちかい	近	7	②	408
ちかう	誓	14	常	957
ちがう	違	13	常	428
ちがえる	違	13	常	428
ちがや	茅	8	人	391
ちから	力	2	①	144
ぢから	力	2	①	144
ちぎる	契	9	常	269
チク	竹	6	①	822
	逐	10	常	417
	畜	10	常	747
	筑	12	人	825
	蓄	13	常	401
	築	16	⑤	830
ちち	父	4	②	710
	乳	8	⑥	36
ちぢまる	縮	17	⑥	862
ちぢむ	縮	17	⑥	862
ちぢめる	縮	17	⑥	862
ちぢらす	縮	17	⑥	862
ちぢれる	縮	17	⑥	862
チツ	秩	10	常	804
	窒	11	常	813
チッ	築	16	⑤	830
ちまた	巷	9	人	339
チャ	茶	9	②	393
ヂャ	茶	9	②	393
チャク	着	12	③	866
	嫡	14	常	281
チャッ	着	12	③	866
チュウ	丑	4	人	16
	中	4	①	25
	仲	6	④	63
	虫	6	①	913
	沖	7	④	652
	肘	7	常	883
	宙	8	⑥	294
	忠	8	⑥	457
	抽	8	常	501
	注	8	③	656
	昼	9	②	555
	柱	9	③	593
	衷	9	常	925
	紐	10	人	842
	酎	10	常	1010
	晝	11	人	555
	紬	11	人	848
	廚	12	人	176
	註	12	人	951
	鋳	15	常	1030
	駐	15	常	1088
	鑄	22	人	1030
チョ	著	11	⑥	397
	猪	11	人	723
	著	12	人	397
	猪	12	人	723
	貯	12	⑤	981
	緒	14	常	854
	緒	15	人	854
	儲	18	人	97
チョウ	丁	2	③	8
	弔	4	常	366
	庁	5	⑥	354
	兆	6	④	101
	吊	6	外	197
	町	7	①	744
	帖	8	人	341
	長	8	②	1035
	挑	9	常	507
	重	9	③	1014

読み	漢字	画数	区分	ページ
	帳	11	③	345
	張	11	⑤	369
	彫	11	常	372
	眺	11	常	778
	釣	11	常	1024
	頂	11	⑥	1067
	鳥	11	②	1102
	喋	12	人	216
	朝	12	②	574
	脹	12	人	893
	貼	12	常	981
	超	12	常	991
	牒	13	人	713
	腸	13	⑥	895
	跳	13	常	994
	徴	14	常	383
	蔦	14	人	402
	暢	14	人	562
	肇	14	人	879
	銚	14	外	1028
	嘲	15	常	219
	徵	15	人	383
	潮	15	⑥	690
	澄	15	常	690
	蝶	15	人	917
	調	15	③	962
	諜	16	外	964
	聴	17	常	877
	懲	18	常	482
	寵	19	人	306
	懲	19	人	482
	聽	22	人	877
	廳	25	人	354
チョク	直	8	②	771
	勅	9	常	149
	捗	10	常	508
チョッ	直	8	②	771
ちらかす	散	12	④	530
ちらかる	散	12	④	530
ちらす	散	12	④	530
ちり	埃	10	外	235
	塵	14	外	243
ちる	散	12	④	530
チン	沈	7	常	652
	枕	8	常	589
	珍	9	常	729
	朕	10	常	572
	陳	11	常	443
	椿	13	人	609
	賃	13	⑥	983
	鎮	18	常	1033
	鎭	18	人	1033

つ

読み	漢字	画数	区分	ページ
ツ	通	10	②	417
	都	11	③	436
	都	12	人	436
つ	津	9	常	662
ツイ	対	7	③	308
	追	9	③	413
	椎	12	常	606
	槌	14	人	611
	墜	15	常	245
ついえる	費	12	⑤	982
ついたち	朔	10	人	572
ついに	遂	12	常	425
ついばむ	啄	10	人	210
ついやす	費	12	⑤	982
ツウ	通	10	②	417
	痛	12	⑥	754
ヅウ	通	10	②	417
つえ	杖	7	人	584
つか	塚	12	常	240
づか	塚	12	常	240
づかい	使	8	③	75
つかう	使	8	③	75
	遣	13	常	429
つかえる	仕	5	③	55
つかさどる	司	5	④	191
つかす	尽	6	常	321
	盡	14	人	321
つかまえる	捕	10	常	508
つかまる	捕	10	常	508
つかむ	摑	14	人	518
つかる	漬	14	常	687
つかれる	疲	10	常	753
つかわす	遣	13	常	429
つき	月	4	①	570
	槻	15	人	613
つぎ	次	6	③	619
つきる	尽	6	常	321
	盡	14	人	321
つく	付	5	④	57
	即	7	常	172
	突	8	常	812
	卽	9	人	172
	突	9	人	812
	就	12	⑥	319
	着	12	③	866
	撞	15	人	520
	衝	15	常	922
つぐ	次	6	③	619
	注	8	③	656
	接	11	⑤	512
	嗣	13	常	217
	継	13	常	852
つくえ	机	6	⑥	582
づくえ	机	6	⑥	582
つくす	尽	6	常	321
	盡	14	人	321
つくだ	佃	7	人	71
つぐなう	償	17	常	96
つくる	作	7	②	67
	造	10	⑤	415
	創	12	⑥	142
つくろう	繕	18	常	863
つける	付	5	④	57
	就	12	⑥	319
	着	12	③	866
	漬	14	常	687
つげる	告	7	⑤	202
つじ	辻	6	人	408
つた	蔦	14	人	402
つたう	伝	6	④	64
	傳	13	人	64
つたえる	伝	6	④	64
	傳	13	人	64
つたない	拙	8	常	500
つたわる	伝	6	④	64
	傳	13	人	64
つち	土	3	①	228
	槌	14	人	611
つちかう	培	11	常	238
つちのえ	戊	5	人	482
つちのと	己	3	⑥	337
つつ	筒	12	常	826
つづく	続	13	④	853
つづける	続	13	④	853
つつしむ	欽	12	人	621
	慎	13	常	477
	愼	13	人	477
	謹	17	常	965
	謹	18	人	965
つつましい	倹	10	常	83
	儉	15	人	83
つつみ	堤	12	常	240
つづみ	鼓	13	常	1112
つつむ	包	5	④	155
つづる	綴	14	人	856
つどう	集	12	③	1045

読み	漢字	画数	区分	ページ
つとまる	務	11	⑤	152
	勤	12	⑥	152
	勤	13	人	152
つとめる	努	7	④	147
	孜	7	人	284
	勉	9	人	150
	勉	10	③	150
	務	11	⑤	152
	勤	12	⑥	152
	勤	13	人	152
つな	綱	14	常	854
づな	綱	14	常	854
つなぐ	繋	19	人	864
つね	常	11	⑤	344
つの	角	7	②	941
つのる	募	12	常	153
つば	唾	11	常	213
つばき	椿	13	人	609
つばさ	翼	17	常	871
つばめ	燕	16	人	707
つぶ	粒	11	常	834
	螺	17	人	917
つぶす	潰	15	常	688
つぶれる	潰	15	常	688
つぼ	坪	8	常	234
	壺	12	外	249
つぼみ	蕾	16	人	405
つま	爪	4	常	709
	妻	8	⑤	276
づま	妻	8	⑤	276
つましい	倹	10	常	83
	儉	15	人	83
つまる	詰	13	常	952
つみ	罪	13	⑤	819
つむ	錘	16	人	1031
つむ	詰	13	常	952
	摘	14	常	519
	積	16	④	809
つむぎ	紬	11	人	848
つむぐ	紡	10	常	843
つめ	爪	4	常	709
つめたい	冷	7	④	119
つめる	詰	13	常	952
つもる	積	16	④	809
つや	艶	19	常	911
つゆ	露	21	常	1056
つよい	侃	8	人	74
	勁	9	人	149
	強	11	②	368
	毅	15	人	633
つよまる	強	11	②	368
つよめる	強	11	②	368
つら	面	9	③	1062
つらい	辛	7	常	1006
つらなる	連	10	④	419
つらぬく	貫	11	常	978
つらねる	連	10	④	419
つる	弦	8	常	367
	絃	11	人	845
	蔓	14	人	402
	鶴	21	常	1104
つる	吊	6	外	197
	釣	11	常	1024
つるぎ	剣	10	常	140
	劍	15	人	140
つるす	吊	6	外	197
つれる	連	10	④	419
て				
て	手	4	①	490
デ	弟	7	②	366
で	手	4	①	490
テイ	丁	2	③	8
	汀	5	人	648
	体	7	②	69
	低	7	④	70
	呈	7	常	203
	廷	7	常	360
	弟	7	②	366
	定	8	③	294
	底	8	④	355
	邸	8	常	435
	抵	8	常	501
	亭	9	常	48
	帝	9	常	342
	訂	9	常	946
	貞	9	常	976
	庭	10	③	358
	逓	10	常	418
	悌	10	人	467
	挺	10	人	508
	釘	10	人	1024
	停	11	⑤	90
	偵	11	常	91
	逞	11	人	418
	梯	11	人	601
	堤	12	常	240
	提	12	⑤	516
	程	12	⑤	806
	禎	13	人	798
	艇	13	常	908
	鼎	13	人	1111
	禎	14	人	798
	綴	14	人	856
	鄭	15	人	438
	締	15	常	860
	薙	16	人	404
	諦	16	常	964
	蹄	16	人	995
ディ	泥	8	常	656
	祢	9	人	799
	禰	19	人	799
テキ	迪	8	人	410
	的	8	④	762
	荻	10	人	395
	笛	11	③	823
	適	14	⑤	430
	摘	14	常	519
	滴	14	常	687
	敵	15	⑥	531
	擢	17	人	521
デキ	溺	13	常	684
テキする	適	14	⑤	430
でこ	凸	5	常	125
テツ	迭	8	常	410
	姪	9	人	279
	哲	10	常	211
	鉄	13	③	1026
	綴	14	人	856
	徹	15	常	384
	撤	15	常	520
	轍	19	外	1005
テッ	鉄	13	③	1026
	適	14	⑤	430
	敵	15	⑥	531
テッする	徹	15	常	384
てのひら	掌	12	常	511
てら	寺	6	②	307
でら	寺	6	②	307
てらす	照	13	④	704
てる	照	13	④	704
でる	出	5	①	123
てれる	照	13	④	704
テン	天	4	①	263
	辿	7	人	408
	典	8	④	111
	店	8	②	355
	点	9	②	697
	展	10	⑥	324
	添	11	常	675
	転	11	③	1000

音訓
あいうえお
かきくけこ
さしすせそ
たちつてと
なにぬねの
はひふへほ
まみむめも
やゆよ
らりるれろ
わをん

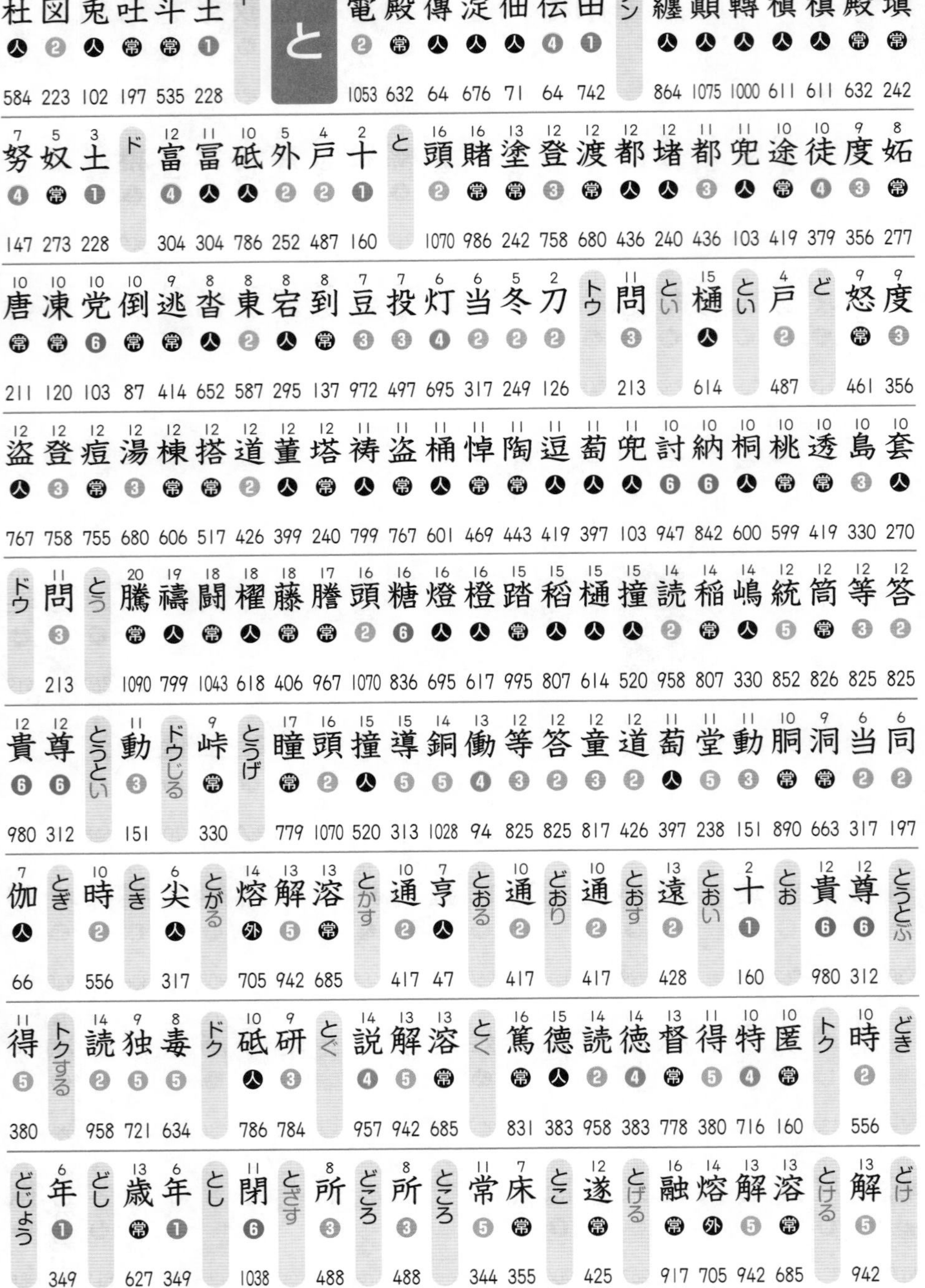

填 13 常 242
殿 13 常 632
槙 14 人 611
槇 14 人 611
轉 18 人 1000
顚 19 人 1075
纏 21 人 864

デン
田 5 ① 742
伝 6 ④ 64
佃 7 人 71
淀 11 人 676
傳 13 人 64
殿 13 常 632
電 13 ② 1053

と

ト
土 3 ① 228
斗 4 常 535
吐 6 常 197
兎 7 人 102
図 7 ② 223
杜 7 人 584
妬 8 常 277
度 9 ③ 356
徒 10 ④ 379
途 10 常 419
兜 11 人 103
都 11 ③ 436
堵 12 人 240
都 12 人 436
渡 12 常 680
登 12 ③ 758
塗 13 常 242
賭 16 常 986
頭 16 ② 1070

と
十 2 ① 160
戸 4 ② 487
外 5 ② 252
砥 10 人 786
冨 11 人 304
富 12 ④ 304

ド
土 3 ① 228
奴 5 常 273
努 7 ④ 147
度 9 ③ 356
怒 9 常 461

ど
戸 4 ② 487

とい
樋 15 人 614

とい
問 11 ③ 213

トウ
刀 2 ② 126
冬 5 ② 249
当 6 ② 317
灯 6 ④ 695
投 7 ③ 497
豆 7 ③ 972
到 8 常 137
宕 8 人 295
東 8 ② 587
沓 8 人 652
逃 9 常 414
倒 10 常 87
党 10 ⑥ 103
凍 10 常 120
唐 10 常 211
套 10 人 270
島 10 ③ 330
透 10 常 419
桃 10 常 599
桐 10 人 600
納 10 ⑥ 842
討 10 ⑥ 947
兜 11 人 103
萄 11 人 397
逗 11 人 419
陶 11 常 443
悼 11 常 469
桶 11 人 601
盗 11 常 767
祷 11 人 799
塔 12 常 240
董 12 人 399
道 12 ② 426
搭 12 常 517
棟 12 常 606
湯 12 ③ 680
痘 12 常 755
登 12 ③ 758
盜 12 人 767
答 12 ② 825
等 12 ③ 825
筒 12 常 826
統 12 ⑤ 852
嶋 14 人 330
稲 14 常 807
読 14 ② 958
撞 15 人 520
樋 15 人 614
稻 15 人 807
踏 15 常 995
橙 16 人 617
燈 16 人 695
糖 16 ⑥ 836
頭 16 ② 1070
謄 17 常 967
藤 18 常 406
櫂 18 人 618
闘 18 常 1043
禱 19 人 799
騰 20 常 1090

とう
問 11 ③ 213

ドウ
同 6 ② 197
当 6 ② 317
洞 9 常 663
胴 10 常 890
動 11 ③ 151
堂 11 ⑤ 238
萄 11 人 397
道 12 ② 426
童 12 ③ 817
答 12 ② 825
等 12 ③ 825
働 13 ④ 94
銅 14 ⑤ 1028
導 15 ⑤ 313
撞 15 人 520
頭 16 ② 1070
瞳 17 常 779

とうげ
峠 9 常 330

ドウじる
動 11 ③ 151

とうとい
尊 12 ⑥ 312
貴 12 ⑥ 980

とうとぶ
尊 12 ⑥ 312
貴 12 ⑥ 980

とお
十 2 ① 160

とおい
遠 13 ② 428

とおす
通 10 ② 417

とおり
通 10 ② 417

とおる
亨 7 人 47
通 10 ② 417

とかす
溶 13 常 685
解 13 ⑤ 942
熔 14 外 705

とがる
尖 6 人 317

とき
時 10 ② 556

とぎ
伽 7 人 66

どき
時 10 ② 556

トク
匿 10 常 160
特 10 ④ 716
得 11 ⑤ 380
督 13 常 778
徳 14 ④ 383
読 14 ② 958
德 15 人 383
篤 16 常 831

とく
溶 13 常 685
解 13 ⑤ 942
説 14 ④ 957

とぐ
研 9 ③ 784
砥 10 人 786

ドク
毒 8 ⑤ 634
独 9 ⑤ 721
読 14 ② 958

トクする
得 11 ⑤ 380

どけ
解 13 ⑤ 942

とける
溶 13 常 685
解 13 ⑤ 942
熔 14 外 705
融 16 常 917

とげる
遂 12 常 425

とこ
床 7 常 355
常 11 ⑤ 344

ところ
所 8 ③ 488

どころ
所 8 ③ 488

とざす
閉 11 ⑥ 1038

とし
年 6 ① 349
歳 13 常 627

どし
年 6 ① 349

どじょう

読み	漢字	画数	区分	ページ
	鰌	20	外	1101
とじる	閉	11	6	1038
	綴	14	人	856
トする	賭	16	常	986
とち	栃	9	4	593
トツ	凸	5	常	125
	突	8	常	812
	突	9	人	812
トッ	特	10	4	716
	徳	14	4	383
	徳	15	人	383
とっ	鳥	11	2	1102
ドッ	独	9	5	721
とつぐ	嫁	13	常	280
とどく	届	8	6	323
とどける	届	8	6	323
とどこおる	滞	13	常	684
	滞	14	人	684
ととのう	調	15	3	962
	整	16	3	532
ととのえる	調	15	3	962
	整	16	3	532
とどまる	逗	11	人	419
とどろく	轟	21	人	1005
となえる	唱	11	4	213
	誦	14	外	957
となり	隣	16	常	449
となる	隣	16	常	449
との	殿	13	常	632
どの	殿	13	常	632
とばす	飛	9	4	1078
とび	鳶	14	人	1102
とびら	扉	12	常	489
とぶ	飛	9	4	1078
	翔	12	人	871
	跳	13	常	994
とぼしい	乏	4	常	32
とまる	止	4	2	623
	泊	8	常	657
	留	10	5	747
	停	11	5	90
とみ	冨	11	人	304
	富	12	4	304
とむ	冨	11	人	304
	富	12	4	304
とむらう	弔	4	常	366
とめる	止	4	2	623
	泊	8	常	657
	留	10	5	747
とも	友	4	2	182
	共	6	4	109
	供	8	6	75
	朋	8	人	572
ども	供	8	6	75
ともえ	巴	4	人	338
ともしび	燭	17	人	708
ともなう	伴	7	常	72
ともに	倶	10	人	83
とら	虎	8	常	911
	寅	11	人	300
とらえる	囚	5	常	221
	捉	10	常	508
とらえる	捕	10	常	508
とらわれる	囚	5	常	221
とらわれる	捕	10	常	508
とり	酉	7	人	1009
	取	8	3	182
	鳥	11	2	1102
	禽	13	人	800
どり	取	8	3	182
	鳥	11	2	1102
とりこ	虜	12	人	913
	虜	13	常	913
とりで	砦	11	人	787
とる	取	8	3	182
	采	8	常	709
	捕	10	常	508
	執	11	常	237
	採	11	5	510
	撮	15	常	519
どろ	泥	8	常	656
トン	屯	4	常	326
	団	6	5	222
	沌	7	人	652
	惇	11	人	470
	豚	11	常	973
	敦	12	人	530
	遁	13	人	427
	頓	13	常	1069
	團	14	人	222
とん	問	11	3	213
ドン	呑	7	人	203
	貪	11	常	978
	鈍	12	常	1025
	曇	16	常	564
どん	丼	5	常	30
どんぶり	丼	5	常	30

な

読み	漢字	画数	区分	ページ
ナ	那	7	常	434
	奈	8	4	268
	南	9	2	167
	納	10	6	842
な	名	6	1	199
	菜	11	4	396
ナイ	内	4	2	113
ない	亡	3	6	44
	無	12	4	700
なえ	苗	8	常	391
なえる	萎	11	常	396
なおす	治	8	4	654
	直	8	2	771
なおる	治	8	4	654
	直	8	2	771
なか	中	4	1	25
	仲	6	4	63
ながい	永	5	5	646
	長	8	2	1035
ながす	流	10	3	667
なかば	半	5	2	163
ながめる	眺	11	常	778
なかれ	勿	4	人	155
	莫	10	人	395
ながれる	流	10	3	667
なぎ	凪	6	人	122
	梛	11	人	601
なぎさ	渚	11	人	672
	渚	12	人	672
なく	泣	8	4	654
	鳴	14	2	1103
なぐ	薙	16	人	404
なぐさむ	慰	15	常	478
なぐさめる	慰	15	常	478
なくなる	亡	3	6	44
なぐる	殴	8	常	631
なげかわしい	嘆	13	常	217
	嘆	14	人	217
なげく	嘆	13	常	217
	嘆	14	人	217

読み	字（画数）	区分	ページ
（なげく）	歎（15）	人	622
なげる	投（7）	③	497
なごむ	和（8）	③	207
なごやか	和（8）	③	207
なさけ	情（11）	⑤	468
なし	梨（11）	④	601
なし	莫（10）	人	395
なす	茄（8）	人	389
なす	成（6）	④	483
なすび	茄（8）	人	389
なぞ	謎（16）	許	967
	謎（17）	常	967
なぞらえる	擬（17）	常	521
なだ	灘（22）	人	692
なだめる	宥（9）	人	297
ナツ	捺（11）	人	514
なつ	夏（10）	②	251
ナッ	納（10）	⑥	842
なつかしい	懐（16）	常	481
	懷（19）	人	481
なつかしむ	懐（16）	常	481
	懷（19）	人	481
なつく	懐（16）	常	481
	懷（19）	人	481
なつける	懐（16）	常	481
	懷（19）	人	481
なでる	撫（15）	人	520
なな	七（2）	①	7
ななつ	七（2）	①	7
ななめ	斜（11）	常	536
なに	何（7）	②	66
なの	七（2）	①	7
なべ	鍋（17）	常	1032
なま	生（5）	①	737
なまける	怠（9）	常	461
なまず	鯰（19）	外	1100
なまり	鉛（13）	常	1025
なまり	訛（11）	外	948
なまる	訛（11）	外	948
なみ	並（8）	⑥	24
	波（8）	③	657
	浪（10）	常	669
なみだ	涙（10）	常	669
	淚（11）	人	669
なめらか	滑（13）	常	682
なめる	嘗（14）	人	217
なやます	悩（10）	常	467
なやむ	悩（10）	常	467
なら	楢（13）	人	609
ならう	倣（10）	常	88
	習（11）	③	870
ならす	慣（14）	⑤	478
	鳴（14）	②	1103
ならびに	並（8）	⑥	24
ならぶ	双（4）	常	180
	並（8）	⑥	24
ならべる	並（8）	⑥	24
なり	也（3）	人	34
なる	成（6）	④	483
	鳴（14）	②	1103
なれる	馴（13）	人	1087
	慣（14）	⑤	478
なわ	苗（8）	常	391
	縄（15）	④	859
ナン	男（7）	①	744
	南（9）	②	167
	納（10）	⑥	842
	軟（11）	常	1001
	楠（13）	人	609
	難（18）	⑥	1048
	難（19）	人	1048
なん	何（7）	②	66
なんじ	汝（6）	人	649
	爾（14）	人	711

に

読み	字（画数）	区分	ページ
ニ	二（2）	①	40
	仁（4）	⑥	53
	尼（5）	常	321
	弐（6）	常	364
	児（7）	④	102
	兒（8）	人	102
	爾（14）	人	711
に	荷（10）	③	394
にい	新（13）	②	539
にえる	煮（12）	常	698
	煮（13）	人	698
におう	匂（4）	常	155
	臭（9）	常	901
	臭（10）	人	901
にがい	苦（8）	③	389
にがす	逃（9）	常	414
にがる	苦（8）	③	389
にぎる	握（12）	常	515
にぎわう	賑（14）	人	983
ニク	肉（6）	②	880
	宍（7）	外	290
にくい	憎（14）	常	479
	憎（15）	人	479
にくしみ	憎（14）	常	479
	憎（15）	人	479
にくむ	憎（14）	常	479
	憎（15）	人	479
にくらしい	憎（14）	常	479
	憎（15）	人	479
にげる	逃（9）	常	414
にごす	渾（12）	人	678
	濁（16）	常	691
にごる	渾（12）	人	678
	濁（16）	常	691
にし	西（6）	②	933
	螺（17）	人	917
にじ	虹（9）	常	914
にしき	錦（16）	常	1030
にじゅう	廿（4）	人	163
にしん	鰊（20）	外	1101
にせ	偽（11）	常	89
	僞（14）	人	89
	贋（19）	外	987
にせる	肖（7）	常	883
ニチ	日（4）	①	545
ニッ	日（4）	①	545
になう	担（8）	⑥	501
にぶい	鈍（12）	常	1025
にぶる	鈍（12）	常	1025
ニャク	若（8）	⑥	390
にやす	煮（12）	常	698
	煮（13）	人	698
ニュウ	入（2）	①	104
	乳（8）	⑥	36
	柔（9）	常	592

読み	漢字	画数	区分	ページ
ニョ	女	3	1	272
	如	6	常	274
ニョウ	女	3	1	272
	尿	7	常	322
にら	韮	12	外	1064
にる	似	7	5	68
	肖	7	常	883
	煮	12	常	698
	煮	13	人	698
にわ	庭	10	3	358
にわか	俄	9	人	77
にわとり	鶏	19	常	1103
	鷄	21	人	1103
ニン	人	2	1	49
	任	6	5	65
	妊	7	常	275
	忍	7	常	456
	認	14	6	959

ぬ

読み	漢字	画数	区分	ページ
ヌ	奴	5	常	273
ぬいとり	繡	19	人	864
ぬう	縫	16	常	862
ぬか	糠	17	外	836
ぬかす	抜	7	常	498
	拔	8	人	498
ぬかる	抜	7	常	498
	拔	8	人	498
ぬきんでる	擢	17	人	521
ぬく	抜	7	常	498
	拔	8	人	498
ぬぐ	脱	11	常	892
ぬぐう	拭	9	常	507
ぬける	抜	7	常	498
	拔	8	人	498
ぬげる	脱	11	常	892
ぬし	主	5	3	29
ぬすむ	盗	11	常	767
	盜	12	人	767
ぬの	布	5	5	340
ぬま	沼	8	常	655
ぬる	塗	13	常	242
ぬれる	濡	17	人	692

ね

読み	漢字	画数	区分	ページ
ネ	祢	9	人	799
	禰	19	人	799
ね	音	9	1	1064
	値	10	6	86
	根	10	3	598
ネイ	寧	14	常	305
ねがう	願	19	4	1074
ねかす	寝	13	常	304
	寢	14	人	304
ねぎ	葱	12	外	399
ねぎらう	労	7	4	148
ねこ	猫	11	常	723
ねじる	拗	8	外	503
ねじれる	拗	8	外	503
ねずみ	鼠	13	外	1112
ねたむ	妬	8	常	277
ネツ	熱	15	4	706
ネッ	熱	15	4	706
ねばる	粘	11	常	834
ねむい	眠	10	常	777
ねむる	眠	10	常	777
ねらう	狙	8	常	720
ねる	寝	13	常	304
	煉	13	人	705
	寢	14	人	304
	練	14	3	858
	練	15	人	858
	錬	16	常	1031
	鍊	17	人	1031
ネン	年	6	1	349
	念	8	4	458
	捻	11	常	514
	粘	11	常	834
	然	12	4	699
	稔	13	人	806
	燃	16	5	707
ねんごろ	諄	15	人	960
	懇	17	常	481
ネンじる	念	8	4	458

の

読み	漢字	画数	区分	ページ
の	乃	2	人	31
	之	3	人	28
	野	11	2	1016
	埜	11	人	1016
ノウ	王	4	1	728
	応	7	5	454
	皇	9	6	763
	悩	10	常	467
	納	10	6	842
	能	10	5	890
	脳	11	6	892
	農	13	3	1008
	濃	16	常	691
	應	17	人	454
のがす	逃	9	常	414
のがれる	逃	9	常	414
	遁	13	人	427
のき	軒	10	常	999
のぎ	禾	5	人	800
	芒	6	外	385
のこぎり	鋸	16	人	1030
のこす	残	10	4	629
	遺	15	6	431
のこる	残	10	4	629
のせる	乗	9	3	32
	乘	10	人	32
	載	13	常	1003
のぞく	除	10	6	441
のぞむ	望	11	4	573
	臨	18	6	1019
のち	後	9	2	376
のっとる	則	9	5	139
のど	喉	12	常	215
ののしる	罵	15	常	820
のばす	伸	7	常	69
	延	8	6	361
のびる	伸	7	常	69
	延	8	6	361
	暢	14	人	562
のべる	伸	7	常	69
	延	8	6	361
	述	8	5	410
	叙	9	常	184
	敍	11	人	184
のぼす	上	3	1	12
のぼせる	上	3	1	12
のぼる	上	3	1	12
	昇	8	常	550
	登	12	3	758
のむ	呑	7	人	203
	飲	12	3	1080
のり	矩	10	人	782
	糊	15	人	836
のる	乗	9	3	32
	乘	10	人	32
	載	13	常	1003
のろう				

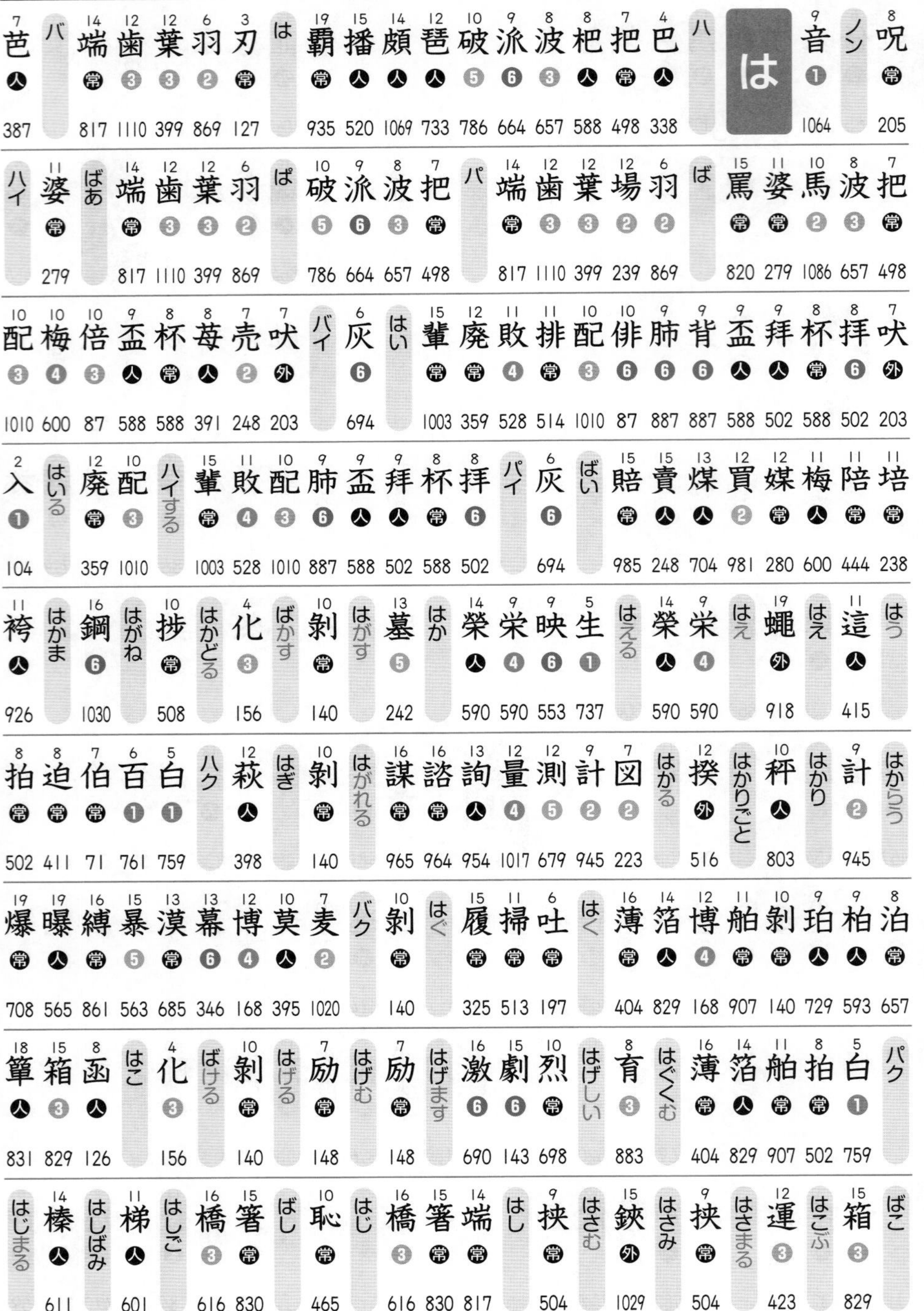

呪 8 常 205

ノン
音 9 ❶ 1064

は

ハ
巴 4 人 338
把 7 常 498
杷 8 人 588
波 8 ③ 657
派 9 ⑥ 664
破 10 ⑤ 786
琶 12 人 733
頗 14 人 1069
播 15 人 520
覇 19 常 935

は
刃 3 常 127
羽 6 ② 869
葉 12 ③ 399
歯 12 ③ 1110
端 14 常 817

バ
芭 7 人 387
把 7 常 498
波 8 ③ 657
馬 10 ② 1086
婆 11 常 279
罵 15 常 820

ば
羽 6 ② 869
場 12 ② 239
葉 12 ③ 399
歯 12 ③ 1110
端 14 常 817

パ
把 7 常 498
波 8 ③ 657
派 9 ⑥ 664
破 10 ⑤ 786

ぱ
羽 6 ② 869
葉 12 ③ 399
歯 12 ③ 1110
端 14 常 817

ばあ
婆 11 常 279

ハイ
吠 7 外 203
拝 8 ⑥ 502
杯 8 常 588
拜 9 人 502
盃 9 人 588
背 9 ⑥ 887
肺 9 ⑥ 887
俳 10 ⑥ 87
配 10 ③ 1010
排 11 常 514
敗 11 ④ 528
廃 12 常 359
輩 15 常 1003

はい
灰 6 ⑥ 694

バイ
吠 7 外 203
売 7 ② 248
苺 8 人 391
杯 8 常 588
盃 9 人 588
倍 10 ③ 87
梅 10 ④ 600
配 10 ③ 1010
培 11 常 238
陪 11 常 444
梅 11 人 600
媒 12 常 280
買 12 ② 981
煤 13 人 704
賣 15 人 248
賠 15 常 985

ばい
灰 6 ⑥ 694

パイ
拝 8 ⑥ 502
杯 8 常 588
拜 9 人 502
盃 9 人 588
肺 9 ⑥ 887
配 10 ③ 1010
敗 11 ④ 528
輩 15 常 1003

ハイする
配 10 ③ 1010
廃 12 常 359

はいる
入 2 ❶ 104

はう
這 11 人 415

はえ
蠅 19 外 918

はえ
栄 9 ④ 590
榮 14 人 590

はえる
生 5 ❶ 737
映 9 ⑥ 553
栄 9 ④ 590
榮 14 人 590

はか
墓 13 ⑤ 242

はがす
剥 10 常 140

ばかす
化 4 ③ 156

はかどる
捗 10 常 508

はがね
鋼 16 ⑥ 1030

はかま
袴 11 人 926

はからう
計 9 ② 945

はかり
秤 10 人 803

はかりごと
揆 12 外 516

はかる
図 7 ② 223
計 9 ② 945
測 12 ⑤ 679
量 12 ④ 1017
詢 13 人 954
諮 16 常 964
謀 16 常 965

はがれる
剥 10 常 140

はぎ
萩 12 人 398

ハク
白 5 ❶ 759
百 6 ❶ 761
伯 7 常 71
迫 8 常 411
拍 8 常 502
泊 8 常 657
柏 9 人 593
珀 9 人 729
剥 10 常 140
舶 11 常 907
博 12 ④ 168
箔 14 人 829
薄 16 常 404

はく
吐 6 常 197
掃 11 常 513
履 15 常 325

はぐ
剥 10 常 140

バク
麦 7 ② 1020
莫 10 人 395
博 12 ④ 168
幕 13 ⑥ 346
漠 13 常 685
暴 15 ⑤ 563
縛 16 常 861
曝 19 人 565
爆 19 常 708

パク
白 5 ❶ 759
拍 8 常 502
舶 11 常 907
箔 14 人 829
薄 16 常 404

はぐくむ
育 8 ③ 883

はげしい
烈 10 常 698
劇 15 ⑥ 143
激 16 ⑥ 690

はげます
励 7 常 148

はげむ
励 7 常 148

はげる
剥 10 常 140

ばける
化 4 ③ 156

はこ
函 8 人 126
箱 15 ③ 829
箪 18 人 831

ばこ
箱 15 ③ 829

はこぶ
運 12 ③ 423

はさまる
挟 9 常 504

はさみ
鋏 15 外 1029

はさむ
挟 9 常 504

はし
端 14 常 817
箸 15 常 830
橋 16 ③ 616

はじ
恥 10 常 465

ばし
箸 15 常 830
橋 16 ③ 616

はしご
梯 11 人 601

はしばみ
榛 14 人 611

はじまる

音訓

- 始 8 ③ 277
- **はじめ** 初 7 ④ 131 / 甫 7 人 741 / 孟 8 人 285
- **はじめて** 初 7 ④ 131
- **はじめる** 始 8 ③ 277 / 肇 14 人 879
- **はしら** 柱 9 ③ 593
- **ばしら** 柱 9 ③ 593
- **ぱしら** 柱 9 ③ 593
- **はじらう** 恥 10 常 465
- **はしる** 走 7 ② 989
- **はじる** 恥 10 常 465 / 羞 11 常 866
- **はす** 蓮 13 人 402
- **はず** 筈 12 人 826
- **はずかしい** 恥 10 常 465 / 羞 11 常 866
- **はずかしめる** 辱 10 常 1007
- **はずす** 外 5 ② 252
- **はずむ** 弾 12 常 369 / 彈 15 人 369
- **はずれる** 外 5 ② 252
- **はせる** 馳 13 人 1087
- **はた** 畑 9 ③ 746 / 畠 10 人 747 / 秦 10 人 803 / 旗 14 ④ 544 / 端 14 常 817 / 幡 15 人 346 / 機 16 ④ 615
- **はだ** 肌 6 常 880 / 膚 15 常 897
- **ばた** 旗 14 ④ 544 / 端 14 常 817
- **ぱた** 畑 9 ③ 746
- **はだか** 裸 13 常 931
- **はたけ** 畑 9 ③ 746 / 畠 10 人 747
- **ばたけ** 畑 9 ③ 746
- **はたす** 果 8 ④ 586
- **はたらく** 働 13 ④ 94
- **ハチ** 八 2 ① 105 / 鉢 13 常 1027
- **はち** 蜂 13 常 916
- **バチ** 鉢 13 常 1027 / 罰 14 常 820
- **パチ** 八 2 ① 105
- **ハツ** 発 9 ③ 756 / 鉢 13 常 1027 / 髪 14 常 1094 / 髮 15 人 1094
- **はつ** 初 7 ④ 131
- **ハッ** 八 2 ① 105 / 白 5 ① 759 / 法 8 ④ 658 / 発 9 ③ 756
- **バツ** 末 5 ④ 580 / 伐 6 常 65 / 抜 7 常 498 / 拔 8 人 498 / 筏 12 外 826 / 罰 14 常 820 / 閥 14 常 1043
- **バッ** 末 5 ④ 580 / 抜 7 常 498 / 拔 8 人 498 / 幕 13 ⑥ 346
- **パツ** 発 9 ③ 756 / 髪 14 常 1094 / 髮 15 人 1094
- **ハッする** 発 9 ③ 756
- **バッする** 罰 14 常 820
- **はて** 果 8 ④ 586
- **はてる** 果 8 ④ 586
- **はと** 鳩 13 人 1102
- **はな** 花 7 ① 385 / 華 10 常 395 / 鼻 14 ③ 1113
- **ばな** 花 7 ① 385 / 鼻 14 ③ 1113
- **ぱな** 鼻 14 ③ 1113
- **はなし** 話 13 ② 955 / 噺 16 外 219
- **ばなし** 話 13 ② 955
- **はなす** 放 8 ③ 524 / 話 13 ② 955 / 離 19 常 1050
- **はなつ** 放 8 ③ 524
- **はなはだ** 甚 9 常 736
- **はなはだしい** 甚 9 常 736
- **はなれる** 放 8 ③ 524 / 離 19 常 1050
- **はなわ** 塙 13 人 242
- **はに** 埴 11 人 238
- **はね** 羽 6 ② 869
- **はねる** 跳 13 常 994
- **はは** 母 5 ② 633
- **はば** 巾 3 常 339 / 幅 12 常 345
- **ばば** 婆 11 常 279
- **はばかる** 憚 15 外 480
- **はばむ** 阻 8 常 439
- **はぶく** 省 9 ④ 774
- **はま** 浜 10 常 666
- **はまぐり** 蛤 12 外 915
- **はやい** 早 6 ① 548 / 速 10 ③ 416 / 疾 10 常 753 / 捷 11 人 511
- **はやし** 林 8 ① 589
- **ばやし** 林 8 ① 589
- **はやす** 生 5 ① 737
- **はやぶさ** 隼 10 人 1044
- **はやまる** 早 6 ① 548 / 速 10 ③ 416
- **はやめる** 早 6 ① 548 / 速 10 ③ 416
- **はら** 原 10 ② 174 / 腹 13 ⑥ 895
- **ばら** 腹 13 ⑥ 895
- **はらう** 払 5 常 494 / 拂 8 人 494
- **はらす** 晴 12 ② 559 / 腫 13 常 894
- **はり** 針 10 ⑥ 1024 / 梁 11 人 602
- **ばり** 針 10 ⑥ 1024
- **はる** 春 9 ② 553
- **はる** 張 11 ⑤ 369 / 貼 12 常 981
- **はるか** 遼 15 人 433
- **はれる** 晴 12 ② 559 / 腫 13 常 894
- **ハン** 凡 3 常 121

あいうえお / かきくけこ / さしすせそ / たちつてと / なにぬねの / はひふへほ / まみむめも / や / ゆ / よ / らりるれろ / わ / を / ん

- 4 反 ③ 180
- 5 半 ② 163
- 5 氾 常 648
- 5 犯 ⑤ 719
- 6 帆 常 341
- 6 汎 常 650
- 7 伴 常 72
- 7 判 ⑤ 132
- 7 坂 ③ 233
- 7 阪 ④ 438
- 8 板 ③ 588
- 8 版 ⑤ 712
- 10 班 ⑥ 730
- 10 畔 常 747
- 10 般 常 906
- 11 絆 人 848
- 11 販 常 979
- 12 斑 常 535
- 12 飯 ④ 1080
- 13 搬 常 518
- 13 煩 常 704
- 13 頒 常 1069
- 15 幡 人 346
- 15 蕃 人 403
- 15 播 人 520
- 15 範 常 830
- 16 繁 常 861
- 17 繁 人 861
- 18 藩 常 406

バン
- 3 万 ② 14
- 7 伴 常 72
- 7 判 ⑤ 132
- 7 坂 ③ 233
- 8 板 ③ 588
- 8 版 ⑤ 712
- 10 挽 人 508
- 11 晩 人 560
- 11 絆 人 848
- 12 萬 人 14
- 12 晩 ⑥ 560
- 12 番 ② 750
- 12 蛮 常 915
- 15 蕃 人 403
- 15 盤 常 768
- 15 磐 人 790

パン
- 5 半 ② 163
- 7 判 ⑤ 132
- 8 板 ③ 588
- 8 版 ⑤ 712
- 10 班 ⑥ 730
- 10 般 常 906
- 12 飯 ④ 1080
- 13 搬 常 518
- 15 範 常 830

ハンする
- 4 反 ③ 180

ひ

ヒ
- 4 比 ⑤ 635
- 5 皮 ③ 764
- 6 妃 常 274
- 7 否 ⑥ 204
- 7 庇 人 355
- 7 批 ⑥ 498
- 8 卑 人 167
- 8 彼 常 376
- 8 披 常 502
- 8 泌 常 657
- 8 肥 ⑤ 884
- 8 非 ⑤ 1060
- 9 卑 常 167
- 9 飛 ④ 1078
- 10 疲 常 753
- 10 秘 ⑥ 804
- 10 祕 人 804
- 10 被 常 926
- 12 悲 ③ 470
- 12 扉 常 489
- 12 斐 人 535
- 12 費 ⑤ 982
- 13 碑 人 789
- 14 碑 常 789
- 14 緋 人 856
- 14 翡 外 871
- 15 罷 常 820
- 15 誹 外 963
- 16 避 常 433

ひ
- 4 日 ① 545
- 4 火 ① 693
- 5 氷 ③ 646
- 6 灯 ④ 695
- 10 桧 人 617
- 15 樋 人 614
- 16 燈 人 695
- 17 檜 人 617

ビ
- 7 尾 常 322
- 8 枇 人 588
- 9 毘 人 636
- 9 眉 常 776
- 9 美 ③ 865
- 11 梶 人 602
- 12 備 ⑤ 92
- 12 琵 人 733
- 13 微 常 382
- 14 鼻 ③ 1113

び
- 4 火 ① 693

ピ
- 4 比 ⑤ 635
- 5 皮 ③ 764
- 7 否 ⑥ 204
- 8 肥 ⑤ 884
- 9 飛 ④ 1078
- 10 秘 ⑥ 804
- 10 祕 人 804
- 12 扉 常 489
- 12 費 ⑤ 982

ひいでる
- 7 秀 常 801

ひいらぎ
- 9 柊 人 592

ひえる
- 7 冷 ④ 119

ひかえる
- 11 控 常 509

ひがし
- 8 東 ② 587

ひかり
- 6 光 ② 99
- 13 暉 人 561

びかり
- 6 光 ② 99

ひかる
- 6 光 ② 99

ヒキ
- 5 疋 人 751

ひき
- 4 匹 常 159

びき
- 4 匹 常 159

ぴき
- 4 匹 常 159

ひきいる
- 11 率 ⑤ 726

ひく
- 4 引 ② 365
- 6 曳 人 565
- 10 挽 人 508
- 11 牽 人 718
- 12 弾 常 369
- 12 惹 人 468
- 15 彈 人 369

ひくい
- 7 低 ④ 70

ひくまる
- 7 低 ④ 70

ひくめる
- 7 低 ④ 70

ひける
- 4 引 ② 365

ひこ
- 9 彦 人 372

ひざ
- 15 膝 常 897

ひさご
- 17 瓢 人 935

ひさし
- 7 庇 人 355

ひさしい
- 3 久 ⑤ 31

ひし
- 11 菱 人 398

ひじ
- 7 肘 常 883

びし
- 11 菱 人 398

ひしお
- 18 醤 人 1013

ヒする
- 10 秘 ⑥ 804
- 10 祕 人 804

ひそむ
- 15 潜 常 689

ひたい
- 18 額 ⑤ 1072

ひたす
- 10 浸 常 666

ひだり
- 5 左 ① 335

ひたる
- 10 浸 常 666

ヒツ
- 4 匹 常 159
- 5 必 ④ 454
- 8 泌 常 657
- 10 畢 人 747
- 12 筆 ③ 826

ヒッ
- 5 必 ④ 454
- 12 筆 ③ 826

ピツ
- 12 筆 ③ 826

ひつぎ
- 9 柩 外 591

ひつじ
- 6 羊 ③ 865

ひつじさる
- 8 坤 外 234

ひづめ
- 16 蹄 人 995

ひと

あいうえお かきくけこ さしすせそ たちつてと なにぬねの はひふへほ まみむめも や ゆ よ らりるれろ わ を ん

音訓

(continued) 一 1 ❶ 1 / 人 2 ❶ 49

びと 人 2 ❶ 49

ぴと 人 2 ❶ 49

ひどい 酷 14 常 1012

ひとしい 斉 8 常 1061 / 等 12 ❸ 825 / 齊 14 人 1061

ひとつ 一 1 ❶ 1

ひとみ 眸 11 人 778 / 瞳 17 常 779

ひとり 独 9 ❺ 721

ひな 雛 18 人 1048

ひのき 桧 10 人 617 / 檜 17 人 617

ひのと 丁 2 ❸ 8 / 丙 5 常 22

ひびく 響 20 常 1066 / 響 22 人 1066

ひま 暇 13 常 561

ひめ 姫 10 常 279 / 媛 12 ❹ 280

ひめる 秘 10 ❻ 804 / 祕 10 人 804

ひも 紐 10 人 842

ひや 冷 7 ❹ 119

ひやかす 冷 7 ❹ 119

ヒャク 百 6 ❶ 761

ビャク 白 5 ❶ 759

ピャク 百 6 ❶ 761

ひやす 冷 7 ❹ 119

ヒャッ 百 6 ❶ 761

ビュウ 謬 18 外 968

ヒョウ 氷 5 ❸ 646 / 兵 7 ❹ 110 / 拍 8 常 502 / 表 8 ❸ 924 / 俵 10 ❻ 88 / 秤 10 人 803 / 豹 10 人 975 / 彪 11 人 373 / 票 11 ❹ 796 / 評 12 ❺ 951 / 漂 14 常 687 / 標 15 ❹ 614 / 瓢 17 人 935

ビョウ 平 5 ❸ 347 / 苗 8 常 391 / 秒 9 ❸ 803 / 病 10 ❸ 753 / 屏 11 外 324 / 描 11 常 515 / 猫 11 常 723 / 票 11 ❹ 796 / 廟 15 人 360

ピョウ 氷 5 ❸ 646 / 表 8 ❸ 924 / 俵 10 ❻ 88 / 票 11 ❹ 796 / 評 12 ❺ 951

ヒョウする 表 8 ❸ 924 / 評 12 ❺ 951

ひよどり 鵯 19 外 1104

ひら 平 5 ❸ 347

ひらく 開 12 ❸ 1038

ひらける 開 12 ❸ 1038

ひらめ 鮃 16 外 1099

ひらめく 閃 10 人 1038

ひる 昼 9 ❷ 555 / 晝 11 人 555

ひる 干 3 ❻ 347

ひるがえす 翻 18 常 871 / 飜 21 人 871

ひるがえる 翻 18 常 871 / 飜 21 人 871

ひろい 広 5 ❷ 353 / 弘 5 人 366 / 宏 7 人 290 / 浩 10 人 665 / 紘 10 人 840 / 滉 13 人 683 / 廣 15 人 353 / 熙 15 人 705

びろい 拾 9 ❸ 507

ひろう 拾 9 ❸ 507

ひろがる 広 5 ❷ 353 / 廣 15 人 353

ひろげる 広 5 ❷ 353 / 廣 15 人 353

ひろまる 広 5 ❷ 353 / 廣 15 人 353

ひろめる 広 5 ❷ 353 / 廣 15 人 353

ヒン 牝 6 外 714 / 品 9 ❸ 209 / 浜 10 常 666 / 彬 11 人 373 / 貧 11 ❺ 979 / 稟 13 人 806 / 賓 14 人 986 / 賓 15 常 986 / 頻 17 常 1071 / 瀕 19 人 692

ビン 便 9 ❹ 81 / 敏 10 常 527 / 秤 10 人 803 / 敏 11 人 527 / 瓶 11 常 736 / 貧 11 ❺ 979

ピン 品 9 ❸ 209

ヒンする 貧 11 ❺ 979

ふ

フ 不 4 ❹ 16 / 夫 4 ❹ 265 / 父 4 ❷ 710 / 付 5 ❹ 57 / 布 5 ❺ 340 / 巫 7 人 336 / 芙 7 人 387 / 扶 7 常 498 / 步 7 人 626 / 甫 7 人 741 / 府 8 ❹ 356 / 阜 8 ❹ 438 / 附 8 常 440 / 怖 8 常 462 / 斧 8 人 537 / 歩 8 ❷ 626 / 訃 9 常 946 / 負 9 ❸ 976 / 赴 9 常 989 / 風 9 ❷ 1075 / 浮 10 常 667 / 婦 11 ❺ 280 / 冨 11 人 304 / 符 11 常 824 / 富 12 ❹ 304 / 普 12 常 560 / 腑 12 外 894 / 腐 14 常 893 / 敷 15 常 532 / 膚 15 常 897 / 賦 15 常 986 / 麩 15 外 1021 / 鮒 16 外 1099 / 譜 19 常 969

ふ 麩 15 外 1021

ブ 不 4 ❹ 16 / 分 4 ❷ 128 / 夫 4 ❹ 265 / 布 5 ❺ 340 / 步 7 人 626 / 侮 8 常 76 / 奉 8 常 269 / 武 8 ❺ 625 / 歩 8 ❷ 626 / 侮 9 人 76 / 負 9 ❸ 976 / 部 11 ❸ 437 / 葡 12 人 399 / 無 12 ❹ 700 / 蕪 15 人 403 / 撫 15 人 520 / 舞 15 常 1020

あいうえお かきくけこ さしすせそ たちつてと なにぬねの はひふへほ まみむめも や ゆ よ らりるれろ わ を ん

読み	画数	漢字	区分	ページ
プ	4	夫	④	265
	4	父	②	710
	5	付	④	57
	5	布	⑤	340
	11	婦	⑤	280
	11	冨	人	304
	12	富	④	304
フウ	4	夫	④	265
	9	封	常	310
	9	風	②	1075
	11	冨	人	304
	12	富	④	304
	13	楓	人	609
プウ	9	風	②	1075
フウじる	9	封	常	310
ふえ	11	笙	人	823
	11	笛	③	823
ぶえ	11	笛	③	823
ふえる	12	殖	常	630
	14	増	⑤	244
	15	增	人	244
ふかい	11	深	③	673
ふかす	7	更	常	566
ふかまる	11	深	③	673
ふかめる	11	深	③	673
ふき	16	蕗	人	405
フク	6	伏	常	65
	8	服	③	571
	11	副	④	141
	12	幅	常	345
	12	復	⑤	381
	13	福	③	798
	13	腹	⑥	895
	14	福	人	798
	14	複	⑤	931
	15	蝮	外	917
	18	覆	常	934
ふく	7	吹	常	203
	9	拭	常	507
	12	葺	人	398
	15	噴	常	219
プク	8	服	③	571
フクする	8	服	③	571
ふくむ	7	含	常	201
ふくめる	7	含	常	201
ふくらむ	16	膨	常	897
ふくれる	12	脹	人	893
	16	膨	常	897
ふくろ	11	袋	常	926
ふくろう	11	梟	外	601
ふける	10	耽	人	876
ふける	6	老	④	872
	7	更	常	566
ふさ	8	房	常	489
ふさがる	8	奄	人	267
	13	塞	常	241
ふさぐ	8	奄	人	267
	13	塞	常	241
ふし	13	節	④	827
	15	節	人	827
ふじ	18	藤	常	406
ぶし	13	節	④	827
	15	節	人	827
ふす	6	伏	常	65
	9	臥	人	1019
ふすま	15	麸	外	1021
	18	襖	人	932
ふせぐ	7	防	⑤	439
ふせる	6	伏	常	65
ふた	2	二	①	40
	4	双	常	180
	13	蓋	常	400
ふだ	5	札	④	578
	13	牒	人	713
ぶた	11	豚	常	973
	13	蓋	常	400
ふたたび	6	再	⑤	116
ふたつ	2	二	①	40
ふち	12	淵	人	676
	15	縁	常	858
	15	緣	人	858
フツ	4	仏	⑤	54
	5	払	常	494
	7	佛	人	54
	8	拂	人	494
	8	沸	常	657
フッ	12	復	⑤	381
	13	腹	⑥	895
ブツ	4	仏	⑤	54
	4	勿	人	155
	7	佛	人	54
	8	物	③	715
ブッ	4	仏	⑤	54
	7	佛	人	54
	8	物	③	715
ふで	12	筆	③	826
ふとい	4	太	②	262
ふところ	16	懐	常	481
	19	懷	人	481
ふとる	4	太	②	262
ふな	6	舟	常	905
	11	船	②	906
	16	鮒	外	1099
ふね	6	舟	常	905
	11	船	②	906
ぶね	6	舟	常	905
	11	船	②	906
ふまえる	15	踏	常	995
ふみ	4	文	①	533
ぶみ	4	文	①	533
ふむ	13	践	常	993
	15	踏	常	995
ふもと	19	麓	常	1106
ふやす	12	殖	常	630
	14	増	⑤	244
	15	增	人	244
ふゆ	5	冬	②	249
ぶり	21	鰤	外	1101
ふる	10	降	⑥	441
	10	振	常	507
ふるい	5	古	②	189
ふるう	15	震	常	1055
	16	奮	⑥	271
ふるう	10	振	常	507
ふるえる	15	震	常	1055
ふるす	5	古	②	189
ふれる	10	振	常	507
	13	触	常	943
フン	4	分	②	128
	7	吻	人	204
	10	粉	⑤	833
	10	紛	常	843
	12	焚	人	699
	12	雰	常	1053
	15	噴	常	219
	15	墳	常	245
	15	憤	常	480
	16	奮	⑥	271
	17	糞	外	836
ブン	4	分	②	128
	4	文	①	533
	14	聞	②	877
プン	4	分	②	128
	10	粉	⑤	833
	16	奮	⑥	271

へ

あいうえお　かきくけこ　さしすせそ　たちつてと　なにぬねの　はひふへほ　まみむめも　や　ゆ　よ　らりるれろ　わ　を　ん

べ
5 辺 ④ 408

ヘイ
5 丙 常 22
5 平 ③ 347
7 兵 ④ 110
8 並 ⑥ 24
8 併 常 76
9 柄 常 593
10 陛 ⑥ 442
10 病 ③ 753
11 屏 外 324
11 閉 ⑥ 1038
12 塀 常 240
13 聘 外 877
14 餅 許 1082
15 幣 常 346
15 弊 常 363
15 蔽 常 403
15 餠 常 1082

ベイ
6 米 ② 832
9 袂 外 926
12 塀 常 240

ペイ
5 平 ③ 347
7 兵 ④ 110
11 閉 ⑥ 1038
15 蔽 常 403

ページ
9 頁 人 1066

ヘキ
14 碧 人 789
16 壁 常 245
18 璧 常 735
18 癖 常 756

ペキ
16 壁 常 245
18 璧 常 735

へそ
18 臍 外 898

へだたる
13 隔 常 447

へだてる
12 距 常 993
13 隔 常 447

ベツ
7 別 ④ 132
14 蔑 常 402
17 瞥 人 779

ベッ
7 別 ④ 132

べに
9 紅 ⑥ 839

へび
11 蛇 常 915

へらす
12 減 ⑤ 677

へる
11 経 ⑤ 844
12 減 ⑤ 677

ヘン
4 片 ⑥ 711
5 辺 ④ 408
7 返 ③ 409
9 変 ④ 250
9 扁 外 489
11 偏 常 91
12 遍 常 427
15 篇 人 830
15 編 ⑤ 860

ベン
5 弁 ⑤ 362
9 便 ④ 81
9 勉 人 150
10 勉 ③ 150
10 娩 人 279
18 鞭 人 1064

ペン
4 片 ⑥ 711
5 辺 ④ 408
9 変 ④ 250
12 遍 常 427
15 篇 人 830
15 編 ⑤ 860

ほ

ホ
7 步 人 626
7 甫 人 741
8 歩 ② 626
9 保 ⑤ 81
10 哺 常 211
10 圃 人 227
10 捕 常 508
10 浦 常 665
12 葡 人 399
12 補 ⑥ 928
13 蒲 人 401
14 輔 人 1003
15 舗 常 95

ほ
4 火 ① 693
6 帆 常 341
15 穂 常 808
17 穗 人 808

ボ
5 戊 人 482
5 母 ② 633
7 牡 人 715
9 姥 人 279
10 莫 人 395
11 菩 人 397
12 募 常 153
13 墓 ⑤ 242
14 慕 常 478
14 暮 ⑥ 562
14 模 ⑥ 611
19 簿 常 831

ポ
7 步 人 626
8 歩 ② 626
9 保 ⑤ 81

ホウ
4 方 ② 541
5 包 ④ 155
7 呆 外 204
7 芳 常 387
7 邦 常 434
8 奉 常 269
8 宝 ⑥ 295
8 抱 常 503
8 放 ③ 524
8 朋 人 572
8 法 ④ 658
8 泡 常 658
9 封 常 310
9 胞 常 888
10 倣 常 88
10 俸 常 88
10 峰 常 331
10 峯 人 331
10 砲 常 787
11 崩 常 332
11 萌 人 397
11 萠 人 397
11 逢 人 419
11 捧 人 515
11 訪 ⑥ 949
12 報 ⑤ 240
13 蜂 常 916
13 豊 ⑤ 972
13 飽 常 1081
14 蓬 人 402
14 鳳 人 1102
15 褒 常 932
15 鋒 人 1030
16 縫 常 862
19 鵬 人 1104

ボウ
3 亡 ⑥ 44
4 乏 常 32
5 卯 人 170
6 妄 常 274
6 忙 常 456
6 牟 人 715
7 呆 外 204
7 坊 常 233
7 妨 常 275
7 防 ⑤ 439
7 忘 ⑥ 456
8 茅 人 391
8 房 常 489
8 抱 常 503
8 肪 常 885
9 昴 人 556
9 某 常 593
9 冒 常 776
9 虻 外 914
10 剖 常 141
10 紡 常 843
11 萌 人 397
11 萠 人 397
11 望 ④ 573
11 眸 人 778
11 訪 ⑥ 949
12 傍 常 92
12 帽 常 345
12 棒 ⑥ 606
12 貿 ⑤ 982
14 膀 外 896
14 貌 常 975
15 暴 ⑤ 563
16 膨 常 897
16 謀 常 965

ポウ
4 方 ② 541
5 包 ④ 155
8 宝 ⑥ 295
8 放 ③ 524
8 法 ④ 658
8 泡 常 658
10 砲 常 787
11 訪 ⑥ 949
12 報 ⑤ 240

ほうける
7 呆 外 204

ホウじる
9 封 常 310
12 報 ⑤ 240

ほうむる
12 葬 常 398

ほうる
8 放 ③ 524

ほえる
7 吠 外 203

ほお
- 頬 16 常 1071

ほか
- 他 5 ③ 56
- 外 5 ② 252

ほがらか
- 朗 10 ⑥ 573
- 朗 11 人 573

ホク
- 北 5 ② 157

ボク
- ト 2 人 169
- 木 4 ① 577
- 北 5 ② 157
- 目 5 ① 769
- 芒 6 外 385
- 朴 6 常 582
- 牧 8 ④ 716
- 睦 13 常 779
- 僕 14 常 95
- 墨 14 常 244
- 墨 15 人 244
- 撲 15 常 520

ほける
- 呆 7 外 204

ほこ
- 矛 5 常 780
- 戟 12 人 485
- 鉾 15 人 1030

ぼこ
- 凹 5 常 123

ほこさき
- 鋒 15 人 1030

ほこり
- 埃 10 外 235

ほこる
- 誇 13 常 952

ほころびる
- 綻 14 常 856

ほし
- 星 9 ② 555

ぼし
- 星 9 ② 555

ほしい
- 欲 11 ⑥ 620

ほす
- 干 3 ⑥ 347

ほぞ
- 臍 18 外 898

ほそい
- 細 11 ② 845

ほそる
- 細 11 ② 845

ほたる
- 蛍 11 常 914

ホツ
- 発 9 ③ 756

ホッ
- 北 5 ② 157
- 法 8 ④ 658
- 発 9 ③ 756

ボツ
- 没 7 常 652
- 勃 9 常 150

ボッ
- 坊 7 常 233
- 牧 8 ④ 716

ほっする
- 欲 11 ⑥ 620

ボッする
- 没 7 常 652

ほど
- 程 12 ⑤ 806

ほとけ
- 仏 4 ⑤ 54
- 佛 7 人 54

ぼとけ
- 仏 4 ⑤ 54
- 佛 7 人 54

ほどこす
- 施 9 常 542

ほとんど
- 殆 9 人 629

ほね
- 骨 10 ⑥ 1090

ぼね
- 骨 10 ⑥ 1090

ほのお
- 炎 8 常 696
- 焰 12 人 698

ほほ
- 頬 16 常 1071

ほまれ
- 誉 13 常 955

ほめる
- 褒 15 常 932

ほめる (continued)
- 讃 22 人 970

ほら
- 洞 9 常 663

ほり
- 堀 11 常 238
- 壕 17 人 246

ほる
- 彫 11 常 372
- 掘 11 常 509

ほれる
- 惚 11 人 468

ほろ
- 幌 13 人 346

ほろびる
- 滅 13 常 685

ほろぼす
- 滅 13 常 685

ホン
- 反 4 ③ 180
- 本 5 ① 578
- 奔 8 常 269
- 翻 18 常 871
- 飜 21 人 871

ボン
- 凡 3 常 121
- 本 5 ① 578
- 盆 9 常 766
- 煩 13 常 704

ポン
- 本 5 ① 578

ま

マ
- 麻 11 常 1106
- 摩 15 常 519
- 磨 16 常 790
- 魔 21 常 1096

ま
- 目 5 ① 769
- 真 10 ③ 776
- 眞 10 人 776
- 馬 10 ② 1086
- 間 12 ② 1040

マイ
- 毎 6 ② 634
- 米 6 ② 832
- 毎 7 人 634
- 妹 8 ② 277
- 枚 8 ⑥ 588
- 味 9 常 556
- 埋 10 常 235

まい
- 舞 15 常 1020

マイル
- 哩 10 人 211

まいる
- 参 8 ④ 177

まう
- 舞 15 常 1020

まえ
- 前 9 ② 137

まかす
- 任 6 ⑤ 65

まかす
- 負 9 ③ 976

まかせる
- 任 6 ⑤ 65

まかなう
- 賄 13 常 983

まがる
- 曲 6 ③ 565

まき
- 巻 8 人 338
- 牧 8 ④ 716
- 巻 9 ⑥ 338
- 槙 14 人 611
- 槇 14 人 611

まぎらす
- 紛 10 常 843

まぎらわしい
- 紛 10 常 843

まぎらわす
- 紛 10 常 843

まぎれる
- 紛 10 常 843

マク
- 幕 13 ⑥ 346
- 膜 14 常 896

まく
- 巻 8 人 338
- 巻 9 ⑥ 338
- 捲 11 人 509
- 蒔 13 人 400
- 撒 15 人 519
- 播 15 人 520

まくら
- 枕 8 常 589

まぐろ
- 鮪 17 外 1099

まける
- 負 9 ③ 976

まげる
- 曲 6 ③ 565

まご
- 孫 10 ④ 286

まこと
- 允 4 人 97
- 真 10 ③ 776
- 眞 10 人 776
- 誠 13 ⑥ 954
- 諒 15 人 963

まことに
- 洵 9 人 662

まさ
- 正 5 ① 623
- 柾 9 人 593

まさる
- 勝 12 ③ 152

まざる
- 交 6 ② 46

読み	漢字	画数	区分	ページ
	混	11	⑤	671
まじえる	交	6	②	46
まじる	交	6	②	46
	混	11	⑤	671
まじわる	交	6	②	46
ます	升	4	常	163
	鱒	23	人	1101
ます	増	14	⑤	244
	增	15	人	244
まずしい	貧	11	⑤	979
まぜる	交	6	②	46
	混	11	⑤	671
また	又	2	常	178
	叉	3	人	179
	股	8	常	884
	俣	9	人	82
またぐ	跨	13	人	993
またたく	瞬	18	常	779
まち	町	7	①	744
	街	12	④	922
マツ	末	5	④	580
	茉	8	人	391
	抹	8	常	503
	沫	8	人	659
まつ	松	8	④	587
マッ	末	5	④	580
まつ	待	9	③	378
まったく	全	6	③	62
まつり	祭	11	③	796
まつりごと	政	9	⑤	526
まつる	祭	11	③	796
まで	迄	7	人	408
まと	的	8	④	762
まど	窓	11	⑥	813
まとう	纏	21	人	864
まどう	惑	12	常	471
まなこ	眼	11	⑤	777
まなぶ	学	8	①	284
まぬかれる	免	8	常	102
まねく	招	8	⑤	500
まぼろし	幻	4	常	351
まむし	蝮	15	外	917
まめ	豆	7	③	972
まもる	守	6	③	288
	衛	16	⑤	922
	衞	16	人	922
	護	20	⑤	969
まゆ	眉	9	常	776
	繭	18	常	863
まゆずみ	黛	16	人	1109
まゆみ	檀	17	人	618
まよう	迷	9	⑤	415
まり	毬	11	人	637
	鞠	17	人	1064
まる	丸	3	②	27
まるい	丸	3	②	27
	円	4	①	113
	圓	13	人	113
まるめる	丸	3	②	27
まれ	稀	12	人	805
まろ	麿	18	人	1107
まわす	回	6	②	221
まわり	周	8	④	205
まわる	回	6	②	221
	廻	9	人	361
マン	万	3	②	14
	萬	12	人	14
	満	12	④	680
	蔓	14	人	402
	慢	14	常	479
	漫	14	常	687

み

読み	漢字	画数	区分	ページ
ミ	未	5	④	581
	味	8	③	206
	眉	9	常	776
	魅	15	常	1096
み	三	3	①	10
	巳	3	人	338
	身	7	③	996
	実	8	③	291
	御	12	常	381
	實	14	人	291
	箕	14	人	829
みえる	見	7	①	936
みお	澪	16	人	691
みがく	琢	11	人	732
	琢	12	人	732
	瑳	14	人	734
	磨	16	常	790
みかど	帝	9	常	342
みき	幹	13	⑤	351
みぎ	右	5	①	188
みぎわ	汀	5	人	648
みこ	巫	7	人	336
みことのり	詔	12	常	951
みさお	操	16	⑥	520
みさき	岬	8	常	330
みささぎ	陵	11	常	445
みじかい	短	12	③	782
みじめ	惨	11	常	468
みず	水	4	①	643
みずうみ	湖	12	③	678
みずから	自	6	②	898
みずのえ	壬	4	人	247
みずのと	癸	9	外	756
みせ	店	8	②	355
みせる	見	7	①	936
みぞ	溝	13	常	683
みそか	晦	11	人	558
みたす	満	12	④	680
みだす	乱	7	⑥	35
みだら	淫	11	常	670
みだれる	乱	7	⑥	35
みち	迪	8	人	410
	道	12	②	426
	路	13	③	994
みちびく	導	15	⑤	313
みちる	満	12	④	680
ミツ	密	11	⑥	302
	蜜	14	常	916
ミッ	密	11	⑥	302
みつ	三	3	①	10
みつぐ	貢	10	常	977
みっつ	三	3	①	10
みとめる	認	14	⑥	959
みどり	碧	14	人	789
	緑	14	③	857
	綠	14	人	857
	翠	14	人	871
みどりご				

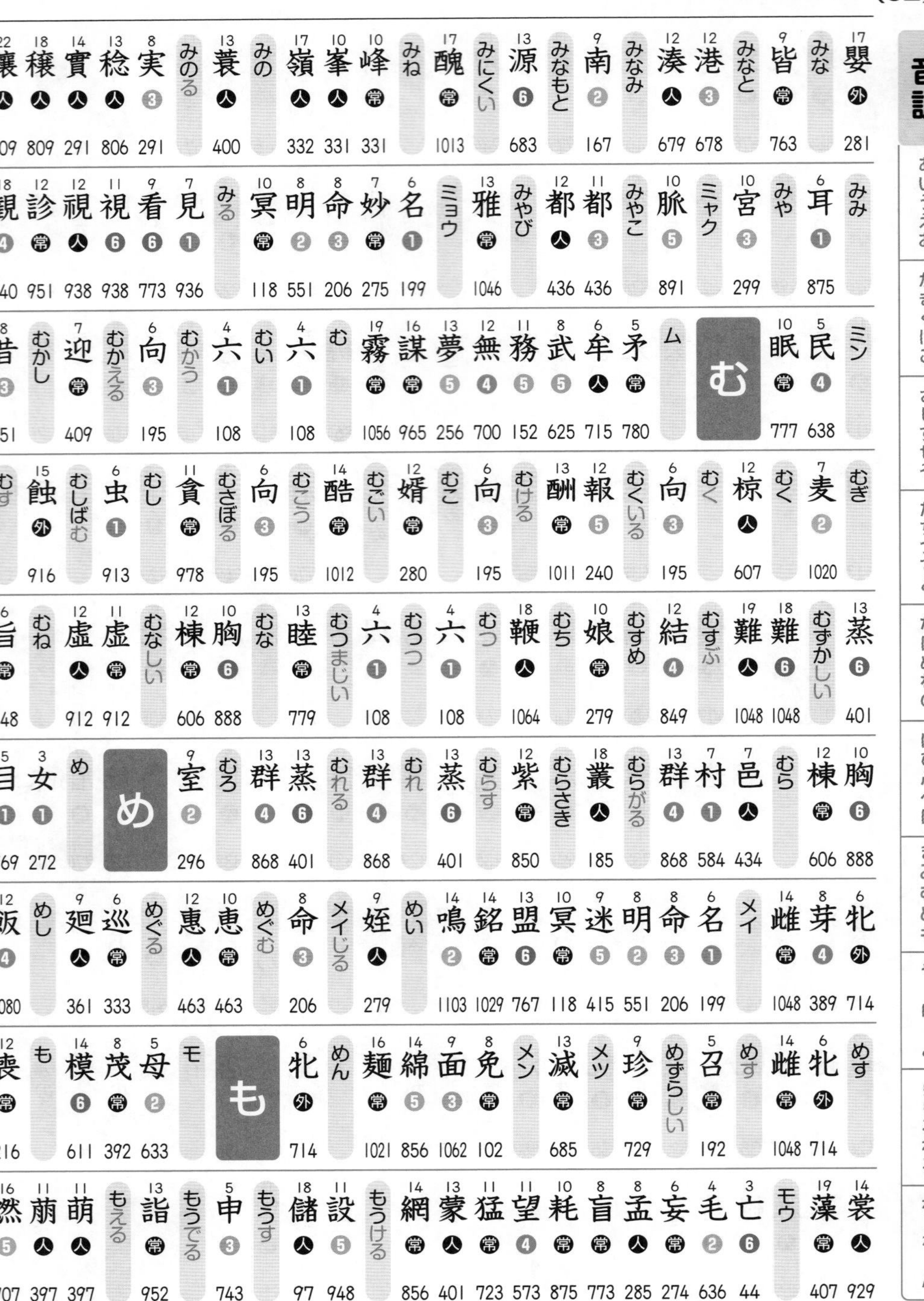

- 嬰 17 外 281
- **みな** 皆 9 常 763
- **みなと** 港 12 ③ 678／湊 12 人 679
- **みなみ** 南 9 ② 167
- **みなもと** 源 13 ⑥ 683
- **みにくい** 醜 17 常 1013
- **みね** 峰 10 常 331／峯 10 人 331／嶺 17 人 332
- **みの** 蓑 13 人 400
- **みのる** 実 8 ③ 291／稔 13 人 806／實 14 人 291／穣 18 人 809／穰 22 人 809
- **みみ** 耳 6 ① 875
- **みや** 宮 10 ③ 299
- **ミャク** 脈 10 ⑤ 891
- **みやこ** 都 11 ③ 436／都 12 人 436
- **みやび** 雅 13 常 1046
- **ミョウ** 名 6 ① 199／妙 7 常 275／命 8 ③ 206／明 8 ② 551／冥 10 常 118
- **みる** 見 7 ① 936／看 9 ⑥ 773／視 11 ⑥ 938／視 12 人 938／診 12 常 951／観 18 ④ 940
- **ミン** 民 5 ④ 638／眠 10 常 777

む

- **ム** 矛 5 常 780／牟 6 人 715／武 8 ⑤ 625／務 11 ⑤ 152／無 12 ④ 700／夢 13 ⑤ 256／謀 16 常 965／霧 19 常 1056
- **む** 六 4 ① 108
- **むい** 六 4 ① 108
- **むかう** 向 6 ③ 195
- **むかえる** 迎 7 常 409
- **むかし** 昔 8 ③ 551
- **むぎ** 麦 7 ② 1020
- **むく** 椋 12 人 607
- **むく** 向 6 ③ 195
- **むくいる** 報 12 ⑤ 240／酬 13 常 1011
- **むける** 向 6 ③ 195
- **むこ** 婿 12 常 280
- **むごい** 酷 14 常 1012
- **むこう** 向 6 ③ 195
- **むさぼる** 貪 11 常 978
- **むし** 虫 6 ① 913
- **むしばむ** 蝕 15 外 916
- **むす** 蒸 13 ⑥ 401
- **むずかしい** 難 18 ⑥ 1048／難 19 人 1048
- **むすぶ** 結 12 ④ 849
- **むすめ** 娘 10 常 279
- **むち** 鞭 18 人 1064
- **むつ** 六 4 ① 108
- **むっつ** 六 4 ① 108
- **むつまじい** 睦 13 常 779
- **むな** 胸 10 ⑥ 888／棟 12 常 606
- **むなしい** 虚 11 常 912／虛 12 人 912
- **むね** 旨 6 常 548／胸 10 ⑥ 888／棟 12 常 606
- **むら** 邑 7 人 434／村 7 ① 584／群 13 ④ 868
- **むらがる** 叢 18 人 185
- **むらさき** 紫 12 常 850
- **むらす** 蒸 13 ⑥ 401
- **むれ** 群 13 ④ 868
- **むれる** 蒸 13 ⑥ 401／群 13 ④ 868
- **むろ** 室 9 ② 296

め

- **め** 女 3 ① 272／目 5 ① 769／牝 6 外 714／芽 8 ④ 389／雌 14 常 1048
- **メイ** 名 6 ① 199／命 8 ③ 206／明 8 ② 551／迷 9 ⑤ 415／冥 10 常 118／盟 13 ⑥ 767／銘 14 常 1029／鳴 14 ② 1103
- **めい** 姪 9 人 279
- **メイじる** 命 8 ③ 206
- **めぐむ** 恵 10 常 463／惠 12 人 463
- **めぐる** 巡 6 常 333／廻 9 人 361
- **めし** 飯 12 ④ 1080
- **めす** 牝 6 外 714／雌 14 常 1048
- **めす** 召 5 常 192
- **めずらしい** 珍 9 常 729
- **メツ** 滅 13 常 685
- **メン** 免 8 常 102／面 9 ③ 1062／綿 14 ⑤ 856／麺 16 常 1021
- **めん** 牝 6 外 714

も

- **モ** 母 5 ② 633／茂 8 常 392／模 14 ⑥ 611
- **も** 喪 12 常 216／裳 14 人 929／藻 19 常 407
- **モウ** 亡 3 ⑥ 44／毛 4 ② 636／妄 6 常 274／孟 8 人 285／盲 8 常 773／耗 10 常 875／望 11 ④ 573／猛 11 常 723／蒙 13 人 401／網 14 常 856
- **もうける** 設 11 ⑤ 948／儲 18 人 97
- **もうす** 申 5 ③ 743
- **もうでる** 詣 13 常 952
- **もえる** 萌 11 人 397／萠 11 人 397／燃 16 ⑤ 707

あいうえお／かきくけこ／さしすせそ／たちつてと／なにぬねの／はひふへほ／まみむめも／や／ゆ／よ／らりるれろ／わ／を／ん

音訓
あいうえお
かきくけこ
さしすせそ
たちつてと
なにぬねの
はひふへほ
まみむめも
や
ゆ
よ
らりるれろ
わ
を
ん

モク
木 4 ① 577
目 5 ① 769
黙 15 常 1109
默 16 人 1109

もぐる
潜 15 常 689

もしくは
若 8 ⑥ 390

もす
燃 16 ⑤ 707

もすそ
裳 14 人 929

もだえる
悶 12 外 470

もち
餅 14 許 1082
餅 15 常 1082

もちいる
用 5 ② 740

モッ
勿 4 人 155
物 8 ③ 715

モッ
木 4 ① 577
目 5 ① 769

もつ
持 9 ③ 506

もっとも
尤 4 人 319
最 12 ④ 568

もっぱら
専 9 ⑥ 309
專 11 人 309

もてあそぶ
弄 7 常 363

もてなす
饗 22 人 1083

もと
下 3 ① 9
元 4 ② 97
本 5 ① 578
素 10 ⑤ 841
基 11 ⑤ 236

もとい
基 11 ⑤ 236

もどす
戻 7 常 488

もとめる
求 7 ④ 647

もどる
戻 7 常 488

もの
物 8 ③ 715
者 8 ③ 873
者 9 人 873

もみ
籾 9 人 833
樅 15 外 614

もも
桃 10 常 599

もやす
燃 16 ⑤ 707

もよおす
催 13 常 93

もらう
貰 12 人 980

もらす
洩 9 外 659
漏 14 常 688

もり
守 6 ③ 288
杜 7 人 584
森 12 ① 605

もり
守 6 ③ 288

もる
盛 11 ⑥ 766
漏 14 常 688

もれる
洩 9 外 659
漏 14 常 688

もろもろ
諸 15 ⑥ 960
諸 16 人 960

モン
文 4 ① 533
門 8 ② 1037
紋 10 常 843
問 11 ③ 213
悶 12 外 470
聞 14 ② 877

もんめ
匁 4 人 155

や

ヤ
也 3 人 34
冶 7 常 119
夜 8 ② 256
耶 9 人 876
野 11 ② 1016
埜 11 人 1016
椰 13 人 609
爺 13 外 711

や
八 2 ① 105
乎 5 人 32
矢 5 ② 780
谷 7 ② 971
弥 8 常 367
哉 9 人 209
屋 9 ③ 323
家 10 ② 297
彌 17 人 367

やいと
灸 7 人 695

やかた
館 16 ③ 1083

ヤク
厄 4 常 173
役 7 ③ 374
疫 9 常 752
約 9 ④ 839
益 10 ⑤ 766
訳 11 ⑥ 949
薬 16 ③ 405
藥 18 人 405
躍 21 常 995

やく
灼 7 人 695
焼 12 ④ 699
燒 16 人 699

やぐら
櫓 19 人 618

やける
焼 12 ④ 699
燒 16 人 699

やさしい
易 8 ⑤ 549
優 17 ⑥ 96

やし
椰 13 人 609

やしなう
養 15 ④ 1082

やしろ
社 7 ② 792
社 8 人 792

やすい
安 6 ③ 287

やすまる
休 6 ① 61

やすむ
休 6 ① 61

やすめる
休 6 ① 61

やすらか
晏 10 人 556
靖 13 人 1059

やすんずる
靖 13 人 1059

やせる
痩 12 常 754
瘦 15 人 754

ヤッ
約 9 ④ 839
訳 11 ⑥ 949
躍 21 常 995

やつ
八 2 ① 105

やっつ
八 2 ① 105

やど
宿 11 ③ 301

やとう
雇 12 常 1045
傭 13 人 94

やどす
宿 11 ③ 301

やどる
宿 11 ③ 301

やなぎ
柳 9 常 594

やぶ
藪 18 外 406

やぶる
破 10 ⑤ 786

やぶれる
破 10 ⑤ 786
敗 11 ④ 528

やま
山 3 ① 326

やまい
病 10 ③ 753

やみ
闇 17 常 1043

やむ
病 10 ③ 753

やめる
辞 13 ④ 1006
罷 15 常 820

やり
槍 14 人 611

やわらか
柔 9 常 592
軟 11 常 1001

やわらかい
柔 9 常 592
軟 11 常 1001

やわらぐ
和 8 ③ 207

やわらげる
和 8 ③ 207

ゆ

ユ

由 5 ③ 743
油 8 ③ 659
柚 9 人 594
喩 12 常 216
遊 12 ③ 427
愉 12 常 476
諭 16 常 965
輸 16 ⑤ 1004
癒 18 常 756

ゆ
湯 12 ③ 680

ユイ
由 5 ③ 743
唯 11 常 214
遺 15 ⑥ 431

ユウ
友 4 ② 182
尤 4 人 319
右 5 ① 188
由 5 ③ 743
有 6 ③ 880
佑 7 人 72
邑 7 人 434
酉 7 人 1009
侑 8 人 77
勇 9 ④ 150
宥 9 人 297
幽 9 常 352
柚 9 人 594
祐 9 人 796
祐 9 人 796
郵 11 ⑥ 437
悠 11 常 468
遊 12 ③ 427
湧 12 常 682
猶 12 常 724
裕 12 常 929
釉 12 人 1014
雄 12 常 1046
楢 13 人 609
誘 14 常 959
憂 15 常 479
融 16 常 917
優 17 ⑥ 96

ゆう
夕 3 ① 252

ゆう
結 12 ④ 849

ユウする
有 6 ③ 880

ゆえ
故 9 ⑤ 525

ゆか
床 7 常 355

ゆき
雪 11 ② 1051

ゆく
之 3 人 28
行 6 ② 920
逝 10 常 415

ゆさぶる
揺 12 常 517
搖 13 人 517

ゆず
柚 9 人 594

ゆすぶる
揺 12 常 517
搖 13 人 517

ゆする
揺 12 常 517
搖 13 人 517

ゆずる
譲 20 常 970
讓 24 人 970

ゆたか
豊 13 ⑤ 972

ゆだねる
委 8 ③ 276

ゆび
指 9 ③ 505

ゆみ
弓 3 ② 365

ゆめ
夢 13 ⑤ 256

ゆらぐ
揺 12 常 517
搖 13 人 517

ゆる
揺 12 常 517
搖 13 人 517

ゆるい
緩 15 常 859

ゆるぐ
揺 12 常 517
搖 13 人 517

ゆるす
宥 9 人 297
恕 10 人 464
許 11 ⑤ 948

ゆるむ
弛 6 人 366
緩 15 常 859

ゆるめる
緩 15 常 859

ゆるやか
緩 15 常 859

ゆれる
揺 12 常 517
搖 13 人 517

ゆわえる
結 12 ④ 849

よ

ヨ
与 3 常 16
予 4 ③ 37
余 7 ⑤ 72
誉 13 常 955
預 13 ⑥ 1069
與 14 人 16
輿 17 人 1005

よ
世 5 ③ 21
代 5 ③ 56
四 5 ① 219
夜 8 ② 256

よい
宵 10 常 299

よい
良 7 ④ 909
善 12 ⑥ 215

ヨウ
幼 5 ⑥ 351
用 5 ② 740
羊 6 ③ 865
妖 7 常 275
拗 8 外 503
洋 9 ③ 664
要 9 ④ 933
容 10 ⑤ 299
庸 11 常 359
葉 12 ③ 399
遥 12 人 428
陽 12 ③ 446
揚 12 常 517
揺 12 常 517
傭 13 人 94
蓉 13 人 402
搖 13 人 517
楊 13 人 609
溶 13 常 685
瑶 13 人 734
腰 13 常 896
蛹 13 外 916
遙 14 人 428
様 14 ③ 612
熔 14 外 705
瘍 14 常 755
踊 14 常 994
樣 15 人 612
窯 15 常 814
養 15 ④ 1082
擁 16 常 521
謡 16 常 965
謠 17 人 965
曜 18 ② 564
燿 18 人 708
蠅 19 外 918
耀 20 人 871
鷹 24 人 1105

よう
八 2 ① 105

よう
酔 11 常 1011
醉 15 人 1011

ヨウする
擁 16 常 521

ヨク
抑 7 常 499
沃 7 常 653
浴 10 ④ 667
欲 11 ⑥ 620
翌 11 ⑥ 870
翼 17 常 871

ヨクする
浴 10 ④ 667

よこ
横 15 ③ 612
橫 16 人 612

よごす
汚 6 常 648

よごれる
汚 6 常 648

よし
由 5 ③ 743
芦 7 人 388
蘆 19 外 388

よしみ
誼 15 人 960

よせる
寄 11 ⑤ 300

よそおう
装 12 ⑥ 927
裝 13 人 927

ヨッ
欲 11 ⑥ 620

よつ
四 5 ① 219

よっつ
四 5 ① 219

よど
淀 11 人 676

よどむ
淀 11 人 676

よね
米 6 ② 832

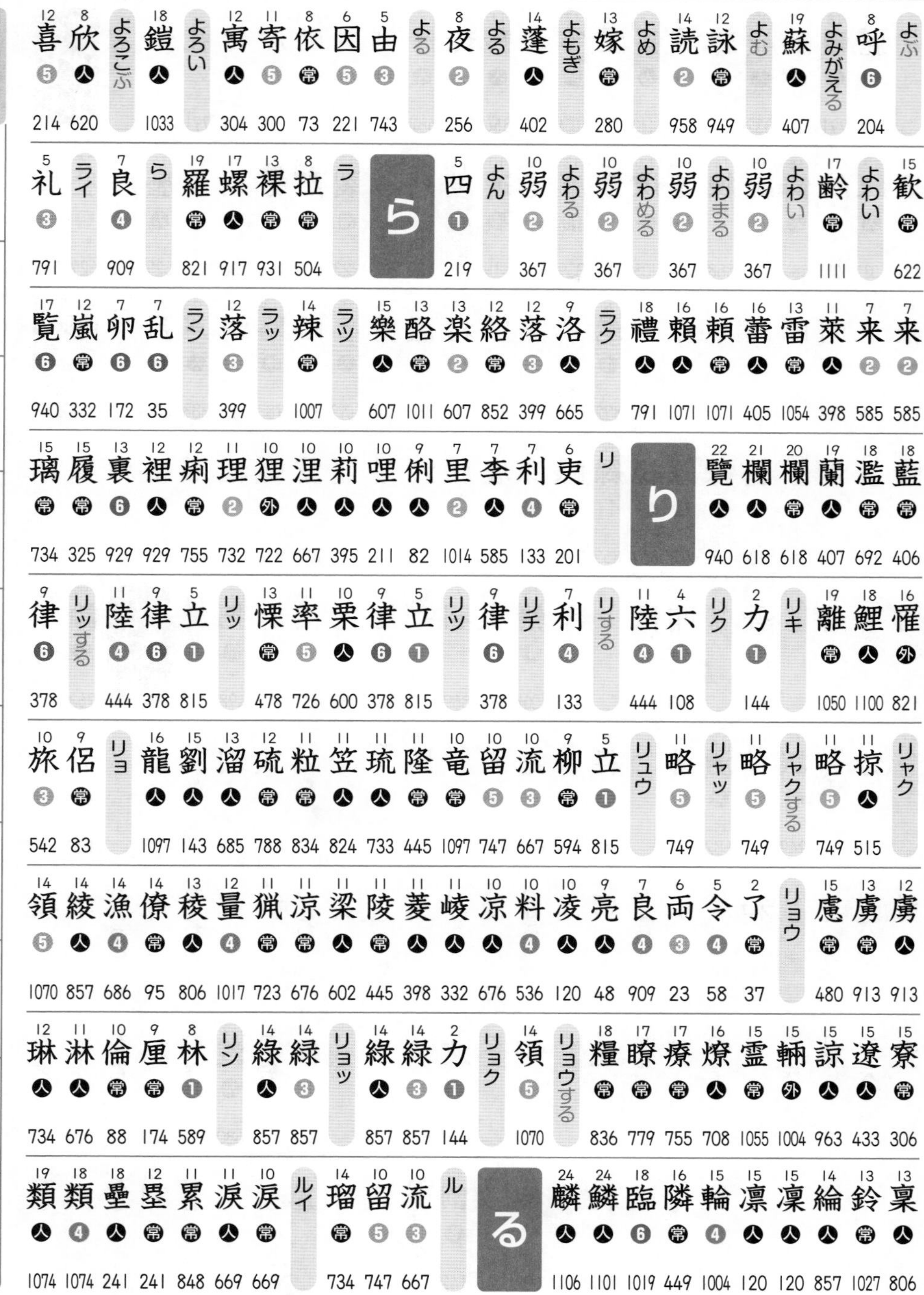

読み	漢字	画数	区分	ページ
よぶ	呼	8	⑥	204
よみがえる	蘇	19	人	407
よむ	詠	12	常	949
	読	14	②	958
よめ	嫁	13	常	280
よもぎ	蓬	14	人	402
よる	夜	8	②	256
よる	由	5	③	743
	因	6	⑤	221
	依	8	常	73
	寄	11	⑤	300
	寓	12	人	304
よろい	鎧	18	人	1033
よろこぶ	欣	8	人	620
	喜	12	⑤	214
	歓	15	常	622
よわい	齢	17	常	1111
よわい	弱	10	②	367
よわまる	弱	10	②	367
よわめる	弱	10	②	367
よわる	弱	10	②	367
よん	四	5	①	219

ら

読み	漢字	画数	区分	ページ
ラ	拉	8	常	504
	裸	13	常	931
	螺	17	人	917
	羅	19	常	821
ら	良	7	④	909
ライ	礼	5	③	791
	来	7	②	585
	来	7	②	585
	萊	11	人	398
	雷	13	常	1054
	蕾	16	人	405
	頼	16	常	1071
	賴	16	人	1071
	禮	18	人	791
ラク	洛	9	人	665
	落	12	③	399
	絡	12	常	852
	楽	13	②	607
	酪	13	常	1011
	樂	15	人	607
ラツ	辣	14	常	1007
ラッ	落	12	③	399
ラン	乱	7	⑥	35
	卵	7	⑥	172
	嵐	12	常	332
	覧	17	⑥	940
	藍	18	常	406
	濫	18	常	692
	蘭	19	人	407
	欄	20	常	618
	欄	21	人	618
	覽	22	人	940

り

読み	漢字	画数	区分	ページ
リ	吏	6	常	201
	利	7	④	133
	李	7	人	585
	里	7	②	1014
	俐	9	人	82
	哩	10	人	211
	莉	10	人	395
	浬	10	人	667
	狸	10	外	722
	理	11	②	732
	痢	12	常	755
	裡	12	人	929
	裏	13	⑥	929
	履	15	常	325
	璃	15	常	734
	罹	16	外	821
	鯉	18	人	1100
	離	19	常	1050
リキ	力	2	①	144
リク	六	4	①	108
	陸	11	④	444
リする	利	7	④	133
リチ	律	9	⑥	378
リツ	立	5	①	815
	律	9	⑥	378
	栗	10	人	600
	率	11	⑤	726
	慄	13	常	478
リッ	立	5	①	815
	律	9	⑥	378
	陸	11	④	444
リッする	律	9	⑥	378
リャク	掠	11	人	515
	略	11	⑤	749
リャクする	略	11	⑤	749
リャッ	略	11	⑤	749
リュウ	立	5	①	815
	柳	9	常	594
	流	10	③	667
	留	10	⑤	747
	竜	10	常	1097
	隆	11	常	445
	琉	11	人	733
	笠	11	人	824
	粒	11	常	834
	硫	12	常	788
	溜	13	人	685
	劉	15	人	143
	龍	16	人	1097
リョ	侶	9	常	83
	旅	10	③	542
	虜	12	人	913
	虜	13	常	913
	慮	15	常	480
リョウ	了	2	常	37
	令	5	④	58
	両	6	③	23
	良	7	④	909
	亮	9	人	48
	凌	10	人	120
	料	10	④	536
	凉	10	人	676
	崚	11	人	332
	菱	11	人	398
	陵	11	常	445
	梁	11	人	602
	涼	11	常	676
	猟	11	常	723
	量	12	④	1017
	稜	13	人	806
	僚	14	常	95
	漁	14	④	686
	綾	14	人	857
	領	14	⑤	1070
	寮	15	常	306
	遼	15	人	433
	諒	15	人	963
	輛	15	外	1004
	霊	15	常	1055
	燎	16	人	708
	療	17	常	755
	瞭	17	常	779
	糧	18	常	836
リョウする	領	14	⑤	1070
リョク	力	2	①	144
	緑	14	③	857
	綠	14	人	857
リョッ	緑	14	③	857
	綠	14	人	857
リン	林	8	①	589
	厘	9	常	174
	倫	10	常	88
	淋	11	人	676
	琳	12	人	734
	稟	13	人	806
	鈴	13	常	1027
	綸	14	人	857
	凜	15	人	120
	凛	15	人	120
	輪	15	④	1004
	隣	16	常	449
	臨	18	⑥	1019
	鱗	24	人	1101
	麟	24	人	1106

る

読み	漢字	画数	区分	ページ
ル	流	10	③	667
	留	10	⑤	747
	瑠	14	常	734
ルイ	涙	10	常	669
	淚	11	人	669
	累	11	常	848
	塁	12	常	241
	壘	18	人	241
	類	18	④	1074
	類	19	人	1074

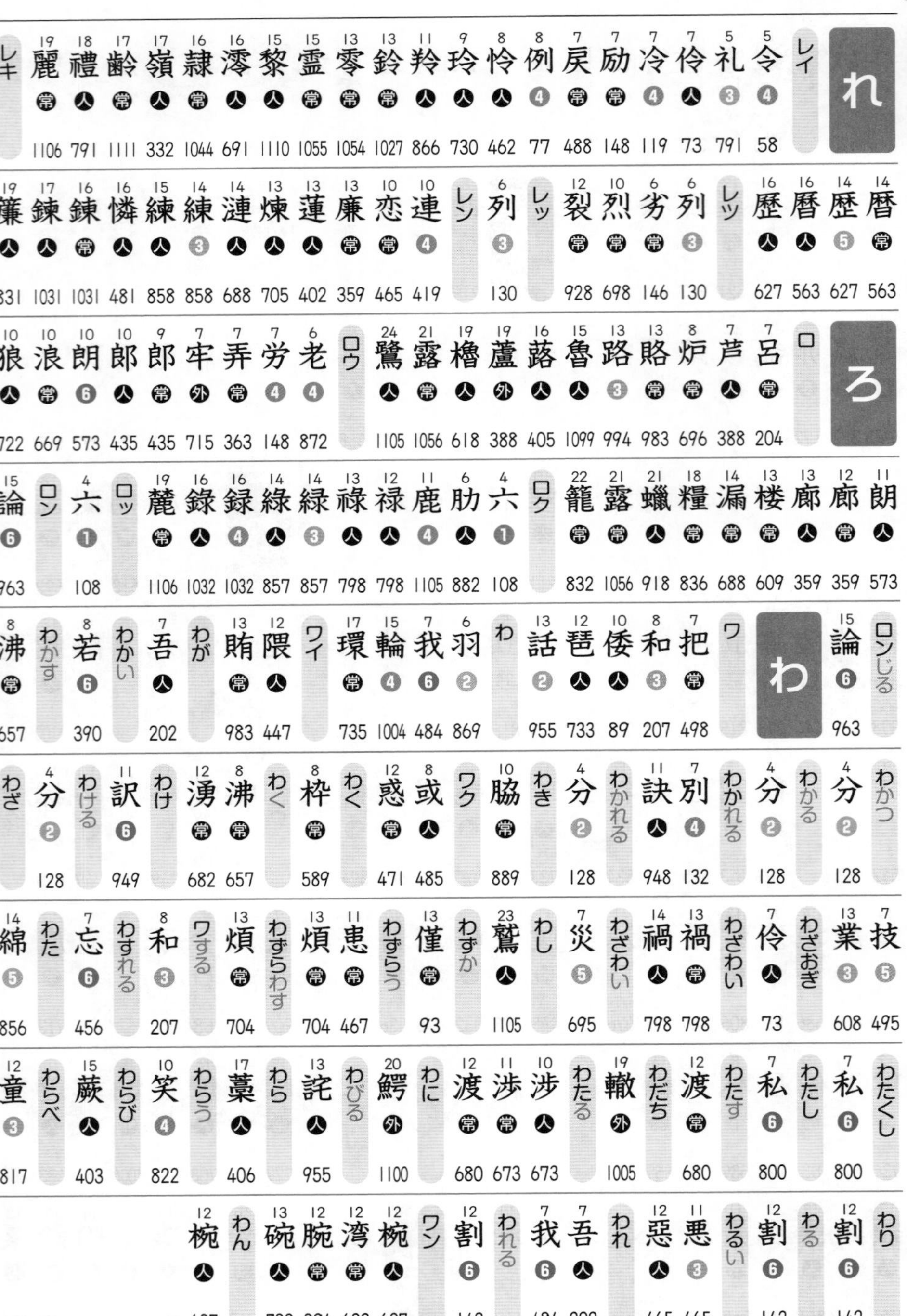

読み	漢字	画数	区分	ページ
れ				
レイ	令	5	④	58
	礼	5	③	791
	伶	7	人	73
	冷	7	④	119
	励	7	常	148
	戻	7	常	488
	例	8	④	77
	怜	8	人	462
	玲	9	人	730
	羚	11	人	866
	鈴	13	常	1027
	零	13	常	1054
	霊	15	常	1055
	黎	15	人	1110
	澪	16	人	691
	隷	16	常	1044
	嶺	17	人	332
	齢	17	常	1111
	禮	18	人	791
	麗	19	常	1106
レキ	暦	14	常	563
	歴	14	⑤	627
	曆	16	人	563
	歷	16	人	627
レツ	列	6	③	130
	劣	6	常	146
	烈	10	常	698
	裂	12	常	928
レッ	列	6	③	130
レン	連	10	④	419
	恋	10	常	465
	廉	13	常	359
	蓮	13	人	402
	煉	13	人	705
	漣	14	人	688
	練	14	③	858
	練	15	人	858
	憐	16	人	481
	錬	16	常	1031
	鍊	17	人	1031
	簾	19	人	831
ろ				
ロ	呂	7	常	204
	芦	7	人	388
	炉	8	常	696
	賂	13	常	983
	路	13	③	994
	魯	15	人	1099
	蕗	16	人	405
	蘆	19	外	388
	櫓	19	人	618
	露	21	常	1056
	鷺	24	人	1105
ロウ	老	6	④	872
	労	7	④	148
	弄	7	常	363
	牢	7	外	715
	郎	9	常	435
	郞	10	人	435
	朗	10	⑥	573
	浪	10	常	669
	狼	10	人	722
	朗	11	人	573
	廊	12	常	359
	廊	13	人	359
	楼	13	常	609
	漏	14	常	688
	糧	18	常	836
	蠟	21	人	918
	露	21	常	1056
	籠	22	常	832
ロク	六	4	①	108
	肋	6	人	882
	鹿	11	④	1105
	禄	12	人	798
	祿	13	人	798
	緑	14	③	857
	綠	14	人	857
	録	16	④	1032
	錄	16	人	1032
	麓	19	常	1106
ロッ	六	4	①	108
ロン	論	15	⑥	963
ロンじる	論	15	⑥	963
わ				
ワ	把	7	常	498
	和	8	③	207
	倭	10	人	89
	琶	12	人	733
	話	13	②	955
わ	羽	6	②	869
	我	7	⑥	484
	輪	15	④	1004
	環	17	常	735
ワイ	隈	12	人	447
	賄	13	常	983
わが	吾	7	人	202
わかい	若	8	⑥	390
わかす	沸	8	常	657
わかつ	分	4	②	128
わかる	分	4	②	128
わかれる	別	7	④	132
	訣	11	人	948
わかれる	分	4	②	128
わき	脇	10	常	889
ワク	或	8	人	485
	惑	12	常	471
わく	枠	8	常	589
わく	沸	8	常	657
	湧	12	常	682
わけ	訳	11	⑥	949
わける	分	4	②	128
わざ	技	7	⑤	495
	業	13	③	608
わざおぎ	伶	7	人	73
わざわい	禍	13	常	798
	禍	14	人	798
わざわい	災	7	⑤	695
わし	鷲	23	人	1105
わずか	僅	13	常	93
わずらう	患	11	常	467
	煩	13	常	704
わずらわす	煩	13	常	704
ワする	和	8	③	207
わすれる	忘	7	⑥	456
わた	綿	14	⑤	856
わたくし	私	7	⑥	800
わたし	私	7	⑥	800
わたす	渡	12	常	680
わだち	轍	19	外	1005
わたる	涉	10	人	673
	渉	11	常	673
	渡	12	常	680
わに	鰐	20	外	1100
わびる	詫	13	人	955
わら	藁	17	人	406
わらう	笑	10	④	822
わらび	蕨	15	人	403
わらべ	童	12	③	817
わり	割	12	⑥	142
わる	割	12	⑥	142
わるい	悪	11	③	465
	惡	12	人	465
われ	吾	7	人	202
	我	7	⑥	484
われる	割	12	⑥	142
ワン	椀	12	人	607
	湾	12	常	682
	腕	12	常	894
	碗	13	人	788
わん	椀	12	人	607

音訓
あいうえお
かきくけこ
さしすせそ
たちつてと
なにぬねの
はひふへほ
まみむめも
や
ゆ
よ
らりるれろ
わ
を
ん

総画さくいん

★同じ画数の中では部首順に配列してあります。
★部首の形は代表的なものを一つだけ示しています。
★❶～❻の数字は、小学校で学習する漢字の、学習する学年をあらわします。
★常は常用漢字、許は常用漢字の許容字体、人は人名用漢字、外は表外漢字をあらわします。

1画

部首	漢字	区分	ページ
一	一	❶	1
乙	乙	常	33

2画

部首	漢字	区分	ページ
一	七	❶	7
	丁	❸	8
ノ	乃	人	31
乙	九	❶	34
亅	了	常	37
二	二	❶	40
人	人	❶	49
入	入	❶	104
八	八	❶	105
刀	刀	❷	126
力	力	❶	144
十	十	❶	160
卜	卜	人	169
又	又	常	178

3画

部首	漢字	区分	ページ
一	下	❶	9
	三	❶	10
	上	❶	12
	丈	常	14
	万	❷	14
	与	常	16
丶	丸	❷	27
	之	人	28
ノ	久	❺	31
	及	常	31
乙	乞	常	34
	也	人	34
亠	亡	❻	44
几	凡	常	121
刀	刃	常	127
勹	勺	人	154
十	千	❶	162
又	叉	人	179
口	口	❶	186
土	土	❶	228
士	士	❺	246
夕	夕	❶	252
大	大	❶	257
女	女	❶	272
子	子	❶	281
寸	寸	❻	306
小	小	❶	313
山	山	❶	326
川	川	❶	332
工	工	❷	334
己	已	人	337
	己	❻	337
	巳	人	338
巾	巾	常	339
干	干	❻	347
弓	弓	❷	365
手	才	❷	493

4画

部首	漢字	区分	ページ
一	丑	人	16
	不	❹	16
丨	中	❶	25
丶	丹	常	28
ノ	乏	常	32
亅	予	❸	37
二	云	人	41
	五	❶	41
	互	常	43
	井	❹	43
人	介	常	52
	仇	外	52
	今	❷	52
	仁	❻	53
	仏	❺	54
儿	允	人	97
	元	❷	97
八	公	❷	106
	六	❶	108
冂	円	❶	113
	内	❷	113
冖	冗	常	117
凵	凶	常	123
刀	刈	常	127
	切	❷	127
	分	❷	128
勹	勾	常	154
	匂	常	155
	勿	人	155
	匁	人	155
匕	化	❸	156
匚	区	❸	159
	匹	常	159
十	午	❷	163
	升	常	163
	廿	人	163
厂	厄	常	173
又	収	❻	179
	双	常	180
	反	❸	180
	友	❷	182
士	壬	人	247
大	太	❷	262
	天	❶	263
	夫	❹	265
子	孔	常	282
小	少	❷	316
尢	尤	人	319
尸	尺	❻	320
屮	屯	常	326
己	巴	人	338
幺	幻	常	351
弓	引	❷	365
	弔	常	366
心	心	❷	452
戸	戸	❷	487
手	手	❶	490
支	支	❺	522
文	文	❶	533
斗	斗	常	535
斤	斤	常	537
方	方	❷	541
日	日	❶	545
月	月	❶	570
木	木	❶	577
欠	欠	❹	619
止	止	❷	623
比	比	❺	635
毛	毛	❷	636
氏	氏	❹	638
水	水	❶	643
火	火	❶	693
爪	爪	常	709
父	父	❷	710
片	片	❻	711
牙	牙	常	713
牛	牛	❷	714
犬	犬	❶	718
玉	王	❶	728

5画

部首	漢字	区分	ページ
一	且	常	21
	丘	常	21
	世	❸	21
	丙	常	22
丨	巨	常	27
丶	主	❸	29
	丼	常	30
ノ	乎	人	32
人	以	❹	54
	仕	❸	55
	仔	人	55
	仙	常	56
	他	❸	56
	代	❸	56
	付	❹	57
	令	❹	58
儿	兄	❷	98
冂	冊	❻	116
冖	写	❸	117
几	処	❻	121
	凧	人	122

字	部首	学年	ページ
凹	凵	常	123
出		1	123
凸		常	125
刊	刀	5	129
加	力	4	145
功		4	145
包	勹	4	155
北	匕	2	157
半	十	2	163
占	卜	常	169
卯	卩	人	170
去	ム	3	176
右	口	1	188
可		5	188
叶		人	189
句		5	189
古		2	189
叩		外	190
号		3	190
司		4	191
史		5	191
只		人	192
叱		常	192
召		常	192
台		2	192
四	口	1	219
囚		常	221
圧	土	5	229
冬	夂	2	249
外	夕	2	252
央	大	3	266
失		4	266
奴	女	常	273
尻	尸	常	320
尼		常	321
巧	工	常	335
左		1	335
市	巾	2	340
布		5	340
平	干	3	347
幼	幺	6	351
広	广	2	353
庁		6	354
弁	廾	5	362
弘	弓	人	366
込	辶	常	408
辺		4	408
必	心	4	454
戊	戈	人	482
打	手	3	493
払		常	494
斥	斤	常	537
旧	日	5	547
旦		常	547
札	木	4	578
本		1	578
末		4	580
未		4	581
正	止	1	623
母	毋	2	633
民	氏	4	638
永	水	5	646
氷		3	646
汁		常	648
汀		人	648
氾		常	648
犯	犬	5	719
玄	玄	常	726
玉	玉	1	727
瓦	瓦	常	735
甘	甘	常	736
生	生	1	737
用	用	2	740
田	田	1	742
甲		常	743
申		3	743
由		3	743
疋	疋	人	751
白	白	1	759
皮	皮	3	764
皿	皿	3	765
目	目	1	769
矛	矛	常	780
矢	矢	2	780
石	石	1	783
示	示	5	791
礼		3	791
禾	禾	人	800
穴	穴	6	810
立	立	1	815

6画(かく)

字	部首	学年	ページ
丞	一	人	22
両		3	23
争	亅	4	38
亘	二	人	43
亙		人	43
亦	亠	人	45
亥		人	45
交		2	46
伊	人	人	59
仮		5	59
会		2	60
企		常	61
伎		常	61
休		1	61
仰		常	62
件		5	62
伍		人	62
全		3	62
仲		4	63
伝		4	64
任		5	65
伐		常	65
伏		常	65
光	儿	2	99
充		常	99
先		1	100
兆		4	101
共	八	4	109
再	冂	5	116
凪	几	人	122
刑	刀	常	130
列		3	130
劣	力	常	146
匡	匚	人	158
匠		常	158
印	卩	4	170
危		6	171
各	口	4	193
吉		常	194
吸		6	194
叫		常	195
向		3	195
后		6	195
合		2	195
吊		外	197
吐		常	197
同		2	197
名		1	199
吏		常	201
因	口	5	221
回		2	221
団		5	222
圭	土	人	230
在		5	230
地		2	231
壮	士	常	247
多	夕	2	254
夷	大	人	267
好	女	4	273
如		常	274
妃		常	274
妄		常	274
字	子	1	282
存		6	283
安	宀	3	287
宇		6	288
守		3	288
宅		6	289
寺	寸	2	307
尖	小	人	317
当		2	317
尽	尸	常	321
州	川	3	333
巡		常	333
帆	巾	常	341
年	干	1	349
庄	广	人	354
式	弋	3	364
弐		常	364
弛	弓	人	366
芋	艹	常	385
芝		常	385
芒		外	385
辻	辶	人	408
迅		常	408
忙	心	常	456
戌	戈	外	482
成		4	483
扱	手	常	494
托		人	494
收	攵	人	179
旭	日	人	548
旨		常	548
旬		常	548
早		1	548
曳	曰	人	565
曲		3	565
机	木	6	582

部首	漢字	区分	ページ
	朽	常	582
	朱	常	582
	朴	常	582
欠	次	3	619
止	此	人	625
歹	死	3	628
毋	毎	2	634
气	気	1	640
水	汚	常	648
	汗	常	649
	江	常	649
	汝	人	649
	汐	人	649
	池	2	649
	汎	常	650
火	灰	6	694
	灯	4	695
牛	牝	外	714
	牟	人	715
白	百	1	761
竹	竹	1	822
米	米	2	832
糸	糸	1	837
缶	缶	常	864
羊	羊	3	865
羽	羽	2	869
老	老	4	872
	考	2	872
而	而	人	874
耳	耳	1	875
肉	肉	2	880
	肌	常	880
	有	3	880
	肋	人	882
自	自	2	898
至	至	6	902
臼	臼	常	903
舌	舌	6	904
舟	舟	常	905
艮	艮	外	908
色	色	2	910
虫	虫	1	913
血	血	3	918
行	行	2	920
衣	衣	4	923
西	西	2	933
瓜	瓜	人	935
7画（かく）			
丨	串	常	27
乙	乱	6	35
二	亜	常	44
亠	亨	人	47
人	佛	人	54
	位	4	66
	何	2	66
	伽	人	66
	佐	4	67
	作	2	67
	伺	常	68
	似	5	68
	住	3	68
	伸	常	69
	体	2	69
	但	常	70
	低	4	70
	佃	人	71
	伯	常	71
	伴	常	72
	佑	人	72
	余	5	72
	伶	人	73
儿	克	常	101
	児	4	102
	兎	人	102
八	兵	4	110
冫	冴	人	119
	冶	常	119
	冷	4	119
刀	初	4	131
	判	5	132
	別	4	132
	利	4	133
力	劫	人	146
	助	3	146
	努	4	147
	励	常	148
	労	4	148
匚	医	3	159
卩	却	常	171
	即	常	172
	卵	6	172
口	含	常	201
	吟	常	201
	君	3	201
	呉	常	202
	吾	人	202
	告	5	202
	吹	常	203
	呈	常	203
	呑	人	203
	吠	外	203
	否	6	204
	吻	人	204
	呆	外	204
	呂	常	204
囗	囲	5	223
	困	6	223
	図	2	223
土	均	5	232
	坑	常	233
	坐	人	233
	坂	3	233
	坊	常	233
士	壮	人	247
	壱	常	247
	声	2	247
	売	2	248
女	妥	常	275
	妊	常	275
	妨	常	275
	妙	常	275
	妖	常	275
子	孝	6	283
	孜	人	284
宀	完	4	289
	宏	人	290
	宋	人	290
	宍	外	290
寸	寿	常	307
	対	3	308
尸	局	3	321
	尿	常	322
	尾	常	322
山	岐	4	328
工	巫	人	336
巾	希	4	341
广	序	5	354
	床	常	355
	庇	人	355
廴	廷	常	360
廾	弄	常	363
弓	弟	2	366
彡	形	2	371
彳	役	3	374
艹	花	1	385
	芥	人	386
	芹	人	386
	芸	4	386
	芯	常	387
	芭	人	387
	芙	人	387
	芳	常	387
	芦	人	388
辶	迂	人	408
	迄	人	408
	辿	人	408
	近	2	408
	迎	常	409
	返	3	409
邑	邑	人	434
	那	常	434
	邦	常	434
阝	阪	4	438
	防	5	439
心	応	5	454
	忌	常	455
	志	5	455
	忍	常	456
	忘	6	456
	快	5	456
戈	我	6	484
	戒	常	485
戸	戻	常	488
手	技	5	495
	抗	常	495
	抄	常	495
	折	4	496
	択	常	497
	投	3	497
	把	常	498
	抜	常	498
	批	6	498
	扶	常	498
	抑	常	499
攵	改	4	523
	攻	常	524
曰	更	常	566
木	杏	人	583
	杞	外	583

部首	漢字	区分	ページ
	沖	4	652
	沢	常	651
	汰	常	651
	沙	常	651
	決	3	650
	汲	人	650
	汽	2	650
水	求	4	647
毋	毎	人	634
止	歩	人	626
	李	人	585
	来	2	585
	杜	人	584
	村	1	584
	束	4	584
	杉	常	584
	杖	人	584
	条	5	583
	材	4	583
穴	究	3	810
	秀	常	801
禾	私	6	800
示	社	2	792
	町	1	744
田	男	1	744
用	甫	人	741
玉	玖	人	728
	狂	常	720
犬	状	5	719
	牢	外	715
牛	牡	人	715
	灼	人	695
	災	5	695
火	灸	人	695
	沃	常	653
	没	常	652
	沌	人	652
	沈	常	652
辰	辰	人	1007
辛	辛	常	1006
車	車	1	997
身	身	3	996
足	足	1	992
走	走	2	989
赤	赤	1	987
貝	貝	1	975
豆	豆	3	972
谷	谷	2	971
言	言	2	944
角	角	2	941
見	見	1	936
艮	良	4	909
	肘	常	883
	肖	常	883
	肛	外	883
肉	肝	常	882
糸	系	6	838
	使	3	75
	供	6	75
	侃	人	74
	佳	常	74
	価	5	74
人	依	常	73
	享	常	47
亠	京	2	47
	些	人	44
二	亞	人	44
亅	事	3	39
乙	乳	6	36
一	並	6	24

8画（かく）

部首	漢字	区分	ページ
麦	麦	2	1020
臣	臣	4	1018
里	里	2	1014
酉	酉	人	1009
	制	5	136
	刺	常	135
	利	常	135
	刷	4	135
	刻	6	134
刀	券	6	134
凵	函	人	126
	典	4	111
	具	3	111
八	其	人	111
	免	常	102
	尭	人	102
儿	兒	人	102
	例	4	77
	侑	人	77
	併	常	76
	侮	常	76
	舎	5	76
	侍	常	76
	和	3	207
	命	3	206
	味	3	206
	周	4	205
	呪	常	205
口	呼	6	204
	叔	常	184
	受	3	183
又	取	3	182
ム	参	4	177
卩	巻	人	338
卜	卦	外	169
	卑	人	167
	卓	常	166
	卒	4	166
十	協	4	165
	効	5	149
力	劾	常	148
	到	常	137
	妬	常	277
	姓	常	277
	始	3	277
	姉	2	276
	妻	5	276
	姑	外	276
女	委	3	276
	奔	常	269
	奉	常	269
	奈	4	268
	奇	常	267
大	奄	人	267
夕	夜	2	256
	坪	常	234
	坦	人	234
	垂	6	234
土	坤	外	234
	国	2	225
口	固	4	224
	岩	2	329
山	岳	常	329
	届	6	323
	屈	常	323
尸	居	5	322
小	尚	常	318
	宝	6	295
	宕	人	295
	定	3	294
	宙	6	294
	宗	6	293
	実	3	291
	宜	常	291
	官	4	290
宀	宛	常	290
	孟	人	285
	季	4	285
子	学	1	284
	妹	2	277
	苛	常	389
	苑	人	389
艹	英	4	388
	彼	常	376
	征	常	375
	径	4	375
彳	往	5	375
	弥	常	367
弓	弦	常	367
廴	延	6	361
	府	4	356
	店	2	355
	底	4	355
广	庚	人	355
干	幸	3	350
巾	帖	人	341
	岬	常	330
	岡	4	329
	岸	3	329
	阿	人	439
阝	阜	4	438
	邸	常	435
邑	邪	常	434
	迫	常	411
	迭	常	410
	迪	人	410
辶	述	5	410
	茂	常	392
	茉	人	391
	茅	人	391
	苗	常	391
	苺	人	391
	苔	人	391
	若	6	390
	茎	常	390
	苦	3	389
	芽	4	389
	茄	人	389

					手		戸	戈							心			
拡	拐	押	抜	承	拂	房	所	或	怜	怖	性	怪	念	忠	忽	附	陀	阻
⑥	常	常	人	⑥	人	常	③	人	人	常	⑤	常	④	⑥	人	常	人	常
499	499	499	498	496	494	489	488	485	462	462	460	458	458	457	457	440	440	439

方	斤	攵																
於	斧	放	拉	拗	抹	抱	披	拍	拝	抵	抽	担	拓	拙	招	拘	拠	拒
人	人	③	常	外	常	常	常	常	⑥	常	常	⑥	常	常	⑤	常	常	常
542	537	524	504	503	503	503	502	502	502	501	501	501	500	500	500	500	499	499

						木		月										日
枢	松	杵	枝	杭	果	來	朋	服	明	昔	昌	昇	昏	昆	昊	昂	旺	易
常	④	人	⑤	人	④	人	人	③	②	③	人	常	人	常	人	人	常	⑤
587	587	586	586	586	586	585	572	571	551	551	551	550	550	550	550	550	550	549

		水	毋	殳		止		欠										
沿	泳	沓	毒	殴	歩	武	欣	欧	枠	林	枕	枚	枇	板	杯	杷	東	析
⑥	③	人	⑤	常	②	⑤	人	常	常	①	常	⑥	人	③	常	人	②	常
653	653	652	634	631	626	625	620	620	589	589	589	588	588	588	588	588	587	587

爪			火															
争	炉	炊	炎	油	沫	泡	法	沸	泌	泊	波	泥	注	沼	治	況	泣	河
人	常	常	常	③	人	常	④	常	常	常	③	常	③	常	④	常	④	⑤
38	696	696	696	659	659	658	658	657	657	657	657	656	656	655	654	654	654	653

	穴				示	矢		目	白	田	玉			犬		牛	片	
空	穹	祉	祈	社	祁	知	盲	直	的	画	玩	狙	狗	狀	牧	物	版	采
①	人	常	常	人	人	②	常	②	④	②	常	常	外	人	④	③	⑤	常
811	811	793	793	792	792	781	773	771	762	745	729	720	720	719	716	715	712	709

非	青	雨	門	長	金	衣	虍								肉	老	竹	
非	青	雨	門	長	金	表	虎	肪	肥	肢	肴	肯	股	肩	育	者	竺	突
⑤	①	①	②	②	①	③	常	常	⑤	常	人	常	常	常	③	③	人	常
1060	1057	1051	1037	1035	1022	924	911	885	884	884	884	884	884	883	883	873	822	812

												人		亠	ノ		斉
俣	保	便	俗	促	侵	信	俊	侯	係	侠	俄	侮	亮	亭	乗	9画 かく	斉
人	⑤	④	常	常	常	④	常	常	③	人	人	人	人	常	③		常
82	81	81	80	80	79	78	78	78	77	77	77	76	48	48	32		1061

口	又		厂		卩		十					力			刀	冖		
哀	叙	厘	厚	卸	即	卑	南	勉	勇	勃	勅	勁	則	前	削	冠	侶	俐
常	常	常	⑤	常	人	常	②	人	④	常	常	人	⑤	②	常	常	常	人
208	184	174	173	173	172	167	167	150	150	150	149	149	139	137	137	118	83	82

子						女			大	夂			土					
孤	姥	姪	姿	姻	威	娃	奏	契	奎	変	城	型	垣	品	咲	哉	咳	咽
常	人	人	⑥	常	常	人	⑥	常	人	④	④	⑤	常	③	常	人	外	常
286	279	279	278	278	278	278	270	269	269	250	235	234	234	209	209	209	209	209

弓		廴	广	幺		巾		己		山		尸		寸				宀
弧	建	廻	度	幽	帝	帥	巷	巻	峠	峡	屍	屋	封	専	宥	宣	室	客
常	4	人	3	常	常	常	人	6	常	常	外	3	常	6	人	6	2	3
367	361	361	356	352	342	342	339	338	330	330	324	323	310	309	297	297	296	296

阝(邑)							辶							艹			彳	彡
郁	迷	逃	追	退	送	逆	迦	茶	荘	草	茜	茸	荒	茨	律	待	後	彦
人	5	常	3	6	3	5	人	2	常	1	人	人	常	4	6	3	2	人
435	415	414	413	413	412	411	410	393	393	392	392	392	392	392	378	378	376	372

		手	戸											心	⺍	阝(阜)		
括	按	拝	扁	恨	恰	恆	恒	恢	悔	怒	怠	思	急	怨	単	限	郎	郊
常	人	人	外	常	人	人	常	人	常	常	常	2	3	常	4	5	常	常
504	504	502	489	464	464	463	463	463	462	461	461	460	459	458	449	440	435	435

							日	方		攵								
昴	昼	星	是	昭	春	昨	映	施	政	故	挑	拭	拾	持	指	拶	拷	挟
人	2	2	常	3	2	4	6	常	5	5	常	常	3	3	3	常	常	常
556	555	555	554	554	553	553	553	542	526	525	507	507	507	506	505	505	505	504

																	木	
柾	某	柄	柏	栃	柱	染	柔	柊	柘	柵	査	枯	柩	柑	柿	架	栄	昧
人	常	常	人	4	3	6	常	人	人	常	5	常	外	人	常	常	4	常
593	593	593	593	593	593	592	592	592	592	592	591	591	591	591	591	591	590	556

													水	比	殳	歹		
派	洞	洗	浅	津	浄	洵	洲	洸	洪	活	海	洩	泉	毘	段	殆	柳	柚
6	常	6	4	常	常	人	人	人	常	2	2	外	6	人	6	人	常	人
664	663	663	662	662	662	662	662	662	661	661	659	659	655	636	631	629	594	594

田	甘						玉					犬	牛			火		
畏	甚	玲	珀	珍	珊	珈	珂	独	狩	狡	狐	狭	牲	点	炭	為	洛	洋
常	常	人	人	常	人	人	人	5	常	外	外	常	常	2	3	常	人	3
746	736	730	729	729	729	729	729	721	721	721	721	721	716	697	696	696	665	664

		石							目		皿		白		癶	疒		
砕	砂	研	冒	眉	相	省	盾	県	看	盆	盃	皇	皆	発	癸	疫	畑	界
常	6	3	常	常	3	4	常	3	6	常	人	6	常	3	外	常	3	3
785	785	784	776	776	775	774	774	773	773	766	588	763	763	756	756	752	746	746

		糸	米	竹			穴			禾								示
級	紀	紆	籾	竿	穿	窃	突	秒	秋	科	祢	祐	祖	神	祝	祉	祇	祈
3	5	外	人	人	人	常	人	3	2	2	人	人	5	3	4	人	人	人
839	838	838	833	822	813	813	812	803	802	802	799	796	795	794	793	793	793	793

	虫	虍	自								肉	耳	而	老	羊			
虻	虹	虐	臭	胞	肺	背	胆	胎	胡	胤	胃	耶	耐	者	美	約	紅	糾
外	常	常	常	常	6	6	常	常	人	人	6	人	常	人	3	4	6	常
914	914	911	901	888	887	887	886	886	886	886	885	876	874	873	865	839	839	839

風	頁	音	革	面	臣	里		車	走		貝			言	西			衣
風	頁	音	革	面	臥	重	軍	軌	赴	負	貞	訃	訂	計	要	袂	衷	衿
2	人	1	6	3	人	3	4	常	常	3	常	常	常	2	4	外	常	人
1075	1066	1064	1063	1062	1019	1014	998	998	989	976	976	946	946	945	933	926	925	925

											人	ノ		香	首	食	飛
倒	値	倉	修	借	倖	候	個	倦	倹	倶	俺	乘	10画（かく）	香	首	食	飛
常	6	4	5	4	人	4	5	人	常	人	常	人		4	2	2	4
87	86	86	84	84	84	84	83	83	83	83	83	32		1085	1084	1079	1078

			刀					冫	冖	八	儿							
剝	剤	剛	剣	凉	凌	凍	凄	准	冥	兼	党	倭	倫	俸	倣	俵	倍	俳
常	常	常	常	人	人	常	常	常	常	常	6	人	常	常	常	6	3	6
140	140	140	140	676	120	120	120	120	118	112	103	89	88	88	88	88	87	87

大	夂		土	囗										口	厂	匸	力	
套	夏	埋	埃	圃	哩	哺	唐	哲	啄	唇	哨	唆	唄	員	原	匿	勉	剖
人	2	常	外	人	人	常	常	常	人	常	人	常	常	3	2	常	3	常
270	251	235	235	227	211	211	211	211	210	210	210	210	210	210	174	160	150	141

	山		尸		寸							宀	子					女
峨	峡	展	屑	将	射	容	宵	宰	宮	害	家	宴	孫	娘	娩	姫	娠	娯
人	人	6	人	6	6	5	常	常	3	4	2	常	4	常	人	常	常	常
330	330	324	324	311	311	299	299	299	299	298	297	297	286	279	279	279	279	279

		艹			彳	弓			广				巾	工				
華	荷	莊	徒	徐	従	弱	庭	座	庫	帯	席	師	帰	差	峯	峰	島	峻
常	3	人	4	常	6	2	3	6	3	4	4	5	2	4	人	常	3	人
395	394	393	379	379	379	367	358	357	357	343	343	343	342	336	331	331	330	330

			阝(左)		(右)阝									辶				
除	降	陥	院	郡	郎	連	透	途	逓	通	逐	速	造	逝	莉	莫	荻	莞
6	6	常	3	4	人	4	常	常	常	2	常	3	5	常	人	人	人	人
441	441	440	440	435	435	419	419	419	418	417	417	416	415	415	395	395	395	395

	手	戸														心		
拳	挙	扇	悩	悌	悟	悦	恋	恥	息	恕	恣	恵	恭	恐	悔	恩	陛	陣
常	4	常	常	人	常	常	常	常	3	人	常	常	常	常	人	6	6	常
504	504	489	467	467	467	467	465	465	464	464	464	463	463	463	462	462	442	442

					日	方	斗	攵										
晋	時	晒	晄	晃	晏	旅	料	敏	捕	挽	挺	捗	捉	挿	捜	振	挫	挨
人	2	人	人	人	人	3	4	常	常	人	人	常	常	常	常	常	常	常
558	556	556	556	556	556	542	536	527	508	508	508	508	508	508	508	507	507	507

													木			月	曰	
柴	栽	根	校	桔	桁	桂	桓	栞	株	核	格	桜	案	朗	朕	朔	書	晟
人	常	3	1	人	常	人	外	人	6	常	5	5	4	6	常	人	2	人
599	598	598	597	597	597	597	597	596	596	596	595	595	594	573	572	572	566	558

部首	漢字	区分	ページ
	桟	常	599
	栖	人	599
	栓	常	599
	桑	常	599
	桃	常	599
	桐	人	600
	梅	4	600
	栗	人	600
	桧	人	617
歹	残	4	629
	殊	常	630
	殉	常	630
殳	殺	5	631
气	氣	人	640
水	泰	常	656
	海	人	659
	浦	常	665
	浩	人	665
	消	3	665
	浸	常	666
	浜	常	666
	浮	常	667
	浴	4	667
	浬	人	667
	流	3	667
	涙	常	669
	浪	常	669
	涉	人	673
火	烏	人	698
	烈	常	698
牛	特	4	716
犬	狹	人	721
	狸	外	722
	狼	人	722
玉	珠	常	730
	班	6	730
田	畝	常	747
	畜	常	747
	畠	人	747
	畔	常	747
	畢	人	747
	留	5	747
疒	疾	常	753
	症	常	753
	疹	外	753
	疲	常	753
	病	3	753
皿	益	5	766
目	真	3	776
	眞	人	776
	眠	常	777
矢	矩	人	782
石	砧	人	786
	砥	人	786
	破	5	786
	砲	常	787
示	祝	人	793
	神	人	794
	祖	人	795
	祐	人	796
	祥	常	796
	祕	人	804
禾	称	常	803
	秤	人	803
	秦	人	803
	租	常	803
	秩	常	804
	秘	6	804
穴	窄	人	813
旡	既	常	821
竹	笈	人	822
	笑	4	822
米	粋	常	833
	粉	5	833
糸	紘	人	840
	紗	人	840
	索	常	840
	紙	2	840
	純	6	841
	素	5	841
	紐	人	842
	納	6	842
	紛	常	843
	紡	常	843
	紋	常	843
羽	翁	常	869
耒	耕	5	874
	耗	常	875
耳	耽	人	876
肉	胸	6	888
	脅	常	889
	脇	常	889
	脁	外	889
	脂	常	889
	脊	常	890
	胴	常	890
	能	5	890
	脈	5	891
自	臭	人	901
至	致	常	902
舟	航	5	906
	般	常	906
虫	蚊	常	914
	蚕	6	914
衣	衰	常	925
	袖	常	926
	被	常	926
言	記	2	946
	訓	4	947
	訊	人	947
	託	常	947
	討	6	947
豸	豹	人	975
貝	貢	常	977
	財	5	977
走	起	3	989
	赳	人	990
車	軒	常	999
辰	辱	常	1007
酉	酌	常	1009
	酒	3	1009
	酎	常	1010
	配	3	1010
金	釜	常	1024
	針	6	1024
	釘	人	1024
門	閃	人	1038
隹	隼	人	1044
	隻	常	1044
食	飢	常	1080
馬	馬	2	1086
骨	骨	6	1090
高	高	2	1092
鬼	鬼	常	1095
竜	竜	常	1097

11画（かく）

部首	漢字	区分	ページ
乙	乾	常	36
人	偽	常	89
	偶	常	89
	健	4	89
	偲	人	90
	側	4	90
	停	5	90
	偵	常	91
	偏	常	91
儿	兜	人	103
冖	冨	人	304
几	凰	人	122
刀	剰	常	141
	副	4	141
力	勘	常	151
	動	3	151
	務	5	152
匕	匙	外	157
口	喝	常	212
	啓	常	212
	商	3	212
	唱	4	213
	唾	常	213
	問	3	213
	唯	常	214
囗	國	人	225
	圈	人	227
土	域	6	236
	基	5	236
	埼	4	237
	執	常	237
	堆	常	237
	堂	5	238
	培	常	238
	埴	人	238
	堀	常	238
	埜	人	1016
女	婚	常	279
	婆	常	279
	婦	5	280
宀	寅	人	300
	寄	5	300
	寇	外	301
	寂	常	301
	宿	3	301
	密	6	302
寸	專	人	309
	將	人	311
	尉	常	312
尸	屏	外	324
山	崖	常	331
	崎	4	331
	崇	常	331

11画

	彳				彡	ヨ		弓				广			巾	川		
得	從	彬	彪	彫	彩	彗	張	強	庸	庶	康	庵	帳	常	帶	巢	崚	崩
5	人	人	人	常	常	人	5	2	常	常	4	人	3	5	人	人	人	常
380	379	373	373	372	372	370	369	368	359	358	358	358	345	344	343	450	332	332

		辶															艹	
逗	逞	這	菱	萊	萠	萌	菩	萄	著	菖	菜	菫	菌	菊	菅	菓	萎	徠
人	人	人	人	人	人	人	人	人	6	人	4	人	常	常	人	常	常	人
419	418	415	398	398	397	397	397	397	397	397	396	396	396	396	396	396	396	585

								阝					阝					
陵	隆	陸	陪	陶	陳	険	陰	陷	郵	部	都	郷	郭	逮	進	週	逸	逢
常	常	4	常	常	常	5	常	人	6	3	3	6	常	常	3	2	常	人
445	445	444	444	443	443	443	442	440	437	437	436	436	436	423	421	421	420	419

				手	戈												心	ッ
捲	掲	掘	掬	掛	戚	惇	悼	惜	情	惨	惚	惧	惟	悠	悉	患	悪	巣
人	常	常	人	常	常	人	常	常	5	常	人	常	人	常	人	常	3	4
509	509	509	509	509	485	470	469	469	468	468	468	468	468	468	467	467	465	450

	攵																	
敏	敘	掠	捧	描	排	捻	捺	探	掃	措	接	据	推	捷	授	捨	採	控
人	人	人	人	常	常	常	人	6	常	常	5	常	6	人	5	6	5	常
527	184	515	515	515	514	514	514	513	513	513	512	512	511	511	511	510	510	509

		木		月		曰				日		方		斤	斗			
械	梅	條	望	朗	曽	曹	晩	晨	晦	晝	族	旋	断	斬	斜	敗	教	救
4	人	人	4	人	常	常	人	人	人	人	3	常	5	常	常	4	2	5
600	600	583	573	573	567	567	560	558	558	555	543	543	537	537	536	528	527	527

			水	毛	殳	欠												
液	淫	涙	淨	毬	殻	欲	梁	梶	梨	桶	梯	梛	梢	梓	梗	梧	梟	椛
5	常	人	人	人	常	6	人	人	4	人	人	人	人	人	常	人	外	人
670	670	669	662	637	632	620	602	602	601	601	601	601	601	601	601	601	601	600

牛	爻																	
牽	爽	淋	涼	淀	添	淡	清	深	渉	渚	淳	淑	渋	済	混	渓	渇	涯
人	常	人	常	人	常	常	4	3	常	人	人	常	常	6	5	常	常	常
718	711	676	676	676	675	675	674	673	673	672	672	672	672	671	671	671	670	670

目		皿	白	疒		田	生	瓦					玉	玄				犬
眼	盗	盛	皐	痕	略	異	産	瓶	琉	理	琢	現	球	率	猟	猛	猫	猪
5	常	6	人	常	5	6	4	常	人	2	人	5	3	5	常	常	常	人
777	767	766	764	754	749	748	739	736	733	732	732	731	730	726	723	723	723	723

	米						竹	立		穴	禾				示	石		
粘	粗	笠	符	笛	第	笙	笹	章	窒	窓	移	祷	票	祥	祭	砦	眸	眺
常	常	人	常	3	3	人	人	3	常	6	5	人	4	人	3	人	人	常
834	833	824	824	823	823	823	823	816	813	813	804	799	796	796	796	787	778	778

部首	漢字	区分	ページ
	粒	常	834
糸	経	5	844
	絃	人	845
	紺	常	845
	細	2	845
	終	3	846
	紹	常	847
	紳	常	847
	組	2	847
	紬	人	848
	絆	人	848
	累	常	848
羊	羞	常	866
	羚	人	866
羽	習	3	870
	翌	6	870
聿	粛	常	879
肉	脚	常	891
	脩	人	891
	脱	常	892
	脳	6	892
舟	舷	常	906
	船	2	906
	舵	人	907
	舶	常	907
虍	虚	常	912
虫	蛍	常	914
	蛇	常	915
	蛆	外	915
	蚤	外	915
行	術	5	921
衣	袈	人	926
	袋	常	926
	袢	外	926
	袴	人	926
見	規	5	937
	視	6	938
言	訛	外	948
	許	5	948
	訣	人	948
	訟	常	948
	設	5	948
	訪	6	949
	訳	6	949
豕	豚	常	973
貝	貨	4	977
	貫	常	978
	責	5	978
	貪	常	978
	販	常	979
	貧	5	979
赤	赦	常	988
車	転	3	1000
	軟	常	1001
酉	酔	常	1011
釆	釈	常	1013
里	野	2	1016
金	釧	人	1024
	釣	常	1024
門	閉	6	1038
隹	雀	人	1044
雨	雫	人	1051
	雪	2	1051
斉	斎	常	1061
頁	頃	常	1066
	頂	6	1067
魚	魚	2	1098
鳥	鳥	2	1102
鹿	鹿	4	1105
麻	麻	常	1106
黄	黄	2	1107
黒	黒	2	1108
亀	亀	常	1110

12画（かく）

部首	漢字	区分	ページ
人	偉	常	91
	傘	常	92
	備	5	92
	傍	常	92
几	凱	人	122
刀	剰	人	141
	割	6	142
	創	6	142
力	勤	6	152
	勝	3	152
	募	常	153
十	博	4	168
卩	卿	人	173
厂	厨	人	176
口	喚	常	214
	喜	5	214
	喫	常	215
	喬	人	215
	喰	人	215
	喧	人	215
	喉	常	215
	善	6	215
	喪	常	216
	喋	人	216
	喩	常	216
	單	人	449
口	圏	常	227
土	堯	人	102
	堰	人	238
	堺	人	238
	堪	常	238
	堅	常	239
	場	2	239
	堕	常	240
	塚	常	240
	堤	常	240
	堵	人	240
	塔	常	240
	塀	常	240
	報	5	240
	塁	常	241
士	壺	外	249
大	奥	常	270
女	媛	4	280
	婿	常	280
	媒	常	280
宀	寒	3	303
	寓	人	304
	富	4	304
寸	尋	常	312
	尊	6	312
尢	就	6	319
尸	属	5	325
山	嵐	常	332
己	巽	人	339
巾	幅	常	345
	帽	常	345
幺	幾	常	352
广	廃	常	359
	廊	常	359
弓	弾	常	369
彳	御	常	381
	循	常	381
	復	5	381
艹	萬	人	14
	著	人	397
	葛	常	398
	葵	人	398
	萱	人	398
	萩	人	398
	茸	人	398
	葬	常	398
	葱	外	399
	董	人	399
	葡	人	399
	葉	3	399
	落	3	399
辶	逸	人	420
	運	3	423
	過	5	424
	遇	常	425
	遂	常	425
	達	4	425
	遅	常	426
	道	2	426
	遍	常	427
	遊	3	427
	遥	人	428
邑	都	人	436
阜	階	3	445
	隅	常	445
	随	常	445
	隋	外	446
	隊	4	446
	陽	3	446
	隈	人	447
⺍	営	5	450
心	恵	人	463
	悪	人	465
	惹	人	468
	惣	人	469
	悲	3	470
	悶	外	470
	惑	常	471
	慌	常	475
	惺	人	476
	惰	常	476
	愉	常	476
戈	戟	人	485
戸	扉	常	489
手	捜	人	508
	掲	人	509
	掌	常	511
	握	常	515
	援	常	515

			日	斤		文				攵								
晶	暑	景	暁	斯	斐	斑	敦	散	敬	敢	揺	揚	搭	提	揃	揆	揮	換
常	3	4	常	人	人	常	人	4	6	常	常	常	常	5	人	外	6	常
559	559	558	558	539	535	535	530	530	529	529	517	517	517	516	516	516	516	516

									木		月			曰				
椎	棚	棲	森	植	検	極	棋	棺	椅	朝	期	替	最	曾	普	晩	智	晴
常	常	人	1	3	5	4	常	常	常	2	3	常	4	人	常	6	人	2
606	606	606	605	605	604	602	602	602	602	574	574	569	568	567	560	560	560	559

										水	歹			欠				
滋	渾	港	湖	減	渦	温	淵	渥	渚	渇	殖	欽	欺	款	椀	椋	棒	棟
4	人	3	3	5	常	3	人	人	人	人	常	人	常	常	人	人	6	常
678	678	678	678	677	677	676	676	676	672	670	630	621	621	621	607	607	606	606

牛	爪							火										
犀	爲	無	焚	然	焦	焼	煮	焰	湾	湧	満	湯	渡	湛	測	湊	湘	湿
人	人	4	人	4	常	4	常	人	常	常	4	3	常	人	5	人	人	常
718	696	700	699	699	699	699	698	698	682	682	680	680	680	680	679	679	679	679

癶				疒		疋		田	生							玉		犬
登	痢	痘	痛	痩	疏	疎	番	畳	甥	琳	琵	琶	琥	琴	瑛	琢	猶	猪
3	常	常	6	常	人	常	2	常	人	人	人	人	人	常	人	人	常	人
758	755	755	754	754	751	751	750	750	740	734	733	733	733	733	733	732	724	723

					竹	立				禾	示				石	矢	皿	白
等	答	筑	筍	策	筋	童	竣	程	税	稀	禄	硫	硝	硬	硯	短	盗	皓
3	2	人	外	6	6	3	人	5	5	人	人	常	常	常	人	3	人	人
825	825	825	825	824	824	817	817	806	805	805	798	788	788	787	787	782	767	764

肉	羽	羊									糸			米				
腔	翔	着	絡	統	絶	紫	絞	絢	結	給	絵	粟	粧	粥	筆	筏	筈	筒
人	人	3	常	5	5	常	常	人	4	4	2	人	常	人	3	外	人	常
893	871	866	852	852	851	850	850	850	849	849	848	834	834	834	826	826	826	826

言		見						衣	行	血			虫		虍			
詠	覚	視	裡	裕	補	裂	装	裁	街	衆	蛮	蛤	蛙	虜	虚	腕	腑	脹
常	4	人	人	常	6	常	6	6	4	6	常	外	外	人	人	常	外	人
949	938	938	929	929	928	928	927	926	922	919	915	915	915	913	912	894	894	893

走									貝	豕								
越	貿	費	買	貼	貯	貸	貰	貴	賀	象	評	註	訴	診	詔	証	詞	詐
常	5	5	2	常	5	5	人	6	4	5	5	人	常	常	常	5	6	常
991	982	982	981	981	981	981	980	980	979	973	951	951	951	951	951	950	950	950

韭		雨				隹				門	金	里	釆	酉		車	足	
韮	雰	雲	雄	集	雇	雁	閏	閑	間	開	鈍	量	釉	酢	軸	軽	距	超
外	常	2	常	3	常	人	人	常	2	3	常	4	人	常	常	3	常	常
1064	1053	1052	1046	1045	1045	1045	1041	1041	1040	1038	1025	1017	1014	1011	1003	1001	993	991

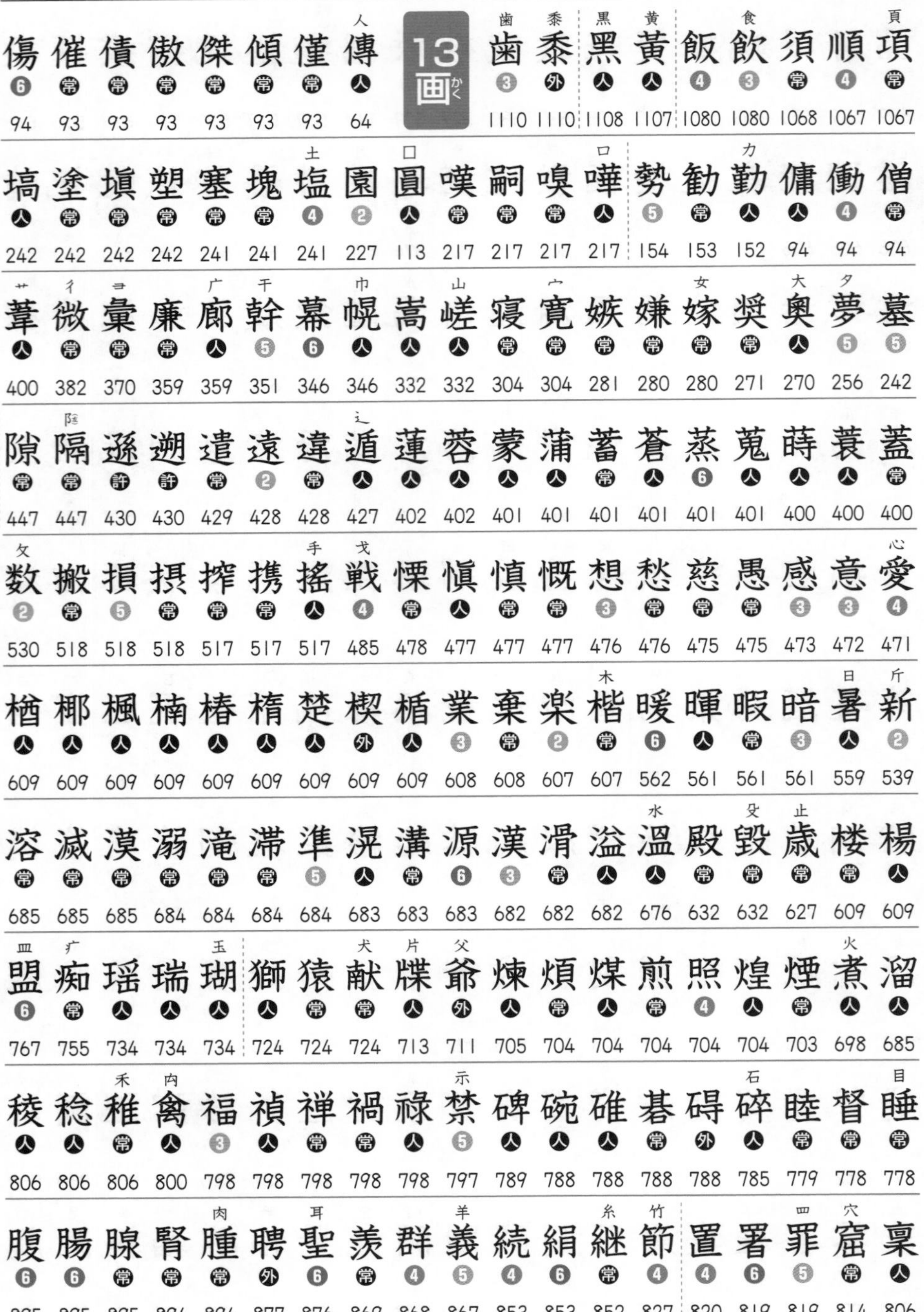

傷	催	債	傲	傑	傾	僅	傳	13画	歯	黍	黒	黄	飯	飲	須	順	項
							人		歯	黍	黒	黄		食			頁
6	常	常	常	常	常	常	人		3	外	人	人	4	3	常	4	常
94	93	93	93	93	93	93	64		1110	1110	1108	1107	1080	1080	1068	1067	1067

塙	塗	塡	塑	塞	塊	塩	園	圓	嘆	嗣	嗅	嘩	勢	勧	勤	傭	働	僧
						土		口				口			力			
人	常	常	常	常	常	4	2	人	常	常	常	人	5	常	人	人	4	常
242	242	242	242	241	241	241	227	113	217	217	217	217	154	153	152	94	94	94

葺	徴	彙	廉	廊	幹	幕	幌	嵩	嵯	寝	寛	嫉	嫌	嫁	奨	奥	夢	墓
艹	彳	彐		广	干		巾		山		宀			女		大	夕	
人	常	常	常	人	5	6	人	人	人	常	常	常	常	常	常	人	5	5
400	382	370	359	359	351	346	346	332	332	304	304	281	280	280	271	270	256	242

隙	隔	遜	遡	遣	遠	違	遁	蓮	蓉	蒙	蒲	蓄	蒼	蒸	蒐	蒔	蓑	蓋
	阝						辶											
常	常	許	許	常	2	常	人	人	人	人	人	常	人	6	人	人	人	常
447	447	430	430	429	428	428	427	402	402	401	401	401	401	401	401	400	400	400

数	搬	損	摂	搾	携	搖	戦	慄	愼	慎	慨	想	愁	慈	愚	感	意	愛
攵						手	戈											心
2	常	5	常	常	常	人	4	常	人	常	常	3	常	常	常	3	3	4
530	518	518	518	517	517	517	485	478	477	477	477	476	476	475	475	473	472	471

楢	椰	楓	楠	椿	楕	楚	楔	楯	業	棄	楽	楷	暖	暉	暇	暗	暑	新
												木					日	斤
人	人	人	人	人	人	人	外	人	3	常	2	常	6	人	常	3	人	2
609	609	609	609	609	609	609	609	609	608	608	607	607	562	561	561	561	559	539

溶	滅	漠	溺	滝	滞	準	滉	溝	源	漢	滑	溢	溫	殿	毀	歳	楼	楊
													水		殳	止		
常	常	常	常	常	常	5	人	常	6	3	常	人	人	常	常	常	常	人
685	685	685	684	684	684	684	683	683	683	682	682	682	676	632	632	627	609	609

盟	痴	瑤	瑞	瑚	獅	猿	献	牒	爺	煉	煩	煤	煎	照	煌	煙	煮	溜
皿	疒			玉			犬	片	父								火	
6	常	人	人	人	人	常	常	人	外	人	常	人	常	4	人	常	人	人
767	755	734	734	734	724	724	724	713	711	705	704	704	704	704	704	703	698	685

稜	稔	稚	禽	福	禎	禅	禍	祿	禁	碑	碗	碓	碁	碍	砕	睦	督	睡
		禾	内						示						石			目
人	人	常	人	3	人	常	常	人	5	人	人	人	常	外	人	常	常	常
806	806	806	800	798	798	798	798	798	797	789	788	788	788	788	785	779	778	778

腹	腸	腺	腎	腫	聘	聖	羨	群	義	続	絹	継	節	置	署	罪	窟	稟
				肉		耳			羊			糸	竹			罒	穴	
6	6	常	常	常	外	6	常	4	5	4	6	常	4	4	6	5	常	人
895	895	895	894	894	877	876	869	868	867	853	853	852	827	820	819	819	814	806

	言		角						衣					虫		虍	舟	
詰	該	触	解	裸	裾	褐	裏	裟	裝	蛹	蜂	蛸	蜆	蛾	虜	虞	艇	腰
常	常	常	5	常	常	常	6	人	人	外	常	外	外	外	常	常	常	常
952	952	943	942	931	930	929	929	928	927	916	916	916	916	916	913	912	908	896

	足					貝	豆											
跡	跨	賄	賂	賃	賊	資	豊	詫	話	誉	詮	誠	詳	詢	試	詩	誇	詣
常	人	常	常	6	常	5	5	人	2	常	常	6	常	人	4	3	常	常
993	993	983	983	983	983	982	972	955	955	955	954	954	954	954	953	952	952	952

	雨		隹					金	舛		酉	辰	辛		車			
雷	電	雉	雅	鈴	鉢	鉄	鉱	鉛	舜	酪	酬	農	辞	載	較	路	跳	践
常	2	外	常	常	常	3	5	常	人	常	常	3	4	常	常	3	常	常
1054	1053	1047	1046	1027	1027	1026	1025	1025	1020	1011	1011	1008	1006	1003	1003	994	994	993

14画（かく）

鼠	鼓	鼎	鳥		馬			食					頁	革	青	
鼠	鼓	鼎	鳩	馳	馴	飽	飾	飼	預	頒	頓	頌	頑	靴	靖	零
外	常	人	人	人	人	常	常	5	6	常	常	人	常	常	人	常
1112	1112	1111	1102	1087	1087	1081	1081	1081	1069	1069	1069	1068	1068	1063	1059	1054

	大	士					土	囗			口		厂					人
奪	奬	壽	墨	増	塵	塾	境	團	嘗	嘉	嘆	厩	厭	僚	僕	像	僧	僞
常	人	人	常	5	外	常	5	人	人	人	人	人	外	常	常	5	人	人
271	271	307	244	244	243	243	243	222	217	217	217	176	176	95	95	95	94	89

辶						艹		彳	彡	山	尸						宀	女
遙	蔓	蓬	蔑	蔦	蔣	蔭	徳	徴	彰	嶋	層	寧	察	寡	寢	寬	實	嫡
人	人	人	常	人	人	人	4	常	常	人	6	常	4	常	人	人	人	常
428	402	402	402	402	402	402	383	383	373	330	325	305	305	305	304	304	291	281

斗	支			手						心			阝					
斡	敲	摘	摺	摑	慢	憎	慣	慕	態	慇	障	際	隠	適	遭	遮	遜	遡
人	外	常	人	人	常	常	5	常	5	外	6	5	常	5	常	常	常	常
536	523	519	519	518	479	479	478	478	477	477	448	448	448	430	430	430	430	430

止	欠													木			日	方
歴	歌	様	模	槙	槇	槌	槍	榛	榊	構	概	樺	榎	榮	暦	暮	暢	旗
5	2	3	6	人	人	人	人	人	人	5	常	人	人	人	常	6	人	4
627	621	612	611	611	611	611	611	611	611	610	610	610	610	590	563	562	562	544

玉	犬	爻		火														水
瑳	獄	爾	熔	熊	漏	漣	漫	漂	滴	漬	漱	漕	漸	漆	漁	演	滯	漢
人	常	人	外	4	常	人	常	常	常	常	人	人	常	常	4	5	人	人
734	725	711	705	705	688	688	687	687	687	687	687	687	687	686	686	685	684	682

	罒		立	穴			禾			示				石	皿	疒	疋	
罰	署	端	竪	窪	稲	種	穀	福	禎	禍	碧	碑	碩	磁	盡	瘍	疑	瑠
常	人	常	人	人	常	4	6	人	人	人	人	常	人	6	人	常	6	常
820	819	817	817	814	807	807	806	798	798	798	789	789	789	788	321	755	752	734

竹 箇 常 828　管 ④ 828　箕 人 829　算 ② 829　箋 常 829　箔 人 829　米 粋 人 833　精 ⑤ 835　糸 維 常 854　綺 人 854　綱 常 854　緒 常 854　総 ⑤ 854　綜 人 856　綻 常 856　綴 人 856　緋 人 856　綿 ⑤ 856　網 常 856

綾 人 857　緑 ③ 857　綠 人 857　綸 人 857　練 ③ 858　羽 翠 人 871　翡 外 871　耳 聡 人 877　聞 ② 877　聿 肇 人 879　肉 腐 常 893　膏 人 896　膀 外 896　膜 常 896　臼 與 人 16　虫 蜜 常 916　衣 裳 人 929　製 ⑤ 930　複 ⑤ 931

言 語 ② 955　誤 ⑥ 956　誌 ⑥ 957　誦 外 957　誓 常 957　説 ④ 957　読 ② 958　認 ⑥ 959　誘 常 959　豕 豪 常 974　豸 貌 常 975　貝 賑 人 983　賓 人 986　足 踊 常 994　車 輔 人 1003　辛 辣 常 1007　酉 酵 常 1011　酷 常 1012　酸 ⑤ 1012

金 銀 ③ 1027　銃 常 1028　銭 ⑥ 1028　銑 人 1028　銚 外 1028　銅 ⑤ 1028　銘 常 1029　門 閣 ⑥ 1042　関 ④ 1042　閤 人 1043　閥 常 1043　隹 雑 ⑤ 1047　雌 常 1048　雨 需 常 1055　青 静 ④ 1059　斉 齊 人 1061　革 鞄 人 1064　頁 頗 人 1069　領 ⑤ 1070

風 颯 人 1078　食 飴 外 1081　餌 許 1082　餅 許 1082　馬 駅 ③ 1087　駆 常 1087　駄 常 1088　髟 髪 常 1094　鬼 魁 人 1096　魂 常 1096　鳥 鳶 人 1102　鳳 人 1102　鳴 ② 1103　鼻 鼻 ③ 1113

15画 かく

人 價 人 74　倹 人 83　億 ④ 95

儀 常 95　舗 常 95　冫 凜 人 120　凛 人 120　刀 剣 人 140　劇 ⑥ 143　劉 人 143　力 勲 常 154　口 器 ④ 217　嘘 外 218　嘱 常 218　噌 人 218　噂 人 219　嘲 常 219　噴 常 219　土 增 人 244　墨 人 244　墜 常 245　墳 常 245

女 嬉 人 281　宀 審 常 305　寮 常 306　寸 導 ⑤ 313　尸 層 人 325　履 常 325　巾 幡 人 346　幣 常 346　广 廣 人 353　廟 人 360　廾 弊 常 363　弓 彈 人 369　彡 影 常 373　彳 徵 人 383　德 人 383　徹 常 384　艹 蕎 人 403　蕨 人 403　蕉 人 403

蔵 ⑥ 403　蕃 人 403　蕪 人 403　蔽 常 403　辶 遺 ⑥ 431　遵 常 432　遷 常 432　選 ④ 432　遼 人 433　邑 鄭 人 438　心 慰 常 478　慶 常 478　慧 人 479　憎 人 479　憂 常 479　慮 常 480　憬 常 480　憧 常 480　憚 外 480

憤 常 480　戈 戯 常 487　手 撃 常 519　摯 常 519　摩 常 519　撮 常 519　撒 人 519　撰 人 520　撤 常 520　撞 人 520　播 人 520　撫 人 520　撲 常 520　攵 敵 ⑥ 531　敷 常 532　日 暫 常 563　暴 ⑤ 563　木 樂 人 607　樣 人 612

横 ③ 612　槻 人 613　権 ⑥ 613　樟 人 614　樅 外 614　槽 常 614　樋 人 614　標 ④ 614　欠 歓 常 622　歎 人 622　殳 毅 人 633　水 澁 人 672　潰 常 688　澗 外 688　潟 ④ 688　潔 ⑤ 688　潤 常 689　潜 常 689　潮 ⑥ 690

部首	漢字	区分	ページ
	澄	常	690
火	熙	人	705
	熟	6	705
	熱	4	706
玉	璃	常	734
田	畿	常	751
疒	瘦	人	754
皿	監	常	767
	盤	常	768
石	確	5	789
	磐	人	790
禾	穀	人	806
	稲	人	807
	稼	常	808
	稽	常	808
	稿	常	808
	穂	常	808
穴	窮	常	814
	窯	常	814
罒	罵	常	820
	罷	常	820
竹	節	人	827
	箱	3	829
	箸	常	830
	範	常	830
	篇	人	830
米	糊	人	836
糸	緒	人	854
	練	人	858
	縁	常	858
	緣	人	858
	緩	常	859
	緊	常	859
	縄	4	859
	線	2	859
	締	常	860
	編	5	860
肉	膝	常	897
	膚	常	897
虫	蝦	人	916
	蝕	外	916
	蝶	人	917
	蝮	外	917
行	衝	常	922
衣	褒	常	932
言	謁	常	959
	課	4	959
	誼	人	960
	諄	人	960
	諸	6	960
	諏	人	961
	請	常	961
	諾	常	961
	誰	常	961
	誕	6	961
	談	3	961
	調	3	962
	誹	外	963
	諒	人	963
	論	6	963
貝	賣	人	248
	賛	5	984
	賜	常	984
	質	5	984
	賞	5	985
	賠	常	985
	賓	常	986
	賦	常	986
走	趣	常	992
足	踪	常	995
	踏	常	995
車	輝	常	1003
	輩	常	1003
	輛	外	1004
	輪	4	1004
酉	醉	人	1011
	醇	人	1012
舛	舞	常	1020
麦	麩	外	1021
金	鋏	外	1029
	鋭	常	1029
	鋳	常	1030
	鋒	人	1030
門	閲	常	1043
雨	震	常	1055
	霊	常	1055
革	鞍	人	1064
食	餌	常	1082
	餅	常	1082
	養	4	1082
	餓	常	1083
馬	駈	人	1087
	駕	人	1088
	駒	常	1088
	駐	常	1088
髟	髮	人	1094
鬼	魅	常	1096
魚	魯	人	1099
黒	默	常	1109
黍	黎	人	1110

16画（かく）

部首	漢字	区分	ページ
人	儒	常	96
冫	凝	常	120
力	勳	人	154
又	叡	人	185
口	器	人	217
	嘶	外	219
土	壊	常	245
	墾	常	245
	壌	常	245
	壇	常	245
	壁	常	245
大	奮	6	271
女	嬢	常	281
艹	薗	人	227
	薫	常	403
	薪	常	404
	薦	常	404
	薙	人	404
	薄	常	404
	薬	3	405
	蕾	人	405
	蕗	人	405
⻌	還	常	433
	避	常	433
阝	險	人	443
	隣	常	449
心	憩	常	480
	憲	6	480
	憶	常	480
	懐	常	481
	憾	常	481
	憐	人	481
戈	戰	人	485
手	操	6	520
	擁	常	521
攵	整	3	532
日	曉	人	558
	曆	人	563
	曇	常	564
木	横	人	612
	樫	人	615
	機	4	615
	橘	人	616
	橋	3	616
	樹	6	617
	樽	人	617
	橙	人	617
止	歷	人	627
水	激	6	690
	濁	常	691
	濃	常	691
	澪	人	691
火	燈	人	695
	燒	人	699
	燕	人	707
	燃	5	707
	燎	人	708
犬	獣	常	725
	獲	常	725
皿	盥	外	768
目	縣	人	773
石	磨	常	790
禾	穏	常	808
	積	4	809
穴	窺	人	814
罒	罹	外	821
竹	築	5	830
	篤	常	831
米	糖	6	836
糸	緯	常	860
	縞	人	861
	縦	6	861
	緻	常	861
	縛	常	861
	繁	常	861
	縫	常	862
肉	膳	常	897
	膨	常	897
臼	興	5	903
虫	融	常	917
行	衛	5	922
	衞	人	922
	衡	常	923
見	親	2	939
言	謁	人	959
	諸	人	960
	謂	人	964
	諧	常	964

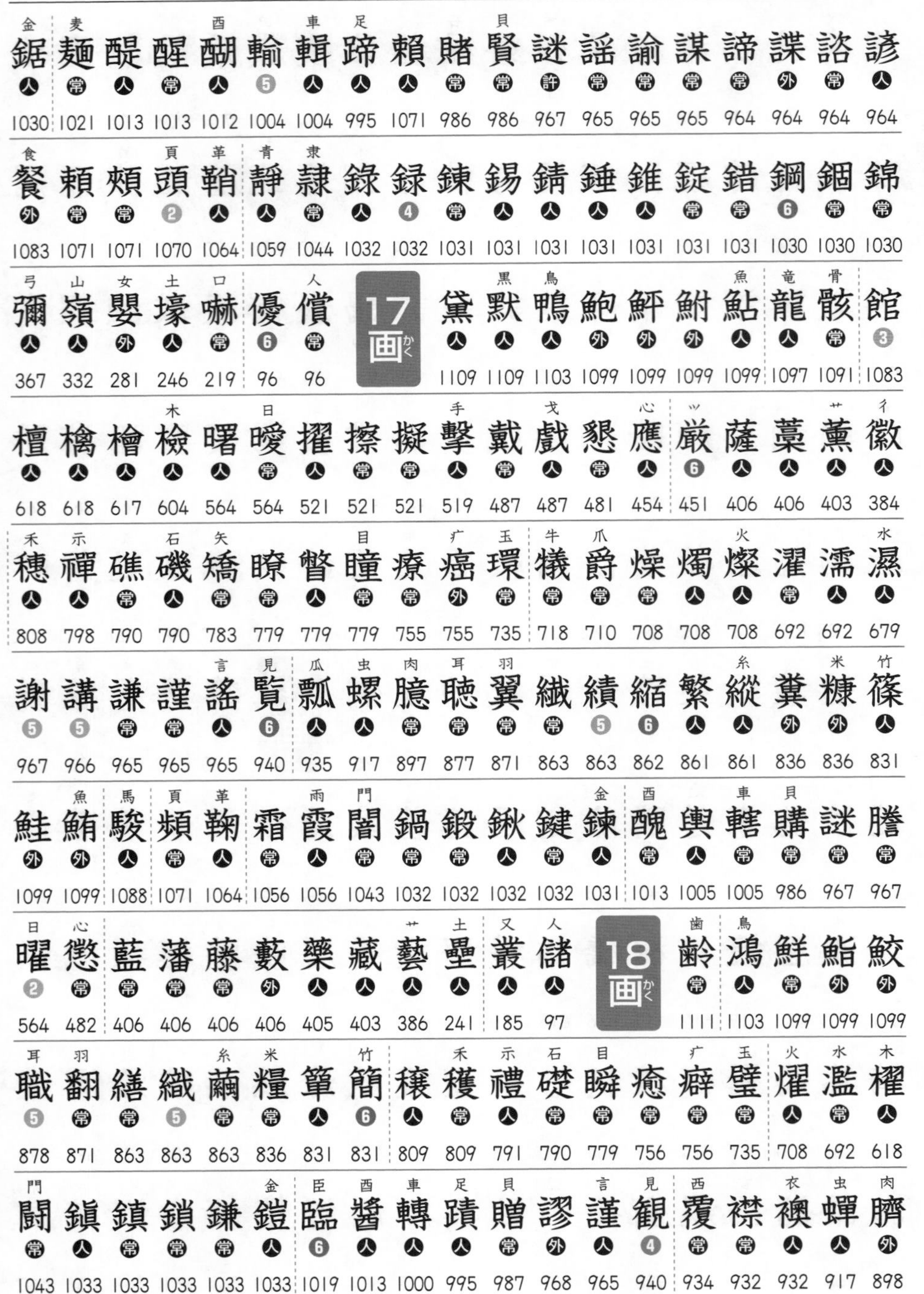

諺 人 964
諮 常 964
諜 外 964
諦 常 964
謀 常 965
諭 常 965
謡 常 965
謎 許 967
賢 常 986
賭 常 986
賴 人 1071
蹄 人 995
輯 人 1004
輸 5 1004
醐 人 1012
醒 常 1013
醍 人 1013
麺 常 1021
鋸 人 1030
錦 常 1030
錮 常 1030
鋼 6 1030
錯 常 1031
錠 常 1031
錐 人 1031
錘 人 1031
錆 人 1031
錫 人 1031
錬 常 1031
録 4 1032
錄 人 1032
隷 常 1044
靜 人 1059
鞘 人 1064
頭 2 1070
頻 常 1071
頼 常 1071
餐 外 1083
館 3 1083
骸 常 1091
龍 人 1097
鮎 人 1099
鮒 外 1099
鮃 外 1099
鮑 外 1099
鴨 人 1103
默 人 1109
黛 人 1109

17画（かく）

償 常 96
優 6 96
嚇 常 219
壕 人 246
嬰 外 281
嶺 人 332
彌 人 367
徽 人 384
薰 人 403
藁 人 406
薩 人 406
厳 6 451
應 人 454
懇 常 481
戲 人 487
戴 常 487
擊 人 519
擬 常 521
擦 常 521
擢 人 521
曖 常 564
曙 人 564
檢 人 604
檜 人 617
檎 人 618
檀 人 618
濕 人 679
濡 人 692
濯 常 692
燦 人 708
燭 人 708
燥 常 708
爵 常 710
犠 常 718
環 常 735
癌 外 755
療 常 755
瞳 常 779
瞥 人 779
瞭 常 779
矯 常 783
磯 人 790
礁 常 790
禪 人 798
穗 人 808
篠 人 831
糠 外 836
糞 外 836
縱 人 861
繁 人 861
縮 6 862
績 5 863
繊 常 863
翼 常 871
聴 常 877
臆 常 897
螺 人 917
瓢 人 935
覧 6 940
謠 人 965
謹 常 965
謙 常 965
講 5 966
謝 5 967
謄 常 967
謎 常 967
購 常 986
轄 常 1005
輿 人 1005
醜 常 1013
鍊 人 1031
鍵 常 1032
鍬 人 1032
鍛 常 1032
鍋 常 1032
闇 常 1043
霞 人 1056
霜 常 1056
鞠 人 1064
頻 常 1071
駿 人 1088
鮪 外 1099
鮭 外 1099
鮫 外 1099
鮨 外 1099
鮮 常 1099
鴻 人 1103
齢 常 1111

18画（かく）

儲 人 97
叢 人 185
壘 人 241
藝 人 386
藏 人 403
藥 人 405
藪 外 406
藤 常 406
藩 常 406
藍 常 406
懲 常 482
曜 2 564
櫂 人 618
濫 常 692
燿 人 708
璧 常 735
癖 常 756
癒 常 756
瞬 常 779
礎 常 790
禮 人 791
穫 常 809
穣 人 809
簡 6 831
簞 人 831
糧 常 836
繭 常 863
織 5 863
繕 常 863
翻 常 871
職 5 878
臍 外 898
蟬 人 917
襖 人 932
襟 常 932
覆 常 934
観 4 940
謹 人 965
謬 外 968
贈 常 987
蹟 人 995
轉 人 1000
醬 人 1013
臨 6 1019
鎧 人 1033
鎌 常 1033
鎖 常 1033
鎮 常 1033
鎭 人 1033
闘 常 1043

雑（隹）人 1047
雛 人 1048
難 ⑥ 1048
鞭（革）人 1064
額（頁）⑤ 1072
顎 常 1072
顔 ② 1072
顕 常 1073
題 ③ 1073
類 ④ 1074
騎（馬）常 1089
験 ④ 1089
騒 常 1089
魏（鬼）外 1096
韓（韋）常 1097
鯉（魚）人 1100
鵜（鳥）人 1103
麿（麻）人 1107

19画

壞（土）人 245
寵（宀）人 306
蘆（艹）外 388
蘇 人 407
藻 常 407
蘭 人 407
懷（心）人 481
懲 人 482
曝（日）人 565
櫛（木）人 618
櫓 人 618
瀧（水）人 684
瀬 常 692
瀨 人 692
瀕 人 692
爆（火）常 708
獸（犬）人 725
璽（玉）常 735
禱（示）人 799
禰 人 799
羅（罒）常 821
簿（竹）常 831
簾 人 831
繰（糸）常 864
繋 人 864
繡 人 864
臓（肉）⑥ 898
艶（色）常 911
蟹（虫）人 917
蠍 外 917
蟻 外 917
蠅 外 918
覇（西）常 935
警（言）⑥ 968
識 ⑤ 968
譜 常 969
贈（貝）人 987
贋 外 987
蹴（足）常 995
轍（車）外 1005
麴（麦）外 1021
鏡（金）④ 1033
難（隹）人 1048
離 常 1050
霧（雨）常 1056
韻（音）常 1066
類（頁）人 1074
願 ④ 1074
顚 人 1075
髄（骨）常 1091
鯨（魚）常 1100
鯖 外 1100
鯱 外 1100
鯣 外 1100
鯛 人 1100
鯰 外 1100
鶉（鳥）外 1103
鶏 常 1103
鵯 外 1104
鵬 人 1104
麒（鹿）人 1106
麗 常 1106
麓 常 1106

20画

嚴（口）人 451
孃（女）人 281
巌（山）人 332
懸（心）常 482
欄（木）常 618
灌（水）外 692
競（立）④ 818
籍（竹）常 832
纂（糸）人 864
耀（羽）人 871
議（言）④ 969
護 ⑤ 969
譲 常 970
醸（酉）常 1013
鐘（金）常 1034
霰（雨）外 1056
響（音）常 1066
馨（香）人 1085
騷（馬）人 1089
騰 常 1090
鰐（魚）外 1100
鰈 外 1100
鰆 外 1101
鰌 外 1101
鰊 外 1101

21画

攝（手）人 518
櫻（木）人 595
欄 人 618
纏（糸）人 864
艦（舟）常 908
蠟（虫）人 918
躍（足）常 995
轟（車）人 1005
露（雨）常 1056
顧（頁）常 1075
飜（飛）人 871
魔（鬼）常 1096
鰯（魚）人 1101
鰤 外 1101
鷄（鳥）人 1103
鶯 外 1104
鶴 常 1104

22画

灘（水）人 692
疊（田）人 750
穰（禾）人 809
籠（竹）常 832
聽（耳）人 877
臟（肉）人 898
襲（衣）常 932
覽（見）人 940
讃（言）人 970
鑄（金）人 1030
響（音）人 1066
饗（食）人 1083
驚（馬）常 1090
驍 人 1090
驒 外 1090
鰺（魚）外 1101
鰻 外 1101
鱈 外 1101
鷗（鳥）人 1104

23画

巖（山）人 332
纖（糸）人 863
鑑（金）常 1034
顯（頁）人 1073
驗（馬）人 1089
鰹（魚）外 1101
鱒 人 1101
鷲（鳥）人 1105

24画

讓（言）人 970
釀（酉）人 1013
鱗（魚）人 1101
鷹（鳥）人 1105
鷺 人 1105
鹼（鹵）外 1105
麟（鹿）人 1106

25画

廳（广）人 354

29画

鬱（鬯）常 1094

学年別さくいん

小学校で学習する1026字の漢字を、学習指導要領にしめされた「学年別漢字配当表」のとおりに配列してあります。「学年別漢字配当表」は、その漢字の代表的な音読み（音のないものは訓読み）の五十音順に配列してあります。ここでは「学年別漢字配当表」の配列のよりどころとなる読みを示しています。

1年 80字

漢字	読み	番号
一	イチ	1
右	ウ	188
雨	ウ	1051
円	エン	113
王	オウ	728
音	オン	1064
下	カ	9
火	カ	693
花	カ	385
貝	かい	975
学	ガク	284
気	キ	640
九	キュウ	34
休	キュウ	61
玉	ギョク	727
金	キン	1022
空	クウ	811
月	ゲツ	570
犬	ケン	718
見	ケン	936
五	ゴ	41
口	コウ	186
校	コウ	597
左	サ	335
三	サン	10
山	サン	326
子	シ	281
四	シ	219
糸	シ	837
字	ジ	282
耳	ジ	875
七	シチ	7
車	シャ	997
手	シュ	490
十	ジュウ	160
出	シュツ	123
女	ジョ	272
小	ショウ	313
上	ジョウ	12
森	シン	605
人	ジン	49
水	スイ	643
正	セイ	623
生	セイ	737
青	セイ	1057
夕	セキ	252
石	セキ	783
赤	セキ	987
千	セン	162
川	セン	332
先	セン	100
早	ソウ	548
草	ソウ	392
足	ソク	992
村	ソン	584
大	ダイ	257
男	ダン	744
竹	チク	822
中	チュウ	25
虫	チュウ	913
町	チョウ	744
天	テン	263
田	デン	742
土	ド	228
二	ニ	40
日	ニチ	545
入	ニュウ	104
年	ネン	349
白	ハク	759
八	ハチ	105
百	ヒャク	761
文	ブン	533
木	ボク	577
本	ホン	578
名	メイ	199
目	モク	769
立	リツ	815
力	リョク	144
林	リン	589
六	ロク	108

漢字	読み	番号
引	イン	365
羽	ウ	869
雲	ウン	1052
園	エン	227
遠	エン	428
何	カ	66
科	カ	802
夏	カ	251
家	カ	297
歌	カ	621
画	ガ	745
回	カイ	221
会	カイ	60
海	カイ	659
絵	カイ	848
外	ガイ	252
角	カク	941
楽	ガク	607
活	カツ	661
間	カン	1040
丸	ガン	27
岩	ガン	329
顔	ガン	1072
汽	キ	650
記	キ	946
帰	キ	342
弓	キュウ	365
牛	ギュウ	714
魚	ギョ	1098
京	キョウ	47
強	キョウ	368
教	キョウ	527
近	キン	408
兄	ケイ	98
形	ケイ	371
計	ケイ	945
元	ゲン	97
言	ゲン	944
原	ゲン	174
戸	コ	487
古	コ	189
午	ゴ	163
後	ゴ	376
語	ゴ	955
工	コウ	334
公	コウ	106
広	コウ	353
交	コウ	46
光	コウ	99
考	コウ	872
行	コウ	920
高	コウ	1092
黄	コウ	1107
合	ゴウ	195
谷	コク	971
国	コク	225
黒	コク	1108
今	コン	52
才	サイ	493
細	サイ	845
作	サク	67
算	サン	829
止	シ	623
市	シ	340
矢	シ	780
姉	シ	276
思	シ	460
紙	シ	840
寺	ジ	307
自	ジ	898
時	ジ	556
室	シツ	296

星	声	西	数	図	親	新	心	食	色	場	少	書	春	週	秋	首	弱	社
セイ	セイ	セイ	スウ	ズ	シン	シン	シン	ショク	ショク	ジョウ	ショウ	ショ	シュン	シュウ	シュウ	シュ	ジャク	シャ
555	247	933	530	223	939	539	452	1079	910	239	316	566	553	421	802	1084	367	792
鳥	長	昼	茶	知	池	地	台	体	太	多	走	組	前	線	船	雪	切	晴
チョウ	チョウ	チュウ	チャ	チ	チ	チ	ダイ	タイ	タイ	タ	ソウ	ソ	ゼン	セン	セン	セツ	セツ	セイ
1102	1035	555	393	781	649	231	192	69	262	254	989	847	137	859	906	1051	127	559
肉	南	内	読	道	同	頭	答	東	当	冬	刀	電	点	店	弟	通	直	朝
ニク	ナン	ナイ	ドク	ドウ	ドウ	トウ	トウ	トウ	トウ	トウ	トウ	デン	テン	テン	テイ	ツウ	チョク	チョウ
880	167	113	958	426	197	1070	825	587	317	249	126	1053	697	355	366	417	771	574
明	万	妹	毎	北	方	母	歩	米	聞	分	風	父	番	半	麦	買	売	馬
メイ	マン	マイ	マイ	ホク	ホウ	ボ	ホ	ベイ	ブン	ブン	フウ	フ	バン	ハン	バク	バイ	バイ	バ
551	14	277	634	157	541	633	626	832	877	128	1075	710	750	163	1020	981	248	1086
						話	理	里	来	曜	用	友	野	夜	門	毛	鳴	
						ワ	リ	リ	ライ	ヨウ	ヨウ	ユウ	ヤ	ヤ	モン	モウ	メイ	
						955	732	1014	585	564	740	182	1016	256	1037	636	1103	

屋	横	央	駅	泳	運	飲	院	員	育	意	委	医	暗	安	悪			
オク	オウ	オウ	エキ	エイ	ウン	イン	イン	イン	イク	イ	イ	イ	アン	アン	アク			
323	612	266	1087	653	423	1080	440	210	883	472	276	159	561	287	465			
球	宮	級	急	究	客	期	起	岸	館	漢	感	寒	階	開	界	荷	化	温
キュウ	キュウ	キュウ	キュウ	キュウ	キャク	キ	キ	ガン	カン	カン	カン	カン	カイ	カイ	カイ	カ	カ	オン
730	299	839	459	810	296	574	989	329	1083	682	473	303	445	1038	746	394	156	676
向	湖	庫	県	研	決	血	軽	係	君	具	苦	区	銀	局	曲	業	橋	去
コウ	コ	コ	ケン	ケン	ケツ	ケツ	ケイ	ケイ	クン	グ	ク	ク	ギン	キョク	キョク	ギョウ	キョウ	キョ
195	678	357	773	784	650	918	1001	77	201	111	389	159	1027	321	565	608	616	176
写	実	式	持	事	次	詩	歯	指	始	使	死	仕	皿	祭	根	号	港	幸
シャ	ジツ	シキ	ジ	ジ	ジ	シ	シ	シ	シ	シ	シ	シ	さら	サイ	コン	ゴウ	コウ	コウ
117	291	364	506	39	619	952	1110	505	277	75	628	55	765	796	598	190	678	350
消	昭	助	暑	所	宿	重	住	集	習	終	拾	州	受	酒	取	守	主	者
ショウ	ショウ	ジョ	ショ	ショ	シュク	ジュウ	ジュウ	シュウ	シュウ	シュウ	シュウ	シュウ	ジュ	シュ	シュ	シュ	シュ	シャ
665	554	146	559	488	301	1014	68	1045	870	846	507	333	183	1009	182	288	29	873
息	想	送	相	全	昔	整	世	進	深	真	神	身	申	植	乗	勝	章	商
ソク	ソウ	ソウ	ソウ	ゼン	セキ	セイ	セイ	シン	シン	シン	シン	シン	シン	ショク	ジョウ	ショウ	ショウ	ショウ
464	476	412	775	62	551	532	21	421	673	776	794	996	743	605	32	152	816	212

追	調	帳	丁	柱	注	着	談	短	炭	題	第	代	待	対	打	他	族	速
ツイ	チョウ	チョウ	チョウ	チュウ	チュウ	チャク	ダン	タン	タン	ダイ	ダイ	ダイ	タイ	タイ	ダ	タ	ゾク	ソク
413	962	345	8	593	656	866	961	782	696	1073	823	56	378	308	493	56	543	416

倍	配	波	農	童	動	等	登	湯	島	豆	投	度	都	転	鉄	笛	庭	定
バイ	ハイ	ハ	ノウ	ドウ	ドウ	トウ	トウ	トウ	トウ	トウ	トウ	ド	ト	テン	テツ	テキ	テイ	テイ
87	1010	657	1008	817	151	825	758	680	330	972	497	356	436	1000	1026	823	358	294

服	部	負	品	病	秒	表	氷	筆	鼻	美	悲	皮	板	坂	反	発	畑	箱
フク	ブ	フ	ヒン	ビョウ	ビョウ	ヒョウ	ヒョウ	ヒツ	ビ	ビ	ヒ	ヒ	ハン	ハン	ハン	ハツ	はた	はこ
571	437	976	209	753	803	924	646	826	1113	865	470	764	588	233	180	756	746	829

洋	羊	予	遊	有	油	由	薬	役	問	面	命	味	放	勉	返	平	物	福
ヨウ	ヨウ	ヨ	ユウ	ユウ	ユ	ユ	ヤク	ヤク	モン	メン	メイ	ミ	ホウ	ベン	ヘン	ヘイ	ブツ	フク
664	865	37	427	880	659	743	405	374	213	1062	206	206	524	150	409	347	715	798

						和	路	練	列	礼	緑	両	旅	流	落	様	陽	葉
						ワ	ロ	レン	レツ	レイ	リョク	リョウ	リョ	リュウ	ラク	ヨウ	ヨウ	ヨウ
						207	994	858	130	791	857	23	542	667	399	612	446	399

202字（じ） 4年（ねん）

貨	果	加	億	岡	塩	媛	栄	英	印	茨	位	衣	以	案	愛
カ	カ	カ	オク	おか	エン	エン	エイ	エイ	イン	いばら	イ	イ	イ	アン	アイ
977	586	145	95	329	241	280	590	388	170	392	66	923	54	594	471

季	希	岐	願	観	関	管	官	完	潟	覚	各	街	害	械	改	賀	芽	課
キ	キ	キ	ガン	カン	カン	カン	カン	カン	かた	カク	カク	ガイ	ガイ	カイ	カイ	ガ	ガ	カ
285	341	328	1074	940	1042	828	290	289	688	938	193	922	298	600	523	979	389	959

群	郡	軍	訓	熊	極	競	鏡	協	共	漁	挙	給	泣	求	議	機	器	旗
グン	グン	グン	クン	くま	キョク	キョウ	キョウ	キョウ	キョウ	ギョ	キョ	キュウ	キュウ	キュウ	ギ	キ	キ	キ
868	435	998	947	705	602	818	1033	165	109	686	504	849	654	647	969	615	217	544

埼	最	菜	差	佐	康	候	香	好	功	固	験	健	建	結	欠	芸	景	径
さい	サイ	サイ	サ	サ	コウ	コウ	コウ	コウ	コウ	コ	ケン	ケン	ケン	ケツ	ケツ	ゲイ	ケイ	ケイ
237	568	396	336	67	358	84	1085	273	145	224	1089	89	361	849	619	386	558	375

失	鹿	辞	滋	治	児	試	司	氏	残	散	産	参	察	刷	札	昨	崎	材
シツ	しか	ジ	ジ	ジ	ジ	シ	シ	シ	ザン	サン	サン	サン	サツ	サツ	サツ	サク	さき	ザイ
266	1105	1006	678	654	102	953	191	638	629	530	739	177	305	135	578	553	331	583

清	省	成	井	信	臣	縄	城	照	焼	唱	笑	松	初	順	祝	周	種	借
セイ	セイ	セイ	セイ	シン	シン	ジョウ	ジョウ	ショウ	ショウ	ショウ	ショウ	ショウ	ショ	ジュン	シュク	シュウ	シュ	シャク
674	774	483	43	78	1018	859	235	704	699	213	822	587	131	1067	793	205	807	84

漢字	読み	ページ
静	セイ	1059
席	セキ	343
積	セキ	809
折	セツ	496
節	セツ	827
説	セツ	957
浅	セン	662
戦	セン	485
選	セン	432
然	ゼン	699
争	ソウ	38
倉	ソウ	86
巣	ソウ	450
束	ソク	584
側	ソク	90
続	ゾク	853
卒	ソツ	166
孫	ソン	286
帯	タイ	343
隊	タイ	446
達	タツ	425
単	タン	449
置	チ	820
仲	チュウ	63
沖	チュウ	652
兆	チョウ	101
低	テイ	70
底	テイ	355
的	テキ	762
典	テン	111
伝	デン	64
徒	ト	379
努	ド	147
灯	トウ	695
働	ドウ	94
特	トク	716
徳	トク	383
栃	とち	593
奈	ナ	268
梨	なし	601
熱	ネツ	706
念	ネン	458
敗	ハイ	528
梅	バイ	600
博	ハク	168
阪	ハン	438
飯	ハン	1080
飛	ヒ	1078
必	ヒツ	454
票	ヒョウ	796
標	ヒョウ	614
不	フ	16
夫	フ	265
付	フ	57
府	フ	356
阜	フ	438
富	フ	304
副	フク	141
兵	ヘイ	110
別	ベツ	132
辺	ヘン	408
変	ヘン	250
便	ベン	81
包	ホウ	155
法	ホウ	658
望	ボウ	573
牧	ボク	716
末	マツ	580
満	マン	680
未	ミ	581
民	ミン	638
無	ム	700
約	ヤク	839
勇	ユウ	150
要	ヨウ	933
養	ヨウ	1082
浴	ヨク	667
利	リ	133
陸	リク	444
良	リョウ	909
料	リョウ	536
量	リョウ	1017
輪	リン	1004
類	ルイ	1074
令	レイ	58
冷	レイ	119
例	レイ	77
連	レン	419
老	ロウ	872
労	ロウ	148
録	ロク	1032

漢字	読み	ページ
圧	アツ	229
囲	イ	223
移	イ	804
因	イン	221
永	エイ	646
営	エイ	450
衛	エイ	922
易	エキ	549
益	エキ	766
液	エキ	670
演	エン	685
応	オウ	454
往	オウ	375
桜	オウ	595
可	カ	188
仮	カ	59
価	カ	74
河	カ	653
過	カ	424
快	カイ	456
解	カイ	942
格	カク	595
確	カク	789
額	ガク	1072
刊	カン	129
幹	カン	351
慣	カン	478
眼	ガン	777
紀	キ	838
基	キ	236
寄	キ	300
規	キ	937
喜	キ	214
技	ギ	495
義	ギ	867
逆	ギャク	411
久	キュウ	31
旧	キュウ	547
救	キュウ	527
居	キョ	322
許	キョ	948
境	キョウ	243
均	キン	232
禁	キン	797
句	ク	189
型	ケイ	234
経	ケイ	844
潔	ケツ	688
件	ケン	62
険	ケン	443
検	ケン	604
限	ゲン	440
現	ゲン	731
減	ゲン	677
故	コ	525
個	コ	83
護	ゴ	969
効	コウ	149
厚	コウ	173
耕	コウ	874
航	コウ	906
鉱	コウ	1025
構	コウ	610
興	コウ	903
講	コウ	966
告	コク	202
混	コン	671
査	サ	591
再	サイ	116
災	サイ	695
妻	サイ	276
採	サイ	510
際	サイ	448
在	ザイ	230
財	ザイ	977
罪	ザイ	819
殺	サツ	631
雑	ザツ	1047
酸	サン	1012
賛	サン	984
士	シ	246
支	シ	522
史	シ	191
志	シ	455
枝	シ	586
師	シ	343
資	シ	982
飼	シ	1081
示	ジ	791
似	ジ	68
識	シキ	968
質	シツ	984
舎	シャ	76
謝	シャ	967
授	ジュ	511
修	シュウ	84
述	ジュツ	410
術	ジュツ	921
準	ジュン	684
序	ジョ	354
招	ショウ	500
証	ショウ	950
象	ショウ	973
賞	ショウ	985
条	ジョウ	583
状	ジョウ	719
常	ジョウ	344
情	ジョウ	468
織	ショク	863
職	ショク	878
制	セイ	136

漢字	読み	ページ
性	セイ	460
政	セイ	526
勢	セイ	154
精	セイ	835
製	セイ	930
税	ゼイ	805
責	セキ	978
績	セキ	863
接	セツ	512
設	セツ	948
絶	ゼツ	851
祖	ソ	795
素	ソ	841
総	ソウ	854
造	ゾウ	415
像	ゾウ	95
増	ゾウ	244
則	ソク	139
測	ソク	679
属	ゾク	325
率	ソツ	726
損	ソン	518
貸	タイ	981
態	タイ	477
団	ダン	222
断	ダン	537
築	チク	830
貯	チョ	981
張	チョウ	369
停	テイ	90
提	テイ	516
程	テイ	806
適	テキ	430
統	トウ	852
堂	ドウ	238
銅	ドウ	1028
導	ドウ	313
得	トク	380
毒	ドク	634
独	ドク	721
任	ニン	65
燃	ネン	707
能	ノウ	890
破	ハ	786
犯	ハン	719
判	ハン	132
版	ハン	712
比	ヒ	635
肥	ヒ	884
非	ヒ	1060
費	ヒ	982
備	ビ	92
評	ヒョウ	951
貧	ヒン	979
布	フ	340
婦	フ	280
武	ブ	625
復	フク	381
複	フク	931
仏	ブツ	54
粉	フン	833
編	ヘン	860
弁	ベン	362
保	ホ	81
墓	ボ	242
報	ホウ	240
豊	ホウ	972
防	ボウ	439
貿	ボウ	982
暴	ボウ	563
脈	ミャク	891
務	ム	152
夢	ム	256
迷	メイ	415
綿	メン	856
輸	ユ	1004
余	ヨ	72
容	ヨウ	299
略	リャク	749
留	リュウ	747
領	リョウ	1070
歴	レキ	627

漢字	読み	ページ
胃	イ	885
異	イ	748
遺	イ	431
域	イキ	236
宇	ウ	288
映	エイ	553
延	エン	361
沿	エン	653
恩	オン	462
我	ガ	484
灰	カイ	694
拡	カク	499
革	カク	1063
閣	カク	1042
割	カツ	142
株	かぶ	596
干	カン	347
巻	カン	338
看	カン	773
簡	カン	831
危	キ	171
机	キ	582
揮	キ	516
貴	キ	980
疑	ギ	752
吸	キュウ	194
供	キョウ	75
胸	キョウ	888
郷	キョウ	436
勤	キン	152
筋	キン	824
系	ケイ	838
敬	ケイ	529
警	ケイ	968
劇	ゲキ	143
激	ゲキ	690
穴	ケツ	810
券	ケン	134
絹	ケン	853
権	ケン	613
憲	ケン	480
源	ゲン	683
厳	ゲン	451
己	コ	337
呼	コ	204
誤	ゴ	956
后	コウ	195
孝	コウ	283
皇	コウ	763
紅	コウ	839
降	コウ	441
鋼	コウ	1030
刻	コク	134
穀	コク	806
骨	コツ	1090
困	コン	223
砂	サ	785
座	ザ	357
済	サイ	671
裁	サイ	926
策	サク	824
冊	サツ	116
蚕	サン	914
至	シ	902
私	シ	800
姿	シ	278
視	シ	938
詞	シ	950
誌	シ	957
磁	ジ	788
射	シャ	311
捨	シャ	510
尺	シャク	320
若	ジャク	390
樹	ジュ	617
収	シュウ	179
宗	シュウ	293
就	シュウ	319
衆	シュウ	919
従	ジュウ	379
縦	ジュウ	861
縮	シュク	862
熟	ジュク	705
純	ジュン	841
処	ショ	121
署	ショ	819
諸	ショ	960
除	ジョ	441
承	ショウ	496
将	ショウ	311
傷	ショウ	94
障	ショウ	448
蒸	ジョウ	401
針	シン	1024
仁	ジン	53
垂	スイ	234
推	スイ	511
寸	スン	306
盛	セイ	766
聖	セイ	876
誠	セイ	954
舌	ゼツ	904
宣	セン	297
専	セン	309
泉	セン	655
洗	セン	663
染	セン	592
銭	セン	1028
善	ゼン	215
奏	ソウ	270
窓	ソウ	813

学年別

漢字	読み	ページ
創	ソウ	142
装	ソウ	927
層	ソウ	325
操	ソウ	520
蔵	ゾウ	403
臓	ゾウ	898
存	ソン	283
尊	ソン	312
退	タイ	413
宅	タク	289
担	タン	501
探	タン	513
誕	タン	961
段	ダン	631
暖	ダン	562
値	チ	86
宙	チュウ	294
忠	チュウ	457
著	チョ	397
庁	チョウ	354
頂	チョウ	1067
腸	チョウ	895
潮	チョウ	690
賃	チン	983
痛	ツウ	754
敵	テキ	531
展	テン	324
討	トウ	947
党	トウ	103
糖	トウ	836
届	とどける	323
難	ナン	1048
乳	ニュウ	36
認	ニン	959
納	ノウ	842
脳	ノウ	892
派	ハ	664
拝	ハイ	502
背	ハイ	887
肺	ハイ	887
俳	ハイ	87
班	ハン	730
晩	バン	560
否	ヒ	204
批	ヒ	498
秘	ヒ	804
俵	ヒョウ	88
腹	フク	895
奮	フン	271
並	ヘイ	24
陛	ヘイ	442
閉	ヘイ	1038
片	ヘン	711
補	ホ	928
暮	ボ	562
宝	ホウ	295
訪	ホウ	949
亡	ボウ	44
忘	ボウ	456
棒	ボウ	606
枚	マイ	588
幕	マク	346
密	ミツ	302
盟	メイ	767
模	モ	611
訳	ヤク	949
郵	ユウ	437
優	ユウ	96
預	ヨ	1069
幼	ヨウ	351
欲	ヨク	620
翌	ヨク	870
乱	ラン	35
卵	ラン	172
覧	ラン	940
裏	リ	929
律	リツ	378
臨	リン	1019
朗	ロウ	573
論	ロン	963

コラム さくいん

このさくいんは、本文中に出てくるコラム（かこみ記事）をのせてあります。

ことばの使い分け

あう（会う・合う・遭う） 60
あける（明ける・空ける・開ける） 552
あげる（上げる・挙げる・揚げる） 12
あたたかい（暖かい・温かい） 562
あつい（熱い・暑い・厚い） 706
あてる（当てる・充てる・宛てる） 317
あやまる（誤る・謝る） 956
あらわす（表す・現す・著す） 924
ある（有る・在る） 881
あわせる（併せる・合わせる） 76
いがい（以外・意外） 55
いぎ（意義・異議） 472
いけん（意見・異見） 473
いぜん（依然・以前） 74
いたむ（痛む・傷む・悼む） 755
いどう（異動・移動） 749
いんたい（引退・隠退） 366
うける（受ける・請ける・承ける） 183
うつす（写す・映す） 118
うむ（生む・産む） 737
えいき（英気・鋭気） 388
おかす（犯す・侵す・冒す） 719
おくる（送る・贈る） 412
おくれる（遅れる・後れる） 426
おこる（興る・起こる） 904
おさめる（治める・修める） 655
おさめる（納める・収める） 842
おどる（踊る・躍る） 995
おりる（下りる・降りる） 9
かいしん（改心・改新・会心） 524
かいとう（解答・回答） 943
かいふく（回復・快復） 222
かいほう（開放・解放） 1040
かえる（変える・代える・換える・替える） 250
かがく（科学・化学） 802
かく（書く・描く） 567
かたい（固い・堅い・硬い・難い） 224
かてい（過程・課程） 424
かねつ（加熱・過熱） 145
かんさつ（観察・監察） 941
かんしょう（鑑賞・観賞） 1034
かんしん（関心・感心・歓心） 1042
かんせい（歓声・喚声） 622
かんせい（管制・官製） 828
かんち（感知・関知） 475
きうん（機運・気運） 615
きかい（機械・器械） 616
きかん（気管・器官） 641
きく（効く・利く） 149
きぐ（器具・機具） 218
きげん（起源・紀元・期限） 990
きじゅん（基準・規準） 236
きてん（起点・基点） 990
きゅうしょく（求職・休職） 648
きゅうめい（究明・糾明） 810
きょうどう（共同・協同） 110
きょうゆう（共有・享有） 110
きょくげん（局限・極限） 321
きょくち（極地・局地・極致） 603
きわめる（極める・究める・窮める） 603
けいしき（形式・型式） 371
げんじょう（現状・原状） 559
けしき（景色・気色） 731
こうい（厚意・好意） 174
こうい（皇位・高位） 763
こうえん（講演・公演・好演） 966
こうがく（好学・向学・後学） 273
こうがく（工学・光学） 335
こうこく（公告・広告） 107
こうてい（工程・行程・航程） 335
こうほう（公報・広報） 108
こえる（超える・越える） 991
さいけつ（採決・裁決） 510
さがす（探す・捜す） 514
さく（裂く・割く） 928
さす（指す・差す・刺す・挿す） 505
しご（私語・死語） 801
しこう（志向・指向） 456
しじ（支持・指示） 522
しずめる（静める・鎮める・沈める） 1059
じてん（辞典・字典・事典） 1007
しぼる（搾る・絞る） 517
しゅうがく（修学・就学） 85
しゅうち（周知・衆知） 206
しゅうりょう（修了・終了） 86
しゅうろく（収録・集録） 180
しゅし（主旨・趣旨） 29
じゅしょう（受賞・授賞・受章・授章） 184
しょうかい（紹介・照会） 847
しょうがく（小額・少額） 315
しょうしつ（消失・焼失） 666
しょうしゅう（招集・召集） 500
しょうすう（少数・小数） 317
じょうたい（状態・常態・常体） 720
しりょう（史料・資料） 192
しれい（指令・司令） 506
しんじょう（心情・信条・真情） 453

しんちょう(慎重・深長) 477
しんてん(進展・伸展) 422
しんにゅう(進入・侵入・浸入・新入) 422
しんろ(針路・進路) 1024
すすめる(勧める・進める・薦める) 153
せいいく(成育・生育) 483
せいかく(正確・精確) 624
せいさく(製作・制作) 930
せいさん(清算・精算・成算) 674
せいし(制止・静止) 136
せいそう(正装・盛装) 625
せいたい(生体・生態) 738
せいちょう(成長・生長) 484
せいちょう(清聴・静聴) 675
せいねん(青年・成年・盛年) 1058
せいひ(正否・成否) 625
せっせい(節制・摂生) 827
ぜんめん(前面・全面) 139
ぜんゆう(専有・占有) 310
そくせい(促成・速成・即製) 80

そくだん(即断・速断) 172
そっこう(速効・即効・即行・速攻) 417
たいけい(体形・体型・隊形) 70
たいけい(大系・体系) 259
たいせい(大勢・態勢・体勢・体制) 261
たいせん(対戦・大戦) 309
たいひ(待避・退避) 378
たいめん(体面・対面) 70
たずねる(訪ねる・尋ねる) 949
たたかう(戦う・闘う) 486
たつ(断つ・絶つ・裁つ) 538
たつ(立つ・建つ) 815
たつ(経つ・発つ) 844
つかう(使う・遣う) 75
つぐ(次ぐ・接ぐ・継ぐ) 620
つくる(作る・造る・創る) 67
つとめる(努める・務める・勤める) 147
てきかく(的確・適格) 762
てんてん(転転・点点) 1001
とうとい(尊い・貴い) 312
ととのえる(整える・調える) 533

とぶ(飛ぶ・跳ぶ) 1078
とまる(止まる・留まる・泊まる) 623
とる(取る・採る・捕る・執る・撮る) 183
ながい(長い・永い) 1035
なく(泣く・鳴く) 654
のぞむ(望む・臨む) 573
のびる(延びる・伸びる) 361
はえる(栄える・映える) 590
はかる(計る・図る・測る・量る・謀る・諮る) 945
はじめ(初め・始め) 131
はやい(早い・速い) 548
はんめん(半面・反面) 165
はんらん(反乱・氾濫) 182
はんれい(判例・凡例) 132
ひうん(悲運・非運) 470
ひょうき(標記・表記) 614
ひょうじ(表示・標示) 925
へいこう(平行・平衡・並行) 348
ほしょう(保証・保障・補償) 82
まじる(混じる・交じる) 671

まるい(丸い・円い) 28
まわり(周り・回り) 205
みる(見る・観る・看る・診る) 936
めいき(明記・銘記) 552
よい(良い・善い・佳い) 909
ようしき(様式・洋式・要式) 612
ようりょう(容量・用量・要領) 300
よげん(予言・預言) 38
ろじ(路地・露地) 994
わかれる(分かれる・別れる) 128

漢字博士になろう!

読み方でいみがかわる熟語 13
形のかわる部首 15
国字(日本でつくられた字) 18
漢字書きの外来語 37
一画で書く部分 47
ひらがなのもとになった漢字 103
助数詞 112
まちがえやすい部首 138
十二支と時刻 158
がんだれがあっても、ふるとり!? 164
万葉仮名 185
打ち消しをあらわす漢字 252
音だけ、訓だけしかない漢字 327
画数をまちがえやすい漢字 427
漢字の「そっくりさん」 444
人をあらわす漢字 503
三字熟語の「ぼうし」と

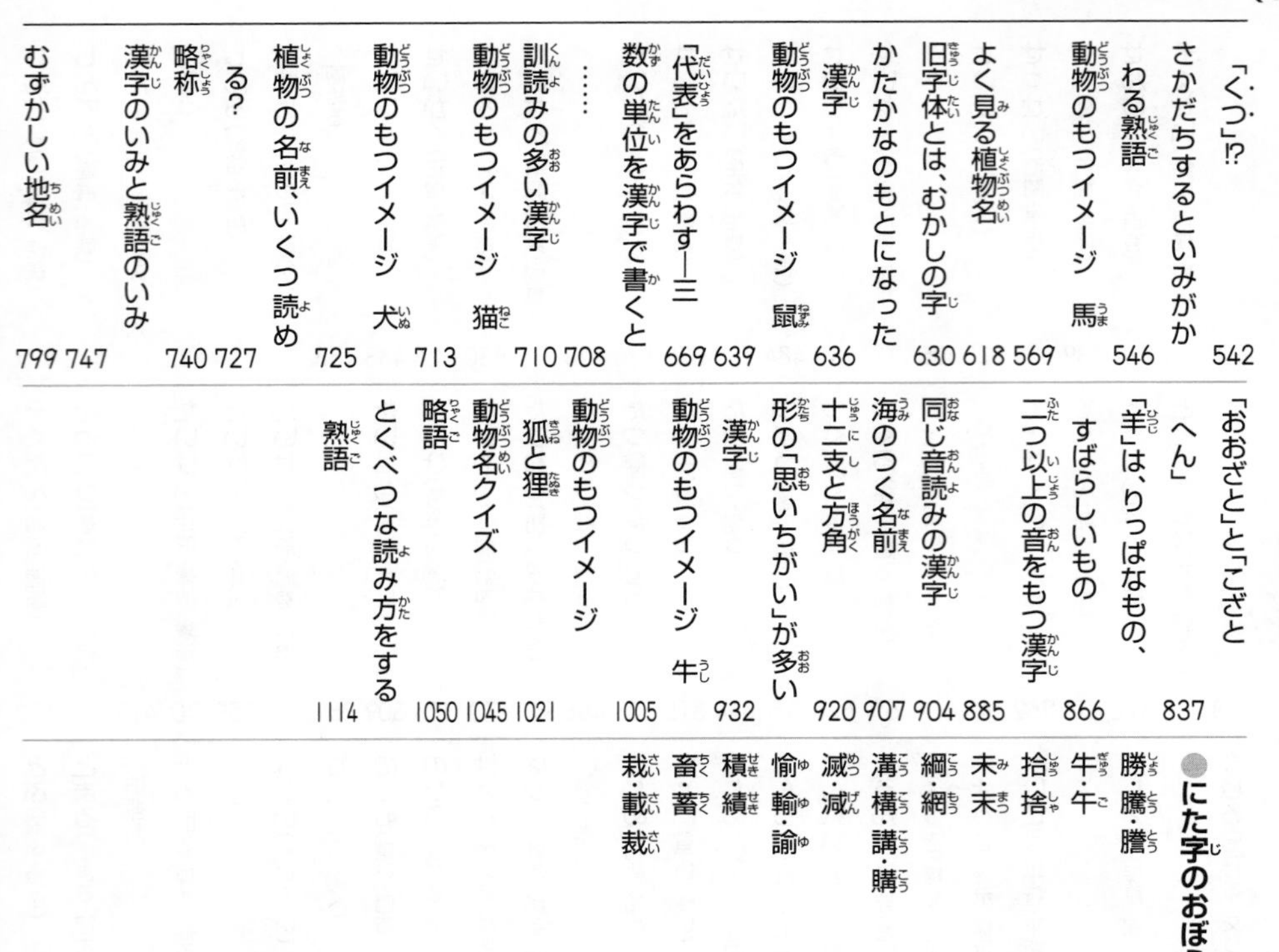

「くつ」!? 542
さかだちするといみがかわる熟語 546
動物のもつイメージ　馬 569
よく見る植物名 618
旧字体とは、むかしの字 630
かたかなのもとになった漢字 636
動物のもつイメージ　鼠 639
「代表」をあらわす―三 669
数の単位を漢字で書くと…… 708
訓読みの多い漢字 710
動物のもつイメージ　猫 713
動物のもつイメージ　犬 725
植物の名前、いくつ読める? 727
略称 740
漢字のいみと熟語のいみ 747
むずかしい地名 799
「おおざと」と「こざとへん」 837
「羊」は、りっぱなもの、すばらしいもの 866
二つ以上の音をもつ漢字 885
同じ音読みの漢字 904
海のつく名前 907
十二支と方角 920
形の「思いちがい」が多い漢字 932
動物のもつイメージ　牛 1005
動物のもつイメージ　狐と狸 1021
動物名クイズ 1045
略語 1050
とくべつな読み方をする熟語 1114

●にた字のおぼえ方

勝・騰・謄 149
牛・午 156
拾・捨 495
未・末 549
綱・網 643
溝・構・講・購 660
滅・減 726
愉・輸・諭 768
積・績 809
畜・蓄 878
栽・載・裁 893

漢字グループさくいん

数字は、かこみ記事のあるページです。

及	主	之	巨	中	丞	丙	且	不	與	丁	七			
31	29	28	27	25	22	22	21	16	16	8	8			
京	交	亥	亦	亡	亜	亘	五	二	予	也	九			
47	46	45	45	45	44	43	42	40	37	34	34			
舍	余	氐	乍	全	会	段	令	付	弋	今	介			
76	72	71	67	62	60	59	58	58	57	53	52			
兆	先	充	兄	元	侖	音	倉	攸	呆	夋	侯			
101	100	99	98	97	88	87	86	85	81	78	78			
列	分	刃	刀	出	凶	舄	共	公	入	免	堯			
130	128	127	126	123	123	118	109	106	104	102	102			
半	午	十	區	北	化	包	加	則	制	束	利			
164	163	161	159	157	156	155	145	140	136	135	133			
可	取	反	斗	又	參	去	原	卯	占	專	卒			
188	182	180	179	178	177	177	175	170	169	168	166			
君	名	同	合	吉	各	台	召	司	丂	古	句			
202	199	197	196	194	193	193	192	191	191	189	189			
袁	韋	因	喬	唐	員	禾	周	呂	告	吾	呉			
227	223	221	215	211	210	207	205	204	203	202	202			
多	䜌	冬	爿	壬	士	竟	其	或	垂	圭	土			
254	250	249	247	247	246	243	236	236	234	230	228			
厷	毛	守	安	爻	子	奴	女	㓞	丯	奉	奇	失	央	大
290	289	288	287	284	282	273	272	269	269	269	267	266	266	257
屋	尚	少	小	射	專	寺	寸	宿	寅	害	家	定	宗	官
323	319	316	314	311	310	307	307	301	300	298	297	294	293	290
幾	幺	平	干	帶	巽	龹	己	左	工	州	川	岡	屯	蜀
352	352	347	347	344	339	338	338	336	334	333	332	330	326	325
莫	若	埶	复	従	役	彥	井	弟	弓	式	建	延	壬	度
395	391	387	382	379	374	372	371	366	365	364	362	361	360	356

意	既	旡	囟	志	必	單	昜	豙	鄉	丰	啇	咼	甬	朮
472	471	471	460	455	454	449	447	446	436	434	430	424	417	410
喿	爰	隹	詹	折	弗	戋	才	扁	戸	戒	我	成	憂	咸
520	515	512	501	496	494	493	493	489	487	485	484	483	479	474
翟	暴	是	明	昔	昆	易	早	旨	方	斤	文	婁	敬	支
564	563	554	551	551	550	550	548	548	541	537	533	531	529	522
冓	樂	僉	艮	𡿺	東	果	束	朱	几	未	末	朕	最	曾
610	607	604	598	590	587	586	584	582	582	581	580	572	568	567
夬	求	永	气	民	氏	毛	比	毎	段	戔	厤	正	止	次
650	647	646	640	638	638	636	635	634	631	629	627	623	623	619
玄	牙	父	釆	孰	炎	替	堇	𦰩	罙	享	㐬	昏	泉	㕣
726	713	711	709	705	696	689	683	683	673	672	668	661	655	653
皮	皆	勺	白	登	發	疑	番	異	由	申	甫	用	生	王
765	763	762	759	758	756	752	750	748	744	743	741	740	737	728
立	恩	畐	禁	票	祭	豊	示	茲	矢	矛	眞	相	直	監
815	813	799	797	797	796	791	791	788	780	780	776	775	771	767
兌	斥	肖	者	義	羊	柬	彔	賣	巠	系	米	竹	童	章
892	891	883	873	867	865	858	857	853	844	838	832	822	817	816
責	貫	貝	象	豆	谷	蒦	戠	雚	見	衣	良	亢	至	甾
978	978	976	973	972	971	970	968	940	936	923	909	906	902	893
音	齊	非	青	云	閒	門	長	重	里	農	辛	侖	軍	足
1065	1061	1060	1057	1052	1040	1037	1035	1015	1014	1008	1006	1005	999	992
							黑	黄	麻	高	骨	睪	首	食
							1108	1107	1106	1092	1091	1087	1084	1079

故事成語さくいん

このさくいんは、本書に熟語としておさめられている故事成語を集めて、五十音順に配列してあります。

青は藍より出でて藍より青し　1058
悪事千里を走る　466
圧巻　229
言うはやすく行うは難し　944
衣食足りて礼節を知る　923
一日の長　2
一葉落ちて天下の秋を知る　3
一を聞いて十を知る　4
一将功成りて万骨枯る　5
一炊の夢　5
一寸の光陰軽んずべからず　6
一頭地を抜く　6
一敗地にまみれる　6
烏合の衆　698
恨み骨髄に徹す　464
雲泥の差　1052
燕雀いずくんぞ鴻鵠の志を知らんや　707
屋上屋を架す　324
己の欲せざるところは人に施すなかれ　338
会稽の恥　60
牙城　714
苛政は虎よりも猛し　389
渇しても盗泉の水を飲まず　670
瓜田に履を納れず　935
鼎の軽重を問う　1111
禍福はあざなえる縄のごとし　798
画竜点睛を欠く　745
顔色無し　1073
韓信の股くぐり　1097
肝胆相照らす　882
間髪を入れず　1041
完璧　290
奇貨居くべし　267
危急存亡の秋　171
騎虎の勢い　1089
木に縁りて魚を求む　577
杞憂　583
九牛の一毛　34
九仞の功を一簣に欠く　714
牛耳を執る　34
漁夫の利　686
錦上花を添える　1030
愚公山を移す　475
国破れて山河あり　225
君子危うきに近寄らず　202
君子は豹変す　202
敬遠　529
鶏口となるも牛後となるなかれ　1104
蛍雪の功　914
逆鱗に触れる　412
毛を吹いて疵を求む　637
紅一点　839
巧言令色すくなし仁　335
恒産なき者は恒心なし　464
好事魔多し　274
好事門を出でず　274
後生畏るべし　377
狡兎死して走狗烹らる　721
黄粱一炊の夢　1108
古希　189
虎穴に入らずんば虎子を得ず　911
五十歩百歩　42
胡蝶の夢　886
塞翁が馬　241
歳月人を待たず　627
先んずれば人を制す　100
酒は百薬の長　1010
左遷　336
去る者は追わず　177
去る者は日日に疎し　177
三顧の礼　11
三十六計逃げるにしかず　11
志学　455
鹿を逐う者は山を見ず　1106
四十にして惑わず　220
耳順　875
死中に活を求める　628

弱冠　368
従心　379
守株　288
出藍の誉れ　125
春秋に富む　554
春宵一刻値千金　554
春眠暁を覚えず　554
小人閑居して不善をなす　315
少年老いやすく学成り難し　317
将を射んとせばまず馬を射よ　311
食指が動く　1079
助長　147
而立　874
人口に膾炙する　50
人事を尽くして天命を待つ　50
人生意気に感ず　50
人生七十古来希なり　50
水魚の交わり　644
推敲　512
過ぎたるはなお及ばざるがごとし　425
杜撰　584
精神一到何事か成らざらん　835
青天の霹靂　1058
積善の家には必ず余慶あり　809
折檻　496
前門の虎後門の狼　139
千慮の一失　163
桑田変じて滄海となる　599
太公望　262
他山の石　56
蛇足　915
断機の戒め　538
断腸の思い　538
治にいて乱を忘れず　655
知命　781
中原に鹿を逐う　25
忠言耳に逆らう　457
手の舞い足の踏む所を知らず　492
点滴石をうがつ　697
天網恢恢疎にして漏らさず　265
天を仰いでつばきす　265
頭角を現す　1071
桃源郷　599
同病相憐れむ　199
桃李もの言わざれど下自ずから蹊を成す　600
登竜門　758
読書百遍義自ずからあらわる　958
怒髪天を衝く　461
虎の威を借る狐　911
呑舟の魚　203
泣いて馬謖を斬る　654
習い性となる　870
鶏を割くにいずくんぞ牛刀を用いん　1104
人間万事塞翁が馬　51
敗軍の将は兵を語らず　529
背水の陣　887
白眼視　760
伯仲　72
白髪三千丈　760
白眉　760
破天荒　786
万事休す　15
万緑叢中紅一点　15
百年河清を待つ　761
百聞は一見にしかず　761
百薬の長　761
百里を行く者は九十里を半ばとす　762
風樹の嘆　1077
覆水盆に返らず　934
故きを温ねて新しきを知る　526
墨守　245
木鐸　577
水清ければ魚棲まず　645
水は方円の器に随う　645
矛盾　780
孟母三遷の教え　285
病膏肓に入る　754
洛陽の紙価を高からしむ　665
梨園　602
李下に冠を正さず　585
燎原の火　708
梁上の君子　602
遼東の豕　433
両雄並び立たず　23
綸言汗のごとし　858
禍を転じて福となす　798

四字熟語さくいん

このさくいんは、本書に熟語としておさめられている四字熟語を五十音順に配列してあります。

合縁奇縁 196
愛別離苦 472
青息吐息 1057
悪逆無道 466
悪戦苦闘 466
悪口雑言 467
蛙鳴蟬噪 915
暗中模索 561
唯唯諾諾 214
意気軒昂 472
意気消沈 472
意気投合 472
意気揚揚 472
異口同音 748
異国情緒 748
以心伝心 55
一意専心 1
一言居士 1
一期一会 1
一言半句 2
一日千秋 2
一汁一菜 2
一念発起 2
一部始終 2
一望千里 2
一枚看板 2
一網打尽 3
一目瞭然 3
一陽来復 3
一蓮托生 4
一攫千金 4
一獲千金 4
一喜一憂 4
一気呵成 4
一騎当千 4
一挙一動 4
一挙両得 4
一刻千金 5
一触即発 5
一所懸命 5
一進一退 5
一心同体 5
一心不乱 5
一世一代 6
一石二鳥 6
一知半解 6
一朝一夕 6
一長一短 6
一刀両断 6
一本調子 7
意味深長 473
因果応報 221
隠忍自重 448
有為転変 881
右往左往 188
右顧左眄 188
有象無象 881
海千山千 660
紆余曲折 838
雲散霧消 1052
栄枯盛衰 590
永字八法 646
栄耀栄華 590
黄金時代 1107
黄金分割 1107
岡目八目 330
温故知新 676
開口一番 1039
外交辞令 253
鎧袖一触 1033
外柔内剛 253
加減乗除 145
過小評価 424
臥薪嘗胆 1019
佳人薄命 74
過大評価 424
花鳥風月 385
隔靴搔痒 447
活殺自在 661
合従連衡 196
我田引水 484
過当競争 425
夏炉冬扇 251
侃侃諤諤 75
汗牛充棟 649
換骨奪胎 516
冠婚葬祭 118
勧善懲悪 153
完全無欠 289
閑話休題 1041
危機一髪 171
奇奇怪怪 268
起死回生 990
起承転結 990
喜色満面 214
疑心暗鬼 752
奇想天外 268
気息奄奄 641
喜怒哀楽 215
牛飲馬食 714
旧態依然 547
九天九地 34
急転直下 459
狂喜乱舞 720
共存共栄 109
驚天動地 1090
興味津津 903
玉石混交 727
挙国一致 504
虚心坦懐 912
毀誉褒貶 632
金科玉条 1022
謹賀新年 965
謹厳実直 965
近郷近在 409
金城鉄壁 1023
金城湯池 1023
空前絶後 811
空理空論 812
苦心惨憺 390
九分九厘 34
群雄割拠 868
鯨飲馬食 1100
軽挙妄動 1002
経世済民 844
軽佻浮薄 1002
鶏鳴狗盗 1104
月下氷人 570
乾坤一擲 37
捲土重来 509
堅忍不抜 239
言文一致 944
権謀術数 614
公序良俗 107
広大無辺 353
荒唐無稽 392
公平無私 108
豪放磊落 974
公明正大 108
呉越同舟 202
孤軍奮闘 286
古今東西 190
虎視眈眈 911
後生大事 377
故事来歴 526
五臓六腑 42
誇大妄想 952
小春日和 314
五風十雨 42
五分五分 42
孤立無援 286

五里霧中（ごりむちゅう） 42
言語道断（ごんごどうだん） 945
斎戒沐浴（さいかいもくよく） 1061
再三再四（さいさんさいし） 116
才色兼備（さいしょくけんび） 493
左顧右眄（さこうべん） 336
三寒四温（さんかんしおん） 11
三三九度（さんさんくど） 11
三三五五（さんさんごご） 11
山紫水明（さんしすいめい） 327
山川草木（さんせんそうもく） 327
三拝九拝（さんぱいきゅうはい） 11
三位一体（さんみいったい） 11
三面記事（さんめんきじ） 12
四海兄弟（しかいけいてい） 220
四角四面（しかくしめん） 220
自画自賛（じがじさん） 899
自給自足（じきゅうじそく） 899
四苦八苦（しくはっく） 220
試行錯誤（しこうさくご） 953
自業自得（じごうじとく） 899
自己嫌悪（じこけんお） 899
自己満足（じこまんぞく） 899
時時刻刻（じじこっこく） 557
四捨五入（ししゃごにゅう） 220
自然淘汰（しぜんとうた） 900
時代錯誤（じだいさくご） 557
七転八倒（しちてんばっとう） 8
質実剛健（しつじつごうけん） 985
十中八九（じっちゅうはっく） 161
疾風迅雷（しっぷうじんらい） 753
櫛風沐雨（しっぷうもくう） 618
士農工商（しのうこうしょう） 246
四分五裂（しぶんごれつ） 220
自暴自棄（じぼうじき） 901
四方八方（しほうはっぽう） 220
四面楚歌（しめんそか） 220
自問自答（じもんじとう） 901
弱肉強食（じゃくにくきょうしょく） 367
社交辞令（しゃこうじれい） 792
遮二無二（しゃにむに） 430
縦横無尽（じゅうおうむじん） 861
終始一貫（しゅうしいっかん） 846
自由自在（じゆうじざい） 901
周章狼狽（しゅうしょうろうばい） 205
衆人環視（しゅうじんかんし） 919
秋霜烈日（しゅうそうれつじつ） 803
十人十色（じゅうにんといろ） 162
十年一日（じゅうねんいちじつ） 162
主客転倒（しゅかくてんとう） 29
熟読玩味（じゅくどくがんみ） 706
熟慮断行（じゅくりょだんこう） 706
取捨選択（しゅしゃせんたく） 182
種種雑多（しゅじゅざった） 807
出処進退（しゅっしょしんたい） 124
首尾一貫（しゅびいっかん） 1084
春夏秋冬（しゅんかしゅうとう） 554
上意下達（じょういかたつ） 13
盛者必衰（じょうしゃひっすい） 766
情状酌量（じょうじょうしゃくりょう） 469
正真正銘（しょうしんしょうめい） 624
小心翼翼（しょうしんよくよく） 316
常套手段（じょうとうしゅだん） 345
枝葉末節（しようまっせつ） 586
諸行無常（しょぎょうむじょう） 960
初志貫徹（しょしかんてつ） 131
私利私欲（しりしよく） 801
支離滅裂（しりめつれつ） 523
四六時中（しろくじちゅう） 220
人海戦術（じんかいせんじゅつ） 49
心機一転（しんきいってん） 453
深山幽谷（しんざんゆうこく） 673
人事不省（じんじふせい） 50
神出鬼没（しんしゅつきぼつ） 795
信賞必罰（しんしょうひつばつ） 79
針小棒大（しんしょうぼうだい） 1024
新進気鋭（しんしんきえい） 540
人跡未踏（じんせきみとう） 50
新陳代謝（しんちんたいしゃ） 540
深謀遠慮（しんぼうえんりょ） 673
森羅万象（しんらばんしょう） 605
頭寒足熱（ずかんそくねつ） 1071
晴耕雨読（せいこううどく） 559
生殺与奪（せいさつよだつ） 738
聖人君子（せいじんくんし） 876
誠心誠意（せいしんせいい） 954
正正堂堂（せいせいどうどう） 624
生存競争（せいぞんきょうそう） 738
青天白日（せいてんはくじつ） 1058
正当防衛（せいとうぼうえい） 625
清廉潔白（せいれんけっぱく） 675
是是非非（ぜぜひひ） 555
切磋琢磨（せっさたくま） 127
切歯扼腕（せっしやくわん） 127
絶体絶命（ぜったいぜつめい） 851
千客万来（せんきゃくばんらい） 162
千軍万馬（せんぐんばんば） 162
前後不覚（ぜんごふかく） 137
千載一遇（せんざいいちぐう） 162
千差万別（せんさばんべつ） 162
全身全霊（ぜんしんぜんれい） 63
前人未踏（ぜんじんみとう） 138
戦戦恐恐（せんせんきょうきょう） 486
前代未聞（ぜんだいみもん） 138
全知全能（ぜんちぜんのう） 63
善男善女（ぜんなんぜんにょ） 216
千編一律（せんぺんいちりつ） 162
千変万化（せんぺんばんか） 162
先憂後楽（せんゆうこうらく） 101
千両役者（せんりょうやくしゃ） 162
創意工夫（そういくふう） 142
相思相愛（そうしそうあい） 775
漱石枕流（そうせきちんりゅう） 687
速戦即決（そくせんそっけつ） 416
粗製濫造（そせいらんぞう） 834
尊皇攘夷（そんのうじょうい） 313
大願成就（たいがんじょうじゅ） 259
大器晩成（たいきばんせい） 259
大義名分（たいぎめいぶん） 259
大言壮語（たいげんそうご） 259
泰然自若（たいぜんじじゃく） 656
大胆不敵（だいたんふてき） 261
大同小異（だいどうしょうい） 261
多岐亡羊（たきぼうよう） 255
多士済済（たしせいせい） 255
多事多難（たじたなん） 255
多種多様（たしゅたよう） 255
他人行儀（たにんぎょうぎ） 56
他力本願（たりきほんがん） 56
単刀直入（たんとうちょくにゅう） 450
談論風発（だんろんふうはつ） 962
治外法権（ちがいほうけん） 655
中途半端（ちゅうとはんぱ） 26
昼夜兼行（ちゅうやけんこう） 556
朝三暮四（ちょうさんぼし） 575
丁丁発止（ちょうちょうはっし） 8
朝令暮改（ちょうれいぼかい） 575
直情径行（ちょくじょうけいこう） 772
猪突猛進（ちょとつもうしん） 723
沈思黙考（ちんしもっこう） 652
枕流漱石（ちんりゅうそうせき） 589
津津浦浦（つつうらうら） 662
適材適所（てきざいてきしょ） 431
徹頭徹尾（てっとうてつび） 384
手前味噌（てまえみそ） 492
手練手管（てれんてくだ） 492
天衣無縫（てんいむほう） 263
天涯孤独（てんがいこどく） 263
天下一品（てんかいっぴん） 263
天下太平（てんかたいへい） 263
電光石火（でんこうせっか） 1053
天真爛漫（てんしんらんまん） 264
天地創造（てんちそうぞう） 264
天地無用（てんちむよう） 264
天変地異（てんぺんちい） 265
当意即妙（とういそくみょう） 317
同工異曲（どうこういきょく） 198
東奔西走（とうほんせいそう） 588
党利党略（とうりとうりゃく） 103
特筆大書（とくひつたいしょ） 717
独立独歩（どくりつどっぽ） 722
徒手空拳（としゅくうけん） 380
突然変異（とつぜんへんい） 812
内柔外剛（ないじゅうがいごう） 114
内憂外患（ないゆうがいかん） 115
難行苦行（なんぎょうくぎょう） 1049
難攻不落（なんこうふらく） 1049
南船北馬（なんせんほくば） 167
二者択一（にしゃたくいつ） 40
二束三文（にそくさんもん） 40
日進月歩（にっしんげっぽ） 545
二人三脚（ににんさんきゃく） 41

二六時中（にろくじちゅう） 41
年功序列（ねんこうじょれつ） 349
破顔一笑（はがんいっしょう） 786
白砂青松（はくしゃせいしょう） 760
博聞強記（はくぶんきょうき） 168
博覧強記（はくらんきょうき） 169
薄利多売（はくりたばい） 405
馬耳東風（ばじとうふう） 1086
八面六臂（はちめんろっぴ） 106
八方美人（はっぽうびじん） 106
波乱万丈（はらんばんじょう） 657
半官半民（はんかんはんみん） 164
半死半生（はんしはんしょう） 164
半信半疑（はんしんはんぎ） 164
反面教師（はんめんきょうし） 181
美辞麗句（びじれいく） 866
悲憤慷慨（ひふんこうがい） 470
眉目秀麗（びもくしゅうれい） 776
百戦錬磨（ひゃくせんれんま） 761
百花繚乱（ひゃっかりょうらん） 762
百鬼夜行（ひゃっきやこう） 762
百発百中（ひゃっぱつひゃくちゅう） 762
比翼連理（ひよくれんり） 636
品行方正（ひんこうほうせい） 209
風光明媚（ふうこうめいび） 1076
不可抗力（ふかこうりょく） 17
不倶戴天（ふぐたいてん） 17
不言実行（ふげんじっこう） 18
不惜身命（ふしゃくしんみょう） 18
不承不承（ふしょうぶしょう） 19
不即不離（ふそくふり） 19
物物交換（ぶつぶつこうかん） 715
不撓不屈（ふとうふくつ） 19
不偏不党（ふへんふとう） 20
不眠不休（ふみんふきゅう） 20
不老長寿（ふろうちょうじゅ） 21
不老不死（ふろうふし） 21
付和雷同（ふわらいどう） 58
粉骨砕身（ふんこつさいしん） 833
文明開化（ぶんめいかいか） 534
平平凡凡（へいへいぼんぼん） 349
変幻自在（へんげんじざい） 250
片言隻語（へんげんせきご） 712
暴飲暴食（ぼういんぼうしょく） 563
傍若無人（ぼうじゃくぶじん） 92
抱腹絶倒（ほうふくぜっとう） 503
本末転倒（ほんまつてんとう） 579
真一文字（まいちもんじ） 777
満場一致（まんじょういっち） 681
満身創痍（まんしんそうい） 681
三日天下（みっかてんか） 12
三日坊主（みっかぼうず） 12
無我夢中（むがむちゅう） 700
武者修行（むしゃしゅぎょう） 626
無念無想（むねんむそう） 703
無病息災（むびょうそくさい） 703
無味乾燥（むみかんそう） 703
無理難題（むりなんだい） 703
明鏡止水（めいきょうしすい） 552
明明白白（めいめいはくはく） 553
面目躍如（めんもくやくじょ） 1062
門外不出（もんがいふしゅつ） 1037
門戸開放（もんこかいほう） 1037
問答無用（もんどうむよう） 214
唯一無二（ゆいいつむに） 214
唯我独尊（ゆいがどくそん） 214
優柔不断（ゆうじゅうふだん） 96
優勝劣敗（ゆうしょうれっぱい） 96
有名無実（ゆうめいむじつ） 882
油断大敵（ゆだんたいてき） 659
用意周到（よういしゅうとう） 741
羊頭狗肉（ようとうくにく） 865
陽動作戦（ようどうさくせん） 447
利害得失（りがいとくしつ） 134
離合集散（りごうしゅうさん） 1050
理非曲直（りひきょくちょく） 732
流言飛語（りゅうげんひご） 668
竜頭蛇尾（りゅうとうだび） 1098
粒粒辛苦（りゅうりゅうしんく） 834
良妻賢母（りょうさいけんぼ） 909
理路整然（りろせいぜん） 733
臨機応変（りんきおうへん） 1019
老若男女（ろうにゃくなんにょ） 872
六根清浄（ろっこんしょうじょう） 109
論功行賞（ろんこうこうしょう） 963
和洋折衷（わようせっちゅう） 208

句さくいん

このさくいんは、本書に熟語としておさめられている句を集めて、五十音順に配列してあります。

- 阿吽の呼吸 439
- 赤の他人 988
- 悪銭身につかず 466
- 悪態をつく 466
- 顎が干上がる 1072
- 顎で使う 1072
- 顎を出す 1072
- 足が出る 992
- 足が棒になる 992
- 足の踏み場もない 993
- 味も素っ気も無い 206
- 足元から鳥が立つ 993
- 足元を見る 993
- 味を占める 206
- 足を運ぶ 993
- 足を引っ張る 993
- 頭が上がらない 1070
- 頭隠して尻隠さず 1070
- 頭が下がる 1070
- 頭を抱える 1070
- 頭をもたげる 1071
- 当たるも八卦 317
- 後の祭り 376
- 穴があったら入りたい 810
- 虻蜂取らず 914
- 脂が乗る 889
- 油を売る 659
- 油を絞る 659
- 雨降って地固まる 1051
- 蟻の這い出る隙もない 918
- 泡を食う 659
- 泡を吹かせる 659
- 怒り心頭に発する 461
- 息が合う 465
- 息が長い 465
- 息の根を止める 465
- 息を殺す 465
- 威儀を正す 278
- 息をのむ 465
- 異彩を放つ 748
- 石の上にも三年 784
- 石橋をたたいて渡る 784
- 急がば回れ 459
- 板に付く 588
- 一か八か 1
- 一から十まで 1
- 一事が万事 2
- 一堂に会する 2
- 一年の計は元旦にあり 2
- 一目置く 3
- 一も二もなく 3
- 一挙手一投足 4
- 一笑に付する 5
- 一矢を報いる 5
- 一寸の虫にも五分の魂 6
- 一石を投じる 6
- 一線を画する 6
- 意に介さない 473
- 犬も歩けば棒に当たる 719
- 犬も食わない 719
- 井の中の蛙大海を知らず 43
- 医は仁術 160
- 今際の際 53
- 芋を洗うよう 385
- 色を失う 910
- 色をなす 910
- 鰯の頭も信心から 1101
- 意を決する 473
- 異を立てる 749
- 意を強くする 473
- 因果を含める 221
- 引導を渡す 365
- 陰にこもる 443
- 魚心あれば水心 1098
- 有卦に入る 881
- 嘘から出たまこと 218
- 嘘つきは泥棒の始まり 218
- 嘘も方便 218
- 腕が上がる 894
- 腕が鳴る 894
- 腕によりを掛ける 894
- 腕をこまねく 894
- 腕を振るう 894
- 腕を磨く 894

独活の大木 722
鰻の寝床 1101
鰻登り 1101
鰻上り 1101
鵜の目鷹の目 1103
馬が合う 1086
馬の耳に念仏 1086
裏をかく 929
噂をすれば影がさす 219
運が開ける 423
運の尽き 423
運を天に任せる 423
英気を養う 388
悦に入る 467
絵に描いた餅 848
襟を正す 932
大船に乗ったよう 258
大目玉を食う 258
大目に見る 258
臆面も無く 897
音に聞く 1065
鬼が笑う 1095
鬼に金棒 1095

鬼の霍乱 1095
鬼の首を取ったよう 1095
尾羽打ち枯らす 322
帯に短したすきに長し 344
溺れる者はわらをもつかむ 684
汚名を雪ぐ 649
親の心子知らず 939
親の光は七光 939
折に触れて 496
尾を引く 322
恩に着せる 462
恩に着る 462
恩を仇で返す 462
灰燼に帰す 694
快刀乱麻を断つ 457
蛙の子は蛙 915
蛙の面に水 915
顔が売れる 1072
顔が利く 1072
顔が広い 1072
顔から火が出る 1073
顔に泥を塗る 1073
我が強い 484

隔世の感 447
影が薄い 373
陰で糸を引く 443
影も形もない 373
影を潜める 373
風上にも置けない 1076
嵩にかかる 332
華燭の典 395
風の便り 1076
風を切る 1076
肩で風を切る 883
刀折れ矢尽きる 126
型にはまる 235
肩の荷が下りる 883
肩を落とす 884
肩を並べる 884
肩を持つ 884
火中の栗を拾う 693
活路を開く 661
活を入れる 661
角が立つ 942
画餅に帰す 745
壁に耳あり障子に目あり 246

亀の甲より年の功 1110
蚊帳の外 914
我を通す 484
我を張る 484
汗顔の至り 649
感極まる 474
間隙を縫う 1040
眼光紙背に徹す 778
歓心を買う 622
干天の慈雨 347
堪忍袋の緒が切れる 239
願を懸ける 1075
聞いて極楽見て地獄 877
気が多い 640
気が置けない 640
気が利く 640
気が気でない 640
機が熟する 616
気が済む 640
気が小さい 640
気が散る 640
気が長い 640
気が抜ける 641

気が短い 641
気が弱い 641
聞き耳を立てる 877
聞くは一時の恥聞かぬは一生の恥 877
雉も鳴かずば撃たれまい 1047
机上の空論 582
帰心矢のごとし 342
鬼籍に入る 1096
機先を制する 616
狐につままれる 721
木で鼻をくくる 577
機転が利く 616
軌道に乗る 998
気に障る 641
機に乗じる 616
木に竹を接ぐ 577
気に病む 642
肝が太い 882
肝に銘じる 882
肝を潰す 882
肝を冷やす 883
脚光を浴びる 891

九死に一生を得る 34
急所をつく 459
窮すれば通ず 814
窮鼠猫をかむ 814
窮余の一策 814
胸襟を開く 888
虚勢を張る 912
虚を衝く 912
機を逸する 616
軌を一にする 998
気を失う 642
気を落とす 642
気を配る 642
奇をてらう 268
気を取られる 642
気を取り直す 642
気を回す 642
木を見て森を見ず 577
機を見るに敏 616
気を許す 642
琴線に触れる 733
釘を刺す 1024
苦言を呈する 390

腐っても鯛 893
草葉の陰 393
苦汁をなめる 390
口がうまい 186
口が重い 186
口が堅い 186
口が軽い 186
口が滑る 186
口が減らない 186
口に合う 187
口にする 187
口は禍の門 187
唇をかむ 210
唇をとがらす 210
口を利く 187
口を酸っぱくする 187
口をそろえる 187
口を出す 187
口を挟む 187
口を割る 187
靴を隔てて痒きを掻く 1064
苦肉の策 390
愚にもつかない 475

愚の骨頂 475
苦は楽の種 390
首が回らない 1084
首をかしげる 1084
首を突っ込む 1084
首を長くする 1084
雲をつかむよう 1053
雲を衝く 1053
位人臣を極める 66
軍門にくだる 999
群を抜く 869
芸が細かい 387
芸は身を助ける 387
桁違い 597
桁外れ 597
血気にはやる 918
煙に巻く 704
原点にもどる 176
光陰矢のごとし 99
甲乙つけがたい 743
後悔先に立たず 376
口角泡を飛ばす 187
後顧の憂い 377

句

功罪相半ばする 146
後塵を拝する 377
浩然の気 665
公然の秘密 107
功成り名遂げる 146
郷に入っては郷に従え 436
弘法にも筆の誤り 366
弘法筆を選ばず 366
紺屋の白袴 845
甲羅を経る 743
功を奏する 146
功を立てる 146
業を煮やす 608
声が弾む 248
声を大にする 248
故郷へ錦を飾る 526
小首をかしげる 314
心が弾む 452
心に浮かぶ 452
心に留める 452
心を打つ 452
心を鬼にする 452
心を砕く 452
心を許す 452
腰が重い 896
腰が軽い 896
腰が抜ける 896
腰が低い 896
腰を上げる 896
腰を据える 896
腰を抜かす 896
事なきを得る 39
事に当たる 39
事を構える 39
小耳に挟む 315
小脇に抱える 315
今昔の感 53
細大漏らさず 845
策を弄する 825
砂上の楼閣 785
鯖を読む 1100
座右の銘 358
猿も木から落ちる 724
三尺下がって師の影を踏まず 11
三十にして立つ 11
三人寄れば文殊の知恵 11
思案に余る 460
歯牙にもかけない 1111
自家薬籠中の物 899
時間の問題 557
獅子身中の虫 724
死児の齢を数える 628
死線をさまよう 628
舌の根も乾かないうちに 905
舌を出す 905
舌を巻く 905
地団駄を踏む 231
死地に赴く 628
失態を演じる 267
死命を制する 629
釈迦に説法 1013
車軸を流す 998
斜に構える 536
蛇の道は蛇 915
終止符を打つ 846
宗旨を変える 293
愁眉を開く 476
柔よく剛を制す 592
雌雄を決する 1048
朱に交われば赤くなる 582
小異を捨てて大同に就く 315
掌中に収める 511
掌中の珠 511
少年よ大志を抱け 317
小の虫を殺して大の虫を生かす 316
焦眉の急 699
処処啼鳥を聞く 122
初心忘るべからず 131
緒に就く 854
白を切る 760
尻馬に乗る 321
尻に火が付く 321
時流に乗る 557
心血を注ぐ 50
人間到る所青山あり 453
人後に落ちない 50
辛酸をなめる 1006
心証を害する 453
寝食を忘れる 304
心胆を寒からしめる 453

心頭を滅却すれば火もまた涼し 453
真に迫る 777
水火も辞せず 644
垂涎の的 234
水泡に帰す 645
雀の涙 1044
図に当たる 224
図に乗る 224
隅に置けない 445
寸暇を惜しむ 307
寸鉄人を刺す 307
青雲の志 1058
精彩を欠く 835
精彩を放つ 835
清濁あわせ呑む 674
声涙ともに下る 248
精を出す 836
赤貧洗うがごとし 988
節を曲げる 828
背に腹は替えられない 887
前車の轍を踏む 138
善は急げ 216

千里の道も一歩より始まる 162
造詣が深い 416
底を突く 355
底を割る 355
備えあれば憂いなし 92
大山鳴動して鼠一匹 260
大事の前の小事 260
大なり小なり 261
大は小を兼ねる 261
高が知れている 1093
高根の花 1093
宝の持ち腐れ 295
高をくくる 1094
多勢に無勢 255
畳の上の水練 750
脱兎のごとし 892
立つ鳥跡を濁さず 815
盾に取る 774
盾を突く 774
棚からぼた餅 606
棚に上げる 606
狸寝入り 722
旅の恥はかき捨て 543

旅は道連れ世は情け 543
玉にきず 727
袂を分かつ 926
端を発する 818
血が通う 919
血が騒ぐ 919
力になる 144
力を得る 144
力を落とす 144
竹馬の友 822
血で血を洗う 919
地に落ちる 232
血のにじむような 919
血も涙もない 919
茶を濁す 394
宙に浮く 294
宙に舞う 294
宙に迷う 294
長者の万灯より貧者の一灯 1035
帳尻 345
長蛇を逸する 1036
頂門の一針 1067
塵も積もれば山となる 243

血わき肉躍る 919
血を分ける 919
月とすっぽん 571
角を矯めて牛を殺す 942
罪を憎んで人を憎まず 819
爪に火をともす 709
爪のあかを煎じて飲む 709
鶴の一声 1104
鶴は千年亀は万年 1104
手が上がる 491
手が掛かる 491
手が込む 491
手が付けられない 491
手が出ない 491
手が届く 491
手が回る 491
敵は本能寺にあり 532
手塩にかける 491
手玉に取る 491
鉄は熱いうちに打て 1026
轍を踏む 1005
手取り足取り 491
手に汗を握る 492

手に余る 492
手に入れる 492
手に負えない 492
手に付かない 492
出鼻をくじく 125
手も足も出ない 492
出るくいは打たれる 125
手を入れる 492
手を打つ 492
手を替え品を替える 492
手を下す 492
手を出す 492
手を尽くす 493
手を抜く 493
手を広げる 493
手を焼く 493
伝家の宝刀 64
天高く馬肥ゆる秋 264
灯火親しむべき候 695
峠を越す 330
灯台下暗し 695
堂堂巡り 238
堂に入る 238
当を得る 318
遠くの親類より近くの他人 429
度が過ぎる 357
時は金なり 557
度肝を抜く 356
時を移さず 558
毒にも薬にもならない 634
毒をもって毒を制す 635
所変われば品変わる 489
塗炭の苦しみ 242
突拍子も無い 813
途轍もない 419
鳶が鷹を生む 1102
虎は死して皮を留め人は死して名を残す 911
鳥肌が立つ 1102
泥を塗る 656
度を失う 357
度を越す 357
度を過ごす 357
飛んで火に入る夏の虫 1078
泣きっ面に蜂 654
情けは人のためならず 469
梨のつぶて 602
七転び八起き 8
名は体を表す 200
涙に暮れる 669
涙をのむ 669
名を売る 200
名を汚す 200
名を捨てて実を取る 200
名を残す 200
荷が重い 394
憎まれっ子世にはばかる 479
似て非なるもの 68
二兎を追う者は一兎をも得ず 41
二の足を踏む 41
二の句が継げない 41
二の舞を演じる 41
糠に釘 836
根が生える 598
猫に小判 723
猫の手も借りたい 723
猫の額 723
猫を被る 723
寝た子を起こす 304
根に持つ 598
寝耳に水 305
根も葉もない 598
音を上げる 1065
念には念を入れる 458
念を押す 458
能ある鷹は爪を隠す 890
喉が鳴る 215
喉から手が出る 215
歯が浮く 1111
歯が立たない 1111
馬脚を現す 1086
箔が付く 829
拍車をかける 502
薄氷を踏む 404
恥の上塗り 465
破竹の勢い 786
蜂の巣をつついたよう 916
発破をかける 757
花落つること知る多少 386
鼻が高い 1113
話がつく 955

話が弾む 955
話に花が咲く 955
話の腰を折る 955
鼻に掛ける 1113
鼻に付く 1113
花も実もある 386
花より団子 386
鼻を明かす 1113
鼻を折る 1113
花を持たせる 386
歯に衣を着せない 1111
歯の抜けたよう 1111
歯の根が合わない 1111
幅を利かせる 345
腹に据えかねる 895
腹の虫が治まらない 895
腹を決める 895
腹を探る 895
腹を割る 895
針のむしろ 1024
馬齢を重ねる 1086
反旗を翻す 181
万難を排する 15
範を垂れる 830
日暮れて道遠し 546
膝が笑う 897
膝を交える 897
額を集める 1072
筆舌に尽くしがたい 827
匹夫の勇 159
一泡吹かせる 7
人の噂も七十五日 52
人のふり見て我がふり直せ 52
一旗揚げる 7
一肌脱ぐ 7
火に油を注ぐ 694
微に入り細をうがつ 382
非の打ち所がない 1060
火の消えたよう 694
火の付いたよう 694
日の出の勢い 546
火の無い所に煙は立たない 694
日の目を見る 546
火花を散らす 694
火蓋を切る 694
百も承知 761
火を見るよりも明らか 694
貧者の一灯 979
風雲急を告げる 1076
風前の灯 1077
笛吹けども踊らず 824
袋の鼠 926
豚に真珠 973
腑に落ちない 894
腑に落ちる 894
不問に付す 20
分明ならず 129
臍で茶を沸かす 898
臍を曲げる 898
蛇ににらまれた蛙 915
弁が立つ 363
棒に振る 606
亡羊の嘆 45
墓穴を掘る 242
矛をおさめる 780
臍をかむ 898
仏作って魂入れず 54
仏の顔も三度 54
骨がある 1091
骨が折れる 1091
骨身を削る 1091
骨をうずめる 1091
骨を折る 1091
魔が差す 1097
間が抜ける 1041
間が悪い 1041
枕を高くする 589
的を射る 762
的を絞る 762
真に受ける 777
眉をひそめる 776
満を持す 681
見栄を張る 937
身から出た錆 996
微塵もない 383
水入らず 645
水際立つ 645
水臭い 645
水と油 645
水に流す 645
水の泡 645
水も漏らさぬ 645

水を打ったよう　646
水を得た魚のよう　646
水を差す　646
身に余る　997
身にしみる　997
身につまされる　997
耳が痛い　875
耳が早い　875
耳にたこができる　875
耳に挟む　875
耳を疑う　875
耳を貸す　875
耳を澄ます　875
耳をそばだてる　876
耳を揃える　876
身も蓋も無い　997
脈が有る　891
身を入れる　997
身を固める　997
身を切られるよう　997
身を削る　997
身を粉にする　997
昔取った杵柄　551
虫がいい　913
虫が知らせる　913
虫の息　913
胸がすく　888
胸が詰まる　888
胸を痛める　888
胸を打つ　889
胸を躍らせる　889
胸を借りる　889
胸を撫で下ろす　889
胸を弾ませる　889
胸を張る　889
胸を膨らませる　889
無用の長物　703
命運が尽きる　207
目が利く　769
目がくらむ　769
目が肥える　769
目が高い　769
芽が出る　389
目が無い　769
目が回る　769
目から鱗が落ちる　769
目から鼻へ抜ける　769
目と鼻の先　770
目に余る　770
目に物見せる　770
目の中に入れても痛くない　770
目は口ほどに物を言う　770
目鼻がつく　770
目も当てられない　770
目を疑う　770
目を奪う　770
目を皿のようにする　770
目を白黒させる　770
目を注ぐ　770
目を背ける　770
目を付ける　770
芽を摘む　389
目を盗む　770
目を光らす　770
目を細くする　770
目を見張る　770
面目を失う　1062
面目を施す　1062
餅は餅屋　1082
元の木阿弥　98
元も子もない　98
物ともしない　715
物にする　716
物になる　716
桃栗三年柿八年　600
門前市を成す　1037
焼け石に水　699
柳に風　594
柳に雪折れ無し　594
柳の下にいつもどじょうはいない　594
野に下る　1017
矢の催促　781
藪から棒　406
藪をつついて蛇を出す　406
病は気から　754
山が当たる　328
山が見える　328
山を掛ける　328
山を越す　328
矢も楯もたまらず　781
夜来風雨の声　256

勇将の下に弱卒なし 150
指を折る 506
指をくわえる 506
弓折れ矢尽きる 365
弓を引く 365
用が足りる 741
用を足す 741
世に出る 22
寄らば大樹の陰 301
世を去る 22
夜を日に継いで 256
楽あれば苦あり 607
立錐の余地もない 816
理に適う 732
利に走る 134
溜飲が下がる 685
両手に花 23
両刃の剣 23
良薬は口に苦し 909
類が無い 1074
類は友を呼ぶ 1074
累を及ぼす 848
労をねぎらう 148

露命をつなぐ 1057
論より証拠 964
脇目も振らず 889
渡りに船 680
割に合わない 142
我に返る 484
我を忘れる 485
輪を掛ける 1004

植物名・動物名 さくいん

このさくいんは、本書におさめられている植物名・動物名の漢字と熟語を適宜集め、五十音順に配列したものです。

植物

あ
アイ 藍 406
アオイ 葵 398
アオギリ 梧 601
梧桐 601
アカザ 萊 398
アカネ 茜 392
アサ 麻 1106
アシ 芦 388
蘆 388
葦 400
アズキ 小豆 314
アズサ 梓 601
アヤメ 菖蒲 397
アワ 粟 834
アンズ 杏 583
杏子 583

い
イグサ 莞 395
イチゴ 苺 391
イチョウ 銀杏 1027
イネ 稲 807
稻 807
イバラ 茨 392
楚 609
イモ 芋 385

う
ウド 独活 721
ウメ 梅 600
梅 600
ウリ 瓜 935
ウルシ 漆 686

え
エノキ 榎 610

お
オウトウ 桜桃 595
オオムギ 大麦 258
オギ 荻 395

か
カイ 楷 607
カイノキ 楷 607
カエデ 椛 600
楓 609
カキ 柿 591
カシ 樫 615
カシノキ 樫 615
カシワ 柏 593
カツラ 桂 597
カバ 樺 610
カバノキ 樺 610
カブ 蕪 403
ガマ 蒲 401
カヤ 茅 391
萱 398
カラシナ 芥 386
カラナシ 奈 268
カルカヤ 菅 396
カワヤナギ 楊 609

き
キキョウ 桔 597
キク 菊 396
キビ 黍 1110
キリ 桐 600
ギンナン 銀杏 1027

く
クス 楠 609
樟 614
クズ 葛 398
クスノキ 楠 609
樟 614
グビジンソウ 虞美人草 912
クリ 栗 600
クルミ 胡桃 886
クワ 桑 599

け
ケシ 芥子 386
ゲッケイジュ 月桂樹 570

こ
コウジ 柑 591
コケ 苔 391
ゴトウ 梧桐 601
ゴマ 胡麻 886
コムギ 小麦 315
コンブ 昆布 550

さ
サカキ 榊 611
サクラ 桜 595
櫻 595
ザクロ 柘 592
ササ 笹 823
サザンカ 山茶花 327
サトイモ 里芋 1014

し
シイ 椎 606
シイノキ 椎 606
シノ 篠 831
シノダケ 篠 831
シバ 芝 385
シバクサ 芝 385
ジャスミン 茉 391
莉 395
ショウブ 菖 397
菖蒲 397

す
スイカ 西瓜 933
スイレン 睡蓮 778
スギ 杉 584
スゲ 菅 396
ススキ 芒 385
スミレ 菫 396
スモモ 李 585

せ
セリ 芹 386

そ
ソバ 蕎 403

た
ダイズ 大豆 260
ダイダイ 橙 617
タケ 竹 822
タケノコ 筍 825
タチバナ 橘 616
タンポポ 蒲公英 401

ち
チガヤ 茅 391
チャ 茶 393

つ
ツキ 槻 613
ツクシ 土筆 228
ツタ 蔦 402
ツバキ 椿 609

と
トウガラシ 唐辛子 211
トチ 栃 593

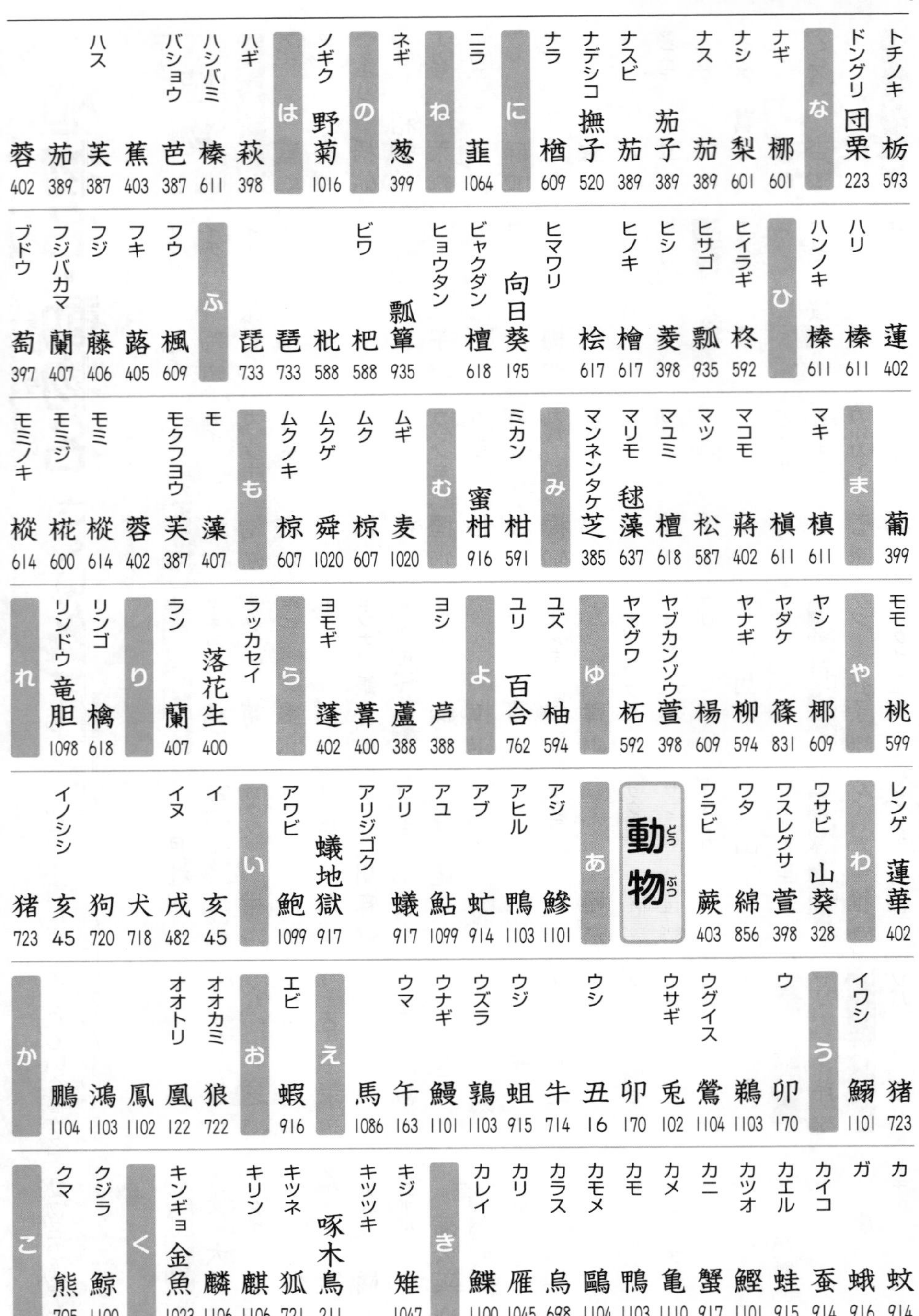

トチノキ 栃 593
ドングリ 団栗 223
な
ナギ 梛 601
ナシ 梨 601
ナス 茄 389
茄子 389
ナスビ 茄 389
ナデシコ 撫子 520
ナラ 楢 609
に
ニラ 韮 1064
ね
ネギ 葱 399
の
ノギク 野菊 1016
は
ハギ 萩 398
ハシバミ 榛 611
バショウ 芭 387
蕉 403
ハス 芙 387
茄 389
蓉 402
蓮 402
ハリ 榛 611
ハンノキ 榛 611
ひ
ヒイラギ 柊 592
ヒサゴ 瓢 935
ヒシ 菱 398
ヒノキ 檜 617
桧 617
ヒマワリ 向日葵 195
ビャクダン 檀 618
ヒョウタン 瓢箪 935
ビワ 杷 588
枇 588
琶 733
琵 733
ふ
フウ 楓 609
フキ 蕗 405
フジ 藤 406
フジバカマ 蘭 407
ブドウ 萄 397
葡 399
ま
マキ 槙 611
槇 611
マコモ 蒋 402
マツ 松 587
マユミ 檀 618
マリモ 毬藻 637
マンネンタケ 芝 385
み
ミカン 柑 591
蜜柑 916
む
ムギ 麦 1020
ムク 椋 607
ムクゲ 舜 1020
ムクノキ 椋 607
も
モ 藻 407
モクフヨウ 芙 387
蓉 402
モミ 樅 614
モミジ 椛 600
モミノキ 樅 614
モモ 桃 599
や
ヤシ 椰 609
ヤダケ 篠 831
ヤナギ 柳 594
楊 609
ヤブカンゾウ 萱 398
ヤマグワ 柘 592
ゆ
ユズ 柚 594
ユリ 百合 762
よ
ヨシ 芦 388
蘆 388
葦 400
ヨモギ 蓬 402
ら
ラッカセイ 落花生 400
ラン 蘭 407
り
リンゴ 檎 618
リンドウ 竜胆 1098
れ
レンゲ 蓮華 402
わ
ワサビ 山葵 328
ワスレグサ 萱 398
ワタ 綿 856
ワラビ 蕨 403

動物（どうぶつ）

あ
アジ 鯵 1101
アヒル 鴨 1103
アブ 虻 914
アユ 鮎 1099
アリ 蟻 917
アリジゴク 蟻地獄 917
アワビ 鮑 1099
い
イ 亥 45
イヌ 戌 482
犬 718
狗 720
イノシシ 亥 45
猪 723
猪 723
イワシ 鰯 1101
う
ウ 卯 170
鵜 1103
ウグイス 鶯 1104
ウサギ 兎 102
卯 170
ウシ 丑 16
牛 714
ウジ 蛆 915
ウズラ 鶉 1103
ウナギ 鰻 1101
ウマ 午 163
馬 1086
え
エビ 蝦 916
お
オオカミ 狼 722
オオトリ 凰 122
鳳 1102
鴻 1103
鵬 1104
か
カ 蚊 914
ガ 蛾 916
カイコ 蚕 914
カエル 蛙 915
カツオ 鰹 1101
カニ 蟹 917
カメ 亀 1110
カモ 鴨 1103
カモメ 鴎 1104
カラス 烏 698
カリ 雁 1045
カレイ 鰈 1100
き
キジ 雉 1047
キツツキ 啄木鳥 211
キツネ 狐 721
キリン 麒 1106
麟 1106
キンギョ 金魚 1023
く
クジラ 鯨 1100
クマ 熊 705
こ

コイ 鯉 1100

さ

サイ 犀 718
サギ 鷺 1105
サケ 鮭 1099
サソリ 蠍 917
サバ 鯖 1100
サメ 鮫 1099
サル 猿 724
申 743
サワラ 鰆 1101
サンゴ 珊 729
瑚 734
サンマ 秋刀魚 803

し

シカ 鹿 1105
シシ 獅子 724
シジミ 蜆 916
シャケ 鮭 1099
シャチ 鯱 1100
シャチホコ 鯱 1100

す

スズムシ 鈴虫 1027
スズメ 雀 1044

せ

セミ 蝉 917

そ

ゾウ 象 973

た

タイ 鯛 1100
タカ 鷹 1105
タコ 蛸 916
タツ 辰 1007
タヌキ 狸 722
タマムシ 玉虫 728
タラ 鱈 1101
タンチョウ 丹頂 28

ち

チドリ 千鳥 163
チョウ 蝶 917

つ

ツバメ 燕 707
ツブ 螺 917
ツル 鶴 1104

と

ドジョウ 鰌 1101
トビ 鳶 1102
トラ 寅 300
虎 911
トリ 酉 1009
トンビ 鳶 1102

な

ナマズ 鮎 1099
鯰 1100

に

ニシ 螺 917
ニシキゴイ 錦鯉 1030
ニシン 鰊 1101
ニワトリ 鶏 1103
鷄 1103

ね

ネ 子 281
ネコ 猫 723
ネズミ 子 281
鼠 1112

は

ハエ 蠅 918
ハチ 蜂 916
ハト 鳩 1102
ハマグリ 蛤 915
ハヤブサ 隼 1044

ひ

ヒゴイ 緋鯉 856
ヒツジ 未 581
羊 865
ヒョウ 豹 975
ヒヨドリ 鵯 1104
ヒラメ 平目 348
鮃 1099

ふ

フクロウ 梟 601
ブタ 豚 973
フナ 鮒 1099
ブリ 鰤 1101

へ

ヘビ 巳 338
蛇 915
ペリカン 鵜 1103

ほ

ホウオウ 鳳凰 1103
ホタル 蛍 914

ま

マグロ 鮪 1099
マス 鱒 1101
マムシ 蝮 917

み

ミ 巳 338
ミツバチ 蜜蜂 916

め

メンヨウ 綿羊 856

も

モグラ 土竜 229

や

ヤギ 山羊 327
ヤマアラシ 豪 974
ヤマドリ 山鳥 328

り

リュウ 竜 1097
龍 1097

わ

ワシ 鷲 1105
ワニ 鰐 1100

国字さくいん

このさくいんは、本書におさめられている国字（日本で作られた漢字）を五十音順に配列してあります。

見出し	読み	漢字	部首	区分	ページ
い	いわし	鰯	魚	人	1101
か	かし	樫	木	人	615
	かば	椛	木	人	600
	かみしも	裃	衣	外	926
こ	こむ・こめる	込	辶	常	408
さ	さかき	榊	木	人	611
	ささ	笹	竹	人	823
し	しゃち・しゃちほこ	鯱	魚	外	1100
せ	セン	腺	肉	常	895
た	たこ	凧	几	人	122
	たら	鱈	魚	外	1101
つ	つじ	辻	辶	人	408
と	とうげ	峠	山	常	330
	とち	栃	木	4	593
な	なぎ	凪	几	人	122
	なまず	鯰	魚	外	1100
に	におう	匂	勹	常	155
は	はた・はたけ	畑	田	3	746
		畠		人	747
	はたらく	働	人	4	94
	はなし	噺	口	外	219
へ	ヘイ	塀	土	常	240
ま	まさ	柾	木	人	593
	また	俣	人	人	82
	まろ	麿	麻	人	1107
も	もみ	籾	米	人	833
	もんめ	匁	勹	人	155
わ	わく	枠	木	常	589

国字

なりたち さくいん

★このさくいんは、本書におさめられた漢字を、そのなりたちの種類ごとに分けて、総画数順に配列してあります。
★同じ画数の中では部首順に配列してあります。
★部首の形は代表的なものを一つだけ示しています。

象形（しょうけい）

画数	部首	漢字	学年	ページ
2画	一	丁	3	8
	乙	九	1	34
	人	人	1	49
	刀	刀	2	126
	力	力	1	144
	又	又	常	178
3画	一	万	2	14
	乙	也	人	34
	勹	勺	人	154
	口	口	1	186
	土	土	1	228
	士	士	5	246
	夕	夕	1	252
	大	大	1	257
	女	女	1	272
	子	子	1	281
	山	山	1	326
	川	川	1	332
	己	已	人	337
		巳	人	338
	巾	巾	常	339
	干	干	6	347
	弓	弓	2	365
	手	才	2	493
4画	一	丑	人	16
	一	不	4	16
	丨	中	1	25
	亅	予	3	37
	二	井	4	43
	儿	允	人	97
	八	六	1	108
	十	午	2	163
	士	壬	人	247
	大	夫	4	265
	尸	尺	6	320
	屮	屯	常	326
	己	巴	人	338
	幺	幻	常	351
	心	心	2	452
	戸	戸	2	487
	手	手	1	490
	文	文	1	533
	斗	斗	常	535
	方	方	2	541
	日	日	1	545
	月	月	1	570
	木	木	1	577
	欠	欠	4	619
	止	止	2	623
	毛	毛	2	636
	氏	氏	4	638
	水	水	1	643
	火	火	1	693
	爪	爪	常	709
	父	父	2	710
	牙	牙	常	713
	牛	牛	2	714
	犬	犬	1	718
	玉	王	1	728
5画	丨	巨	常	27
	丶	主	3	29
	儿	兄	2	98
	冂	冊	6	116
	卩	卯	人	170
	口	古	2	189
	干	平	3	347
	戈	戊	人	482
	木	未	4	581
	毋	母	2	633
	氏	民	4	638
	水	永	5	646
	玉	玉	1	727
	瓦	瓦	常	735
	田	田	1	742
		申	3	743
	白	白	1	759
	皿	皿	3	765
	目	目	1	769
	矛	矛	常	780
	矢	矢	2	780
	示	示	5	791
6画	一	両	3	23
	亠	亥	人	45
	亠	交	2	46
	儿	兆	4	101
	川	州	3	333
	戈	戌	外	482
	日	早	1	548
	曰	曲	3	565
	竹	竹	1	822
	米	米	2	832
	缶	缶	常	864
	羊	羊	3	865
	羽	羽	2	869
	老	老	4	872
	耳	耳	1	875
	肉	肉	2	880
	自	自	2	898
	臼	臼	常	903
	舟	舟	常	905
	血	血	3	918
	行	行	2	920
	衣	衣	4	923
	西	西	2	933
7画	二	亜	常	44
	人	余	5	72
	儿	克	常	101
		児	4	102
		兎	人	102
	卩	卵	6	172
	口	呂	常	204
	戈	我	6	484
	水	求	4	647
	艮	良	4	909
	角	角	2	941
	豆	豆	3	972
	貝	貝	1	975
	足	足	1	992
	身	身	3	996
	車	車	1	997
	辛	辛	常	1006
	辰	辰	人	1007
	酉	酉	人	1009
	臣	臣	4	1018
8画	二	亞	人	44
	亠	京	2	47
		享	常	47
	儿	兒	人	102
	干	幸	3	350
	阜	阜	4	438
	日	易	5	549
	月	朋	人	572
	木	來	人	585
		果	4	586
		東	2	587

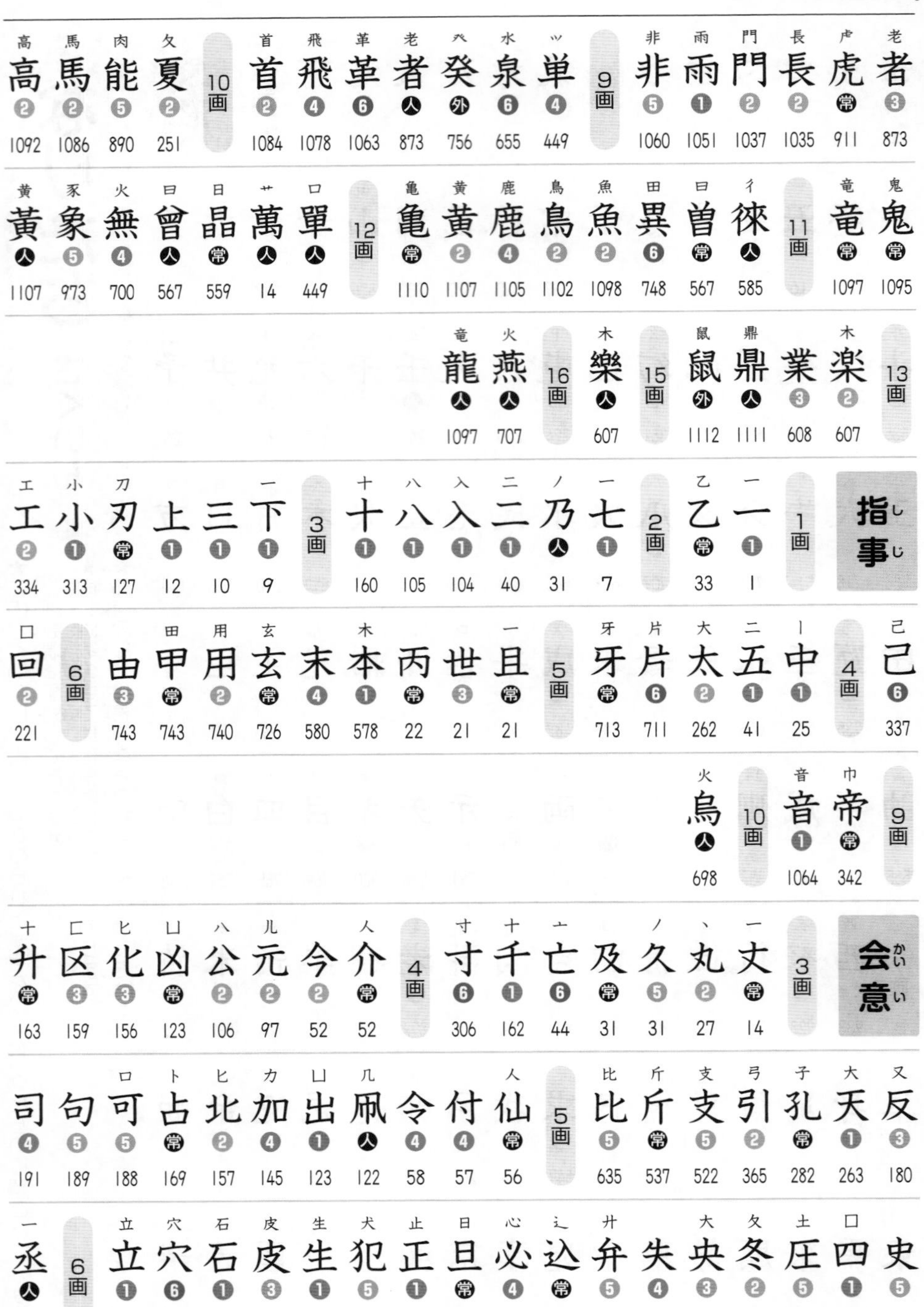

Strokes	Radical	Kanji	Grade	Page
	老	者	③	873
	虍	虎	常	911
	長	長	②	1035
	門	門	②	1037
	雨	雨	①	1051
	非	非	⑤	1060
9画	ツ	単	④	449
	水	泉	⑥	655
	癶	発	外	756
	老	者	人	873
	革	革	⑥	1063
	飛	飛	④	1078
	首	首	②	1084
10画	夂	夏	②	251
	肉	能	⑤	890
	馬	馬	②	1086
	高	高	②	1092
	鬼	鬼	常	1095
	竜	竜	常	1097
11画	彳	徠	人	585
	曰	曽	常	567
	田	異	⑥	748
	魚	魚	②	1098
	鳥	鳥	②	1102
	鹿	鹿	④	1105
	黄	黄	②	1107
	亀	亀	常	1110
12画	口	單	人	449
	艹	萬	人	14
	日	晶	常	559
	曰	曾	人	567
	火	無	④	700
	豕	象	⑤	973
	黄	黃	人	1107
13画	木	楽	②	607
		業	③	608
	鼎	鼎	人	1111
	鼠	鼠	外	1112
15画	木	樂	人	607
16画	火	燕	人	707
	竜	龍	人	1097

指事（しじ）

Strokes	Radical	Kanji	Grade	Page
1画	一	一	①	1
	乙	乙	常	33
2画	一	七	①	7
	ノ	乃	人	31
	二	二	①	40
	入	入	①	104
	八	八	①	105
	十	十	①	160
3画	一	下	①	9
		三	①	10
		上	①	12
	刀	刃	常	127
	小	小	①	313
	工	工	②	334
	己	己	⑥	337
4画	丨	中	①	25
	二	五	①	41
	大	太	②	262
	片	片	⑥	711
	牙	牙	常	713
5画	一	且	常	21
		世	③	21
		丙	常	22
	木	本	①	578
		末	④	580
	玄	玄	常	726
	用	用	②	740
	田	甲	常	743
		由	③	743
6画	口	回	②	221
9画	巾	帝	常	342
	音	音	①	1064
10画	火	烏	人	698

会意（かいい）

Strokes	Radical	Kanji	Grade	Page
3画	一	丈	常	14
	丶	丸	②	27
	ノ	久	⑤	31
		及	常	31
	亠	亡	⑥	44
	十	千	①	162
	寸	寸	⑥	306
4画	人	介	常	52
		今	②	52
	儿	元	②	97
	八	公	②	106
	凵	凶	常	123
	匕	化	③	156
	匸	区	③	159
	十	升	常	163
	又	反	③	180
	大	天	①	263
	子	孔	常	282
	弓	引	②	365
	支	支	⑤	522
	斤	斤	常	537
	比	比	⑤	635
5画	人	仙	常	56
		付	④	57
		令	④	58
	几	凧	人	122
	凵	出	①	123
	力	加	④	145
	匕	北	②	157
	卜	占	常	169
	口	可	⑤	188
		句	⑤	189
		司	④	191
	口	史	⑤	191
		四	①	219
	土	圧	⑤	229
	夂	冬	②	249
	大	央	③	266
		失	④	266
	廾	弁	⑤	362
	辶	込	常	408
	心	必	④	454
	日	旦	常	547
	止	正	①	623
	犬	犯	⑤	719
	生	生	①	737
	皮	皮	③	764
	石	石	①	783
	穴	穴	⑥	810
	立	立	①	815
6画	一	丞	人	22

部首	漢字	学年	ページ
亅	争	4	38
二	亘	人	43
亠	亦	人	45
人	会	2	60
	休	1	61
	件	5	62
	全	3	62
儿	光	2	99
	充	常	99
	先	1	100
冂	再	5	116
几	凪	人	122
匚	匠	常	158
卩	印	4	170
	危	6	171
口	各	4	193
	吉	常	194
	吸	6	194
	向	3	195
	后	6	195
	合	2	195
	同	2	197
	名	1	199
囗	因	5	221
土	圭	人	230
夕	多	2	254
女	好	4	273
	妃	常	274
宀	安	3	287
	守	3	288
广	庄	人	354
辶	辻	人	408
日	旨	常	548
	旬	常	548
木	朱	常	582
欠	次	3	619
歹	死	3	628
火	灰	6	694
糸	糸	1	837
至	至	6	902
舌	舌	6	904
艮	艮	外	908
色	色	2	910
虫	虫	1	913
7画			
人	位	4	66
	体	2	69
八	兵	4	110
刀	初	4	131
	別	4	132
	利	4	133
口	呉	常	202
	告	5	202
	呆	外	204
囗	困	6	223
士	声	2	247
女	妙	常	275
子	孝	6	283
寸	対	3	308
尸	局	3	321
巾	希	4	341
弓	弟	2	366
彳	役	3	374
邑	邑	人	434
戈	戒	常	485
手	折	4	496
	択	常	497
木	杏	人	583
	束	4	584
	李	人	585
止	步	人	626
用	甫	人	741
田	男	1	744
糸	系	6	838
見	見	1	936
言	言	2	944
谷	谷	2	971
赤	赤	1	987
走	走	2	989
里	里	2	1014
8画			
一	並	6	24
乙	乳	6	36
亅	事	3	39
人	使	3	75
儿	免	常	102
八	具	3	111
	典	4	111
刀	制	5	136
十	卒	4	166
	卓	常	166
又	取	3	182
口	呼	6	204
	周	4	205
	命	3	206
大	奈	4	268
女	妻	5	276
子	季	4	285
宀	官	4	290
	宜	常	291
	実	3	291
	宗	6	293
小	尚	常	318
山	岳	常	329
	岩	2	329
	岡	4	329
广	庚	人	355
廴	延	6	361
手	拝	6	502
日	昆	常	550
	昌	人	551
	昔	3	551
	明	2	551
木	枚	6	588
	林	1	589
	枠	常	589
止	武	5	625
	歩	2	626
毋	毒	5	634
水	泣	4	654
	法	4	658
火	炎	常	696
爪	爭	人	38
	采	常	709
牛	牧	4	716
目	直	2	771
肉	育	3	883
衣	表	3	924
斉	斉	常	1061
9画			
丿	乗	3	32
亠	亮	人	48
人	信	4	78
	便	4	81
刀	則	5	139
十	南	2	167
口	咲	常	209
	品	3	209
大	奏	6	270
女	威	常	278
山	峠	常	330
广	度	3	356
廴	建	4	361
彳	後	2	376
	律	6	378
辶	退	6	413
戸	扁	外	489
手	拜	人	502
	拾	3	507
日	是	常	554
	昼	2	555
木	柊	人	592
	染	6	592
殳	段	6	631
火	為	常	696
	炭	3	696
田	畑	3	746
白	皆	常	763
目	看	6	773
	県	3	773
	相	3	775
示	祝	4	793
禾	秋	2	802
	秒	3	803
米	籾	人	833
羊	美	3	865
肉	胤	人	886
西	要	4	933
言	計	2	945
貝	負	3	976
車	軍	4	998

部首	漢字	区分	ページ
面	面	3	1062
食	食	2	1079
香	香	4	1085

10画

部首	漢字	区分	ページ
ノ	乗	人	32
人	倉	4	86
八	兼	常	112
刀	剖	常	141
厂	原	2	174
口	員	3	210
	唐	常	211
子	孫	4	286
宀	宮	3	299
寸	射	6	311
巾	帰	2	342
	席	4	343
	帯	4	343
弓	弱	2	367
艹	莫	人	395
辶	造	5	415
	連	4	419
心	恵	常	463
	息	3	464
攵	敏	常	527
斗	料	4	536
方	旅	3	542
日	晋	人	558
木	栗	人	600
殳	殺	5	631
水	涉	人	673
玉	班	6	730
田	畠	人	747
皿	益	5	766
目	真	3	776
	眞	人	776
示	祝	人	793
竹	笑	4	822
糸	素	5	841
豸	豹	人	975
酉	配	3	1010
隹	隼	人	1044

11画

部首	漢字	区分	ページ
女	婦	5	280
宀	寅	人	300
	密	6	302
寸	尉	常	312
川	巢	人	450
巾	帶	人	343
彡	彪	人	373
	彬	人	373
彳	得	5	380
辶	進	3	421
阝	郵	6	437
阝	隆	常	445
⺍	巣	4	450
攵	敏	人	527
斤	断	5	537
日	晝	人	555
木	椛	人	600
	梟	外	601
水	渉	常	673
玄	率	5	726
生	産	4	739
示	祭	3	796
	票	4	796
立	章	3	816
竹	笹	人	823
羽	習	3	870
	翌	6	870
衣	袴	外	926
見	規	5	937
豕	豚	常	973
貝	貪	常	978
門	閉	6	1038
麻	麻	常	1106
黒	黒	2	1108

12画

部首	漢字	区分	ページ
口	喜	5	214
	善	6	215
土	報	5	240
宀	寒	3	303
寸	尋	常	312
	尊	6	312
尤	就	6	319
幺	幾	常	352
心	惠	人	463
曰	最	4	568
月	朝	2	574
木	森	1	605
水	湊	人	679
爪	爲	人	696
牛	犀	人	718
癶	登	3	758
矢	短	3	782
竹	筋	6	824
	答	2	825
	筆	3	826
血	衆	6	919
貝	買	2	981
門	間	2	1040
隹	集	3	1045
食	飲	3	1080
黒	黑	人	1108

13画

部首	漢字	区分	ページ
人	働	4	94
手	損	5	518
止	歳	常	627
示	禁	5	797
罒	罪	5	819
角	解	5	942
辛	辞	4	1006
辰	農	3	1008
舛	舜	人	1020

14画

部首	漢字	区分	ページ
土	境	5	243
宀	實	人	291
	察	4	305
	寧	常	305
木	榊	人	611
火	熊	4	705
竹	算	2	829
糸	綿	5	856
聿	肇	人	879
斉	齊	人	1061
風	颯	人	1078
鳥	鳴	2	1103

15画

部首	漢字	区分	ページ
口	器	4	217
彳	徹	常	384
心	慶	常	478
日	暴	5	563
皿	監	常	767
禾	穂	常	808
竹	箱	3	829
貝	質	5	984
雨	霊	常	1055

16画

部首	漢字	区分	ページ
又	叡	人	185
口	器	人	217
	噺	外	219
大	奮	6	271
木	樫	人	615
目	縣	人	773
臼	興	5	903
魚	鮎	人	1099
	鮃	外	1099

17画

部首	漢字	区分	ページ
禾	穗	人	808

18画

部首	漢字	区分	ページ
糸	繭	常	863
隹	難	6	1048
麻	磨	人	1107

19画

部首	漢字	区分	ページ
罒	羅	常	821
虫	蠅	外	918
西	覇	常	935
隹	難	人	1048
魚	鯱	外	1100
	鯛	人	1100
鹿	麗	常	1106

20画

部首	漢字	区分	ページ
魚	鰆	外	1101

21画

部首	漢字	区分	ページ
車	轟	人	1005
魚	鰯	人	1101

22画

部首	漢字	区分	ページ
魚	鱈	外	1101

形声（けいせい）

画数	部首	漢字	学年	ページ
3画	一	与	常	16
	丶	之	人	28
4画	人	仁	6	53
		仏	5	54
	冂	円	1	113
		内	2	113
	刀	切	2	127
		分	2	128
	又	収	6	179
		友	2	182
	小	少	2	316
5画	人	以	4	54
		仕	3	55
		他	3	56
		代	3	56
	刀	刊	5	129
	力	功	4	145
	勹	包	4	155
	十	半	2	163
	ム	去	3	176
	口	右	1	188
		号	3	190
		召	常	192
		台	2	192
	夕	外	2	252
	女	奴	常	273
	尸	尻	常	320
	工	巧	常	335
		左	1	335
	巾	市	2	340
		布	5	340
	幺	幼	6	351
	广	広	2	353
		庁	6	354
	弓	弘	人	366
	辶	辺	4	408
	手	打	3	493
		払	常	494
	日	旧	5	547
	木	札	4	578
	水	氷	3	646
		汀	人	648
	示	礼	3	791
6画	人	伊	人	59
		仮	5	59
		伎	常	61
		伍	人	62
		仲	4	63
		伝	4	64
		任	5	65
	八	共	4	109
	刀	刑	常	130
		列	3	130
	匚	匡	人	158
	口	叫	常	195
		吐	常	197
	囗	団	5	222
	土	在	5	230
		地	2	231
	士	壮	常	247
	女	如	常	274
		妄	常	274
	子	字	1	282
		存	6	283
	宀	宇	6	288
		宅	6	289
	寸	寺	2	307
	小	当	2	317
	川	巡	常	333
	干	年	1	349
	弋	式	3	364
		弐	常	364
	艹	芋	常	385
		芝	常	385
	心	忙	常	456
	戈	成	4	483
	手	扱	常	494
	攵	收	人	179
	日	旭	人	548
	木	机	6	582
		朽	常	582
	毋	毎	2	634
	气	気	1	640
	水	汚	常	648
		汗	常	649
		江	常	649
		汐	人	649
		池	2	649
	火	灯	4	695
	白	百	1	761
	老	考	2	872
	肉	肌	常	880
		有	3	880
7画	乙	乱	6	35
	人	佛	人	54
		何	2	66
		伽	人	66
		佐	4	67
		作	2	67
		伺	常	68
		似	5	68
		住	3	68
		伸	常	69
		低	4	70
		伯	常	71
		伴	常	72
		佑	人	72
		伶	人	73
	冫	冴	人	119
		冶	常	119
		冷	4	119
	刀	判	5	132
	力	助	3	146
		努	4	147
		励	常	148
		労	4	148
	匚	医	3	159
	卩	却	常	171
	口	含	常	201
		吟	常	201
		君	3	201
		吾	人	202
		呈	常	203
		否	6	204
	囗	囲	5	223
	土	均	5	232
		坑	常	233
		坂	3	233
		坊	常	233
	士	壯	人	247
		壱	常	247
		売	2	248
	女	妊	常	275
		妨	常	275
		妖	常	275
	子	孜	人	284
	宀	完	4	289
		宏	人	290
	寸	寿	常	307
	山	岐	4	328
	广	序	5	354
	廴	廷	常	360
	彡	形	2	371
	艹	花	1	385
		芹	人	386
		芸	4	386
		芙	人	387
		芳	常	387
		芦	人	388
	辶	近	2	408
		返	3	409
	邑	那	常	434
		邦	常	434
	阜	阪	4	438
		防	5	439
	心	応	5	454
		忌	常	455
		志	5	455
		忍	常	456
		忘	6	456
		快	5	456
	手	技	5	495
		抗	常	495
		抄	常	495

田	玉		犬	火							水	母		木		攵		
町	玖	狂	状	災	沃	沖	沢	汰	沙	決	汽	毎	条	材	攻	改	批	投
1	人	常	5	5	常	4	常	常	常	3	2	人	5	4	常	4	6	3
744	728	720	719	695	653	652	651	651	651	650	650	634	583	583	524	523	498	497

刀	儿									人		麦		肉	穴		禾	示
券	尭	例	侑	侮	舎	侍	供	佳	価	依	8画	麦	肖	肝	究	秀	私	社
6	人	4	人	常	5	常	6	常	5	常		2	常	常	3	常	6	2
134	102	77	77	76	76	76	75	74	74	73		1020	883	882	810	801	800	792

	大	夕	土		口		口		又	ム	卩	十		力				
奉	奇	夜	垂	国	固	和	味	叔	受	参	巻	協	効	劾	到	刺	刷	刻
常	常	2	6	2	4	3	3	常	3	4	人	4	5	常	常	常	4	6
269	267	256	234	225	224	207	206	184	183	177	338	165	149	148	137	135	135	134

弓			广		山			尸			宀		子					女
弦	府	店	底	岬	岸	届	屈	居	宝	定	宙	孟	学	妹	姓	始	姉	委
常	4	2	4	常	3	6	常	5	6	3	6	人	1	2	常	3	2	3
367	356	355	355	330	329	323	323	322	295	294	294	285	284	277	277	277	276	276

	邑			辶									艹				彳	
邸	邪	迫	迭	述	茂	茉	苺	若	茎	苦	芽	苛	英	彼	征	径	往	弥
常	常	常	常	5	常	人	人	6	常	3	4	常	4	常	常	4	5	常
435	434	411	410	410	392	391	391	390	390	389	389	389	388	376	375	375	375	367

										手		戸				心		阜
披	拍	抵	抽	担	拙	招	拘	拡	承	拂	房	所	怜	性	念	忠	附	阻
常	常	常	常	6	常	5	常	6	6	人	常	3	人	5	4	6	常	常
502	502	501	501	501	500	500	500	499	496	494	489	488	462	460	458	457	440	439

	水	殳	欠								木	月			日	攵		
沿	泳	殴	欧	枕	枇	板	杯	杷	枢	松	枝	服	昇	昂	旺	放	抹	抱
6	3	常	常	常	人	3	常	人	常	4	5	3	常	人	常	3	常	常
653	653	631	620	589	588	588	588	588	587	587	586	571	550	550	550	524	503	503

矢	目	白	田	玉	犬	牛	片											
知	盲	的	画	玩	狀	物	版	油	泡	沸	泌	泊	波	注	沼	治	況	河
2	常	4	2	常	人	3	5	3	常	常	常	常	3	3	常	4	常	5
781	773	762	745	729	719	715	712	659	658	657	657	657	657	656	655	654	654	653

						人	亠		青	金			肉		穴			示
俐	保	俗	促	侯	係	侮	亭	9画	青	金	肪	肥	肢	空	穹	祉	祈	社
人	5	常	常	常	3	人	常		1	1	常	5	常	1	人	常	常	人
82	81	80	80	78	77	76	48		1057	1022	885	884	884	811	811	793	793	792

女		大	夊			土			口	又	厂			力		刀	冖	
姻	契	奎	変	城	型	垣	哉	咽	哀	叙	厚	勉	勇	勅	前	削	冠	侶
常	常	人	4	4	5	常	人	常	常	常	5	人	4	常	2	常	常	常
278	269	269	250	235	234	234	209	209	208	184	173	150	150	149	137	137	118	83

	辶						艹	彳	彡	幺	己	尸	寸				宀	
送	逆	茶	荘	草	茜	荒	茨	待	彦	幽	巻	屋	専	宥	宣	室	客	姿
3	5	2	常	1	人	常	4	3	人	常	6	3	6	人	6	2	3	6
412	411	393	393	392	392	392	392	378	372	352	338	323	309	297	297	296	296	278

			手								心	阝			阝			
持	指	拷	括	恨	恆	恒	悔	怒	怠	思	急	限	郎	郊	郁	迷	逃	追
3	3	常	常	常	人	常	常	常	常	2	3	5	常	常	人	5	常	3
506	505	505	504	464	463	463	462	461	461	460	459	440	435	435	435	415	414	413

						木							日	方		攵		
柏	柱	査	枯	柑	架	栄	昧	昴	星	昭	春	昨	映	施	政	故	挑	拭
人	3	5	常	人	常	4	常	人	2	3	2	4	6	常	5	5	常	常
593	593	591	591	591	591	590	556	556	555	554	553	553	553	542	526	525	507	507

火													水	比				
点	洛	洋	派	洞	洗	浅	津	浄	洵	洸	洪	活	海	毘	柳	柚	柾	柄
2	人	3	6	常	6	4	常	常	人	人	常	2	2	人	常	人	人	常
697	665	664	664	663	663	662	662	662	662	662	661	661	659	636	594	594	593	593

示			石	目		皿	白	癶	疒	田				玉			犬	牛
祈	砕	砂	研	省	盆	盃	皇	発	疫	界	玲	珀	珊	珂	独	狩	狐	牲
人	常	6	3	4	常	人	6	3	常	3	人	人	人	人	5	常	外	常
793	785	785	784	774	766	588	763	756	752	746	730	729	729	729	721	721	721	716

言	衣	虫						肉					糸	禾				
訂	衷	虹	胞	肺	背	胆	胎	胃	約	紅	糾	級	紀	科	祐	祖	神	祉
常	常	常	常	6	6	常	常	6	4	6	常	3	5	2	人	5	3	人
946	925	914	888	887	887	886	886	885	839	839	839	839	838	802	796	795	794	793

													人		風	里	車	貝
倭	倫	俸	倣	俵	倍	俳	倒	値	修	借	候	個	倹	10画	風	重	軌	貞
人	常	常	常	6	3	6	常	6	5	4	4	5	常		2	3	常	常
89	88	88	88	88	87	87	87	86	84	84	84	83	83		1075	1014	998	976

	宀			女				口	匚	力				刀			冫	儿
害	家	娘	姫	娯	哺	哲	唇	唆	匿	勉	剥	剤	剛	剣	凉	凌	凍	党
4	2	常	常	常	常	常	常	常	常	3	常	常	常	常	人	人	常	6
298	297	279	279	279	211	211	210	210	160	150	140	140	140	140	676	120	120	103

艹		荘			彳			广	巾	工				山	尸	寸		
華	荷	荘	徒	徐	従	庭	座	庫	師	差	峯	峰	島	峻	展	将	容	宵
常	3	人	4	常	6	3	6	3	5	4	人	常	3	人	6	6	5	常
395	394	393	379	379	379	358	357	357	343	336	331	331	330	330	324	311	299	299

					心				阝		阝					辶		
恕	恣	恭	恐	悔	恩	陛	除	降	院	郡	郎	透	途	通	速	逝	莉	莞
人	常	常	常	人	6	6	6	6	3	4	人	常	常	2	3	常	人	人
464	464	463	463	462	462	442	441	441	440	435	435	419	419	417	416	415	395	395

			木		月	曰				日				手				
核	格	桜	案	朗	朕	書	晟	時	晄	晃	捕	捉	拳	挙	悩	悟	悦	恋
常	5	5	4	6	常	2	人	2	人	人	常	常	常	4	常	常	常	常
596	595	595	594	573	572	566	558	556	556	556	508	508	504	504	467	467	467	465

		水	气		歹													
浦	海	泰	氣	殊	残	桧	梅	桐	桃	栓	桟	栽	根	校	桔	桂	栞	株
常	人	常	人	常	4	人	4	人	常	常	常	常	3	1	人	人	人	6
665	659	656	640	630	629	617	600	600	599	599	599	598	598	597	597	597	596	596

石	矢	目			疒		田	玉		犬	牛	火						
破	矩	眠	病	疲	症	留	畔	珠	狼	狸	特	烈	浪	流	浴	浜	消	浩
5	人	常	3	常	常	5	常	常	人	外	4	常	常	3	4	常	3	人
786	782	777	753	753	753	747	747	730	722	722	716	698	669	667	667	666	665	665

							糸		米			禾					示	
紋	紡	紛	納	純	紙	紗	紘	粉	粋	秘	秩	租	祕	祥	祐	祖	神	砲
常	常	常	6	6	2	人	人	5	常	6	常	常	人	常	人	人	人	常
843	843	843	842	841	840	840	840	833	833	804	804	803	804	796	796	795	794	787

貝				言		衣		虫	舟	至					肉		耒	羽
貢	討	託	訓	記	被	袖	蚕	蚊	航	致	脈	胴	脂	脅	胸	耗	耕	翁
常	6	常	4	2	常	常	6	常	5	常	5	常	常	常	6	常	5	常
977	947	947	947	946	926	926	914	914	906	902	891	890	889	889	888	875	874	869

刀	几	冖					人	乙		骨	食	金		酉	車		走	
剰	凰	冨	偏	停	側	偲	健	乾	11画	骨	飢	針	酒	酌	軒	赳	起	財
常	人	人	常	5	4	人	4	常		6	常	6	3	常	常	人	3	5
141	122	304	91	90	90	90	89	36		1090	1080	1024	1009	1009	999	990	989	977

						土		囗						口			力	
堀	培	堂	堆	埼	基	域	圏	國	唯	問	唾	唱	商	啓	務	動	勘	副
常	常	5	常	4	5	6	人	人	常	3	常	4	3	常	5	3	常	4
238	238	238	237	237	236	236	227	225	214	213	213	213	212	212	152	151	151	141

艹	彳		彡		弓		广		巾			山		寸		宀	女	
萎	従	彫	彩	張	強	庸	康	帳	常	崇	崎	崖	將	專	宿	寄	婆	埜
常	人	常	常	5	2	常	4	3	5	常	4	常	人	人	3	5	常	人
396	379	372	372	369	368	359	358	345	344	331	331	331	311	309	301	300	279	1016

			阝			阝	辶											
陸	陪	険	陰	部	都	郷	週	萊	萠	萌	菩	萄	著	菖	菜	菫	菊	菓
4	常	5	常	3	3	6	2	人	人	人	人	人	6	人	4	人	常	常
444	444	443	442	437	436	436	421	398	397	397	397	397	397	397	396	396	396	396

												手						心
排	探	措	接	据	推	捷	授	捨	採	控	掘	掛	惜	情	惨	惟	悠	悪
常	6	常	5	常	6	人	5	6	5	常	常	常	常	5	常	人	常	3
514	513	513	512	512	511	511	511	510	510	509	509	509	469	468	468	468	468	465

殳	欠								木		月	日	方	斗				攵
殻	欲	梨	梛	梢	梓	梧	械	梅	條	望	朗	晩	族	斜	敗	教	救	敍
常	6	4	人	人	人	人	4	人	人	4	人	人	3	常	4	2	5	人
632	620	601	601	601	601	601	600	600	583	573	573	560	543	536	528	527	527	184

		玉			犬												水	毛
琢	現	球	猛	猫	猪	涼	淡	清	深	渚	淳	淑	済	混	涯	液	淨	毬
人	5	3	常	常	人	常	常	4	3	人	人	常	6	5	常	5	人	人
732	731	730	723	723	723	676	675	674	673	672	672	672	671	671	670	670	662	637

		米				竹		穴	禾	示			目	皿	疒	田		
粒	粘	粗	符	笛	第	笙	窒	窓	移	祥	眸	眺	眼	盛	痕	略	琉	理
常	常	常	常	3	3	人	常	6	5	人	人	常	5	6	常	5	人	2
834	834	833	824	823	823	823	813	813	804	796	778	778	777	766	754	749	733	732

行		虫		舟				肉	羊									糸
術	蛇	蛍	舶	船	脳	脱	脩	脚	羚	絆	紬	組	紳	紹	終	細	絃	経
5	常	常	常	2	6	常	人	常	人	人	人	2	常	常	3	2	人	5
921	915	914	907	906	892	892	891	891	866	848	848	847	847	847	846	845	845	844

雨	隹	金	里	釆	酉	車					貝					言	見	衣
雪	雀	釣	野	釈	酔	転	貧	販	責	貫	貨	訳	訪	設	訟	許	視	袋
2	人	常	2	常	常	3	5	常	5	常	4	6	6	5	常	5	6	常
1051	1044	1024	1016	1013	1011	1000	979	979	978	978	977	949	949	948	948	948	938	926

土	口			口	十			力			刀	几			人		頁	斉
堯	圏	喩	喬	喫	博	募	勝	勤	創	割	剰	凱	傍	備	偉	12画	頂	斎
人	常	常	人	常	4	常	3	6	6	6	人	人	常	5	常		6	常
102	227	216	215	215	168	153	152	152	142	142	141	122	92	92	91		1067	1061

	艹			彳	弓	广	巾	己	山	尸	宀	女						
葵	著	復	循	御	弾	廃	幅	巽	嵐	属	富	媛	塁	塀	堤	場	堅	堺
人	人	5	常	常	常	常	常	人	常	5	4	4	常	常	常	2	常	人
398	397	381	381	381	369	359	345	339	332	325	304	280	241	240	240	239	239	238

			心	⺍			阝	阝								⻌		
慌	惑	悲	惡	営	陽	隊	階	都	遥	遊	遍	道	達	遂	過	運	落	葡
常	常	3	人	5	3	4	3	人	人	3	常	2	4	常	5	3	3	人
475	471	470	465	450	446	446	445	436	428	427	427	426	425	425	424	423	399	399

月							日			攵						手	戸	
期	普	晩	智	晴	暑	景	暁	敦	散	敬	揚	提	揮	援	握	掌	扉	愉
3	常	6	人	2	3	4	常	人	4	6	常	5	6	常	常	常	常	常
574	560	560	560	559	559	558	558	530	530	529	517	516	516	515	515	511	489	476

						水	歹		欠									木
滋	港	湖	減	渦	温	渚	殖	欽	欺	棒	棟	椎	植	検	極	棋	棺	椅
4	3	3	5	常	3	人	常	人	常	6	常	常	3	5	4	常	常	常
678	678	678	677	677	676	672	630	621	621	606	606	606	605	604	602	602	602	602

疒	田							玉	犬			火						
痛	番	琳	琵	琶	琥	琴	瑛	琢	猪	然	焼	煮	湾	湧	満	湯	渡	測
6	2	人	人	人	人	常	人	人	人	4	4	常	常	常	4	3	常	5
754	750	734	733	733	733	733	733	732	723	699	699	698	682	682	680	680	680	679

						糸			竹		立		禾		石	白		
絶	紫	絞	絢	結	給	絵	筒	等	策	童	竣	程	税	硫	硝	皓	痢	痘
5	常	常	人	4	4	2	常	3	6	3	人	5	5	常	常	人	常	常
851	850	850	850	849	849	848	826	825	824	817	817	806	805	788	788	764	755	755

			言		見						衣	行			虫	羽		
証	詞	詐	詠	覚	視	裡	裕	補	裂	装	裁	街	蛮	蛤	蛙	翔	絡	統
5	6	常	常	4	人	人	常	6	常	6	6	4	常	外	外	人	常	5
950	950	950	949	938	938	929	929	928	928	927	926	922	915	915	915	871	852	852

	隹	門	金	里	酉		車		走							貝		
雄	雇	開	鈍	量	酢	軸	軽	超	越	貿	費	貼	貯	貸	貴	賀	評	詔
常	常	3	常	4	常	常	3	常	常	5	5	常	5	5	6	4	5	常
1046	1045	1038	1025	1017	1011	1003	1001	991	991	982	982	981	981	981	980	979	951	951

	口		口			力					人		歯	食		頁		雨
園	圓	嘆	嗣	勢	勧	勤	傷	債	傑	僅	傳	13画	歯	飯	順	項	雰	雲
2	人	常	常	5	常	人	6	常	常	常	人		3	4	4	常	常	2
227	113	217	217	154	153	152	94	93	93	93	64		1110	1080	1067	1067	1053	1052

	⻌				艹	彐	广	干	巾		宀	女	大	夕				土
遠	違	蓮	蓉	蒼	蒸	彙	廉	幹	幕	寝	寛	嫁	奨	夢	墓	塗	塡	塩
2	常	人	人	人	6	常	常	5	6	常	常	常	常	5	5	常	常	4
428	428	402	402	401	401	370	359	351	346	304	304	280	271	256	242	242	242	241

木					日	斤	攵	手	戈									心
楷	暖	暉	暇	暗	暑	新	数	摂	戦	愼	慎	慨	想	愁	慈	感	意	愛
常	6	人	常	3	人	2	2	常	4	人	常	常	3	常	常	3	3	4
607	562	561	561	561	559	539	530	518	485	477	477	477	476	476	475	473	472	471

	犬				火										水			
獅	猿	煉	照	煌	煮	溶	漠	滞	準	滉	溝	源	漢	滑	溫	楼	楓	楠
人	常	人	4	人	人	常	常	常	5	人	常	6	3	常	人	常	人	人
724	724	705	704	704	698	685	685	684	684	683	683	683	682	682	676	609	609	609

糸	竹		罒	穴		禾				示		石		目	皿			玉
継	節	置	署	窟	稜	稔	福	禎	禅	禍	碁	砕	睦	睡	盟	瑶	瑞	瑚
常	4	4	6	常	人	人	3	人	常	常	常	人	常	常	6	人	人	人
852	827	820	819	814	806	806	798	798	798	798	788	785	779	778	767	734	734	734

	衣					虫	虍	舟					肉	耳		羊		
裏	装	蛹	蜂	蛸	蜆	蛾	虞	艇	腰	腹	腸	腺	腫	聖	群	義	続	絹
6	人	外	常	外	外	外	常	常	常	6	6	常	常	6	4	5	4	6
929	927	916	916	916	916	916	912	908	896	895	895	895	894	876	868	867	853	853

	足				貝	豆									言	角		
践	跡	賄	賂	賃	資	豊	話	誉	詮	誠	詳	試	詩	詰	該	触	裸	裾
常	常	常	常	6	5	5	2	常	常	6	常	4	3	常	常	常	常	常
993	993	983	983	983	982	972	955	955	954	954	954	953	952	952	952	943	931	930

			頁	青			雨	隹				金		酉		車		
預	頒	頓	頑	靖	零	雷	電	雅	鈴	鉄	鉱	鉛	酪	酬	載	較	路	跳
6	常	常	常	人	常	常	2	常	常	3	5	常	常	常	常	常	3	常
1069	1069	1069	1068	1059	1054	1054	1053	1046	1027	1026	1025	1025	1011	1011	1003	1003	994	994

山	尸		宀	女	大	士			土	囗		口	人		鳥			食
嶋	層	寢	寬	嫡	奬	壽	墨	増	塾	團	嘉	嘆	像	14画	鳩	飽	飾	飼
人	6	人	人	常	人	人	常	5	常	人	人	人	5		人	常	常	5
330	325	304	304	281	271	307	244	244	243	222	217	217	95		1102	1081	1081	1081

木			日	方	手				心		阝			⻌	艹		彳	彡
榮	暦	暮	暢	旗	摘	憎	慣	慕	態	障	際	適	遭	遥	蓬	徳	徴	彰
人	常	6	人	4	常	常	5	常	5	6	5	5	常	人	人	4	常	常
590	563	562	562	544	519	479	478	478	477	448	448	430	430	428	402	383	383	373

石	疋		玉								水	止	欠					
磁	疑	瑠	瑳	漣	漂	滴	漬	漁	演	滞	漢	歴	歌	様	模	槇	槙	構
6	6	常	人	人	常	常	常	4	5	人	人	5	2	3	6	人	人	5
788	752	734	734	688	687	687	687	686	685	684	682	627	621	612	611	611	611	610
					糸		米			竹	罒			禾			示	
網	総	緒	綱	綺	維	精	粹	箋	管	箇	署	稲	種	穀	福	禎	禍	碧
常	5	常	常	人	常	5	人	常	4	常	人	常	4	6	人	人	人	人
856	854	854	854	854	854	835	833	829	828	828	819	807	807	806	798	798	798	789
				言		衣	虫	臼		肉		耳	羽					
説	誓	誌	誤	語	複	製	蜜	與	膜	腐	聞	聡	翠	練	綸	綠	緑	綾
4	常	6	6	2	5	5	常	人	常	常	2	人	人	3	人	人	3	人
957	957	957	956	955	931	930	916	16	896	893	877	877	871	858	857	857	857	857
馬	頁	青	隹		門					金			酉	車	足	豕		
駅	領	静	雑	関	閣	銘	銅	銭	銃	銀	酸	酷	酵	輔	踊	豪	認	読
3	5	4	5	4	6	常	5	6	常	3	5	常	常	人	常	常	6	2
1087	1070	1059	1047	1042	1042	1029	1028	1028	1028	1027	1012	1012	1011	1003	994	974	959	958
口	力		刀		冫					人		鼻		鳥		鬼		
嘱	勲	劇	劍	凛	凜	舗	儀	億	儉	價	15画	鼻	鳳	鳶	魂	魁	駄	駆
常	常	6	人	人	人	常	常	4	人	人		3	人	人	常	人	常	常
218	154	143	140	120	120	95	95	95	83	74		1113	1102	1102	1096	1096	1088	1087
	手			心			辶		彳	彡	弓	广	巾	尸	寸			土
撮	摩	憂	憎	慧	遼	選	遺	德	徵	影	彈	廣	幡	層	導	墜	墨	增
常	常	常	人	人	人	4	6	人	人	常	人	人	人	人	5	常	人	人
519	519	479	479	479	433	432	431	383	383	373	369	353	346	325	313	245	244	244
田	玉			火						水	殳	欠				木		攵
畿	璃	熱	熟	熙	澄	潮	潜	潤	潔	潟	毅	歓	標	権	横	樣	敷	敵
常	常	4	6	人	常	6	常	常	5	4	人	常	4	6	3	人	常	6
751	734	706	705	705	690	690	689	689	688	688	633	622	614	613	612	612	532	531
		虫							糸			竹	穴				禾	石
蝮	蝶	蝦	編	線	緩	緣	縁	練	緖	範	箸	節	窮	稿	稼	稻	穀	確
外	人	人	5	2	常	人	常	人	人	常	常	人	常	常	常	人	人	5
917	917	916	860	859	859	858	858	858	854	830	830	827	814	808	808	807	806	789
車	足	走						貝								言	衣	行
輝	踪	趣	賦	賠	賞	賜	賛	賣	論	調	談	誕	諾	請	諸	課	褒	衝
常	常	常	常	常	5	常	5	人	6	3	3	6	常	常	6	4	常	常
1003	995	992	986	985	985	984	984	248	963	962	961	961	961	961	960	959	932	922

土	力	冫		黒	鬼			馬		食	雨	門	金	舛		酉		
墾	勳	凝	16画	黙	魅	駐	駒	駈	餓	養	震	閲	鋭	舞	醇	醉	輪	輩
常	人	常		常	常	常	常	人	常	4	常	常	常	常	人	人	4	常
245	154	120		1109	1096	1088	1088	1087	1083	1082	1055	1043	1029	1020	1012	1011	1004	1003
			木		日	攵	手	戈			心	阝						艹
橋	橘	機	橫	曆	曉	整	操	戰	憾	憶	憲	險	蕾	薬	薄	薪	薫	薗
3	人	4	人	人	人	3	6	人	常	常	6	人	人	3	常	常	常	人
616	616	615	612	563	558	532	520	485	481	480	480	443	405	405	404	404	403	227
	糸	米		竹	禾	石		犬				火				水	止	
縦	緯	糖	篤	築	積	磨	獲	獣	燎	燃	燒	燈	澪	濃	濁	激	歷	樹
6	常	6	常	5	4	常	常	常	人	5	人	人	人	常	常	6	人	6
861	860	836	831	830	809	790	725	725	708	707	699	695	691	691	691	690	627	617
		酉	車		貝					言	見			行				
醍	醒	醐	輸	賴	賢	謎	諭	諮	諧	諸	親	衡	衞	衛	縫	繁	縛	緻
人	常	人	5	人	常	許	常	常	常	人	2	常	人	5	常	常	常	常
1013	1013	1012	1004	1071	986	967	965	964	964	960	939	923	922	922	862	861	861	861
人		黒	鳥		魚	骨	食		頁	青								金
償	17画	默	鴨	鮒	鮎	骸	館	頼	頭	靜	錄	録	錬	錠	錯	鋼	錮	錦
常		人	人	外	人	常	3	常	2	人	人	4	常	常	常	6	常	常
96		1109	1103	1099	1099	1091	1083	1071	1070	1059	1032	1032	1031	1031	1031	1030	1030	1030
目	玉	牛	火	水				木	日		手		心	⺌		艹	弓	
瞳	環	犠	燥	濯	檀	檎	檜	檢	曖	擦	擬	懇	應	厳	薩	薰	彌	優
常	常	常	常	常	人	人	人	人	常	常	常	常	人	6	人	人	人	6
779	735	718	708	692	618	618	617	604	564	521	521	481	454	451	406	403	367	96
貝						言	見	虫	肉	耳	羽				糸	示	矢	
購	謎	謄	謝	講	謙	謹	覧	螺	臆	聴	翼	績	縮	繁	縱	禪	矯	瞭
常	常	常	5	5	常	常	6	人	常	常	常	5	6	人	人	人	常	常
986	967	967	967	966	965	965	940	917	897	877	871	863	862	861	861	798	783	779
		艹	土		歯	鳥			魚	馬		雨	門				金	車
藤	藥	藝	壘	18画	齢	鴻	鮫	鮭	鮪	駿	霜	霞	闇	鍋	鍛	鍵	鍊	轄
常	人	人	人		常	人	外	外	外	人	常	人	常	常	常	常	人	常
406	405	386	241		1111	1103	1099	1099	1099	1088	1056	1056	1043	1032	1032	1032	1031	1005
西	衣	虫	耳	羽		糸	米	竹		禾	示	目	疒	水	日	心		
覆	襟	蟬	職	翻	繕	織	糧	簡	穣	穫	禮	瞬	癒	濫	曜	懲	藍	藩
常	常	人	5	常	常	5	常	6	人	常	人	常	常	常	2	常	常	常
934	932	917	878	871	863	863	836	831	809	809	791	779	756	692	564	482	406	406

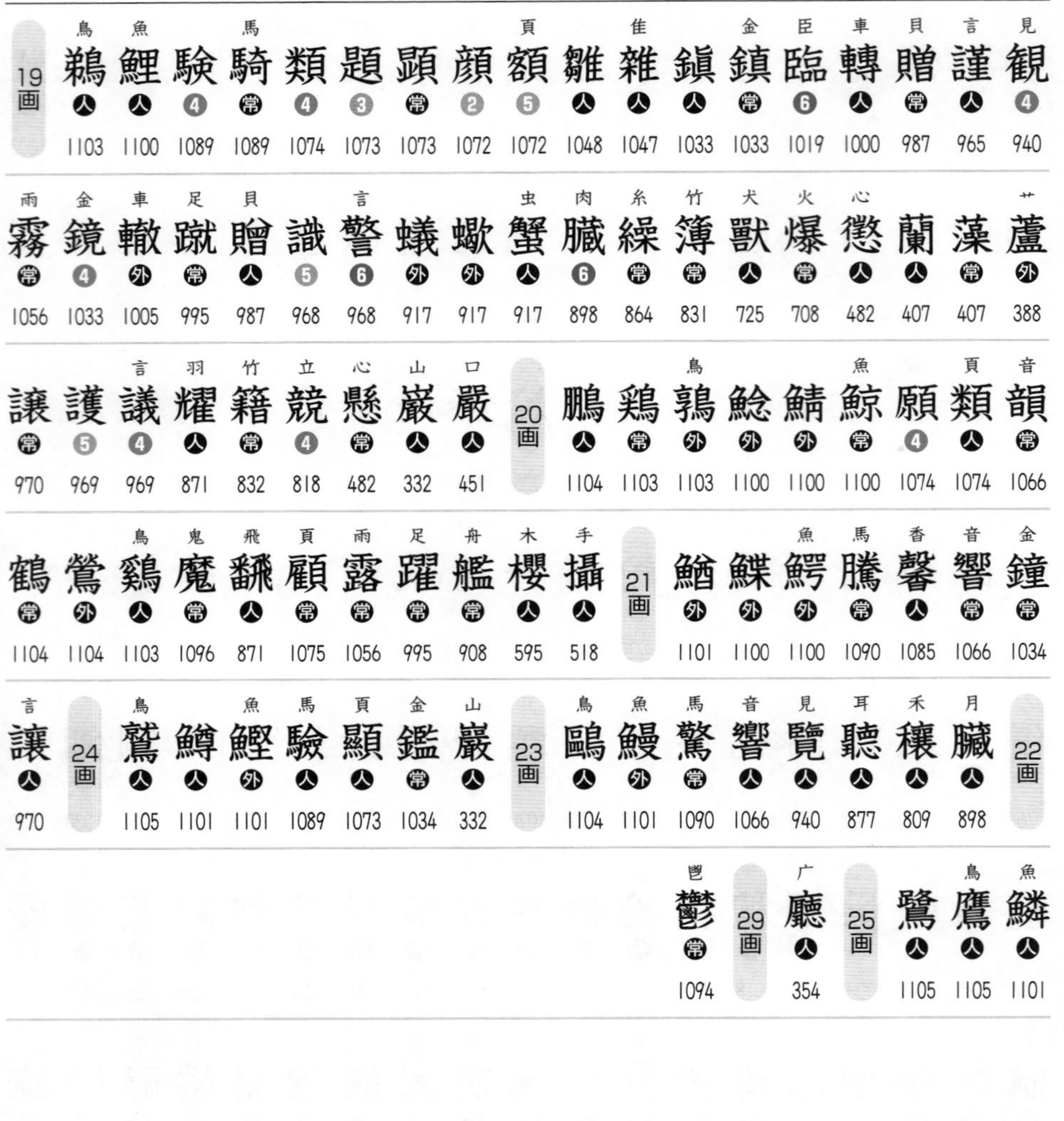

19画	鳥	魚		馬					頁		隹		金	臣	車	貝	言	見
	鵜	鯉	験	騎	類	題	顕	顔	額	雛	雜	鎭	鎮	臨	轉	贈	謹	観
	人	人	4	常	4	3	常	2	5	人	人	人	常	6	人	常	人	4
	1103	1100	1089	1089	1074	1073	1073	1072	1072	1048	1047	1033	1033	1019	1000	987	965	940

雨	金	車	足	貝		言			虫	肉	糸	竹	犬	火	心			艹
霧	鏡	轍	蹴	贈	識	警	蟻	蠍	蟹	臓	繰	簿	獸	爆	懲	蘭	藻	蘆
常	4	外	常	人	5	6	外	外	人	6	常	常	人	常	人	人	常	外
1056	1033	1005	995	987	968	968	917	917	917	898	864	831	725	708	482	407	407	388

		言	羽	竹	立	心	山	口	20画			鳥			魚		頁	音
譲	護	議	耀	籍	競	懸	巌	嚴		鵬	鶏	鶉	鯰	鯖	鯨	願	類	韻
常	5	4	人	常	4	常	人	人		人	常	外	外	外	常	4	人	常
970	969	969	871	832	818	482	332	451		1104	1103	1103	1100	1100	1100	1074	1074	1066

		鳥	鬼	飛	頁	雨	足	舟	木	手	21画			魚	馬	香	音	金
鶴	鶯	鷄	魔	飜	顧	露	躍	艦	櫻	攝		鰌	鰈	鰐	騰	馨	響	鐘
常	外	人	常	人	常	常	常	常	人	人		外	外	外	常	人	常	常
1104	1104	1103	1096	871	1075	1056	995	908	595	518		1101	1100	1100	1090	1085	1066	1034

言	24画	鳥		魚	馬	頁	金	山	23画	鳥	魚	馬	音	見	耳	禾	月	22画
讓		鷲	鱒	鰹	驗	顯	鑑	巖		鷗	鰻	驚	響	覽	聽	穰	臟	
人		人	人	外	人	人	常	人		人	外	常	人	人	人	人	人	
970		1105	1101	1101	1089	1073	1034	332		1104	1101	1090	1066	940	877	809	898	

鬯	29画	广	25画		鳥	魚
鬱		廳		鷺	鷹	鱗
常		人		人	人	人
1094		354		1105	1105	1101

1画 一 いち

なりたち 一

「一」をもとに、数をあらわす字や、横画が目じるしの字をあつめる。

この部首の字

画数	字	ページ
0画	一	1
1画	七	7
1画	丁	8
2画	下	9
2画	三	10
2画	上	12
2画	丈	14
2画	万	14
2画	与	16
3画	丑	16
3画	不	16
4画	且	21
4画	丘	21
4画	世	21
4画	丙	22
5画	丞	22
5画	両	23
7画	並	24

ほかの部首の字

字	部首	ページ
二	二部	40
十	十部	160
才	扌部	493
丹	丶部	28
五	二部	41
互	二部	43
井	二部	43
廿	十部	163
友	又部	182
天	大部	263
戸	戸部	487
巨	丨部	27
可	口部	188
平	干部	347
正	止部	623
瓦	瓦部	735
再	冂部	116
吏	口部	201
死	歹部	628
百	白部	761
而	而部	874
亜	二部	44
否	口部	204
更	曰部	566
束	木部	584
来	木部	585
求	氺部	647
豆	豆部	972
事	亅部	39
東	木部	587
画	田部	745
面	面部	1062
夏	夂部	251
爾	爻部	711

一の部 0画 一

一－0画

【一】

1画　1年　〔一〕明朝

音 イチ・イツ

訓 ひと・ひとつ

※下にくる音により「イッ」ともよむ。

一

やや右上がりに、山なりに軽く反らせて書き、最後は止める。

なりたち 指事 一本の横線で、数の一をあらわした字。

意味 ❶数の1。ひとつ。ひとつにする。「一門」 ❷いちばんめ。はじめ。 ❸みんな。

難しい読み 一言居士・一文字・一矢・一日（ついたち・いちにち）・一入・一人（ひとり・いちにん）

名まえで使う読み いっ・いち・おさむ・か・かず・かた・かつ・すすむ・ただ・ち・のぶ・はじむ・はじめ・ひ・ひで・ひと・ひとし・まこと・まさし・もと

【一意専心】いちいせんしん 四字熟語 そのことだけをただひとすじにおこなうこと。例 一意専心勉強にはげむ。参考「一意」も「専心」も、一つのことに心を集中するといういみ。

【一員】いちいん 団体・なかまなどの中のひとり。

【一円】いちえん ある地域のあたり全体。例 関東一円をおそった台風。

【一応】いちおう ①ひととおり。例 友人と一応相談してみる。②とりあえず。ひとまず。例 勉強は一応休みにする。

【一▼概に】いちがいに こまかなちがいを考えないで、全体を同じようにあつかうようす。ひとくちに。例 一概に断定はできない。

【一か八か】いちかばちか 句 どうなるかわからないが思いきってためしてみること。のるかそるか。例 一か八か勝負に出た。

【一から十まで】いちからじゅうまで 句 なにからなにまで。すべて。例 姉はぼくのすることに一から十まで口を出す。

【一丸】いちがん 一つにまとまること。例 全員が一丸となってとりくむ。

【一芸】いちげい 一つのわざ。一つの才能。例 一芸にひいでる（＝一つのわざにすぐれる）。

【一▼撃】いちげき 一回の攻撃。ひとうち。例 敵を一撃のもとにしりぞける。

【一元化】いちげんか いくつかに分かれているしくみなどを、一つにまとめること。一本化。参考「一元」は、もとになるものが一つであること。例 重要書類を一元管理する。

【一言居士】いちげんこじ 四字熟語 どんなことにたいしても、ひとこと自分の意見をいわないと気のすまない人。参考「居士」は、りくつっぽい人をからかっていうことば。

【一元的】いちげんてき いろいろな形をとっていても、もとになるものごとや考え方は一つであるようす。例 一元的なものの見方。

【一期一会】いちごいちえ 四字熟語 一生に一度だけ出会うこと。参考「一期」は、一生のこと。「一会」は、一回会うこと。お茶の会をするときは、いつでも一生にただ一度だけの会と思って大切につとめなさいという、茶道の

一の部 0画 一

心がまえをのべたことばから。

【一言】いちごん/いちげん/ひとこと 一つのことば。例 一言申し上げます。

【一言半句】いちごんはんく 四字熟語 ほんの少しのことば。例 一言半句も聞きもらさない。

【一座】いちざ ①同じ場所に、いあわせること。また、そこにいる人全部。②しばいなどをする人の団体。

【一時】一 いちじ ①今より前の、あるとき。例 一時はなかがわるかった。②その場かぎり。例 一時の間に合わせ。③しばらくの間。例 一時仕事は休もう。二 いっとき/ひととき ①しばらくの間。少しの時間。②むかしの時間の数え方。今の二時間。三 いちどき 同じときに。いっぺんに。同時に。例 庭の花が一時にさいた。

【一事が万事】いちじがばんじ 句 一つのことを見れば、ほかのすべての見当がつくということ。

【一日千秋】いちじつせんしゅう/いちにちせんしゅう 四字熟語 ひじょうにまちどおしいこと。例 一日千秋の思い。参考「一日会わなければ一〇〇〇年も会わないように思われる」のいみから。

【一日の長】いちじつのちょう/いちにちのちょう 故事成語 考えや、うでまえなどが、ほかの人より少しすぐれていること。例 水泳では兄に一日の長がある。参考「年れいが少し上である」といういみから。

【一汁一菜】いちじゅういっさい 四字熟語 ごはんのほかには、汁一ぱいとおかず一種類の食事。そまつな食事のこと。例 一汁一菜のくらし。

【一▼巡】いちじゅん ひとめぐり。ひとまわり。

【一存】いちぞん 自分ひとりだけの考え。

【一代】いちだい ①ある人が、その地位についている間。例 一代で財産をきずく。②その人の一生。例 一代記。③ある一つの時代。

【一大事】いちだいじ 重大なできごと。

【一団】いちだん 一つのあつまり。ひとかたまりの人々。例 乗客の一団。

【一同】いちどう そこにいる人みんな。例 卒業生一同。

【一堂に会する】いちどうにかいする 句 たくさんの人が一つの場所にあつまる。注意「一同に会する」と書かないこと。

【一任】いちにん 役目などを、すっかりまかせること。例 会長に一任する。

【一人▼称】いちにんしょう 話し手や書き手が、自分をさししめすことば。「わたし」「ぼく」など。

【一人前】いちにんまえ ①ひとりぶん。②おとなと同じ能力・資格をもつこと。人なみ。例 一人前の男。対 半人前

【一念】いちねん あることをしようと、ふかく思いこむ心。例 研究を完成したい一念でがんばる。

【一年の計は元▼旦にあり】いちねんのけいはがんたんにあり 句 一年間の計画は、一月一日の朝に立てるのがよい。計画は、はやめにしっかり立てるべきだということ。また、元日の行いはその年一年を左右する、はじめがかんじんのいみにもつかう。

【一念発起】いちねんほっき 四字熟語 思いたってあることをやりとげようと決心すること。例 一念発起して勉強にはげむ。

【一番】いちばん ①順番・順位で、はじめであること。最初。②もっともすぐれていること。③(すもうや碁・しょうぎなどの)ひと勝負。④もっとも。例 いちばん背が高い。参考 ④は、ふつうかな書きする。

[1]【一分】いちぶ ごくわずか。例 一分のすきもないかまえ。

[2]【一部】いちぶ 全体の中のある部分。一部分。対 全部

【一部始終】いちぶしじゅう 四字熟語 はじめからおわりまで。すべて。全部。

【一望】いちぼう 広いところを、ひと目で見わたすこと。例 山の上から町を一望する。

【一望千里】いちぼうせんり 四字熟語 ひと目でずっと遠くまでながめられること。

【一枚看板】いちまいかんばん 四字熟語 (一まいの大きな看板に名前を書かれる役者のよう

1画

な）大勢の中で中心となる人。

【一味】㊀いちみ（わるいことをする）なかま。例 どろぼうの一味。㊁ひとあじ　ほかとちがうとくちょう。例 一味ちがう（＝ほかとは少しちがったあじわいがある）。

【一脈】いちみゃく　ひとつづき。ひとすじ。

1【一名】いちめい　①ひとり。②べつのよび名。例 三月のことを一名「やよい」という。

2【一命】いちめい　いのち。生命。例 あやうく一命をとりとめる（＝たすかる）。

【一面】いちめん　①どこもみな。全体。例 庭一面に花がさきみだれる。②一つの方面。例 べつの一面から考える。③新聞の第一ページ。

【一面識】いちめんしき　一度会って、知っていること。例 一面識もない。

【一▼網打▼尽】いちもうだじん　四字熟語　悪者などを一度にのこらずとらえること。参考 一度うった網で、そこにいるほとんどの魚をとるといういみから。例 犯罪グループを一網打尽にした。

【一目】㊀いちもく　①ちょっと見ること。②碁盤の一つの目。㊁ひとめ　①一度ちょっと見ること。②一度に全体を見わたすこと。

【一目置く】いちもくおく　句　相手が自分よりすぐれているとみとめて一歩ゆずる。例 兄に一目置いている。

【一目散】いちもくさん　わき目もふらずに走るようす。まっしぐら。例 一目散ににげる。

【一目▼瞭然】いちもくりょうぜん　四字熟語　ひと目見ただけではっきりわかること。例 かれがうそを言ってないのは、一目瞭然だ。

【一物】いちもつ　①心の中にもっている、よくない考え。たくらみ。例 腹に一物ある。②一つのもの。

【一も二もなく】いちもにもなく　句　あれこれいうまでもなく。例 ハイキングにさそうとみんなは一も二もなくさんせいした。

1【一文】㊀いちもん　①日本でむかしつかわれたお金の一つ。一文銭。②わずかなお金。例 一文なし（＝お金を全然もっていない）。㊁いちぶん　一つの文章。例 心にのこる一文。

2【一門】いちもん　①同じ血すじの人たち。一族。例 平家の一門。②同じ教えをうけたなかま。同門。

【一問一答】いちもんいっとう　（ふたりで）一つの質問にたいして一つの答えをすること。また、それをくりかえすこと。

【一文字】いちもんじ　一の字のように横にまっすぐなこと。例 口を一文字にむすぶ。

【一▼躍】いちやく　にわかに。きゅうに。例 小説家として一躍有名になった。

【一様】いちよう　どれもみな同じであること。

【一葉落ちて天下の秋を知る】いちようおちててんかのあきをしる　故事成語　ものごとのちょっとした前ぶれを見て、やがてやってくることのようすを知ることのたとえ。参考 秋にほかの木よりもはやく落葉するアオギリの葉が、一まい落ちるのを見て、すでに秋がきていることを知るといういみから。

【一陽来復】いちようらいふく　四字熟語　①冬がおわり、春がくること。②わるいことがつづいたあとに、ようやくよいことがやってくること。例 経済にも一陽来復のけはいが感じられる。参考「一陽」は、あたたかさのこと。「来復」は、もどってくること。

【一覧】いちらん　①ひととおり、ざっと見ること。例 説明書を一覧する。②ひと目で見て内容がわかるようにまとめたもの。例 氏名一覧。

【一理】いちり　一つの理屈。一つの考え。例 きみの意見にも一理ある。

【一律】いちりつ　やり方が、みな同じようであること。例 一律にねだんを上げる。

【一流】いちりゅう　①あることで、すぐれていること。例 一流の学者。／一流のホテル。②その人だけのやり方。例 父一流のてれわらい。

【一両日】いちりょうじつ　一日か二日。きょうあす。例 一両日中に返事をいたします。

【一輪】いちりん　花や車輪のかぞえ方で、一つ。例 一輪のコスモス。

一 いち の部 0画 一

【一▽蓮▽托生】いちれんたくしょう 四字熟語 いっしょに行動して運命をともにすること。例 いこうなったら一蓮托生のかくごでやろう。参考「一蓮」は、同じハスの花のこと。「托生」は、あるものに身をあずけて生きること。死んだあと極楽でいっしょに同じハスの花の上に身をあずけるという、仏教のことばから。

一蓮托生

【一路】いちろ ①ひとすじの道。②めあてのところに、まっすぐにすすむようす。ひたすら。例 一路、南にむかう。

【一を聞いて十を知る】いちをきいてじゅうをしる 故事成語 わずかなことを聞いただけで、多くのことを知ることができる。ひじょうに頭のよいことのたとえ。

【一▽攫千金・一▼獲千金】いっかくせんきん 四字熟語 一度に大もうけをすること。例 一攫千金をねらって油田をほる。参考「一攫」は、ひとつかみのいみ。「千金」は、大金のいみ。ひとつかみで大金を手に入れるといういみから。

一攫千金

【一家言】いっかげん その人だけがもっている意見。また、しっかりとした意見・主張。

【一過性】いっかせい 病気の症状が、すぐにおさまること。参考「一過」は、その場をさっと通り過ぎること。例 一過性の発熱。

【一▼括】いっかつ ひとまとめにすること。例 書類を一括して提出する。

【一▼環】いっかん ①くさりの一つのわ。②全体の中でつながりをもつものの一部。例 ごみひろいは環境活動の一環だ。

【一喜一▼憂】いっきいちゆう 四字熟語 めまぐるしくかわる状況につれて、よろこんだり、心配したりすること。

【一気▽呵成】いっきかせい 四字熟語 ①文章をひといきに書いてしまうこと。例 小説を一気呵成に書き上げる。②ものごとをひといきにやってのけること。例 宿題を一気呵成にかたづける。

【一▼騎当千】いっきとうせん 四字熟語 ひじょうにいさましくて強いこと。例 一騎当千のつわもの。参考「一騎」は、馬にのったひとりの兵士のこと。「当千」は、一騎で一〇〇〇人をあいてにできること。たった一騎で一〇〇〇人をあいてにたたかえるほど強いといういみから。

【一挙】いっきょ ①一つの動作や行動。②一度にすること。ひといきにすること。例 敵を一挙にうちやぶる。

【一挙一動】いっきょいちどう 四字熟語 一つ一つの、こまかいからだの動きやおこない。例 一挙一動に目を見はる。

【一挙手一投足】いっきょしゅいっとうそく 句 ①一つ一つのちょっとした動作のこと。例 生徒たちが先生の一挙手一投足に注目する。②わずかな努力のこと。例 一挙手一投足の労をおしむ。参考㋐「一挙手」は、一度手をあげる動作のこと。「一投足」は、一度足を動かす動作のこと。㋑①は「一挙一動」ともいう。

【一挙両得】いっきょりょうとく 四字熟語 一つのことをして、二つの利益をえること。一石二鳥。

【一計】いっけい 一つのはかりごと。例 一計を案じる(=一つのはかりごとを考えだす)。

1【一件】いっけん ①ことがらや事件などのかぞえ方で、一つ。②例のことがら。例 あの一件はどうなりましたか。

2【一見】いっけん ①一度見ること。②ちょっと見たところ。例 一見のねうちがある。例 一見、ダイヤモンドのようなかがやき。

1【一向】いっこう 少しも。まったく。まるで。例 悪口をいわれても、一向平気だ。参考 多く、下に「…ない」などの打ち消しのことばがくる。例 一向にこわくない。

2【一考】いっこう もう一度、考えてみること。

3【一行】一 いっこう つれだっているなかま。例 一行は、朝はやく上野駅についた。二 いちぎょう 文字などのたてよこのひとならび。

【一刻千金】いっこくせんきん 四字熟語 わずかな時間がひじょうに大きなねうちをもっているということ。例 一刻千金の春の夜。参考「一刻」は、ごくみじかい時間のこと。「千金」は、大金のいみ。ごくみじかい時間が千金のねうちがあるといういみから。→「春宵一刻値千金(554ページ)」。

【一切】いっさい ①なにもかもすべて。全部。例 一切きみにまかす。②(下に打ち消しのことばがきて)ぜんぜん。まったく。例 一切知らない。

【一策】いっさく 一つの考え。例 窮余の一策(=くるしまぎれに考えだした、一つの考え)。

【一糸】いっし 一本の糸。また、ごくわずかであること。例 一糸もまとわず(=すっぱだかで)。/一糸みだれず(=すこしもみだれないで)。

【一▼瞬】いっしゅん まばたきをするくらいのわずかな時間。例 一瞬のできごと。

【一生】いっしょう 生まれてから死ぬまでの間。

【一将功成りて万骨▼枯る】いっしょうこうなりてばんこつかる 故事成語 ひとりの将軍がてがらをたてるかげには、多くの兵士がぎせいとなって、そのほねが戦場にさらされている。てがらが上に立つ人だけのものになって、かげで苦労した人たちの努力がわすれられてしまうことのたとえ。参考「万骨」は、多くの人のほねのこと。

【一笑に付する】いっしょうにふする 句 くだらないことだとわらって、あいてにしない。ばかにして問題にしない。例 ぼくの意見は一笑に付された。参考「一笑」は、ちょっとわらうこと。

【一▼触▼即発】いっしょくそくはつ 四字熟語 ちょっとしたきっかけで、大きな事件になりそうな、ひじょうにきけんな状態のこと。例 A国とB国の間は一触即発の状況にある。参考「一触」は、ちょっとさわること。「即発」は、すぐにばくはつすること。ちょっとさわればすぐにばくはつするといういみから。

【一所▼懸命】いっしょけんめい 四字熟語 ものごとをしんけんに全力でやるようす。ひっしでやるようす。例 一所懸命に練習する。参考「懸命」は、命がけのいみ。むかし、武士が主君からもらった一か所の領地を命がけでまもったことから。このことばから同じいみでつかう「一生懸命」のことばができた。

【一矢を報いる】いっしをむくいる 句 あいてにしかえしをする。わずかでもやりかえす。例 大差をつけられていたが、試合終了まぎわにシュートをきめて、一矢を報いた。参考 あいての攻撃にたいして、一本の矢をいかえして反撃するといういみから。

[1]【一心】いっしん 一つのことに心を集中すること。例 一心に勉強する。

[2]【一身】いっしん 自分。自分ひとり。例 人々の注目を一身にあつめる。

[3]【一新】いっしん 古いものをすっかりかえて、新しくすること。例 デザインを一新する。

【一進一退】いっしんいったい 四字熟語 すすんだり、しりぞいたりすること。また、ものごとがよくなったり、わるくなったりすること。例 病状は、一進一退をくり返した。

【一心同体】いっしんどうたい 四字熟語 べつべつの人の気もちが、ぴったり一つになること。例 選手全員が一心同体となって練習にはげむ。参考「同体」は、一つのからだのいみ。ふたり以上の人の心とからだが一つになるといういみから。

【一心不乱】いっしんふらん 四字熟語 心を一つのことにむけて、ほかのことを考えないこと。

【一▼炊の夢】いっすいのゆめ 故事成語 人の一生は、ときにはさかんになったり、ときにはおとろえたりするが、まるで夢のようにはかないものだといういみ。参考「一炊」は、ごはんなどを一回にたきすること。むかし、中国の青年が宿屋でねむったところ、出世して一生をすごす夢をみた。ところが、夢からさめてみると、宿の主人がにていた「アワ」

一炊の夢

漢字クイズ 部首クイズ 1年でならう「百」の部首はなんでしょう?

一 の部　0画　一

がまだにえないくらいのごくみじかい時間のことだったという話から。

【一寸の光▼陰軽んずべからず】いっすんのこういんかろんずべからず 故事成語 わずかな時間でもむだにしてはいけないということ。参考「一寸の光陰」は、ごくみじかい時間のこと。

【一寸の虫にも五分の▼魂】いっすんのむしにもごぶのたましい 句 どんなに小さくて弱いものにもそれぞれの考えや意地があって、軽くみることはできないということのたとえ。

【一世一代】いっせいちだい 四字熟語 一生のうちでたった一度しかないほど、ねうちがあること。例 一世一代の晴れの舞台。参考「一世」も「一代」も、一生のいみで、同じことばをかさねて、いみを強めたことば。

【一石二鳥】いっせきにちょう 四字熟語 〔一つの石で二羽の鳥をうちおとす、といういみから〕一つのことをして、二つの得をすることのたとえ。参考 同じいみのことばに「一挙両得」がある。

【一石を投じる】いっせきをとうじる 句 反響をよびそうな問題をなげかける。例 学界に一石を投じた新しい学説。参考 水面に石をなげると波紋が広がることから。

【一線を画する】いっせんをかくする 句 はっきり区別をつける。けじめをつける。例 かれらとは一線を画してつきあっている。参考「画する」は、区別するといういみ。一本の線をさかいにして区別するといういみから。

【一▼掃】いっそう のこらずはらいのけること。例 悪を一掃する。

1【一体】いったい ①一つにまとまること。例 クラス全員が一体となって花だんをつくった。②いっぱんに。だいたい。例 一体に物のねだんが高い。③ふしぎだという気もちをあらわすことば。ほんとうに。例 一体どうしたんだ。

2【一帯】いったい そのあたり全部。例 この一帯は、工場が多い。

【一▼旦】いったん ①ひとたび。一度。例 一旦決心したらやりぬく。②ひとまず。例 ここで一旦休けいしよう。

【一▼致】いっち 二つ以上のものが一つになること。例 意見が一致した。

【一知半解】いっちはんかい 四字熟語 知識が足りなくて、よくわかっていないこと。例 一知半解の見当はずれの意見。参考「一知」は、一つの知識、わずかな知識のいみ。「半解」は、半分しかわかっていないこと。

【一朝一夕】いっちょういっせき 四字熟語 わずかの月日。例 一朝一夕には変わらない。

【一長一短】いっちょういったん 四字熟語 よいところもあるが、わるいところもあること。

【一対】いっつい 二つでひとくみになっていること。また、そのもの。例 一対の茶わん。

【一定】いってい 一つにきまっていること。また、一つにきめること。

【一▼徹】いってつ 思いこんだらどこまでもおしとおそうとするようす。がんこ。

一徹

【一転】いってん ①ひと回りすること。一回転。②ようすがすっかりかわること。例 情勢が一転した。

【一頭地を▼抜く】いっとうちをぬく 故事成語 ほかの人たちよりいちだんすぐれている。例 クラスの中で一頭地を抜く実力をもつ。参考「一頭地」は、頭一つ分の高さのいみ。頭一つだけ、ほかの人よりたかく出ているといういみから。

【一刀両断】いっとうりょうだん 四字熟語 ずばっとものごとをかたづけること。例 事件を一刀両断のもとに解決した名刑事。参考「両断」は、二つに切ること。刀をひとふりして、まっ二つに切るといういみから。

【一派】いっぱ ①(学問・芸術・宗教などで)おおもとから分かれ出た一つのなかま。②なかま。例 賛成した一派。

【一敗地にまみれる】いっぱいちにまみれる 故事成語 二度と立ち上がれないほど、ひどくまける。例 一点もとれないで、一敗地にまみれた。参考 一度のたたかいで、完全にまけてどろまみれになるといういみから。

【一▼般】いっぱん ①ありふれていること。ふつう。例一般の人々。対特殊 ②全体。例これはこの地方一般に知られている話です。

【一▼般的】いっぱんてき ①広く行きわたっていて、だれもが知っている。例一般的な道具。②とくべつでなくて、ありきたりである。例一般的な家庭。

【一服】いっぷく ①(お茶・くすりなどを)一回のむこと。②ひと休みすること。

【一片】いっぺん ①一まい。例一片の花びら。②ひときれ。例一片のパン。③ほんの少し。例かれには一片の良心もない。

【一変】いっぺん ようすががらりとかわること。例青空が一変して黒い雲におおわれた。

【一辺▼倒】いっぺんとう ものごとの考え方ややり方などが、ある一方だけにかたよること。例勉強一辺倒。

【一方】いっぽう ①一つの方向・方面。例一方通行。②二つあるもののうちの一つ。片方。例どちらか一方をさしあげます。③そればかり。例人口はふえる一方だ。

【一報】いっぽう かんたんに知らせること。また、その知らせ。例合格の一報がはいった。

【一本化】いっぽんか いくつもあるべつべつのことを、まとめて一つにすること。一元化。例窓口を一本化する。参考「一本」は、まじりけがなく、それだけであること。

【一本調子】いっぽんぢょうし 四字熟語 同じような調子で変化がないこと。単調。例歌が一本調子で、もりあがりにかける。

【一日】一 ついたち 月の第一日め。二 いちにち ①一つの日数。②午前0時から午後十二時までの二十四時間。③朝おきてから夜ねるまで。例一日テレビを見ていた。④ある日。

【一▼泡▼吹かせる】ひとあわふかせる 句 相手が考えていないようなことをして、おどろかせ、あわてさせる。

【一息】ひといき ①一回の呼吸。②ひと休み。例一息入れる。③休まずにひと続きでおこなうこと。例一息にかけのぼる。④少しの努力。例もう一息で入選だった。

【一入】ひとしお いちだんと。ひときわ。いっそう。例中学校に合格し、姉のよろこびもひとしおだ。参考ふつうかな書きする。

【一▼粒種】ひとつぶだね (かわいがっている)ひとりっ子。

【一旗▼揚げる】ひとはたあげる 句 新しく事業などをはじめて、みとめられる。例都会に出て、一旗揚げる。

【一▼肌▼脱ぐ】ひとはだぬぐ 句 (助けをもとめてきた人のために)力をかす。助力する。例親友のために一肌脱いだ。

【一昔】ひとむかし すでにむかしと思われるほど前。例十年一昔。参考ふつう一〇年ほど前をいう。

【一人】一 ひとり ①人の数で、一つ。例お客が一人いる。②自分だけ。例一人でくらす。二 いちにん 人がひとりのこと。

上につく熟語 *一因・*一害・*一▼隅・*一群・*一合目・*一条・*一族・*一段落・*一度・*一読・*一目散・*一夜・*一利・*一輪・*一礼・*一例・*一家・*一角・*一画・*一▼貫・*一気・*一▽揆・*一昨日・*一昨年・*一散・*一酸化炭素・*一式・*一色・*一種・*一周・*一▼緒・*一▼睡・*一席・*一節・*一説・*一層・*一直線・*一手・*一天・*一筆・*一本気・*一本▽槍・*一安心・*一重・*一際・*一筋・*一役

下につく熟語 *画一・均一・▼随一・単一・▼逐一・統一・同一・二者▼択一・万一・▼唯一

一ー1画

【七】

2画 1年 〔七〕明朝

音 シチ
訓 なな・ななつ・なの

※下にくる音により「シッ」ともよむ。

七 七

1画めは右上がりに、2画めは1画めの中心のやや左側で交わらせて最後は止める。

一 七

なりたち 指事

一の部 1画 丁

横棒をまんなかから切る形で、数の7をあらわした字。

七のつく漢字グループ
「七」のグループは「切る」というイメージがある。
↓切 127

意味 ❶数の7。ななつ。❷ななばんめ。

難しい読み 七夕

名まえで使う読み かず・しち・な・なな

【七五調】しちごちょう 日本の詩や歌で、ことばの音の調子が、七音・五音の順にくりかえされる形。

【七言絶句】しちごんぜっく 一つの句が七字で、四つの句からできている漢詩。

【七言律詩】しちごんりっし 一つの句が七字で、八つの句からできている漢詩。

【七転八▼倒】しちてんばっとう／しってんばっとう 四字熟語 七回ころび八回たおれるいみから、くるしんでころげまわること。例 七転八倒のくるしみ。

【七堂▽伽▼藍】しちどうがらん 塔やいろいろな堂など、寺のおもな建物のこと。参考「伽藍」は、寺の建物、大きな寺のいみ。

【七福神】しちふくじん しあわせをあたえてくれる神として、人々から信仰されている七人の神。大黒天・恵比須（寿）・毘沙門天・弁財天・福禄寿・寿老人・布袋の七神。

【七輪】しちりん 炭でやいたりにたりする、土でつくったこんろ。参考 ねだんが七厘ほどの炭で、にものができたことから。

【七宝】しっぽう ①金・銀・銅などでつくったうつわに、ほうろうでもようをやきつけたもの。七宝焼き。②仏教でいう七つの宝物。金・銀・るり・水晶・白さんご・真珠・めのう。

【七夕】たなばた 七月七日の夜、牽牛星と織女星が一年に一度だけ会うという伝説にもとづく行事。竹ざさにねがいごとを書いたたんざくなどをかざる。七夕祭り。

【七草】ななくさ 七種類の草。とくに、春の七草・秋の七草。

【七転び八起き】ななころびやおき 句 何度しっぱいしても、まけないでがんばること。参考 ㋐七回ころんで八回おきあがる、といういみから。㋑「七転八起」ともいう。

上につく熟語 ＊七五三・＊七曜表・＊七色

一－1画

【丁】

2画　3年

〔丁〕明朝

音 チョウ・テイ＊

訓 ＊ひのと

2画めは、1画めの中心の下側で接して真下におろし、最後ははねる。

なりたち 象形

くぎを直角にうちつけたすがたをえがいた字。力づよくまっすぐに立つというイメージをもち、元気のよいわかもののいみにもちいた。

丁のつく漢字グループ
「丁」のグループは「T形にまっすぐ立つ」というイメージがある。これはまた「T形につき当たる、たたく」というイメージにつながる。
↓亭 48　↓停 90　↓成（=成）483　↓打 493
↓汀 648　↓町 744　↓訂 946　↓頂 1067

意味 ❶はたらきざかりの男の人。とくに、雑用などをする男の人。「馬丁」❷町をいくつかに分けた区分。「一丁目」❸本で、うらおもて二ページ分。「乱丁」❹とうふなどをかぞえることば。❺十干の四番め。ひのと。

難しい読み 丁重・丁▼寧

名まえで使う読み ちょう・つよし・てい・よぼろ

【丁丁発止】ちょうちょうはっし 四字熟語 ①刀と刀がぶつかる音をたてて、はげしく切り合うようす。例 丁々発止と切り合う。②はげしく議論し合うようす。参考 ㋐「丁丁」は、つづけて強くうつ音のようす。「発止」は、かたいものどうしが強くぶつかるようす。㋑ふつう「丁々発止」と書く。

【丁字路】ていじろ 「丁」のような形の道路。

【丁重】ていちょう ていねいで、注意がいきとどいていること。例 丁重なもてなし。

【丁▼寧】ていねい ①しんせつで礼儀正しいようす。例 丁寧なあいさつ。②注意がいきとどいていること。例 丁寧な仕事ぶり。／丁寧に説明する。

【丁▼寧語】ていねいご 相手にたいして、あらたまった気もちをあらわすことば。

下につく熟語 *園丁・装丁・*横丁・*落丁・乱丁

【二】2画 二部0画→40ページ

【十】2画 十部0画→160ページ

一－2画

【下】3画

1年 〔下〕明朝

音 カ・ゲ

訓 した・しも・も*と・さげる・さがる・くだる・くだす・くださる・おろす・おりる

下 下

2画めは1画めの中心の下側で接して書く。3画めは2画めに接してもよい。

一 丅 下

なりたち 指事 (⌒)―丅―下 おおいの下に、物があるようすをあらわした字。

意味 ❶した。「上下」❷ひくいところ。「下降」❸したのほうへいく。おりる。「降下」❹おとっている。「下等」❺おわりのほう。「下流」対 ❶～❺上

難しい読み 下戸・下手人・下▼駄・下心・下手

名まえで使う読み か・し・じ・した・しも・もと

使い分け おりる 下りる・降りる

【下りる】上から下へさがる。くだる。ゆるしがあたえられる。例 高い山から下りる。／幕が下りる。／エベレストに登る許可が下りる。

【降りる】乗り物から出る。職や役目をやめる。例 電車から降りる。／社長の役を降りる。／霜が降りる。

【下位】かい くらいや身分・順序などがひくいこと。また、ひくいくらい。対 上位

【下記】かき あるところからあとに書くこと。また、書いてあることがら。対 上記

【下級】かきゅう ①くらいや身分がひくいこと。例 下級裁判所。②学校で下の学年。例 下級生。対 ①②上級

【下▼弦】かげん 満月から、次の新月までの間の半月。月の入りのとき、弦(＝直径)を下にむけて半円形をつくる。下弦の月。対 上弦

【下限】かげん 下のほうの限界。対 上限

【下降】かこう さがること。おりること。例 エレベーターが下降する。対 上昇

【下層】かそう ①地層など、つみかさなったものの下のほう。例 ビルの下層階はレストランが入っています。②身分のひくいほう。対 ①②上層

【下等】かとう ①ていどがひくくて、質がわるいこと。対 上等 ②人がらがわるく、いやしいこと。

【下半身】かはんしん／しもはんしん からだの下の半分。こしから下。対 上半身(じょうはんしん・かみはんしん)

【下流】かりゅう ①川のながれで、河口に近いほう。川下。②社会で、まずしい生活をしている人々。対 ①②上流・中流

【下界】げかい 人間がすむ地上の世界。

【下戸】げこ 酒がほとんどのめない人。対 上戸

【下校】げこう 学校から家に帰ること。例 下校時刻になった。対 登校

【下▼剤】げざい 大便がよく出るようにするくすり。くだしぐすり。

【下山】げざん 山をおりること。

1画

一の部 2画 三

【下車】げしゃ 電車・汽車・自動車などからおりること。対 乗車

【下宿】げしゅく お金をはらい、よその家のへやをかりて生活すること。また、その家。

【下手人】げしゅにん 罪をおかした人。参考 古いことば。とくに、人ごろしをした人。

【下▼旬】げじゅん 月の二十一日からおわりの日までの十日間。→「上旬(13ページ)」・「中旬(26ページ)」。

【下水】げすい 台所やふろばなどでつかった、よごれた水。例 下水道。対 上水

【下船】げせん 船をおりること。対 乗船

【下足】げそく ぬいだ、はきもの。

【下▼駄】げた 木の台に歯をつけ、三つのあなに鼻緒をつけた日本のはきもの。

【下馬評】げばひょう 世間の人がする、かってな批評。例 下馬評どおり、新人が当選した。参考 むかし、主人をまつ間に家来たちが、下馬先(馬から下りてつないでおく場所)でしたうわさ話から。

【下品】げひん ことばづかいや態度が、いやしいこと。品がないこと。対 上品

【下落】げらく 品物のねだんや、ねうちがさがること。例 株価が下落した。

【下▼痢】げり 大便が水のようになって出ること。腹くだし。

【下▼劣】げれつ 心がけなどが、下品でいやしいこと。

【下着】したぎ はだにじかにきるもの。シャツやパンツなど。肌着。対 上着

【下心】したごころ 人に知られないように、心の中で考えていること。参考 多く、よくない場合につかう。

【下火】したび ①火のいきおいがおとろえること。例 火事が下火になった。②ものごとのいきおいがおとろえること。

【下町】したまち 都会で、ひくい土地にあって、商工業のさかんな町。対 山の手

【下見】したみ 前もって見てしらべておくこと。下しらべ。例 試合の会場を下見する。

【下役】したやく 〔役所や会社などで〕自分より位が下の人。対 上役

【下期】しもき 一年を二つに分けたときの、あとの期間。下半期。対 上期

【下座】しもざ 会議やえん会などで、地位のひくい人がすわる席。対 上座

【下手】一 しもて ①下の方向。川が流れていく方向。②ぶたいで客から見て左がわ。対 ①②上手
二 したて ①すもうで組んだとき、あいてのうでの下からまわしをつかむこと。②へりくだること。例 下手に出る。対 ①②上手
三 へた じょうずではないこと。また、その人。対 上手

上につく熟語 ＊下院・＊下部・＊下段・＊下絵・＊下草・＊下地・下役

下につく熟語 以下・階下・風下・川下・眼下・急転直下・降下・＊城下・上下・＊足下(そっか・あしもと)・地下・▼沈下・低下・天下・投下・配下・部下・目下(もっか・めした)・落下・▼零下・＊廊下

一－2画

【三】 3画 1年

〔三〕明朝

音 サン
訓 み・みっ・みっつ

1・2画めは同じ長さに、3画めは1・2画めより長く書き、全て最後は止める。

なりたち 指事 三本の横線で、数の3をあらわした字。

意味 ❶数の3。みっつ。❷さんばんめ。

参考 カタカナ「ミ」のもとになった字。

難しい読み 三味線・三日月

名まえで使う読み かず・こ・さぶ・さむ・さん・そう・ぞう・ただ・なお・み・みつ

【三角】さんかく 三つの角をもった形。三角形。

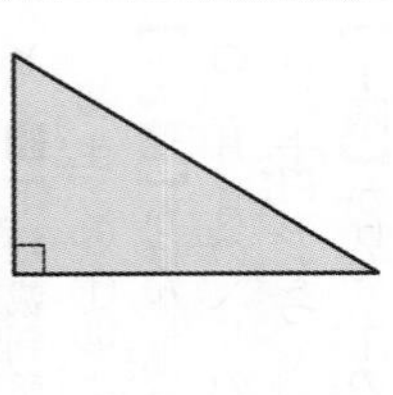

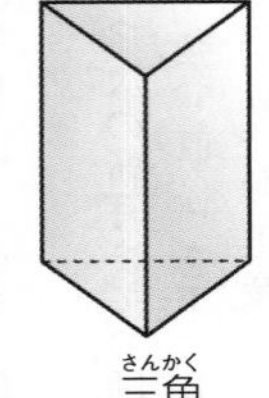
三角

【三角州・三角洲】さんかくす　川上からながれてきた砂や土が、河口にたまってできた三角形の土地。デルタ。

【三寒四温】さんかんしおん　四字熟語　冬、三日ぐらいさむい日がつづいたあと、四日ぐらいあたたかい日がつづき、それがくりかえされること。

【三脚】さんきゃく　ものをのせる、三本足の台。また、三本足のおりたたみ式のこしかけ。例 カメラの三脚。

【三権】さんけん　立法（法律をつくる）権・司法（裁判をする）権・行政（政治をおこなう）権の三つ。例 三権分立（＝それぞれ独立していること）。

【三原色】さんげんしょく　すべての色をあらわすことができる三つの色。参考 クレヨンや絵の具では、赤・黄・青。光では赤・緑・青。

【三顧の礼】さんこのれい　故事成語　仕事をひきうけてもらうために、その人を何度もたずねて、ていねいにたのむこと。参考「三顧」は、三度訪問すること。むかし、中国の劉備という将軍が、自分の部下になってもらうために、諸葛孔明を三度も訪問したという話から。

【三三九度】さんさんくど　四字熟語　結婚式で、夫婦になるふたりが三つ組みのさかずきで三度ずつ、合計九度酒をのむこと。

【三三五五】さんさんごご　四字熟語　ここに三人、あそこに五人というように、人がちらばっているようす。参考 ふつう、「三々五々」と書く。

【三尺下がって師の影を踏まず】さんじゃくさがってしのかげをふまず　句　先生についていくときは、先生から三尺（＝約一メートル）下がって歩き、先生の影をふんではいけない。先生をうやまう心がけをいうことば。

三尺下がって師の影を踏まず

【三十六計逃げるにしかず】さんじゅうろっけいにげるにしかず　故事成語　はかりごとにもいろいろあるが、不利になったときにはにげだして、身の安全をたもつのがいちばんだ。

【三重唱】さんじゅうしょう　ちがう声部を三人で歌う合唱。

【三重奏】さんじゅうそう　三種類の楽器での演奏。

【三十にして立つ】さんじゅうにしてたつ　句　人は三〇歳になると、自分の考えをしっかりもつようになるということ。参考『論語』にあることばで、ここから三〇歳のことを「而立」という。

【三唱】さんしょう　声をあげて三回いうこと。例 万歳三唱。

【三省】さんせい　一日に三度反省すること。何度もくりかえし自分を反省すること。例 三省して自分のわるい点を直す。

【三人官女】さんにんかんじょ　ひな祭りにかざるひな人形のうち、官女（＝宮中などにつかえる女の人）のすがたをした三つ一組みの人形。

【三人称】さんにんしょう　話し手が、自分や聞き手以外の人や物をさしていうことば。「かれ」「これ」「どれ」など。

【三人寄れば文殊の知恵】さんにんよればもんじゅのちえ　句　どんなにむずかしい問題でも三人集まって考えれば文殊のようなすぐれたちえがわいてくるものだということ。参考「文殊」とは、ちえのあるぼさつの名。

【三拝九拝】さんぱいきゅうはい　四字熟語　何度もおじぎをすること。ぺこぺこ頭を下げること。

【三拍子】さんびょうし　①音楽で、一小節が強・弱・弱の三ぱくからできているもの。②三つのことがら。例 人がら・成績・健康と、三拍子そろった人。

【三方】㊀さんぽう　三つの方角・方面。㊁さんぼう　神やほとけに物をそなえるときにつかう白木の四角い台。

【三位一体】さんみいったい　四字熟語　べつべつの三つのものが一つになること。また、三つのものが一つになるために、心を合わせること。例 監督・コーチ・選手が三位一体となって優勝をめざす。参考 父である神と、その子のキリストと、聖霊(=信じる人の心にやどるもの)とは、もともと一人しかいない神の三つのすがたであるということから。

【三面記事】さんめんきじ 四字熟語 新聞で、社会のできごとを知らせる記事。参考 むかし、新聞が四ページしかなかったころ、社会のできごとを第三ページにのせたことから。

【三文】さんもん わずかなお金。価値がひくいことにたとえられる。例 三文小説。／三文判(=安くつくられたはんこ)。

【三味線】しゃみせん 日本にむかしからある楽器。ネコの皮をはった胴と、さおに三本の糸をはったもの。ばちでならす。

【三日月】みかづき 新月から三日めの月。ほそい弓形の月。

【三日天下】みっかてんか 四字熟語 ほんのわずかな間、権力や地位を手に入れることのたとえ。参考 「三日」はごくみじかい期間のいみ。戦国時代、明智光秀が主人である織田信長をたおして天下をとったが、すぐにほろぼされてしまったことから。

【三日▼坊主】みっかぼうず 四字熟語 あきっぽくて、何をやっても長つづきしないこと。また、その人。

下につく熟語 再三・*七五三

一－2画

【上】

3画 1年 〔上〕明朝

音 ジョウ・ショ*ウ

訓 うえ・うわ・かみ・あげる・あがる・のぼる・のぼせる*・のぼす*

1画めは3画めの中心に、2画めは1画めの中心に書く。

丨 ト 上

なりたち 指事 ⌒－⊥－上 下じきの上に、物がのっているようすをあらわした字。

意味 ❶うえ。「地上」 ❷たかいところ。「頂上」 ❸はじめのほう。「上▼旬」 ❹あがる。のぼる。「上▼昇」 ❺すぐれている。「上品」 対 ❶～❺下 ❻ほとり。あたり。「路上」 ❼…の点で。…において。…に関して。「理論上・歴史上」

難しい読み 上戸・上手(かみ・うわて・じょうず)・上人

名まえで使う読み うえ・かみ・じょう・すすむ・たかし・のぼる・ほず・まさ

【上着】うわぎ ①衣服を何まいかかさねた、いちばん上にきる服。対 下着 ②上下でひとくみの服で、上半身にきるほうの服。

【上薬・▽釉薬】うわぐすり とうじきをやくとき、表面にぬってつやを出すくすり。

【上背】うわぜい 背の高さ。身長。例 上背の

使い分け あげる 上げる・挙げる・揚げる

【上げる】物をひくいところから高いところに移す。例 本をたなに上げる。／花火をうち上げる。

【挙げる】はっきりとしめす。おこす。例 手を挙げる。／兵を挙げる。／式を挙げる。

【揚げる】熱い油に入れて料理する。旗などを高いところにかかげる。例 てんぷらを揚げる。／国旗を揚げる。

ある(=背が高い)高校生。

【上役】うわやく 役所や会社などで、くらいが上の人。対 下役

【上期】かみき 一年を二つに分けたときの、はじめの期間。上半期。対 下期

【上座】かみざ 会議やえん会などで、おもだった人がすわる席。じょうざ。上席。対 下座(しもざ・げざ)

【上手】一 かみて ①上の方向。川の上流の方

向。②ぶたいで客から見て右がわ。対①②下手

二うわて ①すもうで組んだとき、あいてのうでの上からまわしをつかむこと。②人よりすぐれていること。また、その人。例むこうの方が一まい上手だ。対①②下手

三じょうず ①うまいこと。また、その人。対下手 ②おせじ。例お上手をいう。

【上位】じょうい くらい・身分・順序などが高いこと。また、上のくらい。対下位

【上意下達】じょういかたつ 四字熟語 上に立つ人の命令や考えを、部下の人たちにつたえること。例上意下達がいきわたって、まとまりのある団体。参考「上意」は、地位が上の人の命令や考え。「下達」は、下の人につたわるようにすること。

【上映】じょうえい 映画をうつして、人に見せること。

【上演】じょうえん 劇をぶたいでおこない、人々に見せること。

1【上気】じょうき のぼせて顔があつくなること。

2【上記】じょうき 上または前に書いてあること。また、その文句。対下記

【上級】じょうきゅう ①くらいや身分が高いこと。②学校で、上の学年。例上級生。対①②下級

【上京】じょうきょう 地方から東京へ行くこと。

【上空】じょうくう 見上げたときの空。また、ある地点の上の空。例上空には雲一つない。

【上下】じょうげ ①(場所、地位や身分などの)上と下。②上がったり下がったりすること。③(電車やバスの)のぼりとくだり。④上と下で、対になったもの。例上下のおそろい。

1【上▼弦】じょうげん 新月から満月へうつる間の半月。月の入りのとき、弦(=直径)を上にむけて半円形をつくる。上弦の月。対下弦

2【上限】じょうげん 上のほうの限界。例割引は上限一万円までです。対下限

【上戸】じょうご ①酒がたくさんのめること。また、その人。対下戸 ②酒によったときのくせをいうことば。例泣き上戸。

【上皇】じょうこう 天皇の位をゆずった人をとうとんでいうよび名。

【上皇后】じょうこうごう 第一二五代天皇が退位したときに、皇后に与えられたよび名。

【上司】じょうし 役所や会社で、くらいの上の人。例上司の命令。

【上質】じょうしつ 品質が上等なこと。

【上首▼尾】じょうしゅび ものごとがうまくいくこと。

【上▼旬】じょうじゅん 月の一日から十日までの、十日間。初旬。→「中旬(26ページ)」・「下旬(10ページ)」。

【上▼昇】じょうしょう のぼること。あがるこ

漢字博士になろう!

読み方でいみがかわる熟語

熟語の中には読み方が二つ以上あるものがあります。読み方でいみがかわるので、文章ぜんたいを考えながらきめましょう。

- ●上方 かみがた……関西地方。 じょうほう……上のほう。
- ●文書 ぶんしょ……文章を書いたもの。 もんじょ……むかしの文章や書物。
- ●変化 へんか……かわること。 へんげ……すがたをかえてあらわれること。
- ●風車 ふうしゃ……風の力でまわし、動力にする機械。 かざぐるま…風がふくとまわるようにしたおもちゃ。
- ●強力 きょうりょく…力がつよいこと。 ごうりき……山で荷物をはこぶ人。
- ●色紙 しきし……四角な厚紙。 いろがみ……いろいろな色にそめてある紙。
- ●分別 ふんべつ……物事の善悪を見分けること。また、その力。 ぶんべつ……種類によって分けること。

右の例のほかに高潮(こうちょう・たかしお)、利益(りえき・りやく)、末期(まっき・まつご)などがあります。

漢字クイズ 部首クイズ 2年でならう「同」の部首はなんでしょう?

と。例 上昇気流。対 下降・低下

【上上】じょうじょう この上もなくよいこと。例 調子は上々。参考 ふつう、「上々」と書く。

【上申】じょうしん 意見や事情などを、上役や上級の役所に申し出ること。例 上申書。

【上水】じょうすい のみ水などにつかうために、貯水池などから引く水。例 上水道。対 下水

【上製】じょうせい ふつうよりもよくつくってあること。また、そのもの。対 並製

【上席】じょうせき ①おもだった人がすわるところ。対 末席 ②くらいが高いこと。

【上層】じょうそう ①つみかさなったものの上のほう。②身分の高いほう。対 ①②下層

【上達】じょうたつ じょうずになること。

【上出来】じょうでき できぐあいがよいこと。例 一か月でここまでできれば上出来だ。

【上等】じょうとう ていどが高くて、質がよいこと。対 下等

【上得意】じょうとくい たくさん買ってくれる客。

【上人】しょうにん 徳の高い、りっぱな坊さんをとうとんでいうよび名。例 法然上人。

【上半身】じょうはんしん／かみはんしん からだの腰から上の部分。対 下半身(かはんしん・しもはんしん)

【上品】じょうひん 品がよいこと。対 下品

【上陸】じょうりく 水上から陸にあがること。例 台風は沖縄県に上陸しそうだ。

【上流】じょうりゅう ①川のながれで、みなもとに近いほう。川上。②社会で、生活ていどが高い人々。対 ①②下流・中流

上につく熟語 *上代・*上段・*上部・*上方(じょう・かみがた)

下につく熟語 以上・▼炎上・屋上・海上・階上・風上・川上・机上・逆上・計上・▼献上・口上・向上・最上・*山上・史上・至上・紙上・誌上・身上(しん・しんじょう)・水上・席上・▼卓上・天上・▼浮上・返上・無上・陸上・路上

一 - 2画

【丈】

3画 常用 〔丈〕明朝

音 ジョウ 訓 たけ

なりたち 会意 十と又(=手)を合わせた字。手の指ではかった長さをあらわした。

意味 ❶むかしつかわれた、長さの単位。一丈は約三・〇三メートル。❷せのたかさ。「背▼丈」❸つよい。しっかりしている。❹かぶき役者の芸名の下につけて、その人をうやまうことば。「▼菊五郎▼丈」

名まえで使う読み じょう・たけ・ひろ・ます

【▼丈夫】一 じょうふ りっぱな男。二 じょうぶ ①からだが健康で病気などしないようす。例 丈夫にそだつ。②しっかりしていて、こわれたりしないこと。例 丈夫なくつ下。

下につく熟語 ▼頑丈・気丈・万丈・*方▼丈

一 - 2画

【万】

3画 2年

艹 - 9画 【萬】 12画 人名

〔万〕明朝

音 マン・バン* 訓 —

万 万 一 ラ 万

1画めを長く、2画めの最後ははね、3画めは1画めの中心の下側で接してはらう。

なりたち 象形 萬(万)

「万」は、卍(まんじ)からかわった字で、古くから「萬」のかわりにもちいていた。「萬」は、はげしい毒をもつサソリをえがいた字。数の一〇〇〇〇の位をあらわすのにもちいた。

意味 ❶数の単位。一〇〇〇〇の位をあらわす。「一万円」❷たくさんのかず。すべて。「万病」

難しい読み 万▼歳(ばんざい・まんざい)・万人(ばんにん・まんにん)

名まえで使う読み かず・かつ・すすむ・たか・つむ・つもる・ばん・まん・よろず

【万感】ばんかん 心にうかぶ、さまざまな思い。例 万感胸にせまる。

【万国】ばんこく 世界のすべての国々。例 万国共通のマナー。

【万▼歳】一 ばんざい ①めでたいことをいわ

って、となえることば。例 万歳三唱。②こうさんする。お手あげ。例 もはや打つ手がなくなり、万歳した。

二 まんざい　正月のはじめに、家々を回っていわいのことばをのべ、おどる芸。

【万事】ばんじ　すべてのことがら。

【万事休す】ばんじきゅうす 故事成語 すべてのことがおわって、どうしようもなくなる。

【万障】ばんしょう　いろいろなさしつかえ。例 万障おくりあわせのうえご出席ください。

【万▼丈】ばんじょう　一丈の一万倍。きわめて高い(深い)こと。例 波瀾万丈。

【万全】ばんぜん　完全で、少しのおちもないこと。例 万全の策を立てる。

【万▼端】ばんたん　すべてのことがらや方法。例 用意万端ととのえる。

【万難を▼排する】ばんなんをはいする 句 目的をはたすために、多くの困難やいろいろな障害をおしのける。例 万難を排して期日までに完成させます。参考「万難」は、多くの困難のいみ。「排する」は、おしのける、しりぞけるのいみ。

【万人】ばんにん／ばんじん　多くの人。すべての人。例 かれの才能は万人がみとめている。

【万能】ばんのう　①何にでもききめがあること。例 万能薬。②すべてのことにすぐれていること。例 スポーツ万能の生徒。

【万物】ばんぶつ　世の中にある、すべてのもの。あらゆるもの。例 万物の霊長(＝人のこと)。

【万民】ばんみん　すべての人民。例 万民の幸福をねがう。

【万有引力】ばんゆういんりょく　宇宙にあるすべての物体が、おたがいに引き合う力。

【万▼雷】ばんらい　多くのかみなり。大きな音のたとえにつかう。例 万雷の拍手。

【万緑▽叢中紅一点】ばんりょくそうちゅうこういってん 故事成語 大勢の男の人たちの中に、女の人がひとりだけまじっていることのたとえ。参考 ㋐「万緑」は見わたすかぎりのみどり、「叢中」は草むらの中のいみ。いちめんのみどりの中に、ただ一つ赤い花がさいているといういみから。㋑「紅一点」だけでもつかう。

万緑叢中紅一点

【万一】まんいち　ひょっとして。万が一。例 万一おくれたら、電話をください。

【万▼華鏡】まんげきょう　三まいの鏡をむかいあわせにしたつつに、こまかい色紙を入れた物。回しながらのぞくと変化するもようが見られる。

【万年】まんねん　①一万年。また、とても長い年月。②いつもその状態であるようす。例 万年雪。

漢字博士になろう！

形のかわる部首

部首の中には、形のかわるものがあります。このとき、部首のよび方もかわるので注意しましょう。

人	人(ひと)	人・以
	イ(にんべん)	信・倍・仏
	へ(ひとやね)	全・今・会
刀	刀(かたな)	切・刃・分
	刂(りっとう)	列・刻・利
心	心(こころ)	志・急・応
	忄(りっしんべん)	性・慣・快
	㣺(したごころ)	慕・恭
水	水(みず)	氷・泉・永
	氵(さんずい)	海・汽・潮
	氺(したみず)	泰・求
火	火(ひ)	灰・炎・炭
	火(ひへん)	灯・焼・燃
	灬(れんが、れっか)	照・熱・点
示	示(しめす)	祭・票・禁
	礻(しめすへん)	祖・祝・福
肉	肉(にく)	肉・腐
	月(にくづき)	肺・育・肥
衣	衣(ころも)	表・裁・製
	衤(ころもへん)	補・複・被
手	手(て)	承・挙・撃
	扌(てへん)	折・投・打

こたえ　口(くち)

一（いち）の部　2画 与　3画 丑・不

【万年雪】まんねんゆき　高い山などで見られる、一年じゅうきえずにのこっている雪。

【万年筆】まんねんひつ　じくの中のインクが自動的に出るしくみのペン。

【万病】まんびょう　すべての病気。あらゆる病気。

【万葉仮名】まんようがな　ひらがなやかたかながつくられるより前、漢字の音や訓をつかって、日本語の音を書きあらわすためにつかわれた漢字。たとえば「花」を「波奈」などと書いた。参考 日本でいちばん古い歌集『万葉集』につかわれたことから、この名がついた。

【万力】まんりき　工作をするとき、物が動かないように、はさんでしめつけておく道具。

下につく熟語 *億万・▼巨万・*千万（せんばん・せんまん）

一－2画

【与】3画 常用

臼－7画 【與】14画 人名 〔与〕明朝

音 ヨ

訓 あたえる

なりたち 形声 －與（与）

もとの字は「與」。舁は、四本の手の形。与は二つの線がかみあう形。この二つを合わせて、いっしょに手を組んで、なかまになることをあらわした。

與のつく漢字グループ

「與」のグループは「いっしょに組む」「いっしょにもちあげる」というイメージがある。

→挙（＝擧）504　→誉（＝譽）955

意味 ❶**あたえる**。「貸▼与」 ❷**なかまになる**。「▼与党」

参考 ひらがな「よ」、カタカナ「ヨ」のもとになった字。

名まえで使う読み あたえ・あと・あとう・くみ・すえ・とも・のぶ・ひとし・よ・よし

【▼与奪】よだつ　あたえることと、とりあげること。例 生殺与奪。

【▼与党】よとう　政権を担当している政党。対 野党

下につく熟語 関▼与・給▼与・寄▼与・供▼与・*参▼与・授▼与・賞▼与・贈▼与・*投▼与・付▼与・*分▼与・▼猶予

【才】3画 扌部0画↓493ページ

一－3画

【丑】4画 人名

〔丑〕明朝

音 チュウ

訓 うし

なりたち 象形 指をまげて、物をつかむようすをあらわした字。

意味 ❶**十二支の二番め。時刻では午前二時、またはその前後二時間をあてる。動物では、うし。**❷**方角の、北北東。**

名まえで使う読み うし・ちゅう・ひろ

【▼丑▼寅】うしとら　十二支であらわす方角で、北東のこと。参考 鬼が出入りすると考えられ、よくない方角とされた。

【▼丑三つ時】うしみつどき　①むかしの時刻のよび方で、今の午前二時から二時半ごろ。②ま夜中。深夜。例 草木もねむる丑三つ時。

一－3画

【不】4画 4年

〔不〕明朝

音 フ・ブ

訓 —

不 不

一 ア 不 不

3画めの始めの部分は、2画めと軽く交差させても、2画めの右側で接してもよい。

なりたち 象形 －－不

まるくふくれた花のがくをえがいた字。打ち消しのことばにもちいた。

不のつく漢字グループ

「不」のグループは「まるくふくれる」というイメージがある。

→否204　→杯588

意味 **あることばの上につけて下のことばを打ち消すことば。…でない。…しない。**「不信」

〔参考〕ひらがな「ふ」、カタカナ「フ」のもとになった字。

〔使い分け〕「不純」と「不順」、「不信」と「不振」「不審」など、読み方が同じでいみのちがうことばを区別してつかおう。

〔難しい読み〕不作法（＝無作法）・不用心（＝無用心）

【不安】ふあん　心配のためにおちつかないこと。

【不案内】ふあんない　ようすがよくわからないこと。例 不案内な土地。

【不意】ふい　思いがけないこと。とつぜん。例 不意を打つ（＝とつぜんおそう）。

【不運】ふうん　運がわるいこと。対 幸運

【不衛生】ふえいせい　きたないこと。衛生的でないこと。例 不衛生なベッド。

【不得手】ふえて　とくいでないこと。対 得手

【不▼穏】ふおん　よくないことがおこりそうなようす。険悪。例 不穏な空気がただよう。

【不可】ふか　①よくないこと。いけないこと。子どもだけの参加は不可。②熟語につけて、「～できない」のいみ。例 不可解な行動。

【不快】ふかい　おもしろくないこと。不愉快。

【不快指数】ふかいしすう　人が不快だと感じるていどを、気温と湿度の組み合わせによってあらわす数値。

【不可解】ふかかい　わけがわからないこと。例 不可解な事件。

【不覚】ふかく　①思わずしてしまうこと。例 不覚のなみだをこぼす。②考えたり感じたりするはたらきがなくなること。例 前後不覚。

【不可欠】ふかけつ　なくてはならないこと。例 水や空気は人間にとって不可欠なものだ。

【不可▼抗力】ふかこうりょく　〔四字熟語〕人の力ではどうにもふせぎようのないこと。

【不可思議】ふかしぎ　人間の考えでは、おしはかることのできないこと。ふしぎ。

【不可▼侵】ふかしん　ほかの国が、自国の領土などをおかすことをゆるさないこと。例 不可侵条約。

【不格好】ぶかっこう　かっこうや形がわるいこと。見ばえがわるいこと。

【不可能】ふかのう　できないこと。可能でないこと。例 実現は不可能だ。対 可能

【不可▼避】ふかひ　さけられないこと。例 値上げは不可避だ。

【不可分】ふかぶん　強くむすびついていて、わけることができないこと。例 不可分の関係。

【不完全】ふかんぜん　かけたところがあること。完全でないこと。対 完全

【不機▼嫌】ふきげん　きげんがわるいこと。ふゆかいなようすが、顔や態度にあらわれること。

【不規則】ふきそく　規則正しくなく、みだれていること。例 不規則な生活。

【不▼吉】ふきつ　えんぎがわるくてよくないことがおこりそうなこと。例 不吉な夢をみた。

【不気味】ぶきみ　不安な気もちをいだかせるようす。気味がわるい。〔参考〕「無気味」とも書く。

1【不休】ふきゅう　休まないこと。例 不眠不休。

2【不▼朽】ふきゅう　いつまでもねうちがなくならないこと。例 不朽の名作。

1【不▼況】ふきょう　けいきがわるいこと。不景気。対 好況

2【不興】ふきょう　①おもしろみのないこと。②きげんのわるいこと。例 不興を買う（＝目上の人のきげんをわるくする）。

【不器用】ぶきよう　手先の仕事がへたなこと。対 器用。〔参考〕「無器用」とも書く。

【不▼謹▼慎】ふきんしん　ふまじめなこと。

【不▼遇】ふぐう　運がわるいため、才能がありながら、世の中にみとめられないこと。

【不▽倶▼戴天】ふぐたいてん　〔四字熟語〕はげしくあいてをにくむこと。例 不倶戴天のかたき。〔参考〕ともに天をいただくことはできない（＝にくくて同じ空の下にいられない）といういみから。

不倶戴天

【不▼屈】ふくつ　どんなことにもくじけない

漢字クイズ　部首クイズ　3年でならう「死」の部首はなんでしょう？

一の部 3画 不

こと。例 不屈の精神。

【不景気】ふけいき ①けいきがわるいこと。不況。対 好景気 ②しずんで元気がないこと。例 不景気な顔をしている。

【不経済】ふけいざい むだが多いこと。

【不潔】ふけつ ①よごれていて、きたないこと。例 不潔なへや。②心のもち方やおこないが、みだらでけがらわしいこと。対 ①②清潔

【不言実行】ふげんじっこう 四字熟語 あれこれと、りくつをいわないで、じっさいにやること。

1【不孝】ふこう 親につくさないこと。対 孝行

2【不幸】ふこう ①しあわせでないこと。対 幸福 ②人が死ぬこと。例 親類に不幸があった。

【不公平】ふこうへい かたよりがあって、公正でないこと。例 不公平な判定。対 公平

【不合理】ふごうり りくつにあわないこと。

【不心得】ふこころえ 心がけのわるいこと。例 不心得者。

【不在】ふざい その場にいないこと。とくに、家にいないこと。例 あいにく父は不在です。

【不細工】ぶさいく ①つくりのぐあいが悪いこと。②顔かたちがみにくいこと。

【不作】ふさく 作物のできがわるいこと。対 豊作

【不作法】ぶさほう →「無作法(700ページ)」。

【不様】ぶざま かっこうがわるくて、みっともないこと。参考「無様」とも書く。

【不賛成】ふさんせい 人の意見や考えに同意しないこと。

1【不治】ふじ/ふち 病気などがなおらないこと。例 不治のやまい。

2【不時】ふじ 思いがけないとき。例 不時の客。

【不思議】ふしぎ どう考えてもへんで、わけがわからないこと。例 不思議なできごと。

【不自然】ふしぜん わざとらしさや無理が感じられること。自然でないこと。例 不自然なわらい。対 自然

【不時着】ふじちゃく 飛行機がこしょうなどで予定地ではない場所におりること。「不時着陸」のりゃく。

【不実】ふじつ ①まじめでないこと。例 不実なおこない。②事実でないこと。例 真実と不実。

【不始末】ふしまつ ①あとしまつがわるいこと。例 火の不始末。②だらしのない、よくないおこない。例 不始末をわびる。

【不死身】ふじみ ①うたれてもきずつけられても、なんともない強いからだ。②どんなことにもくじけないこと。また、そのような人。

【不▼惜身命】ふしゃくしんみょう 四字熟語 ほとけの教えをまなぶために、命もおしまずにつとめること。

漢字博士になろう!

国字(日本でつくられた字)

漢字のほとんどは、中国からつたわったものです。しかし、中国の漢字が、日本のことばとうまく合わなかったり、合う漢字がないときは、日本人が新しい漢字をつくりだしました。それが国字です。

たとえば「働」は、「動」という漢字に「イ」をつけて、「人が動くこと」→「はたらく」といういみの漢字になります。そのほかの例に次のようなものがあります。

・辻 十字路。
・鱈 雪の降る地方でとれる魚。
・躾 身を美しくたもつこと。
・凧 巾(=きれ)が風で空にあがる。
・榊 神事にもちいる木。
・閊 門から山ははいらない。

このほか、畑・畠、峠なども国字です。

では「糎・粁」はなんのいみでしょう。「米」はメートルをあらわします。ですから、厘(=一〇〇分の一)がつくと、「センチメートル」、千(=一〇〇〇倍)がつくと「キロメートル」をあらわします。これも、国字です。

このように、国字は部首と漢字、漢字と漢字を組み合わせて、いみをあらわすようにくふうしてつくられています。

1**【不純】**ふじゅん ①まじりもののあること。例不純物。②考え方やおこないに、正しさやきよらかさがないこと。対①②純粋

2**【不順】**ふじゅん 天候や気候が順調ではなくて、よくないこと。使い分け「不純」と区別してつかおう。

【不▼詳】ふしょう くわしくわからないこと。例作者不詳。

【不▼浄】ふじょう ①けがれていること。対清浄 ②便所。参考②は「ご不浄」の形でつかう。

【不▼肖の子】ふしょうのこ 親(=とくに父親)ににていない、おろかな子ということ。参考「不肖」は、にていないのいみ。

【不承不承】ふしょうぶしょう 四字熟語 いやいやながらするようす。しぶしぶとするようす。例母のいいつけで、不承不承そうじをする。参考「不承」は、しかたなく承知するというい みで、ことばをかさねていみを強めたもの。

1**【不信】**ふしん 信用できないこと。例不信の念をいだく。

2**【不▼振】**ふしん いきおいがさかんでないこと。例テストの成績が不振だ。

3**【不▼審】**ふしん わからないところやうたがわしいところがあること。例かれの行動には不審なところがある。使い分け「不信」と区別してつかおう。

【不信任】ふしんにん 信任して、まかせられないこと。信任しないこと。対信任

【不▼寝番】ふしんばん ひとばんじゅう、ねむらないで見はりをすること。また、その人。

【不▼随】ふずい からだが思うように動かないこと。例半身不随。

【不正】ふせい 正しくないこと。正しくないおこない。例不正をはたらく。/不正な事件。

1**【不足】**ふそく ①足りないこと。例水不足。②不満であること。例あいてに不足はない。

2**【不測】**ふそく (よくないことを)前もって知ることができないこと。例不測の事態がおきる。

【不▼即不▼離】ふそくふり 四字熟語 二つのものの関係が、くっつきすぎてもいないし、はなれすぎてもいないこと。つかずはなれず。参考「不即」は、近づかないこと。「不離」は、はなれないこと。

【不断】ふだん ①たえまなくつづくこと。例不断の努力。②なかなかきめることができないこと。例優柔不断。

【不調】ふちょう ①話し合いがまとまらないこと。例交渉が不調に終わる。②調子がわるいこと。例投手が不調でなかなかかてない。対好調

【不調法】ぶちょうほう ①注意などがゆきとどかず、あいてにめいわくをかけたり、いやな思いをさせたりすること。②礼儀作法についてのしっぱい。あやまち。例とんだ不調法をいたしました。③酒をのんだり、遊びごとをしたりするたしなみがないこと。

【不通】ふつう ①のりものや電話が通じなくなること。②たよりがないこと。例音信不通。

【不都合】ふつごう ①ぐあいがわるいこと。対好都合 ②よくないこと。例不都合をしでかす。

【不▼逞】ふてい しきたりなどをむしして、かってにふるまうこと。例不逞のやから。

【不敵】ふてき どきょうがあり、何ごともおそれないこと。例大胆不敵。

【不手際】ふてぎわ やり方がへたなこと。例守備の不手際でまける。

【不当】ふとう りくつに合わなくて正しくないこと。例不当な利益。対正当

1**【不同】**ふどう 同じでないこと。そろわないこと。例順不同。

2**【不動】**ふどう ①動かないこと。例不動の姿勢。②不動明王のこと。悪魔や人間のわるい心をたいじするほとけ。

【不動産】ふどうさん 土地や建物など、動かせない財産。対動産

【不▼撓不屈】ふとうふくつ 四字熟語 どんな困難に出会っても、けっしてくじけないこと。例不撓不屈の精神。参考「不撓」も「不屈」も、気力がくじけないこと、まけないこと。

こたえ 歹(かばねへん)

一 いちの部 3画 不

【不▼透明】ふとうめい ①すきとおっていないこと。例 不透明なくもりガラス。②はっきりしないこと。例 不透明なお金のつかいみち。

【不徳】ふとく ①道徳にはずれること。不道徳。②徳が足りないこと。例 わたしの不徳のいたすところです。

【不特定】ふとくてい とくにきまっていないこと。例 不特定多数。

【不能】ふのう しようとしてもできないこと。例 再起不能。／使用不能。対 可能

【不敗】ふはい 一度もまけないこと。

【不買】ふばい ある商品を買わないこと。

【不発】ふはつ ①うったたまが、出ないこと。爆発しないこと。②しようと思っていたことが、できなくなること。例 計画が不発におわる。

【不備】ふび じゅうぶんに、ととのっていないこと。例 書類に不備がある。対 完備

【不評】ふひょう 評判がよくないこと。例 不評を買う(=よくない評判をうける)。

【不▽憫】ふびん かわいそうなようす。例 親をなくした不憫な子ねこ。

【不服】ふふく じゅうぶんだと思っていないこと。不満。不平。

【不文律】ふぶんりつ 文章として書かれていなくても、たがいにみとめあって守っているきまり。

【不平】ふへい 思いどおりにならなくて、気もちがおさまらないこと。不服。不満。例 不平不満。

【不変】ふへん ずっと同じであること。変化しないこと。

【不便】ふべん つごうのよくないこと。例 交通の不便なところ。対 便利

【不▼偏不党】ふへんふとう 四字熟語 どちらの味方もしないし、ひいきもしないこと。例 不偏不党の立場をとる。参考 「不偏」は、かたよらないこと。「不党」は、なかまにくわわらないこと。

【不法】ふほう 国できめたことをまもらないこと。法律にそむくこと。

【不本意】ふほんい 自分のほんとうの気もちとちがうこと。例 不本意な結果。

【不満】ふまん ものたりなくて、心がみたされないこと。不服。不平。例 不満をもらす。

【不▼眠】ふみん ねむらないこと。また、ねむれないこと。例 おばあさんは不眠症だ。

【不▼眠不休】ふみんふきゅう 四字熟語 ねむることも休むこともしないこと。例 不眠不休ではたらく。

【不明】ふめい ①はっきりしていないこと。例 ゆくえ不明。②ものごとを正しく見ぬく力が足りないこと。例 不明をはじる。

【不▼滅】ふめつ いつまでもほろびないこと。

【不毛】ふもう 土地がやせていて、作物や草木がそだたないこと。例 不毛の地。

【不問に付す】ふもんにふす 句 といつめないことにする。とくに問題としてとりあげないで、そのままにする。

不問に付す

【不夜城】ふやじょう 夜でも昼のように明るくにぎわっている場所。

【不▼愉快】ふゆかい 楽しくなくて、いやな気分になること。おもしろくないようす。例 不愉快な人のうわさ話。対 愉快

1【不用】ふよう つかわないこと。例 不用の品をすてる。対 入用

2【不要】ふよう 必要でないこと。いらないこと。例 入会金は不要です。対 必要

【不用意】ふようい 用意や準備がないこと。また、用心や注意が足りないこと。例 不用意な発言。

【不用心】ぶようじん →「無用心」(700ページ)。

【不利】ふり ①利益がないこと。得にならないこと。②立場や条件がわるいこと。対 ①②有利

【不▼慮】ふりょ 思いがけないこと。例 不慮の死をとげる。

1【不良】ふりょう ①よくないこと。例 不良品。②性質やおこないがよくないこと。また、そのような人。例 不良少年。

2【不漁】ふりょう 魚や貝などのえものが少な

いこと。㊟ 大漁・豊漁

【不老長▼寿】ふろうちょうじゅ 四字熟語 年をとらず、いつまでも長生きすること。例 不老長寿のくすり。

【不老不死】ふろうふし 四字熟語 いつまでも年をとらないで、死なないこと。例 不老不死の仙人。

【不和】ふわ なかがわるいこと。

【不▼惑】ふわく 四〇歳のこと。参考 惑わず(=まよわない)といういみで、中国の『論語』という本の「四十にして惑わず」ということばから。

上につく熟語 不衛生・*不確定・不可▼侵・不格好・不可分・*不均▼衡・*不具・不細工・*不自由・*不十分・*不戦勝・不調法・*不定・*不体裁・*不出来・*不適当・*不得意・*不人情・*不燃・不文律・*不養生

【丹】4画 丶部3画→28ページ
【五】4画 二部2画→41ページ
【互】4画 二部2画→43ページ
【井】4画 二部2画→43ページ
【廿】4画 十部2画→163ページ
【友】4画 又部2画→182ページ
【天】4画 大部1画→263ページ
【戸】4画 戸部0画→487ページ

一－4画

【且】5画 常用

〔且〕明朝
音 シャ*・ショ*
訓 かつ

なりたち 指事

ものをだんだんと上にかさねるようすをあらわした字。

且のつく漢字グループ
「且」のグループは「つぎつぎにかさなる」というイメージがある。
→助146 →阻439 →査591 →祖795 →租803 →粗833 →組847

意味 そのうえ。どうじに。かつ。

一－4画

【丘】5画 常用

〔丘〕明朝
音 キュウ
訓 おか

意味 小さい山。おか。「▼丘▼陵」

名まえで使う読み お・おか・きゅう・たか・たかし

【▼丘▼陵】きゅうりょう 少し高くなった土地。

下につく熟語 砂▼丘・*段▼丘・*墳▼丘

一－4画

【世】5画 3年

〔世〕明朝
音 セイ・セ
訓 よ

※上にくる音により「ぜ」ともよむ。

1画めを長く。2・3・5画めの間を等しくし、2画めの始まりを一番高くする。

一 十 廾 廿 世

なりたち 指事

十を三つならべ、そのうちの一つを横へ引きのばしてできた字。だいたい三〇年たつと子が親のあとをひきつぐので、人の一世代をあらわした。

意味 ❶よの中。「世間」 ❷年月。時代。「後世・乱世」

参考 ひらがな「せ」、カタカナ「セ」のもとになった字。

名まえで使う読み せ・つぎ・つぐ・とき・とし・よ

【世紀】せいき ①時代。例 原子力の世紀。②紀元元年から一〇〇年をひと区切りとするかぞえ方。

【世界】せかい ①地球上のすべての地域。すべての国々。②世の中。③かぎられたはんい。例 学問の世界。④同じなかまのあつまり。例 役者の世界。

【世界遺産】せかいいさん 世界遺産条約によって保護される重要な世界の文化遺産と自然遺産。

【世界記録】せかいきろく スポーツなどで、世界でいちばんすぐれた記録。世界最高記録。

【世間】せけん ①世の中。社会。②世の中の人々。例 世間にわらわれる。

1【世事】せじ 世の中のできごと。例 世事にうとい(=世の中のようすをよく知らない)。

2【世辞】せじ 人のきげんをとるような、あいそのよいことば。例 お世辞がうまい。

【世▼襲】せしゅう (職業・地位・名前などを)親から子へとつぎつぎとうけつぐこと。

参考「襲」は、うけつぐいみ。

【世情】せじょう 世の中のようす・ありさま。例 世情に明るい(=世の中をよく知っている)。

【世人】せじん 世の中の人。世間の人。

【世相】せそう 世の中のようす。例 世相をうつしたコマーシャル。

【世▼俗】せぞく ①世の中の人。世の中。②世の中のならわし。例 世俗にしたがう。

【世▼俗的】せぞくてき 世の中によくみられるようす。俗っぽいようす。例 世俗的な価値。

【世帯】せたい 独立して、すまいや生活をともにしている人々のあつまり。例 世帯主。

【世代】せだい ①人の一生。一代。②同じ年ごろの人々。例 わかい世代。

【世論】せろん／よろん 世の中の、いっぱんの人々の意見や考え。例 世論調査。

【世話】せわ ①めんどうをみること。例 赤ちゃんの世話をする。②なかにはいって話をまとめること。例 仕事の世話をする。③手数がかかること。例 世話がやける。

【世に出る】よにでる 句 世の中に知られるようになる。また、出世する。例 作者の死後、世に出た作品。／十代で世に出た画家。

【世を去る】よをさる 句 死ぬ。なくなる。例 若くして世を去る。

下につく熟語 永世・近世・現世(げんせ・げんせい)・時世・辞世・出世・*処世・前世・早世・*▼俗世・治世・来世

一-4画

【丙】

5画 常用 〔丙〕明朝

音 ヘイ 訓 ひ*のと

なりたち 指事 丙

両がわにぴんとはっているようすをあらわした字。

丙のつく漢字グループ
「丙」のグループは「両がわにぴんとはる」というイメージがある。
→柄 593 →病 753

意味 ❶十干の三番め。ひのえ。❷ものごとのさんばんめ。「▼丙種」❸せいせきをあらわすことばの一つ。

名まえで使う読み あき・え・ひのえ・へい

【巨】5画 丨部4画 → 27ページ
【可】5画 口部2画 → 188ページ
【平】5画 干部2画 → 347ページ
【正】5画 止部1画 → 623ページ
【瓦】5画 瓦部0画 → 735ページ

一-5画

【丞】

6画 人名 〔丞〕明朝

音 ジョウ 訓 ―

なりたち 会意 丞

㔾(しゃがんだ人)と凵(くぼみ)と廾(両手)を合わせた字。穴におちた人を両手ですくいあげるようすを図にして、上にもちあげるというイメージをもち、ささえたすけるいみをあらわした。

丞のつく漢字グループ
「丞」のグループは「もちあげる」「上にあがる」というイメージがある。
→蒸 401 →承(丞+手) 496

意味 たすける。また、たすける役。「▽丞相」

名まえで使う読み じょう・すけ・すすむ・たすく

【▽丞相】じょうしょう むかし、日本や中国で、大臣のこと。

一－5画

【両】

両

両

6画 3年

〔兩〕明朝

音 リョウ

訓 ―

2・3画めの縦画は内向きに。「山」は2・3画めの下側から出さない。

一 丆 冂 币 両 両

なりたち 象形

兩(両)

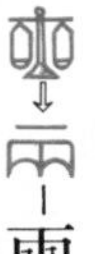

左右がつり合っているはかりをえがいた字。

意味 ❶ふたつ。「両方」 ❷むかしのお金の単位。「千両箱」 ❸電車などをかぞえることば。「車両」

名まえで使う読み もろ・りょう

【両▼替】りょうがえ ある種類のお金をほかの種類のお金にかえること。例 一〇〇〇円さつを一〇〇円玉十個に両替する。

【両岸】りょうぎし／りょうがん 川の両がわの岸。

【両極】りょうきょく ①電気の陽極(＝プラス)と陰極(＝マイナス)。②南極と北極。

【両極▼端】りょうきょくたん ひどくかけはなれている二つのもの。例 ふたりの意見は両極端だ。

【両軍】りょうぐん ①両方の軍隊。②両方のチーム。

【両日】りょうじつ その両方の日。ふつか。例 三日、四日の両日は、外出します。

【両者】りょうしゃ 両方の人。両方のもの。例 両者の言い分を聞く。

【両親】りょうしん 父と母。父母。

【両性】りょうせい ①男性と女性。②二つのちがった性質。例 プラスとマイナスの両性。

【両生類】りょうせいるい 水中と陸上の両方で生活する動物。カエル・イモリなど。

【両▼端】りょうたん／りょうはし 両方のはし。

【両断】りょうだん 二つにたち切ること。例 一刀両断(＝きっぱりと処理すること)。

【両手に花】りょうてにはな 句 二つの美しいもの、またはすばらしいものをひとりじめにすることのたとえ。

【両▼隣】りょうどなり 自分の家や席の、左と右。左隣と右隣。

【両▼刃の▼剣】りょうばのつるぎ 句 つかい方によってはひじょうに役にたつが、つかい方をまちがえるとひじょうにきけんでもあるもののたとえ。

両刃の剣

参考 「両刃」は「もろは」ともいい、両がわに刃のついていること。両がわに刃のある刀は、敵を切ることもできるが、うっかりすると自分をきずつけてしまうおそれもあることから。

【両方】りょうほう 二つあるものの、どちらも。二つとも。

【両面】りょうめん ①両方の面。おもてとうら。例 紙の両面。対 片面 ②二つの方面。例 物心両面からたすける。

故事成語 【両▼雄並び立たず】りょうゆうならびたたず 力が同じくらいのふたりの英雄は、たがいにあらそってあいてをたおすまでたたかうので、ふたりそろってやっていくことはできないということ。

1【両用】りょうよう 二つのことの、どちらにもつかえること。例 水陸両用ののりもの。

2【両様】りょうよう 二通り。例 両様の解釈がある。

【両立】りょうりつ 二つともなりたつこと。例 勉強とスポーツを両立させる。

【両輪】りょうりん ①一本のじくの左右についている二つの車輪。②二つが一組みになって力をはっきすることのたとえ。例 チームの両輪。

【両論】りょうろん 両方の主張。例 賛否両論(＝賛成と反対の二つの考えや意見)。

上につく熟語 ＊両側・＊両眼・両極▼端・＊両成敗・＊両刀・＊両人・＊両翼

一の部 7画 並

【再】6画 冂部4画→116ページ
【吏】6画 口部3画→201ページ
【死】6画 歹部2画→628ページ
【百】6画 白部1画→761ページ
【而】6画 而部0画→874ページ
【亜】7画 二部5画→44ページ
【否】7画 口部4画→204ページ
【更】7画 曰部3画→566ページ
【束】7画 木部3画→584ページ
【来】7画 木部3画→585ページ
【求】7画 氺部2画→647ページ
【豆】7画 豆部0画→972ページ

一－7画

【並】

8画 6年

〔並〕明朝

音 ヘイ*

訓 なみ・ならべる・ならぶ・ならびに

1・2・6・7画めは内向きに。4・5画めは真下におろし、8画めを長く書く。

丶 丷 䒑 䒒 䒓 並 並 並

なりたち 会意 もとの字は「竝」。立（人が立っている形）を二つ合わせて、ならぶことをあらわした。

意味 ❶ならぶ。れつをつくる。「並行」 ❷ふつう。なみ。「並製」

名まえで使う読み なみ・へい・み

【並木】なみき 道の両がわにならべてうえた木。

【並製】なみせい ふつうにつくったもの。対 上製

【並大▼抵】なみたいてい ふつうに考えられていどであること。例 並大抵の苦労ではない。参考 多く、下に打ち消しのことばがくる。

【並行】へいこう ①ならんで行くこと。②二つのことがいっしょにおこなわれること。

使い分け へいこう「平行・平衡・並行」→348ページ

【並立】へいりつ 二つ以上のものが、同等にならんで立つこと。

【並列】へいれつ ①いくつかのものが、横にならぶこと。②いくつかの電池・抵抗などをつなぐとき、電流のみちが分かれるようにつなぐこと。また、そのつなぎ方。並列つなぎ。対 直列

並列②

【事】8画 亅部7画→39ページ
【東】8画 木部4画→587ページ
【画】8画 田部3画→745ページ
【面】9画 面部0画→1062ページ
【夏】10画 夂部7画→251ページ
【爾】14画 爻部10画→711ページ

1画 丨 ぼう たてぼう

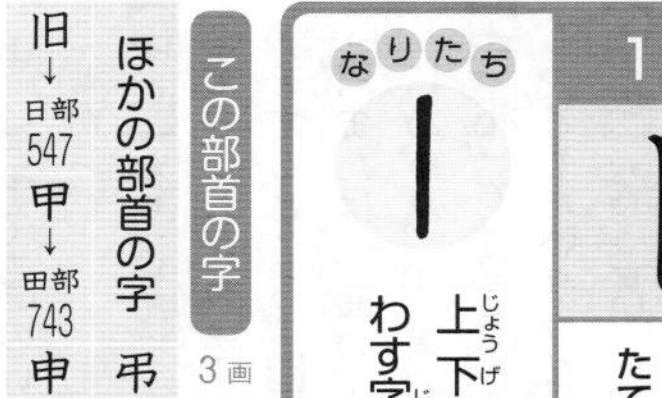

上下につらぬくいみをあらわす字をおさめた。

この部首の字
3画 中 25
4画 巨 27
6画 串 27

ほかの部首の字
弔→弓部 366　出→凵部 123　半→十部 163
旧→日部 547　甲→田部 743　申→田部 743

丨－3画

【中】

4画　1年　〈中〉明朝

音 チュウ・ジュウ
訓 なか

4画めは「口」の中心に書く。4画めの最後は、はらっても止めてもよい。

丨　冂　口　中

なりたち 象形 指事 →中

①はたざおを、わくのまんなかに立てた形をあらわした字。②ぼうが、わくのまんなかをつきとおるようすをえがいた字。

中のつく漢字グループ
「中」のグループは「まんなか」、または「つき通る」というイメージがある。
→仲 63　→忠 457　→沖 652　→衷 925

意味 ❶まんなか。なかほど。「中央」 ❷なか。ものの内がわ。「中身」 ❸毒などにあたる。「中毒」 ❹「中国」のりゃく。「日中友好」 ❺「中学校」のりゃく。「市立三中」

難しい読み 中元・中座・中州（中▽洲）・中日（ちゅうにち・なかび）・中山道

名まえで使う読み あたる・かなめ・ただ・ただし・ちゅう・な・なか・なかば・のり・よし

【中央】 ちゅうおう ①まんなか。中心。②中心となるたいせつなところ。

【中央集権】 ちゅうおうしゅうけん 国の政治の力が、政府にだけあつめられていること。

【中学年】 ちゅうがくねん 小学校の三、四年をいう。対 低学年・高学年

【中学校】 ちゅうがっこう 小学校をおえた人に、三年間の中等義務教育をあたえる学校。

【中間】 ちゅうかん ①二つのもののまんなか。②ものごとのとちゅう。例 中間発表。

【中京】 ちゅうきょう 名古屋のこと。例 中京工業地帯。東京と京都（西京）の中間にあることから。

【中空】 ちゅうくう ①空のまんなかあたり。なかぞら。中天。②中がからっぽであること。

【中▼継】 ちゅうけい とちゅうでうけつぐこと。なかつぎ。例 たすきを中継する。／中継放送。

【中▼堅】 ちゅうけん ①なかまの中で、地位などが中ぐらいの、中心となってはたらく人。例 中堅社員。②「中堅手」のりゃく。野球で、ライトとレフトの間をまもる外野手。センター。

【中元】 ちゅうげん ①陰暦の七月一五日で、祖先の霊をまつる日。うらぼん。②中元のころに人におくる、おくり物。お中元。

故事成語 **【中原に鹿を▼逐う】** ちゅうげんにしかをおう 権力や地位を自分のものにしようとして、たがいにあらそうたとえ。参考「中原」は、中央の野原のいみから、天下のたとえ。「鹿」は、帝王のくらいのたとえ。「逐鹿」ともいう。

【中古】 ちゅうこ ①歴史上の時代区分の一つ。日本では、おもに平安時代にあたる。②つかって少し古くなっていること。また、そのもの。例 中古車。対 新品 参考 ②は「ちゅうぶる」とも読む。

【中国】 ちゅうごく ①「中華人民共和国」のこと。②「中華人民共和国」のある地域の通称。③日本の山陰地方・山陽地方の総称。

【中▼腰】 ちゅうごし 腰を半分上げて、立ちかけたかっこう。

【中座】 ちゅうざ あつまりなどのとちゅうで、席をはずすこと。例 会議を中座する。

【中産階級】 ちゅうさんかいきゅう 資本主義の

漢字クイズ 部首クイズ　4年でならう「加」の部首はなんでしょう？

丨の部 3画 中

社会で、資本家と労働者の間にあたる階級。中流階級。

【中止】ちゅうし　とちゅうでやめること。例 雨のため、遠足は中止になった。

【中▼軸】ちゅうじく　①物の中心をつらぬく棒。②中心となるだいじなものや人。例 中軸選手。

【中秋】ちゅうしゅう　陰暦の八月一五日。例 中秋の名月。参考 ㋐「中秋の名月」は「仲秋の名月」とも書く。㋑「仲秋」は陰暦の八月のこと。

【中▼旬】ちゅうじゅん　月の一一日から二十日までの一〇日間。→「上旬(13ページ)」・「下旬(10ページ)」。

【中傷】ちゅうしょう　ありもしないことを言って、その人のめいよをきずつけること。参考「中」は「中てる」のいみで、「あてて傷つける」ことから。

【中心】ちゅうしん　①まんなかの位置。中央。②ものごとが集中し、もっとも重要なはたらきをするところ。例 攻撃の中心となる選手。③円または球面の、すべての点から同じきょりにある点。④重心。

【中▼枢】ちゅうすう　ものごとの中心となる、もっともたいせつなところ。例 国の中枢。

1 【中世】ちゅうせい　歴史で時代を三つに分けた一つ。古代と近代の間。日本では鎌倉・室町時代。

2 【中性】ちゅうせい　①酸性でもアルカリ性でもない性質。例 中性洗剤。②男とも女ともつかない性質。

【中絶】ちゅうぜつ　とちゅうでやめること。例 病気のため、研究を中絶する。

【中退】ちゅうたい　「中途退学」のりゃく。とちゅうで学校をやめること。

【中断】ちゅうだん　とちゅうで、切れること。例 こしょうのため放送が中断する。

【中天】ちゅうてん　見上げた空のあたり。なかぞら。中空。例 中天に月がかかる。

【中▼途】ちゅうと　①道の中ほど。②ものごとのすすみぐあいが中ほどであること。

【中毒】ちゅうどく　どくにあたること。

【中▼途半▼端】ちゅうとはんぱ　四字熟語 ①ものごとがやりかけのままであること。②どっちつかずなこと。

【中日】㊀ちゅうにち　彼岸のまんなかの日。春分の日と秋分の日。㊁なかび　しばいやすもうなどを人々に見せる期間の、ちょうどまんなかにあたる日。

【中年】ちゅうねん　青年と老年の中ほどの年ごろ。四〇歳ぐらいの年ごろ。

【中▼盤】ちゅうばん　勝負ごとの、中ほどのたたかいの時期。

【中腹】ちゅうふく　山の頂上と、ふもとの間の部分。山の中ほど。

【中立】ちゅうりつ　どちらにもかたよらず、味方にも敵にもならないこと。例 中立の立場をまもる。

【中略】ちゅうりゃく　文章などで、とちゅうの部分をはぶくこと。

【中流】ちゅうりゅう　①川の上流と下流の間のながれ。対 上流・下流 ②世の中で、ふつうのくらしむきの人々。例 中流家庭。対 上流・下流 ③川のながれの中ほど。例 中流に船を出す。

【中和】ちゅうわ　ちがう性質をもつものが合わさって、もとの性質をよわめ、中間の性質のものにかわること。例 アルカリと酸は中和する。

【中州・中▽洲】なかす　川の中に砂や土がつもって、島のように水面から出ているところ。

【中身】なかみ　中にはいっているもの。内容。例 話の中身。参考「中味」とも書く。

上につく熟語 *中位・*中期・*中耳▼炎・*中等・*中部・中和・*中庭

下につく熟語 意中・▼懐中・▼渦中・寒中・眼中・胸中・空中・五里▼霧中・山中・集中・術中・暑中・心中(しんちゅう・しんじゅう)・*▼陣中・背中・的中・道中・▼途中・日中・熱中・夢中・命中・*夜中・連中

【弔】4画 弓部1画 → 366ページ

【出】5画 凵部3画 → 123ページ

【半】5画 十部3画 → 163ページ

【旧】5画 日部1画 → 547ページ

【甲】5画 田部0画 → 743ページ

【申】5画 田部0画 → 743ページ

丨－4画

【巨】

5画 常用 〔巨〕明朝

音 キョ
訓 —

なりたち 象形 工の形のじょうぎをえがいた字。

> **巨のつく漢字グループ**
> 「巨」のグループは「あいだがあいている」というイメージがある。
> →矩 782

意味 ❶たいへん大きい。「巨人」 ❷たいへん多い。「巨額」

注意 「臣」とまちがえないこと。

名まえで使う読み おお・きょ・なお・まさ・み

【巨額】きょがく ひじょうに大きい金額。例 巨額の予算を組む。

【巨漢】きょかん なみはずれて、からだが大きい男。例 二メートルの巨漢選手。

【巨匠】きょしょう 文学や芸術の世界で、すぐれた力をもった人。例 日本美術の巨匠。

【巨人】きょじん ①からだが、ひじょうに大きい人。②とくべつにすぐれたうでまえや、大きな力をもっている人。偉人。

【巨星】きょせい 大きく明るい星。すぐれた人のたとえ。例 巨星落つ（＝偉大な人が死ぬ）。

【巨体】きょたい なみはずれて大きいからだ。

【巨大】きょだい ひじょうに大きいこと。例 ピラミッドは巨大な墓だ。

【巨頭】きょとう 国や団体などで、だいじな役について、中心になっている人。例 巨頭会談。

【巨費】きょひ ひじょうに多くの費用。例 巨費を投じてダムをつくる。

【巨木】きょぼく なみはずれて大きい木。

【巨万】きょまん ひじょうに大きな数や量。例 巨万の富（＝ひじょうにたくさんの財産）をきずく。

丨－6画

【串】

7画 常用 〔串〕明朝

音 —
訓 くし

意味 食べ物などを刺し通すための、鉄や竹などでできた、先のとがった細い棒。くし。「串刺し・串焼き・竹串」

丨の部（ぼう・たてぼう）
4画 巨
6画 串
・丶の部（てん）
2画 丸

1画 丶 てん

なりたち 「ある一点をさしめすようす」をしめすが、字形のうえで目じるしとする字もあつめる。

この部首の字

2画 丸 27
2画 之 28
3画 丹 28
4画 主 29
4画 井 30

ほかの部首の字

凡→几部 121
刃→刀部 127
太→大部 262
斗→斗部 535
犬→犬部 718
以→人部 54
斥→斤部 537
永→水部 646
氷→水部 646
州→川部 333
良→艮部 909
為→灬部 696

丶－2画

【丸】

3画 2年 〔丸〕明朝

音 ガン
訓 まる・まるい・まるめる

2画めは折った後に内側に反って曲げて横へ引いてはねる。3画めを下げ過ぎない。

なりたち 会意 まがった線と、人がからだをまるめているすがたとを合わせた字。まるいようすをあらわした。

意味 ❶まるい。まるいもの。「丸薬」 ❷あることばの上について、「ぜんぶ」のいみをあらわすことば。「丸洗い・丸焼け」

名まえで使う読み がん・まる・まろ

使い分け まるい 丸い・円い

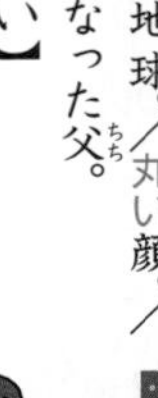

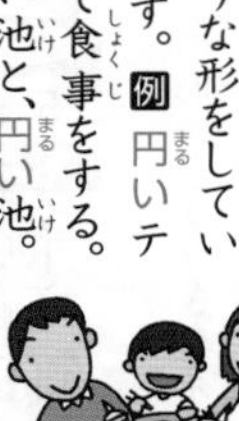

【丸い】ボールのような形をしているようす。また、おだやかなようす。例 丸い地球。／丸い顔。／丸くなった父。

【円い】輪のような形をしているようす。例 円いテーブルで食事をする。／四角い池と、円い池。

参考 「円い」は、平面的な円形をいうときにつかう。

【丸薬】がんやく 小さくまるめたくすり。

【丸暗記】まるあんき 内容を理解しないで、まるごと全部そらでおぼえること。

【丸顔】まるがお まるい形をした顔。

【丸木】まるき 切りだしたままの、まるい木。例 丸木橋。

【丸首】まるくび シャツなどのえりが、まるくくりぬいてあること。また、そのもの。

【丸損】まるぞん もうけがなく、すべてがむだになること。対 丸もうけ

【丸太】まるた 切り出したままで、皮をむいただけの木。丸木。

【丸▼裸】まるはだか からだに何も着ていないこと。すっぱだか。

【丸▼坊主】まるぼうず ①かみの毛を、みじかくかった頭。また、そりおとした頭。②山に木が一本もなくなること。

下につく熟語 一丸・▼弾丸・＊二重丸・＊花丸・＊日の丸・▼砲丸・＊本丸

丶－2画

【之】

3画 人名 〔之〕明朝

音 シ
訓 これ・の・ゆく

なりたち 形声 止（あしの形）と一を合わせた字。まっすぐすすむようすをあらわした。

之のつく漢字グループ
「之」のグループは「まっすぐすすむ」というイメージがある。
→寺（之＋寸）307 →芝 385 →志（之＋心）455

意味 ❶いく。いたる。❷ちかいものをさししめすことば。これ。この。

参考 ひらがな「し」、カタカナ「シ」のもとになった字。

名まえで使う読み いたる・これ・し・の・ひで・ゆき・よし

【凡】3画 几部1画→121ページ

【刃】3画 刀部1画→127ページ

丶－3画

【丹】

4画 常用 〔丹〕明朝

音 タン
訓 —

意味 ❶あかい。「▼丹頂」❷まごころ。「▼丹念」❸ねりぐすり。「万金▼丹」

注意 「円」とまちがえないこと。

名まえで使う読み あかし・あきら・たん・に・まこと

【▼丹精】たんせい 心をこめてすること。例 父が丹精したバラの花がさいた。

【▼丹前】たんぜん わたを入れてゆったりとしたてた着物。どてら。

【▼丹頂】たんちょう ツル科の鳥。羽毛はほとんどが白で、首とつばさの一部が黒く、頭が赤い。

【▼丹念】たんねん 心をこめて念入りにすること。例 丹念にしらべる。

【太】4画 大部1画→262ページ

【斗】4画 斗部0画↓535ページ

【犬】4画 犬部0画↓718ページ

、一4画

【主】5画

3年 〔主〕明朝

音 シュ・ス*
訓 ぬし・おも

2・4・5画めの間は等しく、2・4画めは同じ長さで、5画めを一番長く書く。

なりたち 象形 ⇩ 主

ろうそくの上で、じっともえている火をえがいた字。一か所にじっとするというイメージがあり、客（よそから来る人）にたいして、じっと同じところにすむ「ぬし」「あるじ」のいみをあらわした。

主のつく漢字グループ
「主」のグループは「一か所に、じっと立ってうごかない」というイメージがある。
↓住68 ↓柱593 ↓注656 ↓駐1088

意味 ❶**自分がつかえている人。あるじ。**「主人」 ❷**中心になる。おもな。**「主食」 対従 ❸**キリスト教で、キリストのこと。**

名まえで使う読み かず・しゅ・す・つかさ・ぬし・もり

【主演】しゅえん 劇で、主人公の役をすること。また、その人。対助演

【主客転▼倒】しゅかくてんとう／しゅきゃくてんとう 四字熟語 重要なものとそうでないものとが、入れかわってあべこべになること。順序や立場がぎゃくになること。例主客転倒した意見。参考「主客」は、主となるものとつけたしのもののこと。「転倒」は、さかさまになること。

【主観】しゅかん ①知ったり考えたりする心のはたらき。②自分ひとりだけの見方や考え方。例あくまで個人の主観である。対①②客観

【主眼】しゅがん いちばんたいせつなところ。例全員で作り上げることに主眼を置く。

【主観的】しゅかんてき 自分だけの見方や考え方にかたよっているようす。例かなり主観的なものの見方。対客観的

【主義】しゅぎ いつももっている、まとまった考えや意見。例わたしの主義に反する。

【主権】しゅけん 国をおさめる最高の権力。例主権在民（＝国民にある）。

【主語】しゅご 文の中で、説明のもとになることば。たとえば、「鳥がとぶ。」の文では、「鳥（が）」が主語。対述語

【主▼催】しゅさい 中心になって会などをひらくこと。例コンサートを主催する。

【主▼旨】しゅし おもないみ。中心になる内容。

使い分け しゅし 主旨・趣旨

【主旨】文章や話の中心となるいみや考え。例「大造じいさんとがん」の主旨。

【趣旨】ものごとをするめあて。目的。例大会の趣旨を話す。

参考「旨」は、内容や考えといういみ。新聞では区別せず、「趣旨」をつかう。

【主治医】しゅじい かかりつけの医者。

【主従】しゅじゅう おもになるものと、それにしたがうもの。主人とけらい。例強い主従関係で結ばれる。

【主将】[1] しゅしょう スポーツで、チームのかしら。キャプテン。

【主唱】[2] しゅしょう 中心になって、意見などをとなえること。

【主食】しゅしょく 米・パンなど、食事の中心になるもの。対副食

【主人公】しゅじんこう　小説や劇などで、そのすじの中心になる人。参考 ヒーローは男の、ヒロインは女の主人公。

【主席】しゅせき　会議や政党などを代表する人。首席。例 国家主席。

【主題】しゅだい　作品や文章などの、中心となっている考え。テーマ。

【主体】しゅたい　①行動やはたらきのもとになるもの。対 客体 ②ものごとの中心になるだいじな部分。例 子ども主体のつり大会。

【主体性】しゅたいせい　しっかりとした自分の考え・立場をもって行動する性質。例 主体性のない意見。

【主体的】しゅたいてき　自分の考えによって活動するようす。例 主体的に行動する。

【主張】しゅちょう　自分の意見を強く言いはること。また、その意見。例 強い信念のもち主で、主張をかえない。

【主導】しゅどう　中心になって指導したり活動したりすること。例 主導権をにぎる。

【主任】しゅにん　中心になってその仕事をうけもつ役目の人。例 学年主任。

【主犯】しゅはん　ふたり以上でわるいこと(罪になること)をした場合、その中心になった人。

【主▼賓】しゅひん　客の中で、もっともたいせつな人。例 主賓をまん中の席に案内する。

【主婦】しゅふ　その家の主人の妻で、家の仕事を中心になってしている人。

【主役】しゅやく　①劇・映画などで、中心になる役。また、それを演じる人。対 脇役 ②ものごとの中心の役わりをする人。

【主要】しゅよう　〔いくつかある中で〕おもだってたいせつなこと。例 自動車は主要な輸出品の一つだ。

【主流】しゅりゅう　①川のおおもとになるながれ。本流。対 支流 ②中心になる人々。③おおもとになっている考え。

【主力】しゅりょく　①もっているおもな力。例 国語に主力をそそぐ。②おもな勢力。例 主力選手。

下につく熟語 神主・救世主・君主・自主・地主・*世帯主・▼亭主・名主(なぬし・みょうしゅ)・*荷主・▼藩主・▼坊主・民主・▼喪主・家主

丶－4画

【丼】5画 常用

〔丼〕明朝

音 —
訓 どんぶり・どん

意味 どんぶり。また、それにもった料理。「丼飯・牛▼丼」

【丼▼勘定】どんぶりかんじょう　こまかい計算をせず、だいたいの感覚で金をつかうこと。

【丼飯】どんぶりめし　どんぶりにもった、ごはん。

【丼物】どんぶりもの　どんぶりにもったごはんに、おかずをのせた料理。

下につく熟語 *親子▼丼・*中華▼丼・*鉄火▼丼・*天▼丼

【以】5画 人部3画→54ページ
【斥】5画 斤部1画→537ページ
【永】5画 水部1画→646ページ
【氷】5画 水部1画→646ページ
【州】6画 川部3画→333ページ
【良】7画 艮部1画→909ページ
【為】9画 灬部5画→696ページ

1画 ノ の はらいぼう

なりたち ノ

「たれているようす」や「ななめのさま」などをしめす。字形のうえで目じるしになる字もあつめる。

この部首の字

1画 乃 31
2画 久 31
2画 及 31
3画 乏 32
4画 乎 32
8画 乗 32
9画 乘 32

ほかの部首の字

九→乙部 34
入→入部 104
丸→丶部 27
之→丶部 28
千→十部 162
午→十部 163
升→十部 163
屯→屮部 326
欠→欠部 619
毛→毛部 636
爪→爪部 709
牛→牛部 714
丘→一部 21
右→口部 188
失→大部 266
斥→斤部 537
生→生部 737
白→白部 759
矢→矢部 780
先→儿部 100
向→口部 195
年→干部 349
朱→木部 582
有→月部 880
舌→舌部 904
舟→舟部 905
血→血部 918
我→戈部 484
系→糸部 838
身→身部 996
受→又部 183
垂→土部 234
卑→十部 167
重→里部 1014
奥→大部 270
無→灬部 700
舞→舛部 1020

ノ－1画

【乃】

2画 人名 〈乃〉明朝

音 ダイ
訓 すなわち・の

なりたち 指事 まがってたれるようすをあらわした字。

意味 ❶〔「すなわち」と読んで〕**そこでやっと。やむなく。まあそれが。** ❷〔「すなわち」と読んで〕**まずそれくらい。まあそれが。** ❸**なんじ。**話し手が聞き手をさししめすことば。❹**助詞の「の」にあたることば。** ▽「貴▽乃花」

参考 ひらがな「の」、カタカナ「ノ」のもとになった字。

名まえで使う読み いまし・おさむ・だい・ない・の

【九】2画 乙部1画 → 34ページ
【入】2画 入部0画 → 104ページ

ノ－2画

【久】

3画 5年 〈久〉明朝

音 キュウ・ク＊
訓 ひさしい

ノ ク 久

2画めと3画めの接点が字の中心になるようにする。

なりたち 会意 せなかのまがった人と、ささえを合わせた字。老人のすがたを図にして、「長く時間がたっている」いみをあらわした。

意味 **時間が長くたっている。**「永久」

参考 ひらがな「く」、カタカナ「ク」のもとになった字。

難しい読み 久遠

名まえで使う読み きゅう・く・つね・なが・ひこ・ひさ・ひさし

【久遠】くおん いつまでもつづくこと。

【久久】ひさびさ ひさしぶり。参考 ふつう「久々」と書く。

下につく熟語 持久・▼耐久・＊長久・▼悠久

ノ－2画

【及】

3画 常用 〈及〉明朝

音 キュウ
訓 およぶ・および・およぼす

なりたち 会意 人と、又(=手)を合わせて、せなかに手がとどくようすをあらわした字。

及のつく漢字グループ

「及」のグループは「うしろのものが、まえのものにおいつく」というイメージがある。

→吸 194
→急(及＋心) 459
→扱 494
→級 839

意味 ❶**とどく。とどかせる。**「追▼及」❷**…と。および。**「日本▼及びアメリカ」

名まえで使う読み いたる・きゅう・しき・ちか

【及第】きゅうだい しけんにうかること。対 落第

下につく熟語 言▼及・▼遡及・波及・▼普及

ノ の部（の・はらいぼう）

3画 乏
4画 乎
8画 乗

【丸】3画 丶部2画→27ページ
【之】3画 丶部2画→28ページ
【千】3画 十部1画→162ページ

ノ－3画

【乏】

4画 常用 〔乏〕明朝

音 ボウ
訓 とぼしい

意味 ものが足りない。不十分である。「貧乏・欠乏」

下につく熟語 ▼窮乏・▼耐乏

【午】4画 十部2画→163ページ
【升】4画 十部2画→163ページ
【屯】4画 屮部1画→326ページ
【欠】4画 欠部0画→619ページ
【毛】4画 毛部0画→636ページ
【爪】4画 爪部0画→709ページ
【牛】4画 牛部0画→714ページ

ノ－4画

【乎】

5画 人名 〔乎〕明朝

音 コ
訓 か・や

意味 疑問や感動などをあらわす字。…か。…や。

参考 カタカナ「ヲ」のもとになった字。

名まえで使う読み お・か・こ・や

【丘】5画 一部4画→21ページ
【右】5画 口部2画→188ページ
【失】5画 大部2画→266ページ
【斥】5画 斤部1画→537ページ
【生】5画 生部0画→737ページ
【白】5画 白部0画→759ページ
【矢】5画 矢部0画→780ページ
【先】6画 儿部4画→100ページ
【向】6画 口部3画→195ページ
【年】6画 干部3画→349ページ
【朱】6画 木部2画→582ページ
【有】6画 月部2画→880ページ
【舌】6画 舌部0画→904ページ
【舟】6画 舟部0画→905ページ
【血】6画 血部0画→918ページ
【我】7画 戈部3画→484ページ
【系】7画 糸部1画→838ページ
【身】7画 身部0画→996ページ
【受】8画 又部6画→183ページ
【垂】8画 土部5画→234ページ

ノ－8画

【乗】

9画 3年

ノ－9画 【乘】 10画 人名 〔乗〕明朝

音 ジョウ
訓 のる・のせる

乗 乗

2～7画めの間は等しく。7画めの最後は止めてもはねてもよい。

乗

なりたち 会意 [古字]-乗(乘)

もとの字は「乘」。舛(両足)と、木を合わせた字。人が木にのぼっているようすをあらわした。

意味 ❶のりものに、のる。「乗客・乗り物」❷数学で、かけ算のこと。「乗法・加減乗除」

名まえで使う読み じょう・のり

【乗員】じょういん　のりくみ員。

【乗客】じょうきゃく　電車・飛行機・船などののりものにのる客。また、のっている客。

【乗降】じょうこう　のりものの、のりおり。例 乗降客。

【乗車】じょうしゃ　電車・バスなどにのること。対 下車

【乗除】じょうじょ　かけ算とわり算。また、かけたり、わったりすること。例 加減乗除。

【乗船】じょうせん　船にのること。対 下船

【乗馬】じょうば　馬にのること。また、のる馬。

【乗法】じょうほう　かけ算。対 除法

【乗務】じょうむ　のりものにのって、運転をしたり客のせわをしたりすること。例 乗務員。

【乗用】じょうよう　人が、のるためにつかうこと。例 乗用車。

【乗組員】のりくみいん　船・飛行機などにのって、しごとをする人。注意 おくりがなをつけない。

【乗り物】のりもの　人をのせてはこぶ物。交通機関。

下につく熟語 *移乗・試乗・*相乗・*▼添乗・▼搭乗・同乗・便乗・分乗

【卑】9画 十部7画→167ページ

【重】9画 里部2画→1014ページ

【奥】12画 大部9画→270ページ

【無】12画 灬部8画→700ページ

【舞】15画 舛部8画→1020ページ

1画 乙・し

おつ　おつにょう

なりたち

「まがる」「おさえる」などのいみをあらわすが、字形のうえで目じるしになる字もあつめる。

この部首の字

0画 乙 33　1画 九 34　2画 乞 34　2画 也 34　6画 乱 35　7画 乳 36　10画 乾 36

ほかの部首の字

丸→丶部 27　孔→子部 282　屯→屮部 326　札→木部 578　礼→ネ部 791

乙－0画

【乙】

1画 常用 〔乙〕明朝

音 オツ・イツ*　訓 *きのと

なりたち 指事 のびようとするものを、おさえつけるようすをあらわした字。

意味 ❶十干の二番め。きのと。「▼乙種・▼乙矢(二本目の矢)」❷ものごとのにばんめ。❸せいせきをあらわすことばの一つ。「▼甲・乙・▼丙・丁」❹わかい。また、末の。「▼乙女」

難しい読み ▼乙女

名まえで使う読み いち・いつ・お・おつ・おと・き・くに・たか・つぎ・と・とどむ

【▼乙女】おとめ　年のわかいむすめ。少女。例

漢字クイズ 部首クイズ　5年でならう「圧」の部首はなんでしょう？

うら若き乙女。

乙・しの部

1画 九
2画 乞・也

乙－1画

【九】

2画 1年 〔九〕明朝

音 キュウ・ク
訓 ここの・ここのつ

2画めは折った後は内側に反り、急カーブで曲げて横へ引き、最後は上にはねる。

なりたち 象形 －九

うでがつかえてまがったすがたをえがいた字。これ以上はすすめないというイメージをもち、基数の中でどんづまりの数の9をあらわすのにもちいた。

九のつく漢字グループ

「九」のグループは「まがる」「つかえてすすめない、どんづまり」「多い」というイメージがある。

→尻320 →旭548 →究810 →軌998 →鳩1102

意味 ❶数の9。ここのつ。「九九」 ❷きゅうばんめ。

難しい読み 九分九▼厘・九重・九日

名まえで使う読み かず・く・ここ・ただ・ちか・ちかし・ひさ

【九牛の一毛】 きゅうぎゅうのいちもう 故事成語 多くのものの中の、ごくわずかな部分のこと。問題にならないほどの小さなことのたとえ。参考 九頭の牛のたった一本の毛というみから。

【九死に一生を得る】 きゅうしにいっしょうをえる 句 たすかるみこみのないようなあぶないところをやっとたすかる。

【九▽仞の功を一▽簣に欠く】 きゅうじんのこうをいっきにかく 故事成語 長い間の努力がもう少しでみのるというところで、さいごのしっぱいのために、すべてがむだになることのたとえ。参考「九仞」は、ひじょうに高いこと。「一簣」は、土などをはこぶ道具のもっこ一ぱいの土のいみ。高い山も、さいごのもっこ一ぱいの土がないと完成できないというみから。

【九天九地】 きゅうてんきゅうち 四字熟語 全宇宙。参考 天の頂上から地の底までの間のいみ。

【九九】 くく 一から九までの各数のかけ算の答えを、声に出していいやすくしたもの。九九表。注意「九々」と書かないこと。

【九分九▼厘】 くぶくりん 四字熟語 ほとんどまちがいないこと。ほぼたしかなこと。例 君の実力なら九分九厘合格できる。参考 一〇分(＝一厘の一〇〇倍)に一厘足りないだけのいみから。

【九重】 ここのえ ①ものが九つ重なっていること。また、何重にも重なっていること。②天皇のすむ皇居の、むかしのよび名。宮中。内裏。

乙－2画

【乞】

3画 常用 〔乞〕明朝

音 ―
訓 こう

意味 たのむ。こう。「雨▼乞い・命▼乞い」

名まえで使う読み ただし

し－2画

【也】

3画 人名 〔也〕明朝

音 ヤ
訓 なり

なりたち 象形 －也

ヘビをえがいた字。

也のつく漢字グループ

「也」のグループは「うねうねとまがりくねる」「長くのびる」、また「かわったできごと」というイメージがある。

→他56 →地231 →施542 →池649

意味 ❶(「なり」と読んで)断定をあらわす字。…だ。…である。❷(「や」と読んで)疑問(…だろうか)や反語(…だろうか、いや、そうではない)をあらわす字。参考 ひらがな「や」、カタカナ「ヤ」のもとになった字。

名まえで使う読み あり・ただ・なり・また・や

乙・しの部（おつ・おつにょう）

6画 乱

【丸】3画 丶部2画→27ページ
【孔】4画 子部1画→282ページ
【屯】4画 屮部1画→326ページ
【札】5画 木部1画→578ページ
【礼】5画 礻部1画→791ページ

し－6画
【乱】
7画 6年
〔乱〕明朝
音 ラン
訓 みだれる・みだす

7画めは縦部分が長い曲がりで書き、最後は上にはねる。

筆順：一 二 千 千 舌 舌 乱

なりたち 形声
もとの字は「亂」。𤔔は爪（手）と𢆶（糸まきの形）と又（手）を合わせて、両手で糸を糸まきにおさめるようす。それとし（おさえるしるし）を合わせて、もつれた糸を両手でときほぐすようすをあらわした。▽𤔔（舌）は、「辞」にもふくまれている。

意味 ❶みだれる。「乱雑」 ❷たたかい。「内乱」 ❸むやみに。みだりに。「乱▼獲」
参考 「みだりに」「むやみに」などのいみをあらわす「濫（→692ページ）」のかわりにもつかう。

【乱▼獲】らんかく 鳥・けもの・魚などをむやみにとること。濫獲。例 マグロの乱獲を禁止する。
【乱気流】らんきりゅう 上空ではげしくながれる気流。参考 飛行機のゆれの原因になる。
【乱作】らんさく 作品をむやみに多くつくること。
【乱雑】らんざつ ばらばらにちらばっていること。
【乱視】らんし ものがかさなって見えたり、ゆがんで見えること。また、そのような目。
【乱世】らんせい あらそいやたたかいのたえない、みだれた世の中。例 乱世の英雄。対 治世
【乱戦】らんせん ①敵と味方がいりみだれてたたかうこと。②あれた試合。
【乱造】らんぞう やたらにたくさんつくること。濫造。例 粗製乱造。
【乱打】らんだ むやみやたらにうつこと。はげしくうつこと。例 鐘が乱打される。
【乱丁】らんちょう 書物のページの順序がみだれていること。例 乱丁本。
【乱▼闘】らんとう 敵と味方がいりみだれてあらそうこと。
【乱読】らんどく 手当たりしだいに本を読むこと。濫読。
【乱入】らんにゅう 多くの人がどっとはいりこむこと。
【乱売】らんばい むやみに安く売ること。
【乱▼伐】らんばつ 山林の木を、やたらに切りたおすこと。濫伐。
【乱発】らんぱつ ①紙幣（＝おさつ）などをむやみに発行すること。濫発。②むやみにはなつこと。例 だじゃれを乱発する。
【乱反射】らんはんしゃ 光が凹凸のある面に当たったとき、いろいろな方向に反射すること。
【乱筆】らんぴつ ①らんぼうに書いた字。②自分の書いた字をけんそんしていうことば。例 乱筆にて失礼いたします。参考 ②は手紙のおわりなどに書く。
【乱▼舞】らんぶ いりみだれて、まいおどること。
【乱暴】らんぼう あらあらしいふるまいをすること。あばれること。
【乱脈】らんみゃく きまりがみだれて、すじ道がたたないこと。例 お金のつかいみちが乱脈だ。
【乱用】らんよう やたらにつかうこと。濫用。
【乱立】らんりつ ①まとまりがなく立ちなら

乱読（らんどく）

1画

ぶこと。例 大小のビルが乱立する。②多くの人がむやみに立候補すること。

下につく熟語 一心不乱・混乱・散乱・酒乱・戦乱・▼騒乱・動乱・内乱・波乱・反乱・▼腐乱

し－7画

【乳】

8画 6年 〔乳〕明朝

音 ニュウ 訓 ちち・ち*

7画めは8画めへ向けてはらい、8画めは縦部分が長い曲がりで書き、上にはねる。

1 丿 2 𠂊 3 𠂎 4 爫 5 孚 6 孚 7 孚 8 乳

なりたち 会意 乳－乳(乳)

孚は、爪(手)と子を合わせて、子どもをかばうようす。乚(乙)は、子育てのうまいツバメ。二つを合わせて、子どもをだいじにそだてるための、「ちち」をあらわした。

意味 ちち。「牛乳」

難しい読み 乳母・乳▼房(ちぶさ・にゅうぼう)

名まえで使う読み ち・にゅう

【乳母】うば 母親のかわりになり、子どもにちちをのませてそだてる女の人。

【乳首】ちくび ①ちぶさの先のつきでた部分。②①ににせてつくったすい口。赤ちゃんにミルクをのませるときにつかう。

【乳▼房】ちぶさ／にゅうぼう ちちをだす器官。

【乳液】にゅうえき ①植物にふくまれる、ちち色をした液体。②はだなどにつける、ちちのような色のけしょう品。

【乳牛】にゅうぎゅう ちちをとるためにかう、牛。

【乳酸】にゅうさん 牛乳などが発酵したときにできる酸。例 乳酸飲料。

【乳酸▼菌】にゅうさんきん 糖や牛乳を乳酸にかえる細菌類。

【乳歯】にゅうし 生まれて六か月ぐらいからはえはじめ、一〇歳ぐらいでぬけかわる歯。

【乳児】にゅうじ 生まれてから一年ぐらいまでの子。ちちをのんでいる赤んぼう。乳飲み子。

【乳製品】にゅうせいひん 牛乳を原料にしてつくった食品。バター・チーズ・ヨーグルトなど。

【乳白色】にゅうはくしょく ちちのような白い色。

【乳幼児】にゅうようじ 乳児と幼児。小学校に入る前の子ども。

下につく熟語 授乳・豆乳・母乳・▼離乳・*練乳

乙－10画

【乾】

11画 常用 〔乾〕明朝

音 カン・ケン* 訓 かわく・かわかす

※「いぬい」ともよむ。

なりたち 形声 乾－乾－乾

𠦝(=倝)と乙(まがりつつ上に出るしるし)を合わせた字。倝は、㫃(はたが、高いところで風になびくようす)と昜(太陽が高くあがるようす)を合わせて、太陽が、はたのように「高くあがる」というイメージをもつ。乾は、水分が高くあがってかわくいみをあらわした。→幹351

意味 かわく。かわかす。「▼乾▼燥」対 湿

使い分け かわく「乾く・渇く」→「乾く」は、熱などで水分がなくなること。「衣服が乾く」。「渇く」は、のどのうるおいがなくなること。「のどが渇く」

名まえで使う読み かん・けん・すすむ・たけし・つとむ

【▼乾季・▼乾期】かんき 一年のうちで、雨の少ないきせつ。対 雨季・雨期

【▼乾▼燥】かんそう かわくこと。例 へやの空気が乾燥している。

【▼乾電池】かんでんち ふつう、マンガン電池のことをいう。炭素棒をプラス、あえん板をマイナスとした電池。

【▼乾▼杯】かんぱい ①さかずきの酒をのみほすこと。②健康や成功などをいのって、みんながさかずきをあげて酒をのみほすこと。

【▼乾物】かんぶつ 海そう・魚・やさいなどをほした食物。のり・するめなど。

【▼乾布▼摩▼擦】かんぷまさつ かわいたぬの

で、はだをこすってきたえること。

【乾坤一擲】けんこんいってき　四字熟語　運を天にまかせて思いきってやってみること。例 乾坤一擲の大勝負に出る。参考「乾坤」は、天地のいみ。「一擲」は、さいころをなげること。

漢字博士になろう!
漢字書きの外来語

外来語は、カタカナで書きあらわすのがふつうですが、外来語のいみに漢字をあてはめたり、外来語の発音に漢字の音をあてはめたりして、熟語にしたものがあります。

- アルコール…酒精
- オルガン…風琴
- ガス…瓦斯
- カボチャ…南瓜(南国からきた瓜)
- ガラス…硝子(硝石を原料にすることから)
- カルタ…骨牌
- コーヒー…珈琲
- ジョウロ…如雨露
- タバコ…煙草(煙の出る草)
- ハンカチ…手巾
- ピアノ…洋琴
- ビール…麦酒(麦からつくる酒)
- ランプ…洋灯(西洋のあかり)

1画　亅　はねぼう

なりたち「亅」のいみには関係がなく、字形のうえで目じるしになる字をあつめる。

この部首の字
1画 了 37　3画 予 37　5画 争 38　7画 事 39

ほかの部首の字　丁→一部 8

亅－1画
【了】
2画　常用　〔了〕明朝
音 リョウ
訓 ―

「終▼了・完▼了」

意味 おわる。おえる。

名まえで使う読み あき・あきら・さとる・すみ・のり・りょう

【了解】りょうかい　はっきりとわかること。また、理解して、みとめること。例 了解を得る。

【了見】りょうけん　考え。気もち。例 わるい了見をおこす。／了見がせまい。

【了承】りょうしょう　承知すること。

【丁】2画　一部1画 ↓ 8ページ

亅－3画
【予】
4画　3年　〔予〕明朝
音 ヨ
訓 ―

3画めを長く書く。4画めの始めの部分は、3画めに接しても接しなくてもよい。

なりたち 象形　はたおりの道具をえがいた字。左右に行き来することから横にのびるようすをあらわし、のち「時間にゆとりをとって(前もって)」というみにもちいた。

予のつく漢字グループ
「予」のグループは「横にのびる」「ゆとりをとる」というイメージがある。
→序 354　→野 1016　→預 1069

意味 まえもって。あらかじめ。「予想」

注意「矛」とまちがえないこと。

名まえで使う読み たのし・まさ・やす・やすし・よ

【予価】よか　商品ができる前につける、おおよそのねだん。予定価格。

【予感】よかん　何かがおこりそうだと、前もって感じること。例 今日は会えそうな予感がする。

【予期】よき　こうなるだろうと、前からあて

亅の部 5画 争

にすること。例 予期せぬできごとが起きる。

【予言】よげん これからおこることを、前もって言うこと。また、そのことば。

使い分け よげん 予言・預言

【予言】まだ起こらないことを言い当てること。例 災害を予言する。

【預言】キリスト教などで、神から受けたことばを人々に伝えること。例 預言者が神のことばを伝える。

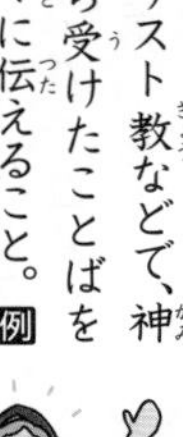

【予見】よけん ものごとがおこる前に見とおすこと。例 将来を予見する。

【予行】よこう 前もってやってみること。例 運動会の予行演習。

【予告】よこく これからおこなうことを、前もって知らせること。例 映画の予告。

【予算】よさん 収入や支出を、前もって計算すること。また、そうして計算されたお金。

【予習】よしゅう これからならうところを、前もって勉強しておくこと。

【予選】よせん 前もってえらぶこと。例 予選会。

【予想】よそう これから先のことを前もって考えること。また、その内容。

【予測】よそく こうなるだろうと、前もっておしはかること。例 台風の進路を予測する。

【予断】よだん こうなるだろうと、前もって判断すること。例 どちらが勝つか、予断をゆるさない。

【予知】よち 前もって知ること。例 地震を予知する。

【予定】よてい 前もってきめておくこと。また、前もってきめたことがら。

【予備】よび 前もって準備しておくこと。また、準備されたもの。例 予備の電池。／予備知識。

【予備校】よびこう 上の学校(とくに大学)の、入学試験に合格するための指導をする学校。

【予報】よほう これからおこることをおしはかって、前もって知らせること。例 天気予報。

【予防】よぼう 病気や災害などがおこらないように、前もってふせぐこと。例 予防注射。

【予約】よやく 買ったりつかったりすることを、前もって約束しておくこと。例 宿を予約する。

【予▼鈴】よれい ある時刻になる前にならす、予告のベル。

下につく熟語 ▼猶予

亅－5画

【争】

6画 4年

爪－4画 【爭】 8画 人名

〔争〕明朝

音 ソウ

訓 あらそう

争 争

4画めを一番長く書く。6画めを字の中心に、真下におろし、最後ははねる。

筆順: ノ ク 夕 刍 刍 争

なりたち 会意 もとの字は「爭」。爫(手)と亅(ものをひっぱるしるし)と ヨ(＝又。手)を合わせた字。まんなかにあるものを引っぱってとり合うようすをあらわした。

意味 たたかう。あらそう。「戦争」

【争議】そうぎ たがいに自分の意見をのべてあらそうこと。例 労働争議。

【争▼奪】そうだつ あるものを、たがいにうばい合うこと。例 優勝カップの争奪戦。

【争乱】そうらん あらそいがおこって、世の中がみだれること。例 争乱の世の中。

下につく熟語 競争・係争・▼抗争・*政争・▼闘争・▼紛争・論争

【事】 8画 3年

〈事〉明朝 音 ジ・ズ* 訓 こと

※上にくる音により「ごと」ともよむ。

1画めを一番長く。横画の間は等しく。8画めを字の中心に書き、最後ははねる。

なりたち 会意 役人が筆をつつの中に立てているようすと、又(=手)を合わせた字。きまった仕事・役目などのいみをあらわした。

意味 ❶ことがら。「行事・万事」 ❷できごと。「時事・火事」 ❸しごと。「事務」

名まえで使う読み こと・じ・つとむ・わざ

【事▼柄】ことがら ものごとのありさま。

【事なきを得る】ことなきをえる 句 無事にすむ。困難なことはおこらない。例 すぐ医者に来てもらったので事なきを得た。

【事に当たる】ことにあたる 句 あることに関係する。ちょくせつあることに向かい合う。例 事に当たる決心がついた。

【事を構える】ことをかまえる 句 あらそいをおこそうとする。例 ささいなことで事を構える。

【事業】じぎょう ①多くの人のためになる仕事。例 ダムをつくる土木事業。②もうけをえるために、ものをつくったり、とりひきをしたりすること。例 貿易の事業をおこす。

【事件】じけん ふだんおこらない、よくないできごと。例 殺人事件。

【事故】じこ わるいできごと。例 交通事故。

【事後】じご あるものごとのすんだあと。例 事後承諾。対 事前

【事▼項】じこう ことがら。項目。例 れんらく事項。

【事実】じじつ ①じっさいにおこったことがら。例 事実をのべる。②ほんとうに。例 事実、わたしは知りません。

【事情】じじょう ものごとのいろいろなわけやようす。例 どんな事情があっても、人をなぐってはいけない。

【事前】じぜん あるものごとがおこる前。対 事後

【事態】じたい ものごとのなりゆき。参考 よくないことにつかう。

【事典】じてん いろいろなことがらをならべ、それぞれのことがらについて説明した本。

使い分け じてん「辞典・字典・事典」→(1007ページ)

【事物】じぶつ ものごと。

【事変】じへん ①国全体にかかわるような大きなできごと。②戦争をする、と言わないでおこなわれる戦争。例 満州事変。

【事務】じむ ちょうめんに書きこんだり計算をしたり、おもにつくえの上でする仕事。例 事務所。／事務室。

【事務的】じむてき 感情をまじえず、ものごとを型どおりにすすめるようす。例 事務的な対応。

【事例】じれい ①じっさいにあった例。例 事例の研究。②前例になる事件や事実。

下につく熟語 悪事・絵空事・火事・家事・記事・議事・行事・工事・故事・雑事・▼惨事・仕事・私事(しじ・わたくしごと)・人事・大事・知事・従事・判事・無事・仏事・返事・法事・理事

1画

こたえ 口(くち)

二の部　0画　二

2画　二　に

なりたち　「ふたつ」や「平行なさま」などをしめす。二本の横画を目じるしにする字もあつめる。

この部首の字
0画 二 40　2画 云 41　2画 五 41
2画 互 43　2画 井 43　4画 亘 43　4画 亙 43　5画 亜 44
6画 亞 44　6画 些 44

ほかの部首の字
三→一部 10　干→干部 347　仁→亻部 53
元→儿部 97　天→大部 263　夫→大部 265　巨→丨部 27　井→丶部 30
平→干部 347　未→木部 581　示→示部 791　弐→弋部 364　来→木部 585
並→一部 24

二－0画

【二】

2画　1年　〔二〕明朝

音 ニ・ジ*
訓 ふた・ふたつ

2画めは1画めより長く、1画めと2画めの中心をそろえ、最後は止める。

なりたち　指事　二本の横線で、数の2をあらわした字。

二のつく漢字グループ　「二」は「ふたつ、ふたつならぶ」というイメージがある。
→仁 53　→弐(=貳) 364

意味　❶数の2。ふたつ。❷つぎの。にばんめ。

参考　カタカナ「ニ」のもとになった字。

難しい読み　十重二十重・二重(にじゅう・え・ふた)・二乗(にじょう・じじょう)・二十・二十▼歳・二十日・二人・二日

名まえで使う読み　かず・さ・じ・すすむ・つぎ・つぐ・に・ふ・ぶ・ふた

【二院制】にいんせい　国の議会が衆議院と参議院のように、二つの議会でできている制度。

【二期作】にきさく　同じ田で、一年に二回、米をつくること。

【二義的】にぎてき　根本的でないようす。いちばん重要ではないようす。

【二言】❶にごん　前に言ったことをとりけして、ちがうことを言うこと。言い直し。例 武士に二言はない。❷ふたこと　ふたこえ。例 二言三言話す。

【二酸化炭素】にさんかたんそ　炭素と酸素がむすびついてできるガス。炭酸ガス。参考 物がもえたり、生き物が呼吸するときにできる。

【二次】にじ　①根本的でないこと。例 二次的な問題。②二回め。二番め。例 二次募集。

【二十世紀】にじっせいき　①西暦一九〇一年から二〇〇〇年までの一〇〇年間。②「ナシ」の品種の一つ。

【二者▼択一】にしゃたくいつ　四字熟語　二つのもののうち、どちらか一つをえらぶこと。例 野球部にはいるかサッカー部にはいるか、二者択一をせまられる。参考 「択一」は、一つをえらぶこと。

【二重】にじゅう／ふたえ　同じような物が二つかさなること。二つかさねること。例 二重奏。／二重まぶた。

【二十一世紀】にじゅういっせいき　西暦二〇〇一年から二一〇〇年までの一〇〇年間。今の世紀。

【二十四節気】にじゅうしせっき　陰暦で、一年を一五日ずつ二四の時期に分けたもの。立春・春分・夏至・秋分・冬至など。

【二重唱】にじゅうしょう　ふたりが、高い声部と低い声部とに分かれて歌うこと。

【二乗】にじょう／じじょう　同じ数どうしをかけあわせること。自乗。

【二世】にせい　①同じ名前で、二番めにそのくらいについた人。例 ジョージ二世。②外国へうつりすんだ人の子で、その国で生まれ、その国の市民権をもつ人。例 日系二世。③あとつぎとしての子ども。例 二世の誕生をいわう。

【二束三文】にそくさんもん　四字熟語　数が多くても、ねだんがひじょうに安いこと。例 古本を二束三文で売る。参考 ㋐ふたたばで、わずか三文のいみから。㋑文は、むかしのお金の単位。

【二等分】にとうぶん　一つの物を、ひとしく二つに分けること。

【二▽兎を追う者は一▽兎をも得ず】にとをおうものはいっとをもえず　句　同時に二つのことをしようとして、どちらも成功しないことのたとえ。参考「兎」は、ウサギのこと。いっぺんに二ひきのウサギをとろうとする人は、一ぴきもとることができないということから。

二兎を追う者は一兎をも得ず

【二人三▽脚】ににんさんきゃく　四字熟語　ふたりが横に組み、となりあう片方の足首をむすんで走る競技。

【二人▽称】ににんしょう　話し手が聞き手のことをさしていうことば。「あなた」「きみ」など。

【二の足を▽踏む】にのあしをふむ　句　決心できないで、しりごみをするようす。思いきってやれないで、ためらうようす。例 高額なねだんを前に、二の足を踏んだ。参考「二の足」は、二歩めのこと。一歩めはふみだしたが、ためらって、二歩めはふみだせないといういみから。

【二の句が▽継げない】にのくがつげない　句　ひじょうにおどろいたり、あきれたりして、次のことばが出てこない。

【二の▽舞を演じる】にのまいをえんじる　句　ほかの人のやったしっぱいと同じしっぱいをしてしまう。例 ねぼうして遅刻した兄の二の舞を演じないように、はやめに家を出た。参考「二の舞」は舞楽の舞の名で、すぐ前に演じられる「安摩」のまねをしてしっぱいするというすじから。

【二百十日】にひゃくとおか　立春から二一〇日めのこと。九月一日ごろ。

【二百二十日】にひゃくはつか　立春から二二〇日めのこと。九月一〇日～一一日ごろ。

【二枚貝】にまいがい　二枚の貝がらをもっている貝。アサリ・ハマグリなど。対 巻き貝

【二枚舌】にまいじた　その場その場で、ちがったことを言うこと。うそを言うこと。

【二毛作】にもうさく　一年の間に、同じ田畑で種類のちがう作物を二回つくること。

【二流】にりゅう　ものごとのていどが、第一等のものよりもややひくいこと。例 二流品。

【二輪車】にりんしゃ　車輪が二つある車。自転車・オートバイなど。

【二六時中】にろくじちゅう　四字熟語　一日じゅう。例 二六時中家で本を読んでいた。参考 むかし、一日を昼と夜の二つに大きく分け、その昼と夜をそれぞれ六つの時刻に分けたことから「二六時」は一日のこと。このことばをもとに、今の二四時間に合わせて「四六時中」ということばが生まれた。→「四六時中」(220ページ)。

【二十▽歳・二十】はたち　二〇歳のこと。

【二親】ふたおや　父と母。両親。

【二葉】ふたば　①草や木の、土の中から芽を出したばかりの二まいの葉。②ものごとのはじめのころ。参考「双葉」とも書く。

【二人】ふたり　ひとりともうひとり。ににん。

下につく熟語　無二

【三】3画　一部2画　→10ページ

【干】3画　干部0画　→347ページ

二－2画

【云】4画

人名　〔云〕明朝

音 ウン　訓 いう

意味 ❶声に出して、言う。❷〔「▽云▽云」と書いて〕それ以下を省略するといういみのことば。

名まえで使う読み　おき・これ・とも・ひと

二－2画

【五】4画

1年　〔五〕明朝

音 ゴ　訓 いつ・いつつ

五

1 一　2 丆　3 五　4 五

2画めと3画めの折れた後は左下に向けて書く。4画めを一番長くする。

なりたち　指事　ー五

二の部 2画 五

二つの線がまじわるようすをあらわした字。片手で数をかぞえるとき、5で反対の方向にもどることから、その交差点にあたる数の5をあらわした。

五のつく漢字グループ
「五」のグループは「まじわる」というイメージがある。
→伍62 →吾202 →悟467 →梧601 →語955

意味 ❶数の5。いつつ。❷ものごとのごばんめ。

難しい読み 五月(ごがつ・さつき)・五月雨

名まえで使う読み い・いず・いつ・かず・ご

【五月】ごがつ／さつき 一年の五番めの月。例 五月人形。／五月晴れ。

1【五官】ごかん ものを感じる五つの器官。目・耳・鼻・舌・皮膚の五つ。参考「官」は役人のことで、政府の役職になぞらえたことば。

2【五感】ごかん 人間がもっている、五つの感覚。視覚・聴覚・味覚・触覚・嗅覚の五つ。

【五穀】ごこく ①五種類のこくもつ。ふつう、米・麦・アワ・キビ・豆をいう。②こくもつをまとめていうことば。例 五穀豊穣。

【五言絶句】ごごんぜっく 一つの句が五字で、四つの句からできている漢詩。

【五言律詩】ごごんりっし 一つの句が五字で、八つの句からできている漢詩。

【五指】ごし 指をおってかぞえるときの、五本の指。例 成績が五指にはいる(=五番め以内にはいる)。

【五七調】ごしちょう 日本の詩や歌で、ことばの音の調子が、五音・七音にくりかえされてととのえられた形。

【五十歩百歩】ごじっぽひゃっぽ 故事成語 ちがうように見えても、じっさいはほとんど同じであること。参考 敵におわれて五〇歩にげたものが、一〇〇歩にげたものをひきょうだと言ったという中国の話から。にげたことに変わりはないということ。

【五十音順】ごじゅうおんじゅん 「あいうえお…」と、かなであらわされる五十音(じっさいには今では四四音)の順序。あいうえお順。参考 この辞典の熟語の項目は五十音順にならべられている。

【五色】ごしょく／ごしき ①五つの色。ふつう、赤・黄・青・白・黒。②いろいろな色。また、いろいろな種類。

【五線紙】ごせんし 楽譜を書く、五本の平行な線を引いた紙。

【五臓六▽腑】ごぞうろっぷ 四字熟語 内臓のこと。また、腹の中や、心の中のいみ。参考「五臓」は、心臓・肝臓・肺臓などの五つの内臓のこと。「六腑」は、胃や腸などの六つの内臓のこと。

【五体】ごたい 頭・首・胸・手・足のこと。全身。

【五大州】ごだいしゅう アジア・アフリカ・ヨーロッパ・アメリカ・オーストラリアの五つの大陸。

【五徳】ごとく 火ばちの中に入れて、やかんやなべをのせる道具。

五徳

【五風十雨】ごふうじゅうう 四字熟語 五日に一度風がふいて、十日に一度雨がふること。気候がよいこと。とくに、作物につごうのいい天候のこと。

【五分五分】ごぶごぶ 四字熟語 力やわざが同じくらいであること。五分。互角。例 勝負は五分五分だ。

【五目】ごもく ①いろいろなものがまざっていること。また、そのもの。例 五目ずし。②「五目並べ」のりゃく。たて・横・ななめのいずれかに、はやく五この碁石をつづけてならべたほうが勝ちとなるゲーム。連珠。

【五里▼霧中】ごりむちゅう 四字熟語 どうしてよいかわからないこと。参考 もとは、ふかい霧の中で方向がわからないことから。注意「五里夢中」と書かないこと。

【五輪】ごりん ①オリンピックの大会旗にかかれている五つの輪。②オリンピック大会のこと。

【五月雨】さみだれ むかしのこよみで、五月(いまの六月)にふる雨。梅雨。

上につく熟語 *五街道・*五重の▼塔・*五人組

下につく熟語 三三五五

二－2画

【互】

4画　常用　〈互〉明朝

音 ゴ
訓 たがい

意味 たがいに。関係するどちらもともに。「交互・相互」

【互角】ごかく　たがいに力やわざが同じくらいで、勝ち負けがきめられないこと。五分五分。例 互角の試合。

【互助】ごじょ　たがいにたすけあうこと。例 互助会。

【互生】ごせい　茎から葉がたがいちがいにはえること。

【互選】ごせん　なかまの中で、たがいにえらびあうこと。例 委員長を互選する。

二－2画

【井】

4画　4年　〈井〉明朝

音 セイ*・ショウ*
訓 い

※上にくる音により「ジョウ」ともよむ。

井　井

2画めは1画めより、4画めは3画めより長く。3・4画めは止めてもよい。

一　二　井

なりたち 象形　井戸のわくをえがいた字。

意味 ❶いど。「井戸」 ❷まちなか。「市井」 ❸「井」の字形に組んだようす。「天井」
▽県名でつかわれる。「福井県」

参考 カタカナ「ヰ」のもとになった字。

名まえで使う読み い・きよ・せい

【井桁】いげた　井戸のふちに「井」の字形に組んだ木のわく。また、その形やもよう。

【井戸】いど　地下水をくみあげるための、しかけ。地面にたてあなをほってつくる。

【井戸端】いどばた　井戸のまわり。例 井戸端会議（＝女の人たちがするおしゃべり）。参考 むかし、女の人たちが井戸端でせんたくをしながら世間話やうわさ話をしたことから。

【井の中の蛙大海を知らず】いのなかのかわずたいかいをしらず　句〈井戸の中にすむカエルは、広い海のことを知らないといういみから〉考えがせまくて、広い世の中のことを何も知らないことのたとえ。参考「蛙」は、カエルの古い言い方。

下につく熟語 天井・油井

【仁】4画　亻部2画→53ページ
【元】4画　儿部2画→97ページ
【天】4画　大部1画→263ページ
【夫】4画　大部1画→265ページ
【巨】5画　丨部4画→27ページ
【丼】5画　丶部4画→30ページ
【平】5画　干部2画→347ページ
【未】5画　木部1画→581ページ
【示】5画　示部0画→791ページ

二－4画

【亘】

6画　人名　〈亘〉明朝

音 コウ・セン
訓 ―

なりたち 会意　回－一－亘
二（周囲をくぎるしるし）と回（＝回。うずまきもよう）を合わせた字。周囲をまるくとりまくようすをあらわした。

亘のつく漢字グループ
「亘」のグループは「まるくめぐる」「まるくとりまく」というイメージがある。
→垣234　→宣297

意味 ❶まわりをぐるりとまわる。めぐる。❷はしからはしまでおよぶ。わたる。

名まえで使う読み こう・せん・とおる・のぶ・ひろし・わたる

二－4画

【亙】

6画　人名　〈亙〉明朝

音 コウ
訓 ―

意味 ❶わたる。わたす。もののはしからべつのはしまで、はりわたす。❷月の上はしから下はしまでの、げん。

参考 「亘」とはべつの字だが、同じものとしてつかわれる。

名まえで使う読み とおる・のぶ・わたる

【弍】 6画 弋部3画↓364ページ

二－5画

【亜】 7画 常用

二－6画

【亞】 8画 人名

〔亜〕明朝

音 ア **訓** —

なりたち 象形 ⇩ ―亞（亜）

もとの字は「亞」。建物の土台のすがたをえがいた字。おもてに出ず、下にひかえていることから、「つぐ」といういみをあらわした。

> **亜のつく漢字グループ**
> 「亜」のグループは「おさえつけられて上に出られない」「つかえる」というイメージがある。
> →悪465

意味 ❶にばんめ。つぐ。「▽亜熱帯・▽亜寒帯」 ❷アジアのこと。「東▽亜」

参考 ❷は、「アジア」に「亜細亜」という字をあてたことから。

名まえで使う読み あ・つぎ・つぐ

【▽亜鉛】 あえん　青白くてさびにくい金属。

【▽亜寒帯】 あかんたい　地球の気候区分の一つで、温帯と寒帯の間の地方。

【▽亜熱帯】 あねったい　地球の気候区分の一つで、温帯と熱帯の間の地方。

【▽亜流】 ありゅう　学問や芸術で、ほかの人のやり方をまねて自分独自のものをもたないこと。また、そのような人。

【▽亜▽硫酸ガス】 ありゅうさんがす　いおうをもやしたときに出る、毒のあるガス。無色でくさい。

下につく熟語 白▽亜

【来】 7画 木部3画↓585ページ

二－6画

【些】 8画 人名

〔些〕明朝

音 サ **訓** いささか

意味 いささか。少し。わずかばかり。「▽些細・▽些事・▽些末」

【▽些細】 ささい　とるにたりない、つまらないようす。重要でないようす。**例** 些細なことでおこるな。

【▽些事】 さじ　小さいこと。とるに足りないこと。**例** 些事を気にする。

【▽些少】 さしょう　ほんの少し。わずか。**例** 些少の金。

【並】 8画 一部7画↓24ページ

2画 亠 なべぶた

なりたち

字形のうえで「亠」が目じるしになる字をあつめる。「亠」には、とくにいみはない。

この部首の字

画数	字	ページ
1画	亡	44
4画	亦	45
4画	亥	45
4画	交	46
5画	亨	47
6画	京	47
6画	享	47
7画	亭	48
7画	亮	48

ほかの部首の字

字	部首	ページ
之	丶部	28
六	八部	108
文	文部	533
方	方部	541
市	巾部	340
玄	玄部	726
立	立部	815
充	儿部	99
妄	女部	274
衣	衣部	923
忘	心部	456
言	言部	944
卒	十部	166
夜	夕部	256
盲	目部	773
育	月部	883
斉	斉部	1061
哀	口部	208
変	夂部	250
帝	巾部	342
恋	心部	465
畜	田部	747
衰	衣部	925
高	高部	1092
商	口部	212
牽	牛部	718
率	玄部	726
産	生部	739
斎	斉部	1061
蛮	虫部	915
棄	木部	608
裏	衣部	929
豪	豕部	974
褒	衣部	932

亠－1画

【亡】 3画 6年

〔亡〕明朝

音 ボウ・モウ* **訓** ない*・なくなる*

亡

3画めの書き始めは2画めの左はしより内側で接し、その後曲げて最後は止める。

なりたち 会意 人をついたてでかくすようすをあらわした字。あったものがかくれて見えなくなるいみをあらわした。

亡のつく漢字グループ
「亡」のグループは「すがたが、かくれて見えない」というイメージがある。
→妄274 →荒392 →忘456 →忙456 →慌475 →望573 →盲773 →網856

意味 ❶ほろびる。ほろぼす。「亡国」 ❷死ぬ。「死亡」 ❸にげる。「亡命」

【亡君】ぼうくん 死んだ君主。
【亡国】ぼうこく ①国をほろぼすこと。例 亡国の政策。②ほろびた国。例 亡国の民(＝人民)。
【亡失】ぼうしつ なくなること。なくすこと。
【亡父】ぼうふ 死んだ父親。なくなった父親。対 亡母
【亡母】ぼうぼ 死んだ母親。なくなった母親。対 亡父
【亡命】ぼうめい 政治的な力や身のきけんをさけて、外国へにげること。
【亡羊の嘆】ぼうようのたん 句 学問の道が多方面に分かれているので、なかなか真理がつかめないというなげき。また、どうしたらよいかわからず、こまりはてること。参考「亡羊」は、道が多く分かれ、にげた羊のゆくえがわからないということ。「嘆」は、なげくこと。中国のむかしの話にある「多岐亡羊」ということばから。
【亡霊】ぼうれい ①死んだ人のたましい。②ゆうれい。
【亡者】もうじゃ ①死んだ人。②死んでもほとけになれないで、まよっているたましい。③お金や物をひどくほしがる人。例 金の亡者。

下につく熟語 興亡・衰亡・存亡・逃亡・滅亡

【之】3画 丶部2画→28ページ
【六】4画 八部2画→108ページ
【文】4画 文部0画→533ページ
【方】4画 方部0画→541ページ
【市】5画 巾部2画→340ページ
【玄】5画 玄部0画→726ページ
【立】5画 立部0画→815ページ

亠-4画 【亦】6画

人名 〔亦〕明朝 音 エキ 訓 —

なりたち 会意 大(人間の形)と八(二つの点)を合わせた字。同じものが両がわにあるようすをあらわした。

亦のつく漢字グループ
「亦」のグループは「同じものがもう一つある」「同じものがつながる」というイメージがある。
→夜(亦＋夕)256 →液(亦＋夕＋氵)670 →跡993

意味 また。…もまた。

亠-4画 【亥】6画

人名 〔亥〕明朝 音 ガイ 訓 い

なりたち 象形 動物の骨組みをえがいた字。

亥のつく漢字グループ
「亥」のグループは「かたいしん」「全体に、はりわたる」「ごつごつ、ぎざぎざしている」などのイメージがある。
→刻134 →劾148 →核596 →該952 →骸1091

漢字クイズ 部首クイズ 6年でならう「憲」の部首はなんでしょう?

意味 ❶十二支の二番め。時刻では午後一〇時、またはその前後二時間をあてる。動物では、いのしし。❷方角の、北北西。

名まえで使う読み い・がい・り

亠-4画

【交】 6画 2年 〔交〕明朝

音 コウ

訓 まじわる・まじえる・まじる・まざる・まぜる・かう*・かわす*

1画めは点でもよい。5画めと6画めの交差点が字の中心になるようにする。

丶 亠 亠 六 六 交

なりたち 象形 人が足をまじわらせたすがたをえがいた字。

交のつく漢字グループ

「交」のグループは「一点でまじわる」というイメージがある。

→効 149 →郊 435 →校 597 →絞 850 →較 1003 →鮫 1099

意味 ❶まじわる。つきあう。「交際」 ❷とりかえる。「交代」

使い分け まじる「混じる・交じる」→(671ページ)

名まえで使う読み こう・とも・みち・よし・よしみ

【交易】こうえき 品物をとりかえたり、売り買いしたりすること。参考 国と国との交易は、ふつう「貿易」という。

【交▼換】こうかん とりかえること。

【交▼歓】こうかん 一か所にあつまって、たがいにうちとけて楽しむこと。例 交歓会。

【交▼響曲】こうきょうきょく オーケストラで演奏する曲のうち、いちばんしくみの大きいもの。シンフォニー。

【交▼互】こうご かわるがわる。

【交差】こうさ 二本以上の線や道がまじわること。例 交差点。

【交際】こうさい 人と人とがつきあうこと。交遊。例 外国人と交際する。

【交▼渉】こうしょう ①ものごとをとりきめるために話し合うこと。例 交渉の結果を発表する。②かかわりあい。関係。

【交信】こうしん 無線などをつかって、ことばや信号をやりとりすること。

【交戦】こうせん たがいに、たたかうこと。

【交代・交▼替】こうたい 入れかわること。例 交代で見はりに立つ。

【交通】こうつう ①人やのりものが行き来すること。例 交通がはげしい。②はなれている土地の間で、人や物をはこぶしくみ。例 交通の便がわるい。

【交点】こうてん 線と線、または、線と面がまじわる点。

【交配】こうはい ちがう種類のおすとめす、またはおしべとめしべをかけあわせること。例 交配してできた新種のバラ。

【交番】こうばん 町にある、警官のつめ所。例 駅前の交番。

【交▼尾】こうび 動物が子をつくるための行為。

【交付】こうふ 役所や学校などが、いっぱんの人に書類やお金をわたすこと。例 交付金。／証明書を交付する。

【交友】こうゆう 友だちづきあいをすること。また、つきあっている友だち。例 交友関係。

【交遊】こうゆう したしくつきあうこと。交際。例 父は政治家や学者と交遊している。

【交流】こうりゅう ①たがいにまじりあうこと。例 文化の交流をはかる。②きまった時間ごとに、ながれる方向が反対になる電流。対 直流

下につく熟語 外交・旧交・玉石混交・国交・社交・親交・絶交

【充】6画 儿部4画 →99ページ

【妄】6画 女部3画 →274ページ

【衣】6画 衣部0画 →923ページ

亠－5画

【亨】7画

人名 〔亨〕明朝

音 キョウ
訓 とおる

意味 ❶さしさわりがなくとおる。❷もてなす。

注意 「享」とまちがえないこと。

名まえで使う読み あき・あきら・きょう・すすむ・ちか・とおる・とし・なお・なが・なり・みち・ゆき

【忘】7画 心部3画→456ページ

【言】7画 言部0画→944ページ

亠－6画

【京】8画

2年 〔京〕明朝

音 キョウ・ケイ*
訓 —

1画めは右下に打つ点でもよい。2画めを長く書く。7画めは止めてもよい。

なりたち 象形 →京

高台にある建物をえがいた字。むかしの人はこうずいをさけて高いところに家をたててすんだので、そこに町ができ、「みやこ」のいみをあらわすようになった。

京のつく漢字グループ

「京」のグループは「高く大きい」「明るい」というイメージがある。これから「風通しがよい」というイメージにもつながる。

→影 373　→景 558　→涼 676　→鯨 1100

意味 ❶**皇居のある都市。みやこ。**「上京」❷**京都。**「京人形」❸**東京。**「京▼浜」

名まえで使う読み あつ・おさむ・きょう・けい・たかし・ちか・ひろし

【京阪】けいはん 京都と大阪地方。

【京阪神】けいはんしん 京都と大阪と神戸。また、その一帯の地域。

【京▼浜】けいひん 東京と横浜。また、東京・横浜をふくむ一帯の地域。

【京葉】けいよう 東京都と千葉県。東京と千葉地方。例 京葉工業地帯。

下につく熟語 帰京・在京・*離京

亠－6画

【享】8画

常用 〔享〕明朝

音 キョウ
訓 —

なりたち 象形 祖先をまつる建物をえがいた字。

意味 **身にうける。**「▼享受」

注意 「亨」とまちがえないこと。

名まえで使う読み あきら・すすむ・たか・つら・みち・ゆき

【▼享受】きょうじゅ ①そのものをうけいれて、すっかり自分のものにすること。例 権利を享受する。②芸術のあじわいを楽しむこと。

【▼享年】きょうねん 死んだときの年れい。例 祖母は享年八三歳だった。

【▼享有】きょうゆう 権利や能力などを生まれながらにもっていること。例 基本的人権を享

漢字博士になろう！

一画で書く部分

漢字の画数は、漢字を組み立てている点や線でできます。一筆で書けるものを一画としますが、まちがえやすいものがあるので、注意しましょう。

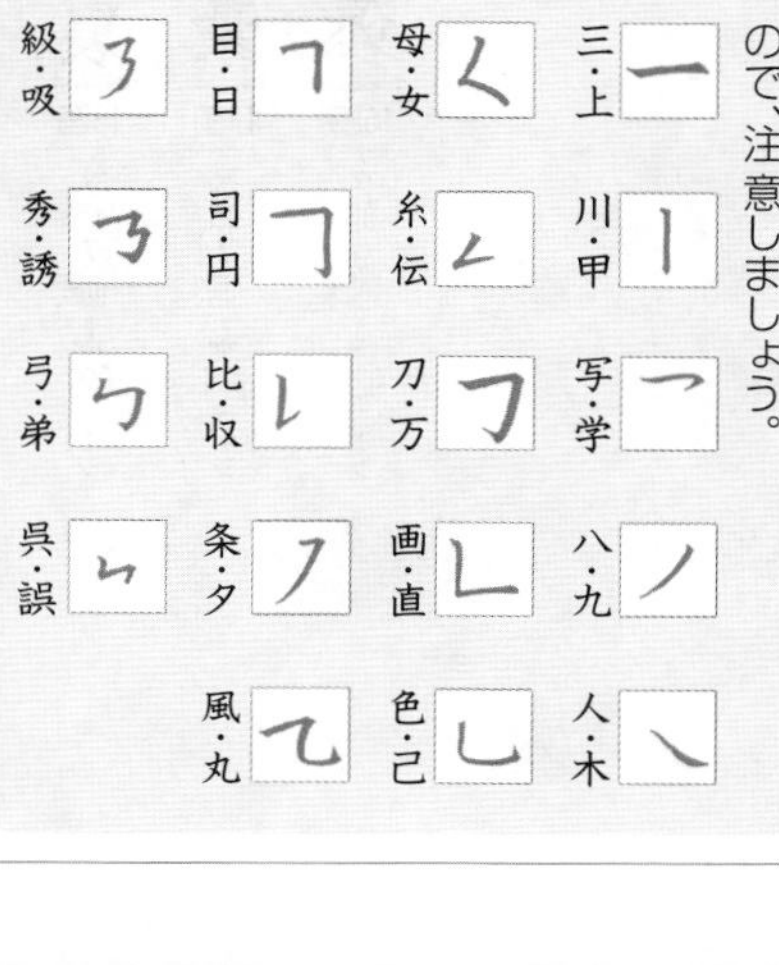

三・上　川・甲　写・学　八・九　人・木

母・女　糸・伝　刀・方　画・直　色・己

目・日　司・円　比・収　条・夕　風・丸

級・吸　秀・誘　弓・弟　呉・誤

こたえ 心（こころ）

亠の部 5画 亨 6画 京・享

2画

亠の部 7画 亭・亮

有する。使い分け きょうゆう「共有・享有」↓（110ページ）

【享楽】きょうらく 思うままに楽しみあそぶこと。例 享楽にふける。

- 【卒】8画 十部6画→166ページ
- 【夜】8画 夕部5画→256ページ
- 【盲】8画 目部3画→773ページ
- 【育】8画 月部4画→883ページ
- 【斉】8画 斉部0画→1061ページ

亠-7画

【亭】

9画 常用 〔亭〕明朝 音 テイ 訓 ―

なりたち 形声 亭

丁(=T形にまっすぐ立つ)と高(=高い建物の形)をりゃくした高を合わせた字。まっすぐ立つ建物をあらわした。↓丁8

意味 宿屋。宿場。休息所。「亭主」

【亭主】ていしゅ ①その家の主人。②夫。例 亭主関白(=夫が妻にたいして非常にいばっていること)。対 女房 ③茶の湯で、客に茶をたててもてなす人。

下につく熟語 *駅亭・*湖亭・*池亭・*料亭・*旅亭

亠-7画

【亮】

9画 人名 〔亮〕明朝 音 リョウ 訓 あきらか

なりたち 会意 高(たかい)と儿(=人)を合わせた字。高くて明るいいみをあらわした。

意味 けがれがなくあかるい。「亮然」

名まえで使う読み あき・あきら・かつ・すけ・とおる・ふさ・まこと・よし・より・りょう・ろ

- 【哀】9画 口部6画→208ページ
- 【変】9画 夊部6画→250ページ
- 【帝】9画 巾部6画→342ページ
- 【恋】10画 心部6画→465ページ
- 【畜】10画 田部5画→747ページ
- 【衰】10画 衣部4画→925ページ
- 【高】10画 高部0画→1092ページ
- 【商】11画 口部8画→212ページ
- 【牽】11画 牛部7画→718ページ

- 【率】11画 玄部6画→726ページ
- 【産】11画 生部6画→739ページ
- 【斎】11画 斉部3画→1061ページ
- 【蛮】12画 虫部6画→915ページ
- 【棄】13画 木部9画→608ページ
- 【裏】13画 衣部7画→929ページ
- 【豪】14画 豕部7画→974ページ
- 【褒】15画 衣部9画→932ページ

2画

2画 人・亻・𠆢

ひと にんべん ひとやね

なりたち

「ひと」の状態・性質・動作などのいみをしめす。

この部首の字

2画 今 52	3画 仔 55	3画 令 58	4画 伎 61	4画 全 62	4画 伏 65	5画 作 67	5画 体 69	5画 伴 72	6画 依 73	6画 使 75	6画 侑 77	7画 侯 78	7画 俗 80	
2画 仁 53	3画 仙 56	4画 伊 59	4画 休 61	4画 仲 63	5画 位 66	5画 伺 68	5画 但 70	5画 佛 54	6画 価 74	6画 侍 76	6画 例 77	7画 俊 78	7画 侮 76	
0画 人 49	2画 仏 54	3画 他 56	4画 仮 59	4画 仰 62	4画 伝 64	5画 何 66	5画 似 68	5画 低 70	5画 佑 72	6画 佳 74	6画 舎 76	7画 俄 77	7画 信 78	7画 便 81
2画 介 52	3画 以 54	3画 代 56	4画 会 60	4画 件 62	4画 任 65	5画 伽 66	5画 住 68	5画 佃 71	5画 余 72	6画 侃 74	6画 侮 76	7画 侠 77	7画 侵 79	7画 保 81
2画 仇 52	3画 仕 55	3画 付 57	4画 企 61	4画 伍 62	4画 伐 65	5画 佐 67	5画 伸 69	5画 伯 71	5画 伶 73	6画 供 75	6画 併 76	7画 係 77	7画 促 80	7画 俣 82

7画 俐 82	8画 倦 83	8画 修 84	8画 倍 87	8画 倭 89	9画 側 90	10画 傘 92	11画 傑 93	11画 僧 94	12画 僧 94	13画 價 74	15画 償 96
7画 侶 83	8画 個 83	8画 倉 86	8画 俵 88	9画 偽 89	9画 停 90	10画 備 92	11画 傲 93	11画 傳 64	12画 像 95	13画 儀 95	15画 優 96
8画 俺 83	8画 候 84	8画 値 86	8画 倣 88	9画 偶 89	9画 偵 91	10画 傍 92	11画 債 93	11画 働 94	12画 僕 95	13画 儉 83	16画 儲 97
8画 倶 83	8画 倖 84	8画 倒 87	8画 俸 88	9画 健 89	9画 偏 91	11画 僅 93	11画 催 93	11画 傭 94	12画 僚 95	13画 舗 95	
8画 倹 83	8画 借 84	8画 俳 87	8画 倫 88	9画 偲 90	10画 偉 91	11画 傾 93	11画 傷 94	12画 僞 89	13画 億 95	14画 儒 96	

ほかの部首の字

内 → 冂部 113	丙 → 一部 22	念 → 心部 458
化 → 匕部 156	囚 → 囗部 221	金 → 金部 1022
欠 → 欠部 619	合 → 口部 195	食 → 食部 1079
	含 → 口部 201	脩 → 月部 891
	命 → 口部 206	

人－0画

【人】

2画 1年

〔人〕明朝

音 ジン・ニン

訓 ひと

※上にくる音により「びと」「ぴと」ともよむ。

2画めは、1画めの途中の右側で接する。逆になると別の字になるので気をつける。

ノ 人

なりたち 象形 立っている人を横から見たすがたをえがいた字。

意味 ❶ひと。にんげん。「人工・商人」 ❷ひとの数をかぞえることば。「五人」

名まえで使う読み きよ・じん・たみ・と・にん・ひと・ひとし・め

【人▼為】じんい 人がすること。また、人が手をくわえること。例 人為災害。／人為ミス。

【人▼為的】じんいてき 自然のものに、人間が手をくわえるようす。例 人為的に雨をふらせる。

【人員】じんいん ある役目につく人の数。例 仕事に必要な人員を確保する。

【人家】じんか 人のすむ家。

【人海戦術】じんかいせんじゅつ 四字熟語 ①大勢の兵で敵をたおそうとするたたかい方。②大勢の人をつかって、仕事をするやり方。例 人海戦術で校庭のそうじをする。参考「人海」は、大勢の人のあつまりを大きな海にたとえたことば。

【人格】じんかく 人がら。人間としてのねうち。

【人格化】じんかくか 人ではないものを、意思のある人としてみなすこと。例 クマを人格化

漢字クイズ 「氵」は「さんずい」。では，「冫」は，なんという部首でしょう。

した物語。

【人間▼到る所青山あり】じんかんいたるところせいざんあり 句 人が活やくできる場所は、世の中のどこにでもある。だから、どこへでも行って、大いに活やくしなさいということ。参考「人間」は、世の中、社会のこと。「青山」は、ほねをうめる場所、墓地のこと。人がほねをうめる場所は、広い世の中のどこにでもあるといういみから。

【人権】じんけん 人が生まれながらにもっている、命や自由、平等などに関する権利。

1【人口】じんこう ①一定の土地にすんでいる人の数。②人の口。

2【人工】じんこう 人の力でつくりだすこと。例 人工衛星。対 天然・自然 注意「人口」とまちがえないこと。

【人口に膾▽炙する】じんこうにかいしゃする 故事成語 世の中に広く知られて、人々に大いにほめられる。参考「人口」は、人の口のこと。「膾」は、なますで、なまの肉のこと。「炙」は、やいた肉のこと。どちらもおいしく感じられ、もてはやされるといういみから。

【人後に落ちない】じんごにおちない 句 人にまけない。ひけをとらない。参考「人後」は、人の後ろ、人より下のいみ。

【人災】じんさい 人の不注意などがもとでおこる災害。対 天災

【人材】じんざい 才能があって、役に立つ人。

【人事】一 じんじ ①会社や役所で、人の役目・身分・成績などに関係したことがら。例 人事院。②人の力でできることがら。二 ひとごと 自分以外の人のこと。例 とても人事とは思えない。

【人事不省】じんじふせい 四字熟語 意識をうしなって、ねむったようになること。

【人種】じんしゅ からだつきやひふの色など、からだのとくちょうによって分けた、人間の種類。参考 科学的ではなく、差別につながるので、今は使わない。

【人事を▼尽くして天命を待つ】じんじをつくしててんめいをまつ 故事成語 やれることはすべてやったのだから、あとは天の命令であるなりゆきにまかせるということ。参考「天命」は、天の命令。

【人心】じんしん 人々の心。例 人心をまどわす。

【人生】じんせい ①人の一生。人がこの世に生きている期間。例 人生わずか五〇年。②人の生活。例 人生経験のゆたかな人。

【人生意気に感ず】じんせいいきにかんず 故事成語 人はお金や名誉のためでなく、あいての気もちに感じて行動するものだということ。

【人生七十古来希なり】じんせいしちじゅうこらいまれなり 故事成語 七〇歳まで生きる人は、むかしからひじょうに少ないということ。参考 このことばから、七〇歳のことをいう「古希」ということばができた。

【人▼跡未▼踏】じんせきみとう 四字熟語 まだだれも、その地に行ったことがないこと。例 人跡未踏のジャングル。参考「人跡」は、人の足あとのこと。「未踏」は、まだ足でふんだことがないといういみ。まだその地に、人が足をふみ入れたあとがないといういみから。

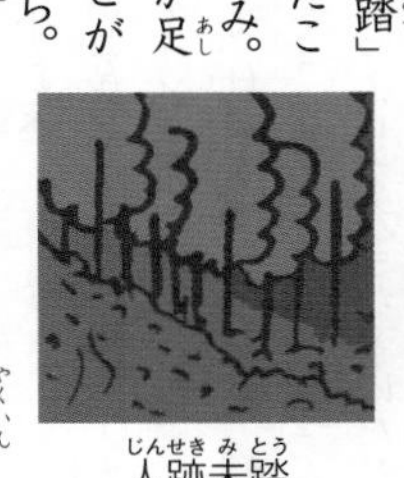
人跡未踏

【人選】じんせん 人をえらぶこと。例 役員の人選をする。

【人造】じんぞう 人の力でつくりだすこと。例 人造湖。対 天然・自然

【人体】じんたい 人のからだ。

【人知】じんち 人のもっているちえ。

【人▼畜】じんちく 人間と家畜。例 人畜無害の殺虫剤。

【人的】じんてき 人に関係があるようす。例 人的被害。／人的資源。対 物的

【人道】じんどう ①人間としての正しい生き方。例 人道にはずれたおこない。②広い道路の両がわにつくられた、人の通る道。歩道。対 車道

【人道的】じんどうてき ひとりひとりの人が尊重され、あたたかみをもつようす。例 人道的な支援。

人・亻・𠆢の部（ひと・にんべん・ひとやね） 0画 人

【人徳】じんとく その人にしぜんにそなわっている、心のよさ。

【人品】じんぴん その人にそなわっている品格。人がら。例人品いやしからぬ人。

【人物】じんぶつ ①人。例作中の人物。②人がら。例あの人は、できた人物だ。③才能がゆたかな、すぐれた人。例なかなかの人物だ。④人のすがた。例人物画。

【人文】じんぶん／じんもん 人類のつくりだした文化。例人文科学の分野。

【人望】じんぼう 人々からたよりにされ、そんけいされること。例人望のある人。

【人脈】じんみゃく 人と人とのつながり。同じ考え方や損得でむすびついた関係。

【人民】じんみん 一つの国・社会をかたちづくっている人たち。

【人命】じんめい 人のいのち。例人命救助。

【人力車】じんりきしゃ 客をのせて人が引いて走る二輪車。明治・大正時代によくつかわれた。

【人力】じんりょく／じんりき 人間の力。人間のもつ能力。

【人類】じんるい 人間を、ほかの動物と区別していうことば。

【人気】一にんき 世間のよい評判。例人気のある歌手。
二ひとけ 人のいそうなけはい。例人気のない公園。

【人魚】にんぎょ 上半身が人間で、下半身が魚のすがたをした想像上の生き物。

【人形】にんぎょう 人の形ににせたおもちゃ。

【人間】一にんげん ①ひと。人類。②人がら。人物。例人間ができている。
二じんかん 世の中。

【人間性】にんげんせい 人間が生まれつきもっている性質。人間らしさ。例人間性に問題がある。／豊かな人間性。

【人間的】にんげんてき 人間に関するようす。また、ことばや行動に人間らしいあたたかみがあるようす。例人間的魅力にあふれる。／人間的に成長する。

【人間万事▼塞▼翁が馬】にんげんばんじさいおうがうま 故事成語 人生は、思いがけないことで幸福になったり、不幸になったりするが、それを前もって知ることはできないというたとえ。参考「人間万事」は、世の中のすべてのことのいみ。「塞翁が馬」は、むかし中国の北の国境近くにすんでいた老人がもっていた馬。その馬があるとき、にげだしたことから、思いがけない幸福や不幸が、かわるがわるやってきたという話から。→「塞翁が馬」(241ページ)。

【人情】にんじょう ①人が生まれつきもっている気もち。②思いやり。なさけ。例下町の人情にふれる。

【人相】にんそう ①人の顔かたち。例人相のわるい人。②顔にあらわれた、その人の性格や運命。例人相を見る。

【人足】一にんそく 力仕事をする労働者。参考 古い言い方。
二ひとあし ①人の行き来。人通り。②漢字の部首の一つ。「儿」のこと。にんにょう。

【人非人】にんぴにん 「人でありながら人でないのいみから」ひどいことをする人。人でなし。

【人一倍】ひといちばい ふつうの人以上。例人一倍努力する。

【人▼垣】ひとがき たくさんの人が立ちならんで、かきねのようになること。例人垣をかき分けて前にすすみでる。

【人▼影】ひとかげ ①人のかげ。例かべに人影がうつる。②人のすがた。例人影もまばらな道を走った。

【人▼柄】ひとがら その人の性質。また、すぐれた品格。例人柄のあらわれた手紙。

【人心地】ひとごこち 生きかえったという気もち。ほっとする感じ。例おそろしくて、人心地がしなかった。

【人里】ひとざと 家のあつまっているところ。例人里はなれたさびしいところ。

【人質】ひとじち 約束をまもるしるしとして、あいてにあずける人。また、要求を通すためにとらえておく、あいてに関係する人。

【人手】ひとで ①人の手。②他人。例人手にわたる。③ほかの人のたすけ。例人手をかり

2画

こたえ 「にすい」。「冫」のつく漢字は…治，冷，凍……。

る。④はたらく人。例人手が足りない。⑤ほかの人のしわざ。例人手にかかる(=ころされる)。

【人出】ひとで そこに人が多く出て、あつまること。例人出でにぎわう。

【人波】ひとなみ 大勢の人々が、なみがよせるように動いていくこと。

【人の▽噂も七十五日】ひとのうわさもしちじゅうごにち 句 世の中のうわさはいつのまにか消えていくものである、というたとえ。

【人のふり見て我がふり直せ】ひとのふりみてわがふりなおせ 句 他人のおこないがよくないと思うときは、自分もそのようなおこないをしていないかどうか、反省してみるとよいということ。

【人▽肌】ひとはだ 人のはだ。また、それと同じくらいのあたたかさ。

【人前】ひとまえ 人の見ている前。例人前では話せない。

【人目】ひとめ 人の見る目。また、人が見ること。例人目につく(=めだつ)。/人目を引く(=注目をあつめる)。

下につく熟語 悪人・▽偉人・大人・恩人・外人・＊佳人・歌人・＊狩人・▽奇人・求人・▽巨人・玄人・軍人・芸人・故人・個人・才人・罪人(ざいにん・つみびと)・殺人・詩人・住人・＊主人・商人・証人・職人・素人・新人・成人・聖人・▽仙人・善人・▽俗人・達人・他人・旅人・天人・当人・仲人・一人・病人・夫人・婦人・二人・別人・▽凡人・本人・名人・役人・友人・▽隣人・▽麗人・老人・▽浪人・若人

𠆢－2画

【介】

4画 常用 〔介〕明朝

音 カイ　訓 —

なりたち 会意 𠆢(=人)と八(左右にわかれるしるし)を合わせた字。中のものを両がわからはさむようすをあらわした。

介のつく漢字グループ
「介」のグループは「両がわから、はさむ」、または「両がわに分ける」というイメージがある。
→堺238 →界746

意味 ❶**間にはさまる。間にはいる。**「▽介入」 ❷**たすける。**「▽介護・▽介抱」

参考 カタカナ「ケ」のもとになった字。

名まえで使う読み あき・かたし・すけ・たすく・ゆき・よし

【▽介護】かいご 老人や病人につきそって、せわをすること。例介護施設。/介護保険。

【▽介助】かいじょ つきそって手だすけをすること。例入浴を介助する。/介助犬。

【▽介入】かいにゅう わりこむこと。例第三者が介入する。

【▽介▽抱】かいほう 病人やけが人のせわをすること。看病。

下につく熟語 紹▽介・仲▽介・▽媒▽介

亻－2画

【仇】

4画 表外 〔仇〕明朝

音 キュウ　訓 かたき・あだ

意味 ❶**にくい相手。かたき。あだ。**「▽仇討ち・▽仇敵」 ❷**にくしみや、うらみ。あだ。**「恩を▽仇で返す(=親切にしてくれた相手にかえってひどいことをする)」

【▽仇討ち】あだうち 自分の主人や親などを殺した人をうちとり、うらみをはらすこと。かたきうち。

【▽仇敵】きゅうてき うらみのある相手。かたき。

𠆢－2画

【今】

4画 2年 〔今〕明朝

音 コン・キン＊　訓 いま

1 ノ 2 𠆢 3 亼 4 今

3画めを点で書いてもよい。4画めの最後をはらってもよい。

なりたち 会意 亼(ふた)と一(物)を合わせた字。物にふたをして、とりおさえているようすを図にして、すすむ時間の中で、つかまえたこの瞬間、つまり「いま」をあらわした。

今のつく漢字グループ

「今(キン・コン)」のグループは「かぶせる」「かぶせて中をふさぐ」というイメージがある。

↓含201 ↓吟201 ↓陰442 ↓念458 ↓琴733
↓稔806 ↓貪978 ↓金(今＋土＋八)1022
↓錦(今＋土＋八＋帛)1030

意味 ❶**いま。げんざい。**「今後」対昔・古 ❷**きょう。このごろ。**「今晩」❸**この。**「今回」

難しい読み 今日・今朝・今年(ことし・こんねん)・今昔・今生・今夕(こんゆう・こんせき)

【今時】いまどき ①このごろ。例今時の流行。②今ごろ。今となって。例今時なにしに来た。

【今風】いまふう 現代ふう。今のはやり。例今風の髪型。

【今際の際】いまわのきわ 句 死ぬまぎわのこと。臨終。例父が今際の際に言いのこしたことば。参考「今際」は、死にぎわのこと。

【今日】一きょう ①本日。こんにち。②①と同じ日付や曜日の日。例来週の今日に行きます。
二こんにち 現在。現代。例今日の日本。

【今朝】けさ きょうの朝。

【今年】ことし／こんねん いまの年。本年。

【今回】こんかい こんど。このたび。

【今後】こんご これからのち。以後。

【今昔】こんじゃく いまとむかし。

【今昔の感】こんじゃくのかん 句 いまとむかしをくらべてみて、ずいぶんかわってしまったと、しみじみ思う気もち。

【今生】こんじょう この世。この世に生きている間。例今生のわかれ。

【今度】こんど ①このたび。今回。例今度こそ負けない。②この次。例今度の日曜日は、つりに行こう。③さいきん。例今度、学級委員にえらばれた。

【今夜】こんや きょうの夜。例今夜、電話する。

【今夕】こんゆう／こんせき きょうの夕方。こんばん。参考あらたまった言い方。

上につく熟語 *今期・*今月・*今週

下につく熟語 現今・古今・昨今

亻－2画

【仁】

4画 6年 〔仁〕明朝

音 ジン・ニ*
訓 ―

仁 仁

1 ノ 2 亻 3 仁 4 仁

「亻」よりも「二」を縦に伸ばさず、「二」の上下に空間ができるようにする。

なりたち 形声 二(ジ・ニ)(ふたつ)と亻(＝人(ジン・ニン))を合わせた字。ふたりが思いやりをもってつきあうことをあらわした。↓二40

意味 **おもいやり。**「仁愛」

参考 ひらがな「に」のもとになった字。

難しい読み 仁王

名まえで使う読み きみ・さね・じん・ただし・と・のぶ・のり・ひさし・ひと・ひとし・ひろし・まさ・まさし・み・めぐみ・めぐむ・やすし・よし

【仁愛】じんあい 人を思いやり、いつくしむこと。

【仁義】じんぎ ①人としての正しいおこない。②やくざなどのおきて。また、やくざのするとくべつなあいさつのしかた。例仁義をきる。

【仁術】じんじゅつ まごころと思いやりのあるおこない。ふつう、医術についていう。例医は仁術(＝損得を考えないで人をすくう医術は、仁術である)。

【仁政】じんせい 国民のしあわせをねがう、よい政治。例仁政がしかれた時代。

【仁徳】じんとく 弱い人やこまっている人などを、思いやりの心をもってたすける徳。仁愛の徳。使い分け「人徳」は、その人にそなわっている徳。

【仁王】におう ほとけをまもるひとくみの神。寺の門の両がわに立っている。「金剛力士」ともいう。例仁王立ち(＝仁王のようにどっしりと力強く立つこと)。

亻－2画 【仏】4画 5年　亻－5画 【佛】7画 人名　〔仏〕明朝

音 ブツ・フツ*
訓 ほとけ

※上下にくる音により「ブッ」「ぼとけ」ともよむ。

「亻」よりも「ム」を縦に伸ばさない。3画めは、折った後は右上がりに書く。

なりたち 形声 もとの字は「佛」。弗(左右にはらう→分散する)と亻(=人)を合わせた字。すがたがばらばらになってよく見えないようすをあらわした。→払494 ▽古いインドのことばで、ほとけのことをBuddhaといい、それに「佛陀」という字をあてたことから、「佛」はもとのいみではつかわれず、ほとけのいみにつかわれるようになった。

意味 ❶仏教でさとりをひらいた人。ほとけ。「仏像」 ❷フランス。「仏語(=フランス語)」

参考 フランスのことを「仏」と書くのは、あて字の「仏蘭西」をりゃくしたもの。

名まえで使う読み さとる・ぶつ

【仏教】ぶっきょう 宗教の一つ。今からおよそ二五〇〇年前、釈迦がインドでひらいた。

【仏事】ぶつじ 仏教の行事や儀式。

【仏式】ぶっしき 仏教でのやり方。例 仏式によるお葬式。

【仏心】一 ぶっしん ほとけがもつ、あわれみぶかく、いつくしみにみちた心。二 ほとけごころ まよいのない心。また、なさけぶかい心。

【仏前】ぶつぜん ほとけをまつった、その前。例 仏前に花をそなえる。

【仏像】ぶつぞう ほとけの像。

【仏▼壇】ぶつだん 仏像やいはいをまつるところ。

【仏頂面】ぶっちょうづら あいそうのない、おこった顔つき。参考「仏頂尊」といういかめしい顔のほとけにたとえたことば。

【仏典】ぶってん 仏教の教えを書いた本。例 仏典をもとめてインドに行く。

【仏道】ぶつどう ほとけのといた道。ほとけの教え。例 仏道の修行をつむ。

【仏法】ぶっぽう ほとけの教え。

【仏門】ぶつもん 釈迦のといた教え。仏道。例 仏門にはいる(=出家して坊さんになる)。

【仏作って▼魂入れず】ほとけつくってたましいいれず 句 形はできても、いちばん大事なことがぬけおちていたら、なんにもならないこと。参考 仏像の形はできてもたましいを入れなければ仏像はできあがらないことから。

【仏の顔も三度】ほとけのかおもさんど 句 どんなになさけぶかい人でも、何度もひどいことをされればおこりだす、というたとえ。

下につく熟語 成仏・*石仏(せきぶつ・いしぼとけ)・大仏・念仏

【内】4画 冂部2画→113ページ
【化】4画 匕部2画→156ページ
【欠】4画 欠部0画→619ページ

人－3画 【以】5画 4年 〔以〕明朝

音 イ
訓 —

全体的に横長になるように書く。1画めはやや内側へ向ける。

なりたち 形声 ム(道具をもちいるしるし)と人を合わせた字。人が道具をつかって仕事をするようすを図にして、「何かでもって」といういみをあらわした。

意味 あることばの上について、「…より」「…から」のいみをあらわすことば。「以上」

参考 ひらがな「い」のもとになった字。

注意 「似」とまちがえないこと。

名まえで使う読み い・これ・さね・しげ・とも・のり・もち・ゆき・より

【以遠】いえん　その場所をふくめ、そこから先の地域。例 半径五キロメートル以遠は配達しません。

【以下】いか　①それをふくんで、それから下。五歳以下は無料です。②それよりもあと。例以下の文章は省略します。対①②以上

【以外】いがい　それよりほか。例 兄以外には話していない。

使い分け　いがい　以外・意外

【以外】それをのぞくほかのもの。例 トマト以外のやさいを食べる。

【意外】考えてもみなかったことや予想もしなかったこと。例 テストは、意外にかんたんだった。

参考「以」は、〜より。〜から。「意」は、思い。考え。

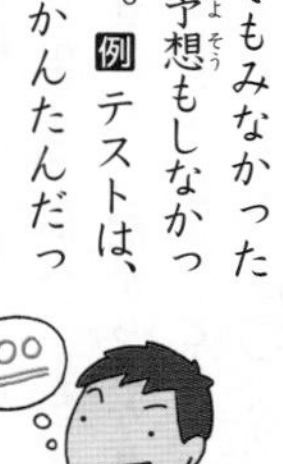

【以後】いご　①これからあと。今後。例 以後は注意しなさい。②そのときからあと。以降。例 五時以後は家にいる。対 以前

【以降】いこう　そのときをふくめ、それからあと。以後。例 二月以降の予定はない。

【以上】いじょう　①それをふくんで、それから上。対 以下 ②それよりも前。対 以下 ③…からには。例 はじめた以上は、さいごまでやりぬく。④文章やことばのあとにつけて、「おわり」のいみをあらわすことば。

【以心伝心】いしんでんしん　四字熟語 口に出さなくても、おたがいの気もちがつたわること。

【以前】いぜん　①そのときより前。例 自動車の発明以前ののりもの。対 以後 ②今より前。むかし。例 それは以前から知っていました。

使い分け いぜん「依然・以前」→(74ページ)

【以内】いない　①あるきめられたわくのうち。例 一時間以内にもどってきます。②それをふくんで、それより少ないこと。例 二個以内。

【以来】いらい　そのときから今まで。例 学校はじまって以来の天才。

上につく熟語　*以西・*以東・*以南・*以北

亻−3画

【仕】

5画　3年　〔仕〕明朝

音 シ・ジ*　訓 つかえる

「亻」よりも「士」を縦に伸ばさない。5画めは、3画めより長く書かない。

1 ノ　2 亻　3 仁　4 什　5 仕

なりたち　形声　士−仕　士（まっすぐ立つ）と亻（＝人）を合わせた字。人のそばに立って、つかえるいみをあらわした。→士246

意味 ❶目上の人の用をたす。つかえる。「仕官」❷すること。「仕方」

注意「任」とまちがえないこと。

難しい読み　仕度・仕業

名まえで使う読み　し・つこう・まなぶ

【仕方】しかた　やり方。方法。

【仕官】しかん　役人になること。

【仕▼儀】しぎ　ことのなりゆき。ありさま。参考 思わしくないことについていう。

【仕事】しごと　①はたらくこと。②職業。例 母の仕事は教師です。

【仕度】したく　→「支度」(522ページ)。

【仕様】しよう　①方法。手段。②「仕様書」のりやく。機械や自動車などのつくりやつかい方を説明した文書。例 機械の仕様書を読む。

【仕業】しわざ　したこと。やったこと。例 このいたずらは、だれの仕業だ。

下につく熟語　給仕・*出仕・▼奉仕

亻−3画

【仔】

5画　人名　〔仔〕明朝

音 シ　訓 こ

意味 ❶小さいこども。「▽仔牛」❷小さくてこまかい。「▽仔細」

こたえ　ウ　行（ぎょうがまえ）。「行」のつく漢字は…術，街，衛……。

亻－3画

【仙】

5画 常用 〔仙〕明朝

音 セン
訓 ―

なりたち 会意 山（やま）と亻（＝人）を合わせた字。山にかくれ住む人をあらわした。

意味 ❶山にはいって神通力をえた人。「▼仙人」 ❷あるわざがひじょうにうまい人。「歌▼仙・詩▼仙」

名まえで使う読み せん・たかし・のり・ひと

【▼仙境】せんきょう 仙人がすむところ。仙界。

【▼仙人】せんにん 世間からはなれて山中にすみ、年もとらず、死ぬこともないという、ふしぎな力をもった人。参考 人間が想像したもの。

亻－3画

【他】

5画 3年 〔他〕明朝

音 タ
訓 ほか

他 他

3画めは右上がりに書き、内側に折る。5画めは曲げた後を長くし、最後ははねる。

ノ 亻 仂 仲 他

なりたち 形声 也（ヘビ）と亻（＝人）を合わせた字。どくヘビにかまれる害から、「かわったできごと」「ふつうとはちがっている」といういみを「他」であらわすようになった。→也34

意味 ほか。べつの。「他人」

名まえで使う読み おさ・た・ひと・ほか

【他界】たかい 死ぬこと。例 父は二年前に他界しました。参考 ほかの世界（＝あの世）へ行くということから、死ぬいみをあらわす。

【他国】たこく ①よその国。外国。対 自国 ②生まれ故郷でないべつの土地。

【他言】たごん （ひみつを）他人に話すこと。例 他言無用（＝人に話してはいけない）。

【他殺】たさつ 人にころされること。対 自殺

【他山の石】たざんのいし 故事成語 自分が何かをするときの参考となる、ほかの人のことばやおこない。参考 よその山から出るつまらない石でも、自分の宝石をみがく石につかうことができるといういみから。

他山の石

【他日】たじつ ほかの日。いつか。例 他日うかがいます。

【他者】たしゃ ほかの人。自分以外の人。

【他動詞】たどうし 文法で、ほかのものに動作や作用がおよぶことをあらわす動詞。「〜を」という目的語がつく。たとえば、「病気を治す」の「治す」が他動詞。「病気が治る」の「治る」は自動詞。対 自動詞

【他人】たにん ①ほかの人。自分以外の人。②自分の家族や親類でない人。例 赤の他人。③そのことがらに関係のない人。例 他人は口を出すな。

【他人行▼儀】たにんぎょうぎ 四字熟語 したしい間がらであるのに、まるで知らない者どうしのようによそよそしくふるまうようす。

【他方】たほう ①ほかのほう。もう一つの面。②一方では。例 まじめな人だが、他方ひょうきんな人でもある。

【他面】ためん ①ほかの面。②べつの面から見ると。一方。

【他力】たりき ほかの人の力。ほかの人のたすけ。対 自力

【他力本願】たりきほんがん 四字熟語 ①仏教で、阿弥陀如来の力にたよって成仏すること。②ほかの人の力にたよって、ものごとをすること。

【他流】たりゅう 武芸や芸事などで、その人のまなんでいない流派。例 他流試合。

下につく熟語 自他・▼排他・*利他

亻－3画

【代】

5画 3年 〔代〕明朝

音 ダイ・タイ
訓 かわる・かえる・よ・*しろ

※上にくる音により「がわり」ともよむ。

代 代

3画めは右上がりに、4画めは長く反る。5画めは、3画めの上に書く。

ノ 亻 仁 代 代

う。

なりたち 形声 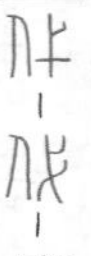 代

弋（たがいちがい）と亻（＝人）を合わせた字。弋は、ひもをつけて、えものにぐるぐるまきつけるパチンコのような道具。たがいちがいになるというイメージをもつ。代は、たがいちがいに入れかわるいみをあらわした。

弋のつく漢字グループ

「弋」のグループは「たがいちがいに入れかわる」というイメージがある。

→代 56 →袋 926 →貸 981 →鳶 1102

意味 ❶かわる。かわりになる。「代理」 ❷長い年月を区切ったもの。「時代」 ❸かわりにはらうお金。「代金」

難しい読み 代物・代謝

使い分け かえる「変える・代える・換える・替える」→250ページ

名まえで使う読み しろ・だい・とし・のり・よ・より

【代物】しろもの 物。また、人。例 やっかいな代物。参考 けなすときにつかうことも多い。

【代案】だいあん かわりになる案。ほかの案。例 雨がふったときにそなえ、代案を考えよう。

【代価】だいか ①品物のねだん。②あるものごととひきかえにうける、ぎせいや損害。代償。例 ダムをつくる代価にその村は湖の底にしずんだ。

【代官】だいかん 江戸時代に、幕府のもっている土地をおさめた役人。

【代議士】だいぎし 国民にえらばれ、国の政治をおこなう人。国会議員。参考 とくに、衆議院議員のことをいう。

【代金】だいきん 買った品物のかわりにはらうお金。

【代行】だいこう ある人にかわって、ものごとをおこなうこと。例 書記が議長の代行をする。

【代作】だいさく ある人にかわってつくること。また、その作品。

【代謝】たいしゃ 新しい物が、古い物と少しずつ入れかわること。例 新陳代謝。

【代書】だいしょ その人にかわって、手紙や書類を書くこと。代筆。

【代▼償】だいしょう ①あいてにあたえた損害やくるしみにかえて、お金などでつぐないをすること。また、そのお金など。②あることを成しとげるためにはらった、ぎせいや損害。代価。例 多くの若い命を代償にして、戦争に勝利した。

【代打】だいだ 野球で、ある打者にかわって打つこと。また、その打つ人。

【代代】だいだい／よよ 何代もつづいていること。参考 ふつう「代々」と書く。

【代▼替】だいたい ある物のかわりに、ほかの物をつかうこと。かわり。例 代替エネルギー。

【代読】だいどく 本人にかわって読むこと。例 会長のあいさつを代読します。

【代筆】だいひつ 本人のかわりに、手紙・書類などを書くこと。また、その書いたもの。代書。

【代表】だいひょう 大勢の人にかわって、考えをのべたり、ものごとをしたりすること。また、その人。

【代弁】だいべん 本人にかわって意見をのべること。例 姉の代弁をする。

【代名詞】だいめいし 文法で、名詞の一つ。物や人のかわりにさししめす「これ・そこ・あれ・きみ・わたし」などのことば。

【代役】だいやく 劇や映画などで、出る予定だった人のかわりをつとめること。また、その人。

【代用】だいよう ある物のかわりにつかうこと。例 代用品。

【代理】だいり 本人にかわって、ものごとをすること。また、その人。例 母の代理で出席する。

下につく熟語 近代・現代・*交代・古代・身代・▼苗代・年代

亻－3画

【付】

5画 4年

〔付〕明朝

音 フ
訓 つける・つく

※上にくる音により「プ」ともよむ。

人・亻・𠆢 の部 3画 令

付

「亻」よりも「寸」を大きく書く。5画めは、3画めの下に書く。

ノ イ 仁 付 付

なりたち 会意 寸(手)と亻(=人)を合わせた字。手をのばして、人のからだにぴたりとつけるようすをあらわした。

付のつく漢字グループ

「付」のグループは「くっつける」「くっつく」というイメージがある。

→府356 →附440 →符824 →腐893 →鮒1099

意味 ❶つける。つく。「付属」 ❷あたえる。「交付」

【付加】ふか つけくわえること。例付加価値。

【付記】ふき つけくわえて書くこと。また、書いたもの。例図に説明を付記した。

【付近】ふきん 近く。近所。例駅付近の地図。

【付言】ふげん つけくわえて言うこと。また、そのことば。例誤解のないように付言します。

【付▼随】ふずい 主となることにつながっていること。例付随した問題がおこる。

【付設】ふせつ くわえてそなえること。例小学校に付設して幼稚園ができた。

【付属】ふぞく あるものにつきしたがうこと。また、そのもの。例付属品。

【付▼託】ふたく たのんで、まかせること。例この問題は、委員会に付託する。

【付着】ふちゃく くっつくこと。例どろがズボンに付着した。

【付表】ふひょう 本や書類についている表。

【付▼与】ふよ あたえること。さずけること。例権利を付与する。

【付録】ふろく 本や雑誌などに、つけくわえたもの。例雑誌に付録がつく。

【付和▼雷同】ふわらいどう 四字熟語 きちんとした自分の考えがなく、やたらに人の意見に賛成すること。例すぐに付和雷同する信念のない人。参考「付和」も「雷同」もにたいみで、人の意見にしたがったり、同意すること。

下につく熟語 受付・寄付・給付・送付・▼添付・▼貼付・納付・配付・日付

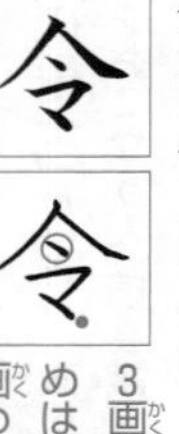

へ－3画

【令】

5画 4年 〔令〕明朝

音 レイ・リョウ* 訓 ―

3画めは横画でもよい。5画めは縦画で書いてもよい。4画めの最後ははねない。

ノ 人 亼 今 令

なりたち 会意 亼(あつめるしるし)と卩(人がひざまずくすがた)を合わせた字。人々をあつめて、神や君主の命令をつたえるようすをあらわした。

令のつく漢字グループ

「令」のグループは「つぎつぎにならぶ」「ならんでつながる」、または「きよらかにすむ」というイメージがある。

→伶73 →冷119 →怜462 →玲730 →羚866 →鈴1027 →零1054 →領1070 →齢1111

意味 ❶いいつけ。めいれい。「指令」「法令」 ❷きまり。「法令」 ❸あることばの上につけて、そんけいのいみをあらわすことば。「令夫人」 ❹よい。りっぱ。「令名」

名まえで使う読み おさ・なり・のり・はる・よし・れい

1 【令▼嬢】れいじょう ほかの人のむすめをうやまっていうことば。おじょうさん。対令息

2 【令状】れいじょう 命令を書いた手紙。裁判所が出す逮捕状など。

【令息】れいそく ほかの人のむすこをうやまっていうことば。おぼっちゃん。対令嬢

【令名】れいめい よい評判。

【令和】れいわ 日本の、今の年号。参考二〇

一九年五月一日からはじまった。

下につく熟語 禁令・訓令・号令・*条令・司令・指令・辞令・政令・伝令・*発令・法令・命令

【丙】5画　一部4画 →22ページ

【囚】5画　口部2画 →221ページ

亻－4画 【伊】6画 人名 〔伊〕明朝

音 イ　訓 ―

なりたち 形声 尹(うまくまとめる)と亻(=人)を合わせた字。世界をうまくまとめる人をあらわし、のち、ものごとをしめすことばにもちいた。→君201

意味 ❶かれ。かの。❷これ。この。❸イタリアのこと。

参考 ㋐カタカナ「イ」のもとになった字。㋑イタリアのことを「伊」と書くのは、あて字の「伊太利(イタリー)」をりゃくしたもの。

名まえで使う読み い・おさむ・これ・ただ・よし

【▽伊達】だて　はでな身なりや行動で、外見をかざること。みえをはること。例 伊達の薄着。／伊達男。

亻－4画 【仮】6画 5年 〔仮〕明朝

音 カ・ケ*　訓 かり

仮　仮

ノ　亻　仁　仮　仮　仮

4・5画めの下の高さをそろえるとよい。6画めは4画めに接しなくてもよい。

なりたち 形声 叚－叚－假－假(仮)

もとの字は「假」。叚(カ)と亻(=人)を合わせた字。叚は、厂(=たれた布)と二(ならべるしるし)と爪(手)と又(手)を合わせて、かめんをかぶっているようす。假は、本当のすがたをかくして、うわべをとりつくろうことをあらわした。

> **叚のつく漢字グループ**
> 「叚」のグループは「かくして見せない」「かぶる」というイメージがある。
> →仮(=假)59　→暇561　→霞1056

意味 ❶まにあわせ。かり。「仮定」❷にせ。いつわり。「仮病」

難しい読み 仮名・仮病

【仮死】かし　生きているのに意識がなく、呼吸も止まり、死んでいるようになること。

【仮借】かしゃ　漢字のなりたちを分類する六書のひとつ。漢字の使い方で、漢字を、もとのいみに関係するべつのいみにもちいること。→「六書(109ページ)」・付録「漢字について(1116ページ)」

【仮▼称】かしょう　正式な名前がないとき、まにあわせにつける名。

【仮性】かせい　原因はちがうが、病気のようすが真性の病気によくにていること。疑似。対 真性

1【仮設】かせつ　建物・会場などを、一時のまにあわせに、かりにつくること。

2【仮説】かせつ　あることがらを、りくつに合うように説明するためにつかう、かりの考え。例 仮説を立てて研究する。

1【仮装】かそう　何かの形をまねて、かりにすがたをかえること。例 仮装大会。

2【仮想】かそう　かりにそうだと考えること。想像すること。例 仮想敵国。

【仮装行列】かそうぎょうれつ　ある人物や動物のふん装をした人たちがねり歩くこと。

【仮想現実】かそうげんじつ　(コンピューターなどがつくりだす)想像の世界を、じっさいにあるかのように感じさせるもの。

【仮題】かだい　かりにつけた題名。

【仮定】かてい　あることがらについて、かりにそうだときめること。

【仮名】㊀かな　ひらがなとかたかな。㊁かめい　ほんとうの名ではない、かりの名。対 実名・本名

【仮分数】かぶんすう　算数で、分母より分子が大きいか、分子と分母が同じ分数。対 真分数

【仮▼眠】かみん　つかれをとるなどのために、ちょっとの時間ねむること。かりね。

こたえ　ころもへん。

【仮面】かめん 顔の形につくった面。例 仮面をかぶる（＝本心や正体をかくす）。

【仮病】けびょう 病気のふりをすること。

𠆢－4画

【会】

6画 2年 〈会〉明朝

音 カイ・エ*

訓 あう

※「株式会社」のように、上にくる音により「ガイ」ともよむ。／「カイする」ともつかう。

会 会

「云」は1・2画めの下部より内側におさめる。5画めは折った後、右上がりに。

ノ 人 亼 亼 会 会

なりたち 会意 𣍝－曾（会）

もとの字は「會」。亼（あつめるしるし）と曾（たくさんかさなる）をりゃくした形を合わせた字。多くのものがよりあつまるようすをあらわした。▽「曾」は「増」の右がわと同じ。

会のつく漢字グループ

「会」のグループは「多くのものを一か所にあつめる」というイメージがある。

→絵848

意味 ❶**であう。あう。**「会見」 ❷**あつまる。あつまり。**「司会・会則」 ❸**よくわかる。**「会得」

注意 「合」とまちがえないこと。

難しい読み 会▼釈・会得

名まえで使う読み あい・かい・かず・さだ・はる・もち

使い分け あう 会う・合う・遭う

【会う】人とであう。例 広場で、友だちと会う。

【合う】一つになる。同じになる。例 みんなの声が合う。／答えが合う。／時間が合う。

【遭う】思いがけないできごとにであう。例 交通事故に遭う。／ひどい目に遭う。参考 おもにうれしくないことにいう。

【会▼釈】えしゃく かるく頭を下げてあいさつをすること。また、そのあいさつ。

【会得】えとく ものごとを、よく理解すること。例 こつを会得する。

【会意文字】かいいもじ 漢字のなりたちを分類する、六書のひとつ。二つ以上の、意味をあらわす文字を組み合わせてつくった漢字。→「六書（109ページ）」・付録「漢字について（1116ページ）」

【会員】かいいん その会にはいっている人。

【会館】かいかん 集会などにつかう建物。

【会期】かいき 会がひらかれている期間。

【会議】かいぎ 人々があつまって、話し合いをすること。また、そのあつまり。

【会計】かいけい ①金銭や品物の出し入れを計算すること。また、その仕事。例 会計係。②店などでの、代金のしはらい。例 会計をおねがいします。

【会▼稽の▼恥】かいけいのはじ 故事成語 たたかいにまけたはじのたとえ。また、人からうけたひどいはずかしめのたとえ。例 会稽の恥をすすぐ。参考 むかし、中国の会稽山というところで、夫差という王にまけてみじめな思いをした勾践という王が、そのくやしさをわすれないで、長い間しんぼうし、ついに敵である夫差をたおしたという話から。

【会見】かいけん 話をするために、人に会うこと。例 記者会見。参考 あらたまった言い方。

【会合】かいごう 話し合いをするために、多くの人があつまること。また、そのあつまり。

【会社】かいしゃ 利益をえるために仕事をする団体。例 株式会社。／会社員。

【会場】かいじょう 会議やあつまり・もよおしものにつかう場所。

【会食】かいしょく　大勢の人があつまっていっしょに食事をすること。

【会心】かいしん　気にいって、まんぞくすること。例 会心の作。使い分け かいしん「改心・改新・会心」→524ページ

【会談】かいだん　会って、じかに話し合うこと。

【会費】かいひ　会が活動をするために、会員が出すお金。

【会報】かいほう　会のようすを会員に知らせる印刷物。例 児童会の会報。

【会話】かいわ　おたがいに話すこと。また、そのやりとり。例 会話がはずむ。／英会話。

下につく熟語 ▼宴会・開会・学会・機会・議会・休会・教会・国会・再会・社会・集会・*図会・盛会・総会・大会・*茶会・展覧会・都会・博覧会・閉会・面会・流会

人－4画

【企】

6画 常用 〈企〉明朝

音 キ
訓 くわだてる

意味 **何かを計画する。くわだてる。くわだて。**「企画」

名まえで使う読み き・とも・もと

【▼企画】きかく　計画を立てること。また、その計画。例 たんじょうび会を企画する。

【▼企業】きぎょう　もうけるために生産などの事業をすること。また、その事業。例 大企業。

亻－4画

【伎】

6画 常用 〈伎〉明朝

音 キ
訓 ―

なりたち 形声 支(こまかく分かれる)と亻(=人)を合わせた字。こまかい技をもつ芸人のこと。→支522

意味 **❶こまかいしごとやさいく。わざ。❷たくみなわざを身につけた人。はいゆう。**

下につく熟語 歌▼舞▼伎

亻－4画

【休】

6画 1年 〈休〉明朝

音 キュウ
訓 やすむ・やすまる・やすめる

休 休

ノ　亻　仁　什　休　休

4画めの最後は、止めても、次の画へ向けてはねてもよい。

なりたち 会意 休－休－休
木と亻(=人)を合わせた字。人が木のそばでやすむようすをあらわした。

意味 **❶やすむ。やすめる。**「休戦」「休日」 **❷とまる。やめる。**

注意 「体」とまちがえないこと。

名まえで使う読み きゅう・たね・のぶ・やす・やすむ・よし

【休▼暇】きゅうか　学校や会社などで、休日以外におおやけにみとめている休み。

【休会】きゅうかい　会の活動を、一時休みにすること。

【休学】きゅうがく　病気などのために、長い期間学校を休むこと。

1【休刊】きゅうかん　新聞・雑誌などが発行を休むこと。例 新聞休刊日。

2【休館】きゅうかん　図書館・博物館などが、仕事を休むこと。

【休業】きゅうぎょう　仕事や商売を休むこと。

【休▼憩】きゅうけい　仕事などのとちゅうで、しばらく休むこと。また、その休み。

1【休校】きゅうこう　学校が、授業をしないで休みになること。

2【休講】きゅうこう　先生が休んでその授業がおこなわれないこと。授業・講義が休みになること。

【休止】きゅうし　しばらくの間、休むこと。

【休日】きゅうじつ　きめられた休みの日。対 平日

【休止▼符】きゅうしふ　音楽で、曲のとちゅうで休むことをあらわすしるし。休符。

【休場】きゅうじょう　①劇場や競技場が休むこと。②出演者や出場者が休んで出場しないこと。例 横綱が休場する。

【休職】きゅうしょく　つとめている人が、病気などで長い間つとめを休むこと。使い分け

漢字クイズ 「一」は1画です。常用漢字の中には、1画で書く漢字がもう1字あります。その

人・亻・入（ひと・にんべん・ひとやね）の部 4画 仰・件・伍・全

きゅうしょく「求職・休職」↓648ページ）

【休▼診】きゅうしん 医者や病院などが、かん者をみるのを休むこと。

【休戦】きゅうせん 戦争を一時やめること。

【休息】きゅうそく 休んでゆっくりすること。

【休養】きゅうよう 仕事などを休んで、からだの元気をとりもどすこと。

下につく熟語 ＊一時帰休・運休・＊公休・週休・＊代休・無休・＊遊休・連休

亻－4画

【仰】6画 常用 〔仰〕明朝

音 ギョウ・コウ

訓 あおぐ・おおせ

意味 ❶上をむく。あおむく。「▼仰天」❷うやまう。たっとぶ。「信▼仰」❸身分の高い人の命令。おおせ。

名まえで使う読み こう・たか・もち

【▼仰天】ぎょうてん たいへんおどろくこと。例 びっくり仰天する。

亻－4画

【件】6画 5年 〔件〕明朝

音 ケン

訓 —

5画めは4画めより長く書く。6画めは「二」の中心に書き、最後は止めてもよい。

なりたち 会意 牛（食べるために切り分ける）と亻（＝人）を合わせた字。分かれている物や、ことがらを数えることばをあらわした。

意味 ことがら。また、ことがらをかぞえることば。「事件」

名まえで使う読み かず・けん・なか・わか

【件数】けんすう ことがらの数。例 事故件数。

下につく熟語 案件・条件・無条件・用件・要件

亻－4画

【伍】6画 人名 〔伍〕明朝

音 ゴ

訓 —

なりたち 形声 五（五つ）と亻（＝人）を合わせた字。五人のことをあらわした。↓五41

意味 ❶人数で、五人。❷五人組。「▽伍長」❸隊列。「落▽伍」❹なかま入りをする。

参考 金額のごまかしをふせぐため、領収書などで「五」のかわりに書くことがある。

名まえで使う読み あつむ・いつ・くみ・ご・とも・ひとし

𠆢－4画

【全】6画 3年 〔全〕明朝

音 ゼン

訓 まったく・すべて

1・2画めを長く書く。3・5画めは同じ長さで、6画めを長く書く。

なりたち 会意 入（中にはいる）と王（＝玉）を合わせた字。欠けたところがないように玉をぴっしりはめこむようすをあらわした。

> **全のつく漢字グループ**
> 「全」のグループは「かけ目なくそろう」というイメージがある。
> →栓599 →詮954

意味 ❶すべて。まったく。「全体・全部」❷欠点がない。「完全・健全」

注意 「金」とまちがえないこと。

名まえで使う読み あきら・うつ・ぜん・たけ・たもつ・とも・はる・まさ・また・みつ・やす

【全員】ぜんいん その団体の全部の人。そこにいる全部の人。

【全音】ぜんおん 音楽で、音の高低のはばをあらわす単位。半音の二倍。

【全科】ぜんか すべての学科・科目。

1【全会】ぜんかい その会に出ている全員。会員の全部。例 全会一致できまる。

2【全快】ぜんかい 病気がすっかりなおること。全治。

3【全開】ぜんかい 戸やふた・せんなどを、全部あけること。例 城門を全開する。

4【全▼壊】ぜんかい 建物がすっかりこわれること。例 台風で、五戸が全壊した。

2画

【全額】ぜんがく 全部の金額。総額。例 全額一時ばらい。

【全巻】ぜんかん ①本・映画のすべての巻。例 全巻で一〇さつの文学全集。②その本のすべて。例 全巻にながれる詩情。

【全権】ぜんけん (まかされた)すべての権限。例 全権大使。/全権を委任する。

【全校】ぜんこう ①その学校の先生・生徒の全部。例 全校集会。②すべての学校。例 県内の全校が休校になる。

【全国】ぜんこく 国の全部。国じゅう。

【全集】ぜんしゅう ある人、または、あることがらについて、すべての作品をあつめた本。例 日本文学全集。

1【全勝】ぜんしょう きめられた何回かの試合に全部かつこと。対 全敗

2【全焼】ぜんしょう 火事で、建物が全部やけてしまうこと。まるやけ。

【全身】ぜんしん からだ全部。例 全身でぶつかる。

【全身全▼霊】ぜんしんぜんれい 四字熟語 からだも心も全部。ありったけの体力と心。例 全身全霊をかたむけて研究にうちこむ。参考「全身」は、からだ全体のいみ。「全霊」は、心全体のいみ。

【全盛】ぜんせい ものごとのいきおいが、いちばんさかえているること。例 全盛をきわめる。

【全世界】ぜんせかい 世界のすべての国。世界じゅう。

【全然】ぜんぜん まったく。まるで。例 そんなことは全然知りません。

【全速力】ぜんそくりょく 出せるかぎりのはやさ。フルスピード。例 全速力で走る。

【全体】ぜんたい ①そこにある全部の人や物。対 部分 ②いったい。③もともと。例 全体、どういうつもりなんだ。例 全体、君がいけないのだ。参考 ②③は多くかな書きにする。

【全治】ぜんち/ぜんじ 病気がすっかりなおること。全快。

【全知全能】ぜんちぜんのう 四字熟語 どんなことでも理解できるちえと、どんなことでもできる能力。例 全知全能の神。参考「全知」は、欠点のまったくない完全なちえのいみ。「全能」は、欠点のまったくない完全な能力のいみ。

【全長】ぜんちょう あるものの全体の長さ。

【全通】ぜんつう 鉄道やバスの路線、電話線などが、めあてのところまで全部開通すること。

【全土】ぜんど ある地方、または国の全体。例 日本全土。

【全納】ぜんのう おさめるべきお金や物を全部おさめること。完納。

1【全敗】ぜんぱい 全部の試合・勝負にまけること。対 全勝

2【全▼廃】ぜんぱい すべてを、とりやめること。

【全▼般】ぜんぱん のこらず全部。全体。

【全部】ぜんぶ あるものごとの、すべて。全体。対 一部

【全▼幅】ぜんぷく (気もちや感情の)ありったけ。あらんかぎり。例 全幅の信頼をよせる。

【全文】ぜんぶん ある文章の全体。

【全編】ぜんぺん 一つの詩や文の全体。また、本の全体。

【全▼滅】ぜんめつ のこらずほろぼすこと。また、のこらずほろびること。

【全面】ぜんめん あるものの、すべての面。また、あるものごとの全体。例 その意見には、全面的に賛成だ。使い分け ぜんめん「前面・全面」→(139ページ)

【全容】ぜんよう 全体のようす。全体の内容。

【全力】ぜんりょく ありったけの力。例 全力で投球する。

下につく熟語 安全・万全・保全

亻－4画

【仲】

6画 4年

〔仲〕明朝

音 チュウ* 訓 なか

6画めは「口」の中心に書き、最後は止めてもはらってもよい。

ノ 亻 亻 仂 们 仲

なりたち 形声 中(まんなか)と亻(=人)を合わせた字。兄弟のまんなかの人。また、人と

こたえ 乙(おつ)。

人との間に立ってなかだちをすることをあらわした。→中25

意味 ❶なか。なかだち。「仲裁」 ❷人と人とのあいだがら。「仲間」 ❸まんなか。「仲春」

難しい読み 仲買・仲人

名まえで使う読み ちゅう・なか・なかし

【仲▼介】ちゅうかい 両方の間にはいって、とりついだり、まとめたりすること。仲立ち。例 土地の売買を仲介する。

【仲裁】ちゅうさい あらそっている人たちの間にはいって、仲直りさせること。例 けんかの仲裁をする。

【仲秋】ちゅうしゅう むかしのこよみで八月。秋のなかごろ。

【仲買】なかがい 品物を売り買いする仲立ちをして、手数料をもうけること。また、その人。

【仲間】なかま ①仕事やあそびを、いっしょにする人。例 あそび仲間。②同じ種類にはいるもの。例 トマトはナスの仲間だ。

【仲人】なこうど 結婚する男女の間のまとめ役をする人。参考「ちゅうにん」とも読む。

下につく熟語 ▼伯仲

亻－4画 **【伝】** 6画 4年

亻－11画 【傳】 13画 人名 〈伝〉明朝

音 デン

訓 つたわる・つたえる・つたう

伝

4画めは3画めより長く書く。5画めは、折った後は右上がりに書く。

なりたち 形声 もとの字は「傳」。専(まるく回る)と亻(=人)を合わせた字。まるいものをころがすように、次から次へとつたえるいみをあらわした。→専309

意味 ❶つたわる。つたえる。「宣伝」 ❷いいつたえる。さずける。「伝説・伝授」

難しい読み 伝聞・伝馬船

名まえで使う読み ただ・つぐ・つた・つたう・つたえ・つとう・つとむ・でん・のぶ・のり

【伝家の宝刀】でんかのほうとう 句 いざというときにだけつかう、とっておきのおくの手のたとえ。例 伝家の宝刀をぬいて、問題を解決する。参考「伝家」は、先祖代々その家につたわること。「宝刀」は、たからもののたいせつな刀のいみ。だいじにしまってある家宝の名刀を、おくの手にたとえたことば。

1【伝記】でんき ある人の一生について書いた本。例 リンカーンの伝記。

2【伝▼奇】でんき ふしぎなことやめずらしいことを書いたもの。例 伝奇小説。

【伝言】でんごん 人にたのんで、あいてにつたえてもらうこと。また、そのことば。ことづけ。

【伝授】でんじゅ 学問・芸術などの、もっともたいせつなところをつたえ教えること。例 おどり方を伝授する。

【伝承】でんしょう むかしからのいいつたえやしきたりなどを、前の時代からうけついで、次の時代へつたえていくこと。また、そのつたえられたもの。

【伝書▽鳩】でんしょばと 遠くはなれた所へ通信文を運ぶように訓練されたハト。

【伝説】でんせつ むかしからのいいつたえ。

【伝染】でんせん 病気がうつること。感染。

【伝染病】でんせんびょう コレラ・せきり・インフルエンザなど、ばいきんやウイルスが人にうつる病気。参考 正式には「感染症」という。

【伝達】でんたつ 命令やれんらくなどを、ほかの人につたえること。例 学校からのれんらくを、クラス全員に伝達する。

【伝統】でんとう むかしからつたえられてきた、ならわしや考えなどで、今の生活にも大きなえいきょうをあたえているもの。例 江戸時代からの伝統をうけつぐ祭り。

1【伝道】でんどう おもにキリスト教で、教えをつたえ、広めること。例 伝道師。

2【伝導】でんどう 熱や電気などが、ある部分から他の部分につたわること。

【伝票】でんぴょう 会社や商店で、お金の出し入れや取り引きの内容を書きつける紙。例 入金伝票。

う。

【伝聞】でんぶん　ほかの人からつたえ聞くこと。また、聞いたことがら。

【伝馬船】てんません　木でつくった荷物をはこぶ小さな船。むかしから日本でつかわれていた。

【伝来】でんらい　①外国からつたわってくること。例仏教伝来。②祖先から順につたえられること。例先祖伝来の刀。

【伝令】でんれい　命令や報告などをつたえること。また、つたえる役目の人。

下につく熟語　遺伝・駅伝・＊口伝え・自伝・＊手伝う・立志伝

亻－4画

【任】

6画　5年　〔任〕明朝

音 ニン
訓 まかせる・まかす

任　任

6画めを「亻」よりも下げない。3画めは、左から右へ引く横画で書いてもよい。

ノ　亻　仁　仟　仟　任

なりたち　形声　壬と亻(=人)を合わせた字。壬は、糸巻きをえがいた形で、「まんなかがふくれる」というイメージをもつ。任は、おなかの前にものをかかえて、おなかがふくれるようなすがたになるようす、つまりおもい荷物をかかえこむことをあらわした。そこから、かかえこんだおもい仕事や責任といういみにつかわれるようになった。

→壬247

意味　❶役につく。役につかせる。「任命」「一任」　❷つとめ。やくめ。「大任」　❸まかせる。

注意　「仕」とまちがえないこと。

名まえで使う読み　あたる・じん・たえ・たか・たかし・ただ・たもつ・と・とう・にん・のり・ひで・まかし・まこと・よし

【任意】にんい　その人の思うとおり。例任意出頭。／任意にえらばせる。

【任官】にんかん　役人に任命されること。

【任期】にんき　その役目をうけもつ、あるきめられた期間。例知事の任期。

【任地】にんち　あたえられた仕事を、そこでするようになった場所・土地。

【任務】にんむ　その人がしなければならないつとめ。役目。

【任命】にんめい　ある人に、ある地位や職務をいいつけること。

【任用】にんよう　役所などで、人をある役目につけてつかうこと。例会計係に任用された。

下につく熟語　委任・解任・▼兼任・後任・再任・在任・辞任・就任・主任・常任・信任・新任・責任・専任・前任・＊退任・担任・着任・適任・▼赴任・放任・留任・歴任

亻－4画

【伐】

6画　常用　〔伐〕明朝

音 バツ
訓 うつ＊・きる＊

意味　❶うつ。せめる。「▼征伐」　❷木をきる。「伐採」

注意　「代」とまちがえないこと。

【伐採】ばっさい　(森林の)木を切りとること。

下につく熟語　殺伐・討伐・乱伐

亻－4画

【伏】

6画　常用　〔伏〕明朝

音 フク
訓 ふせる・ふす

意味　❶うつぶせになる。うつむける。「起▼伏」　❷かくす。かくれる。「▼伏兵」　❸したがう。「降▼伏(=いくさにまけて、敵にしたがうこと)」

名まえで使う読み　ふく・ふし・やす

【▼伏線】ふくせん　物語などで、あとでおこることがらを、前もってそれとなくのべること。また、その内容。

【▼伏兵】ふくへい　①敵の不意をついて攻撃するため、かくしておく兵隊。②予期していなかったじゃまや、反対する人。

【▼伏魔殿】ふくまでん　不正がおこなわれたり、あくまがすんでいたりするところ。例政界の伏魔殿。

下につく熟語　＊屈▼伏・▼雌▼伏・▼潜▼伏・平▼伏・山▼伏

【合】6画 口部3画 ↓195ページ

亻−5画

【位】7画

4年 〈位〉明朝 音 イ 訓 くらい

※上にくる音により「ぐらい」ともよむ。

3画めは点でもよい。5・6画めは内側に向け、4・7画めに接しなくてもよい。

なりたち 会意 −位

立(人がりょうほうの足をならべて立つ形)と亻(=人)を合わせた字。人がならんで立つようすを図にして、「人の立ついち」といういみをあらわした。

意味 ❶場所。「位置」 ❷みぶん。くらい。「地位・首位」 ❸数のくらい。「単位・位取り」

参考 「五人くらい(ぐらい)」のように、「…ほど」「…ばかり」のいみにつかうときは、かな書きにする。

名まえで使う読み い・くら・たか・ただ・ただし・つら・なり・のり・ひこ・ひら

【位置】いち ①人や物のおかれた場所。例 その位置に立ちなさい。②人の地位。身分。例 会長の位置につく。③ある場所をしめること。例 学校は、駅の東に位置している。

【位▽牌】いはい 死んだ人の仏としての名を書いて、まつる木のふだ。

【位人臣を極める】くらいじんしんをきわめる 句 けらいとして最高の地位につく。参考 「人臣」は、君主につかえる臣下、けらいのこと。

下につく熟語 王位・下位・学位・官位・気位・高位・在位・順位・上位・▼譲位・▼即位・体位・退位・＊段位・低位・品位・＊部位・方位・本位

亻−5画

【何】7画

2年 〈何〉明朝 音 カ＊ 訓 なに・なん

「可」は「亻」より下げて書く。7画めは、3画めの右はしよりも内側に書く。

なりたち 形声

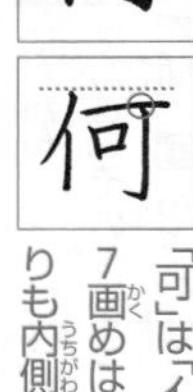

−何

可(フ形にまがる)と亻(=人)を合わせた字。人が荷物をかつぐようすをあらわした。のち、「荷」で「かつぐ」をあらわし、「何」はたずねるときのことばにもちいた。↓可188

意味 はっきりわからないことをたずねることば。なに。「何事」

参考 「何人」というように、「なん」と読むことが多い。

難しい読み 何人(なんびと・なにびと・なんにん)

名まえで使う読み いず・か・なに

【何事】なにごと ①どんなこと。例 何事がおこったのか。②すべてのこと。例 何事も努力がたいせつだ。③なんということ。例 いねむりするとは何事だ。

【何分】なにぶん ①なんといっても。例 何分初めてなので、やり方がわからない。②なにとぞ。例 何分よろしくおねがいします。

1【何物】なにもの (わからない物をさして)どんな物。なに。

2【何者】なにもの (知らない人をさして)どういう人。だれ。

【何時】㊀なんじ 時刻を聞くときにつかうことば。例 今何時? ㊁なんどき いつ。どのような時。例 いつ何時、地震がくるかもしれない。

【何人】㊀なんにん 人数をたずねることば。例 バスには何人のっていますか。㊁なんぴと/なにびと どういう人。例 試験は、何人であろうと平等におこなう。

下につく熟語 ▼幾何

亻−5画

【伽】7画

人名 〈伽〉明朝 音 カ・ガ 訓 とぎ

なりたち 形声

加と亻(=人)を合わせた字。仏教のことばをあらわすために作られた。

意味 ❶仏教のことばの「が」の発音をあらわす字。「▽伽▽藍」 ❷夜のたいくつをなぐさめること。「お▽伽話」

【▽伽▽藍】がらん 寺院のたてもの全体のこと。例 七堂伽藍（＝正式な寺院の建築としてそなえるべき七つの建物）。

亻－5画

【佐】 7画 4年

〔佐〕明朝 音 サ 訓 —

4画めを長くはらう。5画めの始めの部分は、4画めに接しても接しなくてもよい。

なりたち 形声 左（たすける）と亻（＝人）を合わせた字。人をささえてたすけるいみをあらわした。→左335

意味 ❶たすける。「補佐」 ❷軍隊や自衛隊の階級の一つ。「中佐・一佐」
▽県名でつかわれる。「佐賀県」

名まえで使う読み さ・すけ・たすく・よし

亻－5画

【作】 7画 2年

〔作〕明朝 音 サク・サ 訓 つくる

※下にくる音により「サッ」ともよむ。

「亻」よりも「乍」を大きく書く。4・6・7画めの間を等しくする。

なりたち 形声 乍（はもので切れ目を入れる）と亻（＝人）を合わせた字。手をくわえてものをつくるいみをあらわした。

乍のつく漢字グループ
「乍」のグループは「切れ目を入れる」というイメージがある。このイメージは「手をくわえる」、また「きざみ目が、かさなる」というイメージにつながる。
→作67 →昨553 →詐950 →酢1011

意味 ❶つくる。こしらえる。「作文」 ❷はたらき。ふるまい。おこない。「動作」

難しい読み 作業・作動・作法・作用

名まえで使う読み あり・さく・つくり・とも・なお・なり・ふか

【作業】さぎょう 物をつくったり、機械をうごかしたりする仕事をすること。

【作▽為】さくい わざと手をくわえること。つくりごと。例 作為のあとが目だつ。

【作▽柄】さくがら 農産物のできぐあい。例 本年度の麦の作柄を予想する。

使い分け つくる 作る・造る・創る

【作る】小さなものや形のないものをこしらえる。例 ケーキを作る。／話を作る。

【造る】大きなものを機械などをつかってこしらえる。例 船を造る。／橋を造る。

参考 「創る」は、しせつ・団体や新製品でつかうことがある。

【作詞】[1] さくし 歌のことばをつくること。

【作詩】[2] さくし 詩をつくること。

【作者】さくしゃ 小説や絵などの作品を、つくった人。

【作図】さくず 図や図形をえがくこと。

【作成】[1] さくせい 書類や文章などをつくること。例 修学旅行の計画を作成する。

【作製】[2] さくせい 物をつくること。とくに作品や品物などをこしらえること。製作。例 この映画は三年がかりで作製された。

【作戦】さくせん たたかいを、うまくすすめていく方法や計画。かつための方法。例 作戦を立てる。／作戦をねる。

こたえ 1丁，2丁……。

【作品】さくひん　ある人がつくったもの。とくに小説・絵・彫刻・音楽などにいう。
【作風】さくふう　芸術作品にあらわれた、その作者のとくちょう。
【作文】さくぶん　①文をつくること。また、つくった文。例 夏休みの思い出を作文に書く。②表現はよいが、内容のない文のたとえ。例 お役人の作文だった。
【作物】さくもつ　田や畑でつくる植物。農作物。
【作家】さっか　小説や劇などを書く人。
【作曲】さっきょく　音楽の曲をつくること。
【作動】さどう　機械が動くこと。例 エンジンが作動する。
【作法】一 さほう　①ふだんのおこないについてのきまり。エチケット。例 礼儀作法。②しかた。やり方。例 文章作法。二 さくほう　ものの、きまった作り方。
【作用】さよう　あるものの力の、ほかのものにたいするはたらき。また、そのはたらきがおよぶこと。例 消化作用。／有効に作用する。
下につく熟語 改作・▼佳作・合作・▼偽作・▼凶作・▼傑作・原作・工作・耕作・試作・自作・習作・制作・製作・操作・創作・造作（ぞうさ・ぞうさく）・大作・代作・多作・著作・動作・不作・米作・豊作・発作・名作・満作・力作・労作

亻－5画
【伺】
7画 常用 〔伺〕明朝
音 シ
訓 うかがう

なりたち 形声 司（せまいすきまから出入りする）と亻（＝人）を合わせた字。せまいすきまからようすをさぐることをあらわした。
↓司191

意味 うかがう。たずねる。「進退▼伺い・暑中▼伺い」

亻－5画
【似】
7画 5年 〔似〕明朝
音 ジ*
訓 にる

「亻」よりも「以」を縦に伸ばさない。3・4画めを続けて書かない。

なりたち 形声 以（道具をもちいて仕事をする）と亻（＝人）を合わせた字。人がさいくをして物の形をととのえるようすから、「にせる」「にる」のいみをあらわすようになった。↓以54

意味 にる。にせる。「類似」
注意 「以」とまちがえないこと。
名まえで使う読み あり・い・かた・じ・ちか・つね・に・のり
【似顔】にがお　ある人の顔ににせてかいた絵。似顔絵。
【似て非なるもの】にてひなるもの　句 見かけはにているが、じつはまったくべつのもの。例 ほんものとは似て非なるものだ。
下につく熟語 疑似・▼酷似・相似・空似

亻－5画
【住】
7画 3年 〔住〕明朝
音 ジュウ
訓 すむ・すまう

3画めは立てて書いてもよい。4・6画めは同じ長さで、7画めを長く書く。

なりたち 形声 主（一か所にじっと立って動かない）と亻（＝人）を合わせた字。人がじっとして動かないようすから、「すむ」といういみをあらわした。↓主29

意味 すむ。すまい。「住所」
名まえで使う読み おき・じゅう・すみ・もち・よし
【住居】じゅうきょ　すんでいる家。すまい。
【住持】じゅうじ　その寺のあるじの僧。住職。
【住所】じゅうしょ　すんでいるところ。また、その番地。
【住職】じゅうしょく　「住持」と同じ。参考 「住持職」のりゃく。
【住宅】じゅうたく　人がすむための家。すまい。例 住宅地。／共同住宅。

ぞえかたがかわります。なんとかぞえるでしょう。

【住人】じゅうにん　その土地または家に、すんでいる人。

【住民】じゅうみん　その土地にすんでいる人。例 住民登録。

下につく熟語 安住・移住・衣食住・永住・居住・先住・定住

亻－5画

【伸】 7画 常用 〈伸〉明朝

音 シン
訓 のびる・のばす・のべる

なりたち 形声 申(シン)(ながくのびる)と亻(=人)を合わせた字。→申743

意味 ❶のびる。のばす。「伸長・屈伸」対 縮 ❷手紙で、のべる。「追伸」

使い分け のびる「延びる・伸びる」→(361ページ)

名まえで使う読み しん・ただ・のびる・のぶ・のぶる・のぼる

【伸縮】しんしゅく　のびることと、ちぢむこと。のばすことと、ちぢめること。例 伸縮自在。

1【伸長】しんちょう　長さなどがのびること。のばすこと。

2【伸張】しんちょう　いきおいなどがのび広がること。のばし広げること。伸展。例 学力が伸張した。

【伸展】しんてん　いきおいや大きさなどが、のび広がること。伸張。例 事業が伸展する。

使い分け しんてん「進展・伸展」→(422ページ)

亻－5画

【体】 7画 2年 〈体〉明朝

音 タイ・テイ*
訓 からだ

体　体

4画めの最後は、止めても次の画へ向けてはねてもよい。7画めは下げ過ぎない。

1 ノ　2 亻　3 仁　4 什　5 休　6 休　7 体

なりたち 会意 もとの字は「體」。豊(レイ)(きちんとならべる)と骨(ほね)を合わせた字。豊は、豊(ゆたか)とは別で、禮(=礼)の右がわと同じ。うつわの上に形よく物をもりつけたようす。體は、骨格がきちんと組み立てられた人のからだをあらわした。▽「体」は、亻(=人)と本(ホン)を合わせて、「ふとい」いみをあらわす字だが、むかしから「體」のかわりにもちいられた。→礼791

意味 ❶からだ。「体力・肉体」 ❷かたち。ありさま。「字体」 ❸仏像などをかぞえるときにつかうことば。たい。「二体」

注意 「休」とまちがえないこと。

難しい読み 体裁

名まえで使う読み たい・なり・み・みる・もと

【体位】たいい　①からだの成長にともなう体力や強さ。例 体位の向上をはかる。②からだのしせいや位置。

【体育】たいいく　①からだの成長や発達をたすけるための教育。②学校の教科の一つ。スポーツについて教える。

【体温】たいおん　人や動物の、からだの温度。

【体温計】たいおんけい　体温をはかるための温度計。検温器。

【体格】たいかく　からだつき。外から見たからだのかっこう。

【体感】たいかん　外からからだにうける感じ。また、からだで感じること。例 速度を体感する。／体感温度。

1【体系】たいけい　べつべつになっているものを、あるきまりにしたがって順序よくひとまとめにした、その全体。例 知識を体系づける。

使い分け たいけい「大系・体系」→(259ページ)

2【体形】たいけい　人や動物のからだのかたち。すがた。例 エイのたいらな体形。使い分け たいけい「体形・体型・隊形」→(70ページ)

3【体型】たいけい　からだつき。やせ型や肥満型など。使い分け たいけい「体形・体型・隊形」→(70ページ)

【体系的】たいけいてき　あるきまりによって順序よくととのっているようす。組織的。例 研究を体系的にまとめた本。

【体験】たいけん　自分で、じっさいにやったり、出会ったりすること。また、それによってえたもの。例 夏休みの体験談をみんなに話す。

漢字クイズ　お習字でつかう半紙は，1まい，2まい，とかぞえますが，20まいまとめるとか

人・イ・入の部（ひとにんべん・ひとやね） 5画 但・低

1【体言】たいげん 名詞や代名詞のこと。活用がなく、主語や目的語になる。㊌用言

2【体現】たいげん 形のないものを形にあらわすこと。例 自分の夢を体現した絵。

【体質】たいしつ その人がもっている、生まれつきのからだの性質。

使い分け たいけい 体形・体型・隊形

【体形】人や動物のからだのかたち。例 ウナギとヘビは、体形がにている。／体形がくずれる。

【体型】人のからだのかたちを分類するときのきじゅん。からだつき。例 わたしは、標準体型です。／やせ型の体型。

【隊形】大勢の人のならんだかたち。例 運動会でダンスの隊形にならぶ。

参考 広く物の形につかうときは「体形」。やせている、ふとっている、小さい、せが高いなど、からだつきの場合は「体型」をつかう。

【体▼臭】たいしゅう からだのにおい。

【体重】たいじゅう からだのおもさ。

1【体制】たいせい あるまとまったはたらきをする社会や団体のしくみ。例 管理の体制を整える。使い分け たいせい「大勢・態勢・体勢・体制」→（261ページ）

2【体勢】たいせい からだのかまえ。例 くずれた体勢を、すばやく立て直す。使い分け たいせい「大勢・態勢・体勢・体制」→（261ページ）

【体積】たいせき 立体の大きさ。

【体操】たいそう 健康なからだをつくるためにする、からだを規則正しく動かす運動。

1【体長】たいちょう からだの長さ。

2【体調】たいちょう からだの調子。例 体調がいい。

【体得】たいとく ものごとをじっさいにおこなって、よく理解すること。

【体▼罰】たいばつ からだに苦痛をあたえる罰。

【体面】たいめん 世間にたいするていさい。

【体力】たいりょく 仕事や運動にたえられるからだの力。また、病気にうちかつ力。

【体裁】ていさい ①外から見た、もののようすや形。例 体裁をととのえる。②自分のようすについて、他人が見たときの感じ。体面。例 そんなことをしては体裁がわるい。

下につく熟語 遺体・一体・液体・解体・合体・気体・機体・*球体・具体・固体・五体・死体・▼肢体・実体・車体・主体・正体・*上体・書体・身体・人体・*世間体・全体・*大体・団体・天体・▼胴体・物体・文体・母体・本体・▼裸体・立体・老体

使い分け たいめん 体面・対面

【体面】まわりの人にたいするみえ。例 体面を考えて行動する。／体面をたもつ。

【対面】ちょくせつ顔を合わせること。例 おじいちゃんにひさしぶりに対面した。／初対面できんちょうした。

イ－5画

【但】

7画 常用 〔但〕明朝

音 ―
訓 ただし

意味 けれども。ただし。「▼但し書き」

名まえで使う読み ただ・たん

イ－5画

【低】

7画 4年 〔低〕明朝

音 テイ
訓 ひくい・ひくめる・ひくまる

低

5画めは右上がり、6画めは長く反ってからはねる。7画めは「亻」より下げない。

なりたち 形声 低

氐と亻(=人)を合わせた字。氐は、氏(うすくたいらなスプーン)の下に一をつけて、スプーンの底をあらわしたもので、「いちばん下のほう」「これ以上は行けないところで止まる」というイメージをもつ。低は、せたけがひくいようすをあらわした。

氐のつく漢字グループ

「氐」のグループは「いちばん下のほう」「これ以上は行けないところで止まる」というイメージがある。

→低70 →底355 →邸435 →抵501

意味 ❶ひくい。「低下」 ❷おとる。いやしい。「低▼俗」 対 ❶❷高

【低圧】ていあつ ひくい圧力。対 高圧 参考 電圧・気圧にもいう。

【低位】ていい ひくい位置。ひくいくらい。対 高位

【低音】ていおん ①ひくい音。ひくい声。②合唱で、男の声で歌うひくい音の部分。対 ①② 高音

【低温】ていおん ひくい温度。対 高温

【低下】ていか ①ものごとのていどが下がること。例 ダムの水位が低下する。対 上昇 ②ものごとのていどがわるくなること。例 学力が低下する。対 向上

【低額】ていがく 少ない金額。対 高額

【低学年】ていがくねん 年れいが下の学年。小学校の一、二年をいう。対 中学年・高学年

【低気圧】ていきあつ ①まわりの気圧にくらべて、気圧がひくくなっているところ。対 高気圧 ②きげんがわるいこと。

【低級】ていきゅう ものごとのていどがひくくて、下品なこと。対 高級

【低空】ていくう 空中のひくいところ。対 高空

【低空飛行】ていくうひこう ①飛行機などが地面や水面に近い空中を飛ぶこと。②ものごとの程度が、期待よりひくい状態のまま進むこと。

【低減】ていげん へること。へらすこと。例 事故は低減している。

【低姿勢】ていしせい あいてに、へりくだった態度をとること。対 高姿勢

【低速】ていそく すすむはやさがおそいこと。対 高速

【低▼俗】ていぞく 性質やしゅみなどが、下品でいやしいこと。対 高尚

【低地】ていち ひくい土地。対 高地

【低調】ていちょう じゅうぶんに調子が出ないこと。例 チームの出足は低調だ。

【低木】ていぼく 高さが三メートル以下の木。ツツジ・ナンテンなど。対 高木

【低迷】ていめい わるい状態からぬけだせないでいること。例 成績が下位に低迷している。

【低落】ていらく 下がること。とくに、物価・人気が下がること。

【低利】ていり ふつうよりも安い利子。対 高利

【低率】ていりつ わりあいが、ひくいこと。また、ひくい比率。対 高率

下につく熟語 高低・最低

亻－5画

佃

7画 人名 〔佃〕明朝

音 デン 訓 つくだ

意味 ❶農夫。❷つくだ。田畑。

名まえで使う読み つくだ

亻－5画

伯

7画 常用 〔伯〕明朝

音 ハク 訓 —

なりたち 形声 白(せまる)と亻(=人)を合わせた字。下の人にせまるような上の人をあらわした。→白759

意味 ❶いちばん上の兄。❷父(または母)の兄、または、姉。「▼伯父・▼伯母」 ❸「伯爵」のり

こたえ 1帖、2帖…。

やく。「モンテクリスト▼伯」❹あるものごとにすぐれている人。「画▼伯」

参考 父や母の年下のきょうだいは「叔父（しゅく・じ・お）・叔母（しゅく・ぼ・ば・お）」と書く。

難しい読み ▼伯父（お・じ・ふ）・▼伯母（お・ば・ぼ・はく）・▼伯仲

名まえで使う読み お・おさ・たか・たけ・とも・のり・はか・はく・ほ・みち

【伯父】おじ／はくふ 父や母の兄。参考 父や母の弟は「叔父（お・じ・しゅく・ふ）」という。

【伯母】おば／はくぼ 父や母の姉。参考 父や母の妹は「叔母（お・ば・しゅく・ぼ）」という。

【伯▼爵】はくしゃく もと、華族のよび名の一つ。三番めのくらい。参考 →「爵位（710ページ）」。

【伯仲】はくちゅう 故事成語 力やわざなどが同じくらいで優劣がないこと。例 実力が伯仲している。参考 男のきょうだいのうち、長男を「伯」、次の弟を「仲」とよんだことからできたことば。きょうだいの能力などの差がないいみから。

亻－5画

【伴】

7画 常用 〔伴〕明朝

音 ハン・バン 訓 ともなう

なりたち 形声 半（ハン＝二つに分ける）と亻（＝人）を合わせた字。ひとくみになったふたりを二つに分けたときの、かたほうの人をあらわした。→半163

意味 ❶とも。つれ。いっしょにものごとをするかたほうの人。「▼伴奏」❷ともなう。つれだつ。いっしょに行く。「同▼伴・相▼伴」

名まえで使う読み すけ・とも・はん・ばん

1【▼伴奏】ばんそう 歌や楽器の演奏に合わせて、それをたすけるために演奏すること。また、その演奏。例 ピアノの伴奏で校歌をうたう。

2【▼伴走】ばんそう 選手につきそって、いっしょに走ること。例 コーチが自転車で伴走する。

【▼伴▼侶】はんりょ いっしょにつれだっていく人。みちづれ。例 人生の伴侶。

亻－5画

【佑】

7画 人名 〔佑〕明朝

音 ユウ 訓 たすける

なりたち 形声 右（ユウ＝かばう）と亻（＝人）を合わせた字。人をかばってたすけるいみをあらわした。→又178

意味 かばってたすける。「▽佑助・天▽佑（＝天のたすけ）」

名まえで使う読み すけ・たすく・ゆ・ゆう

【▽佑助】ゆうじょ （神や自然の力が）たすけること。たすけ。例 天の佑助をうける。

𠆢－5画

【余】

7画 5年 〔余〕明朝

音 ヨ 訓 あまる・あます

1・2画めを長く書く。4画めは、3画めより長く書く。6画めは止めてもよい。

なりたち 象形 →余 𠆢（スコップの形）と八（左右に分けるしるし）を合わせた字。スコップで土を左右におし広げるようすを図にして、ゆったりとのばし広げることをあらわした。

余のつく漢字グループ

「余」のグループは「たいらに、おしのばす」というイメージがあり、これは「ゆったりと、ゆとりをとる」というイメージにつながる。

→舎（余＋口）76 →叙184 →塗242
→徐379 →茶（艹＋余）393 →途419
→除441 →斜536

意味 ❶あまる。あまり。のこり。「余分」❷そのほか。「余技」❸自分。

【余▼韻】よいん ①鐘をついたあとなどに、のこるひびき。②ものごとがおわったあとにのこるあじわい。例 余韻のある話しぶり。

【余▼暇】よか 仕事などがすんだあとの、ひま。例 絵をかいて、余暇を楽しむ。

【余技】よぎ 専門としてではなく、（楽しみと

う。

して）やっている技芸。例 余技として、ピアノをひきます。

【余興】よきょう 行事や宴会などで、おもしろさをそえるためにする演芸など。

【余計】よけい ①いらないようす。しなくていいようす。例 余計なおせわだ。②ふつうより多いようす。例 余計に勉強する。③もっと。なおさら。例 見るなといわれるとよけい見たくなる。参考 ③は、ふつうかなで書く。

【余罪】よざい その罪以外に、おかした罪。

1 【余情】よじょう ①何かをしたあとまで心にのこる、しみじみとした気もち。②ことば・文章であらわされたことのほかにふくまれる、おもむきやあじわい。言外のおもむき。

2 【余▼剰】よじょう あまり。よぶんなもの。例 余剰人員

【余▼震】よしん 大きな地震のあとにつづく、小さな地震。ゆりかえし。

1 【余生】よせい 年をとってから死ぬまでの生活。のこりの人生。例 祖母の余生。

2 【余勢】よせい 何かをやりとげたあとに、まだあまっているいきおい。例 大勝の余勢をかって決勝にすすむ。

【余談】よだん ほんすじからはなれた話。

【余地】よち ①あいている場所。あまった部分。例 会場は立錐の余地もない（＝こんでいる）。②よゆう。ゆとり。例 話し合う余地はない。

【余徳】よとく 死んだあとまでのこる、その人のめぐみ。

【余熱】よねつ 火をけしたあとに、のこっている熱。例 たき火の余熱でイモをやく。

【余念】よねん よけいな考え。例 勉強に余念がない（＝勉強に熱中する）。

【余波】よは ①風がおさまってからものこっている高波。②あることのえいきょうが、ほかのものにあらわれてのこること。あおり。

【余白】よはく 文字や絵をかいた紙の、白いままのこっている部分。

【余病】よびょう もとの病気のほかに、新しくかかったほかの病気。

【余分】よぶん ①あまった分。例 余分がない。②多めであること。例 余分にもっていく。

【余命】よめい これから先、死ぬまでの間の命。

【余▼裕】よゆう ①あまり。のこり。例 このいすは、三人すわってもまだ余裕がある。②ゆったりしていること。ゆとり。例 心に余裕をもつ。

【余力】よりょく あることをしおわっても、まだのこっている力。

下につく熟語 *窮余・*残余・▼剰余・*有余

イ－5画

【伶】 7画 人名 〔伶〕明朝

音 レイ 訓 わざおぎ

なりたち 形声 令（きよらか）とイ（＝人）を合わせた字。きよらかな音を出す人をあらわした。→令58

意味 音楽をえんそうする人。また、はいゆうなどのこと。「▽伶人（＝特に雅楽を演奏する職業の人）」

名まえで使う読み りょう・れい

【含】7画 口部4画 → 201ページ

イ－6画

【依】 8画 常用 〔依〕明朝

音 イ・*エ 訓 よる

なりたち 形声 衣とイ（＝人）を合わせた字。衣ははだをかくすものなので、「かくす」というイメージをもつ。人のかげにかくれてよりそうようすから、つまり人にたよるいみをあらわした。→衣923

意味 ❶たよる。「▼依▼頼・帰▼依」 ❷そのまま。もとのまま。「▽依然」

難しい読み ▼依▽怙地（いこじ・えこじ）・▼依▽怙▽贔▽屓

名まえで使う読み い・より

【▼依願】いがん その人からのねがいであること。例 依願退職する。

【▼依▽怙地】いこじ／えこじ 意地をはって考えをかえようとしないこと。参考「意固地」とも書く。

【▼依然】いぜん もとのまま。以前のまま。例

漢字クイズ くつ・下駄などのはきものは，二つ一組みでかぞえます。なんとかぞえるでしょ

依然、リードをたもっている。／旧態依然（＝前からの状態）。

使い分け いぜん 依然・以前

【依然】 前と同じようす。もとのまま。例 言っても依然として変わらない。／旧態依然。

【以前】 ①そのときより前。②今より前。むかし。例 今は陸地だが、以前は海だった。

【▼依存】 いそん　ほかのものにたよって、生活などがなりたっていること。例 日本は、石油のほとんどを海外に依存している。参考「いぞん」とも読む。

【▼依頼】 いらい　何かを人にたのむこと。たのみ。

【▼依▽怙▽贔▽屓】 えこひいき　自分の気に入った人だけを、とくべつにかわいがったり、おうえんしたりすること。例 先生は依怙贔屓をしない。

亻－6画

【価】

8画 5年

亻－13画 【價】 15画 人名 〈価〉明朝

音 カ　訓 あたい*

価　価

「亻」を大きく書く。6・7画めは「西」のように書かず、直線で書く。

ノ 亻 仁 仃 伒 価 価 価

なりたち 形声 價―價（価）

もとの字は「價」。賈と亻（＝人）を合わせた字。賈は、西（おおいかぶせる）と貝（お金）を合わせて、商品をたくわえるようす。價は、商人がつけたねだんをあらわした。

意味 ❶**ねだん**。「価格」❷**ねうち**。「評価」

使い分け「価」も「値」も「あたい」と読むが、ふつう「価」はお金のあたいのいみで、「値」は数のあたいのいみ。

【価格】 かかく　もののねうちをお金であらわしたもの。もののねだん。例 価格破壊（＝商品のねだんが大きく下がること）。

【価値】 かち　もののねうち。そのものが役に立つ程度。例 価値のある絵。

下につく熟語 安価・原価・高価・市価・時価・真価・声価・代価・単価・地価・定価・特価・売価・物価・米価

亻－6画

【佳】

8画 常用 〈佳〉明朝

音 カ　訓 ―

なりたち 形声 圭（すっきりして形がよい）と亻（＝人）を合わせた字。人のすがたが、すっきりと形がととのってうつくしいようすをあらわした。→圭230

意味 **すぐれている。よい**。「▼佳作」

使い分け よい「良い・善い・佳い」→909ページ

名まえで使う読み か・よし

【▼佳境】 かきょう　①話や物語などで、おもしろいところ。例 話が佳境にはいる。②けしきのすばらしいところ。

【▼佳作】 かさく　①すぐれた作品。②入選はしないが、その次によい、すぐれた作品。

【▼佳人▼薄命】 かじんはくめい 四字熟語 うつくしい人は、生まれつきからだが弱かったり、また、うつくしいために、かえって不幸に出会ったりして、はやく死ぬ人が多いということ。参考「佳人」は、美人のこと。「薄命」は、命のみじかいこと。

亻－6画

【侃】

8画 人名 〈侃〉明朝

音 カン　訓 つよい

意味 **性格などが強いようす。のびのびして、ひるまないようす**。

名まえで使う読み あきら・すなお・ただ・ただし・

つよし・なお・やす

【▽侃▽侃▽諤▽諤】かんかんがくがく 四字熟語 おそれることなく、正しいと思うことをさかんに言い立てること。参考「諤諤」は正しいと信じる意見を率直に言うこと。

イ－6画

【供】8画 6年

〈供〉明朝

音 キョウ・ク*
訓 そなえる・とも

※上にくる音により「ども」ともよむ。

6画めを3画めより長く書く。7・8画めは、はなして書く。

なりたち 形声 共（さしあげる）とイ(=人)を合わせた字。人にものをさし出すことをあらわした。→共109

意味 ❶そなえる。ささげる。「供物」 ❷おともをする。とも。「供人」 ❸のべる。「供述」

難しい読み 供物・供養

【供給】きょうきゅう ①もとめられたものをあたえること。②売ったり、こうかんしたりするために、品物を市場に出すこと。対 需要

【供出】きょうしゅつ とりきめによって、政府に物を売りわたすこと。例 供出米。

【供述】きょうじゅつ 裁判官や検察官のとりしらべに、事実や意見をのべること。

【供▼与】きょうよ あいてに、物や利益をあたえること。例 武器を供与する。

【供物】くもつ 神やほとけにそなえるもの。おそなえ。例 仏前に供物をそなえる。

【供養】くよう 死んだ人やほとけに物をそなえて、しあわせをいのること。例 せんぞの供養をする。

下につく熟語 子供・自供・提供

イ－6画

【使】8画 3年

〈使〉明朝

音 シ
訓 つかう

※上にくる音により「づかい」ともよむ。

7画めは「口」をこえるまで真下におろし、左へはらう。7・8画めは交差させる。

なりたち 会意 吏とイ(=人)を合わせた字。吏は、史(記録の用具を手にもつ形)と一(まとめる)を合わせて、仕事をきちんとまとめる役人のこと。使は、おおやけの仕事や身分の高い人につかえる人をあらわした。

意味 ❶物やお金を、つかう。「使用」 ❷つかわす。つかいの人。「使者」

注意 「使」と「便」とまちがえないこと。

【使役】しえき 人をつかって仕事をさせること。

使い分け つかう 使う・遣う

【使う】役立てる。はたらかせる。例 ナイフを使う。／工場で人を使って作る。

【遣う】お金・時間・心・知恵をつかう。例 お小遣い／時間を遣う。／気を遣う。

【使者】ししゃ つかいをする人。つかいの者。例 なかなおりの使者を出す。

【使節】しせつ 国の代表として、外国につかいにいく人。

【使▼途】しと お金や物のつかいみち。例 使途不明のお金があった。

【使命】しめい あたえられた、しなければならない役目。例 使命をはたす。

【使用】しよう 物や人などをつかうこと。例 使用禁止。／使用人。

下につく熟語 *急使・▼駆使・*検非▼違使・▼遣▼隋使・▼遣▼唐使・公使・行使・▼酷使・大使・*▼勅使・天使・特使・*密使・労使

こたえ 1足，2足…。

【侍】

亻－6画　8画　常用　〈侍〉明朝

音 ジ　訓 さむらい

なりたち 形声 寺(とまる)と亻(=人)を合わせた字。身分の高い人のそばにとどまり、せわをする人をあらわした。→寺307

意味 ❶目上の人や主人のそば近くつかえる。「侍従」 ❷武士。さむらい。

注意 「侍」「特」「持」などとまちがえないこと。

【侍医】じい　身分の高い人につかえている医者。

【侍従】じじゅう　天皇や君主のそばにつかえる役目。また、その役目の人。

【侍女】じじょ　身分の高い人につかえ、せわをする女の人。

下につく熟語 *青侍・*脇侍(きょうじ・わきじ)・*近侍

【舎】

へ－6画　8画　5年　〈舎〉明朝

音 シャ　訓 —

5画めは、3画めより長く書く。「ヘ」と「吉」の中心を合わせる。

1 ノ　2 八　3 亼　4 今　5 全　6 全　7 舎　8 舎

なりたち 形声 もとの字は「舍」。余(ゆったりとのばす)をりゃくした今と口(四角い場所)を合わせた字。手足をのばしてくつろぐところをあらわした。→余72

舎のつく漢字グループ
「舎」のグループは「ゆったりと広げのばす」というイメージがある。
→捨510

意味 いえ。たてもの。「校舎・鶏舎」

名まえで使う読み いえ・しゃ・や・やどる

下につく熟語 田舎・*駅舎・官舎・寄宿舎・宿舎・庁舎・兵舎

【侮】

亻－6画　8画　常用　亻－7画【侮】9画　人名　〈侮〉明朝

音 ブ　訓 あなどる

なりたち 形声 毎(ない。見ない)と亻(=人)を合わせた字。人をまともに見ないことをあらわした。→毎634

意味 ばかにする。「侮辱・軽侮」

【侮辱】ぶじょく　ばかにして、はじをかかせること。例 人を侮辱するのはやめる。

【侮蔑】ぶべつ　ばかにすること。

【併】

亻－6画　8画　常用　〈併〉明朝

音 ヘイ　訓 あわせる

意味 ❶いっしょにする。あわせる。「合併」 ❷ならぶ。ならべる。「併発」

使い分け あわせる　併せる・合わせる

【併せる】二つ以上あるものをいっしょにする。例 二つの小学校を併せてあたらしい学校にする。

【合わせる】一つにする。そろえる。例 友だちと力を合わせる。／声を合わせて合唱する。

【併願】へいがん　受験するとき、二つ以上の学校にもうしこむこと。

【併記】へいき　二つ以上のことがらを、ならべて書くこと。

【併合】へいごう　いくつかのものを合わせて、一つにすること。合併。例 会社を併合する。

【併殺】へいさつ　野球で、連続したプレーで一度にふたりをアウトにすること。ダブルプレー。

【併設】へいせつ　あわせて、施設や建物をつくること。例 大学に病院を併設する。

注意 「並設」と書かないこと。

【▽併▽呑】へいどん ほかの国の領土をうばい、自分の支配下におくこと。例 混乱に乗じて、大国が小国を併呑する。

【▽併発】へいはつ 二つ以上の事件や病気が同時におこること。また、おこすこと。例 余病を併発する。

【▽併用】へいよう 二つ以上のものをあわせてつかうこと。例 このくすりはほかのくすりと併用してはいけない。

下につく熟語 合▽併

亻－6画

【侑】8画 人名

〈侑〉明朝

音 ユウ
訓 すすめる・たすける

なりたち 形声 有(かばってたすける)と亻(=人)を合わせた字。あいてをたすけて、食事のせわをする。→又178

意味 ❶あいてに食事などを、すすめる。❷たすける。

名まえで使う読み あつむ・う・すすむ・ゆう・ゆき

亻－6画

【例】8画 4年

〈例〉明朝

音 レイ
訓 たとえる

例 例

おおよそ「イ」、「歹」、「刂」を3等分にする。8画めを一番長く書く。

なりたち 形声 列(一つ一つ分かれてならぶ)と亻(=人)を合わせた字。同じような人や物が、いくつもならぶことをあらわした。→列130

意味 ❶あるものににたもの。たとえ。「例文」❷きまっていること。しきたり。「例年・例外」

注意 「列」とまちがえないこと。

名まえで使う読み ただ・つね・とも・みち・れい

【例会】[1] れいかい きまった日にいつもひらく会。

【例解】[2] れいかい 例をあげて説明すること。

【例外】れいがい きまりにあてはまらないこと。ふつうの例からはずれること。例 例外はない。

【例祭】れいさい 毎年または毎月、きまった日におこなわれる祭り。

【例示】れいじ 例をあげてしめすこと。

【例題】れいだい 練習のために、例として出す問題。例 例題を解く。

【例年】れいねん いつもの年。例 ことしは、例年よりも寒さがきびしい。

【例文】れいぶん 説明の例として出す文。例 例文が多いとわかりやすい。

下につく熟語 悪例・*一例・異例・引例・慣例・月例・実例・条例・事例・先例・前例・通例・定例・*適例・特例・反比例・▽凡例・比例・用例・類例

【命】8画 口部5画→206ページ
【念】8画 心部4画→458ページ
【金】8画 金部0画→1022ページ

亻－7画

【俄】9画 人名

〈俄〉明朝

音 ガ
訓 にわか

意味 きゅうに。「▽俄然・▽俄か雨」

【▽俄然】がぜん きゅうに。とつぜん。例 俄然やる気が出てきた。

亻－7画

【侠】9画 人名

〈侠〉明朝

音 キョウ
訓 —

意味 信用を重んじ、命をおしまず、あいてのために行動する人たち。「▽侠客・▽侠気」

名まえで使う読み いさむ・さとる・たもつ・ちか

【▽侠客】きょうかく 強い者に立ち向かい、弱い者を助ける男。

亻－7画

【係】9画 3年

〈係〉明朝

音 ケイ
訓 かかる・かかり

※上にくる音により「がかり」ともよむ。

係 係

3画めは、左から右へ引く横画でもよい。7画めは、次の画へ向けてはねてもよい。

漢字クイズ 特別な読み方のことば 「七夕」。なんと読みますか。

ノ 亻 仁 仫 伾 伾 係 係 係

なりたち 形声 系(ひとすじにつなぐ)と亻(=人)を合わせた字。人が、ほかの人やものごととつながりをもつようすをあらわした。

↓系838

意味 ❶つながる。かかわる。「関係・連係」 ❷うけもつ。うけもち。「係員」

注意 「受付係」のように、「…係」というときは、「り」をおくらない。

【係員】かかりいん その仕事をうけもっている人。

【係争】けいそう 裁判をおこしてあらそうこと。

【係留】けいりゅう (つなどをつかって)つなぎとめること。例 港に船を係留する。/気球を係留する。

【係▼累】けいるい 両親・兄弟・親せきなど、せわをしなければならない人。例 父には係累が多い。 注意 「係類」と書かないこと。

下につく熟語 関係・連係

亻－7画

【侯】

9画 常用 〔侯〕明朝

音 コウ 訓 —

なりたち 形声 矦－矦－矦－矦－侯

矦と亻(=人)を合わせた字。矦は、厂(たれた布)と矢を合わせて、的をねらって、矢をいるようす。侯は、弓矢をとる武士から、のち、領主をあらわした。

侯のつく漢字グループ

「侯」のグループは「的をねらう」「じっとようすをうかがう」というイメージがある。

↓候84

意味 ❶むかしの領主。「諸▼侯・王▼侯」 ❷侯爵のりゃく。

注意 「候」とまちがえないこと。

名まえで使う読み きぬ・きみ・こう・とき・よし

【▼侯▼爵】こうしゃく もと、華族のよび名の一つ。二番めのくらい。参考 ↓「爵位(710ページ)」。

亻－7画

【俊】

9画 常用 〔俊〕明朝

音 シュン 訓 —

なりたち 形声 俊

夋と亻(=人)を合わせた字。夋は、允(高くほっそりとした人)と夂(あし)を合わせて、高くぬき出ているようす。俊は、ほかの人よりも高くぬき出ていることをあらわした。

夋のつく漢字グループ

「夋」のグループは「高くぬき出る」「ほっそりとしている」というイメージがある。

↓俊78 ↓唆210 ↓峻330 ↓竣817 ↓酸1012 ↓駿1088

意味 すぐれている。「▼俊才」

名まえで使う読み すぐる・たかし・とし・まさり・まさる・よし

【▼俊英】しゅんえい 才能や能力がずばぬけてすぐれていること。また、その人。

【▼俊才】しゅんさい すぐれた才能。また、その才能のもちぬし。

【▼俊足】しゅんそく ①すぐれた才能のもちぬし。②足がはやいこと。また、その人。対 鈍足

参考 ②は「駿足」とも書く。

【▼俊▼敏】しゅんびん 頭のはたらきがするどく、行動がすばしこいこと。

下につく熟語 *英▼俊・*雄▼俊

亻－7画

【信】

9画 4年 〔信〕明朝

音 シン 訓 —

※「シンじる」ともつかう。

2画

信

3画めは立ててもよい。4画めを長く書き、4～6画め・8画めの間を等しくする。

ノ イ 仁 仁 仨 信 信 信 信

なりたち 会意 言(はっきりと口に出していう)とイ(=人)を合わせた字。一度口に出したことを、さいごまでやりとおすことをあらわした。

意味 ❶**うたがわない。しんじる。**「信用」❷**まこと。**「信義」❸**たより。**「返信」❹**あいず。**「信号」

名まえで使う読み あき・あきら・こと・さだ・さね・しげ・しの・しん・ただ・ちか・とき・とし・のぶ・のぶる・まこと・まさ・みち

【信義】しんぎ まごころのある、約束をまもり義務をはたすこと。とくに、正しいおこない。

【信教】しんきょう 宗教をしんじること。

【信▼仰】しんこう 神やほとけをしんじて、うやまうこと。

【信号】しんごう 色・音・光などで、はなれたあいてにあいずをすること。また、そのあいず。

【信者】しんじゃ ある宗教をしんじている人。信徒。

【信書】しんしょ 個人でやりとりする手紙のこと。例 信書の秘密(=個人の手紙を他人が見てはいけないということ)。

【信条】しんじょう ふだんからしんじてまもっている考え・ことがら。例 生活の信条。

使い分け しんじょう「心情・信条・真情」→453ページ

【信賞必▼罰】しんしょうひつばつ 四字熟語 てがらのあった人にはかならずほうびをあたえ、あやまちのあった人にはかならず罰をくわえること。例 信賞必罰がはっきりしていて、やりがいがある仕事。参考「信賞」は、ほうびをしっかりとあたえること。「必罰」は、かならず罰すること。

【信心】しんじん 神やほとけをしんじ、うやまうこと。また、その心。

信心

【信▼託】しんたく ①信用してまかせること。②法律で、財産の管理や処分をまかせること。例 国民の信託にこたえる。信託銀行。

【信徒】しんと「信者」に同じ。

【信任】しんにん ある人をしんじて、仕事などをまかせること。

【信念】しんねん かたくしんじてうたがわない心。例 信念をもって研究にうちこむ。

【信望】しんぼう 人々から信用され、尊敬されること。例 Cさんは信望がある。

【信▼奉】しんぽう しんじて、それにしたがうこと。例 先生の教えを信奉する。

【信用】しんよう しんじてうたがわないこと。

【信▼頼】しんらい しんじてたよりにすること。

下につく熟語 ▼威信・音信(おんしん・いんしん)・確信・過信・私信・自信・受信・所信・送信・通信・電信・発信・不信・迷信・▼妄信

イ－7画

【侵】

9画 常用 〔侵〕明朝 音 シン 訓 おかす

意味 **だんだんにはいりこむ。おかす。**「▼侵害」

注意「浸」とまちがえないこと。

使い分け おかす「犯す・侵す・冒す」→719ページ

【侵害】しんがい 人の権利や利益をおかして、そんがいをあたえること。例 基本的人権の侵害。

【侵▼攻】しんこう あいての国にせめこむこと。

【侵食】しんしょく あいての国の領地をだんだんおかしていくこと。使い分け 水がしみこんで岩や大地をこわしていくことは「浸食」と書く。

【侵入】しんにゅう よその家やよその国に、むりやりはいりこむこと。使い分け しんにゅう「進入・侵入・浸入・新入」→422ページ

【侵犯】しんぱん よその国やあいての権利を

おかすこと。例 領海を侵犯する。

【侵略】しんりゃく よその国にせめこんで、その国の土地をうばいとること。

下につく熟語 不可▼侵

亻－7画 **【促】** 9画 常用 〔促〕明朝 音 ソク 訓 うながす

なりたち 形声 足(ちぢめる)と亻(=人)を合わせた字。人にせまってせきたてることをあらわした。→足992

意味 ❶**せきたてる。**「催▼促・督▼促」❷**はやい。**「▼促成」

名まえで使う読み そく・ちか・ゆき

【▼促音】そくおん つまる音。「がっこう」「きって」などのように、「っ」であらわす。

【▼促進】そくしん ものごとをいそがせて、はやくすすむようにすること。例 緑化を促進する。

【▼促成】そくせい 植物を、人手をくわえてはやく生長させること。例 花の促成栽培。

亻－7画 **【俗】** 9画 常用 〔俗〕明朝 音 ゾク 訓 —

なりたち 形声 谷(うけ入れる)と亻(=人)を合わせた字。人が、うけ入れて、すっかりなれてしまった環境、世間のならわしをあらわした。→谷971

意味 ❶**ならわし。**「風▼俗」❷**世の中にふつうにある。**「▼俗人」❸**いやしい。**「▼俗悪」

注意 「浴」とまちがえないこと。

難しい読み ▼俗世間・▼俗名(ぞくみょう・ぞくめい)

【▼俗悪】ぞくあく 下品で、ていどがひくいようす。例 俗悪なまんが本。

【▼俗語】ぞくご 世の中でふつうにつかわれる、くだけたことば。

1【▼俗字】ぞくじ 正しい字体ではないが、世の中で広くつかわれている漢字。「卒」にたいする「卆」など。対 正字

2【▼俗事】ぞくじ ふだんの生活での、こまごまとした用事。例 俗事におわれる。

【▼俗称】ぞくしょう 世の中でつかわれる、正式ではないよび名。通称。

【▼俗人】ぞくじん ①世の中のありふれたことしか考えないふつうの人。②坊さんではない、世間いっぱんの人。

【▼俗世間】ぞくせけん ふつうの人々が生活しているこの世の中。みにくいことや、いやなことが多い社会。俗世。

【▼俗説】ぞくせつ 世の中で広くいいつたえられている考え。

【▼俗念】ぞくねん お金やめいよなどをほしがるような心。例 俗念をはらう。

【▼俗物】ぞくぶつ お金やめいよなどをほしがる人。また、理想やしゅみをもたない、くだらない人。例 俗物根性。

【▼俗名】ぞくみょう／ぞくめい ①人が生きているときの名前。対 戒名 ②坊さんになる前の名前。

【▼俗化】ぞっか／ぞくか 世間のならわしにそまっていくこと。俗っぽくなること。例 古都も俗化してきた。

下につく熟語 *▼還▼俗・習▼俗・世▼俗・通▼俗・低▼俗・*土▼俗・民▼俗

使い分け そくせい 促成・速成・即製

【促成】(植物を)温度や光の調節などをしてはやく生長させること。例 花を促成栽培する。

【速成】みじかい間に、しあげること。例 オリンピックの選手を速成する。

【即製】その場で、すぐにつくりあげること。例 ラーメンの即製販売。

イ－7画

【便】

9画 4年 〈便〉明朝

音 ベン・ビン 訓 たより

※上にくる音により「だより」ともよむ。

8画めは「日」をこえるまで真下におろし、左へはらう。
8・9画めは交差させる。

なりたち 会意 便

更とイ(=人)を合わせた字。更は、丙(両がわにぴんとはる)と攴(動詞の記号)を合わせて、ぴんとかたくはるようす。便は、かたくなっているものを、人がつごうよくならしてつかうことをあらわした。

意味 ❶つごうがよい。「便利」❷大便や小便。「便秘」❸たより。「郵便・航空便」

参考 ❸のいみのときは、「びん」と読む。

注意 「使」とまちがえないこと。

名まえで使う読み びん・べん・やす

【便乗】びんじょう ①ほかの人が車や船にのるのを利用して、ついでにのること。例 酒屋さんのトラックに便乗して、駅まで送ってもらう。②ほかのものをうまく利用すること。例 便乗値上げ。

人・イ・入 の部 7画 便・保

1【便船】びんせん ちょうどつごうのよいときに出る船。
2【便▼箋】びんせん 手紙を書く紙。
【便意】べんい 大便や小便をしたくなる気もち。例 便意をもよおす。
【便▼宜】べんぎ 何かをするのに、つごうがよいこと。例 便宜をはかる。
【便▼宜的】べんぎてき 都合のよさを優先して、間に合わせとしてものごとをあつかうようす。例 わかりにくいので、便宜的に番号をつけた。
【便所】べんじょ 大便や小便をするところ。
【便通】べんつう 大便が出ること。通じ。
【便秘】べんぴ 大便が出ないこと。
【便法】べんぽう 便利なやり方。つごうのよいやり方。例 便法を考える。
【便覧】べんらん／びんらん あることがらを知るために、つごうのよいように、手がるにつくった本。例 学校便覧。
【便利】べんり 役に立つこと。つごうがよいこと。対 不便

下につく熟語 音便・▼穏便・簡便・検便・＊小便・大便・＊定期便・船便(ふなびん・せんびん)・不便・方便

イ－7画

【保】

9画 5年 〈保〉明朝

音 ホ 訓 たもつ

※上にくる音により「ポ」ともよむ。

7画めを次の画へ向けてはねてもよい。「木」を「ホ」で書いてもよい。

なりたち 形声 保

呆とイ(=人)を合わせた字。呆は、赤んぼうをたいせつにくるむようす。保は、中の物をだいじにかばってまもる人をあらわした。

呆のつく漢字グループ
「呆」のグループは「中の物をつつんでまもる」というイメージがある。
→保81 →褒932

意味 ❶もちこたえる。たもつ。「保存」❷せわをする。たいせつにまもる。「保育」❸うけあう。「保証」

参考 ひらがな「ほ」、カタカナ「ホ」のもとになった字。

名まえで使う読み お・たもつ・ほ・まもる・もち・もり・やす・やすし・より

【保安】ほあん ①人々が安心してくらせるように、世の中をまもること。例 保安官。②施設などの安全をたもつこと。例 保安要員。
【保育】ほいく 小さい子どもをあずかって、ま

2画

漢字クイズ 特別な読み方のことば 「果物」。なんと読みますか？

もりそだてること。例保育園。／保育士。

【保温】ほおん あるきまった温度をたもつこと。

【保管】ほかん 人のものをあずかって、たいせつにしまっておくこと。例あつめたお金は委員が保管する。

【保▼菌】ほきん 病気のきんをもっていること。例保菌者(＝からだの中に病気のきんをもっている人)。

1【保健】ほけん からだをじょうぶにして、病気にかからないようにすること。例保健所。

注意「保険」とまちがえないこと。

2【保険】ほけん きまったお金を少しずつはらいこんで、思いがけない災難にあったとき、きめられた額のお金をうけとるしくみ。例生命保険。

【保護】ほご たすけまもること。かばってまもること。例保護者。／保護鳥。

【保持】ほじ もちつづけること。例世界記録を保持する。

【保守】ほしゅ ①今までのやり方や考え方をまもりつづけること。対革新 ②正常な状態をたもち、まもること。例保守管理。

【保守的】ほしゅてき 今までのやり方や伝統をまもって、新しいものを受け入れない傾向があるようす。例保守的な地域。対革新的

1【保証】ほしょう 責任をもって、うけあうこと。例品質を保証する。

使い分け ほしょう 保証・保障・補償

【保証】責任をもって、ひきうけること。例テレビの保証書。／身元を保証する。

【保障】生命や権利などを責任をもってまもること。例憲法は、生きる権利を保障する。／安全保障。

【補償】あたえられた損害のつぐないをすること。例けがの補償をする。／災害補償。

2【保障】ほしょう よそから害をくわえられないように、責任をもってまもること。例安全保障。

【保身】ほしん 自分のからだや地位・立場をまもること。例保身をはかる。

【保水】ほすい 水をたくわえておくこと。水分をたもつこと。例森には保水能力がある。

【保全】ほぜん 安全であるようにまもること。例環境保全。

【保存】ほぞん そのままで、長くのこしておくこと。例保存食品。

【保母】ほぼ 保育所などで、子どもを育てる仕事をする女の人。女の保育士の通称。対保父。

【保有】ほゆう 自分のものとしてもつこと。例自動車の保有台数。

【保養】ほよう ①からだを休めて、健康をたもつこと。例父の会社の保養所にとまる。②心をなぐさめ、楽しむこと。例うつくしいけしきは目の保養になる。

【保留】ほりゅう その場できめないで、あとにのこしておくこと。例決定を保留する。

【保冷】ほれい 食品などをひくい温度でたもつこと。例保冷剤。

下につく熟語 確保・担保・留保

イ－7画

【俣】 9画 人名 〈俣〉明朝

音 ― 訓 また

なりたち 国字 もとの字は「俁(まつ)」。俁の右がわをかえて「また」と読ませた字。

意味 川や道が分かれるところ。また。

名まえで使う読み また

イ－7画

【俐】 9画 人名 〈俐〉明朝

音 リ 訓 ―

なりたち 形声 利(リ)(スムーズにとおる)と亻(＝人)を合わせた字。スムーズにわかること

をあらわした。→利133

意味 かしこい。「▽伶俐(=あたまがさえて、かしこい)」

名まえで使う読み さと・さとし

亻－7画

【侶】9画 常用

〈侶〉明朝 音 リョ 訓 —

なりたち 形声 呂(つらなってならぶ)と亻(=人)を合わせた字。同列にならんだ人、つまり「なかま」のこと。→呂204

意味 なかま。「▽僧侶・▽伴侶」

名まえで使う読み かぬ・かね・とも

【食】9画 食部0画→1079ページ

亻－8画

【俺】10画 常用

〈俺〉明朝 音 — 訓 おれ

意味 男性が、自分をさしていうことば。おれ。

参考 あらたまった場所ではつかわない。

亻－8画

【倶】10画 人名

〈倶〉明朝 音 グ 訓 ともに

意味 ともに。いっしょに。そろって。

名まえで使う読み とも・ひろ・もと・もろ

【▽倶楽部】クラブ 同じ目的をもった人の集まり。また、集まるところ。参考 漢字表記はあて字。

亻－8画

【倹】10画 常用

亻－13画 【儉】15画 人名

〈倹〉明朝 音 ケン 訓 つましい*・つつましい*

なりたち 形声 もとの字は「儉」。僉(ひきしめる)と亻(=人)を合わせた字。くらしぶりをひきしめて、むだをしないことをあらわした。→検604

意味 きりつめる。つましい。「▽倹約」

注意 「険」「検」などとまちがえないこと。

【▽倹約】けんやく むだをはぶいて、お金や品物をむだにつかわないこと。節約。例 おこづかいを倹約する。

亻－8画

【倦】10画 人名

〈倦〉明朝 音 ケン 訓 うむ

意味 ❶つかれる。❷あきていやになる。うむ。

【▽倦▽怠】けんたい ①つかれてだるい。例 倦怠感。②あきていやになる。あきあきする。例 倦怠期。

亻－8画

【個】10画 5年

〈個〉明朝 音 コ 訓 —

個 個

「亻」よりも「固」を縦に伸ばさない。「口」の縦画は真下に下ろす。

1 ノ 2 亻 … 9 個 10 個

なりたち 形声 固(かたい)と亻(=人)を合わせた字。かたい一つ一つのものをあらわした。→固224

意味 ❶ひとつ。ひとり。「個人」❷数字の下につけて、ものをかぞえることば。「一個」

【個個】ここ 一つ一つ。ひとりひとり。例 個々の問題。参考 ふつう「個々」と書く。

【個室】こしつ ひとり用のへや。

【個人】こじん 国や社会を組み立てている、ひとりひとりの人。

【個人差】こじんさ 人それぞれの能力などのちがい。例 上達のはやさには個人差がある。

【個人的】こじんてき みんなではなく、その人だけに関係があるようす。私的。例 個人的な問題。/個人的には賛成だ。

【個数】こすう かぞえられるものの数。

【個性】こせい 人や物のそれぞれがもっている、とくべつな性質。例 個性を尊重する。

【個性的】こせいてき ほかとくらべたとき、その人や物のとくちょうがひときわ強くあらわれているようす。例 個性的な服装。

【個展】こてん 画家や彫刻家などが、自分の作品だけをあつめてひらく、展覧会。

【個別】こべつ 一つ一つ。べつべつ。例 個別

こたえ くだもの。

にけんさする。注意「一軒一軒」といういみの「戸別」とまちがえないこと。

下につく熟語 各個・*数個・別個

亻−8画

【候】

10画 4年 〈候〉明朝

音 コウ 訓 *そうろう

「ユ」を横長にして「矢」を入れる空間を作る。10画めの最後は止めてもよい。

なりたち 形声 侯(じっとようすをうかがう)と亻(=人)を合わせた字。身分の高い人の、ごきげんをうかがうことをあらわした。→侯78

意味 ❶ようすをさぐる。うかがう。「▼斥候」 ❷まちうける。「候補」 ❸ものごとのようす。「天候」 ❹……でございます。

参考 ❹のいみのときは「そうろう」と読む。古い手紙文などにつかわれている。

注意 「侯」とまちがえないこと。

難しい読み 居候・候文

名まえで使う読み こう・とき・みよ・よし

【候補】こうほ ①将来、ある役目や地位につく資格のあること。また、その人。例 優勝候補。②ある役目につくことをのぞんでいること。また、その人。例 市長候補。

【候文】そうろうぶん 文のおわりの「……ます」「……です」のかわりに「……候」をつかった、むかしの手紙文。参考「ありがたき幸せに存じ候。」などの文。

下につく熟語 居候・気候・時候・兆候・▼徴候・天候

亻−8画

【倖】

10画 人名 〈倖〉明朝

音 コウ 訓 さいわい

意味 おもいもよらない幸運。

参考 ふつう「幸」に書きかえる。「射▽倖心→射幸心」「薄▽倖→薄幸」

名まえで使う読み こう・さち

亻−8画

【借】

10画 4年 〈借〉明朝

音 シャク 訓 かりる

※下にくる音により「シャッ」ともよむ。

6画めは、3画めより長く書く。「日」の縦画は真下に下ろす。

なりたち 形声 昔(上にかさねる)と亻(=人)を合わせた字。お金や力などが足りないとき、足りない分を一時的にかさねてくわえること、つまり、「かりる」いみをあらわした。→昔551

意味 つかわせてもらう。かりる。「借用」 対 貸

【借財】しゃくざい かりたお金。また、お金をかりること。

【借地】しゃくち かりている土地。また、土地をかりること。借り地。例 借地に家をたてる。

【借家】しゃくや お金をはらって、もちぬしからかりる家。

【借用】しゃくよう かりて、つかうこと。例 借用証。

【借金】しゃっきん お金をかりること。また、かりたお金。

【借景】しゃっけい 庭の外に見える自然を、庭の一部にとりいれること。また、その風景。例 借景式の庭園。

下につく熟語 仮借(かしゃ・かしゃく)・*前借・貸借・*賃貸借・拝借

亻−8画

【修】

10画 5年 〈修〉明朝

音 シュウ・*シュ 訓 おさめる・おさまる

修

「夂」と「彡」の中心を合わせる。「彡」はだんだんと長くしてはらう。

なりたち 形声

攸と彡(かざり)を合わせた字。攸は、人のせなかに水をたらたらとたらしているようすを図にして、「細長い」というイメージをもつ。修は、細長くスマートな形にととのえることをあらわした。

攸のつく漢字グループ
「攸」のグループは「細長い」というイメージがある。
→修84 →悠468 →条(=條)583 →脩891

意味 ❶**身につける。おさめる。**「修行」 ❷**かたちよくととのえる。**「修飾」 ❸**なおす。**「修理」

難しい読み 修行

使い分け おさめる「治める・修める」→(655ページ)

名まえで使う読み あつむ・おさ・おさむ・さね・しゅう・すけ・なお・なが・ながき・ながし・なり・のぶ・のり・ひさ・まさ・みち・もと・やす・よし・よしみ

【修学】しゅうがく 学問を学びおさめること。

> **使い分け** しゅうがく 修学・就学
> 【修学】学問をならいおさめること。例 修学旅行で鎌倉に行く。
> 【就学】教育をうけるために学校に入ること。例 小学校に就学する。／就学児童。／就学率。

【修学旅行】しゅうがくりょこう 先生が児童・生徒をつれて、有名なところなどを見学させ、学習の一つとする旅行。

【修業】しゅうぎょう／しゅぎょう 学問やわざをならいおさめること。例 修業証書。／花嫁修業。使い分け「修行」と区別してつかおう。

【修士】しゅうし 大学院で二年以上まなび、審査に合格した人にあたえられる学位。

【修▼飾】しゅうしょく ①かざること。例 記憶がうつくしく修飾される。②文法で、あとにくることばのいみをくわしくはっきりさせること。例 上のことばが下のことばを修飾する。

【修▼飾語】しゅうしょくご 文法で、あとにくることばのようすを、くわしく説明することば。参考「うつくしい花」という文では、「花」をくわしく説明している「うつくしい」が修飾語。

1【修正】しゅうせい あやまり・欠点などを直すこと。例 計画を修正する。

2【修整】しゅうせい 写真や絵に手を入れ、きれいに見えるように直すこと。例 写真の明るさを修整する。

【修▼繕】しゅうぜん 「修理」に同じ。

【修築】しゅうちく 建物などのこわれたところを直すこと。

【修道院】しゅうどういん キリスト教の僧たちが、きびしい規則をまもり、共同で生活しながら信仰にはげむところ。

【修得】しゅうとく 学問やわざをおさめて、身につけること。使い分け「習得」はならいおぼえること。

【修復】しゅうふく こわれた部分を、もとどおりに直すこと。

【修養】しゅうよう 心をきたえて、よりよい人になるようにはげむこと。例 修養をつむ。

【修理】しゅうり こわれたところを直すこと。修繕。

【修▼了】しゅうりょう 一定の学問やわざなどをまなびおえること。例 修了証書。

使い分け しゅうりょう「修了・終了」→(86ページ)

使い分け しゅうりょう 修了・終了

【修了】(学問や技術など)さだめられたことを学びおえること。例 小学校の課程を修了する。

【終了】あるものごとがすっかりおわること。例 野球の試合が終了する。

参考 「了」は、おわること。

【修練】しゅうれん 心やからだをりっぱにするよう、きたえること。参考 「習練」とも書く。

【修行】しゅぎょう ①ほとけの教えにしたがって、心をみがき、おこないを正しくするようにつとめること。②学問やわざを身につけ、自分をきたえること。注意 「しゅうぎょう」と読まないこと。使い分け 「修業(しゅうぎょう・しゅぎょう)」と区別してつかおう。

【修▼羅場】しゅらば/しゅらじょう はげしい争いの場所。また、しばいのそうした場面。

下につく熟語 改修・▼監修・研修・＊専修・必修・補修・▼履修

𠆢－8画

【倉】

10画 4年 〔倉〕明朝

音 ソウ 訓 くら

※上にくる音により「ぐら」ともよむ。

1・2画めを長く書く。3画めは点でもよい。「口」が7画めに接しなくてもよい。

筆順: 1 ノ 2 𠆢 3 亼 4 今 5 今 6 今 7 㑒 8 倉 9 倉 10 倉

なりたち 会意 倉－倉

食をりゃくした𠆢と口(かこい)を合わせた字。食料をしまっておく細長い小屋をあらわした。

倉のつく漢字グループ
「倉」のグループは「深く入れる」「深い」というイメージがある。
→創142 →蒼401

意味 **くら**。「倉庫」

使い分け 「倉」は、おもに米や麦など、穀物をしまっておく建物。「蔵」は、だいじな品物をしまっておく建物。

【倉庫】そうこ ものをしまっておく建物。くら。

下につく熟語 ＊校倉・穀倉・米倉・船倉(せんそう・ふなぐら)・胸倉

亻－8画

【値】

10画 6年 〔値〕明朝

音 チ 訓 ね・＊あたい

10画めは折って書く。4画めは、5画めに向かってはらうように書いてもよい。

筆順: 1 ノ 2 亻 3 亻 4 仁 5 仁 6 佰 7 佰 8 値 9 値 10 値

なりたち 形声 直(チョク)(まっすぐに当たる)と亻(=人)を合わせた字。もののねうちにあたる「ねだん」をあらわした。→直771

意味 ❶**ねだん**。「高値」 ❷**ねうち**。「価値」

使い分け 「値」と「価」を区別してつかおう。→価(74ページ)

名まえで使う読み あき・あきら・あたい・ち・ちょく・ね

【値段】ねだん 品物のあたい。価格。

【値札】ねふだ 商品につける、ねだんを書いたふだ。

上につく熟語 ＊値上げ・＊値打ち・＊値下げ・＊値引き

下につく熟語 売値・▼卸値・買値・数値・元値・安値

イ－8画

【倒】10画 常用

〈倒〉明朝 音 トウ 訓 たおれる・たおす

なりたち 形声 到（へ形にまがる）と亻（＝人）を合わせた字。からだが（形にかたむいてたおれることをあらわした。↓刀126 ↓到137

意味 ❶たおれる。たおす。「転倒」 ❷さかさま。「倒立」

注意 「到」とまちがえないこと。

【倒壊】とうかい 建物などが、たおれてこわれること。例 地震で多くの家が倒壊した。

【倒産】とうさん お金のやりくりがつかなくて、商店・会社などがつぶれること。

【倒置法】とうちほう 詩や文のいみを強めたり、調子をととのえたりするために、ことばの順序をふつうと反対にすること。倒置。参考「この料理はとてもおいしかった」を、「とてもおいしかった、この料理は。」のように、ことばの順序をかえていみを強める。

【倒幕】とうばく 幕府をたおすこと。

【倒木】とうぼく たおれている木。

【倒立】とうりつ さかさまになって立つこと。さかだちをすること。

下につく熟語 圧倒・傾倒・七転八倒・卒倒・打倒・抱腹絶倒

イ－8画

【俳】10画 6年

〈俳〉明朝 音 ハイ 訓 ―

「非」の横画の間は等しく。3画めの最後は止めてもよい。7画めの最後は止める。

（筆順）… 俳 俳

なりたち 形声 非（左右に分かれる）と亻（＝人）を合わせた字。右と左に分かれてかけあいの芸を見せる人、つまり芸人・役者をあらわした。↓非1060

意味 ❶芸をする人。「俳優」 ❷「俳句」のりゃく。「俳人」

注意 「排」とまちがえないこと。

【俳句】はいく 自然のうつくしさやおもしろさなどを、五音・七音・五音の十七音にあらわしたみじかい詩。「五月雨をあつめてはやし最上川」など。参考 短歌の上の句が独立したもので、江戸時代にさかんにつくられ始めた。

【俳号】はいごう 俳句をつくる人が、本名とはべつにつかう名前。

【俳人】はいじん 俳句をつくる人。

【俳壇】はいだん 俳句をつくる人たちの社会。

【俳優】はいゆう 映画や演劇などに出て、しばいをする人。役者。

イ－8画

【倍】10画 3年

〈倍〉明朝 音 バイ 訓 ―

3画めは点でもよい。5・6画めは、4・7画めに接しても接しなくてもよい。

なりたち 形声 咅（ホウ）と亻（＝人）を合わせた字。咅は否に、丶をつけた形で、ぺっとつばをはいて拒否するようす。そこから、「ものごとを二つに分ける」というイメージをもつ。倍は、一つのものが二つに分かれて、数が二倍になるいみをあらわした。

咅のつく漢字グループ

「咅」のグループは「二つの物を二つに分ける」、または「二つになった物が、くっついてならぶ」というイメージがある。

↓倍87 ↓剖141 ↓培238 ↓部437 ↓陪444 ↓賠985

意味 ❶ある数をなんどもくわえること。「百倍」 ❷ある数を二つ合わせた数。二倍。「倍額」

こたえ めがね。

注意 「培」とまちがえないこと。

名まえで使う読み ばい・ます・やす

【倍加】ばいか ①二倍にふえること。②ひじょうにふえること。例 きょうみが倍加する。

【倍額】ばいがく 二倍の金額。

【倍数】ばいすう ①ある数の何倍かにあたる数。例 六は二の倍数になる。対 約数 ②ある数を二倍にした数。

【倍増】ばいぞう 二倍にふえること。二倍にふやすこと。例 希望者が倍増する。

【倍率】ばいりつ ①レンズなどでうつしだされた像と、実物の大きさのわりあい。②入学試験などの競争率。

【倍量】ばいりょう 二倍の分量。

下につく熟語 人一倍・*勇気百倍

亻－8画

【俵】 10画 6年 〈俵〉明朝

音 ヒョウ 訓 たわら

※上にくる音により「ピョウ」「だわら」ともよむ。

俵 俵 3・5画めは同じ長さで、6画めを長く書く。8画めは折って右上にはらう。

なりたち 形声 表(おもてに出して広げる)と亻(=人)を合わせた字。人に分かちあたえるいみをあらわした。→表924

▽日本では「たわら」のいみにもちいる。

意味 ❶たわら。「土俵」 ❷たわらの数をかぞえることば。「米一俵」

参考 ❷のときは、読みが「ぴょう」「びょう」となることがある。「ぴょう」は「一俵・六俵・八俵・十俵」のとき、「びょう」は「三俵」のとき。

下につく熟語 米俵・▼桟俵・*炭俵

亻－8画

【倣】 10画 常用 〈倣〉明朝

音 ホウ 訓 ならう

なりたち 形声 放(左右にならぶ)と亻(=人)を合わせた字。左右にならんでいるものににせることをあらわした。→方541

意味 まねる。ならう。「模倣」

亻－8画

【俸】 10画 常用 〈俸〉明朝

音 ホウ 訓 ―

なりたち 形声 奉(ささげもつ)と亻(=人)を合わせた字。おしいただく給料をあらわした。→奉269

意味 給料。「▼俸給」

【▼俸給】ほうきゅう 役所や会社がはらう給料。

下につく熟語 *月▼俸・減▼俸・年▼俸・*本▼俸

亻－8画

【倫】 10画 常用 〈倫〉明朝

音 リン 訓 ―

なりたち 形声 侖と亻(=人)を合わせた字。侖は、亼(あつめるしるし)と冊(文字を書いた竹ふだ)を合わせて、竹ふだをきちんとならべて書物をつくるようす。「きちんと順序よくならべる」というイメージをもつ。倫は、順序よくならぶなかま、また、きちんとととのった、人と人との間がらをあらわした。

侖のつく漢字グループ
「侖」のグループは「順序よくならぶ」というイメージがある。
→倫88 →論963 →輪1004

意味 人としてまもるべきみち。「▼倫理・人▼倫」(=人としてまもりおこなうべき道)

注意 「論」とまちがえないこと。

名まえで使う読み おさむ・つぐ・つね・とし・とも・のり・ひと・ひとし・みち・もと・りん

【倫理】りんり 人としておこなわなければならない正しい道。

亻－8画

【倭】10画 人名 〔倭〕明朝

音 ワ　訓 ―

なりたち 形声 委（しなやかにたれ下がる）と亻（＝人）を合わせた字。背のひくい人をあらわした。→和207

意味 むかし、中国で日本人をさしてよんだことば。「▽倭国・▽倭人」

名まえで使う読み かず・しず・まさ・やす・やまと

【▽倭▽寇】わこう 鎌倉時代から室町時代にかけて、中国や朝鮮の海辺をあらしまわった、日本人の海ぞく。参考「和寇」とも書く。

亻－9画

【偽】11画 常用　亻－12画【僞】14画 人名 〔偽〕明朝

音 ギ　訓 いつわる・にせ

意味 ❶ほんものらしく見せかける。いつわる。「▽偽造・▽偽装」 ❷にせ。うそ。「▽偽名」

【▽偽作】ぎさく あるものににせてつくること。また、にせてつくられたもの。

1【▽偽▽称】ぎしょう うその名前や職業。うその名前や職業をいうこと。

2【▽偽証】ぎしょう うその証言をすること。例 偽証罪。

【▽偽善】ぎぜん うわべだけ、よいことをしているように見せかけること。例 偽善者。

【▽偽装】ぎそう →「擬装（521ページ）」。

【▽偽造】ぎぞう にせものをつくること。例 文書を偽造する。

【▽偽名】ぎめい にせの名前。対 実名・本名

【▽偽札】にせさつ にせもののお札。

1【▽偽物】にせもの／ぎぶつ 本物そっくりに、にせてつくった物。例 偽物の宝石を買わされる。

2【▽偽者】にせもの ①その人になりすましている人。②身分や職業をごまかしている人。例 偽者の医者。

下につく熟語 ▽虚▽偽・真▽偽

亻－9画

【偶】11画 常用 〔偶〕明朝

音 グウ　訓 ―

意味 ❶ならぶ。そろう。「配▽偶者」 ❷人形。「土▽偶」 ❸思いがけなく。たまたま。「▽偶然」 ❹二でわりきれる数。「▽偶数」 対 奇

注意 「隅」「遇」とまちがえないこと。

名まえで使う読み ぐう・とも・ます

【▽偶数】ぐうすう 二でわりきれる数。二・四・六・八・一〇……など。対 奇数

【▽偶然】ぐうぜん 思いがけないこと。対 必然

【▽偶像】ぐうぞう ①木や石や金属などでこしらえた、神やほとけの像。②あこがれたり、尊敬したりしている人のたとえ。例 スターを偶像化する。

【▽偶発】ぐうはつ 思いがけなくおこること。例 飛行機事故が偶発している。

亻－9画

【健】11画 4年 〔健〕明朝

音 ケン　訓 すこ＊やか

9画めの書き始めを下げ過ぎない。11画めは「聿」を支えるように長くはらう。

なりたち 形声 建（まっすぐ立てる）と亻（＝人）を合わせた字。からだをまっすぐのばして元気であるようすをあらわした。→建361

意味 ❶じょうぶ。すこやか。「健康」 ❷はなはだしい。「健忘▽症」

注意 「建」とまちがえないこと。

名まえで使う読み かつ・きよ・きよし・けん・たけ・たけし・たつ・たて・たる・つよ・つよし・とし・まさる・やす

【健▽脚】けんきゃく 足がじょうぶで、よく歩けること。また、そうした足。例 健脚を競う。

【健康】けんこう からだがじょうぶなこと。すこやかなこと。

【健康▽診断】けんこうしんだん 健康かどうか、医者がからだをしらべて判断すること。例 健

康診断で病気が見つかる。

【健在】けんざい　元気でくらしていること。例 両親は健在です。

【健全】けんぜん　①からだが、じょうぶで元気なこと。例 健全に成長する。②考え方やおこないが、かたよらないで正しいこと。例 健全な思想。

【健▼闘】けんとう　よくたたかうこと。元気いっぱいたたかうこと。例 両チームの健闘をたたえる。

【健筆】けんぴつ　字や文章がじょうずなこと。例 健筆をふるう。

【健忘▼症】けんぼうしょう　わすれっぽくなる病気。また、わすれっぽいこと。

下につく熟語 ▼穏健・▼頑健・強健・▼剛健・▼壮健・保健・＊勇健・＊老健

亻－9画

【偲】

11画 人名 〔偲〕明朝

音 シ　訓 しのぶ

なりたち 形声 思(こまかい)と亻(=人)を合わせた字。こまかく動くようすをあらわした。→思460

意味 ❶たえず努力する。❷しのぶ。思いおこしてなつかしむ。

名まえで使う読み し・しのぶ

亻－9画

【側】

11画 4年 〔側〕明朝

音 ソク　訓 がわ・そば＊

※「かわ」ともよむ。下にくる音により「ソッ」ともよむ。

側　側

おおよそ「亻」、「貝」、「刂」を3等分にする。11画めを一番長く書く。

1	2	3	4	5	6	7	8	9	10	11
ノ	亻	亻丨	亻冂	亻冂	亻冃	亻目	亻貝	俱	俱	側

なりたち 形声 則(そばにくっつく)と亻(=人)を合わせた字。中心や正面の横にくっついているところ、つまり「そば」をあらわした。→則139

意味 ❶ものの一面。いっぽう。「裏側」❷そば。かたわら。「側近」

注意 「則」「測」とまちがえないこと。

【側線】そくせん　魚のからだのわきにある、一列にならんだ感覚器官。水流や水圧を感じる。

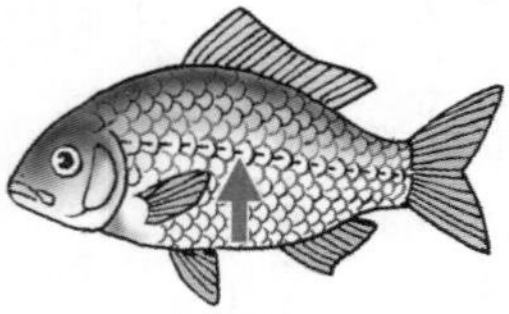

側線

【側面】そくめん　①横の面。また、左右の面。例 側面図。②そば。わき。例 側面から援助する。③いろいろある性質やとくちょうの一つ。例 姉の意外な側面を見た。

【側近】そっきん　(身分の高い人などの)そば近くにつかえること。また、その人。例 大臣の側近。

下につく熟語 内側・▼縁側・表側・片側・外側・左側・右側・＊両側

亻－9画

【停】

11画 5年 〔停〕明朝

音 テイ　訓 とまる＊

停　停

3画めは点でもよい。8画めは左下方向へ書き、「丁」を入れる空間を作る。

1	2	3	4	5	6	7	8	9	10	11
ノ	亻	亻丶	亻亠	亻亠	亻亡	亻吂	亻高	亻亭	亻亭	停

なりたち 形声 亭(まっすぐ立つ)と亻(=人)を合わせた字。人がじっと止まって、うごかないことをあらわした。→亭48

意味 とどまる。とまる。「停止」

【停学】ていがく　学校のきまりをやぶった生徒・学生に、ある期間登校させない罰。例 停学処分。

【停止】ていし　①とちゅうで止まること。また、止めること。例 エンジンが停止する。②活動をやめること。また、一時止めること。例 生産を停止する。

【停車】ていしゃ　汽車・電車・自動車などが止まること。対発車

【停職】ていしょく　ある期間、しごとにつかせないこと。また、そうした処分。例停職一か月。

1【停戦】ていせん　たたかいを一時中止すること。

2【停船】ていせん　船を止めること。また、船がすすむのをやめること。

【停滞】ていたい　ものごとが、うまくはかどらないこと。例工事が停滞する。

【停電】ていでん　電気が止まること。電気がおくられなくなること。例落雷で停電した。

【停年】ていねん　→「定年(295ページ)」。

【停泊】ていはく　船が、いかりをおろしてとまること。例港にはたくさんの船が停泊している。

【停留所】ていりゅうじょ　電車やバスが客をのりおりさせる、きまった場所。停留場。

下につく熟語　調停

イ－9画

【偵】

11画　常用　〔偵〕明朝　音テイ　訓—

意味　ようすをさぐる。また、その人。「探偵」

【偵察】ていさつ　敵やあいてのようすをこっそりさぐること。

下につく熟語　探偵・＊内偵・＊密偵

イ－9画

【偏】

11画　常用　〔偏〕明朝　音ヘン　訓かたよる

なりたち　形声　扁(たいらに広がる)とイ(＝人)を合わせた字。中心からはなれて、かたよっていることをあらわした。→扁489

意味　❶かたよる。「偏見」　❷漢字のへん。「木偏・人偏」

注意　「編」「遍」などとまちがえないこと。

名まえで使う読み　つら・とも・へん・ゆき

【偏狭】へんきょう　考え方がかたよっていること。心がせまいこと。

【偏屈】へんくつ　性質がすなおでなく、がんこなこと。例あの人は偏屈だ。

【偏見】へんけん　かたよった考え。

【偏向】へんこう　ものごとや考え方が一方にかたよっていること。例思想が偏向している。

【偏在】へんざい　全体にいきわたらず、かたよって存在すること。例一部の人に富が偏在する。

【偏差値】へんさち　その人のテストの得点が、テストをうけた人全体の中でどのぐらいの位置にいるかをしめす数値。五〇を平均にする。

【偏執】へんしゅう／へんしつ　一つの考えにとらわれて、他人の意見をうけいれないこと。

【偏食】へんしょく　食べ物にすききらいが多く、すきなものばかり食べること。

【偏西風】へんせいふう　緯度三〇～六〇度の上空を、いつも西から東へふいている強い風。

【偏重】へんちょう　一つのことだけをだいじにして、ほかのことをかるく考えること。例学歴偏重の社会。

【脩】11画　肉部7画　↓891ページ

イ－10画

【偉】

12画　常用　〔偉〕明朝　音イ　訓えらい

なりたち　形声　韋(まるく大きくめだつ)とイ(＝人)を合わせた字。人が大きくて、めだつことをあらわした。→囲223

意味　すぐれている。えらい。りっぱである。「偉人」

名まえで使う読み　い・いさむ・おおい・たけ・より

【偉観】いかん　どうどうとした、りっぱなありさま。すばらしいながめ。

【偉業】いぎょう　世の中のためになる、りっぱな仕事。例偉業をなしとげる。

【偉才】いさい　きわだってすぐれた能力。また、それをもつ人。参考「異彩を放つ」はきわだってすぐれていること。「偉才」と書かない。

【偉丈夫】いじょうぶ　からだががっしりしていて、どうどうとしている男の人。

こたえ　おとな。

人・亻・𠆢 の部 10画 傘・備・傍

【偉人】いじん 世の中のためになる仕事をした、りっぱな人。例 郷土の偉人。

【偉大】いだい ①大きくてりっぱなこと。例 偉大なピラミッド。②すぐれていてりっぱなこと。例 偉大な人物。

【偉容】いよう どうどうとした、りっぱなすがた。例 偉容をほこる。

𠆢－10画

【傘】

12画 常用 〈傘〉明朝

音 サン
訓 かさ

意味 雨や日光などをさけるため、頭上にかざす道具。かさ。「雨傘・落下傘」

【傘下】さんか ある勢力の支配下にあること。

下につく熟語 唐傘・＊日傘・＊洋傘

亻－10画

【備】

12画 5年 〈備〉明朝

音 ビ
訓 そなえる・そなわる

備 備

7画めの書き始めは、6画めの左はしより内側で接する。12画めは止めてもよい。

ノ イ 亻 仁 仕 仕 仕 伊 伊 備 備 備 備

なりたち 形声 𤰇 − 𤰇 亻 − 備

𤰇（＝𤰇）と亻（＝人）を合わせた字。𤰇は、矢を入れる「えびら」をえがいた形。「ひかえとして用意しておく」というイメージをもつ。備は、前もって用意しておくことをあらわした。

意味 用意する。前もってそろえる。「準備」

名まえで使う読み そのう・とも・なが・なり・のぶ・び・まさ・みつ・みな・よし・より

【備えあれば憂いなし】そなえあればうれいなし 句 ふだんから準備や用意をじゅうぶんにしておけば、どんなことがおきても心配がないということ。

【備考】びこう 参考のために書きそえておくこと。また、そのことがら。例 備考欄。

【備蓄】びちく いざというときのためにそなえて、ひつようなものをためておくこと。例 石油を備蓄する。

【備品】びひん そなえつけてある品物。

【備忘録】びぼうろく わすれたときに思い出せるよう、書きとめておくノート。メモ。

下につく熟語 完備・具備・軍備・警備・兼備・才色兼備・守備・常備・整備・設備・装備・配備・不備・防備・予備

亻－10画

【傍】

12画 常用 〈傍〉明朝

音 ボウ
訓 かたわら・そ＊ば

なりたち 形声 𠈃 − 旁 − 亻 − 傍

旁と亻（＝人）を合わせた字。旁は、凡（帆の形）と方（両がわにはり出す）を合わせて、帆を両側にはり広げるようす。傍は、はり出している両わき、つまり「かたわら」をあらわした。→方 541

意味 かたわら。そば。「傍線」

難しい読み 傍若無人

【傍観】ぼうかん だまってそばで見ていること。例 傍観者。

【傍若無人】ぼうじゃくぶじん 四字熟語 そばに人がいないかのように、えんりょなく、かって気ままにふるまうこと。

【傍受】ぼうじゅ 電話やテレビなどの電波を、こっそり手に入れること。例 敵軍の無線を傍受する。

【傍線】ぼうせん 文字や文章のそばに、目じるしのために引いた線。

【傍聴】ぼうちょう 会議や裁判などのようすを、許可をえてそばできくこと。例 傍聴席。

【傍点】ぼうてん 強調するために、文字の横につける「、」「・」などの点。

傍聴

下につく熟語 ＊近傍・路傍

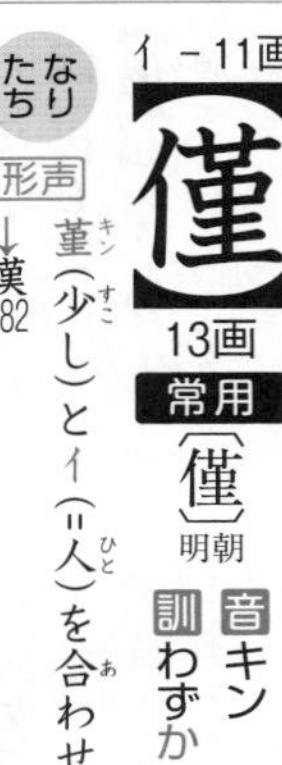

亻－11画

【僅】

13画 常用 〈僅〉明朝 音キン 訓わずか

なりたち 形声 堇(少し)と亻(=人)を合わせた字。→漢682

意味 わずか。ほんの少し。「僅差」

名まえで使う読み よし

【僅差】きんさ ほんの少しの差。例僅差で負ける。

【僅少】きんしょう ほんの少し。例在庫僅少。

亻－11画

【傾】

13画 常用 〈傾〉明朝 音ケイ 訓かたむく・かたむける

意味 かたむく。かたむける。「傾斜」

【傾向】けいこう ある方向にすすんでゆく動き。かたより。例物価は上がる傾向にある。

【傾斜】けいしゃ かたむくこと。また、かたむきのていど。例傾斜のゆるい坂道。

【傾注】けいちゅう 一つのことに熱中して、うちこむこと。例書道に傾注する。

【傾聴】けいちょう ひじょうに熱心にきくこと。例傾聴にあたいする話。

【傾倒】けいとう ある人やものごとに夢中になること。また、尊敬してあこがれること。例中国の文化に傾倒する。

下につく熟語 右傾・＊後傾・＊左傾・前傾

亻－11画

【傑】

13画 常用 〈傑〉明朝 音ケツ 訓—

なりたち 形声 桀(高く上がる)と亻(=人)を合わせた字。高くめだつ人をあらわした。

意味 すぐれている。「傑作」

名まえで使う読み けつ・すぐる・たかし・たけし

【傑作】けっさく ①すぐれた作品。対駄作・愚作 ②奇妙でおかしいこと。例傑作な話。

【傑出】けっしゅつ ほかのものより、目だってすぐれていること。例傑出した作品。

下につく熟語 ＊怪傑・豪傑・女傑

亻－11画

【傲】

13画 常用 〈傲〉明朝 音ゴウ 訓—

意味 才能などをほこって思いあがる。おごる。また、人を見さげる。「傲慢」

【傲岸】ごうがん 気位が高くて人にへりくだらないようす。例傲岸不遜(=思い上がっていばるようす)。

【傲然】ごうぜん おごりたかぶって、人を見さげるようす。

【傲慢】ごうまん えらそうにして、人をばかにした態度をとるようす。例ウエイターの傲慢な態度。

亻－11画

【債】

13画 常用 〈債〉明朝 音サイ 訓—

なりたち 形声 責(つみかさなった借金)と亻(=人)を合わせた字。→責978

意味 お金や品物をかりる、かす。「負債」

【債権】さいけん かしたお金や物をかえしてもらう権利。対債務

【債務】さいむ かりたお金や物をかえさなければならない義務。対債権

下につく熟語 ＊公債・国債・＊社債・負債

亻－11画

【催】

13画 常用 〈催〉明朝 音サイ 訓もよおす

意味 ❶会などをひらく。行事をおこなう。「主催」❷その気になる。もよおす。「催眠」❸せきたてる。「催促」

注意 「催す」のかなづかいは、「もよおす」。「もようす」と書かないこと。

【催事場】さいじじょう デパートや広場などで、安売りや展示会などをする場所。

【催促】さいそく はやくしてくれるようにたのむこと。例おやつを催促する。

【催眠術】さいみんじゅつ 人を半分ねむった状態にする方法。

下につく熟語 開催・共催

亻－11画

【傷】

13画 6年 〔傷〕明朝

音 ショウ
訓 きず・いたむ*・いためる*・きずつく*

「日」は小さめに書いて縦画は真下に下ろす。9画めを長く書く。

なりたち 形声 昜(高く上がる)と𠂉(矢をりゃくした形)と亻(＝人)を合わせた字。矢が高くとんできて、人に当たるようすを図にして、「きずつく」「きず」をあらわした。→陽446

意味 きずつく。きずつける。きず。「軽傷・傷口・古傷」

使い分け いたむ「痛む・傷む・悼む」→(755ページ)

【傷跡】きずあと ①からだにのこった、きずのあと。②災害や事件によってうけた被害。例 台風の傷跡。

【傷口】きずぐち ひふのきずついた部分。また、ほかの人に言われたくない、心のつらさ。例 傷口を水で洗う。／傷口に塩をぬる。

【傷物】きずもの きずがついて、ほんとうの価値をうしなったもの。例 傷物のモモを安売りする。

【傷害】しょうがい 人をきずつけること。また、けがをすること。例 傷害罪。

【傷心】しょうしん 心をいためること。また、きずついた心。例 傷心の日々を送る。

【傷病】しょうびょう けがと病気。例 傷病兵。／傷病手当。

下につく熟語 外傷・感傷・軽傷・殺傷・死傷・重傷・▼致命傷・中傷・▼凍傷・生傷・▼刃傷・負傷

亻－11画

【僧】

13画 常用 亻－12画 〔僧〕14画 人名 〔僧〕明朝

音 ソウ
訓 —

意味 坊さん。仏教のしゅぎょうにはいった男の人。「僧▼侶・名僧」

【僧衣】そうい／そうえ 坊さんのきる正式の服。

【僧院】そういん お寺の中にある、坊さんがすむ建物。

【僧正】そうじょう 坊さんのいちばん高い位。また、その坊さん。

【僧兵】そうへい むかし、寺をまもるために武器をもってたたかった僧。また、その集団。

【僧▼侶】そうりょ 坊さん。僧。

下につく熟語 高僧・小僧・虚▼無僧・*▼禅僧・*尼僧・*老僧

亻－11画

【働】

13画 4年 〔働〕明朝

音 ドウ
訓 はたらく

「亻」を細長くして「動」と組み合わせる。「力」は「重」よりも下げて書く。

なりたち 会意 国字 動(うごく)と亻(＝人)を合わせた字。うごきまわって、はたらくことをあらわした。→重1014

意味 ❶しごとをする。はたらく。また、はたらき。「働き者・労働」 ❷ほかのものに作用する。はたらく。「▼稼働」

注意 「動」とまちがえないこと。

下につく熟語 *▼稼働・実働・労働

亻－11画

【傭】

13画 人名 〔傭〕明朝

音 ヨウ
訓 やとう

意味 やとう。お金をはらって人をつかう。「▼傭兵」

【▼傭役】ようえき やとってつかうこと。また、やとわれてつかわれること。

【▼傭兵】ようへい お金でやとわれた兵士。

亻－12画

【像】14画 5年

〈像〉明朝

音 ゾウ　訓 —

12・14画めが10画めより下がらないようにする。14画めは止めてもよい。

なりたち 形声 象(動物のゾウ)と亻(＝人)を合わせた字。ゾウは、大きくてすがたがめだつことから、人や物のすがたや形をあらわした。→象973

意味 ❶すがた。かたち。「実像」 ❷かたどってつくったもの。「自画像」

注意 「象」とまちがえないこと。

名まえで使う読み かた・しょう・すえ・ぞう・のり・み

下につく熟語 映像・画像・胸像・▼虚像・▼偶像・群像・現像・＊座像・残像・実像・▼肖像・＊図像・石像・＊雪像・想像・銅像・仏像・木像・立像

亻－12画

【僕】14画 常用

〈僕〉明朝

音 ボク　訓 —

意味 ❶男のめしつかい。しもべ。「下▼僕」 ❷

自分をさすことば。ぼく。

下につく熟語 下▼僕・＊公▼僕・＊従▼僕

亻－12画

【僚】14画 常用

〈僚〉明朝

音 リョウ　訓 —

意味 ❶なかま。「同▼僚」 ❷役人。「官▼僚」

名まえで使う読み あきら・とも・りょう

【▼僚友】りょうゆう いっしょに仕事をしている友だち。仕事なかま。

下につく熟語 閣▼僚・＊幕▼僚

亻－13画

【億】15画 4年

〈億〉明朝

音 オク　訓 —

3画めは点でもよい。7画めを長く、「日」の横はばは7画めよりも短くする。

なりたち 形声 意(いっぱいにこもる)と亻(＝人)を合わせた字。考えられるかぎりの大きな数をあらわした。→意472

意味 ❶数の単位。万の一万倍。おく。「億万」「三億円」 ❷ひじょうに多いこと。

注意 「憶」「臆」とまちがえないこと。

名まえで使う読み おく・はかる・やす

【億万長者】おくまんちょうじゃ ひじょうに多くの財産をもっている人。百万長者。

亻－13画

【儀】15画 常用

〈儀〉明朝

音 ギ　訓 —

なりたち 形声 義(ととのっている)と亻(＝人)を合わせた字。きちんとととのっていて、手本となるおこないをあらわした。→義867

意味 ❶ぎしきや、さほう。「祝▼儀・礼▼儀」 ❷基準をしめすもの。「地球▼儀」

注意 「義」「議」などとまちがえないこと。

名まえで使う読み ぎ・きたる・ただし・のり・よし

【▼儀式】ぎしき 祭り・祝いなどのときに、あるきまりによっておこなうもよおし。式典。

【▼儀礼】ぎれい 世の中のきまりになっている、正しい話し方やからだの動かし方。

下につく熟語 ＊威▼儀・行▼儀・婚▼儀・葬▼儀・難▼儀・＊律▼儀・流▼儀

𠆢－13画

【舗】15画 常用

〈舗〉明朝

音 ホ　訓 —

なりたち 形声 甫(たいらに広げる)と舎(いえ)を合わせた字。商品を広げてならべた店をあらわした。→甫741

意味 ❶しきつめる。「▼舗装」 ❷みせ。「店

▼舗」

難しい読み 老▼舗(ろうほ・しにせ)

【▼舗装】ほそう 道の表面をコンクリートやアスファルトでかためること。

【▼舗道】ほどう 舗装してある道。

下につく熟語 *本▼舗

イ－14画

【儒】

16画 常用 〈儒〉明朝 音 ジュ 訓 —

意味 孔子の教えを伝える人。また、その教えである儒教のこと。「▼儒学」

名まえで使う読み じゅ・ひと・みち・やす・よし

【▼儒学】じゅがく 儒教をもとにした学問。

【▼儒教】じゅきょう 中国の孔子や孟子がといた、政治や道徳の教え。

イ－15画

【償】

17画 常用 〈償〉明朝 音 ショウ 訓 つぐなう

なりたち 形声 賞(見合うだけのものをあてがう)とイ(=人)を合わせた字。罪や借りに見合うだけのうめ合わせをすることをあらわした。→尚318 →賞985

意味 金や労力などでうめ合わせる。つぐなう。つぐない。「弁▼償」

【▼償▼還】しょうかん かりたお金などをかえすこと。

【▼償▼却】しょうきゃく かりたお金などをかえし、もとの状態にもどすこと。

下につく熟語 代▼償・▼賠▼償・報▼償・補▼償・無▼償

イ－15画

【優】

17画 6年 〈優〉明朝 音 ユウ 訓 やさしい*・すぐれる*

3〜8画めを「百」にしない。「心」を「冖」内に書く。15・16画めの下をそろえる。

優 優

1 ノ	2 イ	3 亻	4 亻	5 亻	6 亻	7 亻	8 亻	9
10	11	12	13	14	15	16	17 優	

なりたち 形声 憂(しなやか・ゆったり)とイ(=人)を合わせた字。ゆったりと、しなやかにふるまう役者をあらわした。→憂479

意味 ❶やさしい。しとやか。「優▼雅」 ❷すぐれている。「優▼秀」 対 劣 ❸役者。「俳優」

名まえで使う読み かつ・ひろ・まさ・まさる・ゆう・ゆたか

【優位】ゆうい ほかのものよりすぐれた位置。まさった地位。例 試合を優位に進める。

【優▼越感】ゆうえつかん 自分がほかの人よりもすぐれていると思う心。対 劣等感

【優▼雅】ゆうが やさしくて上品なこと。

【優▼遇】ゆうぐう てあつくもてなすこと。よい待遇をすること。対 冷遇

【優▼秀】ゆうしゅう ひじょうにすぐれていること。例 優秀な成績で卒業する。

【優▼柔不断】ゆうじゅうふだん 四字熟語 ぐずぐずして、一つにきめられないこと。例 優柔不断な人。

優柔不断

【優勝】ゆうしょう ゲームや競技などで第一位になること。例 運動会で白組が優勝した。

【優勝▼劣敗】ゆうしょうれっぱい 四字熟語 力の強い、すぐれたものが勝ちのこり、力の弱い、おとったものがまけてほろびること。例 優勝劣敗の世の中。

1【優性】ゆうせい 生まれた子に、かならずあらわれる親の形態や性質。例 優性遺伝。対 劣性

2【優勢】ゆうせい いきおいが、ほかのものよりまさっていること。例 赤組が優勢だ。対 劣勢

【優先】ゆうせん ほかのものより先にすること。例 症状の重い人を優先して手当てする。／優先席。

【優先的】ゆうせんてき ほかより先にあつかうようす。例 優先的に入場できる。

【優待】ゆうたい とくべつ有利にあつかうこ

と。例 映画の優待券。

【優等】ゆうとう ほかのものより、とくにすぐれていること。例 優等生。対 劣等

【優美】ゆうび 上品でうつくしいこと。

【優良】ゆうりょう とくにすぐれていて、よいこと。例 健康優良児。

【優▼劣】ゆうれつ すぐれていることと、おとっていること。例 どちらの作品も、優劣をつけがたい。

下につく熟語 女優・声優・＊男優・＊名優

亻－16画

【儲】18画

人名 〈儲〉明朝 音 チョ 訓 もうける

意味 ❶たくわえる。ものを集めてとっておく。「▽儲蔵(＝たくわえる)」 ❷もうける。「金▽儲け」

名まえで使う読み そえ

2画 儿 にんにょう ひとあし

なりたち 人の下半身をえがいたもの。おもに「ひと」や「ひとのからだ」に関係した字をあつめる。

この部首の字

画数	字	ページ
2画	允	97
2画	元	97
3画	兄	98
4画	光	99
4画	充	99
4画	先	100
4画	兆	101
5画	克	101
5画	児	102
5画	兎	102
6画	尭	102
6画	兒	102
6画	免	102
8画	党	103
9画	兜	103

ほかの部首の字 冗→冖部117 売→士部248 完→宀部289 見→見部936 亮→亠部48

儿－2画

【允】4画

人名 〈允〉明朝 音 イン 訓 まこと

なりたち 象形 バランスよく、すらりと立つ人をえがいた字。

意味 ❶ほんとうに。「▽允▼恭(＝まじめで、ていねいなこと)」 ❷ゆるしてみとめる。「▽允許(＝ゆるしてみとめること)」

名まえで使う読み いん・こと・さね・すけ・ただ・ただし・ちか・のぶ・まこと・まさ・まさし・みつ・みつる・よし

儿－2画

【元】4画

2年 〈元〉明朝 音 ゲン・ガン 訓 もと

2画めを1画めより長く、ともに右上がりに書く。4画めは曲がりで書いてはねる。

一 二 テ 元

なりたち 会意 ●→元

亻(人のからだ)の上に、●をかいて、まるい頭をあらわした字。頭はいちばん上にあるので、「さき」「はじめ」のいみをあらわした。

元のつく漢字グループ 「元」のグループは「まるい」というイメージがある。→冠118 →完289 →院440 →玩729 →頑1068

意味 ❶もと。「根元(こん・げん・もと)」 ❷はじめ。「元▼旦」 ❸かしら。「元首」

難しい読み 元金(がん・きん・もと・きん)

名まえで使う読み あさ・がん・げん・ちか・つかさ・なが・はじむ・はじめ・はる・まさ・もと・ゆき・よし

【元金】㊀がんきん／もときん お金のかしかりで、利息をふくまない、もとのお金。対 利子 ㊁もときん 商売などの、もとでにするお金。資本金。

【元日】がんじつ 一年の最初の日。一月一日。

【元祖】がんそ ①その家の、いちばんもとになった人。先祖。祖先。②あるものをはじめてつくったり、あることを最初にはじめたりした人。

【元▽旦】がんたん 一月一日の朝。また、一月一日。

【元本】がんぽん 商売をはじめるためのお金。

【元来】がんらい もともと。例 元来、かれは勝ち気な性格ではない。

【元利】がんり 元金と、それにつく利子。例 元利合計。

【元気】げんき ①活動のもとになる気力。例 元気にあふれる。②いきおいのよいこと。例 元気にあそぶ。③からだの調子がよく、健康なこと。例 父は元気でおります。

【元号】げんごう 年につける名前。昭和・平成など。参考 天皇がかわると、元号もかわる。

【元首】げんしゅ 国家を代表する人。

【元素】げんそ ものを分けたとき、これ以上こまかく分けられない、いちばん小さい物質。酸素・水素・炭素・銅など。

【元服】げんぷく/げんぶく むかし、男子がおとなになったしるしとしておこなった儀式。髪形をかえ、冠をかぶる。

【元老】げんろう ①長い間国のだいじな役目をつとめ、社会からみとめられた政治家。②長い間その仕事で、すぐれたはたらきをした老人。

【元▼栓】もとせん 水道管やガス管のねもとにある、おおもとのつまみ。

【元手】もとで ①商売をはじめるのにひつようなお金。資本金。元金。②もとになるもの。例 からだが元手だ。

【元値】もとね 仕入れのときのねだん。

【元の木▽阿▼弥】もとのもくあみ 句 いったんよくなったものが、またもとの悪い状態にもどることをたとえていうことば。例 せっかく病気がなおってきたのに無理をしては元の木阿弥だ。参考 むかし、ある大名が病気で死んだとき、声のよく似た木阿弥という人をうすぐらいねどこにねかせて、大名がまだ生きているように見せかけた。大名の子がやがて大きくなったとき、木阿弥は、また、ただの人にもどされた、という話から。

【元も子もない】もともこもない 句 すべてをうしなって、努力がむだになるようす。参考 元金も利息もともにうしなういみから。

下につく熟語 ▼網元・家元・親元・改元・▼還元・紀元・次元・地元・単元・中元・復元・身元

【冗】4画 冖部2画 ↓117ページ

儿－3画

【兄】

5画 2年

〔兄〕明朝

音 ケイ*・キョウ
訓 あに

「口」よりも「儿」の横はばを広くする。5画めは曲がりで書いて上にはねる。

なりたち 象形 頭の大きい子をえがいた字。男のきょうだいのうち、年上のものをあらわした字。

兄のつく漢字グループ
「兄」のグループは「大きい」というイメージがある。
→況654

意味 にいさん。あに。「兄弟（きょうだい・けいてい）」対 弟

難しい読み 兄さん

名まえで使う読み え・きょう・けい・さき・しげ・ただ・よし

【兄貴】あにき ①兄。参考 もともと尊敬の気もちをこめてつかったことばだが、今は親しみをこめてつかう。②したしいなかま内で、年上の男の人をさすことば。

【兄弟子】あにでし 同じ先生に、自分より先についてまなんでいる人。対 弟弟子

【兄弟】きょうだい ①同じ親から生まれた子

2画

どもたち。②兄と弟。対姉妹 参考 ②は「けいてい」とも読む。

下につく熟語 *義兄・*次兄・実兄・長兄・父兄

儿－4画

【光】

6画 2年 〔光〕明朝

音 コウ 訓 ひかる・ひかり

※上にくる音により「びかり」ともよむ。

1画めと「儿」の中心を合わせる。4画めは右上がり、6画めは曲がりで書いてはねる。

なりたち 会意 火・儿－光

火(ひ)と儿(ひと)を合わせた字。人の頭の上に、火をのせたすがたを図にして、「ひかる」「かがやく」のいみをあらわした。

意味 ❶ひかる。ひかり。「月光」 ❷けしき。「光景」 ❸ほまれ。「栄光」

難しい読み 光▼沢・光明

名まえで使う読み あき・あきら・かね・こう・さかえ・てる・ひかり・ひかる・ひろ・ひろし・みつ・みつる

【光▼陰矢のごとし】こういんやのごとし 句 月日のたつのがはやいことのたとえ。参考「光陰」は、月日のことで、月日が、とぶ矢のようにはやくすぎさるといういみから。

【光栄】こうえい ほまれ。めいよ。また、めいよに感じること。

【光学】こうがく 光について研究する学問。例 光学器械。使い分け こうがく「工学・光学」↓(335ページ)

【光▼輝】こうき ①うつくしくかがやく光。②ほまれ。めいよ。例 光輝ある伝統。

【光景】こうけい その場のありさま。ようす。例 すばらしい光景を目にした。

【光源】こうげん 光を出しているもと。

【光合成】こうごうせい 植物が、光をあびて、二酸化炭素と水から炭水化物をつくること。

【光▼彩】こうさい あざやかでうつくしい光。例 ひときわ光彩をはなっていた。

【光線】こうせん ひかり。例 太陽光線。

【光▼沢】こうたく つや。

【光度】こうど 光をはなつものの、光の強さ。参考 単位はカンデラ。

【光熱費】こうねつひ 電気・ガスなど、明かりや燃料にかかるお金。

【光年】こうねん 光が一年間にすすむきょりの単位。一光年は、九兆四六〇五億キロメートル。

【光明】こうみょう ①明るい光。②希望。のぞみ。例 前途に光明を見いだす。

下につく熟語 ▼威光・*稲光・観光・眼光・▼脚光・後光・採光・電光・日光・発光・*風光・陽光

儿－4画

【充】

6画 常用 〔充〕明朝

音 ジュウ 訓 あてる

なりたち 会意 𠫓・儿－充

𠫓(赤ちゃん)と儿(二本の足)を合わせた字。赤ちゃんが二本の足で立てるほどに成長したようすを図にして、「いっぱいみちる」のいみをあらわした。▽𠫓は、子をさかさにした形で、頭を下にして生まれ出る赤ちゃんのこと。育・流・棄にも𠫓がふくまれている。

充のつく漢字グループ

「充」のグループは「なかみがいっぱいつまる」というイメージがある。

→統852 →銃1028

意味 ❶みちる。みたす。「▼充電・拡▼充」 ❷あてはめる。あてる。「補▼充」

使い分け あてる「当てる・充てる・宛てる」↓(317ページ)

名まえで使う読み あつ・じゅう・たかし・まこと・み・みち・みつ・みつる

【▼充血】じゅうけつ からだのある部分に、血が異常に多くなること。例 目が充血する。

【▼充実】じゅうじつ なかみがいっぱいで、しっかりしていること。例 充実した内容のテキスト。

【▼充足】じゅうそく じゅうぶんにみたすこ

こたえ 十。「一を聞いて十を知る(＝ひじょうに頭のよいことのたとえ)」。

と。また、みちたりること。例 充足した生活を送る。

【▼充▼塡】じゅうてん あいているところにいっぱいつめこむこと。例 ガスを充塡する。

【▼充電】じゅうでん 蓄電池や蓄電器などに電気をたくわえること。例 携帯電話の充電をする。対 放電

【▼充当】じゅうとう 足りない分をあてがうこと。例 お年玉の残りをおやつ代に充当する。

【▼充満】じゅうまん いっぱいにみちること。例 ガスがへやに充満する。

儿－4画

【先】

6画 1年 〔先〕明朝

音 セン
訓 さき

ノ 𠂉 㐄 生 𠂒 先

4画めを2画めより長く、ともに右上がりに書く。6画めは曲がりで書いてはねる。

なりたち 会意

㞢と儿（人のからだ）を合わせた字。㞢は、之がかわったもの。之は止（足）と一を合わせて、前にすすむ足。先は、足さき（つまさき）をあらわした。つまさきはからだのいちばんさきにあるところから、「いちばんはじめ」「さき」などのいみをあらわした。

先のつく漢字グループ

「先」のグループは「足さき」、または「すきまがひらいて分かれてちらばる」というイメージがある。

→洗663

意味 ❶さき。はじめ。「先頭・先祖」 ❷さきだつ。一つまえ。「先月・先週」

名まえで使う読み さき・すすむ・せん・ひこ・ひろ・ゆき

【先棒】さきぼう ①ふたりで棒をかついで荷物をはこぶとき、前をかつぐこと。また、その人。対 後棒 ②よく考えないで、人の手先になって動くこと。例 悪事のお先棒をかつぐ。

【先程】さきほど 今より少し前。今しがた。参考「さっき」よりも、ていねいなことば。

【先んずれば人を制す】さきんずればひとをせいす 故事成語 人よりさきにすれば、人をまかすことができる。先手をとれば有利だということ。

【先覚者】せんかくしゃ 学問や知識がふかく、人よりさきにものごとの道理や世の中のうつりかわりを見ぬく人。参考「先覚」ともいう。

【先客】せんきゃく さきに来た客。

【先▼駆】せんく ほかの人にさきがけて、ものごとをおこなうこと。例 先駆者。

【先決】せんけつ さきにきめること。また、さきにきめなくてはならないこと。例 先決問題。

【先見】せんけん ことがおこる前に、それを見ぬくこと。例 先見の明がある。

1【先行】せんこう ①さきにゆくこと。例 先行グループをおう。②さきにおこなわれること。例 世界に先行して日本で公開された。

2【先▼攻】せんこう 野球などで、さきにせめること。対 後攻 使い分け「専攻」は、専門に研究すること。

【先刻】せんこく ①さきほど。対 後刻 ②すでに。例 それは先刻承知だ。

【先日】せんじつ このあいだ。この前。

【先住】せんじゅう ある人がすむ前から、その場所にすんでいること。例 先住民。

【先勝】せんしょう 何回かつづけておこなう試合で、最初にかつこと。

【先進】せんしん 進歩していること。例 先進国。対 後進

1【先人】せんじん むかしの人。また、前の時代の人。例 先人の功績をたたえる。

2【先▼陣】せんじん たたかいで、いちばんさきに敵のじんちにせめいること。また、その部隊。例 先陣あらそい。

1【先生】せんせい ①学校で、勉強を教える人。教員。②学問や技術がすぐれていて、人を教えみちびく人。例 絵の先生。③学者・医師・芸術家などをうやまっていうことば。

2【先制】せんせい 試合などで、あいてよりも先

に有利になること。

【先祖】せんぞ ①その家の血すじのいちばんはじめの人。②今の家族より、前の代の人々。祖先。対子孫

【先代】せんだい ①前の時代。②前の代の主人。例先代のおもかげをしのぶ。

【先達】せんだつ ある分野でかつやくし、あとからつづいてきた人が、見ならうような人。

【先▼端】せんたん ①ものの、いちばんさきの部分。もののはし。②時代や流行などのいちばんはじめ。例流行の先端をいく。

【先着】せんちゃく さきにその場所につくこと。例先着順。

【先手】せんて ①ものごとを人よりさきにおこなうこと。例先手をうって攻撃する。／先手必勝。②碁やしょうぎで、さきにはじめること。また、その人。対①②後手

【先天的】せんてんてき 生まれたときからその人にそなわっているようす。生まれつき。対後天的 参考「先天」は、生まれた時にすでにそなわっている性質・体質。ふつう、単独ではつかわない。

【先頭】せんとう いちばんさき。

【先導】せんどう さきに立って案内すること。例ランナーの前を走る先導車。

【先入観】せんにゅうかん じっさいに見たり聞いたりしないうちから、もっている考え。例先入観にとらわれてはいい案がでない。参考ふつう、自由な考えのじゃまになる場合にいう。注意「先入感」と書かないこと。

【先年】せんねん 何年か前の年。

【先▼輩】せんぱい ①同じ学校を自分よりさきに卒業した人。例大学の先輩。②年れい・学問・経験などが、自分より上の人。対①②後輩

【先発】せんぱつ さきに出かけること。

【先方】せんぽう （自分のほうにたいして）あいて方。あちら。対当方

【先約】せんやく さきにきめてある約束。例せっかくですが先約があります。

【先▼憂後楽】せんゆうこうらく 四字熟語 政治家は、いっぱんの国民よりさきに世の中のことを心配し、自分は国民が楽しんだあとで楽しむべきだということ。参考「先憂」は、世の中のことを人よりさきに心配すること。「後楽」は、人よりあとに楽しむこと。

【先例】せんれい 前にあった例。前例。

下につく熟語 *後先・*機先・小手先・祖先・率先・手先・庭先・筆先・▼穂先・店先・目先・優先

儿－4画 【兆】 6画 4年

〔兆〕明朝

音 チョウ
訓 きざ*す・きざ*し

1画めと4画めの縦部分は真下に長く下ろす。4画めは曲がりで書いてはねる。

なりたち 象形 兆 むかし、カメのこうらをやいてうらないをしたときの、あらわれたひびわれをえがいた字。あらわれ出るきざしのいみをあらわした。

兆のつく漢字グループ

「兆」のグループは「左右にわれる」「分けはなす」というイメージがある。

→逃 414 →挑 507 →桃 599 →眺 778 →跳 994

意味 ❶きざし。まえぶれ。「前兆・▼吉兆」❷数の単位。億の一万倍。ちょう。

名まえで使う読み ちょう・とき・よし

【兆候】ちょうこう ものごとのおこりそうなようす。きざし。参考「徴候」とも書く。

下につく熟語 ▽瑞兆・*予兆

儿－5画 【克】 7画 常用

〔克〕明朝

音 コク
訓 か*つ

なりたち 象形 頭の上に重いものをのせて、せをまげている人のすがたをえがいた字。

意味 ❶うちかつ。「▼克服・相▼克」❷じゅうぶんに…する。「▼克明」

名まえで使う読み いそし・かつ・かつみ・こく・すぐる・たえ・なり・まさる・よし

【克服】こくふく　くるしいことやむずかしいことに、うちかつこと。例 困難を克服する。

【克明】こくめい　こまかく、ていねいなこと。例 克明に記録する。

【克己】こっき　自分の欲望やわるい考えに、うちかつこと。例 克己心。

児

儿－5画　7画　4年

〔兒〕儿－6画　8画　人名　〈児〉明朝

音 ジ・ニ＊　訓 こ＊・ご＊

「旧」と「儿」は接しないようにする。7画めは曲がりで書いてはねる。

書き順：丨 丨丨 门 旧 旧 児 児

なりたち　象形　兒（児）　頭のほねがまだ合わない子どものすがたをえがいた字。

意味 ❶子ども。おさないもの。「児童」 ❷わかい男。「九州男児」
▽県名でつかわれる。「鹿児島県」

名まえで使う読み　こ・じ・ちご・のり・はじめ・る

【児童】じどう　子ども。とくに小学生。学童。例 児童文学。

下につく熟語 ＊愛児・育児・遺児・＊健児・▼孤児・小児・▼胎児・▼稚児・乳児・風雲児・幼児

兎

儿－5画　7画　人名　〈兎〉明朝

音 ト　訓 うさぎ

なりたち　象形　うさぎのすがたをえがいた字。

意味 動物の、ウサギ。「▽兎角（＝あれこれ。また、ともすると）・▼脱▽兎・白▽兎（しろうさぎ・はくと）」

名まえで使う読み　う・うさ・うさぎ

【▽兎角】とかく　①あれやこれや。いろいろ。例 兎角するうちに時間がきた。②どうかすると。ややもすると。例 人は兎角なまけやすい。

売　7画　士部4画 → 248ページ
完　7画　宀部4画 → 289ページ
見　7画　見部0画 → 936ページ

尭

儿－6画　8画　人名

〔堯〕土－9画　12画　人名　〈尭〉明朝

音 ギョウ　訓 たかい

なりたち　形声　堯－尭　もとの字は「堯」。垚（土を三つかさねた形→高く上がる）と兀（人のからだ）を合わせた字。背の高い人をあらわした。

> **堯のつく漢字グループ**
> 「堯」のグループは「高く上がる」というイメージがある。常用漢字のつくりでは「尭」になる。
> →暁558　→焼699

意味 ❶たかい。けだかい。❷中国の伝説上の帝王。

名まえで使う読み　あき・ぎょう・たか・たかし・のり

免

儿－6画　8画　常用　〈免〉明朝

音 メン　訓 まぬかれる

なりたち　会意　免－免　⺈（しゃがんだ人）と冖（あな）と儿（人のからだ）を合わせた字。女の人が赤ちゃんを出産するようすを図にして、やっと通りぬけて出ることをあらわした。

> **免のつく漢字グループ**
> 「免」のグループは「やっと通りぬける」「むりをおかして出る」というイメージがある。
> →勉150　→晩560

意味 ❶のがれる。「▼免税」❷やめさせる。「▼免職」❸ゆるす。みのがす。「▼免許・放▼免」

【▽免疫】 めんえき　一度ある病気にかかったり、予防接種をうけたりしたため、その病気にかかりにくくなること。

【▽免官】 めんかん　役人をやめさせること。対任官

【▽免許】 めんきょ　①役所がある資格をあたえること。また、その資格。例運転免許。②先生がでしに、その道のだいじなところを教えること。また、それをならったしょうこにあたえる資格。例免許皆伝。

【▽免除】 めんじょ　ある役目や義務をしなくてもよいとすること。例兵役を免除される。

【▽免状】 めんじょう　資格をとったことを書いた紙。例書道初段の免状をもらった。

【▽免職】 めんしょく　職をやめさせること。

【▽免税】 めんぜい　税金をかけないこと。例免税店でタバコを買う。

下につく熟語　*御▽免・*任▽免・▽罷▽免

【亮】9画　亠部7画 →48ページ

儿－8画

【党】

10画　6年

〈党〉明朝

音 トウ
訓 ―

1画めはななめに書かず、立てて5画めと接する。10画めは曲がりで書く。

1	2	3	4	5	6	7	8	9	10
丨	丷	⺍	〃	丛	屰	尚	尚	党	党

なりたち　形声　もとの字は「黨」。尚（ショウ）（たいらに広がる→ぴたりと合う→ぶつけて止める）と黒（わるい）を合わせた字。何かをたくさんで、よそ者を止めてなかまに入れない人たち、集団をあらわした。↓尚318

意味　❶考え方が同じ人々のあつまり。「政党」❷なかま。「徒党」

名まえで使う読み　あきら・とう・とも・まさ

【党員】 とういん　党にぞくしている人。

【党首】 とうしゅ　党のかしら。

【党勢】 とうせい　政党のもっているいきおい。

【党則】 とうそく　党のきまり。党規。

【党派】 とうは　同じ考えをもっている、なかまのあつまり。例党派をこえて意見をかわす。

【党利党略】 とうりとうりゃく　四字熟語　自分の政党の利益だけを考えて立てる計略。例党利党略に明けくれる。参考「党利」は、政党の利益のこと。「党略」は、政党のためにくわだてる計略のこと。

下につく熟語　悪党・残党・政党・*脱党・徒党・*入党・不▽偏不党・野党・▽与党

儿－9画

【兜】

11画　人名

〈兜〉明朝

音 トウ・ト
訓 かぶと

意味　戦いのときに、頭をまもるためにかぶった、防具。「鉄▽兜」

【▽兜▽巾】 ときん　修験者のかぶりもの。

漢字博士になろう！　ひらがなのもとになった漢字

日本語には、ひらがなとかたかなの二種類のかながあります。どちらも漢字をもとにしてつくられた文字です。

ひらがなは、九世紀ごろに漢字の草書体をくずしてできた文字です。はじめのころは女性が書く文章に使われることが多かったため、「女手」「女文字」とも呼ばれました。

あ…安	い…以	う…宇	え…衣	お…於
か…加	き…幾	く…久	け…計	こ…己
さ…左	し…之	す…寸	せ…世	そ…曾
た…太	ち…知	つ…川	て…天	と…止
な…奈	に…仁	ぬ…奴	ね…祢	の…乃
は…波	ひ…比	ふ…不	へ…部	ほ…保
ま…末	み…美	む…武	め…女	も…毛
や…也		ゆ…由		よ…与
ら…良	り…利	る…留	れ…礼	ろ…呂
わ…和	ゐ…為		ゑ…恵	を…遠
ん…无				

こたえ　「力」が出てくる。

入 の部

0画 入

2画 入 いる

なりたち 「入」を字形のうえでの目じるしとする字をあつめているが、この辞典では1字だけ。

この部首の字 0画 入 104

ほかの部首の字 込→⻌部 408 全→𠆢部 62

入－0画

【入】 2画 1年

〔入〕明朝

音 ニュウ

訓 いる・いれる・はいる

1画めの書き出しは2画めの途中の左側で接する。「人」とはっきり区別する。

なりたち 指事 入り口がひらいて、中にはいるようすをあらわした字。

入のつく漢字グループ

「入」のグループは「中にはいる」というイメージがある。常用漢字のつくりでは「人」になる。

→内(=內)113 →納(=納)842

意味 はいる。いれる。「入港」対出

難しい読み 入水（にゅうすい・じゅすい）

名まえで使う読み いり・いる・しお・しほ・にゅう・なり

【入院】にゅういん 病気やけがをなおすため、病院にはいること。対退院

【入園】にゅうえん ①動物園・公園・遊園地など、園のつくところにはいること。②幼稚園・保育園などに園児としてはいること。例入園式。

【入荷】にゅうか 店や市場に、品物がはいること。対出荷

【入会】にゅうかい 会にはいること。対脱会・退会

【入学】にゅうがく 学校にはいり、児童・生徒・学生になること。入校。対卒業

【入学式】にゅうがくしき 児童・生徒や学生の入学を祝っておこなう学校の儀式。

【入学試験】にゅうがくしけん その学校にはいることをのぞむ人の中から、ふさわしい者をえらぶために、学力・体力・人がらなどについておこなう試験。入試。

【入居】にゅうきょ その家にはいってすむこと。

【入金】にゅうきん ①お金がはいること。また、そのお金。対出金 ②はらうべきお金の一部をはらうこと。例総額の半分を入金する。

【入庫】にゅうこ 仕入れた商品や、仕事のおわった車が、倉庫や車庫にはいること。対出庫

【入港】にゅうこう 船が港にはいること。対出港

【入国】にゅうこく ある国にはいること。例入国手続き。対出国

【入魂】にゅうこん 自分の心もからだもすべて、そのものにつぎこむこと。例入魂のできばえ。

【入札】にゅうさつ その仕事や品物をきぼうする人たちに、そのみつもりのねだんを書いて出させること。

【入山】にゅうざん ①山の中にはいること。②寺にはいって、坊さんになること。

【入試】にゅうし 「入学試験」のりゃく。

【入室】にゅうしつ へやの中にはいること。

【入社】にゅうしゃ ある会社の社員になること。対退社

【入手】にゅうしゅ 自分のものとして、手に入れること。うけとること。例荷物を入手した。

【入所】にゅうしょ ①研究所・訓練所など、所のつくところの一員になること。②刑務所にはいり、服役すること。対出所

【入賞】にゅうしょう てんらん会や競技会などで、賞にはいること。

【入場】にゅうじょう 会場や劇場などにはい

2画

ること。㊉退場

【入植】にゅうしょく 田畑をつくるために、べつな土地からその場所にうつりすむこと。

【入信】にゅうしん 神やほとけの教えをまなぶ集団にはいること。

【入水】㊀にゅうすい ①はいってくる水。②水にはいること。㊁じゅすい 水にはいって自殺すること。

【入▼籍】にゅうせき 結婚などにより、戸籍(=役所の家族関係をしるした書類)に名前を書き入れること。

【入選】にゅうせん 審査に合格すること。㊉落選

【入隊】にゅうたい 軍隊など、隊のつく団体にはいること。㊉除隊

【入団】にゅうだん 球団(=プロ野球チーム)や劇団など、団のつく団体にはいること。㊉退団

【入電】にゅうでん 電報・電信・電話などで知らせがはいること。また、その知らせ。

【入道】にゅうどう ①ほとけの教えの道にはいって、坊さんになった人。②ぼうず頭の人。また、ぼうず頭のばけもの。例たこ入道。

【入道雲】にゅうどうぐも 夏に多くあらわれる、大きくもりあがった雲。積乱雲。形が「入道②」ににていることから。

【入念】にゅうねん こまかいところにまで気をつかうこと。念入り。例入念にしらべる。

【入梅】にゅうばい つゆにはいること。

【入部】にゅうぶ 部のつく団体にはいり部員になること。

【入門】にゅうもん ①でし入りすること。例道場に入門する。②初歩の人のために手引きとなるもの。例入門書。

【入用】にゅうよう あることをするのにいること。必要。㊉不用

【入浴】にゅうよく ふろにはいること。

【入力】にゅうりょく 機械を動かすために、電気や情報を入れること。例コンピューターに入力する。㊉出力

上につく熟語 *入り▼江・*入れ知▼恵・*入れ歯・*入れ物

下につく熟語 移入・▼介入・加入・記入・吸入・▼購入・混入・▼歳入・四捨五入・収入・*出入・▼侵入・進入・▼潜入・▼挿入・単刀直入・注入・転入・投入・導入・▼突入・納入・▼搬入・編入・▼没入・輸入・乱入・流入

【込】5画 辶部2画 → 408ページ

【全】6画 人部4画 → 62ページ

2画 八

はち は

なりたち 「ひらく」「分かれる」などのいみをあらわすが、字形のうえで目じるしとする字もあつめる。

この部首の字

画数	字	ページ
0画	八	105
2画	公	106
2画	六	108
4画	共	109
5画	兵	110
6画	其	111
6画	具	111
6画	典	111
8画	兼	112

ほかの部首の字

字	部	ページ
分	刀部	128
父	父部	710
半	十部	163
呉	口部	202
弟	弓部	366
谷	谷部	971
貝	貝部	975
益	皿部	766
真	目部	776
翁	羽部	869
巽	己部	339
頒	頁部	1069
興	臼部	903

八－0画

【八】

2画 1年 〔八〕明朝

音 ハチ

訓 や・やつ・やっつ・よう

※上下にくる音により「パチ」「ハッ」ともよむ。

2画めの書き始めを1画めより高くする。2画めの最後ははらっても止めてもよい。

なりたち 指事)(－ 八

八 の部 2画 公

左右二つに分けることをあらわした字。つぎつぎに二分できる数の8をあらわした。

意味 ❶数の8。やっつ。「八人」 ❷はちばんめ。「八番」

参考 カタカナ「ハ」のもとになった字。

難しい読み 八重桜・八重歯・八百長・八百屋・八百万

名まえで使う読み かず・はち・や・やつ・わ・わかつ

【八十八夜】はちじゅうはちや 立春からかぞえて八十八日めの日。五月二日ごろで、種まきのめやすとされる。

【八分目】はちぶんめ 全体を十としたときの八ていど。転じて、ものごとをひかえめにしておくこと。はちぶ。例 腹八分目。

八分目

【八方位】はちほうい 東・西・南・北・北東・南東・南西・北西の八つの方位。八方。

【八面六臂】はちめんろっぴ 四字熟語 ひとりで何人分ものめざましいはたらきをすること。例 八面六臂の大活やく。参考 「八面」は、八つの顔のこと。「六臂」は、六本のうでのこと。それをそなえた仏像のすがたから。

【八方】はっぽう ①「八方位」のこと。②あちらこちら。ほうぼう。例 四方八方。

【八方美人】はっぽうびじん 四字熟語 だれにでも調子を合わせて、よく思われようとすること。また、そういう人をばかにしていうことば。例 八方美人だと、親友はできないよ。

参考 「八方」は、多くの方向のこと。もとは、どこから見ても欠点のない美人をいった。

【八重】やえ ①たくさんかさなっていること。②花びらがたくさんかさなってさくこと。また、その花。例 八重ざきの椿。

【八百長】やおちょう 真剣に勝負をしているように見せて、じつはうち合わせどおりに、勝ち負けをきめること。例 八百長試合。

【八百屋】やおや 野菜を売る店。また、売る人。

【八百万】やおよろず 数がきわめて多いこと。例 八百万の神。

八－2画

【公】

4画 2年

〈公〉明朝

音 コウ・ク*

訓 おおやけ*

公 公

ノ 八 公 公

2画めの最後ははらっても止めてもよい。3画めは折った後、右上がりに書く。

なりたち 会意 八＋ム→公

八(左右にひらくしるし)とム(かこいこむしるし)を合わせた字。ムは、自分のものだとかこいこむしるしで、私(わたくし)にふくまれている。公は、かこいこんだものをひらいて、人たちに見せるようすをあらわした。公(おおやけ)は私(わたくし)とちょうど反対である。

公のつく漢字グループ

「公」のグループは「両がわに分けひらく」というイメージがあり、これは「すけすけに見える」「すかすかに通る」というイメージにつながる。

→松587 →翁869 →訟948

意味 ❶おおやけ。世の中。「公園」対 私 ❷かたよらない。「公平」 ❸ひとにつけて、尊敬やしたしみをあらわすことば。「熊公・主人公」

難しい読み 公家

名まえで使う読み あきら・いさお・きみ・きん・たか・ただ・ただし・とおる・とも・なお・ひと・ひろ・まさ・ゆき

【公家】くげ むかし、天皇につかえていた身分の高い人。対 武家

【公安】こうあん 世の中の人々が、安全にくらせて平和であること。例 公安委員会。

【公営】こうえい 国・地方自治体・公団などが事業をおこない、管理すること。例 公営住宅。

【公益】こうえき 世の中の人々のためになること。例 公益法人(＝学校法人・宗教法人・医療法人など、もうけることを目的とせず、世

の中の人々のためにはらく団体)。

1【公園】こうえん　だれでも、あそんだり休んだりできる広い庭。

2【公演】こうえん　大勢の人の前で歌・劇・おどりなどをすること。使い分け こうえん「講演・公演・好演」→(966ページ)

1【公海】こうかい　どこの国のものときめずに、各国が自由につかうことのできる海。対 領海

2【公開】こうかい　いっぱんの人に聞かせたり、見せたりすること。例 情報を公開する。対 非公開

【公害】こうがい　けむり・うるさい音・きたない水などが、いっぱん市民の生活にあたえる害。

【公会堂】こうかいどう　みんなであつまって集会をするための建物。

【公共】こうきょう　世の中いっぱん。

【公共事業】こうきょうじぎょう　水道や道路など、みんながつかうものをつくる仕事。

【公共性】こうきょうせい　世の中の人々みんなのために役立つ性質。また、どのぐらい役立つかの度合い。例 公共性の高い事業。

【公共料金】こうきょうりょうきん　電気・水道・ガス・交通など、生活にかかせないサービスにはらうお金。

【公金】こうきん　国民からあつめた税金で、国・県・市などの役所があずかっている金。

【公言】こうげん　かくさずに、みんなの前でどうどうと言うこと。使い分け「広言」は、まわりを気にせず、無責任なことを言うこと。

【公告】こうこく　国や官庁などが、文書などで世の人々に知らせること。またその知らせ。

使い分け こうこく　公告・広告

【公告】
国や公共団体が人々に広く知らせること。
例 市報で公告する。

【広告】
商品やもよおしものなどを人々に広く知らせること。例 新聞の広告を見て買う。/広告代理店。

【公算】こうさん　あることがおこるだろうというみこみ。例 成功する公算は大きい。

1【公私】こうし　おおやけのことがらに関わることと、自分だけに関わること。おおやけとわたくし。例 公私の別をつける。

2【公使】こうし　大使につぐ、外交官の階級の一つ。参考 正式には「特命全権公使」。

【公示】こうじ　おおやけのことがらを、世の中の人々に広くしめすこと。例 投票日を公示する。

【公式】こうしき　①おおやけにきめられたやり方。例 公式発表をまつ。対 非公式　②数学で、計算の方法をあらわす、きまった式。

【公衆】こうしゅう　世の中の人々。例 公衆衛生。

【公▼称】こうしょう　世の中にたいして発表すること。例 公称一〇億円の売り上げ。参考 事実でなくともよい。

【公職】こうしょく　おおやけの仕事をする役目。公務員や議員など。

【公序良▼俗】こうじょりょうぞく　四字熟語　世の中の人々がまもらなければいけないきまりと、正しい習慣。

【公正】こうせい　どちらにもかたよらないで正しいこと。例 公正な裁判。

【公設】こうせつ　国やおおやけの組織により運営されていること。対 私設

【公選】こうせん　①いっぱんの住民の投票によって選挙すること。例 市長を公選でえらぶ。②組織・団体などで、その構成員全部に公開して選挙すること。例 総裁公選。

【公然】こうぜん　ひみつがなく、広く知れわたっているようす。例 公然ときまりをやぶる。

【公然の秘密】こうぜんのひみつ　句　みんなに広く知られているが、おもてむきは秘密とされていることがら。例 監督がことしかぎりでやめるということは、公然の秘密になっている。

八の部 2画 六

【公▼聴会】こうちょうかい　国会で法律をきめる前に、その法律についての意見を、学者やいっぱんの人からきく会。

【公定】こうてい　政府などのおおやけの組織できめること。例 公定価格。

【公的】こうてき　おおやけのことがらに関するようす。対 私的

【公転】こうてん　星が、べつの星のまわりを、同じ時間をかけて回ること。対 自転

【公道】こうどう　①人としての正しいおこない。例 天下の公道。②国・地方自治体などがつくった、だれでもが通れる道。対 私道

【公徳心】こうとくしん　社会生活をするうえでの、きまりをまもろうとする気もち。

【公認】こうにん　おおやけにみとめること。

【公倍数】こうばいすう　二つ以上の整数に共通する倍数。6は2と3の公倍数。対 公約数

【公判】こうはん　公開しておこなう裁判。

【公費】こうひ　国や市町村などがつかうお金。対 私費

【公表】こうひょう　世の中に発表すること。

【公布】こうふ　新しくきまった法律・命令などを広くいっぱんの国民に知らせること。

【公文書】こうぶんしょ　役所などがつくった、公式の書類。対 私文書

【公平】こうへい　一方にかたよらないこと。例 公平に分ける。

【公平無私】こうへいむし　四字熟語　自分のこのみやつごうによらないで、すべてを公平にすること。

【公▼募】こうぼ　世の中によびかけて、人やアイディアをあつめること。例 学校長を公募する。

【公報】こうほう　役所が、広く国民に知らせるために出す報告や告知。また、役所が関係者へ出す正式の通知。

使い分け　こうほう　公報・広報

【公報】役所が広く国民に知らせるために出す印刷物。例 選挙の公報をよむ。

【広報】多くの人々に知らせること。例 会社の広報部ではたらく。／テレビや広報誌をつかって宣伝する。

【公民】こうみん　政治に参加する権利と義務のある国民。例 公民館（＝国民みんなでつかう集会所）。

【公務】こうむ　国や地方公共団体の仕事。公用。例 公務員。

【公明】こうめい　かたよらないで、かくしだてのないこと。例 公明なたいど。

【公明正大】こうめいせいだい　四字熟語　公平でやましいところがなく、だれが見ても正しくりっぱなようす。例 公明正大なルール。

【公約】こうやく　広く世の中の人に約束すること。使い分け「口約」は文書にしないことば上の約束。

【公約数】こうやくすう　二つ以上の整数のどちらでもわりきれる数。8と12なら、1・2・4が公約数。対 公倍数

【公用】こうよう　国や役所などの用事。公務。対 私用

【公立】こうりつ　県や市などの地方公共団体がお金を出してつくり、経営していること。対 私立

下につく熟語　＊貴公・＊大公・▼奉公

八－2画

【六】

4画　1年　〔六〕明朝

音 ロク・リク＊
訓 む・むっ・むつ・むい

※下にくる音により「ロッ」ともよむ。

六　六

1画めは点で書いてもよい。2画めを長く書く。4画めの最後は止める。

1 亠 六 六（筆順）

なりたち　象形

六

もり上がった地形をえがいた字。陸(おか)の右がわにふくまれている。ゆびで数の6をかぞえるとき、ゆびがもり上がった形になるので、数の6をあらわした。

意味 ❶**数の6。むっつ。**「六人・▼双六」 ❷**ものごとの、ろくばんめ。**「六番」

難しい読み 六根清▼浄

名まえで使う読み む・むつ・ろく

【六書】りくしょ　漢字のなりたちを分類する六つのもの。漢字のなりたちにかかわる、象形文字・指事文字・会意文字・形声文字の四つと、転注・仮借の二つ。→付録「漢字について」(1116ページ)

【六三制】ろくさんせい　小学校を六年、中学校を三年とする義務教育の制度。

【六大州】ろくだいしゅう　世界の六つの州。アジア・ヨーロッパ・アフリカ・北アメリカ・南アメリカとオセアニアをさすのがふつう。

【六根清▼浄】ろっこんしょうじょう **四字熟語** 山にのぼるときなどに、となえることば。**参考**「六根」は、仏教で「目・耳・鼻・舌・体・心」のこと。「清浄」は、きよらかにするいみ。「六根」からおこるまよいをたち切って、きよらかなからだになること。

【分】4画　刀部2画→128ページ

【父】4画　父部0画→710ページ

【半】5画　十部3画→163ページ

八－4画

【共】

6画　4年　〔共〕明朝

音 キョウ　**訓** とも

共

4画めを1画めより長く書く。5・6画めは、はなして書く。

なりたち 形声　→共

廾(そろえる)と廿(もの)を合わせた字。両手をそろえて、ものをさし上げることから、「ともに」のいみをあらわした。

共のつく漢字グループ

「共」のグループは「そろえて、さし上げる」「いっしょにそろう」というイメージがある。

→供75　→恭463　→洪661　→港678

意味 ❶**いっしょに。ともに。**「共同」 ❷「共産主義」「共産党」のりゃく。

名まえで使う読み きょう・たか・とも

【共演】きょうえん　ふたり以上の人気はいゆうや歌手が、いっしょに出演すること。

【共学】きょうがく　一つの学校で、男女がいっしょに勉強すること。**例**男女共学。

【共感】きょうかん　ほかの人と同じように感じること。また、その感じ。**例**周囲の共感を得る。

【共▼催】きょうさい　二つ以上の団体が、いっしょに一つのもよおし物をおこなうこと。**例**ワールドカップを共催する。

【共産主義】きょうさんしゅぎ　農地や工場などを社会の共同のもちものとし、平等な社会をつくろうとする考え方。

【共生】きょうせい　二種類の生物が、たがいにたすけ合って、いっしょに生活すること。**例**アリとアリマキは共生している。

【共存】きょうそん／きょうぞん　ちがった性質や考えをもつものが、ともに生きること。**例**この里山には、いろいろな生き物が共存している。

【共存共栄】きょうそんきょうえい／きょうぞんきょうえい **四字熟語** べつべつのものが、なかよくいっしょにやっていき、ともにさかえること。**例**たがいにゆずり合って共存共栄をはかる。**参考**「共栄」は、べつべつのものが、ともにさかえること。

【共著】きょうちょ　ふたり以上の人が、共同して一つの本をあらわすこと。また、その本。

【共通】きょうつう　二つ以上のものの、どれにもあてはまること。**例**共通語。／共通点がある。

漢字クイズ　「子子子子子の子，子子の子子子子」。さて，なんと読むのでしょう。

【共通性】きょうつうせい 二つ以上のものの、どれにもあてはまる性質。

【共同】きょうどう ①ふたり以上の人が、いっしょに一つのことをすること。例 山小屋を三げんの家で共同でつかう。②ふたり以上の人が、同じ資格でむすびつくこと。例 共同社会。

使い分け きょうどう 共同・協同

【共同】ふたり以上の人がいっしょに一つのことをしたり、つながりをもったりすること。例 井戸を共同でつかう。

【協同】ふたり以上の人が助け合って仕事をすること。例 生活協同組合。／協同開発。

参考 「協同」は、力を合わせることに重点がおかれる。

【共犯】きょうはん ふたり以上の人が、いっしょに罪をおかすこと。また、その人たち。

【共▼謀】きょうぼう ふたり以上の人が、そうだんしてわるいことをたくらむこと。

【共鳴】きょうめい ①ほかのものの振動をうけてうなりだすこと。ともなり。②人の意見やおこないに賛成すること。例 友だちの考えに共鳴する。

【共有】きょうゆう 一つのものを、ふたり以上の人が共同でもつこと。

使い分け きょうゆう 共有・享有

【共有】一つのものをふたり以上の人の持ちものとすること。例 夫婦で共有の財産にする。

【享有】生まれながらにもっていること。例 だれもが人権を享有している。

参考 「享」は、身にうけること。

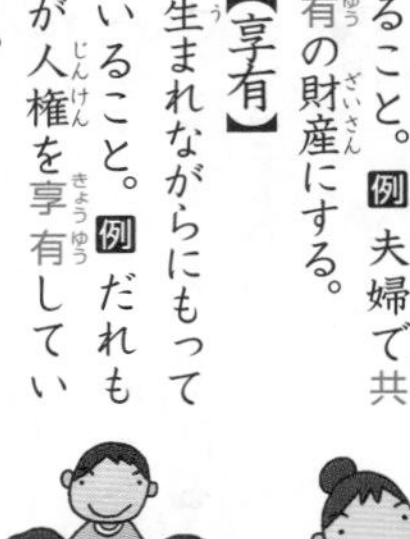

【共用】きょうよう 一つのものを、ふたり以上の人がいっしょにつかうこと。例 共用の台所。

【共和国】きょうわこく 王などではなく、国民にえらばれた人によって政治がおこなわれる国。

下につく熟語 公共

2画

八－5画

【兵】

7画 4年 〔兵〕明朝

音 ヘイ・ヒョウ 訓 ―

※上にくる音により「ペイ」ともよむ。

兵 兵

1画めと2画めははなしてもよい。3・5画めは右上がりにし、5画めを長く書く。

1	2	3	4	5	6	7
ノ	𠂆	𠂇	斤	丘	乒	兵

なりたち 会意 古い字は、斤(おの)と廾(両手)を合わせた字。武器を手にもって、敵にむかっていくようすをあらわした。

意味 ❶へいたい。ぐんたい。「兵士」 ❷たたかい。いくさ。「兵器」

難しい読み 兵▼糧

名まえで使う読み たけ・ひと・ひょう・へい・むね

【兵▼糧】ひょうろう 軍隊の食糧。例 兵糧攻め（＝兵糧をはこぶ道をとおれないようにして、てきの食べ物がなくなって戦力が弱まるようにする攻め方）。

【兵役】へいえき 国民の義務として、兵隊になって、はたらくこと。例 兵役につく。

【兵器】へいき 戦争につかう道具。武器。

【兵士】へいし 戦争をする人。兵隊。

【兵舎】へいしゃ 兵隊が生活する建物。

【兵隊】へいたい ①兵士。②兵士のあつまり。

とから。

【兵法】へいほう ①戦争でうまくかつための方法。②剣術や柔術などの武術。

【兵力】へいりょく ①戦争をする力。②兵隊の数。例 五万の兵力をうしなう。

下につく熟語 衛兵・▼騎兵・*強兵・挙兵・出兵・水兵・*雑兵・▼徴兵・*敵兵・派兵・番兵・*▼砲兵・歩兵(へい・ひょう)・*民兵・*老兵

【呉】7画 口部4画→202ページ
【弟】7画 弓部4画→366ページ
【谷】7画 谷部0画→971ページ
【貝】7画 貝部0画→975ページ

【其】

八-6画 8画 人名 〈其〉明朝

音 キ
訓 その・それ

意味 その。それ。

名まえで使う読み その・とき・もと

【具】

八-6画 8画 3年 〈具〉明朝

音 グ
訓 *そなわる・*そなえる

「目」の縦画は真下に。3・4画めが2画めの縦画と接しなくてもよい。6画めを長く。

1 丨 2 冂 3 月 4 月 5 目 6 旦 7 具 8 具

なりたち 会意 ―具

目と廾を合わせた字。目は、鼎(かなえという食器)がかわったもの。具は、食べ物をととのえて出すようすを図にして、「必要なものをそろえる」のいみをあらわした。廾は𠬞(両手)がかわったもの。

意味 ❶そなわる。「具備」❷うつわ。どうぐ。「家具」❸こまごまと。「具体的・具申」

名まえで使う読み ぐ・とも

【具合】ぐあい ①からだや機械などの調子。例 自転車の具合がわるい。②つごう。例 あすは具合がわるい。

【具現】ぐげん 考えや計画を、はっきりした形であらわすこと。

【具象】ぐしょう じっさい目に見えるすがたや形があること。例 具象画。

【具象化】ぐしょうか 目に見える形にすること。具体化。

【具申】ぐしん 上役に意見や希望をくわしくのべること。

【具体】ぐたい 目に見えるはっきりした形をもっていること。例 具体案。／具体像。／具体策。対 抽象

【具体化】ぐたいか 計画や考えを、目に見えてわかりやすい形にすること。例 遠足の計画を具体化する。対 抽象化

【具体性】ぐたいせい 計画や考えの内容がはっきりとわかること。例 具体性に欠ける発言。対 抽象性

【具体的】ぐたいてき そのもののありさまや形が、すぐに思いうかぶようにはっきりしているようす。例 具体的に話をする。対 抽象的

【具備】ぐび ひつようなものがじゅうぶんそなわること。また、そなえること。

下につく熟語 雨具・金具・器具・*漁具・工具・道具・農具・馬具・武具・*仏具・文具・文▼房具・夜具・用具

【典】

八-6画 8画 4年 〈典〉明朝

音 テン
訓 ―

1・2画めの縦画は内側に向ける。6画めを長く書く。

1 丨 2 冂 3 巾 4 由 5 冊 6 曲 7 典 8 典

なりたち 会意 + ⇒ ―典

冊(字を書いた竹のふだ=書物)と丌(つくえ)を合わせた字。本をつくえの上にならべるようすをあらわした。

意味 ❶ぎしき。「式典・典礼」❷きそく。手本。

こたえ こねこねこのこ，ししのここじし。「子」の音は「シ・コ」，また十二支では「ね」にあたるこ

八の部 8画 兼

「典型・典範」 ❸本。「辞典」

名まえで使う読み おき・すけ・つかさ・つね・てん・のり・ふみ・みち・もり・よし・より

【典拠】てんきょ 正しいよりどころ。例 典拠をしめす。

【典型】てんけい ①りっぱな手本。②あるもののとくちょうをいちばんよくあらわしているもの。

【典型的】てんけいてき 同じ種類のものの中で、そのとくちょうをよくあらわしているとされるようす。例 典型的な日本の朝食。

【典範】てんぱん 手本となる正しいことがらやきまり。

下につく熟語 恩典・教典・経典(きょう・けい・てん)・香典・古典・祭典・字典・事典・祝典・出典・聖典・特典・仏典・法典

【盆】9画 皿部4画→766ページ

八－8画

【兼】10画 常用

〈兼〉明朝

音 ケン
訓 かねる

なりたち 会意 秝(二つならべる)と又(手)を合わせた字。二つを合わせて手にとるようすをあらわした。

意味 あわせもつ。かねる。「兼任」

名まえで使う読み かず・かた・かぬ・かね・けん・とも

【兼愛】けんあい 自分と他人を区別せず、平等にあいすること。参考 むかしの中国の思想家墨子がとなえた。

【兼業】けんぎょう 本業のほかにべつの仕事もすること。また、その仕事。例 兼業農家。

【兼行】けんこう ①二つ以上の仕事を同時にすること。②昼だけでなく夜も仕事をすること。例 昼夜兼行で完成させる。

【兼職】けんしょく 本来の仕事のほかに、べつの仕事をもつこと。

【兼任】けんにん ひとりで二つ以上の職業、または役をうけもつこと。例 外務大臣と防衛大臣を兼任する。対 専任

【兼備】けんび 二つ以上のよい点をあわせてもっていること。例 知勇兼備の名将。／才色兼備(＝すぐれた才能とうつくしい顔だちをあわせもっていること)。

【兼務】けんむ もともとの職務のほかに、ほかの職務をうけもつこと。例 四つの仕事を兼務している。

【兼用】けんよう 一つのものを、いくつかに役立ててつかうこと。例 男女兼用の傘。対 専用

【真】10画 目部5画→776ページ

【翁】10画 羽部4画→869ページ

【巽】12画 己部9画→339ページ

【頒】13画 頁部4画→1069ページ

【興】16画 臼部9画→903ページ

漢字博士になろう!

●助数詞

数をあらわすことばの下につけて、数えるものの種類をあらわすことばを助数詞といいます。人は○人や○名、動物は○匹や○頭、ものは○つや○個というように、何を数えるのか、数えるものの種類によってつかうことばがちがいます。助数詞には、漢字で書きあらわすことができるものが多くあります。

本→冊
新聞→部
箸→膳
履き物→足
衣服→着
家→戸または軒
豆腐・こんにゃく→丁
プール→面

冂の部 どうがまえ・けいがまえ
2画 円・内

2画 冂 どうがまえ けいがまえ

なりたち
「さかい」「はるか」などのいみに関係なく、字形のうえで目じるしとする字をあつめる。

この部首の字
4画 再 116
2画 円 113
2画 内 113
3画 冊 116

ほかの部首の字
巾→巾部 339
丹→丶部 28
丙→一部 22
用→用部 740
両→一部 23
向→口部 195
同→口部 197
肉→肉部 880
典→八部 111
周→口部 205
岡→山部 329
爾→爻部 711
興→臼部 903

【巾】3画 巾部0画 ➜339ページ

冂－2画
【円】4画
1年
口－10画【圓】13画 人名
〔円〕明朝

音 エン
訓 まるい

1・2画めの縦画は真下に下ろす。4画めの下に空間ができるようにする。

なりたち 形声 もとの字は「圓」。員(イン)(まるい)と口(かこい)を合わせた字。まるくかこむことをあらわした。→員210

意味 ❶まるいかたち。まる。まるい。「円形」「百円」 ❷おだやか。「円満」 ❸お金のたんい。

使い分け まるい「丸い・円い」→(28ページ)

名まえで使う読み えん・かず・つぶら・のぶ・まど・まどか・まる・みつ

【円滑】えんかつ ものごとがすらすらとおこなわれるようす。例 会議が円滑にすすむ。

【円形】えんけい まるい形。

【円座】えんざ ①大勢でまるい輪をつくってすわること。車座。②わらやスゲであんだ、まるいしきもの。

【円周】えんしゅう 円のまわり。

【円熟】えんじゅく ①ものごとによくなれて、じょうずであること。例 円熟した演技。②人がらにふかみがあること。例 円熟した人物。

【円陣】えんじん 大勢の人が、輪の形にならぶこと。例 円陣を組む。

【円錐】えんすい 底が円で、先がとがっている立体。

円錐

【円高】えんだか 外国のお金とくらべて、日本のお金の価値が高いこと。対 円安

【円卓】えんたく まるいテーブル。

【円柱】えんちゅう まるいはしら。また、茶づつのような形。

【円筒】えんとう 円形の細長いつつ。

【円板】えんばん たいらでまるい形の板。

【円盤】えんばん ①まるくてひらたい形をしたもの。②陸上競技の「円盤投げ」につかうまるくてたいらな道具。

【円舞曲】えんぶきょく かろやかではやい、四分の三拍子のダンス曲。ワルツ。

【円満】えんまん 人の性格や、人と人との関係がおだやかなこと。例 円満な関係をたもつ。

下につく熟語 一円・*大団円・*楕円・*長円・半円

冂－2画
【内】4画
2年
〔内〕明朝

音 ナイ・ダイ*
訓 うち

3画めは2画めと交差するまで真下に下ろす。4画めの最後は止める。

なりたち 形声 入(ニュウ)(中にはいる)と冂(おおい)を合わせた字。おおいの中にはいるようすをあらわした。

冂の部（どうがまえ・けいがまえ） 2画 内

↓入104

意味 ❶なか。うちがわ。「体内」 対 外 ❷ひそか。「内定・内▼緒」

難しい読み 内裏・内▼柔外▼剛・内▼憂外▼患

名まえで使う読み うち・うつ・ただ・ない・はる・まさ

【内側】うちがわ ものの中がわ。対 外側

【内気】うちき 気が弱く、えんりょがちなこと。

【内金】うちきん 代金の一部で、前もってはらう金。

【内弟子】うちでし 先生の家に住みこんで、家事のてつだいをしながら芸事などの教えをうける人。例 落語家の内弟子になる。

【内幕】うちまく／ないまく そとからはわからない内がわのようす。例 はでに見えても内幕はくるしい。

【内輪】うちわ ①家族や、自分たちのなかま。例 内輪もめ。②じっさいよりも少なめ、または小さめであること。例 内輪にみつもる。

【内訳】うちわけ 合計したものにたいして、その内容をこまかく分けたもの。明細。例 修理代金の内訳を教えてください。

【内裏】だいり ①むかし、天皇がすんだごてん。②「内裏びな」のこと。桃の節句にかざる、天皇・皇后をかたどった人形。

【内意】ないい ①心の中で思うこと。②そとには発表しない意見や考え。

【内▼縁】ないえん 法律上のとどけを出していない結婚のこと。

【内科】ないか 医学のうち、内臓の病気を、手術をしない方法でなおすもの。対 外科

【内海】ないかい／うちうみ まわりをほとんど陸地でかこまれている海。対 外海（がいかい・そとうみ）

【内外】ないがい ①うちとそと。②国内と国外。例 内外のニュースを聞く。③数や量をあらわすことばの下について、「およそ」のいみをあらわすことば。例 会費は五〇〇〇円内外です。

1 【内角】ないかく ①三角形などの頂点のうちがわの角。②野球などで、ホームベース上の、打者に近いほう。インコーナー。対 ①②外角

2 【内閣】ないかく 国の政治をうけもつ最高機関。例 内閣総理大臣。

【内閣府】ないかくふ ほかの省庁の上に位置づけられて、政府全体の立場から重要な政策の調整や企画立案などの仕事をする国の機関。

【内勤】ないきん 会社や役所などの中にいて仕事をすること。また、その人。対 外勤

【内向】ないこう 気もちを外にあらわさず、心が自分の内面にばかりむかうこと。

【内向的】ないこうてき 心のはたらきが、自分にばかりむいているようす。例 内向的な性格で、人前に出るのが苦手だ。対 外向的

【内在】ないざい はじめから内部にあること。例 内在する問題点。

【内示】ないじ 正式に発表する前に、こっそりと知らせること。

【内実】ないじつ ①内部の事実。例 内実をうちあける。②実のところ。実際は。例 内実、こまっていたところです。

【内▼需】ないじゅ 国内で、みんなが物を買いたいと、のぞんでいること。例 内需が拡大して好景気だ。対 外需

【内▼柔外▼剛】ないじゅうがいごう 四字熟語 じっさいはおだやかでやさしい性質だが、みかけはいかめしく強そうに見えること。対 外柔内剛

内柔外剛

【内出血】ないしゅっけつ 血が外に出ないで、体内や皮ふの下に出ること。

【内▼緒】ないしょ ほかの人に知らせないようにすること。ひみつ。内聞・内密 例 みんなには内緒にする。

【内助】ないじょ かげで力をかすこと。とくに妻が夫のはたらきをたすけること。例 内助の功（＝夫が心おきなく外ではたらけるように、家のことをぬかりなく守る妻のはたらき）。

【内情】ないじょう 内部のようす。

【内職】ないしょく 自分の仕事のあいまにす

2画

る、べつの仕事。例 家庭の主婦が内職をする。

【内心】ないしん 心のうち。心の中。心中。例 内心では反省している。

【内申書】ないしんしょ はいりたい学校にもといた学校が出す、成績を書いた書類。調査書。

【内親王】ないしんのう 天皇の女の子。また、天皇の女の孫。対 親王

【内政】ないせい 国内の政治。例 内政干渉。

【内戦】ないせん 国の中で、同じ国の人どうしがたたかう戦争。

【内線】ないせん ①建物の内にある電線。②会社・学校などで、その内部だけに通じる電話線。対 ①②外線

【内装】ないそう かべや床、電気器具など、建物内部のかざりつけや設備。例 内装にお金をかける。対 外装

【内蔵】ないぞう 内部にもっていること。例 ビデオを内蔵したテレビ。

【内臓】ないぞう 動物の胸や腹の内部にある器官。肺臓・胃・肝臓・腸など。

【内▼諾】ないだく 正式な発表の前に、聞いて引き受けること。

【内地】ないち ①植民地などにたいして、その国の本土。対 外地 ②日本で、北海道・沖縄の人が本州・四国・九州をさしていうことば。③国内。例 内地留学。対 外地

【内通】ないつう こっそりと、敵に味方のようすを知らせること。うらぎり。

【内定】ないてい 正式に発表する前に、うちわできまること。また、きめること。例 オリンピックのマラソン代表に内定した選手。

【内内】ないない／うちうち こっそり。うちわ。例 内内で相談する。参考 ふつう「内々」と書く。

【内部】ないぶ ①もののうちがわ。例 エンジン内部の温度。②あるあつまりやしくみの中。うちわ。例 内部情報がもれないように気をつける。対 ①②外部

【内服】ないふく くすりをのむこと。例 内服薬。

【内▼紛】ないふん 国や組織のなかまどうしで、あらそうこと。うちわもめ。例 代表チームの内紛が報じられた。

【内聞】ないぶん ①非公式に身分や地位の高い人の耳にはいること。②「内密」に同じ。例 ご家族以外にはご内聞にねがいます。

【内分▼泌】ないぶんぴつ からだの中でつくられたホルモン(＝からだの成長やはたらきを調整する物質)を血液の中へおくりだすこと。

【内密】ないみつ かくして、ほかの人に知らせないこと。内聞。内緒。

【内面】ないめん ①うちがわ。②人の心についての方面。例 内面のやさしさ。対 ①②外面

【内野】ないや 野球やソフトボールで、本塁、一塁、二塁、三塁をむすぶ四角形の内がわ。また、そこをまもる選手。内野手。対 外野

【内▼憂外▼患】ないゆうがいかん 四字熟語 いろいろな問題があるためにおこる国内や内部の心配ごとや、国外や外部の心配ごと。例 内憂外患に頭をいためる。参考「内憂」は国内や内部の心配ごと、「外患」は国外や外部からの心配ごとのいみ。

【内容】ないよう ①なかみ。例 小包の内容はなんですか。対 形式 ②文章や本に書かれていることがら。例 手紙の内容を教えてください。

【内乱】ないらん 政治の権力をうばいとろうとしておこる、国の中での武力をつかうあらそい。

【内覧】ないらん 一部の人だけで、内々に見ること。例 関係者だけで内覧する。

【内陸】ないりく 陸地の中で、海岸から遠くはなれた地方。例 内陸性気候。

下につく熟語 案内・以内・屋内・*学内・家内・管内・▼畿内・境内・*県内・▼圏内・校内・構内・国内・*参内・室内・市内・場内・*年内・不案内・幕内・身内

【丹】4画 丶部3画 ↓28ページ

冂の部（どうがまえ・けいがまえ） 3画 冊 4画 再

2画

冂－3画

【冊】5画 6年

（冊）明朝

音 サツ・サク*

訓 ―

※上下にくる音により「サッ」「ザク」ともよむ。

1〜4画めの縦画は真下に下ろす。5画めは「冂」の左右から出して長く書く。

なりたち 象形 →册(冊)

竹や木のふだを、ひもで横につないだすがたをえがいた字。むかしはそれに字を書いたことから、書物のいみをあらわした。

意味 ❶書きつけ。書物。「冊子」 ❷書物をかぞえることば。「五冊」

【冊子】さっし 書物。とじた本。例 小冊子。

【冊数】さっすう 本の数。

下につく熟語 短冊・分冊・別冊

【丙】5画 一部4画→22ページ

【用】5画 用部0画→740ページ

冂－4画

【再】6画 5年

（再）明朝

音 サイ・サ

訓 ふたたび

2・3画めの縦画は真下に。4画めを6画めの下に出さない。6画めを長く。

なりたち 会意 →再

冓(木を上下同じ形に組んだもの)と一を合わせた字。同じものごとがもう一つあることをあらわした。▽冓は「構」にふくまれている。

意味 もう一度。ふたたび。「再会」

難しい読み 再来月・再来週・再来年

【再演】さいえん 同じげきなどを、もう一度おこなうこと。例 早々と再演が決定した。

1【再会】さいかい 長くわかれていた人どうしが、また会うこと。例 いとこと東京で再会した。

2【再開】さいかい やめていたものを、またはじめること。例 議会を再開する。

【再開発】さいかいはつ 一度開発したところを、また新しく開発しなおすこと。

【再確認】さいかくにん もう一度確認すること。

【再起】さいき ①病気がなおり、もとのように活動すること。例 再起不能といわれたが、走れるまでになった。②失敗した人が力をもりかえすこと。例 再起をはかる。

【再建】さいけん たてなおすこと。参考 寺や神社をたてなおすときは、「さいこん」と読む。

【再現】さいげん きえたものが、ふたたびあらわれること。また、ふたたびあらわすこと。例 むかしの町なみを再現する。

【再検討】さいけんとう もう一度よくしらべて、よいかどうか考えること。例 携帯電話の料金コースを再検討する。

1【再考】さいこう もう一度考えること。例 道路工事の計画を再考する。

2【再興】さいこう おとろえたものが、ふたたびさかんになること。例 町の再興をはかる。

【再▼婚】さいこん 二回めの結婚をすること。参考 三回め以上にもいう。対 初婚

【再三】さいさん 二度も三度も。たびたび。例 火のあつかいを再三注意した。

【再三再四】さいさんさいし 三度も四度も。何度もくりかえして。四字熟語 参考「再三」を強めて言うことば。

【再▼審】さいしん 裁判をやって一度きまった判決をとりけし、もう一度裁判をやりなおすこと。例 判決が不服で、再審を要求する。

1【再生】さいせい ①死にかかっていたものが生きかえること。例 サンゴ礁を再生する。②つかえなくなったものを、またつかえるようにすること。例 再生ゴム。③録音・録画したCDなどから、音・画像を出すこと。④生物の、うしなわれたからだの部分がまたできること。例 とかげの尾は再生する。

する熟語はなんでしょう。

【再製】 さいせい 一度製品になったものを加工して、べつの製品にすること。使い分け「再生」と区別してつかおう。

【再選】 さいせん 同じ人を、ふたたびえらぶこと。また、二度めの当選。

【再度】 さいど もう一度。ふたたび。

【再読】 さいどく もう一度読むこと。読みかえすこと。

【再任】 さいにん もう一度、前と同じ役目・立場につくこと。また、つけること。例 前の会長が再任された。

【再認識】 さいにんしき あらためて価値をみとめること。例 母の愛のふかさを再認識した。

【再燃】 さいねん ①きえたと思った火が、ふたたびもえだすこと。②一度おさまったことが、ふたたび問題としてもちあがること。例 ゴミ問題が再燃する。

【再発】 さいはつ 同じ病気や事故がふたたびおこること。例 事故の再発をふせぐ。

【再発見】 さいはっけん 見方をかえることによって、あらためてそのもののよさに気づくこと。例 いなかぐらしのよさを再発見した。

【再版】 さいはん 一度出版して売りきれた本を、ふたたび出版すること。また、その本。

【再評価】 さいひょうか 一度さだまっていた価値を、もう一度見なおしてきめること。例 土地の値段を再評価する。

【再来】 さいらい ①もう一度くること。 カラオケブームの再来。②もう一度生まれ出ること。例 ベートーベンの再来といわれた天才ピアニスト。

【再利用】 さいりよう いらなくなったものを、もう一度役に立てること。例 紙を再利用する。

【両】6画 一部5画→23ページ

【向】6画 口部3画→195ページ

【同】6画 口部3画→197ページ

【肉】6画 肉部0画→880ページ

【典】8画 八部6画→111ページ

【周】8画 口部5画→205ページ

【岡】8画 山部5画→329ページ

【爾】14画 爻部10画→711ページ

【興】16画 臼部9画→903ページ

2画 冖 わかんむり

なりたち 「冖（ベキ）」は上からおおういみで、「おおう」「おおわれたもの」に関係した字をあつめる。

この部首の字
2画 冗 117
3画 写 117
7画 冠 118
8画 冥 118
9画 冨 304

ほかの部首の字
軍→車部 998
輝→車部 1003

冖－2画

【冗】 4画 常用

〔冗〕明朝

音 ジョウ
訓 ―

意味 むだ。あまる。「▼冗談・▼冗長」

【▼冗談】 じょうだん ふざけた話。また、ふざけてすること。例 兄は冗談ばかり言う。

【▼冗長】 じょうちょう むだが多くて、長いようす。例 候補者の演説が冗長だ。

【▼冗漫】 じょうまん 話や文章がむだが多く、長くて、しまりがないこと。例 冗漫な文章。

冖－3画

【写】 5画 3年

〔写〕明朝

音 シャ
訓 うつす・うつる

写

3画めは左から右へ書く。4画めは2回折る1画で書く。5画めを長く書く。

なりたち 形声 寫(写)

もとの字は「寫」。舄と宀(やね)を合わせた字。舄は、カササギという鳥をえがいた形で、べつの場所に移動するというイメージをもつ。寫(=写)は、この場所からべつの場所にうつすこと、とくに文字などをべつの場所に書きうつすことをあらわした。

舄のつく漢字グループ

「舄」のグループは「べつの場所にうつる」というイメージがある。

→写(=寫)117 →瀉688

意味 ❶**うつしとる。**「写生・写本」❷**映画などをうつす。**「映写」

【写実】しゃじつ じっさいのありさまを、文章や絵にそのままうつし出すこと。例 写実主義。

【写生】しゃせい 自然や人物などを、見たとおりに絵や文章にえがき出すこと。例 公園で写生をする。

【写本】しゃほん 手で書きうつした本。

下につく熟語 *誤写・試写・実写・縮写・書写・接写・*透写・*謄写・筆写・▼描写・複写・模写

使い分け うつす 写す・映す

【写す】そのとおりにまねてあらわす。例 文章をノートに写す。／家族の写真を写す。

【映す】光を当てて形や色をあらわす。例 映画を映す。／鏡に映す。／プロジェクターで映す。

冖－7画

【冠】

9画 常用 〔冠〕明朝 音 カン 訓 かんむり

なりたち 形声 元(まるい頭)と冖(おおい)と寸(手)を合わせた字。頭にかぶりものを、手でのせるようすをあらわした。→元97

意味 ❶**頭にかぶる。また、かんむり。**「王▼冠」❷**いちばんすぐれている。**「▼冠絶」

【▼冠位】かんい むかし、朝廷で冠の色によってあらわした、くらい。例 冠位十二階。

【▼冠▼婚▼葬祭】かんこんそうさい 四字熟語 人生でたいせつな四つの儀式。むかしの成人式(=冠)・結婚式(=婚)・葬式(=葬)・祖先の祭り(=祭)のこと。

【▼冠水】かんすい 大水などのため、田畑・作物・道路・橋・商品などが水をかぶること。

下につく熟語 ▼衣▼冠・栄▼冠・花▼冠・*金▼冠・月▽桂▼冠・▼弱▼冠・*宝▼冠

【軍】9画 車部2画→998ページ

冖－8画

【冥】

10画 常用 〔冥〕明朝 音 メイ・ミョウ 訓 —

意味 ❶**くらい。**❷**おろか。**❸**奥深いさま。**❹**死者の世界。**「▼冥界・▼冥福」

【▼冥加】みょうが ①知らないうちに受ける、神仏からの助け。②不思議なほど幸運であること。例 命冥加な人。

【▼冥利】みょうり ①知らないうちに、神仏から受けるしあわせ。②その立場にいることで受けるしあわせ。例 教師冥利につきる。

【▼冥界】めいかい 死者が行くという、やみの世界。あの世。

【▼冥▼途】めいど 死後の世界。あの世。例 冥途のみやげ。参考「冥土」とも書く。

【▼冥福】めいふく 死後の幸福。例 死者の冥福をいのる。

【輝】15画 車部8画→1003ページ

2画　冫　にすい

なりたち

氷をすかしたときに見えるすじ目をあらわす。「寒さ」や「こおり」に関係した字をあつめる。

この部首の字

5画 冴 119
5画 冶 119
5画 冷 119
8画 准 120
8画 凄 120
8画 凍 120
8画 凌 120
8画 凉 676
13画 凛 120
13画 凜 120
14画 凝 120

ほかの部首の字

姿→女部 278
盗→皿部 767
冬→夂部 249
兆→儿部 101
次→欠部 619

【冬】5画　夂部2画→249ページ

【兆】6画　儿部4画→101ページ

【次】6画　欠部2画→619ページ

冫の部　5画　冴・冶・冷

冫－5画

【冴】7画　人名　〔冴〕明朝

音 コ
訓 さえる

なりたち　形声　牙（ジグザグしている）と合わせた字。ジグザグにすじが入ってこおるようすをあらわした。→牙713

意味 ❶こおる。また、こごえるように冷たい。❷すみわたる。さえる。

名まえで使う読み　さえ

冫－5画

【冶】7画　常用　〔冶〕明朝

音 ヤ
訓 —

なりたち　形声　台（手を加える）と冫（こおり）を合わせた字。金属に手を加えて、こおりがとけるようにとかすこと。→台192

意味 ❶鉱石や金属をとかして、さいくする。「冶金」 ❷うつくしくしあげる。「陶冶（＝陶器や金属の器をつくること。とくに、人材を育てること）」

難しい読み　鍛冶

注意　「治」とまちがえないこと。

【冶金】やきん　金属をふくんだ石から、金属をとり出すこと。また、金属を加工すること。

冫－5画

【冷】7画　4年　〔冷〕明朝

音 レイ
訓 つめたい・ひえる・ひや・ひやす・ひやかす・さめる・さます

冷　冷

5画めは横画でもよい。7画めは縦画で書いてもよい。6画めの最後ははねない。

1	2	3	4	5	6	7
丶	冫	冫	冫	冷	冷	冷

なりたち　形声　令（きよらかにすんでいる）と冫（こおり）を合わせた字。こおりのようにつめたくすみきっていることをあらわした。→令58

意味 ❶ひえる。つめたい。「冷水」 対 暖 ❷思いやりがない。「冷淡」

名まえで使う読み　すずし・れい

【冷夏】れいか　いつもの年にくらべて、気温がひくい夏。

【冷害】れいがい　夏に気温がひくいために作物がうける害。

【冷気】れいき　つめたい空気。

【冷却】れいきゃく　ひえること。ひやすこと。例 冷却水。／冷却期間（＝もめごとなどがこじれたとき、おたがいの気もちをしずめるためにおく期間）。

【冷遇】れいぐう　つめたくあつかうこと。対 優遇

【冷血】れいけつ　①体温がひくいこと。対 温血　②人間らしいあたたかみがないこと。

【冷酷】れいこく　心がつめたくて、思いやりがないこと。

【冷笑】れいしょう　人をばかにしてわらうこと。あざわらうこと。

【冷水】れいすい　つめたい水。例 冷水摩擦。

【冷静】れいせい　心がおちついていること。例 冷静な対応。

【冷戦】れいせん　戦争はしないが、国と国のな

こたえ　中毒。

かがひじょうにわるい状態。

【冷蔵庫】れいぞうこ　電気で温度を下げ、食べ物がくさらないようにたもつ機械。

【冷▼淡】れいたん　思いやりや関心がないこと。例 冷淡なしうち。／クラスのことに冷淡な人。

【冷▼徹】れいてつ　自分の気もちに左右されず、ものごとをふかくするどく見とおすこと。例 冷徹なまなざし。

【冷▼凍】れいとう　食べ物などを保存するためにこおらせること。例 冷凍食品。

【冷風】れいふう　つめたい風。

【冷▼房】れいぼう　へやの温度を外の温度よりひくくすること。また、そのしかけ。対 暖房

上につく熟語 *冷え性・*冷や汗・*冷や水・*冷や飯

下につく熟語 寒冷・*空冷・秋冷

【姿】9画 女部6画 →278ページ

冫－8画

【准】10画 常用 〈准〉明朝

音 ジュン　訓 —

意味 ❶それに次ぐといういみをあらわすことば。「准教授」 ❷ゆるす。みとめる。「批准」

名まえで使う読み じゅん・のり

冫－8画

【凄】10画 常用 〈凄〉明朝

音 セイ　訓 *すさまじい・*すごい

意味 ❶さむい。❷すさまじい。すごい。ひどい。「凄惨・凄絶」

【▼凄▼惨】せいさん　目をおおうほど、むごたらしいさま。残こく。例 凄惨な事件。

【▼凄絶】せいぜつ　ぞっとするほどものすごいさま。

上につく熟語 *凄▼烈

冫－8画

【凍】10画 常用 〈凍〉明朝

音 トウ　訓 こおる・こごえる

なりたち 形声 東(はしまでつきとおる)と冫(こおり)を合わせた字。水がはしからはしまでこおることをあらわした。→東587

意味 こおる。こごえる。「凍死」

【凍結】とうけつ　①こおりつくこと。例 道路が凍結する。②財産・資金などの使用や移動をとめること。例 資産を凍結する。③決められたことの実行を一時的に止めること。例 建設計画を凍結する。

【凍死】とうし　こごえて死ぬこと。

【凍傷】とうしょう　きびしい寒さのために、からだにできるきず。

下につく熟語 解▼凍・冷▼凍

冫－8画

【凌】10画 人名 〈凌〉明朝

音 リョウ　訓 しのぐ

なりたち 形声 夌(への形になる)と冫(こおり)を合わせた字。→俊78

意味 力ずくであいての上に出る。しのぐ。

【▽凌▽駕】りょうが　あいてをおいこすこと。例 師を凌駕するほどのうでまえ。

【盗】11画 皿部6画 →767ページ

冫－13画

【凜】15画 人名

冫－13画

【凛】15画 人名 〈凜〉明朝

音 リン　訓 —

なりたち 形声 稟(ひきしめる)と冫(こおり)を合わせた字。つめたくて身も心もひきしまることをあらわした。

意味 ❶つめたい、さむい。❷きりっとひきしまっているようす。りりしい。「▽凜然」

【▽凜▽凜】りんりん　①寒さのきびしいようす。②いさましいようす。例 勇気凜々。参考 ふつう「凜々」と書く。

冫－14画

【凝】16画 常用 〈凝〉明朝

音 ギョウ　訓 こる・こらす

なりたち 形声 疑(つかえて止まる)と冫(こおり)を合わせた字。液体が、一か所にとどま

ってうごかないことをあらわした。↓疑752

意味 ❶こりかたまる。「凝固・凝集」 ❷心を一つのことにそそぐ。「凝視」

【凝血】ぎょうけつ　血がかたまること。また、かたまった血。

【凝結】ぎょうけつ　①かたまること。②気体が液体に、液体が固体になること。

【凝固】ぎょうこ　①こりかたまること。例血液が凝固する。②液体や気体が固体になること。

【凝視】ぎょうし　じっと見つめること。例一点を凝視する。

2画 几 つくえ

なりたち 机のもとの字で、「あしつきの台」「よりかかる」に関係した字をあつめるほか、風をりゃくした形もふくむ。

この部首の字
1画 凡 121
3画 処 121
3画 凧 122
4画 凪 122
9画 凰 122
10画 凱 122

ほかの部首の字
冗→冖部117
机→木部582
肌→月部880
風→風部1075
飢→食部1080

几－1画

【凡】3画 常用 〔凡〕明朝
音 ボン・ハン
訓 ―

意味 ❶すべてのようす。およそ。「凡例」 ❷ありふれた。「凡人」

名まえで使う読み ちか・つね・なみ・はん・ぼん

【凡例】はんれい　本のはじめに書かれている、その本のつかい方や読み方などをしめしたもの。使い分け はんれい「判例・凡例」↓(132ページ)

【凡才】ぼんさい　ごくふつうの才能。また、その人。

【凡作】ぼんさく　とくにすぐれたところがなく、つまらない作品。対秀作

【凡人】ぼんじん　ふつうの人。

【凡俗】ぼんぞく　ありふれていて、めずらしくないこと。また、そのような人。

【凡退】ぼんたい　野球で、打者が平凡な当りや三振でアウトになること。例三者凡退をくりかえす。

【凡凡】ぼんぼん　きわめてありふれているようす。例平々凡々たる人生。参考ふつう「凡々」と書く。

下につく熟語 非凡・平凡

【冗】4画 冖部2画↓117ページ

几－3画

【処】5画 6年 〔処〕明朝
音 ショ
訓 ―

※「ショする」ともつかう。

3画めは「几」を支えるために長くはらう。5画めの最後ははねても止めてもよい。

筆順：ノ ク 夂 夂 処

なりたち 会意 几(いす)と夂(足)を合わせた字。足をとめてすにこしかけるようすを図にして、「こしをお

漢字クイズ 「□の中のかわず大海を知らず」。かわずはカエルのことです。では、かわずはど

几の部（つくえ）
3画 凧
4画 凪
9画 凰
10画 凱

ちつける」や「ばしょ」のいみをあらわした。

意味 ❶しまつする。「処分」❷ある場所におちつく。「処世」❸ところ。「出処」

名まえで使う読み おき・さだむ・しょ・すみ・とこ ろ・やす

【処暑】しょしょ 二十四節気の一つ。八月二三日ごろ。

【処女航海】しょじょこうかい 新しくできた船が、はじめて海に出ること。

【処処▽啼鳥を聞く】しょしょていちょうをきく 句 あちこちから鳥の声が聞こえる。参考 「処処」はあちこち、「啼鳥」は、鳴く鳥、また鳥の鳴き声のいみ。孟浩然の詩「春暁」の一節。

【処置】しょち ①ものごとのしまつをつけること。例 こじれた事件を処置する。②きずなどの手当てをすること。例 応急処置。

【処▼罰】しょばつ ばっすること。例 規則にてらして処罰する。

【処分】しょぶん ①規律・規則をやぶったものを、ばっすること。例 責任者を処分する。②いらなくなったものを、売ったりすてたりしてしまつすること。例 古い雑誌を処分する。

【処方】しょほう 医者が、病人に合わせてくすりののみ方を指示すること。例 かぜ薬を処方する。

【処理】しょり 仕事などをかたづけること。例 てきぱきと仕事を処理する。

上につく熟語 *処▼遇・*処▼刑

下につく熟語 善処・対処

几－3画

凧

5画 人名 〔凧〕明朝 音 — 訓 たこ

なりたち 会意 国字 巾(ぬの)と風をりゃくした几を合わせた字。

意味 風の力で空にあげる、たこ。

几－4画

凪

6画 人名 〔凪〕明朝 音 — 訓 なぎ

なりたち 会意 国字 止(とまる)と風をりゃくした几を合わせた字。

意味 風がやんで、海がしずかになること。

机 6画 木部2画 ↓582ページ

肌 6画 肉部2画 ↓880ページ

風 9画 風部0画 ↓1075ページ

飢 10画 食部2画 ↓1080ページ

几－9画

凰

11画 人名 〔凰〕明朝 音 オウ 訓 おおとり

なりたち 形声 皇(大きい)と鳳をりゃくした几を合わせた字。→王728

意味 想像上の鳥の一つ。おおとり。▽おすを「鳳」、めすを「▽凰」という。→「▽鳳▽凰」(1103ページ)」。

几－10画

凱

12画 人名 〔凱〕明朝 音 ガイ 訓 —

なりたち 形声 豈(にぎやかな音を出す)と几(つくえ・台)を合わせた字。勝利をいわって、音楽をえんそうしてよろこぶことをあらわした。

意味 にこやかに楽しむ。「▽凱▼旋・▽凱歌」

名まえで使う読み かい・がい・たのし・とき・よし

【▽凱歌】がいか たたかいにかったとき、いわってうたう歌。かちどき。

【▽凱▼旋】がいせん たたかいにかって、(勝利の歌をうたいながら)帰ってくること。例 凱旋門(＝凱旋する兵士をかんげいする門)。

参考 「旋」は、かえるいみ。

知らないことのたとえ)」。

2画 凵 うけばこ かんにょう

なりたち

「容器」や「くぼんだ穴」などに関係した字をあつめる。また、字形のうえで目じるしとする字もあつめる。

この部首の字

2画 凶 123
3画 凹 123
3画 出 123
3画 凸 125
6画 函 126

ほかの部首の字

画→田部 745
幽→幺部 352
歯→歯部 1110

凵－2画

【凶】 4画 常用

〈凶〉明朝

音 キョウ 訓 —

なりたち 会意 凵(くぼんだあな)とメ(まじわるしるし)を合わせた字。あなに落ちてもがくようすを図にして、「わざわい」のいみをあらわした。

凶のつく漢字グループ
「凶」のグループは「うつろ」「からっぽ」というイメージがある。
→胸 888

意味 ❶わるい。「凶悪・元凶」 対 吉 ❷わざわい。「吉凶」 ❸穀物がみのらない。「凶作」

【凶悪】きょうあく むごくて、どんなひどいことでも平気でやれるようす。例 凶悪な犯罪。

【凶器】きょうき 人をころしたり、けがをさせたりする道具。例 凶器は、まだ見つかっていない。

【凶行】きょうこう 人をころしたり、きずつけたりするような、むごいおこない。

【凶作】きょうさく 作物のできが、ひじょうにわるいこと。対 豊作

【凶事】きょうじ えんぎのわるい、できごと。不吉なできごと。対 吉事

【凶弾】きょうだん 人をころすためにうった、銃のたま。例 凶弾にたおれた政治家。

【凶兆】きょうちょう わるいことがおこる、まえぶれ。不吉なぜんちょう。対 吉兆

【凶年】きょうねん 作物のできがひじょうにわるい年。対 豊年

【凶報】きょうほう わるい知らせ。不吉な知らせ。対 吉報

【凶暴】きょうぼう 性質がひじょうにあらあらしく、らんぼうなこと。例 凶暴なトラ。

下につく熟語 吉凶・*元凶

凵－3画

【凹】 5画 常用

〈凹〉明朝

音 オウ 訓 ぼこ*

意味 くぼむ。くぼみ。「凹面鏡」 対 凸

参考 筆順は、「ㄱ―ㄇ―ㄩ―凹―凹」。

【凹凸】おうとつ 出たり引っこんだりしていること。たいらでないこと。凸凹(とつおう・でこぼこ)。

【凹面鏡】おうめんきょう 反射面がくぼんでいるかがみ。光をあつめる性質があり、懐中電灯・反射望遠鏡などにつかう。対 凸面鏡

凵－3画

【出】 5画 1年

〈出〉明朝

音 シュツ・スイ* 訓 でる・だす

※下にくる音により「シュッ」ともよむ。

出 「出」 1画めを字の中心に、真下におろす。2・4画めは折って書く。

1 丨 2 屮 3 屮 4 出 5 出

なりたち 会意 止(足)と凵(へこみ)を合わせた字。足がへこみから出るようすをあらわした。

出のつく漢字グループ
「出」のグループは「下のほうにへこむ」「でこぼこになる」というイメージがある。
→堀 238 →屈 323 →拙 500 →掘 509 →窟 814

意味 ❶そとへでる。そとへだす。「外出」 対

凵の部 うけばこ・かんにょう
2画 凶
3画 凹・出

2画

入 ❷あらわれる。「出現」

難しい読み 出納・出来心

名まえで使う読み いず・いずる・しゅつ・で

【出演】しゅつえん 映画・ぶたい・放送などに出て、歌やしばいなどをすること。

1【出火】しゅっか 火事がおこること。

2【出荷】しゅっか にもつを出すこと。とくに、商品を市場へ出すこと。対 入荷

【出願】しゅつがん 役所・学校などに、ねがいでること。

1【出金】しゅっきん お金を出すこと。対 入金

2【出勤】しゅっきん つとめに出ること。対 欠勤

【出家】しゅっけ 坊さん、または、あまさんになること。また、その人。

【出▼撃】しゅつげき 敵をこうげきするために、陣地や基地から出ること。

1【出欠】しゅっけつ 出席と欠席。例 出欠をとる。

2【出血】しゅっけつ ①血が出ること。②損害をうけること。例 出血サービス(=損になるほどの大きな値びき)。

【出現】しゅつげん あらわれ出ること。

【出庫】しゅっこ ①倉庫から品物を出すこと。②電車や車が、車庫から出ること。また、出すこと。対 ①②入庫

1【出航】しゅっこう 航海に出ること。

2【出港】しゅっこう 船が港を出ること。対 入港

3【出向】しゅっこう 命令で、べつの職場や会社ではたらくこと。例 子会社へ出向する。

【出国】しゅっこく 国から出てゆくこと。対 入国

【出札】しゅっさつ 切符を売ること。

【出産】しゅっさん 子どもをうむこと。子どもがうまれること。

【出資】しゅっし 仕事をするための、もとでになるお金を出すこと。例 新しい会社に出資する。

【出社】しゅっしゃ 会社へつとめに出ること。対 退社

【出所】しゅっしょ ①うまれたところ。出生地(しゅっしょうち・しゅっせいち)。②うわさ・記事などの、出どころ。例 出所不明のうわさ。③刑をおえて、刑務所などを出ること。参考 ②は「出処」とも書く。

【出生】しゅっしょう/しゅっせい うまれること。例 出生とどけ。

【出場】しゅつじょう ある場所に出ること。とくに、競技などに参加すること。対 休場・欠場

【出色】しゅっしょく ほかよりめだってすぐれているようす。例 出色のしあがりの作品。

【出処進退】しゅっしょしんたい 四字熟語 今のつとめをそのままつづけるか、それともやめるかということ。例 出処進退をあきらかにする。参考「出処」も「進退」も、役人になることと、役人をやめていっぱんの人になること。

【出身】しゅっしん その土地のうまれであること。また、その学校を出たこと。

【出▼陣】しゅつじん 戦場に出ること。また、試合などに出かけること。

【出水】しゅっすい 川から水があふれ出ること。大水が出ること。

【出世】しゅっせ 世の中に出て、りっぱな身分になること。例 部長に出世する。

【出▼征】しゅっせい 兵隊になって、戦場へ行くこと。例 出征兵士の手記。

【出席】しゅっせき 会合や学校の授業などに出ること。対 欠席

【出題】しゅつだい 問題を出すこと。

【出立】しゅったつ 旅に出ること。

【出張】しゅっちょう 仕事のために、自分の職場以外のところへ出かけること。

1【出典】しゅってん 故事成語や他人の文章など、それが最初の出どころになった書物。例 出典を明らかにする。

2【出店】一 しゅってん 店を出すこと。例 駅ビルの中に出店する。二 でみせ ①本店からはなれたところに出した店。支店。②道ばたに出した、かりの店。露店。例 縁日は出店でにぎわう。

【出土】しゅつど 古代の遺物などが、発掘されて出てくること。例 土器が出土する。

【出頭】しゅっとう　〔命令や呼び出しに応じて〕役所などに出むくこと。

【出動】しゅつどう　しょうぼう隊・けいかん隊などが出ていって活動すること。

【出馬】しゅつば　①馬に乗って出ていくこと。②〔社会や政界などで〕かつやくするため、その場に乗り出すこと。選挙などに立候補すること。

【出発】しゅっぱつ　目的地にむけて出かけること。

1【出▼帆】しゅっぱん　船が港を出ること。

2【出版】しゅっぱん　雑誌や書物を編集し、いんさつして売り出すこと。

【出費】しゅっぴ　費用を出すこと。また、その費用。例出費がかさむ(=お金がかかる)。

【出品】しゅっぴん　てんらん会やはくらん会などに作品を出すこと。例花の絵を出品する。

【出兵】しゅっぺい　戦争がおこったとき、軍隊を出すこと。例外国に出兵する。対撤兵

【出没】しゅつぼつ　あらわれたり、かくれたりすること。また、ときどきあらわれること。例このあたりは、イノシシが出没する。

【出奔】しゅっぽん　にげだして、ゆくえをくらますこと。例故郷を出奔する。

【出▼藍の▼誉れ】しゅつらんのほまれ　故事成語　弟子が先生よりもすぐれることのたとえ。→「青は藍より出でて藍より青し(1058ページ)」。

【出漁】しゅつりょう／しゅつぎょ　魚をとりに出かけること。

【出力】しゅつりょく　①コンピューターなどが、結果を外にあらわすこと。また、その結果。アウトプット。②機械がはたらいて外に出る力。例エンジンの出力が上昇した。対①②入力

【出▼塁】しゅつるい　野球で、バッターが塁に出ること。例三〇試合連続で出塁する。

【出納】すいとう　お金や物を出し入れすること。例出納係。注意「すいのう」と読まないこと。

【出来心】できごころ　その場でふとわきおこったわるい考え。例ふとした出来心。

【出来事】できごと　世の中におこるさまざまなことがら。事件。例うれしい出来事。

【出来高】できだか　①仕事のできあがった量。例代金は出来高におうじてはらう。②農作物のとれた量。例出来高をうらなう。③取引所で、売買がまとまった総額や件数。例出来高が倍増する。

【出口】でぐち　外へ出るところ。対入り口

【出先】でさき　外出している先。外出先。例出先から電話する。

【出鼻をくじく】でばなをくじく　句ものごとをはじめようとしたとたんに、じゃまをする。さまたげて、だめにする。

【出番】でばん　①仕事や舞台に出る番。例主役の出番はたくさんある。②ある人がはたらくのにむいている場面がまわってくること。例消防隊の出番だ。

【出前】でまえ　注文された料理を、家などにとどけること。また、その料理。例そばの出前をたのむ。

【出るくいは打たれる】でるくいはうたれる　句目立つ人は、とかくみんなからにくまれたり、ねたまれたりするものだというたとえ。注意「出るくぎは…」とまちがえないこと。

下につく熟語　＊案出・演出・外出・門出・▼傑出・検出・産出・算出・支出・進出・選出・続出・退出・▼脱出・提出・転出・遠出・▼突出・▼排出・派出・人出・船出・▼噴出・放出・輸出・流出・▼露出

凵の部（うけばこ・かんにょう）　3画　凸

凵－3画

【凸】5画　常用　〔凸〕明朝　音トツ　訓で＊こ

意味　でる。でっぱり。「▼凸面鏡」対凹

参考　筆順は、「丨」「一」—凸—凸—凸。

難しい読み　▼凸▼凹(とつおう・でこぼこ)

【▼凸▼凹】とつおう／でこぼこ　出たり引っこんだりしていること。たいらでないこと。凹凸。例凸凹の道。

【▼凸面鏡】とつめんきょう　中央がまるくもりあがっているかがみ。広いはんいをうつす。

漢字クイズ　「刀」をつかって，あることを七回やりました。何をしたのでしょう。

凵（うけばこ・かんにょう）の部 6画 函・刀（かたな）・刂（りっとう）の部 0画 刀

㊜ 凹面鏡（おうめんきょう）

凵－6画

【函】8画 人名 〔函〕明朝 音 カン 訓 はこ

意味 ❶中にものをしまう、はこ。❷なかみを入れてとじたもの。「投▽函（とうかん）（＝郵便物（ゆうびんぶつ）をポストに入れること）」

名まえで使う読み すすむ

【画】8画 田部3画 → 745ページ

【幽】9画 幺部6画 → 352ページ

【歯】12画 歯部0画 → 1110ページ

2画 刀・刂 かたな りっとう

なりたち

「かたな」「はもの」、また、刃物（はもの）で「切る」「さす」などの動作（どうさ）に関係（かんけい）した字をあつめる。「刂」は立刀（りっとう）のいみ。

この部首の字

0画 刀 126	2画 切 127	5画 初 131	6画 刻 134	6画 到 137	8画 剛 140	9画 副 141
1画 刃 127	2画 分 128	5画 判 132	6画 刷 135	7画 削 137	8画 剤 140	10画 割 142
2画 刈 127	3画 刊 129	5画 別 132	6画 刹 135	7画 前 137	8画 剝 140	10画 剰 141
	4画 刑 130	5画 利 133	6画 刺 135	7画 則 139	8画 剖 141	10画 創 142
	4画 列 130	6画 券 134	6画 制 136	8画 剣 140	9画 剰 141	13画 劇 143
					13画 剣 140	13画 劉 143

ほかの部首の字

召 → 口部 192　辺 → 辶部 408　忍 → 心部 456
拐 → 扌部 499　契 → 大部 269　倒 → 亻部 87　帰 → 巾部 342　側 → 亻部 90
測 → 氵部 679　裂 → 衣部 928

刀－0画

【刀】2画 2年 〔刀〕明朝 音 トウ 訓 かたな

※上（うえ）にくる音（おん）により「がたな」ともよむ。

2画めは、1画めの横画（よこかく）から上（うえ）に出（だ）さない。

なりたち 象形 「は」のそった「かたな」をえがいた字（じ）。

刀のつく漢字（かんじ）グループ

「刀（トウ）」のグループは「（形（がた）にまがる」というイメージがある。

→倒 87　→到 137　→召 192

意味 かたな。はもの。「短刀（たんとう）」

【刀折れ矢▼尽きる】かたなおれやつきる 句

はげしいたたかいで刀（かたな）はおれて、矢（や）もなくなってたたかうことができなくなる。けんめいに努力（どりょく）したものの、これ以上（いじょう）はどうしようもなくなることのたとえ。例 刀（かたな）折（お）れ矢（や）尽（つ）きて倒産（とうさん）する。

刀（かたな）折（お）れ矢（や）尽（つ）きる

【刀▼鍛▼冶】かたなかじ　はがねをうちきたえて刀（かたな）をつくる仕事（しごと）をする人（ひと）。刀工（とうこう）。刀匠（とうしょう）。

【刀傷】かたなきず／とうしょう　刀（かたな）で切（き）られたきず。また、そのきずあと。

【刀▼剣】とうけん　刀（かたな）と、つるぎ。

【刀工】とうこう 刀剣をつくる人。刀かじ。

下につく熟語 ＊軍刀・小刀(しょうとう・こがたな)・執刀・帯刀・＊大刀・太刀・宝刀・木刀・＊名刀・＊両刀

刀－1画

【刃】

3画 常用 〈刃〉明朝

音 ジン 訓 は

なりたち 指事 刀のよく切れる部分に、をつけた字。刀の「は」をあらわした。

刃のつく漢字グループ
「刃」のグループは「ねばり強い」というイメージがある。
→忍456 →認959

意味 **刀のきれる部分。は。**「刃物」

注意 「刀」とまちがえないこと。

難しい読み 刃傷

【刃傷】にんじょう はもので人をきずつけること。古い言い方。

【刃物】はもの 包丁やはさみなど、切ったりけずったりする道具。

下につく熟語 ＊凶刃・＊自刃・＊両刃

刂－2画

【刈】

4画 常用 〈刈〉明朝

音 — 訓 かる

刀・刂の部 1画 刃 2画 刈・切

意味 **草などをかる。**「稲刈り」

下につく熟語 ＊青田刈り・＊草刈り・＊虎刈り・＊麦刈り

刀－2画

【切】

4画 2年 〈切〉明朝

音 セツ・サイ＊ 訓 きる・きれる

※下にくる音により「セッ」「きっ」ともよむ。

2画めは「レ」のように折って右上にはらってもよい。3画めは1画めよりも高く。

なりたち 形声 七(切りとる)と刀を合わせた字。はもので切ることをあらわした。

→七7

意味 ❶**きる。**「切断」❷**さしせまる。**「切迫」❸**すべて。**「一切」

難しい読み 切手・切符

【切手】きって ①郵便物にはって、お金をはらったしるしにする紙。②お金と引きかえることができる書きつけ。例 小切手。

【切符】きっぷ のりものや劇場で、お金をはらったしるしとして発行する札。

【切開】せっかい からだの一部を切りひらくこと。例 切開手術。

【切磋琢磨】せっさたくま 四字熟語 〔玉や石や骨などを切ったり、といだり、みがいたりするということ〕学問が向上するように努力すること。また、友だちどうしが、たがいにはげまし合って努力すること。例 たがいに切磋琢磨し合う。

【切実】せつじつ 身にしみて強く感じるようす。例 切実な問題。／切実なねがい。

【切歯扼腕】せっしやくわん 四字熟語 はげしくおこったり、ひどくくやしがったりすること。例 接戦でまけて、切歯扼腕してくやしがる。参考 「切歯」は、歯ぎしりのこと。「扼腕」は、自分のうでを自分の手でにぎりしめること。

切歯扼腕

【切除】せつじょ わるいところを切ってとりのぞくこと。例 手術でガンを切除する。

【切切】せつせつ ①思いが心に強くせまるようす。例 切々たる悲しみ。②心がこもっているようす。例 切々と語る。参考 ふつう「切々」と書く。

【切断】せつだん 切りはなすこと。たち切ること。

【切迫】せっぱく ①今にもおこりそうになること。②そのときがさしせまること。例 試験が切迫する。

【切腹】せっぷく 自分ではらを切って死ぬこと。割腹。

【切望】せつぼう 心から強くのぞむこと。熱

こたえ き(切)った。(七＋刀)。

望。

上につく熟語 ＊切り株・＊切り口・＊切り口上・＊切り札・＊切れ味・＊切れ目

下につく熟語 ▼懇切・親切・大切・痛切・適切

刀－2画

【分】

4画 2年 〔分〕明朝

音 ブン・フン・ブ

訓 わける・わかれる・わかる・わかつ

※「いた」ともよむ。上にくる音により「プン」ともよむ。

1・2画めは、付けずにはなす。2画めの最後は、はらっても止めてもよい。

1 ノ　2 八　3 分　4 分

なりたち 形声 八刀－分

八(左右に分けるしるし)と刀を合わせた字。切り分けてべつべつにすることをあらわした。

分のつく漢字グループ

「分」のグループは「二つに分ける」「分けはなす」「ばらばらになる」などのイメージがある。

→盆766 →粉833 →紛843 →貧979 →雰1053 →頒1069

意味 ❶わける。わかれる。「分配」 ❷地位。「身分」 ❸見わける。「分別」 ❹割合・長さなどの単位。ぶ。一分は、一割の一〇分の一、一寸の一〇分の一。 ❺時間・角度などの単位。ふん。一分は、一時間の六〇分の一、一度の六〇分の一。

▽県名でつかわれる。「大分県」

注意 「分かれる」の送りがなは「かれる」。

難しい読み 分銅・分別(ふんべつ・ぶんべつ)

名まえで使う読み ちか・ぶ・ふん・ぶん・わか

使い分け わかれる 分かれる・別れる

【分かれる】ものがばらばらになって二つ以上になる。例 道が二つに分かれる。／意見が分かれる。

【別れる】人がべつべつになって会わなくなる。はなればなれになる。例 友人と校門で別れる。／家族と別れて暮らす。

【分煙】ぶんえん たばこをすう人とすわない人と、場所や時間を分けること。例 分煙化する。

【分化】ぶんか 一つのものが発達して、いくつかのものに分かれること。例 学問が分化する。

1 【分解】ぶんかい ①一つにまとまっているものが、こまかく分かれること。また、こまかく分けること。②化合物が二つ以上のものに分かれること。また、分けること。例 電気分解。

2 【分会】ぶんかい もととなる会の一部として分かれ出た会。例 市町村ごとに分会をおく。

【分割】ぶんかつ 分けて、べつべつにすること。

【分岐】ぶんき 道などが分かれること。

【分岐点】ぶんきてん 分かれるところ。分かれめ。例 生と死の分岐点。

【分業】ぶんぎょう ①仕事を、専門によって分けてうけもつこと。例 医薬分業。②いく人かの人が、仕事を分けてすること。

【分極化】ぶんきょくか あい対立する二つ以上のものに、分かれていくこと。例 ゆたかな人とまずしい人の分極化がおこる。

【分家】ぶんけ 家族のひとりが、分かれてべつに一家をつくること。また、その家。対 本家

【分権】ぶんけん ほかの人をしたがわせる力を、一か所に集中させず、分散させること。対 集権 例 地方分権へのうごき。

【分校】ぶんこう 本校から分かれてつくられている学校。対 本校

【分際】ぶんざい 身分。身のほど。

【分冊】ぶんさつ 一さつの書物を、何さつかに分けること。また、分けた一さつ。

【分散】ぶんさん 分かれてちらばること。

【分子】ぶんし ①物質がその性質をうしなわない、いちばん小さなつぶ。原子があつまってできている。②分数で、横線の上に書かれている数。対 分母 ③集団の中のひとりひとり。例 危険分子をとりのぞく。

1【分乗】ぶんじょう （まとまっている人たちが）いくつかの車や船などに分かれてのること。例 二台の車に分乗する。

2【分▽譲】ぶんじょう （土地などを）いくつかに分けて売ること。例 分譲地。

【分身】ぶんしん あるものの形や性質をそっくりうけついで分かれ出たもの。例 子は親の分身。

【分水▽嶺】ぶんすいれい 川の流れを二つ以上に分けるさかいめとなる山や尾根。

【分数】ぶんすう ある数(a)を、ほかの数(b)でわることをa/bの形であらわしたもの。2わる3は、分数で2/3となる。

【分▽析】ぶんせき ①まじり合っているものをこまかく分けること。②こまかく分け、そのなりたちや性質をはっきりさせること。対 総合

【分相応】ぶんそうおう その人の地位・能力にふさわしいこと。応分。

【分速】ぶんそく 一分間にすすむ距離であらわすはやさ。

【分担】ぶんたん 一つの仕事をいくつかに分けてうけもつこと。割り当て。

【分断】ぶんだん 一つにつながっているものを切って、はなればなれにすること。例 台風で分断された高速道路。

【分銅】ふんどう てんびんばかりで重さをはかるときにつかうおもり。注意「ぶんどう」と読まないこと。

【分度器】ぶんどき 角度をはかる器具。

【分納】ぶんのう 何回かに分けておさめること。例 会費を分納する。

【分派】ぶんぱ まとまっている勢力から分かれて、一派をつくること。また、その一派。

【分配】ぶんぱい 分けてくばること。配分。例 おかしを分配する。

【分▽泌】ぶんぴつ／ぶんぴ からだの器官から、からだの活動にひつような消化液・ホルモン液などの物質をにじみ出させること。

【分布】ぶんぷ あちこちに分かれてあること。例 動物の分布。

分布

【分別】一 ふんべつ ものごとのよいわるいを見分けること。また、その力。例 分別がつく年令。二 ぶんべつ 種類によって分けること。例 燃えるごみと燃えないごみに分別する。

【分母】ぶんぼ 分数で、横線の下に書かれている数。対 分子

【分明ならず】ぶんめいならず 句 はっきりしないこと。あきらかでないこと。参考「分明」は、あきらかなことのいみ。

【分野】ぶんや あるものごとをいくつかに分けた、それぞれのはんい。

【分▽離】ぶんり 分かれて、はなれること。

【分立】ぶんりつ 分かれて、べつべつにあること。例 三権分立。

【分流】ぶんりゅう 本流から分かれて、ながれること。また、そのながれ。

【分量】ぶんりょう 重さ・かさ・数・わりあいなどの多さ。例 くすりの分量。／仕事の分量。

【分類】ぶんるい 種類や性質のちがいによって、分けること。

【分▽裂】ぶんれつ 一つのものが、いくつかに分かれること。例 クラブのチームが分裂の危機だ。／細胞分裂。

下につく熟語 塩分・追分・*親分・気分・区分・検分・五分五分・子分・*細分・*自分・*十分・性分・処分・成分・節分・多分・天分・等分・糖分・配分・半分・部分・身分・夜分・養分・余分・領分

刂－3画

【刊】

5画 5年

〔刊〕明朝

音 カン
訓 ―

刊 刊

3画めの最後は、止めても左下へはらってもよい。5画めを一番長く書く。

一 二 干 干 刊

なりたち 形声 干（むりにつく）と刂（＝刀）を合わせた字。はものをつき入れて切ることをあらわした。竹や木のふだに書いた字を、小刀でけずってなおしたことから、のちに、本をつくるいみをあらわすようになった。→干347

意味 出版する。「刊行・発刊」

【刊行】かんこう 書物などをいんさつして売り出すこと。例 刊行物。

下につく熟語 季刊・休刊・月刊・週刊・新刊・創刊・*増刊・朝刊・日刊・年刊・▼廃刊・*復刊・夕刊

【召】5画 口部2画→192ページ

【辺】5画 辶部2画→408ページ

刂－4画

【刑】6画

常用 〔刑〕明朝

音 ケイ
訓 —

なりたち 形声 井－刂－刑
もとは井（四角いわく）と刂（＝刀）を合わせた字。首かせをはめて、しおきをするようすをあらわした。→形371

意味 しおき。ばつ。「刑▼罰」

【▼刑期】けいき 刑をうける期間。

【▼刑事】けいじ ①刑法という、犯罪に関する法律にふれることがら。例 刑事事件。②犯罪をしらべたり、犯人をとらえたりする警察官。

【▼刑場】けいじょう 死刑をとりおこなう場所。

【刑▼罰】けいばつ 法律により、わるいことをした人にあたえるばつ。

【▼刑法】けいほう 犯罪の種類と、それにたいする罰についてとりきめた法律。

【▼刑務所】けいむしょ 罪をおかして、刑をうけた人を入れておくところ。

下につく熟語 求▼刑・*極▼刑・減▼刑・死▼刑・実▼刑・受▼刑・重▼刑・*処▼刑・*流▼刑

刂－4画

【列】6画

3年 〔列〕明朝

音 レツ
訓 —

※下にくる音により「レッ」ともよむ。

列 列

4画めは2画めと接しても接しなくてもよい。6画めを一番長く書く。

一 ア 歹 歹 歹 列

なりたち 形声 歺－𡿪－列
歹と刂（＝刀）を合わせた字。歹は、𡿪がかわった形。𡿪は、巛（すじをなしてならぶしるし）と歹（切りとったほね）を合わせた字。列は、ほねを刀で切りはなしてならべるようすを図にして、「ずらりとならぶ」のいみをあらわした。

列のつく漢字グループ
「列」のグループは「ばらばらに分かれる」というイメージと、「一つ一つ分かれてならぶ」というイメージの二通りがある。
→例77 →烈698 →裂928

意味 ならぶ。つらなる。「行列」

注意 ㋐「烈」「例」などとまちがえないこと。㋑「並」は、多く二つがならんだようす。「列」は、ならんでつながっているようすにつかう。

名まえで使う読み しげ・つら・とく・のぶ・れつ

【列記】れっき ならべて書くこと。例 名前を列記する。

【列挙】れっきょ 一つ一つならべあげること。例 しょうこを列挙する。

【列強】れっきょう 世界じゅうで、強いとみとめられている国々。例 列強をあいてにたたかう。／欧米列強。

【列国】れっこく 多くの国々。諸国。

【列車】れっしゃ 機関車につないだ、一つづきの貨車や客車。例 寝台列車。

【列席】れっせき 式や会に出ること。例 卒業式に列席する。

【列島】れっとう 列になってならんでいる島々。例 日本列島。

下につく熟語 系列・後列・参列・序列・整列・*前

列・隊列・直列・▼陳列・同列・配列・並列・▼羅列

刀－5画

【初】

7画　4年　〔初〕明朝

音ショ　訓はじめ・はじめて・はつ・う*い・そ*める

「ネ」の右側をそろえて書く。「ネ」よりも「刀」を縦に伸ばさない。

丶　ラ　ネ　ネ　ネ　初　初

なりたち　会意　ネ(=衣)と刀を合わせた字。布を切ることが、仕立てのいちばんはじめであることから、「はじめ」のいみをあらわした。

意味　はじめ。はじめて。「最初」

注意　部首を「ネ」とまちがえないこと。

難しい読み　初産(ういざん・しょさん・しょざん)・初▼陣・初孫(ういまご)・

名まえで使う読み　うい・しょ・はじめ・はつ・もと

【初産】ういざん／しょさん／しょざん　はじめて子どもをうむこと。

【初▼陣】ういじん　はじめて戦いや試合に出ること。また、その戦いや試合。例おしくもまけて、ほろにがい初陣だった。

【初孫】ういまご／はつまご　その人にとって、はじめてのまご。

【初演】しょえん　げきや音楽などを、はじめてみんなの前で見せたり演奏したりすること。

【初夏】しょか／はつなつ　夏のはじめ。対晩夏

【初期】しょき　はじめのころ。例昭和の初期にかつやくした人々。対末期

【初志】しょし　何かをしようと思ったときの、いちばんはじめの強い気もち。

【初志▼貫▼徹】しょしかんてつ　四字熟語　はじめの強い気もちを最後までもちつづけること。

【初秋】しょしゅう／はつあき　秋のはじめ。対晩秋

【初春】一しょしゅん　春のはじめ。対晩春　二はつはる　新年。正月。

使い分け　はじめ　初め・始め

【初め】いちばんはやいとき。最初。初期。例夏の初め。／ものごとの初め。

【始め】何かをはじめること。ものごとの起こり。例始めは小さな工場からだった。／ダイエットを始める。

参考　時間については「初め」、ものごとについては「始め」をつかう。

【初▼旬】しょじゅん　月のはじめの十日間。上旬。

1 【初心】しょしん　①ものごとになれないこと。ならいはじめ。例初心者。②ものごとをはじめたときの決心。例初心を忘れない。

2 【初▼診】しょしん　ある医者にはじめてみてもらうこと。例初診料をはらう。

【初心忘るべからず】しょしんわするべからず　句そのことを学びはじめたり、ならいはじめたりしたときのしんけんな気もちを、いつまでもわすれてはいけないということ。

【初代】しょだい　代々つづいている家や役職などの、第一代。例初代校長。

【初対面】しょたいめん　はじめて会うこと。例初対面だが、すっかりなかよくなった。

【初潮】しょちょう　はじめての月経。

1 【初冬】しょとう／はつふゆ　冬のはじめ。対晩冬

2 【初等】しょとう　はじめのだんかい。初級。例初等教育(=小学校の教育)。

【初日】一しょにち　しばいやもよおしものなどをはじめる最初の日。対千秋楽　二はつひ　一月一日にのぼる太陽。

【初年】しょねん　①さいしょの年。②はじめのころ。例昭和初年の東京。

【初版】しょはん　印刷されて世の中にはじめて出た本。第一版。例初版本。

【初歩】しょほ　ものごとのならいはじめ。

こたえ　馬。12時。

刀・刂の部　5画　判・別

【初老】しょろう　老人になりかける年ごろ。六〇歳前後をさす。

【初▼恋】はつこい　生まれてはじめて人を好きになること。例 初恋の人。

【初氷】はつごおり　その冬、はじめてはった氷。

【初▼霜】はつしも　その冬、はじめておりた霜。

【初荷】はつに　その年はじめて、荷物をおくりだすこと。また、その荷物。参考 ふつう、一月二日にかざりたてて出荷する。

【初耳】はつみみ　はじめて聞くこと。例 きみがピアノをひけるなんて初耳だ。

【初雪】はつゆき　その冬、はじめてふった雪。

【初夢】はつゆめ　一月一日、または二日の夜にみる夢。

下につく熟語 *原初・当初・*年初・*本初

刂－5画

【判】

7画　5年　〔判〕明朝

音 ハン・バン　訓 —

※上にくる音により「パン」ともよむ。

5画めの最後は、止めても左下へはらってもよい。7画めを一番長く書く。

1 丶　2 丷　3 䒑　4 兰　5 半　6 半　7 判

なりたち 形声　半(二つに切り分ける)と刂(＝刀)を合わせた字。刀で切り分けることから、正しいかそうでないかを二つに分けて、見分けるいみをあらわした。→半163

意味 ❶見わける。「判断」 ❷よしあしをきめる。「判決」 ❸日本でつかわれた金貨。「大判・小判」 ❹はんこ。はん。「印判」 ❺紙や本の大きさ。「新書判」

名まえで使う読み さだ・ちか・なか・はん・ゆき

【判決】はんけつ　裁判所が法律によって、罪のあるなしをきめたりすること。また、そのようにしてきめたことがら。例 判決にたいして、不服を申し立てる。

【判事】はんじ　裁判でうったえられた人に罪があるかないかをきめる人。裁判官の一つ。

【判断】はんだん　ものごとのよいわるいなどを考えてきめること。また、その考え。例 正しい判断をくだす。

【判定】はんてい　はっきりと見分けてきめること。また、そのきめたことがら。例 脳死と判定される。／判定勝ち。

【判読】はんどく　わかりにくい文章や文字を、おしはかりながら読むこと。例 石碑の文字は風雨にさらされ、判読不能だ。

【判別】はんべつ　ちがいをはっきり見分けること。例 よい品とわるい品を判別する。

【判明】はんめい　はっきりとわかること。例 そうなん者の身元が判明した。

【判例】はんれい　今までの裁判できめられた判決の例。

使い分け　はんれい　判例・凡例

【判例】裁判で出された判決のじっさいの例。例 過去の判例をしらべる。参考 似た事件の裁判の基準になる。

【凡例】本のはじめにつかい方や読み方を書いた、説明。例 辞書の凡例を読む。

下につく熟語 血判・裁判・▼審判・談判・批判・評判

刂－5画

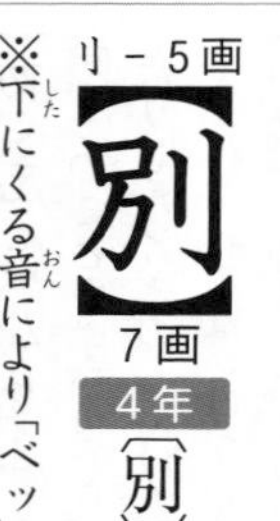

【別】

7画　4年　〔別〕明朝

音 ベツ　訓 わかれる

※下にくる音により「ベッ」ともよむ。

4・5画めを「力」のように交差させない。7画めを一番長く書く。

1 丨　2 ロ　3 口　4 号　5 另　6 別　7 別

なりたち 会意　-別

另と刂(=刀)を合わせた字。另は、冎のかわった形。冎は、骨の上の部分と同じで、関節のほね。別は、刀でからだの関節をばらばらに分けるようすをあらわした。

意味 ❶**人とわかれる。**「別▼離・送別」❷**ほかの。**「別室」❸**くべつする。**「特別」

注意 「別れる」の送りがなは「れる」。

使い分け わかれる「分かれる・別れる」↓(128ページ)

名まえで使う読み のぶ・べつ・わき・わく・わけ

【別格】べっかく とくべつなあつかいをうけること。例 かれは別格だ。

【別館】べっかん 本館のほかにたてた建物。対 本館

【別記】べっき 本文とはべつに書きそえること。また、その文。例 金額は別記する。

【別居】べっきょ 親子・夫婦などがべつの家にすむこと。対 同居

【別個】べっこ ほかのものとはなして、べつにすること。例 別個の問題。

【別冊】べっさつ 本誌のほかに、べつについている本。例 新年号の別冊ふろく。

【別紙】べっし べつにそえた紙や書類。例 別紙を参照にしてください。

【別室】べっしつ ほかのへや。また、とくべつのへや。例 客を別室に案内する。

【別種】べっしゅ ちがう種類。ほかの種類。例 これは日本のカブトムシとは別種だ。

【別状】べつじょう ふつうとかわったようす。異常。例 今のところ別状はない。／命に別状はなさそうだ。

【別人】べつじん ほかの人。ちがう人。例 日にやけて別人のように黒くなった。

【別世界】べっせかい ①すばらしい世界。別天地。②まったくちがった社会や環境。

【別▼荘】べっそう 暑さ寒さをさけるなどのために、ふだんすむ家とはべつの土地にたてた家。例 海辺の別荘地。

【別宅】べったく ふだんすむ家とはべつの家。例 仕事用に別宅をかりる。対 本宅

【別段】べつだん とくに。ことさら。例 別段かわったところはない。

【別天地】べってんち 「別世界①」と同じ。

【別▼途】べっと ほかのやり方。それとはべつに。例 送料は別途ひつようです。

【別表】べっぴょう 本文とはべつにつけた表。

【別便】べつびん べつにおくる郵便や宅配便。例 別便でおくります。

【別別】べつべつ それぞれに分かれていること。めいめい。例 別々につつむ。参考 ふつう「別々」と書く。

【別名】べつめい 本名とはべつな名前。

【別物】べつもの ①ちがうもの。例 それとこれとは別物だ。②とくべつなもの。例外。例 別物としてあつかう。

【別問題】べつもんだい ある問題とは関係のないことがら。例 それとこれとは別問題だ。

【別▼離】べつり 人とのわかれ。

下につく熟語 格別・▼鑑別・区別・告別・戸別・個別・差別・識別・死別・種別・生別・性別・千差万別・＊選別・大別・判別・分別(ふんべつ・ぶんべつ)・▼離別・類別

刂－5画

【利】

7画

4年

〔利〕明朝

音 リ

訓 き＊く

※「りする」ともつかう。

3画めの最後は、止めても次の画へ向けてはねてもよい。5画めの最後は止める。

なりたち 会意 禾(いね)と刂(=刀)を合わせた字。イネのたばをするどいはものでさっと切るようすをあらわした。ものごとがすらすらはこび、さしさわりのないことをあらわした。

利のつく漢字グループ

「利」のグループは「スムーズに通る」というイメージがある。

→俐82 →梨601 →痢755

意味 ❶**するどい。**「▼鋭利」❷**役に立つ。**「利用」❸**頭がよい。**「利口」❹**もうけ。**「利益・利率」❺**ききめがある。**

ミニ知識 **筆順早おぼえ** 「天」―2本ぼう 下をみじかく 人かいて 天まであがれやっこだこ

かたな・りっとう **刀・刂の部** 5画 **利**

2画

刀・刂の部 6画 券・刻

参考 ひらがな「り」、カタカナ「リ」のもとになった字。

注意 部首を、「禾」とまちがえないこと。

難しい読み 利き足・利き・腕・利益(りえき・りやく)

使い分け きく「効く・利く」↓149ページ

名まえで使う読み かず・さと・と・とおる・とし・のり・まさ・みち・みのる・よし・より・り

【利益】一 りえき とく。もうけ。二 りやく ほとけのめぐみ。ためになること。ごりやく。

【利害】りがい 利益と損害。損得。例 利害が一致する。／利害関係。

【利害得失】りがいとくしつ 四字熟語 とくをすることと、そんをすること。例 利害得失などを考えないで、国につくす政治家。参考「得失」は、えることと、うしなうこと。

【利器】りき つかってべんりな機械や道具。例 文明の利器を活用する。

【利権】りけん 大きな利益をえる権利。例 アメリカとフランスが利権をあらそう。

【利己】りこ 自分だけの利益を考えること。例 利己主義。

【利口】りこう ①頭がよいこと。利発。②ぬけめのないこと。例 利口に立ち回る。

【利子】りし かしたりあずけたりしたお金に、あるきまった割合でしはらわれるお金。利息。例 銀行にあずけたお金に利子がついた。

【利潤】りじゅん 仕事や商売のもうけ。利益。

【利殖】りしょく 利子や商売のもうけをえて、お金をふやすこと。金もうけ。例 利殖に走る。

【利息】りそく 「利子」と同じ。

【利点】りてん 役に立つところ。すぐれているところ。例 もちはこびに便利なのが、この品物の利点だ。

【利に走る】りにはしる 句 お金をもうけることに熱心になること。

【利発】りはつ かしこいこと。利口。例 小さいころから利発な子だった。

【利便】りべん つごうがいいこと。便利。例 利便性の向上をめざす。

【利用】りよう ①役に立つようにつかうこと。例 通学にはバスを利用する。②自分のために、地位や人をうまくつかうこと。例 友人を悪だくみに利用する。

【利率】りりつ 元金にたいする利息の割合。

下につく熟語 営利・＊巨利・金利・権利・高利・実利・勝利・＊私利・水利・低利・年利・＊薄利・福利・不利・便利・暴利・有利

【忍】7画 心部3画↓456ページ

刀－6画 【券】8画 6年 〔券〕明朝 音 ケン 訓 —

券 券 1・2画めは内向き。6画めの書き出しに注意。「刀」は5・6画めと接してもよい。

筆順：1 丶 2 丷 3 亠 4 兰 5 㐅 6 关 7 券 8 券

なりたち 形声 𢍏－券 龹(＝𢍏。まるくまく)と刀を合わせた字。木のふだを二つにわって、ひもでまいて保存する、手形をあらわした。↓巻338

意味 ❶きっぷ。「入場券」 ❷しょうこになる書類。「証券」

【券売機】けんばいき 電車のきっぷ、入場券・食券など、きっぷや券を売る自動販売機。

下につく熟語 回数券・株券・＊債券・乗車券・食券・＊定期券・旅券

刂－6画 【刻】8画 6年 〔刻〕明朝 音 コク 訓 きざむ

※下にくる音により「コッ」ともよむ。

刻 刻 1画めは点でもよい。4画めを長く書き、5画めは4画めの下とそろうようにする。

筆順：1 丶 2 亠 3 亡 4 亥 5 亥 6 亥 7 亥 8 刻

なりたち 形声 亥(ぎざぎざしている)と刂(＝刀)を合わせた字。かたいものに、刀でぎざ

ぎざの切れめを入れるようすをあらわした。→亥45

意味 ❶きざむ。ほりつける。「▼彫刻」❷きびしい。「深刻」❸とき。「時刻・刻限」

名まえで使う読み こく・とき

【刻一刻】こくいっこく だんだんと、時刻がせまるようす。しだいしだいに。刻々（こっこく・こくこく）。例 試験のはじまる時刻が刻一刻とせまる。

【刻印】こくいん ①印（＝はんこ）をほること。また、その印。②しるしをきざみつけること。例 名前を刻印した指輪。／うらぎり者の刻印をおされる。

【刻限】こくげん きめられた時刻。例 約束の刻限におくれる。

【刻刻】こっこく／こくこく だんだんと時刻がせまるようす。刻一刻。例 刻々と時間が過ぎる。参考 ふつう「刻々」と書く。

下につく熟語 深刻・先刻・▼即刻・▼遅刻・定刻・*復刻・夕刻

リ－6画

【刷】

8画　4年　〔刷〕明朝

音 サツ　訓 する

※上下にくる音により「サッ」「ずり」ともよむ。

刷　刷　「巾」は「尸」と接しなくてもよい。6画めの最後は止める。

1	2	3	4	5	6	7	8
㇇	コ	尸	尸	[illegible]	㕞	[illegible]	刷

なりたち 形声 -刷

㕞をりゃくした帍と刂（＝刀）を合わせた字。㕞は、尸（しり）と巾（ぬの）と又（て）を合わせて、ぬのでしりのよごれをふきとるようす。刷は、刀でさっとよごれをこすりとることをあらわした。

意味 ❶いんさつする。「増刷・刷り物」❷わるいところをとりさる。「刷新」

名まえで使う読み きよ・さつ

【刷新】さっしん すっかりあらためること。例 国の政治を刷新する。

下につく熟語 *色刷り・印刷・縮刷

リ－6画

【刹】

8画　常用　〔刹〕明朝

音 サツ・セツ　訓 ―

意味 てら。「古刹・名刹」

名まえで使う読み くに

【▼刹那的】せつなてき ①ひじょうに時間が短いようす。瞬間的。②あとさきを考えず、今が楽しければよいと考えるようす。例 刹那的な生き方。参考「刹那」は、きわめて短い時間。

下につく熟語 *羅刹

リ－6画

【刺】

8画　常用　〔刺〕明朝

音 シ　訓 さす・ささる

なりたち 形声 -刺

朿（ぎざぎざした、とげ）と刂（＝刀）を合わせた字。刀の先でさすことをあらわした。

朿のつく漢字グループ
「朿」のグループは「ぎざぎざしている」というイメージがある。
→刺135　→策824　→責978

意味 ❶つきさす。「▼刺殺」❷名前を書いたふだ。「名刺」

難しい読み ▼刺青（しせい・いれずみ）・▼刺客（しかく・しきゃく）

使い分け さす「指す・差す・刺す・挿す」→505ページ

【▼刺身】さしみ しんせんな魚や肉をうすく切って、なまのままたべる料理。つくり。例 おいしいタイの刺身。

【▼刺客】しかく／しきゃく 人をつけねらってころす人。暗殺者。例 刺客におそわれる。

【▼刺激】しげき ①目・耳・鼻・ひふなどの神経に、強く感じるようなはたらきをあたえるもの。また、そのはたらき。②気もちをこうふんさせること。例 刺激の強い本。

【▼刺殺】しさつ 刃物で、さしころすこと。

【刺▽繡】ししゅう 色糸をつかってぬのをぬ

刀・刂の部　6画　制

い、もようをつけること。ぬいとり。

【刺青】しせい／いれずみ　はだにきずをつけ、その中にすみなどを入れて文字や絵にしたもの。ほりもの。参考「いれずみ」と読む場合は「入れ墨」とも書く。

下につく熟語　風刺

刂－6画

【制】

8画　5年　〔制〕明朝

音 セイ　訓 —

※「セイする」ともつかう。

3画めを左へ長く張り出す。6画めの最後は止める。8画めを長く書く。

なりたち　会意

朱と刂(＝刀)を合わせた字。朱は、未(細いえだの出た木の形)に彡のしるしをつけて、よけいなえだがのび出た木を図にしたもの。制は、刀でよけいな部分を切りとるようす。「ひつような部分だけをとって形をととのえる」、また「不要な部分や、かってなふるまいなどをおさえる」いみをあらわした。

制のつく漢字グループ
「制」のグループは「ほどよく切る」というイメージがある。

→製 930

意味 ❶さだめる。とめる。「制止・制動」 ❷おさえる。きそく。「制度」 ❸つくる。「制作」

名まえで使う読み　いさむ・おさむ・さだ・すけ・ただ・のり

【制圧】せいあつ　力ずくでおさえつけること。例デモ隊が制圧された。

【制御】せいぎょ　機械や自分の心などを思いどおりに動かすこと。例ロボットを制御する。／自分を制御できる人。

【制限】せいげん　これ以上はいけないとして、おさえること。例食事を制限する。

【制裁】せいさい　きそくをやぶった人をこらしめること。また、その罰。

【制作】せいさく　絵や彫刻などの作品をつくること。例出品する絵を制作する。

使い分け　せいさく「製作・制作」→(930ページ)

【制止】せいし　行動をおさえて、やめさせること。例暴力を制止する。

【制定】せいてい　法律やきそくをきめること。例憲法を制定する。

【制度】せいど　さだめられた、きまりやしくみ。例社会保障制度。

【制動】せいどう　うごいているものをとめたり、速度を落としたりすること。ブレーキをかけること。例制動機。

【制覇】せいは　①競争あいてをまかして、支配者になること。例全土を制覇する。②スポーツなどで優勝すること。

【制服】せいふく　ある団体や学校にぞくする人がきる、きめられた服装。対私服

【制帽】せいぼう　ある団体や学校などにぞくする人がかぶる、きめられたぼうし。

【制約】せいやく　①あるはんいを出ないように、くぎりをきめること。また、そのくぎり。例時間が制約される。②あるものごとをなりたたせるためにひつようなこと。例入会には一八歳以上という制約がある。

下につく熟語　圧制・学制・管制・規制・旧制・強制・禁制・市制・自制・新制・税制・節制・先制・＊専制・体制・統制・編制・法制・抑制

使い分け　せいし　制止・静止

【制止】
おさえてやめさせること。例制止をふりきってにげる。

【静止】
じっとして動かないこと。例静止衛星。(地球の自転といっしょに動き、止まっているように見えることから)／静止画像。

刂－6画

【到】

8画 常用 〈到〉明朝 音 トウ 訓 いた*る

なりたち 形声 至(まっすぐとどく)と刂(＝刀)。(形がまがりくねってたどりつくことをあらわした。

→刀126

意味 ❶いきつく。「▼到達」❷いきわたる。「周▼到」

注意 「倒」「致」とまちがえないこと。

名まえで使う読み いたる・とう・ゆき・よし

【▼到達】とうたつ ある目標にいきつくこと。例 世界的水準に到達する。

【▼到着】とうちゃく 目的地にいきつくこと。

【▼到底】とうてい とても。どうしても。例 到底わかってもらえそうもない。参考 下に打ち消しのことばがくる。

【▼到来】とうらい ①よい時機がくること。例 チャンスが到来した。②よそからおくりものがとどくこと。例 到来物。

下につく熟語 殺▼到・周▼到・未▼到

【拐】

8画 手部5画 →499ページ

刂－7画

【削】

9画 常用 〈削〉明朝 音 サク 訓 けずる

なりたち 形声 肖(けずって小さくする)と刂(＝刀)。刀で細くけずることをあらわした。

→肖883

意味 けずる。とりのぞく。「▼削除」

【▼削減】さくげん けずってへらすこと。例 予算を削減する。

【▼削除】さくじょ けずってとりのぞくこと。例 不必要な項目を削除する。

下につく熟語 掘▼削・添▼削

刂－7画

【前】

9画 2年 〈前〉明朝 音 ゼン 訓 まえ

前 前

1・2画めは内向き。3画めを長く。4画めの最後は止めてもはらってもよい。

1 丶 2 丷 3 䒑 4 䒤 5 ... 9 前

なりたち 形声 前

古い字は歬と刂(＝刀)を合わせた字。止はあし、舟はふねで、どちらも進むものである。前は、もともと刀で切りそろえることをあらわしたが、のちに歬のいみ「すすむ」こと、また、すすんで行く方向、「まえ」をあらわすようになった。

意味 ❶あるもののまえ。「門前・前列」❷あるときより、まえ。「前日・前月」対 ❶❷後

難しい読み 前代未聞・前頭・前口上

名まえで使う読み くま・さき・すすむ・ぜん・ちか

【前科】ぜんか 前に罪をおかして、刑をうけたこと。例 前科がある。

【前回】ぜんかい この前の回。この前のとき。参考 前の前は前々回。対 今回・次回

【前記】ぜんき 前に書くこと。また、その書いたことがら。例 遠足は前記の日程でおこないます。対 後記

【前期】ぜんき ある期間を二つ、または三つに分けたときの、さいしょの期間。対 後期

【前▼掲】ぜんけい 文章で、前にあげて示すこと。例 前掲の写真を見てください。

【前▼傾】ぜんけい からだが前にかたむくこと。例 前傾しせいでまもる。

【前言】ぜんげん 前に言ったことば。例 前言をひるがえす。

【前後】ぜんご ①ものの前とあと。②じゅんじょがぎゃくになること。例 説明が前後する。③間をおかずにつづくこと。例 ふたりは前後して出かけた。④数や量が、それぐらいであること。例 話は三時間前後かかった。

【前後不覚】ぜんごふかく 四字熟語 前のことなのか、あとのことなのか、まったくわからなくなること。例 発熱で前後不覚になる。参考 「不覚」は、意識がはっきりしないこと。

ミニ知識 筆順早おぼえ 「目」━|かき ㄱつけ よこ3本 あっというまに目だまの目

刀・刂の部 7画 前

【前菜】ぜんさい 中心となる料理の前に出てくる、かるい食べ物。オードブル。

【前者】ぜんしゃ 前にのべた二つのもののうち、先にのべたほうのもの。対 後者

【前車の▽轍を▼踏む】ぜんしゃのてつをふむ 句 前の人のしたしっぱいと同じしっぱいをしてしまうことのたとえ。例 注意はしていたのだが、前車の轍を踏んでしまった。参考 「轍」は、わだちで、車輪のあと。ひっくりかえった前の車のわだちをそのままふんでしまうといういみから。

前車の轍を踏む

【前述】ぜんじゅつ 前にのべたこと。例 事情は前述したとおりです。対 後述

【前▽哨戦】ぜんしょうせん 本格的な戦いの前の小さな戦い。例 前哨戦で勝利する。

1【前身】ぜんしん ①仏教で、現在のすがた・形となる、前世の身の上。②今の身分や仕事につく前の経歴。例 前身は教師です。③会社・団体などの、現在のしくみにかわる前のすがた。例 この会社の前身は商店です。

2【前進】ぜんしん 前にすすむこと。対 後退

【前人未▼踏】ぜんじんみとう 四字熟語 これまでだれも足をふみ入れていないこと。例 前人未踏の原始林。参考 まだ人が行きついていないのいみでは、「前人未到」と書く。

【前世】ぜんせ 仏教で、この世に生まれる前にいたという世。対 来世・後世

【前世紀】ぜんせいき ①現在より一つ前の世紀。②人間があらわれる以前の時代。例 前世紀の恐竜。

【前線】ぜんせん ①戦場で、ちょくせつ敵と向かい合っているいちばん前。第一線。例 前線に見はりを立てる。②あたたかい空気とつめたい空気のかたまりのさかい目が、地面とまじわる線。例 梅雨前線。／寒冷前線。参考 天気がわるいことが多い。

【前奏】ぜんそう 曲や歌のはじめ、また、歌劇などがはじまる前に演奏する音楽。例 前奏曲。

【前代未聞】ぜんだいみもん 四字熟語 今までに聞いたこともないようなめずらしいこと。例 前代未聞の出来事に、おどろきをかくせない。注意 「ぜんだいみぶん」と読まないこと。

【前兆】ぜんちょう あるものごとがおこる前ぶれ。例 ナマズがはげしく動くのは、地しんの前兆だといわれる。

【前提】ぜんてい あることがなりたつための、もととなるもの。例 大会出場には、一〇〇メートル泳げることが前提だ。

【前▼途】ぜんと ①行く先の道のり。②これから先の人生。例 前途洋々。／前途多難。

【前頭前野】ぜんとうぜんや 大脳の前の部分。

2画

漢字博士になろう！

まちがえやすい部首

漢字の部首は、「村・林・枝・柱」の「木(きへん)」のように、いくつかの漢字に共通している部分(形)をえらんでいるので、だいたいの見当はつけられます。

しかし、中には次のようにまぎらわしいものもあります。

- 聞……「耳」の部(×門)
- 問……「口」の部(×門)
- 案……「木」の部(×宀)
- 圧……「土」の部(×厂)
- 化……「匕」の部(×イ)
- 鳴……「鳥」の部(×口)
- 初……「刀」の部(×ネ)
- 和……「口」の部(×禾)
- 術・衛……「行」の部(×彳)
- 穴・空・究・窓……「穴」の部(×宀)
- 相……「目」の部(×木)
- 次……「欠」の部(×冫)
- 勝……「力」の部(×月)
- 利……「刂」の部(×禾)
- 字……「子」の部(×宀)
- 学……「子」の部(×⺍)
- 票……「示」の部(×西)
- 酒……「酉」の部(×氵)
- 視……「見」の部(×ネ)

意思・感情・知能・性格など、精神活動をつかさどる。

【前任】ぜんにん 前にその役目についていたこと。また、その人。例 前任の先生。対 後任

【前年】ぜんねん ①ある年の前の年。例 オリンピックの前年。②昨年。去年。

【前納】ぜんのう きまった日よりも前に、お金や品物をおさめること。例 会費を前納する。対 後納

【前半】ぜんはん／ぜんぱん 前とあとと二つに分けたときの、前の半分。対 後半

【前編】ぜんぺん 二つまたは三つに分かれている本や劇などの、さいしょのもの。例 前編を読んだら、後編を読む気がしなくなった。対 後編

【前面】ぜんめん 前のほう。おもてのほう。例 自分の希望を前面におしだす。

【前門の▼虎後門の▽狼】ぜんもんのとらこうもんのおおかみ 故事成語 〔前の門でトラをふせいだと思ったら、こんどはうしろの門からオオカミがおそってくるという意味から〕一つの災難をのがれてほっとしたと思ったら、またすぐにべつの災難がやってくるこ

前門の虎後門の狼

とのたとえ。

【前夜】ぜんや ①前の夜。②大きな事件のおこる前。例 開戦前夜。

【前略】ぜんりゃく ①文章などで、前の部分をりゃくすこと。対 後略 ②手紙で、はじめに書くあいさつなどを、はぶくときにつかうことば。おわりは必ず「草々」などのことばをつける。

【前例】ぜんれい ①前にあげた例。②前にあった、同じようなこと。前からのしきたり。先例。例 前例がないので許可できない。

【前歴】ぜんれき その人の今までの経歴。例 かがやかしい前歴。

【前頭】まえがしら すもうの位。十両の上で、小結の下。

【前▼髪】まえがみ 頭の前のほうの、かみの毛。

【前口上】まえこうじょう 話や芸をはじめる前にのべることばやあいさつ。

【前歯】まえば 口の、前のほうの歯。対 奥歯

上につく熟語 *前売り・*前書き・*前▼掛け・*前▼払い・*前▼触れ

下につく熟語 以前・板前・▼腕前・気前・空前・眼前・午前・最前・事前・*自前・食前・神前・寸前・生前・戦前・直前・手前・出前・名前・*風前・仏前・面前・目前・▼霊前

使い分け ぜんめん 前面・全面

【前面】
前のほう。おもてのほう。例 自信作を前面におしだす。／前面のスイッチボタン。

【全面】
ぜんたい。すべての面。例 校庭の全面をつかって遊ぶ。／全面協力。／輸入の全面禁止。

刂－7画

【則】

9画

5年

〔則〕明朝

音 ソク

訓 *のっとる

則

「目」の縦画は真下に引く。3・4画めが2画めの縦画と接しなくてもよい。

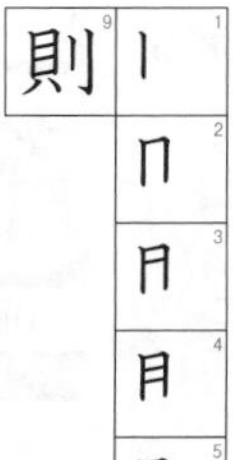

なりたち 会意

貝と刂(＝刀)を合わせた字。貝は、鼎(かなえという食器)がかわったもの。則は、食器にナイフがついているようすを図にしたもの。いつもそばについていて、はなれてはいけないもの、つ

刀・刂の部

8画 剣・剛・剤・剝

まり「手本」や「きまり」のいみをあらわした。

> **則のつく漢字グループ**
> 「則」のグループは「本体のそばにくっつく」というイメージがある。
> →側90 →測679

意味 きまり。きじゅん。「規則・法則」

注意 「側」「測」などとまちがえないこと。

名まえで使う読み そく・つね・とき・のり・みつ

下につく熟語 ＊会則・＊学則・＊教則・原則・校則・細則・総則・＊通則・鉄則・党則・▼罰則・反則・変則・法則・＊本則

【契】9画 大部6画 →269ページ

刂－8画

【剣】

10画 常用　刂－13画 【劍】15画 人名　〈剣〉明朝

音 ケン　**訓** つるぎ

なりたち 形声 もとの字は「劍」。僉（ひきしまる）と刂（＝刀）を合わせた字。両がわの「は」がひきしまってとがった刀をあらわした。→検604

意味 つるぎ。かたな。「剣道」

注意 「倹」とまちがえないこと。

名まえで使う読み あきら・けん・つとむ・つるぎ・はや

【剣劇】けんげき 刀で切り合う場面の多い映画や演劇。ちゃんばら。

【剣豪】けんごう 剣術の達人。

【剣術】けんじゅつ 刀をつかってたたかう武術。

【剣道】けんどう 刀や竹刀で、自分をまもったり、あいてを攻撃したりする武術。剣術。例 剣道の全国大会。

【剣幕】けんまく ひじょうにおこっている態度、顔つき。例 たいへんな剣幕でどなる。

下につく熟語 懐剣・＊手裏剣・真剣・短剣・刀剣・木剣

刂－8画

【剛】

10画 常用　〈剛〉明朝

音 ゴウ　**訓** ―

なりたち 形声 岡（がっしりとかたい）と刂（＝刀）を合わせた字。→岡329

意味 ❶かたくてじょうぶ。「剛毛・金剛」㊊柔 ❷つよい。しっかりしている。「剛健」

名まえで使う読み かた・かたし・ごう・こわし・たか・たかし・たけ・たけし・つよし・ひさ・まさ・よし

【剛毅】ごうき 意志が強くて、かんたんにくじけないこと。

【剛健】ごうけん 心もからだも、強くてたくましいこと。例 質実剛健。

【剛胆】ごうたん →「豪胆（974ページ）」。

【剛毛】ごうもう かたい毛。

【剛勇】ごうゆう →「豪勇（974ページ）」。

【剛力】ごうりき 力が強いこと。また、その人。例 彼の剛力にかなう者はいない。

刂－8画

【剤】

10画 常用　〈剤〉明朝

音 ザイ　**訓** ―

なりたち 形声 もとの字は「劑」。齊（そろえる）と刂（＝刀）を合わせた字。同じ分量に切りそろえたくすりをあらわした。→斉1061

意味 まぜあわせたくすり。「薬剤」

注意 「済」とまちがえないこと。

下につく熟語 ＊強心剤・下剤・＊解毒剤・＊消化剤・錠剤・洗剤・調剤・＊配剤・防腐剤

刂－8画

【剝】

10画 常用　〈剝〉明朝

音 ハク　**訓** はがす・はぐ・はがれる・はげる

なりたち 形声 彔（表面をはぎとる）と刂（＝刀）を合わせた字。→緑857

意味 ❶はぐ。はがす。むく。「剝製・剝奪」❷はげる。むける。「剝離」

【剝製】はくせい 動物の皮をはぎ、内臓や肉を取り出してかわりに綿などをつめ、ぬい合わせて元の形にもどしたもの。標本や装飾品にする。例 オオカミの剝製。

2画

【剥奪】はくだつ むりに取り上げること。例 弁護士の資格を剥奪する。

【剥落】はくらく はがれておちる。例 ペンキが剥落した。

【剥離】はくり はがれること。また、はがすこと。例 剥離骨折。／網膜剥離。

リ－8画

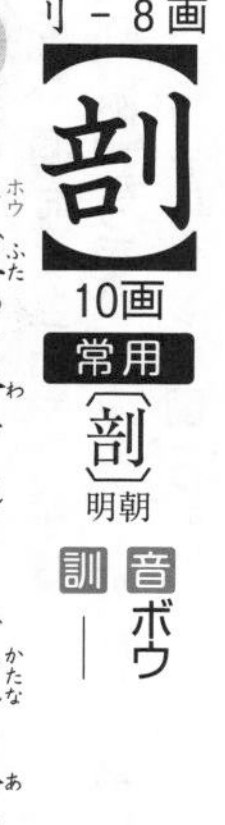

【剖】10画 常用 〔剖〕明朝

音 ボウ 訓 ―

なりたち 会意 音（二つに分ける）とリ（＝刀）を合わせた字。↓倍87

意味 さく。わける。「解剖」

【倒】10画 人部8画 ↓87ページ

【帰】10画 巾部7画 ↓342ページ

リ－9画

【剰】11画 常用　リ－10画 【剩】12画 人名 〔剰〕明朝

音 ジョウ 訓 ―

なりたち 形声 乗（上にのぼる）とリ（＝刀）を合わせた字。予定の分を切りとっても、よけいなものが上に出るようすをあらわした。↓乗32

意味 あまる。あまり。「過剰・剰余・余剰」

刀・リの部（かたな・りっとう） 8画 剖 9画 剰・副

【剰余】じょうよ あまり。のこり。例 剰余金。

リ－9画

【副】11画 4年 〔副〕明朝

音 フク 訓 ―

「口」と「田」の縦画は、内側に向けて書く。11画めを一番長く書く。

なりたち 形声 畐（くっつく）とリ（＝刀）を合わせた字。二つがぴたりとついて、対になるいみをあらわした。↓福798

意味 ❶おもなものにつきそう。「副業」対 正 ❷かしらのつぎ。「副社長・副議長」

注意 「福」とまちがえないこと。

名まえで使う読み すえ・すけ・そえ・つぎ・ふく・ます

【副業】ふくぎょう おもな仕事のほかにする仕事。対 本業

【副作用】ふくさよう あるくすりが、目的とするはたらきのほかにもつ、よくないはたらき。

【副産物】ふくさんぶつ めあての品物をつくるとき、いっしょにできるもの。

【副詞】ふくし ことばをはたらきやつかい方によって分けた種類の一つ。おもに動詞や形容詞のいみを強めたり、くわしく説明したりする。「まったく・きっと・ゆっくり・けっして」など。

【副次的】ふくじてき 主要なものにつきしたがう関係であるようす。二次的。例 副次的な問題が発生する。

【副収入】ふくしゅうにゅう おもな仕事のほかに、べつの仕事からはいってくるお金。

【副賞】ふくしょう 正式な賞にそえておくられる、お金や品物。例 一等賞の副賞に旅行券をもらう。

【副食】ふくしょく 主食にそえて食べるもの。おかず。副食物。対 主食

【副食物】ふくしょくぶつ 「副食」と同じ。

【副審】ふくしん スポーツや武道の試合などで、主審をたすける役目。また、その人。対 主審

【副題】ふくだい 表題のわきにそえる、題。サブタイトル。

【副大臣】ふくだいじん 大臣の次の地位の人。

【副読本】ふくどくほん 教科書とはべつに学校できめられた学習用の本。

【副都心】ふくとしん 今まであった大都市の中心部にたいし、そのまわりに新しくできた中心地。例 新宿副都心のにぎわい。

【側】11画 人部9画 ↓90ページ

ミニ知識 筆順早おぼえ 「楽」―白かいて 左にちょんちょん右ちょんちょん 下に木の字で楽

刀・刂の部

10画 割・創

刂－10画

【割】

12画 6年 〔割〕明朝

音 カツ*　訓 わる・わり・われる・さく*

※下にくる音により「カッ」ともよむ。

1画めは点でもよい。7画めは左へ長く張り出す。12画めを一番長く書く。

1	2	3	4	5	6	7	8	9	10	11	12
丶	丷	宀	宀	中	宇	宝	宝	害	害	害	割

なりたち 形声 害（ガイ）（とちゅうで切ってとめる）と刂（＝刀）を合わせた字。二つに切り分けることをあらわした。→害298

意味 ❶さく。わる。わける。「分割」 ❷わりあい。「割引」

使い分け さく「裂く・割く」→(928ページ)

【割愛】かつあい おしいと思いながら、はぶくこと。例 記事の一部を割愛する。

【割▼拠】かっきょ 力のある人が、自分の場所に勢力をはること。例 群雄割拠。

【割▼譲】かつじょう 土地や物などの一部を分けあたえること。

【割腹】かっぷく 「切腹（127ページ）」と同じ。

【割合】わりあい ①あるものとほかのものの大小の関係を、数であらわしたもの。②思ったよりも。わりに。例 きょうは割合あたたかだ。注意 送りがなはつけない。

【割高】わりだか 品質や分量のわりに、ねだんが高いようす。例 外食は割高だ。対 割安

【割に合わない】わりにあわない 句 得にならない。引き合わない。例 手間ばかりかかって割に合わない仕事だ。

【割引】わりびき きまったねだんより、少しやすくすること。対 割り増し 注意 送りがなはつけない。

【割安】わりやす 品質や分量のわりにねだんが安いようす。例 まとめて買うと割安になる。対 割高

上につく熟語 *割り▼勘・*割り算・*割れ目・*割れ物

下につく熟語 *時間割・役割・*▼掘り割り

刂－10画

【創】

12画 6年 〔創〕明朝

音 ソウ　訓 つくる

3画めは点でもよい。「口」が7画めに接しなくてもよい。12画めを長く書く。

1	2	3	4	5	6	7	8	9	10	11	12
ノ	𠆢	亽	今	今	今	今	今	倉	倉	倉	創

なりたち 形声 倉（ソウ）（深く入れる）と刂（＝刀）を合わせた字。刀で深く切ったきず。また、はもので材料に切れめを入れること。切れめを入れることは、工作の第一段階であることから、「はじめる」といういみにももちいられる。→倉86

意味 ❶はじめる。はじめてつくる。「創刊」 ❷きずつける。きず。「▼銃創」

使い分け つくる「作る・造る・創る」→(67ページ)

名まえで使う読み そう・はじむ・はじめ

【創案】そうあん それまでなかったものを、はじめて考えだすこと。また、考えだされたもの。

【創意】そうい 新しい思いつき。

【創意工夫】そういくふう 四字熟語 新しい思いつきや方法。例 創意工夫にとんだ作品。

【創刊】そうかん ざっしや新聞などをはじめて出すこと。例 創刊号。

【創業】そうぎょう 新しく事業をはじめること。会社などを、創立すること。例 この会社は、ことし創業五〇周年をむかえる。

【創作】そうさく ①はじめてつくりだすこと。②絵・彫刻・小説などを自分の力でつくること。また、その作品。例 兄は、童話の創作を仕事としている。参考 とくに、小説にいう。③つくりごと。例 かれの話はぜんぶ創作だ。

【創始】そうし ものごとをまったくあらたにはじめること。また、ものごとのおこり。

【創傷】そうしょう 切られてできたきず。

【創世】そうせい 世界のできはじめ。例 創世

2画

記。

【創製】そうせい 新しいものをはじめてつくりだすこと。例 新しいくすりを創製する。

【創設】そうせつ 施設や組織を、はじめてつくること。例 この会館は、創設から五年になる。

【創造】そうぞう 今までにない新しいものを自分でつくりだすこと。例 この世の中は神が創造したものとされる。使い分け「想像」は、頭の中でいろいろと思いうかべること。

【創立】そうりつ 学校や会社などを新しくつくること。例 創立記念日／創立者。

下につく熟語 *草創・独創

【測】12画 水部9画 → 679ページ

【裂】12画 衣部6画 → 928ページ

刂－13画

【劇】15画 6年

〔劇〕明朝

音 ゲキ
訓 *はげしい

4画めの最後は内側にはね、その下側の部分は4画めの右はしから出ないよう書く。

1	2	3	4	5	6	7	8
丨	ト	𠂉	广	卢	虍	虍	虍
9	10	11	12	13	14	15	
虏	虏	虏	豦	豦	豦	劇	

なりたち 形声 豦と刂(＝刀)を合わせた字。豦は、虍(トラ)と豕(イノシシ)を合わせて、はげしくたたかうようすを図にしたもの。劇は、刀ではげしく切ることから、「はげしい」といういみをあらわした。

意味 ❶はげしい。「劇薬」❷しばい。「劇場」

参考「はげしい」といういみのとき、「劇薬・劇毒」などのほかは、ほとんど「激」をつかう。

【劇化】げきか ①小説や物語などを、劇をしやすい形にしたてること。また、その形にしたてて上演すること。例『竹取物語』を劇化する。②→「激化(690ページ)」。参考 ②の「劇」は「はげしい」のいみで、「げっか」とも読む。

【劇画】げきが 〔こっけいさをあらわすまんがにたいして〕物語として、まとまった長いすじのあるまんが。

【劇場】げきじょう しばいや映画を、大勢の人に見せるための建物。例 国立劇場。

【劇団】げきだん 劇をつくって人に見せたり、研究することを目的とした人たちの集まり。

【劇痛】げきつう →「激痛(691ページ)」。

【劇的】げきてき 劇の場面のように、はげしく心をうつようす。例 友人との劇的な出会い。

【劇毒】げきどく (命にかかわるような)はげしい毒。猛毒。

【劇薬】げきやく つかい方や分量をまちがえると、命にかかわるような、はげしいはたらきのある、きけんなくすり。

下につく熟語 演劇・歌劇・観劇・喜劇・▼剣劇・*▼惨劇・史劇・*時代劇・新劇・寸劇・悲劇

刂－13画

【劉】15画 人名

〔劉〕明朝

音 リュウ
訓 —

意味 ❶ばらばらに切りはなして、ころす。❷むかし、漢の国をうちたてた中国の皇帝の姓。

名まえで使う読み のぶ・みずち

ミニ知識 筆順早おぼえ 「夏」— 一つ丿目だまのおばけくん 丿っそり夂っと夏にでる

2画 力 ちから

なりたち

「ちから」「力をこめる」「はたらく」などのいみに関係した字をあつめる。

この部首の字

画数	字	ページ
0画	力	144
3画	加	145
3画	功	145
4画	劣	146
5画	劫	146
5画	助	146
5画	努	147
5画	励	148
5画	労	148
6画	劾	148
6画	効	149
7画	勁	149
7画	勅	149
7画	勉	150
7画	勃	150
7画	勇	150
8画	勉	150
9画	勘	151
9画	動	151
9画	務	152
10画	勤	152
10画	勝	152
10画	募	153
11画	勧	153
11画	勤	152
11画	勢	154
13画	勲	154
14画	勳	154

ほかの部首の字

幼→幺部 351　肋→月部 882　男→田部 744
協→十部 165　架→木部 591　脅→月部 889　働→亻部 94　虜→虍部 913

力－0画

【力】

2画　1年

〈力〉明朝

音 リョク・リキ

訓 ちから

※上にくる音により「ぢから」ともよむ。

1画めは折れてから内側に反ってはねる。2画めは1画めの上から書いて交わる。

なりたち 象形 力をこめたうでのきんにくが、すじばっているすがたをえがいた字。

意味 ❶はたらきをおこす、ちから。「体力・能力・馬力」 ❷はげむ。つとめる。「力作」

名まえで使う読み いさお・いさむ・お・か・ちから・つとむ・よし・りき

【力一▼杯】ちからいっぱい もっている力を、すべてつかいきるようす。例 力一杯がんばった。

【力仕事】ちからしごと おもい物をはこぶなど、強い力がいる仕事。例 力仕事はつらい。

【力になる】ちからになる 句 たよられてたすける。他人のたよりになる。例 かれにはずいぶん力になってもらった。

【力を得る】ちからをえる 句 てだすけを受けて、やろうとする元気がでる。

【力を落とす】ちからをおとす 句 がっかりする。

【力泳】りきえい 力のかぎりおよぐこと。例 オリンピック選手の力泳。

【力演】りきえん 劇などを、力いっぱい演じること。例 女優の力演に感動する。

【力学】りきがく ①物体どうしの間ではたらく力や、それによって起こる運動について研究する学問。②人間の集団の間にはたらく力の関係。

【力感】りきかん 力強い感じ。例 力感のある絵。

【力作】りきさく いっしょうけんめいつくった作品。例 この小説は七年もかかった力作です。

【力士】りきし すもうをとることを仕事にしている人。すもうとり。

【力説】りきせつ 熱心に説明して、強く主張すること。例 平和のとうとさを力説する。

【力戦】りきせん 力いっぱいたたかうこと。力闘。例 力戦むなしくやぶれる。

【力走】りきそう 力いっぱい走ること。例 雨の中、力走した。

【力点】りきてん ①てこでものを動かすとき、力をかけるところ。②とくに力・重点をおくところ。例 算数の勉強に力点をおく。

【力▼闘】りきとう 力のかぎりたたかうこと。例 力闘のすえ、勝利する。

【力量】りきりょう ものごとをやりとげる、うでまえのていど。例 力量をためす。

下につく熟語 ▼握力・圧力・▼威力・引力・▼怪力・学力・活力・火力・眼力(がんりき・がんりょく)・協力・強力・極力・気力・権力・効力・国力・財力・実力・重力・主力・助力・自力・＊地力・視力・死力・資力・磁力・人力(じんりき・じんりょく)・水力・勢力・精力・戦力・全力・総力・速力・底力・他力・▼胆力・▼弾力・電力・動力・独力・努力・念力・▼迫力・馬力・筆力・▼微力・

風力・▼浮力・武力・兵力・暴力・万力・▼魅力・無力・有力・余力・労力・▼腕力

力－3画

【加】

5画 4年 〔加〕明朝

音 カ
訓 くわえる・くわわる

「力」よりも「口」を縦に伸ばさない。「口」は1画めの横画よりもやや低い位置に。

筆順：フ カ 加 加 加

なりたち 会意

力(=うでに力をこめるようす)と口を合わせた字。力(わん力)のほかに口(ことば)をくわえて、人の上に出るようす。「さらに上にくわえる」いみをあらわした。

加のつく漢字グループ
「加」のグループは「上にのせる」というイメージがある。
→嘉217 →架591 →賀979

意味 ❶くわえる。くわわる。「追加」 ❷足し算。「加法」 対 減

参考 ひらがな「か」、カタカナ「カ」のもとになった字。

【加減】かげん ①足し算と引き算。②からだのぐあい・調子。例 加減がよくない。③もののぐあいを、ほどよくすること。例 うつむき加減に歩く。④少しそのようすであること。

【加減乗除】かげんじょうじょ 四字熟語 算数で、足し算・引き算・かけ算・わり算のこと。

【加工】かこう ①手をくわえて形をととのえること。②原料などに手をくわえて、新しくべつの品物をつくること。例 加工貿易。

【加算】かさん ①足し算。対 減算 ②足してかぞえること。例 利子を加算する。

【加勢】かせい なかまになって、たすけること。また、その人。例 弱いほうに加勢する。

【加速】かそく 速度をあげること。対 減速

【加速度】かそくど ①きまった時間に速度が変わる割合。②ものごとの変化やすすんでいく速さが、時間が経つごとにどんどんましていくこと。

【加速度的】かそくどてき ものごとの進行が、時間がたつごとにどんどん速くなっていくようす。例 加速度的に上達する。

【加担】かたん なかまになって、力をかすこと。例 たくらみに加担する。参考 「荷担」とも書く。

【加入】かにゅう あるしくみや団体などにはいること。例 組合に加入する。対 脱退

【加熱】かねつ 熱をくわえること。例 じゅうぶんに加熱してください。

【加筆】かひつ 文章や絵などに筆を入れてなおすこと。

使い分け かねつ 加熱・過熱

【加熱】熱をくわえること。例 加熱して食べる。

【過熱】温度が高くなりすぎること。また、ものごとが度をこえてはげしくなること。例 おうえんが過熱してしまう。

参考 食品に書いてあるのは「加熱」。

【加法】かほう 足し算。対 減法

【加味】かみ ①味をつけくわえる。②ほかの要素も取り入れる。例 選手の選考には、練習態度も加味する。

【加盟】かめい 団体や同盟のなかまにはいること。例 国連に加盟する。／加盟店。

下につく熟語 参加・増加・＊▼添加・倍加・付加

力－3画

【功】

5画 4年 〔功〕明朝

音 コウ・ク＊
訓 —

1〜3画めは「土」にしないように注意。「力」は1画めよりも低い位置から書く。

力の部 3画 加・功

2画

ミニ知識 筆順早おぼえ 「組」—糸ぐるま 月に一回 組みたてる

1	2	3	4	5
一	T	エ	玏	功

なりたち 形声 工(仕事)と力を合わせた字。努力してなしとげた仕事と、そのできばえのいみをあらわした。↓工334

意味 ❶てがら。「功績」❷ききめ。「奏功」❸よいおこない。「功徳」

注意 「巧」とまちがえないこと。

難しい読み 功徳・功名

名まえで使う読み あつ・いさ・いさお・いさおし・かた・かつ・こう・こと・つとむ・なり・なる・のり

【功徳】くどく 世の中や人のためになる、よいおこない。例 まずしい人に功徳をほどこす。

【功罪】こうざい よいところとわるいところ。例 テレビの功罪について話し合う。

【功罪相半ばする】こうざいあいなかばする 句 よいところとわるいところが同じくらいあって、よいともわるいともいえないということ。

【功績】こうせき 世の中のためにつくしたりっぱなてがら。例 教育界に大きな功績をのこす。

【功成り名▼遂げる】こうなりなとげる 句 りっぱな仕事をして、名声をえる。

【功名】こうみょう てがらをたてて有名になること。例 いくさで功名を立てる。／功名心（=名をあげたいという気もち）。

【功利的】こうりてき 人のことは考えず、じぶんのことだけを考えて行動するようす。

【功労】こうろう てがらと、それをなしとげるまでの努力。例 功労にむくいる。

【功を奏する】こうをそうする 句 うまくいく。成功する。例 作戦が功を奏して強敵をやぶる。

【功を立てる】こうをたてる 句 てがらをたてる。

功労

下につく熟語 成功・奏功・年功・*武功

【幼】5画 幺部2画 ↓351ページ

カ－4画

【劣】6画 常用

〔劣〕明朝 音 レツ 訓 おとる

意味 おとっている。「劣等」対 優

【▼劣悪】れつあく 品質や能力などが、ひどくわるいこと。例 劣悪な住宅にすんでいた。／劣悪な労働条件。

【▼劣化】れっか 品質などがわるくなること。例 壁画の劣化がすすむ。

1【▼劣勢】れっせい いきおいがおとっていること。例 味方の劣勢をたてなおす。対 優勢

2【▼劣性】れっせい 生まれた子にはあらわれず、それよりあとの代になってあらわれる親の形態や性質。対 優性

【▼劣等】れっとう ほかのものよりとくにおとっていること。例 劣等生。対 優等

【▼劣等感】れっとうかん 自分がほかの人よりおとっていると思う気もち。例 劣等感になやむ。対 優越感

下につく熟語 愚▼劣・下▼劣・卑▼劣・優▼劣

【肋】6画 肉部2画 ↓882ページ

カ－5画

【劫】7画 人名

〔劫〕明朝 音 ゴウ 訓 おびやかす

意味 ❶おびやかす。❷とてつもなく長い時間。「未来永▽劫（=この先、永遠に）」

カ－5画

【助】7画 3年

〔助〕明朝 音 ジョ 訓 たすける・たすかる・すけ*

※上にくる音により「だすけ」ともよむ。

1・2画めの縦画は真下に引く。5画めははらっても止めてもよい。

1	2	3	4	5	6	7
丨	𠃍	月	月	且	助	助

なりたち 形声 且(上にかさねる)と力を合わせた字。力をそえてたすけることをあらわした。↓且21

意味 ❶たすける。たすけ。「助手」❷人のとくちょうをあらわすことばにそえることば。「ちび助」

難しい読み 助太刀・助っ人
名まえで使う読み じょ・すけ・たすく・ひろ・ます

【助演】じょえん げきや映画で、主役をたすける演技をすること。また、その人。わきやく。例 助演賞をとる。対 主演

【助言】じょげん そばからことばをそえてたすけること。また、そのことば。アドバイス。例 先生に助言していただく。

【助産師】じょさんし 子どもをうむのをたすけ、お母さんや赤ちゃんの世話を仕事としている人。参考 助産婦・さんばの新しい言い方。

【助詞】じょし ことばをはたらきやつかい方によって分けた種類の一つ。ことばのあとについて、ほかのことばとの関係をしめしたり、いみを付け加えたりする。「が・を・に・も・ね・ので」など。

【助手】じょしゅ ①仕事の手だすけをする人。②大学で、教授や准教授の研究や仕事の手だすけをする人。例 研究室の助手になる。

【助成金】じょせいきん 研究や仕事がうまくすすむように、たすけるために出すお金。例 ロボット開発の助成金。

【助走】じょそう 走り高とびや走りはばとびなどで、いきおいをつけるため、ふみきるところまで走ること。例 助走をつけてとびあがる。／助走路。

【助長】じょちょう 故事成語 ①力をかして、成長や発展をたすけること。例 学力を助長する教材。②あるようすをいっそう強くすること。例 不安を助長する事件がおきる。

【助動詞】じょどうし ことばをはたらきやつかい方によって分けた種類の一つ。動詞・形容詞・形容動詞などについて、そのことばのいみをおぎなうはたらきをもつ。「られる・たい・ない・らしい」など。

【助命】じょめい ころされようとしている人の命をたすけること。例 助命運動をする。

【助役】じょやく 市・区・町・村長や、駅長をたすける役。また、その人。

【助力】じょりょく たすけてやること。手だすけ。例 助力をあおぐ(=もとめる)。

【助太刀】すけだち あらそっている人の一方をたすけること。また、その人。

上につく熟語 *助っ人・*助け船

下につく熟語 援助・救助・▼互助・賛助・*自助・内助・▼扶助・補助・▽佑助

力－5画

【努】

7画 4年

〔努〕明朝

音 ド
訓 つとめる

「奴」を横広に書き、「力」を「奴」の中心に書く。5画めは止めてもよい。

なりたち 形声 奴(ド)(ねばり強い)と力を合わせた字。ねばり強く、力をつくしてがんばることをあらわした。→奴273

意味 力いっぱいがんばる。

注意 「怒」とまちがえないこと。「努力」

難しい読み 努努(=けっして)

名まえで使う読み つとむ・ど

使い分け **つとめる** 努める・務める・勤める

【努める】いっしょうけんめい、はげむ。力をつくす。例 毎日笑顔でいるように努める。／父の看病に努める。

【務める】ある役目をうけもつ。例 司会を務める。／一年間、体育係を務める。

【勤める】会社や役所などではたらく。例 銀行に勤める。

【努力】どりょく いっしょうけんめいに、ものごとをすること。例 優勝を目ざして努力する。

【努力家】どりょくか 目標をたっせいするた

めに、自分のもっている力のかぎりをつくしてがんばる人。

カ－5画

【励】

7画 常用 〈励〉明朝

音 レイ
訓 はげむ・はげます

なりたち 形声 厲(はげしい)と力を合わせた字。はげしく力をこめることをあらわした。

意味 はげむ。はげます。「▼奨▼励」

名まえで使う読み つとむ・れい

【▼励行】れいこう いっしょうけんめい、はげみおこなうこと。例 早ね早おきを励行する。

下につく熟語 激▼励・精▼励・＊奮▼励・勉▼励

カ－5画

【労】

7画 4年 〈労〉明朝

音 ロウ
訓 いたわる＊・ね＊ぎらう

1・2画めの点は5画めと接しない。4画めの点は左下に向け、5画めを長く書く。

なりたち 形声 もとの字は「勞」。𤇾と力を合わせた字。𤇾は、火と火と冖(わくのしるし)を合わせて、もえる火が、わくをずるずるととりまくすがたを図にしたもの。「ずるずるつづく」というイメージをもつ。労は、力を出しつづける、そうしてつかれることをあらわした。

↓栄590

意味 ❶いっしょうけんめい、はたらく。「労働」 ❷つかれる。「▼疲労」 ❸弱い人をやさしくあつかう。いたわる。 ❹相手の努力をほめる。相手の努力に感謝の気持ちをあらわす。ねぎらう。

名まえで使う読み もり・ろう

【労役】ろうえき からだをうごかしてする力仕事。

【労苦】ろうく ほねおり。くろう。例 かれは労苦をいとわずにはたらく。

【労災保険】ろうさいほけん 仕事中にけがや病気、死亡したとき、その補償をするためにやとい主がお金をためておく制度。「労働者災害補償保険」のりゃく。

【労作】ろうさく 力を入れてつくった作品。力作。例 これは長年にわたる労作です。

1【労使】ろうし 労働者と使用者。例 労使交渉。

2【労資】ろうし 労働と資本。労働者と資本家。

【労働】ろうどう ①頭やからだをつかってはたらくこと。例 肉体労働。②賃金をもらうためにはたらくこと。例 労働者。注意「労動」と書かないこと。

【労働組合】ろうどうくみあい 労働者の生活や労働条件がよくなるよう、労働者がつくる団体。労組。例 労働組合に加入する。

【労働災害】ろうどうさいがい 仕事中におきた、けが・病気・死亡など。

【労務】ろうむ お金をもらうためにする仕事。

【労力】ろうりょく ①力をつかうこと。ほねおり。例 労力をおしまない。②ものをつくり出すための労働力。例 労力が不足している。

【労をねぎらう】ろうをねぎらう 句 あれこれと骨をおってくれたことに対して、なぐさめいたわる。例 この会は、日ごろの労をねぎらうために開いたものです。

下につく熟語 ▼慰労・過労・勤労・苦労・功労・就労・心労・＊足労・徒労

【男】7画 田部2画 ↓744ページ

カ－6画

【劾】

8画 常用 〈劾〉明朝

音 ガイ
訓 —

なりたち 形声 亥(ぴんとかたくはる)と力を合わせた字。法の力で、たるんだものをぴんとひきしめることをあらわした。↓亥45

意味 とりしらべる。せめてただす。「▼弾▼劾(=つみや不正をしらべ、責任をついきゅうすること)」

カ－6画

【効】

8画 5年

〔効〕明朝

音 コウ
訓 きく

1画めは点でもよい。「八」と「メ」は接しない。4・6画めは点で書いて止める。

効 効

亠 亠 六 亣 交 効 効

なりたち 形声 交(まじわる)と力を合わせた字。人のために力をしぼり出した結果をあらわした。→交46

意味 ききめ。きく。「効果」

注意 「郊」とまちがえないこと。

名まえで使う読み いたる・かず・かた・すすむ・なり・のり

使い分け きく 効く・利く

【効く】ききめが、あらわれる。例 かぜぐすりが効く。／冷房が効く。／宣伝が効く。

【利く】じゅうぶんなはたらきをする。例 ブレーキが利く。／鼻が利く。／利き手。

【効果】こうか ①よい結果。ききめ。例 新薬が予想以上の効果をあげる。②劇などで、その場にふさわしい音を出すこと。例 効果音を入れる。

【効果的】こうかてき 目的にかなっていて、ききめがあるようす。例 効果的な治療。

【効能】こうのう ききめ。例 くすりの効能書き。

【効用】こうよう ①つかいみち。例 効用の多い道具。②ききめ。例 新しいくすりの効用を書く。

【効率】こうりつ 仕事の量と、その仕事につかった力や時間とのわりあい。仕事の能率。例 効率のよい仕事。

【効力】こうりょく ①法律や規則などのはたらき。例 条約が効力を発する。②じっさいのききめ。例 くすりの効力。

下につく熟語 時効・*失効・実効・▼即効・速効・発効・無効・有効

【協】8画 十部6画→165ページ

カ－7画

【勁】

9画 人名

〔勁〕明朝

音 ケイ
訓 つよい

意味 しんが強い。「▽勁草(＝強い草)・▼雄▽勁(＝雄々しく力強いこと)」

名まえで使う読み けい・つよし

カ－7画

【勅】

9画 常用

〔勅〕明朝

音 チョク
訓 —

なりたち 形声 束(ひきしめる)と力を合わせた字。人々の心をひきしめるたるみをひきしめること、また、人々のことばをあらわした。→束584

意味 天皇のことば。天皇の命令。「▼勅使(＝天皇のつかい)・▼詔▼勅」

名まえで使う読み ただ・ちょく・とき

【▼勅語】ちょくご 天皇が国民にたいして言ったことば。みことのり。

【▼勅命】ちょくめい 天皇の命令。例 勅命がくだる。

漢字博士になろう！

にた字のおぼえ方《勝・騰・謄》

「力で勝つ・馬で騰る・ことばで謄す」

「朕」は上にあがるいみで、それ以外の部分に注目したおぼえ方です。

力で上にあがるから「勝」。馬が高くおどりあがるようすから「騰」。原本の上に紙をあげてことばを書きうつすから「謄」という字ができました。

ミニ知識 筆順早おぼえ 「等」—竹うまで 寺までかけっこ 一等しょう

カ－7画

【勃】

9画 常用 〔勃〕明朝

音 ボツ 訓 ―

意味 急におこる。「▼勃起・▼勃発」

名まえで使う読み ひら・ひろ

【▼勃興】ぼっこう 急に勢いがよくなり、さかんになること。例 ローマ帝国の勃興。

【▼勃発】ぼっぱつ 事件などが急におこる。例 内乱が勃発する。

カ－7画

【勇】

9画 4年 〔勇〕明朝

音 ユウ 訓 いさむ

「マ」よりも「田」を横広に書く。「田」と「力」の横はばをほぼ同じにする。

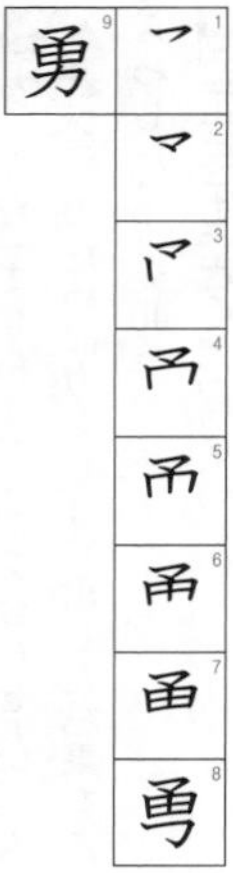

なりたち 形声 もとの字は「勇」。甬(つきぬける)と力を合わせた字。力をこめて地面をついて、ふるいたつようすをあらわした。→通417

意味 いさみたつ。いさましい。「勇気」

名まえで使う読み いさ・いさお・いさみ・いさむ・お・さ・たけ・たけし・とし・はや・ゆう・よ

【勇▼敢】ゆうかん 勇気があって、ものごとをおそれないようす。例 勇敢にたたかう。

【勇気】ゆうき ものごとをおそれない、強くいさましい心。例 勇気のある少年。

【勇士】[1]ゆうし ①いさましい人。勇者。②いさましい兵隊。

【勇姿】[2]ゆうし はりきった、いさましいすがた。例 日本代表チームが勇姿をあらわした。

【勇者】ゆうしゃ 勇気のある人。勇士。

【勇将の下に弱卒なし】ゆうしょうのもとにじゃくそつなし 句 いさましい将軍の部下は、将軍にえいきょうされて、ひとりでにいさましくなるから、弱い兵士などいないということ。

【勇▼壮】ゆうそう いさましく、いきおいがあること。例 勇壮活発。／勇壮なマーチ。

【勇退】ゆうたい あとの人にその役目をゆずるため、自分からすすんで役目をやめること。例 校長先生が勇退された。

【勇断】ゆうだん 重大なことがらを、勇気をもってきめること。

【勇名】ゆうめい 勇気がある人物である、という評判。使い分け「有名」は名高いこと。

【勇▼猛】ゆうもう いさましくて強いこと。例 勇猛な戦士たち。

【勇▼躍】ゆうやく 心がわくわくして、いさみたつこと。また、そのようす。

上につく熟語 *勇み足

下につく熟語 *義勇・▼豪勇・▼蛮勇・武勇

【架】9画 木部5画 ↓591ページ

カ－8画

【勉】

10画 3年

カ－7画 〔勉〕9画 人名 〔勉〕明朝

音 ベン 訓 *つとめる

8画めは曲がりで書き、「力」を支えるように長く引いて最後は上にはねる。

なりたち 形声 免(むりにぬけ出る)と力を合わせた字。むりをして力むことをあらわした。→免102

意味 いっしょうけんめいに、はげむ。「勤勉」

名まえで使う読み かつ・すすむ・つとむ・まさる・ます・やす

【勉学】べんがく いっしょうけんめい勉強にはげむこと。

【勉強】べんきょう ①知識をえるために、先生に教えをうけたり本をよんだりすること。②品物をやすくすること。例 九〇〇円ですが、六〇〇円に勉強しましょう。

【勉▼励】べんれい 仕事や勉強をいっしょう

けんめいにやること。

【脊】10画 肉部6画 ↓889ページ

力－9画

【勘】11画 常用 〔勘〕明朝

音 カン 訓 —

なりたち 形声 甚（深いりする）と力を合わせた字。力をこめて、おく深くまでつきつめることをあらわした。

意味 ❶しらべ考える。「勘定」 ❷ものごとをみぬく心のはたらき。「勘違い」

名まえで使う読み かん・さだ・さだむ・のり

【勘案】かんあん ほかのことも考え合わせること。例 両親の意見を勘案してきめる。

【勘定】かんじょう ①数をかぞえること。②そのことを考えの中へ入れること。③お金をはらうこと。また、そのお金。

【勘当】かんどう 親・先生が子・弟子などとの関係をきり、追い出すこと。

【勘所】かんどころ ものごとをおこなううえで、いちばんたいせつなところ。例 先生に、平泳ぎの勘所を教えてもらう。

【勘弁】かんべん あやまちなどをゆるすこと。例 もう勘弁できない。

下につく熟語 山勘・＊割り勘

力－9画

【動】11画 3年 〔動〕明朝

音 ドウ 訓 うごく・うごかす

※「ドウじる」ともつかう。

動

動

「力」は「重」より下げて書く。2画めを長く書く。9画めの最後は止めてもよい。

1	2	3	4	5	6	7	8	9	10	11
								重	動	動

なりたち 形声 重（とんとんと地面をつく）と力を合わせた字。足で地面をつくようすをあらわした。のちに、広く「うごく」いみをあらわすようになった。→重1014

意味 うごく。うごかす。ふるまう。「運動・動作」対 静

【動員】どういん （あることをおこなうために）多くの人や物をあつめること。

【動画】どうが ①アニメーションのこと。対 静止画 ②うごいている画像。

【動機】どうき ある考えやおこないをひきおこす、ちょくせつの原因。きっかけ。例 かれには動機がない。

【動議】どうぎ 会議などで、予定以外の議題を出すこと。また、その議題。例 緊急動議を出す。

【動悸】どうき 心臓がどきどきと、はげしくうごくこと。例 動悸がはげしい。

【動向】どうこう 人や社会などのうごき。うごいていく方向。例 世間の動向をさぐる。

【動作】どうさ からだのうごき。ふるまい。例 動作がにぶい。

【動産】どうさん もちはこびのできる、ざいさん。お金や有価証券など。対 不動産

【動詞】どうし ことばをはたらきやつかい方によって分けた種類の一つ。動作・作用・存在などをあらわすことば。「食べる・聞く・読む・ある・いる」など。

【動植物】どうしょくぶつ 動物と植物。

【動静】どうせい 人や世の中の、うごきやようす。例 敵の動静をさぐる。

【動的】どうてき うごきが多いようす。対 静的

【動転】どうてん ひどくおどろいて、あわてること。例 気が動転する。

【動物】どうぶつ 生き物を大きく二つに分けたときの一つ。多くはうごきまわり、ほかの生き物をたべる。人・けもの・鳥・魚・虫など。対 植物

【動物性】どうぶつせい 動物に由来しているものであること。例 動物性タンパク質。対 植物性

【動脈】どうみゃく ①心臓から、からだ全体に血をおくるくだ。対 静脈 ②重要な通り道。例 新幹線は、日本の動脈だ。

ミニ知識 筆順早おぼえ 「糸」―よくくムと、小さくなるぞ くもの糸

【動▼揺】どうよう ①ゆれうごくこと。②あることのため、心がおちつかず不安であること。例 父の急病に心が動揺する。

【動乱】どうらん 世の中がさわがしくなり、みだれること。また、規模の小さい戦争。

【動力】どうりょく 機械をうごかすもとになる力。水力・風力・電力・原子力など。

下につく熟語 一挙一動・異動・移動・活動・感動・挙動・激動・言動・行動・▼鼓動・自動・出動・▼衝動・▼振動・制動・▼扇動・▼騒動・*発動・波動・反動・▼微動・不動・変動・暴動・鳴動・▼躍動・*律動・流動

カ－9画 【務】 11画 5年

〔務〕明朝 音 ム 訓 つとめる・つとまる

2・4画めは3画めと接しなくてもよい。4画めは直線でも軽く反ってもよい。

なりたち 形声 敄と力を合わせた字。敄は矛(むりにおかす)と攵(動作のしるし)を合わせて、危険をおかしてつきすすむようす。務は、困難をのりこえようと力をつくすことをあらわした。→矛780

意味 (役目を)つとめる。つとめ。「職務」

使い分け つとめる「努める・務める・勤める」→(147ページ)

名まえで使う読み かね・ちか・つとむ・つよ・な か・みち・む

下につく熟語 義務・急務・業務・勤務・激務・▼兼務・公務・国務・雑務・残務・▼執務・事務・職務・▼庶務・政務・責務・総務・任務・服務・用務・労務

カ－10画 【勤】 12画 6年 カ－11画 【勤】 13画 人名

〔勤〕明朝 音 キン・ゴン* 訓 つとめる・つとまる

「力」は左側の部分よりも下げて書く。10画めの最後は止めてもよい。

なりたち 形声 →勤(勤) もとの字は「勤」。堇と力を合わせた字。堇は、𦰩(かわく)と土を合わせて、かわいた土のこと。「かわいて水分がなくなる(→つきる)」というイメージをもつ。勤は、力を出しつくして、こまめにはたらくことをあらわした。→漢682

意味 つとめる。はたらく。「勤務」

難しい読み 勤行

使い分け つとめる「努める・務める・勤める」→(147ページ)

名まえで使う読み いそ・すすむ・つとむ・とし・のり・ゆき

【勤続】きんぞく 一つの会社や役所などに、つづけてつとめること。例 勤続三〇年。

【勤王】きんのう 天皇のために力をつくすこと。勤皇。尊皇。

【勤勉】きんべん いっしょうけんめいに、つとめはげむようす。例 勤勉な人。

【勤務】きんむ つとめにつくこと。また、そのつとめ。

【勤労】きんろう いっしょうけんめいに、はたらくこと。例 勤労感謝の日。

【勤行】ごんぎょう 仏前でお経をあげたり、念仏をとなえたりすること。

下につく熟語 ▼皆勤・外勤・欠勤・出勤・常勤・精勤・通勤・転勤・内勤・*非常勤・夜勤

カ－10画 【勝】 12画 3年

〔勝〕明朝 音 ショウ 訓 かつ・まさる*

※下にくる音により「かっ」ともよむ。

9画めの書き出し位置に注意する。「力」は9・10画めと接してもよい。

なりたち 形声 朕(上にあがる)と力を合わせた字。力で相手の上に出ることをあらわした。→朕572

意味 ❶あいてをまかす。かつ。「勝者」 対 負・敗 ❷すぐれている。まさる。「殊勝」

名まえで使う読み かち・かつ・しょう・すぐる・すぐれ・すぐろ・とう・のり・まさ・まさる・ます・よし

【勝手】かって ①わがまま。例 勝手な行動をとる。②台所。例 勝手口。③ぐあい。ようす。例 はじめて来た町は勝手がわからない。

参考 ②は「お勝手」の形でもつかう。

【勝因】しょういん かった原因。例 さいごまであきらめない気もちが勝因だ。対 敗因

【勝機】しょうき かつ機会。かつきっかけ。例 勝機をつかむ。

【勝算】しょうさん かつみこみ。かちめ。例 勝算はじゅうぶんにある。

【勝者】しょうしゃ かった人。

【勝敗】しょうはい かちまけ。

【勝負】しょうぶ ①かちまけ。②かちまけをきめること。試合。

【勝利】しょうり かつこと。対 敗北

下につく熟語 快勝・景勝・*戦勝・全勝・大勝・*探勝・必勝・*不戦勝・名勝・優勝・楽勝・連勝

カ－10画

【募】

12画 常用 〔募〕明朝

音 ボ 訓 つのる

なりたち 形声 莫(ないものを求める)と力を合わせた字。こちらにないものを求めようと力をつくすようすをあらわした。→莫395

意味 ひろくもとめる。つのる。「募金」

【募金】ぼきん ある目的のために、多くの人から寄付金をあつめること。例 共同募金。

【募集】ぼしゅう よびかけて、人や作品などをあつめること。例 社員を募集する。対 応募

下につく熟語 応募・*急募・公募

カ－11画

【勧】

13画 常用 〔勸〕明朝

音 カン 訓 すすめる

なりたち 形声 もとの字は「勸」。雚(そろう)と力を合わせた字。口々に声を合わせて、力づけるようすをあらわした。→観940

意味 つよくすすめる。「勧誘」

注意 「観」「歓」とまちがえないこと。

名まえで使う読み かん・すすむ・ゆき

【勧業】かんぎょう 産業などをさかんにするよう、人々にすすめること。

使い分け すすめる 勧める・進める・薦める

【勧める】よいと思うことを人にするようにさそう。例 朝の運動を勧める。／料理を勧める。

【進める】前に行かせる。例 しょうぎの駒を進める。／学級会を進める。

【薦める】よい点をつたえ、人やものを取り上げてくれるようにいう。例 山田さんを学級委員に薦める。／おもしろい本を薦める。

【勧告】かんこく こうしたらどうかと説明して、すすめること。例 避難を勧告した。

【勧善懲悪】かんぜんちょうあく 四字熟語 よいことをすすめ、わるいことを二度としないようにこらしめること。例 勧善懲悪の時代劇。

【勧誘】かんゆう 団体や会にはいるようにすすめ、さそうこと。例 入会を強く勧誘された。

ミニ知識 筆順早おぼえ 「車」―一日一ぽん 丨をたてて かざ車

カ－11画

【勢】

13画 5年 〈勢〉明朝

音 セイ
訓 いきおい

※上にくる音により「ゼイ」ともよむ。

「執」を横広に書き、「力」を「執」の中心に書く。5画めは点で書いてもよい。

1	2	3	4	5	6	7	8	9	10	11	12	13
一	十	土	圥	夫	坴	坴	坴	埶	埶	埶	勢	勢

なりたち 形声 埶(植物に手を入れる)と力を合わせた字。力で自分の思いどおりにするようすをあらわした。→芸386

意味 ❶いきおい。ちから。「勢力」 ❷ようす。ありさま。「姿勢・地勢」

名まえで使う読み せい・なり

【勢力】せいりょく 人々をおさえつけて、思いどおりにする力やいきおい。例 勢力がおとろえる。

下につく熟語 ▼威勢・運勢・加勢・気勢・▼虚勢・軍勢・形勢・▼攻勢・時勢・情勢・総勢・大勢(たいせい・おおぜい)・＊多勢・優勢・▼劣勢

【働】13画 人部11画→94ページ

【虜】13画 虍部7画→913ページ

カ－13画

【勲】

15画 常用

カ－14画 【勳】16画 人名

〈勲〉明朝

音 クン
訓 —

なりたち 形声 もとの字は「勳」。熏(よいにおいがする)と力を合わせた字。力をつくした結果が、よいにおいがするようにすばらしいようすをあらわした。

意味 てがら。てがらをたてた人。「▼勲功」

名まえで使う読み いさ・いさお・くん・こと・つとむ・ひろ

【▼勲功】くんこう 国や主君のためにつくしたてがら。

【▼勲章】くんしょう ①国や人々のためにつくしたてがらをみとめて、政府がおくる記章。例 文化勲章。②その人のほこりをたとえていうことば。

下につく熟語 殊▼勲・＊元▼勲・叙▼勲・武▼勲

2画 勹 つつみがまえ

なりたち

人が物をかかえこむ形をあらわし、「つつむ」「まがる」などのいみに関係した字をあつめる。

この部首の字
1画 勺 154
2画 勾 154
2画 匂 155
2画 勿 155
2画 匁 155
3画 包 155

ほかの部首の字
句→口部 189
旬→日部 548
酌→酉部 1009
釣→金部 1024

勹－1画

【勺】

3画 人名 〈勺〉明朝

音 シャク
訓 —

なりたち 象形 液体をくみあげるひしゃくをえがいた字。→的762

意味 ❶水をくむ道具。ひしゃく。❷むかしの容積の単位。合の一〇分の一。一勺は約〇・〇一八リットル。

勹－2画

【勾】

4画 常用 〈勾〉明朝

音 コウ
訓 —

意味 ❶Lの形にまがったかぎや、とめ金。❷まがる。

【▽勾配】こうばい ①かたむきの度合い。例 勾配のきつい坂。②斜面。例 急勾配をすべり降りる。

【▽勾留】こうりゅう 罪がうたがわれている人を、一定の場所にとどめておくこと。例 勾留期間。

勹－2画

【匂】 4画 常用 〈匂〉明朝

音 ―　訓 におう

なりたち 国字 韵(よい音)の右側「匀」を少し変えた字。よいにおいのいみをあらわした。

意味 ❶におう。よいかおりがする。また、色がうつくしい。❷におい。よいかおり。また、うつくしい色。

使い分け 「匂」は、いいにおい、「臭」は、いやなにおいのいみ。

勹－2画

【勿】 4画 人名 〈勿〉明朝

音 モツ・ブツ　訓 なかれ

意味 …なかれ。…なし。否定や禁止のいみをあらわすことば。「▽勿論」

【▽勿論】もちろん 論ずる必要もない。当然だ。

勹－2画

【匁】 4画 人名 〈匁〉明朝

音 ―　訓 もんめ

なりたち 国字 「もんめ」を「文メ」とつづけて書いたことからうまれた字。

意味 ❶むかしの重さの単位。貫の一〇〇〇分の一。一匁は三・七五グラム。❷江戸時代のお金の単位。一匁は一両の六〇分の一。

勹－3画

【包】 5画 4年 〈包〉明朝

音 ホウ　訓 つつむ

※上にくる音により「ポウ」ともよむ。

包　包

2画めは折った後内側に反ってはねる。5画めは底辺の長い曲がりで書き、はねる。

1 ノ　2 勹　3 勺　4 匀　5 包

なりたち 形声 ─包(包) もとの字は「包」。勹(とりまくしるし)と巳(赤んぼう)を合わせた字。からだのできかけた赤んぼうが、おなかの中につつまれているようすを図にしたもので、「中の物をだいじにつつむ」いみをあらわした。

包のつく漢字グループ
「包」のグループは「中の物をまるくつつむ」というイメージがある。
→抱 503 →泡 658 →砲 787 →胞 888 →飽 1081

意味 ❶つつむ。つつみ。「包装」❷とりかこむ。「包囲」

名まえで使う読み かた・かつ・かぬ・かね・しげ・ほう

【包囲】ほうい まわりをかこむこと。例 獲物を包囲する。

【包▽括】ほうかつ 全体をひっくるめて一つにすること。例 包括案。

【包▽括的】ほうかつてき 関係するものごとをすべてひとまとめにするようす。例 包括的な和平交渉。

【包▽含】ほうがん 中につつみふくむこと。例 複雑な問題を包含している。

【包装】ほうそう 品物を紙などでつつむこと。例 プレゼント用に包装する。／包装紙。

【包帯】ほうたい きずぐちなどをおおうためにまく、細長いぬのやガーゼ。

【包丁】ほうちょう 料理をするときに使うひらたくて、うすいはもの。参考 もとは料理人のこと。

【包容】ほうよう 心が広くて、こだわりなく人をうけいれること。

【包容力】ほうようりょく 欠点やあやまちにこだわらず、あいてを広い心でうけいれることのできる能力。例 あの人は包容力がある。

包囲

ミニ知識 筆順早おぼえ 「鳥」―ノに丨 ヨに一かいて ㇆つけて ヽが4こで 鳥がとぶ

匕の部　2画　化

上につく熟語　＊包み紙

下につく熟語　小包

【句】5画　口部2画→189ページ

【旬】6画　日部2画→548ページ

【酌】10画　酉部3画→1009ページ

【釣】11画　金部3画→1024ページ

漢字博士になろう！

●にた字のおぼえ方《牛・午》

「牛につのあり、午につのなし」

四画めが二画めより上につき出るか、出ないかでちがう字になります。四画めをつのにみたてて、つのがあるのがウシ、つのがないのがウマです。「午」を「うま」と読むのは、十二支で「午」をうまにあてたからです。

2画　匕　ひ

なりたち　「さじ」をあらわす。また、「化」や「北」の「匕」は、人を反対向きにした形をあらわす。

この部首の字

2画　化 156

3画　北 157

9画　匙 157

ほかの部首の字

匂→勹部155	叱→口部192	老→老部872
化→匕部156	尼→尸部321	壱→士部247
比→比部635	旨→日部548	皆→白部763
	此→止部625	能→月部890
	死→歹部628	疑→疋部752

匕−2画

【化】4画　3年

〔化〕明朝

音　カ・ケ＊

訓　ばける・ばかす

※「カする」ともつかう。

化　化

ノ　亻　亻　化

「亻」より「匕」を下げない。4画めは曲がりで書き、最後は止めても誤りではない。

なりたち　会意　化

亻（立っている人）と、匕（ひっくりかえっている人）を合わせた字。すがたや形をかえることをあらわした。

化のつく漢字グループ

「化」のグループは「べつのものに、すがたをかえる」というイメージがある。

→花 385　→貨 977

意味　❶かわる。かえる。「化合・変化・美化」❷**ばける。ばかす。**「化け物・変化」❸**あることばの下につけて、あるじょうたいにかわることをあらわすことば。**「民主化・合理化」

難しい読み　化▼粧・化身

【化学】かがく　自然科学の一つ。物質の組み立て、性質、変化のしかたなどを研究する学問。

使い分け　かがく「科学・化学」→（802ページ）

【化学▼繊▼維】かがくせんい　石油や石炭などから化学的につくった糸のようなもの。化繊。

【化合】かごう　二つ以上のものがいっしょになって、まったくべつの性質のものにかわること。例 化合物（＝化合してできた物質）。

【化石】かせき　大むかしの動物や植物が、土の中で、長い間に石のようにかたくなったもの。

【化▽膿】かのう　きずぐちにばいきんがはいり、うみをもつこと。

【化▼粧】けしょう　①おしろいなどをつけて、顔をきれいに見せること。②表面をかざること。

【化身】けしん　人々をすくうため、神やほとけがすがたをかえて、この世にあらわれたもの。

2画

下につく熟語 悪化・感化・気化・帰化・強化・▼硬化・権化・酸化・消化・進化・千変万化・▼俗化・退化・転化・電化・同化・道化・▼軟化・風化・文化・変化(か・へんげ)・緑化

【匂】4画 勹部2画→155ページ

【化】4画 匕部2画→156ページ

【比】4画 比部0画→635ページ

ヒ－3画

【北】

5画 2年 〔北〕明朝

音 ホク　訓 きた

※上下にくる音により「ボク」「ホッ」ともよむ。

北 北

1 一　2 十　3 ㇀　4 ㇀　5 北

3画めは2画めの下に接する。4画めを横画にしても、5画めの最後をはねてもよい。

なりたち 会意 人(左むきの人)と匕(右むきの人)を合わせた字。背をむけてにげることと、さむくて背をむける方角の「きた」をあらわした。

匕の部　3画 北　9画 匙

2画

北のつく漢字グループ

「北」のグループは「背をむける」というイメージがある。

→背 887

意味 ❶**方角の、きた。**「北上」対南 ❷**にげる。**「敗北」

【北回帰線】きたかいきせん 地球の北緯二三度二七分の線。夏至の日にこの線のま上に太陽がくる。参考→「回帰線(221ページ図)」。対南回帰線

【北国】きたぐに/ほっこく 北の方のさむい国・地方。対南国

【北半球】きたはんきゅう 地球の赤道より北の部分。対南半球

【北▼緯】ほくい 赤道を0度として、北へはかった緯度。対南緯

【北限】ほくげん 北のはし。北の限界。

【北上】ほくじょう 北へむかってすすむこと。対南下

【北▼端】ほくたん ある土地の北のはずれ。北のはし。対南端

【北▼斗七星】ほくとしちせい 北の空に、ひしゃくの形にならんだ七つの星。参考「斗」はひしゃくのこと。

【北洋】ほくよう 北の海。北海。

【北極】ほっきょく ①地球の北のはし。②じしゃくで、北をさすほうの極(N極)。対①②南極

【北極星】ほっきょくせい 真北に見える星。位置をかえないので、方角を知る目印になる。

【叱】5画 口部2画→192ページ

【尼】5画 尸部2画→321ページ

【旨】6画 日部2画→548ページ

【此】6画 止部2画→625ページ

【死】6画 歹部2画→628ページ

【老】6画 老部0画→872ページ

【壱】7画 士部4画→247ページ

【皆】9画 白部4画→763ページ

【能】10画 肉部6画→890ページ

ヒ－9画

【匙】

11画 表外 〔匙〕明朝

音 シ　訓 さじ

意味 **さじ。えきたいや、こなをすくう道具。スプーン。**

【▽匙加減】さじかげん ①薬をまぜあわせるていど。②ほどよくあつかうこと。

ミニ知識 筆順早おぼえ 「昼」—コノみぎ乀は 日に一どだけ 昼にそる

匚の部 はこがまえ／かくしがまえ 4画 匡・匠

【▽匙を投げる】さじをなげる ①医者が病人を見はなす。②みこみがないので、あきらめる。参考 医者が薬をまぜあわせるさじを投げ出すということから。

【疑】14画 疋部9画→752ページ

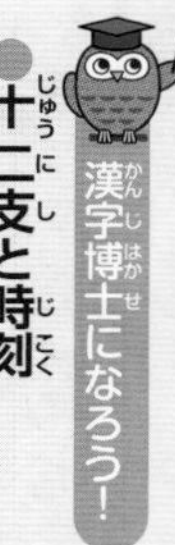

漢字博士になろう！ 十二支と時刻

現在の時刻のあらわし方を取り入れる前の日本では、一日を一二等分して時刻をあらわしていました。一二の時刻にはそれぞれに十二支があてられ、「〇の刻」と呼ばれました。→「十二支」(161ページ)

子→午後一一時～午前一時ごろ
丑→午前一時～午前三時ごろ
寅→午前三時～午前五時ごろ
卯→午前五時～午前七時ごろ
辰→午前七時～午前九時ごろ
巳→午前九時～午前一一時ごろ
午→午前一一時～午後一時ごろ
未→午後一時～午後三時ごろ
申→午後三時～午後五時ごろ
酉→午後五時～午後七時ごろ
戌→午後七時～午後九時ごろ
亥→午後九時～午後一一時ごろ

2画

2画 匚 はこがまえ

なりたち 四角いはこの形をあらわす。「はこ」「入れ物」などに関係した字をあつめる。

この部首の字

4画 匡 158
4画 匠 158

ほかの部首の字

区→匚部159 匹→匚部159 巨→丨部27 医→匚部159 臣→臣部1018 欧→欠部620 甚→甘部736 匿→匚部160

【区】4画 匚部2画→159ページ

【匹】4画 匚部2画→159ページ

【巨】5画 丨部4画→27ページ

匚-4画

【匡】6画 人名

〔匡〕明朝

音 キョウ 訓 ただす

なりたち 形声 王(わくからはみ出る)と匚を合わせた字。わくからはみ出ないようにかぶせるわくをあらわした。

意味 **わくの中に入れて形をなおす。ただしくする。**「▽匡正(=あやまりや不正を正すこと)」

名まえで使う読み きょう・たすく・ただ・ただし・ただす・まさ・まさし

匚-4画

【匠】6画 常用

〔匠〕明朝

音 ショウ 訓 たくみ*

なりたち 会意 斤(はもので切る)と匚を合わせた字。材料をはもので切ってはこを作ることをあらわした。

意味 ❶**技術にすぐれた人。**「▽巨▽匠・師▽匠・名▽匠」❷**くふう。**「意▽匠」

名まえで使う読み しょう・たくみ・なる

【医】7画 匚部5画→159ページ

【臣】7画 臣部0画→1018ページ

【欧】8画 欠部4画→620ページ

【甚】9画 甘部4画→736ページ

【匿】10画 匚部8画→160ページ

2画

匸（匚）かくしがまえ

なりたち

「かくす」「くぎる」「かこう」のいみに関係した字をあつめる。新しい字体では「匚」と同じように書く。

この部首の字

8画 匿 160

2画 区 159　2画 匹 159　5画 医 159

ほかの部首の字

欧→欠部 620　甚→甘部 736　巨→｜部 27　匠→匚部 158　臣→臣部 1018

匸－2画

【区】

4画　3年

〔区〕明朝

音 ク　訓 —

「メ」が「匸」から飛び出ないように書く。4画めは折って書き、最後は止める。

一 フ ヌ 区

なりたち 会意

もとの字は「區」。匸（まがったわく）と品（せまいしきり三つ）を合わせた字。まがったくぎりを、こまかくつくるようすをあらわした。

區のつく漢字グループ

「區」のグループは「まがる」とか、「細かく入りくむ」というイメージがある。常用漢字のつくりでは「区」になる。

→枢 587　→欧 620　→殴 631　→駆 1087　→鷗 1104

意味 ❶わける。くぎる。「区分・区切り」❷しきり。さかい。「学区・地区」❸自治体の政治をとるうえでのくぶん。「区民・区役所」

【区域】くいき　区切られた場所。はんい。

【区画】くかく　土地などを区切ること。また、そのしきり。例 区画整理。

【区間】くかん　ある場所からある場所までの、区切られた間。例 道路の不通区間。

【区分】くぶん　区切って分けること。また、その分けたもの。

【区別】くべつ　①けじめをつけること。例 区別がつかない。②種類によって分けること。

下につく熟語 漁区・*禁▼猟区・*禁漁区・*選挙区

匸－2画

【匹】

4画　常用

〔匹〕明朝

音 ヒツ　訓 ひき

※上にくる音により「びき」「ぴき」ともよむ。

意味 ❶二つならぶ。対になる相手。「▼匹敵」❷布の長さの単位。一匹は約二二・二メートル。❸動物などをかぞえることば。ひき。

名まえで使う読み あつ・とも・ひつ

【▼匹敵】ひってき　実力や、いきおいが同じくらいであること。例 専門家に匹敵する知識。

【▼匹夫の勇】ひっぷのゆう　句 たいした考えもなく、むやみやたらにむちゃなことをする勇気。例 大勢にひとりでけんかをしかけるなんて、匹夫の勇でしかない。参考 「匹夫」は身分のひくい男、教養のない男のこと。そういう男のふるう勇気といういみから。

【巨】5画　｜部4画 ↓27ページ

【匠】6画　匚部4画 ↓158ページ

匸－5画

【医】

7画　3年

〔医〕明朝

音 イ　訓 —

「矢」を「失」にしない。6画めの最後は止めるが、はらっても誤りではない。

一 ア ア 至 医 矢 医

なりたち 形声

もとの字は「醫」。殹と酉を合わせた字。医は、匚（かくすしるし）と矢を合わせて、矢をしまい入れるようす。医と殳（動詞の記号）を合わせた殹は、おさえこんでかくすというイメージをも

匸の部　はこがまえ／かくしがまえ

2画 区・匹

5画 医

2画

ミニ知識 筆順早おぼえ 「感」—ノ一 一口 し ノに丶と心で いい感じ

つ。これに酉(さけつぼ)をつけて、さけつぼに薬草を入れた薬酒で病気をおさえこむようすをあらわした。

意味 ❶いしゃ。「校医」 ❷病気をなおす。「医学」

名まえで使う読み い・おさむ

【医院】いいん 医者がいて、病気やけがをなおすところ。参考 病院より、しくみの小さいものをいう。

【医学】いがく からだを健康にたもち、病気をなおすことを研究する学問。

【医師】いし 病気やけがをなおすことを仕事にしている人。医者。

【医者】いしゃ 医師のふつうの言い方。例 アロエは「医者いらず」と言われる。

【医術】いじゅつ 病気やけがをなおす技術。

【医は仁術】いはじんじゅつ 句 医術は、人の命をすくったり苦しみをとりのぞいたりする、思いやりのふかい道である。

【医薬】いやく ①病気やけがをなおすくすり。例 医薬品。②医術とくすりにかんすることがら。例 医薬分業。

【医▼療】いりょう 病気やけがをなおすこと。

下につく熟語 *開業医・軍医・▼獣医・主治医・女医・船医・名医

【臣】7画 臣部0画 ↓1018ページ

【甚】9画 甘部4画 ↓736ページ

匸－8画

【匿】

10画 常用 〔匿〕明朝

音 トク　訓 ―

なりたち 形声 若(したがう)と匸(かくす)を合わせた字。物のかげに身をあずけてかくれるようすをあらわした字。→若390

意味 かくれる。かくす。「▼匿名」

【▼匿名】とくめい 名をかくすこと。また、本名をかくしたべつの名前。例 匿名で新聞に投書する。

下につく熟語 *▼隠▼匿・*秘▼匿

2画

十 じゅう

なりたち 十

数字の「十」や「ひとまとめ」に関係した字をあつめるほか、「十」を目じるしとする字もあつめる。

この部首の字

0画 十 160
1画 千 162
2画 午 163
2画 升 163
2画 廿 163
3画 半 163
6画 協 165
6画 卒 166
6画 卓 166
7画 南 167
7画 卑 167
10画 博 168

ほかの部首の字

千→干部 347
支→支部 522
斗→斗部 535
古→口部 189
平→干部 347
汁→氵部 648
早→日部 548
克→儿部 101
求→氺部 647
辛→辛部 1006
阜→阝部 438
枠→木部 589
直→目部 771
単→⺍部 449
計→言部 945
真→目部 776
索→糸部 840
針→金部 1024
隼→隹部 1044
乾→乙部 36
率→玄部 726
章→立部 816
喪→口部 216
幹→干部 351
準→氵部 684

十－0画

【十】

2画 1年 〔十〕明朝

音 ジュウ・ジッ　訓 とお・と

※「ジュッ」ともよむ。

2画めは、1画めのほぼ中心で交差させて、最後は止めてもはらってもよい。

一 十

なりたち 指事

たての線で全部を一本にまとめることをあらわした字。数の10の位をあらわすのにもちいる。▽数の10は「一十」といったが、のちに、たんに十というようになった。

十のつく漢字グループ
「十」のグループは「まとめてしめくくる」「いろいろなものをあつめる」というイメージがある。
→計945 →針1024

意味 ❶数の単位。10の位をあらわす。また数の10。とお。❷じゅうばんめ。❸すべて。ふそくのないこと。「十分」

参考 「ジッ」は、「ジュッ」とも読む。

難しい読み 十人十色・十八番(じゅうはち・おはこ)・十重二十重

名まえで使う読み かず・しげ・じつ・じゅう・そ・ただ・と・とお・とみ・ひさし・みつ・みつる

【十六夜】いざよい ①陰暦の一六日の夜。②「十六夜の月」のりゃく。①に出る月。参考 一五日の月(=満月)より少しおくれて、ためらうように出る月のいみ。

【十干】じっかん 木・火・土・金・水の五行を、兄と弟に分けたもの。むかし、十二支と組み合わせて年月をあらわすのにつかった。

【十指】じっし ①ひとりの人の手の、一〇本のゆび。例 十指に余る(=数が、一〇より多い)。②多くの人のゆび。例 十指のさすところ、これはまちがいのない事実だ。

【十進法】じっしんほう 一〇の一〇倍が一〇〇になるように、一〇倍ごとにくらいどりがすすむかぞえ方。一・十・百・千・万…のようになる。

【十中八九】じっちゅうはっく 四字熟語 一〇のうち八か九。おおかた。ほとんど。例 合格は十中八九まちがいない。

【十手】じって 江戸時代、犯人をつかまえるのにつかった金属の棒。手もとにかぎのあるみじかい棒がついている。

十手

【十五夜】じゅうごや ①むかしのこよみで、毎月十五日の夜。②むかしのこよみで、とくに八月十五日の夜。お月見をする。

【十三夜】じゅうさんや 陰暦で、一三日の夜。とくに、九月一三日の夜。参考 この夜の月は十五夜の月についで美しいとされ、「豆名月」「くり名月」という。

【十字】じゅうじ ①一〇個の文字。例 十字で書く。②十の字の形。例 赤十字。

【十字▼架】じゅうじか ①むかし、罪人をはりつけにした、十字の形の柱。例 十字架にかける。②キリスト教を信仰する人たちが、おいのりをしたり、身につけてお守りにする、十字の形のしるし。

【十字路】じゅうじろ 道が十の形にまじわっているところ。四つ角。よつつじ。例 十字路を右にまがる。

【十二支】じゅうにし むかしの、方向・時刻・年・日などのあらわし方。一二の動物の名前をあてはめてある。参考 子(=ネズミ)・丑(=ウシ)・寅(=トラ)・卯(=ウサギ)・辰(=リュウ)・巳(=ヘビ)・午(=ウマ)・未(=ヒツジ)・申(=サル)・酉(=ニワトリ)・戌(=イヌ)・亥(=イノシシ)。

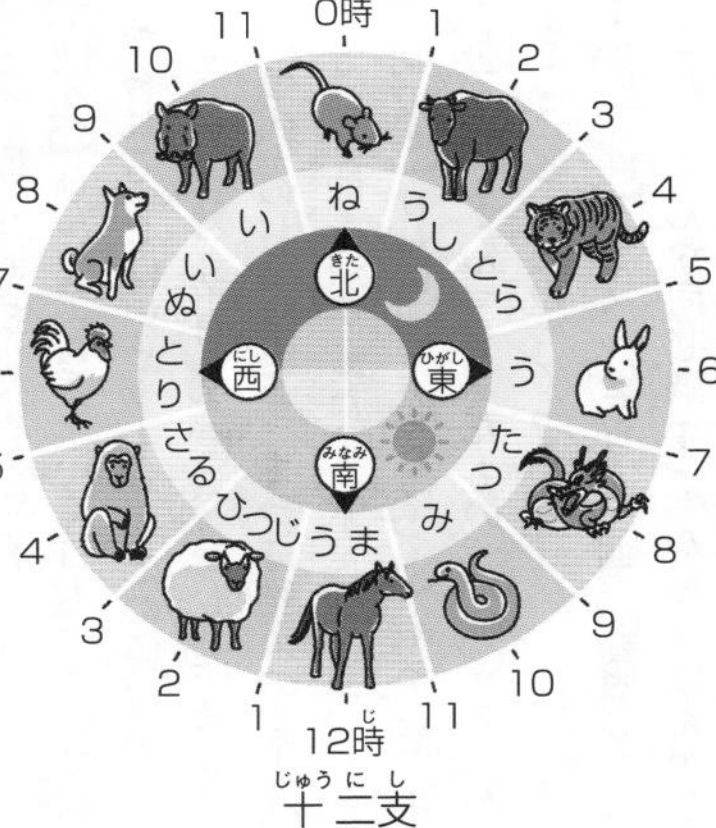

十二支

【十二分】じゅうにぶん じゅうぶんすぎるほど、たっぷりとあるようす。例 十二分に満足しております。参考 「十分」を強めた言い方。

【十人十色】じゅうにんといろ 四字熟語 一〇人よれば、みんな顔かたちがちがうように、人はそれぞれ、このみや考え方がちがうということ。

【十年一日】じゅうねんいちじつ 四字熟語 一〇年がまるで一日であるかのように、いつまでもかわらずに、同じことをくりかえしていること。

【十八番】じゅうはちばん／おはこ（歌舞伎俳優の市川家がとくいな一八のしばいのいみから）とくいな芸。

【十文字】じゅうもんじ 「十」の字のように、線がたて横にまっすぐまじわった形。

【十重二十重】とえはたえ 物がいくえにも多くかさなるさま。例 十重二十重にとりかこむ。

【十日】とおか ①一日の一〇倍。②毎月の十番めの日。例 一月十日。

下につく熟語 ＊二十（はたち・にじゅう）

十－1画

【千】

3画 1年 〔千〕明朝

音 セン 訓 ち

※上にくる音により「ゼン」ともよむ。

千 千

1画めは左ばらいで書き、2画めの方を長く書く。3画めの最後は止めてもよい。

一 二 千

なりたち 会意

人に一を合わせた字。ひとつの人のあつまりのようすから、数の一〇〇〇（一千）をあらわした。また、数の一〇〇〇の位をあらわすのにもちいる。

意味 ❶数の単位。一〇〇〇の位をあらわす。また数の一〇〇〇。❷ひじょうにたくさん。「千変万化」

参考 カタカナ「チ」のもとになった字。

難しい読み 千変万化・千草・千▼歳・千代紙

名まえで使う読み かず・せん・ち・ゆき

【千客万来】せんきゃくばんらい 四字熟語 多くの客が次から次へとやってくること。

【千金】せんきん ひじょうにたくさんのお金。参考 たいへんなねうちのたとえにつかう。

【千軍万馬】せんぐんばんば 四字熟語 ①戦場で何度もたたかって、たたかいの経験がゆたかなこと。例 千軍万馬のつわもの。②世の中の経験がゆたかなこと。例 千軍万馬の政治家。参考 もとは、多くの兵士（＝千軍）と、いくさにつかう多くの馬（＝万馬）のいみ。

【千古】せんこ ①大むかし。②永久。永遠。

【千▼載一▼遇】せんざいいちぐう 四字熟語 一〇〇〇年に一度しか出会えないほどのよい機会であること。例 千載一遇のチャンス。参考「載」は年のこと。

【千差万別】せんさばんべつ 四字熟語 多くのものがいろいろにちがっていること。種々さまざま。例 出身校は千差万別だ。

【千秋楽】せんしゅうらく いく日もつづいておこなわれる、しばいやすもうなどの興行の、さいごの日。対 初日 参考 むかし、法会（＝仏教の儀式）のおわりに、きまって雅楽の「千秋楽」という曲を演奏したことから。

【千羽▼鶴】せんばづる おり紙でつくったツルを糸でたくさんつないだもの。参考 病気がなおることをいのってつくる。

【千編一律】せんぺんいちりつ 四字熟語 どれもこれもみんな同じ調子で、かわりばえがしないでおもしろみのないこと。例 千編一律のホームドラマばかりでうんざりする。参考「千編」は、多くの詩のいみ。「一律」は、同じ調子のいみ。

【千変万化】せんぺんばんか 四字熟語 さまざまにかわること。例 千変万化の景色。

【千里眼】せんりがん ひじょうに遠くのものを見とおす力。また、その力をもつ人。

【千里の道も一歩より始まる】せんりのみちもいっぽよりはじまる 句 どんな大きな計画も、はじめは手近なところからはじまるということのたとえ。

【千両役者】せんりょうやくしゃ 四字熟語 演技がじょうずで、人気も地位も高い役者。参考千両ものお金をもらえる役者といういみから。

【千▼慮の一失】せんりょのいっしつ 故事成語 かしこい人でも多くの考えの中には一つぐらいまちがいがあるということ。また、じゅうぶん注意しても、思いがけないしっぱいはおこるということ。

【千草】ちぐさ いろいろな草花。例 庭の千草。

【千鳥】ちどり チドリ科の鳥のこと。海べなどにすむ。あしの指が三本で、後ろがわの指のないものが多い。

【千鳥足】ちどりあし 酒によった人の、ふらふらとした歩き方。参考 左右にむきをかえて歩く千鳥の歩き方ににていることから。

【千代紙】ちよがみ 日本にむかしからつたわるもようをたくさんの色をつかってすった紙。

下につく熟語 一▼騎当千・海千山千

【干】3画 干部0画→347ページ

十－2画

【午】4画

2年 〔午〕明朝 音 ゴ 訓 うま*

4画めは、2画めの上から出さないようにし、最後は止めてもはらってもよい。

ノ 𠂉 𠂉 午

なりたち 象形 もちをつく「きね」をえがいた字。

午 のつく漢字グループ

「午」のグループは「交差する」というイメージがある。

→御(=彳+午+止+卩)381 →許948

意味 ❶十二支の第七番め。時刻ではひるの一二時、またはその前後二時間にあてる。動物では、うま。「初午」 ❷ひる。ひるの一二時。「午後」 ❸方角の、みなみ。「子午線」

注意 「牛」とまちがえないこと。

名まえで使う読み うま・ご・ま

【午後】ごご 昼の〇時から夜中の一二時まで。昼すぎの時間。対 午前

【午▽餐】ごさん 昼の食事。昼食。例 午餐会(=昼食会)。参考 「餐」は、飲食するいみ。

【午▼睡】ごすい ひるね。

【午前】ごぜん 夜中の〇時から昼の一二時までの時間。昼前の時間。対 午後

下につく熟語 正午・*端午

十－2画

【升】4画

常用 〔升〕明朝 音 ショウ 訓 ます

なりたち 会意 斗(ひしゃく)とノ(つかむところ)を合わせた字。ひしゃくをもち上げるようすをあらわした。

意味 ❶むかしの容積の単位。合の一〇倍。一升は約一・八リットル。❷ます。「▼升目」

名まえで使う読み たか・のぼる・のり・ます・みのる・ゆき

【▼升目】ますめ ますのように四角く区切られたもの。例 原稿用紙の升目の中に字を書くこと。

十－2画

【廿】4画

人名 〔廿〕明朝 音 — 訓 にじゅう

意味 数の20。にじゅう。

【支】4画 支部0画→522ページ

【斗】4画 斗部0画→535ページ

十－3画

【半】5画

2年 〔半〕明朝 音 ハン 訓 なかば

※上にくる音により「パン」ともよむ。

1・2画めは内向き。4画めは3画めより長く。6画めは止めてもはらってもよい。

丶 丷 䒑 兰 半

ミニ知識 筆順早おぼえ 「祭」―右から月がヌっと出て 二人の小人がうかれる祭り

半(半)

なりたち 形声 八+牛→半(半)

もとの字は「半」。八(分けるしるし)と牛を合わせた字。物を二つに分けることをあらわした。

半のつく漢字グループ
「半」のグループは「二つに分ける」というイメージがある。
→伴72 →判132 →畔747 →絆848

意味 ❶はんぶん。なかば。「半額」 ❷完全でない。「半▼端」

難しい読み 半身(はんしん・はんみ)・半▼端

名まえで使う読み なか・なかば・なからい・はん

【半永久】はんえいきゅう ほとんど永久に近いこと。例 半永久的な建物。

【半円】はんえん 円を二等分したその一つ。

【半音】はんおん 音楽で、音の高さの差をあらわすことば。全音にたいして半分の音の高さ。半音上げるときは♯(シャープ)、下げるときは♭(フラット)を音符のよこにつける。対 全音

【半額】はんがく きまった金額の半分。対 全額

【半可通】はんかつう よく知らないのに知っているふりをすること。またその人。知ったかぶり。

【半官半民】はんかんはんみん 四字熟語 政府といっぱんの会社とがお金を出して、いっしょに仕事をするやり方。例 半官半民の鉄道。

1【半期】はんき ①ある期間の半分。②一年の半分。例 半期に一度の大安売り。

2【半旗】はんき 国などのたいせつな人が死んだとき、かなしみの気もちをあらわすため、はたざおのさきから三分の一ほどさげてかかげる、国旗などのはた。

【半休】はんきゅう 半日だけ仕事を休むこと。半日休暇。

【半径】はんけい 円の中心と、円の線上のある一点をむすんだ直線。対 直径

【半夏生】はんげしょう 雑節の一つ。夏至から十一日めで、七月一日~二日ごろ。

【半月】一 はんげつ 半分ほどかけた月。二 はんつき 一か月の半分。

【半減】はんげん 半分にへること。また、半分にへらすこと。

【半紙】はんし 習字などにつかう、うすい和紙。

【半死半生】はんしはんしょう 四字熟語 今にも死にそうなこと。例 半死半生のけが人。

【半周】はんしゅう 周囲の半分。また、周囲の半分を回ること。例 地球を半周する。

【半熟】はんじゅく (たまごの黄身が)かたくならないていどに、ゆでること。

1【半焼】はんしょう 火災などで、建物などが半分くらいやけること。対 全焼

2【半▼鐘】はんしょう 火の見やぐらなどにとりつけてある小さなつりがね。火事などを知らせる。

> **漢字博士になろう!**
> **がんだれがあっても、ふるとり!?**
> わたり鳥の「かり」は、「雁」と書きます。音読みは「がん」で、この字の「厂」をとって「がんだれ」という部首のよび方ができました。ところがこの字は、「隹」の部にはいる字なのです。
> 「隹+亻+厂」で、きそく正しくならんでとぶ、「かり」をあらわす字なのです。

【半身】一 はんしん からだ全体の半分。二 はんみ ①からだをななめにするしせい。例 半身の構え。②料理をするため魚をせにそって二つにひらいたときの片方。

【半信半疑】はんしんはんぎ 四字熟語 なかば信じ、なかば疑うこと。ほんとうかどうかわからなくて、まようこと。例 レギュラー選手になれたなんて、まだ半信半疑だ。

【半数】はんすう 全体の数の半分。例 国民の半数以上が反対する。

【半生】はんせい 一生の半分。また、それまでの人生。例 遺跡の発掘に半生をささげる。

【半▼袖】はんそで ひじまでの長さのそで。また、そのようなそでの服。

【半▼濁音】はんだくおん ぱ・ぴ・ぷ・ぺ・ぽ・ぴ

や・ぴゅ・ぴょの八つの音のこと。対清音・濁音。

【半島】はんとう 海にむかって長くつき出ている陸地。例「なまはげ」で有名な、男鹿半島。

【半導体】はんどうたい 導体（＝電気をとおすもの。鉄・銅など）と絶縁体（＝電気をとおさないもの。ゴム・ガラスなど）の中間にある物質。温度を上げたり、光をあてたりすると電気をとおす性質がある。シリコンなど。

【半年】はんとし 一年の半分。六か月。

【半人前】はんにんまえ ①ひとり分の半分。②ある分野で、まだ一通りのことができる能力がないこと。例料理人としては、まだまだ半人前だ。対①②一人前

【半値】はんね 半分のねだん。半額。

【半農半漁】はんのうはんぎょ 農業も漁業もやって生活していること。

【半▼端】はんぱ ①ものが全部そろっていなかったり、ものごとがすっかりおわっていなかったりして、完全ではないこと。例中途半端。②ちょうどの数より多くて、あまった分。端数。例計算したら、半端が出た。

【半半】はんはん 半分ずつ。例財産を半々に分ける。参考ふつう「半々」と書く。

【半病人】はんびょうにん ひどくつかれて、まるで病人のようによわっている人。例ほおがやせ、目がくぼみ、まるで半病人だ。

【半分】はんぶん ①ちょうどまんなかから二つに分けた一つ。②完全にそうではないが、あるていどそうなっているようす。例おもしろ半分。／遊び半分。

【半面】はんめん ①顔の半分。②ものごとのある一方だけの面。例半面の真理。

使い分け　はんめん　半面・反面

【半面】顔の半分。ものごとの半分の面。例サッカーグラウンドの半面をつかって練習をする。

【反面】反対がわの面。一方から見たところ。例仕事にはきびしい反面、家族にはやさしい父。／反面教師。

上につく熟語 *半世紀・*半▼濁点

下につく熟語 *過半・後半・折半・前半（ぜんはん・ぜんぱん）・大半・夜半

【古】5画 口部2画 →189ページ

【平】5画 干部2画 →347ページ

【汁】5画 水部2画 →648ページ

【早】6画 日部2画 →548ページ

【克】7画 儿部5画 →101ページ

【求】7画 水部2画 →647ページ

【辛】7画 辛部0画 →1006ページ

十－6画

【協】

8画 4年 〔協〕明朝

音 キョウ　訓 ―

「十」は縦長に書き、2画めの最後は止める。3つの「力」は△形に組み立てる。

なりたち 形声 劦（たくさんの力を合わせる）と十（ひとまとめ）を合わせた字。力を一つに合わせることをあらわした。

意味 力を合わせる。「協力」

名まえで使う読み かな・かのう・きょう・やす

【協会】きょうかい ある目的のために、会員が力を合わせてつくっている会。例交通安全協会。

【協議】きょうぎ 大勢の人が、ものごとをきめるために話し合うこと。

【協賛】きょうさん もよおしものなどの計画

ミニ知識 筆順早おぼえ 「巣」―ツまらぬ日は 木にのぼって 巣をさがす

に賛成して、協力すること。例 この大会は、飲料会社が協賛している。

【協奏曲】きょうそうきょく ひとりで演奏する楽器とオーケストラとの合奏曲。コンチェルト。

【協調】きょうちょう ものごとをうまくすすめるために、みんなで力を合わせること。

【協定】きょうてい そうだんしてきめること。また、きめたことがら。とりきめ。

【協同】きょうどう みんなが力や心を合わせて、ものごとをすること。例 協同組合。

使い分け きょうどう「共同・協同」→(110ページ)

【協力】きょうりょく あることをやりとげるために、力を合わせること。例 協力して町をきれいにする。

【協和】きょうわ 心を合わせてなかよくすること。例 諸国民と協和する。

下につく熟語 *漁協・*生協・▼妥協・農協

十－6画

【卒】

8画 4年 〔卒〕明朝

音 ソツ
訓 —

※下にくる音により「ソッ」ともよむ。

1画めは点でもよい。7画めを一番長く書く。8画めの最後は止めてもよい。

なりたち 会意 衣-卒

衣の下の部分にノをつけた字。しるしをつけたそろいの着物を着た人たちをあらわした。一〇人ずつまとめて引きつれられる、位のひくいへいたいのこと。小さくまとめてひきしめることから、さいごにしめくくるいみもあらわす。

卒のつく漢字グループ

「卒」のグループは「小さくまとまる」「小さくて細かい」「細くひきしまる」というイメージがある。常用漢字のつくりでは「卆」になる。

→砕785 →粋833 →翠871 →酔1011

意味 ❶めしつかい。くらいのひくいへいたい。「兵卒・従卒」❷きゅうに。とつぜん。「卒▼倒」❸おわる。おえる。「卒業・新卒」

注意 「率(そつ・りつ)」とまちがえないこと。

名まえで使う読み そつ・たか

【卒園】そつえん 幼稚園・保育園を卒業すること。

【卒業】そつぎょう 学校できめられた学業のすべてをおえて、その学校を出ること。対 入学

【卒▼寿】そつじゅ 九〇歳のこと。また、その祝い。参考 「卒」は「九十」と書くことがあり、そのとき「九」と「十」に分解できることから。

【卒中】そっちゅう 脳の血管がやぶれたりつまったりしておこる病気。脳卒中。

【卒▼倒】そっとう きゅうに意識をうしなって、たおれること。

【卒▼塔▼婆】そとば/そとうば 死者をなぐさめるため、はかのうしろに立てるうすくて細長い板。お経の文字や戒名(=仏教で死者につける名前)などを書く。

下につく熟語 *学卒・*▼既卒・*何卒

十－6画

【卓】

8画 常用 〔卓〕明朝

音 タク
訓 —

なりたち 会意 早(はやい→先頭になる)と匕(=人)を合わせた字。人の先頭に出ていくようすをあらわした。

意味 ❶すぐれている。「▼卓▼越」❷つくえ。「食▼卓・円▼卓・教▼卓」

名まえで使う読み たか・たかし・たく・つな・とお・まこと・まさる・もち

【▼卓▼越】たくえつ とびぬけてすぐれていること。卓抜。例 卓越した技術。

【▼卓上】たくじょう つくえやテーブルの上。例 卓上カレンダー。

【▼卓説】たくせつ すぐれた考え・説。例 高論卓説。

【卓▼抜】たくばつ ほかよりもはるかにすぐれていること。卓越。例 卓抜したアイディア。

【▼卓球】たっきゅう ネットをはった台の上で、たまをラケットでうち合う競技。ピンポン。

【▼卓見】たっけん ひじょうにすぐれた考えや意見。

【阜】8画 阝部0画→438ページ

【枠】8画 木部4画→589ページ

【直】8画 目部3画→771ページ

十－7画

【南】

9画 2年 〔南〕明朝

音 ナン・ナ*
訓 みなみ

3・4画めの縦画は内向きに。9画めは7画めの上に出ず、最後は止めてもよい。

一 十 𠂉 冂 门 丙 南 南 南

なりたち 会意 屮(草の芽)と八(左右に分かれる)と羊(さしこむしるし)を合わせた字。あたたかい小屋に草木を入れて、早く芽を出させようとするようすをあらわした。太陽のあたたかみをとり入れることから、その方角の「みなみ」をあらわした。

意味 方角の、みなみ。「南下」対北

難しい読み 南無▽阿▽弥▽陀仏

名まえで使う読み あけ・なみ・なん・みな・みなみ・よし

【南▼緯】なんい 赤道を0度として、南へはかった緯度。対北緯

【南下】なんか 南へすすむこと。例 低気圧が南下してきた。対北上

【南▼極】なんきょく ①地球の南のはし。例 南極大陸。②じしゃくで、北をさす極(=N極)のはんたいの極(=S極)。対①②北極

【南国】なんごく 南のほうの、あたたかい国・地方。対北国(きたぐに・ほっこく)

【南船北馬】なんせんほくば 四字熟語 〔中国で、南の地方は、川が多いので船にのり、北の地方は山や野原が多いので、馬にのって行くということから〕あちらこちらといそがしく旅行をすること。

【南▼端】なんたん ある土地の南のはずれ。南のはし。対北端

【南中】なんちゅう 太陽や星が子午線の上にくること。

【南▼蛮】なんばん ①むかし、日本で、南の国々(今の東南アジア)をさしていったことば。②むかし、スペイン・ポルトガルをまとめていったことば。

【南洋】なんよう 太平洋の西、赤道近くの海。また、そのあたりにあるたくさんの島々。

【南回帰線】みなみかいきせん 地球の南緯二三度二七分の線。冬至の日にこの線のま上に太陽がくる。対北回帰線 参考→「回帰線」(221ページ図)。

【南十字星】みなみじゅうじせい おもに南半球で見える、十字の形にならんだ四つの星。参考 十字のたて線がいつも南を指すため、古くから航海の目印とされた。

【南半球】みなみはんきゅう 地球の赤道より南の部分。対北半球

下につく熟語 指南

十－7画

【卑】

9画 常用 十－6画〔卑〕8画 人名 〔卑〕明朝

音 ヒ
訓 いやしい・いやしむ・いやしめる

意味 ❶下品である。いやしい。「▼卑▽怯」❷へりくだる。「▼卑下」

【▼卑▽怯】ひきょう ①性質やおこないが、いやしいこと。例 だますとは卑怯だ。②いくじのないこと。おくびょう。例 敵を前にしてにげるとは卑怯だ。

【▼卑近】ひきん 身近で分かりやすいこと。ありふれていること。例 卑近な話題。

【卑屈】ひくつ いくじがなくて、おこないや心がいやしいこと。例 態度が卑屈になる。

【卑下】ひげ 自分をおとっていると考え、ひくめること。例 そんなに自分を卑下しないでください。

【卑小】ひしょう ねうちがなくて、とるに足りないこと。例 卑小な存在。／卑小な考え。

【卑俗】ひぞく いやしくて、品がないこと。例 卑俗な歌。

【卑劣】ひれつ おこないなどがいやしく、おとっていること。例 卑劣な男。

下につく熟語 野卑

【単】9画 ッ部6画→449ページ
【計】9画 言部2画→945ページ
【真】10画 目部5画→776ページ
【索】10画 糸部4画→840ページ
【針】10画 金部2画→1024ページ
【隼】10画 隹部2画→1044ページ
【乾】11画 乙部10画→36ページ
【率】11画 玄部6画→726ページ
【章】11画 立部6画→816ページ

十－10画

【博】 12画

4年

〔博〕明朝

音 ハク・バク*

訓 ―

「十」は縦長に、2画めの最後は止める。9画めの点を忘れずに。10画めを長く。

なりたち 形声 →博(博)

もとの字は「博」。尃と十(あつめそろえるしるし)を合わせた字。尃は、甫(たいら)と寸(手)を合わせて、たいらにしきつめるようす。博は、多くのものがたいらに広がることをあらわした。

→甫741

尃のつく漢字グループ

「尃」のグループは「平らにしきつめる」「すきまなくくっつく」というイメージがある。常用漢字では「専」になる。

→博168 →薄404 →敷(尃＋攵)532
→簿831 →縛861

意味 ❶広くいきわたる。「博愛」 ❷ばくち。「博徒・賭博」 ❸「博士」のりゃく。「医博」

難しい読み 博士(はくし・はかせ)・博打・博労

名まえで使う読み とおる・はか・はく・ひろ・ひろし・ひろむ

【博愛】はくあい 分けへだてなく、広く人々を愛すること。

【博学】はくがく 広くいろいろの学問にくわしいこと。例 博学多才。

【博士】㊀はくし ある学問をふかく研究し、その研究についての論文がしんさに合格した人に、大学からさずけられる学位。例 文学博士。／理学博士。㊁はかせ ①あることについて、よく知っている人。例 もの知り博士。②博士のこと。

【博識】はくしき 広くいろいろなことを知っていること。また、その人。

【博打】ばくち ①お金や品物をかけて、勝ち負けをきそうこと。ギャンブル。②結果を運にまかせて、大成功を期待すること。例 一か八かの博打をうつ。

【博物館】はくぶつかん 自然や文化などのいろいろな資料を集めて整理し、みんなに見せるところ。

【博聞強記】はくぶんきょうき 四字熟語 何でもよく知っていて、それをよくおぼえていること。例 博聞強記で知られる教授。参考「博聞」は、ものごとを広く聞いて、よく知っていること。「強記」は、記憶力がよいこと。

卜の部（ぼく・うらなう）
0画 卜
3画 占
6画 卦
2画

【博覧会】はくらんかい 物づくりや、技術をさかんにするため、いろいろな土地の製品をあつめて、多くの人に見せるもよおし。例 万国博覧会。／花の博覧会。

【博覧強記】はくらんきょうき 四字熟語 広く本を読んで、よくおぼえていること。

【博労】ばくろう 牛や馬を売買する商人。

【喪】12画 口部9画→216ページ

【幹】13画 干部10画→351ページ

【準】13画 水部10画→684ページ

2画 卜 ぼく うらなう

なりたち 卜

かめの甲などにやいた棒をあててできた、ひび割れをえがいたもの。「うらない」に関係した字をあつめる。

この部首の字
0画 卜 169
3画 占 169
6画 卦 169

ほかの部首の字
上→一部 12　止→止部 623　外→夕部 252
朴→木部 582　卓→十部 166　点→灬部 697　訃→言部 946　貞→貝部 976
赴→走部 989　掛→扌部 509

卜-0画
【卜】2画
人名 〔卜〕明朝
音 ボク
訓 うらなう

意味 うらなう。うらない。「卜▽占」

名まえで使う読み うら

【上】3画 一部2画→12ページ

【止】4画 止部0画→623ページ

卜-3画
【占】5画
常用 〔占〕明朝
音 セン
訓 しめる・うらなう

なりたち 会意 卜（うらない）と口（物や場所のしるし）を合わせた字。うらないをして、一つの物や場所をえらんできめることをあらわした。

占のつく漢字グループ
「占」のグループは「一定の場所にくっつく」というイメージがある。
→店 355 →点 697 →粘 834 →貼 981 →鮎 1099

意味 ❶うらなう。うらない。「▽占星術」 ❷しめる。自分のものにする。「▽占領・▽占拠・▽占用」

名まえで使う読み うら・しめ・せん

【▽占拠】せんきょ ある場所を自分のものにし、ほかの人が近づいたり、はいれないようにすること。例 道路を占拠する。

【▽占有】せんゆう 自分のものとすること。

使い分け せんゆう「専有・占有」→（310ページ）

【▽占領】せんりょう ①よその国の領土を軍隊の力で思いどおりにすること。②ある場所をひとりじめにすること。例 席を占領する。

下につく熟語 独▽占・＊星▽占い・＊買い▽占め

【外】5画 夕部2画→252ページ

【朴】6画 木部2画→582ページ

卜-6画
【卦】8画
表外 〔卦〕明朝
音 カ・ケ
訓 ―

意味 うらないで、うんせいの良し悪しをみる

ミニ知識 筆順早おぼえ 「局」―コノ さきの フロまがれば ゆうびん局

ふしづくり
卩・㔾の部
3画 卯
4画 印

ための形。け。

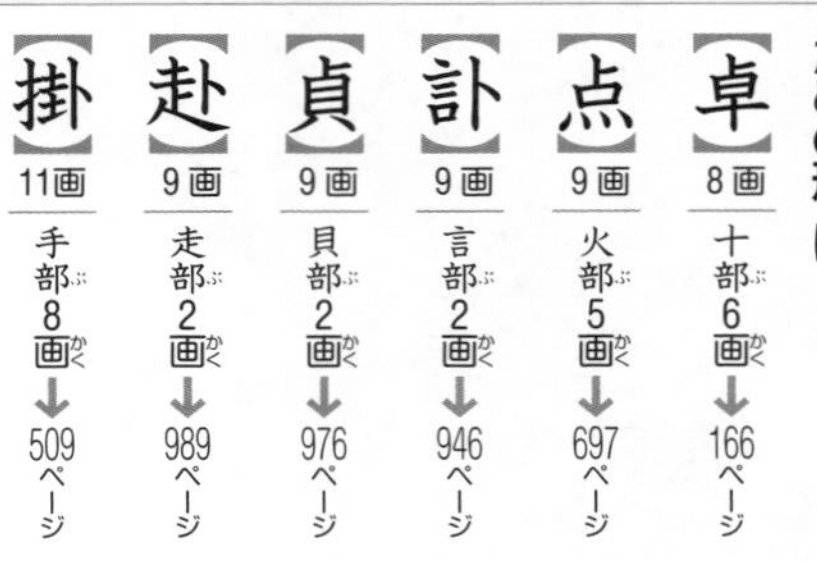

【卓】8画 十部6画→166ページ
【点】9画 火部5画→697ページ
【計】9画 言部2画→946ページ
【貞】9画 貝部2画→976ページ
【赴】9画 走部2画→989ページ
【掛】11画 手部8画→509ページ

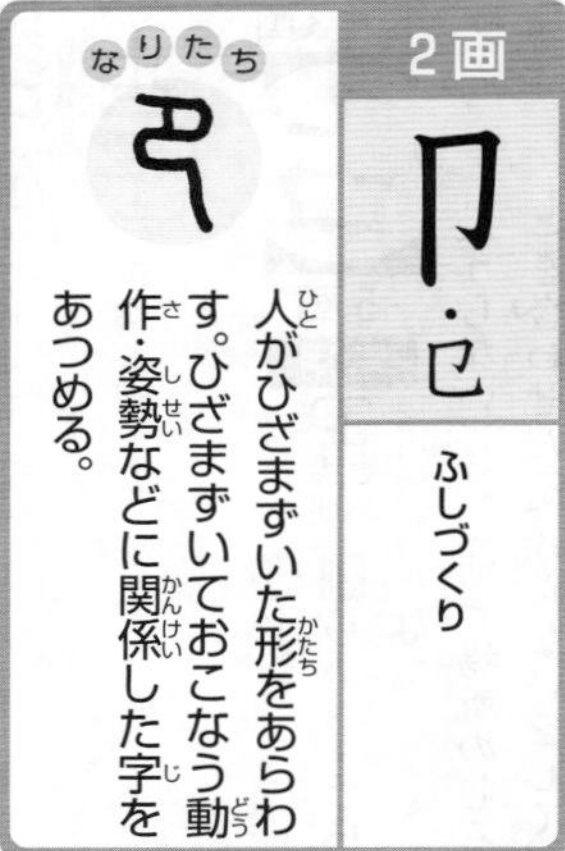

2画 卩・㔾 ふしづくり

なりたち

人がひざまずいた形をあらわす。ひざまずいておこなう動作・姿勢などに関係した字をあつめる。

この部首の字

3画 卯 170　4画 印 170　4画 危 171
5画 却 171　5画 即 172　5画 卵 172　6画 巻 338　7画 卸 173
7画 卽 172　10画 卿 173

ほかの部首の字

厄→厂部 173　叩→口部 190　犯→犭部 719　脚→月部 891　御→彳部 381

【厄】4画 厂部2画→173ページ

卩－3画
【卯】5画
人名 〈卯〉明朝
音 ボウ
訓 う

なりたち 象形

反対向きになっている門のとびらをえがいた字。

卯のつく漢字グループ

「卯」のグループは「両がわにあける」というイメージがある。このイメージは「するとすべってとまる」というイメージにつながる。
→昴 556　→柳 594　→留 747　→貿 982

意味 ❶十二支の四番め。時刻では午前六時、またはその前後二時間。動物では、うさぎ。❷方角の、ひがし。

名まえで使う読み あきら・う・しげ・しげる

参考 【卯月】うづき 陰暦の四月のよび名。今の五月ごろにあたる。

【叩】5画 口部2画→190ページ

【犯】5画 犬部2画→719ページ

卩－4画
【印】6画
4年 〈印〉明朝
音 イン
訓 しるし

※上にくる音により「じるし」ともよむ。

「卩」は左側の部分よりも下げて書く。4画めは右上にはらってもよい。

なりたち 会意 爫(下向きの手)と卩(ひざまずいた人)を合わせた字。手でおさえつけて人をひざまずかせるようすを図にして、上からおさえてしるしをつけることをあらわした。

意味 ❶はんこ。「印象・印刷」「印▼鑑・▼押印」 ❷しるし。しるす。

注意 右がわの部分を「卩」と書かないこと。

参考 インドを「印度」と書くことがある。

名まえで使う読み あき・いん・おき・おし・かね・しる

【印画紙】いんがし 写真のやきつけや引きのばしにつかう紙。光と反応する薬品がぬってある。

【印▼鑑】いんかん ①はんこ。②自分のはんこであることを証明するために、前もって役所にとどけておくはんこ。実印。例 印鑑証明。

【印刷】いんさつ 文字や絵などを版にして、そのおもてにインキをつけ、紙などにうつすこと。例 印刷所ではたらく。

【印紙】いんし 税金や手数料をはらったしるしとしてはる、切手ににた紙。収入印紙。

【印字】いんじ プリンターなどの機械で、文字を印刷すること。また、その文字。

【印象】いんしょう 見たり聞いたりしたものから、心にうける感じ。例 はじめて会う人に、よい印象をあたえる。

【印象的】いんしょうてき 強く心に残るようす。例 印象的な演技。

【印肉】いんにく はんこをおすときにつかう、朱色をしみこませたもの。朱肉。

【印判】いんばん はんこ。はん。印章。

下につく熟語 *金印・消印・*検印・刻印・実印・調印・旗印・▼封印・目印・矢印

㔾－4画

【危】

6画　6年　〔危〕明朝

音 キ　訓 あぶない・あ*やうい・あ*やぶむ

危　危

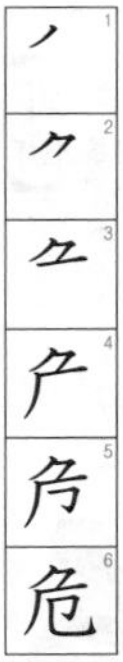

3画めは右上がりに書く。6画めは底辺の長い曲がりで書く。

ノ　⺈　⺈　产　产　危

なりたち 会意 ク(人)と厂(がけ)と㔾(しゃがんだ人)を合わせた字。人ががけからおちて、うずくまるようすから、あぶないことをあらわした。

意味 あぶない。あやぶむ。「危険」

【危害】きがい 人をきずつけたり、ころしたりするような害。例 危害をくわえる。

【危機】きき あぶないときや場合。例 危機がせまる。/危機管理。

【危機一▼髪】ききいっぱつ 四字熟語 今にもあぶないことがおこりそうな、せとぎわ。参考 一本の髪の毛で、ひじょうにおもいものをつりあげるといういみから。注意 「危機一発」と書かないこと。

【危急存亡の秋】ききゅうそんぼうのとき 故事成語 危険が目の前にせまっていて、生きのこれるかほろびるかの重大な分かれめのとき。参考 「危急」は、危険がせまっていること。「存亡」は、生きのこるかほろびるかということ。「秋」は、だいじなときのいみで、「とき」と読む。

【危▼惧】きぐ あるものごとの結果を心配しておそれること。気がかり。例 あすの天候が危惧される。/絶滅を危惧する。

【危険】きけん あぶないこと。対 安全

【危▼篤】きとく 病気がおもく、死にそうなこと。

卩－5画

【却】

7画　常用　〔却〕明朝

音 キャク　訓 —

なりたち 形声 去(へこんで引き下がる)と卩(ひざをまげる人)を合わせた字。人が後ずさりしていくようすをあらわした。→去176

意味 ❶しりぞく。「退▼却」 ❷なくす。「返▼却」

【▼却下】きゃっか 裁判所や役所などが、うったえや願いごとをとりあげず、さしもどすこと。

と。例 マンション建設反対のうったえを却下する。

下につく熟語 ▼棄▼却・▼償▼却・焼▼却・▼脱▼却・売▼却・忘▼却・冷▼却

卩－5画

【即】

7画 常用

卩－7画 【卽】9画 人名

〔即〕明朝

音 ソク

訓 つく*・すなわち*

意味 ❶その位につく。「▼即位」 ❷ただちに。すぐに。「▼即売」 ❸とりもなおさず。すなわち。ほかでもなく。

名まえで使う読み あつ・そく・ただ・ちかし・ひと・みつ・より

【▼即位】そくい 天皇や王がくらいにつくこと。対 退位

【▼即応】そくおう そのときのようすによく合うこと。例 時代に即応した考え。

【▼即座】そくざ すぐそのとき。すぐにその場で。例 即座に実行する。

【▼即死】そくし その場ですぐに死ぬこと。

【▼即時】そくじ すぐそのとき。例 一一九番通報があれば、即時に出動する。

【▼即日】そくじつ すぐその日。例 市長選挙は即日開票される。

【▼即製】そくせい その場ですぐにつくること。使い分け そくせい「促成・速成・即製」↓(80ページ)

【▼即席】そくせき その場ですぐにすること。また、すぐにできること。例 即席ラーメン。

【▼即戦力】そくせんりょく 訓練をしなくても、すぐにたたかえる力があること。またその人。例 即戦力として、いきなりレギュラーになった。

【▼即断】そくだん その場で、すぐにきめること。

使い分け そくだん 即断・速断

【即断】その場ですぐにきめること。例 即断をせまられる事態。／即断即決。

【速断】はやくきめること。また、よく考えないできめること。例 速断をさける。／速断はしっぱいのもと。

【▼即答】そくとう その場ですぐに答えること。

【▼即売】そくばい その場ですぐ売ること。

【▼即物的】そくぶつてき ①理解や表現が、その物の見たままのすがたにしたがおうとするようす。②物やお金を優先して考えるようす。例 即物的な価値観。参考「即物」は、自分の考えをいれず、その物のあるがままのすがたから見たり考えたりするようす。

【▼即▼妙】そくみょう その場の状況におうじて、すぐに出せる知恵。機転。例 当意即妙(=その場に合わせてじょうずに対応すること)。

【▼即興】そっきょう その場で感じたおもしろみを、すぐに詩や歌などにつくること。例 即興曲。／即興で詩をつくる。

【▼即金】そっきん その場ですぐにお金をはらうこと。また、そのお金。例 即金で車を買う。

【▼即決】そっけつ ものごとを、すぐその場できめること。例 即断即決。

1【▼即行】そっこう すぐおこなうこと。

2【▼即効】そっこう すぐにききめがあらわれること。

使い分け そっこう「速効・即効・即行・速攻」↓(417ページ)

【▼即効性】そっこうせい すぐに効果があらわれる性質。例 即効性のある治療法。

【▼即刻】そっこく すぐ。ただちに。例 工事を即刻中止するよう申し出る。

卩－5画

【卵】

7画 6年

〔卵〕明朝

音 ラン*

訓 たまご

2画めは折って右上にはらう。4・7画めの最後は止めてもよい。

なりたち 象形

まるくつらなっている、魚やカエルのたまごをえがいた字。

意味 たまご。「産卵」

【卵子】らんし　めすのからだでつくられる、子どものもとになる細胞。おすの精子とむすびついて、子どもが生まれる。対 精子

【卵巣】らんそう　動物のめすのからだにあり、卵子をつくる器官。対 精巣

上につく熟語 *卵形・*卵黄・*卵白

下につく熟語 *魚卵・鶏卵・生卵・*半熟卵

卩－7画

【卸】

9画 常用 〔卸〕明朝

音 —
訓 おろす・おろし

意味 問屋が店に品物を売りわたす。おろす。おろし。「卸売り・棚卸し」

【卸売り】おろしうり　問屋が小売店に品物をうること。例 卸売り業。

【卸値】おろしね　おろし売りの値段。対 小売値

上につく熟語 *卸商・*卸問屋

卩・㔾の部（ふしづくり） 7画 卸 10画 卿・厂の部（がんだれ） 2画 厄 7画 厚 2画

【脚】11画 肉部7画→891ページ

卩－10画

【卿】

12画 人名 〔卿〕明朝

音 キョウ・ケイ
訓 —

意味 ❶大臣。❷貴族。「公卿（くぎょう・こうけい）」

名まえで使う読み あき・あきら・きみ・のり

【御】12画 彳部9画→381ページ

2画 厂 がんだれ

なりたち 切り立ったがけの形をあらわす。「がけ」や「岩」「石」などに関係した字をあつめる。

この部首の字

2画 厄 173　7画 厚 173　7画 厘 174　8画 原 174　10画 厨 176　12画 厭 176　12画 厩 176

ほかの部首の字
反→又部 180　圧→土部 229　成→戈部 483
灰→火部 694　辰→辰部 1007　威→女部 278　唇→口部 210　辱→辰部 1007
雁→隹部 1045　暦→日部 563　歴→止部 627

厂－2画

【厄】

4画 常用 〔厄〕明朝

音 ヤク
訓 —

意味 わざわい。さいなん。「厄介」

【厄年】やくどし　病気や災難にあいやすいと、むかしからいわれている年れい。かぞえ年で、男は四二歳、女は三三歳など。

【厄日】やくび　①何かわるいことがおこると考えられている日。②わるいことがおこった日。例 さいふを落とすなんて、今日は厄日だ。

【厄介】やっかい　①めんどうで、いやであること。例 厄介な問題。②せわになること。例 叔母の厄介になる。

上につく熟語 *厄落とし・*厄払い・*厄除け

下につく熟語 *後厄・災厄・*前厄

【反】4画 又部2画→180ページ
【圧】5画 土部2画→229ページ
【成】6画 戈部2画→483ページ
【灰】6画 火部2画→694ページ
【辰】7画 辰部0画→1007ページ

厂－7画

【厚】

9画 5年 〔厚〕明朝

音 コウ*
訓 あつい

厂の部（がんだれ）
7画 厘
8画 原

厚

「日」の縦画は内側に向け、横広に書く。9画めは「日」のはばよりも長く書く。

なりたち 形声
𠩑と厂（がけ、石）を合わせた字。𠩑は、享（＝亯）のさかさ文字である。享はスムーズに通ることなので、𠩑はスムーズに通らないことをしめす。厚は、土や石がぶあつくたまって、スムーズに通らないようすをあらわした。

意味 ❶あつい。あつみがある。ぶあつい。「濃厚」対 薄 ❷思いやりがふかい。てあつい。「厚意」

使い分け あつい「熱い・暑い・厚い」→706ページ

名まえで使う読み あつ・あつし・こう・ひろ・ひろし

【厚着】あつぎ 服を何枚もかさねてきること。対 薄着

【厚紙】あつがみ ボール紙などのように、あつみがあって、かたい紙。対 薄紙

【厚手】あつで 紙・布・焼き物などのあつみがあること。例 厚手のきじでコートをつくる。対 薄手

【厚意】こうい 思いやりのある、しんせつな心。厚情。

使い分け こうい 厚意・好意

【厚意】
ふかい思いやりのある心。例 あいての厚意を無にするおこない。

【好意】
すきと思う気もち。また、しんせつな気もち。例 あいてに好意をいだく。／人の好意にかんしゃする。

参考 「厚意」は、「好意」よりさらに思いやりの心がふかい。また、「厚意」は、あいてに対する自分の心にはつかわない。

【厚顔】こうがん ずうずうしく、あつかましいこと。例 あの男は厚顔無恥だ。

【厚遇】こうぐう 手あつくもてなすこと。対 冷遇

厚顔

【厚情】こうじょう こころからの親切。厚意。例 ご厚情に感謝します。使い分け 「好情」は、ある人にたいしてもつよい感じ。好意。

【厚生】こうせい 人々の健康をたもち、生活をゆたかにすること。例 厚生年金。

【厚生労働省】こうせいろうどうしょう 国民の福祉や医療、雇用や労働問題などについての仕事をする国の機関。

下につく熟語 温厚・重厚

厂－7画

【厘】

9画 常用 〔厘〕明朝 音 リン 訓 —

意味 ❶お金の単位。円の一〇〇〇分の一。❷むかしの長さの単位。尺の一〇〇〇分の一。❸わりあいの単位。割の一〇〇分の一。〇・一パーセント。

【威】9画 女部6画 ↓278ページ

厂－8画

【原】

10画 2年 〔原〕明朝 音 ゲン 訓 はら

「厂」と「白」は接しても接しなくてもよい。9画めは止めてもよい。

なりたち 会意 原

厂(がけ)と泉(いずみ)を合わせた字。がけ下の岩の間のまるいあなからわき出る「いずみ」のこと。源(水のわき出るもと)のもとの字で、「もと」「みなもと」のいみをあらわした。

原のつく漢字グループ

「原」のグループは「まるい」というイメージがある。

→源 683 →願 1074

意味 ❶ものごとのもと。はじめ。おこり。「原因」 ❷のはら。「平原」

名まえで使う読み おか・げん・はじめ・はら・もと

【原案】げんあん 会議などに出してそうだんするための、最初の考え。

【原因】げんいん ものごとのおこるもと。また、もとになったことがら。対 結果

【原価】げんか ①品物をつくるのにかかるお金。コスト。例 原価は五〇円だ。②品物を仕入れたねだん。これにもうけをくわえて、定価となる。もとね。

【原画】げんが 写真にとったり、そっくりにかいた絵にたいして、そのもとの絵。例 モナ＝リザの原画を見た。

【原義】げんぎ あることばが、最初にもっていたいみ。もともとのいみ。本義。

【原曲】げんきょく 編曲する前の、もとの曲。

1【原形】げんけい もともとその物がもっている形。例 原形をとどめない。

2【原型】げんけい 物をつくるときのもとになるかた。例 洋服の原型。使い分け「原形」と区別してつかおう。

【原語】げんご 訳したものの、もとのことば。とくに、ほんやくする前の外国語。

【原▼稿】げんこう いんさつしたり口で発表したりするための、下書き。例 原稿用紙。

【原告】げんこく 裁判所にうったえでて、裁判をしてほしいというがわの人。対 被告

【原作】げんさく ①映画やしばいの脚本のもとになった作品。②ほんやくしたり書きかえたりしたものの、もとになった作品。

【原産】げんさん ある物が最初にとれたり、つくられたりしたこと。例 熱帯原産の植物。

1【原子】げんし 分子よりももっと小さなつぶ。例 原子核。

2【原始】げんし ①ものごとのはじめ。おこり。例 原始時代。／原始人。②自然のままで、人の手がくわわっていないこと。例 原始林。

3【原紙】げんし 謄写版でいんさつするときにつかう、ろうをひいた紙。

【原子▼爆▼弾】げんしばくだん 原子の中心にある原子核が、分裂するときに出るエネルギーを利用した、ひじょうに強力な爆弾。原爆。

【原住民】げんじゅうみん その土地にもとからすんでいる民族。参考 今は「先住民」という。

【原書】げんしょ ほんやくしたりあらためたりなどをする前の、もとの本。とくに、外国の本。例 シェイクスピアの作品を原書で読む。

【原状】げんじょう もとの状態。使い分け げんじょう「現状・原状」→(731ページ)

【原色】げんしょく ①まぜ合わせていろいろな色をつくるときのもとになる色。絵の具では赤・青・黄の三色。②ひじょうにあざやかな色。③(複製した絵などの)もとのままの色。例 この画集は、もとの絵の原色がとてもよく出ている。

【原子力】げんしりょく 原子の中心にある原子核が、分裂するときに出るひじょうに大きなエネルギー。例 原子力潜水艦。

【原寸】げんすん 実物どおりの大きさ。例 原寸大。

【原生林】げんせいりん 大むかしから人の手をくわえていない、自然のままの森や林。例 白神山地の原生林。

【原石】げんせき ①みがいたりけずったりしていない宝石。例 ダイヤモンドの原石。②原料になる鉱石。

【原則】げんそく とくべつな場合をのぞいた、おおもとになるきまり。例 この場所での飲食は、原則禁止です。

1【原典】げんてん ほんやくしたり、引用したりする、もとになった本。例 原典に当たる。

ミニ知識 筆順早おぼえ 「老」―土よう日ノ ヒなたぼっこの ご老人

2【原点】げんてん ①長さをはかるときなどの、基準になる点。②ものごとのいちばんもとになっているところ。

【原点にもどる】げんてんにもどる 句 問題のおおもとにもどって、考えてみる。原点に帰る。

【原動力】げんどうりょく ものごとの活動をおこすもとになる力。例 新入部員が、優勝の原動力になった。

【原文】げんぶん ほんやくしたり、書きかえたりしていない、もとの文章。

【原▽簿】げんぼ いちばんもとになる帳簿。

【原本】げんぽん うつしたりやくしたりしたものの、もとの本や文書。

【原野】げんや 自然のままで、人の手がはいっていない野原。

【原油】げんゆ 地下からとりだしたままの石油。例 原油価格の高騰。

【原理】げんり ものごとのもとになっている、おおもとのすじ道。根本の道理。

【原料】げんりょう 工場などで、ものをつくったり加工したりするもとになる材料。参考 つくられたものに、もとの形や色などがのこっていない場合にいう。

下につく熟語 青海原・川原・河原・草原（くさはら・そうげん）・高原・▼湿原・雪原・野原・氷原・＊松原

【唇】10画 口部7画 ↓ 210ページ

【辱】10画 辰部3画 ↓ 1007ページ

厂−10画
【厨】12画
人名 〔厨〕明朝
音 チュウ・ズ
訓 くりや

意味 台所。調理場。「▽厨▼房」

【▽厨子】ずし とびらが両側にひらくようになっているはこ。仏像などをおさめる。

【▽厨▼房】ちゅうぼう 台所。また、調理場。

【雁】12画 隹部4画 ↓ 1045ページ

厂−12画
【厭】14画
表外 〔厭〕明朝
音 エン
訓 あきる・いとう

意味 ❶あきる。❷いやがる。いとう。「▽厭世」

【▽厭世】えんせい 世の中をいやなものと思うこと。例 厭世観。

厂−12画
【厩】14画
人名 〔厩〕明朝
音 キュウ
訓 うまや

意味 馬小屋。うまや。「▽厩舎」

【暦】14画 日部10画 ↓ 563ページ

【歴】14画 止部10画 ↓ 627ページ

2画 ム む

なりたち 「ム」を、字形のうえから目じるしにする字をあつめる。

この部首の字
3画 去 176
6画 参 177

ほかの部首の字
云→二部 41
仏→亻部 54
允→儿部 97
公→八部 106
台→口部 192
広→广部 353
弁→廾部 362
弘→弓部 366
払→扌部 494
私→禾部 800
怠→心部 461
能→月部 890
鬼→鬼部 1095
雄→隹部 1046

【云】4画 二部2画 ↓ 41ページ

【仏】4画 人部2画 ↓ 54ページ

【允】4画 儿部2画 ↓ 97ページ

【公】4画 八部2画 ↓ 106ページ

ム−3画
【去】5画
3年 〔去〕明朝
音 キョ・コ
訓 さる

去

3画めは1画めより長く書く。4画めは折った後は右上がりにし、5画めは止める。

一 十 土 去 去

なりたち 形声 厺-去

凵(=ム。へこむ)と大(=人。ひと)を合わせた字。「くぼむ」「ひっこむ」というイメージがあり、「その場からへこんで引き下がる(さる)」のいみにもちいられる。

去のつく漢字グループ
「去」のグループは「へこんで引き下がる」というイメージがある。
→却171 →脚891

意味 ❶**すぎさる。さる。**「過去」 ❷**とりのぞく。**「除去」

名まえで使う読み きょ・さる・なる

【去就】きょしゅう ある地位や立場をさることと、とどまること。例 監督の去就が注目される。

【去年】きょねん ことしの、前の年。例 去年の夏に引っこしをした。

【去来】きょらい 行ったり来たりすること。また、思いうかんだり消えたりすること。例 友の笑顔が頭の中を去来する。

【去る者は追わず】さるものはおわず 故事成語 自分からはなれていく人は、むりに引き止めたりはしない。

【去る者は日日に▼疎し】さるものはひびにうとし 故事成語 したしかった人でも、遠くはなれてしまったり、死んでしまったりすると、月日がたつにつれてだんだんとしたしみがうすれ、わすれがちになるということ。

下につく熟語 死去・辞去・消去・退去・▼撤去

【台】5画 口部2画→192ページ
【広】5画 广部2画→353ページ
【弁】5画 廾部2画→362ページ
【弘】5画 弓部2画→366ページ
【払】5画 手部2画→494ページ
【私】7画 禾部2画→800ページ

ム－6画

【参】

8画 4年 〔參〕明朝
音 サン
訓 まいる

参

「ム」よりも3画めを長く。4・5画めは長く。「彡」はだんだん長くしてはらう。

ム ム 厶 厽 厽 矣 参 参

なりたち 形声 (古字)-(古字)-參(参)

もとの字は「參」。三つの玉のかんざしを頭にかざった女と彡(もよう)を合わせた字。「三つ」、また「いくつも入りまじる」のいみをあらわした。

参のつく漢字グループ
「参」のグループは「いくつも入りまじる」というイメージがある。常用漢字では「参」になる。
→惨468

意味 ❶**みっつ。三。** ❷**おまいりする。まいる。**「参拝・墓参り」 ❸**くわわる。**「参加」 ❹**くらべる。**「参考」 ❺**まける。まいる。**「降参」

参考 ❶のいみの場合は、証書などで金額を書くときに、まちがいのおこらないように「三」のかわりにつかう。「三万円→参▽萬円」

名まえで使う読み かず・さん・しん・ちか・なか・み・みち・みつ

【参加】さんか なかまにくわわること。

【参賀】さんが 皇居に行って、お祝いの気もちをあらわすこと。

ミニ知識 筆順早おぼえ 「参」ームかしの子 大きくなると 彡人で お宮参りにいきました

又の部　0画 又

【参会】さんかい　会に出ること。例 参会者。

【参観】さんかん　その場所へ行ってものごとを見ること。例 授業参観。

【参議院】さんぎいん　衆議院とともに、国会をつくっているしくみの一つ。衆議院できめたことをもう一度話し合うところ。

【参勤交代】さんきんこうたい　江戸時代に、各地の大名が、一年おきに江戸に出むいてすみ、幕府につかえた制度。

【参▼詣】さんけい　神社や寺におまいりすること。

【参考】さんこう　今までにほかの人がしたことがらや意見を、あれこれてらし合わせて考え、自分の役に立てること。例 本を参考にして、自由研究をする。

【参集】さんしゅう　大勢の人があつまってくること。例 世界各国から代表が参集する。

【参照】さんしょう　ほかのものとてらし合わせて参考にすること。例 次の図を参照しなさい。

【参上】さんじょう　目上の人などのところへ行くこと。例 ただちに参上いたします。

参考 へりくだった言い方。

【参政権】さんせいけん　国民が政治に参加する権利。議員を選挙したり、議員に立候補したりすることができる権利。

【参戦】さんせん　たたかいにくわわること。例 ヨットレースに参戦する。

【参道】さんどう　神社や寺に、おまいりをするためにつくられた道。

【参入】さんにゅう　新しくくわわること。例 レストラン業界に参入する。

【参拝】さんぱい　神社や寺におまいりをして、おがむこと。

【参▼謀】さんぼう　①戦争にかつために、軍隊をどう動かすかを考える人。②中心になって計画を立て、活動を指導する人。例 選挙参謀。

【参列】さんれつ　式などにくわわること。例 結婚式に参列する。

下につく熟語 古参・持参・新参・*代参・*▼遅参・日参・墓参

【怠】9画 心部5画→461ページ
【能】10画 肉部6画→890ページ
【鬼】10画 鬼部0画→1095ページ
【雄】12画 隹部4画→1046ページ

2画 又 また

なりたち　物をかばう「右の手」の形をあらわす。「もつ」「おす」などの、手の動作に関係した字をあつめる。

この部首の字

画	字	ページ
0画	又	178
1画	叉	179
2画	収	179
2画	双	180
2画	反	180
2画	友	182
6画	取	182
6画	受	183
6画	叔	184
7画	叙	184
14画	叡	185
16画	叢	185

ほかの部首の字

字	部首	ページ
支	支部	522
奴	女部	273
皮	皮部	764
努	力部	147
度	广部	356
桑	木部	599
隻	隹部	1044
淑	氵部	672
最	曰部	568
督	目部	778
緊	糸部	859

又－0画

【又】

2画　常用　〔又〕明朝

音 —
訓 また

なりたち　象形

物をかこおうとする右手をえがいた字。「物をおおってかばう」というイメージをもち、「その上にかさねて」のいみをあらわした。

又のつく漢字グループ

「又」のグループは「かこう」とか「かばう」というイメージがある。

→佑72 →侑77 →友182 →右188 →宥297 →有880

意味 ふたたび。また。「▽又借り・▽又聞き」

名まえで使う読み すけ・たすく・また・やす・ゆう

又−1画

【叉】

3画 人名 〈叉〉明朝

音 サ　訓 また

意味 ❶はさむ。さしはさむ。「▽叉手（=両うでをくみ合わせる）」 ❷Yのようにまたになっていること。「音▽叉・三▽叉路」 ❸〔「夜▽叉」と書いて〕仏教でいう鬼神。

又−2画

【収】

4画 6年

攵−2画 【收】 6画 人名 〈收〉明朝

音 シュウ
訓 おさめる・おさまる

2画めは折ってから3画めへ向けてはらう。「又」は1画めより縦に伸ばさない。

なりたち 形声 -收（収）

もとの字は「收」。丩（二本のひもを一つによじり合わせる）と攵（動作の記号）を合わせた字。ばらばらのものを、ひとところにあつめることをあらわした。

丩のつく漢字グループ

「丩」のグループは「よじり合わせる」「引きしまる」というイメージがある。常用漢字のつくりでは「丩（=三画）」になることがある。

→収179 →叫195 →糾839 →赳990

意味 あつめて、とりいれる。おさめる。おさまる。「収▽穫・収拾」

使い分け おさめる「納める・収める」→842ページ

名まえで使う読み おさむ・かず・しゅう・すすむ・のぶ・もり

【収益】しゅうえき 利益をえること。また、その利益。例 先月より収益がふえた。

【収▽穫】しゅうかく ①農作物をとり入れること。また、とり入れたもの。例 秋の収穫物。②あることをおこなってえた、よい結果。例 練習試合ではたくさんの収穫があった。

【収支】しゅうし はいってくるお金と、出ていくお金。収入と支出。

1【収拾】しゅうしゅう 混乱しているものごとをおさめ、まとめること。例 収拾がつかない。

2【収集】しゅうしゅう あつめること。また、あつめたもの。例 切手の収集。

【収縮】しゅうしゅく ちぢむこと。ちぢめること。対 膨張

【収蔵】しゅうぞう ものをだいじにしまっておくこと。例 貴重な絵画を収蔵する。

【収束】しゅうそく ものごとのおさまりがつくこと。例 事態が収束する。

【収入】しゅうにゅう ほかからはいってきて、自分のものとなるお金や品物。例 収入と支出がつり合う。対 支出

【収納】しゅうのう ①ものをしまいこむこと。例 収納棚。②役所が、お金や品物をうけとり、おさめること。例 保険料を収納する。

【収容】しゅうよう 人やものなどを、ある一定の場所や施設に引きとっておさめ入れること。例 五万人を収容できるスタジアム。

【収容所】しゅうようじょ 人などをひきとって入れておくところ。とくに、捕虜などを強制的に入れておくところ。

【収録】しゅうろく ①新聞・雑誌・書物などにのせること。②録音や録画をすること。例 ビデオに収録する。 使い分け しゅうろく「収録・集録」→180ページ

【収▽賄】しゅうわい 不正なおくりものを、うけとること。対 贈賄

下につく熟語 ▽押収・回収・吸収・月収・減収・*税収・接収・増収・▽徴収・▽撤収・年収・買収・▽没収・領収

ミニ知識 筆順早おぼえ 「例」—ものすごい イの行列 例えようもない

使い分け しゅうろく 収録・集録

【収録】 新聞や本に取り上げて、のせること。また、録画・録音すること。例 テレビ番組の収録。

【集録】 (文章を)あつめて、まとめあげて記録する。例 地方の民話を集録する。

又－2画

【双】

4画 常用 〔双〕明朝

音 ソウ 訓 ふた・ならぶ*

意味 ❶ふたつ。いっつい。「▼双生児・▼双眼鏡」❷ならぶ。ならびの。「無▼双」❸びょうぶをかぞえるときのことば。「一▼双」

難しい読み ▼双六・▼双子・▼双葉

名まえで使う読み そう・とも・ならぶ・ふ・もろ

【▼双六】 すごろく 室内ゲームの一つ。さいころの出た数だけ進み、はやく上がりに行きついた人が勝ちになる。

【▼双眼鏡】 そうがんきょう 両目で見られるようにした望遠鏡。

【▼双▼肩】 そうけん 両方の肩。例 日本の将来は、君たちの双肩にかかっている。

【▼双生児】 そうせいじ ふたご。

【▼双方】 そうほう あちらとこちら。両方。例 双方の意見が一致する。

【▼双▼璧】 そうへき 〔美しい二つの玉のいみから〕どちらがすぐれているか決められない二つのもの。注意「双壁」と書かないこと。

【▼双子】 ふたご 同じ母親から同時に生まれた、ふたりの子ども。双生児。

【▼双葉】 ふたば 草木の芽がはえるとき、最初に出る二枚の葉。

又－2画

【反】

4画 3年 〔反〕明朝

音 ハン・ホン*・タン* 訓 そる・そらす

※「ハンする」ともつかう。

2・3画めの最後の高さをそろえるとよい。4画めは2画めに接しなくてもよい。

なりたち 会意 厂(たれたぬの)と又(て)を合わせた字。ぬのを手でおしてそらせるようすを図にしたもの。そったものは、もとにかえるところから「かえる」のいみをあらわした。

反のつく漢字グループ

「反」のグループは「はねかえる」「そりかえる」というイメージがある。これは「うすい」「たいらな」というイメージにもつながる。

→坂 233 →返 409 →阪 438 →板 588 →版 712 →販 979 →飯 1080

意味 ❶かえす。かえる。「反射・反復」❷かえりみる。「反省」❸そむく。さからう。「▼違反」❹そる。そらす。「反り身」❺ぬの地の長さの単位。一反は、約一〇・六メートル。❻田畑などの面積の単位。一反は、約九・九アール。

難しい読み 反物・反故

【反物】 たんもの おとな一着分の着物の布地。また、着物の布地をまとめてあらわすことば。参考 一反・二反…とかぞえる。

【反意語】 はんいご 「反対語」と同じ。

【反映】 はんえい ①あるもののえいきょうが、ほかのものにあらわれること。例 政治に国民の意見を反映させる。②光などが反射してうつること。例 紅葉が湖面に反映している。

【反感】 はんかん ふゆかいに思って、その人にさからう気もち。例 反感をもつ。

【反逆】 はんぎゃく 主人にそむいたり、国のやり方にさからったりすること。例 反逆者。

【反▼響】 はんきょう ①音がものにぶつかってはねかえり、また聞こえること。また、その音。

又の部 2画 反

②あることにえいきょうされておこったうごき。例その事件の反響は大きかった。

【反旗を▼翻す】はんきをひるがえす 句 今までしたがってきたものにそむく。反逆する。例反旗を翻して新しい政党をつくる。参考「反旗」は、むほんをおこした人の立てる旗のこと。その旗を風にひらひらさせることから。

反旗を翻す

【反▼撃】はんげき せめられていたものが、反対にせめかえすこと。また、そのこうげき。

【反語】はんご ①つたえたい気もちを強調するために、疑問の形で問いかける言い方。「彼女がそんなことを言うだろうか。（いいや、絶対に言わない。）」のようにつかう。②ほんとうに言いたいことを、わざと反対のいみのことばで言う、いじわるな言い方。おくれてきた人に、「ずいぶん早いね」と言うなど。

[1]【反▼抗】はんこう さからうこと。

[2]【反▼攻】はんこう まもってばかりいたものが、ぎゃくにせめかえすこと。

【反▼抗的】はんこうてき 行動や態度に、さからう傾向があるようす。例反抗的な態度。

【反骨】はんこつ 信念にもとづき、強い人や世間のやり方にさからう気もち。例反骨精神。

【反作用】はんさよう うけた力と同じ大きさの力を、反対の方向にはたらかせること。また、その力。反動。対作用

【反射】はんしゃ ①光・音・熱・電波などが物に当たってはねかえること。例鏡に当たった光が反射する。②外からのしげきにたいして、からだが反応すること。例条件反射。

【反省】はんせい 自分のおこないをふりかえって、よいかわるいか考えること。

【反戦】はんせん 戦争に反対すること。例反戦運動がおこる。

【反則】はんそく きょうぎなどで、まもらなければならないきそくにそむくこと。

【反対】はんたい ①二つで一組みになるもののうち、かたほうにたいするもうかたほう。例右手の反対は左手だ。②物の、上下・左右・うらおもてなどが、ぎゃくになっていること。さかさま。あべこべ。例この絵は上下が反対だ。③人の意見にさからうこと。対賛成

【反対語】はんたいご たがいにいみが反対になることば。反意語。対義語。

【反転】はんてん ①ころぶこと。ひっくりかえること。②元の方向へむきをかえること。

【反動】はんどう ①→反作用。②ものごとの動きにさからっておきた動き。③世の中の動いてゆく方向にさからって、それをくいとめようとする動き。また、そういう考え。

【反応】はんのう ①二つ以上の物質がいっしょになって、変化がおこること。また、その変化。例化学反応。②しげきをうけて、あるはたらき・変化。例陽性の反応がでた。

【反発】はんぱつ ①物が、はねかえること。また、物をはねかえすこと。例反発力。②はんこうして、あいてをうけつけないこと。例人のいうことに、いちいち反発する。

【反比例】はんぴれい 二つの数や量のうち、一方が二倍、三倍となると、もう一方が二分の一、三分の一になる関係。逆比例。対比例

【反復】はんぷく そのものごとを、何度もくりかえすこと。くりかえし。

【反面】はんめん べつの一面。反対がわの面。

使い分け はんめん「半面・反面」→(165ページ)

【反面教師】はんめんきょうし 四字熟語 そうしてはいけないという、わるい見本。

【反目】はんもく なかがわるいこと。例となりどうしで反目しあう。

【反問】はんもん たずねられたときに、ぎゃくに聞きかえすこと。

【反乱】はんらん 国や政府にそむいて、世の中をみだすこと。例反乱軍。使い分け はんらん「反乱・氾濫」→(182ページ)

【反論】はんろん あいての意見にたいして、反対の意見をのべること。また、その意見。

【反故】ほご ①書きそこなって、いらなくなった紙。②役に立たなくなったものごと。例約束を反故にする。参考「反古」とも書く。

ミニ知識 筆順早おぼえ 「故」―十字口(路)は わき見攵だけ 事故のもと

又の部

下につく熟語 2画 友 6画 取

減反・背反・謀反・離反

使い分け はんらん 反乱・氾濫

【反乱】国や政府にそむいて世の中をみだすこと。例 民衆が反乱をおこす。

【氾濫】川の水があふれること。ものが世の中にみちあふれること。例 台風で川が氾濫した。／カタカナ語が氾濫する。

又－2画

【友】

4画 2年 〔友〕明朝

音 ユウ 訓 とも

1・2画めは交差させる。2・3画めのはらいの下の高さをそろえるとよい。

なりたち 形声 又(右手)を二つ合わせた字。なかよくかばい合うなかまをあらわした。→又178

意味 ともだち。なかよし。「友人・友達」

名まえで使う読み すけ・とも・ゆう

【友達】ともだち したしくつきあっている人。とも。友人。

【友愛】ゆうあい 友だちや兄弟として、したしみ合う心。

【友軍】ゆうぐん みかたの軍隊。例 友軍機。

【友好】ゆうこう 友だちとしての、したしいつき合い。例 友好国。

【友情】ゆうじょう 友だちとしてのま心や、思いやりの心。

【友人】ゆうじん 友だち。

【友禅】ゆうぜん 「友禅染」のりゃく。絹の布に、花・鳥などをあざやかな色でそめたもの。

下につく熟語 悪友・学友・旧友・級友・交友・親友・戦友・良友

【支】4画 支部0画→522ページ

【奴】5画 女部2画→273ページ

【皮】5画 皮部0画→764ページ

【努】7画 力部5画→147ページ

又－6画

【取】

8画 3年 〔取〕明朝

音 シュ 訓 とる

※上にくる音により「とり」「どり」ともよむ。

「耳」より「又」を縦に伸ばさない。5画めが6画めの右側に出ても誤りではない。

なりたち 会意 耳と又(て)を合わせた字。動物をつかまえるために、耳をつかむようすをあらわした。

取のつく漢字グループ

物をつかみとるときは、手のゆびをちぢめるので、「取」のグループは「ちぢめる」というイメージがある。

→趣992

意味 自分のものにする。とる。「取材・進取」

難しい読み 取組・取▼締役

【取材】しゅざい 新聞やテレビなどの、ニュースの材料を、さがしてあつめること。例 取材をかねた旅行。

【取捨】しゅしゃ とることと、すてること。

【取捨選▼択】しゅしゃせんたく 四字熟語 いくつもの中からえらんで、よいものをとり、ほかのものをすてること。

取捨選択

【取水】しゅすい 水道や農

業につかう水を川などからとりいれること。例 取水を停止する。

【取得】しゅとく あるものを手に入れて、自分のものにすること。例 自動車の免許を取得する。

【取組】とりくみ すもうの組み合わせ。例 取組表。注意 送りがなはつけない。

【取▼締役】とりしまりやく 会社を代表するせきにん者。重役。

【取引所】とりひきじょ 商品や株券などを売り買いするところ。例 証券取引所。

上につく熟語 *取っ手・*取り▼柄

下につく熟語 受取・採取・▼搾取・関取・▼摂取・▼奪取・▼聴取・頭取

使い分け とる 取る・採る・捕る・執る・撮る

【取る】手にもつ。自分のものにする。のぞく。例 手に取って見る。／前半で3点取る。／庭の草を取る。

【採る】えらびとる。例 山菜を採る。／新入社員を採る。

【捕る】(動物などを)追いかけてつかまえる。例 魚を捕る。／外野手がフライを捕る。

参考「執る」は、手にもっておこなう。例 指揮を執る。／教鞭を執る。「撮る」は、写真を写す。例 写真を撮る。／映画を撮る。

又の部 6画 受

又－6画

【受】

8画 3年 〔受〕明朝

音 ジュ 訓 うける・うかる

5画めは左下に向け、6画めを長く書く。8画めの最後は止めても誤りではない。

なりたち 形声 －受

古い字は、爫(下向きの手)と舟(ふね)と又(上向きの手)を合わせた字。舟は、一方から他方へわたすというイメージをもつ。受は、手から手へ物をうけわたすことをあらわした。→授511

意味 うけとる。うける。「受信」

名まえで使う読み うく・うけ・おさ・しげ・じゅ・つぐ

【受付】うけつけ 外から来た人の用事を聞いたり、とりついだりすること。また、そのかかり。注意 送りがなはつけない。

【受取】うけとり お金や品物をうけとったしるしにわたす書きつけ。注意 送りがなはつけない。

【受益】じゅえき 利益をうけること。

【受▼刑】じゅけい 裁判で言いわたされた刑をうけること。例 受刑者。

【受験】じゅけん しけんをうけること。例 受験生。

【受講】じゅこう 講義や講習をうけること。

使い分け うける 受ける・請ける・承ける

【受ける】うけとめる。応じる。例 ボールを受ける。／電話を受ける。／試験を受ける。

【請ける】注文をひきうける。うけおう。例 電話で注文を請ける。／水道工事を請ける。

【承ける】あとを引きつぐ。例 父の意思を承けてがんばろう。

ミニ知識 筆順早おぼえ 「務」—マア ノ 夂だけ 力をかすのも 務めのうち

1【受賞】じゅしょう 賞状・賞品・賞金などをうけること。対授賞

使い分け じゅしょう 受賞・授賞・受章・授章

【受賞】賞（賞状・賞金・賞品など）を受けること。例ノーベル賞を受賞する。／受賞作品。対授賞

【授賞】賞（賞状・賞金・賞品など）をあたえること。例ノーベル賞の授賞式に出席する。

【受章】勲章を受けること。対授章 例文化勲章を受章する。

参考「授章」は、勲章をあたえること。

2【受章】じゅしょう 勲章をうけること。対授章

【受信】じゅしん ①電信・電話・ラジオなどで、通信をうけとること。②手紙などをうけとること。対①②発信・送信

【受精】じゅせい めすの卵子とおすの精子がくっついて、一つの生命になること。例受精卵。

【受像】じゅぞう 電波をうけてテレビなどに映像をうつしだすこと。また、その映像。

【受▼胎】じゅたい おなかに子どもができること。妊娠。例聖母マリアに受胎を告知する。

【受▼諾】じゅだく あいてのもうしこみを、ひきうけること。例改正案を受諾する。

【受注】じゅちゅう 注文をうけること。例マンション建設を受注する。対発注

【受動】じゅどう ほかからのはたらきかけを受けること。受け身。例受動喫煙。／受動態。対能動

【受動的】じゅどうてき ものごとを、ほかからはたらきかけられてするようす。対能動的

【受難】じゅなん くるしみや災難にあうこと。例今日は受難の日だ。

【受粉】じゅふん 花粉がめしべにつくこと。これにより実がなる。

【受容】じゅよう あいての気もちや考え方をうけいれること。例西洋文化を受容する。

【受理】じゅり 書類などをうけとること。例願書を受理する。

【受領】じゅりょう お金や品物をうけとること。例受領証書。

下につく熟語 ▼甘受・▼享受・授受・*拝受・▼傍受

又－6画

【叔】

8画 常用 〈叔〉明朝

音 シュク 訓 —

なりたち 形声 尗（小さい）と又（手）を合わせた字。

意味 **父や母の、年下のきょうだい。**「▼叔父（しゅく・じ・お）・▼叔母（しゅく・ぼ・ば）」

参考 父や母の年上のきょうだいは「伯父（はく・じ・お）・伯母（はく・ぼ・ば）」。

名まえで使う読み しゅく・はじめ・よし

又－7画

【叙】

9画 常用 支－7画 【敍】 11画 人名 〈叙〉明朝

音 ジョ 訓 の*べる

なりたち 形声 もとの字は「敍」。余（平らにおしのばす）と攴（動作の記号）を合わせた字。ものごとのすじや、心の中の思いをだんだんとのばしてのべることをあらわした。→余72

意味 **❶のべる。**「▼叙述」**❷官位の順序をつける。**「▼叙位・叙▼勲」

名まえで使う読み じょ・のぶ・みつ

【▼叙位】じょい くらいをさずけられること。

【▼叙▼勲】じょくん 国が勲等と勲章をさずけること。

【▼叙事詩】じょじし 歴史的なできごとや、人物のかつやくを書いた詩。

【▽叙述】じょじゅつ 順をおってのべること。また、のべたもの。

【▽叙情詩】じょじょうし よろこびやかなしみなど、作者の気もちをあらわした詩。

度 9画 广部6画→356ページ

桑 10画 木部6画→599ページ

隻 10画 隹部2画→1044ページ

淑 11画 水部8画→672ページ

最 12画 曰部8画→568ページ

督 13画 目部8画→778ページ

緊 15画 糸部9画→859ページ

又－14画

叡

16画 人名 〈叡〉明朝 音 エイ 訓 さとい

なりたち 会意 叡（スムーズにとおる）をりゃくしたものと目を合わせた字。ものごとをよく見とおすことをあらわした。

意味 さとい。かしこい。「▽叡▽智」

名まえで使う読み あきら・えい・さと・さとし・ただ・とおる・とし・まさ・よし

【▽叡▽智】えいち ものごとのたいせつな部分を見通すふかい知恵。すぐれた知恵。例 叡智

又－16画

叢

18画 人名 〈叢〉明朝 音 ソウ 訓 くさむら・むらがる

意味 ❶くさむら。❷むらがる。あつまる。「▽叢書」

名まえで使う読み むら

【▽叢書】そうしょ 共通のテーマや形式でつくった本。シリーズ。「双書」とも書く。例 古典文学叢書。

漢字博士になろう！

万葉仮名

ひらがな・かたかながつくられる前、漢字の音や訓をつかって国語の音を書きあらわしていました。そのとき、つかわれる漢字の意味は関係ありません。この文字を万葉仮名といいます。日本で最初の歌集である『万葉集』で用いられていることから、このように呼ばれています。『万葉集』のほか、『古事記』や『日本書紀』なども、万葉仮名で書きあらわされています。

万葉仮名は、一つの音に対して何種類もの漢字で書きあらわされます。ここでは、そのうちの一部を紹介します。

あ	阿吾足	か	加可	が	賀我	さ	佐沙左	ざ	邪奢	た	多他田			な	那名魚	は	波羽葉	ば	婆	ま	麻万真	や	夜屋矢	ら	羅良	わ	和丸
い	伊	き	岐吉寸	ぎ	芸	し	斯志師	じ	自士	ち	知智千	ぢ	遅治地	に	爾丹	ひ	比日斐	び	備	み	美弥三味			り	理	ゐ	韋井猪
う	宇鵜	く	久玖	ぐ	具	す	須周洲	ず	受	つ	都豆通	づ	豆	ぬ	奴沼	ふ	布賦生	ぶ	夫	む	牟武无	ゆ	由湯	る	留流		
え	愛荏	け	祁気	げ	下牙宜	せ	勢世瀬	ぜ	是	て	弖帝手	で	伝殿	ね	泥尼根	へ	幣辺閉	べ	弁倍	め	売米	え	延兄枝	れ	礼	ゑ	恵坐
お	意隠	こ	古故許	ご	胡碁其	そ	蘇宗曾	ぞ	叙存	と	刀土登	ど	度杼	の	怒野能	ほ	富本穂	ぼ	煩	も	毛母裳	よ	用余世	ろ	路楼呂	を	袁遠小

ミニ知識 筆順早おぼえ 「耕」―三つの丨を八 井戸のまわりを耕した

口の部（くち・くちへん）

0画 口

3画
口
くち
くちへん

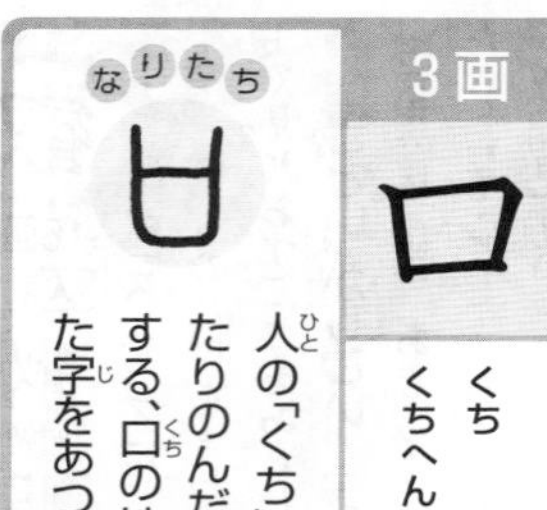

人の「くち」をあらわす。食べたりのんだり、声を出したりする、口のはたらきに関係した字をあつめる。

この部首の字

画	字	ページ
2画	叶	189
2画	司	191
2画	台	192
3画	向	195
3画	同	197
4画	君	201
4画	呈	203
4画	呆	204
5画	味	206
6画	咳	209
7画	唄	210
7画	哲	211
8画	啓	212
8画	唯	214
2画	句	189
2画	史	191
3画	各	193
3画	后	195
3画	名	199
4画	呉	202
4画	呑	203
4画	呂	204
5画	命	206
6画	哉	209
7画	唆	210
7画	唐	211
8画	商	212
9画	喚	214
0画	口	186
2画	古	189
2画	只	192
3画	吉	194
3画	合	195
3画	吏	201
4画	吾	202
4画	吠	203
5画	呼	204
5画	和	207
6画	咲	209
7画	哨	210
7画	哺	211
8画	唱	213
9画	喜	214
2画	右	188
2画	叩	190
2画	叱	192
3画	吸	194
3画	吊	197
4画	含	201
4画	告	202
4画	否	204
5画	呪	205
6画	哀	208
6画	品	209
7画	唇	210
7画	哩	211
8画	唾	213
9画	喫	215
2画	可	188
2画	号	190
2画	召	192
3画	叫	195
3画	吐	197
4画	吟	201
4画	吹	203
4画	吻	204
5画	周	205
6画	咽	209
7画	員	210
7画	啄	210
8画	喝	212
8画	問	213
9画	喬	215
9画	喰	215
9画	喋	216
10画	嗣	217
12画	器	217
12画	嘲	219
17画	嚴	451
9画	喧	215
9画	單	449
10画	嘆	217
12画	嘘	218
12画	噴	219
9画	喉	215
9画	喩	216
11画	嘉	217
12画	嘱	218
13画	器	217
9画	善	215
10画	嘩	217
11画	嘗	217
12画	噌	218
13画	嘶	219
9画	喪	216
10画	嗅	217
11画	嘆	217
12画	噂	219
14画	嚇	219

ほかの部首の字

字	部首	ページ
中	丨部	25
兄	儿部	98
加	力部	145
占	卜部	169
石	石部	783
如	女部	274
舌	舌部	904
局	尸部	321
谷	谷部	971
足	足部	992
舎	𠆢部	76
尚	⺌部	318
拐	扌部	499
知	矢部	781
架	木部	591
倉	𠆢部	86
害	宀部	298
宮	宀部	299
営	⺌部	450
鳴	鳥部	1103
舗	𠆢部	95

口－0画

【口】

3画 1年 〔口〕明朝

音 コウ・ク
訓 くち

※上にくる音により「ぐち」ともよむ。

縦画は内向きに。1画めは下を、3画めは右側を少し出す(「口」は全て同じ)。

なりたち 象形 ロ－口
人の口や、あなの形をえがいた字。

意味 ❶くち。ものをいう。「口調」 ❷ではいりする所。「出口」 ❸人の数。「人口」

難しい読み 口調・口伝

名まえで使う読み あき・くち・こう・ひろ

【口裏】くちうら ことばや言い方からわかる、あいての本心。例口裏を合わせる(＝ふたり以上の間で、話を合わせる)。

【口絵】くちえ 本やざっしなどの、はじめにのせてある絵や写真。

【口がうまい】くちがうまい 句 人の気に入るようなことをうまく言う。例口がうまい友人にのせられて、参加することになった。

【口が重い】くちがおもい 句 なかなかものを言いたがらない。例兄は口が重い。

【口が▼堅い】くちがかたい 句 ひみつを守り、かんたんにはしゃべらない。例あの人は口が堅い。対口が軽い

【口が軽い】くちがかるい 句 〔言ってはならないことまで〕すぐしゃべる。例妹は口が軽い。対口が堅い

【口数】くちかず ①ふだん、ものを言う回数。ことば数。例今日は口数が少ない。②食費がかかる人数。例兄の上京で口数がへった。

【口が▼滑る】くちがすべる 句 言うつもりはないのに、うっかり言ってしまう。口をすべらす。

【口金】くちがね 入れ物の口につけるかなぐ。

【口が減らない】くちがへらない 句 〔言い返したり、りくつを言ったり〕自分勝手なことを

えんりょなく言う。例まったく、口が減らないやつだなあ。

【口▼癖】くちぐせ　いつもくりかえしていうことば。

【口車】くちぐるま　人をだます、うまいものの言い方。例口車にのせられる。

【口先】くちさき　①口の先。②こころのない、うわべだけのことば。例口先だけの約束。

【口に合う】くちにあう　句〔自分のこのみにあっていて〕おいしく食べられる。例この料理はお口に合いましたでしょうか。

【口にする】くちにする　句①食べる。また、飲む。例あまいものはあまり口にしません。②言う。話題にする。例家庭のことは、よそではあまり口にしない。

【口八丁】くちはっちょう　おしゃべりがじょうずで、調子がよいこと。例口八丁手八丁（＝口もすることもじょうず）。

【口早】くちばや　ものの言い方がはやいこと。例口早にお礼をのべる。

【口は▼禍の門】くちはわざわいのかど／くちはわざわいのもん　句うっかりしゃべったことがもとで、災難をまねくことがある。だから、ことばにはじゅうぶん注意しなさいということ。参考「口は禍のもと」ともいう。

【口火】くちび　①花火やダイナマイトなどをはれつさせるのにつかう火。②ガスぶろ・ガスゆわかし器などの火だね。③ものごとのはじまるきっかけ。例口火を切る。

【口笛】くちぶえ　くちびるをつぼめたり、指をくわえたりして息を強くふき、音を出すこと。また、その音。例口笛をふく。

【口紅】くちべに　くちびるにぬる化粧品。

【口元】くちもと　①口のあたり。例口元に米つぶがついている。②出入りしたり、出し入れするところ。例びんの口元。

【口約束】くちやくそく　ことばだけで約束をすること。口約。例口約束しかしていない。

【口調】くちょう　ものの言い方やことばの調子。例きびしい口調でしかる。

【口を利く】くちをきく　句①ものを言う。しゃべる。例だまっていた子がやっと口を利いた。②しょうかいする。間をとりもつ。例ぼくから先ぱいに口を利いてやるよ。

【口を酸っぱくする】くちをすっぱくする　句同じことを、なんどもくりかえして言う。例暗くなるまでに帰るように、口を酸っぱくして注意した。

【口をそろえる】くちをそろえる　句おおぜいの人が同じことをいっしょに言う。

【口を出す】くちをだす　句自分に関係のないことなのに、横からあれこれ言う。例人のけんかに口を出すな。

【口を▼挟む】くちをはさむ　句人の話の間に、ことばを入れる。口を入れる。

【口を割る】くちをわる　句かくしていたことなどを〔かくしきれずに〕言う。

【口伝】くでん　武術や芸術などで、いちばんだいじな秘密を、口で教えること。また、それを書いた本。

【口外】こうがい　口に出していうこと。人に話すこと。例秘密を口外する。

【口角▼泡を飛ばす】こうかくあわをとばす　句はげしいいきおいで議論するようす。例口角泡を飛ばして反論する。参考「口角」は、くちびるの両はしのこと。

口角泡を飛ばす

【口語】こうご　現在、ふつうにつかっていることば。とくに、話すときのことば。対文語

【口座】こうざ　銀行で、お金の出し入れを記録する、お客ごとの帳簿。預金口座。

【口実】こうじつ　いいわけ。例かぜを口実にそうじ当番をなまける。

【口述】こうじゅつ　口でのべること。例口述筆記。

【口上】こうじょう　①口でのべるあいさつ。例お祝いの口上をのべる。②舞台上で、役者がお客さんにあいさつすること。例前口上。

【口頭】こうとう　口で言うこと。例口頭で説明する。

【口約】こうやく　話だけで約束すること。

口の部 2画 右・可

注意 「公約」とまちがえないこと。

【口論】こうろん 言いあらそうこと。口げんか。例 兄とゲームのことで口論する。

上につく熟語 *口利き・*口答え・*口▼添え・*口止め

下につく熟語 秋口・*後口・悪口(あっ・こう・わる)・▼甘口・糸口・*入り口・*表口・*開口・▼陰口・火口(か・こう・ひ)・河口(か・こう・かわ)・門口・▼辛口・軽口・川口・傷口・小口・戸口(こ・と)・手口・早口・*一口・*▼噴口・閉口・*別口・間口・窓口・無口・利口

【中】4画 ｜部3画 ↓25ページ

口－2画

【右】5画

1年 〔右〕明朝

音 ウ・ユウ 訓 みぎ

筆順に注意。2画めを長く。「口」は1画めに接しても接しなくてもよい。

ノ ナ 右 右 右

なりたち 形声 右

又(右手)と口(もの)を合わせた字。かばうようにして、ものをもつ右手をあらわした。↓又178

意味 ❶みぎ。「右折」 ❷今までの考え方や、やり方などを、まもりつづけていくこと。「右▼翼」 対 ❶❷左

名まえで使う読み あき・あきら・う・すけ・たか・たすく・ゆう

【右往左往】うおうさおう 四字熟語 大勢の人が、右へ行ったり左へ行ったりして、うろうろすること。

【右岸】うがん 川のながれる方(=下流)にむかって、右がわの岸。対 左岸

【右傾】うけい ①右にかたむくこと。②古いきまりや伝統をまもり、新しいことに反対する考え方をもつこと。対 ①②左傾

【右▼顧左▽眄】うこさべん 四字熟語 〔右を見たり左を見たりするといういみから〕まわりのようすばかり気にして、態度をはっきりきめられないこと。参考「左顧右眄」ともいう。

【右折】うせつ 右にまがること。例 この道路は右折禁止です。対 左折

【右派】うは 政党や組織の中で、保守的な考えをもつ人々。対 左派

【右▼翼】うよく ①右のつばさ。②列の右がわ。③野球で、本塁から見て右がわの外野。右翼手。ライト。④もとからの考え方・やり方などをまもりつづけていこうとする考え方。また、そのような考え方をもっている人や、そのあつまり。右派。対 ①～④左翼

【右▼腕】みぎうで ①右のうで。対 左腕 ②いちばんたのみになる人。例 社長の右腕となってはたらく。参考 ①は「うわん」とも読む。

【右側】みぎがわ 中心より右の部分。例 右側通行。対 左側

【右手】みぎて ①右の手。②右の方向。例 右手をご覧ください。対 ①② 左手

下につく熟語 左右・座右

口－2画

【可】5画

5年 〔可〕明朝

音 カ 訓 ―

1画めを長くして「口」を左に出さない。5画めは1画めの右はしより内側に書く。

なりたち 会意 可

丁(丁形につかえておれまがるしるし)と口(くち)を合わせた字。のどに何かつかえて、声がやっと出るようす。いろいろあったすえに、どうにかみとめることをあらわした。

可のつく漢字グループ

「可」のグループは「丁形にまがる」というイメージがある。

→何66 →苛389 →荷394 →歌621 →河653 →珂729

意味 ❶よいとみとめる。「許可」 対 否 ❷…できる。「可能」

名まえで使う読み あり・か・とき・よく・よし・よ

3画

り

【可決】かけつ 会議でそうだんして、よいときめること。対否決 例その議案は満場一致で可決された。

【可視】かし 目に見えること。例問題点を可視化する。／可視光線。

【可燃性】かねんせい もえやすい性質。

【可能】かのう できること。できるみこみがあること。例この駅では特急に乗りかえが可能である。対不可能

【可能性】かのうせい ①じっさいにそうなるみこみ。例合格する可能性がある。②できるようそをもっている。例若いが可能性を秘めている。

【可否】かひ ①よいかわるいか。②賛成か反対か。

【可▽憐】かれん まもってあげたくなるほど弱々しくて、かわいらしいようす。

下につく熟語 認可・不可

口－2画 【叶】 5画 人名 〔叶〕明朝 音キョウ 訓かなう

意味 思いどおりになる。かなう。

名まえで使う読み かない・かのう・やす

口－2画 【句】 5画 5年 〔句〕明朝 音ク 訓—

2画めは折ってから内側に反り、はねる。「口」を1画めより左に出さない。

なりたち 会意 勹(かぎ形にくぎるしるし)と口(ことば)を合わせた字。文章のひと区切りをあらわした。

句のつく漢字グループ
「句」のグループは「小さく区切る」というイメージがある。
→拘500 →駒1088

意味 ❶詩や歌や文章の中のひと区切り。「語句」 ❷和歌や俳句の五字・七字のひとまとまり。「上の句・下の句」 ❸俳句のこと。「句集」

【句会】くかい 俳句をつくったり、たがいにひひょうしたりする集まり。

【句集】くしゅう 俳句をあつめた本。例はじめての句集を出版した。

【句読点】くとうてん 文のおわりにつけるしるし「句点(。)」と、文のとちゅうの切れめにつける「読点(、)」のこと。注意「くどくてん」と読まないこと。

下につく熟語 ＊挙げ句・一言半句・＊一字一句・禁句・警句・字句・＊成句・＊節句・絶句・対句・俳句・名句・文句

口－2画 【古】 5画 2年 〔古〕明朝 音コ 訓ふるい・ふるす

1画めを長く。2画めは1画めのほぼ中心で交差させ、「口」の中心も合わせる。

なりたち 象形 ずがいこつ(頭のほね)を、ひもでぶらさげているすがたをえがいた字。ひからびてかたくなったものや、ふるいものをあらわした。

古のつく漢字グループ
「古」のグループは、①「ひからびてかたい」、②「上からたれ下がる」の二つのちがったイメージがある。
→個83 →固224 →居322 →苦389 →据512
→故525 →枯591 →湖678 →箇828 →裾930

意味 ❶ふるい。「古木・古着」対新 ❷むかし。「古代」対今

名まえで使う読み こ・たか・ひさ・ふる

【古希】こき 七〇歳のこと。故事成語 むかしっからわれたことば。

【古語】こご むかしつかわれたことば。

【古▽豪】こごう 多くの経験をつんで、実力をもっている人や集団。例古豪チーム。対新鋭

口 くち・くちへん 口の部 2画 叶・句・古

3画

口の部（くち・くちへん） 2画 叩・号

【古今】ここん　むかしと今。むかしから今まで。

【古今東西】ここんとうざい　四字熟語　いつでもどこでも。

【古参】こさん　ふるくからその仕事についていること。また、その人。対 新参

【古紙】こし　つかっていらなくなった古い紙。例 古紙を回収して再生紙にする。

【古式】こしき　ふるいやり方。例 古式にのっとる(=むかしからのやり方にしたがう)。

【古書】こしょ　①むかしの書物。例 古書を読む。②ふるくなった本。例 古書即売会。

【古人】こじん　むかしの人。注意「故人(=死んだ人)」とまちがえないこと。

【古▼跡】こせき　歴史にのこるようなできごとのあった場所。旧跡。例 奈良の古跡をたずねる。

【古戦場】こせんじょう　歴史にのこる名高いたたかいのあったところ。

【古代】こだい　①大むかし。②歴史をいくつかの時代に分けたとき、いちばんふるい時代。

【古代史】こだいし　日本では、ふつう飛鳥・奈良・平安時代の歴史のこと。

【古典】こてん　①音楽・絵などの芸術で、むかしから多くの人にしたしまれているりっぱな作品。クラシック。例 古典音楽。②りっぱな内容をもち、ねうちの高いむかしの本。例『源氏物語』は世界的な古典だ。

【古典的】こてんてき　①伝統をうけついで、今なお高い価値をもっているようす。例 古典的な名作。②伝統や形式を重んじるようす。例 古典的な手法。

【古都】こと　むかしの都。京都・奈良など。

【古美術】こびじゅつ　むかしの美術。また、美術品。例 古美術商。

【古風】こふう　ふるめかしいようす。むかしふう。例 古風なしきたりをまもる。

【古▼墳】こふん　大むかしの、土をもり上げた身分の高い人のはか。例 古墳時代。

【古文】こぶん　江戸時代より前に書かれた文章。

【古米】こまい　とりいれてから一年以上たった米。対 新米

【古文書】こもんじょ　むかしの人がのこした書類。注意「こぶんしょ」と読まないこと。

【古来】こらい　むかしから今まで。例 日本古来の武道。

【古顔】ふるがお　会社などで前からいる人。古参。対 新顔

【古株】ふるかぶ　①木を切りたおしてから、だいぶたった根元。②その会社やグループに、ずっと前からいる人。

【古着】ふるぎ　きて、ふるくなった洋服や着物。

【古傷】ふるきず　①何年も前にうけたきず。対 生傷 ②何年も前にした、わるいおこない。例 古傷をあばく。

【古巣】ふるす　①鳥がもとすんでいた巣。②前にすんでいたところ。例 古巣をたずねる。

【古本】ふるほん　読んで古くなった本。また、自分のものであったが、手ばなした本。例 古本市。

下につく熟語 ▼懐古・▼稽古・最古・太古・中古(ちゅうこ・ちゅうぶる)・*復古

口－2画 叩

5画　表外　〔叩〕明朝

音 コウ　訓 たたく・たたき

意味 たたく。打つ。ノックする。

【▽叩き上げ】たたきあげ　苦労をかさねて、りっぱになること。また、その人。

【▽叩き売り】たたきうり　品物をのせた台などをたたきながら安く売ること。また、その人。

口－2画 号

5画　3年　〔号〕明朝

音 ゴウ　訓 ―

※「ゴウする」ともつかう。

4画めを長く。5画めは4画めの上に出ないようにし、2回折って最後ははねる。

1 丨　2 口　3 口　4 旦　5 号

3画

なりたち 形声 号

丂と口(くち)を合わせた字。丂は、下からのび出ようとして、上でつかえてまがるようすをしめす記号で、つかえてまがるというイメージをもつ。号は、声がのどでつかえて、かすらせて出すこと、つまり「さけぶ」ことをあらわした。

丂のつく漢字グループ

「丂」のグループは「つかえてまがる」というイメージがある。「丂」は「丂」の変形。

→号 190 →巧 335 →拷 505 →朽 582 →考(老+丂) 872

意味 **❶さけぶ。**「号泣」 **❷あいずする。あいずのしるし。**「信号」 **❸よび名。**「▼称号・年号」 **❹順序。また、数字の下につけて、順序をあらわすことば。**「号外」 **❺のりものなどの名の下につけることば。**「のぞみ号」

名まえで使う読み ごう・な・なずく

【号外】ごうがい 新聞などできまっているもののほかに、りんじに出す印刷物。

【号泣】ごうきゅう 大声をあげてなくこと。

【号▼砲】ごうほう 合図のためにうつ、鉄砲や大砲。

【号令】ごうれい 命令やさしずをすること。また、そのことば。例 先生の号令で出発する。

下につく熟語 暗号・記号・*商号・等号・▼怒号・番号・▼符号・屋号

口－2画

【司】

5画 4年 〔司〕明朝

音 シ
訓 つかさどる*

※上にくる音により「ジ」ともよむ。

1画めは折ってから真下に下ろし、はねる。「口」を下げすぎないように。

1 𠃌 2 𠃌 3 司 4 司 5 司

なりたち 会意 司

⺄(左むきの人)と口(あな)を合わせた字。人が小さなあなからのぞくようすを図にして、せまいはんいのものごとをよく見て、とりさばくことをあらわした。

司のつく漢字グループ

「司」のグループは「小さい」「小さい穴」というイメージがある。

→伺 68 →嗣 217 →詞 950 →飼 1081

意味 **中心となっておこなう。つかさどる。また、その役の人。**「司会」

名まえで使う読み おさむ・かず・つかさ・つとむ・もと・もり

【司会】しかい 会がうまくいくように、せわをしてすすめること。また、その人。例 司会者。

【司祭】しさい カトリックの僧。司教の下のくらい。神父。

【司書】ししょ 図書館などで、本の整理やかし出しなどをする役目。また、その役の人。

【司法】しほう 国が法律によって、ものごとを正しくさばくこと。参考 →「立法(816ページ)」・「行政(921ページ)」。

【司令】しれい 軍隊などをさしずしたり、かんとくしたりすること。また、その人。使い分け しれい「指令・司令」→(506ページ)

【司令▼塔】しれいとう ①軍艦で、艦長が指揮をとる塔。②中心になって指示する人。例 チームの司令塔。

下につく熟語 行司・宮司・*国司・上司・*保護司

口－2画

【史】

5画 5年 〔史〕明朝

音 シ
訓 —

「口」は横長に。4画めは「口」をこえるまでまっすぐ。4・5画めは交差する。

1 丨 2 冂 3 口 4 史 5 史

なりたち 会意 史

中(記録をしるした竹のふだを入れるつつの形)と⺕(て)を合わせた字。記録係をあらわした。

口の部（くち・くちへん） 2画 只・叱・召・台

意味 れきし。「日本史」

名まえで使う読み し・ちか・ちかし・ひと・ふひと・ふみ・み

【史学】しがく 歴史について研究する学問。例 史学科。

【史劇】しげき 歴史上のできごとをもとにつくった劇。

【史実】しじつ 歴史のうえで、じっさいにあったことがら。

【史上】しじょう 歴史にのこっていること。例 史上初のできごと。

【史▼跡】しせき 歴史のうえで、有名なできごとのあったところ。例 史跡めぐり。

【史料】しりょう むかしの人が書いた手紙や、つかっていた道具など、歴史研究の材料。

下につく熟語 ＊郷土史・国史・女史・＊世界史・＊文学史・有史・歴史

使い分け　しりょう　史料・資料

【史料】むかしの人の手紙や道具など、歴史研究の材料。例 倉の中から、大量の史料が発見された。

【資料】しらべたり研究したりするときのもとになる記録や書物。例 参考資料。

口-2画 【只】 5画 人名 〔只〕明朝

音 シ　訓 ただ

意味 ❶ただ。それだけ。❷無料。ただ。❸ふつう。平凡。

名まえで使う読み これ・し・ただ

口-2画 【叱】 5画 常用 〔叱〕明朝

音 シツ　訓 しかる

意味 しかる。しかりつける。「▼叱責」

【▼叱責】しっせき 人のしっぱいをせめて、しかること。例 父に叱責される。

口-2画 【召】 5画 常用 〔召〕明朝

音 ショウ　訓 めす

なりたち 形声 刀（へ形にまがる）と口（くち）を合わせた字。手でおいでおいでをしながら、口でよびよせることをあらわした。→刀126

召のつく漢字グループ

「召」のグループは「へ形にまがる」というイメージがある。

↓招500 ↓昭554 ↓沼655 ↓照704 ↓紹847 ↓詔951 ↓超991

意味 ❶よびよせる。まねく。「▼召集」❷めす。▽「食べる」「着る」などの尊敬語。「着物をお▼召しになる」

注意 「招（＝まねく）」とまちがえないこと。

名まえで使う読み しょう・めし・めす・よし・よぶ

【▼召▼喚】しょうかん 裁判所などが、被告人・証人などをよび出すこと。例 証人を召喚する。

【▼召▼還】しょうかん よびかえすこと。例 大使を召還する。

【▼召集】しょうしゅう ①多くの人をよびあつめること。例 軍人を召集する。②国会をひらくために、国会議員をよびあつめること。例 臨時国会を召集する。参考 旧日本軍や国会についてだけ、つかわれることば。

使い分け しょうしゅう「招集・召集」→500ページ

口-2画 【台】 5画 2年 〔台〕明朝

音 ダイ・タイ　訓 —

「口」の横はばは「ム」よりせまく。1画めは折った後右上がりに、2画めは止める。

ム ム 厶 台 台

なりたち 形声 →台

ム(すきという農具)と口(場所・もの)を合わせた字。すきで土をほりかえして、仕事の土台をつくるようすをあらわした。▽意味らんの❶～❹は、もとは「臺」と書いたが、同音の「台」をかわりにもちいるようになった。

台のつく漢字グループ

「台」のグループは「手をくわえる」、また「動作をおこす」というイメージがある。

→治119 →始277 →怠461 →治654 →胎886

意味 ❶**高くつくったところ。**「灯台・▼舞台」 ❷**もとになるもの。きそ。**「土台」 ❸**自動車などをかぞえることば。だい。**「台数」 ❹**数や量をあらわすことばの下につけて、おおよそのはんいをしめすことば。だい。**「三〇円台」

難しい読み 台詞・台頭・台風

名まえで使う読み だい・もと

【台詞】せりふ ①劇などの中で役者がいうことば。②きまり文句。例 わかれの台詞。

参考 「科白」とも書く。

【台木】だいぎ ①つぎ木をするときの、根のついたほうの木。②ものをおく台にする木材。

【台形】だいけい むかい合っているひとくみの辺が平行で、そのそれぞれがちがう長さの四辺形。

台形

【台座】だいざ ものをのせておく台。とくに、仏像をのせておく台。

【台紙】だいし ものをはりつける、あつい紙。

【台地】だいち まわりの土地より高くなっている、たいらな土地。

【台帳】だいちょう もとになる帳面。例 土地台帳。

【台頭】たいとう ほかのものをぬいて、いきおいをましてくること。例 新人が台頭してくる。

【台所】だいどころ ①家の中で食事をつくるところ。②家や会社のお金のやりくり。例 台所事情。

【台▽秤】だいばかり 台の上にものをのせて、重さをはかるはかり。

【台風】たいふう 赤道より北の太平洋でできる熱帯性低気圧の中で、風速が毎秒一七メートル以上の強い風とはげしい雨をふらせるもの。例 台風一過。

【台本】だいほん 演劇や映画などの、せりふ・動作や舞台のようすなどが書いてある本。脚本。

下につく熟語 ▼縁台・*気象台・鏡台・▼寝台・高台・*天文台・飯台・*番台・屋台・▼露台

【兄】5画 儿部3画 →98ページ
【加】5画 力部3画 →145ページ
【占】5画 卜部3画 →169ページ
【石】5画 石部0画 →783ページ

口－3画

【各】

6画 4年 〔各〕明朝

音 カク
訓 おの*おの

※下にくる音により「カッ」ともよむ。

各 各

2・3画めのはらいを長く書く。「口」は2・3画めに接しても接しなくてもよい。

ノ ク 夂 夂 各 各

なりたち 会意 →各

夂(人の足)と口(四角い石)を合わせた字。歩いている人の足がこつんこつんと石につかえるようすを図にして、「一つ一つ」「それぞれ」といういみをあらわした。

各のつく漢字グループ

「各」のグループは、①「かたいものにぶつかる」「こつんとつかえる」、または、②「連

ミニ知識 **筆順早おぼえ** 「奮」―大きなイノしし 一ぴきかけ|た つづいて三びき 田んぼで

口の部 3画 吉・吸

絡をつける」「つらなる」というイメージがある。

↓客296 ↓落399 ↓格595 ↓洛665 ↓略749
↓絡852 ↓賂983 ↓路994 ↓酪1011 ↓閣1042
↓露1056 ↓額1072

意味 一つ一つ。それぞれ。「各人」

名まえで使う読み かく・まさ

【各位】かくい みなさまがた。例 来賓各位。

【各自】かくじ ひとりひとり。めいめい。例 各自で持参する。

【各種】かくしゅ いろいろな種類。

【各所】かくしょ あちらこちら。例 町の各所にポスターをけい示する。

【各人】かくじん めいめいの人。

【各人各様】かくじんかくよう 考えや、やり方が、それぞれの人によってちがいがあること。例 各人各様の意見をのべる。

【各地】かくち ほうぼうの土地。例 各地の天気予報。

【各論】かくろん こまかい項目の一つ一つについての議論・論文。対 総論

【各界】かっかい／かくかい 職業によって分けた、社会のそれぞれの方面。例 各界の名士。

【各個】かっこ 一つ一つ。ひとりひとり。例 各個の意見。

【各国】かっこく それぞれの国。例 世界各国。

上につく熟語 *各社・*各党・*各派・*各戸・*各校

口－3画

【吉】

6画 常用 〔吉〕明朝

音 キチ・キツ 訓 ―

※下にくる音により「キッ」ともよむ。

なりたち 会意 士(ふた)と口(いれもの)を合わせた字。ものをつめこんでふたをしたようすをあらわした。なかみがいっぱいあることから、「よい」といういみをあらわした。

吉のつく漢字グループ

「吉」のグループは「いっぱいつまる」というイメージがある。これは「中をふさぐ」というイメージとつながる。

↓壱(吉＋壺)247 ↓桔597 ↓結849 ↓詰952

意味 めでたい。「▼吉日(きちじつ・きちにち・きつじつ)」対 凶

名まえで使う読み きち・きつ・さち・とみ・はじめ・よ・よし

【▼吉事】きちじ めでたいできごと。

【▼吉日】きちじつ／きちにち／きつじつ ものごとをするのによいとされる、めでたい日。例 思い立ったが吉日(=すぐに実行するのがよい)。／大安吉日(=結婚など、すべてのことによいとされる日)。

【▼吉例】きちれい／きつれい めでたいならわし。例 新春吉例の大イベント。

【▼吉▼凶】きっきょう えんぎのよいこととわるいこと。例 吉凶をうらなう。

【▼吉▼祥】きっしょう／きちじょう めでたいしるし。

【▼吉兆】きっちょう よいことがおこる前ぶれ。めでたいしるし。対 凶兆

【▼吉報】きっぽう うれしい知らせ。めでたい知らせ。例 優勝の吉報。対 凶報

下につく熟語 *大▼吉・不▼吉

口－3画

【吸】

6画 6年 〔吸〕明朝

音 キュウ 訓 すう

「及」は「口」より高い位置に。5画めは4画めより左から始め、3回折ってはらう。

1 丨 2 口 3 口 4 叨 5 吸 6 吸

なりたち 会意 及(キュウ)(とどく)と口を合わせた字。口があるものにとどいて、すいつくことをあらわした。↓及31

意味 すう。すいこむ。「吸入・呼吸」

【吸引】きゅういん ①すいこむこと。例 吸引力が強いそうじ機。②人をひきつけること。

【吸▼湿性】きゅうしつせい 空気中の水分をすいとる性質。

【吸収】きゅうしゅう ①すいこむこと。例 土が水を吸収する。②養分や学問・技術などを

とり入れて、自分のものにすること。例 先端技術を吸収する。

【吸水】きゅうすい 水をすいとること。例 吸水ポンプで水をすい上げる。

【吸着】きゅうちゃく すいつくこと。例 岩に吸着する。

【吸入】きゅうにゅう すい入れること。例 酸素を吸入する。

【吸▼盤】きゅうばん ①タコやイカなどにある、ほかのものにすいつく器官。②①ににせてつくった、すいつくもの。

口－3画

【叫】

6画 常用 〔叫〕明朝

音 キョウ
訓 さけぶ

なりたち 形声 丩(キュウ)(引きしめる)と口を合わせた字。のどを引きしぼるようにして、かん高い声を出すことをあらわした。↓収179

意味 さけぶ。「絶▼叫・▼叫声」

口－3画

【向】

6画 3年 〔向〕明朝

音 コウ
訓 むく・むける・むかう・むこう

2・3画めの縦画は内側に向け、全体を横長に。1画めは2画めとはなれてもよい。

(筆順) 1 ノ 2 ノ 3 冂 4 向 5 向 6 向

なりたち 会意 宀(家)と口(あな)を合わせた字。かべにあけた空気あなをあらわした。空気あなから空気が出ていくように、物がある方向にむかうことをあらわした。

意味 (ある方向へ)むく。むかう。「向上」

名まえで使う読み こう・ひさ・むか・むかう・むき・むこう

【向学心】こうがくしん 勉強にはげもうとする気もち。例 向学心にもえる。使い分け こうがく「好学・向学・後学」↓273ページ

【向上】こうじょう ものごとの程度がよくなること。例 技術が向上する。対 低下

【向日▽葵】ひまわり キク科の植物。高さ二～三メートルにもなる。夏に大きな黄色の花がさく。たねから油をとる。

上につく熟語 *向日性・*向地性

下につく熟語 意向・一向・回向・外向・▼傾向・志向・指向・▼趣向・出向・性向・転向・動向・内向・風向・▼偏向・方向・*真っ向

口－3画

【后】

6画 6年 〔后〕明朝

音 コウ
訓 *きさき

※上にくる音により「ゴウ」ともよむ。

3画めは2画めの書き出しより少し下にして長く。「口」は3画めより右へ出ない。

(筆順) 1 一 2 厂 3 𠂆 4 后 5 后 6 后

なりたち 会意 𠂆(右むきの人)と口(あな)を合わせた字。人のからだのうしろにあるおしりのあなのことから、「うしろ」のいみをあらわした。のちに、ご殿のうしろにすむ「きさき」のいみにつかうようになった。

意味 ❶天皇や皇帝のつま。きさき。「皇后・皇太后」 ❷うしろ。のち。対 前

名まえで使う読み きみ・ご・こう・のち・み

口－3画

【合】

6画 2年 〔合〕明朝

音 ゴウ・ガッ・カッ
訓 あう・あわす・あわせる

※「ガッする」ともつかう。

1・2画めの書き始めは接し、長く書く。3画めは1・2画めに接してもよい。

(筆順) 1 ノ 2 人 3 𠆢 4 今 5 合 6 合

なりたち 会意 → 合

漢字クイズ 部首クイズ 1年でならう「雨」の部首はなんでしょう？

口の部 3画 合

亼(ふた)と口(いれもの)を合わせた字。いれものにふたをかぶせて、ぴたりと合わせるようすをあらわした。

合のつく漢字グループ
「合」のグループは「ぴったり合う」というイメージがある。
→拾507 →給849

意味 ❶あう。あわせる。「合計・集合」 ❷むかしつかわれていた米や水などをはかる単位。一合は約〇・一八リットル。❸山の頂上までの道のりを一〇に分けたその一つ。「八合目」

注意 「会」とまちがえないこと。

難しい読み 合図・合戦・合点(がってん)・合羽

使い分け ㋐あう「会う・合う・遭う」→(60ページ) ㋑あわせる「併せる・合わせる」→(76ページ)

名まえで使う読み あい・あう・かい・ごう・はる・よし

【合▼縁▼奇▼縁】あいえんきえん 四字熟語 人と人とがつき合うとき、おたがいの気もちが合ったり合わなかったりするが、それはこの世のふしぎなめぐり合わせによるということ。参考 ㋐「縁」は、めぐり合わせのいみ。「合縁」は、たがいに気心の合う縁、「奇縁」は、ふしぎな縁のいみ。㋑「相縁機縁」などとも書く。

【合▼鍵】あいかぎ もとのかぎとまったく同じにつくられたべつのかぎ。

【合図】あいず おたがいに約束した方法で、知らせ合うこと。例 始業の合図。

【合間】あいま 仕事の切れめ。ものごととものごとの間。例 仕事の合間にコーヒーをのむ。

【合作】がっさく 何人かでいっしょに作品をつくること。また、その作品。例 卒業生の合作。／日米合作の映画。

【合算】がっさん いくつかの数を合わせて計算すること。例 費用を合算する。

【合宿】がっしゅく (ある目的をもって)なかまが、ある期間いっしょに生活すること。例 運動部の合宿くんれん。

【合唱】がっしょう[1] 大勢の人が、いく組かに分かれて、(低音部と高音部など)ちがったふしを歌い合わせること。コーラス。対 独唱

【合▼掌】がっしょう[2] ①両手をむねの前で合わせておがむこと。例 お墓の前で合掌する。②木材を山形に組み合わせた屋根のつくり方。例 合掌造り。

【合従連▼衡】がっしょうれんこう 四字熟語 強大な敵に対して、はかりごとをめぐらし、力をあわせてする外交上のかけひきや結びつきのこと。参考 「合従」は、たてにあわせるいみで、南北の同盟のこと。「連衡」は、よこにつらなるいみで、東西の連合のこと。むかし中国で、秦という大国を中心としておこなわれた外交政策から。

【合戦】かっせん たたかうこと。例 さるかに合戦。

【合奏】がっそう 二つ以上の楽器で、いっしょに演奏すること。例 器楽合奏。対 独奏

【合体】がったい 二つ以上のものが、合わさって一つになること。

【合▼致】がっち ぴたりと合うこと。例 計画が方針と合致する。

【合点】一 がってん しょうちすること。うなずくこと。二 がてん わかること。例 合点がいかない。

【合羽】かっぱ 雨よけにきるマント。参考 ポルトガル語の「カッパ」に漢字を当てたもの。

【合評】がっぴょう 大勢の人があつまって、一つの作品について批評すること。また、その批評。

【合▼併】がっぺい 二つ以上のものを一つに合わせること。例 会社を合併する。

【合意】ごうい おたがいの考えが合うこと。例 両社がその条件で合意した。

【合一】ごういつ いくつかに分かれているものを、一つに合わせること。

【合格】ごうかく ①試験にうかること。②あるきまったしかくや条件にあてはまること。

【合議】ごうぎ ふたり以上の人があつまって、そうだんすること。

【合金】ごうきん 二つ以上の金属をとかし合わせてつくった金属。

くち・くちへん **口の部** 3画 吊・吐・同

【合計】ごうけい 全部の数をくわえ合わせること。また、その合わせた数。

【合成】ごうせい 二つ以上のものを合わせて、一つのものをつくること。例合成樹脂。

【合同】ごうどう ①いくつかのものが、いっしょになること。例合同演奏会。②二つの図形の、形と大きさが同じであること。

【合板】ごうはん／ごうばん うすくけずった板を何枚もはり合わせてつくった板。

【合否】ごうひ 合格と不合格。例面接で合否をきめる。

【合弁】ごうべん 外国とお金を出し合って、いっしょに仕事をすること。例合弁会社。

【合法】ごうほう 法律やきそくに合っていること。例かれらの行動は合法だ。対非合法

【合法的】ごうほうてき ほうりつにあっているようす。例もめごとを合法的にしょりする。

【合理化】ごうりか むだをはぶいて、効果をあげること。例工場の合理化で、もうけが出る。参考「合理」は、理屈に合っていること。

【合理的】ごうりてき 理屈に合っていて、むだがないようす。例合理的な方法を考える。

【合流】ごうりゅう ①二つ以上の川の流れが合わさって、一つになること。②二つ以上のあつまりが、一つになること。例本隊に合流する。

下につく熟語 意気投合・沖合・会合・化合・競合・具合・組合・▽迎合・結合・混合・試合・照合・接合・総合・談合・調合・都合・適合・統合・場合・配合・歩合・複合・▽符合・▽併合・▽縫合・▽融合・連合・割合

口－3画

【吊】

6画 表外 〔吊〕明朝

音 チョウ
訓 つる・つるす

意味 **つる。つるす。ぶらさげる。**「▽吊り革」

【▽吊り革】つりかわ 電車やバスなどで、立っている人がからだをささえるためにつかまる、輪のついたひも。

【▽吊り橋】つりばし 両がわから鉄のつなどをはりわたしてつくった橋。

口－3画

【吐】

6画 常用 〔吐〕明朝

音 ト
訓 はく

なりたち 形声 土(なかみがつまる)と口を合わせた字。中につまったものを口から外にはき出すことをあらわした。→土228

意味 **口から物を出す。はく。**「▽吐血・▽嘔吐(=食べたものや胃液などを、口からはき出すこと)」

【▽吐息】といき 安心したり、がっかりしたりしたときなどに、大きくはく息。ためいき。例吐息をつく。

【▽吐血】とけつ 胃などの病気で口から血をはくこと。

【▽吐▽露】とろ 自分が思っていることを、かくさないで全部話すこと。例心情を吐露する。

口－3画

【同】

6画 2年 〔同〕明朝

音 ドウ
訓 おなじ

「冂」の縦画は真下に。3画めは横画で書く。「口」を「冂」の下から出さない。

なりたち 会意 冂(つつ)と口(あな)を合わせた字。つつのまるいあなを、上から下までつき通すようすを図にして、全体を通してそろっていることをあらわした。

同のつく漢字グループ
「同」のグループは「(あなを)つき通す」、また「つつ形をしている」というイメージがある。
→洞663 →桐600 →筒826 →胴890 →銅1028

意味 ❶**おなじ。**「同時」対異 ❷**おなじくする。また、なかま。**「一同・同志」

名まえで使う読み あつ・あつむ・どう・とも・のぶ・ひとし

口の部 くち・くちへん 3画 同

【同意】どうい ①おなじいみ。例同意語。②ほかの人の意見に賛成すること。例ぼくの意見にみんなが同意した。

【同一】どういつ まったくおなじであること。例同一人物。／同一視。

【同音】どうおん ①おなじ発音。例石と医師は同音だ。②おなじ高さの音。③声をそろえていうこと。例異口同音（＝多くの人が、いい合わせたようにおなじことをいうこと）。

【同音異義語】どうおんいぎご 音がおなじで、いみがちがうことば。「公開」と「航海」など。

【同化】どうか ①まわりのものと、おなじようになること。また、おなじにすること。②ものごとをよく理解して、自分の身につけること。例海外の文化を同化する。③生物が、外からとり入れたものを、自分のからだをつくるものにかえること。例炭酸同化作用。

【同格】どうかく おなじ身分や地位。例おとなと子どもを同格にあつかう。

【同額】どうがく おなじ金額。

【同感】どうかん ある人と、おなじように考えること。例まったく同感です。

【同期】どうき ①おなじ時期。②入学・入社や卒業の年がおなじであること。例同期生。

【同義】どうぎ おなじいみ。対異義

【同居】どうきょ ①親子・夫婦などがおなじ家にいっしょにすむこと。対別居 ②他人がある家族といっしょにすむこと。例同居人。

【同郷】どうきょう 郷里がおなじであること。

【同業】どうぎょう 職業がおなじであること。

【同系】どうけい おなじつながりをもつなかま。例ピンクは赤と同系の色だ。

【同権】どうけん おなじ権利をもっていること。例男女同権。

1【同好】どうこう 趣味やこのみがおなじであること。例テニス同好会。

2【同行】どうこう いっしょに行くこと。

【同工異曲】どうこういきょく 四字熟語 ①作り方はおなじだが、作品のもつあじわいがことなること。②ちがっているように見えて、内容がほとんどおなじであること。にたりよったりであること。例同工異曲でかわりばえがしない。参考「同工」は、おなじやり方のいみ。「異曲」は、ことなった曲のいみ。

【同罪】どうざい おなじ罪。おなじ責任。例ぬすみをしなくても、それをたすければ同罪だ。

1【同士】どうし ①あることばの下について、そのなかまをあらわすことば。例友だち同士。②「同志」とおなじ。

2【同志】どうし おなじ考えや目的をもって、いっしょに行動するなかま。同士。

【同時】どうじ ①おなじとき。例同時にスタートする。②（「…と同時に」の形で）…とともに。…のいっぽうで。例やすいと同時においしい店。

【同質】どうしつ 性質や内容がおなじであること。対異質

【同種】どうしゅ おなじ種類。対異種

【同宿】どうしゅく おなじ宿にとまること。また、その人。例人気歌手が同宿していた。

【同所】どうしょ ①おなじところ。②その場所。例同所にて入場券をくばります。

1【同乗】どうじょう おなじのりものに、いっしょにのること。

2【同情】どうじょう 人のなやみやくるしみを、自分のことのように感じて、かわいそうだと思うこと。思いやり。

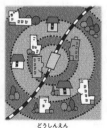

【同心円】どうしんえん 中心が同じで、半径がちがう二つ以上の円。例駅を中心に、町が同心円状に広がる。

同心円

【同数】どうすう おなじ数。

1【同▼姓】どうせい おなじ名字。例同姓同名。

2【同性】どうせい 性がおなじであること。男どうし、または、女どうし。対異性

【同勢】どうぜい いっしょに行動する人々。また、その数。例旅行の同勢は一〇人だ。

【同席】どうせき おなじ席にいること。おなじ会に出ること。

3画

【同然】どうぜん　おなじようなありさま。例 のこり時間一分なら、おわったも同然だ。

【同窓】どうそう　おなじ学校を卒業したこと。また、おなじ先生に教えをうけたこと。例 同窓会。

【同体】どうたい　一体となること。また、そのからだ。例 一心同体。／雌雄同体。

【同調】どうちょう　人の意見や考えなどに、調子を合わせること。

【同点】どうてん　点数がおなじであること。また、おなじ点数。

【同等】どうとう　位やていどなどがおなじであること。例 おとなと同等にあつかう。

【同人】どうにん／どうじん　①おなじ人。その人。対 別人 ②おなじこころざしや興味をもつ人。なかま。例 同人雑誌。

【同年】どうねん　①おなじ年。②その年。例 同年春に結婚した。③おなじ年れい。

【同▼輩】どうはい　地位などがおなじなかま。おなじ学年のなかま。対 先輩・後輩

【同▼伴】どうはん　いっしょに行くこと。いっしょにつれて行くこと。例 夫人同伴。

故事成語

【同病相▽憐れむ】どうびょうあいあわれむ　おなじなやみやくるしみをもつ人どうしは、おたがいにあいてのつらい気もちを理解して、同情し合うということ。参考 おなじ病気にかかっている人どうしは、あいての苦痛がよくわかるので、おたがいになぐさめ合うといういみから。

【同▼封】どうふう　おなじふうとうに、いっしょに入れること。例 写真を同封する。

【同▼胞】どうほう　①きょうだい。②自分とおなじ国の人。例 海外の同胞。

【同盟】どうめい　おなじ目的のために、国や団体が力を合わせることを約束すること。また、その約束。

【同門】どうもん　おなじ先生から教えをうけること。また、その人。

【同様】どうよう　ようすがおなじであること。例 昨年同様、今年も開催します。

【同率】どうりつ　おなじわりあい。例 両チーム同率で首位。

【同▼僚】どうりょう　職場や仕事がおなじであるなかま。例 会社の同僚。

【同類】どうるい　おなじ種類。また、おなじなかま。

【同列】どうれつ　①おなじ列。②おなじ地位。おなじていど。

下につく熟語 異同・共同・協同・合同・混同・賛同・付和▼雷同

口－3画

【名】

6画　1年　〔名〕明朝

音 メイ・ミョウ
訓 な

名（筆順）ノ ク タ タ 名 名

「夕」のかたむきを立てすぎない。「口」が2画めと接しなくてもよい。

なりたち 会意 ⺼-⺼-名

夕（三日月）と口を合わせた字。うすぐらいやみの中で、自分がいることを声に出して知らせるようすを図にして、自分の存在をはっきり知らせる「な」のいみをあらわした。

名のつく漢字グループ
「名」のグループは「名をつけてはっきりさせる」というイメージがある。
→銘 1029

意味 ❶なまえ。「本名」❷すぐれた。なだかい。「名案」❸人数をかぞえることば。「三名」

難しい読み 名残・名代（みょうだい・なだい）・名▼跡（めいせき・みょうせき）

名まえで使う読み あきら・かた・な・なづく・めい・もり

【名残】なごり　①ものごとがすぎさったあとに、のこっているようすや気分。例 電車でかよっていたころの名残がある。②人とわかれるのをつらく思う気もち。例 名残おしい。

【名主】なぬし　江戸時代に、村民のかしらとして、村をとりしまったり、税をとりたてたりする仕事をした役。また、その役の人。庄屋。

口の部 3画 名

【名は体を表す】なはたいをあらわす 句 名前は、そのものの内容をあらわすものだ。名前となかみは、多く一致しているということ。

【名札】なふだ 名前を書いたふだ。

【名前】なまえ ①よび名。②氏名。また、とくに名字にたいする名。

【名を売る】なをうる 句 名が人々に知れわたるようにする。例 ホームラン王として名を売る。

【名を▼汚す】なをけがす 句 めいよをきずつける。評判を落とす。例 学校の名を汚す。

【名を捨てて実を取る】なをすててじつをとる 句 利益にはならない名声よりも、じっさいの利益を手に入れるほうがよいということ。

【名を残す】なをのこす 句 のちの世まで名声がつたえられる。例 名人として名を残す。

【名字】みょうじ その家の名。姓。

【名代】〔一〕みょうだい ほかの人のかわりをつとめること。また、その人。例 母の名代としてまいりました。〔二〕なだい 有名なこと。例 名代のウナギ屋。

【名案】めいあん すばらしい思いつき。すぐれた考え。例 名案がうかぶ。

【名医】めいい うでのよい医者。

【名歌】めいか すぐれた歌。有名な歌。

【名画】めいが ①すぐれた絵。②すぐれた映画。

【名義】めいぎ 書類などに書く、おもてむきの名前。例 土地をむすこの名義にする。

【名曲】めいきょく すぐれた曲。有名な曲。

【名句】めいく ①すぐれていて有名な俳句。②言い回しのうまいもんく。

【名君】めいくん よい政治をおこなう、りっぱな君主。

【名月】めいげつ ①うつくしい月。②古いこよみで、八月一五日の月。例 中秋の名月。

参考 ②は「明月」とも書く。

【名言】めいげん 有名なことば。すぐれたことば。例 名言集。使い分け 「明言」は、はっきりいうこと。

【名工】めいこう 陶器・彫刻などの、すぐれた作品をつくる人。

【名作】めいさく 文学・絵画・彫刻などの、すぐれていて有名な作品。

【名産】めいさん その土地の有名な産物。

1【名士】めいし 広く世の中に名前を知られている人。例 各界の名士。

2【名▼刺】めいし 名前・住所などを印刷した、小さな紙。例 名刺をこうかんする。

3【名詞】めいし ことばをはたらきやつかい方によって分けた種類の一つ。人やものなどの名をあらわし、主語になることができる。

【名実】めいじつ 評判と、じっさい。例 名実ともにすぐれた人。

【名手】めいしゅ うでまえのすぐれた人。

【名所】めいしょ すぐれた景色、または歴史上、有名なところ。例 名所旧跡。

1【名将】めいしょう すぐれた将軍。名高い将軍。

2【名▼称】めいしょう 名前。よび名。例 サッカーチームの名称をきめる。

3【名勝】めいしょう 景色がすぐれてうつくしいところ。例 東北の名勝、松島。

【名人】めいじん ①あるすぐれた技をもっている人。例 弓の名人。②将棋や囲碁で、「名人」の称号。また、それをもつ人。例 名人戦。

【名声】めいせい 世の中でのよい評判。

【名▼跡】〔一〕めいせき むかし、有名なたてものがあったところ。〔二〕みょうせき ゆずりつたえられる家名や名字。例 名門の名跡をつぐ。

【名▼僧】めいそう すぐれた学識をもち、人に尊敬される高い人格をそなえている僧。

【名著】めいちょ すぐれた内容の本。名高い本。

【名店街】めいてんがい 有名な店があつまっているところ。例 駅の名店街でおみやげを買う。

【名答】めいとう りっぱで正しいこたえ。

【名品】めいひん すぐれていて、よく知られている品・作品。

【名物】めいぶつ ①その土地の有名な産物。例 岡山名物のきびだんご。②有名なもの。例 仙台名物の七夕。

【名▼簿】めいぼ　人の名前を書いた帳面。

【名目】めいもく　①うわべの理由。口実。②おもてむきの名前・よび名。例 名目だけの社長。

【名門】めいもん　りっぱな家がら。有名な家がら。例 名門の出身。参考 学校の場合にもつかう。例 名門校。

【名文句】めいもんく　言い回しがよく、教えをふくんでいることば。有名なことば。

【名▼誉】めいよ　①ほまれ。よい評判。②めんぼく。体面。

上につく熟語 ＊名文・＊名訳・＊名優

下につく熟語 悪名(あくめい・あくみょう)・異名(いめい・いみょう)・＊英名・▼汚名・▼戒名・改名・学名・仮名(かめい・かな)・＊家名・記名・▼偽名・▼虚名・芸名・功名・高名・実名・氏名・指名・▼襲名・＊職名・＊書名・署名・除名・＊人名・＊声名・▼姓名・▼俗名(ぞくみょう・ぞくめい)・大名・題名・著名・▼匿名・売名・美名・病名・＊品名・別名・＊変名・無名・命名・有名・勇名・連名

口－3画

【吏】 6画 常用

〔吏〕明朝

音 リ　訓 ―

意味 役人。「官▼吏・吏員」

名まえで使う読み おさ・さと・つかさ・り

【如】6画　女部3画 → 274ページ

【舌】6画　舌部0画 → 904ページ

口－4画

【含】 7画 常用

〔含〕明朝

音 ガン　訓 ふくむ・ふくめる

なりたち 形声 今(ふさぐ)と口を合わせた字。口の中に物を入れてふさぐことをあらわした。→今52

意味 中に物を入れる。ふくむ。「▼含有・包▼含」

【▼含▼蓄】がんちく　表面には出ない、ふかいいみをふくんでいること。例 含蓄のあることば。

【▼含有】がんゆう　ふくんでいること。例 含有量。

口－4画

【吟】 7画 常用

〔吟〕明朝

音 ギン　訓 ―

※「ギンじる」ともつかう。

なりたち 形声 今(ふさぐ)と口を合わせた字。口をふさいでうんうんとうなることをあらわした。→今52

意味 ❶詩歌をうたう。くちずさむ。「詩▼吟」 ❷詩歌をつくる。 ❸うめく。「▼呻▼吟(＝苦しくてうめくこと)」

名まえで使う読み あきら・おと・ぎん・こえ

【▼吟▼詠】ぎんえい　①ふしをつけて漢詩や和歌をうたうこと。②漢詩や和歌をつくること。

【▼吟行】ぎんこう　①漢詩や和歌を歌いながら歩くこと。②詩や和歌をつくるために出かけること。

【▼吟▼醸】ぎんじょう　お酒やしょうゆを、いい材料だけえらんで、ていねいにつくること。

【▼吟味】ぎんみ　内容・品質などをよくしらべること。例 食材を吟味する。参考 もとは、詩歌を口ずさんであじわういみ。

【▼吟遊】ぎんゆう　詩や歌をつくりながら、各地を旅行して歩くこと。例 吟遊詩人。

下につく熟語 ＊苦▼吟・＊独▼吟・＊朗▼吟

口－4画

【君】 7画 3年

〔君〕明朝

音 クン　訓 きみ

2画めを長く。4画めは1画めの上に出ない。「口」は4画めと接しなくてもよい。

なりたち 形声 －君

尹と口を合わせた字。尹は、ヨ(＝又。て)と丨(棒)を合わせて、棒を手にもって指示するようす。君は、号令してうまくまとめる人をあらわした。

君のつく漢字グループ

「君」のグループは「一つにまとめる」というイメージがある。

→伊 59 →郡 435 →群 868

意味 **❶天子。りっぱな人。**「君子」 **❷人の名のあとにつけて、尊敬やしたしみをあらわすことば。**「山田君」

名まえで使う読み きみ・きん・くん・こ・すえ・なお・よし

【君が代】 きみがよ 日本の国歌。一九九九年八月より法律で正式にきまった。

【君子】 くんし 人がらやおこないがりっぱな人。

【君子危うきに近寄らず】 くんしあやうきにちかよらず 故事成語 君子は考えがふかく、つつしみぶかいから、あぶないと思うことはさけて、けっして近づかないということ。

【君子は▽豹変す】 くんしはひょうへんす 故事成語 ①君子は、自分があやまちをおかしたと気づけば、すぐにあらためるということ。②態度や考えなどがきゅうにがらりとかわること。参考「豹変」は、動物のヒョウの模様のように、はっきりとかわること。

君子は豹変す

【君主】 くんしゅ 国をおさめる王や、皇帝。

【君臣】 くんしん (皇帝や王など)国をおさめる者と、そのけらい。主君と臣下。

【君臨】 くんりん ①君主として、国をおさめること。②実力をもった人が、みんなの上に立つこと。例 横綱として、君臨する。

下につく熟語 暗君・貴君・*主君・諸君・暴君・名君・明君

口－4画

【呉】

7画 常用 〔呉〕明朝

音 ゴ 訓 ―

なりたち 会意 ―呉(呉) 夨(頭をかしげる人)と口を合わせた字。にぎやかにおしゃべりするようすをあらわした。

呉のつく漢字グループ

「呉」のグループは「おしゃべりする」というイメージのほかに、「食いちがう」というイメージがある。

→娯 279 →虞 912 →誤 956

意味 **むかし中国にあった国の名。ご。**

名まえで使う読み くに・くれ・ご

【▼呉▼越同▼舟】 ごえつどうしゅう 四字熟語 ①なかのわるい者どうしが同じところにいること。②なかのわるい者どうしが、しかたなく協力すること。参考 呉と越は、むかし中国にあったとなりどうしの国で、たがいによくあらそった。しかし、なかのわるい呉と越の人でも、のりあわせた舟がしずみそうになったときは、力を合わせて水をかき出すことになるということから。

【▼呉服】 ごふく 和服のおりもの。反物。参考 大むかし、中国の呉の国からおりものの技術者(＝「呉服」)が、おりものの技術をつたえたことから。

口－4画

【吾】

7画 人名 〔吾〕明朝

音 ゴ 訓 わが・われ

なりたち 形声 五(まじわる)と口を合わせた字。ほかの人とことばをかわすときの自分、「われ」をあらわした。→五 41

吾のつく漢字グループ

「吾」のグループは「たがいにまじわる」というイメージがある。

→悟 467 →梧 601 →語 955

意味 **われ。わが。自分のこと。**「▽吾▼輩・▽吾人」

名まえで使う読み あ・ご・みち・わが・われ

口－4画

【告】

7画 5年 〔告〕明朝

音 コク 訓 つげる

告

4画めを長く書く。3画めは真下に下ろし、4画めより下に出さない。

なりたち 会意 𠯆-告(告)

牛(ウシ)と口(四角いわく)を合わせた字。牛の角に棒をしばりつけるようすをあらわした。きつくしめつけるというイメージをもち、うむをいわせず人にきつく申しわたすいみをあらわした。

告のつく漢字グループ

「告」のグループは「わくをはみ出ないように、きつくしばる」というイメージがある。また、「わくをはみ出る」というイメージもある。

→造415 →浩665 →皓764 →酷1012

意味 **❶知らせる。つげる。もうしあげる。**「報告」 **❷うったえる。もうしでる。**「告発」

名まえで使う読み こく・しめす・つぐ

【告示】こくじ (役所などが)おおやけにきまったことを、広く人々に知らせること。例 投票日を告示する。

【告▼訴】こくそ ひがいをうけた人が、検察官・警察官に犯罪のあったことをうったえ出ること。例 告訴にふみきる。

【告知】こくち 知らせること。例 がんを告知する。

【告白】こくはく それまでかくしていたことを、ありのままに話すこと。例 罪を告白する。／「すき」と告白する。

【告発】こくはつ ①不正や悪事をあきらかにして、世の中に知らせること。例 会社の不正を内部告発する。②事件に関係のない人が、犯罪がおこなわれたことを警察に知らせ、そうさと裁判を求めること。

【告別】こくべつ わかれをつげること。例 告別式。

下につく熟語 ▼勧告・急告・警告・原告・広告・＊上告・申告・宣告・忠告・通告・▼被告・布告・＊密告・予告・論告

口－4画

【吹】

7画 常用 〈吹〉明朝

音 スイ 訓 ふく

意味 **❶口をすぼめて息をふき出す。ふく。❷ふえなどをふき鳴らす。**「吹奏」

難しい読み ▼吹▼聴・▼吹雪

名まえで使う読み かぜ・すい・ふ・ふき・ふけ

【吹奏】すいそう ふえやらっぱなどをふいて、演奏すること。例 吹奏楽団。

【▼吹▼聴】ふいちょう あちこちに、言いふらすこと。例 合格したことを近所に吹聴して歩く。

【▼吹雪】ふぶき ①強い風にふかれ、雪がはげしくふること。例 花吹雪。②こまかいものがみだれちること。例 紙吹雪。

下につく熟語 息▼吹・▼鼓▼吹

口－4画

【呈】

7画 常用 〈呈〉明朝

音 テイ 訓 ―

なりたち 形声 壬(テイ)(まっすぐ)と口(ことば)を合わせた字。ことばでまっすぐにいいあらわすことをあらわした。→廷360

意味 **❶あらわす。**「▼呈示」 **❷さしあげる。**「▼謹呈・進呈・▼贈呈」

【▼呈示】ていじ さしだして見せること。

口－4画

【呑】

7画 人名 〈吞〉明朝

音 ドン 訓 のむ

意味 **のむ。かまずにのみ下す。**「▽呑▼舟・▼併▽呑」

名まえで使う読み のみ

【▽呑▼舟の魚】どんしゅうのうお 故事成語 ①めったに手にいれられないすばらしいえもの。②心が広く、ひじょうにすぐれた才能をもつ人。参考 舟をひとのみにするような大きな魚の意味から。

口－4画

【吠】

7画 表外 〈吠〉明朝

音 ハイ・バイ 訓 ほえる

口の部（くち・くちへん）

4画 否・吻・呆・呂

5画 呼

意味 犬がなく。ほえる。

口－4画

【否】

7画 6年 〈否〉明朝

音 ヒ
訓 いな

※上にくる音により「ピ」ともよむ。

否 否

3画めの始めの部分は、2画めと軽く交差させても、2画めの右側で接してもよい。

一 ア 不 不 不 否 否

なりたち 形声 不（まるくふくれる）と口（ことば）を合わせた字。ほほをふくらませて、いやだと言うようすをあらわした。→不16

意味 打ち消す。はんたい。その反対。「否定」 対 可

【否決】ひけつ 会議で、ある問題をそうだんして、みとめないときめること。例 改正案は否決された。対 可決

【否定】ひてい そうではない、と打ち消すこと。対 肯定

【否定的】ひていてき そうではないと打ち消すようす。例 みんなは彼の意見に否定的だ。対 肯定的

【否認】ひにん 事実をみとめないこと。打ち消すこと。対 是認 注意「非認」と書かないこと。

下につく熟語 安否・可否・▼拒否・合否・採否・賛否・*真否・正否・成否・*存否・▼諾否・適否・*当否・認否・良否

口－4画

【吻】

7画 人名 〈吻〉明朝

音 フン
訓 —

意味 くちびる。「接▼吻（=口づけ）」

口－4画

【呆】

7画 表外 〈呆〉明朝

音 ホウ・ボウ
訓 ぼける・ほうける・あきれる

なりたち 会意 子（こども）と八（おむつ）を合わせた字。赤んぼうをおむつでくるむようすをあらわした。→保81

意味 ❶ぼんやりとするようす。「▽呆然」 ❷ぼんやりする。ぼける。ほうける。あきれる。 ❸おろかなようす。あほ。

【▽呆然】ぼうぜん おどろきあきれるようす。また、ぼんやりしているようす。例 コップのジュースをこぼして呆然とする。

口－4画

【呂】

7画 常用 〈呂〉明朝

音 ロ
訓 —

なりたち 象形 ⇒ 呂 ならびつらなった背骨をえがいた字。○-○-○の形にならぶイメージから、音楽の音のならびもあらわす。

呂のつく漢字グループ

「呂」のグループは○-○-○の形にならびつらなるというイメージがある。

→侶83 →宮299 →営450

意味 ❶せぼね。 ❷雅楽の音の調子の一つ。りょ。

参考 ひらがな「ろ」、カタカナ「ロ」のもとになった字。

名まえで使う読み おと・とも・なが・ふえ・りょ・ろ

【▽呂律】㊀りょりつ 音楽の調子。㊁ろれつ 話すときの調子。ことばのぐあい。例 呂律が回らない（=なめらかに話せない）。

下につく熟語 語▼呂・*風▼呂

【局】7画 尸部4画→321ページ

【谷】7画 谷部0画→971ページ

【足】7画 足部0画→992ページ

口－5画

【呼】

8画 6年 〈呼〉明朝

音 コ
訓 よぶ

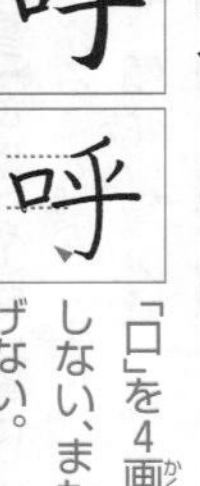

「口」を4画めと同じ高さにしない、また、7画めより下げない。

1 丨 2 ㇆ 3 口 4 口 5 口 6 口 7 口 8 呼

なりたち 会意

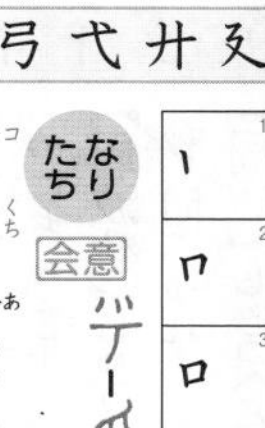

乎と口を合わせた字。乎は、三つの点と丂(つかえてまがるしるし)を合わせて、息がまがりつつ分かれて出ていくようすを図にしたもの。呼は、「息をはく」「よぶ」いみをあらわした。丂は号などにふくまれている。▽

意味 ❶息をはく。「呼吸」❷よぶ。「点呼」

名まえで使う読み うん・おと・こ・こえ・よぶ

【呼応】こおう ①よびかけに答えること。②たがいの気もちがぴったり通じ合うこと。

【呼吸】こきゅう ①息をすったり、はいたりすること。例 呼吸があらい。②(あることをするときの)人と人との間の調子。例 呼吸が合う。

【呼▼称】こしょう 名前をつけてよぶこと。また、そのよび名。

上につく熟語 *呼び声・*呼び水・*呼び物

下につく熟語 ▼歓呼・連呼

口-5画 【呪】

8画 常用 〈呪〉明朝

音 ジュ
訓 のろう

意味 のろう。のろい。「▼呪術・▼呪文」

【▼呪術】じゅじゅつ りくつでは説明できない不思議なことを起こさせようとする術。まじない。例 呪術師。

【▼呪▼縛】じゅばく ①まじないをかけて動けなくすること。例 呪縛をとく。②自由な心のうごきをさまたげるもの。例 うらないの呪縛から、解放される。

【▼呪文】じゅもん となえると不思議なことが起こったり、のろいのこうかがあるということば。

口-5画 【周】

8画 4年 〈周〉明朝

音 シュウ
訓 まわり

周 周

1画めは止めてもよい。2画めは折ってから真下に下ろし、はねる。

1 丿 2 冂 3 冂 4 円 5 円 6 用 7 周 8 周

なりたち 会意

田(田の中にいっぱい米があるようす)と口(かこい)を合わせた字。かこいの全体に、すみずみまであちこちに行きわたることをあらわした。

周のつく漢字グループ

「周」のグループは「すみずみまで、行きわたる」、または「まわりをぐるりととりまく」というイメージがある。

→彫372 →週421 →調962

意味 ❶もののまわり。まわる。「円周」❷ゆきとどく。「周▼到」

注意 「週」とまちがえないこと。

名まえで使う読み あまね・いたる・かた・かね・しゅう・ただ・ちか・ちかし・のり・ひろし・まこと

使い分け まわり 周り・回り

【周り】付近。あたり。ふち。例 家の周り。/周りの人たち。/コップの周り。

【回り】まわる動作、まわった状態。また、行きわたること。例 回り道。/火の回りが速い。

【周囲】しゅうい まわり。例 池の周囲。

【周▼忌】しゅうき 毎年回ってくる、その人の死んだ日。回忌。例 父の三周忌。

【周期】しゅうき 一定の時間ごとに同じ運動がくりかえされるとき、その一回にかかる時間。例 地球の自転の周期。

【周期的】しゅうきてき あるきまった時間をおいて、同じことがくりかえしおこるようす。例 天気が周期的に変化する。

【周章▽狼▽狽】しゅうしょうろうばい 四字熟語

ひどくあわてて、おろおろすること。例 人ごみで兄とはぐれて周章狼狽する。参考「周章」も「狼狽」も、あわてる、うろたえるのいみ。

【周▼旋】しゅうせん 間に立って売買や話し合いの世話をすること。

【周知】しゅうち 広く知れわたっていること。

使い分け しゅうち 周知・衆知

【周知】多くの人や世の中に、広く知れわたっていること。例 周知の事実。／ろうかを走らないよう、周知徹底をはかる。

【衆知】大勢の人々がもっている知恵。例 衆知をあつめる。／衆知にゆだねる。

【周▼到】しゅうとう よく行きとどいていて、手ぬかりのないこと。例 周到な計画。／用意周到。

【周年】しゅうねん 〔数字の下について〕…年めにあたる年。例 開店一〇周年。

【周波数】しゅうはすう 電波や光などが、一秒間にゆれうごく回数。単位はヘルツ。

【周辺】しゅうへん まわり。例 駅の周辺。

【周密】しゅうみつ 注意や心づかいなどが、行きとどいていること。例 周密な計画。

【周遊】しゅうゆう 見物して回ること。例 ヨーロッパ周遊の旅に出る。

下につく熟語 *一周・*外周

口－5画

【味】

8画 3年 〔味〕明朝

音 ミ 訓 あじ・あじわう

4・5画めは5画めを長く書く。6画めは止めても、次の画へ向けてはねてもよい。

なりたち 形声 －味

未（はっきりしない）と口を合わせた字。はっきりしないものを口であじわうことをあらわした。→未581

意味 ❶食べ物のあじ。「味覚」 ❷おもむき。おもしろみ。「▼趣味」

難しい読み 味見

名まえで使う読み あじ・うまし・ちか・み

【味見】あじみ 味を知るために、ちょっとだけ食べたり飲んだりしてみること。例 おいしくできたか、味見をしてみる。

【味も素っ気も無い】あじもそっけもない 句 おもしろみやうるおいが少しもない。例 味も素っ気も無い話。

【味を▼占める】あじをしめる 句 一度やったことがうまくいったので、それにおもしろみをおぼえる。例 大きな魚をつったのに味を占めて、またつりに出かけた。

【味覚】みかく ①ものの味を知る、舌の感覚。②①を楽しませてくれるもの。例 秋の味覚。

【味方】みかた 自分のなかま。参考「身方」とも書く。

【味読】みどく 文章をよくあじわいながら読むこと。

下につく熟語 後味・一味・意味・加味・*辛味・*▼甘味（かんみ・あまみ）・気味・興味・▼吟味・酸味・地味（じみ・ちみ）・正味・賞味・新味・▼珍味・*毒味・美味・風味・無気味・▼妙味・薬味

口－5画

【命】

8画 3年 〔命〕明朝

音 メイ・*ミョウ 訓 いのち

※「メイじる」ともつかう。

3画めは1・2画めに接してもよい。8画めの最後は止めてもはらってもよい。

なりたち 会意 －命

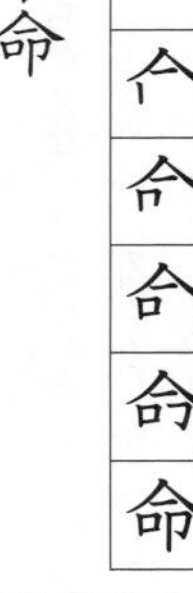

令（上から下にさしずする）と口を合わせた字。

人々を集めて、口でさしずするようすをあらわした。とくに神や王のいいつけをあらわした。また、天がさずける「いのち」もあらわした。

意味 ❶いいつける。「命令」 ❷いのち。「生命」 ❸名づける。「命名」 ❹神の名前にそえた、尊敬語。「大国主命」

名まえで使う読み あきら・かた・とし・な・なが・のぶ・のり・まこと・み・みこと・みち・めい・もり・や・よし

【命▼綱】いのちづな　高いきけんな場所などで仕事をするとき、からだにつけてささえるつな。

【命運が▼尽きる】めいうんがつきる　句　のぞみがなくなり、生きていけなくなる。例 城がせめおとされて、ついに命運が尽きる。参考「命運」は、命にかかわる運命のこと。

【命題】めいだい　解決しないといけない問題。

【命中】めいちゅう　ねらったものに、うまく当たること。

【命日】めいにち　毎月・毎年めぐってくる、その人の死んだ日にあたる日。忌日。

【命脈】めいみゃく　いのち。いのちのつながり。例 命脈をたもつ。

【命名】めいめい　名前をつけること。

【命令】めいれい　いいつけること。また、そのいいつけ。

上につく熟語 *命▼懸け・*命▼乞い・*命取り・*命拾い

下につく熟語 一命・運命・延命・革命・救命・▼懸命・*厳命・使命・宿命・▼寿命・助命・人命・絶命・存命・短命・長命・天命・特命・任命・▼薄命・亡命・本命・用命・余命・落命・*露命

口－5画

【和】 8画 3年

〔和〕明朝

音 ワ・オ*

訓 やわ*らぐ・やわ*らげる・な*ごむ・な*ごやか

※「ワする」ともつかう。

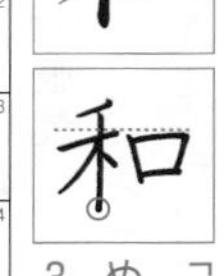

「口」を縦長にしないで、2画めよりやや下の位置に書く。3画めははねてもよい。

なりたち 形声 咊（和）

禾と口を合わせた字。禾は、イネの穂が、まるくしなやかにたれたすがたをえがいた字で、「まるくまとまる」というイメージをもつ。和は、まるくおだやかに人にしたがって、まとまるようすをあらわした。

禾のつく漢字グループ

「禾」のグループは「まるくまとまる」または「しなやかにたれ下がる」というイメージがある。

→倭 89 →和 207 →委 276 →萎 396 →科 802

意味 ❶おだやかである。「温和」 ❷なかよくする。「和解」 ❸日本。「和服」 対 洋 ❹二つ以上の数をくわえたあたい。足し算の答え。「総和」 対 差

参考 ひらがな「わ」、カタカナ「ワ」のもとになった字。

注意 部首を「禾」とまちがえないこと。

難しい読み 和▼尚

名まえで使う読み あい・あえ・かず・かた・かのう・たか・ちか・とし・とも・な・のどか・ひとし・まさ・ます・やす・やすし・やまと・やわ・やわら・よし・より・わ

【和▼尚】おしょう　坊さん。例 寺の和尚さん。

【和英】わえい　日本語と英語。例 和英辞典。

【和音】わおん　音楽で、高さのちがう二つ以上の音がかさなり、ひびき合ってできる音。

【和歌】わか　①日本に古くからある、五音と七音を組み合わせた詩。長歌・短歌など。②とくに、短歌のこと。例 和歌をよむ。

【和解】わかい　あらそいをやめて、なかなおりすること。例 和解が成立した。

【和▼菓子】わがし　日本ふうのかし。まんじゅう・ようかんなど。対 洋菓子

【和漢】わかん　日本と中国。例 和漢の学問。参考「漢」はふつう、むかしの中国のこと。

【和気▼藹▼藹】わきあいあい　みんながなかよくうちとけて、楽しいふんい気がいっぱいのようす。例 和気藹々とした会談。参考 ア

口の部 くち・くちへん 6画 哀

「和気」は、なかがよくて楽しい気分のいみ。「▽藹▽藹」は、なごやかなようす。㋑ふつう「▽藹々」と書く。

【和語】わご 日本人がむかしからつかってきたことば。やまとことば。対 漢語

【和合】わごう なかよくすること。

【和裁】わさい 和服をつくるさいほう。対 洋裁

【和紙】わし コウゾ・ミツマタなどを原料にした、日本でむかしからつくってきた紙。日本紙。対 洋紙

【和式】わしき 日本ふうのやりかた。日本式。例 和式トイレ。対 洋式

【和室】わしつ たたみのしいてある日本ふうのへや。日本間。対 洋室

【和書】わしょ ①日本語で書かれた本。対 洋書 ②日本ふうにとじた本。

【和食】わしょく 日本ふうの食べ物。日本料理。対 洋食

【和製】わせい 日本でつくったこと。また、日本でつくったもの。日本製。例 和製英語。

【和船】わせん 日本で、むかしからつくられていた、木でつくった船。

【和装】わそう 日本ふうの服装。対 洋装

【和風】わふう 日本らしいようす。日本ふう。例 和風の建築。対 洋風

【和服】わふく 日本にむかしからある衣服。着物。対 洋服

【和文】わぶん 日本語の文章。例 和文を英訳する。

【和平】わへい あらそっていた国と国とがなかなおりして、平和になること。例 和平交渉。

【和▽睦】わぼく 戦争などをやめて、なかなおりすること。例 和睦の使者がやってきた。

【和訳】わやく 外国のことばや文章を、日本のことばや文章になおすこと。例 フランス語の手紙を和訳する。

【和洋】わよう 日本と西洋。

【和洋折▽衷】わようせっちゅう 四字熟語 日本のものと西洋のものとを、ほどよく組み合わせること。例 和洋折衷の服装。参考「折衷」は、べつべつのものをうまく一つにすること。

和洋折衷

下につく熟語 *英和・▽穏和・漢和・▽緩和・協和・講和・唱和・中和・調和・▽柔和・不和・平和・▽飽和・融和

【舎】8画 へ部6画 → 76ページ

【尚】8画 ⺌部5画 → 318ページ

【拐】8画 扌部5画 → 499ページ

【知】8画 矢部3画 → 781ページ

口-6画

【哀】9画 常用

〔哀〕明朝

音 アイ
訓 あわれ・あわれむ

なりたち 形声 衣(かくす)と口を合わせた字。かなしい思いを胸の中にかくして、ためいきをつくようすをあらわした。→衣923

意味 ❶あわれ。かわいそうに思う。「▽哀願」 ❷かなしむ。かなしみ。「▽哀愁・悲▽哀」

【▽哀願】あいがん あいての同情をひくように、あわれっぽくたのむこと。

1 【▽哀感】あいかん なんとなくものがなしい感じ。例 哀感ただよう風景。

2 【▽哀歓】あいかん かなしみとよろこび。例 親子で哀歓をともにして生きてきた。

【▽哀愁】あいしゅう かなしい感じ。例 哀愁をおびたまなざし。

【▽哀惜】あいせき 人の死などをかなしみ、残念に思うこと。例 哀惜の念にたえない。

【▽哀調】あいちょう かなしい調子。例 哀調をおびた子守り歌。

【▽哀悼】あいとう 人の死をふかくかなしみ、なげくこと。例 つつしんで哀悼の意を表する。

3画

口－6画

【咽】9画 常用 〈咽〉明朝

音 イン　訓 —

なりたち 形声 因(下にあるものを上からおさえる)と口を合わせた字。口に入れた食べ物をぐっとおして飲み下すはたらきのある「のど」(食道の入り口)をあらわした。→因221

意味 のど。「咽喉」

【咽喉】いんこう　のど。例 耳鼻咽喉科。

口－6画

【咳】9画 表外 〈咳〉明朝

音 ガイ　訓 せき・しわぶき

意味 せき。しわぶき。また、せきをする。

【咳払い】せきばらい　わざとせきをすること。

口－6画

【哉】9画 人名 〈哉〉明朝

音 サイ　訓 かな・や

なりたち 形声 𢦏(とちゅうで止める)と口を合わせた字。

意味 ❶感動の気もちをあらわす語。…かな。「快哉・善哉」❷疑問や反語のいみをあらわす語。…や。…か。

名まえで使う読み えい・か・かな・き・すけ・ちか・とし・はじめ・や

口－6画

【咲】9画 常用 〈咲〉明朝

音 —　訓 さく

なりたち 会意 笑(わらう)と口を合わせた字。日本では、「さく」いみにもちいる。▽

意味 花がひらく。さく。「早咲き・三分咲き」

参考 中国では「わらう」のいみにつかわれる字。

名まえで使う読み さき・さく・しょう

咲く

口－6画

【品】9画 3年 〈品〉明朝

音 ヒン　訓 しな

※上にくる音により「ピン」ともよむ。

品　品　全体を△形にする。上の「口」が下の2つの「口」の中央に位置するようにする。

1	2	3	4	5	6	7	8	9
㇑	𠃌	口	口㇑	口𠃌	口口	口口㇑	口口𠃌	品

なりたち 会意 口口口－品　口(もの)を三つならべた字。いろいろなものをあらわした。

意味 ❶しなもの。「作品・商品」❷人、またはものがもっている、よしあしの感じ。「上品」

名まえで使う読み かず・かつ・しな・ただ・のり・ひで・ひん

【品薄】しなうす　注文が多いのに、品物が足りないこと。例 品薄で、なかなか手にはいらない。

【品物】しなもの　もの。とくに、売り買いするもの。商品。例 お礼の品物。

【品位】ひんい　その人に自然にそなわっている、上品さ。ひん。気品。

【品格】ひんかく　その人や物にそなわっている、上品さ。例 文章に品格がある。

【品行】ひんこう　ふだんのおこない。ふるまい。

【品行方正】ひんこうほうせい 四字熟語 ふだんのおこないがきちんとしていて、正しいこと。例 品行方正な生徒。参考 「方正」は、正しいこと。

【品詞】ひんし　一つ一つのことばを、はたらきやつかい方によって分類したもの。名詞・動詞・形容詞・形容動詞・副詞・助詞・助動詞など。

【品質】ひんしつ　品物のよしあし。品物の質。例 品質を保証する。

【品種】ひんしゅ　家畜や作物などの種類。例 植物の品種改良。

【品性】ひんせい　その人にそなわっている性格。例 品性をうたがう。

口の部 7画 員・唄・唆・哨・唇・啄

【品評会】ひんぴょうかい 産物や製品などをならべて、その品物のよいわるいをきめる会。

【品目】ひんもく 品物の種類の名。

下につく熟語 *▼逸品・遺品・学用品・気品・金品・景品・下品・*検品・現品・*実用品・小品・賞品・食品・新品・製品・絶品・▼粗品・▼珍品・手品・▼盗品・日用品・納品・非売品・備品・物品・部品・*不良品・薬品・洋品

【架】9画 木部5画→591ページ

口－7画 【員】10画 3年

〈員〉明朝 音 イン 訓 —

「口」と「目」の横はばをほぼそろえ、「八」は左右に開いて上部を支える。

なりたち 会意 鼎－貟－員

鼎(かなえ)という食器をりゃくした貝と○(まる)を合わせた字。かなえの口のようなまるい形をあらわした。のちに、物をかぞえることばになり、さらに、人の数をかぞえることばになった。

員のつく漢字グループ

「員」のグループは「まるいわく」「まるい」というイメージがある。

→円(=圓)113 →韻1066

意味 ❶人やものなどの数。「員数・定員」 ❷ある役目や仕事をする人。「社員・店員」

名まえで使う読み いん・かず・さだ

【員数】いんずう ①人やものの数。例 アメリカに同行する員数をしらべる。②ある一定の数。例 員数外。

下につく熟語 委員・*駅員・会員・*会社員・係員・議員・教員・局員・欠員・工員・*公務員・従業員・*乗務員・職員・人員・船員・全員・隊員・団員・特派員・乗組員・満員・役員

口－7画 【唄】10画 常用

〈唄〉明朝 音 — 訓 うた

意味 民謡などの、うた。「小▼唄」▽もとは、ほとけをたたえるうたをうたういみ。

下につく熟語 *長▼唄・*舟▼唄

口－7画 【唆】10画 常用

〈唆〉明朝 音 サ 訓 そそのかす

なりたち 形声 夋(細い)と口を合わせた字。口を細くすぼめて合図をし、他人をそそのかすことをあらわした。→俊78

意味 そそのかす。あいてをおだてたりして、自分の思いどおりに動くようさそう。「示▼唆・教▼唆(=悪事をはたらくようすすめる)」

口－7画 【哨】10画 人名

〈哨〉明朝 音 ショウ 訓 —

意味 見はり番。「▽哨▼戒・▽哨兵」

【▽哨▼戒】しょうかい てきのこうげきをけいかいして、見はりをすること。例 哨戒機で領空を飛ぶ。

【▽哨兵】しょうへい 見はりの兵士。

下につく熟語 *歩▽哨・*前▽哨

口－7画 【唇】10画 常用

〈唇〉明朝 音 シン 訓 くちびる

なりたち 形声 辰(ぷるぷるとふるえる)と口を合わせた字。

意味 くちびる。「口▼唇」

【▼唇をかむ】くちびるをかむ 句 くやしい思いをする。くやしさをじっとこらえる。例 一点差でおしくもまけて、唇をかむ。

【▼唇をとがらす】くちびるをとがらす 句 不満そうな顔つきをする。

口－7画 【啄】10画 人名

〈啄〉明朝 音 タク 訓 *ついばむ

意味 ❶(くちばしで)つつく。ついばむ。「▽啄木鳥(きつつき・たくぼく)」 ❷ほる。「▽彫▽啄(=文章・詩などをねって、りっぱにしあげること)」

【▽啄木鳥】きつつき キツツキ科の鳥のこと。森林などでくらす。するどいくちばしで木にあなをあけ、長い舌で中の虫をひきだして食べる。

口-7画

【哲】

10画 常用 〔哲〕明朝

音 テツ 訓 —

なりたち 形声 折(二つに切り分ける)と口を合わせた字。道理のよしあしをずばりとはんだんすることをあらわした。→折496

意味 道理に通じている。また、そのような人。「▽哲学・先▽哲(=むかしのりっぱな思想家)」

名まえで使う読み あき・あきら・さと・さとし・さとる・てつ・のり・よし

【▽哲学】てつがく ①人生や世界についての、おおもとになる疑問をときあかそうとする学問。②人生の意味や価値についての考え方。人生観。例 人生哲学。

【▽哲学的】てつがくてき 人や世界のおおもとにある問題を考えるようす。哲学に関係するようす。例 哲学的なことば。/哲学的な顔。

【▽哲人】てつじん 哲学者。哲学をもっている人。

口-7画

【唐】

10画 常用 〔唐〕明朝

音 トウ 訓 から

なりたち 会意 (古い字形) - 唐 庚と口を合わせた字。庚は、康にふくまれ、かたくすじばるというイメージをもつ。唐は、口を大きくはってしゃべるようすをあらわした。

唐 のつく漢字グループ
「唐」のグループは「大きく、はり広げる」というイメージがある。
→糖836

意味 ❶むかし、中国にあった国。とう。「▽遣▽唐使」 ❷中国。から。「▽唐人」 ❸ぶつかる。「▽唐▽突」 ❹でたらめ。「▽荒▽唐無▽稽(=言っていることがでたらめで、根きょがないこと)」

【▽唐▽傘】からかさ 竹で柄と骨をつくり、紙をはって油をぬった雨がさ。参考 日本ふうのかさのこと。

【▽唐紙】からかみ ①うつくしいもようをかいた中国ふうの、あつでの紙。ふすまなどにはる。②唐紙障子、つまり「ふすま」のこと。

【▽唐草模様】からくさもよう つる草のはい回るようすをえがいた模様。参考 むかし中国からつたえられたので、「唐草」という。

【▽唐音】とうおん 漢字の音の一つ。中国の宋から清の時代の発音が日本につたえられたもの。「行脚」「鈴」などの読み方。「宋音」ともいう。

【▽唐▽辛子】とうがらし ナス科の植物。細長い実から、からいあじの調味料をつくる。

【▽唐土】とうど むかし、中国をさして言ったことば。もろこし。唐。

【▽唐▽突】とうとつ 思いがけないようす。だしぬけ。例 唐突なものの言い方。

口-7画

【哺】

10画 常用 〔哺〕明朝

音 ホ 訓 —

なりたち 形声 甫(ぴったりつける)と口を合わせた字。親(親鳥)が子(ひな)の口に食べ物をつけてやるようすをあらわした。→甫741

意味 口に食べ物をふくむ。また、親が子に食べ物をあたえる。

【▽哺乳類】ほにゅうるい 子どもを乳で育てる動物。哺乳動物。

口-7画

【哩】

10画 人名 〔哩〕明朝

音 リ 訓 マイル

意味 マイル。きょりをあらわす単位。約一・六キロメートル。

【倉】10画 人部8画 → 86ページ

【害】10画 宀部7画 → 298ページ

漢字クイズ 部首クイズ 3年でならう「所」の部首はなんでしょう?

【宮】10画 宀部7画 →299ページ

口−8画

【喝】11画 常用

〔喝〕明朝 音 カツ 訓 —

意味 ❶どなりつける。「大▼喝・一▼喝」❷大きな声を出す。「▼喝▼采」❸おどす。「▼恐▼喝(＝人の弱点につけこんでおどすこと)」

【▼喝▼采】かっさい 声をあげてさかんにほめること。例 拍手喝采を浴びる。

【▼喝破】かっぱ 人の意見を、大声をあげて説きやぶること。また、人の意見のあやまりを正し、真理をときあかすこと。

口−8画

【啓】11画 常用

〔啓〕明朝 音 ケイ 訓 —

なりたち 形声 启(とじたものをひらく)と口を合わせた字。

意味 ❶(人の目をひらいて)教えみちびく。ひらく。「▼啓▽蒙・天▼啓」❷もうしあげる。「拝▼啓」

名まえで使う読み あきら・さとし・たか・のぶ・のり・はじめ・はる・ひら・ひらく・ひろ・ひろし・ひろむ・よし

【▼啓示】けいじ 神が、人間にはわからない真理を教え気づかせること。例 天の啓示にふれる。

【▼啓上】けいじょう 手紙で、もうしあげること。例 一筆啓上。

【▼啓▽蟄】けいちつ 二十四節気の一つ。冬ごもりしていた虫が動きだすころで、三月五、六日ごろをいう。参考「蟄」は、虫が土の中で冬ごもりをするいみ。

【▼啓発】けいはつ 知らないことを気づかせ、あらたな見方・考え方ができるようにすること。例 学者の話には啓発された。

【▼啓▽蒙】けいもう 知識のない人を、新しく正しい考えをもつようみちびくこと。例 福沢諭吉の啓蒙思想。

口−8画

【商】11画 3年

〔商〕明朝 音 ショウ 訓 *あきなう

1画めは点でもよい。4・5画めの縦画は内向きに。

なりたち 形声 章をりゃくしたものと冏(もののはし)を合わせた字。章は、明るく目だつというイメージをもつ。商は、はっきりしないものをすみずみまであきらかにしようと考えるようすをあらわした。そこから、物の売り買いを考える「あきない」のいみをあらわした。また、むかし中国にいた民族が自分たちをよんだことば。→章816

意味 ❶品物を売り買いする。あきなう。「商売」❷わり算の答え。対 積

名まえで使う読み あき・あつ・しょう・ひさ

【商家】しょうか 商売をしている家。

【商館】しょうかん おもに外国人が商売をしている建物。例 オランダ商館。

【商業】しょうぎょう もうけるために、品物を売り買いする仕事。例 商業都市。

【商港】しょうこう 商船が出入りして、客や荷物のつみおろしをする港。

【商工会議所】しょうこうかいぎしょ 商業と工業をさかんにするための団体。

【商工業】しょうこうぎょう 商業と工業。

【商▼魂】しょうこん 商売をうまくやって、もうけようとする心がまえ。例 商魂たくましい人。

【商才】しょうさい 商売をする才能やうでまえ。例 君は商才がある。

【商社】しょうしゃ ①商業上の団体。とくに貿易会社。②「商事会社」の略。例 総合商社。

1【商船】しょうせん 客や荷物をはこぶ船。貨物船・旅客船など。

2【商戦】しょうせん 商売で競争すること。例

くち・くちへん
口の部
8画 唱・唾・問

一二月の年末商戦。

【商談】しょうだん 商売上の相談。例 商談がまとまる。

【商店】しょうてん 品物を売る店。

【商人】しょうにん 商売をしている人。

【商売】しょうばい ①品物を売り買いすること。あきない。②家の仕事。職業。例 君の家の商売は何ですか。

【商標】しょうひょう 自分のところでつくった商品につける記号。トレードマーク。

【商品】しょうひん 売買するための品物。

【商法】しょうほう 品物を売り買いするしかた。また、商売をするときに、まもらなければならない法律。

【商用】しょうよう 商売のための用事。

下につく熟語 画商・行商・▼豪商・士農工商・隊商・通商

口－8画

【唱】

11画 4年 〔唱〕明朝

音 ショウ
訓 となえる

「日」の縦画は内側に向け、下の「日」の方を大きくし、上下の中心を合わせる。

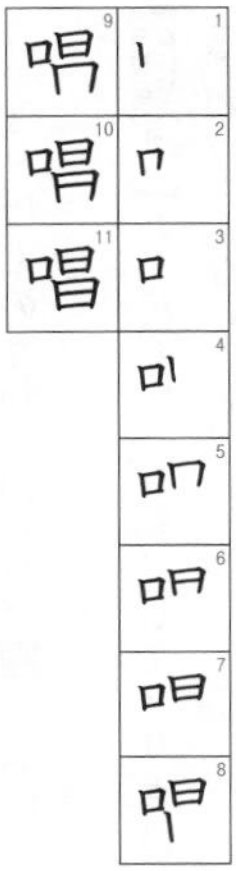

なりたち 形声 昌と口を合わせた字。昌は、日(太陽)と曰(いう)を合わせて、太陽がのぼるように、高く明るく声をさかんに出すようす。唱は、声をさかんに出すことをあらわした。

意味 ❶となえる。「提唱」❷うたう。うた。「唱歌」

名まえで使う読み うた・しょう・となう

【唱歌】しょうか 歌をうたうこと。また、その歌。

【唱和】しょうわ ひとりの人が言ったあとにつづいて、大勢の人がいっしょにとなえること。例 ばんざいを唱和する。

下につく熟語 愛唱・暗唱・合唱・主唱・首唱・▼斉唱・絶唱・独唱・二重唱・復唱・輪唱

口－8画

【唾】

11画 常用 〔唾〕明朝

音 ダ
訓 つば

なりたち 形声 垂(たれ下がる)と口を合わせた字。口からたれて落ちる「つば」をあらわした。→垂234

意味 つば。「▼唾液・▼眉▼唾物(＝信用できないもの)」

参考 訓読みは、「つばき」とも読む。

難しい読み 固▼唾

【▼唾液】だえき 口の中に出てくる液。つば。

【▼唾▼棄】だき けいべつして、にくみきらうこと。参考 つばをはきすてるいみから。

口－8画

【問】

11画 3年 〔問〕明朝

音 モン
訓 とう・とい・とん

「口」は「門」の下から出ない。3・7画めは2・6画めの縦画に接しなくてもよい。

なりたち 形声 門(かくれてわからない)と口を合わせた字。かくれてわからないことを口でたずねてさぐるようすをあらわした。→門1037

意味 ❶ききただす。「問題・質問」❷たずねて行く。「訪問・▼弔問」

注意 ㋐部首を「門」とまちがえないこと。㋑「門」「間」などとまちがえないこと。

難しい読み 問屋(とんや・といや)

名まえで使う読み ただ・もん・よ

【問屋】とんや／といや 品物を、つくる人からじかに買いあつめて、小売商に売る店。また、それを商売にしている人。例 問屋街。

【問▼診】もんしん 医者が患者のからだの状態などを聞いて、診断の参考にすること。

【問題】もんだい ①答えさせるための質問。例 試験問題。対 解答 ②考えたり、解決したりしなければならないことがら。例 公害問

こたえ 戸(と)

3画

題。③せけんのうわさのたね。例 問題の事件。

【問題外】もんだいがい 問題としてとりあげる、ねうちがないこと。

【問答】もんどう ①ある人がたずねて、他の人が答えること。例 禅問答。②話し合うこと。

【問答無用】もんどうむよう 四字熟語 話し合いをするひつようなどないということ。問題にならないから、議論などしてもしかたがないということ。例 文句をいわずにいうとおりにしろ。問答無用だ。参考 「無用」は、ひつようのないこと。

下につく熟語 ▼慰問・学問・▼詰問・疑問・▼愚問・▼顧問・▼尋問・設問・難問・反問・＊不問

口－8画

【唯】

11画 常用 〔唯〕明朝 音 ユイ・イ 訓 —

なりたち 形声 隹(重みをかける)と口を合わせた字。ただそれだけに重点をかけるようすをあらわした。→推511

意味 ただ。それだけ。「▼唯一」

【▼唯▼唯▼諾▼諾】いいだくだく 四字熟語 何でも、はいはいとうけ入れて、あいてのいいなりになるようす。例 唯々諾々としてしたがう。参考 ㋐「唯唯」は、はいはいという返事のいみ。「諾諾」は、さからわないこと。㋑ふつう「唯々諾々」と書く。

【▼唯一】ゆいいつ ただ一つ。例 唯一の楽しみ。

【▼唯一無二】ゆいいつむに 四字熟語 たった一つで、二つとないこと。例 唯一無二の親友。

【▼唯我独尊】ゆいがどくそん 四字熟語 ①全世界で、自分がいちばんとうといといういみで、ひとりひとりの人間のとうとさをいったことば。天上天下唯我独尊。参考 仏教をひらいた釈迦が、生まれたときに言ったという。②自分だけがえらいと、うぬぼれること。例 唯我独尊のなまいきな男。

口－9画

【喚】

12画 常用 〔喚〕明朝 音 カン 訓 —

意味 大声でよぶ。「▼喚声」

【▼喚起】かんき よびおこすこと。例 人々の注意を喚起する。

【▼喚声】かんせい さけび声。例 喚声をあげる。使い分け かんせい「歓声・喚声」→622ページ

【▼喚問】かんもん (裁判所や役所が)人をよびだして、といただすこと。例 証人喚問。

下につく熟語 ＊叫▼喚・▼召▼喚

口－9画

【喜】

12画 5年 〔喜〕明朝 音 キ 訓 よろこぶ

喜 喜

9画めを一番長く書く。1・3画めはどちらが長くても同じでもよい。

1 一 2 十 3 士 4 吉 5 吉 6 吉 7 吉 8 吉 9 壴 10 壴 11 喜 12 喜

なりたち 会意 壴(たいこ)と口を合わせた字。音楽をえんそうしてよろこぶようすをあらわした。▽壴は鼓(つづみ)や樹(立ち木、立てる)にもふくまれている。

意味 うれしく思う。「喜劇」対悲

注意 「善」とまちがえないこと。

名まえで使う読み き・たのし・のぶ・はる・ひさ・ゆき・よし

【喜劇】きげき 人をわらわせるようにつくった、こっけいなしばい。対悲劇

【喜捨】きしゃ よろこんでお金や物を寺や神社、まずしい人にあたえること。

【喜▼寿】きじゅ 七十七歳。また、そのいわい。参考 「喜」の草書体「㐂」が七十七と読めることから。

【喜色満面】きしょくまんめん 四字熟語 顔じゅうに、うれしそうなようすがあふれていること。例 喜色満面の子どもたち。参考 「喜色」は、うれしそうな顔つき、「満面」は、顔全体

のいみ。

【喜▼怒▼哀楽】きどあいらく 四字熟語 よろこび・いかり・かなしみ・楽しみのこと。人間のいろいろな心のうごき。例 喜怒哀楽の情をあらわす。

下につく熟語 ▼歓喜・▼狂喜・▼驚喜

口－9画

【喫】

12画 常用 〈喫〉明朝 音 キツ 訓 —

なりたち 形声 契(切れ目を入れる)と口を合わせた字。歯でものをかみ切って食べることをあらわした。→契269

意味 たべる。のむ。「▽喫茶・満▽喫」

【▽喫▽煙】きつえん たばこをすうこと。

【▽喫茶】きっさ お茶やコーヒーなどをのむこと。例 喫茶店。

【▽喫水線】きっすいせん 水にういた船の、船体と水面とがふれあう線。

口－9画

【喬】

12画 人名 〈喬〉明朝 音 キョウ 訓 —

なりたち 形声 夭(先がまがる)と高(高く上がる)をりゃくしたものを合わせた字。

喬のつく漢字グループ

「喬」のグループは「高くて上がまがる」というイメージがある。

→橋616 →矯783

意味 木などがすらりと高い。「▽喬木」

名まえで使う読み すけ・たか・たかし・ただ・ただし・のぶ

【▽喬木】きょうぼく 「高木」のふるい言い方。

口－9画

【喰】

12画 人名 〈喰〉明朝 音 — 訓 くう・くらう

意味 くう。くらう。たべる。

口－9画

【喧】

12画 人名 〈喧〉明朝 音 ケン 訓 かまびすしい

意味 わいわいとさわがしい。「▽喧▽嘩・▽喧伝」

名まえで使う読み あつ・はる

【▽喧▽嘩】けんか 言い争いやなぐりあい。例 喧嘩っぱやい。

【▽喧伝】けんでん さかんに言いふらすこと。例 世界に喧伝される。

口－9画

【喉】

12画 常用 〈喉〉明朝 音 コウ 訓 のど

意味 のど。「▽喉元・▽咽▽喉」

【▽喉頭】こうとう のどの上部。

【▽喉が鳴る】のどがなる 句 〈おいしそうな食べ物を目の前にして〉たいへん食欲が出る。すぐにも食べたくなる。例 あまりおいしそうなので喉が鳴った。

【▽喉から手が出る】のどからてがでる 句 ひじょうにほしくてたまらないたとえ。例 喉から手が出るほどほしいカード。

【▽喉自▽慢】のどじまん 声がよいことや、歌がうまいことをじまんすること。例 喉自慢大会。

【▽喉仏】のどぼとけ のどの中ほどにある、ほねがでっぱったところ。参考 大人の男性にはっきりとあらわれる。

【▽喉笛】のどぶえ のどの中の、空気の通り道。例 オオカミがシカの喉笛にかみつく。

【▽喉元】のどもと のどのあたり。例 喉元過ぎれば熱さを忘れる(=苦しいことでも、すぎてしまえばその苦しさをすぐわすれてしまう)。

【▽喉輪】のどわ のどを守るための防具。例 喉輪攻め(すもうで、あいてののどに手をあておすわざ)。

口－9画

【善】

12画 6年 〈善〉明朝 音 ゼン 訓 よい

善 善

3〜5画めは同じ長さに、9画めを長く。6画めは3・9画めより上下に出さない。

1	2	3	4	5	6	7	8
丶	ソ	䒑	𦍌	𦍌	羊	𦍋	𦍋

9	10	11	12
𦍋	𦍋	善	善

なりたち 会意 譱－善

古い字は「譱」。羊（ひつじ）と誩（口ぐちに言う）を合わせた字。羊は、めでたい動物とされた。譱は、めでたいことや、よいことを口ぐちにほめるようすを図にして、このましくてけっこうであるいみをあらわした。

意味 **ただしい。よい。**「善行」 対 悪

使い分け よい「良い・善い・佳い」→909ページ

名まえで使う読み さ・ぜん・ただし・たる・よし

【善悪】ぜんあく よいこととわるいこと。例 善悪をわきまえる。

【善意】ぜんい ①人のためを思うよい心。思いやりのある心。例 人の善意をありがたくうける。②よいいみ。例 人のことばを善意にうけとる。対 ①②悪意

【善行】ぜんこう よいおこない。例 善行を表彰する。対 悪行

【善後策】ぜんごさく 事件などのあとしまつをするための方法。注意 「前後策」と書かないこと。

【善処】ぜんしょ あることがらがおこったとき、もっともよい方法でしまつすること。例 善処を約束する。

【善政】ぜんせい よい政治。正しい政治。例 善政をしく。対 悪政

【善戦】ぜんせん 力いっぱいよくたたかうこと。例 善戦したが、やぶれた。

【善玉】ぜんだま よい人。善人。とくに、しばいなどで善人のがわにたつ人。対 悪玉

【善導】ぜんどう よいほうに教えみちびくこと。例 生徒を善導する。

【善男善女】ぜんなんぜんにょ 四字熟語 ほとけの教えにしたがう信仰ぶかい男女。参考 寺などにおまいりをする人々をさしていう。

【善人】ぜんにん 心やおこないのよい人。対 悪人

【善は急げ】ぜんはいそげ 句 よいことは、思いついたら、ためらわずにすぐおこなえということ。

【善用】ぜんよう よいほうにうまくつかうこと。対 悪用

【善良】ぜんりょう 心が正しく、すなおなこと。例 善良な市民。

【善▼隣】ぜんりん となりの家、となりの国となかよくすること。例 善隣外交。

下につく熟語 改善・▼偽善・最善・*次善・▼慈善・親善・*追善・独善

口－9画

【喪】

12画 常用 〔喪〕明朝 音 ソウ 訓 も

意味 **❶そうしき。**「▽喪服・服▼喪」 **❷うしなう。**「▽喪失」

【▽喪失】そうしつ うしなうこと。なくすこと。例 自信を喪失する。

【▽喪主】もしゅ 葬式のとき、家の代表になる人。

【▽喪中】もちゅう 人の死後、家族などがつつしんでいる期間。

【▽喪服】もふく 葬式などにきる黒い服。

下につく熟語 *国喪・*大喪・*服▼喪

口－9画

【喋】

12画 人名 〔喋〕明朝 音 チョウ 訓 しゃべる

意味 **しゃべる。**「▽喋▽喋（=しきりにしゃべるようす）」

口－9画

【喩】

12画 常用 〔喩〕明朝 音 ユ 訓 ―

なりたち 形声 兪ユ（なかみをぬきとり、よそにうつす）と口を合わせた字。疑問点をぬきとって、ほかの例とくらべてわからせることをあらわした。→輸1004

意味 **❶はっきりとわからせる。さとす。❷たとえる。また、たとえ。**「比▼喩」

名まえで使う読み あき・さとる

下につく熟語 ＊暗▼喩・＊直▼喩

【営】12画 ⺍部9画 → 450ページ

口－10画
【嘩】13画 人名 〔嘩〕明朝

音 カ 訓 ―

意味 わあわあとさわぐ。やかましい。かまびすしい。「▽喧▼嘩」

口－10画
【嗅】13画 常用 〔嗅〕明朝

音 キュウ 訓 かぐ

意味 においをかぐ。「▼嗅覚」

【▼嗅覚】きゅうかく においをかぎわけるはたらき。例 犬は、嗅覚がするどい。

口－10画
【嗣】13画 常用 〔嗣〕明朝

音 シ 訓 ＊つぐ

なりたち 形声 司(小さい)と口(ことば)と冊(書物)を合わせた字。小さな子の名を家系図にしるし、神に知らせるようすから、「あとつぎ」をあらわした。→司191

意味 あとつぎ。つぐ。「▼嗣子・継▼嗣・▼嫡▼嗣」

名まえで使う読み さね・し・つぎ・つぐ・ひで

【▼嗣子】しし 家のあとをつぐ子。あととり。

口－10画
【嘆】13画 常用 口－11画〔嘆〕14画 人名 〔嘆〕明朝

音 タン 訓 なげく・なげかわしい

なりたち 形声 もとの字は「嘆」。莫(かわく)と口を合わせた字。こうふんして口がかわき、ことばが出ずに、あつい息だけが出るようすをあらわした。→漢682

意味 ❶ためいきをつく。「▼嘆息」 ❷なげく。「悲▼嘆」

【▼嘆願】たんがん くわしく話して、心からたのむこと。例 嘆願書。／助命を嘆願する。

嘆願

【▼嘆声】たんせい 感心したり、なげいたりするときに思わず出す声。

【▼嘆息】たんそく ためいきをつくこと。

下につく熟語 ▼詠▼嘆・感▼嘆・▼驚▼嘆・▼賛▼嘆・＊愁▼嘆・＊賞▼嘆・＊長▼嘆

口－11画
【嘉】14画 人名 〔嘉〕明朝

音 カ 訓 ―

なりたち 形声 加(上にのせる)と壴(たいこ)を合わせた字。よろこびに、さらに音楽をくわえることをあらわした。→加145

意味 ❶よい。けっこうである。❷ほめる。❸めでたい。めでたいこと。「▽嘉日(＝めでたいことのある日)」

名まえで使う読み か・ひろ・よし・よしみ・よみし

口－11画
【嘗】14画 人名 〔嘗〕明朝

音 ショウ 訓 かつて・なめる

意味 ❶なめる。「▽嘗味」 ❷秋、新しくとれた穀物を、先祖におそなえするまつり。「新▽嘗祭」 ❸かつて。以前。

名まえで使う読み ふる

【鳴】14画 鳥部3画 → 1103ページ

口－12画
【器】15画 4年 口－13画〔器〕16画 人名 〔器〕明朝

音 キ 訓 ＊うつわ

器 器

「犬」のはらいを左右に開く。8画めの書き出しを上の「口」より上に出さない。

1	2	3	4	5	6	7	8
9	10	11	12	13	14	15 器	

なりたち 会意 [illegible]－[illegible]－器(器) もとの字は「器」。口が四つと犬を合わせた字。▽犬はむかしいろいろなうつわをあらわした。

し、いけにえにされたり、食用にされたりした。

意味 ❶いれもの。うつわ。「食器」 ❷どうぐ。「器具・楽器」 ❸才能。「大器晩成」

【器械】きかい しくみのかんたんな道具。例 器械体操。参考「機械」は、動力でうごくもの。

使い分け きかい「機械・器械」→(616ページ)

【器楽】きがく 楽器をつかってえんそうする音楽。対 声楽

【器官】きかん 動物や植物が生きていくために、ひつようなはたらきをする部分。例 消化器官。

使い分け きかん「気管・器官」→(641ページ)

【器具】きぐ ①道具。②かんたんな器械。例 電気器具。

【器材】きざい 器具や、材料。

【器物】きぶつ 入れものや、道具。

【器用】きよう こまかい仕事がじょうずなこと。例 器用な手つき。対 無器用

【器量】きりょう ①顔かたち。例 器量のいい娘さん。②ものごとをやりとげる才能。例 政治家になる器量がない。

下につく熟語 火器・*花器・*拡声器・▼凶器・計器・磁器・▼漆器・*受話器・*消火器・*水準器・石器・臓器・茶器・鉄器・▼陶器・土器・武器・分度器・兵器・変圧器・*便器・*名器・容器・利器

使い分け きぐ 器具・機具

【器具】道具。かんたんなしくみの器械。例 調理器具。／照明器具を取りつける。

【機具】大きな機械や道具。例 農機具を倉庫に入れる。／工場に機具を運び入れる。

口-12画 **嘘** 15画 表外 〈嘘〉明朝 音 キョ 訓 うそ

意味 うそ。本当ではないこと。「▽嘘をつく」

【▽嘘から出たまこと】うそからでたまこと 句 うそのつもりで言ったことが本当になること。

【▽嘘つきは▽泥棒の始まり】うそつきはどろぼうのはじまり 句 うそをついても悪いと思わない人は、やがて平気でどろぼうもするようになるということ。

【▽嘘も方便】うそもほうべん 句 ものごとをうまく進めるためには、うそをつかなければならないときもあるということ。

【▽嘘つき】うそつき うそを言うこと。また、その人。

【▽嘘八百】うそはっぴゃく たくさんのうそ。うそばかりをやたらにならべたてること。例 あの人の言うことは嘘八百だ。参考「八百」は数の多いことをいう語。

口-12画 **嘱** 15画 常用 〈嘱〉明朝 音 ショク 訓 —

なりたち 形声 もとの字は「囑」。屬(くっつける)と口を合わせた字。相手の耳に口をつけて、言いふくめるようすをあらわした。

→属 325

意味 ❶たのむ。期待する。「▽嘱▽託・委▽嘱」 ❷のぞみをかける。「▽嘱望・▽嘱目」

【▽嘱▽託】しょくたく 会社などで、正式の社員でない人に、仕事の一部をまかせること。また、その仕事をする人。例 嘱託社員。

【▽嘱望】しょくぼう のぞみをかけること。例 将来を嘱望される。

【▽嘱目】しょくもく 期待して見まもること。例 将来を嘱目される。

口-12画 **噌** 15画 人名 〈噌〉明朝 音 ソ・ソウ 訓 —

意味 「味▽噌」と書いて」大豆・こうじ・塩などでつくった食品。

【噂】
口－12画 15画 人名 〈噂〉明朝 音 ソン 訓 うわさ

意味 うわさ。人があつまって話す話題。

【噂をすれば影がさす】うわさをすればかげがさす 句 噂をしていると、その場へ当人が思いがけなくやってくるものだ。参考「噂をすれば影」ともいう。

【嘲】
口－12画 15画 常用 〈嘲〉明朝 音 チョウ 訓 あざける

意味 あざける。ばかにして、わらう。「嘲笑・自嘲」

【嘲笑】ちょうしょう ばかにしてわらう。あざわらう。例 嘲笑をうかべる。

【噴】
口－12画 15画 常用 〈噴〉明朝 音 フン 訓 ふく

意味 いきおいよくふき出す。「噴火・噴射」

【噴煙】ふんえん 火山からふき出すけむり。例 浅間山の噴煙。

【噴火】ふんか 火山がばくはつして、よう岩や、灰・水じょう気・ガスなどをふき出すこと。例 噴火口。

【噴射】ふんしゃ 圧力をくわえるなどして、気体や液体をいきおいよくふき出させること。

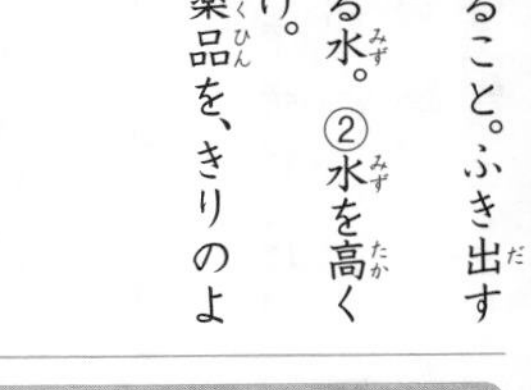

【噴出】ふんしゅつ ふき出ること。ふき出すこと。例 温泉が噴出する。

【噴水】ふんすい ①ふき出る水。②水を高くふき上げるようにしたしかけ。

【噴霧器】ふんむき 水や薬品を、きりのようにしてふき出す道具。

【舗】
15画 ヘ部13画→95ページ

【嘶】
口－13画 16画 表外 〈嘶〉明朝 音 ― 訓 はなし

なりたち 会意 国字 新(あたらしい)と口(くち)を合わせた字。耳新しい話をあらわした。

意味 はなし。ものがたり。

【嘶家】はなしか 落語を語り聞かせる芸人。落語家。

【嚇】
口－14画 17画 常用 〈嚇〉明朝 音 カク 訓 ―

意味 ❶おどす。「威嚇」 ❷おこる。「嚇怒(=まっかになっておこる)」

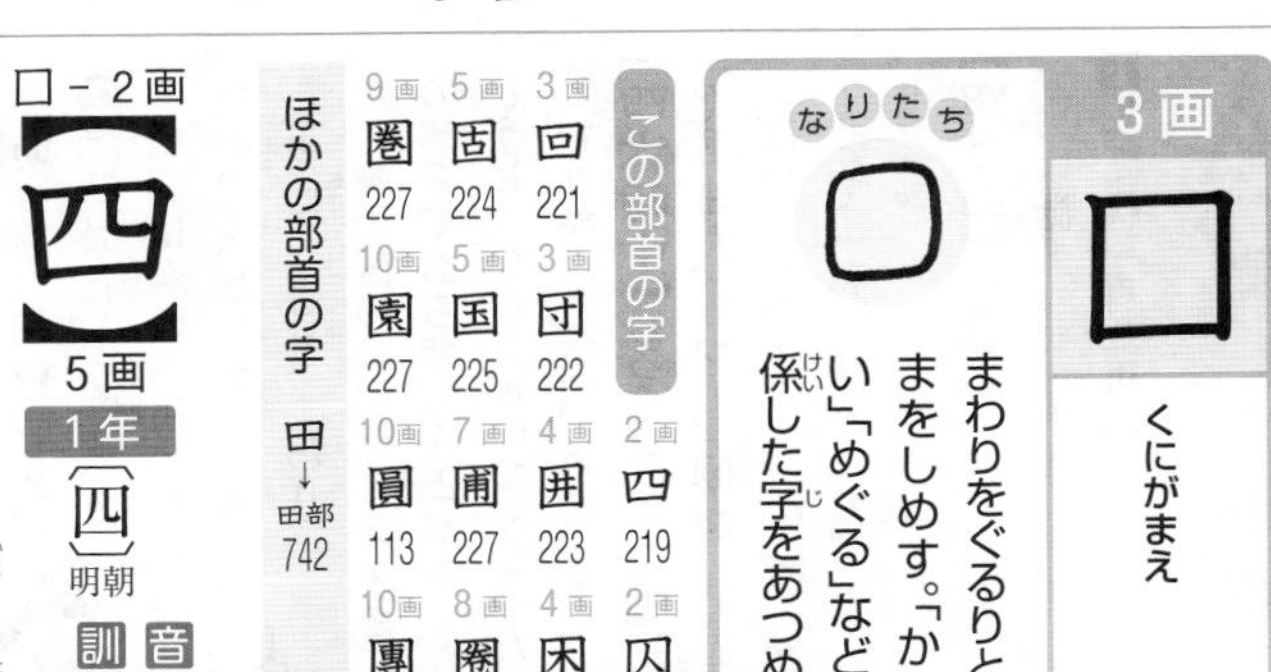

3画 囗 くにがまえ

なりたち まわりをぐるりとかこんださまをしめす。「かこむ」「かこい」「めぐる」などのいみに関係した字をあつめる。

この部首の字

画数	字	ページ
2画	四	219
2画	囚	221
3画	因	221
3画	回	221
3画	団	222
4画	囲	223
4画	困	223
4画	図	223
5画	固	224
5画	国	225
7画	圃	227
8画	圈	227
8画	國	225
9画	圏	227
10画	園	227
10画	圓	113
10画	團	222

ほかの部首の字 田→田部742

【四】
囗－2画 5画 1年 〈四〉明朝 音 シ 訓 よ・よつ・よっつ・よん

1・2画めの縦画は内側に向けて横長に。3・4画めは1・2画めに接してもよい。

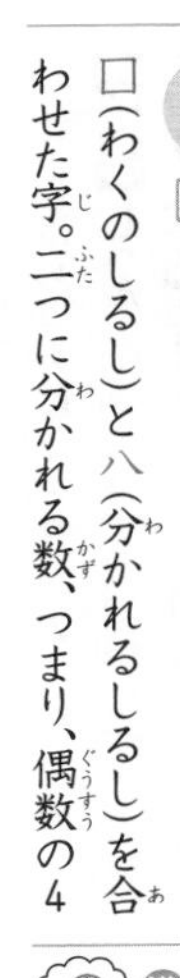

なりたち 会意 囗(わくのしるし)と八(分かれるしるし)を合わせた字。二つに分かれる数、つまり、偶数の4

囗の部 2画 四

をあらわした。▽4はさいしょは亖であらわしたが、三とまぎらわしいので、四の字にかえた。

意味 ❶数の4。よっつ。「四季」 ❷よんばんめ。

難しい読み 四方山

名まえで使う読み し・ひろ・もち・もろ・よ・よっ・よよ

【四囲】しい まわり。周囲。

【四海】しかい ①国のまわりをとりまいている海。②全世界。

【四海兄弟】しかいけいてい 四字熟語 世界じゅうの人々は、みなきょうだいのようなものだから、なかよくしなければいけないということ。注意 このことばの場合、「兄弟」は「きょうだい」とは読まない。参考 「四海同胞」ともいう。

【四角】しかく ①四つの角があるかたち。例 四角形。②形がかどばっていること。例 四角い顔。

四角①

【四角四面】しかくしめん 四字熟語 ①ま四角なようす。②ひじょうにまじめで、かたくるしいようす。例 四角四面のあいさつ。

【四季】しき 春・夏・秋・冬の四つの季節。

【四苦八苦】しくはっく 四字熟語 ものごとがうまくいかずに、ひどくくるしむこと。また、そのくるしみ。例 経営立て直しに四苦八苦する。参考 「四苦」も「八苦」も、お経にとかれている人間がうけるくるしみの数。

【四散】しさん あつまっていたものが四方にちらばること。例 魚のむれが四散した。

【四捨五入】ししゃごにゅう 四字熟語 およその数を出すとき、あるくらいの五以上をくり上げ、四以下を切りすてること。また、その計算方法。

【四十九日】しじゅうくにち その人が死んでから四九日め。また、その日におこなう法事。参考 死んだ日を入れてかぞえる。

【四十にして▼惑わず】しじゅうにしてまどわず 故事成語 人は四〇歳になると、何ごとにたいしても、まようことがなくなるということ。参考 『論語』のことばで、ここから四〇歳のことを「不惑」という。

【四則】しそく 算数のかけ算・わり算・足し算・引き算の四つをまとめていうことば。

【四天王】してんのう ①仏教で、帝釈天につかえる四人の神。②弟子や部下の中で、とくにすぐれた四人。例 囲碁界の四天王。

【四分五▼裂】しぶんごれつ 四字熟語 まとまらないで、ばらばらに分かれて、みだれること。

【四辺】しへん ①まわり。②図形の四つの辺。

【四方八方】しほうはっぽう 四字熟語 あらゆる方面。まわりじゅう。例 四方八方から火の手があがった。

【四面】しめん ①四つの面。例 四面体。②まわり。四方。

【四面▽楚歌】しめんそか 四字熟語 まわりがみんな敵ばかりで、味方や助けがないこと。参考 むかし中国で、楚の項羽は漢の高祖とたたかって、とりかこまれた。夜になると、まわりから楚の国の歌が聞こえてきて、項羽は自分の部下である楚の兵士がみんな漢に降伏し、とうとうなかまがいなくなったかとなげいたという話（実は漢の計略であった）による。

四面楚歌

【四六時中】しろくじちゅう 四字熟語 一日じゅう。また、いつも。例 四六時中、テレビゲームばかりやっている。参考 「四六時」は4×6=24で、二四時間のこと。→「二六時中（41ページ）」。

【四方山】よもやま さまざま。いろいろ。例 四方山話。

下につく熟語 再三再四

3画

口－2画

【囚】

5画 常用 〈囚〉明朝

音 シュウ
訓 とらえる*・と*らわれる

意味 とらえられる。とらえられた人。「▼囚人」

注意 「因」とまちがえないこと。

【▼囚人】しゅうじん 罪をおかして、けいむ所に入れられている人。

下につく熟語 *死▼刑▼囚・*女▼囚・*▼幽▼囚

【田】5画 田部0画 → 742ページ

口－3画

【因】

6画 5年 〈因〉明朝

音 イン
訓 よ*る

1・2画めの縦画は真下に下ろし縦長に。5画めの最後ははらっても誤りではない。

なりたち 会意 －因

口(ふとん)と大(手足を広げた人)を合わせた字。ふとんをしいて、その上に人が手足を広げてのっているようすを図にして、下地となるものがあるといういみをあらわした。

因のつく漢字グループ
「因」のグループは「何かを下地にして、その上にのる」というイメージがある。
→咽209 →姻278 →恩462

意味 ❶ものごとのおこるもと。おこり。「原因」❷もとのままにしたがう。よる。「因習」

注意 「囚」「困」とまちがえないこと。

名まえで使う読み ちなみ・なみ・ゆかり・よし・より・よる

【因果】いんが ①原因と結果。例 因果関係。②よいおこないや、わるいおこないにたいするむくい。③運命のめぐりあわせがわるくて、不幸なこと。例 因果な身の上。

【因果応報】いんがおうほう 四字熟語 よいおこないにはよいむくいが、わるいおこないにはわるいむくいがあるということ。例 因果応報であわれなさいごをとげる。参考 ㋐多く、わるいおこないをすれば、わるいお返しがくるといういみでつかわれる。㋑「応報」は、したことにたいするむくい、お返しのいみ。

【因果を▼含める】いんがをふくめる 句 わけを説明して、あきらめさせる。参考 原因と結果のりくつをわからせるといういみから。

【因子】いんし あることがらをおこす、もとになる要素。例 遺伝因子。

【因習】いんしゅう むかしからつたわる古い習慣。例 因習にとらわれる。参考 ㋐よくない習慣にいう。㋑「因襲」とも書く。

【因▼縁】いんねん ①運命のめぐりあわせ。例 前世からの因縁。②わけ。例 これにはふかい因縁がある。③いいがかり。例 因縁をつける。

下につく熟語 起因・死因・勝因・成因・敗因・要因

口－3画

【回】

6画 2年 〈回〉明朝

音 カイ・エ*
訓 まわる・まわす

「口」の縦画は内向きに。2画めは下を、5画めは右側を少し外に出す。

なりたち 指事 －回－回

ぐるぐるとまわるうずまきをえがいた字。

意味 ❶まわる。まわす。「回転」❷くりかえし。度数をかぞえることば。「回数・最終回」

難しい読み 回向

使い分け まわり「周り・回り」→(205ページ)

【回向】えこう お経をあげてなくなった人のたましいをなぐさめること。

【回帰】かいき ひと回りして、もとのところにもどってくること。

【回帰線】かいきせん 地球の北緯と南緯の、それぞれ二三度二七分の線。赤道より北を北回

こたえ 口(くち)

囗の部 3画 団

帰線、南を南回帰線という。

【回教】かいきょう イスラム教のこと。参考 むかし、回紇人をつうじて中国につたわったことから。

北回帰線
南回帰線
回帰線

【回顧】かいこ むかしのことをふりかえること。例 学生時代を回顧する。／回顧録。

【回収】かいしゅう くばったものや、つかいおわったものなどをあつめること。例 からの容器を回収する。

【回診】かいしん 医者が、入院している病人をしんさつして回ること。参考 病人の家に行ってしんさつするのは「往診」という。

【回数】かいすう 何回おこったかをあらわす数。

【回数券】かいすうけん 乗車券や入場券などで、何回分かを、ひとつづりにしたもの。

【回生】かいせい 生きかえること。生きかえらせること。例 起死回生。

1【回船】かいせん 海上を、人や荷物をはこんで回る船。例 回船業。

2【回線】かいせん ①電流のとおりみち。電気回路。②電信や電話をつなぐ回路。

1【回送】かいそう ①おくってきたものをよそへおくること。例 手紙を移転先に回送する。②おくりかえすこと。例 回送車。

2【回想】かいそう むかしのことを思いかえすこと。

【回転】かいてん 車やこまのように、くるくる回ること。例 回転木馬。

【回答】かいとう 聞かれたことに答えること。また、その答え。使い分け かいとう「解答・回答」→（943ページ）

【回避】かいひ さけること。よけること。例 責任を回避する。

【回復】かいふく もとの状態にもどること。例 もとどおりになること。例 天気が回復する。

使い分け かいふく 回復・快復

【回復】もとどおりになること。例 新幹線のダイヤが回復する。／疲労回復のくすり。／信頼を回復する。

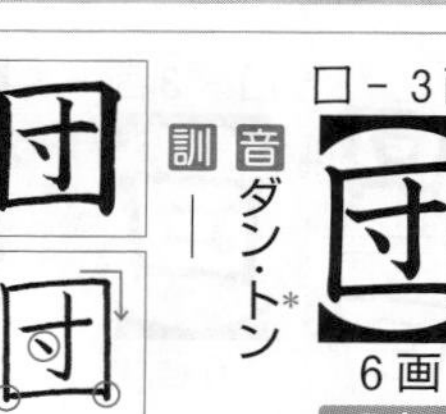

【快復】病気がなおること。例 病気が快復するまでしずかに休む。

参考 「快復」は、病気や傷がなおって、もとどおりになる場合につかう。

【回遊】かいゆう ①ほうぼうを旅して回ること。例 四国を回遊する。②魚などがむれをつくり、季節によって移動すること。例 回遊魚。

【回覧】かいらん つぎつぎに回して見ること。例 回覧板。

【回路】かいろ 電気器具などで、電流のながれる道。

【回廊】かいろう 寺や神社をとりまくようにつくられた、長いろうか。

上につく熟語 *回り舞台・*回り道

下につく熟語 今回・次回・巡回・旋回・前回・奪回・転回・毎回

囗－3画

【団】

6画 5年

囗－11画 【團】 14画 人名

〔団〕明朝

音 ダン・トン*

訓 —

1・2画めは真下に。縦長に、1・2画めの下を少し出す（くにがまえは全て同じ）。

なりたち 形声 もとの字は「團」。専（セン）（まるい）と囗（かこむ）を合わせた字。まるくかこんだものをあらわした。→専309

意味 ❶まるい。「団子」 ❷あつまり。あつまる。「集団・一団」

難しい読み 団▼扇・団子

名まえで使う読み あつ・だん・まどか・まる・まろ

【団▼扇】うちわ あおいで風をおこす道具。ふつう、竹を骨にして紙がはってある。

【団員】だんいん ある団体にはいっている、ひとりひとり。例 楽団の団員。

【団結】だんけつ あるものごとをするために、大勢の人が力を合わせること。例 全員が団結して行動する。

【団子】だんご 米などの粉を水でこね、まるめてやいたりむしたりした食べ物。例 花より団子(=風流なことよりも、実際の利益のほうがよい)。

【団体】だんたい 共通の目的をもった人々でつくっているあつまり。例 団体行動。

【団地】だんち たくさんの住宅やアパートなどを一か所にあつめてたてたところ。また、その住宅やアパート。

【団▼欒】だんらん したしい人があつまって、なごやかに楽しむこと。例 一家団欒。

【団▽栗】どんぐり ブナ科の木の実。かたい皮におおわれている。コナラ・クヌギなど。いろいろな形のものがある。

下につく熟語 楽団・気団・*軍団・劇団・*結団・財団・水団・星団・船団・*退団・入団・布団

口－4画

【囲】

7画 5年 〔囲〕明朝

音 イ 訓 かこむ・かこう

5画めは止めてもよい。「井」が「口」にふれてしまってもよい。

なりたち 形声  もとの字は「圍」。韋と口(かこむ)を合わせた字。韋は、口(場所のしるし)の上に左向きの足、下に右向きの足をそえて、まわりをまるく回るようすを図にしたもの。圍は、ぐるりとまわりをかこむことをあらわした。

韋のつく漢字グループ

「韋」のグループは、①「物のまわりを回る」「まるい」、②「ぎゃくの方向に行く」というイメージがある。常用漢字では「韋」となる。

→偉 91 →囲(=圍) 223 →違 428 →緯 860 →衛 922

意味 まわりをとりまく。かこむ。「包囲」

【囲▼碁】いご 碁のこと。

【囲▼炉裏】いろり ゆかを四角に切って、火をもやせるようにしたところ。

下につく熟語 胸囲・周囲・▼範囲

口－4画

【困】

7画 6年 〔困〕明朝

音 コン 訓 こまる

4画めは止めてもよい。次の画へ向けてはねてもよい。6画めをはらっても誤りではない。

なりたち 会意 木と口(かこむ)を合わせた字。木をぐるぐるまきにしたようすを図にして、動きがとれないでこまることをあらわした。

意味 こまる。くるしむ。「困難・貧困・困▼惑」

注意 「因」とまちがえないこと。

【困▼窮】こんきゅう ひじょうにまずしくて生活にこまること。例 生活に困窮する。

【困苦】こんく こまりくるしむこと。

【困難】こんなん ①つらくて、くるしいこと。②むずかしい。例 実現は困難だ。

【困▼惑】こんわく どうしたらよいかわからず、こまること。例 困惑した表情。

口－4画

【図】

7画 2年 〔図〕明朝

音 ズ・ト 訓 はかる*

3・4画めは右下方向の点で書く。6画めの点は長く書いて、最後は止める。

3画

漢字クイズ 部首クイズ 4年でならう「料」の部首はなんでしょう？

囗の部（くにがまえ） 5画 固

丨 冂 冂 冈 冈 図 図

なりたち 会意 -圖(図)

もとの字は「圖」。啚と囗(かこい)を合わせた字。啚は、米をしまうくらをえがいた字。それに囗(場所のしるし)をつけた啚は、農村やいなかのこと。圖は、村や町を紙というわくの中にかきこんだ地図をあらわした。

意味 ❶絵。えがく。「図工」❷考えをめぐらす。はかる。はかりごと。「意図」

難しい読み 図体・図書

使い分け はかる「計る・図る・測る・量る・謀る・諮る」→(945ページ)

名まえで使う読み ず・と・なり・のり・はかる・みつ

【図案】ずあん いろいろな形や色を組み合わせたもよう。デザイン。

【図体】ずうたい からだ。とくに、大きなからだ。

【図画】ずが 絵。絵をかくこと。例 図画工作。

【図解】ずかい ものごとを図で説明すること。

【図▼鑑】ずかん 図や写真などを多く入れて、わかりやすく説明した本。

【図形】ずけい ①ものの形をかいたもの。②算数で、点・線・面などのあつまり。

【図工】ずこう 図画と工作。図工科のこと。

【図示】ずし 図にかいてしめすこと。

【図式】ずしき ものごとの関係やしくみなどを、わかりやすくかきあらわした図。

【図説】ずせつ 図・写真などをつかって説明すること。また、その説明したもの。

【図に当たる】ずにあたる 句 ものごとが、自分の思ったとおりになる。例 計画が図に当たった。

【図に乗る】ずにのる 句 ものごとが自分の思うとおりになって、いい気になる。つけ上がる。

【図版】ずはん 本の中にいんさつされた図。

【図表】ずひょう 数や量の関係を、数字や線などでわかりやすくしたもの。グラフや表など。

【図星】ずぼし 考えていたとおりであること。例 図星をさす(=ぴたりと当てる)。

【図面】ずめん 建物や機械などのしくみを、図にあらわしたもの。

【図書】としょ 本。例 図書室。

下につく熟語 合図・絵図・海図・*▼企図・系図・*原図・構図・作図・指図・縮図・製図・*設計図・*▼壮図・地図・*天気図・野放図・白地図・*▼雄図・版図・略図

囗－5画

【固】

8画 4年 〔固〕明朝

音 コ
訓 かためる・かたまる・かたい

※上にくる音により「ゴ」ともよむ。

「古」の「口」を大きく書かない。4画めを次の画へ向けてはらうようにしてもよい。

使い分け かたい 固い・堅い・硬い・難い

【固い】たやすくこわれない。例 固いコンクリートでかためる。／固いパン。

【堅い】しっかりしている。例 約束を堅く信じて守る。／考え方が堅い。／口が堅い。

【硬い】石や金属などが強い。顔のようすがこわばっている。例 硬い鉄。／硬い表情。

【難い】しようとしてもむずかしい。例 予測し難いことが起こる。

参考「堅い」と「固い」は区別しないでつかわれることがある。

なりたち 形声 古(かたい)と口(かこい)を合わせた字。まわりをがっちりとかこまれて、うごきのとれないことをあらわした。→古189

意味 ❶**かたくする。かたい。**「固形・固体」 ❷**しっかりしている。**「確固・強固」 ❸**もともと。**「固有」

難しい読み 固▼唾

名まえで使う読み かた・かたし・かたむ・こ・たか・もと

【固形】こけい あるきまった形で、かたまったもの。例 固形ねんりょう。／固形スープ。

1【固持】こじ 自分の意見や考えをかえないで、もちつづけること。例 中立の立場を固持する。

2【固辞】こじ かたくことわること。例 席に着くようすすめられたが固辞した。

【固▼執】こしつ／こしゅう 自分の意見や考えにとらわれて、それをがんこにかえないこと。例 むかしのやり方に固執する。

【固守】こしゅ かたくまもること。例 自分の考えを固守する。

【固体】こたい 木・石・金属などのように、きまった形や体積をもち、かんたんに形をかえないもの。対 液体・気体

【固定】こてい あるところからうごかないこと。また、うごかさないこと。例 くぎで固定する。

【固有】こゆう そのものだけが、とくべつにもっていること。例 日本固有の文化。

注意 「個有」と書かないこと。

【固有名詞】こゆうめいし 文法で、国名・地名・人名・商品名など、特定の物や人をさす名詞。「イギリス・富士山・浜名湖」など。

下につく熟語 確固・▼頑固・強固・▼凝固・禁固・▼堅固・断固

口－5画

【国】

8画 2年

口－8画 〔國〕 11画 人名

〔国〕明朝

音 コク

訓 くに

※上下にくる音により「ゴク」「コッ」「ぐに」ともよむ。

3・5画めを同じ長さに、6画めをやや長く。7画めの点は5・6画めの間に書く。

なりたち 形声 もとの字は「國」。或(わくをくぎる)と口(かこい)を合わせた字。わくでさかい目を区切ったりょう土、つまり「くに」をあらわした。→域236

意味 ❶**くに。**「国民」 ❷**日本の。**「国文」

名まえで使う読み くに・こく・とき

【国▼柄】くにがら その国、その地方の特色。お国がら。例 陽気な国柄。

【国元】くにもと 生まれ故郷。ふるさと。

故事成語 【国破れて山河あり】くにやぶれてさんがあり 戦乱で国はほろんでしまったが、山や河はかわることなく、なつかしいむかしのすがたのままである。参考 うつりかわる人の世のはかなさと、かわらない自然とをくらべてしみじみとうたった、中国の詩人杜甫の詩から。

【国運】こくうん 国の運命。また、国の将来。

【国営】こくえい 国がお金を出して、事業をすること。対 民営

【国益】こくえき 国の利益。例 国益をまもる。

【国王】こくおう 国をおさめる王。

【国外】こくがい 国のそと。対 国内

【国学】こくがく 江戸時代に、古い書物を研究して日本の古くからある精神・文化をあきらかにしようとした学問。

【国技】こくぎ その国でとくにさかんな、国を代表する競技。例 国技館。／すもうは日本の国技です。

【国語】こくご ①その国のことば。②日本のことば。日本語。例 国語辞典。③学校の教科の一つ。国語科。

【国号】こくごう 国の名前。

1【国▼債】こくさい 国がその信用をもとにしてお金をかり入れること。また、そのときに出す

こたえ 斗(と・とます)

くにがまえ 囗の部 5画 国

書きつけ。例 国債を発行する。

2【国際】こくさい 国と国との間にかかわること。例 国際親善。／国際会議。

【国際空港】こくさいくうこう 外国と行ったり来たりする航空機が、離着陸する空港。

【国際的】こくさいてき 多くの国々と広くかかわりのあるようす。

【国際連合】こくさいれんごう 世界の平和と安全をまもるために、国々が協力しあう目的でつくられたしくみ。国連。

【国策】こくさく 国の政治の方針。

【国産】こくさん 自分の国でつくること。また、その製品。例 国産品。

【国史】こくし ①国の歴史。②日本の歴史。

【国字】こくじ ①その国の文字。例 国字問題。②日本の文字。かなもじ。③日本でつくられた漢字。「畑・峠」など。

【国書】こくしょ ①国の元首が、国の名で出す正式の文書。②日本語で書かれた日本の書物。

【国情】こくじょう 国の中のようす。その国の政治・経済・文化など。例 国情が不安定だ。

【国▼辱】こくじょく 国や国民全体のはじになるようなこと。

【国政】こくせい 国の政治。

【国税】こくぜい 国の仕事をする費用にあてるために、国民からあつめた税金。対 地方税

【国勢調査】こくせいちょうさ 政府が人口の変化などをしらべるために、時期をきめて、全国的におこなう調査。センサス。参考 国勢調査は一〇年ごとにおこなわれる。

【国▼籍】こくせき ①その国の国民であるという資格・身分。②船や飛行機などが、その国のものであるという資格。例 国籍不明の船。

【国鳥】こくちょう その国を代表するものとしてきめられた鳥。参考 日本の国鳥は、キジ。

【国定】こくてい 国がきめること。また、国がきめたもの。例 国定公園。

【国鉄】こくてつ 「日本国有鉄道」のりゃく。国の費用でつくって、国が経営した鉄道。対 私鉄 参考 一九八七年に民間の企業（JR）になった。

【国土】こくど その国の土地。

【国道】こくどう 国の費用でつくって、国で管理する道。

【国土交通省】こくどこうつうしょう 陸上・海上・空の交通の整備や安全をはかり、また、河川の保全などの仕事をする国の機関。

【国内】こくない 国の中。対 国外

【国難】こくなん 国の災難。国があぶなくなるようなできごと。

【国費】こくひ 国がしはらう費用。

【国▼賓】こくひん 国が正式な客としてもてなす外国人。

【国文学】こくぶんがく 日本の文学。また、日本の文学を研究する学問のこと。

1【国宝】こくほう 国のたから。とくに、歴史や文化のうえで、ねうちのあるものとして国がまもっている、建物・彫刻・絵画など。

2【国法】こくほう 国の法律・きまり。

【国防】こくぼう せめてくる敵から、国をまもること。例 国防力。

【国民】こくみん その国の国籍をもち、その国の法律にしたがって生活している人。

【国民性】こくみんせい 国民の多くが、同じようにもっている性質。例 陽気な国民性。

【国民的】こくみんてき 国民全体に関係のあるようす。また、国民みんながみとめるようす。例 国民的な人気。／国民的な議論。

【国務】こくむ 国の政治にかかわる仕事。

【国有】こくゆう 国がもっていること。対 民有

【国立】こくりつ 国の費用でたてて、国で経営していること。例 国立公園。対 私立

【国力】こくりょく 人口・生産力・軍事力など、国がもっている力。とくに、国の経済力。

1【国花】こっか 国を代表する花。日本の「桜」、イギリスの「バラ」など。

2【国家】こっか あるきまった地域にすむ人々のあつまりで、一つの政府によっておさめられている社会。くに。例 独立国家。

3【国歌】こっか その国を代表する歌。日本では「君が代」。

【国会】こっかい　選挙でえらばれた議員があつまり、国の法律や予算などをきめる会議。また、そのしくみ。(参考)日本の国会は衆議院と参議院からできている。

【国旗】こっき　国の旗。日本では「日の丸」。

【国境】こっきょう／くにざかい　国と国とのさかい。

【国権】こっけん　国をおさめる権力。例 国会は国権の最高機関である。

【国庫】こっこ　国がもっているお金をあずかったり、出し入れしたりする機関。国家金庫。

【国交】こっこう　国と国とのつきあい。例 国交を樹立する。

下につく熟語 愛国・異国・*遠国(えんごく・おんごく)・王国・海国・開国・外国・*合衆国・帰国・*強国・共和国・建国・*興国・故国・西国・▼鎖国・自国・島国・出国・小国・諸国・*戦国・全国・*先進国・祖国・大国・他国・敵国・天国・入国・万国・母国・本国・山国・雪国・▼隣国・列国

囗－7画

【圃】

10画 人名 〔圃〕明朝

音 ホ　訓 —

意味 はたけ。また、農夫。「田▼圃(＝田畑)」

名まえで使う読み その

囗－9画

【圏】

12画 常用

囗－8画 【圈】 11画 人名 〔圏〕明朝

囗(くにがまえ)の部
7画 圃
9画 圏
10画 園

音 ケン　訓 —

なりたち 形声 巻(まるくまく)と囗(かこい)を合わせた字。まるくとりまいてかこんだところをあらわした。→巻338

意味 かこい。かぎられたわくの中。「北極▼圏・首都▼圏」

【▼圏外】けんがい　一定の資格・条件・範囲などの、わくのそと。例 当選圏外におちる。対 圏内

【▼圏内】けんない　一定の資格・条件などの、わくの中。例 合格の圏内に入る。対 圏外

下につく熟語 成層▼圏・*勢力▼圏・*南極▼圏・*暴風▼圏

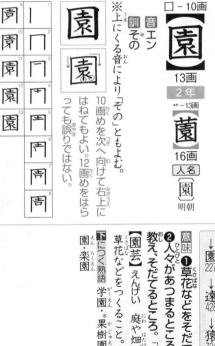

囗－10画

【園】

13画 2年

艹－13画 【薗】 16画 人名 〔園〕明朝

音 エン　訓 その

※上にくる音により「ぞの」ともよむ。

10画めを次へ向けて右上にはねてもよい。12画めをはらっても誤りではない。

なりたち 形声 袁と囗(かこい)を合わせた字。袁は、えりの高い衣の中に○じるしを入れたもの。ガウンのようなゆったりとからだをつつむ着物のすがたを図にして、まるくゆったりとめぐらすというイメージをもつ。園は、かきねでまわりをかこまれた畑や庭をあらわした。

袁のつく漢字グループ

「袁」のグループは「まるくゆったりとめぐらす」というイメージがある。これは「はばや長さがあって、ゆったりしている」「長くのびる」というイメージにつながる。

→園227　→遠428　→猿724　→環735

意味 ❶草花などをそだてる庭。「園芸・菜園」 ❷人々があつまるところ。「公園・動物園」 ❸教え、そだてるところ。「幼▼稚園・保育園」

【園芸】えんげい　庭や畑で、くだもの・やさい・草花などをつくること。例 園芸家。

下につく熟語 学園・*果樹園・造園・庭園・田園・農園・楽園

土・扌の部（つち・つちへん）

0画 土

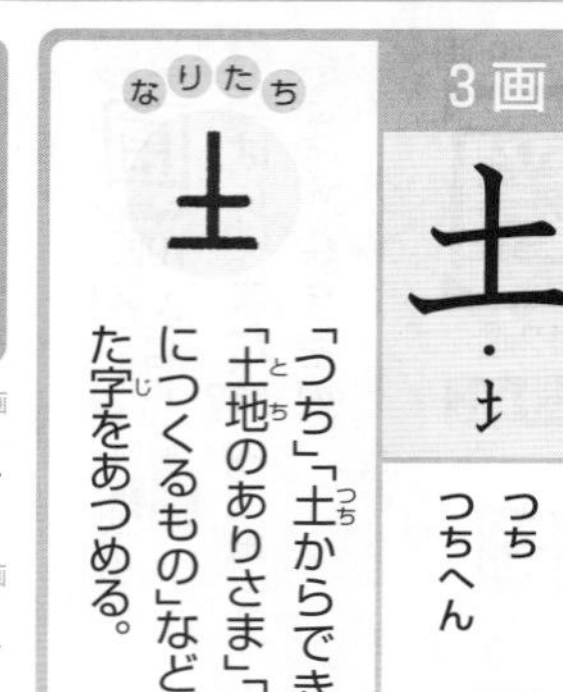

3画

土・扌

つち
つちへん

「つち」「土からできるもの」「土地のありさま」「地面の上につくるもの」などに関係した字をあつめる。

この部首の字

	3画 在 230	4画 坂 233	5画 坪 234	7画 埋 235	8画 堆 237	8画 埜 1016	9画 堅 239	9画 堵 240	10画 塩 241	10画 塗 242	11画 塵 243	12画 墳 245	13画 壇 245
	3画 地 231	4画 坊 233	6画 垣 234	8画 域 236	8画 堂 238	9画 堰 238	9画 場 239	9画 塔 240	10画 塊 241	10画 塙 242	11画 増 244	12画 墨 244	13画 壁 245
0画 土 228	4画 均 232	5画 坤 234	6画 型 234	8画 基 236	8画 培 238	9画 堺 238	9画 堕 240	9画 塀 240	10画 塞 241	10画 墓 242	11画 墨 244	13画 壊 245	14画 壕 246
2画 圧 229	4画 坑 233	5画 垂 234	6画 城 235	8画 埼 237	8画 埴 238	9画 堪 238	9画 塚 240	9画 報 240	10画 塑 242	11画 境 243	12画 增 244	13画 墾 245	15画 壘 241
3画 圭 230	4画 坐 233	5画 坦 234	7画 埃 235	8画 執 237	8画 堀 238	9画 堯 102	9画 堤 240	9画 塁 241	10画 塡 242	11画 塾 243	12画 墜 245	13画 壌 245	16画 壤 245

ほかの部首の字　去→ム部 176　吐→口部 197　寺→寸部 307

庄→广部 354　至→至部 902　社→ネ部 792　赤→赤部 987　走→走部 989　幸→干部 350　封→寸部 310　載→車部 1003

土－0画

【土】

3画　1年

〔土〕明朝

音 ド・ト
訓 つち

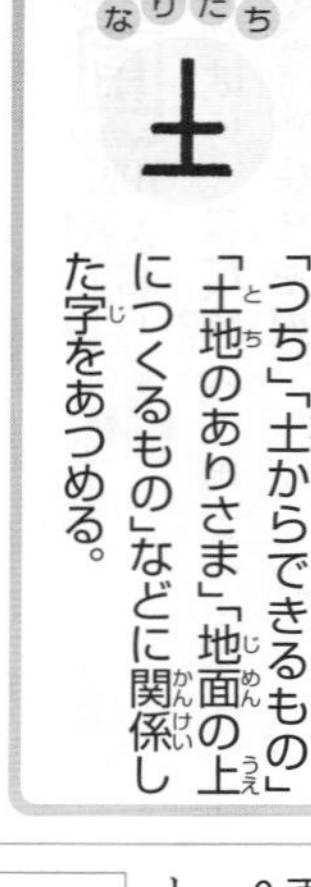

3画めを長く書いて「士」と区別する。2画めを中心に書く。

なりたち 象形

地上につちをもり上げたすがたをえがいた字。

土のつく漢字グループ

「土」のグループは「なかみがつまって、もり上がる」というイメージがある。
→吐 197 →徒 379 →社 792

意味 ❶つち。どろ。「▼粘土」 ❷じめん。「土地」 ❸くに。「国土」

難しい読み 土筆・土気色・土下座・土産

名まえで使う読み ただ・つち・つつ・と・ど・はに・ひじ

【土筆】つくし 春、スギナの地下茎から出る、胞子をもった茎。

【土▼煙】つちけむり 土や砂が、けむりのようにまい上がったもの。

【土管】どかん ねん土をやいてつくった、くだ。

【土器】どき ねん土でつくって、うわぐすりをかけないでやいた、うつわ。例 縄文土器。

【土▼偶】どぐう おおむかし、日本でつくられた土の人形。

土偶

【土下座】どげざ 地面にひざまずいて、ふかくおじぎをすること。例 土下座してあやまる。

【土質】どしつ 土の性質。

【土砂】どしゃ 土と砂。例 土砂くずれ。

【土▼壌】どじょう 作物のそだつ、土。

【土性骨】どしょうぼね （気力・根性などの）生まれつきの性質。

【土星】どせい 太陽系の惑星の一つ。太陽から六番めの星で、環がある。

【土石流】どせきりゅう 山の斜面が雨水をふくんで、とつぜん泥水のようにながれおちること。

【土▼葬】どそう 死んだ人のからだを、そのまま土にうめてほうむること。

【土蔵】どぞう かべを土でぬりかためた、く

土・土（つちへん）の部 2画 圧

ら。

【土足】どそく ①(土でよごれた)はき物をはいたままの足。例土足厳禁。②土でよごれた足。

【土台】どだい ①建物などのいちばん下にあって、全体の重みをささえているもの。例橋の土台。②ものごとのおおもとになるもの。例国の発展の土台。③もともと。例どだいむりなことだ。参考③は、かな書きにする。

【土▼壇場】どたんば これ以上どうしようもない、ぎりぎりのところ。例土壇場になって度胸がすわった。参考もとは、江戸時代の首きりの刑をおこなう場所のこと。そこから「ころされるのをまつ場所」のいみとなり、さらに「さいごのぎりぎりのところ」のいみとなった。

【土地】とち ①土。また、大地。②地所。③その地方。例土地の人の話を聞く。

【土着】どちゃく むかしからその土地にすみついていること。例土着の文化。

【土手】どて 水があふれるのをふせぐために、川にそって土をつみあげたところ。

【土俵】どひょう 土をつめたたわらでまるくかこんだ、すもうをとる場所。土俵場。

【土木】どぼく 材木・鉄材・コンクリートなどで、道路・橋などをつくる仕事。例土木工事。

【土間】どま 家の中で、地面のままのところ。

【土用】どよう 季節のかわりめである立春・立夏・立秋・立冬の前の、それぞれ一八日間のこと。とくに、立秋の前の夏の土用。

【土産】みやげ ①外出先からもちかえるその土地の産物。②人をたずねるときに、もっていくおくり物。手みやげ。

【土▼竜】もぐら モグラ科の動物。土の中に巣をつくる。前あしは平たくて大きく、つめがするどい。

下につく熟語 赤土・郷土・▼浄土・全土・*凍土・風土・本土・領土

土－2画

【圧】

5画 5年 〔壓〕明朝

音 アツ

訓 ―

※下にくる音により「アッ」ともよむ。／「アッする」ともつかう。

圧 圧

1 一 2 厂 3 𠂆 4 圧 5 圧

「土」の中心を1画めの中心よりやや右寄りにして、「厂」とはなしすぎない。

なりたち 会意 猒－厭－壓(圧)

もとの字は「壓」。厭と土を合わせた字。猒は、犬(いぬ)と月(=肉)と甘(口にふくむ)を合わせて、犬の肉を食べあきるようす。それに厂(ふたをかぶせるしるし)をそえた厭は、犬の肉を食べあきて、もういやだとふたをかぶせるようすを図にして、上からかぶせておさえつけるというイメージをもつ。壓は、土をかぶせて出られないようにおさえつけることをあらわした。

意味 おさえつける。また、その力。「圧力・▼弾圧・気圧」

【圧巻】あっかん 故事成語 ものごとのいちばんすぐれているところ。例木々がいっせいに紅葉した景色は圧巻だった。参考「巻」は答案のこと。むかし、中国の役人の試験で、第一位の答案をいちばん上にのせたことから。

【圧▼搾】あっさく 強い力をくわえて、おしちぢめること。圧縮。例圧搾機。

【圧殺】あっさつ ①おしつけて、ころすこと。②自由な意見や活動をおさえつけること。

【圧死】あっし おしつぶされて死ぬこと。

【圧縮】あっしゅく 強い力でおしちぢめること。圧搾。例圧縮空気。

【圧勝】あっしょう 大きな差をつけてかつこと。例選挙で圧勝する。

1【圧制】あっせい 権力で、人の考えやおこないをむりにおさえつけること。

2【圧政】あっせい 権力でおさえつけておこなう政治。

【圧▼倒】あっとう とびぬけてすぐれた力やいきおいで、あいてをおしつけ、まかすこと。例他のチームを圧倒する。

【圧▼倒的】あっとうてき ほかよりも段ちがい

3画

に差があって、比べものにならないようす。例 圧倒的に強い。

【圧▼迫】あっぱく ①強くおしつけること。例 圧迫して止血する。②力や権力でおさえつけて、自由にできなくすること。例 報道の自由を圧迫する。

【圧力】あつりょく ①人をおさえつける力。例 圧力団体。②ある面を直角の方向におす力。例 圧力が高い。

下につく熟語 *加圧・気圧・血圧・高圧・高気圧・高血圧・指圧・重圧・水圧・制圧・▼弾圧・▼鎮圧・低圧・低気圧・*低血圧・電圧・風圧・▼抑圧

【去】5画 ム部3画 ↓176ページ

土-3画

【圭】6画 人名 〔圭〕明朝

音 ケイ 訓 —

なりたち 会意 土を二つ合わせた字。三角形に土をもるようすをあらわした。

圭のつく漢字グループ

「圭」のグループは「∧形にとがる」「すっきりして形がよい」というイメージがある。

→佳74 →奎269 →崖331 →掛509 →桂597 →涯670 →街922 →鮭1099

意味 ❶むかし中国で、領土をあたえたしるしとして家来にわたした、玉の器具。❷かどがとがるようす。

名まえで使う読み か・かど・きよ・きよし・けい・たま・よし

土-3画

【在】6画 5年 〔在〕明朝

音 ザイ 訓 ある

3画めの書き出しを2画めから少し上に出す。「土」を3画めの下から下げない。

なりたち 形声 才(川の流れを止める)と土を合わせた字。土でふさいで水の流れを止めるようすを図にして、じっとそこにとどまるといういみをあらわした。→才493

意味 ❶いる。ある。「在宅」 ❷いなか。「近在」

使い分け ある「有る・在る」→(881ページ)

名まえで使う読み あき・あきら・あり・すみ・とお・みつる

【在位】ざいい 天皇や王が、そのくらいについていること。

【在外】ざいがい 外国にあること。外国にいること。例 在外事務所。

【在学】ざいがく 児童・生徒として学校にかよっていること。

【在京】ざいきょう 東京にいること。

【在庫】ざいこ 倉庫に品物があること。また、その品物。例 在庫品。

【在校生】ざいこうせい 学校にかよっている児童・生徒。

【在室】ざいしつ へやの中にいること。

【在住】ざいじゅう その土地にすんでいること。例 おじはアメリカ在住です。

【在職】ざいしょく その職についていること。

【在世】ざいせ/ざいせい この世に生きていること。また、生きている間。

【在▼籍】ざいせき 学校や団体などに、籍があること。例 緑が丘小学校三年一組に在籍しています。

【在宅】ざいたく 自分の家にいること。

【在中】ざいちゅう つつみやふうとうの中にはいっていること。例 写真在中。

【在日】ざいにち 外国から来て、日本にすんでいること。例 在日イギリス人。

【在任】ざいにん 任務についていること。また、任務地にいること。

【在来】ざいらい もとからあること。これまであったとおり。例 在来線。

【在留】ざいりゅう しばらく外国にとどまってすむこと。例 在留邦人。

下につく熟語 *介在・*近在・健在・▼顕在・現在・混在・散在・自在・実在・所在・▼潜在・存在・▼滞在・▼駐在・点在・内在・不在・▼偏在・▼遍在

土－3画

【地】

6画 2年

〔地〕明朝

音 チ・ジ
訓 ―

4画めは右上がりに書き、内側に折る。6画めは曲げた後を長くし、最後ははねる。

一 十 土 圠 地 地

なりたち 形声 也(うねうねとまがる)と土を合わせた字。山やりくが、うねうねとまがってのびている大地をあらわした。→也34

意味 ❶つち。じめん。「地上・土地」対天 ❷ばしょ。「産地・領地」❸もとのまま。「下地・生地」❹たちば。「境地・地位」

名まえで使う読み くに・ただ・ち・つち

【地金】じがね ①メッキなどの下地になっている金属。②生まれつきもっている性質。

【地声】じごえ その人の生まれつきの声。

【地▼獄】じごく ①仏教で、生きているときにわるいことをした人が、死んでから行って罰をうけるといわれるところ。対 極楽 ②キリスト教で、神にすくわれなかったたましいがおちていくといわれる世界。対 天国

【地▼獄耳】じごくみみ ①秘密やうわさをすばやく聞きつけること。また、そういう人。②一度聞いたらわすれないこと。また、そういう人。

【地所】じしょ 建物をたてるためや、財産としての土地。

【地▼震】じしん 地球の内がわでおこる急激な変動のために、地面がゆれうごくこと。

【地蔵】じぞう 地蔵ぼさつのこと。人々を教えみちびき、子どもをまもるというほとけ。

【地団▼駄を▼踏む】じだんだをふむ 句 足で地面をはげしくふんだりして、ひじょうにくやしがるようす。例 試合にまけて地団駄を踏んでくやしがる。

地団太を踏む

参考 ㋐「地団駄」は、足で地面をふみならすこと。㋑「地団太」とも書く。

【地頭】じとう 鎌倉時代、荘園をとりしまり、税をあつめる仕事をした人。また、その役。

【地主】じぬし 土地のもちぬし。

【地熱】じねつ／ちねつ 地球の内部の熱。

【地▼肌】じはだ ①けしょうをしない、生まれつきのはだ。例 地肌があれている。②草や木などにおおわれていない、大地の表面。例 雪が積もって地肌が見えない。

【地▼盤】じばん ①建物などの土台になる土地。例 地盤がしずむ。②勢力がゆきわたるはんい。よりどころ。例 選挙地盤をうけつぐ。

【地味】一 じみ ひかえめで、目だたないようす。例 地味な性格。対 派手 二 ちみ 作物をつくる土地の、質のよしあし。例 地味がこえている。

【地道】じみち きけんをおかしたり、むりをしたりしないで、確実なこと。手がたいこと。例 地道な努力がみのった。

【地面】じめん 土地の表面。

【地元】じもと ①そのものごとに、直接関係のある土地。例 地元の人々から大歓迎をうける。②自分がすんでいる土地。例 地元の発展につくした。

【地▼雷】じらい 地中にうめておき、その上を通る人や戦車などを爆破する兵器。地雷火。

【地位】ちい 社会・団体の中での、その人のくらい。身分。例 重役の地位。

【地域】ちいき あるかぎられたはんいの土地。例 温暖な地域。／地域住民。

【地衣類】ちいるい 菌類と、藻類とが共生している生物。岩や木のみきなどにはえる。サルオガセ・リトマスゴケ・イワタケなど。

【地下】[1] ちか ①地面の下。例 地下水。／地下資源。対 地上 ②死んでから行く世界。

【地価】[2] ちか 土地のねだん。例 地価が下がる。

【地▼核】[1] ちかく 地球の中心の部分。

【地▼殻】[2] ちかく 地球の外がわの部分。例 地殻変動。

【地学】ちがく ①地球と、地球をつくる物質を研究する学問。②理科で、天文・気象・地質

土・土の部 4画 均

などをまなぶ科目。

【地下▼茎】ちかけい 植物の、地中にある茎。芽や根を出し、養分をたくわえたりする。竹・ハス・ジャガイモ・ユリなどにある。

【地下鉄】ちかてつ 地下にほったトンネルを走る鉄道。「地下鉄道」のりゃく。

【地球】ちきゅう 人がすむ天体の名。太陽系の惑星の一つ。一年で太陽のまわりをひと回りする。例 地球儀(=地球をかたどった模型)。

【地▼峡】ちきょう 二つの陸地をつないでいる細長い陸地。パナマ地峡・スエズ地峡など。

【地区】ちく くぎられたはんいの土地。例 住宅地区。

【地形】ちけい 土地の高いひくいや、かたむきなどのようす。

【地誌】ちし ある地方の地理について書かれた本。

【地磁気】ちじき 地球がもっている磁気。

【地▼軸】ちじく 地球の南極と北極をむすぶ直線。

【地質】ちしつ 地球の外がわの部分をつくっている、岩石・地層などの性質やようす。

【地上】ちじょう 地面の上。対 地下

【地図】ちず ある地域の海・陸・山・川や町・鉄道などを、ちぢめてかいた図。例 世界地図。

【地勢】ちせい 山・川・平野などのあり方からみた、土地のようす。例 けわしい地勢。

【地層】ちそう 岩石や土がだんだんつみかさなって、たたみをかさねたようになっている層。

【地帯】ちたい かぎられた、ひとつづきの土地。例 工業地帯。

【地底】ちてい 地面のずっと下。大地の底。

【地点】ちてん 地上の、ある一つの場所。例 着陸地点。

【地に落ちる】ちにおちる 句 いきおいのさかんであったものが、すっかりおとろえる。例 父親の権威が地に落ちる。

【地表】ちひょう 地球の表面。土地の表面。

【地平線】ちへいせん 遠くの地面と空がふれあって見える、さかいの線。

【地歩】ちほ 自分の地位や立場。例 地歩をかためる。

【地方】ちほう ①中央の都市(とくに東京)からはなれたところ。いなか。例 地方出身者。②いくつかに分けられた地域。例 四国地方。

【地方自治】ちほうじち ある地方の住民が、その地方の政治を自分たちの手でおこなうこと。

【地方税】ちほうぜい 都道府県・市町村など、地方公共団体がその地方の政治をおこなう費用として、その地方にすんでいる人からとる税金。対 国税

【地名】ちめい その土地の名前。

【地理】ちり ①土地・気候・生物・人口・都市・産業・交通などのようす。例 日本の地理。②土地のようす。例 この町の地理に明るい。

下につく熟語 意気地・意地・裏地・▼奥地・各地・基地・▼窮地・▼驚天動地・局地・極地・現地・耕地・高地・心地・▼敷地・▼湿地・実地・植民地・▼陣地・*砂地(じ・すな・ち)・整地・素地・大地・台地・宅地・団地・着地・低地・天地(てん・ちあめ)・転地・農地・番地・*平地・別天地・墓地・▼盆地・無地・遊園地・用地・余地・*陸地・緑地・路地・▼露地

【吐】6画 口部3画 →197ページ

【寺】6画 寸部3画 →307ページ

【庄】6画 广部3画 →354ページ

【至】6画 至部0画 →902ページ

土－4画

【均】7画 5年

〔均〕明朝

音 キン

訓 —

「土」よりも「匀」を大きく。7画めは、6画めと同じ方向の点で書いても正しい。

なりたち 形声

匀と土を合わせた字。匀は、勹(手をぐるりと回す)と二(そろえるしるし)を合わせて、全体に同じように行きとどくようす。均は、土をならして、全体にわたってでこぼこのないようすをあらわした。

意味 つりあう。ひとしい。「平均・均▼衡」

名まえで使う読み きん・ただ・なお・なり・ひとし・ひら・まさ

【均一】きんいつ 金額・数・ていどなどが同じで、区別がないこと。例 一〇〇〇円均一。

【均▼衡】きんこう つりあいがとれていること。バランス。例 0対0の均衡がくずれる。

注意 「均衝」と書かないこと。

【均質】きんしつ どの部分をとっても性質・状態が同じで、むらがないこと。

【均整・均▼斉】きんせい つりあいがとれ、よくととのっていること。例 均整のとれたからだ。

【均等】きんとう 差がなくて、ひとしいこと。例 利益を均等に配分する。/機会均等。

扌－4画

【坑】

7画 常用 〈坑〉明朝 音 コウ 訓 —

なりたち 形声 亢(まっすぐのびる)と土を合わせた字。まっすぐにほった穴をあらわした。→航906

意味 地中にほったあな。「▼坑道・炭▼坑」

注意 「抵抗」の「抗」とまちがえないこと。

【▼坑外】こうがい 鉱石・石炭などをほり出すために、地中につくった穴の外。対 坑内

【▼坑道】こうどう 鉱山の地中につくられた道。

【▼坑内】こうない 鉱石・石炭などをほり出すために、地中につくった穴の中。対 坑外

土－4画

【坐】

7画 人名 〈坐〉明朝 音 ザ 訓 すわる

意味 すわる。こしかける。また、その席。

参考 もとは「坐」は「すわる」という動作に、「座」は「すわる場所」といういみにつかったが、いまはどちらも「座」と書く。

名まえで使う読み います・ます

扌－4画

【坂】

7画 3年 〈坂〉明朝 音 ハン* 訓 さか

※上下にくる音により「バン」「ざか」ともよむ。

坂 坂

5・6画めの下の高さをそろえるとよい。7画めは5画めに接しなくてもよい。

1 一 2 十 3 土 4 圡 5 圹 6 坜 7 坂

なりたち 形声 坂－坂

反(へ形にそりかえる。かたむく)と土を合わせた字。かたむいている土地、つまり「さかみち」をあらわした。→反180

意味 さか。さかみち。「急坂」

注意 「板」とまちがえないこと。

【坂道】さかみち のぼり、またくだりになっている道。

【坂東】ばんどう 「関東地方」の古い言い方。例 坂東太郎(=関東第一の川である利根川のこと)。参考 「坂」は、静岡県と神奈川県の境にある足柄坂のこと。「坂東」は、この坂より東の地方といういみ。

下につく熟語 *上り坂・*男坂・*女坂・*下り坂・*登坂・

扌－4画

【坊】

7画 常用 〈坊〉明朝 音 ボウ・ボッ 訓 —

なりたち 形声 方(両がわにはり出す)と土を合わせた字。大通りの両がわにはり出て、四角く区切った街路をあらわした。→方541

意味 ❶ぼうさん。僧。「▼僧▼坊」「▼坊主」❷ぼうさんのすむところ。❸おさない男の子。「▼坊ちゃん」❹人の名前や状態をあらわすことばにつけて、したしみや、ばかにする気もちをあらわすことば。「まあ▼坊・けちん▼坊」

【▼坊主】ぼうず ①ぼうさん。②かみの毛をみじかくかった頭。坊主頭。例 丸坊主。③男の

土・土の部

5画 坤・垂・坦・坪 6画 垣・型

子をしたしんでよぶことば。例 いたずら坊主。④あることばにつけて、あざけりをこめて人をあらわす。例 三日坊主。

下につく熟語 *赤ん▼坊・*宿▼坊・寝▼坊

【社】7画 ネ部3画→792ページ

【赤】7画 赤部0画→987ページ

【走】7画 走部0画→989ページ

土−5画

【坤】8画 表外 〈坤〉明朝

音 コン 訓 ひつじさる

意味 ❶大地。つち。「▼乾▽坤（＝天地）」 ❷ひつじさる。方角の、南西。

土−5画

【垂】8画 6年 〈垂〉明朝

音 スイ 訓 たれる・たらす

横画の間を等しく。4・5画めは内側に向け、2・6画めと接していなくてもよい。

なりたち 形声 𠂹(草木のえだ葉がたれているようす)と土を合わせた字。上から地上にたれさがるようすをあらわした。

垂のつく漢字グループ
「垂」のグループは「上から下にたれさがる」というイメージがある。
→唾213 →睡778

意味 たれさがる。「垂直・下垂・▼懸垂」

名まえで使う読み しげる・すい・たり・たる・たれ

【垂線】すいせん ある直線や平面に直角にまじわる直線。垂直線。

【垂▽涎の的】すいぜんのまと 句 だれもがうらやましく思って、ほしくてたまらないもの。参考「垂涎」は、よだれをたらすこと。

垂涎の的

【垂直】すいちょく ①水平な面や地面にたいして、たてにまっすぐであること。②直線と平面がほかの平面や直線と直角にまじわること。

【垂▼範】すいはん （上の人が）手本をしめすこと。例 率先垂範。

下につく熟語 *下垂・▼懸垂

土−5画

【坦】8画 人名 〈坦〉明朝

音 タン 訓 ―

意味 たいら。たいらか。「平▽坦」

名まえで使う読み あきら・かつ・しずか・たいら・ひとし・ひら・ひろ・ひろし・ひろむ・やす・やすし・ゆたか

土−5画

【坪】8画 常用 〈坪〉明朝

音 ― 訓 つぼ

意味 むかしつかわれた、土地の広さをはかる単位。一坪は、たて・よこ一間（約一・八メートル）の面積で、約三・三平方メートル。「▼坪数」

【幸】8画 干部5画→350ページ

土−6画

【垣】9画 常用 〈垣〉明朝

音 ― 訓 かき

※上にくる音により「がき」ともよむ。

なりたち 形声 亘(まるくとりまく)と土を合わせた字。家のまわりをとりまく、土べいをあらわした。→亘43

意味 かきね。「生け▼垣・石▼垣・竹▼垣・人▼垣」

【▼垣根】かきね となりとのさかいをしめす、家や庭のかこい。例 垣根をとりはらう（＝わくやへだてをなくす）。

土−6画

【型】9画 5年 〈型〉明朝

音 ケイ 訓 かた

※上にくる音により「がた」ともよむ。

3画

型 型

「刑」は「土」より横広。3画めは止めても、3・4画めは1画めに接しなくてもよい。

一 二 チ 开 刑 刑 刑 刑 型

なりたち 形声 㘬-型
刑(わくに入れる)と土を合わせた字。うつわや道具をつくるために、金属をとかしてながしこむわく、つまり「かた」をあらわした。↓刑130

意味 ❶物をつくるときのもとになるもの。「原型」 ❷てほん。「典型」

使い分け 「型」と「形」のつかい方に気をつけよう。「型」は、もとになるかた。「模型」。「形」は、物にあらわれた、かたちやすがた。「図形」。▽どちらのいみにもあたるときは、「形」をつかう。

【型紙】かたがみ ①洋服をつくる形に切った紙。②そめものをするときにつかう、もようの形を切りぬいた紙。

【型にはまる】かたにはまる 句〔新しさや工夫をくわえず〕決まりきったやり方で、おもしろみがない。例 型にはまったあいさつをする。

【型式】けいしき 航空機・自動車や機械などの外形や構造によって分けられる型。モデル。タイプ。使い分け けいしき「形式・型式」↓371ページ

下につく熟語 ▼鋳型・大型・*▼髪型・*木型・*血液型・原型・小型・*新型・体型・模型・*流線型・類型

土－6画
【城】9画 4年 〔城〕明朝 音 ジョウ 訓 しろ

※「き」「ぎ」ともよむ。上にくる音により「じろ」ともよむ。

城 城
4画めは立ててはらう。5画めは右上がりに、7画めは反りながら長く書く。

一 十 土 圹 圹 坊 城 城 城

なりたち 形声 土成-城
成(かためてしあげる)と土を合わせた字。その土地にすんでいる人全部を入れるために、土でかためてしあげた「しろ」をあらわした。↓成483

意味 しろ。とりで。「城主・宮城」▽県名でつかわれる。「茨城県・宮城県」

名まえで使う読み き・くに・さね・しげ・しろ・なり・むら

【城下町】じょうかまち 大名のすんでいる城を中心として発達した町。

【城主】じょうしゅ 城のもちぬし。その地方をおさめているとのさま。

【城▼壁】じょうへき 城のまわりにめぐらしたかべや石がき。

【城▼跡】しろあと むかし、城のあったところ。例 戦国時代の城跡。

下につく熟語 *王城・*開城・▼牙城・*居城・*古城・築城・長城・*出城・*都城・登城・根城・不夜城・落城・*▼竜宮城

【封】9画 寸部6画 ↓310ページ

土－7画
【埃】10画 表外 〔埃〕明朝 音 アイ 訓 ほこり・ちり

意味 ほこり。ちり。「▽塵▽埃」

土－7画
【埋】10画 常用 〔埋〕明朝 音 マイ 訓 うめる・うまる・うもれる

意味 うめる。うずまる。「▼埋蔵」

【▼埋設】まいせつ 設備を地下にうめて、そなえつけること。例 下水管の埋設工事。

【▼埋葬】まいそう 死んだ人を土の中にうめること。ほうむること。

【▼埋蔵】まいぞう ①土の中にうずめてかくすこと。例 埋蔵金。②金・銀・銅・石炭・石油などが、土の中にうずまっていること。例 金の埋

蔵量。

【▼埋▼没】まいぼつ ①土や砂の中にうずまって、見えなくなること。例 土砂で線路が埋没した。②才能や業績が世に知られないこと。

土・つちへん 土の部 8画 域・基

土－8画 【域】 11画 6年

〔域〕明朝 音 イキ 訓 ―

4画めは右上がりに、9画めは反りながら長く書く。11画めの点を忘れない。

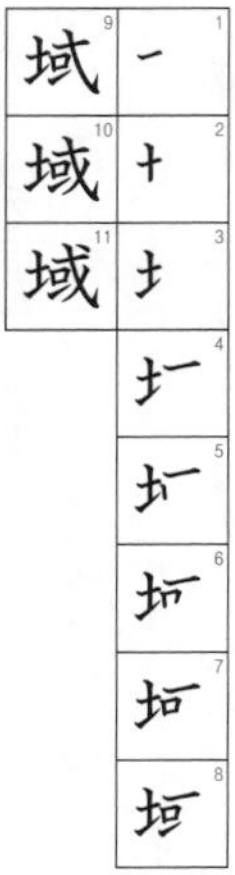

なりたち 形声

或と土を合わせた字。或は、口（場所）と一（線を引く）と戈（ほこ）を合わせて、四角にくぎった場所を武器でまもるようすを図にして、一定のわくをくぎるというイメージをもつ。域は、くぎった場所をあらわした。

或のつく漢字グループ
「或」のグループは「一定のわくをくぎる」というイメージがある。
→国（＝國）225 →域236 →惑471

意味 かぎられた、はんい。「地域・区域」

名まえで使う読み いき・くに・むら

下につく熟語 音域・海域・広域・神域・水域・西域（せいいき・さいいき）・声域・聖域・*全域・流域・領域

土－8画 【基】 11画 5年

〔基〕明朝 音 キ 訓 もと*・もとい*

2・3画めは真下に下ろし、7・8画めはその下あたりから左右に広げてはらう。

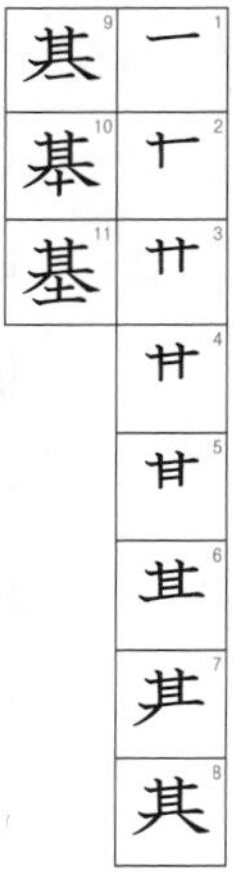

なりたち 形声

其と土を合わせた字。其は、箕という穀物をふるう農具を台の上にのせたすがたをえがいたもので、四角い台というイメージをもつ。基は、四角い土台をあらわした。

其のつく漢字グループ
「其」のグループは「四角い台」「四角い」というイメージがある。
→基236 →旗544 →期574 →棋602 →欺621 →碁788

意味 ❶ものごとの土台。もと。「基▼礎・基本」 ❷もととなる。もとづく。

注意 「基づく」を、「基ずく」と書かないこと。

名まえで使う読み き・のり・はじむ・はじめ・もと・もとい

【基幹】きかん ものごとのいちばんのおおもと。例 基幹産業。

【基金】ききん 事業をおこすためのもとになるお金。また、そのためにつみたてておくお金。資金。例 国際交流のための基金。

【基準】きじゅん ものごとのもとになるもの。例 比較の基準。

使い分け きじゅん 基準・規準

【基準】くらべたりきめたりするときの、もとになるものや数値。よりどころ。例 合格の基準。／労働基準法。

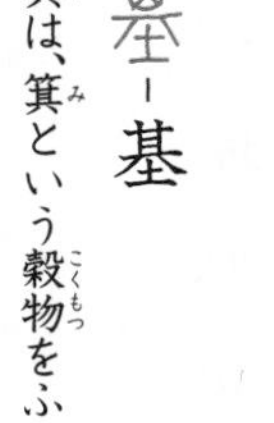

【規準】手本になるきまり。きそく。例 病気になったらカロリーの規準にしたがう。

参考 「基」は、もとになるもの。「規」は、コンパスで、ここでは正しくするのいみ。「準」は、水平をはかる道具。ここでは手本にするのいみ。

3画

【基数】きすう　数をあらわすもとになる、0と一から九までの数。

【基▼礎】きそ　①建物などの土台。例 基礎訓練。②ものごとのおおもとになるもの。

【基地】きち　ものごとをするときに、よりどころになる場所。例 空軍基地。

【基調】きちょう　作品や考え方のもとになっている特色や考え。例 青を基調とした油絵。

【基点】きてん　きょりをはかったり、図をかいたりするときに、もとになるところ。例 東京の日本橋を基点に、京都までのきょりをはかる。

基点

使い分け　きてん「起点・基点」→(990ページ)

【基▼盤】きばん　ものごとのいちばんもとになるもの。土台。

【基本】きほん　ものごとのもとになるもの。例 基本の技術。

扌－8画

【埼】

11画　4年　〔埼〕明朝

音 ―　訓 さい・さき*

※上にくる音により「ざき」ともよむ。

埼　埼

7画めより「大」を広げない。6画めは止め。11画めは7画めの右はしより内側に。

なりたち　形声　奇(∠の形)と土(土地)を合わせた字。→奇267

意味　やまのはしや、みさきのつきでた部分。「犬▽吠埼」

▽県名でつかわれる。「埼玉県」

土－8画

【執】

11画　常用　〔執〕明朝

音 シツ・シュウ　訓 とる

※下にくる音により「シッ」ともよむ。

意味　❶とる。おこなう。「▼執行」❷とらわれる。こだわる。「▼執着（しゅうちゃく・しゅうじゃく）・固▼執（こしつ・こしゅう）」

使い分け　とる「取る・採る・捕る・執る・撮る」→(183ページ)

名まえで使う読み　しつ・しゅう・とり・とる・もり

【▼執権】しっけん　鎌倉幕府で、将軍をたすけて政治をおこなった、最高の役名。

【▼執行】しっこう　きまっていることを、じっさいにおこなうこと。例 刑を執行する。

【▼執政】しっせい　国の政治の仕事をおこなうこと。また、その役目の人。

【▼執刀】しっとう　手術やかいぼうのため、医者がメスをとること。また、手術をおこなうこと。例 名医が執刀する。

【▼執筆】しっぴつ　文章を書くこと。

【▼執務】しつむ　事務をとること。例 執務時間。

【▼執心】しゅうしん　あることに強く心が引かれること。例 お金に執心する。

【▼執着】しゅうちゃく／しゅうじゃく　ふかく思いこんで、心からはなれないこと。例 ものごとに、いちいち執着する。

【▼執念】しゅうねん　あることをふかく思いこむ心。例 執念深い。

下につく熟語　確▼執（かくしつ）・偏▼執（へんしつ・へんしゅう）

扌－8画

【堆】

11画　常用　〔堆〕明朝

音 タイ　訓 ―

なりたち　形声　隹(ずっしりと重い)と土を合わせた字。土がずっしりと重なるようすをあらわした。→推511

意味　❶つむ。「▼堆積」❷土がもりあがったところ。

名まえで使う読み　おか・たか・のぶ

【▼堆積】たいせき　うずたかく積み上げる。例 海底にどろが堆積する。／堆積岩。

【▼堆肥】たいひ　わらや落ち葉、動物のふんにようなどを積み重ね、くさらせた肥料。

土－8画

【堂】

11画 5年 〈堂〉明朝 音 ドウ 訓 —

上部を「ツ」とせず、1画めを立てて5画めと接する。1画めを中心としてそろえる。

1	2	3	4	5	6	7	8	9	10	11
丨	⺌	⺌	𰀁	㒸	尚	㓫	堂	堂	堂	堂

なりたち 形声 ―堂

尚（高く上がる）と土を合わせた字。建物の表がわにつくった広間（表ざしき）をあらわした。→尚318

意味 **❶神やほとけをまつる建物。**「本堂・金堂」**❷大勢の人があつまる、大きな建物。**「講堂」**❸さかん。りっぱ。**「堂堂」**❹他人をうやまうことば。**「母堂」**❺店の名などにつけることば。**「三原堂」

【堂堂】どうどう ①おごそかで、りっぱなようす。例 堂々とした建物。②何ごともおそれず、いさましいようす。例 堂々とたたかう。参考 ふつう「堂々」と書く。

【堂堂▼巡り】どうどうめぐり 句 同じ話をくりかえしていて、先にすすまないこと。例 議論は堂々巡りだ。参考 ㋐お願いごとをするため、神社や寺の堂のまわりを何回もまわることから。㋑ふつう「堂々巡り」と書く。

【堂に入る】どうにいる 句 知識や技術が身についていて、なれている。例 堂に入った演技。

下につく熟語 ＊一堂・＊議事堂・公会堂・食堂・正正堂堂・聖堂・▼殿堂・＊礼拝堂（らいはいどう・れいはいどう）

土－8画

【培】

11画 常用 〈培〉明朝 音 バイ 訓 つちかう

なりたち 形声 咅（くっついてならぶ）と土を合わせた字。草木のねもとに両がわから土をよせて、そだてることをあらわした。→倍87

意味 **やしないそだてる。**「▼栽培」

【培養】ばいよう 研究にひつような細菌などを、やしないそだてること。

土－8画

【埴】

11画 人名 〈埴〉明朝 音 — 訓 はに

意味 **はに。ねんど。**「▽埴輪」

名まえで使う読み はに

【▽埴輪】はにわ 人・家・馬などをかたどったすやきの像。身分の高い人の古墳のまわりにうめられた。

土－8画

【堀】

11画 常用 〈堀〉明朝 音 — 訓 ほり

なりたち 形声 屈（へこむ）と土を合わせた字。土をほってつくった、くぼんだあなをあらわした。→出123 →屈323

意味 **❶地面をほって、水を通したところ。**「▽堀▽端・釣り▽堀」**❷城のまわりの、水をたたえたところ。**「内▽堀・外▽堀」

注意 「掘」とまちがえないこと。

【▽堀▽端】ほりばた ほりのそば。

【▽堀割】ほりわり 地面をほって水を通したところ。例 お城をめぐる堀割。

土－9画

【堰】

12画 人名 〈堰〉明朝 音 エン 訓 せき

意味 **水の流れをちょうせつしたり、せきとめたりするしきり。せき。**「▽堰▽堤（＝ダム）」

土－9画

【堺】

12画 人名 〈堺〉明朝 音 カイ 訓 さかい

なりたち 形声 界（さかいめ）と土（土地）を合わせた字。土地を分けるさかいめをあらわした。→介52

意味 **土地や区域の、さかい。**

土－9画

【堪】

12画 常用 〈堪〉明朝 音 カン 訓 たえる

※「タン」ともよむ。

意味 **❶がまんする。こらえる。もちこたえる。**

「▼堪▼忍」❷すぐれている。「▼堪能」

注意 「勘」とまちがえないこと。

難しい読み ▼堪能

【▼堪▼忍】かんにん ①がまんすること。②がまんして、人のあやまちなどをゆるすこと。勘弁。

【▼堪▼忍▼袋】かんにんぶくろ むかしの人が、胸の中にあっていかりをとじこめておこうとしたふくろ。

【▼堪▼忍▼袋の▼緒が切れる】かんにんぶくろのおがきれる 句〔今までがまんしてきたが〕もうこれ以上どうしてもがまんできなくなるたとえ。

【▼堪能】たんのう ①じゅうぶんに満足すること。②学問や芸術にすぐれていること。例 かれは中国語が堪能だ。参考 ②は、もと「かんのう」と読んだ。

土－9画

【堅】

12画 常用 〔堅〕明朝 音 ケン 訓 かたい

なりたち 形声 臤(かたい)と土を合わせた字。

意味 **かたい。しっかりしている。**「▼堅実」

使い分け かたい「固い・堅い・硬い・難い」→(224ページ)

名まえで使う読み かた・かたし・すえ・たか・つよし・み・よし

【▼堅気】かたぎ ①じみでまじめであること。②まじめな職業。また、その職業の人。

【▼堅物】かたぶつ きまじめで、ゆうずうのきかない人。例 彼は堅物で通っている。

【▼堅固】けんご ①(建物や守りが)がんじょうで、かんたんにこわれたりしないこと。②しっかりしていて動かないこと。例 堅固な心。

【▼堅持】けんじ 考え方や態度をかたくまもること。例 自分の信念を堅持する。

【▼堅実】けんじつ しっかりしていて、たしかなこと。例 堅実な考え方。

【▼堅▼忍不▼抜】けんにんふばつ 四字熟語 くるしみや困難にじっとたえて、心がぐらつかないこと。例 堅忍不抜の精神。参考 「堅忍」は、がまん強くこらえること。「不抜」は、心が動かないこと。

⼟－9画

【場】

12画 2年 〔場〕明朝 音 ジョウ 訓 ば

「日」は小さめに。8画めを長く。10画めは折ってから内側に反り、はねる。

なりたち 形声 塲－場
昜(高く上がる。広く開ける)と土を合わせた字。高く広々とした土地をあらわした。→陽446

意味 **❶ところ。ばしょ。**「入場・式場」**❷ものごとがおこなわれるところ。**「場面」

【場外】じょうがい しきられた場所の外。例 場外ホームラン。対 場内

【場内】じょうない しきられた場所の中。例 場内禁煙。対 場外

【場合】ばあい ①そうなったとき。おり。例 雪がふった場合は休校です。②そのときの事情。例 場合によってはゆるしてあげる。

【場数】ばかず ものごとを経験した回数。例 場数をふむ(=じっさいの経験を何回もかさねる)。

【場所】ばしょ ①何かをおいたり、何かをしたりするところ。②いるところ。座席。③大ずもうをおこなう期間。例 夏場所。

【場末】ばすえ にぎやかな町の中心部からはずれたところ。

【場面】ばめん ①その場のようす。状態。②映画や劇のシーン。例 母と子が出会う場面。

下につく熟語 足場・*穴場・市場(いちば・しじょう)・*運動場・会場・急場・漁場(ぎょじょう・ぎょば・りょうば)・▼刑場・劇場・現場(げんじょう・げんば)・工場(こうじょう・こうば)・式場・出場・職場・戦場・退場・立場・登場・道場・農場・*飛行場・広場・牧場(ぼくじょう・まきば)・本場・満

場・役場・浴場・来場

土－9画 **【堕】** 12画 常用 〈堕〉明朝 音 ダ 訓 —

意味 **おちる。おとす。**「▽堕落」

【▽堕落】だらく 人がらやおこないなどが、わるくなること。

土－9画 **【塚】** 12画 常用 〈塚〉明朝 音 — 訓 つか

※上にくる音により「づか」ともよむ。

意味 **❶土をもってつくった墓。**「貝▽塚・一里▽塚・あり▽塚」 **❷土をもり上げたもの。**

【▽塚穴】つかあな 死んだ人をほうむるための穴。はか穴。

土－9画 **【堤】** 12画 常用 〈堤〉明朝 音 テイ 訓 つつみ

なりたち 形声 是(まっすぐにのびる)と土を合わせた字。川にそってまっすぐにのびた「どて」をあらわした。→是554

意味 **どて。つつみ。**「▽堤防・突▽堤・防波▽堤」

注意 「提」とまちがえないこと。

【▽堤防】ていぼう 水害をふせぐために、土・石・コンクリートなどで川岸や海岸につくった、どて。

土－9画 **【堵】** 12画 人名 〈堵〉明朝 音 ト 訓 かき

意味 **土のかべ。かき。**「▽堵列・安▽堵」

名まえで使う読み かき

土－9画 **【塔】** 12画 常用 〈塔〉明朝 音 トウ 訓 —

意味 **❶釈迦の骨をおさめる高い建物。**「仏▽塔」 **❷細くて高い建物。**「鉄▽塔」

下につく熟語 金字▽塔・＊石▽塔

土－9画 **【塀】** 12画 常用 〈塀〉明朝 音 ヘイ 訓 —

※上にくる音により「ベイ」ともよむ。

なりたち 形声 国字 屏(かきね)と土(つち)を合わせた字。

意味 **家や土地のかこい。へい。**「板▽塀・土▽塀」

土－9画 **【報】** 12画 5年 〈報〉明朝 音 ホウ 訓 むく＊いる

※上にくる音により「ポウ」ともよむ。／「ホウじる」ともつかう。

報 報

3画めを左に長く出し、「幸」の右側をそろえる。9画めは折って内側に向ける。

なりたち 会意 𠬝と幸(手じょう)を合わせた字。𠬝は、服の右がわと同じで、人のせなかに手をつけるようす。報は、罪をおかした人をつかまえて手じょうをはめ、罰をあたえるようすを図にして、「しかえしをする」「おかえしをする」といういみをあらわした。

意味 **❶むくいる。むくい。**「報復」 **❷知らせる。**「報告・急報」

名まえで使う読み お・つぐ・ほう

【報恩】ほうおん 他からうけた恩にむくいること。恩がえし。

【報告】ほうこく ものごとのなりゆきや結果などを知らせること。例 研究の結果を報告する。

【報告書】ほうこくしょ ものごとのなりゆきを知らせるための書類。

【報▽酬】ほうしゅう 仕事などをした人に、お礼としてはらうお金。

【報▽奨】ほうしょう 努力やはたらきにたいし

て、ほめてはげますこと。例 報奨金。

【報▼償】ほうしょう あたえた損害を、うめあわせること。例 報償を求める。

【報知】ほうち 知らせること。例 火災報知機。

【報道】ほうどう 世の中のできごとを広く知らせること。また、その知らせ。例 報道の自由。

【報復】ほうふく しかえしをすること。

下につく熟語 一報・因果応報・果報・▼吉報・警報・公報・誤報・時報・週報・▼詳報・情報・速報・通報・電報・悲報・予報

土－9画

【塁】

12画 常用 土－15画【壘】18画 人名 〔塁〕明朝

音 ルイ
訓 ―

なりたち 形声 もとの字は「壘」。畾(かさなる)と土(つち)を合わせた字。土をつみ上げたとりでをあらわした。

意味 ❶敵をふせぐためのとりで。「土▼塁」 ❷野球のベース。「本▼塁・一▼塁手」

名まえで使う読み かさ・たか・るい

【塁▼審】るいしん 野球で、一塁・二塁・三塁のそばにいて、しんぱんをする人。

下につく熟語 *孤▼塁・残▼塁・出▼塁・*進▼塁・走▼塁・盗▼塁・本▼塁・*満▼塁

土－10画

【塩】

13画 4年 〔塩〕明朝

音 エン
訓 しお

※上にくる音により「じお」ともよむ。

塩 塩 「土」の右側はそろえる。「口」よりも横広にし、縦画を内側に向ける。

なりたち 形声 もとの字は「鹽」。監(わくの中におさめる)と鹵(地上に点々と見える白いかたまり)を合わせた字。塩田の中に海水を入れてつくる「しお」をあらわした。→監767

意味 しお。「塩分」

難しい読み 塩梅・塩▼辛い

【塩害】えんがい 潮風や海水のため、作物や電線にうける害。

【塩酸】えんさん 塩化水素を水にとかした強い酸。無色できついにおいがする。

【塩水】えんすい/しおみず しおをとかした水。 対 淡水・真水

【塩素】えんそ 元素の一つ。黄緑色をした毒のある気体。漂白・消毒につかう。例 塩素で水道を消毒する。

【塩蔵】えんぞう 食べ物をしおづけにして、たくわえること。しおづけ。

【塩田】えんでん しおをとるために、海水を引き入れ、水分を蒸発させるところ。

【塩分】えんぶん ものの中にふくまれているしおの量。しおけ。例 塩分の多い食べもの。

【塩気】しおけ しおからさのていど。例 塩気の強い梅ぼし。

下につく熟語 岩塩・食塩・製塩

土－10画

【塊】

13画 常用 〔塊〕明朝

音 カイ
訓 かたまり

意味 かたまり。「金▼塊・土▼塊・山▼塊・氷▼塊」

土－10画

【塞】

13画 常用 〔塞〕明朝

音 サイ・ソク
訓 ふさぐ・ふさがる

意味 ❶ふさぐ。ふさがる。「閉▼塞(＝とじ、ふさぐこと)」 ❷とりで。小さな城。「要▼塞」 ❸中国の万里の長城。

名まえで使う読み せき

【▼塞▼翁が馬】さいおうがうま 故事成語 人生の幸不幸は、かんたんにはわからないということ。参考 むかし、中国の北のとりで(塞)近くに住んでいた老人(翁)の馬がにげたが「不幸」、その馬

塞翁が馬

こたえ 卩(ふしづくり)

が良馬をつれて帰ってきた［幸］。老人の子が、その良馬から落ちて、ほねをおってしまったが［不幸］、そのために戦争に行かずにすんだ［幸］という話から。↓「人間万事塞翁が馬(51ページ)」。

下につく熟語 ＊山▼塞・＊城▼塞・＊脳▼梗▼塞

土－10画

【塑】

13画 常用 〈塑〉明朝

音 ソ
訓 —

意味 土をこねて、ものの形をつくる。

【▼塑像】そぞう ねんどや石こうをねってつくった像。

扌－10画

【塡】

13画 常用 〈塡〉明朝

音 テン
訓 —

なりたち 形声 眞（いっぱいつめる）と土を合わせて、穴に土をいっぱいつめこむようすをあらわした。↓真776

意味 すきまをうめる。みたす。「▼充▼塡・▼補▼塡」

名まえで使う読み さだ・ます・みつ・やす

土－10画

【塗】

13画 常用 〈塗〉明朝

音 ト
訓 ぬる

なりたち 形声 涂と土を合わせた字。涂は、余（たいらにおしのばす）と氵(=水)を合わせて、どろどろにとけたものを、こてでのばしてぬるようす。塗は、土かべをぬることをあらわした。↓余72

意味 ものをぬりつける。「▼塗料・▼塗り物(=うるしをぬってしあげた道具)」

【▼塗装】とそう 塗料をぬること。例 家の壁を塗装する。

【▼塗炭の苦しみ】とたんのくるしみ 句 ひどいくるしみのたとえ。例 倒産して借金におわれ、塗炭の苦しみをあじわう。参考「塗炭」は、どろと炭火のこと。どろだらけになり、炭火にやかれるようなくるしみというみから。

【▼塗布】とふ （くすりなどを）ぬりつけること。例 しっぷ薬を塗布する。

【▼塗料】とりょう 木や金物の上にぬる、うるしやペンキ。

下につく熟語 ▽糊▼塗

扌－10画

【塙】

13画 人名 〈塙〉明朝

音 —
訓 はなわ

意味 ❶土がかわいてかたい。❷山の小高くつき出た部分。

名まえで使う読み はなわ

土－10画

【墓】

13画 5年 〈墓〉明朝

音 ボ
訓 はか

「日」は横広。8画めを長く。「八」は「日」と接しても接しなくてもよい。

なりたち 形声 莫（かくれて見えない）と土を合わせた字。死んだ人のからだに土をかぶせて見えないようにする土もり、つまり「はか」をあらわした。↓莫395

意味 死んだ人をほうむるところ。はか。「墓地」

注意 「募」とまちがえないこと。

【墓穴】はかあな／ぼけつ 死んだ人のからだや骨をうめるあな。

【墓場】はかば 「墓地」に同じ。

【墓穴を▼掘る】ぼけつをほる 句 しっぱいの原因を自分自身でつくってしまう。参考 自分をうめるはかあなを自分でほるといういみから。

【墓参】ぼさん はかにおまいりすること。はかまいり。

【墓所】ぼしょ 「墓地」に同じ。

【墓石】ぼせき／はかいし はかのしるしとして立てる石。

【墓前】ぼぜん はかの前。例 墓前でおがむ。

【墓地】ぼち はかのあるところ。墓場。墓所。

【墓▼碑】ぼひ 死んだ人の名前、生没年、戒名（＝仏教での名前）などを刻んだ墓石。

【墓標】ぼひょう はかのしるしに立てる柱や石。

下につく熟語 ▼墳墓・陵墓

【載】13画 車部6画 →1003ページ

土－11画

【境】 14画 5年

〔境〕明朝

音 キョウ・ケイ*
訓 さかい

※上にくる音により「ざかい」ともよむ。

4画めは点でもよい。13・14画めを左右に広げ、上部を支える。

なりたち 会意 竟と土を合わせた字。竟は、音と儿（ひと）を合わせて、人が音楽のひとふしを歌いおえるようすをあらわした。ひと区切りをつけるというイメージをもつ。竟は、土地の区切り目をあらわした。

竟のつく漢字グループ
「竟」のグループは「区切りをつける」というイメージがある。
→境243 →鏡1033

意味 ❶さかい。「境界」 ❷ありさま。「心境」

難しい読み 境内・境目

【境界】きょうかい 土地などのさかい。区切り。

【境▼遇】きょうぐう 社会生活の中での、その人の身の回りや、運命のめぐりあわせ。身の上。例 かれは、めぐまれた境遇にそだった。

【境地】きょうち ①立場。かんきょう。例 新しい境地をひらく。②心もち。例 さとりの境地にいたる。

【境内】けいだい 神社や寺のしきちの中。
注意 「けいない」と読まないこと。

【境目】さかいめ 区切りになるところ。また、ものごとの分かれめ。例 県の境目に川がながれている。

下につく熟語 ▼越境・▼佳境・▼環境・逆境・苦境・国境（こっきょう・くにざかい）・順境・進境・秘境・辺境・*老境

土－11画

【塾】 14画 常用

〔塾〕明朝

音 ジュク
訓 ―

なりたち 形声 孰（たっぷりとなじませる）と土を合わせた字。土をよくなじませてつくった、門の両がわのへやをあらわした。→熟705

意味 人をあつめ教えるところ。「学習▼塾」

【▼塾生】じゅくせい 塾で勉強する生徒。

【▼塾長】じゅくちょう ①塾生の中からえらばれて、みんなの先に立ってまとめる人。②塾のいちばん上の責任者。

下につく熟語 *私▼塾・*進学▼塾

土－11画

【塵】 14画 表外

〔塵〕明朝

音 ジン
訓 ちり

意味 ❶ちり。ほこり。「▽塵▽埃」 ❷くず。ごみ。「▽塵紙」

【▽塵▽埃】じんあい ①ちりやほこり。②けがれてきたない、俗世間。例 世の中の塵埃にまみれる。

【▽塵▽芥】じんかい／ちりあくた ちりやごみ。

【▽塵紙】ちりがみ 鼻紙などとして使うそまつな紙。

【▽塵も積もれば山となる】ちりもつもればやまとなる 句 わずかなものでも、つもってかさなれば大きなものになるというたとえ。

【増】

土－11画 【増】14画 5年

土－12画 【增】15画 人名 〈增〉明朝

音 ゾウ

訓 ます・ふえる・ふやす

「田」は横長。「日」は縦長にして中心をそろえる。4・5画めは内向きに書く。

なりたち 形声 ⇒ 増(增)

もとの字は「增」。曾と土を合わせた字。曾は、こんろの上にせいろう(むし器)をかさねて、その上に湯気が出ているすがたをえがいたもの。上にだんだんと重なるというイメージをもつ。増は、土を上へ上へとつみかさねてふやすことをあらわした。

意味 多くなる。ふえる。ふやす。「増加」 対 減

注意 「僧」「憎」などとまちがえないこと。

名まえで使う読み ぞう・なが・ま・ます・ますし

【増員】ぞういん 人数をふやすこと。例 警察官を増員する。対 減員

【増益】ぞうえき 利益がふえること。対 減益

【増加】ぞうか 数や量がふえること。例 世界の人口は増加している。対 減少

【増額】ぞうがく 金額や、数量をふやすこと。対 減額

【増強】ぞうきょう 数や量をふやして、いきおいを強くすること。例 チーム力の増強をはかる。

【増減】ぞうげん ふえたり、へったりすること。例 一年間の人口の増減をしらべる。

【増刷】ぞうさつ 本などを、あとからふやしていんさつすること。ましずり。

【増産】ぞうさん とれ高やでき高をふやすこと。対 減産

【増資】ぞうし 会社などの資本金をふやすこと。

【増収】ぞうしゅう 作物のとれ高や収入がふえること。対 減収

【増殖】ぞうしょく (生物や細胞が)ふえること。また、ふやすこと。

【増進】ぞうしん 力やいきおいをふやしすすめること。また、ふえすすむこと。例 早ね早おきで、健康を増進する。対 減退

【増水】ぞうすい 雨などのために、川や池の水の量がふえること。対 減水

【増税】ぞうぜい 税金の額をふやすこと。対 減税

【増設】ぞうせつ 建物や、せつびなどをふやすこと。例 校舎を増設する。

【増大】ぞうだい ふえて大きくなること。また、ふやして大きくすること。

【増築】ぞうちく 家などをたてますこと。たてまし。例 勉強べやを増築した。

【増長】ぞうちょう 調子にのって、つけあがること。

【増発】ぞうはつ 汽車・電車・バスなどの発車回数をふやすこと。例 帰省列車が増発される。

【増幅】ぞうふく 光・音・電流などの振幅(=振動のはば)を大きくすること。例 増幅器。

【増量】ぞうりょう 分量をふやすこと。また、ふえること。対 減量

下につく熟語 急増・激増・倍増

【墨】

土－11画 【墨】14画 常用

土－12画 【墨】15画 人名 〈墨〉明朝

音 ボク

訓 すみ

なりたち 形声 －墨(墨)

もとの字は「墨」。黒(くろい)と土を合わせた字。くろい土のかたまり、つまり「すみ」をあらわした。→黒1108

意味 すみ。「墨汁・白墨」

【墨絵】すみえ 色をつけず、すみでかいた絵。

【墨染】すみぞめ ①墨汁でそめること。また、その色。黒色あるいは灰色。②黒色あるいは灰色にそめた喪服や、坊さんの衣。

【▼墨守】ぼくしゅ 故事成語 むかしからのやり方や、自分の考えなどを、がんこにまもること。例 言い伝えを墨守する人。参考 むかし、中国の墨子という思想家が、城をしっかりとまもって、敵をしりぞけたという話から。

【墨▼汁】ぼくじゅう すみをすった液。また、筆にふくませて書けるようにした黒い液。

下につく熟語 ▼靴▼墨・朱▼墨(しゅずみ・しゅぼく)・＊水▼墨・＊石▼墨・＊筆▼墨

土－12画

【墜】

15画 常用 〔墜〕明朝

音 ツイ 訓 —

なりたち 形声 隊(ずっしりしている)と土を合わせた字。ずっしりと重みがくわわっておちることをあらわした。→隊446

意味 (重いものが)おちる。「▼墜落」

【▼墜落】ついらく 高いところから下におちること。例 飛行機が墜落した。

下につく熟語 撃▼墜・失▼墜

土－12画

【墳】

15画 常用 〔墳〕明朝

音 フン 訓 —

意味 土をもりあげた、はか。「古▼墳・円▼墳」

注意 「噴」「憤」とまちがえないこと。

【▼墳墓】ふんぼ はか。例 墳墓の地(＝自分の祖先のはかがあるところ。ふるさと)。

土－13画

【壊】

16画 常用

土－16画 【壞】19画 人名

〔壊〕明朝

音 カイ 訓 こわす・こわれる

意味 こわれる。こわす。「破▼壊」

注意 「懐」とまちがえないこと。

【▼壊血病】かいけつびょう ビタミンCが不足しておこる病気。貧血や、歯茎から血が出る。

【▼壊滅】かいめつ すっかりこわれて、ほろびること。例 ふん火で壊滅した古代都市。

下につく熟語 決▼壊・全▼壊・損▼壊・▼倒▼壊・＊半▼壊・▼崩▼壊

土－13画

【墾】

16画 常用 〔墾〕明朝

音 コン 訓 —

なりたち 形声 豤と土を合わせた字。豤は、艮(あとをのこす)と豸(＝豕)を合わせて、ブタがふかくかんだあとをつけるようす。深くあとをつけるというイメージをもつ。墾は、くわをふかく入れてたがやすことをあらわした。→根598

意味 あれ地をひらき、たがやす。「開▼墾」

注意 「懇」とまちがえないこと。

名まえで使う読み こん・つとむ・ひらく

土－13画

【壌】

16画 常用 〔壌〕明朝

音 ジョウ 訓 —

意味 ❶すきかえした、やわらかい土。「土▼壌」 ❷大地。「天▼壌(＝天と地)」

下につく熟語 ＊雲▼壌・土▼壌

土－13画

【壇】

16画 常用 〔壇〕明朝

音 ダン・タン 訓 —

意味 ❶いちだん高くつくった台。「教▼壇・▼壇上」 ❷それぞれの専門家の世界。「俳▼壇・文▼壇」

下につく熟語 演▼壇・花▼壇・画▼壇・祭▼壇・仏▼壇

土－13画

【壁】

16画 常用 〔壁〕明朝

音 ヘキ 訓 かべ

※上にくる音により「ペキ」ともよむ。

意味 ❶しきりのかべ。「▼壁画」 ❷きりたったところ。「岩▼壁・絶▼壁」

【壁紙】かべがみ かべ全体にはる、あつい紙。例 壁紙をはりかえる。

【壁新聞】かべしんぶん かべやけいじ板にはる新聞。

【壁土】かべつち かべをぬるのにつかう土。例 壁土をこねる。

【壁に耳あり障子に目あり】かべにみみあ

りしょうじにめあり 句 ひみつはもれやすいというたとえ。

【▽壁画】へきが かべや天井にかかれた絵。例 古代の壁画。

【▽壁面】へきめん かべの表面。

下につく熟語 岸▽壁・障▽壁・城▽壁・＊白▽壁・＊鉄▽壁・氷▽壁・＊防▽壁

土-14画 【壕】17画 人名 〔壕〕明朝 音 ゴウ 訓 ほり

意味 城のまわりなどにほった敵を防ぐみぞ。「防空▽壕」

土・扌の部 14画 壕・士の部 0画 士

3画 士 さむらい

なりたち 士

「おとこ」に関係した字をあつめるが、それに関係なく、字形のうえで「士」を目じるしにする字もあつめる。

この部首の字

0画 士 246	1画 壬 247	3画 壮 247	4画 壱 247
4画 声 247	4画 壯 247	4画 売 248	9画 壺 249
11画 壽 307			

ほかの部首の字 仕→亻部 55 吉→口部 194 志→心部 455 殻→殳部 632 喜→口部 214 款→欠部 621 装→衣部 927 隷→隶部 1044

士-0画 【士】3画 5年 〔士〕明朝 音 シ 訓 —

1画めを長く書いて「土」と区別する。2画めを中心に書く。

なりたち 象形 おとこのせいき(陰茎)が立っているすがたをえがいた字。成人したおとこをあらわした。

士 のつく漢字グループ

「士」のグループは「まっすぐ立つ」というイメージがある。→仕55

意味 ❶りっぱな男。「▽紳士」 ❷しかくをもつ人。「弁護士・消防士」 ❸さむらい。「武士・士農工商」

注意 「土」とまちがえないこと。

名まえで使う読み あき・あきら・お・おさむ・こと・さち・し・じ・ただ・つかさ・と・のり・ひと・まもる

【士官】しかん 軍隊で、兵・下士官の上のくらい。将校。

【士気】しき ①兵士の、たたかおうとするいきおい。②あることをしようとする人々の、元気やいきおい。例 チームの士気はさかんだ。

【士族】しぞく さむらいの家がら。武士階級。また、明治維新後に、もとの武士階級にあたえられた身分のよび名。例 士族の商法。

【士農工商】しのうこうしょう 四字熟語 武士・農民・職人・商人のこと。むかしの中国で、人々を職業によって分けた言い方。江戸時代の身分制度をあらわすことばとされたが、現在では事実ではないといわれる。

下につく熟語 一言居士・学士・▽騎士・＊剣士・修士・戦士・代議士・博士(はくし・はかせ)・文士・兵士・名士・

士・勇士・力士

士－1画

【壬】4画 人名 〔壬〕明朝

音 ジン 訓 みずのえ

なりたち 象形 はたおりの道具をえがいた字。糸をまきとるようすから、「中ほどがふくれる」というイメージをもつ。

壬のつく漢字グループ
「壬」のグループは「中ほどがふくれる」というイメージがある。
→任65 →妊275 →賃983

意味 ❶十干の九番め。みずのえ。❷きゅうばんめ。

名まえで使う読み あおい・あきら・つぐ・てい・まさ・み・よし

【仕】5画 亻部3画→55ページ

士－3画

【壮】6画 常用 士－4画【壯】7画 人名 〔壯〕明朝

音 ソウ 訓 —

なりたち 形声 爿 士 壯(壮)
もとの字は「壯」。爿と士(おとこ)を合わせた字。爿は、細長いベッドをえがいたもので、細長いというイメージをもつ。壮は、スリムで元気のよいわかものをあらわした。

爿のつく漢字グループ
「爿」のグループは「細長い」というイメージがある。これは「スリムな」「かっこうがよい」というイメージにつながる。常用漢字では「丬」になる。
→壮247 →奨271 →将311 →荘393 →蔵(＝藏)403 →状719 →臓(＝臟)898 →装927

意味 ❶元気でさかんである。「勇▼壮」 ❷いさましい。「▼壮年」「▼壮観」 ❸りっぱである。

注意 「荘」とまちがえないこと。

名まえで使う読み あき・お・さかり・さかん・そう・たけ・たけし・まさ・もり

【▼壮快】そうかい 元気いっぱいで、気もちがよいこと。例 よくねたので、今朝は気分が壮快だ。

【▼壮観】そうかん 大きくりっぱなながめ。例 窓の外に広がる海のながめは壮観だ。

【▼壮健】そうけん 元気で、じょうぶなこと。

【▼壮絶】そうぜつ ひじょうにはげしく、いさましいこと。例 壮絶なたたかい。

【▼壮大】そうだい 大きくて、りっぱなこと。

[1]【▼壮図】そうと 大きくてりっぱな計画。

[2]【▼壮▼途】そうと 大きくいさましい出発。例 壮途につく。

【▼壮年】そうねん はたらきざかりの年ごろ。また、その年ごろの人。

【▼壮▼烈】そうれつ ひじょうにりっぱで、いさましいこと。例 壮烈な死をとげる。

下につく熟語 強▼壮・*広▼壮・▼豪▼壮・少▼壮・悲▼壮

【吉】6画 口部3画→194ページ

士－4画

【壱】7画 常用 〔壱〕明朝

音 イチ 訓 —

なりたち 形声 壹－壹(壱)
もとの字は「壹」。吉(いっぱいつまる)と壺(つぼ)を合わせた字。つぼの中に物をいっぱいつめこんだようすを図にして、ひとまとまり、ひとつのいみをあらわした。→吉194

意味 ひとつ。「壱万円」

参考 証書などで金額を書くときに、まちがいのおこらないように「一」のかわりにつかう。「一万円→壱▽萬円」

名まえで使う読み いち・いっ・かず・さね・もろ

士－4画

【声】7画 2年 〔声〕明朝

音 セイ・ショウ* 訓 こえ・こわ*

※上にくる音により「ごえ」ともよむ。

漢字クイズ 木の上下をあらわすことからできた漢字は，なんとなんでしょう。

士の部 4画 売

声

一 十 士 士 声 声 声

4・6画めの間をせまくして7画めを長く書く。

なりたち 会意 殸―殸 聲(声)

もとの字は「聲」。殸と耳を合わせた字。殸は、声（石の板をぶらさげてたたく磬という楽器）と殳（たたく棒）を合わせた字。聲は、耳に聞こえる音やこえをあらわした。

意味 ❶こえ。ことば。「声▼援・肉声」 ❷ひょうばん。「名声」

難しい読み 声色・声高

名まえで使う読み おと・かた・せ・せい・ちか・な・のぶ・もり

【声が▼弾む】こえがはずむ 句 うれしくて、声が生き生きとしてくる。例 いいことがあったので、思わず声が弾む。

【声を大にする】こえをだいにする 句 声を大きくして、強く主張する。例 声を大にして、自然保護をうったえる。

【声色】こわいろ ①声の調子やようす。②役者などの、せりふの調子・くせなどをまねること。例 声色をつかう。

【声高】こわだか 声が高く大きいようす。例 声高に話す。

【声音】こわね 声の調子。こわいろ。

【声域】せいいき その人が出せる、高い音からひくい音までのはんい。例 声域の広い歌手。

【声▼援】せいえん 声をかけて応援すること。例 声をかぎりに声援する。

【声価】せいか 世間の、よい評判。

【声楽】せいがく 人間の声によって表現する音楽。対 器楽

【声帯】せいたい のどの中にある、二本のおびのようなまく。これをふるわせて声を出す。

【声明】せいめい 意見や態度を広く人々に発表すること。また、その内容。例 事件にたいする声明を発表する。

【声優】せいゆう テレビ・映画・アニメのふきかえなど、声だけで仕事をする役者。

【声▼涙ともに下る】せいるいともにくだる 句 気もちが高ぶって、なみだをながしながら話すようす。例 声涙ともに下るわかれのあいさつ。参考 声となみだが、いっしょにながれくだるいみから。

下につく熟語 悪声・歌声・裏声・大声・音声・▼歓声・▼奇声・形声・地声・▼銃声・＊大音声・▼涙声・▼罵声・発声・鼻声・美声

士－4画

売

7画 2年

貝－8画 賣 15画 人名 〔売〕明朝

音 バイ

訓 うる・うれる

一 十 士 士 声 声 売

「冖」は「士」よりも横広にする。4画めは左下方向へ書く。7画めは曲がりで書く。

なりたち 形声 賣―賣(売)

もとの字は「賣」。買（ないものをもとめる）と出（だす）を合わせた字。あいてがないものをもとめて、こちらが品物を出すことをあらわした。

→買981

意味 ❶うる。うれる。「売店」対 買 ❷うりものにする。「売名」

【売値】うりね 売るときのねだん。売価。例 売値をつりあげる。対 買値

【売価】ばいか 「売値」と同じ。対 買価

【売▼却】ばいきゃく 売りはらうこと。例 不用品を売却する。

【売国▼奴】ばいこくど 敵に自分の国の秘密をひそかに知らせ、自分だけの利益をはかる人。

【売店】ばいてん 品物を売る店。とくに、駅や劇場・学校などの中にある店。例 駅の売店で新聞を買う。

【売買】ばいばい 品物を売ったり買ったりすること。売り買い。

【売名】ばいめい 自分の名を広めること。例 売名行為。

【売約】ばいやく 売る約束をすること。例 売

の根元)」。

約ずみの絵。

2【売薬】ばいやく　前もってつくられた、いっぱんの人に売るくすり。

上につく熟語 *売り子・*売り場・*売り物

下につく熟語 *完売・競売（きょうばい・けいばい）・*焼売・商売・専売・即売・直売・転売・特売・発売・販売・密売

【志】7画 心部3画 → 455ページ

【殻】11画 殳部7画 → 632ページ

士－9画

【壺】12画 表外 〔壺〕明朝 音コ 訓つぼ

意味 ❶つぼ。口がせまく胴がふくらんだ入れ物。❷つぼ。ものごとの大切な点。「壺をおさえる」❸深くくぼんだところ。「滝壺」❹こうだと思ったところ。「思う壺（＝考えていたとおりになること）」

【喜】12画 口部9画 → 214ページ

【款】12画 欠部8画 → 621ページ

【装】12画 衣部6画 → 927ページ

【隷】16画 隶部8画 → 1044ページ

士の部 9画 壺・夊の部 2画 冬

3画 夊 すいにょう なつあし ふゆがしら

なりたち 下向きの足の形をあらわす。「夂」と「夊」は別の部首であったが、今では同じに書くので、一つにする。

この部首の字
3画 冬 249
6画 変 250
7画 夏 251

ほかの部首の字
処→几部 121
各→口部 193
条→木部 583
麦→麦部 1020
愛→心部 471
慶→心部 478
憂→心部 479

夂－2画

【冬】5画 2年 〔冬〕明朝 音トウ 訓ふゆ

2・3画めのはらいを長く。「夂」の中心に4・5画めの点を書き、最後は止める。

ノ ク 夂 冬 冬

なりたち 会意 もとの字は「冬」。夂（食べ物をぶらさげてほした字。物をたくわえる季節の「ふゆ」をあらわした。）て、たくわえるようす）と冫（こおり）を合わせた字。物をたくわえる季節の「ふゆ」をあらわした。

冬のつく漢字グループ
「冬」のグループは「いっぱいたくわえる」というイメージがある。
→終 846

意味 季節の、ふゆ。「冬季」

名まえで使う読み かず・とう・とし・ふゆ

1【冬季】とうき　冬の季節。例 冬季オリンピック大会。対 夏季

2【冬期】とうき　冬の間。例 冬期講習。対 夏期

【冬至】とうじ　一年のうちで太陽がいちばん南による日。一二月二二、三日ごろで、北半球では昼の長さがいちばんみじかくなる。対 夏至

【冬眠】とうみん　冬の間、ある種の動物が土や穴の中でねむった状態になること。

下につく熟語 越冬・厳冬・初冬・暖冬・晩冬・*真冬・立冬

【処】5画 几部3画 → 121ページ

【各】6画 口部3画 → 193ページ

【条】7画 木部3画 → 583ページ

【麦】7画 麦部0画 → 1020ページ

夂－6画

【変】

9画 4年 〔變〕明朝

音 ヘン
訓 かわる・かえる

※上にくる音により「ペン」ともよむ。

変 変

1画めは点でもよい。3画めは止めてもよい。7・8画めの下の高さをそろえる。

1 丶 2 亠 3 亣 4 亣 5 亦 6 亦 7 亦 8 亦 9 変

なりたち 形声 䜌－変(變)

もとの字は「變」。䜌と攵(動詞をしめす記号)を合わせた字。䜌は、糸(いと)と言(たち切る)を合わせて、糸をたち切ってばらばらにするようす。もつれてみだれるというイメージをもつ。變は、へんなぐあいにもつれて、かわりやすいことをあらわした。

䜌のつく漢字グループ

「䜌」のグループは「もつれて、みだれる」というイメージがある。常用漢字では「亦」になる。

→変 250 →恋 465 →湾 682 →蛮 915

意味 ❶かわる。かえる。「変化」 ❷ふつうでない。「変人」 ❸ふつうでないできごと。「異変」 ❹音楽で、音のたかさを半音さげること。「変記号(♭)」 対 嬰

使い分け かえる 変える・代える・換える・替える

【変える】前とちがった状態にする。例 机の位置を変える。／考え方を変える。

【代える】あるものをほかのかわりにする。代理にする。例 べつの選手と代える。／命には代えられない。

【換える】べつの物ととりかえる。交換する。例 他のことばで言い換える。／電車を乗り換える。

【替える】新しいものにする。同等のものと入れかえる。例 衣替え。／メンバーを組み替える。

参考 「換」と「替」は書きかえることがある。

【変圧器】へんあつき 電圧を高くしたり、ひくくしたりするための器械。

【変異】へんい 同じ生物に、形や性質がちがうものがあらわれること。例 突然変異。

【変温動物】へんおんどうぶつ 体温がまわりの温度によってかわる動物。魚類・はちゅう類など。対 恒温動物

【変化】一 へんか ようすや性質がかわること。例 山の天候は変化しやすい。二 へんげ 動物などが、すがたをかえてあらわれたもの。ばけもの。

変化(へんげ)

【変革】へんかく ものごとが、すっかりかわること。また、かえること。

【変▼換】へんかん ほかのものにかわること。また、かえること。例 かなを漢字に変換する。

【変形】へんけい もとの形がかわること。また、かわってできた形。例 熱で変形する。

【変▼幻自在】へんげんじざい 四字熟語 あらわれたりきえたりが、思いのままにできること。

【変▼更】へんこう きめた日どりや内容をあらためること。例 出発時間が変更になった。

【変死】へんし 事故や自殺などで死ぬこと。

【変質】へんしつ ①物の性質がかわること。②ふつうとはちがった異常な性格。例 くすりが変質する。例 変質者。

【変種】へんしゅ 同じ種類の生物で、ふつうと

はちがった形や性質をもっているもの。

【変色】へんしょく　物の色がかわること。また、かえること。

1【変心】へんしん　考えや気もちがかわること。心がわり。例 親友が変心してしまった。

2【変身】へんしん　からだやすがたをかえること。また、かえたすがた。例 魔女に変身する。

【変人】へんじん　ふつうの人とちがった考えや性質をもつ人。かわり者。

【変声期】へんせいき　声がひくくなる時期。おとなの声にかわる時期。参考 小学校高学年から中学二年ごろまでのあいだ。

【変▼遷】へんせん　うつりかわっていくこと。例 時代の変遷。

【変装】へんそう　べつの人に見えるように、身なりをかえること。

【変造】へんぞう　形や内容に手をくわえ、つくりかえること。例 変造紙幣。

【変奏曲】へんそうきょく　主題と、それをいろいろとかえた曲からできている音楽。

【変則】へんそく　ふつうのきまりややり方とちがっていること。例 変則のルール。

【変則的】へんそくてき　ふつうのきまりややり方とはちがっているようす。例 変則的な生活リズム。

1【変体】へんたい　ふつうの形とちがうこと。

2【変態】へんたい　①ふつうとちがっていて、まともでないようす。②動物が、たまごからかえって親になるまでに、それぞれの時期によって形をかえること。例 不完全変態。

【変調】へんちょう　①音楽で、もとの調子をかえること。また、その調子。②からだの調子がかわること。例 からだに変調をきたす。

【変▼哲】へんてつ　ふつうとはかわっていること。例 なんの変哲もない(=ありふれている。かわったところがない)。

【変転】へんてん　いろいろにかわること。例 社会はめまぐるしく変転する。

【変電所】へんでんしょ　発電所からおくられてくる電圧を、ひくい電圧にかえて家や工場におくる設備のあるところ。

【変動】へんどう　とどまらずに、いろいろとかわり動くこと。例 社会の変動。

下につく熟語 一変・急変・激変・事変・政変・大変・不変

夂－7画

【夏】

10画　2年

〔夏〕明朝

音 カ・ゲ*　訓 なつ

1画めを長く。「自」の縦画は真下で、縦長に。8・9画めの下の高さをそろえる。

なりたち 象形　－夏

ころもやかんむりをかぶった大きな人をえがいた字。むかし、文明のすすんだ中国人が自分をよんだことば。また、大きなものでおおいかぶせるというイメージをもつので、草木がさかんにしげって大地をおおう季節の「なつ」をあらわした。

意味 季節の、なつ。「夏季・夏休み」対 冬

難しい読み 夏至

1【夏季】かき　夏の季節。対 冬季

2【夏期】かき　夏の間。例 夏期講座。対 冬期

【夏▼炉冬▼扇】かろとうせん　四字熟語 時期はずれで、役に立たないもののたとえ。参考 あつい夏にいろりはいらないし、さむい冬におうぎはいらないいみから。

【夏至】げし　太陽が北緯二三度二七分のま上にくる日。北半球では昼間の長さがいちばん長くなる。毎年、六月二一、二日ごろ。対 冬至

【夏草】なつくさ　夏においしげる草。

【夏場】なつば　夏のころ。夏の間。例 夏場だけの商売。

【夏日】なつび　一日の最高気温がセ氏二五度以上の日。対 冬日

下につく熟語 初夏(かしょ・なつ・はつ)・盛夏・常夏・晩夏・*真夏・立夏

【愛】13画 心部9画 → 471ページ

漢字クイズ 口の力でするどうさは，なんでしょう。

夕（ゆう・た・ゆうべ）の部

0画 夕
2画 外

【慶】15画 心部11画→478ページ

【憂】15画 心部11画→479ページ

漢字博士になろう！ 打ち消しをあらわす漢字

ほかのことばの上について、そのことばの意味を強めたり、調子を整えたり、あるいは意味をつけたしたりすることばを接頭語といいます。そのうち、下のことばの意味を打ち消すものがあります。「非・不・未・無」などがこれにあたります。

○非のつく熟語…非公開・非公式・非常識・非売品・非番・非力……など。
○不のつく熟語…不案内・不衛生・不得手・不可能・不完全・不休……など。
○未のつく熟語…未解決・未確認・未成年・未知・未納……など。
○無のつく熟語…無愛想・無遠慮・無作法・無意識・無意味・無関心・無傷・無風……など。

3画 夕 ゆう た ゆうべ

なりたち 三日月の形をあらわす。「夕方」「夜」などに関係する字をあつめる。

この部首の字
0画 夕 252
2画 外 252
3画 多 254
5画 夜 256
10画 夢 256

ほかの部首の字
名→口部 199
死→歹部 628
汐→氵部 649

夕－0画

【夕】

3画 1年 〔夕〕明朝

音 セキ*
訓 ゆう

1・2画めの終わりをほぼ縦にそろえる。3画めは1画めに接してもよい。

なりたち 象形
三日月のすがたをえがいた字。月が出る夜をあらわした。

意味 ゆうがた。「夕食」 対 朝

【夕方】ゆうがた 太陽がしずむころ。日がくれるころ。夕刻。対 朝方

【夕刊】ゆうかん 毎日、夕方に発行する新聞。対 朝刊

【夕▼霧】ゆうぎり 夕方にたちこめる、きり。対 朝霧

【夕刻】ゆうこく 「夕方」に同じ。

【夕食】ゆうしょく 夕方とる食事。夕飯。

【夕立】ゆうだち 夏の夕方、きゅうにふり出してすぐにやむ、強い雨。かみなりをともなうこともある。

【夕月夜】ゆうづきよ 月が出ている夕方。また、夕方の月。参考「ゆうづくよ」ともいう。

【夕▽凪】ゆうなぎ 海辺で夕方、風がやんで波がしずかになること。

【夕飯】ゆうはん／ゆうめし 「夕食」に同じ。

【夕日】ゆうひ 夕方、西にしずもうとする太陽。対 朝日 参考「夕陽」とも書く。

【夕▼闇】ゆうやみ 夕方の、日がしずんだあとのうすぐらさ。

上につく熟語 *夕暮れ・*夕▼涼み・*夕映え・*夕焼け

下につく熟語 朝夕（あさ・ちょう）（ゆう・せき）・一朝一夕・今夕（こん・せき）（こん・ゆう）・七夕・毎夕

夕－2画

【外】

5画 2年 〔外〕明朝

音 ガイ・ゲ*
訓 そと・ほか・はずす・はずれる

※「と」ともよむ。

3画

外

ノ ク タ 夘 外

「夕」より「卜」を縦長に。5画めが4画めの左に出ても、最後をはらってもよい。

なりたち 形声 外-外

月(一部が欠けた三日月)をりゃくした夕と卜(うらなう)を合わせた字。月が欠けてのこった部分と、かめのこうらでうらないをしたときにのこった部分の「外がわ」をあらわした。

意味 ❶そと。「外気」対内 ❷よそ。「外国・外人」❸はずれる。「除外」

難しい読み 外題・外道・外様

名まえで使う読み がい・そと・と・との・ひろ・ほか

【外貨】がいか 外国のお金。例 輸出によって外貨を獲得する。対 邦貨

1【外海】がいかい/そとうみ 陸地にかこまれていない海。対 内海(ないかい・うちうみ)

2【外界】がいかい 自分の外にあるもの。外の世界。

【外角】がいかく ①三角形などの一辺をのばしたときに、外がわにできる角。②野球で、ホームベースの、打者から遠いほうのかど。アウトコーナー。対①②内角

【外観】がいかん 外から見た、全体のようす。外見。例 外観をかざる。

【外気】がいき 家の外の空気。例 外気にふれる。

【外勤】がいきん 外を回って仕事をすること。また、その人。対 内勤

【外形】がいけい 外から見える形やすがた。

【外見】がいけん 外から見たようす。外観。例 人を外見で判断してはいけない。

【外交】がいこう ①外国とのつきあい。例 外交官。②会社の外に出て、取り引きをすること。例 保険会社の外交員。

【外交辞令】がいこうじれい 四字熟語 ①外国とつきあうときに、礼儀としてつかうことばやあいさつ。②あいてをよろこばせるためのおせじ。例 ほめていたのは外交辞令にすぎないよ。参考「辞令」は、交際上つかうことばやあいさつのこと。

【外向】がいこう 自分の心の中にこもらず、まわりのものごとに関心をもって、積極的にそとに向かうこと。対 内向

【外向的】がいこうてき 性格が、積極的にまわりのものごととふれあおうとするようす。対 内向的

【外国】がいこく よその国。

【外資】がいし 日本国内の事業のために、外国が出すお金。

【外車】がいしゃ 外国でつくられた自動車。外国車。

【外▼需】がいじゅ 外国が、国内の製品を買いたいと、もとめること。対 内需

【外▼柔内▼剛】がいじゅうないごう 四字熟語 見かけはおとなしそうに見えるが、心は強くてしっかりしていること。例 外柔内剛のたのもしい青年。対 内柔外剛

外柔内剛

【外出】がいしゅつ 外へ出ること。例 雨で外出できない。

【外傷】がいしょう からだの外がわのきず。

【外食】がいしょく 家ではなく飲食店などで食事をすること。また、その食事。例 今夜は外食にしよう。

【外人】がいじん 外国の人。外国人。対 邦人

【外線】がいせん 会社などで、外につうじている電話線。対 内線

【外地】がいち ①植民地など、内地以外のその国の領土。例 外地から引きあげる。②外国。対①②内地

【外注】がいちゅう 仕事の一部を会社の外に注文して、やってもらうこと。

【外敵】がいてき 外部の敵。また、外国からせめてくる敵。例 外敵から身をまもる。

【外電】がいでん 「外国電報」のりゃく。外国の通信社からおくってくるニュース。

1【外灯】がいとう 家の外にとりつけた電灯。

2【外▽套】がいとう さむさや雨をふせぐために、服の上にきる衣服。オーバー。

こたえ くわ(加)える，くわ(加)わる。(力+口)。

夕の部（ゆう・た・ゆうべ）

3画 多

【外▼泊】がいはく　自分の家以外のところにとまること。

【外部】がいぶ　①ものの外がわ。②なかま以外の人。例 秘密が外部にもれる。対①②内部

【外聞】がいぶん　①世間の評判。例 外聞をはばかる。②世間にたいするていさい。例 外聞がわるい。／はじも外聞もない。

【外務省】がいむしょう　外国とのつきあいや交渉についての仕事をおこなう国の機関。

【外務大臣】がいむだいじん　外国とのつきあいに関係のある仕事をうけもつ大臣。外相。

【外面】がいめん　①うわべ。外づら。例 外面をかざる。②外から見た感じ。対①②内面

【外野】がいや　野球で、内野のうしろにあたるところ。また、そこをまもる人。外野手。対内野

【外遊】がいゆう　外国へ旅行すること。

【外洋】がいよう　陸から遠くはなれた、広い海。

【外来語】がいらいご　外国からはいってきてその国のことばとしてつかわれる語。日本語の「ノート」「ポスト」など。参考 日本語では、漢語は外来語としない。

【外輪山】がいりんざん　二重になった複式火山の、外がわをかこむ古い火口のかべ。対内輪山

【外科】げか　からだのきずや病気を、手術などによってなおす医学。例 外科医。対内科

【外題】げだい　歌舞伎や浄瑠璃などの、正式な題名。

【外道】げどう　①仏教で、仏教以外の宗教。②真理にそむく説。③人でなし。人をののしっていうことば。

【外側】そとがわ　外に面しているほう。対内側

【外様】とざま　①「外様大名」のりゃく。関ケ原の戦いのあと新しく徳川家につかえた大名。②ちょくせつの関係ではないこと。また、その人。例 かれは外様だから昇進がおそい。

【外山】とやま　人々が生活している里に近い山。

下につく熟語 案外・以外・意外・屋外・海外・課外・▼奇想天外・言外・口外・▼郊外・戸外・室外・心外・▼疎外・＊対外・内外・番外・＊部外・法外・野外・＊予想外・例外・論外

夕－3画

【多】

6画　2年　〔多〕明朝

音 タ　訓 おおい

「夕」は左右ではなく上下に組み立てる。3・6画めは1・4画めに接してもよい。

1	2	3	4	5	6
ノ	ク	タ	多	多	多

なりたち 会意 多－多

夕(切りみの肉)を二つ合わせた字。肉がかさなって、たくさんあるようすをあらわした。

多のつく漢字グループ
「多」のグループは「いくつもかさなる」というイメージがある。→移804

意味 おおい。「多数」対少

参考 カタカナ「タ」のもとになった字。

名まえで使う読み おお・おおし・かず・とみ・な・まさ・まさる

【多雨】たう　雨が多くふること。例 高温多雨。

【多▼寡】たか　多いか少ないかということ。多いことと、少ないこと。例 金額の多寡は問わない。

【多額】たがく　お金のがくが多いこと。例 多額の費用。対少額

【多角】たかく　①角が多いこと。②多くの方面にわたっていること。例 多角経営。

【多角形】たかくけい　算数で、三つ以上の直線でかこまれた図形。たかっけい。

【多角的】たかくてき　いろいろな方面にわたるようす。多面的。例 多角的な経営。

【多感】たかん　ものごとに感じやすいこと。例 多感な年ごろ。

【多義】たぎ 一つのことばが、いろいろないみをもつこと。例 多義語。

【多岐亡羊】たきぼうよう 四字熟語 学問の分野がいろいろに分かれすぎていて、真理をとらえるのがむずかしいこと。参考 ㋐中国で、にげた羊をおいかけたが、道がいくつにも分かれていた(=「多岐」)ので、とうとう羊を見うしなった(=「亡羊」)という話から。㋑「亡羊の嘆」ともいう。

【多極化】たきょくか いくつかに分かれた勢力が、たがいに対立する状態になること。例 先進国以外の国々が力をつけ、世界は多極化している。

【多芸】たげい 多くの芸が、できること。例 多芸多才。

【多言】たげん いろいろしゃべること。また、口数が多いこと。多弁。

【多▼彩】たさい ①いろいろな色があってうつくしいこと。②いろいろな種類や変化があって、にぎやかなこと。例 多彩な顔ぶれ。

【多作】たさく 作品をたくさんつくりだすこと。対 寡作

【多産】たさん 子や卵をたくさんうむこと。

【多士済済】たしせいせい/たしさいさい 四字熟語 すぐれた人が大勢そろっていること。例 わが校の卒業生は多士済々だ。参考 ㋐「多士」は、多くのすぐれた人のいみ。「済済」は、たくさんそろっていること。㋑ふつう「多士済々」と書く。

【多事多難】たじたなん 四字熟語 事件や困難などが多いこと。例 災害がいろいろあって、多事多難の一年だった。参考「多事」は、事件が多いこと。「多難」は、困難の多いこと。

【多▼湿】たしつ しっけが多いこと。例 高温多湿な気候。

【多種】たしゅ 種類が多いこと。

【多種多様】たしゅたよう 四字熟語 ひじょうに多くの種類があり、そのようすもさまざまであること。

【多少】たしょう ①多いことと少ないこと。②少し。わずか。例 多少は英語が話せます。

【多数】たすう 数が多いこと。対 少数

【多勢に無勢】たぜいにぶぜい 句 大勢のあいてに、少ない人数でたちむかっても、とてもかなわないということ。例 多勢に無勢で勝ちめはない。参考「多勢」は、多くの人数のいみ。「無勢」は少ない人数のいみ。

多勢に無勢

【多大】ただい 数や量が多いこと。例 多大のひがいが出た。

【多難】たなん 災難や困難が多いこと。例 前途多難。

【多人数】たにんずう/たにんず 多くの人数。大勢の人。大人数。対 少人数(しょうにんずう・しょうにんず)

【多年】たねん 長い年月。長年。例 多年にわたる教育活動。

【多発】たはつ 多く発生すること。よくおこること。例 事件が多発する。

【多分】たぶん ①たくさん。②おそらく。参考 ②は、下に「だろう」「でしょう」などがくる。

【多弁】たべん よくしゃべること。多言。例 かれは酔うと多弁になる。

【多▼忙】たぼう いそがしいこと。例 多忙な日々。

【多面】ためん ①多くの平面。例 多面体。②いろいろな方面。例 多面にわたる活躍。

【多面的】ためんてき いろいろな方面に関係しているようす。対 一面的

1【多用】たよう ①用事が多いこと。②たくさんつかうこと。例 漢字を多用する。

2【多様】たよう いろいろあること。また、種類が多いこと。例 多様な生物が見られる海。/多種多様。

【多量】たりょう 分量が多いこと。例 多量の出血。対 少量

下につく熟語 ▼幾多・過多・最多・雑多

【名】6画 口部3画 ↓199ページ

【死】6画 歹部2画 ↓628ページ

夕の部（ゆう・た・ゆうべ）

5画 夜
10画 夢

【汐】6画 シ部3画→649ページ

夕－5画

【夜】8画

2年 〔夜〕明朝 音ヤ 訓よ・よる

1画めは点でもよい。2画めは右上がりに書く。「夕」と8画めのはらいは接する。

なりたち 形声 ―夜

亦(両わき)と夕(三日月)を合わせた字。昼の両がわにある「よる」をあらわした。→亦45

意味 よる。「夜間」対昼

【夜▼陰】やいん 夜のくらやみ。例夜陰にまぎれる。／夜陰に乗じる。

【夜会】やかい 夜ひらく西洋ふうのえん会。

【夜学】やがく 夜、授業をする学校。

【夜間】やかん 夜の間。よる。例夜間の外出はひかえる。対昼間

【夜業】やぎょう 夜にする仕事。よなべ。

【夜勤】やきん 夜、つとめること。夜のつとめ。例父は夜勤のため、朝、帰ります。

【夜具】やぐ 夜、ねるときにつかう、ふとん・まくらなど。

1【夜景】やけい 夜のけしき。例港の夜景。

2【夜警】やけい 夜、町内や建物を見回り、火事やどろぼうの用心をすること。また、その人。

1【夜行】やこう 夜に走る列車。夜行列車。

2【夜光】やこう くらいところで光ること。

【夜行性】やこうせい 昼間は休み、主として夜間に活動をする、動物の性質の一つ。例フクロウは、夜行性の鳥だ。

【夜▼襲】やしゅう 夜のくらさを利用して、敵をせめること。例夜襲をかける。

【夜食】やしょく 夕食とはべつに夜おそくとる、かるい食事。

【夜▼尿▼症】やにょうしょう 寝小便をする症状。

【夜半】やはん 夜中。例夜半にふと目がさめた。

【夜分】やぶん 夜。また、夜中。例夜分におじゃまします。

【夜▼盲▼症】やもうしょう くらくなると、ものが見えなくなる病気。ビタミンAが足りないとおこる。とり目。

【夜来】やらい (雨・雪などが)前の夜からつづいていること。例夜来の雨。

【夜来風雨の声】やらいふううのこえ 句 昨日の晩から雨風の音がしていた。参考「夜来」は、昨夜からずっとひきつづいて今までのいみ。「声」は、ものおとのこと。孟浩然の詩「春暁」の一節。

【夜話】やわ／よばなし 夜にする話。また、それをあつめた本。例歴史夜話。

【夜風】よかぜ 夜にふく風。例夜風がつめたい。

【夜▼霧】よぎり 夜、たちこめるきり。

【夜寒】よさむ ①夜のさむさ。②秋のおわりごろの、夜に感じるさむさ。また、その季節。

【夜長】よなが 夜が長いと感じられること。例秋の夜長。

【夜店】よみせ 夜、道ばたで物を売る店。

【夜を日に▼継いで】よをひについで 句 夜も昼も休まずに、あることをするようす。例夜を日に継いで、研究を続ける。

下につく熟語 *暗夜・今夜・昨夜・十五夜・除夜・深夜・聖夜・前夜・昼夜・月夜・通夜・▼徹夜・日夜・白夜(はくや・びゃくや)・連夜

夕－10画

【夢】13画

5年 〔夢〕明朝 音ム 訓ゆめ

「罒」は横長に書く。「冖」の横はばを一番広くしてその中に「夕」を組みいれる。

なりたち 形声 ―夢

人)。

艹(=首)と冖(おおい)と夕(よる)を合わせた字。艹は、さかさまつげのことで、よく見えないというイメージをもつ。夢は、やみにおおわれてものが見えないようすをあらわした。のちに、ねむっている間に見る「ゆめ」のいみになった。

意味 ゆめ。「夢想」

難しい読み 夢心地・夢路

【夢▼幻】むげん/ゆめまぼろし ①ゆめとまぼろし。②はかないことのたとえ。

【夢想】むそう ゆめのようなとりとめのないことを考えること。空想。

【夢中】むちゅう ほかのことはわすれて、そのことだけにいっしょうけんめいになること。例 夢中で本を読む。

【夢心地】ゆめごこち ゆめを見ているようなうっとりとした心もち。

【夢路】ゆめじ ゆめを見ることを、道にたとえたことば。例 夢路をたどる(=ゆめを見る)。

【夢物語】ゆめものがたり ①ゆめに見たことを話すこと。また、その話。②ゆめのようなたのしい話。また、空想のように、はかない話。例 月への旅行も夢物語ではない。

下につく熟語 悪夢・逆夢・*白昼夢・初夢・正夢

3画 大 だい

なりたち

「大きい」「人」「人が立っているさま」に関係した字をあつめるほか、「大」を目じるしにする字もあつめる。

この部首の字

画数	字	ページ
0画	大	257
1画	太	262
1画	天	263
1画	夫	265
2画	央	266
2画	失	266
3画	夷	267
3画	奄	267
5画	奇	267
5画	奈	268
5画	奉	269
5画	奔	269
6画	奎	269
6画	契	269
6画	奏	270
7画	套	270
9画	奥	270
10画	奧	270
10画	奨	271
11画	奬	271
11画	奪	271
11画	奮	271

ほかの部首の字

字	部首	ページ
犬	犬部	718
因	口部	221
戻	戸部	488
突	穴部	812
春	日部	553
美	羊部	865
臭	自部	901
泰	水部	656
秦	禾部	803
爽	爻部	711
器	口部	217

大－0画

【大】

3画 1年 〔大〕明朝

音 ダイ・タイ

訓 おお・おおきい・おおいに

一 ナ 大

1画めは右上がり。2画めは1画めと接するまで真下に下ろしてから左へはらう。

なりたち 象形 →大 手足を広げて立っている人のすがたをえがいた字。「おおきい」「たっぷり」のいみをあらわした。

大のつく漢字グループ
「大」のグループは「ゆったりと大きい」というイメージがある。
→太262 →達(大+羊+辶)425 →汰651
→泰(大+⺡+水)656 →駄1088

意味 ❶おおきい。「▼巨大」対 小 ❷すぐれている。「▼偉大」❸たくさん。「大群」❹ぜんたい。「大意」

注意 「太」とまちがえないこと。

難しい読み 大人・大安・大▼丈夫・大和

名まえで使う読み お・おい・おお・おおい・おおき・き・だい・たかし・たけし・とも・なが・はじめ・はる・ひろ・ひろし・ふと・ふとし・まさ・まさる・もと・ゆたか

【大味】おおあじ ①食べ物のあじが大まかで、おいしくない。②こまやかなおもむきがなく、つまらない。例 大味な芸。対 ①②小味

【大雨】おおあめ たくさんふる雨。対 小雨

【大海原】おおうなばら 広々とした、大きな海。

【大風】おおかぜ はげしくふく風。

【大形】おおがた 形やもようが大きいこと。

こたえ 人を口でかこむと「囚」。つまり，囚人(=つみをおかして，けいむ所に入れられている

大の部 0画 大

対 小形

2【大型】おおがた 型が大きいこと。対 小型

【大▽柄】おおがら ①ふつうの人よりも、からだが大きいこと。②服などの、もようが大きいこと。対 ①②小柄

【大口】おおぐち 数や量が多いこと。例 大口の寄付。対 小口

【大声】おおごえ 大きな声。対 小声

【大潮】おおしお 潮のみちひきが最大になること。また、そのときの潮。参考 新月と満月のあとにおきる。

【大勢】一 おおぜい たくさんの人。二 たいせい（ものごとや世の中の）なりゆき。例 勝負の大勢はきまった。

【大空】おおぞら 広くて大きな空。

【大▽粒】おおつぶ つぶが大きいこと。例 大粒の雨。／大粒の真珠。／大粒の涙。対 小粒

【大手】一 おおて 同じ商売をしている会社の中で、とくに大きな会社。例 大手の家電販売店。二 おおで 大きく広げた両手。例 大手をふる（＝どうどうとふるまうようす）。

【大道具】おおどうぐ ぶたいでつかう、家や木などの大きな道具。対 小道具

【大人数】おおにんずう 多くの人数。おおにんず。多人数。対 小人数（こにんずう・こにんず）

【大▽幅】おおはば ①はばが広い布。②変化・動きなどのはばが、大きいようす。例 値段が大幅に下がった。

【大判】おおばん ①おもに江戸時代につかわれたお金。一まいが一〇両。②形の大きなもの。例 大判のスカーフ。対 ①②小判

【大広間】おおひろま 大勢の人がはいれる、大きなへや。

【大船に乗ったよう】おおぶねにのったよう 句 大きな力をたよりにして、すっかり安心しているようす。

【大水】おおみず 大雨などで川の水がふえて、あふれだすこと。例 大水が出る。

【大▽晦日】おおみそか 一二月三一日。

【大麦】おおむぎ 農作物の一つ。実は、ビール・みそ・しょうゆなどの原料になる。

【大目玉を食う】おおめだまをくう 句 ひどくしかられる。例 窓ガラスをわって大目玉を食う。

【大目に見る】おおめにみる 句〔よくないところや失敗などを〕やかましく言わないで見のがす。例 こんどだけは大目に見てやろう。

【大文字】おおもじ ①大きな字。②ローマ字などで、文の書き出しや固有名詞のはじめにつかう大きな文字。ABCなど。対 ①②小文字

【大物】おおもの ①同じなかまの中での、大きなもの。例 タイの大物をつり上げた。②そのなかまの中で、実力をみとめられている人。例 かれは、将来大物になるだろう。対 小物

【大様】おおよう こまかなことにこだわらないで、ゆったりとおちついているようす。例 兄は、いつも大様だ。参考「鷹揚」とも書く。

【大人】おとな ①心もからだも一人前に成長した人。成人。②自分のたちばや正しいすじ道を理解できること。対 ①②子供

【大安】たいあん 旅行や結婚などに縁起がよいとされる日。例 大安吉日。参考 迷信とされる。

【大意】たいい 文章や話などの大まかないみ。例 話の大意をつかむ。

【大火】たいか 大きな火事。

【大家】一 たいか ①学問やわざがとくにすぐれている人。②身分や家がらのよい家。また、財産のある家。参考 ②は「たいけ」とも読む。二 おおや 貸家のもちぬし。

【大河】たいが 川はばが広く、水の量もゆたかな大きな川。

1【大会】たいかい ①多くの人があつまる大きな会合。例 サッカー大会。②団体の全体の会合。例 定期大会。

2【大海】たいかい 広く大きな海。

【大▽概】たいがい ①だいたいのこと。あらまし。例 大概のことは知っている。②たいてい。例 日曜日は、たいがい家にいる。③いいかげん。例 悪ふざけもたいがいにしなさい。参考 ②③は、ふつうかな書き。

【大学】だいがく 高等学校の上にあり、専門の

勉強や教育をする学校。

【大寒】だいかん 二十四節気の一つ。一年のうちでいちばんさむいとされるときで、一月二〇日ごろ。また、それから二月三日ごろまでの期間。

【大願成就】たいがんじょうじゅ 四字熟語 大きなねがいごとがのぞみどおりになること。参考「成就」は、ねがいがかなうこと。

大願成就

【大気】たいき 地球をとりまいている空気。例 排気ガスで大気がよごれる。／大気汚染。

【大▼儀】たいぎ くたびれたり、からだがわるかったりして、何をするのもめんどうなようす。例 起き上がるのも大儀だ。

【大器晩成】たいきばんせい 四字熟語 大物になる人は、ふつうの人よりおくれて才能をしめしはじめ、やがてすぐれた人になるということ。例 大器晩成型の選手。参考「晩成」は、おくれてできあがることで、「大器(=大きなうつわ)」は、できあがるのに時間がかかるといういみから。

【大規模】だいきぼ もののしくみや、こうぞうなどが、大きいこと。例 大規模な農業。

【大義名分】たいぎめいぶん 四字熟語 ①人として、まもらなければならないことがら。②みんなからもっともだとみとめられる、おもてむきの理由。例 大義名分が立つ。

【大▼臼歯】だいきゅうし 口のおくに、左右上下に三本ずつある歯。おく歯。

【大挙】たいきょ ①大がかりなくわだて。②大勢が、いっしょになってものごとをすること。例 大挙しておしかける。

【大局】たいきょく 全体のなりゆきや、動き。例 大局を見あやまる。

【大局的】たいきょくてき そのものごと全体の動きやなりゆきをとらえるようす。例 大局的な視点。

【大金】たいきん たくさんのお金。例 大金をはたいて買う。

【大工】だいく 木材をつかって、家をたてたり、直したりする仕事。また、それを職業としている人。

1【大軍】たいぐん たくさんの軍勢。

2【大群】たいぐん 動物などがたくさんあつまってつくる、大きなむれ。

1【大系】たいけい 同じ分野の著作物をあつめてまとめたもの。シリーズ。

2【大計】たいけい 大きな計画。

【大言】たいげん いばってできそうもないことをいうこと。また、そのことば。例 大言をはく。

【大言▼壮語】たいげんそうご 四字熟語 できそうもないことを、おおげさに、いせいよく言うこと。また、そのことば。

使い分け たいけい 大系・体系

【大系】作品などを一つの考えのもとでまとめあげた書物。例 児童文学大系。

【体系】べつべつになっているものを、あるきまりにしたがって規則正しくひとまとめにした、その全体。例 研究者が、理論を体系づける。

【大国】たいこく ①面積が広く、人口の多い国。②国力の強い国。対①②小国

【大黒天】だいこくてん 七福神の一つで幸福と財宝をさずける神。左かたに大きなふくろをかつぎ、右手に打ちでの小づちをもって、米だわらの上にのった姿でえがかれる。大黒。

【大黒柱】だいこくばしら ①むかしふうの家で、その中心となる太い柱。②団体や一家の中心となってはたらく、だいじな人。例 父はうちの大黒柱だ。

【大差】たいさ 大きな差。大きなちがい。例 大差がつく。

【大罪】たいざい 大きな罪。おもい罪。例 大罪

漢字クイズ 「必」の筆順で、2番めに書くのはどこでしょう。

をおかす。

【大作】たいさく ①すぐれた、りっぱな作品。②大がかりな作品。例 絵画の大作を発表する。

【大山鳴動して▽鼠一▽匹】たいざんめいどうしてねずみいっぴき 句 大さわぎをしたわりには、たいしたことのない結果におわることのたとえ。参考 ㋐大きな山が大きな音を立ててゆれうごいたが、ねずみが一ぴき出てきただけだったといういみから。㋑「大山」は、「太山」「泰山」とも書く。

【大志】[1] たいし 大きなこころざし・のぞみ。例 少年よ、大志をいだけ。

【大使】[2] たいし 国を代表して外国へ行き、その国とのつきあいをしたり、そこにいる自国の人の財産や権利をまもったりする役目。また、その人。参考 正式には「特命全権大使」。

【大事】だいじ ①大きな仕事。例 大事をなしとげる。対 小事 ②たいへんなこと。たいへんな事件。例 国家の大事。対 小事 参考 「おおごと」と読む場合もある。③たいせつであるようす。例 大事な用事。④じゅうぶん気をつけるようす。例 おからだをお大事に。

【大自然】だいしぜん 人の力ではとてもおよばない、大きな力をもつ自然。例 大自然のふしぎ。

【大事の前の小事】だいじのまえのしょうじ 句 ①大きなことをするときには、どんな小さなことも見のがさないように、じゅうぶん注意して、ゆだんをするなということ。②大きなことを成功させるためには、小さなことをぎせいにすることがあっても、しかたがないということ。

【大▽蛇】だいじゃ 大きなヘビ。

【大車輪】だいしゃりん ①鉄棒をにぎり、それを中心にからだをのばして回るわざ。②大いそぎですることのたとえ。例 大車輪でしあげる。

【大衆】たいしゅう 社会の大部分をしめる、世間いっぱんの人々。

【大衆化】たいしゅうか 一部の人に限られていたものが、多くいっぱんの人に広まること。いっぱんの人々のものになること。例 大衆化されたごらく。

【大暑】たいしょ ①夏のきびしいあつさ。②二十四節気の一つ。一年のうちでいちばんあついとされるときで、七月二二日、二三日ごろ。

【大正】[1] たいしょう 大正天皇がくらいについていたときの年号。一九一二年七月から一九二六年一二月まで。

【大将】[2] たいしょう ①軍隊で、元帥につぐ最高のくらい。例 海軍大将。②ある集団の中の、かしら。例 お山の大将。③男の人を、したしみやからかいの気もちをこめてよぶことば。例 大将、元気かい？

【大勝】[3] たいしょう 大きな差をつけてかつこと。圧倒的にかつこと。対 大敗

【大▽丈夫】一 だいじょうふ りっぱな男子。例 大丈夫の心意気。二 だいじょうぶ あぶなげがなく、たしかなようす。

【大食】たいしょく たくさんたべること。おおぐい。例 大食漢。対 小食

【大臣】だいじん 内閣をつくり、国の政治をおこなう地位の人。国務大臣。例 環境大臣。

【大人物】だいじんぶつ ひじょうにすぐれた、りっぱな人。例 小さなことでくよくよするようでは、大人物にはなれない。対 小人物

【大豆】だいず 豆の一つ。みそ・しょうゆ・とうふ・なっとうなどの原料にする。

【大成】たいせい ①長い時間をかけて、すぐれた仕事をしあげること。例 研究を大成させる。②素質や才能をのばして、りっぱな人になること。例 演奏家として大成する。③多くの資料や関係のあるものをあつめて、一つのまとまったものにつくりあげること。

【大勢】一 たいせい ①ものごとのおおまかななりゆき。例 大勢は、ほぼきまった。②世の中のなりゆき。例 天下の大勢にはかてない。二 おおぜい たくさんの人数。例 大勢でおしかける。対 小勢

【大西洋】たいせいよう 南・北アメリカ大陸とヨーロッパ・アフリカ大陸の間にある海。

【大切】たいせつ ①とてもだいじなようす。例大切な約束がある。②ていねいなようす。例大切にあつかう。

【大雪】一 たいせつ／おおゆき きびしくふる雪。また、多くつもった雪。二 たいせつ 二十四節気の一つ。十二月七日ごろ。

使い分け たいせい 大勢・態勢・体勢・体制

【大勢】ものごとや世の中のおおまかななりゆき。例選挙の大勢がきまる。／大勢にえいきょうはない。

【態勢】身がまえ。じゅんび。例ひなんの態勢をととのえる。／万全の態勢。

【体勢】しせい。かまえ。例着地に失敗して体勢をくずす。／体勢を立て直す。

【体制】社会や組織のしくみ。例新しい監督をむかえて、新しい体制でのぞむ。／社会主義体制。

【大戦】たいせん たくさんの国が参加する、大規模な戦争。使い分け たいせん「対戦・大戦」→309ページ

【大層】たいそう ①たいへん。ひじょうに。例大層よろこんだ。②おおげさであるようす。例大層なことをいう。

【大大的】だいだいてき 大がかりなようす。規模が大きいようす。例大々的な調査。参考ふつう「大々的」と書く。「大大」は、大きな感じであるようす。

【大多数】だいたすう ほとんどといっていいほど多い数。また、大部分。例大多数の賛成を得る。

【大▼胆】だいたん 勇気があって、ものごとをおそれないようす。例大胆に行動する。

【大▼胆不敵】だいたんふてき 四字熟語 度胸があって、あいてをおそれないこと。

【大地】だいち 地球の表面。地面。また、広々とした土地。例大地のめぐみ。

【大腸】だいちょう 消化器官の一つ。小腸からこう門の間にある。おもに水分をとるはたらきがある。

【大敵】たいてき ①多人数の敵。②ひじょうに強くて手ごわい敵。例油断大敵。対①②小敵

【大同小異】だいどうしょうい 四字熟語 少しのちがいはあるが、だいたいは同じであること。

【大統領】だいとうりょう 共和国で、国をおさめ、その国を代表する人。

【大なり小なり】だいなりしょうなり 句 大小のちがいはあっても。どっちにしても。例大なり小なりにたようなものだ。

【大任】たいにん せきにんのおもい、たいせつな役目。例大任をはたし、ほっとする。

【大脳】だいのう 神経の中心である脳のうち、ものを考えたりおぼえたり、感じたり、心をうごかしたりするはたらきをするところ。

【大破】たいは ひどくこわれること。また、ひどくこわすこと。例車が事故で大破した。

【大敗】たいはい 大きな差がついてまけること。さんざんまけること。対大勝

【大は小を▼兼ねる】だいはしょうをかねる 句 大きなものは、小さなものの役目もすることができる。

【大半】たいはん 半分以上。大部分。おおかた。例大半が反対意見だ。

【大病】たいびょう ひじょうにおもい病気。

【大仏】だいぶつ 大きな仏像。例奈良の大仏。

【大別】たいべつ 大きく分けること。

【大変】たいへん ①ていどがふつうでないようす。重大なようす。例大変な人出だ。②苦労がはげしいようす。例しごとは大変だ。③

ひじょうに。たいそう。例大変いそがしい。

【大便】だいべん 消化された食べもののかすで、こう門から出るもの。うんこ。くそ。

【大▼砲】たいほう 大きな砲弾をうちだす兵器。参考「一門、二門…」とかぞえる。

【大名】だいみょう 江戸時代、一万石以上の領地をおさめ、将軍にちょくせつ会う資格をもつ武士。例外様大名。

【大望】たいもう 大きなのぞみ。例大望をいだく。

【大役】たいやく 責任のおもい、たいせつな役。例大役をはたす。

1【大洋】たいよう 広くて、大きな海。

2【大要】たいよう 長い文章や話の、だいたいのすじ。あらまし。

【大陸】たいりく 大きな陸地。参考地球上にはユーラシア(アジアとヨーロッパ)・アフリカ・北アメリカ・南アメリカ・オーストラリア・南極の六つの大陸がある。

【大理石】だいりせき 石灰岩が変化してできた岩石。白色で、もようがある。建築や彫刻に使われる。

【大略】たいりゃく おおよそ。あらまし。

1【大量】たいりょう 数や量が、ひじょうに多いこと。多量。例大量生産。対少量

2【大漁】たいりょう 魚や貝などがたくさんとれること。豊漁。対不漁

【大輪】たいりん/だいりん ふつうのものより大きい花。例大輪のダリア。

【大和】やまと ①むかしの国の名前。今の奈良県。②「日本」の古いよび名。例大和魂(=日本民族が共通してもつ、いさぎよい精神)。

【大和言葉】やまとことば 中国から漢語がはいる前から、日本にもともとあったことば。

下につく熟語 遠大・拡大・過大・強大・広大・公明正大・誇大・最大・重大・針小棒大・▼甚大・盛大・絶大・▼壮大・増大・尊大・多大・特大・肥大・▼膨大・雄大

大－1画 【太】 4画

2年 〔太〕明朝

音 タイ・タ

訓 ふとい・ふとる

4画めの点は右下に引いて止め、「大」の下部から下に出さない。

一 ナ 大 太

なりたち 指事 -太

大と二(かさねるしるし)を合わせた字。ひじょうに大きいことをあらわした。のちに、二つの点が一つになり、太となった。↓大257

意味 ❶おおきい。「太陽」 ❷ふとい。「肉太」 ❸はなはだしい。「太古」 ❹とうとい。「太子」

参考 ひらがな「た」のもとになった字。

難しい読み 太▼鼓・太公望・太▼鼓判・太刀

名まえで使う読み うず・おお・しろ・た・たい・たか・と・ひろ・ふと・ふとし・ます・み・もと

【太▼陰▼暦】たいいんれき 月のみちかけをもとにつくられた、むかしのこよみ。陰暦。対太陽暦

1【太古】たいこ 大むかし。例太古、このあたりは海だった。

2【太▼鼓】たいこ 打楽器の一つ。どうの両面に皮をはり、ばちでたたいてならす。

【太公望】たいこうぼう 故事成語 魚つりをする人のこと。例大勢の太公望でにぎわう川。参考太公望は、中国の賢人の名前。王の祖父(=太公)が待ち望んでいた人のいみ。王に仕える前、毎日川でつりをしていたことから。

【太▼鼓判】たいこばん ①おおきなはんこ。②たしかな保証。例太鼓判をおす。

【太子】たいし 天皇の位をつぐ皇子。皇太子。

太鼓判

【太平】たいへい 世の中がよくおさまって平和なこと。例天下太平。参考「泰平」とも書く。

【太平洋】たいへいよう アジア大陸・北アメリカ・南アメリカの間にある、世界最大の海。注意「大平洋」と書かないこと。

【太平楽】たいへいらく のんきで、すきかって

なことを言ったりしたりすること。例 太平楽をならべる。

【太陽】たいよう　太陽系の中心にある恒星。地球に熱と光をあたえている。お日さま。

【太陽電池】たいようでんち　太陽の光エネルギーを電気にかえて利用する電池。

【太陽▼暦】たいようれき　地球が太陽をひと回りする時間を一年とするこよみ。陽暦。対 太陰暦

【太刀】たち　日本の、長い刀。

下につく熟語 ＊極太・＊筆太・骨太・丸太

【天】

大－1画　4画　1年　〔天〕明朝

音 テン　訓 あめ・＊あま

3画めを1画めの上から出さない。1・2画めはどちらが長くても、同じでもよい。

一 二 チ 天

なりたち 会意　手や足を広げて立っている人の頭の上に一のしるしをつけた字。高くたいらなところをしめして、高く広がる大空をあらわした。

意味 ❶おおぞら。「晴天」対 地 ❷神。「天▼罰」❸自然。「天災」❹生まれつき。「天性」

参考 ひらがな「て」、カタカナ「テ」のもとになった字。

難しい読み 天下り・天女・天然・天皇

名まえで使う読み あま・あめ・かみ・そら・たか・たかし・てん

【天下り】あまくだり　①上の人からの一方的な命令やおしつけ。②役人などが役所をやめたあと、つながりのある団体や会社の高い地位につくこと。例 天下りあっせんを禁止する。

【天の川】あまのがわ　夜空に、川のように見える星のあつまり。銀河。参考 七夕伝説は有名。

【天の▼邪▼鬼】あまのじゃく　人のいうことにわざとさからう、ひねくれた人。へそまがり。例 好物をきらいと言うなんて天の邪鬼だ。参考 むかし話に出てくるわるい鬼のことから。

これキライ！

天の邪鬼

【天衣無▼縫】てんいむほう 四字熟語 自然のままで、少しも気どったところがないこと。むじゃきで、にくめないこと。天真らんまん。例 天衣無縫な性格。参考「天衣」は、天女の衣服のこと。「無縫」は、ぬい目がないこと。もとは詩歌や文章が自然で、すばらしいことをいった。

【天下】てんか　①広い空の下。②全国。例 天下をとる。③広い世の中。例 金は天下の回りもの。

【天▼涯▼孤独】てんがいこどく 四字熟語 広い世の中に、身よりがひとりもいないこと。例 天涯孤独の生涯。

【天下一品】てんかいっぴん 四字熟語 天下にただ一つというほど、すぐれていること。また、そのもの。例 かれの作る料理は天下一品だ。

【天下太平】てんかたいへい 四字熟語 世の中が平和なこと。さわぎがなく、世の中がおだやかなこと。例 天下太平の世。参考「天下泰平」とも書く。

【天眼鏡】てんがんきょう　柄のついている大形の凸レンズ。

【天気】てんき　①ある時刻、ある場所の気象のようす。②晴天。晴れ。例 きょうは天気だ。③人のきげん。例 お天気屋。

【天▽狗】てんぐ　①山おくにすむ山伏のすがたをした空想上の生きもの。顔が赤く鼻が高い。つばさがあって自由に空をとぶという。②うぬぼれること。例 天狗になる。

【天空】てんくう　おおぞら。

【天候】てんこう　(長い期間の)天気のぐあい。

【天国】てんごく　①キリスト教で神や天使がすんでいると考えられている、天上の世界。対 地獄 ②心配や苦労がなく、自由に何でもできる、楽しいところ。例 歩行者天国。

【天才】てんさい　特別な人だけが生まれつきもっている、すぐれたちえやうでまえ。また、

それをもっている人。例 音楽の天才。

2【天災】てんさい あらし・地震・かみなり・こう水・つなみなど、自然の変化によるさいなん。例 天災はわすれたころにやってくる。

1【天子】てんし 国の王。天にかわって、人民をおさめる君主。

2【天使】てんし キリスト教で、神のつかいとして、人間の世界につかわされたもの。エンゼル。参考 けがれのないきよらかな人のたとえにもつかわれる。

【天▽竺】てんじく むかし日本で、「インド」をさしたことば。

【天▼寿】てんじゅ 天からあたえられた命の長さ。寿命。例 天寿をまっとうする。

【天守閣】てんしゅかく むかし、城の中心となるいちばん高いやぐら。

天守閣

1【天上】てんじょう ①高い空。天。例 天上の星。②仏教で、空の上にあって天人などがすむとされる世界。天上界。例 かぐや姫は、天上に帰った。

2【天井】てんじょう ①へやの上に、一面にはった板やかべ。②相場や物価のいちばん高いところ。例 天井知らずの物価。

【天上天下▼唯我独尊】てんじょうてんげゆいがどくそん 世の中に自分よりとうといものはないということ。参考 「天上天下」は、天と、その下に広がる広い世界。釈迦が生まれたとき、七歩歩いて、一方の手で天をさし、もう一方の手で地をさして言ったとされることば。

【天職】てんしょく 天からあたえられたと考える職業。また、自分にいちばんあった職業。

【天真▽爛▼漫】てんしんらんまん 四字熟語 気どったところがなくて、のびのびとしていること。むじゃきで明るいこと。天衣無縫。例 天真爛漫な少女。参考 「天真」は、自然のままでかざりけのないこと。「爛漫」は、光りかがやいているようす。

【天水】てんすい 雨水。例 天水おけ(=防火用に雨水をためておくおけ)。

【天性】てんせい 生まれつきの性質。例 かれのほがらかさは天性のものだ。

【天体】てんたい 太陽・月・星など、宇宙にある物体をまとめていうことば。

【天体望遠鏡】てんたいぼうえんきょう 天体を観測するための望遠鏡。

【天高く馬肥ゆる秋】てんたかくうまこゆるあき 句 すんだ空は高くて、草をよく食べる馬は太ってたくましくなる秋。秋のよい季節をいうことば。

【天地】てんち ①天と地。②世界。世の中。例 新しい天地をもとめて船出する。③物の上の部分と下の部分。

【天地創造】てんちそうぞう 四字熟語 神話で、神が世界をつくりだすこと。

【天地無用】てんちむよう 四字熟語 上下をさかさまにしてはいけないということ。荷物のあつかい方に注意させることば。参考 「無用」は、そうしてはいけないという意味。

天地無用

【天敵】てんてき ある動物を、えさとしておそう動物。参考 アリマキからみたテントウムシ、アリからみたアリクイなど。

【天動説】てんどうせつ 地球が宇宙の中心で、ほかの天体が地球のまわりを回っているとする考え方。対 地動説 参考 コペルニクスによってうちけされた。

【天女】てんにょ 「天人」と同じ。

【天人】てんにん 仏教で、天上界にすむと考えられている人。ふつうは女性のすがたであらわされ、羽衣をきて空を自由にとび、音楽がじょうずだといわれる。天女。

【天然】てんねん 人の手をくわえていなくて、自然のままであること。例 天然のサケ。対 人工・人造

【天然記念物】てんねんきねんぶつ たいへん貴重で、保護しないといけない動物・植物・鉱

物。参考 文化財保護法にもとづいて定められている。

【天然色】てんねんしょく ①自然のままの色。②映画、写真などが、自然にちかい色であらわされるもの。カラー。例 天然色映画。参考 ②は、やや古い言い方。

【天皇】てんのう 憲法で、日本の国の象徴とされている人。天皇陛下。

【天▼罰】てんばつ わるいことをしたために、神からうけるというばつ。

1【天日】てんぴ 太陽の光。太陽の熱。

2【天火】てんぴ 料理をつくるときにつかう、むしやきにする道具。オーブン。

【天▽秤】てんびん はかりの一つ。さおの中央を中心にして、両はしに物と重りをのせ、つりあいをとって重さをはかる。天秤ばかり。

【天分】てんぶん 生まれつきもっている才能や性質。

【天変地異】てんぺんちい 四字熟語 自然の世界におこる、いろいろなかわったできごと。例 国じゅうに天変地異がつづいた。参考「天変」は、日食・月食・かみなりなど、空におこる異変のこと。「地異」は、地震・火山の噴火・こう水など、地上におこる異変のこと。

【天幕】てんまく 雨・風や光をふせぐためのまく。テント。

【天窓】てんまど 屋根につくったまど。明かりをとったり、空気を入れかえたりするためのもの。

【天命】てんめい ①人の力ではどうすることもできない運命。天の命令。例 人事をつくして天命をまつ(=人としてできることをみんなやったら、あとは運命にまかせるだけだ)。②天からさずけられた、この世に生きられる年月。寿命。例 天命がつきる(=寿命がおわる。死ぬ)。

【天▼網▽恢▽恢▼疎にして▼漏らさず】てんもうかいかいそにしてもらさず 故事成語 わるいことをした者は、いつかはかならず天罰をうけるというたとえ。参考「天網」は、天が悪者をとらえるためにはる網。「恢恢」は、広く大きいこと。「疎」は、あらいこと。天のはりめぐらした網は、広く大きくて、目があらいように見えるが、悪者をひとりのこらずとらえてしまうといういみから。

【天文】てんもん 太陽・月・星など、天体に関係のある、いろいろのことがら。例 天文台。

【天文学的数字】てんもんがくてきすうじ 現実ばなれした大きな数。参考 天文学(=天体を研究する学問)であつかうような、けた数の多い数字のいみから。

【天領】てんりょう 江戸時代、幕府がちょくせつにおさめていた土地。

【天を▼仰いでつばきす】てんをあおいでつばきす 故事成語 人にわるいことをしようとして、かえって自分がひどい目にあうことのたとえ。参考「つばきす」は、つばをはくいみ。空にむかってつばをはけば、自分の顔におちてくることから。

下につく熟語 有頂天・雨天・▼炎天・寒天・▼仰天・▼暁天・荒天・*昇天・中天・▼曇天・脳天・満天・▼露天

大－1画

【夫】 4画 4年

〔夫〕明朝 音 フ・フウ* 訓 おっと

※上にくる音により「ブ」「プ」ともよむ。

1・2画めは2画めを長く。3画めは1画めの上から出して「天」と区別させる。

なりたち 象形 大－夫 頭にかんざしをつけて、大の字に立っている人のすがたをえがいた字。一人前になった男子をあらわした。

意味 ❶おっと。「夫婦」対 妻 ❷おとこ。「農夫・漁夫」

注意 「天」と書きまちがえないこと。

名まえで使う読み あき・お・すけ・ふ

【夫婦】ふうふ 結婚している男女。夫妻。

【夫君】ふくん 他人のおっとをうやまっていうことば。

こたえ 「白」くなる。百(100)歳から一(1)ひいた99歳のいわいを「白寿」という。

大の部 2画 央・失

【夫妻】ふさい おっとと、つま。夫婦。

【夫人】ふじん 他人の妻をうやまっていうことば。

下につく熟語 工夫・▼丈夫（じょうぶ・じょうふ）・*▼匹夫・*▼凡夫

【犬】4画 犬部0画 →718ページ

大－2画

【央】 5画 3年

〈央〉明朝 音 オウ 訓 ―

1・2画めの縦画は内側に向ける。2・3画めの間は横広にする。3画めを長く。

なりたち 会意 大の字に立った人の首に、ㄇじるしをつけた字。「まんなか」のいみをあらわした。

央のつく漢字グループ 「央」は「まんなかをおさえる」というイメージから、「中心でくっきり分かれる」というイメージにつながる。→英388 →映553

意味 **まんなか。**「中央」

名まえで使う読み あきら・おう・ちか・てる・なか・なかば・ひさ・ひさし・ひろ・ひろし

大－2画

【失】 5画 4年

〈失〉明朝 音 シツ 訓 うしなう

※下にくる音により「シッ」ともよむ。／「シッする」ともつかう。

2・3画めは3画めを長く。4画めは2画めの上から出して「矢」と区別させる。

なりたち 会意 手（て）と乀（横へ引くしるし）を合わせた字。手の中の物が、するりと横へおちるようすをあらわした。

失のつく漢字グループ 「失」のグループは「するりとぬける」「横にずれて移動する」というイメージがある。→迭410 →秩804

意味 ❶**うしなう。なくす。**「失望」 対 得 ❷**あやまち。しくじる。**「失敗・過失」

注意 「矢」と書きまちがえないこと。

【失意】しつい のぞみがかなわないで、がっかりすること。例 失意の日々をすごす。対 得意。

【失火】しっか あやまって火事を出すこと。また、その火事。例 失火から大火災がおきた。

【失格】しっかく あることをするための、資格をなくすこと。例 期限におくれて失格する。

【失業】しつぎょう 生活していくための、仕事をなくすこと。例 失業者がふえる。

【失敬】しっけい ①あいてにたいして、れいぎをかくこと。また、そのときにあやまることば。失礼。例 足をふんで知らん顔なんて、失敬じゃないか。②ことわらないで、物をもち出したりすること。例 だれか、ぼくのかさを失敬したな。③自分のつごうで、人とわかれること。また、そのときにつかうことば。例 これで失敬するよ。

【失言】しつげん いってはならないことを、うっかりいってしまうこと。また、そのことば。

【失策】しっさく ものごとをやりそこなうこと。エラー。

【失笑】しっしょう ばかばかしくて思わずわらうこと。例 失笑を買う（=ばかなことをしてわらわれる）。

【失職】しっしょく 今までつとめていた職をうしなうこと。

【失神・失心】しっしん 気をうしなうこと。

【失政】しっせい やり方をまちがえた政治。

【失▼踪】しっそう どこへ行ったか、ゆくえがわからなくなること。行方不明。

【失速】しっそく　飛行機などの速度がきゅうにおち、つい落しそうになること。

【失態を演じる】したいをえんじる　句　人にわらわれるような、しっぱいをしてしまう。参考「失態」は、みっともないしっぱいのいみ。

【失調】しっちょう　調和をうしなうこと。例 栄養失調。

【失▼墜】しっつい　信用や権威をなくすこと。例 権威を失墜する。また、なくなること。

【失点】しってん　①試合・競技でうしなった点。対 得点 ②しくじり。しっぱい。

【失念】しつねん　うっかりしていて、わすれること。例 君の名前を失念した。

【失敗】しっぱい　やりそこなうこと。しくじること。例 実験は失敗におわった。対 成功

【失費】しっぴ　しはらったお金。つかった費用。例 失費がかさむ(=多くなる)。

【失望】しつぼう　のぞみどおりにならなくて、がっかりすること。例 君には失望した。

【失明】しつめい　目が見えなくなること。

【失礼】しつれい　①れいぎにはずれていて、わるいこと。また、そのようなおこないをすること。例 あの人は失礼な人だ。②人とわかれるときのあいさつのことば。例 じゃあ、失礼！　③人とわかれてそこを立ちさること。例 八時には失礼します。④人にかるくあやまることば。すみません。

【失▼恋】しつれん　恋がやぶれること。恋がみのらないこと。

下につく熟語 遺失・消失・焼失・▼喪失・損失・▼紛失・流失

大－3画

【夷】

6画 人名 〔夷〕明朝

音 イ　訓 えびす

意味 ❶文化がすすんでいない地域の人々。また、異民族。「東▽夷」❷背がひくい。❸古代日本で、関東以北にすんでいた人々。❹七福神の一つ。恵比須。

名まえで使う読み ひな・ひら・やすし

【因】6画　口部3画 ↓221ページ

【戻】7画　戸部3画 ↓488ページ

大－5画

【奄】

8画 人名 〔奄〕明朝

音 エン　訓 おおう・ふさぐ・ふさがる

意味 ❶おおう。❷ふさぐ。ふさがる。「気息▽奄▽奄(=息が絶え絶えなさま)」▽地名でつかわれる。「奄美」

名まえで使う読み ひさ

大－5画

【奇】

8画 常用 〔奇〕明朝

音 キ　訓 —

なりたち 形声 可(丁形にまがる)と大(大の字形に立つ人)を合わせた字。正しく立っていた人がななめにかたむいて、ふつうとはかわったようすになることをあらわした。

↓可 188

奇のつく漢字グループ

「奇」のグループは「バランスをかいて、かたよる」「ななめによりかかる」「∠形になる」というイメージがある。

↓埼 237　↓寄 300　↓崎 331　↓椅 602　↓綺 854　↓騎 1089

意味 ❶めずらしい。かわっている。「▽奇人」❷あやしい。ふしぎ。「▽怪▽奇」❸二でわりきれない数。「▽奇数」対 偶

注意 「寄」とまちがえないこと。

名まえで使う読み あや・き・くし・くす・すく・より

【▽奇異】きい　ふつうとはようすがちがっていて、へんであること。例 奇異な感じがする。

【▽奇▽縁】きえん　おもいがけないめぐりあわせ。ふしぎな関係。例 出身地がおなじだなんて奇縁ですね。／合縁奇縁。

【▽奇▽怪】きかい　ひじょうにあやしくて、ふしぎであるようす。例 奇怪な行動。参考 強めていうときは「きっかい」という。

【▽奇貨居くべし】きかおくべし　故事成語　絶好のチャンスだから、のがしてはならないと

いうこと。参考「奇貨」は、めずらしい品物のいみ。将来もうかるめずらしい品物だから、買っておいたほうがよいといういみから。

奇貨居くべし

【▼奇観】きかん めずらしいながめ。

【▼奇▼奇▼怪▼怪】ききかいかい 四字熟語 ひじょうにあやしく、ふしぎで、わけのわからないようす。例 奇奇怪怪な事件。参考 ㋐「奇怪」を強めたことば。㋑ふつう「奇々怪々」と書く。

【▼奇▼遇】きぐう 思いがけなく出会うこと。例 旅行先で会うなんて奇遇だ。

1【▼奇形】きけい 動物や植物で、ふつうでないかわった形。

2【▼奇計】きけい ふつうの人では思いつかないような、すぐれたはかりごと。例 奇計をもちいる。

【▼奇行】きこう ひどく風がわりなおこない。ふつうでないおこない。例 奇行の多い人。

【▼奇才】きさい めずらしく、すぐれた才能。また、そのもちぬし。例 アニメ界の奇才。

【▼奇策】きさく 人が思いつかないような、はかりごと。例 奇策をめぐらす。

1【▼奇習】きしゅう めずらしい習慣や風習。

2【▼奇▼襲】きしゅう 思いもつかないようなやり方で、だしぬけにおそうこと。例 まよなかに奇襲をかける。

【▼奇術】きじゅつ ふしぎなことをやって見せる芸。手品。マジック。例 奇術師。

【▼奇人】きじん 性質やおこないが、ふつうとはだいぶかわっている人。変人。

【▼奇数】きすう 数のうちで、二でわりきれない数。一・三・五・七・九など。対 偶数

【▼奇声】きせい 奇妙な声。へんな声。例 奇声を発する。

【▼奇▼跡】きせき ほんとうにおこるとはとても考えられない、ふしぎなできごと。

【▼奇▼跡的】きせきてき ふつうでは考えられないほど、幸運であるようす。例 奇跡的に救出された。

【▼奇想天外】きそうてんがい 四字熟語 ふつうでは思いつかないほど、ひじょうにめずらしいようす。例 奇想天外なアイデア。

【▼奇談】きだん めずらしい話。ふしぎな話。

【▼奇特】きどく 神や仏のふしぎなしるし。ごりやく。霊験。

【▼奇▼抜】きばつ ことばや、動作・思いつきなどが、ふつうとはかわっていてめずらしいようす。例 奇抜な服装。

【▼奇病】きびょう 原因や治療法がわかっていない、めずらしい病気。

【▼奇聞】きぶん めずらしい話やうわさ。

【▼奇▼妙】きみょう ふつうでは考えられない、ふしぎでおかしなようす。例 奇妙なできごと。

【▼奇をてらう】きをてらう 句 かわったことをして、人の気をひこうとする。例 奇をてらうより、地道に努力する。参考「てらう」は、とくに目立つようにふるまうといういみ。

下につく熟語 *好▼奇・*新▼奇・数▼奇(すうき・すき)・▼珍▼奇

大－5画

【奈】

8画 4年 〔奈〕明朝 音 ナ 訓 ―

「大」の左右のはらいはしっかり開いて、その中に「示」を組みいれる。

1 一 2 ナ 3 大 4 太 5 夳 6 [illegible] 7 [illegible] 8 奈

なりたち 会意 もとの字は「柰」。示(まつりをする壇)と木(き)を合わせた字。「りんご」をあらわした。

意味 ❶野生のリンゴの木。カラナシ。❷疑問や反語のいみをあらわすことば。「奈辺(＝どこ)」

▽県名でつかわれる。「奈良県」

参考 ひらがな「な」、カタカナ「ナ」のもとになった字。

名まえで使う読み な・なに

【奈落】ならく ①仏教で、じごくのこと。例

奈落の底。②これ以上どうにもならないところ。どん底。③劇場で、ぶたいのゆか下。

大－5画

【奉】 8画 常用 〔奉〕明朝

音 ホウ・ブ
訓 たてまつる

なりたち 形声 -奉
丰と𠬞(両手)と手(手)を合わせた字。両手で⋀⋀の形に高く上げるようすをあらわした。
↓邦434

奉のつく漢字グループ
「奉」のグループは「⋀⋀形にささげもつ」というイメージがある。
↓俸88 ↓棒606

意味 ❶さしあげる。「奉納」❷うけたまわる。「奉行・信奉」❸つかえる。「奉仕」

名まえで使う読み うけ・とも・な・ほう・よし

【奉行】ぶぎょう 武家時代に、幕府の行政事務をうけもっていた役。例 町奉行。

【奉還】ほうかん つつしんで返すこと。例 大政奉還(=徳川慶喜が政権を天皇に返したこと)。

【奉公】ほうこう ①国のためにつくすこと。②よその家にすみこんではたらくこと。例 奉公人。

【奉仕】ほうし ①国や社会のために、つくすこと。例 社会に奉仕する。②商店や旅館などで、客にサービスをすること。例 奉仕料。/奉仕品。

【奉祝】ほうしゅく つつしんでいわうこと。

【奉職】ほうしょく 学校や役所などの、おおやけの仕事につくこと。参考 やや古い言い方。

【奉納】ほうのう 神やほとけに、お金や品物をささげること。

大－5画

【奔】 8画 常用 〔奔〕明朝

音 ホン
訓 —

意味 はやく走る。にげる。「奔走・出奔」

【奔走】ほんそう ものごとがうまくすすむように、あちこち走り回って努力すること。例 選挙運動に奔走する。

【奔放】ほんぽう 思いのままに行動すること。例 奔放な人。/自由奔放。

【奔流】ほんりゅう はげしい水のながれ。

下につく熟語 *狂奔

【突】8画 穴部3画 ↓812ページ

大－6画

【奎】 9画 人名 〔奎〕明朝

音 ケイ
訓 かど

なりたち 形声
圭(へ形になる)と大(手足を広げて立つ人)を合わせた字。ひとまたぎの長さをあらわした。↓圭230

意味 ❶ひとまたぎの長さ。❷文章をつかさどる、星座の名。

名まえで使う読み けい・ふみ

大－6画

【契】 9画 常用 〔契〕明朝

音 ケイ
訓 ちぎる

なりたち 形声 -契
㓞と大を合わせた字。㓞は、丯(棒に切りこみを入れるようす)と刀(かたな)を合わせて、切れめを入れるというイメージをもつ。契は、大きな目立つしるしをきざみつけることをあらわした。

丯・㓞のつく漢字グループ
「丯」と「㓞」のグループは「切れめを入れる」「きざみめを入れる」というイメージがある。「丯」は常用漢字の一部になるときは「龶」になる。
↓喫215 ↓契269 ↓害298 ↓潔688

意味 やくそく。やくそくする。「契約」

名まえで使う読み けい・ちぎり・ちぎる・ひさ

【契機】けいき ものごとのおこるもと。きっかけ。例 パーティーを契機になかよしになる。

【契約】けいやく 法律にもとづいて、売り買

こたえ 1月1日。正しくは、1月1日の朝のこと。

いや、かしかりなどの約束をすること。また、その約束。例 売買契約をむすぶ。

大－6画

【奏】

9画 6年 〔奏〕明朝

音 ソウ
訓 かなでる*

1・2画めを同じ長さに、3画めを長く。5画めの書き出しに注意。9画めは止める。

一 二 三 夫 夫 𡗗 𡗗 奏 奏

なりたち 会意

𡗗と(両手)を合わせた字。𡗗は、拝の右がわと同じで、神の前にささげる、たまぐしの形。奏は、物の形をそろえて両手で神の前にさし出すようすを図にして、物をそろえてまとめるいみをあらわした。

意味 ❶もうしあげる。「奏上・奏聞」 ❷かなでる。「演奏・合奏」 ❸そろって、まとまる。「奏功」

注意 「奉」「泰」とまちがえないこと。

【奏楽】そうがく 音楽をえんそうすること。また、その音楽。

【奏功】そうこう ①成功すること。例 計略が奏功した。②ききめがあらわれること。奏効。例 くすりが奏功する。

【奏者】そうしゃ 楽器をえんそうする人。例 オルガン奏者。

【奏上】そうじょう 天子にもうしあげること。上奏。

【奏法】そうほう 楽器をひく方法。例 ギターの奏法を教えてもらう。

下につく熟語 合奏・*間奏・*協奏・*後奏・*上奏・*序奏・▼吹奏・前奏・独奏・▼伴奏

奏上

【春】9画 日部5画→553ページ

【美】9画 羊部3画→865ページ

【臭】9画 自部3画→901ページ

大－7画

【套】

10画 人名 〔套〕明朝

音 トウ
訓 —

意味 ❶かさねる。つつむ。「外▽套」 ❷人をつつむような、古い習慣。「常▽套手段」

名まえで使う読み なが

【泰】10画 氺部5画→656ページ

【秦】10画 禾部5画→803ページ

【爽】11画 爻部7画→711ページ

大－9画

【奥】

12画 常用

大－10画 【奧】13画 人名 〔奧〕明朝

音 オウ
訓 おく

意味 ❶ふかく中にはいりこんだところ。「▼奥地」 ❷ものごとのおくそこ。「▼奥義」 ❸自分の妻、または、人の妻をよぶことば。「▼奥様」

難しい読み ▼奥義(おうぎ・おくぎ)・▼奥付

名まえで使う読み うち・うら・おき・おく・すみ・ふか・むら

【▼奥義】おうぎ／おくぎ 学問や武芸などで、修練をつんだのちに、はじめて自分のものにできるむずかしいわざや教え。例 奥義をきわめる。

【▼奥方】おくがた 身分の高い人の妻。

【▼奥様】おくさま 他人の妻をうやまって言うことば。

【▼奥地】おくち 海岸や町から遠くはなれた、ふべんなところ。

【▼奥付】おくづけ 本のおわりに、書いた人・発行所・発行年月日などを書いてあるページ。

【▼奥歯】おくば 口のおくにある、食べ物をかみくだく歯。大臼歯。対 前歯

【▼奥山】おくやま 人のすむところから、とおくはなれたふかい山。

下につく熟語 *大▼奥・*深▼奥・山▼奥

大－10画

【奨】13画 常用

大－11画 【奬】14画 人名 〔奨〕明朝

音 ショウ
訓 ―

なりたち 形声 もとの字は「奬」。さらにふるくは「獎」であった。將(ショウ)(先に立ってひきいる)と犬(イヌ)を合わせて、犬をけしかけて先にすすめるようすをあらわした。

↓将311 ↓壮247

意味 ほめてすすめる。「▼奨▼励」

名まえで使う読み しょう・すけ・すすむ・たすく・つとむ

【▼奨学金】しょうがくきん 勉強や研究をたすけるために、かしたりあたえたりするお金。例 奨学金を貸与される。

【▼奨▼励】しょうれい よいこととして、それをおこなうことをすすめること。例 読書を奨励する。

下につく熟語 *勧▼奨・推▼奨・報▼奨

大－11画

【奪】14画 常用

〔奪〕明朝

音 ダツ
訓 うばう

意味 うばう。「争▼奪」

注意 「奮」とまちがえないこと。

【▼奪回】だっかい うばいかえすこと。奪還。例 陣地を奪回する。

【▼奪▼還】だっかん 「奪回」に同じ。

【▼奪取】だっしゅ うばいとること。例 三振を奪取する。

下につく熟語 強▼奪・生殺▼与▼奪・剝▼奪・略▼奪

【器】15画 口部12画 ↓217ページ

大－13画

【奮】16画 6年

〔奮〕明朝

音 フン
訓 ふるう

※上にくる音により「プン」ともよむ。

奮 奮

「大」の左右のはらいはしっかり開き、その中に「隹」と横広の「田」を組みこむ。

なりたち 会意 大と隹(とり)と田(地面)を合わせた字。鳥がとび立とうとして、力いっぱいはばたくようすをあらわした。

意味 元気を出す。ふるいたつ。「奮▼闘」

注意 「奪」とまちがえないこと。

【奮起】ふんき 強く元気をわきたたせること。ふるいたつこと。例 連敗に奮起して練習する。

【奮▼迅】ふんじん はげしくふるいたつこと。例 獅子奮迅(=シシがあれくるうように、はげしいいきおいでものごと(をすること)のはたらき。参考「獅子」はライオンのこと。

【奮戦】ふんせん 力のかぎりたたかうこと。例 奮戦むなしく敗退した。

【奮▼闘】ふんとう 力いっぱい、たたかうこと。また、けんめいにがんばること。例 選手の奮闘をたたえる。

【奮発】ふんぱつ ①元気を出して、ものごとをおこなうこと。発奮。例 まけたくやしさに奮発する。②思いきってお金を出すこと。はずむこと。例 奮発して大きなケーキを買った。

下につく熟語 興奮・*発奮

女の部（おんな・おんなへん）

0画 女

3画

女・女

おんな
おんなへん

なりたち
「女の人」「家族」「血のつながり」「結婚」「しなやかなこと」などのいみに関係した字をあつめる。

この部首の字

画	字	ページ
0画	女	272
2画	奴	273
3画	好	273
3画	如	274
3画	妃	274
3画	妄	274
4画	妥	275
4画	妊	275
4画	妨	275
4画	妙	275
4画	妖	275
5画	委	276
5画	姑	276
5画	妻	276
5画	姉	276
5画	始	277
5画	姓	277
5画	妬	277
5画	妹	277
6画	娃	278
6画	威	278
6画	姻	278
6画	姿	278
6画	姪	279
6画	姹	279
7画	娯	279
7画	娠	279
7画	姫	279
7画	娩	279
7画	娘	279
8画	婚	279
8画	婆	279
8画	婦	280
9画	媛	280
9画	婿	280
9画	媒	280
10画	嫁	280
10画	嫌	280
10画	嫉	281
11画	嫡	281
12画	嬉	281
13画	嬢	281
14画	嬰	281
17画	孃	281

ほかの部首の字　安→宀部 287　努→力部 147　怒→心部 461　要→襾部 933　宴→宀部 297

女－0画

【女】

3画　1年　〔女〕明朝

音 ジョ・ニョ*・ニ*
ヨウ
訓 おんな・め*

1画めは左下に引いて折って右下へ。1・2画めの交差は中心線上に。3画めを長く。

なりたち 象形 しなやかで、やわらかいからだつきの「おんな」をえがいた字。

女のつく漢字グループ
「女」のグループは「やわらかい」というイメージがある。
→奴 273　→如 274

意味 ❶おんな。「女性・女人」 ❷むすめ。「長女・次女」 対❶❷男

参考 ひらがな「め」、カタカナ「メ」のもとになった字。

難しい読み 女形(おんながた・おやま)・女房・女神

名まえで使う読み こ・じょ・たか・め・よし

【女親】おんなおや　母親。おかあさん。対男親

【女形】おんながた／おやま　歌舞伎で、女の役をえんじる男の役者。

【女手】おんなで　①女の人のはたらき。女性の力。例女手が足りない。②女性のかよわい力。例女手一つで子をそだてる。③ひらがな。参考平安時代、男性が漢字をつかい、女性がひらがなをつかったことから。対①〜③男手

【女医】じょい　女性の医者。

【女王】じょおう　女性の王さま。クイーン。

【女官】じょかん／にょかん　宮中につかえる女性。

【女傑】じょけつ　すぐれた知恵や勇気がある女性。

1【女子】じょし　①女の子。例女子が生まれた。②女の人。例女子バレーボール。対①②男子

2【女史】じょし　学問や地位のある女の人をうやまってよぶことば。また、その名前の下につけることば。

【女児】じょじ　女の子。対男児

1【女声】じょせい　声楽で、女性の声。対男声

2【女性】じょせい　女。女の人。対男性

【女性的】じょせいてき　女らしいようす。また、めめしいようす。対男性的

【女装】じょそう　男性が女性の身なりをすること。対男装

【女優】じょゆう　女性の役者。

【女流】じょりゅう　女性。婦人。例女流作家。

【女房】にょうぼう　①つま。対亭主 ②宮中で、へやをもらってつかえた身分の高い女性。

【女人】にょにん　女の人。例女人禁制(=女の人が山や寺にはいることを禁止すること)。

【女神】めがみ 女性の神さま。例 自由の女神。

下につく熟語 海女・王女・乙女・乙女・彼女・才女・早乙女・淑女・少女・男女・天女・美女・魔女・幼女・老女・老若男女

女－2画

【奴】

5画 常用 〈奴〉明朝

音 ド・ヌ*

訓 —

なりたち 形声 奴―奴―奴

女と又(て)を合わせた字。女は、やわらかいというイメージをもち、これはねばりづよいというイメージにつながる。ねばりづよくはたらく「どれい」をあらわした。→女272

奴のつく漢字グループ

「奴」のグループは「ねばりづよい」というイメージがある。また、「やわらかい」というイメージもある。

→努147 →如274 →怒461 →恕464

意味 **くらいのひくい、めしつかい。**「奴隷」

参考 ひらがな「ぬ」、カタカナ「ヌ」のもとになった字。

【奴隷】どれい むかし、自由がなくお金で売買されたり、物と交かんされたりした人。例 奴隷解放の父。

下につく熟語 守銭奴・農奴

女の部 おんな・おんなへん　2画 奴　3画 好

女－3画

【好】

6画 4年 〈好〉明朝

音 コウ

訓 このむ・すく

※上にくる音により「ずき」ともよむ。

好　好

く 女 女 女' 好 好

3画めを左に長く出し、右上にはらう。「女」よりも「子」の方を縦長にする。

なりたち 会意 好―好

女と子を合わせて、女が子どもをたいせつにして、かわいがるようすをあらわした字。

意味 ❶**このましい。よい。**「好調」 ❷**したしいつきあい。**「友好」 ❸**このむ。すく。**「好物」

難しい読み 好一対・好都合

名まえで使う読み この・このむ・すみ・たか・み・よし・よしみ

【好意】こうい ①人にたいしてもつ、よい感じ。例 あの人に好意をもっています。②親切な気もち。使い分け こうい「厚意・好意」→174ページ

【好一対】こういっつい とてもよくにあう、つりあいのとれた一組み。参考 「にあいの夫婦」のいみでつかわれることも多い。

【好運】こううん 運がよいこと。よいめぐりあわせ。例 好運にめぐまれる。対 不運・悲運・悪運

【好演】こうえん じょうずに演技をすること。例 子役の好演が光る。使い分け こうえん「講演・公演・好演」→966ページ

【好学】こうがく 学問をこのむこと。例 好学の士。

使い分け こうがく 好学・向学・後学

【好学】学問をこのむこと。例「好学の士」と言われた博士。

【向学】勉強にはげむこと。例 向学心にもえる。／向学の念。

【後学】将来、自分に役立つ知識や学問。例 後学のために、教えてください。／後学になる。

1【好感】こうかん 人にたいしてもつ、よい感じ。例 好感をもつ。／好感度(=よいと感じる度合い)。

2【好漢】こうかん 心意気のあるりっぱな男。

【好機】こうき あることをするのによい時機。

3画

こたえ おと(劣)る。(少＋力)。

チャンス。例 一打逆転の好機をむかえる。

【好▼奇心】こうきしん めずらしいことにひかれる気もち。例 好奇心が強い。

好奇心

【好▼況】こうきょう 世の中の景気がよいこと。対 不況

【好景気】こうけいき 金回りがよく、経済に活気があること。景気がよいこと。対 不景気

【好好▽爺】こうこうや 人のいい、気のやさしいおじいさん。参考 ふつう、「好々爺」と書く。

【好事▼魔多し】こうじまおおし 故事成語 よいことには、じゃまがはいりやすいということ。参考「好事」は、めでたいこと、よろこばしいこと。「魔多し」は、じゃまが多いということ。

【好事門を出でず】こうじもんをいでず 故事成語 よいおこないは、なかなか世の中に知られないということ。参考「好事」は、よいおこないのこと。この句のあとに「悪事千里を走る」とつづけていうこともある。

【好調】こうちょう からだやものごとの、調子がよいこと。例 売れ行きは好調だ。対 不調

【好都合】こうつごう 条件や希望にうまく合って、ぐあいのよいこと。対 不都合

【好適】こうてき そのことをするのに、ちょうどよいぐあいであるようす。例 家を建てるには好適の場所だ。

【好敵手】こうてきしゅ 実力が同じぐらいで、たたかうのにふさわしいあいて。ライバル。例 好敵手にめぐまれる。

1【好天】こうてん よい天気。例 好天にめぐまれる。

2【好転】こうてん ものごとの状態などが、よいほうにむかうこと。例 商売が好転する。

【好評】こうひょう よい評判。対 悪評

【好物】こうぶつ すきな食べ物。

下につく熟語 *愛好・格好・*修好・絶好・相好・同好・良好

女－3画

【如】

6画 常用 〔如〕明朝

音 ジョ・ニョ 訓 —

なりたち 形声 女（やわらかい）と口（ことば）を合わせた字。ものやわらかにいうことばをあらわした。「AはBである」のかわりに、「AはBのようだ」という言い方。↓女272

意味 ❶…のようだ。にている。「▼突▼如」「▼如実」 ❷ようすをあらわすことば。

名まえで使う読み いく・じょ・すけ・なお・もと・ゆき

【▼如月】きさらぎ 陰暦の二月。

【▼如才ない】じょさいない 気がきいていて、あいそがいい。例 如才なくふるまう。参考「如才」は手ぬかりのいみ。

【▼如実】にょじつ ありのままであること。例 生活のありさまが如実にしめされている。

下につく熟語 欠▼如・▼躍▼如

女－3画

【妃】

6画 常用 〔妃〕明朝

音 ヒ 訓 *きさき

なりたち 会意 配（くっついてならぶ）をりゃくした己と女を合わせた字。王族の夫につれそう妻をあらわした。↓配1010 ↓肥884

意味 皇族・王さまなどの妻。きさき。「▼妃殿下」

名まえで使う読み き・ひ・ひめ

下につく熟語 王▼妃・*皇太子▼妃・*后妃

女－3画

【妄】

6画 常用 〔妄〕明朝

音 モウ・ボウ 訓 —

なりたち 形声 亡（見えない）と女を合わせた字。女に心がまどわされ、われをわすれたおこないをするようすをあらわした。↓亡44

意味 ❶いいかげんに。みだりに。「▼妄想」 ❷でたらめ。うそ。「▼妄言（もうげん・ぼうげん）」

【▼妄言】もうげん／ぼうげん でたらめ。道理に合わないことば。例 妄言多謝（＝率直な意見を言ったあとにわびる、けんそんのことば）。

【妄信】もうしん　ふかく考えないで、しんじこむこと。また、あやまった思いこみ。例うわべのことばにだまされて、あいてを妄信する。

【妄想】もうそう　じっさいにはありえないことを、あると思いこむこと。例被害妄想。

【安】6画 宀部3画 ↓287ページ

女－4画

【妥】7画

常用 〈妥〉明朝 音ダ 訓―

意味 おだやか。やすらかにおちついたようす。「妥当」

名まえで使う読み だ・やす・やすし

【妥協】だきょう　意見が分かれているときに、たがいにゆずりあって両方の意見を一つにまとめること。例妥協案をさぐる。／君と妥協することはできない。

【妥結】だけつ　意見のちがう両方の人が、たがいにゆずり合ってとりきめをむすぶこと。例交渉が妥結する。

【妥当】だとう　考えややり方が、その場合によく当てはまっていること。例妥当な結論。

女－4画

【妊】7画

常用 〈妊〉明朝 音ニン 訓―

なりたち 形声 壬(ふくらむ)と女を合わせた字。女が子どもをやどして、おなかがふくらむようすをあらわした。↓壬247

意味 子どもをやどす。「妊娠・懐妊」

【妊娠】にんしん　女性のおなかに、子どもができること。例妊娠五か月です。

【妊婦】にんぷ　妊娠している女の人。

女－4画

【妨】7画

常用 〈妨〉明朝 音ボウ 訓さまたげる

なりたち 形声 方(左右にはり出す)と女を合わせた字。左右の手を広げて、女を通さないように、じゃまするようすをあらわした。↓方541

意味 じゃまをする。「妨害」

注意 「防」とまちがえないこと。

【妨害】ぼうがい　じゃまをすること。

注意 「防害」と書かないこと。

女－4画

【妙】7画

常用 〈妙〉明朝 音ミョウ 訓―

なりたち 会意 少(ほそい)と女を合わせた字。女がかぼそくて美しいようすをあらわした。

意味 ❶すぐれている。たくみな。「妙技」❷ふしぎ。「奇妙」❸わかい。「妙齢」❹うつくしい。たえ。

注意 「好」とまちがえないこと。

名まえで使う読み たえ・ただ・たゆ・みょう

【妙案】みょうあん　ひじょうにいい思いつき。うまい考え。例妙案がうかぶ。

【妙技】みょうぎ　すぐれたわざ。みごとなうでまえ。例四回転の妙技を見せる。

【妙手】みょうしゅ　①すぐれたうでまえ。また、すぐれたうでまえをもつ人。例バイオリンの妙手。②ひじょうにうまいやり方。例囲碁で妙手をうつ。

【妙味】みょうみ　すぐれたあじわい。おもしろさ。例妙味のある絵。

【妙薬】みょうやく　ふしぎなほどよくきくくすり。

【妙齢】みょうれい　女の人のわかい年ごろ。

下につく熟語 軽妙・巧妙・神妙・＊絶妙・珍妙・当意即妙・微妙

女－4画

【妖】7画

常用 〈妖〉明朝 音ヨウ 訓あやしい

なりたち 形声 夭(しなやか)と女を合わせた字。女がしなやかなようすをあらわした。

意味 ❶女の人が、男の人をまどわすほどにうつくしいようす。「妖艶」❷あやしい。ぶきみなようす。「妖怪」

【妖艶】ようえん　女らしさがあふれて、うつくしいようす。

【▼妖▼怪】ようかい ばけもの。

【▼妖気】ようき よくないことが起こりそうな、あやしい気配。例 妖気がただよう。

【▼妖術】ようじゅつ 人をまどわすあやしい術。魔術。

【▼妖精】ようせい ヨーロッパの伝説や童話などに出てくる精霊。女の人や小さい人間のすがたであらわれ、まほうをつかう。

【努】7画 力部5画→147ページ

女－5画

【委】8画 3年

〔委〕明朝 音 イ 訓 ゆだねる

5画めは止めてもはらってもよい。2・8画めの横画は、8画めの方を長くする。

筆順：1 一 2 二 3 千 4 于 5 禾 6 秂 7 季 8 委

なりたち 形声 禾(しなやかにたれさがる)と女を合わせた字。女がなよなよと力なくよりかかるようすを図にして、ほかの人のなすがままに「まかせる」ことをあらわした。→和207

意味 ❶まかせる。「委員」❷くわしい。「委細」

注意 「季」とまちがえないこと。

名まえで使う読み い・つく・とも・も・もろ

【委員】いいん 団体などで、えらばれてある仕事をまかせられた人。例 体育委員。／委員会。／委員長。

【委曲】いきょく こまかくくわしい事情。例 委曲をつくす(=こまかいことまであきらかにする)。

【委細】いさい ①こまごまとした、くわしい事情。例 ことの委細をうちあける。②話などのすべて。例 委細しょうちしました。

【委▼譲】いじょう 権利などをゆずって、まかせること。例 権限を委譲する。

【委▼嘱】いしょく 仕事などを、人にたのんでまかせること。例 委員を委嘱する。

【委▼託】いたく 仕事などを人にまかせて、やってもらうこと。例 生産をほかの会社に委託する。

【委任】いにん 仕事や権利を人にまかせること。例 委任状。

女－5画

【姑】8画 表外

〔姑〕明朝 音 コ 訓 しゅうとめ

意味 ❶おっとの母。しゅうとめ。対 舅(=おっとの父)❷とりあえず。しばらく。「▽姑息」

【▽姑息】こそく その場だけの間に合わせにするようす。例 姑息なやり方。

女－5画

【妻】8画 5年

〔妻〕明朝 音 サイ 訓 つま

※上にくる音により「づま」ともよむ。

「女」の横画を一番長くして上部を支える。3画めは2画めの縦画より右側に出す。

筆順：1 一 2 ㇕ 3 ヨ 4 ヨ 5 亊 6 妻 7 妻 8 妻

なりたち 会意 屮(かんざし)とヨ(=又。て)と女を合わせた字。アクセサリーで着かざった女のすがたを図にして、ひとづまをあらわした。

意味 つま。「夫妻・愛妻」対 夫

【妻子】さいし 妻と、子ども。例 妻子同伴。

【妻帯】さいたい 妻をもつこと。結婚していること。例 妻帯者。

下につく熟語 *後妻・*先妻・新妻・*良妻

女－5画

【姉】8画 2年

〔姉〕明朝 音 シ* 訓 あね

4画めは点でもよい。8画めは止めてもよい。「女」より「市」を縦長にする。

筆順：1 く 2 夊 3 女 4 女' 5 女亠 6 女亣 7 姉 8 姉

3画

なりたち 形声 姉

市と女を合わせた字。朩は、屮(くさ)と八(分かれる)を合わせて、草の芽が分かれて出るようす。朩に一をつけた市は、草の芽がのびきって止まるようすで、「これ以上は行けない」「いちばん上に出る」というイメージをもつ。市は、女のきょうだいのうち、年上のものをあらわした。▽市は「市場」の市や、「肺」の右がわとは別。

意味 ねえさん。あね。「姉妹・義姉」 対妹

難しい読み 姉さん・姉御

名まえで使う読み あね・え・し

【姉妹】しまい ①あねと、いもうと。また、女のきょうだい。対兄弟 ②たがいににたところをもっている二つ以上のもの。

【姉妹校】しまいこう にているところがあり、したしくしている学校。

【姉妹都市】しまいとし 国がちがう都市の中で、友好関係をむすんでいる都市。

女－5画

【始】 8画 3年

〈始〉明朝

音 シ

訓 はじめる・はじまる

「女」よりも「台」を縦長に。「女」の2画めは3画めの上に出ても出なくてもよい。

なりたち 形声 台(動作をおこす)と女を合わせた字。女のきざしがおこりはじめるようすをあらわした。→台192

意味 ❶はじめ。はじまり。「年始」 ❷はじめる。はじまる。「始業」 対❶❷終

使い分け はじめ「初め・始め」→(131ページ)

名まえで使う読み し・とも・はじめ・はる・もと

【始業】しぎょう 仕事や授業などをはじめること。対終業

【始終】しじゅう ①ものごとのはじめからおわりまでの全部。例一部始終を話す。②いつも。たえず。例波が始終うちよせている。

【始祖】しそ ①あることをいちばんはじめにおこなった人。元祖。②家系で、いちばんはじめの人。

【始動】しどう (機械などが)うごきはじめること。例エンジンが始動する。

【始発】しはつ ①その日のうちで、いちばんはじめに出発する電車・汽車・バスなど。対終発 ②あるところをもとにして、そこから出発すること。例東京駅始発のバス。対終着

【始末】しまつ ①はじめからおわりまでのなりゆき。てんまつ。例ことの始末を話す。②結果としての、よくないありさま。例始末書を出す。③しめくくりをつけること。例ガスの始末をする。④むだのないようにつかうこと。例あの人は始末屋だ。

上につく熟語 *始祖鳥

下につく熟語 開始・*元始・原始・終始・創始

女－5画

【姓】 8画 常用

〈姓〉明朝

音 セイ・ショウ

訓 ―

なりたち 形声 生(うまれる)と女を合わせた字。女の血すじから生まれてきたものの共通の名まえをあらわした。のち、ひろく「かばね」のこと。→生737

意味 家の名前。みょうじ。「姓名」

注意 「性」とまちがえないこと。

【姓名】せいめい みょうじと名。氏名。

下につく熟語 改姓・*旧姓・同姓

女－5画

【妬】 8画 常用

〈妬〉明朝

音 ト

訓 ねたむ

意味 ねたむ。他人をうらやましく思って、にくむ。やきもちをやく。「嫉妬」

女－5画

【妹】 8画 2年

〈妹〉明朝

音 マイ*

訓 いもうと

「女」よりも「未」を縦長に。4・5画めは5画めを長く。6画めをはねてもよい。

なりたち 形声 未（まだのびきらない）と女を合わせた字。女のきょうだいのうち、年下のものをあらわした。→未581

意味 いもうと。「姉妹・弟妹・義妹」 対 姉

名まえで使う読み いも・まい

女－6画

【娃】9画 人名

〈娃〉明朝 音 アイ 訓 ―

意味 ❶うつくしい。❷美人。

女－6画

【威】9画 常用

〈威〉明朝 音 イ 訓 ―

なりたち 会意 戌（武器）と女を合わせた字。武器で女をおどすようすをあらわした。

意味 ❶いかめしい。おごそかである。「▼威厳」 ❷おどす。おそれさせる。「▼威圧」 ❸人をおどかす力。いきおい。「権▼威」

名まえで使う読み あきら・い・たか・たけ・たけし・たける・つよ・つよし・とし・なり・のり

【▼威圧】いあつ いきおいや力で、あいてをおそれさせて、おさえつけること。例 大声に威圧された。

【▼威▼嚇】いかく いきおいや力でおどすこと。例 威嚇射撃。／あいてを威嚇する。

【▼威▼儀を正す】いぎをただす 句 身なりをととのえて、れいぎ正しいたいどをとる。

参考 「威儀」は、れいぎ・作法に合った、おもおもしいふるまいのいみ。

威儀を正す

【▼威厳】いげん おごそかで、いかめしいようす。例 威厳にみちた顔。

【▼威光】いこう （その人に自然とそなわっている）人をしたがわせる力やいきおい。例 国の威光。／神の威光。

【▼威信】いしん 人をおそれさせる力と、人からうける信頼。例 国家の威信にかかわる。

【▼威勢】いせい ①人をおそれさせる力。例 将軍の威勢になびく（＝したがう）。②元気。例 威勢のいいよび声。

【▼威容】いよう りっぱで、いかめしいすがた。例 威容をほこる城。

【▼威力】いりょく 人をおそれさせてしたがわせる、強い力。

下につく熟語 ▼脅▼威・＊国▼威・示▼威・▼猛▼威

女－6画

【姻】9画 常用

〈姻〉明朝 音 イン 訓 ―

なりたち 形声 因（上に乗る）と女を合わせた字。女が他の家に乗って縁を結ぶことをあらわした。→因221

意味 よめいり。「▼婚▼姻」

【▼姻▼戚】いんせき 結婚によってできた親類。姻族。えんつづき。例 姻戚関係。

女－6画

【姿】9画 6年

〈姿〉明朝 音 シ 訓 すがた

「女」の横画を長くして「次」を支える。6画めは止めてもはらってもよい。

なりたち 形声 次（そろえる）と女を合わせた字。女が顔やみなりをととのえるようすを図にして、全体をざっとつくろった、そのままのすがたのいみをあらわした。→次619

意味 すがた。からだつき。みなり。ようす。「姿勢・雄姿」

名まえで使う読み かた・し・しな・たか

【姿勢】しせい ①ものごとをするときの、からだのかっこう。例 姿勢を正す。②心がまえ。態度。例 低姿勢に出る。

【姿態】したい すがた。からだつき。例 あでやかな姿態。

【姿見】すがたみ 全身をうつすことのできる、大きいかがみ。

下につく熟語 ＊絵姿・＊後ろ姿・＊晴れ姿・勇姿・容姿

姿見

女－6画

【姪】 9画 人名 〈姪〉明朝

音 テツ
訓 めい

意味 兄弟姉妹に生まれた女の子。めい。対 甥

名まえで使う読み めい

女－6画

【姥】 9画 人名 〈姥〉明朝

音 ボ
訓 うば

意味 年をとった女。老女。「▽姥桜」

名まえで使う読み おけ・とめ

【怒】 9画 心部5画→461ページ

【要】 9画 襾部3画→933ページ

女－7画

【娯】 10画 常用 〈娯〉明朝

音 ゴ
訓 ―

なりたち 形声 呉(おしゃべりする)と女を合わせた字。女たちが楽しげにおしゃべりするようすをあらわした。→呉202

意味 たのしむ。たのしみ。「▽娯楽」

【▽娯楽】ごらく 人を楽しませなぐさめるもの。

女－7画

【娠】 10画 常用 〈娠〉明朝

音 シン
訓 ―

意味 子どもをやどす。「▽妊▽娠」

女－7画

【姫】 10画 常用 〈姫〉明朝

音 ―
訓 ひめ

なりたち 形声 𦣝(ふくよか)と女を合わせた字。ふくよかで、物腰がゆったりした女をあらわした。

意味 ❶身分の高い人のむすめ。「▽姫君」 ❷女の人をほめていうよび方。「歌▽姫・舞▽姫」 ❸小さくてかわいいものにつけることば。「▽姫鏡台」

名まえで使う読み き・ひめ

女－7画

【娩】 10画 人名 〈娩〉明朝

音 ベン
訓 ―

意味 うむ。うみおとす。「分▽娩」

女－7画

【娘】 10画 常用 〈娘〉明朝

音 ―
訓 むすめ

なりたち 形声 良(けがれがない)と女を合わせた字。未婚のわかい女をあらわした。→良909

意味 ❶その人の子である女。「村▽娘」「愛▽娘」 ❷わかい女の人。

名まえで使う読み ら・ろう

【▽娘心】むすめごころ わかい女の人がもっている、やさしい心。

【▽娘▽婿】むすめむこ 自分のむすめが結婚したあいての夫。むすめの夫。

下につく熟語 小▽娘・＊箱入り娘・＊孫娘

【宴】 10画 宀部7画→297ページ

女－8画

【婚】 11画 常用 〈婚〉明朝

音 コン
訓 ―

意味 夫婦になること。「▽婚約・結▽婚」

【▽婚▽姻】こんいん 結婚すること。例 婚姻届。

【▽婚▽儀】こんぎ 「婚礼」と同じ。

【▽婚約】こんやく 結婚の約束をすること。また、その約束。例 婚約指輪。

【▽婚礼】こんれい 結婚の儀式。結婚式。

下につく熟語 ▽既▽婚・求▽婚・再▽婚・＊初▽婚・新▽婚・＊早▽婚・＊晩▽婚・未▽婚・離▽婚

女－8画

【婆】 11画 常用 〈婆〉明朝

音 バ
訓 ばあ＊・ばば＊

漢字クイズ 「如月」と書いて「きさらぎ」と読みます。陰暦のなん月のことでしょう。

女の部（おんな・おんなへん） 8画 婦 9画 媛・婿・媒 10画 嫁・嫌

なりたち 形声 波（ななめになる）と女を合わせた字。せなかのまがった老女をあらわした。→皮764 →波657

意味 ❶年をとった女の人。おばあさん。「老婆・お婆さん」 ❷仏教のことばの「ば」の発音をあらわす字。

下につく熟語 卒▼塔▼婆（そとば・そとうば）・*塔▼婆

女－8画

【婦】

11画 5年 〈婦〉明朝 音 フ 訓 ―

※上にくる音により「プ」ともよむ。

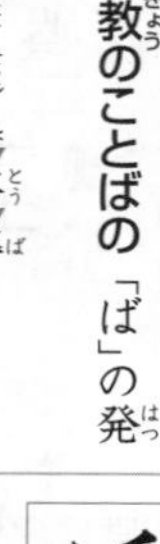

5画めを4画めの縦画から右に出さない。11画めは止めてもはらってもよい。

なりたち 会意 －婦

帚（ほうき）と女を合わせた字。そうじなど、家の中の仕事をする妻をあらわした。

意味 ❶つま。「夫婦」 ❷おんな。「婦人」

【婦女子】ふじょし ①女性や子ども。②女性。

【婦人】ふじん おとなの女の人。

下につく熟語 家政婦・主婦・新婦・▼妊婦・*農婦

女－9画

【媛】

12画 4年 〈媛〉明朝 音 エン* 訓 ひめ*

10画めを8画めの上に出さない。10・11画めのはらいの下の高さをそろえる。

なりたち 形声 もとの字は「媛」。爰（エン）（ゆったりしている）と女を合わせた字。物腰がゆったりして、たおやかな女をあらわした。→援515

意味 ❶うつくしく、しとやかな女。ひめ。「才媛」 ❷身分の高い女。

▽県名でつかわれる。「愛媛県」

女－9画

【婿】

12画 常用 〈婿〉明朝 音 セイ 訓 むこ

意味 むこ。むすめの夫。「花▼婿・女▼婿・▼娘▼婿」

【▼婿養子】むこようし 養子として、むすめの夫になった人。

女－9画

【媒】

12画 常用 〈媒〉明朝 音 バイ 訓 ―

意味 間にはいってとりもつ。なかだちをする。「▼媒▼介」

【▼媒▼介】ばいかい 両方の間に立って、その関係をとりもつこと。また、とりもつもの。なかだち。例 日本脳炎は、「カ」が媒介する。

【▼媒▼酌】ばいしゃく 結婚のなかだちをすること。また、その人。仲人。例 媒酌人。

【▼媒体】ばいたい 情報などをつたえる、なかだちになるもの。例 広告媒体。

下につく熟語 ▼触▼媒・*虫▼媒・*風▼媒・▼溶▼媒

女－10画

【嫁】

13画 常用 〈嫁〉明朝 音 カ 訓 よめ・とつぐ

なりたち 形声 家（上からかぶさる）と女を合わせた字。女がほかの家にかぶさることをあらわした。→家297

意味 ❶よめ。「花▼嫁」「▼嫁入り」 ❷よめに行く。 ❸（罪などを）人におしつける。「転▼嫁」

女－10画

【嫌】

13画 常用 〈嫌〉明朝 音 ケン・ゲン 訓 きらう・いや

意味 ❶きらう。いやになる。「▼嫌悪・機▼嫌」 ❷うたがう。「▼嫌疑」

難しい読み ▼嫌気（いやけ・いやき）

【▼嫌気】いやけ／いやき いやだと思う気もち。例 嫌気がさす（＝いやになる）。

3画

【嫌味】いやみ　あいてにいやな感じをあたえる、ことばやたいど。例 嫌味を言う。／嫌味な人。
【嫌煙】けんえん　ほかの人がたばこをすうのをきらうこと。例 嫌煙運動。／嫌煙権。
【嫌悪】けんお　にくみきらうこと。例 自己嫌悪におちいる。
【嫌疑】けんぎ　(わるいことをしたのではないかという)うたがい。容疑。例 強盗の嫌疑をかけられる。

女－10画
【嫉】13画 常用 〈嫉〉明朝 音シツ 訓―
意味 うらやましく思って、にくむ。また、そのにくしみ。
【嫉妬】しっと　①自分のすきな人が、ほかの人にやさしくしたりすることをうらめしく思うこと。やきもち。例 嫉妬深い。②自分よりすぐれた人を、うらやみにくむこと。例 あいての才能に嫉妬する。

女－11画
【嫡】14画 常用 〈嫡〉明朝 音チャク 訓―
なりたち 形声 啇(まともに向きあう)と女を合わせた字。夫とまともに向きあう正妻をあらわした。→適430
意味 ❶正式の妻。❷正式の妻から生まれた子。「嫡子」
【嫡子】ちゃくし　①あとつぎ。②正式の夫婦の間に生まれた子。対①②庶子
【嫡男】ちゃくなん　結婚した夫婦の間に生まれた長男。あととり。

女－12画
【嬉】15画 人名 〈嬉〉明朝 音キ 訓うれしい
意味 ❶たのしんであそぶ。❷にぎやかにわらう。「嬉嬉」❸うれしい。
名まえで使う読み き・よし

女－13画
【嬢】16画 常用
女－17画
【孃】20画 人名 〈孃〉明朝
音ジョウ 訓―
意味 ❶結婚していない女の人。「お嬢さん」❷わかい女の人をそんけいしてよぶときのことば。「令嬢・山田嬢・案内嬢」

女－14画
【嬰】17画 表外 〈嬰〉明朝 音エイ 訓みどりご
意味 ❶赤んぼう。みどりご。「嬰児」❷音楽で、音のたかさを半音あげること。「嬰記号(＝♯)」対変
【嬰児】えいじ　生まれたばかりの赤んぼう。

3画 子・子 こ こへん

なりたち

「子ども」や、子どもの状態・関係、「子孫」などのいみに関係した字をあつめる。

この部首の字

0画 子 281	3画 存 283
1画 孔 282	4画 孝 283
3画 字 282	4画 孜 284
5画 学 284	5画 孟 285
5画 季 285	6画 孤 286
	7画 孫 286

ほかの部首の字　享→亠部47　承→手部496　厚→厂部173　好→女部273　李→木部585　乳→乚部36

子－0画
【子】3画 1年 〈子〉明朝 音シ・ス 訓こ
※上にくる音により「ご」ともよむ。

2画めは書き始めとはねる位置を中心線上にして反る。3画めは2画め上部で交わる。

なりたち 象形 小さい子どものすがたをえがいた字。

子のつく漢字グループ
「子」のグループは「小さい」というイメージがある。
→字282 →孜284

意味 ❶こども。「子孫」対親 ❷男。人。「君子・才子」 ❸たね。「種子」 ❹小さいもの。「原子」 ❺ものをあらわすことば。「様子」 ❻十二支の一番め。時刻では午前零時、またその前後二時間にあてる。動物ではねずみ。ね。「子午線」 ❼方角の、きた。

名まえで使う読み こ・さね・し・しげ・しげる・たか・ただ・たね・ちか・つぐ・とし・ね・み・みる・やす

【子会社】こがいしゃ 大きなもとになる会社にしたがい、さしずをうける会社。対親会社 例子会社に出向する。

【子宝】こだから 親にとって、宝である子。例子宝にめぐまれる。

【子供】こども ①自分のむすこやむすめ。例うちの子供。②おさない子。対親 例近所の子供。③考えが足りなく、判断ができない人。例考えていることが子供だ。対②③大人

【子分】こぶん ある人の下にいて、その人の言いつけどおりに動く人。

【子守】こもり 小さい子どもの世話をしたりあそばせたりすること。また、それをする人。

【子役】こやく 映画やしばいなどの、子どもの役。また、子どもの役者。

【子音】しいん/しおん ことばを発音するとき、歯や舌などにさまたげられて出る音。対母音

【子午線】しごせん ①天球上で、天の両極と天頂とを通る線。②南極と北極を通る平面で地球を切ったと考えたとき、地球の表面にできる切り口の線。経線。

【子細】しさい ①ものごとの、くわしい事情。例ことの子細を話す。②こまかく、くわしいようす。例子細にわけを話した。③さしつかえ。例かれは、子細があって来られません。

【子女】しじょ ①むすこと、むすめ。例帰国子女。②女の子。例良家の子女。

【子息】しそく 他人の子どもである男の子。

【子孫】しそん 子や孫。先祖からつづいた血すじの人々。対祖先・先祖

【子弟】してい (親の保護をひつようとする)年のわかい人。

【子▼房】しぼう 花のめしべの下にある、ふくれた部分。受精すると実になるところ。

【子葉】しよう 植物の種の中にあって、芽が出るとき、はじめに出る葉。

下につく熟語 因子・氏子・王子・親子・▼菓子・貴公子・格子・皇太子・骨子・妻子・冊子・実子・障子・女子・▼扇子・男子・調子・弟子・天子・電子・▼拍子・分子・▼帽子・母子(ぼし・ぼこ)・迷子・末子・息子・養子・様子・利子・▼粒子

子－1画

【孔】

4画 常用 〔孔〕明朝 音コウ 訓―

なりたち 会意 乚(通りぬけるしるし)と子を合わせた字。子どもがうまれてくるようすを図にして、あなをあらわした。

意味 あな。「気▼孔・耳▼孔・▼瞳孔・鼻▼孔」

使い分け 「穴」と区別してつかおう。→穴(810ページ)

名まえで使う読み あな・うし・く・こう・ただ・みち・よし

【▼孔子】こうし 大むかしの中国の思想家で、儒教の創始者。参考『論語』は、孔子がなくなったあと、弟子たちが孔子のことばや問答をまとめた本。

子－3画

【字】

6画 1年 〔字〕明朝 音ジ 訓あざ*

「宀」の1画めは点でもよい。2画めは左下へ引いて止め、3画めは最後左下へはねる。

なりたち 形声 宀－字 子(小さい子ども)と宀(いえ)を合わせた字。家の中で、子をうんでそだてるようすをあらわ

した。↓子281 ▽もとになる親もじを「文」というのに対し、それを組み合わせて生まれた子もじを「字」といい、あわせて文字という。

意味 **❶もじ。あざ。**「字形」「大字」 **❷町や村を小さく分けたもの。**

注意 部首を、「宀」とまちがえないこと。

名まえで使う読み さね・じ・な

【字音】じおん 漢字を音で読むときの読み。たとえば、「人」では「ジン」「ニン」。対 字訓

【字画】じかく 漢字を組み立てている点や線。また、その字を組み立てている点や線の数。

【字義】じぎ 漢字がもっている意味。

【字句】じく 文章の中の、文字や一区切りのことば。例 字句を訂正する。

【字訓】じくん 漢字を訓で読むときの読み。たとえば、「人」では「ひと」。対 字音

【字形】じけい 文字の形。例 字形がととのう。

【字体】じたい ①文字の形。②文字の書き方。書体。

【字典】じてん 漢字をきまった順序にならべ、そのいみ・読み方・なりたちなどを説明した本。字書。字引。使い分け じてん「辞典・字典・事典」↓(1007ページ)

【字引】じびき ①「字典」と同じ。②「辞典」と同じ。

【字幕】じまく 映画やテレビで、説明やせりふなどの文字をうつしだすもの。

下につく熟語 赤字・一文字・活字・漢字・黒字・国字・誤字・＊習字・十文字・数字・正字・▼俗字・題字・▼脱字・点字・名字・文字(じ・もじ・もん)・略字

子－3画

【存】

6画 6年 〔存〕明朝

音 ソン・ゾン 訓 —

1画めは右上がりに、2画めを長く。3画めの書き出しを2画めから少し上に出す。

一 ナ ナ 卞 存 存

なりたち 形声 才(じっと止まる)と子を合わせた字。子どもをいたわって、じっとぶじなじょうたいにするようすを図にして、たいせつにとっておくいみをあらわした。

意味 **❶ある。生きている。**「存在・生存」 **❷たもつ。**「保存」 **❸知っている。**「存外」

注意 「在」とまちがえないこと。

名まえで使う読み あきら・あり・ある・さだ・すすむ・そん・ぞん・たもつ・つぎ・なが・のぶ・まさ・やす・やすし

【存外】ぞんがい 思いのほか。例 存外多い。

【存在】そんざい そこにあること。いること。例 神の存在を信じている。

【存続】そんぞく ものごとがなくならないで、長くつづくこと。例 会の存続をのぞむ。

【存分】ぞんぶん 思うとおりに。じゅうぶん。例 思う存分食べた。

【存亡】そんぼう 生きのこるか、ほろびるかということ。例 危急存亡のとき。

【存命】ぞんめい 生きながらえていること。例 祖父母も存命です。

【存立】そんりつ ほろびないで、いつまでもなりたっていること。例 存立があやぶまれる。

下につく熟語 ＊▼依存・異存・一存・温存・共存・現存(げんそん・げんぞん)・残存・＊実存・＊所存

【好】6画 女部3画 ↓273ページ

子－4画

【孝】

7画 6年 〔孝〕明朝

音 コウ 訓 —

「ノ」は2画めの右で交わる。「ノ」は1画めと「子」と接しても接しなくてもよい。

一 + 土 耂 耂 考 孝

なりたち 会意 老(としより)をりゃくした耂と子を合わせた字。年をとった親をたいせつにすることをあらわした。

意味 **親をたいせつにする。**「孝行」

注意 「考」「老」とまちがえないこと。

名まえで使う読み あつ・

孝

子 こ・こへん 子の部
3画 存
4画 孝

3画

漢字クイズ 「弥生」と書いて「やよい」と読みます。陰暦のなん月のことでしょう。

こう・たか・たかし・なり・のり・みち・もと・ゆき・よし

【孝行】こうこう　子どもが、親をたいせつにしてつくすこと。対 不孝 例 孝行のしたい時分(=とき)に親はなし。

【孝心】こうしん　孝行の心。

【孝養】こうよう　まごころをこめて、親のせわをすること。例 孝養をつくす。

下につく熟語 ＊忠孝・不孝

子-4画

【孜】7画

人名 〔孜〕明朝 音 シ 訓 つとめる

なりたち 形声 子(小さいものがつぎつぎとふえる)と攴(動作)を合わせた字。

意味 **つとめる。つぎつぎと休まずはたらく。**「孜孜(=こまめにつとめるようす)」

名まえで使う読み あつ・あつし・すすむ・ただす・つとむ・はじめ・まもる

【李】7画 木部3画 ↓585ページ

子-5画

【学】8画

1年 〔學〕明朝 音 ガク 訓 まなぶ

※下にくる音により「ガッ」ともよむ。

学 学 1・2画めは左側から順に点で書く(「⺍」と区別する)。

筆順: 1 丶 2 丷 3 ⺍ 4 ⺍ 5 ⺍ 6 ⺍ 7 学 8 学

なりたち 形声 學(学)

もとの字は「學」。爻(まじわる)と臼(両手)と宀(やねのある家)と子を合わせた字。爻は×のしるしを二つ重ねて、交差することをしめす記号。子どもが先生とまじわって「まなぶ」ことをあらわした。

爻のつく漢字グループ

「爻」のグループは「まじわる」というイメージがある。

→学(=學)284 →教(=敎)527 →覚(=覺)938

意味 **❶勉強する。まなぶ。**「学習」 **❷ならいおぼえた知識。**「科学」 **❸学校。**「入学」

名まえで使う読み あきら・がく・さと・さとる・さね・たか・のり・ひさ・まなぶ・みち

【学位】がくい　きめられた学術をおさめ、研究論文を大学に出し、それがみとめられた人にあたえられる称号。参考 博士と修士・学士とがある。

【学園】がくえん　学校。例 学園祭。参考 私立の学校の名前につかわれることも多い。

【学業】がくぎょう　学校の勉強。

【学芸】がくげい　学問と芸術。

【学際的】がくさいてき　研究などがいくつかの学問分野に関係しているようす。例 学際的な研究。参考 「際」は、他とふれあっていること。「学際」は、異なる学問分野にわたっているようす。

1 【学士】がくし　四年制の大学を卒業した人にあたえられる、よび名。また、その学位。

2 【学資】がくし　学問をつづけるためにひつような費用。学費。

【学識】がくしき　身についた学問と知識。例 学識経験者。

【学者】がくしゃ　①学問を研究する人。②学問のある人。例 歴史学者。

【学習】がくしゅう　勉強すること。知識やわざを身につけること。例 三年の漢字を学習する。

【学習漢字】がくしゅうかんじ　小学校のあいだに読み書きをおぼえるようにさだめられた一〇二六字の漢字。「教育漢字」ともいう。

【学術】がくじゅつ　学問。また、学問と芸術。

1 【学生】がくせい　大学で勉強をしている人。とくに、大学生。↓「生徒」(738ページ)。

2 【学制】がくせい　学校や教育のしくみ。また、その決まり。

【学▼籍】がくせき　その学校で、まなんでいることをあらわす身分。

【学説】がくせつ　学問上の考えや意見。

【学徒】がくと　①学生と生徒。②学問の研究をしている人。学者。

【学童】がくどう 小学校にかよっている児童。例 学童の数が年々へっている。

【学▼閥】がくばつ 同じ学校の出身者や同じ学派の学者だけでつくられた、なかま。参考 ふつう、ほかの人は入れない。

【学費】がくひ 学校にかよって学問をするためにかかる費用。授業料や学用品にかかる費用など。学資。

【学部】がくぶ 大学で、研究する学問によって分けた区分け。文学部・医学部など。

【学名】がくめい 動植物の、学問上の名前。参考 ラテン語をつかい、各国共通。

【学問】がくもん ①まなぶこと。また、まなんでえた知識。例 学問のある人。②すじ道をたててまとめられた、せんもん的な知識の全体。

【学友】がくゆう 学校で、いっしょに勉強する友だち。

【学用品】がくようひん ノートや鉛筆など、学校で勉強するのにひつようなもの。

【学力】がくりょく 勉強して身につけた知識や能力。例 学力に差がある。

【学▼齢】がくれい ①小学校・中学校にいかなければならない年れい。満六歳から一五歳まで。②小学校にはいる年れい。満六歳。

【学歴】がくれき その人が、どのような学校で何を勉強し、いつ、卒業したかということ。例 学歴社会。

【学科】がっか 学校の授業の科目。国語・算数・社会科など。教科。

1 【学会】がっかい あるせんもんの学問を発展させるためにつくった、学者の会。例 国語学会。

2 【学界】がっかい ある学問をせんもんに研究する人々の社会。

【学級】がっきゅう 学校で、ある人数に組分けしたもの。組。クラス。例 学級委員。

【学校】がっこう 学問・芸術・技術などを教えるところ。例 学校教育。

下につく熟語 医学・化学・漢学・休学・共学・苦学・見学・光学・考古学・語学・在学・雑学・就学・進学・数学・浅学・退学・大学・*中学・通学・▼哲学・独学・博学・晩学・*復学・文学・勉学・無学・留学

子－5画

【季】

8画 4年 〔季〕明朝 音 キ 訓 ―

季 季

4・5画めを「子」の横画よりも横広になるように長く書く。5画めは止めてもよい。

1 一 2 二 3 千 4 禾 5 禾 6 季 7 季 8 季

なりたち 会意 禾（小さい）と子（こども）を合わせた字。すえのきょうだいをあらわした。のち、三か月の期間をあらわした。

意味 **春・夏・秋・冬のそれぞれの期間。**「季節」

注意 ㋐「委」とまちがえないこと。㋑部首を「禾」とまちがえないこと。

名まえで使う読み き・すえ・とき・とし・ひで・みのる

【季刊】きかん 雑誌などを一年間に四回、春・夏・秋・冬のそれぞれに発行すること。

【季語】きご 俳句で、春・夏・秋・冬の季節をあらわすためによみこまれることば。季題。参考 たとえば、春をあらわす「菜の花」など。

【季節】きせつ 春・夏・秋・冬のそれぞれの期間。

【季節風】きせつふう まい年、季節ごとにきまった方角からふいてくる風。

【季題】きだい 「季語」と同じ。

下につく熟語 *雨季・夏季・*▼乾季・四季・秋季・春季・冬季・年季

子－5画

【孟】

8画 人名 〔孟〕明朝 音 モウ 訓 はじめ

なりたち 形声 皿（形にいきおいよく出る）と子（こども）を合わせた字。いちばん上のきょうだいをあらわした。

意味 ❶**男の兄弟のうち最年長の人。**❷**季節のはじめ。**「▽孟春・▽孟夏・▽孟秋・▽孟冬」

名まえで使う読み おさ・たけ・たけし・つとむ・とも・なが・はじむ・はじめ・はる・もう・もと

故事成語 【▽孟母三▼遷の教え】もうぼさんせんのおしえ 子どもの教育には、よい環境がた

こたえ 陰暦の3月。

いせつだということのたとえ。参考「孟母」は、孟子の母親のこと。「三」は、「たびたび」といういみ。「遷」は、場所をかえて他のところへ行くこと。むかし中国で、孟子の母は、墓の近くに住んでいたところ、おさない孟子が葬式のまねをして遊ぶのをよいことではないと思い、市場の近くへ引っ越した。孟子は今度は、商人のまねをして遊ぶので、またよいことではないと思い、学校の近くに移り住んだ。すると、いっしょうけんめい勉強をするようになって、満足したという話による。

【乳】8画 乚部7画→36ページ

【享】8画 亠部6画→47ページ

【承】8画 手部4画→496ページ

子－6画

【孤】 9画 常用

〔孤〕明朝 音 コ 訓 ―

意味 ❶父母をなくした子ども。みなしご。「▼孤児」 ❷ひとりぼっち。「▼孤独」

注意 「弧」とまちがえないこと。

【▼孤軍奮▼闘】こぐんふんとう 四字熟語 だれのたすけもかりずに、ただひとりでいっしょうけんめいがんばること。例 孤軍奮闘むなしく敗退した。参考「孤軍」は、みかたのたすけもなく、敵の中に孤立した軍隊のこと。

【▼孤高】ここう 理想を高くもち、まわりからひとりだけはなれていること。例 孤高の詩人。

【▼孤児】こじ 親のない子。みなしご。例 戦災孤児。

【▼孤島】ことう りく地やほかの島からはなれた小島。

【▼孤独】こどく 身よりや友だちがなく、ひとりぼっちであること。例 孤独でさびしい生活。

【▼孤立】こりつ なかまやたすけがなく、ひとりだけはなれていること。例 道路の寸断で孤立した村。

【▼孤立無▼援】こりつむえん 四字熟語 なかまもなくひとりぼっちで、たすけてくれる人もいないこと。例 孤立無援にもよくがんばった。参考「無援」は、たすけがないこと。

【厚】9画 厂部7画→173ページ

子－7画

【孫】 10画 4年

〔孫〕明朝 音 ソン 訓 まご

孫 孫

3画めは右上にはらう。4画めは横画で書いても、8画めの最後をはねてもよい。

1 孑 2 孑 3 孑 4 孑 5 孑 6 孫 7 孫 8 孫 9 孫 10 孫

なりたち 会意 －孫

系(一筋につながる)と子を合わせた字。自分の子どもの子である「まご」をあらわした。

意味 むすめやむすこの子ども。まご。

名まえで使う読み さね・そん・ただ・ひこ・ひろ・まご

【孫子】まごこ ①まごと子ども。②子孫。例 孫子の代までつたえる。

【孫弟子】まごでし 弟子の弟子。また弟子。対 直弟子

下につく熟語 *内孫(うちまご・ないそん)・*外孫(がいそん・そとまご)・*皇孫・▼曽孫・*天孫・初孫(はつまご・ういまご)

3画 宀 うかんむり

上からやねをかぶせた家の形をあらわす。家の種類や状態など、広くすまいに関係した字をあつめる。

この部首の字

画	字	ページ
3画	安	287
3画	宇	288
3画	守	288
3画	宅	289
4画	完	289
4画	宏	290
4画	宋	290
4画	宍	290
5画	宛	290
5画	官	290
5画	宜	291
5画	実	291
5画	宗	293
5画	宙	294
5画	定	294
5画	宕	295
5画	宝	295
6画	客	296
6画	室	296
6画	宣	297
6画	宥	297
7画	宴	297
7画	家	297
7画	害	298
7画	宮	299
7画	宰	299
7画	宵	299
7画	容	299
8画	寅	300
8画	寄	300
8画	寇	301
8画	寂	301
8画	宿	301
8画	密	302
9画	寒	303
9画	寓	304
9画	富	304
10画	寛	304
10画	寝	304
11画	寡	305
11画	寛	304
11画	察	305
11画	實	291
11画	寢	304
11画	寧	305
12画	審	305
12画	寮	306
16画	寵	306

ほかの部首の字

字	部首	ページ
穴	穴部	810
字	子部	282
究	穴部	810
空	穴部	811
突	穴部	812
窃	穴部	813
案	木部	594
窓	穴部	813
窒	穴部	813
蜜	虫部	916
窮	穴部	814
窯	穴部	814
賓	貝部	986
憲	心部	480
窺	穴部	814

【穴】5画 穴部0画↓810ページ

宀－3画

【安】

6画 3年 〔安〕明朝

音 アン
訓 やすい

筆順：丶 丷 宀 它 安 安

「宀」の横はばよりも「女」の横画を長く書いて安定させる。

なりたち 会意 ー安
宀(いえ)と女を合わせた字。女が家の中におちついているようすをあらわした。

安のつく漢字グループ
「安」のグループは「やすらかにおちつく」というイメージがある。
→案594

意味 ❶しんぱいがない。やすらか。「安心」 ❷たやすい。「安易」 ❸ねだんがやすい。「安価」

参考 ひらがな「あ」のもとになった字。

難しい読み 安穏・安値

名まえで使う読み あん・さだ・やす・やすし

【安易】あんい ①かんたんでやさしいようす。例安易な道をえらぶな。②いいかげんなようす。例安易に考える。

【安価】あんか ねだんが安いこと。対高価

【安▼閑】あんかん 気楽にしているようす。例安閑としてはいられない。

【安産】あんざん くるしまないで、ぶじに子どもをうむこと。対難産

【安住】あんじゅう なんの心配もなくそこにおちついてすむこと。例安住の地。

【安心】あんしん 心配ごとがなく、やすらかなこと。対心配

【安静】あんせい 病人などが、しずかにじっとしていること。例絶対安静と命じられる。

【安全】あんぜん あぶなくないこと。例安全をかくにんする。対危険

【安息】あんそく なんの心配もなく、しずかに休むこと。例安息の日々を送る。

【安打】あんだ 野球で、バッターがるいにすすめるようにたまをうつこと。ヒット。

【安▼泰】あんたい 心配もきけんもないこと。

【安置】あんち 仏像などを、そこにていねいにおくこと。例遺体を安置する。

【安直】あんちょく ①お金がかからず手がるであるようす。例昼は安直な食事ですます。②気がるなようす。例安直な考え方。

【安定】あんてい ①つりあいがとれて、おちついていること。②すわりがよく、たおれにくいこと。例収入が増えて、生活が安定する。例安定した花びん。

【安▽堵】あんど 心配していたことがぶじに

漢字クイズ 「師走」と書いて「しわす」と読みます。陰暦のなん月のことでしょう。

おわって、安心すること。例試験がうまくいって、安堵した。参考「堵」は、かきねのこと。かきねの中の家で、やすらかにくらすといういみから。

【安▼寧】あんねい　世の中がおだやかで、規律がたもたれていること。

【安▼穏】あんのん　かわったこともなく、おだやかなこと。例安穏にくらす。注意㋐「あんおん」と読まないこと。㋑「安隠」と書かないこと。

【安否】あんぴ　ぶじかどうか。例友だちの安否を気づかう。

【安▼眠】あんみん　心配ごとなどがなくて、ぐっすりと、よくねむること。

安眠

【安楽】あんらく　心配も苦労もなく、やすらかで楽なこと。例安楽にくらす。

【安手】やすで　やすっぽいこと。例安手な生地。

【安値】やすね　安いねだん。対高値

【安物】やすもの　ねだんがやすく、つくりがそまつな品物。例安物買いの銭失い（＝安物を買うと長もちしないので、けっきょくそんになるということ）。

下につく熟語 ▼慰安・格安・公安・大安・治安・不安・平安・保安・目安・割安

宀－3画

【宇】

6画　6年　〔宇〕明朝

音 ウ
訓 ―

4・5画めは5画めを長く書く。6画めは4画めの上から出ないで、最後ははねる。

なりたち 形声　于と宀（やね）を合わせた字。于は、一と丂（つかえてまがる）を合わせて、⌒形にまがるというイメージをもつ。宇は、⌒形の大きくてまるいやねをあらわし、のち、大空のいみにもちいられるようになった。▽むかしの人は、宇宙はドームのような形をしていると考えた。

意味 **天地のはて。**「宇宙」

参考 ひらがな「う」、カタカナ「ウ」のもとになった字。

名まえで使う読み う・うま・たか・ね・のき

【宇宙】うちゅう　すべての天体をふくむ、はてしない広がり。例宇宙船。

下につく熟語 *気宇・*堂宇

宀－3画

【守】

6画　3年　〔守〕明朝

音 シュ・ス
訓 まもる・もり*

※「子守」など、熟語により「もり」とも書く。

5画めの縦画は中心よりもやや右側にする。6画めの点は4画めの下に書く。

なりたち 会意　寸（て。てでかこう）と宀（いえ）を合わせた字。家の中にかこいこんで、しっかりとまもることをあらわした。

守のつく漢字グループ
「守」のグループは「まわりから、中のものをかこう」というイメージがある。
→狩721

意味 **きけんから、まもる。**「守備・保守」

名まえで使う読み え・かみ・さね・しゅ・す・まもる・もり・もれ

【守衛】しゅえい　工場や会社・役所・学校などの出入り口などにいて、通る人を見はったり、建物をまもったりする役目。また、その役目の人。例守衛所。

【守護】しゅご　①まもること。例農耕を守護する神。②鎌倉・室町幕府の役職名の一つ。国ごとにおかれ、今の警察や裁判所の役目をした。

【守株】しゅしゅ　故事成語　古い習慣をまもり、それにこだわって進歩のないことのたとえ。参考 むかし中国で、ウサギがきゅうにとびだして、切り株にぶつかって死んだのを見た農民が、仕事をしないでその切り株を見はりつづけ、またウサギを手に入れようとしたという話から。

【守勢】しゅせい まもり・ふせぐ立場。例 守勢に立つ。対 攻勢

【守銭▼奴】しゅせんど お金をためるばかりで活用しようとしない人。ひどくけちな人をのしっていうことば。

【守備】しゅび せめる敵をふせぐこと。また、その用意。例 守備をかためる。対 攻撃

下につく熟語 看守・厳守・*好守・▼攻守・固守・子守・死守・留守

宀-3画

【宅】

6画 6年 〔宅〕明朝

音 タク 訓 ―

※下にくる音により「タッ」ともよむ。

宅 宅

5画めは右上がりに書く。6画めは底辺の長い曲がりで書き、最後は上にはねる。

1 丶 2 丷 3 宀 4 宀 5 宀 6 宅

なりたち 形声 宅

毛と宀(いえ)を合わせた字。毛は、草が地下に根をおろし、地上に芽を出しているすがた。しっかりと上にのって、おちつくというイメージをもつ。宅は、じっと腰をおちつけてすむ家をあらわした。

毛のつく漢字グループ
「毛」のグループは「上にのっておちつく」というイメージがある。
→宅289 →託947

意味 **すまい。**「住宅・社宅」

名まえで使う読み いえ・おり・たく・やか・やけ

【宅▼診】たくしん 医者が自分の家で、病人を診察すること。対 往診

【宅地】たくち 家をたてる土地。家がたっている土地。例 宅地造成。

【宅配】たくはい うけとり人の家に、とどけること。自宅に配達すること。例 宅配便。

下につく熟語 家宅・帰宅・在宅・自宅・▼邸宅・別宅

【字】6画 子部3画 →282ページ

宀-4画

【完】

7画 4年 〔完〕明朝

音 カン 訓 ―

完 完

4・5画めは右上がりにして5画めを長く書く。7画めは曲がりで書いて、はねる。

1 丶 2 丷 3 宀 4 宀 5 宀 6 宀 7 完

なりたち 形声 完

元(まるい)と宀(いえ)を合わせた字。どこにも欠けたところがないように、まるくとりかこむようすをあらわした。→元97

意味 ❶**かけたところがない。**「完全」 ❷**おわる。できあがる。**「完成・未完」

名まえで使う読み かん・さだ・たもつ・なる・ひろ・ひろし・まさ・また・またし・みつ・ゆたか

【完結】かんけつ つづいていたものが、すっかりおわること。例 長編小説が完結した。

【完済】かんさい かりたお金を、すべてかえしおわること。例 住宅ローンを完済した。

【完熟】かんじゅく 果実やたねが、じゅうぶんにうれること。例 完熟トマト。対 未熟

【完勝】かんしょう 文句のつけようがないほど、完全にかつこと。対 完敗

【完成】かんせい すっかりできあがること。例 新しいプールが完成した。

【完全】かんぜん 欠点や、足りないところがないようす。例 完全な形。

【完全無欠】かんぜんむけつ 四字熟語 完全で、欠点や足りないところがまったくないようす。例 完全無欠な答案。参考 「無欠」は、かけたところがないのいみ。「完全」を強めた言い方。

【完走】かんそう さいごまで走りとおすこと。例 校内マラソンで完走する。

こたえ 陰暦の12月。

【完治】かんち/かんじ 病気(びょうき)やけがが、すっかりなおること。例 骨折(こっせつ)が完治(かんち)した。

【完投】かんとう 野球(やきゅう)で、ひとりの投手(とうしゅ)がはじめからさいごまでなげきること。

【完納】かんのう (お金(かね)や品物(しなもの)を)すっかりおさめること。例 税金(ぜいきん)を完納(かんのう)する。

【完敗】かんぱい 試合(しあい)などで完全(かんぜん)にまけること。対 完勝(かんしょう)

【完備】かんび せつびなどが、全部(ぜんぶ)そろっていること。例 実験道具(じっけんどうぐ)が完備(かんび)している。/冷暖房(れいだんぼう)完備。対 不備(ふび)

【完▽璧】かんぺき 故事成語 欠点(けってん)が少(すこ)しもなく、たいへんすぐれていること。例 完璧(かんぺき)な仕事(しごと)ぶり。参考 もとは、「きずのない宝玉(ほうぎょく)」のいみ。注意 「完壁」と書(か)かないこと。

【完▽了】かんりょう すっかりおわること。例 じゅんびは完了(かんりょう)した。

宀－4画

【宏】

7画 人名 〔宏〕明朝 音 コウ 訓 ひろい

なりたち 形声 厷(コウ)(わくをはり広(ひろ)げる)と宀(たても の)を合(あ)わせた字(じ)。→宏290

厷(コウ)のつく漢字(かんじ)グループ
「厷」のグループは、「わくをはり広(ひろ)げる」というイメージがある。
→宏290 →弘366 →強368 →紘840 →雄1046

意味 **ひろくて大(おお)きい。**「▽宏大(こうだい)・▽宏▼壮(そう)(=ひろびろとしていてりっぱなようす)」

参考 ふつう「広(こう)」に書(か)きかえる。「▽宏大(こうだい)→広(こう)大(だい)」「▽宏壮(こうそう)→広壮(こうそう)」

名まえで使う読み あつ・こう・ひろ・ひろし

宀－4画

【宋】

7画 人名 〔宋〕明朝 音 ソウ 訓 —

意味 **むかし、中国(ちゅうごく)にあった国(くに)。そう。**

名まえで使う読み おき・くに

宀－4画

【宍】

7画 表外 〔宍〕明朝 音 ニク・ジク 訓 しし

意味 **やわらかく、ねばりのあるにく。しし。**
▽人名(じんめい)や地名(ちめい)でつかわれる。「▽宍戸(ししど)・▽宍道湖(しんじこ)」

【究】

7画 穴部(ぶ)2画(かく) ↓810ページ

宀－5画

【宛】

8画 常用 〔宛〕明朝 音 — 訓 あてる

※送(おく)りがなをつけずに「あて」ともつかう。

意味 ❶**あてはめる。あてる。また、とどけ先(さき)。**「▼宛先(あてさき)・▼宛字(あてじ)・▼宛名(あてな)」 ❷**わりあて。ずつ。**

使い分け あてる「当てる・充てる・宛てる」→(317ページ)

【▼宛先】あてさき 配達物(はいたつぶつ)のとどけ先(さき)。例 宛先(あてさき)不明(ふめい)。

【▼宛字】あてじ ①漢字(かんじ)がもつ いみとは関係(かんけい)なく、ことばの発音(はつおん)に漢字(かんじ)の読(よ)みをあてて書(か)きあらわす方法(ほうほう)。「亜米利加(アメリカ)」「無茶苦茶(むちゃくちゃ)」など。②漢字(かんじ)がもつ読(よ)みとは関係(かんけい)なく、いみが似(に)ている漢字(かんじ)をつかって、ことばを書(か)きあらわす方法(ほうほう)。熟字訓(じゅくじくん)。「大人(おとな)」「田舎(いなか)」など。参考 「宛(あて)字(じ)」は、「当(あ)て字(じ)」とも書(か)く。

【▼宛名】あてな 配達物(はいたつぶつ)に書(か)く、うけとるあいての名前(なまえ)。

宀－5画

【官】

8画 4年 〔官〕明朝 音 カン 訓 —

4画(かく)めは真下(ました)に引(ひ)き、下(した)を少(すこ)し出(だ)す。5・7画(かく)めは折(お)ってから内側(うちがわ)に向(む)ける。

なりたち 会意 𠂤－官

𠂤と宀(たてもの)を合(あ)わせた字(じ)。𠂤は、追・師の𠂤と同(おな)じで、まるくもりあがった土(つち)のかたまりがつらなるようす。「まるくとりまく」と「たくさんあつまる」ことをしめす記号(きごう)にもちいる。官は、たくさんの役人(やくにん)のあつまる、へいをめぐらしたたてもの(役所(やくしょ))をあらわした。

官(カン)のつく漢字(かんじ)グループ
「官」のグループは「まわりを、ぐるりとととりまく」というイメージがある。
↓棺602 ↓管828 ↓館1083

意味 ❶役所。役人。「官庁・外交官」 ❷あるはたらきをするもの。「器官」

注意 「宮」と書きまちがえないこと。

名まえで使う読み おさ・かん・きみ・これ・たか・のり・ひろ

【官位】かんい (むかしの役人の)仕事と地位。

【官学】かんがく むかしの官立の学校。対私学

【官軍】かんぐん 天皇や政府がわの軍隊。対賊軍

【官舎】かんしゃ 国や地方の役所でたてた、役人のすむ家。

【官職】かんしょく 国の役所につとめる役人としての地位。国家公務員としてのつとめ。例官職につく(=国家公務員としてつとめる)。

【官製】かんせい 政府がつくったもの。例官製はがき。対私製 使い分け かんせい「管制・官製」→(828ページ)

【官選】かんせん 政府がえらぶこと。例官選弁護人。対民選

【官庁】かんちょう (国の)役所。

【官▼邸】かんてい 大臣などがすむために、国がたてたたてもの。例首相官邸。

【官費】かんぴ 政府から出る費用。例官費で留学する。対私費

【官報】かんぽう 政府が、国民に知らせることがらを印刷して、毎日出している文書。

【官民】かんみん 役人と民間の人。また、政府と民間。例官民一体となる。

【官▼吏】かんり 国の仕事をする役人。国家公務員。参考やや古い言い方。

【官立】かんりつ 国の費用でつくり、経営すること。また、その施設。今の国立。対私立

【官▼僚】かんりょう 国の行政の仕事をする役人。とくに、そのうちの上級の役人。例官僚出身の政治家。

下につく熟語 教官・*警官・*検査官・検察官・高官・五官・*裁判官・左官・士官・*次官・*試験官・*事務次官・*上官・神官・*退官・代官・長官・任官

宀-5画

【宜】

8画 常用 〔宜〕明朝

音 ギ 訓 —

なりたち 会意 且(かさねる)と宀(たてもの)を合わせた字。おそなえものが、たてものの中にかさねてあるようすをあらわした。

意味 つごうがよい。ちょうどよい。よろしい。「適▼宜・便▼宜・時▼宜」

注意 「宣」とまちがえないこと。

名まえで使う読み き・ぎ・すみ・たか・なり・のぶ・のり・のる・まさ・やす・よし・よろし

宀-5画

【実】

8画 3年 宀-11画 【實】14画 人名 〔実〕明朝

音 ジツ 訓 み・みのる

※下にくる音により「ジッ」ともよむ。

4~6画めは6画めを長く書く。8画めの最後は、はらっても止めてもよい。

なりたち 会意 もとの字は「實」。毌(=周の上の部分。いっぱいつまっている)と貝(たからもの)と宀(いえ)を合わせた字。家の中にたからものがみちているようすをあらわした。→周205

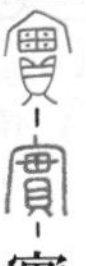

意味 ❶草や木の、み。「果実」 ❷いっぱいになる。「▼充実」対虚 ❸ほんとう。ほんとうのこと。「事実」対虚 ❹まごころ。「誠実」 ❺なかみ。内容。「実質」

名まえで使う読み さね・ちか・なお・のり・まこと・み・みつ

【実印】じついん 役所にとどけてある正式のはんこ。参考だいじな書類におす。

【実益】じつえき じっさいの利益。例趣味と実益をかねた仕事。

【実演】じつえん 人々の前でじっさいにやっ

漢字クイズ 町や村の中の小さな区画を「字」と書くことがあります。なんと読むでしょう。

宀の部 5画 実

てみせること。例料理のしかたを実演する。

【実家】じっか ①自分が生まれ、まだ父母がすんでいる家。例実家に帰る。②よめや養子に行った人が、もといた家。里。

【実害】じつがい じっさいにうけた損害。

【実学】じつがく 世の中ですぐに役立つ学問。実用的な学問。

【実感】じっかん じっさいに、自分で経験して感じること。また、そのようにいきいきした感じ。例実感のこもったことば。

【実技】じつぎ じっさいにおこなうわざや演技。例体育の実技。

【実▼況】じっきょう じっさいにおこなわれている、ありのままのようす。例実況放送。

【実業】じつぎょう 農業・工業・商業などのように、ものを生産したり売り買いしたりする仕事。例実業家。

1【実兄】じっけい 同じ父母から生まれた兄。対義兄

2【実▼刑】じっけい 執行猶予(=ある期間、悪いことをしなければ刑の言いわたしはなかったものとすること)ではなく、じっさいにうける刑罰。例実刑判決。

1【実権】じっけん 自由に人々を動かせる、じっさいの権力。例会社の実権をにぎる。

2【実験】じっけん 理論やかりに立てた説などが、正しいかどうかをじっさいにためしてみること。例理科の実験。

【実験台】じっけんだい ①実験の道具や材料をのせる台。②実験の対象や材料。例新しい薬の実験台になる。

【実現】じつげん じっさいにそうなって、ほんとうにあらわれること。また、あらわすこと。例ゆめは、ついに実現した。

1【実行】じっこう ものごとをおこなうこと。例計画を実行する。

2【実効】じっこう じっさいにあらわれる、ききめ。例実効があがらない。

【実際】じっさい ①考えたものではなく、ほんとうにあること。例実際にあった話。②ほんとうに。例実際おどろいた。

【実在】じつざい じっさいにこの世の中にあること。例桃太郎は実在の人物ではない。

1【実子】じっし 自分がうんだ子。対養子

2【実▼施】じっし 計画や、法律などをじっさいにおこなうこと。例予防注射を実施する。

【実質】じっしつ 外から見えるものにたいして、ほんとうのなかみ。例実質賃金。

【実質的】じっしつてき じっさいの内容がしっかりしているようす。なかみがあるようす。また、みかけよりも、内容に重点をおくようす。例実質的な解決案。／実質的には値下げになる。対形式的

【実写】じっしゃ じっさいの場面やようすを、うつすこと。また、うつしたもの。

【実社会】じっしゃかい じっさいの社会。現実の社会。例春から実社会に出る。参考頭で考えたり本で読んだりした社会にたいしていう。

1【実収】じっしゅう ①予想ではなくて、じっさいに手に入れた収入。また、かかった費用などをのぞいた、じっさいの収入。②作物のじっさいのとれ高。

2【実習】じっしゅう じっさいの場所でならうこと。また、じっさいのものをつかってならうこと。例小学校で実習をおこなう。

【実証】じっしょう じっさいのたしかなしょうこ。また、しょうこをあげて証明すること。例月に生物がいないことを実証する。

1【実状】じつじょう ものごとの、じっさいのありさま。例被災地の実状は、報道以上だった。参考「実情」とも書く。

2【実情】じつじょう ①ほんとうの気もち。例実情をうちあける。②「実状」と同じ。

【実数】じっすう じっさいの数。例利用者の実数を発表する。

【実績】じっせき それまでの、じっさいの功績や成績。例実績をあげる。注意「実積」と書かないこと。

1【実戦】じっせん (練習などではない)じっさいのいくさや試合。例実戦できたえる。

2【実▼践】じっせん じっさいにおこなうこと。例理論を実践にうつす。

3【実線】じっせん 切れめのない線。対点線・

破線

【実像】じつぞう ①うわさや外見ではない、ほんとうのすがた。②レンズや球面鏡で、光があつまってできる像。対①②虚像

【実測】じっそく じっさいに、はかること。例実測した図面。

1【実体】じったい もののほんとうのすがた。例実体のわからない未確認生物。

2【実態】じったい もののありのままのようす。実状。例クラブ活動の実態。

【実▼弾】じつだん ①ほんものの銃のたま。例実弾射撃。②買収につかう現金のたとえ。例実弾をばらまく。

【実地】じっち ①ものごとがおこなわれる、じっさいの場所。例実地見学。②りくつだけでなくて、じっさいにおこなう場合。例実地にためしてみる。

【実直】じっちょく まじめで、正直なこと。例実直な人がら。

【実弟】じってい 同じ父母から生まれた弟。対義弟

【実働】じつどう じっさいにはたらくこと。例実働時間。

【実費】じっぴ じっさいにかかった費用。例実費全額負担。

【実物】じつぶつ じっさいのもの。現物。例実物は写真で見るよりきれいだ。

【実務】じつむ じっさいの仕事。

【実名】じつめい ほんとうの名前。本名。例実名で報道される。対仮名

【実用】じつよう じっさいに役立つこと。例実用書。

【実用的】じつようてき じっさいにつかうことができて、役立つようす。例実用的な資格。

【実利】じつり じっさいの利益。また、じっさいに役立つこと。例実利をとる。

【実力】じつりょく ものごとをやりとげるほんとうの力。例テストで、実力をためす。

【実力行使】じつりょくこうし 話し合いがうまくいかないとき、力ずくで目的をとげようとすること。例実力行使も辞さない。

【実例】じつれい じっさいにあった例。

【実話】じつわ ほんとうにあった話。

下につく熟語 確実・結実・▼堅実・現実・口実・質実・写実・真実・切実・着実・忠実・内実・▼如実・無実・名実・有名無実

宀－5画

【宗】

8画　6年　〔宗〕明朝

音 シュウ・ソウ*
訓 ―

4・5画めは5画めを長く書く。7画めは止めてもよい。8画めの最後は止める。

なりたち 会意 示(まつりをする壇)と宀(たてもの)を合わせた字。先祖をまつるたてもの、また、共通の先祖をまつる中心の家(本家)をあらわした。

宗のつく漢字グループ
「宗」は「中心をなす」というイメージがある。
→崇 331　→踪 995

意味 ❶おおもと。「宗家」「宗徒・改宗・▼禅宗」 ❷しゅうきょう。

名まえで使う読み かず・たかし・とき・とし・のり・ひろ・むね・もと

【宗教】しゅうきょう 神やほとけをしんじることによって、安心や、幸福をえようとすること。また、その教え。例宗教改革。

【宗▼旨】しゅうし ①その宗教の中心となっている教え。②「宗派」と同じ。

【宗▼旨を変える】しゅうしをかえる 句 ①べつの宗旨を信仰する。②今までの考え方やこのみをやめて、べつの考え方やこのみにかえる。

【宗徒】しゅうと その宗教をしんじている人。信者。

【宗派】しゅうは 一つの宗教の中で、いくつかに分かれたもの。宗旨。

【宗家】そうけ ①一門の本家。②茶の湯・いけ

こたえ あざ。

花・おどりなどで、流派のもとになる家。家元。

【宗匠】そうしょう 俳句・和歌・茶道などの師匠。

宗匠

宀－5画 【宙】 8画 6年

〈宙〉明朝

音 チュウ
訓 ―

「宀」は「由」よりも横広にする。4・5画めの縦画は内側に向ける。

なりたち 形声 由(通りぬける)と宀(やね)を合わせた字。屋根に通るむなぎをあらわし、のち、世界をおおう屋根である大空のいみにもちいられるようになった。→由743

意味 おおぞら。空中。「宇宙・宙返り」

名まえで使う読み おき・そら・ちゅう・ひろし・みち

【宙に浮く】ちゅうにうく 句 ①空中にうかぶ。また、足などが地面につかない。②行きどころがなくなる。例 あて名がはっきりせず郵便物が宙に浮いている。

【宙に舞う】ちゅうにまう 句 空中でおどるように動く。例 花びらが宙に舞う。

【宙に迷う】ちゅうにまよう 句 ものごとが決まらないまま、あやふやになる。例 学級会で意見がまとまらず、遠足の行き先は宙に迷ったじょうたいだ。

宀－5画 【定】 8画 3年

〈定〉明朝

音 テイ・ジョウ
訓 さだめる・さだまる・＊さだか

「宀」の中心線上に5画めを合わせる。8画めのはらいを長く書いて全体を支える。

なりたち 形声 定

疋は、正がかわったもの。正(まっすぐ)と宀(やね)を合わせた字。やねの下で止まって、おちついて動かないことをあらわした。→正623

定のつく漢字グループ
「定」のグループは「一か所にじっとおちつく」というイメージがある。
→錠1031

意味 ❶きめる。きまる。「決定」 ❷きまり。さだめ。「規定」 ❸きまっている。「定時」 ❹おちつく。さだまる。「安定」

難しい読み 定規・定石

名まえで使う読み さだ・さだむ・さだめ・つら・まさ・やす

【定規・定木】じょうぎ 線を引いたり、図をかいたりするときにつかう道具。例 三角定規。

【定石】じょうせき ものごとの、きまったやり方。例 定石どおりに運ぶ。

【定員】ていいん きめられた人数。

【定温】ていおん 温度がかわらないこと。また、ある温度にきまっていること。

【定価】ていか その品物につけられている、きまったねだん。

【定額】ていがく あるきまった金額。例 定額貯金。

【定期】ていき ①いつからいつまでと、期間がきまっていること。また、期日や時間がきまっていること。例 定期便。②「定期乗車券」のりゃく。

【定義】ていぎ あるものごとやことばについて、それがどんなものか、そのいみを正確にきめて言うこと。また、そのことば。

【定期乗車券】ていきじょうしゃけん きまった期間中、きまった区間内を自由にのりおりのできる、わりびき乗車券。定期券。定期。

【定期的】ていきてき きまった期間にきまったものごとをおこなうようす。例 定期的な点検。

【定休日】ていきゅうび 会社や商店などで、休みときめている日。

【定形】ていけい きまった形やサイズ。例定形郵便物。

【定型】ていけい 詩や俳句などのきまった型。例定型詩。使い分け「定形」と区別してつかおう。

【定刻】ていこく きめられた時刻。

【定時】ていじ 前からきまっている一定の時刻。例列車は定時に発車する。

【定住】ていじゅう ある場所にすみつくこと。

【定食】ていしょく 食堂などで、こんだてがきまっている食事。例とんかつ定食。

【定職】ていしょく きまった職業。例定職につく。

【定説】ていせつ いっぱんに正しいとみとめられている説。対異説

【定着】ていちゃく そこにしっかりついて、はなれないこと。また、つかせること。

【定年】ていねん 役所や会社で、やめることにきまっている年れい。例定年退職。参考「停年」とも書く。

【定番】ていばん 流行にかかわりなく、よく売れる人気のある商品。定番商品。参考商品番号がいつも商品台帳にのっていることから。

【定評】ていひょう 広く人々にみとめられている、よい評判。例味に定評のある店。

【定理】ていり これまでに正しいとみとめられていることだけをつかって、証明できるきまり。例ピタゴラスの定理。

【定量】ていりょう きまった分量。

【定例】ていれい ①前からのしきたりやきまり。②きまっておこなわれること。例定例会議。

下につく熟語 一定・改定・確定・仮定・▼勘定・▼鑑定・協定・検定・限定・査定・算定・指定・所定・推定・制定・設定・選定・想定・測定・断定・特定・内定・認定・判定・否定・評定（じょう・ひょう・てい）・*不定・平定・未定・予定

宀－5画

【宕】 8画 人名

〔宕〕明朝 音 トウ 訓 いわや

意味 ❶大きな岩やその間にあいたほらあな。いわや。❷かって気まま。

宀－5画

【宝】 8画 6年

〔宝〕明朝 音 ホウ 訓 たから

※上にくる音により「ポウ」「だから」ともよむ。

宝 宝

4・6画めを同じ長さにして7画めを長く書く。8画めの点は6・7画めの間に書く。

1 丶 2 丷 3 宀 4 宀 5 宁 6 宇 7 宝 8 宝

なりたち 形声 寶－寶（宝）

もとの字は「寶」。缶（まるくふくれた土でつくった器）と王（＝玉）と貝（たからもの）と宀（いえ）を合わせた字。家の中にたいせつなたからものをたっぷりとしまっておくようすをあらわした。

意味 ねうちのあるもの。たから。「宝石」

名まえで使う読み かね・たか・たかし・たから・たけ・とみ・とも・ほう・みち・よし

【宝の持ち▼腐れ】たからのもちぐされ 句 役に立つものや、りっぱな才能をもちながら、うまく使わないことのたとえ。

【宝船】たからぶね 七福神とたからものをのせた、ほかけ船。また、そのめでたい絵。

【宝玉】ほうぎょく たからものとしてとうとばれる、たま。

【宝庫】ほうこ ①たからものを入れておく、くら。②よい産物がたくさんとれるところ。例シベリアは地下資源の宝庫だ。

【宝石】ほうせき かざりものとしてとうとばれる鉱物。ダイヤモンド・ルビー・エメラルドなど。

【宝刀】ほうとう たからとする、たいせつな刀。例伝家の宝刀を抜く。

【宝物】ほうもつ／たからもの 金銀や宝石など。また、たいせつにするめずらしい物。

注意 「ほうぶつ」と読まないこと。

下につく熟語 家宝・国宝・子宝・財宝・*三宝・至宝・重宝（じゅう・ちょう・ほう）・秘宝

宀の部 6画 客・室

【空】8画 穴部3画
→811ページ

【突】8画 穴部3画
→812ページ

宀－6画

【客】

9画 3年 〔客〕明朝

音 キャク・カク*
訓 —

5・6画めのはらいを長く。「口」は5・6画めに接しなくてもよい。

客

なりたち 形声 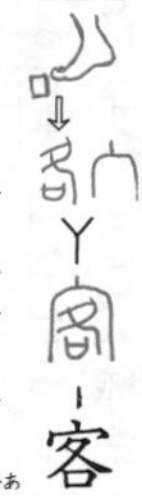 各(つかえてとまる)と宀(いえ)を合わせた字。よそから来て、他人の家にしばらくとまるようすをあらわした。→各193

意味 ❶家にたずねてきた人。「客間」 ❷商売をする、そのあいての人。「乗客・客船」

名まえで使う読み かく・きゃく・ひと・まさ

【客死】かくし／きゃくし 旅行先で死ぬこと。

【客足】きゃくあし 店や会場などに客が来ること。また、来た人数。例 雨で客足がおちた。

【客員】きゃくいん／かくいん 正会員・正社員などでなく、とくにむかえられてその団体などにくわわった人。例 客員教授。

【客演】きゃくえん 俳優・音楽家などが、ほかの劇団や楽団にまねかれて出演すること。

【客室】きゃくしつ ホテル・旅館・客船などで、とまり客などを通すへや。例 客室乗務員。

【客車】きゃくしゃ 鉄道で、人をのせる車両。対 貨車

【客席】きゃくせき 客のすわる座席。

【客船】きゃくせん 客をのせる船。対 貨物船

【客土】きゃくど 土をよくするために、よい土をはこびいれること。また、その土。

【客間】きゃくま 客を通して、もてなすへや。

【客観】きゃっかん ①自分の考えには関係なく、それ自体存在するもの。②自分の考えを入れないで、ものごとをありのままに見ること。例 事件を客観する。対 ①②主観

【客観性】きゃっかんせい 自分の考えを入れないで、ほかの人からもそうだと思える性質。例 客観性のある見方。

【客観的】きゃっかんてき 自分の考えやある評価などからはなれて、ものごとを見たり考えたりするようす。例 客観的に自分を見つめる。／客観的な意見。

下につく熟語 観客・*剣客(けんかく・けんきゃく)・▼顧客・▼刺客(しかく・しきゃく)・*主客(しゅかく・しゅきゃく)・接客・先客・船客・来客・旅客(りょかく・りょきゃく)・論客(ろんかく・ろんきゃく)

宀－6画

【室】

9画 2年 〔室〕明朝

音 シツ
訓 むろ*

「宀」と「至」の中心を合わせる。5画めは折った後右上がりに。6画めは止める。

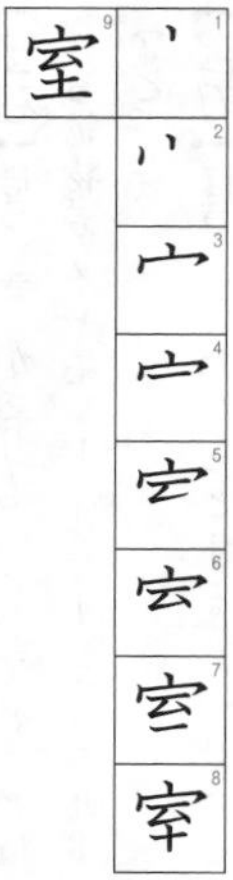

室

なりたち 形声 至(行きどまり)と宀(たてもの)を合わせた字。いちばんおくの行きどまりのへやをあらわした。→至902

意味 ❶へや。「教室・室温」 ❷いわや。むろ。「石室」

名まえで使う読み いえ・しつ・むろ・や

【室温】しつおん へやの中の温度。

【室外】しつがい へやのそと。対 室内

【室内】しつない へやの中。対 室外

【室内楽】しつないがく 少数の楽器でえんそうする音楽。ピアノ三重奏や弦楽四重奏など。

下につく熟語 暗室・*岩室・王室・温室・客室・居室・皇室・個室・▼寝室・*地下室・茶室・▼控え室・氷室(ひょうしつ・ひむろ)・病室・別室・待合室・密室・洋室・浴室・和室

宀－6画

【宣】

9画 6年 〔宣〕明朝

音 セン 訓 ―

「宀」は「亘」よりも横広にする。4・9画めは9画めを長く書いて全体を支える。

なりたち 形声 亘(まるくとりまく)と宀(いえ)を合わせた字。家のまわりをとりまくように、ぜんぶにまんべんなく行きわたることをあらわした。→亘43

意味 ひろく知らせる。「宣伝」

注意 「宣」と「宜」をまちがえないこと。

名まえで使う読み すみ・つら・のぶ・のり・ひさ・ふさ・よし

【宣教師】せんきょうし 外国にキリスト教を教え広める人。

【宣言】せんげん 意見や態度などを、世の中の人々にはっきりと知らせること。例 独立宣言。

【宣告】せんこく ①はっきりと言って、知らせること。例 医者から手術を宣告された。②裁判所で罪をおかした人に刑を正式に知らせること。例 懲役三年の刑を宣告する。

【宣▼誓】せんせい ちかいのことばをのべること。また、そのことば。例 選手宣誓。

【宣戦】せんせん 戦争することを、あいての国に知らせること。例 宣戦布告。

【宣伝】せんでん 商品や主張などを、人々に知らせてりかいさせること。例 新製品の宣伝。

下につく熟語 ▼託宣

宀－6画

【宥】

9画 人名 〔宥〕明朝

音 ユウ 訓 ゆるす・なだめる

なりたち 形声 有(わくの中にかこう)と宀(いえ)を合わせた字。中のものをかばうことをあらわした。→又178

意味 ❶ゆるす。❷なだめる。「▽宥和」

名まえで使う読み すけ・ひろ・ゆう

【▽宥和】ゆうわ あいての気もちをやわらげて、なかよくすること。例 宥和政策。

【窈】 9画 穴部4画 → 813ページ

宀－7画

【宴】

10画 常用 〔宴〕明朝

音 エン 訓 ―

意味 さかもり。「▽宴会・祝▽宴」

名まえで使う読み えん・もり・やす・よし

【▽宴会】えんかい 大勢の人が、酒をのんだり食事をしたりして、楽しむ会。

【▽宴席】えんせき 宴会をする場所。また、している場所。

下につく熟語 *球▼宴・酒▼宴

宀－7画

【家】

10画 2年 〔家〕明朝

音 カ・ケ 訓 いえ・や

※上にくる音により「ガ」「ゲ」ともよむ。

6画めは書き始めとはねる位置を中心線上にして右に反る。10画めは止めてもよい。

なりたち 形声

豕(ブタ)と宀(やね)を合わせた字。たいせつな家畜に屋根をかぶせるようすを図にして、雨やつゆをふせぐすみかをあらわした。

家のつく漢字グループ 「家」のグループは、「上からかぶせる」というイメージがある。→嫁280 →稼808

意味 ❶すまい。いえ。「家屋・民家」❷一族。「家族・一家」❸いえがら。「名家」❹あることをせんもんにしている人。「作家・画家」❺学問・芸能などの流派。「家元」

こたえ 早。(日＋十)。

宀の部 7画 害

使い分け 「家」と「屋」を区別してつかおう。→屋(323ページ)

難しい読み 家▼柄・家来・家賃

名まえで使う読み いえ・え・お・か・や・やか

【家▼柄】いえがら その家のむかしからの地位。

【家路】いえじ 家へ帰る道。例家路につく。

【家出】いえで だまって家を出て、もどらないこと。例家出した人をさがす。

【家元】いえもと おどり・生け花・茶の湯などの流派のおおもととして、その芸道を代々うけついでいる家。また、そこの主人。宗家。

【家屋】かおく 人のすむ建物。いえ。

【家業】かぎょう その家の職業。例家業をつぐ。参考 家代々の職業をいうことが多い。

【家具】かぐ たんす・つくえなど、家にそなえつけてつかう道具。

1【家系】かけい その家の代々のつながり。例あの人の家系には学者が多い。

2【家計】かけい 家のくらしむき。例家計によゆうがある。

【家財】かざい 家の道具や財産。例家財道具。

【家事】かじ ①そうじ・せんたくなど、家庭の中の仕事。②家庭内のいろいろな事情。

【家臣】かしん 大名などにつかえるけらい。

【家政婦】かせいふ 家事を手つだうことを仕事にしている女の人。

【家族】かぞく 同じ家にくらしている親子・兄弟・夫婦など。

【家宅】かたく すまい。家。例家宅侵入罪。

【家▼畜】かちく 牛・馬など、人のくらしに役立たせるためにかう動物。

【家庭】かてい 家族がいっしょにくらしているところ。うち。例家庭訪問。

【家庭的】かていてき ①家庭での生活をたいせつにするようす。例家庭的な女性。②家にいるように、ゆったりとくつろげるようす。例家庭的な雰囲気の店。

【家内】かない ①家の中。②家族。③自分の妻。例わたしの家内です。参考 ③は、ほかの人にたいしていうことば。

【家風】かふう その家にうけつがれている、くらし方やしゅうかん。例きびしい家風。

【家宝】かほう その家に代々つたわる、だいじなたから。

【家▼紋】かもん その家のしるしとしてさだめられている、もよう。紋どころ。

【家来】けらい 主人につかえる人。

【家賃】やちん 家をかりる代金として、しはらうお金。

【家主】やぬし ①その家の主人。②貸家・アパートのもちぬし。大家。

下につく熟語 *一家・大家(おおや・たいけ)・*母家(=母屋)・貸家・旧家・公家・国家・*▼婚家・実家・借家(しゃくや・しゃっか)・出家・商家・人家・生家・*専門家・農家・*▼廃家・武家・分家・本家・楽天家・▼隣家

宀－7画

【害】

10画 4年 〔害〕明朝

音 ガイ 訓 ―

※「ガイする」ともつかう。

4・6画めを同じ長さにして7画めを長く書く。「口」は横広に書く。

害 害

なりたち 形声 －害

丯と宀(おおいをかぶせる)と口(ことば)を合わせた字。丯は、契にふくまれ、切れめを入れるというイメージをもつ。害は、人の発言をとちゅうでたちきって止めるようすを図にして、じゅんちょうに進むものをとちゅうでじゃまして止めることをあらわした。→契269

害のつく漢字グループ

「害」のグループは、「とちゅうで切って止める」というイメージがある。→割142 →轄1005

意味 ❶きずつける。そこなう。「害毒」❷じゃまをする。「▼妨害」❸わざわい。「水害」

3画

宀 うかんむり の部 7画 宮・宰・宵・容

参考「障害」は、「障▽碍」「障がい」とも書く。

【害悪】がいあく 害になる、わるいことがら。例 社会に害悪をおよぼす。

【害意】がいい あいてに害をあたえようとする気もち。例 害意をいだく。

【害虫】がいちゅう 人や農作物などに害をあたえる虫。対 益虫

【害鳥】がいちょう 農作物や木などに害をあたえる鳥。対 益鳥

【害毒】がいどく 人々にわるいえいきょうをあたえるもの。

下につく熟語 *加害・干害・危害・公害・災害・殺害・自害・実害・傷害・障害・▽侵害・損害・▽迫害・▽被害・百害・風水害・▽弊害・無害・薬害・有害・利害・冷害

宀-7画

【宮】

10画 3年 〔宮〕明朝

音 キュウ・グウ*・ク*

訓 みや

「宀」は「呂」より横広に。「口」は下の方を大きく。7画めは2つの「口」に接する。

なりたち 会意 宮

宀（やね）と躳（つかえてまがる）をりゃくした呂を合わせた字。これ以上は進めないおくにあるごてんをあらわした。

意味 ❶ごてん。「宮▽殿」 ❷神社。「神宮」

注意「官」とまちがえないこと。

難しい読み 宮司・宮内庁

名まえで使う読み いえ・きゅう・たか・みや

【宮城】きゅうじょう 天皇のすまい。皇居。

【宮中】きゅうちゅう 天皇のすまいの中。

【宮▽廷】きゅうてい 天皇や王さまのすんでいるところ。注意「宮延」と書かないこと。

【宮▽殿】きゅうでん 王さまや、身分の高い人がすんでいるごてん。

【宮司】ぐうじ 神社で地位がいちばん上の神官。

【宮内庁】くないちょう 皇室に関係する仕事をする役所。

【宮大工】みやだいく 神社や寺などをたてたり、なおしたりすることをせんもんとしている大工。

上につく熟語 *宮仕え・*宮参り

下につく熟語 王宮・*参宮・東宮・迷宮・▽離宮・▽竜宮

宀-7画

【宰】

10画 常用 〔宰〕明朝

音 サイ

訓 ―

意味 ❶仕事をきりもりする。「主宰」 ❷仕事をとりしきる主任。「▽宰相」

名まえで使う読み おさむ・かみ・さい・すず・ただ・つかさ

宀-7画

【宵】

10画 常用 〔宵〕明朝

音 ショウ

訓 よい

なりたち 形声 肖（小さい）と宀（いえ）を合わせた字。家の中にさしこむ光がしだいに小さくなる時間をあらわした。→肖883

意味 日がくれてまもないころ。よい。「▽宵▽闇」

【▽宵宮】よいみや 祭礼の日の、前日の夜におこなう祭り。宵祭り。

【▽宵▽闇】よいやみ ①満月のあと、日がくれてから月の出までがおそく、くらいこと。また、そのくらさ。②夕方のうすぐらさ。ゆうやみ。

例 宵闇がせまる。

上につく熟語 *▽宵越し・*宵っ張り・*宵の口・*宵の明星・*宵祭り

下につく熟語 *今▽宵・*春宵

宀-7画

【容】

10画 5年 〔容〕明朝

音 ヨウ

訓 ―

「八」を「宀」より横広に。「口」は6・7画めに接しても接しなくてもよい。

3画

漢字クイズ 2月が29日ある年を，なんとよぶでしょう。

宀の部 8画 寅・寄

容（筆順）丶 丷 宀 穴 穴 穷 灾 灾 容 容

なりたち 形声 谷（ゆったりとうけ入れる）と宀（いえ）を合わせた字。からの入れ物の中に、物を入れることをあらわした。→谷971

意味 ❶入れる。なかみ。「容器・内容」❷すがた。ありさま。「容姿・形容」❸聞き入れる。うけ入れる。「容▼赦・容認」❹ゆとりがある。「容易」

名まえで使う読み いるる・おさ・かた・なり・ひろ・ひろし・まさ・もり・やす・よう・よし

【容易】ようい やさしくて、かんたんなこと。例 この問題をとくのは容易だ。

【容器】ようき 物を入れるうつわ。入れ物。例 ガラス容器。

【容疑】ようぎ 罪をおかしたのではないか、というたがい。例 殺人の容疑でつかまる。／容疑がはれる。

【容姿】ようし 顔かたちとすがた。例 うつくしい容姿。参考 おもに女の人についていう。

【容▼赦】ようしゃ ①ゆるすこと。例 今度ガラスをわったら、容赦しないよ。②ひかえめにすること。例 違反は、容赦なくとりしまる。

【容積】ようせき ①入れ物をいっぱいにする分量。容量。②体積。

【容態・容体】ようだい／ようたい 病人の病気のようす。病状。例 容態が悪化する。

【容認】ようにん それでよいとして、みとめること。例 暴力は容認できない。

【容▼貌】ようぼう 顔かたち。顔だち。例 容貌がおとろえる。

使い分け ようりょう 容量・用量・要領

【容量】うつわにはいる量。例 タンクの容量をしらべる。

【用量】くすりの、きめられた分量。例 くすりの用量をまもってのむ。

【要領】①ものごとのたいせつなところ。例 学習指導要領。②じょうずなやり方。こつ。例 要領よく料理する。

参考「要」はこし、「領」はくびで、人体のたいせつな部分。そこからものごとの重要なところのいみ。

【容量】ようりょう 入れ物の中にはいる分量。例 容量が少ない。

下につく熟語 ▼威容・▼寛容・許容・収容・*▼陣容・全容・美容・包容・*理容

案 10画 木部6画 ↓594ページ

宀－8画

【寅】11画 人名 〔寅〕明朝 音 イン 訓 とら

なりたち 会意 矢（や）と臼（両手）を合わせた字。矢をまっすぐに引きのばすようすをあらわした。

寅のつく漢字グループ 「寅」のグループは「長くのばす」というイメージがある。→演685

意味 ❶十二支の三番め。時刻では午前四時およびその前後の二時間にあてる。動物では、とら。❷方角の、東北東。「▽丑▽寅（＝北東）」

名まえで使う読み いん・つら・とも・とら・のぶ・ふさ

宀－8画

【寄】11画 5年 〔寄〕明朝 音 キ 訓 よる・よせる

3画

宀の部(うかんむり) 8画 寇・寂・宿

寄

一番長い7画めより「大」を広げない。6画めは止める。11画めの位置に注意。

1	2	3	4	5	6	7	8	9	10	11
丶	丷	宀	宀	宀	宀	宀	宀	寄	寄	寄

なりたち 形声 寄

奇(ななめによりかかる)と宀(いえ)を合わせた字。他人の家に立ちよって、そこに身をよせることをあらわした。→奇267

意味 ❶あずける。よせる。「寄付」 ❷たちよる。「寄港」 ❸おくる。「寄贈・寄稿」

注意 「奇」とまちがえないこと。

難しい読み 寄席

【寄港】きこう 船が航海のとちゅうで港にたちよること。例 大型客船が寄港する。

【寄宿舎】きしゅくしゃ 学生や、会社ではたらく人などが共同で生活するところ。

【寄進】きしん 神社や寺に、お金や品物などをきふすること。

【寄生】きせい 生物がほかの生物についたり、からだの中にはいったりして、その生物から養分をとって生活すること。例 ヤドリギはほかの植物に寄生する。／寄生虫。

【寄▼贈】きぞう／きそう 品物をおくりあたえること。贈呈。例 学級文庫に、童話の本が寄贈された。

【寄付】きふ ある目的のため、お金や物をさしだすこと。例 寄付金。／寄付をつのる。

【寄与】きよ 世の中や団体などの役に立つこと。例 世界平和に寄与する。

【寄席】よせ 落語・講談・漫才などの演芸を見せるところ。

【寄らば大樹の▼陰】よらばたいじゅのかげ 句 〔雨やどりをしたり、夏のあつい日ざしをさけたりするときには、大きな木のかげがよいというみから〕どうせ人にたよるなら、力のある人にたよるのがよいというたとえ。

寄らば大樹の陰

宀－8画

寇

11画 表外 〔寇〕明朝

音 コウ 訓 あだ

意味 外から攻めこんであらす敵。「元▽寇・▽倭▽寇」

宀－8画

寂

11画 常用 〔寂〕明朝

音 ジャク・セキ 訓 さび・さびしい・さびれる

意味 さびしい。しずか。「静▽寂」

名まえで使う読み しず・じゃく・せき・ちか・やす

上につく熟語 *寂▽寞・*寂▽寥

下につく熟語 ▼閑寂

宀－8画

宿

11画 3年 〔宿〕明朝

音 シュク 訓 やど・やどる・やどす

※上にくる音により「ジュク」ともよむ。

2画めは左下へ引いて「宀」の中に「佰」を組みこむ。「百」より「イ」を縦長に。

1	2	3	4	5	6	7	8	9	10	11
丶	丷	宀	宀	宀	宀	宀	宀	宿	宿	宿

なりたち 形声 宿

宀(やね)とイ(=人)と百(西の変形で、むしろのすがた)を合わせた字。人が宿屋にちぢこまってとまるようすをあらわした。

宿のつく漢字グループ

「宿」のグループは「身を引きしめる」というイメージがある。

→縮862

意味 ❶やど。「下宿」 ❷とまる。「宿泊」 ❸前からの。「宿命・宿願」

名まえで使う読み いえ・おる・すく・すみ・しゅく・やど

宀の部 8画 密

【宿願】しゅくがん 前々からもっているねがい。例宿願をはたす。

【宿舎】しゅくしゃ ①とまるところ。例国民宿舎。②職員などがすむ住宅。例公務員宿舎。

【宿題】しゅくだい ①学校などで、家に帰ってするようにあたえる問題。②あとにのこされた問題。例それは今後の宿題としよう。

【宿直】しゅくちょく 役所・学校などで、とまって、夜のばんをすること。また、その役目や人。

【宿敵】しゅくてき ずっと前からの、かたき。

【宿場】しゅくば むかし、街道のところどころにあって、旅人がとまったり、馬やかごをのりついだところ。宿駅。宿。例宿場町。

【宿▼泊】しゅくはく やどにとまること。

【宿望】しゅくぼう 前々からもっていたのぞみ。長年ののぞみ。例宿望をとげる。

【宿命】しゅくめい 前の世からその人にさだめられている運命。例宿命だと思ってあきらめる。

【宿賃】やどちん やど屋にとまったときにはらう代金。宿泊料。

【宿屋】やどや 旅行する人をとめることを商売にしている家。旅館。

下につく熟語 合宿・*寄宿・*定宿・*常宿・投宿・野宿・*船宿・民宿・*安宿

宀－8画

【密】

11画 6年 〔密〕明朝 音ミツ 訓—

※下にくる音により「ミッ」ともよむ。

密 密

1画め、5・6画めの交差点、9画めの縦画を文字の中心にそろえると整えやすい。

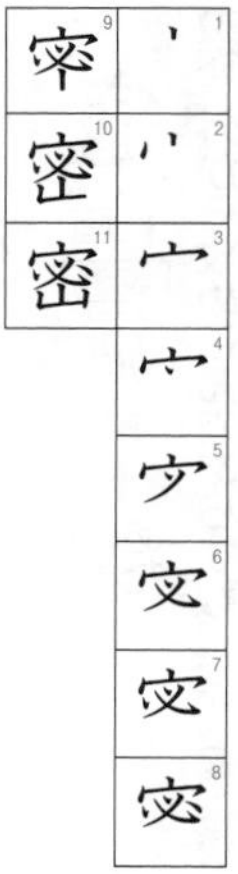

なりたち 会意  宓と山を合わせた字。宓は、必(びっしりとしめつける)と宀(おおい)を合わせて、びっしりとすきまなくふさがれるようす。密は、山が木ですきまなくふさがれて、中が見えないようすをあらわした。↓必454

意味 ❶ひそか。「秘密」❷すきまがない。「密度・密林」対疎 ❸したしい。「親密」対疎

名まえで使う読み たかし・ひそか・みつ

【密会】みっかい こっそりと会うこと。

【密議】みつぎ こっそりと話しあうこと。ひみつのそうだん。

【密航】みっこう 国のきそくをやぶって、こっそりと船や飛行機で外国にわたること。例密航船。

【密告】みっこく 人のかくしごとや悪事を、こっそりと知らせること。例なかまを密告する。

【密室】みっしつ しめきっていて外からは、はいれないへや。例なぞの密室殺人事件。

【密集】みっしゅう たくさんのものが、ぎっしりとあつまること。例人口が密集する。

【密書】みっしょ ひみつの手紙や文書。

【密生】みっせい 草木や毛などが、すきまなくはえていること。例コケが密生している。

【密接】みっせつ ①すきまなく、ぴったりとついていること。例工場と密接した住宅。②ひじょうに関係がふかいこと。例日本とアメリカは、密接な関係がある。

【密▼葬】みっそう 身内だけでおこなう葬式。

【密造】みつぞう 法律で禁じられている物を、こっそりつくること。例お酒を密造する。

【密談】みつだん こっそりとそうだんすること。ひみつのそうだん。例密談をかわす。

【密着】みっちゃく ①ぴったりとくっつくこと。例選手に密着して取材する。②写真で、フィルムの大きさそのままにやきつけること。

【密度】みつど ①きまった面積や体積の中にあるものの、こみあっている度合い。例人口密度。②一立方センチメートルあたりの重さ。

【密売】みつばい 法律で禁じられている物を、こっそり売ること。

【密▼封】みっぷう　すきまがないように、しっかりとふうをすること。例 びんの口を密封する。

【密閉】みっぺい　すきまがないように、ぴったりとじること。例 密閉したへや。

【密約】みつやく　こっそりと約束をむすぶこと。また、その約束。秘密の約束。例 密約をとりかわす。

【密輸】みつゆ　税関を通さないで、こっそりと外国から品物をもちこんだり、外国へもち出したりすること。密輸入と密輸出。

1【密▼猟】みつりょう　法律をやぶって、けものや鳥などをとること。例 野生動物の密猟をとりしまる。

2【密漁】みつりょう　法律をやぶって、魚や貝などをとること。例 密漁の魚を売る。

【密林】みつりん　木がぎっしりとたくさんはえている大きな林。ジャングル。

下につく熟語 過密・気密・機密・厳密・細密・精密・内密・綿密

【窓】11画　穴部6画↓813ページ

【窒】11画　穴部6画↓813ページ

宀－9画

【寒】

12画　3年　〔寒〕明朝　音 カン　訓 さむい

宀（うかんむり）の部　9画　寒

4・7画めは同じにして8画めを長く。中心線上に11・12画めの点を書く。

なりたち　会意　ー寒（寒）　もとの字は「寒」。茻（屮を四つかさねた形）と宀（やね）と亻（=人）と冫（こおり）を合わせた字。やねの下で、人がわらをかぶってさむさにふるえているようすをあらわした。

意味 ❶さむい。さむさ。「寒冷」対 暑・暖 ❷冬のいちばんさむいとき。「大寒・小寒」 ❸さびしい。「寒村」

【寒気】一 かんき　さむさ。対 暑気　二 さむけ　①さむい感じ。②病気などのために、ぞくぞくと感じるさむさ。

【寒行】かんぎょう　さむさにたえてする修行。

【寒▼稽古】かんげいこ　冬のいちばんさむいときにおこなう、武道などのけいこ。

【寒暑】かんしょ　さむさと、あつさ。

【寒色】かんしょく　見る人にさむい感じをあたえる色。青など。対 暖色

【寒村】かんそん　まずしく、さびしい村。

【寒帯】かんたい　地球の気候区分の一つ。北極や南極を中心とした、もっともさむいところ。対 熱帯

【寒暖】かんだん　さむさと、あたたかさ。例 寒暖の差がはげしい気候。

【寒暖計】かんだんけい　温度をはかる計器。温度計。

【寒中】かんちゅう　小寒から大寒をへて、立春の前日までのおよそ三〇日間。一年でいちばんさむいころ。対 暑中

【寒天】かんてん　①冬のさむざむとした空。②海そうのテングサをにとかしてかため、こおらせてかわかしたもの。みつまめなどの材料。

【寒波】かんぱ　きゅうに冬のつめたい空気がおしよせて、気温がはげしく下がること。また、その空気。例 寒波が日本に襲来する。

【寒風】かんぷう　冬のさむい風。例 寒風がふきすさぶ。

【寒流】かんりゅう　南極・北極地方から、赤道のほうにむかってながれる、つめたい海水のながれ。対 暖流

【寒冷】かんれい　さむくて、つめたいこと。例 寒冷前線。対 温暖

【寒▼露】かんろ　①二十四節気の一つ。一〇月八、九日ごろ。②秋のおわりから冬のはじめのころにおりる露。

【寒空】さむぞら　さむそうな冬の空。

下につく熟語 悪寒・＊厳寒・▼酷寒・＊極寒・▼耐寒・▼避寒・防寒・夜寒

3画

宀-9画 **【寓】** 12画 人名 〈寓〉明朝

音 グウ　訓 よる

意味 **❶かりずまいをする。**「寓居」 **❷ふと、目をつける。ほかのものにかこつけていう。**「寓意・寓話」

名まえで使う読み より・よる

【寓話】ぐうわ 教訓を動物などをつかって説いた、たとえ話。例 イソップ寓話。

宀-9画 **【富】** 12画 4年　冖-9画【冨】11画 人名 〈富〉明朝

音 フ・フウ*　訓 とむ・とみ

※「と」ともよむ。上にくる音により「プ」ともよむ。

「田」を「口」よりも横広にして、ともに下にせばめた形にする。

1	2	3	4	5	6	7	8	9	10	11	12
丶	丶丶	宀	宀	宀	宀	宀	宀	富	富	富	富

なりたち 形声 畐(いっぱいみちる)と宀(いえ)を合わせた字。家の中が財産でいっぱいになることをあらわした。→福798

意味 **❶財産が多くなる。**「富豪」 対 貧 **❷ゆたかである。**「豊富」 対 貧 **❸財産。**「国富」

▽県名でつかわれる。「富山県」

難しい読み 富貴(ふうき・ふっき)

名まえで使う読み あつ・あつし・さかえ・と・とます・とみ・とよ・ひさ・ふ・ふう・ふく・みつる・ゆたか・よし

【富貴】ふうき／ふっき 金もちで、身分の高いこと。対 貧賤

【富豪】ふごう 大金もち。

【富裕】ふゆう お金や物がたくさんあって、生活がゆたかなこと。裕福。例 富裕層。

下につく熟語 *巨富・貧富

宀-10画 **【寛】** 13画 常用　宀-11画【寬】14画 人名 〈寬〉明朝

音 カン　訓 ―

なりたち 形声 もとの字は「寬」。萈(ゆったりしている)と宀を合わせた字。

意味 **心が広い。**「寛大」

名まえで使う読み かん・ちか・とお・とみ・とも・とら・のぶ・のり・ひと・ひろ・ひろし・むね・もと・ゆたか・よし

【寛大】かんだい 心が広くて、思いやりのあるようす。例 寛大な処置を期待する。

【寛容】かんよう 心が広く、何ごともゆるすこと。例 寛容な態度をたもつ。

宀-10画 **【寝】** 13画 常用　宀-11画【寢】14画 人名 〈寢〉明朝

音 シン　訓 ねる・ねかす

なりたち 形声 𠬶(じわじわと入りこむ)と爿(ベッド)と宀(いえ)を合わせた字。ベッドに横になってだんだんと眠りに入るようすをあらわした。

意味 **ねる。ねむる。**「寝室・仮寝」

【寝具】しんぐ ねるときにつかう道具。ふとん・まくら・ねまきなど。夜具。

【寝室】しんしつ ねるためのへや。

【寝食】しんしょく ねることと、たべること。

【寝食を忘れる】しんしょくをわすれる 句 寝食をわすれてしまうほど、あることにむちゅうになる。例 寝食を忘れて研究にうちこむ。

【寝台】しんだい ねるときにつかう台。ベッド。例 寝台車。

【寝汗】ねあせ ねている間にかくあせ。

【寝息】ねいき ねむっているときの、こきゅう。例 やすらかな寝息を立てる。

【寝顔】ねがお ねているときの顔。

【寝言】ねごと ねている間に、気づかないで言うことば。

【寝相】ねぞう ねているときのかっこう。例 寝相がわるい。

【寝た子を起こす】ねたこをおこす 句 よう

やくさわぎがおさまったのに、よけいな手だしをしてふたたび問題をひきおこすたとえ。

【▼寝床】ねどこ　ねるためにしいたふとんや、ベッド。

【▼寝袋】ねぶくろ　中にからだを入れてねるふくろ。

【▼寝坊】ねぼう　朝おきるのがおそいこと。また、そのくせのある人。例 寝坊して遅刻する。

寝袋

【▼寝耳に水】ねみみにみず　句 急に思いがけないことがおこり、ひじょうにおどろくことのたとえ。例 となりにビルがたつなんて寝耳に水でびっくりした。

上につく熟語 *寝覚め・*寝冷え

下につく熟語 朝▼寝・就▼寝・*早寝・昼▼寝

宀－11画

【寡】

14画 常用 〔寡〕明朝

音 カ　訓 ―

意味 ❶少ない。「▼寡▼黙」対 衆 ❷妻をなくした男。また、おっとをなくした女。「▼寡婦」

【▼寡作】かさく　芸術家が、少ししか作品をつくらないこと。例 寡作の画家。対 多作

【▼寡婦】かふ　おっとに死なれた女の人。未亡人。

【▼寡聞】かぶん　見聞がせまく知識が少ないことを、けんそんしていうことば。例 寡聞にして知りません。

【▼寡▼黙】かもく　口かずが少ないこと。例 寡黙だがどこまでも誠実な人。対 饒舌

下につく熟語 衆▼寡・多▼寡

宀－11画

【察】

14画 4年 〔察〕明朝

音 サツ　訓 ―

※下にくる音により「サッ」ともよむ。／「サッする」ともつかう。

察 察　5・9画めを「冖」より横広になるように長く書く。8・9画めは交差させる。

なりたち 会意　祭(よごれを清める)と宀(いえ)を合わせた字。家のすみずみまできれいにするのと同じように、ものごとのこまかいところまであきらかにすることをあらわした。→祭796

意味 ❶しらべて、あきらかにする。「観察」❷おしはかる。「察知」

名まえで使う読み あき・あきら・さつ・み・みる

【察知】さっち　おしはかって知ること。

下につく熟語 ▼監察・警察・*検察・考察・査察・視察・▼診察・推察・▼偵察・▼洞察・拝察・*明察

宀－11画

【寧】

14画 常用 〔寧〕明朝

音 ネイ　訓 ―

なりたち 会意　寍(心がやすらぐ)と丂(息がわかれて出る)を合わせた字。心がやすらいで、ほっと息をつくようすをあらわした。

意味 おだやか。やすらか。「安▼寧・丁▼寧」

名まえで使う読み さだ・しず・ねい・やす・やすし

【蜜】14画 虫部8画 ↓916ページ

宀－12画

【審】

15画 常用 〔審〕明朝

音 シン　訓 ―

意味 くわしくしらべてあきらかにする。「▼審判」

名まえで使う読み あき・あきら・しん

【▼審議】しんぎ　くわしくしらべて、よいかわるいかを相談すること。例 予算案を審議する。

【▼審査】しんさ　すぐれているかどうか、また、資格があるかないかなどについて、くわしくしらべてきめること。例 審査員。

【▼審判】しんぱん／しんばん　①競技で、選手が規則をおかしていないかどうかを見たり、勝ち負けをきめたりすること。また、その人。②

こたえ　ふ(伏)せている。(イ〔人〕＋犬)。はらばいになったり，物かげにかくれたりすること。

事件をしらべて、正しいか正しくないかを、きめること。例 公正な審判をくだす。

【▼審問】しんもん （裁判所などで）事情を、くわしくといただすこと。

【▼審理】しんり （裁判所などで）事実をしらべて、あきらかにすること。

下につく熟語 球▼審・＊結▼審・誤▼審・再▼審・＊主▼審・＊線▼審・▼陪▼審・不▼審・＊予▼審・塁▼審

宀－12画

【寮】

15画 常用 〔寮〕明朝 音 リョウ 訓 —

意味 同じ団体や学校にぞくしている人が、いっしょにねとまりするところ。「学生▼寮」

名まえで使う読み いえ・とも・まつ・りょう

【寮歌】りょうか その寮で生活する人がいっしょに歌うようにつくられた歌。

【寮生】りょうせい 寮で生活している学生・生徒。

【寮長】りょうちょう ①寮の責任者。②寮にはいっている寮生たちの代表者。

【寮母】りょうぼ 寮にいて、寮生の世話をする女性。

下につく熟語 ＊社員▼寮・＊茶▼寮・＊独身▼寮

【窮】15画 穴部10画 → 814ページ

【窯】15画 穴部10画 → 814ページ

【賓】15画 貝部8画 → 986ページ

【憲】16画 心部12画 → 480ページ

【窺】16画 穴部11画 → 814ページ

宀－16画

【寵】

19画 人名 〔寵〕明朝 音 チョウ 訓 —

意味 かわいがる。また、かわいがられる。「▽寵愛・▽寵臣」

名まえで使う読み うつく・うつくし・よし

【▽寵愛】ちょうあい 特別にかわいがる。ひいきする。例 寵愛を受ける。

【▽寵臣】ちょうしん 皇帝や王などの君主が気に入っている家来。

下につく熟語 ＊恩▽寵

3画 寸 すん

なりたち

「手」「手を出す」「手をつける」など、手でおこなう動作に関係した字をあつめる。

この部首の字

画数	字	ページ
0画	寸	306
3画	寺	307
4画	寿	307
4画	対	308
6画	専	309
6画	封	310
7画	射	311
7画	将	311
8画	尉	312
8画	將	311
8画	專	309
9画	尋	312
9画	尊	312
12画	導	313

ほかの部首の字

字	部首	ページ
付	亻部	57
団	囗部	222
守	宀部	288
村	木部	584
府	广部	356
附	阝部	440
冠	冖部	118
耐	而部	874
討	言部	947
辱	辰部	1007
奨	大部	271
奪	大部	271
慰	心部	478
樹	木部	617
爵	爫部	710

寸－0画

【寸】

3画 6年 〔寸〕明朝 音 スン 訓 —

2画めは中心よりやや右側に書く。3画めの点は1画めの下に、中心より左側に書く。

なりたち 会意 ーー寸

又(=又。て)と一のしるしを合わせた字。指一本のはばの長さをあらわした。

寸のつく漢字グループ

「寸」のグループは「そっとおさえる」「じっとおちつける」というイメージがある。

→村584

意味 ❶むかしつかわれていた、長さの単位。一寸は、約三・〇三センチメートル。❷わずかなこと。「寸前」❸長さ。「寸法・採寸」

参考 ひらがな「す」のもとになった字。

名まえで使う読み き・すん・ちか・のり

【寸▼暇】すんか ちょっとのひま。

【寸▼暇を▼惜しむ】すんかをおしむ 句 ちょっとのひまもむだにしてはもったいないと、たいせつにする。例 寸暇を惜しんで勉強する。

【寸劇】すんげき みじかいげき。

【寸志】すんし わずかばかりの気もちをあらわしたおくりもの。おくりものの、のし紙などに書く。参考 けんそんしたことば。

【寸時】すんじ わずかな時間。寸刻。例 寸時も休まずにはたらく。

【寸前】すんぜん 時間やきょりで、ほんの少し前。例 試合終了寸前で逆転した。

【寸断】すんだん ずたずたに、たちきること。例 道路が寸断された。

【寸鉄人を▼刺す】すんてつひとをさす 句 みじかくするどいことばで、急所をつく。それでぐさりと人をさすことから。参考 「寸鉄」は、小さな刃物のこと。

【寸評】すんぴょう みじかい批評。例 先生が寸評をくわえる。

【寸分】すんぶん／すんぷん ほんの少し。わずか。例 寸分のくるいもない。

【寸法】すんぽう ものの長さ。例 カーテンの寸法をはかる。

【寸話】すんわ みじかい話。例 寸話を聞く。

【付】5画 亻部3画 ↓57ページ

寸－3画

【寺】6画

2年 〔寺〕明朝 音 ジ 訓 てら

※上にくる音により「でら」ともよむ。

「土」と「寸」の横画は、3画めを一番長く書く。

一 十 土 圭 寺 寺

なりたち 形声 ⇒ ー寺

之(まっすぐ進む)と寸(て)を合わせた字。仕事をまっすぐ進めるようすを図にして、こまごました用事をする役人や役所をあらわした。仏教がつたわったとき、役所が坊さんたちの宿舎につかわれたので、寺に、「てら」のいみが生まれた。→之28

寺のつく漢字グループ

「寺」のグループは「まっすぐ進む」というイメージのほかに、「じっと止まる」というイメージがある。

→侍76 →待378 →持506 →時556 →特716 →等825 →詩952

意味 てら。「寺院・山寺」

【寺院】じいん 寺。

【寺社】じしゃ 寺と神社。

【寺子屋】てらこや 江戸時代に、町人の子どもに読み書きや、そろばんなどを教えたところ。注意 「寺小屋」と書かないこと。

下につく熟語 *尼寺(あまでら・にじ)・*国分寺・*古寺・社寺・*仏寺

【団】6画 口部3画 ↓222ページ

【守】6画 宀部3画 ↓288ページ

寸－4画

【寿】7画

常用 士－11画 【壽】14画 人名 〔寿〕明朝 音 ジュ 訓 ことぶき

漢字クイズ 「週」は7日間。では，「旬」はなん日間のことでしょう。

寸の部 4画 対

なりたち 形声 もとの字は「壽」。𠷎(長くのびる)と耂(老人)を合わせた字。

意味 ❶とし。いのち。「▼寿命」 ❷長生きする。「長▼寿」 ❸めでたいこと。いわい。「米▼寿」

難しい読み ▼寿司

名まえで使う読み いき・かず・ことぶき・じゅ・たもつ・つね・とし・としなが・なが・のぶ・ひさ・ひさし・ひで・ひろし・ほぎ・やすし・よし

【▼寿命】じゅみょう ①いのちの長さ。②ものが役に立っている期間。例 電池の寿命。

【▼寿老人】じゅろうじん 七福神の一つで長寿の神。長いひげをたらし、頭巾をかぶり、つえをもち、鹿をつれている姿でえがかれる。▽えがかれる姿が福禄寿と逆になることがある。

【▼寿司】すし 酢であじつけした飯に魚肉・貝・たまごなどをそえた食べ物。参考「鮨」とも書く。

下につく熟語 賀▼寿・喜▼寿・天▼寿・*白▼寿・*福▼寿

寸－4画 【対】 7画 3年 〔対〕明朝 音 タイ・ツイ* 訓 ―

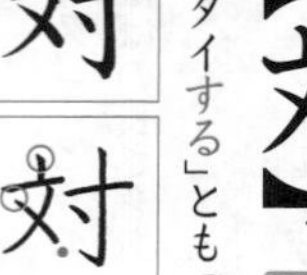

※「タイする」ともつかう。

1画めは点でもよい。3画めは1画めに接しても接しなくてもよい。4画めは止める。

1	2	3	4	5	6	7
丶	亠	ナ	文	文	対	対

なりたち 会意 對－對(対)

もとの字は「對」。丵と寸(動作)を合わせた字。丵は、業の下の部分をりゃくしたもの。業は楽器をつるす台座で、二つで一組みになっている。丵は「二つのものがむき合う」というイメージをもつ。對は、二つのものがむかい合うことをあらわした字。

意味 ❶むかいあう。「対決」「対応」 ❷あいてになる。 ❸二つで一組みのもの。「対句・一対」

難しい読み 対句・対語(たいご・ついご)

【対案】たいあん あいての出した案にたいして出す、べつの案。

【対応】たいおう ①たがいにむきあうこと。例 対応する二つの辺。②それぞれのものごとにおうじて行動すること。例 国際化に対応した教育。③たがいにつりあうこと。例 気力はあるが、体力がそれに対応しない。

【対角線】たいかくせん 三角形をのぞく多角形で、となりあっていない二つの角の頂点をむすんだ直線。

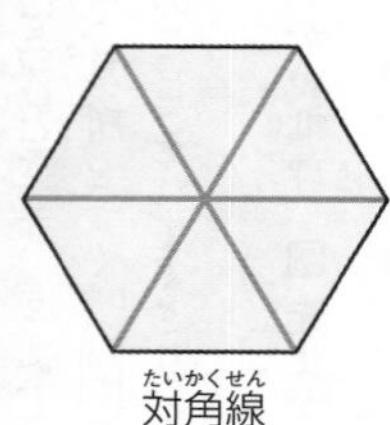

対角線

【対岸】たいがん むこうがわのきし。むこうぎし。例 対岸の火事(=関係のないことだとして、だまって見すごすことのたとえ)。

【対義語】たいぎご ①いみが反対のことば。「上」と「下」、「ある」と「ない」など。反対語。対語(たいご・ついご)。②いみが対立することば。また、いみが組みになることば。「親」と「子」、「父」と「母」など。対語。

【対局】たいきょく ばんにむかいあってしょうぎや碁などの勝負をすること。

【対決】たいけつ ①両者がむかいあって、よいわるいなどを、はっきりきめること。②力やわざなどをつかって、あらそうこと。例 横綱どうしの対決。

【対語】たいご/ついご 「対義語①②」と同じ。

1【対向】たいこう たがいにむきあうこと。例 対向車。注意「対行」と書かないこと。

2【対▼抗】たいこう たがいにまけまいとはりあうこと。例 対抗意識。/クラス対抗リレー。

3【対校】たいこう 学校と学校とが、たがいに競争すること。例 対校試合。

【対座】たいざ むかいあって、すわること。例 客と対座する。

【対策】たいさく あいての態度や、事件のなりゆきにおうじてとる方法。例 被害をしらべて、対策を立てる。

【対処】たいしょ ものごとが変化するのにた

いして、ふさわしい方法をとること。例経営不振に対処する。

【対称】たいしょう 二つの点・線・形などが、一つの点または直線をもとにして、かさなりあうような関係にあること。例左右対称。

【対象】たいしょう もくひょう。あいて。例小学生を対象とした本。

【対照】たいしょう ①二つのものをくらべあわせること。例原文と訳文を対照する。②くらべたときの、二つのもののちがいが、はっきりしていること。例同じ姉妹でも対照的だ。使い分け「対称」「対象」と区別してつかおう。

【対戦】たいせん むかいあって、たたかうこと。また、そのたたかい。例対戦相手がきまる。

使い分け たいせん 対戦・大戦

【対戦】敵と味方がむかいあってたたかうこと。例赤組と白組が対戦する。／対戦成績は二勝一敗だ。

【大戦】たくさんの国が参加する、大きな戦争。例第二次世界大戦。

【対談】たいだん ふたりが、むかいあって話し合うこと。また、その話し合い。

【対等】たいとう 二つのものの間に、すぐれたりおとったりする差がないこと。例対等の立場で話し合う。

【対比】たいひ 二つのものをくらべあわせること。

対比

【対面】たいめん 顔を合わせること。むきあうこと。例おじとは一〇年ぶりの対面だ。使い分け たいめん「体面・対面」→(70ページ)

【対訳】たいやく 元の文とそれを訳した文とをならべて書くこと。また、そのように書かれた本。例英文対訳。／『論語』を対訳で読む。

【対立】たいりつ 考えや立場などのちがいで、たがいにはりあうこと。例兄と意見が対立する。

【対流】たいりゅう 熱のつたわり方の一つ。気体や液体をあたためたとき、あたためられた部分が上にのぼり、冷たい部分が下にさがる現象。

【対話】たいわ むかいあって話すこと。また、その話。例親子の対話。

【対句】ついく いみや形のにている句を対比させてならべること。また、その句。たとえば、「花は紅、柳は緑」など。

下につく熟語 絶対・相対・敵対・反対

【村】7画 木部3画 → 584ページ
【府】8画 广部5画 → 356ページ
【附】8画 阝部5画 → 440ページ

寸-6画
専
9画 6年

寸-8画 專 11画 人名 〔専〕明朝

音 セン
訓 もっぱら

7画めを長く。2・3画めの縦画は内側に。1画めの右上に点を書かないよう注意。

(筆順) 一 ｢ 戸 百 亩 亩 重 専 専

なりたち 形声 — 專(専)

もとの字は「專」。叀(セン)と寸(て)を合わせた字。叀は、くるくる回りながら糸をより合わせる道具。何本かの糸を一本にするので、一本にまとめるというイメージをもつ。専は、一つのこと

こたえ 10日間。

だけに集中することをあらわした。

専のつく漢字グループ
「専」のグループは「まるく回る」というイメージがある。常用漢字では「専」「云」「寸」になる。
→伝(＝傳)64 →団(＝團)222
→転(＝轉)1000

意味 ❶そのことばかり。もっぱら。「専念」 ❷ひとりじめにする。「専用・専横」

名まえで使う読み あつし・あつむ・せん・たか・もろ

【専攻】せんこう 一つのことを、専門にふかく研究すること。例ドイツ語を専攻する。

【専心】せんしん 「専念」と同じ。

【専属】せんぞく 一つの会社や団体にだけ関係して、ほかに関係しないこと。例専属歌手。

【専任】せんにん もっぱら一つのことだけをうけもつこと。また、その人。例専任講師。対兼任

【専念】せんねん ほかのことを気にしないで、そのことだけに、いっしょうけんめいになること。例絵の勉強に専念する。同専心

【専売】せんばい ほかの人には売らせないで、その人だけが売ること。例専売特許。

【専門】せんもん ある一つの学問や仕事だけを、研究したりうけもったりすること。また、その学問や仕事。例専門家。注意「専問」と書かないこと。

【専有】せんゆう ひとりじめにすること。例権利を専有する。対共有

使い分け せんゆう 専有・占有

【専有】ひとりじめにすること。例インターネットの回線を専有する。対共有

【占有】自分のもちものにすること。例他国の軍隊が、島を占有する。／店の商品が、歩道を占有する。

【専用】せんよう ①その人だけがつかうこと。例市長専用の車。②そのことだけにつかうこと。例登山専用のくつ。対兼用

寸－6画

【封】

9画 常用 〔封〕明朝

音 フウ・ホウ　訓 ―

※「フウじる」「ホウじる」ともつかう。

意味 ❶とじる。ふさぐ。「▼封▼鎖・▼封印」 ❷領地をあたえる。「▼封建」

【▼封印】ふういん ふうをしたところに、はんをおすこと。また、そのはん。例封印をやぶる。

【▼封▼鎖】ふうさ 出入りができないように、かたくふさぐこと。例港を封鎖する。

【▼封書】ふうしょ ふうとうに入れた手紙。

【▼封▼筒】ふうとう 手紙や書類などを入れる、紙のふくろ。

【▼封建時代】ほうけんじだい 封建制度の時代。日本では、鎌倉時代から江戸時代まで。ヨーロッパでは、六世紀から一五世紀ごろまで。

【▼封建制度】ほうけんせいど 君主が家来に土地をあたえて、それぞれの国をおさめさせたしくみ。参考「封建」は、皇帝や王などの君主が、封土をあたえて諸侯（家来のこと）を建てるといういみ。

【▼封建的】ほうけんてき 殿様と家来、親方と弟子などのように、上下の関係をだいじにして、ひとりひとりの自由や権利をおさえるようす。

【▼封土】ほうど 君主が家来である大名にあたえた領地。

下につく熟語 帯▼封・開▼封・*完▼封・同▼封・*別▼封・密▼封

【冠】9画 冖部7画 ↓118ページ

【耐】9画 而部3画 ↓874ページ

寸 すんの部 7画 射・将

寸-7画

【射】

10画 6年 〔射〕明朝

音 シャ 訓 いる

「身」、「寸」ともに縦長に。7画めは3画めの縦画から右に出ても出なくてもよい。

なりたち 会意 身と寸(て)を合わせた字。身は、身体の「身」ではなく、弓に矢をつがえているすがた。射は、弓を引きしぼって矢をはなつことをあらわした。

射のつく漢字グループ 「射」のグループは「はりつめたものを、ゆるめる」というイメージがある。→謝967

意味 ❶弓をいる。「射手」 ❷銃や大砲をうつ。「射撃・射殺」 ❸いきおいよく出す。「注射」

【射撃】しゃげき ピストルや銃で、めあてのものをねらってうつこと。例 射撃訓練。

【射殺】しゃさつ 銃などで、あいてをうってころすこと。

【射手】しゃしゅ 弓や銃などをうつ人。

【射精】しゃせい 精子をふくんだ液を体外に出すこと。

下につく熟語 *照射・直射・*日射・発射・反射・噴射・放射・*乱射

寸-7画

【将】

10画 6年 寸-8画 〔將〕11画 人名 〔将〕明朝

音 ショウ 訓 —

※上にくる音により「ジョウ」ともよむ。

1〜3画めの筆順に注意。1画めの最後を次画に向けて左上にはねてもよい。

なりたち 形声 もとの字は「將」。爿(細長い)と夕(=肉)と寸(て)を合わせた字。手の指の中でいちばん長い中指のように、大勢の人の先に立って「ひきいる」ことをあらわした。→壮247

意味 ❶ひきいる。ひきいる人。「将軍」「大将」 ❷軍隊などで、階級をあらわすことば。

名まえで使う読み しょう・すけ・すすむ・たすく・ただし・たもつ・のぶ・はた・ひとし・まさ・もち・ゆき

【将棋】しょうぎ ばんの上で、二人がたがいにこまを一つずつ動かして、あいての王将(または、玉将)をせめとるゲーム。例 お父さんと将棋を指す。

【将軍】しょうぐん ①軍隊をひきいて、さしずする大将。②幕府のかしら。征夷大将軍。例 三代将軍家光。

【将校】しょうこう 軍隊で、少尉以上の軍人。

【将来】しょうらい これから先。ゆくすえ。例 将来のゆめをかたる。

【将を射んとせばまず馬を射よ】しょうをいんとせばまずうまをいよ 故事成語 目的を成功させるには、ちょくせつそのものをねらわないで、まずまわりにあるものをまずねらったほうが効果的だということ。

参考 ㋐敵将を弓でいとめようとするなら、まず先に敵将ののっている馬をいとめよというみから。㋑「将を射んとする者はまず馬を射よ」「将を射んと欲せばまず馬を射よ」ともいう。

下につく熟語 王将・*降将・主将・*知将・*敵将・*副将・武将・名将

寸の部 8画 尉 9画 尋・尊

【討】10画 言部3画 →947ページ

【辱】10画 辰部3画 →1007ページ

寸－8画

【尉】11画 常用 〔尉〕明朝

音 イ　訓 —

なりたち 会意 尸(おさえつける)と火(ひ)と寸(動作)を合わせた字。服をアイロンでのばすようすを図にして、力でおさえつける軍人をあらわした。

意味 **軍隊などで、階級をあらわすことば。**「少尉・中尉・大尉」

名まえで使う読み い・じょう・やす

寸－9画

【尋】12画 常用 〔尋〕明朝

音 ジン　訓 たずねる

なりたち 会意 右と左を合わせた字。左はヨと工、右は寸と口。左右のうでを広げた長さをあらわした。

意味 ❶**ききだす。**「尋問」❷**長さの単位。ひろ。**▽両手を左右に広げたときの長さ。「尋常」

使い分け たずねる「訪ねる・尋ねる」↓949ページ

名まえで使う読み じん・ちか・つね・のり・ひろ・ひろし・みつ

【尋常】じんじょう ふつう。あたりまえ。例 尋常な手段ではかてない。参考「尋」も「常」もむかしの中国の長さの単位。ふつうの長さをいみしたことから。

【尋問】じんもん ききだして、しらべること。例 あやしい人を尋問する。

寸－9画

【尊】12画 6年 〔尊〕明朝

音 ソン　訓 たっとい・とうとい・たっとぶ・とうとぶ

※上にくる音により「ゾン」ともよむ。

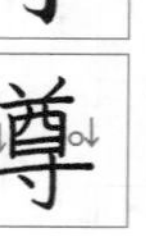

10画めを長く。4・5画めの縦画は真下に。8画めの横画を忘れない。

1	2	3	4	5	6	7	8	9	10	11	12
、	丷	䒑	产	产	芮	酋	酋	酋	酋	尊	尊

なりたち 会意 尊(尊) もとの字は「尊」。酋(酒つぼ)と寸(て)を合わせた字。儀式用の酒つぼをうやうやしくささげもつようすを図にして、どっしりと重々しく「たっとい」ことをあらわした。

意味 ❶**とうとい。とうとぶ。**「尊敬」❷**あることばにつけて、うやまう気もちをあらわすことば。**「尊父・尊顔」

名まえで使う読み そん・たか・たかし

使い分け とうとい　尊い・貴い

【尊い】たいせつでうやまわないといけない。例 尊い命。／尊い神様。

【貴い】すぐれていて、ねうちがある。例 戦火をまぬがれた貴い宝物。／山で暮らした貴い経験。

参考「尊い・貴い」とも読む。

【尊顔】そんがん 他人の顔をうやまった言い方。

【尊敬】そんけい とうとんで、うやまうこと。例 わたしが尊敬する人は父と母です。対 軽蔑

【尊敬語】そんけいご 人をうやまう気もちをあらわすことば。「言う」を「おっしゃる」、「くれる」を「くださる」というなど。

【尊厳】そんげん とうとくて、おごそかなこと。例 あいての尊厳をきずつける。

【尊称】そんしょう 尊敬の気もちをあらわす

3画

え)」。「朱」は，だいだい色にちかい赤のいみ。

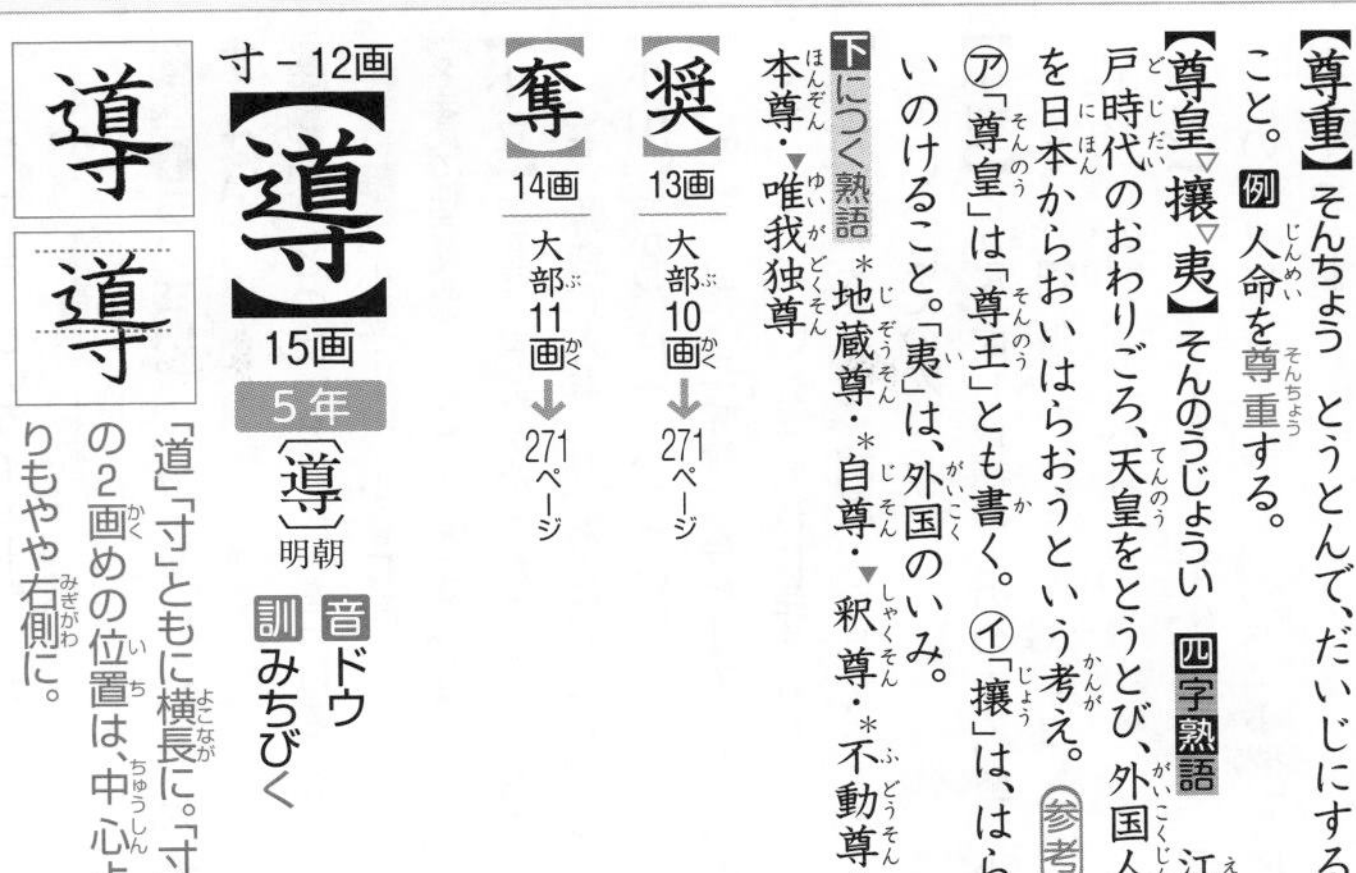

よび名。

【尊大】そんだい　いばって、えらそうにすること。例尊大にかまえる。

【尊重】そんちょう　とうとんで、だいじにすること。例人命を尊重する。

【尊皇▽攘▽夷】そんのうじょうい　四字熟語　江戸時代のおわりごろ、天皇をとうとび、外国人を日本からおいはらおうという考え。参考㋐「尊皇」は「尊王」とも書く。㋑「攘」は、はらいのけること。「夷」は、外国のいみ。

下につく熟語 *地蔵尊・*自尊・▽釈尊・*不動尊・本尊・▽唯我独尊

【奨】13画　大部10画→271ページ

【奪】14画　大部11画→271ページ

寸－12画

【導】15画　5年

〔導〕明朝　音ドウ　訓みちびく

「道」「寸」ともに横長に。「寸」の2画めの位置は、中心よりもやや右側に。

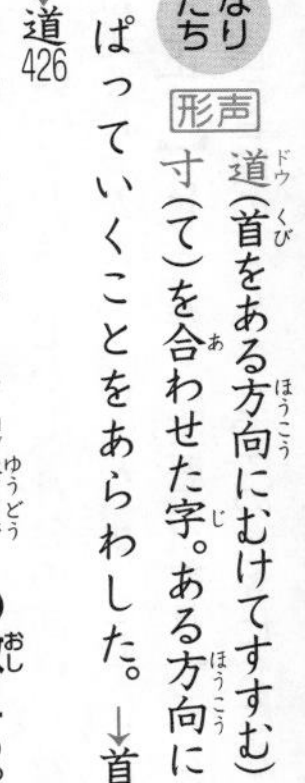

なりたち　形声　道(首をある方向にむけてすすむ)と寸(て)を合わせた字。ある方向に引っぱっていくことをあらわした。↓首1084　↓道426

意味 ❶あんないする。「▽誘導」❷教える。みちびく。「指導」❸電気や熱をつたえる。「導体」

名まえで使う読み　おさ・どう・みち

【導火線】どうかせん　①火薬に火をつけてばくはつさせるための線。②事件などを引きおこすもとになるもの。例かれの行動が、導火線となって事件がおきた。

【導線】どうせん　電流を通すためのはりがね。

【導体】どうたい　電気や熱をよくつたえるもの。銅・鉄など。対不導体

【導入】どうにゅう　①外からみちびき入れること。例先進技術を導入する。②本題に入るまえに、きょうみをよびおこさせる段階。例話の導入の部分。

下につく熟語 *引導・主導・*唱導・先導・善導・伝導・補導

【慰】15画　心部11画→478ページ

【樹】16画　木部12画→617ページ

【爵】17画　爫部13画→710ページ

3画　小・⺌　しょう

なりたち　「ちいさい」「こまかい」などのいみに関係した字をあつめるが、「尚」をもとにする字は、それには関係ない。

この部首の字　0画 小313　1画 少316　3画 尖317　当317　5画 尚318

ほかの部首の字　示→示部791　光→儿部99　劣→力部146　糸→糸部837　系→糸部838　肖→月部883　京→亠部47　県→目部773　省→目部774　党→儿部103　堂→土部238　常→巾部344　掌→手部511　賞→貝部985

小－0画

【小】3画　1年

〔小〕明朝　音ショウ　訓ちいさい・こ・お

全体を◇形にすると整えやすい。2画めは止めてもよい。3画めは止める。

なりたち　指事　小－小

こたえ　赤くなる。「朱に交われば赤くなる（＝人はまわりにえいきょうされやすいことのたと

小・⺌の部 0画 小

小さな点を三つ置いた字。ばらばらで、小さいことをあらわした。

小のつく漢字グループ
「小」のグループは「小さい」「小さくばらばらにする」というイメージがある。
→少316 →肖883 →雀1044

意味 ❶ちいさい。「小刀(しょう・こがたな)」 対 大 ❷すくない。「小食」

注意 「少」との使い分けに気をつけること。

難しい読み 小豆・小川・小春日和

名まえで使う読み お・こ・さ・ささ・しょう

【小豆】あずき 黒みがかった赤色をした小つぶの豆。赤飯に入れたり、あんにしたりする。

【小川】おがわ ほそく、あさい川。

【小▼唄】こうた 三味線に合わせてうたう、みじかい歌。 参考 江戸時代に生まれた。

【小売店】こうりてん 問屋から品物を買ってきて、いっぱんの人に売る店。

1【小型】こがた 同じ種類のものの中で、型が小さいこと。例 小型テレビ。対 大型 使い分け 「小形」と区別してつかおう。

2【小形】こがた すがたや形が小さいこと。例 小形のチョウ。対 大形 使い分け 「小型」と区別してつかおう。

【小刀】一 こがたな 小さな、はもの。ナイフ。例 小刀で竹とんぼをつくる。二 しょうとう 小さな刀。対 大刀

【小▼柄】こがら ①ふつうの人よりも、からだが小さいこと。小粒。②着物などの、もようがこまかいこと。例 小柄な花もよう。対 ①②大柄

【小切手】こぎって お金をはらうとき、金額を書いて銀行にしはらいを依頼する書きつけ。

【小口】こぐち 数や量が少ないこと。例 小口の荷物。対 大口

【小首をかしげる】こくびをかしげる 句 ふしぎに思って(首をちょっとまげて)考えこむ。小首をかたむける。

【小声】こごえ 小さな声。例 小声でささやく。対 大声

【小言】こごと ①しかったり、注意したりすることば。例 お小言をもらう。②いろいろと、こまかい不平や不満をいうこと。また、そのことば。例 ぶつぶつ小言をいう。

【小細工】こざいく ①ちょっとしたさいく。②あいてをだますためのさいく。例 そんな小細工をしてもすぐに見やぶられる。

【小作】こさく 地主から田や畑をかりて、作物をつくること。また、その人。例 小作農。対 自作

【小雨】こさめ 雨がすこしふること。対 大雨

【小▼姓】こしょう むかし、身分の高い人のそば近くにつかえ、いろいろな雑用をした少年。

【小正月】こしょうがつ 陰暦の一月一五日の前後三日間のこと。また、そのときにおこなう行事。

【小銭】こぜに ①額の小さいお金。こまかいお金。例 小銭入れ。②少しばかりまとまったお金。例 小銭をためこむ。

【小▼僧】こぞう ①年のわかい坊さん。②つかい走りなどをするために、店にやとわれている少年。③年のわかい人を見下げていうことば。例 この小僧め。

【小包】こづつみ ①小さなつつみ。②ゆうびんでおくる小さな荷物。小包ゆうびん。

【小▼粒】こつぶ ①つぶが小さいこと。例 小粒の納豆。対 大粒 ②「小柄①」に同じ。例 小粒な選手。

【小手】こて ①ひじと、手首の間。手先。例 小手をかざす。②剣道でうで先。例 小手をとる。

【小手先】こてさき ①手先の部分。例 小手先がきようだ。②ちょっとした、きようさやちえ。例 小手先のわざ。／小手先がきく。

【小道具】こどうぐ しばいのぶたいでつかう、こまごました道具。対 大道具

【小鳥】ことり 小さい鳥。スズメ・メジロなど。

【小荷物】こにもつ 小さな荷物。

【小人数】こにんずう すくない人数。こにんず。対 大人数(おおにんずう・おおにんず)

【小話】こばなし みじかくて、おもしろい話。

【小春日和】こはるびより 四字熟語 一一月ごろの、春のようにおだやかな、あたたかい天気。

【小判】こばん ①むかしつかわれた、金でつくったお金。一まいが一両。②形の小さなもの。対①②大判

【小半時】こはんとき むかしの時間で、一時の四分の一。約三〇分。

【小半日】こはんにち だいたい半日ぐらい。

【小人】㊀こびと 物語などに出てくるせの高さが小指ぐらいの人間。㊁しょうじん ①心のせまい人。②身分のひくい人。㊂しょうにん 子ども。対大人 参考 入場料などでつかう。

【小間物】こまもの おしろい・くし・かんざしなど、女の人がつかうこまごました道具。

【小道】こみち はばのせまい道。

【小耳に▼挟む】こみみにはさむ 句〔聞くつもりはないが〕ちょっと聞く。例 かのじょのうわさを小耳に挟む。

【小麦】こむぎ イネ科の植物の一つ。実は、こなにしたり、みそ・しょうゆなどの原料にしたりする。例 小麦粉。

【小▼娘】こむすめ まだおとなになっていない、わかい女の子。

【小文字】こもじ ①小さな文字。②ローマ字などで、ふつうにつかう小さな文字。abcなど。対①②大文字。

【小物】こもの ①こまごまとした物や道具。例 小物入れ。②能力や勢力が、たいしたことのない人。例 小物はあいてにしない。対 大物

【小屋】こや ①小さく、かんたんな建物。例 山小屋。②しばいや見せ物を見せる建物。

【小▼脇に▼抱える】こわきにかかえる 句 わきに、ちょっとかかえる。例 カバンを小脇に抱えて出かける。参考「小」は、「軽く」の意味。

【小異を捨てて大同に就く】しょういをすててだいどうにつく 句 少しぐらいの意見のちがいは問題にしないで、おおもとの考えがだいたい同じなら、それにしたがう。

【小額】しょうがく 額面の小さなお金。例 小額紙幣。対 高額

使い分け しょうがく 小額・少額

【小額】単位が小さい金額や額面。例 小額の貨幣。対 高額

【少額】すくない金額。例 少額しかもっていない。／少額の寄付だが、気もちがうれしい。対 多額

【小学校】しょうがっこう 義務教育のうち、さいしょの六年間の教育をおこなう学校。

【小寒】しょうかん 二十四節気の一つ。寒さがいちだんときびしいころ。一月六日ごろ。また、その日から一五日間。

【小規模】しょうきぼ もののしくみや建物のつくりが、小さいこと。

【小康】しょうこう ①病気が悪くならないで、おさまっていること。例 小康をたもつ。②ものごとの悪い状態がしばらくおさまること。例 動乱が小康状態にある。

【小国】しょうこく ①面積のせまい国。②国力の弱い国。対①②大国

【小差】しょうさ すこしの差。例 小差でまけた。対 大差 参考「少差」とも書く。

【小事】しょうじ だいじでないことがら。対 大事

【小市民】しょうしみん 資本家と労働者の間にいる人々。中くらいの生活をしている人たち。

【小▼銃】しょうじゅう もち歩きできる小さな銃。

【小暑】しょうしょ 二十四節気の一つ。七月七日ごろ。

【小食】しょうしょく 食べる量が少ないこと。対 大食 参考「少食」とも書く。

【小心】しょうしん 気が小さく、おくびょうなこと。例 小心者。

【小人▼閑居して不善をなす】しょうじんかんきょしてふぜんをなす 故事成語 心のせまい

小・⺌の部 1画 少

つまらない人間は、ひまがあると、よくないことをするということ。参考「閑居」は、ひまでぶらぶらしていること。「不善」は、道徳的によくないこと。

【小心▼翼▼翼】しょうしんよくよく 四字熟語 気が小さくおくびょうで、ちょっとしたことにもびくびくするようす。参考 ㋐ふつう「小心翼々」と書く。㋑「翼々」は、びくびくすること。

【小数】しょうすう 0より大きく、一より小さい数。例 小数点。注意「少数」とまちがえないこと。使い分け しょうすう「少数・小数」→(317ページ)

【小生】しょうせい わたくし。男子が自分をへりくだっていうことば。参考 手紙文などでつかうことば。

1【小節】一 しょうせつ ①文章のみじかいひと区切り。②がくふで、たての線で区切られたひと区切り。二 こぶし 民謡や演歌で、楽ふにあらわせないびみょうな節回し。例 小節をきかせる。

2【小雪】一 しょうせつ 二十四節気の一つ。一一月二二日、二三日ごろ。二 こゆき 少し降る雪。少しの雪。

3【小説】しょうせつ 作者の想像や体験を通して、世の中のできごとや人の心の動きなどを書いた物語。

【小児】しょうに 小さい子ども。例 小児科。

【小農】しょうのう 小さな田畑をもち、おもに家族だけで作物をつくる農業のやり方。対 大農

【小の虫を殺して大の虫を生かす】しょうのむしをころしてだいのむしをいかす 句 小さなものをぎせいにして大きなものをたすける。重要なことをなしとげるためには、重要でないものをぎせいにすることもある、ということ。参考「大の虫を生かして小の虫を殺す」ともいう。

【小品】しょうひん ①文章・音楽などで、みじかい作品。②絵画・彫刻などで、小さな作品。

【小片】しょうへん ものの、小さな切れはし。

【小満】しょうまん 二十四節気の一つ。五月二一日ごろ。

【小量】しょうりょう 心がせまいこと。狭量。

下につく熟語 過小・*極小・最小・弱小・縮小・*大小

小－1画 【少】 4画 2年

〔少〕明朝

音 ショウ
訓 すくない・すこし

丿 小 小 少

2画めは止めてもよい。3画めは止める。4画めは1画めに接してもよい。

なりたち 形声 少-少 小(小さくばらばらにする)と丿(けずりとるしるし)を合わせた字。数や量が「すくない」ことをあらわした。→小313

少のつく漢字グループ
「少」のグループは「小さくそぎとる」「小さい」というイメージがある。
→抄495 →沙651 →砂785 →紗840

意味 ❶すくない。すこし。「少数・希少」対 多 ❷わかい。「少年」

注意 「小」との使い分けに気をつけること。

名まえで使う読み お・しょう・すく・すくな・つぎ・まさ・まれ

【少額】しょうがく お金の額が少ないこと。少しのお金。対 多額 使い分け しょうがく「小額・少額」→(315ページ)

【少女】しょうじょ 年のわかい女の子。対 少年

【少少】しょうしょう 少し。わずか。例 少々おまちください。参考 ふつう、「少々」と書く。

【少数】しょうすう 数が少ないこと。例 少数民族。／少数意見。注意「小数」とまちがえないこと。対 多数

【少▼壮】しょうそう 年がわかくて元気のあること。また、そのような人。

【少人数】しょうにんずう／しょうにんず 少ない

使い分け しょうすう 少数・小数

【少数】数がすくないこと。例 少数の意見をたいせつにする。／少数精鋭。／少数派。／少数民族。

【小数】0より大きく、1より小さい数。例 小数第一位。／小数点。

人数。例 少人数の団体。対 多人数(たにんずう・たにんず)

【少年】しょうねん 年のわかい男の子。対 少女

【少年老いやすく学成り難し】しょうねんおいやすくがくなりがたし 故事成語 年月がたつのははやくて、わかいと思っているうちにすぐに年をとってしまい、なかなか学問を身につけることはできない。だから、時間をたいせつにして勉強にはげめということ。

【少年よ大志を▼抱け】しょうねんよたいしをいだけ 句 若者はゆたかな将来があるのだから、大きなゆめと希望をもち、大いに活やくせよということ。参考 クラーク博士が、教え子たちにのこしたはげましのことば。

【少量】しょうりょう わずかの分量。注意「小量」と書かないこと。対 多量

下につく熟語 過少・軽少・減少・最少・多少・年少・幼少

【示】5画 示部0画 ↓791ページ

小-3画

【尖】6画

人名 〔尖〕明朝 音 セン 訓 とがる

意味 先がとがる。また、とがった先。「▽尖▼鋭・▽尖▼端」

参考 ふつう「先」に書きかえる。「▽尖▼端→先端」「▽尖▼鋭→先鋭」

⺌-3画

【当】6画

2年 〔当〕明朝 音 トウ 訓 あたる・あてる

※上にくる音により「ドウ」ともよむ。

当 当

上部を「ツ」とせず、1画めを立てて4画めと接する。4画めは折ってから内側に。

1	2	3	4	5	6
ｌ	ｌｌ	⺌	当	当	当

なりたち 形声 もとの字は「當」。尚(ショウ)(たいらに広がる、たいらな面)と田を合わせた字。田や畑を売り買いしたり、とりかえたりするとき、それにつりあうねうちや広さをぴたりとひきあてて、とりひきすることをあらわした。→尚318

意味 ❶あたる。あてる。「当番」❷あたりまえ。「当然」❸この。その。いま。「当日」

名まえで使う読み あ・あつ・たえ・とう・まさ・まつ

使い分け あてる 当てる・充てる・宛てる

【当てる】ぶつける。予想する。命中させる。例 ボールを当てる。／宝くじを当てる。

【充てる】ある目的のためにつかう。わりふる。例 生活費に充てる。／教育費に充てる。

参考「宛てる」は、手紙などを「…に出す」のいみ。例 兄に宛てた手紙。

【当たるも八▽卦】あたるもはっけ 句 うらないは当たることもあるし、はずれることもある。参考「当たるも八卦当たらぬも八卦」ともいう。

【当意▼即▼妙】とういそくみょう 四字熟語 その場に合わせて、すぐに、じょうずに考えたり言ったりすること。例 落語家だけあって、当

こたえ はい(灰)になる。(厂+火)。

意即妙のうけ答えをする。参考「当意」は、その場にふさわしくとっさに考えること。「即妙」は、とっさにうかぶ、みごとなちえのいみ。

【当▼該】とうがい　そのことにあてはまること。その。例 当該の窓口で手続きをする。／当該組合。

【当局】とうきょく　あることがらのとりあつかいについて、責任をもっているところ。また、その仕事をあつかっている役所。例 学校当局。

【当家】とうけ　この家。その家。例 当家のしきたり。参考 あいての家についていう場合は「御当家」という。

【当座】とうざ　①その時。その場。②当分。しばらくの間。例 引っこしてきた当座は、さびしいところだった。③「当座預金」のりゃく。

【当座預金】とうざよきん　小切手を書けば、いつでも引き出せる、利子のつかない銀行預金。

【当時】とうじ　そのころ。例 入学当時の写真。

【当事者】とうじしゃ　あることにちょくせつ関係している人。例 当事者どうしの話し合い。対 第三者

【当日】とうじつ　その日。例 当日は雪だった。

【当主】とうしゅ　その家の、今の主人。

【当初】とうしょ　そのものごとの、はじめのころ。例 当初の計画をへんこうする。

【当世】とうせい　今の世の中。現代。例 当世ふうのファッション。

【当選】とうせん　①選挙でえらばれること。対 落選 ②くじに当たること。例 懸賞に当選した。

【当然】とうぜん　あたりまえなこと。そうあるべきこと。例 父がおこるのは当然だ。

【当代】とうだい　①今の時代。現代。例 当代きっての名優。②（ある時代をさして）その時代。③その家の、今の主人。例 当代で六代目です。

【当地】とうち　自分が今いる土地。例 当地は、今、雨がふっています。

【当直】とうちょく　当番で、学校・役所などの日直や宿直をすること。

【当人】とうにん　問題になっているその人。本人。例 事故をおこした当人。

【当年】とうねん　ことし。例 当年とって八〇歳。

【当番】とうばん　ある仕事をうけもつ番に当たること。また、当たっている人。例 今週は給食当番だ。

【当分】とうぶん　しばらくの間。しばらく。例 当分暑さがつづくでしょう。

【当方】とうほう　あいて方にたいして、自分のほう。例 当方の考え方です。対 先方

【当面】とうめん　解決しなければならない問題や事件に、今、出会っていること。例 当面の問題にとりくむ。

【当▼惑】とうわく　どうしたらよいかわからず、こまること。例 不意に質問されて当惑する。

【当を得る】とうをえる　句 道理にかなう。すじがとおる。例 いつも当を得た意見を言う。

下につく熟語 ▼穏当・▼該当・▼勘当・芸当・見当・▼充当・順当・正当・相当・▼妥当・担当・手当・▼抵当・適当・日当・配当・不当・弁当・本当

【光】6画 儿部4画 → 99ページ
【劣】6画 力部4画 → 146ページ
【糸】6画 糸部0画 → 837ページ
【系】7画 糸部1画 → 838ページ
【肖】7画 月部3画 → 883ページ

⺌－5画

【尚】

8画 常用

〈尚〉明朝

音 ショウ
訓 —

なりたち 会意

尚－尚

もとの字は「尚」。向（空気ぬきのまど）と八（左右に分かれるしるし）を合わせた字。空気が空中に分散してながれ出るようすを図にして、高くあがることをあらわした。

尚のつく漢字グループ

「尚」のグループは「高く上がる」というイメージがある。また「たいらに広がる」というイメージもある。

→償96 →常344
→党103 →掌511
→堂238 →賞985
→当(=當)317

意味 ❶まだ。なお。「尚早」 ❷けだかい。「高尚」 ❸とうとぶ。「尚古・尚武」

名まえで使う読み さね・しょう・たか・たかし・なお・なか・なり・ひさ・ひさし・まさ・ます・よし・より

【尚古】しょうこ 古い時代の文化や制度を、とうとぶこと。

【尚歯】しょうし 年よりをとうとんで、たいせつにすること。例 尚歯会(=敬老会)。 参考 「尚」は、とうとぶこと。「歯」は、年齢のいみ。

【尚早】しょうそう まだはやすぎること。例 時期尚早。

【尚武】しょうぶ 武術や勇気を、とうとぶこと。

下につく熟語 和尚

【京】8画 亠部6画→47ページ
【県】9画 目部4画→773ページ
【省】9画 目部4画→774ページ
【党】10画 儿部8画→103ページ
【堂】11画 土部8画→238ページ
【常】11画 巾部8画→344ページ
【掌】12画 手部8画→511ページ
【賞】15画 貝部8画→985ページ

3画 尢 だいのまげあし

なりたち

足がまがった人のすがたで、「まがる」いみに関係した字をあつめる。

この部首の字
0画 尤 319
9画 就 319

尢－1画

【尤】

4画 人名 〔尤〕明朝

音 ユウ
訓 もっとも

意味 ❶しっぱい。また、しっぱいをせめる。❷すぐれた。「尤物」 ❸もっとも。そのとおりである。

尢－9画

【就】

12画 6年 〔就〕明朝

音 シュウ・ジュ*
訓 つく・つける*

1画めは点でもよい。11画めは曲がりで、10画めと接しても接しなくてもよい。

筆順: 亠 亠 亠 古 古 亨 京 京 京 京一 就 就 就

なりたち 会意

尢だいのまげあしの部 1画 尤 9画 就

3画

尤（ある場所にあらわれるしるし）と京（みやこ）を合わせた字。大きいおかにつくった都に人々があつまるようすを図にして、ある場所によせあつめることをあらわした。

意味 ❶仕事や役目などにつく。「就学・就職・去就」 ❷できあがる。しとげる。「成就」

名まえで使う読み しゅう・なり・ゆき

【就学】しゅうがく 勉強するために、学校にはいること。例 小学校に就学する。使い分け しゅうがく「修学・就学」→(85ページ)

【就業】しゅうぎょう 仕事につくこと。例 就業規則。

【就航】しゅうこう 船や飛行機が、はじめてその航路を行き来すること。例 新造船が就航する。

【就職】しゅうしょく 職業につくこと。対 退職

【就▼寝】しゅうしん とこにつくこと。ねること。例 九時に就寝する。対 起床

【就任】しゅうにん ある役目につくこと。例 就任のあいさつ。対 辞任・退任

【就▼眠】しゅうみん ねむりにつくこと。

【就労】しゅうろう 仕事につくこと。また、仕事についていること。例 就労時間が長い。

3画 尸 しかばね

なりたち 「人体」、とくに「しり」に関係した字をあつめる。そのほか、「やね」「おおい」に関係した字もあつめる。

この部首の字

1画 尺 320 / 2画 尻 320 / 2画 尼 321 / 3画 尽 321 / 4画 局 321 / 4画 尿 322 / 4画 尾 322 / 5画 居 322 / 5画 屈 323 / 5画 届 323 / 6画 屋 323 / 6画 屍 324 / 7画 屑 324 / 7画 展 324 / 8画 屏 324 / 9画 属 325 / 11画 層 325 / 12画 層 325 / 12画 履 325

ほかの部首の字 尉→寸部 312 犀→牛部 718 殿→殳部 632 戸→戸部 487 刷→刂部 135 昼→日部 555

尸－1画

【尺】 4画 6年 〔尺〕明朝

音 シャク 訓 —

※下にくる音により「シャッ」ともよむ。

3画めは2画めに接してから左へはらう。4画めの書き出しは2・3画めの接点から。

なりたち 象形 人が手の指を広げて長さをはかるすがたをえがいた字。

意味 ❶むかしつかわれていた、長さの単位。一尺は一寸の一〇倍。一尺は、約三〇・三センチメートル。❷ものさし。「尺度」

名まえで使う読み かね・さか・さく・しゃく・せき

【尺度】しゃくど ①ものさし。②ものごとのねうちをはかったり、きめたりする目やす。例 善悪の尺度。③長さ。例 尺度をはかる。

【尺八】しゃくはち 竹でつくった（一尺八寸の）たてぶえ。

【尺▼貫法】しゃっかんほう 長さは尺、重さは貫などを単位とした、日本のむかしのはかり方。例 むかしは尺貫法がつかわれた。

下につく熟語 縮尺・＊巻き尺

【戸】 4画 戸部0画 ↓487ページ

尸－2画

【尻】 5画 常用 〔尻〕明朝

音 — 訓 しり

なりたち 形声 九（キュウ）（どんづまり）と尸（しり）を合わせた字。胴体のいちばん下の部分、つまり「しり」をあらわした。↓九34

意味 ❶しり。こしのうしろの部分。「▼尻▼込み」 ❷はし。うしろ。おわり。「帳▼尻」

難しい読み 尻尾

名まえで使う読み しり

【尻尾】しっぽ／しりお 動物のしりにはえている、お。例 尻尾をふる。

【尻馬に乗る】しりうまにのる 句 よく考えもせず、人の言動に動かされて軽々しい行動をする。例 尻馬に乗って、大損する。

【尻に火が付く】しりにひがつく 句 ものごとがさしせまって、あわてる。

【尻目】しりめ 横やうしろを、ひとみだけ動かしてちらりと見ること。

【尻餅】しりもち うしろにころんで、しりを地につくこと。例 足をすべらせて尻餅をつく。

下につく熟語 目尻

尸－2画

【尼】

5画 常用 〔尼〕明朝

音 ニ 訓 あま

意味 ほとけにつかえる女。あま。「尼僧・尼寺」

下につく熟語 *僧尼・*比丘尼

尸－3画

【尽】

6画 常用

皿－9画 【盡】14画 人名 〔尽〕明朝

音 ジン 訓 つくす・つきる・つかす

意味 ❶すっかりなくなる。すっかり出しきる。「尽力・無尽蔵」❷すべて。「一網打尽」

【尽力】じんりょく ①力をつくすこと。ほねをおること。例 核廃絶運動に尽力する。②世話をすること。

下につく熟語 *大尽・*無尽・理不尽

尸の部
2画 尼
3画 尽
4画 局

尸－4画

【局】

7画 3年 〔局〕明朝

音 キョク 訓 —

「コ」の縦はばをせまくして4画めの方を広く。4画めは折って内側に反ってはねる。

なりたち 会意

尺(∩形にまげる)と口(せまいわく)を合わせた字。まがった線で分けたくぎりをあらわした。

意味 ❶こまかい部分。「局部」❷かぎられた仕事をするところ。「郵便局」❸ありさま。「時局」❹碁やしょうぎの勝負。「対局」

名まえで使う読み きょく・ちか・つぼね

【局員】きょくいん 局（郵便局や放送局など）と名のつくところにつとめている人。

【局外】きょくがい そのことに関係のないこと。例 局外者。

【局限】きょくげん はんいをせまく限定すること。

【局所】きょくしょ 「局部」と同じ。

【局地】きょくち あるかぎられた一部の地方。例 局地的な大雨がふる。

使い分け きょくち「極地・局地・極致」→(603ページ)

【局地的】きょくちてき あるものごとが、かぎられた一部の地域でおこっているようす。例 局地的な大雨。

【局長】きょくちょう 局と名のつくところのいちばん上の人。

【局部】きょくぶ 全体の中の一部分。とくにからだの一部分。局所。例 局部ますい。

【局面】きょくめん ①碁・しょうぎの勝ち負けのようす。例 局面は白が有利。②ものごと

使い分け きょくげん 局限・極限

【局限】はんいをせまくかぎること。例 試験のはんいを局限する。

【極限】もうそれ以上はないという、ぎりぎりのところ。例 体力の極限にちょうせんする。

参考 「極限」に近いことばに、「限界」がある。

のなりゆき、ありさま。例 重大な局面をむかえた。

下につく熟語 *開局・結局・支局・終局・政局・大局・当局・難局・破局・*本局・薬局

尸－4画

【尿】

7画 常用 〔尿〕明朝 音 ニョウ 訓 ―

意味 小便。「▼尿意・検▼尿・▼排▼尿」

【▼尿意】にょうい 小便をしたいという感じ。例 尿意をもよおす。

【▼尿素】にょうそ 尿にふくまれている、ちっ素化合物。

尸－4画

【尾】

7画 常用 〔尾〕明朝 音 ビ 訓 お

意味 ❶しっぽ。お。「▼尾骨」 ❷うしろ。また、おわり。「▼尾行・後▼尾」

【▼尾根】おね 山の頂上と頂上をむすぶ部分。みねすじ。例 尾根づたいに歩く。

【▼尾根筋】おねすじ 尾根となって続く稜線。

【▼尾羽打ち▼枯らす】おはうちからす 句 〔尾と羽がきずついて、りっぱな「タカ」もみじめなかっこうになるといういみから〕おちぶれて、みすぼらしくみじめなすがたになるようす。

尾羽打ち枯らす

【▼尾花】おばな ススキのこと。秋の七草の一つ。

【▼尾を引く】おをひく 句 ある物事のえいきょうが、後までのこる。後を引く。

【▼尾▼括】びかつ 文章で、結論を最後にまとめること。例 尾括型の小論文。対 頭括

【▼尾行】びこう あいてにわからないように、あとをつけていくこと。例 犯人を尾行する。

【▼尾骨】びこつ 背骨のいちばん下にある骨。尾てい骨。

【▼尾▼翼】びよく 飛行機のうしろについている、水平とすいちょくのつばさ。

下につく熟語 語▼尾・首▼尾・船▼尾・*徹頭▼徹▼尾・末▼尾・竜頭▼蛇▼尾

尸－5画

【居】

8画 5年 〔居〕明朝 音 キョ 訓 いる

居 居

「尸」は「コ」の縦はばをせまくして下部を広く。「尸」より下部の中心はやや右に。

なりたち 形声 古(かたい)と尸(しり)を合わせた字。かたいものの上に、しりをおちつけることをあらわした。→古189

意味 ❶いる。すわる。「起居」 ❷すむ。すまい。「居住」

難しい読み 居士・居心地・居候・居▼丈高・居留守・

名まえで使う読み い・おき・おり・きょ・さや・すえ・やす・より

【居心地】いごこち そこにいて感じる気もち。例 居心地のよいへや。

【居酒屋】いざかや 手がるに酒をのませる店。大衆酒場。

【居候】いそうろう 他人の家にすんで、やしなってもらっている人。

【居▼丈高】いたけだか 上からおさえつけるように、強い態度であるようす。例 兄はときどき居丈高になる。

【居所】いどころ/きょしょ ①いる場所。②すんでいるところ。例 居所をさがす。

【居場所】いばしょ 人などがいるところ。また、すわるところ。例 姉の居場所をさがす。

【居間】いま 家のものがふだんいるへや。例 居間で食事をする。

【居留守】いるす 家にいるのに、いないふりをすること。例 居留守をつかう。

【居室】きょしつ ふだんいるへや。

【居住】きょじゅう その場所にすむこと。

【居住性】きょじゅうせい 人が長い時間とどまる家やのりものなどの、住みごこちや居ごこ

3画

ち。例 居住性がよい自動車。

【居宅】きょたく 住んでいる家。住居。

【居留地】きょりゅうち 国と国との約束で、外国人にすむことをゆるした土地。

下につく熟語 ▼隠居・旧居・穴居・皇居・雑居・▼敷居・芝居・住居・新居・転居・同居・入居・別居

尸－5画

【屈】

8画 常用 〈屈〉明朝

音 クツ
訓 —

※「クッする」ともつかう。

なりたち 形声 出(つき出す)と尸(しり)を合わせた字。しりをうしろにつき出すようすをあらわした。→出123

意味 ❶まげる。まがる。「▼屈折」 ❷やりこめる。むりにかえる。「▼屈服」 ❸つよい。「▼屈強」

【▼屈強】くっきょう 力が強く、たくましいようす。例 屈強な男があらわれる。

【▼屈曲】くっきょく おれまがること。例 屈曲している山道。

【▼屈指】くっし (指をおってかぞえられるほど)数が少なく、すぐれていること。例 日本は世界屈指の工業国である。

【▼屈従】くつじゅう いきおいや力をおそれて、あいてにしたがうこと。

【▼屈▼辱】くつじょく おさえつけられてうける、はずかしい思い。例 屈辱をうける。

【▼屈▼伸】くっしん かがんだり、のばしたりすること。のびちぢみ。例 ひざを屈伸させる。

【▼屈折】くっせつ ①おれまがること。例 屈折した感情。②光が空気中から水中にはいるときなどに、すすむ方向がかわること。

【▼屈服・▼屈▼伏】くっぷく あいてのいきおいや力にまけて、したがうこと。例 国家権力に屈服させられた。

下につく熟語 ▼窮▼屈・*前▼屈・退▼屈・▼卑▼屈・不▼屈・▼偏▼屈・理▼屈

尸－5画

【届】

8画 6年 〈届〉明朝

音 —
訓 とどける・とどく

届 届

「尸」と「由」は接しても接しなくてもよい。4・5画めの縦画は内側に向ける。

(筆順) 1 2 3 尸 4 5 6 7 8 届

なりたち 形声 もとの字は「屆」。凷と尸(しり)を合わせた字。凷は、凵(あな)と土を合わせて、穴に土をつめこむようす。届は、しりがつかえて止まるようすを図にして、行きついて止まることをあらわした。

意味 とどける。とどく。とどけ。「届け先・届け出・無届け」

名まえで使う読み あつ・いたる・かい・ゆき

下につく熟語 *欠席届・*死亡届・*出生届(しゅっしょうとどけ・しゅっせいとどけ)

【刷】8画 刂部6画→135ページ

尸－6画

【屋】

9画 3年 〈屋〉明朝

音 オク
訓 や

屋 屋

「尸」と「至」の中心は、「至」の方をやや右にずらす。3画めはのびのびと。

(筆順) 1 2 3 尸 4 5 6 7 8 9 屋

なりたち 形声 尸(やね)と至(すきまがない)を合わせた字。建物の上にすきまなくおおいかぶせるようすを図にして、おおいかぶせる「やね」をあらわした。

屋のつく漢字グループ
「屋」のグループは「すきまなくふさぐ」というイメージがある。
→握515

意味 ❶いえ。すまい。「家屋」 ❷やね。「屋根・屋上」 ❸その職業の家をあらわすことば。「肉屋」 ❹商店の名にそえる語。「田中屋」 ❺人の性質・仕事などのことばにつけて、その人をあらわす。「お天気屋・わからず屋」

漢字クイズ 「瓦」があらわす重さの単位は，なんでしょう。

尸の部 6画 屍 7画 屑・展 8画 屛

使い分け 「屋」は、やね、また、その職業の家のいみ。「屋根・酒屋・屋敷」などのようにつかう。「家」は、住むための建物のいみ。「二階家・家主・家賃」などのようにつかう。

【屋外】おくがい 建物のそと。対 屋内

【屋上】おくじょう 屋根の上。とくに、建物の上につくったたいらな場所。例 屋上庭園。

【屋上屋を▼架す】おくじょうおくをかす 故事成語 「屋根があるのに、さらにその上に屋根をつくるのいみから」むだでよけいなことをするたとえ。

屋上屋を架す

【屋内】おくない 建物のなか。対 屋外

【屋号】やごう ①商店のよび名。②歌舞伎役者などの家のよび名。「音羽屋」など。

【屋▼敷】やしき ①大きくてりっぱな家。例 大名屋敷。②その家がたっている土地のひと区切り。敷地。例 家も屋敷も売りはらう。

【屋台】やたい ①移動できる、家の形をした小さな店。例 おでんの屋台。②まつりのときなどにおどりをする、屋根のある舞台。

下につく熟語 岩屋・＊母屋（＝母家）・楽屋・＊気分屋・小屋・魚屋・＊酒屋・質屋・社屋・寺子屋・▼床屋・問屋（とんや・といや）・長屋・納屋・▼廃屋・＊番小屋・＊平屋・部屋・八百屋・宿屋

尸－6画 【屍】 9画 表外 〈屍〉明朝 音 シ 訓 しかばね

意味 しかばね。死体。

【昼】 9画 日部5画 → 555ページ

尸－7画 【屑】 10画 人名 〈屑〉明朝 音 ― 訓 くず

意味 こまかくなったかけら。「木▽屑・星▽屑」

名まえで使う読み きよ

尸－7画 【展】 10画 6年 〈展〉明朝 音 テン 訓 ―

展 展

8画めは5画めより左側に、折ってから右上にはらう。10画めは止めてもよい。

なりたち 形声

㠭（四つのものをかさねて、たいらにするしるし）と衣（ころも）と尸（しり）を合わせた字。着物の上にしりをのせて、しわをのばすようすを図にして、たいらにのび広がることをあらわした。

意味 ❶ならべる。「展示」 ❷のび広がる。「発展・進展」 ❸すみずみまで見る。「展望」

名まえで使う読み てん・のぶ・ひろ

【展開】てんかい ①広がること。くり広げること。例 はげしいたたかいが展開される。②（ゆきづまっていたことが）新しい方向にすすむこと。例 裁判は新しい展開を見せた。

【展示】てんじ 品物をならべて、大勢の人に見せること。例 展示会。

【展望】てんぼう 遠くを見わたすこと。また、そのながめ。例 展望台。／経済の展望。

【展覧会】てんらんかい 作品などをならべて、大勢の人に見せる会。例 大ホールでの秋の新作発表のための展覧会をひらく。

下につく熟語 個展・＊書道展・▼伸展・進展・親展・＊美術展

尸－8画 【屛】 11画 表外 〈屏〉明朝 音 ヘイ・ビョウ 訓 ―

意味 ❶土や石などをならべてつくった囲い。❷ついたて。「▽屛風」

参考 簡易慣用字体では「屏」と書く。

【▽屛風】びょうぶ へやの中に立てて、しきりやかざりにする家具。

【尉】 11画 寸部8画 → 312ページ

3画

尸－9画

【属】

12画 5年 〔屬〕明朝

音 ゾク
訓 ―

※下にくる音により「ゾッ」ともよむ。／「ゾクする」ともつかう。

4画めは横画で書いてもよい。8・9画めの縦画は内側に。12画めは止める。

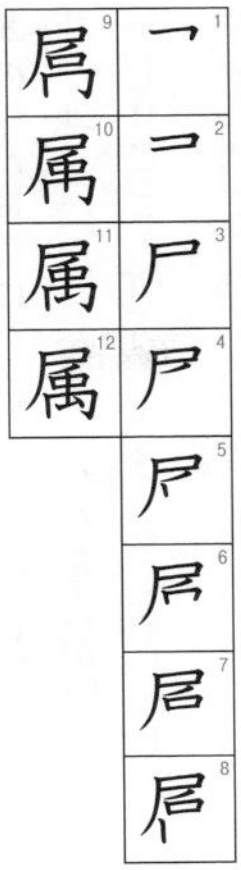

なりたち 形声  屬(属)

もとの字は「屬」。蜀(ショク)と尸(しり)を合わせた字。蜀は、木の葉を食べる虫(あおむし)をえがいた字。とりついてはなれないというイメージをもつ。屬は、動物のおすとめすが、しりをぴったりとくっつけて交尾するようすを図にして、くっついてはなれないことをあらわした。

蜀のつく漢字グループ

「蜀」のグループは「一か所についてはなれない」というイメージがある。常用漢字では「虫」「禹」になる。

→嘱(=囑)218 →属(=屬)325 →濁691
→独(=獨)721 →触(=觸)943

意味 ❶つく。したがう。「付属・従属」 ❷みうち。なかま。「金属」

名まえで使う読み ぞく・つら・まさ・やす

【属領】ぞくりょう ある国にしたがっている領地。

【属国】ぞっこく よその国におさめられていて、独立していない国。従属国。対 独立国

下につく熟語 帰属・所属・＊臣属・専属・＊尊属・＊転属・＊同属・配属・▼隷属

【犀】12画 牛部8画 →718ページ

【殿】13画 殳部9画 →632ページ

尸－11画

【層】

14画 6年

尸－12画 〔層〕15画 人名 〔層〕明朝

音 ソウ
訓 ―

「田」は横長、「日」は縦長、「田」を「日」よりも横広に。4・5画めは内向きに。

なりたち 形声  層(層)

もとの字は「層」。曾(ソウ)(上にかさなる)と尸(やね)を合わせた字。やねがいくつもかさなっている家をあらわした。→増244

意味 ❶かさなる。かさなり。「層雲・高層・地層」 ❷人々や社会の区分。階級。「婦人層・若年層・上層部」

下につく熟語 ＊一層・階層・下層・上層・＊深層・断層・地層・＊中層・表層

尸－12画

【履】

15画 常用 〔履〕明朝

音 リ
訓 はく

意味 ❶はきもの。くつ。「草▼履」 ❷おこなう。おこない。「▼履行」

名まえで使う読み ふみ・り

【▼履物】はきもの くつ・ぞうり・げたなど、歩くときに足につけるもの。

【▼履行】りこう 自分で言ったことや人と約束したことなどをまもり、そのとおりにおこなうこと。例 契約を履行する。

【▼履修】りしゅう ある資格を得るために、きめられた科目や課程を学びおえること。例 化学を二単位、履修する。

【▼履歴】りれき その人が、これまでにしてきたこと。卒業した学校(=学歴)や、つとめた職業(=職歴)など。例 履歴書。／利用の履歴を調べる。

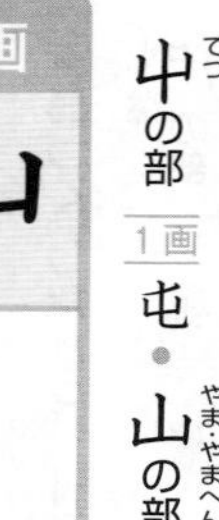

3画 屮 てつ

なりたち 一本の草の芽が地面から出たようすをあらわす。この辞典では「屯」の一字だけをおさめた。

この部首の字 1画 屯 326

屮－1画

【屯】 4画 常用 〔屯〕明朝

音 トン 訓 ―

なりたち 象形 草の根が地下にたっぷりとたくわえられて、芽が地上に出かかるすがたをえがいた字。ずっしりと一か所に集まることをあらわした。

屯のつく漢字グループ
「屯」のグループは「ずっしりと、一か所にあつまる」「ずっしりと中にこもる」「ずっしりと、重くたれる」というイメージがある。
→春(艹＋日＋屯)553 →純841 →鈍1025 →頓1069

意味 **人があつまる。たむろする。**「駐屯地」

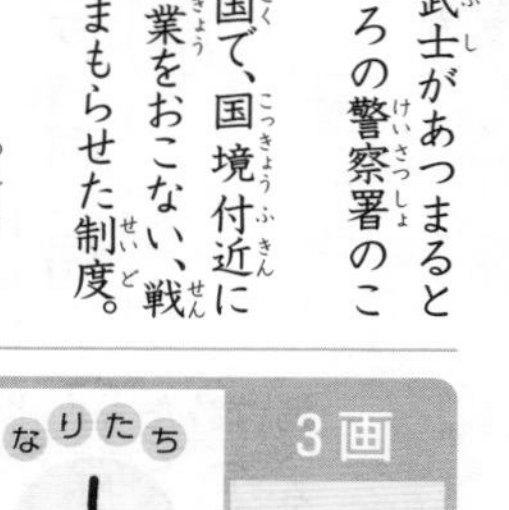

【屯所】とんしょ ①兵士や武士があつまるところ。②明治のはじめのころの警察署のこと。

【屯田】とんでん むかし中国で、国境付近に兵士を住まわせ、ふだんは農業をおこない、戦時にはたたかってその地をまもらせた制度。また、その兵士。屯田兵。

【屯田兵】とんでんへい ①ふだんは農業をしている兵士。②明治時代に北海道の警備と開拓に当たった兵。

【屯倉】みやけ 大化の改新の前、大和朝廷がちょくせつ治めた領地。また、そこからとれた米をおさめた倉。

下につく熟語 駐屯

3画 山 やま やまへん

なりたち 山のさまざまなようす・地形、山の名前など、「やま」に関係する字をあつめる。

この部首の字

画数	字	ページ
0画	山	326
4画	岐	328
5画	岳	329
5画	岩	329
5画	岸	329
5画	岡	329
5画	岬	330
6画	峡	330
6画	峠	330
7画	峨	330
7画	峡	330
7画	峻	330
7画	島	330
7画	峰	331
7画	峯	331
8画	崖	331
8画	崎	331
8画	崇	331
8画	崩	332
8画	崚	332
9画	嵐	332
10画	嵯	332
10画	嵩	332
11画	嶋	330
14画	嶺	332
17画	巌	332
20画	巖	332

ほかの部首の字 炭→火部696 密→宀部302 仙→亻部56 出→凵部123 幽→幺部352

山－0画

【山】 3画 1年 〔山〕明朝

音 サン 訓 やま

※上にくる音により「ザン」ともよむ。

1画めを長く中心に。2画めは折って右上がり。3画めは2画めより下に少し出す。

やま・やまへん
山の部
0画
山

3画

なりたち 象形
みねが三つある山のすがたをえがいた字。

意味 ❶やま。「山脈」❷てら。「本山」

難しい読み 山茶花・山川草木・山車・山羊

名まえで使う読み さん・たか・たかし・のぶ・やま

【山茶花】さざんか ツバキ科の木。秋から冬に紅色や白の花をさかせる。

山茶花

【山▼陰】㊀さんいん 中国地方の日本海がわ。対 山陽 ㊁やまかげ 山のうしろがわ。山のかげ。

【山河】さんが／さんか 山と川。また、自然。例 国破れて山河あり。

【山海の▼珍味】さんかいのちんみ 山や海でとれるめずらしくておいしい食べ物。ぜいたくなごちそうのこと。例 山海の珍味にしたつづみをうつ。参考「山海」は、山と海。「珍味」は、めずらしくておいしいもののこと。

【山▼岳】さんがく けわしい山。例 山岳地帯。

【山間】さんかん／やまあい 山と山との間。また、山の中。例 山間の村。

【山菜】さんさい 山でとれる、食べることのできる植物。ワラビ・タラの芽・ゼンマイなど。例 山菜料理。

【山▼紫水明】さんしすいめい 四字熟語 山がむらさき色にかすみ、川がきよらかにすんでいること。けしきがひじょうにうつくしいこと。例 山紫水明の地を旅行する。

【山水】さんすい ①山と水。また、山や水のある自然のけしき。②「山水画」のりゃく。

【山水画】さんすいが 山や川など、自然のけしきをかいた東洋ふうの絵。

【山積】さんせき 山のようにたくさんつもること。山づみ。例 仕事が山積する。

【山川草木】さんせんそうもく 四字熟語 自然。参考 山と川と、草と木のいみから。

【山▼荘】さんそう 山の中にある別荘。例 山荘で一夏をすごす。

【山▼賊】さんぞく 山の中にすみ、通行人をおそって金品をうばいとる、どろぼう。

【山村】さんそん 山の中の村。例 山村留学。対 漁村

【山地】さんち 山の多い土地。また、山の中の土地。例 北上山地。対 平地

【山中】さんちゅう 山の中。例 山中の小屋。

【山頂】さんちょう 山のいただき。頂上。

【山道】さんどう／やまみち 山の中の道。例 山道のわきに清水がわいている。

【山腹】さんぷく 山頂とふもとの間。中腹。

【山脈】さんみゃく いくつもの山が長くつづいているもの。山なみ。例 ヒマラヤ山脈。

【山門】さんもん 寺の門。

漢字博士になろう！
音だけ、訓だけしかない漢字

「山」の読みは、「サン」「やま」。このように、漢字には音読みと訓読みがあります。

ところが、「漢」は、「カン」という音読みしかありません。このように音読みだけしかない漢字はかなりあります。

○音読みだけの漢字…校・丁・絵・不・万・鉄・茶・題・労・点……など。

また、訓読みだけの漢字もあります。小学校で学習する漢字では、

○訓読みだけの漢字…貝・株・届・畑・皿・箱……など。

「畑」は、国字といって、日本でつくられた漢字ですから訓読みしかないのも、うなずけます。しかし、ほかの漢字は、音読みより訓読みでつかわれることが多く、訓読みだけがのこったものと考えられます。

【山野】さんや 山と野原。のやま。

【山陽】さんよう 中国地方の瀬戸内海がわ。対 山陰

【山林】さんりん 山にある林。また、山と林。

【山車】だし まつりで、きれいにかざりたてて町中を引き歩く車。

【山羊】やぎ ウシ科の動物。おすにはあごひげがある。

ミニ知識 人の名前の中では，一・二・三・四・五・六・七・八・九・十・千・万を「かず」と読むことがあり

山 やま・やまへん 山の部 4画 岐

【山▼奥】やまおく 山のおくのほう。

【山家】やまが 山の中にある村。また、そこにある家。例山家料理。

【山が当たる】やまがあたる 句 予想が当たる。例山が当たってテストで満点をとった。

【山▼影】やまかげ 山のすがた。

【山風】やまかぜ ①山からふく風。②夜、山の頂上から谷にむかってふく風。対谷風

【山が見える】やまがみえる 句 仕事などがおわりに近づいて、見とおしがつく。

【山▼勘】やまかん かんにたよってきめること。あてずっぽう。参考 戦国時代、武田信玄の参謀、山本勘助の名からという説がある。

【山際】やまぎわ ①山の、すぐそば。②山にせっする空。例朝日が山際からてらす。

【山国】やまぐに 山の多い国や地方。

【山小屋】やまごや 山にのぼる人が、とまったり休んだりするための、山の中にたてた小屋。

【山里】やまざと 山の中にある小さな村。例山里のしずかなくらし。

【山師】やまし ①鉱山を見つけたり、鉱物をほり出したりする仕事をする人。②山にはえている木を売り買いすることを仕事にしている人。③大もうけをしようとして、あてにならないことをこのんでする人。④人をだましてお金をとる人。さぎ師。

【山路】やまじ 山の中の道。例山路をたどる。

【山▼津波】やまつなみ たくさんの水や土砂が一度にながれおちる大きな山くずれ。地震や大雨によっておこる。

【山手】やまて ①山に近いほう。②都会で、高台になっている住宅地。山の手。対下町

【山鳥】やまどり ①山の中にすむ鳥。②キジ科の鳥。キジよりも尾が長く、赤茶色。日本にだけいる。

【山場】やまば ものごとのいちばんもりあがるところ。クライマックス。例しばいも山場をむかえた。

【山▼肌】やまはだ 山の、草木におおわれていないところ。例赤茶けた山肌。

【山▽彦】やまびこ 山や谷にむかって音や声を出したとき、それがはねかえってくること。また、そのはねかえった音や声。

【山▼伏】やまぶし 山野で仏教の修行をする僧。

【山▼懐】やまふところ／やまぶところ 入り組んだ山々にかこまれた、おくふかいところ。

【山を▼掛ける】やまをかける 句 もしかしたら、と幸運をねらって物事をおこなう。あたるかもしれないと予想して準備をする。例山を掛けて勉強したところがテストに出た。参考「山を張る」ともいう。

【山を▼越す】やまをこす 句 物事のもっともさかんなときがすぎる。また、きけんなじょうたいや時期がすぎる。例山を越すまで仕事をつづける。／病状は山を越した。

【山▽葵】わさび アブラナ科の植物。すずしく、きれいな水の流れているところに育つ。根をすりおろして、料理にからみや風味をそえるのに使う。

上につく熟語 *山火事・*山積み・*山並み・*山の幸・*山開き・*山盛り・*山分け

下につく熟語 岩山・▼奥山・外輪山・火山・金山・銀山・黒山・下山・*剣山・高山・鉱山・*深山・*砂山・青山・治山・築山・登山・*夏山・野山・氷山・*冬山・*名山・雪山・遊山・*▼霊山・連山

【仙】5画 亻部3画 ↓56ページ

【出】5画 凵部3画 ↓123ページ

山－4画

【岐】

7画 4年

〔岐〕明朝

訓 —

音 キ*

※「ギ」ともよむ。

「山」よりも「支」を縦長に。7画めは6画めの書き出しと接しても、止めてもよい。

1 2 3 4 5 6 7

なりたち 形声 支(こまかく分かれる)と山を合わせた字。えだのように分かれた山道をあらわした。↓支522

3画

きこ」と読むのは，このいみです。

意味 道が分かれる。「岐路・多岐・分岐」
▽県名でつかわれる。「岐阜県」
名まえで使う読み き・ぎ・みち
【岐路】きろ 分かれ道。また、ものごとの分かれめ。例 人生の岐路に立つ。

山－5画
【岳】
8画 常用 〔岳〕明朝 音 ガク 訓 たけ
※上にくる音により「だけ」ともよむ。
なりたち 会意 丘(おか)と山を合わせた字。
意味 大きな山。「山▼岳・▼岳人」
名まえで使う読み おか・がく・たか・たかし・たけ
【▼岳父】がくふ 妻の父を尊敬したよび名。

山－5画
【岩】
8画 2年 〔岩〕明朝 音 ガン 訓 いわ
「山」と「石」は「山」の方を平たくする。4画めは「山」の横はばよりも長く。
なりたち 会意 石と山を合わせた字。山にあるごつごつした石をあらわした。
意味 大きな石。いわ。「岩石・▼巨岩」
名まえで使う読み いわ・いわお・かた・がん・せき・たか

【岩▼陰】いわかげ 岩にさえぎられて日が当たらないところ。また、目にふれないところ。
【岩▼壁】いわかべ／がんぺき かべのように、けわしく切りたった山の岩はだ。
【岩場】いわば 山や海で、岩がむきだしになっているところ。例 岩場でサザエをとる。／岩場をよじのぼる。
【岩▼肌】いわはだ 岩の表面。
【岩屋】いわや ①岩をくりぬいてつくったすまい。岩室。②岩にできたほらあな。岩くつ。例 岩屋に幽閉された。
【岩山】いわやま 岩でできている山。
【岩塩】がんえん 地中から、岩のようにかたまってとれる粒状の塩。
【岩▼窟】がんくつ 岩のところにできた、大きなほらあな。岩屋。
【岩▼礁】がんしょう 海の中にかくれている、岩。例 船が岩礁にのり上げた。
【岩石】がんせき 岩や石。
【岩▼盤】がんばん 地中の、岩でできた層。例 ドリルで岩盤をくだく。
下につく熟語 火成岩・＊奇岩・砂岩・＊水成岩・▼溶岩

山－5画
【岸】
8画 3年 〔岸〕明朝 音 ガン 訓 きし
※上にくる音により「ぎし」ともよむ。
「山」を平たくする。「干」は中心よりやや右へずらす。8画めは止めてもよい。
なりたち 形声 岸-岸
厂(厂形になっている)と干(高くあがる)と山を合わせた字。高くきりたった厂形の「がけ」をあらわした。→干347
意味 きし。水ぎわ。「海岸」
【岸▼壁】がんぺき 港で、船を横づけにするところ。例 岸壁に横づけする。
【岸辺】きしべ 岸のあたり。岸の近く。
下につく熟語 右岸・沿岸・河岸(かし・がん)・川岸・湖岸・左岸・接岸・対岸・▼彼岸・両岸(りょうがん・りょうぎし)

山－5画
【岡】
8画 4年 〔岡〕明朝 音 — 訓 おか

1・2画めの縦画は真下に下ろす。「冂」から「冂」の内部を下に出さない。

なりたち 会意 岡

ミニ知識 「幸」の字には，「(天子が)出かける。行く」といういみがあります。名前の「幸子」を「ゆ

山の部 やまやまへん
5画 岬
6画 峡・峠
7画 峨・峻・島

円と山を合わせた字。円は、网(冂形のあみ)がかわったもので、冂形につき立つというイメージをもつ。岡は、冂形の山のせすじをあらわし、すじばってかたいというイメージをあらわすのにもちいる。

岡のつく漢字グループ
「岡」のグループは「がっしりとかたい」というイメージがある。
→剛140 →綱854 →鋼1030

意味 **小高くもりあがった土地。おか。** ▽県名でつかわれる。「岡山県・静岡県・福岡県」

【岡目八目】 おかめはちもく 四字熟語 そばで見ている人の方が、直接かかわっている人よりも正しく判断できるということ。参考 そばで碁の勝負を見ている人は、打っている人よりも、八目先の手まで読めるということから。傍目八目とも。

【岡持ち】 おかもち 持ち手とふたのついたあさいおけ。

山－5画
【岬】
8画 常用 〈岬〉明朝
音 —
訓 みさき

なりたち 形声 甲(おおいかぶさる)と山を合わせた字。

意味 **陸地の一部が、海につき出たところ。** 「宗谷岬」

山－6画
【峡】
9画 常用
山－7画 【峽】10画 人名
〈峡〉明朝
音 キョウ
訓 —

意味 ❶**山と山の間のせまい谷あい。** 「▼峡谷」 ❷**陸にはさまれた、せまい水路。** 「海▼峡」

注意 「狭」とまちがえないこと。

【▼峡谷】 きょうこく はばがせまくて、両がわがけわしいがけになっている谷。

下につく熟語 *山▼峡・地▼峡

山－6画
【峠】
9画 常用 〈峠〉明朝
音 —
訓 とうげ

なりたち 会意 国字 上と下と山を合わせた字。

意味 ❶**山道ののぼりとくだりのさかいめ。とうげ。** 「▼峠道」 ❷**ものごとのちょうてん。** 「暑さも▼峠を▼越す」

【▼峠を▼越す】 とうげをこす 句 いちばんさかんな時期をすぎる。いちばんきけんな時期をすぎる。例 はしかの流行が峠を越す。

峠

【幽】9画 幺部6画 ↓352ページ

【炭】9画 火部5画 ↓696ページ

山－7画
【峨】
10画 人名 〈峨〉明朝
音 ガ
訓 —

意味 ❶**山がぎざぎざととがって、けわしい。** ❷**高い。**

山－7画
【峻】
10画 人名 〈峻〉明朝
音 シュン
訓 たかい・けわしい

なりたち 形声 夋(高くぬき出る)と山を合わせた字。山がすっくと立ったようすをあらわした。→俊78

意味 ❶**たかい。山が高くそびえているようす。** ❷**けわしい。** 「▽峻険」 ❸**きびしい。** 「▽峻別・▽峻厳」

名まえで使う読み たか・たかし・ちか・とし・みち・みね

【▽峻険】 しゅんけん 山などが高くそそりたって、けわしいこと。

【▽峻別】 しゅんべつ けじめをつけて、はっきり区別すること。例 公私を峻別する。

山－7画
【島】
10画 3年
山－11画 【嶋】14画 人名
〈島〉明朝
音 トウ
訓 しま

ました。名前で「ちか」と読むのは，このいみです。

※上にくる音により「じま」ともよむ。

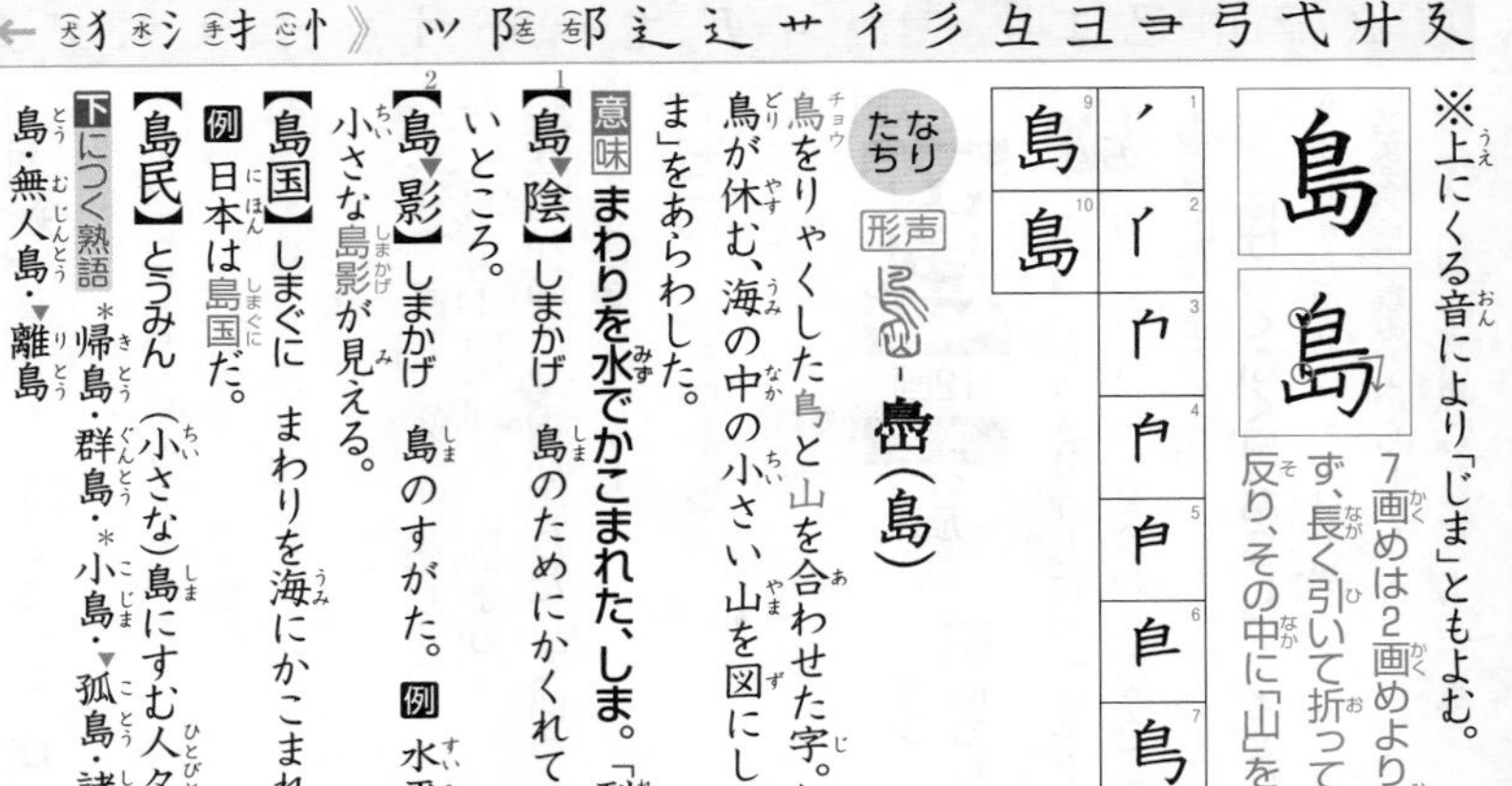

7画めは2画めより左に出ず、長く引いて折って内側に反り、その中に「山」を。

なりたち 形声 -嶌(島)

鳥をりゃくした鳥と山を合わせた字。わたり鳥が休む、海の中の小さい山を図にして、「しま」をあらわした。

意味 まわりを水でかこまれた、しま。「列島」

【島▼陰】しまかげ 島のためにかくれて見えないところ。

【島▼影】しまかげ 島のすがた。例 水平線に小さな島影が見える。

【島国】しまぐに まわりを海にかこまれた国。例 日本は島国だ。

【島民】とうみん (小さな)島にすむ人々。

下につく熟語 *帰島・群島・*小島・▼孤島・諸島・半島・無人島・▼離島

山－7画 【峰】10画 常用

山－7画 【峯】10画 人名

〈峰〉明朝

音 ホウ 訓 みね

なりたち 形声 夆(頂点で∧形になる)と山を合わせた字。夆は、丰(∧形にもりあがる)と夂(=足)を合わせて、左右から歩いてきて足が∧の形に出会うようす。峰は、∧形にとがった「みね」をあらわした。→邦434

意味 高い山。また、そのいただき。「高▼峰」

名まえで使う読み お・たか・たかし・ね・ほう・みね

下につく熟語 最高▼峰・*主▼峰・霊▼峰・連▼峰

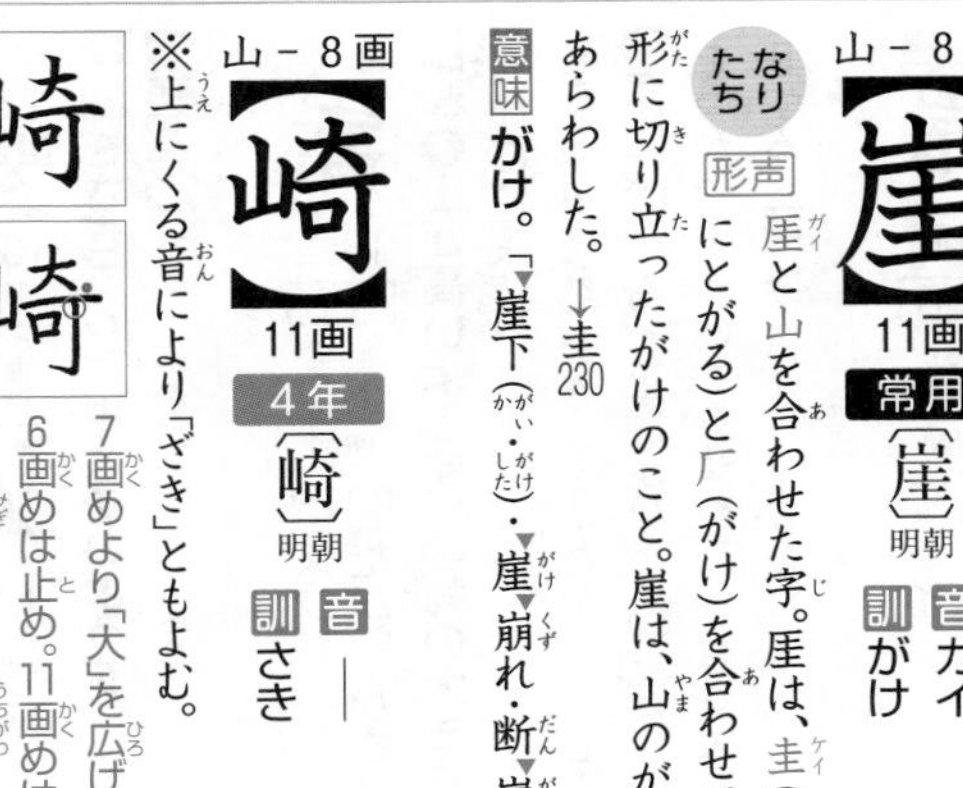

山－8画 【崖】11画 常用

〈崖〉明朝

音 ガイ 訓 がけ

なりたち 形声 厓と山を合わせた字。厓は、圭(∧形にとがる)と厂(がけ)を合わせて、∧形に切り立ったがけのこと。崖は、山のがけをあらわした。→圭230

意味 がけ。「▼崖下(がいか・がけした)・▼崖崩れ・断▼崖」

山－8画 【崎】11画 4年

〈崎〉明朝

音 ― 訓 さき

※上にくる音により「ざき」ともよむ。

7画めより「大」を広げない。6画めは止め。11画めは7画めの右はしより内側に。

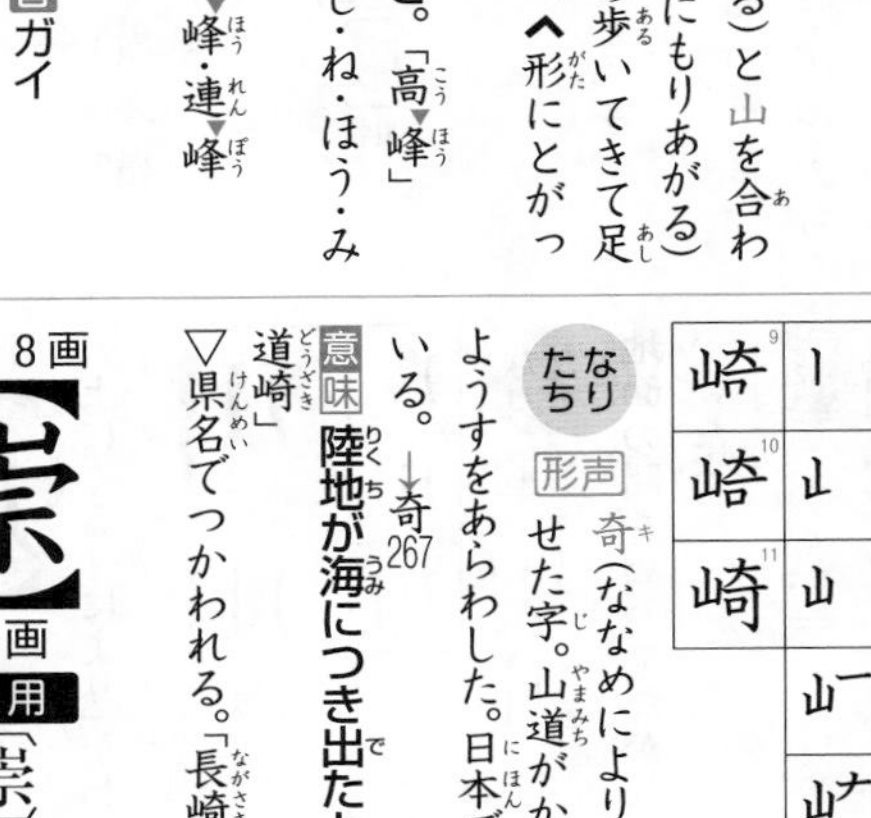

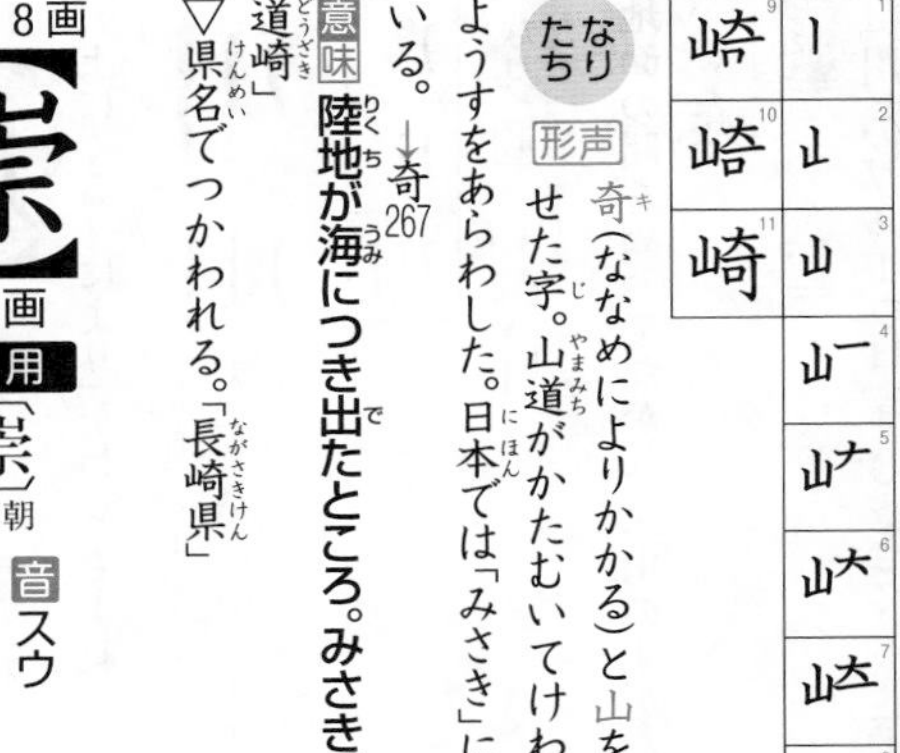

なりたち 形声 奇(ななめによりかかる)と山を合わせた字。山道がかたむいてけわしいようすをあらわした。日本では「みさき」にもちいる。→奇267

意味 陸地が海につき出たところ。みさき。「入道崎」

▽県名でつかわれる。「長崎県」

山－8画 【崇】11画 常用

〈崇〉明朝

音 スウ 訓 ―

なりたち 形声 宗(中心となる。たてに通る)と山を合わせた字。山が高くそびえるようすをあらわした。→宗293

意味 ❶けだかい。「▼崇高」 ❷たっとぶ。とうとぶ。「▼崇拝」

名まえで使う読み かた・し・しゅう・すう・たか・たかし・たけ

【▼崇高】すうこう 気だかくとうといこと。例 崇高な理念。

【▼崇拝】すうはい あがめ、うやまうこと。例 アイドルを崇拝する。／ブランド物を崇拝する。

山の部（やま・やまへん） 8画 崩・崚 9画 嵐 10画 嵯・嵩 14画 嶺 17画 巌・川・巛の部 0画 川

山－8画
【崩】 11画 常用 〈崩〉明朝
音 ホウ
訓 くずれる・くずす

意味 ❶くずれる。くずす。「崩壊・崩落」 ❷天皇がなくなる。「崩御」

【崩壊】ほうかい くずれること。例 防波堤が崩壊した。

【崩落】ほうらく くずれおちる。例 崩落事故。

下につく熟語 雪崩・＊山崩れ

山－8画
【崚】 11画 人名 〈崚〉明朝
音 リョウ
訓 おか

意味 山が高く、尾根が張りだしているようす。

名まえで使う読み たかし

【密】 11画 宀部8画 → 302ページ

山－9画
【嵐】 12画 常用 〈嵐〉明朝
音 ラン＊
訓 あらし

なりたち 形声 嵐（ひっきりなしにつづく）をりゃくした風と山を合わせた字。日本では「あらし」にもちいる。

意味 はげしくふく風。あらし。▽もとは、山のきよらかな風や空気。「砂嵐」

名まえで使う読み あらし・らん

下につく熟語 青＊嵐（あおあらし・せいらん）・＊山嵐

山－10画
【嵯】 13画 人名 〈嵯〉明朝
音 サ
訓 ―

意味 ぎざぎざした山や、そのようす。

【嵯峨】さが 山がけわしいようす。

山－10画
【嵩】 13画 人名 〈嵩〉明朝
音 スウ
訓 たかい・かさ

意味 ❶山が高いようす。❷物の大きさや分量。かさ。「水嵩」

名まえで使う読み かさ・すう・たか・たかし・たけ

【嵩にかかる】かさにかかる 句 立場や権力をつかって、あいてをせめたり、おさえつけたりする。例 嵩にかかって言いたてる。

山－14画
【嶺】 17画 人名 〈嶺〉明朝
音 レイ
訓 みね

意味 山のいただき。みね。「分水嶺・海嶺」

名まえで使う読み ね・みね・れい・りょう

山－17画
【巌】 20画 人名
山－20画
【巖】 23画 人名 〈巖〉明朝
音 ガン
訓 いわ

なりたち 形声 嚴（ごつごつしている）と山を合わせた字。

意味 ❶けわしい。❷大きないわ。「巌窟」

名まえで使う読み いわ・いわお・お・がん・みち・みね・よし

3画
川・巛
かわ
なりたち
「かわ」や「流れ」に関係した字をあつめる。

この部首の字
0画 川 332
3画 州 333
3画 巡 333
8画 巣 450

ほかの部首の字
災 → 火部 695
訓 → 言部 947
順 → 頁部 1067

川－0画
【川】 3画 1年 〈川〉明朝
音 セン＊
訓 かわ

※上にくる音により「がわ」ともよむ。

間隔を等しく。書き出し位置を右上がりに。3画め長く。1・3画めは止めてもよい。

ノ 川 川

なりたち 象形 地面の間をぬってながれる、川のすがたをえがいた字。

川のつく漢字グループ
「川」のグループは「すじをつくって通る」らです。

「道すじにしたがう」というイメージがある。「巛」も同じである。
→巡333 →訓947 →順1067

意味 かわ。「河川」

参考 ひらがな「つ」、カタカナ「ツ」のもとになった字。

難しい読み 川原・川▼柳

【川風】かわかぜ 川の上をふいてくる風。

【川上】かわかみ 川の水がながれてくるほう。上流。対川下

【川岸】かわぎし 川のほとり。川の岸。

【川▼霧】かわぎり 川の上や川のまわりに生じる霧。

【川口】かわぐち 川のながれが、海や湖にはいるところ。河口。

【川下】かわしも 川の水のながれてゆくほう。下流。対川上

【川筋】かわすじ ①川のながれる道すじ。②川のながれにそった土地。例川筋の村。

【川▼床】かわどこ 川のそこの地面。河床。

【川辺】かわべ 川の近く。川のほとり。

1【川面】かわも 川の水の表面。例夕日が川面にかがやく。

2【川▼藻】かわも 川に生える藻。

【川原】かわら 川のふちで、水がなく、すなや石の多いところ。参考「河原」とも書く。

【川▼柳】せんりゅう 五・七・五の一七音からできている、みじかい詩。俳句とちがって、こっけいや風刺をあらわしたもの。

下につく熟語 天の川・小川・*山川(さん・せん・かわ・やま)・谷川

川－3画

【州】

6画 3年 〈州〉明朝

音 シュウ　訓 す*

整え方は「川」と同じ。1・3・5画めの点は右下方向に打って止める。

なりたち 象形 川の中に、すながたまって島ができたすがたをえがいた字。

州のつく漢字グループ
「州」のグループは「まわりをとりまく」というイメージがある。
→酬1011

意味 ❶川の中にできた陸地。「三角州」 ❷大陸。「アジア州」「本州」 ❸国の中のある地方。

名まえで使う読み くに・しゅう・す

下につく熟語 ▼欧州・*九州・五大州・砂州・*中州

巛－3画

【巡】

6画 常用 〈巡〉明朝

音 ジュン　訓 めぐる

なりたち 形声 川と⻌(すすむ)を合わせた字。巛は、川と同じで、ルートにしたがうというイメージをもつ。巡は、ルートにしたがってめぐり歩くことをあらわした。→川332

意味 ❶めぐる。めぐり歩く。「一▼巡・▼巡行」 ❷見回る。「▼巡視」

難しい読み お▼巡りさん

名まえで使う読み じゅん・みつ・ゆき

【▼巡回】じゅんかい ①つぎつぎと回り歩くこと。例地方を巡回するサーカス。②見回ること。例看護師が病室を巡回する。

【▼巡業】じゅんぎょう 各地を回って、しばいやすもうなどを見せること。例全国巡業。

1【▼巡行】じゅんこう いろいろなところを、めぐり歩くこと。例史跡巡行の旅。

2【▼巡幸】じゅんこう 天皇が地方を旅行すること。

【▼巡査】じゅんさ 警察官の階級の一つ。お巡りさん。

【▼巡視】じゅんし 見回ってようすをしらべること。例巡視艇。

【▼巡礼】じゅんれい 信心のため、あちこちの神社や寺、聖地を回っておがむこと。また、その人。例四国巡礼の旅。

ミニ知識 「紅」や「緑」に「糸」がついているのは，もともと，その色にそめた糸をいみしていたか

工の部（こう・え）

0画 工

【災】7画 火部3画→695ページ

【訓】10画 言部3画→947ページ

【順】12画 頁部3画→1067ページ

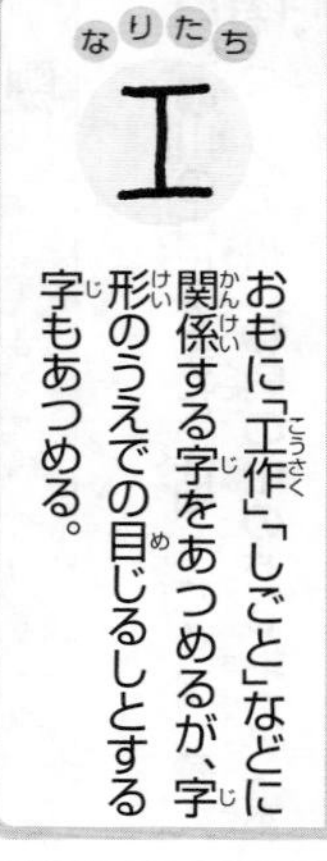

3画 工 こう え

なりたち

おもに「工作」「しごと」などに関係する字をあつめるが、字形のうえでの目じるしとする字もあつめる。

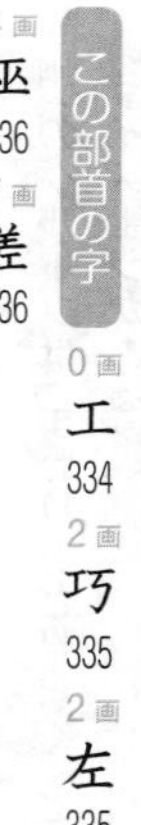

この部首の字

0画 工 334
2画 巧 335
2画 左 335
4画 巫 336
7画 差 336

ほかの部首の字

巨→二部27　功→力部145　式→弋部364
江→氵部649　攻→攵部524　紅→糸部839　虹→虫部914　恐→心部463
貢→貝部977　敢→攵部529　項→頁部1067

工－0画

【工】

3画　2年　〔工〕明朝

音 コウ・ク　訓 —

全体に横長の形にする。2画めは中心に。3画めを山なりに軽く反らせて長く。

一　丅　工

なりたち　指事　工－工

二まいの板にあなをあけ、棒を通したようすを図にした字。「さいくをする」といういみをあらわした。

工のつく漢字グループ

「工」のグループは「つき通す」というイメージがある。

→功145　→恐463　→控509　→攻524　→江649
→空811　→紅839　→虹914　→貢977　→項1067
→鴻1103

意味 ❶ものをつくるわざ、技術。また、つくる人。「工作・細工」❷工業。「工学」

難しい読み 工夫・工面

名まえで使う読み こう・たくみ・ただ・つとむ・のり・よし

【工夫】㊀くふう　よいやり方をいろいろ考えること。また、その考えややり方。例 身の周りの物を工夫してつかう。㊁こうふ　工事などではたらく人。参考 今はつかわないことば。

【工面】くめん　お金や品物などをそろえようと、やりくりすること。例 旅行費用をどうにか工面した。

【工員】こういん　工場ではたらく人。

【工学】こうがく　機械・電気・土木・建築など、工業について研究する学問。例 工学博士。

【工業】こうぎょう　原料にいろいろ手をくわえて生活にひつような品物をつくりだす産業。

【工具】こうぐ　工作につかう道具。かなづち・

ます。だから「紀子」を「のりこ」と読むことがあります。

のこぎり・かんな・ペンチ・ドライバーなど。

【工芸】こうげい　ふだんつかう品物を、とくにうつくしくつくる工作。ぬり物・やき物など。例 伝統工芸。／工芸品。

【工作】こうさく　①かんたんな品物や道具をつくること。また、それを勉強する学科。②ある目的のために、計画的にはたらきかけること。例 事前工作。

【工事】こうじ　建物や道などをつくる仕事。例 道路工事。

【工場】こうじょう／こうば　たくさんの人が、機械などをつかって物をつくっているところ。

【工賃】こうちん　物をつくるためにはたらいた人に、しはらうお金。

【工程】こうてい　仕事をすすめていく順序やすすみぐあい。例 組み立ての工程。

使い分け　こうがく　工学・光学

【工学】（機械・電気・土木など）きそ的な科学を、ものをつくり出すことに役立たせようとする学問。例 大学の工学部に入学する。

【光学】光について研究する学問。例 光学器械。

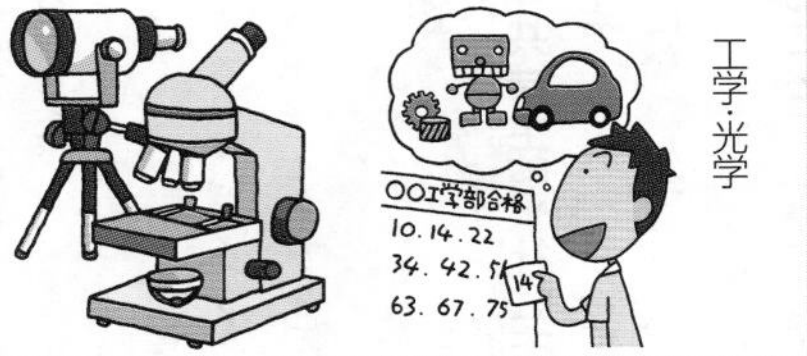

使い分け　こうてい　工程・行程・航程

【工程】（ものを作る）仕事を進めていく順序。例 自動車の製造工程はたくさんある。

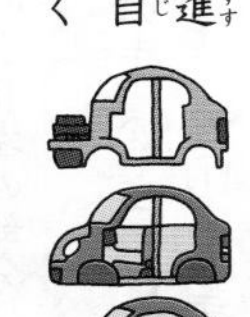

【行程】目的地までの道のり。また、旅行などの日程。例 山頂まで三〇〇メートルの行程だ。

参考 「航程」は、飛行機や船で行く道のり。

【工費】こうひ　家をたてたり、道をつくったりするのにひつような費用。工事費。

【工法】こうほう　工事の方法。

下につく熟語 加工・起工・金工・＊職工・人工・図工・▼施工・石工（せっこう・いしく）・大工・着工・刀工・▼陶工・名工・木工

エ－2画

【巧】

5画　常用　〔巧〕明朝

音 コウ　訓 たくみ

なりたち 形声 丂（つきつめる）と工（しごと）を合わせた字。わざをつきつめてさいくするようすをあらわした。

意味 わざがうまい。たくみ。→号190 「技▼巧」 対 拙

注意 「功」とまちがえないこと。

名まえで使う読み こう・たえ・たくみ・よし

故事成語 【▼巧言令色すくなし仁】こうげんれいしょくすくなしじん　口がうまく、あいそのいい顔をして、人のごきげんをとるような人には、まごころのある人は少ないということ。

参考 「巧言」は、じょうずなことばづかいのこと。「令色」は、顔つきをよくすること。「仁」は、まごころのいみ。

【▼巧者】こうしゃ　ものごとをじょうずにやること。また、その人。例 試合巧者。

【▼巧▼妙】こうみょう　わざがひじょうにうまいこと。例 巧妙な手口。

下につく熟語 精▼巧・老▼巧

エ－2画

【左】

5画　1年　〔左〕明朝

音 サ　訓 ひだり

左　左

2画めを長く。「工」は平たく。「工」は2画めに接しても接しなくてもよい。

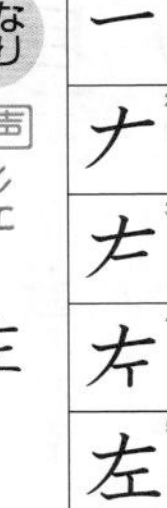

なりたち 形声 ナエ－左　ナ（ひだり手）と工（しごと）を合わせた字。工作

工の部 4画 巫 7画 差

をするとき、物をささえてみぎ手のはたらきをたすけるひだり手をあらわした。

左のつく漢字グループ

「左」のグループは「ささえる」というイメージのほかに、「ちぐはぐで、そろわない」というイメージがある。

→佐67 →差(左＋巫)336

意味 ❶ひだり。「左右」 ❷共産主義や社会主義の立場。「左派」 対❶❷右

参考 ひらがな「さ」のもとになった字。

名まえで使う読み さ・すけ

【左官】さかん かべをぬることを仕事にしている人。例 左官屋。

【左岸】さがん 川の下流にむかって左がわの岸。対 右岸

【左記】さき たて書きの文で、次に書いてあることがら。例 校外学習は、左記の要領でおこなう。

【左▼顧右▽眄】さこうべん 四字熟語 まわりのようすを気にし、態度をはっきりきめられなくて、まようこと。参考 ㋐きょろきょろ左を見たり、右を見たりするのいみから。㋑「右顧左眄」ともいう。

【左折】させつ 左にまがること。例 左折禁止。対 右折

【左▼遷】させん 故事成語 その人の地位を、今までよりひくい地位におとすこと。例 本社から支社に左遷された。対 栄転 参考 むかし、中国では、右よりも左を下の地位としていて、その左に遷すということから。

【左派】さは 政党や組織の中で、今までのやり方をかえるために、はげしい行動をとる人々。左翼。対 右派

【左右】さゆう ①左と右。例 前後左右。②そば。わき。例 左右にそなえておく。③あいまい。例 言を左右にする。④思うままに動かすこと。例 国の運命を左右する。

【左▼翼】さよく ①左のつばさ。②列の左がわ。③野球で、本塁から見て左がわの外野。レフト。④政治で、世の中のしくみをきゅうにあらためようとする考え。また、そのような考えをもっている人々のあつまり。左派。対 ①〜④右翼

【左▼腕】さわん／ひだりうで 左のうで。また、とくに野球で左なげの投手。対 右腕(うわん・みぎうで)

【左団▼扇】ひだりうちわ 仕事をせずに楽にくらすこと。

【左側】ひだりがわ 中心より左の部分。例 左側通行。対 右側

【左手】ひだりて ①左の手。②左のほう。例 駅は、すぐ左手に見えます。対 ①②右手

【左前】ひだりまえ ①着物をきるとき、右のえりを上にしてきること。参考 死んだ人に着物をきせるときには左前にする。②お金のやりくりや、商売などが、うまくいかなくなること。例 商売が左前になる。

【巨】5画 一部4画 →27ページ

【功】5画 力部3画 →145ページ

【式】6画 弋部3画 →364ページ

【江】6画 氵部3画 →649ページ

工－4画

【巫】7画

人名 〔巫〕明朝

音 フ 訓 みこ・かんなぎ

意味 神につかえる人。みこ。かんなぎ。

【攻】7画 攵部3画 →524ページ

【紅】9画 糸部3画 →839ページ

【虹】9画 虫部3画 →914ページ

工－7画

【差】10画

4年 〔差〕明朝

音 サ 訓 さす

差 差

3・5・6画めは6画めを長く。7画めは6画めの下で接する。「工」は中心より右。

3画

差 差（筆順：丶 丷 䒑 䒑 兰 兰 差 差 差 差）

なりたち 形声 差

左(ちぐはぐで、そろわない)と𠂹(=垂。枝葉がたれさがる)を合わせた字。枝葉の先がふぞろいにたれるようすを図にして、「そろわない」「くいちがう」というい みをあらわした。↓左335

意味 ❶ちがう。ちがい。「誤差」❷引き算の答え。「差額」㊜和 ❸さす。「水を差す」

使い分け さす「指す・差す・刺す・挿す」↓505ページ

名まえで使う読み さ・しな・すけ

【差異】さい 二つのものごとの間のちがい。例 差異がない。

【差益】さえき 売買やねだんの変こうなどで出た利益。例 株の差益は少しだった。㊜差損

【差額】さがく ある額からほかの額を引いたのこり。例 差額はあとでしはらう。

【差出人】さしだしにん 手紙や荷物などをおくるがわの人。㊜受取人

【差損】さそん 売買やねだんの変こうなどで出た損失。㊜差益

【差配】さはい ①あれこれ世話をしてとりしきること。②持ちぬしにかわって、家や土地の管理をすること。

【差別】さべつ 分けへだてをすること。

下につく熟語 差・個人差・時差・小差・＊温度差・格差・▼僅差・交差・＊高低差・＊点差・落差・▼脇差・＊少差・＊性差・大差・段差

【恐】10画 心部6画 ↓463ページ
【貢】10画 貝部3画 ↓977ページ
【敢】12画 攵部8画 ↓529ページ
【項】12画 頁部3画 ↓1067ページ

3画

己 き おのれ

なりたち

「己」「巳」のいみには関係なく、字の形のうえから、目じるしとする字をあつめる。

この部首の字
0画 巳 337
0画 己 337
0画 巳 338
1画 巴 338
6画 巻 338
6画 巷 339
9画 巽 339

ほかの部首の字
包↓勹部155　妃↓女部274　忌↓心部455　改↓攵部523　紀↓糸部838　記↓言部946　起↓走部989　配↓酉部1010

己－0画

【已】3画 人名 〔已〕明朝

音 イ
訓 すでに

なりたち 象形 ⽬から分かれた字。⽬は、ものごとをはじめるイメージをもつ。已は、反対に、ものごとをおえるイメージをもつ。

意味 ❶やめる。中止する。「▽已むを得ず(=しかたなく)」❷すでに。

注意 「己」「巳」とまちがえないこと。

名まえで使う読み すえ・よし

己－0画

【己】3画 6年 〔己〕明朝

音 コ・キ＊
訓 おのれ・つち＊のと

3画

己の部

0画 巳　1画 巴　6画 巻

己

「コ」より3画めの縦はばを広く。1画めは折って内側に。3画めは曲がりで書く。

なりたち 指事 己－己

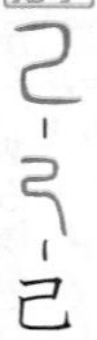

ふせたものがおきあがって、はっきりとすがたを見せるようすをあらわした字。ものごとをおこす起点、つまり「じぶん」をいみするようになった。

己のつく漢字グループ
「己」のグループには「おき上がる」、または、「目だつ形やしるしをあらわす」というイメージがある。
→忌455 →改523 →紀838 →記946 →起989

意味 ❶**じぶん。わたくし。**「自己」 ❷**十干の六番め。つちのと。**

参考 ひらがな「こ」、カタカナ「コ」のもとになった字。

注意 「巳」「已」とまちがえないこと

名まえで使う読み おと・き・こ・な

【己に▼克つ】おのれにかつ　自分のよくぼうにうちかつ。克己。

【己の欲せざるところは人に▼施すなかれ】おのれのほっせざるところはひとにほどこすなかれ　**故事成語** 自分が人からされたくないようなことは、人もいやなのだから、けっして人にしてはならないということ。**参考**「施すなかれ」は、おこなってはならないのいみ。

下につく熟語 ▼克己・知己・利己

己－0画

【巳】

3画 人名 〔巳〕明朝 音 シ 訓 み

なりたち 象形 おなかの中にいる子どもをえがいた字。

意味 ❶**十二支の六番め。時刻では午前一〇時、またその前後二時間にあてる。動物では、ヘビ。** ❷**方角の、南南東。**

注意 「己」「已」とまちがえないこと。

己－1画

【巴】

4画 人名 〔巴〕明朝 音 ハ 訓 ともえ

なりたち 象形 は虫類のすがたをえがいた字。日本では「ともえ」にもちいる。

意味 ❶**はらばいになる。** ❷**水がうずをまく形をかたどったもよう。**▽陰と陽が調和するしるしとされる。「三つ▽巴・▽卍▽巴」

名まえで使う読み とも・ともえ・は

【包】5画 勹部3画 →155ページ
【妃】6画 女部3画 →274ページ
【忌】7画 心部3画 →455ページ
【改】7画 攵部3画 →523ページ

己－6画

【巻】

9画 6年

卩－6画 〔巻〕8画 人名 〔巻〕明朝

音 カン 訓 まく・まき

6画めの書き出しに注意。「己」は「人」と接してもよい。9画めは止めてもよい。

なりたち 形声  巻－巻（巻）

もとの字は「卷」。龹は、𢍏がかわったもの。𢍏は釆（米つぶをばらまく）と廾（両手）を合わせて、両手をまるめてにぎりこぶしをつくるようすを図にして、まるくまくというイメージをもつ。それに㔾（せをまるめる人）を合わせて、「まるくまく」といういみをはっきりさせた。

龹のつく漢字グループ
「龹」（=𢍏）のグループは「まるくまく」というイメージがある。常用漢字では

「龹」となる。↓圏227 ↓巻338 ↓拳504

意味 ❶まく。「巻き尺」❷まきもの。書物。「巻頭」❸書物などをかぞえることば。かん。

注意 「巻」と「券」とまちがえないこと。

名まえで使う読み かん・けん・まき・まる

【巻数】かんすう ①ひとまとまりの本の数。冊数。②フィルムや録音テープの数。

【巻頭】かんとう 書物のはじめのところ。例巻頭の辞。対巻末

【巻末】かんまつ 書物のおわりのところ。例巻末の資料を参照する。対巻頭

【巻雲】けんうん 空の高いところにできる、ほうきではいたような白い雲。すじ雲。

【巻き貝】まきがい サザエ・タニシ・ホラ貝など、うずまき状のからをもつ貝。対二枚貝

【巻紙】まきがみ 長くまいてある紙。

【巻物】まきもの 絵や字などを横に長い紙にかいて、じくにまきつけたもの。例絵巻物。

下につく熟語 圧巻・＊絵巻・席巻・全巻・＊別巻・＊万巻(まんがん・ばんかん)

己－6画

【巷】

9画 人名 〔巷〕明朝 音コウ 訓ちまた

意味 まちなかの通路。また、世間。ちまた。「▽巷間・▽巷説」

【▽巷間】こうかん まちなか。世間。

【▽巷説】こうせつ 世間のうわさ。

【▽巷談】こうだん まちのうわさ話。

紀 9画 糸部3画 ↓838ページ
記 10画 言部3画 ↓946ページ
起 10画 走部3画 ↓989ページ
配 10画 酉部3画 ↓1010ページ

己－9画

【巽】

12画 人名 〔巽〕明朝 音ソン 訓たつみ

なりたち 形声 𢀩－巽(巽)

もとの字は「巽」。巳(ひざまずく人)二つと丌(台の形)を合わせた字。台の上にいくつかのものを、ならべそろえるようすをあらわした。

巽のつく漢字グループ
「巽」のグループは「ならべそろえる」というイメージがある。常用漢字では「巽」となる。
→選432

意味 たつみ。南東の方角。

名まえで使う読み たつみ・ゆく・よし

3画 巾 はば きんべん はばへん

なりたち 帯にさしこむぬのきれをあらわす。おもに「ぬの」や「織物」などの、性質や製品に関係する字をあつめる。

この部首の字
0画 巾339 2画 市340 2画 布340 3画 帆341 4画 希341 5画 帖341 6画 帥342 6画 帝342 7画 帰342 7画 師343 7画 席343 7画 帯343 8画 帯343 8画 常344 8画 帳345 9画 幅345 9画 帽345 10画 幌346 10画 幕346 12画 幡346 12画 幣346

ほかの部首の字 凧→几部122 吊→口部197

巾－0画

【巾】

3画 常用 〔巾〕明朝 音キン 訓—

※「はば」ともよむ。

なりたち 象形 巾－巾
はしのたれ下がる布きれをえがいた字。スカーフやハンカチのこと。

意味 ❶ぬのきれ。「雑▽巾」❷かぶりもの。ずきん。「頭▽巾」

巾の部 はば・きんべん・はばへん 2画 市・布

【巾着】きんちゃく 口をひもでしめられるようにした、布や革の小さなふくろ。

下につく熟語 *茶巾・布巾

巾－2画

【市】

5画 2年 〔市〕明朝 音 シ 訓 いち

1画めは点でもよい。2画めを長く。5画めは長く、最後は止めてもはらってもよい。

筆順：丶 亠 广 市 市

なりたち 形声 ―市

むかしの字は止と兮を合わせたもの。止は、とまる足。兮は、乎の上を八(分かれる)にかえたもので、息が分かれて出るようすを図にして、声を出してよびかけること。市は、声をかけて客の足をとめる場所、「いちば」をあらわした。

→止623

意味 ❶いちば。「市場(しじょう・いちば)」 ❷家の多いところ。「都市」 ❸地方の政治をするうえで分けた、くいき。し。「市政」

難しい読み 市井・市場(いちば・しじょう)

名まえで使う読み いち・し・ち・なが・まち

【市場】㊀いちば ①毎日、または、きまった日に、大勢の商人があつまり、品物を売り買いするところ。例 青果市場。②日用品・食料品などを売る店が多くあつまっているところ。マーケット。㊁しじょう ①いちば。②株式や商品をとりひきするところ。

【市営】しえい 市の費用で経営すること。例 市営バス。

【市価】しか 品物が店でふつうに売り買いされるときのねだん。例 市価の半額。

1【市外】しがい 市の区域の外。例 市外局番からダイヤルする。対 市内

2【市街】しがい 人家がたくさんあって、にぎやかなところ。まち。例 市街地。

【市議会】しぎかい 市の議会。選挙でえらばれた議員があつまり、市の政治をきめるところ。

1【市制】しせい 市として政治をしていくしくみ。例 三つの町が合併して市制をしく。

2【市政】しせい 市の政治。

3【市井】しせい 家があつまっているところ。まち。例 市井の人(=いっぱんの人)。

【市中】しちゅう 町の中。まちなか。

【市長】しちょう 市の政治をおこなう最高責任者。

【市内】しない 市の区域の中。対 市外

【市▼販】しはん ふつうの店を通して売ること。例 通信販売ではなくて、市販で売る。

【市民】しみん ①その市にすんでいる人。②いっぱんの国民。例 市民権。

【市役所】しやくしょ 市をおさめる仕事をする、役所。市庁。

【市立】しりつ 市の費用でたて、経営していること。例 市立中学校。参考「私立」と区別するために「いちりつ」と読むこともある。

下につく熟語 *青物市・朝市・姉妹都市・*見本市

巾－2画

【布】

5画 5年 〔布〕明朝 音 フ 訓 ぬの

※上にくる音により「ブ」「プ」ともよむ。

筆順に注意。2画めは山なりに軽く反らせて長く。「巾」は中心よりやや右に。

筆順：ノ ナ 𠂇 右 布

なりたち 形声 ―布

むかしの字は父(大きく広がる)と巾(ぬの)を合わせたもの。たいらにのばして表面をおおう「ぬの」をあらわした。

→父710

意味 ❶ぬの。「綿布・毛布」 ❷広げる。広くいきわたらせる。「散布・公布・配布」

難しい読み 布▼巾・布団

名まえで使う読み しき・しく・たえ・ぬの・のぶ・ふ・ほ・よし

【布地】ぬのじ 服や着物をつくるための布。注意「ぬのぢ」とふりがなをつけないこと。

【布教】ふきょう 宗教を教え広めること。例

布教活動。

【布巾】ふきん　食器類をふく布きれ。

【布告】ふこく　広くつげ知らせること。例宣戦を布告する。

【布陣】ふじん　戦争や試合で、いつでもたたかえるように兵隊や選手を配置すること。また、その配置。

【布施】ふせ　坊さんにあたえるお金や品物。おふせ。

【布石】ふせき　①碁で、すぐにききめがなくても、のちのち役に立ちそうなところに石をおくこと。②先を見通して、将来のために準備をすること。例もめごとにならないように、布石をうつ。

【布団】ふとん　ねるときやすわるときに、おおったり、しいたりするもの。例かけ布団。

【布袋】ほてい　七福神の一つで、いっくしみやむつまじさの神とされる。大きなふくろをもち、腹はまるく、おだやかな笑顔をした姿でえがかれる。

下につく熟語　麻布・*乾布・昆布・財布・*敷布・湿布・発布・頒布・分布・流布

【凧】5画　几部3画→122ページ

巾－3画

【帆】

6画　常用　〔帆〕明朝

音　ハン
訓　ほ

意味　船の、ほ。「帆船・帆掛け船」

【帆船】はんせん　ほをかけ、風の力ですすむ船。帆前船。

【帆走】はんそう　船がほをはって、風をうけて走ること。

【帆布】はんぷ　船のほこに用いるあつい布。

【帆影】ほかげ　遠くに見える船のほのすがた。

【帆柱】ほばしら　船のほをはる、はしら。

【帆前船】ほまえせん　ほをはって、風の力ですすむ船。帆船。

下につく熟語　*帰帆・出帆・白帆

【吊】6画　口部3画→197ページ

巾－4画

【希】

7画　4年　〔希〕明朝

音　キ
訓　―

希　希

「メ」「布」ともに筆順に注意。「メ」よりも「布」の方を横広にして大きく。

筆順：ノ　メ　ブ　チ　产　肴　希

なりたち　会意　爻(こうさするしるし)と巾(布)を合わせた字。ぬの織りめがまばらなようすを図にして、「少ない」「まれ」といういみをあらわした。また、小さいすきまを通して、何かをもとめるいみになった。

意味　❶めずらしい。まれ。「希少・古希」❷のぞむ。ねがう。「希望」

難しい読み　希有

名まえで使う読み　き・まれ

【希求】ききゅう　ねがいもとめること。例世界の平和を希求する。

【希少】きしょう　ひじょうに少なく、まれなこと。例希少な資源。／希少価値。

【希代】一きだい　世にもまれなこと。例希代の英雄。参考「きたい」とも読む。

二きたい　ふしぎなこと。例希代なできごと。

【希薄】きはく　①液体の濃度や、気体の密度などがうすいこと。例高山は空気が希薄だ。②あるものごとにたいする熱意などが少ないこと。例意欲が希薄な人。

【希望】きぼう　ねがい、のぞむこと。例希望をすてない。

【希有】けう　めったになくて、めずらしいようす。例希有な才能。

巾－5画

【帖】

8画　人名　〔帖〕明朝

音　ジョウ・チョウ
訓　―

意味　❶ぬのや紙に書いた、書きつけ。❷有名な書家が書いた字をきざんだ石碑から、字を紙にうつしとったもの。▽書道の手本につかわれる。❸ノート。メモ帳。「手帖」❹紙や食べるのりなど、うすいものを数える単位。

参考　ふつう「帳」に書きかえる。「手帖→手

3画

帳」

名まえで使う読み さだ・ただ

巾－6画

【帥】

9画 常用 〔帥〕明朝 音 スイ 訓 —

意味 軍隊をひきいるかしら。「元帥・統帥」

注意 「師」とまちがえないこと。

名まえで使う読み すい・そち・そつ

巾－6画

【帝】

9画 常用 〔帝〕明朝 音 テイ 訓 *みかど

なりたち 指事 三本の線をひとつにしめてまとめるようすをあらわした字。

意味 天子。天皇。みかど。「帝国・皇帝」

注意 「帯」とまちがえないこと。

名まえで使う読み ただ・てい

【帝王】ていおう ①国の土地や人民をおさめる王。②ある社会で、強い力をふるう人。例 サッカーの帝王。

【帝国】ていこく 天子や皇帝がおさめる国。例 ローマ帝国。

【帝政】ていせい 皇帝がおさめる政治。また、その政治のやり方。例 帝政をしく。

下につく熟語 *女帝・*大帝・*天帝

巾－7画

【帰】

10画 2年 〔帰〕明朝 音 キ 訓 かえる・かえす

※「キする」ともつかう。

「リ」より、「帚」を縦長に。「ヨ」の横はばを広く。10画めは長く。

なりたち 会意  歸（帰）

もとの字は「歸」。𠂤と帚と止を合わせた字。𠂤は、追・官にもふくまれ、まるくもり上がった土のかたまりがつらなるようす。まるい、ぐるりと回るというイメージをもつ。帚は、婦にふくまれ、女をあらわす。止は、あし。歸は、ぐるりと回って、とつぎ先に行くようすを図にして、本来の場所におちつくことをあらわした。▽むかし結婚は、取りきめのあった二つの氏族の間でおこなわれたので、「とつぐ」ことと「かえる」ことが同じことばであらわされた。

意味 ❶かえる。もどる。「帰国・帰り道」❷したがう。「帰化・帰順」❸おちつく。「帰結」

名まえで使う読み き・もと・ゆき・より

【帰依】きえ 神やほとけを信じ、その教えにしたがって生きていくこと。例 仏教に帰依する。

【帰化】きか 外国の国せきをもらって、その国の国民になること。例 日本に帰化する。

【帰還】きかん 戦地・外国などから、帰ってくること。例 帰還兵。

1【帰京】ききょう 都へ帰ること。また、東京へ帰ること。

2【帰郷】ききょう 故郷へ帰ること。例 三年ぶりで帰郷する。

【帰結】きけつ 考えや話し合いが、一つのことにおちつくこと。

1【帰航】きこう 船や飛行機の帰りの航路。

2【帰港】きこう 船が、出ていった港に帰ること。

【帰国】きこく 自分の国へ帰ること。例 帰国子女。

【帰順】きじゅん さからうことをやめて、したがうこと。例 徳川家康に帰順する。

【帰心矢のごとし】きしんやのごとし 句 遠くはなれたふるさとや家へ、はやく帰りたいと思う気もちが、ひじょうに強いようす。

【帰省】きせい （親に会うため）ふるさとへ帰ること。例 年末には帰省する。

【帰属】きぞく ①あるものについて、したがうこと。例 会社への帰属意識。②財産や権利などが、ある個人や団体のもちものになること。例 その絵は、町の美術館に帰属している。

【帰宅】きたく 自分の家へ帰ること。

【帰着】きちゃく ①出発したところに帰りつくこと。②話し合いなどが、ある状態におちつくこと。例 会の運営について一つのところに帰着した。

【帰朝】きちょう 外国から日本へ帰ってくること。

【帰▼途】きと 帰り道。帰路。例 帰途につく。

【帰路】きろ 帰り道。帰途。

下につく熟語 回帰・*不帰・復帰

巾－7画

【師】

10画 5年 〔師〕明朝

音 シ 訓 ―

2画めは真下で下を少し出す。7画めは3画めとほぼ同じ高さに。10画めは長く。

なりたち 形声 𠂤と帀を合わせた字。𠂤は、官にもふくまれ、多くのもののあつまりをあらわす。帀は、周囲をぐるりとめぐることをあらわす。師は、ぐるりととりまいて、たくさんあつまった軍隊をあらわした。のちに、人々をあつめて教える人のいみにももちいられるようになった。

意味 ❶人を教えみちびく人。先生。「教師」対 弟子 ❷先生とする。「師事」 ❸軍隊。「師団」

注意 「帥」とまちがえないこと。

難しい読み 師走(しわす・しはす)

名まえで使う読み かず・し・つかさ・のり・もと・もろ

【師事】しじ ある人に先生になってもらい、その教えをうけること。例 天才画家に師事する。

【師▼匠】ししょう 学問・技術・芸などを教える人。先生。対 弟子

【師弟】してい 先生と生徒。師匠と弟子。

【師▼範】しはん ①学問や芸事を教えている人。例 剣道の師範。／師範代(＝師範のかわりになって教える人)。②手本となる人。③「師範学校」のりゃく。もと、小・中学校の先生になる人を養成した。

【師走】しわす／しはす 陰暦一二月のよび名。参考 現在もつかわれる。

下につく熟語 医師・恩師・▼影法師・技師・講師・*仏師・法師・牧師・漁師・▼猟師・老師

巾－7画

【席】

10画 4年 〔席〕明朝

音 セキ 訓 ―

「广」の内部は中心からやや右に。「廿」は「广」に接しても接しなくてもよい。

なりたち 会意 广(建物)と廿(革)と巾(ぬの)を合わせた字。家の中ですわるための、かわやぬのでつくった「しきもの」をあらわした。

意味 すわるところ。「席順・客席」

【席次】せきじ ①すわる順。席順。例 結婚式での席次をきめる。②成績の順。例 今学期は席次が上がった。

【席上】せきじょう 人々があつまっている会の、その場。例 クラス会の席上で発表する。

【席順】せきじゅん すわる席の順。

【席巻】せっけん ①よその国をつぎつぎにせめて、かたっぱしからうばうこと。②ものすごい勢いで、勢力をのばすこと。例 日本列島はインフルエンザに席巻された。参考 「席」は、むしろのこと。むしろをまくようにつぎつぎにせめとるいみから。

下につく熟語 *会席・欠席・座席・主席・首席・出席・▼即席・着席・同席・末席・寄席・臨席・列席

巾－7画

【帯】

10画 4年

巾－8画 【帶】 11画 人名 〔帯〕明朝

音 タイ 訓 おびる・おび

巾の部（はばきんべん・はばへん） 8画 常

帯

3画めは真下、2・4画めは内側に。「卅」、「冖」、「巾」の中心をそろえる。

1 一 2 十 3 卄 4 卌 5 卌 6 卌 7 卌 8 卌 9 帯 10 帯

なりたち 会意 帯―帯（帯）

もとの字は「帶」。おびだま（＝こしにつける、かざり）をつるした形と巾（ぬの）を合わせた字。長いぬののおびをあらわした。

帯のつく漢字グループ

「帯」のグループには「横にのびる」というイメージがある。常用漢字では「帯」になる。

→滞684

意味 ❶おび。「包帯」 ❷もつ。身につける。「携帯」 ❸あたり。ばしょ。「一帯・熱帯」

注意 「帝」とまちがえないこと。

名まえで使う読み おび・たい・たらし・よ

【帯状】おびじょう／たいじょう　おびのように細長いかたち。例帯状の雲。／帯状ほうしん。

【帯に短したすきに長し】おびにみじかしたすきにながし　句 ちゅうとはんぱで、どちらの役にも立たないことのたとえ。

【帯封】おびふう　新聞や雑誌をゆうびんでおくるとき、あて名を書いたはばのせまい紙で、おびのようにまくこと。また、その紙。

【帯出】たいしゅつ　そなえつけのものを、その場からもちだすこと。例禁帯出。

【帯電】たいでん　ものが電気をおびること。

【帯刀】たいとう　刀をこしにさすこと。

【帯同】たいどう　いっしょにつれて行くこと。例通訳を帯同する。

【帯分数】たいぶんすう　整数と真分数とでできている分数。1$\frac{2}{3}$など。

下につく熟語 ＊安全地帯・温帯・＊角帯・＊火山帯・寒帯・眼帯・妻帯・所帯・声帯・世帯・地帯・緑地帯・連帯

巾－8画

常

11画 5年 〔常〕明朝

音 ジョウ　訓 つね・＊とこ

上部を「ツ」とせず、1画めを立てて5画めと接する。11画めは止めてもよい。

1 丨 2 丷 3 ⺌ 4 ⺌ 5 ⺌ 6 ⺌ 7 ⺌ 8 ⺌ 9 常 10 常 11 常

なりたち 形声 尚（長い）と巾（ぬの）を合わせた字。尚は、高く上がるというイメージをもち、これは長いというイメージにつながる。常は、着物のすそが長いようすを図にして、「時間が長い」「長くつづく」ことをあらわした。

→尚318

意味 ❶いつも。「日常」 ❷ふつうの。「常識」

名まえで使う読み じょう・つね・つら・とき・ときわ・とこ・のぶ・ひさ・ひさし

【常温】じょうおん　①いつもきまっている温度。②（熱したりひやしたりしない）へやの中のふつうの温度。例常温で保存してください。③一年間の平均した温度。

【常軌】じょうき　あたりまえのあり方。ふつうの考え方。例常軌を逸する（＝はずれる）。

【常客】じょうきゃく　いつも来てくれる客。常連。

【常勤】じょうきん　毎日きまった時間に、仕事場ではたらくこと。例常勤の社員。対非常勤。

【常時】じょうじ　ふだん。いつでも。例常時、健康には注意している。

【常識】じょうしき　いっぱんの人が、同じようにもっている知識や考え方。例常識で判断する。

【常習】じょうしゅう　いつもの習慣。例常習犯。参考 わるいことにつかう。

【常食】じょうしょく　いつも食べていること。また、いつも食べているもの。

【常設】じょうせつ　あることのために、いつももうけてあること。例これは常設の展示だ。

【常体】じょうたい　文章のおわりを「…だ」「…

である」の形でむすぶ書き方。対敬体 使い分け じょうたい「状態・常態・常体」→720ページ)

【常態】じょうたい ふつうの状態。例常態にもどる。使い分け じょうたい「状態・常態・常体」→720ページ)

【常置】じょうち いつでも利用できるようにおいておくこと。例消火器をへやに常置する。

【常▼駐】じょうちゅう ずっとその場所にとどまって、仕事をすること。例警官が常駐する。

【常▽套手段】じょうとうしゅだん 四字熟語 いつものきまりきったやり方。

【常任】じょうにん いつも、その役目についていること。例常任幹事。

【常備】じょうび いつもそなえておくこと。例常備薬。

【常夜灯】じょうやとう 一晩中つけておく明かり。

【常用】じょうよう ふだんつかうこと。また、つづけてつかうこと。例常用漢字。

【常緑樹】じょうりょくじゅ 一年じゅう緑の葉がしげっている木。松・スギなど。対落葉樹

【常常】つねづね ふだん。ひごろ。例常々健康には気をつけている。参考 ふつう「常々」と書く。

【常夏】とこなつ いつも夏のような気候であること。例常夏の島、ハワイ。

下につく熟語 異常・▼恒常・▼尋常・正常・通常・非常・平常・無常

【帳】

巾－8画 11画 3年 〔帳〕明朝 音チョウ 訓—

「巾」を縦長にして「長」の方をはば広く。8画めは2画めの下に組みこむと整う。

なりたち 形声 長(ながい)と巾(ぬの)を合わせた字。長くたらしたぬのをあらわした。→長1035

意味 ❶ノート。ちょうめん。「手帳・雑記帳」❷幕。「開帳」

注意 「張」とまちがえないこと。

【帳▼尻】ちょうじり 句 お金の出し入れの最後の計算。また、ある行動の最後の結果。例帳尻を合わせる。

【帳場】ちょうば 商店などで、帳面をつけたり、お金の出し入れをしたりするところ。

【帳▼簿】ちょうぼ お金や品物の出し入れを書いておく帳面。例帳簿をあずかる。

【帳面】ちょうめん ものを書きしるすために、紙をとじ合わせたもの。ノート。

上につく熟語 ＊帳消し

下につく熟語 ▼蚊帳・記帳・＊写生帳・台帳・通帳・＊日記帳

【幅】

巾－9画 12画 常用 〔幅〕明朝 音フク 訓はば

なりたち 形声 畐(くっつく)と巾(ぬの)を合わせた字。ぬのをぴったりあてるようすを図にして、横はばをあらわした。→福798

意味 ❶はば。「▼振幅」❷かけじく。また、かけじくをかぞえることば。「水墨画一▼幅」

【▼幅広】はばひろ／はばびろ ふつうのものよりはばが広いこと。例新幹線のレールは幅広だ。

【▼幅を利かせる】はばをきかせる 句 思いのままにいきおいをふるう。例あの人は、この町ではかなり幅を利かせている。

【▼幅員】ふくいん 道路や船などの、はば。

参考 「員」は、まわり、はばの広さのいみ。

下につく熟語 大▼幅・＊小▼幅・全▼幅・増▼幅・＊半▼幅・▼歩▼幅

【帽】

巾－9画 12画 常用 〔帽〕明朝 音ボウ 訓—

意味 ぼうし。「制▼帽」

【▽帽子】ぼうし ①頭にかぶって、あつさ・さむさやほこりなどをふせぐ。②上にかぶさるもののたとえ。例 山が綿帽子をかぶった。

【▽帽章】ぼうしょう ぼうしにつける、身分や職業などをしめすしるし。

下につく熟語 赤▽帽・*角▽帽・*学▽帽・▽脱▽帽

巾－10画

【幌】 13画 人名

〈幌〉明朝 音 コウ 訓 ほろ

意味 ❶大きくはった、おおいのぬの。「▽幌馬車」❷武士がよろいの背中につけた、矢を防ぐための大きなぬのの幕。

名まえで使う読み あきら・ほろ・ぽろ

巾－10画

【幕】 13画 6年

〈幕〉明朝 音 マク・バク 訓 ―

※下にくる音により「バッ」ともよむ。

幕 幕 横画は8画めを長く。「八」は長く、「日」と接しても接しなくてもよい。

一 十 艹 艹 芇 苩 苩 荁 莫 莫 莫 募 幕

なりたち 形声 -幕 莫(かくれて見えない)と巾(ぬの)を合わせた字。物をおおいかぶせて見えなくするぬのをあらわした。→莫395

意味 ❶しきりなどにつかう広く長いぬの。「開幕」❷将軍が政治をとったところ。「幕府」

注意 「募」とまちがえないこと。

【幕府】ばくふ 将軍が政治をとったところ。例 鎌倉幕府。

【幕末】ばくまつ 江戸幕府のおわりごろ。

【幕間】まくあい 演劇で、一幕がおわって次の幕があくまでの間。注意 「まくま」と読まないこと。

【幕内】まくうち すもうの番付で上位に名をのせられる、前頭以上の力士。また、そのくらい。

下につく熟語 暗幕・内幕・▽煙幕・銀幕・黒幕・▽剣幕・字幕・終幕・序幕・*除幕・天幕・▽倒幕・討幕・*入幕・閉幕

巾－12画

【幡】 15画 人名

〈幡〉明朝 音 ハン 訓 はた

なりたち 形声 番(ひらひらする)と巾(ぬの)を合わせた字。ひらひらとひるがえるぬのをあらわした。→番750

意味 はた。のぼり。「▽幡旗」

名まえで使う読み はた・まん

巾－12画

【幣】 15画 常用

〈幣〉明朝 音 ヘイ 訓 ―

意味 ❶神前にそなえる紙やぬの。ぬさ。「▽御▽幣」❷おかね。「貨幣・紙幣・造▽幣局」

注意 「弊」とまちがえないこと。

名まえで使う読み しで・ぬさ・へい

3画 干 ひる かん いちじゅう

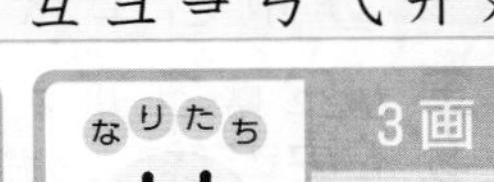

「干」のいみには関係なく、字の形のうえで「干」を目じるしとする字をあつめる。

この部首の字
0画 干 347
2画 平 347
3画 年 349
5画 幸 350
10画 幹 351

ほかの部首の字
午→十部 163
刊→刂部 129
汗→氵部 649
肝→月部 882
軒→車部 999

干－0画

【干】

3画 6年 〔干〕明朝

音 カン
訓 ほす・ひる*

1画めは横画で、2画めを長く(「千」と区別)。3画めは止めてもはらってもよい。

一 二 干

なりたち 象形 先がふたまたになった棒をえがいた字。敵をついたり身をまもったりする武器。つきすすむことから「おかす」「かかわる」のいみをあらわした。

干のつく漢字グループ
「干」のグループは「むりに、つきすすむ」、また「かたくて強い」「高く上がる」というイメージがある。
→軒 999 →刊 129 →岸 329 →幹 351 →汗 649 →肝 882

意味 ❶かわかす。かわく。「干潮・虫干し」❷かかわりあう。「干▼渉」

注意 「千」と書きまちがえないこと。

難しい読み 干支(えと・かんし)・干物

名まえで使う読み かん・たく・たて・ほす・もと・もとむ

【干支】えと/かんし 十干と十二支の組み合わせ。

【干害】かんがい 日でりがつづいて作物などに被害が出ること。

【干▼渉】かんしょう 自分とちょくせつ関係のないことに立ち入って、口出しすること。例 母はいちいちわたしに干渉する。

【干▼拓】かんたく あさい海や湖の水をほして、陸地にすること。例 干拓地。

【干潮】かんちょう 海の水がひいて海面がもっともひくくなること。対 満潮

【干天の▼慈雨】かんてんのじう 句 ①日でりつづきの空からふる、めぐみの雨。②まちのぞんでいたものが、えられることのたとえ。例 干天の慈雨の救援物資がとどく。

【干▽魃】かんばつ 長い間雨がふらないため、田畑などの水がかれてしまうこと。日でり。

参考 「魃」は、日でりの神様のこと。

【干満】かんまん ひき潮とみち潮。

【干潟】ひがた 遠浅の海岸で、潮が引いたときにあらわれる砂浜。例 有明海の干潟。

【干物】ひもの 魚や貝をほした食べ物。例 あじの干物。

下につく熟語 十干・若干・▼欄干

【午】4画 十部2画 →163ページ

干－2画

【平】

5画 3年 〔平〕明朝

音 ヘイ・ビョウ
訓 たいら・ひら

※上にくる音により「ペイ」ともよむ。

全体を◇形に。2・3画めは内向きに。5画めの最後は止めてもよい。

一 丆 冖 亚 平

なりたち 象形 浮き草が、水面にたいらにうかぶすがたをえがいた字。

平のつく漢字グループ
「平」のグループは「たいらにそろう」とい

こたえ 日(ひ)

干の部 2画 平

うイメージがある。→評951

意味 ❶ひらたい。たいら。「平野」❷おだやか。「平和」❸おさまる。しずめる。「平定」❹ひとしい。「平等」❺ふだん。「平生」

難しい読み 平手・平家

名まえで使う読み おさむ・さね・たいら・つね・とし・なり・なる・はかる・ひとし・ひら・まさる・もち・よし

【平等】びょうどう 差別がなく、あつかいがみな同じであること。例平等に分ける。

【平仮名】ひらがな 漢字をくずしてつくった仮名の一つ。「あ・い・う・え・お」など。対片仮名

【平手】ひらて ひらいた、てのひら。例平手うち。

【平目】ひらめ ヒラメ科の魚。頭の方向にたいして目が左側によっていて、海底の砂地にもぐり、えさをとる。

【平家・平屋】ひらや 一階だての家。

【平安】へいあん 何ごともなく、おだやかなこと。例日々平安。

【平易】へいい やさしくて、わかりやすいこと。例平易な文章。

平目

【平▼穏】へいおん やすらかでおだやかなこと。例平穏に毎日をすごす。

【平気】へいき わるいことやむずかしいことにあっても、気にかけずにおちついていること。例おこられても平気だ。

【平均】へいきん ①ふぞろいがないようにならすこと。②二つ以上の数をならした、あたい。例平均点。③つりあい。例平均をたもつ。

【平原】へいげん たいらで広々とした野原。

1【平行】へいこう 同じ平面上にある二つの直線が、どこまでのばしても同じあきで、まじわらないこと。

2【平▼衡】へいこう つりあいがとれて安定していること。例平衡をたもつ。

【平時】へいじ ①ふだんのとき。いつものとき。②世の中が平和なとき。対戦時

【平日】へいじつ ①ふだんの日。②日曜日や祝日でない日。ウイークデー。

【平常】へいじょう ふだん。いつもの状態。例平常心。

1【平成】へいせい 日本の、一九八九年一月八日から二〇一九年四月三〇日までの年号。

2【平静】へいせい 何ごともなく、おだやかでおちついているようす。例心の平静をたもつ。

【平生】へいぜい ふだん。平素。例平生はごぶさたしています。

【平然】へいぜん おちつきはらっているようす。例あわてず、平然としている。

【平素】へいそ ふだん。つね日ごろ。平生。平常。例平素は無口でおとなしい人だ。

【平▽坦】へいたん 土地がたいらなこと。

【平定】へいてい 敵をほろぼして、世の中をおだやかにすること。例天下を平定する。

【平熱】へいねつ 健康なときの体温。

使い分け へいこう 平行・平衡・並行

【平行】まじわらないこと。例平行四辺形。／平行な直線。／平行線をたどる議論。

【平衡】つりあいがとれていること。例からだの平衡感覚。

【並行】①ならんで行くこと。例二台の車が並行して走る。②同時におこなわれていること。例ピアノと英語を並行して習う。

参考「衡」は、もと、はかりのさお。「つりあいがとれた…」のいみになる。

3画

【平年】へいねん ①二月が二十八日で、一年が三六五日の年。対 閏年 ②いつもの年。例年。例 ことしの冬は、平年よりさむい。

【平板】へいばん 変化がなく、単調でおもしろみがないこと。例 平板な文章。

1【平▼伏】へいふく 両手をついて頭を下げること。ひれふすこと。

2【平服】へいふく ふだん着。対 礼服

【平平▼凡▼凡】へいへいぼんぼん 四字熟語 ごくふつうであること。「平凡」を強めたことば。参考 ふつう「平々凡々」と書く。

【平方】へいほう ①同じ数をかけ合わせること。二乗。②長さをあらわす単位の前について、面積をあらわすことば。例 二〇平方メートル。③その長さを一辺とする正方形の面積をあらわすことば。例 三メートル平方。

【平▼凡】へいぼん とくにすぐれたところやかわったところがなく、ふつうであること。例 平凡な作品。対 非凡

【平面】へいめん たいらな面。

【平野】へいや たいらで広々とした土地。

【平和】へいわ ①戦争などがなく、世の中がおだやかなこと。②何もかわったことがなく、おだやかなこと。例 平和な一日だった。

下につく熟語 *源平・公平・水平・太平・▼泰平・不平・和平

【刊】5画 刂部3画 ↓129ページ

干－3画

【年】

6画 1年 〔年〕明朝 音 ネン 訓 とし

※上にくる音により「どし」ともよむ。

年 年

ノ 𠂉 𠂉 𠂉 𠂉 年

横画3本は5画めを長く。4画めは点で書いても、3画めに接していなくてもよい。

なりたち 形声 人(くっつく)と禾(イネ)を合わせた字。イネがみのってねばりけが出るようすを図にして、こくもつが育つ間をあらわした。

意味 ❶とし つき。一二か月間。「年月(ねんげつ・としつき)」 ❷とし。ねんれい。「年少・年寄り」

名まえで使う読み かず・すすむ・ちか・と・とし・とせ・ね・ねん・みのる

【年上】としうえ 年齢が上であること。またその人。年長。例 三つ年上。対 年下

【年男】としおとこ その年の干支にあたる男。また、その中からとくにえらばれて節分の日に豆まきなどをする人。

【年子】としご 同じ母親からうまれた、一つちがいの兄弟。

【年▼頃】としごろ ①そのことをするのにちょうどよい年れい。例 あそびたい年頃。②思春期のころ。また、女の人が結婚するのによい年れい。例 姉も年頃です。③およその年れい。例 三五、六の年頃の人。

【年下】としした 年齢が下であること。またその人。年少。例 年下の男の子。対 年上

【年賀】ねんが 新年のいわい。例 年賀状。

【年額】ねんがく お金や生産高などの一年間の合計。

1【年刊】ねんかん 本などを一年に一回だけ発行すること。参考 ↓「日刊・週刊・月刊・季刊」。

2【年▼鑑】ねんかん 一年のできごとや統計・調査などをまとめた本。例 スポーツ年鑑。

【年季】ねんき 手つだいの人などをやとう、約束の年数。例 年季があける。

【年金】ねんきん 厚生年金など、毎年しはらわれる、きまった額のお金。例 国民年金。

【年▼貢】ねんぐ ①むかし、田畑にわりあてられた税。例 年貢米。②田畑の使用料。小作料。

【年月】ねんげつ／としつき 何年かの長い間。例 長い年月をかけてトンネルは貫通した。

【年限】ねんげん いつまでときめた年数。

【年功】ねんこう ①長い間つとめた、てがらとほねおり。②長い間かかってみがいた、うでまえ。例 年功をつむ。

【年号】ねんごう 年につける名前。明治・大正・昭和・平成など。元号。

【年功序列】ねんこうじょれつ 四字熟語 っと

漢字クイズ 部首クイズ 2年でならう「東」の部首はなんでしょう？

めた年数や年齢によって、地位や給料がきまること。例 年功序列をやめる。参考「序列」は、きめられた順序のこと。

【年始】ねんし ①年のはじめ。対 年末 ②年のはじめのいわい。また、そのあいさつ。例 年始回り。

【年収】ねんしゅう 一年間の収入。一年間にかせいだお金。

【年中】ねんじゅう ①いつも。例 年中ひまなし。②一年じゅう。例 年中無休。

【年少】ねんしょう 年下。対 年長

【年代】ねんだい ①すぎてきた時代。例 年代順に事件をならべる。②ひとまとまりにして区切った、ある期間。時代。例 昭和の年代に生まれる。③ある年齢。年ごろ。例 同年代の人。

【年長】ねんちょう 年上。対 年少

【年度】ねんど 役所や会社などで、仕事のつごうで分けた一年間。例 年度末。

【年頭】ねんとう 年のはじめ。例 年頭のあいさつ。

【年年】ねんねん 毎年。年とともに。例 電力の消費量は年々ふえている。参考 ふつう「年々」と書く。

【年配・年▼輩】ねんぱい ①年のころあい。例 五十年配の人。②(経験をつんだ)かなりの年ごろ。例 年配の紳士。③としうえ。例 山田さんは、わたしより五つ年配です。

【年表】ねんぴょう すぎさったできごとを、年月順に表にしたもの。

【年▼譜】ねんぷ ある人の一生やできごとなどを、年月の順に書きしるしたもの。例 宮沢賢治の年譜。

【年▼俸】ねんぽう 一年間でいくらときめた給料。年給。

【年末】ねんまつ 年のおわり。歳末。対 年始

【年来】ねんらい 何年も前からつづいていること。例 年来ののぞみがかなう。

【年利】ねんり 一年間につく利息。

【年輪】ねんりん ①木を横に切ったとき、その切り口に見えるすじの輪。一年に一つずつふえる。②年々きずき上げられる歴史。

【年▼齢・年令】ねんれい その人が生まれてからそのときまでの年数。とし。参考 小学校では「齢」のかわりに「令」をつかう。

下につく熟語 永年・▼越年・*▼隔年・*学年・旧年・去年・光年・後年・今年(ことし・こんねん)・昨年・若年・少年・新年・*生年・成年・青年・先年・前年・多年・中年・定年・当年・長年・晩年・豊年・*本年・毎年(まいねん・まいとし)・明年・▼厄年・幼年・翌年(よくねん・よくとし)・来年・例年・老年

【汗】6画 氵部3画 ↓649ページ

【肝】7画 月部3画 ↓882ページ

干－5画

【幸】

8画 3年

〔幸〕明朝

音 コウ

訓 さいわい・さ*ち・しあわせ

横画4本は3画めを一番長くする。6・7画めはどちらが長くても、同じでもよい。

一 十 土 𡈼 圥 去 幸 幸

なりたち 象形 罪人などの自由をうばう、手かせという道具をえがいた字。その手かせをはめられるきけんからのがれることから、「運がよい」「しあわせ」といういみをあらわした。

意味 ❶しあわせ。「幸福・不幸」 ❷海や山でとれたもの。さち。「山の幸・海の幸」 ❸天子が出かけること。みゆき。「行幸」

名まえで使う読み こう・さい・さき・さち・たか・たつ・とみ・とも・ひで・みゆき・むら・ゆき・よし

【幸運】こううん ものごとのめぐりあわせがよいこと。参考「好運」とも書く。対 不運

【幸▼甚】こうじん このうえなくしあわせなこと。例 ご出席くだされば幸甚です。

【幸福】こうふく しあわせ。さいわい。例 幸福な一家。対 不幸

下につく熟語 ▼巡幸・▼薄幸

【軒】10画 車部3画 ↓999ページ

干－10画

【幹】

13画 5年

〔幹〕明朝

音 カン
訓 みき

7画めを左に長く出し、「𠦝」の右側をそろえる。10画めの最後は止めてもよい。

一 十 𠆢 古 古 吉 直 卓 𠦝 𠦝 幹 幹 幹

なりたち 形声 𠦝（=倝。高く上がる）と干（固い棒）を合わせた字。高くのびた固い「みき」のこと。→乾36 →干347

意味 ❶木のみき。❷だいじなところ。もと。「幹線・根幹」

注意 「乾」とまちがえないこと。

名まえで使う読み えだ・から・かん・き・くる・たかし・たる・つね・つよし・とし・とも・まさ・み・みき・もと・もとき・よし・よみ・より

【幹事】かんじ あることを中心になってすすめる役。また、その役の人。例 旅行の幹事。

【幹線】かんせん 鉄道・道路などのおもな線。例 幹線道路。対 支線

【幹部】かんぶ 会社や団体で、中心になってはたらく、おもい役目の人。

下につく熟語 基幹・語幹・＊骨幹・＊主幹

3画 幺 いとがしら

なりたち

細い生糸をよった形をあらわす。おもに「細い」「小さい」「かすか」などのいみに関係した字をあつめる。

この部首の字 1画 幻 351 2画 幼 351 6画 幽 352 9画 幾 352

ほかの部首の字 玄→玄部 726 糸→糸部 837 郷→阝部 436 滋→氵部 678 畿→田部 751

幺－1画

【幻】

4画 常用

〔幻〕明朝

音 ゲン
訓 まぼろし

なりたち 象形 幻は、予をさかさまにした字。予は、はたおりで、横糸を通す道具。よく見えるというイメージをもち、予をさかさまにした幻は、かくれて見えないというイメージとなり、「まどわす」といういみをあらわした。

意味 ❶まぼろし。「幻想」 ❷まどわす。「幻惑」

注意 「幼」とまちがえないこと。

【幻影】げんえい ①ほんとうはないのに、そこにあるように見えるもの。まぼろし。②心の中にえがく、ものごとのすがたや形。

【幻覚】げんかく じっさいにはないものが、見えたり聞こえたりすること。例 幻覚になやまされる。

【幻視】げんし じっさいにはないものが、見えること。

【幻想】げんそう とりとめのない思いや想像。例 幻想小説。

【幻聴】げんちょう ほんとうは音がしないのに、音が聞こえるように感じること。

【幻灯】げんとう ガラスにかいた絵やフィルムの写真などに光を当て、幕に大きくうつして見せるもの。

【幻滅】げんめつ よいと思っていたものが、じっさいにはそうでなくて、がっかりすること。例 実物を見たら幻滅した。

【幻惑】げんわく 目がくらみ、判断にまようこと。また、まどわすこと。例 きらびやかさに幻惑される。

下につく熟語 ＊変幻・夢幻（むげん・ゆめまぼろし）

幺－2画

【幼】

5画 6年

〔幼〕明朝

音 ヨウ
訓 おさない

「幺」より「力」を縦長に。1画めは折って右下に、2画めは折って右上に。

幺の部（いとがしら）
6画 幽
9画 幾

（筆順）1 2 3 4 5 幼

なりたち 形声 幼

幺と力を合わせた字。幺は、糸の上の部分で、カイコのはき出した生糸をえがいたもの。細くて小さいというイメージをもつ。幼は、力のよわい、おさない子どもをあらわした。

幺のつく漢字グループ

「幺」のグループは「細く小さい」というイメージがある。これは「わずか」「かすか」というイメージにつながる。

→幼351 →幽352

意味 **おさない。**「幼児・長幼」

注意 「幻」とまちがえないこと。

難しい読み 幼子・幼心

名まえで使う読み よう・わか

【幼子】おさなご　年の少ない子ども。

【幼心】おさなごころ　子どもの心。

【幼友達】おさなともだち　子どものころからの友だち。

【幼魚】ようぎょ　まだじゅうぶんにそだっていない魚。

1【幼児】ようじ　おさない子ども。一歳から小学校に入学するころまでの子ども。例 幼児教育。

2【幼時】ようじ　おさないとき。例 幼時のことが今でもなつかしく思い出される。

【幼女】ようじょ　年の少ない女の子。

【幼少】ようしょう　おさないこと。

【幼稚】ようち　（考え方などが）じゅうぶんに発達していないこと。おさないこと。例 見かけはおとなだが、考え方はまだ幼稚だ。

【幼虫】ようちゅう　こん虫で、たまごからかえったあと、さなぎになるまでの虫。対 成虫

【幼年】ようねん　おさない年ごろ。また、おさない子ども。

【玄】5画　玄部0画 →726ページ

【糸】6画　糸部0画 →837ページ

幺－6画

【幽】

9画　常用　〈幽〉明朝

音 ユウ　訓 —

なりたち 形声 𢆶（かすか）と山を合わせた字。山の中がかすかでよく見えないようすをあらわした。→幼351

意味 **❶かすか。ほの暗い。❷死んだあとの世界。**「幽霊」**❸おくふかい。**「幽玄」

【幽玄】ゆうげん　①おくふかくて、はかりしれないこと。②ひじょうにあじわいがあること。

【幽谷】ゆうこく　人のすむところからはなれた、おくぶかい谷。例 深山幽谷。

【幽閉】ゆうへい　人をとじこめ、外に出られないようにすること。例 王を城に幽閉する。

【幽霊】ゆうれい　①死んだ人のたましいが、生きていたときの姿でこの世にあらわれるというもの。②じっさいにないものを、あるように見せかけること。例 幽霊会社。

【郷】11画　阝部8画 →436ページ

幺－9画

【幾】

12画　常用　〈幾〉明朝

音 キ　訓 いく

なりたち 会意 𢆶（かすか、わずか）と戈（ほこ）と人を合わせた字。ほこの刃が、もう少しで人の首にとどきそうなようすを図にして、「もう少しで」「近い」などのいみをあらわした。

幾のつく漢字グループ

「幾」のグループは「小さい」「わずか」「こまかい」「近い」という一連のイメージがある。

→機615 →畿（幾＋田）751

意味 **いくら。いくつ。**「幾日」

参考 ひらがな「き」、カタカナ「キ」のもとになった字。

難しい読み 幾重・幾多・幾何

名まえで使う読み いく・おき・き・ちか・ちかし・のり・ふさ

【幾重】いくえ　たくさんかさなっていること。例 幾重にも（＝何度もかさねて）おわびする。

【幾多】いくた　たくさん。例 戦争で幾多の命がうしなわれた。

【幾度】いくたび／いくど　何度。何回。例 幾度ことわられても、あきらめない。

【幾分】いくぶん　いくらか。少し。例 寒さが幾分やわらいだ。

【幾何】きか　「幾何学」のこと。物の形・大きさ・位置などを研究する学問。

【滋】12画　氵部9画 → 678ページ

【畿】15画　田部10画 → 751ページ

3画 广 まだれ

なりたち 家の屋根の形をあらわす。「屋根」「建物」などのいみに関係した字をあつめる。

この部首の字

画数	字	ページ
2画	広	353
2画	庁	354
3画	庄	354
4画	序	354
4画	床	355
4画	庇	355
5画	庚	355
5画	底	355
5画	店	355
5画	府	356
6画	度	356
7画	庫	357
7画	座	357
7画	庭	358
8画	庵	358
8画	康	358
8画	庶	358
8画	庸	359
9画	廃	359
9画	廊	359
10画	廊	359
10画	廉	359
12画	廣	353
12画	廟	360
22画	廳	354

ほかの部首の字

字	部首	ページ
応	心部	454
唐	口部	211
席	巾部	343
鹿	鹿部	1105
麻	麻部	1106
腐	肉部	893
慶	心部	478
摩	手部	519
磨	石部	790
麿	麻部	1107
魔	鬼部	1096

广－2画

【広】5画 2年

广－12画【廣】15画 人名 〈広〉明朝

音 コウ

訓 ひろい・ひろまる・ひろめる・ひろがる・ひろげる

広 広 (筆順) 丶 亠 广 広 広

「广」と「ム」をはなしすぎない。1画めは点でもよい。5画めの最後は止める。

なりたち 形声 廣－廣（広）

もとの字は「廣」。黄（四方に広がる）と广（建物）を合わせた字。建物のわくが四方に広がるようすを図にして、「ひろい」「ひろがる」いみをあらわした。→黄1107

意味 ❶ひろい。「広野」 対 狭 ❷ひろがる。ひろめる。「広告」

名まえで使う読み お・こう・たけ・とお・ひろ・ひろし・みつ

【広域】こういき　広いくいき。例 広域災害にそなえて、訓練をする。

【広義】こうぎ　広いいみ。対 狭義

【広言】こうげん　口からでまかせに、大きなことを言うこと。また、そのことば。例 調子にのって広言をはく。

【広告】こうこく　①広く人々に知らせること。②とくに、商品やもよおしものなどを、広く知らせること。また、そのための印刷物など。例 雑誌広告。使い分け こうこく「公告・広告」→（107ページ）

【広大】こうだい　広々として大きいこと。

【広大無辺】こうだいむへん　四字熟語 はてし

广 まだれ の部
2画 庁
3画 庄
4画 序

なく広く大きいこと。例 広大無辺な世界。

参考 「無辺」は、かぎりのないこと。

【広報】こうほう 多くの人に広く知らせること。例 会社の広報課。使い分け こうほう「公報・広報」↓108ページ)

【広野】こうや 広々とした野原。

【広葉樹】こうようじゅ ひらたくてはばの広い葉をもつ木。クリ・カシなど。

【広場】ひろば 町の中で、たくさんの人があつまることができる、広い場所。例 駅前広場にあつまる。

【広間】ひろま 広くつくったへや。

下につく熟語 *末広・背広・▼幅広(はばひろ・はばびろ)

广－2画 【庁】 5画 6年

广－22画 【廳】 25画 人名

〔庁〕明朝

音 チョウ
訓 ―

庁 庁

「丁」は中心からやや右にずれる。1画めは点でもよい。5画めははねる。

1 丶 2 亠 3 广 4 庁 5 庁

なりたち 形声 もとの字は「廳」。聽(きく)と广(建物)を合わせた字。住民のいろいろな問題やようすをきく、役所をあらわした。

↓廷360 ↓聴877

意味 役所。「県庁」

【庁舎】ちょうしゃ 役所の建物。

下につく熟語 官庁・*官公庁・*気象庁・*警視庁・*支庁・省庁・*政庁・*退庁・登庁

广－3画 【庄】 6画 人名

〔庄〕明朝

音 ショウ
訓 ―

なりたち 会意 土(土地)と广(いえ)を合わせた字。地方の家をあらわした。

意味 いなかの農家。また、農村。「▽庄屋」

名まえで使う読み しょう・そう・たいら・まさ

【▽庄屋】しょうや 江戸時代、農民のかしらとして村をとりしまったり、税をとりたてたりするしごとをした役。また、その人。名主。肝入り。

广－4画 【序】 7画 5年

〔序〕明朝

音 ジョ
訓 ―

序 序

「予」は中心からやや右にずれて、縦長にする。1画めは点でもよい。

1 丶 2 亠 3 广 4 広 5 序 6 序 7 序

なりたち 形声 序－序 予(横にのびる)と广(建物)を合わせた字。中心の建物から、両わきにのびた建物のこと。のちに「つぎつぎに長くのびていく」のいみにもちいられる。↓予37

意味 ❶はじめ。また、はしがき。「序文」❷じゅんばん。「順序・▼秩序」

名まえで使う読み じょ・つぎ・つぐ・つね・のぶ・ひさし

【序曲】じょきょく 歌劇などの、幕があく前にえんそうする曲。

【序言】じょげん 本のはじめのことば。前書き。序文。

【序章】じょしょう ①前書きにあたる章。②(ひゆ的に)ものごとのはじめ。例 その事件は序章にすぎない。

【序数詞】じょすうし 順序をあらわす名詞。「第一・二次・三位・四回・五期・六周年」など。

【序説】じょせつ 本論の前の、前おきの部分。序論。

【序文】じょぶん 本のいちばんはじめに書いてある文章。前書き。はし書き。

【序幕】じょまく ①しばいで、はじめのひと幕。②ものごとのはじまり。対 ①②終幕

【序列】じょれつ 地位や成績などの順序。例 年功序列。

【序論】じょろん (論文などで)本論にはいる前にのべる論。序説。

广(まだれ)の部　4画 床・庇　5画 庚・底・店

广－4画
【床】7画 常用 〈床〉明朝 音ショウ 訓とこ・ゆか

意味 ❶ゆか。「▼床板」 ❷ねどこ。「起▼床」

【▼床屋】とこや　かみの毛を切ってととのえたり、ひげをそったりする店。理容店。

【▼床板】ゆかいた　ゆかにはる板。

【▼床下】ゆかした　ゆかの下。例 床下浸水。対 床上

下につく熟語 温▼床・河▼床・川▼床・苗▼床・寝▼床・病▼床・臨▼床

广－4画
【庇】7画 人名 〈庇〉明朝 音ヒ 訓ひさし・かばう

意味 ❶ひさし。❷かばう。「▽庇護」

【▽庇護】ひご　かばいまもること。例 朝廷の庇護を受ける。

【応】7画 心部3画↓454ページ

广－5画
【庚】8画 人名 〈庚〉明朝 音コウ 訓かのえ

なりたち 会意 干(かたくて強い棒)と廾(りょう手)を合わせた字。かたいことをあらわした。のちに順番をかぞえることばにもちいた。

意味 ❶十干の七番め。かのえ。❷ななばんめ。

名まえで使う読み か・かのえ・つぐ・みち・やす

广－5画
【底】8画 4年 〈底〉明朝 音テイ 訓そこ

※上にくる音により「ぞこ」ともよむ。

5画めは折って右上にはらう。7画めは長く反る。8画めは7画めより下げない。

なりたち 形声 氐－底
氐(いちばん下の方)と广(建物)を合わせた字。建物のいちばん下の部分をあらわした。

↓低70

意味 物の下の部分。そこ。おおもと。「海底」

注意 「低(=ひくい)」とまちがえないこと。

【底意地】そこいじ　心のおく底にもっている気もち。例 底意地がわるい。参考 よいいみではつかわない。

【底力】そこぢから　おくにひそんでいて、いざというときに出る力。例 底力を発揮する。

【底値】そこね　とりひきで、いちばん安くなったねだん。例 底値を記録する。

【底を▼突く】そこをつく　句〔たくわえたものが〕完全になくなる。例 とうとう食糧が底を突いてしまった。

【底を割る】そこをわる　句 ①心の中をうち明ける。例 底を割って話す。②底値よりもさらに下がる。

【底辺】ていへん　①いろいろな図形の、そこにあたる辺。とくに、三角形で頂点にたいする辺。②あるしくみの下の方。例 文化の底辺。

【底本】ていほん　むかしの本や外国の本を、訳したり本文のまちがいを正したりするとき、もとにする本。参考「定本」と区別して「そこほん」と読むことがある。

【底面】ていめん　立体のそこにあたる面。

【底流】ていりゅう　①海や川の、そこのほうの流れ。②おもてにはあらわれない、内部にひそむ思想・感情などの動き。

下につく熟語 ＊奥底・＊基底・＊湖底・根底・＊心底(しんてい・しんそこ)・水底(すいてい・みずそこ・みなそこ)・船底(せんてい・ふなぞこ)・＊谷底・地底・徹底・到底・▼鍋底・▼払底

广－5画
【店】8画 2年 〈店〉明朝 音テン 訓みせ

「占」は中心からやや右にずれる。1画めは点でもよい(「广」は全て同じ)。

なりたち 形声 占－店
占(一つの場所に定着する)と广(いえ)を合わせた字。きまった場所に商品をおいて、商売を

する家をあらわした。→占169

意味 **品物を売るところ。みせ。**「商店」

難しい読み 店子・店屋物・店番

【店子】たなこ 家をかりている人。借家人。対 大家 参考 古い言い方。

【店員】てんいん 店で、やとわれてはたらいている人。例 デパートの店員。

【店主】てんしゅ 店の主人。

【店長】てんちょう 店でいちばん上の役わりの人。

【店頭】てんとう 店さき。例 店頭で商品を売る。

【店▼舗】てんぽ 店。商店。参考「舗」も、店のいみ。

【店屋物】てんやもの 自分でつくらず、飲食店に注文してとりよせる料理。例 夕食は店屋物だ。

【店先】みせさき 店の入り口のあたり。店頭。例 店先で客をよびこむ。

【店番】みせばん 店にいて、見はりやお客さんのあいてをすること。また、その人。例 店番をたのまれる。

下につく熟語 開店・*茶店・支店・出店・書店・売店・百貨店・閉店・本店・夜店・▼露店

广－5画

【府】

8画 4年 〔府〕明朝 音 フ 訓 ―

府 府

「付」は中心からやや右にずれる。「付」は、「亻」より「寸」を縦長に。

なりたち 形声 府－府

付(くっつく)と广(建物)を合わせた字。物をいっぱい入れておく「くら」をあらわした。→付57

意味 **❶地方自治体の一つ。京都府と大阪府。**「府立・府民」**❷役所。**「政府」**❸みやこ。**「首府」

名まえで使う読み あつ・くら・ふ・もと

【府庁】ふちょう 府をおさめる仕事をする役所。

【府立】ふりつ 府の費用でたてられ、経営されていること。また、そのもの。例 府立図書館で本を借りる。

下につく熟語 *学府・幕府

广－6画

【度】

9画 3年 〔度〕明朝 音 ド・*ト・*タク 訓 たび

度 度

「廿」は4画で、筆順にも注意。「廿」は「广」に接しても接しなくてもよい。

度

なりたち 会意 度－度

广(いえ)と、廿(革)と又(て)を合わせた字。しきものにする革を、手で一はば二はばとはかるようすをあらわした。

度のつく漢字グループ
「度」のグループは「順々にすすむ」というイメージがある。→渡680

意味 **❶きまり。**「制度」**❷ほどあい。**「程度」**❸めもり。**「角度」**❹回数。**「毎度」**❺角度や温度をはかる単位。❻ものさし。**「尺度」**❼心や人がらのぐあい。**「態度」

名まえで使う読み ただ・なが・のぶ・のり・みち・もろ・わたる

【度度】たびたび しばしば。何度も。例 有名作家が度々訪れた宿。参考 ふつう「度々」と書く。

【度外視】どがいし あいてにしないこと。問題としてとりあげないこと。例 採算を度外視して奉仕する。

【度▼肝を▼抜く】どぎもをぬく 句 ひじょうにおどろかせる。ひどくびっくりさせる。例 度肝を抜く怪力。参考「度肝」は、心のいみの「肝」を強めたことば。

【度胸】どきょう ものごとをおそれない心。例度胸のある男。

【度数】どすう ①回数。例電話の度数を知らせる。②温度や角度などをしめす数。

【度量】どりょう ①長さと容積。また、それをはかる、ものさしとます。②人の意見・考え・おこないなどを、うけ入れる心の広さ。例度量の大きい人。

【度量▼衡】どりょうこう 長さと容積とおもさ。また、それをはかるもの。参考「ものさし・ます・はかり」のいみから。

【度が過ぎる】どがすぎる 句ちょうどよいていどをこしている。いきすぎである。例いたずらの度が過ぎる。

【度を失う】どをうしなう 句ふだんの落ち着きをなくしてあわてる。例とつぜんの地震に、度を失う。

【度を越す】どをこす 句→「度を過ごす」。

【度を過ごす】どをすごす 句ちょうどよい度合いをこえる。度を越す。例度を過ごした悪ふざけ。

下につく熟語 ▼幾度・▼緯度・温度・加速度・過度・感度・*強度・極度・経度・光度・高度・今度・再度・支度・▼湿度・純度・進度・▼震度・精度・節度・▼鮮度・速度・調度・都度・適度・年度・▼濃度・法度・▼頻度・密度

广－7画

【庫】

10画 3年 〔庫〕明朝

音 コ・ク*
訓 くら*

※「ゴ」ともよむ。

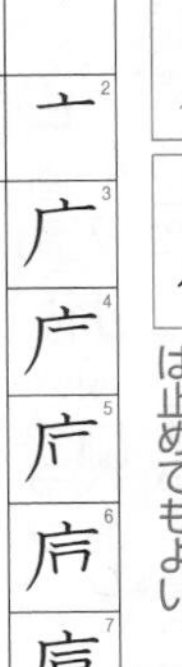

「車」は中心からやや右に。「日」の縦画は内側に。10画めは止めてもよい。

なりたち 形声 庫－庫

車（上にのせる）と广（建物）を合わせた字。車や戦争の武器を入れておく建物をあらわした。「倉庫・格納庫」

意味 **ものをしまっておく建物。くら。**

参考「倉」(86ページ)「蔵」(403ページ)も「くら」のいみ。

【庫裏】くり ①寺の台所。②寺の、坊さんや家族のすんでいるところ。

下につく熟語 金庫・国庫・在庫・車庫・出庫・書庫・入庫・文庫・宝庫・冷蔵庫

广－7画

【座】

10画 6年 〔座〕明朝

音 ザ
訓 すわる*

5・7画めは止める。8画めの書き出しは「人」よりも高くする。

なりたち 形声 坐－坐－座

坐と广（いえ）を合わせた字。坐は、ふたりの人がむきあって、土の上にすわるようす。座は、家の中で人がすわる場所をあらわした。

意味 **❶すわるところ。**「座席・王座」**❷星のあつまり。**「星座」**❸すわる。**「座談」**❹劇団や劇場。**「一座・歌▼舞▼伎座」

【座興】ざきょう えん会などを楽しくするためにおこなう芸。例座興に歌を歌う。

【座高】ざこう いすにこしをかけたときの、いすの面から頭までの高さ。

【座視】ざし だまって見ているだけで、手をかそうとしないこと。傍観。例友だちを座視できない。

【座▼敷】ざしき たたみのしいてある広いへや。とくに、客間。

【座▼礁】ざしょう 船が海中にかくれている岩にのり上げること。

【座席】ざせき すわるところ。席。

【座▼禅】ざぜん おもに禅宗で、しずかにすわって精神を集中し、まよいごとをなくす修行。例 座禅を組む。

【座談】ざだん 何人かの人々が同じ場所にあつまり、すわって話し合うこと。例 座談会。

【座布団】ざぶとん すわるときにしく、小さなふとん。

【座右】ざゆう 身近なところ。

【座右の▼銘】ざゆうのめい 句 いつも身近なところにおいて、いましめとすることば。

下につく熟語 円座・玉座・＊金座・銀座・車座・下座（げ・ざ・しも）・口座・高座・講座・上座（じょう・ざ・かみ）・正座・▼即座・対座・台座・中座・当座・満座・連座

广－7画

【庭】

10画 3年 〔庭〕明朝

音 テイ 訓 にわ

8・9画めの横画は短く。10画めは「壬」を支えるように長く引いてはらう。

なりたち 形声 －庭

廷（テイ）（たいらにならしたところ）と广（いえ）を合わせた字。大きな家の中にある、たいらな広場をあらわした。↓廷360

意味 ❶にわ。「庭園」 ❷家の中。「家庭」

名まえで使う読み てい・なお・にわ・ば

【庭園】ていえん 草木をうえたり、小山や池などをつくったりした、広い庭。

【庭球】ていきゅう テニスのこと。

【庭石】にわいし 庭のけしきをあじわうためにおく石。また、歩くためにおく飛び石。

【庭木】にわき 庭にうえてある木。

【庭先】にわさき 庭で、家に近いところ。例 庭先にアサガオがさいた。

【庭師】にわし 庭づくりや、庭の手入れなどを仕事としている人。

下につく熟語 裏庭・校庭・＊石庭（せき・てい・いし・にわ）・＊中庭・箱庭

【唐】10画 口部7画 ↓211ページ

【席】10画 巾部7画 ↓343ページ

广－8画

【庵】

11画 人名 〔庵〕明朝

音 アン 訓 いおり

意味 坊さんなどがすむための、草や木でつくったそまつで小さな家。いおり。「草▽庵」

名まえで使う読み いおり

广－8画

【康】

11画 4年 〔康〕明朝

音 コウ 訓 —

「隶」の横画は5画めを長く書く。8・9画めは「フ」と書かない。

なりたち 形声 －康

庚と米（こめ）を合わせた字。庚は、干（かたくて強い木の棒）と廾（両手）を合わせ、かたい木の棒を持つようすを図にして、かたいすじが通るというイメージをもつ。康は、かたいすじのはいったもみがらのことで、からだがじょうぶでしっかりしていることをあらわした。

意味 ❶やすらか。「小康」 ❷すこやか。じょうぶ。「健康」

名まえで使う読み しず・しずか・みち・やす・やすし・よし

广－8画

【庶】

11画 常用 〔庶〕明朝

音 ショ 訓 —

意味 ❶数が多い。いろいろ。「▼庶務」 ❷いっぱんの人。「▼庶民」

名まえで使う読み しょ・ちか・もり・もろ

【▼庶民】しょみん いっぱんの人々。

【▼庶民的】しょみんてき 考え方や態度などが

とくべつではなく、親しみがもてるようす。例 庶民的な雰囲気の店。

【▼庶務】しょむ いろいろな事務。例 庶務課。

广－8画

【庸】

11画 常用 〈庸〉明朝

音 ヨウ
訓 —

なりたち 形声 用(つき通す)と庚(木の棒を持つようす)を合わせた字。棒をとんとんとつき通して、まんべんなくはたらかせてつかうようすをあらわした。→用740

意味 ❶人をつかう。「登▼庸(=登用)」 ❷かたよらない。ふつうの。「中▼庸(=考えやおこないがどちらにもかたよらず、正しくおだやかなこと)・▼凡▼庸(=とくにすぐれたところがなく、人なみであること)」

名まえで使う読み いさお・つね・のぶ・のり・もち・もちう・やす・よう

【鹿】11画 鹿部0画 → 1105ページ

【麻】11画 麻部0画 → 1106ページ

广－9画

【廃】

12画 常用 〈廃〉明朝

音 ハイ
訓 すたれる・すたる

※「ハイする」ともつかう。

なりたち 形声 もとの字は「廢」。發(二つに分かれる)と广(建物)を合わせた字。建物を二つにわってこわすようすをあらわした。→発756

意味 ❶すたれる。つかわれなくなる。「▼廃品」 ❷やめる。「▼廃止」

【▼廃案】はいあん とりあげられたり議決されたりせず、とりやめになった案。

【▼廃液】はいえき 工場などでつかったあとの、すてられる液体。例 廃液で、川がよごれる。

【▼廃屋】はいおく あれはてた家。あばらや。

【▼廃刊】はいかん 新聞などの刊行物の発行をやめること。対 発刊

【▼廃棄】はいき 役に立たない物をすてること。例 こわれた機械を廃棄する。／廃棄物。

【▼廃▽墟】はいきょ 建物や町などの、こわれてあれはてたあと。

【▼廃業】はいぎょう 今までの商売をやめること。例 書店を廃業する。

1【▼廃▼坑】はいこう ほり出すのをやめた鉱山の坑道。

2【▼廃校】はいこう 学校をなくすこと。また、その学校。例 小学校の廃校がきまった。

【▼廃止】はいし やめること。例 バスの路線が廃止される。

【▼廃車】はいしゃ 車や電車などを、つかうのをやめること。また、その車や電車。

【▼廃水】はいすい 工場などで、役に立たなくなってすてる水。使い分け「排水」は、不用な水を外へおし流すこと。

【▼廃絶】はいぜつ すたれて、なくなること。また、なくすこと。例 地雷廃絶キャンペーン。

【▼廃線】はいせん 鉄道やバスの路線で、営業をとりやめること。また、その路線。

【▼廃品】はいひん 役に立たなくなった品物。廃物。例 廃品回収。

【▼廃物】はいぶつ つかい古して、役に立たなくなったもの。廃品。例 廃物利用。

【▼廃油】はいゆ つかい古して役に立たなくなった油。

上につく熟語 *廃▼藩置県

下につく熟語 改▼廃・荒▼廃・興▼廃・全▼廃・*存▼廃・撤▼廃

广－9画

【廊】

12画 常用 广－10画〈廊〉13画 人名 〈廊〉明朝

音 ロウ
訓 —

意味 ろうか。「▼廊下・回▼廊・画▼廊」

广－10画

【廉】

13画 常用 〈廉〉明朝

音 レン
訓 —

广の部 12画 廟・廴の部 4画 廷

なりたち 形声 兼(へ形である)と广(建物)を合わせた字。建物のすみをあらわした。建物のすみは直角であるから「けじめ」のいみとなり、けじめをつけることから「いさぎよい」のいみ、さらに、けじめをつけたねだんである「やすい」のいみとなった。

意味 ❶いさぎよい。「清▼廉」 ❷やすい。「▼廉価」

名まえで使う読み おさ・かど・きよ・きよし・すが・すなお・ただし・やす・ゆき・れん

【▼廉価】れんか ねだんが安いこと。安価。例 廉価販売。

【▼廉売】れんばい 安いねだんで売ること。安売り。例 米を廉売する。

【腐】14画 肉部8画 ↓ 893ページ

广－12画

【廟】15画 人名 〔廟〕明朝 音 ビョウ 訓 —

意味 ❶先祖をまつる建物。みたまや。「▽廟堂」 ❷神をまつる小さなほこら。「関▼帝▽廟」 ❸朝廷。政治をおこなうところ。「▽廟議」

名まえで使う読み いえ

【慶】15画 心部11画 ↓ 478ページ

【摩】15画 手部11画 ↓ 519ページ

【磨】16画 石部11画 ↓ 790ページ

【麿】18画 麻部7画 ↓ 1107ページ

【魔】21画 鬼部11画 ↓ 1096ページ

3画 廴 えんにょう

なりたち 「彳(十字路の半分)」の下がのびた形で、「道」や「のびる」「すすむ」などのいみに関係した字をあつめる。

この部首の字
4画 廷 360
5画 延 361
6画 廻 361
6画 建 361

廴－4画

【廷】7画 常用 〔廷〕明朝 音 テイ 訓 —

なりたち 形声

壬(たいら)と廴(のびる)を合わせた字。壬は、せのびして立つ人のすがた。壬とはべつの字。「たてにまっすぐ」のイメージをもつが、これは「横にまっすぐ(つまり、たいら)」のイメージにもつながる。廷は、たいらに広がった「にわ」をあらわした。

壬のつく漢字グループ

「壬」のグループは「まっすぐのびる」というイメージがある。常用漢字では「壬」。

「王」になる。
↓呈203 ↓庁(=廳)354 ↓庭358 ↓廷360
↓徴383 ↓懲482 ↓程806 ↓聖876
↓聴(=聽)877 ↓艇908 ↓鉄(=鐵)1026

意味 ❶天子が政治をおこなうところ。「朝▼廷」 ❷裁判所。「法▼廷」

注意 「延」とまちがえないこと。

名まえで使う読み たか・ただ・てい・なが

【▼廷臣】ていしん 朝廷につかえる、けらい。

下につく熟語 開▼廷・*休▼廷・宮▼廷・*出▼廷・*退▼廷・*入▼廷・閉▼廷

廴－5画

【延】

8画 6年 〔延〕明朝

音 エン
訓 のびる・のべる・のばす

1〜5画めを「壬」としない(「廷」と区別)。8画めは上部を支えるように長く。

なりたち 会意 止(足)と丿(のばすしるし)と廴(すすむ)を合わせた字。長く遠くまですすむようすをあらわした。

延のつく漢字グループ
「延」のグループは「ずるずると長くのびる」というイメージがある。
↓誕961

意味 ❶のびる。のばす。「延長・延命・順延」 ❷おくれる。「延着・遅延」

注意 「廷」とまちがえないこと。

名まえで使う読み すけ・すすむ・ただし・とお・なが・のぶ

【延延】えんえん ものごとが、長々とつづくようす。例 会議は延々五時間もつづいた。

参考 ふつう「延々」と書く。

【延期】えんき きめられた日時を、先にのばすこと。日のべ。例 日没のため試合は延期になった。

【延焼】えんしょう 火事が火元からつぎつぎにもえ広がること。例 延焼をくいとめる。

【延▼滞】えんたい お金のしはらいや品物をおさめるのが、きめられた日よりもおくれること。例 延滞金をはらう。

【延着】えんちゃく きめられた時刻よりもおくれてつくこと。例 列車は事故で延着した。

【延長】えんちょう ①長さや期間などがのびること。また、のばすこと。例 夏休み中は営業時間を延長します。対 短縮 ②全体の長さ。例 鉄道の延長キロ数。③そのことと一続きであること。例 遠足は授業の延長だ。

【延命】えんめい 命をのばすこと。例 延命治療。

使い分け のびる 延びる・伸びる

【延びる】時間やきょりが長くなる。例 遠足の日が延びる。

【伸びる】成長する。また、まがったものがまっすぐになる。例 弟の身長が伸びる。/しわが伸びる。

廴－6画

【廻】

9画 人名 〔廻〕明朝

音 カイ
訓 めぐる・まわる

意味 ❶めぐる。ぐるりとまわる。「▽廻送・▽廻転・▽廻廊」 ❷かえす。もとへもどる。

参考 ふつう「回」に書きかえる。「▽廻送→回送」「▽廻転→回転」「▽廻廊→回廊」

名まえで使う読み とほ・のり

廴－6画

【建】

9画 4年 〔建〕明朝

音 ケン・コン*
訓 たてる・たつ

「聿」の横画は2画めを長く。9画めは「聿」を支えるように長く引いてはらう。

漢字クイズ 部首クイズ 4年でならう「象」の部首はなんでしょう?

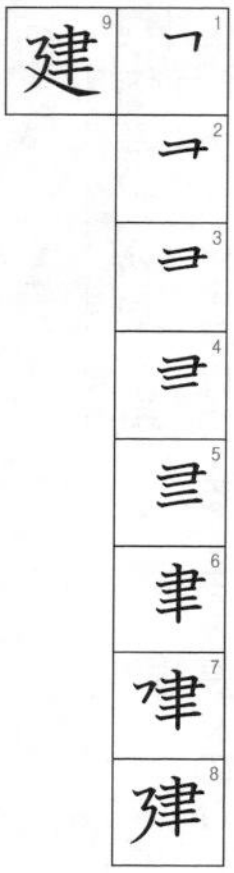

建（筆順 1〜9）

なりたち 会意  ー建
聿と廴（すすむ）を合わせた字。聿は、筆をまっすぐ手で立てるすがたで、「まっすぐ立てる」というイメージをもつ。建は、体をまっすぐ立てて歩くようすを図にして、家などをしっかりと「たてる」いみをあらわした。

建のつく漢字グループ
「建」のグループは「まっすぐ立てる」というイメージがある。
→健 89 →鍵 1032

意味 ❶たてものをつくる。「建築」 ❷はじめる。「建国」 ❸意見をのべる。「建議」

注意 「健」とまちがえないこと。

難しい読み 建立・建具

使い分け たつ「立つ・建つ」→(815ページ)

名まえで使う読み たけ・たけし・たける・たつ・たつる・たて

【建国】けんこく 新しく国をおこすこと。例 建国記念日。

【建設】けんせつ 大きな建物や、そしきなどを新しくつくること。例 文化国家を建設する。

【建設的】けんせつてき ものごとや状況を、進んでよりよくしようとするようす。前向きなようす。生産的。例 建設的な意見。

【建造】けんぞう 船・建物など、しくみの大きなものをつくること。例 貨物船を建造する。

【建築】けんちく 家などをたてること。また、そのたてたもの。

【建白】けんぱく 政府などへ意見をのべること。例 建白書。

【建立】こんりゅう 神社・寺などをたてること。例 五重塔を建立する。

【建具】たてぐ 戸・しょうじ・ふすまなど、家の中にとりつけて、あけたりしめたりするもの。

【建物】たてもの 中で人がすんだり、仕事をしたり、物をおいたりするためにつくったもの。

下につく熟語 再建（さいけん・さいこん）・＊創建・＊土建・＊▼封建

3画 廾 にじゅうあし こまぬき

なりたち 
「廾」は、両手で物をささげるさまをあらわす。「両手」や「さし出す」などの動作に関係した字をあつめる。

この部首の字
2画 弁 362　4画 弄 363　12画 弊 363

ほかの部首の字
升→十部 163　奔→大部 269　莽→艹部 398　算→⺮部 829　鼻→鼻部 1113

【廾】4画 十部2画 ↓ 163ページ

廾－2画
【弁】5画
5年 〔弁〕明朝
音 ベン
訓 —

◇形を想定して整える。4・5画めは「ム」と接しても接しなくてもよい。

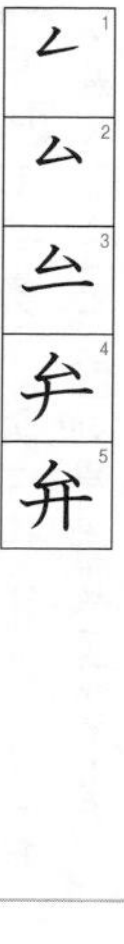

弁（筆順 1〜5）

なりたち 会意 ー弁
入（かんむり）と廾（両手）を合わせて、かんむりをかぶるようすをあらわした字。「ベン」とい

う音が同じであることから、「辨」「辯」「瓣」のかわりにもちいた。弁は、辛（はもの）を二つならべて、二つに分けるというイメージをしめす記号。「辨」は、弁と刂（＝刀）を合わせて、刀で切り分けるように、白黒をはっきりと見分けること。「辯」は、弁と言を合わせて、よしあしをはっきり分けて話すこと。「瓣」は、弁と瓜を合わせて、つぼみが分かれてできる花びら。

意味 〔辨〕❶見分けて区別する。「弁別」❷けじめをつけて処理する。「弁償」
〔辯〕❶じょうずに話す。「雄弁」❷ものの言い方。また、方言。「東北弁」
〔瓣〕❶はなびら。「花弁」❷ポンプなどで、気体や液体の出入り口を、とじたりひらいたりするもの。「安全弁」

名まえで使う読み さだ・そのう・ただ・なか・のぶ・べん・わけ

【弁解】べんかい いいわけをすること。例弁解の余地がない（＝いいわけができない）。
【弁が立つ】べんがたつ 句 話し方がうまい。
【弁護】べんご その人にかわって、有利な理由をのべたてて、たすけること。例友だちを弁護する。／弁護士。
【弁済】べんさい かりたお金や物をかえすこと。
【弁財天】べんざいてん 七福神の一つで、音楽やちえの神とされる。びわをひく、女性の姿でえがかれる。
【弁士】べんし 演説をする人。例応援弁士。
【弁償】べんしょう 人にそんをさせたときに、お金や品物でかえすこと。つぐない。
【弁舌】べんぜつ ものの言い方。しゃべり方。例弁舌さわやか。
【弁当】べんとう 外出先で食べられるように、入れ物に入れてもち歩けるようにした食事。例弁当持参のこと。
【弁別】べんべつ ものごとのちがいを見分けて区別すること。
【弁明】べんめい いいわけをして、はっきりさせること。例弁明の機会をあたえる。
【弁論】べんろん 多くの人の前で、自分の意見をのべること。例弁論大会。

下につく熟語 駅弁・勘弁・強弁・抗弁・自弁・代弁・多弁・答弁・熱弁・能弁

廾－4画

【弄】

7画 常用 〔弄〕明朝 音ロウ 訓もてあそぶ

意味 ❶もてあそぶ。手にもっていじる。「玩弄（＝もてあそぶこと）」❷思い通りにする。「翻弄」❸ばかにする。「愚弄（＝人をばかにして、からかうこと）」

下につく熟語 ＊嘲弄

【奔】8画 大部5画→269ページ
【葬】12画 艹部9画→398ページ
【算】14画 ⺮部8画→829ページ
【鼻】14画 鼻部0画→1113ページ

廾－12画

【弊】

15画 常用 〔弊〕明朝 音ヘイ 訓—

意味 ❶よくないこと。「弊害」❷自分に関することにつけて、けんそんのいみをあらわす。「弊社」❸やぶれる。「弊衣」❹つかれる。「疲弊」

注意 「幣」とまちがえないこと。

【弊衣】へいい やぶれて、ぼろぼろになった衣服。例弊衣破帽。
【弊害】へいがい 害になること。例弊害をともなう。
【弊社】へいしゃ 自分の会社をけんそんした言い方。

下につく熟語 ＊悪弊・＊旧弊・語弊

弋 しきがまえ・よく の部

3画 式・弐

3画

弋

しきがまえ
よく

なりたち

先がふたまたになった棒の形をあらわす。「くい」や「道具」などのいみに関係した字をあつめる。

この部首の字

3画 式 364
3画 弐 364

ほかの部首の字
代→亻部 56
武→止部 625
試→言部 953
誠→言部 954

【代】5画 亻部3画→56ページ

弋－3画

【式】

6画 3年 〔式〕明朝

音 シキ
訓 —

筆順に注意。5画めを長く反って目立たせる。6画めの点を忘れずに。

一 二 亍 亖 式 式

なりたち 形声 弋－式

弋(先が二つにわかれたくい)と工(しごと)を合わせた字。道具をつかって仕事をするようすをあらわした。道具のつかい方や行事のやり方のいみをあらわした。

式 のつく漢字グループ

「式」のグループは「道具をもちいる」というイメージがある。

→拭507 →試953

意味 ❶きまり。一定のやりかた。「正式・式服」 ❷行事。「儀式」 ❸計算のしかたを、数字と記号であらわしたもの。「数式・算式」

注意 「弐」とまちがえないこと。

名まえで使う読み しき・つね・のり・もち

1【式次】しきじ ぎしきをすすめる順序。

2【式辞】しきじ ぎしきのときにのべる、あいさつのことば。

【式次第】しきしだい ぎしきをすすめる順序。例 結婚式の式次第。

【式場】しきじょう 式をおこなう場所。例 入学式の式場は体育館です。

【式典】しきてん ぎしき。

【式服】しきふく 式に出席するときにきる正式の服。礼服。対 平服

下につく熟語 格式・株式・旧式・挙式・形式・公式・硬式・古式・書式・新式・*除幕式・図式・葬式・等式・軟式・非公式・方式・*方程式・本式・洋式・様式・略式・和式

弋－3画

【弐】

6画 常用 〔弐〕明朝

音 ニ
訓 —

なりたち 形声 もとの字は「貳」。弍と貝を合わせた字。弍は、二(二つならぶ)と弋(棒)を合わせて、棒が二つならぶようす。貳は、貝が二つならぶことをあらわした。→二40

意味 ふたつ。「弐万円」

参考 証書などで金額を書くときに、書きかえたりまちがいのおこらないように「二」のかわりにつかう。「二万円→弐萬円」

注意 「式」とまちがえないこと。

名まえで使う読み じ・に

【武】8画 止部4画→625ページ

【試】13画 言部6画→953ページ

【誠】13画 言部6画→954ページ

3画

弓 3画

ゆみ
ゆみへん

なりたち

「ゆみ」の種類・性質、使い方・動作など、弓に関係のある字をあつめる。

この部首の字

画数	字	ページ
0画	弓	365
1画	引	365
1画	弔	366
2画	弘	366
3画	弛	366
4画	弟	366
5画	弦	367
5画	弥	367
6画	弧	367
7画	弱	367
8画	強	368
8画	張	369
9画	弾	369
12画	彈	369
14画	彌	367

ほかの部首の字
湾→氵部 682
費→貝部 982
窮→穴部 814

弓のつく漢字グループ

「弓」のグループは「弓なりにまがる」というイメージがある。
→穹 811 →窮 814

弓 − 0画

【弓】3画 2年 〔弓〕明朝

音 キュウ* 訓 ゆみ

全体を◇形に整える。横画の間は等しく。3画めは2回折り、内側に反ってはねる。

なりたち 象形 ゆみのすがたをえがいた字。

意味 矢をいる武器。ゆみ。「弓道・強弓」

難しい読み 弓手

名まえで使う読み きゅう・ゆ・ゆみ

【弓道】きゅうどう 弓で矢をいる武道。弓術。

【弓折れ矢▼尽きる】ゆみおれやつきる 句 ①弓はおれ、矢もなくなってしまい、とうとうまける。②けんめいに努力したが、力つきてどうしようもなくなることのたとえ。

【弓形】ゆみがた／きゅうけい つるをはった弓のようにまるくそった形。ゆみなり。

【弓矢】ゆみや ①弓と矢。②武器。

【弓を引く】ゆみをひく 句 さからう。手向かう。例 主君に弓を引く。

【弓手】ゆんで （弓をもつ）左手。対 馬手

弓 − 1画

【引】4画 2年 〔引〕明朝

音 イン 訓 ひく・ひける

「弓」の右側を一直線上にそろえる。「弓」と4画めを近づけすぎない。

なりたち 会意 弓（ゆみ）と｜（まっすぐひくしるし）を合わせた字。まっすぐひっぱることをあらわした。

意味 ❶ひっぱる。「引力」 ❷つれていく。「引率」 ❸しりぞく。「引退」 ❹ひきうける。「引責」 ❺ひき出す。「▼誘引・引用」

名まえで使う読み いん・のぶ・ひき・ひさ

【引火】いんか 火がほかのものにうつってもえ出すこと。例 ガソリンに引火した。

【引責】いんせき しっぱいしたとき、その責任を自分が引きうけること。例 引責辞職。

【引率】いんそつ 引きつれて行くこと。例 テレビ局に引率する。

【引退】いんたい 今までやっていた仕事や、地位からはなれること。例 横綱が引退した。

使い分け いんたい「引退・隠退」→（366ページ）

【引導を▼渡す】いんどうをわたす 句 これでもうおしまいだと言いわたす。参考 「引導」とは、仏教のことば。死んだ人がちゃんと仏になれるように、お経をよんでいのること。

【引用】いんよう 人のことばや文章を、自分の文章や話の中にとりあげて、つかうこと。例 参考書の解説を引用する。

【引力】いんりょく 物と物とが、たがいに引っぱり合う力。例 万有引力の法則。

【引例】いんれい 例として引くこと。また、その例。

使い分け いんたい 引退・隠退

【引退】今までの仕事や地位からはなれること。例 サッカー選手を引退する。／引退試合。

【隠退】社会的な活動をやめて、しずかにくらすこと。例 祖父が町会の役員を隠退する。

参考「引」は、しりぞくこと。「隠」は、かくれること。

上につく熟語 *引き金・*引き算・*引き潮・*引け目・*引っ▽越し

下につく熟語 *延引・吸引・強引・▽索引・字引・水引・割引

弓－1画

【弔】

4画 常用 〔弔〕明朝

音 チョウ 訓 とむらう

意味 **とむらう。**「▽弔辞・▽慶▽弔」

【▽弔辞】ちょうじ 死んだ人のたましいをなぐさめることば。例 弔辞をのべる。

【▽弔問】ちょうもん 死んだ人の家に行って、くやみをのべること。例 多くの人が弔問する。／弔問客。

弓－2画

【弘】

5画 人名 〔弘〕明朝

音 コウ 訓 ひろい

なりたち 形声 ム(わくをはり広げる)と弓(ゆみ)を合わせた字。→宏290

意味 **❶ひろい。❷ひろげる。ひろめる。**

名まえで使う読み お・こう・ひろ・ひろし・ひろむ・みつ

【▽弘法にも筆の誤り】こうぼうにもふでのあやまり 句 どんな名人でも、ときには失敗することがあるというたとえ。参考 書にすぐれた弘法大師でもかきまちがえることもあるという意味から。

【▽弘法筆を選ばず】こうぼうふでをえらばず 句 名人といわれるような人は、どんな道具を使ってもりっぱにしあげるというたとえ。参考 弘法大師のような書の名人は、筆のよしあしを問題にしないという意味から。

弓－3画

【弛】

6画 人名 〔弛〕明朝

音 シ 訓 ゆるむ・たるむ

意味 **ゆるむ。ゆるめる。**「▽弛▽緩」

弓－4画

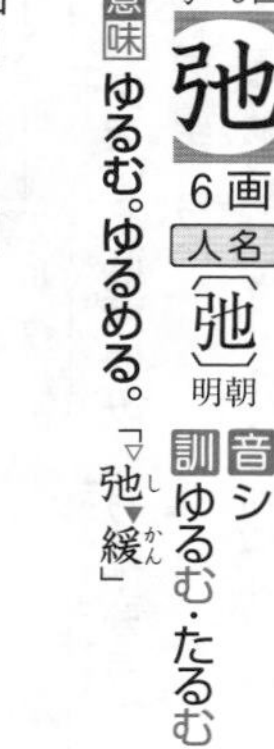

【弟】

7画 2年 〔弟〕明朝

音 テイ・ダイ*・デ* 訓 おとうと

弟 弟

1 丶 2 丷 3 丷 4 当 5 弔 6 弟 7 弟

「弓」は横長に。6画めが中心。6画めの最後は次に向けて左へはねてもよい。

なりたち 会意 弋(ふたまたの棒)と弓(まきつけるしるし)を合わせた字。ひもを下から上にまきつけるようすを図にして、男のきょうだいのうち、年下のものをあらわした。

弟のつく漢字グループ
「弟」のグループは「下からだんだん上に上がる」というイメージがある。
→第(竹＋弟)823

意味 **❶おとうと。**「弟妹」対兄 **❷でし。**「門弟」対師

注意「第」とまちがえないこと。

名まえで使う読み おと・くに・ちか・つぎ・てい・ふと

【弟子】でし 先生から教えをうける人。例 まな弟子。対師匠

下につく熟語 *義弟・兄弟(きょうだい・けいてい)・*▽賢弟・高弟・子弟・師弟・実弟・*舎弟・徒弟・*末弟(まってい・ばってい)

弓の部 ゆみ・ゆみへん
5画 弦・弥 6画 弧 7画 弱

弓－5画

【弦】

8画 常用 〔弦〕明朝

音 ゲン
訓 つる

なりたち 形声 玄(ちゅうづりになる)と弓(ゆみ)を合わせた字。玄は、「ちゅうづりになる」というイメージをもち、ゆれると)形になることから「)形になる」というイメージになる。)形になる弓のつるをあらわした。↓玄726

意味 ❶弓のつる。❷半円の形。「下▼弦・上▼弦」❸楽器のいと。「▼弦楽器・管▼弦楽」

名まえで使う読み いと・げん・つる・ふさ

【▼弦楽器】げんがっき バイオリン・ギターなど、いとのはってある楽器。

弓－5画

【弥】

8画 常用 〔弥〕明朝 弓－14画 【彌】17画 人名

音 —
訓 や

なりたち 形声 もとの字は「彌」。爾(ちかづく)と弓(ゆみ)を合わせた字。弓の上下をちかづけるようにして、つるをはるようすをあらわした。

意味 ❶時間やきょりがとおい。ひさしい。❷ひろくいきわたる。❸いよいよ。ますます。

難しい読み ▼弥生

名まえで使う読み いや・いよ・び・ひさ・ひさし・ひろ・ます・み・みつ・や・やす・よし・わたり・わたる

【▼弥生】やよい 陰暦の三月のよび名。

弓－6画

【弧】

9画 常用 〔弧〕明朝

音 コ
訓 —

意味 弓の形。「▼括▼弧・円▼弧・▼弧状」

注意 「弧」とまちがえないこと。

弓－7画

【弱】

10画 2年 〔弱〕明朝

音 ジャク
訓 よわい・よわる・よわまる・よわめる

左右の「弓」の横画を同じ線上にそろえると整う。5・10画めは点でも正しい。

1	2	3	4	5	6	7	8	9	10
㇇	㇇	弓	弓	弓	弓	弓	弱	弱	弱

なりたち 会意 弓(ゆみ)と彡(かざり)をそれぞれ二つ合わせた字。かざりとするだけで役に立たない弓のようすを図にして、「よわい」のいみをあらわした。

意味 ❶よわい。よわる。よわまる。よわめる。「▼衰弱」対強 ❷わかい。「弱年」❸はすうを切り上げてできた数につけて、それよりも少し少ないことをあらわす。「一万円弱」対強 ❹ある範囲の中で、小さいことをあらわす。「▼震度5弱」対強

【弱音】㊀じゃくおん 弱い音。また、音を弱くすること。例弱音器。㊁よわね 苦しさにたえられず言ってしまう、いくじのないことば。例弱音をはく。

【弱者】じゃくしゃ 弱いもの。力のないもの。対強者

【弱小】じゃくしょう ①弱くて小さいこと。例弱小球団。対強大 ②年がわかいこと。

【弱体】じゃくたい ①弱いからだ。②組織やしくみが、たよりないこと。例チームが弱体化する。

【弱点】じゃくてん ①じゅうぶんでないところ。欠点。②人に知られるとこまるようなこと。弱み。例弱点をにぎる。

【弱肉強食】じゃくにくきょうしょく 四字熟語 弱いものが強いものにほろぼされること。例弱肉強食の世の中。

【弱年】じゃくねん 年がわかいこと。例弱年層。参考「若年」とも書く。

【弱▼輩】じゃくはい 年や経験があさく、世の中のことがまだよくわからない人。例弱輩ですがよろしく。参考㋐自分でつかえばけんそん、あいてにつかえば見下げるいみになる。㋑「若輩」とも書く。

弓の部（ゆみ・ゆみへん）

8画 強

【弱風】じゃくふう 弱い風。対強風

【弱▼冠】じゃっかん 故事成語 二〇歳の男子のこと。年のわかいこと。若者。参考「若冠」と書くのはまちがい。

【弱気】よわき 気が弱いこと。すすんでものごとをする気もちがないこと。例弱気の虫。対強気

【弱▼腰】よわごし あいてにたいして弱気で、態度がひかえめなこと。例弱腰外交。対強腰

【弱虫】よわむし 気が弱く、おくびょうな人。

下につく熟語 *足弱・*胃弱・強弱・▼虚弱・▼軟弱・▼柔弱・▼薄弱・病弱・貧弱

弓－8画

【強】

11画 2年 〔強〕明朝

音 キョウ・ゴウ*
訓 つよい・つよまる・つよめる・しいる*

強 強

「ム」と「口」の横はばをほぼそろえる。8画めと10画めの間を広くしすぎない。

なりたち 形声 強

弘と虫を合わせた字。ムはひじをはり広げるすがた。それと弓(ゆみ)を合わせた弘は、弓を力づよくぴんとはり広げるようす。強は、ぴんとはり広げた「はさみ」をもつ虫のように、かたくてじょうぶなことをあらわした。

→宏290

意味 ❶つよい。つよまる。つよめる。「強風」 ❷むりにする。しいる。「強引」 ❸はすうを切りすててできた数につけて、それよりも少し多いことをあらわす。「一万円強」対弱 ❹ある範囲の中で、大きいことをあらわす。「震度5強」対弱

難しい読み 強引・強情・強▼奪・強気

名まえで使う読み あつ・かつ・きょう・こわ・こわし・すね・たけ・つとむ・つよ・つよし

【強圧的】きょうあつてき 強い力でむりやりおさえつけようとするようす。例強圧的な手段。

【強化】きょうか 足りない力をおぎなって、強くすること。例チームを強化する。

1【強健】きょうけん からだが、がっしりしていて、じょうぶなこと。例身体強健。

2【強権】きょうけん 警察・軍隊・法律などをつかい、国民にものごとを強制する、国の強い力。例強権を発動する。

【強固】きょうこ 意志などが強くて、しっかりしていること。例強固な意思。対薄弱

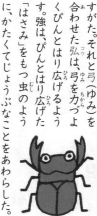

1【強行】きょうこう むりであることをしょうちで、思いきって実行すること。例雨のふる中で試合を強行する。／強行軍。

2【強▼攻】きょうこう むりやり敵をせめること。強▼襲。

3【強▼硬】きょうこう 自分の考えなどを、強くおし通そうとするようす。例強硬なしせい。

【強▼豪】きょうごう ひじょうに強くて手ごわいこと。また、その人。例強豪ぞろいの大会。

【強者】きょうしゃ 強いもの。力のあるもの。対弱者

【強弱】きょうじゃく 強いことと弱いこと。また、強さのていど。例強弱をつけてえんそうする。／力の強弱。

【強▼襲】きょうしゅう はげしいいきおいで、あいてにおそいかかること。強攻。例ボールをうばってあいてゴールを強襲した。

【強制】きょうせい ①むりにおしつけて、おこなわせること。例いやがることを強制する。②法律の力で、人の意志や行動の自由をうばうこと。例強制執行。

【強▼壮】きょうそう からだがじょうぶで、力が強いこと。例強壮なからだ。

【強打】きょうだ ①強くうつこと。例ころんで頭を強打する。②スポーツなどで、ボールを強くうつこと。例強打をレシーブする。

【強大】きょうだい 強くて大きいこと。例強大な国家。対弱小

弓の部 ゆみ・ゆみへん
8画 張
9画 弾

【強調】きょうちょう 調子を強くすること。また、あることを強く主張すること。例 高性能を強調する。

【強敵】きょうてき 強いあいて。手ごわいてき。

【強▼迫】きょうはく 自分の考えをあいてにむりにおしつけること。むりじい。例 強迫観念にかられる。

【強風】きょうふう 強い風。対 弱風

【強弁】きょうべん 自分の意見・いいわけなどを、むりにりくつをつけて言いはること。

【強暴】きょうぼう 力が強くてあらあらしいこと。乱暴。

強暴

【強要】きょうよう むりに要求すること。例 寄付を強要する。

【強力】一 きょうりょく 力・はたらきなどが大きいこと。例 強力な味方。二 ごうりき ①力の強いこと。②人の荷物をせおって山をのぼる人。

【強▼烈】きょうれつ 強くてはげしいようす。例 強烈な個性。

【強引】ごういん 反対などをおしきって、むりやりにおこなうようす。例 強引に実行する。

【強情】ごうじょう 人の言うことを聞かないで、自分の考えをどこまでもおし通すこと。例 強情をはる。

【強▼奪】ごうだつ むりやりに、うばいとること。例 財布を強奪される。

【強▼盗】ごうとう 人をおどかして、お金や品物をうばいとること。また、その人。

【強欲】ごうよく ひじょうに、よくがふかいこと。例 強欲な男。

【強気】つよき 気が強いこと。こわがるようすがないこと。例 強気をおし通す。対 弱気

【強▼腰】つよごし あいてにたいして強気で、自分の考えをおし通そうとすること。また、その態度。例 強腰な抗議をうける。対 弱腰

下につく熟語 ▼頑強・▼屈強・最強・増強・勉強・補強・列強

弓－8画

【張】

11画 5年 〔張〕明朝

音 チョウ
訓 はる

「弓」より「長」の方を横広に。4・5画めの筆順注意。11画めは止めてもよい。

なりたち 形声 －張

長（長くのびる）と弓（ゆみ）を合わせた字。弓につるをぴんとはることをあらわした。↓長1035

意味 ❶ぴんとはる。「張力」❷大きくする。「▼誇張」❸いいはる。「主張」

注意 「帳」とまちがえないこと。

名まえで使う読み ちょう・つよ・とも・はり・はる

【張本人】ちょうほんにん 事件や問題をおこした、いちばんもとの人。例 いたずらをした張本人。

【張力】ちょうりょく 横に引き合う力。例 表面張力がはたらく。

上につく熟語 *張り紙・*張り子・*張り▼込み・*張り物

下につく熟語 拡張・緊張・出張・▼伸張・*▼膨張

弓－9画

【弾】

12画 常用

弓－12画 【彈】 15画 人名 〔彈〕明朝

音 ダン
訓 ひく・はずむ・たま

なりたち 形声 －彈（弾）

もとの字は「彈」。單（ぱたぱた動かす）と弓（ゆみ）を合わせた字。弓や楽器などのつるを「はじく」ことをあらわした。↓単449

意味 ❶たま。「▼弾丸」❷はじく。はねかえす。

「▼弾力」❸楽器をかなでる。「連▼弾」❹せめる。おさえつける。「▼弾圧」

【▼弾圧】だんあつ　てむかうことができないように、権力などでむりにおさえつけること。例 政治弾圧をのがれる。

【▼弾丸】だんがん　銃や、大砲などのたま。

【▼弾性】だんせい　外から力をうけて変形した物体が、もとの形にもどろうとする性質。

【▼弾薬】だんやく　銃などのたまと火薬。例 弾薬庫。

【▼弾力】だんりょく　①まげられたり、ちぢめられたりしたものが、もとにもどろうとする力。例 ゴムには弾力がある。②その場のようすによって、考え・態度などを自由にかえられる力。例 弾力的に対処する。

下につく熟語 ▼糾▼弾・▼凶▼弾・＊指▼弾・実▼弾・▼銃▼弾・＊着▼弾・＊不発▼弾・▼砲▼弾・＊防▼弾

【湾】12画 氵部9画→682ページ

【費】12画 貝部5画→982ページ

【窮】15画 穴部10画→814ページ

3画 ヨ・ヨ・彑 けい けいがしら

なりたち 彑

「ヨ・彑」は、動物の頭をあらわし、「ブタ」に関係した字をあつめる。「ヨ」は「又(=て)」が変形したもの。

この部首の字　8画 彗 370　10画 彙 370

ほかの部首の字　君→口部201　郡→阝部435　書→曰部566　粛→聿部879　群→羊部868

【君】7画 口部4画→201ページ

【郡】10画 阝部7画→435ページ

【書】10画 曰部6画→566ページ

ヨ−8画

【彗】11画 人名 〔彗〕明朝 音スイ 訓―

意味 草や竹の細いえだをたばねてつくった、ほうき。

【▽彗星】すいせい　白く長い尾をひいて動く星。ほうき星。例 彗星のごとくあらわれる(=すぐれたものが、きゅうにあらわれる)。

参考 むかし、この星があらわれると、よくないしるしとされた。

【粛】11画 聿部5画→879ページ

彑−10画

【彙】13画 常用 〔彙〕明朝 音イ 訓―

なりたち 形声 胃(まるい)と彖(けもの)を合わせた字。はりのような毛が体をまるくとりまいた「はりねずみ」をあらわした。

意味 ❶はりねずみ。❷同じなかまをあつめる。また、そのあつまり。「語▼彙」

名まえで使う読み　しげ

【▼彙報】いほう　いろいろな知らせを、種類別にあつめた報告。

【群】13画 羊部7画→868ページ

3画 彡 さんづくり

なりたち

「かざり」「いろどり」「もよう」「かがやき」などのいみに関係した字をあつめる。

この部首の字

4画 形 371 6画 彦 372 8画 彩 372 8画 彫 372 8画 彪 373 8画 彬 373 11画 彰 373 12画 影 373

ほかの部首の字

杉→木部 584 参→ム部 177 診→言部 951 須→頁部 1068 髪→髟部 1094 膨→月部 897 鬱→鬯部 1094

彡－4画

【形】

7画 2年

〔形〕明朝

音 ケイ・ギョウ
訓 かた・かたち

※上にくる音により「がた」ともよむ。

3画めは止めても、3・4画めは1画めに接しなくてもよい。「彡」はだんだん長く。

一 二 チ 开 开 形 形

なりたち 形声 井 → 幵彡 → 形

开は、井がかわったもの。井(四角いわく)と彡(もよう)を合わせた字。いろいろなもようをつくる「わく」や「かた」をあらわした。

井のつく漢字グループ

「井」のグループは「四角いわく」というイメージがある。「形」などの「开」はこの変形である。

→刑130 →型234 →形371 →耕874

意味 ❶かたち。すがた。「球形」 ❷ありさま。いきおい。「形勢」 ❸かたちづくる。「人形」

難しい読み 形見・形相

使い分け 「形」と「型」を区別してつかおう。→型(234ページ)

名まえで使う読み あれ・かた・けい・すえ・なり・み・より

【形見】かたみ 死んだ人や、わかれた人の思い出となるもの。例 母の形見。

【形相】ぎょうそう 顔つき。例 ものすごい形相をする。参考 おそろしい顔つきに言う。

【形▼骸化】けいがいか 本質がなく、形だけのものになること。例 政治の形骸化。参考 「形骸」は、精神や命がなくなった肉体のいみ。そこから、形だけで内容がないもの。

【形式】けいしき ①やり方。例 形式にこだわらない。②ていさい。見せかけ。例 形式だけで心がこもっていないあいさつ。対 内容

【形式的】けいしきてき 内容よりもうわべの形ばかりを重んじるようす。例 形式的な手続き。対 実質的

【形状】けいじょう 物の、かたちやありさま。

使い分け けいしき 形式・型式

【形式】きめられたやり方やかたち。例 形式にとらわれない。

【型式】航空機や自動車のもとになる型。例 蒸気機関車の型式。

参考 「かたしき」とも読む。

参考 「形」は、ものにあらわれた、かたちやすがた。「型」は、もとになる、かた。

1【形成】けいせい かたちづくること。例 人格を形成する。

2【形勢】けいせい うつりかわるものの、そのとき、そのときのようす。なりゆき。例 試合の形勢は、味方に有利だ。

3【形声】けいせい 漢字の六つのつくり方(六書)の一つ。いみをあらわす部分と音をあらわす部分とを組み合わせて、漢字をつくる方法。例 形声文字。

【形声文字】けいせいもじ 漢字のなりたちを分類する、六書のひとつ。音をあらわす文字と、意味をあらわす文字とを組み合わせてつくった漢字。形成文字の多くは、音をあらわす

3画

文字にイメージも加わっている。参考 たとえば「花」では、「艹」が植物であることをあらわし、「化」が「か」の音をあらわす。「化」は「べつのものに、すがたをかえる」というイメージも加わる。→「六書（109ページ）」・付録「漢字について（1116ページ）」

【形▼跡】けいせき 何かがおこなわれた、または、何かがあったあと。あとかた。例 どろぼうは、まどからはいった形跡がある。

【形態】けいたい かたち。ありさま。

【形容】けいよう 物のすがたやようすを、ほかのものにたとえるなどしていいあらわすこと。例 むずかしいことばで形容する。

【形容詞】けいようし ことばを、はたらきやつかい方によって分けた種類の一つ。性質や感情・ようすなどをあらわすことばのうち、言い切りの形が、「い」でおわるもの。「うれしい・おいしい・高い・赤い」など。

【形容動詞】けいようどうし ことばを、はたらきやつかい方によって分けた種類の一つ。性質やようす・感情などをあらわすことばのうち、言い切りの形が、「だ」でおわるもの。「きれいだ・しずかだ・素直だ」など。

下につく熟語 ＊異形（いぎょう・いけい）・円形・女形（おんながた・おやま）・固形・＊三角形（さんかくけい・さんかっけい）・字形・象形・図形・＊整形・正方形・＊造形・地形・長方形・定形・手形・＊歯形・花形・美形・変形・弓形（ゆみがた・きゅうけい）

【杉】7画 木部3画 → 584ページ

【参】8画 ム部6画 → 177ページ

彡－6画

【彦】9画 人名 〔彦〕明朝

音 ゲン 訓 ひこ

なりたち 形声 彥－彦（彥）

もとの字は「彥」。厂（厂－形をしめすしるし）と文（うつくしいあや）と彡（もよう）を合わせた字。横から見て、顔が「厂形にすっきりとととのって、うつくしいようすを図にして、ハンサムな男をあらわした。

彦のつく漢字グループ
「彦」は「形よくととのっている」というイメージがある。常用漢字では「彦」になる。
→産（彦＋生）739 →顔 1072

意味 りっぱな顔だちの男。美男子。

名まえで使う読み お・げん・さと・ひこ・ひろ・やす・よし

【▽彦星】ひこぼし ワシ座の一等星アルタイルのこと。けん牛星。参考 一年に一度、七夕の日に織女星に会うという伝説がある。

彡－8画

【彩】11画 常用 〔彩〕明朝

音 サイ 訓 いろどる

なりたち 形声 彩－彩

采（えらびとる）と彡（もよう）を合わせた字。色をとりあわせてつくった、もようをあらわした。→采 709

意味 いろどり。色をつける。「色▼彩」

名まえで使う読み あや・いろ・さい・たみ

【▼彩色】さいしき 色をつけること。いろどり。例 美しく彩色する。

【▼彩度】さいど 色のあざやかさの度合い。参考 色の三要素の一つ。

下につく熟語 ＊異▼彩・光▼彩・＊水▼彩・生▼彩・＊精▼彩・多▼彩・淡▼彩・迷▼彩・＊油▼彩

彡－8画

【彫】11画 常用 〔彫〕明朝

音 チョウ 訓 ほる

なりたち 形声 彫－彫

周（すみずみまでびっしりいきわたる）と彡（もよう）を合わせた字。すみずみまでびっしりともようを「ほりつける」ことをあらわした。→周 205

意味 ほりつける。ほる。「▼彫刻・▼彫金」

【▼彫金】ちょうきん 金属にもようをほってい

くこと。また、その技術。

【▼彫刻】ちょうこく 木・石・金属などに、物の形や図案などをほりきざむこと。また、ほりきざんでつくったもの。

【▼彫像】ちょうぞう 木・石・金属などをほってつくった像。

上につく熟語 *彫▼塑

下につく熟語 浮き▼彫り・*木▼彫り・*透かし▼彫り・木▼彫

彡－8画

【彪】11画 人名 〈彪〉明朝

音 ヒョウ　訓 あや

なりたち 会意 虎（トラ）と彡（もよう）を合わせた字。トラのしまもようをあらわした。

意味 **トラの皮にあるしまもよう。あや。**

名まえで使う読み あきら・あや・たけ・たけし・つよし・とら

彡－8画

【彬】11画 人名 〈彬〉明朝

音 ヒン　訓 ―

なりたち 会意 林（ふたつがならぶ）と彡（もよう）を合わせた字。

意味 **［「▽彬▽彬」と書いて］ならんでそろっているようす。外形も内容も、ともによいようす。**

名まえで使う読み あき・あきら・しげし・ひで・もり・よし

【診】12画 言部5画→951ページ

【須】12画 頁部3画→1068ページ

彡－11画

【彰】14画 常用 〈彰〉明朝

音 ショウ　訓 ―

なりたち 形声 章（ショウ）（はっきりとめだつ）と彡（もよう）を合わせて、目立つようにはっきりさせることをあらわした字。→章816

意味 **あきらかにする。**「表彰・顕彰」

名まえで使う読み あき・あきら・しょう・ただ・てる

【髪】14画 髟部4画→1094ページ

彡－12画

【影】15画 常用 〈影〉明朝

音 エイ　訓 かげ

なりたち 形声 景（ケイ）（くっきりとさかいをつける）と彡（もよう）を合わせた字。日の光が物に当たってできる、くらい部分をあらわした。→京47 →景558

意味 ❶**光によってできた、かげ。**「▽陰影」❷**光。**「月▼影（げつえい・つきかげ）」❸**すがた。**「▽撮影」

名まえで使う読み えい・かげ・かず

【影▼響】えいきょう あるはたらきが、ほかのものにおよぶこと。例 強風で交通機関に影響が出る。

【▼影像】えいぞう 絵や写真・彫刻などにあらわした、神・ほとけや人のすがた。

【▼影絵】かげえ 手や紙で物の形をつくり、その影をかべや布などにうつしたもの。

【▼影が▼薄い】かげがうすい 句 ①［見た感じが］どことなく元気がない。②目立たない。

【▼影法師】かげぼうし 光が当たってうつる人や物の影。

【▼影武者】かげむしゃ ①大将などの身をまもるために、大将とそっくりな人に同じ服装をさせて、身がわりをさせた人。②おもてに出ないで、影でさしずをする人。黒幕。

影武者

【▼影も形もない】かげもかたちもない 句 なにも見えない。あとかたもない。例 晴れて気温が上がると、雪だるまは影も形もなくなっていた。

【▼影を▼潜める】かげをひそめる 句 表にあらわれなくなる。例 活発なようすは影を潜めている。

下につく熟語 *印▼影・面▼影・*魚▼影・幻▼影・島▼影・月▼影・*投▼影・人▼影・星▼影

【膨】16画 月部12画→897ページ

【鬱】29画 鬯部19画→1094ページ

3画 彳 ぎょうにんべん

なりたち

「行(=十字路)」の左半分をあらわす。「道」や、「行く」「おこなう」などのいみに関係した字をあつめる。

この部首の字

5画 征 375	7画 従 379	8画 徠 585	11画 徴 383	14画 徽 384
5画 彼 376	7画 徐 379	9画 御 381	11画 徳 383	
4画 役 374	6画 後 376	7画 徒 379	9画 循 381	12画 徵 383
5画 往 375	6画 待 378	8画 從 379	9画 復 381	12画 徹 384
5画 径 375	6画 律 378	8画 得 380	10画 微 382	12画 德 383

ほかの部首の字

行→行部920 術→行部921 街→行部922 衝→行部922 衛→行部922 衡→行部923 懲→心部482 覆→襾部934

【行】6画 行部0画→920ページ

役 役

彳ー4画

【役】 7画

3年 〔役〕明朝

音 ヤク・エキ*
訓 ―

「彳」の1・2画めは横ではなく縦に並べる。「几」の2画めは上にはねてもよい。

（筆順）1 丿 2 ㇒ 3 彳 4 彳 5 㣔 6 役 7 役

なりたち 会意

殳は武器を手にもつようす。それと彳(いく)を合わせた役は、戦争や土木工事にかりたてて行かせるようすを図にして、ひとりひとりにわりあてるつらい仕事をあらわした。

役のつく漢字グループ

「役」のグループは「一人一人にわりあてる」というイメージがある。

→疫752

意味 ❶**わりあてられたやくめ。つとめ。**「役人・役員」❷**やくだてる。つかう。**「使役」❸**義務としておこなう仕事。**「労役・戦役」❹**しばいで、出演する人のうけもつやく。**「役者」❺**いくさ。**「文永の役」

注意 「投」とまちがえないこと。

難しい読み 役牛・役務

名まえで使う読み えき・つら・まもる・やく・ゆき

【役牛】えきぎゅう　力仕事につかわれる牛。

【役務】えきむ　ほかの人のためにはたらくこと。

【役員】やくいん　①ある役目についている人。例運動会の役員。②会社などで、責任のある仕事をうけもつ、高い地位の人。重役。

【役▼柄】やくがら　①役者の、しばいの中での役の性質。②うけもった役目の性質。

【役者】やくしゃ　①しばいをして、人に見せる人。俳優。例歌舞伎役者。②かけひきのじょうずな人。例あいつはそうとうな役者だ。

【役所】一やくしょ　役人が、おおやけの仕事をするところ。官庁。例役所づとめ。二やくどころ　あたえられた役目。また、その人にふさわしい役目。例かわいそうな役所。

【役職】やくしょく　①地位と仕事。②組織をうごかしていく上での重要な地位。管理職。

【役人】やくにん　役所につとめて、おおやけの仕事をしている人。公務員。

【役場】やくば　町や村などをおさめる仕事をするところ。例村役場。

【役不足】やくぶそく　あたえられた役目が、その人にとってかんたんすぎること。例役不足で手もちぶさただ。注意「自分の力が足りない」いみでつかうのはあやまり。

【役目】やくめ　うけもって、しなければならない仕事。

【役割】やくわり　わりあてられた役目や仕事。例委員をえらんで、その役割をきめる。

下につく熟語 悪役・上役・顔役・苦役・現役・子役・雑役・重役・主役・助役・大役・*適役・荷役・配役・服役・兵役

彳－5画

【往】

8画 5年 〔往〕明朝

音 オウ 訓 ―

4画めが5画めに接してもよい。「主」の横画は上2本を同じに、下を長く。

ノ ㇒ 彳 彳 彳 行 往 往 往

なりたち 形声 ―往

むかしの字は㞷と彳を合わせたもの。㞷は王(大きくのび広がる)と止(あし)を合わせて、どんどん足をのばしてすすむようす。むやみにすすむというイメージをもつ。それと彳(いく)をつけた往は、いきおいよくどんどん前へすすむことをあらわした。↓王728

意味 ❶**行く**。「往復」対 来・復 ❷**すぎさる。むかし**。「往年・▼既往」 ❸**ときどき**。「往往」

注意 「住」とまちがえないこと。

名まえで使う読み おき・なり・ひさ・みち・もち・ゆき・よし

【往往】おうおう ときどき。しばしば。例 あやまちは、往々にしてある。参考 ふつう「往々」と書く。

【往時】おうじ すぎさったむかし。例 往時をしのぶ。対 近時

【往生】おうじょう ①死ぬこと。例 極楽往生。②ひじょうにこまること。例 雨にふられ、往生した。

1【往信】おうしん 返事の手紙をもとめて出す手紙。行きの手紙。対 返信

2【往▼診】おうしん 医者が病人の家に行って、診察すること。例 往診をたのむ。対 宅診

【往年】おうねん すぎさった年。むかし。例 往年のスター選手。

【往復】おうふく ①行ったり、もどったりすること。例 家から駅まで往復する。②行きと帰り。例 往復切符。対 片道

【往来】おうらい ①行ったり来たりすること。行き来。例 この通りは、車の往来がはげしい。②道路。例 往来であそんではいけません。

【往路】おうろ 行くときに通る道。例 往路は電車で行く。対 復路・帰路

下につく熟語 右往左往

彳－5画

【径】

8画 4年 〔径〕明朝

音 ケイ 訓 ―

4・5画めのはらいを長く、それらの書き出しは接しても接しなくてもよい。

ノ ㇒ 彳 彳 径 径 径 径

なりたち 形声 巠－径

もとの字は「徑」。巠(まっすぐとおる)と彳(いく)を合わせた字。二つの地点をまっすぐにむすんだ近道をあらわした。↓経844

意味 ❶**こみち**。「径路(＝経路)」 ❷**さしわたし**。「直径・半径」 ❸**ただちに**。「径行」

注意 「経」とまちがえないこと。

名まえで使う読み けい・みち・わたる

【径行】けいこう おもったことをすぐにおこなうこと。例 直情径行(＝自分のおもったとおりのことを、ただちに言ったりおこなったりすること)。

彳－5画

【征】

8画 常用 〔征〕明朝

音 セイ 訓 ―

なりたち 形声 正(まっすぐ)と彳(いく)を合わせた字。まっすぐにすすんでいくようすをあらわした。↓正623

意味 **敵などをうちに行く。行く**。「▼征服」

名まえで使う読み さち・しょう・せい・そ・ただ・ただし・ただす・まさ・もと・ゆき・ゆく

【▼征▼伐】せいばつ たたかって悪者や敵をたいじすること。例 桃太郎は、鬼を征伐した。

【▼征服】せいふく ①たたかってあいてをうちやぶり、したがわせること。②ひじょうにむずかしいことをやりとげること。例 極寒の冬山を征服する。

上につく熟語 *征▽夷大将軍・*征討

下につく熟語 遠▼征・出▼征

彳－5画

【彼】 8画 常用 〔彼〕明朝

音 ヒ
訓 かれ・かの

なりたち 形声 皮(ななめにかたむく)と彳(いく)を合わせた字。こちらからむこうに、ななめにずれていくようすを図にして、「むこう」「あちら」のいみをあらわした。→皮764

意味 ❶あれ。あの人。かれ。「彼女・彼我(=あいてと自分)」❷むこう。「彼岸」

難しい読み 彼方・彼岸

名まえで使う読み のぶ・ひ

【彼方】かなた 話し手から遠くはなれたほう。むこう。

【彼女】かのじょ ①話をしているあいて以外の女の人をさすことば。②恋人である女の人。対①②彼氏

【彼氏】かれし ①話をしているあいて以外の男の人をさすことば。彼。②恋人である男の人。彼。対①②彼女

【彼岸】ひがん 雑節の一つ。春分・秋分を中心にした七日間。この間に墓まいりなどをする。

彳－6画

【後】 9画 2年 〔後〕明朝

音 ゴ・コウ
訓 のち・うしろ・あと・おくれる

「幺」「夊」の高さはほぼ同じ。8画めの最後を7画めに近づけ下の高さをそろえる。

後

なりたち 会意 後－後 幺(ほんの少し)と夊(足を引きずる)と彳(いく)を合わせた字。足を引きずって歩いて、おくれるようすをあらわした。→幼351

意味 ❶うしろ。「後退」対前 ❷のち。あと。「今後」対前 ❸おくれる。「後進」

注意 「後ろ」の送りがなに気をつけよう。

難しい読み 後味・後世(こうせい・ごせ)・後生(ごしょう・こうせい)

使い分け おくれる「遅れる・後れる」→426ページ

名まえで使う読み ご・しつ・ちか・のち・のり・もち

【後味】あとあじ ①ものを食べたあと、口の中にのこる味。②ものごとをしたあとの、気もちや感じ。例 約束をやぶり後味がわるい。

【後始末】あとしまつ ものごとがおわったあとのかたづけ。例 花火の後始末。参考「跡始末」とも書く。

【後の祭り】あとのまつり 句 すんでしまって、もうどうにもならないこと。ておくれ。例 今さらくやしがっても後の祭りだ。参考 祭りのおわったあとの山車が役に立たないことからいう。

【後遺症】こういしょう ①病気やけががなおったあとにのこるわるい症状。例 事故の後遺症。②大きな災害などのあとにのこるわるい影響。

【後援】こうえん おもてに出ないで、うしろでたすけたり、はげましたりすること。うしろだて。例 横綱の後援会。

【後悔】こうかい したことをあとでくやむこと。例 さそいをことわって、後悔した。

【後悔先に立たず】こうかいさきにたたず 句 ことがおわってしまったあとでいくら後悔しても、どうにもならない。だから、ことをする前にはじゅうぶん注意せよということ。

【後学】こうがく ①あとからまなびはじめた学者。対 先学 ②将来、自分のために役立つ知識や学問。例 後学のために聞いておく。

使い分け こうがく「好学・向学・後学」→273ページ

【後期】こうき ある期間を二つ、または三つに分けたときの、さいごの期間。対 前期

【後継者】こうけいしゃ 前の人の仕事や地位を、そのままうけつぐ人。あとつぎ。例 後継者をそだてる。

【後見人】こうけんにん ①うしろだてとなって、めんどうを見る人。②法律で、未成年者や

ぎょうにんべん
彳の部 6画 後

自立できない人をたすけ、その財産を管理する人。

【後▽攻】こうこう 勝負事などで、あとからせめること。対 先攻

【後▽顧の▽憂い】こうこのうれい 句 自分がいなくなったあとの心配。あとあとの気づかい。例 後顧の憂いなく出発する。参考「後顧」は、あとをふりかえって見るいみから、あとあとのことを気にかけること。

【後者】こうしゃ 前にのべた二つのもののうち、あとにのべたもの。対 前者

【後述】こうじゅつ あとでのべること。対 前述

【後進】こうしん ①あとからすすんでいくこと。また、その人。例 後進に道をゆずる。対 先進 ②おくれていること。対 先進 ③(車などが)うしろへすすむこと。

【後▽塵を拝する】こうじんをはいする 句 ①人に先をこされる。例 マラソンで田中君の後塵を拝してしまった。②身分の高い人やすぐれた人のあとについて行く。例 先生の後塵を拝して会場へむかう。参考「後塵」は、車や馬が通ったあとにたつ土ぼこりのことで、それをうしろからおがむというみから。

ゴール

後塵を拝する

【後世】一 こうせい のちの世の中。例 後世に名をのこす。二 ごせ 仏教で、死んだあとで行くところ。来世。例 後世の安楽をねがう。対 前世

【後生▽畏るべし】こうせいおそるべし 故事成語 わかい人は、これから勉強して、将来すぐれた人になるかもしれないから、おそれなければならないということ。参考「後生」は、自分よりあとから生まれた人や、あとからまなぶ人のこと。

【後続】こうぞく あとからつづくこと。また、あとにつづくもの。例 後続の列車が到着する。

【後退】こうたい うしろへ下がること。例 三歩後退する。対 前進

【後天的】こうてんてき 生まれつきでなく、あとになってそなわるようす。参考「後天」は、生まれたあとの環境などにより身につけること。対 先天的

【後頭部】こうとうぶ 頭のうしろの部分。

【後任】こうにん 前の人にかわって、その役目につくこと。また、その人。例 後任の校長が赴任してきた。対 前任

【後年】こうねん 何年もたったあと。

【後▽輩】こうはい ①年齢・地位などが自分より下の人。②同じ会社や学校などで、自分よりもあとからはいってきた人。対 ①②先輩

【後背地】こうはいち 港のうしろにあって、その港と経済的に切りはなせない地域。

【後発】こうはつ ①あとから出発すること。例 後発のバス。②商売などを、あとからはじめること。例 後発の会社。対 ①②先発

【後半】こうはん 前とあとと二つに分けたときの、あとの部分。例 後半戦。対 前半

【後▽尾】こうび 列のうしろのほう。例 列の最後尾につく。

【後編】こうへん 本や映画などで、二つまたは三つに分かれているものの、あとのもの。対 前編

【後方】こうほう うしろのほう。対 前方

【後略】こうりゃく あとの部分をはぶくこと。対 前略

【後列】こうれつ 横にならんだいくつかの列の中で、うしろのほうの列。対 前列

【後光】ごこう 仏やぼさつのからだから出るという光。また、それをかたどって仏像の背につけたもの。例 仏様から後光がさす。

【後刻】ごこく のちほど。例 後刻お知らせします。対 先刻

【後日】ごじつ のちの日。例 後日報告する。

【後生】ごしょう ①仏教で、人が死んでから生まれかわっていくところ。②人にものをたのむときにつかうことば。例 後生だから(＝おねがいだから)、話を聞いてください。

【後生大事】ごしょうだいじ 四字熟語 ひじょうにたいせつにすること。例 後生大事にと

漢字クイズ 部首クイズ 6年でならう「我」の部首はなんでしょう？

っておく。(参考) 死後の世界でしあわせになるように、いっしょうけんめい信心するといういみの仏教のことばから。

【後手】ごて ①あいてに、先をこされること。(例) 後手に回る。②碁や、しょうぎで、あとからせめること。また、その人。(対)①②先手

上につく熟語 *後後(あとあと・のちのち)・*後▼押し・*後書き・*後回し・*後ろ姿・*後ろ▼盾・*後記

下につく熟語 以後・*雨後・空前絶後・*▼鶏口牛後・午後・今後・最後・*産後・死後・事後・食後・生後・戦後・前後・直後・背後・病後・放課後・老後

彳－6画

【待】

9画 3年 〔待〕明朝 音 タイ 訓 まつ

「彳」より「寺」を縦長にする。「寺」の横画は6画めを一番長く。

1 丿 2 彳 3 彳 4 彳 5 彳 6 待 7 待 8 待 9 待

なりたち 形声 寺(じっと止まる)と彳(いく)を合わせた字。じっと止まって「まつ」ことをあらわした。

→寺307

意味 ❶まつ。まちうける。「待望」 ❷もてなす。「接待」

注意 「侍」「持」「特」などとまちがえないこと。

名まえで使う読み たい・なが・まち・まつ・みち

【待機】たいき じゅんびをととのえて、そのときがくるのをまつこと。(例) 自宅で待機する。

【待遇】たいぐう ①人をもてなすこと。(例) 友人の家で、よい待遇をうけた。②職場ではたらく人の給料や地位などのあつかい。(例) 待遇のよい会社。

【待▼避】たいひ そのものが通りすぎるまで、よけてまつこと。(例) 待避線。(参考) 鉄道などで多くつかわれる。

使い分け たいひ 待避・退避

【待避】ほかのものが通りすぎるのを、わきによけて待つこと。(例) 駅で待避する電車。

【退避】きけんをさけて、安全な場所に行くこと。(例) 洪水のきけんがあるので高台に退避する。

【待望】たいぼう まちのぞむこと。(例) あしたは待望の遠足だ。

【待合室】まちあいしつ 駅や病院などで、客やかんじゃがまつためのへや。(例) 待合室で診察の順番をまつ。

下につく熟語 *歓待・期待・▼虐待・招待・優待

彳－6画

【律】

9画 6年 〔律〕明朝 音 リツ・リチ* 訓 —

※下にくる音により「リッ」ともよむ。/「リッする」ともつかう。

「彳」より「聿」を縦長に。「聿」の横画は2画めを長く。9画めは止めてもよい。

1 丿 2 彳 3 彳 4 行 5 行 6 律 7 律 8 律 9 律

なりたち 会意 聿(ふでを手にもつようす)と彳(おこない)を合わせた字。人間のおこないの基本になることを、ふでで箇条書きにするようすをあらわした。

意味 ❶おきて。きまり。「法律・律令」 ❷音の高さや、ちょうし。「▼旋律」

名まえで使う読み おと・ただし・ただす・たて・のり・りつ

【律義・律▼儀】りちぎ 義理がたいこと。正直

でまじめなこと。例律義(りちぎ)な人(ひと)。

下につく熟語 一律(いちりつ)・＊音律(おんりつ)・▼戒律(かいりつ)・規律(きりつ)・＊自律(じりつ)・調律(ちょうりつ)・不文律(ふぶんりつ)

彳－7画 【従】10画 6年

彳－8画 【從】11画 人名

〔従〕明朝

音 ジュウ・ショウ＊・ジュ＊

訓 したがう・したがえる

4・5画(かく)めは内側(うちがわ)に向(む)ける。10画(かく)めのはらいを長(なが)く書(か)き、「疋」の全体(ぜんたい)を支(ささ)える。

なりたち 形声 もとの字(じ)は「從(ジュウ)」。从(ジュウ)と止(あし)(足)と彳(いく)を合(あ)わせた字(じ)。从は、前(まえ)の人(ひと)に、うしろの人(ひと)がついていくようすをあらわした字(じ)。從は、あとにしたがうことをあらわした。

従のつく漢字(かんじ)グループ
「従(ジュウ)」のグループは「あとにしたがう」というイメージがあり、これは「たてにのびる」というイメージにつながる。
→縦861

意味 ❶したがう。したがえる。「従軍(じゅうぐん)」 ❷けらい。「主従(しゅじゅう)」対主(しゅ) ❸…より。「従来(じゅうらい)」

注意 「徒」とまちがえないこと。

難しい読み 従兄弟(いとこ)・従姉妹(いとこ)・従三位(じゅさんみ)・従容(しょうよう)

名まえで使う読み しげ・じゅう・つぐ・より

【従兄弟】いとこ 父母(ふぼ)の兄弟(きょうだい)の子(こ)。また、そのあいだがら。参考「従姉妹(いとこ)」とも書(か)く。

【従業員】じゅうぎょういん やとわれて、仕事(しごと)をしている人(ひと)。例従業員(じゅうぎょういん)募集(ぼしゅう)中(ちゅう)です。

【従軍】じゅうぐん 軍隊(ぐんたい)について、戦場(せんじょう)に行(い)くこと。例従軍記者(じゅうぐんきしゃ)。

【従事】じゅうじ ある仕事(しごと)にたずさわること。例農業(のうぎょう)に従事(じゅうじ)する。

【従者】じゅうしゃ おともをする人(ひと)。おとも。

【従順】じゅうじゅん すなおで、人(ひと)の言(い)うことにさからわないようす。

【従心】じゅうしん 故事成語 七〇歳(さい)のこと。参考 心(こころ)(のまま)に従(したが)うといういみで、中国(ちゅうごく)の『論語(ろんご)』という本(ほん)の「七十にして心(こころ)の欲(ほっ)する所(ところ)に従(したが)えども、矩(のり)を踰(こ)えず」による。

【従前】じゅうぜん 前(まえ)から。これまで。従来(じゅうらい)。例従前通(じゅうぜんどお)りおこないます。

【従属】じゅうぞく 強(つよ)いものや、中心(ちゅうしん)になるものにしたがうこと。例豊臣家(とよとみけ)に従属(じゅうぞく)した大名(だいみょう)。／従属国(じゅうぞくこく)。

【従来】じゅうらい これまで。今(いま)まで。従前(じゅうぜん)。例運動会(うんどうかい)は、従来通(じゅうらいどお)り五月(がつ)に開催(かいさい)する。

下につく熟語 ▼屈従(くつじゅう)・▼侍従(じじゅう)・＊専従(せんじゅう)・追従(ついじゅう・ついしょう)・▼忍従(にんじゅう)・服従(ふくじゅう)・▼盲従(もうじゅう)

彳－7画 【徐】10画 常用

〔徐〕明朝

音 ジョ

訓 ―

なりたち 形声 余(ヨ)(ゆとりをとる)と彳(いく)を合(あ)わせた字(じ)。ゆっくりと歩(ある)くようすをあらわした。→余72

意味 ゆっくり。しずか。「▼徐行(じょこう)」

注意 「除(じょ)」とまちがえないこと。

名まえで使う読み じょ・やす・ゆき

【▼徐行】じょこう ゆっくりすすむこと。例徐行運転(じょこううんてん)。

【▼徐▼徐】じょじょ ゆるやかに。だんだんに。例風(かぜ)は徐々(じょじょ)にしずまってきた。参考 ふつう、「徐々(じょじょ)」と書(か)く。

彳－7画 【徒】10画 4年

〔徒〕明朝

音 ト

訓 ―

「走」は、6画(かく)めを長(なが)く、5・7画(かく)めを縦(たて)にそろえる。10画(かく)めは長(なが)くはらう。

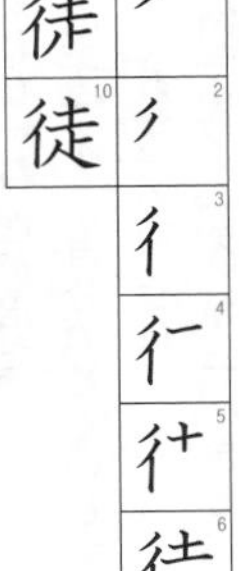

こたえ 戈(ほこ)

彳の部 8画 得

なりたち 形声 彳ー徒

土(つち)と止(足)と彳(いく)を合わせた字。陸地を一歩一歩あるくことをあらわした。

→土228

意味 ❶あるいていく。「徒歩」 ❷何ももたない。「徒手」 ❸なかま。「生徒」 ❹でし。「徒弟」 ❺むだに。「徒労」

注意 「従」とまちがえないこと。

名まえで使う読み かち・ただ・と・とも

【徒競走】ときょうそう かけっこ。かけくらべ。

注意 「徒競争」と書かないこと。

【徒手空▼拳】としゅくうけん 四字熟語 ①手に道具や武器などを何ももっていないこと。例 大男と徒手空拳でたたかう。②事業をするのに、自分の力のほかは、元手もたよれるものもないこと。参考 「徒手」も「空拳」も、手に何ももっていないこと。

【徒手体操】としゅたいそう 器具をつかわずにおこなうたいそう。対 器械体操

【徒弟】とてい 商人や職人の家にすみこんで、仕事の見習いをする人。でっち。例 徒弟制度。

【徒党】ととう あることをするためにあつまったなかま。例 徒党を組んで、悪事をはたらく。

【徒歩】とほ のりものをつかわないで、歩いていくこと。例 駅から徒歩で五分。

【徒労】とろう 苦労しても、それが役に立たないこと。むだなほねおり。例 徒労におわる。

下につく熟語 異教徒・学徒・教徒・*使徒・宗徒・信徒・*博徒・暴徒・門徒

彳ー8画

【得】

11画 5年 〔得〕明朝

音 トク
訓 える・う*る

※「トクする」ともつかう。

得 得

「㝵」は「日」の横はばを一番せまく。8・9画めはどちらが長くても同じでもよい。

ノ ク 彳 彳' 彳ㇷ 彳日 彳旦 彳旦 得 得 得

なりたち 会意 ー得

貝(むかしのお金)と又(て)と彳(いく)を合わせた字。貝と又を合わせた字は、お金を手に入れるようす。得は、出かけていって物を手に入れることをあらわした。

意味 ❶手に入れる。える。りえき。「得策」 対 損 「得点」 対 失 ❷もうける。

難しい読み 得体・得手

名まえで使う読み あり・う・え・とく・なり・のり・やす

【得体】えたい ほんとうのすがた。例 得体の知れない料理が出た。

【得手】えて 自分のとくいとすること。例 それぞれ得手な科目はことなる。対 不得手

【得手勝手】えてかって 自分につごうのよいことばかりすること。例 得手勝手はゆるしません。

【得意】とくい ①よくなれていて、じょうずなこと。例 ピアノが得意だ。対 苦手 ②のぞみどおりになって、満足すること。対 失意 ③じまんそうなようす。例 得意満面。④商売で、ひいきにしてくれる客。おとくい。

【得策】とくさく とくになる、うまいやり方。例 いま中止するのは得策ではない。

【得失】とくしつ 利益と損失。損得。例 得失を考える。

【得点】とくてん 試合や試験などで、点をとること。また、とった点数。

【得得】とくとく とくいなようす。例 得々としてしゃべる。参考 ふつう「得々」と書く。

【得票】とくひょう 選挙で、票をえること。また、そのえた票の数。例 得票数がのびない。

下につく熟語 一挙両得・会得・▼獲得・*▼既得・心得・拾得・習得・取得・所得・説得・損得・体得・納得・欲得・*余得・*利得

【術】11画 行部5画 → 921ページ

彳－9画

【御】

12画 常用 〔御〕明朝

音 ギョ・ゴ
訓 おん・お*・み*

なりたち 形声

まんなかの部分は午と止を合わせた字。御は、午(ぎゃく方向に行く)と止(あし)と彳(いく)と卩(人)を合わせた字。むこうから来るものに対して、こちらからぎゃくにむこうに行かせるようすを図にして、あつかいにくいものをうまくあつかうことをあらわした。→午163

意味 ❶**うまくあつかう。**「制御」 ❷**天皇に関係することばにつけて尊敬のいみをあらわす。**「御製」 ❸**あいてに関係することばにつけて、尊敬のいみをあらわす。**「御両親」 ❹**ていねいにいうときのことば。**「御飯」

難しい読み 御中・御者・御製・御物・御利益

名まえで使う読み お・おき・おや・ぎょ・ご・のり・み・みつ

【御中】おんちゅう 会社・商店・学校など、団体に出す郵便物のあて名の下に書くことば。

【御者】ぎょしゃ 馬車にのり、馬をあやつる人。

御者

【御製】ぎょせい 天皇のつくった詩や歌。

【御物】ぎょぶつ 天皇のつかう品物。皇室がもっている品物。例 正倉院の御物。

【御三家】ごさんけ ①尾張・紀伊・水戸藩の徳川家をうやまって言ったことば。②ある分野でもっとも力や人気のある三つのもの。

【御所】ごしょ 天皇・皇后・親王などのすまい。

【御殿】ごてん ①身分の高い人のすまい。②りっぱな建物。

【御破算】ごはさん ①そろばんにおいた数を、すべてはらってやりなおすこと。例 御破算で願いましては…。②ものごとをさいしょの状態にもどすこと。白紙にもどすこと。例 計画を御破算にする。

【御法度】ごはっと 禁じられていることがら。例 買い食いは御法度です。

【御幣】ごへい 紙にたがいちがいに切れ目を入れ、いなびかりのような形に折り、棒の先にはさんだもの。神にそなえたり、おはらいのときにつかったりする。例 御幣かつぎ(＝えんぎをかつぐ人)。

御幣

【御用達】ごようたし 皇室や役所などに、品物をおさめることをゆるされた商人。ごようたつ。例 宮内庁御用達。

【御来光】ごらいこう 高い山の上で見る日の出。例 富士山で御来光をおがむ。

【御利益】ごりやく 神やほとけにいのることで、あたえられるめぐみ。例 御利益をさずかる。

【御陵】ごりょう 天皇や皇后のおはか。

下につく熟語 統御・*崩御・防御

彳－9画

【循】

12画 常用 〔循〕明朝

音 ジュン
訓 ―

なりたち 形声

盾(うしろによりそう)と彳(いく)を合わせた字。たよりになるものによりそってすすむことをあらわした。

意味 **ぐるぐる回る。**「循環」

名まえで使う読み じゅん・ゆき・よし

【循環】じゅんかん 同じ経路を、ぐるぐると回ること。例 血液は、からだの中を循環している。

彳－9画

【復】

12画 5年 〔復〕明朝

音 フク
訓 ―

※下にくる音により「フッ」ともよむ。

復 復

「日」の縦画は真下に、11画めの横画を「日」の横はばとほぼ同じにすると整う。

復 (筆順 1〜12)

なりたち 形声 㚆ー復

复と彳(いく)を合わせた字。复は、畐と夂(あし)を合わせた字。畐は、ふくれるというイメージをもち、これはかさなるというイメージにつながる。畐と夂(あし)を合わせた复は、同じ道をもう一度かさねて行くようす。それに彳(いく)をそえて、いみをはっきりさせた。

↓福 798

复のつく漢字グループ

「复」のグループは「ふくれる」、また「かさなる」というイメージがある。

↓復 381 ↓腹 895 ↓蝮 917 ↓複 931 ↓覆 934

意味 ❶**かえる。もどる。ひきかえす。**「往復」 対 往 ❷**くりかえす。**「復習」

注意 「複」とまちがえないこと。

名まえで使う読み あきら・あつし・さかえ・しげる・なお・ふ・ふく・また・もち

【復員】ふくいん 戦争がおわり、兵士が家に帰ること。例 復員船で、日本にもどる。

【復元】ふくげん もとの位置や状態にかえること。また、かえすこと。例 はげおちた壁画を復元する。参考「復原」とも書く。

1【復習】ふくしゅう 一度ならったことを、もう一度自分で勉強すること。

2【復▽讐】ふくしゅう ひどいしうちをした人に、しかえしをすること。例 復讐をちかう。

【復唱】ふくしょう 言われたことをたしかめるために、その場でくりかえして言うこと。例 電話番号を復唱する。

【復調】ふくちょう からだの調子が、もとにもどること。例 四番打者に、復調のきざし。

【復路】ふくろ 帰り道。もどりの道。例 復路は船に乗った。対 往路

【復活】ふっかつ ①死んだものが、生きかえること。例 キリストの復活。②一度やめたものを、またはじめること。また、ふたたびはじまること。例 ことしから花火大会が復活した。

【復帰】ふっき もとの位置や状態にもどること。例 チームに復帰する。

【復旧】ふっきゅう もとどおりになること。また、もとどおりにすること。例 復旧作業。

【復興】ふっこう おとろえたものが、またさかんになること。また、さかんにすること。例 町は大地震から復興した。

下につく熟語 回復・快復・修復・反復・報復

【街】12画 行部6画 ↓922ページ

彳ー10画

【微】

13画 常用 〔微〕明朝 音 ビ 訓 ―

意味 ❶**ひじょうに小さい。**「▽微生物」 ❷**かすか。わずか。**「▽微笑」 ❸**おとろえる。**「衰▽微」

注意 「徴」とまちがえないこと。

名まえで使う読み いや・なし・び・まれ・よし

【▽微苦笑】びくしょう ほほえみのまじった、にがわらい。かるいにがわらい。

【▽微細】びさい ひじょうにこまかいこと。

【▽微罪】びざい ごくかるい罪。

【▽微弱】びじゃく かすかで弱いようす。例 微弱な電流。

1【▽微小】びしょう ひじょうに小さいこと。

2【▽微少】びしょう ひじょうに少ないこと。例 被害は微少だった。

3【▽微笑】びしょう かすかにわらうこと。ほほえみ。例 微笑をうかべる。

【▽微生物】びせいぶつ ひじょうに小さくて、顕微鏡でないと見えない生物。かびや細菌など。

【▽微動】びどう わずかに動くこと。例 微動だにしない。

【▽微に入り細をうがつ】びにいりさいをうがつ 句 ひじょうにこまかいところにまで気をくばって、くわしくていねいにするようす。例 微に

微に入り細をうがつ

入り細をうがった説明。参考「うがつ」は、あなをあける、ほるのいみ。

【▼微熱】びねつ　ふだんよりも少し高い体温。

【▼微風】びふう　かすかにふく風。そよ風。

【▼微妙】びみょう　こまかいところに何ともいいあらわせないような、いみやあじわいがふくまれているようす。例微妙にちがう。

【▼微粒子】びりゅうし　ひじょうにこまかい、つぶ。

【▼微量】びりょう　ごくわずかな量。例微量の毒物が検出された。

【▼微力】びりょく　①力の弱いこと。また、弱い力。②自分の力をけんそんしていうことば。例微力ですが、お手つだいいたします。

【▼微▽塵もない】みじんもない　句そういう気もちなどが、まったくない。例あやまる気など微塵もない。参考ア「微塵」は、ごくわずかのいみ。イ「微」を「み」と読むのはとくべつの読み方。

下につく熟語　*機▼微・軽▼微・*細▼微・*精▼微

彳－11画

【徴】14画　常用

彳－12画 【徵】15画　人名　〔徵〕明朝

音 チョウ
訓 ―

なりたち 形声 徵－徵（徵）
王は壬がかわったもの。壬（チョウ）と微（かくれて見えない）をりゃくしたものを合わせた字。かくれたもののきざしが、まっすぐあらわれるようすをあらわした。→廷360

意味 ❶しるし。あらわれ。「特▼徴」❷めしだす。とりたてる。「▼徴収」

注意「微」とまちがえないこと。

名まえで使う読み　あき・あきら・おと・きよし・すみ・ちょう・なり・みる・もと・よし

【▼徴候】ちょうこう　ものごとのおこりそうなようす。きざし。例ふん火の徴候がある。参考「兆候」とも書く。

【▼徴収】ちょうしゅう　税金・会費などをとりたてること。例月末に会費を徴収する。

【▼徴発】ちょうはつ　人や物を、むりやりにとりたてること。例食料を徴発する。

【▼徴兵】ちょうへい　国が、国民を強制的に軍隊に入れること。例徴兵制。

【▼徴用】ちょうよう　戦争などのため、国が国民を強制的にあつめ、仕事をさせること。例徴用制度。

下につく熟語　象▼徴・*追▼徴

彳－11画

【徳】14画　4年

彳－12画 【德】15画　人名　〔德〕明朝

音 トク
訓 ―

※下にくる音により「トッ」ともよむ。

徳　徳
「罒」は横長に、縦画は内側に向ける。「心」は平らにしてしてはば広く書く。

1 ノ　2 ク　3 彳　4 彳一　5 彳十　6 彳十　7 彳击　8 彳击　9 徝　10 徝　11 徝　12 徳　13 徳　14 徳

なりたち 形声 德－德（德）
もとの字は「德」。悳と彳（おこない）を合わせた字。悳は、惪がかわったもの。直（まっすぐ）と心を合わせて、まっすぐな心のこと。徳は、すなおな心にもとづくおこないをあらわした。
→直771

意味 ❶人としてのりっぱな心やおこない。「人徳・徳育」❷もうけ。りえき。「徳用」
▽県名につかわれる。「徳島県」

名まえで使う読み　あきら・あつ・あつし・あり・いさお・え・かつ・さと・ただし・とく・とこ・とみ・なり・なる・のぼる・のり・めぐむ・やす・よし

1【徳性】とくせい　道徳心をもった、正しい人格。

2【徳政】とくせい　いっぱんの人々にとって、めぐみぶかい政治。

【徳望】とくぼう　りっぱで、正しいおこないをするので、多くの人々から信頼されること。

【徳用】とくよう　ねだんが安いわりに、役に立

こたえ　月（にくづき）

っこと。例 徳用品。参考「得用」とも書く。

下につく熟語 悪徳・*遺徳・功徳・五徳・道徳・*背徳・美徳・不徳

彳－12画

【徹】15画 常用

〔徹〕明朝

音 テツ
訓 —

※「テッする」ともつかう。

なりたち 会意 育(子どもが生まれる)と攴(動作)と彳(いく)を合わせた字。ある場所をとおって出てくることをあらわした。

意味 とおる。とおす。「▽徹底」

名まえで使う読み あきら・いたる・おさむ・てつ・とおる・ひとし・みち・ゆき

【▽徹底】てってい ①すみずみまでいきとどくこと。例 方針を徹底させる。②考え方やおこないが、一つにつらぬかれていること。例 徹底した平和主義者。

【▽徹底的】てっていてき どこまでもつきつめておこなうようす。例 徹底的にきたえる。

【▽徹頭▽徹尾】てっとうてつび 四字熟語 はじめからおわりまで。例 徹頭徹尾、自分の意見をつらぬく。

【▽徹夜】てつや 何かをして、一晩じゅうねないですごすこと。夜明かし。例 徹夜で勉強する。

下につく熟語 一▽徹・貫▽徹・透▽徹・冷▽徹

【衝】15画 行部9画 →922ページ

【衛】16画 行部10画 →922ページ

【衡】16画 行部10画 →923ページ

彳－14画

【徽】17画 人名

〔徽〕明朝

音 キ
訓 しるし

意味 しるし。身分や職業などをあらわす、しるし。「▽徽章」

名まえで使う読み よし

【懲】18画 心部14画 →482ページ

【覆】18画 襾部12画 →934ページ

3画

3画 艹 くさかんむり

なりたち 艸

「くさ」の種類や状態などに関係する字をあつめる。「艸」から「艹」(四画)になり、今は「艹」(三画)と書く。

この部首の字

3画 芋 385
3画 芝 385
3画 芒 385
4画 花 385
4画 芥 386
4画 芹 386
4画 芸 386
4画 芯 387
4画 芭 387
4画 芙 387
4画 芳 387
4画 芦 388
5画 英 388
5画 苑 389
5画 苛 389
5画 茄 389
5画 芽 389
5画 苦 389
5画 茎 390
5画 若 390
5画 苔 391
5画 苺 391
5画 苗 391
5画 茅 391
5画 茉 391
5画 茂 392
6画 茨 392
6画 荒 392
6画 茸 392
6画 茜 392
6画 草 392
6画 荘 393
6画 茶 393
7画 荷 394
7画 華 395
7画 莞 395
7画 莊 393
7画 荻 395
7画 莫 395
7画 莉 395
8画 萎 396
8画 菓 396
8画 菅 396
8画 菊 396
8画 菌 396
8画 菫 396
8画 菜 396
8画 菖 397
8画 著 397
8画 萄 397
8画 菩 397
8画 萌 397
8画 萠 397
8画 萊 398
8画 菱 398
9画 葛 398
9画 葵 398
9画 萱 398
9画 萩 398
9画 葺 398
9画 葬 398
9画 葱 399
9画 著 397
9画 董 399
9画 葡 399
9画 萬 14
9画 葉 399
9画 落 399
10画 葦 400
10画 蓋 400
10画 蓑 400
10画 蒔 400
10画 蒐 401

なこんざつぶりだ。

下につく熟語 *種▼芋・*焼き▼芋・*山▼芋

10画	10画	11画	12画	13画	13画	15画	15画	16画
蒸 401	蓉 402	蔑 402	蕉 403	薗 227	薄 404	藝 386	藤 406	藻 407
蒼 401	蓮 402	蓬 402	蔵 403	薫 403	薬 405	藏 403	藩 406	蘭 407
蓄 401	蔭 402	蔓 402	蕃 403	薪 404	蕾 405	藁 406	藥 405	蘆 388
蒲 401	蒋 402	蕎 403	蕪 403	薦 404	蕗 405	薩 406	藍 406	
蒙 401	蔦 402	蕨 403	蔽 403	薙 404	薰 403	藪 406	蘇 407	

ほかの部首の字
募→力部153　塔→扌部517　墓→土部242
夢→夕部256　幕→巾部346　漠→氵部685　慕→⺗部478　暮→日部562
膜→月部896　繭→糸部863

艹－3画

【芋】

6画　常用　〔芋〕明朝

音 —　訓 いも

なりたち 形声 于（へ形にまがる）と艹（くさ）を合わせた字。太くてまがった形をした地下茎のできる「イモ」をあらわした。→宇288

意味 イモ。「里芋」

【▼芋版】いもばん　イモを輪切りにして、切った面に絵や字をほってつくったはんこ。

【▼芋を洗うよう】いもをあらうよう　句　せまい場所にたくさんの人が集まり、こみ合っているようす。例 プールはまるで芋を洗うよう

艹－3画

【芝】

6画　常用　〔芝〕明朝

音 シ*　訓 しば

なりたち 形声 之（まっすぐすすむ）と艹（くさ）を合わせた字。命をのばすという草、霊芝（マンネンタケ）のこと。日本では「しば」にもちいる。→之28

意味 ❶きのこの、マンネンタケ。▽めでたいきのことされる。「▼霊▼芝」 ❷シバ。シバクサ。「▼芝生」

名まえで使う読み し・しく・しげ・しば・ふさ

【▼芝居】しばい ①演劇。②役者の演技。③人をだますためのつくりごと。例 ひと芝居打つ。

【▼芝生】しばふ　植物のシバをうえてあるところ。例 となりの芝生は青い（＝他人のものはよく見える）。

艹－3画

〔芒〕

6画　表外　〔芒〕明朝

音 ボク　訓 すすき・のぎ

意味 ❶イネ科の多年草。ススキ。❷穀物などの先端の細い毛。のぎ。❸刀剣などのきっさき。❹光線の先端。❺ぼんやりとしたようす。

【▼芒種】ぼうしゅ　二十四節気の一つ。六月六、七日ごろ。

艹－4画

【花】

7画　1年　〔花〕明朝

音 カ　訓 はな

※上にくる音により「ばな」ともよむ。

「艹」は2・3画めを内向きに。2画めは止め、3画めははらう。7画めは曲げる。

一 十 艹 艹 芢 芲 花

なりたち 形声 化（かわる）と艹（くさ）を合わせた字。つぼみからすがたがかわった花のこと。→化156

意味 ❶草木の、はな。「花▼壇・生け花」 ❷うつくしくはなやかなもの。「花▼婿・花▼嫁」

難しい読み 花▼暦・花▼吹雪

名まえで使う読み か・はな・はる・みち・もと

【花▼冠】かかん　花びらがあつまってできた、一つの花。

【花▼壇】かだん　草や木をうえるために土をもって、まわりから区切ったところ。

【花鳥風月】かちょうふうげつ　四字熟語　花や鳥、風や月のあるうつくしい自然のけしき。例 四季おりおりの花鳥風月を楽しむ。

【花▼瓶】かびん　花をいける、びんやつぼ。

【花粉】かふん　花のおしべのふくろの中にあるこな。めしべの先について、実をむすばせる。

【花粉▼症】かふんしょう　スギなどの花粉をす

いこんだり、目や鼻にはいったりしておこるアレルギー性の病気。目がかゆくなったり鼻水が出たりする。

【花弁】かべん 花びら。

【花落つること知る多少】はなおつることしるたしょう 句 花はきっとたくさん散ってしまっただろうなあ。参考 ㋐「多少」は、「どれくらい」のいみ。㋑孟浩然の詩「春暁」の一節。

【花形】はながた ①花のかたち・もよう。例 花形に切りぬいた色紙。②とくに人気のあることがら。また、その人。例 花形歌手。

【花言葉】はなことば その花の、とくちょうに合ったいみをもたせたことば。バラは「純愛」、クローバーは「幸福」、ウメは「高潔」など。参考 国によってちがいがある。

【花▼暦】はなごよみ 四季のうつりかわりを、そのきせつの花とその名所であらわしたこよみ。

【花園】はなぞの いろいろな花が、たくさんさいている庭。

【花束】はなたば 草花をたばにしたもの。おくり物などにつかう。

【花時】はなどき ①春、いろいろな花のさくころ。とくに、桜の花のさくころ。②その花のさくころ。

【花火】はなび 火薬などをまぜたしかけに、火をつけて、火花の色や音を楽しむもの。例 線香花火。／秋田の大曲花火大会。

【花▼房】はなぶさ 小さな花がたくさんあつまって、ふさのようになったもの。

【花▼吹雪】はなふぶき 桜の花びらが風にふかれて、ふぶきのようにまいちること。

【花見】はなみ 桜の花をながめて楽しむこと。例 花見時。

【花道】はなみち 一 ①歌舞伎などで、客席の中をぶたいまで通した通路。役者がそこを通ってぶたいに出入りする。②すもう場で、力士が出入りする通路。③ものごとのもっともはなやかな場面。例 引退の花道をかざる。

二 かどう 生け花。参考「華道」とも書く。

【花も実もある】はなもみもある 句 外から見たようすも美しく、中身もじゅうぶんそなわっていることのたとえ。道理も人情もそなえていることのたとえ。例 名奉行の花も実もあるさばき。

【花より団子】はなよりだんご 句 見て美しいものより、じっさいに役立つもののほうがよいというたとえ。

【花を持たせる】はなをもたせる 句 めいよや手がらを相手にゆずって、相手を引き立たせる。例 先ぱいに花を持たせて賞をゆずる。

上につく熟語 *花氷・*花盛り・*花祭り・*花輪

下につく熟語 ▼雄花・開花・草花・国花・生花・*雪月花・造花・火花・*名花・▼雌花・綿花・落花

艹-4画

【芥】

7画 人名 〔芥〕明朝

音 カイ 訓 あくた

意味 ❶植物の、カラシナ。❷からし。カラシナの実を粉にしてつくる、からい香辛料。「▽芥子」❸あくた。ごみ。

名まえで使う読み しな

【▽芥子】一 からし・かいし カラシナの種を粉にしたもの。黄色くてからい。

二 けし ケシ科の二年草。初夏に白や赤の花をつける。

艹-4画

【芹】

7画 人名 〔芹〕明朝

音 キン 訓 せり

なりたち 形声 斤(ちかい)と艹(くさ)を合わせた字。水辺ちかくにはえる「セリ」をあらわした。

意味 植物の、セリ。▽春の七草の一つ。水辺にはえ、葉やくきにかおりがある。夏、小さな白い花をさかせる。

芹

艹-4画

【芸】

7画 4年

艹-15画

【藝】

18画 人名 〔芸〕明朝

3画

芸

音 ゲイ
訓 —

4・5画めは5画めを長く書く。6画めは折った後右上がりにし、7画めは止める。

一 十 艹 艹 芸 芸 芸

なりたち 形声 →藝(芸)

もとの字は「藝」。蓺と云（土をたがやす）を合わせた字。埶の左がわは陸の右がわと同じで、屮（くさ）と六（よせ集めてもり上がった土）と土を合わせたもの。それに丸（＝丮。両手をさし出す人）をそえて、植物を土にうえて、せわをしているようす。それに艹（くさ）をそえた蓺は、草木をうえることをあらわした。のちにさらに云（土をたがやす）をつけて藝となり、日本では「埶」をりゃくして「芸」となった。

埶のつく漢字グループ
「埶」は「植物に手をくわえる」のほか、それにつながるイメージをしめす。
→勢154 →芸(＝藝)386 →熱706

意味 身につけた、わざ。「芸術・技芸」

名まえで使う読み き・ぎ・きぎ・げい・すけ・のり・まさ・よし

【芸が細かい】げいがこまかい 句 ちょっとしたおこないにもこまかい注意がいきとどいている。することに念が入っている。

【芸事】げいごと 三味線・琴・歌・おどりなど、芸能に関することがら。例 三歳から芸事をならいはじめる。

【芸術】げいじゅつ 心に感じたことや思ったことを、形・色・音・ことばなどであらわすこと。また、そのあらわしたもの。彫刻・絵画・音楽・文学など。

【芸当】げいとう 人をびっくりさせるような、むずかしいわざ。

【芸人】げいにん 芸能を見せる仕事をしている人。漫才師・歌手・俳優など。芸能人。例 お笑い芸人。／旅芸人。

【芸能】げいのう 音楽・演劇・歌・映画などをまとめていうことば。例 芸能人。／古典芸能。

【芸は身を助ける】げいはみをたすける 句 しゅみのつもりでおぼえた芸が、生活にこまったときなどにお金をかせぐのに役立つ。

【芸風】げいふう 役者や芸人の、どくとくの芸のやり方。芸から受ける感じ。

【芸名】げいめい 芸能人がつける、本名とはべつの名前。

下につく熟語 一芸・園芸・演芸・曲芸・工芸・手芸・腹芸・武芸・文芸・民芸・無芸

艹－4画

【芯】

7画 常用 〔芯〕明朝
音 シン
訓 —

意味 ❶植物のくきの、しん。「花▼芯」 ❷ものの中心。

艹－4画

【芭】

7画 人名 〔芭〕明朝
音 バ
訓 —

意味 〔「▽芭▽蕉」と書いて〕中国原産の植物の名。バショウ。▽二メートルほどの長いだ円形の葉をつける。

艹－4画

【芙】

7画 人名 〔芙〕明朝
音 フ
訓 —

なりたち 形声 夫（大きく広がる）と艹（くさ）を合わせた字。大きく広がる「ハス」の花をあらわす。

意味 〔「▽芙▽蓉」と書いて〕❶ハスの花。❷樹木の、モクフヨウ。▽秋のはじめ、うすべに色や白色の大きな花がさく。

名まえで使う読み はす・ふ

艹－4画

【芳】

7画 常用 〔芳〕明朝
音 ホウ
訓 かんばしい

なりたち 形声 方（四方にはり出す）と艹（くさ）を合わせた字。草のかおりが四方に広がるようすをあらわした。→方541

意味 ❶かおりがよい。「▼芳香」 ❷あいてに関することにつけて、尊敬のいみをあらわすことば。「（御）▼芳名」

こたえ ア 弱，イ 強。「弱肉強食（＝弱いものが強いものにほろぼされること）」。

名まえで使う読み か・かおり・かおる・かんばし・はな・ふさ・ほう・みち・もと・よし

【芳香】ほうこう よいにおい。例 芳香剤。

【芳志】ほうし あいての親切な心づかいを、うやまっていうことば。例 ご芳志に感謝いたします。

【芳名】ほうめい 人の名前を尊敬していうことば。お名前。例 芳名帳。

艹-4画 **【芦】** 7画 人名

艹-16画 **【蘆】** 19画 表外 〔芦〕明朝

音 ロ
訓 あし・よし

なりたち 形声 もとの字は「蘆」。盧(まるい穴があく)と艹(くさ)を合わせた字。茎にまるい穴が通っている「アシ」をあらわした。

意味 **植物の、アシ。** 水辺で育ち、高さは二メートル以上になる。ヨシ。

艹-5画 **【英】** 8画 4年 〔英〕明朝

音 エイ
訓 ―

英 英

一 ト 艹 艹 芇 苎 茈 英

6画めを長く。7画めは6画めに接した後に左へはらう。8画めは止めてもよい。

なりたち 形声 艸-英

央(くっきり分かれる)と艹(くさ)を合わせた字。植物の中でくっきりと目だつ部分、つまり「はな」、また、はなのように目だってうつくしいことをあらわした。→央266

意味 ❶**うつくしい。すぐれている。**「英雄」 ❷**イギリスのこと。**「英語」

参考 ❷は、イギリスを「英吉利」とあてたことから。

名まえで使う読み あきら・あや・えい・すぐる・たけし・つね・てる・とし・はな・はなぶさ・ひで・ひでる・ひら・ふさ・よし

【英気】えいき ①すぐれた才能や気性。②元気。

使い分け えいき 英気・鋭気

【英気】①すぐれた才能や性質。②元気。気力。例 温泉につかって英気を養う。

【鋭気】するどくて強い意気ごみ。例 鋭気に満ちた目つき。／鋭気をくじく。

【英気を養う】えいきをやしなう 句 いざというときに力を出せるように、じゅうぶん休んで、元気をたくわえておく。例 決勝戦にそなえて英気を養う。注意「鋭気を養う」と書かないこと。

【英語】えいご イギリスのことば。参考 イギリス・アメリカ・オーストラリアのほか、多くの国々でつかわれている。

【英国】えいこく イギリス。

【英才】えいさい すぐれた才能。また、すぐれた才能をもつ人。例 英才教育。

【英姿】えいし 堂々とした、りっぱなすがた。例 若武者の英姿。

【英断】えいだん すぐれた判断で、思いきってものごとをきめること。また、そのような判断。例 英断をくだす。

【英知】えいち すぐれたちえ。

【英文】えいぶん ①英語で書いた文章。例 英文の手紙を書く。②「英文学」のりゃく。イギリスやアメリカの文学。例 英文科。

【英明】えいめい かしこくて、ものごとの道理をよく知っていること。

【英訳】えいやく ほかの国のことばや文章を、英語になおすこと。

【英雄】えいゆう ちえや力があって、とくべつにすぐれたものごとをした人。例 かれは、国民的英雄だ。

【英和辞典】えいわじてん 英語を日本語で説

明した辞書。対和英辞典

下につく熟語 育英・▽俊英・*石英・和英

艹－5画

【苑】 8画 人名 〔苑〕明朝

音 エン 訓 その

意味 宮廷にぞくする庭園。その。「▽御▽苑・外▽苑」

名まえで使う読み えん・おん・その

艹－5画

【苛】 8画 常用 〔苛〕明朝

音 カ 訓 —

なりたち 形声 可と艹(くさ)を合わせた字。可は、「ㄱ形にまがる」→「つかえてまがる」→「まっすぐ行かないでつかえる」→「きつくこする」というイメージに展開する。苛は、とげや毒のある草がからだをちくちくと刺激するようすから、「ひどくきつい」といういみをあらわした。→可188

意味 きびしい。からい。「▽苛▽酷・▽苛▽烈」 例 苛酷

【▽苛▽酷】かこく 人に対する態度ややり方が、いたわりがなくてきびしいさま。参考「苛刻」とも書く。

【▽苛政は▽虎よりも▽猛し】かせいはとらよりもたけし 故事成語 人々をくるしめるきびしい政治は、人を食いころすトラよりもむごく、おそろしいということ。参考「苛政」は、きびしく、むごい政治のこと。むかし中国で、孔子が墓の前で泣いている女の人にであった。そのわけをたずねると、しゅうとも夫もむすこもトラに食いころされたという。孔子が「それならなぜ、この地から出ていかないのか」と問うと、「ここにはむごい政治がないからです」と答えたという話による。

【▽苛▽烈】かれつ ひどくて、きびしいさま。例 苛烈なたたかい。

艹－5画

【茄】 8画 人名 〔茄〕明朝

音 カ 訓 なす・なすび

意味 ❶ハスの茎。また、ハス。❷やさいの、ナス。「▽茄子」

【▽茄子】なす ナス科のやさいの一つ。夏から秋にかけて、こいむらさき色の実がなる。

艹－5画

【芽】 8画 4年 〔芽〕明朝

音 ガ 訓 め

横画は6画めを一番長く書く。5画めが4画めに接していなくてもよい。

芽 芽

一 十 艹 艹 艹 芒 芽 芽

なりたち 形声 牙(ガ)(二つのものがかみ合う)と艹(くさ)を合わせた字。二まいの新芽がかみ合っている、草木の「め」をあらわした。

意味 草木の、め。「発芽・芽生え」

名まえで使う読み か・め・めい

【芽が出る】めがでる 句 ①草や木の芽が出てくる。②運が向いてくる。例 苦しくてもがまんして練習を続けていれば、いつかは芽が出る。

【芽を▽摘む】めをつむ 句 これから成長しようとするものや、発展しようとするものを、とりのぞく。例 才能の芽を摘む。／悪の芽を摘む。

下につく熟語 *新芽・*▽胚芽・麦芽・▽萌芽・*若芽

艹－5画

【苦】 8画 3年 〔苦〕明朝

音 ク 訓 くるしい・くるしむ・くるしめる・にがい・にがる

「艹」よりも4画めを長く書く。「艹」と「古」の中心を合わせる。

苦 苦

一 十 艹 艹 芉 芉 苦 苦

なりたち 形声 古(コ)(かたい)と艹(くさ)を合わせた字。かむと思わず口がこわばって、つばも出ないような、にがい草をあらわした。→古189

意味 ❶にがい。いやに思う。「苦言・苦情」❷つらい。くるしむ。くるしみ。「苦痛」対楽 ❸

艹の部 5画 茎・若

ほねおり。「苦心」

【苦役】くえき ①くるしい肉体労働。②罪人が、刑罰としてやらされる労働。

【苦学】くがく はたらきながら、くろうして勉強すること。例苦学生。

【苦境】くきょう くるしい立場。例おじは、父の苦境をすくってくれた。

【苦行】くぎょう たきにうたれたり、断食したりする、くるしい修行。

【苦言】くげん 聞いてよい気もちはしないが、ためになることば。

【苦言を▼呈する】くげんをていする 句 その人のためにはなるが、いわれる人がいやがるようなことばをいって、あいてをたしなめる。例君のためを思って苦言を呈するのだ。

【苦▼渋】くじゅう ものごとがうまくいかず、苦しくつらい思いをすること。例世の中の苦渋をあじわう。／苦渋の決断。

【苦▼汁をなめる】くじゅうをなめる 句 いやな思いをする。つらい経験をすること。苦汁をのまされる。参考「にがい汁をのむ」いみから。

【苦笑】くしょう つらさ・くるしさ・いかりなどをかくしてわらうこと。にがわらい。例苦笑にまぎらす。

【苦情】くじょう ふへい。ふまん。例苦情がたえない。

【苦心】くしん いろいろと考えて、くろうすること。例自由研究を苦心して完成させる。

【苦心▼惨▽憺】くしんさんたん 四字熟語 ひじょうに苦心すること。例苦心惨憺して、やっと問題をとく。参考「惨憺」は、心をなやますといういみ。

【苦戦】くせん くるしいたたかいをすること。例苦戦をしいられる。

【苦痛】くつう からだや心に感じる、いたみやくるしみ。例苦痛にたえる。

【苦▼闘】くとう くるしみをこらえてたたかうこと。また、そのたたかい。例悪戦苦闘。

【苦難】くなん くるしみや困難。例苦難の道を歩む。

【苦肉の策】くにくのさく 句 自分をぎせいにしてまでも、敵をだまそうとする計略。くるしまぎれのはかりごと。参考「苦肉」は、敵をだますために、自分のからだをくるしめること。

苦肉の策

【苦▼悩】くのう くるしみ、なやむこと。また、くるしみやなやみ。注意「苦脳」と書かないこと。

【苦▼杯】くはい （にがい酒を入れたさかずきのことから）つらい経験。にがい経験。例苦杯をなめる（＝つらい経験をする）。

【苦は楽の種】くはらくのたね 句 今の苦労は、将来の幸福のためになるということ。

【苦楽】くらく くるしみと楽しみ。例苦楽をともにする。

【苦▼慮】くりょ 苦心して、いろいろ考えること。例解決に苦慮する。

【苦労】くろう からだや心をつかってくるしむこと。ほねおり。例苦労のかいがある。

【苦手】にがて ①あつかいにくいあいて。手ごわいあいて。例あの人はどうも苦手だ。②自信がなく、よくできないこと。不得手。例社会科は苦手だ。対得意

下につく熟語 *刻苦・困苦・四苦八苦・*七難八苦・▼辛苦・病苦・労苦

艹－5画

【茎】

8画 常用 〔茎〕明朝

音ケイ 訓くき

なりたち 形声 もとの字は「莖」。巠（まっすぐにのびる）と艹（くさ）を合わせた字。まっすぐにのびる草の「くき」をあらわした。→経844

意味 植物の、くき。「地下茎」

上につく熟語 *塊▼茎・*球▼茎・根茎・*歯▼茎

艹－5画

【若】

8画 6年 〔若〕明朝

音ジャク・ニャ*ク 訓わかい・もし*くは

※下にくる音により「ジャッ」ともよむ。

若

「右」の筆順注意。「艹」より5画めを長く。「口」が「ノ」に接しなくてもよい。

なりたち 形声

叒(やわらかい)と口(ことば)を合わせた字。叒は、しなやかな髪の毛を両手でとかしている、からだのやわらかい女の人のすがたをえがいたもの。のちに、上の部分が艹(くさかんむり)にかわった。

若のつく漢字グループ
「若」のグループは「やわらかい」「したがう」というイメージがある。
→匿160 →諾961

意味 ❶**わかい**。「若年・老若(ろうにゃく・ろうじゃく)」 対 老 ❷**いくらか**。「若干」

注意 「苦」とまちがえないこと。

難しい読み 若気・若人

名まえで使う読み じゃく・なお・まさ・よし・より・わか・わく

【若年】じゃくねん 年がわかくて未熟なこと。例 若年の政治家。参考「弱年」とも書く。

【若▼輩】じゃくはい ①わかもの。②未熟な者。参考「弱輩」とも書く。

【若干】じゃっかん いくらか。少し。例 若干名。

【若気】わかげ わかい人によくある、元気すぎて、ふかく考えない気もち。例 若気の至り(=わかさにまかせて、無分別なおこないをしてしまうこと)。

【若手】わかて わかくて、働きざかりの人。

【若菜】わかな 春のはじめに生える、葉などが食用になる草のこと。

【若葉】わかば 出たばかりの新しい葉。

【若水】わかみず 元日の朝、その年はじめてくむ水。参考 むかしは、立春の朝にくんだ。

【若人】わこうど わかい人。わかもの。

下につく熟語 *自若・般若

苔

艹－5画 8画 人名 〔苔〕明朝 音 タイ 訓 こけ

意味 **植物の、コケ。しめった場所などにはえる**。「緑▽苔」

苺

艹－5画 8画 人名 〔苺〕明朝 音 バイ 訓 いちご

なりたち 形声 母(つぎつぎとふえる)と艹(くさ)を合わせた字。

意味 **植物の、イチゴ**。「木▽苺」

苗

艹－5画 8画 常用 〔苗〕明朝 音 ビョウ 訓 なえ・なわ

意味 **たねから芽を出したばかりの小さな植物。とくに、イネのなえ**。「▽苗木」

難しい読み ▼苗代・▼苗字

名まえで使う読み え・たね・なえ・なり・びょう・みつ

【▼苗木】なえぎ 山や庭などにうつしうえる前の、小さな木。

【▼苗床】なえどこ 植物のなえをそだてるところ。

【▼苗代】なわしろ イネのたねをまき、田うえをするまで、なえをそだてるところ。

【▼苗字】みょうじ その家をあらわす名。姓。

下につく熟語 早▼苗・*種▼苗

茅

艹－5画 8画 人名 〔茅〕明朝 音 ボウ 訓 かや・ちがや

意味 **チガヤ・ススキなど、細いほさきが出るイネのなかまの植物。カヤ**。「▽茅▽葺き」

名まえで使う読み かや・ち

【▽茅屋】ぼうおく かやぶきの家。あばらや。参考 自分の家をへりくだっていうことば。

茉

艹－5画 8画 人名 〔茉〕明朝 音 マツ 訓 —

なりたち 形声 末と艹(くさ)を合わせた字。

意味 〔「▽茉▽莉」と書いて〕**モクセイのなかまの木。ジャスミン**。▽花はかおりがよく、かんそ

こたえ ア 牛，イ 馬。「牛飲馬食(=むやみにたくさん飲んだり食べたりすること)」。

うさせて茶にまぜてのむ。

名まえで使う読み　ま・まつ

艹－5画

【茂】 8画 常用

〔茂〕明朝　音 モ　訓 しげる

なりたち 形声 戊(おおいかぶさる)と艹(くさ)を合わせた字。草木の葉がおおいかぶさるようすをあらわした。

意味 おいしげる。「繁茂」

名まえで使う読み　あり・し・しく・しげ・しげみ・しげる・たか・とお・とも・とよ・も・もち・もと・ゆた

艹－6画

【茨】 9画 4年

〔茨〕明朝　音 ―　訓 いばら

茨　茨

4画めは「次」の1画めと同じように右下方向の点でよい。9画めは止めてもよい。

なりたち 形声 次(つぎつぎにならぶ)と艹(くさ)を合わせた字。一定の間隔で葉がならんでいる草の名(ハマビシ)。日本では「いばら」(とげのある植物の総称)にもちいる。→次619

意味 野バラ・カラタチなど、とげのある低木。いばら。
▽県名でつかわれる。「茨城県」

艹－6画

【荒】 9画 常用

〔荒〕明朝　音 コウ　訓 あらい・あれる・あらす

なりたち 形声 巟と艹(くさ)を合わせた字。巟は、亡(見えない)と巛(=川)を合わせて、水におおわれて何も見えないようす。荒は、ざっ草におおわれて、作物がとれないことをあらわした。→亡44

意味 あれる。あらい。あれはてる。「荒野」

名まえで使う読み　あら・こう・ら

【荒海】あらうみ　波のあらい海。

【荒壁】あらかべ　土をぬったままでしあげをしていないかべ。参考「粗壁」とも書く。

【荒波】あらなみ　①はげしくてあらい波。例 日本海の荒波。②世の中のきびしさ・つらさのたとえ。例 社会の荒波にもまれる。

【荒天】こうてん　風や雨のはげしい天気。暴風雨。例 荒天をついて出発する。

【荒唐無稽】こうとうむけい　四字熟語　こんきょがなく、まったくでたらめなこと。例 荒唐無稽な話。参考「荒唐」は、言うことにしょうこもなく、まとまりもないこと。「無稽」は、でたらめのいみ。

【荒廃】こうはい　あれはてること。例 戦争で荒廃した国土。

【荒野】こうや　あれはてた野原。あれの。

【荒涼】こうりょう　あれはてて、ものさびしいようす。例 荒涼とした原野。

上につく熟語　*荒削り・*荒物屋・*荒れ地

下につく熟語　手荒・破天荒

艹－6画

【茸】 9画 人名

〔茸〕明朝　音 ジョウ　訓 たけ・きのこ

意味 ❶しげる。❷きのこ。たけ。「松茸」

名まえで使う読み　たけ

艹－6画

【茜】 9画 人名

〔茜〕明朝　音 セン　訓 あかね

なりたち 形声 西(わかれる)と艹(くさ)を合わせた字。根がひげのようにわかれている「アカネ」をあらわした。

意味 ❶植物の、アカネ。❷アカネの根からとった染料でそめた、くらい赤色。「茜色」

名まえで使う読み　あかね・せん

艹－6画

【草】 9画 1年

〔草〕明朝　音 ソウ　訓 くさ

※上にくる音により「ぐさ」ともよむ。

草　草

「艹」よりも8画めを長く。「日」の縦画は内側に向ける。9画めは止めてもよい。

草

一 十 艹 艹 芇 芇 苩 荁 草

なりたち 形声 艸・早→草

艹は艸がかわったもの。艸は、屮(一本のくさのめが出るようす)を二つならべて、「くさ」のこと。艸だけで「くさ」のいみであったが、のちに早をくわえた。早は、いいかげんというイメージがあり、ていねいに植えていない、どこにでもはえる草をあらわした。→早548

意味 ❶くさ。「雑草」 ❷詩や文章などの下書き。「起草・草▼稿」 ❸字の書き方の一つ。「草書」

難しい読み 草▼履

名まえで使う読み かや・くさ・しげ・そう

【草木】くさき／そうもく 草と木。植物のこと。例 春は草木がそだつ。／山川草木(=自然)。

【草花】くさばな ①花がさく草。②草にさく花。

【草葉の▼陰】くさばのかげ 句〔草の葉の下のいみから〕墓の下のこと。死んだ人がいくところ。あの世のこと。例 祖母も草葉の陰でよろこんでいるだろう。

【草笛】くさぶえ 草の葉をくちびるに当ててならすふえ。

【草野球】くさやきゅう しろうとがあつまって、楽しむ野球。

【草分け】くさわけ 〔荒れ地を切りひらくいみから〕あることをはじめておこない、人々の間に広がっていくもとをつくること。また、その人。創始者。例 造船業の草分け。

【草案】そうあん きまりなどをつくるときの文章の下書き。例 会則の草案をつくる。

【草原】㊀そうげん 広々とした草はら。㊁くさはら 草がたくさんはえている野原。

【草▼稿】そうこう 下書きの文章。例 あしたの演説の草稿を書く。

【草書】そうしょ 点や画をつづけ書きにした、字の書き方。行書よりもさらにくずしたもの。対 楷書・行書

【草食】そうしょく 動物が、草をおもな食物とすること。対 肉食

【草食動物】そうしょくどうぶつ 馬・牛・羊など、草などの植物をおもな食べ物としている動物。対 肉食動物

【草草】そうそう 手紙文のおわりにつけることば。参考 ㋐「いそいで書きました」といういみ。「前略」「冠省」などに対応させてつかう。㋑ふつう「草々」と書く。

【草本】そうほん 茎がやわらかい植物。くさ。一年でかれるものをいう。

【草▼履】ぞうり わら・革・ゴムなどでつくった、底がひらたく、はなおがついたはきもの。

下につく熟語 青草・海草・*山野草・除草・千草・毒草・七草・牧草・水草・道草・薬草・野草・*若草

艹－6画 【荘】 9画 常用 艹－7画 【莊】 10画 人名 〔莊〕明朝

音 ソウ・ショウ* 訓 ―

なりたち 形声 壮(長い)と艹(くさ)を合わせた字。草が長くのびたようすをあらわした。→壮247

意味 ❶おごそか。いかめしい。「▼荘重」 ❷やしき。「別▼荘・山▼荘」

注意 「壮」とまちがえないこと。

難しい読み ▼荘園・▼荘厳・▼荘重

名まえで使う読み しょう・そう・たか・たかし・ただし・まさ

【▼荘園】しょうえん 平安時代から室町時代にかけて、貴族・寺・神社がもっていた土地。国に税金をおさめなくてよかったが、豊臣秀吉によって廃止された。

【▼荘厳】そうごん 重々しくて、りっぱなこと。とうとくて、おごそかなこと。例 荘厳な儀式。

【▼荘重】そうちょう おごそかで、重々しいこと。例 荘重な儀式。

艹－6画 【茶】 9画 2年 〔茶〕明朝

音 チャ・サ* 訓 ―

漢字クイズ 「大ア小イ」のア，イにはいる漢字はなんでしょう。

艹の部 7画 荷

※上にくる音により「ヂャ」ともよむ。

茶

「艹」よりも「ヘ」を左右に広げる。7画めをはねても、8画めを止めてもよい。

一 十 艹 艾 苁 苓 茶 茶 茶

なりたち 形声 もとの字は「荼」。余（ゆったりと広げてのばす）と艹（くさ）を合わせた字。引きしまってかたくなった心やからだを、ゆったりと休ませるききめのある植物をあらわした。→余72

意味 **❶茶の木。また、その葉をつかったのみもの。お茶。**「紅茶」 **❷お茶をたててのむ作法。**「茶室」 **❸茶色。**

難しい読み 茶飯事・茶柱・茶店

【茶道】さどう／ちゃどう 茶をたてて客をもてなすことで、れいぎを身につけ心をみがく道。

【茶飯事】さはんじ （お茶をのんだり、ご飯を食べたりするように）ふだんしている、ふつうのことがら。例 日常茶飯事。 注意 「ちゃはんじ」と読まないこと。

【茶話会】さわかい／ちゃわかい お茶をのみながら、くつろいで話し合う会。

【茶色】ちゃいろ 黒みがかった赤黄色。例 茶色のかばん。

【茶▼褐色】ちゃかっしょく 黒みがかった茶色。

【茶器】ちゃき 茶をたてたり、のんだりするのにつかう道具。茶道具。

【茶室】ちゃしつ 茶の湯をするためのへや。

【茶所】ちゃどころ 茶が広くさいばいされていることで、知られている地方。

【茶柱】ちゃばしら お茶をついだときに、茶わんの中に立ってうかぶ、お茶のくき。例 茶柱が立つ（＝いいことがある前ぶれ）。

【茶畑】ちゃばたけ 茶をさいばいしている畑。

【茶番】ちゃばん 考えていることが、かんたんにばれてしまうような、ばかばかしいふるまい。茶番劇。例 とんだ茶番だ。参考 「茶番」は、「茶番狂言」で、おどけた身ぶりで楽しませる劇のこと。

【茶店】ちゃみせ 街道の道ばたなどにあって、そこを通る人が休んで、お茶をのむ店。茶屋。

【茶目】ちゃめ 人をわらわせたり、罪のないいたずらをしたりするようす。また、その人。例 お茶目な友だち。

【茶▽碗】ちゃわん お茶を入れてのんだり、ご飯をもって食べたりするのにつかう、うつわ。

【茶を▼濁す】ちゃをにごす 句 その場しのぎのことやいいかげんなことを言って、その場をうまくごまかす。例 てきとうな返事をしてお茶を濁す。参考 ふつう「お茶を濁す」のかたちでつかう。

上につく熟語 ＊茶▼菓子・＊茶の間・＊茶の湯

下につく熟語 ▼喫茶・＊新茶・＊製茶・番茶・▼抹茶・＊▼銘茶・緑茶

艹－7画

【荷】

10画 3年 〔荷〕明朝

音 カ＊ 訓 に

「何」は「艹」より横広に書く。10画めは6画めの右はしより内側に書く。

一 十 艹 艹 芢 芢 茾 茾 荷 荷

なりたち 形声 何（丁形に物をかつぐ）と艹（くさ）を合わせた字。くきの先に丁形についたハスの葉をあらわした。「になう」のいみは、もと「何」と書いたが、「何」が疑問をあらわすことばにつかわれたため、区別して「荷」をつかうようになった。→可188 →何66

意味 **❶にもつ。**「出荷・荷造り」 **❷になう。かつぐ。**「荷担」 **❸にもつをかぞえることば。か。**

難しい読み 荷担・荷役

【荷担】かたん 〔にもつをかつぐいみから〕力をかすこと。例 犯罪に荷担する。参考 「加担」とも書く。

【荷が重い】にがおもい 句 責任が大きい。ふたんが重すぎてたえられない。例 その仕事は、わたしには荷が重い。

【荷車】にぐるま にもつをはこぶのにつかう

車。

【荷台】にだい　トラックや自転車などの、にもつをのせるところ。

【荷札】にふだ　にもつをおくるとき、おくり先や自分の名前を書いたりはったりするふだ。

【荷物】にもつ　もちはこんだり、おくったりする品物。注意「かもつ」と読まないこと。

【荷役】にやく　船のにもつを積みおろしすること。また、その人。

下につく熟語 重荷・集荷・入荷・初荷・負荷・船荷

艹－7画

【華】

10画 常用 〔華〕明朝 音カ・ケ 訓はな

※上にくる音により「ゲ」ともよむ。

なりたち 形声 もとの字は「華」。𠌶（へ形や）形にさく花と艹（くさ）を合わせた字。

意味 ❶はな。「▼華道（＝生け花）」 ❷はなやかでうつくしい。「▼豪▼華」 ❸中国のこと。「中▼華」

名まえで使う読み か・は・はな・はる

【▼華▽僑】かきょう　外国にすみついて、おもに商業をいとなんでいる中国人。参考「僑」は、仮住まいのいみ。

【▼華▽燭の典】かしょくのてん　句 結婚式をうつくしくいうことば。例 華燭の典をあげる。参考「華燭」は、結婚式の明るくはなやかなともしびのこと。「典」は、儀式のいみ。

【▼華族】かぞく　公爵・侯爵・伯爵・子爵・男爵といったくらいをもつ人と、その家族。参考 明治時代にあたえられたよび名。戦後はいしされた。

華燭の典

【▼華美】かび　はなやかでうつくしく、はでなようす。ぜいたくなようす。

【▼華▼麗】かれい　はなやかでうつくしいようす。

下につく熟語 栄▼華・＊昇▼華・＊精▼華・▼繁▼華・▽蓮▼華

艹－7画

【莞】

10画 人名 〔莞〕明朝 音カン 訓い

なりたち 形声 完（まるい）と艹（くさ）を合わせた字。まるいくきをもつ草をあらわした。

意味 ❶植物の、イグサ。▽むしろをあむのにつかう。❷まるい。まろやか。

【▽莞▽爾】かんじ　（男が）にっこりわらうようす。例 莞爾としてわらう。

艹－7画

【荻】

10画 人名 〔荻〕明朝 音テキ 訓おぎ

意味 植物の、オギ。▽水辺にはえ、ススキにた大きなほを出す。

名まえで使う読み おぎ

注意「萩」とまちがえないこと。

艹－7画

【莫】

10画 人名 〔莫〕明朝 音バク・ボ 訓なし・なかれ

なりたち 会意 茻（くさむら）と日（太陽）を合わせた字。日がくれることをあらわした。

意味 …なし。…なかれ。否定や禁止のいみをあらわすことば。「▽莫逆・▽莫大」

莫のつく漢字グループ

「莫」のグループは「かくれて見えない」、または「ないものをもとめる」というイメージがある。

→募153 →墓242 →幕346 →慕478 →暮562
→模611 →漠685 →膜896

名まえで使う読み さた・さだむ・とお・とし・なか

【▽莫逆】ばくぎゃく／ばくげき　おたがいに気もちが通じていて、したしいこと。例 莫逆の友。参考「逆らうこと莫し」のいみから。

【▽莫大】ばくだい　数量が、たいへん多い。例 莫大な費用。参考「これより大なるは莫し」のいみから。

艹－7画

【莉】

10画 人名 〔莉〕明朝 音リ 訓―

なりたち 形声 利と艹（くさ）を合わせた字。

意味 〔「▽茉▽莉」と書いて〕モクセイのなかまの木。ジャスミン。▽花はかおりがよく、かんそうさせて茶にまぜてのむ。

艹－8画

【萎】 11画 常用 〔萎〕明朝 音 イ 訓 なえる

なりたち 形声 委（しなやかにたれ下がる）と艹（くさ）を合わせた字。草の枝葉が生気を失ってしなやかにたれるようすから、ぐったりとしおれるいみをあらわした。→禾800

意味 **しおれる。しぼむ。ぐったりする。**「▽萎縮」

【▽萎縮】いしゅく ①しなびて縮むこと。例 血管が萎縮する。②弱気になってちぢこまること。例 萎縮して、ことばが出ない。

艹－8画

【菓】 11画 常用 〔菓〕明朝 音 カ 訓 ―

なりたち 形声 果（くだもの）と艹（くさ）を合わせた字。→果586

意味 ❶**くだもの。**❷**かし。**「▽菓子」

【▽菓子】かし 食事と食事の間に食べるもの。

下につく熟語 製▽菓・＊茶▽菓（ちゃか・さか）・＊乳▽菓・氷▽菓

艹－8画

【菅】 11画 人名 〔菅〕明朝 音 カン 訓 すげ

意味 ❶**植物の、カヤのなかま。カルカヤ。**❷**植物の、スゲ。**「▽菅▽笠」

名まえで使う読み すが・すげ

艹－8画

【菊】 11画 常用 〔菊〕明朝 音 キク 訓 ―

なりたち 形声 匊（まるく中心にあつまる）と艹（くさ）を合わせた字。花がまるく中心にあつまる「キク」をあらわした。

意味 **キク。キクの花。**「野▽菊」

名まえで使う読み あき・きく・ひ

【▽菊花】きっか／きくか キクの花。

下につく熟語 ＊寒▽菊・＊残▽菊・＊白▽菊・＊晩▽菊・＊乱▽菊

艹－8画

【菌】 11画 常用 〔菌〕明朝 音 キン 訓 ―

意味 ❶**きのこ。**「▽菌類」❷**かび。ばいきん。**「細▽菌・殺▽菌」

【▽菌糸】きんし きのこ・かびなどのからだをつくっている、細い糸のようなもの。

【▽菌類】きんるい きのこ・かびなどのなかま。

下につく熟語 抗▽菌・雑▽菌・病原▽菌・保▽菌・無▽菌・滅▽菌

艹－8画

【菫】 11画 人名 〔菫〕明朝 音 キン 訓 すみれ

なりたち 形声 もとの字は「菫」。菫（小さい）と艹（くさ）を合わせた字。

意味 **植物の、スミレ。**

名まえで使う読み きん・すみれ

艹－8画

【菜】 11画 4年 〔菜〕明朝 音 サイ 訓 な

※上にくる音により「ザイ」ともよむ。

菜

「艹」よりも8画めを長く。9画めははねてもよい。「木」を「ホ」としてもよい。

1 一 2 十 3 艹 … 9 苹 10 菜 11 菜

なりたち 形声 采（つみとる）と艹（くさ）を合わせた字。つみとって食用にする草をあらわした。→采709

意味 ❶**なっぱ。やさい。**「菜園」❷**おかず。**「総菜・菜▽箸」

【菜園】さいえん やさいをつくる畑。例 家庭菜園でトマトをつくる。

ょう。

【菜食】さいしょく　肉類を食べず、やさい類をおもに食べること。例 菜食主義者。

【菜種】なたね　アブラナのたね。しぼって、油をとる。例 菜種油。

下につく熟語 青菜・*根菜・山菜・*主菜・前菜・*白菜・*副菜・野菜

艹−8画

【菖】11画 人名 〈菖〉明朝

音 ショウ　訓 —

なりたち 形声 昌(あかるい)と艹(くさ)を合わせた字。葉にあかるい光沢がある草をあらわした。

意味 植物の、ショウブ。▽水辺にはえる。

名まえで使う読み あやめ・しょう

【▽菖▽蒲】一 しょうぶ　サトイモ科の植物で、水辺にはえる。参考 五月五日の端午の節句に、魔よけにお湯に入れたり、のきにさす。二 あやめ　アヤメ科の植物で、山野にはえる。五、六月ごろむらさき色の花をひらく。例 いずれが菖蒲かきつばた(=どちらもすぐれていて優劣がきめられない)。

艹−8画

【著】11画 6年

艹−9画 【著】12画 人名 〈著〉明朝

音 チョ　訓 あらわす・*いちじるしい

著

「艹」より6画めを長く。7画めはのびやかにはらい、「日」と接しなくてもよい。

1	2	3	4	5	6	7	8	9	10	11
一	十	艹	廿	芏	芏	荖	荖	著	著	著

なりたち 形声 者(一か所にあつめる)と艹(くさ)を合わせた字。一か所にくっつくということから、「書きつける」といういみにもちいる。くっつくことは「着」、書きつけることは「著」と書いて区別する。→者873 →着866

意味 ❶めだってはっきりしている。「著名」 ❷書きあらわす。また、書かれた本。「著者」

使い分け あらわす「表す・現す・著す」→924ページ

名まえで使う読み あき・あきら・ちょ・つぎ・つぐ

【著作】ちょさく　本を書きあらわすこと。また、書きあらわした作品。例 著作物。

【著作権】ちょさくけん　著作者が自分の作品を自由に使える権利。たとえば、小説の場合その種類は複製・翻訳・放送・上演など、音楽なら演奏・歌唱・放送などをふくむ。

【著者】ちょしゃ　本を書きあらわした人。作者。

【著述】ちょじゅつ　本を書きあらわすこと。また、書きあらわした本。例 父が著述した本。

【著書】ちょしょ　書きあらわした書物。

【著名】ちょめい　名がよく知れわたっていること。例 著名な作家。

下につく熟語 共著・▼顕著・*大著・名著

艹−8画

【萄】11画 人名 〈萄〉明朝

音 ドウ・トウ　訓 —

なりたち 形声 匋と艹(くさ)を合わせた字。「ブドウ」の「ドウ」という音をあらわすためにつくった。

意味 〔「▽葡▽萄」と書いて〕くだものの、ブドウ。また、その木。

艹−8画

【菩】11画 人名 〈菩〉明朝

音 ボ　訓 —

なりたち 形声 音と艹(くさ)を合わせた字。

意味 仏教のことばの「ぼ」の発音をあらわす字。「▽菩▽薩・▽菩提」

艹−8画

【萌】11画 人名

艹−8画 【萠】11画 人名 〈萌〉明朝

音 ボウ・ホウ　訓 もえる・きざす

なりたち 形声 明(くらいところをあかるくする)と艹(くさ)を合わせた字。土の中から芽を出すようすをあらわした。→明551

意味 ❶草木がめを出す。めばえ。ものごとのおこりはじめ。「▽萌芽」 ❷まえぶれ。きざし。

名まえで使う読み きざし・ほう・め・めぐみ・めみ・もえ・もゆ

【▽萌芽】ほうが ①草や木がめを出すこと。②ものごとのおこりはじめ。例文明の萌芽。

艹－8画

【萊】

11画 人名 〔萊〕明朝 音ライ 訓―

なりたち 形声 來（やってくる）と艹（くさ）を合わせた字。どこかからやってきたように、すぐはえる「アカザ」をあらわした。

意味 ❶植物の、アカザ。▽くきは、つえにつかう。❷草がしげったあれ地。

艹－8画

【菱】

11画 人名 〔菱〕明朝 音リョウ 訓ひし

※上にくる音により「びし」ともよむ。

意味 植物の、ヒシ。▽実は角のとがった形をしている。

名まえで使う読み ひし・みち・ゆう

艹－9画

【葛】

12画 常用 〔葛〕明朝 音カツ 訓くず

意味 ❶つる草の、クズ。▽八月ごろ赤むらさきの花をさかせる。秋の七草の一つ。「▽葛粉・▽葛湯」 ❷植物の、つる。かずら。▽つるとつるがまといつくことから、困難にもたとえる。「▽葛▽藤」

名まえで使う読み かず・かつ・かつら・かど・くず・さち・ずら・つら・ふじ

【▽葛根湯】かっこんとう クズの根をにて、栄養分を取りだしたくすり。

【▽葛▽藤】かっとう 一つのことを決めないといけないために、なやみ苦しむこと。例葛藤の日々を送る。参考 からみあった葛や藤のいみから。

葛

艹－9画

【葵】

12画 人名 〔葵〕明朝 音キ 訓あおい

なりたち 形声 癸（ぐるぐるまわる）と艹（くさ）を合わせた字。葉が太陽に向かってまわる「アオイ」をあらわした。

意味 植物の、アオイ。▽観賞用。

名まえで使う読み あおい・き・まもる

下につく熟語 向日▽葵・山▽葵

艹－9画

【萱】

12画 人名 〔萱〕明朝 音ケン 訓かや

意味 ❶植物の、ヤブカンゾウ。ワスレグサ。▽この草をながめると心配事をわすれるという。❷ススキ・スゲなどをまとめたよび名。カヤ。

名まえで使う読み かや・ただ・まさ

艹－9画

【萩】

12画 人名 〔萩〕明朝 音シュウ 訓はぎ

意味 植物の、ハギ。▽秋に赤むらさきや白の花をさかせる。秋の七草の一つ。

注意 「荻」とまちがえないこと。

名まえで使う読み しゅう・はぎ

艹－9画

【葺】

12画 人名 〔葺〕明朝 音シュウ 訓ふく

意味 カヤ、スゲ、かわらなどで屋根をつくる。ふく。「▽瓦▽葺き」

名まえで使う読み ふき・ふく

艹－9画

【葬】

12画 常用 〔葬〕明朝 音ソウ 訓ほうむる

意味 死んだ人をほうむる。「▽埋▽葬」

【▽葬▽儀】そうぎ 葬式のこと。

【▽葬祭】そうさい 葬式と先祖のまつり。例冠婚葬祭（→118ページ）。

【▽葬式】そうしき 死んだ人をほうむる儀式。とむらい。葬儀。

【▽葬送】そうそう 死んだ人を見おくること。野辺送り。例葬送行進曲。

【▽葬列】そうれつ 葬式の行列。例葬列がすすむ。

下につく熟語 *会葬・火葬・*国葬・*水葬・*大葬・土葬・密葬

艹－9画

【葱】

12画 表外 〈葱〉明朝

音 ソウ
訓 ねぎ

意味 植物の、ネギ。▽長ネギのこと。

艹－9画

【董】

12画 人名 〈董〉明朝

音 トウ
訓 ―

意味 ❶かんとくして、管理する。ただす。❷たいせつなもの。「骨董」

名まえで使う読み しげ・しげる・ただ・ただし・ただす・なお・のぶ・まこと・まさ・よし

艹－9画

【葡】

12画 人名 〈葡〉明朝

音 ブ・ホ
訓 ―

なりたち 形声 匍と艹（くさ）を合わせた字。「ブドウ」の「ブ」という音をあらわすためにつくった。

意味 〔「葡萄」と書いて〕くだものの、ブドウ。また、その木。

艹－9画

【葉】

12画 3年 〈葉〉明朝

音 ヨウ
訓 は

※上にくる音により「ば」「ぱ」ともよむ。

葉 葉

横画は4画めを一番長く。10画めははねてもよい。「木」を「ホ」としてもよい。

なりたち 形声 枼（木の上にある三枚のは）と艹（くさ）を合わせた字。うすくてたいらな木の「は」のこと。

意味 ❶木や草の、は。「落葉・若葉」❷紙や写真など、うすいもの。また、それをかぞえることば。よう。「葉書」

名まえで使う読み くに・すえ・のぶ・は・ば・ふさ・よ・よう

【葉書】はがき 一枚の紙のおもてにあて名、うらに文を書いておくるもの。

【葉桜】はざくら 花がちって、わか葉が出たころの桜。

【葉月】はづき 陰暦の八月のよび名。

【葉巻】はまき たばこの葉をきざまず、そのままいたもの。例 葉巻をくゆらす。

【葉脈】ようみゃく 葉に水分やようぶんをおくるための、葉の中にある細いくだ。

【葉緑素】ようりょくそ 植物の葉やくきの、みどり色のもとになっているもの。でんぷんをつくるはたらきをする。クロロフィル。

下につく熟語 青葉・*一葉（いち・ひと）・紅葉（こう・もみ）・子葉・枝葉（し・えだ）・▼双葉・*万葉

艹－9画

【落】

12画 3年 〈落〉明朝

音 ラク
訓 おちる・おとす

※下にくる音により「ラッ」ともよむ。

落 落

「艹」の下に「洛」をおさめる。「氵」＋「各」の漢字に見えないように注意。

なりたち 形声 洛と艹（くさ）を合わせた字。洛は、各（カク）（つらなる）と氵（＝水）を合わせて、水てきがつらなりおちるようす。落は、木の葉がぽろりとつらなっておちるようすをあらわした。→各193

意味 ❶おちる。おとす。「転落」❷できあがる。「落成」❸むらざと。「集落・村落」

難しい読み 落丁

1【落後】らくご なかまからおくれて、ついて行けなくなること。例 落後者。

2【落語】らくご 演芸で、話のおわりにおち（＝しゃれたしめくくりのことば）をつけてむすぶ、こっけいな話。

こたえ イタリア。「伊太利」とあて字で書いたことから。

艹の部 10画 葦・蓋・蓑・蒔

【落差】らくさ ①水が、高いところからひくいところへながれおちるときの、二つの水面の高さのちがい。例滝の落差は三〇メートルです。②ものごとのていどのちがい。例写真と実物の落差が大きい。

【落札】らくさつ 入札した結果、めあての品物や仕事が自分の手にはいること。例校舎建設工事を落札した。

【落日】らくじつ しずもうとしている太陽。

【落城】らくじょう 城がせめおとされること。

【落成】らくせい 大がかりな工事がおわり、すっかりできあがること。例落成式。

【落選】らくせん ①選挙におちること。対当選 ②審査におちること。対入選

【落第】らくだい ①成績がわるくて上の学年にすすめないこと。参考「原級留置」「留年」ともいう。②試験に合格しないこと。対及第

【落▼胆】らくたん 思っていたとおりにならなくて、がっかりすること。例しっぱいして落胆する。

【落着】らくちゃく きまりがつくこと。決着。例交渉が落着した。

【落馬】らくば のっていた馬からおちること。

【落▼盤】らくばん 鉱山などで、坑内の天じょうやまわりの岩や土がくずれおちること。

【落命】らくめい 命をなくすこと。死ぬこと。

【落葉】らくよう 木の葉がかれておちること。また、おちた葉。おちば。例落葉樹。

【落▼雷】らくらい かみなりがおちること。例落雷で停電した。

【落▼涙】らくるい なみだをながすこと。

【落下】らっか 高いところから、おちること。例落下傘。

【落花】らっか 花がちっておちること。また、ちっておちた花。

【落花生】らっかせい マメ科の植物。地中にヒョウタンのようなからをもつ実をつける。豆としてたべたり、油をとったりする。ピーナッツ。南京豆。

落花生

下につく熟語 ▼陥落・群落・下落・▼脱落・▼堕落・段落・▼墜落・低落・＊当落・難攻不落・暴落・▼没落・▼零落

【募】12画 力部10画 ↓153ページ

【搭】12画 扌部9画 ↓517ページ

艹-10画

【葦】13画 人名 〔葦〕明朝 音イ 訓あし

意味 植物の、アシ。ヨシ。▽「悪し」と同じ音なのをきらって、「良し」とよぶようになったという。

名まえで使う読み あし・よし

艹-10画

【蓋】13画 常用 〔蓋〕明朝 音ガイ 訓ふた

※上にくる音により「ぶた」ともよむ。

意味 ❶おおいかくす。「頭▼蓋骨」 ❷ふた。「火▼蓋」 ❸だいたいたしかであること。「▼蓋然」

【▼蓋然性】がいぜんせい ある物事がおこる可能性。たしからしさ。例蓋然性がない。参考「蓋然」は、あるていど確かであること。

名まえで使う読み ふた

艹-10画

【蓑】13画 人名 〔蓑〕明朝 音サ 訓みの

意味 カヤ・スゲ・わらなどをあんでつくった、雨具。みの。「▽蓑笠・▽蓑虫」

艹-10画

【蒔】13画 人名 〔蒔〕明朝 音ジ 訓まく

意味 ❶苗をうえかえる。❷種をまく。

名まえで使う読み まき

【▽蒔絵】まきえ うるしでもようをえがいたうつわなどに、金や銀の粉をちらしてみがきょう。

3画

つやを出す日本の工芸。またその作品。

艹－10画
【蒐】
13画 人名 〔蒐〕明朝 音 シュウ 訓 あつめる

意味 あつめる。「▽蒐集・▽蒐荷」

参考 ㋐ふつう「収」に書きかえる。「▽蒐集→収集」 ㋑ふつう「集」に書きかえる。「▽蒐荷→集荷」

名まえで使う読み あつむ

艹－10画
【蒸】
13画 6年 〔蒸〕明朝 音 ジョウ 訓 む*す・む*れる・む*らす

6・8画めを左右に広げて「蒸」の中で最大の横はばにする。「灬」は全て止める。

1	2	3	4	5	6	7	8
一	十	艹	艹	芌	芓	茅	菉
9	10	11	12	13			
菉	蒸	蒸	蒸	蒸			

なりたち 形声 烝（ジョウ）と艹（くさ）を合わせた字。烝は、丞（上にあがる）と灬（=火）を合わせて、火気がたちのぼるようす。蒸は、くさをもやして、火気がたちのぼるようすをあらわした。↓丞22

意味 ❶熱気がたちのぼる。「蒸気」 ❷ゆげをあてる。むす。むらす。「蒸▼籠（せいろ・せいろう）（=食べ物を蒸気でむす道具）」

名まえで使う読み じょう・つぐ・つまき

【蒸気】じょうき ①液体が蒸発して気体になったもの。②ゆげ。水蒸気。例 蒸気機関車。

【蒸発】じょうはつ ①液体が、熱をくわえられて気体になること。②人がいなくなること。

【蒸留】じょうりゅう 液体を熱して、出てくる蒸気をひやし、まじりけのない液体をつくること。例 蒸留酒。

上につく熟語 *蒸し焼き

下につく熟語 *御飯蒸し・*茶▽碗蒸し

艹－10画
【蒼】
13画 人名 〔蒼〕明朝 音 ソウ 訓 あお・あおい

なりたち 形声 倉（ソウ）（深い）と艹（くさ）を合わせた字。深いあお色をあらわした。↓倉86

意味 ❶ほしたあお草のような色。❷あおざめる。「▽蒼白」 ❸草木がおいしげるようす。

【▽蒼生】そうせい たみ。人民。参考 人民をたくさんの草木にたとえた『書経』のことばから。

【▽蒼天】そうてん ①あおぞら。②天。

【▽蒼白】そうはく あおじろいようす。例 おそろしさで、顔が蒼白になる。

艹－10画
【蓄】
13画 常用 〔蓄〕明朝 音 チク 訓 たくわえる

意味 ためる。たくわえる。「▽蓄積」

注意 「畜」とまちがえないこと。

【▽蓄音機】ちくおんき 音や声をふきこんだレコードを回して、もとの音や声を出す機械。

【▽蓄財】ちくざい 財産をためること。また、ためた財産。

【▽蓄積】ちくせき たくわえること。また、たくわえたもの。例 資本を蓄積する。

【▽蓄電池】ちくでんち 電気がなくなると、また電気をおぎなって、くりかえしつかうことのできる電池。バッテリー。

下につく熟語 ▽含▽蓄・貯▽蓄・備▽蓄

艹－10画
【蒲】
13画 人名 〔蒲〕明朝 音 ホ 訓 かば・がま

意味 植物の、ガマ。▽葉をあんでむしろなどにする。

難しい読み ▽蒲▽鉾・▽蒲公英・▽蒲団

名まえで使う読み がま

【▽蒲公英】たんぽぽ キク科の植物。春、黄または白の花をつける。たねに白い毛がついていて、風でとぶ。

艹－10画
【蒙】
13画 人名 〔蒙〕明朝 音 モウ 訓 くらい・こうむる

意味 ❶くらい。また、おろか。「▽蒙▼昧・▽啓▽蒙」 ❷こうむる。うける。

【▽蒙古】もうこ 中国の北に位置し、モンゴル高原とゴビ砂漠周辺の地域。またそこに住む民族の名。モンゴル。

【▽蒙▽昧】もうまい おろかで道理がわからないこと。例 無知蒙昧（＝知識がなく、おろかで道理がわからないこと）。

艹－10画

【蓉】13画 人名 〔蓉〕明朝 音 ヨウ 訓 ―

なりたち 形声 容（くぼんだところにゆったりと入る）と艹（くさ）を合わせた字。

意味 〔▽芙▽蓉〕と書いて ❶ハスの花。❷樹木の、モクフヨウ。▽秋のはじめ、うすべに色や白色の大きな花がさく。

名まえで使う読み はす・よう

艹－10画

【蓮】13画 人名 〔蓮〕明朝 音 レン 訓 はす

なりたち 形声 連（つらなる）と艹（くさ）を合わせた字。花たくに穴がてんてんとつらなる「ハス」をあらわした。

意味 **水中にはえる「ハス」。**「▽睡▽蓮」

【▽蓮▽華】れんげ ①ハスの花。②レンゲソウ。春、赤むらさきの小さな花をつける。肥料にしたり、家畜のえさにする。げんげ。

【▽蓮根】れんこん ハスの地下茎。食用にする。

【墓】13画 土部10画→242ページ

【夢】13画 夕部10画→256ページ

【幕】13画 巾部10画→346ページ

【漠】13画 氵部10画→685ページ

艹－11画

【蔭】14画 人名 〔蔭〕明朝 音 イン 訓 かげ

意味 **❶ひかげ。木や草のかげ。❷おかげ。たすけ。力ぞえ。**

名まえで使う読み おおう・かげ

艹－11画

【蔣】14画 人名 〔蔣〕明朝 音 ショウ 訓 ―

意味 **植物の、マコモ。**▽葉は、むしろをあむのにつかう。実は食用。

艹－11画

【蔦】14画 人名 〔蔦〕明朝 音 チョウ 訓 つた

意味 **つる草の、ツタ。**▽つるの巻きひげにきゅうばんがあり、ほかの木やかべなどにからみつく。

艹－11画

【蔑】14画 常用 〔蔑〕明朝 音 ベツ 訓 さげすむ

意味 **人を軽く見て、ばかにする。さげすむ。**「▽蔑視・軽▽蔑」

【▽蔑視】べっし さげすむこと。かろんじること。例 外国から蔑視される。

上につく熟語 *蔑称

下につく熟語 ▽侮▽蔑

艹－11画

【蓬】14画 人名 〔蓬〕明朝 音 ホウ 訓 よもぎ

なりたち 形声 逢（へ形にもり上がる）と艹（くさ）を合わせた字。

意味 **植物の、ヨモギ。**▽葉は、草もちにいれたり、おきゅうにつかうもぐさになる。

名まえで使う読み とも・ほ

【▽蓬▽莱】ほうらい 中国の東の海上にあると信じられた想像上の山。不老不死のくすりをもった仙人が住むという。蓬莱山。よもぎがしま。

艹－11画

【蔓】14画 人名 〔蔓〕明朝 音 マン 訓 つる

意味 **❶つる草。また、そのつる。**「▽蔓草」**❷のびる。はびこる。**「▽蔓延」

名まえで使う読み し・つる

【▽蔓延】まんえん このましくないものが広がって、いきおいをふるうこと。例 インフルエンザが蔓延する。

【慕】14画 小部10画→478ページ

【暮】14画 日部10画→562ページ

【膜】14画 月部10画↓896ページ

艹-12画
【蕎】 15画 人名 〈蕎〉明朝
音 キョウ
訓 そば
意味 〔「▽蕎麦」と書いて〕❶植物の、ソバ。▽実をすりつぶして、そば粉をつくる。❷そば粉でつくる食べ物の、そば。
名まえで使う読み たかし

艹-12画
【蕨】 15画 人名 〈蕨〉明朝
音 ケツ
訓 わらび
意味 植物の、ワラビ。▽山野にはえる草。春に出る、先がくるくると巻いた若芽を食用にする。「▽蕨▼餅」

艹-12画
【蕉】 15画 人名 〈蕉〉明朝
音 ショウ
訓 —
意味 〔「▽芭▽蕉」と書いて〕中国原産の植物の名。バショウ。▽二メートルほどの長いだ円形の葉をつける。

艹-12画
【蔵】 15画 6年
艹-15画 **【藏】** 18画 人名 〈藏〉明朝
音 ゾウ
訓 くら*
※上にくる音により「ぐら」ともよむ。

蔵 蔵
13画めを長く。15画めは5画めの右わきに書いてもよい。「臣」の筆順に注意。

なりたち 形声
爿―戕―臧―藏―藏(蔵)

もとの字は「藏」。爿(ショウ)は細長いベッド。戕(ショウ)は爿(細長い)と戈(ほこ)を合わせて、細長いほこ。臧(ゾウ)は戕(細長い)と臣(けらい)を合わせて、からだが細長いどれい。どれも、細長いというイメージをもつ。それに艹(くさ)をそえて、作物をしまいこむ細長い納屋をあらわした。↓壮247

意味 ❶物を入れておく建物。くら。「土蔵」❷しまっておく。「蔵書・収蔵」
使い分け 「蔵」と「倉」を区別してつかおう。↓倉(86ページ)
名まえで使う読み おさむ・くら・ぞう・ただ・とし・まさ・よし
【蔵書】ぞうしょ (自分の)もっている本。
下につく熟語 愛蔵・穴蔵・*酒蔵・死蔵・地蔵・所蔵・貯蔵・内蔵・秘蔵・▼埋蔵・無▼尽蔵・*冷蔵

艹-12画
【蕃】 15画 人名 〈蕃〉明朝
音 バン・ハン
訓 しげる
意味 ❶しげる。おいしげる。「▽蕃▼殖」❷文化がまだひらけてない人々。また、外国。「▽蕃族・▽蕃書」
参考 ㋐ふつう「繁」に書きかえる。「▽蕃殖→繁殖」㋑ふつう「蛮」に書きかえる。「▽蕃族→蛮族」
名まえで使う読み しく・しげ・しげり・しげる・ば・ふさ・みつ・もり

艹-12画
【蕪】 15画 人名 〈蕪〉明朝
音 ブ
訓 かぶ
意味 ❶あれる。みだれる。「▽蕪雑(=語句や文章がきちんととのっていないこと)」❷植物の、カブ。▽春の七草の一つ。白い球状の根を食用にする。「赤▽蕪」

艹-12画
【蔽】 15画 常用 〈蔽〉明朝
音 ヘイ
訓 —
※上にくる音により「ペイ」ともよむ。
意味 ❶かくす。「▽隠▼蔽(=知られたくないものを、おおいかくすこと)」❷おおう。

艹-13画
【薫】 16画 常用
艹-14画 **【薰】** 17画 人名 〈薰〉明朝
音 クン
訓 かおる

艹の部(くさかんむり)
12画 蕎・蕨・蕉・蔵・蕃・蕪・蔽
13画 薫

なりたち 形声 熏(よいにおいが、たちこめる)と艹(くさ)を合わせた字。

意味 ❶よいかおり。「薫風」 ❷かおりをつける。よいほうへみちびく。「薫陶」

名まえで使う読み かおり・かおる・くん・しく・しげ・ただ・つとむ・にお・のぶ・ひで・ふさ・ほお・まさ・ゆき

【薫製】くんせい 肉や魚を長もちさせるために、けむりでいぶしてほした食べ物。

【薫陶】くんとう すぐれた人格によって、ほかの人をよい方向にみちびくこと。例 師の薫陶を受ける。

【薫風】くんぷう （わかばのかおりをふくんでいるような）初夏のさわやかな風。

艹－13画

【薪】

16画 常用 〈薪〉明朝 音 シン 訓 たきぎ

なりたち 形声 新(なまなましい)と艹(くさ)を合わせた字。切ったばかりの木をあらわした。→新539 →辛1006

意味 まき。たきぎ。「薪炭」

【薪炭】しんたん たきぎとすみ。燃料。

艹－13画

【薦】

16画 常用 〈薦〉明朝 音 セン 訓 すすめる

意味 すすめる。「推薦・自薦・他薦」

使い分け すすめる「勧める・進める・薦める」→(153ページ)

名まえで使う読み しく・しげ・せん・のぶ

艹－13画

【薙】

16画 人名 〈薙〉明朝 音 テイ・チ 訓 なぐ

意味 ❶なぐ。草を短くかる。かる。❷そる。「草薙」

艹－13画

【薄】

16画 常用 〈薄〉明朝 音 ハク 訓 うすい・うすめる・うすまる・うすらぐ・うすれる

※上にくる音により「パク」ともよむ。

なりたち 形声 もとの字は「薄」。溥と艹(くさ)を合わせた字。溥は、たいらにしきつめるというイメージをもち、これはうすくくっつくというイメージにつながる。薄は、水がうすくたいらに広がっているようす。それに艹(くさ)をそえて、草がすきまなくくっついているようすをあらわした。→甫741 →博168

意味 ❶あつみが少ない。うすい。「薄氷(はくひょう・うすごおり)」 対 厚 ❷近づく。せまる。「肉薄」

注意 「簿」とまちがえないこと。

名まえで使う読み いたる・うす・すすき・はく

【薄板】うすいた あつみのうすい板。例 薄板のような胸。対 厚板

【薄薄】うすうす はっきりしないけれども。いくらかは。例 薄々感づいていた。参考 ふつう「薄々」と書く。

【薄着】うすぎ 服を少ししかきないこと。対 厚着

【薄手】うすで ①紙やぬのなどが、うすくつくってあること。また、そのもの。例 薄手のきれ。対 厚手 ②内容が安っぽいようす。例 薄手のつくりの家。

【薄日】うすび 弱くさす日の光。例 薄日がさす。

【薄謝】はくしゃ 少しばかりの謝礼。参考 自分が出すお礼を、へりくだっていうことば。

【薄弱】はくじゃく しっかりしていなくて、たよりないこと。例 意志薄弱。／根拠が薄弱だ。

【薄情】はくじょう 人にたいして思いやりの心が少ないこと。例 そんな薄情なことはできない。

【薄氷を踏む】はくひょうをふむ 句 ひじょうにあぶなくて、ひやひやしながらするようすのたとえ。例 薄氷を踏む思いで試験にのぞんだ。参考 「薄氷」は、すぐにわれてしまいそうな、うすくはった氷のこと。その上を歩くといういみから。

薄氷を踏む

【薄暮】はくぼ 夕ぐれ。夕方。

ょう。

1 【▼薄明】はくめい 日の出の前や日がしずんでまもないころの、うす明るさ。

2 【▼薄命】はくめい ①いのちがみじかいこと。例 佳人薄命。②ふしあわせなこと。

【▼薄利多売】はくりたばい 四字熟語 ねだんを下げ、品物一つあたりの利益を少なくして、そのかわりにたくさん売ってもうけること。

【▼薄給】はっきゅう 給料が少ないこと。対 高給

【▼薄幸】はっこう しあわせではないこと。運がわるいこと。例 薄幸の人生。対 多幸

下につく熟語 希▼薄・軽▼薄・品▼薄・浅▼薄・手▼薄

【薬】

艹-13画 【薬】16画 3年

艹-15画 【藥】18画 人名 〔薬〕明朝

音 ヤク

訓 くすり

※上にくる音により「ぐすり」ともよむ。

「艹」よりも13画めを長く。14画めははねてもよい。「木」を「ホ」としてもよい。

なりたち 形声 もとの字は「藥」。樂(まるいものや、小さなものがごろごろしている)と艹(くさ)を合わせた字。植物の実や根を小さくすりつぶしてつくった「くすり」をあらわした。→楽607

意味 くすり。「薬草・漢方薬」

難しい読み 薬玉・薬▼缶・薬湯(やくとう・くすりゆ)

名まえで使う読み くす・くすし・くすり・やく

【薬玉】くすだま ①香料を入れたふくろを造花などでかざり、五色の糸をたらしたもの。五月五日の節句に厄除けにした。②紙や造花などでつくり、ひもをひくとわれるようにつくった玉。祝いごとなどに用いる。

【薬屋】くすりや くすりを売る店。

【薬指】くすりゆび 小指のとなりの指。参考 くすりをとかすときに、この指をつかったことからという。

【薬▼缶】やかん 金属でつくった湯わかし用の器具。参考 もと、くすりをに出すのにつかった。

【薬害】やくがい くすりの副作用によってうける、健康上の害。

【薬学】やくがく くすりの性質・つくり方・つかい方などを研究する学問。

【薬▼剤】やくざい 病気をなおすためにつかう、くすりのこと。とくに、いくつかのくすりをまぜてつくったくすり。例 薬剤師。

【薬石】やくせき いろいろなくすりや治療法。例 薬石効なく(=いろいろ手当てしたかいもなく)なくなった。

【薬草】やくそう くすりになる草。

【薬品】やくひん くすりとしてつかうもの。

【薬物】やくぶつ くすりになる物質。医薬品。

【薬味】やくみ ねぎ・とうがらし・こしょうなど、食べ物に少しそえて、味をひきたてるもの。

【薬用】やくよう くすりとしてもちいること。例 薬用植物。

【薬局】やっきょく ①病院などで、医者のさしずでくすりをつくるところ。②くすり屋。

【薬効】やっこう くすりのききめ。例 薬効があらわれる。

下につく熟語 医薬・火薬・丸薬・劇薬・▽膏薬・粉薬・*座薬・*試薬・*常備薬・*新薬・*水薬(すいやく・みずぐすり)・製薬・▼弾薬・投薬・毒薬・特効薬・農薬・売薬・▼爆薬・▼麻薬・▼妙薬・*目薬・良薬・▽釉薬

【蕾】

艹-13画 【蕾】16画 人名 〔蕾〕明朝

音 ライ

訓 つぼみ

なりたち 形声 雷(まるいものがかさなる)と艹(くさ)を合わせた字。まるくふくらんだ「つぼみ」をあらわした。

意味 つぼみ。「味▽蕾」

【蕗】

艹-13画 【蕗】16画 人名 〔蕗〕明朝

音 ロ

訓 ふき

意味 植物の、フキ。▽若い花の芽や、葉の柄の部分が食用になる。

漢字クイズ 「米」はある国をあらわす略語につかうことがあります。その国の名前はなんでし

名まえで使う読み ふき・ろ

艹－14画

【藁】17画 人名 〈藁〉明朝 音コウ 訓わら

意味 イネやムギの実をとりのぞき、くきをほしたもの。わら。「▽藁半紙・麦▽藁」

艹－14画

【薩】17画 人名 〈薩〉明朝 音サツ 訓 —

なりたち 形声 薛をりゃくしたものと生(いのち)を合わせた字。

意味 ❶人々をすくう。❷仏教のことばの「さつ」の発音をあらわす字。「▽菩▽薩」

艹－15画

【藪】18画 表外 〈藪〉明朝 音ソウ 訓やぶ

意味 ❶草木がむらがりしげるところ。やぶ。❷「▽藪医者」の略。やぶ。

【▽藪医者】やぶいしゃ 病気をみたり治したりすることのへたな医者。やぶ。

【▽藪から棒】やぶからぼう 句 とうとつにものごとをすること。ふい。だしぬけ。例「きみは、藪から棒にへんなことを言うね」。参考 やぶにかくれていて、とつぜん、棒をつきだすことから。

【▽藪をつついて▽蛇を出す】やぶをつついてへびをだす 句 よけいなことをして、かえってめんどうなことを引き起こすこと。参考 りゃくして「やぶへび」ともいう。

艹－15画

【藤】18画 常用 〈藤〉明朝 音トウ 訓ふじ

なりたち 形声 滕(上にあがる)と艹(くさ)を合わせた字。滕は、朕(上にあがる)と水を合わせて、水がわきあがるようす。藤は、つるがほかの木にからんで上にあがっていく「ふじ」をあらわした。→朕572

意味 樹木の、フジ。▽つる性の木で、四、五月ごろふさのように花をつける。

藤

名まえで使う読み かつら・つ・とう・どう・ひさ・ふじ

下につく熟語 *葛▽藤

艹－15画

【藩】18画 常用 〈藩〉明朝 音ハン 訓 —

なりたち 形声 潘と艹(くさ)を合わせた字。潘は、番(まるくとりまく)と氵(=水)を合わせて、水がまるくうずまくようす。藩は、たてものまわりをとりまくかきねをあらわした。王室のまわりをとりまくようにしてまもる大名のいみにももちいられる。→番750

意味 むかしの大名の領地。「▽藩主」

【▽藩校】はんこう 江戸時代にそれぞれの藩で、大名が藩士の子を教育するためにつくった学校。藩学。参考 水戸藩の弘道館、薩摩藩の造士館など。

【▽藩士】はんし 大名につかえていたさむらい。例 薩摩藩士。

【▽藩主】はんしゅ 藩をおさめていた大名。例 最後の水戸藩主。

下につく熟語 *親▽藩・*▽脱▽藩・*▽廃▽藩

艹－15画

【藍】18画 常用 〈藍〉明朝 音ラン 訓あい

なりたち 形声 監(わくの中におさめる)と艹(くさ)を合わせた字。葉を容器の中にひたして染料をとる草、「あい」をあらわした。→監767

意味 ❶青色の染料をとる草の、アイ。「▽藍染め・出▽藍」❷あざやかな青色。あい色。「▽藍」

藍

色」

参考 ↓「青は藍より出でて藍より青し（1058ページ）」。↓「出藍の誉れ（125ページ）」。

名まえで使う読み あい・らん

下につく熟語 ▽伽▼藍・*出▼藍

【繭】18画 糸部12画 ↓863ページ

艹－16画

【蘇】19画

人名 〈蘇〉明朝 音 ソ 訓 よみがえる

意味 よみがえる。生きかえる。「▽蘇生」

名まえで使う読み いき・はる

【▽蘇生】そせい 生きかえること。また、元気をとりもどすこと。

艹－16画

【藻】19画

常用 〈藻〉明朝 音 ソウ 訓 も

なりたち 形声 澡と艹（くさ）を合わせた字。澡は、喿（表面にうきあがる）と氵（＝水）を合わせて、表面にうかぶよごれをあらうようす。藻は、水面にうかぶ草をあらわした。↓操520

意味 水中にはえる植物。「海▼藻」

【▼藻類】そうるい 藻のなかま。胞子でふえる植物。水中やしめった場所にはえる。アオミドロ・アサクサノリ・ワカメなど。

艹－16画

【蘭】19画

人名 〈蘭〉明朝 音 ラン 訓 —

なりたち 形声 闌（さえぎる）と艹（くさ）を合わせた字。わるいものをさえぎる効果がある草をあらわした。

意味 ❶植物の、フジバカマ。▽あわい赤むらさきの小さい花があつまり、一つの花のようにさく。秋の七草の一つ。❷植物の、ラン。▽りっぱなもののたとえにつかわれる。香りがよく観賞用。❸オランダのこと。「▽蘭学」

参考 ❸は、オランダを「和蘭」「阿蘭陀」とあてたことから。

【▽蘭学】らんがく 江戸時代に、オランダからつたえられた西洋の学問。

【▽蘭方】らんぽう 江戸時代に、オランダから伝えられた医学や薬学。参考 オランダに限らず、日本式の医学に対し、西洋式の医学をさすこともある。例 蘭方医。

3画 辶（辶4） しんにょう しんにゅう

なりたち

「いく」「すすむ」などに関係する字をあつめる。「辵」から「辶」（四画）や「辶」（三画）に省略される。

この部首の字

	迂 3画 408	迎 4画 409	迭 5画 410	追 6画 413	造 7画 415	逞 7画 418	連 7画 419	逮 8画 423	達 9画 425	遊 9画 427	遡 10画 430	遮 11画 430	遷 12画 432
	迄 3画 408	返 4画 409	迫 5画 411	逃 6画 414	速 7画 416	途 7画 419	逸 8画 420	運 9画 423	遅 9画 426	遥 9画 428	遡 10画 430	遭 11画 430	選 12画 432
込 2画 408	迅 3画 408	迦 5画 410	逆 6画 411	迷 6画 415	逐 7画 417	透 7画 419	逸 8画 420	過 9画 424	道 9画 426	違 10画 428	遜 10画 430	適 11画 430	遼 12画 433
辻 2画 408	辿 3画 408	述 5画 410	送 6画 412	這 7画 415	通 7画 417	逗 7画 419	週 8画 421	遇 9画 425	遁 9画 427	遠 10画 428	遜 10画 430	遺 12画 431	還 13画 433
辺 2画 408	近 4画 408	迪 5画 410	退 6画 413	逝 7画 415	逓 7画 418	逢 7画 419	進 8画 421	遂 9画 425	遍 9画 427	遣 10画 429	遙 10画 428	遵 12画 432	避 13画 433

ほかの部首の字

巡↓巛部333　導↓寸部313　縫↓糸部862

3画

こたえ アメリカ。「亜米利加」とあて字で書いたことから。

髄→骨部1091

辶－2画
【込】
5画 常用 〔込〕明朝
音 —
訓 こむ・こめる

なりたち 会意 国字 入（はいる）と辶（いく）を合わせた字。

意味 ❶**人がたくさんあつまる。**「▼込みあう」❷**中にはいる。入れる。**「風がふき▼込む」❸**ずっとつづける。**「考え▼込む」

辶－2画
【辻】
6画 人名 〔辻〕明朝
音 —
訓 つじ

なりたち 会意 国字 十（十字路）と辶（みち）を合わせた字。

意味 ❶**十字路。**❷**道ばた。**

名まえで使う読み つじ

辶－2画
【辺】
5画 4年 〔辺〕明朝
音 ヘン
訓 あたり・べ

※上にくる音により「ペン」ともよむ。

4画めの右側は右下方向にかたむけ、5画めは上部を支えるよう長くはらう。

フ 刀 刃 刅 辺

なりたち 形声 邊（辺）

もとの字は「邊」。臱と辶（すすむ）を合わせた字。臱は、自（はな）と丙（左右にはり出す）と方（両がわにはり出す）を合わせて、鼻柱の左右にはり出した部分を図にして、中心から両がわにはり出すというイメージをもつ。邊は、国の中心から行きづまるまで歩いていったその「はし」のことをあらわした。「辺」はりゃくした形。

意味 ❶**ほとり。あたり。**「周辺」❷**国や物のはし。**「辺境」❸**へり。ふち。**「▼縁辺・岸辺」❹**図形をかたちづくっている直線。**「底辺」

名まえで使う読み へ・へん・ほとり

【辺境】へんきょう　中央から遠くはなれた地方。とくに、国ざかいの地方。

【辺地】へんち　にぎやかな町から遠くはなれた、交通の不便な土地。へき地。

【辺▽鄙】へんぴ　都会からはなれていて、不便なこと。例辺鄙な土地。

下につく熟語 ＊一辺・＊右辺・海辺・＊上辺・川辺・近辺・＊左辺・四辺・身辺・＊短辺・＊長辺・野辺・▼浜辺・窓辺・水辺

辶－3画
【迂】
7画 人名 〔迂〕明朝
音 ウ
訓 —

意味 **回りくどい。また、遠回りする。**「▽迂遠・▽迂回」

名まえで使う読み とお・ゆき

辶－3画
【迄】
7画 人名 〔迄〕明朝
音 キツ
訓 まで

意味 **まで。時間やきょり、程度などの、いきつくところをあらわすことば。**「今▽迄」

辶－3画
【迅】
6画 常用 〔迅〕明朝
音 ジン
訓 —

意味 **はやい。**「▼迅速」

名まえで使う読み じん・とき・とし・はや

【▼迅速】じんそく　きわめてはやいこと。すばやいこと。例迅速な処置がほどこされた。

下につく熟語 奮▼迅

辶－3画
【辿】
7画 人名 〔辿〕明朝
音 テン
訓 たどる

意味 **たどる。さがしながらすすむ。目じるしを追ってたずねる。**

名まえで使う読み たどる

【巡】6画 巛部3画→333ページ

辶－4画
【近】
7画 2年 〔近〕明朝
音 キン
訓 ちかい

※上にくる音により「ぢか」ともよむ。

ょう。

近

1・2画めがはなれていてもよい。4画めは止めてもはらってもよい。

なりたち 形声 斤(ちかづく)と辶(すすむ)を合わせた字。そばに「ちかよっていく」ことをあらわした。→斤537

意味 ❶ちかい。ちかづく。「近所・付近」❷したしい。「近親」対❶❷遠

難しい読み 近▼畿・近日

名まえで使う読み きん・ちか・とも・もと

【近海】きんかい 陸地に近い海。対遠海・遠洋

【近刊】きんかん 近いうちに本にして出すこと。また、出た本。

【近眼】きんがん 「近視」に同じ。

【近▼畿】きんき 「近畿地方」のりゃく。大阪・京都・滋賀・三重・和歌山・奈良・兵庫の二府五県からなる。

【近▼況】きんきょう 近ごろのようす。例 近況をお知らせください。

【近近】きんきん/ちかぢか 近いうち。例 近々うかがいます。参考 ふつう「近々(きんきん・ちかぢか)」と書く。

【近景】きんけい 近くのけしき。対遠景

【近▼郊】きんこう 都市に近いところ。例 近郊農業。

【近郷近在】きんごうきんざい 四字熟語 都市に近い村里。

【近視】きんし 遠くがはっきりと見えないこと。また、その目。近眼。ちかめ。対遠視

【近視眼的】きんしがんてき 目先のことに気をとられ、全体や先の見通しがつかないようす。例 近視眼的な戦略。参考「近視眼」は、遠くのものがよく見えない目。近眼。

【近日】きんじつ 近いうち。例 近日開店。

【近所】きんじょ 近いところ。例 となり近所。

【近親】きんしん 血のつながりのふかいしんるい。例 近親者があつまる。

【近世】きんせい 歴史の分け方の一つ。日本では江戸時代ごろのこと。

【近接】きんせつ ①近づくこと。接近。②すぐ近くにあること。例 都市に近接している村。

【近代】きんだい 歴史の分け方の一つ。日本では明治時代からあと、西洋ではフランス革命からあとの時代。例 近代国家。

【近代化】きんだいか 古いやり方をすてて、新しいやり方に変えること。例 工場の近代化が進む。/欧米の近代化に学ぶ。

【近代的】きんだいてき 新しいやり方をとり入れて、新しい感じがするようす。例 近代的な建物。

【近年】きんねん 近ごろの二、三年間。例 ことしの冬は近年にない寒さだ。

【近辺】きんぺん あるものの近く。例 家の近辺を散歩する。

【近来】きんらい 近ごろ。このごろ。例 近来にないめずらしいできごとだ。

【近▼隣】きんりん となりあって近いこと。また、となりあって近いところ。例 近隣の国々。

【近道】ちかみち ①きょりがみじかくて、はやく行ける道。また、その道を通ること。例 橋をわたるのが近道だ。/近道して行く。②あることをはやくしあげる方法。はやみち。例 合格への近道。

下につく熟語 遠近・最近・至近・接近・側近・*手近・間近・身近

辶-4画

【迎】

7画 常用 〔迎〕明朝

音 ゲイ 訓 むかえる

意味 ❶まちうける。むかえる。「▼歓▼迎」❷ちょうしを合わせる。「▼迎合」

【▼迎合】げいごう 人に気に入られるように、調子を合わせること。例 かれは、すぐに人の意見に迎合する。

【▼迎春】げいしゅん 新春をむかえること。

上につく熟語 *迎え火

下につく熟語 送▼迎

辶-4画

【返】

7画 3年 〔返〕明朝

音 ヘン 訓 かえす・かえる

3画

返

4画めは止めるが、はらっても誤りとは言えない。3・4画めの下をそろえる。

一 厂 万 反 反 返 返

なりたち 形声 反(はねかえる)と辶(すすむ)を合わせた字。来た方向へはねかえってもとにもどることをあらわした。→反180

意味 **もとにもどす。かえる。**「返▼却・返品」

【返▼還】へんかん 一度手に入れたものを、かえすこと。例優勝旗の返還。

【返▼却】へんきゃく かりたものや、あずかったものをかえすこと。例本を返却する。

【返済】へんさい かりたお金や品物をかえすこと。例借金を返済する。

【返事】へんじ こたえること。こたえることば。返答。例返事がない。

【返上】へんじょう もらったものをかえすこと。例汚名返上する。

【返信】へんしん 返事の手紙。対往信

【返送】へんそう もとのところへおくりかえすこと。例手紙が返送されてきた。

【返答】へんとう こたえること。返事。

【返納】へんのう かりた物やうけとった物を、元のもちぬしなどにかえすこと。

【返品】へんぴん (しいれたり、買ったりした)品物をかえすこと。また、その品物。

【返礼】へんれい あいさつやおくりものをうけたとき、それにたいしてお礼をすること。また、お礼のあいさつや品物。

下につく熟語 *恩返し・*仕返し・*代返・*宙返り・*寝返り・*見返り

辶－5画

【迦】 9画 人名

〈迦〉明朝 音カ 訓―

意味 **仏教のことばの「か」の発音をあらわす字。**「▼釈▽迦」

辶－5画

【述】 8画 5年

〈述〉明朝 音ジュツ 訓のべる

※下にくる音により「ジュッ」ともよむ。

2画めをはねても、3画めを止めてもよい。4画めは止める。5画めの点を忘れずに。

一 十 オ 木 朮 朮 述 述

なりたち 形声 述(述) もとの字は「述」。朮と辶(すすむ)を合わせた字。朮は、ねばりけのある実をつけたアワをえがいたもので、くっついてはなれないというイメージをもつ。述は、今までのすじ道からはずれずにすすむようすをあらわした。

朮のつく漢字グループ
「朮」のグループは「くっつく」「くっついてはずれない」というイメージがある。
→述410 →術921

意味 **ことばや文章であらわす。のべる。**「記述・口述」

名まえで使う読み あきら・じゅつ・とも・のぶ・のぶる・のり

【述▼懐】じゅっかい 考えていることや思い出などをのべること。例胸のうちを述懐する。

【述語】じゅつご 文の中で、主語をうけて、それがどうであるか、どうしたかなどを説明することば。たとえば「花がさく。」「鳥が鳴く。」などの文では、「花(が)」「鳥(が)」が主語であるのにたいして「さく」「鳴く」が述語。

下につく熟語 供述・後述・▼叙述・前述・著述・陳述・*論述

辶－5画

【迪】 8画 人名

〈迪〉明朝 音テキ 訓みち・すすむ

意味 **❶みち。みちびく。❷すすむ。**

名まえで使う読み すすむ・ただし・ただす・ひら・ふみ・みち

辶－5画

【迭】 8画 常用

〈迭〉明朝 音テツ 訓―

なりたち 形声 失(横にずれる)と辶(すすむ)を合わせた字。横にずれていって、つぎつぎ

3画

に入れかわることをあらわした。↓失266

意味 かわる。「更迭」

注意 「送」とまちがえないこと。

辶－5画

【迫】

8画 常用 〈迫〉明朝

音 ハク 訓 せまる

なりたち 形声 白(くっつく)と辶(すすむ)を合わせた字。もう少しで、おいつきそうなところまで近づくことをあらわした。↓白759

意味 ❶せまる。近づく。「圧迫」 ❷おいつめる。「迫害」

注意 「追」とまちがえないこと。

名まえで使う読み せり・とお・はく

【迫害】はくがい 権力などでおさえつけて、くるしめること。例 幕府の迫害をうける。

【迫真】はくしん 表情や表現が、まるでほんとうのようであること。例 迫真の演技。

【迫力】はくりょく 人の心に強くせまってくる力。例 迫力のある絵。

下につく熟語 気迫・*急迫・*窮迫・脅迫・緊迫・切迫・*肉迫

辶－6画

【逆】

9画 5年 〈逆〉明朝

音 ギャク 訓 さか・さからう

※下にくる音により「ギャッ」ともよむ。

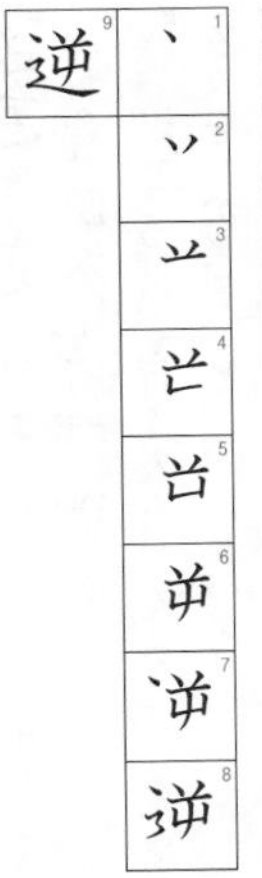

1・2画めは内向き。4画めは折り、5画めの下を少し出す。6画めは直線でもよい。

なりたち 形声 屰と辶(すすむ)を合わせた字。屰は、大のかたちの人をさかさにした字で、さかさになることをしめす記号。逆は、反対の方向にすすむことをあらわした。

意味 ❶さからう。「反逆」 対 順 ❷さかさま。「逆流」

難しい読み 逆鱗・逆手(ぎゃくて・さかて)・逆夢

【逆効果】ぎゃくこうか／ぎゃっこうか 考えていたこととは反対の(よくない)結果。例 逆効果をまねく。

【逆算】ぎゃくさん ふつうの順序とは反対の順序でかぞえること。おわりのほうから、前のほうにかぞえること。例 逆算すると、あと三日しかない。

【逆三角形】ぎゃくさんかくけい 底辺が上にきて、頂点が下にくる形の三角形。ぎゃくさんかっけい。

【逆襲】ぎゃくしゅう 今までせめられていたものが、反対にせめてゆくこと。

【逆上】ぎゃくじょう かっとなって、とりみだすこと。例 逆上して大声でわめく。

【逆数】ぎゃくすう その数にかけあわせると、1になる数。例 3の逆数は$\frac{1}{3}$です。

1【逆接】ぎゃくせつ 二つの文で、前にのべたことがらにたいして、あとに反対のことがらがつづくこと。「だが」「が」「しかし」「けれども」などのことばであらわされる。対 順接

2【逆説】ぎゃくせつ 真理に反しているようにみえて、よく考えるとうまく真理を言いあらわしていることば。「負けるが勝ち」「いそがば回れ」など。パラドックス。

【逆手】一 ぎゃくて 柔道などで、あいての関節を反対にまげるわざ。二 ぎゃくて／さかて ①あいての攻撃をうまく利用して、反対にせめること。例 逆手にとる。②鉄棒などで、てのひらを上にむけてにぎること。対 順手

【逆転】ぎゃくてん ①反対の方向に回ること。②ものごとのようすが、すっかり反対になること。例 試合は逆転した。

【逆風】ぎゃくふう ①すすんでいく方向からふいてくる風。むかい風。例 逆風に立ち向かう。対 順風 ②不利な状況。例 逆風をものともせず改革を進める。対 追い風

【逆用】ぎゃくよう 自分のつごうに合わせて、もとの目的とは反対の目的につかうこと。例 法を逆用する。

こたえ オランダ。「和蘭」とあて字で書いたことから。

【逆流】ぎゃくりゅう　水などが、いつもと反対のほうにながれること。例川が逆流する。

【逆境】ぎゃっきょう　思いどおりにならない、不幸な身の上。例逆境にもめげない。対順境

【逆行】ぎゃっこう　反対の方向にすすむこと。例時代の流れに逆行する。

【逆光線】ぎゃっこうせん／ぎゃくこうせん　自分が見ているものの、むこうがわからさしこむ光。

【逆▽鱗に▼触れる】げきりんにふれる
故事成語　目上の人のごきげんをそこねて、ひどくおこらせる。例先生の逆鱗に触れる。
参考 ㋐「逆鱗」は、竜のあごの下にある、さかさにはえたうろこのこと。これにさわると竜がおこって、さわった人をころすという話からきたことばで、もともとは天子をおこらせることをいった。㋑「逆」を「げき」と読むのはとくべつの読み方。

【逆夢】さかゆめ　ゆめで見たことと反対のことが、現実におこること。また、そのゆめ。

上につく熟語 ＊逆▼戻り・＊逆▼恨み・＊逆様・＊逆立ち

下につく熟語 ＊悪逆

辶－6画

【送】

9画　3年

〔送〕明朝

音 ソウ
訓 おくる

送　送

1・2画めは内向きに。3・4画めは4画めの方を長く。6画めは止める。

1	2	3	4	5	6	7	8	9
丶	ソ	䒑	兰	关	关	关	送	送

なりたち 形声　もとの字は「送」。关と辶（すすむ）を合わせた字。关は、両手で物をもって、高くさし上げているようす。送は、物をそろえてほかの場所へもっていくことをあらわした。

意味 ❶はこびとどける。おくる。「郵送・運送」❷見おくる。「送別」対迎

【送▼還】そうかん　人を、もとのところへおくりかえすこと。例密入国者を強制送還する。

【送球】そうきゅう　球技で、ボールをみかたになげておくること。また、そのボール。例送球がそれる。

【送金】そうきん　お金をおくること。また、そのお金。例大学生の姉に送金する。

【送▼迎】そうげい　行く人をおくることと、来る人をむかえること。例送迎バス。

【送辞】そうじ　卒業式や送別会などで、わかれて行く人におくることば。対答辞

【送信】そうしん　電波・Eメールなどで、通信をおくること。対受信

【送電】そうでん　電気をおくること。例送電線。

【送付】そうふ　〔品物や書類などを〕おくりとどけること。

【送風】そうふう　風をおくること。例送風機。

【送別】そうべつ　わかれて行く人をおくること。例送別会。

送別

【送料】そうりょう　品物をおくるのにかかるお金。おくり賃。例送料無料。

上につく熟語 ＊送り仮名・＊送り火

下につく熟語 移送・回送・＊急送・＊後送・護送・▼葬送

使い分け おくる　送る・贈る

【送る】物や人をほかのところにはこびとどける。例荷物を送る。／駅まで友だちを送る。

【贈る】感謝や祝福の気もちをあらわし、人に物をあたえる。例記念品を贈る。／花束を贈る。

送・*託送・直送・転送・電送・発送・搬送・返送・放送・輸送

辶−6画

【退】

9画 6年

〔退〕明朝

音 タイ

訓 しりぞく・しりぞける

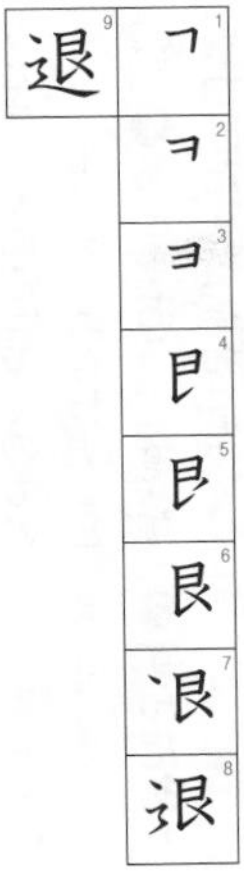

1画めは折ってから内側に向ける。4画めは折って右上にはらう。6画めは止める。

1	2	3	4	5	6	7	8	9
㇇	㇇	ヨ	巳	艮	艮	艮	艮	退

なりたち 会意 〔古い字形〕−退

むかしの字は日(太陽)と夊(引きずる足)と辶(すすむ)を合わせた字。太陽が西の空の方へひきさがるようすを図にして、下の方へ下がっていくことをあらわした。

意味 ❶あとへ下がる。しりぞく。「後退」対進 ❷やめる。「引退」 ❸おとろえる。「退化」

難しい読み 立ち退く

【退位】たいい 天皇や王がくらいをしりぞくこと。対即位

【退院】たいいん 入院していた人が、けがや病気がなおって病院を出ること。例入退院をくりかえす。対入院

【退化】たいか ①進歩が止まって、あともどりすること。②生き物のからだの一部が、つかわなくなったために、はたらきがなくなったり、形が小さくなったりすること。対①②進化

【退学】たいがく 卒業する前に学校をやめること。また、やめさせること。退校。

【退却】たいきゃく まけて、にげること。

【退去】たいきょ その場から、たちのくこと。例裁判長から退去を命じられる。

【退屈】たいくつ ①何もすることがなくて、つまらないこと。例退屈をもてあます。②同じようなことがくりかえされて、あきること。

【退散】たいさん ①あつまっていた人が、帰っていくこと。例見物人が退散したあとは、紙くずの山だ。②ばらばらになって、にげさること。例悪者は、あわてふためいて退散した。

【退治】たいじ 害をくわえるものを、すっかりほろぼすこと。例ゴキブリを退治する。

【退室】たいしつ へやから出ること。例職員室から退室する。対入室

【退社】たいしゃ ①会社をやめること。対入社 ②つとめをおえて会社から出ること。対出社

【退出】たいしゅつ ①目上の人の前や、あらたまった場所から、引き下がること。例宮中から退出する。②仕事がおわって、役所などから帰ること。例五時に役所を退出する。

【退場】たいじょう 会場・ぶたいなどから引き下がること。対入場

【退色】たいしょく 色があせること。色がさめること。例赤いTシャツが退色する。

【退職】たいしょく つとめをやめること。例会社を退職する。対就職

【退陣】たいじん ①軍隊があとへ下がること。②役職をやめること。例社長に退陣をもとめる。

【退席】たいせき 席を立って、その場所から引き下がること。例急用で退席する。

【退潮】たいちょう ①引き潮。②いきおいが、おとろえていくこと。例景気が退潮する。

【退廃】たいはい 道徳や気風がみだれ、くずれること。参考「頽廃」とも書く。

【退避】たいひ きけんをさけるために、その場所からしりぞいてはなれること。例安全な場所まで退避する。使い分け たいひ「待避・退避」→(378ページ)

【退歩】たいほ ものごとが、前の状態よりわるくなること。対進歩

【退路】たいろ にげ道。例退路をたつ(=にげ道をふさぐ)。

下につく熟語 一進一退・撃退・減退・辞退・進退・衰退・早退・脱退・中退・撤退・敗退・勇退

辶−6画

【追】

9画 3年

〔追〕明朝

音 ツイ

訓 おう

追 追

2つの「コ」の部分の縦ははそろえて、横はばは下の方をやや広くする。

筆順：1 丿 2 𠂉 3 户 4 户 5 白 6 𠂤 7 ˋ𠂤 8 㕛 9 追

なりたち 形声 𠂤と辶(すすむ)を合わせた字。𠂤は、まるい土のかたまりが二つつらなっているすがた。ものがいくつもつながってあつまるというイメージをもつ。追は、前に行くものの、あとにつながるようにしてすすむようすをあらわした。▽𠂤は、宮・師・帰(歸)などにもふくまれ、「ぐるりとまるく回る」「多くのものがあつまる」というイメージをもあらわすことがある。

意味 ❶**あとをおう。**「追▼跡」 ❷**すんだあとに、つけたす。**「追加・追認・▼訴追」

注意 「迫」とまちがえないこと。

難しい読み 追分・追従(ついじゅう・ついしょう)

【追い風】おいかぜ ①すすんでいく方向にうしろからふいてくる風。順風。②有利な状況。例 好景気が商売の追い風となる。対 逆風

【追分】おいわけ ①街道が二つに分かれているところ。②「追分節」のりゃく。ゆるやかで、ものがなしい調子の民謡。長野県の追分地方の馬子唄からはじまった。

【追▼憶】ついおく すぎさったむかしのことを、なつかしく思い出すこと。例 追憶にふける。

【追加】ついか あとからつけくわえること。例 注意事項を追加する。／追加注文。

【追記】ついき あとから書きくわえること。また、書きくわえた文章。

1【追▼及】ついきゅう ①あとからおいかけること。例 犯人を追及する。②さぐっておいつめること。例 責任を追及する。

2【追求】ついきゅう めあてのものを、自分のものにしようとして、おいもとめること。例 利益を追求する。

3【追究】ついきゅう 学問などで、どこまでもおいもとめて、ほんとうのことをはっきりさせようとすること。例 真理を追究する。

使い分け 「追及」は、おもに犯人や責任を、「追求」は、利益や娯楽などの自分のほしいものを、「追究」は、おもに学問・研究・真理をもとめるときにつかう。

【追▼撃】ついげき にげる敵をおいかけて攻撃すること。

【追従】一 ついじゅう 人のいうことや、することに、そのとおりにしたがうこと。例 人に追従して、自分の意見をもたない。二 ついしょう おべっかをつかって、人のきげんをとること。例 お追従笑い。

【追▼伸】ついしん 手紙で本文がおわったあと、さらに追加して書くときに、そのはじめに書くことば。また、その文。追って書き。

【追▼随】ついずい ①人のしたあとに、したがうこと。また、まねること。例 追随者。②おいかけること。例 他の追随をゆるさない。

【追▼跡】ついせき にげるもののあとを、おいかけること。例 追跡をかわす。

【追想】ついそう すぎさったことを思いおこすこと。例 おさないころを追想する。

【追▼悼】ついとう 人の死をかなしみ、その人の生前を思いだすこと。例 追悼文。

【追▼突】ついとつ のりものなどが、うしろからぶつかること。例 追突事故。

【追認】ついにん ある事実を、前にさかのぼってみとめること。

【追肥】ついひ 作物をそだてるとちゅうで、あたえる肥料。おいごえ。対 元肥

【追放】ついほう つごうのわるいものを、おいはらうこと。例 町から暴力を追放しよう。

辶－6画

【逃】

9画 常用 〔逃〕明朝

音 トウ
訓 にげる・にがす・のがす・のがれる

なりたち 形声 兆(左右にはなれる)と辶(すすむ)を合わせた字。ある場所からはなれていくことをあらわした。→兆101

意味 **にげる。にがす。**「▼逃走」

【▼逃走】とうそう　にげさること。例 犯人は関西方面へ逃走した。

【▼逃▼避】とうひ　にげて、さけること。例 現実の問題から逃避する。

【▼逃亡】とうぼう　にげて、ゆくえをくらますこと。例 外国に逃亡する。

上につく熟語 ＊▼逃げ▼腰・＊▼逃げ道　下につく熟語 食い▼逃げ・＊夜▼逃げ

辶－6画

【迷】

9画　5年　〔迷〕明朝

音 メイ＊　訓 まよう

1・2画めは内向き。4画めははねてもよい。「木」の部分を「ホ」としてもよい。

丶　丷　䒑　半　米　米　米　迷　迷

なりたち 形声　米（こまかくて見えにくい）と辶（すすむ）を合わせた字。道がこまかく分かれていて、わからなくなることをあらわした。→米832

意味 ❶まよう。「迷路」 ❷とまどう。「低迷」

難しい読み 迷子

【迷子】まいご　つれにはぐれたり、道にまよった子ども。

【迷宮】めいきゅう　中にはいったら、出口がわからなくなるようにつくった宮殿。

【迷宮入り】めいきゅういり　事件などの解決がつかなくなること。例 事件は迷宮入りとなった。

【迷▼彩】めいさい　黒や茶色や緑などのまだらもようをぬって、敵から発見されにくいようにすること。カムフラージュ。例 迷彩服。

【迷信】めいしん　人々が信じている、りくつに合わない、あやまったいいつたえなどのこと。例 迷信を信じない。

【迷路】めいろ　一度はいると、出口も入り口もわからなくなってしまうような道。例 迷路にまよいこむ。

【迷▼惑】めいわく　あるえいきょうをうけて、こまること。いやなめにあうこと。例 迷惑をかける。

下につく熟語 ▼頑迷・混迷

辶－7画

【這】

11画　人名　〔這〕明朝

音 ゲン　訓 はう

意味 **はう。手足を地面につけてすすむ。**

名まえで使う読み これ・ちか

辶－7画

【逝】

10画　常用　〔逝〕明朝

音 セイ　訓 ゆく・いく

なりたち 形声　折（二つに切りはなす）と辶（すすむ）を合わせた字。その場所をはなれて立ち去ることをあらわした。→折496

意味 **人が死ぬ。**「逝去・急▼逝・早▼逝」

【▼逝去】せいきょ　人が死ぬこと。なくなること。参考 その人をうやまった言い方。

辶－7画

【造】

10画　5年　〔造〕明朝

音 ゾウ　訓 つくる

1画めと3画めの書き出しは、3画めを高くする。「告」は4画めを長く書く。

ノ　𠂉　牛　生　牛　告　告　告　造　造

なりたち 会意　䢜－艁－造

告は牛の角をきつくしばるようす。しばりつけるとか、くっつけるというイメージをもつ。古い字は告と舟（ふね）を合わせて、ふねをしばりつけて橋をつくるようすをあらわした。のちの字は告と辶（すすむ）を合わせて、目的地にいきつくことをあらわした。今では「つくる」のいみにもちいる。→告202

意味 ❶つくる。「製造」 ❷きわめる。いたる。「造▼詣」

使い分け つくる「作る・造る・創る」→（67ページ）

3画

こたえ ドイツ。「独逸」とあて字で書いたことから。

名まえで使う読み いたる・ぞう・なり・なる・はじめ

【造営】ぞうえい 寺・神社・宮殿などの建物をつくること。

【造園】ぞうえん 庭園や公園などをつくること。例 造園業。

1【造化】ぞうか 宇宙のすべてをつくった神。造物主。

2【造花】ぞうか 本物の花ににせてつくった花。

【造形・造型】ぞうけい ものの形をつくること。

【造▼詣が深い】ぞうけいがふかい 句 学問や芸術など、あることについての知識がゆたかで、理解がすぐれている。例 文学に造詣が深い人。

【造語】ぞうご 新しくことばをつくること。また、そのことば。とくに、今つかわれていることばを組み合わせてつくったことば。

【造作】一 ぞうさ めんどうで手のかかること。例 こんな仕事は造作もないことです。二 ぞうさく ①家をたてること。②家の中につくりつけたもの。たな・らんま・戸だななど。例 家の造作がいたむ。

【造成】ぞうせい 自然に手をくわえて、利用しやすい状態につくりあげること。例 林を宅地用に造成する。

【造船】ぞうせん 船をつくること。例 造船所。

【造▼幣】ぞうへい 貨幣をつくること。例 造幣局。

【造林】ぞうりん 山や野に木のなえをうえ、森林をそだてること。

下につく熟語 改造・▼偽造・急造・建造・構造・酒造・▼醸造・人造・創造・築造・▼鋳造・密造・木造・模造・乱造

辶－7画

【速】

10画 3年

〔速〕明朝

音 ソク

訓 はやい・はやめる・はやまる・*すみやか

5画めは「束」の中心に書き、最後は止めてもはねてもよい。7画めは止める。

なりたち 形声 束(ちぢめる)と辶(すすむ)を合わせた字。歩はばをちぢめていそいで歩くことをあらわした。→束584

意味 うごきがはやい。「速達」 対 遅

使い分け はやい「早い・速い」→(548ページ)

名まえで使う読み ちか・つぎ・はや・はやし・はやみ・めす

【速成】そくせい ものごとをはやくしあげること。例 技術者を速成する。使い分け そくせい「促成・速成・即製」→(80ページ)

【速戦▼即決】そくせんそっけつ 四字熟語 たたかいを長びかせないで、一気に勝負をきめてしまうこと。また、時間をおかないで、問題をすぐに解決すること。参考「速戦」は、すばやくたたかうこと。「即決」は、その場ですぐにきめること。注意「速戦」につられて「速決」と書きまちがえないこと。

【速達】そくたつ「速達郵便」のりゃく。速達料金をとり、ふつうよりはやくとどける郵便。

【速断】そくだん ①すばやく判断してきめること。②よく考えないで、軽々しくきめること。使い分け そくだん「即断・速断」→(172ページ)

【速度】そくど はやさのどあい。きまった時間に動いたきょりであらわす。例 制限速度。

【速読】そくどく ふつうよりはやく読むこと。

【速報】そくほう すばやく知らせること。また、その知らせ。例 開票の結果を速報する。

【速力】そくりょく 自動車・飛行機・電車などのはやさ。スピード。

【速記】そっき とくべつの記号をつかって、人の話をすばやく書きとること。また、その技術。例 速記者。

【速球】そっきゅう 野球やソフトボールで、投手のなげるたまがはやいこと。例 速球投手。

1【速▼攻】そっこう すばやくせめること。また、そのせめ方。例 あざやかな速攻で得点する。

2【速効】そっこう すみやかにあらわれるききめ。例 速効性。

下につく熟語 音速・快速・加速・急速・減速・高速・早速・時速・失速・迅速・拙速・低速・秒速・敏速・風速

使い分け そっこう 速効・即効・即行・速攻

【速効】肥料などが、はやくきくこと。例 速効性の肥料をまく。

【即効】くすりなどがすぐにきくこと。例 即効性のあるくすり。参考 政治や経済などの対策で、すぐにききめがあらわれることにもつかう。

【即行】すぐにおこなうこと。例 思いついたら即行しよう。

【速攻】すばやく攻撃すること。例 速攻で点をとる。

辶－7画

【逐】

10画 常用 〔逐〕明朝

音 チク

訓 ―

意味 ❶おいはらう。「駆逐・放逐」 ❷順をおう。「逐次」

注意 「遂」とまちがえないこと。

【逐一】ちくいち 一つ一つ。例 逐一報告しなさい。

【逐次】ちくじ しだいに。順々に。例 逐次説明します。

辶－7画

【通】

10画 2年 〔通〕明朝

音 ツウ・ツ*

訓 とおる・とおす・かよう

※上にくる音により「ヅウ」「どおり」ともよむ。

3・4画めの縦画は真下に。5・6画めが4画めの縦画に接していなくてもよい。

1	2	3	4	5	6	7	8	9	10
㇇	マ	マ	丙	月	甬	甬	甬	通	通

なりたち 形声 甬－甬 辵 ＞ 通－通

甬と辶(すすむ)を合わせた字。甬は、用(つきぬく)と⺈(道具のすがた)を合わせて、道具でとんとんつくようすを図にして、つきとおすというイメージをしめす記号。通は、とちゅうでつかえないでつきぬけることをあらわした。

甬のつく漢字グループ

「甬」のグループは「つきとおす」「つきぬける」というイメージがある。「甬」は「甬」の変形。

→用740 →勇150 →通417 →湧682 →痛754 →踊994

意味 ❶とおる。かよう。「通過」 ❷知らせる。「通知」 ❸すべてにわたる。「共通」 ❹あることに、とくにくわしい。また、その人。「サッカー通」 ❺手紙などをかぞえることば。つう。

注意 「通る」をかな書きにするとき、「とうる」と書くのはまちがい。「とおる」と書く。

難しい読み 通夜

名まえで使う読み つう・とお・とおる・なお・ひらく・みち・みつ・ゆき

【通院】つういん 病気やけがなどで、病院にかようこと。例 骨折で通院している。

1【通貨】つうか その国でつかわれているお金。

2【通過】つうか ①ある場所を通りすぎること。例 急行列車が駅を通過する。②試験・検査・会議などを通って、合格したり、よいときまったりすること。例 面接試験を通過した。

【通学】つうがく 学校にかようこと。例 兄は自転車通学をしている。

【通気】つうき 空気の通りがよいこと。また、外と内の空気が入れかわること。例 このへ

漢字クイズ 鳥は口で鳴きます。では，貝は口で何をするのでしょう。

やは通気がわるい。

【通勤】つうきん つとめ先にかようこと。例 通勤電車。

【通行】つうこう ①人や車が、道路を通ること。例 右がわ通行。②世の中に広くもちいられること。例 通行の教科書。

【通告】つうこく つげ、知らせること。例 事前に通告する。

【通算】つうさん 全体を通して計算すること。また、その計算と結果。例 通算一〇〇本めのホームラン。

【通▼称】[1] つうしょう 正式ではないが、世の中でふつうにつかわれているよび名。例 本名は山田ですが、通称山さんとよばれています。

【通商】[2] つうしょう 外国と品物を売り買いすること。貿易。例 日米通商条約。

【通常】つうじょう とくべつではなくて、ふつうとかわらないこと。ふつう。ふだん。例 運動会がおわり、通常の授業にもどった。

【通信】つうしん ①ようすを知らせること。たより。②電話・電信・郵便などでつたえあうこと。例 通信機関。

【通説】つうせつ 世の中でいっぱんにみとめられている説。

【通▼俗】つうぞく いっぱんの人々にわかりやすいこと。例 通俗小説。

【通▼俗的】つうぞくてき ありふれていて、程度がひくいようす。例 通俗的な考え。

【通達】つうたつ 上の役所から下の役所へ、または役所からいっぱんの人々へ知らせること。また、その知らせ。例 通達をだす。

【通知】つうち ひつようなことを、あいてに知らせること。また、その知らせ。例 通知表。

【通帳】つうちょう お金の出し入れや品物の売り買いなどを、書き入れる帳面。例 預金通帳。

【通念】つうねん 世間で広くみとめられている考え。例 社会通念。

【通風】つうふう 風を通して空気を入れかえること。風通し。例 へやの通風をよくする。

【通分】つうぶん 算数で、分母のちがう二つ以上の分数を、値をかえないで、分母が同じ分数にすること。

【通報】つうほう 情報を知らせること。また、その知らせ。例 警察に通報する。

【通訳】つうやく ことばのちがう人どうしが話をするとき、その間にはいって、両方の話をそれぞれあいてにわかることばになおすこと。また、それをする人。例 同時通訳。

【通用】つうよう ①多くの人々につかわれていること。例 英語は世界じゅうで通用する。②ねうちがあるとみとめられて、つかわれていること。例 そんな古い考えは、今では通用しない。

【通例】つうれい ①習慣としておこなわれている、いつもの例。いっぱんのならわし。例 七時に家を出るのが通例です。②例外はあるが、ふつうには。例 日曜日は通例休業です。

【通路】つうろ 通り道。人が行き来する道。例 自転車が通路をふさいでいる。

【通話】つうわ 電話で話をすること。また、その話。例 通話料金。

【通夜】つや 葬式をする前に家族やしたしい人があつまり、遺体をまもって夜をあかすこと。

下につく熟語 開通・▼貫通・共通・交通・食通・精通・全通・▼疎通・直通・内通・半可通・不通・▼普通・文通・便通・＊融通・流通

辶－7画

【逓】

10画 常用 〔逓〕明朝 音 テイ 訓 —

意味 ❶つぎつぎに。「▼逓減・▼逓次(＝じゅんばんに)」 ❷つたえる。「駅▼逓」

【▼逓減】ていげん しだいにへること。また、へらすこと。例 出生率が逓減する。対 逓増

【▼逓増】ていぞう しだいにふえること。また、ふやすこと。例 高齢者の人口が逓増する。対 逓減

辶－7画

【逞】

11画 人名 〔逞〕明朝 音 テイ 訓 たくましい

意味 ❶たくましい。❷〔「不▽逞」と書いて〕ルールを守らず、かってにふるまうこと。

名まえで使う読み たくま・とし・ゆき・ゆた・よし

辶－7画

【途】

10画 常用 〔途〕明朝 音 トゥ・ズ* 訓 —

なりたち 形声 余(たいらにのばす)と辶(すすむ。みち)を合わせた字。たいらにのびたみちをあらわした。→余72

意味 みち。みちすじ。「帰▽途・中▽途」

名まえで使う読み と・とお・みち

【▽途次】とじ とちゅう。道すがら。

【▽途上】とじょう ①道の上。路上。②とちゅう。例 新しい工場は、建設途上にある。

【▽途絶】とぜつ つづいていたものごとが、とだえること。例 大雪で通信が途絶した。

【▽途中】とちゅう ①出発してから目的のところへつくまでの間。例 途中下車。②ものごとをはじめてからおわるまでの間。例 話の途中で、じゃまがはいる。

【▽途▽轍もない】とてつもない 句 ふつうでは考えられないようす。常識はずれでとんでもないようす。例 途轍もなくさむい日だ。／途轍もないほらをふく。参考 「途轍」は、すじみち、道理のいみ。

【▽途方】とほう ①手段。方法。例 途方に暮れる(＝どうしてよいかわからなくなる)。②すじ道。道理。例 途方もない(＝とんでもない)でたらめ。

下につく熟語 *一▽途(いっと・いちず)・使▽途・*首▽途(しゅと・かどで)・前▽途・別▽途・用▽途

辶－7画

【透】

10画 常用 〔透〕明朝 音 トウ 訓 すく・すかす・すける

なりたち 形声 秀(ぬけ出る)と辶(いく)を合わせた字。とおりぬけることをあらわした。また、内がわまでとおりぬけて見えることもあらわした。

意味 ❶すきとおる。「▽透明」❷通りぬける。「▽浸▽透・▽透過」

名まえで使う読み すき・すく・とう・とおる・ゆき

【▽透過】とうか 光や放射線などが、物質を通りぬけること。

【▽透視】とうし すかして見ること。例 X線で透視する。

【▽透徹】とうてつ 筋が通っていて、あいまいなところがないこと。例 透徹した理論。

【▽透明】とうめい すきとおっていること。例 無色透明。

上につく熟語 *▽透かし編み・*▽透かし▽彫り・*▽透かし模様・*▽透き間

下につく熟語 ▽浸▽透

辶－7画

【逗】

11画 人名 〔逗〕明朝 音 トウ・ズ 訓 とどまる

意味 とどまる。しばらくそこにいる。「▽逗留・▽逗宿」

【▽逗留】とうりゅう 旅先で、一か所に長い期間とどまること。例 温泉宿に逗留する。

辶－7画

【逢】

11画 人名 〔逢〕明朝 音 ホウ 訓 あう

意味 あう。であう。

名まえで使う読み あい

辶－7画

【連】

10画 4年 〔連〕明朝 音 レン 訓 つらなる・つらねる・つれる

「車」の横画は6画めを長く、間を等しく。7画めは止めてもはらってもよい。

なりたち 会意 車(くるま)と辶(すすむ)を合わせた字。車が何台もつらなってすすむようすをあらわした。

意味 ❶つらなる。つづける。「連続」❷つれていく。つれ。「連中(れんちゅう・れんじゅう)」

名まえで使う読み つぎ・つら・まさ・むらじ・やす・れん

【連歌】れんが 短歌の上の句(五・七・五)と下

こたえ 唄をうたう。(口＋貝＝唄)。

の句（七・七）を、何人かでこうごによんでいく形式のもの。室町時代にさかんになった。

【連記】れんき 選挙などで、二名以上の人の名前をならべて書くこと。

【連休】れんきゅう 休日がつづくこと。また、つづいた休日。例 三連休。

1【連係】れんけい たがいにつながりをもたせること。例 連係プレー。

2【連▼携】れんけい 連絡をとりあい、協力しあって、ものごとをおこなうこと。例 同盟国と密接な連携をたもつ。

【連結】れんけつ つなげて、ひとつづきのものとすること。例 客車を連結する。

【連呼】れんこ 同じことばなどを、何度もつづけて大声でさけぶこと。例 こうほ者の名前を連呼する。

【連行】れんこう 犯人や容疑者を警察などにつれていくこと。例 容疑者を連行する。

【連合】れんごう 二つ以上のものが組み合わさって一つになること。また、組み合わせて一つにすること。例 国際連合。

【連座】れんざ 他人の事件にかかわって、ともに罰をうけること。まきぞえ。例 連座制。

【連▼載】れんさい つづきものの記事や作品を、同じ新聞や雑誌につづけてのせること。例 連載小説。

【連作】れんさく ①同じ田畑に、同じ作物を毎年つくること。対 輪作 ②ひとりの作者が、同じような題材で、いくつかの作品をつくること。また、その作品。例 連作短編集。

【連山】れんざん ならびつづいている山々。例 アルプスの連山。

【連日】れんじつ 毎日毎日。くる日もくる日も。例 連日三〇度をこす暑さ。

【連勝】れんしょう つづけて、かつこと。例 連戦連勝。

【連戦】れんせん つづけて、たたかうこと。

【連想】れんそう あることがらから、それに関係のあるほかのことを思いうかべること。

【連続】れんぞく 一つのものごとが、切れめなくつづくこと。また、つづけること。例 二打席連続のホームラン。

【連打】れんだ つづけてうつこと。

【連帯】れんたい ふたり以上の人が、責任をもってことにあたること。例 連帯責任。

【連中】れんちゅう／れんじゅう 同じようなことをするなかま。例 クラブの連中と出かける。

【連動】れんどう あるものがうごくと、それにつながっているほかのものも、うごくこと。例 品不足に連動して物価が上昇する。

1【連破】れんぱ 試合などで、あいてをつづけてやぶること。例 三連破する。

2【連▼覇】れんぱ つづけて優勝すること。例 甲子園、春、夏連覇。

【連発】れんぱつ ①何度もつづけておこなうこと。また、つづいておこること。例 先生に質問を連発する。対 散発 ②弾丸などを、つづけてうちだすこと。例 連発銃。対 単発

1【連▼邦】れんぽう 二つ以上の国があつまってつくっている一つの国。例 共和国連邦。

2【連▼峰】れんぽう いくつもつらなっている山のみね。例 北アルプス連峰。

1【連名】れんめい ふたり以上の人が、名前をならべること。また、ならべて書いた名前。例 住民が連名で市長に要望書を出した。

2【連盟】れんめい 共通の目的をはたすために力を合わせることを、約束すること。また、約束したなかまや団体。

【連綿】れんめん 長くつづいて、切れめがないこと。例 連綿とつづく家系。

【連夜】れんや 毎夜。毎ばん。例 連日連夜。

【連▼絡】れんらく ①二つのものの間につながりをつけること。例 次の駅で特急に連絡する。②知らせること。また、その知らせ。例 帰る時間を連絡する。

【連立】れんりつ 二つ以上のものがならんで立つこと。また、それぞれのものがあつまって、一つのものをつくること。例 連立方程式。／連立内閣。

下につく熟語 ＊一連・関連・＊国連・＊常連

辶－8画

【逸】

11画 常用

辶－8画

【逸】

12画 人名

〔逸〕明朝

音 イツ
訓 —

※「イッする」ともつかう。

意味 ❶うしなう。それる。「逸脱」 ❷世間からぬけでる。「逸話」 ❸すぐれている。「逸材」

名まえで使う読み いつ・すぐる・とし・はつ・はや・まさ・やす

【逸材】いつざい すぐれた才能。また、すぐれた才能をもっている人。例 逸材を多く輩出する。

【逸脱】いつだつ 本すじからはずれること。例 議題から逸脱した意見。

【逸話】いつわ 世の中の人にあまり知られていない、ちょっとした話。エピソード。

下につく熟語 *安逸・*後逸・*散逸・秀逸・*放逸

辶－8画

【週】

11画 2年 〔週〕明朝

音 シュウ
訓 —

1画めは止めてもよい。2画めは折ってから真下に下ろし、はねる。

1	2	3	4	5	6	7	8	9	10	11
丿	冂	冂	円	円	周	周	周	周	调	週

なりたち 形声 周（ぐるりととりまく）と辶（すすむ）を合わせた字。ぐるりと一回りすることをあらわした。→周205

意味 日曜日から土曜日までの七日間を一つにまとめていうことば。「週番」

使い分け 「周」は「まわり」のいみで、「一周年・周囲・円周」などとつかう。「週」は「一週間」のいみで、「読書週間・今週」などとつかう。

1【週刊】しゅうかん 新聞や雑誌などを、一週間に一度ずつ発行すること。例 週刊誌。

2【週間】しゅうかん とくべつな行事をおこなう七日間。例 読書週間。

1【週休】しゅうきゅう 一週間ごとにきまった休日があること。また、その休日。例 週休二日制。

2【週給】しゅうきゅう 一週間ごとにしはらわれる給料。

【週番】しゅうばん 一週間ごとに交替するつとめ。また、そのつとめの人。

【週報】しゅうほう ①一週間ごとにおこなう報告。②一週間ごとに発行される新聞や雑誌。

【週末】しゅうまつ 週のおわりの日。土曜日。また、土曜日から日曜日にかけてをいう。例 週末の天気は、くずれそうだ。

下につく熟語 隔週・*今週・*次週・*先週・毎週・*翌週・来週

辶－8画

【進】

11画 3年 〔進〕明朝

音 シン
訓 すすむ・すすめる

「隹」は、横画の間を等しく、2画めの下は少し出し、3画めは点で書いてもよい。

1	2	3	4	5	6	7	8	9	10	11
ノ	イ	亻	仆	什	件	隹	隹	隹	進	進

なりたち 会意 隹（とり）と辶（すすむ）を合わせた字。鳥が前にとぶようにすすむようすをあらわした。

意味 ❶前のほうに出る。すすむ。「前進・突進」 対 退 ❷よくなる。上がる。「進歩・栄進」 ❸さしあげる。「進物」

使い分け すすめる「勧める・進める・薦める」→（153ページ）

名まえで使う読み しん・す・すす・すすむ・のぶ・みち・ゆき

【進化】しんか ①よりいっそうすぐれたものになること。②生物のからだが、長い年月の間に、まわりの状態によって、生活しやすいように、少しずつ変化していくこと。例 進化論。対 ①②退化

【進学】しんがく 上級の学校へすすむこと。例 高校に進学する。

漢字クイズ 大きいものが，上にいくと小さくなっていく状態は，なんというのでしょう。

辶・辶の部　8画　進

【進級】しんきゅう　学年や等級が上にすすむこと。

【進境】しんきょう　進歩したていど。上達のぐあい。例 進境がいちじるしい。

【進軍】しんぐん　軍隊が敵をせめながらすすんでいくこと。

【進言】しんげん　地位の高い人や、目上の人に、意見をもうしのべること。

【進行】しんこう　①前のほうへすすんでいくこと。例 列車が進行する。②ものごとをすすめること。ものごとがはかどること。例 工事が進行する。

【進▼攻】しんこう　前にすすみながら敵をせめること。使い分け「侵攻」は、他国に攻め入ること。

【進取】しんしゅ　自分からすすんでものごとをすること。例 進取の精神。

【進出】しんしゅつ　新しい方面に、すすみでること。例 決勝戦に進出する。

【進水】しんすい　新しくつくった船を、はじめて水にうかべること。例 進水式。

【進退】しんたい　①すすむことと、しりぞくこと。②その役にとどまるか、やめるかということ。例 進退うかがい。

【進退きわまる】しんたいきわまる　すすむこともしりぞくこともできなくて、どうにもならなくなる。参考「きわまる」は、いきづまって、こまりはてるいみ。

【進▼駐】しんちゅう　軍隊が他の国にはいって、そこにとどまること。例 進駐軍。

【進▼呈】しんてい　人に物をさしあげること。例 記念品を進呈する。

【進展】しんてん　ものごとがすすみ、新たな状態になること。

使い分け　しんてん　進展・伸展

【進展】ものごとがすすみ広がること。例 大きな問題に進展する。

【伸展】いきおいや大きさなどが、のび広がること。例 事業が伸展したお祝いをする。参考「展」は、広げてひきのばすこと。

【進▼捗】しんちょく　ものごとがすすみはかどること。例 進捗状況を説明する。

【進度】しんど　すすみぐあい。はかどりぐあい。

【進入】しんにゅう　すすんでいって、その場所にはいりこむこと。例 進入禁止。

【進歩】しんぽ　ものごとがよいほうにすすむこと。例 進歩がはやい。対 退歩

【進物】しんもつ　人にさしあげるもの。おくりもの。

【進路】しんろ　すすんで行く道。例 台風は北へ進路をかえた。対 退路　使い分け しんろ「針路・進路」→(1024ページ)

使い分け　しんにゅう　進入・侵入・浸入・新入

【進入】すすんでいって、ある場所にはいること。例 列車が駅に進入する。消防隊の進入口。

【侵入】よその家やよその国にむりにはいりこむこと。例 だまって家に侵入するのは、はんざいだ。

【浸入】水が土地やたてものにはいりこむこと。例 大雨で雨水がゆか下に浸入する。

【新入】新しくなかまにはいる。例 新入社員。／新入生。

下につく熟語 *勧進・寄進・急進・行進・後進・昇進・精進・新進・推進・増進・▼促進・直進・発進・▼躍進

辶－8画

【逮】

11画 常用 〈逮〉明朝

音 タイ 訓 —

意味 おいかけてとらえる。「▼逮▼捕」

【▼逮▼捕】たいほ 警察が、犯人または罪をおかしたうたがいのある人をとらえること。例 逮捕は時間の問題だ。

辶－9画

【運】

12画 3年 〈運〉明朝

音 ウン 訓 はこぶ

「冖」は横広に書き、その内部に「車」を書く。9画めは止めてもはらってもよい。

なりたち 形声 軍(まるくめぐる)と辶(すすむ)を合わせた字。円をえがいてぐるぐる回ることをあらわした。→軍998

意味 ❶はこぶ。「運送」 ❷まわる。めぐる。「運行」 ❸うごく。うごかす。「運動」 ❹幸福や不幸のめぐり合わせ。「幸運・運命」

しんにょう・しんにゅう 辶・辶の部 8画 逮 9画 運

3画

名まえで使う読み うん・かず・はこぶ・やす・ゆき

【運営】うんえい 人やしくみをはたらかせて仕事をすすめること。例 児童会の運営。

【運河】うんが 船を通したり、田畑に水を引いたりするために、人工的につくった水路。例 パナマ運河。

【運が開ける】うんがひらける 句 よいめぐりあわせになってくる。運がよくなる。

【運休】うんきゅう 汽車・電車・バスなどが運行を休むこと。例 電車は事故で運休している。

1【運行】うんこう ①交通機関が、時刻表どおりにうごくこと。例 地下鉄は正常に運行している。②天体がきまった道をすすんでいくこと。

2【運航】うんこう 船や飛行機が、きまった航路をすすむこと。例 定刻どおり運航している。

【運勢】うんせい 幸福や不幸のめぐり合わせ。例 ことしの運勢はよい。

【運送】うんそう 荷物や客をはこぶこと。

【運賃】うんちん のりものにのるときや、物をはこぶときにはらうお金。例 運賃先ばらい。

【運転】うんてん ①のりものや機械などを、そのしくみをはたらかせて、うごかすこと。例 バスを運転する。②ものを、うまくはたらかせてつかうこと。例 運転資金。

【運動】うんどう ①物がうごくこと。例 振り子の運動。対 静止 ②からだをうごかすこと。例 水泳は全身の運動になる。③ある目的のために、はたらきかけること。例 公害をなくす運動。

【運の尽き】うんのつき 句 幸運が終わること。例 ここで出会ったのが運の尽きだ。

【運▼搬】うんぱん 物をはこんでうつすこと。例 木材を運搬する。

【運筆】うんぴつ 字を書くときの、筆のはこび方。ふでづかい。

【運命】うんめい 自分の力ではどうにもならない、幸福や不幸のめぐり合わせ。例 運命のいたずら。

【運命的】うんめいてき 自分では変えられないめぐり合わせとして、前からきまっているように思えるようす。例 運命的な出会い。

【運輸】うんゆ 人や物を、列車・自動車・船などではこぶこと。

【運用】うんよう 法律やお金などを、うまくはたらかせてつかうこと。例 運用資金。

【運を天に任せる】うんをてんにまかせる 句 物事の結果をそのときのなりゆきにまかせる。例 あすの試合の勝ち負けは、運を天に任せることにする。

下につく熟語 悪運・海運・開運・気運・機運・*社運・水運・*衰運・盛運・非運・悲運・不運・武運・*命運・陸運

こたえ とが(尖)る。(小+大)。

辶－9画

【過】

12画 5年

〔過〕明朝

音 カ

訓 すぎる・すごす・*あやまつ・*あやまち

1・2・5・6画めの縦画は内側に向け、5・6画めの方を横広にする。

なりたち 形声 咼＋辶－過

咼(スムーズに動く)と辶(すすむ)を合わせた字。咼は、冎(骨の上の部分)と口(あな)を合わせて、あなにはまりこむ関節の骨のこと。くるくる回る、スムーズに動くというイメージをもつ。過は、スムーズに通りすぎることをあらわした。ある場所をとどまらずに通りすぎてしまうから「いきすぎ」のいみとなり、さらに「あやまち」のいみとなった。

咼のつく漢字グループ

「咼」のグループは「くるくる回る」「まるい穴に、はまりこむ」、また「スムーズにうごく」というイメージがある。

→過424 →渦677 →禍798 →鍋1032

意味 ❶**通りすぎる。**「通過・過去」 ❷**ていどをこす。**「過労」 ❸**あやまち。**「過失」

【過客】かかく／かきゃく 通りすぎて行く人。旅をする人。旅人。

【過激】かげき ひじょうにはげしいこと。例過激な運動。

【過去】かこ すぎさったとき。むかし。対現在・未来 例過去にさかのぼってしらべる。

【過▼酷】かこく きびしすぎること。あまりにもひどいこと。例過酷な試練をたえぬく。

【過言】かごん いいすぎ。例かれは学校きっての秀才だといっても過言ではない。

【過失】かしつ あやまち。しくじり。

【過日】かじつ このあいだ。ついせんだって。例過日きめたことを実行する。

1【過小】かしょう 小さすぎること。例台風の被害を過小にみていた。対過大

2【過少】かしょう 少なすぎること。対過多

【過▼剰】かじょう たくさんありすぎて、あまっていること。例生産量が過剰だ。

【過小評価】かしょうひょうか 四字熟語 じっさい以下のひくいねうちしかみとめないこと。例自分の力を過小評価する。対過大評価

【過食▼症】かしょくしょう (心の病気で)ものを食べすぎてしまうこと。対拒食症

【過信】かしん 信用しすぎること。例過信は禁物。

【過▼疎】かそ ひじょうにまばらであること。とくに、ある地域にすむ人の数が少なすぎること。例過疎の村。対過密

【過多】かた 多すぎるようす。例栄養過多。対過少

【過大】かだい 大きすぎること。対過小

【過大評価】かだいひょうか 四字熟語 じっさい以上に高くねうちをみとめること。例君の実力はプロ級だ。けっして過大評価ではない。対過小評価

【過程】かてい すすんでいくものごとの順序。また、そのとちゅうの変化。例自動車の発達の過程をしらべる。

使い分け かてい 過程・課程

【過程】すすんでいくものごとの順序や変化。例チョウになるまでの過程を観察する。

【課程】学問や技術などを身につけるために、学ぶようさだめられた勉強や作業。例小学校の全課程を修了する。

参考 卒業証書に書いてあるのは「課程」。

【過度】かど　ものごとが、ふつうのていどをこえていること。例 過度の運動。

【過当競争】かとうきょうそう　四字熟語　同じ商売をしている人どうしの間でおこなわれる、度をこしたはげしいあらそい。参考「過当」は、てきとうなていどをこえていること。

【過渡期】かとき　古いものから新しいものへ、うつりかわっていく間の時期。

【過熱】かねつ　①あつくしすぎること。あつくなりすぎること。例 ストーブが過熱する。②ものごとの状態が、度をこしてはげしくなること。例 報道が過熱する。使い分け かねつ「加熱・過熱」→(145ページ)

【過半数】かはんすう　全体の半分よりも多い数。例 過半数の賛成をえた。

【過敏】かびん　感じ方が、ふつうより強すぎること。例 神経過敏。

【過不足】かふそく　多すぎることと、足りないこと。例 過不足なく、計算が合う。注意「かぶそく」と読まないこと。

【過保護】かほご　子どもなどを、必要以上にめんどうをみること。例 過保護にそだてる。

【過密】かみつ　一つのところにあつまりすぎること。とくに、ある地域にすむ人の数が多すぎること。例 過密都市。対 過疎

【過労】かろう　はたらきすぎて、つかれること。例 過労で病気になった。

【過ぎたるはなお及ばざるがごとし】すぎたるはなおおよばざるがごとし　故事成語　度のすぎたことは、やや足りないのと同じようなもので、よくない。ものごとは、ほどほどがだいじだということ。

下につく熟語 *一過・看過・経過・*大過・超過

辶－9画

【遇】

12画　常用　〔遇〕明朝

音 グウ　訓 あ*う

意味 ❶思いがけなく出会う。「遭遇」 ❷もてなす。「待遇」 ❸よい運との出会い。「不遇」

名まえで使う読み あい・あう・ぐう・はる

下につく熟語 奇遇・境遇・厚遇・千載一遇・優遇・冷遇

辶－9画

【遂】

12画　常用　〔遂〕明朝

音 スイ　訓 と*げる・つ*いに

なりたち 形声　豕(重みをかけて、おしすすめる)と辶(すすむ)を合わせた字。とことんまでおしすすめることをあらわした。→隊446

意味 なしとげる。ものごとをやりとげる。

注意「逐」とまちがえないこと。

名まえで使う読み かつ・つぐ・なる・みち・もろ・やす・ゆき

【遂行】すいこう　さいごまでやりとげること。例 作戦を遂行する。

下につく熟語 *完遂・*既遂・未遂

辶－9画

【達】

12画　4年　〔達〕明朝

音 タツ・ダ*チ　訓 —

※下にくる音により「タッ」ともよむ。／「タッする」ともつかう。

1〜9画めの横画は、3画めを一番長く、次に8画めを長くする。「幸」にしない。

なりたち 形声　幸と辶(すすむ)を合わせた字。幸のもとの形は「羍」。羊(ひつじ)と大(ゆとりがある)を合わせ、羊の子がゆったりと生まれ出るようす。するりとぬけるというイメージをもつ。達は、とちゅうでつかえずにすらすら通ることをあらわした。→大257

意味 ❶とどく。「配達・到達」 ❷すぐれる。「達人」 ❸知らせる。知らせ。「伝達・通達」

難しい読み 達磨

名まえで使う読み いたる・さと・さとし・さとる・しげ・すすむ・ただ・たつ・たて・と・とおる・のぶ・ひろ・みち・よし

【達観】たっかん こまかいことにとらわれないで、ものごとの道理や真理をさとること。例人生を達観する。

【達者】たっしゃ ①わざなどがすぐれて、じょうずなこと。例芸達者。②からだがじょうぶなこと。例どうか、お達者で。

【達人】たつじん 学問・芸術・武術などで、うでまえがとくにすぐれた人。例達人のわざ。

【達成】たっせい なしとげること。例達成目標。

【達筆】たっぴつ じょうずに字を書くこと。また、その字。例達筆をふるう。対悪筆

【達▼磨】だるま 達磨大師が座禅をしているすがたににせた、置物やおもちゃ。例達磨おとし。

達磨

下につく熟語 栄達・熟達・上達・先達・速達・調達・友達・発達・練達

辶－9画

【遅】

12画 常用 〔遅〕明朝

音 チ
訓 おくれる・おくらす・おそい

意味 おくれる。おそい。「▼遅刻・▼遅▼咲き」対速

【▼遅延】ちえん おくれること。例交通渋滞でバスが三〇分も遅延した。

使い分け おくれる 遅れる・後れる

【遅れる】時間に間に合わない。おそい。例授業に遅れる。／電車に乗り遅れる。

【後れる】やる気が出ずに気もちがのらない。ひるむ。例ぶたいに立ったが気後れしてこわい。／友だちに後れをとる。

参考「気後れする」「後れをとる」以外は、いっぱんに「遅」をつかうことが多い。

【▼遅刻】ちこく きめられた時刻に、おくれること。例ねぼうして学校に遅刻した。

【▼遅▼遅】ちち ものごとがゆっくりしていてはかどらないようす。例仕事は遅々としてすすまない。参考ふつう「遅々」と書く。

辶－9画

【道】

12画 2年 〔道〕明朝

音 ドウ・トウ*
訓 みち

道

「首」は1・2画めを内向きに、3画めを長く、5・6画めの縦画は真下に下ろす。

1 丶 2 丷 3 䒑 4 䒑 5 产 6 首 7 首 8 首 9 首 10 首 11 道 12 道

なりたち 形声 首(頭)と辶(すすむ)を合わせた字。頭を前にむけてすすんでいく「みち」をあらわした。→首1084

意味 ❶みち。「道路」❷人のまもるべきことがら。「道徳」❸わざ。専門の分野。「道場・書道」❹いう。のべる。「報道」❺都・府・県とならぶ行政区画。北海道。「道立・道庁」

名まえで使う読み おさむ・おさめ・じ・ち・つな・つね・どう・なおし・ね・のり・まさ・みち・ゆき・より・わたる

【道具】どうぐ ①人間が生活をするのに、べんりだと考えてつくったすべてのもの。例家財道具。②仕事をするときにつかうもの。例商売道具。③手段として利用される、人。例金もうけの道具にされる。

【道化】どうけ 人をわらわせるような身ぶりやことば。また、それをする人。例道化をえんじる。／道化師。

【道場】どうじょう 武芸をまなんだり、けいこをしたりするところ。例道場破り。

【道祖神】どうそじん 村や道路に悪霊がはいってくるのをふせぎ、旅人の安全を守る神。

【道中】どうちゅう 旅のとちゅう。また、旅。

【道程】どうてい 道のり。

【道徳】どうとく　人としての正しいおこない。例道徳教育。

【道標】どうひょう　方向や道のりなどを書いて、道のわきに立てるふだ。道しるべ。

【道楽】どうらく　①仕事のほかに楽しみとしてすること。また、そのものごと。例つりは、父のたった一つの道楽です。②酒やかけごとにふけること。例道楽者。

【道理】どうり　ものごとの正しいすじ道。例道理にかなう。

【道路】どうろ　人や車などの通る道。

【道草】みちくさ　①とちゅうで、ほかのことをして時間をすごすこと。例道草をくう。②道端にはえている草。

【道順】みちじゅん　通っていく道の順序。

【道筋】みちすじ　①通り道。例公民館までの道筋を聞く。②ものごとの正しい順序。すじ道。例話の道筋がくいちがう。

【道▼端】みちばた　道のわき。道のほとり。

下につく熟語 沿道・王道・街道・片道・*▼華道・▼軌道・弓道・旧道・*芸道・*県道・▼剣道・国道・小道・坂道・茶道・参道・地道・車道・▼邪道・*柔道・*常道・食道・神道・人道・水道・筋道・赤道・*大道・近道・*中道・鉄道・伝道・*同道・*野道・花道・*早道・非道・*武士道・武道・細道・歩道・▼舗道・横道・*夜道・林道

辶－9画

遁

13画 人名 〈遁〉明朝

音 トン　訓 のがれる

意味 にげる。のがれる。また、かくれる。「▽遁走・▼隠▽遁（＝俗世間をのがれて、かくれてくらすこと）」

【▽遁走】とんそう　こっそりとにげること。

辶－9画

遍

12画 常用 〈遍〉明朝

音 ヘン　訓 —

※上にくる音により「ペン」ともよむ。

なりたち 形声 扁（たいらに広がる）と辶（すすむ）を合わせた字。たいらに広がってすみずみまで行きわたることをあらわした。

→扁489

意味 ❶ゆきわたる。「▼遍歴・▼普▼遍」 ❷回数をかぞえることば。へん。「一▼遍・読書百▼遍」

名まえで使う読み とお・ひろ・ひろし

【▼遍在】へんざい　あちこちに広く存在すること。

【▼遍歴】へんれき　あちこちを旅して回ること。例諸国を遍歴する。

【▼遍路】へんろ　弘法大師が修行したという、四国の霊場をめぐり歩くこと。また、その人。

辶－9画

遊

12画 3年 〈遊〉明朝

音 ユウ・ユ*　訓 あそぶ

漢字博士になろう！

画数をまちがえやすい漢字

まちがえやすい画数の漢字は、筆順とともに正しい画数をおぼえておきましょう。漢字辞典で漢字をしらべるとき、部首も読み方もわからなくても、画数がわかれば、「総画さくいん」でしらべることができます。

二画 九・力・刀
三画 子・女・夕・万・久・己
四画 水・止・切・区・氏・収・不
五画 北・母・号・写・世・以・包
六画 糸・考・衣・印・成・伝・至
七画 局・似・序・良・防・否・孝
八画 長・門・芽・述・承・版・延
九画 係・乗・飛・逆・限・退・派
一〇画 紙・馬・旅・脈・能・留・陛
一一画 強・鳥・球・祭・第・液・率
一二画 遊・葉・満・過・絶・属・貿
一三画 遠・新・業・農・漢・節・置
一四画 鳴・様・緑・際・態・複・誤
一五画 選・養・歓・潔・質・暴・蔵
一六画 館・機・衛・興・奮
一七画 謝・績・厳・優・覧
一八画 曜・験・織・簡・臨
一九画 識・臓
二〇画 競・議・護

遊

「方」と、5～9画めの部分は、それぞれ縦に細長く書く。1画めは点でもよい。

なりたち 形声 斿と辶(すすむ)を合わせた字。斿は、㫃(はた)と子を合わせたもの。風になびいてゆらゆらゆれるはたも、よちよち歩きの子も、どちらも、あちこち動いてじっとしないというイメージをもつ。遊は、同じ場所にいないで、あっちこっちに行くことをあらわした。

意味 ❶あそぶ。「遊園地」

❷旅に出る。「外遊」 ❸自由にうごく。「遊牧」

難しい読み 遊説・遊山

名まえで使う読み なが・ゆう・ゆき

【遊泳】ゆうえい およぐこと。例 遊泳禁止。

【遊園地】ゆうえんち 多くの人が、楽しくあそべるようにしたところ。

【遊学】ゆうがく 遠いよその土地に行って勉強すること。例 ドイツに遊学する。

【遊▼戯】ゆうぎ ①あそぶこと。例 遊戯室。②ようち園や、小学校などでおこなう、かんたんなダンスやあそび。

【遊具】ゆうぐ 子ども用のあそび道具。

【遊水池】ゆうすいち 洪水をふせぐために、川の水を一時たくわえて調節するための池。

【遊星】ゆうせい 太陽のまわりを回っている星。惑星。

【遊説】ゆうぜい 政治家などが、あちこちに出かけていって、自分の考えを説明すること。

【遊動円木】ゆうどうえんぼく 丸太をくさりにつりさげ、前後にゆれるようにした遊具。

【遊牧】ゆうぼく 水や草をもとめてうつりすみ、牛・馬・羊などをかうこと。例 遊牧民。

【遊歩道】ゆうほどう たのしみながらぶらぶらと歩ける道。

【遊覧】ゆうらん 名所などを、見物して回ること。例 遊覧船。

【遊▼離】ゆうり ほかのものとつながりをもたないで、はなれていること。

【遊山】ゆさん 野山や観光地などへあそびに行くこと。例 物見遊山。

下につく熟語 *▼宴遊・回遊・交遊・▼豪遊・周遊・▼浮遊・▼漫遊・*▼歴遊

遥

辶－9画 【遥】12画 人名 辶－10画 【遙】14画 人名 〔遥〕明朝

音 ヨウ 訓 —

なりたち 形声 䍃(ゆらゆらする)と辶を合わせた字。

意味 ❶時間やきょりなどのへだたりが大きい。はるか。❷ぶらぶら歩く。「▽逍▽遥(=気ままにぶらぶら歩くこと)」

名まえで使う読み すみ・とお・のぶ・のり・はる・はるか・みち

違

辶－10画 【違】13画 常用 〔違〕明朝

音 イ 訓 ちがう・ちがえる

なりたち 形声 韋(ぎゃく方向にいく)と辶(すすむ)を合わせた字。たがいに行きちがうことをあらわした。→囲223

意味 ❶ちがう。ちがい。「相▼違」 ❷そむく。「▼違反・▼違約」

【▼違憲】いけん 憲法にそむくこと。

【▼違反】いはん 法律や規則にそむくこと。例 交通違反。

【▼違法】いほう 法律にそむくこと。例 違法建築。

【▼違約】いやく 約束を守らないこと。

【▼違和感】いわかん まわりのものと調和がとれない感じ。例 違和感をおぼえる。

遠

辶－10画 【遠】13画 2年 〔遠〕明朝

音 エン・オン* 訓 とおい

2・8画めは「口」の中心に。8画めは右上にはねてもよい。10画めは止め。

1	2	3	4	5	6	7	8	9	10	11	12	13
一	十	土	圭	吉	吉	声	幸	幸	袁	袁	遠	遠

なりたち 形声 袁(まるくゆったりしている)と辶(すすむ)を合わせた字。きょりがはなれているようすをあらわした。→園227

意味 ❶とおい。はなれる。「遠海」 ❷したしくない。「疎遠」 対❶❷近

参考 ひらがな「を」のもとになった字。

注意 「遠い」をかな書きにするとき、「とうい」と書くのはまちがい。「とおい」と書く。

名まえで使う読み えん・とお・とおし

【遠泳】えんえい 海などで、長い距離をおよぐこと。

【遠海】えんかい 陸地から遠くはなれた海。遠洋。対近海

【遠隔操作】えんかくそうさ はなれたところから、信号などをおくって、機械を動かすこと。リモートコントロール。

【遠距離】えんきょり 遠い道のり。遠くはなれていること。例遠距離電話。対近距離

【遠近】㊀えんきん 遠いことと近いこと。例遠近感。㊁おちこち 遠くや近く。あちらこちら。

【遠景】えんけい 遠くのけしき。対近景

【遠視】えんし 遠くはよく見えるが、近くがはっきり見えないこと。また、その目。遠目。対近視

【遠心力】えんしんりょく 回っているものが、その円の中心から遠ざかろうとする力。対求心力

【遠征】えんせい ①遠くはなれたところへ、せめていくこと。②登山・探検・試合などをするために遠くへ行くこと。例海外遠征。

【遠足】えんそく 運動・見学・楽しみなどのために、遠くに出かけること。

【遠大】えんだい 考えや計画が、すばらしくて大きいこと。例遠大な計画を立てる。

【遠望】えんぼう 遠くまで見わたすこと。また、そのながめ。

【遠方】えんぽう 遠くはなれたところ。

【遠洋】えんよう 陸地から遠くはなれた広い海。遠海。例遠洋漁業。

【遠来】えんらい 遠くはなれたところから来ること。例遠来の客。

【遠雷】えんらい 遠くで鳴っているかみなり。

【遠慮】えんりょ ①おこないやことばをひかえめにすること。例遠慮しないでたくさん食べなさい。②遠い将来のことまで考えること。例深謀遠慮(=遠いしょうらいのことまで、深く考えること)。

【遠路】えんろ 遠い道のり。例遠路はるばるやってきた。

【遠縁】とおえん 遠い親類。血のつながりが遠い関係。例かれは母方の遠縁にあたる。

注意 「遠緑」と書かないこと。

【遠くの親類より近くの他人】とおくのしんるいよりちかくのたにん 句 いざというときには、遠くにいてつきあいのない親類よりも、近くにいて親しくしている他人のほうがたよりになるということ。参考「遠い親戚より近くの他人」ともいう。

【遠出】とおで 遠くへ出かけること。

【遠目】とおめ ①遠くから見ること。また、そのながめ。例遠目にもあざやかに見える。②「遠視」のこと。対近目

上につく熟語 *遠乗り・*遠巻き・*遠回し

下につく熟語 以遠・永遠・久遠・敬遠・深遠

辶-10画

遣

13画 常用 遣 明朝

音 ケン
訓 つかう・つかわす

意味 ❶つかいとして行かせる。「派遣」 ❷そのもののつかい方。「筆遣い・言葉遣い」

注意 「遺」とまちがえないこと。

使い分け つかう「使う・遣う」→(75ページ)

【遣隋使】けんずいし 飛鳥時代に、中国の学問や文化をとりいれるため、隋(=今の中国)におくったつかい。

【遣唐使】けんとうし 奈良時代前後に、中国の学問や文化をとりいれるため、唐(=今の中国)におくったつかい。

辶・辶の部

下につく熟語 *息遣い・*仮名遣い・*気遣い・*心遣い・*小遣い・*無駄遣い

10画 遡・遜　11画 遮・遭・適

遡

⻌－10画 【遡】14画 常用　⻌－10画 【遡】13画 常用許 〔遡〕明朝

音 ソ

訓 さかのぼる

意味 流れをさかのぼる。逆もどりして、元をたずねる。「▼遡及・▼遡上」

参考 常用漢字表では「遡」を正字とするが、「遡」もつかってよいとされる字。

【▼遡▼及】そきゅう　過去のある時点までさかのぼること。例 過去に遡及して調査する。

【▼遡上】そじょう　流れをさかのぼって行くこと。例 サケが、石狩川を遡上する。

遜

⻌－10画 【遜】14画 常用　⻌－10画 【遜】13画 常用許 〔遜〕明朝

音 ソン

訓 ―

意味 ❶へりくだる。「▼謙▼遜」 ❷少しおとる。「▼遜色」 ❸ゆずる。「▼遜譲（＝へりくだって、人にゆずること）」

参考 常用漢字表では「遜」を正字とするが、「遜」もつかってよいとされる字。

名まえで使う読み やす・ゆずる

【▼遜色】そんしょく　ほかと比べて、おとっているようす。見おとり。例 ほかの選手となんら遜色がない。

下につく熟語 *不▼遜

遮

⻌－11画 【遮】14画 常用 〔遮〕明朝

音 シャ

訓 さえぎる

意味 さえぎる。「▼遮断・▼遮光」

【▼遮光】しゃこう　光をさえぎること。例 遮光カーテン。

【▼遮断】しゃだん　さえぎって止めること。例 線路の遮断機。

【▼遮二無二】しゃにむに 四字熟語 がむしゃらに。やたらに。例 遮二無二つきすすむ。

遭

⻌－11画 【遭】14画 常用 〔遭〕明朝

音 ソウ

訓 あう

なりたち 形声 曹（ざっといならぶ）と⻌（すすむ）を合わせた字。約束もしないで、ある人とひょっこりいあわせることをあらわした。

意味 ぱったりと、であう。「▼遭難」

使い分け あう「会う・合う・遭う」↓(60ページ)

【▼遭▼遇】そうぐう　思いがけず、であうこと。例 密林の中で敵と遭遇した。

【▼遭難】そうなん　思いがけず、さいなんにあうこと。例 冬山で登山隊が遭難した。

適

⻌－11画 【適】14画 5年 〔適〕明朝

音 テキ

訓 ―

※下にくる音により「テッ」ともよむ。／「テキする」ともつかう。

適

1画めは点でもよい。5・6画めは真下に下ろし、その内部に「古」を組みこむ。

1	2	3	4	5	6	7	8	9	10	11	12	13	14
丶	亠	亣	亣	产	产	产	产	啇	啇	啇	適	適	適

なりたち 形声 啇（まっすぐむき合う）と⻌（すすむ）を合わせた字。啇は、帝（一つにまとめる）と口を合わせて、いくつかのものを一つにまとめることをあらわした。一つにまとめるというイメージは、まっすぐに向き合うというイメージにもつながる。適は、めあてにむかってまっすぐすすむことをあらわした。

啇のつく漢字グループ

「啇」のグループは「一つにまとめる」「まっすぐむき合う」「一すじになる」というイメージがある。

3画

↓嫡281 ↓適430 ↓摘519 ↓敵531 ↓滴687

意味 ❶あてはまる。ふさわしい。「適任」❷ここちよい。気に入る。「快適」

注意 「敵」「摘」とまちがえないこと。

名まえで使う読み あたる・あつ・あり・かなう・かのう・てき・まさ・ゆき・ゆく・より

【適応】てきおう ①まわりのありさまや条件などにうまくあてはまること。②生物のからだの形や性質が、まわりのようすに合うようにかわっていくこと。例 環境に適応したカエル。

【適応性】てきおうせい まわりの環境や条件に、自分の習性や形をうまくあわせる性質。例 適応性にすぐれた植物。

【適温】てきおん ちょうどよい温度。例 へやを適温にたもつ。

【適格】てきかく/てっかく 資格にあてはまること。使い分け てきかく「的確・適格」↓762ページ

【適合】てきごう よく合うこと。ちょうどよく、あてはまること。例 条件に適合する建築物。

【適材適所】てきざいてきしょ 四字熟語 それぞれの才能や力におうじて、その人にうまく合う仕事や役わりをわりあてること。例 適材適所の配置。

【適職】てきしょく その人の能力や性格にぴったりあった職業。例 適職をさがす。

1【適正】てきせい ちょうどよくあてはまって正しいこと。例 適正な判断。

2【適性】てきせい 性質や性格が、あるものごとをするのによく合うこと。また、その性質や性格。例 適性検査。

【適切】てきせつ その場やものごとに、よくあてはまっていること。例 適切な意見。

【適度】てきど ちょうどよいこと。ほどよいこと。例 適度な運動は健康によい。

【適当】てきとう ①目的や条件によく合うこと。例 子どもに適当な本をえらぶ。②いいかげんであること。例 適当に答えてごまかす。

【適任】てきにん その役目や仕事にふさわしいこと。例 かれは委員長として適任だ。

【適否】てきひ うまくあてはまるか、あてはまらないか。むくか、むかないか。

【適用】てきよう ものごとを法律や規則などにあてはめてつかうこと。例 傷害罪を適用する。

【適量】てきりょう ちょうどよい分量。例 適量の塩をくわえる。

下につく熟語 好適・最適・*自適・*不適

辶－12画

【遺】

15画 6年 〔遺〕明朝

音 イ・ユイ*
訓 のこ*す

遺 遺

「貴」は「口」を平らに、5画めを長く、「貝」を縦長に書き、12画めは止める。

1 丶 2 冂 3 口 4 中 5 虫 6 冉 7 冑 8 冑 9 貴 10 貴 11 貴 12 貴 13 遺 14 遺 15 遺

なりたち 形声 貴(キ)(満たしているものを空にする)と辶(すすむ)を合わせた字。手から落としたものを、のこしてさることをあらわした。→貴980

意味 ❶わすれる。「遺失」❷のこす。「遺品」❸ぬけおちたもの。「補遺(=書きもらしたことなどを、あとからおぎなうこと)」

注意 「遣」とまちがえないこと。

難しい読み 遺言

【遺影】いえい 死んだ人の、生きていたときの写真や肖像画。例 祖母の遺影をかざる。

【遺骸】いがい 死んだ人のからだ。遺体。例 遺骸を安置する。参考「死体」よりていねいな言い方。

【遺憾】いかん 心のこりがして、ざんねんなこと。例 遺憾に思う。

【遺棄】いき きちんとしまつしないで、ほうっておくこと。すてておくこと。

【遺業】いぎょう 死んだ人がのこしていった仕事や事業。例 父の遺業をついで学者になる。

こたえ 88歳。「米」の字を分けると「八」「十」「八」になることから。

辶・辶の部 12画 遵・遷・選

【遺稿】いこう 死んだ人がのこした、未発表の原稿。例遺稿集。

【遺骨】いこつ 死んだ人のほね。

【遺作】いさく 死んだ人がのこした、未発表の作品。例遺作展。

【遺産】いさん 死んだ人がのこした財産。例遺産相続。

【遺志】いし 死んだ人が、生きているときにしようとしてできなかったのぞみ。また、してほしいとあとの人にのこしたのぞみ。例父の遺志をつぐ。

遺志

【遺児】いじ 親に死なれて、あとにのこされた子ども。

【遺失】いしつ わすれたり、おとしたりして、なくすこと。例遺失物。

【遺書】いしょ 死んだ人が、のちの人にのこした書きつけ。書きおき。

【遺跡】いせき むかしの、建物や生活のあと。例遺跡を発掘する。

【遺族】いぞく 死んだ人の、あとにのこされた家族。

【遺体】いたい 死んだ人のからだ。なきがら。遺骸。参考「死体」よりていねいな言い方。

【遺伝】いでん 親のからだの形や性質が、子につたわること。例隔世遺伝。

【遺伝子】いでんし 遺伝の形や性質をつくりだすもとになるもの。

【遺品】いひん 死んだ人が、あとにのこした品物。かたみ。

【遺物】いぶつ ①死んだ人ののこした品物。②古い時代につかわれて、今ものこっているもの。例奈良時代の遺物が発掘された。

【遺言】ゆいごん 死ぬときに、いいのこすこと。また、そのことば。例遺言状。参考法律関係では「いごん」という。

下につく熟語 *拾遺

辶－12画

【遵】

15画 常用 〔遵〕明朝 音ジュン 訓―

意味 したがう。「遵法」

名まえで使う読み じゅん・ちか・のぶ・ゆき・より

【遵守】じゅんしゅ 法律などをよくまもること。参考「順守」とも書く。

【遵法】じゅんぽう 法律などにしたがって、そむかないこと。例遵法精神。参考「順法」とも書く。

辶－12画

【遷】

15画 常用 〔遷〕明朝 音セン 訓―

意味 うつす。うつる。「変遷・左遷」

【遷都】せんと 都をほかの土地へうつすこと。

辶－12画

【選】

15画 4年 〔選〕明朝 音セン 訓えらぶ

3・6画めの最後は止めてもはねてもよい。10画めを長くして上部を支える。

なりたち 形声 選（選）

もとの字は「選」。巽（ソン）（あつめそろえる）と辶（動作をあらわすしるし）を合わせた字。多くのものをあつめて、その中からえらぶことをあらわした。→巽339

意味 えらぶ。「選挙・選者」

名まえで使う読み かず・せん・のぶ・よし・より

【選外】せんがい 作品などが、選にはいらないこと。入選しないこと。

【選外佳作】せんがいかさく 入選しなかったものの中では、よいできだとみとめられた作品。参考「佳作」はすぐれた作品の意味。

【選挙】せんきょ ある地位や役目につく人を投票などでえらぶこと。例学級委員を選挙する。／選挙権。

【選考】せんこう 人物をよくしらべて適当な人をえらびだすこと。例選考試験。

【選手】せんしゅ ①きょうぎに出るために、えらばれた人。例オリンピックの日本代表選手。②仕事としてスポーツをする人。例プロ野球の選手。

【選集】せんしゅう ある人の、または、あることがらについての、代表的な作品をえらんだ本。

【選手権】せんしゅけん きょうぎ大会などで優勝した人が、次の大会までもつ優勝者としての資格。

【選出】せんしゅつ 大勢の中から、代表者などをえらびだすこと。例先発メンバーを選出する。

【選▼択】せんたく たくさんの物の中から、ちょうどよいものをえらびとること。例読みたい本が多くて、選択にまよう。

【選定】せんてい いくつかの物の中から、ちょうどよいものをえらんで、それにきめること。例選定図書。

【選▼抜】せんばつ 多くの物の中から、よいものをえらぶこと。例選抜チーム。

【選評】せんぴょう 多くの作品の中からすぐれたものをえらびだして、そのひひょうをすること。また、そのひひょう。

下につく熟語 改選・厳選・公選・▼互選・再選・*自選・人選・精選・当選・特選・入選・予選・落選

辶－12画

【遼】

15画 人名 〔遼〕明朝 音リョウ 訓はるか

なりたち 形声 尞（リョウ）（ずるずるとつながる）と辶（みち）を合わせた字。

意味 はなれて遠くにあるようす。「▽遼遠」

名まえで使う読み とお・はるか・りょう

故事成語 【▽遼東の▽豕】りょうとうのいのこ 世間知らずの人が、つまらないものをじまんしてうぬぼれることのたとえ。参考「豕」は、ブタのこと。むかし中国の遼東という地で、頭の白い豕がうまれた。それをひじょうにめずらしいと思いこんだある人が、天子にさしあげようと河東の地まで行ったところ、そこの豕の頭はみな白く、めずらしくもないことに気づいた。その人は大いにはじて帰って行ったという話による。

【導】15画 寸部12画 → 313ページ

辶－13画

【還】

16画 常用 〔還〕明朝 音カン 訓—

意味 もとにもどる。もどす。「返▼還」

注意 「環」とまちがえないこと。

【▼還元】かんげん ①もとの状態にもどすこと。また、もどること。例利益を消費者に還元する。②酸化した物から、その成分中の酸素をとりさること。対酸化

【▼還付】かんぷ 国などが、もとのもちぬしにかえすこと。例還付金。

【▼還暦】かんれき かぞえ年の六一歳のこと。参考十干十二支の組み合わせが六〇で、六一歳でもとにもどることから。

下につく熟語 *往▼還・帰▼還・▼償▼還・生▼還・送▼還・奪▼還・返▼還

辶－13画

【避】

16画 常用 〔避〕明朝 音ヒ 訓さける

意味 さける。よける。「▽避難」

【▽避寒】ひかん 冬、あたたかい土地に行って、さむさをさけること。対避暑

【▽避暑】ひしょ 夏、すずしい土地に行って、あつさをさけること。例避暑地。対避寒

【▽避難】ひなん きけんをさけるために、安全な場所に行くこと。例避難訓練。

【▽避▽雷針】ひらいしん 高い建物の上にとりつけて、かみなりが建物におちるのをふせぐ金具。

下につく熟語 回▽避・忌▽避・待▽避・退▽避・逃▽避・不可▽避

【縫】16画 糸部10画 → 862ページ

【髄】19画 骨部9画 → 1091ページ

漢字クイズ 「文永の役」「弘安の役」の「役」は，「えき」と読みます。では，「役」のいみは？

3画 阝(右) おおざと

なりたち 地名や、人がすむ場所などに関係した字をあつめる。もとの字は「邑」で、つくりになると、「阝」の形になる。

この部首の字

0画 邑 434　4画 那 434　4画 邦 434
5画 邪 434　5画 邸 435　6画 郁 435　6画 郊 435　6画 郎 435
7画 郡 435　7画 郎 435　8画 郭 436　8画 郷 436　8画 都 436
8画 部 437　8画 郵 437　9画 都 436　12画 鄭 438

ほかの部首の字 耶→耳部 876

阝－0画

【邑】

7画 人名 〔邑〕明朝

音 ユウ　訓 くに・むら

なりたち 会意 口(領地)と卩(ひざまづく人)を合わせた字。人をしたがわせておさめる領地をあらわした。漢字をつくるときには「阝」の形になり、村・町・都市などの大きな土地であることをしめす。

意味 ❶くに。領地。❷むら。「都▽邑(=人が多く、にぎやかな町)」

名まえで使う読み くに・さと・さとし・すみ・むら・ゆう

阝－4画

【那】

7画 常用 〔那〕明朝

音 ナ　訓 ―

なりたち 形声 冄(やわらかくしなやか)と阝(むら)を合わせた字。もとは地名であったが、疑問のことばにもちいた。

意味 ❶どうして。どれ。どの。「▽那辺」 ❷仏教のことばの「な」の発音をあらわす字。「▽那落・刹▽那・旦▽那」

名まえで使う読み とも・な・ふゆ・やす

下につく熟語 *大旦▽那・▽檀那・*若旦▽那

阝－4画

【邦】

7画 常用 〔邦〕明朝

音 ホウ　訓 ―

なりたち 形声 丰と阝(くに)を合わせた字。丰は、イネの穂の先がとがっているすがたをえがいたもので、∧形にもり上がるというイメージをもつ。邦は、土をもり上げて、自分の土地であることをしめした領地をあらわした。

丰のつく漢字グループ
「丰」のグループは、「∧形にもり上がる」「先たんが∧形となっている」というイメージがある。
→奉(丰＋廾＋才)269 →峰 331 →邦 434 →縫 862 →蜂 916 →豊(=豐)972

意味 くに。わがくに。「▽邦人」

名まえで使う読み くに・ほう

【▽邦貨】ほうか 日本の貨幣。対外貨

【▽邦画】ほうが ①日本でつくられた映画。②日本画。対①②洋画

【▽邦楽】ほうがく 日本に古くからある音楽。対洋楽 参考 とくに、江戸時代以後にできた、長唄・常磐津などをさす。

【▽邦人】ほうじん 自分の国の人。日本人。例在留邦人。

【▽邦文】ほうぶん 日本の字。また、日本の字で書いた文章。和文。対欧文

下につく熟語 *異▽邦・本▽邦・*友▽邦・連▽邦

阝－5画

【邪】

8画 常用 〔邪〕明朝

音 ジャ　訓 ―

なりたち 形声 牙(くいちがう)と阝(むら)を合わせた字。もとは地名であったが、牙のイメージをとって、正しい道とくいちがういみにもちいた。→芽 389

意味 心がまがっている。わるい。「▽邪推」

難しい読み ▽邪馬台国

【▽邪悪】じゃあく 心のもちようが、ねじまがっていてきよくないこと。例邪悪な心。

【▽邪気】じゃき ①すなおでない、ねじけた気

阝(右)の部
5画 邸
6画 郁・郊・郎
7画 郡

もちや性質。例 無邪気。／邪気のない人。②病気や不幸をもたらすとされる、わるい気。例 邪気をはらう。

【▼邪険】じゃけん　思いやりがなく、あつかい方がらんぼうなこと。例 邪険にあつかう。

【▼邪推】じゃすい　わざと、わるく考えること。例 だまされているのではないかと邪推する。

【▼邪道】じゃどう　正しくないやり方。

【▼邪念】じゃねん　わるい考え。例 邪念をはらう。

【▼邪▼魔】じゃま　①さまたげになること。また、そのもの。例 うまくいっていたのに、邪魔がはいった。②人の家をおとずれること。例 お邪魔します。参考「邪魔」は、もと、仏教で、修行をさまたげる悪魔のこと。

【▼邪馬台国】やまたいこく　二～三世紀のはじめに日本にあった国。女王卑弥呼がおさめていた。あった場所は、いろいろな説がある。

下につく熟語 風▼邪・正▼邪

阝－5画 【邸】 8画 常用

〔邸〕明朝

音 テイ
訓 ―

なりたち 形声 氐(これ以上は行けないところで止まる)と阝(まち)を合わせた字。地方の大名が都にのぼってきてとまる宿舎をあらわした。→低70

意味 やしき。「官邸」

【▼邸宅】ていたく　大きくてりっぱなすまい。

下につく熟語 ＊旧▼邸・＊公▼邸・私▼邸・＊別▼邸

阝－6画 【郁】 9画 人名

〔郁〕明朝

音 イク
訓 ―

なりたち 形声 有と阝(むら)を合わせた字。うつくしいもようをあらわした。

意味 目だつようす。あでやかなようす。はなやかなようす。

名まえで使う読み あや・か・かおり・かおる・たかし・ふみ

阝－6画 【郊】 9画 常用

〔郊〕明朝

音 コウ
訓 ―

なりたち 形声 交(まじわる)と阝(まち)を合わせた字。町と田園がまじわる場所をあらわした。→交46

意味 町はずれ。「▼郊外・近▼郊」

注意 「効」とまちがえないこと。

名まえで使う読み おか・こう・さと・ひろ

【▼郊外】こうがい　都市につづいた田園地帯。

阝－6画 【郎】 9画 常用 ／ 阝－7画 【郞】 10画 人名

〔郎〕明朝

音 ロウ
訓 ―

なりたち 形声 もとの字は「郞」。良(きれい)と阝(まち)を合わせた字。もとは地名であったが、良のイメージをとって、美しい人、とくに、ハンサムな男のいみにもちいた。→良909

意味 りっぱな男。また、男。「新▼郎・下▼郎・野▼郎」

注意 「朗」とまちがえないこと。

名まえで使う読み お・ろう

【▼郎等・▼郎党】ろうとう／ろうどう　武家の家来。

【耶】 9画 耳部3画 → 876ページ

阝－7画 【郡】 10画 4年

〔郡〕明朝

音 グン
訓 ―

郡 郡

「君」より「阝」を縦長に。「君」は、2画めを長くし、右側をそろえる。

1	2	3	4	5	6	7	8	9	10
㇇	ヨ	ヨ	尹	尹	君	君	君	君阝	郡

なりたち 形声 君(まるくまとめる)と阝(むら)を合わせた字。都を中心に、そのまわりをとりまいている村や町をあらわした。→君201

意味 都・道・府・県の市以外の地域を、いくつかに分けた区画。「郡部」

注意 「群」とまちがえないこと。

名まえで使う読み くに・ぐん・さと・とも

【郡部】ぐんぶ ①郡に属している地方。②いなか。対①②市部

阝－8画

【郭】

11画 常用 〔郭〕明朝

音 カク
訓 ―

意味 ❶**へいや城壁でかこった町。** ▽中国では町全体を城壁でとりかこむ。「城郭」 ❷**かこい。**「輪郭」

下につく熟語 ＊外郭

郭①

阝－8画

【郷】

11画 6年 〔郷〕明朝

音 キョウ・ゴウ＊
訓 ―

郷 郷

「乡」「艮」「阝」それぞれの上側と下側の位置に注意して整える。

1 乡 2 乡 3 乡 4 乡 5 乡 6 乡 7 乡 8 乡 9 乡 10 郷 11 郷

なりたち 形声 ―郷

もとの字は「鄉」。鄉(向かいあう)をりゃくした皀と阝(むら)が向かいあったものを合わせた字。皀(=艮・良)は、食・即・既などにもふくまれ、ごちそうをもったうつわのすがた。卿は、向かいあったふたりがごちそうを食べるようす。郷は、むかいあっている村々のいみをあらわした。

郷のつく漢字グループ
「郷」のグループは、「向かいあう」「通じあう」というイメージがある。常用漢字では「郷」になる。
→響 1066

意味 ❶**自分が生まれた土地。ふるさと。**「郷里・故郷」 ❷**ある地方。**「異郷」 ❸**ある場所。**「理想郷・温泉郷」

名まえで使う読み あき・あきら・きょう・さと・のり

【郷愁】きょうしゅう 遠くはなれた故郷をこいしく思う気もち。例郷愁にかられる。

【郷土】きょうど ①自分の生まれたところ。ふるさと。例かれは郷土のえいゆうだ。②ある地方。いなか。例郷土芸能。

【郷里】きょうり 生まれそだった土地。故郷。ふるさと。例郷里に帰る。

【郷に入っては郷に従え】ごうにいってはごうにしたがえ 句人は、住んでいるところのしきたりにしたがうのがよい。

下につく熟語 帰郷・＊近郷・水郷(すいごう・すいきょう)・同郷・桃源郷・望郷

阝－8画

【都】

11画 3年

阝－9画 〔都〕 12画 人名 〔都〕明朝

音 ト・ツ
訓 みやこ

都 都

「都」での「者」は中心を右にずらす。「阝」の書き出しは1画めの右側を目安に。

1 一 2 十 3 土 4 耂 5 耂 6 者 7 者 8 者 9 者 10 都 11 都

なりたち 形声 者(多くあつまる)と阝(まち)を合わせた字。人々があつまる大きな町のこと。→者 873

意味 ❶**みやこ。大きな町。**「首都・都会」 ❷**地方自治体の一つ。東京都。**「都立・都庁」

難しい読み 都合・都度

名まえで使う読み いち・くに・さと・つ・と・ひろ・みやこ

【都合】つごう ものごとのだんどり。ぐあい。例都合のいいところで休もう。

【都度】つど そのたびごと。例その都度やり直す。

【都下】とか 東京都のはんいのうち、二三区

をのぞいた区域。例 東京都下。

【都会】とかい たくさんの人々がすんでいて、商工業がはったつし、文化的なしせつなどがある大きな町。例 便利な都会の生活。

【都市】とし 人口が多く、その地方の政治・経済・文化の中心となっている町。例 都市計画。

【都心】としん 都会の中心地。とくに、東京都の中心地。例 ビルのたちならんだ都心。

【都道府県】とどうふけん 東京都・北海道・大阪府・京都府と四三県のこと。日本の地方公共団体のうちで、もっとも大きな区分。

【都民】とみん 東京都にすんでいる人。

下につく熟語 *王都・*旧都・古都・*主都・▼遷都・*▼帝都

【部】

阝－8画 11画 3年 〔部〕明朝 音 ブ 訓 —

「阝」の書き出しは2画めの右側を目安に。11画めは長く、最後は止めてもよい。

筆順：亠 亠 ㇔ 立 产 咅 音 音 音⁊ 部 部

なりたち 形声 音(二つに分ける)と阝(むら)を合わせた字。区域を小さな部分に分ける

ようすをあらわした。→倍87

意味 ❶全体を小さく分けた一つ。「部分」 ❷仕事をするために分けたグループ。「本部・支部」 ❸新聞などをかぞえることば。「部数」

難しい読み 部屋

参考 ひらがな「へ」、カタカナ「へ」のもとになった字。

名まえで使う読み きつ・ぶ・べ・もと

【部員】ぶいん その部にはいっている人。例 合唱部の部員は十三人です。

【部下】ぶか ある人の命令やさしずによって仕事をする人。

【部首】ぶしゅ 漢字の辞典で、漢字をしらべるとき、その目じるしとなる、へん・つくり・かんむりなどのこと。→「資料編(1116ページ〜)」。

【部署】ぶしょ わりあてられた役目をするところ。もちば。例 それぞれの部署につく。

【部族】ぶぞく 同じ地域にすみ、同じことば・宗教・文化などをもつ人々のあつまり。

【部隊】ぶたい 軍隊を組み立てている兵隊の、ひとまとまり。

【部品】ぶひん 機械や道具などの、ある部分をつくっている物。例 部品を組み立てる。

【部分】ぶぶん 全体を、まとまりのあるいくつかに分けたうちの一つ。対 全体

【部門】ぶもん 全体を、種類によっていくつかに分けた、一つ一つのまとまり。例 生産部門。

【部落】ぶらく 村で、ひとまとまりになった家のあつまり。集落。

【部類】ぶるい 種類によって分けた、まとまりのある一つ一つ。例 部類分け。

【部屋】へや 家の中をかべなどでしきってできたところ。

下につく熟語 一部・外部・学部・*下部・幹部・胸部・局部・*軍部・*後部・細部・残部・*上部・全部・頭部・内部・腹部

【郵】

阝－8画 11画 6年 〔郵〕明朝 音 ユウ 訓 —

「垂」は8画めを右上にはらい、右側をそろえる。「阝」の書き出しは2画めを目安に。

筆順：一 二 三 乒 乒 乒 垂 垂 垂⁊ 郵 郵

なりたち 会意 垂(大地のはて)と阝(むら)を合わせた字。命令や報告をつたえる人のために、国ざかいにおいたむらをあらわした。

意味 ゆうびん。「郵送」

【郵券】ゆうけん 郵便切手。

【郵税】ゆうぜい 手紙などを、郵便でおくるための料金。郵便料。

【郵送】ゆうそう 郵便でおくること。例 本を郵送する。

漢字クイズ さむらい(＝士)の心とは，なんでしょう。ひらがな5文字で答えなさい。

【郵便】ゆうびん 手紙や品物を、あて名の人のところへおくりとどけるしくみ。また、その手紙や品物。例 郵便局。

【郵便切手】ゆうびんきって 郵便などの料金をはらったしるしにはる印紙。郵券。

阝-12画

【鄭】15画

人名 〈鄭〉明朝 音 テイ 訓 —

意味 **❶むかし、中国にあった国の名。てい。❷重々しい。**「▽鄭重」

参考 ふつう「丁」に書きかえる。「▽鄭重→丁重」

阝 3画 (左) こざとへん

なりたち 「おか」「もり土」「階段」などに関係した字をあつめる。もとの字は「阜」で、偏になると「阝」の形になる。

この部首の字

0画 阜 438 / 4画 阪 438 / 4画 防 439 / 5画 阿 439 / 5画 阻 439 / 5画 陀 440 / 5画 附 440 / 6画 限 440 / 7画 院 440 / 7画 陥 440 / 7画 降 441 / 7画 除 441 / 7画 陣 442 / 7画 陛 442 / 8画 陰 442 / 8画 陷 440 / 8画 険 443 / 8画 陳 443 / 8画 陶 443 / 8画 陪 444 / 8画 陸 444 / 8画 隆 445 / 8画 陵 445 / 9画 階 445 / 9画 隅 445 / 9画 随 445 / 9画 隋 446 / 9画 隊 446 / 9画 陽 446 / 9画 隈 447 / 10画 隔 447 / 10画 隙 447 / 11画 隠 448 / 11画 際 448 / 11画 障 448 / 13画 險 443 / 13画 隣 449

ほかの部首の字

堕→土部 240 / 墜→土部 245

阝-0画

【阜】8画

4年 〈阜〉明朝 音 フ 訓 —

2つの「コ」の縦はばはそろえ、横はばは下の方をやや広く。7画めを長く書く。

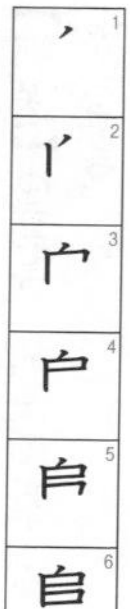

なりたち 象形  だんだんと土が重なっている地形をえがいた字。おか・もりあげた土であることをしめす。

意味 **❶おか。土をつみあげた山。❷ゆたかである。**

▽県名でつかわれる。「岐阜県」

名まえで使う読み あつ・あつし・おか・たか・とおる・な

阝-4画

【阪】7画

4年 〈阪〉明朝 音 ハン* 訓 さか*

「阝」は、1・2画めを3画めの上半分におさめて右側をそろえ、3画めは止める。

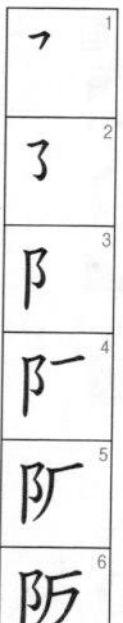

なりたち 形声 反(へ形にそりかえる)と阝(おか)を合わせた字。(形にそりかえったおか、また、さか道のこと。→反180

意味 **❶さか。のぼりくだりがある、なだらかなおか。❷「大阪府」のりゃく。**「京阪(=京都と大阪)・阪神(=大阪と神戸)」

阝－4画

【防】

7画 5年 〈防〉明朝

音 ボウ
訓 ふせぐ

6画めは折って内側に反ってはねる。7画めは「土」の中心の下からはらう。

なりたち 形声 方(左右にはりだす)と阝(もりあげた土)を合わせた字。左右にはりだした、水のながれをおさえる「つつみ」をあらわした。→方541

意味 ❶ふせぐ。まもる。「防火」 ❷土手。「堤防」

注意 「妨」とまちがえないこと。

難しい読み 防人・防御

【防人】さきもり 大むかし、九州北部のまもりについた兵。東国の兵士が大部分だった。例 防人の歌。参考 辺境をまもる「崎守」のいみから。

【防衛】ぼうえい ふせぎまもること。例 国を防衛する。

【防衛省】ぼうえいしょう 陸・海・空の自衛隊を管理したり、その施設や設備などを運営管理したりする国の機関。

【防疫】ぼうえき 感染症がおこったり、広がったりするのをふせぐこと。例 防疫態勢をしく。

【防音】ぼうおん 外からのうるさい音をふせぐこと。例 防音装置。

【防寒】ぼうかん さむさをふせぐこと。例 毛皮の防寒コート。

【防御】ぼうぎょ 敵をふせぐこと。対 攻撃

【防空】ぼうくう ばくげきなど、空からの攻撃をふせぐこと。例 防空壕(＝空襲などのひがいをさけるために地下にほったあな)。

【防空頭巾】ぼうくうずきん 地震や空襲のとき、火の粉やとんでくる物から頭を守るためにかぶる、綿の入ったずきん。

【防護】ぼうご 災害などをふせぎ、身をまもること。例 防護服。

【防災】ぼうさい 地震・台風などの災害をふせぐこと。例 防災訓練。

【防止】ぼうし よくないことがおこるのをふせぎとめること。例 交通事故を防止する。

【防臭】ぼうしゅう いやなにおいをけしたり、出さないようにすること。例 防臭剤。

【防水】ぼうすい 水がしみこまないようにすること。例 防水加工。

【防戦】ぼうせん 攻撃をふせぐためにたたかうこと。例 試合は防戦いっぽうになる。

【防毒】ぼうどく 毒ガスをふせぐこと。例 防毒マスク。

【防波堤】ぼうはてい 外海のあら波が港にはいらないように、港の入り口につくるていぼう。

【防犯】ぼうはん 犯罪がおこるのをふせぐこと。例 防犯ベル。

【防備】ぼうび 敵や災害をふせぐために、そなえをすること。また、そのそなえ。例 台風にそなえて、防備をかためる。

【防風林】ぼうふうりん 強い風で、建物や作物がいたむのをふせぐためにつくった林。

【防腐剤】ぼうふざい くさるのをふせぐ、薬品。

下につく熟語 攻防・国防・砂防・消防・予防

阝－5画

【阿】

8画 人名 〈阿〉明朝

音 ア
訓 おもねる

意味 ❶山や川のまがってはいりこんだところ。❷へつらう。おもねる。

参考 カタカナ「ア」のもとになった字。

名まえで使う読み あ・お・くま

【阿吽の呼吸】あうんのこきゅう 句 二人以上で一つのことをしようとするときに、おたがいの心の動きがぴったり合うこと。参考 「阿吽」とは、はく息とすう息のこと。

【阿弥陀】あみだ 仏教で、極楽にいて人々をすくうといわれるほとけ。阿弥陀仏。参考 サンスクリット語を音訳したもの。

阝－5画

【阻】

8画 常用 〈阻〉明朝

音 ソ
訓 はばむ

こたえ こころざし(＝志)。(士＋心)。

なりたち 形声 且(上にかさなる)と阝(おか)を合わせた字。おかや山がかさなって、行く手をはばむようすをあらわした。↓且21

意味 ❶けわしい。「険▼阻」 ❷じゃまをする。さえぎる。「▼阻止・▼阻害」

【▼阻害】そがい さまたげになることをすること。じゃまをすること。例 発育を阻害する。

【▼阻止】そし ある行為をじゃましてやめさせること。すすんでくるものを、おさえて、くいとめること。例 森林の伐採を阻止する。

阝－5画

【陀】8画

人名 〈陀〉明朝

音 ダ・タ 訓 —

意味 ❶坂などのななめになった土地。❷仏教のことばの「だ」の発音をあらわす字。「仏▽陀」

阝－5画

【附】8画

常用 〈附〉明朝

音 フ 訓 —

なりたち 形声 付(つく)と阝(おか)を合わせた字。山のそばにくっついている、小さなおかをあらわした。↓付57

意味 ❶つく。つける。❷そえる。

参考 「付」とも書く。熟語は「付(↓57ページ)」を見ること。

名まえで使う読み ちか・つく・ふ・ます・より・よる

阝－6画

【限】9画

5年 〈限〉明朝

音 ゲン 訓 かぎる

「阝」と「艮」はほぼ同じ縦はばにする。7画めは折って右上にはらう。

なりたち 形声 艮(目じるしをつける)と阝(もりあげた土)を合わせた字。土をもりあげて、土地のさかいに目じるしをつけるようすをあらわした。↓根598

意味 ❶かぎる。「限定」 ❷さかいめ。「門限」

【限界】げんかい これ以上は、できないというさかいめ。例 自分の力の限界を知った。

【限定】げんてい はんいや数量をかぎること。例 参加人数を限定する。／期間限定の商品。

【限度】げんど これ以上はこえられない、ぎりぎりの度合い。例 いたずらにも限度がある。

下につく熟語 期限・極限・権限・刻限・際限・*時限・制限・日限・年限・無限・有限

阝－7画

【院】10画

3年 〈院〉明朝

音 イン 訓 —

「阝」より「完」を大きく。4画めは点でもよい。10画めは曲がりで書いてはねる。

なりたち 形声 完(ぐるっととりかこむ)と阝(もりあげた土)を合わせた字。家のまわりをかこむ、土でつくったへいのこと。また、まわりを、へいでかこんだ家をあらわした。↓元97 ↓完289

意味 ❶人があつまる大きな建物。「病院」 ❷上皇・法皇をうやまっていう、よび名。「院政」

【院政】いんせい 天皇のくらいをしりぞいて上皇や法皇となった人がおこなった政治。

【院長】いんちょう 病院や学院などの、かしらになっている人。

下につく熟語 医院・参議院・寺院・衆議院・書院・退院・入院

阝－7画

【陥】10画

常用

阝－8画 【陷】11画 人名 〈陥〉明朝

音 カン 訓 おちいる・おとしいれる

意味 ❶おちこむ。おとしいれる。「▼陥▼没」 ❷たりないところ。「欠▼陥」

【▼陥▼没】かんぼつ　地面などがおちこんでへこむこと。例土砂くずれで道路が陥没する。対隆起

【▼陥落】かんらく　①城・都市などが、せめおとされること。②位置や地位などが、さがること。例首位から陥落する。③何度もしつこくいわれて、ついにしょうちすること。

阝－7画

【降】

10画　6年　〈降〉明朝

音コウ　訓おりる・おろす・ふる

「阝」より「夅」を大きく。8画めは点でもよい。10画めの最後は止めてもよい。

なりたち　形声

夅と阝(おか)を合わせた字。夅は、夂(下むきの足)と㐄(夂の反対むき)を合わせて、両足が上から下へおりてくるようすを図にしたもの。降は、おかを「くだる」ことをあらわした。

意味　❶おりる。おろす。「降下」対昇　❷ふる。「降雨」　❸まけてしたがう。「降参」

使い分け　おりる「下りる・降りる」→(9ページ)

【降雨】こうう　雨がふること。また、ふった雨。例降雨量。

【降下】こうか　くだること。おりること。例飛行機がどんどん降下する。

【降格】こうかく　くらいや階級を下げること。また、下がること。格下げ。例二階級降格。対昇格

【降参】こうさん　①いくさにまけて、敵にしたがうこと。同降伏　②手におえないで、ひじょうにこまること。例この大雨には降参だ。

【降車】こうしゃ　のりものからおりること。例バスの降車口。対乗車

【降水量】こうすいりょう　雨・雪などが、地面にふった量。

【降雪】こうせつ　雪がふること。また、ふった雪。例降雪量。

【降▼壇】こうだん　壇の上からおりること。対登壇

【降▼伏・降服】こうふく　自分がまけたことをみとめて、あいてのいうとおりになること。

【降臨】こうりん　神・ほとけなどが、天からこの世に、すがたをあらわすこと。

下につく熟語　以降・下降・滑▼降・▼昇降・乗降・▼沈降・投降

阝－7画

【除】

10画　6年　〈除〉明朝

音ジョ・ジ*　訓のぞく

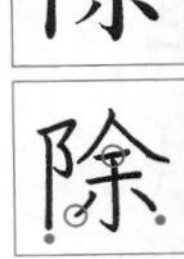

7画めは6画めより長く書く。9画めは止めてもよい。10画めは止める。

なりたち　形声

余(たいらにのばす)と阝(もりあげた土)を合わせた字。じゃまになる土を、スコップなどでおしのけることをあらわした。→余72

意味　❶とりのぞく。「除草・除幕式」　❷わる。わり算。「除数・加減乗除」

注意　「徐」とまちがえないこと。

名まえで使う読み　きよ・さる・じょ・のき

【除外】じょがい　あるはんいやきまりからとりのぞくこと。例一年生を除外する。

【除去】じょきょ　とりのぞくこと。例わるい部分を除去する。

【除▼菌】じょきん　細菌をとりのぞくこと。例除菌作用。

【除▼湿】じょしつ　しっけをとりのぞくこと。例つゆには、除湿機をつかう。対加湿

【除数】じょすう　わり算で、わるほうの数。

【除雪】じょせつ　つもった雪をとりのぞくこと。例除雪作業におわれる。

【除草】じょそう　ざっそうをとりのぞくこと。例畑に出て除草する。

漢字クイズ　「汽車」と「電車」は，どうちがうでしょう？

【除法】 じょほう わり算。対乗法

【除名】 じょめい 名簿から名前をとりのぞくこと。とくに、ある団体やなかまから、はずすこと。例除名処分にする。

【除夜】 じょや おおみそかの夜。一二月三一日の夜。例除夜の鐘。

下につく熟語 解▼除・▼駆除・▼控除・▼削除・切除・▼掃除・▼排除・▼免除

阝－7画

【陣】

10画 常用 〔陣〕明朝 音ジン 訓—

意味 ❶軍隊の配置。「▼陣地」 ❷たたかい。「出▼陣」 ❸ひとしきりつづくもの。「一▼陣の風。」

名まえで使う読み じん・つら・ぶる

【▼陣営】 じんえい ①軍隊があつまっているところ。陣地のあるところ。②ある勢力・分野。例民主主義陣営。

【▼陣地】 じんち 戦争をするために、軍隊をおいているところ。

【▼陣頭指揮】 じんとうしき ①戦場で部隊の先頭に立って、兵隊たちにさしずをすること。②職場などで先頭に立って、部下たちにさしずをすること。例署長みずから陣頭指揮をして、事件の解決をめざす。参考「陣頭」は、戦陣(=戦場)のいちばん先のいみ。

下につく熟語 初▼陣・円▼陣・先▼陣・*戦▼陣・布▼陣・報道▼陣・論▼陣

阝－7画

【陛】

10画 6年 〔陛〕明朝 音ヘイ 訓—

6画めを横画にしても、7画めの最後をはねてもよい。10画めは長く書く。

なりたち 形声 陛

坒と阝(もりあげた土)を合わせた字。坒は、比(ならぶ)と土を合わせて、きちんとならんだ土の段。陛は、きちんとならんだ階段をあらわした。→比635

意味 **天皇をうやまうことば。**「陛下」

注意 「陸」とまちがえないこと。

名まえで使う読み きざ・のぼる・のり・はし・へい・より

【陛下】 へいか 天皇・皇后・皇太后などをうやまっていうことば。参考「陛」は宮殿の階段のこと。階段の下(=陛下)にいるおそばの人が、とりついだことからできたことば。

阝－8画

【陰】

11画 常用 〔陰〕明朝 音イン 訓かげ・かげる

なりたち 形声 陰

侌と阝(おか)を合わせた字。侌は、今(かぶせてふさぐ)と云(雲)を合わせて、雲がかぶさっておおうようす。陰は、日の当たらない山の北がわをあらわした。→今52

意味 ❶日かげ。「緑▼陰」対陽 ❷時間。「光▼陰」 ❸くらくじめじめした感じのもの。「▼陰気」対陽 ❹かくれる。「▼陰▼謀」対陽

難しい読み ▼陰陽(いんよう・おんみょう・おんよう)・▼陰口

名まえで使う読み いん・おん・かげ

【▼陰▼影】 いんえい ①光の当たらない、くらい部分。かげ。②一様でなく、変化のあるあじわい。例陰影のある作品。

【▼陰気】 いんき 性質や気分がくらくて、はればれしないこと。例陰気くさい話。対陽気

【▼陰極】 いんきょく 電池などの極で、電流がながれこむほう。対陽極

【▼陰険】 いんけん うわべはやさしそうで、心がねじけていること。例陰険な性質。

【▼陰▼惨】 いんさん くらく、むごたらしいこと。例陰惨な事故現場。

【▼陰▼湿】 いんしつ くらくて、じめじめしていること。例陰湿ないじめ。

【▼陰性】 いんせい ①じめじめした、くらい感

じのする性質。②病気のけんさなどで、反応があらわれないこと。対 ①②陽性

【陰電気】いんでんき　ガラス棒をぬのでこすったとき、ぬのにおきる静電気と同じ種類の電気。負の電気。対 陽電気

【陰にこもる】いんにこもる 句 外にあらわれないで、内にこもって陰気である。例 陰にこもった声。

【陰謀】いんぼう　こっそりと計画した、わるいはかりごと。わるだくみ。例 陰謀をめぐらす。

【陰陽】いんよう／おんみょう／おんよう　すべてのことを陰と陽に分ける、中国の考え方。世の中は、すべて二つの正反対のものからできているとする。月は陰で、太陽が陽など。

【陰暦】いんれき　月のみちかけをもとにしてつくったこよみ。太陰暦。対 陽暦 参考 明治時代初期までつかわれたので、「旧暦」ともいう。

【陰口】かげぐち　その人のいないところでいう悪口。例 人の陰口はやめなさい。

【陰で糸を引く】かげでいとをひく 句 かくれたところで、ひそかに計画して、人を自分の思う通りに動かす。例 だれかが陰で糸を引いているにちがいない。参考 あやつり人形を、後ろから糸を引いて動かすことから。

下につく熟語 木陰・山陰（さんいん・やまかげ）・*寸陰・日陰・夜陰

阝－8画

【険】

11画 5年

阝－13画 〔險〕 16画 人名 〔險〕明朝

音 ケン
訓 けわしい

10画めを6画めの上から出さない。11画めは止めてもはらってもよい。

1	2	3	4	5	6	7	8	9	10	11
㇇	阝	阝	阝	阝	阝	阝	阝	险	険	険

なりたち 形声 もとの字は「險」。僉(セン)(一か所にひきしまる)と阝(おか)を合わせた字。山の頂上がひきしまってけわしいことをあらわした。→検604

意味 ❶けわしい。「険路」 ❷あぶない。「危険」

注意 「倹」「検」「験」とまちがえないこと。

名まえで使う読み けん・たか・のり

【険悪】けんあく ①人の顔つきなどがけわしく、おそろしいようす。②よくないことがおこりそうで、あぶないようす。例 険悪な空気。

下につく熟語 陰険・*探険・冒険・保険・邪険

阝－8画

【陳】

11画 常用 〔陳〕明朝

音 チン
訓 ―

意味 ❶ならべる。つらねる。「陳列」 ❷のべる。「陳述」 ❸古い。「新陳代謝・陳腐」

名まえで使う読み かた・つら・のぶ・のり・ひさ・むね・よし

【陳謝】ちんしゃ　あやまること。わびること。例 失言を陳謝する。

【陳述】ちんじゅつ　①意見や考えを口で言うこと。②裁判で、事件にかかわることがらを口や書面でのべること。例 裁判所で証人が陳述する。

【陳情】ちんじょう　（役所などに行って）じっさいのようすを話し、よい方法をとってくれるようにたのむこと。

【陳腐】ちんぷ　古くさいこと。また、ありふれていて、つまらないようす。例 陳腐な表現の文章。

【陳列】ちんれつ　人に見せるために品物をならべること。例 商品を陳列する。

阝－8画

【陶】

11画 常用 〔陶〕明朝

音 トウ
訓 ―

意味 ❶やきもの。「陶器」 ❷教えみちびく。「薫陶」 ❸うちとける。うっとりする。「陶酔」

名まえで使う読み すえ・とう・よし

【陶器】とうき　陶土などで形をつくり、うわぐすりをかけてやいたもの。せともの。参考

こたえ 汽車は蒸気を動力として，電車は電気を動力としてつかいます。

磁器よりもひくい温度でやく。

【▼陶芸】とうげい　陶磁器をつくる工芸。

【▼陶工】とうこう　陶磁器をつくる職人。

【▼陶磁器】とうじき　陶器と磁器。やき物。

【▼陶▼酔】とうすい　心をうばわれて、うっとりすること。例 名演奏に陶酔する。

【▼陶然】とうぜん　①うっとりするようす。例 すばらしい演奏に陶然となる。②酒によようす。

【▼陶土】とうど　陶磁器の原料となるねんど。▽白色でねばりけがある。

【▼陶▼冶】とうや　才能や人格などをきたえて、一人前の人間にそだてあげること。参考 陶器や鋳物をつくるいみから。

⻏－8画

【陪】

11画 常用 〔陪〕明朝

音 バイ　訓 ―

なりたち 形声 咅(くっついてならぶ)と⻏(おか)を合わせた字。主たるものにくっつくことをあらわした。↓倍87

意味 **つきしたがう。**「▼陪席」

【▼陪▼審】ばいしん　裁判に、いっぱんからえらばれた人を参加させること。例 陪審制度。／陪審員。

【▼陪席】ばいせき　身分の高い人のおともをして、その人と同じ席につくこと。

⻏－8画

【陸】

11画 4年 〔陸〕明朝

音 リク　訓 ―

※下にくる音により「リッ」ともよむ。

陸 陸

「坴」の中心をそろえる。8画めは右下方向の点で書いてもよい。11画めは長く。

1	2	3	4	5	6	7	8	9	10	11
㇇	阝	阝	阝	阝	阝	阝	阝	陸	陸	陸

なりたち 形声 → 陸

坴と⻏(おか)を合わせた字。坴は、六(あつまってもりあがる)と屮(くさ)と土(つち)を合わせて、土が高くもりあがって、植物がはえているようす。陸は、土がもりあがって高くなった大地をあらわした。↓六108

意味 **地球の表面で水におおわれていないところ。おか。**「大陸・陸地」対 海

名まえで使う読み あつ・あつし・くが・たか・たかし・ひとし・みち・む・むつ・りく

【陸運】りくうん　陸上で、鉄道や自動車をつかって、人や荷物をはこぶこと。対 海運

【陸軍】りくぐん　おもに陸上をまもったり、陸上でたたかったりする軍隊。対 海軍・空軍

【陸上】りくじょう　陸の上。対 海上・水上

【陸▼稲】りくとう　畑につくるイネ。おかぼ。

漢字博士になろう！

漢字の「そっくりさん」

「大」と「犬」は、「丶」が一つあるかないかでいみがまったくちがいます。
このように、漢字の中には形がとてもよくにているものがあります。
こまかい点に注意して、正しく書き分けましょう。

木 き － 本 ほん	休 やすむ － 体 からだ	十 じゅう － 丁 ちょう
夫 おっと － 天 てん	字 じ － 宇 う	土 つち － 士 し
万 まん － 方 かた	千 せん － 干 かん	人 ひと － 入 はいる
水 みず － 氷 こおり	右 みぎ － 左 ひだり	田 た － 由 ゆう
牛 うし － 午 ご	力 ちから － 刀 かたな	貝 かい － 見 みる
手 て － 毛 け	矢 や － 失 うしなう	古 ふるい － 舌 した
苦 くるしい － 若 わかい	皿 さら － 血 ち	数 かず － 教 おしえる
因 いん － 困 こまる	住 すむ － 往 おう	決 きめる － 快 こころよい
村 むら － 材 ざい	拾 ひろう － 捨 すてる	員 いん － 買 かう
場 ば － 湯 ゆ － 陽 よう	池 いけ － 地 ち － 他 た	

㋟水稲

【陸風】りくふう　夜、陸から海へむかってふく風。㋟海風

【陸路】りくろ　陸の上につくられた道。㋟海路・空路

【陸橋】りっきょう　道路や線路の上にかけた橋。

下につく熟語　上陸・着陸・内陸・▽離陸

阝－8画

【隆】

11画 常用 〔隆〕明朝 音リュウ 訓―

なりたち　会意　降（上から下におりる）と生（下から上に出る）を合わせた字。上からの力をおしかえして、いきおいよく上に出るようすをあらわした。

意味　❶高い。高くする。「▽隆起」 ❷さかん。さかえる。「▽隆盛・興▽隆」

名まえで使う読み　お・おき・しげ・たか・たかし・とき・なが・もり・ゆたか・りゅう

【▽隆起】りゅうき　地面などが、高くもちあがること。例隆起した土地。㋟陥没・沈降

【▽隆盛】りゅうせい　いきおいがさかんなこと。例隆盛をきわめる。

【▽隆▽隆】りゅうりゅう　①筋肉がたくましくもりあがっているようす。例筋骨隆々。②いきおいがさかんなようす。例隆々たる名声。

参考　ふつう「隆々」と書く。

阝－8画

【陵】

11画 常用 〔陵〕明朝 音リョウ 訓みささぎ

意味　❶大きなおか。「▽丘▽陵」 ❷はか。「▽御陵」

名まえで使う読み　おか・たか・りょう

【▽陵墓】りょうぼ　天皇・皇后や皇室の墓。

阝－9画

【階】

12画 3年 〔階〕明朝 音カイ 訓―

※上にくる音により「ガイ」ともよむ。

階 階

6画めを横画にしても、7画めの最後をはねてもよい。「白」の縦画は内側に。

（筆順）1 ㇇ 2 了 3 阝 4 阝 5 阝 6 阝 7 阝 8 阝 9 階 10 階 11 階 12 階

なりたち　形声　皆（ならべそろえる）と阝（もりあげた土）を合わせた字。一だん一だん高さをそろえて、つみあげた「かいだん」をあらわした。→皆763

意味　❶あがりのだん。だんだん。「階段」 ❷くらい。身分の上下。「階級」 ❸建物のかさなり。「二階」

名まえで使う読み　かい・とも・はし・より

【階下】かいか　下の階。下のへや。㋟階上

【階級】かいきゅう　①くらい。身分。②社会で、同じような地位や財産などをもつ人々のあつまり。例上流階級。

【階上】かいじょう　上の階。上のへや。㋟階下

【階層】かいそう　①社会の人々を、いろいろな段階に分けたもの。②建物の階の上下のかさなり。

【階段】かいだん　のぼりおりする、だんだん。

下につく熟語　＊位階・音階・＊職階・段階

阝－9画

【隅】

12画 常用 〔隅〕明朝 音グウ 訓すみ

意味　かこまれた区域のはし。すみ。「一▽隅」

【▽隅▽隅】すみずみ　①あちこちのすみ。例へやの隅々までさがす。②あらゆる方面。いたるところ。例学校の隅々に知れわたる。

参考　①②とも、ふつう「隅々」と書く。

【▽隅に置けない】すみにおけない　句　思っていたよりもわざなどがすぐれていて、ゆだんができない。ばかにできない。例かれもなかなか隅に置けない。

下につく熟語　片▽隅

阝－9画

【随】

12画 常用 〔随〕明朝 音ズイ 訓＊したがう

意味　❶したがう。「付▽随・追▽随」 ❷まかせ

る。…のままに。「▽随筆」

名まえで使う読み あや・ずい・みち・ゆき・より

【▽随意】ずいい 思うまま。心のまま。例ご随意におえらびください。

【▽随一】ずいいち たくさんのものの中で、いちばんであること。例この地方随一のけしき。

【▽随員】ずいいん おともをして、ついて行く人。

【▽随喜】ずいき ありがたく思い、ひじょうによろこぶこと。例随喜のなみだ。

【▽随行】ずいこう おともをして、ついて行くこと。

【▽随時】ずいじ いつでも。例随時、うけつける。

【▽随所】ずいしょ あちこち。いろいろなところ。例地震で随所にひびわれがはいった。

【▽随想】ずいそう そのときそのときに、心にうかぶ感想。また、それを書きとめた文章。

【▽随筆】ずいひつ 心にうかんだいろいろなことを思いつくままに書いた文章。例随筆家。

阝－9画

【隋】 12画

表外 〈隋〉明朝 音ズイ 訓―

意味 むかし、中国にあった国。ずい。「▽遣▽隋使」

阝－9画

【隊】 12画

4年 〈隊〉明朝 音タイ 訓―

4・5画めは内側に向ける。12画めははらっても止めてもよい。

なりたち 形声 隊（隊）

もとの字は「隊」。㒸と阝（もりあげた土）を合わせた字。㒸は、八（左右に分かれる）と豕（ブタ）を合わせて、太ったブタがおし合っているようす。おしよせてあつまる、また、ずっしりと重いというイメージをもつ。隊は、ずっしりとよせあつめた土のように、まとまった人のあつまりをあらわした字。

㒸のつく漢字グループ

「㒸」のグループは「おもみをかけて、おしすすめる」、または「おしよせてあつまる」というイメージがある。常用漢字では「㒸」になる。

→墜245 →遂425 →隊446

意味 同じ目的をもつ人のあつまり。とくに、兵士のあつまり。「軍隊・隊長」

【隊員】たいいん 隊をつくっている人。また、その中のひとり。例登山隊の隊員。

【隊形】たいけい 部隊のならんだ形。

使い分け たいけい「体形・体型・隊形」→(70ページ)

【隊商】たいしょう さばくで、ラクダの背中に荷物をのせ、隊を組んで旅をする商人。キャラバン。

【隊長】たいちょう 隊をひきいて、さしずする人。

【隊列】たいれつ 隊を組んでつくった列。

下につく熟語 横隊・楽隊・▼艦隊・▼鼓笛隊・縦隊・*除隊・入隊・部隊・兵隊・編隊・*連隊

阝－9画

【陽】 12画

3年 〈陽〉明朝 音ヨウ 訓―

「日」は小さめに。8画めを長く。10画めは折ってから内側に反り、はねる。

なりたち 形声 陽

昜と阝（おか）を合わせた字。昜は、日（太陽）と丂（高く上がる）と彡（光かがやく）を合わせて、日がかがやいて高く上がるようす。陽は、日の当たる明るいおかのこと。また、明るくかがやく太陽をあらわした。

昜のつく漢字グループ

「昜」のグループは「高く上がる」「広くひらける」「長くのびる」というイメージがある。

→傷94 →場239 →陽446 →揚517 →暢562 →湯680 →腸895

意味 ❶たいよう。「陽・暦」 ❷明るく、活発な感じのもの。「陽気・陽性」 対❶❷陰

難しい読み 陽炎

名まえで使う読み あき・あきら・お・おき・きよ・きよし・たか・なか・はる・ひ・や・よう

【陽炎】かげろう 春や夏に、強いひざしが当たってあたためられた空気が立ちのぼり、ゆれうごいてみえる現象。

【陽気】ようき ①性質や気分が明るくほがらかなこと。例 陽気な人。対 陰気 ②気候。例 いい陽気になる。

【陽極】ようきょく 電池などにある極のうち、電流がながれだすほう。対 陰極

【陽光】ようこう 太陽の光。日光。

【陽性】ようせい ①明るくて、ほがらかな性質。②病気のけんさなどで、反応があらわれること。例 検査で、陽性反応があらわれる。対①②陰性

【陽転】ようてん ツベルクリン反応で、陰性が陽性にかわること。

【陽電気】ようでんき ガラス棒をぬのでこすったとき、ガラス棒におきる静電気と同じ種類の電気。正の電気。対 陰電気

【陽動作戦】ようどうさくせん 四字熟語 わざと目立つ行動をして、敵の注意をそらすやり方。

【陽暦】ようれき 地球が太陽のまわりを一回りする時間を一年とするこよみ。太陽暦。対 陰暦 参考 陰暦にかわってつかわれるようになったので、「新暦」ともいう。

下につく熟語 陰陽(いんよう・おんみょう・おんよう)・斜陽・太陽・＊落陽

阝－9画

隈

12画 人名 〔隈〕明朝 音 ワイ 訓 くま

意味 まがっておくまったところ。くま。

名まえで使う読み くま

堕 12画 土部9画 ↓ 240ページ

阝－10画

隔

13画 常用 〔隔〕明朝 音 カク 訓 へだてる・へだたる

意味 ❶へだてる。へだたる。きょりをおく。へだたり。「隔離」 ❷一つおいてつぎの。「隔月」

【隔月】かくげつ 一月おき。例 隔月出版。

【隔日】かくじつ 一日おき。例 隔日出勤。

【隔週】かくしゅう 一週間おき。

【隔世の感】かくせいのかん 句 今と以前とをくらべてみて、ずいぶん時代がかわってしまったなあと感じること。

【隔絶】かくぜつ まったくかけはなれていること。例 都市から隔絶した村。

【隔離】かくり へだてて分けること。とくに、感染症にかかった人をとくべつのへやに入れること。例 患者を隔離する。

【隔靴掻痒】かっかそうよう 四字熟語 〔くつの上から、足のかゆいところをかくいみから〕思うようにならなくて、じれったくもどかしいことのたとえ。例 話がまわりくどくて隔靴掻痒の感がある。参考 「靴を隔てて痒きを掻く」ともいう。

かゆいよう…

隔靴掻痒

下につく熟語 ＊遠隔・間隔

阝－10画

隙

13画 常用 〔隙〕明朝 音 ゲキ 訓 すき

意味 ❶すき。すきま。「隙間・間隙」 ❷気のゆるみ。ゆだん。

名まえで使う読み ひま・ま

こたえ あずき。

【▼隙間】すきま ①物と物とのあいだ。すき。②ものごとの切れ目。あいた時間。例 仕事の隙間をみて、趣味を楽しむ。参考「隙間」は、「透き間」とも書く。

阝−11画

【隠】

14画 常用 〔隠〕明朝

音 イン 訓 かくす・かくれる

意味 かくれる。かくす。「▼隠居」

注意 「穏」とまちがえないこと。

難しい読み ▼隠密

名まえで使う読み いん・おん・やす

【▼隠居】いんきょ 年をとって、仕事をやめてしずかにくらすこと。また、その人。例 むすこに店をゆずって隠居する。

【▼隠語】いんご かぎられた、なかまだけに通じる、とくべつなことば。

【▼隠然】いんぜん 表面には出ないが、かくれた実力があるようす。例 隠然たる勢力。

【▼隠退】いんたい 社会的な活動をやめて、しずかにくらすこと。例 いなかに隠退する。

使い分け いんたい「引退・隠退」→(366ページ)

【▼隠▼忍自重】いんにんじちょう 四字熟語 じっとがまんして、かるはずみな行動をしないように気をつけること。例 隠忍自重してチャンスをまつ。参考「隠忍」は、じっとこらえること。「自重」は、かるがるしいふるまいをしないこと。

隠忍自重

【▼隠▼滅】いんめつ あとかたもなく、なくなること。また、なくしてわからなくすること。例 証拠を隠滅する。

【▼隠密】おんみつ ①こっそり行動すること。例 隠密に計画を立てる。②江戸時代のスパイ。忍びの者。

下につく熟語 雪▼隠

阝−11画

【際】

14画 5年 〔際〕明朝

音 サイ 訓 きわ*

※上にくる音により「ザイ」「ぎわ」ともよむ。

「阝」より「祭」を大きく。5・9画めは長く書く。9画めの最後は止めてもよい。

なりたち 形声 祭(こすりあわせる)と阝(かべ)を合わせた字。かべとかべがすれあうほど、くっついていることをあらわした。→祭796

意味 ❶そのとき。「実際」 ❷さかいめ。きわ。「際限」 ❸まじわる。「交際」

【際物】きわもの ①ある時期だけに売れるもの。門松やひな人形など。②そのときだけの、はやりでつくった作品・品物。例 際物の雑誌。

【際限】さいげん ものごとのかぎり。例 話が際限なくつづく。

下につく熟語 *学際・国際・*金輪際・▼瀬戸際・手際・分際・間際・窓際・水際

阝−11画

【障】

14画 6年 〔障〕明朝

音 ショウ 訓 さわる*

4画めは点でもよい。「章」の横画は8画めを一番長く。14画めは止めてもよい。

なりたち 形声 章(くぎって止める)と阝(かべ・土べい)を合わせた字。すすんでくるものを、かべでじゃまをするようすをあらわした。→章816

意味 さえぎる。さしさわり。「故障・障害」

参考「しょうがい」は、「障害」「障▽碍」などと書く。

【障害】しょうがい じゃまになること。じゃまをするもの。

【障子】しょうじ 細いさんをつけた木のわくに紙をはり、へやをしきるもの。例 障子に目あり(=ないしょ話はもれやすい)。

【障壁】しょうへき ①しきりの、かべ。②間にあって、じゃまになるもの。例 外国人とのことばの障壁をのりこえる。

下につく熟語 支障・万障・保障・*耳障り・*目障り

【墜】15画 土部12画 → 245ページ

阝－13画

【隣】16画 常用 〔隣〕明朝

音 リン
訓 となる・となり

意味 となり。となりあう。「隣人」

名まえで使う読み さと・ただ・ちか・ちかし・となり・なが

【隣家】りんか となりの家。

【隣国】りんごく となりの国。

【隣人】りんじん ①自分の家のとなりにすんでいる人。②自分のまわりの人。身近な人。

【隣接】りんせつ となりあっていること。例 工場に隣接した土地。

下につく熟語 近隣・善隣・両隣

⺍ 3画 つかんむり

なりたち 巛 火火

字形がかわったために、新しくもうけられた部首。単・厳は口の部、巣は巛の部、営は火の部からうつされた。

この部首の字
6画 単 449
8画 巣 450
9画 営 450
14画 厳 451

ほかの部首の字
労→力部 148
学→子部 284
栄→木部 590
挙→手部 504
覚→見部 938
誉→言部 955

【労】7画 力部5画 → 148ページ

【学】8画 子部5画 → 284ページ

⺍－6画

【単】9画 4年 〔単〕明朝

口－9画 【單】12画 人名

音 タン
訓 —

1・2画めは右下方向の点で書いて止め、3画めは左下にはらう。8画めを長く。

筆順：丶 丷 丷 ⺍ 当 当 単 単 単

なりたち 象形 單－單(単)

もとの字は「單」。まるいうちわの形をした「あみ」をえがいた字。うすくてたいらというイメージをもち、「ひとえでうすい」のいみをあらわした。

單のつく漢字グループ

「單」のグループは「たいらでうすっぺら」というイメージがある。このイメージは「うすいものを、ぱたぱたうごかす」というイメージにつながる。常用漢字では「単」になる。

→弾 369 →戦 485 →禅 798 →蟬 917

意味 ❶一つ。ひとり。「単独」 対 複 ❷ひとまとまり。「単元」 ❸変化が少ない。「単純・簡単」

難しい読み 単衣

名まえで使う読み いち・ただ・たん

【単位】たんい ものの数や量をあらわすときの、もとになるもの。

【単一】たんいつ ①ただ一つであること。例 単一の民族。②それだけで、まざっていないこと。

注意 「たんいち」と読まないこと。

【単価】たんか 品物の一つあたりのねだん。

【単眼】たんがん くもや昆虫にある、しくみのかんたんな目。対複眼

【単元】たんげん 教材を、学習の目標にそって分けた、一つ一つのまとまり。

【単語】たんご あるまとまったいみと、ことばのきまり(＝文法)の上でのさだまった役目とをもつ、ことばの小さな単位。

【単行本】たんこうぼん 雑誌や全集ではなく、それだけで一さつの本として発行されるもの。

【単車】たんしゃ エンジンつきの二輪車。オートバイ・スクーターなど。

【単純】たんじゅん しくみが、かんたんで入り組んでいないこと。例単純な組み合わせ。対複雑

【単色】たんしょく 一つの色。例単色でかいた水彩画。

【単身】たんしん 自分ひとり。ただひとり。例単身で海外へ赴任する。

【単数】たんすう ものの数が一つであること。対複数

【単線】たんせん ①一本の線。②鉄道で、のぼりとくだりの列車が同じ線路をかわるがわるつかうもの。対複線

【単調】たんちょう 同じような調子で、変化のないこと。例単調な作業。

【単刀直入】たんとうちょくにゅう 四字熟語 前おきを言わず、いきなりもののごとの中心にはいること。例単刀直入に話す。参考「たったひとりで敵陣へのりこむ」のいみからきたことば。注意「短刀直入」と書かないこと。

単刀直入

【単独】たんどく ただひとり。自分ひとり。例単独で行動する。

【単発】たんぱつ ①一回うつごとに、たまをつめるしかけのこと。また、一度きりで、あとがつづかないこと。例単発銃。対連発 ②飛行機で、エンジンが一つだけであること。対双発

【単品】たんぴん ①一つの品物や商品。②セットになっている商品のうちの一つ。

【単文】たんぶん 中心になることば(＝主語)と説明することば(＝述語)が、それぞれ一つでできている文。対重文・複文

【単葉】たんよう ①一まいだけでできている葉。②飛行機で、主翼が一まいであること。対①②複葉

【単衣・単】ひとえ うらじをつけない着物。

【栄】9画 木部5画 → 590ページ

【挙】10画 手部6画 → 504ページ

ツ－8画

【巣】

11画 4年

巛－8画 〔巢〕11画 人名

〔巣〕明朝

音 ソウ*
訓 す

8画めを長く。9画めの最後は左にはねてもよい。「木」を「ホ」としてもよい。

なりたち 会意 －巢(巣)

もとの字は「巢」。巛(三つならぶ)と臼(鳥のす)と木を合わせた字。木の上にある鳥の「す」をあらわした。

意味 とりの、す。すみか。「巣▼窟」

【巣箱】すばこ ①野鳥の巣としてつくった箱。②ミツバチをかう箱。

【巣▼窟】そうくつ 悪人などのかくれすむところ。例悪の巣窟。

下につく熟語 *空き巣・古巣・卵巣

ツ－9画

【営】

12画 5年

〔營〕明朝

音 エイ
訓 いとなむ

「⺍」は「呂」より横広に。「口」は下を大きく。9画めは2つの「口」に接する。

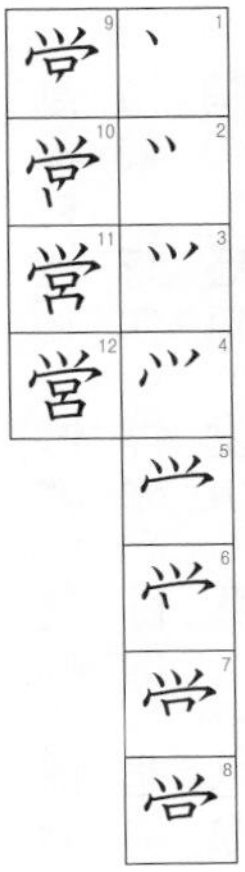

なりたち 形声 營(営)

もとの字は「營」。𤇾(ケイ)(まわりをまるくとりまく)と呂(背骨)を合わせた字。骨がつらなる背骨のように、かきねなどでまわりをとりまいた陣屋(軍隊のとまるところ)をあらわした。→栄590

意味 ❶とまるところ。すまい。「兵営・野営」 ❷いとなむ。「営業」

名まえで使う読み えい・のり・よし

【営業】えいぎょう 利益をえるために事業をすること。また、そのたんとう部門。

【営▼繕】えいぜん たてものを新しくつくったり、修理したりすること。

【営巣】えいそう 動物がすをつくること。

【営利】えいり お金をもうけること。例 営利目的。

【営林】えいりん 森林のせわをすること。

下につく熟語 運営・経営・県営・公営・国営・市営・私営・自営・▼陣営・設営・造営・直営・民営・*夜営・▼露営

【覚】12画 見部5画 →938ページ

【誉】13画 言部6画 →955ページ

⺍-14画

【厳】

17画 6年

口-17画 【嚴】20画 人名 〈厳〉明朝

音 ゲン・ゴン*

訓 おごそか*・きびしい

4画めは長く右上がりにして「敢」を書く空間を作る。「敢」は中心からやや右に。

なりたち 形声 嚴(厳)

もとの字は「嚴」。𠪚(ガン)と吅(やかましく言うようす)を合わせた字。敢(カン)は、古(かたい)と両手を合わせて、かたいわくをはねのけることをしめす記号。それと厂(いし、がけ)を合わせた𠪚(ガン)は、ごつごつと角があるというイメージをもつ。嚴(ゲン)は、いかめしいことばで、きびしく言うようすをあらわした。

意味 ❶きびしい。「厳▼罰」 ❷おごそか。「▼荘厳」

名まえで使う読み いかし・いず・いつ・いつき・いわ・かね・げん・たか・よし

【厳格】げんかく 態度やようすがいいかげんではなく、きびしいようす。例 父は厳格な人だ。

【厳禁】げんきん してはいけないと、きびしくとめること。例 土足は厳禁です。

【厳守】げんしゅ 規則・約束をかたくまもること。例 時間を厳守してください。

【厳重】げんじゅう ひじょうにきびしいようす。例 厳重な警戒。

【厳▼粛】げんしゅく きびしく、おごそかなようす。例 厳粛な気もち。

【厳正】げんせい 態度がひじょうにきびしく、正しいこと。例 厳正な裁判をおこなう。

【厳選】げんせん きびしい基準によってえらぶこと。例 厳選された作品。

【厳然】げんぜん きびしくて、いげんがあるようす。例 厳然とした態度。

【厳冬】げんとう さむさのきびしい冬。また、冬のさむさのきびしい時期。

【厳▼罰】げんばつ きびしいばつ。例 厳罰に処する。

【厳密】げんみつ こまかいところまで、きびしく正確なようす。例 厳密な検査。

下につく熟語 ▼威厳・▼謹厳・*森厳・尊厳

こたえ 買。

心・忄・⺗の部（こころ・りっしんべん・したごころ）

0画 心

4画 心・忄・⺗ こころ りっしんべん したごころ

なりたち 人の「こころ」に関係した字をあつめる。偏になると「忄（三画）」、下につく（脚）と「⺗」の形にもなる。

この部首の字

画数	字	ページ
0画	心	452
1画	必	454
3画	応	454
3画	忌	455
3画	志	455
3画	忍	456
3画	忘	456
3画	忙	456
4画	快	456
4画	忽	457
4画	忠	457
4画	念	458
5画	怨	458
5画	怪	458
5画	急	459
5画	思	460
5画	性	460
5画	怠	461
5画	怒	461
5画	怖	462
5画	怜	462
6画	恩	462
6画	悔	462
6画	恢	463
6画	恐	463
6画	恭	463
6画	恵	463
6画	恒	463
6画	恆	463
6画	恰	464
6画	恨	464
6画	恣	464
6画	恕	464
6画	息	464
6画	恥	465
6画	恋	465
7画	悪	465
7画	悦	467
7画	悔	462
7画	患	467
7画	悟	467
7画	悉	467
7画	悌	467
7画	悩	467
7画	悠	468
8画	惡	465
8画	惟	468
8画	惧	468
8画	惠	463
8画	惚	468
8画	惨	468
8画	惹	468
8画	情	468
8画	惜	469
8画	惣	469
8画	悼	469
8画	惇	470
8画	悲	470
8画	悶	470
8画	惑	471
9画	愛	471
9画	意	472
9画	感	473
9画	愚	475
9画	慌	475
9画	慈	475
9画	愁	476
9画	惺	476
9画	想	476
9画	惰	476
9画	愉	476
10画	慇	477
10画	慨	477
10画	慎	477
10画	愼	477
10画	態	477
10画	慕	478
10画	慄	478
11画	慰	478
11画	慣	478
11画	慶	478
11画	慧	479
11画	憎	479
11画	慢	479
11画	憂	479
11画	慮	480
12画	憬	480
12画	憩	480
12画	憲	480
12画	憧	480
12画	憎	479
12画	憚	480
12画	憤	480
13画	應	454
13画	憶	480
13画	懐	481
13画	憾	481
13画	懇	481
13画	憐	481
14画	懲	482
15画	懲	482
16画	懷	481
16画	懸	482

ほかの部首の字

窓→穴部 813
聴→耳部 877

心－0画

【心】 4画 2年 〔心〕明朝

音 シン 訓 こころ

※上にくる音により「ジン」「ごころ」ともよむ。

1画めは左下向き、2画めは右下向きに反ってはね、4画めはその中に書かない。

なりたち 象形 しんぞうの形をえがいた字。からだのだいじなところのこと。のち、からだのまんなかの「部分」「考え」などのいみをあらわした。

意味 ❶**こころ**。「心配」 ❷**思い**。「心外」 ❸**物のまんなか**。「中心」 ❹**心臓**。「強心▼剤」

難しい読み 心地・心得

名まえで使う読み うち・うら・きよ・ご・なか・み・むね・もと

【心地】 ここち 心の状態。気もち。心もち。気分。例 心地よい風がふく。

【心得】 こころえ ①あることについて、よくわかっていること。例 柔道の心得がある。②注意したり、まもったりしなければならないこと。例 受験生の心得をきく。

【心が▼弾む】 こころがはずむ 句 心がおどる。例 夏休みの計画を立てていると、今から心が弾む。

【心に▼浮かぶ】 こころにうかぶ 句 考えつく。思いうかぶ。例 よい考えが心に浮かぶ。

【心に留める】 こころにとめる 句 わすれずにおぼえておく。例 母の注意を心に留める。

【心根】 こころね ①心のそこにある気もち。②性質。例 やさしい心根の人。

【心を打つ】 こころをうつ 句 心を強く動かす。感動させる。例 人の心を打つ物語。

【心を▼鬼にする】 こころをおにする 句 かわいそうだと思う気持ちをおさえて、わざときびしくする。例 心を鬼にしてきびしい練習をさせる。

【心を▼砕く】 こころをくだく 句 いろいろと心配する。気をつかう。例 クラスのみんながなかよくするように心を砕く。

【心を許す】 こころをゆるす 句 しんじている。また、気をゆるす。例 心を許した友と語り合う。

【心音】しんおん 心臓が、みゃくをうつ音。

【心外】しんがい 考えてもいなかったこと。予想とちがって、ざんねんなこと。例 かれがぼくのことをわるく言うなんて心外だ。

【心機一転】しんきいってん 四字熟語 気もちが、あることをきっかけにして、よいほうにがらりとかわること。例 夏休みもおわり、心機一転して勉強にうちこむ。参考「心機」は、気もちのもち方のいみ。「一転」は、すっかりかわること。

【心技体】しんぎたい スポーツや武道などでたいせつなものとされる、精神・技術・肉体の三つの要素。例 心技体のそろった選手。

【心境】しんきょう そのときの気もち。心のようす。例 心境の変化。

【心血を注ぐ】しんけつをそそぐ 句 全精神・全力をこめて努力する。例 研究に心血を注ぐ。

【心中】一 しんじゅう ふたり以上の人がいっしょに自殺すること。二 しんちゅう 心の中。例 心中のくるしみをかくしきれない。

【心象】しんしょう 心の中にえがき出されたもの。イメージ。例 心象風景。

【心情】しんじょう 心もち。気もち。例 友の心情を思いやる。

【心証を害する】しんしょうをがいする 句 その人の言ったことやしたことが、あいてにふゆかいな感じをあたえて気分をわるくさせる。参考「心証」は、人のことばや行動からうける印象のこと。

【心身】しんしん 心とからだ。例 心身ともにそうかいです。参考「身心」とも書く。

【心▼酔】しんすい ①心をうばわれて、むちゅうになること。②(ある人を)ふかくしんじて、したうこと。例 野口英世に心酔する。

【心臓】しんぞう ①左胸にある、血液を全身におくりだす器官。②たいせつな部分。例 機械の心臓部。③ずうずうしいこと。例 人のものをだまって使うなんて、すごい心臓だね。

使い分け しんじょう 心情・信条・真情

【心情】心の中で思っていること。気もち。例 物語の主人公の心情を考える。

【信条】かたく信じてまもっていること。例 正直に生きることが、信条です。

【真情】うそがないほんとうの心。真心。例 真情をのべて、人にうったえる。

【心▼胆を寒からしめる】しんたんをさむからしめる 句 あいてを心のそこからふるえあがらせる。参考「心胆」は、きもったま、心のいみ。

【心痛】しんつう ひどく心配して、心をいためること。例 心痛のあまり、たおれる。

【心頭を▼滅▼却すれば火もまた▼涼し】しんとうをめっきゃくすればひもまたすずし 句 精神を集中すれば、どんなくるしみものりこえられるということ。参考「心頭」は、心、心の中のいみ。「滅却」は、けしさること。心の中からよけいな考えをはらいのければ、火でさえすずしく感じられるといういみから。

1【心肺】しんぱい 心臓と肺。

2【心配】しんぱい ①気がかり。不安。対 安心 ②心をくばって、せわをすること。例 つとめ口を心配する。

【心▼拍】しんぱく 心臓の規則正しい動き。例 心拍数。

【心服】しんぷく 心から尊敬して、したがうこと。例 福沢諭吉の教えに心服する。

【心棒】しんぼう ①車やこまなど、回転するものの中心になるもの。②あるはたらきの中心になるもの。

【心理】しんり 心のようすや、心のはたらき方。例 あいての心理を読む。

【心理的】しんりてき 心のはたらきに関係が

漢字クイズ 人の本になるものとは、なんでしょう。

あるようす。例 色の心理的効果。

【心労】しんろう 心配やなやみて、苦労すること。また、そのつかれ。例 心労がかさなる。

下につく熟語 *愛国心・悪心・安心・以心伝心・一心・*歌心・幼心・親心・会心・改心・▼核心・感心・関心・▼肝心・気心・*帰心・疑心・▼虚心・苦心・決心・好▼奇心・*向上心・細心・里心・私心・下心・重心・小心・初心・信心・*誠心・専心・出来心・手心・灯心・童心・内心・熱心・腹心・仏心(ぶっしん・ほとけごころ)・物心・不用心・無用心・変心・放心・本心・真心・*民心・無心・物心(ものごころ・ぶっしん)・野心・用心・*乱心・良心・老▼婆心

心－1画

【必】

5画 4年 〈必〉明朝

音 ヒツ
訓 かならず

※下にくる音により「ヒッ」ともよむ。

筆順 注意。1画めははねも止めも可。3画めの反り方、3つの点の方向と位置に注意。

1 丶 2 ソ 3 义 4 义 5 必

なりたち 会意

弋(ふたまたの棒)と八(両がわからはさむしるし)を合わせた字。棒の両がわをひもでかたくしめつけ、動かないようにしたようすを図にして、「そうならざるをえない」のいみをあらわした。

必のつく漢字グループ

「必」のグループは「両がわからぴったりしめつける」というイメージがある。

→密 302 →泌 657 →秘 804 →蜜 916

意味 かならず。きっと。「必勝・必要」

注意 「必ず」のおくりがなは、「ず」だけ。

【必▼携】ひっけい いつも身近にもっていなければならないこと。例 小学生必携の本。

【必殺】ひっさつ かならず、あいてをころす(たおす)こと。また、そのような意気ごみ。例 必殺わざ。

1【必死】ひっし 命をかけるほど、いっしょうけんめいになること。例 必死に助けを求める。

2【必至】ひっし かならずそうなること。例 国語のテストに書きとりが出るのは必至だ。

【必修】ひっしゅう かならず、まなばなければならないこと。例 必修科目。

【必▼需品】ひつじゅひん なくてはならない品物。例 生活必需品。

【必勝】ひっしょう かならずかつこと。例 先手必勝。

【必然】ひつぜん かならずそうなると、きまっていること。対 偶然

【必然性】ひつぜんせい 必ずそうなるという性質。例 それは必然性のある行動だ。

【必然的】ひつぜんてき 必ずそうなるときまっているようす。例 食べなければ、必然的にやせる。

【必着】ひっちゃく 郵便物がきめられた日に、かならずつくこと。例 月末に必着のこと。

【必読】ひつどく かならず読まなければならないこと。例 必読の書。

【必要】ひつよう どうしてもいること。なくてはならないこと。対 不要

心－3画

【応】

7画 5年

心－13画 【應】 17画 人名

〈応〉明朝

音 オウ
訓 こたえる

※上にくる音により「ノウ」ともよむ。/「オウじる」ともつかう。

「心」の中心はやや右へ。「广」の下から「心」を出さない。1画めは点でもよい。

1 丶 2 亠 3 广 4 广 5 広 6 応 7 応

なりたち 形声

應(応)

もとの字は「應」。䧹(ヨウ)と心を合わせた字。䧹は、亻(人)と隹(とり)と广(おおい)を合わせて、人が胸に鳥をうけとめているようす。應は、あいてのよびかけを心でしっかりとうけとめることをあらわした。

意味 ❶こたえてうごく。「応答」「相応」 ❷つりあう。

参考 「応」の読み方は「オウ」であるが、「反応・順応・感応」などのように、応の前の字の読みが「ン」でおわるときは「ノウ」と読む。

名まえで使う読み おう・かず・たか・のぶ・のり・まさ

【応援】おうえん ①きょうぎなどで、味方のチームや選手をはげますこと。②たすけること。手だすけ。例 引っこしの応援をたのむ。

【応急】おうきゅう きゅうなできごとに、間に合わせること。例 応急処置。

【応酬】おうしゅう 意見やことばのやりとりをすること。とくに、あいての態度にまけまいとして、やりかえすこと。例 やじの応酬。

【応接】おうせつ 客に会うこと。例 来客に応接する。／応接間。

【応戦】おうせん せめてくる敵とたたかうこと。

【応対】おうたい 客などに会って、話のうけこたえをすること。また、もてなすこと。例 親切に応対する。

【応諾】おうだく 人のたのみやもうしこみを、聞き入れること。承諾。

【応答】おうとう たずねられたことにたいして、答えること。例 質疑応答。

【応募】おうぼ 人や作品を、もとめているところに、もうしこむこと。例 コンクールに応募した作品。対 募集

【応用】おうよう あるりくつを、じっさいのことがらにあてはめてつかうこと。例 方程式を応用する。

下につく熟語 *感応・*供応・呼応・順応・対応・適応・反応

心−3画

【忌】

7画 常用 〔忌〕明朝

音 キ
訓 いむ・いまわしい

なりたち 形声 己(はっとおき上がる)と心を合わせた字。いやなことがおきたときに、心にはっとていこうがおこり、用心してさけることをあらわした。→己337

意味 ❶きらう。さける。「忌避」 ❷命日。「忌日(きじつ・きにち)」

【忌日】きじつ／きにち 死んだ人の命日。

【忌中】きちゅう 家族や身内の人が死んだとき、家にいて心身をつつしむ期間。

【忌避】きひ いやがって、さけること。例 手術を忌避する。

上につく熟語 *忌み言葉・*忌引き

下につく熟語 *回忌・*禁忌・周忌・*年忌

心−3画

【志】

7画 5年 〔志〕明朝

音 シ
訓 こころざす・こころざし

志 志

一 十 士 士 志 志 志

1・2画めはどちらが長くても、同じでもよい。「心」の方を横広にする。

なりたち 形声 士は之がかわったもの。之(すすむ)と心を合わせた字。之は、止(あし)と一(ある地点)を合わせて、目標にむけてすすむようすをあらわす。志は、なにかをめざしてまっすぐすすむ心、つまり「こころざし」をあらわした。→之28

志のつく漢字グループ 「志」のグループは「まっすぐすすむ」のほかに「じっと止まる」というイメージがある。→誌957

意味 こころざす。こころざし。「志望・大志」

名まえで使う読み さね・し・しるす・むね・もと・ゆき

【志学】しがく 故事成語 十五歳のこと。参考 学問に志すといういみで、中国の『論語』という本の「吾十有五にして学に志す」による。

【志願】しがん 自分から、すすんでねがいでること。例 救助隊に志願する。

【志気】しき あることを、やろうとする意気

こたえ 体。(イ＋本)。

心・忄・⺗の部（こころ・りっしんべん・したごころ）
3画 忍・忘・忙
4画 快

ごみ。例 志気が高まる。

【志向】しこう 心があることにむかうこと。例 音楽を志向する。

使い分け しこう 志向・指向

【志向】心が目標にむかうこと。こころざすこと。例 政治家を志向する。／高級志向。

【指向】ものが、ある方向をめざして向かうこと。例 指向性マイクを用意する。／北北東を指向する。

【志望】しぼう そうなりたいと、のぞむこと。例 姉は歌手になることを志望している。

下につく熟語 意志・遺志・初志・寸志・▼闘志・同志・有志・*雄志

心－3画
【忍】
7画 常用 〔忍〕明朝
音 ニン
訓 しのぶ・しのばせる

なりたち 形声 刃（ねばり強い）と心を合わせた字。じっとがまんして、くじけないことをあらわした。↓刃127

意味 ❶がまんする。しのぶ。「▼忍▼耐」 ❷こっそりとする。「▼忍術・▼忍び足」

名まえで使う読み おし・しの・しのぶ・たう・にん

【▼忍者】にんじゃ 忍術をつかう人。しのびのもの。

忍者

【▼忍従】にんじゅう くるしい状況をじっとがまんして、したがうこと。例 忍従の生活。

【▼忍術】にんじゅつ 人に気づかれないようにいろいろな行動をするわざ。

【▼忍▼耐】にんたい じっとこらえること。がまんすること。例 忍耐力。

上につく熟語 *忍び泣き・*忍び笑い

下につく熟語 堪▼忍・残▼忍

心－3画
【忘】
7画 6年 〔忘〕明朝
音 ボウ*
訓 わすれる

「心」の方を横広にする。1画めは点でもよい。3画めは折らずに曲がりで書く。

筆順：1 丶 2 亠 3 亡 4 ⺊ 5 忘 6 忘 7 忘

なりたち 形声 亡（見えなくなる）と心を合わせた字。心の中にあったものがなくなることをあらわした。↓亡44

意味 わすれる。「忘▼却・忘年会」

【忘恩】ぼうおん 恩をわすれること。恩知らず。

【忘我】ぼうが むちゅうになって、自分をわすれること。例 忘我の境地にはいる。

【忘▼却】ぼうきゃく すっかりわすれさること。例 忘却のかなた。

【忘年会】ぼうねんかい 一年のおわりに、その年の苦労をわすれて楽しむ会。年わすれの会。

忄－3画
【忙】
6画 常用 〔忙〕明朝
音 ボウ
訓 いそがしい

なりたち 形声 亡（なくなる）と忄（＝心）を合わせて、心にゆとりやおちつきがなくなったようすをあらわした字。↓亡44

意味 いそがしい。「多▼忙・▼繁▼忙」 対 閑

注意 「いそがしい」を「急がしい」と書かないこと。

【▼忙殺】ぼうさつ ひじょうにいそがしいこと。例 雑用に忙殺される。

忄－4画
【快】
7画 5年 〔快〕明朝
音 カイ
訓 こころよい

4・5画めは、間は横広にして、5画めを右へはっきりと出して「コ」にしない。

いういみです。

丶 丷 忄 忄 忙 快 快

なりたち 形声 夬(えぐりとる)と忄(=心)を合わせた字。心のしこりがえぐったようにとれて、さっぱりすることをあらわした。

↓決650

意味 気もちがよい。「快適」

注意 「決」とまちがえないこと。

名まえで使う読み かい・はや・やす・よし

【快活】かいかつ ほがらかで、元気なようす。例 快活な少年。

【快感】かいかん 気もちのよい感じ。例 勝利の快感によう。

【快挙】かいきょ 胸がすっとするような、りっぱなおこない。例 人々の感動をよぶ快挙。

【快勝】かいしょう 気もちがよいほど、あざやかにかつこと。例 試合で母校が快勝した。

【快晴】かいせい 空がすっかり晴れわたっていること。例 運動会にふさわしい快晴だ。

【快走】かいそう 気もちよいほど、はやく走ること。例 海上を、ヨットが快走する。

【快速】かいそく 船や車の動き方が、気もちのよいほどはやいこと。例 快速電車。

【快調】かいちょう ひじょうに調子がよいこと。例 エンジンは快調だ。

【快適】かいてき すばらしく気もちのよいこと。例 快適なへやの温度。

【快刀乱▼麻を断つ】かいとうらんまをたつ 句 むずかしい問題や事件を、あざやかに解決するたとえ。例 快刀乱麻を断つ名推理。参考 ㋐「快刀」は、よく切れる刀のこと。㋑「快刀乱麻」は、もつれた麻糸のこと。「乱麻」だけでもつかわれる。

快刀乱麻を断つ

【快復】かいふく 病気やけががなおること。例 快復は順調だ。参考 「回復」とも書く。

使い分け かいふく「回復・快復」→(222ページ)

1【快方】かいほう 病気やけがが、なおりだすこと。例 病気が快方にむかう。

2【快報】かいほう うれしい知らせ。

【快楽】かいらく 気もちがよく、楽しいこと。

下につく熟語 軽快・▼豪快・全快・▼爽快・痛快・不快・明快・▼愉快

心－4画

【忽】

8画 人名 〔忽〕明朝

音 コツ 訓 たちまち

意味 いつのまにか。急に。「▽忽然」

【▽忽然】こつぜん きゅうなようす。にわかに。突然。例 忽然と消える。

心－4画

【忠】

8画 6年 〔忠〕明朝

音 チュウ 訓 —

忠 忠

「心」の方を横広に。「中」の中心と7画めを合わせるとよい。

丶 口 口 中 中 忠 忠 忠

なりたち 形声 中(まんなか)と心を合わせた字。かたよらないゆきとどいた心、つまり「まごころ」のいみをあらわした。↓中25

意味 ❶まごころ。まこと。「忠実」 ❷主人にまごころをつくすこと。「忠義」

名まえで使う読み あつ・あつし・きよし・じょう・すなお・ただ・ただし・ただす・つら・なり・なる・のり

【忠義】ちゅうぎ 主人に、いっしょうけんめいつかえること。また、そのまごころ。

【忠犬】ちゅうけん かいぬしに、よくつくす犬。

【忠言】ちゅうげん その人のためを思い、注意することば。

【忠言耳に逆らう】ちゅうげんみみにさからう 故事成語 ためになる忠言は、ふゆかいに感じて、すなおに聞き入れにくいということ。参考 「耳に逆らう」は、注意することばがふゆかいに感じられるといういみ。

【忠告】ちゅうこく その人のためを思って、わるいところを注意すること。また、その注意。例 ことばづかいを改めるよう忠告する。

【忠実】ちゅうじつ ①まじめに自分のつとめ

ミニ知識 「全国」は、「全部の国」のいみではありません。「一つの国全体」、つまり「国じゅう」と

心・忄・㣺の部　こころ・りっしんべん・したごころ

4画　念　5画　怨・怪

をはたすようす。例 忠実な使用人。②少しのちがいもなく、ものごとをするようす。例 見たままを忠実にえがく。

【忠臣】ちゅうしん　主君にまごころをつくして、つかえる家来。対 逆臣

【忠誠】ちゅうせい　まごころをつくそうとする気もち。例 王さまに忠誠をちかう。

【忠節】ちゅうせつ　ひとすじにつくす、まごころ。例 忠節をつくす。

心－4画

【念】

8画　4年　〔念〕明朝

音 ネン　訓 ―

※「ネンじる」ともつかう。

念　念

「𠆢」は「心」よりも左右に広く。3画めを点にしても、4画めをはらってもよい。

1 ノ　2 𠆢　3 𠆢　4 今　5 今　6 念　7 念　8 念

なりたち 形声 今(かぶせてふさぐ)と心を合わせた字。心の中にいつまでも思いをとどめておくことをあらわした。→今52

意味 ❶ふかく思う。ふかい考え。「念願」「念仏」❷注意。「入念・念入り」❸となえる。

名まえで使う読み　ねん・むね

【念願】ねんがん　いつも心にかけて、ねがいのぞむこと。また、そののぞみ。例 念願がかなう。

【念書】ねんしょ　のちの証拠として、ねんのために書きのこす書きつけ。例 念書をとる。

【念頭】ねんとう　心のうち。考えのうち。例 念頭におく(＝いつも心におぼえておく)。

【念には念を入れる】ねんにはねんをいれる　句 注意した上にも、なおよく注意する。例 念には念を入れて戸じまりをする。

【念仏】ねんぶつ　ほとけの名をとなえながら、いのること。とくに、「なむあみだぶつ」ととなえること。また、その文句。

【念力】ねんりき　一心に思いこんだ心の力。精神力。例 念力岩をも通す。

【念を▼押す】ねんをおす　句 まちがいのないように、もう一度たしかめる。例 伝言をつたえわすれないよう念を押す。

下につく熟語 一念・▼概念・観念・記念・▼懸念・雑念・残念・失念・▼執念・信念・専念・▼丹念・断念・無念・余念・理念

心－5画

【怨】

9画　常用　〔怨〕明朝

音 エン・オン　訓 *うらむ・*うらみ

意味 うらむ。うらみ。「▼怨▼恨」

【▼怨▼恨】えんこん　うらみ。例 怨恨による殺人。

【▼怨念】おんねん　うらむ思いにとりつかれた心。例 平将門の怨念。

【▼怨▼霊】おんりょう　うらんで人にわざわいをもたらす、死者のたましい。例 怨霊にたたられる。

下につく熟語 *私▼怨・*宿▼怨

忄－5画

【怪】

8画　常用　〔怪〕明朝

音 カイ　訓 あやしい・あやしむ

意味 ❶あやしい。あやしむ。「▼怪▼奇」❷ばけもの。「▼怪談・▼妖▼怪」❸なみはずれている。「▼怪力」

【▼怪▼奇】かいき　あやしくて、ふしぎなこと。奇怪。例 怪奇な物語。

【▼怪▼獣】かいじゅう　今までに見たことのない、ふしぎな動物。

【▼怪談】かいだん　ばけものや、ゆうれいなどのこわい話。

【▼怪▼盗】かいとう　ぬすみの手口があざやかで、正体がわからないどろぼう。例 怪盗ルパン。

怪獣

【▼怪物】かいぶつ　①あやしくおそろしいもの。ばけもの。②ふつうの人とはちがった、とくべつな才能をもっている人。例 政界の怪物。

【▼怪文書】かいぶんしょ　悪口や秘密を書いた、出所がわからない文書。

【▼怪力】かいりき　なみはずれた強い力。例

4画

すが，「いり」は沖縄方言で「西」をいみするからです。

金太郎は怪力のもちぬしだ。

下につく熟語 奇▼怪（かい・きっ）・妖▼怪

心－5画

【急】

9画　3年

〔急〕明朝　音 キュウ　訓 いそぐ

「心」の方を横広に。「ク」は1画めを長めに。3画めは折って内側に向ける。

筆順：ノ　ク　⺈　刍　刍　刍　急　急　急

なりたち 形声 刍は、及がかわったもの。及（キュウ）（おいつく）と心を合わせた字。おいつこうとしてせかせかと「いそぐ」ことをあらわした。→及31

意味 ❶**いそぐ。はやい。**「急用・性急」対 緩 ❷**さしせまっている。**「緊急」 ❸**けわしい。**「急角度」 ❹**とつぜん。**「急変」

【急がば回れ】いそがばまわれ 句 急いであぶない方法をとるより、時間がかかっても安全な方法をとったほうが、かえってはやく物事をなしとげることができるというたとえ。

参考「急がば」は古い言い方で、「もしいそぐなら」の意味。

【急▼患】きゅうかん すぐに手当てが必要な、病人やけが人。例 急患を病院にはこぶ。

【急激】きゅうげき とつぜんで、はげしいようす。例 人口が急激にふえる。

【急行】きゅうこう ①いそいで行くこと。例 現場に急行する。②「急行列車」「急行電車」のこと。

【急降下】きゅうこうか ①飛行機などが地面にたいして、きゅうな角度でおりること。②きゅうに下がること。例 成績が急降下する。

【急告】きゅうこく いそいで知らせること。また、その知らせ。

【急死】きゅうし とつぜん死ぬこと。

【急▼斜面】きゅうしゃめん 山などの、ひどくかたむいてけわしい面。

【急▼襲】きゅうしゅう ふいに、あいてをおそうこと。例 敵を急襲する。／ハチに急襲された。

急斜面

【急所】きゅうしょ ①人のからだで、命にかかわるたいせつなところ。例 さいわい急所をはずれている。②ものごとのだいじなところ。要点。例 急所をおさえた質問。

【急所をつく】きゅうしょをつく 句 中心となるだいじなところをとらえる。例 ずばりと急所をついた質問をする。

【急進】きゅうしん ①いそいですすむこと。②めあてとすることを、はやくなしとげようとすること。例 急進主義。

【急進的】きゅうしんてき 目的をはやく実現しようとして、度をこえた行動をとるようす。例 急進的な改革。

1【急性】きゅうせい 病気がきゅうにおこって、そのようすがはげしいこと。例 急性の胃腸炎にかかった。対 慢性

2【急▼逝】きゅうせい 健康な人が急に死ぬこと。参考「急死」よりもていねいな言い方。

【急先▽鋒】きゅうせんぽう 先頭に立って、はげしいいきおいでおこなうこと。また、そういう人。例 反対運動の急先鋒に立つ。

1【急造】きゅうぞう 間に合わせに、いそいでつくること。急ごしらえ。例 住宅を急造する。

2【急増】きゅうぞう きゅうにふえること。例 宅地の開発がすすんで、人口が急増する。

【急速】きゅうそく すすみ方がはやいようす。例 急速な進歩。

【急停車】きゅうていしゃ 自動車や電車などが、きゅうに止まること。

【急転直下】きゅうてんちょっか 四字熟語 にわかにようすがかわって、ものごとがおわりに近づくこと。例 事件は急転直下解決した。

【急場】きゅうば こまったことなどがおこって、いそいで何とかしなければならない場合。例 急場をしのぐ。

【急変】きゅうへん ①きゅうにおこったよくないできごと。②ようすが、とつぜんによくないほうにかわること。例 病状が急変する。

心・忄・小の部（こころ・りっしんべん・したごころ） 5画 思・性

【急報】きゅうほう　いそいで知らせること。また、その知らせ。

【急務】きゅうむ　いそいでしなければならないつとめ。例 新しいエネルギー源の開発が急務だ。

【急用】きゅうよう　いそぎの用事。

【急流】きゅうりゅう　川などのながれがはやいこと。また、川などのはやいながれ。

下につく熟語 応急・緩急・*危急・救急・至急・早急（そうきゅう・さっきゅう）

【思】 心－5画

9画　2年　〔思〕明朝　音 シ　訓 おもう

「心」の方を横広に。「田」は下せばめに。1・2画めが付いていなくてもよい。

なりたち 形声　―思

囟と心を合わせた字。田は囟がかわったもの。囟は、ひよめき(ずがい骨の小さいすきま)のある赤んぼうの頭をえがいた字で、小さくてこまかいというイメージをもつ。思は、心の中でこまやかにものを「おもう」ことをあらわした。

囟のつく漢字グループ

「囟」のグループは「小さく細い」「こまかい」というイメージがある。「囟」は変形して「田」の形にもなる。

→偲90 →思460 →細845

意味 **❶おもう。かんがえる。**「思案」 **❷人をしたう。**「思慕」 **❸おもい。かんがえ。**「思想」

名まえで使う読み おもい・こと・し

【思惑】おもわく　①ある期待がこめられた考え。見こみ。例 思惑がはずれる。②人々の評判。例 世間の思惑を気にする。

【思案】しあん　どうしたらよいかと、いろいろ考えること。例 思案に暮れる（＝よい考えがうかばなくて、こまりはてる）。／思案投げ首（＝どうしたらよいかと考えこみ、首をたれること）。

【思案に余る】しあんにあまる 句 よい考えがうかばなくて、どうしたらいいのかわからなくなる。

思案に余る

【思考】しこう　ふかく考えること。また、その考え。例 思考をめぐらす。

【思索】しさく　すじ道を立てて、ふかく考えること。例 思索にふける。

【思春期】ししゅんき　からだがおとなに近づき、異性に関心をもちはじめる年ごろ。一一、二歳から一五、六歳ごろ。

【思想】しそう　まとまった、ある一つの考え。とくに、世の中や人生についての考え。

【思慕】しぼ　こいしく思うこと。こいしたうこと。例 思慕の情。

【思慮】しりょ　いろいろと思いめぐらすこと。また、その考え。例 思慮分別。／思慮の深い人物。

下につく熟語 意思・*相思・*沈思

【性】 忄－5画

8画　5年　〔性〕明朝　音 セイ・ショウ*　訓 ―

※上にくる音により「ジョウ」ともよむ。

「忄」は1画めは左下、2画めは右下へ向けて止め、3画めの上半分より下げない。

なりたち 形声　生(うまれる)と忄(＝心)を合わせた字。生まれたままの、心や性質をあらわした。→生737

意味 **❶うまれつきそなわっているとくちょう。たち。**「性質」 **❷ものの性質。**▽単語のあとについて「…のような性質をもつ」のいみをあらわす。「悪性・不燃性」 **❸男と女、おすとめすなどの区別。**「性別」

難しい読み 性根（しょうね・しょうこん）・性分

4画

名まえで使う読み しょう・せい・なり・もと

【性根】㊀しょうね おおもとの心がまえ。生まれつきの性格。例性根をすえる。㊁しょうこん あることをやりつづける根気。例性根がつきはてる。

【性分】しょうぶん その人が生まれつきもっている性質。たち。例こまかいことは気にしない性分です。

【性格】せいかく ①その人がもともともっている考えや気もちのとくちょう。人がら。性質。例外向的な性格。②あるものごとがもっているとくちょう。例事件の性格をさぐる。

【性器】せいき 子孫をのこすために、生物にそなわっている器官。生殖器。

【性急】せいきゅう 気がみじかく、せっかち。例性急に判断するのはあぶないこともある。

【性教育】せいきょういく 性について正しい知識をあたえる教育。

1 【性向】せいこう その人の性質の傾向。気質。例陽気な性向のもちぬし。

2 【性行】せいこう その人の性質とふだんのおこない。例生徒の性行を観察する。

【性質】せいしつ ①人が生まれつきもっている考えや気もちのようす。性格。例すなおな性質。②そのものがもともともっている、とくちょう。例ガは光にあつまる性質がある。

1 【性状】せいじょう ①人の性質とおこない。②物の性質と状態。例鉄の性状をしらべる。

2 【性情】せいじょう 気だて。性質と心情。例やさしい性情の女性。

【性能】せいのう 機械などのもつはたらきの性質と力。例この自動車は性能がよい。

【性▼癖】せいへき かたよった性質。くせ。

【性別】せいべつ 男女の区別。例性別は問わない。

下につく熟語 相性・悪性・異性・▼陰性・感性・気性・急性・個性・根性・酸性・習性・女性(じょせい・にょしょう)・真性・＊素性・＊属性・▼惰性・男性・知性・中性・適性・天性・同性・特性・人間性・品性・母性・本性(ほんしょう・ほんせい)・▼慢性・野性・陽性・理性・良性

心－5画

【怠】

9画 常用 〔怠〕明朝

音 タイ
訓 おこたる・なまける

なりたち 形声 台(手を加える)と心を合わせた字。はりつめた心がゆるんでだらけることをあらわした。→台192

意味 おこたる。なまける。「▼怠慢・▼怠け者」

【▼怠▼惰】たいだ なまけて、だらしがないこと。例怠惰な生活。

【▼怠▼慢】たいまん なまけて、仕事をしなかったり、責任をはたさなかったりすること。例それは、君の怠慢だ。

下につく熟語 ▽倦怠

心－5画

【怒】

9画 常用 〔怒〕明朝

音 ド
訓 いかる・おこる

なりたち 形声 奴(ねばり強い)と心を合わせて、じわじわと強い感情がはりつめるようすをあらわした字。→奴273

意味 おこる。「激▼怒」

【▼怒り心頭に発する】いかりしんとうにはっする 句 心のそこからはげしくおこる。例政治家の不正に怒り心頭に発した。参考「心頭」は、心の中のいみ。

【▼怒気】どき おこった気もち。おこったようす。例怒気をふくんだ声。

怒気

【▼怒号】どごう ①おこってどなること。また、その声。怒声。例怒号がとびかう。②風や波が、あれくるう音。

【▼怒声】どせい おこってどなる声。怒号。例怒声を上げる。

【▼怒▽濤】どとう ①あれくるう大波。例さかまく怒濤。②うつりかわりが、はげしいこと。例怒濤の時代。

【▼怒▼髪天を▼衝く】どはつてんをつく 故事成語 ものすごい顔つきで、はげしくおこるようす。参考「怒髪」は、はげしいいかりのためにさかだつかみの毛のこと。それが天をつきあげるといういみから。

ミニ知識 「一里」は、日本では3927メートルですが、むかしの中国では405メートル、今の中国

下につく熟語 *喜怒・憤怒(ふんぬ・ふんど)

忄－5画

【怖】

8画 常用 〈怖〉明朝

音 フ
訓 こわい

意味 **おそれる。こわがる。**「恐怖・畏怖」

難しい読み 怖じ気

【怖じ気】おじけ　おそろしいと思う気もち。

例 怖じ気づく(=こわくなって、しりごみする)。／怖じ気をふるう(=こわがる)。

【怖ず怖ず】おずおず　こわがってためらいながらものごとをするようす。

忄－5画

【怜】

8画 人名 〈怜〉明朝

音 レイ
訓 さとい

なりたち 形声 令(きよらか)と忄(=心)を合わせた字。きよらかな心をあらわした。

→令58

意味 (心がすみきっていて)**かしこい。**「怜悧(=かしこいこと)」

名まえで使う読み れい・さと・さとし

心－6画

【恩】

10画 6年 〈恩〉明朝

音 オン
訓 —

恩 恩

「心」の方を横広に。「因」の縦画は真下に、5画めははらっても誤りとはいえない。

恩 恩

なりたち 形声 因(上にかさねてのせる)と心を合わせた字。思いやりをあいての心にかさねくわえることをあらわした。

→因221

意味 **めぐみ。なさけをうける。**「恩情・恩人」

名まえで使う読み おき・おん・めぐみ

【恩愛】おんあい　①ほかの人にたいする思いやり。②親子・夫婦の間の愛情。参考「おんない」とも読む。

【恩義】おんぎ　人からうけた、かえさなければならない恩。例 恩義を感じる。

【恩給】おんきゅう　公務員などが、きめられた年数をつとめてやめたのち、国からつづけてあたえられるお金。例 恩給で生活する。

【恩恵】おんけい　めぐみ。例 自然の恩恵。

1【恩師】おんし　教えをうけた先生。

2【恩賜】おんし　天皇から物をいただくこと。また、その品物。例 恩賜の時計。

【恩情】おんじょう　目上の人が目下の人を、たいせつにしてかわいがる心。例 恩情にむくいる。使い分け 「温情」は、思いやりのあるやさしい心。

【恩人】おんじん　恩をさずけてくれた人。例 命の恩人。

【恩典】おんてん　なさけのある、あつかい。有利な、とりはからい。例 奨学金の恩典がある。

【恩に着せる】おんにきせる　句 自分がした親切を相手にありがたく思わせるように言いたてる。

【恩に着る】おんにきる　句 人から受けた親切をありがたく思う。例 助かった。恩に着るよ。

【恩を仇で返す】おんをあだでかえす　句 親切にされたことをありがたく思うどころか、かえって相手にひどいことをする。例 恩を仇で返すようなしうち。

下につく熟語 謝恩・*大恩・報恩・忘恩

忄－6画

【悔】

9画 常用

忄－7画 【悔】10画 人名 〈悔〉明朝

音 カイ
訓 くいる・くやむ・くやしい

なりたち 形声 毎(くらい)と忄(=心)を合わせた字。くらい気もちになることをあらわした。

→毎634

意味 ❶**ざんねんに思う。くいる。くやむ。**「後悔・悔し涙」❷**人の死をとむらうことば。くやみ。**

【悔悟】かいご　自分のしてきたことを、わるかったとさとり後悔すること。例 悔悟の

悔悟

日々をすごす。

【悔恨】かいこん　あやまちをくやむこと。例 悔恨の念。

【悔悛】かいしゅん　反省して心を入れかえること。同 改悛

忄−6画

【恢】

9画 人名 〔恢〕明朝

音 カイ
訓 —

意味 ひろい。ひろめる。「天網恢恢疎にして漏らさず」

名まえで使う読み ひろ

心−6画

【恐】

10画 常用 〔恐〕明朝

音 キョウ
訓 おそれる・おそろしい

なりたち 形声 恐（恐）

巩は工（ものをつき通す）と凡（=丮。人が両手をさしのべたようす）を合わせた字。両手でつき通してあなをあけること。それに心がついた恐は、心の中にあながあいたようにおちつかないことをあらわした。→工334

意味 ❶おそろしい。おそれる。こわがる。「恐怖」 ❷うやまいつつしむ。「恐縮」

注意 「怒」とまちがえないこと。

【恐慌】きょうこう　①おそれあわてること。②世の中のお金や商品の動きがわるくなり、ひじょうにこんらんすること。例 金融恐慌。

【恐縮】きょうしゅく　もうしわけないと思うこと。例 合格祝いをいただき、恐縮する。

【恐怖】きょうふ　おそれて、こわがること。例 恐怖にふるえる。

【恐竜】きょうりゅう　中生代に地球上にいた大きな動物。化石としてのこっている。

⺗−6画

【恭】

10画 常用 〔恭〕明朝

音 キョウ
訓 うやうやしい

なりたち 形声 共（さしあげる）と⺗（=心）を合わせた字。ものをさしあげるときのかしこまった気もちをあらわした。→共109

意味 うやまいつつしむ。「恭順・恭賀」

名まえで使う読み うや・きょう・すけ・すみ・たか・たかし・ただ・ただし・ちか・つか・のり・みつ・やす・やすし・ゆき・よし

【恭賀】きょうが　つつしんで、いわうこと。例 恭賀新年。

【恭順】きょうじゅん　つつしみぶかい態度で、したがうこと。例 恭順の意をあらわす。

心−6画

【恵】

10画 常用

心−8画 【惠】12画 人名 〔惠〕明朝

音 ケイ・エ
訓 めぐむ

なりたち 会意 もとの字は「惠」。叀（まるくつつみこむ）と心を合わせた字。あいてをつつみこむような気持ちをあらわした。

意味 ❶めぐみ。物をあたえる。「恩恵」 ❷かしこい。かしこさ。「知恵」

参考 ひらがな「ゑ」、カタカナ「ヱ」のもとになった字。

難しい読み 恵比寿・恵比須・恵方

名まえで使う読み あや・え・けい・さと・さとし・しげ・とし・めぐみ・めぐむ・やす・よし

【恵比寿・恵比須】えびす　七福神の一つ。漁業や商売の神とされる。えぼしをかぶり、にこにこした表情で、つりざおとタイをもつすがたでえがかれる。例 恵比寿顔。

【恵方】えほう　その年の干支で、縁起のよい方角。例 恵方参り。

【恵贈】けいぞう　人から物をおくられることを、おくる人をうやまって言うことば。

参考 手紙などでつかう。

忄−6画

【恒】

9画 常用

忄−6画 【恆】9画 人名 〔恆〕明朝

音 コウ
訓 —

なりたち 形声 亙（ぴんとはる）と忄（=心）を合わせた字。心がいつまでもはりつめていることをあらわした。

心・忄・⺗の部（こころ・りっしんべん・したごころ）　6画　恰・恨・恣・恕・息

意味 いつまでもかわらない。つね。いつも。「恒久・恒常」

名まえで使う読み こう・ちか・つね・ひさ・ひさし・ひとし

【恒久】こうきゅう　いつまでもつづいて、かわらないこと。例 恒久平和。

【恒久化】こうきゅうか　いつまでもかわらずに、長くつづくようにすること。例 基地の恒久化に反対する。

【恒産なき者は恒心なし】こうさんなきものはこうしんなし　故事成語 生活がさだまっていないと、心もしっかりしないということ。参考「恒産」は、生活にひつような安定した財産や職業のこと。「恒心」は、いつもかわらない正しい心のこと。

【恒常】こうじょう　一定していて、かわらないこと。例 恒常性。

【恒星】こうせい　天球上のいつもきまったところで、自分で光を出してかがやく星。対 惑星

【恒例】こうれい　いつもきまっておこなわれること。しきたり。例 恒例の運動会。

忄－6画

【恰】

9画　人名　〔恰〕明朝　音 コウ　訓 あたかも

意味 ❶ちょうど。思った通りぴったり。❷まるで。あたかも。❸→恰幅

名まえで使う読み あたか

【恰幅】かっぷく　からだつき。すがた。例 恰幅がよい。

忄－6画

【恨】

9画　常用　〔恨〕明朝　音 コン　訓 うらむ・うらめしい

なりたち 形声 艮(あとをのこす)と忄(=心)を合わせた字。いつまでも根にもつことをあらわした。→根598

意味 うらみ。うらむ。「悔恨」

【恨み骨髄に徹す】うらみこつずいにてっす　故事成語 あいてをうらむ気もちが、心のおくそこまでしみとおる。あいてをふかくうらむこと。参考 ㋐「骨髄」は、ほねの中心のいみから、心のそこのこと。㋑「恨み骨髄に入る」ともいう。

下につく熟語 *遺恨・怨恨・痛恨

心－6画

【恣】

10画　常用　〔恣〕明朝　音 シ　訓 —

なりたち 形声 次と心を合わせた字。次は、「つぎつぎにならぶ」→「つぎつぎにのびてしまりがない」というイメージに展開する。恣は、やりたい放題になるようすをしめす。→次619

意味 かって気まま。ほしいまま。「恣意」

【恣意的】しいてき　その時どきの気ままな思いつきで判断するさま。例 代表の選び方が恣意的だ。参考「恣意」は、かって気ままな考え。

心－6画

【恕】

10画　人名　〔恕〕明朝　音 ジョ　訓 ゆるす

なりたち 形声 如(やわらかい)と心を合わせた字。やわらかく親しむ心をあらわした。→女272

意味 ❶思いやり。「忠恕(=まごころをつくすこと)」❷ゆるす。「寛恕(=ひろい心であやまちなどをゆるすこと)」

注意「恕」と「怒」をまちがえないこと。

名まえで使う読み くに・しのぶ・ただし・のぶ・のり・はるか・ひろ・ひろし・ひろむ・みち・もろ・ゆき・よし

心－6画

【息】

10画　3年　〔息〕明朝　音 ソク　訓 いき

「心」の方を横広に。「自」の縦画は真下に。1画めが「目」とはなれていてもよい。

なりたち 会意 自(はな)と心(しんぞう)を合わせた字。心臓の動きにつれて、はなから空

習字で紙をおさえる文鎮のことです。

気をすうことをあらわした。

意味 ❶いき。いきをする。「▼嘆息・▼窒息」❷いきる。「生息」❸休む。いこう。「休息」❹むすこ。「令息・子息」

難しい読み 息▼吹・息子

名まえで使う読み いき・おき・かず・き・そく・やす

【息が合う】いきがあう 句 たがいの気持ちや調子がぴったりあう。

【息が長い】いきがながい 句 一つのことを、長い間ねばりづよく続けている。

【息の根を止める】いきのねをとめる 句 ①生きられないようにする。ころす。②完全に、活動ができないようにする。たやす。例 すりの一味の息の根を止める。

【息を殺す】いきをころす 句 息をとめるようにして、じっとしずかにしている。息をこらす。息をつめる。例 見つかったらたいへんと息を殺してかくれていた。

【息をのむ】いきをのむ 句 思いがけないことに出会ってはっとする。例 山の頂上から見る日の出の美しさに思わず息をのんだ。

【息▼吹】いぶき ①いきをはくこと。また、はくいき。②ようす。けはい。例 春の息吹。

【息災】そくさい 無事であること。例 無病息災。

【息女】そくじょ 他人のむすめをうやまって言うことば。例 ご息女。

【息子】むすこ 親からみて、男の子ども。せがれ。例 どら息子。対 娘

下につく熟語 青息▼吐息・安息・終息・消息・鼻息・一息・利息

心－6画

【恥】

10画 常用 〈恥〉明朝

音 チ

訓 はじる・はじ・はじらう・はずかしい

意味 ❶はじる。はずかしい。「▼恥▼辱」❷はじ。「無恥・生き恥」

【恥▼辱】ちじょく はずかしめ。不名誉。例 恥辱を受ける。

【▼恥の上▼塗り】はじのうわぬり 句 一度だけでなく、かさねてはじをかくこと。

下につく熟語 赤恥・＊破▼廉恥

心－6画

【恋】

10画 常用 〈恋〉明朝

音 レン

訓 こう・こい・こいしい

なりたち 形声 もとの字は「戀」。䜌(もつれてみだれる)と心を合わせて、心がさまざまにみだれて、思いきりがつかないことをあらわした。→変250

意味 したいあう。こいする。こい。「▼恋人・失恋・初▼恋」

注意 「変」とまちがえないこと。

【▼恋敵】こいがたき 自分と、同じ人をすきだと思っている人。こいの競争あいて。

【▼恋心】こいごころ (ある人を)こいしいと思う気もち。例 かれに恋心をいだく。

【▼恋人】こいびと こいしく思っている、あいての人。例 恋人同士。

【▼恋文】こいぶみ すきだと思う気もちをうったえる手紙。ラブレター。

【▼恋愛】れんあい あいしあうこと。また、その愛情。例 恋愛結婚。

【▼恋▼慕】れんぼ あいてを、こいしたうこと。例 恋慕の情。

下につく熟語 悲▼恋

心－7画

【悪】

11画 3年

心－8画 【惡】 12画 人名 〈悪〉明朝

音 アク・オ＊

訓 わるい

※下にくる音により「アッ」ともよむ。

「心」の方が横広。「亜」は7画めを長くし、「口」は縦画は内向きで横長に。

悪 悪

筆順: 一 丅 亓 彐 㐭 亜 亜 亜 悪 悪 悪

なりたち 形声 もとの字は「惡」。亞(おさえつけられて、つかえる)と心を合わせた字。む

心・忄・小の部 こころ・りっしんべん・したごころ

7画 悪

ねがつかえてむかむかするいやな気分をあらわした。→亜44

意味 ❶正しくない。わるい。「悪事・悪者」対善 ❷にくむ。「好悪」 ❸おとっていてひどい。「悪筆」 ❹くるしい。「悪戦苦▼闘」

難しい読み 悪食・悪寒

【悪意】あくい ①人をにくんで、わるいことをしてやろうと思う気もち。例その男にたいして悪意をいだく。②わるいいみ。例あの人は何をしてあげても悪意にとる。対①②善意

【悪運】あくうん ①運がわるいこと。不運。対幸運 ②わるいことをしても、むくいをうけずにさかえるような運。例悪運の強い人。

【悪逆無道】あくぎゃくむどう 四字熟語 人間として、してはならないことを平気でする、ひじょうにわるいおこない。参考「悪逆」も「無道」も、人の道にはずれたわるいおこない。

【悪行】あくぎょう／あっこう わるいおこない。悪事。例悪行の報い。対善行

【悪事】あくじ わるいおこない。

【悪食】あくじき このんでかわったものを食べること。また、その人。

【悪事千里を走る】

故事成語 わるいおこないやわるいうわさは、あっという間に世の中に知れわたるということ。参考悪事は、すぐに一〇〇〇里の遠方にまで広まるといういみから。「悪事千里を行く」ともいう。

悪事千里を走る

【悪質】あくしつ ①品質がわるいこと。対良質 ②たちがわるいこと。例悪質ないたずら。

1【悪▼臭】あくしゅう いやなにおい。

2【悪習】あくしゅう わるいしゅうかん。例悪習にそまる。

【悪書】あくしょ ためにならない俗悪な本。対良書

【悪心】あくしん わるいことをしようとする心。例悪心がおきる。

1【悪声】あくせい ①聞きぐるしい声。対美声 ②わるい評判。

2【悪性】あくせい (病気などの)たちがよくないこと。例悪性のかぜ。対良性

3【悪政】あくせい 国民をくるしめる、わるい政治。対善政

【悪戦苦▼闘】あくせんくとう 四字熟語 ①くるしんでたたかうこと。例悪戦苦闘の末、勝利した。②死にものぐるいの努力。

【悪銭身につかず】あくせんみにつかず 句 わるいことをしてもうけたお金は、むだづかいをしてしまうので、すぐになくなってしまう。参考「身につかず」は、自分のものにならないといういみ。

【悪態をつく】あくたいをつく 句 ひどいことばで、悪口をいう。にくまれ口をたたく。参考「悪態」は悪口、にくまれ口のこと。

【悪玉】あくだま わるい人。とくに、物語やしばいに出てくる悪人の役。参考草双紙(江戸時代の小説)のさしえで悪人の顔を、まるに「悪」の字を書き入れてあらわしたことから。対善玉

【悪党】あくとう わるいことをする人。また、そのなかま。

【悪徳】あくとく 人の道にはずれたよくない心。また、よくないおこない。例悪徳商人。

【悪人】あくにん おこないや心のわるい人。悪者。対善人

【悪筆】あくひつ 字がへたなこと。また、へたな字。対達筆

【悪評】あくひょう よくないうわさ。よくない批評。例悪評が立つ。対好評

【悪風】あくふう わるいならわし。例悪風にそまる。対美風

【悪文】あくぶん いみがわかりにくい、へたな文章。

【悪▼癖】あくへき わるいくせ。わるい習慣。

【悪▼魔】あくま ①人の心をまよわし、わるいことをすすめるまもの。②平気でむごたらしいことをする人のたとえ。

【悪夢】あくむ おそろしいゆめ。いやなゆめ。例悪夢にうなされる。

【悪名】あくめい／あくみょう わるいうわさ。わるい評判。例悪名がたつ。

読むのは，このいみです。

【悪役】あくやく しばいなどに出てくる、悪人やにくまれ者の役。

【悪友】あくゆう ①わるい友だち。対良友 ②〔したしみをこめた言い方で〕なかのよい友だち。例子どものころからの悪友。

【悪用】あくよう わるいことにつかうこと。例地位を悪用する。対善用

【悪例】あくれい あとでよくないえいきょうが出てくる、わるい例。例悪例をのこさない。

【悪化】あっか 状態がわるくなること。例病状が悪化する。

【悪漢】あっかん わるい男。悪者。

【悪口】あっこう/わるくち/わるぐち 人のことを、わるくいうこと。また、そのことば。

【悪口雑言】あっこうぞうごん 四字熟語 いろいろな悪口。

【悪寒】おかん 熱が出るときなどに感じる、ぞくぞくするようなさむけ。例悪寒がする。

【悪気】わるぎ わるい心や考え。例悪気はない。

【悪知▼恵】わるぢえ わるいことをするときによくはたらくちえ。

下につく熟語 意地悪・▼凶悪・険悪・罪悪・*性悪(しょう・せい)(わる・あく)・善悪・▼憎悪・俗悪

忄－7画 悦

10画 常用 〔悦〕明朝 音エツ 訓—

なりたち 形声 もとの字は「悅」。兌(なかみをぬきとる)と忄(=心)を合わせた字。心のしこりをぬきとってはればれすることをあらわした。→脱892

意味 よろこぶ。よろこび。「満▼悦・▼悦楽」

名まえで使う読み えつ・のぶ・よし

【▼悦に入る】えつにいる 句 心の中でよろこぶ。ひとりでうれしがる。例父はほり出し物の本を手に入れ、悦に入っている。

【▼悦楽】えつらく よろこび、楽しむこと。

下につく熟語 *喜▼悦・*恐▼悦・満▼悦

心－7画 患

11画 常用 〔患〕明朝 音カン 訓わずらう

意味 ❶心をいためる。「▼内▼憂外▼患」 ❷病気になる。「▼患者・急▼患・疾▼患」

【▼患者】かんじゃ 医者の手当てをうけている、病気やけがをしている人。例入院患者。

忄－7画 悟

10画 常用 〔悟〕明朝 音ゴ 訓さとる

なりたち 形声 吾(二つのものがまじわる)と忄(=心)を合わせて、心が物とまじわって、それがなんであるかはっきりわかることをあらわした。→五41 →吾202

意味 はっきり知る。さとる。「覚悟・▼悔悟」

名まえで使う読み ご・さと・さとし・さとる・のり

心－7画 悉

11画 人名 〔悉〕明朝 音シツ 訓ことごとく

意味 ❶ことごとく。ぜんぶ。❷つまびらかにする。こまかいところまで知る。

忄－7画 悌

10画 人名 〔悌〕明朝 音テイ 訓—

意味 ❶目上の人に、すなおにしたがう気もち。❷なかがよい。おとなしい。「▽悌友(=れいぎ正しくなかのよいこと)」

名まえで使う読み すなお・てい・とも・やす・やすし・よし

忄－7画 悩

10画 常用 〔悩〕明朝 音ノウ 訓なやむ・なやます

なりたち 形声 もとの字は「惱」。𡿺(やわらかくて、ねばつく)と忄(=心)を合わせた字。心の中でねちねちと思いつづけるようすをあらわした。→脳892

意味 思いわずらう。なやむ。なやみ。「苦▼悩」

注意 「脳」とまちがえないこと。

【▼悩殺】のうさつ ひどくなやませること。とくに、女性の魅力で、男性をなやますこと。

下につく熟語 ▼煩▼悩

ミニ知識 「力」の字には「つとめる，努力する」といういみがあります。名前で「力」を「つとむ」と

心－7画

【悠】

11画 常用 〈悠〉明朝 音 ユウ 訓 ―

なりたち 形声 攸(ほそ長い)と心を合わせた字。思いがいつまでも長くつづくようすをあらわした。→修84

意味 ❶はるかかなた。「▼悠久」 ❷ゆったりしている。「▼悠々」

名まえで使う読み ちかし・はるか・ひさ・ひさし・ゆ・ゆう

【▼悠久】ゆうきゅう 年月がはてしなく長いこと。はてしなく長く続くこと。例 悠久の歴史。

【▼悠然】ゆうぜん おちついて、ゆったりとしているようす。例 あわてず悠然とかまえる。

【▼悠長】ゆうちょう 気がながく、のんびりしているようす。例 ひどく悠長な話だ。

【▼悠▼悠】ゆうゆう よゆうがあって、ゆったりとしているようす。例 道のまんなかを悠々と歩く。参考 ふつう「悠々」と書く。

【▼悠▼揚】ゆうよう ゆったりとおちついているようす。例 悠揚せまらぬ(=さしせまった事態になっても、おちついた)態度。

【窓】11画 穴部6画 →813ページ

忄－8画

【惟】

11画 人名 〈惟〉明朝 音 イ 訓 おもう・これ・ただ

なりたち 形声 隹(ずっしりと重い)と忄(=心)を合わせた字。ただ一つのことを考えることをあらわした。

意味 ❶よく考える。❷「これ」とさししめすことば。❸ただそれだけ。

名まえで使う読み あり・い・これ・ただ・たもつ・のぶ・ゆい・よし

下につく熟語 *思▽惟(しい・しゆい)

忄－8画

【惧】

11画 常用 〈惧〉明朝 音 グ 訓 ―

意味 おそれる。びくびくする。「危▼惧」

忄－8画

【惚】

11画 人名 〈惚〉明朝 音 コツ 訓 ほれる

意味 ❶ぼうっとする。うっとりする。「▽恍▽惚(=心をうばわれてうっとりするようす)」 ❷ほれる。すきになる。

忄－8画

【惨】

11画 常用 〈惨〉明朝 音 サン・ザン 訓 みじめ

なりたち 形声 参(入りまじる)と忄(=心)を合わせた字。心にじわじわとはいっていたむことをあらわした。→参177

意味 いたましい。むごい。「▼惨状」

【▼惨▼禍】さんか (戦争や地震などによる)いたましい災害。例 台風の惨禍をこうむる。

【▼惨事】さんじ いたましいできごと。例 流血の惨事がおきる。

【▼惨状】さんじょう むごたらしいありさま。例 目をおおいたくなるような惨状。

【▼惨▽憺】さんたん ①見ていられないほどいたましく、むごたらしいようす。例 火事のあとは惨憺たる光景だった。②ひじょうに苦心するようす。例 苦心惨憺して、やっと完成させた。参考 ②は多く、「苦心惨憺」の形でつかう。

【▼惨敗】ざんぱい／さんぱい みじめなまけ方をすること。例 8対0で惨敗する。

下につく熟語 陰▼惨・悲▼惨

心－8画

【惹】

12画 人名 〈惹〉明朝 音 ジャク 訓 ひく

意味 ひく。人の心をひきつける。また、事件をひきおこす。「▽惹起」

忄－8画

【情】

11画 5年 〈情〉明朝 音 ジョウ・セイ* 訓 なさけ

※上にくる音により「ゼイ」ともよむ。

情 情

「忄」は筆順に注意。4・6画めは同じ長さに、7画めは2画めの下を目安に長く。

なりたち 形声 青(すみきってよごれがない)と忄(=心)を合わせた字。心の動きのもとになる、すなおな気もちをあらわした。→青1057

意味 ❶こころ。気もち。「情熱」❷なさけ。思いやり。「同情」❸ありさま。ようす。「情景」❹おもむき。あじわい。「風情」

【情愛】じょうあい　あいする気もち。愛情。例親子の情愛。

【情感】じょうかん　しみじみとした感じ。例情感をこめて歌う。

【情▼況】じょうきょう　ものごとの、その場のありさま。同状況。

【情景】じょうけい　(人の心を動かす)ものごとのありさま。また、けしき。

【情実】じょうじつ　自分の利益や感情などにとらわれた、公平でない気もち。例情実がからむ。

【情緒】じょうしょ／じょうちょ　あることを見たり聞いたりしたときに、自分の心におこるさまざまな感情。例情緒不安定。

【情状▼酌量】じょうじょうしゃくりょう 四字熟語 罪をおかしてしまったことに同情できる理由があると考えて、刑をかるくすること。参考「情状」は、そうなった事情。「酌量」は、事情を考えてわかってあげること。

【情勢】じょうせい　ものごとのありさま。なりゆき。例情勢を注意ぶかく見守る。参考「状勢」とも書く。

【情操】じょうそう　うつくしいもの、じゅんすいなもの、気高いものなどに接して、それをすなおに感じとる心のはたらき。例音楽は、情操をゆたかにしてくれる。／情操教育。

【情熱】じょうねつ　あることにうちこむ、はげしい心。例テニスに情熱をもやす。

【情報】じょうほう　ものごとのようすや内容についての知らせ。例情報を集める。／台風情報。

【情理】じょうり　人情と道理。例情理をつくす。

【情けは人のためならず】なさけはひとのためならず 句 人に情けをほどこしておけば、いつか自分も人から親切にされることがあるということ。注意「情けをかけると、あまやかすことになって、その人のためにならない」といういみでつかうのはあやまり。

下につく熟語 愛情・感情・苦情・事情・実情・純情・世情・内情・人情・非情・表情・友情・旅情

忄－8画

【惜】

11画 常用 〔惜〕明朝

音 セキ
訓 おしい・おしむ

なりたち 形声 昔(かさねくわえる)と忄(=心)を合わせた字。心の中にいくえにもかさねて思いがのこるようすをあらわした。→昔551

意味 ざんねんに思う。おしむ。おしい。「哀▼惜」

【▼惜春】せきしゅん　すぎさる春をおしむこと。

【▼惜敗】せきはい　わずかの差でまけること。

【▼惜別】せきべつ　わかれをおしむこと。例惜別の情(=わかれのときのものがなしい気もち)。

心－8画

【惣】

12画 人名 〔惣〕明朝

音 ソウ
訓 —

意味 すべて。「▼惣菜(=総菜)」

名まえで使う読み おさむ・そう・のぶ・ふさ・みち

忄－8画

【悼】

11画 常用 〔悼〕明朝

音 トウ
訓 いたむ

意味 死んだ人を思い、かなしむ。「追▼悼・哀▼悼」

使い分け いたむ「痛む・傷む・悼む」→(755ページ)

【▼悼辞】とうじ　人の死をかなしんで、のべることば。弔辞。例心のこもった悼辞を読む。

ミニ知識 「信」の字には「のびる，のばす」といういみがあります。名前で「信」を「のぶ」と読むの

忄−8画

【惇】11画 人名 〈惇〉明朝

音 ジュン・トン
訓 あつい

意味 人情や人がらが、あつい。

名まえで使う読み あつ・あつし・じゅん・すなお・つとむ・とし・とん・まこと

心−8画

【悲】12画 3年 〈悲〉明朝

音 ヒ
訓 かなしい・かなしむ

「心」は横広。1画めは止めも可。「非」の横画をほぼ同一線上にそろえると整う。

1	2	3	4	5	6	7	8
丿	ナ	ヨ	ヨ	引	非	非	非
9	10	11	12				
非	悲	悲	悲				

なりたち 形声 非(右と左に分ける)と心を合わせた字。心が二つにわれたようなつらい気もちをあらわした。→非1060

意味 ❶かなしい。かなしむ。かなしみ。「悲運・悲劇」対喜 ❷あわれみ。「慈悲」

注意 「非」とまちがえないこと。「かなしい」は心に関係があるので、「心」がつく「悲」。

【悲▽哀】ひあい 胸にしみいるようなかなしみ。例人生の悲哀。

【悲運】ひうん かなしい運命。例悲運をなげく。

【悲観】ひかん ①きぼうがもてなくて、わるいほうへ考えること。例将来を悲観する。対楽観 ②あてがはずれて、がっかりすること。例それくらいのしっぱいで、悲観するな。

【悲観的】ひかんてき ものごとがうまくいかないと考えがちなようす。例悲観的な予測。／ついつい悲観的になる。対楽観的

【悲願】ひがん ①仏教で、ほとけが人間や動物などをいつくしみあわれんで、すくおうとするねがい。②かならずやりとげようと思っているねがい。例優勝の悲願にもえる。

【悲劇】ひげき ①かなしいできごとをとりあつかった劇。対喜劇 ②かなしくいたましいできごと。例戦争の悲劇。

【悲▽惨】ひさん かなしく、いたましいこと。みじめなこと。例悲惨な事故。

【悲▽壮】ひそう かなしさの中にも、いさましさのあること。例悲壮な決意をする。

【悲▽嘆】ひたん かなしんで、なげくこと。例悲嘆のなみだにくれる。

【悲痛】ひつう 心がいたむほどかなしいようす。例悲痛な声。

【悲▽憤】ひふん かなしんで、いきどおること。

【悲▽憤▽慷▽慨】ひふんこうがい 四字熟語 世の中の不正にはらを立てたり、自分の運命をかなしんだりして、しきりになげくこと。参考「慷慨」は、おこってなげくこと。

【悲報】ひほう かなしい知らせ。対朗報

【悲鳴】ひめい ①びっくりしたときに、とつぜんあげるさけび声。②こまったときに言うなきごと。よわね。例いそがしさに悲鳴をあげる。

【悲▽恋】ひれん かなしい結果におわる、こい。

使い分け ひうん 悲運・非運

【悲運】かなしいうんめい。例悲運な姫が、けなげに生きる。／家族がはなればなれになる悲運を経験する。

【非運】運がわるいこと。ふしあわせ。不運。例我が身の非運をなげく。対幸運

心−8画

【悶】12画 表外 〈悶〉明朝

音 モン
訓 もだえる

意味 もだえる。なやみ苦しむ。苦しくて体をねじり動かす。「▽悶絶」

【▽悶絶】もんぜつ もだえ苦しんで気をうしなうこと。例ボールがあたって悶絶する。

【▽悶着】もんちゃく もめること。また、もめごと。例ひと悶着を起こす。

【▽悶▽悶】もんもん なやみごとをかかえて苦

す。また「望月」と書いて「もちづき」と読み，同じ十五夜のいみです。

しみもだえるようす。例 好きな人に告白するか迷い、悶々とする。参考 ふつう「▽悶々」と書く。

心－8画 【惑】 12画 常用 〈惑〉明朝 音 ワク 訓 まどう

なりたち 形声 或(わくを区切る)と心を合わせた字。心がせまいわくにかこまれて、正しい判断ができないようすをあらわした。→域236

意味 まよう。まよわせる。「当▽惑・困▽惑」

【惑星】わくせい 恒星のまわりを回っている星。遊星。対 恒星

下につく熟語 疑▽惑・幻▽惑・魅▽惑・迷▽惑・誘▽惑

心－9画 【愛】 13画 4年 〈愛〉明朝 音 アイ 訓 ―

※「え」ともよむ。／「アイする」ともつかう。

愛 愛 「冖」を横広にし、内部に「心」を組みこむ。11・12画めの下の高さをそろえる。

なりたち 形声 むかしの字は旡と夊を合わせたもの。旡は、既にもふくまれ、いっぱい食べてげっぷが出るすがたで、いっぱいになるというイメージをもつ。それに心をつけた炁は、心がいっぱいになること。炁と夊(足をひきずる)を合わせた愛は、むねがいっぱいにつまり、足もすすまないせつない気もちをあらわした。

旡・既のつく漢字グループ
「旡」と「既」のグループは「いっぱいになる」というイメージがある。
→愛(旡＋心＋夊)471 →慨477 →曖564

意味 ❶あいする。また、その心。「愛情」対 憎 ❷このむ。たいせつにする。「愛読・愛用」 ❸おしむ。「割愛」 ▽県名でつかわれる。「愛媛県」

難しい読み 愛敬・愛想(あい・そう)・愛弟子・愛▽娘

名まえで使う読み あい・あき・さね・ちか・ちかし・つね・なり・なる・のり・ひで・めぐむ・やす・よし・より

【愛▽玩】あいがん おもちゃや動物をかわいがり、たいせつにして楽しむこと。例 愛玩動物。

【愛敬】あいきょう ①にこにこして、かわいらしいこと。例 愛敬のある顔。②人によい感じをあたえる、にこやかなふるまいやことば。例 愛敬をふりまく。③表情やみぶりで、人の心をなごませること。例 愛敬者。

【愛犬】あいけん かわいがってかっている犬。また、犬をかわいがること。例 愛犬家。

【愛護】あいご たいせつにして、まもること。例 動物愛護。

【愛国】あいこく 自分の国をあいすること。

1【愛▽称】あいしょう したしみをこめてよぶ、とくべつのよび名。

2【愛唱】あいしょう ある歌を、このんでよく歌うこと。例 愛唱歌。

【愛情】あいじょう ①人や物をたいせつに思う心。例 親の愛情。②異性をこいしたう心。

【愛▽惜】あいせき たいせつにしていて、手ばなすのをおしむこと。使い分け 「哀惜」は、人の死をかなしみおしむこと。

【愛想】あいそ／あいそう ①人にあたえる、よい感じ。例 愛想のよい人。②もてなし。例 母がるすなので、何もお愛想ができません。③飲食店で、客がはらうかんじょう。参考 ③は、多く「お愛想」の形でつかう。

1【愛▽憎】あいぞう あいすることと、にくむこと。

2【愛蔵】あいぞう たいせつにして、しまっておくこと。例 愛蔵の品物。

【愛着】あいちゃく 強く心をひかれて思いきれないこと。また、その心。

【愛鳥週間】あいちょうしゅうかん 野鳥をかわいがり、まもる週間。五月十日から一週間。バ

ミニ知識 「望」には「十五夜，満月」といういみがあります。月がふくまれるのは，そのためで

ードウイーク。

【愛読】あいどく その本・新聞などを、すきでいつも読むこと。例 愛読者。

【愛▽撫】あいぶ やさしくなでさすって、かわいがること。

【愛別▼離苦】あいべつりく 四字熟語 あいしている人と、わかれるくるしみ。参考 仏教のことばから。注意「愛別-離苦」ではなく、「愛別離-苦」と区切れることば。

【愛用】あいよう とくべつにすきで、いつもつかうこと。例 父の愛用のぼうし。

【愛弟子】まなでし とくに期待して、かわいがっている弟子。例 愛弟子が教授になった。

下につく熟語 敬愛・最愛・自愛・▼慈愛・情愛・親愛・仁愛・熱愛・博愛・＊▼偏愛・友愛・▼恋愛

心－9画 【意】

13画 3年 〔意〕明朝

音 イ 訓 —

意

横画は5画めを一番長く。「日」より「心」の方を横広に。1画めは点でもよい。

1 丶 2 亠 3 亠 4 亣 5 立 6 产 7 音 8 音 9 音 10 音 11 意 12 意 13 意

なりたち 形声 音(中に入れてふさぐ)と心を合わせた字。心の中に思いがこもるようすをあらわした。→音1064

意のつく漢字グループ

「意」のグループは「いっぱいこもる」というイメージがある。→億95 →憶480 →臆897

意味 ❶こころ。考え。「意見」 ❷わけ。いみ。「文意」

難しい読み 意気地(いくじ・いきじ)・意図

名まえで使う読み い・お・おき・おさ・のり・むね・もと・よし

【意外】いがい 考えてもみなかったこと。思いのほか。使い分け いがい「以外・意外」→(55ページ)

【意気】いき ①はりきった、元気な気もち。例 試合に勝って意気が上がる。②気もち。

【意義】いぎ ①ことばのわけ。いみ。②ねうち。価値。例 意義のある仕事。

【意気▼軒▽昂】いきけんこう 四字熟語 元気いっぱいで、ひじょうにはりきっているようす。参考「軒昂」は、気もちがふるい立つこと。対 意気消沈

【意気消▼沈】いきしょうちん 四字熟語 すっかり元気をなくすこと。しょげかえること。例 テストの結果がわるくて意気消沈する。参考「消沈」は、がっかりして気分がしずむこと。対 意気軒昂

【意気投合】いきとうごう 四字熟語 気もちがぴったりと合うこと。例 ふたりは映画の話で意気投合した。

使い分け いぎ 意義・異議

【意義】ことばのわけ。いみ。ものごとのねうち。例 漢字の意義。／参加することに意義がある。

【異議】ちがった意見や考え。例 異議をとなえる。参考「異義」は、いみがことなっていること。

まちに緑を

ちょっとまった！

【意気▼揚▼揚】いきようよう 四字熟語 ひどくとくいそうなようす。例 意気揚々と引きあげる。参考 ふつう「意気揚々」と書く。

意気投合

【意気地】一 いくじ 自分の思うことをやりとげようとする強い気もち。気力。例 意気地なし(＝がんばろうとする気力や勇気がないこと)。二 いきじ 自分のほこりをまもりとおそうとする気もち。例 男の意気地。

【意見】いけん ①考え。②注意をあたえて、

いましめること。例 父に意見された。

使い分け いけん 意見・異見

【意見】考え。例 学級会で意見をのべる。／率直な意見。

【異見】人とちがった考え。例 異見をとなえる。

参考 「見」は、みかたや考え。「意見する」は、あいてをいさめること。忠告。

【意向】いこう　どのようにするかという考え。おもわく。例 みんなの意向を聞いてきめる。

【意固地】いこじ　意地をはって、がんこなようす。えこじ。例 意固地になる。

1【意志】いし　ものごとをなしとげようとする心。例 意志の強い人間。／意志がかたい。

2【意思】いし　あることをしようとする考え。例 意思表示。参考 おもに法律でつかわれる。

【意地】いじ　どこまでも自分の思うとおりにしようとする、強い心。例 意地をはる。

【意識】いしき　①自分のことが自分ではっきりわかる、心のはたらき。例 意識をとりもどす。②心にはっきり感じとること。また、感じとったもの。例 他人の目を意識する。

【意識的】いしきてき　自分では気づいていて、わざとするようす。例 意識的にわらう。

【意▼匠】いしょう　物の形・色・もようなどについてのくふう。デザイン。例 意匠をこらした家具。／意匠登録。

【意地悪】いじわる　人がこまることやいやがることをわざとすること。

【意中】いちゅう　心の中で思っていること。例 意中の人(＝心の中でこの人ときめている人)。

【意図】いと　何かをしようと考えること。また、そのめあて。例 意図するところは不明だ。

【意に▼介さない】いにかいさない　句 気にかけない。例 人の注意など意に介さない。

【意表】いひょう　人が、まったく考えていなかったこと。例 意表に出る(＝だれも思いつかないようなことをして、人をおどろかせる)。／意表をつく(＝「意表に出る」と同じ)。

【意味】いみ　①ことばのわけ。例 わからない漢字の意味をしらべる。②ある内容をあらわしていること。また、その内容。例 この記号は何を意味するのか。③おこなうだけのねうち。例 実行することに意味がある。

【意味深長】いみしんちょう　四字熟語 表面にあらわれたもののほかに、べつのいみがふくまれているようす。例 意味深長な発言。

参考 「深長」は、ふかいいみをいろいろもっているようす。

【意欲】いよく　ものごとをすすんでしようとする気もち。例 意欲をもって勉強にはげむ。

【意欲的】いよくてき　自分からすすんでしようとするようす。例 意欲的に取り組む。

【意を決する】いをけっする　句 考えを決める。例 意を決して病院のドアをおした。

【意を強くする】いをつよくする　句 自分の考えが、ほかの人に支持されて自信をもつ。

下につく熟語 悪意・敬意・決意・故意・好意・厚意・合意・極意・▼懇意・＊作意・殺意・辞意・失意・▼趣意・真意・▼随意・誠意・善意・創意・総意・大意・注意・＊▼弔意・敵意・同意・得意・任意・熱意・＊発意(はつい・ほつい)・不意・＊不▼如意・本意・▼翻意・民意・用意・留意

心－9画

【感】

13画　3年　〔感〕明朝

音 カン　訓 ―

※「カンじる」ともつかう。

「感」は横長に、7画めを長く反る。「心」はおおよそ1・7画めの間におさめる。

感

なりたち 形声

咸と心を合わせた字。咸は、戌(武器)と口を合わせたもの。武器でおどしてものを言わせないようすを図にして、強いショックをあたえるというイメージをしめす。感は、外からのしげきで心を動かされることをあらわした。

咸のつく漢字グループ

「咸」のグループは「強いショックをあたえる」、または「口をふさぐ」というイメージがある。

→感473 →憾481 →減677

意味 ❶**心に感じる。気もち。**「感想」 ❷**からだに感じる。**「感▼触・感電」

【感化】かんか よい、またはわるいおこないや態度が、しぜんにほかの人の心・性質・おこないなどをかえること。例 友だちに感化される。

【感▼慨】かんがい ものごとを、心にふかく感じること。また、その感じたことがら。例 感慨にふける。

【感▼慨無量】かんがいむりょう 心にふかく感じて胸がいっぱいになること。例 むかしの友人に会えて、感慨無量です。

【感覚】かんかく ①ものごとを、目・耳・はな・舌・ひふなどで感じとるはたらき。例 足がしびれて、感覚がない。②ものごとの感じ方やとらえ方。例 するどい感覚のあらわれた絵。

【感覚的】かんかくてき りくつではなく、自分の感じ方によってものごとをとらえるようす。例 感覚的に理解する。

【感極まる】かんきわまる 句 ひじょうに感動する。例 感極まって泣き出す。

【感激】かんげき 心にふかく感じて、気もちが強く動かされること。例 感激にひたる。

【感光】かんこう フィルムや感光紙などが、光にあたって化学変化をおこすこと。

【感謝】かんしゃ ありがたく思うこと。ありがたく思ってお礼をいうこと。例 感謝して食事をいただく。

【感受性】かんじゅせい 外からのしげきや印象を感じとる、心のはたらき。例 感受性の強い人。

【感傷】かんしょう わずかのことに感じて、さびしくなったり、かなしくなったりすること。

【感情】かんじょう 喜び・悲しみ・いかりなどものごとにふれておこる、心の動き。気もち。例 感情をおさえられない。

【感傷的】かんしょうてき さびしさやかなしさを感じやすいようす。なみだもろいようす。

【感情的】かんじょうてき 冷静さがなく、こうふんして自分の気もちを表に出すようす。例 感情的になる。対 理性的

【感▼触】かんしょく 物にふれたときの感じ。例 感触のいい布。

【感心】かんしん りっぱであると、心にふかく感じること。例 礼儀正しさに感心した。

使い分け かんしん「関心・感心・歓心」→1042ページ

【感性】かんせい ものごとの印象を心に感じとる能力。例 感性が豊かな子ども。

【感染】かんせん ①病気などがうつること。伝染。例 はしかに感染する。/感染症。②あるものにえいきょうされて、そのようになること。例 わるい習慣は感染しやすい。

【感想】かんそう あることについて感じたり考えたりしたこと。例 感想文。

【感▼嘆】かんたん ふかく感心すること。ふかく感じ入ること。例 感嘆の声をあげる。

【感知】かんち ①気づくこと。例 あいての動きを感知する。②しげきに反応すること。例 感知器。

【感電】かんでん 電流がからだにつたわって、びりびりと感じること。例 感電死。

【感度】かんど 外からのしげきを感じて、反応する度合い。例 高感度フィルム。

【感動】かんどう すぐれたものやすばらしいものに、ふかく感じて心が動くこと。例 オリンピックの優勝場面はいつ見ても感動する。

【感動詞】かんどうし あいさつ・よびかけ・よろこび・かなしみなどをあらわすことば。「ああ・はい・もしもし・さようなら」など。

【感服】かんぷく 感心して、おそれいること。

例 みごとなわざに感服した。

【感冒】かんぼう 病気のかぜ。

【感▼銘】かんめい わすれられないほど、ふかく心に感じること。例 この小説を読んで感銘をうけた。

【感▼涙】かんるい 感激してながすなみだ。例 感涙にむせぶ。

使い分け かんち 感知・関知

【感知】感じること。気づくこと。例 ガスもれ感知器。

【関知】あるものごとにかかわりをもっていて、事情を知っていること。例 わたしは、関知しない。

知らない……

下につく熟語 ▼哀感・音感・快感・共感・好感・五感・語感・実感・情感・*責任感・多感・体感・直感・痛感・同感・▼鈍感・反感・万感・▼敏感・優越感・予感・▼霊感・▼劣等感

心－9画

【愚】

13画 常用 〈愚〉明朝

音 グ
訓 おろか

意味 ❶おろかなこと。くだらないこと。「▼愚▼劣」❷自分に関することがらにつけて、けんそんをあらわすことば。「▼愚作・▼愚息」

【▼愚公山を移す】ぐこうやまをうつす 故事成語 しんぼう強く努力すれば、どんなことでも、なしとげられるということのたとえ。参考 むかし中国で、愚公という老人が、家の前にあるじゃまな山をとりのぞこうと決意し、「自分が死んでも、子や孫、その子孫がひきつげば、かならずできる」と実際にやりはじめた。その決意に感心した天の神が山をよそへ移してやったという話による。

【▼愚作】ぐさく ①つまらない作品。②自分の作品をけんそんしていうことば。

【▼愚者】ぐしゃ おろかな人。ばかもの。対 賢者

【▼愚息】ぐそく 自分のむすこをけんそんしていうことば。参考 もと、おろかなむすこのいみ。

【▼愚▼痴】ぐち 言ってもしかたのないことを言って、なげくこと。また、そのようなことば。例 愚痴をこぼす。

【▼愚直】ぐちょく 正直で、一つのことだけを思いつめること。ばか正直。例 愚直な性格だけど、みんなにすかれる。

【▼愚にもつかない】ぐにもつかない 句 ばかばかしくて、話にならない。例 愚にもつかないうわさ。

【▼愚の骨頂】ぐのこっちょう 句 このうえなくおろかなこと。例 なかま同士であらそうなんて、愚の骨頂だ。

【▼愚問】ぐもん ①つまらない質問。②自分の質問をけんそんしていうことば。

【▼愚▼劣】ぐれつ ばかげていて、つまらないこと。

忄－9画

【慌】

12画 常用 〈慌〉明朝

音 コウ
訓 あわてる・あわただしい

なりたち 形声 荒(なにも見えない)と忄(=心)を合わせた字。心がぼんやりとして、なにも見えなくなるようすをあらわした。→亡44

意味 あわてる。「▼慌て者・恐▼慌」

心－9画

【慈】

13画 常用 〈慈〉明朝

音 ジ
訓 いつくしむ

なりたち 形声 玆(ふえる)と心を合わせた字。小さいものをやさしくそだてることをあらわした。→磁788

意味 ❶かわいがる。いつくしむ。「▼慈愛」❷めぐむ。あわれむ。「▼慈悲」

名まえで使う読み じ・しげ・しげる・ちか・なり

【▼慈愛】じあい かわいがって、たいせつにすること。また、その心。

【▼慈雨】じう 日でりのときなどに、農作物に

4画

こたえ 青(あお)

ぐあいよくふる雨。めぐみの雨。例 干天の慈雨。

【慈善】じぜん まずしい人や不幸な人たちをたすけること。例 慈善興行。

【慈悲】じひ なさけ。あわれみ。例 ほとけの慈悲。

【慈父】じふ 子どもにたいして、ふかい愛情をもっている、やさしい父。対 慈母

【慈母】じぼ 子どもにたいして、ふかい愛情をもっている、やさしい母。対 慈父

心－9画

【愁】

13画 常用 〔愁〕明朝

音 シュウ
訓 うれえる・うれい

なりたち 形声 秋(ひきしまる)と心を合わせた字。心配で心がちぢこまることをあらわした。→秋802

意味 うれい。わびしさ。「▽哀▽愁」

【▽愁傷】しゅうしょう ①なげきかなしむこと。②人が死んだときに言う、おくやみのことば。例 ご愁傷さまです。

【▽愁嘆場】しゅうたんば しばいで、登場人物がなげきかなしむ場面。例 愁嘆場を演じる。参考 ふつうの生活のなかでのかなしい場面にも言う。

【▽愁▽眉を開く】しゅうびをひらく 句 心配していたことがなくなって安心する。例 交渉がどうにかまとまって愁眉を開く。参考「愁眉」は、心配でまゆのあいだにしわをよせていること。ほっとして、そのしわをひらくというみから。

下につく熟語 郷▽愁・▽憂▽愁・旅▽愁

忄－9画

【惺】

12画 人名 〔惺〕明朝

音 セイ
訓 さとる

意味 さとる。はっきりとわかる。「▽惺▽悟(＝はっとさとる)」

名まえで使う読み あきら・さと・さとし・さとる・しずか

心－9画

【想】

13画 3年 〔想〕明朝

音 ソウ・ソ*
訓 おもう*

想 想

「木」よりも「目」を短くして、「目」の上に空間を作る。2画めははねてもよい。

1	2	3	4	5	6	7	8	9	10	11	12	13
一	十	オ	木	木丨	机	相	相	相	相	想	想	想

なりたち 形声 相(二つのものがむきあう)と心を合わせた字。心の中で、あるもののすがたについて思いうかべることをあらわした。→相775

意味 ❶思う。「想像」❷思い。考え。「構想」

【想像】そうぞう (そこにないものや、経験していないことなどを)心の中に思いうかべること。例 将来のすがたを想像してみる。

【想定】そうてい ある状態になったと、かりにきめること。例 火事がおきた想定で訓練する。

下につく熟語 愛想(あいそ・あいそう)・回想・仮想・感想・空想・▽幻想・思想・▽随想・着想・追想・発想・夢想・*無想・▽妄想・▽黙想・予想・理想・連想

忄－9画

【惰】

12画 常用 〔惰〕明朝

音 ダ
訓 —

意味 ❶なまける。だらける。「▽惰気」❷ある状態がそのままつづくこと。「▽惰力」

【▽惰性】だせい ①今までのくせ。習慣。例 夏休みの惰性で、朝ねぼうをする。②外から力をうけないかぎり、止まっている物は止まりつづけ、動いている物は同じ速度で動きつづけようとする性質。慣性。

【▽惰眠】だみん なまけて、ねむってばかりいること。例 惰眠をむさぼる。

下につく熟語 ▽怠▽惰

忄－9画

【愉】

12画 常用 〔愉〕明朝

音 ユ
訓 —

なりたち 形声 俞(なかみをぬいてよそにうつす)と忄(＝心)を合わせた字。心のしこり

をぬきとって、さっぱりした気分になることをあらわした。→輪1004

意味 たのしい。たのしむ。「▼愉快・▼愉▼悦」

注意 「諭」「輪」とまちがえないこと。

【▼愉快】ゆかい 楽しくて、気もちがよいこと。

慇

心－10画 14画 表外 〈慇〉明朝 音イン 訓いたむ

意味 いたむ。深く気にかける。

【▼慇▼懃】いんぎん れいぎ正しく、ていねいなこと。例慇懃なたいど。

【▼慇▼懃無礼】いんぎんぶれい れいぎ正しい態度に見えるが、心の中では相手を見くだしていること。例慇懃無礼にふるまう。

慨

忄－10画 13画 常用 〈慨〉明朝 音ガイ 訓―

なりたち 形声 既（いっぱいになる）と忄（＝心）を合わせた字。心がいっぱいになって、ためいきをつくことをあらわした。→愛471

意味 思うようにならないで、なげく。「▼憤▼慨」

注意 「概」とまちがえないこと。

【▼慨▼嘆】がいたん わるい状態を、ひどくなげくこと。例社会のみだれを慨嘆する。

下につく熟語 感▼慨・▼憤▼慨

慎

忄－10画 13画 常用 忄－10画 〈愼〉13画 人名 〈愼〉明朝 音シン 訓つつしむ

なりたち 形声 もとの字は「愼」。眞（中身がいっぱいつまる）と忄（＝心）を合わせた字。かけたところがなく、すみずみまで気をくばるようすをあらわした。→真776

意味 かるはずみなことをしない。つつしむ。ひかえめ。「▼慎重・謹▼慎」

名まえで使う読み しん・ちか・のり・まこと・みつ・よし

【▼慎重】しんちょう よく考えて、かるはずみなおこないをしないようす。注意ぶかいようす。例ガラスのグラスを慎重にあつかう。

態

心－10画 14画 5年 〈態〉明朝 音タイ 訓―

※上にくる音により「ダイ」ともよむ。

3画めははらっても、7・9画めを横画で書いても、8・10画めをはねてもよい。

1	2	3	4	5	6	7	8
9	10	11	12	13	14		

使い分け しんちょう 慎重・深長

【慎重】かるがるしく行動しないこと。例ガラスは慎重にあつかうこと。対軽率

【深長】ふかいいみがかくされていること。例意味深長な話。

参考 「慎」は、つつしむ。「重」は、おもおもしい。

なりたち 形声 能（ねばり強い力がある）と心を合わせた字。なにかをしようとする心がまえや身がまえをあらわした。のちに「すがた」や「ようす」のいみにもちいた。

意味 ❶ありさま。ようす。「状態」❷ふるまい。「態度」

【態勢】たいせい あるものごとにたいして、準備をととのえた状態。例受け入れの態勢をととのえる。使い分け たいせい「大勢・態勢・体勢・体制」→（261ページ）

【態度】たいど ①ある考えや心がまえをあらわした、ことばつきや動作。ふるまい。例礼儀正しい態度。②あることにおうじてとる、

身がまえや心がまえ。例 この件については、あいまいな態度をとる。

下につく熟語 *悪態・*旧態・形態・姿態・事態・*失態・実態・▼醜態・*重態・*受動態・生態・*能動態・変態・様態・*容態

⺗－10画

【慕】

14画 常用 〈慕〉明朝 音 ボ 訓 したう

なりたち 形声 莫(ないものを求める)と忄(=心)を合わせた字。こちらにないものをほしがって思いをよせることをあらわした。→莫395

意味 こいしたう。「▼慕情・▼恋▼慕」

【▼慕情】ぼじょう こいしたう気もち。

下につく熟語 *敬▼慕・思▼慕

忄－10画

【慄】

13画 常用 〈慄〉明朝 音 リツ 訓 —

意味 ふるえる。おそれる。「▼慄然・戦▼慄」

【▼慄然】りつぜん おそれて、ふるえるさま。例 思わず慄然とする。

心－11画

【慰】

15画 常用 〈慰〉明朝 音 イ 訓 なぐさめる・なぐさむ

意味 なぐさめる。「▼慰問・▼弔▼慰」

名まえで使う読み い・のり・やす

【▼慰安】いあん つかれを休めたり、心を楽しませたりすること。例 職員を慰安する。／慰安旅行。

【▼慰謝料】いしゃりょう あいてにそんがいをあたえたとき、それをわびるためにはらうお金。例 慰謝料を請求する。

【▼慰問】いもん 病人などをなぐさめに行くこと。例 老人ホームに慰問に行く。

【▼慰留】いりゅう なだめて、ひきとめること。例 辞任を慰留する。使い分け「遺留」は、おきわすれること。また、死後に残していくこと。

【▼慰労】いろう くろうしてやってくれたことにかんしゃし、いたわること。例 選手たちを慰労する。／慰労会。

忄－11画

【慣】

14画 5年 〈慣〉明朝 音 カン 訓 なれる・ならす

「毌」を「母」としない。7画めを長く。4・5画めと「目」のはばをほぼ同じに。

なりたち 形声 貫(つらぬく)と忄(=心)を合わせた字。どこまでもつらぬいて、なれてしまうことをあらわした。→貫978

意味 ❶ならわし。「習慣」 ❷なれる。「慣用」

【慣行】かんこう むかしから、ならわしとしておこなわれていることがら。例 慣行に従って取りおこなう。

【慣習】かんしゅう 世の中のならわし。しきたり。

【慣性】かんせい 物体が、もとの状態をたもとうとする性質。例 慣性の法則。

【慣用】かんよう ふつうによくつかうこと。

【慣用句】かんようく 二つ以上の単語がいつもきまった形でつかわれ、そのひとつづきがとくべつのいみをあらわすもの。「油を売る(=なまける)」など。

【慣用的】かんようてき ふつうによく使われているようす。例 慣用的な文章表現。

【慣例】かんれい 今までおこなわれてきた、きまったやり方。しきたり。例 慣例に従う。

心－11画

【慶】

15画 常用 〈慶〉明朝 音 ケイ 訓 —

なりたち 会意 鹿(シカ)をりゃくしたものと心と夊(あし)を合わせた字。シカの皮をプレゼントにして、お祝いの気持ちをのべに行くようすをあらわした。

意味 めでたい。いわいよろこぶ。「▼慶▼弔」

名まえで使う読み けい・ちか・のり・みち・やす・

よし
【▽慶事】けいじ　結婚や出産などの、いわいごと。
【▽慶▽弔】けいちょう　いわいごとと、とむらいごと。例慶弔費。
下につく熟語 *同▽慶

心－11画
【慧】15画 人名〔慧〕明朝
音ケイ 訓さとい
なりたち 形声 彗(こまかく動く)と心を合わせた字。心がこまごまとはたらくことをあらわした。
意味 さとい。かしこい。「▽慧眼」
注意 「彗」とまちがえないこと。
名まえで使う読み あきら・え・けい・さと・さとし・さとる
【▽慧眼】けいがん　ものごとの本質を見ぬく、すぐれた力。

忄－11画
【憎】14画 常用 忄－12画〔憎〕15画 人名〔憎〕明朝
音ゾウ 訓にくむ・にくい・にくらしい・にくしみ
なりたち 形声 もとの字は「憎」。曾(上にかさなる)と忄(=心)を合わせた字。いやな思いがつみかさなり、つくづくいやになるようすをあらわした。→増244
意味 にくむ。「▽憎悪・愛▽憎」対愛
【▽憎悪】ぞうお　にくむこと。例憎悪の念をいだく。
注意 「ぞうあく」と読まないこと。
【▽憎まれっ子世にはばかる】にくまれっこよにはばかる 句 人ににくまれるような人が、かえって世の中ではいきおいをふるっているということ。

忄－11画
【慢】14画 常用〔慢〕明朝
音マン 訓―
意味 ❶おこたる。おろそかにする。「▽怠▽慢」❷おごりたかぶる。「自▽慢・▽慢心」❸長びく。「▽慢性」
注意 「漫」とまちがえないこと。
【▽慢心】まんしん　自分がすぐれていると思い上がること。また、その気もち。例慢心をいましめる。
【▽慢性】まんせい　きゅうにわるくはならないが、長びいてなかなかなおらない、病気の性質。例慢性の中耳炎。対急性
【▽慢然】まんぜん　とくに目的もなく、ぼんやりしているようす。例慢然とすごす。
下につく熟語 我▽慢・緩▽慢・高▽慢

心－11画
【憂】15画 常用〔憂〕明朝
音ユウ 訓うれえる・うれい・うい
なりたち 形声 𢝊-憂
𢝊(かぼそい)と夊(ひきずる足)を合わせた字。ずるずるともの思いにふけることをあらわした。

憂のつく漢字グループ
「憂」のグループは「なよなよしてふんぎりがつかない」というイメージがある。
→優96

意味 もの思いにしずむ。心配する。「▽憂▽慮」
【▽憂▽鬱】ゆううつ　気もちがはればれとしないようす。心がふさぐようす。例つゆは、じめじめして憂鬱な季節だ。
憂鬱
【▽憂国】ゆうこく　国の今の状態や将来のことを心配すること。
【▽憂▽愁】ゆうしゅう　心配して、かなしむこと。うれい。例憂愁の表情を見せる。
【▽憂色】ゆうしょく　心配そうなようす。うれいをおびた顔色。
【▽憂▽慮】ゆうりょ　心配して、あれこれと考えること。例将来を憂慮する。
下につく熟語 一喜一▽憂・▽杞▽憂

心－11画
【慮】15画 常用 〈慮〉明朝
音 リョ
訓 —

意味 いろいろと考える。「考慮」

下につく熟語 遠慮・苦慮・熟慮・思慮・配慮・不慮・憂慮

忄－12画
【憬】15画 常用 〈憬〉明朝
音 ケイ
訓 —

意味 あこがれる。「憧憬（しょうけい・どうけい）」

心－12画
【憩】16画 常用 〈憩〉明朝
音 ケイ
訓 いこい・いこう

意味 いこう。やすむ。「休憩」

名まえで使う読み けい・やす

心－12画
【憲】16画 6年 〈憲〉明朝
音 ケン
訓 —

憲 憲

「宀」は横広に。4・6・7画めは7画めを長くし、「罒」のはばを合わせるとよい。

1	2	3	4	5	6	7	8
丶	丷	宀	宀	宀	宀	宀	宀
9	10	11	12	13	14	15	16
害	害	害	害	憲	憲	憲	憲

なりたち 形声 害（さえぎりとめる）をりゃくした宇と罒（＝目）と心を合わせた字。目と心は人間のよくぼうをしめす。わがままかってなふるまいをさえぎりとめるための「おきて」をあらわした。

意味 ❶国のおおもとのきまり。「憲法」 ❷やくにん。「官憲・憲兵」

名まえで使う読み あきら・かず・けん・さだ・ただし・ただす・とし・のり

【憲章】けんしょう 国などがきめた、たいせつなきまり。例 児童憲章。

【憲政】けんせい 憲法にもとづいておこなう政治。立憲政治。

【憲法】けんぽう その国のおおもとになるきまり。国の政治のしくみや、国民の権利と義務などについてきめてある。例 日本国憲法。

下につく熟語 違憲・*家憲・*合憲・*護憲・*国憲・*立憲

忄－12画
【憧】15画 常用 〈憧〉明朝
音 ショウ
訓 あこがれる

意味 あこがれる。「憧憬（しょうけい・どうけい）」

【憧憬】しょうけい あこがれる。例 憧憬の的。 参考 「どうけい」とも読む。

忄－12画
【憚】15画 表外 〈憚〉明朝
音 タン
訓 はばかる

意味 心配してひかえる。はばかる。「忌憚のない（＝えんりょのない）」

忄－12画
【憤】15画 常用 〈憤〉明朝
音 フン
訓 いきどおる

意味 ❶はげしくいかる。「憤慨」 ❷ふるいたつ。「発憤」

注意 「噴」「墳」とまちがえないこと。

【憤慨】ふんがい はげしくおこること。例 かのじょのわがままに憤慨する。

【憤然】ふんぜん はげしくおこるようす。例 かれは憤然として退場した。

【憤怒】ふんぬ／ふんど はげしくおこること。例 憤怒の形相をする。

下につく熟語 義憤・*公憤・*私憤・悲憤

忄－13画
【憶】16画 常用 〈憶〉明朝
音 オク
訓 —

なりたち 形声 意（口には出さないで、心の中で思う）と忄（＝心）を合わせた字。心の中であれこれと思うことをあらわした。→意472

意味 ❶おもう。「憶測」 ❷おぼえる。「記憶」

注意 「億」とまちがえないこと。

【▽憶測】おくそく　事実にもとづかないで、だいたいこうだろうと、おしはかること。例 憶測で判断するのはよくない。

下につく熟語 追憶

忄−13画
【懐】
16画 常用
忄−16画 〔懷〕19画 人名
〔懐〕明朝

音 カイ
訓 ふところ・なつかしい・なつかしむ・なつく・なつける

意味 ❶おもう。「▽懐疑」 ❷なつかしむ。「▽懐古」 ❸ふところ。「▽懐中」

注意 「壊」とまちがえないこと。

名まえで使う読み かい・かね・たか・ちか・つね・もち・やす

【▽懐疑】かいぎ　心にうたがいをもつこと。うたがい。例 懐疑の念をいだく。

【▽懐剣】かいけん　むかし、ふところに入れてもち歩いた、短刀。

【▽懐古】かいこ　むかしのことを、なつかしく思いおこすこと。例 子ども時代を懐古する。／懐古談。

【▽懐柔】かいじゅう　うまく手なずけて、自分にしたがわせること。例 敵を懐柔する。

【▽懐石】かいせき　茶の湯の席で、茶をたてる前に出す、かんたんな料理。例 懐石料理。

【▽懐中】かいちゅう　ふところやポケットの中。例 懐中電灯。

【▽懐中時計】かいちゅうどけい　ふところやポケットの中に入れて持ち運びできる時計。

【▽懐中物】かいちゅうもの　ふところやポケットに入れておくもの。さいふなど。

【▽懐妊】かいにん　おなかに子どもができること。みごもること。妊娠。

【▽懐炉】かいろ　ふところなどに入れて、からだをあたためるもの。例 つかいすて懐炉。

【▽懐手】ふところで　①和服をきたときに、両手をそでから出さないで、ふところに入れること。②人にまかせて、自分では何もしないこと。

下につく熟語 *感▽懐・*旧▽懐・▽虚心▽坦▽懐・述▽懐・*本▽懐・山▽懐

忄−13画
【憾】
16画 常用
〔憾〕明朝

音 カン
訓 —

なりたち 形声 感(強いショックで心をうごかす)と忄(＝心)を合わせた字。強いショックとなって、いつまでものこる気もちをあらわした。→感473

意味 ざんねんに思う。「遺▽憾」

心−13画
【懇】
17画 常用
〔懇〕明朝

音 コン
訓 ねんごろ

なりたち 形声 貇(ふかくさしこむ)と心を合わせた字。心がふかくこもるようすをあらわした。→根598 →墾245

意味 まごころをこめるようす。また、親しみあうようす。「▽懇願・▽懇談」

注意 「墾」とまちがえないこと。

【▽懇意】こんい　たがいにしたしいこと。なかよくつきあっていること。例 懇意にしている家。

【▽懇願】こんがん　心からたのんでねがうこと。例 資金援助の協力を懇願する。

【▽懇親】こんしん　たがいに、したしみあうこと。例 懇親をふかめる。

【▽懇請】こんせい　とくに熱心にねがうこと。ていねいにたのむこと。

【▽懇切】こんせつ　ひじょうに親切なこと。例 懇切丁寧な説明。

【▽懇談】こんだん　たがいに、うちとけて話し合うこと。例 保護者懇談会。

【▽懇望】こんもう／こんぼう　あることをしてくれるよう、心をこめてのぞみねがうこと。例 結婚してくれるよう懇望する。

忄−13画
【憐】
16画 人名
〔憐〕明朝

音 レン
訓 あわれむ

意味 あわれむ。かわいそうにおもう。いとおしむ。「▽憐▽憫(＝かわいそうだとおもうこと)・可▽憐(＝かわいらしくていじらしいようす)」

漢字クイズ 部首クイズ　2年でならう「魚」の部首はなんでしょう？

下につく熟語 ＊哀▽憐・可▽憐

【聴】17画 耳部11画 ↓ 877ページ

心－14画

【懲】18画 常用

心－15画 【懲】19画 人名 〈懲〉明朝

音 チョウ
訓 こりる・こらす・こらしめる

なりたち 形声 徴（きざしがあらわれる）と心を合わせた字。悪い心があらわれないように、心をあらためさせるようすをあらわした。→廷360 →徴383

意味 ❶こらしめる。「▽懲役」 ❷こりる。

注意 「徴」とまちがえないこと。

【▽懲役】ちょうえき 刑務所に入れ、一定の作業をさせて、罪のつぐないをさせる刑罰。

【▽懲戒】ちょうかい わるいおこないをこらしめ、いましめること。例 懲戒処分。

【▽懲罰】ちょうばつ こらしめのために罰をあたえること。また、その罰。

心－16画

【懸】20画 常用 〈懸〉明朝

音 ケン・ケ
訓 かける・かかる

なりたち 形声 縣（ぶらさがる）と心を合わせた字。心がひっかかることをあらわした。→県773

意味 かける。かかる。「▽懸賞・▽懸垂」

名まえで使う読み けん・とお・はる

【▽懸想】けそう あるあいてをすきだと思うこと。こいしたうこと。

【▽懸念】けねん 不安に思って、心配すること。例 台風が来るのではないかと懸念される。

【▽懸案】けんあん 前から問題になっていて、まだ解決されていないことがら。例 懸案の校舎の改築が実現した。

【▽懸賞】けんしょう 問題を正しくといたり、すぐれた作品を出したり、勝負にかったりした人にあたえるという約束で、お金や品物をかけること。また、そのお金や品物。例 懸賞にあたる。／懸賞金。

【▽懸垂】けんすい ①たれさがること。たれさげること。②鉄棒にぶらさがり、うでの力だけでからだをもちあげる運動。

【▽懸命】けんめい 力のかぎり、がんばるようす。例 懸命の努力。

4画 戈 ほこ ほこづくり ほこがまえ

なりたち

「武器」の種類、「うつ・つく・きる」などのたたかう動作に関係した字をあつめる。

この部首の字

1画	2画	2画
戊 482	戌 482	成 483

3画	3画	4画	7画	8画
我 484	戒 485	或 485	戚 485	戟 485

9画	11画	12画	13画	13画
戦 485	戯 487	戰 485	戲 487	戴 487

ほかの部首の字

字	部
伐	亻部 65
哉	口部 209
威	女部 278
栽	木部 598
幾	幺部 352
裁	衣部 926
賊	貝部 983
載	車部 1003

戈－1画

【戊】5画 人名 〈戊〉明朝

音 ボ
訓 つちのえ

なりたち 象形 おののような武器をえがいた字。おおいかぶさるように打ちかかることから、「おおいかぶさる」というイメージをもつ。

意味 ❶十干の五番め。つちのえ。❷ごばんめ。❸ほこ。

戈－2画

【戌】6画 表外 〈戌〉明朝

音 ジュツ
訓 いぬ

名まえで使う読み さかる・しげ・しげる

なりたち 象形 武器または農具をえがいた字。

意味 ❶十二支の一一番目。時刻では午後八時、またその前後二時間にあてる。動物では、イヌ。❷方角の、西北西。

戈－2画

【成】

6画 4年 〔成〕明朝

音 セイ・ジョウ*
訓 なる・なす

成 成

1 丿 2 厂 3 万 4 成 5 成 6 成

1画めは立ててはらい、その下より3画めを出さない。4画めは長く反って強調。

なりたち 形声 成－成(成)

もとの字は「成」。丁(T形につきあてる)と戈(ほこ)を合わせた字。道具でつきかためて、ものごとをしあげるようすをあらわした。

→丁8

成のつく漢字グループ

「成」のグループは「しあげてまとめる」というイメージがある。さらに「みちあふれる」というイメージとなる。

→城235 →晟558 →盛766 →誠954

意味 ❶できあがる。「完成・成長」❷なしとげる。「成功」

戈の部 ほこ・ほこづくり・ほこがまえ 2画 成

難しい読み 成就・成仏

名まえで使う読み あき・あきら・おさむ・さだ・さだむ・しげ・しげる・じょう・せい・なり・なる・のり・はかる・はる・ひで・ひら・ふさ・まさ・みのる・よし

【成就】じょうじゅ ①できあがること。なしとげること。例 事業が成就する。②ねがいがかなうこと。例 大願成就。

【成仏】じょうぶつ 死んでほとけになること。例 成仏できない。

【成育】せいいく (動物が)そだつこと。

使い分け せいいく 成育・生育

【成育】人や動物がそだつこと。例 子どもの成育を楽しみにする。

【生育】植物がそだつこと。例 あさがおの生育を観察する。

参考 動物と植物の両方をいう場合は、「成育」をつかう。

【成因】せいいん あるものができあがる原因。例 氷山の成因をしらべる。

【成果】せいか ものごとをした結果としてえられるよい成績。できばえ。例 成果を上げる。

【成功】せいこう ①ものごとが思ったとおりにりっぱにできあがること。対 失敗 ②りっぱな地位や多くの財産をえること。例 都会へ出て成功した。

【成算】せいさん うまくできる見こみ。成功の見とおし。例 じゅうぶんな成算がある。

使い分け せいさん「清算・精算・成算」→674ページ

【成熟】せいじゅく ①くだもの・やさいなどが、じゅうぶんにみのること。例 リンゴの実が成熟する。対 未熟 ②からだや心などが、じゅうぶんにそだって、おとなになること。例 成熟した考え方。③ちょうどよい時期になること。例 成熟した経済市場。

【成人】せいじん ①心やからだが、一人前にそだった人。おとな。例 成人の日。参考 日本の法律では、二〇歳以上(二〇二二年四月一日からは一八歳以上)の人をいう。②子どもがそだっておとなになること。

【成績】せいせき ①ものごとをした結果としてあらわれた、できぐあい。できばえ。例 店の売り上げ成績。②学校の勉強やしけんのできばえ。例 国語の成績が上がった。

注意 「成積」と書かないこと。

【成層圏】せいそうけん 地上一〇キロメートルから五〇キロメートルまでの大気の層。対流圏の上の層。

4画

戈の部 ほこ・ほこづくり・ほこがまえ 3画 我

【成虫】せいちゅう こん虫がたまごからかえって、幼虫・さなぎをへて親になったもの。対 幼虫

1【成長】せいちょう 人や動物などがそだって大きくなること。

使い分け せいちょう 成長・生長

【成長】人や動物などがそだって、大きくなること。例 子どもが大きく成長した。

【生長】植物がそだって大きくなること。例 ヒマワリの生長を記録する。

参考 教科書や新聞では区別せず、「成長」をつかう。

2【成鳥】せいちょう おとなになった鳥。対 幼鳥

【成年】せいねん 心やからだが、一人前になったとみとめられる年齢。日本の法律では満二〇歳以上(二〇二二年四月一日からは一八歳以上)。対 未成年 使い分け せいねん「青年・成年・盛年」→(1058ページ)

【成敗】一 せいばい こらしめること。罰すること。例 悪者を成敗する。／けんか両成敗。

二 せいはい 成功としっぱい。

【成否】せいひ ものごとが成功するか、しっぱいするかということ。例 人工衛星打ち上げの成否は天候次第だ。使い分け せいひ「正否・成否」→(625ページ)

【成分】せいぶん 物を組み立てている一つ一つのもの。例 水の成分。

【成立】せいりつ ①ものごとが、組み立てられてできあがること。なりたつこと。②話などがまとまること。例 契約が成立する。

下につく熟語 育成・▼既成・形成・結成・構成・合成・＊混成・作成・賛成・＊助成・造成・速成・大成・達成・編成・養成・落成

【伐】6画 亻部4画 ↓65ページ

戈－3画

【我】

7画 6年 〔我〕明朝

音 ガ＊ 訓 われ・わ＊

我 我

2画めは右上がりに。5画めは1画めより高い位置から右下へ長く反って強調。

1 ノ 2 ニ 3 千 4 手 5 手 6 我 7 我

なりたち 象形 刃がぎざぎざになった武器をえがいた字。この字をかりて、「自分」のいみにもちいた。

我のつく漢字グループ

「我」のグループは「ぎざぎざしている」「きちんとしている」というイメージがある。

→義867 →蛾916 →餓1083

意味 じぶん。「自我」

【我意】がい 自分の考えをおしとおそうとする心。わがままな心。我。例 我意を通す。

【我が強い】がつよい 句 自分の考えをむりにでもおしとおそうとするようす。

【我田引水】がでんいんすい 四字熟語 〔「自分の家の田にだけ水を引き入れる」といういみから〕自分につごうのよいように、意見をいったり、ふるまったりすること。

【我▼慢】がまん こらえること。例 なきたいのを、じっと我慢する。

【我欲】がよく 自分の利益だけをもとめる欲望。

【我流】がりゅう 自分だけのやり方。自己流。例 我流で花をいける。

【我を通す】がをとおす 句 自分の思う通りにする。自分につごうのよい考えをおし通す。

【我を張る】がをはる 句 強く言いはって、自分の意見をおしとおそうとする。

【我に返る】われにかえる 句 ものごとにむちゅうになっていた人が、いつものじょうたい

4画

にもどる。例 思い出にふけっていたら、急に名前をよばれて我に返った。

【我を忘れる】われをわすれる 句 ①ものごとに気をとられてむちゅうになる。例 妹は、我を忘れてピアノをひいている。②ぼんやりする。ぼうぜんとなる。例 ぶたいの美しさに、我を忘れて見とれていた。

【我我】われわれ 自分たち。わたくしたち。

参考 ふつう「我々」と書く。

下につく熟語 忘我・没我・*無我

戈－3画

戒

7画 常用 〔戒〕明朝

音 カイ
訓 いましめる

なりたち 会意 ー ー 戒

戈(ほこ)と廾(両手)を合わせた字。武器をもって、用心してそなえるようすをあらわした。

戒のつく漢字グループ

「戒」のグループは「引きしめる」というイメージがある。

→械600

意味 ❶いましめる。教えさとす。いましめ。「▽戒律」❷用心する。「警▽戒」

【▽戒厳令】かいげんれい 戦争や大事件などがおきたとき、政府が出す命令。軍隊に大きな力をもたせて、とりしまりをまかせるもの。

【▽戒告】かいこく まちがった行動をしたとき、しかって注意を言いわたすこと。例 戒告処分。

【▽戒名】かいみょう ①仏教で、死んだ人につける名前。対 俗名 ②仏門にはいった人につける名前。

【▽戒律】かいりつ 仏教で、坊さんがまもらなくてはならないきまり。

下につく熟語 訓▽戒・*厳▽戒・自▽戒・▽懲▽戒・破▽戒

戈－4画

或

8画 人名 〔或〕明朝

音 ワク
訓 ある・あるいは

意味 ❶はっきりきまっていないものをあらわすことば。ある…。「▽或る人」❷あるいは。もしくは。または。

名まえで使う読み もち

【哉】9画 口部6画→209ページ

【威】9画 女部6画→278ページ

【栽】10画 木部6画→598ページ

戈－7画

戚

11画 常用 〔戚〕明朝

音 セキ
訓 ―

意味 みうち。「親▽戚」

名まえで使う読み いた・ちか

下につく熟語 ▽姻▽戚・*遠▽戚・*縁▽戚・*外▽戚・*内▽戚

戈－8画

戟

12画 人名 〔戟〕明朝

音 ゲキ
訓 ほこ

意味 長い柄の先に、刺すための刃と引っかけるための刃をつけた武器。ほこ。「▽剣▽戟・▽刺▽戟」

参考 ふつう「激」に書きかえる。「刺▽戟→刺激」

【幾】12画 幺部9画→352ページ

【裁】12画 衣部6画→926ページ

戈－9画

戦

13画 4年

戈－12画 【戰】16画 人名 〔戦〕明朝

音 セン
訓 いくさ・*たたかう

1～3画めは「ツ」。4・5画めの縦画は内向き。9画めは止め。11画めを長く反る。

1	2	3	4	5	6	7	8	9	10	11	12	13
丶	丷	⺍	⺍	㞢	㞢	㞢	㞢	単	単	戦	戦	戦

なりたち 形声 戰-戦(戦)

もとの字は「戰」。單(ふるえ動く)と戈(ほこ)を合わせた字。刀剣がぶつかり合ってふるえ動くようすをあらわした。→単449

意味 ❶たたかう。たたかい。「戦争」 ❷ふるえる。「戦▼慄」

使い分け たたかう 戦う・闘う

【戦う】戦争する。試合をする。例 領土をめぐり外国と戦う。／オリンピックで堂々と戦う。

【闘う】こんなんをとりのぞこうと努める。例 病気と闘う。／貧困と闘う。

【戦意】せんい たたかおうとする意気ごみ。例 戦意をうしなう。

【戦雲】せんうん 戦争がおこりそうな、けはい。例 戦雲急を告げる(＝今にもたたかいがはじまろうとする)。

1【戦火】せんか ①戦争による火事。例 戦火が全土に広がる。②戦争。例 戦火をまじえる。

2【戦果】せんか たたかいによってえた、よい結果。例 多くの戦果をあげる。

3【戦▼禍】せんか 戦争によってこうむる被害。

【戦▼艦】せんかん 戦争用の軍艦。例 戦艦大和。

【戦記】せんき 戦争のようすを書きしるしたもの。例 戦記物語。

【戦▼況】せんきょう 戦争のようす。例 戦況はわが軍に有利だ。

【戦局】せんきょく 戦争や勝負ごとのなりゆき。

【戦後】せんご 戦争のおわったあと。とくに、第二次世界大戦のおわったあと。対 戦前

【戦国時代】せんごくじだい ①日本で、一四六七年におこった応仁の乱をきっかけにして、およそ一〇〇年の間、全国で戦争がおこなわれた時代。②中国で、紀元前四～紀元前三世紀ごろ、いろいろな国が戦争をして、世の中がひじょうにみだれた時代。

【戦災】せんさい 戦争のために、家をやかれたり、財産をなくしたりするさいなん。

1【戦士】せんし ①戦場に出る兵士。②第一線で活やくする人・選手。

2【戦死】せんし 軍人が戦争で死ぬこと。戦没。

【戦時】せんじ 国が戦争をしているとき。例 戦時下。対 平時

【戦車】せんしゃ 大砲をそなえ、鉄板でおおわれた、キャタピラで走る車。タンク。

【戦術】せんじゅつ 戦争や試合で、かつためのたたかい方。

【戦場】せんじょう 戦争をしている場所。戦地。

【戦線】せんせん 戦争で、もっともはげしいたたかいがおこなわれているところ。戦場。例 戦線を拡大する。

【戦前】せんぜん 戦争のおこる前。とくに、第二次世界大戦のおこる前。対 戦後

【戦戦▼恐▼恐】せんせんきょうきょう 四字熟語 おそれて、びくびくするようす。例 うそがばれないかと戦々恐々とする。参考 ふつう「戦々恐々」と書く。

【戦争】せんそう ①国と国とのたたかい。②はげしい競争。例 受験戦争。

【戦▼端】せんたん たたかいのきっかけ。例 戦端をひらく(＝たたかいをはじめる)。

【戦地】せんち 「戦場」と同じ。

【戦▼闘】せんとう 武器をつかって、たたかうこと。

【戦犯】せんぱん 「戦争犯罪人」のりゃく。戦争ちゅうに罪をおかした軍人。

【戦法】せんぽう 戦争や試合などの、たたかいのすすめ方。

【戦▼没】せんぼつ 「戦死」と同じ。

【戦友】せんゆう 戦争で、いっしょにたたかったなかま。

2【戦乱】せんらん 戦争がおこって、世の中がみだれること。例 戦乱の世。

【戦▼慄】せんりつ　おそれて、身ぶるいすること。例 戦慄を覚える。

【戦利品】せんりひん　戦争で、敵からうばいとった品物。

【戦略】せんりゃく　たたかいや競争を有利にすすめるための計画。例 販売の戦略をねる。

【戦力】せんりょく　戦争や試合で、たたかうための力。例 かれは、チームの貴重な戦力だ。

【戦列】せんれつ　①戦場での兵隊の列。②仕事や競技などにあつまった人々。例 一軍の戦列にくわわる。

下につく熟語 応戦・＊会戦・海戦・開戦・合戦・観戦・休戦・苦戦・激戦・決戦・交戦・混戦・作戦・参戦・実戦・終戦・＊初戦・▼緒戦・接戦・舌戦・前▼哨戦・宣戦・善戦・対戦・▼挑戦・停戦・内戦・熱戦・敗戦・反戦・奮戦・防戦・＊夜戦・＊野戦・乱戦・冷戦・連戦・論戦

【賊】13画 貝部6画 → 983ページ

【載】13画 車部6画 → 1003ページ

戈－11画

【戯】

15画 常用

戈－13画 【戲】17画 人名 〈戲〉明朝

音 ギ

訓 たわむれる

意味 ❶あそぶ。たわむれる。「遊▼戯」 ❷しばい。「▼戯曲」

【▼戯画】ぎが　ふうしをもりこんだり、おおげさにかいたりした、こっけいな絵。例 鳥獣戯画。

【▼戯曲】ぎきょく　げきの脚本の形をとって書かれた文学作品。

戈－13画

【戴】

17画 常用 〈戴〉明朝

音 タイ

訓 ―

意味 ❶頭の上にのせる。いただく。「▼戴▼冠」 ❷尊敬して、上の地位についてもらう。いただく。「推▼戴」 ❸いただく。ありがたくもらう。「頂▼戴」

【▼戴▼冠】たいかん　ヨーロッパで、皇帝や王になる人が、はじめてかんむりをかぶること。例 戴冠式。

4画 戸 とかんむり

なりたち

「とびら」「家」「出入り」「とざす」などのいみに関係した字をあつめる。

この部首の字

0画 戸 487　3画 戻 488　4画 所 488　4画 房 489　5画 扁 489　6画 扇 489　8画 扉 489

ほかの部首の字

炉→火部 696　肩→月部 883　啓→口部 212　雇→隹部 1045　肇→聿部 879　顧→頁部 1075

戸－0画

【戸】

4画 2年 〈戸〉明朝

音 コ

訓 と

※上にくる音により「ど」ともよむ。

「コ」の縦はばをせまく、4画めを長くして下部を広くする。1画めは点でもよい。

なりたち 象形 門のとびらをえがいた字。

戸のつく漢字グループ

「戸」のグループは「出入りを止めて、かこいこむ」というイメージがある。

→所 488 →雇 1045 →顧 1075

意味 ❶と。とぐち。「戸籍」「門戸」 ❷家。また、家をかぞえることば。

名まえで使う読み いえ・かぐ・こ・と・ど・ひろ・へ・べ・もり

【戸外】こがい 家の外。屋外。

【戸主】こしゅ 一家の主人。 参考 古い言い方。

【戸数】こすう 家の数。

【戸籍】こせき 一つの家族ごとに、その家族の名前や生年月日、関係などをしるした、おおやけの書類。例 戸籍謄本。

【戸別】こべつ 家ごと。一けん一けん。例 戸別訪問。 使い分け 「個別」は、一つ一つのいみ。

【戸口】とぐち 家の出入り口。

【戸棚】とだな 前に戸があり、中はたなでしきられている、物を入れる家具。例 戸棚に食器をしまう。

上につく熟語 雨戸・網戸・井戸・木戸・下戸・上戸・納戸

戸－3画

【戻】

7画 常用 〔戻〕明朝

音 レイ　訓 もどす・もどる

意味 ❶もどす。もどる。帰る。「後戻り・返戻（＝かえしてもどすこと）」 ❷道理にそむく。もとる。「暴戻（＝らんぼうで、人の道にそむくこと）」

戸－4画

【所】

8画 3年 〔所〕明朝

音 ショ　訓 ところ

※上にくる音により「ジョ」「どころ」ともよむ。

「戸」より「斤」を縦長、5画めの書き出しは「戸」より高く。8画めは止めてもよい。

なりたち 形声 所（所）

戸（かこいこむ）と斤（おの）を合わせた字。道具で木を切って、かこいこんだところをあらわした。→戸 487

意味 ❶ところ。「場所」 ❷…すること。…するもの。「所有」

難しい読み 所作・所望

1【所感】しょかん 心に感じたこと。例 新年の所感を発表する。

2【所管】しょかん 仕事をうけもって、注意しながらとりしまること。また、そのはんい。所轄。例 所管する官庁。

【所見】しょけん ①見たところ。みたて。例 医者の所見。②考え。意見。例 政府の所見。

【所行・所業】しょぎょう おこない。ふるまい。

【所作】しょさ 動作や、ことばづかい。身のこなし。例 おどりの所作。

【所在】しょざい ①物のある場所。人のいどころ。例 所在を確認する。②おこない。していること。例 所在ない（＝することがなくてたいくつである）。

【所産】しょさん つくりだされたもの。例 努力の所産。

【所持】しょじ 身につけてもっていること。例 免許証を所持する。

【所信】しょしん しんじていること。例 首相が国会で所信を表明する。

【所蔵】しょぞう 自分の物として、しまってもっていること。また、その物。例 このまきものは、はくぶつ館に所蔵されている。／所蔵品。

【所属】しょぞく 団体などにはいっていること。例 美術クラブに所属する。

【所帯】しょたい 一家をかまえて、生活していること。また、いっしょに生活する人々のあつまり。例 所帯をもつ（＝結婚して家庭をもつ）。

【所定】しょてい きめられていること。きめてあること。例 所定の位置にもどす。

【所得】しょとく 収入。

【所望】しょもう ほしいとのぞむこと。例 家宝の焼き物を所望する。

【所有】しょゆう 自分の物として、もっていること。例海辺に別荘を所有している。

【所用】しょよう　用事。例所用で外出する。

【所要】しょよう　ひつようとすること。例所要時間。

【所変われば品変わる】ところかわればしなかわる　句 土地がちがうと、ことばや習慣などもみなちがってくる。

下につく熟語 急所・居所(きょ・いどころ)・近所・高所・米所・地所・住所・出所・関所・台所・短所・長所・難所・入所・便所・見所・名所・役所・要所

戸－4画

房

8画　常用　〔房〕明朝　音ボウ　訓ふさ

なりたち　形声　方(左右にはり出す)と戸(と)を合わせた字。おもやの左右にはり出した小部屋をあらわした。→方541

意味 ❶へや。「工房」❷糸をたばねて、先をちらしたもの。ふさ。「花房」

名まえで使う読み　お・のぶ・ふさ・ぼう

下につく熟語 *官房・*茶房・子房・*心房・*僧房・暖房・乳房(ちぶさ・にゅうぼう)・厨房・*独房・女房・冷房

【炉】8画　火部4画→696ページ

【肩】8画　月部4画→883ページ

戸－5画

扁

9画　表外　〔扁〕明朝　音ヘン　訓―

なりたち　会意　冊(うすい木の札)と戸(うすいとびら)を合わせた字。「うすくたいら」のいみをあらわした。

扁のつく漢字グループ

「扁」のグループは「うすくてたいらな」というイメージがある。これは「たいらに広がる」というイメージにつながる。常用漢字では「扁」になる。

→偏91　→遍427　→編860

意味 うすくてたいら。ひらたい。「扁平」

【扁桃腺】へんとうせん　のどの入り口にある、リンパ腺のあつまり。

【扁平】へんぺい　ひらたいこと。

【扁平足】へんぺいそく　足のうらがひらたく、土ふまずがほとんどない足。

戸－6画

扇

10画　常用　〔扇〕明朝　音セン　訓おうぎ

意味 ❶おうぎ。あおぐ。「扇子・扇風機」❷おだてる。「扇動」

【扇形】おうぎがた／せんけい　おうぎの形。

【扇状地】せんじょうち　山から流れてる川が運んできた土や砂がたまってできた、おうぎのような形の土地。

【扇子】せんす　あおいで風を出す道具。おうぎ。

【扇動】せんどう　人の気もちをあおりたてて、ある行動をさせること。例群衆を扇動する。

【扇風機】せんぷうき　モーターではねを回して風をおこす機械。

下につく熟語 団扇・*軍扇・*鉄扇・*舞扇

扇動

【啓】11画　口部8画→212ページ

戸－8画

扉

12画　常用　〔扉〕明朝　音ヒ　訓とびら

※上にくる音により「ピ」ともよむ。

なりたち　形声　非(左右に分かれる)と戸(と)を合わせた字。左右にひらく「とびら」をあらわした。→非1060

意味 ひらき戸。とびら。「門扉・開扉」

【雇】12画　隹部4画→1045ページ

【肇】14画　聿部8画→879ページ

【顧】21画　頁部12画→1075ページ

戸の部（と・とかんむり）
4画 房
5画 扁
6画 扇
8画 扉

4画

漢字クイズ　部首クイズ　3年でならう「鼻」の部首はなんでしょう？

手・扌の部（て・てへん）

0画 手

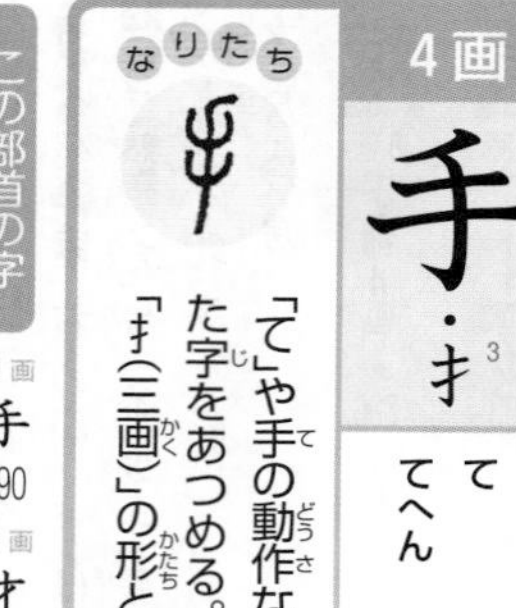

「て」や手の動作などに関係した字をあつめる。偏になると「扌(三画)」の形となる。

この部首の字

0画 手 490 / 0画 才 493 / 2画 打 493
2画 払 494 / 3画 扱 494 / 3画 托 494 / 4画 技 495 / 4画 抗 495
4画 抄 495 / 4画 承 496 / 4画 折 496 / 4画 択 497 / 4画 投 497
4画 把 498 / 4画 抜 498 / 4画 批 498 / 4画 扶 498 / 4画 抑 499
5画 押 499 / 5画 拐 499 / 5画 拡 499 / 5画 拒 499 / 5画 拠 499
5画 拘 500 / 5画 招 500 / 5画 拙 500 / 5画 拓 500 / 5画 担 501
5画 抽 501 / 5画 抵 501 / 5画 拝 502 / 5画 拜 502 / 5画 拍 502
5画 拔 498 / 5画 披 502 / 5画 拂 494 / 5画 抱 503 / 5画 抹 503
5画 拗 503 / 5画 拉 504 / 6画 按 504 / 6画 括 504 / 6画 挙 504
6画 挟 504 / 6画 拳 504 / 6画 拷 505 / 6画 拶 505 / 6画 指 505
6画 持 506 / 6画 拾 507 / 6画 拭 507 / 6画 挑 507 / 7画 挨 507
7画 挫 507 / 7画 振 507 / 7画 捜 508 / 7画 挿 508 / 7画 捉 508
7画 捗 508 / 7画 挺 508 / 7画 挽 508 / 8画 捕 508 / 8画 掛 509
8画 掬 509 / 8画 掘 509 / 8画 掲 509 / 8画 捲 509 / 8画 控 509
8画 採 510 / 8画 捨 510 / 8画 授 511 / 8画 掌 511 / 8画 捷 511
8画 推 511 / 8画 据 512 / 8画 接 512 / 8画 措 513 / 8画 掃 513
8画 探 513 / 8画 捺 514 / 8画 捻 514 / 8画 排 514 / 8画 描 515
8画 捧 515 / 8画 掠 515 / 9画 握 515 / 9画 援 515 / 9画 換 516
9画 揮 516 / 9画 揆 516 / 9画 揭 509 / 9画 揃 516 / 9画 搜 508
9画 提 516 / 9画 搭 517 / 9画 揚 517 / 9画 揺 517 / 10画 携 517
10画 搾 517 / 10画 摂 518 / 10画 損 518 / 10画 搬 518 / 10画 搖 517
11画 摑 518 / 11画 撃 519 / 11画 摯 519 / 11画 摺 519 / 11画 摘 519
11画 摩 519 / 12画 撮 519 / 12画 撒 519 / 12画 撰 520 / 12画 撤 520
12画 撞 520 / 12画 播 520 / 12画 撫 520 / 12画 撲 520 / 13画 擊 519
13画 操 520 / 13画 擁 521 / 14画 擬 521 / 14画 擦 521 / 14画 擢 521
18画 攝 518

ほかの部首の字

哲→口部 211
誓→言部 957

手－0画

【手】

4画 1年 〔手〕明朝

音 シュ
訓 て・た*

※上にくる音により「ジュ」「て」ともよむ。

手 筆順：一 二 三 手

1画めはねかせてはらう。横画は3画めを長く。4画めは右に長く反り、はねる。

なりたち 象形 手の形をえがいた字。

意味 ❶て。てのひら。「▼握手・▼拍手」 ❷ひと。「選手」 ❸やり方。「手段」 ❹自分でおこなう。「手記」

難しい読み 手▼綱・手練手管

【手記】しゅき 自分で、自分の記録・感想などを書きしるしたもの。例 戦場カメラマンの手記。

【手芸】しゅげい ししゅうやあみものなど、手先をつかって物をつくるわざ。

【手工業】しゅこうぎょう 人の力と、かんたんな道具と、少ない資本とで生産する、きぼの小さい工業。対 機械工業

【手術】しゅじゅつ 医者がからだのわるいところを、切りひらいたり、切りとったりして病気をなおすこと。例 心臓のバイパス手術。

【手段】しゅだん 目的をとげるための方法。やり方。例 さいごの手段。

【手法】しゅほう ものごとのやり方。とくに、芸術作品の表現のしかた。

【手練】㊀しゅれん なれていて、てぎわがいいこと。例 手練の早わざ。㊁てれん 人をだます手段。例 手練手管。

【手話】しゅわ 指や手の動きによって、自分の考えをあらわす方法。例 手話で会話する。

【手▼腕】しゅわん うでまえ。てなみ。例 議長として手腕をふるう。

【手▼綱】たづな 馬のくつわにつけて、馬をあつかうときにつかうつな。例 手綱をしめる（＝

かってな行動をしないようにきびしくする)。

【手足】てあし ①手と足。例 手足をのばす。②その人の思いどおりに動くこと。また、その人。例 手足となって、はたらく。

【手当】てあて ①はたらきにたいしてはらうお金。また、本給のほかにつくお金。例 家族手当。②けがや病気をなおすために、くすりをぬったり、注射をしたりすること。
注意 ②は「手当て」と書く。

【手▼荒】てあら あつかい方が、らんぼうであるようす。例 手荒なまねはよせ。

【手▼薄】てうす ①人手が少ないこと。例 警戒が手薄になる。②お金や品物が少ないこと。

【手が上がる】てがあがる 句〔ならいごとなどの〕わざがじょうずになる。とくに、字がじょうずになる。例 習字の手が上がった。

【手が▼掛かる】てがかかる 句 多くの時間や労力がかかる。手数がかかる。

【手加減】てかげん ①量や重さを、手にとった感じではかること。例 手加減でさとうを足す。②その場に合わせて、ほどよくあつかうこと。手心。例 妹には手加減をくわえる。

【手が▼込む】てがこむ 句 しかけや、つくり方などが複雑である。例 手が込んだ料理。

【手数】てかず/てすう ①ものごとをするのにかかる、てまやひま。例 手数がかかる。②めんどうなこと。例 お手数をおかけします。

【手形】てがた ①てのひらにすみをぬって、紙におしつけたもの。例 手形をとる。②ある金額を、きめられた日にはらう約束をした書きつけ。例 手形をふりだす(=手形を発行する)。

【手が付けられない】てがつけられない 句 ていどがひどすぎてどうすることもできない。例 らんぼうで手が付けられない。

【手が出ない】てがでない 句 ①むずかしくて、どうすることもできない。例 この問題には手が出ない。②高くて買えない。例 こんなに高くては、とても手が出ない。

【手が届く】てがとどく 句 ①注意や世話がゆきとどく。例 かゆいところに手が届くような世話をする。②もう少しで、なる。例 母はもうすぐ四〇才に手が届く。

【手が回る】てがまわる 句 ①注意や世話などがゆきとどく。例 とてもいそがしくて、そこまでは手が回りません。②犯人などをつかまえる準備ができる。例 警察の手が回る。

【手紙】てがみ あいさつや用事を書いて、あいてにおくるもの。例 お礼の手紙を出す。

【手▼柄】てがら りっぱなはたらきや仕事。例 手柄話。

【手軽】てがる たやすいようす。かんたんなようす。例 手軽に引きうける。

【手際】てぎわ ものごとをおこなう方法や順序。また、そのうでまえ。例 手際よく処理する。

【手口】てぐち (わるいことをする)やり方。例 同じ手口で、あきすにはいられた。

【手心】てごころ 「手加減②」と同じ。例 手心をくわえる。

【手先】てさき ①手の先。指の先。例 手先のきような人。②「手下」と同じ。

【手塩にかける】てしおにかける 句 いろいろとめんどうをみて、だいじにそだてる。例 監督が手塩にかけた選手。参考 「手塩」は、食べる人が好みにおうじて自分で味つけができるように、おぜんにそえる塩のこと。

【手下】てした ある人の命令どおりに、はたらく人。手先。

【手品】てじな 手先をつかって、ふしぎなことをして見せる芸。

【手順】てじゅん ものごとをおこなう順序。だんどり。例 手順をととのえる。

【手製】てせい ①手でつくること。②自分でつくること。また、自分でつくったもの。お手製。例 手製の料理。

【手相】てそう その人の運命や性格などをあらわすという、てのひらのすじのようす。例 手相を見る。

【手玉に取る】てだまにとる 句〔お手玉で遊ぶように〕自分の思いどおりに相手を動かす。例 敵に手玉に取られる。

【手帳】てちょう わすれないように書いておく、小さな帳面。例 手帳に予定を書く。

【手取り足取り】てとりあしとり 句 こまかい

こたえ 鼻(はな)

ことまでめんどうをみて、ていねいに教えること。例手取り足取りして親切に教える。

【手に▼汗を▼握る】てにあせをにぎる 句〔興奮して、てのひらにかいたあせをにぎりしめるといういみから〕見ていて、はらはらどきどきする。例逆転また逆転の、手に汗を握る試合。

【手に余る】てにあまる 句自分の力ではどうすることもできない。もてあます。例これは、わたしには手に余る仕事です。

【手に入れる】てにいれる 句自分のものにする。例ほしかったゲームソフトをようやく手に入れた。

【手に負えない】てにおえない 句自分の力ではどうすることもできない。例弟はとてもやんちゃで、手に負えない。

【手に付かない】てにつかない 句〔ほかのことに注意がむいてしまって〕落ち着いてものごとができない。例テレビが気になって、勉強が手に付かない。

【手荷物】てにもつ 身のまわりの物をまとめた、手にもてるほどの荷物。例手荷物おき場。

【手の▼舞い足の▼踏む所を知らず】てのまいあしのふむところをしらず 故事成語 大よろこびするようす。参考うれしくて舞をまうように手をふり、足をふみならすといういみから。

【手配】てはい ①じゅんびをすること。用意。例車を手配する。②犯人をつかまえるために、あちこちにれんらくをとること。例指名手配。

【手旗】てばた 手にもってふる、小さなはた。例手旗信号。

【手▼拍子】てびょうし 手をたたいて、音楽や歌の調子をとること。また、その調子。対足拍子

【手▼袋】てぶくろ 〔さむさやけがをふせぐための〕手の形をしたふくろ。

【手不足】てぶそく はたらく人の数が足りないこと。

【手本】てほん ①字や絵をならうとき見ながら、練習するための字や絵。②模範となる人やおこない。

【手間】てま 仕事をするのにひつような、時間や労力。例手間をかける。

【手前】てまえ ①自分に近いほう。こちらがわ。例一つ手前の駅で降りる。②ほかの人にたいするていさい。例言いだした手前、やめられない。③自分をけんそんしていうことば。わたくし。例手前どもにおまかせください。④お茶をたてるときのさほう。お手前。

【手前味▽噌】てまえみそ 四字熟語〔自分でつくったみその味をじまんするといういみから〕自分で自分のことをほめること。じまんすること。例手前味噌になるが、ぼくは暗算には自信がある。

【手も足も出ない】てもあしもでない 句自分の力ではどうすることもできない。例問題がむずかしすぎて手も足も出なかった。

【手元】てもと ①手のとどくあたり。例いつも手元においておく。②手の動きぐあい。例手元がくるう。③ふだんもっているお金。例手元がさびしい。

【手練手管】てれんてくだ 四字熟語 あいてをうまくだまして、自分の思いどおりにするための手段。例手練手管をつかってお金をだましとる。参考「手練」も「手管」も、人をだます手段のいみ。

【手を入れる】てをいれる 句足りないところをおぎない、悪いところをよくする。例作文に手を入れる。

【手を打つ】てをうつ 句①両手をうち合わせる。参考「はたと手を打つ」のように、思い当たったときや感心したときなどに思わずする動作のときに使う。②相談をまとめる。例そのねだんで手を打とう。③〔あるものごとにたいして〕前もってある方法をとっておく。例いざというときのために手を打っておく。

【手を▼替え品を▼替える】てをかえしなをかえる 句あれこれいろいろな方法でためしてみる。例手を替え品を替えて宣伝する。

【手を下す】てをくだす 句自分でじっさいにそのことをする。自分でじかにする。

【手を出す】てをだす 句①自分から進んで、ある動作をしかける。例ごちそうに手を出

す。②暴力をふるう。けんかをしかける。例口より先に手を出す。③あることをしはじめる。あたらしく関係をもつ。例株に手を出す。

【手を▼尽くす】てをつくす 句できるだけのことをする。例手を尽くして看病する。

【手を▼抜く】てをぬく 句しなければならないことをしないでごまかす。例工事の手を抜く。

【手を広げる】てをひろげる 句仕事のはんいを大きくする。いろいろなことに関係をつける。例全国に商売の手を広げる。

【手を焼く】てをやく 句しまつにこまる。もてあます。てこずる。例母はやんちゃな弟にいつも手を焼いている。

下につく熟語 相手・▼握手・痛手・上手(うわて・かみて・じょうず)・得手・大手(おおて)・歌手・勝手・空手・旗手・▼騎手・義手・切手・逆手(ぎゃくて・さかて)・挙手・好敵手・後手・下手(したて・しもて・へた)・十手・▼触手・助手・素手・先手・着手・投手・苦手・入手・深手・名手・野手・*落手・若手

扌－0画

【才】

3画 2年 〔才〕明朝

音サイ 訓—

※上にくる音により「ザイ」ともよむ。

1画めは右上がり。3画めの書き出し部分が2画めの右側から出ていなくてもよい。

なりたち 象形 川のながれをせきとめる「せき」をえがいた字。とちゅうでたち切るというイメージをもち、ずばずばとものをたち切るように、てきぱきとりさばく能力のいみをあらわした。

才・𢦏のつく漢字グループ
「才」と「𢦏」のグループは「とちゅうでたち切る」というイメージがある。また、とちゅうで止めるから、「じっとそこにとどまる」というイメージにつながる。
→在(土＋才)230 →材583 →栽598
→裁926 →財977 →載1003

意味 ❶ちえのはたらき。能力。「才能」 ❷かしこい人。「天才」

参考 小学校では、年齢をあらわす「歳」のかわりにつかわれる。

名まえで使う読み かた・さい・たえ・とし・もち

【才媛】さいえん 才能のある女の人。例優秀な成績で大学を卒業した才媛。

【才覚】さいかく ①機転がきくこと。②思いつき。くふう。

【才気】さいき すぐれた頭のはたらき。例才気あふれる人。

【才子】さいし ①頭がよく、すぐれた能力をもつ人。例才子策におぼれる(=才子は自分の才能にたよりすぎてしっぱいしがちである)。②ぬけめのない人。参考 男性についていう。

【才女】さいじょ かしこい女の人。

【才色▼兼備】さいしょくけんび 四字熟語 女の人がすぐれた才能をもち、顔もうつくしいこと。参考「兼備」は、両方もっているといういみ。

【才人】さいじん すぐれた才能をもった人。参考 おもに男性についていう。

【才知】さいち 才能と知恵。例才知にたける。

【才能】さいのう あるものごとを、じゅうぶんに理解してやりとげる力。例才能を生かす。

下につく熟語 青二才・異才・▼偉才・英才・▼奇才・▼鬼才・▼秀才・▼俊才・商才・*▼如才・*多才・*非才・文才・▼凡才・▼漫才

扌－2画

【打】

5画 3年 〔打〕明朝

音ダ 訓うつ

「扌」は、2画めは1画めの中心より右側で交差してはね、3画めは右上にはらう。

なりたち 形声 丁(T形につきあてる)と扌(=手)を合わせた字。とんとんとうつ動作をあらわした。→丁8

手・扌 てへん の部

2画 払
3画 扱・托

意味 ❶たたく。うつ。「打者・連打」❷いみを強めることば。「打開」

使い分け 「打つ」は、たたいたりなぐったりする。「くぎを打つ」。「撃つ」は、銃などでたまを発射する。「鳥を撃つ」。「討つ」は、せめほろぼす。「かたきを討つ」。

【打開】だかい 行きづまった状態を切りひらくこと。例 打開策。

【打楽器】だがっき うったりふったりして、音を出す楽器。たいこ・トライアングルなど。

【打球】だきゅう 野球やソフトボールなどで、うったボール。

【打▼撃】だげき ①ものを強くたたくこと。②損害。いたで。例 火事で大きな打撃をうけた。③打者が投手のなげたボールをうつこと。

【打算】ださん そんとくを計算すること。

【打算的】ださんてき 計算高いようす。例 打算的な考えかた。

【打者】だしゃ 野球やソフトボールなどで、投手がなげたボールをうつ人。バッター。

【打順】だじゅん 野球やソフトボールなどで、打者になる順番。例 打順をきめる。

【打▼診】だしん ①医者が病人のからだを指でたたいて、その音でからだのぐあいをしらべること。②あいての考えをそれとなくさぐること。例 会への参加を打診する。

【打席】だせき 野球やソフトボールなどで、打者がボールをうつときに立つ場所。また、打者としてそこに立つこと。

【打線】だせん 野球やソフトボールなどで、打者の顔ぶれ。また、そのうつ力。

【打電】だでん 電報・電信をうつこと。

【打▼倒】だとう うちたおすこと。うちまかすこと。

【打破】だは うちやぶること。例 現状を打破する。

【打▼撲傷】だぼくしょう 強くぶつけたり、なぐられたりしてできたきず。

下につく熟語 安打・▼殴打・*快打・▼犠打・強打・代打・長打・*投打・博打・*貧打・*凡打・*本▼塁打・猛打・乱打

扌－2画

払

5画 常用

扌－5画 拂 8画 人名

〔払〕明朝

音 フツ
訓 はらう

なりたち 形声 …拂(払)

もとの字は「拂」。弗と扌(＝手)を合わせた字。弗は、弓(からみつくつる)と八(左右に分けるしるし)を合わせて、左右にはらって分けるようす。拂は、はらいのける動作をあらわした。

弗のつく漢字グループ 「弗」のグループは「左右にはらいのける」というイメージがある。常用漢字では「ム」になるものもある。→仏(＝佛)54 →沸657 →費982

意味 はらいのける。「▽払底・厄▽払い」

【▽払▼拭】ふっしょく 都合がわるいことをすっかりとりのぞくこと。例 うたがいを払拭する。

【▽払底】ふってい 物がすっかりなくなること。例 生活物資が払底する。

下につく熟語 *先払い・*支払い・*前払い

扌－3画

扱

6画 常用

〔扱〕明朝

音 —
訓 あつかう

なりたち 形声 及(とどく)と扌(＝手)を合わせた字。手がものにとどいてとることをあらわした。日本では「あつかう」にもちいる。→及31

意味 あつかう。「客▼扱い・取り▼扱い」

扌－3画

托

6画 人名

〔托〕明朝

音 タク
訓 —

意味 あずける。のせる。「▽托▼鉢・茶▽托」

【▽托▼鉢】たくはつ 坊さんがお経を読みながら鉢をもって家々をまわり、食べ物や金銭のほどこしをうけること。例 托鉢僧。

漢字博士になろう!

●にた字のおぼえ方《拾・捨》

「合わせて拾い、土に捨てる」

同じ「扌」の字なので、つくりのちがう部分に注目したおぼえ方です。

「拾」のつくりは「合」、「捨」のつくりには「土」があることで、区別しておぼえましょう。

扌－4画

【技】

7画 5年 〔技〕明朝

音 ギ 訓 わざ*

一 十 才 扌 扌 技 技

6画めの横画部分は4画めより長くしない。

なりたち 形声 支(こまかく分かれる)と扌(=手)を合わせた字。手先でするこまかい細工をあらわした。→支522

意味 わざ。うでまえ。「技術・技能」

使い分け 「技」は一定のやり方、また、うでまえのいみ。「業」は、おこない・仕事のいみ。

名まえで使う読み あや・き・ぎ・わざ

【技芸】ぎげい 美術や工芸などにかんする技術。

【技巧】ぎこう 芸術作品の制作や表現につかうすぐれたわざ。例 技巧をこらす。

【技師】ぎし 技術についての専門の知識やわざをもっている人。例 衛生検査技師。

【技術】ぎじゅつ ①科学をじっさいの仕事に役だたせるわざ。例 技術者。②ものごとをうまくおこなうわざ。例 編集の技術をならう。

【技能】ぎのう ものごとをおこなう能力。

【技量】ぎりょう ものごとをしたり、あつかったりする。例 技量のある人。

下につく熟語 *▼荒技・*裏技・演技・球技・競技・*曲技・国技・*雑技・実技・*心技・*神技・特技・*▼寝技・美技・▼妙技・余技

扌－4画

【抗】

7画 常用 〔抗〕明朝

音 コウ 訓 ―

なりたち 形声 亢(まっすぐ立つ)と扌(=手)を合わせた字。まっすぐに立って、あいてに立ちはだかることをあらわした。→航906

意味 はりあう。さからう。「反▼抗・対▼抗・▼抵▼抗」

注意 「坑」とまちがえないこと。

【▼抗議】こうぎ ある考えやおこないにたいして、反対の意見を強くもうしたてること。例 抗議集会。

【▼抗▼菌】こうきん 細菌がふえるのを、おさえること。例 抗菌作用。

【▼抗原】こうげん からだの中にはいると、抗体をつくるはたらきをする物質。

【▼抗告】こうこく 裁判所の判決に不服だとして、上級の裁判所にうったえること。

【▼抗生物質】こうせいぶっしつ かびや細菌がつくりだすもののうち、ほかの微生物のはたらきをおさえるもの。けがや病気のちりょうにつかう。注意 「抗性物質」と書かないこと。

【▼抗戦】こうせん 敵に手むかって、たたかうこと。例 抗戦を続ける。／徹底抗戦。

【▼抗争】こうそう 対立して、あらそうこと。例 組織内で抗争がおこる。

【▼抗体】こうたい 細菌や毒素がからだにはいりこんだとき、それに対抗してつくられる物質。

【▼抗弁】こうべん ①口ごたえをすること。②あいての主張をうちけし、反論すること。

扌－4画

【抄】

7画 常用 〔抄〕明朝

音 ショウ 訓 ―

なりたち 形声 少(小さくそぎとる)と扌(=手)を合わせた字。表面をはぎとることをあ

4画

らわした。→少316

意味 ぬき書きする。ぬき書きしたもの。「▼抄本・▼抄録」

【▼抄本】しょうほん ①ひつような部分だけをぬき書きしてつくった本。②もとの書類の、一部分だけのうつし。例 戸籍抄本。

【▼抄録】しょうろく ひつような部分をぬきだして、記録すること。

手－4画

【承】

8画 6年 〈承〉明朝

音 ショウ 訓 ＊うけたまわる

1・2画めは「子」と同じように書き、3〜5画めと交差。6画めを「冫」にしない。

なりたち 形声 －承

丞(上にあげる)をりゃくしたものと手を合わせた字。両手をさし上げ、物をうけるようすをあらわした。→丞22

意味 ❶ききいれる。うけたまわる。「承知・了承」❷うけつぐ。「▼継承・伝承」

注意 「承る」のおくりがなは、「る」だけ。

使い分け うける「受ける・請ける・承ける」→183ページ

名まえで使う読み うけ・こと・しょう・すけ・つぎ・つぐ・よし

【承▼諾】しょうだく あいてのたのみなどを聞き入れること。例 承諾をもとめる。

【承知】しょうち ①引きうけること。例 わたしの希望を父は承知してくれた。／承知しました。②知っていること。例 そんなことは百も承知だ(=よくわかっている)。

【承認】しょうにん あることを、正しいものとしてみとめる。例 来年度の予算が総会で承認された。

【承服】しょうふく あいての言うことを聞き入れてしたがうこと。

下につく熟語 ▼継承・伝承・＊不承・▼了承

扌－4画

【折】

7画 4年 〈折〉明朝

音 セツ 訓 おる・おり・おれる

※下にくる音により「セッ」ともよむ。

6画めは5画めの書き出しより下で接する。7画めは下へのばし、止めてもよい。

なりたち 会意 －折

屮(くさ)二つと斤(おの)を合わせた字。草を二つに切るようすをあらわした。

折のつく漢字グループ

「折」のグループは「二つに切りはなす」というイメージがある。

→哲211 →逝415 →誓957

意味 ❶おる。まげる。「骨折・屈折」❷わける。「折半」❸くじく。「▼挫折」❹死ぬ。「▽夭折(=わかいうちに死ぬこと)」

注意 「析」とまちがえないこと。

【折折】おりおり ①そのときそのとき。例 四季折々の花。②ときどき。例 折々お目にかかる。参考 ふつう「折々」と書く。

【折り紙】おりがみ ①紙をおって、物の形をつくるあそび。また、それにつかう色紙。②たしかなものだということを証明した書きつけ。また、保証のたとえ。例 折り紙つきの商品。

【折句】おりく 和歌や俳句などで、各句のはじめに物の名を一字ずつよみこんだもの。

参考 「からころも きつつなれにし つましあれば はるばるきぬる たびをしぞおもふ」という和歌では、「かきつばた」がよみこまれている。

【折に▼触れて】おりにふれて 句 そのときそのとき。例 折に触れて、子どものころのことを思い出す。

【折▼檻】せっかん 故事成語 こらしめるため

に、たたいたりしてからだをいためつけること。例 父親に折檻される。参考「檻」は、手すりのことで、もともとは手すりを折るという意味。むかし中国で、王のいかりをうけたものが、宮殿から引きずりおろされかかったとき、しがみついた手すりが折れてしまったという話からできたことば。

【折衝】せっしょう　ものごとをまとめるために、話し合いをすること。例 折衝をかさねる。

【折衷】せっちゅう　対立する二つのものの間をとること。また、二つ以上のものごとから、それぞれその一部をとりだして合わせ、新しいものをつくること。例 両者の言い分を聞いて折衷案をまとめた。／和洋折衷。

折衷

【折半】せっぱん　お金や品物などを半分に分けること。例 利益を折半する。

上につく熟語 *折り鶴・*折り目・*折れ線

下につく熟語 右折・曲折・左折

扌－4画

【択】

7画 常用 〔択〕明朝 音 タク 訓 —

なりたち 会意 もとの字は「擇」。睪(つぎつぎとならぶ)と扌(=手)を合わせた字。つぎつぎとならんだ中から、目ざすものをえらびだすことをあらわした。

意味 えらぶ。「選択・採択」 →駅1087

【択一】たくいつ　二つ以上のものの中から、一つだけをえらぶこと。例 二者択一。

扌－4画

【投】

7画 3年 〔投〕明朝 音 トウ 訓 なげる

「几」の横はばと「又」の横画の長さをほぼ同じにするとよい。5画めは、はねも可。

なりたち 形声 殳と扌(=手)を合わせた字。殳は、几(立ててもつ、ほこ)と又(て)を合わせて、じっと立ってとまるというイメージをもつ。投は、物がはなれたところにじっととどまるように、うまくなげることをあらわした。

意味 ❶なげる。「投手」 ❷おくりいれる。「投書・投票」 ❸あきらめる。「投降」

難しい読み 投網

【投網】とあみ　おもりをつけ、広がるようになげ入れて魚をとる、あみ。

投網

【投影図】とうえいず　ある一点から見た物の形を、平面の上にかきあらわした図。

【投下】とうか　①ものを高いところからなげおろすこと。例 物資を投下する。②事業にお金を出すこと。例 資本を投下する。

【投函】とうかん　郵便物をポストに入れること。例 年賀状を投函する。

[1]【投棄】とうき　なげすてること。例 ごみを投棄してはならない。

[2]【投機】とうき　①もしかしたらという幸運をあてにして、ものごとをおこなうこと。例 投機的な事業。②物のねだんの、上がり下がりの差によるもうけをねらった、取り引き。

【投球】とうきゅう　投手がボールをなげること。

[1]【投降】とうこう　敵に降参すること。例 武器をすてて投降する。

[2]【投稿】とうこう　新聞や雑誌などにのせてもらうために、原稿をおくること。また、その原稿。例 俳句を投稿する。

【投合】とうごう　ぴったり合うこと。→「意気投合(472ページ)」。

【投獄】とうごく　ろうやに入れること。

【投資】とうし　仕事をするもとでのお金を出すこと。例 店の設備に投資する。

【投手】とうしゅ　野球やソフトボールなど

漢字クイズ 部首クイズ　4年でならう「辞」の部首はなんでしょう？

手・扌の部（てへん）

4画 把・抜・批・扶

で、打者にボールをなげる人。ピッチャー。

【投宿】とうしゅく 宿屋にとまること。

【投書】とうしょ 新聞・雑誌などに、自分の考え・希望・苦情などを書いておくること。また、その書いたもの。例 投書欄。

【投身】とうしん 水中などにとびこんで自殺すること。身投げ。

【投石】とうせき 石をなげること。

【投入】とうにゅう ①なげ入れること。②つぎこむこと。例 資本を投入する。

【投票】とうひょう 選挙や会議などで、えらぶ人の名前や、賛成・反対などを紙に書いて出すこと。例 投票用紙。

【投薬】とうやく 病気やけがに合わせて薬をあたえること。例 医者が患者に投薬する。

下につく熟語 *遠投・完投・*継投・*好投・*失投・*続投・暴投・*力投・*連投

扌－4画

【把】

7画 常用 〔把〕明朝

音 ハ 訓 ―

※上にくる音により「ワ」「バ」「パ」とよむ。「一把・三把・十把」

意味 ❶にぎる。つかむ。「▼把▼握」 ❷たばねたもの。たば。

【▼把▼握】はあく ①にぎりしめること。また、自分のものにすること。例 部員を把握する。②しっかりと理解すること。例 書類の内容を把握する。

扌－4画

【抜】

7画 常用 扌－5画〔拔〕8画 人名 〔抜〕明朝

音 バツ 訓 ぬく・ぬける・ぬかす・ぬかる

※下にくる音により「バッ」ともよむ。

意味 ❶ぬく。ぬける。「▼抜▼歯」 ❷えらび出す。「選▼抜」 ❸ぬきんでる。「▼抜群」

【▼抜群】ばつぐん 多くのものの中で、とびぬけてすぐれていること。例 抜群の成績。

[1]【▼抜糸】ばっし 手術のときにきず口をぬいあわせた糸を、ぬきとること。

[2]【▼抜歯】ばっし 歯をぬくこと。例 乳歯を抜歯した。

【▼抜▼粋】ばっすい 書物などからひつようなところをぬき出すこと。例 要点を抜粋する。

【▼抜▽擢】ばってき 大勢の中から、とくにえらび出してつかうこと。例 レギュラーに抜擢された。

【▼抜本的】ばっぽんてき もとからの原因を、とりのぞくようす。例 抜本的な対策。

上につく熟語 *抜け穴・*抜け殻・*抜け道・*抜け目

下につく熟語 海▼抜・▼奇▼抜・▼堅▼忍不▼抜・▼卓▼抜

扌－4画

【批】

7画 6年 〔批〕明朝

音 ヒ 訓 ―

批 批

1 一 2 ｜ 3 扌 4 扌 5 扌 6 扌 7 批

「扌」よりも「比」の縦はばを短くし、「比」の上下を空ける。7画めは、はねも可。

なりたち 形声 比(ならべくらべる)と扌(＝手)を合わせた字。つき合わせてくらべて、きめることをあらわした。↓比635

意味 ❶よしあしをきめる。「批判」 ❷君主が書類をみとめる。「批▼准」

【批▼准】ひじゅん 外国とむすんだ条約を、その国の君主や大統領、または内閣が、よいとみとめること。例 批准書に署名する。

【批判】ひはん ものごとのよしあしをはんだんすること。とくに、そのものごとがよくないという意見をのべること。例 政策を批判する。

【批評】ひひょう ものごとのよしあしについて、自分の考えをのべること。例 作文を読んで、みんなで批評する。

扌－4画

【扶】

7画 常用 〔扶〕明朝

音 フ 訓 ―

意味 たすける。「▼扶養」

名まえで使う読み すけ・たもつ・ふ・もと

【扶助】ふじょ 力をかして、たすけること。例 相互扶助。

【▼扶養】ふよう 生活のせわをして、やしなうこと。例 三人の子を扶養する。／扶養家族。

扌－4画

【抑】

7画 常用 〈抑〉明朝

音 ヨク
訓 おさえる

意味 いきおいをおさえつける。「▼抑制・▼抑止」

【▼抑圧】よくあつ おさえつけて、自由にさせないこと。例 自由を抑圧する。

【▼抑止】よくし ものごとがすすむことを、おさえること。例 物価が上がるのを抑止する。

【▼抑止力】よくしりょく ものごとがすすむことを、おさえる力。例 犯罪の抑止力となる。

【▼抑制】よくせい おさえて、とめること。例 感情を抑制する。

【▼抑揚】よくよう 声やことばの調子を、上げたり下げたりすること。例 演説に抑揚をつける。

【▼抑留】よくりゅう （外国人を）あるきまった場所にむりにとどめておくこと。

扌－5画

【押】

8画 常用 〈押〉明朝

音 オウ
訓 おす・おさえる

意味 物をおしつける。おす。「▼押印」

1【▼押印】おういん 印をおすこと。捺印。

2【▼押▼韻】おういん 詩の中のきまった位置に、同じひびきをもった音をおくこと。韻をふむこと。

【▼押収】おうしゅう 裁判所などが、証拠の品物などをさしおさえて、とり上げること。

【▼押▽捺】おうなつ 印などを、おすこと。押印。捺印。例 指紋押捺。

扌－5画

【拐】

8画 常用 〈拐〉明朝

音 カイ
訓 ―

意味 だましてつれ去る。かどわかす。だます。「▼誘▼拐・▼拐帯（＝あずかっているお金や品物をもちにげすること）」

扌－5画

【拡】

8画 6年 〈拡〉明朝

音 カク
訓 ―

拡 拡

「扌」の下から「広」を出さない。4画めは点でもよい。8画めの最後は止める。

1 一　2 十　3 扌　4 扌　5 扩　6 扩　7 拡　8 拡

なりたち 形声 もとの字は「擴」。廣（ひろい）と扌（＝手）を合わせた字。わくを広げることをあらわした。→黄1107 →広353

意味 ひろげる。「拡大・拡声器」

名まえで使う読み かく・ひろ・ひろし・ひろむ

【拡散】かくさん 物が広がり、ちらばること。例 汚染物質が拡散する。／核拡散。

【拡▼充】かくじゅう はんいを広げて、なかみをゆたかにすること。例 設備の拡充をはかる。

【拡大】かくだい 広げて大きくすること。また、広がって大きくなること。例 けんび鏡で拡大する。対 縮小

【拡張】かくちょう 広げて大きくすること。例 道路を拡張する。

扌－5画

【拒】

8画 常用 〈拒〉明朝

音 キョ
訓 こばむ

意味 ことわる。「▼拒否」

【▼拒食▼症】きょしょくしょう （心の病気で）食事がとれなくなり、やせてしまう病気。対 過食症

【▼拒絶】きょぜつ きっぱりとことわること。例 要求を拒絶する。

【▼拒否】きょひ あいての意見やたのみなどをことわること。例 面会を拒否する。

扌－5画

【拠】

8画 常用 〈拠〉明朝

音 キョ・コ
訓 ―

意味 よりどころとする。よりどころ。「証▼拠」

こたえ 辛（からい・しん）

【▼拠出】きょしゅつ （ある目的のために）多くの人がお金や品物を出し合うこと。例 拠出金。

【▼拠点】きょてん 活動の足場となるところ。

下につく熟語 根▼拠・準▼拠・▼占▼拠・本▼拠・論▼拠

拘
扌－5画 8画 常用 〔拘〕明朝 音 コウ 訓 —

なりたち 形声 句（小さく区切る）と扌（＝手）を合わせた字。小さいわくの中におしこめることをあらわした。→句189

意味 ❶つかまえる。「▼拘▼泥」 ❷こだわる。「▼拘束・▼拘留」

【▼拘束】こうそく 自由な行動ができないようにすること。例 身がらを拘束する。

【▼拘置】こうち 法律によって、人を一定の場所にとどめておくこと。例 拘置所。

【▼拘▼泥】こうでい ものごとにこだわること。例 地位に拘泥しない。

招
扌－5画 8画 5年 〔招〕明朝 音 ショウ 訓 まねく

「扌」よりも「召」の縦はばを短くして、「刀」の上に空間を作る。

筆順
一
十
扌
扚
扣
扨
招
招

なりたち 形声 召（よびよせる）と扌（＝手）を合わせた字。手まねきして人をよびよせることをあらわした。→召192

意味 まねく。よぶ。「招待・招▼致」

注意 「召」「紹」とまちがえないこと。

名まえで使う読み あき・あきら・しょう

【招集】しょうしゅう 人々をよびあつめること。例 委員会を招集する。

使い分け しょうしゅう 招集・召集

【招集】多くの人をよびあつめること。あつまってもらうこと。例 児童を招集して話す。

【召集】国会を開くために国会議員をあつめること。例 国会を召集する。参考 「召集」は、もと戦争のために軍人となる人を軍隊にあつめること。「召集令状」

【招待】しょうたい 客をまねいて、もてなすこと。例 結婚式に招待される。

【招▼致】しょうち まねいて、来てもらうこと。例 オリンピックを招致する。

拙
扌－5画 8画 常用 〔拙〕明朝 音 セツ 訓 つたない

なりたち 形声 出（へこむ）と扌（＝手）を合わせて、ひょうじゅんよりへこんで見おとりすることをあらわした字。→出123

意味 ❶へたである。「▼拙速」 対 巧 ❷自分や自分のものをけんそんしていうことば。「▼拙宅・▼拙著」

【▼拙者】せっしゃ 自分。わたくし。参考 むかし、武士などがつかったことば。

【▼拙速】せっそく うまくはないが、はやくしあげること。例 拙速な仕事。対 巧遅

【▼拙宅】せったく 自分の家をけんそんしていうことば。例 拙宅におこしください。

下につく熟語 ＊巧▼拙・稚▼拙

拓
扌－5画 8画 常用 〔拓〕明朝 音 タク 訓 —

意味 ❶土地をひらく。「開▼拓」 ❷きざみこんである文字やもようをうつしとる。「▼拓本」

名まえで使う読み たく・ひら・ひらく・ひろ・ひろし

【▼拓本】たくほん 石碑などの文字やもようを、うつしとったもの。

下につく熟語 干▼拓・魚▼拓

拓本

扌－5画

【担】

8画 6年 〔担〕明朝

音 タン
訓 かつぐ*・にな*う

「扌」より「旦」の縦はばを短くし、「旦」の上下を空ける。「旦」の縦画は真下に。

一 十 扌 扌 扣 扣 担 担

なりたち 形声 擔（担）

もとの字は「擔」。詹と扌(=手)を合わせた字。詹は、⺈(人)と厂(がけ)と八(わかれるしるし)と言を合わせたもの。高いところから下へむけてくどくどと言いつけるようすを図にして、重くのしかかるというイメージをもつ。擔は、ずっしりとおもいものをかつぐことをあらわした。

詹のつく漢字グループ

「詹」のグループは「おもみがかかる」というイメージがある。常用漢字では「旦」になる。

→担501 →胆886

意味 **❶かつぐ。になう。うけもつ。**「担任」「担▼架」**❷引きうける。**

【担▼架】たんか けが人や病人をねかせたままではこぶ道具。

担架

【担当】たんとう 仕事や役目をうけもつこと。また、その人。例 担当をきめる。

【担任】たんにん 学級をうけもつこと。また、その人。例 担任の先生。

【担保】たんぽ お金をかりるときに、かえす保証としてさしだす品物。

下につく熟語 加担・荷担・負担・分担

扌－5画

【抽】

8画 常用 〔抽〕明朝

音 チュウ
訓 —

なりたち 形声 抽

由(ぬけでる)と扌(=手)を合わせた字。細いところからぬきとることをあらわした。→由743

意味 **ひきだす。ぬきだす。**「▼抽出」

【▼抽出】ちゅうしゅつ たくさんある中からぬきだすこと。例 薬草からエキスを抽出する。

【▼抽象】ちゅうしょう べつべつのことから、共通する性質をぬき出し、一つの考えにまとめること。例 抽象絵画。／抽象論。対 具体・具象

【▼抽象的】ちゅうしょうてき あらわし方が、じっさいのものからはなれてしまって、いみがはっきりしないようす。例 抽象的でわかりにくい説明。対 具体的

【▼抽選】ちゅうせん くじ引き。例 抽選に当たる。

扌－5画

【抵】

8画 常用 〔抵〕明朝

音 テイ
訓 —

なりたち 形声

氐(これ以上は行けないところでとどまる)と扌(=手)を合わせた字。これ以上はすすめないどたんばで、ふみとどまることをあらわした。→低70

意味 **❶あたる。**「▼抵当」**❷ものにうちあたる。**「▼抵▼触・▼抵▼抗」**❸およそ。**「大▼抵」

名まえで使う読み あつ・てい・やす・ゆき

【▼抵▼抗】ていこう ①てむかうこと。さからうこと。例 敵に抵抗する。②ある力にたいして、それにさからうようにはたらく力。例 抵抗力。③電流がながれるとき、それをさまたげようとする力。電気抵抗など。

【▼抵▼触】ていしょく 規則や法律にふれること。例 労働基準法に抵触する。

【▼抵当】ていとう お金や物をかりるとき、かえせない場合はその人のものになるという約

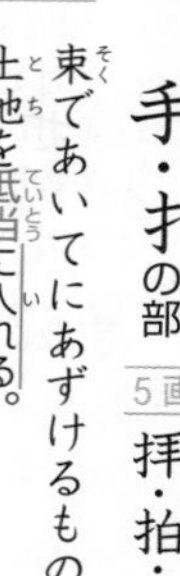

束であいてにあずけるもの。かた。担保。例 土地を抵当に入れる。

扌－5画

【拝】

8画 6年

手－5画 【拜】 9画 人名

〔拝〕明朝

音 ハイ
訓 おがむ
※上にくる音により「パイ」ともよむ。

拝

「手」の横画は7画めを長く。8画めは4画め中央の下側で接し、下へ長くのばす。

一 十 扌 扌 扌 扌 拝 拝

なりたち 会意 － － 拜(拝)

手と扌(=手)を合わせた字。扌は、奏にもふくまれ、桒がかわったもの。枝葉のついた玉ぐしをえがいた形。拝は、神前にものをささげておがむようすをあらわした。

意味 ❶おがむ。「礼拝(れいはい・らいはい)」 ❷**自分の動作をあらわすことばの上につけて、「へりくだる」いみをあらわすことば。**「拝借」

注意 「俳」「排」とまちがえないこと。

【拝観】はいかん 仏像や宝物などをつつしんで見ること。「見ること」をへりくだっていうことば。例 拝観料。

【拝▼啓】はいけい 手紙のはじめに書くあいさつのことば。「つつしんでもうしあげます」のいみ。謹啓。参考 返事のときは、「拝復」とする。対 敬具

【拝見】はいけん つつしんで見ること。「見ること」をへりくだっていうことば。例 きっぷを拝見します。

【拝察】はいさつ 「察すること」をへりくだっていうことば。例 みなさまにはお変わりもなくおすごしのことと拝察いたします。参考 手紙でつかうことが多い。

【拝借】はいしゃく つつしんでかりること。例 この本を拝借します。

【拝▼殿】はいでん 神社の中で、本殿の前にある、神をおがむための建物。

【拝読】はいどく つつしんで読むこと。例 おたよりうれしく拝読いたしました。参考 手紙でつかうことが多い。

【拝復】はいふく 返事の手紙のはじめに書くあいさつのことば。「つつしんでご返事もうしあげます」といういみをあらわす。

【拝命】はいめい 「命令を受けること」「任命されること」をへりくだっていうことば。例 大臣秘書官を拝命する。

上につく熟語 *拝▼聴・*拝領・*拝礼

下につく熟語 参拝・三拝九拝・▼崇拝

扌－5画

【拍】

8画 常用

〔拍〕明朝

音 ハク・ヒョウ
訓 ―
※上にくる音により「パク」ともよむ。

なりたち 形声 白(くっつく)と扌(=手)を合わせた字。手のひらをぱんとつけて打つことをあらわした。→白 759

意味 ❶**手をたたく。**「▼拍手」 ❷**音楽のひょうしの単位。**「▼拍子・四分の三▼拍子」

【▼拍車をかける】はくしゃをかける 句 もののすすみぐあいを、いちだんとはやくする。例 受験勉強に拍車をかける。参考 「拍車」は、乗馬用のくつのかかとにつける金具のこと。これで馬の腹をけると、馬がはやく走ることから。

【▼拍手】はくしゅ ほめたり、さんせいしたりするときに、両手を何度も打ちならすこと。例 拍手をおくる。

【▼拍子】ひょうし ①音楽の調子。例 拍子をとる。②はずみ。例 ころんだ拍子に足をくじいた。

【▼拍子木】ひょうしぎ たたきあわせて音を出す、小さくて細長い二本の木。

下につく熟語 心▼拍

扌－5画

【披】

8画 常用

〔披〕明朝

音 ヒ
訓 ―

4画

なりたち 形声 皮(ななめにかぶる)と扌(=手)を合わせた字。かぶさってきたものを両がわにおしひらくことをあらわした。→皮764

意味 ひらく。ひろげる。「披露」

【披露】ひろう おおやけに発表すること。例 新商品を披露する。

扌－5画

抱

8画 常用 〈抱〉明朝

音 ホウ
訓 だく・いだく・かかえる

※上にくる音により「ボウ」ともよむ。

なりたち 形声 包(中のものをまるくつつむ)と扌(=手)を合わせた字。手をもののまわりにぐるりとまわすようすをあらわした。→包155

意味 ❶両手にかかえる。「介抱」 ❷心に思う。「抱負」

【抱負】ほうふ 心の中で考えているのぞみや計画。例 抱負を語る。

【抱腹絶倒】ほうふくぜっとう 四字熟語 腹をかかえて転げ回るほど、大わらいすること。

【抱擁】ほうよう だきかかえること。だきしめること。

下につく熟語 辛抱

扌－5画

抹

8画 常用 〈抹〉明朝

音 マツ
訓 ―

なりたち 形声 末(見えにくい)と扌(=手)を合わせた字。手でこすって見えなくすることをあらわした。→末580

意味 ❶こすってけす。ぬって見えなくする。「抹消・塗抹」 ❷粉にする。「抹茶」

【抹香】まっこう 仏前などにそなえる、シキミの葉と皮とをほして粉にした香。例 抹香くさい(=はなしやふんいきが仏教的な感じがするようすだ)。

【抹殺】まっさつ ①けして、なくすこと。②あったことを、ないことにすること。ほうむりさること。例 かれの意見は抹殺された。

【抹消】まっしょう 線を引いたり、ぬりつぶしたりしてけすこと。例 名ぼから名まえを抹消する。／以下二字抹消。

【抹茶】まっちゃ 上等な緑茶を粉にしたもの。

扌－5画

拗

8画 表外 〈拗〉明朝

音 ヨウ
訓 ねじる・ねじれる・すねる・こじれる

意味 ❶ねじる。ねじれる。「拗音」 ❷すねる。ひねくれる。❸こじれる。病気が悪くなる。また、しっくりいかなくなる。「かぜが拗れる」「話が拗れる」

【拗音】ようおん かなの次に「や・ゆ・よ」を小さく書いて一つの音とするもの。「きゃ・きゅ・きょ」「ぎゃ・ぎゅ・ぎょ」など。

4画

漢字博士になろう!

人をあらわす漢字

「○○の人」「○○のような人」、「○○する人」、「○○をもつ人」など、人の性格や特色をあらわしたり、その人の職業をあらわすときに、きまってつかわれる漢字があります。次にあげたものは、その代表例です。

〈人〉…主人 知人 詩人 日本人
〈王〉…大王 女王 魔王 四天王
〈生〉…先生 小学生 卒業生 門下生
〈主〉…店主 領主 地主 神主 世帯主
〈手〉…運転手 投手 語り手 売り手
〈家〉…画家 音楽家 努力家 勉強家
〈師〉…教師 漁師 美容師 調理師
〈屋〉…魚屋 八百屋 便利屋 てれ屋
〈者〉…医者 科学者 若者 人気者 読者
〈士〉…博士 力士 弁護士 消防士 剣士
〈児〉…幼児 女児 天才児 風雲児
〈客〉…観客 乗客 船客
〈坊〉…赤ん坊 寝坊 あまえん坊 食いしん坊 きかん坊
〈虫〉…泣き虫 弱虫 点取り虫
〈漢〉…悪漢 巨漢 熱血漢 門外漢
〈官〉…裁判官 警察官 指揮官 教官
〈嬢〉…受付嬢 うぐいす嬢 令嬢
〈員〉…会員 部員 店員 委員 会社員

こたえ 心(こころ)

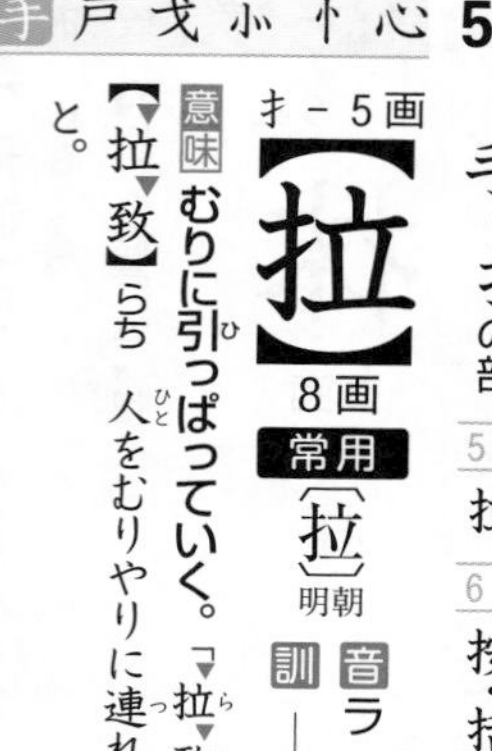

扌－5画

【拉】8画 常用 〔拉〕明朝

音 ラ
訓 ―

意味 むりに引っぱっていく。「▽拉▽致」

【▽拉▽致】らち 人をむりやりに連れて行くこと。

扌－6画

【按】9画 人名 〔按〕明朝

音 アン
訓 ―

意味 ❶手でおさえる。「▽按▽摩」 ❷一つ一つしらべる。「▽按配」 ❸〔「▽按分」と書いて〕もとになる数に比例してわける。

参考 ふつう「案」に書きかえる。「▽按分→案分」

扌－6画

【括】9画 常用 〔括〕明朝

音 カツ
訓 ―

なりたち 形声 舌(先がくびれる)と扌(=手)を合わせた字。手でふくろなどの口をぎゅっとくくってしめることをあらわした。↓活661

意味 くくる。一つにまとめる。「一▽括」

【▽括▽弧】かっこ ある数字や文章を、ほかと区別するときにつかう、かこみのしるし。( )・「 」・〔 〕など。

【▽括約筋】かつやくきん のびちぢみする、輪の形をした筋肉。こう門などのまわりにある。

下につく熟語 *概▽括・総▽括・統▽括・包▽括

手－6画

【挙】10画 4年 〔挙〕明朝

音 キョ
訓 あげる・あがる

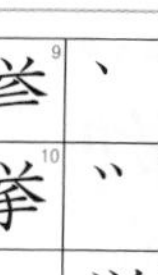

1～3画めは「ツ」。5・6画めはしっかり開き、その中に「手」を組みこむ。

なりたち 形声 ―舉(挙) もとの字は「舉」。與(いっしょに組む)と手を合わせた字。手を組んで物をもちあげることをあらわした。↓与16

意味 ❶もちあげる。「挙手」 ❷おこなう。おこない。「挙行」 ❸みんなでおこなう。「挙国」 ❹とりあげる。「選挙・推挙」

使い分け あげる「上げる・挙げる・揚げる」↓(12ページ)

名まえで使う読み きょ・しげ・たか・たつ・ひら

【挙行】きょこう 式や会などをとりおこなうこと。

【挙国一▽致】きょこくいっち 四字熟語 国民が一つの目的のために心をそろえること。

【挙式】きょしき 式をとりおこなうこと。とくに、結婚式をいう場合が多い。例 教会で挙式する。

【挙手】きょしゅ あいずやあいさつのために手をあげること。例 この案に賛成の人は挙手してください。

【挙動】きょどう 動作やおこない。例 挙動のおかしな人。／挙動不審。

【挙兵】きょへい 兵隊をあつめて、たたかいをはじめること。例 石田三成が挙兵した。

下につく熟語 一挙・快挙・検挙・*壮挙・大挙・暴挙・枚挙・列挙

扌－6画

【挟】9画 常用 〔挟〕明朝

音 キョウ
訓 はさむ・はさまる

意味 はさむ。はさまる。「▽挟▽撃」

注意 「峡」「狭」などとまちがえないこと。

【▽挟▽撃】きょうげき はさみうちにすること。例 左右から挟撃される。

手－6画

【拳】10画 常用 〔拳〕明朝

音 ケン
訓 こぶし

なりたち 形声 もとの字は「拳」。龹(ケン)と手を合わせた字。龹は、両手をまるめてにぎりこぶしをつくる形。拳は、にぎりこぶしをあらわした。↓巻338

意味 ❶こぶし。にぎりこぶし。「鉄▽拳」 ❷こぶしをふるう武術。「▼拳法」

注意 「拳」とまちがえないこと。

名まえで使う読み かたし・けん・つとむ

【▼拳固】げんこ 「拳骨」に同じ。

【▼拳骨】げんこつ にぎりこぶし。同拳固

【▼拳▼銃】けんじゅう かた手で発射できる小型の銃。ピストル。

【▼拳▼闘】けんとう 手にグローブをはめて、たがいにうちあう競技。ボクシング。

【▼拳法】けんぽう おもにこぶしをもちいる武術。例 少林寺拳法。

下につく熟語 *空▼拳・*太極▼拳・鉄▼拳・徒手空▼拳

拳骨

扌－6画

【拷】 9画 常用

〈拷〉明朝　音 ゴウ　訓 —

なりたち 形声 考(背がまがる)と扌(＝手)を合わせた字。からだがまがるほどに打ちすえることをあらわした。→考872 →号190

意味 **打ちたたいて、せめる。**「▼拷問」

【▼拷問】ごうもん からだに苦痛をあたえ、むりに白状させようとすること。

扌－6画

【拶】 9画 常用

〈拶〉明朝　音 サツ　訓 —

意味 **せまる。ちかづく。**「▼挨▼拶」

扌－6画

【指】 9画 3年

〈指〉明朝　音 シ　訓 ゆび・さす

指 指

「旨」は上下の横はばをほぼ同じに。4画めは横画でも、5画めをはねてもよい。

1 一　2 十　3 扌　4 扌　5 扌　6 扌　7 指　8 指　9 指

なりたち 形声 旨(まっすぐにつたえる)と扌(＝手)を合わせた字。手でまっすぐにさすことをあらわした。→旨548

意味 ❶**ゆび。**「指▼紋」 ❷**さししめす。**「指令」

難しい読み 指図

【指図】さしず いいつけて仕事をさせること。また、そのいいつけ。例 あれこれと指図する。

【指圧】しあつ 指やてのひらで、からだをおしたりもんだりする治療法。こった部分をほぐして、血行をよくする。

【指揮】しき たくさんの人をさしずすること。例 オーケストラを指揮する。

【指揮者】しきしゃ ①さしずをする人。②音楽で、合唱や合奏のさしずやまとめをする人。コンダクター。

【指向】しこう ある方向や目的を、めざすこと。例 指向性アンテナ。使い分け しこう「志向・指向」→(456ページ)

使い分け **さす** 指す・差す・刺す・挿す

【指す】指でしめす。例 車しょうさんがドアを指して安全を確かめる。／西の方角を指す。

【差す】光が当たる。広げる。そそぐ。例 太陽の光が差す。／かさを差す。／機械に油を差す。

【刺す】先のするどいものでつく。例 バラのとげで指を刺す。／ハチに刺されるといたい。

【挿す】すき間に細いものをつき入れる。例 花びんに花を挿す。／かんざしを挿す。

漢字クイズ 部首クイズ　5年でならう「罪」の部首はなんでしょう？

【指示】しじ ①さししめすこと。例 指示語。②あることをするように、教えたり、さしずしたりすること。例 警備員の指示にしたがう。

使い分け しじ「支持・指示」→522ページ

【指事文字】しじもじ 漢字のなりたちを分類する、六書の一つ。「上」「下」のように、形がなくて絵にかけないようなものを、点や線などの記号であらわした漢字。→「六書(109ページ)」・付録「漢字について(1116ページ)」

【指針】ししん ①時計やはかりなどの目もりをさす、はり。②これからどのようにしたらよいかをしめすもの。方針。例 指針をしめす。

【指数】しすう ①変化を、あるときを一〇〇としてくらべた数。例 物価指数。②数学で、ある数や文字の右かたにつけて、いくつかけあわせたかをあらわす数や文字。「3^2」の2のこと。

【指定】してい とくべつにこれと、きめること。また、きめてあること。例 席を指定する。

【指▼摘】してき (多くの中から)とくにこれと、さししめすこと。例 まちがいを指摘する。

【指導】しどう 教えみちびくこと。例 自転車の乗り方を指導する。

【指南】しなん 教えること。例 指南役。参考 中国に、歯車を利用してつねに南の方角をさす指南車という車があり、そこから「指南」に「教える」のいみができた。

【指名】しめい ①名をしめすこと。例 指名手配。②名前をよんで、その人をさししめすこと。例 委員長に指名された。

【指▼紋】しもん 手の指先にある、多くの線からできているもよう。

【指令】しれい さしずすること。命令。例 指令を受ける。

使い分け しれい 指令・司令

【指令】上の者から下の者に命令すること。例 消防車に指令を出して火事現場に行かせる。

【司令】軍隊をさしずし、かんとくすること。また、その人。例 司令官の命令にしたがう。／司令塔。

【指輪】ゆびわ 指にはめて、かざりにする輪。

【指を折る】ゆびをおる 句 ①指をおりまげながら数える。②多くの中でも、指をおって数えられるほどすぐれている。

【指をくわえる】ゆびをくわえる 句 ほしいけれども手が出せず、むなしくながめていることのたとえ。

下につく熟語 親指・薬指・▼屈指・*小指・十指・*食指・*中指

扌－6画

【持】

9画 3年 〔持〕明朝

音 ジ 訓 もつ

※「ジする」ともつかう。

持 持

「扌」より「寺」を大きく。「寺」の横画は6画めを一番長く。

一 十 扌 扌 扌 扗 挂 持 持

なりたち 形声 寺(じっと止まる)と扌(=手)を合わせた字。手にじっともつことをあらわした。→寺307

意味 ❶手に、もつ。「持参」❷自分のものとして、もつ。「持論」❸たもつ。「持久」

注意 「待」「特」とまちがえないこと。

名まえで使う読み じ・もち・よし

【持久】じきゅう そのままのようすをもちこたえること。長くもちこたえること。例 持久戦。／持久力。

【持参】じさん もっていく、もってくること。例 弁当を持参する。

【持説】じせつ 「持論」に同じ。使い分け 「自説」は、自分がとなえた説。

【持続】じぞく 長くつづくこと。例 平和を持続させる。

【持病】じびょう ①なかなかなおらないで、いつもくるしめられる病気。例 母の持病は神経痛です。②なかなかなおらない、わるいくせのたとえ。

【持論】じろん ふだんからもっている意見や考え。持説。例 かねてからの持論を展開する。

上につく熟語 *持ち味・*持ち▼駒・*持ち主・*持ち場・*持ち物

下につく熟語 ▼維持・▼堅持・固持・支持・所持・保持

扌－6画

【拾】

9画 3年 〈拾〉明朝

音 シ*ュウ・ジ*ュウ 訓 ひろう

※上にくる音により「びろい」ともよむ。

4・5画めは、書き出しを付けて、6画めと接しても接しなくてもよい。

1	2	3	4	5	6	7	8	9
一	十	扌	扌'	扌人	扌亽	扌亼	拾	拾

なりたち 会意 合(ぴったり合って一つになる)と扌(＝手)を合わせた字。ちらばっているものを、一か所にあつめてとることをあらわした。→合195

意味 ❶ひろう。「収拾」対 捨 ❷とお。十。「拾円」

注意 「捨(＝すてる)」とまちがえないこと。

参考 ❷は、領収書などの金額や日付を書く場合「十」のかわりにつかう。「拾万円」

【拾得】しゅうとく 物をひろうこと。例 拾得物。

扌－6画

【拭】

9画 常用 〈拭〉明朝

音 ショク 訓 ふく・ぬぐう

なりたち 形声 式(シキ・ショク)(道具をもちいる。手を加えて何かをする)と扌(＝手)を合わせた字。手(道具)をもちいてよごれをこすりとるようすをあらわした。→式364

意味 よごれを取りのぞく。ふく。ぬぐう。「▼払▼拭・手拭い」

扌－6画

【挑】

9画 常用 〈挑〉明朝

音 チョウ 訓 いどむ

なりたち 形声 兆(チョウ)(左右にひきはなす)と扌(＝手)を合わせた字。くっついているものをひきはなすことをあらわした。→兆101

意味 いどむ。しかける。「▼挑戦」

【▼挑戦】ちょうせん ①たたかいをしかけること。例 挑戦状をおくりつける。②困難なことにたちむかう。例 フルマラソンに挑戦する。

【▼挑発】ちょうはつ あいてをしげきして、さそいかけること。例 敵の挑発にのる。

扌－7画

【挨】

10画 常用 〈挨〉明朝

音 アイ 訓 —

意味 そばにくっつく。おしあう。「▼挨▼拶」

【▼挨▼拶】あいさつ ①人と会ったときやわかれるときにとりかわす、ことばやおじぎなどの動作。②会や手紙などでのべる、あらたまったことば。例 開会の挨拶。／挨拶状。

参考 もとは、体をそばにすりよせることから。

扌－7画

【挫】

10画 常用 〈挫〉明朝

音 ザ 訓 くじ*く・くじ*ける

意味 ❶ねじまげて関節をいためる。くじく。くじける。「▼捻▼挫」 ❷いきおいや勇気が、弱まる。くじける。「▼挫折・▼頓▼挫」

【▼挫折】ざせつ 計画などがとちゅうでだめになること。また、そのことでやる気を失うこと。例 人生初の挫折を味わう。

扌－7画

【振】

10画 常用 〈振〉明朝

音 シン 訓 ふる・ふるう・ふれる

意味 ❶ふりうごかす。ふる。「▼振動・▼振り子」 ❷さかんになる。「▼振興・不▼振」

こたえ 罒(あみがしら・よこめ)

名まえで使う読み しん・とし・のぶ・ふり・ふる

【振興】しんこう さかんにすること。例 産業の振興をはかる。

【振動】しんどう ①ふれうごくこと。②ふりこのように、物体がきまったきょりを行ったり来たりすること。また、その運動。例 振動回数。

【振幅】しんぷく ゆれているものの、ゆれはば。

【振替】ふりかえ ①「郵便振替」のりゃく。ちょうぼのつけかえによって、しはらいができる郵便貯金。②ほかのものにおきかえること。例 振り替え休暇。注意 ②は「振り替え」と書く。

【振り子】ふりこ ひもや棒のはしに、おもりをつけて動くようにしたもの。

扌－7画

【捜】

10画 常用

扌－9画 【搜】12画 人名

〈捜〉明朝

音 ソウ

訓 さがす

意味 さがしもとめる。「捜査」

使い分け さがす「探す・捜す」→514ページ

【捜査】そうさ 警察官などが犯人をさがしたり、しょうこをあつめたりすること。例 捜査状況を説明する。

【捜索】そうさく さがし、もとめること。たずね、さがすこと。例 捜索願い。／家宅捜索。

扌－7画

【挿】

10画 常用

〈挿〉明朝

音 ソウ

訓 さす

意味 間にさしこむ。「挿入・挿し絵」

使い分け さす「指す・差す・刺す・挿す」→505ページ

【挿し絵】さしえ 新聞や雑誌・書物などに入れる、文章と関係する絵。

【挿し木】さしき 植物のえだやくきなどを切って土にさし、根を出させること。

【挿入】そうにゅう さしこむこと。例 すきまに板を挿入する。／挿入歌。

【挿話】そうわ 文章や話の中にさしはさむ、みじかい話。エピソード。

扌－7画

【捉】

10画 常用

〈捉〉明朝

音 ソク

訓 とらえる

なりたち 形声 足（ちぢめる）と扌（＝手）を合わせた字。手の指をちぢめて物をつかむこと。→足 992

意味 つかまえる。とらえる。「捕捉」

扌－7画

【捗】

10画 常用

〈捗〉明朝

音 チョク

訓 はかどる*

意味 ❶一歩一歩、仕事をすすめる。❷はかどる。「進捗」

扌－7画

【挺】

10画 人名

〈挺〉明朝

音 テイ

訓 —

意味 ぬきんでる。ほかより前にすすみ出る。「挺身（＝自分の身をなげだして、ものごとにあたること）」

名まえで使う読み ただ・なお・もち

扌－7画

【挽】

10画 人名

〈挽〉明朝

音 バン

訓 ひく

意味 ひく。ひっぱる。また、すりつぶす。「挽回・挽歌」

【挽歌】ばんか 葬式のときに歌う、死者をとむらう歌。参考 ひつぎをひきながら歌ったことから。

【挽回】ばんかい うしなったものをとりかえすこと。例 名誉を挽回する。

扌－7画

【捕】

10画 常用

〈捕〉明朝

音 ホ

訓 とらえる・とらわれる・とる・つかまえる・つかまる

なりたち 形声 甫（つける）と扌（＝手）を合わせた字。手をぴったりつけて、つかまえることをあらわした。→甫 741

意味 **つかまえる。とらえる。**「捕鯨・逮捕」

注意 「補」とまちがえないこと。

使い分け とる「取る・採る・捕る・執る・撮る」→(183ページ)

【捕獲】ほかく えものをつかまえること。

注意 「捕穫」と書かないこと。

【捕球】ほきゅう ボールをつかむこと。

【捕鯨】ほげい クジラをつかまえること。例 捕鯨禁止運動が広がる。

【捕食】ほしょく 生き物が、ほかの生き物をとらえて食べること。

【捕捉】ほそく つかまえること。

【捕虫網】ほちゅうあみ 虫をつかまえる網。

【捕虜】ほりょ 敵にとらわれた人。

【哲】10画 口部7画→211ページ

扌－8画

【掛】

11画 常用 〈掛〉明朝

音 —
訓 かける・かかる・かかり

※上にくる音により「がかり」ともよむ。

なりたち 形声 卦と扌(=手)を合わせた字。卦は、圭(ケイ)(へ形をなす)と卜(うらない)を合わせて、うらないをする棒をへ形にかけてもつようす。掛は、へ形にかけてぶらさげることをあらわした。→圭230

意味 **かける。かかる。**「掛け軸」

【掛け金】かけきん ①あるきまった時期に、きまった額をつみたてるお金。②あとからうけとる約束の代金。例 保険の掛け金。

【掛け声】かけごえ ①よびかける声。②拍子をとったり、はげましたりするときに出す声。例 掛け声だけで実行がともなわない。

【掛け軸】かけじく 絵や字をかいて軸にまいたもの。のばして床の間などにかける。

【掛け値】かけね ①ほんとうのねだんより、高くつけたねだん。②ものごとを、おおげさに言うこと。例 これは掛け値なしの話です。

扌－8画

【掬】

11画 人名 〈掬〉明朝

音 キク
訓 すくう

意味 **すくう。手のひらやスプーンなどで、物を取り上げる。**「金魚掬い」

扌－8画

【掘】

11画 常用 〈掘〉明朝

音 クツ
訓 ほる

なりたち 形声 屈(クツ)(へこむ)と扌(=手)を合わせた字。あなをあけて、へこみをつくることをあらわした。→出123 →屈323

意味 **あなをあける。ほる。**「発掘・掘り割り」

注意 「堀」とまちがえないこと。

【掘削】くっさく 岩・土などをほって、あなをあけること。例 トンネルの掘削工事。

下につく熟語 採掘・試掘・*盗掘

扌－8画

【掲】

11画 常用

扌－9画 【揭】12画 人名 〈揭〉明朝

音 ケイ
訓 かかげる

意味 **高く上げる。かかげる。**「掲示」

【掲載】けいさい 新聞や雑誌などにのせること。例 写真を掲載する。

【掲示】けいじ 多くの人に知らせるために、はりだすこと。また、そのはり紙。例 合格した人の番号を掲示する。

【掲揚】けいよう 目だつように高くかかげること。例 校旗の掲揚。

扌－8画

【捲】

11画 人名 〈捲〉明朝

音 ケン
訓 まく

意味 **まく。ぐるぐるとまきつける。**

名まえで使う読み まく

四字熟語 【捲土重来】けんどじゅうらい/けんどちょうらい 一度負けた者が、再びいきおいをとりもどしてくること。例 捲土重来を期する。

参考 「捲土」は土をまきあげるいみで、いきおいがひじょうにはげしいようす。

扌－8画

【控】

11画 常用 〈控〉明朝

音 コウ
訓 ひかえる

なりたち 形声 空(うつろ。へこむ)と扌(=手)を合わせた字。そこだけへこむようにうしろに引っぱることをあらわした。→工334 →空811

意味 ❶さしひく。「控除」 ❷うったえる。「控訴・控告」 ❸ひかえる。「控え室・控え目」

【控除】こうじょ お金やわりあて量などをさしひくこと。例 税金の控除。

【控訴】こうそ はじめの判決に不服なとき、それより上級の裁判所にやりなおしをもうしでること。例 控訴が棄却された。

【控え室】ひかえしつ 出席する人が、待ったり、休んだりするへや。

扌－8画

【採】

11画 5年 〔採〕明朝 音 サイ 訓 とる

4画めはねかせてはらう。9画めははねてもよい。11画めは止めてもよい。

なりたち 形声 采(えらんでつみとる)と扌(=手)を合わせた字。指先でものをえらんでつまみとることをあらわした。→采709

意味 ❶えらんでとり出す。「採用」 ❷つみとる。「伐採」

使い分け とる「取る・採る・捕る・執る・撮る」→(183ページ)

【採掘】さいくつ 鉱物などを地中からほり出すこと。例 石炭を採掘する。

1【採血】さいけつ 血液をとること。

2【採決】さいけつ 会議で議案を通すかどうかをきめること。例 採決の方法は多数決による。

使い分け さいけつ 採決・裁決

【採決】会議に出された案を通すかどうかをきめること。例 多数決で採決する。

【裁決】ものごとが正しいかどうかをさばいて、きめること。例 市長が裁決をくだす。

1【採光】さいこう へやに光をとりいれること。例 採光を考えた間取り。

2【採鉱】さいこう 鉱石をほり出すこと。

【採算】さいさん 収入と支出のつり合い。例 売り上げがのびず、採算がとれない。

【採取】さいしゅ 鉱物や植物などを、えらんでとること。例 木の実を採取する。

【採集】さいしゅう 標本や資料にするため、とってあつめること。例 こん虫採集。

【採寸】さいすん 服を作るなどのために、体のいろいろな部分の寸法をはかること。

【採石】さいせき 石材を切り出すこと。

【採択】さいたく 多くの中から、よいとしてえらびとること。例 最終的に、ぼくの意見が採択された。

【採点】さいてん 答案や成績のよしあしをしらべ、点数をつけること。

【採否】さいひ 採用するかしないかということ。例 この案の採否をきめる。

【採用】さいよう えらんで、もちいること。例 兄は出版社に採用された。

【採録】さいろく とりあげて、記録や録音をすること。例 発言を採録する。

下につく熟語 伐採

扌－8画

【捨】

11画 6年 〔捨〕明朝 音 シャ 訓 すてる

4・5画めは「ヘ」にし、6画めと接してもかまわない。「土」を「士」にしない。

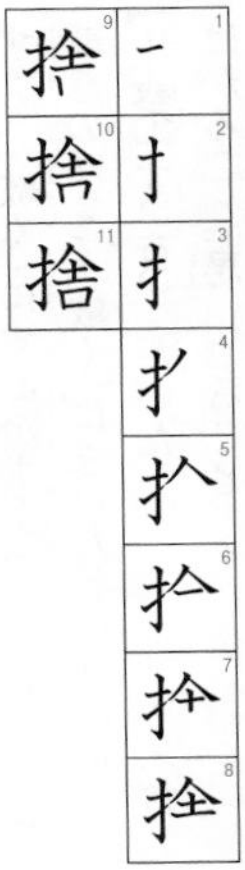

なりたち 形声 舎(ゆったりと広げのばす)と扌(=手)を合わせた字。にぎった手の力をぬき、指をのばして物をはなすことをあらわした。→舎76

意味 ❶すてる。「取捨」 対 拾 ❷お金や品物をさしだす。「喜捨」

注意 「拾(=ひろう)」とまちがえないこと。

名まえで使う読み いえ・えだ・しゃ・すて

上につく熟語 *捨て石・*捨て子・*捨て金

下につく熟語 *呼び捨て

扌-8画 【授】 11画 5年

〔授〕明朝 音 ジュ 訓 さず*ける・さず*かる

4画めはねかせてはらい、5〜7画めは「ツ」。「冖」を横広にする。

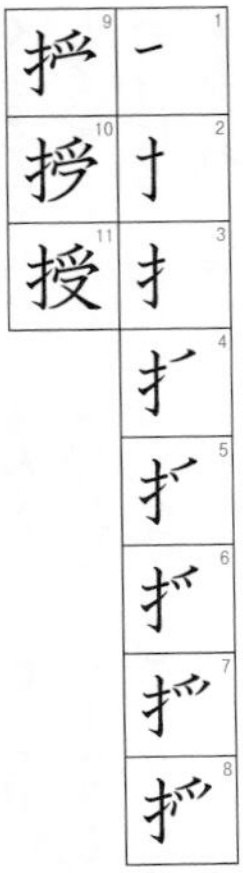

なりたち 形声 受(わくの中におさめる)と扌(=手)を合わせた字。あいての手の中におさめることをあらわした。→受183

意味 さずける。あたえる。「授与」 対 受

【授業】じゅぎょう 学校で先生が学業や技術を教え、勉強させること。例 授業時間。

【授受】じゅじゅ さずけることと、うけること。

【授賞】じゅしょう 賞状・賞金・賞品などをあたえること。例 ノーベル賞を授賞する。対 受賞 使い分け じゅしょう「受賞・授賞・受章・授章」→(184ページ)

【授精】じゅせい めすの卵子とおすの精子を、人の手でむすびつけること。使い分け 「受精」は、卵子と精子がむすびつくこと。

【授乳】じゅにゅう 赤んぼうに、乳をのませること。例 三時間おきに授乳します。

【授粉】じゅふん 人の手で花粉をめしべにつけること。使い分け 「受粉」は、花粉がめしべにつくこと。

【授与】じゅよ さずけあたえること。例 卒業証書授与式。

下につく熟語 教授・*神授・伝授

手-8画 【掌】 12画 常用

〔掌〕明朝 音 ショウ 訓 てのひら*

なりたち 形声 尚(たいらに広がる)と手を合わせた字。手のひらをあらわした。→尚318

意味 ❶てのひら。「掌中・合掌」 ❷うけもつ。うけもった仕事。「職掌・車掌」

【掌握】しょうあく 自分のものにすること。例 人心を掌握する。

【掌中】しょうちゅう てのひらの中。

【掌中に収める】しょうちゅうにおさめる 自分のものにする。例 政権を掌中に収める。句

【掌中の珠】しょうちゅうのたま もっともたいせつなもの。とくに、わが子。句

下につく熟語 合掌・車掌・*職掌・*分掌

扌-8画 【捷】 11画 人名

〔捷〕明朝 音 ショウ 訓 はやい

なりたち 形声 疌(すばやい)と扌(=手)を合わせた字。

意味 動きがはやい。すばやい。「敏捷」

名まえで使う読み かち・かつ・さとし・しょう・すぐる・とし・はや・まさる

扌-8画 【推】 11画 6年

〔推〕明朝 音 スイ 訓 お*す

「隹」は、横画の間を等しく、5画めの下を少し出す、6画めを点で書いてもよい。

なりたち 形声 推

隹と扌(=手)を合わせた字。隹は、尾がみじかく、まるみをおびて、ずんぐりした鳥をえがいた字。ずっしりとおもいというイメージをもつ。推は、ずっしりとおもみをかけておすことをあらわした。

隹のつく漢字グループ

「隹」のグループは「ずっしりとおもい」「一点におもみをかける」というイメージがある。

→唯214 →堆237 →推511 →椎606 →維854

意味 ❶**前へすすめる。**「推進」 ❷**おしはかる。**「推測」 ❸**よいものとしてすすめる。**「推挙・推▼薦」

【推移】すいい　うつりかわること。変遷。例 社会の推移。

【推挙】すいきょ　ある人を、ある仕事・地位などに適当な人だとして、すいせんすること。例 役員に推挙する。

【推▽敲】すいこう　故事成語　文章や詩をよくするために、何度も考えてなおすこと。参考 中国の詩人賈島が「僧は推す月下の門」の「推す」を、「敲く」にするかまよっていたところ、韓愈の助言で「敲く」にきめたという話から。

【推察】すいさつ　だいたいこうだろうと、おしはかること。思いやること。

1【推▼奨】すいしょう　ほめて人にすすめること。例 あたたかいのみものを推奨する。

2【推賞】すいしょう　（よい点などを）ほかの人にむかってほめること。例 この本は推賞に値する。

【推進】すいしん　①前のほうへおしすすめること。例 風で推進力をえる。②ものごとが、はかどるようにすること。例 計画を推進する。

【推▼薦】すいせん　自分がよいと思う人やものごとを、ほかの人にすすめること。例 木村君を委員長に推薦します。

【推測】すいそく　ものごとのなりゆきや人の心をおしはかること。例 推測で判断してはいけない。

【推定】すいてい　だいたいこうだろうと、おしはかってきめること。例 到着時間は十時ごろと推定する。

【推理】すいり　ある事実をもとにして、ほかのことがらをおしはかること。例 犯人を推理する。／推理小説。

推理

【推量】すいりょう　事情や人の気もちなどを、こうだろうと想像すること。例 主人公の気もちを推量する。

【推論】すいろん　わかっている事実から、ほかのこともこうなるだろうとおしはかること。

下につく熟語 ▼邪推・類推

扌－8画

【据】

11画 常用 〔据〕明朝

音 ―　訓 すえる・すわる

なりたち 形声 居（かたくうごかない）と扌(=手)を合わせた字。日本では「すえる」にもちいる。→古189 →居322

意味 ❶**すえつける。**「▽据え▼膳」 ❷**すわる。**

扌－8画

【接】

11画 5年 〔接〕明朝

音 セツ　訓 つ*ぐ

※下にくる音により「セッ」ともよむ。／「セッする」ともつかう。

接 接

「妾」の横画は11画めを一番長く書くとよい。4画めは点で書いてもよい。

1	2	3	4	5	6	7	8	9	10	11
一	十	扌	扌'	扩	扩	拉	拉	拦	接	接

なりたち 形声 接

妾と扌(=手)を合わせた字。妾は、辛（はもの）と女を合わせて、はものを女にさしこむようすを図にして、二つのものが一つにつながるというイメージをもつ。接は、二つをつなぐことをあらわした。

意味 ❶ちかづく。「接近」❷つながる。つなぐ。「接続」❸もてなす。「応接」

使い分け つぐ「次ぐ・接ぐ・継ぐ」→620ページ

名まえで使う読み せつ・つぎ・つぐ・つら・もち

【接岸】せつがん 船を岸に横づけにすること。

【接客】せっきゃく 客をもてなすこと。例 接客マナーがよい。

【接近】せっきん ①近づくこと。近接。例 台風が接近してきた。②したしくなること。

【接合】せつごう つなぎ合わせること。例 骨と骨を接合する。

【接骨】せっこつ おれたほねをつなぎ合わせてなおすこと。ほねつぎ。例 接骨医。

【接写】せっしゃ カメラを、うつす物に近づけて写真をとること。

【接種】せっしゅ 病気の予防や治療などのため、弱めた毒素や病原菌を注射すること。例 ワクチンを接種する。／予防接種。

【接収】せっしゅう 国などが、個人の持ち物をとりあげること。例 土地を接収する。

【接▼触】せっしょく ①二つのものが、ふれあうこと。例 接触事故。②つきあうこと。関係をもつこと。例 敵と接触する。

1【接戦】せっせん どちらがかつかわからないほどの、はげしいたたかい。例 接戦のすえ、一点差で勝負がついた。

2【接線】せっせん 数学で、曲線や曲面の一点だけにふれる直線。

【接続】せつぞく ①つなぐこと。つながること。例 パソコンをプリンターと接続する。②れんらくすること。例 急行に接続する。

【接続詞】せつぞくし 品詞の一つ。文と文とをむすびつけ、その関係をしめすことば。「しかし・そして・また」など。

【接待】せったい 客をもてなすこと。ごちそうすること。例 お茶の接待にあずかる。

注意 「接対」と書きまちがえないこと。

【接地】せっち 電気器具と地面を、電気をながす線でつなぐこと。アース。

【接着】せっちゃく ぴったりくっつくこと。また、くっつけること。例 接着剤。

【接頭語】せっとうご 単語の前について、べつの単語をつくることば。「お城」「早乙女」の「お」「早」など。対 接尾語

【接▼尾語】せつびご 単語のあとについて、べつの単語をつくることば。「生徒たち」「具体的」の「たち」「的」など。対 接頭語

下につく熟語 間接・近接・直接・密接・面接・▼隣接

扌－8画

【措】

11画 常用 〔措〕明朝

音 ソ 訓 お*く

なりたち 形声 昔(セキ)(かさなる)と扌(=手)を合わせた字。物を上にかさねておくことをあらわした。→昔551

意味 おく。手をくだす。「▼措置」

【▼措置】そち いろいろな方法で、しまつをつけること。例 適切な措置をとる。

扌－8画

【掃】

11画 常用 〔掃〕明朝

音 ソウ 訓 はく

意味 ❶はらいきよめる。「▼掃除・清▼掃」❷すっかりとりのぞく。「一▼掃・▼掃討」

【▼掃除】そうじ ごみやよごれをはらいきよめること。例 掃除当番。

【▼掃討】そうとう 敵などをすっかりうちほろぼすこと。例 掃討作戦。

扌－8画

【探】

11画 6年 〔探〕明朝

音 タン 訓 さぐ*る・さがす

「冖」を横広に、6・7画めはその中に。7画めは点でも、9画めははねてもよい。

なりたち 形声 㴱ー探
罙(おくふかくもとめる)と扌(＝手)を合わせた字。手をふかく入れてさぐることをあらわした。→深673

意味 ❶さがす。さがしもとめる。「探検」❷たずねる。「探訪・探勝」

注意 「深」とまちがえないこと。

使い分け さがす 探す・捜す

【探す】
ほしいものを求める。例 読みたい本を図書室で探す。／探していた本がやっと見つかった。

【捜す】
見うしなったものを求める。例 落としたさいふを捜す。／犯人を捜す。

1【探求】たんきゅう さがしもとめること。例 日本の美を探求する。

2【探究】たんきゅう どこまでもふかくしらべること。例 真理を探究する。

【探検・探険】たんけん きけんをおかして、まだ知られていない土地などをいろいろしらべること。例 樹海を探検する。

【探鉱】たんこう 鉱物がある場所をさがすこと。例 探鉱に必要な資金。

【探査】たんさ さぐって、くわしくしらべること。例 月面探査。／資源を探査する。

【探▼索】たんさく 人の居場所や事件などを、さぐってしらべること。例 犯人を探索する。

【探照灯】たんしょうとう 夜、くらい空や海などを強い光でてらすしかけ。サーチライト。

【探知】たんち さぐりあてること。例 音の出ている所を探知する。／探知機。

【探▼偵】たんてい ある人のようすや、犯罪がおこなわれたかどうかなどを、こっそりしらべること。また、それを仕事としている人。

【探訪】たんぼう その場に出かけて、社会のできごとやようすをさぐること。例 史跡探訪。

扌－8画

【捺】

11画 人名 〔捺〕明朝 音ナツ 訓おす

意味 おす。上からおしつける。「▽捺印・▼押▽捺」

【▽捺印】なついん はんをおすこと。例 署名と捺印をおねがいします。

扌－8画

【捻】

11画 常用 〔捻〕明朝 音ネン 訓 ―

意味 ひねる。ねじる。「▼捻▼挫・▼捻出」

【▼捻▼挫】ねんざ 手足の関節をねじっていためること。

【▼捻出】ねんしゅつ ①良い考えなどを、ひねり出すこと。例 解決案を捻出する。②やりくりして、何とかお金を用意すること。例 旅行の費用を捻出した。

【▼捻転】ねんてん ねじれて向きが変わること。例 腸捻転。

扌－8画

【排】

11画 常用 〔排〕明朝 音ハイ 訓 ―

なりたち 形声 非(左右に分かれる)と扌(＝手)を合わせた字。両がわにおしのけることをあらわした。→非1060

意味 おしのける。「▼排水・▼排出・▼排他」

【▼排気】はいき ①中にある空気やガスを外へ出すこと。例 排気口。②エンジンなどで、いらなくなってはき出される蒸気やガス。例 排気ガス。

【▼排球】はいきゅう バレーボール。

【▼排▼撃】はいげき あいてをしりぞけようと、攻撃して、おしのけること。

【▼排出】はいしゅつ 中にたまった、いらないものを外に出すこと。例 ガスを排出する。

【▼排除】はいじょ おしのけ、とりのぞくこと。例 障害物を排除する。

【▼排水】はいすい ①水を外へおし出すこと。

水はけ。例 排水工事。②水にうかんだものやしずんだものが、水中にある部分と同じ量の水をおしのけること。例 船の総排水量。

【▼排▼斥】はいせき　きらってしりぞけること。例 外国製品を排斥する。

【▼排▽泄】はいせつ　動物が、食物から栄養をとって、のこりかすを体外に出すこと。例 排泄物。

【▼排他】はいた　なかま以外のものをすべてとりのぞいてしまうこと。例 排他主義。

【▼排他的】はいたてき　なかま以外のものを、とりのぞこうとするようす。例 異文化を受け入れない排他的な社会。

【▼排便】はいべん　大便を出すこと。

扌－8画

【描】

11画 常用 〔描〕明朝

音 ビョウ
訓 えがく・かく

意味 えがく。「▽描写」

使い分け かく「書く・描く」→567ページ

【▼描画】びょうが　絵をかくこと。

【▼描写】びょうしゃ　見たもののようすやけしきなどを、文章や絵にかきあらわすこと。例 心理描写がたくみだ。

【▼描出】びょうしゅつ　思っていることや感じたことを文章や絵などにえがき出すこと。例 心の内面を描出する。

下につく熟語 素▼描・点▼描

扌－8画

【捧】

11画 人名 〔捧〕明朝

音 ホウ
訓 ささげる

意味 ささげる。さしあげる。「▽捧▽呈・▽捧読」

名まえで使う読み かた・たか・もち

扌－8画

【掠】

11画 人名 〔掠〕明朝

音 リャク
訓 かすめる

意味 かすめる。さっとうばいとる。「▽掠▼奪」（＝暴力でむりやりうばいとること）

名まえで使う読み くら

扌－9画

【握】

12画 常用 〔握〕明朝

音 アク
訓 にぎる

なりたち 形声 屋（すきまなくふさぐ）と扌（＝手）を合わせた字。手のゆびをすきまなくおおってふさぐ、つまり「にぎること」をあらわした。→屋323

意味 にぎる。「▽握手」

【▼握手】あくしゅ　あいさつや、したしさをあらわすために、手をにぎりあうこと。

【▼握力】あくりょく　物をにぎりしめる手の力。

下につく熟語 ▼掌▼握・▼把▼握

扌－9画

【援】

12画 常用 〔援〕明朝

音 エン
訓 —

なりたち 形声 爰－爰 扌－援－援（援）

もとの字は「援」。爰と扌（＝手）を合わせた字。爰は、爫（下向きの手）と𠂆（たれたひも）と又（上向きの手）を合わせて、ひもを引っぱったり、ゆるめたりするようす。援は、引っぱる動作、また、たすけを引き入れて、急場をゆるめることをあらわした。

爰のつく漢字グループ
「爰」のグループは「ゆるめる」「引っぱる」というイメージがある。常用漢字では「爰」になる。
→媛280 →援515 →暖562 →緩859

意味 たすける。たすけ。「▽援助」

名まえで使う読み えん・すけ

【▼援軍】えんぐん　たたかっている味方の軍隊をたすけるための、べつの軍隊。

【▼援護】えんご　（こまっているものを）たすけまもること。例 被害者を援護する。

【▼援助】えんじょ　（力や物をあたえて）たすけること。例 学費を援助する。

【▼援用】えんよう　自分の意見が正しいことを証明するために、ほかの考えを引き合いに出すこと。例 昨年度の統計を援用する。

下につく熟語 応▼援・救▼援・後▼援・支▼援・声▼援

扌－9画

【換】

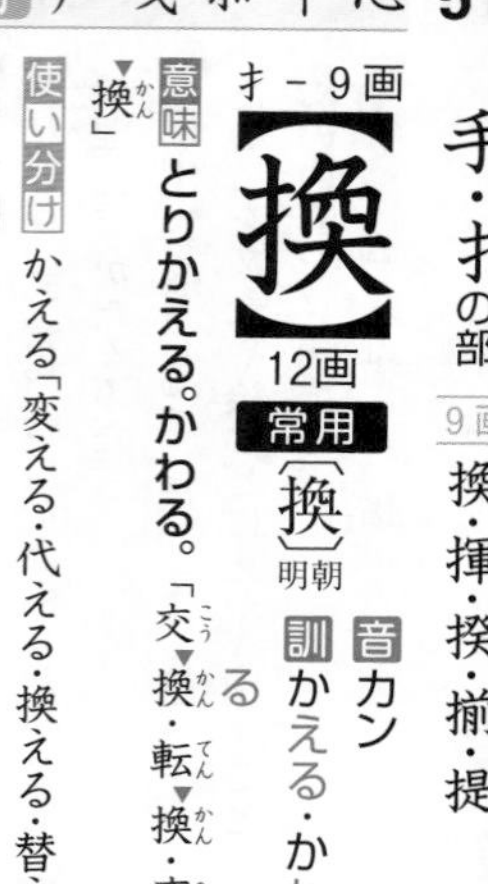

12画 常用 〈換〉明朝

音 カン 訓 かえる・かわる

意味 とりかえる。かわる。「交換・転換・変換」

使い分け かえる「変える・代える・換える・替える」→250ページ

【換気】かんき 空気を入れかえること。例 換気扇。

【換金】かんきん 物を売って、お金にかえること。

【換言】かんげん わかりやすいほかのことばに、いいかえること。

【換骨奪胎】かんこつだったい 四字熟語 ある作品を手本にして、それに自分なりのくふうをくわえて、新しい作品をつくり出すこと。

注意 他人の作品をまねるいみでつかうのはあやまり。

換骨奪胎

【換算】かんさん ある数量をほかの単位で計算してあらわすこと。例 ドルを円に換算する。

扌－9画

【揮】

12画 6年 〈揮〉明朝

音 キ 訓 —

揮

「車」の横画は11画めを長く。12画めは下へのばし、最後は止めてもよい。

なりたち 形声 軍(ぐるりとまわりをかこむ)と扌(=手)を合わせた字。円をえがくように手をうごかすことをあらわした。→軍998

意味 ❶ふって、そとにあらわす。「発揮」❷ふりまわす。「指揮」❸書画をかく。筆をふるう。「揮毫(=毛筆で書や絵をかくこと)」

注意 「輝」とまちがえないこと。

【揮発】きはつ 液体が、ふつうの温度で気体にかわること。例 ガソリンが揮発する。／揮発油。

扌－9画

【揆】

12画 表外 〈揆〉明朝

音 キ 訓 はかりごと

意味 計画。はかりごと。「一揆」

扌－9画

【揃】

12画 人名 〈揃〉明朝

音 セン 訓 そろえる

意味 そろう。そろえる。「粒揃い」

扌－9画

【提】

12画 5年 〈提〉明朝

音 テイ 訓 さげる

提

「是」は「日」を小さく、8画めを長くはらってバランスを取る。

なりたち 形声 是(まっすぐのびる)と扌(=手)を合わせた字。まっすぐに手にさげもつことをあらわした。→是554

意味 ❶もちだす。「提案・前提」❷みちびく。「提督」❸さげる。手にさげてもつ。「手提げ」

注意 「堤」とまちがえないこと。

難しい読み 提灯

【提灯】ちょうちん 竹ひごを組んだわくに紙をはり、中にろうそくをともす照明器具。例 提灯持ち(=人の手先となって、その人をほめたり、宣伝したりする)。

【提案】ていあん 会議で話し合うために、ある考えを出すこと。また、その考え。例 卒業アルバムをつくろうと提案する。

【提起】ていき ある場に問題などをもち出すこと。例 問題を提起する。

【提供】ていきょう 役立ててもらうために自分のものをかしたり、あたえたりすること。例 材料を提供する。

【提携】ていけい 会社などが、たがいに力を合わせること。例 外国の会社と提携する。

【提言】ていげん 意見を出すこと。また、その意見。例 解決案を提言する。

【提示】ていじ 書類や品物などをさし出して見せること。例 原案を提示する。

【提出】ていしゅつ きめられたところにさし出すこと。例 宿題を提出する。

【提唱】ていしょう 新しい意見や考えを言い出して人々によびかけること。例 核兵器の製造中止を世界に提唱する。

【提訴】ていそ （裁判所などに）うったえ出ること。例 調停委員会に提訴する。

【提督】ていとく 艦隊をしきする人。

扌－9画

【搭】

12画 常用 〔搭〕明朝

音 トウ　訓 ―

意味 のりものにのる。「搭乗・搭載」

注意 「塔」とまちがえないこと。

【搭載】とうさい 航空機・船などにつみこむこと。例 荷物船にコンテナを搭載する。

【搭乗】とうじょう 航空機・船などに、のること。例 搭乗員。

扌－9画

【揚】

12画 常用 〔揚〕明朝

音 ヨウ　訓 あげる・あがる

なりたち 形声 昜（高くあがる）と扌（＝手）を合わせた字。手を高くあげることをあらわした。→陽446

使い分け あげる「上げる・挙げる・揚げる」→（12ページ）

意味 あげる。あがる。「掲揚・揚力」

名まえで使う読み あき・あきら・たか・のぶ・よう

【揚水】ようすい 水を上にあげること。

【揚揚】ようよう とくいなようす。例 試合にかって意気揚々と帰る。参考 ふつう「揚々」と書く。

【揚力】ようりょく 飛行機のつばさにはたらく、上向きの力。

下につく熟語 掲揚・高揚・*称揚・*賞揚・*発揚・浮揚・抑揚

扌－9画

【揺】

12画 常用 〔揺〕明朝

扌－10画 【搖】13画 人名 〔搖〕明朝

音 ヨウ　訓 ゆれる・ゆる・ゆらぐ・ゆるぐ・ゆする・ゆさぶる・ゆすぶる

意味 ゆれる。ゆする。「動揺」

【揺籃】ようらん ①ゆりかご。②ものごとが発展する、はじめ。例 文明の揺籃の地。

扌－10画

【携】

13画 常用 〔携〕明朝

音 ケイ　訓 たずさえる・たずさわる

意味 ❶手やからだにつけてもつ。「携帯・必携」❷手と手をつなぐ。「提携・連携」

【携行】けいこう からだにつけたり、手にもったりして行くこと。例 携行品。

【携帯】けいたい ①からだにつけたり手にもったりして、もちはこぶこと。例 雨具を携帯する。②「携帯電話」のりゃく。

下につく熟語 提携・必携・連携

扌－10画

【搾】

13画 常用 〔搾〕明朝

音 サク　訓 しぼる

意味 しぼる。しぼりとる。「搾取・圧搾」

使い分け しぼる　搾る・絞る

【搾る】おしつけたりして、無理に出す。例 牛の乳を搾る。／果汁を搾り出す。／税金を搾り取る。

【絞る】水分をねじって出す。また、範囲を限定する。例 ぞうきんを絞る。／候補者を五人に絞る。

【搾取】さくしゅ 事業をおこなう人が、安い賃金で人をはたらかせ、もうけを不当に多くとること。

【搾乳】さくにゅう （牛やヤギなどの）ちちを、しぼりとること。例 搾乳機。

扌－10画

【摂】13画 常用

扌－18画 【攝】21画 人名 〈摂〉明朝

音 セツ
訓 —

※下にくる音により「セッ」ともよむ。

なりたち 形声 もとの字は「攝」。聶（かさね合わせる）と扌（＝手）を合わせた字。いくつかのものを寄せ合わせてもつことをあらわした。

意味 ❶とりいれる。「摂取」 ❷かわっておこなう。「摂政」 ❸わくの中におさめる。「摂生」

名まえで使う読み おさむ・かぬ・かね・せつ

【摂取】せっしゅ ①栄養をとりいれること。②よく理解して自分のものとしてとりいれること。例 外国の文化を摂取する。

【摂政】せっしょう 天皇がおさなかったり病気だったりするとき、天皇にかわって政治をとる役目。また、その人。

【摂生】せっせい てきとうな運動・食事などで、健康をたもつこと。養生。例 摂生に努める。

使い分け せっせい「節制・摂生」→827ページ

【摂理】せつり ①（天地や宇宙の）あらゆることを支配している法則。②キリスト教で、世界をおさめ人々をみちびく神のはからい。

扌－10画

【損】13画 5年

〈損〉明朝

音 ソン
訓 そこなう＊・そこねる＊

※上にくる音により「ゾン」ともよむ。

損 損 「員」は「口」と「目」の横はばをほぼそろえ、「八」を左右に開いて上を支える。

なりたち 会意 損

員（まるい）と扌（＝手）を合わせた字。まるいあなをあけてへらすことをあらわした。

意味 ❶へる。へらす。❷利益をうしなう。「損失」 対 益・得 ❸そこなう。いたむ。やぶれる。「破損」

【損益】そんえき つかった費用と、もうけた収入。例 損益を計算する。

【損壊】そんかい 建物や道具などが、こわれること。また、こわすこと。例 家屋が損壊する。

【損害】そんがい こわれたりうしなったりして、そんをすること。例 事故で大きな損害を受けた。

【損失】そんしつ そんをすること。なくすこと。例 かれの死は、国にとって大きな損失だ。

【損傷】そんしょう こわれたり、きずついたりすること。また、こわしたり、きずつけたりすること。例 車を損傷する。

【損得】そんとく そんをすることと、とくをすること。例 損得を考える。

【損料】そんりょう 物をかりたとき、かりちんとしてはらうお金。使用料。

下につく熟語 汚損・毀損・欠損・＊減損・丸損

扌－10画

【搬】13画 常用

〈搬〉明朝

音 ハン
訓 —

※上にくる音により「パン」ともよむ。「運搬・搬送」

意味 もちはこぶ。物をうつす。

【搬出】はんしゅつ はこびだすこと。もちだすこと。例 展示品を搬出する。対 搬入

【搬送】はんそう 人や物をはこび送ること。例 荷物を搬送する。／搬送先の病院。

【搬入】はんにゅう はこび入れること。例 会場へ作品を搬入する。対 搬出

扌－11画

【摑】14画 人名

〈摑〉明朝

音 カク
訓 つかむ

意味 ❶手でにぎる。「手摑み」 ❷手に入れ

る。❸わかる。「▽摑み所」

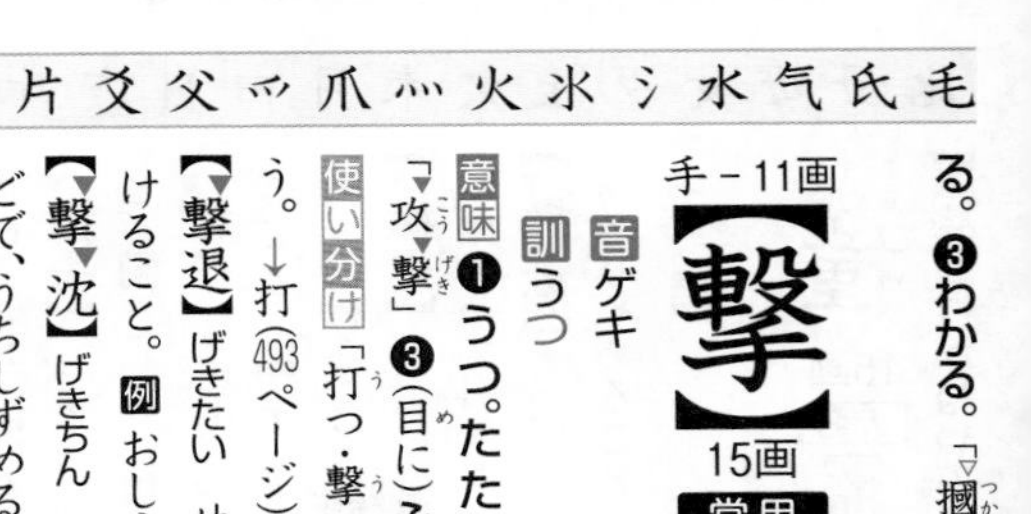

手－11画

【撃】15画 常用

手－13画 【擊】17画 人名 〈擊〉明朝

音 ゲキ
訓 うつ

意味 ❶うつ。たたく。「打▽撃」 ❷せめる。「攻▽撃」 ❸(目に)ふれる。「目▽撃」

使い分け 「打つ・撃つ・討つ」は区別してつかおう。→打(493ページ)

【▽撃退】げきたい せめてきた敵などをしりぞけること。例 おしうりを撃退した。

【▽撃沈】げきちん 軍艦などを、大砲や魚雷などで、うちしずめること。

【▽撃墜】げきつい 飛行機やミサイルなどをうちおとすこと。

【▽撃破】げきは うちやぶること。例 敵の陣地を撃破する。

【▽撃滅】げきめつ 敵をうちほろぼすこと。

下につく熟語 射▽撃・銃▽撃・*進▽撃・痛▽撃・▽突▽撃・爆▽撃・反▽撃・*遊▽撃

手－11画

【摯】15画 常用 〈摯〉明朝

音 シ
訓 —

意味 ❶手に持つ。❷すみずみまで行きとどいているさま。「真▽摯」

名まえで使う読み すすむ

扌－11画

【摺】14画 人名 〈摺〉明朝

音 ショウ
訓 する

意味 ❶たたむ。❷する。印刷する。「▽摺師」

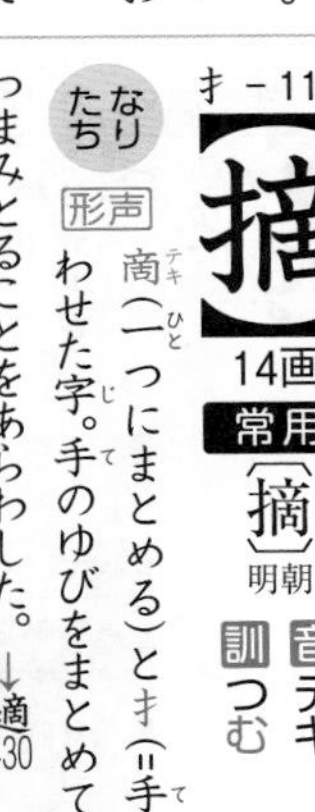

扌－11画

【摘】14画 常用 〈摘〉明朝

音 テキ
訓 つむ

なりたち 形声 啇(一つにまとめる)と扌(＝手)を合わせた字。手のゆびをまとめて、物をつまみとることをあらわした。→適430

意味 ❶つむ。つまみとる。「▽摘出」 ❷えらびとる。「指▽摘・▽摘録」 ❸つまみだす。「▽摘発」

注意 「適」「敵」とまちがえないこと。

【▽摘出】てきしゅつ 中からわるい部分やじゃまなものなどをとり出すこと。例 問題点を摘出する。／病巣を摘出する。

【▽摘発】てきはつ かくれている悪事を見つけ出すこと。例 不正な行為を摘発する。

【▽摘要】てきよう たいせつな部分をぬき出して書くこと。また、その書いたもの。

手－11画

【摩】15画 常用 〈摩〉明朝

音 マ
訓 —

なりたち 形声 麻(もみほぐす)と手を合わせた字。→麻1106

意味 ❶こする。さする。「▽摩▽擦」 ❷とどく。せまる。「▽摩天▽楼」

名まえで使う読み きよ・なず・ま

【▽摩▽擦】まさつ ①物と物とがすれあうこと。また、物をこすること。②もめごと。いざこざ。例 つまらぬ摩擦をさける。

【▽摩天▽楼】まてんろう 天にとどくかと思われるような高い建物。

【▽摩▽滅】まめつ つかわれて、すりへること。例 摩滅したレール。参考 「磨滅」とも書く。

【誓】14画 言部7画 ↓957ページ

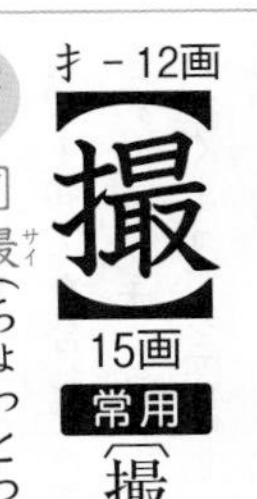

扌－12画

【撮】15画 常用 〈撮〉明朝

音 サツ
訓 とる

なりたち 形声 最(ちょっとつまむ)と扌(＝手)を合わせた字。つまみとる動作をあらわした。→最568

意味 映画や写真をとる。「▽撮▽影」

使い分け とる「取る・採る・捕る・執る・撮る」→(183ページ)

【▽撮▽影】さつえい 映画や写真をとること。例 撮影所。

下につく熟語 *空▽撮・*特▽撮

扌－12画

【撒】15画 人名 〈撒〉明朝

音 サツ・サン
訓 まく

意味 まく。まきちらす。「▽撒水（さんすい・さっすい）」

扌－12画
【撰】
15画 人名 〔撰〕明朝
音 セン
訓 えらぶ

意味 えらぶ。また、えらんであつめたもの。「▽撰者・勅▽撰」

名まえで使う読み えらむ・のぶ

扌－12画
【撤】
15画 常用 〔撤〕明朝
音 テツ
訓 ―

意味 とりのぞく。すてる。「▽撤去・▽撤収」

【▽撤回】てっかい いったん出したものをとりさげること。例 発言を撤回する。

【▽撤去】てっきょ 建物や設備をとりはらうこと。例 こわれた橋を撤去する。

【▽撤収】てっしゅう ①とりさって、しまいこむこと。例 テントを撤収する。②まとめて引きあげること。例 軍隊が撤収する。

【▽撤退】てったい 軍隊などが、陣地などをとりはらって引きあげること。

【▽撤廃】てっぱい 今までの規則や制度などをとりやめること。例 人種差別の撤廃を求める。

扌－12画
【撞】
15画 人名 〔撞〕明朝
音 トウ・ドウ
訓 つく

意味 つりがねや玉を、つく。「▽撞球（＝ビリヤードのこと）」

扌－12画
【播】
15画 人名 〔播〕明朝
音 ハ・ハン
訓 まく

意味 まく。まきちらす。「伝▽播」

名まえで使う読み かし・すけ・ひろ

扌－12画
【撫】
15画 人名 〔撫〕明朝
音 ブ
訓 なでる

意味 ❶なでる。かわいがる。「愛▽撫」❷なでてなつける。「▽撫育・鎮▽撫」

名まえで使う読み やす・よし

【▽撫子】なでしこ ナデシコ科の植物。夏から秋に、うすい紅色の花をさかせる。秋の七草の一つ。

撫子

扌－12画
【撲】
15画 常用 〔撲〕明朝
音 ボク
訓 ―

意味 なぐる。うつ。「▽撲▽滅」

【▽撲殺】ぼくさつ なぐりころすこと。

【▽撲滅】ぼくめつ すっかりほろぼすこと。例 害虫を撲滅する。

下につく熟語 相▽撲・＊打▽撲

扌－13画
【操】
16画 6年 〔操〕明朝
音 ソウ
訓 みさお＊・あや＊つる

操 操

13画めは横長にした「品」より長く。14画めをはねても、「木」を「ホ」にしても可。

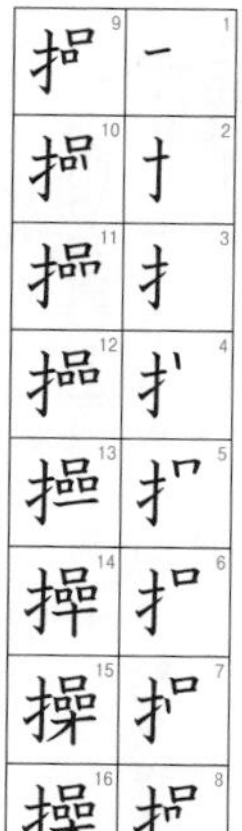

なりたち 形声 喿と扌（＝手）を合わせた字。喿は、口三つと木を合わせ、高い木に鳥があつまってせわしなくさわぐようすを図にして、せわしなくうごくというイメージをもつ。操は、手の先をうまくうごかして、たくみにさばくことをあらわした。

喿のつく漢字グループ
「喿」のグループは「せわしなくうごく」、また「表面にうき上がる」というイメージがある。
→藻 407 →操 520 →燥 708 →繰 864

意味 ❶あやつる。「操作」❷かたくまもってかえない考えや心。みさお。「節操」

名まえで使う読み あや・さお・そう・とる・みさ・みさお・もち

4画

【操業】そうぎょう　工場などで、機械を動かして仕事をすること。例 操業時間を短縮する。

【操行】そうこう　ふだんのおこない。

【操作】そうさ　①機械などを動かすこと。②ものごとを、自分のつごうのよいようにあやつること。例 株価を操作する。

【操車】そうしゃ　電車・列車・バスなどの入れかえやわりあてなどをすること。例 操車場。

【操縦】そうじゅう　①飛行機や機械などをあやつって動かすこと。②人を自分の思いどおりに動かすこと。例 部下を操縦する。

下につく熟語　情操・体操・貞操

扌－13画

擁

16画　常用　〈擁〉明朝　音 ヨウ　訓 —

※「ヨウする」ともつかう。

意味 ❶だきかかえる。「抱擁」❷たすけまもる。「擁護・擁立」

【擁護】ようご　かばって、まもること。例 人権を擁護する。

【擁立】ようりつ　もりたてて、ある地位につかせること。例 議長に擁立する。

扌－14画

擬

17画　常用　〈擬〉明朝　音 ギ　訓 なぞら*える

なりたち　形声　疑(ためらう)と扌(＝手)を合わせた字。本物かどうか、ためらうほどよくにていることをあらわした。→疑752

意味 なぞらえる。にせる。「擬音・模擬」

注意 「凝」とまちがえないこと。

【擬音】ぎおん　ほんとうの音をまねて出す音。例 擬音効果。

【擬似】ぎじ　ほんものと見分けがつかないほど、よくにていること。例 擬似体験。参考 「疑似」とも書く。

【擬人法】ぎじんほう　詩や文章をつくるとき、人間でないものを人間のように見立ててあらわすあらわし方。「星がほほえむ」「鳥がうたう」など。

【擬声語】ぎせいご　物の音や動物の鳴き声をまねて、あらわすことば。「ジャージャー」「ワンワン」など。擬音語。オノマトペ。

【擬装】ぎそう　人の目をくらますため、わざとまぎらわしいすがたや色にすること。参考 「偽装」とも書く。

【擬態語】ぎたいご　ものごとのようすや状態を、それらしくあらわしたことば。「くにゃくにゃ」「ぽかぽか」「つるつる」など。

扌－14画

擦

17画　常用　〈擦〉明朝　音 サツ　訓 する・すれる

※下にくる音により「サッ」ともよむ。

なりたち　形声　察(こすれる)と扌(＝手)を合わせた字。こする動作をあらわした。→祭796 →察305

意味 こする。「摩擦・擦り傷」

【擦過傷】さっかしょう　物にすれて、ひふにできたきず。すりきず。

扌－14画

擢

17画　人名　〈擢〉明朝　音 テキ・タク　訓 ぬきんでる

意味 ぬきんでる。また、数ある中から、とくにぬき出す。「抜擢」

漢字クイズ 「仏」はほとけ。では、「仏語」とはなんでしょう。

支の部（し・しにょう）
0画 支

4画 支 し しにょう

「わかれる」「えだ」などのいみに関係した字をあつめる。

この部首の字
0画 支 522
10画 敲 523

ほかの部首の字
岐→山部 328
技→扌部 495
枝→木部 586
肢→月部 884
鼓→鼓部 1112

支－0画 【支】 4画

5年 〈支〉明朝

音 シ
訓 ささえる

筆順：1 一　2 十　3 ㇇　4 支

3画めの横画部分は1画めより短くする。左右のはらいは長くして全体を支える。

なりたち 会意 个（一本の竹のえだ）と又（手）を合わせた字。手に一本のえだをもつようすを図にして、「えだのように分かれる」「つっかい棒をあててささえる」のいみをあらわした。

支のつく漢字グループ
「支」のグループは「こまかく分かれる」というイメージがある。
→伎 61 →岐 328 →技 495 →枝 586 →肢 884

意味 ❶ささえる。「支柱」❷分かれる。分かれたもの。「支店・支部・支局」❸お金をはらう。「支出」❹さしつかえ。「支障」

難しい読み 支度

名まえで使う読み えだ・し・なか・もう・ゆた

【支援】しえん　力をかして、手だすけすること。例 かれを支援して仕事を成功させる。

【支給】しきゅう　お金や品物などをあたえること。例 弁当を支給する。

【支局】しきょく　本社や本局からわかれて、地方におかれ、その地方の仕事をうけもっているところ。

【支持】しじ　①たおれないようにささえること。②ある考えに賛成して、力になること。例 政党の支持率が下がった。／支持者。

【支社】ししゃ　本社から分かれてつくられた、事務所。例 大阪支社。対 本社

【支出】ししゅつ　お金をしはらうこと。また、しはらったお金。例 予定外の支出。対 収入

【支障】ししょう　あることをするとき、じゃまになるもの。さしつかえ。例 旅行は支障があって中止した。

【支線】しせん　鉄道などで、本線から分かれている線。対 本線・幹線

【支度】したく　ものごとにすぐとりかかれるように、準備すること。参考 「仕度」とも書く。

【支柱】しちゅう　①たおれないようにささえる柱。例 テントの支柱。②心のささえや集団の中心となる、だいじな人や物のたとえ。例 精神的な支柱となる。

1【支店】してん　本店から分かれてつくられた店。例 支店に配属される。対 本店

2【支点】してん　「てこ」の、ささえとなる点。

【支那】しな　むかしの中国のよび名。

【支配】しはい　①上のくらいにいて、人に仕事をさせ、さしずしたりとりしまったりするこ

使い分け　しじ　支持・指示

【支持】ささえたり、たすけたりすること。例 政党支持率。

【指示】おしえたり、さしずしたりすること。例 先生の指示にしたがう。参考 「師事」は、ある人につかえ、先生として教えを受けること。

と。また、あるものを思うままに動かして、おさめること。例 支配人。／民族を支配する。②人の考えやおこないをきめるのに大きな力をもつこと。例 運命を支配する。

【支▼離▼滅▼裂】しりめつれつ 四字熟語 ばらばらで、まとまりのないこと。例 支離滅裂な文章。

【支流】しりゅう 本流にながれこむ川。また、本流から分かれた川。対 本流・主流

下につく熟語 千支（えと・かんし）・＊気管支・収支・十二支

【岐】7画 山部4画→328ページ

【技】7画 扌部4画→495ページ

【枝】8画 木部4画→586ページ

【肢】8画 月部4画→884ページ

【鼓】13画 鼓部0画→1112ページ

支－10画

【敲】14画 表外 〔敲〕明朝

音 コウ 訓 たたく

意味 たたく。ノックする。「推▽敲」

攵・攴 4画

ぼくにょう ぼくづくり のぶん

なりたち 「攴」は、棒を手にもってたたくさまをあらわす。略して「攵」とも書き、ひろく動作をあらわす記号とする。

この部首の字

画数	字	ページ
2画	收	179
3画	改	523
3画	攻	524
4画	放	524
5画	故	525
5画	政	526
6画	敏	527
7画	救	527
7画	教	527
7画	敍	184
7画	敗	528
7画	敏	527
8画	敢	529
8画	敬	529
8画	散	530
8画	敦	530
9画	数	530
11画	敵	531
11画	敷	532
12画	整	532

ほかの部首の字

字	部首	ページ
枚	木部	588
牧	牛部	716
倣	亻部	88
致	至部	902
赦	赤部	988
徴	彳部	382
徵	彳部	383
徹	彳部	384
撤	扌部	520
激	氵部	690

攵－3画

【改】7画 4年 〔改〕明朝

音 カイ 訓 あらためる・あらたまる

3画めの最後ははねても誤りではない。また「レ」のように折ってはらってもよい。

なりたち 形声 己攵－改

己（おきあがる）と攵（動詞の記号）を合わせた字。たるんだ気もちを引きしめて、あらたにやりなおすことをあらわした。→己337

意味 ❶あらためる。新しくする。「改札」「改良」 ❷しらべる。

注意 「改める」を「新ためる」と書かないこと。

【改悪】かいあく あらためて、かえってわるくすること。対 改善

【改革】かいかく しくみなどのわるいところをあらため、かえること。例 制度を改革する。

【改行】かいぎょう 文章の、行をかえること。参考 ふつう、次の行は一字分下げて書く。

【改元】かいげん 年号をあらためること。例 令和と改元する。

【改作】かいさく 前の作品をつくりかえて、新しいものにすること。

【改札】かいさつ 駅の入り口や出口で、駅員が乗客のきっぷをたしかめること。例 自動改札機。

【改修】かいしゅう わるいところをなおして、つくりかえること。例 トンネルを改修する。

【改▽悛】かいしゅん 反省して心を入れかえること。参考 「悔悛」とも書く。

【改▼称】かいしょう よび名をかえること。また、かえた名。例 社名を改称する。

【改心】かいしん わるかったと気がついて、心

こたえ フランス語のこと。「仏蘭西」とあて字で書いたことから。

攵・攴の部 ぼくにょう・ぼくづくり・のぶん

3画 攻　4画 放

を正しくなおすこと。例 改心してはたらく。

使い分け かいしん 改心・改新・会心

【改心】わるかったと気づいて心をあらためること。例 改心して新しく生まれかわる。

【改新】古いやり方をやめて、新しくすること。例 大化の改新。

参考 規則や制度についてつかう。

【会心】心から気に入って、満足すること。例 会心の作。／会心のえみ。

【改新】かいしん 今までのやり方をあらためて、新しくすること。

【改正】かいせい ただしいものにあらためること。例 法律が改正された。

【改▼姓】かいせい 名字をかえること。改名。

【改選】かいせん 役員や議員などを新しくえらびなおすこと。例 国会議員を改選する。

【改善】かいぜん わるいところをあらためて、よくすること。例 たいぐうを改善する。対 改悪

【改装】かいそう 店のつくりなどを、新しくつくりかえること。例 デパートが改装された。

【改造】かいぞう つくりかえること。例 へやを改造する。／内閣改造。

【改築】かいちく 建物をつくりなおすこと。

【改定】かいてい (それまでのきまりを)あらためて、きめなおすこと。例 時刻表の改定。

【改▼訂】かいてい すでに発表した書物などの表現や内容をあらためること。例 教科書を改訂する。

【改▼廃】かいはい (法律や制度などを)あらためたり、やめたりすること。例 法律の改廃。

【改名】かいめい 名前をかえること。改姓。

【改良】かいりょう わるいところをなおして、いいものにすること。例 道具を使いやすく改良する。／品種改良。

下につく熟語 朝令暮改

攵－3画

【攻】

7画 常用 〔攻〕明朝

音 コウ　訓 せめる

なりたち 形声 工(つき通す)と攵(動詞の記号)を合わせた字。敵の陣や城をつき通してせめることをあらわした。→工334

意味 ❶**せめる**。「▼攻撃」 ❷**研究する**。「専▼攻」

名まえで使う読み おさむ・こう・たか・よし

【▼攻▼撃】こうげき ①敵をせめること。対 守備・防御 ②あいてのわるいところを言いたてて、せめること。例 反対派を攻撃する。

【▼攻守】こうしゅ せめることと、まもること。例 攻守交代。

【▼攻勢】こうせい せめていこうとするいきおい・身がまえ。例 攻勢に転じる。対 守勢

【▼攻防】こうぼう 敵をせめることと、攻撃をふせぐこと。例 はげしい攻防をくりかえす。

【▼攻略】こうりゃく せめておとしいれること。

下につく熟語 *遠交近▼攻・強▼攻・後▼攻・▼侵攻・進▼攻・先▼攻・速▼攻・*難▼攻・反▼攻・▼猛攻

攵－4画

【放】

8画 3年 〔放〕明朝

音 ホウ　訓 はなす・はなつ・はなれる・ほうる

※上にくる音により「ポウ」ともよむ。

放　放

6画めは「ノ」の下方右側で、7画めは6画めの右はしより内側で接する。

1 丶　2 亠　3 亠　4 方　5 方　6 方　7 方　8 放

なりたち 形声 方(両がわにはり出す)と攵(動詞の記号)を合わせた字。上下左右に自由にのびて出ていくことをあらわした。→方541

意味 ❶はなつ。出す。「放送」 ❷ときはなす。「追放・解放」 ❸そのままにしておく。「放置」 ❹思いのままにさせる。「放▼浪・放任」

難しい読み 放縦（ほうじゅう・ほうしょう）・放題

名まえで使う読み ほう・ゆき・ゆく

【放映】ほうえい テレビで放送すること。例 名画を放映する。

【放火】ほうか 建物などに、わざと火をつけること。つけび。例 放火犯がつかまった。

【放課後】ほうかご 学校の授業がおわったあと。

【放▼棄】ほうき （資格や権利を）すてること。例 試合を放棄する。／戦争の放棄。

【放言】ほうげん 時や場所を考えないで、思いのままに言うこと。また、そのような無責任なことば。例 放言をとりけす。

【放射】ほうしゃ ①光や線などが、ひとところからいろいろな方向に出ること。②熱や光が、間に何もなくても、はなれたところのものにじかにつたわること。ふく射。例 放射熱。

【放射線】ほうしゃせん 放射性元素が出す、アルファ線・ベータ線・ガンマ線。エックス線などをふくめることもある。

【放出】ほうしゅつ ①いきおいよく出すこと。例 水を放出する。②しまってあったものを一度に出すこと。例 冬物衣類の放出セール。

【放心】ほうしん 気がぬけて、ぼんやりすること。例 放心状態。

【放水】ほうすい 水をながすこと。例 放水路。

【放送】ほうそう ①ラジオやテレビなどで、電波をつかって番組をおくること。②拡声器をつかい、情報を人々につたえること。例 校内放送。

【放題】ほうだい 〔あることばの下について〕「思いのままにする」「したいだけする」のいみをあらわす。例 食べ放題。／荒れ放題。

【放談】ほうだん 思ったことを、えんりょなく話すこと。また、その話。

【放置】ほうち そのままにして、ほうっておくこと。例 駅前に自転車が放置されている。

【放電】ほうでん ①火花を出してプラスとマイナスの電気がふれあうこと。②ためておいた電気をながすこと。対 充電

【放任】ほうにん したいようにさせて、ほうっておくこと。例 生徒を放任する。／放任主義。

【放熱】ほうねつ 熱をちらして、ひやすこと。

【放物線】ほうぶつせん なげ上げた物が、おちてくるときに空中にえがく曲線。

【放牧】ほうぼく 牛や馬などを広い草原にはなし、自由に草を食べさせてそだてること。放し飼い。

【放▼漫】ほうまん しまりがなく、いいかげんなこと。例 放漫な経営。

放物線

【放▼免】ほうめん ゆるして、自由にしてやること。例 無罪放免。

【放流】ほうりゅう ①ダムなどでせきとめた水をながすこと。②魚をふやすために、川や池にはなしてやること。例 アユを放流する。

【放▼浪】ほうろう あてもなく、あちこちの土地をさまよい歩くこと。流浪。例 放浪の旅。

下につく熟語 開放・*豪放・▼釈放・▼奔放

【枚】8画 木部4画 → 588ページ

【牧】8画 牛部4画 → 716ページ

攵－5画

【故】

9画 5年 〔故〕明朝

音 コ 訓 ゆえ*

縦長にした「古」より「攵」を大きく。9画めの書き出しが6画めに接してもよい。

1	2	3	4	5	6	7	8	9
一	十	ナ	古	古	古'	古ト	古攵	故

なりたち 形声 古（かたい）と攵（動詞の記号）を合わせた字。からだがかたくなって死ぬこと、また、かたまってふるくなっていることがらのいみをあらわした。→古189

攵・攴の部 5画 政

意味 ❶ふるい。むかし。「故事」 ❷(よくない)ことがら。「事故」 ❸死んでいる。「故人」 ❹わざと。「故意」 ❺…のため。わけ。

【故意】こい わざとすること。例 故意にしたのではありません。

【故郷】こきょう 自分の生まれそだったところ。ふるさと。郷里。

【故郷へ▼錦を▼飾る】こきょうへにしきをかざる 句 出世して、りっぱなすがたでふるさとへ帰る。参考「錦」は、うつくしくりっぱな着物のこと。

【故国】ここく 自分の生まれた国。例 故国の土をふむ。

【故事】こじ あることがらやことばについて、むかしからつたわっているいわれ。

【故事成語】こじせいご むかしあったことがらや、いいつたえにもとづいてできた、ことわざや熟語。「漁夫の利」「矛盾」など。参考「成語」は、むかしの人によってつくられ、きまった形でつかわれてきたことばのこと。

【故障】こしょう 機械やからだなどの調子が、わるくなること。例 テレビが故障する。

【故事来歴】こじらいれき 四字熟語 むかしからつたわっていることがらのいわれと、どのようにつたわってきたかという歴史。例 寺の故事来歴をしらべる。参考「来歴」は、あることがらがそうなったいきさつ・事情のこと。

【故人】こじん 死んだ人。

【故きを温ねて新しきを知る】ふるきをたずねてあたらしきをしる 故事成語 むかしのことを研究して、そこから新しい知識を見つけだすこと。→「温故知新(676ページ)」。

下につく熟語 ▼縁故・＊物故

攵－5画

政

9画 5年 〔政〕明朝

音 セイ・ショウ＊ 訓 ＊まつりごと

「政」での「正」は縦長にして右側をそろえ、5画めを左に張り出して右上にはらう。

なりたち 形声 — 政

正(セイ)(まっすぐ)と攵(動詞の記号)を合わせた字。国や社会のみだれをまっすぐにととのえることをあらわした。→正623

意味 ❶世の中をおさめるしごと。「政治・政府」 ❷ものごとをととのえる。「家政」

名まえで使う読み おさ・かず・きよ・こと・すなお・ただ・ただし・なり・のぶ・のり・まさ・まさし・まん・ゆき

【政界】せいかい 政治に関係している人々のあつまり。例 政界の動きに注目する。

【政局】せいきょく 政治のなりゆき。例 政局の安定をはかる。／今後の政局をうらなう。

1【政見】せいけん 政治家がのべる、政治についての意見。例 政見を発表する。／政見放送。

2【政権】せいけん 国の政治をおこなう権力。例 政権をにぎる。／軍事政権。

【政策】せいさく 政治をおこなうときの、めあてや計画。政治のしかた。例 外交政策。

【政治】せいじ 国や地方をおさめること。まつりごと。例 政治活動に熱中する。

【政情】せいじょう 政治のうつりかわりや、そのときのようす。例 政情不安。

【政党】せいとう 政治について同じ考え方をもった人々のあつまり。例 政党をつくる。

【政府】せいふ 国の政治をおこなうところ。内閣や国の中心となる役所のこと。

【政変】せいへん 政治のうえの、きゅうで大きな変化。新しい政府にかわることなど。例 クーデターによる政変。

【政務】せいむ 政治をおこなうときの、いろいろな仕事。例 政務をとる。

【政略】せいりゃく ①政治に関する、はかりごと。②自分の利益になるようにする、かけひき。例 政略結婚。

【政令】せいれい 法律できめられたことを実行するために、政府が出す命令。

下につく熟語 悪政・院政・王政・行政・軍政・＊県政・憲政・国政・財政・▼施政・失政・▼執政・＊税政・

▼摂政・善政・内政・＊民政

攵－6画

【敏】

10画 常用

攵－7画 【敏】 11画 人名

〔敏〕明朝

音 ビン
訓 —

なりたち 会意 毎（つぎつぎにふえる）と攵（動詞の記号）を合わせた字。休まずにどんどん動くことをあらわした。→毎634

意味 ❶すばやい。「▼敏速」 ❷ちえがはたらく。気がきく。「機▼敏」

名まえで使う読み あきら・さと・さとし・すすむ・つとむ・と・とし・はや・はやし・はる・びん・ゆき・よし

【▼敏活】びんかつ　頭のはたらきがよく、動作がきびきびしていること。例 敏活に仕事をすすめる。

【▼敏感】びんかん　ものごとにたいする感じ方が、するどくはやいこと。例 かれは、気候の変化に敏感だ。対 鈍感

【▼敏▽捷】びんしょう　動作がすばやいこと。例 敏捷な身のこなし。

【▼敏速】びんそく　ものごとをおこなうのが、すばしこいこと。例 敏速に処理する。

敏捷

【▼敏腕】びんわん　ものごとをてきぱきとおこなう能力があること。また、そのすぐれたうでまえ。例 敏腕をふるう。

下につく熟語 鋭▼敏・過▼敏・俊▼敏・＊明▼敏

【倣】10画 亻部8画 →88ページ

【致】10画 至部4画 →902ページ

攵・攴の部 ぼくにょう・ぼくづくり・のぶん　6画 敏　7画 救・教

攵－7画

【救】

11画 5年

〔救〕明朝

音 キュウ
訓 すくう

「救」での「求」は縦長にして、中心を右寄りにし、右側をそろえ、6画めを止める。

1	2	3	4	5	6	7	8	9	10	11
一	十	才	才	才	求	求	求	求攵	救	救

なりたち 形声 求（中心にむけて引きしめる）と攵（動詞の記号）を合わせた字。きけんやさいなんにあった人を、こちらに引きよせてたすけることをあらわした。→求647

意味 たすける。すくう。「救助・救難」

注意 「球」とまちがえないこと。

名まえで使う読み きゅう・すけ・たすく・なり・ひら・やす

【救援】きゅうえん　こまっている人をたすけること。例 救援物資を送る。

【救急】きゅうきゅう　きゅうな病人やけが人に、すぐ手当てをしてすくうこと。例 救急車。

【救護】きゅうご　病人やけが人などの手当てをして、せわをすること。例 救護班。

【救済】きゅうさい　不幸な人や、さいなんにあった人をたすけること。例 難民の救済。

【救出】きゅうしゅつ　あぶないめにあっている人をたすけだすこと。例 遭難者を救出する。

【救助】きゅうじょ　あぶないめにあっている人をすくうこと。例 事故にあった人を救助する。／人命救助。

【救世主】きゅうせいしゅ　①なやみくるしんでいる人をたすける人。②キリスト教で、イエス＝キリストのこと。

【救難】きゅうなん　災難にあっている人を、たすけること。例 救難訓練。／救難対策。

【救命】きゅうめい　人のいのちをたすけること。例 救命ボート。

攵－7画

【教】

11画 2年

〔教〕明朝

音 キョウ
訓 おしえる・おそわる

「攵」より「孝」を縦長にする。4画めは左下に長くはらう。7画めは右上がりに。

4画

こたえ ビール。麦を原料にしてつくることからできた，あて字。

1	2	3	4	5	6	7	8	9	10	11
一	十	土	耂	耂	考	孝	孝	教	教	教

なりたち 形声 敎（教）

もとの字は「敎」。爻（コウ）（まじわる）と子（こども）と攵（動詞の記号）を合わせた字。子どもにおしえたり、おぼえさせたりして知識を交流させることをあらわした。→学284

意味 ❶おしえる。おしえ。「宗教」「教育」 ❷神や仏のおしえ。

名まえで使う読み おしえ・かず・かた・きょう・こ・たか・なり・のり・みち・ゆき

【教育】きょういく 才能をのばし、知識やわざを身につけさせるために、教えそだてること。例教育を受ける。

【教員】きょういん 学校で、学生や生徒を教える人。先生。教師。

1【教化】きょうか 教えたりえいきょうをあたえたりして、人をみちびくこと。例民衆を教化する。

2【教科】きょうか 学校で勉強する。国語・社会などの科目。例教科書。

【教会】きょうかい 宗教、とくにキリスト教で、その教えを広めたりいのったりする建物。また、その組織。

【教官】きょうかん 国立の学校や研究所で学問などを教えたり、研究したりしている人。例指導教官。

【教義】きょうぎ 宗教上の教え。例宗派によって教義がちがう。

【教訓】きょうくん 教えさとすこと。また、その教え。例しっぱいを教訓にする。

【教材】きょうざい 教えるための材料や参考になるもの。

【教師】きょうし 学校の先生。また、学問や技術を教える人。教員。例家庭教師。

【教室】きょうしつ ①学校で授業などをするへや。②技術や芸を教えるところ。例料理教室。

【教授】きょうじゅ ①学問・技術・芸事などを教えること。②大学の先生。例文学部の教授。

【教祖】きょうそ その宗教をはじめた人。

【教▼壇】きょうだん 教室で、先生が教えるときに上がるだん。例教壇に立つ（＝先生になる）。

【教典】きょうてん 宗教の教えをまとめた書物。

【教徒】きょうと その宗教をしんじている人。

【教▽鞭】きょうべん 授業をするときに、先生がもつ、ほそい棒。例教鞭をとる（＝先生になる）。

【教▼諭】きょうゆ 幼稚園・小学校・中学校・高等学校の先生。

【教養】きょうよう 学問や知識を身につけることによってうまれる、心のゆたかさ。例教養を身につける。

【教練】きょうれん 軍隊でおこなう、戦い方の訓練。

下につく熟語 *異教・旧教・*国教・*司教・▼儒教・信教・*政教・説教・調教・布教・仏教・*密教

攵－7画

【敗】

11画 4年 〔敗〕明朝

音 ハイ
訓 やぶれる

※上にくる音により「パイ」ともよむ。

敗 敗

「攵」は「貝」より横広に。「攵」の書き出しは「貝」より高い位置にする。

1	2	3	4	5	6	7	8	9	10	11
丨	冂	冃	月	目	貝	貝	貝	貝	敗	敗

なりたち 形声 敗

貝（バイ）（二つにわれる）と攵（動詞の記号）を合わせた字。二つにわれてだめになることをあらわした。→貝975

意味 ❶まける。やぶれる。「敗戦・敗者」対勝 ❷だめになる。「失敗」

攵・攴の部 ぼくにょう・ぼくづくり・のぶん
8画 敢・敬

【敗因】はいいん　まけた原因。例 敗因を推測する。対 勝因

【敗軍の将は兵を語らず】はいぐんのしょうはへいをかたらず　故事成語　しっぱいしたものは、そのいいわけをしてはならないし、意見をのべる資格もないということ。参考「兵」は、戦い方。まけた将軍は、戦い方について弁解する資格がないといういみから。

【敗者】はいしゃ　勝負や試合にまけた人やチーム。例 敗者復活戦。対 勝者

【敗色】はいしょく　まけそうなようす。例 敗色がこくなる。

【敗戦】はいせん　戦争や試合にまけること。まけいくさ。例 敗戦国。

【敗走】はいそう　戦いにまけてにげること。

【敗退】はいたい　戦争や試合にまけてしりぞくこと。例 準決勝で敗退した。

【敗北】はいぼく　戦争や試合などで、まけること。対 勝利

下につく熟語 完敗・*酸敗・▼惨敗・勝敗・成敗・▼惜敗・全敗・大敗・不敗・腐敗・優勝▼劣敗・*連敗

【赦】11画 赤部4画 ↓ 988ページ

攵－8画

【敢】12画 常用 〔敢〕明朝 音 カン 訓 —

意味 おしきってする。「勇▼敢・果▼敢」

名まえで使う読み いさみ・いさむ・かん・つよし

【▼敢行】かんこう　困難をおしきって、ものごとをすること。例 上陸を敢行する。

【▼敢然】かんぜん　思いきってものごとをするようす。例 敢然と敵にむかう。

【▼敢▼闘】かんとう　がんばって、よくたたかうこと。例 敢闘精神。／敢闘賞。

攵－8画

【敬】12画 6年 〔敬〕明朝 音 ケイ 訓 うやまう

敬 敬

「攵」が「苟」の下側より下がらないように。4画めは2画めの左下を目安に。

1	2	3	4	5	6	7	8	9	10	11	12
一	十	艹	艹	芍	苟	苟	苟	苟	苟	敬	敬

なりたち 形声 [古い字形]－[古い字形]－敬（敬）

もとの字は「敬」。苟と攵（動詞の記号）を合わせた字。苟は、ヒツジの角と人と口を合わせたもので、なにかにはっとおどろいているようすを図にして、からだを引きしめるというイメージをもつ。敬は、からだを引きしめて、かしこまることをあらわした。

敬のつく漢字グループ

「敬」のグループは「身を引きしめる」というイメージがある。常用漢字では「敬」になる。

→警 968　→驚 1090

意味 つつしんで、うやまう。「尊敬」

名まえで使う読み あき・あつ・いつ・うや・かた・けい・さとし・たか・たかし・とし・のり・はや・ひろ・ひろし・ゆき・よし

【敬愛】けいあい　人をうやまい、したうこと。例 敬愛する先生。

【敬意】けいい　人を尊敬する心。例 目上の人に敬意をあらわす。／あいてに敬意をはらう。

【敬遠】けいえん　故事成語 ①尊敬するように見せかけて、ほんとうはきらってさけること。例 口やかましい叔父を敬遠する。②あるものごとをきらってさけること。例 力仕事を敬遠する。③野球で、投手が打者との勝負をさけ、わざとフォアボールにして一塁に歩かせること。例 四番打者を敬遠する。

【敬具】けいぐ　手紙のおわりに書くことば。「つつしんでもうしあげます」のいみ。対 拝啓

【敬語】けいご　あいてをうやまう気もちをあらわすときにつかうことば。例 目上の人には敬語で話す。

【敬▼称】けいしょう　①あいてを尊敬していう

漢字クイズ 毛が3本はえている木はなんでしょう。

ときのよび名。「陛下」「閣下」「尊父」など。②人の名前の下につけて、尊敬する気もちをあらわすことば。「君」「様」「さん」など。

【敬体】けいたい ていねいに言いあらわす文の形。「ます」「です」「でございます」「であります」などをつかってあらわす。対常体

【敬服】けいふく 心から感心して、尊敬すること。例かれのがまん強さには敬服している。

【敬礼】けいれい 尊敬して、礼をすること。また、その礼。

【敬老】けいろう 年よりをうやまうこと。例敬老の日。

下につく熟語 愛敬・失敬・＊表敬・＊不敬

攵－8画

【散】

12画 4年

〈散〉明朝

音 サン

訓 ちる・ちらす・ちらかす・ちらかる

散 散

「攵」より「⿱龷月」の方を縦長に書く。「⿱龷月」の右側をそろえ、4画めを左に張り出す。

1 一 2 十 3 廾 4 丗 5 丗 6 丗 7 ⿱龷月 8 ⿱龷月 9 ⿱龷月 10 ⿱龷月 11 ⿱龷月 12 散

なりたち 形声 －散（散）

⿱龷月と攵（動詞の記号）を合わせた字。⿱龷月は、⿱𣏟月がかわったもの。𣏟は、麻という字にふくまれ、植物のアサのせんいをはぎとるようす。ばらばらにするというイメージをもつ。𣏟と月（＝肉）を合わせて、動物の肉をばらばらにするようす。散は、ばらばらにする動作をあらわした。

意味 ❶ちる。ばらばらになる。「散在」 ❷かってきまま。「散歩」 ❸こなぐすり。「胃散」

参考 カタカナ「サ」のもとになった字。

【散会】さんかい 会がおわって、人々がわかれること。例きょうはこれで散会します。

1【散在】さんざい あちこちに、ちらばってあること。例山のふもとに人家が散在している。

2【散財】さんざい お金をむやみにつかうこと。例思わぬ散財をした。

【散策】さんさく 目的もなく、ぶらぶら歩くこと。例野原を散策する。

【散散】さんざん ①ひどく。ずいぶん。例散々さがしたのに見つからない。②ひどくわるいようす。例散々なめにあう。参考ふつう「散々」と書く。

【散水】さんすい 水をまくこと。例散水車。

【散▼髪】さんぱつ のびたかみの毛をかって、ととのえること。

【散布】さんぷ ふりまくこと。まきちらすこと。例殺虫剤を散布する。

【散文】さんぶん ことばの数や調子などに、とくべつのきまりのない、ふつうの文章。例散文詩。対韻文

【散歩】さんぽ 健康のためや気晴らしのために、ぶらぶら歩くこと。

【散▼漫】さんまん まとまりがなくて、引きしまっていないこと。例注意が散漫になる。

【散薬】さんやく こなぐすり。

【散乱】さんらん ばらばらにちらばること。例紙くずが散乱している。

下につく熟語 一目散・解散・拡散・▼閑散・四散・集散・退散・発散・飛散・分散

攵－8画

【敦】

12画 人名

〈敦〉明朝

音 トン

訓 あつい

なりたち 形声 享（重みがある）と攴（動作の記号）を合わせた字。重みがあって、安定することをあらわした。→淳672

意味 ずっしりと安定している。あつい。

名まえで使う読み あつ・あつし・おさむ・つとむ・つる・のぶ

【▼敦厚】とんこう しんせつで人情にあついこと。

攵－9画

【数】

13画 2年

〈数〉明朝

音 スウ・ス＊

訓 かず・かぞえる

※上にくる音により「ズウ」ともよむ。

数 数

「娄」の右側をそろえ、9画めを左に張り出して右上にはらう。6画めは止める。

なりたち 形声 數（数）

もとの字は「數」。婁と攵（動詞の記号）を合わせた字。婁は、毌（ひもを通してつらぬく）と中（まん中をつき通す）と女を合わせたもの。女のどれいをひもで通してひっぱるようすを図にして、つぎつぎにつなぐというイメージをもつ。数は、一つ二つというぐあいに、ものをつぎつぎにつないでかぞえることをあらわした。

婁のつく漢字グループ

「婁」のグループは「じゅずつなぎにつらなる」というイメージがある。常用漢字では「娄」になる。

→数530 →楼609

意味 ❶かず。かぞえる。「数量」 ❷いくらかの。わずかの。「数種」 ❸うんめい。「数▼奇」

難しい読み 数▼珠・数▼奇（すうき・すき）

名まえで使う読み かず・すう・のり・ひら・や

【数数】かずかず たくさん。また、いろいろ。例 数々の思い出。参考 ふつう「数々」と書く。

【数▼珠】じゅず たくさんの玉を糸でつないで輪にした物。ほとけをおがむときに手にかけてつかう。例 数珠つなぎ（＝人や物が、ひとつなぎになっていること）。

【数学】すうがく 数や図形について研究する学問。

【数▼奇】㊀すうき ふしあわせ。不運。例 数奇な運命。㊁すき ①風流をこのむこと。②茶の湯や和歌などをこのむこと。参考「数寄」とも書く。

【数詞】すうし 数をつかって、数・量・順序をあらわすことば。「五番目」「第四回」「三つ」など。

【数字】すうじ ①数をあらわす文字。アラビア数字（＝算用数字、1、2、3…）、漢数字（一、二、三…）、ローマ数字（Ⅰ、Ⅱ、Ⅲ…）など。②数や量であらわされたことがら。例 数字に強い人。

【数式】すうしき 数字や文字を計算記号でむすびつけたもの。

【数日】すうじつ 三、四日から五、六日の間の日数。

【数段】すうだん ①三、四段から五、六段ほどの段数。②ていどに大きな差があること。はるかに。例 きみのほうが、数段じょうずだ。

【数値】すうち ①数式の中で、その文字にあてはまる数。②計算してえたあたい。

【数的】すうてき 量や値をあらわす数からみたようす。

【数量】すうりょう 数と量。また、分量。

下につく熟語 頭数（かず・あたま・とう）・員数・回数・画数・過半数・奇数・偶数・口数・＊係数・＊計数・件数・戸数・算数・指数・実数・小数・少数・＊乗数・除数・正数・整数・総数・多数・単数・＊定数・手数（て・すう・かず）・点数・度数・日数（にっ・ひ）・＊人数・＊年数・倍数・場数・▼端数・半数・複数・負数・＊部数・分数・無数・有数

【微】13画 彳部10画 →382ページ

【徴】14画 彳部11画 →383ページ

攵－11画

【敵】

15画 6年 〔敵〕明朝

音 テキ
訓 かたき＊

※上下にくる音により「テッ」「がたき」ともよむ。

「攵」よりも「商」を縦長にする。「商」の「古」は「冂」に接してもかまわない。

なりたち 形声 啇（まともにむきあう）と攵（動詞の記号）を合わせた字。まともにむかいあうこと、また、そのあいてをあらわした。

→適430

こたえ すぎ（杉）。（木＋彡）。

攵・攴の部（ぼくにょう・ぼくづくり・のぶん）

11画 敷　12画 整

意味 あらそいやきょうそうのあいて。また、かたき。「敵軍・敵対・敵役」

注意 「適」「摘」とまちがえないこと。

【敵役】かたきやく ①しばいで悪者の役（をする人）。②にくまれる立場の人。にくまれ役。

【敵意】てきい あいてを敵と思い、にくむ気もち。例 敵意をいだく。

【敵▽愾心】てきがいしん 敵にたいしてもつ、いかりの気もち。例 敵愾心をもやす。

【敵軍】てきぐん 敵の軍隊。

【敵国】てきこく／てっこく 戦争をしているあいての国。例 敵国にせめ入る。

【敵視】てきし あいてを敵とみなすこと。例 かれは、ぼくを敵視している。

【敵情】てきじょう 敵のようす。例 敵情をさぐる。 参考「敵状」とも書く。

【敵▽陣】てきじん 敵の陣地。

【敵対】てきたい 敵として、たちむかうこと。例 A党に敵対する。

【敵地】てきち 敵のいる土地。敵がせんりょうしている土地。

【敵は本能寺にあり】てきはほんのうじにあり 句〔戦国時代、明智光秀が毛利軍をせめると見せかけて、とつぜん京都の本能寺にいた主君の織田信長をうったことから〕本当の目的がべつのところにあることのたとえ。

下につく熟語 外敵・強敵・＊索敵・宿敵・＊政敵・大敵・天敵・＊難敵・▼匹敵・不敵・無敵

攵－11画

【敷】

15画　常用

〔敷〕明朝

音 フ　訓 しく

なりたち 形声 尃（フ＝専。たいらにしきつめる）と攵（動詞の記号）を合わせた字。→博168 →甫741

意味 しく。たいらにひろげる。「▼敷設」

名まえで使う読み しき・しく・のぶ・ひら・ふ

【▼敷居】しきい 戸・障子などの下にある、みぞのついた横木。例 敷居が高い（＝その人の家に行きにくい）。

【▼敷石】しきいし 道・玄関・庭などにしく、たいらな石。

【▼敷金】しききん 家やへやをかりる人が、大家にあずけておく保証金。

【▼敷地】しきち 建物などをたてる土地。

【▼敷設】ふせつ 電線を地中にうめたり、線路などをしいたりすること。例 鉄道を敷設する。／敷設工事。 参考「布設」とも書く。

下につく熟語 ＊河川▼敷・▼桟▼敷・座▼敷・＊下▼敷き・＊風▼呂▼敷・屋▼敷

【撤】15画　扌部12画 → 520ページ

【徹】15画　彳部12画 → 384ページ

攵－12画

【整】

16画　3年

〔整〕明朝

音 セイ　訓 ととのえる・ととのう

「敕」は「正」より横広。5画めをはねても、は止め。7画めは止め。11画めを止めてもよい。

（筆順）一 一 𠃊 𠃊 申 申 束 束 敕 敕 敕 整 整 整 整 整

なりたち 形声 正（セイ。まっすぐ）と敕（＝勅。たるみをひきしめる）を合わせた字。みだれたものをきちんと引きしめて正すことをあらわした。→正623

意味 きちんとそろえる。ととのう。「整理」

注意 おくりがなを、「整のえる」「整のう」などとしないこと。

名まえで使う読み おさむ・なり・のぶ・ひとし・まさ・よし

【整数】せいすう 小数・分数にたいして、〇・一・二・三・四…のように、はすうのない数。

【整然】せいぜん きちんと、ととのっているようす。例 整然とした行列。 対 雑然

【整地】せいち ①家などをたてるために、土地をたいらにならすこと。②作物をうえるために、田や畑をたがやしてととのえること。

【整▼頓】せいとん きちんと、ととのえること。例 整頓されたへや。

【整髪】せいはつ　髪の毛の形をととのえること。例整髪料。
【整備】せいび　いつでもつかえるように、きちんとととのえること。例自動車を整備する。
【整理】せいり　①みだれたものを、きちんとかたづけること。例本だなを整理する。／整理整頓。②いらないものをとりのぞくこと。例人員整理。
【整列】せいれつ　きちんとならぶこと。例運動場に整列する。

使い分け　ととのえる　整える・調える
【整える】みだれているものごとをきちんとする。例列を整える。／身なりを整える。
【調える】足りないものがないようにほどよくとりそろえる。例費用を調える。／塩で味を調える。

下につく熟語 *均整・修整・調整

【激】16画　氵部13画→690ページ

文　4画　ぶん　ぶんにょう

なりたち

「もよう」「かざり」などのいみに関係した字をあつめる。この部にふくまれる字は少ない。

この部首の字
0画 文 533
8画 斑 535
8画 斐 535

ほかの部首の字
対→寸部 308
斉→斉部 1061
紋→糸部 843
蚊→虫部 914
斎→斉部 1061

文－0画
【文】4画　1年
〔文〕明朝
音 ブン・モン
訓 *ふみ
※上にくる音により「ぶみ」ともよむ。

「乂」は2画めと接しても接していなくてもよい。

筆順：丶 亠 ナ 文

なりたち 象形
ころものえりをえがいた字。こまごまとかざりたてたもようのこと。のち、もようのようにかいた文字や文化などのいみをあらわした。

文のつく漢字グループ
「文」のグループは「うつくしいもよう」というイメージがある。もようはこまかくえがかれているから、「こまかい」というイメージにつながる。
→紋 843
→蚊 914

意味 ❶もじ。「言文」 ❷もじで書かれたもの。文章や手紙・書類・本など。「文通」 ❸学問や芸術。「文化」 ❹もよう。「縄文」 ❺むかしのお金の単位。もん。「三文」 ❻むかしつかわれた、たび・くつなどの大きさの単位。もん。

難しい読み 文月(ふみ・ふづき)・文書(ぶん・もんしょ・じょ)

名まえで使う読み あき・あや・いと・とも・のぶ・のり・ひさ・ひとし・ふみ・ふむ・ふん・み・もん・やす・ゆき・よし

【文案】ぶんあん　文章の下書き。例文案をねる。
【文月】ふみづき／ふづき　陰暦の七月のこと。
【文意】ぶんい　その文章があらわそうとしているいみ。例よく読んで文意をつかむ。
【文化】ぶんか　①世の中がひらけ、すすむこと。例文化の水準が高い。②めあてとするものに近づこうとする、人間の努力によってできたもの。学問・芸術・宗教など。
【文科】ぶんか　①文学・哲学・史学・法律学・経済学などの学科。対理科　②大学で、文学部のこと。例文科の学生。

漢字クイズ　お寺にいる人は，だれでしょう。ヒント　お坊さんではありません。

文の部 ぶん・ぶんにょう

0画 文

【文学】ぶんがく　人間のおこない・考え・感じなどを、ことばで書きあらわした芸術。詩や小説など。また、それを研究する学問。

【文化▼勲章】ぶんかくんしょう　文化の向上に、すぐれた功績のあった人におくられる勲章。

【文化財】ぶんかざい　文化活動によってつくり出された、かちのあるもの。例無形文化財。

【文化的】ぶんかてき　①世の中がすすみ、便利で高い内容の生活をとり入れているようす。例文化的な生活。②文化に関係があるようす。例考え方のうらにある文化的な背景。

【文具】ぶんぐ　勉強や事務にひつような道具。文房具。例文具店。

【文芸】ぶんげい　①文学。例文芸作品。②学問と芸術。例文芸欄。

【文▼献】ぶんけん　むかしのことをしらべたり、研究の資料になる記録や書物。例参考文献。

【文庫】ぶんこ　①多くの本をあつめて、しまってある建物。また、そのあつめられた本。例学級文庫。②小型でねだんのやすい本。文庫本。

【文語】ぶんご　むかし、文章を書くときにつかわれたことば。文語体。対口語

【文▼豪】ぶんごう　文学の才能がとくにすぐれていて名高い人。大作家。例明治の文豪。

【文才】ぶんさい　文章をじょうずに書く能力。例文才にとむ。

【文士】ぶんし　詩や小説を書くことを職業としている人。とくに、小説家。

【文集】ぶんしゅう　文章をいくつかあつめて、本の形にしたもの。例卒業文集。

【文書】ぶんしょ　書きつけ。書きもの。例文書で回答する。参考「もんじょ」とも読む。例古文書。

【文章】ぶんしょう　文字をつかって、ある考えや心の動きなどを書きあらわしたもの。

【文人】ぶんじん　文学・芸術などにたずさわる人。対武人

【文責】ぶんせき　書いて、おおやけにした文章にたいする責任。例文責は当編集部にある。

【文節】ぶんせつ　文を区切った、いちばん小さい単位。参考「花がさく。」という文は、「花が」と「さく」の二つの文節からできている。

【文体】ぶんたい　①その人だけがもっている、文章のとくちょう。②口語体・文語体など、文章の形式。

【文▼壇】ぶんだん　詩や小説を書く人たちのあつまり。また、その社会。例文壇の名士。

【文▼鎮】ぶんちん　紙や書類がとばないように、おさえる文房具。

【文通】ぶんつう　おたがいに手紙のやりとりをすること。例外国の友だちと文通する。

【文筆】ぶんぴつ　詩歌・文章などをつくること。例文筆生活。

【文武】ぶんぶ　学問と武芸。例文武両道。

【文物】ぶんぶつ　学問や芸術など、文化によって生み出されたもの。例西洋の文物を導入する。

文武

【文法】ぶんぽう　ことばのはたらきや、文章の組み立て方のきまり。例英語の文法。

【文▼房具】ぶんぼうぐ　ものを書くときにつかう道具。えんぴつ・ノート・けしごむなど。文具。

【文脈】ぶんみゃく　文章のつづきぐあい。例文脈がはっきりしない。

【文明】ぶんめい　人間のちえや努力によって、世の中がひらけ、ゆたかで便利な生活ができるようになった状態。例文明社会。

【文明開化】ぶんめいかいか　四字熟語　文明のひらけた世の中になること。とくに日本で、明治時代のはじめに、外国の文化をとり入れたこと。

【文面】ぶんめん　文章。また、文章（とくに手紙）として書かれていることがら。

【文楽】ぶんらく　義太夫節（＝三味線の伴奏でかたるもの）に合わせて演じる、あやつり人形のしばい。

【文字】もじ　ことばを書きあらわす記号。字。

参考 「もんじ」とも読む。

【文句】もんく ①文章の中のみじかいことば。例 名文句。②ふへい。ふまん。例 人のすることに文句をつける。

【文部科学省】もんぶかがくしょう 教育・文化や科学に関する仕事をする、国の役所。

下につく熟語 悪文・案文・一文(いちぶん・いちもん)・韻文・英文・欧文・漢文・経文・空文・原文・国文・古文・作文・雑文・散文・詩文・条文・証文・序文・人文(じんぶん・じんもん)・全文・短文・注文・長文・電文・天文・碑文・本文(ほんぶん・ほんもん)・名文・訳文・例文・論文・和文

【対】7画 寸部4画→308ページ

【斉】8画 斉部0画→1061ページ

【紋】10画 糸部4画→843ページ

【蚊】10画 虫部4画→914ページ

【斎】11画 斉部3画→1061ページ

文－8画

【斑】12画 常用 〔斑〕明朝 音 ハン 訓 ―

意味 いろいろな色やちがうこさの色が、入りまじってあること。まだら。「斑点」

【斑点】はんてん 色やこさがちがう、点の部分。例 テントウムシの斑点。

【斑文】はんもん 色やこさのちがいなどでできた、点のようなもよう。例 つぼのうつくしい斑文。

下につく熟語 死斑・蒙古斑

文－8画

【斐】12画 人名 〔斐〕明朝 音 ヒ 訓 あや

意味 左右対称になったもよう。あや。また、もようやかざりがあって、うつくしいようす。

名まえで使う読み あきら・あや・あやる・い・なが・ひ・よし

4画

斗 と とます

なりたち 「ひしゃく」の形をあらわす。「ます(升)」「くむ」「はかる」などのいみに関係した字をあつめる。

この部首の字 0画 斗 535 6画 料 536 7画 斜 536 10画 斡 536

ほかの部首の字 科→禾部 802 魁→鬼部 1096

斗－0画

【斗】4画 常用 〔斗〕明朝 音 ト 訓 ―

なりたち 象形 えのついた、ひしゃくをえがいた字。

意味 ❶ひしゃく。❷むかしつかわれた、容積の単位。一斗は一升の一〇倍。約一八リットル。

名まえで使う読み け・と・はかる・はるか・ほし・ます

【斗酒】としゅ 一斗(＝約一八リットル)の酒。多量の酒。例 斗酒なお辞せず(＝ことわらないで、酒をたくさんのむこと)。

下につく熟語 漏斗

斗の部

【科】9画 禾部4画→802ページ

6画 料
7画 斜
10画 斡

斗－6画

【料】

10画 4年 〈料〉明朝

音 リョウ
訓 —

「斗」は、2つの点を縦に並べ、10画めを長く書き、最後は止めてもよい。

1	2	3	4	5	6	7	8	9	10
丶	丷	䒑	半	米	米	米	米	料	料

なりたち 会意 米＋斗－料

米と斗（米をはかる道具の、ます）を合わせた字。穀物をはかることをあらわした。

意味 ❶（つかわれる）もの。「材料」 ❷代金。「料金」 ❸はかる。

注意 「科」とまちがえないこと。

【料金】りょうきん 見物したり、ものをつかったりするときにはらうお金。例 入場料金。

【料理】りょうり ①にたりやいたり、味をつけたりして、食べられるようにすること。また、その食べ物。②ものごとをうまくかたづけること。例 難問をかんたんに料理する。

下につく熟語 衣料・*飲料・給料・原料・食料・史料・資料・飼料・染料・送料・損料・調味料・▽塗料・燃料・肥料・無料・有料

斗－7画

【斜】

11画 常用 〈斜〉明朝

音 シャ
訓 ななめ

なりたち 形声 余（横にする）と斗（ひしゃく）を合わせた字。ひしゃくを横にかたむけて、液体をくむようすを図にして、ななめにかたむけることをあらわした。→余72

意味 ななめ。「▽斜面・▽傾▽斜」

【▽斜光】しゃこう ななめからさしこむ光。

【▽斜視】しゃし 物を見るとき、左右の視線が正しくあつまらないこと。また、その目。

【▽斜線】しゃせん ななめに引いた線。

【▽斜に構える】しゃにかまえる 句 物事にきちんと向き合わず、わざとふまじめなたいどをとる。例 いつも斜に構えていて、みんなに信用されない。

【▽斜辺】しゃへん 直角三角形の、直角にたいする辺。

【▽斜面】しゃめん かたむいている面。坂になっているところ。例 山の斜面。

【▽斜陽】しゃよう ①西にかたむいた日。夕日。②さかんであったものが、おちぶれていくこと。例 斜陽の産業。

斜陽①

斗－10画

【斡】

14画 人名 〈斡〉明朝

音 アツ
訓 —

意味 めぐる。めぐらす。▽北斗七星が、北極星のまわりを回ることから。

名まえで使う読み まる

【▽斡▽旋】あっせん 人と人との間に立ってうまくいくようにとりもつこと。せわすること。例 仕事を▽斡旋する。

【魁】14画 鬼部4画→1096ページ

4画

4画 斤 おの きん おのづくり

なりたち

「おの」や「刃物」、物を断ち切ることなどのいみに関係した字をあつめる。

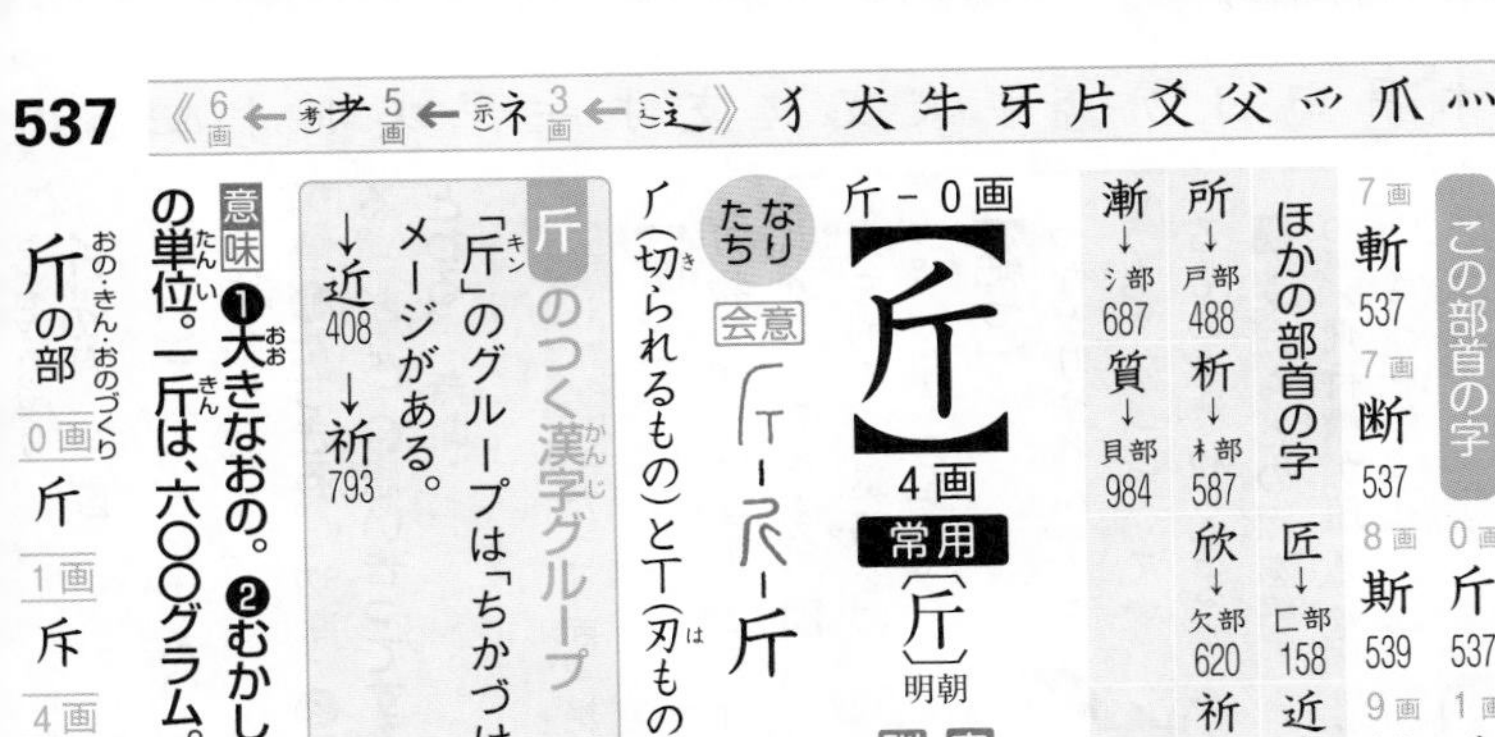

この部首の字

0画 斤 537　1画 斥 537　4画 斧 537　7画 斬 537　7画 断 537　8画 斯 539　9画 新 539

ほかの部首の字

匠→匚部 158　近→辶部 408　折→扌部 496　所→戸部 488　析→木部 587　欣→欠部 620　祈→ネ部 793　訴→言部 951　漸→氵部 687　質→貝部 984

斤－0画

【斤】4画 常用 〔斤〕明朝

音 キン　訓 ―

なりたち 会意

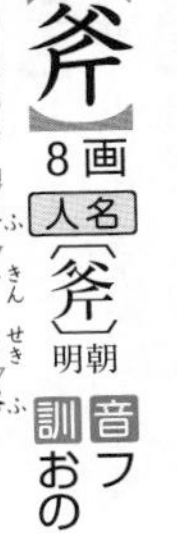

𠂆(切られるもの)と丁(刃もの)を合わせた字。

斤のつく漢字グループ

「斤」のグループは「ちかづける」というイメージがある。

→近 408　→祈 793

意味 ❶大きなおの。❷むかしつかわれた重さの単位。一斤は、六〇〇グラム。「斤量」

【斤量】きんりょう　はかりに出た、おもさ。めかた。例 斤量が不足する。

斤－1画

【斥】5画 常用 〔斥〕明朝

音 セキ　訓 ―

意味 ❶おしのける。しりぞける。「排斥」❷うかがう。さぐる。「斥候」

【斥候】せっこう　敵のようすをひそかにさぐること。また、その兵士。例 斥候を出して敵の情報をさぐる。

下につく熟語 排斥

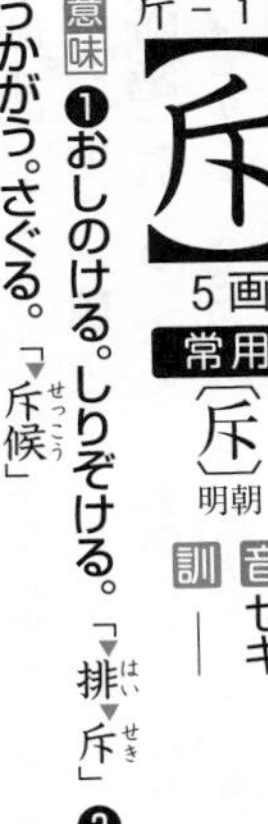

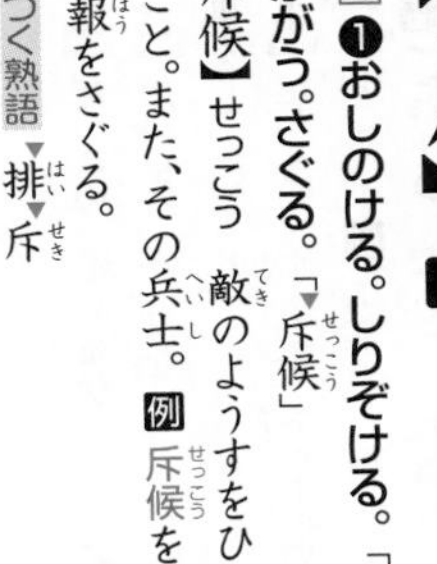

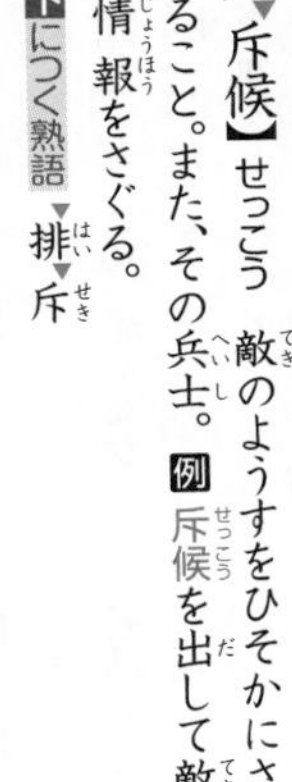

【匠】6画 匚部4画 ↓158ページ

【近】7画 辶部4画 ↓408ページ

【折】7画 扌部4画 ↓496ページ

斤－4画

【斧】8画 人名 〔斧〕明朝

音 フ　訓 おの

意味 おの。「斧・斤・石斧」

名まえで使う読み おの・はじめ

【所】8画 戸部4画 ↓488ページ

【析】8画 木部4画 ↓587ページ

【欣】8画 欠部4画 ↓620ページ

【祈】8画 ネ部4画 ↓793ページ

斤－7画

【斬】11画 常用 〔斬〕明朝

音 ザン　訓 きる

意味 刃物で、きる。「斬殺・斬罪」

【斬首】ざんしゅ　刀などで首を切り落とすこと。また、その刑。

【斬新】ざんしん　今までにだれも思いつかなくて、まったく新しい。きわだって新しくめずらしい。例 斬新なデザイン。

斤－7画

【断】11画 5年 〔断〕明朝

音 ダン　訓 た*つ・ことわる

「㡭」より「斤」は縦長。「㡭」の右側をそろえ、7画め「㇄」は「米」と接してもよい。

なりたち 会意

斷(断)

もとの字は「斷」。幺(いと)を四つと𠄌(=刀)と

斤の部 おの・きん・おのづくり　0画 斤　1画 斥　4画 斧　7画 斬・断

4画

斤の部 7画 断

斤(おの)を合わせた字。糸のたばをおので切るようすをあらわした。

意味 ❶たちきる。「切断」 ❷はっきりときめる。「断定」 ❸思いきってする。「断行」 ❹ことわる。「無断」

使い分け たつ 断つ・絶つ・裁つ

【断つ】刃物で切りはなす。とちゅうでさえぎる。例 糸を断つ。／退路を断つ。／たばこを断つ。

【絶つ】つながりやれんらくをうちきる。つづいているものを終わらせる。例 友だちとの縁を絶つ。／飛行機が消息を絶つ。／命を絶つ。

【裁つ】寸法に合わせて、布などを切る。例 布を裁つ。

【断崖】だんがい まっすぐにきりたったがけ。例 断崖ぜっぺき。

【断機の戒め】だんきのいましめ 故事成語 学問や仕事は、とちゅうでやめてしまっては何の価値もないという教え。参考 ㋐「断」は、断ち切ること。「機」は、布のこと。㋑むかし中国で、孟子が、学問をやめて母のもとへ帰ってきた。すると孟子の母は、織りかけの布の糸を断ち切り、やりかけの学問をとちゅうでやめてしまうのは、未完成のこの布と同じことだと教えさとしたという話による。

【断言】だんげん はっきりと言いきること。例 ぜったい安全だと断言する。

【断固】だんこ ものごとをきっぱりとした強い決意でするようす。例 断固拒否する。

1【断行】だんこう 反対や、わるい条件をおしきって、思いきっておこなうこと。例 改革を断行する。

2【断交】だんこう つきあいをやめること。とくに、国と国との関係をたつこと。例 両国が断交する。

【断裁】だんさい 紙や布などを、たち切ること。

【断食】だんじき 修行などで、しばらくの間、食事をしないこと。

【断水】だんすい 水道で、水を止めること。水が止まること。例 工事のため断水します。

【断絶】だんぜつ ものごとの関係や、れんらくなどがとだえること。また、関係をたち切ること。例 国交を断絶する。

【断然】だんぜん ①強く心にきめて、ものごとをするようす。例 この試合には断然かつ。②いちだんととびぬけているようす。例 赤組のほうが断然強い。

【断層】だんそう ①地層がわれて、両がわの地面がずれたり、くいちがったりしているところ。②(考え方や感じ方の)くいちがい。例 世代の間に考え方の断層がある。

【断続】だんぞく ものごとが、切れたりつづいたりすること。例 ベルが断続して鳴る。

【断腸の思い】だんちょうのおもい 故事成語 ひじょうにつらくかなしい思い。例 断腸の思いでわかれる。参考 「断腸」は、はらわたがちぎれるいみ。それほどのはげしいかなしみということ。

【断定】だんてい はっきり、そうだときめること。例 その男を犯人と断定した。

【断熱】だんねつ 熱がつたわらないようにすること。例 断熱材。

【断念】だんねん のぞんでいたことを、あきらめること。例 病気のため旅行を断念する。

【断髪】だんぱつ ①髪をみじかく切ること。例 引退力士の断髪式。②みじかく切った女性の髪型。参考 昭和のはじめに流行した。

【断片】だんぺん あるものから分かれた一部分。切れはし。例 古い文書の断片。

【断片的】だんぺんてき まとまりや関連がなく、きれぎれであるようす。例 断片的な記憶。

【断末魔】だんまつま 死ぬまぎわ。また、死にぎわのくるしみ。例 断末魔のさけび。

【断面】だんめん ①ものを切ったときの切り

口の面。②ものごとを、ある立場から見たときのようす。例社会の一断面。

下につく熟語 一刀両断・英断・横断・禁断・決断・言語道断・裁断・縦断・▼診断・寸断・▼即断・中断・判断・優▼柔不断・油断・予断

斤－8画 【斯】12画 人名 〈斯〉明朝 音シ 訓この

意味 ❶ばらばらにきる。さく。❷この。これ。「▽斯界(=この社会・分野)・▽斯業(=この事業・業務)」

名まえで使う読み これ・つな・のり

【訴】12画 言部5画 ↓951ページ

斤－9画 【新】13画 2年 〈新〉明朝 音シン 訓あたらしい・あらた・にい

5・6画めは6画めが長くてもよい。「亲」の右側をそろえる。13画めは下へ長く。

なりたち 形声  亲と斤(おの)を合わせた字。亲は、辛(するどいはもの)と木を合わせたもので、木を切るようす。新は、切ったばかりの木のようになまなましいことをあらわした。↓辛1006

意味 あたらしい。あらた。「新年」対旧・古

難しい読み 新手・新妻・新▼盆(にいぼん・あらぼん)

名まえで使う読み あきら・あら・あらた・しん・すすむ・ちか・にい・はじめ・よし・わか

【新手】あらて ①まだ、戦わない元気な兵隊や選手。例新手をくり出す。②新しくなかまにはいった人。新人。③新しい方法。例新手を考え出す。参考③は「しんて」ともいう。

【新案】しんあん 新しい思いつき。

【新▼鋭】しんえい 新しくあらわれて、いきおいがさかんなこと。また、そのような人や物。例期待の新鋭。

【新開地】しんかいち 新しくひらけた市街地。

【新顔】しんがお 新しくなかまにはいった人。新人。例営業部の新顔。対古顔

【新学期】しんがっき 学校生活で、新しくはじまる学期。

【新刊】しんかん 新しく本を出すこと。また、新しく出た本。例今月の新刊。

【新幹線】しんかんせん 日本のおもな都市を、はやくむすぶ鉄道。また、その列車。

【新規】しんき 新しいこと。例新規に採用する。

【新機▼軸】しんきじく 今までとはちがった、新しい計画やくふう。例新機軸をうちだす。

【新規▽蒔き直し】しんきまきなおし 今までのことはないことにして、新しくやりなおすこと。

【新旧】しんきゅう 新しいものと古いもの。例新旧の勢力が対立する。

【新居】しんきょ 新しくつくった家。また、新しくすむ家。例新居をかまえる。対旧居

【新教】しんきょう キリスト教のうちの、プロテスタントのこと。対旧教

【新記録】しんきろく それまでの記録をやぶって、新しくできた記録。

【新劇】しんげき 明治時代の末ごろから、外国の劇のやり方をとり入れてできた新しい劇。

【新月】しんげつ 地球と太陽の間にあって、光らない面を地球にむけている月。対満月

【新語】しんご ①新しくつくられ、つかわれはじめたことば。②教科書で、はじめて出てきたことば。新出語。

【新興】しんこう 新しくおこること。例新興産業。

【新▼婚】しんこん けっこんしたばかりであること。例新婚旅行。

【新作】しんさく 新しく作品をつくること。また、新しくつくった作品。対旧作

【新参】しんざん 新しくなかまにはいること。また、その人。例新参者。対古参

【新式】しんしき 新しいやり方。新しい型。対旧式

斤の部　おの・きん・おのづくり　9画　新

【新種】しんしゅ　新しく見つかった生物の種類。例 新種のトンボが発見された。

【新出】しんしゅつ　教科書などに、はじめて出てくること。例 新出漢字。

【新春】しんしゅん　年のはじめ。正月。

【新進】しんしん　ある方面に、新しくあらわれ出ること。例 新進作家。

【新人】しんじん　（ある社会に）新しくはいってきた人。新顔。例 新人歌手。

【新進気▼鋭】しんしんきえい　四字熟語　新しくその分野にあらわれて、いきおいがさかんなこと。また、その人。例 新進気鋭の歌手。

1【新制】しんせい　新しくきめられたきまりやしくみ。例 新制中学。対 旧制

2【新星】しんせい　①きゅうに明るくかがやきだした星。②新しく見つかった星。③新しくあらわれて、きゅうに人気が出た人のたとえ。例 芸能界の新星。

【新生児】しんせいじ　生まれてから四週間までの赤んぼう。

1【新設】しんせつ　新しくもうけること。新しくつくること。例 体育館を新設する。

2【新説】しんせつ　新しく出された意見や学説。

3【新雪】しんせつ　新しくふって、つもった雪。

【新▼鮮】しんせん　新しくて、生き生きしているようす。例 新鮮なやさい。

【新装】しんそう　建物などの、新しいよそおい。例 新装開店。

【新大陸】しんたいりく　ヨーロッパ・アジア・アフリカの旧大陸にたいして、南アメリカと北アメリカ、オーストラリアなど、一七世紀ごろからひらけた大陸。「新世界」ともいう。

【新宅】しんたく　①新築した家。対 旧宅　②本家から分かれて独立した家。分家。

【新築】しんちく　新しく建物をたてること。

【新着】しんちゃく　（品物が）あらたに、とどくこと。例 新着の図書。

【新調】しんちょう　（衣服を）新しくつくること。例 洋服を新調する。

【新▼陳代謝】しんちんたいしゃ　四字熟語　①生物が、ひつようなものをからだの中にとり入れ、いらなくなったものをからだの外に出すこと。②古いものが去り、新しいものに入れかわること。例 流行は新陳代謝がはげしい。

【新田】しんでん　切りひらいて新しくつくった田。

【新天地】しんてんち　新しくひらかれた世界。

【新道】しんどう　新しく作った道。対 旧道

【新入】しんにゅう　その組織に新しくはいってくること。例 新入生。使い分け しんにゅう「進入・侵入・浸入・新入」→(422)ページ

【新任】しんにん　新しく役につくこと。また、新しく役についた人。例 新任の先生。

【新年】しんねん　（めでたい）新しい年。また、年のはじめ。例 新年おめでとう。対 旧年

【新品】しんぴん　まだつかっていない、新しいもの。例 新品のとけい。

1【新婦】しんぷ　はなよめ。対 新郎

2【新▼譜】しんぷ　新しく売り出された音楽やCD。参考 もとは「新しい曲の楽譜」のいみ。

【新風】しんぷう　それまでになかった、新しいやり方や考え方。例 文学界に新風をふきこむ作品。

【新聞】しんぶん　社会の新しいできごとを、多くの人々に、はやく定期的に知らせる印刷物。

【新米】しんまい　①その年にとれた米。②新しくなかま入りして、まだ仕事になれていない人。例 新米の記者。

【新味】しんみ　新しい感じやおもむき。例 新味のない作品。

【新緑】しんりょく　初夏のころのみずみずしい若葉のみどり色。例 さわやかな新緑。

【新▼暦】しんれき　太陽の動きをもとにしてつくったこよみ。太陽暦。対 旧暦

【新▼郎】しんろう　はなむこ。対 新婦

【新妻】にいづま　結婚したばかりの妻。

【新▼盆】にいぼん／あらぼん　その人が死んでから、はじめてむかえるお盆。

下につく熟語 ▼維新・一新・温故知新・改新・革新・▼更新・最新・刷新・▼斬新・清新

【漸】14画　氵部11画 →687ページ

【質】15画　貝部8画 →984ページ

4画 方

ほう かたへん

なりたち

「方」をもとにする字のほか、「方」の形で、「はた」「軍隊」などに関係した字をあつめる。

この部首の字

0画 方 541　4画 於 542　5画 施 542　6画 旅 542　7画 旋 543　7画 族 543　10画 旗 544

ほかの部首の字

坊→土部 233　妨→女部 275　芳→艹部 387　防→阝部 439　房→戸部 489　放→攵部 524　肪→月部 885　紡→糸部 843　訪→言部 949

方－0画

【方】

4画 2年

〔方〕明朝

音 ホウ　訓 かた

※上にくる音により「ポウ」「がた」ともよむ。

▽形に。3画めは折って左下へ反り、はねる。4画めは1画め中央の下側から始める。

なりたち 象形

左右に柄のはり出た、すき（田をたがやす道具）をえがいた字。両がわにはり出るというイメージをもち、中心から左右、上下にのびる方向のいみをあらわした。

方のつく漢字グループ

「方」のグループは「両がわにはり出る」というイメージがある。これは「四方にはり広がる」、また「左右にならぶ」などのイメージにつながる。

→倣88　→傍92　→坊233　→妨275　→芳387　→防439　→房489　→放524　→紡843　→肪885　→訪949

意味 ❶むき。「方向・方角」 ❷四角。「方形」 ❸やりかた。「方法」 ❹はなれた地域。「地方」

難しい読み 方▼舟

名まえで使う読み あたる・お・かた・しげ・すけ・たか・ただし・たもつ・つね・なみ・のり・ふさ・ほう・まさ・まさし・み・みち・やす・より

【方▼舟】はこぶね　四角形をした船。例 ノアの方舟。参考「箱舟」とも書く。

【方位】ほうい　東西南北などの方向。例 じしゃくをつかって方位をしらべる。

【方角】ほうがく　①東西南北などの方向。②「方向」①に同じ。

【方眼紙】ほうがんし　あるかんかくで、たて横にたくさんの線を引いた紙。グラフなどをかくのにつかう。

【方形】ほうけい　四角形。

【方言】ほうげん　ある地方だけでつかわれていることば。お国ことば。例 沖縄方言。対 標準語・共通語

【方向】ほうこう　①ものがすすんでいく、むき。方角。例 北の方向に歩く。②ものごとのめあてや、方針。例 将来の方向をきめる。／なかなおりする方向で話し合う。

【方策】ほうさく　やり方。手段。例 方策を考える。

【方式】ほうしき　あるきまったやり方。

【方針】ほうしん　ものごとをすすめていく方向。めざす方向。例 今後の方針を相談する。

【方便】ほうべん　目的をはたすため、そのときだけにつかう方法。例 うそも方便。

【方法】ほうほう　やり方。手段。例 簡単な方法。

【方方】㊀ほうぼう　あちこち。いろいろな方面。例 方々にせわになる。㊁かたがた　「人々」をうやまっていう言い方。例 お集まりの方々。参考 ㊀㊁とも「方々」と書く。

【方面】ほうめん　①そのあたり。その方向。例 関西方面。②あるものごとの属する部分。分野。例 かれは技術の方面にくわしい。

下につく熟語 一方・＊上方（かみ・じょう）・漢方・後方・三方・仕方・＊四方・処方・先方・＊前方・▼双方・他方・父方・当方・▼殿方・八方・母方・平方・味方・目方・夕方・行方・立方・両方

方の部

4画 於　5画 施　6画 旅

【坊】7画 扌部4画→233ページ
【妨】7画 女部4画→275ページ
【芳】7画 艹部4画→387ページ
【防】7画 阝部4画→439ページ

方－4画

【於】8画 人名

〈於〉明朝　音 オ　訓 おいて

意味 ❶(「おいて」と読んで)場所・時間などをあらわす。…において。❷…に。…より。

参考 ひらがな「お」、カタカナ「オ」のもとになった字。

名まえで使う読み うえ・お・おうい

【房】8画 戸部4画→489ページ
【放】8画 攵部4画→524ページ
【肪】8画 月部4画→885ページ

方－5画

【施】9画 常用

〈施〉明朝　音 シ・セ　訓 ほどこす

なりたち 形声 也(うねうねと横にのびる)と㫃(はた)を合わせた字。ふきながしが長くのびるように、先方におしのばすことをあらわした。→也34

意味 ❶おこなう。「施行・実施」❷ほどこす。あたえる。めぐむ。「布施」

難しい読み 施行(しこう・せこう)・施工(せこう・しこう)・施主

名まえで使う読み し・せ・とし・のぶ・はる・ます・もち

【施行】しこう ①じっさいにおこなうこと。例 入学試験を施行する。②法律をじっさいにもちい、はたらかせること。例 この法律は来年の一月から施行される。参考「せこう」とも読む。

【施政】しせい 政治をおこなうこと。また、その政治。例 施政方針演説。

【施設】しせつ ある目的のために建物やせつびをもうけること。また、その建物やせつび。例 養護施設。

【施工】せこう 工事をおこなうこと。例 ビルの施工会社。参考「しこう」とも読む。

【施主】せしゅ ①葬式や法事などを、中心になっておこなう人。②家をたてるときの、たて主。建築主。

【施錠】せじょう かぎをかけること。例 家を出るときは、わすれずに施錠する。

方－6画

【旅】10画 3年

〈旅〉明朝　音 リョ　訓 たび

漢字博士になろう!　三字熟語の「ぼうし」と「くつ」!?

三字熟語で、「□－□□」「□□－□」のように、二字熟語の上や下に漢字一字がついているものがあります。こうした上や下につく漢字にはどんなものがあるでしょう。新聞でよく見かける三字熟語の中からひろってみましょう。

〈上につく漢字―ぼうし〉
○各(カク)…各方面・各省庁
○新(シン)…新製品・新発売
○全(ゼン)…全世界・全責任
○大(ダイ)…大部分・大統領
○同(ドウ)…同本部・同議員
○不(フ)…不可能・不安定
○両(リョウ)…両陛下・両選手

〈下につく漢字―くつ〉
○化(カ)…合理化・正常化
○会(カイ)…委員会・座談会
○者(シャ)…科学者・関係者
○性(セイ)…可能性・生産性
○中(チュウ)…午前中・営業中
○的(テキ)…現代的・積極的
○部(ブ)…文学部・事業部

これらの漢字のぼうしやくつが、上や下の熟語にどんないみをそえているか、しらべてみましょう。

旅

「かたへん」は中心を右寄りにする。1画めは点でも、8画めを右上にはねてもよい。

なりたち 会意 从(人がふたり)と㫃(はた)を合わせた字。人々がはたの下に列を組んで行くようすをあらわした。

意味 たび。たびをする。「旅行」

難しい読み 旅路・旅人(たびびと・たびにん)・旅▽籠

名まえで使う読み たか・たび・もろ・りょ

【旅先】たびさき 旅でたちよるところや、目的地。例 旅先から絵はがきを出す。

【旅路】たびじ ①旅の道すじ。②旅のとちゅう。③旅。例 旅路につく。

【旅の▽恥はかき捨て】たびのはじはかきすて 句 旅先では知っている人もいないので、はずかしいおこないでも平気でするということ。

【旅は道連れ世は情け】たびはみちづれよはなさけ 句 旅先で道づれがあると心強いように、世の中を生きてゆくにはたがいに思いやりの心をもってたすけあうことがひつようだ。

【旅人】一 たびびと 旅をしている人。二 たびにん むかし、あちこちわたり歩いてばくちをしていたやくざもの。

【旅客】りょかく/りょきゃく 旅をする人。とくに汽車・汽船・飛行機などにのる客。

【旅館】りょかん 旅をしている人をとまらせることを仕事にしている家。宿屋。

【旅券】りょけん 政府が、外国へ旅行する人にあたえる、身分や国せきを証明する書類。パスポート。例 旅券を申請する。

【旅行】りょこう 家をはなれて、一時よその土地へ行くこと。旅をすること。

【旅▽愁】りょしゅう 旅に出て感じるさびしさ。

【旅情】りょじょう 旅に出て感じる気もち。例 旅情をそそる。

【旅費】りょひ 旅行をするのにかかるお金。

下につく熟語 *行旅・*長旅・船旅

【紡】10画 糸部4画 ↓ 843ページ

方－7画

【旋】

11画 常用 〔旋〕明朝 音 セン 訓 —

意味 ❶ぐるぐる回る。めぐる。「▽旋回」 ❷もとにもどる。かえる。「▽凱▽旋」

注意 「施(シ・せ)」とまちがえないこと。

【▽旋回】せんかい ①ぐるぐる回ること。例 トンビが空を旋回している。②飛行機が、すすむ方向をかえること。例 急旋回。

【旋▽盤】せんばん ざいりょうを軸にとりつけて回転させ、刃物をあてて、けずったりあなをあけたりする工作機械。

【▽旋風】せんぷう ①うずをまく、はげしい風。つむじ風。②世の中をとつぜんゆり動かすようなできごと。例 社会に旋風をまきおこす。

【▽旋律】せんりつ 高さや長さなどのちがった音がつづいていく、音のながれ。メロディー。

下につく熟語 ▽斡▽旋・周▽旋

方－7画

【族】

11画 3年 〔族〕明朝 音 ゾク 訓 —

「かたへん」の右側はそろえる。「矢」を「失」にしない。11画めは止めてもよい。

なりたち 形声 矢(や)と㫃(はた)を合わせた字。はたの下に矢をあつめておいたようすを図にして、同じ種類のもののあつまりをあらわした。

意味 ❶みうち。血つづき。同じそせんからわかれた人々。「家族・親族」 ❷なかま。同類。同じ種類のもの。「民族・部族」

名まえで使う読み えだ・ぞく・つぎ・つぐ

【族長】ぞくちょう 同じ血のつながっている人々の中の、かしら。一族の長。

下につく熟語 遺族・＊一族・貴族・皇族・▼豪族・士族・氏族・種族

【訪】11画 言部4画 ↓949ページ

方－10画

【旗】14画

4年

〔旗〕明朝

音 キ

訓 はた

旗 旗

※上にくる音により「ばた」ともよむ。

6画めより8・9画めを外に書かない。8・9画めは真下に下ろし、「其」を縦長に。

筆順：丶 亠 方 方 㫃 㫃 㫃 㫃 旂 旃 旃 旗 旗 旗

なりたち 形声 旗

其(四角い)と㫃(はた)を合わせた字。四角い形をした「はた」をあらわした。→基236

意味 はた。「国旗・校旗・日章旗」

名まえで使う読み き・たか・はた

【旗手】きしゅ 団体や軍隊で、その目じるしの旗をもつ人。

【旗色】はたいろ 戦争・試合などの、勝ち負けのようす。例 味方の旗色がわるい。参考 むかし、戦場で、旗のひるがえるようすで、たたかいの状況をうらなったことから。

【旗頭】はたがしら 一つの集団で上に立つ人。例 反対派の旗頭。

【旗印】はたじるし ①むかし戦場で、目じるしにするために旗にかいたもんや文字。②ものごとをおこなうときにかかげる目標。参考「旗標」とも書く。

【旗日】はたび 国民の祝日。参考 国旗をかかげていわうことから。

【旗本】はたもと 江戸時代に、将軍にちょくせつつかえた武士で、石高が一万石未満のもの。

下につく熟語 赤旗・軍旗・白旗(しらはた・しろはた)・星条旗・＊▼弔旗・手旗・＊反旗・半旗

4画 日 ひ ひへん

なりたち 日

「太陽」の形をあらわす。「太陽」「日ざし」「明暗」「時間」などのいみに関係した字をあつめる。

この部首の字

0画 日 545	1画 旧 547	1画 旦 547		
2画 旭 548	2画 旨 548	2画 旬 548	2画 早 548	4画 易 549
4画 旺 550	4画 昂 550	4画 昊 550	4画 昆 550	4画 昏 550
4画 昇 550	4画 昌 551	4画 昔 551	4画 明 551	5画 映 553
5画 昨 553	5画 春 553	5画 昭 554	5画 是 554	5画 星 555
5画 昼 555	5画 昴 556	5画 昧 556	6画 晏 556	6画 晃 556
6画 晄 556	6画 晒 556	6画 時 556	6画 晋 558	6画 晟 558
7画 晦 558	7画 晨 558	7画 書 555	7画 晩 560	8画 暁 558
8画 景 558	8画 暑 559	8画 晶 559	8画 晴 559	8画 智 560
8画 晩 560	8画 普 560	9画 暗 561	9画 暇 561	9画 暉 561
9画 暑 559	9画 暖 562	10画 暢 562	10画 暮 562	10画 暦 563
11画 暫 563	11画 暴 563	12画 暁 558	12画 曇 564	12画 暦 563
13画 曖 564	13画 曙 564	14画 曜 564	15画 曝 565	

ほかの部首の字

甲 → 田部 743	更 → 曰部 566
由 → 田部 743	東 → 木部 587
亘 → 二部 43	沓 → 水部 652
	者 → 耂部 873
	音 → 音部 1064

香→香部1085 替→曰部569 書→曰部566 量→里部1017 喝→口部212 照→灬部704 曹→曰部567 魯→魚部1099 最→曰部568

◆ここにあげたほかに、「日」のふくまれている字は、565ページの【曰の部】にもあります。

日-0画

【日】

4画 1年 〈日〉明朝

音 ニチ・ジツ
訓 ひ・か

※下にくる音により「ニッ」ともよむ。

字形は縦長に。縦画は真下に下ろし、下を少し出す。内部の空間は等しく。

なりたち 象形 ☉-日-日 太陽をえがいた字。

意味 ❶太陽。「日光」 ❷昼ま。「日夜」 対 夜 ❸昼と夜のひとまとまり。いちにち。「日産・休日」 ❹日数をかぞえることば。「十日」 ❺「日本」のりゃく。「日米・親日家」

難しい読み 日向・日和・日和見

名まえで使う読み あき・か・じつ・にち・はる・ひ

【日月】にちげつ／じつげつ ①太陽と月。②つきひ。年月。例 長い日月をついやす。

【日限】にちげん その日までにそうしなければならないと、前からきめてある日。例 夏休みの宿題を出す日限がせまった。

【日時】にちじ 日づけと時刻。

【日常】にちじょう ふだん。つねひごろ。

【日常茶飯事】にちじょうさはんじ 〔お茶をのんだり、食事をしたりするような日常のことがらのいみから〕日常のあたりまえのこと。へいぼんなありふれたこと。例 日常茶飯事の兄弟げんか。

【日▼没】にちぼつ 夕方、太陽が西にしずむこと。日の入り。

【日夜】にちや ①昼と夜。②いつも。

【日用品】にちようひん 毎日の生活のためにつかう品物。

【日輪】にちりん 太陽。

【日課】にっか 毎日きまっておこなうようにきめたことがら。例 朝の散歩が日課です。

【日刊】にっかん 毎日発行すること。例 日刊紙。

【日記】にっき 毎日のできごとや、感じたことなどを書きしるすもの。

【日給】にっきゅう 一日いくらときめてしはらわれる給料。

【日系】にっけい 外国人で日本人の血すじを引いていること。また、外国で日本の会社の資本がはいっていること。例 日系アメリカ人。／日系企業。

【日光】にっこう 太陽の光。例 日光浴。

【日光浴】にっこうよく 体をじょうぶにするため、日光に当たること。

【日参】にっさん ①神社やお寺に毎日おまいりをすること。②ある目的のために、毎日同じところにたのみにいくこと。例 役所に日参する。

【日産】にっさん 一日当たりの産出高や生産高。例 日産一〇〇〇台のテレビを製造する。

【日誌】にっし 団体や学校などで毎日のできごとを書いた記録。また、その帳面。

【日射病】にっしゃびょう 強い日光に長い時間あたっているとおこる病気。めまい、はきけ、頭痛などがおきる。

【日章旗】にっしょうき 日の丸のはた。国旗。

【日照権】にっしょうけん 健康な生活をするために、自分の家が太陽の光をうけることをさまたげられない権利。

【日食】にっしょく 太陽と地球の間にはいった月が太陽をかくし、一部または全部が見えなくなること。

【日進月歩】にっしんげっぽ 四字熟語 毎日毎日休みなく進歩していくこと。例 技術の発展は日進月歩だ。

【日数】にっすう／ひかず 日にちの数。例 かなりの日数がかかる。

【日中】にっちゅう ①太陽が出ている間。昼ま。参考「ひなか」ともいう。対 夜中 ②日本と中国。例 日中友好条約。

日 ひ・ひへん **日の部** 0画 日

【日直】にっちょく 会社や学校で、その日その日の当番。とくに、昼まの間、番をすること。また、その役目。

【日程】にってい 仕事・行事・旅行などの、毎日の予定。例 試合の日程が発表された。

【日当】にっとう 一日いくらときめてはらう、手当。

【日本】にほん／にっぽん わが国のよび名。

【日本画】にほんが 日本にむかしからつたわっている方法でかいた絵。山水画・浮世絵など。対 西洋画・洋画

【日本間】にほんま たたみ・しょうじ・ふすまなどがある、日本ふうのへや。和室。対 洋間

1【日▼陰】ひかげ ①日があたらないところ。対 日向 ②世の中から、かくれて生活していること。例 日陰者。使い分け 「日影」と区別してつかおう。

2【日▼影】ひかげ 日の光。参考 「影」は光のいみ。

【日暮れて道遠し】ひくれてみちとおし 句 〔日がくれてしまったのに、目的地はまだはるかに遠いといういみから〕年をとってしまったのに、目的がとげられない。また、期限がせまっているのに、仕事がはかどらない。

【日付】ひづけ 手紙や書類などに、それを書いた日を書きこむこと。また、その年月日。
注意 おくりがなをおくらないこと。

【日向】ひなた 日があたるところ。例 せんたくものを日向に出す。対 日陰

【日の出の勢い】ひのでのいきおい 句 朝日がのぼるような、さかんないきおい。例 あの会社はいまや日の出の勢いだ。

【日の目を見る】ひのめをみる 句 今まで人々に知られていなかったものが、世の中にみとめられる。また、状況がかわって、よいきょうぐうになる。例 かれの死後発見された作品が出版され、やっと日の目を見ることになった。

【日歩】ひぶ 一〇〇円にたいして、一日につく利息。

【日和】ひより ①天候のようす。とくに晴天。例 よいお日和です。／小春日和(＝十一月ごろの、ぽかぽかとあたたかい天気)。②〔あることばの下について〕それをするのにちょうどよい天候であること。例 ハイキング日和。

【日和見】ひよりみ 〔天気のようすをみるといういみから〕自分に有利なほうをえらぼうと、なりゆきをうかがっていて、態度をはっきりさせないでいること。例 日和見主義。参考 にたいみのことばに「洞ケ峠(→664ページ)」がある。

日和見

上につく熟語 日射病・日数(にっすう・ひかず)・*日時計・*日長

下につく熟語 朝日・明日(あす・みょうにち)・一日(いちじつ・いちにち・ついたち)・一両日・*一昨日・▼縁日・過日・元日・期日・近日・今日(こんにち・きょう)・祭日・昨日(さくじつ・きのう)・終日・祝日・初日(しょにち・はつひ)・*親日・先日・*前日・他日・中日(ちゅうにち・なかび)・月日・天日・当日・西日・白日・平日・本日・毎日・明後日・命日・夕日・*翌日・来日・落日・連日

4画

漢字博士になろう！

さかだちするといみがかわる熟語

「社会」という熟語の上下を入れかえてみると「会社」となり、別のいみになります。このような熟語をあつめてみましょう。

・女王―王女　・住居―居住
・花火―火花　・現実―実現
・素質―質素　・著名―名著
・客船―船客　・演出―出演
・階段―段階　・陸上―上陸
・長所―所長　・対応―応対

さかだちすると、漢字の読みがかわるものもあります。

・手相―相手　・規定―定規
・子弟―弟子

音読みと訓読みがかわるものもあります。

・日曜―曜日　・年長―長年
・原野―野原

いみのちがいをしらべてみましょう。

日－1画

【旧】 5画

5年 〔旧〕明朝

音 キュウ
訓 —

1画めと「日」は上下にずらさない。1画めの長さと「日」の高さをほぼ同じに。

なりたち 形声 もとの字は「舊」。臼と萑(頭に毛角のある鳥。ミミズク)を合わせた字。臼は、うすをえがいた字で、へこんでまがるというイメージをもつ。舊はせなかをまるめたミミズクが、年よりににているので、年をとってふるくなっていることをあらわした。

意味 ❶**ふるい。**「旧式」対新 ❷**むかし。むかしから。**「旧▼跡」❸**もとの状態。**「復旧」

名まえで使う読み きゅう・ひさ・ふさ・ふる・もと

【旧家】きゅうか　古くからつづいている、家がらのよい家。例旧家の出。

【旧居】きゅうきょ　むかしすんでいた家。対新居

【旧教】きゅうきょう　キリスト教のうちの、カトリックのこと。対新教

【旧交】きゅうこう　むかしからの友だちづきあい。例旧交をあたためる。

【旧師】きゅうし　むかし、教えをうけたことのある先生。

【旧式】きゅうしき　古いやり方。古い型。例旧式の洗濯機。対新式

【旧称】きゅうしょう　もとの名前。古いよび名。

【旧正月】きゅうしょうがつ　旧暦の正月。今のこよみから、約一か月おくれる。

【旧制】きゅうせい　むかしのきまりやしくみ。例旧制中学。対新制

【旧▼跡】きゅうせき　歴史にのこっている、いろいろなできごとがあった場所。例名所旧跡。

【旧態▼依然】きゅうたいいぜん　四字熟語　古くさいもとのままの状態で、進歩のないようす。例旧態依然としたやり方。参考「旧態」は、むかしのままで古めかしいようす。「依然」は、変化がなくて、もとのままであるようす。

旧態依然

【旧知】きゅうち　むかしからの、知り合い。例旧知の間がら。

【旧道】きゅうどう　むかしからある、古い道。対新道

【旧年】きゅうねん　前の年。去年。例旧年中は、いろいろおせわになりました。

【旧聞】きゅうぶん　前に聞いた話。

【旧聞に属する】きゅうぶんにぞくする　前に聞いたことがあって、めずらしくない話である。

【旧友】きゅうゆう　むかしからの友だち。

【旧来】きゅうらい　むかしからそのようであること。前から。例旧来の習慣。

【旧▼暦】きゅうれき　月のみちかけをもとにしてつくられた、むかしのこよみ。陰暦。太陰暦。対新暦

下につく熟語 *懐旧・新旧

日－1画

【旦】 5画

常用 〔旦〕明朝

音 タン・ダン
訓 —

なりたち 会意 日と一を合わせた字。地平線(水平線)の上に太陽があらわれるようすをあらわした。

意味 ❶**日のでるころ。夜明け。あさ。**「元▼旦(＝一月一日の朝)」❷→旦那。

名まえで使う読み あき・あきら・あけ・あさ・ただし・たん

【▼旦夕】たんせき　①明け方と夕方。②朝から晩まで。ふだん。例命、旦夕に迫る(＝重大なことが起こるときが迫っている)。

【▼旦▼那】だんな　店員が主人をよぶことば。また、妻が夫をよぶことば。参考「檀那」とも書く。

下につく熟語 一▼旦・*月▼旦・*文▼旦(ぶんたん・ぼんたん)

【甲】5画 田部0画→743ページ

【由】5画 田部0画→743ページ

こたえ かた(固)まる，かた(固)くなる。(口＋古)。

日－2画 【旭】 6画 人名 〈旭〉明朝

音 キョク　訓 あさひ

なりたち 形声 九（つかえる）と日（太陽）を合わせた字。太陽がようやく出てくるようすをあらわした。→九34

意味 あさひ。「▽旭日」

名まえで使う読み あき・あきら・あさ・あさひ・きよく・てる

【▽旭日】きょくじつ　朝の太陽。

日－2画 【旨】 6画 常用 〈旨〉明朝

音 シ　訓 むね

なりたち 会意 匕(スプーン)と甘(口の中にものをふくむ)を合わせた字。スプーンをつかって、味を舌につたえたようすを図にして、味がまっすぐにつたわり、こってりとうまいことをあらわした。

旨のつく漢字グループ
「旨」のグループは「なかみがこってりしている」というイメージや、「まっすぐにつたえる」というイメージがある。
→指505 →脂889

意味 考えている内容。「▽趣▽旨」

名まえで使う読み し・すすむ・むね・よし

下につく熟語 主▽旨・＊本▽旨・要▽旨・論▽旨

日－2画 【旬】 6画 常用 〈旬〉明朝

音 ジュン・シュン　訓 —

なりたち 会意 勹(ぐるりとまわす)と日を合わせた字。ひとまわりの日数である十日をあらわした。

意味 ❶十日間。「下▽旬」 ❷やさいや魚などがもっともおいしい季節。しゅん。

名まえで使う読み じゅん・ただ・とき・ひとし・ひら・まさ

【▽旬刊】じゅんかん　十日に一回発行すること。

下につく熟語 上▽旬・初▽旬・中▽旬

日－2画 【早】 6画 1年 〈早〉明朝

音 ソウ・サッ＊　訓 はやい・はやまる・はやめる

全体を◇形に。「日」は縦画を内側に向けて横長に。6画めは止めてもよい。

（筆順）丨 ロ 日 日 旦 早

なりたち 象形 →早－早
からのついたドングリをえがいた字。その皮から黒い染料をとるので、黒い→くらいというイメージのつながりを利用して、朝のくらいときをあらわした。

早のつく漢字グループ
「早」のグループは「黒い」「くらい」「見えない」「わからない」というイメージがある。
→草392

意味 ❶時期がはやい。「早退・早春」 対 晩 ❷きゅうである。すみやか。「早速」 ❸わかいことをあらわすことば。「早▽乙女」

難しい読み 早▽乙女・早急（さっきゅう・そうきゅう）・早▽苗・早▽生・早▽稲

使い分け はやい　早い・速い

【早い】
ある時に比べて時刻や時期が前である。例 朝早く起きる。／あきらめるのはまだ早い。

【速い】
時間がかからない。すばやい。例 兄は、ぼくより食べるのが速い。／速い球を投げる。

参考 「早い」は時間に、「速い」はものの動きに着目してつかう。

名まえで使う読み　さき・そう・はや

【早▼乙女】さおとめ　田うえをする、わかい女の人。

【早急】さっきゅう／そうきゅう　ひじょうにいそぐようす。おおいそぎ。例 早急に現場にむかう。

【早速】さっそく　すぐさま。ただちに。

【早▼苗】さなえ　なわしろから田にうつしうえる、イネのわかいなえ。

【早期】そうき　はじめのころ。はやい時期。例 病気を早期に発見した。

【早▼暁】そうぎょう　夜があけるころ。あけがた。

【早計】そうけい　はやまった考え。例 一度のしっぱいであきらめるのは早計だ。

【早熟】そうじゅく　①くだものなどが、ふつうよりはやくじゅくすこと。②年がわかいのに、からだや気もちがおとなっぽいこと。

【早春】そうしゅん　春のはじめ。対 晩春

【早世】そうせい　わかいうちに死ぬこと。

【早早】そうそう　①ものごとをいそいでするようす。さっさと。例 早々にあとかたづけをする。②…になるとすぐに。例 新年早々の事故。参考 ㋐①は「はやばや」とも読む。㋑ふつう「早々」と書く。

早乙女

【早退】そうたい　学校やつとめ先から、きまった時刻よりもはやく帰ること。早びけ。例 気分がわるいので早退した。

【早朝】そうちょう　朝のはやいころ。

【早晩】そうばん　おそかれはやかれ。いつかそのうちに。例 早晩、事件は解決するだろう。

【早足】はやあし　いそぎ足。参考「速足」とも書く。

【早合点】はやがてん／はやがってん　話をよく聞かないで、わかったと思いこむこと。

【早口】はやくち　話し方がはやいこと。例 早口ことば。

【早耳】はやみみ　ものごとを、人よりもはやく聞きつけること。また、その人。

【早業】はやわざ　すばやくて、うまいやり方。例 目にもとまらぬ早業。

【早生】わせ　①はやくそだつ作物。例 早生のミカン。②ませていること。対 ①②晩生

【早▼稲】わせ　はやくみのる品種のイネ。対 晩稲（おくて・ばんとう）　使い分け「早生」と区別してつかおう。

下につく熟語　足早・気早・口早・▼尚早

【亘】6画　二部4画→43ページ

【更】7画　曰部3画→566ページ

漢字博士になろう!
●にた字のおぼえ方《未・末》

「上の一、いまだ短く（未）、すえ長く（末）」一画めのよこ棒が長いか短いか、注意して書くことがだいじですね。「未」は「まだ…していない」、といういみですから「いまだ短く」とおぼえます。「末」は、「すえ」のいみですから「すえ長く」とおぼえるわけです。

日－4画

【易】

8画　5年　〔易〕明朝

音 エキ・イ
訓 やさしい

「日」は縦長、「勿」は横広。「勿」は6画めは折って反ってはね、はらう方向に注意。

なりたち　象形　易

トカゲをえがいた字。形がたいらなことから、「たいらにのびる」「のびてうつる」というイメージをもち色がかわることから、べつのものにかわることをあらわした。さらに、「たいらででこぼこがない」というイメージをもち、むずかしくないことをあらわした。

漢字クイズ　未だ成長しきらない女のきょうだいを，なんとよぶでしょう。

易のつく漢字グループ
「易」のグループは「たいらにはってのびる」というイメージがある。
→賜 984

意味 ❶とりかえる。かえる。かわる。「貿易」 ❷やさしい。たやすい。「容易」 対 難 ❸うらない。「易者」

注意 ❶❸のいみのときは、「貿易・易者」のように「エキ」と読み、❷のいみのときは「容易」のように「イ」と読む。

名まえで使う読み えき・おさ・おさむ・かね・やす・やすし

【易者】えきしゃ うらないを仕事にしている人。例 易者に運勢をたずねる。

下につく熟語 安易・簡易・交易・難易・＊不易・平易

日－4画
【旺】
8画 常用 〔旺〕明朝 音 オウ 訓 ―

なりたち 形声 王(大きく広がる)と日を合わせた字。日の光が大きく広がるようすから、気やいきおいが大きくさかんであるいみをあらわした。→王728

意味 さかんなようす。「▼旺盛」

名まえで使う読み あきら・おう

【▼旺盛】おうせい 元気があって、いきおいがさかんなようす。例 旺盛な食欲。

日－4画
【昂】
8画 人名 〔昂〕明朝 音 コウ 訓 あがる

なりたち 形声 卬(上にあがる)と日(太陽)を合わせた字。

意味 高く上にあがる。気力が高まる。「意気▼軒▼昂(＝希望にみちて)元気いっぱいなようす)」

名まえで使う読み あき・あきら・こう・たか・たかし・のぼる

日－4画
【昊】
8画 人名 〔昊〕明朝 音 コウ 訓 あかるい

意味 ❶空。「▽昊天」 ❷あかるい。「▽昊▽昊」

名まえで使う読み ひろ・ひろし

日－4画
【昆】
8画 常用 〔昆〕明朝 音 コン 訓 ―

なりたち 会意 ―昆 比(二人の人がならぶようす)と日を合わせた字。太陽の下に人があつまるようすを図にして、あつまったなかまをあらわした。

昆のつく漢字グループ
「昆」のグループは「あつまりむらがって、まるい一団をつくる」というイメージがある。
→混 671

意味 むし。「▼昆虫」

【▼昆虫】こんちゅう からだは頭・胸・腹に分かれ、胸に六本の足がある動物。トンボ・セミ・バッタ・チョウなど種類が多い。

【▼昆布】こんぶ 海藻の一つ。かっ色で、さむい海のふかいところにはえる。こぶ。

日－4画
【昏】
8画 人名 〔昏〕明朝 音 コン 訓 くらい

意味 ❶くらい。夕ぐれ。「黄▽昏(こう・たそがれ)」 ❷目がくらむ。「▽昏▼睡」

【▽昏▼睡】こんすい ①ぐっすりとねること。②意識がなく、外からのしげきでも目が覚めないこと。例 昏睡状態におちいる。

日－4画
【昇】
8画 常用 〔昇〕明朝 音 ショウ 訓 のぼる

なりたち 形声 升(高くあがる)と日を合わせた字。

意味 上にあがる。のぼる。「上▼昇」 対 降

名まえで使う読み しょう・すすむ・のぼり・のぼる・のり

【▼昇格】しょうかく 資格や身分などが上がること。例 一軍に昇格する。対 降格

【▼昇級】しょうきゅう 等級が上がること。例

水泳で一級に昇級した。対降級
【▼昇給】しょうきゅう 給料が上がること。例 定期昇給。
【▼昇降】しょうこう のぼったりおりたりすること。例 昇降口。
【▼昇進】しょうしん 上の地位に上がること。例 部長に昇進した。

日－4画
【昌】8画
人名 〈昌〉明朝 音 ショウ 訓 さかん

なりたち 会意 日（あかるい太陽）と曰（いう）を合わせた字。明るい声を出すことをあらわした。

意味 あかるい。さかんである。「▼繁▽昌（＝商売などがにぎわいさかえること）」

名まえで使う読み あき・あきら・あつ・さかえ・さかん・しょう・すけ・まさ・まさし・まさる・ます・よ・よし

日－4画
【昔】8画
3年 〈昔〉明朝 音 セキ*・シャク* 訓 むかし

※上にくる音により「ジャク」ともよむ。

字形は◇形を目安に、4画めを長く。2・3画めの間を広げすぎない。「日」は縦長。

なりたち 会意 ≈（かさなるしるし）と日を合わせた字。日数をたくさんかさねた「むかし」のことをあらわした。

昔のつく漢字グループ
「昔（セキ・シャク）」のグループは「かさなる」というイメージがある。
→借84 →惜469 →措513 →籍832 →錯1031

意味 むかし。「昔日・昔年」対今

難しい読み 昔気質

名まえで使う読み せき・つね・とき・ひさ・ふる

【昔日】せきじつ むかし。例 昔日の記憶。
【昔気質】むかしかたぎ 考え方ややり方がむかしふうで、まじめでがんこなようす。
【昔取った▽杵▼柄】むかしとったきねづか 句 むかしきたえて、自信のある技術や腕前。参考「杵柄」はうすに入れた穀物をつく「杵」の柄。
【昔話】むかしばなし ①古くからつたえられてきた話。おとぎ話。「浦島太郎」など。②むかしあったことの話。例 昔話に花がさく。
【昔風】むかしふう （習慣・やり方・ようすなどが）古い時代のものにならっていること。

下につく熟語 *往昔・今昔・一昔

日－4画
【明】8画
2年 〈明〉明朝 音 メイ・ミョウ 訓 あかり・あかるい・あかるむ・あからむ・あきらか・あける・あく・あくる・あかす

「日」と「月」の中の横画が、右側の縦画と接していなくても誤りではない。

なりたち 会意 日と月を合わせた字。日と月のように明るいことをあらわした。日のかわりに囧（あかりとりのまど）にした字もある。まどから月光がさしこんで、物が見えるほど明るいようすをあらわした。

明のつく漢字グループ
「明（メイ）」のグループは「くらいところを明るくする」、また「見えないものを見分ける」というイメージがある。
→萌397 →盟767

意味 ❶あかるい。「明月」対暗 ❷はっきりしている。かしこい。「▼賢明・明確・明君」❸あけてつぎの。「明朝」❹夜があける。「未明」

難しい読み 明星・明朝（みょうちょう・みょうあさ）・明日（みょうにち・

4画

こたえ いもうと（妹）。（女＋未）。

日の部（ひ・ひへん） 4画 明

名まえで使う読み あか・あかり・あかる・あき・あきら・あけ・きよし・くに・てる・とおる・とし・のり・ひろ・みつ・めい・よし

使い分け あける 明ける・空ける・開ける

【明ける】あかるくなる。ある期間がおわる。例 夜が明ける。／年が明ける。／つゆが明ける。

【空ける】からにする。例 ビンの中身を空ける。／席を空ける。／旅行で一週間家を空ける。

【開ける】しめてあるものをひらく。例 まどを開ける。／ふたを開ける。／店を開ける。

【明後日】みょうごにち あしたの次の日。あさって。

【明後年】みょうごねん 明年のさらに次の年。再来年。

【明星】みょうじょう 「金星」のこと。参考 夜明け前に東の空に見えるのを「明けの明星」、夕ぐれに西の空に見えるのを「宵の明星」という。

【明朝】みょうちょう／みょうあさ 次の日のあさ。あすのあさ。

【明日】みょうにち／あす きょうの次の日。あした。

【明年】みょうねん ことしの次の年。来年。

【明晩】みょうばん あすのばん。明夜。

【明暗】めいあん ①明るさとくらさ。また、色のこい、うすい。例 この写真は明暗がはっきりしている。②しあわせとふしあわせ。例 兄弟で人生の明暗を分ける。

【明快】めいかい すじ道が通っていて、よくわかるようす。例 明快な論理。

【明確】めいかく はっきりしていて、まちがいのないこと。例 明確な返答。

【明記】めいき はっきりと、よくわかるように書くこと。例 氏名を明記する。

【明鏡止水】めいきょうしすい 四字熟語 心がどんなことにもわずらわされないで、すみきっていること。例 明鏡止水の心境。参考「明鏡」は、くもりのないかがみのこと。「止水」は、すんだしずかな水のこと。

【明君】めいくん かしこい君主。対 暗君

【明月】めいげつ ①すみきった、明るい月。②むかしのこよみで八月十五夜の月。名月。

【明言】めいげん はっきり言うこと。例 明言をさける（=はっきり言わず、あいまいにする）。

【明細】めいさい ①はっきりしていて、くわしいこと。例 明細に記録する。②「明細書」のりゃく。例 給与明細。

使い分け めいき 明記・銘記

【明記】よくわかるようにはっきり書くこと。例 欠席の理由を明記する。／住所氏名を明記する。

【銘記】はっきりと心にきざんでわすれないこと。例 先生の教えを心に銘記する。

【明細書】めいさいしょ 内容をくわしく書いたもの。明細。

1【明治】めいじ 明治天皇がくらいについていたときの年号。一八六八年から一九一二年まで。

2【明示】めいじ はっきりしめすこと。例 内容を明示する。

【明答】めいとう はっきりした返事。また、はっきりとした答え。例 明答をさける。使い分け「名答」は、ぴたりと言い当てた答え。

【明白】めいはく はっきりしていて、うたがわ

しいところがないこと。例 明白な証拠。／あの人がうそをついていないことは明白だ。

【明文化】めいぶんか はっきりと文章にしてしめすこと。例 決定事項を明文化する。

【明明白白】めいめいはくはく 四字熟語 「明白」を強めたことば。参考 ふつう「明々白々」と書く。

【明▼滅】めいめつ あかりが、ついたりきえたりすること。例 灯台が明滅する夜景。

【明▼瞭】めいりょう ものごとがはっきりしていること。例 明瞭に発音する。／簡単明瞭。

【明朗】めいろう ①性格が明るくて、ほがらかなこと。例 明朗な人がら。②うそやごまかしがなく、公平なこと。例 明朗会計。

下につく熟語 解明・究明・言明・光明・公明・克明・山▼紫水明・失明・自明・▼釈明・証明・照明・声明・説明・▼鮮明・灯明・▼透明・発明・判明・表明・不明・文明・弁明

【東】8画 木部4画→587ページ

【沓】8画 水部4画→652ページ

【者】8画 耂部4画→873ページ

日－5画

【映】9画

6年 〈映〉明朝

音 エイ

訓 うつる・うつす・*はえる

2・6画めの横画は6画めを低く。5～7画めは「口」にせず、7画めを左右に出す。

なりたち 形声 央（くっきり分かれる）と日（太陽）を合わせた字。日の光が当たって、明るいところとくらいところのさかいめがくっきり分かれて、物の形があらわれることをあらわした。→央266

意味 ❶うつる。うつす。「映画」❷てりかがやく。はえる。「反映」

使い分け ㋐うつす「写す・映す」→118ページ ㋑はえる「栄える・映える」→590ページ

名まえで使う読み あき・あきら・えい・てる・みつ

【映画】えいが フィルムに光を当て、白いまくの上に動く像をうつしだしたもの。例 映画館。／ドラマを映画化する。

【映写】えいしゃ 映画・スライドなどを、白いまくにうつすこと。

【映像】えいぞう 光によってうつしだされた、もののすがたや形。とくに、テレビや映画の画面にうつしだされたもの。

下につく熟語 上映・放映

日－5画

【昨】9画

4年 〈昨〉明朝

音 サク

訓 ―

※下にくる音により「サッ」ともよむ。

6画めは「ノ」の下方右側で、7画めは6画めの中心より左の下で接する。

なりたち 形声 乍（つみかさねる）と日を合わせた字。日がすぎて、つみかさなった時をあらわした。→作67

意味 きのう。すぎさった日。「昨年」

難しい読み 昨日（さく・きのう）

【昨日】さくじつ／きのう きょうの前の日。

【昨年】さくねん ことしの前の年。去年。

【昨晩】さくばん きのうのばん。昨夜。ゆうべ。

【昨夜】さくや きのうの夜。昨晩。ゆうべ。

【昨今】さっこん このごろ。近ごろ。

日－5画

【春】9画

2年 〈春〉明朝

音 シュン

訓 はる

1・2画めを同じ、3画めを長く。4・5画めはのびやかに。5画めの書き出しに注意。

春 一 二 三 夫 夫 夫 春 春

なりたち 形声 春

むかしの字は、屯(中にずっしりとこもる)と艸(草)と日(太陽)を合わせた字。あたたかくなり、地下にこもっていた草木が芽を出しはじめる季節の「はる」をあらわした。↓屯326

意味 ❶季節のはる。「春季」 ❷年のはじめ。「新春」 ❸年ごろ。青年期。「青春」

難しい読み 春雨

名まえで使う読み あずま・あつ・かす・かず・しゅん・す・とき・は・はじめ・はる

【春夏秋冬】しゅんかしゅうとう 四字熟語 はるとなつとあきとふゆ。四季。また、「一年じゅう」のいみでもつかう。例 春夏秋冬トマトが買える。

1【春季】しゅんき 春の季節。

2【春期】しゅんき 春の期間。春の間。

【春▼暁】しゅんぎょう 春の夜明け。

【春秋に富む】しゅんじゅうにとむ 故事成語 年がわかくて、希望にみちた将来がまだたっぷりある。例 春秋に富む若者。参考「春秋」は、年月のいみで、年月がじゅうぶんにあるといういみから。

【春▼宵一刻値千金】しゅんしょういっこくあたいせんきん 故事成語 気分がよくて、けしきのうつくしい春の夜のすばらしさは、ひとときが千金のねうちをもつということ。参考「一刻」は、わずかな時間のいみ。「千金」は、一〇〇〇両で、大金のいみ。

【春分】しゅんぶん 春の、昼と夜の長さが同じになる日。春の彼岸の中日。毎年三月二一日ごろ。対 秋分

【春▼眠▼暁を覚えず】しゅんみんあかつきをおぼえず 故事成語 春の夜はみじかくて、ねごこちもよいので、夜が明けてもねむりからさめない、ということ。参考 中国の詩人、孟浩然の詩から。

【春先】はるさき 春のはじめのころ。

【春雨】はるさめ ①春、しとしとふる雨。②大豆からつくる、すきとおったそうめんのような食べ物。注意「はるあめ」と読まないこと。

下につく熟語 ＊小春・初春(しょしゅん・はつはる)・早春・＊常春・晩春・立春

日－5画

【昭】

9画 3年 〔昭〕明朝

音 ショウ 訓 —

日 昭

「日」と「召」の縦はば、「刀」と「口」の横はばは、ほぼそろえると整えやすい。

昭

なりたち 形声 召(へ形にまがる)と日(太陽)を合わせた字。日の光が反射して、すみずみまでてらすようすをあらわした。↓召192

意味 はっきりしている。あきらか。

名まえで使う読み あき・あきら・しょう・てる・はる

【昭和】しょうわ 昭和天皇がくらいについていたときの年号。一九二六年一二月二五日から一九八九年一月七日まで。

日－5画

【是】

9画 常用 〔是〕明朝

音 ゼ 訓 —

なりたち 会意 是

日(スプーンの頭)と一(柄)と止(まっすぐすすむ足)を合わせた字。「まっすぐ」というイメージをもち、まっすぐで正しいことをあらわした。

是のつく漢字グループ

「是」のグループは「まっすぐ」「まっすぐのびる」というイメージがある。

↓堤240 ↓提516 ↓題1073 ↓醍1013

れ。

意味 ❶ただしい。よい。「▼是非」 対 非 ❷これ。

名まえで使う読み これ・すなお・ぜ・ただし・つな・ゆき・よし

【▼是正】ぜせい あやまりをなおして、ただしくすること。例 不公平を是正する。

【▼是▼是非非】ぜぜひひ 四字熟語 よいことはよい、わるいことはわるいとして、公平な態度で判断すること。例 是々非々の立場をとる。参考 ふつう、「是々非々」と書く。

【▼是認】ぜにん よいと、みとめること。例 かれのことばを是認する。対 否認

【▼是非】ぜひ ①よいかわるいか。例 方法の是非について話し合う。②かならず。きっと。例 夏休みには、ぜひ、おいでください。参考 ②は、多くかなで書く。

日－5画

【星】

9画 2年 〔星〕明朝

音 セイ・ショウ*
訓 ほし

※上にくる音により「ジョウ」「ぼし」ともよむ。

「生」は「日」より横広に。「日」は下せばめにして横長に。9画めを一番長く。

なりたち 形声 生-晶-星

生(すみきっている)と晶(三つ星のすがた)を合わせた字。すんできよらかに光る「ほし」をあらわした。→生737 →晶559

意味 ❶空のほし。「星座・流れ星」 ❷小さな点。「黒星・白星」

名まえで使う読み せい・とし・ほし

【星雲】せいうん 望遠鏡で見ると、雲のように見えるたくさんの星のあつまり。例 アンドロメダ星雲。

【星座】せいざ たくさんの星をいくつかのあつまりに分けて、それぞれに名前をつけたもの。伝説や神話にもとづいて、人や動物や物の形に見たてる。

【星条旗】せいじょうき アメリカ合衆国の国旗。参考 州の数を、星とすじ(＝条)であらわしていることから。

【星▼霜】せいそう 年月。歳月。例 幾星霜をへた大木。参考 星は一年で天を一回りし、霜は年ごとにおりることから。

【星団】せいだん ひとかたまりになっている星のあつまり。

【星▼影】ほしかげ 星の光。

【星月夜】ほしづきよ 月は出ていないが、星の光で、月夜のように明るい夜。参考 「ほしづくよ」ともいう。

星霜

下につく熟語 *一番星・*一等星・衛星・▼巨星・▼恒星・織女星・新星・図星・北▼斗七星・明星・遊星・流星・▼惑星

日－5画

【昼】

9画 2年

日－7画 【晝】 11画 人名

〔昼〕明朝

音 チュウ
訓 ひる

「コ」の高さをせばめて下部を広く。「日」は「尺」と接してもよい。9画めを長く。

なりたち 会意 晝-晝(昼)

もとの字は「晝」。晝をりゃくしたものと日を合わせた字。晝(＝画)は、田のまわりを区切ること。晝は、日の出と日の入りで区切られる時間、つまり「ひる」をあらわした。

意味 ❶ひる。「昼夜」 対 夜 ❷まひる。

名まえで使う読み あき・あきら・ちゅう・ひる

【昼間】ちゅうかん／ひるま 朝から夕方までの間。例 昼間人口。対 夜間

こたえ たから(宝)。(宀＋玉)。「宀」は、家の屋根をあらわす。

【昼食】ちゅうしょく ひるごはん。
【昼夜】ちゅうや 昼と夜。昼も夜も。
【昼夜兼行】ちゅうやけんこう 四字熟語 ものごとを昼も夜も休まないでおこなうこと。例 昼夜兼行で工事をいそぐ。
【昼寝】ひるね 昼間、少しねむること。

下につく熟語 白昼・真昼

日の部 5画 昴・昧 6画 晏・晃・晄・晒・時

【昴】
日－5画 9画 人名 〔昴〕明朝 音 ボウ 訓 すばる

なりたち 形声 卯(止まる)と日を合わせた字。六つの星がまとまって天に止まっている「すばる」をあらわした。

意味 すばる。中国の星座の名。▽六つの星がかたまって見えるので「六連星」ともいう。

名まえで使う読み すばる

【昧】
日－5画 9画 常用 〔昧〕明朝 音 マイ 訓 ―

なりたち 形声 未(はっきり見えない)と日を合わせた字。日光がかすかで物がよく見えないようす。→未581

意味 ❶くらい。❷ものごとをよく知らない。おろか。「▽愚▽昧(=おろかで道理がわからないこと)」❸はっきりしない。「▽曖▽昧」

注意 「味」とまちがえないこと。

下につく熟語 ＊三▽昧(さん・まい・ざん)・▽蒙▽昧

【音】 9画
音部0画→1064ページ

【香】 9画
香部0画→1085ページ

【晏】
日－6画 10画 人名 〔晏〕明朝 音 アン 訓 おそい・やすらか

意味 ❶おそい。❷やすらか。「▽晏▽如」

名まえで使う読み あん・おそ・さだ・はる・やす

【▽晏▽如】あんじょ 心がやすらかで、おちついているようす。

【晃】
日－6画 10画 人名 〔晃〕明朝 音 コウ 訓 あきらか

なりたち 形声 光(四方に広がる)と日(日光)を合わせた字。

意味 ひかりかがやく。あきらか。「▽晃▽晃」

名まえで使う読み あき・あきら・こう・てる・ひかる・みつ

【晄】
日－6画 10画 人名 〔晄〕明朝 音 コウ 訓 あきらか

なりたち 形声 光(四方に広がる)と日(日光)を合わせた字。

意味 あかるい。あきらか。

名まえで使う読み あき・あきら・てる

【晒】
日－6画 10画 人名 〔晒〕明朝 音 サイ 訓 さらす

意味 ❶さらす。日や雨風に当てたままにする。「雨▽晒し」❷くすりをつかったり、日光に当てたりして白くする。「▽晒し粉」

【時】
日－6画 10画 2年 〔時〕明朝 音 ジ 訓 とき

※上にくる音により「どき」ともよむ。

「日」より「寺」を大きく。「寺」の横画は7画めを一番長く。

1	2	3	4	5	6	7	8	9	10
ǀ	П	月	日	日一	日十	日土	日圭	時	時

なりたち 形声 寺(まっすぐすすむ)と日(太陽)を合わせた字。太陽がすすんでいって、ときがたつことをあらわした。→寺307

意味 ❶月日のながれ。「時間」❷一日を二四に分けたもの。「時速」❸ころ。おり。「時期」

難しい読み 時雨・時計

名まえで使う読み これ・ちか・はる・もち・ゆき・よし・より

【時価】じか そのときの品物のねだん。例 時価一〇〇〇万円のダイヤモンド。
【時間】じかん ①過去から現在・未来へと、とまることなくつづいていると考えられるもの。とき。㊟空間 ②ときの流れの間の、ある部分。例 楽しい時間をすごす。③時刻。例 集合の時間。④ある時刻から時刻までの間。例 学校にいる時間。／時間割。⑤ときをはかる単位。一時間は、一日を二四に分けた一つ。

【時間の問題】じかんのもんだい 句 近いうちにきまりがつくことがはっきりしていること。例 内閣が総辞職するのも時間の問題だ。

1【時季】じき ちょうどその季節。例 時季はずれ。

2【時期】じき （あることをおこなう）とき。おり。例 試験の時期。

3【時機】じき ものごとをするのに、ちょうどよいとき。チャンス。例 活躍する時機をうしなう。

【時局】じきょく そのときの世の中のなりゆき。例 重大な時局をむかえる。

【時雨】しぐれ 秋から冬にかけて、ふったりやんだりする、にわか雨。

【時化】しけ ①風や雨で、海があれること。例 大時化にあう。②海があれて魚がとれないこと。

1【時効】じこう 法律で、きめられたある期間がすぎたために、権利をえたりうしなったりすること。例 あの事件は時効になっている。

2【時候】じこう 季節によるあつささむさ。四季の気候。例 桜もさいて、よい時候になった。

【時刻】じこく 時間の中の、あるきまったとき。例 発車時刻。／時刻表。

【時差】じさ ①地球上の場所によってちがう、時刻の差。参考 経度が一五度ちがうと一時間の差がある。②時刻をずらすこと。例 時差通勤。

【時事】じじ 今の世界の動きや、世の中のできごと。例 時事解説。

【時時刻刻】じじこっこく／じじこくこく 四字熟語 ①そのときどき。つぎつぎ。例 時々刻々にかわるけしき。②時間がだんだんせまってくるようす。例 発車時刻が時々刻々せまる。参考 ふつう「時々刻々」と書く。

【時日】じじつ 日にちと時間。例 出発の時日を知らせる。

1【時世】じせい うつりかわる世の中。例 時世がかわると人の心もかわる。

2【時勢】じせい 世の中のうつりかわるいきおい。例 時勢におくれをとる。

【時節】じせつ ①季節。例 春の時節。②そのものごとをするのに、よいとき。例 時節の到来をまつ。③世の中のようす。例 むずかしい時節だ。

【時節▼柄】じせつがら そのような季節・世の中であるから。例 時節柄おからだをたいせつに。

【時速】じそく 一時間ですすむきょりであらわす、のりものなどのはやさ。例 時速八十キロメートルで飛ばす。

【時代】じだい ①年月のながれ。②歴史の上で、あるきまりにしたがって区切られた期間。例 江戸時代。③年月をへて、古くなっていること。例 このつぼは時代物だ。④その当時。例 時代の先をゆく。

【時代▼錯誤】じだいさくご 四字熟語 〔ちがう時代のものごとを、同じものとしてしまういみから〕時代おくれなこと。例 古くさい時代錯誤の考え。参考「錯誤」は、あやまり、まちがいのいみ。

【時代背景】じだいはいけい あることのおこった、その時代のいろいろな状況や事情。例 事件の時代背景をしらべてみよう。

【時分】じぶん ①とき。ころ。例 子どもの時分。②ちょうどよいころ。ころあい。例 時分時（＝きまった食事の時刻。食事どき）。

【時報】じほう ①人々に正しい時刻を知らせること。例 ラジオの時報に、時計を合わせる。②そのときどきの、いろいろなできごとを知らせる新聞や雑誌。例 経済時報。

【時流に乗る】じりゅうにのる 句 世の中の動きに合わせて、ものごとが調子よくすすむ。例 時流に乗って事業が発展する。参考「時流」は、その時代の傾向や流行のこと。

【時折】ときおり あることが、時間をおいておこるようす。ときどき。例 雨は時折強くふる。

【時は金なり】ときはかねなり 句 時間はお金

漢字クイズ 手の甲でするどうさは，なんでしょう。

のように大切だから、けっしてむだに使ってはいけないというたとえ。参考 西洋のことわざ。

【時を移さず】ときをうつさず 句 すぐに。ただちに。例 時を移さず実行する。

下につく熟語 ▼瞬時・常時・▼随時・寸時・戦時・▼即時・定時・当時・同時・日時・平時・毎時・幼時・臨時 一時（いちじ・いっとき・ひととき）・今時・片時・潮時・

日－6画
晋 10画 人名 〔晉〕明朝
音 シン 訓 すすむ

なりたち 会意 𦤺（矢が地面にとどく）と日（太陽）を合わせた字。太陽がずんずんすすむことをあらわした。

意味 ❶ずんずんすすむ。❷むかし、中国にあった国。しん。

注意 「普」とまちがえないこと。

名まえで使う読み あき・くに・しん・すすむ・ゆき

日－6画
晟 10画 人名 〔晟〕明朝
音 セイ 訓 あきらか

なりたち 形声 成（みちあふれる）と日（日光）を合わせた字。↓成483

意味 あきらか。あかるい。

名まえで使う読み あきら・せい・てる・まさ

書 10画 曰部6画 ↓566ページ

日－7画
晦 11画 人名 〔晦〕明朝
音 カイ 訓 みそか

意味 ❶月末の月が出ないやみ夜。みそか。つごもり。▽それぞれの月の最後の日を「▽晦日」、十二月の最後の日を「大▽晦日」という。❷くらい。わからない。

日－7画
晨 11画 人名 〔晨〕明朝
音 シン 訓 あした

意味 あさ。夜明け。「▽晨光（＝早朝の日の光）」

名まえで使う読み あき・しん・とき・とよ

喝 11画 口部8画 ↓212ページ

曹 11画 曰部7画 ↓567ページ

日－8画
暁 12画 常用
日－12画
曉 16画 人名 〔暁〕明朝
音 ギョウ 訓 あかつき

なりたち 形声 もとの字は「曉」。堯（高くあがる）と日（太陽）を合わせた字。太陽があがって、明るくなるときをあらわした。↓尭102

意味 ❶あかつき。夜あけ。「▼暁天・早▼暁」❷よくわかる。「通▼暁」

名まえで使う読み あかつき・あき・あきら・あけ・ぎょう・さとし・さとる・とき・とし

【▼暁天】ぎょうてん 夜明けの空。また、明け方。例 暁天の星（＝数が少ないことのたとえ）。

日－8画
景 12画 4年 〔景〕明朝
音 ケイ 訓 ―

字形は◇形を目安に、6画めを長く。「日」は下せばめ、横長に。12画めは止める。

1	2	3	4	5	6	7	8	9	10	11	12
丨	冂	日	日	旦	早	早	旱	旲	昙	景	景

なりたち 形声 京（明るい）と日（日光）を合わせた字。明るくてらす日の光をあらわした。↓京47

意味 ❶けしき。ようす。「光景・風景」❷ありさま。「景気」❸売るものにそえて、客におくる品物。「景品」

難しい読み 景色

名まえで使う読み あきら・かげ・けい・ひろ

【景観】けいかん けしき。ながめ。風景。

【景気】けいき ①社会の経済の状態。また、商売が、もうかるか、もうからないかのようす。例 景気が回復する。②ものごとのいきおい。元気。例 景気よくクラッカーを鳴らす。

【景勝】けいしょう すぐれたけしき。例 景勝の地をたずねる。

【景品】けいひん 売る品物にそえて客におくる品物。おまけ。
【景色】けしき 山や野や海や川などの、自然のながめ。風景。

使い分け けしき 景色・気色

【景色】目の前に広がる、ながめ。例 このビルから見る夜の景色は、最高だ。

【気色】たいど。顔つき。例 気色ばむ(＝心の中の思いやいかりを表情にあらわす)。

下につく熟語 遠景・近景・殺風景・情景・絶景・＊全景・＊点景・背景・夜景

暑

日－8画 12画 3年 日－9画【暑】13画 人名 〔暑〕明朝

音 ショ
訓 あつい

上の「日」は下せばめに横長に、下の「日」はまっすぐ縦長に。7・8画めを長く。

筆順：丶 口 日 旦 早 旱 昊 昊 旲 暑 暑 暑

なりたち 形声 者(一か所にあつまる)と日(太陽)を合わせた字。太陽の熱が集中して「あつい」ことをあらわした。→者873

意味 あつい。あつさ。「残暑・▼炎暑」対 寒

使い分け あつい「熱い・暑い・厚い」→706ページ

【暑気】しょき 夏のあつさ。例 暑気あたりで苦しむ。対 寒気

暑気

【暑中】しょちゅう 夏のもっともあついころ。とくに夏の土用の一八日間をいう。例 暑中見舞いを出す。対 寒中

下につく熟語 寒暑・▼酷暑・▼避暑・▼猛暑

晶

日－8画 12画 常用 〔晶〕明朝

音 ショウ
訓 ―

なりたち 象形 三つの星をえがいた字。→星555

意味 ❶あきらか。きよらかにかがやくようす。❷すきとおった水晶。きらきら光る鉱物。「結▼晶」

名まえで使う読み あき・あきら・しょう・てる・まさ

晴

日－8画 12画 2年 〔晴〕明朝

音 セイ
訓 はれる・はらす

4・6画めは同じ長さにして7画めを長く。9画めは左下にはらっても誤りでない。

筆順：丨 刀 月 日 日一 日十 日丰 日丰 日丰 晴 晴 晴

なりたち 形声 青(すみきっている)と日(太陽)を合わせた字。日が出て空がすみきっていることをあらわした。→青1057

意味 はれる。はれ。「晴天・秋晴れ」

名まえで使う読み きよし・せい・てる・なり・はる・はれ

【晴雨】せいう 晴れと、雨ふり。例 あすの会は晴雨にかかわらずおこなう。

【晴耕雨読】せいこううどく 四字熟語 晴れた日には田畑をたがやし、雨の日には家の中で読書を楽しむこと。ゆったりとした自由気ままな生活をすることのたとえ。例 晴耕雨読の日々を楽しむ。

晴耕雨読

こたえ お(押)す。(扌＋甲)。

日の部 8画 智・晩・普

【晴天】せいてん よく晴れわたった空。また、天気がよいこと。例 晴天にめぐまれる。対 雨天

上につく熟語 *晴れ着・*晴れ姿

下につく熟語 快晴・*五月晴れ

日－8画

【智】

12画 人名 〔智〕明朝

音 チ　訓 さとい

なりたち 形声 知(まっすぐ)と曰(いう)を合わせた字。ものごとの本質をずばりと理解するいみをあらわした。

意味 ❶**かしこい。**「▽智者」 ❷**ちえ。**「▽智▼恵」

参考 ふつう「知」に書きかえる。「▽智恵→知恵」「▽智能→知能」「英▽智→英知」「機▽智→機知」「無▽智→無知」「理▽智→理知」

名まえで使う読み あきら・さかし・さと・さとし・さとる・ち・とし・とみ・とも・のり・まさる・もと

【▽智略】ちりゃく 知恵をはたらかせたはかりごと。例 智略をめぐらす。

日－8画

【晩】

12画 6年

日－7画 【晩】11画 人名 〔晩〕明朝

音 バン　訓 ―

晩　晩

「日」より「免」を大きく。「ク」は5画めを長く。「儿」を大きくして安定させる。

なりたち 形声 免(やっと通りぬける)と日(太陽)を合わせた字。くらくなって、やっとものが見通せる時間、つまり「ひぐれ」をあらわした。→免102

意味 ❶**日ぐれ。夕ぐれ。夜。**「今晩」 ❷**おそい。おわりのころ。**「晩秋」対 早

難しい読み 晩生(おくて)・晩▼稲(おくて・ばんとう)

名まえで使う読み おそ・かげ・くれ・ばん

1 **【晩生】**おくて ①そだつのがおそい作物。②からだや心の成長がおそいこと。また、その人。参考 ②は「奥手」とも書く。対 ①②早生

2 **【晩▼稲】**おくて/ばんとう おそくみのる品種のイネ。対 早稲 使い分け 「晩生」と区別してつかおう。

【晩夏】ばんか 夏のおわりごろ。対 初夏

【晩学】ばんがく 年をとってから学問をはじめること。例 伊能忠敬は晩学の人だった。

【晩▽餐】ばんさん 夜の食事。夕食。とくに、あらたまった夕食。例 晩餐会。

【晩秋】ばんしゅう 秋のおわりごろ。対 初秋

【晩春】ばんしゅん 春のおわりごろ。対 初春・早春

【晩▼鐘】ばんしょう 夕ぐれを知らせる鐘の音。

【晩冬】ばんとう 冬のおわりごろ。対 初冬

【晩年】ばんねん 人間の一生のうちで、おわりのころ。例 祖父の晩年は病気がちであった。

下につく熟語 朝晩・昨晩・早晩・明晩

日－8画

【普】

12画 常用 〔普〕明朝

音 フ　訓 ―

なりたち 形声 竝(ならぶ)と日(日光)を合わせた字。日の光がならぶように広がるようすをあらわした。

意味 ❶**広くいきわたる。**「▼普▼及・▼普▼遍」 ❷**なみ。**「▼普通」

名まえで使う読み かた・ひろ・ひろし・ふ・ゆき

【▼普▼及】ふきゅう 広くいきわたること。例 スマートフォンが普及する。

【▼普▼請】ふしん 家をたてること。また、土木工事をすること。注意 「ふせい」と読まないこと。

【▼普段】ふだん つねひごろ。いつも。

【▼普通】ふつう かわったところがないこと。あたりまえ。対 特別

【▼普▼遍】ふへん どんなものにも共通してあてはまること。例 普遍の真理。

【▼普▼遍性】ふへんせい すべてのものに通じる性質。あらゆる場合にあてはまる性質。例 人間の普遍性をえがいた小説。

ましょう。

【普▼遍的】ふへんてき 広い範囲のあらゆるところにあてはまるようす。例 平和への願いは普遍的だ。

【最】12画 曰部8画→568ページ

【替】12画 曰部8画→569ページ

【量】12画 里部5画→1017ページ

日－9画

【暗】13画

3年 〈暗〉明朝 音 アン 訓 くらい

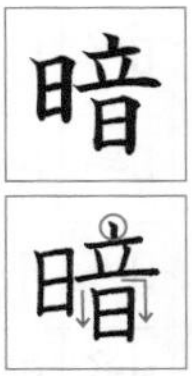

「音」は、5画めは点でも良く、9画めを長く、「日」は縦長に。

なりたち 形声 音(中に入れてふさぐ)と日(太陽)を合わせた字。中にとじこめられて「くらい」ことをあらわした。→音1064

意味 ❶くらい。「暗室」対 明 ❷おろか。「暗君」 ❸かくれて見えない。「暗▼礁」 ❹そらで。見ないで。「暗記」 ❺ひそかに。「暗殺」

【暗雲】あんうん ①雨がふりだしそうな、くろい雲。②事件がおこりそうなようすのたとえ。例 両国の間に暗雲がただよう。

【暗▼影】あんえい ①くらいかげ。②何か、わるいことがおこりそうなきざし。

【暗記】あんき そらでおぼえること。例 百人一首を暗記する。／丸暗記。

【暗君】あんくん 国をおさめる力のない、おろかな君主。対 明君

【暗号】あんごう 人に知られないように通信するために、なかまの間できめた秘密の符号。

【暗黒】あんこく ①まっくらなこと。②世の中の道徳や秩序がみだれていることのたとえ。例 暗黒街。

【暗殺】あんさつ ひそかに、すきをねらってころすこと。例 暗殺者。

【暗算】あんざん 書いたり、そろばんなどをつかったりしないで、頭の中で計算すること。

【暗示】あんじ ①それとなく知らせること。例 未来を暗示するできごと。②知らないうちに、そう思いこませること。例 暗示にかける。

【暗室】あんしつ 光がはいらないようにつくったへや。

1【暗唱】あんしょう 頭の中でおぼえたものを、声に出していうこと。例 詩を暗唱する。

2【暗▼礁】あんしょう 海面のすぐ下にかくれている岩。例 暗礁に乗り上げる(＝こまったできごとにぶつかって、うまくすすまなくなる)。

【暗中模▼索】あんちゅうもさく 四字熟語 どうしたらいいのかわからないが、とにかくあれこれとやってみること。例 成功させる方法を暗中模索する。参考「暗中」は、くらやみの中。「模索」は、手さぐりでさがすこと。

【暗転】あんてん 劇で、まくをおろさずにぶたいをくらくして、場面をかえること。

【暗幕】あんまく へやをくらくするためにつかう黒いまく。

【暗▼躍】あんやく 人に知られないように、かげでこっそり活躍すること。例 スパイが暗躍する。

【暗▼闇】くらやみ ①くらいこと。また、くらいところ。②人目につかないこと。③見とおしがたたず、希望がもてないこと。

下につく熟語 *真っ暗・明暗

日－9画

【暇】13画

常用 〈暇〉明朝 音 カ 訓 ひま

なりたち 形声 叚(かくして見せない)と日を合わせた字。仕事に行かないで、一時的に身をかくして休むことをあらわした。→仮59

意味 ひま。やすみ。「休▼暇」

下につく熟語 寸暇・*手間▼暇・余暇

日－9画

【暉】13画

人名 〈暉〉明朝 音 キ 訓 ひかり・かがやく

なりたち 形声 軍(まるくめぐる)と日(日光)を合わせた字。日の光がまるく広がること

漢字クイズ 白い手に、もう一つ手をくわえると、何をしているのでしょう。漢字2字で答え

をあらわした。→暈998

意味 ❶ひかり。❷かがやき。かがやく。

名まえで使う読み あき・あきら・き・てらす・てる

日－9画

【暖】

13画 6年 〔暖〕明朝

音 ダン

訓 あたたか・あたたかい・あたたまる・あたためる

6～8画めは「ツ」、9・10画めは下を長く、11・12画めの下はそろえる。

筆順：暖 暖 暖 暖 暖 暖 暖 暖 暖 暖 暖 暖 暖

なりたち 形声 もとの字は「暖」。爰（ゆるやか）と日（日光）を合わせた字。日ざしがゆるやかで「あたたかい」ことをあらわした。→援515

意味 ❶あたたか。あたたかい。❷あたたまる。あたためる。「暖冬」対寒・冷

注意 「援」「緩」とまちがえないこと。「暖房」

名まえで使う読み あつ・だん・はる・やす

【暖色】だんしょく 見る人にあたたかそうな感じをあたえる色。赤・黄・だいだいなど。対寒色

【暖冬】だんとう いつもの年よりあたたかい冬。

使い分け あたたかい 暖かい・温かい

【暖かい】気温があたたかい。例暖かいセーター。／暖かい冬。／暖かいへや。／暖かい色。／暖かい沖縄。

【温かい】火の熱があたってあたたかい。心がやさしい。例温かいスープ。／温かい家庭。／温かい人。

【暖房】だんぼう へやの中をあたためること。また、そのためのしかけ。例冷暖房完備。対冷房

【暖流】だんりゅう 赤道から温帯・寒帯にむかってながれる、あたたかい海流。対寒流

【暖炉】だんろ 火をたいてへやをあたためる設備。ペチカ・ストーブなど。参考かべにつくることが多い。

下につく熟語 温暖・寒暖

【照】13画 灬部9画→704ページ

日－10画

【暢】

14画 人名 〔暢〕明朝

音 チョウ

訓 のびる

なりたち 形声 昜（高くあがる）と申（長くのびる）を合わせた字。→陽446

意味 ❶長くのびる。のびのびする。「暢気」❷つかえずに、よくとおる。「流暢」

名まえで使う読み いたる・かど・ちょう・とおる・なが・のぶ・のぶる・まさ・みつ・みつる

【暢気】のんき ものごとをあまり気にしないで、のんびりとしていること。また、心配や苦労がないこと。例暢気な性格。参考「呑気」とも書くが、どちらもあて字で、本来は「暖気」と書いた。

日－10画

【暮】

14画 6年 〔暮〕明朝

音 ボ*

訓 くれる・くらす

上の「日」は横長に、下の「日」は縦画は真下で縦長に。8画めと「八」は長く。

筆順：一 十 艹 艹 苩 苩 苴 莫 莫 莫 莫 暮 暮 暮

なりたち 形声 茻-莫-莫 日 暮

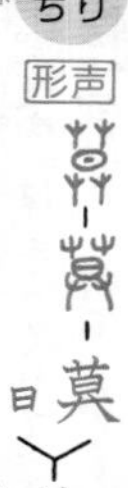

莫は、茻（くさはら）と日を合わせて、草原のかなたに太陽がしずむようす。莫が「ない」とい

4画

ういみにもちいられるようになったので、さらに日をそえた暮で、太陽がしずむことをあらわした。→莫395

意味 ❶日がくれる。「暮色・日暮れ」❷年がおわる。「歳暮」

【暮色】ぼしょく 夕ぐれのうすぐらい色や感じ。夕方のけしき。例 暮色につつまれる。

下につく熟語 薄暮

日－10画

【暦】

14画 常用

日－12画 【曆】16画 人名 〈曆〉明朝

音 レキ
訓 こよみ

なりたち 形声 もとの字は「曆」。厤(順序よくつぎつぎとならぶ)と日を合わせた字。順序よく日付のならぶカレンダーをあらわした。→歴627

意味 こよみ。「旧暦・新暦」

注意 「歴」とまちがえないこと。

【暦学】れきがく こよみのことについて研究する学問。

【暦年】れきねん こよみのうえでの一年。一月一日から十二月三十一日まで。

【暦法】れきほう こよみをつくる方法。また、こよみにかんする法則。

下につく熟語 陰暦・還暦・西暦・太陰暦・太陽暦・陽暦

日－11画

【暫】

15画 常用 〈暫〉明朝

音 ザン
訓 しばらく*

意味 しばらく。わずかのあいだ。「暫定」

【暫時】ざんじ しばらく。少しの間。

【暫定】ざんてい 一時のものとして、かりにきめること。例 暫定予算。

日－11画

【暴】

15画 5年 〈暴〉明朝

音 ボウ・バク*
訓 あばく*・あばれる

8画めと「八」を長くして整える。「氺」を「水」にしない。12・15画めは止める。

1	2	3	4	5	6	7	8
丨	冂	日	日	旦	早	昇	昱

9	10	11	12	13	14	15
昪	暴	暴	暴	暴	暴	暴

なりたち 会意 -暴

米(こめ)と出(でる)と廾(両手)と日(太陽)を合わせた字。こめを外に出して太陽にさらすようすを図にして、むきだしにして見せることをあらわした。

暴のつく漢字グループ
「暴」のグループは「四方にはげしく発散する」というイメージがある。→爆708

意味 ❶あらあらしい。「暴力」❷あばれる。「乱暴」❸度をこす。「暴風」❹きゅうにおこる。「暴落」❺あばく。「暴露」

難しい読み 暴露

【暴露】ばくろ ひみつにしていたことや、かくしていたわるいことが明るみに出ること。また、あばいて知らせること。例 秘密を暴露する。

【暴飲暴食】ぼういんぼうしょく 四字熟語 むやみに、酒をのんだり、ものを食べたりすること。

【暴漢】ぼうかん らんぼうをはたらく男。例 暴漢におそわれる。

【暴挙】ぼうきょ ①らんぼうなおこない。②むこうみずな行動。例 暴挙に出る。

【暴君】ぼうくん ①らんぼうで、人々をくるしめる主人や君主。②ひじょうにわがままな人。例 弟は家では暴君です。

【暴言】ぼうげん 人の心をきずつける、らんぼうなことば。例 暴言をはく。

【暴行】ぼうこう 人をなぐったり、けったりすること。らんぼうなおこない。例 いわれのない暴行をうける。

こたえ 拍手。手をたたいている。(扌＋白)と手。

【暴走】ぼうそう ①車などで、でたらめに走ること。例暴走族。②（人がのっていない）車がとつぜん走り出すこと。例電車が暴走した。

【暴徒】ぼうと あつまってらんぼうなことをする人々。暴動をおこす人々。例会場に暴徒が乱入した。

1【暴投】ぼうとう 野球で、投手が捕手のとれないようなボールをなげること。

2【暴▼騰】ぼうとう 物のねだんが、きゅうにひどく上がること。例天候不順でやさいが暴騰する。対暴落

【暴動】ぼうどう 大勢の人が暴力をふるって、世の中をさわがせること。例ついに暴動がおこった。

【暴発】ぼうはつ ①ピストルなどのたまが、不注意でとびだすこと。②おもいがけなく事件がおきること。例騒動が暴発する。

【暴風】ぼうふう はげしい風。

【暴風雨】ぼうふうう はげしい風と雨。あらし。例暴風雨警報。

【暴落】ぼうらく 物のねだんが、きゅうにひどく下がること。例全世界で株価が暴落する。対暴騰

【暴利】ぼうり ふつうの利益をはるかにこえた、不当に多い利益。例暴利をむさぼる。

【暴力】ぼうりょく けったりなぐったりする、らんぼうなふるまい。例暴力をふるう。

下につく熟語 横暴・▼凶暴・▼狂暴・▼粗暴

【魯】15画 魚部4画 ↓1099ページ

曇

日－12画 16画 常用 〔曇〕明朝 音ドン 訓くもる

意味 くもる。くもり。「▼曇天・▼薄▼曇り」

注意 「くもる」を「雲る」と書かないこと。

【▼曇天】どんてん くもり空。また、天気がくもっていること。くもり。

曖

日－13画 17画 常用 〔曖〕明朝 音アイ 訓 ―

なりたち 形声 愛と日を合わせた字。愛は、胸がいっぱいつまることから、周囲をふさいで中にこもるというイメージをもつ。曖は、日光が雲にふさがれて暗くなるようすをあらわした。→愛471

意味 くらい。また、はっきりしない。「▼曖▼昧」

【▼曖▼昧】あいまい ものごとがはっきりしないさま。例曖昧な返事。

曙

日－13画 17画 人名 〔曙〕明朝 音ショ 訓あけぼの

意味 夜があけてあかるくなるころ。あけぼの。「▼曙光」

名まえで使う読み あきら・あけ・しょ

【▼曙光】しょこう ①あけぼのの光。②わずかな明るい見とおしのたとえ。

曜

日－14画 18画 2年 〔曜〕明朝 音ヨウ 訓 ―

曜 曜

「ヨ」は平たく、「隹」を縦長にして組み立てる。「隹」の横画の間は等しく。

なりたち 形声 翟－曜（曜）

もとの字は「曜」。翟と日（太陽）を合わせた字。翟は、羽（はね）と隹（とり）を合わせた字。キジの尾の羽が高く上がるようすを図にして、高く上がるというイメージをもつ。曜は、光が高く上がってかがやくこと、また、かがやく星（七曜）をあらわした。

翟のつく漢字グループ

「翟」のグループは「高く上がる」というイメージがある。常用漢字では「翟」になる。

↓曜 564 ↓濯 692 ↓耀 871 ↓躍 995

意味 一週間のそれぞれの日の名前につけることば。「曜日」

名まえで使う読み あきら・てらす・てる・よう

【曜日】ようび 日・月・火・水・木・金・土であらわした、一週間の日の種類。

下につく熟語 ＊七曜・＊日曜

日－15画

【曝】

19画 人名 〈曝〉明朝

音 バク 訓 さらす

意味 なかみをそとに出して、日に当てる。さらす。「▽曝▽露」

参考 ふつう「暴」に書きかえる。「▽曝露→暴露」

4画 曰

ひらび いわく

なりたち

「曰」のいみ、「いう」に関係なく、字形のうえで目じるしとなる字をおおくあつめる。

この部首の字

2画 曳 565　2画 曲 565　3画 更 566　6画 書 566　7画 曹 567　7画 曽 567　8画 最 568　8画 曾 567　8画 替 569

ほかの部首の字

甲→田部 743　申→田部 743　由→田部 743　昌→日部 551　東→木部 587　冒→目部 776　香→香部 1085　量→里部 1017　曇→日部 564

◆ここにあげたほかに、「曰」のふくまれている字は、544ページの【日の部】にもあります。

【甲】5画 田部0画→743ページ

【申】5画 田部0画→743ページ

【由】5画 田部0画→743ページ

曰－2画

【曳】

6画 人名 〈曳〉明朝

音 エイ 訓 ひく

意味 ひく。ひっぱる。「▽曳航」

名まえで使う読み とお・のぶ

【▽曳航】えいこう 船が、べつの船をひっぱって行くこと。例 曳航船。

曰－2画

【曲】

6画 3年 〈曲〉明朝

音 キョク 訓 まがる・まげる

※下にくる音により「キョッ」ともよむ。

曲 曲

1・2画めの縦画は内側に向け、ともに下を少し出す。内部の空間は等しく。

1 丨 2 冂 3 巾 4 曲 5 曲 6 曲

なりたち 象形 ―曲

L形のものさしをえがいた字。

意味 ❶まがる。まげる。「曲線」対直 ❷入りくんでいる。「委曲」 ❸いつわり。よこしま。「曲解」対直 ❹音楽のふし。「作曲」 ❺ふくざつなわざ。「曲芸」 ❻しばい。「▽戯曲」

名まえで使う読み きょく・くま・のり

難しい読み 曲者

【曲尺】かねじゃく 〔大工などが使う〕直角に曲がった金属のものさし。

【曲芸】きょくげい （ふつうにはできない）かわった芸当。例 曲芸飛行。

【曲折】きょくせつ ①ものごとがこみいって

漢字クイズ 「欧州」とは，どこのことでしょう。

いて、変化があること。また、ものごとの、こみいった事情。例曲折の多い人生。／紆余曲折（＝事情があって、めんどうなことが多いこと）。②おれまがること。例曲折した道。

【曲線】きょくせん　まがった線。対直線

【曲直】きょくちょく　正しいことと、正しくないこと。例理非曲直（＝道理にかなった正しいことと、正しくないこと）。

【曲目】きょくもく　音楽の曲の名。

【曲解】きょっかい　人が言うことなどを、わざとわるく考えること。例かれのことばを曲解する。

【曲者】くせもの　①あやしい人。②ゆだんのできない人。

下につく熟語 ＊▽婉曲・歌曲・▼屈曲・組曲・序曲・新曲・＊同工異曲・▼舞曲・編曲・名曲・▼浪曲・▼湾曲

曰－3画

【更】

7画 常用 〔更〕明朝

音 コウ
訓 さら・ふける・ふかす

意味 ❶かえる。あらためる。「▼更新・変▼更」❷夜がおそくなる。「深▼更（＝夜ふけ）」

難しい読み ▼更▼迭・▼更▽紗

名まえで使う読み こう・さら・つぐ・とお・とく・のぶ

【▼更衣室】こういしつ　衣服をきがえるためのへや。

【▼更改】こうかい　きまりや約束などをかえて、あらためること。例契約を更改する。

【▼更新】こうしん　古いものを、あらためて新しくすること。例免許証を更新する。

【▼更生】こうせい　①生きかえること。例会社更生法。②考えをあらためて、よくなること。例悪の道から更生する。③役に立たなくなったものを、もう一度つかえるようにすること。

【▼更▼迭】こうてつ　その役目についている人をかえること。例大臣を更迭する。

注意「更送」と書かないこと。

【▼更▽紗】さらさ　花・鳥などのもようを、いろいろな色でそめたぬの。参考もとはポルトガル語。

【▼更地】さらち　つかってないあき地。とくに、家も立ち木もない土地。

【昌】8画 日部4画→551ページ
【東】8画 木部4画→587ページ
【冒】9画 目部4画→776ページ
【香】9画 香部0画→1085ページ

曰－6画

【書】

10画 2年 〔書〕明朝

音 ショ
訓 かく

※上にくる音により「ジョ」ともよむ。

書 書

横画は2画めを一番長く書く。「曰」は下せばめにして横長に。横画の間は等しく。

1	2	3	4	5	6	7	8	9	10
㇇	⺕	⺕	⺕	⺺	聿	聿	書	書	書

なりたち 形声 書は聿、曰は者がかわったもの。者（一か所にくっつける）と聿（筆）を合わせた字。ふでで字を書きつけておくことをあらわした。→者873

意味 ❶字を書く。「書記」❷もじ。「書体」❸ほん。てがみ。帳簿。「書類」

難しい読み 書留

名まえで使う読み しょ・のぶ・のり・ひさ・ふみ

【書留】かきとめ　まちがいなくあいてにとどくように、とくべつのとりあつかいをする郵便。書留郵便。

【書院】しょいん　①書斎。②書院づくりのへや。

1【書▼架】しょか　本だな。例図書館の書架に本をもどす。

2【書家】しょか　書道を仕事にしている人。書道

らわしたことば。

の専門家。

【書画】しょが 書(=すみと筆で書いたもの)と絵。

【書簡】しょかん 手紙。書状。参考 あらたまったことば。

【書記】しょき ①会議などの記録をする役。また、その人。例 学級会の書記。②書類の作成・整理などの事務をする役。また、その人。例 書記官。

【書庫】しょこ 本を入れておく、くら。例 祖父の書庫にはたくさんの本がある。

【書斎】しょさい 本を読んだり、ものを書いたりするためのへや。例 書斎にこもる。

【書式】しょしき 願書・とどけ書・証書などの、きまった書き方。

使い分け かく 書く・描く

【書く】文字でしるす。文章をつくる。例 字を書く。/手紙を書く。/詩を書く。

【描く】絵や図をあらわす。えがく。例 油絵を描く。参考「描く」は、「画く」とも書く。

【書写】しょしゃ 文字を筆で書くこと。また、小学校で、毛筆・硬筆をつかっておこなう習字。

【書状】しょじょう 手紙。書簡。例 書状をしためる。

【書生】しょせい ①「学生」の古い言い方。②よその家のせわになって、その家の仕事をてつだうなどしながら勉強する人。

【書籍】しょせき 書物。本。

【書体】しょたい ①文字のいろいろな書き方。漢字のかい書・行書・草書・れい書・てん書など。②印刷につかわれる活字のかたち。明朝体・教科書体など。③文字の書きぶり。例 力強い書体。

【書店】しょてん 本を売る店。本屋。

【書道】しょどう 筆で文字を書く芸術。

【書評】しょひょう 本について批評した文。

【書面】しょめん 手紙。文書。また、そこに書かれてあることがら。

【書物】しょもつ 本。書籍。図書。

【書類】しょるい 事務に関係のある、文字で書いたもの。文書。書き付け。

下につく熟語 遺書・*絵葉書・願書・行書・原書・古書・古文書・司書・辞書・証書・信書・親書・清書・聖書・草書・蔵書・代書・調書・著書・投書・読書・図書・内申書・葉書・白書・板書・秘書・封書・文書・洋書・和書

曰－7画

【曹】

11画 常用 〔曹〕明朝

音 ソウ 訓 —

意味 ❶裁判にかんけいする役人。「法曹界」 ❷自衛隊や軍隊で、下士官の階級。「陸曹」

曰－7画

【曽】

11画 常用

曰－8画 【曾】 12画 人名 〔曽〕明朝

音 ソウ・ゾ 訓 —

なりたち 象形 曾(曽)

もとの字は「曾」。曾(=曽)は、こんろの上にせいろう(むし器)をかさねて、その上に湯気が出ているすがたをえがいた字。だんだんと上にかさなるというイメージをもつ。

曽のつく漢字グループ

「曽」のグループは「上にかさなる」というイメージがある。常用漢字では「曽」になる。

→増244 →層325 →憎479 →贈987

意味 ❶世代がかさなる。「未曽有」「曽祖父」 ❷これまでに。かつて。

参考「曽」はひらがな「そ」、「曾」はカタカナ「ソ」のもとになった字。

名まえで使う読み かつ・そ・そう・つね・なり・ま

こたえ ヨーロッパ。あて字で書いた「欧羅巴」の「欧」と「州(=大陸)」を合わせて、ヨーロッパをあ

す

【▼曽祖父】そうそふ　ひいおじいさん。祖父母の父。

【▼曽祖母】そうそぼ　ひいおばあさん。祖父母の母。

【▼曽孫】そうそん　ひまご。まごの子ども。

曰－8画

【最】

12画　4年

〔最〕明朝　音サイ　訓もっとも

「曰」を支えるように5画めを長く。「又」は「耳」より小さくして、下を空ける。

なりたち　会意 　－最

曰は冒の上と同じで、冃がかわったもの。冃(おおいかぶせる)と取(つかみとる)を合わせた字。おおいをむりにはずして少しの量をつかみとるようす。ごく少量→ごく(もっとも)といういみにつかわれようになった。

最のつく漢字グループ

「最」のグループは「ちょっとつまむ」というイメージがある。

↓撮 519

意味　もっとも。この上なく。ていどがいちばんはげしい。「最善」

難しい読み　最期・最中(さいちゅう・さなか・もなか)

名まえで使う読み　いえ・いと・いや・いろ・かなめ・さい・たかし・まさる・も・ゆたか・よし

【最愛】さいあい　ひじょうにかわいがって、あいしていること。例最愛の子。

【最悪】さいあく　いちばんわるいこと。例最悪の事態。対最善・最良

【最強】さいきょう　いちばん強いこと。

【最近】さいきん　ついこのごろ。ちかごろ。

【最古】さいこ　いちばん古いこと。例日本最古の物語。対最新

1【最後】さいご　いちばんあと。最終。例最後の人はドアをしめてください。対最初

2【最期】さいご　いのちがおわるとき。死にぎわ。例りっぱな最期をとげる。使い分け「最後」と区別してつかおう。

【最高】さいこう　ていどなどが、いちばん高いこと。例最高裁判所。対最低

【最高潮】さいこうちょう　人々の気もちや、その場のふんいきが、いちばんもりあがったとき。例試合もいよいよ最高潮にたっした。

【最高▼峰】さいこうほう　①いちばん高い山。②ある方面で、いちばんすぐれたもの。また、いちばんすぐれた人。例文学界の最高峰。

【最終】さいしゅう　いちばんおわり。最後。例最終列車。対最初

【最初】さいしょ　いちばんはじめ。対最後・最終

1【最小】さいしょう　いちばん小さいこと。例最小公倍数。対最大

2【最少】さいしょう　①いちばん少ないこと。例最少の人数でたたかう。対最多　②いちばん年下であること。最年少。対最長

【最上】さいじょう　いちばん上であること。いちばんよいこと。例最上の品物。

【最小限】さいしょうげん　あるはんいの中で、いちばん小さいこと。例火事のひがいを最小限にとどめた。対最大限　注意「最少限」と書かないこと。

【最新】さいしん　いちばん新しいこと。例最新のモデル。対最古

1【最前】さいぜん　①いちばん前。例最前列。②さっき。さきほど。例最前からおまちしています。

2【最善】さいぜん　いちばんよいこと。対最悪

【最前線】さいぜんせん　①戦場で、敵にいちばん近い場所。②仕事などで、はげしい競争がおこなわれているところ。例販売の最前線ではたらく。

【最先▼端】さいせんたん　①細長いものの、もっとも先。例半島の最先端。②時代や流行などの、いちばんすすんだところ。例流行の最

先端。
【最多】さいた　いちばん多いこと。対最少　例最
【最大】さいだい　いちばん大きいこと。
大公約数。対最小
【最大限】さいだいげん　あるはんいの中で、いちばん大きいこと。例練習の成果を最大限に発揮する。対最小限
【最短】さいたん　いちばんみじかいこと。例最短距離。対最長
【最中】一さいちゅう／さなか　ものごとがさかんにおこなわれているとき。例試合の最中。
二もなか　うすくやいた皮の間に、あんをはさんだかし。
【最長】さいちょう　①いちばん長いこと。例日本最長の橋。対最短　②いちばん年上であること。最年長。対最少
【最低】さいてい　ていどなどが、いちばんひくいこと。対最高
【最適】さいてき　いちばんてきしていること。もっともふさわしいこと。例最適の人選。
【最良】さいりょう　いちばんよいこと。対最悪

曰－8画

【替】

12画　常用　〔替〕明朝

音 タイ
訓 かえる・かわる

意味 かえる。かわる。「交替・替え玉」

使い分け かえる「変える・代える・換える・替える」→(250ページ)

下につく熟語 為替・代替・振替・両替

【量】12画　里部5画 →1017ページ

【曇】16画　日部12画 →564ページ

漢字博士になろう！

動物のもつイメージ　馬

馬は、牛と同じように荷物を運んだり乗り物を引いたり、古くから人々の身近な動物の一つでした。速く走ることができることから、通信手段や戦場での乗り物としての役割を担ったり、走る速さを競う競技に用いられたりと、貴重な動物として大切にされてきました。そのためか、馬には「すぐれたもの」「かしこいもの」といったイメージがあります。牛と対でつかわれることも多くあります。

■馬に乗るまでは牛に乗れ
意味 地位には当然順序がある。高い地位につくには、とりあえず低い地位で力をつけておけということ。馬は牛より速いが、いきなり馬に乗るのはむずかしいから、ひとまず牛に乗って乗り方に慣れておけという意味から。

■老いたる馬は道を忘れず
意味 人生経験の豊かな人は分別があり、判断力も確かなので、方針を誤らないというたとえ。「老馬の智」ともいう。

■牛を馬に乗り換える
意味 不利なほうをやめて、自分にとってより有利なほうを選ぶたとえ。足ののろい牛よりも数段足の速い馬に乗り換えることから。

漢字クイズ　水に「ゆ」をそそぐとできるものは，なんでしょう。

4画 月 つき つきへん

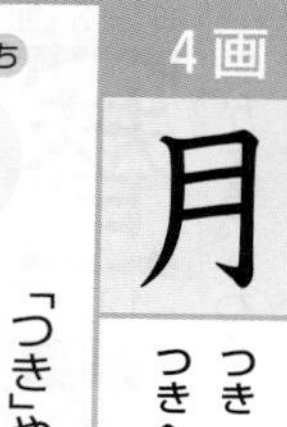

なりたち

「つき」や「時間」に関係する字をあつめる。古い字体が「⺼」(=ふなづき。舟に関係する)の字もあつめる。

この部首の字

画数	字	ページ
0画	月	570
4画	服	571
4画	朋	572
6画	朔	572
6画	朕	572
6画	朗	573
7画	望	573
7画	朗	573
8画	期	574
8画	朝	574

ほかの部首の字

肌→肉部880　有→肉部880　肋→肉部882
肝→肉部882　肛→肉部883　肖→肉部883　肘→肉部883　明→日部551
育→肉部883　肩→肉部883　股→肉部884　肯→肉部884　肢→肉部884
肥→肉部884　肪→肉部885　青→青部1057　前→刂部137　胃→肉部885
胡→肉部886　胎→肉部886　胆→肉部886　肺→肉部887　背→肉部887
胞→肉部888　宵→宀部299　胸→肉部888　脅→肉部889　脂→肉部889
脊→肉部890　胴→肉部890　能→肉部890　脈→肉部891　脇→肉部889
骨→骨部1090　脚→肉部891　脱→肉部892　脳→肉部892　豚→豕部973
勝→力部152　筋→⺮部824　腔→肉部893　脹→肉部893　腑→肉部894
腕→肉部894　腫→肉部894　腎→肉部894　腺→肉部895　腸→肉部895
腹→肉部895　腰→肉部896　賄→貝部983　膜→肉部896　膝→肉部897
膳→肉部897　膨→肉部897　臆→肉部897　謄→言部967　臍→肉部898
臓→肉部898　騰→馬部1090

◆ここにあげたほかに、「月」のふくまれている字は、879ページの【肉(⺼)の部】にもあります。

月－0画

【月】

4画　1年　〔月〕明朝

音 ゲツ・ガツ
訓 つき

※下にくる音により「ゲッ」ともよむ。

丿 冂 月 月

1画めは立ててはらう。内部の横画は右側の縦画と接しなくても誤りではない。

なりたち 象形 三日月をえがいた字。

意味 ❶つき。「月光」❷一年を十二にわけたひとくぎり。「月刊」❸「月曜日」のこと。

名まえで使う読み がつ・げつ・つき・つぎ

【月日】一 がっぴ 日づけ。例 生年月日。二 つきひ ①時間。年月。②こよみの月と日。

【月額】げつがく 毎月いくらときめた金額。例 使用料は月額いくらですか。

【月下氷人】げっかひょうじん 四字熟語 男女の間をとりもって、結婚のせわをする人。仲人のこと。参考 同じ「仲人」のいみの「月下老人」と「氷人」を、一つにまとめたことば。「月下老人」は、ある青年が赤いなわで男女をむすびつけるという老人と出会い、その老人がいったとおりの結婚をしたという話から。「氷人」は、ある青年が氷の下の人と話をする夢をみたので、夢うらないをしてもらったところ、仲人をする前ぶれだといわれ、のちにそのとおりになったという話から。

【月刊】げっかん 新聞や雑誌などを、月に一回ずつ発行すること。例 月刊誌。

【月給】げっきゅう はたらいたことにたいして、毎月しはらわれるお金。サラリー。

【月経】げっけい 成長した女性に周期的におきる、子宮からの出血。ほぼ月に一度おきる。生理。メンス。

【月▽桂▽冠】げっけいかん ゲッケイジュの葉やえだでつくったかんむり。むかし、ギリシャで競技にかった人にあたえた。

月桂冠

【月▽桂樹】げっけいじゅ クスノキ科の常緑樹。葉はかおりがよく、香料として料理に使われる。

【月光】げっこう 月の光。

【月産】げっさん 一か月の生産高。

【月謝】げっしゃ 教えてもらうお礼として、学校や先生などに毎月おさめるお金。

【月収】げっしゅう 一か月の収入。

【月食】げっしょく 太陽と月の間に地球がはいって、月の表面にうつった地球のかげのために、月の全部または一部分がかけて見えること。

【月▼賦】げっぷ 品物の代金を一度にはらわずに、いく月かに分けてはらうこと。例 月賦販売。

【月報】げっぽう 毎月出す報告。

【月末】げつまつ／つきずえ 月のおわり。例 毎月、月末に集金する。

【月例】げつれい 一か月に一度、きまっておこなうこと。例 月例テスト。

【月▼齢】げつれい 月のみちかけのようすをあらわす日数。参考 新月の月齢は〇、満月は一五。

【月▼影】つきかげ 月の明るい光。また、明るく光っている月のすがた。

【月とすっぽん】つきとすっぽん 句 二つのもののちがいがたいへん大きいことのたとえ。参考 ㋐スッポンは、カメの一種。㋑両方とも丸い形をしているが、価値がまるでちがうということから。

【月見】つきみ ①月をながめて楽しむこと。とくに、むかしのこよみで八月一五日の満月を楽しむこと。②たまごの黄身を月に見たてた料理。例 月見うどん。

【月夜】つきよ 月が明るい夜。対 闇夜

下につく熟語 ▼隔月・花鳥風月・*▼弦月・*今月・▼歳月・残月・日月・正月・新月・*先月・年月（ねんげつ・としつき）・半月（はんげつ・はんつき）・毎月・満月・三日月・▼蜜月・名月・明月・来月

【肌】6画 月部2画 ↓880ページ

【有】6画 月部2画 ↓880ページ

【肋】6画 月部2画 ↓882ページ

【肝】7画 月部3画 ↓882ページ

【肛】7画 月部3画 ↓883ページ

【肖】7画 月部3画 ↓883ページ

【肘】7画 月部3画 ↓883ページ

月－4画

【服】

8画 3年

〔服〕明朝

音 フク
訓 ―

※上にくる音により「プク」ともよむ。／「フクする」ともつかう。

服 服

5画めは折ってから内向きに。6画めは止め、8画めと接しても接しなくてもよい。

なりたち 形声 𠬝－服

𠬝と月を合わせた字。月は、舟（ふね）がかわったもの。𠬝は、⺈（人）と又（手）を合わせて、人のせなかにぴったりとつけるようす。ぴったりとつけるというイメージをもつ。服は、ふなべりにぴったりとつける板のこと。のちに、からだにぴったりとつく衣服をあらわした。

意味 ❶きるもの。とくに、洋服。「衣服」 ❷自分のものにする。「着服」 ❸したがう。「服従」 ❹くすりや茶をのむ。「服用」 ❺のむ数をかぞえることば。ふく。

名まえで使う読み こと・ふく・もと・ゆき

【服役】ふくえき 刑のきまった人が、刑務所などで、きめられた刑につくこと。例 服役囚。／五年間服役する。

【服地】ふくじ 洋服をつくるぬの。注意 かなづかいで「ふくぢ」はまちがい。

【服従】ふくじゅう ほかの人の考えや命令にしたがうこと。例 監督の命令に服従する。

【服▼飾】ふくしょく 衣服とそれにつけるかざり。例 服飾デザイナー。

【服装】ふくそう 身なり。よそおい。

【服毒】ふくどく 毒をのむこと。例 服毒自殺。

【服務】ふくむ つとめや仕事につくこと。例 五時までが服務時間です。

こたえ あぶら（油）。（氵＋由）。

【服薬】 ふくやく　くすりをのむこと。服用。

【服用】 ふくよう　くすりをのむこと。例 このくすりは食後に服用します。

下につく熟語 一服・▽燕尾服・感服・＊▽屈服・軍服・敬服・元服・▽克服・呉服・式服・私服・承服・心服・▽征服・制服・▽頓服・内服・＊夏服・＊春服・▽被服・不服・平服・▽喪服・洋服・＊略服・礼服・和服

月－4画

【朋】

8画 人名 〈朋〉明朝

音 ホウ 訓 とも

なりたち 象形 いくつかの貝をひもでつないで、二つならべたようすをえがいた字。

意味 ❶ともだち。「▽朋友」 ❷なかま。「▽朋党」

名まえで使う読み　とも・ほう

【▽朋▽輩】 ほうばい　同じ先生や主人につかえる友だち。また、同じ仕事をする友だち。

【▽朋友】 ほうゆう　友だち。友人。

下につく熟語 ＊同▽朋

【明】8画 日部4画→551ページ
【育】8画 月部4画→883ページ
【肩】8画 月部4画→883ページ
【股】8画 月部4画→884ページ

【肯】8画 月部4画→884ページ
【肢】8画 月部4画→884ページ
【肥】8画 月部4画→884ページ
【肪】8画 月部4画→885ページ
【青】8画 青部0画→1057ページ
【前】9画 刂部7画→137ページ
【胃】9画 月部5画→885ページ
【胡】9画 月部5画→886ページ
【胎】9画 月部5画→886ページ
【胆】9画 月部5画→886ページ
【肺】9画 月部5画→887ページ
【背】9画 月部5画→887ページ
【胞】9画 月部5画→888ページ

月－6画

【朔】

10画 人名 〈朔〉明朝

音 サク 訓 ついたち

意味 ❶陰暦で月の第一日め。ついたち。「▽朔日（さくじつ・ついたち）」 ❷こよみのこと。 ❸方角で、北。

名まえで使う読み　きた・さく・はじめ・もと

月－6画

【朕】

10画 常用 〈朕〉明朝

音 チン 訓 —

なりたち 形声

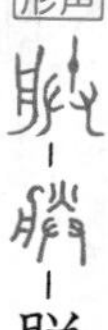

－朕

关と月を合わせた字。月は、舟（ふね）がかわったもの。关は、送にもふくまれ、ものをもちあげることをしめす記号。朕は、舟が水面にうきあがるようす。上にあがるというイメージをもち、国の中でいちばんトップの人（皇帝）が自分をよぶことばにもちいた。

朕のつく漢字グループ

「朕」のグループは「上にあがる」というイメージがある。ほかの漢字の一部になるときは「朕」の形になる。

→勝152 →藤406 →謄967 →騰1090

意味 **天子・天皇が自分のことをさしていったことば。**

月－6画
【朗】

10画
6年

月－7画
【朗】
11画
人名
〔朗〕明朝

音 ロウ
訓 ほがらか*

「月」の書き出しは2画めの角の右側を目安に。1画めは点でも可。6画めは止め。

筆順：丶 ㇇ ㇇ ㇇ 白 良 良 朗 朗 朗

なりたち 形声 もとの字は「朗」。良(きよらかでくもりがない)と月を合わせた字。月がきよくすんでいることをあらわした。→良909

意味 ❶ほがらか。あかるい。「明朗」 ❷はっきりと声を出す。「朗読」

注意 「太郎」の「郎」とまちがえないこと。

名まえで使う読み あき・あきら・お・さえ・ほがら・ろう

【朗唱】ろうしょう 声高く読みあげること。例 詩を朗唱する。参考「朗誦」とも書く。

【朗読】ろうどく 声を出して、詩や文章を読むこと。

【朗報】ろうほう うれしい知らせ。例 朗報にわく。対 悲報

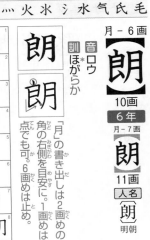

【朗朗】ろうろう 声が大きく、はっきりしているようす。例 長いせりふを朗々とのべる。参考 ふつう「朗々」と書く。

朗読

【宵】10画 宀部7画→299ページ
【胸】10画 月部6画→888ページ
【脅】10画 月部6画→889ページ
【脂】10画 月部6画→889ページ
【脊】10画 月部6画→890ページ
【胴】10画 月部6画→890ページ
【能】10画 月部6画→890ページ
【脈】10画 月部6画→891ページ
【脇】10画 月部6画→889ページ
【骨】10画 骨部0画→1090ページ

月－7画
【望】

11画
4年
〔望〕明朝

音 ボウ・モウ*
訓 のぞむ

3画めは曲がりでも、「レ」のように折ってはらってもよい。「月」は左にかたむく。

筆順：丶 亠 亡 𠅃 切 胡 胡 胡 望 望 望

なりたち 形声 亡(かくれて見えない)と壬(人がのびあがって立つすがた)と月を合わせた字。まだ見えない月をまちのぞむようすから、ない物をもとめ、見えないところを見ようとすることをあらわした。→亡44

使い分け のぞむ 望む・臨む

【望む】遠くからながめる。また、ねがう。例 展望台から、富士山を望む。／平和を望む。

【臨む】面する。目の前にする。出席する。例 海に臨むホテル。／試合に臨む。

意味 ❶遠くを見る。「眺望・展望」 ❷そうあ

漢字クイズ 「動きがとまる」は「止まる」，では，「ホテルにとまる」はどう書くでしょう。

ってほしいと思う。ねがう。「希望・欲望」❸信用。「人望」

難しい読み 望月

名まえで使う読み のぞみ・のぞむ・ぼう・もち

【望遠鏡】ぼうえんきょう レンズを組み合わせて遠くの物が見えるようにした、つつ形の器械。

【望郷】ぼうきょう ふるさとをなつかしく思うこと。例 このごろ、望郷の思いがつのる。

【望▼楼】ぼうろう 遠くまで見わたせる高い建物。物見やぐら。例 消防署の望楼。

【望月】もちづき 満月のこと。むかしのこよみで、十五日の夜の月。

下につく熟語 一望・遠望・願望・失望・志望・所望・信望・人望・*声望・切望・絶望・*大望・待望・熱望・本望・野望・有望・要望・欲望

【脚】11画 月部7画 ↓891ページ

【脱】11画 月部7画 ↓892ページ

【脳】11画 月部7画 ↓892ページ

【豚】11画 豕部4画 ↓973ページ

月－8画 【期】 12画 3年

〈期〉明朝

音 キ・ゴ*

訓 —

※「キする」ともつかう。

期 期 「其」は縦長に、右側をそろえ、6画めを左に張り出す。

一 十 廾 廿 甘 甘 苴 其 其 期 期 期

なりたち 形声 期

其（キ）（四角い→四つに区切る）と月を合わせた字。月が上弦→満月→下弦→新月という四つのだんかいをへて、もとにもどるようすから、ひとめぐりする一定の時間をあらわした。→基236

意味 ❶とき。「期日」 ❷あるときからあるときまでの間。「期間」 ❸あてにする。「期待」

名まえで使う読み き・ご・さね・とき・とし・のり

【期間】きかん あるときから、あるときまでの間。例 作品展の期間は一週間です。

【期限】きげん 前もってきめられている期間。例 三日の期限で本をかりた。使い分け きげん「起源・紀元・期限」→（990ページ）

【期日】きじつ 前もってきめられている日。例 約束の期日をまもる。

【期待】きたい そうなることをあてにして、まつこと。例 成績の上がることを期待する。

【期末試験】きまつしけん 学期のおわりに、それまでに勉強したことが、どれだけ身についたかをためす試験。

下につく熟語 *一期（いちご・いっき）・*雨期・延期・会期・*学期・過▼渡期・*乾期・刑期・後期・*今期・*▼婚期・最期・*最盛期・死期・次期・時期・周期・初期・前期・早期・短期・長期・定期・同期・任期・*年期・納期・半期・*不定期・末期（まっき・まつご）・満期・無期・予期・*来期・漁期（りょうき・ぎょき）

4画

月－8画 【朝】 12画 2年

〈朝〉明朝

音 チョウ

訓 あさ

朝 朝 「卓」の横画は7画めを左に長く出し、右側をそろえる。8画めは止める。

一 十 十 古 吉 吉 直 卓 卓 朝 朝 朝

なりたち 会意 朝

卓と月を合わせた字。卓は、屮（くさ）二つと日を合わせて、草のあいだに日が見えるようす。朝は、まだ月が空にかかっているころ、太陽が草原から出ようとするようすを図にして、「あさ」をあらわした。

意味 ❶あさ。「朝礼・朝日」 対夕 ❷天子が政治をとるところ。「朝廷」

難しい読み 朝飯前・朝夕（あさ・ちょう／ゆう・せき）

名まえで使う読み あさ・あした・かた・さ・つと・とき・とも・のり・はじめ

【朝市】あさいち 朝ひらかれる市。

【朝方】あさがた 朝はやいころ。対夕方

【朝霧】あさぎり 朝たちこめる霧。対夕霧

【朝露】あさつゆ 朝のうちにおりる露。対夜露

【朝寝】あさね 朝、おそくまでねていること。例朝寝をしていて電車にのりおくれた。

【朝晩】あさばん ①朝と、ばん。朝夕（あさ・ちょう／ゆう・せき）。例朝晩はひえこむ。②朝もばんも。いつも。朝夕。例朝晩無事をいのっています。

【朝日】あさひ 朝のぼる太陽。また、その光。対夕日

【朝飯前】あさめしまえ 朝ごはんを食べる前にできるほど、かんたんでやさしいこと。例こんな仕事は朝飯前だ。

【朝夕】あさゆう／ちょうせき ①朝と夕方。朝晩。②ふだん。いつも。朝晩。

【朝会】ちょうかい 学校などで、朝のあいさつをするあつまり。朝礼。

【朝刊】ちょうかん 毎朝、発行する新聞。例朝刊の記事を読む。対夕刊

【朝三暮四】ちょうさんぼし 四字熟語 ①目先のわずかな差にこだわって、けっきょくは同じことになるのに気づかないことのたとえ。②ことばたくみに人をだますことのたとえ。参考サルにトチの実を「朝三つ、夕方四つあげよう。」といったら、サルがおこったので、「では、朝四つ、夕方三つあげよう。」といったら、サルが大よろこびしたという中国の古い話から。

【朝食】ちょうしょく 朝ごはん。対昼食・夕食

【朝廷】ちょうてい 天子が政治をおこなうところ。

【朝礼】ちょうれい 学校や会社などで、朝のあいさつをするあつまり。朝会。

【朝令暮改】ちょうれいぼかい 四字熟語 命令や方針がくるくるかわって、きまらないこと。例監督の朝令暮改の方針にとまどう。参考朝出した法令を夕方にはもう改正するというみから。

下につく熟語 王朝・帰朝・今朝・早朝・毎朝・明朝（みょう・ちょう・あさ）・翌朝（よく・ちょう・あさ）・来朝

【勝】12画 力部10画→152ページ
【筋】12画 ⺮部6画→824ページ
【腔】12画 月部8画→893ページ
【脹】12画 月部8画→893ページ

【腑】12画 月部8画→894ページ
【腕】12画 月部8画→894ページ
【腫】13画 月部9画→894ページ
【腎】13画 月部9画→894ページ
【腺】13画 月部9画→895ページ
【腸】13画 月部9画→895ページ
【腹】13画 月部9画→895ページ
【腰】13画 月部9画→896ページ
【賄】13画 貝部6画→983ページ
【膜】14画 月部10画→896ページ
【膝】15画 月部11画→897ページ
【膳】16画 月部12画→897ページ
【膨】16画 月部12画→897ページ
【臆】17画 月部13画→897ページ

こたえ 泊まる。

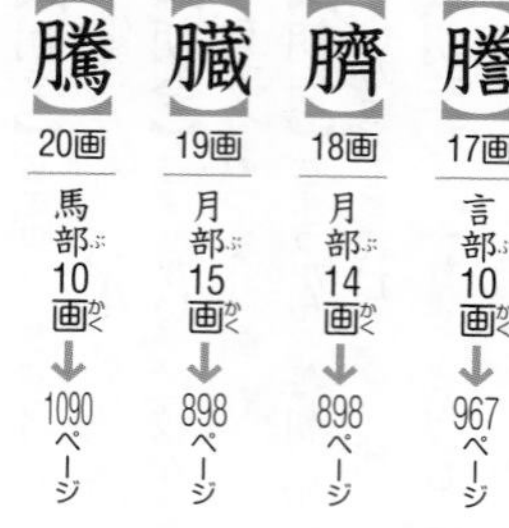

月の部（つき・つきへん）

8画 朝

謄 17画 言部10画 → 967ページ
臍 18画 月部14画 → 898ページ
臟 19画 月部15画 → 898ページ
騰 20画 馬部10画 → 1090ページ

4画 木・木 き きへん

なりたち

「き」の種類や状態・部分、また、木材でつくったものなどに関係する字をあつめる。

この部首の字

6画 校 597	6画 栞 596	6画 桜 595	5画 某 593	5画 染 592	5画 査 591	5画 架 591	4画 枕 589	4画 杷 588	4画 杵 586	3画 来 585	3画 杖 584	2画 朴 582	1画 末 580	この部首の字
6画 根 598	6画 桓 597	6画 桧 617	5画 柾 593	5画 柱 593	5画 柵 592	5画 柿 591	4画 來 585	4画 杯 588	4画 松 587	3画 李 585	3画 杉 584	3画 杏 583	1画 未 581	
6画 栽 598	6画 桂 597	6画 格 595	5画 柚 594	5画 栃 593	5画 柘 592	5画 柑 591	4画 林 589	4画 板 588	4画 枢 587	4画 果 586	3画 束 584	3画 杞 583	2画 机 582	0画 木 577
6画 柴 599	6画 桁 597	6画 核 596	5画 柳 594	5画 柏 593	5画 柊 592	5画 柩 591	4画 枠 589	4画 枇 588	4画 析 587	4画 杭 586	3画 村 584	3画 材 583	2画 朽 582	1画 札 578
6画 桟 599	6画 桔 597	6画 株 596	6画 案 594	5画 柄 593	5画 柔 592	5画 枯 591	5画 栄 590	4画 枚 588	4画 東 587	4画 枝 586	3画 杜 584	3画 条 583	2画 朱 582	1画 本 578

17画 櫻 595	13画 檢 604	12画 樽 617	12画 樫 615	11画 槽 614	11画 樂 607	10画 槙 611	10画 構 610	9画 楼 609	9画 楠 609	9画 楯 609	8画 椀 607	8画 棚 606	8画 極 602	7画 梶 602	7画 梛 601	7画 梧 601	6画 梅 600	6画 栖 599
17画 欄 618	14画 櫂 618	12画 橙 617	12画 機 615	11画 樋 614	11画 槻 613	10画 槇 611	10画 榊 611	10画 榮 590	9画 楓 609	9画 楔 609	9画 楷 607	8画 椎 606	8画 検 604	7画 梁 602	7画 梯 601	7画 梗 601	6画 栗 600	6画 栓 599
	15画 櫛 618	13画 檜 617	12画 橘 616	11画 標 614	11画 権 613	10画 模 611	10画 榛 611	10画 榎 610	9画 椰 609	9画 楚 609	9画 楽 607	8画 棟 606	8画 植 605	8画 椅 602	7画 桶 601	7画 梓 601	7画 械 600	6画 桑 599
	15画 櫓 618	13画 檎 618	12画 橋 616	11画 樣 612	11画 樟 614	10画 様 612	10画 槍 611	10画 樺 610	9画 楢 609	9画 楕 609	9画 棄 608	8画 棒 606	8画 森 605	8画 棺 602	7画 梅 600	7画 梢 601	7画 椛 600	6画 桃 599
	16画 欄 618	13画 檀 618	12画 樹 617	12画 橫 612	11画 樅 614	11画 横 612	10画 槌 611	10画 概 610	9画 楊 609	9画 椿 609	9画 業 608	8画 椋 607	8画 棲 606	8画 棋 602	7画 梨 601	7画 條 583	7画 梟 601	6画 桐 600

ほかの部首の字

困 → 口部 223
床 → 广部 355
采 → ⺤部 709
乗 → ノ部 32
相 → 目部 775
彬 → 彡部 373
巣 → ⺍部 450
麻 → 麻部 1106
閑 → 門部 1041
集 → 隹部 1045
禁 → 示部 797
雑 → 隹部 1047
築 → ⺮部 830

麓↓ 鹿部 1106
鬱↓ 鬯部 1094

木−0画

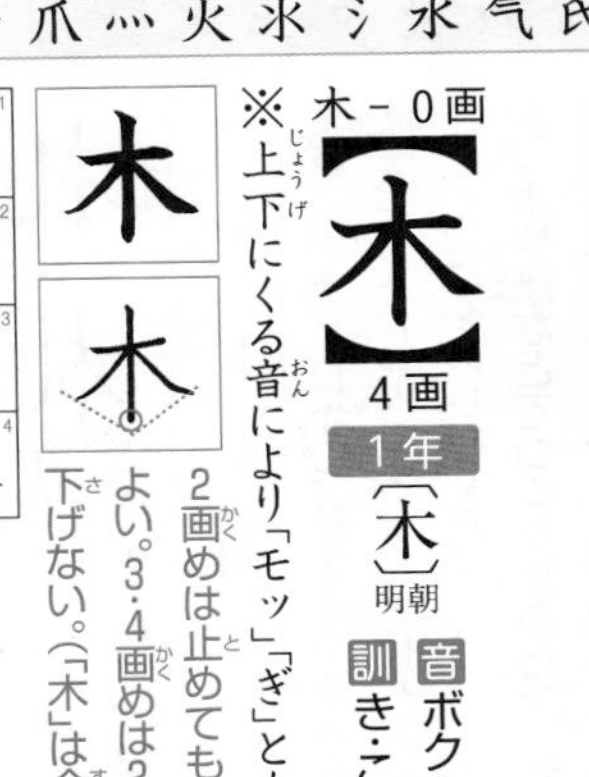

【木】

4画 1年 〔木〕明朝

音 ボク・モク
訓 き・こ

※上下にくる音により「モッ」「ぎ」ともよむ。

2画めは止めてもはねてもよい。3・4画めは2画めより下げない。(「木」は全て同じ)

一 十 才 木

なりたち 象形 地面にはえている木をえがいた字。

意味 ❶き。立ち木。「大木」 ❷ざいもく。「木造」 ❸木曜日のこと。

難しい読み 木綿・木陰・木立・木霊・木石・木乃伊・

名まえで使う読み き・こ・しげ・ぼく・もく

【木賃宿】きちんやど とまり賃の安い、そまつな宿屋。参考「木賃」は、まき代。客が自炊するためのまき代だけをとった安宿のこと。

【木で鼻をくくる】きではなをくくる 句 冷たく、思いやりのないたいどで、うけこたえする。例 木で鼻をくくったようなそっけない返事。

【木戸】きど ①屋根のついていない、かんたんなひらき戸。②見せもの小屋の出入り口。例 木戸番。

【木に竹を接ぐ】きにたけをつぐ 句 二つのものがちぐはぐであることのたとえ。

【木に縁りて魚を求む】きによりてうおをもとむ 故事成語 〔木にのぼって魚をとろうとするという意味から〕目的にたいしてやり方が見当はずれだと、成功できないということのたとえ。

木に縁りて魚を求む

【木場】きば ①材木をたくさんためておくところ。②材木商が多くあつまるところ。

【木を見て森を見ず】きをみてもりをみず 句 小さいことにこだわっていて全体がわからないことのたとえ。

【木陰】こかげ 木の下にできる日かげ。例 木陰で休む。

【木立】こだち 木が、なん本かむらがってはえているところ。また、その立ち木。

【木霊】こだま 声や音が山や谷などにぶつかって、はねかえってくるもの。山びこ。

【木石】ぼくせき ①木と石。②人情のわからない人のたとえ。

【木鐸】ぼくたく 故事成語 世の中の人々を教えみちびく人。例 社会の木鐸といわれる新聞人。参考 ㋐「木鐸」は木の舌(ふり子)のある鈴のこと。㋑むかし中国で、法令などを人民に知らせるときに、これをならしたことから。

【木刀】ぼくとう 木でつくった刀。木剣。

【木剣】ぼっけん 「木刀」と同じ。

【木乃伊】ミイラ 死体がくさらないで乾燥し、もとに近い形のままのこっているもの。参考 もとは、ポルトガル語。

【木魚】もくぎょ 坊さんが、お経をとなえながらたたく道具。木をくりぬいてつくり、おもてに、魚のうろこのもようがついている。

【木材】もくざい 建築や工作などのために、切ってある木。

【木星】1 もくせい 太陽の惑星の一つ。太陽から五番めにあって、惑星の中でいちばん大きい。

【木製】2 もくせい 木でつくること。また、木でつくったもの。例 木製のつくえ。

【木造】1 もくぞう 家や船などを木でつくること。また、木でつくったもの。例 木造建築。

【木像】2 もくぞう 木をほって、ほとけや人間の形をつくったもの。

【木炭】もくたん 木をむしやきにしてつくった燃料。すみ。

【木彫】もくちょう 木材に彫刻すること。また、その彫刻。木ぼり。

【木版】もくはん 木の板に字や絵などをほったもの。版画などにつかう。例 木版画。

【木片】もくへん 木の切れはし。こっぱ。

漢字クイズ 永いあいだ、しずまずに水中にいるどうさをなんというでしょう。

木の部（き・きへん） 1画 札・本

【木目】もくめ 木を切ったとき、切り口に見えるもよう。年輪などによってできる。板目とまさ目がある。

【木管楽器】もっかんがっき フルート・オーボエ・クラリネットなどの楽器。今は金属でできたものが多いが、はじめは木でつくられた。

【木工】もっこう 木で家具などをつくること。

【木綿】もめん 綿の実からとるせんい。また、それからつくる糸や織物。

下につく熟語 植木・*▼腕木・▼巨木・草木（くさき・そうもく）・*原木・高木・*古木・材木・▼軸木・樹木・白木・雑木・低木・土木・▼苗木・庭木・老木・*若木

木－1画 【札】 5画 4年

〔札〕明朝

音 サツ
訓 ふだ

※「サッ」ともよむ。

1 一 2 十 3 才 4 木 5 札

「きへん」のコツは、中心を右にずらし、4画めは止め、「木」の右側をそろえる。

なりたち 形声 木とし（=乙。おさえてとめる）を合わせた字。くぎなどでおさえてとめる木の「ふだ」をあらわした。

意味 **木や紙などでつくったふだ。**「表札」

名まえで使う読み さつ・さね・ぬさ・ふだ

【札束】さつたば 紙幣をたばにしたもの。

【札所】ふだしょ ①寺や神社で、参拝者にお札をさずけるところ。例 札所でおまもりを買う。②巡礼の人がおまいりする仏教の神聖な場所。例 札所をめぐる。

下につく熟語 *一札・改札・▼鑑札・*切り札・検札・出札・名札・荷札・入札・*花札・落札

木－1画 【本】 5画 1年

〔本〕明朝

音 ホン
訓 もと

※上にくる音により「ボン」「ポン」ともよむ。

1 一 2 十 3 才 4 木 5 本

整え方は「木」と同じ。5画めは、おおよそ3・4画めの下に合わせて書く。

なりたち 指事 木の根の太い部分にしるしをつけた字。太い根もとをあらわした。

意味 **❶ものごとのもとになるもの。**「基本」**❷ほんとうの。**「本心」**❸書物。**「台本・本屋」**❹この。**「本人・本件」**❺細長いものをかぞえることば。ほん。**

参考 ❺のいみのとき、すぐ前の音が「ん」だと「ぼん」、「っ」とつまると「ぽん」になる。

難しい読み 本▼腰・本性・本名・本望

名まえで使う読み なり・はじめ・ほん・もと

【本位】ほんい ものごとの中心となること。おおもとにすること。例 人物本位に考える。

【本意】ほんい ①ほんとうの気もち。本心。例 かれの本意をたしかめる。②ほんとうのいみ。例 本意からはずれた解釈。

【本格】ほんかく 本来の正しい形や格式をもっていること。例 本格ミステリードラマ。／本格派。

【本格的】ほんかくてき ①正しい形式や状態をもっているようす。例 本格的な研究。②本調子になるようす。例 本格的な寒さ。

【本気】ほんき まじめで、しんけんであること。例 本気でとりくむ。

【本給】ほんきゅう 手当を足さない、基本となる給料。基本給。

【本▼拠】ほんきょ おおもとになるよりどころ。また、その場所。例 敵の本拠地。

【本業】ほんぎょう その人が、それによって生活している仕事。本職。対 副業

【本家】ほんけ ①一族の中で、いちばんもとになる家。対 分家 ②茶道や生け花などの流派で、いちばんもとになる家。

【本校】ほんこう ①分校にたいして、もとになる学校。対 分校 ②この学校。例 本校の校歌。

【本国】ほんごく ①自分の生まれた国。祖国。②その人の国籍がある国。

【本▼腰】ほんごし しんけんな態度でものごと

4画

にとりくむこと。例本腰を入れて勉強する。

【本山】ほんざん ①一つの宗派のおおもとになる寺。例天台宗の本山。②この寺。当山。例本山の由来をお話しします。

【本誌】ほんし ①(付録などにたいして)本体となる雑誌。②この雑誌。わが雑誌。

【本式】ほんしき ほんとうのやり方。正式。例本式に習う。対略式

【本質】ほんしつ いちばんたいせつな、おおもとになる性質。例日本文学の本質をさぐる。

【本日】ほんじつ この日。きょう。例本日開店。

【本質的】ほんしつてき 本来の性質としてそうであるようす。おおもとになっていて重要であるようす。例本質的には同じである。／本質的な問題。

【本社】ほんしゃ ①会社で、いくつかに分かれている事業所の中心となるところ。対支社 ②この会社。当社。例本社は大阪にある。

【本州】ほんしゅう 日本列島のまん中にある、いちばん大きな島。

【本性】ほんしょう ①生まれつきもっている性質。例本性をあらわす。②頭のはたらきが正常な状態。正気。

【本職】ほんしょく ①「本業」と同じ。②それを職業にしている人。例本職にまけないうでまえ。

【本心】ほんしん ①生まれつきもっている正しい心。②ほんとうの気もち。本意。例本心をさらけだす。

【本▼陣】ほんじん ①むかし、いくさのとき大将がいるところ。本営。②江戸時代に大名などがとまった宿屋。

【本筋】ほんすじ 中心となるすじ道。例話が本筋からそれる。

【本▼籍】ほんせき その人の戸籍がおかれている場所。例本籍地。

【本線】ほんせん 交通の中心となる、おもな鉄道線路。幹線。例東海道本線。対支線

【本尊】ほんぞん ①寺の本堂におかれ、信仰の対象となるいちばんたいせつなほとけ。②そのものごとの中心となる人。本人。例言い出したご本尊が行かないのでは、話にならない。

【本体】ほんたい ①中心になる部分。例機械の本体。②見たり聞いたりしているものごとのおくにある、ほんとうのすがた。例宇宙の本体。

【本題】ほんだい 中心となる題目。例話を本題にもどす。

【本店】ほんてん ①いくつかに分かれている店の中心となる店。対支店 ②この店。当店。

【本土】ほんど ①その国の中心になる国土。日本では、本州・四国・九州・北海道を合わせたもの。②とくに、日本で、本州のこと。

【本当】ほんとう うそや見せかけでないこと。まこと。例本当に見た。

【本人】ほんにん その人。当人。例本人かどうか確認する。

【本音】ほんね ほんとうの気もち。本心から出たことば。例本音をはく。

【本能】ほんのう 人間や動物が、生まれつきもっている性質や心のはたらき。

【本能的】ほんのうてき 生まれつきもっている性質や能力によって行動するようす。例本能的に水をおそれる。

【本場】ほんば ①あることがさかんにおこなわれているところ。例本場の英語をまなぶ。②ある物のおもな産地。例お茶の本場。

【本箱】ほんばこ 本を入れておく箱。

【本番】ほんばん 映画やテレビなどで、テストや練習ではなく、本式にさつえいしたり放送したりすること。また、そのときの演技。

【本部】ほんぶ ある団体などの、中心となるところ。例事件の捜査本部。対支部

1【本分】ほんぶん その人がとうぜんしなければならないつとめ。例学生の本分は勉強だ。

2【本文】ほんぶん／ほんもん ①書きものや、書物の中心となる文章。②注釈の文や翻訳の文などにたいして、もとになる文章。

【本▼邦】ほんぽう わが国。例本邦初演のミュージカル。

【本末転▼倒】ほんまつてんとう 四字熟語 たいせつなことと、たいせつでないこととをとりちがえて、ぎゃくになっていること。例本末

転倒の考え方。

【本名】ほんみょう　ほんとうの名前。実名。㊥ 仮名

【本命】ほんめい　①競馬やそのほかのきょうぎで、一着になると予想されている馬や選手。②第一こうほ。例 委員長の本命。

【本望】ほんもう　前から心にふかくねがっていたこと。また、のぞみがかなって、まんぞくすること。例 本望をとげる。

【本物】ほんもの　①ほんとうのもの。例 この絵は本物だ。②いいかげんではない、本格的なこと。例 つりのうでは本物だ。対 ①②偽物

【本屋】ほんや　本を売る店。書店。また、その店を経営している人。

【本来】ほんらい　①もともと。もとから。例 本来の力を発揮する。②あたりまえ。ふつう。例 本来ならば、これはみんなの仕事だ。

【本流】ほんりゅう　①その川の中心になる大きなながれ。対 支流　②おもな系統・流派。

【本領】ほんりょう　もとからもっている性質や特色。例 自分の本領を発揮する。

【本論】ほんろん　議論や論文で、いちばん中心になる部分。

下につく熟語 絵本・貸本・元本・▼脚本・原本・根本・資本・写本・▼抄本・*新本・製本・▼拓本・種本・単行本・手本・▼謄本・読本・旗本・標本・古本・*返本・豆本・見本

木の部 1画 末

木－1画

【末】5画

4年 〔末〕明朝

音 マツ・バツ*
訓 すえ

※下にくる音により「マッ」「バッ」ともよむ。

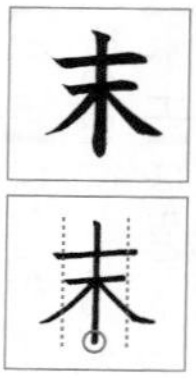

一 = 丰 才 末

1・2画めは、必ず1画めの方を長く書かなければならない。「未」と区別する。

なりたち 指事 木の上の、細くなった先の部分にしるしをつけた字。木のこずえのはしをあらわした。

末のつく漢字グループ
「末」のグループは「こまかくて見えにくい」というイメージがある。
→抹503

意味 ❶いちばんはし。すえ。「末▼端」❷おわり。「末路」❸こまかい。「粉末」

参考 ひらがな「ま」、カタカナ「マ」のもとになった字。

注意 「未」とまちがえないこと。

難しい読み 末期(まっき・まつご)・末子(まっし・ばっし)

名まえで使う読み すえ・とめ・とも・ひで・ひろし・ほず・まつ

【末▽裔】まつえい／ばつえい　ずっとあとの子孫。例 源氏の末裔。

【末期】一 まっき　おわりの時期。おわりごろ。例 江戸時代末期。対 初期
二 まつご　人の死にぎわ。臨終。例 末期の水(＝死のまぎわ、その人の口にふくませる水)。

【末座】まつざ　「末席」に同じ。下座。対 上座

【末子】まっし／ばっし　すえっ子。

【末席】まっせき　目下の人や、下位の人がすわる席。末座。例 末席をけがす(＝あつまりに出席することを、へりくだっていうことば)。

【末節】まっせつ　ものごとのほんすじからはなれた、つまらないことがら。例 枝葉末節。

【末代】まつだい　のちの世。後世。例 聞くは一時のはじ、聞かぬは末代のはじ(＝知らないことを聞くのははずかしいことだが、そのときだけのこと。聞かずに知らないでいれば一生はずかしい思いをする)。

【末▼端】まったん　いちばんはしの部分。例 社長の命令が、会社の末端までいきわたる。

【末▼尾】まつび　ひとつづきになっているものの、おわりの部分。例 行列の末尾につく。

【末筆】まっぴつ　手紙で、おもな用件がおわったあとにつけたす文章。例 末筆ながら、みなさまによろしく。

【末路】まつろ　①人の一生のおわりのころ。例 あの人の末路はあわれだった。②さかんなものがおとろえてほろびるとき。例 平家の末路。

下につく熟語 巻末・*期末・結末・月末(げつまつ・つきずえ)・▼歳

4画

末・始末・週末・終末・粗末・年末・幕末・場末・*文末・*本末

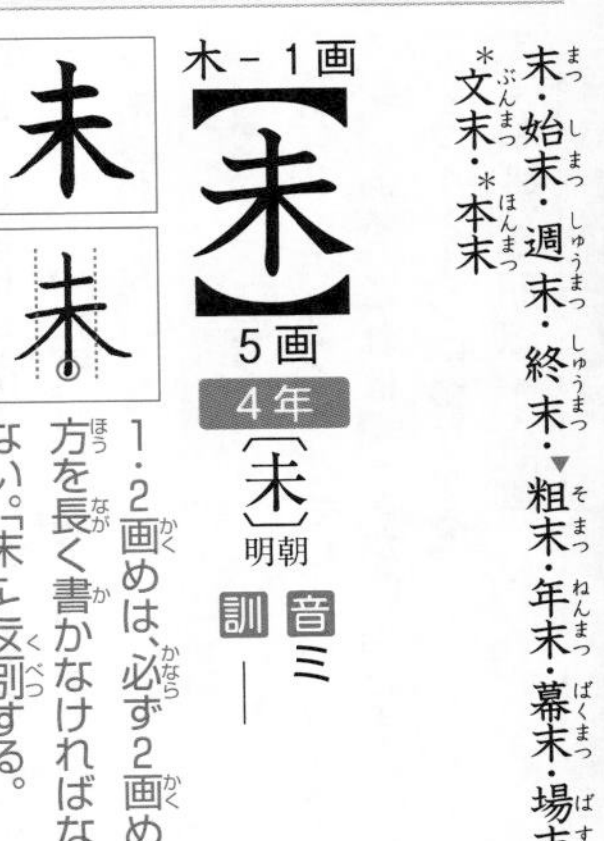

木－1画
【未】
5画 4年 〔未〕明朝
音 ミ
訓 ―

1・2画めは、必ず2画めの方を長く書かなければならない。「末」と区別する。

一 二 キ 未 未

なりたち 象形

木の先のまだのびきらない小枝をえがいた字。「まだそうなっていない」のいみをあらわした。

未のつく漢字グループ
「未」のグループは「小さくかすかで、はっきり見えない」というイメージがある。
→味206 →妹277 →昧556 →魅1096

意味 ❶まだ…していない。「未知」対既 ❷十二支の八番め。時刻では午後二時、またはその前後二時間をあてる。動物では、ひつじ。❸方角の、南南西。

注意 「末」とまちがえないこと。

難しい読み 未▼曽有(=未曾有)・未聞

名まえで使う読み いま・いや・ひつじ・ひで・み

【未開】みかい ①文明がまだひらけていないこと。②野山が自然のままで、まだきりひらかれていないこと。未開拓。例 未開の地。

【未解決】みかいけつ まだ解決されていないこと。例 あの事件は未解決のままだ。

【未確認】みかくにん まだはっきりと、たしかめられていないこと。例 未確認の情報。

1【未刊】みかん 本などが、まだ発行されていないこと。対 既刊

2【未完】みかん まだ全部しあがってはいないこと。例 未完の大器(=すぐれた才能の人)。

【未完成】みかんせい まだ完成していないこと。

【未▼婚】みこん まだ結婚していないこと。対 既婚

【未熟】みじゅく ①くだものや作物の実がじゅうぶんにみのっていないこと。対 成熟 ②学問やわざが、まだじゅうぶんでないこと。例 未熟者。対 熟練

【未詳】みしょう くわしくわかっていないこと。例 作者未詳。

【未▼遂】みすい あることをおこなおうとして、まだやりとげていないこと。また、できなかったこと。

【未成年】みせいねん まだおとなにならないこと。ふつう、満二〇歳未満の人をいう。対 成年

【未然】みぜん ものごとがおこる前。まだそうならないこと。例 事故を未然にふせぐ。

【未▼曽有】みぞう 同じようなことが、今までに一度もなかったこと。例 未曽有の災害。参考 ㋐「未だ曽て有らず」のいみ。㋑「ミゾーウ」とも発音される。

【未知】みち まだ知らないこと。まだ知られていないこと。例 未知の世界。対 既知

【未知数】みちすう ①数学で、あたいがまだわからない数。②これからどうなるか、まだわからないこと。例 子どもの将来は未知数だ。

【未定】みてい まだきまっていないこと。例 集合の時間は未定です。対 既定

1【未▼到】みとう まだ、だれも到達したことがないこと。例 前人未到の業績。

2【未▼踏】みとう まだ、だれも足をふみ入れたことがないこと。例 人跡未踏の奥地。

使い分け 「未到」と区別してつかおう。

【未納】みのう まだおさめていないこと。例 先月分の会費が未納です。

【未亡人】みぼうじん 夫が死んでから、結婚しないでいる女の人。

【未満】みまん その数に足りないこと。みたないこと。参考 「五歳未満」といえば、五歳をふくまず、それより下といういみ。

【未明】みめい まだ夜がすっかり明けきらないころ。明け方。例 未明に台風が襲った。

【未▼聞】みもん まだ聞いたことがないこと。例 前代未聞のできごと。注意 「みぶん」と読

まないこと。

【未来】みらい　これから先。将来。対過去・現在

【未▼了】みりょう　まだ、おわっていないこと。例この法案は審議未了だ。対完了

【未練】みれん　心のこりがして、あきらめきれないこと。例未練がのこる。

木－2画

【机】

6画　6年　〈机〉明朝

音キ*　訓つくえ

※上にくる音により「づくえ」ともよむ。

机　机

6画めは、横画部分を短くして「几」を細長く、折った後は軽く内側に反って曲げる。

一 十 才 木 机 机

なりたち　形声　机

几と木を合わせた字。几は、あしのついた小さな台をえがいた字。机は、物をのせる木製の台をあらわした。

几のつく漢字グループ

「几」のグループは「小さい」というイメージがある。これは「こまかい」「わずか」というイメージにつながる。

→机 582　→肌 880　→飢 1080

意味　つくえ。「机上」

【机上】きじょう　つくえのうえ。

【机上の空論】きじょうのくうろん　句頭の中だけで考えた、じっさいとは合わない議論。

木－2画

【朽】

6画　常用　〈朽〉明朝

音キュウ　訓くちる

なりたち　形声　丂(つかえてまがる)と木を合わせた字。木がくさってまがることをあらわした。→号 190

意味　くさる。「朽ち木・老▼朽・不▼朽」

木－2画

【朱】

6画　常用　〈朱〉明朝

音シュ　訓あけ*

なりたち　会意　朱

木の中央にしるしをつけて、まんなかを切ったようすをあらわした字。もとは切りかぶをさしたが、のちに、その切りかぶのあかい色をあらわした。

朱のつく漢字グループ

「朱」のグループは「上下に切りはなす」「とちゅうでたち切る」というイメージがある。

→株 596　→殊 630　→珠 730

意味　だいだい色に近い赤。「▼朱肉・▼朱▼塗り」

名まえで使う読み　あか・あけ・あけみ・あや・しゅ

【▼朱印】しゅいん　①朱肉をつけておした印。②武家時代、幕府が許可したことを証明する印。また、その印のある文書。御朱印。例朱印船。

【▼朱書】しゅしょ　朱色で書くこと。また、朱色で書いた字。

【▼朱肉】しゅにく　はんをおすときにつかう、赤い色をした印肉。

【▼朱に交われば赤くなる】しゅにまじわればあかくなる　句〔朱色のものといっしょになると、赤い色にそまってしまうように〕人はつきあう友だちしだいで、よくもわるくもなるということ。参考人間はまわりにえいきょうされやすいことのたとえ。

【▼朱筆】しゅひつ　①朱色で書きこみなどするのにつかう筆。②朱色の書き入れ。例朱筆を入れる(＝文章や文字を直す)。

【▼朱墨】しゅぼく　朱色のすみ。しゅずみ。

木－2画

【朴】

6画　常用　〈朴〉明朝

音ボク　訓—

意味　かざりけがない。「素▼朴・純▼朴」

【▼朴▽訥】ぼくとつ　かざりけがなく、無口でまじめなこと。例朴訥な人がら。

【▼朴念仁】ぼくねんじん　無口でぶあいそうな

人。また、人の気もちや人情がわからない人。がんこでわからずやな人。

木−3画

【杏】

7画 人名 〔杏〕明朝 音 アン・キョウ 訓 あんず

なりたち 会意 口(口にいれる)と木を合わせた字。

意味 ❶果樹の、アンズ。また、その実。「▽杏子」 ❷〔「銀▽杏」と書いて〕イチョウの実の、ぎんなん。

名まえで使う読み あん・あんず・きょう

【▽杏子】あんず バラ科の木。春、うすいピンク色の花がさく。だいだい色の梅ににた実がなる。

参考「杏」とも書く。

杏子

【▽杏仁】きょうにん アンズのたねの中の肉をほしたもの。漢方薬につかう。

木−3画

【杞】

7画 表外 〔杞〕明朝 音 キ 訓 —

意味 むかし、中国にあった国。き。

【▽杞▼憂】きゆう 故事成語 心配しなくてもいいことを心配すること。とりこしぐろう。「▽杞▼憂」

参考 杞の国のある人が、天が落ちてきはしないかと心配して、食べることも寝ることもできなくなった、という話から。

木−3画

【材】

7画 4年 〔材〕明朝 音 ザイ 訓 —

「木」より「才」は縦長。7画めの書き出し部分が6画めの右側から出なくてもよい。

一 十 才 木 朩 村 材

なりたち 形声 才(たち切る)と木を合わせた字。たち切った木をあらわした。→才493

意味 ❶ものをつくるのにつかう木。つくるもとになるもの。「材木・資材」 ❷役立つもの。「教材」 ❸ちえやそのはたらき。才能。「人材」

名まえで使う読み えだ・き・ざい・もとき・もとし

【材質】ざいしつ ①木材の性質。②材料の性質。

【材木】ざいもく 家や道具などをつくる材料となる木。木材。

【材料】ざいりょう ①物をつくるもとになるもの。例 おかしの材料。②ものごとを考えるもとになることがら。例 研究材料。／判断材料。

下につく熟語 ▼逸材・角材・器材・*機材・*建材・取材・製材・石材・素材・題材・*適材・*鉄材・木材

木−3画

【条】

7画 5年

木−7画 【條】11画 人名 〔条〕明朝 音 ジョウ 訓 —

「木」より2・3画めをはば広に。7画めははらっても、「木」を「ホ」にしてもよい。

ノ ク 夂 夂 夅 条 条

なりたち 形声 -條(条) もとの字は「條」。攸(細長い)と木を合わせた字。細く長い木のえだをあらわした。→修84

意味 ❶すじみち。「条理(=ものごとのすじみち)」 ❷一つずつ書きわけたもの。「条約」

名まえで使う読み え・えだ・じょう・なが

【条件】じょうけん あることをきめたり、また、あることがそうなったりするためにひつようなことがら。例 その仕事をひきうけるには条件がある。

【条▼項】じょうこう かじょう書きにした文章の一つ一つ。

【条文】じょうぶん 法律など、かじょう書きにしてある文章。

【条約】じょうやく 国と国との間できめた、きまり。例 平和条約をむすぶ。

【条例】じょうれい 国の法律のはんい内で、都道府県や市町村がその議会できめ、その地域内でおこなわれる法令。例 東京都公安条例。

下につく熟語 ▼軌条・金科玉条・信条

木−3画

【杖】

7画 人名 〈杖〉明朝

音 ジョウ
訓 つえ

意味 つえ。「松葉▽杖」

名まえで使う読み き・つえ・てい・もち

下につく熟語 *錫▽杖・*白▽杖

木−3画

【杉】

7画 常用 〈杉〉明朝

音 ―
訓 すぎ

意味 樹木の、スギ。「▼杉並木」

木−3画

【束】

7画 4年 〈束〉明朝

音 ソク
訓 たば

「口」を横長に。5画めは上下に中心をつらぬき、最後は次へ向けてはねてもよい。

なりたち 会意 束

〇(たばねるひも)と木を合わせた字。木をあつめ、ひもを回してたばねることをあらわした。

束のつく漢字グループ

「束」のグループは「しめつける」「ちぢめる」というイメージがある。

→勅149 →速416

意味 ❶たばにしてしばる。また、たばにしたもの。「結束」 ❷制限する。ひきしめる。「約束」 ❸たばねたものをかぞえることば。たば。

名まえで使う読み き・さと・そく・つか・つかぬ・つかね

【束▼縛】そくばく 制限をくわえて、自由にさせないこと。例 自由を束縛する。

下につく熟語 ▼拘束・札束・収束・装束・花束

木−3画

【村】

7画 1年 〈村〉明朝

音 ソン
訓 むら

「寸」は「木」より大きめ。5画めは1画めより下に。7画めの点は5画めの下に。

なりたち 形声 村

寸と木を合わせた字。寸は、又(て)と一を合わせた字。手首の近くで、そっとおさえて脈をみるところなので、「そっとおさえる」「じっとおちつける」というイメージをもつ。村は、木のさくでかこんで人々がこしをおちつけてすむところ、つまり「むら」をあらわした。→寸306

意味 ❶むら。「農村・漁村」 ❷市や町とならぶ地方自治体で、町より小さい単位。「村会」

難しい読み 村雨・村八分

【村会】そんかい 村の議会。例 村会議員の選挙。

【村長】そんちょう 村を代表し、村の政治をおこなう人。

【村道】そんどう 村の道。村の費用でつくった道。

【村落】そんらく 村里。村。

【村里】むらざと いなかの、人家のあつまっているところ。人里。

【村雨】むらさめ いっときはげしくふって、すぐにやむ雨。にわか雨。通り雨。

【村八分】むらはちぶ 村人が村のおきてをやぶった人や家とつき合うのをやめ、のけものにすること。

下につく熟語 寒村・漁村・山村・*▼隣村(となりむら・りんそん)・*▼離村

木−3画

【杜】

7画 人名 〈杜〉明朝

音 ト・ズ
訓 もり

意味 もり。とくに神社にある、もり。

【▽杜▽撰】ずさん 故事成語 ①書物にまちがいの多いこと。②仕事などがきちんとしてい

と読むでしょう。

ないこと。いいかげんなこと。例杜撰な仕事ぶり。参考中国の杜黙という人の詩には、漢詩のきまりにはずれたものが多かったことからうまれたことば。

【▽杜氏】とじ／とうじ　酒をつくる職人。

木－3画
【来】7画 2年
〔来〕明朝
音ライ　訓くる・きたる*・きたす*
※「こい」「こない」など「こ」ともよむ。

木－4画【來】8画 人名　彳－8画【徠】11画 人名

1・4画めは4画めを長く。2画めは止め、3画めははらい、ともに内側に向ける。

なりたち　象形　來（来）
もとの字は「來」。麦の穂がみのってたれているすがたをえがいた字。麦は西方から中国につたわったが、むかしの人は神がもたらした穀物と考えたので「來」を「こちらにやってくる」といういみにもちいるようになった。

意味 ❶くる。「来客・来店」対往 ❷つぎにくる。「来年」対去 ❸そのときからあと。「以来」

難しい読み　来▼迎

名まえで使う読み　き・きたる・く・くる・こ・な・ゆき・らい

【来意】らいい　たずねてきた理由。例受付の人に来意をつげる。
【来客】らいきゃく　たずねてきた客。
【来月】らいげつ　今月の次の月。
【来航】らいこう　外国から、船や飛行機でやってくること。例黒船が来航した。
【来▼迎】らいごう　仏教で、死ぬときにほとけや菩薩が浄土からむかえにくること。
【来週】らいしゅう　今週の次の週。
【来▼襲】らいしゅう　敵が攻めよせてくること。例敵の飛行機が来襲した。
【来春】らいしゅん／らいはる　来年の春。
【来場】らいじょう　その場所や会場に、やってくること。例ご来場のみなさま。
【来信】らいしん　人からきた手紙。
【来▼診】らいしん　医者が、患者の家にきて診察すること。例来診を頼む。
【来世】らいせ　仏教で、死んでから生まれかわるという世界。あの世。対前世
【来朝】らいちょう　外国人が日本にやってくること。来日。参考㋐古いことば。㋑「朝」は「朝廷」で、天皇がおさめている日本のいみ。
【来日】らいにち　外国人が日本にくること。来朝。例来日公演。
【来年】らいねん　今年の次の年。例来年には、小学生になります。
【来▼賓】らいひん　会や式などにまねかれた客。例来賓
【来訪】らいほう　たずねてくること。例来訪者。
【来歴】らいれき　そのものごとが、今までに通ってきたすじ道。ゆらい。例故事来歴。

下につく熟語　遠来・往来・*外来・元来・旧来・去来・近来・家来・古来・再来・在来・▼襲来・従来・将来・生来（しょうらい・せいらい）・千客万来・伝来・▼到来・▼渡来・年来・▼舶来・本来・未来・由来

木－3画
【李】7画 人名
〔李〕明朝
音リ　訓すもも

なりたち　会意　子（こども）と木を合わせた字。子がつぎつぎと生まれるように、実がつぎつぎとなる木をあらわした。

意味 果樹の、スモモ。また、その実。「▽李花・▼桃▽李」

名まえで使う読み　もも・り

李（すもも）

【▽李下に▼冠を正さず】りかにかんむりをたださず　故事成語　人からうたがいをうけるようなことはしないほうがよい、というたとえ。参考スモモ（＝李）の木の下で冠をかぶりなおすと、スモモの実をぬすむように見られると

木の部 4画 果・杭・枝・杵

いうことから。

【困】7画 口部4画→223ページ

【床】7画 广部4画→355ページ

木－4画
【果】8画 4年
〈果〉明朝
音 カ
訓 はたす・はてる・はて

※上にくる音により「ガ」ともよむ。

5画めを長く書く。「日」の縦画は内側に向ける。6画めは2画めの上から出ない。

なりたち 象形 木にまるい実がなるすがたをえがいた字。

果のつく漢字グループ
「果」のグループは「ころころとまるい」というイメージがある。
→菓396 →裸931 →課959

意味 ❶くだもの。「果実」 ❷やりとげる。やりとげたあとに生じるもの。「結果」 ❸思いきってする。「果▼敢」

難しい読み 果物

名まえで使う読み あきら・か・はた・はたす・まさる

【果▼敢】かかん 思いきってするようす。例 果敢にちょうせんする。／勇猛果敢。

【果実】かじつ ①草や木になる実。②くだもの。

【果樹】かじゅ くだものがなる木。

【果▼汁】かじゅう くだものをしぼった汁。

【果報】かほう ①よいおこない、またはわるいおこないにたいする、むくい。②しあわせ。幸運。例 果報は寝て待て（＝しあわせは、人の力で得られるものではないのだから、あせらずに待つのがよい）。

【果物】くだもの 水分やあまみがあって食用になる、草や木の実。

下につく熟語 因果・逆効果・結果・効果・成果・青果・戦果

木－4画
【杭】8画 人名
〈杭〉明朝
音 コウ
訓 くい

意味 土に打ちこんで目標などにする棒。くい。「棒▽杭」

木－4画
【枝】8画 5年
〈枝〉明朝
音 シ*
訓 えだ

「支」は中心を合わせる。7・8画めの書き出し部分が接していても誤りではない。

なりたち 形声 支（こまかく分かれる）と木を合わせた字。木のみきから分かれ出た細い「えだ」をあらわした。
→支522

意味 ❶木のえだ。「枝葉（えだ・しよう）」 ❷分かれ出たもの。「枝道」

注意 「技」とまちがえないこと。

名まえで使う読み え・えだ・き・し・しげ・しな

【枝葉】えだは／しよう ①木のえだと葉。②ものごとのあまりたいせつでないところ。例 枝葉の問題。

【枝道】えだみち もとになる道から分かれた道。

【枝葉末節】しようまっせつ 四字熟語 ものごとの、たいしてだいじでない部分。例 枝葉末節にこだわる。

木－4画
【杵】8画 人名
〈杵〉明朝
音 ショ
訓 きね

意味 うすの中のものをつく道具。きね。「▽杵▼柄」

名まえで使う読み き・きね

4画

木－4画

【松】

8画 4年 〔松〕明朝

音 ショウ 訓 まつ

「木」の方が縦長。5・6画めははなす。6画めは止めてもよい。8画めは止める。

一 十 才 木 木 朩 松 松

なりたち 形声 公（すけすけに見える）と木を合わせた字。葉が細く、葉のすきまからむこうがすけて見える「マツ」をあらわした。↓公106

意味 樹木の、マツ。「松竹梅・門松」

難しい読み 松明・松並木

名まえで使う読み しょう・ときわ・まつ

【松竹梅】しょうちくばい 松と竹と梅。古くから、めでたいものとして祝いごとにつかわれる。

【松明】たいまつ むかし、松や竹などをたばねて火をつけて、明かりとしたもの。

【松風】まつかぜ／しょうふう 松の木にふく風。また、その風の音。

【松並木】まつなみき 道にそって、一列にならべてうえた松の木。例 東海道の松並木。

木－4画

【枢】

8画 常用 〔枢〕明朝

音 スウ 訓 —

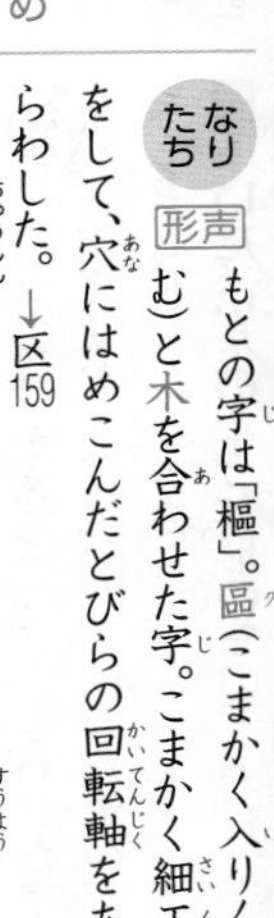

なりたち 形声 もとの字は「樞」。區（こまかく入りくむ）と木を合わせた字。こまかく細工をして、穴にはめこんだとびらの回転軸をあらわした。↓区159

意味 中心となるだいじなもの。「▼枢要（＝もののごとの中心となる、たいせつなところ）・中▼枢」

【▼枢▼軸】すうじく 活動の中心になる、だいじなところ。とくに、政治の中心。例 枢軸国。

木－4画

【析】

8画 常用 〔析〕明朝

音 セキ 訓 —

意味 ばらばらにする。「分▼析・解▼析」

注意 「折」とまちがえないこと。

木－4画

【東】

8画 2年 〔東〕明朝

音 トウ 訓 ひがし

「日」の縦画を内向きに。6画めは上下に中心をつらぬき、最後ははねてもよい。

一 丆 冂 冃 日 申 東 東

なりたち 象形 ⇩ 東

まんなかに一本の棒を通し、ふくろの両はしをしばったすがたをえがいた字。つき通るというイメージをもち、太陽が地平線からつきぬけて出る方角の「ひがし」をあらわした。

東のつく漢字グループ

「東」のグループは「つき通る」というイメージがある。

↓凍120 ↓棟606

意味 方角の、ひがし。「東洋」対西

難しい読み 東風（ひがし・とうふう・こち）

名まえで使う読み あきら・あずま・き・こち・とう・はじめ・はる・ひがし・ひで・もと

【東▼亜】とうあ アジア大陸の東の地方。日本・中国・朝鮮など。東アジア。参考 むかし、「アジア」を「亜細亜」と書いたことから。

【東▼欧】とうおう 東ヨーロッパ。

【東海道】とうかいどう 江戸時代の五街道の一つ。江戸から京都まで通じていた道。その間に五三の宿場があった。

【東宮】とうぐう 皇太子のこと。参考 もとは、皇太子のすむ宮殿のいみ。

【東経】とうけい イギリスのもとグリニッジ天文台があった場所を通る子午線を〇度として、東のほうにかぞえていく経度。一八〇度まである。対 西経

【東国】とうごく ①東のほうの国。②むかし、京都から見て、関東をさしたよび方。対 西国

【東西】とうざい ①東と西。②東洋と西洋。例 東西の文化。

こたえ まきば。

木の部（きへん） 4画 杷・杯・板・枇・枚

【東▼端】とうたん 東のいちばんはじ。対西端

【東部】とうぶ 東にある地方。東の部分。対西部

【東方】とうほう 東の方角。対西方

【東▼奔西走】とうほんせいそう 四字熟語 いそがしく、あちこちかけ回ること。例資金ぐりに東奔西走する。

東奔西走

【東洋】とうよう ①アジアのこと。対西洋 ②アジアの東のほう。日本・中国・インドなど。

【東風】ひがしかぜ／とうふう／こち 東からふいてくる風。とくに、春に東からふく風。対西風

【東半球】ひがしはんきゅう 地球を東と西に分けたときの東の部分。アジア・ヨーロッパ・アフリカ・オセアニアをふくむ。対西半球

下につく熟語 *関東・極東・*近東

木−4画
【杷】
8画 人名 〔杷〕明朝 音ハ 訓—

なりたち 形声 巴（たいらにのばす）と木を合わせた字。土をならす農具をあらわした。

意味 「▽枇▽杷」と書いて、❶楽器の名。琵琶。❷くだものの、ビワ。▽実の形が、楽器の琵琶ににていることから。

木−4画
【杯】
8画 常用

皿−4画
【盃】
9画 人名 〔杯〕明朝

音ハイ 訓さかずき

※上にくる音により「バイ」「パイ」ともよむ。

なりたち 形声 不（まるくふくれる）と木を合わせた字。はらのまるくふくれた、うつわをあらわした。↓不16

意味 ❶さかずき。「▼乾▼杯・祝▼杯」 ❷さじ・入れ物などで量をかぞえることば。はい。

下につく熟語 *金▼杯・*銀▼杯・苦▼杯・賞▼杯

木−4画
【板】
8画 3年 〔板〕明朝 音ハン・バン 訓いた

※上にくる音により「パン」ともよむ。

板 板

6・7画めの下の高さをそろえるとよい。8画めは6画めに接しなくてもよい。

なりたち 形声 反（そりかえる）と木を合わせた字。そりかえってぴんとはった木の「いた」をあらわした。↓反180

意味 いた。いたのような形のもの。「看板」

【板に付く】いたにつく 句 仕事や役がらがその人にぴったり合う。例リーダーが板に付いてきた。

【板前】いたまえ 日本料理をつくることを仕事にしている人。

【板目】いため ①板と板の、合わせめ。②板の木目が、平行ではないもの。対柾目（＝正目）

【板金】ばんきん ①金属を板のようにうすくのばしたもの。②金属板を加工すること。

【板書】ばんしょ 黒板に字などを書くこと。また、その書かれたもの。例板書をノートに書きうつす。

下につく熟語 *▼鉛板・画板・▼甲板（こうはん・かんぱん）・*降板・合板・黒板・鉄板・*戸板・登板・羽子板・平板・▼床板

木−4画
【枇】
8画 人名 〔枇〕明朝 音ビ 訓—

なりたち 形声 比（ならぶ・くっつく・うすい）と木を合わせた字。先がうすくなっているスプーンをえがいた字。

意味 「▽枇▽杷」と書いて、❶楽器の名。琵琶。❷くだものの、ビワ。▽実の形が、楽器の琵琶ににていることから。

木−4画
【枚】
8画 6年 〔枚〕明朝 音マイ 訓—

一つもありません。

6画めは5画めの下方・右側で接する。8画めが5画めに接しても誤りではない。

なりたち 会意 攵(ボク)(=攴)と木を合わせた字。攵は、ト(棒の形)と又(て)を合わせて、棒を手にもつようす。枚は、手にもつ、つえやむちをあらわした。のちに、同じ種類のものをかぞえるときにつかう単位としてもちいられた。

意味 ❶かぞえる。「枚挙」 ❷紙・板などのうすいものをかぞえることば。まい。「枚数」

名まえで使う読み かず・ひら・ふむ・まい

【枚挙】まいきょ 一つ一つかぞえあげること。例 あの人の手がらは、枚挙にいとまがない(=あまり多くていちいちかぞえきれない)。

【枚数】まいすう 紙・板・着物など、「…枚」とかぞえるものの、数。

下につく熟語 *大枚(=たくさんのお金)

木－4画

【枕】

8画 常用 〈枕〉明朝 音 チン* 訓 まくら

なりたち 形声 冘(チン)(=字のかせで人の肩をおさえて、下に押しさげるようす)と木を合わせた字。頭でおしさげる木製の「まくら」をあらわした。

意味 ❶まくら。「▼枕元」 ❷ものの下にしくもの。木や台。「▼枕木」 ❸前おきのことばや話。

【▼枕流▼漱石】ちんりゅうそうせき 四字熟語 「漱石枕流」(687ページ)と同じ。

【▼枕木】まくらぎ レールの下にならべて、ささえにするもの。参考 むかしは木材が使われた。現在はコンクリートでできたものが多い。

【▼枕詞】まくらことば 和歌で、あることばの上につけてかざったり調子をととのえたりするために使うことば。参考 「あおによし」は「奈良」、「ちはやぶる」は「神」のまくらことば。

【▼枕元】まくらもと ねている人の頭のそば。

【▼枕を高くする】まくらをたかくする 句 安心してねむる。

下につく熟語 *腕▼枕・*北▼枕・*草▼枕・*高▼枕・▼膝▼枕・▼肘▼枕

木－4画

【林】

8画 1年 〈林〉明朝 音 リン 訓 はやし

※上にくる音により「ばやし」ともよむ。

5画めは1画めよりも高くしない。2・6画めの最後を次に向けてはねてもよい。

なりたち 会意 木と木を合わせた字。木がたくさんはえているところをあらわした。

意味 はやし。「山林・森林・密林」

名まえで使う読み き・しげ・しげる・はやし・もと・もり・よし

【林間】りんかん 林の中。

【林間学校】りんかんがっこう 夏、からだをきたえながら勉強をするために、子どもたちをあつめて、すずしい山や林の中でひらく学校。

【林業】りんぎょう 木をうえたり、切り出したり、または、炭をやいたりする産業。

【林道】りんどう 山から木材をはこびだしたり、山に木をうえたりするためにつけた道。

【林野】りんや 森林と野原。

【林立】りんりつ (林のように)ものがたくさんならんで立っていること。例 都会では高いビルが林立している。

下につく熟語 営林・樹林・植林・雑木林・竹林(ちく・たけりん・ばやし)・防風林・*松林

木－4画

【枠】

8画 常用 〈枠〉明朝 音 ― 訓 わく

なりたち 会意 国字 卆(糸まき)と木を合わせた字。糸をまいてしめくくることをあらわした。

意味 ❶もののまわりをとりかこんでささえるもの。「窓▼枠」 ❷かぎられたはんい。制約。

ミニ知識 漢字の読み方のうち，ラ・リ・ル・レ・ロではじまるものは，すべて音読みで，訓読みは

注意 「粋」とまちがえないこと。

【枠外】わくがい あるかぎられたはんいのそと。対 枠内

【枠組み】わくぐみ ①わくで物のまわりをかこむこと。また、かこんだわく。②ものごとの、大まかな組み立てやしくみ。例 計画の枠組みができる。

【枠内】わくない あるかぎられたはんいのうち。例 予算の枠内。対 枠外

下につく熟語 *黒枠・*木枠・*大枠

枠

【釆】8画 爫部4画→709ページ

木－5画

【栄】

9画 4年

木－10画 【榮】14画 人名 〈栄〉明朝

音 エイ
訓 さかえる・はえ*・はえる*

上部は「ツ」。「冖」を横広に。9画めは止めても、「木」を「ホ」にしてもよい。

1	2	3	4	5	6	7	8	9
丶	丷	𭕄	𭕄	𭕄	𭕄	𭕄	𭕄	栄

使い分け はえる 栄える・映える

【栄える】りっぱに感じられる。例 栄えある賞。参考 「栄えある…」の形で使われることが多い。

【映える】光をうけて、てりかがやく。また、ひきたつ。例 夕日に映える山のけしき。／ネクタイがシャツに映える。

なりたち 形声 𤇾－榮(栄)
もとの字は「榮」。𤇾は火と火と冖(わくのしるし)を合わせて、もえる火がまわりをとりまくようす。それと木を合わせて、木のまわりをとりまくようにしてさいた花をあらわした。

𤇾のつく漢字グループ
「𤇾」のグループは「まわりを、まるくとりまく」「ずるずるつづく」というイメージがある。常用漢字では「𭕄」になる。
→労148 →営450 →栄590 →蛍914 →鶯1104

意味 ❶さかえる。さかんになる。「栄華」❷ほまれ。はえ。「栄光」

名まえで使う読み えい・さか・さかえ・さこう・しげ・しげる・たか・てる・とも・なが・はる・ひさ・ひさし・ひで・ひろ・まさ・よし

【栄華】えいが いきおいがさかんになって、さかえること。例 栄華をきわめる。

【栄冠】えいかん ①めいよのしるしとしてのかんむり。②めいよ。ほまれ。例 栄冠にかがやく。

【栄光】えいこう ほまれ。めいよ。

【栄枯盛衰】えいこせいすい 四字熟語 さかえたり、おとろえたりすること。

栄枯盛衰

【栄進】えいしん 高いくらいにすすむこと。例 課長に栄進する。

【栄達】えいたつ りっぱな身分になること。出世すること。

1【栄典】えいてん めいよのしるしとして、国からあたえられるくらいや勲章など。

2【栄転】えいてん 高いくらいにすすんで、つとめがかわること。例 支店長に栄転する。

【栄誉】えいよ ほまれ。めいよ。

【栄養】えいよう 健康をたもち、成長していくためにひつような養分。例 栄養不良。

【栄耀栄華】えいようえいが 四字熟語 ひじ

一つもありません。

学研 新レインボー

小学国語辞典改訂第7版
小学漢字辞典改訂第6版新装版

デジタル特典のご案内

＼美しい文字を書くコツがわかる!／
小学校で習う漢字とひらがな・カタカナの毛筆手書き動画

＼楽しく言葉の意味がわかる!／
アクセントの違う同音異義語（動画）

楽しい特典が、以後続々追加！（予定）

デジタル特典を、スマートフォン・タブレット・PC でご覧になれます。下の URL または二次元コードにアクセスしてください。特典の視聴には GakkenID への登録が必要です。

https://gbc-library.gakken.jp/

GakkenIDログイン後、トップページ「コンテンツ追加＋」ボタンから下記 ID とパスワードを入力。

識別 ID：wd3qe
パスワード：x9cc5a3u

※お客様のインターネット環境および携帯端末により特典を閲覧・再生できない場合、当社は責任を負いかねます。ご理解、ご了承ください。
※特典は無料で閲覧・ご視聴いただけますが、通信料はお客様のご負担になります。
※学校・塾などでの ID・パスワードの共有や、多人数・少人数にかかわらず公衆への公開・視聴・閲覧はお止めください。また、図書館での ID・パスワードの貸し出し、視聴・閲覧はお止めください。
※デジタル特典は、予告なくサービス停止となる場合があります。

Gakken

ようにさかえて、このうえないぜいたくな生活をすること。例 栄耀栄華をきわめる。参考 ㋐「栄耀」も「栄華」も、さかえてぜいたくをすること。㋑「栄耀」は「えよう」ともいう。

【栄養士】えいようし　学校や病院などで、栄養についてのしどうをする人。

【栄養失調】えいようしっちょう　栄養が足りなかったり、かたよったりして起こる体のしょうがい。例 食料不足から栄養失調になる。

下につく熟語 共存共栄・▼虚栄・光栄・*清栄・▼繁栄・見栄

木－5画

【架】

9画 常用 〈架〉明朝

音 カ
訓 かける・かかる

※「カする」ともつかう。

なりたち 形声 加（上にのせる）と木を合わせた字。物をのせる木製の「たな」をあらわした。↓加145

意味 ❶たな。「書▼架」 ❷かける。かけわたす。「▼架橋・▼架線」

【▼架橋】かきょう　橋をかけわたすこと。また、かけわたした橋。例 架橋工事

【▼架空】かくう　①空中にかけわたすこと。②じっさいにはなくて、人が想像してつくり出したこと。例 おには架空の動物である。

注意 「仮空」と書かないこと。

【▼架設】かせつ　橋やケーブルなどをかけわたすこと。例 架設工事。

【▼架線】かせん　電線をかけわたすこと。また、かけわたした電線。例 強風で架線が切れた。

下につく熟語 高▼架・十字▼架・担▼架

木－5画

【柿】

9画 常用 〈柿〉明朝

音 シ*
訓 かき

意味 樹木の、カキ。また、くだものの、カキ。▽あまがきとしぶがきがある。

名まえで使う読み かき・かげ・かつ

下につく熟語 *甘▼柿・*干し▼柿

木－5画

【柑】

9画 人名 〈柑〉明朝

音 カン
訓 ―

なりたち 形声 甘（あまい）と木を合わせた字。

意味 ミカン。また、ミカンの一種のコウジ。「▽柑▼橘類」

木－5画

【柩】

9画 表外 〈柩〉明朝

音 キュウ
訓 ひつぎ

意味 人の死体を入れるはこ。ひつぎ。

木－5画

【枯】

9画 常用 〈枯〉明朝

音 コ
訓 かれる・からす

なりたち 形声 古（かたい）と木を合わせた字。木がかんそうしてかたくなることをあらわした。↓古189

意味 ❶かれる。❷おとろえる。「栄▼枯」

【▼枯渇】こかつ　①水分がなくなって、かわききること。例 ダムが枯渇する。②つかいはたして、なくなること。例 才能が枯渇する。

【▼枯死】こし　草や木がかれてしまうこと。

【▼枯淡】こたん　あっさりとした中に、ふかいあじわいのあること。例 枯淡の境地。

下につく熟語 *木▼枯らし・*霜▼枯れ・*夏▼枯れ・*冬▼枯れ

木－5画

【査】

9画 5年 〈査〉明朝

音 サ
訓 ―

査 査

3・4画めを長くはらって強調。「且」の縦画は真下。9画めは左右にのばして長く。

1	2	3	4	5	6	7	8	9
一	十	オ	木	木	杏	杳	杳	査

なりたち 形声 且（つみかさねる）と木を合わせた字。木をつみかさねて通行をじゃまするさくをあらわした。のちに、人をとめてしらべることにもちいられる。↓且21

意味 しらべる。「検査」

ミニ知識 漢字の音読みをかなで書くと、1字・2字・3字のいずれかで、4字以上になるものは

木の部（き・きへん） 5画 柵・柘・柊・柔・染

【査察】ささつ 基準どおりにおこなわれているかしらべること。例 官庁を査察する。

【査証】さしょう 調査して証明すること。とくに、身分などをしらべて証明する入国許可証。ビザ。

【査定】さてい しらべて、きめること。例 税金を査定する。

【査問】さもん しらべて、といただすこと。例 査問にかけられる。／査問委員会。

下につく熟語 ▼監査・考査・▼巡査・審査・▼捜査・探査・調査・踏査

木－5画

【柵】 9画 常用 〔柵〕明朝

音 サク 訓 —

意味 木や竹の棒を並べてたてた、かこい。「鉄▼柵・城▼柵」

木－5画

【柘】 9画 人名 〔柘〕明朝

音 シャ 訓 —

意味 ❶樹木の、ヤマグワ。▽養蚕のため、葉はカイコのえさにつかわれた。❷（「▽柘▽榴」と書いて）樹木の、ザクロ。▽種が多く、子だくさんのシンボルで、めでたいくだものとされる。

名まえで使う読み つく

木－5画

【柊】 9画 人名 〔柊〕明朝

音 シュウ 訓 ひいらぎ

なりたち 会意 疼（ひりひりする）をりゃくしたものと木を合わせた字。

意味 樹木の、ヒイラギ。▽葉のふちに、とげ状のぎざぎざがある。

木－5画

【柔】 9画 常用 〔柔〕明朝

音 ジュウ・ニュウ 訓 やわらか・やわらかい

意味 ❶やわらか。しなやか。「▼柔▼軟」対 剛 ❷おだやか。おとなしい。「▼柔和」「▼柔弱」❸よわい。「▼柔弱」❹武術の一つ。やわら。「▼柔道」

難しい読み ▼柔弱・柔和

名まえで使う読み じゅう・とお・なり・やす・やわ・よし

【▼柔順】じゅうじゅん おとなしくて、すなおなこと。例 柔順な性格。

【▼柔道】じゅうどう 日本の武道の一つ。たがいに組み合い、あいての力をうまく利用して、なげたり、たおしたりするもの。例 オリンピックの柔道競技。

【▼柔▼軟】じゅうなん ①しなやかで、やわらかいこと。例 柔軟な体。／柔軟体操。②変化におうじて、ゆうずうがきくこと。例 柔軟な態度でのぞむ。

【▼柔よく▼剛を制す】じゅうよくごうをせいす 句 しなやかで弱そうに見える者が、（自分の長所をいかして）かえって力の強い者に勝つこと。

【▼柔弱】にゅうじゃく 弱々しいこと。からだや気力が弱いこと。例 柔弱なからだ。

【▼柔和】にゅうわ 性質や態度が、やさしく、おだやかなこと。例 柔和な人がら。

下につく熟語 ▼懐▼柔・＊優▼柔

木－5画

【染】 9画 6年 〔染〕明朝

音 セン* 訓 そめる・そまる・しみる*・し*み

染 染

「木」は「氿」より横広に。5画めははねても止めてもよい。「木」は「ホ」でもよい。

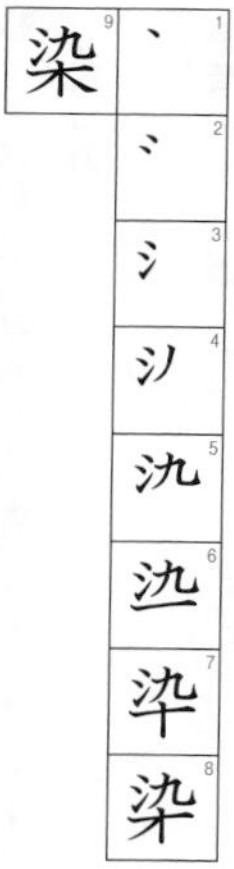

1	2	3	4	5	6	7	8	9
丶	⺀	氵	氿	氿	氿	染	染	染

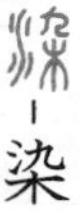

なりたち 会意 ［古い字形］－染 氵（＝水）と九（まがる）と木を合わせた字。糸やぬのを植物からとった汁につけてやわらかくして、色をしみこませるようすをあらわした。

意味 ❶そめる。そまる。「染料・染め物」❷うつる。「感染」

【染色】せんしょく ぬのや糸などを、染料でそめること。

【染色体】せんしょくたい 細胞の核の中にあ

4画

る、糸のような物質。ここに遺伝子がふくまれている。例 ヒトの染色体。

【染料】せんりょう ぬのや糸などに色をそめつける材料。そめこ。例 化学染料。

下につく熟語 ▼汚染・伝染

木－5画

【柱】

9画 3年 〈柱〉明朝

音 チュウ 訓 はしら

※上にくる音により「ばしら」「ぱしら」ともよむ。

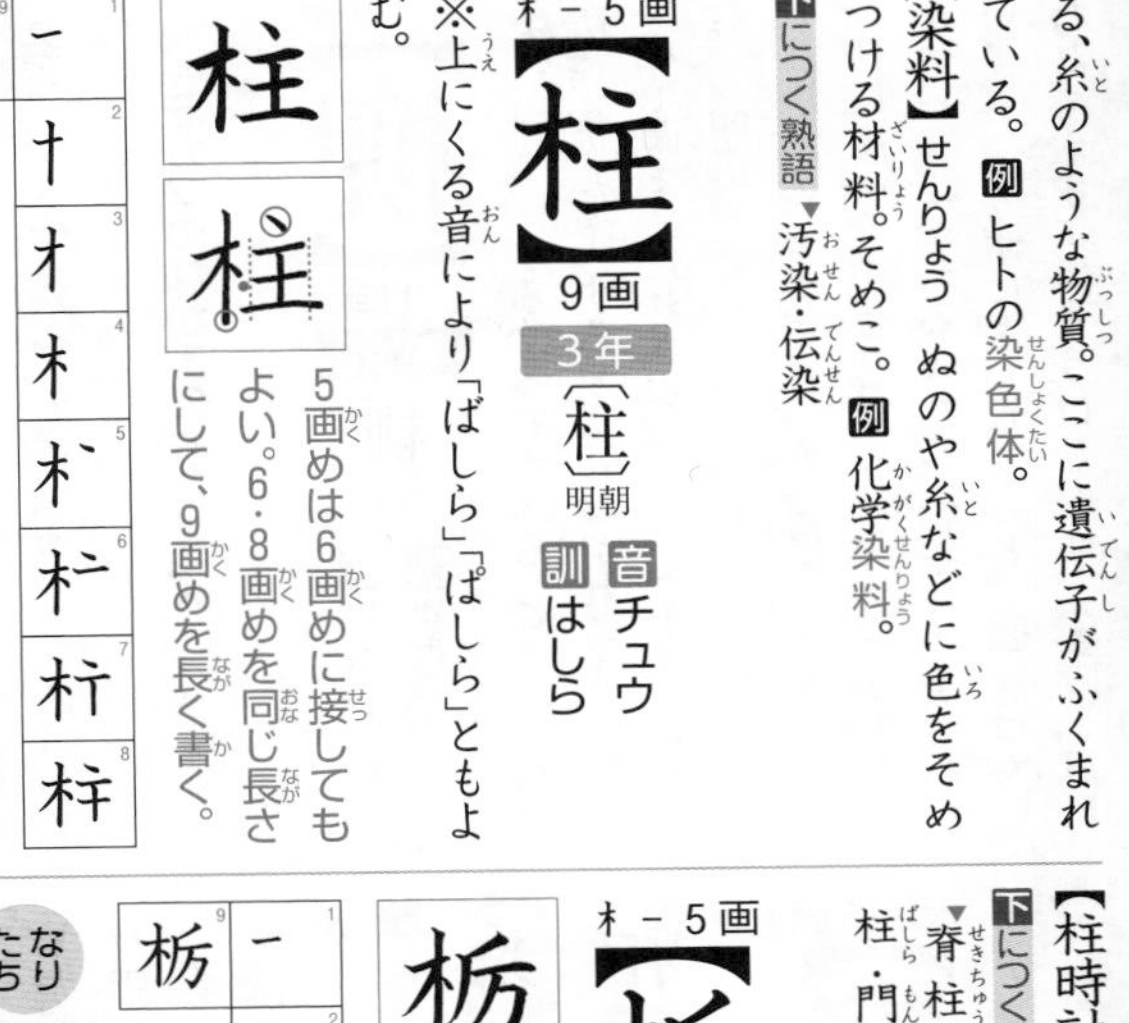

5画めは6画めに接してもよい。6・8画めを同じ長さにして、9画めを長く書く。

なりたち 形声 主(シュ)(一か所にじっと立つ)と木を合わせた字。じっと立っている木の「はしら」をあらわした。↓主29

意味 はしら。「電柱・石柱・氷柱」

【柱石】ちゅうせき たよるべきだいじな人。例 国家の柱石。参考 柱と土台石のいみから。

【柱頭】ちゅうとう 花のめしべの先にある、花粉がつく部分。

【柱時計】はしらどけい 柱にかけておく時計。

下につく熟語 円柱・貝柱・角柱・支柱・▼霜柱・▼脊柱・大黒柱・茶柱・*床柱・火柱・▼帆柱・門柱

木－5画

【栃】

9画 4年 〈栃〉明朝

音 — 訓 とち

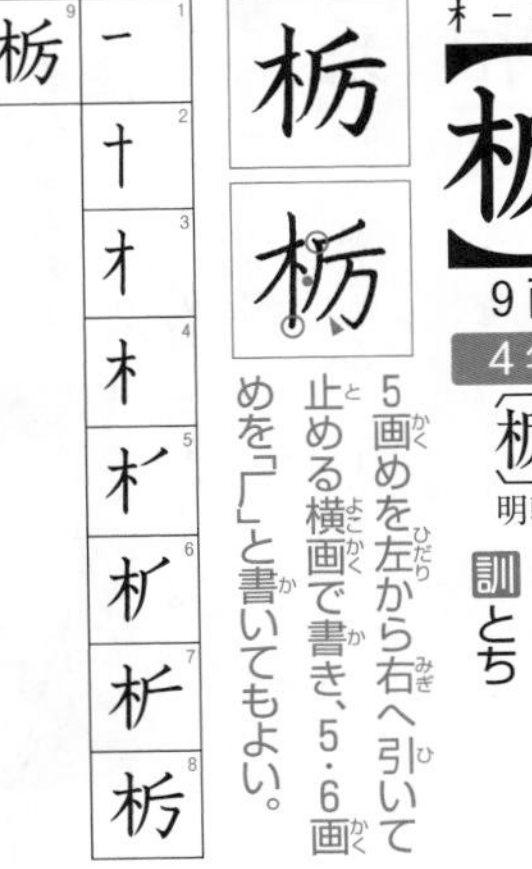

5画めを左から右へ引いて止める横画で書き、5・6画めを「丆」と書いてもよい。

なりたち 国字 万(まん)と木を合わせた字。十(と)と千(ち)をかけると万になることから、「とち」をあらわした。

意味 樹木の、トチ。トチノキ。▽実は、クリににている。▽県名でつかわれる。「栃木県」

木－5画

【柏】

9画 人名 〈柏〉明朝

音 ハク 訓 かしわ

なりたち 形声 白(しろい)と木を合わせた字。白い木をあらわした。↓白759 日本では「かしわ」のいみにもちいる。

意味 ❶ヒノキのなかまをまとめたよび名。「松▽柏」 ❷樹木の、カシワ。「▽柏▽餅」

名まえで使う読み かしわ

木－5画

【柄】

9画 常用 〈柄〉明朝

音 ヘイ 訓 がら・え

なりたち 形声 丙(両がわにぴんとはる)と木を合わせた字。両がわにはり出した「とって」をあらわした。↓丙22

意味 ❶とって。「葉▼柄」 ❷人や物のせいしつ。「人▼柄」 ❸もよう。がら。「▼柄物」

名まえで使う読み え・えだ・かい・かみ・つか・へい・もと

【▼柄物】がらもの もようがついている品物。例 柄物のワイシャツ。対 無地

下につく熟語 間▼柄・家▼柄・*絵▼柄・横▼柄・大▼柄・国▼柄・小▼柄・事▼柄・作▼柄・*図▼柄・*続▼柄(ぞくがら・つづきがら)・手▼柄・身▼柄・銘▼柄・役▼柄

木－5画

【某】

9画 常用 〈某〉明朝

音 ボウ 訓 —

意味 ある…。▽人の名や、場所・月日などがわからないときにつかう。また、わざとはっきりいわないときにつかう。「▼某氏・▼某所・▼某日」

木－5画

【柾】

9画 人名 〈柾〉明朝

音 — 訓 まさ

る。

なりたち 形声 国字 正と木を合わせた字。日本では「まさ」「まさき」のいみにもちいる。

意味 木材の木目が、まっすぐにとおっているもの。「▽柾目(=正目)」

【▽柾目】まさめ 木材の木目が、まっすぐにとおっていること。また、その木材。参考「正目」とも書く。対 板目

木－5画

【柚】9画 人名 〈柚〉明朝 音 ユ・ユウ 訓 ゆず

なりたち 形声 由(スムーズにとおる)と木を合わせた字。水分が多い「ゆず」をあらわした。→由743

意味 ミカンのなかまの木で、ユズ。「▽柚子」

木－5画

【柳】9画 常用 〈柳〉明朝 音 リュウ 訓 やなぎ

なりたち 形声 卯(するするとすべる)と木を合わせた字。するするとながれるように、えだが地面までたれさがっている木をあらわした。→卯170

意味 樹木の、ヤナギ。「▽柳▽眉」

【柳に風】やなぎにかぜ 句〔ヤナギがしなやかに風にふかれるように〕相手にさからわないで、じょうずにあしらうこと。例 悪口をいわれても柳に風とうけながす。参考「風に柳」ともいう。

【▽柳に雪折れ無し】やなぎにゆきおれなし 句 弱いように見えても、やわらかくしなやかで、かたいものより強いこと。参考 ヤナギのえだはよくしなるので、雪がつもっても、えだがまがるだけで、おれないことから。

【▽柳の下にいつもどじょうはいない】やなぎのしたにいつもどじょうはいない 句 一度運よくうまくいったとしても、同じやり方でいつもうまくいくとはかぎらない。参考「柳の下のどじょう」ともいう。

【柳▽眉】りゅうび ヤナギの葉ににた細くうつくしいまゆ。美人のまゆ。例 柳眉をさかだてる(=美人がおこるようす)。

下につく熟語 川▽柳

柳眉

【乗】9画 ノ部8画 →32ページ

【相】9画 目部4画 →775ページ

木－6画

【案】10画 4年 〈案〉明朝 音 アン 訓 —

※「アンじる」ともつかう。

案 案

6画めを一番長く書くとよい。4・5画めの交差は中心に。「木」は「ホ」でもよい。

なりたち 形声 安(上から下におさえる)と木を合わせた字。ひじをのせておさえる、木のつくえのこと。のち、あちこちをおさえて、よく考えしらべるいみをあらわした。→安287

意味 ❶考える。「思案」❷考え。意見。「名案」❸下書き。「案文」

難しい読み 案の定・案山子

【案外】あんがい 思いのほか。予想とちがって。

【案件】あんけん ①問題となっていることがら。とりあげるべき議案。②訴訟中の事件。

【案内】あんない ①道や場所を教えたり、そこへつれていくこと。例 学校へ案内する。②ようすを知らせること。例 旅行案内の本。③知らせ。通知。例 開店の案内を出す。

【案の定】あんのじょう 思ったとおり。予想どおり。例 計画は案の定、しっぱいだった。

【案配】あんばい ちょうどよくならべたり、せいりしたりすること。ものごとを具合よくす

られます。

すめること。例 各持ち場に人を案配する。

【案文】あんぶん ①文章を考えること。②下書きの文章。例 招待状の案文をねる。

【案山子】かかし 作物をあらす鳥やけものをおいはらうために、田畑に立てる人形。

下につく熟語 議案・▼懸案・原案・考案・私案・試案・新案・図案・草案・代案・提案・答案・発案・腹案・文案・法案・▼翻案・▼妙案・立案

木－6画

【桜】

10画 5年

木－17画 【櫻】 21画 人名 〈桜〉明朝

音 オウ*

訓 さくら

※上にくる音により「ざくら」ともよむ。

5・6画めは点で書いて止め、7画めは左下にはらう。10画めを長く書く。

なりたち 形声 櫻(桜)

もとの字は「櫻」。嬰と木を合わせた字。嬰は、母親の首にまといつく赤んぼうのこと。賏は、貝を二つならべた、ネックレスのこと。丸いわ、また、丸くとりまくというイメージをもつ。櫻は、赤んぼうのくちびるににた赤くて丸い実のなる「サクランボ」をあらわした。日本では「サクラ」のいみにもちいる。

意味 樹木の、サクラ。▽日本の国花。「山桜」

名まえで使う読み さくら

【桜花】おうか／さくらばな 桜の花。

【桜▼桃】おうとう 桜の一種。六月ごろにサクランボの実をつける木。

【桜前線】さくらぜんせん ソメイヨシノのさく日が同じ地点を、むすんだ線。例 桜前線が足ぶみする。参考 南の九州から北上して、北海道まですすむ。

【桜湯】さくらゆ 塩づけにした桜の花を湯に入れたのみもの。

下につく熟語 *観桜・葉桜・*八重桜・*夜桜

桜

木－6画

【格】

10画 5年 〈格〉明朝

音 カク・コウ*

訓 —

※下にくる音により「カッ」ともよむ。

6・7画めのはらいは長く、「口」と接していても接していなくてもよい。

なりたち 形声 格

各(かたいものにつかえて止まる)と木を合わせた字。つかえになって物の進行を止める棒のこと。かたいしん、またかってな行動をとめる「きまり」などのいみをあらわした。→各193

意味 ❶しんになるもの。本質。「骨格・人格」 ❷きまり。きそく。「格式」 ❸くらい。身分。「資格」 ❹手でうつ。たたく。「格▼闘」

難しい読み 格安・格好・格子

名まえで使う読み いたる・かく・きわめ・ただ・ただし・ただす・つとむ・のり・まさ

【格言】かくげん むかしからつたえられている、ためになることば。金言。参考「時は金なり」など。

【格差】かくさ 等級・資格や、ねだんなどのちがい。例 賃金の格差をなくす。

【格式】かくしき 身分や家がらなどできまっている礼儀作法。例 格式を重んじる。

【格段】かくだん とくべつ。とりわけ。例 格段の進歩がみられる。

【格調】かくちょう 文章・音楽・絵画などの作風が折り目正しいこと。また、その作品のもつ品格。例 格調の高い文。

ミニ知識 漢字の音のうち，かなで書いて３字になるものの２字めは，「ャ・ュ・ョ」の３字にかぎ

【格▼闘】かくとう　とっ組み合って、たたかうこと。例 格闘技。

【格納庫】かくのうこ　飛行機などをしまっておく建物。

【格別】かくべつ　①とりわけ。とくべつ。例 けさの寒さは、格別だ。②べつに。それほど。例 格別音楽がすきというのでもない。

【格安】かくやす　品物のねうちのわりに、ねだんがやすいこと。例 格安の品。

【格好】かっこう　①すがた。かたち。例 このくつは格好がいい。②ていさい。例 かりもののかばんで格好をつける。③ちょうどよいこと。例 格好の遊び場。④年が、だいたいそのくらいであること。例 四十格好の男。

【格子】こうし　細い木などを、たて横に組んでつくった建具。戸・まどなどにつかう。

下につく熟語 価格・規格・厳格・合格・＊▼互格・失格・▼昇格・性格・体格・適格・同格・破格・品格・風格・別格

木－6画

【核】

10画 常用 〔核〕明朝 音 カク 訓 —

なりたち 形声 亥（ごつごつとかたい）と木を合わせた字。果実の中心にあるかたい部分をあらわした。→亥45

意味 ❶たね。❷ものごとのだいじなところ。「▼核心」❸原子核。「核▼爆発」

【▼核家族】かくかぞく　夫婦、または、夫婦とその子どもだけの家族。例 核家族化。

【▼核酸】かくさん　細胞の核や細胞質にふくまれている物質。遺伝やたんぱく質の合成にたいせつなはたらきをする。

【▼核実験】かくじっけん　原子爆弾や水素爆弾をばくはつさせて、その性能をしらべる実験。

【▼核心】かくしん　ものごとの中心となるだいじなところ。例 核心をついた質問。

【▼核分▼裂】かくぶんれつ　①細胞質が分裂する前に、細胞核が二つに分かれること。②ウランやプルトニウムなどの原子核が二つ以上に分裂して、大きなエネルギーを出すこと。

【▼核兵器】かくへいき　原子力を利用した兵器。原子爆弾など。

下につく熟語 結▼核・地▼核・＊中▼核・＊非▼核・＊反▼核

木－6画

【株】

10画 6年 〔株〕明朝 音 — 訓 かぶ

5・8画めの頭は8画めを高く。6・7画めは7画めを長く。8画めははねてよい。

1	2	3	4	5	6	7	8	9	10
一	十	オ	木	木'	木𠂉	朱	株	株	株

なりたち 形声 朱（木の切りかぶ）と木を合わせた字。木の切りかぶをあらわした。→朱582

意味 ❶草花の根もと。❷木を切りたおしたあとの根。「切り株」❸とくべつの身分・権利。「成長株」❹株式のこと。「株券」

名まえで使う読み しゅ・もと・より

【株価】かぶか　株式の、そのときのねだん。

【株券】かぶけん　株式会社に元手を出したしるしの書きつけ。

【株式】かぶしき　会社の元手を、あるひとしい金額に分けた一つ一つ。株。

【株式会社】かぶしきがいしゃ　株券を出してお金を集め、それをもとでにして事業をする会社。

【株主】かぶぬし　株式会社に元手を出して、株券をもっている人。例 株主総会。

下につく熟語 根株・古株

木－6画

【栞】

10画 人名 〔栞〕明朝 音 カン 訓 しおり

なりたち 形声 幵（たいらにそろえる）と木を合わせた字。木を切りそろえて、めじるしにするようすをあらわした。

意味 ❶道の目じるしにするもの。しおり。❷読みかけの本にはさんで、目じるしにするもの。しおり。❸わかりやすい説明書。

木－6画

【桓】

10画 表外 〔桓〕明朝 音 カン 訓 ―

意味 木のはしら。

参考 人名で用いられる。「▽桓武天皇」

木－6画

【桂】

10画 人名 〔桂〕明朝 音 ケイ 訓 かつら

なりたち 形声 圭（へ形にとがる）と木を合わせた字。→圭230 日本では「かつら」のいみにもちいる。

意味 ❶ニッケイ、ゲッケイジュなど、かおりのよい木。❷樹木の、カツラ。❸しょうぎのこまの、桂馬。

名まえで使う読み かつ・かつら・けい・よし

【▽桂皮】けいひ ニッケイの木の皮。赤かっ色で、あまからいかおりがある。くすりや調味料などにつかわれる。

木－6画

【桁】

10画 常用 〔桁〕明朝 音 ― 訓 けた

意味 ❶橋のくいや建物の柱の上に、横にわたす板。「橋▽桁」❷数の位どり。「二▽桁（にけた・ふたけた）」▽そろばんのたまを貫くたて棒を「けた」といったことから。❸大きさ。規模。「▽桁▽違い・▽桁外れ」

【▽桁▽違い】けたちがい 句 ①数のくらいどりがまちがっていること。②二つのもののちがいが大きくて、くらべものにならないこと。けたはずれ。だん違い。

【▽桁外れ】けたはずれ 句 ふつうとはくらべものにならないほど、ちがうこと。例 桁外れに値段が高い品物。

下につく熟語 井▽桁・＊湯▽桁

木－6画

【桔】

10画 人名 〔桔〕明朝 音 ケツ・キツ 訓 ―

なりたち 形声 吉（いっぱいつまる）と木を合わせた字。中がつまったようにふくらんだつぼみや根をもつ「ききょう」をあらわした。→吉194

意味 〔「▽桔▽梗」と書いて〕植物の、キキョウ。▽根が、せきどめなどのくすりにつかわれる。秋の七草の一つ。

桔梗

木－6画

【校】

10画 1年 〔校〕明朝 音 コウ 訓 ―

校 校

「交」の方を大きく。5画めは点でもよい。7・8画めは「八」、8画めは止める。

一 十 才 木 … 校

なりたち 形声 → 校 交（交差する）と木を合わせた字。教えることと、ならうことが交差するところをあらわした。→交46

意味 ❶教えるところ。「学校・校長」❷くらべる。しらべる。「校正」

名まえで使う読み こう・とし・なり

【校医】こうい 学校からたのまれて、生徒の健康診断をしたり、予防接種をしたりする医者。

【校▽閲】こうえつ 書きあげられた文書やげんこうなどを読んで、まちがいなどをしらべること。例 校閲者。

【校歌】こうか その学校の校風を高めるためにつくられた歌。例 校歌斉唱。

【校旗】こうき その学校のしるしとしてきめられた旗。

【校舎】こうしゃ 学校の建物。

【校章】こうしょう 学校の記章。

【校正】こうせい 印刷されたものとげんこうとを見くらべて、印刷されたもののまちがいをなおすこと。例 学校新聞の校正をする。

【校則】こうそく その学校のきまり。例 校則に違反する。

ミニ知識 1のあとに0が48ついた数を「1極」といいます。

【校長】こうちょう その学校を指導し、最高の責任をもつ先生。学校長。

【校庭】こうてい 学校の運動場や庭。

【校風】こうふう その学校がもっている、特色ある気風。スクールカラー。

【校友】こうゆう 同じ学校で勉強する友だち。また、同じ学校を卒業した人。例 校友会。

下につく熟語 開校・休校・下校・*在校・将校・転校・登校・▼廃校・分校・閉校・母校・本校

木－6画

【根】

10画 3年 〔根〕明朝

音 コン 訓 ね

「艮」より「木」を縦長に。5画めは折って内側に。8画めは折って右上にはらう。

なりたち 形声

艮と木を合わせた字。艮は、目と匕(ナイフ)を合わせた字。目のまわりにナイフできずをつけるようすを図にして、いつまでもあとをのこすというイメージをもつ。根は、地面の中でいつまでもとどまってぬけない木の「ね」をあらわした。

艮のつく漢字グループ

「艮」のグループは「いつまでもあとをのこす」というイメージがある。

→墾 245 →限 440 →恨 464 →懇 481 →根 598

→痕 754 →眼 777 →銀 1027

意味 ❶草や木のね。「球根・根▼茎」 ❷もと。はじめ。「根本」 ❸ものごとにたえる力。「根気」

名まえで使う読み こん・ね・もと

【根幹】こんかん ①木の根とみき。②ものごとのもとになる重要なところ。例 制度の根幹を見直す。

【根気】こんき ものごとをねばり強くやりぬこうとする気力。例 根気のない人。

【根▼拠】こんきょ よりどころ。例 かれの主張の根拠となる論文を示す。

【根源】こんげん ものごとのなりたつもと。おおもと。根本。根元。例 諸悪の根源。

【根治】こんじ/こんち 病気などが、すっかりなおること。また、なおすこと。例 病気を根治する。

【根性】こんじょう ①生まれつきもっている性質。例 ひがみ根性。②やりぬこうとする強い気力。例 根性がある。

【根底】こんてい ものごとのおおもと。例 根底からくつがえす。

【根本】こんぽん ものごとのなりたちをささえる、もとになるもの。おおもと。根源。例 考え方を根本から変える。

【根本的】こんぽんてき ものごとのおおもとにかかわっているようす。例 根本的な問題。

【根毛】こんもう 植物の根の先から出ている、毛のように細いもの。

【根方】ねかた 木の下のほう。根もと。

【根が生える】ねがはえる 句 ①植物の根が出る。②ある場所や地位から動かなくなる。いすわる。

【根株】ねかぶ 木を切ったあとの根。切りかぶ。

【根城】ねじろ ①大将がいる城。②仕事をするいちばんもとになるところ。根拠地。

【根に持つ】ねにもつ 句 うらみの気持ちをいつまでもわすれない。例 けんかしたことを根に持っているらしい。

【根元】一 ねもと 根の部分。下のほうの部分。二 こんげん 「根源」と同じ。

【根も葉もない】ねもはもない 句 なんのよりどころもない。例 根も葉もないうわさがたつ。

【根雪】ねゆき 春までとけないでのこる雪。

下につく熟語 ▼尾根・▼垣根・▼禍根・性根・精根・*大根・病根・毛根・*屋根

木－6画

【栽】

10画 常用 〔栽〕明朝

音 サイ 訓 ―

ついた数です。

なりたち 形声 𢦏-栽

𢦏(サイ)(たち切る)と木を合わせた字。むだなえだや葉を切ってほどよくそだてることをあらわした。→才493

意味 苗木をうえる。植物をそだてる。「栽培・盆栽」

注意 「裁」とまちがえないこと。

【栽培】さいばい 草木をうえ、手入れをして、そだてること。例 パンジーを栽培する。

注意 「裁培」「栽倍」と書きまちがえないこと。

木－6画

【柴】

10画 人名 〔柴〕明朝 音 サイ 訓 しば

意味 野山にはえた小さな木や、それをおったもの。しば。「柴刈り(＝野山にはえた小さな木などの枝をかりとること)」

名まえで使う読み しげ・しば

木－6画

【桟】

10画 常用 〔桟〕明朝 音 サン 訓 —

なりたち 形声 もとの字は「棧」。戔(サン)(けずって小さくする)と木を合わせた字。みじかく切った木を、なわでつないだものをあらわした。→残629

意味 ❶かけわたした木や橋。かけ橋。「桟道」 ❷戸やしょうじなどのほね。さん。

難しい読み 桟敷・桟俵

【桟敷】さじき 板をしいて高くつくった見物席。

【桟俵】さんだわら 米のたわらの横にあてる、わらであんだまるいふた。

【桟道】さんどう けわしい山のがけなどにそってかけわたした、板などの道。かけ橋。

桟道

【桟橋】さんばし 海の中へつきだしてつくった、船を横づけにして、荷物のつみおろしをしたり、乗客がのりおりしたりするための施設。例 桟橋で見送る。

木－6画

【栖】

10画 人名 〔栖〕明朝 音 セイ 訓 す・すむ

意味 ❶鳥のす。❷動物が、すむ。「栖息」

参考 ふつう「生」に書きかえる。「栖息→生息」

名まえで使う読み す・すみ

木－6画

【栓】

10画 常用 〔栓〕明朝 音 セン 訓 —

なりたち 形声 全(ゼン)(かけめなくそろう)と木を合わせた字。あなにすきまなくはめこむ木をあらわした。→全62

意味 ❶びんなどの口にさしこんで、中のものがこぼれないようにするもの。せん。「栓抜き」 ❷管のはしにある、あけたりとじたりするしかけ。「消火栓・元栓」

【栓抜き】せんぬき びんなどのせん、または王冠をぬく道具。

木－6画

【桑】

10画 常用 〔桑〕明朝 音 ソウ 訓 くわ

意味 樹木の、クワ。▽葉はカイコのえさになる。熟した実は食べられる。「桑園・桑畑」

【桑田変じて滄海となる】そうでんへんじてそうかいとなる 故事成語 世の中のうつりかわりのはげしいことのたとえ。

参考 「桑田」は、くわばたけのこと。「滄海」は、青い海のこと。くわばたけが、海になってしまうという意みから。

木－6画

【桃】

10画 常用 〔桃〕明朝 音 トウ 訓 もも

なりたち 形声 兆(チョウ)(二つにわれる)と木を合わせた字。われ目のある実のなる木をあらわした。→兆101

意味 果樹の、モモ。またその実。「白桃・桜桃」

【桃源郷】とうげんきょう 故事成語 世間から

ミニ知識 「億」の1万倍を「兆」、「兆」の1万倍を「京」といいます。「1京」は、1のあとに0が16

はなれた、平和ですばらしい世界。参考 ある漁師が川をさかのぼるうち、モモの林にまよいこみ、戦乱をさけた人たちが平和にくらしている別天地を見つけたという話から。

【▽桃▽李もの言わざれど下自ずから▽蹊を成す】とうりものいわざれどしたおのずからけいをなす 故事成語 徳のある人のもとには、だまっていても自然に人が集まってくるということ。参考「桃李」は、モモやスモモ。「蹊」は、小道のこと。モモやスモモは何も言わないが、美しい花やおいしい実をつけるので人が集まってきて、その下には自然に道ができるといういみから。

【▽桃色】ももいろ モモの花のような色。ピンク。

【▽桃▽栗三年▽柿八年】ももくりさんねんかきはちねん 句 芽が出てから、モモとクリは三年め、カキは八年めで実がなるということわざ。

木－6画 【桐】 10画

人名 〈桐〉明朝

音 トウ
訓 きり

なりたち 形声 同(つき通る)と木を合わせた字。木がやわらかくて、はものがよくつき通る「きり」をあらわした。→同197

意味 樹木の、キリ。▽琴・たんす・げたなどにつかわれる。

名まえで使う読み きり・とう・ひさ

木－6画 【梅】 10画

4年

木－7画 【梅】 11画 人名 〈梅〉明朝

音 バイ
訓 うめ

「母」にしない。「毋」の縦の線は左下に向け、10画めは左右につらぬいて長く。

なりたち 形声 毎(母親がどんどん子をうむ)と木を合わせた字。多くの実をならせ、女性の安産をたすける木をあらわした。→毎634

意味 樹木の、ウメ。ウメの実。▽松・竹とともにめでたい木とされる。「梅林・梅干し」

難しい読み 梅雨(ばいう・つゆ)

【梅雨】ばいう／つゆ ウメの実がなる六月から七月はじめごろまでふりつづく雨。また、その期間。例 梅雨前線が活発化して大雨になった。

【梅林】ばいりん ウメの木の林。

下につく熟語 *寒梅・*紅梅・松竹梅・入梅・*白梅(はく・ばい・しら・うめ)

木－6画 【栗】 10画

人名 〈栗〉明朝

音 リツ
訓 くり

なりたち 会意 もとの字は「卤」。桌(いがいがならぶ)と木を合わせた字。

意味 樹木の、クリ。また、その実。

【▽栗毛】くりげ 赤茶色の馬の毛色。また、その毛色の馬。

木－7画 【械】 11画

4年 〈械〉明朝

音 カイ
訓 ―

7・8画めは6画めの上に出す。9画めを長く反って強調。11画めを忘れずに。

なりたち 形声 戒(引きしめる)と木を合わせた字。自由をうばう「かせ」のこと。のちに、手足をしめつけ、いろいろなしかけのある道具のいみにもちいる。→戒485

意味 しかけ。道具。「機械・器械」

木－7画 【椛】 11画

人名 〈椛〉明朝

音 ―
訓 かば

なりたち 会意 国字 花(花のように色づく)と木を合わせた字。

意味 ❶もみじ。カエデの木。❷赤みをおびた

も，「老師」です。

黄色。かば色。

木－7画
【梟】
11画 表外 〔梟〕明朝
音 キョウ
訓 ふくろう

なりたち 会意 鳥（鳥の省略形）と木を合わせた字。高く木の上にさらした鳥をあらわした。

参考 むかし、中国でフクロウのしがいをさらして小鳥をおどした。

意味 鳥の、フクロウ。

木－7画
【梧】
11画 人名 〔梧〕明朝
音 ゴ
訓 —

なりたち 形声 吾（五つ）と木を合わせた字。実が五つにわれる木をあらわした。→五41 →吾202

意味 樹木の、アオギリ。「▽梧▽桐」

【▽梧▽桐】ごとう 樹木の、アオギリ。みきはみどり色で葉は大きい。豆ににた実がなる。

参考 この木の葉がおちることは、秋のきざしとされる。

梧桐

木－7画
【梗】
11画 常用 〔梗〕明朝
音 コウ
訓 —

意味 つまってふさがる。「心筋▼梗▼塞」

【▼梗▼塞】こうそく ふさがって通じないこと。
例 脳梗塞。

木－7画
【梓】
11画 人名 〔梓〕明朝
音 シ
訓 あずさ

なりたち 形声 辛（切る）と木を合わせた字。日本では「あずさ」のいみにもちいる。

意味 ❶樹木の、アズサ。❷版木。また、それで印刷すること。「上▽梓（＝本を出版すること）」❸むかし、日本で弓をつくるのにもちいられたアズサの木。「▽梓弓」

名まえで使う読み あずさ

【▽梓弓】あずさゆみ アズサの木でつくった弓。

木－7画
【梢】
11画 人名 〔梢〕明朝
音 ショウ
訓 こずえ

なりたち 形声 肖（小さい）と木を合わせた字。細く小さい枝先をあらわした。→肖883

意味 ❶木のえだの先の部分。こずえ。❷ものごとの末端。「末▽梢」

名まえで使う読み こずえ・しょう・すえ・たか

木－7画
【梛】
11画 人名 〔梛〕明朝
音 ダ
訓 なぎ

なりたち 形声 那（やわらかい）と木を合わせた字。日本では「なぎ」のいみにもちいる。

意味 樹木の、ナギ。▽家具などにつかわれる高級木材。

名まえで使う読み なぎ

木－7画
【梯】
11画 人名 〔梯〕明朝
音 テイ
訓 はしご

意味 はしご。「雲▽梯」

名まえで使う読み かけはし・はし

【▽梯子】はしご たてかけたりつるしたりして、高いところにのぼる道具。

木－7画
【桶】
11画 人名 〔桶〕明朝
音 トウ
訓 おけ

意味 おもに液体を入れる、つつ形の容器。おけ。「風▼呂▽桶」

名まえで使う読み おけ

木－7画
【梨】
11画 4年 〔梨〕明朝
音 リ*
訓 なし

梨
梨

「利」を横長に。9画めははねても、11画めは止めても、「木」は「ホ」でもよい。

ミニ知識 中国では，先生のことを「老師（ラオシーと読む）」といいます。どんなにわかい先生で

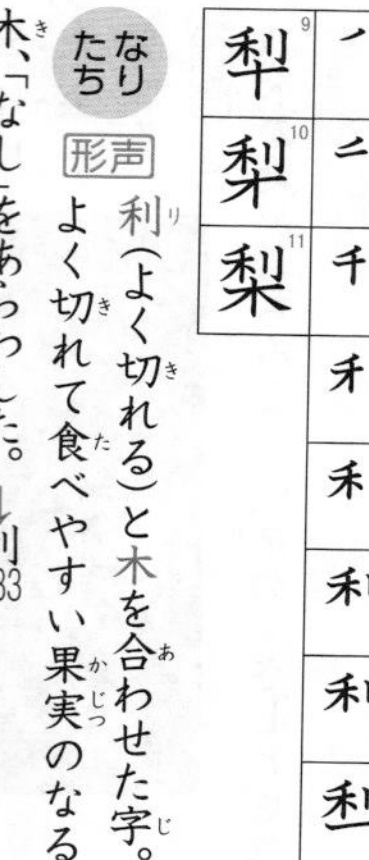

なりたち 形声 利(よく切れる)と木を合わせた字。よく切れて食べやすい果実のなる木、「なし」をあらわした。→利133

意味 樹木の、ナシ。また、くだものの、ナシの実。「洋梨」

▽県名につかわれる。「山梨県」

難しい読み 梨園・梨花

【梨のつぶて】なしのつぶて 句 〔投げた小石はもどってこないように〕返事がないこと。たよりがないこと。参考「梨」を「無し」にかけている。

【梨園】りえん 故事成語 ①ナシをうえた庭。②演劇の社会。とくに歌舞伎役者の社会。例 梨園の名門。

木－7画

【梶】

11画 人名 〔梶〕明朝 音 ビ 訓 かじ

意味 ❶こずえ。❷船や飛行機などをあやつるための装置。かじ。❸樹木の、カジ。カジノキ。▽和紙の原料につかわれる。

木－7画

【梁】

11画 人名 〔梁〕明朝 音 リョウ 訓 はり

意味 ❶はし。「橋▽梁」❷屋根を支えるためにわたした木材。はり。

名まえで使う読み たかし・はり・むね・やな・やね

【▽梁上の君子】りょうじょうのくんし 故事成語 ①どろぼうのこと。②ネズミのこと。参考「梁上」ははりの上のこと。むかしの中国で、陳寔という人が、家のはりの上にひそんでいるどろぼうに気づき、「人間はもともと善良なものだが、悪い習慣が身につくとあの人のようになってしまう」と子どもたちに教えさとしたという話による。

【彬】11画 彡部8画→373ページ

【巣】11画 ⺍部8画→450ページ

【麻】11画 麻部0画→1106ページ

木－8画

【椅】

12画 常用 〔椅〕明朝 音 イ 訓 —

なりたち 形声 倚(よりかかる)をりゃくした奇と木を合わせた字。よりかかってもたれる「いす」をあらわした。→奇267

意味 こしかけ。「▽椅子」

【▽椅子】いす ①すわるための道具。こしかけ。②役職。地位。例 社長の椅子につく。

木－8画

【棺】

12画 常用 〔棺〕明朝 音 カン 訓 —

なりたち 形声 官(ぐるりとりまく)と木を合わせた字。遺体をまるくとりまく木のはこをあらわした。→官290

意味 死体を入れるもの。「▽棺▽桶」

下につく熟語 *出▽棺・*石▽棺・納▽棺

木－8画

【棋】

12画 常用 〔棋〕明朝 音 キ 訓 —

※上にくる音により「ギ」ともよむ。

なりたち 形声 其(四角い)と木を合わせた字。四角いたいらな板の上でおこなうゲームをあらわした。→基236

意味 四角い盤の上でうつ囲碁。また、しょうぎ。「▽棋士・将▽棋」

【▽棋士】きし 碁、または、しょうぎをすることを職業としている人。

木－8画

【極】

12画 4年 〔極〕明朝 音 キョク・ゴク 訓 きわ*める・き*わまる・き*わ*み

※下にくる音により「キョッ」「ゴッ」ともよむ。

いますが，「魚」の「灬」は「れんが」ではなく，おひれの形がかわったものです。

極

6画めは、左下に短く引いて止め、右側に反る1画で書く。12画めは長く書く。

一 十 才 木 木一 朾 朾 朾 柯 柩 極 極

なりたち 形声

亟と木を合わせた字。亟は、頭を上の線につけ、足を下の線につけて立っている人のすがたに、口と又(ともに動作をしめす記号)をつけて、はしからはしまでふんばって立つようす。極は、はしからはしまでわたすむな木」。これ以上は行けないところまで行きつくすこと、また、「この上ない」「はて」などのいみをあらわした。

意味 ❶きわまる。きわめる。「極力」 ❷この上なく。「極上」 ❸はて。「極限」 ❹一方のはし。「北極」

難しい読み 極悪・極▼彩色

名まえで使う読み きょく・きわ・きわむ・きわめ・なか・むね

【極言】きょくげん えんりょせずに、思いきって言うこと。また、極端な言い方をすること。例 極言すれば、テレビなどなくてもよい。

【極限】きょくげん ものごとの行きつく、いちばんさいごのところ。はて。例 極限状態。

使い分け きわめる 極める・究める・窮める

【極める】これ以上ないというところまでたどりつく。例 富士山の頂上を極める。

【究める】深くしらべる。例 研究を究める。／剣術の奥義を究める。

【窮める】つきつめる。いきづまってこまりはてる。例 作物がとれず貧困を窮める。

参考 「究める」のいみで「窮める」もつかわれる。

使い分け きょくげん「局限・極限」→(321)ページ

→(321)ページ

【極▼端】きょくたん 考え方やおこないが、ひじょうにかたよっていること。例 極端な意見。

【極地】きょくち 北極や南極の地方。

【極▼致】きょくち これ以上はないという最高の状態。例 きんちょうの極致。

【極度】きょくど ものごとのていどがはげしいこと。例 極度のつかれ。

使い分け きょくち 極地・局地・極致

【極地】行きつくはての土地。とくに、南極や北極の地域。例 南極の極地をたんけんする。／極地観測。

【局地】あるかぎられた、一部の土地。例 局地的な大雨にみまわれた。／局地戦。

【極致】あるものごとの行きつく最高のじょうたい。例 「モナリザ」の絵は、美の極致だ。

【極東】きょくとう ヨーロッパから見て、日本・中国・朝鮮など、アジアのもっとも東の地方。

【極力】きょくりょく 力のかぎり。せいいっぱい。例 極力、努力してみます。

【極論】きょくろん わざと極端にいうこと。また、その意見。例 君の意見は極論だ。

【極光】きょっこう 南極地方や北極地方で、

ミニ知識 「魚」という漢字は，「熱」「照」と同じ「灬(＝れんが。火の形がかわったもの)」がついて夜空にあらわれるうつくしいまくのような光。オーロラ。

【極悪】ごくあく　心やおこないがこの上なくわるいこと。例 極悪非道。

【極意】ごくい　わざや芸などの、いちばんむずかしい技術。おうぎ。例 柔道の極意。

【極▼彩色】ごくさいしき　①ひじょうにこまかく、うつくしいいろどり。②はでで、けばけばしいいろどり。注意「きょくさいしょく」と読まないこと。

【極上】ごくじょう　もっとも上等なこと。例 極上のお茶。

【極秘】ごくひ　ひじょうにひみつにしていること。例 極秘の書類。

【極楽】ごくらく　①「極楽浄土」のりゃく。仏教で、遠く西のほうにあり、阿弥陀仏がいるという、平和な世界。②気楽で、何の心配もない身分やきょうぐう。例 つらい毎日も、ねている間は極楽だ。対 ①②地獄

下につく熟語 陰極・究極・磁極・至極・＊終極・＊消極・積極・電極・南極・陽極・両極

木－8画 【検】 12画 5年

木－13画 【檢】 17画 人名 〈検〉明朝

音 ケン
訓 —

11画めを7画めの上から出さない。12画めは止めてもはらってもよい。

なりたち 形声 檢－檢(検)

もとの字は「檢」。僉は、亼(よせあつめるしるし)と口(物)二つと人(ひと)ふたりを合わせて、たくさんの人や物を一か所にひきしめてまとめるようす。あつめてそろえるというイメージをもつ。檢は、文字を書いたたくさんの木のふだをあつめてしらべるようすをあらわした。

僉のつく漢字グループ

「僉」のグループは「あつめ、そろえる」というイメージがある。これは「一か所に引きしめる」というイメージにもつながる。常用漢字では「㑒」になる。

→倹83 →剣140 →険443 →検604 →験1089

意味 ❶しらべる。「検査」 ❷とりしまる。「検事」

【検▼疫】けんえき　感染症をふせぐため、外国から来た人や品物をけんさすること。例 検疫所。

【検▼閲】けんえつ　社会のきまりをみださないように、国が本や映画などの内容をしらべて、とりしまること。

【検温】けんおん　体温をはかること。

【検眼】けんがん　目の見る力をしらべること。

【検挙】けんきょ　罪をおかしたうたがいのある人をとりしらべるため、警察につれて行くこと。例 犯人を検挙する。

【検査】けんさ　わるいところがないかどうかを、しらべること。例 身体検査。

【検▼索】けんさく　①辞典や書物で、書いてあることをさがすこと。②インターネットなどで、情報をさがすこと。例 旅先のレストランを検索する。

【検札】けんさつ　車掌などが、車内で乗客のきっぷをしらべること。

【検察官】けんさつかん　犯罪をとりしらべ、裁判所に裁判をするようにねがい出る役人。

【検算】けんざん　計算の答えが正しいかどうかを、べつの計算でたしかめること。また、その計算。参考「験算」とも書く。

【検事】けんじ　検察官の階級の一つ。

【検出】けんしゅつ　(あるものにふくまれているものを)しらべ、見つけ出すこと。例 毒物が検出された。

【検証】けんしょう　ものごとをじっさいにしらべて、事実をはっきりさせること。例 実験の結果を検証する。

【検▼診】けんしん 病気にかかっているかどうかをしらべること。

【検地】けんち むかし、ねんぐのわりあてをきめるために、幕府などがおこなった土地の調査。例 太閤検地。

【検定】けんてい あるきまりにしたがってけんさし、よいわるいをきめること。例 検定試験。

【検討】けんとう こまかくしらべ、それでよいかどうかを考えること。例 もう一度検討する。

【検分】けんぶん じっさいにその場に行って、よくけんさすること。例 事故の現場を検分する。参考「見分」とも書く。

【検便】けんべん 寄生虫や病気があるかないか、大便をけんさすること。

【検問】けんもん 通行する人や車をとめて、といただしてしらべること。例 警察が検問をする。

下につく熟語 *送検・*探検・点検

【植】

木－8画 12画 3年 〈植〉明朝

音 ショク
訓 うえる・うわる

「目」の縦画は真下に、縦長に。12画めは真下に引いて折り、右へ引いて止める。

なりたち 形声 直(チョク)(まっすぐ)と木を合わせた字。木をまっすぐに立ててうえることをあらわした。↓直771

意味 ❶うえる。「植林」 ❷人をある場所におちつかせる。「植民地」

名まえで使う読み うえ・しょく・たね・なお

【植木】うえき ①庭や公園などにうえてある木。②はちにうえた木。盆栽。

【植字】しょくじ 活字を、版に組むためにならべること。

【植樹】しょくじゅ 木をうえること。

【植物】しょくぶつ 生物の中で動物にたいするもの。草や木など。

【植物性】しょくぶつせい 植物からつくられるものであること。例 植物性の油。対 動物性

【植民地】しょくみんち 政治や経済の上で、よその国の支配をうける地域。

【植林】しょくりん 野や山に木の苗をうえること。

下につく熟語 移植・誤植・*田植え・入植

【森】

木－8画 12画 1年 〈森〉明朝

音 シン
訓 もり

「林」は「木」より横広。3つの「木」の縦画をはねても、12画めを止めてもよい。

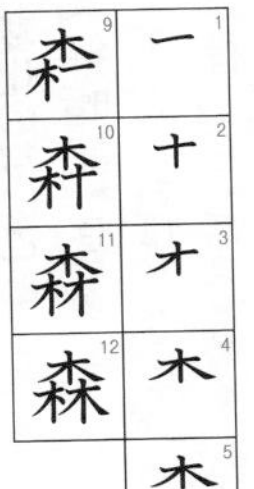

なりたち 会意  木を三つ合わせた字。たくさんの木がしげっているようすをあらわした。日本では「もり」のいみにもちいる。

意味 ❶もり。「森林」 ❷ひっそりとしている。「森▼閑」

名まえで使う読み しげ・しげる・しん・もり

【森▼閑】しんかん 物音がせず、ひっそりしていること。

【森羅万象】しんらばんしょう 四字熟語 宇宙にあるすべてのもの。参考「森羅」は、数かぎりなく多くのものがならぶこと。「万象」は、さまざまな形のすべてのもののいみ。

森閑

漢字クイズ 白い色の「金」とは、なんのことでしょう。

【森林】しんりん　森や、林。
【森林浴】しんりんよく　森林に入って、その中の空気をすい、また全身にあびること。

木−8画
【棲】
12画　人名　〈棲〉明朝　音 セイ　訓 すむ

意味 ❶すむ。「▽棲息・両▽棲類」 ❷鳥のす。また、人のすまい。ねどこ。
参考 ふつう「生」に書きかえる。「▽棲息→生息」
【▽棲息】せいそく　生物がある場所にすむこと。生息。例 パンダの棲息地。

木−8画
【棚】
12画　常用　〈棚〉明朝　音 —　訓 たな

意味 物をのせるために、板を横にわたしたもの。また、そのような形のもの。「本▼棚」
※上にくる音により「だな」ともよむ。
名まえで使う読み　すけ・たな・ほう
【▼棚からぼた▼餅】たなからぼたもち　句　なにもしないのに思いがけない幸運に出会うことのたとえ。参考「たなぼた」ともいう。
【▼棚田】たなだ　山などかたむいた土地に、かいだんのようにつくった田んぼ。
【▼棚に上げる】たなにあげる　句〔あることに〕わざとふれないでおく。例 自分のあやまちを棚に上げて人をせめる。

下につく熟語　網▼棚・神▼棚・＊書▼棚・＊大陸▼棚・戸▼棚

木−8画
【椎】
12画　常用　〈椎〉明朝　音 ツイ　訓 しい＊

なりたち 形声　隹（ずっしりと重い）と木を合わせた字。ずっしりと重い木の「つち」をあらわした。日本では「しい」のいみにもちいる。→推511
意味 ❶ものをたたく道具。つち。「鉄▼椎」 ❷せぼねをかたちづくる、一つ一つのみじかいほね。「▼椎間板・脊▼椎」 ❸樹木の、シイ。シイノキ。▽実は、どんぐり。
【▼椎間板】ついかんばん　せぼねをつくる一つ一つのほねの間にある、なんこつ。

木−8画
【棟】
12画　常用　〈棟〉明朝　音 トウ　訓 むね・むな

なりたち 形声　東（つき通る）と木を合わせた字。家のいただきを通す「むな木」をあらわした。→東587
意味 ❶屋根の、いちばん高いところ。また、そこにある木。「▼棟▽梁」 ❷細長い建物。「病▼棟」 ❸建物をかぞえることば。むね。
名まえで使う読み　すけ・たか・たかし・みね・むな・むね

【▼棟▽梁】とうりょう　大工のかしら。
【▼棟木】むなぎ　屋根のむねにつかう木。
下につく熟語　＊上▼棟・＊別▼棟

木−8画
【棒】
12画　6年　〈棒〉明朝　音 ボウ　訓 —

5・6画めを同じに、7画めを長く。9画めの書き出しに注意。12画めは下に長く。

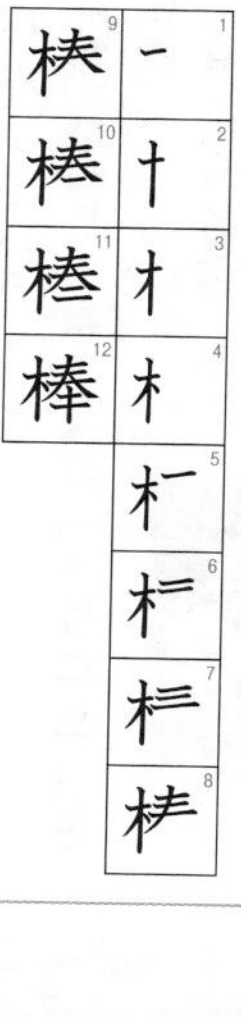

なりたち 形声　奉（へ形にもりあがる）と木を合わせた字。先がへ形の木の棒をあらわした。→奉269
意味 ❶細長い木。ぼう。「鉄棒」 ❷まっすぐで変化のないこと。「棒暗記・棒読み」
【棒暗記】ぼうあんき　いみをよく理解しないで、ただおぼえること。
【棒磁石】ぼうじしゃく　棒のかたちをしている磁石。
【棒に振る】ぼうにふる　句〔せっかくの努力などを〕むだにする。例 けがをして、一年間の苦労を棒に振ってしまった。
下につく熟語　相棒・＊後棒・金棒・＊警棒・先棒・心棒・＊泥棒・＊平行棒

木－8画
【椋】
12画 人名 〈椋〉明朝 音 ― 訓 むく

意味 樹木の、ムク。ムクノキ。

名まえで使う読み くら・むく・りょう

木－8画
【椀】
12画 人名 〈椀〉明朝 音 ワン 訓 わん

意味 まるくて、まんなかがくぼんだ、木でできた器。わん。「▼汁▼椀」

参考 陶磁器でできたわんは、「碗」をつかう。

名まえで使う読み まり

【閑】
12画 門部4画→1041ページ

【集】
12画 隹部4画→1045ページ

木－9画
【楷】
13画 常用 〈楷〉明朝 音 カイ 訓 ―

なりたち 形声 皆(ならびそろう)と木を合わせた字。羽形の小さな葉が形よくならびそろった木(カイノキ。別名、ナンバンハゼ)をあらわした。形をきちんとそろえて書く書体(楷書)のいみにもちいる。→皆763

意味 ❶樹木の、カイ。カイノキ。❷手本。❸楷書のこと。

名まえで使う読み かい・のり

【▼楷書】かいしょ 書体の一つ。一点、一画をくずさずに書く書き方。対 行書。草書。

木－9画
【楽】
13画 2年 木－11画 【樂】15画 人名 〈楽〉明朝

音 ガク・ラク 訓 たのしい・たのしむ

※下にくる音により「ガッ」ともよむ。

楽 楽

「白」は縦長。6～9画めの方向に注意。10画めを長く。

「木」は「ホ」でもよい。

なりたち 象形 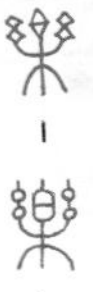 樂(楽)

もとの字は「樂」。クヌギという木をえがいた字。白(どんぐり)と幺(まゆ)二つと木を合わせて、まるいものがごろごろしているというイメージをもち、ごろごろ、がらがらというにぎやかな音のイメージにたとえて、音楽のいみにつかわれるようになった。また、音楽でたのしむことから「たのしい」「たのしむ」のいみをあらわした。

楽のつく漢字グループ

「楽」のグループは「まるいものや小さいものが、ごろごろしている」というイメージがある。常用漢字では「楽」になる。→薬405

意味 ❶おんがく。「楽団」❷たのしい。たのしむ。「▼娯楽」対 苦 ❸たやすい。らくである。「楽勝」

名まえで使う読み がく・ささ・たのし・もと・よし・らく

【楽聖】がくせい ひじょうにすぐれた音楽家。

【楽隊】がくたい おもに吹奏楽をえんそうする人たちのあつまり。

【楽団】がくだん いろいろな楽器で、音楽をえんそうするための団体。

【楽典】がくてん 音楽のきそく。また、そのきそくが書かれている本。

【楽▼譜】がくふ 音楽の曲を、音符で書きあらわしたもの。

【楽屋】がくや 出演者がしたくをしたり、休んだりするへや。

【楽器】がっき 音楽をえんそうするためにつかう、音を出す器具。

【楽曲】がっきょく 音楽の曲のこと。

【楽あれば苦あり】らくあればくあり 句 楽しみと苦しみは、つきもので、楽しいことがあれば、きっと苦しいこともやってくる。

【楽園】らくえん くるしみのない、楽しいところ。パラダイス。例 南国の楽園。

こたえ 白金。プラチナのこと。

【楽勝】らくしょう かんたんにかつこと。らくらくとかつこと。例 試合は楽勝だった。対 辛勝

【楽天】らくてん すべてのものごとを明るく考えて、のんきなこと。参考「楽天」は、中国のむかしの書物にある言葉で、天の理（自然の道理）を楽しむことで、自分のきょうぐうに満足しているといういみ。

【楽天家】らくてんか ものごとをいつもよいほうに考える人。

【楽天的】らくてんてき くよくよせずに、ものごとをすべてよいほうに考えるようす。のんきなようす。例 楽天的な性格。

【楽楽】らくらく ①ゆったりとして、よゆうのあるようす。例 かばんに本が楽々はいる。②とてもかんたんにできるようす。例 重い石を楽々とはこぶ。参考 ふつう「楽々」と書く。

【楽観】らっかん ものごとがうまくいくように考え、気にしないこと。例 事態を楽観していた。対 悲観

【楽観的】らっかんてき ものごとがうまくゆくと考えて、心配しないようす。例 楽観的な見方。対 悲観的

下につく熟語 安楽・音楽・快楽・▼雅楽・神楽・器楽・喜▼怒▼哀楽・気楽・苦楽・＊弦楽・行楽・極楽・＊吹奏楽・声楽・千秋楽・田楽・道楽・能楽・文楽・邦楽・洋楽

木－9画

【棄】

13画 常用 〔棄〕明朝

音 キ 訓 す＊てる

意味 すてる。「▼廃▼棄・▼棄権」

【▼棄却】ききゃく ①すてて、とりあげないこと。②裁判所がうったえをとりあげないこと。例 上告を棄却する。

【▼棄権】きけん もっている権利をすてること。例 選挙では、棄権をしないようにしよう。

下につく熟語 遺▼棄・自暴自▼棄・投▼棄・▼廃▼棄・破▼棄・放▼棄

木－9画

【業】

13画 3年 〔業〕明朝

音 ギョウ・ゴウ＊ 訓 わざ＊

1・2画めは真下、3・4画めは内向き。横画は5画めを長く。下部は「ホ」でもよい。

なりたち 象形 業 ぎざぎざしたとめ木がたくさんついた台をえがいた字。でこぼこしていてつかえることから、すらっといかない仕事のいみにもちいられる。

意味 ❶わざ。仕事。つとめ。「営業」❷学問。「授業・卒業」❸むくいをうけるもとになる、善悪のおこない。「悪業（あくごう・あくぎょう）」

難しい読み 業腹・業病

使い分け 「業」と「技」を区別してつかおう。→技（495ページ）

名まえで使う読み おき・かず・ぎょう・くに・なり・のぶ・のり・はじめ・ふさ

【業界】ぎょうかい 同じ種類の仕事をしている人々のなかま。例 出版業界。

【業者】ぎょうしゃ ①事業をしている人。②同じ種類の事業をしているなかま。

【業績】ぎょうせき やりとげた仕事のできばえ。例 すぐれた業績をのこす。

【業務】ぎょうむ 仕事や、つとめ。

【業腹】ごうはら ひどくはらがたつこと。例 ぼくだけがのけものとは業腹だ。

【業を▼煮やす】ごうをにやす 句 がまんしきれず、腹をたてる。例 いくらまっても来ないので業を煮やして帰ってきた。

下につく熟語 ▼偉業・開業・家業・▼稼業・学業・神業・軽業・▼企業・休業・漁業・▼兼業・工業・鉱業・罪業・作業・産業・残業・始業・事業・失業・実業・修業（しゅぎょう・しゅうぎょう）・終業・商業・職業・仕業・＊水産業・生業・＊専業・創業・操業・転業・同業・農業・▼廃業・早業・副業・分業・本業・林業

木－9画
【楯】13画 人名 〈楯〉明朝 音ジュン 訓たて
意味 ❶てすり。❷刀や弓矢のこうげきから身をまもる防具。たて。
名まえで使う読み たち・たて

木－9画
【楔】13画 表外 〈楔〉明朝 音セツ・ケツ 訓くさび
意味 くさび。もののあいだにさしこんで、木を割ったり物をしめつけたりするのにつかうV字形のもの。
【▽楔形文字】くさびがたもじ くさびの形を組み合わせてつくられた、古代メソポタミアの文字。

木－9画
【楚】13画 人名 〈楚〉明朝 音ソ 訓いばら
意味 ❶すっきりしている。「清▽楚」❷むかし、中国にあった国の名。そ。「四面▽楚歌」❸とげがある低木のよび名。イバラ。
名まえで使う読み うばら・しもと・たか

木－9画
【楕】13画 人名 〈楕〉明朝 音ダ 訓—
意味 長細い円。「▽楕円」

木－9画
【椿】13画 人名 〈椿〉明朝 音チン 訓つばき
意味 ❶樹木の、ツバキ。❷不意のできごと。かわったこと。「▽椿事」
【▽椿事】ちんじ 思いがけないできごと。意外な大事件。例 山奥の村におこった椿事。
参考 「珍事」とも書く。

木－9画
【楠】13画 人名 〈楠〉明朝 音ナン 訓くす・くすのき
なりたち 形声 南(みなみ)と木を合わせた字。日本では「くすのき」のいみにもちいる。
意味 樹木の、クス。クスノキ。
名まえで使う読み くす・くすのき・なん

木－9画
【楓】13画 人名 〈楓〉明朝 音フウ 訓かえで
なりたち 形声 風(かぜ)と木を合わせた字。実にはねがついて、風にふかれて飛ぶ木をあらわした。
意味 ❶樹木の、フウ。❷樹木の、カエデのなかまをまとめたよび名。▽ふつう、秋に葉が赤くなるので「もみじ」という。
名まえで使う読み かえで・ふう

木－9画
【椰】13画 人名 〈椰〉明朝 音ヤ 訓やし
意味 樹木の、ヤシ。「▽椰子」
名まえで使う読み や・やし

木－9画
【楢】13画 人名 〈楢〉明朝 音ユウ 訓なら
意味 樹木の、ナラ。▽ふつうは、コナラをさす。
名まえで使う読み なら

木－9画
【楊】13画 人名 〈楊〉明朝 音ヨウ 訓—
意味 樹木の、ヤナギ。カワヤナギ。「▽楊▼柳」
参考 「柳」は、えだがたれて風にゆれる「シダレヤナギ」をさす。
名まえで使う読み やす・よう
【▽楊枝】㊀ようし ヤナギのえだ。㊁ようじ ①歯ブラシ。②歯の間にはさまったものをとる道具。つまようじ。

木－9画
【楼】13画 常用 〈楼〉明朝 音ロウ 訓—
なりたち 形声 もとの字は「樓」。婁(じゅずつなぎ)と木を合わせた字。一階、二階とつぎつぎにつながっているたてものをあらわした。
意味 高い建物。「▽楼閣」
↓数530
名まえで使う読み いえ・たか・つき・つぎ・ろう
【▽楼閣】ろうかく 高くてりっぱな建物。例 砂上の楼閣(＝すぐにだめになってしまうものごとや、実現できないことのたとえ)。

漢字クイズ 「間・問・聞」。部首が「門(もんがまえ)」ではない漢字は，どれでしょう。

【楼門】ろうもん 二階づくりの門。

下につく熟語 ＊高楼・玉楼・鐘楼・＊蜃気楼・望楼・摩天楼

【禁】13画 示部8画 → 797ページ

木－10画

【榎】14画 人名

〔榎〕明朝 音 カ 訓 えのき

意味 樹木の、エノキ。▽江戸時代の街道で、一里(約四キロメートル)ごとにおかれた、一里塚に植えられた。

名まえで使う読み え

木－10画

【樺】14画 人名

〔樺〕明朝 音 カ 訓 かば

意味 ❶樹木の、カバ。カバノキ。また、そのなかまをまとめたよび名。❷赤みをおびた黄いろ。かば色。

▽地名につかわれる。「樺太」

木－10画

【概】14画 常用

〔概〕明朝 音 ガイ 訓 ―

意味 おおむね。あらまし。「概算」

注意 「慨」とまちがえないこと。

【概観】がいかん おおざっぱに見ること。また、だいたいのようす。例 国際情勢を概観する。

【概況】がいきょう だいたいのようす。例 天気概況。

【概算】がいさん だいたいの計算をすること。また、およその見つもり。例 予算の概算を出す。対 精算

【概数】がいすう おおよその数。例 市の人口を概数であらわす。

【概説】がいせつ 内容のあらましを説明すること。また、その説明。例 歴史の概説。

【概念】がいねん 多くのものの中から、共通する性質をぬきだして、まとめた考え。例 芸術という概念からはずれる。

【概要】がいよう だいたいの内容。例 事件の概要を説明する。

【概略】がいりゃく あらまし。だいたいの要点。例 話の概略をつかむ。

【概論】がいろん あることがらの全体のあらましを論じること。また、論じたもの。例 経済概論。

下につく熟語 ＊一概・気概・大概

木－10画

【構】14画 5年

〔構〕明朝 音 コウ 訓 かまえる・かまう

「冓」は9・14画めを長く。12画めは11画めの上に出して14画めの下に出さない。

なりたち 形声 冓－構(構)

もとの字は「構」。冓と木を合わせた字。冓は、むこうがわとこちらがわに同じ形に木を組み立てたようす。構は、木をうまく組んで、くずれないように組み立てることをあらわした。

冓のつく漢字グループ

「冓」のグループは「バランスよく組み立てる」というイメージがある。常用漢字では「冓」になる。

→構610 →溝683 →講966 →購986

意味 ❶組み立てる。かまえる。「構成」 ❷かまえ。かこい。「構内・気構え」

注意 「講」「購」とまちがえないこと。

【構外】こうがい 建物や敷地などのかこいのそと。対 構内

【構図】こうず 絵や写真などをつくるとき、ものの位置を考え、全体をまとまったものにすること。また、その配置。例 だいたんな構図。

【構成】こうせい 組み立てること。また、組み立てられたもの。例 テレビ番組を構成する。

【構想】こうそう 内容ややり方についての考えをねり、組み立てること。また、組み立てた

考え。例 小説の構想をねる。

【構造】こうぞう しくみ。つくり。例 むかしながらの構造の家。

【構内】こうない 建物や敷地などのかこいの中。対 構外

下につく熟語 機構・▼虚構・結構

木－10画

【榊】 14画 人名 〈榊〉明朝 音 — 訓 さかき

なりたち 会意 国字 神(かみさま)と木を合わせた字。神さまにお供えする木をあらわした。

意味 樹木の、サカキ。

名まえで使う読み さかき

木－10画

【榛】 14画 人名 〈榛〉明朝 音 シン 訓 はしばみ

意味 ❶樹木の、ハシバミ。❷樹木の、ハリの木。ハンノキ。

名まえで使う読み しん・はり・はる

木－10画

【槍】 14画 人名 〈槍〉明朝 音 ソウ 訓 やり

意味 とがった刃に、長い柄をつけた武器。やり。「▽槍術・横▽槍」

名まえで使う読み ほこ

木－10画

【槌】 14画 人名 〈槌〉明朝 音 ツイ 訓 つち

意味 ものをたたく道具。つち。ハンマー。「木▽槌」

名まえで使う読み つち・てつ

木－10画

【槇】 14画 人名

木－10画

【槙】 14画 人名 〈槙〉明朝 音 テン 訓 まき

なりたち 形声 もとの字は「槇」。眞(てっぺんできわまる)と木を合わせた字。日本では「まき」のいみにもちいる。

意味 ❶こずえ。❷樹木の、マキ。

名まえで使う読み こずえ・しん・まき

木－10画

【模】 14画 6年 〈模〉明朝 音 モ・ボ 訓 —

「莫」の「日」は縦画を内向きにして横長、12画めを長く。14画めは止めてもよい。

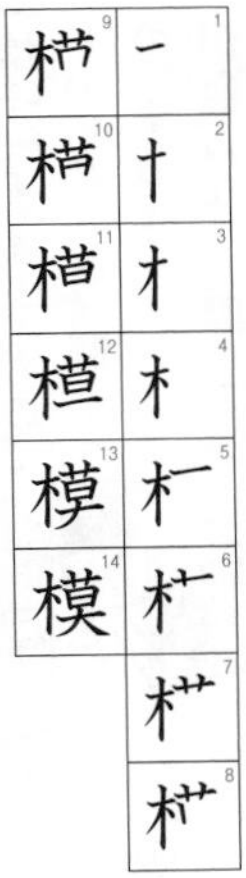

なりたち 形声 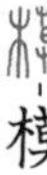 模 莫(上からかぶせてかくす)と木を合わせた字。木の型の上からねん土をかぶせ、おしつけてつくる鋳型をあらわした。→莫395

意味 ❶てほん。かた。「模▼範」❷てほんとする。にせる。「模型」❸かざりの、形。「模様」

名まえで使う読み かた・とお・のり・ひろ・ぼ・も

【模▼擬】もぎ あることをまねておこなうこと。例 模擬テスト。

【模型】もけい 実物と同じ形をまねて、小さくつくったもの。例 模型の飛行機をとばす。

【模▼索】もさく あれこれためしながら、よい方法をさがすこと。例 解決案を模索する。

【模写】もしゃ 絵や文字などを、まねてうつしとること。また、そのもの。例 名画を模写する。

【模造】もぞう 本物をまねてつくること。例 模造品。

【模造紙】もぞうし 表面がなめらかで、ややあつい紙。ポスターやつつみ紙などにつかう。

【模▼範】もはん 見ならうべきもの。手本。例 みんなの模範になる。

【模▼範的】もはんてき りっぱで、手本となるようなようす。例 模範的な生徒。／模範的な演技。

【模▼倣】もほう まねること。例 有名な画家の絵を模倣する。対 独創

下につく熟語 規模

こたえ 問と聞。問の部首は，「口(くち)」，聞の部首は，「耳(みみ)」。

木の部 10画 様 11画 横

木－10画

【様】 14画 3年

木－11画 【樣】 15画 人名 〈様〉明朝

音 ヨウ
訓 さま

※上にくる音により「ざま」ともよむ。

5・6画めは内向き。7〜9画めは9画めを長く。11・12画めを「フ」にしない。

筆順：一 十 才 木 木' 术 栏 栏 栏 栏 样 样 様 様

なりたち 形声 もとの字は「樣」。羕と木を合わせた字。羕は、羊(形が美しい)と永(ながい水の流れ)を合わせゆったりと流れる水のようすをもつ。様は、流線型で美しいというイメージをもつ。様は、流線型をした木のかたちのこと。手本とするきまった形のいみをあらわした。→羊865

意味 ❶ありさま。すがた。「様子・様態」❷きまった形。「様式」❸図の形。「模様・文様」❹人の名前の下につけて、うやまういみをあらわすことば。さま。「山田様・殿様」

【様様】さまざま いろいろであるようす。例 様々な魚がある。参考 ふつう「様々」と書く。

【様式】ようしき ①やり方。方法。例 生活の様式がかわった。②とくにきめられた形式。例 書類の様式。

【様子】ようす ①ものごとのありさま。例 てきの様子をさぐる。②すがた。みなり。例 様子のよい人。③けはい。例 何かおこりそうな様子だ。

様子①

【様相】ようそう 表面にあらわれた、ものごとのありさま。例 ただならぬ様相。

【様態】ようたい ものごとのありさま。

下につく熟語 一様・異様・＊王様・＊神様・仕様・多様・同様・無様・両様

【雑】14画 隹部6画 ↓1047ページ

使い分け ようしき 様式・洋式・要式

【様式】ものごとのやり方。例 江戸時代の様式。／生活様式。

【洋式】西洋風のやり方。例 洋式トイレと和式トイレ。対 和式

【要式】きまりにしたがうやり方。例 要式にしたがって書く。／要式行為。(婚姻など、法律できめられたやり方にしたがわなければ成立しない行為)

かきかた

木－11画

【横】 15画 3年

木－12画 【橫】 16画 人名 〈横〉明朝

音 オウ
訓 よこ

「黄」の6・7・9・10画めの縦画は内向きに、8画めを長く、15画めは止める。

筆順：一 十 才 木 木一 朩 朩 栱 栱 栱 栱 横 横 横 横

なりたち 形声 もとの字は「橫」。黄(四方に広がる)と木を合わせた字。中心からはみでて広がるよこ木をあらわした。→黄1107

意味 ❶よこ。東西。「横断・縦横(じゅう・たて・よこ)」対 縦 ❷すきかって。わがまま。「横暴・専横(＝自分の思い通りにふるまうこと)」

【横▼隔▼膜】おうかくまく 哺乳動物の、胸と腹のさかいにある、きんにくのまく。呼吸運動をたすける。

【横行】おうこう 悪者がかってきままにふるまうこと。例すりが横行する。／悪徳商法が横行する。

【横死】おうし 思いがけない事故や災難で死ぬこと。例横死をとげる。

【横隊】おうたい 横にならんだ列。対縦隊

【横断】おうだん ①横にたちきること。例横断面。②道・川・大陸などを横切ること。例大陸を鉄道で横断する。対①②縦断

【横着】おうちゃく できるだけほねをおらずに、とくをしようとすること。また、なまけること。例横着をきめこむ。

【横転】おうてん 横にころがること。横だおし。例トラックが横転した。

【横▼柄】おうへい いばって、人をばかにするようす。例口のきき方が横柄だ。

【横暴】おうぼう わがままで、らんぼうなこと。例横暴なふるまい。

【横領】おうりょう 人のものを不法なやり方で自分のものにすること。例会社の金を横領する。

【横顔】よこがお ①横から見た顔。横向きの顔。②ある人の、あまり知られていない面。例スターの横顔を紹介する。

【横車】よこぐるま （車を横におすのは無理なように）すじが通らないことを、無理におし通そうとすること。例横車をおす。

【横町・横丁】よこちょう おもて通りから、少しわきにはいった町すじ。例横町の本屋。

【横▼綱】よこづな ①すもうで、いちばん上の地位の力士が、土俵入りのときこしにしめる太いつな。②「横綱①」をしめる資格のある力士。また、その地位。③同じなかまの中で、いちばんすぐれているもの。例秋田犬の横綱。

【横波】よこなみ ①船の横に打ちつける波。例横波をうけて、ボートがひっくりかえった。②光や電波など、波のすすむ方向にたいして、直角にゆれる波。対縦波

【横腹】よこばら 腹など、ものの横の部分。わきばら。よこっぱら。例横腹がいたい。

【横笛】よこぶえ 横にかまえてふく笛。対縦笛

【横道】よこみち ①本道でない道。わき道。②本筋と関係のない方向。例話が横道にそれる。

【横文字】よこもじ 横書きにする、西洋の文字。また、西洋のことば・文章。外国語。例横文字に弱い。

【横▽槍】よこやり （横からやりでつくように）関係ない話に、よけいな口出しをすること。例横槍がはいる。／横槍を入れる。

横槍

木－11画

【槻】

15画 人名 〔槻〕明朝

音 キ
訓 つき

意味 樹木の、ツキ。▽ケヤキの一種。

名まえで使う読み き・つき

木－11画

【権】

15画 6年 〔権〕明朝

音 ケン・ゴン*
訓 ―

権 権

8画めは6画めの上から出さない。9画めの下を少し出す。10画めは点でもよい。

1	2	3	4	5	6	7	8
一	十	オ	木	木′	木𠂉	木𠂉	木𠂉
9	10	11	12	13	14	15	
权	杵	栫	椊	権	権	権	

なりたち 形声 もとの字は「權」。雚（左右にそろう）と木を合わせた字。左右のバランスをとって重さをはかる道具をあらわした。

意味 ❶ものごとを自由にする力。支配する力。「権力」 ❷かりのもの。「権化」

→観940

難しい読み 権▼謀術数・権化・権現

名まえで使う読み けん・ごん・のり・よし

【権▼威】けんい ①人の心をおさえつけ、したがわせる力。例権威をうしなう。②あることでひじょうにすぐれている人。例植物学の権威。

【権限】けんげん ①あることをするとき、取り

漢字クイズ 「常識」の反対のいみは「□常識」。□にはいる漢字は，つぎのア～エのうちどれ

きめによって、その人にまかされた力のはんい。例 主審の権限で、試合を中止する。②法律によって、国や公共団体にあたえられた、力のはんい。

【権勢】けんせい 人をしたがわせる強いいきおい。例 権勢をふるう。

【権▼謀術数】けんぼうじゅっすう 四字熟語 人をだます、いろいろな計略のこと。例 権謀術数をめぐらす。参考 ㋐「権謀」も「術数」も、はかりごとのいみ。㋑「権謀術策」ともいう。

【権利】けんり あることを自由にできる資格。例 国民の権利をみとめる。対 義務

【権力】けんりょく 他の人をしたがわせる力。

【権化】ごんげ ①神やほとけが人々をすくうために、かりにすがたをかえてこの世にあらわれること。また、そのすがた。権現。②あるとくちょうや性質をひじょうに強くもっている人やもの。例 悪の権化。

【権現】ごんげん ①「権化①」と同じ。②神様をうやまっていうことば。

下につく熟語 越権・▼棄権・強権・国権・▼債権・三権・参政権・▼執権・実権・主権・職権・＊所有権・親権・人権・政権・＊選挙権・特権・民権・利権

【樟】

木－11画 15画 人名 〔樟〕明朝 音 ショウ 訓 くす

意味 樹木の、クス。クスノキ。▽どくとくのかおりがあり、防虫や防臭などにつかう「▽樟脳」の原料になる。

名まえで使う読み くす

【樅】

木－11画 15画 表外 〔樅〕明朝 音 ショウ 訓 もみ

意味 樹木の、モミ。もみのき。

【槽】

木－11画 15画 常用 〔槽〕明朝 音 ソウ 訓 —

意味 おけ。「水槽・浴▼槽」

【樋】

木－11画 15画 人名 〔樋〕明朝 音 トウ 訓 とい・ひ

意味 木や竹でつくった、水を通すしかけ。とい。かけひ。「雨▼樋」

【標】

木－11画 15画 4年 〔標〕明朝 音 ヒョウ 訓 —

標 標

「覀」を「西」にしない。11・12画めは12画めを長く、そして「票」で一番長く。

なりたち 形声 票（ヒョウ）（空中にふわふわとうく）と木を合わせた字。高いところでふわふわする木の「こずえ」のこと。また、高くかかげためじるしをあらわした。→票796

意味 ❶めじるし。めあて。「目標」❷てほん。「標本」

名まえで使う読み えだ・かた・こずえ・しな・すえ・たか・ひで

【標記】ひょうき ①目じるし。符号。②文書のはじめにつける件名。

使い分け ひょうき 標記・表記

【標記】①目じるしとして書く、文字や符号。例 電車の標記。／点字標記。②文書のはじめに書く、件名や題名。例 標記の件について、ご報告いたします。

【表記】①おもてに書くこと。②文字や記号で書きあらわすこと。またその書き方。例 ふりがなをひらがなで表記する。

【標語】ひょうご ある考えや、めあてをうまく

あらわした、みじかいことば。例 交通安全の標語。

【標高】ひょうこう 海面からの高さ。海抜。例 富士山の標高は三七七六メートルです。

【標札】ひょうさつ 「表札」と同じ。

【標示】ひょうじ めじるしとしてしめすこと。

使い分け ひょうじ「表示・標示」→925ページ

【標識】ひょうしき めじるし。例 交通標識。

標識

【標準】ひょうじゅん ①ものごとをはかるもとになるもの。基準。例 身長は学年の標準より高い。②ふつうであること。例 標準の大きさ。

【標準語】ひょうじゅんご その国のことばの基準となることば。

【標題】ひょうだい ①本の表に書かれている題。②演説・芸術作品などの題。参考「表題」とも書く。

【標的】ひょうてき 射撃や弓などの、まと。

【標本】ひょうほん 動物や植物などをしらべるのに役立たせる、実物を採集してつくった見本。例 チョウの標本。

下につく熟語 *座標・*指標・商標・道標・▼浮標・墓標・*門標

木－12画

【樫】

16画 人名 〔樫〕明朝

音 —
訓 かし

なりたち 会意 国字 堅(かたい)と木を合わせた字。材質がかたい木をあらわした。

意味 樹木の、カシ。カシの木。▽実はどんぐり。

名まえで使う読み かし

木－12画

【機】

16画 4年 〔機〕明朝

音 キ
訓 *はた

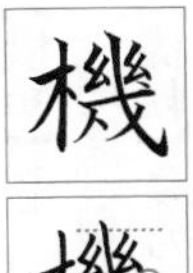

14画めは2つの「幺」より高く、間を通って長く。16画めは11画めの右横でもよい。

なりたち 形声 幾(こまかい)と木を合わせた字。こまかい部品のはたらきで動く、木製のしかけをあらわした。→幾352

意味 ❶動力のついたしかけ。「機械」❷ぬのをおる道具。はた。「織機」❸はたらき。「機能」❹だいじなことがら。「機密」❺きっかけ。ちょうどよいとき。「機会」❻飛行機のこと。「航空機・機首」

名まえで使う読み き・のり・はた

【機運】きうん ものごとの、うまくいきそうなめぐりあわせ。例 機運がじゅくす。

使い分け きうん 機運・気運

【機運】ものごとがうまくいきそうな、めぐり合わせ。チャンス。例 サッカー部をつくる機運が到来する。

【気運】世の中のうつりかわりに見える、ある方向。例 環境をまもろうという気運が高まる。

参考 新聞では区別せず、「機運」をつかう。

【機会】[1] きかい ものごとをするのにちょうどよいとき。チャンス。例 夏休みは、からだをきたえるよい機会だ。

【機械】[2] きかい 蒸気や電気などの動力によって、同じ動きをくりかえし、仕事をするもの。

使い分け きかい「機械・器械」→616ページ

【機械化】きかいか 人の力のかわりに機械の力をつかうこと。例 農業の機械化。

【機械的】きかいてき 機械のように変化のない動きをくりかえすようす。例 機械的な仕事。

こたえ ア 非。

【機が熟する】きがじゅくする 句〔あるものごとをするのに〕ちょうどよい時機になる。

【機関】きかん ①熱・電気・蒸気などを、仕事をする力にかえる、しかけ。例 蒸気機関。②ある仕事をするためにつくったしくみ。例 公害をなくすための研究機関をつくる。

【機器】きき 機械・器械・器具をまとめていうことば。例 パソコンの周辺機器。

【機業】きぎょう 糸を材料にして、ぬのをつくる仕事。はたおり業。

【機具】きぐ 大きな機械や道具。使い分け きぐ「器具・機具」→(218ページ)

【機嫌】きげん ①気分。例 機嫌がわるい。②からだのぐあい。例 機嫌はいかがですか。③いい気分。例 きょうはご機嫌ですね。参考 ③は、ふつう「ご」をつけてつかう。

使い分け きかい 機械・器械

【機械】動力をつかって同じ動きをくりかえし、仕事をするもの。例 工場に大型の機械を導入する。

【器械】しくみのかんたんな道具。例 器械体操の選手。

参考 動力をつかわず人の手で動かすものをいう。

【機構】きこう しくみ。組み立て。例 役所の機構をあらためる。

【機種】きしゅ ①飛行機の種類。②機械の種類。例 新しい機種のパソコン。

【機上】きじょう とんでいる航空機の中。例 機上の人となる(=航空機にのる)。

【機先を制する】きせんをせいする 句 先手をとる。参考「機先」は、ものごとのはじまろうとするやさきのいみ。

【機体】きたい 飛行機のどう体。また、飛行機のエンジンをのぞいた部分。

【機知】きち その場その場におうじてはたらく、ちえ。例 かれの話は機知にとんでいる。

【機転】きてん その場その場にあった、すばやい心のはたらき。参考「気転」とも書く。

【機転が利く】きてんがきく 句 とっさに頭がはたらいて、その場におうじたぴったりの処理ができる。例 機転が利かないと、ニュースキャスターにはなれない。

【機動】きどう そのときの状況におうじて、すばやく動きまわること。例 機動力。/機動隊が出動する。

【機に乗じる】きにじょうじる 句〔あるものごとをするのに〕ちょうどよい時機がめぐってきたのを都合よく利用する。

【機能】きのう はたらき。作用。

【機帆船】きはんせん エンジンと帆の両方をそなえている小型の船。

【機密】きみつ 人に知られてはならない、だいじな秘密。例 機密がもれる。

【機を逸する】きをいっする 句 絶好の機会をのがしてしまう。

【機を見るに敏】きをみるにびん 句 あることをするのに、今がよい機会だと見てとる力が、すぐれているようす。

下につく熟語 危機・*起重機・契機・*軍機・好機・時機・*心機・*戦機・待機・転機・投機・動機・*飛行機・*臨機

木-12画

【橋】

16画 人名 〔橋〕明朝 音 キツ 訓 たちばな

なりたち 形声 矞(まるい)と木を合わせた字。まるい実のなる木。

意味 ❶樹木の、タチバナ。❷ミカン、コウジのなかまの名。「柑橘類」

木-12画

【橋】

16画 3年 〔橋〕明朝 音 キョウ 訓 はし

※上にくる音により「ばし」ともよむ。

橋 橋

5画めは横画でもよい。7・8画めは左右に広く。12・13画めの縦画は内向きに。

なりたち 形声 橋-橋

喬(高くて上がまがる)と木を合わせた字。∩の形で高いところにかかっている「はし」をあらわした。→喬215

意味 はし。「鉄橋・石橋・歩道橋」

名まえで使う読み きょう・たか・はし

【橋▼脚】きょうきゃく 橋をささえている柱。

【橋▼桁】はしげた 橋のくいの上にかけわたされた、板をささえる材。

【橋▼渡し】はしわたし 川に橋をかけるように、ふたりの間に立って、引き合わせたりとりついだりすること。また、その人。なかだち。

下につく熟語 *板橋・▼架橋・*▽跨線橋・桟橋・船橋(せんきょう・ふなばし)・*丸木橋・陸橋

木－12画

【樹】

16画 6年 〈樹〉明朝

音 ジュ 訓 ―

13画めを2・15画めの下よりも高くする。14画めは「口」の右上を目安に。

なりたち 形声 樹-樹

尌と木を合わせた字。尌は、壴(たいこを立てたすがた)と寸(て)を合わせて、まっすぐ立てるというイメージをしめす記号。樹は、立っている木をあらわした。

意味 ❶木。立っている木。「樹木」 ❷うち立てる。「樹立」

名まえで使う読み いつき・き・しげ・たつ・たつき・みき・むら

【樹海】じゅかい 高いところから見ると、海のように見える広い森。

【樹脂】じゅし 木から出る、ねばねばした液が固まったもの。やに。例 合成樹脂。

【樹氷】じゅひょう こい霧がさむさで木のえだなどにこおりついたもの。

【樹木】じゅもく 木。立ち木。例 道路の樹木。

【樹立】じゅりつ うち立てること。例 新記録を樹立する。

【樹林】じゅりん 木がむらがりはえている林。

【樹齢】じゅれい 木の年齢。例 樹齢一〇〇〇年。参考 年輪でかぞえる。

下につく熟語 *街路樹・果樹・広葉樹・常緑樹・植樹・針葉樹・大樹・*落葉樹

木－12画

【樽】

16画 人名 〈樽〉明朝

音 ソン 訓 たる

意味 酒やしょうゆを入れる、木でできた大形の容器。「▽樽酒」

名まえで使う読み たる

木－12画

【橙】

16画 人名 〈橙〉明朝

音 トウ 訓 だいだい

意味 樹木の、ダイダイ。また、その実。正月のかざりにつかう。ミカンのなかま。▽実を「▽橙皮」

名まえで使う読み と

【築】16画 竹部10画 ↓830ページ

木－13画

【檜】

17画 人名

木－6画

【桧】

10画 人名 〈檜〉明朝

音 カイ 訓 ひ・ひのき

なりたち 形声 會と木を合わせた字。日本では「ひのき」のいみにもちいる。

意味 樹木の、ヒノキ。▽最高の木材の一つとされる。「火の木」のいみで、むかしは火をおこすのにつかわれた。

【▽檜▼舞台】ひのきぶたい ①歌舞伎や能楽で、ひのきの板ではった舞台。②自分のうでまえをしめす晴れの場所。

木-13画
【檎】
17画 人名 〈檎〉明朝 音 ゴ 訓 —

なりたち 形声 禽(とり)と木を合わせた字。鳥が実を食べに来る木をあらわした。

意味 〔「林▽檎」と書いて〕くだものの、リンゴ。

木-13画
【檀】
17画 人名 〈檀〉明朝 音 タン・ダン 訓 まゆみ

なりたち 形声 亶(厚い)と木を合わせた字。日本では「まゆみ」のいみにもちいる。

意味 ❶〔「栴▽檀」と書いて〕樹木の、ビャクダン。▽香りがよく香料につかわれる。❷樹木の、マユミ。❸仏教のことばの「だん」の発音をあらわす字。

名まえで使う読み たん・だん・まゆみ

【▽檀家】だんか その寺に属して、仏事をたのんだり、また寺の経営費を負担する家。

【▽檀▽那】だんな ①寺に寄付する信者のこと。②使用人が、その家の主人をよぶ語。③商売をしている人が、男の客をよぶ語。参考 ㋐「旦那」とも書く。㋑③は、くだけた言い方。

下につく熟語 *黒▽檀・*紫▽檀・*白▽檀

木-14画
【櫂】
18画 人名 〈櫂〉明朝 音 トウ 訓 かい

意味 水をうしろにかいて、船をすすめる道具。かい。「▽櫂歌」

名まえで使う読み かじ

木-15画
【櫛】
19画 人名 〈櫛〉明朝 音 シツ 訓 くし

意味 かみの毛をとかす、くし。また、かみの毛をとかす。「▽櫛風▽沐雨」

名まえで使う読み きよ・くし

【▽櫛風▽沐雨】しっぷうもくう 四字熟語 目的達成のために、たいへんな苦労をすること。参考 風をかみの毛にあてて櫛でとかすかわりとし、雨にぬれてかみの毛を洗ったことにするといういみ。風雨にさらされて苦労することから。

木-15画
【櫓】
19画 人名 〈櫓〉明朝 音 ロ 訓 やぐら

意味 ❶船をこぐための、道具。ろ。▽船尾にそなえつけ、魚のひれのように左右に動かしながらすすめる。「▽櫓▽脚」❷やぐら。木を組み合わせてつくった台。また、城門などの上にたてた、たてもの。「物見▽櫓」

【麓】19画 鹿部8画 → 1106ページ

木-16画
【欄】
20画 常用

木-17画
【欄】
21画 人名 〈欄〉明朝 音 ラン 訓 —

意味 ❶てすり。「▽欄干」❷文章のはいるかこみ。「空▽欄・投書▽欄・文芸▽欄」

【▽欄外】らんがい 本・新聞・書類などで、文章をかこんだわくやしきりの、そと。

【▽欄干】らんかん 橋や縁側のふちにつくった手すり。

【▽欄間】らんま 日本間で、天井とかもいの間にすかしぼりのかざり板や格子をはめこんだ部分。

【鬱】29画 鬯部19画 → 1094ページ

漢字博士になろう!
よく見る植物名

常用漢字表にはいっていない漢字でも、身の回りでよく見る植物名の漢字があります。

柏…かしわもちをつつむ葉の「カシワ」。

樟…くすりの「しょうのう」をつくるもとになる。

椚……樹液をすうため、カブトムシなどのこん虫が集まる。

柑…音は「かん」。「蜜柑・金柑・柑橘類」などとつかう。

榊…神だなや神社にお供えしてある。

橙…ミカンの一種。「橙色」などとつかう。

檜(桧)…家や道具をつくるのに使う。

4画 欠

けつ
かける
けんづくり
あくび

なりたち

口を大きくあけてする動作や、「かがむ」「くぼむ」などのいみに関係した字をあつめる。

この部首の字

0画 欠 619
2画 次 619
4画 欧 620
4画 欣 620
7画 欲 620
8画 款 621
8画 欺 621
8画 欽 621
10画 歌 621
11画 歓 622
11画 歎 622

ほかの部首の字

飲→食部 1080
吹→口部 203
炊→火部 696
軟→車部 1001

欠－0画

【欠】

4画

4年

〔欠〕明朝

音 ケツ

訓 かける・かく

※下にくる音により「ケッ」ともよむ。

2画めは1画め、4画めは3画めの途中の右側で接する。

2画め、折って左下にはねる。

ノ ㇐ ケ 欠

なりたち 象形 欠

人が口をあけ、からだをくぼませて、かがんだすがたをえがいた字。もとはケンと読み、あくびをすること。のちに缺（かける）のかわりにもちいられる。

意味 かける。たりない。「欠点」

【欠員】けついん きまった人数にたりないこと。例 役所の職員に欠員ができた。

【欠陥】けっかん はたらきやつくりの上で、ふじゅうぶんなところ。例 部品に欠陥がある。／欠陥車。

【欠勤】けっきん つとめを休むこと。例 かぜをひいて欠勤する。対 出勤

【欠航】けっこう きまった時刻に出る船や飛行機が、天候のぐあいや事故などで、出発を休むこと。例 台風のため、午後の便は欠航します。

【欠如】けつじょ かけてたりないこと。例 指導力が欠如している。

【欠場】けつじょう （出る予定の）ある場所に出ないこと。例 病気で試合に欠場した。対 出場

【欠席】けっせき 会合や学校の授業に出ないこと。対 出席

欠席

【欠損】けっそん ①一部分がかけてなくなること。例 記録が一年分欠損している。②事業などで、そんをすること。例 五万円の欠損。

【欠点】けってん ふじゅうぶんで、よくないところ。短所。例 気がみじかいのが欠点だ。

【欠番】けつばん ひとつづきの番号で、ある番号がぬけていること。また、その番号。例 3番は永久欠番だ。

【欠乏】けつぼう 物が少なく、たりないこと。例 酸素が欠乏する。

下につく熟語 完全無欠・出欠・病欠・不可欠・補欠

欠－2画

【次】

6画

3年

〔次〕明朝

音 ジ・シ*

訓 つぐ・つぎ

1画めは右下方向の点で書いて止め、2画めは右上にはらう。6画めは止めてもよい。

なりたち 会意 次（次）

二（ならぶしるし）と欠（からだをかがめた人）を合わせた字。人々がならんでつぎつぎに休むようすを図にして、あとにつづくことをあらわした。

次のつく漢字グループ

「次」のグループは「ならぶ」「そろう」というイメージがある。

こたえ エ 不。

欠の部（えけつ・かける・けんづくり・あくび）
4画 欧・欣
7画 欲

→姿278 →茨392 →恣464 →諮964 →資982

意味 ❶つぐ。あとにつづく。❷つぎ。にばんめ。「次回」❸順序。「次第・一次・席次」

使い分け　つぐ　次ぐ・接ぐ・継ぐ

【次ぐ】順につづく。すぐ下の位置にある。例 あいつぐ事件。／大関は横綱に次ぐ位だ。

【接ぐ】つなぎ合わせる。例 つりざおに竹を接ぐ。／骨を接ぐ。

【継ぐ】前のものをうけてつづける。例 家を継ぐ。／店を継ぐ。

参考「注ぐ」は、液体を容器にそそぐこと。

注意 部首を「冫」とまちがえないこと。

難しい読み 次第

名まえで使う読み じ・ちか・つぎ・つぐ・やどる

【次回】じかい つぎの回。つぎの機会。例 この文章は、次回読みましょう。対 前回

【次期】じき つぎの期間。つぎの時期。例 次期の学級委員。対 前期

【次元】じげん ①ものごとを感じたり考えたりする立場。例 次元のひくい考え方。②数学・物理学で、線・面・空間などの広がりをあらわすもの。線は一次元、面は二次元、立体は三次元。

【次女】じじょ 女の兄弟のうち、二番めに生まれた子。

【次第】しだい ①会などの順序。例 入学式の式次第。②ものごとのわけ。事情。例 このような次第で会社をやめます。③〔あることばの下につけて〕…によってきまる。例 テストの成績は勉強次第だ。④〔あることばの下につけて〕…したらすぐに。例 雨がやみ次第帰ります。

【次代】じだい つぎの時代。つぎの世代。対 前代

【次点】じてん 当選した人や入選した人の、つぎの点数・順序。また、その人。

【次男】じなん 男の兄弟のうち、二番めに生まれた子。

下につく熟語 順次・*年次・目次

【吹】7画 口部4画 ↓203ページ

欠－4画

【欧】8画 常用

〔欧〕明朝

音 オウ
訓 ─

なりたち 形声 もとの字は「歐」。區(まがる)と欠(大きく口をあけ、からだをかがめる)を合わせて、せをまげて口から物をはくようすをあらわした字。→区159

意味 ❶ヨーロッパ。「▼欧州・西▼欧」❷体をかがめて、はく。

参考「ヨーロッパ」に「欧羅巴」の字をあてたことから。

【▼欧化】おうか ヨーロッパ風になること。また、そうすること。例 欧化した生活。

【▼欧州】おうしゅう ヨーロッパのこと。例 欧州連合。

【▼欧文】おうぶん 西洋の文字。とくに、ローマ字。また、それで書かれた文章。対 邦文・和文

【▼欧米】おうべい ヨーロッパとアメリカ。

下につく熟語 西▼欧・東▼欧・*渡▼欧・*南▼欧・*北▼欧

欠－4画

【欣】8画 人名

〔欣〕明朝

音 キン
訓 よろこぶ

意味 息をはずませてよろこぶ。「▼欣喜」

名まえで使う読み きん・やすし・よし

【炊】8画 火部4画 ↓696ページ

欠－7画

【欲】11画 6年

〔欲〕明朝

音 ヨク
訓 ほっ*する・ほ*しい

4画

う。ア 非　イ 無　ウ 否　エ 不

※下にくる音により「ヨッ」ともよむ。

欲 欲

1・2画めははなす。3・4画めの接点は1・2画めより低く。2・4画めは止め。

なりたち 形声 谷-𣏕-欲
谷（うつろなあな）と欠（大きく口をあけて、からだをかがめる）を合わせた字。心の中のものたりない気もちをうめたいと思うことをあらわした。→谷971

意味 **ほしいと思う。また、その心。**「欲望」

【欲得】よくとく 利益をえようとすること。よくばった心。例 欲得ぬきでつきあう。

【欲深】よくふか 欲がふかいこと。また、そのような人。

【欲望】よくぼう 自分ののぞみをまんぞくさせようとする心。のぞみ、ほしがる心。例 欲望を満たす。

【欲目】よくめ そうあってほしいと思い、じっさいよりよく見てしまうこと。ひいきめ。例 親の欲目。

【欲求】よっきゅう ほしがり、もとめること。例 平和を欲求する。

下につく熟語 意欲・禁欲・強欲・私欲・食欲・物欲・無欲

【軟】11画 車部4画→1001ページ

欠－8画

【款】

12画 常用 〔款〕明朝 音 カン 訓 —

意味 **❶きざみつけた文字。**「落款」 **❷法律や条文などの箇条書き。**「定款」 **❸まとまった金。**「借款」

名まえで使う読み かん・すけ・ただ・まさ・ゆく・よし

下につく熟語 *借款・*定款・*約款・*落款

欠－8画

【欺】

12画 常用 〔欺〕明朝 音 ギ 訓 あざむく

なりたち 形声 其（四角い）と欠（大きく口をあけた人）と合わせた字。四角い仮面で顔をかくして、あいてをだますようすをあらわした。→基236

意味 **だます。**「詐欺」

欠－8画

【欽】

12画 人名 〔欽〕明朝 音 キン 訓 つつしむ

なりたち 形声 金（中にとじこめる）と欠（からだをかがめる）を合わせた字。えらい人の前で感情をとじこめるようすをあらわした。

意味 **❶かしこまる。**「欽仰」 **❷天子にかんするものごとにつけて、尊敬のいみをあらわす。**「欽定」

名まえで使う読み こく・ただ・ただし・ひとし・まこと・よし

【欽定】きんてい 君主の命令で、法令などをさだめること。例 欽定憲法。

【飲】12画 食部4画→1080ページ

欠－10画

【歌】

14画 2年 〔歌〕明朝 音 カ 訓 うた・うたう

※上にくる音により「ガ」ともよむ。

歌 歌

1・6画めは6画めを左に長くして、右側はそろえる。5画めの最後ははねない。

なりたち 形声 哥-𤯀-歌
哥と欠（大きく口をあけて、からだをかがめた人）を合わせた字。哥は、可（フ形にまがる）を二つ合わせて、のどから声を出すようす。歌は、のどから声を出し、からだをかがめて節をつけることをあらわした。→可188

4画

欠の部 えけつ・かける・けんづくり・あくび 11画 歓・歎

意味 ❶うた。うたう。「歌詞」 ❷和歌。「歌人」

難しい読み 歌▼舞▼伎

名まえで使う読み うた・か

【歌声】うたごえ 歌を歌う声。例 大きな歌声。

【歌曲】かきょく 独唱のためにつくられた曲。

【歌劇】かげき 管弦楽と歌で組み立てた劇。オペラ。

【歌詞】かし ふしをつけて歌うためのことば。歌のことば・もんく。

【歌手】かしゅ 歌を歌うことを仕事としている人。歌い手。

【歌集】かしゅう ①和歌をあつめた本。②歌をあつめた本。例 愛唱歌集。

【歌唱】かしょう 歌を歌うこと。また、その歌。例 歌唱力。

【歌人】かじん 和歌をつくる人。例 万葉の歌人。

【歌道】かどう 和歌をつくったり、研究したりすること。

【歌風】かふう 和歌のつくり方の特色。うたいぶり。よみぶり。

【歌▼舞▼伎】かぶき 江戸時代にさかんになったしばい。日本どくとくのものとして、今でもおこなわれている。例 歌舞伎役者。

【歌▼謡曲】かようきょく その時代に広く人々に歌われる歌。流行歌。

下につく熟語 *哀歌・▽凱歌・▼狂歌・軍歌・校歌・国歌・*賛美歌・詩歌(しか・しいか)・唱歌・聖歌・短歌・*弔歌・長歌・鼻歌・▽挽歌・*悲歌・*船歌・牧歌・連歌・童歌

欠－11画

【歓】

15画 常用 〔歡〕明朝

音 カン　訓 よろこぶ*

なりたち 形声 もとの字は「歡」。雚(カン)(合わせて、そろえる)と欠(大きく口をあけた人)を合わせた字。声をそろえてにぎやかに楽しむようすをあらわした。→観940

意味 よろこぶ。よろこび。「▼歓▼迎」

注意 「観」「勧」とまちがえないこと。

【▼歓喜】かんき ひじょうによろこぶこと。大きなよろこび。例 歓喜のさけびをあげる。

【▼歓▼迎】かんげい よろこんでむかえること。例 歓迎の人波をぬう。対 歓送

【▼歓呼】かんこ よろこんで声をあげること。例 歓呼の声をあげる。

【▼歓心】かんしん あいてのよろこぶ気もち。

使い分け かんしん「関心・感心・歓心」→1042ページ

【▼歓心を買う】かんしんをかう 句 ごきげんをとって、あいてに気に入られようとする。

注意 「関心」「感心」と書かないこと。

【▼歓声】かんせい よろこんでさけぶ声。例 どっと歓声があがった。

【▼歓送】かんそう 出発する人をはげましておくること。例 歓送会。対 歓迎

【▼歓待】かんたい よろこんでもてなすこと。例 家じゅうで歓待する。

【▼歓談】かんだん 楽しく話し合うこと。例 先生をかこんで歓談した。

下につく熟語 ▼哀歓・交歓

使い分け かんせい 歓声・喚声

【歓声】 よろこんでさけぶ声。例 スタンドから優勝の歓声があがる。

【喚声】 おどろいたりして出す、さけび声。例 おどろいて喚声をあげる。

参考 「喚」は、わいわいわめくいみ。

欠－11画

【歎】

15画 人名 〔歎〕明朝

音 タン　訓 なげく

意味 なげく。かなしむ。「▽歎願・▽歎息(=嘆息。なげいてため息をつくこと)」

参考 ふつう「嘆」に書きかえる。「▽歎願→嘆願」

4画

止 4画 とまる とめへん

なりたち 「止」は足の形をあらわす。「止」をふくむ字と、「あし」の動作に関係する字をあつめる。

この部首の字

0画 止 623　1画 正 623　2画 此 625　3画 歩 626　4画 武 625　4画 歩 626　9画 歳 627　10画 歴 627　12画 歴 627

ほかの部首の字

企→人部 61　祉→ネ部 793　肯→月部 884　柴→木部 599　紫→糸部 850　歯→歯部 1110　雌→隹部 1048　頻→頁部 1071

止－0画

【止】 4画 2年

〔止〕明朝

音 シ
訓 とまる・とめる

1画めは4画めの中心に、2画めは1画めの中心に、3画めは1画めのほぼ半分に。

なりたち 象形 足の形をえがいた字。足が一か所にじっとしているようすをあらわした。

止の部 とまる・とめへん　0画 止　1画 正

止のつく漢字グループ

「止」のグループは「じっととまる」というイメージがある。

→市(止＋丂)340 →祉 793 →歯 1110

意味 ❶**とまる。とめる。**「静止・車止め」❷**やめる。**「終止・中止」

参考 ひらがな「と」、カタカナ「ト」のもとになった字。

使い分け とまる 止まる・留まる・泊まる

【止まる】動いていたものが、動きをやめる。例 赤信号で止まる。／時計が止まる。／血が止まる。

【留まる】すすまないで、一か所にいる。固定される。例 目に留まる。／ネジで留まる。

【泊まる】自分の家以外のところで一晩以上過ごす。船が港におちつく。例 宿に泊まる。／船が横浜港に泊まる。

名まえで使う読み し・ただ・と・とどむ・とまる・とめ・もと

【止血】しけつ 血が出るのをとめること。例 きず口をおさえて止血する。／止血法。

下につく熟語 休止・禁止・笑止・制止・▼阻止・停止・▼廃止・防止

止－1画

【正】 5画 1年

〔正〕明朝

音 セイ・ショウ
訓 ただしい・ただす・まさ

5画めは山なりに軽く反らせて長く書く。

なりたち 会意 一(目標をあらわす場所)と止(あし)を合わせた字。足が目標のところをめざしてまっすぐすすむようすを図にして、心がまっすぐであることをあらわした。

正のつく漢字グループ

「正」のグループは「まっすぐ」というイメージがある。

→征 375 →政 526 →整 532 →症 753

意味 ❶**ただしい。**「正義」対 邪 ❷**ただしくする。**「改正」❸**まっすぐにむく。**「正面」❹**ち**

止の部 とまる・とめへん 1画 正

ょうど。まさしく。「正午・正反対」❺おもなもの。本式の。「正使」対副 ❻数学で0より大きいこと。「正数」対負 ❼正月のこと。「賀正」

参考 数を数えるときに、一画ずつ書きたして「正」の字をつくり、5と数える。中国などでもつかわれ、画線法という。

難しい読み 正夢

名まえで使う読み あきら・おさ・きみ・さだ・たか・ただ・ただし・ただす・つら・なお・のぶ・まさ・まさし・よし

【正月】しょうがつ ①一年のさいしょの月。一月。②新年をいわう期間。例正月休み。

【正気】しょうき 頭のはたらきや意識が正常であること。たしかな心。例正気にかえる。

【正午】しょうご 昼の一二時。午後〇時。

【正直】しょうじき うそや、いつわりのないこと。例正直な少年。

【正真正▼銘】しょうしんしょうめい 四字熟語 たしかにそのもので、まちがいのないこと。例正真正銘の名馬。

【正体】しょうたい ①ほんとうのすがた。例おばけの正体。②たしかな心。正気。例酒によって正体をなくす。

【正札】しょうふだ 品物につける、かけねのない正しいねだんを書いたふだ。

【正味】しょうみ ①入れ物をのぞいた、なかみだけのおもさ。例正味一〇〇グラム。②じっさいの数量。例正味八時間はたらく。

1【正価】せいか かけね(=売りねより高くつけたねだん)のないねだん。例現金正価で売る。

2【正課】せいか 学校で、かならず学習するようにきめられた学科。

【正解】せいかい 問題に正しく答えること。また、その答え。例正解を発表する。

【正確】せいかく 正しくて、まちがいのないこと。例正確に記録する。

使い分け せいかく 正確・精確

【正確】正しくて、まちがいがないこと。例正確な時間を時計ではかる。/漢字を正確に書く。

【精確】よりこまかくて、たしかなこと。例精確な機器をつくる。

参考 新聞では区別せずに「正確」をつかう。

【正規】せいき 正式にきめられていること。

【正義】せいぎ 人がおこなわなければならない、正しい道理。例正義をつらぬく。

【正業】せいぎょう 世の中の人がみとめるまじめで着実な職業。例正業につく。

4画

【正誤】せいご ①正しいことと、まちがっていること。例正誤を見分ける。②まちがいを直して、正しくすること。例正誤表。

【正▼攻法】せいこうほう あいてをだましたりしないで、どうどうとせめる方法。例正攻法で勝つ。

【正座】せいざ 足をくずさないで、ひざをそろえてすわること。

【正視】せいし 目をそむけないで、まともに見ること。例現実を正視する。

【正字】せいじ ①正しい字。②点や画をかえたり、はぶいたりしない、正しい漢字。

【正式】せいしき ものごとのやり方などが、きめられたとおりで正しいこと。また、そのやり方。例正式の手つづきをふむ。対略式

【正▼邪】せいじゃ 正しいことと、正しくないこと。例正邪の区別をつける。

【正常】せいじょう かわったところがなくて、ふつうなこと。例すべての機器が正常に作動している。対異常

【正数】せいすう 数学で、0より大きな数。プラスの数。対負数

【正正堂堂】せいせいどうどう 四字熟語 おこないや、やり方などが、正しくてりっぱなようす。例正々堂々と戦うことをちかいます。

参考 ふつう「正々堂々」と書く。

【正装】せいそう 正式な服装。また、その服装をすること。対略装

う。ア 非　イ 無　ウ 否　エ 不

使い分け せいそう 正装・盛装

【正装】公式の場面にふさわしい、正式の服装をすること。また、その服装。例 正装して式典に出席する。対 略装

【盛装】美しく着かざること。また、美しくはなやかな服装。例 ドレスで盛装した婦人。

1【正当】せいとう 正しくて、道理に合っていること。例 正当な権利を主張する。対 不当

2【正統】せいとう ①正しい系統。例 正統な天子。②いちばんはじめにとなえた人の考えを、正しくまもっていること。例 正統派。対 異端

【正当防衛】せいとうぼうえい 四字熟語 自分をまもるために、しかたなくあいてに害をくわえること。参考 法律上、罪にならない。

【正否】せいひ 正しいか、正しくないかということ。例 ことの正否を問う。

【正比例】せいひれい 二つの数や量が関係しあって、同じわりあいでふえたりへったりすること。対 反比例

使い分け せいひ 正否・成否

【正否】正しいか正しくないか。例 正否をあきらかにする。

【成否】成功としっぱい。ものごとがまとまるかどうか。例 成否のかぎをにぎる。/ロケット打ち上げの成否。

【正方形】せいほうけい 四つの角が直角で、四つの辺の長さがひとしい四角形。ま四角。

【正門】せいもん 正式の門。表門。

【正論】せいろん りくつに合った、正しい意見。例 正論をはく。

【正夢】まさゆめ 夢で見たことと同じことがじっさいにおこったときの、その夢。対 逆夢

下につく熟語 改正・▼矯正・厳正・公正・校正・修正・▼粛正・▼是正・▼端正・*中正・▼訂正・適正・品行方正・不正・補正

止－2画

【此】 6画 人名

〔此〕明朝

音 シ
訓 ここ・この・これ

意味 ❶これ。この。❷ここ。ここに。「▽此処」

名まえで使う読み この

【企】6画 ヘ部4画→61ページ

止－4画

【武】 8画 5年

〔武〕明朝

音 ブ・ム
訓 —

7画めは長く反って強調。1・7画めが接しても、2・3画めがはなれてもよい。

なりたち 会意 戈(ほこ)と止(あし)を合わせた字。いさましくすすむようすをあらわした。

意味 ❶強くて、いさましい。「武勇」❷たたかい。「武器・文武」対 文 ❸さむらい。「武士」

参考 ひらがな「む」のもとになった字。

難しい読み 武者

名まえで使う読み いさ・いさむ・たけ・たけし・たける・たつ・ぶ・む・ん

【武運】ぶうん たたかいや試合などで、勝ち負けの運。例 武運つたなく決勝戦でやぶれた。

【武官】ぶかん 軍のしごとをする役人。軍人。対 文官

【武器】ぶき たたかいにつかう道具。

【武具】ぶぐ よろいやかぶとなど、むかしのいくさでつかった道具。

漢字クイズ 「有限」の反対のいみは「□限」。□にはいる漢字はつぎのア〜エのうちどれでしょ

止の部 とまる・とめへん 4画 歩

【武▼勲】ぶくん いくさで立てた手がら。武功。

【武家】ぶけ 武士の家がら。また、武士。

【武芸】ぶげい さむらいがおぼえていなくてはいけない、刀・やり・弓などのつかい方や、馬ののり方など。武術。

【武士】ぶし さむらい。例 武士道。

【武術】ぶじゅつ 「武芸」と同じ。

【武将】ぶしょう さむらいの大将。

【武装】ぶそう たたかうために、武器を身につけること。例 核武装に反対する。

【武道】ぶどう ①さむらいとして、まもらなくてはならない道。武士道。②たたかうための、わざ。武術。武芸。

【武勇】ぶゆう 武術にすぐれていて、いさましいこと。例 武勇伝(＝いさましい手がら話)。

【武力】ぶりょく 戦争をしてあいてをまかす、軍隊の力。例 武力にうったえる。

【武者】むしゃ さむらい。また、よろい・かぶとをつけた武士。例 武者人形。

【武者修行】むしゃしゅぎょう 四字熟語 武士が、武術のうでをみがくため、全国をめぐり歩くこと。

【武者▼震い】むしゃぶるい ものごとをしようとするとき、心がふるいたって、思わずからだがふるえること。

下につく熟語 *演武・*▼玄武・*公武・▼尚武

止－4画

【歩】

8画 2年

止－3画 〔歩〕7画 人名 〔歩〕明朝

音 ホ・ブ*・フ*

訓 あるく・あゆむ

※上にくる音により「ポ」ともよむ。

「止」は横長、4画めを長く。6画めは止めても、8画めが5画めに接してもよい。

なりたち 会意 歩(歩) 右の足と、左の足を合わせた字。右と左を、たがいちがいにふみだすようすをあらわした。

意味 ❶あるく。あゆみ。「歩調」 ❷わりあい。また、わりあいの単位。一歩は、一割の一〇分の一。「歩合・日歩」 ❸しょうぎのこまの一つ。ふ。❹むかしつかわれた面積の単位。一歩は、約三・三平方メートル。

難しい読み 歩合・歩・▼幅

名まえで使う読み あゆみ・あゆむ・すすむ・ふ・ほ

【歩合】ぶあい ①全体の数にたいする、ある数のわりあい。②とりひきの額におうじた手数料。例 一〇パーセントの歩合。／歩合制。

【歩行】ほこう あるくこと。例 足をいためて歩行が困難だ。

【歩測】ほそく あるいてみて、その歩数できょりをはかること。

【歩調】ほちょう ①いっしょにあるくときの調子。足なみ。例 歩調をそろえる。②いっしょにものごとをおこなう場合の調子。例 歩調を合わせて仕事をする。

【歩道】ほどう 道路を区切って、人があるくようにきめた部分。人道。例 横断歩道。対 車道

【歩▼幅】ほはば あるくときの、一歩ですすむきょり。例 歩幅を広げて大またであるく。

【歩兵】ほへい あるいてたたかう兵隊。参考 しょうぎのこまは、「ふひょう」と読む。

下につく熟語 牛歩・競歩・五十歩百歩・散歩・▼譲歩・初歩・進歩・退歩・*独歩・徒歩・日進月歩・*遊歩

1、2、3歩…

歩測

【祉】8画 ネ部4画 → 793ページ

【肯】8画 月部4画 → 884ページ

【柴】10画 木部6画 → 599ページ

【紫】12画 糸部6画 → 850ページ

【歯】12画 歯部0画 → 1110ページ

4画

止－9画

【歳】13画 常用 〔歲〕明朝

音 サイ・セイ
訓 *とし

なりたち 会意

もとの字は「歲」。戌（刃物）と歩（＝歩。あるく）を合わせた字。種まきから作物をかりとるまでの時の歩みを図にして、一年のいみをあらわした。

意味 ❶とし。一年。「▼歳末」 ❷数字の下につけて年齢をあらわすことば。「五▼歳」

参考 ❷のいみのとき、小学校では、「歳」のかわりに「才」をつかう。

名まえで使う読み さい・とし・とせ

【▼歳月】さいげつ としつき。例 歳月が流れる。

故事成語 【▼歳月人を待たず】さいげつひとをまたず 歳月は人のつごうなどおかまいなしに、どんどんすぎていく。

【▼歳時記】さいじき ①一年中の自然のようすや行事などをのせた本。②俳句で、季語（＝季節をあらわすことば）を集めて説明した本。

【▼歳出】さいしゅつ 国や公共団体などが、一年間にしはらうお金の合計。対 歳入

【▼歳入】さいにゅう 国や公共団体などに、一年間にはいるお金の合計。対 歳出

【▼歳費】さいひ ①一年間の費用。②国会議員がうける一年間の手当。

【▼歳末】さいまつ 年のくれ。一年のおわり。例 歳末大売り出し。

【▼歳暮】せいぼ ①年のくれ。年末。②せわになった人に、年のくれにおくる、おくりもの。

下につく熟語 *二十▼歳・万▼歳（ばんざい・まんざい）

止－10画

【歴】14画 5年 止－12画 〔歷〕16画 人名 〔歷〕明朝

音 レキ
訓 —

「厂」の内部の中心はやや右。「木」の縦画をはねても、10画めをはらってもよい。

1	2	3	4	5	6	7	8
一	厂	厂	厈	厏	厤	厤	厤

9	10	11	12	13	14
厤	厤	厤	歴	歴	歴

なりたち 形声

もとの字は「歷」。厤と止（あし）を合わせた字。厤は、厂（やね）と秝（二本のイネ）を合わせた字。作物をとり入れて、つぎつぎとならべるようすを図にして、順序よくならぶというイメージをもつ。歴は、足で歩いて順序よくつぎつぎと通ることをあらわした。

麻のつく漢字グループ
「麻」のグループは「順序よくつぎつぎとならぶ」というイメージがある。常用漢字では「麻」になる。
→暦 563 →歴 627

意味 ❶（つぎつぎと）通りすぎる。すぎてきたあと。「歴史」 ❷はっきりしている。「歴然」

注意 「暦」とまちがえないこと。

名まえで使う読み つぐ・つね・ふる・ゆき・れき

【歴史】れきし むかしから今までの、世の中におこったことがらや世の中のうつりかわりなどのようす。また、それを書きしるしたもの。

【歴戦】れきせん たたかいのけいけんが何度もあること。例 歴戦の勇士。

【歴然】れきぜん うちけすことができないほど、はっきりしていること。例 二人の力のちがいは歴然としている。

【歴代】れきだい 何代もつづいてきたこと。代々。例 歴代の首相。

【歴任】れきにん つぎつぎに、いろいろな役や仕事をつとめること。例 大臣を歴任した。

【歴訪】れきほう 各地をつぎつぎにおとずれること。例 ヨーロッパの国々を歴訪する。

下につく熟語 学歴・経歴・職歴・前歴・▼遍歴・来歴・略歴・▼履歴

【雌】14画 隹部6画 →1048ページ
【頻】17画 頁部8画 →1071ページ

とまる・とめへん 止の部 9画 歳 10画 歴

4画

こたえ イ 無。

4画 歹

がつへん
かばねへん
いちたへん

なりたち

「歹」は、ばらばらになったほねの形をあらわす。「死体」「死ぬ」「ほね」などのいみに関係する字をあつめる。

この部首の字
2画 死 628
5画 殆 629
6画 残 629
6画 殊 630
6画 殉 630
8画 殖 630

ほかの部首の字
列→刂部 130
烈→灬部 698
裂→衣部 928

歹－2画

【死】

6画 3年 〔死〕明朝

音 シ
訓 しぬ

※上にくる音により「じに」ともよむ。

一 𠮛 歹 歹 死 死

1画めは長く書く。1画めは、2・6画めと接していても接していなくてもよい。

なりたち 会意

歹(ばらばらになったほね)と匕(＝人)を合わせた字。命がなくなり、ばらばらのほねになってしまうことをあらわした。

意味 ❶しぬ。「死亡・急死」 対生 ❷活動をやめる。「死語」 ❸命がけである。「死守・必死」

【死因】しいん 死んだ原因。例死因をしらべる。

【死骸】しがい 死んだからだ。死体。

【死活】しかつ 生きるか死ぬか。生き死に。例人々の死活にかかわる問題。

【死期】しき 死ぬとき。例病気が死期を早めることになった。

【死球】しきゅう 野球で、投手のなげたボールが、打者にあたること。デッドボール。

【死去】しきょ 死ぬこと。

【死刑】しけい 罪をおかした人の命をうばう、いちばんおもい罰。例死刑囚

1【死後】しご 死んだあと。対生前

2【死語】しご ①むかしはつかっていたが、今はつかわなくなったことば。②むかしはつかわれていたが、今ではつかわれていない日常の言語。古代ギリシャ語やラテン語など。

使い分け しご「私語・死語」→(801ページ)

【死罪】しざい 死刑。参考古い言い方。

【死児の齢を数える】しじのよわいをかぞえる 句もうどうにもならないすぎたことを、くやんでくどくどとぐちをこぼすことのたとえ。参考㋐「齢」は、年齢の古い言い方。生きていれば今いくつになると、死んだ子の年を数えて、親がなげくといういみから。㋑「死んだ子の年を数える」ともいう。

【死者】ししゃ 死んだ人。対生者

【死守】ししゅ 命がけで、まもること。例ゴールを死守する。

【死傷】ししょう 死んだり、けがをしたりすること。例死傷者。

【死線をさまよう】しせんをさまよう 句生死のさかいめを、行ったり来たりする。生きるか死ぬかの、ひじょうにきけんな状態にあるようす。参考「死線」は、ろうやなどのまわりにはりめぐらして、それをこえるとうちころされるという線のことから、生死のさかいめ。

【死蔵】しぞう 役に立つものをつかわないで、むだにしまっておくこと。例百科事典を死蔵する。

【死体】したい 死んだ人や動物のからだ。死骸。

【死地に赴く】しちにおもむく 句生きては帰れないような、ひじょうにあぶないところへ出かけていく。参考「死地」は、生きのびる見こみのないあぶないところのいみ。

【死中に活を求める】しちゅうにかつをもとめる 故事成語 たすかる見こみがほとんどない状況の中で、どうにかして生きのびる方法をさがす。参考「死中」は、死をまつしかないきけんな状況のいみ。「活」は、生きること。

【死闘】しとう 死にものぐるいで、たたかうこと。また、そのたたかい。例試合で死闘をくりひろげる。

【死別】しべつ 一方が死んだために、わかれること。死にわかれ。例 兄と死別する。対 生別

【死亡】しぼう 人が死ぬこと。死没。

【死命を制する】しめいをせいする 句 あいての急所をおさえて、あいての運命を自分の思いどおりにする。参考「死命」は、死と命のいみから、死ぬか生きるかというだいじなところ。

【死▼滅】しめつ 全部死んで、ほろびること。例 恐竜は、大むかしに死滅した。対 生存

【死力】しりょく ありったけの力。例 死力をつくして（＝命がけで）たたかう。

下につく熟語 圧死・横死・仮死・▼餓死・決死・▼殉死・焼死・水死・生死・戦死・即死・▼凍死・脳死・病死・＊不死・変死

【列】6画 刂部4画 → 130ページ

歹－5画

【殆】9画 人名

〈殆〉明朝 音 タイ 訓 ほとんど

意味 ❶あやうい。「危▽殆（＝きわめてあぶないこと）」 ❷ほとんど。もう少しのところで。また、大部分。

名まえで使う読み ちか

歹－6画

【残】10画 4年

〈残〉明朝 音 ザン 訓 のこる・のこす

5〜7画めは右上がり、7画めを長く。8画めは長く反る。10画めの点を忘れずに。

なりたち 形声 殘（残）
もとの字は「殘」。戔と歹（ほね）を合わせた字。戔は、戈（ほこ）を二つ合わせて、はものでけずって小さくするようす。殘は、切りとって小さくなった、のこりのほねをあらわした。

戔のつく漢字グループ
「戔」のグループは「けずって小さくする」「少ない」というイメージがある。常用漢字では「戋」になる。
→銭 1028 →桟 599 →残 629 →浅 662 →箋 829 →践 993

意味 ❶あまる。のこる。「残金」 ❷きずつける。むごい。「残▼酷」

【残▼骸】ざんがい ①戦場などで、そのままになっている死体。②こわれたり、やけたりしたままのこっているもの。例 おちた飛行機の残骸。

【残額】ざんがく 残金の額。

【残▼虐】ざんぎゃく 人をころしたり、ひどくくるしめたりして、むごたらしいこと。

【残業】ざんぎょう きめられた時間のあとまでのこって仕事をすること。例 毎日残業する。

【残金】ざんきん つかったのこりのお金。

【残月】ざんげつ 夜が明けてからも、空にうっすらと見える月。有り明けの月。

【残▼酷】ざんこく むごたらしいこと。例 残酷なしうち。参考「惨酷」とも書く。

【残暑】ざんしょ 夏の暑さが、立秋をすぎてもまだのこっていること。また、その暑さ。例 残暑お見舞い申し上げます。

【残雪】ざんせつ 春になってもきえずにのこっている雪。

【残像】ざんぞう 見えていたものがきえたのちも、しばらく目にのこって見えるように感じる、その像。

【残存】ざんそん／ざんぞん のこっていること。例 むかしの民家が残存する村。

【残高】ざんだか 収入から支出を引いた、のこりの金額。例 預金残高。

【残党】ざんとう ほかのなかまがほろぼされても、生きのこったもの。例 平家の残党。

【残▼忍】ざんにん むごいことをへいきでするようす。例 残忍な犯行。

【残念】ざんねん ①くやしいこと。無念。②心のこりがするようす。例 会えなくて残念です。

漢字クイズ 人の言うことを□じなさい。□にはいる漢字はなんでしょう。

歹の部
がつへん・かばねへん・いちたへん

6画 殊・殉　8画 殖

【残飯】ざんぱん　食べのこしのごはん。食べのこしの食事。

【残部】ざんぶ　のこり。とくに、本や新聞の売れのこり。

【残務】ざんむ　やりのこした仕事。例 残務整理。

【残留】ざんりゅう　あとにのこること。

【残▼塁】ざんるい　野球で、その回の攻撃がおわったとき、走者が塁にのこっていること。

下につく熟語 名残・＊敗残・＊無残

歹－6画

【殊】

10画 常用 〈殊〉明朝

音 シュ　訓 こと

なりたち 形声 朱（上下に切りはなす）と歹（ほね）を合わせて、胴や首を切りはなして殺すようす。べつべつになって、ふつうとはことなることをあらわした。→朱582

意味 **とくべつである。**「▼殊▼勲・特▼殊」

難しい読み ▼殊▼更

名まえで使う読み こと・しゅ・よし

【▼殊▼更】ことさら　①わざと。②とくにとりあげて。例 殊更問題にすることはない。

【▼殊▼勲】しゅくん　とくにすぐれたてがら。例 殊勲賞。

【▼殊勝】しゅしょう　けなげなこと。感心なこと。例 お手伝いするとは殊勝な心がけだ。

歹－6画

【殉】

10画 常用 〈殉〉明朝

音 ジュン　訓 ―

※「ジュンじる」ともつかう。

意味 **❶死んだ人のあとをおって死ぬ。**「▼殉死」**❷仕事をしているときに死ぬ。**「▼殉職」

【▼殉死】じゅんし　死んだ主君のあとをおって自殺すること。

【▼殉職】じゅんしょく　仕事の上の責任をはたそうとして、勤務中に死ぬこと。

【烈】10画 灬部6画 → 698ページ

歹－8画

【殖】

12画 常用 〈殖〉明朝

音 ショク　訓 ふえる・ふやす

なりたち 形声 植（うえる）をりゃくした直と歹（ほね）を合わせた字。くさったものをひりょうにして、植物をふやすことをあらわした。→直771

意味 **ふえる。ふやす。**「▼殖産・養▼殖」

名まえで使う読み しげる・たね・なか・のぶ・ます・もち

【▼殖財】しょくざい　ざいさんをふやすこと。

【▼殖産】しょくさん　産業をさかんにすること。生産物をふやすこと。

下につく熟語 生▼殖・増▼殖・＊拓▼殖・▼繁▼殖・利▼殖

【裂】12画 衣部6画 → 928ページ

漢字博士になろう！

旧字体とは、むかしの字

斉藤、斎藤、齋藤、みんな同じ「さいとう」さんです。斉と斎はべつの字ですが、「齋」は斎の字の古い形で、旧字体といいます。

〈人名でつかわれる旧字体の例〉
- 澤→沢（黒沢、沢田など）
- 邊→辺（渡辺、池辺など）

〈身近に目にする例〉
- 學→学（学校の校旗や校章につかわれている。むかしは「小學校」と書いた）
- 縣→県（今でも県の役所などでつかわれる）
- 聲→声

このほか「ネ」は、むかしは、ぜんぶ「示」で書かれていました。こうした漢字は、一部がやさしく書きあらためられたり、省略された字の例です。

では次の字は、今どう書かれている漢字でしょう。ぜんぶ小学校でならう字です。

鹽　體　舊　臺

〈こたえ〉塩　体　旧　台

4画 殳 るまた

なりたち

「なぐる」「うつ」などの、手(て)でおこなわれる動作(どうさ)をあらわすしるし(動詞(どうし)の記号(きごう))としてもちいられる。

この部首の字

4画 殴 631
5画 段 631
6画 殺 631
7画 殻 632
9画 毀 632
9画 殿 632
11画 毅 633

ほかの部首の字

役→彳部 374
投→扌部 497
没→氵部 652
疫→疒部 752
般→舟部 906
設→言部 948
搬→扌部 518
穀→禾部 806

【役】7画 彳部(ぶ)4画(かく) →374ページ

【投】7画 扌部(ぶ)4画(かく) →497ページ

【没】7画 氵部(ぶ)4画(かく) →652ページ

殳－4画

【殴】

8画 常用 〔毆〕明朝

音 オウ

訓 なぐる

なりたち 形声 もとの字は「毆」。區(オウ)(まがる)と殳(動(どう)詞(し)の記(き)号(ごう))を合(あ)わせた字(じ)。体(からだ)がまがるほどうちすえることをあらわした。→区159

意味 たたく。なぐる。「▼殴打(おうだ)」

【▼殴打】おうだ　はげしくなぐること。

殳－5画

【段】

9画 6年 〔段〕明朝

音 ダン

訓 ―

2画(かく)めは真下(ました)に下(お)ろして止(と)める。5画(かく)めは2画(かく)めの左(ひだり)から交差(こうさ)させて右上(みぎうえ)にはらう。

なりたち 会意

𠪚(山(やま)やがけに切(き)れめを入(い)れた形(かたち))と殳(動(どう)詞(し)の記(き)号(ごう))を合(あ)わせた字(じ)。つちでたたいて、だんだんをつくるようすを図(ず)にして、一(いち)だん一(いち)だんと区切(くぎ)れたものをあらわした。

段(ダン)のつく漢字(かんじ)グループ

「段」のグループは「とんとんと上(うえ)から下(した)にたたく」というイメージがある。→鍛1032

意味 ❶かいだん。「石段(いしだん)」 ❷くぎり。「段落(だんらく)」 ❸やりかた。「手段(しゅだん)」 ❹等級(とうきゅう)。「有段者(ゆうだんしゃ)」

【段階】だんかい　ものごとの、すすんでいく状(じょう)態(たい)のひと区(く)切(ぎ)り。例 段階(だんかい)をおって説明(せつめい)する。

【段差】だんさ　①道路(どうろ)や地面(じめん)などで、高(たか)さのちがいがあるところ。②しょうぎや碁(ご)などの、段位(だんい)の差(さ)。例 歩(ある)くときは段差(だんさ)に気(き)をつけよう。

【段段】だんだん　①少(すこ)しずつ。例 だんだんさむくなってきた。②かいだん。例 段々(だんだん)を登(のぼ)る。参考 ㋐①のいみのときは、ふつう「段々(だんだん)」と書(か)く。㋑②のいみのときはかなで書(か)く。

【段段畑】だんだんばたけ　山(やま)のしゃめんに、かいだんのようにつくった畑(はたけ)。参考 ふつう「段々畑(だんだんばたけ)」と書(か)く。

【段落】だんらく　①ものごとの区(く)切(ぎ)り。例 仕(し)事(ごと)が一段落(いちだんらく)する。②長(なが)い文章(ぶんしょう)を内容(ないよう)によって分(わ)けたひと区(く)切(ぎ)り。例 この文章(ぶんしょう)は三(みっ)つの段(だん)落(らく)に分(わ)けられる。

下につく熟語 階段(かいだん)・格段(かくだん)・算段(さんだん)・*昇段(しょうだん)・手段(しゅだん)・値(ね)段(だん)・▼普段(ふだん)・別段(べつだん)

【疫】9画 疒部(ぶ)4画(かく) →752ページ

殳－6画

【殺】

10画 5年 〔殺〕明朝

音 サツ・サイ*・セ*ツ

訓 ころす

※上下(じょうげ)にくる音(おん)により「サッ」「ごろし」ともよむ。

「メ」の交差点(こうさてん)と「木」の縦画(たてかく)をそろえる。8画(かく)めの最後(さいご)をはねても誤(あやま)りではない。

こたえ 信。(イ＋言)。

殺 殺（筆順 1〜10）

なりたち 会意 もとの字は「殺」。乂(かりとる)と朮(モチアワ)と殳(動詞の記号)を合わせた字。モチアワをかりとり、その実をそぎとるようすをあらわした。▽朮は術・述にふくまれている朮と同じ。

意味 ❶ころす。「殺人」 ❷なくす。へらす。「相殺」 ❸いみを強めることば。「殺到」

難しい読み 殺生

【殺意】さつい 人をころそうと思う心。

【殺害】さつがい 人をころすこと。

【殺気】さっき 今にもころし合いやけんかがはじまりそうな、きんちょうした気配。例 殺気がみなぎる。／殺気立つ。

【殺菌】さっきん 細菌をころすこと。

【殺傷】さっしょう ころすことと、きずつけること。例 おそろしい殺傷事件。

【殺人】さつじん 人をころすこと。

【殺人的】さつじんてき 死者がでるかのように、はげしくものすごいようす。例 殺人的にいそがしい。

【殺虫剤】さっちゅうざい 害虫をころすためのくすり。

【殺到】さっとう ある場所にたくさんの人や物が、いちどきにいきおいよくおしかけること。例 大勢の人が会場に殺到する。

【殺伐】さつばつ すさんで、あらあらしいようす。例 殺伐としたけしき。

【殺風景】さっぷうけい おもしろみのないようす。例 花一つない殺風景なへや。

【殺生】せっしょう ①生きものをころすこと。②ひどくむごいこと。例 殺生な話だ。

下につく熟語 圧殺・暗殺・虐殺・*減殺・絞殺・刺殺・自殺・射殺・銃殺・他殺・毒殺・悩殺・必殺・忙殺・抹殺・黙殺

【般】10画 舟部4画 →906ページ

殳－7画

【殻】

11画 常用 〔殻〕明朝 音 カク 訓 から

なりたち 形声 もとの字は「殻」。㱿(=殼。貝がらをこつんとたたく)と几を合わせた字。かたい「から」をあらわした。→穀806

意味 かたい、から。「貝殻」

注意 「穀」とまちがえないこと。

下につく熟語 *甲殻・地殻・*卵殻

【設】11画 言部4画 →948ページ

殳－9画

【毀】

13画 常用 〔毀〕明朝 音 キ 訓 *こぼつ

意味 ❶穴をあけてこわす。こぼつ。 ❷そしる。他人を悪くいう。「毀誉・毀損」

【毀損】きそん ①物をこわすこと。②名誉や信用を、きずつけること。例 名誉毀損で訴える。

【毀誉褒貶】きよほうへん 四字熟語 ほめることばと悪口。世間のいろいろな評判。参考「誉」「褒」は、ほめる。「毀」は、そしる。「貶」は、けなす。

殳－9画

【殿】

13画 常用 〔殿〕明朝 音 デン・テン 訓 との・どの

意味 ❶りっぱで大きな建物。「宮殿」 ❷身分の高い人をうやまうことば。「殿下」 ❸人の名前の下につけて、うやまういみをあらわすことば。どの。「山口一郎殿」

名まえで使う読み あと・すえ・でん・との

【殿下】でんか 天皇・皇后・皇太后以外の皇族の名前の下につけて、尊敬をあらわすことば。例 皇太子殿下。

【殿堂】でんどう ①大きくてりっぱな建物。例 美の殿堂。②神やほとけがまつってある建物。

【殿方】とのがた 男の人を、ていねいにいうよび方。

【殿様】とのさま ①身分の高い人や、主君をうやまっていうよび方。②江戸時代、大名や旗本を、うやまっていうよび方。

下につく熟語 ▼御殿・社殿・神殿・*寝殿・▼沈殿・▼拝殿・*仏殿・湯殿

【搬】13画 扌部10画→518ページ

【毅】14画 禾部9画→806ページ

殳－11画

【毅】15画 人名 〔毅〕明朝 音キ 訓つよい

なりたち 形声 豙(強くおし出す)と殳(動詞の記号)を合わせた字。

意味 つよい。「▼剛▼毅」

名まえで使う読み かた・こわし・き・ぎ・さだむ・しのぶ・たか・たけ・たけし・つよ・つよき・つよし・とし・のり・はた・はたす・み・よし

【▼毅然】きぜん しっかりしていて、心を動かさないようす。例 毅然とした態度。

4画

毋・母 なかれ ははのかん

なりたち 「毋」と「母」は、もとは同じ字。子をうむ「ははおや」に関係した字をあつめる。

この部首の字 1画 母 633 2画 毎 634 3画 毒 634 4画 毒 634

ほかの部首の字 侮→亻部 76 悔→忄部 462 海→氵部 659 貫→貝部 978

毋－1画

【母】5画 2年 〔母〕明朝 音ボ・モ* 訓はは

1・2画めの縦の線は左下に向け、右下で交差。3・4画めは点。5画めを長く。

なりたち 象形 胸に乳ぶさのある女の人をえがいた字。おかあさんをあらわした。

意味 ❶はは。おかあさん。女おや。「母乳」対父 ❷もののもとになるもの。「▼酵母」

難しい読み お母さん・母屋・母家

【母屋・母家】おもや ①家の建物の、おもな部分。②はなれなどにたいして、家のおもな建物。例 ひさしを貸して母屋をとられる(➡一部を貸したため、本拠までとられることから、恩をあだで返されること)。

【母親】ははおや おかあさん。女親。対 父親

【母方】ははかた 母親のほうの血すじ。例 母方のしんせきをたずねる。対 父方

【母音】ぼいん／ぼおん 口の中で、舌や歯にさまたげられずに発音できる音。日本語ではア・イ・ウ・エ・オの五つの音。参考 母音以外の音は「子音(しいん・しおん)」という。

【母系】ぼけい 家系が母方の血すじによって、つながっていること。例 母系家族。

1【母校】ぼこう 自分がまなんでいる学校。また、自分が卒業した学校。

2【母港】ぼこう その船が根拠地としている港。

【母国】ぼこく 自分の生まれた国。例 母国語。

【母子】ぼし 母親と子ども。例 母子ともに元気。／母子手帳。

【母性】ぼせい 母親としての性質。対 父性

【母性愛】ぼせいあい 母親として、子どもにもつ愛情。対 父性愛

【母船】ぼせん 小さな船をしたがえているやぶね。例 捕鯨母船。

1【母体】ぼたい ①子どもをうむときの母親の

からだ。②分かれ出たものの、もとのもの。例 この会は赤十字を母体としている。

【母▼胎】ぼたい ①母親のおなかの中。②ものごとを生み出す、もとになるもの。

【母堂】ぼどう 他人の母を、うやまっていうことば。

【母乳】ぼにゅう 母親のちち。

下につく熟語 *異母・乳母・雲母・*叔母・▼伯母・義母・▼賢母・▼酵母・*実母・▼慈母・*生母・聖母・祖母・父母・分母・保母・養母・老母

毋－2画

【毎】 6画 2年

毋－3画 【每】 7画 人名 〔每〕明朝

音 マイ
訓 —

4画めの横画部分の長さは、2画めより短く。6画めは左右につらぬいて長く書く。

なりたち 形声 －每（毎）

もとの字は「每」。母（ボ）（はは）と屮（くさ）を合わせた字。どんどんはえてくる草と、子どもをうむ母を合わせて、どんどんうまれてふえるというイメージをもつ。ふえたもの一つ一つをさすことばにもちいられた。

毎のつく漢字グループ

「毎」は「生みふやす」というイメージ、また「くらい」「ない」というイメージがある。常用漢字では「毎」になる。

→侮 76 →悔 462 →敏 527 →梅 600 →海 659
→繁 861

意味 そのたびごと。「毎日」

名まえで使う読み かず・つね・まい

【毎朝】まいあさ 毎日の朝。朝ごと。どの朝も。

【毎回】まいかい そのたびごと。いつも。

【毎時】まいじ 一時間につき。例 毎時二〇キロメートルのはやさ。

【毎週】まいしゅう 一週間ごと。どの週も。

【毎月】まいつき／まいげつ 月ごと。月々。

【毎度】まいど そのたびごと。いつも。例 毎度ありがとうございます。

【毎年】まいとし／まいねん 年ごと。どの年も。

【毎日】まいにち 日ごと。どの日も。

【毎晩】まいばん 毎日の夜。どの夜も。毎夜。

【毎夕】まいゆう 毎日の夕方。どの夕方も。

毋－4画

【毒】 8画 5年

〔毒〕明朝

音 ドク
訓 —

1・3画めは同じ長さにして4画めを長く、8画めはそれよりも長く書く。

なりたち 会意  －毒

生（生命）がかわった龶と毋（ない。母とはべつの字）を合わせた字。生命（いのち）をなくするものをあらわした。

意味 害になるもの。「毒薬・有毒」

【毒▼牙】どくが ①毒ヘビなどの、毒液を出すきば。②わるいたくらみ。わるいやり方。例 わるい人の毒牙にかかる。

【毒気】どくけ／どっけ／どっき ①毒になる成分。②人をきずつけようとする気もち。悪意。例 毒気のあることば。

【毒殺】どくさつ 毒をのませてころすこと。

【毒▼蛇】どくじゃ／どくへび マムシ、ハブ、コブラなど、きばから毒液を出すヘビ。

【毒舌】どくぜつ するどいひにくや、悪口。例 毒舌をふるう。

【毒素】どくそ 細菌がつくったり、動植物がくさったときにできたりする、有毒な物質。

【毒草】どくそう ドクゼリやトリカブトなど、毒をもっている草。

【毒にも薬にもならない】どくにもくすりにもならない 句 害にならないかわりに、ためにもならない。

【毒物】どくぶつ 毒をふくんでいるもの。

【毒味・毒見】どくみ ①毒があるかないか、た

めしにたべてみること。②料理の味をみること。味見。参考「味」は、あて字。

【毒虫】どくむし　サソリや、毛虫など、毒をもっている虫。

【毒薬】どくやく　わずかな量でも生命をうばうようなくすり。

【毒をもって毒を制す】どくをもってどくをせいす　句 毒をつかって毒をとりのぞく。悪人をやっつけるために、ほかの悪人をつかうことのたとえ。

下につく熟語 害毒・劇毒・解毒・鉱毒・消毒・中毒・病毒・服毒・防毒・無毒・▼猛毒

【侮】8画 亻部6画→76ページ
【悔】9画 忄部6画→462ページ
【海】9画 氵部6画→659ページ
【貫】11画 貝部4画→978ページ

4画 比 ならびひ くらべる

なりたち

「ならべる」「くらべる」のいみはあるが、おもに字の形のうえで目じるしとなる字をあつめる。

この部首の字

0画 比 635
5画 昆 636

ほかの部首の字
批→扌部 498
昆→日部 550
皆→白部 763
鹿→鹿部 1105
琵→王部 733

比－0画

【比】4画

5年

〔比〕明朝

音 ヒ
訓 くらべる

※上にくる音によって「ピ」ともよむ。

4画めの頭を高く、底辺はそろえるとよい。3画めは横画でも、4画めははねても可。

なりたち 会意 → 比

ヒ(ひと)を二つ合わせた字。人がふたりならんでいるようすをあらわした。ならべて、くらべるいみにもちいる。

比のつく漢字グループ

「比」のグループは「ならぶ」というイメージがある。
→陛442 →批498 →昆636

意味 ❶くらべる。「比較・対比」 ❷ならべる。「比▼肩(=優劣がないこと)」 ❸くらべられるなかま。「無比」 ❹ある数と、ある数との割合。「比率・百分比」

参考 ひらがな「ひ」、カタカナ「ヒ」のもとになった字。

名まえで使う読み これ・たか・たすく・ちか・つね・とも・なみ・ひさ

【比▼較】ひかく　二つ以上のものをくらべること。例 二つの商品を比較検討する。

比較

【比▼較的】ひかくてき　ほかとくらべて、わりあいに。例 ことしは比較的あたたかい。

【比重】ひじゅう　①あるものの重さと、それと同じ体積のせっし四度の水の重さとをくらべた割合。参考 比重が一より小さいものは水にうき、一より大きいものはしずむ。②全体の中での、大きさやたいせつさの割合。

【比▼喩】ひゆ　あるものごとを説明するのに、にたところのあるほかのものを例にとってあらわすこと。たとえ。参考「りんごのほっぺ

こたえ 品(＝品物)。(口＋口＋口)。

た」「もみじのような手」などの表現をいう。

【比翼連理】ひよくれんり 四字熟語 ひじょうに仲のよい夫婦や男女のたとえ。

【比率】ひりつ 二つ以上のものをくらべたときの割合。

【比類】ひるい くらべるもの。例 比類のないすばらしさ。

【比例】ひれい 二つの数や量のうち、一方が二ばい、三ばいとなると、もう一方も二ばい、三ばいになる関係。正比例。対 反比例

【批】7画 扌部4画 →498ページ

【昆】8画 日部4画 →550ページ

比－5画

【毘】9画 人名 〔毘〕明朝 音 ビ 訓 —

なりたち 形声 比(ならんでくっつく)と囟(赤ちゃんの頭のすきま)を合わせた字。そばについてたすけることをあらわした。↓比635

意味 ❶そばについて助ける。❷田畑がならぶ。

【毘沙門天】びしゃもんてん 七福神の一つで、福をさずける神。武将の姿でえがかれる。

【皆】9画 白部4画 →763ページ

【鹿】11画 鹿部0画 →1105ページ

【琵】12画 王部8画 →733ページ

比の部 5画 毘

毛の部 0画 毛

4画

毛 け

なりたち

「け」の種類・ようす・状態や、毛でつくったものなどに関係する字をあつめる。

この部首の字

0画 毛 636

7画 毬 637

ほかの部首の字

尾→尸部322

耗→耒部875

毛－0画

【毛】4画 2年 〔毛〕明朝 音 モウ 訓 け

※上にくる音により「げ」ともよむ。

1画めは左下へはらう。3画めを長く。5画めは中心に、底辺の長い曲がりで書く。

1 ノ 2 ニ 3 三 4 毛

なりたち 象形 はだからはえている細い「け」をえがいた字。

毛のつく漢字グループ

「毛」のグループは「こまかい」というイメージがある。

→耗875

漢字博士になろう！

かたかなのもとになった漢字

日本語には、ひらがなとかたかなの二種類のかながあります。ひらがなが漢字をくずしてできた文字であるのにたいして、かたかなは漢字の一部だけをとってつくられた文字です。

かたがなは、ひらがなと同じく九世紀ごろから使われはじめました。現在ではおもに外来語を書くときに用いますが、はじめのころは漢文を訓読するときなどのための実用的な文字として使われました。

ア…阿 イ…伊 ウ…宇 エ…江 オ…於
カ…加 キ…幾 ク…久 ケ…介 コ…己
サ…散 シ…之 ス…須 セ…世 ソ…曾
タ…多 チ…千 ツ…州 テ…天 ト…止
ナ…奈 ニ…二 ヌ…奴 ネ…祢 ノ…乃
ハ…八 ヒ…比 フ…不 ヘ…部 ホ…保
マ…末 ミ…三 ム…牟 メ…女 モ…毛
ヤ…也 ユ…由 ヨ…与
ラ…良 リ…利 ル…流 レ…礼 ロ…呂
ワ…和 ヰ…井 ヱ…恵 ヲ…乎
ン…∨

意味 ❶人や動物のからだにはえる細長いけ。「毛髪」 ❷けのように細長い。「毛細管」 ❸作物ができる。「二毛作・不毛」 ❹重さ・長さ・お金・割合などの単位。一毛は、重さでは、一匁の一〇〇〇分の一。長さでは、一寸の一〇〇〇分の一。お金では、一円の一万分の一。割合では、一割の一〇〇〇分の一。

参考 ひらがな「も」、カタカナ「モ」のもとになった字。

名まえで使う読み あつ・け・もう

【毛穴】けあな 毛のはえるあな。

【毛糸】けいと ヒツジなどの毛をより合わせてつくった糸。例 毛糸のセーター。

【毛色】けいろ ①動物の毛の色。②性質や種類。例 毛色のかわった人。

【毛織物】けおりもの 毛でつくった糸でおったぬの。

【毛皮】けがわ 毛のついたままの、けものの皮。例 クマの毛皮。

【毛並み】けなみ ①動物の毛のはえぐあい。例 毛並みがいい。②その人のそだち。血すじ。

【毛羽】けば 紙やぬのの表面にできる、細くみじかい毛のようなもの。例 表紙が毛羽だつ。

【毛虫】けむし ①チョウやガなどの幼虫で、からだに毛がはえているもの。②きらわれもののたとえ。

【毛を吹いて疵を求む】けをふいてきずをもとむ 故事成語 ①人の小さな欠点をわざわざ見つけ出そうとするたとえ。参考 かみの毛をふいて、あいての小さなきずをさがすというみから。②人の欠点を見つけ出そうとして、かえって自分の欠点がばれてしまうことのたとえ。

毛を吹いて疵を求む①

【毛根】もうこん 毛の、ひふの中にある部分。

【毛細管】もうさいかん ①あなのひじょうに小さなくだ。②人のからだじゅうにいきわたっている、毛のように細い血管。毛細血管。

【毛頭】もうとう ほんの少しも。例 だまそうなどという気もちは毛頭ない。参考 ㋐「毛の先ほど」のいみ。㋑下に「ない」のようなうちけしのことばがくる。

【毛髪】もうはつ かみの毛。

【毛筆】もうひつ けものの毛でほをつくり、竹・木などで柄をつくった、筆。

【毛布】もうふ 動物の毛や化学繊維でおったあつでの織物。

下につく熟語 産毛・羽毛・純毛・*三毛・羊毛・綿毛

【尾】7画 尸部4画 →322ページ

【耗】10画 耒部4画 →875ページ

毛-7画

【毬】11画 人名 〔毬〕明朝 音 キュウ 訓 まり・いが

なりたち 形声 求(キュウ)(中心にむかってしまる)と毛(け)を合わせた字。毛を中心にむけてつめてまるくした「まり」をあらわした。→求647

意味 ❶毛でつつんだ、まり。❷クリなどの実をつつむ、とげのついた皮。いが。「毬栗」

名まえで使う読み まり

【毬栗】いがぐり ①とげにおおわれたからに、つつまれたクリの実。②「いがぐり頭」のりゃく。かみの毛をまるがりにした頭。

【毬藻】まりも まりのような形をしたみどり色の藻。北海道の阿寒湖などに見られる。

漢字クイズ またに力がある人は，どんなようすをしているのでしょう。

4画

氏

うじ

なりたち

「氏」のいみにはあまり関係なく、字の形のうえで目じるしとなる字をあつめる。

この部首の字

0画 氏 638
1画 民 638

ほかの部首の字

低→亻部 70　底→广部 355　邸→阝部 435　抵→扌部 501　昏→日部 550

氏－0画

【氏】

4画　4年　〔氏〕明朝

音 シ
訓 うじ*

※上にくる音により「ジ」ともよむ。

2画めは折って右上にはらう。3画めは右上がり。4画めは長く反って上にはねる。

なりたち　象形

食物をとり分けるスプーンをえがいた字。とり分けるというイメージをもち、共通の祖先から血を分けて、代々つたわっていく血すじをあらわした。

氏のつく漢字グループ

「氏」のグループには「うすくてたいら」、また「とりわける」というイメージがある。

→紙 840

意味 ❶**血すじのつながったなかま。**「氏族」❷**みょうじ。**「氏名」「山田氏」❸**名の下につけてその人をうやまうことば。**

参考 ❸のいみでは、二度めから「氏」だけでもちいることがある。「氏の話では…。」

名まえで使う読み　うじ・へ

【氏神】うじがみ　①氏の祖先としてまつった神。②その土地に生まれた人を守る神。うぶすな神。

【氏子】うじこ　①氏神に守られている人。②その土地の神さまによって守られている人。

【氏族】しぞく　同じ先祖から出た人たちのなかま。例 氏族制度。

【氏名】しめい　みょうじと、名前。

下につく熟語　*源氏・*▼姓氏・▽杜氏(とじ・とうじ)

氏－1画

【民】

5画　4年　〔民〕明朝

音 ミン
訓 たみ*

「コ」の縦はばをせまく。3画めは折って右上にはらう。5画めは長く反ってはねる。

なりたち　象形

黒目のない目をはりでつきさしたすがたをえがいた字。ものの道理がわからない、支配される多くの人々をあらわした。

民のつく漢字グループ

「民」のグループは「見えない」というイメージがある。

→眠 777

意味 **いっぱんの人。ふつうの人。**「国民」

名まえで使う読み　たみ・ひと・み・みん・もと

【民意】みんい　国民の意見。国民の考え。例 政治に民意を反映させる。

【民営】みんえい　いっぱんの人や会社が経営すること。民間の経営。例 民営鉄道。／郵政民営化。対 官営・国営・公営

【民家】みんか　いっぱんの人がすんでいる家。

【民間】みんかん　①いっぱんの人々の社会。例 民間で語りつたえられた伝承。②政府や役所などに関係のないこと。例 民間人。／民間企業に勤める。

【民具】みんぐ　古くから、いっぱんの人々が、生活の中でつかってきた道具。

【民芸】みんげい　芸術家がつくったものでなく、いっぱんの人たちの生活の中でうまれ、つ

4画

氏の部 1画 民

たえられてきた芸術。例民芸品。

【民権】みんけん 人々が政治に参加する権利。例自由民権運動。

【民事】みんじ 人と人との間におこる、民法上のことがら。例民事裁判。

【民主】みんしゅ 国をおさめる権利が国民にあること。例民主政治。

【民衆】みんしゅう 世間いっぱんの人たち。

【民宿】みんしゅく 観光地で、設備をととのえ、やすい料金で人をとめるようにした民家。

【民主主義】みんしゅしゅぎ 国民が中心となって、自分たちのしあわせや利益を考え、国をおさめていこうとする考え方。デモクラシー。

【民生】みんせい 人々のくらし。例民生委員。

1【民▼俗】みんぞく むかしからつたわる、ふつうの人々の、くらしのならわし。例民俗舞踊。

2【民族】みんぞく 同じ先祖から出て、同じことばをつかい、同じくらし方をし、同じ地域にすんでいる人たちのあつまり。例日本民族。

【民法】みんぽう 家族や財産などについての、権利と義務をさだめてある法律。

【民有】みんゆう いっぱんの人々がもっていること。例民有林。対国有

【民▼謡】みんよう むかしから、その地方の人々にしたしまれ、つたわっている歌。

【民話】みんわ 地方の人々の生活の中で、むかしからかたりつたえられている話。

上につく熟語 *民間伝承・*民間放送・*民主的・*民心・*民選

下につく熟語 移民・官民・漁民・公民・市民・住民・▼庶民・人民・*先住民・町民・難民・農民・*文民・*平民

【低】7画 亻部5画→70ページ

【底】8画 广部5画→355ページ

【邸】8画 阝部5画→435ページ

【抵】8画 扌部5画→501ページ

【昏】8画 日部4画→550ページ

漢字博士になろう! 動物のもつイメージ 鼠

鼠は、古くから人の近くにすみ、収穫した穀物などたくわえておいた食べ物を食い荒らす害獣(=人に害を与える動物)とされてきました。そのため、ことわざに出てくる鼠には「どろぼう」「つまらないもの」といったあまりよくないイメージがあります。

いっぽうで、昔の物語では、鼠は大黒天(=農業と商売の神)のつかいとして登場することがあります。

■家に鼠、国に盗人
意味 家には鼠がいて食べ物を食い荒らし、国にはどろぼういて国や人々の生活を害する意味から。程度のちがいはあっても、どんなところにも必ず悪事をはたらく者はいるということ。

■大山鳴動して鼠一匹
意味 大げさにさわいだわりに、たいしたことのない結果に終わることのたとえ。大きな山が音を鳴りひびかせて動くので大噴火でも起こるのかと見ていると、鼠が一匹出てきただけだったという意味から。

■時に遇えば鼠も虎になる
意味 時流に乗れば、つまらない者でも、出世して権勢をふるうようになるたとえ。

こたえ いさ(勇)ましい。(マ+田+力)。

4画 气 きがまえ

なりたち

「气」は、息や水蒸気が立ちのぼるようすをあらわす。大気や気体の動き・状態などに関係する字をあつめる。

この部首の字
2画 気 640
6画 氣 640

ほかの部首の字
汽→氵部 650

气－2画
【気】
6画 1年

气－6画
【氣】
10画 人名

〈気〉明朝

音 キ・ケ
訓 —

※上にくる音により「ゲ」ともよむ。

(筆順) 1 ノ 2 𠂉 3 ⺈ 4 气 5 気 6 気

3本の横画は4画めを長く。4画めは折って内側に反ってはねる。6画めは止める。

なりたち 形声 もとの字は「氣」。气と米(こめ)を合わせた字。气は、ガス状の気体がたちこめるようすをえがいた字。氣は、米をふかすときに出る湯気をあらわした。

气のつく漢字グループ
「气」のグループは「ガス状」というイメージがある。
→気640 →汽650

意味 ❶くうき。ガス。「気体」❷こきゅう。「気管」❸自然の現象。「気候・電気」❹心のうごき。「勇気・平気」❺ようす。「気配・景気」

難しい読み 気骨(きこつ・きぼね)・気質(きしつ・かたぎ)・気配

名まえで使う読み おき・き・け

【気圧】きあつ 大気がおしつける力。また、その強さ。例 気圧計。

【気運】きうん 世の中のうつりかわりに見られる、ある方向。なりゆき。例 自然保護の気運が高まる。使い分け きうん「機運・気運」→615ページ

【気▼鋭】きえい 意気ごみがさかんなこと。例 新進気鋭の学者。参考「新進」は、その分野に新しくあらわれて、期待されること。

【気▼炎】きえん さかんな意気。例 優勝をめざして大いに気炎をあげる。

【気温】きおん 大気の温度。例 今日の最高気温。

【気化】きか 液体・固体が、気体になること。例 気化熱。

【気▼概】きがい くるしみやなんぎにあってもくじけない強い心。

気概

【気が多い】きがおおい 句 いろいろなことに心がひかれて、気がかわりやすい。例 気が多くてすぐあきる。

【気が置けない】きがおけない 句 えんりょが必要なく、うちとけられる。例 気が置けない友だちと、楽しい一日をすごした。

【気が利く】きがきく 句 ①こまかいところまで注意がゆきとどく。例 かれはわかいのによく気が利く。②しゃれている。例 気が利いたおくり物。参考「気の利く」ともいう。

【気が気でない】きがきでない 句 心配で、じっとしていられない。例 発車時刻がせまっているのに友だちが来ないので、気が気でなかった。

【気が済む】きがすむ 句 〔しようと思っていたことをし終わって〕満足する。

【気が小さい】きがちいさい 句 どきょうがないようす。例 気が小さくて、人前でしゃべれない。

【気が散る】きがちる 句 ほかのことが気になって、一つのことに集中できない。例 気が散って勉強できない。

【気が長い】きがながい 句 のんびりしていて、あせらない。しんぼうして、待つことがで

きる。例 あの人は気が長い。対 気が短い

【気が▼抜ける】きがぬける 句 ①それまではりきっていた気もちが急になくなる。②飲み物の、もともとの味わいがなくなる。例 このサイダーは気が抜けている。

【気が短い】きがみじかい 句 せっかちで、すぐにいらいらする。しんぼうして、待つことができない。例 気が短いので、すぐにおこりだす。対 気が長い

【気が弱い】きがよわい 句 いくじがない。例 気が弱くて強く言えない。対 気が強い

【気軽】きがる もったいぶらないこと。例 気軽にお声がけください。

【気管】きかん 呼吸するときに空気が通る、からだの中のくだ。例 気管支。

使い分け きかん 気管・器官

【気管】呼吸のための空気が通るくだ。例 のみ物が気管にはいってむせる。／気管支ぜんそく。

【器官】からだの一部で、きまったはたらきをするところ。例 消化器官。／呼吸器官。

【気球】ききゅう 空気よりかるい気体を入れて空中に上げる、球形のふくろ。

【気位】きぐらい 自分の身分や地位をほこりとする、心のもち方。例 気位が高い人。

【気苦労】きぐろう あれこれと心をつかってなやむこと。心配。例 母は気苦労がたえない。

1【気▼孔】きこう 葉のうらにある、呼吸をたすける小さなあな。

2【気候】きこう ある土地の、長い期間にわたっての気温や天候のようす。例 温暖な気候。

【気心】きごころ 気もちや性質。例 気心の知れた友だちと旅行をする。

【気骨】一 きこつ 正しいことをつらぬき、たやすく人にしたがわない強い心。例 気骨のある男。二 きぼね 心づかい。心配。例 気骨が折れる(＝いろいろと心づかいをしてつかれる)。

【気質】きしつ ①生まれつきの性質。気だて。気性。②職業・身分・年齢などが同じ人たちの間に共通する性質。かたぎ。例 職人気質。／昔気質。参考 ②の用例は、「きしつ」とも「かたぎ」とも読む。

1【気性】きしょう 生まれつきの性質。気質。例 気性のあらい人。

2【気象】きしょう 大気中におこる、いろいろなようす。天候・気圧・風速など。例 気象情報。／異常気象。

【気▼丈】きじょう 心がしっかりしていること。例 母は気丈な女性だ。

【気色】一 きしょく ①気もちがあらわれた、顔のようす。②心もち。気分。例 気色がわるい。二 けしき ①ようす。けはい。例 いっこうにおそれる気色もない。／気色ばむ。②きげん。

使い分け けしき「景色・気色」→(559ページ)

【気勢】きせい 元気ないきおい。例 点差がひらきすぎてしまって、気勢があがらない。

【気絶】きぜつ 気をうしなうこと。失神。例 おどろいて気絶した。

【気息▽奄▽奄】きそくえんえん 四字熟語 今にも息がたえてしにそうなようす。参考 ふつう「気息奄々」と書く。

【気体】きたい 空気やガスのように、入れ物によって形が自由にかわり、おしつけると、たやすく体積が小さくなるもの。対 液体・固体

【気団】きだん 広い範囲に広がった、温度や湿度がほぼ同じ空気のかたまり。例 寒気団が南下する。

【気付】きづけ／きつけ 郵便物を受取人の住所ではなく、その出先などにおくるとき、あて先に書きそえることば。例「斉藤商店気付山田様」注意「気付け」とおくりがなをつけない。

【気転】きてん →「機転」(616ページ)。

【気長】きなが のんびりしていて、あわてないこと。対 気短

【気に障る】きにさわる 句 しゃくにさわる。

漢字クイズ 「厘」はむかしの貨幣(＝お金)の単位です。では，円の何分の1でしょう。

ふゆかいに思う。

【気に病む】きにやむ 句 心配してなやむ。思いなやむ。

【気迫】きはく おそれずに立ちむかう、いきごみ。例 あいての気迫におされる。

【気早】きばや せっかちなこと。

【気品】きひん けだかくて、上品なようす。品のいい感じ。例 気品のある老婦人。

【気風】きふう ある地方や団体の人々が共通してもつ性質。

【気分】きぶん ①気もち。また、心やからだの状態。例 けさは気分がいい。②生まれつきの性質。例 気分のやさしい人。③全体からうける感じ。ふんい気。例 まだお祭り気分がぬけない。

【気泡】きほう 空気などのあわ。液体や固体の中にできるあわ。

【気前】きまえ 気だて。例 気前がいい(=人のためにおしげもなくお金やものなどをつかう)。

【気味】きみ ①気もち。感じ。例 気味がわるい。②少しそのようすがあること。例 かぜ気味。参考 ②は、多く、ほかのことばの下につけて「…ぎみ」の形でつかう。

【気短】きみじか せっかちなようす。例 気短なおとしより。対 気長

気迫

【気密】きみつ 密閉して、気体を通さないこと。例 気密室。

【気脈】きみゃく ①血がとおる道筋。②気もちのつながり。例 気脈を通じる(=れんらくをとりあって、気もちをかよわせる)。

【気門】きもん こん虫のからだの横にある、呼吸のための小さなあな。

【気弱】きよわ 気がよわいこと。例 わたしは気弱な性格です。

【気楽】きらく 心配することが何もなく、気分が楽なこと。

【気流】きりゅう 地形や温度の変化によっておこる空気のながれ。例 上昇気流。

【気力】きりょく 何かをやりとげようとする精神力。元気。例 気力がない。

【気を失う】きをうしなう 句 意識がなくなって、なにもわからなくなる。気絶する。

【気を落とす】きをおとす 句 がっかりする。らくたんする。

【気を配る】きをくばる 句 こまかな点までよく注意する。例 栄養がかたよらないように気を配る。

【気を取られる】きをとられる 句 あることに気もちをそらされて、やるべきことに注意が向かなくなる。

気門

【気を取り直す】きをとりなおす 句 〔一度がっかりしたが〕思いなおして元気を出す。

【気を回す】きをまわす 句 相手の気もちをおしはかって、よけいなことまで考える。例 そんなに気を回すひつようはないよ。

【気を許す】きをゆるす 句 安心して心をひらく。例 親友には気を許す。

【気配】けはい ようす。そぶり。例 うしろに、人のいる気配がする。

下につく熟語 意気・*一気・▼陰気・▼浮気・*運気・英気・外気・火気・活気・寒気(かん・さむ)・空気・血気・元気・語気・根気・才気・殺気・塩気・士気・磁気・正気・蒸気・生気・大気・短気・天気・病気・▼雰囲気・本気・勇気・湯気・陽気・弱気・若気(ぎ・げ)・悪気(ぎ・げ)

汽 7画

氵部4画 → 650ページ

4画 水・氵・氺

みず・さんずい・したみず

なりたち

「みず」や液体に関係する字をあつめる。偏になると「氵」は三画、下につくと「氺」は五画の形になる。

この部首の字

0画 水 643・1画 永 646・1画 氷 646・2画 求 647・2画 汁 648・2画 汀 648・2画 氾 648・3画 汚 648・3画 汗 649・3画 江 649・3画 汝 649・3画 汐 649・3画 池 649・3画 汎 650・4画 汽 650・4画 汲 650・4画 決 650・4画 沙 651・4画 汰 651・4画 沢 651・4画 沖 652・4画 沈 652・4画 沓 652・4画 沌 652・4画 没 652・4画 沃 653・5画 泳 653・5画 沿 653・5画 河 653・5画 泣 654・5画 況 654・5画 治 654・5画 沼 655・5画 泉 655・5画 泰 656・5画 注 656・5画 泥 656・5画 波 657・5画 泊 657・5画 泌 657・5画 沸 657・5画 法 658・5画 泡 658・5画 沫 659・5画 油 659・6画 洩 659・6画 海 659・6画 活 661・6画 洪 661・6画 洸 662・6画 洲 662・6画 洵 662・6画 浄 662・6画 津 662・6画 浅 662・6画 洗 663・6画 洞 663・6画 派 664・6画 洋 664・6画 洛 665・7画 浦 665・7画 海 659・7画 浩 665・7画 消 665・7画 渉 673・7画 浸 666・7画 浜 666・7画 浮 667・7画 浴 667・7画 浬 667・7画 流 667・7画 涙 669・7画 浪 669

8画 淫 670・8画 液 670・8画 涯 670・8画 渇 670・8画 渓 671・8画 混 671・8画 済 671・8画 渋 672・8画 淑 672・8画 淳 672・8画 渚 672・8画 渉 673・8画 浄 662・8画 深 673・8画 清 674・8画 淡 675・8画 添 675・8画 淀 676・8画 涼 676・8画 淋 676・8画 涙 669・9画 渥 676・9画 淵 676・9画 温 676・9画 渦 677・9画 渇 670・9画 減 677・9画 湖 678・9画 港 678・9画 渾 678・9画 滋 678・9画 湿 679・9画 渚 672・9画 湘 679・9画 湊 679・9画 測 679・9画 湛 680・9画 渡 680・9画 湯 680・9画 満 680・9画 湧 682・9画 湾 682・10画 溢 682・10画 温 676・10画 滑 682・10画 漢 682・10画 源 683・10画 滉 683・10画 溝 683・10画 準 684・10画 滞 684・10画 滝 684・10画 溺 684・10画 漠 685・10画 滅 685・10画 溶 685・10画 溜 685・11画 演 685・11画 漢 682・11画 漁 686・11画 漆 686・11画 漸 687・11画 漕 687・11画 漱 687・11画 漬 687・11画 滞 684・11画 滴 687・11画 漂 687・11画 漫 687・11画 漣 688・11画 漏 688・12画 潰 688・12画 漑 688・12画 潟 688・12画 潔 688・12画 澁 672・12画 潤 689・12画 潜 689・12画 潮 690・12画 澄 690・13画 激 690・13画 濁 691・13画 濃 691・13画 澪 691・14画 濕 679・14画 濡 692・14画 濯 692・15画 濫 692・16画 瀬 692・16画 瀬 692・16画 瀧 684・16画 瀕 692・17画 灌 692・19画 灘 692

ほかの部首の字

尿→尸部 322・酒→酉部 1009・染→木部 592・婆→女部 279・落→艹部 399・塗→土部 242・薄→艹部 404・鴻→鳥部 1103・藩→艹部 406・藻→艹部 407・簿→⺮部 831

水－0画

【水】

4画　1年　〔水〕明朝

音 スイ
訓 みず

※上にくる音により「ズイ」ともよむ。

1画めは真下に長く書く。1画めに2画めは接しないで、3・4画めは接する。

なりたち 象形 →水

ながれるみずのようすをえがいた字。

意味 ❶みず。「水道」❷えきたい。「水銀」❸みずのあるところ。「山水画」❹水素のこと。「水▼爆」❺水曜日のこと。

難しい読み 水面(すいめん・みなも・みのも)・水無月

名まえで使う読み すい・なか・み・みず・みな・ゆ・ゆく

【水圧】すいあつ 水の圧力。水がほかの物体、

漢字博士になろう!

にた字のおぼえ方《綱・網》

「山でつな(綱)、亡くしたらあみ(網)」

この二字は、最後の三画だけがちがいます。「綱」は「山」、「網」は「亡」になりますね。「亡」の訓読みは「ない」です。

または水そのものにあたえる圧力。例水圧が下がる。

【水位】すいい （川・海・湖などの）水面の高さ。例水位が上がる。

【水域】すいいき 海・湖などの水面にさだめられた、一定のはんい。例経済水域。

【水運】すいうん 船で人や荷物をはこぶこと。水上の運搬。例水運が発展する。

【水温】すいおん 水の温度。例水温が高い。

【水害】すいがい 大水による、人や家や田畑などの損害。水難。

【水火も辞せず】すいかもじせず 句 たとえ水におぼれたり、火にやかれたりするようなくるしみやきけんがあっても、おそれないことのたとえ。

水火も辞せず

【水魚の交わり】すいぎょのまじわり 故事成語 水と魚との関係のように、おたがいにはなれることのできないしたしいつきあいのたとえ。例水魚の交わりをむすぶ。

【水銀】すいぎん 常温で液体である、ただ一つの金属。体温計などの中にはいっている。

【水源】すいげん 川や水道などの、水のながれ出すもと。例水源地。

【水郷】すいごう 川・湖・ぬまなどのほとりにある、けしきのよい村や町。

【水▼彩画】すいさいが 水にといた絵の具でかく絵。

【水産】すいさん 海・川・湖などから、魚・貝・海そうなどをとること。また、そのとれたもの。例水産試験場。／水産物。

【水死】すいし 水におぼれて死ぬこと。

【水質】すいしつ 水の質。水の成分。例水質調査。

【水車】すいしゃ／みずぐるま ながれる水やながれおちる水で、回転させる車。粉をひいたり、田畑に水を引いたりするのにつかう。

【水準】すいじゅん ものごとのねうちなどをみるときの、ていど。例教育水準が高い。

【水▼晶】すいしょう 鉱物の一つ。六角のはしら状になった石英。

【水上】すいじょう 水の上。水の表面。例水上スキー。／水上競技。

【水蒸気】すいじょうき 水が蒸発して、気体になったもの。蒸気。ゆげ。

【水深】すいしん 水面から底までのふかさ。

1【水性】すいせい 水にとけやすい性質。例水性のサインペン。対油性

2【水星】すいせい 太陽のわく星の一つ。太陽にもっとも近く、もっとも小さい。

3【水勢】すいせい 水のながれるいきおい。例はげしい水勢におしながされる。

【水洗】すいせん 水であらいながすこと。例水洗トイレ。

4画

【水素】すいそ 色もにおいもない、もっともかるい気体。

【水▼槽】すいそう ①水をたくわえるための（大きな）入れもの。②水を入れて、魚などをかうための入れ物。

【水族館】すいぞくかん 水中にすむ動物をガラスばりの入れ物などにかって、人々に見せるしせつや建物。

【水底】すいてい 海・川などの、水の底。参考「みなそこ」「みずそこ」とも読む。

【水▼滴】すいてき ①水のしずく。②すずりにつぐ水を入れておく、水入れ。

【水田】すいでん 水を引いた田。みずた。

1【水▼筒】すいとう のみ水などを入れて、もちはこびできるようにつくった、入れ物。

2【水▼稲】すいとう 水田につくるイネ。対陸稲

【水道】すいどう ①のみ水などをくだでみちびいて、家や工場へくばるせつび。上水道。②海や湖で、両側の陸地でせばめられている部分。海峡。例紀伊水道。

【水難】すいなん ①おぼれ死んだり船がしずんだりする、水上での災難。②大水によってうけるわざわい。水害。

【水夫】すいふ 「船員」の古い言い方。

【水分】すいぶん ある物の中にふくまれている水。水気。例水分が多いくだもの。

1【水平】すいへい しずかな水の表面のように

水・氵・氺の部

0画 水

たいらなこと。例 水平線。

【水兵】すいへい 海軍の兵士。

【水平線】すいへいせん 海の上で、空と海のさかいとして見える線。

【水防】すいぼう 水害をふせぐこと。

【水▼泡に帰す】すいほうにきす 句 努力したことがすべてむだになる。例 長い間のくろうも水泡に帰してしまった。参考「水泡」は、できてもすぐにきえてしまう水のあわのこと。

水泡に帰す

【水▼没】すいぼつ こう水やダム建設で、家や田畑などが水中にしずむこと。

【水脈】すいみゃく 地下水がながれている道。

【水面】すいめん／みなも／みのも 水の表面。水のおもて。

【水門】すいもん 川や貯水池などにある、水のながれを調節する門。

【水浴】すいよく 水をあびること。

【水利】すいり 飲み水・かんがい・運搬などに、水を利用すること。

【水陸】すいりく 水と陸。水上と陸上。例 水陸両用バス。

【水量】すいりょう 川やダムなどの水の分量。みずかさ。

【水力】すいりょく ながれる水のいきおいや力。例 水力発電。

【水冷】すいれい 水でひやすこと。例 水冷式エンジン。

【水路】すいろ ①水をおくるためにつくった道。②船が通る道。航路。

【水入らず】みずいらず 句 家族など親しい人ばかりで、他人がまじっていないこと。例 ひさしぶりに親子水入らずで食事をした。

【水清ければ魚▽棲まず】みずきよければうおすまず 故事成語 あまりにもまじめすぎると、きゅうくつに感じて人がよりつかないというたとえ。参考 水がきれいすぎると、かくれるところがないので魚がすみつかないといういみから。

水清ければ魚棲まず

【水際】みずぎわ 水と陸とのさかいめ。水辺。

【水際立つ】みずぎわだつ 句 とくにすぐれていて、よく目立つ。例 水際立ったわざ。

【水草】みずくさ 水中にはえる草。

【水▼臭い】みずくさい 句 ①水っぽい。味がうすい。②〔親しい間がらなのに〕他人のように、よそよそしい。例 きみとぼくのなかでそんな水臭いことを言うな。

【水気】みずけ ある物の中にふくまれる水分。例 とうふの水気をきる。

【水▼煙】みずけむり／すいえん けむりのようにとびちる水のしぶき。

【水玉】みずたま ①まるい玉になった水のしずく。②小さな円をちらしたもよう。例 水玉のネクタイ。

【水と油】みずとあぶら 句 水と油がとけ合わないように、性質が合わなくて、しっくり調和しないこと。例 あの二人は水と油だ。

【水鳥】みずとり／みずどり 川や湖などの、水上や水辺で生活する鳥。足に水かきがある。ガン・カモ・アヒル・ハクチョウなど。

【水に流す】みずにながす 句 〔いざこざ・うらみなどについて〕いままでのことはすてて、以後こだわらないようにする。例 おたがいに、今までのことは水に流しましょう。

【水の▼泡】みずのあわ 句 長い間の努力や苦労が、むだになってしまうこと。例 せっかくの苦労が水の泡になってしまった。

【水は方円の器に▼随う】みずはほうえんのうつわにしたがう 故事成語 人は、環境やつきあっている友だちしだいで、よくもなったり、わるくもなったりする。参考「方円」は、四角形と円形のこと。水はうつわによって四角にもなり、まるくもなるといういみから。

【水引】みずひき おくり物のつつみなどをむすぶのにつかう、細いこよりをかためたひも。参考 お祝いには金銀・赤白を、おくやみには黒白などをつかう。

【水辺】みずべ 海や川などの、水のほとり。

【水も▼漏らさぬ】みずももらさぬ 句 けいかいなどが完全で、少しのすきもないようすの

4画

たとえ。例 水も漏らさぬ守り。

【水を打ったよう】みずをうったよう 句 たくさんの人が熱心に聞き入って、しずまりかえっているようす。例 会場は水を打ったようにしんとなった。

【水を得た魚のよう】みずをえたうおのよう 句 自分のかつやくできる場で、生き生きしているようす。例 弟は、体育の時間は水を得た魚のようだ。

【水を差す】みずをさす 句 うまくいっているものごとを、じゃまをして、うまくいかないようにする。例 二人の友情に水を差す。

【水無月】みなづき 陰暦の六月のこと。

下につく熟語 雨水(あまみず)・塩水・大水・▼汚水・＊温水・＊海水・我田引水・給水・行水・下水・▼洪水・湖水・散水・清水(しみず・せいすい)・上水・▼浸水・節水・泉水・▼潜水・増水・▼淡水・断水・＊地下水・治水・貯水・生水・配水・▼排水・▼噴水・放水・防水・真水・満水・湯水・用水・流水・冷水

水－1画

【永】

5画 5年 〔永〕明朝

音 エイ
訓 ながい

1画めは右下方向の点で、2画めに接しない。2画めは折って真下に長く書く。

なりたち 象形 水のながれがえだ分かれして、どこまでもずっとながくつづくようすをあらわした字。「いつまでもずっと」のいみをあらわした。

永のつく漢字グループ
「永」のグループには「ながくつづく」というイメージがある。→泳653 →詠949

意味 時間がひじょうにながい。「永久」

注意 「氷」とまちがえないこと。

使い分け ながい「長い・永い」→(1035ページ)

名まえで使う読み えい・つね・とお・なが・ながし・のぶ・のり・はるか・ひさ・ひさし・ひら

【永遠】えいえん 時間がいつまでもかぎりなく、つづくこと。永久。

【永久】えいきゅう 「永遠」と同じ。例 永久磁石。

【永字八法】えいじはっぽう 四字熟語 書道で、「永」の一字にそなわっている、八通りの基本的な筆づかい。

側 勒 啄 策 磔 掠 努 趯
永字八法

【永住】えいじゅう 同じところにいつまでもながくすむこと。例 ブラジルに永住する。

1【永世】えいせい かぎりなくつづく年月。永久。例 永世中立国。

2【永▼逝】えいせい 人が死ぬこと。参考 「永遠に逝く」といういみから。

【永続】えいぞく いつまでも、ながくつづくこと。例 平和の永続をねがう。

【永続性】えいぞくせい ながい時間つづく性質。例 効果に永続性がある。

【永続的】えいぞくてき ながい時間つづくようす。例 永続的な平和をねがう。

【永代】えいたい ながい年月。永世。例 永代供養をする。注意 「えいだい」と読まないこと。

【永年】えいねん／ながねん ながい年月。長年。例 永年勤続表彰。

【永別】えいべつ 永久にわかれること。ながのわかれ。参考 多く「死別」のことをいう。

【永▼眠】えいみん (人が)死ぬこと。

水－1画

【氷】

5画 3年 〔氷〕明朝

音 ヒョウ
訓 こおり・ひ＊

※上にくる音により「ピョウ」「ごおり」ともよむ。

整え方は「水」と同じ。3画めの上側に、2画めの右下方向の点を書く。

水・氵・氺の部（みず・さんずい・したみず） 2画 求

氷

なりたち 形声 冰(氷)

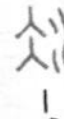

むかしの字は「冰」。冫（こおりのわれめ）と水を合わせた字。水がこおってわれやすい固体になったものをあらわした。

意味 **こおる。こおり。**

注意 ㋐「氷」とまちがえないこと。「氷山・氷柱」 ㋑「氷」は、かなで「こうり」と書かないこと。

難しい読み 氷雨・氷室

名まえで使う読み きよ・ひ・ひょう

【氷柱】㊀つらら／ひょうちゅう 屋根のひさしなどからしたたり落ちる水が、こおって棒状になったもの。㊁こおりばしら／ひょうちゅう 夏、室内に立ててすずしくするためにおく、氷の柱。

【氷雨】ひさめ ①ひょう。あられ。②秋にふる、つめたい雨。

【氷室】ひむろ 天然のこおりを夏までたくわえておくための、あなぐらやへや。

【氷▼菓】ひょうか 果汁・さとう・香料などをまぜてこおらせたかし。アイスクリーム・シャーベットなど。

【氷河】ひょうが 高い山の雪が、その上につもった雪の重みでかたまり、ひくいところへながれ出したもの。例 氷河時代（＝大むかし、地球の大部分がこおりにおおわれていた時期）。

【氷海】ひょうかい こおりが、一面にはりつめた海。

【氷▼塊】ひょうかい こおりのかたまり。

【氷解】ひょうかい （こおりがとけるように）うたがいや問題になっていることが、すっかり解決すること。例 疑問が氷解した。

【氷結】ひょうけつ こおりが、一面にはりつめること。例 海が氷結した。

【氷原】ひょうげん 氷でおおわれた原野。例 北極の氷原。

【氷山】ひょうざん 南極・北極地方で、氷河のはしが海におち、大きなこおりのかたまりとなってうかんでいるもの。

【氷山の一角】ひょうざんのいっかく 表面にあらわれているものが、全体から見ると、一部分でしかないことのたとえ。例 今回の汚職事件は氷山の一角にすぎない。参考 海面上に見える氷山のすがたは、氷山全体の一部分であることから。

氷山の一角

【氷点】ひょうてん 水がこおりはじめるときの温度。また、こおりがとけはじめるときの温度。例 あけがたには、気温は氷点を下まわる。

【氷点下】ひょうてんか セ氏〇度よりひくい温度。零下。

【氷▼嚢】ひょうのう こおりや水を入れて、からだの熱が高い部分にあててひやすふくろ。

【氷▼壁】ひょうへき 雪やこおりにおおわれたかべ。例 谷川岳の氷壁にいどむ。

下につく熟語 ＊薄氷（うすごおり・はくひょう）・結氷・▼砕氷・樹氷・製氷・＊花氷・▼霧氷・流氷

氺－2画

【求】

7画 4年 〔求〕明朝

音 キュウ
訓 もとめる

3・4画めを「フ」としない。5・6画めは2画めと接する。7画めの点を忘れずに。

なりたち 象形 求

頭・足・尾のついた動物の毛皮をえがいた字。毛皮は体にくっついていることから、中心にむけて引きしめることをあらわした。

求のつく漢字グループ

「求」のグループは「中心にむけて引きしめる」というイメージがある。

→救 527 →毬 637 →球 730

意味 ❶**もとめる。さがす。**「求職・求人」❷**のぞむ。ねがう。**「▼請求」

名まえで使う読み き・きゅう・ひで・まさ・もと・

こたえ しろ（城）。（土＋成）。

もとむ・やす

【求愛】きゅうあい　あいてに、自分を愛してくれるようにもとめること。

【求▼刑】きゅうけい　検察官が、罪をおかした人に罰をあたえるよう、裁判官にもとめること。例 求刑どおりの判決がくだった。

【求▼婚】きゅうこん　結婚をもうしこむこと。

【求職】きゅうしょく　仕事をさがすこと。対 求人

使い分け　きゅうしょく　求職・休職

【求職】はたらきさきをさがすこと。例 大学をそつぎょうして、求職中の身だ。

【休職】つとめている人が(病気やけがで)つとめをやすむこと。例 病気で休職している。

【求人】きゅうじん　はたらく人をもとめること。例 求人広告。対 求職

【求心力】きゅうしんりょく　回っているものが円の中心にむかおうとする力。対 遠心力

【求道】一 きゅうどう　真理やさとりをもとめて修行すること。二 ぐどう　仏教で、ほとけの教えをえようと、もとめること。例 求道心。

下につく熟語 希求・探求・追求・要求・欲求

シ－2画

【汁】

5画 常用 〔汁〕明朝

音 ジュウ　訓 しる

意味 **しぼり出したしる。**「▼墨汁」

※上にくる音によって、「じる」ともよむ。

【汁粉】しるこ　アズキのあんをとかしたしるに、もちやだんごなどを入れた食べ物。

【汁物】しるもの　しるを多くした料理。みそ汁・すまし汁など。

下につく熟語 灰▼汁・果汁・＊苦▼汁・＊肉▼汁(にくじゅう・にくじる)・＊煮▼汁・鼻汁・墨▼汁

シ－2画

【汀】

5画 人名 〔汀〕明朝

音 テイ　訓 みぎわ

なりたち 形声　丁(丁形にあたる)とシ(=水)を合わせた字。波が丁形にうちよせるところをあらわした。→丁8

意味 **水がうちよせるたいらな砂地。みぎわ。なぎさ。**「長▽汀(=長く広がるなぎさ)」

名まえで使う読み　てい・なぎさ・みぎわ

シ－2画

【氾】

5画 常用 〔氾〕明朝

音 ハン　訓 —

意味 **ひろがる。あふれる。**「▼氾▼濫」

【▼氾▼濫】はんらん　①川などの水があふれること。こうずいになること。例 河川が氾濫する。②ものがあふれるほど、出まわっていること。

参考 よくないいみでつかうことが多い。例 氾濫する情報。／外来語の氾濫。

使い分け はんらん「反乱・氾濫」→(182ページ)

シ－3画

【汚】

6画 常用 〔汚〕明朝

音 オ　訓 けがす・けがれる・けがらわしい・よごす・よごれる・きたない

なりたち 形声　汚－汚　于は亏・于がかわったもの。于(ᐳ形にまがる)とシ(=水)を合わせた字。水がくぼみにたまってよどむようすをあらわした。→宇288

意味 **きたなくする。けがす。よごす。**「▼汚水」

【▼汚職】おしょく　役人などが、その地位・役目を利用して不正な利益をえること。例 汚職事件があとをたたない。

【▼汚水】おすい　よごれた水。

【▼汚染】おせん　(空気・水・食品などが)放射能・細菌・薬品などでよごれること。例 大気の汚染。

【▼汚損】おそん　よごしたり、こわしたりすること。また、そのよごれやきず。

【▼汚点】おてん　①よごれ。しみ。②ふめいよ

なことがら。例 歴史に汚点をのこす。

【汚物】おぶつ よごれたもの。きたないもの。

【汚名】おめい わるい評判。

【汚名を雪ぐ】おめいをすすぐ 句 人からうけたはじや、わるい評判をとりのぞく。例 無実を証明して汚名を雪ぐ。参考「雪ぐ」は、「そそぐ」ともいい、のぞく、けすのいみ。

【汗】
氵－3画 6画 常用 〈汗〉明朝
音 カン 訓 あせ

なりたち 形声 干(むりにつき出る)と氵(=水)を合わせた字。ひふをつき通して出る水、つまり「あせ」をあらわした。→干347

意味 あせ。あせをかく。「発汗」

【汗水】あせみず 水のようにながれるあせ。例 汗水をたらしてはたらく。

【汗顔の至り】かんがんのいたり 句 ひじょうにはずかしく感じること。例 こんなへまをしでかして汗顔の至りです。参考「汗顔」は、はずかしくて顔にあせをかくこと。「至り」は、それ以上はないこと、きわみのいみ。

汗顔の至り

【汗牛充棟】かんぎゅうじゅうとう 四字熟語 〔車に積めばそれを引く牛があせをかき、家のなかに積めば棟木までとどくほどの量があるといういみから〕持っている本がとても多いことのたとえ。

【汗腺】かんせん ひふの表面にある、からだの中からあせを出すほそいくだ。

下につく熟語 脂汗・寝汗・発汗・*冷や汗

【江】
氵－3画 6画 常用 〈江〉明朝
音 コウ 訓 え

なりたち 形声 工(つき通す)と氵(=水)を合わせた字。大陸をつらぬいてながれる大きな川をあらわした。→工334

意味 ❶中国の長江のこと。❷大きな川。❸海や湖が陸地にはいりこんだところ。「入り江」

参考 カタカナ「エ」のもとになった字。

名まえで使う読み え・きみ・こう・ただ・のぶ

【江戸】えど 東京の古いよび名。例 江戸っ子。

【江戸前】えどまえ ①(江戸の前ということから)東京湾でとれた魚。例 江戸前のすし。②江戸どくとくのやり方。江戸ふう。

【江上】こうじょう 大きな川の上。また、川のほとり。参考「江」は、大きな川。大河。もとは中国の長江という川のほとりのいみ。

【汝】
氵－3画 6画 人名 〈汝〉明朝
音 ジョ 訓 なんじ

意味 なんじ。きみ。あなた。

名まえで使う読み な

【汐】
氵－3画 6画 人名 〈汐〉明朝
音 セキ 訓 しお

なりたち 形声 夕(ゆうがた)と氵(=水)を合わせた字。夕方に海水がみちてくる「ゆうしお」をあらわした。

意味 夕方におこる、しおのみちひ。ゆうしお。「潮汐」

参考 もともと「汐」は夕しお、「潮」は朝しおのいみ。

名まえで使う読み きよ・しお・せき

【池】
氵－3画 6画 2年 〈池〉明朝
音 チ 訓 いけ

池 池

4画めは右上がりに書き、内側に折る。6画めは曲げた後を長くし、最後ははねる。

丶 氵 氵 汁 沖 池

なりたち 形声 也(うねうねとまがりくねる)と氵(=水)を合わせた字。しろをとりまく、まがりくねった水たまりをあらわした。→也34

意味 いけ。「貯水池」

【池沼】ちしょう 池とぬま。

4画

漢字クイズ 山の上り下りのさかいめは、なんというでしょう。

水・氵・氺の部

3画 汎

4画 汽・汲・決

【池▼畔】ちはん 池のほとり。

下につく熟語 電池・＊古池

氵－3画

【汎】6画 常用

〔汎〕明朝 音ハン 訓―

意味 ❶ただよう。うかぶ。❷全体に広がっている。ひろい。「▼汎用・▼汎論」❸全体の。

名まえで使う読み ひろ・ひろし・ひろむ・みな

【▼汎▼称】はんしょう 同じ種類のものを、広くひっくるめていう。また、そのよび名。総称。

【▼汎用性】はんようせい 一つのものを、いろいろな方面につかうことができる性質。例 このソフトウエアは汎用性がない。参考「汎用」はひろくいろいろな方面につかういみ。

【尿】7画 尸部4画→322ページ

氵－4画

【汽】7画 2年

〔汽〕明朝 音キ 訓―

丶 冫 氵 氵 汇 汽 汽

5〜7画めは7画めを長く、横画間は等しく。7画めは折って内側に反ってはねる。

なりたち 形声 气(ガスがたちこめる)と氵(=水)を合わせた字。水を熱したときに出る「ゆげ」をあらわした。→気640

意味 ゆげ。水蒸気。「汽車」

【汽車】きしゃ ①線路の上を、蒸気機関車に引かれて走る列車。②機関車で引かれる列車。

【汽水】きすい 淡水と海水がまじった、塩分のうすい水。海にちかい湖や河口にみられる。

【汽船】きせん 蒸気機関によってすすむ船。

【汽笛】きてき 蒸気の力でならす笛。例 汽笛が港にひびく。

氵－4画

【汲】7画 人名

〔汲〕明朝 音キュウ 訓くむ

意味 ❶水などを容器ですくいとる。くむ。❷〔「▽汲▽汲」と書いて〕一つのことにとらわれていて、ゆとりがない。

名まえで使う読み くみ

【▽汲水】きゅうすい 水をくみあげること。

氵－4画

【決】7画 3年

〔決〕明朝 音ケツ 訓きめる・きまる

※上下にくる音により「ケッ」「ぎめ」「ぎまり」ともよむ。／「ケッする」「ケッして」ともつかう。

4・5画めは、間は横広にして、5画めを右へはっきりと出して「コ」にしない。

丶 冫 氵 汀 汩 決 決

なりたち 形声 決

夬と氵(=水)を合わせた字。夬は、中(コに|をつき通した形)と又(て)を合わせて、手でえぐりとるようす。決は、水によってコの形にていぼうがえぐられて切れるようすをあらわした。えぐるようにきっぱりときまるいみもある。

夬のつく漢字グループ

「夬」のグループは「えぐりとる」「切って分ける」というイメージがある。

→快456 →決650

意味 ❶きまる。きめる。「決心」❷切れる。こわれる。「決▼裂」❸思いきってする。「決起」

注意 「快」とまちがえないこと。

【決意】けつい かたく心にきめること。また、そのきめた心。決心。例 決意をかためる。

【決▼壊】けっかい 川や海のていぼうが切れてくずれること。また、切りくずすこと。

【決起】けっき ある目的のために決心して行動をおこすこと。例 決起大会。

【決議】けつぎ 会議できめること。また、そのきまったことがら。例 法律の改正案を決議する。

【決行】けっこう 思いきっておこなうこと。

例 雨がふっても遠足は決行する。

1【決済】けっさい お金のうけわたしなどをおこなって、貸し借り、取り引きをすませること。例 手形の決済。

2【決裁】けっさい 目上の人が、部下の出した案などについて採用するかどうかをきめること。例 大臣の決裁をあおぐ。

【決算】けっさん ある期間内の収入と支出を計算すること。例 決算報告。

【決死】けっし (あることをおこなうのに)死ぬ覚悟をすること。命がけ。例 決死の行動。

【決勝】けっしょう さいごの勝ち負けをきめること。また、その試合。例 決勝戦。

【決心】けっしん はっきりと心にきめること。決意。例 決心がつく。

【決戦】けっせん たたかって、さいごの勝ち負けをきめること。また、そのたたかい。

【決選投票】けっせんとうひょう 選挙で、当選にひつような票をとった人がいないとき、一番と二番の人で、もう一度投票をやりなおすこと。 注意 「決戦投票」と書かないこと。

【決断】けつだん はっきりと考えをきめること。例 決断を下す。

【決着】けっちゃく ものごとのきまりがついて、おわること。例 事件に決着がついた。

【決定】けってい どちらかにはっきりときめること。また、きまること。

【決定的】けっていてき ものごとがきまってしまい、そうなることがたしかなようす。例 決定的な瞬間。

【決▼闘】けっとう うらみやあらそいを解決するために、前もってきめた方法でたたかうこと。

【決別】けつべつ きっぱりと、人とわかれること。例 かれとは、意見が合わず決別した。

【決▼裂】けつれつ (会議や交渉などで)意見が合わず、まとまらないままおわること。例 交渉が決裂する。

下につく熟語 解決・可決・議決・採決・裁決・先決・▼即決・対決・*多数決・判決・否決・票決・*未決

シ－4画

【沙】

7画 常用 〔沙〕明朝 音 サ 訓 —

なりたち 形声 少(小さくする)とシ(＝水)を合わせた字。水であらわれて小さくなった石、つまり「すな」をあらわした。→少316

意味 ❶水にあらわれて、こまかくなった石。すな。❷水ですすいで、よいものをえらびとる。

名まえで使う読み いさ・いさご・さ・す・すな

【▼沙▼汰】さた ①ものごとの善悪・是非を論じて、きめる。例 沙汰のかぎりだ(＝常識外だ)。②知らせ。たより。例 音沙汰がない。③命令。さしず。例 追って沙汰する。④おこない。しわざ。例 警察沙汰(＝警察がとりしまるような事件)。

【▼沙▼羅▼双樹】さらそうじゅ 釈迦がなくなるとき、ねどこの四方に二本ずつ立っていた沙羅の木。しゃらそうじゅ。参考 二本だったので、「双樹」という。

シ－4画

【汰】

7画 常用 〔汰〕明朝 音 タ 訓 —

なりたち 形声 太(たっぷりある)とシ(＝水)を合わせた字。たっぷり水をかけて流すことをあらわした。→大257

意味 ❶いきおいよく水をながす。「▽淘▼汰」❷→沙汰

下につく熟語 ▼沙▼汰・*▽淘▼汰

シ－4画

【沢】

7画 常用 〔沢〕明朝 音 タク 訓 さわ

なりたち 形声 もとの字は「澤」。睪(つぎつぎと引きつづく)とシ(＝水)を合わせた字。てんてんと水たまりのつづくところ、つまり「さわ」をあらわした。→駅1087

意味 ❶さわ。「▽沼沢」❷つや。「光▼沢」❸めぐみ。「恩沢」❹うるおい。「▼潤沢・▽贅沢」

難しい読み ▼沢▽庵・沢山

【▼沢▽庵】たくあん 「たくあんづけ」のりゃく。なまぼしのダイコンを塩とぬかでつけた食べ

こたえ とうげ(峠)。(山＋上＋下)。この字は日本でつくられた漢字。

物。参考 沢庵おしょうがはじめた、といわれることから名がついた。

【沢山】たくさん ①数が多いようす。例 沢山の品物。②じゅうぶんで、これ以上はいらないようす。例 もう沢山です。参考 ①②とも、ふつうかな書きする。

氵ー4画

【沖】

7画 4年 〔沖〕明朝

音 チュウ*
訓 おき

「口」の縦画は内向きにして横長に。7画めは上下に長く、最後は止めてもよい。

なりたち 形声 中(つき通る)と氵(=水)を合わせた字。水がつき通ってわきあがるようすをあらわした。日本では「おき」のいみにもちいる。→中25

意味 海や湖の、岸から遠くはなれたところ。おき。「沖合」
▽県名につかわれる。「沖縄県」

名まえで使う読み おき・ちゅう・とおる・なか・ふかし

【沖合】おきあい 海岸から遠くはなれたところ。沖のほう。例 沖合漁業。

【沖積】ちゅうせき 水のながれではこばれた土や砂がつみかさなること。例 沖積平野。

氵ー4画

【沈】

7画 常用 〔沈〕明朝

音 チン
訓 しずむ・しずめる

意味 ❶しずむ。「沈没」対 浮 ❷おちついている。「沈着」❸元気がない。「消沈」

使い分け しずめる「静める・鎮める・沈める」→(1059ページ)

【沈下】ちんか しずみ下がること。地盤が沈下する。

【沈降】ちんこう しずみ下がること。沈下。例 沈降海岸。対 隆起

【沈思黙考】ちんしもっこう 四字熟語 だまってふかく考えこむこと。

【沈静】ちんせい おちついてしずかなこと。また、そうなること。例 物価が沈静する。

使い分け 「鎮静」は、高ぶった気もちをおちつかせること。

【沈滞】ちんたい ①ものごとが、はかどらないこと。②気もちがしずんで、元気がないこと。

【沈着】ちんちゃく おちついていて、あわてないようす。例 沈着に行動する。

【沈痛】ちんつう かなしみにしずんで、心をいためているようす。例 沈痛なおももち。

【沈殿】ちんでん 液体の中にまじっているものが底にしずんでたまること。

【沈没】ちんぼつ 船などが、しずむこと。

【沈黙】ちんもく だまっていること。例 沈黙を破り、真実を話す。

下につく熟語 撃沈・*血沈・浮沈

水ー4画

【沓】

8画 人名 〔沓〕明朝

音 トウ
訓 くつ

意味 ❶かさなる。かさねる。「雑沓」❷くつ。「雪沓」

名まえで使う読み かず

氵ー4画

【沌】

7画 人名 〔沌〕明朝

音 トン
訓 —

意味 〔「混沌」と書いて〕万物ができる前のもやもやした状態。

氵ー4画

【没】

7画 常用 〔没〕明朝

音 ボツ
訓 —

※「ボッする」ともつかう。

意味 ❶しずむ。うずまる。「日没」❷ほろびる。死ぬ。「没落・没年」❸とりあげる。「没収」❹かくす。ない。「没交渉」

【没我】ぼつが ものごとに夢中になって、自分をわすれること。例 没我の境地。

【没収】ぼっしゅう むりやり、とりあげること。例 財産を没収する。

【没頭】ぼっとう そのことだけに熱中すること。没入。例 歴史の研究に没頭する。

【没入】ぼつにゅう ほかのことをわすれて、

一つのことに熱中すること。没頭。

【▼没年】ぼつねん ①死んだときの年号。②死んだときの年齢。

【▼没落】ぼつらく さかえていたものが、おちぶれること。例 平家の没落。

下につく熟語 ▼陥没・出没・神出鬼没・水没・沈没・*病没・▼埋没

氵－4画 【沃】 7画 常用

〈沃〉明朝 音 ヨク 訓 ―

なりたち 形声 夭(しなやか)と氵(=水)を合わせた字。かたい土地を、水でやわらかくすることをあらわした。

意味 ❶そそぐ。水をかけてゆたかにする。❷土地が肥えている。「沃土・肥▼沃」

名まえで使う読み ぬる・そそぐ

【▼沃土】よくど 栄養たっぷりの土地。

【▼沃野】よくや 土地の栄養がたっぷりで、作物がよく育つ平野。

氵－5画 【泳】 8画 3年

〈泳〉明朝 音 エイ 訓 およぐ

「永」はやや縦長に書く。5画めに4・6画めは接しないで、7・8画めは接する。

筆順：丶 氵 氵 氵 汈 汈 泳 泳

なりたち 形声 永(ながくつづく)と氵(=水)を合わせた字。水の上に長い間うかんでいることをあらわした。→永646

意味 およぐ。およぎ。「水泳・泳者」

【泳者】えいしゃ およぐ人。とくに、水上競技の選手をいう。例 第三泳者。

【泳法】えいほう およぎ方。

下につく熟語 遠泳・競泳・背泳・遊泳・力泳

氵－5画 【沿】 8画 6年

〈沿〉明朝 音 エン 訓 そう

4・5画めは、はなして左右に広げ、「口」の横はばはそれよりもせまくする。

筆順：丶 氵 氵 氵 氿 沿 沿 沿

なりたち 形声 㕣―沿―沿

㕣と氵(=水)を合わせた字。㕣は、八(分かれる)と口(あな)を合わせて、くぼみにそって水が流れるようす。沿は、水が道すじにしたがってながれていくことをあらわした。

㕣のつく漢字グループ

「㕣」のグループは「一定の道すじに、したがう」というイメージがある。

→沿653 →船906 →鉛1025

意味 道や川にそってゆく。したがう。「沿岸」

【沿海】えんかい ①海にそった陸地。②陸に近い海。例 沿海漁業。

【沿革】えんかく ものごとのうつりかわり。変遷。例 学校の沿革をしらべる。

【沿岸】えんがん ①海・湖・川などにそった陸地。②海・湖・川などの、陸地に近い部分。

【沿線】えんせん 線路にそったところ。

【沿道】えんどう 道路にそったところ。例 沿道の町なみ。

氵－5画 【河】 8画 5年

〈河〉明朝 音 カ 訓 かわ

※上にくる音により「ガ」「がわ」ともよむ。

「可」の書き出しは1画めの右下を目安にし、「氵」よりも全体を下げるとよい。

筆順：丶 氵 氵 汀 汀 沪 沪 河

なりたち 形声 可(ㄱ形にまがる)と氵(=水)を合わせた字。ㄱ形にまがってながれるかわ、つまり黄河をあらわした。→可188

意味 ❶大きなかわ。「河川」❷中国の黄河。

難しい読み 河岸(かがん・かわぎし・かし)・河童(かっぱ)・河原(かわら)

【河岸】㊀かがん／かわぎし 川のきし。㊁かし ①荷物のあげおろしなどをする、川や入り江のきし。②川のきしにある魚市場。例魚河岸。

【河口】かこう／かわぐち 大きな川が、海や湖にながれこむところ。川口。

【河床】かしょう／かわどこ 川の底にある地面。

【河川】かせん 大きい川や小さい川を、まとめていうことば。かわ。例一級河川。／河川敷。

【河童】かっぱ ①想像上の動物。川やぬまにすみ、およぎがうまい。頭の皿のようなくぼみに水があるあいだは、陸の上でも強い力をもつ。②およぎがうまい人。

【河原】かわら →「川原（333ページ）」。

下につく熟語 運河・銀河・山河・大河・氷河

氵－5画

【泣】

8画 4年 〔泣〕明朝

音 キュウ*
訓 なく

「立」は△形に。6・7画めは内側に向け、5・8画めに接していなくてもよい。

なりたち 会意 立（つぎつぎとならぶ）と氵（＝水）を合わせた字。目からつぎつぎと出てくる水、つまりなみだ、また「なく」ことをあらわした。→立815

使い分け なく 泣く・鳴く

【泣く】人がなみだを流してなく。例くやしくて泣く。／泣いてあやまる。／泣きくずれる。

【鳴く】鳥や動物が声を出す。例ウグイスが鳴く。／スズムシが鳴く。

意味 なく。「号泣・感泣」

【泣いて馬謖を斬る】ないてばしょくをきる 故事成語 規律にそむいた者は、それがたとえかわいい部下でも、つらさをこらえてきびしく罰するということ。参考 むかし、中国の諸葛孔明という名将が、命令にそむいてたたかいにまけた馬謖という愛する部下を、軍の規律をまもるために、なみだをながしながら死刑にしたという話から。

【泣き言】なきごと くどくどと自分の不平や不満を言うこと。また、そのことば。

【泣きっ面に蜂】なきっつらにはち 句 苦しんでいる人に、さらに心配ごとや苦しみがかさなること。泣き面にはち。例ころんで足をねんざした上に、さいふまでおとして、まったく泣きっ面に蜂だ。参考 ないている顔をハチがさすいみから。

氵－5画

【況】

8画 常用 〔況〕明朝

音 キョウ
訓 ―

なりたち 形声 兄（大きい）と氵（＝水）を合わせた字。水かさが、まえにくらべてふえるようすを図にして、くらべてみたありさまのいみをあらわした。→兄98

意味 ありさま。ようす。「実況」

下につく熟語 概況・活況・近況・現況・好況・状況・情況・盛況・戦況・不況

氵－5画

【治】

8画 4年 〔治〕明朝

音 ジ・チ
訓 おさめる・おさまる・なおる・なおす

「口」の横はばは「ム」よりせまく。4画めは折った後は右上がり、5画めは止める。

なりたち 形声 台（手をくわえる）と氵（＝水）を合わせた字。洪水をふせぐために河川に人手をくわえ、川のながれを調節することをあらわした。→台192

意味 ❶国をおさめる。おさまる。「政治・治世」

4画

❷うまく調節する。「治水」 ❸病気をなおす。なおる。「治▼療・治▼癒」

名まえで使う読み おさ・おさむ・さだ・じ・ず・ただす・ち・つぐ・のぶ・はる・よし

使い分け おさめる 治める・修める

【治める】うまくしずめて、おちつかせる。例 国を治める。／注射で痛みを治める。

【修める】身につける。また、心やおこないを正す。例 大学で学問を修める。／身を修める。

参考「納める・収める」→842

【治安】ちあん 国や社会のきまりがまもられて、平和でおだやかなこと。例 この町は治安がよい。

【治外法権】ちがいほうけん 四字熟語 外交官など、外国にいるとくべつな人が、その国の法律にしたがわなくてもよい権利。

【治山】ちさん 木をうえるなどして山をととのえ、山くずれやこう水がおこらないようにすること。例 治山治水。

【治水】ちすい 水路やていぼうをきずいたり、川底をほったりして水のながれをよくし、洪水をふせいだり、水運や農業に役立てたりすること。

【治世】ちせい ①よくおさまっている世の中。対 乱世 ②君主が国をおさめること。また、その期間。例 ナポレオンの治世。

【治にいて乱を忘れず】ちにいてらんをわすれず 故事成語 世の中が平和なときにも、戦乱がおこったときの用意をわすれずにしておくということ。

【治▼療】ちりょう 病気やけがなどをなおすこと。

下につく熟語 根治(こん・じ)・自治・全治・退治・湯治・統治・不治(ふ・ち)・法治

氵－5画

【沼】

8画 常用 〔沼〕明朝

音 ショウ 訓 ぬま

なりたち 形声 召(⌒形にまがる)と氵(=水)を合わせた字。くぼんだ水たまりをあらわした。→召192

意味 ぬま。「湖▼沼・泥▼沼」

【▼沼▼沢】しょうたく ぬまと、さわ。例 沼沢地。

【▼沼地】ぬまち じめじめしていて、どろぶかい土地。

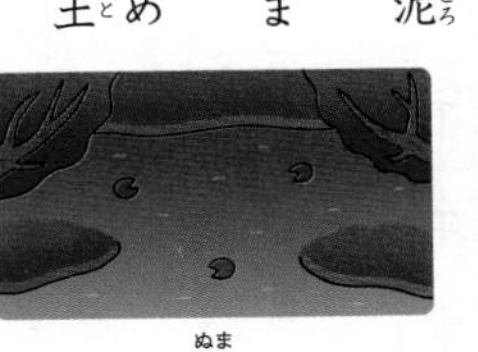

沼

水－5画

【泉】

9画 6年 〔泉〕明朝

音 セン 訓 いずみ

「白」と「水」の中心を合わせる。7・9画めが6画めより下がらないように。

なりたち 象形 →泉 まるいあなから水がわきでるようすをえがいた字。

泉のつく漢字グループ 「泉」のグループは「こまかく小さい」というイメージがある。→線859

意味 水がしぜんに地中からわきでているところ。いずみ。「温泉」

名まえで使う読み い・いずみ・きよし・ずみ・せん・み・もと

【泉水】せんすい ①庭にある池。②わき水。

下につく熟語 源泉・鉱泉・黄泉(こう・せん・よみ)

こたえ おも(思)う。(田＋心)。

水－5画

【泰】

10画 常用 〔泰〕明朝

音 タイ 訓 ―

なりたち 形声 －泰 大(ゆったりと大きい)と𠂇𠂇(両手)と水を合わせた字。両手でたっぷり水をかけてながすようすを図にして、ゆったりと大きいことをあらわした。→大257

意味 おおらかでゆったりしている。やすらか。「安▼泰」

名まえで使う読み あきら・たい・とおる・ひろ・ひろし・やす・やすし・ゆたか・よし

【▼泰西】たいせい ヨーロッパ。西洋の国々。

【▼泰然】たいぜん ゆったりとおちついているようす。

【▼泰然自若】たいぜんじじゃく 四字熟語 おちついて、あわてないようす。

【▼泰▼斗】たいと 学問・芸術などの分野で、人々から尊敬され、偉大であるとしてみとめられている人。例 学界の泰斗。参考 「泰山北斗」のりゃくで、「泰山」は中国の名高い山の名、「北斗」は北斗七星のこと。泰山や北斗七星が人々からとうとばれたことから。

【▼泰平】たいへい 世の中がよくおさまっていて、おだやかなこと。例 天下泰平。参考 「太平」とも書く。

シ－5画

【注】

8画 3年 〔注〕明朝

音 チュウ 訓 そそぐ・つぐ*

（筆順）丶 氵 氵 氵 汁 汴 注 注

「主」を3画めよりも下げない。「主」は△形に。4画めは5画めに接してもよい。

なりたち 形声 主(⊥形にじっと立つ)と氵(＝水)を合わせた字。⊥形に水をそそぎいれることをあらわした。→主29

意味 ❶そそぐ。ながれこむ。「注水」 ❷心や目をむける。あつめる。「注意」 ❸くわしくときあかす。「注▼釈」

【注意】ちゅうい ①気をつけること。用心すること。例 足元に注意する。②わるいことや、なおさなければならないことを言いきかせること。例 先生から注意をうける。

【注記】ちゅうき 本の中で、とくに説明を書きくわえること。また、その説明。

【注視】ちゅうし じっと見つめること。注意して見ること。例 動きを注視する。

【注射】ちゅうしゃ 針を通して、くすりをからだの中に入れること。

【注▼釈】ちゅうしゃく 文章のいみや、わかりにくいことばを説明すること。また、その説明。

【注水】ちゅうすい 水をそそぎこむこと。

【注入】ちゅうにゅう 水などをそそぎいれること。

【注目】ちゅうもく 注意して、よく見ること。また、見まもること。例 注目の的になる。

【注文】ちゅうもん ①品物をつくったり、とどけたりするように、たのむこと。例 そばを注文する。②希望や条件を出すこと。例 注文をつける。

【注力】ちゅうりょく あることをなしとげるために力を入れること。

下につく熟語 外注・▼脚注・▼傾注・受注・頭注・発注・*補注・*訳注

シ－5画

【泥】

8画 常用 〔泥〕明朝

音 デイ 訓 どろ

意味 どろ。また、どろのようなもの。「▼泥土」

名まえで使う読み でい・どろ・ぬり・ね・ひじ

【▼泥土】でいど／どろつち どろ。

【▼泥仕合】どろじあい たがいにあいての欠点や秘密をあばいたりする、みにくいあらそい。

注意 「泥試合」と書かないこと。

【▼泥▼沼】どろぬま ①どろのふかいぬま。②なかなかぬけだせない、わるいかんきょうや状態のたとえ。例 泥沼のような貧乏。

【▼泥を▼塗る】どろをぬる 句 はじをかかせる。めいよをきずつける。例 顔に泥を塗る。

上につく熟語 *泥炭・*泥海・*泥棒・*泥水

下につく熟語 *雲泥・*汚泥・拘泥

シ－5画 【波】 8画 3年

〔波〕明朝 音 ハ 訓 なみ

※上にくる音により「バ」「パ」ともよむ。

4画めは立てて長くはらう。4画めに7・8画めが接しても接しなくてもよい。

波 波 ／ 丶 冫 氵 氵 汇 沪 波 波

なりたち 形声 波

皮(ななめにかぶる)とシ(=水)を合わせた字。水面がななめにかたむいてかぶさってくる「なみ」をあらわした。→皮764

意味 **なみ。なみのようなうごき。**「波紋」

参考 ひらがな「は」のもとになった字。

難しい読み 波止場

【波頭】 なみがしら／はとう 波のいちばん高くなったところ。

【波及】 はきゅう しだいに、影響がまわりにつたわること。例 流行が全国に波及する。

波頭

【波長】 はちょう 波の、山から山、または、谷から谷までの長さ。参考 とくに、電気・音・光などの波についていう。

【波動】 はどう ①波の動き。②振動が、次から次へと、まわりにつたわっていくこと。

【波止場】 はとば 港で、海に細長くつき出ている船つき場。

【波紋】 はもん ①水面に石などをなげたときにできる、いくえにも広がる波の輪。②不安をおこすようなえいきょう。例 発言の波紋が広がる。

【波乱】 はらん ①もめごと。ごたごた。②変化のはげしいこと。例 波乱の生がいをとじる。

【波乱万丈】 はらんばんじょう 四字熟語 ひじょうに変化にとんでいること。ことのなりゆきがめまぐるしくかわること。参考 「万丈」はひじょうに高いこと。

【波浪】 はろう 波。例 波浪警報。

上につく熟語 *波風・*波乗り・*波間・波状

下につく熟語 *荒波・音波・寒波・短波・*津波・電波・脳波・人波・風波・余波

シ－5画 【泊】 8画 常用

〔泊〕明朝 音 ハク 訓 とまる・とめる

なりたち 形声 白(うすい。くっつく)とシ(=水)を合わせた字。水があさくて船が水そこについてとまることをあらわした。→白759

意味 ❶**船をとめる。**「停泊」❷**家を出てやどにとまる。**「宿泊」❸**あっさりしている。**「淡泊」

使い分け とまる「止まる・留まる・泊まる」→(623ページ)

下につく熟語 外泊・*仮泊・漂泊

シ－5画 【泌】 8画 常用

〔泌〕明朝 音 ヒツ・ヒ 訓 —

なりたち 形声 必(両がわからしめつける)とシ(=水)を合わせた字。せまいすきまから液体をしぼりだすことをあらわした。→必454

意味 **液体がにじみ出る。**「分泌(ぶんぴ・ぶんぴつ)」

シ－5画 【沸】 8画 常用

〔沸〕明朝 音 フツ 訓 わく・わかす

なりたち 形声 沸 弗(左右にはらいのける)とシ(=水)を合わせた字。あわが水をかき分けるようにしてわくことをあらわした。→払494

意味 **水が、にえたつ。わく。わかす。**「煮沸」

【沸点】 ふってん 液体が、にえたちはじめるときの温度。沸騰点。

【沸騰】 ふっとう ①水などがにえたつこと。②大勢の人がむちゅうになって、さわぎたてること。例 人気沸騰ちゅうのタレント。

漢字クイズ 木が古くなると，どうなるのでしょう。

氵－5画

【法】

8画 4年 〔法〕明朝

音 ホウ・ハッ*・ホ*

訓 ―

※上にくる音により「ポウ」ともよむ。

法 法

6画めは4画めより長く書く。7画めは折った後は右上がりにし、8画めは止める。

丶 氵 氵 氵一 汁 汢 法 法

なりたち 会意 ― 灋(法)

古い字は「灋」。氵(＝水)と廌(薦にもふくまれ、神聖なけもの)と去(ひっこめる)を合わせた字。めずらしい動物を池の中の島におしこめて出られないようにしたようすを図にして、かってな行動をおさえるための「おきて」「きまり」のいみをあらわした。

意味 ❶**おきて。きまり。**「法律」 ❷**やりかた。**「方法」 ❸**ほとけのみち。**「仏法」

難しい読み 法度・法会

名まえで使う読み かず・つね・のり・はかる・ほう

【法度】はっと ①武家時代にできた法律。おきて。②禁じられていること。してはならないこと。例 ちこくはご法度だ。参考 ②は多く「ご法度」の形でつかう。

【法案】ほうあん 法律の、もとの案。法律の原案。参考 国会で可決されると法律になる。

【法衣】ほうい ①坊さんのきる、ころも。僧衣。②裁判のとき、裁判官のきる制服。法服。参考「ほうえ」ともいう。

【法会】ほうえ ①坊さんが仏教を説くあつまり。②お供えをするなどして、死者のたましいをなぐさめる儀式。法要。

1【法王】ほうおう ローマカトリック教会の、いちばん上のくらいの人。教皇。

2【法皇】ほうおう むかし、天皇のくらいをゆずって、坊さんになった人。例 後白河法皇。

【法外】ほうがい ていどが、ふつうではないこと。なみはずれていること。例 法外なねだん。

【法学】ほうがく 法律を研究する学問。法律学。

【法規】ほうき 法律と、おおやけの規則。また、法律できめたきまり。

【法師】ほうし 坊さん。例 琵琶法師。

【法事】ほうじ 死んだ人のたましいをまつり、くようをする、仏教の儀式。法要。

【法人】ほうじん 会社や団体で、法律の上では、ひとりの人間と同じように、権利や義務がみとめられているもの。例 財団法人。

【法制】ほうせい 法律と制度。また、法律でさだめた制度。

【法則】ほうそく ①まもらなければならないきまり。おきて。例 日本語の表記の法則。②いつ、どこでも、すべてのものにあてはまるきまり。例 万有引力の法則。

【法治】ほうち 法律にしたがって政治がおこなわれること。例 法治国家。

1【法▼廷】ほうてい さいばんをするところ。

2【法定】ほうてい 法律できめられていることがら。例 法定相続人。／法定速度。

【法典】ほうてん いくつかの法律をととのえて、まとめたもの。

【法務省】ほうむしょう 法律やさいばんに関する仕事をおこなう国の機関。

【法要】ほうよう ほとけをまつる儀式。法会。また、死んだ人をまつる行事。法事。例 法要を営む。

【法律】ほうりつ 国会できめられた、国民がまもらなければならないきまり。

【法令】ほうれい 法律と、政治をおこなう上での命令。

下につく熟語 ▼違法・加法・▼刑法・*▼剣法・憲法・減法・*公法・合法・作法・司法・手法・寸法・製法・説法・*適法・不法・文法・兵法・民法・無法・用法・立法・▼療法・論法

氵－5画

【泡】

8画 常用 〔泡〕明朝

音 ホウ

訓 あわ

※上にくる音により「ポウ」ともよむ。

なりたち 形声 包(中のものをまるくつつむ)と氵(=水)を合わせた字。中に空気をつつんだ水の玉、つまり「あわ」をあらわした。→包155

意味 **あわ。あぶく。**「水▽泡・気▽泡」

【▽泡を食う】あわをくう 句 おどろきあわてる。例 泡を食ってにげだす。

【▽泡を▽吹かせる】あわをふかせる 句 あいてをおどろき、あわてさせる。

【▽泡▽沫】ほうまつ 水のあわ。また、あわのようにはかないもの。例 泡沫候補。

氵－5画

【沫】8画

人名 〔沫〕明朝

音 マツ 訓 あわ

意味 **水やつばなどの、小さなあわ。**「▽沫雪(=あわのようにかるく、とけやすい雪)・飛▽沫・▽泡▽沫」

名まえで使う読み わ

氵－5画

【油】8画

3年 〔油〕明朝

音 ユ 訓 あぶら

油 ﾞ ｼ ｼ ｼ汩 沪 油 油 油

4・5画めの縦画は内向きに。6画めは5画めの横画から上にはっきりと出す。

なりたち 形声 由(=通りぬける)と氵(=水)を合わせた字。するするとなめらかで通りのよい液体をあらわした。→由743

意味 **液体のあぶら。**「石油」

難しい読み 油絵・油井

【油絵】あぶらえ あぶらでといた絵の具でかく、西洋式の絵。

【油紙】あぶらがみ/ゆし あぶらをぬって、水をはじくようにした紙。

【油を売る】あぶらをうる 句 仕事中に、むだ話などをしてなまける。例 どこで油を売っているのか、出かけたきり帰ってこない。

【油を▽絞る】あぶらをしぼる 句 〔なまけたり、しっぱいしたりした者などを〕きびしくしかる。ひどくせめる。例 スピードいはんをして、おまわりさんにこってりと油を絞られた。参考 大豆・ゴマなどから油をとるときに、道具を使って、ぎゅうぎゅうとしぼりとるようすから。

【油▽煙】ゆえん あぶらがもえるときに出る、こまかな黒いすす。

【油▽脂】ゆし 動物や植物からとった、あぶら。しぼう。参考 →「脂」(889ページ)。

1【油井】ゆせい 石油をくみとるための井戸。

2【油性】ゆせい 油にとけやすい性質。例 油性マジック。対 水性

【油断】ゆだん うっかり気をゆるすこと。

【油断大敵】ゆだんたいてき 四字熟語 油断が、思いがけない大きなしっぱいのもとになるということ。

【油田】ゆでん 地下から石油が出るところ。

下につく熟語 ▽肝油・給油・軽油・原油・＊香油・重油・精油・＊注油・灯油・＊菜種油・▽廃油

氵－6画

【洩】9画

表外 〔洩〕明朝

音 エイ 訓 もれる・もらす

意味 **もれる。もらす。**「▽漏▽洩」

氵－6画

【海】9画

2年

氵－7画 【海】10画 人名 〔海〕明朝

音 カイ 訓 うみ

海 ﾞ ｼ ｼ ｼﾞ ｼ ｼ 汸 海 海

7画めの横画は5画めより短く。9画めは左右につらぬいて長く。「母」にしない。

なりたち 形声 毎(くらい)と氵(=水)を合わせた字。ふかくてくらい色をした「うみ」をあらわした。→毎634

意味 **うみ。**「▽荒海・海底」対 陸

難しい読み 海女・海原・海▽苔

名まえで使う読み あま・うな・うみ・かい・み

【海女】あま 海にもぐって、貝・海そうなどをとることを仕事にしている、女の人。参考 男

こたえ か(枯)れる。(木+古)。

の人のときは「海人」「海士」と書く。

【海原】うなばら　広々とした、大きな海。例大海原にのりだす。

【海千山千】うみせんやません　四字熟語　いろいろなけいけんをつみ、世の中のことを知りつくして、わるがしこいこと。また、そのような人。参考 海に千年、山に千年すんだヘビは、竜になるという話から。

【海辺】うみべ　海のほとり。例うつくしい海辺のけしき。参考「かいへん」とも読む。

【海域】かいいき　海面の、一定の広さのはんい。例日本海域。

【海運】かいうん　船で、客や荷物をはこぶこと。対陸運

【海外】かいがい　海のむこうにある外国。対国内

【海岸】かいがん　陸が海にせっするところ。海辺。

【海峡】かいきょう　陸と陸にはさまれた、せまい海。例関門海峡。

【海軍】かいぐん　おもに海上をまもったり、海上でたたかったりする軍隊。対陸軍・空軍

【海溝】かいこう　海のそこで、みぞのようにふかくくぼんでいるところ。例日本海溝。

【海国】かいこく　日本のように、まわりを海にとりかこまれている国。

【海山】かいざん　海の中で、山のようにもりあがっているところ。海の中にできている山。

【海産物】かいさんぶつ　海でとれるもの。魚・貝・海そうなど。

【海上】かいじょう　海の上。対陸上

【海図】かいず　海のふかさ、潮流の方向、灯台の位置など、航海にひつようなことをえがいた地図。

【海水浴】かいすいよく　海でおよいだり、海岸で水あびしたりすること。

1【海草】かいそう　海の中にはえる草をまとめていうことば。使い分け「海藻」と区別してつかおう。

2【海藻】かいそう　海の中で胞子でふえる藻類。コンブ・ワカメ・ノリなど。

【海賊】かいぞく　海の上で、船をおそって、つんでいる品物などをうばいとる悪者。

【海底】かいてい　海のそこ。例海底トンネル。

【海難】かいなん　海上でおこるさいなん。例海難救助訓練。

【海抜】かいばつ　海面からはかった、陸地の高さ。標高。

海抜

【海浜】かいひん　海岸のほとり。海辺。

【海風】かいふう／うみかぜ　①海の上をふく風。②海岸地方で、昼ま海から陸にむかってふく風。対①②陸風（りく・かぜ・ふう）

1【海面】かいめん　海の表面。

2【海綿】かいめん　①海綿動物。②水をよくすう、小さなあながたくさんあるもの。スポンジ。

【海洋】かいよう　広々とした海。

【海里】かいり　海上のきょりをはかる単位。一海里は一八五二メートル。→「浬（667ページ）」

【海流】かいりゅう　いつも同じ方向に流れている海水の流れ。参考 寒流と暖流がある。

【海路】かいろ　船の通る道。対陸路・空路

【海苔】のり　アサクサノリを紙のようにうすくして、ほした食品。

下につく熟語　雲海・沿海・外海（がい・そと・うみ）・近海・公海・航海・深海・絶海・大海・内海（ない・うち・うみ）・領海・臨海

漢字博士になろう！

にた字のおぼえ方《溝・構・講・購》

「水（氵）」がながれてみぞ（溝）ならば、木でかまえて（構）、ことば（言）を話す講演会、貝で買う購入

「構」は、「かまえる」いみ。「講」は、「話してあきらかにする」、「購」は「買いもとめる」いみ。

氵－6画

【活】

9画 2年

〔活〕明朝

音 カツ

訓 いきる・いかす

※下にくる音により「カッ」ともよむ。

4画めの左はらいはねかせる。「舌」は5画めを長く。「口」は下せばめに。

なりたち 形声

舌と氵(=水)を合わせた字。舌は、昏がかわったもの。昏は、氒(先のくびれたナイフ)と口(あな)を合わせて、先のくびれたナイフであなをあけるようす。あなをあけてスムーズに通すというイメージをもつ。活は、水がいきおいよく通って流れていくこと。また、生き生きと動くことをあらわした。

昏のつく漢字グループ

「昏」のグループは「先がくびれる」、または「あなをあけて、すらすら通す」というイメージがある。常用漢字では「舌」になる。▽舌はべつの字。

↓括504 ↓活661 ↓話955

意味 ❶いきる。いかす。「死活」 ❷さかんにうごく。「活発」 ❸くらす。「生活」

【活火山】かっかざん 活動していてときどきふん火したり、ふん火する可能性のある火山。

【活気】かっき 元気があって、生き生きした気分。例 活気のあるクラス。

【活魚】かつぎょ (料理されるまで)生きている魚。例 活魚料理。

【活▼況】かっきょう 商売や取り引きがさかんで、いきいきしているようす。例 活況を呈する。

【活殺自在】かっさつじざい 四字熟語 人を自分の思いどおりに自由にうごかすこと。参考 「活殺」は、生かすことと、ころすこと。「自在」は、思いのままのいみ。

【活字】かつじ 印刷につかう、金属でつくった文字の型。例 活字を組む。

【活性炭】かっせいたん すいつける力の強い炭。においをとったり、よごれをとったりする性質がある。

【活断層】かつだんそう 大むかしから現在まで活動しているとみられる、地層のくいちがい。地震の原因になる。

【活動】かつどう ①さかんに動くこと。例 温度が上がると活動する細菌。②元気に動いたり、はたらくこと。例 クラブ活動。③「活動写真」のりゃく。「映画」の古い言い方。

【活発】かっぱつ 動作がいきいきとしていて、元気がよいこと。例 活発な少女。

【活▼躍】かつやく すばらしいはたらきをすること。例 運動会で活躍する。

【活用】かつよう ①うまくいかしてつかうこと。例 授業にテレビを活用する。②動詞・形容詞などのおわりの部分(=語尾)が、変化すること。例 活用形。

【活力】かつりょく いきいきした活動をおこすもとになる力。例 活力にあふれた人。

【活路】かつろ こんなんからのがれる方法。また、生きのびる方法。例 活路を見いだす。

【活路を開く】かつろをひらく 句 いきづまったくるしい状態の中で、なんとか生きのびる方法を見つけ出す。例 逆転への活路を開く。

【活を入れる】かつをいれる 句 ①気絶した人の急所をついたりもんだりして意識をはっきりさせる。②しかったり、きびしくさとしたりして元気づける。やる気をおこさせる。

下につく熟語 快活・自活・復活

氵－6画

【洪】

9画 常用

〔洪〕明朝

音 コウ

訓 —

なりたち 形声

共(いっしょにそろう)と氵(=水)を合わせた字。いっせいにおしよせる大水をあらわした。↓共109

意味 おおみず。「▼洪水」

名まえで使う読み おお・こう・ひろ・ひろし

【▼洪水】こうずい ①川の水がふえて、岸から

漢字クイズ 木を9回、水につけました。どうなったでしょう。

あふれでること。②あふれるほど、物が多いことのたとえ。例車の洪水。

シ－6画
【洸】
9画 人名 〈洸〉明朝
音 コウ
訓 ―

なりたち 形声 光(四方に広がる)と氵(=水)を合わせた字。

意味 ❶水が広がるようす。「▽洸洋」❷いさましい。「▽洸▽洸」

名まえで使う読み こう・たけし・ひろ・ひろし・ふかし

シ－6画
【洲】
9画 人名 〈洲〉明朝
音 シュウ
訓 す

意味 ❶川の中の小島。なかす。「座▽洲」❷大陸。「五大▽洲」

参考 ふつう「州」に書きかえる。「座▽洲→座州」

名まえで使う読み くに・しゅう・す

シ－6画
【洵】
9画 人名 〈洵〉明朝
音 シュン・ジュン
訓 まことに

なりたち 形声 旬(まるくまわる)と氵(=水)を合わせた字。全体にいきわたることをあらわした。そこから、いきとどいているようすを「まことに」のいみにもちいる。

意味 ほんとうに。まことに。

名まえで使う読み しゅん・じゅん・のぶ・ひとし・まこと

シ－6画
【浄】
9画 常用
シ－8画 【淨】 11画 人名 〈浄〉明朝
音 ジョウ
訓 ―

なりたち 形声 もとの字は「淨」。爭(おちつく)と氵(=水)を合わせた字。水中のよごれがおちついて、きれいになることをあらわした。

意味 ❶きよい。きれいな。「▽浄土」❷きよめる。きれいにする。「▽浄化」

名まえで使う読み きよ・きよし・しず・じょう

【▼浄化】じょうか ①よごれをとりのぞいて、きれいにすること。例浄化装置。②わるい点をとりのぞいて、正しくすること。例政界の浄化。

【▼浄財】じょうざい 神社や寺にきふしたり、こまっている人をたすけるために出すお金。

【▼浄書】じょうしょ きれいに書き直すこと。清書。

【▼浄水場】じょうすいじょう 水を、こしたり薬品で消毒したりして、きれいにするところ。

【▼浄土】じょうど 仏教で、ほとけ・ぼさつのすむきよらかなところ。

【▼浄▼瑠▼璃】じょうるり 三味線にあわせて節をつけて、物語を語る芸能。義太夫節。

下につく熟語 自▼浄・清▼浄(せいじょう・しょうじょう)・洗▼浄・不▼浄

シ－6画
【津】
9画 常用 〈津〉明朝
音 シン
訓 つ

なりたち 形声 聿(したたる)と氵(=水)を合わせた字。聿は、聿(ふで)と彡(しずく)を合わせて、筆からしずくがしたたるようす。津は、水分がしたたることをあらわした。

意味 ❶ふなつきば。「▽津▽津▽浦▽浦」❷わきでるようす。「▽津▽津」

【▼津▼津】しんしん たえずわきでるようす。例興味津々。参考 ふつう「津々」と書く。

【▼津▼津▼浦▼浦】つつうらうら 四字熟語 いたるところ。どこでも。例全国津々浦々に知れわたる。参考 ㋐「すべての港や海岸」のいみから。㋑ふつう「津々浦々」と書く。

【▼津波】つなみ 地震などのために、きゅうに海岸におしよせる大きな波。

シ－6画
【浅】
9画 4年 〈浅〉明朝
音 セン*
訓 あさい

浅 浅

4～6画めは右上がり、6画めを長く。7画めは長く反る。9画めの点を忘れずに。

なりたち 形声 淺－淺(浅)

もとの字は「淺」。戔(少ない)と氵(=水)を合わせた字。水が少なくて「あさい」ことをあらわした。→残629

意味 ❶あさい。「浅海」対深 ❷色がうすい。あわい。「浅緑(あさみどり・せんりょく)」 ❸学問や知識がとぼしい。「浅学」

【浅瀬】あさせ　川や海などのあさいところ。

【浅手】あさで　かるいきず。対深手

【浅海】せんかい　あさい海。対深海

【浅学】せんがく　学問や知識が、あまり身についていないこと。

【浅学非才】せんがくひさい　知識も才能もないこと。参考 自分をへりくだっていうことば。

【浅薄】せんぱく　考えや知識が不足していること。例 かれは口ばかりたっしゃで、浅薄な男だ。

【浅慮】せんりょ　考えがあさいこと。あさはかな考え。対 深慮

下につく熟語 *深浅・*遠浅

シ－6画

【洗】

9画 6年 〔洗〕明朝

音 セン　訓 あらう

4・6画めの頭は6画めを高く。5・7画めは7画めを長く。9画めは曲げて書く。

なりたち 形声 先(すきまがあいて分かれている)と氵(=水)を合わせた字。すきまに水を通してよごれをあらい流すことをあらわした。→先100

意味 ❶あらう。あらいながす。「洗面・水洗」 ❷きよめる。すすぐ。「洗礼」

名まえで使う読み きよ・せん・よし

1【洗眼】せんがん　水や、くすりをとかした水で、目をあらうこと。

2【洗顔】せんがん　顔をあらうこと。洗面。

【洗剤】せんざい　衣類・やさい・食器などをあらうためにつかう薬品。

【洗浄】せんじょう　あらってきれいにすること。例 目を洗浄する。

【洗濯】せんたく　よごれた衣類などを、あらってきれいにすること。

【洗脳】せんのう　その人の考え方をすっかり改造すること。例 洗脳されて、悪い組織にはいる。

【洗髪】せんぱつ　かみの毛をあらうこと。

【洗面】せんめん　顔をあらうこと。洗顔。例 洗面器。

【洗礼】せんれい　①キリスト教で、信者になるときにうける儀式。頭に水をそそぐ。②はじめて特別な経験をすること。例 ノックダウンの洗礼をうける。

【洗練】せんれん　①(文章などを)いろいろと考え、ねって、すぐれたものにすること。例 洗練された文章。②(人がらや、しゅみなどを)品よくすっきりさせること。例 洗練されたこのみ。

シ－6画

【洞】

9画 常用 〔洞〕明朝

音 ドウ　訓 ほら

なりたち 形声 同(突き通す)と氵(=水)を合わせた字。水がつきぬけて流れるほらあなをあらわした。→同197

意味 ❶ほらあな。「洞窟」 ❷みとおす。「洞察」

名まえで使う読み あき・あきら・どう・ひろ・ほら

【洞窟】どうくつ　「洞穴」と同じ。

【洞察】どうさつ　ものごとのほんとうの内容やすがたを見通すこと。例 本質を洞察する。／洞察力。

【洞穴】ほらあな／どうけつ　がけや岩山などに

こたえ そ(染)まった。(氵＋九＋木)。

ある、ふかく大きなあな。洞窟。

【▼洞ケ▼峠】ほらがとうげ 自分にとって有利なほうに味方しようと、なりゆきを見まもること。例 洞ケ峠をきめこむ。参考 ㋐筒井順慶という武将が、洞ケ峠から豊臣秀吉と明智光秀のたたかいのようすをながめ、優勢なほうに味方しようとした、という話から。㋑にたことばに「日和見(↓546ページ)」がある。

下につく熟語 空▼洞・*▽鍾乳▼洞・風▼洞

氵－6画 【派】 9画 6年

〔派〕明朝 音 ハ 訓 —

※上にくる音により「パ」ともよむ。

4・6・8画めは同じ角度ではらい、だんだん短く。7画めは右上にはねてもよい。

1 丶 2 冫 3 氵 4 氵 5 氵 6 氵 7 氵 8 派 9 派

なりたち 形声 𠂢－派

𠂢(えだ分かれする)と氵(=水)を合わせた字。本流から分かれ出る支流をあらわした。
→脈891

意味 ❶分かれる。分かれ出たもの。「派生・流派」❷つかわす。さしむける。「派▼遣・派兵」

【派▼遣】はけん 役目をあたえて、人をある場所へさしむけること。例 大使を派遣する。

注意 「派遺」と書かないこと。

【派出】はしゅつ 仕事をいいつけて、ほかの場所へ行かせること。例 派出所。

【派生】はせい もとのものから、えだ分かれしてできること。例 アニメから派生したゲーム。／派生語。

【派手】はで はなやかで目立つようす。例 派手な顔。対 地味

【派▼閥】はばつ 出身や利益などが同じ人々のあつまりで、ほかの人々と対立するようななかま。例 派閥をつくってあらそう。

【派兵】はへい 軍隊をむかわせること。

下につく熟語 一派・右派・*学派・▼硬派・左派・宗派・党派・*特派・▼軟派・分派・立派

氵－6画 【洋】 9画 3年

〔洋〕明朝 音 ヨウ 訓 —

「羊」の横画は上2本を同じ長さにして下を長く。7画めは下に長くのばす。

1 丶 2 冫 3 氵 4 氵 5 氵 6 氵 7 洋 8 洋 9 洋

なりたち 形声 羊(大きく広がる)と氵(=水)を合わせた字。水が大きく広がる外海をあらわした。→羊865

意味 ❶広々とした海。「大洋・外洋」❷世界を二つに分けた一つ。「東洋・西洋」❸西洋のこと。「洋服・洋食」対 和

名まえで使う読み うみ・きよ・なみ・ひろ・ひろし・み・よう

【洋画】ようが ①西洋ではったつした絵画。油絵など。西洋画。対 日本画 ②外国、とくに欧米でつくられた映画。対 邦画

【洋楽】ようがく 西洋ではったつした音楽。対 邦楽

【洋▼菓子】ようがし 西洋ふうのかし。対 和菓子

【洋館】ようかん 西洋ふうの建物。西洋館。

【洋行】ようこう 西洋へ旅行すること。例 洋行帰り。参考 古い言い方。

【洋裁】ようさい 洋服をつくるさいほう。例 洋裁を習う。対 和裁

【洋紙】ようし パルプを原料にしてつくった紙。対 和紙

【洋式】ようしき 西洋ふうのやり方。洋風。例 洋式トイレ。対 和式

洋式

使い分け ようしき「様式・洋式・要式」→612ページ

4画

るのでしょう。

【洋室】ようしつ 西洋ふうにつくったへや。洋間。対和室

【洋酒】ようしゅ 西洋からつたわった酒。ウイスキー・ブランデーなど。

【洋書】ようしょ 西洋で発行された本。また、西洋のことばで書いてある本。対和書

【洋上】ようじょう 広い海の上。

【洋食】ようしょく 西洋料理。対和食

【洋装】ようそう 西洋ふうの服装。対和装

【洋品】ようひん 洋服をきるときにつける、身のまわりの品物。シャツ・くつ下など。例洋品店。

【洋風】ようふう 西洋のやり方であること。西洋ふう。洋式。例洋風料理。対和風

【洋服】ようふく 西洋からつたわってきた服。スカート・スーツ・シャツなど。対和服

【洋洋】ようよう ①海などが広々としているようす。例洋々たる海原。②将来にきぼうがあって、明るいようす。例かれの前途は洋々としている。参考ふつう「洋々」と書く。

下につく熟語 遠洋・海洋・大西洋・太平洋・南洋・北洋・和洋

【洛】 シ－6画

9画 人名 〈洛〉明朝 音ラク 訓—

なりたち 形声 各(てんてんとつらなる)とシ(=水)を合わせた字。

意味 ❶中国の川の名。洛水。❷中国の都市の名。洛陽。「▽洛中」❸京都のこと。▽京都を、中国の都洛陽になぞらえていった。

【▽洛陽の紙価を高からしむ】らくようのしかをたかからしむ 故事成語 書物の評判が高くてひじょうによく売れること。参考「洛陽」は、むかしの中国のみやこ。左思という人がつくった「三都の賦」という文章が評判になり、人々がみなそれを書き写したため、洛陽の紙のねだんが高くなったという話による。

【染】 9画 木部5画 ↓592ページ

【浦】 シ－7画

10画 常用 〈浦〉明朝 音ホ* 訓うら

なりたち 形声 甫(くっつく)とシ(=水)を合わせた字。水とくっついている陸地、つまり水辺をあらわした。日本では「うら」にもちいた。→甫741

意味 水ぎわ。うみべ。「▽津▽津▽浦▽浦」

名まえで使う読み うら・ほ・ら

【▽浦里】うらざと 海のちかくにある村。漁村。

【浩】 シ－7画

10画 人名 〈浩〉明朝 音コウ 訓ひろい

なりたち 形声 告(わくをはみ出る)とシ(=水)を合わせた字。水があふれるほど広がるようすをあらわした。→告202

意味 ❶(水が)ゆたかでひろびろしている。ひろい。「▽浩然」❷数量が多い。ゆたか。

名まえで使う読み いさむ・おおい・きよ・きよし・こう・はる・ひろ・ひろし・ゆたか

【▽浩然の気】こうぜんのき 句 ゆったりした、おおらかな気もち。例浩然の気をやしなう。

【消】 シ－7画

10画 3年 〈消〉明朝 音ショウ 訓きえる・けす

※上にくる音により「ぎえ」ともよむ。

5・6画めは4画めの頭より低い位置で内向きに。7・8画めの縦画は真下、縦長に。

なりたち 形声 肖(けずって小さくする)とシ(=水)を合わせた字。水が土砂をけずって、小さくなってなくなることをあらわした。→肖883

意味 ❶きえる。けす。「消火」❷なくなる。ほろびる。「消費」❸ひかえめ。「消極」

注意 「削」とまちがえないこと。

【消印】けしいん はがきや切手におされる、つかったというしるしの日づけ入りのはん。

【消音】しょうおん 音をやわらげたり、けした

りすること。例 消音装置。

【消化】[1] しょうか ①食べたものが、からだの中でこなれること。例 消化のわるい食べ物。②本で読んだり、話で聞いたりしたことがよくわかること。例 教科書の内容をよく消化する。③商品をのこさず売ったり、仕事をやりとげたりすること。例 今日の予定を消化できた。

【消火】[2] しょうか 火事をけすこと。例 消火活動。

【消化器】しょうかき 食べ物の栄養分を消化・吸収する器官。口・胃・腸など。消化器官。

【消▼却】しょうきゃく ①けしてなくすこと。②かりたお金や物を、かえすこと。

【消去】しょうきょ けしてなくすこと。例 データを消去する。

【消極的】しょうきょくてき 自分からすすんでものごとをしないようす。対 積極的

【消失】しょうしつ きえてなくなること。

【消息】しょうそく ①たより。手紙。例 友人からの消息では、みな元気だそうだ。②ようす。事情。例 かれの消息は、わからない。

【消▼沈】しょうちん 元気がなくなり、しずんでしまうこと。例 意気消沈する。

【消灯】しょうとう 明かりをけすこと。例 消灯は午後九時半。対 点灯

【消毒】しょうどく 病気のもとになるばいきんをころすこと。例 きず口を消毒する。

使い分け しょうしつ 消失・焼失

【消失】きえてなくなること。例 宝石が金庫から消失した。／パソコンからデータが消失した。

【焼失】やけてなくなること。また、やいてなくすこと。例 国宝の寺が焼失した。

【消費】しょうひ お金や品物などを、つかってなくしてしまうこと。例 消費物資。対 生産

【消費者】しょうひしゃ つくられたものや、サービスを買ってつかう人。

【消防】しょうぼう 火事をけしたり、火事をおこさないようにすること。例 消防署。

【消▼滅】しょうめつ きえてなくなること。

【消耗】しょうもう ①つかってなくすこと。また、なくなること。②体力や気力をつかいはたすこと。例 消耗した顔をしている。

下につく熟語 解消・＊地産地消・▼霧消

氵－7画

【浸】

10画 常用 〔浸〕明朝

音 シン 訓 ひたす・ひたる

意味 ❶水につける。ひたす。ひたる。「▼浸水」❷しみこむ。うるおう。「浸▼透」

【▼浸出】しんしゅつ 液体にひたした物質の成分が、とけ出ること。また、とけ出させること。例 薬草の成分が浸出する。

【▼浸食】しんしょく 風・雨・海水などが、岩や地面にあなをあけたり、けずったりすること。

【▼浸水】しんすい 大水などのために、水びたしになること。例 浸水家屋。／床下浸水。

【▼浸▼透】しんとう ①水などがしみとおること。例 雨水が浸透する。／浸透圧。②ある考えなどが、だんだんいきわたること。例 民主主義が浸透する。

【▼浸入】しんにゅう 建物などに水がはいりこむこと。使い分け しんにゅう「進入・侵入・浸入」→422ページ

氵－7画

【浜】

10画 常用 〔浜〕明朝

音 ヒン 訓 はま

なりたち 形声 もとの字は「濱」。賓（ヒン）（せっする）と氵（＝水）を合わせた字。水とせっする陸地、つまり「はま」をあらわした。

意味 水にそった砂地。はま。「海▼浜・砂▼浜」

【浜風】はまかぜ 海岸にふく風。

【▼浜辺】はまべ 海や湖の、波うちぎわのたいらな砂地。

氵－7画

【浮】

10画 常用 〔浮〕明朝

音 フ
訓 うく・うかれる・うかぶ・うかべる

意味 ❶うかぶ。うかべる。「▼浮力」 対 沈 ❷さまよう。「▼浮動」 ❸うわついている。「▼浮▼薄」

難しい読み ▼浮気・▼浮つく

【▼浮き▼彫り】うきぼり ①たいらな面に、もようなどをうかびあがらせてほった、彫刻。②あることがらを、はっきりとあらわすこと。例 両者の意見のちがいが浮き彫りになる。

【▼浮世絵】うきよえ 江戸時代につくられた絵や版画。人々のくらしや美人などの絵が多い。

【▼浮気】うわき ①心がかわりやすいこと。移り気。②〔きまったあいてがいるのに〕ほかの人をすきになること。

【浮上】ふじょう ①水面にうかび上がってくること。例 クジラが海面に浮上する。②目立たない状態から、きゅうによくなること。例 上位に浮上する。

【浮▼沈】ふちん ①うきたり、しずんだりすること。②さかえたり、おとろえたりすること。例 チームの浮沈をかける。

【▼浮動】ふどう ひとところにとどまらずに、ふらふらと動くこと。例 浮動票。対 固定

【▼浮標】ふひょう 海や川などのきまった場所にうかべて、船の通る目じるしとするもの。ブイ。

【▼浮遊】ふゆう 水面・水中や空中に、うかんでただようこと。例 浮遊生物（＝プランクトン）。

【▼浮力】ふりょく 気体や液体の中にあるものにたいして、下からおしあげるようにはたらきかける圧力。物がうきあがる力。

【▼浮▼浪】ふろう きまった家や仕事がなく、さまよい歩くこと。

上につく熟語 *▼浮き草・*▼浮き雲・*▼浮き▼袋

氵－7画

【浴】

10画 4年 〔浴〕明朝

音 ヨク
訓 あびる・あびせる

※「ヨクする」ともつかう。

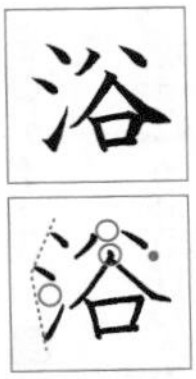

4・5画めははなす。6・7画めの接点は4・5画めより下げる。5画めは止める。

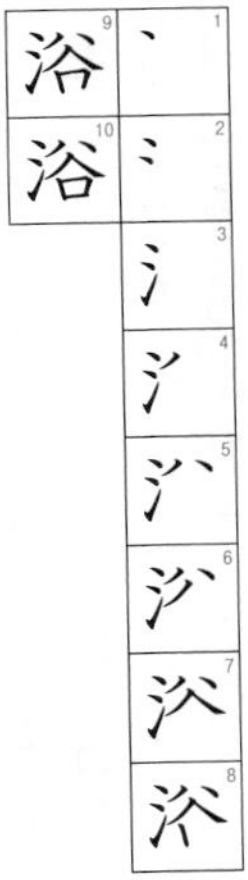

なりたち 形声  浴－浴
谷（くぼんだあな）と氵（＝水）を合わせた字。くぼんだところ（ゆぶねなど）にからだを入れてあらうことをあらわした。→谷971

意味 ❶水や湯をからだにかける。あびる。あびせる。「海水浴・入浴」「森林浴・日光浴」 ❷こうむる。うける。

難しい読み 浴衣

【浴衣】ゆかた もめんでつくった、ひとえの着物。ふろ上がりや、夏にきる。

【浴室】よくしつ ふろのあるへや。ふろば。

【浴場】よくじょう ①ふろや。銭湯。例 公衆浴場。②ふろば。浴室。

【浴▼槽】よくそう ふろおけ。ゆぶね。

氵－7画

【浬】

10画 人名 〔浬〕明朝

音 リ
訓 カイリ

意味 カイリ。海上のきょりをあらわす単位。一カイリは、一八五二メートル。海里。

氵－7画

【流】

10画 3年 〔流〕明朝

音 リュウ・ル*
訓 ながれる・ながす

4画めは点でも可。8〜10画めの間は等しく。10画めは真下に引いて右に曲げる。

なりたち 形声 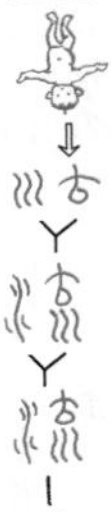 ―流

こたえ やわ（柔）らかくなる。（矛＋木）。

水・氵・氺の部 7画 **流**

㐬と氵(=水)を合わせた字。㐬は、𠫓(さかさになった赤んぼう)と巛(=川。水がながれるようす)を合わせた字。子どもがうまれるとき、母親のはらの中から水がながれでるようす。流は、ながれることをあらわした。

㐬のつく漢字グループ

「㐬」のグループは「すじをつくって、ながれる」というイメージがある。これは、「するするとすべる」というイメージにつながる。

→流667 →琉733 →硫788

意味 ❶ながれる。ながす。「流出」 ❷ながれ。「急流」 ❸さまよう。「流転」 ❹ひろまる。「流行」 ❺とりやめになる。「流会」 ❻罰としておいはらう。「流罪」 ❼学問・芸術などの一派。「流派」 ❽階級。等級。「一流」

参考 カタカナ「ル」のもとになった字。

難しい読み 流石・流罪・流転・流人・流布・流▼浪

名まえで使う読み しく・とも・はる・りゅう

【流石】さすが ①そうはいうものの、やはり。②そういわれるだけあって。評判通り。例 流石専門家だけのことはある。参考 ①②とも、ふつうかな書きにする。

【流域】りゅういき 川のながれにそった地域。例 利根川の流域。

【流会】りゅうかい よていしていた会が、とりやめになること。例 委員会は欠席多数で流会となった。

【流感】りゅうかん 「流行性感冒」のりゃく。はやりかぜ。

【流▼儀】りゅうぎ 学問・武術・芸術などで、その人、その家、その流派などがもっている、それぞれのとくべつなやり方やしきたり。参考「かれ一流の流儀」のように、その人だけのとくべつなやり方のいみでもつかう。

【流血】りゅうけつ ①あらそいごとなどで、血をながすこと。例 流血の惨事。②ながれる血。

【流言】りゅうげん 何の根拠もないうわさばなし。デマ。

【流言飛語】りゅうげんひご 四字熟語 いいふらされている、まったく根拠のないうわさ。参考「飛語」も「流言」と同じいみ。

【流行】りゅうこう ある服装・病気・ことば・歌などが、一時世の中に広まること。はやること。例 流行歌。

【流産】りゅうざん ①胎児が、死んで生まれること。②計画していたことが、とちゅうでだめになること。

【流失】りゅうしつ 大水などで、橋や家などがながされてなくなってしまうこと。

【流出】りゅうしゅつ ①液体がながれ出ること。例 タンクがこわれて、重油が流出した。②(たいせつなものが)外に出ていってしまうこと。例 美術品が流出する。対 ①②流入

【流水】りゅうすい ながれている水。例 行雲流水(=雲や水のように、とどまることなくうごきつづけることのたとえ)。

【流星】りゅうせい 「流れ星」のこと。

【流線型・流線形】りゅうせんけい 空気や水のていこうを少なくするため、角をまるくしたかたち。

【流通】りゅうつう ①ながれ通ること。例 空気の流通をよくする。②世の中に広くいきわたること。また、商品が生産者から消費者までとどくこと。例 食品の流通機構。

流線型

【流動】りゅうどう ながれ動くこと。例 流動する政局。／流動食。

【流動的】りゅうどうてき ものごとが止まらずに、たえずながれ動いているようす。例 流動的な状況。

【流入】りゅうにゅう ①液体がながれこむこと。②たくさんの人やお金がよそからはいりこむこと。例 外国資本の流入。対 ①②流出

【流派】りゅうは 学問・芸術などで、それぞれの考え方・やり方をもって分かれたもの。

【流氷】りゅうひょう さむい海でできた氷がわ

れて、ながれてきたもの。

【流木】りゅうぼく ①川や海にただよう木。②山からきりだし、川にながしてはこぶ木。

【流民】りゅうみん/るみん ふるさとをはなれ、あちらこちらと歩き回る人々。

【流用】りゅうよう つかい道のきまっているものを、ほかのことにつかうこと。例 部品のあまりを試作品に流用する。

【流罪】るざい 罪人を遠くはなれた島などにおくった、むかしの刑罰。流刑(るけい・りゅうけい)。

【流転】るてん つぎつぎとうつりかわること。例 万物は流転する。

【流人】るにん むかし、島流しの刑にされた人。

【流布】るふ 世の中に広がること。また、広めること。例 世間に流布する説。

【流▼浪】るろう すまいをさだめず、あちこちあてもなくさまよい歩くこと。放浪。

下につく熟語 ▼亜流・海流・下流・我流・寒流・逆流・気流・▼渓流・激流・源流・交流・合流・主流・女流・支流・*時流・*水流・対流・濁流・暖流・潮流・直流・電流・▼漂流・放流・本流

シ－7画 【涙】 10画 常用

シ－8画 【淚】 11画 人名

〔涙〕明朝

音 ルイ

訓 なみだ

意味 なみだ。「落▼涙」

【▼涙雨】なみだあめ かなしみのなみだがすがたを変えて降ったかのような雨。

【▼涙金】なみだきん 思いやりの気もちでわたす、少しのお金。

【▼涙声】なみだごえ ①今にもなきだしそうな声。②なきながら話す声。

【▼涙に暮れる】なみだにくれる 句 ひどくないて、かなしむ。かなしみながら日をすごす。例 父をなくして涙に暮れる。

【▼涙をのむ】なみだをのむ 句 今にも出そうな涙をこらえる。また、ひじょうにつらいことやくやしいことをがまんする。例 大切にしていたものを、涙をのんで手ばなす。

【▼涙▼腺】るいせん なみだを出す器官。

下につく熟語 感▼涙・*血▼涙

シ－7画 【浪】 10画 常用

〔浪〕明朝

音 ロウ

訓 *なみ

なりたち 形声 良(リョウ)(きれいにすむ)と氵(=水)を合わせた字。きよらかにすんだ水、つまり「なみ」をあらわした。→良909

意味 ❶なみ。「波浪」 ❷気ままなようす。さすらう。「放浪」 ❸みだりに。「▼浪費」

難しい読み ▼浪花節・▼浪▼漫

【▼浪花節】なにわぶし 「浪曲」と同じ。

漢字博士になろう!

「代表」をあらわす―三

同じ種類のものの中から代表的なものを三つえらびだすときの言い方に「三…」のようなあらわし方があります。

○三冠王…(野球では)「首位打者・打点王・本塁打(ホームラン)王」をひとりでとった選手。

○三軍…軍隊で「陸軍・海軍・空軍」のこと。

○御三家…江戸時代、徳川将軍家の一族であった「尾張・紀伊・水戸」の三家のこと。今では、ある分野でおもだった三人をいう。

○三権…国をおさめるための「立法権・行政権・司法権」の三つの権限。

○三世…仏教のことばで、「前世(この世に生まれてくる前の世界)・現世(この世)・来世(死後の世界)」のこと。

○三原色…まぜることによっていろいろな色をあらわせる、もとになる三つの色。絵の具などのばあいは「赤・青・黄」、光のばあいは「赤・緑・青むらさき」。

○三大義務…日本国民にとっての「納税・勤労・教育」の三つの義務。

○三大栄養素…たんぱく質・脂肪・炭水化物。

○三大宗教…仏教・キリスト教・イスラム教。

○(すもうの)三役…大関・関脇・小結。

4画

漢字クイズ お日さまが立ちあがると何が聞こえるのでしょう。

【▼浪曲】ろうきょく 三味線をばんそうにし、ふしをつけて物語をかたり聞かせる演芸。浪花節。

【▼浪士】ろうし むかし、つかえる主人をもたない武士。浪人。例 赤穂浪士。

【▼浪人】ろうにん ①「浪士」と同じ。②入学試験に合格しなかったため、次の年の試験をまっていること。また、その人。例 浪人生活。

【▼浪費】ろうひ 品物・お金・時間などを、むだにつかうこと。例 兄は浪費家だ。

【▼浪▼漫】ろうまん 夢や冒険のあることがら。

下につく熟語 風▼浪・浮▼浪・流▼浪

【酒】10画 酉部3画 →1009ページ

シ－8画

【淫】

11画 常用 〔淫〕明朝

音 イン 訓 みだら

意味 ❶みだら。「▼淫乱」❷道理にあわず正しくない。「▼淫▼祠」

【▼淫乱】いんらん 道理をはずれてみだらなこと。

【▼淫▼祠】いんし あやしい神をまつった建物。

シ－8画

【液】

11画 5年 〔液〕明朝

音 エキ 訓 ―

4画めは点でもよい。5画めは右上がりに長く。「夕」と11画めのはらいは接する。

なりたち 形声 夜(同じものが両わきにある)と氵(=水)を合わせた字。一定の間かくをおいて、てんてんとたれる水をあらわした。 →亦45 →夜256

意味 水のようなもの。しる。「血液・液状」

【液化】えきか 気体や固体が液体にかわること。また、かえること。例 液化ガス。

【液晶】えきしょう 液体でありながら固体の性質をもつ物質。例 液晶テレビ。／液晶表示板。

【液状化】えきじょうか 水をふくんだ砂の地盤が地しんで液体のような状態になること。

【液体】えきたい 入れ物によって形はかわるが、体積はかわらない性質をもっているもの。水やアルコールなど。対 固体・気体

下につく熟語 胃液・*樹液・乳液・▼粘液・▼廃液・*薬液・▼溶液

シ－8画

【涯】

11画 常用 〔涯〕明朝

音 ガイ 訓 ―

なりたち 形声 厓と氵(=水)を合わせた字。厓は、圭(へ形をなす)と厂(がけ)を合わせて、「形に切り立ったがけのこと。涯は、「形に切り立った岸をあらわした。 →圭230

意味 はて。かぎり。「生▼涯・天▼涯・境▼涯」

シ－8画

【渇】

11画 常用

シ－9画 【渴】12画 人名

〔渇〕明朝

音 カツ 訓 かわく

意味 ❶(のどが)かわく。「▼飢▼渇」❷ほしがる。「▼渇望」❸(水が)かれる。「▼渇水・▼枯▼渇」

【▼渇しても▼盗泉の水を飲まず】かっしてもとうせんのみずをのまず 故事成語 どんなにこまっても、正しくないことにはぜったいに手を出さないというたとえ。参考 孔子が、どんなにのどがかわいていても、盗泉という名前をきらってその泉の水をのまなかったという話から。

渇しても盗泉の水を飲まず

【▼渇水】かっすい 雨がふらないために、水がなくなること。例 渇水期。

【▼渇望】かつぼう (のどがかわいて水をほしがるように)ひじょうにほしがること。例 戦争のない世界を渇望する。

シ－8画

【渓】

11画 常用 〈渓〉明朝

音 ケイ
訓 たに*

意味 たに。たにがわ。「▼渓谷・雪▼渓」

【▼渓谷】けいこく 川のながれる谷間。谷。

【▼渓流】けいりゅう 谷をながれる川。谷川。例 渓流釣り。

シ－8画

【混】

11画 5年 〈混〉明朝

音 コン
訓 まじる・まざる・まぜる・こむ

「日」の縦画は内向きで横長に。「比」の底辺はそろえる。10画めは横画でも可。

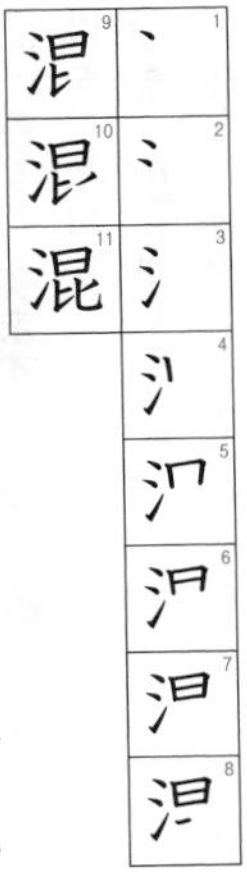

なりたち 形声 昆(集まりむらがる)と氵(=水)を合わせた字。水の中に、いろいろなものがまじり合うようすをあらわした。→昆550

意味 まぜる。まじる。まざる。「混合」

注意 「まじる」「まざる」「まぜる」のおくりがなを「る」だけにしないように気をつける。

名まえで使う読み こん・ひろ・むら・むろ

【混血】こんけつ ことなった人種の血が、結婚して子どもをうむことでまじり合うこと。

使い分け まじる 混じる・交じる

【混じる】べつべつのものが、とけあって一つになる。例 コーヒーにミルクが混じる。／電話に雑音が混じる。

【交じる】べつべつのものが、入り組んで一つになる。例 子どもの中に大人が交じる。／漢字にかなが交じる。／期待と不安が入り交じる。

参考 いっしょになった後で、区別できないのが「混じる」。区別できるのが「交じる」。

【混交・混▽淆】こんこう いろいろなものが入りまじること。例 玉石混交(=すぐれたものとおとったものが入りまじっていること)。

【混合】こんごう まぜ合わせること。また、まじり合うこと。例 二色のインクを混合する。

【混在】こんざい 性質や種類のちがうものが、まじり合ってあること。例 日本語と英語が混在する文章。

【混雑】こんざつ 人や物が多くいりまじって、こみ合うこと。例 朝の電車は混雑する。

1 【混戦】こんせん 敵と味方が、いりみだれてたたかうこと。また、たたかいの勝敗のゆくえがわからないこと。例 試合は混戦になった。

2 【混線】こんせん ①電信や電話で、いくつもの声がまじって聞こえること。②いくつもの話がいりまじって、わけがわからなくなること。

【混然】こんぜん とけあって区別がつかないようす。例 混然一体となる。

【混同】こんどう べつべつのものがまざり合って、区別がつかなくなること。例 公私混同。

【混▽沌】こんとん ものごとがいりまじって、区別がつかないようす。例 混沌とした政情。

【混入】こんにゅう まぜていれること。また、まざってはいること。例 どくが混入された。

【混迷】こんめい ものごとがいりまじって、見とおしがたたないこと。例 政局が混迷する。

【混用】こんよう いろいろ、とりまぜてつかうこと。例 くすりの混用はさける。

【混乱】こんらん いりみだれて、まとまりがつかなくなること。例 議会が混乱する。

シ－8画

【済】

11画 6年 〈済〉明朝

音 サイ
訓 すむ・すます

※上にくる音により「ザイ」ともよむ。

4画めは点でも可。6・7画めは左右に開いて長く。8～11画めを「月」にしない。

こたえ おと(音)。(日＋立)。

なりたち 形声 もとの字は「濟」。齊（でこぼこがなくそろう）と氵（＝水）を合わせた字。川の水量をととのえるように、世の中の不足をととのえて、たすけることをあらわした。

→斉1061

意味 ❶すむ。すます。「返済」 ❷すくう。たすける。「救済」

注意 「剤」とまちがえないこと。

名まえで使う読み いつき・お・かた・さい・さだ・さとる・すみ・せい・ただ・とおる・なり・なる・まさ・ます・やす・よし・わたす・わたり・わたる

【済民】さいみん 国民のくるしみをすくうこと。例 経世済民（＝世の中をおさめて、人々のくるしみをすくうこと）。

下につく熟語 完済・*既済・*共済・経済・決済・弁済・*未済

氵－8画 **【渋】** 11画 常用

氵－12画 **【澁】** 15画 人名 〈渋〉明朝

音 ジュウ

訓 しぶ・しぶい・しぶる

意味 ❶しぶい。「▼渋▼柿」 ❷ものごとがはかどらない。しぶる。「▼渋▼滞」 ❸しぶ。「▼渋紙」

【▼渋色】しぶいろ カキのしぶのような赤茶色。

【▼渋▼柿】しぶがき じゅくしても、しぶい味のするカキ。渋ぬきをしたり、干し柿にして食べる。

【▼渋紙】しぶがみ 紙をはりあわせて、カキのしぶをぬってじょうぶにしたもの。

【▼渋▼渋】しぶしぶ いやいやながら。例 渋々おつかいにいく。参考 ふつう「渋々」と書く。

【▼渋茶】しぶちゃ 出すぎて、しぶいあじの茶。

【▼渋味】しぶみ ①しぶいあじ。②じみだが、ふかみのあるあじわい。例 渋味のある色。

【▼渋▼滞】じゅうたい ものごとが、うまくすすまないこと。例 作業が渋滞する。／交通渋滞。

下につく熟語 *苦▼渋・難▼渋

氵－8画 **【淑】** 11画 常用 〈淑〉明朝

音 シュク 訓 ―

なりたち 形声 叔（細い）と氵（＝水）を合わせた字。細くて美しいことをあらわした。

意味 ❶しとやか。「▼淑女」・「貞▼淑」 ❷したう。「私▼淑」

名まえで使う読み きみ・きよ・きよし・しゅく・すえ・すみ・とし・ひで・ふかし・よ・よし

【▼淑女】しゅくじょ しとやかで上品な女性。レディー。対 紳士

【▼淑徳】しゅくとく しとやかで上品な、女性の性質やおこない。

氵－8画 **【淳】** 11画 人名 〈淳〉明朝

音 ジュン 訓 あつい

なりたち 形声 𦎧と氵（＝水）を合わせた字。享は、𦎧のかわったもの。𦎧は、亯（スムーズにとおる）と羊（ヒツジ）を合わせて、ヒツジをにこむようすを図にして、おちつくというイメージをもつ。淳は、濃厚な味をあらわした。のち、手厚いいみにもちいた。

享のつく漢字グループ

「享」のグループは「どっしりとおちつく」というイメージがある。これは「重みがある」というイメージにつながる。▽享はべつの字。

→塾243 →敦530 →淳672 →熟705 →醇1012

意味 ❶まごころがあつい。「▼淳厚」 ❷質素でかざりけがない。すなお。「▼淳▼朴（＝純朴）」 ❸きよい。

名まえで使う読み あき・あつ・あつし・きよ・きよし・じゅん・すな・すなお・ただし・とし・まこと・よし

氵－8画 **【渚】** 11画 人名

氵－9画 **【渚】** 12画 人名 〈渚〉明朝

4画

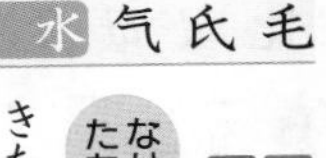

音 ショ
訓 なぎさ

なりたち 形声 者(一か所に集まる)と氵(=水)を合わせた字。川に土や砂が集まってできた島をあらわした。のち、「なぎさ」のいみにもちいた。→者873

意味 波がうちよせるところ。なぎさ。

名まえで使う読み なぎさ

氵－8画 【渉】 11画 常用 氵－7画 〔渉〕 10画 人名 〈渉〉明朝

音 ショウ
訓 *わたる

なりたち 会意 歩(あるく)と氵(=水)を合わせた字。

意味 ❶水のあるところをわたる。「徒▼渉」 ❷かかわる。「交▼渉・干▼渉」

名まえで使う読み さだ・しょう・たか・ただ・わたり・わたる

【▼渉外】しょうがい 会社などで、外国や外部の人などとれんらくしたり、話し合ったりすること。例 渉外係。

氵－8画 【深】 11画 3年 〈深〉明朝

音 シン
訓 ふかい・ふかまる・ふかめる

深

4画めは左下に引いて止め、6・7画めを組みこむ。7画めは点で書いてもよい。

なりたち 形声 罙－深 罙と氵(=水)を合わせた字。罙は、穾がかわったもの。穴(かまどのあな)と尤(まげた手)と火を合わせて、かまどに手をつっこみ火だねをさぐりもとめるようす。深は、水がふかいことをあらわした。

罙のつく漢字グループ
「罙」のグループは「おくふかく、もとめる」というイメージがある。
→探513

意味 ❶ふかい。「深海」 対 浅 ❷色がこい。「深緑」 ❸はなはだしい。「深夜」

注意 「探」とまちがえないこと。

難しい読み 深紅・深深(しんしん・ぶかぶか)・深手

名まえで使う読み しん・とお・ふか・ふかし・み

【深遠】しんえん おくがふかく、はかりしれないこと。例 深遠な真理。

【深海】しんかい ふかい海。海のふかいところ。例 深海魚。

【深紅】しんく →「真紅」(776ページ)。

【深呼吸】しんこきゅう 大きくいきをすったり、はいたりすること。また、その呼吸。

【深刻】しんこく ①ふかく心にきざみつけられるようす。例 友だちは深刻な顔で、相談にきた。②ものごとのていどがひどくて、重大なこと。例 不景気はますます深刻になる。

【深山▼幽谷】しんざんゆうこく 四字熟語 人のすむところから遠くはなれた、おくふかい山と谷。例 深山幽谷に分け入る。参考 「深山」は、おくふかい山。「幽谷」は、山おくのふかい谷。

【深謝】しんしゃ ①心からふかく感謝すること。②心からていねいに、わびること。例 あやまちを深謝する。

【深深】㊀しんしん ①しずかに雪がふるようす。②夜がふけていくようす。③さむさが身にしみるようす。㊁ふかぶか ひじょうにふかいようす。例 深々と頭を下げる。参考 ㊀㊁とも、ふつう「深々」と書く。

【深長】しんちょう ものごとがおくふかく、ふくみがあること。例 意味深長(=あることのしめす意味がひじょうにふかいこと)。

使い分け しんちょう「慎重・深長」→(477ページ)

【深▼謀遠▼慮】しんぼうえんりょ 四字熟語 ずっと先のことまでふかく考えた計画。例 深謀

漢字クイズ 良い女の人って、だれのことでしょう。

遠慮で敵をあざむく。参考 ア「遠慮」は、遠い先のことまで見とおす考えのいみ。イ「深慮遠謀」ともいう。

【深夜】しんや　まよなか。よふけ。

【深緑】しんりょく　こい緑色。ふかみどり。対 浅緑(せん・あさ りょく・みどり)

【深手】ふかで　おもいきず。大きなきず。例 深手を負う。対 浅手

下につく熟語 水深・目深・*欲深

【清】

氵－8画　11画　4年

〈清〉明朝

音 セイ・*ショウ

訓 きよい・きよまる・きよめる

4・6画めは同じ長さにして7画めを長く。8画めは左下にはらっても誤りでない。

清 清 清 清

筆順：丶 冫 氵 汁 汴 洼 清 清 清 清 清

なりたち 形声 青(すみきっている)と氵(=水)を合わせた字。水がきよらかにすみきってよごれがないことをあらわした。→青1057

意味 ❶きよい。にごりやけがれがない。「清潔」対 濁 ❷きよめる。きれいにしまつする。「清掃」❸中国にあった王朝の名。しん。

難しい読み 清水(しみず・せいすい)・清浄(せいじょう・しょうじょう)

名まえで使う読み きよ・きよし・すが・すがし・すみ・すむ

【清水】しみず/せいすい　地中からわきでる、きれいな水。例 山の清水。

【清音】せいおん　にごらない音。「ば」「ぱ」にたいする「は」など。対 濁音・半濁音

【清潔】せいけつ　①きれいで、さっぱりしていること。②心によごれがなく、おこないが正しいこと。例 清潔な政治家。対 ①②不潔

【清算】せいさん　①かしとかりを計算して、きちんとしまつをつけること。例 かりたお金を清算する。②今までのよくない関係にしめくくりをつけて、その関係をやめること。例 過去を清算する。

【清酒】せいしゅ　米からつくる、すんだ日本酒。

【清純】せいじゅん　きよらかで、けがれがないこと。例 清純な心。

【清書】せいしょ　下書きしたものをきれいに書きなおすこと。浄書。例 作文を清書する。

【清浄】一 せいじょう　きよらかで、けがれのないこと。例 清浄な空気。対 不浄 二 しょうじょう　仏教で、まよい・欲・罪などがなく、きよらかなこと。例 六根清浄。参考「六根」は、仏教で「目・耳・鼻・舌・体・心」のこと。

【清新】せいしん　新しくて、すがすがしいようす。例 清新な気分になる。

【清楚】せいそ　かざりけがなく、きよらかなこと。例 清楚な身なり。

【清掃】せいそう　きれいにそうじをすること。

【清濁あわせ呑む】せいだくあわせのむ 句 心が広くて、善人でも悪人でも、来る者はだれでもうけいれるということ。参考「清濁」は、きよらかなながれとにごったながれのことから。

使い分け せいさん　清算・精算・成算

【清算】
貸し借りを計算して、きまりをつけること。また、今までのよくない関係をおわらせること。例 借金を清算する。/わるい友だちとの関係を清算する。

【精算】
お金の過不足を、くわしく計算すること。例 電車の乗りこし料金を精算する。

【成算】
ものごとがうまくいくみこみ。例 試合に勝つ成算がある。

ら、善人と悪人のたとえ。

【清▼聴】せいちょう 自分の発表や演説などを、あいてが聞いてくれることをいう尊敬語。例ご清聴ありがとうございました。

【清貧】せいひん 心がきよらかで、欲がないため、びんぼうなこと。例清貧にあまんじる。

【清明】せいめい ①きよらかではっきりしていること。②二十四節気の一つ。春分から一五日目にあたる日で、四月四、五日ごろ。

清濁あわせ呑む

使い分け せいちょう 清聴・静聴

【清聴】あいてがよくきいてくれること。例ご清聴、ありがとうございました。

【静聴】しずかにきくこと。例ご静聴願います。

参考「清聴」は、自分の話を聞いてくれた人たちに対し、感謝の気持ちをこめて言う。

【清流】せいりゅう 川の、きれいな水のながれ。対濁流

【清涼】せいりょう さわやかですずしいこと。例清涼な秋の空気。／清涼飲料。

【清▼廉潔白】せいれんけっぱく 四字熟語 心もおこないも、きよく正しいこと。例清廉潔白な政治家。参考「清廉」は、心がきよらかで利益をもとめる心のないこと。「潔白」は、心やおこないの正しいこと。

下につく熟語 血清・▼粛清

シ－8画

【淡】

11画 常用 〔淡〕明朝 音タン 訓あわい

なりたち 形声 炎(うすっぺら)とシ(＝水)を合わせた字。液体の味がうすいことをあらわした。→炎696

意味 ❶色や味がうすい。あわい。「▼淡▼泊」対濃 ❷あっさりしている。「冷▼淡」 ❸塩分をふくまない。「▼淡水」

名まえで使う読み あう・あわ・あわし・あわじ・おう・たん

【▼淡雪】あわゆき 春のはじめごろの、うすくふりつもった、とけやすい雪。

【▼淡▼彩】たんさい あっさりした、うすいいろどり。例淡彩画。

【▼淡水】たんすい しおけのない水。まみず。例淡水魚。／淡水湖。

【▼淡▼淡】たんたん ①味などが、あっさりしているようす。例淡々とした味。②あっさりしていて、ものごとにこだわらないようす。例苦労を淡々と話す。参考ふつう「淡々」と書く。

【▼淡▼泊】たんぱく ①ものの味や色などがあっさりしていること。例この料理は淡泊な味だ。対濃厚 ②人の性質がさっぱりしていて、欲のないこと。例あの人は淡泊な人がらだ。参考「淡白」とも書く。

下につく熟語 ▼枯▼淡・▼濃▼淡

シ－8画

【添】

11画 常用 〔添〕明朝 音テン 訓そえる・そう

意味 つけくわえる。そえる。「▼添加・▼添え木」

【▼添加物】てんかぶつ あるものに、つけくわえられるもの。例食品添加物。

【▼添▼削】てんさく 足りないところを書き足したり、わるいところをけずったりして、詩や文章をなおすこと。

【▼添乗員】てんじょういん 旅行に付きそって、客の世話をする係員。

【▼添付】てんぷ 書類などにつけそえること。例商品に説明書を添付する。

下につく熟語 *介▼添え・*付き▼添い・*巻き▼添え

こたえ むすめ(娘)。(女＋良)。

氵－8画 【淀】11画 人名 〈淀〉明朝
音 デン 訓 よど・よどむ

意味 ❶水が流れず、たまったところ。よど。よどみ。❷よどむ。水や空気が流れず、とどこおる。また、ものごとの進行がとどこおる。

名まえで使う読み よど

氵－8画 【涼】11画 常用 冫－8画 〔凉〕10画 人名 〈涼〉明朝
音 リョウ 訓 すずしい・すずむ

なりたち 形声 京（ひんやりとしてつめたい）と氵（＝水）を合わせた字。水がつめたいようすをあらわした。→京47

意味 すずしい。すずむ。「納▽涼」

名まえで使う読み あつ・すけ・すずし・りょう

【▽涼風】すずかぜ／りょうふう　すずしい風。

【▽涼感】りょうかん　すずしそうな感じ。例 風鈴の音は涼感をさそう。

下につく熟語 ▽荒▽涼・清▽涼・＊夕▽涼み

氵－8画 【淋】11画 人名 〈淋〉明朝
音 リン 訓 さびしい

意味 ❶したたる。「▽淋雨（＝しとしとと降りつづく長雨）」❷さびしい。

【婆】11画 女部8画 → 279ページ

氵－9画 【渥】12画 人名 〈渥〉明朝
音 アク 訓 ―

意味 ❶うるおう。❷つやがある。

名まえで使う読み あく・あつ・あつし・ひく

氵－9画 【淵】12画 人名 〈淵〉明朝
音 エン 訓 ふち

意味 川や湖などで、水が深くなったところ。ふち。「深▽淵・▽淵源」

名まえで使う読み しずか・すえ・すけ・なみ・のぶ・ふか・ふかし・ふち・ひろ

氵－9画 【温】12画 3年 氵－10画 【溫】13画 人名 〈温〉明朝
音 オン 訓 あたたか・あたたかい・あたたまる・あたためる

温

「日」「皿」の縦画は内向き、「皿」の方を横広に。「皿」は3画めよりも下げない。

なりたち 形声 溫（温） もとの字は「溫」。昷と氵（＝水）を合わせた字。昷は、囚（中におしこめる）と皿（さら）を合わせて、ふたをして、さらの上の物の熱が逃げないようにしたようす。中にこもるというイメージをもつ。溫は、水をあたためて熱気が中にこもってむっとあたたかいことをあらわした。

意味 ❶あたたかい。あたたまる。あたためる。「温暖」❷おだやか。やさしい。「温和」❸おんど。「気温」

注意 「湿」とまちがえないこと。

使い分け あたたかい「暖かい・温かい」→562ページ

名まえで使う読み あつ・あつし・おん・すなお・ただす・つつむ・なが・ならう・のどか・はる・まさ・みつ・やす・ゆたか・よし

【温厚】おんこう　心がおだやかで、やさしいようす。例 温厚な紳士。／人がらが温厚だ。

【温故知新】おんこちしん 四字熟語 むかしのことを研究して、そこから新しい知識を見つけ出すこと。参考「故きを温ねて新しきを知る」ともいう。

【温室】おんしつ　植物をそだてるために、温度を一定にたもつようにした、ビニールやガラスばりの建物。例 温室栽培。／温室育ち（＝大事にされて育ったので、世の中の苦労を知らない人）。

【温▽床】おんしょう　①温度を高くして、作物の苗が早くそだつようにつくられた苗床。②あることがらが、おこりやすいかんきょう。

例悪の温床。参考とくに、よくないことがらに使う。

【温情】おんじょう　なさけのある、あたたかい心。例温情にあふれたことば。

【温泉】おんせん　地下から、湯がわきでてくるところ。また、その湯。いでゆ。

【温存】おんぞん　つかわないで、たいせつにしまっておくこと。例体力を温存する。

【温帯】おんたい　気候帯の一つ。熱帯と寒帯の間の地域で、四季があり、気候はおだやか。例温帯低気圧。

【温暖】おんだん　気候があたたかくて、おだやかであること。対寒冷

【温度】おんど　あたたかさやつめたさの度合い。

【温和】おんわ　①あたたかで、おだやかなこと。例温和な気候。②おとなしくて、やさしいこと。例温和な性質。

下につく熟語　検温・高温・三寒四温・室温・水温・体温・低温・適温・*平温・保温

氵－9画

【渦】

12画　常用　〈渦〉明朝　音カ　訓うず

なりたち　形声　咼（くるくる回る）と氵(=水)を合わせた字。くるくる回る「うず」をあらわした。→過424

意味　うず。うずまき。「渦中・▼渦巻き」

【▼渦潮】うずしお　うずをまいてながれる海水。参考鳴門海峡のものが有名。

【▼渦中】かちゅう　事件やもめごとのまっただ中。例事件の渦中にまきこまれる。

氵－9画

【減】

12画　5年　〈減〉明朝　音ゲン　訓へる・へらす

※「ゲンじる」ともつかう。

4画めは立ててはらい、「一」と「口」が接してもかまわない。10画めは長く反る。

なりたち　形声　－減　咸（口をふさぐ）と氵(=水)を合わせた字。水源をふさいで水をへらすことをあらわした。→感473

意味　❶少なくなる。少なくする。「減税・減食・軽減」対増　❷引き算。「減法」対加

注意「滅」とまちがえないこと。

【減額】げんがく　金額や数量をへらすこと。対増額

【減刑】げんけい　刑をかるくすること。

1【減産】げんさん　とれ高やでき高がへること。また、へらすこと。例米の減産。対増産

2【減算】げんさん　引き算のこと。減法。対加算

【減収】げんしゅう　前にくらべて、作物のとれ高や収入がへること。例ことしは、米が減収になる。対増収

【減少】げんしょう　へって少なくなること。へらして少なくすること。例農村の人口が減少する。対増加　注意「減小」と書かないこと。

【減食】げんしょく　食事の量をへらすこと。

【減水】げんすい　水の量がへること。対増水

【減税】げんぜい　税金のわりあてを少なくすること。対増税

【減速】げんそく　速度をおとすこと。対加速

【減退】げんたい　いきおいや力などがおとろえること。例食欲が減退する。対増進

【減反】げんたん　農作物をつくる土地の面積を、へらすこと。例米を減反する。／減反面積。

【減点】げんてん　点数をへらすこと。また、へらした点数。例反則のため減点する。

1【減法】げんぽう　引き算。対加法

2【減▼俸】げんぽう　給料の額をへらすこと。例減俸処分。

【減量】げんりょう　分量や目方をへらすこと。対増量

下につく熟語　加減・激減・▼削減・節減・▼漸減・増

漢字クイズ　耳にくっついている心とは、どんなものでしょう。

減・低減・半減

氵－9画

【湖】

12画 3年

〈湖〉明朝

音 コ
訓 みずうみ

「氵」「古」「月」それぞれの縦はばと高さに注意して組み立てる。

なりたち 形声 胡と氵(=水)を合わせた字。胡は、古(上からたれさがる)と月(=肉)を合わせて、たれさがったあごの肉のこと。たれさがるというイメージをもつ。湖は、大地のそこへたれさがった大きな水たまりをあらわした。→古189

意味 みずうみ。「湖底」

名まえで使う読み こ・ひろし

【湖岸】こがん　みずうみの岸。

【湖▼沼】こしょう　みずうみと、ぬま。

【湖上】こじょう　みずうみの水面。湖面。例 湖上にうかぶ小船。

【湖水】こすい　みずうみ。また、その水。

【湖▼畔】こはん　みずうみのほとり。例 湖畔にキャンプ場がある。

【湖面】こめん　みずうみの表面。湖上。

下につく熟語 *塩湖・*火口湖・*▼淡水湖

氵－9画

【港】

12画 3年

〈港〉明朝

音 コウ
訓 みなと

4・7画めは7画めを長く。8・9画は「ヘ」としない。12画めは止めてもよい。

なりたち 形声 もとの字は「港」。巷と氵(=水)を合わせた字。巷は、共(いっしょに)と邑(むら)をりゃくした巳を合わせて、ひとびとがいっしょに通る村の道のこと。港は、船がいっしょに通る水上の道をあらわした。→共109

意味 船のとまるところ。みなと。「出港」

【港外】こうがい　みなとのそと。対 港内

【港内】こうない　みなとの中。対 港外

【港▼湾】こうわん　船がとまって、人ののりおりや貨物のつみおろしなどができるせつびのあるところ。みなと。

【港町】みなとまち　みなとがもとになってはったつした町。

下につく熟語 開港・帰港・寄港・漁港・空港・軍港・出港・入港・*不▼凍港・母港・良港

氵－9画

【渾】

12画 人名

〈渾〉明朝

音 コン
訓 にごる・にごす・すべて

意味 ❶乱雑にまじっている。にごる。また、乱雑にまぜる。にごす。❷全体が一つにとけあっている。❸ひっくるめて。すべて。

【▽渾名】あだな　〔本名のほかに〕その人のとくちょうやくせなどをうまくつかんでつけたよび名。

【▽渾身】こんしん　からだじゅう。全身。例 渾身の力をふりしぼる。

氵－9画

【滋】

12画 4年

〈滋〉明朝

音 ジ*
訓 —

※「シ」ともよむ。

2つの「幺」は右側をやや大きく、また、ななめの角度はそろえると整う。

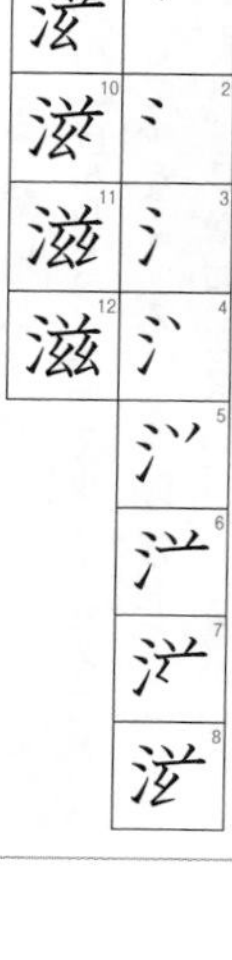

なりたち 形声 茲(小さいものがふえる)と氵(=水)を合わせた字。水分をえて、草木がどんどんしげるようすをあらわした。→磁788

意味 ❶しげる。そだつ。❷うるおす。「滋雨」❸養分になる、うまい食べ物。「滋養」

▽県名でつかわれる。「滋賀県」

名まえで使う読み あさ・しく・じ・しげ・しげる・ふさ・ます

【滋雨】じう 「慈雨」(475ページ)と同じ。

【滋味】じみ ①うまい味。②芸術作品などのふかいあじわい。

【滋養】じよう からだの栄養になること。また、その食べ物。例滋養の多い食品。

【湿】
シ－9画 12画 常用

【濕】 シ－14画 17画 人名

〈湿〉明朝

音 シツ
訓 しめる・しめす

意味 **水でしめる。水気をおびる。また、じめじめしたようす。**「▼湿地」対乾

【▼湿気】しっけ/しっき 空気などがしめっていること。しめりけ。例湿気が多いので、かびがはえやすい。

【▼湿原】しつげん しめりけが多い草原。湿地や高山にできる。例尾瀬の湿原。

【▼湿潤】しつじゅん 水分が多く、しめっているようす。また、しめりけが多いこと。例湿潤な気候。

【▼湿地】しっち しめりけの多い土地。

【▼湿度】しつど 空気が水蒸気をふくんでいる割合。例湿度が高い。

【▼湿布】しっぷ くすりや湯などにひたしたぬのを、からだのわるい部分にあて、いたみやはれをなおす方法。また、そのぬの。

下につく熟語 陰▼湿・＊乾▼湿・除▼湿・多▼湿

【湘】
シ－9画 12画 人名 〈湘〉明朝

音 ショウ
訓 —

意味 **中国にある川の名。湘水。**「▽湘南」▽神奈川県の「▽湘南」は、相模国(神奈川県の古いよび名)の南のいみで、「相」にさんずいをつけたことば。また、中国の「▽湘南」にちなんだともいう。

【湊】
シ－9画 12画 人名 〈湊〉明朝

音 ソウ
訓 みなと

なりたち 会意 奏(集めそろえる)とシ(＝水)を合わせた字。日本では「みなと」のいみにもちいる。

意味 **波をふせぎ、ふねをとめることができる場所。みなと。**

名まえで使う読み すすむ・み・みなと

【測】
シ－9画 12画 5年 〈測〉明朝

音 ソク
訓 はかる

※下にくる音により「ソッ」ともよむ。

測 測

「シ」「貝」「刂」をおおよそ3等分にする。12画めを長く書くとよい。

なりたち 形声 測

則(そばにくっつける)とシ(＝水)を合わせた字。ものさしや基準となるものをそばにつけて、水のふかさをはかることをあらわした。 ↓則139

意味 **❶ふかさ・長さ・広さなどをはかる。**「測定」**❷おしはかる。**「推測」

注意 「側」「則」とまちがえないこと。

使い分け はかる「計る・図る・測る・量る・謀る・諮る」→(945ページ)

【測地】そくち 土地の広さや位置などをはかること。

【測定】そくてい 道具やきかいをつかって、長さ・重さ・深さ・速さなどをはかること。例身長を測定する。

【測量】そくりょう 土地の広さや地形などを、道具やきかいをつかって、くわしくはかること。

【測候所】そっこうじょ ある地方の気象や地震などをしらべて、天気予報などを出すところ。

下につく熟語 ▼憶測・観測・実測・不測・歩測・目測・予測

こたえ はじ(恥)。(耳＋心)。

シ－9画

【湛】

12画 人名 〔湛〕明朝 音 タン 訓 たたえる

意味 たたえる。水がみちている。

名まえで使う読み あつし・きよ・たたう・たたえ・ふかし・やす・やすし・よし

シ－9画

【渡】

12画 常用 〔渡〕明朝 音 ト 訓 わたる・わたす

なりたち 形声 度(一っ一っすすむ)と氵(＝水)を合わせた字。一歩一歩と水をわたることをあらわした。→度356

意味 ❶むこうがわにわたって行く。「渡来」 ❷ほかの人にわたす。「譲▼渡」

名まえで使う読み ただ・と・わたり・わたる

【▼渡航】とこう 船や飛行機で、海をわたって外国へ行くこと。例 渡航の手続きをする。

【▼渡世】とせい ①くらし。②世の中で生活していくための仕事。

【▼渡船】とせん 小さなわたし船のこと。

【▼渡米】とべい アメリカに行くこと。

【▼渡来】とらい 海をわたって外国からやってくること。例 南蛮渡来の品。

【▼渡りに船】わたりにふね 句 こうあってほしいと思っているときに、いちばんつごうのよいことがおこること。例 たいくつしているときに、友だちからさそわれたので、渡りに船とばかりに遊びに出かけた。

上につく熟語 *渡河・*渡し船・*渡し守・*渡り鳥

下につく熟語 *過▼渡・*綱▼渡り・*刃▼渡り・*不▼渡り・*世▼渡り

シ－9画

【湯】

12画 3年 〔湯〕明朝 音 トウ 訓 ゆ

「日」は小さめに。8画めを長く。10画めは折ってから内側に反り、はねる。

なりたち 形声 昜(高く上がる)と氵(水)を合わせた字。いきおいよく蒸気をふきあげている湯をあらわした。→陽446

意味 ❶水をわかしてあつくしたもの。ゆ。「熱湯」 ❷ふろ。「銭湯」

【湯治】とうじ 温泉にはいって、けがや病気をなおすこと。例 湯治に行く。

湯治

【湯▼煎】ゆせん 材料を入れた入れ物を湯にひたし、間接的にあたためること。例 チョコレートを湯煎する。

【湯気】ゆげ 水蒸気がひえて、こまかな水のつぶが、白いけむりのように見えるもの。

【湯▼桶読み】ゆとうよみ 「湯桶」のように、漢字の熟語を、上の字は訓、下の字は音で読む読み方。「身分」「手本」など。参考「湯桶」は、のむための湯を入れる木製のうつわ。対 重箱読み

【湯▼殿】ゆどの ふろば。参考 少し古い言い方。

【湯船】ゆぶね 湯を入れるふろおけ。

【湯水】ゆみず 湯や水。いくらつかってもおしくないものにたとえる。例 お金を湯水のようにつかう。

下につく熟語 産湯・重湯・*茶の湯・*煮え湯・*薬湯(やくとう・くすりゆ)

シ－9画

【満】

12画 4年 〔滿〕明朝 音 マン 訓 みちる・みたす

4～7画めは「廿」にしない。8・9画めの縦画は内向き、横広にして「山」を入れる。

なりたち 形声 満-満(滿)

もとの字は「滿」。㒼と氵(=水)を合わせた字。㒼は、革をりゃくした廿と兩(つりあいをとる)をりゃくした㒳を合わせて、たいこに動物の革をつりあいよくはるようす。全体に行きわたるというイメージをもつ。滿は、水がうつわ全体に行きわたっていっぱいになることをあらわした。

意味 ❶いっぱいになる。いっぱいにする。「満員」 ❷いっぱいで、じゅうぶんである。「満足」 ❸ある数になる。「未満・満年▼齢」

名まえで使う読み あり・ます・まろ・まん・みち・みつ・みつる

【満員】まんいん のりものや会場などで、きめられている人数になること。また、それ以上はいることができないほど、人がいっぱいになること。例 満員電車。/満員御礼。

【満▼悦】まんえつ 満足してよろこぶこと。例 ご満悦のようす。

【満開】まんかい 花がすべてひらくこと。花ざかり。例 満開の桜の花。

【満▼艦▼飾】まんかんしょく ①祝祭日などに、信号旗などをはって軍艦をかざること。②女の人がはでにきかざること。また、たくさんのせんたくものを、一面にほすこと。

満艦飾①

【満期】まんき きめておいた期日になること。例 定期預金が来月で満期になる。

【満▼喫】まんきつ ①満足するまで、のんだり食べたりすること。②じゅうぶんにあじわい、満足すること。例 夏休みを満喫する。

【満月】まんげつ まんまるにかがやく月。十五夜の月。対 新月

【満座】まんざ その場にいる人、全部。例 満座の中で恥をかく。

【満▼載】まんさい 人や荷物を、いっぱいにのせること。例 じゃりを満載したトラック。

【満作】まんさく 米・麦などがよくみのること。豊作。例 豊年満作。参考「豊年」はこくもつのみのりが多い年のいみ。

【満場】まんじょう 会場にいっぱい人があつまっていること。また、会場にあつまっている全部の人。例 満場の声援をあびる。

【満場一▼致】まんじょういっち 四字熟語 その会場にいる全員の意見が同じになること。例 満場一致で議案を可決する。

【満身】まんしん からだじゅう。全身。例 満身の力をこめる。

【満身創▽痍】まんしんそうい 四字熟語 ①からだじゅうが傷だらけになること。②非難されてひどく傷つけられること。参考「創痍」はきりきずのこと。

【満水】まんすい 水がいっぱいになること。

【満席】まんせき 座席が、客で全部ふさがること。

【満足】まんぞく ①じゅうぶんであること。完全であること。例 自分の名前も満足に書けない。②不平や不満がなく、みちたりること。例 今の生活に満足する。

【満潮】まんちょう 海面の高さが、一日のうちで、もっとも高くなること。対 干潮

1【満天】まんてん 空いっぱい。例 満天の星。

2【満点】まんてん ①きめられた点数のうち、最高の点。例 百点満点。②欠点がないこと。もうしぶんのないこと。例 栄養満点。

【満票】まんぴょう 投票された全部の票が、ひとりのところにあつまること。

【満腹】まんぷく 腹いっぱいになること。対 空腹

【満満】まんまん あふれるほど、たくさんあるようす。例 自信満々。参考 ふつう「満々」と書く。

【満面】まんめん 顔いちめん。顔じゅう。例 満面に笑みをうかべる。

【満▼了】まんりょう きめられた期間がきて、おわること。例 任期が満了する。

【満を持す】まんをじす 句 じゅうぶんにじゅんびをととのえて、機会をまつ。例 エースが満を持して登板する。

下につく熟語 円満・干満・▼充満・肥満・不満・豊

満

シ－9画
【湧】12画 常用 〔湧〕明朝
音 ユウ
訓 わく

なりたち 形声 勇と氵(=水)を合わせた字。勇は、甬(つき出す)と力を合わせて、力をこめて地面をついてふるい立つようすをあらわす。湧は、水がふるい立つようにわきあがるようすをあらわした。→通417

意味 水がわきでる。わく。「湧出」

名まえで使う読み ゆう・よう・わか・わき・わく

【湧出】ゆうしゅつ (水・湯などが)わきでること。例 温泉の湧出量。

【湧水】ゆうすい 水が地下からわきでること。わきみず。

シ－9画
【湾】12画 常用 〔湾〕明朝
音 ワン
訓 —

なりたち 形声 もとの字は「灣」。灣と氵(=水)を合わせた字。彎は、䜌(もつれる)と弓(ゆみ)を合わせて、弓なりにまがるようす。灣は、弓なりに曲線をえがいた入り江をあらわした。→変250

意味 ❶海が陸にふかくはいりこんだところ。「湾内・港湾」 ❷弓なりにまがる。「湾曲」

【湾曲】わんきょく 弓のような形にまがること。

【湾入】わんにゅう 海岸線が弓形に陸地にはいりこむこと。

【落】12画 艹部9画 → 399ページ

シ－10画
【溢】13画 人名 〔溢〕明朝
音 イツ
訓 あふれる・こぼす

意味 みちる。あふれる。「充溢・溢血」

名まえで使う読み みつ・みつし・みつる

シ－10画
【滑】13画 常用 〔滑〕明朝
音 カツ・コツ
訓 すべる・なめらか

なりたち 形声 骨(スムーズに動く)と氵(=水)を合わせた字。水や流れがすらすらと動くようすをあらわした。→骨1090

意味 ❶すべる。「滑走」 ❷なめらか。「円滑」

難しい読み 滑稽

【滑空】かっくう エンジンなどをつかわず、風力や上昇気流などを利用して空をとぶこと。

【滑降】かっこう すべりおりること。例 スキーで、山の斜面を滑降する。

【滑車】かっしゃ つなやくさりをかけて回す車。おもいものを小さい力で動かしたり、力の方向をかえたりする。定滑車と動滑車がある。

【滑走】かっそう 地上・水上などをすべるように走ること。

【滑走路】かっそうろ 飛行機がおりたり、とびたったりするための道。

【滑稽】こっけい ①おもしろいこと。例 滑稽な話。②ばからしいこと。例 見えすいたうそで滑稽だ。

下につく熟語 *潤滑・滑・*平滑

シ－10画
【漢】13画 3年 〔漢〕明朝
音 カン
訓 —

シ－11画 【漢】14画 人名 〔漢〕明朝

漢 漢

「氵」の上に「艹」を書かない。「口」の下は11画めを長く。13画めは止めてもよい。

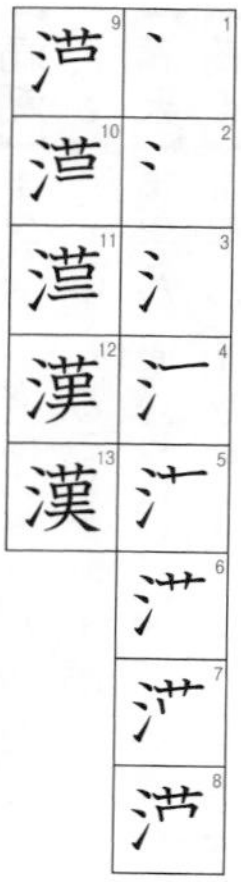

1 丶	9 浐
2 氵	10 浐
3 氵	11 漌
4 汁	12 漢
5 汁	13 漢
6 汼	
7 浐	
8 浐	

なりたち 形声 ⇩ 𦰩―漢(漢)
もとの字は「漢」。𦰩と氵(=水)を合わせた字。𦰩は、革(頭のついたけもののかわ)と火を合わせて、かわを火であぶってかわかすようす。かわくというイメージをもつ。漢は、かわいた川、つまり天の川をあらわした。のち、中国のよび名

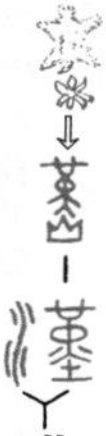

ことも経験させるほうがよい)」。

にもちいた。

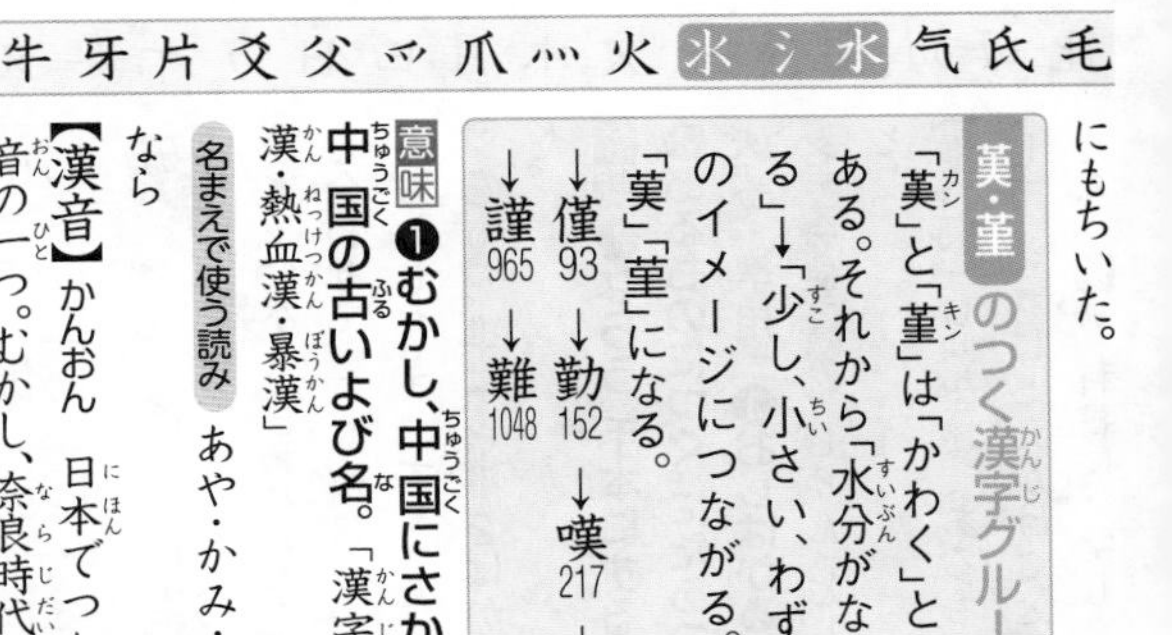
𦰩・堇のつく漢字グループ

「𦰩」と「堇」は「かわく」というイメージがある。それから「水分がなくなる」→「つきる」→「少し、小さい、わずか」という一連のイメージにつながる。常用漢字では「𦰩」「堇」になる。

→僅93 →勤152 →嘆217 →菫396 →漢682
→謹965 →難1048

意味 ❶むかし、中国にさかえた国。かん。❷中国の古いよび名。「漢字」❸おとこ。「悪漢・熱血漢・暴漢」

名まえで使う読み あや・かみ・から・かん・くに・なら

【漢音】かんおん 日本でつかわれている漢字音の一つ。むかし、奈良時代に中国から日本につたえられた漢字の音。「人」を「ジン」、「木」を「ボク」などと読む。

【漢学】かんがく 中国のむかしの本や、漢文を研究する学問。

【漢語】かんご むかし中国からつたわってきたことばで、日本語になったもの。また、それにならって日本でつくり、漢字を組み合わせて、音読みにすることば。「黒板」「読書」など。

参考 漢語がつたわる前から日本でつかわれていたことばは「和語」という。

【漢詩】かんし むかし中国でつくられた詩。また、そのやり方をまねてつくった日本の詩。

【漢字】かんじ 中国でつくられた文字。また、それをまねて日本でつくった文字。

【漢数字】かんすうじ 漢字のうち、数をあらわすもの。一、二、三、…十、百、千など。

【漢▼籍】かんせき 中国人によって、漢文で書かれた書物。漢書。

【漢文】かんぶん 中国でつかわれてきた、漢字だけの文章。また、それをまねて書いた文章。

【漢方】かんぽう 中国からつたわった医術。漢方薬や、はり、きゅうで病気をなおす。

注意 「漢法」と書かないこと。

【漢和】かんわ 漢語と日本語。例 漢和辞典。

下につく熟語 ▼巨漢・好漢・▼痴漢・*無▼頼漢・門外漢・*冷血漢・和漢

シ－10画 【源】

13画 6年 〔源〕明朝

音 ゲン 訓 みなもと

「⺁」と「白」は接しても接しなくてもよい。13画めの最後は止める。

なりたち 形声 源 原（いずみから水がわくようす）とシ（＝水）を合わせた字。みなもとをあらわした。→原174

意味 ものごとのはじめ。「起源・水源・資源」

名まえで使う読み げん・はじめ・もと・よし

【源泉】げんせん ①水がわきでてくるところ。例 温泉の源泉。／源泉かけながし。②ものごとがおこるもと。例 エネルギーの源泉。

【源流】げんりゅう ①川のながれでるもと。みなもと。②ものごとのおこりはじめ。例 日本語の源流をたどる。

下につく熟語 光源・*語源・根源・財源・*字源・*震源・電源・熱源・*本源

シ－10画 【溝】

13画 常用 〔溝〕明朝

音 コウ 訓 みぞ

なりたち 形声 もとの字は「溝」。冓（バランスよく組み立てる）とシ（＝水）を合わせた字。木や石をバランスよく組んだ「みぞ」をあらわした。→構610

意味 用水路。みぞ。「▼排水▼溝・下水▼溝・海▼溝」

シ－10画 【滉】

13画 人名 〔滉〕明朝

音 コウ 訓 ひろい

なりたち 形声 晃（四方に広がる）とシ（＝水）を合わせた字。

こたえ 旅。「かわいい子には旅をさせよ（＝子どもを愛しているなら，あまやかさないで，つらい

水・氵・氺の部

みず・さんずい・したみず

10画 準・滞・滝・溺

意味 水がふかく、ひろいようす。

名まえで使う読み あきら・こう・ひろ・ひろし

シ－10画

【準】

13画 5年 〔準〕明朝

音 ジュン 訓 —

12画めを長く書き、◇形を想定して整える。6画めは点で書いてもよい。

なりたち 形声 隼とシ(＝水)を合わせた字。隼は、隹(とり)と一を合わせて、一直線にさっととぶハヤブサをあらわした。まっすぐでたいらというイメージをもつ。準は、水平をはかる道具をあらわした。

意味 ❶ならう。手本にする。「基準・準▼拠」 ❷あるものにつぐ。にたあつかいをする。「準決勝・準用」 ❸おしはかる。「準備」

名まえで使う読み じゅん・とし・ならう・のり・ひとし

【準▼拠】じゅんきょ あるものをよりどころとして、それにしたがうこと。また、そのよりどころ。例 教科書に準拠した問題集。

【準決勝】じゅんけっしょう 競技・試合などで、決勝に出る人やチームをきめる試合。参考 準準決勝に出る人をきめるのは「準準決勝」。

【準備】じゅんび すぐにはじめられるようにしておくこと。用意。例 運動会の準備。

下につく熟語 照準・水準・標準

シ－10画

【滞】

13画 常用 シ－11画 〔滯〕14画 人名 〔滞〕明朝

音 タイ 訓 とどこおる

なりたち 形声 もとの字は「滯」。帶(横にのびる)とシ(＝水)を合わせた字。水がまっすぐ行かないで、横にのびてたまり、じっとしてうごかないようすをあらわした。→帯343

意味 ❶つかえてすすまない。「停▼滞」 ❷一か所にとどまる。「滞在」

注意 「帯」とまちがえないこと。

【▼滞貨】たいか ①売れないでたまっている品物。②おくりきれないで、たまっている荷物。例 滞貨を一掃する。

【▼滞空】たいくう 航空機などが空中をとびつづけること。例 滞空時間。

【▼滞在】たいざい よその土地へ行って、しばらくそこにいること。滞留。例 ニューヨークに滞在する。

【▼滞納】たいのう おさめるようにきめられた日がすぎても、お金をおさめないこと。

【▼滞留】たいりゅう ①物事がとどこおって、うごかないでいること。例 事務が滞留する。②旅先で、長くとどまること。滞在。

下につく熟語 延▼滞・▼渋▼滞・*▼遅▼滞・▼沈▼滞

シ－10画

【滝】

13画 常用 シ－16画 〔瀧〕19画 人名 〔滝〕明朝

音 — 訓 たき

意味 高いところからながれおちる水。たき。

名まえで使う読み たき・たけし・よし・りょう

【▼滝口】たきぐち たきの水がおちはじめるところ。

【▼滝▼壺】たきつぼ たきの水がおちこむ、ふかいところ。

シ－10画

【溺】

13画 常用 〔溺〕明朝

音 デキ 訓 おぼれる

意味 ❶水に、おぼれる。「▼溺死」 ❷心をうばわれる。「▼溺愛・▼惑▼溺(＝あることに心をとらわれたじょうたいであること)」

【▼溺れる者はわらをもつかむ】おぼれるものはわらをもつかむ 句 ひじょうにこまっている人は、たよりにならないものでもたよりにするというたとえ。

4画

【溺愛】できあい　度をこえてかわいがること。例初孫を溺愛する。

漠

氵－10画　【漠】13画　常用　〈漠〉明朝

音 バク　訓 —

なりたち 形声　莫(かくれて見えない)と氵(=水)を合わせた字。一面になにも見えない「さばく」をあらわした。→莫395

意味 ❶広々としてなにもない。「広漠」 ❷ぼんやりしている。「漠然」 ❸すなはら。「砂漠」

【漠然】ばくぜん　まとまりのないようす。はっきりしないようす。例漠然とした話。

滅

氵－10画　【滅】13画　常用　〈滅〉明朝

音 メツ　訓 ほろびる・ほろぼす

意味 ❶ほろびる。ほろぼす。「全滅」 ❷明かりがきえる。「点滅」

【滅却】めっきゃく　きえてほろびること。けしてほろぼすこと。

【滅菌】めっきん　熱やくすりで細菌をころすこと。例滅菌ずみのガーゼ。

【滅相】めっそう　とんでもないようす。例滅相もない。

【滅亡】めつぼう　ほろびること。例インカ帝国は、一六世紀に滅亡した。

下につく熟語 隠滅・壊滅・撃滅・幻滅・死滅・自滅・消滅・絶滅・破滅・不滅・撲滅・摩滅・磨滅・明滅

溶

氵－10画　【溶】13画　常用　〈溶〉明朝

音 ヨウ　訓 とける・とかす・とく

なりたち 形声　容(入れる)と氵(=水)を合わせた字。水の中に物を入れ、まぜてとかすことをあらわした。→谷971 →容299

意味 とける。とかす。「溶解」

【溶液】ようえき　二種類以上の物質がとけてまざりあっている液体。

【溶解】ようかい　ものが液体にとけること。また、とかすこと。

【溶岩】ようがん　火山のふん火によって地表にながれ出たマグマが、ひえてかたまったもの。

【溶鉱炉】ようこうろ　鉄や銅などの金属をとるために、鉱石を高い熱でとかすしかけ。

【溶質】ようしつ　溶液にとけている物質。参考 食塩水は、食塩が溶質で、水が溶媒。対 溶媒

【溶接】ようせつ　高い熱で金属をとかして、つなぎあわせること。

【溶媒】ようばい　溶液をつくるとき、溶質をとかす液体。対 溶質

溜

氵－10画　【溜】13画　人名　〈溜〉明朝

音 リュウ　訓 たまる

意味 ためる。たまる。また、たまり。「溜め息・溜飲」

名まえで使う読み たまる・たり

【溜飲が下がる】りゅういんがさがる　句 これまでの不平・不満がなくなって、胸がすっとする。参考「溜飲」は、食べたものが消化されずにこみあげてくる、すっぱい液のこと。

【塗】13画　土部10画 ↓242ページ

演

氵－11画　【演】14画　5年　〈演〉明朝

音 エン　訓 —

※「エンじる」ともつかう。

5画めは左下に引き、「宀」を横広にしてその内部を組みこむ。14画めは止める。

1	2	3	4	5	6	7	8
丶	冫	氵	氵'	氵'	氵宀	氵宀	氵宀

9	10	11	12	13	14
演	演	演	演	演	演

なりたち 形声　寅と氵(=水)を合わせた字。寅は、矢(や)と臼(両手)を合わせて、両手で矢をまっすぐにのばすようす。長くのびるというイメージをも

つ。演は、水が長くのびてながれるようすを図にして、長く引きのばすことをあらわした。

→寅300

意味 ❶のべる。「演説・講演」 ❷おこなう。じっさいにやってみる。「演習・演劇・上演」

名まえで使う読み えん・のぶ・ひろ・ひろし

【演技】えんぎ 大勢の人の前で、しばいやおどりなどのわざを見せること。また、そのわざ。例 みごとな演技をみせる。

【演芸】えんげい たくさんの人を楽しませる、しばい・落語・歌・おどりなどの芸。例 演芸大会。

【演劇】えんげき はいゆうが脚本をもとにしてぶたいでするげき。しばい。

【演算】えんざん 数学で、式のしめすとおりに計算すること。

【演習】えんしゅう ①じっさいのときのように、練習すること。また、その練習。例 予行演習。②大学などで、学生が先生といっしょに研究し意見をのべあうこと。ゼミナール。

【演出】えんしゅつ 脚本にしたがって、はいゆうに演技をさせたり、そうち・音楽・照明などをまとめたりすること。

【演説】えんぜつ 大勢の人の前で、自分の意見をのべること。また、その話。

【演奏】えんそう 大勢の人の前で、楽器をひいて音楽をかなでること。

【演題】えんだい 演説・講演などの題名。

【演▼壇】えんだん 演説・講演などをするための一だん高い場所。例 演壇に立つ。

下につく熟語 開演・共演・競演・公演・講演・再演・実演・主演・出演・初演・助演・独演・熱演

氵－11画

【漁】

14画 4年 〔漁〕明朝

音 ギョ・リョウ
訓 —

4画めは長めにはらう。「田」は下にせばめる。「灬」は「田」より横広に。

なりたち 形声 魚(さかな)と氵(=水)を合わせた字。魚をとることをあらわした。→魚1098

意味 さかなをとる。「漁船・大漁」

【漁▼獲】ぎょかく 魚・貝・海そうなどをとること。また、そのとったもの。例 漁獲高。

【漁期】ぎょき/りょうき ある種類の魚・貝・海そうなどをとるのに適した時期。

【漁業】ぎょぎょう 魚や貝などを、とったりそだてたりする仕事。例 遠洋漁業。

【漁区】ぎょく 魚や貝などをとることがゆるされている場所。

【漁港】ぎょこう 漁船が出入りし、漁業の中心となるみなと。

【漁場】ぎょじょう/ぎょば/りょうば 魚をとる場所。注意「魚場」と書かないこと。

【漁船】ぎょせん 魚をとる船。

【漁村】ぎょそん おもに漁業で生活している村。

【漁夫の利】ぎょふのり 故事成語 ふたりがあらそっているすきに、ほかの人がえる利益。参考 ㋐貝を食べようとした鳥が、くちばしをからではさまれてしまい、貝とあらそっているところに漁師が来て、鳥も貝もとらえたという、中国の古い話から。㋑「漁夫」は「漁父」とも書く。

漁夫の利

【漁民】ぎょみん 魚や貝などをとることを仕事にしている人々。漁師。

【漁▼網】ぎょもう 魚をとるのにつかうあみ。参考「魚網」とも書く。

【漁師】りょうし 魚や貝などをとることを仕事にしている人。漁夫。漁民。

下につく熟語 禁漁・出漁・不漁・豊漁・密漁

氵－11画

【漆】

14画 常用 〔漆〕明朝

音 シツ
訓 うるし

4画

意味 樹木の、ウルシ。またその樹液。▽樹液はまっ黒な塗料にされ、わんやはしなどの塗り物につかわれる。「▽漆器・▽漆▽塗り」

【▽漆器】しっき うるしをぬって仕上げた道具。

【▽漆黒】しっこく うるしをぬったように黒くてつやのあること。例 漆黒の闇。

シ－11画

【漸】

14画 常用 〔漸〕明朝

音 ゼン 訓 —

意味 だんだん。しだいに。「▽漸次・▽漸増」

名まえで使う読み すすむ・ぜん・つぐ

【▽漸減】ぜんげん だんだんへること。例 輸入が漸減する。対 漸増

【▽漸次】ぜんじ だんだん。しだいに。例 問題点は漸次改善する。注意 「ざんじ」と読まないこと。

【▽漸進】ぜんしん 順をおって、少しずつすすむこと。例 技術が漸進する。対 急進 注意 「斬進」と書かないこと。

【▽漸増】ぜんぞう だんだんふえること。例 交通事故が漸増する。対 漸減

シ－11画

【漕】

14画 人名 〔漕〕明朝

音 ソウ 訓 こぐ

意味 こぐ。「▽漕手」

シ－11画

【漱】

14画 人名 〔漱〕明朝

音 ソウ 訓 すすぐ

意味 うがいをする。すすぐ。あらう。「▽漱石」

名まえで使う読み すすぐ・そう

【▽漱石▽枕流】そうせきちんりゅう 四字熟語 がんこな態度で、自分のあやまりを人に指摘されてもなおそうとしないこと。また、負けおしみで、むりにこじつけることのたとえ。

シ－11画

【漬】

14画 常用 〔漬〕明朝

音 — 訓 つける・つかる

なりたち 形声 責(つみ重なる)とシ(＝水)を合わせた字。やさいなどを水の中につけることをあらわした。→責978

意味 つけものにする。「味▽噌▽漬け」

【▽漬け物】つけもの やさいなどを、しお・ぬか・みそなどにつけた、食べ物。

下につく熟語 ▽糠▽漬け・*塩▽漬け・*酢▽漬け・*奈良▽漬け・

シ－11画

【滴】

14画 常用 〔滴〕明朝

音 テキ 訓 しずく・したたる

なりたち 形声 啇(てんてんとつらなる)とシ(＝水)を合わせた字。水がてんてんとおちることをあらわした。→適430

意味 ❶したたる。「▽滴下」 ❷しずく。「水▽滴」

【▽滴下】てきか／てっか しずくになって、したたりおちること。また、おとすこと。

下につく熟語 *雨▽滴・*数▽滴・点▽滴

シ－11画

【漂】

14画 常用 〔漂〕明朝

音 ヒョウ 訓 ただよう

なりたち 形声 票(ふわふわと軽い)とシ(＝水)を合わせた字。水面に軽くふわふわとうかぶようすをあらわした。→票796

意味 ❶ただよう。「▽漂着」 ❷さらす。「▽漂白」

【▽漂着】ひょうちゃく 波にただよって、ながれつくこと。例 難破船が漂着する。

1【▽漂白】ひょうはく ぬのなどをくすりや水にさらして白くすること。例 ふきんを漂白する。／漂白剤。

2【▽漂泊】ひょうはく ①ながれただようこと。②あてもなく、さすらい歩くこと。例 漂泊の詩人。

【▽漂流】ひょうりゅう こしょうした船などが、波にただよってながれること。例 釣り船が漂流する。

シ－11画

【漫】

14画 常用 〔漫〕明朝

音 マン 訓 —

こたえ ほが(朗)らか。(良〔良〕＋月)。

意味 ❶とりとめがない。「漫談」 ❷なんとなく。「漫遊」 ❸しまりがない。「冗漫」

名まえで使う読み ひろ・まん・みつ

【漫画】まんが 実際のできごとや、ものがたりなどを、おもしろくかいた絵。参考「劇画」もふくめる。

【漫才】まんざい ふたり以上の人が組んで、たがいにこっけいなことを言い合いながら、客をわらわせる演芸。

【漫然】まんぜん とくに目的のないようす。ぼんやりとしているようす。例 漫然とくらす。

【漫談】まんだん ①とりとめのない話。②世の中のことなどを、おもしろおかしく話し、客をわらわせる演芸。

【漫遊】まんゆう 気のむくままに、あちこちを旅行して回ること。例 諸国漫遊。

漫遊

下につく熟語 散漫・放漫・*爛漫

氵－11画 【漣】14画 人名 〈漣〉明朝 音 レン 訓 さざなみ

なりたち 形声 連(ずるずるとつながる)と氵(=水)を合わせた字。ずるずるとつながって寄せる「さざなみ」をあらわした。

意味 ❶さざなみ。こまかく立つ波。❷つらなって流れるなみだ。

名まえで使う読み なみ

氵－11画 【漏】14画 常用 〈漏〉明朝 音 ロウ 訓 もる・もれる・もらす

意味 もらす。もれる。「漏電・遺漏」

【漏洩】ろうえい 秘密などがもれること。また、もらすこと。例 機密が漏洩する。

【漏水】ろうすい 水がもれること。

【漏電】ろうでん 電線や電気器具がこしょうして、電気が外にながれること。

【漏斗】ろうと 液体をびんにうつすときなどにつかう、アサガオの花のような形をした道具。じょうご。

氵－12画 【潰】15画 常用 〈潰〉明朝 音 カイ 訓 つぶす・つぶれる

意味 つぶれる。くずれる。「潰滅・倒潰」

【潰瘍】かいよう 皮ふや、胃腸などのかべをおおうねんまくが、ただれること。例 胃潰瘍。

氵－12画 【漑】15画 表外 〈漑〉明朝 音 ガイ 訓 そそぐ

意味 田畑に水をそそぎこむ。そそぐ。「▽灌漑」

氵－12画 【潟】15画 4年 〈潟〉明朝 音 ― 訓 かた

※上にくる音により「がた」ともよむ。

「臼」を「臼」にしない。「臼」よりも「勹」を横広にして、中に「灬」を組みこむ。

なりたち 形声 舄(べつの場所にうつる)と氵(=水)を合わせた字。海水がうつってできたところをあらわした。→写117

意味 潮がみちてくるとかくれ、ひくとあらわれる砂地。「干潟・潟湖」 ▽県名でつかわれる。「新潟県」

氵－12画 【潔】15画 5年 〈潔〉明朝 音 ケツ 訓 いさぎよい*

※下にくる音により「ケッ」ともよむ。

「糸」を△形にして上部を支える。13画めは次へ向けて左にはねてもよい。

4画

なりたち 形声
→潔

もとの字は「潔」。絜と氵(=水)を合わせた字。丯は、たての線に三つの切りこみを入れるようす。㓞は、丯と刀を合わせて、はものできざみ目を入れるようす。㓞と糸を合わせた絜は、糸のよごれをごしごしとけずっておとすようす。潔は、水をそそいでよごれをあらいおとすようすをあらわした。↓契269

意味 ❶**けがれがなく、きよらかだ。**「清潔」 ❷**さっぱりして、いさぎよい。**「簡潔」

名まえで使う読み きよ・きよし・けつ・ゆき・よし

【潔▼斎】 けっさい 神やほとけにつかえる前に、心もからだもきよめること。例 精進潔斎して神社におまいりする。

【潔白】 けっぱく 心やおこないに、やましいところのないこと。例 身の潔白を証明する。

【潔▼癖】 けっぺき ①きたないものをひどくきらうこと。きれいずき。例 潔癖症。②正しくないことをひどくきらうこと。例 お金に潔癖な人。

下につく熟語 高潔・純潔・不潔

氵－12画

【潤】

15画 常用 〈潤〉明朝

音 ジュン
訓 うるおう・うるおす・うるむ

なりたち 形声 閏(あまる)と氵(=水)を合わせた字。水けがありあまるほどたっぷりとあるようすをあらわした。

意味 ❶**水けをふくむ。**「▼潤▼滑」 ❷**水けをしみわたらせる。** ❸**りっぱにする。**「▼潤色」 ❹**もうけ。**「利▼潤」

名まえで使う読み うる・うるう・うるお・さかえ・じゅん・ひろ・ひろし・まさる・ます・みつ

【▼潤▼滑油】 じゅんかつゆ 機械のふれあう部分のまさつを少なくして、すべりをよくする油。参考「潤滑」は、うるおいがあってなめらかなようすのいみ。

【▼潤色】 じゅんしょく ①表面をかざること。②もとになる文章や話を、おもしろくつくりかえること。例 事実を潤色して話す。

【▼潤▼沢】 じゅんたく ものがたくさんあって、ゆとりがあること。例 資金は潤沢にある。

下につく熟語 湿▼潤・豊▼潤

氵－12画

【潜】

15画 常用 〈潜〉明朝

音 セン
訓 ひそむ・もぐる

なりたち 形声
→潛(潜)

もとの字は「潛」。朁と氵(=水)を合わせた字。兂は、かみにさすかんざし。兂を二つならべた兟に曰(動詞の記号)をつけた朁は、すきまにもぐりこむというイメージをもつ。潜は、水の中にもぐることをあらわした。

朁のつく漢字グループ
「朁」のグループは「すきまにもぐりこむ」というイメージがある。
→潜(=潛)689 →蚕(=蠶)914

意味 ❶**水の中にもぐる。**「潜水」 ❷**こっそりかくれる。**「▼潜入・沈▼潜」

1**【▼潜行】** せんこう ①水の中をもぐってすすむこと。②ひそかにかくれて行動すること。例 地下に潜行する。

2**【▼潜航】** せんこう 船が水の中をもぐってすすむこと。例 潜航艇。

【▼潜在】 せんざい 外にあらわれないで、内部にひそかにあること。例 日常生活に潜在する問題。／潜在意識。

【▼潜在的】 せんざいてき 表にははっきり見えず、内部にひそんでいるようす。例 潜在的な能力。

【▼潜水】 せんすい 水の中にもぐること。例 潜水して調査する

【▼潜水▼艦】 せんすいかん 水の中をもぐったまますすむことのできる軍艦。

【▼潜入】 せんにゅう こっそりはいりこむこと。

漢字クイズ 朱色をした木とはなんでしょう。

例 スパイが潜入する。

【潜伏】せんぷく ①見つからないように、かくれていること。例 山中に潜伏する。②病気にかかっていながら、その症状がおもてにあらわれないこと。例 インフルエンザの潜伏期間。

【潜望鏡】せんぼうきょう 海中の潜水艦から海面に出して、海上のようすを見る望遠鏡。例 潜望鏡で敵艦を確認する。

潮

氵－12画 15画 6年 〈潮〉明朝 音 チョウ 訓 しお

「𠦝」の横画は7画めを左に長く出し、右側をそろえる。11画めは止める。

なりたち 形声 朝（ある方向にむかう）と氵（=水）を合わせた字。朝方に海水がみちてくる「あさしお」をあらわした。→朝574

意味 ❶海水のみちひ。また、海水のながれ。「満潮・潮流」❷世の中の動き。「風潮」

難しい読み 潮騒（しおさい・しおざい）・潮時・潮汐

名まえで使う読み うしお・しお・ちょう

【潮風】しおかぜ 海からふいてくる、しおけをふくんだ風。

【潮騒】しおさい／しおざい 潮がみちてくるときの、波の音。例 潮騒を聞く。

【潮境】しおざかい 暖流と寒流、また、沿岸の海水と外洋の海水とがせっする、さかいめ。

【潮路】しおじ ①海水がみちたり引いたりするときの道すじ。②船が通る道。航路。

【潮時】しおどき ①海水がみちたり引いたりする、そのとき。②あることをするのに、ちょうどよいとき。例 潮時を見て話す。

【潮干狩り】しおひがり 潮の引いた海岸で、貝などをとること。

【潮位】ちょうい 基準となる面からはかった、海面の高さ。例 潮位が上がる。

【潮汐】ちょうせき みち潮と引き潮。参考「潮」は朝の潮、または、みち潮のいみ。「汐」は夕方の潮、または引き潮のいみ。

【潮流】ちょうりゅう ①潮のみち引きによっておこる海水のながれ。②世の中のなりゆき。うつりかわり。例 時代の潮流にながされる。

下につく熟語 赤潮・親潮・干潮・黒潮・紅潮・最高潮・高潮（たか・こう）・血潮・＊引き潮・＊満ち潮

澄

氵－12画 15画 常用 〈澄〉明朝 音 チョウ 訓 すむ・すます

なりたち 形声 登（上にあがる）と氵（=水）を合わせた字。上ずみが上にあがって、水がすむことをあらわした。→登758

意味 すきとおる。「清澄・上澄み」

名まえで使う読み きよ・きよし・きよみ・きよむ・すみ・すむ・すめる・ちょう・とおる

激

氵－13画 16画 6年 〈激〉明朝 音 ゲキ 訓 はげしい

※下にくる音により「ゲッ」ともよむ。

「白」は下にせばめる。「白」と「方」の中心を合わせ、縦はばを一番長く見せる。

なりたち 形声 敫と氵（=水）を合わせた字。敫は、白（しろい）と放（四方にはなつ）を合わせて、四方に白い光をはなつようす。激は、水が四方にいきおいよくしぶきをとばすようすをあらわした。

意味 ❶いきおいが強い。はげしい。「激流」❷はげます。「激励」

【激化】げきか／げっか はげしさをますこと。例 対立が激化する。参考「劇化」とも書く。

【激減】げきげん きゅうにひどくへること。例 人口が激減する。対 激増

【激高】げきこう　はげしくいかって、こうふんすること。参考「激昂」とも書く。

【激情】げきじょう　おさえきれないほど、強くはげしくわきおこる感情。例激情にかられる。

【激戦】げきせん　はげしいたたかい。例激戦を制して勝利する。

【激増】げきぞう　きゅうにひどくふえること。例犯罪が激増する。対激減

【激痛】げきつう　はげしいいたみ。参考「劇痛」とも書く。対鈍痛

【激▼怒】げきど　はげしくおこること。例約束をやぶられ激怒した。

【激▼闘】げきとう　はげしくたたかうこと。また、そのたたかい。例決勝戦は激闘になった。

【激動】げきどう　はげしくかわり動くこと。例激動する国際情勢。

【激▼突】げきとつ　はげしいいきおいで、ぶつかること。例かべに激突する。

【激変】げきへん　ものごとのありさまや事情が、きゅうにはげしくかわること。例環境が激変した。参考「劇変」とも書く。

【激務】げきむ　ひじょうにいそがしい仕事。例激務の間をぬって遊びに行く。

【激流】げきりゅう　いきおいのはげしい、水のながれ。例激流に橋がながされる。

【激▼励】げきれい　はげまして、元気づけること。例激励の手紙。

【激▼烈】げきれつ　ひじょうにはげしいようす。例激烈な口調で反論する。

【激論】げきろん　はげしく議論すること。また、その議論。例激論をたたかわす。

下につく熟語 過激・感激・急激・▼刺激・*▼憤激

シ－13画

濁

16画 常用 〈濁〉明朝

音 ダク　訓 にごる・にごす

なりたち 形声 蜀(くっついてはなれない)とシ(=水)を合わせた字。水の中に土砂がくっついて、にごるようすをあらわした。→属325

意味 **❶にごる。にごす。**「濁流」対清 **❷けがれる。けがれ。**「▼濁世」

【▼濁音】だくおん　にごる音。「が・ざ・だ・ば」など。対清音・半濁音

【▼濁点】だくてん　濁音をあらわすしるし。「が・ぎ・ぐ・げ・ご」などの右上の「゛」。

【▼濁流】だくりゅう　(川の)にごった水のながれ。例濁流にのまれる。対清流

下につく熟語 *汚▼濁・*混▼濁・*清▼濁

シ－13画

濃

16画 常用 〈濃〉明朝

音 ノウ　訓 こい

なりたち 形声 農(ねっとりとやわらかい)とシ(=水)を合わせた字。液体がねっとりとしてこいことをあらわした。→農1008

意味 **こい。密度が大きい。**「▼濃密」対淡

名まえで使う読み あつ・あつし・のう

【▼濃厚】のうこう　①色や味などが、こいこと。対淡泊 ②その傾向が、はっきりしてくるようす。例母校の勝利が濃厚となる。

【▼濃紺】のうこん　こい紺色。

【▼濃縮】のうしゅく　液体などを、につめたりして、こくすること。例濃縮果汁。

【▼濃▼淡】のうたん　こいことと、うすいこと。例すみの濃淡がはっきりしている。

【▼濃度】のうど　きまった量の気体や液体と、その中にふくまれている成分との割合。こい、うすいのどあい。例食塩水の濃度。

【▼濃密】のうみつ　①密度などがこいようす。例濃密な空気。②こくて、こまやかなようす。例濃密な表現。

【▼濃▼霧】のうむ　ふかいきり。こいきり。例濃霧注意報。

シ－13画

澪

16画 人名 〈澪〉明朝

音 レイ　訓 みお

なりたち 形声 零(てんてんとならぶ)とシ(=水)を合わせた字。日本では「みお」のいみにもちいる。

意味 **海や川で小舟のとおる水路。みお。**「▽澪標」

【▽澪標】みおつくし　水路をしめすために水

中に立てた木のくい。

【薄】16画 艹部13画 ↓404ページ

氵−14画 【濡】17画 人名 〈濡〉明朝 音 ジュ 訓 ぬれる

意味 ぬれる。うるおう。また、ぬらす。うるおす。

氵−14画 【濯】17画 常用 〈濯〉明朝 音 タク 訓 —

なりたち 形声 もとの字は「濯」。翟(高くあがる)と氵(=水)を合わせた字。水中で上下に動かしてあらうことをあらわした。 →曜564

意味 あらいきよめる。「洗濯」

【鴻】17画 鳥部6画 ↓1103ページ

氵−15画 【濫】18画 常用 〈濫〉明朝 音 ラン 訓 —

なりたち 形声 監(一定のわく)と氵(=水)を合わせた字。水がわくをこえてあふれることをあらわした。 →監767

意味 ❶あふれる。「氾濫」 ❷むやみに。みだりに。「濫用(=乱用)」

参考 「濫発・濫造・濫読・濫伐」などの❷のいみでつかう熟語は、「濫」を「乱」にかえても同じいみになる。→「乱」(35ページ)。

【濫觴】らんしょう ものごとのはじまり。 参考 「觴」はさかずきのいみで、長江のような大きな川でも、はじまりはさかずきをうかべるほどの小さな流れだということから。

【藩】18画 艹部15画 ↓406ページ

氵−16画 【瀬】19画 常用 氵−16画 〈瀨〉19画 人名 〈瀨〉明朝 音 — 訓 せ

意味 ❶川のながれのはやいところ。「瀬戸」 ❷川のあさいところ。「浅瀬」 ❸立場。「立つ瀬」 ❹機会。「浮かぶ瀬」

難しい読み 瀬戸際

名まえで使う読み せ

【瀬戸】せと ①陸にはさまれた、せまい海。小さな海峡。例 潮のながれのはやい音戸の瀬戸。②「瀬戸物」のりゃく。

【瀬戸際】せとぎわ ものごとがうまくいくかいかないかという、だいじな分かれめ。例 勝負の瀬戸際。

【瀬戸物】せともの 茶わん・さらなどのやきもの。瀬戸やき。 参考 もとは愛知県の瀬戸地方でつくられるやきものをいった。

下につく熟語 *逢瀬・*川瀬・*早瀬

氵−16画 【瀕】19画 人名 〈瀕〉明朝 音 ヒン 訓 —

意味 ❶みずぎわ。ほとり。 ❷すれすれにせまる。「瀕死」

【瀕死】ひんし 死にかかっていること。

【藻】19画 艹部16画 ↓407ページ

【簿】19画 竹部13画 ↓831ページ

氵−17画 【灌】20画 表外 〈灌〉明朝 音 カン 訓 そそぐ

意味 ❶水をそそぎこむ。そそぐ。「灌漑」 ❷むらがりはえる。「灌木」

【灌漑】かんがい 水路をつくるなどして田や畑に水をひくこと。

【灌木】かんぼく あまり高く育たない木。 参考 「低木」の古い言い方。

氵−19画 【灘】22画 人名 〈灘〉明朝 音 タン 訓 なだ

意味 波があらくて、船が通りづらい海。「玄界灘」

火・⺣・灬の部（ひ・ひへん・れんが・れっか）
0画 火

4画 火・⺣・灬

ひ
ひへん
れんが
れっか

なりたち 火

「ひ」や熱の性質・状態・作用などに関係する字をあつめる。下につく（脚）と「灬」の形になる。

この部首の字

0画 火 693　2画 灰 694　2画 灯 695
3画 灸 695　3画 災 695　3画 灼 695　4画 炎 696　4画 炊 696
4画 炉 696　5画 為 696　5画 炭 696　5画 点 697　6画 烏 698
6画 烈 698　8画 焔 698　8画 煮 698　8画 焼 699　8画 焦 699
8画 然 699　8画 焚 699　8画 無 700　9画 煙 703　9画 煌 704
9画 煮 698　9画 照 704　9画 煎 704　9画 煤 704　9画 煩 704
9画 煉 705　10画 熊 705　10画 熔 705　11画 熙 705　11画 熟 705
11画 熱 706　12画 燕 707　12画 焼 699　12画 燈 695　12画 燃 707
12画 燎 708　13画 燦 708　13画 燭 708　13画 燥 708　14画 燿 708
15画 爆 708

ほかの部首の字

畑→田部 746　秋→禾部 802　馬→馬部 1086
庶→广部 358　淡→氵部 675　魚→魚部 1098　鳥→鳥部 1102　黒→黒部 1108
蒸→艹部 401　勲→力部 154　窯→穴部 814　黙→黒部 1109　薫→艹部 403

火－0画

【火】

4画　1年　〔火〕明朝　音 カ　訓 ひ・ほ*

※上にくる音により「び」ともよむ。

火　火

3画めは1・2画めの中心に通す。3・4画めの接点は1・2画めをこえた所で。

なりたち 象形 火

もえあがっているほのおをえがいた字。

意味 ❶もえている、ひ。「火力・聖火」「火災・出火」 ❷明かり。「灯火」 ❸もえる。火事。 ❹さしせまっている。「火急」

難しい読み 火傷（やけど・かしょう）・火▼影（ほかげ）・火屋（ほや）

【火▼炎】かえん　火の、ほのお。

1【火気】かき　火のけ。例 火気厳禁。

2【火器】かき　①火を入れる道具。火ばちなど。②鉄砲や、大砲などのこと。

【火急】かきゅう　ひじょうにいそぐこと。例 火急の用。

【火口】㊀かこう　火山の、よう岩やガスをふきだす口。ふん火口。㊁ひぐち　①火事のもえはじめの場所。②火をつける口。

【火災】かさい　火事。火事によるわざわい。

【火▼砕流】かさいりゅう　火山がふん火したとき、大量の火山灰や軽石などが、ガスといっしょに山の斜面をいっきにながれおちる現象。

【火山】かざん　地球の内部の、まっかにとけた物質が、地上にふきだしてできた山。

【火山灰】かざんばい　火山がふん火したとき、ふきあげられてふってくる、灰のような岩石のこな。

【火事】かじ　火で、家や山などがやけること。

1【火星】かせい　太陽のわく星の一つ。地球のすぐ外がわを回る。赤っぽく見える。

2【火勢】かせい　火のもえるいきおい。

【火成岩】かせいがん　地下のマグマがひえてかたまった岩石。花こう岩・安山岩など。

【火▼葬】かそう　遺体をやいて、ほうむること。

【火中の▽栗を拾う】かちゅうのくりをひろう　句 人のためにわざわざ、自分からすすんできけんなことをするたとえ。参考 サルがネコをおだてて、火の中のクリをひろわせ、ネコに大やけどをさせたという、ヨーロッパの物語から。

火中の栗を拾う

【火薬】かやく　ばくはつする薬品。ばくだん・ダイナマイト・花火などにつかう。

【火力】かりょく　①火のもえる力。火の強さ。例 火力発電。②大砲や鉄砲などのいりょく。

【火加減】ひかげん　火の強さのぐあい。例 料理の火加減をみる。

漢字クイズ　10本の金でつくったものは、なんでしょう。

【火種】ひだね ①炭火などをおこす、もとになる火。②あらそいやさわぎの原因になるもののたとえ。例 紛争の火種。

【火縄▼銃】ひなわじゅう 火縄で火をつけて、たまを発射するしくみの鉄砲。参考 日本には一六世紀につたえられた。

【火に油を注ぐ】ひにあぶらをそそぐ 句〔もえている火に油をかければ、なおよくもえるように〕いきおいの強いものに、さらにいきおいをそえることのたとえ。例 なだめるつもりのことばでよけいにおこらせてしまい、火に油を注ぐ結果になった。

【火の消えたよう】ひのきえたよう 句 急に活気がなくなって、さびしくなるようす。

【火の付いたよう】ひのついたよう 句 ①なき声のはげしいようす。例 赤んぼうが火の付いたようになく。②急で落ち着かないようす。例 早く行きなさいと、火の付いたようにせきたてる。

【火の無い所に▼煙は立たない】ひのないところにけむりはたたない 句 うわさがたつのは、なにかしら原因になることがあるからだ、というたとえ。

【火柱】ひばしら 柱のように、まっすぐに高くたちのぼるほのお。

【火▼鉢】ひばち 灰を入れ、その上に炭火をおいて、あたたまったり湯をわかしたりする道具。

【火花】ひばな ①石や金属などが、はげしくぶつかったときにとびちる火の粉。②マイナスの電気とプラスの電気がふれ合って出る光。

【火花を散らす】ひばなをちらす 句 はげしくあらそうようす。例 ライバル同士が火花を散らす大熱戦。

【火▼蓋を切る】ひぶたをきる 句 たたかい・きょうぎなどを、はじめる。参考「火蓋」は、火縄銃の発射薬を入れる火皿をおおうふた。火縄銃をうつには、まず火蓋をあけるが、それを「火蓋を切る」といったことから。

【火元】ひもと ①火事の出たところ。②火をつかうところ。火の元。例 火元に気をつける。

【火を見るよりも明らか】ひをみるよりもあきらか 句 はっきりしていて、うたがいをはさむ余地がまったくないようす。例 この計画が失敗するのは、火を見るよりも明らかだ。

【火▼影】ほかげ ともしび。明かり。

【火屋】ほや ランプなどの火をおおう、ガラス製のつつ。

火屋

【火傷】やけど／かしょう 火や熱湯などで、ひふをいためること。

下につく熟語 引火・▼鬼火・*近火・口火・下火・失火・消火・*不知火・戦火・大火・▼耐火・▼鎮火・点火・電光石火・野火・発火・花火・▼噴火・*兵火・放火・▼砲火・*防火・▼猛火

火－2画

【灰】

6画 6年 〔灰〕明朝

音 カイ*

訓 はい

※上にくる音により「ばい」ともよむ。

「厂」と「火」の中心は、「火」をやや右にずらす。3・4画めは内側に向ける。

なりたち 会意 －灰 もとの字は「灰」。ナ(=又。右手の形)と火を合わせた字。手でもえる火をあつかっているようすから、もえのこったかすをあらわした。

意味 もえがら。はい。「火山灰」

難しい読み 灰▼汁

【灰▼汁】あく ①灰を水に入れてかきまぜた、うわずみの水。②やさいなどにふくまれるしぶみ。③人の性格で、しつこくしぶといこと。どぎつさ。例 あくが強い。参考 ③はふつう、かな書きする。

【灰▽燼に帰す】かいじんにきす 句 火事で何もかももえてしまう。例 町じゅうが灰燼に帰した。参考「灰燼」は、灰ともえかすのこと。

【灰色】はいいろ 黒に白をまぜたような色。ねずみ色。グレー。

下につく熟語 石灰(せっかい・いしばい)

火－2画

【灯】

6画 4年

火－12画 【燈】16画 人名 〔灯〕明朝

音 トウ
訓 ひ*

5画めは2画めの右わきを目安に、「丁」を「火」より下げる。4画めは止める。

なりたち 形声 丁(丅形にじっと立つ)と火を合わせた字。いつも同じところに立てておく明かりをあらわした。古くから、燈(高いところにかかげるあかりのいみ)のかわりの字としてもちいられてきた。

意味 ともしび。あかり。「灯火・消灯」

難しい読み 灯明・灯▼籠

【灯火】とうか ともしび。明かり。

【灯火親しむべき候】とうかしたしむべきこう 句 気候がさわやかで夜も長い秋は、明かりのもとで本を読むのによい季節だということ。参考「候」は、季節・気候のいみ。

【灯心】とうしん あんどん・ランプなどで、灯油にひたして油をすいあげ、火をともすしん。

【灯台】とうだい ①港の入り口や、みさきなどにある塔のような高い建物。夜、明かりをつけ、船が安全に行き来できるようにする設備。②火をともす台。しょく台。

【灯台下暗し】とうだいもとくらし 句 身近なことは、近すぎるためにかえって気づかないことがあるというたとえ。参考 灯台は、建物ではなくしょく台(ろうそくを立てて火をともす台)のこと。まわりを明るくてらすが、台のすぐ下はかげになってくらいことから。

【灯明】とうみょう 神やほとけにそなえる明かり。

【灯油】とうゆ ①明かりにつかう油。②原油を、蒸留してつくった油。燃料などにつかう。

【灯▼籠】とうろう 木・石・金属などでつくったわくの中に、明かりをともすようにした道具。例 灯籠ながし。

下につく熟語 行灯・外灯・街灯・▼蛍光灯・▼幻灯・集魚灯・走馬灯・点灯・電灯・門灯

火－3画

【灸】

7画 人名 〔灸〕明朝

音 キュウ
訓 やいと

意味 漢方医学で、からだのつぼに置いたもぐさを焼いて、その熱で病気を治す方法。「▽鍼▽灸(=はりときゅう)」

火－3画

【災】

7画 5年 〔災〕明朝

音 サイ
訓 わざわい*

「巛」は横長に。6・7画めは「巛」よりも横広になるよう左右に長くはらう。

なりたち 形声 巛と火を合わせた字。巛は、𡿧がかわったもの。𡿧は、巛(=川)と一を合わせて、川がふさがれるようす。さえぎりとめるというイメージをもつ。災は、順調な生活のじゃまをする自然のわざわいをあらわした。

意味 不幸なできごと。わざわい。「災難」

【災▼禍】さいか 「災害」と同じ。

【災害】さいがい 地震・火事・台風などからうける、思いがけないわざわい。災禍。災厄。

【災難】さいなん 思いがけなくおこる、不幸なできごと。

【災▼厄】さいやく 「災害」と同じ。

下につく熟語 火災・▼震災・人災・*水災・戦災・息災・天災・▼被災・防災

火－3画

【灼】

7画 人名 〔灼〕明朝

音 シャク
訓 やく

意味 ❶やく。あぶってやく。❷まっか。あかるい。「▽灼熱」

【▽灼熱】しゃくねつ まっかにやけてあつくなること。例 灼熱の太陽。

こたえ はり(針)。(金＋十)。

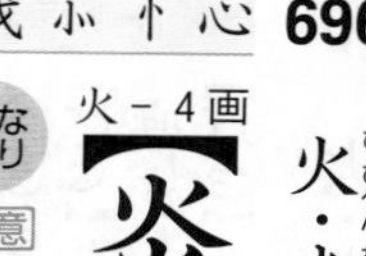

火－4画

【炎】

8画 常用 〔炎〕明朝

音 エン　訓 ほのお

なりたち 会意 火と火を合わせた字。さかんにもえるほのおをあらわした。

炎のつく漢字グループ
「炎」のグループは「うすっぺら」というイメージがある。ほのおは先たんがペラペラとゆれてもえるので、うすっぺらというイメージがとらえられる。
→淡675 →談961

意味 ❶ほのお。「火炎」 ❷はげしくもえる。「炎上」 ❸からだに熱やいたみをおこす病気。「炎症」 ❹ほのおのようにあつい。「炎熱」

【炎炎】えんえん 火がいきおいよくもえあがるようす。例 炎々ともえさかる火。参考 ふつう「炎々」と書く。

【炎暑】えんしょ きびしい、夏のあつさ。

【炎症】えんしょう からだの一部が、はれたりいたんだりすること。

【炎上】えんじょう 大きな建物・船などが、もえあがること。例 タンカーが炎上する。参考 野球で、投手が集中的に打ちこまれることや、SNSなどで批判的な意見が限度をこえてよせられることにもつかう。

【炎天】えんてん やけつくように、あつい夏の天気。例 炎天下（＝もえるようにあつい、夏の空の下）を歩く。

【炎熱】えんねつ やけつくような、夏のあつさ。

下につく熟語 胃炎・陽炎・*肝炎・気炎・*消炎・脳炎・肺炎・*鼻炎

火－4画

【炊】

8画 常用 〔炊〕明朝

音 スイ　訓 たく

意味 ごはんをたく。火で、にたきする。「炊事」

【炊煙】すいえん 食物をにたきする、かまどのけむり。

【炊事】すいじ 食物をにたきして料理すること。

【炊飯器】すいはんき ごはんをたく器具。

下につく熟語 自炊・雑炊

火－4画

【炉】

8画 常用 〔炉〕明朝

音 ロ　訓 ―

意味 かまど。こんろ。「暖炉・囲炉裏」

【炉端】ろばた いろりや暖炉のそば。炉辺。

【炉辺】ろへん 「炉端」と同じ。

下につく熟語 懐炉・*原子炉・*香炉・溶鉱炉

⺣－5画

【為】

9画 常用　爪－8画【爲】12画 人名 〔為〕明朝

音 イ　訓 ―

なりたち 会意 もとの字は「爲」。爪（下むきの手）と象（ゾウ）を合わせた字。ゾウをかいならすようすから、自然のものに手をくわえることをあらわした。

意味 する。おこなう。「行為」

参考 ひらがな「ゐ」のもとになった字。

難しい読み 為替

名まえで使う読み い・さだ・しげ・すけ・た・ため・ち・なり・ゆき・よし・より

【為政者】いせいしゃ 政治をおこなう人。

【為替】かわせ お金をおくるとき、現金を、じかにおくらないで、現金のかわりになる書きつけにしておくる方法。また、その書きつけ。例 為替手形。

下につく熟語 作為・人為・無為・*有為

火－5画

【炭】

9画 3年 〔炭〕明朝

音 タン　訓 すみ

※上にくる音により「ずみ」ともよむ。

炭　炭

「山」は横長に。4画めは「山」より長く。「火」の中心がやや右へずれる。

炭

なりたち 会意 炭
山と厂(石)と火を合わせた字。山からほりだされる石炭をあらわした。

意味 ❶木をむしやきにしてつくった燃料。すみ。「木炭」 ❷石炭。「炭▼坑」 ❸炭素。「炭酸」

難しい読み 炭団

使い分け 習字でつかう「すみ」は、「墨」と書く。

【炭火】すみび　炭でおこした火。

【炭団】たどん　炭の粉をねりかため、まるくした燃料。

【炭化】たんか　動物・植物など有機物が分解して、炭素だけがのこること。

【炭▼坑】1 たんこう　石炭をほりだす、あな。

【炭鉱】2 たんこう　石炭をほりだしている鉱山。

【炭酸】たんさん　二酸化炭素が水にとけてできる、弱い酸。例 炭酸水。

【炭水化物】たんすいかぶつ　炭素・水素・酸素からできている化合物。植物がつくるでんぷんなど。参考 動物のおもな栄養素の一つ。

【炭素】たんそ　元素の一つ。石炭・石墨・ダイヤモンドなどは、炭素のかたまったもの。

【炭田】たんでん　石炭がたくさんうまっていて、それをほりだしている地域。

下につく熟語 *採炭・▼薪炭・石炭・練炭

灬－5画

【点】

9画 2年 〔点〕明朝

音 テン
訓 —

「灬」は「占」より横広に。「灬」は全て止め、最初の点を右下に引いてもよい。

点

なりたち 形声 もとの字は「點」。占(くっつく)と黒(くろい)を合わせた字。ある場所にくっついてとれない、黒いしるしをあらわした。→占169

意味 ❶小さいしるし。「点線」 ❷てんすう。せいせき。「採点」 ❸場所。「地点」 ❹ことがら。「要点」 ❺火・明かりをつける。「点火」 ❻しらべる。「点検」 ❼ちょっといれる。「点眼」

【点火】てんか　火をつけること。例 ストーブに点火する。

【点画】てんかく　漢字を形づくる点と線。

【点眼】てんがん　目ぐすりを目にさすこと。

【点検】てんけん　一つ一つしらべること。けんさすること。例 服装の点検をする。

【点呼】てんこ　名前をよんで、人数をしらべること。例 点呼をとる。

【点在】てんざい　あちこちに、ちらばってあること。例 農家が点在する。

【点字】てんじ　紙の表面にとびだした小さな点を組み合わせた、目の不自由な人が、指先でさわって読む文字(=符号)。

【点心】てんしん　中華料理で、食事代わりにする軽い食べ物。または、茶菓子。

【点数】てんすう　①成績をあらわす数字。②品物などの数。例 出品作の点数。

【点線】てんせん　点をならべてかいた線。対 実線

【点▼滴】てんてき　①水や雨のしずく。②「点滴注射」のりゃく。注射針のついたくだで病人にくすりの液や血液などを少しずつ入れること。

【点▼滴石をうがつ】てんてきいしをうがつ　故事成語 雨だれが長い間に石にあなをあけてしまうように、小さな力でもしんぼう強く努力しつづければ、いつかは成功するというたとえ。参考 ㋐「点滴」は、雨だれのこと。「うがつ」は、あなをあけるいみ。㋑「雨だれ石をうがつ」ともいう。

【点点】てんてん　①点をうったように、あちこちにちらばってあるようす。例 沖に点々と、つり船が見える。②ぽたぽたと、しずくになっておちるようす。参考 ふつう「点々」と書く。使い分け てんてん「転転・点点」→1001ペ

漢字クイズ 「□の耳に念仏」。□にはいる漢字はなんでしょう。ヒント 動物の名前です。

ージ）

【点灯】てんとう　明かりをつけること。対消灯

【点▼描】てんびょう　①物の形を、線をつかわずにこまかい点であらわす、絵のかき方。②人物やことがらのとくちょうを、簡潔な文章で書きあらわすこと。例先生の横顔を点描する。

【点▼滅】てんめつ　明かりが、ついたりきえたりすること。また、つけたりけしたりすること。

【点訳】てんやく　文字や文章を、点字になおすこと。

下につく熟語 ▼汚点・合点（がってん・がてん）・観点・起点・基点・＊極点・▼拠点・＊句点・句読点・欠点・原点・減点・紅一点・交点・黒点・支点・＊時点・弱点・終点・重点・▼焦点・＊接点・争点・▼濁点・頂点・読点・同点・得点・難点・美点・氷点・満点・▼盲点・力点・利点

【畑】9画　田部4画　↓746ページ

【秋】9画　禾部4画　↓802ページ

灬－6画

【烏】10画

人名　〔烏〕明朝

音ウ　訓からす

なりたち 指事　鳥から、鳥の黒い目玉をあらわす部分の一をはぶいた字。全身が黒くて、目玉がわからない鳥、「カラス」をあらわした。

意味 鳥の、カラス。「▽烏合・旅▽烏」

名まえで使う読み からす

【▽烏合の衆】うごうのしゅう　故事成語　カラスのあつまりのように、規律のないよせあつめの人々。

灬－6画

【烈】10画

常用　〔烈〕明朝

音レツ　訓はげ＊しい

なりたち 形声　列（左右に分かれる）と灬（＝火）を合わせた字。火花が分かれてはげしくもえるようすをあらわした。↓列130

意味 はげしい。「▽猛烈」

注意 「列」とまちがえないこと。

名まえで使う読み あきら・いさお・たけ・たけし・つよ・つら・やす・よし・れつ

【烈火】れっか　いきおいよくもえる火。例烈火のごとくいかる。参考 ひどくおこるようすにたとえる。

【烈日】れつじつ　①強くてりつける夏の太陽。②太陽のようにはげしいいきおい。

【烈風】れっぷう　はげしくふく風。

下につく熟語 強▼烈・激▼烈・鮮▼烈・壮▼烈・痛▼烈

【馬】10画　馬部0画　↓1086ページ

【庶】11画　广部8画　↓358ページ

【淡】11画　氵部8画　↓675ページ

【魚】11画　魚部0画　↓1098ページ

【鳥】11画　鳥部0画　↓1102ページ

【黒】11画　黒部0画　↓1108ページ

火－8画

【焰】12画

人名　〔焰〕明朝

音エン　訓ほのお

意味 ほのお。「火▽焰」

灬－8画

【煮】12画

常用

灬－9画

【煮】13画

人名　〔煮〕明朝

音シャ　訓にる・にえる・にやす

なりたち 形声　者（＝集中させる）と灬（＝火）を合わせた字。熱を加えてものをにることをあらわした。↓者873

意味 にる。にえる。「▼煮沸・▼煮え湯」

【▼煮▼沸】しゃふつ　（水などを）にえたたせること。わかすこと。例煮沸消毒。

【▼煮物】にもの　食べ物をにること。また、にた食べ物。

▼煮

下につく熟語 *甘▼煮・*甘▼露▼煮・雑▼煮・*▽佃▼煮

火－8画

【焼】

12画 4年

火－12画 〔燒〕 16画 人名

〔焼〕明朝

音 ショウ*

訓 やく・やける

「火」は縦長に。6画めが7画めに、8・9画めが10画めに接してもよい。

なりたち 形声 燒－燒（焼）

もとの字は「燒」。堯（高く上がる）と火を合わせた字。火やけむりを高く上げながら、物がもえることをあらわした。→尭102

意味 **やく。やける。** 「焼失・燃焼・焼き物」

【焼▼却】しょうきゃく　やきすてること。**例** ごみを焼却する。

【焼香】しょうこう　死んだ人をとむらうために、香をたいておがむこと。

【焼死】しょうし　火事などで、やけ死ぬこと。

【焼失】しょうしつ　火事でやけて、なくなること。**使い分け** しょうしつ「消失・焼失」→666ページ

【焼け石に水】やけいしにみず **句** やけた石に少しの水をかけてもひやすことができないように、わずかな努力や援助ではききめがないということ。

下につく熟語 延焼・全焼・半焼・類焼

灬－8画

【焦】

12画 常用

〔焦〕明朝

音 ショウ

訓 こげる・こがす・こがれる・あせる

意味 ❶**こげる。こがす。** 「▽焦▽土」 ❷**いらいらする。あせる。** 「▽焦▽燥」

【焦▼燥】しょうそう　あせっていらいらすること。あせり。いらだち。**例** 不安と焦燥の毎日。／焦燥感にかられる。

【焦点】しょうてん　①光が、レンズや鏡で屈折、または反射してあつまる点。**例** 焦点距離。②人々の注意や関心のあつまるところ。**例** ニュースの焦点。

【焦土】しょうど　①やけて黒くなった土。②家や草木がやけて、あとかたもなくなった土地。**例** 原爆で、町は一瞬にして焦土と化した。

【焦眉の急】しょうびのきゅう **句** （まゆ毛が火でこげるような）さしせまったことがら。

【焦▼慮】しょうりょ　あせって気をもむこと。**例** 救出に焦慮する。

灬－8画

【然】

12画 4年

〔然〕明朝

音 ゼン・ネン

訓 —

「灬」を2・7画めの間におさめるとよい。3・4画めは1画めに接しなくてもよい。

なりたち 形声 燃－然

肰と灬（＝火）を合わせた字。肰は、夕（＝肉）と犬を合わせて、犬の肉のこと。然は、犬の肉をもやすようすをあらわした。のちに、「それ」「そのとおり」のいみにもちいられた。

意味 ❶**そのとおり。**「当然」 ❷**あることばの下につけて、ようす・ありさまなどをあらわすことば。**「突然・平然・学者然」

名まえで使う読み しか・ぜん・なり・ねん・のり

下につく熟語 ▼依然・偶然・*決然・厳然・公然・雑然・自然・純然・整然・全然・▼騒然・泰然・断然・▼超然・天然・同然・必然・▼憤然・▼漫然・未然・▼猛然・歴然

火－8画

【焚】

12画 人名

〔焚〕明朝

音 フン

訓 たく

意味 **やく。たく。** 「▽焚き火」

こたえ 馬。「馬の耳に念仏（＝ひとの忠告や意見を聞き入れようとしないことのたとえ）」。

灬−8画

【無】

12画 4年 〔無〕明朝

音 ム・ブ
訓 ない

最長の横画は3画めでも8画めでも、4〜7画めは2画めに接しても接しなくても可。

なりたち 象形 両手に物を持っておどる人をえがいた字。神の前で、こちらにないものを求めようといのりつつおどるすがた。そこで「ない」ことを「無」で、「おどる」ことを「舞」で書きわけるようになった。

意味 ❶何もない。「無力」 対 有 ❷…でない。「無視」

難しい読み 無遠慮・無一文・無造作

【無愛想】ぶあいそう／ぶあいそ あいきょうがなくて、感じがわるいこと。例 無愛想な店員。

【無遠慮】ぶえんりょ えんりょしないようす。かってきままにふるまうようす。例 無遠慮にじろじろ見る。

【無気味】ぶきみ きみがわるいこと。参考「不気味」とも書く。

【無器用】ぶきよう 手先の仕事がへたなこと。対 器用 参考「不器用」とも書く。

【無骨】ぶこつ れいぎ作法を知らなくて、あらあらしいこと。また、風流がわからないこと。例 無骨な男。参考「武骨」とも書く。

【無作法】ぶさほう れいぎにはずれて、ぎょうぎがわるいこと。参考「不作法」とも書く。

【無様】ぶざま かっこうのわるいこと。みっともないこと。例 無様にひっくりかえる。参考「不様」とも書く。

【無事】ぶじ 何もかわったことがなく、安全なこと。例 無事に家についた。

【無精】ぶしょう めんどうがるようす。ものぐさ。例 無精ひげ。参考「不精」とも書く。

【無粋】ぶすい 人情みがないこと。また、やぼったいこと。例 無粋な話。対 粋 参考「不粋」とも書く。

無精

【無勢】ぶぜい 人数の少ないこと。例 多勢に無勢で、勝ちめはない。

【無難】ぶなん ①あぶなげがないこと。例 無難な方法をとる。②よくもないが、とくにわるい点もないこと。平凡なこと。例 無難な成績。

【無用心】ぶようじん 用心が足りないこと。ぶっそうなこと。例 かぎをかけないなんて無用心だ。参考「不用心」とも書く。

【無頼】ぶらい きまった仕事がなく、わるいことを平気ですること。例 無頼のやから。／無頼漢(=ならずもの)。

【無礼】ぶれい れいぎにはずれていること。失礼。例 無礼をわびる。

【無為】むい ①自然のままで、手をくわえないこと。対 作為 ②何もしないでいること。例 無為に日をすごす。

【無意識】むいしき 自分で自分のしていることに気がつかないこと。例 無意識につめをかむ。

【無医村】むいそん 医者がひとりもいない村。

【無一物】むいちもつ／むいちぶつ 財産などが、何もないこと。例 火事で無一物になる。

【無一文】むいちもん お金がまったくないこと。

【無意味】むいみ はっきりしたいみや、ねうちがないこと。つまらないこと。

【無益】むえき 役に立たないこと。むだなこと。例 無益なあらそい。対 有益

【無縁】むえん ①まったく関係がないこと。例 お金には無縁だ。②仏教で、死んだあと、とむらう縁者のないこと。例 無縁仏。

【無害】むがい 害のないこと。対 有害

【無学】むがく 学問を身につけていないこと。

【無我夢中】むがむちゅう 四字熟語 そのことだけにいっしょうけんめいになり、ほかのことをわすれること。例 無我夢中で逃げだす。

はありません。

注意「無我無中」と書かないこと。

【無関係】むかんけい 何のつながりもないこと。

【無関心】むかんしん きょうみをもたないこと。気にかけないこと。例 無関心な態度。

1【無期】むき いつまでと、ものごとの期限がきまっていないこと。例 無期延期。

2【無機】むき 生きていくはたらきをもっていないこと。対 有機

【無機質】むきしつ 栄養素の一つ。ミネラル。鉄・カルシウム・マグネシウムなど。例 無機質な声。参考「命をもたない」「感情のない」といういみでつかうことがある。

【無傷】むきず ①きずがないこと。②一度もまけたりしっぱいしたりしたことがないこと。例 無傷で決勝戦にすすむ。

【無機的】むきてき 生命をもたないようす。あたたかみがなくて、冷たいようす。例 コンクリート造りの無機的な建物。対 有機的

【無▼軌道】むきどう ①レールがないこと。②することが、でたらめなようす。例 無軌道な生活を送る。

【無記名】むきめい 自分の名前を書かないこと。例 無記名投票。

1【無休】むきゅう 休み・休日がないこと。例 年中無休。

2【無給】むきゅう 給料をもらわないこと。例 無給ではたらく。対 有給

【無気力】むきりょく ものごとをしようとする元気がないこと。例 無気力な日々をおくる。

【無▼菌】むきん 細菌がいないこと。例 無菌室。

【無口】むくち 口数が少ないこと。また、その人。例 きょうはやけに無口だ。

【無形】むけい はっきりと形になってあらわれないこと。また、形のないもの。例 無形文化財。対 有形

【無芸】むげい 人前で見せる芸を身につけていないこと。例 無芸大食。対 多芸

【無計画】むけいかく 前もって方法や手順を考えないでおこなうこと。

【無限】むげん どこまでもかぎりがないこと。おわりのないこと。対 有限

【無効】むこう ききめのないこと。また、役立たないこと。例 期限切れで無効になったきっぷ。対 有効

【無根】むこん 事実であるとする理由がないこと。例 事実無根。

【無言】むごん 何もいわないこと。

【無罪】むざい 罪がないこと。とくに、裁判で、罪がないとみとめられること。対 有罪

【無作▼為】むさくい とくべつなくふうをしないで、自然にまかせること。例 無作為にえらぶ。

【無差別】むさべつ ちがいをつけないこと。例 無差別に攻げきする。／柔道の無差別級。

【無残・無▼惨】むざん むごたらしいようす。見ていられないほどいたましいようす。例 見るも無残な事故現場。

1【無私】むし 自分だけの利益をはかる気もちのないようす。例 公平無私な態度。

2【無視】むし あるものを、ないものとしてあつかうこと。例 信号を無視する。

【無地】むじ ぬのや紙全体が一色で、もようのないこと。例 無地の洋服。

【無実】むじつ 罪になるような事実がないこと。

【無実の罪】むじつのつみ じっさいにはおかしていない罪。ぬれぎぬ。例 無実の罪をはらす。

【無▼慈悲】むじひ 思いやりやあわれみの心がないこと。例 無慈悲な人。

【無▼邪気】むじゃき わるい心がなく、すなおでかわいらしいこと。例 無邪気な子。

無邪気

【無▼臭】むしゅう (くさい)においがないこと。

【無重力】むじゅうりょく 地球の引力がはたらかない状態。例 宇宙で無重力を体験する。

【無▼償】むしょう ①(あいてのためにしたことに)お礼またはつぐないのないこと。例 無

4画

償の愛。②ただ。無料。例無償でくばる。対有償

1【無上】むじょう これ以上のものがないこと。最高。例無上の光栄。

2【無常】むじょう ①仏教で、すべてのものはたえずうつりかわって、とどまることがないということ。例諸行無常。②かわりやすく、はかないこと。例人生は無常だ。／無常観。

3【無情】むじょう 思いやりのないこと。例無情にも、助けようとする人はいなかった。

【無条件】むじょうけん 何の条件もつけないこと。もんくなし。例無条件でひきうける。

【無性に】むしょうに むやみに。やたらに。例無性に腹が立つ。

1【無色】むしょく 色がついてないこと。また、つけないこと。例無色透明の液体。

2【無職】むしょく きまったつとめや仕事をもっていないこと。

【無所属】むしょぞく どこにも所属してないこと。どの政党にもはいっていないこと。例無所属で立候補する。

【無心】むしん ①むちゅうになって、何かをしているようす。例無心に遊ぶ子ども。②お金や品物をねだること。例お金を無心する。

【無人】むじん ①人がすんでいないこと。例無人島。②機械などをあつかう人が、いないこと。例無人駅。

【無神経】むしんけい 感じ方がにぶくて、ほかの人の気もちやめいわくを考えずに行動すること。例無神経な発言。

【無▼尽蔵】むじんぞう いくらとってもなくならないほど、たくさんあること。例無尽蔵な地下資源。

【無人島】むじんとう 人の住んでいない島。

【無数】むすう かぞえきれないほど、たくさんあること。例無数の星。

【無声】むせい 声がないこと。また、声を出さないこと。例無声映画。

【無制限】むせいげん 数や量などをかぎらないこと。制限しないこと。例時間は無制限です。

【無責任】むせきにん とうぜんしなければならないつとめや役わりを、はたさないこと。

【無節操】むせっそう しっかりした意見や立場などがないこと。例無節操な行動。

1【無線】むせん ①放送や通信で、電線をつかわないこと。対有線 ②電線ではなく、電波を利用する通信手段の「無線電信」「無線電話」のこと。

2【無銭】むせん お金をもたないこと。また、お金をはらわないこと。例無銭飲食。

【無造作】むぞうさ ふかく考えたり注意をはらったりしないで、気軽にすること。例無造作にかみの毛をたばねる。

【無▼駄】むだ 役に立たないこと。また、ききめがないこと。例言いわけは無駄だった。

【無断】むだん ものごとをするとき、ことわらないこと。ゆるしをうけないこと。例無断で外出してはいけない。

1【無知】むち ①知識がないこと。例電気について無知な人が多い。②おろかなこと。

2【無▼恥】むち はずかしいと思う気もちがないこと。はじを知らないこと。例厚顔無恥。参考「厚顔」はずうずうしくあつかましいようす。

【無茶】むちゃ ①すじ道がとおらないこと。例無茶な話だ。②ふつうのていどをこえていること。例自転車を無茶にとばす。

【無着陸】むちゃくりく 飛行機が、目的地につくまで、一度も地上におりないこと。

【無賃】むちん 料金をはらわないこと。例無賃乗車。

【無▼抵▼抗】むていこう さからわないこと。手むかわないこと。

【無敵】むてき あいてになるものがいないほど強いこと。例かれは天下無敵の豪傑だ。

【無鉄▼砲】むてっぽう あとがどうなるか考えずに、がむしゃらにするようす。むこうみず。無謀。例無鉄砲な性格。

【無▼添加】むてんか 食品に、着色料や防腐剤などをくわえていないこと。例無添加食品。

【無毒】むどく 毒がないこと。対有毒

【無二】むに たった一つだけで、それにかわ

たとえ)」。

るものがないこと。二つとない、すぐれたもの。例 無二の親友。

【無念】むねん ①くやしいこと。ざんねんなこと。例 無念のなみだを流す。②何も考えないこと。

【無念無想】むねんむそう 四字熟語 よけいなことは何も考えない、心がすみきった状態のこと。例 無念無想の境地にたっする。参考 「無想」も「無念」と同じいみで、何も考えないこと。

【無能】むのう 仕事をする力やうでまえがないこと。のうなし。対 有能

【無比】むひ ほかにくらべるものがないこと。最上のものであること。例 正確無比。

【無病】むびょう 病気をしないこと。

【無病息災】むびょうそくさい 四字熟語 病気をしないで健康なこと。例 一年の無病息災をいのる。参考 「息災」は、ぶじで元気なこと。このことばをもとに「一病息災」ということばがうまれた。

【無風】むふう ①風がないこと。②ほかからのえいきょうもなく、おだやかなこと。

【無分別】むふんべつ よいわるいを見分ける力のないこと。考えが足りないこと。例 無分別な行動。

【無法】むほう ①規則が無視されていること。例 無法地帯。②りくつに合わず、らんぼうなこと。例 無法ないいがかり。

【無謀】むぼう 結果がどうなるかをよく考えないで、ものごとをおこなうこと。無鉄砲。例 無謀にも屋根からとびおりる。

無謀

【無味乾燥】むみかんそう 四字熟語 おもしろみやうるおいがないこと。例 無味乾燥な話。

【無名】むめい ①名前がわからないこと。例 無名戦士の墓。②名前が世の中に知られていないこと。例 無名のピアニスト。対 有名

【無闇】むやみ ①あとさきを考えないでふるまうようす。例 無闇に信じてはいけない。②度をこしていること。例 無闇にかわいがる。

【無用】むよう ①役に立たないこと。対 有用 ②いらないこと。例 心配無用。③してはならないこと。例 立ち入り無用。

【無用の長物】むようのちょうぶつ 句 あっても役に立たないで、あるとかえってじゃまになるもの。参考 「長物」は、棒のような長いもののこと。

【無欲】むよく よくがないこと。よくばらないこと。例 無欲な人。

【無理】むり ①りくつに合わないこと。②できそうにもないこと。例 無理な計画。③おしきってすること。例 無理に食べる。

【無理解】むりかい あいての気もちや立場などを考えないこと。例 無理解な父をうらむ。

【無理難題】むりなんだい 四字熟語 できそうもない要求。例 無理難題をふっかける。

1【無料】むりょう ものごとをするのに、お金がいらないこと。ただ。例 無料の駐車場。対 有料

2【無量】むりょう 分量が多くて、はかりしれないこと。例 感慨無量。参考 「感慨」はしみじみと思う気もちのこと。

【無力】むりょく ものごとをする気力や、やりとげる力がないこと。対 有力

【無類】むるい くらべるものがない(ほどすぐれている)こと。例 無類の正直者。

【無論】むろん いうまでもなく。もちろん。例 無論参加します。

下につく熟語 有無・皆無・虚無・絶無

火－9画

【煙】

13画 常用 〔煙〕明朝

音 エン
訓 けむる・けむり・けむい

意味 ❶けむり。けむる。「禁煙」「煙突」 ❷たばこ。

難しい読み 煙管・煙草

【煙害】えんがい 工場や火山などから出るけむりによって、うける害。

【煙突】えんとつ けむりを外へ出すための長いつつ。けむだし。

【▼煙幕】えんまく 敵の目をくらますために、はりめぐらすけむり。例 煙幕をはる（＝あいてにほんとうのことを気づかれないようにごまかす）。

【▼煙管】きせる きざみたばこをすうときにつかう道具。参考 ㋐「キセル」とも書く。㋑「煙管」はあて字。もとカンボジア語。

【▼煙に巻く】けむにまく 句 大げさなことやえらそうなことをいって、相手をまごつかせる。

【▼煙草】たばこ ①ナス科の植物。②①の葉をかわかしてきざんだもの。火をつけて、すう。参考 ㋐ふつう、かな書きする。㋑もとポルトガル語。

下につく熟語 ▼喫▼煙・水▼煙（すいえん・みずけむり）・砂▼煙・▼噴▼煙・油▼煙・雪▼煙

火－9画

【煌】

13画 人名 〔煌〕明朝 音 コウ 訓 きらめく

なりたち 形声 皇（大きく広がる）と火を合わせた字。火の光が広がってかがやくことをあらわした。→王728

意味 かがやく。あかるい。「▽煌▽煌」

名まえで使う読み あき・あけ・てる

灬－9画

【照】

13画 4年 〔照〕明朝 音 ショウ 訓 てる・てらす・てれる

「灬」は「昭」より横広に。「刀」が「口」に接してもかまわない。

なりたち 形声 照－照。昭（∨形にはねかえっててらす）と灬（＝火）を合わせた字。火の光で明るくてらすことをあらわした。→召192 →昭554

意味 ❶てる。てらす。「照明」「参照」 ❷てらし合わせる。

名まえで使う読み あき・あきら・しょう・てらし・てらす・てり・てる・とし・のぶ・みつ

使い分け しょうかい「紹介・照会」→（847ページ）

【照会】しょうかい はっきりしないことを、といあわせること。例 市役所に照会する。

【照合】しょうごう 二つの物をてらしあわせて、しらべること。

【照準】しょうじゅん （鉄砲の）ねらいをさだめること。例 照準を合わせる。参考 目標にねらいをさだめるいみでもつかう。

【照度】しょうど （光にてらされている面の）光の量の度合い。単位はルクス。

【照明】しょうめい 電灯などで、明るくてらすこと。また、その明かり。

下につく熟語 *残照・対照・*日照

灬－9画

【煎】

13画 常用 〔煎〕明朝 音 セン 訓 いる

意味 いる。にる。「▽煎り豆・▽煎茶」

【▽煎▽餅】せんべい 米の粉や小麦粉をねって、うすくのばして焼いたかし。

【▽煎薬】せんやく 薬草をにつめてつくったのみぐすり。

下につく熟語 湯▽煎

火－9画

【煤】

13画 人名 〔煤〕明朝 音 バイ 訓 すす

意味 すす。「▽煤▽煙」

火－9画

【煩】

13画 常用 〔煩〕明朝 音 ハン・ボン 訓 わずらう・わずらわす

意味 ❶わずらわしい。「▽煩雑」 ❷なやんでいらいらする。「▽煩▽悩」

【▽煩雑】はんざつ こまごまと入り組んでいてわずらわしいこと。例 煩雑な手つづき。

【▽煩▽悶】はんもん なやみくるしむこと。

【▽煩▽悩】ぼんのう 人間のもっているすべてのまよいや欲望。

です。

火－9画

【煉】13画 人名 〈煉〉明朝 音レン 訓ねる

なりたち 形声 柬（よいものと、悪いものを分ける）と火を合わせた字。鉱石に熱をくわえて、よいものを残して「ねる」ことをあらわした。

意味 **悪い部分をとりのぞき、よい部分だけにする。ねる。きたえる。**「▽煉▽丹・試▽煉」

参考 ふつう「練」に書きかえる。「▽煉炭→練炭」「▽煉乳→練乳」「試▽煉→試練」

【▽煉▼獄】れんごく 天国と地獄の間にあって、たましいを清めるところ。

【蒸】13画 艹部10画→401ページ

灬－10画

【熊】14画 4年 〈熊〉明朝 音― 訓くま

※上にくる音により「ぐま」ともよむ。

3画めはらっても、7・9画めを横画で書いても、8・10画めをはねてもよい。

（筆順：1 ㇑ 2 ㇜ 3 𠂉 4 自 5 𣥂 6 自 7 自 8 能 9 能 10 能 11 能 12 能 13 熊 14 熊）

なりたち 会意 能（クマ）と灬（＝火）を合わせた字。能は、クマをえがいた字。熊は、火のように勢いがあり力強い動物であることをあらわした。

意味 **動物の、クマ。**
▽県名でつかわれる。「熊本県」

注意 「態」とまちがえないこと。

名まえで使う読み かげ・くま・ゆう

【熊手】くまで ①長い柄の先に、クマのような鉄のつめをつけた武器。②竹で、①のような形につくった道具。落ち葉やかれ草などをかきあつめるのにつかう。③酉の市などで売る、②にかざりをつけた縁起物。

火－10画

【熔】14画 表外 〈熔〉明朝 音ヨウ 訓とかす・とける

意味 **固体を熱して、とかす。また、とける。**「▽熔接・▽熔岩」

参考 ふつう「溶」に書きかえる。「▽熔岩→溶岩」「▽熔接→溶接」

灬－11画

【熙】15画 人名 〈熙〉明朝 音キ 訓ひろい

なりたち 形声 𦣞（ふっくらと大きい）と灬（＝火）を合わせた字。火の光がふわっとひろがるようすをあらわした。

意味 **ひろい。あきらか。ひろめる。**

名まえで使う読み おき・き・さと・てる・のり・ひかる・ひろ・ひろし・ひろむ・よし

灬－11画

【熟】15画 6年 〈熟〉明朝 音ジュク 訓うれ*る

※下にくる音により「ジュッ」ともよむ。

「灬」を横広にして「孰」を支える。「丸」を「九」としない。1画めは点でもよい。

（筆順：1 丶 2 亠 3 亠 4 亨 5 亨 6 享 7 享 8 享 9 孰 10 孰 11 孰 12 孰 13 孰 14 熟 15 熟）

なりたち 形声 孰と灬（＝火）を合わせた字。享は𦎧、丸は丮がかわったもの。𦎧は亯（＝享。スムーズに通る）と羊（ヒツジ）を合わせて、ヒツジによく火を通すようす。それに丮（両手をさし出す）を合わせた孰は、時間をかけてたっぷりとにこむようす。たっぷりとなじませるというイメージをもつ。熟は、火をたっぷり通してにることをあらわした。火がしんにとおるまで、やわらかくにること。→淳672

孰のつく漢字グループ
「孰」のグループは「たっぷりとなじませる」というイメージがある。
→塾243 →熟705

意味 ❶にる。にえる。「半熟」❷よくみのる。

うれる。「成熟」❸よくなれる。「熟練」

注意 「熱」とまちがえないこと。

【熟語】じゅくご 二つ以上の漢字またはことばを組み合わせてつくったことば。例 四字熟語。参考 「学校・研究所」など。↓付録「熟語について(1134ページ)」。

【熟視】じゅくし よく見つめること。例 品物を手にとって熟視する。

【熟字訓】じゅくじくん 漢字二字以上の熟語に当てられた、とくべつな訓読み。「昨日」を「きのう」、「今日」を「きょう」、「明日」を「あす」と読むなど。↓「とくべつな読み方をする熟語(1114ページ)」。

【熟睡】じゅくすい ぐっすりとよくねむること。

【熟成】じゅくせい じゅくして、じゅうぶんにできあがること。例 酒が熟成する。

【熟達】じゅくたつ なれて、じょうずになること。例 パソコンの扱いに熟達する。

【熟知】じゅくち くわしく、よく知っていること。例 事件の内容を熟知している。

【熟読】じゅくどく 文章のいみをよく考えて読むこと。例 書類を熟読する。

【熟読玩味】じゅくどくがんみ 四字熟語 じっくり読んで、内容やいみを、じゅうぶんにあじわうこと。参考 「玩味」は、ふかくあじわうこと。

【熟慮】じゅくりょ じゅうぶんに考えること。例 熟慮したうえで行動する。

【熟慮断行】じゅくりょだんこう 四字熟語 じゅうぶんに考えたうえで、思いきってやること。例 上に立つ人には、熟慮断行がもとめられる。参考 「断行」は、思いきってやること。

どうしよう…
すきです!!
熟慮断行

【熟練】じゅくれん なれていて、じょうずなこと。例 熟練した職人。／熟練者。

【熟考】じゅっこう よく考えること。

下につく熟語 円熟・習熟・早熟・未熟

灬－11画

【熱】

15画 4年 〈熱〉明朝

音 ネツ
訓 あつい

※下にくる音により「ネッ」ともよむ。

熱 熱

「灬」を横広にして「埶」を支える。5画めは曲げても、右下方向の点でもよい。

1 一 2 十 3 土 4 圥 5 夫 6 坴 7 坴 8 坴 9 𡉉 10 埶 11 埶 12 埶 13 埶 14 熱 15 熱

なりたち 形声 埶と灬(＝火)を合わせた字。埶は、藝(＝芸。植物に手を加えてそだてる)にふくまれ、手を加えて生気やエネルギーをおこすというイメージをもつ。熱は、火がもえるときにおこる熱気をあらわした。→芸386

意味 ❶温度が高い。あつい。「熱湯」❷ねつ。「熱量」❸いっしょうけんめいになる。「熱心」❹体温。「平熱」

名まえで使う読み あつ・あつし・ねつ

使い分け あつい 熱い・暑い・厚い

【熱い】ものの温度が高い。また、感情がはげしいようす。例 風呂のお湯が熱い。／熱い思いが伝わる。対 冷たい

【暑い】気温が高い。例 夏は暑い。／暑い地方。／蒸し暑い日がつづく。対 寒い

【厚い】ものの一つの面と反対側の面までのはなれ方が大きい。思いがこもっている。例 厚い本。／厚い友情。対 薄い

【熱愛】ねつあい 強くはげしく愛すること。

【熱意】ねつい ものごとにたいする、しんけん

な気もちや強いいきごみ。例 仕事に熱意をもやす。

【熱演】ねつえん しばいなどを、心をうちこんで演じること。

【熱気】ねっき ①あつい空気。例 へやには熱気がこもっていた。②高ぶった気もち。例 応援団の熱気がつたわってくる。

【熱▼狂】ねっきょう こうふんして、むちゅうになること。例 熱狂したファン。

【熱血】ねっけつ 正しいことを、どこまでもやりぬこうとする、はげしい心。例 熱血漢。

【熱源】ねつげん 熱を出すもの。

【熱射病】ねっしゃびょう ながい間あついところにいて、体温の調節がうまくできなくなっておこる病気。

【熱情】ねつじょう 一つのことにうちこむ、強くはげしい心。例 熱情あふれる話。

【熱心】ねっしん 一つのことに心をうちこんで、はげむようす。例 説明を熱心に聞く。

【熱戦】ねっせん 力のこもった試合。はげしいたたかい。例 いきづまるような熱戦。

【熱帯】ねったい 赤道を中心にした、一年じゅうあつい地方。

【熱帯夜】ねったいや 最低気温が、セ氏二五度以上のあつい夜。

【熱中】ねっちゅう そのことだけに心をうちこむこと。例 ゲームに熱中する。

【熱中▼症】ねっちゅうしょう あつさや、運動などで、体内に熱がこもってしまうことからおこる症状。体温の調節ができず、意識をなくしたりする。参考 日射病や熱射病も熱中症の一つ。

【熱湯】ねっとう にえたっている湯。

【熱病】ねつびょう 体温がひじょうに高くなる病気。マラリアなど。

【熱風】ねっぷう あつくなった風。

【熱弁】ねつべん 力のこもった、熱心な演説。また、そのような話し方。例 熱弁をふるう。

【熱望】ねつぼう 強くのぞむこと。また、そののぞみ。例 国民の熱望にこたえる。

【熱量】ねつりょう 熱を量としてあらわしたもの。ふつう、単位にはカロリーまたはジュールをつかう。例 食物の熱量。

【熱▼烈】ねつれつ はげしい心がこもっていること。例 熱烈な声援をおくる。

下につく熟語 ▼炎熱・加熱・過熱・解熱・高熱・情熱・▼耐熱・断熱・地熱（ちねつ・じねつ）・白熱・発熱・▼微熱・余熱

【勲】15画 力部13画 →154ページ

【窯】15画 穴部10画 →814ページ

【黙】15画 黒部4画 →1109ページ

灬−12画

【燕】 16画

人名 〔燕〕明朝

音 エン
訓 つばめ

なりたち 象形 ツバメのすがたをえがいた字。灬の部分は二つにわかれた尾の形。

意味 鳥の、ツバメ。「▽燕▽雀」

名まえで使う読み てる・なる・やす・やすし・よし

【▽燕▽雀いずくんぞ▽鴻▽鵠の志を知らんや】えんじゃくいずくんぞこうこくのこころざしをしらんや 故事成語 小人物には大人物の考えなどわからないというたとえ。参考 燕や雀のような小鳥に、鴻鵠（白鳥のこと）のような大きな鳥の心がわかろうか、というい み。

【▽燕▼尾服】えんびふく 公式の晩さん会などに着る、男性の礼服。上下が黒で、上着のうしろすそがツバメの尾のように二つに分かれている。

火−12画

【燃】 16画

5年 〔燃〕明朝

音 ネン
訓 もえる・もやす・もす

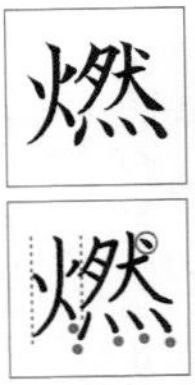

「火」を縦長にして右側をそろえ、「然」と組み合わせる。「犬」を「大」にしない。

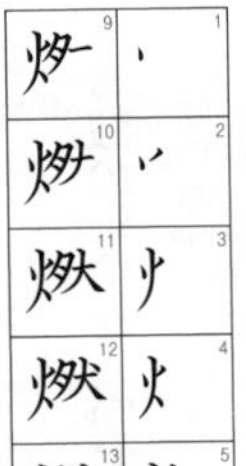

こたえ 衣。「歯に衣を着せない（＝えんりょしないで，思うことをずけずけと言うようす）」。

なりたち 形声 然（もえる）と火を合わせた字。然が「そのとおり」のいみにもちいられるようになったので、火をそえた燃で「もえる」のいみをあらわした。→然699

意味 **もえる。もやす。**「燃料」

【燃焼】ねんしょう ①ものがもえること。例 不完全燃焼。②力や意気ごみを出しつくすことのたとえ。例 若さを燃焼させる。

【燃料】ねんりょう 熱を利用するためにもやす材料。まき・石炭・ガス・石油など。

下につく熟語 *可燃・再燃・*不燃

火－12画

【燎】16画 人名 〔燎〕明朝 音 リョウ 訓 —

なりたち 形声 尞（ずるずるとつらなる）と火を合わせた字。つらなって燃える「かがりび」をあらわした。

意味 ❶**かがり火。**「▽燎火」「▽燎原」❷**たえまなくもえひろがる。**

【▽燎火】りょうか かがり火。

【▽燎原の火】りょうげんのひ 故事成語 いきおいがさかんで、ふせぎとめることができないことのたとえ。例 インフルエンザが燎原の火のごとく広がる。参考 野原につけた火がもえひろがるいみから。

【薫】16画 艹部13画 ↓403ページ

火－13画

【燦】17画 人名 〔燦〕明朝 音 サン 訓 あきらか・きらめく

意味 **かがやくようす。**「▽燦然」

【燦▽燦】さんさん 日の光がきらきらとかがやくようす。例 燦々とふりそそぐ五月の光。

参考 ふつう「燦々」と書く。

【▽燦然】さんぜん きらきらと光りかがやくようす。例 燦然とかがやく功績。

火－13画

【燭】17画 人名 〔燭〕明朝 音 ショク 訓 ともしび

意味 **ともしび。**「▽燭火」

火－13画

【燥】17画 常用 〔燥〕明朝 音 ソウ 訓 —

なりたち 形声 喿（表面にうきあがる）と火を合わせた字。火気を加えて水分がうかびあがるようすをあらわした。→操520

意味 **かわく。**「乾▼燥・焦▼燥」

注意 「操」「繰る」などとまちがえないこと。

火－14画

【燿】18画 人名 〔燿〕明朝 音 ヨウ 訓 —

意味 **かがやく。ひかり。**

名まえで使う読み てる・よう

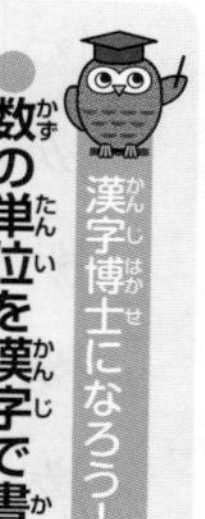

漢字博士になろう！

数の単位を漢字で書くと……

江戸時代の和算（＝日本で発達した数学）学者の吉田光由があらわした『塵劫記』という書物によれば、数の単位を次のように書きしるしています。

一・十・百・千・万・億・兆・京・垓・秭・穣・溝・澗・正・載・極・恒河沙・阿僧祇・那由他・不可思議・無量大数

「不可思議」も「無量大数」も数の単位だったのです。

火－15画

【爆】19画 常用 〔爆〕明朝 音 バク 訓 —

なりたち 形声 暴（はげしく四方に発散する）と火を合わせた字。火の粉が四方にはじけるようすをあらわした。→暴563

意味 ❶**はじける。はれつする。**「▼爆発」❷**爆弾のこと。**「▼爆▼撃」

【▼爆音】ばくおん ①火山や火薬などがばくはつするときの、はげしい音。②飛行機・自動車などのエンジンの音。

【▼爆▼撃】ばくげき 飛行機から爆弾をおとして、敵をせめること。

【▼爆笑】ばくしょう 大声でどっとわらうこ

と。

【爆弾】ばくだん 鉄のつつなどにつめた、火薬などのばくはつによって、人をころしたり建物をこわしたりする兵器。

【爆破】ばくは 火薬などをばくはつさせて、物をこわすこと。例 岩を爆破する。

【爆発】ばくはつ ①火薬や火山などが、熱・光・音を出して、はげしいいきおいではれつすること。例 火山の爆発。②おさえていた不満やいかりなどが、一度にはげしく外に出ること。

【爆発的】ばくはつてき あることが、とつぜんにものすごいいきおいで起こるようす。例 爆発的に売れた。

【爆風】ばくふう ばくはつによっておこる、はげしい風。

【爆薬】ばくやく 建物や岩などをこわすのにつかう、薬品。

下につく熟語 空爆・*原爆・*自爆・*水爆・被爆

4画 爪・爫 つめ つめかんむり のつ

なりたち 「手」「指先」「つかむ」などのいみに関係した字をあつめる。また字形のうえで目じるしとなる字もあつめる。

この部首の字

0画 爪 709
4画 采 709
4画 争 38
8画 爲 696
13画 爵 710

ほかの部首の字

瓜→瓜部 935
妥→女部 275
受→又部 183
彩→彡部 372
愛→心部 471
舜→舛部 1020
稲→禾部 807

爪－0画

【爪】 4画 常用

〔爪〕明朝 音 ソウ* 訓 つめ・つま

なりたち 象形 下向きの手の形をえがいた字。上から下をおおうようすから、「つめ」をあらわした。

意味 つめ。「爪先・爪弾く・生爪」

難しい読み 爪牙・爪痕

【爪牙】そうが ①つめと、きば。②人に害をあたえるようなやり方。例 爪牙にかかる(=ぎせいになる)。

【爪痕】そうこん／つめあと つめでひっかいたあと。

【爪に火をともす】つめにひをともす 句 ひじょうにまずしい生活をするたとえ。また、ひどくけちであるたとえ。例 爪に火をともすようにして、お金をためる。参考 ろうそくの代わりに、つめに火をともすという意味から。

【爪のあかを煎じて飲む】つめのあかをせんじてのむ 句 〔すぐれた人のつめにたまったあかを、せんじ薬のように飲んで〕その人のようになろうと心がける。例 努力家のかれの爪のあかを煎じて飲むべきだ。

下につく熟語 *貝爪・*小爪・*深爪

【瓜】 6画 瓜部0画 ↓935ページ

【妥】 7画 女部4画 ↓275ページ

爫－4画

【采】 8画 常用

〔采〕明朝 音 サイ* 訓 とる

なりたち 会意 もとの字は「采」。爫(下向きの手)と木を合わせた字。木の芽や葉をつみとるようすをあらわした。

采のつく漢字グループ 「采」のグループは「えらんで、つみとる」

漢字クイズ 「□を読む」。□にはいる漢字はなんでしょう。ヒント 魚の名前です。

というイメージがある。常用漢字では「采」になる。→彩372→菜396→採510

意味 ❶指でえらびとる。❷そとにあらわれたようす。「風▼采」

名まえで使う読み あや・うね・こと

【▼采配】さいはい ①むかし、大将が兵士をしきするときにふった道具。②さしずする。例 市長みずから采配をふる。

下につく熟語 喝▼采

【受】8画 又部6画 ↓183ページ

【彩】11画 彡部8画 ↓372ページ

【愛】13画 心部9画 ↓471ページ

【舜】13画 舛部6画 ↓1020ページ

【稲】14画 禾部9画 ↓807ページ

爫－13画

【爵】

17画 常用 〔爵〕明朝 音 シャク 訓 —

意味 華族・貴族のくらい。「男▼爵」

【▼爵位】しゃくい 貴族(華族)の階級をしめす称号。日本には公爵・侯爵・伯爵・子爵・男爵の五つがあった。

下につく熟語 *公▼爵・▼侯▼爵・*子▼爵・▼伯▼爵

漢字博士になろう!

訓読みの多い漢字

一つの漢字で、いろいろな読み方をもっている字があります。訓読みの多い字をさがしてみましょう。（*は中学校以上でならう読み）

下
した(下着) しも(川下) もと(足下)
さがる さげる
おろす おりる
くだる くだす くださる

上
うえ(父上) うわ(上着) かみ(川上)
あげる あがる
のぼる のぼせる のぼす

交
まじわる まじえる まじる
まざる まぜる
*かう *かわす

生
いきる いかす いける
うまれる うむ
*おう はえる はやす
*き なま

4画

父

ちち

なりたち

「ちちおや」に関係した字をあつめるが、この部の字は少ない。

この部首の字
0画 父 710
9画 爺 711

ほかの部首の字
斧→斤部537
釜→金部1024

父－0画

【父】

4画 2年 〔父〕明朝 音 フ 訓 ちち

※上にくる音により「プ」ともよむ。

1画めはらって2画めは止める。1画めと4画め、2画めと3画めは接しても可。

なりたち 象形

斧(おの)を手に持ってすがたをえがいた字。斧は、刃の部分が大きく平らに広がっていることから「大きい」「平らにのび広がる」というイメージをもち、一族の長や「ちち」をこの字であらわした。

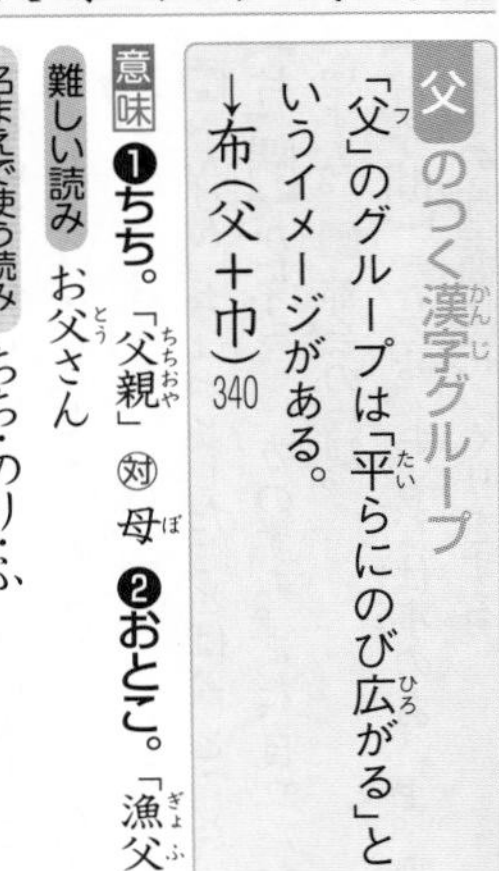
父のつく漢字グループ

「父」のグループは「平らにのび広がる」というイメージがある。
→布(父+巾)340

意味 ❶ちち。「父親」 対 母 ❷おとこ。「漁父」

難しい読み お父さん

名まえで使う読み ちち・のり・ふ

【父方】ちちかた 父親のほうの血すじ。 対 母方

【父兄】ふけい 学校へ行く子どもを、家でたすけまもる人。保護者。

【父子】ふし 父と子。

【父祖】ふそ ①おとうさんとおじいさん。②祖先。 例 父祖伝来の土地。

【父母】ふぼ/ちちはは 父と母。両親。

下につく熟語 *叔父・▼伯父・▼岳父・義父・▼継父・*厳父・*実父・▼慈父・神父・祖父・*尊父・養父・老父

【斧】 8画 斤部4画 ↓537ページ

【釜】 10画 金部2画 ↓1024ページ

父-9画
【爺】
13画 表外 〔爺〕明朝 音 ヤ 訓 じい・じじ

意味 年をとった男の人。おじいさん。「お▽爺さん・好好▽爺」 対 婆

父の部
9画 爺・爻の部
7画 爽
10画 爾・片の部
0画 片

4画 爻 こう

なりたち ×じるしを二つかさねて、「まじわる」いみをあらわす。また字形のうえで目じるしとなる字もあつめる。

この部首の字 7画 爽 711 10画 爾 711

爻-7画
【爽】
11画 常用 〔爽〕明朝 音 ソウ 訓 さわやか

意味 さわやか。「▽爽快・▽颯▽爽」

【▽爽快】そうかい さわやかで気もちがすっきりするようす。 例 爽快な気分。

下につく熟語 *清▼爽

爻-10画
【爾】
14画 人名 〔爾〕明朝 音 ジ・ニ 訓 なんじ

意味 ❶近くにいるあいてをさすことば。なんじ。❷それ。「▽爾来・▽爾後」

名まえで使う読み あきら・じ・しか・ちか・ちかし・み・みつる

4画 片 かた かたへん

なりたち 木の切れはし、板きれをあらわし、「ふだ」や板の状態・製品などに関係する字をあつめる。

この部首の字 0画 片 711 4画 版 712 9画 牒 713

片-0画
【片】
4画 6年 〔片〕明朝 音 ヘン* 訓 かた

※上にくる音により「ペン」ともよむ。

片 片
ノ 丿 片 片

2画めは3画めのほぼ中心に。4画めは2画めよりやや右側で直角に折り、止める。

なりたち 指事 「木」をまんなかから半分に切った右がわの形をあらわした字。うすくたいらな、木の切れはしのこと。

意味 ❶(組みになったものの)かたいっぽう。「片手・片足」❷きれはし。ひときれ。「紙片」❸とおいこと。「片田舎」

4画

こたえ 鯖。「鯖を読む(=自分に都合がよいように，数をごまかして言う)」。

片の部 かた・かたへん

4画 版

難しい読み 片意地・片田舎・片仮名・片片

【片意地】かたいじ がんこに自分の考えをおしとおすこと。また、そのような性質であること。例 片意地をはる。

【片一方】かたいっぽう 「片方」に同じ。

【片田舎】かたいなか 都会から遠くはなれた、不便なところ。

【片▼腕】かたうで ①かたほうのうで。②仕事などをたすけてくれる、いちばんたよりになる人。例 社長の片腕になる。

【片親】かたおや 父と母のどちらか一方。参考 どちらか一方がいない場合にいう。

【片仮名】かたかな かなの一種。おもに漢字の一部分をとってつくられた。「ア」「イ」「ウ」など。対 平仮名

【片側】かたがわ 両方あるものの、一方のがわ。例 片側通行。

【片▽栗粉】かたくりこ 植物をカタクリの球根からとったでんぷん。白いこまかな粉で、料理にとろみをつけたりするのにつかう。

【片言】一 かたこと 子どもや外国人が、ことばをじゅうぶんにしゃべれないこと。また、そのふじゅうぶんなことば。例 片言の日本語。二 へんげん ちょっとしたことば。ひとこと。

【片▼隅】かたすみ 一方のすみ。また、目立たないすみ。例 都会の片隅。

【片手間】かたてま おもな仕事のあいま。例 家事の片手間に花づくりをする。

【片時】かたとき/へんじ ちょっとの間。ほんのみじかい時間。例 片時もわすれない。

【片▼端】かたはし ①一方のはし。かたっぱし。対 両端 ②もののわずかな部分。例 話の片端を聞きかじる。

【片方】かたほう 二つあるもののうちの一つ。

【片道】かたみち 行き、または帰りのどちらか一方。例 片道きっぷ。対 往復

【片言▼隻語】へんげんせきご 四字熟語 ちょっとした、ごくみじかいことば。参考 ㋐「隻語」も「片言」と同じく、わずかなちょっとしたことばのいみ。㋑「片言隻句」ともいう。

【片片】へんぺん ①小さくてうすいものが、かるくひるがえるようす。例 片々と花びらがちる。②とるに足りないようす。例 片々とした小事。参考 ふつう「片々」と書く。

【片▽鱗】へんりん 〔魚のひとひらのうろこのいみから〕ごくわずかな部分。一部分。例 才能の片鱗を見せる。

片鱗

下につく熟語 一片・断片・破片・木片

片－4画

【版】

8画 5年 〔版〕明朝

音 ハン
訓 —

※上にくる音により「パン」「バン」ともよむ。

版 版

「片」を縦長にして「反」をはば広く。6・7画めの下の高さをそろえるとよい。

1 丿 2 丿 3 片 4 片 5 片 6 片 7 版 8 版

なりたち 形声 版-版 反(そりかえる)と片(木の切れはし)を合わせた字。そりかえるほどうすくたいらな板をあらわした。↓反180

意味 ❶**いんさつするため、字や絵をほったもの。**「版画」❷**いんさつして本をつくる。また、その回数をかぞえることば。**「出版・再版」

難しい読み 版図

【版画】はんが 木・石・金属などの板にほりつけた絵や字を、紙やぬのにすってうつしたもの。参考 版の材料によって、木版画・銅版画・石版画などとよぶ。

【版木】はんぎ いんさつするために、字や絵をほりつける板。参考 「板木」とも書く。

【版下】はんした ①版木をほるためのしたがき。②いんさつで、いんさつ版をつくるために清書した、絵・図・表などのしたがき。

【版図】はんと その国の、領土のはんい。

【版元】はんもと 本や雑誌を出している出版社。

下につく熟語 *活版・*重版・初版・*新版・図版・

す。

4画

*絶版・木版

片－9画

【牒】13画 人名 〈牒〉明朝 音チョウ 訓ふだ

意味 ❶文字を書くための、ふだ。また、書きもの。「▼符▽牒」 ❷公文書。「通▽牒」

参考 ふつう「丁」に書きかえる。「符▽牒→符丁」

漢字博士になろう！ ●動物のもつイメージ 猫

猫は、奈良時代ごろ、お経などの大切な書物をねずみがかじったりするのから守るために船に乗せられて、お坊さんやさまざまな書物などといっしょに中国から日本にわたってきたといわれています。平安時代には貴重なペットとして飼われるようになり、多くの和歌や物語に登場するようになりました。

ペットとしてかわいがられていたからか、猫が出てくることわざには「ちゃっかりしている」「やんちゃ」などのイメージがあります。また、ねずみと対にして「強いもの」、とらと対にして「かわいいもの」のイメージもあります。

■借りてきた猫

意味 ふだんとちがっておとなしく、小さくなっているようす。飼われている家では気ままにふるまっている猫が、ねずみをとらせようと借りられていった家ではおとなしく小さくなっていることから。

■猫は三年の恩を三日で忘れる

意味 猫は飼い主の恩をすぐに忘れてしまう薄情な動物だということ。

■猫にもなれば虎にもなる

意味 相手や状況しだいで、おとなしくもなれば荒々しくもなるというたとえ。

■猫の魚辞退

意味 猫が大好きな魚を辞退する意から。心の中では欲しくてしかたがないのに、とりつくろって「いりません」とことわることのたとえ。また、その時だけのことで、長続きしないことのたとえ。

4画 牙(牙5) きば きばへん

なりたち

「きば」のいみに関係した字をあつめる。「牙」の字は四画だが、偏やつくりでは「牙(五画)」に書く。

この部首の字 0画 牙713

ほかの部首の字 芽→艹部389 邪→阝部434 雅→隹部1046

牙－0画

【牙】4画 常用 〈牙〉明朝 音ガ・ゲ 訓きば

なりたち 指事 象形

二つのものがかみ合うようすをえがいた字。また、ᐱᐯの形にかみ合った、けものの「きば」をえがいた字。

牙のつく漢字グループ

「牙」のグループは「たがいにかみ合う」というイメージがある。これは「ちぐはぐに食いちがう」「ジグザグしている」というイメージにつながる。常用漢字では「牙」(五画)になる。

4画

牛・牛の部（うし・うしへん）

0画 牛　2画 牝

↓冴 119 ↓芽 389 ↓邪 434 ↓雅 1046

意味 ❶きば。「歯牙・象牙」 ❷大将の旗。

名まえで使う読み　かび

【牙城】がじょう　故事成語　大将のいるところ。本きょ地。例 敵の牙城をくずす。

下につく熟語　毒牙

【芽】8画 艹部5画→389ページ
【邪】8画 阝部5画→434ページ
【雅】13画 隹部5画→1046ページ

4画

牛・牛

うし
うしへん

なりたち　「ウシ」やウシににた動物、ウシをつかった作業などに関係した字をあつめる。

この部首の字

0画 牛 714	2画 牝 714	2画 牟 715	
3画 牡 715	3画 牢 715	4画 物 715	4画 牧 716
5画 牲 716	6画 特 716	7画 牽 718	8画 犀 718
13画 犠 718			

ほかの部首の字　件→亻部 62

牛－0画

【牛】

4画　2年　〈牛〉明朝

音 ギュウ
訓 うし

横画は3画めを長くする。4画めは1画めよりも高い位置から中心をつらぬく。

筆順：ノ　𠂉　⺧　牛

なりたち　象形　ウシの頭の部分をえがいた字。

意味　動物の、ウシ。「牛乳・牛肉」

難しい読み　牛飲馬食・牛車（ぎゅうしゃ・うしぐるま・ぎっしゃ）

名まえで使う読み　うし・ぎゅう・ご・とし

【牛飲馬食】ぎゅういんばしょく　四字熟語　牛が水をのみ、馬が草を食べるように、むやみにたくさんのんだり食べたりすること。

【牛車】㊀ぎゅうしゃ／うしぐるま　牛が引く車。㊁ぎっしゃ　むかし、牛に引かせ身分の高い人がのった車。参考「ぎっ」はとくべつな読み。

【牛舎】ぎゅうしゃ　牛をかう小屋。牛小屋。

【牛耳る】ぎゅうじる　「牛耳を執る」と同じ。

【牛耳を▼執る】ぎゅうじをとる　故事成語　自分が中心になって、集団などを思いどおりに動かす。例 党の牛耳を執る委員長。参考 ㋐むかし中国で、同盟をむすぶとき牛の耳を切り、その血をすすってちかい合ったが、いちばん先に血をすすった人がリーダーになったという話から。㋑「牛耳る」ともいう。

【牛肉】ぎゅうにく　食用にする牛の肉。

【牛乳】ぎゅうにゅう　牛のちち。ミルク。

【牛歩】ぎゅうほ　（牛の歩みから）ものごとがのろのろとしかすすまないこと。例 牛歩戦術。

下につく熟語　役牛・＊水牛・▼闘牛・肉牛・乳牛・＊野牛

牛－2画

【牝】

6画　表外　〈牝〉明朝

音 ヒン
訓 めす・め・めん

意味　けものや鳥の、めす。「▽牝馬」 対 牡

けていくべきだということ）」。

牛－2画

【牟】 6画 人名 〈牟〉明朝 音 ム・ボウ 訓 ―

意味 ❶牛の鳴き声。❷むさぼる。もとめる。❸仏教のことばの「む」の発音をあらわす字。「▽釈▽迦▽牟▽尼」

参考 カタカナ「ム」のもとになった字。

名まえで使う読み ます・もと

【件】 6画 亻部4画 ↓62ページ

牛－3画

【牡】 7画 人名 〈牡〉明朝 音 ボ 訓 おす

意味 鳥やけものの、おす。「▽牡牛・▽牡羊」

牛－3画

【牢】 7画 表外 〈牢〉明朝 音 ロウ 訓 ―

意味 つみをおかした人をとじこめておくところ。ろうや。

【▽牢▽獄】ろうごく 罪人をとじこめておくところ。ろう。ろうや。

【▽牢屋】ろうや 「牢獄」と同じ。

牛－4画

【物】 8画 3年 〈物〉明朝 音 ブツ・モツ 訓 もの

※下にくる音により「ブッ」ともよむ。

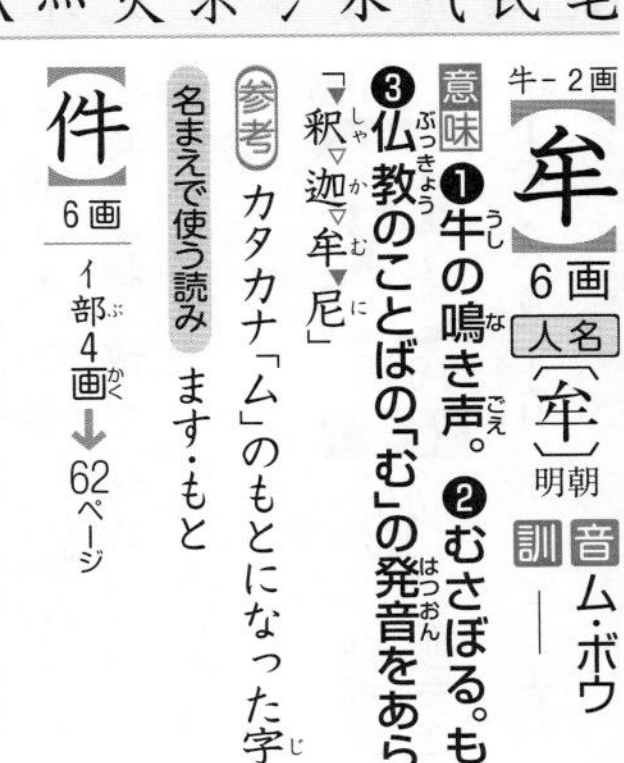

「牜」は「牛」と筆順が変わる。3画めは止めてもはねても可、4画めは右上にはらう。

なりたち 形声 物

勿(ブツ)と牛(＝牛)を合わせた字。勿は、いろいろな色のまじった旗をえがいた字で、特色がなくて目だたないというイメージをもつ。物は、色あいのはっきりしない牛のように、きまった特色がない、いろいろなものをあらわした。

意味 ❶もの。「食物」 ❷ものごと。「事物」 ❸さがす。「物色」 ❹なんとなく。「物悲しい」

名まえで使う読み たね・ぶつ・もつ・もの

【物価】ぶっか 品物のねだん。

【物議】ぶつぎ ある問題について、世間でやかましくいわれる議論。例 物議をかもす。

【物件】ぶっけん 品物。例 証拠物件。

【物産】ぶっさん その土地でできるいろいろなもの。土地の産物。例 北海道物産展。

【物資】ぶっし くらしにひつような品物。例 物資を補給する。

【物質】ぶっしつ 見たり、さわったりできて、たしかめられるもの。

【物色】ぶっしょく たくさんの中から、てきとうな人や物をさがすこと。例 室内を物色する。

【物心】一 ぶっしん 物と心。例 物心両面の援助。二 ものごころ ものごとのよしあしや、人の気もちを感じとる心。例 物心がつく年ごろ。

【物▽騒】ぶっそう ①世の中がおだやかでないこと。例 物騒な世の中。②あぶないこと。例 夜道のひとり歩きは物騒だ。

【物体】ぶったい 見たり、さわったりできる、形のある物。例 かるい物体。

【物品】ぶっぴん 品物。もの。

【物物交▽換】ぶつぶつこうかん 四字熟語 お金をつかわないで、物と物とをちょくせつとりかえること。参考 ふつう「物々交換」と書く。

【物欲】ぶつよく お金や物をほしがる気もち。

【物理学】ぶつりがく 物体や熱・光・電気・音・原子などの、性質や運動について研究する学問。

【物量】ぶつりょう 物の量。また、その量の多さ。

【物置】ものおき つかっていない物を、しまっておくところ。注意 送りがなをつけない。

【物▽陰】ものかげ 物のかげになって、見えないところ。例 物陰にかくれる。

【物語】ものがたり すじのある、まとまった話。

【物▽腰】ものごし ものの言い方や動作。態度。例 物腰のやわらかい人。

【物ともしない】ものともしない 句 問題にし

こたえ 鳥。「立つ鳥跡を濁さず(＝さるときは，今までいたところを見ぐるしくないようにかたづないで平気である。あいてにしない。例危険を物ともしないで、探検を続ける。

【物にする】ものにする 句 ①役に立つものにしあげる。また、思いどおりに自由に使えるようにする。例勉強して英語を物にする。②思いどおりに手に入れる。

【物になる】ものになる 句〔人や仕事などが〕りっぱな状態になる。例妹のピアノも、ようやく物になってきた。

【物見】ものみ ①名所などを、見物すること。例物見遊山。②「物見やぐら」のりゃく。遠くを見わたすために、高くつくった見はり台。③戦争のとき、敵のようすをさぐる役目。また、その役目の人。参考古い言い方。

下につく熟語 青物・*▼荒物・異物・遺物・▼鋳物・▼獲物・大物・置物・▼汚物・織物・▼怪物・金物・貨物・▼乾物・器物・着物・禁物・果物・供物・見物(けんぶつ・みもの)・現物・好物・鉱物・穀物・作物・産物・実物・品物・私物・植物・書物・人物・進物・生物(せいぶつ・なまもの)・静物・▼俗物・建物・反物・動物・毒物・難物・荷物・▼廃物・*博物・*初物・▼刃物・万物・干物・風物・宝物(ほうもつ・たからもの)・本物・名物・安物

牛－4画

【牧】

8画 4年 〔牧〕明朝

音 ボク
訓 *まき

※下にくる音により「ボッ」ともよむ。

牧 牧

6画めは5画めの下の方・右側で接する。8画めが5画めに接しても誤りではない。

1	2	3	4	5	6	7	8
ノ	㇐	牛	牛	牜	牝	牧	牧

なりたち 会意 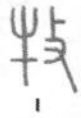 －牧

攵(ボク)(=攴。棒を手にもつ)と牛(=牛)を合わせた字。牛をかってふやすようすをあらわした。

意味 ❶牛や馬などをかう。「牧▼畜」❷まきば。「牧場」❸教えみちびく。「牧師」

【牧師】ぼくし キリスト教のプロテスタントで、信者を教えみちびく人。参考カトリックでは「神父」という。

【牧舎】ぼくしゃ 牧場で、牛や羊などを入れておく小屋。

【牧場】ぼくじょう／まきば 牛や馬などをはなしがいにして、そだてるところ。

【牧草】ぼくそう 牛や馬などのえさにする草。

【牧▼畜】ぼくちく 牛や馬などをかって、そだてふやすこと。また、その肉・乳・毛などを利用すること。

【牧童】ぼくどう 牧場で、牛や馬などのせわをしてはたらく人。

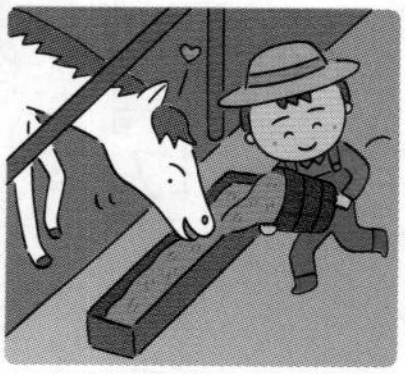
牧童

【牧歌】ぼっか ①牧場ではたらく人がうたう歌。②牧場ではたらく人や農夫の生活をうたった、のどかな詩や歌。

【牧歌的】ぼっかてき 牧場や田園風景をうたっているような、そぼくでのどかなようす。例牧歌的な風景。

下につく熟語 *農牧・放牧・遊牧

牛－5画

【牲】

9画 常用 〔牲〕明朝

音 セイ
訓 —

なりたち 形声 生(セイ)(すみきっている)と牛(=牛)を合わせた字。まつりにそなえる、清めた牛をあらわした。→生737

意味 神にそなえる、いけにえ。「▼犠▼牲」

牛－6画

【特】

10画 4年 〔特〕明朝

音 トク
訓 —

※下にくる音により「トッ」ともよむ。

特 特

「牜」より「寺」を大きく。「寺」の横画は「土」の7画めを一番長く。

1	2	3	4	5	6	7	8	9	10
ノ	㇐	牛	牛	牛一	牛+	牛土	牛土	特	特

なりたち 形声 寺(ジ)(じっと止まる)と牛(=牛)を合わせた字。むれの中でじっと立ってい

る種牛のように、ほかからとびぬけて目立つことをあらわした。→寺307

意味 **とくべつな。すぐれている。**「特長」

注意 「待」「持」とまちがえないこと。

名まえで使う読み こと・とく・よし

【特異】とくい ①ふつうと、とくにちがっていること。例 特異な体質。②とくにすぐれていること。例 特異な才能。

【特技】とくぎ とくべつ自信をもっている、じょうずなわざ。例 特技は手品です。

【特産】とくさん その地方で、とくに生産されること。また、その産物。例 特産品。

【特使】とくし 国のだいじな役目をもった、とくべつなつかい。例 中国に特使をおくる。

【特質】とくしつ そのものだけがもっている、とくべつな性質。特性。

【特▼殊】とくしゅ ふつうとはちがっていること。とくべつなこと。例 特殊な材料。対 一般

【特集】とくしゅう 新聞・雑誌・テレビなどで、ある問題をとりあげて、とくべつに編集すること。また、その記事や番組。例 特集番組。

【特▼殊性】とくしゅせい ほかのものとはちがった、とくべつな性質。例 日本語の特殊性を研究する。

【特賞】とくしょう とくべつの賞品・賞金。

参考 ふつう、一等賞の上にもうけられる。

【特色】とくしょく ①ほかのものと、とくにちがっているところ。特徴。例 特色のある話し方。②ほかのものより、とくにすぐれたところ。特長。例 新製品の特色を説明する。

1**【特性】**とくせい そのものだけが、とくにもっている性質。特質。例 観光地の特性を生かす。

2**【特製】**とくせい とくべつにつくること。また、そのもの。例 母の特製のケーキ。

【特設】とくせつ とくべつにもうけること。例 デパートの特設会場。

【特選】とくせん ①とくべつによいものをえらびだすこと。また、えらびだしたもの。②てんらん会などで、とくべつにすぐれているとしてえらばれたもの。例 特選に入賞する。

【特大】とくだい とくべつに大きいこと。また、とくべつに大きいもの。例 特大のサイズ。

【特種】とくだね その新聞社や雑誌社だけが、とくべつに手に入れた記事の材料。スクープ。

1**【特長】**とくちょう ほかのものより、とくにすぐれているところ。例 自分の特長をいかす。

2**【特▼徴】**とくちょう ほかのものとくらべて、とくに目立つところ。特色。例 犯人の特徴。

【特定】とくてい とくにそれとさしてきめること。例 特定の人物。／場所を特定する。

【特典】とくてん とくべつのあつかい。例 会員は入場無料の特典がある。

【特等】とくとう 一等より上の、とくべつよい等級。例 特等席。

【特売】とくばい とくべつに安いねだんで、品物を売ること。例 特売セール。

【特派員】とくはいん 新聞・雑誌・テレビなどで、外国のニュースをあつめるために、そこへ行っている記者。例 海外特派員。

【特筆】とくひつ とくべつにとりあげて、目立つように書くこと。例 特筆すべきニュース。

【特筆大書】とくひつたいしょ 四字熟語 〔とくべつに目立つように大きく書くといういみから〕とくべつにとりあげて、だれにもわかるようにはっきりと目立たせること。

【特別】とくべつ ふつうとちがっていること。例 特別待遇。対 普通。

【特報】とくほう 新聞やテレビなどで、とくべつにとりあげて知らせること。また、その知らせ。例 ニュース特報。

【特命】とくめい とくべつの命令。例 特命をうける。／特命全権大使。

【特約】とくやく とくべつな条件で、約束をむすぶこと。また、その約束。例 特約店。

【特有】とくゆう そのものだけが、とくべつにもっていること。例 日本人特有の考え。

【特例】とくれい とくべつにみとめられている例。例 特例はみとめない。

【特価】とっか とくべつに安いねだん。例 特価品。

【特記】とっき たいせつなこととして、とくべつに書きしるすこと。例 特記事項。

【特急】とっきゅう ①とくにいそいですること。②「特別急行列車」のりゃく。とまる駅が

漢字クイズ 「□寝入り」。□にはいる漢字はなんでしょう。ヒント 動物の名前です。

少なく、ふつうの列車よりはやい速度で長きよりを走る列車。

【特許】とっきょ　政府が、ある発明や改良などをした人や会社にだけ、それを利用する権利をあたえること。また、その権利。

【特訓】とっくん　「特別訓練」のこと。能力をつけさせたり、わざを短期間に上達させたりするための、とくべつな訓練。

【特権】とっけん　ある人だけに、とくべつにあたえられている権利。例特権階級。

【特効薬】とっこうやく　ある病気やきずに、とくべつにききめのあるくすり。例結核の特効薬。

下につく熟語　＊奇特・独特

牛－7画

【牽】

11画　人名　〔牽〕明朝　音ケン　訓ひく

意味　ひく。ひっぱる。「▽牽引・▽牽制」

名まえで使う読み　くる・とき・とし・ひき・ひた

【▽牽引】けんいん　①重いものなどをひっぱること。例機関車が客車を牽引する。②先頭に立って集団などをひっぱること。例日本経済を牽引する。

【▽牽牛星】けんぎゅうせい　わし座の中で一番あかるい星のアルタイルのこと。一年に一度七夕の日に織女星にあうという伝説がある。

【▽牽制】けんせい　あいての注意をひきつけて、自由に行動できなくすること。例てきを牽制する。

牛－8画

【犀】

12画　人名　〔犀〕明朝　音サイ　訓—

なりたち　会意　尾（しっぽ）と牛を合わせた字。尾に毛がはえている「サイ」をあらわした。

意味　動物の、サイ。▽鼻の上に一本または二本の角がある。「▽犀角」

名まえで使う読み　かた

牛－13画

【犠】

17画　常用　〔犠〕明朝　音ギ　訓—

なりたち　形声　もとの字は「犧」。義と牛（＝牛）を合わせた字。義は、義（形がととのっている）と兮（息が出るようす）を合わせて、こきゅうがととのっているようす。犧は、形がととのっていていけにえにされる牛をあらわした。

↓義867

意味　神にそなえる、いけにえ。「▽犠▽牲」

【▽犠▽牲】ぎせい　①神にそなえられた、生きた動物。いけにえ。②ある目的のために、自分の命やたいせつなものをすてること。例犠牲的精神。③さいなんなどの被害をうけること。例事故による犠牲者。

【▽犠打】ぎだ　「犠牲打」のりゃく。野球で、打者が犠牲となって走者をすすめるようにうつこと。

犬・犭の部

4画

犬・犭

いぬ　けものへん

なりたち

「イヌ」やイヌににた動物（＝けもの）などに関係した字をあつめる。偏になると「犭」（三画）の形になる。

この部首の字

0画 犬 718	4画 狂 720	6画 狐 721	7画 狸 722	8画 猟 723	10画 獅 724
2画 犯 719	4画 状 719	6画 狡 721	7画 狼 722	9画 献 724	11画 獄 725
3画 状 719	5画 狗 720	6画 狩 721	8画 猪 723	9画 猪 723	12画 獣 725
	5画 狙 720	6画 独 721	8画 猫 723	9画 猶 724	13画 獲 725
	6画 狭 721	7画 狭 721	8画 猛 723	10画 猿 724	15画 獸 725

ほかの部首の字　伏→亻部 65　然→灬部 699　黙→黒部 1109

犬－0画

【犬】

4画　1年　〔犬〕明朝　音ケン　訓いぬ

2画めは1画めと接するまで真下に下ろして、左へはらう。4画めは1画めの右上。

一　ナ　大　犬

なりたち 象形 ー犬

イヌのすがたをえがいた字。音読みはイヌの鳴き声のぎおん語。

意味 ❶動物の、イヌ。「番犬」❷むだなこと。「犬死に」❸スパイ。

【犬も歩けば棒に当たる】いぬもあるけばぼうにあたる 句 ①しなくてもよいことをしてさいなんにあうことのたとえ。②出歩いたり何かをしたりすると思いがけない幸運にであうことのたとえ。

【犬も食わない】いぬもくわない 句 ばかばかしくて、あいてにする価値がないことのたとえ。例 夫婦げんかは犬も食わない。

【犬▼猿】けんえん 犬とサル。なかのわるいもののたとえ。例 犬猿の仲。

【犬歯】けんし 前歯のとなりにある、先のとがった歯。糸切り歯。

【犬馬の労】けんばのろう 人のために力をつくしてはたらくことを、へりくだっていうことば。例 犬馬の労をとる。参考 犬や馬のくろうやはたらきというみから。

下につく熟語 愛犬・▼狂犬・*警察犬・*▼闘犬・▼猛犬・野犬・▼猟犬

犭－2画

【犯】5画

5年 〔犯〕明朝

音 ハン
訓 おかす

使い分け おかす 犯す・侵す・冒す

【犯す】きまりをやぶる。例 法を犯す。／罪を犯す。／過ちを犯す。

【侵す】よその土地に勝手にはいりこむ。また、人の権利をきずつける。例 隣国が国境を侵す。／人権を侵す。

【冒す】あぶないことやむずかしいことを、むりにおこなう。例 死の危険を冒す。

「犭」は2画めを1画めと交差して反り、はねる。3画めは2画めの左で接してはらう。

なりたち 会意 ー犯

㔾と犭(=犬)を合わせた字。㔾は、弓がかわったもの。のびようとするものを㇕形のわくでおさえつけるようす。犯は、わくをやぶってとびだすようすをあらわした。

意味 ❶つみをおかす。「犯罪・防犯」❷つみをおかした人。「殺人犯」❸刑をうけた回数をかぞえることば。はん。「前科三犯」

【犯意】はんい 罪をおかそうとする気もち。

【犯行】はんこう 罪になるわるいおこない。例 犯行を自白する。

【犯罪】はんざい 法律にそむく、わるいおこない。例 ぬすみは犯罪です。

【犯人】はんにん 罪をおかした人。

下につく熟語 共犯・*再犯・主犯・*常習犯・*初犯・▼侵犯・*知能犯

【伏】6画 亻部4画 ↓65ページ

犬－3画

【状】7画

5年

犬－4画 【狀】8画 人名 〔狀〕明朝

音 ジョウ
訓 ―

1～3画めの筆順に注意。1画めの最後を次画に向けて左上にはねてもよい。

なりたち 形声 ー狀(状)

もとの字は「狀」。爿(細長い)と犬を合わせた

こたえ 狸。「狸寝入り(＝ねたふりをすること)」。

字。犬のように胴がすらりとして細長いすがたを図にして、ひろく「ありさま」「ようす」をあらわした。↓壮247

意味 ❶**ありさま。かたち。**「状態・球状」❷**手紙。文書。**「▽免状・書状」

名まえで使う読み かた・じょう・のり

【状▽況】じょうきょう ものごとの、その場のありさま。例 台風の状況。参考「情況」とも書く。

【状態】じょうたい ものごとのありさま。ようす。参考「情態」とも書く。

下につく熟語 *案内状・異状・*液状・賀状・▽窮状・形状・現状・罪状・▽惨状・実状・症状・賞状・*年賀状・白状・*波状・病状・別状・令状・礼状

使い分け じょうたい 状態・常態・常体

【状態】ものごとのありさま。例 健康状態。

【常態】いつものようす。例 鉄道ダイヤが常態にもどる。

参考「常体」は、文章のおわり方が、「〜だ。」「〜である。」のこと。対 敬体

犭−4画

【狂】

7画 常用 〔狂〕明朝

音 キョウ 訓 くるう・くるおしい

なりたち 形声 㞷(むやみに広がる)をりゃくした王と犭(=犬)を合わせた字。犬がむやみやたらに走り回るようすをあらわした。↓王728 ↓往375

意味 ❶**精神が正常でなくなる。くるう。**「▽狂人」❷**とりつかれたように、はげしい。**「熱▽狂」❸**こっけい。**「▽狂歌」❹**ある一つのことにむちゅうになる人。**「サッカー▽狂・映画狂」

【▽狂歌】きょうか 江戸時代にはやった、こっけいな短歌。

1【▽狂気】きょうき 精神がふつうではないこと。

2【▽狂喜】きょうき ひじょうによろこぶこと。例 優勝の知らせに狂喜する。

【▽狂喜乱▽舞】きょうきらんぶ 四字熟語 ひどくよろこぶこと。例 試験にうかり狂喜乱舞する。参考 むちゅうになっておどったりしてよろこぶといういみから。

狂喜乱舞

【▽狂犬】きょうけん 狂犬病にかかっている犬。

【▽狂言】きょうげん ①能楽と能楽のあいまに演ずる、こっけいな劇。能狂言。②かぶきの出しもの。③人をだますために、ほんとうらしく見せかけること。

【▽狂信】きょうしん はげしく、しんじること。

【▽狂人】きょうじん 正気ではない人。

【▽狂暴】きょうぼう むやみに、はげしくあばれること。例 狂暴なふるまい。

【▽狂乱】きょうらん ①精神が、ふつうではない状態になること。②ものごとが異常な状態になること。例 狂乱物価。

下につく熟語 ▽酔狂・発▽狂

犭−5画

【狗】

8画 表外 〔狗〕明朝

音 ク 訓 いぬ

意味 **動物の、イヌ。**「走▽狗(=他人の手先として使われる者)」

参考 いやしいもののたとえとして用いる。

【▽狗肉】くにく 犬の肉。例 羊頭狗肉(=見かけだけりっぱで内容がともなわないこと)。

犭−5画

【狙】

8画 常用 〔狙〕明朝

音 ソ 訓 ねらう

意味 **ねらう。すきをうかがう。**「▽狙▽撃」

【▽狙▽撃】そげき (銃などで)ひそかにようす

漢字です。「个」は、「個」と音もいみも同じです。

をさぐって、ねらいうつ。例 狙撃手。

犭－6画
【狭】9画 常用
犭－7画 【狹】10画 人名
〈狭〉明朝

音 キョウ
訓 せまい・せばめる・せばまる

意味 せまい。せばめる。「▽狭義・偏▽狭」対 広

注意 「峡」とまちがえないこと。

【▽狭義】きょうぎ あることばの、はんいをせまく考えたときの、いみ。対 広義

【▽狭小】きょうしょう せまく、小さいこと。例 狭小な住宅。対 広大

【▽狭量】きょうりょう 心のせまいこと。例 このくらいでおこるとは狭量だ。

犭－6画
【狐】9画 表外
〈狐〉明朝

音 コ
訓 きつね

なりたち 形声 瓜（大きくわん曲する）と犭（=犬）を合わせた字。尾が大きくわん曲した「キツネ」をあらわした。

意味 動物の、キツネ。

参考 ずるがしこいもの、人をだますものなどのたとえとして用いる。

【▽狐につままれる】きつねにつままれる 句 キツネに化かされたようにわけがわからず、ぼんやりすることのたとえ。注意 「狐につつまれる」としないこと。

犭－6画
【狡】9画 表外
〈狡〉明朝

音 コウ
訓 ずるい・こすい

意味 ❶悪がしこい。ずるい。こすい。「▽狡知」

【▽狡▽兎死して走▽狗▽烹らる】こうとしてそうくにらる 故事成語 役に立ったものも、必要がなくなればすてられるということのたとえ。

参考 ㋐「狡兎」は、すばしこいウサギのこと。「走狗」は、狩りに使う犬のこと。ウサギが死ねば、狩りに使われた犬は不用となり、煮て食われるということから。㋑もとは、敵国がほろびると、たたかいで大いにはたらいた者も、じゃま者あつかいされてころされてしまうということのたとえ。

犭－6画
【狩】9画 常用
〈狩〉明朝

音 シュ
訓 かる・かり

なりたち 形声 守（しゅういから中のものをかこう）と犭（=犬）を合わせた字。しゅういをとりかこんで鳥やけものをつかまえるようすをあらわした。→守288

意味 ❶かこんで鳥やけものなどをとる。かる。またそのつかまえ方。かり。「▽狩▽猟」❷目ざすものをさがしもとめる。「潮干▽狩り・紅葉▽狩り・山▽狩り」

難しい読み 狩人

名まえで使う読み かり・しゅ・もり

【▽狩人】かりゅうど 鳥やけものをとることを仕事にしている人。りょうし。

【▽狩▽猟】しゅりょう 鉄砲やあみで、鳥やけものをとること。かり。

犭－6画
【独】9画 5年
〈独〉明朝

音 ドク
訓 ひとり

※下にくる音により「ドッ」ともよむ。

独 独

「虫」を「犭」より下げないように。8画めは右上がりに書き、9画めは止める。

なりたち 形声 もとの字は「獨」。蜀（一か所にくっついてはなれない）と犭（=犬）を合わせた字。犬が一定のところにくっついて動かず、人のきげんをとらないようすを図にして、「ひとり」のいみをあらわした。→属325

意味 ❶ひとり。じぶんだけ。「独身・▽孤独・単独」❷ドイツのこと。「日独・独文」

参考 ❷は、ドイツを「独逸」と書いたことから。

難しい読み 独楽・独▽壇場

【独活】うど ウコギ科の植物。わかいくきな

ミニ知識 「1ケ」と書いて「いっこ」と読むことがあります。この「ケ」は，もともとは「个」という

どを食用にする。

【独活の大木】うどのたいぼく 句 体ばかり大きくて、役にたたない人のたとえ。参考 ウドのくきは長くて太いが、やわらかくて役にたたないところから。

【独楽】こま おもちゃの一つ。まるい胴にじくをつけ、回してあそぶ。

【独演】どくえん （劇・落語・講演などに）ひとりで出演すること。例 独演会。対 共演

【独学】どくがく 学校に行かず、先生にもつかずに、自分ひとりで勉強すること。例 独学でギターをおぼえる。

【独裁】どくさい ①自分ひとりの考えで、ものごとをきめること。②ある個人または団体が、すべての権力をもって、思いのままに政治をおこなうこと。例 独裁政治。

【独自】どくじ ほかのものとちがって、それだけがとくにもっていること。例 それぞれ独自の考えをもつ。

【独習】どくしゅう 先生につかないで、自分ひとりでならうこと。例 ハーモニカの独習書。

【独唱】どくしょう ひとりで歌うこと。対 合唱

【独身】どくしん まだ結婚していないこと。また、その人。

【独▼占】どくせん ①自分ひとりだけのものにすること。例 ぶらんこを独占する。②ある企業が、生産や市場を支配して、利益をひとりじめにすること。例 独占禁止法。

【独善】どくぜん 自分だけが正しいと思っていること。ひとりよがり。例 独善的な人。

1【独走】どくそう ①ひとりで走ること。また、ほかをひきはなして走ること。②他人のことを考えずに、自分かってに行動すること。例 独走をいましめる。

2【独奏】どくそう ひとりで楽器をひくこと。例 ピアノ独奏。対 合奏

3【独創】どくそう 人のまねをしないで、自分の考えで新しいものをつくりだすこと。対 模倣

【独創性】どくそうせい 何かのまねをするのではなく、自分で新しく考え、つくり出す性質。例 独創性にとんだ料理。

【独断】どくだん 自分ひとりの考えできめること。例 独断できめる。

【独▼壇場】どくだんじょう ひとりで思うままにふるまうことができるところ。

【独特】どくとく そのものだけが、とくべつにもっていること。例 独特の味。

【独立】どくりつ ①ほかからのたすけやさしずをうけないで、自分でものごとをおこなったり、生活したりすること。ひとりだち。例 親元から独立する。②ほかのものから、一つだけはなれていること。例 おもやから独立した勉強べや。

【独立国】どくりつこく よその国からさしずをうけないで、国をおさめる主権をもち、政治をおこなっている国。対 属国

【独立独歩】どくりつどっぽ 四字熟語 他人の力にたよらないで、自分のしんじるとおりに実行すること。

【独力】どくりょく ほかの人のたすけをかりない、自分ひとりだけの力。自力。例 独力で英語をおぼえた。

上につく熟語 *独り言・*独り相▼撲・*独り▼舞台

犭−7画

【狸】 10画 表外 〔狸〕明朝

音 リ 訓 たぬき

なりたち 形声 里（すじ目がある）と犭（=犬）を合わせた字。はん点がすじのようにならぶ「ヤマネコ」をあらわした。日本では「タヌキ」のいみにもちいる。

意味 動物の、タヌキ。

参考 人をばかすもの、ずるがしこいもののたとえとして用いる。

【▽狸寝入り】たぬきねいり 句 ねたふりをすること。そらね。

犭−7画

【狼】 10画 人名 〔狼〕明朝

音 ロウ 訓 おおかみ

なりたち 形声 良（すみきっている）と犭（=犬）を合わせた字。すんだ色の毛をもつ「オオカミ」をあらわした。→良909

意味 動物の、オオカミ。「一▼匹▽狼・▼虎▽狼」

名まえで使う読み　おおかみ

犭－8画 【猪】11画 人名 ／ 犭－9画 【猪】12画 人名 〈猪〉明朝

音 チョ
訓 い・いのしし

なりたち 形声 者(多くのものが集まる)と犭(=犬)を合わせた字。ひきしまった肉をもつ「イノシシ」をあらわした。→者873

意味 動物の、イノシシ。▽中国では、ブタのいみ。

名まえで使う読み い・しし・ちょ

【▽猪▼突▼猛進】ちょとつもうしん 四字熟語 (イノシシがまっしぐらにすすむように)あとさきを考えず、がむしゃらに行動すること。

犭－8画 【猫】11画 常用 〈猫〉明朝

音 ビョウ
訓 ねこ

なりたち 形声 苗(細い・小さい)と犭(=犬)を合わせた字。細く小さい声で鳴く「ネコ」をあらわした。

意味 動物の、ネコ。「愛▼猫・猫家」

【▼猫舌】ねこじた 熱いものを食べたりのんだりできない、した。 参考 ネコはあついものをきらうことから。

【▼猫背】ねこぜ せなかがネコのようにまるまっていること。また、その人。

【▼猫に小判】ねこにこばん 句 どんなにねうちのあるものでも、知らない人にとっては、なんの役にも立たないことのたとえ。 参考 小判のねうちは、ネコにはわからないといういみから。

【▼猫の手も借りたい】ねこのてもかりたい 句 たいへんいそがしくて、だれでもよいからてつだいがほしいたとえ。 例 猫の手も借りたいほどのいそがしさ。

【▼猫の▼額】ねこのひたい 句 ひじょうにせまい場所のたとえ。 例 猫の額ほどの庭。

【▼猫を▼被る】ねこをかぶる 句 本当の性質をかくして、おとなしそうにみせかける。 例 妹は学校では猫を被っている。

犭－8画 【猛】11画 常用 〈猛〉明朝

音 モウ
訓 —

なりたち 形声 孟(おおいをはねのけて、勢いよくつきすすむ)と犭(=犬)を合わせた字。

意味 あらあらしい。はげしい。「▼猛▼獣・勇猛」

難しい読み ▼猛者

名まえで使う読み たか・たけ・たけお・たけき・たけし・たける・つよし・もう

【▼猛▼威】もうい はげしいいきおい。 例 台風が猛威をふるう。

【▼猛火】もうか はげしくもえる火。とくに、大火事。 例 猛火の中から人をたすけだす。

【▼猛犬】もうけん あらあらしい性質の犬。

【▼猛▼攻】もうこう はげしくせめたてること。猛烈な攻撃。 例 敵陣に猛攻をしかける。

【▼猛▼獣】もうじゅう 性質があらくて、ほかの動物をとらえて食べるけもの。ライオンやトラなど。

【▼猛暑】もうしょ はげしいあつさ。 例 ことしは猛暑つづきだ。／猛暑日(三五度以上の日)。

【▼猛進】もうしん はげしいいきおいですすむこと。 例 目的にむかって猛進する。

【▼猛省】もうせい ふかく反省すること。 例 猛省をうながす。

【▼猛然】もうぜん いきおいのはげしいようす。 例 猛然とおそいかかる。

【▼猛打】もうだ ①はげしくうつこと。②野球で、はげしくうってせめること。 例 猛打をあびる。

【▼猛毒】もうどく ひじょうに強い毒。

【▼猛▼烈】もうれつ いきおいやていどが、ひじょうにはげしいようす。 例 猛烈なあつさ。

【▼猛者】もさ 体力とわざが人なみ以上にすぐれ、勇かんで強い人。 例 柔道部の猛者。

犭－8画 【猟】11画 常用 〈猟〉明朝

音 リョウ
訓 —

ミニ知識 肉・茶・毒・菊・象・門・幕・段・塀などは，すっかり日本語にとけこんでいますが，もとも

意味 鳥やけものをとらえる。「猟師」

【猟奇的】りょうきてき あやしいものや異常なものをあさり求めるようす。例 猟奇的な事件。参考「猟奇」は、あやしいもの、異常なものなどに興味をもち、求めること。

【猟犬】りょうけん かりにつかう犬。

【猟師】りょうし 山で、鳥やけものをとらえることを仕事にしている人。かりゅうど。

【猟銃】りょうじゅう 鳥やけものをとるためにつかう鉄砲。

下につく熟語 禁猟・狩猟・密猟

【然】12画 灬部8画 →699ページ

犬－9画

【献】13画 常用

〔献〕明朝 音 ケン・コン 訓 —

意味 ❶神や目上の人に、ものをさしあげる。「献上・貢献」❷酒をすすめる。「一献」❸記録文。「文献」

難しい読み 献立

名まえで使う読み けん・すすむ・たけ・のぶ

【献花】けんか 霊前や神前に、花をささげること。また、その花。

【献金】けんきん ある目的につかってもらうために、お金を出すこと。また、そのお金。例 寺院の修復のために献金する。

【献血】けんけつ 輸血用の血液を、健康な人が金銭を求めないで提供すること。

【献上】けんじょう 身分の高い人に、品物をさしあげること。例 反物を献上する。

【献身】けんしん 自分の身をかえりみないで、けんめいにつくすこと。例 救助に献身する。

【献身的】けんしんてき 自分のことを考えず、人やものごとに身も心もつくすようす。例 献身的に看護する。

【献本】けんぽん 人に本をさしあげること。また、その本。

【献立】こんだて ①料理の種類や、とりあわせ。例 献立表。②あることをするための、じゅんびや計画。例 献立どおり事がはこぶ。

犭－9画

【猶】12画 常用

〔猶〕明朝 音 ユウ 訓 —

意味 先へのばす。「猶予」

名まえで使う読み さね・なお・のり・みち・ゆう・より

【猶予】ゆうよ ①きめられた日時をのばすこと。例 五日間、猶予する。②ぐずぐずすること。例 今は猶予しているときではない。

犭－10画

【猿】13画 常用

〔猿〕明朝 音 エン 訓 さる

なりたち 形声 袁(長くのびる)と犭(=犬)を合わせた字。手が長くのびた「サル」をあらわした。→園227

意味 動物の、サル。「犬猿」

【猿人】えんじん 化石として発見された、サルにちかい人類。アウストラロピテクス。参考 石器をつかい、立って歩いた。

【猿芝居】さるしばい ①芸をしこんだサルをつかった見世物。②へたなしばい。③すぐにばれる、たくらみ。例 見えすいた猿芝居。

【猿知恵】さるぢえ かしこいようで、じっさいは、あさはかな考え。

【猿真似】さるまね ほかの人がすることを、そのまままねること。

【猿も木から落ちる】さるもきからおちる 句 どんな名人でも失敗することがあるというたとえ。

下につく熟語 ＊三猿・＊野猿・類人猿

犭－10画

【獅】13画 人名

〔獅〕明朝 音 シ 訓 —

なりたち 形声 師(集団)と犭(=犬)を合わせた字。けものの集団の先頭に立つ「ライオン」をあらわした。

意味 動物の、ライオン。

【獅子】しし ライオン。

【獅子身中の虫】しししんちゅうのむし 句 味方のためにならない人のたとえ。恩をあだで

です。

かえす人。参考 獅子のからだに寄生していながら害をあたえる虫といういみから。

犭－11画

【獄】14画 常用 〔獄〕明朝

音 ゴク
訓 ―

意味 ろうや。「投▼獄・脱▼獄」

【▼獄死】ごくし ろうやに入れられている間に死ぬこと。

【▼獄舎】ごくしゃ ろうや。監獄。

【▼獄中】ごくちゅう ろうやの中。

下につく熟語 監▼獄・疑▼獄・＊下▼獄・地▼獄・＊出▼獄・＊入▼獄・▽牢▼獄

【黙】15画 黒部4画 → 1109ページ

犬－12画

【獣】16画 常用 犬－15画【獸】19画 人名 〔獸〕明朝

音 ジュウ
訓 けもの

なりたち 形声 もとの字は「獸」。嘼と犬を合わせた字。嘼は、單(狩りの道具)と口(かこい)を合わせて、まわりをかこんで狩りをするようす。獸は、狩りをする「けもの」をあらわした。

意味 けもの。「猛▼獣」

【▼獣道】けものみち けものが通ることで自然にできた、山の中の小道。

【▼獣医】じゅうい 馬・牛・犬・ネコ・鳥など、動物の病気をなおす医者。

【▼獣肉】じゅうにく けものの肉。イノシシ・シカなどの肉。参考 ふつう、牛・ブタ・羊などの肉はふくめない。

下につく熟語 怪▼獣・鳥▼獣・珍▼獣・百▼獣・野▼獣

犭－13画

【獲】16画 常用 〔獲〕明朝

音 カク
訓 える

なりたち 形声 もとの字は「獲」。蒦(わくの中に入れこむ)と犭(=犬)を合わせた字。えものを手の中に入れることをあらわした。

↓護 969

意味 手に入れる。つかまえる。「▼獲得」

注意 「穫」「護」などとまちがえないこと。

【▼獲物】えもの 漁やかりなどでとった、魚・鳥・けものなど。

【▼獲得】かくとく 手に入れること。例 賞金を獲得する。

下につく熟語 漁▼獲・▼捕▼獲・乱▼獲

犬・犭の部（いぬ・けものへん）
11画 獄
12画 獣
13画 獲

4画

漢字博士になろう！ 動物のもつイメージ 犬

犬は、古くから人とともに暮らしてきた身近な動物の一つです。犬をペットにしている人も多いのではないでしょうか。昔話やことわざなどにも、犬はしばしば登場します。ここでは、犬が出てくることわざから、犬が人々にどんなイメージをもたれているかを考えてみましょう。

■犬は三日飼えば三年恩を忘れず
意味 犬は三日間飼ってやれば三年間恩を忘れない。まして人間は受けた恩を忘れるような恩知らずであってはならないという戒め。
↓忠実なイメージ。

■尾を振る犬はたたかれず
意味 尾を振ってなついてくる犬が人にたたかれないように、人に逆らわない人や愛想よくふるまう人は、だれからもひどい扱いを受けないというたとえ。
↓おべっかつかいなイメージ。

■夏の牡丹餅犬も食わぬ
意味 夏の牡丹餅は、なんでも食べる犬も食べないほどまずいということ。また、夏の牡丹餅はくさりやすいから、早く食べてしまったほうがよいということ。
↓くいしんぼうなイメージ。

ミニ知識 中国で現在のこっている，もっとも古い紙は，今から2200年ほど前の墓から出たもの

玄の部
0画 玄
6画 率

5画 玄 げん

なりたち

「見えないほど細い糸」から、「くらい」「くろい」「おくぶかい」などのいみに関係する字をあつめる。

この部首の字
0画 玄 726
6画 率 726

ほかの部首の字
弦→弓部 367
畜→田部 747
紘→糸部 845

玄－0画

【玄】

5画 常用 〔玄〕明朝

音 ゲン
訓 ―

なりたち 指事 幺（小さい糸）の上に亠をつけた字。ちゅうづりになった細い糸がゆらゆらして、よく見えないようすをあらわした。

玄のつく漢字グループ
「玄」のグループは、「ちゅうづりになる」というイメージがある。これは「遠くてよく見えない」または「）形になる」というイメージにつながる。
→弦 367 →畜 747 →紘 845

意味 ❶くろい。「玄米」❷うすぐらい。「幽玄」❸おくぶかい。「玄妙・深玄」

難しい読み 玄人

名まえで使う読み くろ・げん・しず・しずか・つね・とお・のり・はじめ・はる・はるか・ひかる・ひろ・ふか・ふかし

【玄人】くろうと あることになれていて、うでまえのすぐれた人。専門家。例 玄人はだし。対 素人

【玄関】げんかん 家や建物の、正面の入り口。例 玄関ばらい（＝お客を家にいれないで、玄関で帰すこと）。

【玄米】げんまい もみがらをとりのぞいたままの、ついて白くしていない米。

【弦】8画 弓部5画→367ページ

【畜】10画 田部5画→747ページ

漢字博士になろう！

●**にた字のおぼえ方**《滅・減》

「一ど火がでてもえれば滅ぶ、一口食べればすこし減る」

「烕」の部分は同じ。ちがうところを見れば「滅」は「一と火」、「減」は「一と口」に分解できます。そこで「一ど火がでて…」と、「一口食べれば…」とおぼえよう。

5画

玄－6画

【率】

11画 5年 〔率〕明朝

音 ソツ・リツ*
訓 ひきいる

※下にくる音により「ソッ」ともよむ。

1画めは点でもよい。6〜9画めの向きに注意。10画めは長く、上部を支える。

筆順：1 丶 2 亠 3 𠫔 4 玄 5 玄 6 玄 7 玄 8 玄 9 率 10 率 11 率

なりたち 会意 玄（ひも）と八（ちらばるもののしるし）と十（全体をまとめる）を合わせた字。ちらばるものをまとめて、ひもでひっぱるようすをあらわした。

意味 ❶ひきいる。「引率」❷かるがるしい。「軽率」❸すなおで、まじりけがない。「率直」❹わりあい。「能率・百分率」

注意 「卒」とまちがえないこと。

名まえで使う読み そつ・のり・より・りつ

【率先】そっせん 自分からすすんでおこなうこと。例 かれは率先してそうじをはじめた。

【率直】そっちょく かくしごとやかざりけがなく、ありのままのようす。例 言い訳などせず、率直に自分のあやまちをみとめた。

下につく熟語 *円周率・確率・効率・高率・税率・

世界初の活字でしたが，もろかったため，すたれてしまいました。

*打率・低率・統率・倍率・比率・利率

【絃】11画 糸部5画 → 845ページ

漢字博士になろう!
●植物の名前、いくつ読める?

「桜・梅・桃」、これぐらいはすぐに読めますよね。そう「サクラ・ウメ・モモ」です。

では、「木へん」がついた次の漢字は?「椿・榎・楸・柊」は、上から「ツバキ・エノキ・ヒサギ・ヒイラギ」と読みます。

次の熟語も、植物の名前です。いくつ読めますか?

①百合 ②薔薇 ③菖蒲 ④公孫樹 ⑤牡丹 ⑥山椒 ⑦桔梗 ⑧蜜柑 ⑨撫子 ⑩柚子 ⑪木瓜 ⑫竜胆 ⑬杜若 ⑭独活 ⑮万年青 ⑯秋桜 ⑰茗荷 ⑱酸漿 ⑲木蓮 ⑳筍

〈答え〉①ユリ ②バラ ③ショウブ ④イチョウ ⑤ボタン ⑥サンショウ ⑦キキョウ ⑧ミカン ⑨ナデシコ ⑩ユズ ⑪ボケ ⑫リンドウ ⑬カキツバタ ⑭ウド ⑮オモト ⑯コスモス ⑰ミョウガ ⑱ホオズキ ⑲モクレン ⑳たけのこ

5画 玉・王(⺩)

たま おう おうへん

なりたち 王

「たま」「宝石」などに関係した字をあつめる。偏になると「⺩」の形になる。

この部首の字

画数	字	ページ
0画	玉	727
0画	王	728
3画	玖	728
4画	玩	729
5画	珂	729
5画	珈	729
5画	珊	729
5画	珍	729
5画	珀	729
5画	玲	730
6画	珠	730
6画	班	730
7画	球	730
7画	現	731
7画	琢	732
7画	理	732
7画	琉	733
8画	瑛	733
8画	琴	733
8画	琥	733
8画	琢	732
8画	琶	733
8画	琵	733
8画	琳	734
9画	瑚	734
9画	瑞	734
9画	瑶	734
10画	瑳	734
10画	瑠	734
11画	璃	734
13画	環	735
13画	璧	735
14画	璽	735

ほかの部首の字

主→丶部 29
全→入部 62
呈→口部 203
狂→犭部 720
国→囗部 225
宝→宀部 295
皇→白部 763
望→月部 573
斑→文部 535
聖→耳部 876

玉－0画

【玉】

5画 1年 〔玉〕明朝

音 ギョク
訓 たま

※上にくる音により「だま」ともよむ。

1・3画めは同じ長さにして4画めを一番長く。5画めの点は3・4画めの間に。

一 丅 干 王 玉

なりたち 象形

三つのたまをひもでつないだアクセサリーをえがいた字。

意味 ❶たま。宝石。「宝玉」 ❷りっぱ。うつくしい。「玉▼露」 ❸天子や他人をうやまう気もちをあらわすことば。「玉座」 ❹まるいもの。

名まえで使う読み きよ・ぎょく・たま

【玉座】ぎょくざ 王や天皇がすわる席。王座。

【玉▼砕】ぎょくさい めいよや忠義のために、いさぎよく死ぬこと。

【玉石】ぎょくせき 玉と石。すぐれたものとつまらないもの。

【玉石混交】ぎょくせきこんこう 四字熟語 ねうちのあるものとないものが、入りまじっていること。

【玉▼露】ぎょくろ ①玉のようにうつくしい露。②上等のお茶の名前。

【玉▼楼】ぎょくろう うつくしい石をちりばめたような、りっぱな高い建物。

【玉砂利】たまじゃり まるくてつぶの大きい、きれいな砂利。

【玉にきず】たまにきず 句 ひじょうにすぐれているが、ほんの少し欠点があること。例 ほがらかでよい人だが、落ち着きのないのが玉にきずです。

ミニ知識 今から950年ほど前、中国の宋の時代に畢昇という人が焼き物で活字をつくりました。

【玉虫】たまむし タマムシ科の昆虫。金色を帯びた緑色のはねに、むらさき色の二本のすじがある。光のあたるぐあいでちがった色にかがやく。

【玉虫色】たまむしいろ ①光の当たりぐあいで、タマムシのようにみどりやむらさきに見える織物の色。②見方によって、どのようにでもうけとれること。例玉虫色の回答。

下につく熟語 悪玉・▽飴玉・*親玉・*紅玉・▼珠玉・*白玉(しらたま・はくぎょく)・善玉・水玉・目玉

玉・王の部 たま・おう・おうへん

0画 王
3画 玖

王－0画

【王】

4画 1年 〔王〕明朝 音オウ 訓—

※上にくる音により「ノウ」ともよむ。

一 T 干 王

1・3画めは同じ長さにして4画めを一番長く書く(「王」は全て同じ)。

なりたち 象形 大きなまさかり(武器の一つ)をえがいた字。大きく広がるというイメージをもち、いだいな人をあらわすのにもちいた。

王のつく漢字グループ

「王」のグループは「大きく広がる」というイメージがある。

→皇763 →凰122 →往375 →旺550 →狂720 →煌704

意味 ❶一つの国のかしら。おう。「国王」❷いちばんすぐれているもの。「百▼獣の王」

参考「親王・勤王」など、上につくことばが「ん」でおわるときは、多く「のう」と読む。

名まえで使う読み おう・きみ・たか・わ・わか

【王位】おうい 王さまのくらい。

【王▼冠】おうかん ①王さまがかぶる、かんむり。②びんの口がね。

【王宮】おうきゅう 王さまのすむ御殿。

【王家】おうけ 王さまの一族。

【王国】おうこく 王さまがおさめている国。

【王座】おうざ ①王さまの席。玉座。また、王さまのくらい。②その分野での、一番めのくらい。例王座決定戦。

【王子】おうじ 王さまの、男の子。対王女

【王室】おうしつ 王さまの一家。例イギリス王室。

【王者】おうじゃ ①王さま。②ある社会で、いちばんすぐれている人。例水泳界の王者。

【王女】おうじょ 王さまの、女の子。対王子

【王将】おうしょう しょうぎのこまの一つ。いちばんたいせつなこま。玉将。

【王政】おうせい 王さまや天皇が中心になって、国をおさめる政治。

【王朝】おうちょう ①王さまや天皇がちょくせつ政治をおこなう朝廷。②同じ王家の系列。また、その王家がおさめる時代。

【王手】おうて しょうぎで、その次には王将をとるという手。例王手をかける。

【王道】おうどう ①徳をもって人民をおさめる政治の道。②楽な方法。あんいな道。例学問に王道なし。

【王▼妃】おうひ 王さまの妻。きさき。

下につく熟語 四天王・女王・親王・*大王・▼帝王・法王・▼魔王

【主】5画 丶部4画 →29ページ

【全】6画 入部4画 →62ページ

王－3画

【玖】

7画 人名 〔玖〕明朝 音キュウ 訓—

なりたち 形声 久(長い時間がたつ→黒くなる)と王(=玉)を合わせた字。

意味 うつくしい黒色の玉。

名まえで使う読み き・きゅう・たま・ひさ

【呈】7画 口部4画 →203ページ

【国】8画 口部5画 →225ページ

5画

【宝】8画 宀部5画 → 295ページ

【狂】7画 犭部4画 → 720ページ

王－4画

【玩】

8画 常用 〔玩〕明朝 音 ガン 訓 ―

なりたち 形声 元(まるい)と王(=玉)を合わせた字。両手をまるめて玉を転がしているようすを図にして、おもちゃにして遊ぶいみをあらわした。→元97

意味 ❶もてあそぶ。あそぶ。「▽玩具・愛▽玩」 ❷じっくりと味わう。めでる。「▽玩味」

名まえで使う読み よし

【▽玩具】がんぐ おもちゃ。

【▽玩味】がんみ ①食べ物の味をあじわう。②文章や作品のいみをじゅうぶんに感じとる。例 熟読玩味。

王－5画

【珂】

9画 人名 〔珂〕明朝 音 カ 訓 ―

なりたち 形声 可(フ形にまがる)と王(=玉)を合わせた字。→可188

意味 宝石の一つ。しろめのう。

王－5画

【珈】

9画 人名 〔珈〕明朝 音 カ 訓 ―

※「コー」ともよむ。

意味 ❶女の人のかみにつけるかざり。❷〔「▽珈▽琲」と書いて〕飲み物のコーヒー。

王－5画

【珊】

9画 人名 〔珊〕明朝 音 サン 訓 ―

なりたち 形声 冊(ふぞろいにならぶ)と王(=玉)を合わせた字。枝がじぐざぐにならんだ生き物をあらわした。→流667

意味 〔「▽珊▽瑚」と書いて〕あたたかい地域の海にすむ、サンゴ虫のせっかい質の骨格が、木の枝のようになったもの。▽赤・白・もも色などがあり、アクセサリーなどにする。むかしは植物と考えられていた。

珊瑚

名まえで使う読み さぶ

王－5画

【珍】

9画 常用 〔珍〕明朝 音 チン 訓 めずらしい

意味 ❶めずらしい。ふつうとかわっている。「▽珍品・▽珍▽妙」 ❷たいせつにする。「▽珍重」

名まえで使う読み うず・くに・たか・ちん・のり・はる・よし

【▽珍▽奇】ちんき めずらしくてかわっていること。

【▽珍客】ちんきゃく めずらしい客。

【▽珍事】ちんじ ①めずらしいできごと。②思いがけない大事件。参考 ②は「椿事」とも書く。

【▽珍▽獣】ちんじゅう 数が少なく、めずらしいけもの。例 パンダは珍獣の一つだ。

【▽珍説】ちんせつ かわった話。また、ばかばかしい意見。

【▽珍重】ちんちょう めずらしがってだいじにすること。例 薬として珍重される草。

【▽珍品】ちんぴん めずらしい品物。

【▽珍味】ちんみ めずらしい味。めずらしい味の食べ物。例 山海の珍味。

【▽珍▽妙】ちんみょう ふつうとかわっていておかしいこと。例 珍妙な話。

王－5画

【珀】

9画 人名 〔珀〕明朝 音 ハク 訓 ―

なりたち 形声 白(しろい。あわい)と王(=玉)を合わせた字。あわい色の玉をあらわした。→白759

意味 〔「▽琥▽珀」と書いて〕宝石の名。松やになどが地中で化石になったもの。

ミニ知識 中国・朝鮮・日本で発達した印刷方法は木版印刷でした。現存する世界最古の木版印

王－5画
【玲】9画 人名
〔玲〕明朝
音 レイ
訓 —

なりたち 形声 令（きよらか）と王（＝玉）を合わせた字。玉が出す、きよらかな音をあらわした。→令58

意味 ❶玉がふれあってなる、さえたうつくしい音。「▽玲▽瓏（＝うつくしく、すみきっているようす）」 ❷色がさえてうつくしいようす。「▽玲▽玲」

名まえで使う読み あきら・たま・れい

【皇】9画
白部4画 →763ページ

王－6画
【珠】10画 常用
〔珠〕明朝
音 シュ
訓 たま*

※上にくる音により「ジュ」ともよむ。

なりたち 形声 朱（たち切る）と王（＝玉）を合わせた字。貝をたちわって取り出した玉、「しんじゅ」をあらわした。→朱582

意味 ❶しんじゅ。「▼珠玉」 ❷小さいたま。「▼珠算」

名まえで使う読み しゅ・たま・み

【▼珠玉】しゅぎょく ①真珠と宝石。②とうといものやうつくしいもののたとえ。とくに、詩や文章にいう。例 珠玉の名作。

【▼珠算】しゅざん そろばんをつかってする計算。

下につく熟語 数▼珠・真▼珠・＊宝▼珠（ほうじゅ・ほうしゅ）・＊連▼珠

王－6画
【班】10画 6年
〔班〕明朝
音 ハン
訓 —

※上にくる音により「パン」ともよむ。

班 班

4画めは右上にはらう。「リ」は縦に細長く、右側の「王」はやや大きめに書く。

筆順: 一 T ヂ 王 玎 玔 玔 班 班 班

なりたち 会意 王（＝玉）二つとリ（＝刀）を合わせた字。玉をかたなで二つに切り分けるようすを図にして、切り分けた一つ一つをあらわした。

意味 いくつかに分けたときの、一つ一つのあつまり。はん。「班長」

名まえで使う読み つら・なか・はん・ひとし

【班長】はんちょう その班を代表する人。

【班田】はんでん むかし、国が人々に分けあたえた田。また、その制度。例 班田収授の法。

【班別】はんべつ 班ごとに分けること。また、分かれること。例 班別に調査する。

下につく熟語 ＊救護班・＊放送班

王－7画
【球】11画 3年
〔球〕明朝
音 キュウ
訓 たま

球 球

「王」より「求」を縦長に、横広にする。7・8画めを「フ」と書かないように。

筆順: 一 T ヂ 王 玎 玎 玗 玗 球 球 球

なりたち 形声 求（中心にむけて引きしめる）と王（＝玉）を合わせた字。中心にむけて引きしまったまるい玉をあらわした。→求647

意味 ❶たま。まるい形をしたもの。「地球」 ❷まるいボール。「球技・▼卓球」 ❸なげたボール。「直球」 ❹「野球」のりゃく。「球場」

名まえで使う読み きゅう・たま・まり

【球技】きゅうぎ ボールをつかっておこなう競技。野球・サッカー・バレーボールなど。

【球形】きゅうけい ボールのようなまるい形。

【球根】きゅうこん 植物の地下茎や根が、養分をためてまるくなったもの。

【球状】きゅうじょう ボールのようなまるい形。

【球場】きゅうじょう 野球場。

【球▼審】きゅうしん 野球で、投手のなげるボールをストライクかボールか判定する人。主審。

金属の青銅でつくられ，表面をみがいてものをうつして見たからです。

【球面】きゅうめん　球の形をした物の表面。例 球面鏡。

下につく熟語 眼球・気球・北半球・血球・▼硬球・死球・送球・速球・打球・庭球・＊天球・電球・投球・▼軟球・＊半球・＊変化球・南半球・野球

王－7画
【現】
11画 5年 〔現〕明朝

音 ゲン
訓 あらわれる・あらわす

「王」より「見」を縦長に。11画めは底辺の長い曲がりで書き、最後は上にはねる。

なりたち 形声 見（はっきりみえる）と王（＝玉）を合わせた字。目の前に形がはっきり見えることをあらわした。→見936

意味 ❶はっきりあらわれる。あらわす。「実現」❷いま。「現在」

使い分け あらわす「表す・現す・著す」→924ページ

名まえで使う読み あり・げん・み

【現役】げんえき　いま現在、ある社会で活動していること。また、その人。例 現役の選手。
参考 浪人したり、卒業したりした学生にたいして、学校にいる学生をいうこともある。

【現▼況】げんきょう　今のようす。現在の状況。例 現況を報告する。

【現業】げんぎょう　工場や屋外の現場でする仕事。

【現金】げんきん　①すぐそのままつかえるじっさいのお金。例 小切手を現金にかえる。②今もっているお金。③その場の損得を考えて態度をかえるようす。例 現金な人だ。

【現行】げんこう　現在おこなわれていること。例 現行の学校制度。／現行犯。

【現今】げんこん　今。現在。

【現在】げんざい　今。対 過去・未来

【現実】げんじつ　考えたり思ったりしていることでなく、じっさいにある、ありのままのすがた。例 現実のできごと。対 理想

【現実性】げんじつせい　じっさいにできたりおこったりする、みこみ。例 計画が現実性を帯びてきた。

【現実的】げんじつてき　考えやおこないが、現実に合っているようす。例 現実的な考え。

【現住所】げんじゅうしょ　現在すんでいるところ。

【現象】げんしょう　目・耳・手などで感じとる、ありさまやできごと。例 自然現象。

【現状】げんじょう　現在のようすやありさま。例 ねる時間もないのが現状です。

【現職】げんしょく　①今つとめている職業。②今、ある職業についていること。例 現職にとどまる。

使い分け げんじょう　現状・原状

【現状】いまの状態。例 現状をよく観察する。／現状を打破する。／現状を維持する。

【原状】もとの状態。例 われたつぼを原状にもどす。／原状を回復する。

【現世】げんせ／げんせい　現在の世の中。この世。

【現像】げんぞう　うつしたフィルムや、やきつけた印画紙に、像があらわれるようにすること。

【現存】げんそん／げんぞん　現実に存在すること。今、たしかにあること。例 現存する古い建物。

【現代】げんだい　①今の時代。②時代の区切り方の一つ。日本史では、明治維新から今までの時代。または、第二次世界大戦からあとの時代。

【現代的】げんだいてき　今の時代に合ってい

ミニ知識 「鏡」という字には，なぜ「金」がついているのでしょう。むかしの鏡はガラスではなく，

るようす。今風。現代風。

【現地】げんち ①今いる土地。例現地にすんでから五年になる。②あることが、じっさいにおこなわれている土地。例現地へ取材に行く。

【現場】げんば ①作業などがおこなわれているところ。例工事現場。②ものごとがおこったところ。また、おこっているところ。例現場から中継する。参考②は「げんじょう」とも読む。

【現品】げんぴん じっさいにそこにある品物。例現品限り。

【現物】げんぶつ ①いまある品物。現品。②取り引きをする、じっさいの品物。例現物取り引き。

下につく熟語 具現・権現・再現・出現・体現・*発現・表現

【琢】

王-7画 【琢】 11画 人名

王-8画 【琢】 12画 人名 〔琢〕明朝

音 タク
訓 みがく

なりたち 形声 もとの字は「琢」。豖(一点に重みをかける)と王(=玉)を合わせた字。つち・のみで玉を加工するようすをあらわした。

意味 ❶うつくしくみがく。「▼彫▽琢」 ❷努力して学問やわざをおさめる。「▽琢▼磨」

名まえで使う読み あや・たか・たく・みがく

【▽琢▼磨】たくま 学問・わざや、人格の向上につとめはげむこと。→「切▽磋▽琢磨」(127ページ)。

【理】

王-7画 【理】 11画 2年 〔理〕明朝

音 リ
訓 ―

「王」と「里」の上側をほぼそろえて、下側は「里」の方を低くすると整う。

なりたち 形声 里(たてよこにすじを通す)と王(=玉)を合わせた字。宝石の表面にすけて見えるきちんとしたすじめをあらわした。 →里1014

意味 ❶ととのえる。おさめる。「整理」 ❷ものごとのすじ道。りくつ。「道理・理論」 ❸自然についての科学。「理科」

名まえで使う読み あや・おさむ・さだむ・すけ・たか・ただ・ただし・ただす・とし・のり・まさ・みち・よし・り

【理科】りか ①自然について勉強する教科。②大学で、自然科学を研究する部門。対文科

【理解】りかい ものごとのすじ道やわけをよく知ること。例話の内容を理解する。

【理▼屈】りくつ ①ものごとのすじ道。例理屈にあった意見。②むりに考え出した、もっともらしい理由。例理屈をこねる。

【理事】りじ 団体で、あるきめられた事務をしょりして、その団体を代表する権限をもつ役。また、その役の人。

【理性】りせい ものごとをすじ道を立てて考え、正しく判断する頭のはたらき。例理性を失う。対感情

【理性的】りせいてき 感情に走らず、すじ道を立てて冷静に判断するようす。例理性的な発言。対感情的

【理想】りそう 人がもっともよいものと考え、おいもとめるもの。例理想の人生。対現実

【理想的】りそうてき ものごとが、もっとものぞましい状態になっていてすばらしいようす。例理想的な物件。

【理知的】りちてき ものごとの正しいすじ道を判断し、冷静にしょりするようす。参考「理知」は、感情を入れず、すじ道を立てて判断する能力。

【理に適う】りにかなう 句ものごとの正しいすじみちに合っている。例理に適った説明。

【理念】りねん そのものごとについて、どうあるべきかという、おおもとの考え。例日本国憲法の理念。

【理非曲直】りひきょくちょく 四字熟語 道理に合っていることと、はずれていること。例

字で文章を書きますが，韓国は漢字と韓国式のかな(=ハングル)をまぜて書きます。

理非曲直をただす。参考「曲直」は、まがったことと、まっすぐなことで、「理非」と同じいみのことば。

【理不▼尽】りふじん　道理に合わないむちゃなこと。また、それをおしつけること。例理不尽な要求。参考「不尽」は、じゅうぶんにつくせないこと。道理がじゅうぶんでない、すじ道が通らないといういみから。

【理由】りゆう　ものごとがそうなったわけ。例理由をきちんと説明する。

【理路整然】りろせいぜん　四字熟語　考え方のすじ道がととのっていること。例理路整然とした話。

【理論】りろん　すじ道の通った考え。

【理論的】りろんてき　すじ道が立っていて、りくつにかなっているようす。例理論的には可能である。

下につく熟語　管理・義理・経理・原理・*合理・修理・受理・*条理・処理・心理・真理・推理・生理・代理・調理・地理・定理・*物理・無理・料理・▼倫理・論理

王－7画

【琉】11画　人名　〔琉〕明朝　音リュウ　訓―

なりたち　形声　㐬(するするとすべる)と王(=玉)を合わせた字。なめらかな玉をあらわした。→流667

意味　❶つるつるした玉。❷「▽琉球」と書いて」沖縄県にあったむかしの国の名。

【望】11画　月部7画 → 573ページ

王－8画

【瑛】12画　人名　〔瑛〕明朝　音エイ　訓―

なりたち　形声　英(くっきりとめだつ)と王(=玉)を合わせた字。

意味　❶すみきった玉の光。❷水晶などの玉。

名まえで使う読み　あき・あきら・えい・てる

王－8画

【琴】12画　常用　〔琴〕明朝　音キン　訓こと

なりたち　形声　―琴

もとの字は「珡」。楽器の「こと」をえがいたもの。のち、今(ふさぐ。中にふくむ)をくわえて琴とした。胴をふさいで音をきょうめいさせる楽器をあらわした。→今52

意味　楽器の、こと。「木▼琴・風▼琴(=オルガン)」

【▼琴線】きんせん　①ことの糸。②ものごとに感じやすい心のたとえ。

【▼琴線に▼触れる】きんせんにふれる　句　心にぴんとつたわるものがあって、感動する。例うつくしい音色が心の琴線に触れる。

王－8画

【琥】12画　人名　〔琥〕明朝　音コ　訓―

なりたち　形声　虎(勇かんのシンボル)と王(=玉)を合わせた字。軍を動かすためにもちいた、トラの形にした玉をあらわした。

意味　❶むかし、中国でつかった玉でできた、わりふ。▽しるしを書いて二つに割り、それぞれを別々の人がもち、後日それがぴったりと合うことで、しょうこにした。トラの形をきざんだ。❷「▽琥▽珀」と書いて」宝石の名。松やになどが地中で化石になったもの。「▽琥▽珀色(=茶色をおびた黄色)」

琥珀

王－8画

【琶】12画　人名　〔琶〕明朝　音ハ　訓―

※「ワ」ともよむ。

なりたち　形声　巴と珡(こと)をりゃくしたものを合わせた字。楽器の「びわ」を書きあらわすためにつくった。

意味　→琵

王－8画

【琵】12画　人名　〔琵〕明朝　音ビ　訓―

ミニ知識　現在、世界で漢字をつかっている国は中国・韓国・日本の3か国です。中国はぜんぶ漢

玉・王の部（たま・おう・おうへん）
8画 琳
9画 瑚・瑞・瑶
10画 瑳・瑠
11画 璃

なりたち 形声 比と𤦡(こと)をりゃくしたものを合わせた字。楽器の「びわ」を書きあらわすためにつくった。

意味 〔「▽琵▽琶」と書いて〕❶弦楽器の名。❷くだものの、ビワ。

【▽琵▽琶法師】びわほうし 琵琶をひくことを職業とした盲目の坊さん。特に、『平家物語』を琵琶をひきながら語った坊さん。

王－8画

【琳】 12画 人名 〈琳〉明朝

音 リン
訓 —

なりたち 形声 林(きれいな形)と王(=玉)を合わせた字。

意味 ❶うつくしい玉。❷玉がふれあう音。

【斑】 12画 文部8画↓535ページ

王－9画

【瑚】 13画 人名 〈瑚〉明朝

音 コ
訓 —

※「ゴ」ともよむ。

なりたち 形声 胡(おおいかぶさる)と王(=玉)を合わせた字。おおいかぶさるようにのびる生き物をあらわした。

意味 ❶赤い色の玉や石。❷〔「▽珊▽瑚」と書いて〕海にすむサンゴ虫の骨格。

王－9画

【瑞】 13画 人名 〈瑞〉明朝

音 ズイ
訓 しるし

なりたち 形声 耑(バランスよくそろう)と王(=玉)を合わせた字。バランスのととのった美しい玉をあらわした。

意味 めでたいしるし。

注意 「端」とまちがえないこと。「▽瑞▽祥」

名まえで使う読み ずい・たま・みず

【▽瑞雲】ずいうん めでたいことがおこりそうなしるしとされる雲。

【▽瑞▽祥】ずいしょう めでたいしるし。

【▽瑞兆】ずいちょう めでたいことがおこる、前ぶれ。吉兆。

王－9画

【瑶】 13画 人名 〈瑶〉明朝

音 ヨウ
訓 たま

なりたち 形声 もとの字は「瑤」。䍃(ゆらゆらと動く)と王(=玉)を合わせた字。ゆらめきかがやく玉をあらわした。

意味 ❶白くうつくしい玉。❷玉のようにうつくしいようす。

名まえで使う読み たま・よう

【聖】 13画 耳部7画↓876ページ

王－10画

【瑳】 14画 人名 〈瑳〉明朝

音 サ
訓 みがく

なりたち 形声 差(ぎざぎざしている)と王(=玉)を合わせた字。ぎざぎざした表面をみがくことをあらわした。

意味 ❶あざやかなようす。❷みがく。「切▽瑳(=努力をかさねること)」

王－10画

【瑠】 14画 常用 〈瑠〉明朝

音 ル
訓 —

なりたち 形声 留(するするとすべる)と王(=玉)を合わせた字。玉の「るり(瑠璃)」を書きあらわすためにつくった。

意味 〔「▽瑠▽璃」と書いて〕つるつるしてむらさきがかったこん色の玉。「▽瑠▽璃色(=むらさきがかった、こん色)」

名まえで使う読み りゅう・る・るり

瑠璃

王－11画

【璃】 15画 常用 〈璃〉明朝

音 リ
訓 —

なりたち 形声 離をりゃくした离と王(=玉)を合わせた字。玉の「るり(瑠璃)」を書きあらわすためにつくった。

意味 →瑠

下につく熟語 ▼浄▼瑠▼璃

帝にしか着ることがゆるされませんでした。

玉－13画

【環】

17画 常用 〔環〕明朝

音 カン　訓 わ*

なりたち 形声 睘(まるくまわる)と王(=玉)を合わせた字。睘は、袁(まわりをまるくとりまく)をりゃくしたものと目を合わせて、おどろいて目をきょろきょろさせるようす。環は、まるい玉をあらわした。→園227

意味 ❶輪。輪のようなもの。「▼環境」「▼環状」 ❷めぐる。まわり。

名まえで使う読み かん・たま・たまき・わ

【▼環境】かんきょう あるものをとりまく、まわりのようす。例 よい環境の中でそだつ。

【▼環境省】かんきょうしょう 自然保護や公害防止など、環境をまもる仕事をする国の役所。

【▼環境破▼壊】かんきょうはかい 人間や生物が生きていくのにひつような自然の環境をこわしてしまうこと。例 環境破壊が多くの生き物たちを絶滅させてしまった。

【▼環状】かんじょう 輪のような形や状態。例 環状線。

下につく熟語 一▼環・*色相▼環・▼循▼環

玉－13画

【璧】

18画 常用 〔璧〕明朝

音 ヘキ　訓 —

※「ペキ」ともよむ。

意味 ❶平らな輪の形をした、玉。「完▼璧」 ❷うつくしい、玉。また、うつくしいものやりっぱなもののたとえ。「▼双▼璧」

注意 「壁」とまちがえないこと。

名まえで使う読み たま

玉－14画

【璽】

19画 常用 〔璽〕明朝

音 ジ　訓 —

意味 天皇・国王のはん。「国▼璽・玉▼璽・御▼璽」

5画 瓦 かわら

なりたち 「かわら」「土器」などに関係した字をあつめる。

この部首の字

0画 瓦 735
6画 瓶 736

瓦－0画

【瓦】

5画 常用 〔瓦〕明朝

音 ガ　訓 かわら

なりたち 象形 （形のかわらが、たがいちがいに重なったすがたをえがいた字。土をまるめて焼いた素焼きの土器や紡錘(糸をつむいでまきとる道具)のこと。のち、「かわら」のいみにもちいた。

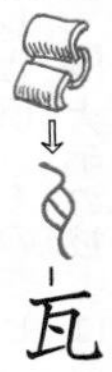

意味 かわら。「▼瓦解・屋根▼瓦」

【▼瓦解】がかい 一部がくずれることで、全体がくずれること。例 組織が瓦解する。参考 屋根がわらは、一枚落ちると全部がくずれることから。

【▼瓦▼礫】がれき ①かわらと小石。また、コンクリートのかけらや石ころ。例 瓦礫をとりのぞく。②ねうちのない、つまらないもの。

【▼瓦版】かわらばん 江戸時代、事件を絵入り

ミニ知識 「黄」は世界の中心で地上を支配する人の色とされ，むかしの中国では黄色い服は皇

瓦の部 6画 瓶・甘の部 0画 甘 4画 甚

ですばやくしらせた新聞。

下につく熟語 鬼瓦・*煉瓦

瓦－6画

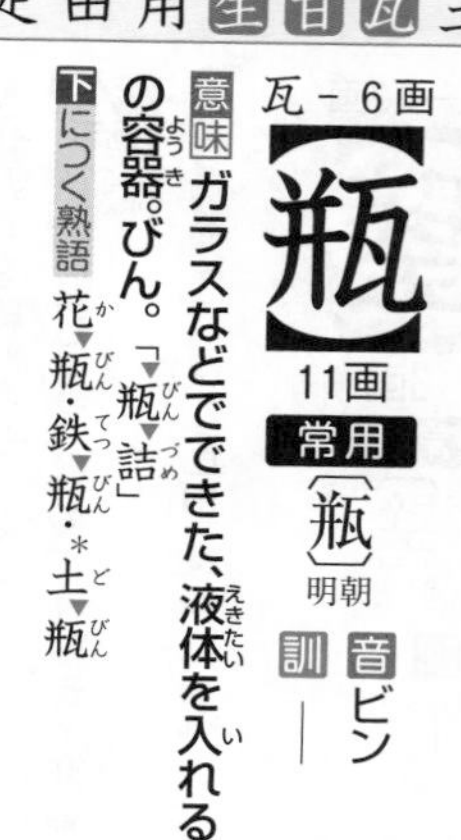

【瓶】11画 常用 〈瓶〉明朝

音 ビン
訓 ―

意味 ガラスなどでできた、液体を入れるための容器。びん。「瓶詰」

下につく熟語 花瓶・鉄瓶・*土瓶

5画 甘 あまい

なりたち

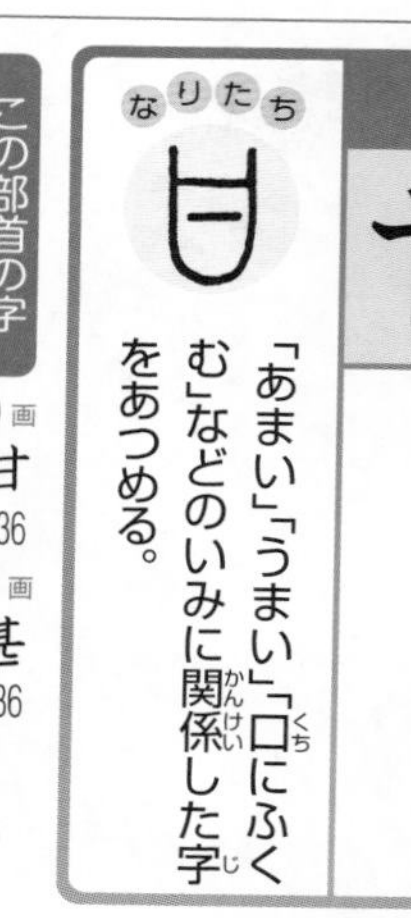

「あまい」「うまい」「口にふくむ」などのいみに関係した字をあつめる。

この部首の字
0画 甘 736
4画 甚 736

ほかの部首の字
某→木部 593
紺→糸部 845

甘－0画

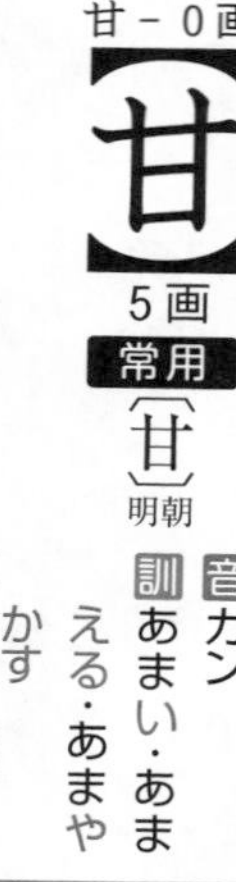

【甘】5画 常用 〈甘〉明朝

音 カン
訓 あまい・あまえる・あまやかす

意味 ❶あまい。おいしい。「甘味」 ❷満足する。あまんじる。「甘受」

名まえで使う読み あま・かい・かん・よし

【甘口】あまくち 塩けやからさが少なくて、あまみが強いこと。例 甘口の酒。対 辛口

【甘酒】あまざけ もち米のかゆに、こうじをまぜてつくったあまい飲みもの。

【甘党】あまとう あまいものがすきな人。対 辛党

【甘言】かんげん 人のよろこぶような、うまいことば。例 甘言で人をごまかす。

【甘受】かんじゅ しかたがないと思って、不平を言わずうけいれること。例 あえて非難を甘受する。

【甘味料】かんみりょう 食べ物に、あまい味をつけるもの。砂糖・水あめなど。

上につく熟語 甘口・*甘美・*甘露

甘－4画

【甚】9画 常用 〈甚〉明朝

音 ジン
訓 はなはだ・はなはだしい

意味 ふつうのていどをこえている。はなはだしい。「甚大」

名まえで使う読み しげ・じん・たか・たね・とう・ふか・やす

【甚大】じんだい ものごとのていどが、ひどいようす。例 大雨の被害は甚大だ。

下につく熟語 幸甚

【某】9画 木部5画→593ページ

【紺】11画 糸部5画→845ページ

5画

生の部（うまれる）
0画 生

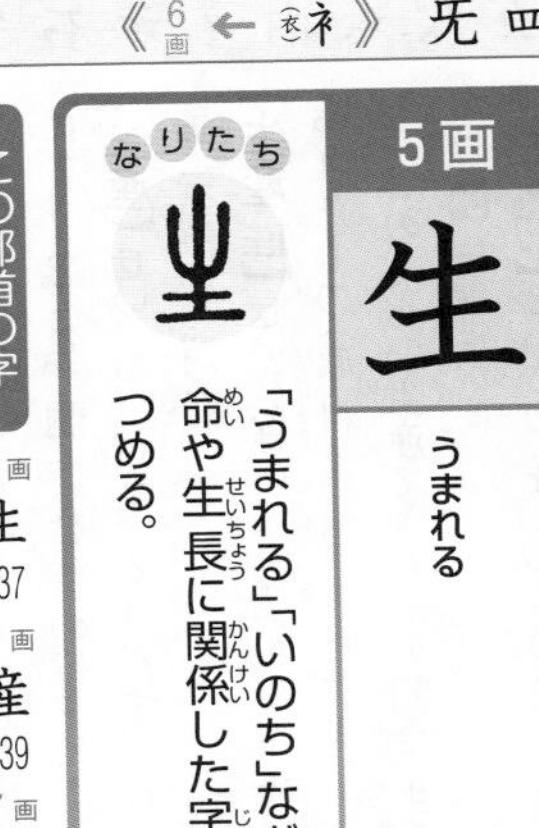
5画
生
うまれる
なりたち
「うまれる」「いのち」など、生命や生長に関係した字をあつめる。

この部首の字
0画 生 737
6画 産 739
7画 甥 740

ほかの部首の字
姓→女部 277
性→忄部 460
星→日部 555
牲→牛部 716

生－0画

【生】

5画 1年 〔生〕明朝

音 セイ・ショウ
訓 いきる・いかす・いける・うまれる・うむ・おう*・はえる・はやす・き*・なま

※上にくる音により「ジョウ」ともよむ。

1画めと3画めの書き出しは、3画めを高くする。2画めは1画めの途中で接する。

筆順：1 ノ　2 𠂉　3 牛　4 牛　5 生

なりたち 会意
屮(草木の芽)と土を合わせた字。土の中から、草の芽がはえてるようすをあらわした。

生のつく漢字グループ
「生」のグループは「すがすがしい」「すみきっている」というイメージがある。
→姓277 →性460 →星555 →牲716 →笙823 →醒1013 →青1057

意味 ❶うまれる。うむ。はえる。「誕生」対死 ❷いきる。いのち。「生活・生命」対死 ❸なま。「生▼硬・生木」 ❹まじりけがない。「生一本」 ❺勉強する人。「学生・生徒」

注意 「いきる」「うまれる」「はえる」などはおくりがなに気をつけよう。

難しい読み 生一本・生▼粋・生返事・生身・生水

名まえで使う読み あり・い・いき・いく・う・うまる・お・おき・き・しょう・すすむ・せい・たか・なり・のう・のり・ふ・ぶ・み・よ

【生一本】きいっぽん ①まじりけのない日本酒。例 灘の生一本。②まじめで、ものごとにすじを通そうとするようす。例 生一本な性格。

【生糸】きいと かいこのまゆからとったままの、まだよっていない糸。

【生地】一 きじ ①自然のままの性質。②ぬの地。③小麦粉をこねたパンやめんなどの材料。二 せいち 生まれた土地。

【生▼粋・生っ▼粋】きっすい 他のものがまじっていないこと。例 生粋の江戸っ子。

【生▼涯】しょうがい この世に生きている間。一生。例 しあわせな生涯。

【生育】せいいく 生まれそだつこと。また、生きものをそだてること。使い分け せいいく「成育・生育」→(483ページ)

1【生花】せいか ①紙やぬのでつくったのではなく、自然の生きた花。対 造花 ②生け花。

2【生家】せいか 自分が生まれてそだった家。実

使い分け うむ 生む・産む

【生む・生まれる】たんじょうさせる。新しくする。例 北海道で生まれる。／新しい記録を生む。／利益を生む。

【産む・産まれる】出産する。産卵する。例 お母さんが赤ちゃんを産む。／ニワトリがたまごを産む。／男の子が産まれた。

参考 動物も人間も出産は「産む」。人間が子どもをもうけるのいみでは「生む」。

ミニ知識 「紫」は青と赤のまじった色ですが、高貴な色としてとうとばれました。お坊さんの「け

生 うまれる 生の部 0画 生

家。例 父の生家。

【生活】せいかつ ①生きて活動すること。例 学生生活。②毎日くらしていくこと。くらし。

【生還】せいかん ①死ぬきけんのあるところから、生きてかえること。例 奇跡の生還をとげる。②野球で、ランナーが本塁にかえり、得点になること。

【生気】せいき 生き生きとした気力。例 雨がふって、草木が生気をとりもどした。

【生業】せいぎょう 生活していくための職業。

【生計】せいけい 毎日のくらしを立てていくための方法。くらしかた。例 生計を立てる。

【生後】せいご 生まれてからのち。例 生後二か月の赤ちゃん。

【生彩】せいさい 生き生きとして、元気のあるようす。例 生彩がない演技。

【生殺与奪】せいさつよだつ 四字熟語 あいてを生かすもころすも、ものをあたえることもうばいとることも、すべて自分の思うままにできること。例 生殺与奪の権をにぎる。

【生産】せいさん 物をつくりだすこと。例 大量生産。対 消費

【生産性】せいさんせい 生産するためにつかわれたもの（原料・機械・労働者など）に対して、どのくらい生産できたかの割合。生産の能率。例 生産性が高い。

【生産的】せいさんてき ①ものをつくり出すことにつながるようす。②よくしていこうとするようす。建設的。例 生産的な意見。

【生死】せいし 生きることと死ぬこと。生きていることと死んでいること。例 生死不明。

【生殖】せいしょく 生物が種族をたやさないように、子をつくっていくこと。

【生成】せいせい ①物がしぜんにできあがること。例 火山の生成。②物をつくりあげること。

【生鮮】せいせん 魚ややさいなどがひじょうに新しくいきのいいこと。例 生鮮食料品。

【生前】せいぜん 生きていたとき。対 死後

注意「生後」は生まれてからのち、のいみで「生前」の反対語とはならない。

【生息】せいそく 生物が生活し、生きていること。例 クマの生息地。

【生存】せいぞん 生きていること。対 死滅

【生存競争】せいぞんきょうそう 四字熟語 ①生物が生きのびるために、食べる物や、すむところなどをめぐっておこすあらそい。例 生存競争にまけてほろびた動物。②人間が生活したり、地位をまもったりするためにおこすあらそい。例 努力しなければ生存競争にかてない。

生存競争①

1【生体】せいたい ①生きものの生きているからだ。対 死体 ②生きているもの。生物。

使い分け せいたい 生体・生態

【生体】生きているままのからだ。例 生体反応。／生体認証。対 死体

【生態】生きものが自然界で生活しているようす。例 アリの生態を観察する。／里山の生態系をしらべる。

オーケー

2【生態】せいたい 生きものが自然界で生活しているようす。例 トカゲの生態を観察する。

【生誕】せいたん 生まれること。誕生。例 生誕一〇〇年。

【生長】せいちょう 植物がそだって大きくなること。使い分け せいちょう「成長・生長」↓(484ページ)

【生徒】せいと 中学校や高等学校にかよって、教えをうけている人。

【生得】せいとく／しょうとく 生まれたときから、もっていること。生まれつき。

【生年月日】せいねんがっぴ 生まれた年と月日。

【生物】一 せいぶつ ①生きもの。動物や植物

など。②「生物学」のこと。生物を研究する学問。

二 なまもの にたりやいたりしていないもの。いたみやすい食べ物。

【生別】せいべつ たがいに生きていながら、会えなくなること。生き別れ。対 死別

【生命】せいめい ①いのち。じゅみょう。例 生命の危険を感じる。②それがなくなると、そのもの全体のねうちがなくなるような、たいせつなもの。例 本の生命は内容だ。

【生来】せいらい／しょうらい ①生まれつき。例 生来の勉強家。②生まれてからずっと。例 かれは生来病弱です。

【生理】せいり ①生物が生きていくためにひつような、からだのはたらき。②月経。メンス。

【生意気】なまいき えらぶったり、知っているふりをしたりして、にくらしいこと。例 弟は生意気な口をきく。

【生木】なまき ①地面にはえている生きた木。例 生木を裂く(＝愛し合っている男女をわかれさせる)。②切ったばかりで、まだかわいていない木。対 枯れ木

【生傷】なまきず うけたばかりのきず。例 生傷がたえない。対 古傷

【生卵】なまたまご 火をくわえてない、なまのたまご。

【生半可】なまはんか ちゅうとはんぱで、じゅうぶんではないこと。例 生半可な知識。

【生返事】なまへんじ のり気でないときにする、いいかげんな返事。気のない返事。

【生身】なまみ 生きているからだ。例 生身の人間。

【生水】なまみず わかしていない水。

【生野菜】なまやさい にたりやいたりしていない、なまのやさい。

下につく熟語 一生・衛生・往生・寄生・共生・厚生・後生(こうせい・ごしょう)・再生・自生・▼芝生・写生・＊終生・衆生・出生(しゅっせい・しゅっしょう)・書生・＊新生・人生・▼摂生・先生・▼畜生・派生・発生・半生・平生・密生・野生・養生・余生

【姓】8画 女部5画→277ページ

【性】8画 忄部5画→460ページ

【星】9画 日部5画→555ページ

【牲】9画 牛部5画→716ページ

生－6画

【産】

11画 4年 〔産〕明朝

音 サン

訓 うむ・うまれる・＊うぶ

※上にくる音により「ザン」ともよむ。／「サンする」ともつかう。

産

1画めは点でもよい。「生」は中心からやや右にずれる。6画めをのびやかに。

なりたち 会意 產－産(產)

もとの字は「產」。彦をりゃくした产(形よくととのっている)と生(うむ)を合わせた字。母が子をうんだけっか、ふくれていたおなかがすっきりととのうようすを図にして、子どもをうむことをあらわした。→彦372

意味 ❶子どもをうむ。うまれる。「産卵」 ❷ものをつくりだす。「生産」 ❸もとで。「資産」

難しい読み 産毛・産声・産湯

使い分け うむ「生む・産む」→(737ページ)

名まえで使う読み うぶ・さん・ただ

【産毛】うぶげ ①うまれたときからはえている毛。②うすくやわらかい毛。

【産声】うぶごえ うまれたばかりの赤ちゃんが、はじめて出すなき声。

【産湯】うぶゆ うまれた子どもをはじめて入浴させること。また、その湯。

【産院】さんいん 赤ちゃんをうむ女性や、うまれたばかりの赤ちゃんの世話をする病院。

【産科】さんか 妊娠・出産や赤ちゃんをせん

もんにみる医学の一分野。例 産科の医師。

【産業】さんぎょう 人間の生活にひつような、いろいろなものをつくりだす仕事。農業・工業・水産業・林業・鉱業など。例 第一次産業。／産業革命。

【産出】さんしゅつ 産物をとりだすこと。また、あるものをつくりだすこと。例 石油を産出する。

【産地】さんち そのものがとれる土地。生産地。例 サクランボの産地。／産地直送。

【産婆】さんば 「助産師」の古い言い方。

【産物】さんぶつ その土地でつくられるもの。また、とれるもの。

【産卵】さんらん たまごをうむこと。例 ウミガメが産卵する砂浜。

下につく熟語 安産・遺産・減産・国産・財産・出産・殖産・増産・水産・多産・畜産・倒産・動産・特産・難産・破産・物産・不動産・土産（みやげ）・名産・量産

生－7画

【甥】

12画 人名 〈甥〉明朝 音 セイ 訓 おい

意味 兄弟姉妹に生まれた男の子。おい。対 姪

名まえで使う読み おい

漢字博士になろう！

●略称

「国体」とは、国の体のことでしょうか？ つまり、日本列島のことでしょうか？ いいえ、毎年一度開催される「国民体育大会」のことです。

このようにことばをちぢめていう言い方を、略称とよびます。（ ）の中が正式の呼び名です。

- 国連（＝国際連合）
- 県議選（＝県議会議員選挙）
- 最高裁（＝最高裁判所）
- 厚労省（＝厚生労働省）
- 国交省（＝国土交通省）
- 文科省（＝文部科学省）
- 日銀（＝日本銀行）
- 農協（＝農業協同組合）
- 漁協（＝漁業協同組合）
- 万博（＝万国博覧会）
- 重文（＝重要文化財）
- 英検（＝実用英語技能検定）
- 道交法（＝道路交通法）

5画

用 もちいる

なりたち

「用」のいみにはあまり関係がなく、字の形のうえで目じるしとなる字をあつめる。

この部首の字

0画 用 740

2画 甫 741

ほかの部首の字

備→亻部 92

用－0画

【用】

5画 2年 〈用〉明朝 音 ヨウ 訓 もちいる

1画めは真下に引いてからはらう。2画めは折って真下に。5画めは止めてもよい。

筆順：丿 冂 月 月 用

なりたち 指事 ⾝－⾝－用

⾝（つつ）と卜（棒）を合わせた字。つつに棒を上から下までつき通すようすを図にして、力や道具をうまくつかってはたらかせることをあらわした。

用のつく漢字グループ

「用」のグループは「つき通す」というイメ

ージがある。↓庸359 ↓通417

意味 ❶はたらかしてつかう。はたらき。「用心・作用・使用」❷ひつようなものやお金。「費用」❸しなければならない、仕事。「用事・用務」

名まえで使う読み ちか・もち・よう

【用意】ようい ①したくをすること。例 あすの運動会の用意をする。②気をつけてけいかいすること。例 地震にたいする用意をおこたるな。

【用意周▼到】よういしゅうとう 四字熟語 じゅんびがいきとどいていること。

用意周到

【用が足りる】ようがたりる 句 間にあう。役に立つ。

【用具】ようぐ あることをするのにつかう道具。例 運動用具。

【用件】ようけん 用事の種類や内容。また、用事。例 用件を説明する。

【用語】ようご ①あることに関係してつかうことば。例 スポーツ用語。／専門用語。②ことばづかい。例 用語が適当ではない。

【用材】ようざい 家をたてたり家具をつくったりする材木。

【用紙】ようし つかいみちのきまっている紙。例 答案用紙。

【用字】ようじ 文を書くときにつかう字。また、そのときにつかう字のえらび方。例 用字用語。

【用事】ようじ しなくてはならないことがら。用件。

【用心】ようじん わるいことがおこらないように気をつけること。例 火の用心。／用心深い。

【用水】ようすい 田畑や、飲料・防火などのためにもちいる水。例 防火用水。

【用談】ようだん 用件について話し合うこと。例 用談をすすめる。

【用地】ようち あることのために使用する土地。例 工場建設用地。

【用▼途】ようと つかいみち。例 石油の用途は広い。

【用品】ようひん あるものごとをするのにつかう品物。例 スポーツ用品。／生活用品。

【用法】ようほう つかい方。もちい方。

【用務】ようむ 仕事。つとめ。例 用務員。

【用命】ようめい 用をいいつけること。例 何なりと御用命ください。参考 商人が、客の注文についていう。

【用量】ようりょう くすりを飲むときなどの、きめられた分量。例 用量・用法を守る。

使い分け ようりょう「容量・用量・要領」↓300ページ)

【用例】ようれい （ことばなどが）じっさいにつかわれている例。

【用を足す】ようをたす 句 ①しなければならないことをする。用事をする。例 町に出て用を足す。②大便や小便をする。参考 ②は人にふゆかいな感じをあたえないために遠回しにいうことば。

下につく熟語 愛用・悪用・引用・運用・応用・活用・慣用・急用・起用・器用・共用・▼兼用・公用・効用・▼雇用・採用・雑用・実用・借用・私用・使用・試用・商用・常用・食用・信用・専用・代用・通用・適用・転用・＊特用・土用・＊日用・入用・任用・副作用・不用・▼併用・無用・薬用・有用・乱用・両用・利用

用－2画

甫

7画 人名 〔甫〕明朝

音 フ・ホ 訓 はじめ

なりたち 会意

古い字は屮(くさ)と田(た)を合わせた字。たいらな田になえがびっしり生えているようすをあらわした。のち、父(たいらにのび広がる)と用を合わせた字にかわった。

甫のつく漢字グループ

「甫」のグループは「たいら」「うすい」「くっつく」というイメージがある。常用漢字

田の部（たへん）

0画　田

では「尃」は「甫」になる。
↓舗95　↓博168　↓哺211　↓薄404　↓捕508
↓敷532　↓浦665　↓簿831　↓縛861　↓補928
↓輔1003

意味 ❶なえをそだてる畑。❷ものごとのおこりはじめ。

名まえで使う読み かみ・すけ・とし・なみ・のり・はじめ・ふ・ほ・まさ・み・もと・よし

【備】12画　亻部10画 ↓92ページ

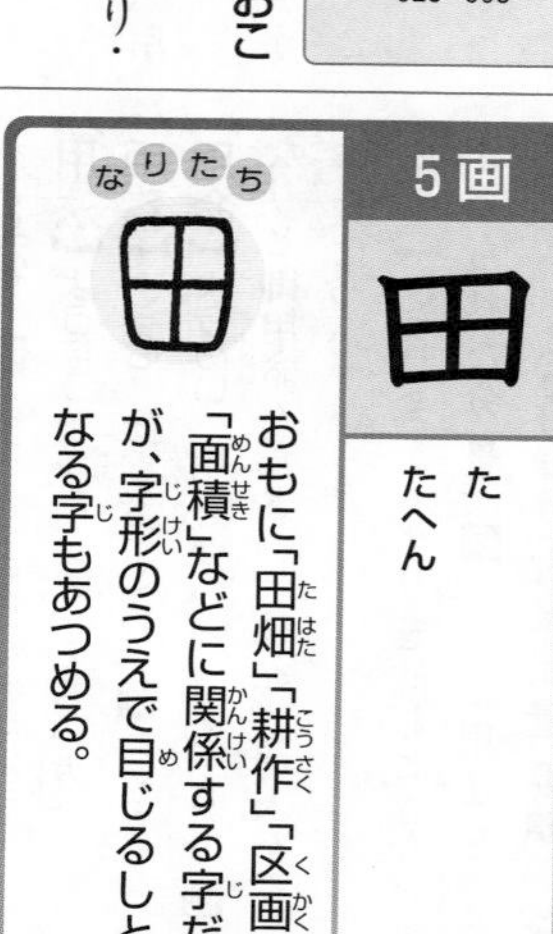

5画　**田**　たへん

なりたち

おもに「田畑」「耕作」「区画」「面積」などに関係する字だが、字形のうえで目じるしとなる字もあつめる。

この部首の字

画数	字	ページ
0画	田	742
0画	甲	743
0画	申	743
0画	由	743
2画	男	744
2画	町	744
3画	画	745
4画	畏	746
4画	界	746
4画	畑	746
5画	畝	747
5画	畜	747
5画	畠	747
5画	畔	747
5画	畢	747
5画	留	747
6画	異	748
6画	略	749
7画	畳	750
7画	番	750
10画	畿	751
17画	疊	750

ほかの部首の字

字	部首	ページ
果	木部	586
思	心部	460
毘	比部	636
胃	月部	885
累	糸部	848
塁	土部	241
富	宀部	304
蓄	艹部	401
雷	雨部	1054
審	宀部	305
奮	大部	271

田－0画

【田】

5画　1年　〈田〉明朝

音 デン
訓 た

※上にくる音により「だ」ともよむ。

1・2画めの縦画は内側に向け、ともに下を少し出す。内部の空間は均等にする。

筆順：丨　冂　Ⅲ　田　田

なりたち 象形　田－田－田

四角に区切った「た」や、はたけをえがいた字。

意味 ❶たんぼ。「水田」 ❷塩・石油・石炭などのとれるところ。「塩田・油田・炭田」

難しい読み 田舎・田畑（たはた・でんぱた）・田楽

名まえで使う読み た・だ・でん・みち

【田舎】いなか ①都会からはなれていて、田畑や山林などが多いところ。②ある人の、生まれ育ったところ。ふるさと。

【田畑】たはた／でんぱた 田んぼと畑。

【田園】でんえん ①田や畑。②いなか。郊外。例田園のすがすがしい朝。

【田楽】でんがく ①平安時代から鎌倉・室町時代にかけてはやったおどり。②とうふ・こんにゃく・いもなどをくしにさし、みそをつけて火であぶった食べ物。

田楽②

【田地】でんじ／でんち 田になっている土地。たんぼ。例田地田畑を手放す。

下につく熟語 青田・▼稲田・新田・美田

田－0画

【甲】

5画 常用

〈甲〉明朝

音 コウ・カン
訓 きのえ*

なりたち 指事 中のものをからでおおって、とじこめるようすをえがいた字。

意味 ❶かたいから。また、かぶと。「甲殻・亀甲」 ❷十干の一番め。きのえ。「甲乙」

難しい読み 甲冑・甲板（かん・こう）・甲羅

名まえで使う読み か・かつ・き・きのえ・こう・まさる

【甲斐】かい ①ものごとをおこなうねうち。また、おこなったことに対するよい結果。例 生き甲斐。／苦労した甲斐があった。②むかしの国の名。今の山梨県。

【甲冑】かっちゅう よろいと、かぶと。例 甲冑に身をかためる。

【甲板】かんぱん／こうはん 船の上の広くたいらなところ。デッキ。

【甲乙】こうおつ ①一番めと二番め。②すぐれているものと、おとっているもの。優劣の差。

【甲乙つけがたい】こうおつつけがたい 句 ふたりの人や二つのものが両方ともすぐれていて、どちらがよい、どちらがわるいときめられないようす。例 ふたりの実力は甲乙つけがたい。

【甲殻類】こうかくるい 水中にすむエビ・カニ・ヤドカリなど、かたいからでおおわれた動物。参考 節足動物の一種。

【甲骨文字】こうこつもじ カメのこうらやけもののほねなどにきざまれた、古代中国の文字。

甲骨文字

【甲虫】こうちゅう かたい前ばねのあるこん虫をまとめたよび方。クワガタムシ・ホタル・カブトムシなど。

【甲羅】こうら ①カメやカニなどのからだをつつんでいるかたいから。②背中。例 砂はまで甲羅をほす。

【甲羅を経る】こうらをへる 句 長く生きて、経験をつむ。

田－0画

【申】

5画 3年

〈申〉明朝

音 シン*
訓 もうす

※「さる」ともよむ。

5画めは「日」の中心を上下につらぬき、下の方を長くする。最後は止めてもよい。

なりたち 象形 右の図の一、二番めは、いなずまが走るすがたをえがいた字。三番めは、臼（両手）と丨（まっすぐのばすしるし）を合わせた字。手でまっすぐのばすこと。どれも、長くのびるというイメージをもち、ことばを長くつらねて「もうしのべる」ことをあらわした。

申のつく漢字グループ
「申」のグループは「長くのびる」というイメージがある。
→伸 69 →神 794 →紳 847 →電（雨＋申）1053

意味 ❶目上の人にいう。もうす。「申告」 ❷十二支の九番め。時刻は午後四時、またはその前後二時間をあてる。動物で、さる。❸方角で、西南西。

名まえで使う読み さる・しげる・しん・のぶ・み・もち

【申告】しんこく きまりにしたがって、役所にもうしでること。例 税金の申告。

【申請】しんせい 役所などに許可をねがいでること。例 水道工事の許可を申請する。

上につく熟語 *申し分・*申し訳

下につく熟語 具申・上申・答申・*内申

田－0画

【由】

5画 3年

〈由〉明朝

音 ユ・ユウ・ユイ*
訓 よし*・よる*

由

3画めは中心に、2画めの横画から上にはっきりと出す。5画めの下からは出ない。

なりたち 指事 あるところ(口)から棒(｜)がぬけ出るすがたをえがいた字。「…から出る」から「あることが生じたわけ」のいみをあらわした。

由のつく漢字グループ
「由」のグループは「通りぬける」「ぬけ出る」というイメージがある。
→宙294 →抽501 →柚594 →油659 →笛823
→紬848 →袖926 →軸1003

意味 ❶**そうなったわけ。…にもとづく。**「理由・自由」 ❷**そこを通っていく。**「経由」

参考 ひらがな「ゆ」、カタカナ「ユ」のもとになった字。

名まえで使う読み ただ・ゆ・ゆう・ゆき・よし・より

【由▼緒】ゆいしょ ①そのものについて、古くからいわれている、おこり。いわれ。由来。②りっぱな歴史。例 由緒のある家がら。

【由来】ゆらい あるものごとがそこからおこり、いろいろなことをへていること。また、そのおこりや道すじ。ゆいしょ。例 寺の由来をしらべる。

田－2画
【男】
7画 1年 〔男〕明朝 音 ダン・ナン 訓 おとこ

6画めの横画は、「田」の横はばよりも長く。「田」と「力」は接しなくてもよい。

なりたち 会意 田と力を合わせた字。田畑などではたらく、力のある「おとこ」をあらわした。

意味 ❶**おとこ。**「男子」 ❷**むすこ。**「長男」 対 ❶❷女

名まえで使う読み お・おと・だん

【男親】おとこおや 父親。おとうさん。対 女親

【男気】おとこぎ こまっている人を、むりをしてでもたすけようとする、男らしい気性。

【男手】おとこで ①男のはたらき手。例 重い荷物には男手がいる。②男の書いた文字。例 この文字は男手だ。③漢字。まな。参考 平安時代、女がひらがなをつかい、男は漢字をつかったことから。対 ①～③女手

【男前】おとこまえ 男らしい顔つきやすがた。男ぶり。参考 ふつう、よい場合につかう。

【男子】だんし ①男の子。②男の人。対 ①②女子

【男児】だんじ ①男の子。対 女児 ②強くてりっぱな男。例 日本男児。

【男▼爵】だんしゃく 貴族(日本では華族)のくらいの一つ。五つあるくらいの五番め。

[1]【男声】だんせい 声楽で、男の声。例 男声合唱。対 女声

[2]【男性】だんせい 男。対 女性

【男性的】だんせいてき 男らしいようす。いさましくさっぱりとしているようす。対 女性的

下につく熟語 次男・*善男・年男・*美男・*山男

田－2画
【町】
7画 1年 〔町〕明朝 音 チョウ 訓 まち

「田」は縦長、「丁」は「田」より縦長に。「丁」の書き出しは2画めの横画よりも低く。

なりたち 形声 丁(T形)と田を合わせた字。T形にまじわるあぜ道をあらわした。日本では道で区切られた「まち」のいみにもちいる。→丁8

意味 ❶**まち。**「町民」 ❷**府や県の下の地方自治体。**「町立」 ❸**市や区をさらに分けたもの。**

「町内会」 ❹むかしの面積や距離の単位。面積では、一町は約九九・二アール。距離では、一町は六〇間で、約一〇九メートル。

難しい読み 町家

【町会】ちょうかい ①町の政治をそうだんしてきめるしくみ。町議会。②町の行事などをきめる、その町の人々のあつまり。町内会。

【町村】ちょうそん ①町と村。②行政単位としての町と村。例町村合併。

【町長】ちょうちょう 町の政治をとる人。町の長。

【町内】ちょうない 同じ町の中。例町内で祭りをひらく。

【町人】ちょうにん 江戸時代、町にすんでいた商人と職人。

【町歩】ちょうぶ むかしの、田畑や山林の面積の単位。一町歩は一〇反で、約九九・二アール。町。参考長さの単位である「町」と区別するために「町歩」といった。

【町民】ちょうみん その町にすんでいる人々。

【町家】まちや 町の中の住宅や商人の家。

上につく熟語 *町並み・*町外れ

下につく熟語 裏町・下町・城下町・港町

田 - 3画

【画】 8画 2年

〔画〕明朝

音 ガ・カク

訓 えが*く・かく*

※「カクする」ともつかう。

画 画

2・3画めと「凵」の縦画は内側に。7画めは「L」に折り、8画めの下を少し出す。

一 丆 冂 币 币 亩 画 画

なりたち 形声 畫(画)

もとの字は「畫」。凵(線でかこんで区切る)と聿(筆)と田(たんぼ)を合わせた字。ふでで区切りをつけることをあらわした。

意味 ❶絵。絵をかく。「画家」 ❷区切り。区切る。「区画」 ❸はかる。はかりごと。「計画」 ❹漢字を組み立てている点や線。「画数・点画」

【画家】がか 絵をかく人。絵かき。

【画一的】かくいつてき どれもこれも、同じとりあつかいをするようす。例画一的なものの見方。参考「画一」は、それぞれがもつ特色を考えず、何もかもを同じにすること。

【画策】かくさく 計画を立てること。例会社のっとりを画策する。参考ふつう、よいいみにはつかわない。

【画数】かくすう 漢字をつくっている線や点の数。

【画材】がざい ①絵にかく材料。風景・人物など。②絵をかくための材料。筆や絵の具など。

【画質】がしつ テレビ・写真などの画像の品質。例高画質テレビ。

【画集】がしゅう 絵をあつめた本。

【画商】がしょう 絵を売り買いする職業。また、その職業の人。

【画像】がぞう ①絵にかかれた、人のすがた。②テレビにうつった映像。例鮮明な画像。

【画▼壇】がだん 絵をかく人たちの社会。

【画期的】かっきてき その方面で、新しい時代をつくりだすほどに、すばらしいようす。例画期的な都市計画。参考「画期」は、ある時代が終わり、新しい時代が始まること。

【画▼伯】がはく 絵かきをうやまっていうよび方。

【画板】がばん ①絵をかくとき、画用紙をおく台にする板。②油絵をかく板。

【画風】がふう 絵にあらわれた画家のとくちょう。

【画▼餅に帰す】がべいにきす 句 計画がしっぱいにおわり、すべてがむだになる。参考㋐「画餅」は、絵にかいたもちのこと。食べられないもちの絵をかいただけにおわるといういみから。㋑「がへい」とも読む。

【画法】がほう 絵のかき方。また、絵をかく技法。例水彩画の画法をならう。

【画報】がほう 絵・写真などを中心に編集された雑誌の形をした本。

【画面】がめん ①絵や写真の表面。②テレビや映画などの、うつしだされた映像。

故事成語

【画▼竜点▽睛を欠く】がりょうてんせいをかく さいごのだいじなしあげがじゅう

ぶんでないために、きちんと完成しなかったり、全体がひきたたなかったりするたとえ。参考「画竜」は、竜を絵にかくこと。「睛」はひとみのことで、「点睛」はひとみをかき入れるいみから、たいせつなさいごのしあげのたとえ。むかし、すぐれた絵かきがさいごにひとみをかき入れたところ、絵の竜が天にのぼったという話からできたことば。

画竜点睛を欠く

【画▼廊】がろう　絵をならべてかざるところ。ギャラリー。

下につく熟語　映画・絵画・▼戯画・▼企画・劇画・＊参画・字画・書画・図画・線画・総画・点画・動画・日本画・版画・＊仏画・壁画・▼邦画・▼漫画・名画・洋画

【果】8画　木部4画→586ページ

田－4画
【畏】9画　常用　〔畏〕明朝
音イ　訓おそれる・か＊しこまる

意味　おそれはばかる。「▼畏敬」

【▼畏敬】いけい　りっぱだと思い、心から尊敬すること。例畏敬の念をはらう。

【▼畏縮】いしゅく　おそれのあまり、緊張してちぢこまること。

【▼畏▼怖】いふ　おおいにおそれること。例畏怖の念。／神を畏怖する。

田－4画
【界】9画　3年　〔界〕明朝
音カイ　訓―

6・7画めの書き始めは接しても接しなくてもよいが、「田」とは接する。

1	2	3	4	5	6	7	8	9
丨	冂	罒	田	田	甲	畀	畁	界

なりたち　形声　田 介 →界

介（両がわに分ける）と田を合わせた字。田や畑に区切りをつける、さかいめをあらわした。↓介52

意味　❶さかい。「境界」　❷区切られたはんいや社会。「世界・財界」

名まえで使う読み　かい・さかい

【界▼隈】かいわい　そのあたり。近所。例駅の界隈を歩き回る。

下につく熟語　外界・角界（かくかい・かっかい）・学界・業界・＊芸能界・下界・限界・視界・磁界・＊社交界・政界・＊俗界・他界・▼霊界

田－4画
【畑】9画　3年　〔畑〕明朝
音―　訓はた・はたけ

※上にくる音により「ぱた」「ばたけ」ともよむ。

「田」の高さを、およそ「火」の2・4画めの縦はばに合わせる。4画めは止める。

1	2	3	4	5	6	7	8	9
丶	丷	少	火	灯	炉	畑	畑	畑

なりたち　会意　国字　火と田を合わせた字。田にはえた草に火をつけて灰をひりょうにし、そこに種をまいたりする「はたけ」をあらわした。

意味　❶はたけ。「畑作・花畑」　❷専門にしている方面。「畑違い・技術畑」

【畑作】はたさく　はたけに作物をつくること。また、その作物。

【畑地】はたち　はたけにつかっている土地。

下につく熟語　＊桑畑・＊田畑（はた・でん）・段段畑・茶畑・麦畑

【思】9画　心部5画→460ページ

【毘】9画　比部5画→636ページ

【胃】9画　月部5画→885ページ

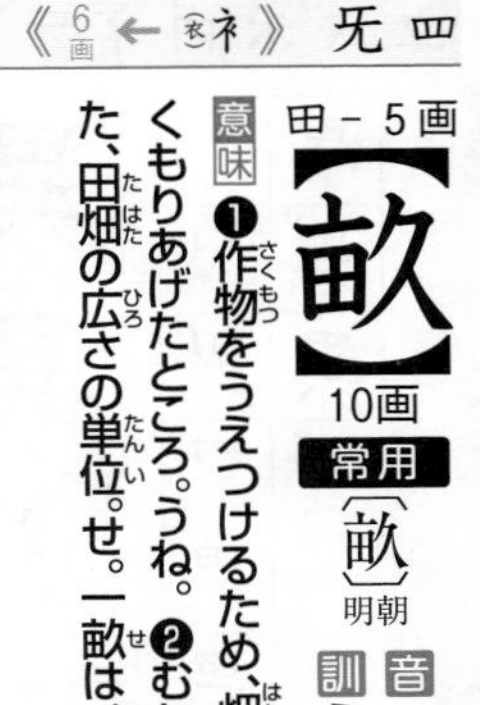

田－5画
【畝】
10画 常用 〈畝〉明朝
音 ―
訓 うね

意味 ❶作物をうえつけるため、畑の土を細長くもりあげたところ。うね。❷むかしつかわれた、田畑の広さの単位。せ。一畝は、約一アール。

田－5画
【畜】
10画 常用 〈畜〉明朝
音 チク
訓 ―

意味 かわれる動物。また、動物をかう。「家▼畜・牧▼畜」

注意 「蓄」とまちがえないこと。

【▼畜産】ちくさん　馬・牛・ブタ・羊などをかって、人間の生活に役立つ品物をつくる産業。例 畜産農家。

【▼畜舎】ちくしゃ　家畜をかうための小屋。例 畜舎に牛を入れる。

【▼畜生】ちくしょう　①けだもの。②人をののしっていうことば。

田－5画
【畠】
10画 人名 〈畠〉明朝
音 ―
訓 はた・はたけ

なりたち 会意 国字 白(しろい)と田を合わせた字。水田にたいして、かわいてしろい「はたけ」をあらわした。

意味 はたけ。はた。

田－5画
【畔】
10画 常用 〈畔〉明朝
音 ハン
訓 ―

なりたち 形声 半(二つに分ける)と田を合わせた字。田と田を分ける「あぜ」をあらわした。→半163

意味 ❶田と田を区切る、土をもりあげたしきり。あぜ。❷水ぎわ。ほとり。「湖▼畔・河▼畔」

名まえで使う読み あぜ・くろ・はん・べ

漢字博士になろう！
● 漢字のいみと熟語のいみ

「黒白」は「黒・白」という反対のいみの漢字を組み合わせたものですが、熟語としては、「黒と白」のほかに「よいことわるいこと」といういみをもっています。ほかの例もいくつかあげてみましょう。→の下が、熟語としてつかわれるときのいみです。

◇異同(異なる⇔同じ)→ちがい。
◇加減(加える⇔減らす)→調子。具合。
◇兄弟(兄⇔弟)→同じ親からうまれた子ども。
◇始終(始め⇔終わり)→つねに。いつも。
◇多少(多い⇔少ない)→わずか。

田－5画
【畢】
10画 人名 〈畢〉明朝
音 ヒツ
訓 おわる

意味 ❶あみ。また、あみで鳥をおさえる。❷おえる。おわる。「▽畢▽竟」

【▽畢▽竟】ひっきょう　結局。つまるところ。

田－5画
【留】
10画 5年 〈留〉明朝
音 リュウ・ル
訓 とめる・とまる

上部は横長に、そして「田」より横広に。3画めは止め。「刀」を「力」にしない。

筆順: 1 ノ　2 ヒ　3 𠂋　4 𠮛　5 𠮛　6 𠮛　7 畄　8 留　9 留　10 留

なりたち 形声 卯(すきまがなくなって止まる)と田を合わせた字。動いているものを、ひきとめることをあらわした。→卯170

意味 そこにとどめる。とどまる。「留学」

参考 ひらがな「る」のもとになった字。

難しい読み 留守

使い分け とまる「止まる・留まる・泊まる」→(623ページ)

名まえで使う読み たね・と・とめ・ひさ・りゅう・る

【留意】りゅうい　とくに心にかけて注意すること。例 安全運転に留意する。

田の部（たたへん） 6画 異

【留学】りゅうがく ある期間、外国などにとどまって勉強すること。例 パリに留学する。／留学生。

【留置】りゅうち 犯罪のうたがいのある人をとりしらべるために、警察にとどめておくこと。例 留置場。

【留任】りゅうにん 同じ役にとどまること。例 財務大臣の留任がきまった。

【留保】りゅうほ ものごとをその場ですぐにきめずに、そのままの状態にしておくこと。保留。例 決定を留保する。

【留守】るす ①だれもいない家にのこって、家をまもること。留守番。②家の中にだれもいないこと。例 家を留守にする。

下につく熟語 *遺留・書留・*▼拘留・在留・残留・蒸留・保留・▼抑留

田－6画

【異】

11画 6年 〔異〕明朝

音 イ
訓 こと・こと*なる

異 異

「田」と「共」の中心を合わせ、9画めを長く書いて安定させる。11画めは止める。

1	2	3	4	5	6	7	8	9	10	11
㇀	口	四	田	田	田	甼	畀	罒	畀	異

なりたち 象形
両手を上げている人をえがいた字。一方の手だけでなくもう一方の手もそえるようすを図にして、「もう一つべつの」といういみをあらわした。

異のつく漢字グループ
「異」のグループは「もう一つべつの」というイメージがある。
→翼 871

意味 ❶ちがう。ことなる。「異性」対 同 ❷へんな。「異常」❸ほか。よそ。「異国」❹すぐれている。「異才」❺あやしい。「異変」

難しい読み 異口同音・異名（いみょう・いめい）

名まえで使う読み い・こと・より

1【異義】いぎ いみがことなっていること。例 同音異義語。対 同義 使い分け 「異議」と区別してつかおう。

2【異議】いぎ ことなった意見や考え。とくに、人と反対の意見。例 異議をとなえる。
使い分け いぎ「意義・異議」↓（472ページ）

1【異郷】いきょう ふるさとをはなれた、よその土地。他郷。

2【異境】いきょう 自分の国から遠くはなれた土地。外国。

【異教徒】いきょうと 自分のしんじている宗教とはちがう宗教をしんじている人。

【異口同音】いくどうおん 四字熟語 多くの人が、もうしあわせたように同じことをいうこと。例 異口同音に賛成をとなえる。

【異見】いけん 人とちがった考えや意見。
使い分け いけん「意見・異見」↓（473ページ）

【異国】いこく よその国。外国。

【異国情▼緒】いこくじょうちょ／いこくじょうしょ 四字熟語 外国のような感じのするふんい気。例 異国情緒のある港町。

【異才】いさい 人とはちがった、すぐれた才能。また、その持ち主。参考 「偉才」とも書く。

【異▼彩を放つ】いさいをはなつ 句 とくに目立って、すぐれて見える。参考 「異彩」は、きわだって目立つ色のこと。

【異質】いしつ 性質が、ほかのものとちがっていること。対 同質

【異種】いしゅ ちがった種類。例 異種格闘技戦。対 同種

【異▼臭】いしゅう へんなにおい。いやなにおい。例 異臭が鼻につく。

【異▼称】いしょう 正式の名とはちがう、べつのよび名。異名。別称。別名。

1【異状】いじょう 状態がいつもとちがっていること。例 健康診断で異状が見つかった。
使い分け 「異常」と区別してつかおう。

2【異常】いじょう ものごとがふつうとちがっていて、かわっていること。例 異常気象。対 正常

【異色】いしょく ほかのものには見られない、目立つ特色があること。例 異色の作品。

【異人】いじん ①べつの人。例 同名異人。②外国人。参考 ②は、古い言い方。

【異性】いせい 男と女のように、性がことなること。対 同性

【異説】いせつ いっぱんにみとめられている説と、ちがっている考え方。

【異存】いぞん 出された意見やしめされた案にたいする反対や不服。例 異存はない。

【異▼端】いたん (宗教・思想・学説などで)正しいとみとめられていることから、大きくはずれていること。例 異端者。対 正統

1【異同】いどう 二つのものの、ちがう点と同じ点。二つのもののちがい。

2【異動】いどう 地位やつとめ場所がかわること。例 人事異動。

【異物】いぶつ ふつうとちがって、まわりとなじまないもの。例 異物が混入する。

【異分子】いぶんし なかまの中で、とくに考えや性質がちがっている人。

【異変】いへん かわったできごと。例 環境に異変がおこる。

【異▼邦人】いほうじん ほかの国の人。外国人。

【異名】いみょう／いめい 本名ではない、べつの名前。別名。異称。

【異様】いよう ふつうとちがっているようす。へんなようす。例 異様な光景に目をみはる。

使い分け いどう 異動・移動

【異動】地位やつとめ場所がかわること。例 先生が、春の異動で学校がかわる。

【移動】動いて場所や位置をかえること。例 席を移動してはいけません。

参考 「異」は、ことなること。「移」は、うつること。

【異例】いれい 今までに例のないこと。例 異例の出世。

【異論】いろん ほかの人とちがう意見や考え。例 異論をとなえる。

【異を立てる】いをたてる 句 反対して、べつの意見を主張する。

下につく熟語 *怪異・▼奇異・▼驚異・差異・大同小異・特異・変異

田－6画

【略】

11画 5年 〔略〕明朝

音 リャク
訓 ―

※下にくる音により「リャッ」ともよむ。／「リャクする」ともつかう。

略

「田」は縦長、「各」は「田」より縦長に。「各」の書き出しを「田」より高く。

なりたち 形声 各(れんらくをつける)と田を合わせた字。田畑を切りひらいて横にれんらくする近道をつくるようすを図にして、土地を経営するすじみちを考えることをあらわした。→各193

意味 ❶はかりごと。「計略」❷はぶく。かんたんにする。「省略・前略」❸あらまし。「略歴・大略」❹うばいとる。「略▼奪」

名まえで使う読み とる・のり・もと・りゃく

【略語】りゃくご ことばの一部をはぶいて、みじかくしたもの。

【略号】りゃくごう かんたんにあらわすためにつかう記号や符号。

【略字】りゃくじ 漢字の字画の一部をはぶいたりして、かんたんに書きあらわした字。「學」を「学」、「職」を「耺」と書くなど。対 正字

【略式】りゃくしき 正式な順序の一部をはぶいた、かんたんなやり方。対 正式・本式

【略▼称】りゃくしょう 名前の一部をはぶいてかんたんによぶこと。また、その名前。参考

田の部 7画 畳・番

「内閣総理大臣」を「総理」とよぶなど。

【略図】りゃくず ひつようなところだけがわかるように、かんたんにかいた図。例 駅までの略図をかく。

【略装】りゃくそう 略式の服装。略服。対 正装

【略奪】りゃくだつ 暴力で、人の物をむりにうばいとること。

【略歴】りゃくれき ある人の学歴や職歴などのうち、おもなものだけを書いたもの。

下につく熟語 概略・簡略・攻略・後略・策略・侵略・政略・戦略・粗略・大略・*知略・中略・謀略

【累】11画 糸部5画→848ページ

田－7画
【畳】12画 常用
田－17画 【疊】22画 人名 〔畳〕明朝

音 ジョウ

訓 たたむ・たたみ

意味 ❶つみかさねる。「畳語」 ❷たたみ。また、たたみの枚数をかぞえることば。じょう。「石畳・岩畳・八畳」

【畳語】じょうご 同じことばをかさねたことば。「人人」「われわれ」など。参考 漢字で書く場合は、おどり字「々」をつかい「人々」などと書く。

【畳表】たたみおもて イグサの茎を織ったもの。たたみのおもてがわにつかう。

【畳の上の水練】たたみのうえのすいれん 句 〔たたみの上で水泳の練習をするように〕りくつばかりで、じっさいの役に立たないこと。

田－7画
【番】12画 2年 〔番〕明朝

音 バン

訓 ―

1画めはねかせる。6・7画めは左右に長く、「田」と接しても接しなくてもよい。

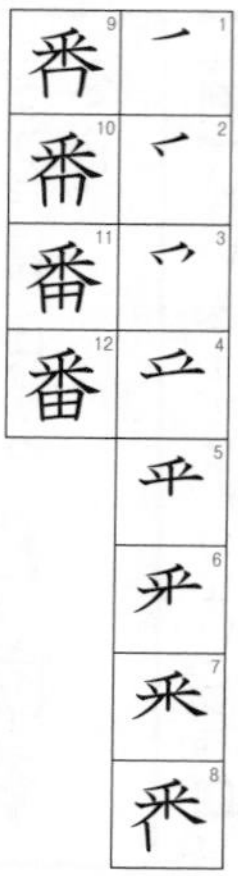

なりたち 形声 釆田－番

釆と田を合わせた字。釆は、米つぶをまくようすをあらわす。番は、まるめたにぎりこぶしをひらいて、田にたねをまくようすを図にして、ひらいたりとじたりする動作の回数をかぞえることばをあらわした。

番のつく漢字グループ

「番」のグループは「まるくとりまく」「たいらに広がる」「ひらひらする」というイメージがある。

→幡346 →藩406 →翻871

意味 ❶じゅんじょ。また、いれかわってする。「番号・週番」 ❷見はる。「番人・番犬」 ❸勝負や演芸などの組み合わせや回数をかぞえることば。「番組・十番勝負」

名まえで使う読み つぎ・つぐ・つら・ばん・ふさ

【番外】ばんがい きまっている番組・番号のほか。また、予定外のもの。例 番外編。

【番傘】ばんがさ 竹のほねにあぶら紙をはったかさ。

【番組】ばんぐみ 放送・げき・試合などの組み合わせ。また、その順序を書いたもの。

【番犬】ばんけん 家の見はりをさせるためにかう犬。

【番号】ばんごう 順番をあらわす数字。例 電話番号。

【番地】ばんち 土地をこまかく区分してつけた番号。

【番茶】ばんちゃ 一番茶、二番茶をつみとったあとの葉でつくった、質のおとる茶。

【番付】ばんづけ すもうで、力士の名前を上のくらいから順番に書いたもの。また、それをまねて、人名などを順番にならべた表。例 長者番付。

【番頭】ばんとう 商店や旅館などで、やとい人のうちで上のくらいの人。

【番人】ばんにん 見はりをする人。番をする

人。

【番兵】ばんぺい 見はりをする兵士。

下につく熟語 欠番・交番・順番・茶番・出番・当番・非番・本番・店番・門番・輪番・*留守番

【塁】12画 土部9画→241ページ

【富】12画 宀部9画→304ページ

【蓄】13画 艹部10画→401ページ

【雷】13画 雨部5画→1054ページ

田－10画

【畿】15画

常用 〈畿〉明朝

音 キ　訓 —

なりたち 形声 幾(近い)と田を合わせた字。都に近い土地をあらわした。→幾352

意味 みやこ。また、みやことそのまわりの地域。「近▽畿」

名まえで使う読み ちか

【▽畿内】きない ①みやこのまわりの地域。②近畿地方のこと。京都・大阪・滋賀・三重・奈良・和歌山・兵庫の二府五県をあわせた地域。

【審】15画 宀部12画→305ページ

【奮】16画 大部13画→271ページ

5画 疋・⻊ ひき ひきへん

なりたち 「あし」をあらわすが、そのいみにあまり関係なく、字形のうえで目じるしになる字をあつめる。

この部首の字 0画 疋 751 7画 疎 751 7画 疏 751 9画 疑 752

ほかの部首の字 楚→木部609

疋－0画

【疋】5画

人名 〈疋〉明朝

音 ヒキ　訓 —

意味 ❶あし。❷動物・布地・むかしのお金を数える単位。

名まえで使う読み ただ

⻊－7画

【疎】12画

常用 〈疎〉明朝

音 ソ　訓 うとい・うとむ

意味 ❶したしくないようす。「▽疎遠・親▽疎」対親 ❷まばら。「過▽疎・空▽疎」対密 ❸とおす。とおる。「▽疎水」

【▽疎遠】そえん したしみがうすれること。うとくなること。例 卒業して、親友とも疎遠になる。対親密

【▽疎開】そかい 空襲や火災などの被害を少なくするために、都会に集中している人や建物を、地方に分散させること。

【▽疎外】そがい のけものにすること。例 疎外されたように感じる。

【▽疎水】そすい かんがい・発電などのために、土地をきりひらいてつくった水路。

【▽疎通】そつう 考えなどがあいてによく通じ、理解されること。例 意思の疎通ができない。

【▽疎密】そみつ 密度のあらいこととこまかいこと。例 人口の疎密。

【▽疎略】そりゃく →「粗略(834ページ)」。

【▽疎▽漏】そろう 手ぬかりがあるようす。例 疎漏なく手配する。

⻊－7画

【疏】12画

人名 〈疏〉明朝

音 ソ　訓 —

意味 ❶あらい。親しくない。❷とおる。つうじる。「▽疏水・▽疏通」❸くわしい説明。「注▽疏」

参考 ふつう「疎」に書きかえる。「▽疏水→疎水」「▽疏通→疎通」

【楚】13画 木部9画→609ページ

⻊－9画

【疑】

14画 6年 〔疑〕明朝

音 ギ
訓 うたがう

「匕」「矢」の右側をそろえる。10画めは折って左下にはねる。14画めを長く。

なりたち 形声 𠤕（うしろをふりかえる人）と子（子ども）と止（足）を合わせた字。親が出かけるとき、子どものことが気になって先にすすめないようすを図にして、うたがいためらって、先にすすめないことをあらわした。

疑のつく漢字グループ
「疑」のグループは「ためらう」「つかえて止まる」というイメージがある。
→凝120 →擬521

意味 **うたがう。うたがい。**「疑問」

注意 「擬」とまちがえないこと。

【疑義】ぎぎ　意味や内容がはっきりしないで、うたがわしいこと。例疑義をただす。

【疑▼獄】ぎごく　力をもつ政治家などが関係する、大きな不正事件。

【疑似】ぎじ　ほんものと見分けがつかないほど、よくにていること。例疑似体験。参考「擬似」とも書く。

【疑心】ぎしん　人をうたがう心。例疑心をいだく。

【疑心暗▼鬼】ぎしんあんき 四字熟語 うたがう心が強くなると、なんでもないことまでおそろしく、不安に思われること。例疑心暗鬼を生ず。

【疑点】ぎてん　うたがわしいところ。うたがわしい点。

【疑念】ぎねん　うたがう気もち。例疑念を晴らす。

【疑問】ぎもん　①わからないこと。例疑問があるときは、質問してください。②うたがわしいこと。例優勝するかどうかは疑問だ。

【疑問▼符】ぎもんふ　疑問をあらわす「?」のしるし。クエスチョンマーク。

【疑▼惑】ぎわく　うたがいあやしむこと。例疑惑の念にかられる。

下につく熟語 ▼懐疑・▼嫌疑・質疑・半信半疑・容疑

5画 疒 やまいだれ

なりたち 人が寝台（爿）の上にねているすがたをあらわす。「病気」「傷害」などに関係した字をあつめる。

この部首の字

4画	5画	5画	5画	5画	6画	7画	7画	7画	7画	8画	9画	10画	12画	12画	13画	13画
疫	疾	症	疹	疲	病	痕	痩	痛	痘	痢	痴	瘍	瘦	癌	療	癖
752	753	753	753	753	753	754	754	754	755	755	755	755	754	755	755	756

疒－4画

【疫】

9画 常用 〔疫〕明朝

音 エキ・ヤク
訓 —

なりたち 形声 殳（わりあてる）をりゃくした殳と疒（びょうき）を合わせた字。ひとりまたひとりと、つぎつぎにうつっていく病気をあらわした。→役374

意味 **流行する病気。**「疫病」

【▼疫病】えきびょう／やくびょう　たちがわるい感染症。はやりやまい。

【▼疫病神】やくびょうがみ　①疫病をはやらせるといわれる神。また、人間に不幸をもたらすといわれる神。②わざわいをもたらすとして、みんなにきらわれる人。

下につく熟語 *悪疫・検疫・防疫・免疫

疒－5画

【疾】

10画 常用 〔疾〕明朝

音 シツ 訓 はやい*

意味 ❶病気。「疾病・悪疾」 ❷はやい。「疾風」

難しい読み 疾病

【疾患】しっかん 病気。例 呼吸器の疾患。

【疾走】しっそう はやく走ること。例 全力疾走。

【疾風迅雷】しっぷうじんらい 四字熟語 行動などがひじょうにはやくて、はげしいこと。

参考 はやい風と、はげしいかみなりのいみから。

疾風迅雷

【疾病】しっぺい 病気。やまい。

疒－5画

【症】

10画 常用 〔症〕明朝

音 ショウ 訓 ―

なりたち 形声 正(まっすぐ)と疒(びょうき)を合わせた字。からだの中から外へまっすぐあらわれた病気のしるしをあらわした。→正623

意味 病気のようす。「症状・軽症・重症」

【症候群】しょうこうぐん ある病気によって一度にあらわれる、いろいろな症状のよび名。シンドローム。例 睡眠時無呼吸症候群。

【症状】しょうじょう 病気やきずのようす。例 症状が悪化した。

下につく熟語 炎症・花粉症・*過敏症・健忘症・後遺症・*発症・*不感症

疒－5画

【疹】

10画 表外 〔疹〕明朝

音 シン 訓 ―

意味 ❶小さな赤いふきでものが全身に出る病気。はしか。❷小さなふきでもの。「発疹」

疒－5画

【疲】

10画 常用 〔疲〕明朝

音 ヒ 訓 つかれる

なりたち 形声 皮(ななめにかたむく)と疒(びょうき)を合わせた字。病気でからだがぐったりするようすをあらわした。→皮764

意味 つかれる。つかれ。「疲弊・疲労・気疲れ」

【疲弊】ひへい ①心やからだがつかれて、よわること。②経済力がおちて、いきおいがおとろえること。例 国力が疲弊する。

【疲労】ひろう つかれること。くたびれること。例 精神的な疲労。

疒－5画

【病】

10画 3年 〔病〕明朝

音 ビョウ・ヘイ* 訓 やむ*・やまい

1画めは点でもよく、4画めは点、5画めは右上にはらう。「丙」は下をせばめる。

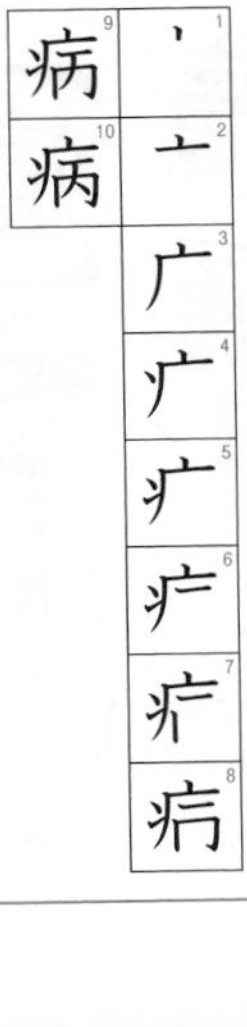

なりたち 形声 丙(両がわにぴんとはる)と疒(びょうき)を合わせた字。人が手足をぴんとはって動けなくするようすをあらわした。→丙22

意味 やまい。やまいにかかる。「病気」

【病院】びょういん 病人のしんさつや治療をする設備のあるところ。例 総合病院。

【病害】びょうがい 農作物などが、病気によってうける被害。

【病気】びょうき ①からだのぐあいがわるいこと。やまい。②わるいくせ。例 大ぼらは、かれの病気だ。

【病菌】びょうきん 「病原菌」と同じ。

【病苦】びょうく 病気によるくるしみ。例 病苦をおして学問にはげむ。

【病欠】びょうけつ 病気で、つとめや学校を休むこと。病気欠席。

【病原▽菌】びょうげんきん 病気の原因になる細菌。病菌。

【病後】びょうご 病気がなおったあと。例 病後なので、つかれやすい。

【病根】びょうこん ①病気の原因。②悪い習慣のもと。例 社会の病根をたつ。

【病死】びょうし 病気にかかって死ぬこと。

【病室】びょうしつ 病人をねかせておくへや。

【病弱】びょうじゃく からだが弱くて病気がちなこと。

【病▽床】びょうしょう 病人のねどこ。例 友だちの病床をみまう。／病床につく（＝病気になる）。

【病状】びょうじょう 病気のようす。容体。例 病状が悪化する。

【病身】びょうしん ①病気にかかっているからだ。②弱くて病気がちなからだ。

【病勢】びょうせい 病気のすすみぐあい。例 病勢が悪くなる。

【病虫害】びょうちゅうがい 作物が病気や害虫からうける害。

【病的】びょうてき からだの状態や、言ったりしたりすることが、ふつうではないようす。例 病的なほどのきれいずき。

【病▽棟】びょうとう 病院の中の、病室がならんでいる一むねの建物。例 内科病棟。

【病毒】びょうどく 病気をおこすもとになる毒。

【病人】びょうにん 病気になっている人。

【病▽魔】びょうま 病気を悪魔にたとえたことば。例 病魔におかされる。

【病名】びょうめい 病気の名前。例 医者から病名を聞く。

【病理】びょうり 病気についての理論。例 病理学。

【病歴】びょうれき 今までにかかった病気の経歴。

【病▽膏▽肓に入る】やまいこうこうにいる 故事成語 あることにこって、手がつけられないほどむちゅうになってしまうことのたとえ。参考「膏肓」は、病気がそこにはいると、なおすことができないといわれている心臓の下のほうの部分で、もともとは、病気がおもくなおる見こみがないといういみ。注意「膏肓」を「膏盲」と書かないこと。

【病は気から】やまいはきから 句 病気は気のもちようで、よくなったり悪くなったりするということ。

下につく熟語 ▽疫病（えきびょう・やくびょう）・看病・▽奇病・＊急病・仮病・▽疾病・持病・重病・傷病・大病・難病・熱病・発病・万病・無病・余病

疒－6画

【痕】

11画 常用 〔痕〕明朝

音 コン 訓 あと

なりたち 形声 艮（いつまでもあとをのこす）と疒（びょうき）を合わせた字。いつまでものこるきずあとをあらわした。→根598

意味 ❶きずあと。「傷▽痕・爪▽痕」 ❷何かがあったしるし。「血▽痕・▽痕▽跡」

【▽痕▽跡】こんせき 何かがあったあと。あとかた。例 犯人が痕跡を残す。

疒－7画

【痩】

12画 常用 疒－10画 〔瘦〕 15画 人名 〔瘦〕明朝

音 ソウ 訓 やせる

意味 やせる。「▽痩身」

【▽痩身】そうしん やせたからだ。また、運動や食事の調整によりやせること。

疒－7画

【痛】

12画 6年 〔痛〕明朝

音 ツウ 訓 いたい・いたむ・いためる

痛 痛

「甬」は中心からやや右へ。8・9画めの縦画は真下に。12画めは止めてもよい。

なりたち 形声 甬(つきぬける)と疒(びょうき)を合わせた字。つきぬけるようなひどいいたみをあらわした。↓通417

意味 ❶いたむ。いたみ。いたい。「苦痛・頭痛・腹痛」 ❷ひどく。ひじょうに。「痛快」

使い分け いたむ 痛む・傷む・悼む

【痛む】からだや心に、いたみやくるしみを感じる。例 頭が痛む。／心が痛む。

【傷む】物がこわれる。きずつく。食べ物がくさる。例 家が傷んでいて雨もりがする。／傷んだたたみを取りかえる。／やさいが傷む。

【悼む】人の死などをなげき悲しむこと。例 親友の死を悼む。／故人を悼む。

【痛手】いたで ①ひどいきず。重傷。②ひどい損害。例 敗戦の痛手から立ち上がる。

【痛快】つうかい ひじょうにゆかいで気もちがよいこと。例 痛快な逆転ホームラン。

【痛感】つうかん ひじょうに強く感じること。例 平和のありがたさを痛感する。

【痛撃】つうげき はげしく攻撃すること。例 あいての痛撃を受ける。

【痛恨】つうこん ひどく、ざんねんがること。例 痛恨のエラー。

【痛切】つうせつ 身にしみるほどひじょうに強く感じるようす。

【痛烈】つうれつ ひどくはげしいこと。例 痛烈に批判する。

下につく熟語 激痛・心痛・＊陣痛・沈痛・＊鎮痛・鈍痛・悲痛・＊無痛

【痘】

疒－7画 12画 常用 〔痘〕明朝 音トウ 訓―

なりたち 形声 豆(まるいまめ)と疒(びょうき)を合わせた字。ひふにまめつぶにたかさのできる病気をあらわした。↓豆972

意味 ほうそう。「種痘・天然痘」

【痢】

疒－7画 12画 常用 〔痢〕明朝 音リ 訓―

なりたち 形声 利(スムーズに通る)と疒(びょうき)を合わせた字。大便がさっと通って下る病気をあらわした。↓利133

意味 はらくだし。「下痢・赤痢」

【痴】

疒－8画 13画 常用 〔痴〕明朝 音チ 訓―

意味 おろか。知恵がはたらかない。「痴人」

【痴漢】ちかん 女の人にみだらないたずらをする男。

下につく熟語 音痴・愚痴

【瘍】

疒－9画 14画 常用 〔瘍〕明朝 音ヨウ 訓―

意味 できもの。「潰瘍・腫瘍」

【癌】

疒－12画 17画 表外 〔癌〕明朝 音ガン 訓―

意味 がん。体にできる悪性のはれもの。「胃癌」

【療】

疒－12画 17画 常用 〔療〕明朝 音リョウ 訓―

意味 病気をなおす。いやす。「治療」

注意 「寮」「僚」とまちがえないこと。

【療治】りょうじ 病気をなおすこと。治療。例 温泉で療治に専念する。

【療法】りょうほう 病気をなおす方法。例

疒 やまいだれの部
7画 痘・痢
8画 痴
9画 瘍
12画 癌・療

いろいろな民間療法。

【▼療養】りょうよう 病気やけがをなおしながら、からだをじょうぶにすること。例 しずかな土地で療養する。

下につく熟語 医▼療・▼診▼療

疒－13画

【癖】18画 常用

〈癖〉明朝

音 ヘキ
訓 くせ

意味 くせ。かたよった傾向。「悪▼癖」

下につく熟語 ＊奇▼癖・口▼癖・潔▼癖・＊酒▼癖・性▼癖・手▼癖・盗▼癖・難▼癖・＊寝▼癖・＊一▼癖

疒－13画

【癒】18画 常用

〈癒〉明朝

音 ユ
訓 いえる・いやす

なりたち 形声 愈と疒（びょうき）を合わせた字。愈は、俞（なかみをぬいてよそにうつす）と心を合わせて、心のしこりをぬいて気分がよくなること。癒は、からだの病気がすっかりとれてぐあいがよくなることをあらわした。→輸1004

意味 病気がなおる。「治▼癒・快▼癒・平▼癒」

【▼癒着】ゆちゃく ①となりあった皮膚・膜などが、やけどや炎症などのためにくっつくこと。②利益をえるためにむすびつくこと。例 政界と財界の癒着。

5画 癶 はつがしら

なりたち

両足を左右にひらいたようすをあらわし、おもに「両足」に関係した字をあつめる。

この部首の字

4画 癸 756
4画 発 756
7画 登 758

癶－4画

【癸】9画 表外

〈癸〉明朝

音 キ
訓 みずのと

なりたち 象形 四方に刃が出た武器をえがいた字。「ぐるぐるまわる」というイメージをもつ。

意味 十干の十番め。みずのと。

注意 「発」とまちがえないこと。

癶－4画

【発】9画 3年

〈発〉明朝

音 ハツ・＊ホツ
訓 —

※上下にくる音により「パツ」「ハッ」「ハツ」「ホッ」ともよむ。／「ハッする」ともつかう。

1・4画めは接しても接しなくてもよい。9画めは曲がりで書く。

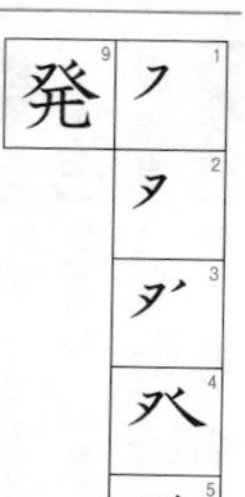

なりたち 形声

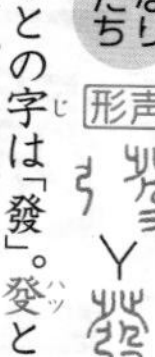

發（発）

もとの字は「發」。癶と弓を合わせた字。癶は、（両足を左右にひらくようす）と殳（動詞の記号）を合わせて、左右にぱっとひらく動作。發は、弓をはじいて矢をはなつことをあらわした。

發のつく漢字グループ

「發」のグループは「二つに分かれる」というイメージがある。常用漢字では「発」になる。→廃359

意味 ❶はなつ。だす。でる。たつ。「発射・出発」対 着 ❷おこる。はじまる。「発生」❸あきらかになる。あきらかにする。「発見」❹さかんになる。「発育」❺ほりおこす。「発▼掘」❻弾丸などをかぞえることば。

難しい読み 発起・発句・発作・発▼端

使い分け たつ「経つ・発つ」→(844ページ)

名まえで使う読み あき・あきら・おき・しげ・ちか・とき・なり・のぶ・のり・はつ・ひらく

【発案】はつあん ①新しい考えを出すこと。例 新しい製法を発案する。②会議にかける議題を出すこと。また、その議題。

【発育】はついく そだって大きくなること。例稲は順調に発育している。

【発▼煙▼筒】はつえんとう 信号のかわりにつかう、けむりが出るようにしたもの。例危険をしらせる発煙筒をたく。

【発音】はつおん 音声を出すこと。また、その出し方。例英語の発音。

【発火】はっか 火がもえだすこと。例発火点(=もえだすときの温度)。

【発芽】はつが たねから芽が出ること。

【発覚】はっかく かくしていたことや悪事が、人にしられること。例悪事が発覚する。

1【発刊】はっかん 書物や新聞などをいんさつして、はじめて世の中に出すこと。対廃刊

2【発▼汗】はっかん あせが出ること。

【発揮】はっき すぐれた能力などを、じゅうぶんにあらわすこと。例実力を発揮する。

【発議】はつぎ/ほつぎ 会議などで、意見や案を出すこと。

【発▼狂】はっきょう 精神が異常なじょうたいになること。

【発▼掘】はっくつ ①土の中にうずまっているものを、ほりだすこと。例遺跡の発掘。②かくれている能力をもっている人を見つけだすこと。例プロ野球の新人を発掘する。

【発見】はっけん まだ世の中に知られていないものを、はじめて見つけだすこと。

【発言】はつげん 意見をのべること。また、その意見。例生徒会で発言する。

1【発光】はっこう ものが、光を出すこと。

2【発行】はっこう 新聞・雑誌・紙幣などをいんさつして、世の中に出すこと。例発行部数。

3【発効】はっこう 法律・規則などが、はじめてその力をあらわすこと。例新しい条約は、本日から発効する。

4【発▼酵】はっこう 酵母や細菌のはたらきで、でんぷんや糖分などが分解して、ほかのものにかわること。

【発散】はっさん 外にとびちること。また、とびちらせること。例熱を発散させる。

1【発車】はっしゃ 電車やバスなどが出発すること。例発車いたします。対停車

2【発射】はっしゃ 鉄砲のたまや、ロケットなどをうち出すこと。

【発▼祥】はっしょう ものごとが新しくおこりはじまること。例文明発祥の地。

【発色】はっしょく 色を出すこと。そめものやカラー写真などで、色のしあがり。

1【発信】はっしん ①信号を出すこと。②手紙や電報などをおくること。対①②受信

2【発進】はっしん 出発してすすむこと。例先発隊が発進した。

【発▽疹】はっしん/ほっしん 皮ふに小さなふきでものが出ること。また、そのふきでもの。

1【発生】はっせい ①ものごとがおこること。例交通事故の発生。②こん虫などがうまれでること。例ぼうふらが発生する。

2【発声】はっせい 声を出すこと。また、声の出し方。例発声の練習。

1【発送】はっそう 品物や郵便物などをおくりだすこと。例小包みを発送する。

2【発想】はっそう ①思いつくこと。②自分の考えや気もちをあらわすこと。また、そのあらわし方。例詩の発想はすばらしい。

【発達】はったつ ①成長してりっぱになること。例からだが発達する。②ものごとが進歩して、よくなっていくこと。例鉄道の発達。

【発着】はっちゃく 出発と到着。例発着時刻。

【発注】はっちゅう 注文を出すこと。例機械の部品を発注する。対受注

【発展】はってん いきおいがのび広がって、次の段階へすすむこと。よくなっていくこと。例町が発展する。/発展途上国。

【発電】はつでん (水力・火力・風力・原子力など で)電気をおこすこと。例発電所。

【発動機】はつどうき 動力をおこす機械。エンジン。

【発熱】はつねつ ①熱が出ること。②病気などで体温が高くなること。例発熱で欠席する。

【発破をかける】はっぱをかける 句①火薬をしかけて、岩石をばくはすること。②つよい

5画

ことばをかけて、はげましたり気合いをいれたりする。

【発売】はつばい　品物を売りだすこと。例 新機種が発売される。

【発表】はっぴょう　広く人々に知らせること。例 クイズの答えを発表する。

【発病】はつびょう　病気になること。

【発布】はっぷ　新しくできた法律などを国民に発表して、世の中に広く知らせること。例 憲法が発布される。

【発奮・発▼憤】はっぷん　心をふるい立たせること。例 父のきびしいことばに発憤した。

【発明】はつめい　今までになかったものを、新しくつくりだすこと。

【発起】ほっき　①新しく仕事などを計画して、はじめること。例 発起人。②思い立つこと。決心すること。例 一念発起する。

【発句】ほっく　①俳句のこと。②連歌・連句で、さいしょの句。五・七・五の一七文字。

【発作】ほっさ　病気の症状が、きゅうにはげしくおこること。また、その症状。例 ぜんそくの発作がおこる。

【発足】ほっそく／はっそく　会や団体などが、新しく活動をはじめること。

【発▼端】ほったん　ものごとのおこり。はじまり。例 事件の発端。

下につく熟語 開発・活発・揮発・▼偶発・告発・再発・始発・自発・蒸発・▼触発・増発・続発・▼摘発・▼突発・▼爆発・反発・不発・奮発・▼併発・暴発・▼誘発・乱発・利発・連発

癶－7画

【登】

12画　3年

〈登〉明朝

音 トウ・ト

訓 のぼる

「癶」と「豆」は接しても接しなくてもよい。12画めは長く書いて全体を支える。

なりたち 会意

ふるい字は、癶（ひらく両足）と豆（そなえものをのせる入れもの）と廾（両手）を合わせたもの。両手でそなえものをささげて、祭壇をのぼることをあらわした。

登のつく漢字グループ

「登」のグループは「上にあがる」というイメージがある。

→澄690　→証（＝證）950

意味 ❶あがる。のぼる。「登山」❷いく。出かける。「登校」❸高いくらいにつく。「登用」❹書類に書きつける。「登録・登記」

名まえで使う読み たか・ちか・とう・とみ・とも・なり・なる・のぼる・のり・み・みのる

【登記】とうき　権利をはっきりさせるために、役所の帳簿に書きしるすこと。

【登校】とうこう　授業をうけるために、児童・生徒が学校へ行くこと。対 下校

【登場】とうじょう　①舞台に、ある役をうけもった人があらわれること。例 登場人物。②物語・小説や事件などに、出てくること。

【登▼壇】とうだん　演説をするために、壇の上に上がること。対 降壇

1【登庁】とうちょう　役人が官庁や役所に出勤すること。例 市長が登庁する。対 退庁

2【登頂】とうちょう／とちょう　山の頂上にのぼること。例 エベレスト登頂に成功する。

【登板】とうばん　野球で、投手として試合に出ること。例 先発で登板する。

【登用・登▼庸】とうよう　人を上の地位に引き上げてつかうこと。例 人材を登用する。

【登▼竜門】とうりゅうもん　故事成語　なかなかむずかしいが、そこを通りぬけることができれば、出世が約束されるというところ。例 文学界の登竜門といわれる賞をとる。参考「竜門」は、中国の黄河の上流にあるながれのきゅうなところで、コイがそこをのぼりきれれば、竜になるという伝説から。

登竜門

【登録】とうろく あることがらや名前などを、役所などにとどけて、おおやけの帳簿にのせること。例 自動車を登録する。

【登山】とざん 山にのぼること。山のぼり。

【登城】とじょう 武士が城に行くこと。

5画 白 しろ

なりたち

「しろい」いみに関係する字をあつめるが、字の形のうえで目じるしになる字もあつめる。

この部首の字

0画 白 759　1画 百 761　3画 的 762　4画 皆 763　4画 皇 763　6画 皐 764　7画 皓 764

ほかの部首の字

伯→亻部 71　迫→辶部 411　拍→扌部 502　泊→氵部 657　泉→水部 655　畠→田部 747　兜→儿部 103　習→羽部 870　舶→舟部 907　楽→木部 607

白－0画

【白】5画

1年 〈白〉明朝

音 ハク・ビャク*

訓 しろ・しら・しろい

※上下にくる音により「ハッ」「パク」ともよむ。

2・3画めの縦画は内側に向け、下を少し出す。1・2画めがはなれてもよい。

なりたち 象形 どんぐりをえがいた字。どんぐりは、なかみが白色をしているので、「しろい」といういみをあらわした。

白のつく漢字グループ

「白」のグループは「うすい」「くっつく」というイメージがある。白い色はうすいというイメージにつながり、うすいイメージはくっつくというイメージにつながるからである。

→伯 71 →迫 411 →柏 593 →拍 502 →泊 657 →珀 729 →舶 907

意味 ❶しろ。しろい。「白人」対 黒 ❷あきらか。「明白」 ❸あかるい。「白日」 ❹何もない。「空白」 ❺きよいこと。「潔白」 ❻いう。「告白」

難しい読み 白粉・白湯・白衣(はくい・びゃくえ)・白▼髪(はくはつ・しらが)・白夜(はくや・びゃくや)

名まえで使う読み あき・あきら・きよ・きよし・し・しら・しろ・しろし・はく

【白粉】おしろい けしょうをするときに、顔などにぬる白いこな。

【白湯】さゆ わかしただけの、何も入れないお湯。例 くすりは白湯でのむ。

【白木】しらき 色やニスをぬってない、けずったままの木。例 白木づくり。

【白波】しらなみ あわだって白く見える波。

【白旗】しらはた／しろはた 白いはた。参考

漢字クイズ 部首クイズ 3年でならう「平」の部首はなんでしょう？

白 しろ

白の部 0画 白

㋐平氏の赤はたにたいして、源氏の白はた。㋑まけをみとめたことをあらわす白はた。

【白▼帆】しらほ 船にはった白い帆。

【白を切る】しらをきる 句〔知っていながら〕わざと知らないふりをする。

【白酒】しろざけ 白くてねばりけのあるあまい酒。みりんともち米などからつくる。参考 ひな祭りのときなどにのむ。

【白星】しろぼし ①白まるのしるし。②すもうで、勝ったことをあらわす白いまるじるし。③てがら。せいこう。対 例 白星が先行する。①〜③黒星

【白身】しろみ ①たまごの中のとうめいな部分。対 黄身 ②魚の白い肉。例 白身の魚。対 赤身

【白目】しろめ ①目の白い部分。対 黒目 ②つめたい目つき。例 白目で見る。

【白▼亜】はくあ ①白いかべ。例 白亜の殿堂。②白いどろ状の石灰岩。チョークの原料になる。

【白衣】はくい／びゃくえ 白い服。医師や看護師などがきる白いうわっぱり。例 白衣の天使（=女性の看護師をほめたたえたことば）。

【白眼視】はくがんし 故事成語 人やものごとを、思いやりのないつめたい目で見ること。例 転校生を白眼視してはいけない。参考 気に入った人が来ると青眼（=あいてを歓迎する黒い目）でむかえ、気に入らない人が来ると白眼（=ひややかな白い目）で見たという中国の古い話から。

【白銀】はくぎん ①銀。しろがね。②雪の白さをたとえていうことば。例 白銀はまねく。

【白紙】はくし ①白い紙。②書くところに、何も書いてない紙。例 答案を白紙で出す。③何もなかった、もとのじょうたい。例 問題を白紙にもどす。

【白磁】はくじ 白い素地にとうめいなうわぐすりをかけて高い温度でやいた、白色の磁器。

【白日】はくじつ ①かがやく太陽。例 白日のもとにさらす（=すっかりあきらかにする）。②まひる。日中。白昼。③罪のうたがいが晴れて、正しいことが証明されることをたとえていうことば。例 青天白日の身。

白磁

【白砂青松】はくしゃせいしょう／はくさせいしょう 四字熟語 白い砂はまに青い松がある、うつくしい海辺のけしきをいうことば。例 白砂青松の景勝地。

【白書】はくしょ 政府が、現状をまとめて発表する報告書。例 経済白書。／教育白書。

【白状】はくじょう 自分のおかした罪や、かくしていたことを、ありのままにいうこと。

【白人】はくじん 白いはだの欧米人。

【白▼濁】はくだく 白くにごること。

【白地図】はくちず 輪郭だけをあらわした地図。記入練習用や分布図などにつかう。

【白昼】はくちゅう まひる。日中。例 白昼、どろぼうにはいられた。

【白銅】はくどう 銅とニッケルとの合金。銀白色をしている。例 白銅貨。

【白熱】はくねつ ①ものが高温で熱せられて、白い光をはなつこと。②ものごとが熱気をおびてはげしくなること。例 白熱した議論。

【白▼髪】はくはつ／しらが 白くなった頭の毛。

【白▼髪三千▼丈】はくはつさんぜんじょう 故事成語 長い間のくろうやかなしみのために、かみの毛が白くなり、長くのびること。参考 「三千丈」は、ひじょうに長いようすをいいあらわしたことば。

【白▼眉】はくび 故事成語 同じ種類の中でいちばんすぐれた人やもののこと。例 今年の映画の中で白眉の作品。参考 「眉」は、まゆ毛のこと。むかし中国で、すぐれていると評判の五人兄弟がいたが、中でもとくにすぐれていた馬良のまゆ毛に白い毛がまじっていたという話から。

【白票】はくひょう ①白い票。国会で、賛成のいみをあらわす票。対 青票 ②何も書いてないで投票された票。例 白票が三票ある。

【白兵戦】はくへいせん 敵にちかづいて、やり

や刀などの武器であらそうたたかい。

【白米】はくまい　玄米をついて、皮やはいがをとった白い米。精米。

【白夜】はくや／びゃくや　北極や南極を中心とする地域で、夏または冬、太陽がしずまないため、うす明るい夜。また、そのような現象。

【白▼露】はくろ　二十四節気の一つ。九月七、八日ごろ。

【白金】はっきん　白っぽい銀色で、貴重な金属。プラチナ。

【白血球】はっけっきゅう　血液の中にある、無色の血球。体内にはいってきた細菌をころす。対 赤血球

【白骨】はっこつ　雨や風にさらされて白くなったほね。

下につく熟語 ＊色白・関白・潔白・紅白・黒白(こくびゃく・くろしろ)・自白・純白・▽蒼白・＊独白・▼漂白・余白

白－1画

【百】

6画　1年　〔百〕明朝

音 ヒャク・ハク＊
訓 ―

※上下にくる音により「ヒャッ」「ピャク」ともよむ。

百

1画めを長く書き、「白」と中心を合わせる。

なりたち 形声 白(どんぐりのように数が多い)と一を合わせた字。数の一〇〇の位をあらわした。

意味 ❶ひゃく。数の単位をあらわすことば。また、数の一〇〇。❷数が多い。「百貨店」

難しい読み 百▼姓・百合

名まえで使う読み お・と・はげむ・ひゃく・も・もも

【百代】はくたい　長い年月。永遠。参考 「はくだい」「ひゃくだい」とも読む。

【百害】ひゃくがい　多くの害。例 百害あって一利なし。

【百▼獣】ひゃくじゅう　たくさんのけもの。例 百獣の王、ライオン。

【百出】ひゃくしゅつ　意見などがたくさん出ること。例 議論百出。

【百▼姓】ひゃくしょう　農業をしている人。農民。例 百姓一揆。

【百戦▼錬▼磨】ひゃくせんれんま 四字熟語 多くのたたかいで、きたえられていること。例 百戦錬磨の騎馬武者。

【百人一首】ひゃくにんいっしゅ　一〇〇人の歌人の和歌を一首ずつえらんであつめたもの。また、それをかるたにしたもの。参考 「小倉百人一首」が有名。

【百人力】ひゃくにんりき　①一〇〇人分の力(があること)。②ひじょうに心強く思うこと。例 君が味方になれば百人力だ。

【百年河清を待つ】ひゃくねんかせいをまつ 故事成語 いつまでまっても実現する見こみのないことのたとえ。参考 ㋐「河清」は、いつもにごっている中国の黄河の水がすむこと。すむはずのない黄河の水がすむのを一〇〇年もまつといういみから。㋑「河清を待つ」だけでもつかわれる。

百年河清を待つ

【百聞は一見にしかず】ひゃくぶんはいっけんにしかず 故事成語 同じことを他人から百回聞くよりも、一回じっさいに見るほうがずっとよくわかる。

【百分比】ひゃくぶんひ　「百分率」と同じ。

【百分率】ひゃくぶんりつ　全体を一〇〇としたときの、そのものがしめるわりあい。パーセンテージ。百分比。

【百も承知】ひゃくもしょうち 句 じゅうぶん知っていること。例 そんなことぐらい、百も承知だ。

【百薬の長】ひゃくやくのちょう 故事成語 →「酒は百薬の長(1010ページ)」。

【百葉箱】ひゃくようばこ　気象観測につかうはこ。地上一・五メートルの高さにとりつけ、まわりをよろい戸でかこい、白くぬる。中に湿度計・温度計などを入れる。

【百里を行く者は九十里を半ばとす】ひ

こたえ 干(ひる・かん・いちじゅう)

やくりをいくものはきゅうじゅうりをなかばとす
故事成語 何ごともう少しでおわりというあたりで、こまった問題がおきたり、気がゆるんだりしがちだから、さいごまで気をゆるめてはならないということ。参考 一〇〇里の道を行く人は九〇里歩いたところで、やっと半分来たと思いなさいといういみから。

【百科事典】ひゃっかじてん いろいろな分野のたくさんの項目をあつめて、説明してある書物。

【百貨店】ひゃっかてん いろいろな品物をあつめ、売っている大きな店。デパート。

【百花▽繚乱】ひゃっかりょうらん 四字熟語 さまざまな多くの花が、うつくしくさきみだれていること。参考「繚乱」は、花がさきみだれていること。

【百▼鬼夜行】ひゃっきやこう／ひゃっきやぎょう 四字熟語〔いろいろな多くのばけものが、夜中に列をつくって歩き回るといういみから〕多くのあやしげな者どもがのさばって、みにくいふるまいをすること。例 百鬼夜行の政界。

【百発百中】ひゃっぱつひゃくちゅう 四字熟語〔矢・たまなどを、一〇〇回うって一〇〇回当たることから〕①すべてが命中すること。②予想や計画などで、ねらったものがすべて当たること。例 かれの予想は百発百中だ。

【百合】ゆり ユリ科の植物。ユリ。

【伯】7画 亻部5画 →71ページ

白－3画

【的】

8画 4年 〈的〉明朝 音 テキ 訓 まと

2・3画めの縦画は真下で、縦長に。7画めは折って内側に反ってはねる。

なりたち 形声 勺（高くあがる）と白（しろい）を合わせた字。高くあがって目だつようにした弓の「まと」をあらわした。

勺のつく漢字グループ

「勺」のグループは「高くあがる」というイメージがある。このイメージは「目だつ」というイメージにつながる。

→勺 154 →的 762 →約 839 →豹 975 →酌 1009 →釣 1024

意味 ❶まと。めあて。「目的」 ❷目標にあたる。要点をついている。「的確・的外れ」 ❸ほかのことばの下につけて、「…のような」「…ふう」のいみをあらわす。「文化的」

名まえで使う読み あきら・てき・まさ・まと

【的確】てきかく／てっかく 考えや見通しなどが、くるいがなくてたしかなこと。例 的確な表現。

使い分け てきかく 的確・適格

【的確】まちがいがないこと。例 的確な判断が必要だ。参考「適確」とも書く。

【適格】仕事やことがらにぴったりなこと。例 かれは、適格者だ。／代表として適格だ。

【的中】てきちゅう ①矢・たまなどが、まとに当たること。命中。②予想していたことが、ぴたりと当たること。例 予想が的中する。参考 ②は「適中」とも書く。

【的中率】てきちゅうりつ 的中する確率。

【的を射る】まとをいる 句 ①射た矢がまとにあたる。②まちがいなく要点や本質をとらえる。例 的を射た意見。

【的を▼絞る】まとをしぼる 句 ねらいや目標とするものをしぼる。

下につく熟語 *一方的・*外的・画期的・規則的・*基本的・具体的・計画的・劇的・公的・後天的・私的・自発的・社交的・*射的・受動的・消極

的・積極的・先天的・相対的・大大的・端的・知的・抽象的・人間的・能動的・標的・封建的・本格的・民主的・楽天的

【迫】8画 辶部5画→411ページ
【拍】8画 扌部5画→502ページ
【泊】8画 氵部5画→657ページ

白－4画

【皆】

9画 常用 〔皆〕明朝

音 カイ
訓 みな

なりたち 会意 比＋白→皆

比(二人がならぶ)と白(=自)を合わせた字。白は白ではなく、自(鼻)を少しかえて、動作の記号としたもの。皆は、みんながそろっているようすをあらわした。

皆のつく漢字グループ
「皆」のグループは「ならびそろう」というイメージがある。
→階445 →楷607 →諧964

意味 **みな。すべて。ぜんぶ。**「皆勤・皆様」

名まえで使う読み かい・とも・み・みち・みな

【皆既食】かいきしょく 太陽や月が完全にかくれてしまう日食や月食。皆既日食。皆既月食。

【皆勤】かいきん ある期間中、休まずに出席または出勤すること。例 皆勤賞。

【皆伝】かいでん 武術・技芸などの奥義を、すべてつたえられること。例 免許皆伝。

【皆無】かいむ 何もないこと。まったくないこと。例 成績についての心配は皆無です。

【皆目】かいもく まったく。ぜんぜん。例 皆目見当がつかない。参考 下に「ない」などの打ち消しのことばがつく。

【皆様】みなさま ①その場にいる、大勢の人にいう尊敬語。例 ご来場の皆様。②あいての身内の人にいう尊敬語。例 皆様によろしくおつたえください。

白－4画

【皇】

9画 6年 〔皇〕明朝

音 コウ・オウ
訓 ―

※上にくる音により「ノウ」ともよむ。

「白」は横長に。「白」の横はばと6・8画めの長さを合わせる。9画めは長く。

1	2	3	4	5	6	7	8	9
ノ	丨	白	白	白	自	皁	皇	皇

なりたち 形声 皇－皇

王と白(=自)を合わせた字。白は自(鼻)がかわったもの。鼻は顔の先につき出ているので、先やはじめをしめす記号とする。皇は、人類のさいしょの偉大な王をあらわした。→王728

意味 **天子。みかど。**「天皇・皇居」

参考「天皇・勤皇」など、上につくことばが「ん」でおわるとき、「のう」と読む。

名まえで使う読み おう・こう・すべ・すめら

【皇子】おうじ 天皇の、男の子ども。親王。

【皇女】おうじょ／こうじょ 天皇の、女の子ども。内親王。

【皇位】こうい 天皇のくらい。

使い分け こうい 皇位・高位

【皇位】天皇のくらい。例 皇位をつぐ。

【高位】高いくらい。また、高いくらいにある人。例 平家の一族は、みな高位についた。／高位高官。対 低位。

【皇居】こうきょ 天皇がすんでいるところ。

【皇后】こうごう 天皇の妻。きさき。

【皇嗣】こうし 天皇のくらいをつぐ皇族。

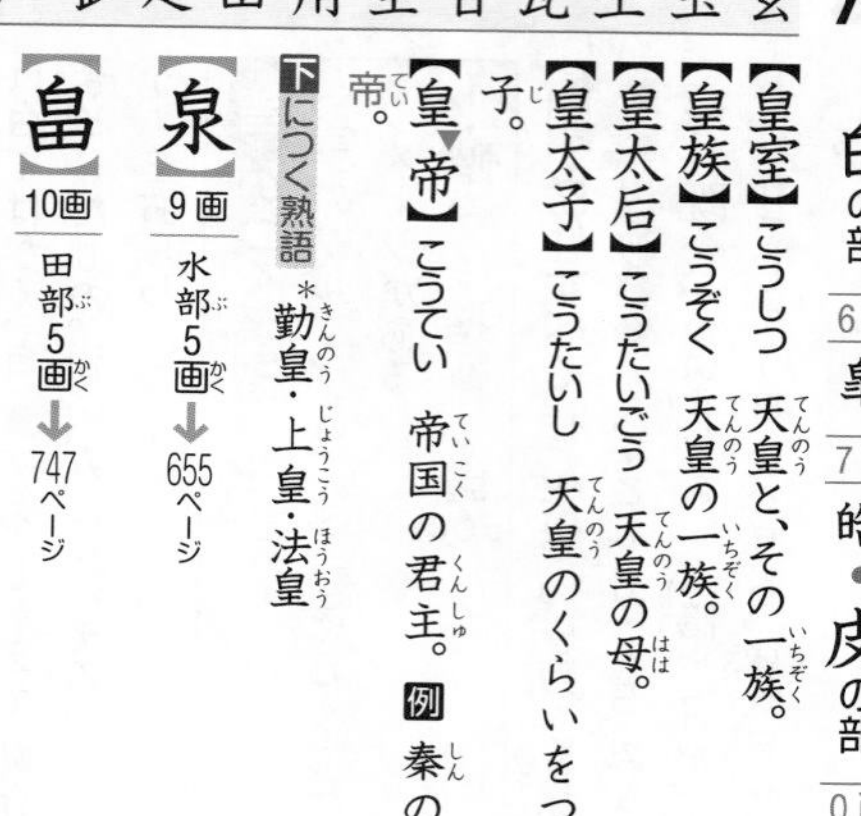

白の部 6画 皐 7画 皓・皮の部 0画 皮

【皇室】こうしつ 天皇と、その一族。
【皇族】こうぞく 天皇の一族。
【皇太后】こうたいごう 天皇の母。
【皇太子】こうたいし 天皇のくらいをつぐ皇子。
【皇▽帝】こうてい 帝国の君主。例 秦の始皇帝。

下につく熟語 *勤皇・上皇・法皇

【泉】9画 水部5画→655ページ

【畠】10画 田部5画→747ページ

白-6画

【皐】11画 人名 〈皐〉明朝

音 コウ 訓 ―

意味 ❶さわ。しめった土地。❷さつき。陰暦の五月。「▽皐月（こうげつ・さつき）」

名まえで使う読み こう・すすむ・たか・たかし

【兜】11画 儿部9画→103ページ

【習】11画 羽部5画→870ページ

【船】11画 舟部5画→907ページ

白-7画

【皓】12画 人名 〈皓〉明朝

音 コウ 訓 しろい

なりたち 形声 告（わくをはみ出る）と白（＝日。日光）を合わせた字。日光が大きく広がって明るいようすをあらわした。→告202

意味 ❶しろくかがやくようす。「▽皓歯」❷潔白なようす。

名まえで使う読み あき・あきら・こう・つく・てる・ひかる・ひろ・ひろし

【▽皓歯】こうし 白くうつくしい歯。例 明眸皓歯（＝すんだひとみと白くうつくしい歯。美人の形容）。
【▽皓然】こうぜん 白いさま。あきらかなさま。例 秋の月が皓然とかがやく。

【楽】13画 木部9画→607ページ

5画

5画 皮 かわ けがわ

なりたち

おもに「ひふ」の状態などに関係したいみの字をあつめる。「革」にたいして、「ひのかわ」ともいう。

この部首の字 0画 皮 764

ほかの部首の字 彼→彳部376 披→扌部502 波→氵部657 疲→疒部753 破→石部786 被→衤部926 頗→頁部1069

皮-0画

【皮】5画 3年 〈皮〉明朝

音 ヒ 訓 かわ

※上にくる音により「ピ」「がわ」ともよむ。

皮 皮

3画めを中心として、全体を△形にする。2画めは左下に小さくはねる。

1 丿 2 厂 3 广 4 皮 5 皮

なりたち 会意 -皮

（頭がついた動物のかわ）と又（＝又。手）を合わせた字。毛のついたやわらかいかわをからだにかぶせるようすを図にして、動物をしなやかにおおう「かわ」をあらわした。

皮のつく漢字グループ

「皮」のグループは「ななめにかぶる」「ななめにかたむく」というイメージがある。

→婆279 →彼376 →披502 →波657 →疲753 →破786 →被926

意味 ❶(動物の)かわ。「皮膚」 ❷ものの表面をおおうもの。「樹皮」 ❸うわべ。「皮相」

使い分け 「皮」は、動物のけがわのいみ。「革」は、なめしてやわらかくした動物のかわのいみ。

【皮算用】かわざんよう まだ手にはいらない利益をあてにして、計画を立てること。例 捕らぬ狸の皮算用(=つかまえてもいないタヌキの皮を、いくらで売ろうかと考えることから、ものごとが実現しないうちから、その結果をあてにすること)。

【皮下】ひか 表皮のすぐ下。皮膚の内部。

【皮革】ひかく 動物の皮を加工したもの。レザー。例 皮革製品。

【皮相】ひそう 考え方などが、内容や本質をとらえず、うわべだけであること。例 皮相な見方。

【皮肉】ひにく ①遠回しにあいての欠点などを、いじわるくせめること。あてこすり。また、そのことば。例 皮肉を言う。／皮肉な言い方。②予想や期待に反する結果になること。例 皮肉な運命。

【皮膚】ひふ 人や動物のからだをつつんでいるかわ。はだ。

下につく熟語 毛皮・脱皮・鉄面皮・表皮

【彼】8画 イ部5画 →376ページ
【披】8画 扌部5画 →502ページ
【波】8画 氵部5画 →657ページ
【疲】10画 疒部5画 →753ページ
【破】10画 石部5画 →786ページ
【被】10画 ネ部5画 →926ページ
【頗】14画 頁部5画 →1069ページ

皿の部 (さら)

5画 皿 さら

「さら」やさらの形をしたうつわ。その種類・状態・つかい方などに関係した字をあつめる。

この部首の字

0画 皿 765
4画 盃 588
4画 盆 766
5画 益 766
6画 盛 766
6画 盗 767
7画 盗 767
8画 盟 767
9画 盡 321
10画 監 767
10画 盤 768
11画 盥 768

ほかの部首の字

血→血部 918
孟→子部 285
塩→土部 241
濫→氵部 692
艦→舟部 908

皿－0画

【皿】 5画 3年

〔皿〕明朝

音 —
訓 さら

※上にくる音により「ざら」ともよむ。

字形は横長。縦画は内側に向け、間を等しく。5画めは山なりに軽く反らせて長く。

筆順: 丨 冂 冂 皿 皿

なりたち 象形

さらをえがいた字。

皿の部

4画 盆　5画 益　6画 盛

意味 あさくてひらたいうつわ。「皿回し・灰皿・小皿」

【血】6画 血部0画 ↓918ページ

【孟】8画 子部5画 ↓285ページ

皿－4画

【盆】9画 常用

〔盆〕明朝　音 ボン　訓 —

なりたち 形声 分(左右にひらく)と皿(さら)を合わせた字。口が大きくひらいたさらをあらわした。→分128

意味 ❶食器などをのせる、ひらたい入れもの。ぼん。「茶盆」 ❷「盂蘭盆」のりゃく。七月(または八月)十五日に祖先の霊をまつる行事。「旧盆・盆踊り」

【盆栽】ぼんさい　はちに小さな木や草をうえたもの。うつくしい形にそだてて楽しむ。例 趣味は盆栽です。

【盆地】ぼんち　まわりを山にかこまれた、ひらたい土地。例 甲府盆地。

下につく熟語 新盆(にいぼん・あらぼん)

皿－5画

【益】10画 5年

〔益〕明朝　音 エキ・ヤク*　訓 —

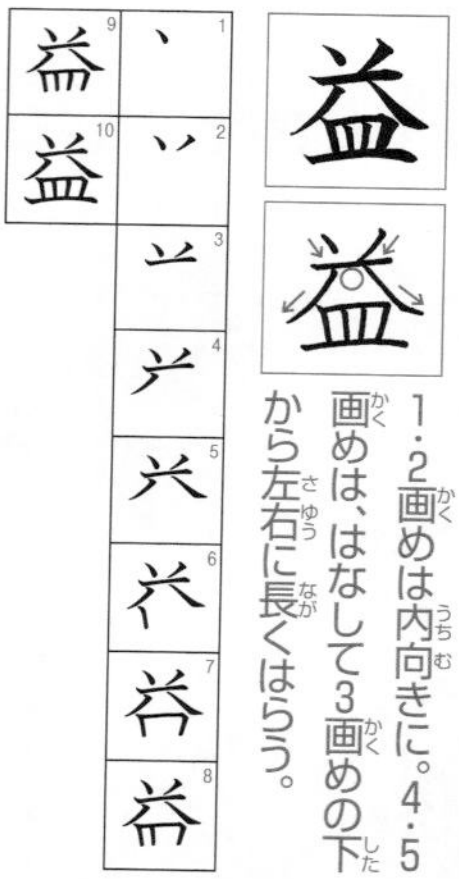

1・2画めは内向きに。4・5画めは、はなして3画めの下から左右に長くはらう。

なりたち 会意 もとの字は「益」。水の字を横にした形と皿(さら)を合わせた字。水がいっぱいになるようすをあらわした。

意味 ❶ます。ふえる。「増益」 ❷役に立つ。ためになる。「利益(りえき・りやく)」 ❸もうけ。「益虫」 対 損

名まえで使う読み あり・えき・すすむ・のり・まし・ます・また・み・みつ・やす・よし

【益虫】えきちゅう　害虫を食べたり、花粉をはこんだりして、人のくらしに役立つ虫。アシダカグモ・ミツバチなど。対 害虫

【益鳥】えきちょう　害虫などを食べて、人のくらしに役立つ鳥。ツバメなど。対 害鳥

下につく熟語 公益・国益・御利益・私益・実益・収益・純益・損益・無益・有益

皿－6画

【盛】11画 6年

〔盛〕明朝　音 セイ*・ジョウ*　訓 もる・さかる*・さかん

※上にくる音により「ざかり」ともよむ。

「成」は横長に書き、4画めを長く反る。「皿」は1・4画めの間におさめる。

なりたち 形声 成(しあげてまとめる)と皿(さら)を合わせた字。さらに物をまとめて、もり上げるようすをあらわした。→成483

意味 ❶高くつみあげる。もる。「山盛り」 ❷さかり。さかん。「盛大・花盛り」

名まえで使う読み さかり・しげ・しげる・じょう・せい・たけ・もり

【盛者必衰】じょうしゃひっすい／しょうじゃひっすい　四字熟語 いきおいがさかんで、おごりたかぶっている者も、いつかはかならずおとろえるということ。

【盛運】せいうん　ますますさかんになる運勢。対 衰運

【盛夏】せいか　夏のいちばんあついさかり。

【盛会】せいかい　大勢の人があつまった、にぎやかな会。

【盛況】せいきょう　もよおしものなどに、たくさんの人があつまり、にぎやかなようす。例 満員の盛況。

【盛衰】せいすい　ものごとがさかんになるこ

と、おとろえること。例 栄枯盛衰。

【盛装】せいそう うつくしくきかざること。例 盛装して出かける。また、そのみなり。使い分け せいそう「正装・盛装」→625ページ

【盛大】せいだい たいへんさかんなこと。例 盛大な葬儀だった。

【盛年】せいねん 若くて元気な年ごろ。使い分け せいねん「青年・成年・盛年」→1058ページ

【盛名】せいめい りっぱな評判。さかんな名声。

上につく熟語 *盛り場・*盛り土・*盛り花

下につく熟語 全盛・繁盛・隆盛

皿－6画 【盗】 11画 常用

皿－7画 【盜】 12画 人名 〔盜〕明朝

音 トウ
訓 ぬすむ

意味 ぬすむ。ぬすみ。「盗難」

難しい読み ▼盗人(ぬすっと・ぬすびと)

【▼盗作】とうさく 他人の作品を、自分の作品として発表すること。また、その作品。例 論文を盗作する。

【▼盗▼賊】とうぞく お金や物をぬすむ人。どろぼう。ぬすっと。

【▼盗聴】とうちょう 他人の話や電話の内容をぬすみ聞きすること。例 盗聴器。

【▼盗難】とうなん お金や品物をぬすまれる災難。例 よそ見していたすきに盗難にあった。

【▼盗品】とうひん ぬすんだ品物。

【▼盗▼癖】とうへき ぬすみをするくせ。

【▼盗用】とうよう ほかの人のものや、権利のあるものを、ゆるしを得ずにつかうこと。

【▼盗▼塁】とうるい 野球で、走者があいてがわのすきをねらって次の塁へすすむこと。スチール。

【▼盗人】ぬすっと/ぬすびと どろぼう。

下につく熟語 ▼怪▼盗・強▼盗・▼窃▼盗

皿－8画 【盟】 13画 6年 〔盟〕明朝

音 メイ
訓 ―

盟 盟

「明」は横長にして、9・10画めの横はばを合わせる。13画めは最長の横はばに。

1	2	3	4	5	6	7	8	9	10	11	12	13
丨	冂	月	日	日)	明	明	明	明丶	明冂	明冂	明皿	盟

なりたち 形声 －盟

明(メイ)(はっきりさせる)と皿(さら)を合わせた字。さらに入れたいけにえの血をすすり、おたがいの心をしめして、ちかいをたてることをあらわした。→明551

意味 (神に)ちかう。かたいやくそく。ちかい。「同盟」

【盟主】めいしゅ ちかいをむすんだなかまの中で、中心になる人。

【盟約】めいやく かたくちかって約束をすること。また、その約束。例 盟約をむすぶ。

【盟友】めいゆう かたい約束をかわした友だち。例 子どものころからの盟友です。

下につく熟語 加盟・連盟

【塩】 13画 土部10画 →241ページ

皿－10画 【監】 15画 常用 〔監〕明朝

音 カン
訓 ―

なりたち 会意 －－監

臣(目玉)と𠂉(=人)と一(水をたいらにはった形)と皿(さら)を合わせた字。水をはったさらに顔をうつして見るようすを図にして、上からよく見はることをあらわした。

監のつく漢字グループ
「監」のグループは「一定のわくの中におさめる」というイメージがある。
→塩(=鹽)241 →藍406 →濫692 →艦908
→覧(=覽)940 →鑑1034

意味 ❶みはる。とりしまる。「▼監視」 ❷とり

漢字クイズ 部首クイズ 4年でならう「競」の部首はなんでしょう？

しまる役の人。「総監・舎監」❸ろうや。「監獄」

名まえで使う読み　あき・あきら・かね・かん・ただ・てる・み

【監獄】かんごく　犯罪をおかした人を入れておくところ。刑務所。参考 古い言い方。

【監査】かんさ　（仕事・帳簿などを）監督して、しらべること。例 会計監査。

【監察】かんさつ　きまりどおりにおこなわれているかをしらべて、とりしまること。例 監察官。使い分け かんさつ「観察・監察」→941ページ

【監視】かんし　気をつけて見はること。例 プールを監視する。

監視

【監修】かんしゅう　本などの内容や編集のしかたを監督すること。

【監督】かんとく　仕事などのさしずをしたり、とりしまったりすること。また、その人。例 映画監督。

皿－10画

【盤】15画

常用　〔盤〕明朝　音 バン　訓 —

意味 ❶大きくてたいらなうつわ。「円盤」❷たいらな面をつかう道具。「碁盤・旋盤」❸大きな岩。「落盤・岩盤」

名まえで使う読み　ばん・まる・やす

【盤石】ばんじゃく　①大きな石。②ひじょうにしっかりしていて、くずれないこと。例 盤石のまもり。

【盤面】ばんめん　将棋や碁などの、ばんの表面。

下につく熟語　円盤・基盤・吸盤・銀盤・骨盤・地盤・算盤

漢字博士になろう！

●にた字のおぼえ方《愉・輸・諭》

「愉快な心（忄＝心）で車は輸出、いたずらしたらことば（言＝言）でさとす（諭）」

それぞれの部首のちがいでおぼえよう。「忄」は心をあらわすので、「愉」は、「たのしい」のいみ。「車」がついた「輸」は、「はこぶ」いみ。「言」の「諭」は、「いいきかせる。さとす」いみ。

皿－11画

【盥】16画

表外　〔盥〕明朝　音 —　訓 たらい

意味 たらい。湯や水を入れる、ひらたい大きなうつわ。

【盥回し】たらいまわし　ひとつのものごとを次から次へとほかの人にまわすこと。参考 もとは、あおむけになって足でたらいを回し、別の人にわたしていく曲芸の名。

【濫】18画　氵部15画 →692ページ

【艦】21画　舟部15画 →908ページ

目の部 め・めへん
0画 目

5画 目 め めへん

なりたち 「め」の状態や作用に関係する字をあつめる。「見」は目をふくむが、べつの部首をつくる。

この部首の字

0画 目 769　3画 直 771　3画 盲 773
4画 看 773　4画 県 773　4画 盾 774　4画 省 774　4画 相 775
4画 眉 776　4画 冒 776　5画 真 776　5画 眞 776　5画 眠 777
6画 眼 777　6画 眺 778　6画 眸 778　8画 睡 778　8画 督 778
8画 睦 779　11画 縣 773　12画 瞳 779　12画 瞥 779　12画 瞭 779
13画 瞬 779

ほかの部首の字

具→八部 111　着→羊部 866　且→一部 21　見→見部 936　貝→貝部 975

目－0画

【目】

5画 1年 〔目〕明朝

音 モク・ボク*
訓 め・ま*

※下にくる音により「モッ」ともよむ。

1・2画めの縦画は真下に下ろし、ともに下を少し出す。内部の空間は等しく。

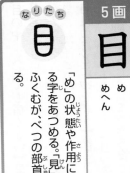

なりたち 象形 目をえがいた字。

意味 ❶め。めだま。「目前」 ❷目で見る。「目測」 ❸だいじなところ。「眼目」 ❹区分。こわけ。「科目・品目」 ❺みだし。「目次」 ❻ねらい。めじるし。「目標・目的」

難しい読み 目深・目論見

名まえで使う読み ま・み・め・もく・より

【目深】 まぶか ぼうしなどを、目がかくれるくらいふかくかぶるようす。

【目上】 めうえ 自分より年齢や地位の高い人。対目下

【目顔】 めがお 目つき。例目顔で知らせる。

【目が利く】 めがきく 句①もののよい悪いを見分ける力がすぐれている。例母は、宝石には目が利く。②遠くまでよく見える。例タカはよく目が利くので、遠くのえものでも見つけられる。

【目がくらむ】 めがくらむ 句①まぶしくて見えなくなる。例急に雨戸をあけたので目がくらんだ。②目まいがする。例屋上から下を見ると目がくらむ。③〔お金や品物などに〕心をうばわれて、正しいはんだんができなくなる。例大金に目がくらみ、悪いなかまに入る。参考「目もくらむ」ともいう。

【目が肥える】 めがこえる 句よいものを見なれて、よい悪いの見分けができる。

【目頭】 めがしら 目の、鼻に近いほうのはし。例目頭が熱くなる。対目尻

【目方】 めかた 物のおもさ。重量。

【目が高い】 めがたかい 句もののよい悪いを見分ける力がすぐれている。例これをえらんだとはさすがにきみは目が高いよ。

【目が無い】 めがない 句①ものを考えたり、正しく見分けたりする力がない。②ひじょうに好きであるようす。例あまいものには目が無い。

【目が回る】 めがまわる 句①めまいがする。くらくらする。例鉄ぼうでくるくる回っていて目が回った。②ひじょうにいそがしいたとえ。例今日は目が回るほどいそがしい。

【目から▽鱗が落ちる】 めからうろこがおちる 句それまでわからなかったことが、何かがきっかけになって、急に理解できるようになるたとえ。例あなたの説明を聞いて、目から鱗が落ちました。

【目から鼻へ▼抜ける】 めからはなへぬける 句りこうでわかりが早い。ぬけめがなくて、すばしこい。例目から鼻へ抜けるような、かしこい少女。

【目先】 めさき ①目の前。②今、現在のこと。③しょうらいの見通し。例目先のことしか考えない。例目先のきく人。

こたえ 立(たつ)

【目下】一 めした 自分より年齢や地位が下の人。対 目上 二 もっか 現在。今のところ。例 目下調査中。

【目▼尻】めじり 目の、耳に近いほうのはし。対 目頭

【目印】めじるし 見てわかるようにしたり、おぼえておくためのしるし。

【目玉】めだま ①目の玉。②目の形をしたもの。例 目玉焼き。③人の目をひきつける中心となるもの。例 目玉商品。

【目と鼻の先】めとはなのさき 句 ひじょうに近いことのたとえ。目と鼻の間。例 わたしの学校は、駅と目と鼻の先のところにあります。

【目に余る】めにあまる 句 だまって見すごすことができないほどひどい。例 となりの子のいたずらが目に余る。

【目に物見せる】めにものみせる 句 ひどいめにあわせて、相手に思い知らせる。例 いつか目に物見せてやるつもりだ。

【目の中に入れても痛くない】めのなかにいれてもいたくない 句〔子どもなどが〕かわいくてたまらないようす。例 孫は目の中に入れても痛くないほどかわいい。

【目は口ほどに物を言う】めはくちほどにものをいう 句 気もちのこもった目つきは、ことばと同じように感情をつたえることができる。

【目鼻】めはな ①目と鼻。②顔だち。例 目鼻だちが父ににている。

【目鼻がつく】めはながつく 句 ものごとのおおよその見通しがつく。例 研究の目鼻がつく。

【目星】めぼし めあて。見当。例 目星がつく。

【目も当てられない】めもあてられない 句 気のどくで見ていられない。みじめでまともに見られない。

【目元】めもと 目のあたり。また、目つき。例 目元がすずしい(=さわやかだ)。

【目安】めやす ①だいたいの見当。例 目安をつける。②きじゅん。例 利用者数を、目安にする。

【目を疑う】めをうたがう 句 見たものがあまりに意外なので、本当だとは思えない。例 その人があまりに父に似ていたので、自分の目を疑った。

【目を▼奪う】めをうばう 句 すばらしさに、見とれさせる。例 はなやかなネオンサインが通行人の目を奪う。／紅葉に目を奪われる。

【目を皿のようにする】めをさらのようにする 句 目を大きく開いて、ものをよく見る。例 目を皿のようにして地図を見る。

【目を白黒させる】めをしろくろさせる 句 ひじょうにおどろいたり、物がのどにつかえたりするようす。

【目を注ぐ】めをそそぐ 句 注意して見る。見つめる。例 なりゆきに目を注ぐ。

【目を背ける】めをそむける 句 目をほかの方へむける。例 あまりのむごたらしさに思わず目を背けた。

【目を付ける】めをつける 句 自分のものにしたいと思ってねらう。気をつけて見る。例 前から目を付けていた自転車を買ってもらった。

【目を▼盗む】めをぬすむ 句 見つからないようにこっそりとする。例 母の目を盗んで、まんがを読む。

【目を光らす】めをひからす 句 見落としがないようきびしく見はる。例 警官が目を光らしている。

【目を細くする】めをほそくする 句 うれしそうな顔つきになる。目を細める。例 おばあさんは目を細くして孫をだいた。

【目を見張る】めをみはる 句 おどろいたり、感心したり、あきれたりして、目を大きく見開く。例 花だんのあまりの美しさに目を見張った。

【目▼撃】もくげき その場所にいて、じっさいにそのようすを見ること。例 犯人を目撃する。

【目算】もくさん ①目で見て、およその計算をすること。例 土地の広さを目算する。②およその見とおしをつけること。もくろみ。例 目算がはずれる。

【目次】もくじ 書物の内容の見出しを、書かれ

ている順にならべてしるしたもの。

【目前】もくぜん 目の前。すぐ前。例 試験の日が目前にせまってきた。

【目測】もくそく 目で見て、だいたいの距離や大きさなどをはかること。例 目測を誤まる。

【目的】もくてき ものごとをするときのめあて。目標。

【目的地】もくてきち めざして行こうとしているところ。めあての場所。例 目的地を地図で確認する。

【目標】もくひょう ①めじるし。②ものごとをするときのめあて。目的。例 今月の目標。

【目礼】もくれい 目で、あいさつをすること。

【目録】もくろく ①おくりものなどの品物の名を書きならべたもの。例 記念品の目録。②たいせつにもっているものや、展覧会に出品されているものなどの名前を整理してならべたもの。例 展示品の目録。

【目論見】もくろみ くわだて。計画。例 目論見がはずれる。

上につく熟語 *目移り・*目▼隠し・*目利き・*目配せ・*目障り

下につく熟語 板目・▼皆目・*金目・曲目・▼項目・細目・境目・耳目・衆目・種目・題目・着目・茶目・注目・頭目・遠目・*鳥目・*布目・羽目・反目・一目(ひとめ・いちもく)・人目・細目(ほそめ・さいもく)・名目・面目(めんぼく・めんもく)・▼盲目・木目(もくめ・きめ)・役目・欲目・*横目・量目

【且】5画 一部4画→21ページ

【見】7画 見部0画→936ページ

【貝】7画 貝部0画→975ページ

目－3画

【直】

8画 2年 〔直〕明朝

音 チョク・ジキ

訓 ただちに・なおす・なおる

※下にくる音により「チョッ」ともよむ。

2画めと「目」の中心を合わせる。8画めは真下に下ろし、折って右へ引いて止める。

なりたち 会意 ふるい字は、|(まっすぐなしるし)と目を合わせたもの。まっすぐに目をむけるようす。のちに乚(まげてかくすしるし)がついて、まがったものをまっすぐにするいみがくわわった。

直(チョク)のつく漢字グループ

「直」のグループは「まっすぐ」「まっすぐ当たる」というイメージがある。「直」は「直」と同じ。

→値86 →徳383 →植605 →殖630 →置820

意味 ❶まっすぐ。まっすぐにする。「直線」対 曲 ❷ただしい。すなお。「正直」❸じかに。すぐに。「直接」❹つとめ。「日直」❺もとどおりになる。なおす。

難しい読み 直火・直談判・直直

名まえで使う読み あたい・じき・すぐ・すなお・ただ・ただし・ただす・ちか・ちょく・なお・なおき・なおし・なが・ね・のぶる・ま・まさ

【直談判】じかだんぱん 間に人を入れないで、じかにあいてと話し合うこと。例 直談判におよぶ。

【直火】じかび 料理で、ちょくせつ材料に火をあてること。また、その火。

【直直】じきじき 間にほかの人を入れないで、本人がちょくせつにするようす。例 社長と直々に話す。参考 ふつう「直々」と書く。

【直▼訴】じきそ きめられた手続きをふまないで、じかにうったえでること。例 とのさまに直訴する。

【直伝】じきでん 先生が弟子に、むずかしいわざや技術などをちょくせつつたえること。例 師匠直伝の料理法。

【直筆】じきひつ その人が自分でちょくせつ書くこと。また、書いたもの。対 代筆

【直営】ちょくえい その会社などが、ちょくせつに経営すること。例 精肉店直営のレストラン。

【直音】ちょくおん 日本語で、「や・ゆ・よ」のつ

く音(＝よう音)、および「っ」のつく音(＝そく音)以外の、かな一字であらわされる音。

【直▼撃】ちょくげき ①ばくだんなどが目標に命中したものにちょくせつ当たること。②ちょくせつおそいかかること。例台風が九州を直撃する。

【直言】ちょくげん かざらずに、思ったとおりのことをじかにいうこと。また、そのことば。例おもいきって直言する。

【直後】ちょくご ものごとのあった、すぐあと。対直前

【直視】ちょくし まっすぐ見つめること。例現実を直視する。

【直射】ちょくしゃ 光がじかにてりつけること。例直射日光。

【直情径行】ちょくじょうけいこう 四字熟語 まわりの事情など考えないで、自分が思ったとおりに行動したり、意見をのべたりすること。

参考「直情」は、ありのままの感情のいみ。「径行」は、思うままにすぐおこなうこと。

【直進】ちょくしん まっすぐにすすむこと。

【直接】ちょくせつ 間に何もおかないこと。じか。例直接照明。／直接税。対間接

【直接的】ちょくせつてき 間に何もおかないようす。例直接的な表現。

【直線】ちょくせん 二つの点の間をむすぶ、まっすぐな線。例直線コース。対曲線

【直前】ちょくぜん ①目の前。すぐ前。②ものごとのおこるすぐ前。対直後

【直送】ちょくそう あいてにちょくせつおくりとどけること。例産地から直送されたくだもの。

【直属】ちょくぞく ちょくせつその人や組織の下にぞくしていること。例直属の部下。

【直腸】ちょくちょう 大腸のおわりの部分。下はこう門につづいている。

【直通】ちょくつう 二つの地点の間が、じかに通じていること。例直通電話。／直通電車。

【直売】ちょくばい 生産者が、品物をちょくせつ消費者に売ること。例野菜の直売所。

【直▼販】ちょくはん 問屋を通さないで、生産者がじかに消費者に売ること。

【直方体】ちょくほうたい 六つの長方形、または、二つの正方形と四つの長方形からなる六面体。

直方体

【直面】ちょくめん じかに、ものごとにであうこと。例困難に直面する。

【直訳】ちょくやく 原文をそのことばどおりにやくすこと。

【直立】ちょくりつ まっすぐに立つこと。例直立して話を聞く。

直面

【直流】ちょくりゅう ①まっすぐにながれること。また、そのながれ。②いつもながれの方向が一定である電流。対交流

【直列】ちょくれつ いくつかの電池・抵抗・コイルなどをつなぐとき、電流のながれる道を一すじだけにするようにつなぐこと。また、そのつなぎ方。対並列

直列

【直下】ちょっか ①すぐ下。ました。例赤道直下。②まっすぐにくだること。例急転直下(＝きゅうにようすがかわって)、解決した。

【直角】ちょっかく 二つの直線が、垂直にまじわったときにできる角度。九〇度。

【直▼轄】ちょっかつ じかに管理し、支配していること。例政府の直轄する施設。

1【直感】ちょっかん 説明されたり、考えたりすることがなく、すぐに、心に感じとること。例直感でぴんときた。

2【直観】ちょっかん 考える前に、ものごとのほんとうのすがたがわかること。また、そのような頭のはたらき。例ものごとの本質を直観する。使い分け「直感」と区別してつかおう。

【直球】ちょっきゅう 野球やソフトボールで、投手がなげる、まっすぐなボール。ストレート。

1 【直系】ちょっけい 子どもや弟子にちょくせつつづいている系統。例直系の子孫。対傍系

2 【直径】ちょっけい 円または球の中心を通り、両はしまでわたした直線。さしわたし。

【直結】ちょっけつ ちょくせつむすびつくこと。例生活に直結した問題。

【直行】ちょっこう より道しないで、まっすぐに行くこと。例目的地に直行する。

下につく熟語 安直・▼愚直・▼硬直・実直・宿直・垂直・素直・率直・当直

目－3画

【盲】

8画 常用 〔盲〕明朝

音 モウ
訓 —

なりたち 形声

亡(見えない)と目を合わせた字。目が見えないことをあらわした。→亡44

意味 ❶目が見えないこと。「盲人・▼盲目」 ❷ものごとの道理がわからないこと。「▼盲従・文▼盲」

【▼盲愛】もうあい ただむやみにかわいがること。ねこかわいがり。例孫を盲愛する。

【▼盲従】もうじゅう ものごとのよしあしも考えずに、人のいいなりになること。例迷信に盲従する。

【▼盲信】もうしん よく考えもしないで、むやみにしんじこむこと。例他人の話を妄信する。

【▼盲人】もうじん 目の見えない人。

【▼盲腸】もうちょう ①右下腹にある、大腸と小腸のさかいの部分。②虫垂のこと。盲腸の下にある虫垂が、はれてひどくいたむ病気。盲腸炎。例盲腸になる。

【▼盲点】もうてん ①網膜に視神経がはいりこんでいる部分。光も色も感じない。②人の気がつきにくいところ。例敵の盲点をつく。

【▼盲導犬】もうどうけん 目の見えない人につきそって危険などを教え、歩く手だすけをする犬。

【▼盲目】もうもく 目が見えないこと。

【県】8画 八部6画→111ページ

目－4画

【看】

9画 6年 〔看〕明朝

音 カン
訓 み*る

1画めはねかせて左下へはらう。3画めを長く。4画めと「目」は接しなくてもよい。

なりたち 会意

手と目を合わせた字。手を目の上にかざしてよく見るようすをあらわした。

意味 みまもる。みはる。「看護」

使い分け みる「見る・観る・看る・診る」→936

名まえで使う読み あきら・かん・み・みつ・みる

【看過】かんか 見のがすこと。見おとすこと。例まちがいを看過できない。

【看護】かんご 病人の手当てやせわをすること。例看護師。／病人を看護する。

【看守】かんしゅ 刑務所に入れられている人を見はり、監督する役人。

【看破】かんぱ かくれているものを見やぶること。例敵の計略を看破する。

【看板】かんばん 店や商品の名前を書いて、かかげるもの。例看板だおれ(＝見かけはりっぱだが、中身はそれほどではない)。

【看病】かんびょう 病人のせわをすること。例つきっきりで看病する。

目－4画

【県】

9画 3年

目－11画 〔縣〕16画 人名

〔県〕明朝

音 ケン
訓 —

県

「目」の中心と7画めを合わせる。6画めは「L」に折る。7画めをはねてもよい。

なりたち 会意 縣―縣（県）

もとの字は「縣」。県と系（ひもでつなぐ）を合わせた字。県は、首のさかさ文字で、首をさかさにぶらさげること。縣は、中間にぶらさげることをあらわした。中央政府と村との中間の行政区のいみにもちいる。

意味 **地方行政区画の一つ。けん。**「県立」

名まえで使う読み あがた・けん・さと・とう・むら

【県営】 けんえい その事業や、せつびのかんりを県がおこなっていること。例 県営グラウンド。

1**【県下】** けんか その県内の地域。例 県下でいちばん大きい高校。

2**【県花】** けんか それぞれの県がさだめた県の花。

【県会】 けんかい 「県議会」のこと。

【県議会】 けんぎかい 県の政治について、県の議員があつまっていろいろ議論する会。県会。

【県境】 けんきょう 県と県とのさかい。

【県庁】 けんちょう その県をおさめるための仕事をする役所。

【県民】 けんみん その県にすむ住民。例 県民性（＝その県民にとくちょう的な性質）。

【県立】 けんりつ 県のお金でたてて、県でかんりをおこなっていること。例 県立高校。

下につく熟語 *近県・*全県・*他県・都道府県

目－4画

【盾】

9画 常用 〔盾〕明朝

音 ジュン
訓 たて

意味 **やり・矢などをふせぐ武器。たて。**「矛盾」

名まえで使う読み たて

【盾に取る】 たてにとる 句〔あることがらを〕自分の利益や安全を守る手段とする。いいわけにする。

【盾を突く】 たてをつく 句 目上の人にさからう。口答えする。たてつく。例 親に盾を突く。

目－4画

【省】

9画 4年 〔省〕明朝

音 セイ・ショウ
訓 かえりみる・*はぶく

省 省

「少」と「目」の中心は、「目」の方をやや右にずらす。4画めは長くはらう。

なりたち 形声 省―省

ふるい字は、生（けがれがなくすむ）と目を合わせたもの。くもりなくはっきりと見分けることをあらわした。のち、少（こまかい）と目を合わせた字。こまかく見分けて、よけいなものをなくすことをあらわした。

意味 ❶**ふりかえって考える。かえりみる。**「反省」❷**はぶく。へらす。**「省略」❸**役所。**「文部科学省・外務省」

名まえで使う読み あきら・かみ・しょう・せい・み・みる・よし

【省庁】 しょうちょう 省や庁などの、国の役所。

【省略】 しょうりゃく 一部分をはぶくこと。例 前後を省略する。

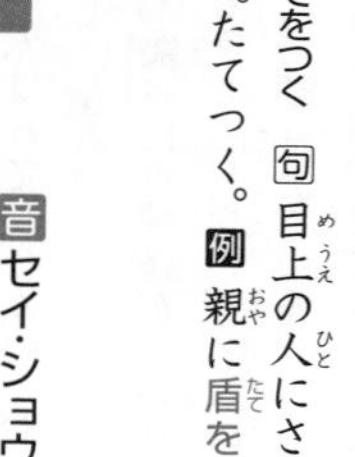

【省力】 しょうりょく 機械などをつかうことで、人手や手間をへらすこと。例 省力化。

【省察】 せいさつ／しょうさつ 自分のしたことをふりかえって考えること。

300m 333m 634m
省略

下につく熟語 帰省・自省・人事不省・*内省

目－4画

【相】

9画 3年 〈相〉明朝

音 ソウ・ショウ*
訓 あい

「目」より「木へん」を縦長に。「目」の書き出しは1画めの右側を目安にする。

なりたち 会意 木と目を合わせた字。見るものと、見られるものがむき合うようすをあらわした。二つのものがむき合うというイメージをもち、二つのものがたがいに関係することをあらわした。

相のつく漢字グループ
「相」のグループは「二つのものがむき合う」、または「二つのものがはなれてならぶ」というイメージがある。
→想476 →箱829 →霜1056

意味 ❶たがいに。「相互」 ❷ありさま。かたち。「人相」 ❸まえのものをうける。「相続」 ❹大臣。「首相」

参考 「相すみません」などの「相」は、いみがなく、ことばの調子をととのえることば。

難しい読み 相伴・相撲・相好・相殺(そうさい・そうさつ)

名まえで使う読み あい・あう・あきら・さ・しょう・すけ・そう・たすく・とも・はる・まさ・み・みる

【相性】あいしょう あいてと性格やこのみが合うこと。例相性がいい。

【相手】あいて ①いっしょにものごとをする人。例遊び相手。②競争する、先方の人。例けんか相手。③ものごとの対象になるもの。例子ども相手の商売。

【相棒】あいぼう ①いっしょに仕事をするなかま。②なかのいい友だち。

【相▼伴】しょうばん 客のあいてをして、自分もいっしょにもてなしをうけること。例ご相伴にあずかる。

【相▼撲】すもう 日本の国技。土俵の中でふたりがとり組んで勝ち負けをあらそう。

【相▼違】そうい たがいにくらべてみたときにちがいがあること。ちがい。例事実と相違している。／相違点。

【相応】そうおう つり合っていて、ふさわしいこと。例年れいに相応したもちもの。

【相▼互】そうご ①たがい。例相互にたすけ合う。②かわるがわる。例相互に発表し合う。

【相好】そうごう 顔つき。表情。例相好をくずす(=よろこんで、にこにこする)。

【相殺】そうさい／そうさつ たがいにさし引いて、損得なしにすること。例かりたお金は、はたらいて相殺する。

【相似】そうじ ①二つのものの形や性質が、にかよっていること。②数学で、二つの図形について、大きさはちがうが、形がまったく同じである関係。例相似形。

【相思相愛】そうしそうあい 男女がおたがいに愛し合っていること。四字熟語 例相思相愛の仲。

【相続】そうぞく 前のもちぬしにかわって、権利や財産などをうけつぐこと。例遺産を相続する。

【相対】そうたい 一 ほかのものとのひかくやつりあいで、なりたっていること。対絶対 二 あいたい ①ふたりだけでさしむかいになること。例相対の勝負。②対等に相談すること。例相対できめた約束。

【相対的】そうたいてき ものごとが、ほかのものごととくらべることによってなりたつようす。例相対的に判断する。

【相談】そうだん 話し合い。話し合うこと。

【相当】そうとう ①あてはまること。ひとしいこと。例死に相当する罪。②かなり。たいへん。例ゆうべは相当ひどい風がふいた。

【相場】そうば ①そのとき、そのときの品物のねだん。市価。例台風でやさいの相場が上がった。②現物の取り引きをせず、市価の上がり下がりによって利益をえる売買取り引き。

下につく熟語 外相*・形相・血相・▼宰相*・実

漢字クイズ 部首クイズ 5年でならう「報」の部首はなんでしょう？

相・真相・世相・手相・寝相・皮相・貧相・面相・様相

目－4画

【眉】

9画 常用 〔眉〕明朝

音 ビ・ミ 訓 まゆ

意味 まゆげ。まゆ。「眉目・眉間・焦眉」

【眉目】びもく ①まゆと目。②顔かたち。

【眉目秀麗】びもくしゅうれい 四字熟語 顔だちがととのっていて、うつくしいこと。

参考 男性についていうことが多い。

【眉唾物】まゆつばもの だまされないように用心しないといけないこと。まゆつば。

参考 まゆにつばをつけるとキツネやタヌキに化かされないという迷信から。

【眉をひそめる】まゆをひそめる 句 心配なことがあったり、いやなことを見たりしたとき、顔をしかめる。

【眉間】みけん まゆとまゆの間。ひたいの中央。例 眉間にしわをよせる。

下につく熟語 *愁眉・白眉・柳眉

目－4画

【冒】

9画 常用 〔冒〕明朝

音 ボウ 訓 おかす

意味 ❶むりをしてむずかしいことをのりきる。おかす。「冒険」 ❷はじめ。「冒頭」

使い分け おかす「犯す・侵す・冒す」→719ページ)

【冒険】ぼうけん きけんをしょうちで、むりにすること。注意「冒検」と書かないこと。

【冒頭】ぼうとう 文章・話・会議などのはじめ。また、はじめの部分。例 冒頭のあいさつ。

下につく熟語 感冒

目－5画

【真】

10画 3年

目－5画 【眞】 10画 人名 〔真〕明朝

音 シン 訓 ま・まこと*

※「シンなり」ともつかう。

真 真

縦の中心を合わせる。8画めは山なりに軽く反らせて長く書く。10画めは止める。

1	2	3	4	5	6	7	8	9	10
一	十	𠂇	冇	冇	育	直	直	真	真

なりたち 会意 眞（真）

もとの字は「眞」。匕（スプーン）と鼎（三本足のうつわ）を合わせた字。スプーンでうつわにすきまなくいっぱいに入れるようすを図にして、中身がいっぱいになっていて、からっぽではないことをあらわした。

眞のつく漢字グループ

「眞」のグループは「なかみがいっぱいつまる」というイメージがある。

→塡242 →慎477 →鎮1033

意味 うそがない。ほんとう。「真実」

難しい読み 真打・真顔・真面目・真人間・真似

名まえで使う読み さだ・さな・さね・しん・ただ・ただし・ちか・なお・ま・まき・まこと・まさ・ます・まな・み

【真意】しんい ほんとうの心。また、ほんとうのいみ。例 あの人の真意がわからない。

【真価】しんか ほんとうのねうち。例 自分の真価を発揮する。

【真偽】しんぎ ほんとうのことと、うそのこと。例 話の真偽をたしかめる。

【真紅】しんく こい紅色。まっか。例 真紅のバラ。参考「深紅」とも書く。

【真空】しんくう 空気などが、まったくないこと。また、その空間。例 真空状態にする。

【真剣】しんけん ①本物の刀。例 真剣勝負。②本気であるようす。例 真剣な顔つき。

【真骨頂】しんこっちょう そのものがもつ、もとからあるねうちや力。例 真骨頂を発揮する。

【真摯】しんし まじめでひたむきなようす。心をこめておこなうようす。例 真摯な態度。

【真実】しんじつ ほんとうのこと。うそやかざ

5画

りけのない、ありのままのこと。対 虚偽

【真▼珠】しんじゅ　アコヤガイなどの貝の中にできる玉。銀色のつやがあり、かざりにする。

【真情】しんじょう　①うそいつわりのない、ほんとうの気もち。まごころ。②ありのままのようす。実情。使い分け しんじょう「心情・信条・真情」→(453ページ)

【真▼髄】しんずい　(学問・芸術などの)おおもとになる、たいせつなもの。例 学問の真髄。参考「神髄」とも書く。

【真性】しんせい　医学で、病気が本物であること。例 真性コレラ。対 仮性

【真善美】しんぜんび　人間の最高の理想である三つのもの。ものごとのおくそこにある真と、人間がおこなうべき善と、芸術における美。

【真相】しんそう　ものごとのほんとうのすがた。例 事件の真相を話す。

【真に▼迫る】しんにせまる　句 本物そっくりに感じられるようす。例 名優の真に迫った演技。

【真犯人】しんはんにん　事件をおこした、ほんとうの犯人。

【真理】しんり　だれにでも、どこでも、いつでも正しいとみとめられることがら。

【真一文字】まいちもんじ　四字熟語「一」という字のように、まっすぐなこと。例 目的へ真一文字にすすむ。

【真顔】まがお　まじめな顔つき。

【真心】まごころ　いつわりやかざりけのない心。例 真心のこもったもてなし。

【真砂】まさご　こまかいすな。参考 古い言い方。

【真面目】まじめ　①本気であること。②誠実であること。例 真面目にはたらく。

【真に受ける】まにうける　句 ほんとうだと思いこむ。本気にする。例 そんな話を真に受けるな。

【真人間】まにんげん　正しいことをする、まじめな人。例 心を入れかえて真人間になる。

【真似】まね　①ほかのものににせたようすをすること。②しぐさ。行動。例 出すぎた真似をするな。

【真昼】まひる　昼のまっさかり。対 真夜中

【真水】まみず　しおけのまじっていない、ふつうの水。対 塩水

【真夜中】まよなか　夜になって、かなり時間がたったとき。深夜。対 真昼

上につく熟語 *真っ赤・*真っ最中・*真っ青・*真っ盛り・*真っ▼裸

下につく熟語 *写真・純真・▼迫真

目－5画 【眠】

10画 常用 〔眠〕明朝

音 ミン
訓 ねむる・ねむい

なりたち 形声 眠-眠　民(目が見えない)と目を合わせた字。目をとじて、ねむることをあらわした。→民638

意味 ねむる。ねむり。「▼睡眠・居▼眠り」

注意「眼」とまちがえないこと。

【▼眠気】ねむけ　ねむい感じ。ねむりたい気もち。例 眠気をもよおす。

【▼眠り薬】ねむりぐすり　のむとねむくなるくすり。睡眠薬。

下につく熟語 安▼眠・永▼眠・仮眠・*催▼眠・就▼眠・*春▼眠・冬▼眠・不▼眠

目－6画 【眼】

11画 5年 〔眼〕明朝

音 ガン・ゲン*
訓 まなこ*

「目」より「艮」を大きく。6画めは折って内側に。9画めは折って右上にはらう。

なりたち 形声 眼-眼　艮(いつまでもあとをのこす)と目を合わせた字。頭がい骨にいつまでものこるあなにはまっている「め」をあらわした。→根598

意味 ❶まなこ。め。めつき。「眼前」❷だいじなところ。「眼目」❸ものごとを見ぬく。また、その力。「眼力」❹あな。「▼銃眼」

注意 「眠」とまちがえないこと。

難しい読み 眼目・眼力・眼鏡

1【眼下】がんか 目の下のほう。例 眼下に町を見おろす。参考 高いところから見るときにいう。

2【眼科】がんか 目に関する医学。また、目の病気をなおす病院。例 眼科医。

【眼球】がんきゅう 目のたま。目玉。

【眼光】がんこう ①目の光。例 眼光のするどい男。②ものごとの本質を見ぬく力。

【眼光紙背に▼徹す】がんこうしはいにてっす 句 本に書かれていることばのおくにある、ふかいいみまで読みとること。参考「紙背」は、紙のうら。目の光が紙のうらまで通るといういみから。

【眼識】がんしき ものごとのよしあしを見分ける力。例 眼識のある人。

【眼前】がんぜん 目のすぐ前。例 眼前に広がる海。

【眼帯】がんたい 目の病気のとき、目をおおうガーゼなどの、ぬの。

【眼中】がんちゅう ①目の中。②心にかけていることや考えのはんいの中。例 他人のことは眼中にない(=考えてもみない)。

【眼病】がんびょう 目の病気。

【眼目】がんもく ①目。②ものごとのだいじなところ。要点。

【眼力】がんりき ものごとのよしあし・性質などを見ぬく力。例 たしかな眼力。

眼力

【眼鏡】めがね ①目をまもったり視力が出るようにしたりする、レンズをつかった器具。例 眼鏡をかける。②物のよしあしを見きわめる目。例 眼鏡ちがい(=見こみちがい)。

下につく熟語 開眼(かいがん・かいげん)・義眼・近眼・検眼・主眼・*心眼・*▼酔眼・*晴眼・*青眼・洗眼・千里眼・血眼・着眼・点眼・肉眼・*白眼・複眼・老眼

目－6画

眺

11画 常用 〔眺〕明朝 音 チョウ 訓 ながめる

なりたち 形声 兆(左右に分ける)と目を合わせた字。目を左右に向けて、広く見わたすことをあらわした。→兆101

意味 遠くを見る。ながめる。ながめ。「▼眺望」

【▼眺望】ちょうぼう 山の上などから、遠くを見わたすこと。見晴らし。例 眺望がきく。

目－6画

眸

11画 人名 〔眸〕明朝 音 ボウ 訓 ひとみ

なりたち 形声 牟(むりにつきすすむ)と目を合わせた字。視線をつきさすようにして見る黒目の部分をあらわした。

意味 目の中の黒い部分。ひとみ。「明▽眸」

着

12画 羊部6画 ↓866ページ

目－8画

睡

13画 常用 〔睡〕明朝 音 スイ 訓 —

なりたち 形声 垂(たれさがる)と目を合わせた字。ねむくなって、まぶたがたれさがるようすをあらわした。→垂234

意味 ねむる。ねむり。「▼睡眠・午▼睡・熟▼睡」

【▼睡魔】すいま ねむけ。例 睡魔におそわれる。

【▼睡眠】すいみん ねむること。例 睡眠不足。

【▼睡▽蓮】すいれん スイレン科の植物。池やぬまなどで育つ。夏、白・桃色などの花が水面にさく。

目－8画

督

13画 常用 〔督〕明朝 音 トク 訓 —

意味 みはる。とりしまる。「▼監▼督」

名まえで使う読み おさむ・かみ・こう・すけ・すすむ・ただ・ただす・とく・まさ・よし

【▼督▼促】とくそく はやくするようにと、せき

目 め・めへん 目の部
8画 睦
12画 瞳・瞥・瞭
13画 瞬

たてること。さいそく。例 図書の返却を督促する。／督促状。

【▼督▼励】とくれい 監督して、はげますこと。例 部下を督励する。

下につく熟語 *家▼督・*総▼督・提▼督

目－8画

【睦】

13画 常用 〔睦〕明朝

音 ボク 訓 *むつまじい

なりたち 形声 坴(あつまる)と目を合わせた字。なかよくいっしょにあつまることをあらわした。

意味 なかよくする。また、なかがよい。むつまじい。「親▼睦・和▼睦」

名まえで使う読み あつし・ちか・ちかし・とき・とも・のぶ・ぼく・まこと・む・むつ・むつみ・よし・よしみ

【▼睦月】むつき 陰暦の一月のよび名。

目－12画

【瞳】

17画 常用 〔瞳〕明朝

音 ドウ 訓 ひとみ

なりたち 形声 童(つき通る)と目を合わせた字。目玉の中心をつき通る黒いあな、つまり「ひとみ」をあらわした。→童817

意味 目の玉の黒いあな。ひとみ。「▼瞳▼孔」

名まえで使う読み あきら・どう・ひとみ

【▼瞳▼孔】どうこう 目玉の中心にある小さなあな。目にはいる光線の入り口になる。例 瞳孔が開く。

目－12画

【瞥】

17画 人名 〔瞥〕明朝

音 ベツ 訓 ―

意味 横目でちらっと見る。「一▽瞥」

【▽瞥見】べっけん ちらっとよこ目で見ること。

目－12画

【瞭】

17画 常用 〔瞭〕明朝

音 リョウ 訓 ―

なりたち 形声 尞(四方に広がる)と目を合わせた字。四方がはっきり見えることをあらわした。

意味 はっきり見える。あきらか。「明▼瞭」

名まえで使う読み あき・あきら・りょう

【▼瞭然】りょうぜん うたがいもないほどはっきりしているようす。例 一目瞭然(＝ひとめ見ただけでわかるようす)。

下につく熟語 *簡単明▼瞭

目－13画

【瞬】

18画 常用 〔瞬〕明朝

音 シュン 訓 またたく

なりたち 形声 舜(すばやく動く)と目を合わせた字。

意味 さっとまばたきする。また、ひじょうにみじかい時間。「▼瞬間・一▼瞬」

【▼瞬間】しゅんかん ひじょうにみじかい間。またたくま。例 名まえをよばれた瞬間、立ちあがった。

【▼瞬時】しゅんじ まばたきするほどのちょっとの間。例 瞬時も目がはなせない。

【▼瞬発力】しゅんぱつりょく ひじょうにみじかい時間に集中して出せる筋肉の力。

5画

矛(ほこ)の部 0画 矛・矢(や・やへん)の部 0画 矢

5画 矛 ほこ

「ほこ」の種類(しゅるい)や形状(けいじょう)に関係(かんけい)する字(じ)をあつめる。「戈(かのほこ)」に対(たい)して、「むのほこ」ともよぶ。

この部首の字

0画 矛 780

ほかの部首の字

柔→木部 592　務→力部 152

矛－0画

【矛】

5画 常用 〔矛〕明朝

音 ム　訓 ほこ

なりたち 象形 敵(てき)をつく武器(ぶき)の「ほこ」をえがいた字(じ)。

矛のつく漢字(かんじ)グループ

「矛(ム)」のグループは「つきすすむ」「むりに冒(おか)す」というイメージがある。

→務 152　→霧 1056

意味 両刃(りょうば)で長(なが)い柄(え)のついている武器(ぶき)。ほこ。

「▼矛(む)▼盾(じゅん)」

注意 「予(よ)」とまちがえないこと。

名まえで使う読み たけ・ぼう・ほこ・む

【▼矛先】ほこさき ①ほこやりなどの先(さき)。②非難(ひなん)や批判(ひはん)などの、まと。また、そのいきおい。例 非難(ひなん)の矛先(ほこさき)をむける。

【▼矛をおさめる】ほこをおさめる 句 たたかいをやめる。

【▼矛▼盾】むじゅん 故事成語 はじめに話(はな)したことと、あとで話(はな)したことが、くいちがうこと。つじつまが合(あ)わないこと。参考 矛(ほこ)と盾(たて)を売(う)る商人(しょうにん)が、「この矛(ほこ)は、どんなにじょうぶな盾(たて)でもつき通(とお)すことができるし、この盾(たて)は、どんなにするどい矛(ほこ)でもふせぐことができる。」といって売(う)っていた。そこで、ある人(ひと)が「その矛(ほこ)でその盾(たて)をついたらどうなるのか。」ときいたら、その商人(しょうにん)は返事(へんじ)ができなかったという話(はなし)から。

矛盾(むじゅん)

【柔】9画 木部(ぶ)5画(かく)↓592ページ

【務】11画 力部(ぶ)9画(かく)↓152ページ

5画 矢・𫞖 や やへん

みじかくて、まっすぐな「や」の形(かたち)や、状態(じょうたい)に関係(かんけい)した字(じ)をあつめる。

この部首の字

0画 矢 780　3画 知 781　5画 矩 782　7画 短 782　12画 矯 783

ほかの部首の字

医→匚部 159　疾→疒部 753　雉→隹部 1047　疑→𤴔部 752

矢－0画

【矢】

5画 2年 〔矢〕明朝

音 シ*　訓 や

2・3画(かく)めは3画(かく)めを長(なが)く。4・5画(かく)めは左右(さゆう)に長(なが)くはらう。「失」と区別(くべつ)する。

筆順: ノ ㇒ 𠂉 𠂉 矢

なりたち 象形 まっすぐな「や」をえがいた字(じ)。

矢のつく漢字(かんじ)グループ

「矢(シ)」のグループは「まっすぐ」というイメ

ージがある。

↓知 781

意味 **弓のつるにはめて射る棒状のもの。や。**「弓矢」

難しい読み 矢面

名まえで使う読み し・ただ・ただし・ちかう・ちこう・なお・や

【矢面】 やおもて ①いくさで、矢のとんでくる正面。いくさの先頭。②質問や、非難などがあつまってくる立場。例 質問の矢面に立つ。

【矢車】 やぐるま 矢の形をしたものを、軸のまわりにとりつけたもの。風がふくと音を立てて回る。

矢車

【矢先】 やさき ①矢の先。②ちょうどそのとき。例 外出しようとした矢先に人が来た。

【矢印】 やじるし 方向や道順をしめす、矢の形をしたしるし。例 矢印で道順をしめす。

【矢の▼催▼促】 やのさいそく 句 早く早くと、ひっきりなしにせきたてること。参考 矢をつぎつぎに射るようなさいそくのいみから。

【矢も▽楯もたまらず】 やもたてもたまらず 句 そうしたい気もちが強くて、じっとしていられないようす。例 母に会いたいと思うと、矢も楯もたまらず、ふるさとへいそぎました。

参考 「矢も盾もたまらず」とも書く。

下につく熟語 *一矢・*毒矢・*流れ矢

【医】 7画 匚部5画 ↓159ページ

矢－3画

【知】

8画 2年 〔知〕明朝 音 チ 訓 しる

※上にくる音により「ヂ」ともよむ。

「矢」の右側をそろえる。「口」の高さは、3・5画めの縦はばに合わせるとよい。

なりたち 形声 矢(まっすぐ)と口(ことば)を合わせた字。矢のようにまっすぐにものごとの本質を言い当てることをあらわした。↓矢780

意味 ❶**しる。しらせる。しらせ。**「知識・通知」❷**考えるはたらき。**「知▼恵」❸**あいてをよくしっていること。しりあい。**「知人」❹**役所の仕事をする人。**「知事」

参考 ひらがな「ち」のもとになった字。

名まえで使う読み あき・あきら・おき・かず・さと・さとし・さとる・しる・ち・ちか・つぐ・とし・とも・のり・はる

【知育】 ちいく 知能をのばし、知識をゆたかにするための教育。

【知▼恵】 ちえ ものごとをよく知って、ふかく考える心のはたらき。例 生活の知恵。

【知覚】 ちかく 見る、聞く、かぐ、ふれるなど、ものごとを感覚器官によってとらえること。

【知己】 ちき ①自分の気もちや考えを、よく知っていてくれる人。親友。②知り合い。知人。

【知▼遇】 ちぐう 人がらや才能をみとめられて、てあつくもてなされること。例 政治家としての知遇をうける。

【知事】 ちじ 都道府県をおさめる長。

【知識】 ちしき ものごとについてよく知ること。また、その知っている内容。例 かれは、外国についての知識がゆたかだ。

【知人】 ちじん 知っている人。知り合い。知己。

【知性】 ちせい ものごとを知ったり、考えたり、判断したりするはたらき。

【知的】 ちてき 知識や知性があるようす。また、知識に関係するようす。例 知的な職業。／知的財産。

【知能】 ちのう ものごとを理解したり、判断したりする頭のはたらき。ちえのはたらき。例 知能指数。／知能犯。

【知命】 ちめい 故事成語 「五〇歳」のこと。参考 中国の『論語』(五十にして天命を知る)から出たことば。

【知力】 ちりょく ちえのはたらき。知的な能力。例 体力と知力をつくす。

下につく熟語 英知・既知・機知・旧知・告知・才知・察知・周知・衆知・熟知・承知・人知・探知・認知・報知・未知・無知・予知・*理知

矢－5画

【矩】10画 人名 〔矩〕明朝 音ク 訓のり

なりたち 形声 巨(あいだをはかる、じょうぎ)と矢を合わせた字。まっすぐな矢のような、じょうぎをあらわした。→巨27

意味 ❶かぎ形のじょうぎ。さしがね。❷一定のきまり。わく。のり。「規矩」

名まえで使う読み かど・かね・く・ただし・ただす・つね・のり

【矩形】くけい 「長方形」の古い言い方。

【疾】10画 疒部5画 ↓ 753ページ

矢－7画

【短】12画 3年 〔短〕明朝 音タン 訓みじかい

短 短

「矢」より「豆」を縦長に。5画めの最後は止める。12画めを長く書く。

1	2	3	4	5	6	7	8	9	10	11	12
ノ	𠂉	𠂇	午	矢	矢一	矢丆	矩	知	矩	短	短

なりたち 会意 豆(食べ物を入れる「たかつき」といううつわ)と矢(や)を合わせた字。たかつきも、やも、みじかいものの代表で、その二つを合わせた図で、「みじかい」いみをあらわした。

意味 ❶みじかい。「短刀」❷たりない。おとっている。「短所」対❶❷長

【短歌】たんか 和歌の一つの形。五・七・五・七・七の三十一音でできている。奈良・平安時代ごろからさかんになった。対長歌

1【短気】たんき すぐにおこること。また、気みじかで、すぐおこるようす。例短気は損気(=短気はそんをするもとになる)。

2【短期】たんき みじかい期間。例夏休みに短期の水泳教室にいく。対長期

【短期大学】たんきだいがく 勉強する期間が二年または三年の大学。短大。

【短▽距▽離】たんきょり ①みじかい道のり。②陸上競技で四〇〇メートル以下、水泳では二〇〇メートル以下の競技。対①②長距離

【短▽剣】たんけん みじかい剣。

【短冊】たんざく ①短歌や俳句を書く、細長い紙。②細長く四角な形。たんざく形。例にんじんを短冊に切る。

【短時間】たんじかん みじかい時間。対長時間

【短時日】たんじじつ ごくみじかい日数の間。例研究は短時日で完成した。

【短日月】たんじつげつ ごくわずかの月日の間。

【短縮】たんしゅく あるきまった時間やきょりなどを、切りつめてみじかくすること。例短縮授業。対延長

【短所】たんしょ 性質などのおとっているところ。欠点。対長所

【短針】たんしん 時計の時間をさす、みじかいほうのはり。対長針

【短水路】たんすいろ プールで、たてのながさが二五メートル以上五〇メートル未満のもの。対長水路

【短調】たんちょう 音楽で、短音階でつくられた曲の調子。暗くさびしいひびきがある。対長調

【短刀】たんとう みじかい刀。

【短波】たんぱ 電波のうち、波長が一〇〜一〇〇メートルのもの。遠いところとの無線通信や外国向けのラジオ放送などにつかう。対長波

【短▽髪】たんぱつ みじかいかみ。対長髪

【短評】たんぴょう みじかく、かんたんな批評。

【短文】たんぶん　みじかい文。対長文

【短兵急】たんぺいきゅう　言うことやすることがとつぜんで、ひどくせっかちなようす。例短兵急な質問。参考「短兵」は、みじかい武器のこと。それできゅうにせめることから。

短兵急

【短編】たんぺん　小説や映画などの、みじかい作品。対長編

【短命】たんめい　命がみじかいこと。参考長続きしないことのたとえにもいう。対長命

【短▼絡的】たんらくてき　ものごとのすじ道をたどって考えないで、いきなり結論を出してしまうようす。

【短▼慮】たんりょ　①考えが足りないこと。②気がみじかいこと。例短慮な行動でしっぱいする。

下につく熟語　一長一短・気短・長短・*手短

矢－12画

【矯】

17画　常用　〔矯〕明朝

音 キョウ
訓 ためる

なりたち　形声　喬(キョウ)(高くて上がまがる)と矢(や。まっすぐ)を合わせた字。まがったものをまっすぐにすることをあらわした。→喬215

意味 **まがったものをまっすぐにする。また、わるいものを正しくする。**「▼矯正」

名まえで使う読み　ただ・きょう

【▼矯正】きょうせい　欠点やあやまりなどをなおして正しくすること。例視力を矯正する。

【雉】13画　隹部5画→1047ページ

【疑】14画　疋部9画→752ページ

5画　石　いし　いしへん

なりたち

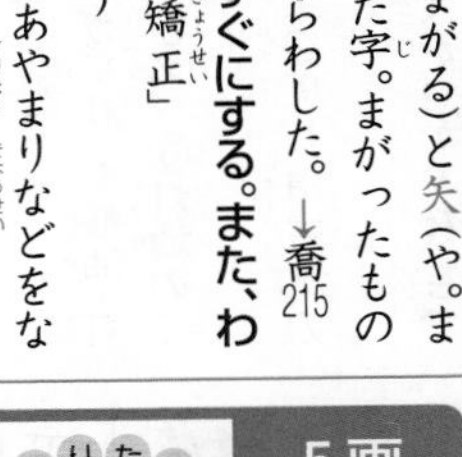

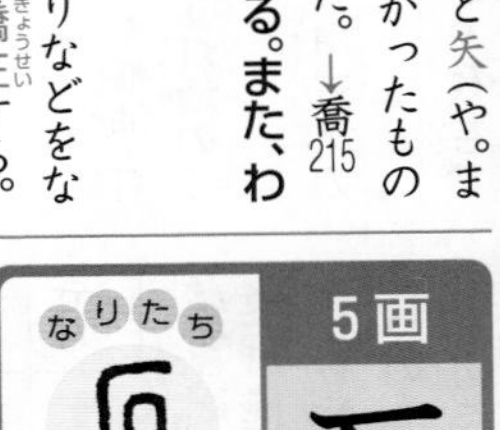

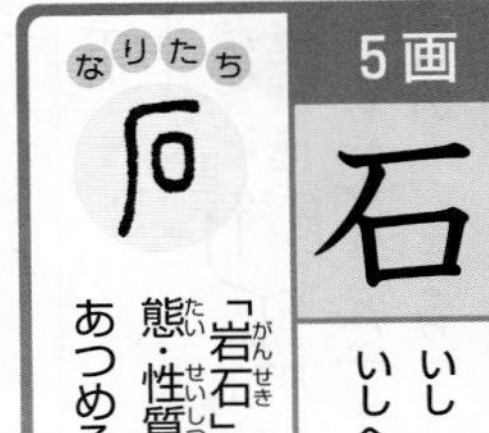

「岩石」や「鉱物」の種類や状態・性質などに関係した字をあつめる。

この部首の字

0画 石 783	4画 研 784	4画 砂 785			
4画 砕 785	5画 砧 786	5画 砥 786	5画 破 786	5画 砲 787	
6画 砦 787	7画 硯 787	7画 硬 787	7画 硝 788	7画 硫 788	
8画 碍 788	8画 碁 788	8画 碎 785	8画 碓 788	8画 碑 789	
8画 碗 788	9画 磁 788	9画 碩 789	9画 碑 789	9画 碧 789	
10画 確 789	10画 磐 790	11画 磨 790	12画 磯 790	12画 礁 790	
13画 礎 790					

ほかの部首の字

岩→山部329
拓→扌部500

石－0画

【石】

5画　1年　〔石〕明朝

音 セキ・シャク・*コク
訓 いし

※上下にくる音により「セッ」「ゴク」ともよむ。

石　石

2画めは、1画めの左はしより内側の下で接し、「口」とはなれてもよい。

1 一　2 ア　3 不　4 石　5 石

漢字クイズ　部首クイズ　6年でならう「裁」の部首はなんでしょう？

なりたち 会意 石－石－石

厂（がけ）と口（まるや四角の物）を合わせた字。がけの下に「いし」があるようすをあらわした。

意味 ❶いし。また、かたいもの。「岩石」 ❷むかしつかわれた、こくもつや液体をはかる単位。一石は一〇斗で、約一八〇リットル。「石高」 ❸材木などのかさをはかる単位。こく。 ❹むかし、船の大きさの単位。こく。「千石船」

難しい読み 石高・石工（せっこう・いしく）

名まえで使う読み あつ・いし・いそ・いわ・かた・こく・し・せき

【石頭】いしあたま ①石のようにかたい頭。②がんこで、ゆうずうのきかないこと。また、そのような人。

【石▼垣】いしがき 石をつみかさねた、かきね。

【石▼畳】いしだたみ 石を、たいらにしきつめたところ。

【石段】いしだん 石でつくられた階段。

【石の上にも三年】いしのうえにもさんねん 句 何事もしんぼう強くおこなえばかならずせいこうする、というたとえ。参考 石でもその上に三年間すわればあたたまるという意味から。

【石橋】いしばし 石でつくられた橋。

【石橋をたたいて▼渡る】いしばしをたたいてわたる 句 ひじょうに用心ぶかく行動することのたとえ。参考 ㋐じょうぶな石の橋でも、こわれはしないかとたたいて、たしかめてからわたるということから。㋑「石橋をたたく」ともいう。

【石綿】いしわた／せきめん じゃもん石などが、糸状になったもの。アスベスト。参考 発がん性があるので、使用が禁止されている。

【石高】こくだか ①米や麦などの、とれた量。②むかし、武士に給料としてあたえられていた米の量。

【石材】せきざい 家・橋・彫刻などの材料としてつかう石。

【石造】せきぞう 石を材料にしてつくること。また、つくったもの。石づくり。例 石造の家。

【石像】せきぞう 石を材料にしてつくった彫像。

【石炭】せきたん 大むかしの植物が地中にうずまって、長い間に炭のようになったもの。

【石▼碑】せきひ ①記念とするために、石に文字をほりこんでたてたもの。いしぶみ。②墓石。

【石油】せきゆ ①地中からとれる、あぶら（＝原油）。②原油からとれる、ガソリン・軽油・灯油・重油などをまとめたよび名。③灯油のこと。

【石灰】せっかい／いしばい 生石灰と消石灰のこと。

【石器】せっき 大むかしの人がつかった、石でつくった道具。おの・矢じりなど。例 石器時代。

【石工】せっこう／いしく 石材を切り出したり、加工したりすることを仕事にしている人。

下につく熟語 化石・軽石・*玉石・小石・▼碁石・▼鉱石・採石・▼敷石・試金石・磁石・歯石・定石・▼礎石・大理石・投石・庭石・▼盤石・布石・宝石・墓石（ぼせき・はかいし）・薬石

【岩】8画 山部5画 ↓ 329ページ

【拓】8画 扌部5画 ↓ 500ページ

石－4画

【研】

9画 3年 〔研〕明朝

音 ケン 訓 *とぐ

「石」の右側をそろえ、つくりを大きく書く。8・9画めは止めてもよい。

一 ア 不 石 石 石 石 研 研

なりたち 形声 石 开 ＞ 研－研

开と石を合わせた字。开は、幵がかわったもの。二つのものをならべてたいらにそろえるようすを図にして、たいらにそろえるというイメ

ージをもつ。石の表面をといでたいらにすることをあらわした。

意味 ❶みがく。とぐ。「研▼磨」 ❷ものごとの道理をきわめる。「研究」

名まえで使う読み あき・かず・きし・きよ・けん・よし

【研究】けんきゅう ものごとをふかく考えたり、しらべたりすること。例研究機関。

【研▼鑽】けんさん 学問や技術などをみがき、ふかめること。例研鑽をつむ。

【研修】けんしゅう 学問や技術をまなび、みがくこと。例研修会。

【研▼磨・研▼摩】けんま 刃物・宝石・レンズなどを、といでみがくこと。例研磨材。

石－4画

【砂】

9画 6年 〈砂〉明朝

音サ・シャ* 訓すな

※上にくる音により「ずな」ともよむ。

7画めは止めてもよい。8画めは止める。9画めは6画めに接してもよい。

一 厂 ｱ 石 石 矷 砂 砂 砂

なりたち 形声 氵少－沙＞砂

少は、沙をりゃくしたもの。沙は、少(小さくする)と氵(=水)を合わせた字。水であらわれて小さくなった石、つまり「すな」をあらわした。のち、氵を石にかえて砂の字となった。→少316 →沙651

意味 すな。「砂▼丘」

難しい読み 砂州・砂利・砂▼煙

名まえで使う読み いさご・さ・しゃ・すな

【砂岩】さがん 長い時間、すなが水の底につもり、かたまってできた岩。建築材料につかう。

【砂▼丘】さきゅう 風のためにふきよせられたすなが、もりあがってできたおか。海岸やさばくに多くできる。

【砂金】さきん／しゃきん 川の底や海岸で、すなのような形でとれる金。

【砂上の▼楼閣】さじょうのろうかく 句 基礎がしっかりしていないために、くずれやすいもののたとえ。また、実現できそうもないことのたとえ。参考「楼閣」は、高い建物のこと。すなの上にたてた高い建物は、土台がもろくてすぐにたおれてしまうことから。

砂上の楼閣

【砂州】さす 海などで、岸から細長くのびた、すな地。

【砂鉄】さてつ／しゃてつ 川の底や海岸で、すなのような形でとれる鉄。

【砂糖】さとう サトウキビやテンサイなどからとった、あまみのある調味料。

【砂▼漠】さばく 雨が少ないため草木がそだたず、すなと岩石の原になっている広い土地。

【砂防】さぼう 山地・海岸・河岸などで、土砂がくずれるのをふせぐこと。例砂防ダム。

【砂利】じゃり 小石。また、小石にすなのまじったもの。例砂利をしきつめた道。

【砂▼煙】すなけむり すながまいあがって、けむりのように見えるもの。

【砂子】すなご ①すな。②色紙や、ふすまなどにふきつける金箔や銀箔の粉。

【砂時計】すなどけい すなのおちる量で時間をはかる時計。

【砂場】すなば 公園などで子どもがすなあそびができるように、すなをためてあるところ。

【砂▼浜】すなはま すな地の海岸。

下につく熟語 土砂・*白砂(はく・しゃ・すな・さ・はく・しら)・*熱砂

石－4画

【砕】

9画 常用 石－8画 【碎】 13画 人名 〈砕〉明朝

音サイ 訓くだく・くだける

なりたち 形声 もとの字は「碎」。卒(小さくてこまかい)と石を合わせた字。石をこまかくくだくことをあらわした。→卒166

意味 くだく。くだける。「▼砕氷・玉▼砕・粉

「砕」

【砕身】さいしん →「粉骨砕身(833ページ)」。

【砕石】さいせき 岩石をくだくこと。また、くだいた石。例 砕石機。／砕石場。

【砕氷】さいひょう 氷をくだくこと。また、くだけた氷。例 砕氷船。

【砕片】さいへん くだけた、かけら。

下につく熟語 玉砕・粉砕

【砧】

石－5画 10画 人名 〈砧〉明朝 音 — 訓 きぬた

意味 つや出しやよごれおとしのためにぬのをたたくとき、下にしく木や石の台。きぬた。「砧打ち」

名まえで使う読み きぬ・きぬた

【砥】

石－5画 10画 人名 〈砥〉明朝 音 — 訓 と・とぐ

意味 ❶刃物をとぐための石。といし。「砥石」 ❷刃物をとぐ。

【破】

石－5画 10画 5年 〈破〉明朝 音 ハ 訓 やぶる・やぶれる

※上にくる音により「パ」ともよむ。

6画めは立てて長くはらう。6画めに9・10画めが接しても接しなくてもよい。

なりたち 形声 皮(ななめにかたむく)と石を合わせた字。石がわれてかたむき、こわれるようすをあらわした。→皮764

意味 ❶やぶる。こわれる。「破壊・大破」 ❷(敵を)まかす。「撃破」 ❸やりとおす。「読破」

【破戒】はかい まもるべき教えをやぶること。とくに、僧が教えをやぶること。例 破戒僧。

【破壊】はかい 建物など、つくりあげたものをこわすこと。また、こわれること。例 爆発でビルが破壊された。

【破格】はかく ①ふつう以上のこと。とくべつなこと。例 破格のねだんでサービスする。②きまりからはずれること。

【破顔一笑】はがんいっしょう 四字熟語 顔をほころばせて、にっこりわらうこと。例 子どものかわいらしいようすに破顔一笑した。

【破棄】はき ①やぶりすてること。②やめてしまうこと。例 協定を破棄する。

【破局】はきょく ものごとが、ゆきづまってだめになること。例 友情に破局がおとずれた。

【破産】はさん 財産をすっかりなくすこと。例 不景気のため、破産する企業がふえた。

【破傷風】はしょうふう 破傷風菌が傷口からはいっておこる病気。高い熱が出て、筋肉がけいれんする。

【破損】はそん ものの一部分がこわれること。また、こわすこと。例 器物が破損する。

【破綻】はたん ものごとがうまくいかなくなること。例 計画が破綻した。

【破談】はだん いったんまとまった相談や縁談(=結婚をすすめる相談)が、とりけしになること。

【破竹の勢い】はちくのいきおい 句 止めようとしても止められない、はげしいいきおい。例 破竹の勢いで勝ちすすむ。参考「破竹」は、竹をわること。竹ははじめの一ふしをわると、あとはいきおいでつぎつぎにわれていくことから。

【破天荒】はてんこう 故事成語 今までに例のない、とんでもないことがおこったり、おどろくべきことをしたりすること。例 破天荒な大事件がおこる。参考「天荒」は、文明の開けていない土地のいみ。天荒とよばれていた地方から、はじめて国家試験に合格した人が出たとき、「天荒を破った」と、人々が言ったという話から。

【破片】はへん こわれたものの、かけら。例 ガラスの破片をあつめる。

【破滅】はめつ ほろびること。だめになること。例 身の破滅だ。

【破門】はもん ①信者を、その宗派からおいだすこと。②先生が師弟の関係を切って、弟子を出入りさせないこと。

破門②

【破約】はやく 約束をやぶること。また、約束をとりけすこと。

【破裂】はれつ やぶれて、さけること。例水道管が破裂した。

下につく熟語 看破・撃破・走破・突破・難破・爆破・連破・論破

石－5画

【砲】

10画 常用 〔砲〕明朝

音ホウ 訓―

※上にくる音により「ポウ」ともよむ。

なりたち 形声 包(まるくふくれる)と石を合わせた字。まるい石やたまを、敵にむかってはじきとばす武器をあらわした。↓包155

意味 **たまをうちだす兵器。**「大砲・銃砲・鉄砲」

【砲火】ほうか 大砲などをうつときに出る火。例砲火をまじえる(＝戦争をする)。

【砲丸】ほうがん ①大砲のたま。砲弾。②砲丸投げにつかう、鉄のたま。

【砲撃】ほうげき 大砲で、あいてを攻撃すること。大砲による攻撃。

【砲術】ほうじゅつ 大砲をとりあつかう技術。

【砲声】ほうせい 大砲をうったときの音。例砲声がとどろく。

【砲台】ほうだい 大砲・兵隊を敵弾からまもり、射撃をしやすいようにつくったしせつ。

【砲弾】ほうだん 大砲のたま。

下につく熟語 *巨砲・空砲・号砲・祝砲・*発砲・無鉄砲・礼砲

石－6画

【砦】

11画 人名 〔砦〕明朝

音サイ 訓とりで

意味 **敵をふせぐための小さな城。とりで。**「城砦」

石－7画

【硯】

12画 人名 〔硯〕明朝

音ケン 訓すずり

意味 **書道で、すみを水ですりおろすための、石でできた道具。すずり。**▽平面ですみをすり、くぼみにすみをためる。「硯箱」

石－7画

【硬】

12画 常用 〔硬〕明朝

音コウ 訓かたい

意味 **かたい。**「硬貨・硬式」対軟

使い分け かたい「固い・堅い・硬い・難い」→224ページ

名まえで使う読み かた・かたし・こう

1【硬化】こうか ①物質がかたくなること。②意見・態度などが強くはげしくなること。例態度を硬化させる。対①②軟化

2【硬貨】こうか 金貨・銀貨・銅貨など、金属でつくられたお金。例百円硬貨。対紙幣

【硬球】こうきゅう 野球やテニスにつかうボールのうちで、かたいボール。対軟球

【硬式】こうしき 野球やテニスなどで、かたいボールをつかうやり方。対軟式

【硬質】こうしつ ものの性質がかたいこと。例硬質発砲スチロール。対軟質

【硬水】こうすい カルシウム塩やマグネシウム塩が多くとけこんでいる水。石けんのあわだちがわるい。対軟水

【硬直】こうちょく かたくなって、まがらなくなること。例体が硬直する。

【硬度】こうど ①鉱物や金属などのかたさのどあい。②水の中にとけているカルシウム塩・マグネシウム塩のどあい。

【硬派】こうは ①自分の意見や主張を強くおしとおそうとする一派。②女性とのつきあいやおしゃれよりも、男らしい態度や行動をこのむ人たち。対①②軟派

【硬筆】こうひつ ものを書く道具で、さきがかたいもの。えんぴつやペンなど。

下につく熟語 強硬・*生硬

5画

漢字クイズ 魚のコイが滝をのぼるとなるといわれる，想像上の動物はなんでしょう。

石－7画

【硝】

12画 常用 〔硝〕明朝 音ショウ 訓―

なりたち 形声 肖（ショウ）（小さくばらばらになる）と石を合わせた字。小さくくだいて粉にする鉱物をあらわした。→肖883

意味 ❶鉱石の一つ。硝石。ガラスや火薬の原料になる。「▼硝酸」 ❷火薬。「▼硝▼煙」

難しい読み ▼硝子（ガラス・しょうし）

【▼硝▼煙】しょうえん 火薬が発火するときに出るけむり。

【▼硝酸】しょうさん 無色で、はげしいにおいのある液体。火薬・肥料などの原料になる。

石－7画

【硫】

12画 常用 〔硫〕明朝 音リュウ 訓―

なりたち 形声 㐬（リュウ）（すじをなして流れる）と石を合わせた字。火山のふん火で流れ出る鉱物をあらわした。→流667

意味 火山ふきんでとれる、きいろい鉱物。いおう。「▼硫黄・▼硫酸」

難しい読み ▼硫黄

【▼硫黄】いおう 元素の一つ。黄色のもろい鉱物で、火薬・マッチ・漂白剤などの原料になる。例 硫黄泉。

【▼硫安】りゅうあん 化学肥料の一つ。硫酸アンモニウムのこと。

【▼硫酸】りゅうさん いおうからつくる無色でねばりけのある液体。薬品・肥料・爆薬などの原料となる。

石－8画

【碍】

13画 表外 〔碍〕明朝 音ガイ・ゲ 訓さまたげる

意味 さまたげる。また、さまたげ。さしさわり。「障▽碍・▽碍子」

参考 「障▽碍」は、「障害」「障がい」とも書く。

【▽碍子】がいし 電線を電柱や鉄とうにとりつける器具。電気を伝えない材料でできている。

石－8画

【碁】

13画 常用 〔碁〕明朝 音ゴ 訓―

なりたち 形声 其（キ）（四角い）と石を合わせた字。四角いばんでおこなうゲームにもちいる石をあらわした。→基236

意味 ご。「囲▼碁・▼碁▼盤」

【▼碁石】ごいし 碁につかう、白と黒の石。

【▼碁▼盤】ごばん 碁をうつのにつかう、四角形の台。たて横に一九本の線が引いてある。例 碁盤の目のような町なみ。

石－8画

【碓】

13画 人名 〔碓〕明朝 音タイ 訓うす

意味 きねのはしを足でふんでつく、うす。ふみうす。

名まえで使う読み うす

石－8画

【碗】

13画 人名 〔碗〕明朝 音ワン 訓―

意味 まるくて、まんなかがくぼんだ、陶磁器でできた器。わん。「茶▽碗」

参考 木でできたわんは、「椀」をつかう。

石－9画

【磁】

14画 6年 〔磁〕明朝 音ジ 訓―

2つの「幺」は右側をやや大きく、また、ななめの角度はそろえると整う。

なりたち 形声 茲－磁（磁） 茲（ジ）と石を合わせた字。茲は、幺（シ）（生糸）と艸（くさ）を合わせて、小さなものが生まれてふえるようすを図にして、どんどんふえるというイメージをもつ。磁は、鉄を引きつけて大きくなる石をあらわした。

になるというはなしから。

茲のつく漢字グループ
「茲」のグループは「ふえる」というイメージがある。常用漢字では「兹」になる。
→慈475 →滋678 →磁788

磁」

意味 ❶**鉄を引きつける性質。また、鉱物。**「磁石・磁力」 ❷**かたいやきもの。**「磁器・青磁・白磁」

注意 「滋」「慈」などとまちがえないこと。

【磁界】じかい 磁力がはたらいている場所。磁場。

1【磁気】じき 磁石が鉄を引きつけたりしりぞけたりするはたらき。

2【磁器】じき うわぐすりをかけ、高温でやいてつくった、かたいやきもの。例 磁器の花びん。

【磁極】じきょく 磁石の両端の、鉄を引きつける力がとくに強い部分。N極・S極の二つの極がある。

【磁石】じしゃく ①鉄を引きつける性質をもっているもの。②「磁石①」をつかって、方角を知る道具。

【磁針】じしん 方角を知る「磁石②」のはり。いつも南北をさす。

【磁場】じば 「磁界」に同じ。

【磁力】じりょく 磁石が、しりぞけあったり、引きつけあったりする力。

石－9画
【碩】
14画 人名 〈碩〉明朝

音 セキ 訓 おおきい

意味 ❶**すぐれている。**「▽碩学」 ❷**大きい。**

名まえで使う読み おお・せき・ひろ・みち・みつる・ゆたか

【▽碩学】せきがく 学問や知識を身につけたりっぱな人。大学者。

石－9画
【碑】
14画 常用

石－8画 【碑】13画 人名 〈碑〉明朝

音 ヒ 訓 —

意味 **記念としてのこすために、文字などをほってたてた石。**「石▽碑」

【▽碑文】ひぶん 石碑にほりつけた文章。碑銘。

【▽碑▽銘】ひめい 石碑にほりつけたことばや文章。碑文。

下につく熟語 *歌▽碑・*句▽碑・詩▽碑・墓▽碑

碑

石－9画
【碧】
14画 人名 〈碧〉明朝

音 ヘキ 訓 あお・あおい・みどり

なりたち 形声 白(色があわい)玉(たま)と石を合わせた字。あわく光る玉ににた石をあらわした。

意味 **青みどり色。**「▽碧玉・紺▽碧」

名まえで使う読み あお・きよし・たま・みどり

石－10画
【確】
15画 5年 〈確〉明朝

音 カク 訓 たしか・たしかめる

8画めは7画めと交差する。9画めの下を少し出す。「隹」の横画の間を等しく。

なりたち 形声 隺(はっきりしている)と石を合わせた字。隺は、冖(わくのしるし)と隹(とり)を合わせて、鳥が高いところにとび立つようすを図にして、鶴(ツル)をあらわした。ツルは白くてはっきり目立つ鳥なので、はっきりしているというイメージをもつ。確は、石のようにかたくてはっきりとしていることをあらわした。

意味 ❶**かたい。しっかりしている。**「確信」 ❷**たしかめる。たしか。**「正確」

名まえで使う読み あきら・かく・かた・かたし・た

こたえ 竜。「登竜門」は，中国の黄河にあるながれの急なところ。コイがそこをのぼりきると竜

い・たしか

【確▼執】かくしつ 意見や考えなどのくいちがいによっておこる、あらそいや、なかたがい。例 兄弟の間に確執がうまれる。

【確実】かくじつ たしかでまちがいのないこと。例 当選は確実だ。

【確証】かくしょう たしかな証拠。例 確証をえる。

【確信】かくしん かたくしんじること。また、その心。例 まちがいないと確信する。

【確定】かくてい はっきりときまること。また、きめること。例 旅行の日程が確定した。

【確答】かくとう はっきりとした返事をすること。また、たしかな返事。例 今のところは確答をさける。

【確認】かくにん たしかめて、たしかにそうだとみとめること。例 信号を確認する。

【確保】かくほ しっかりと自分のものにしておくこと。例 地位を確保する。

【確約】かくやく はっきりと約束すること。また、たしかな約束。例 確約はできない。

1【確立】かくりつ しっかりとうちたてること。例 方針を確立する。

2【確率】かくりつ あるものごとがおこる割合。たしかさの度合い。例 成功する確率が高い。

【確固】かっこ しっかりしていて、ぐらつかないこと。例 確固たる信念。

下につく熟語 的確(てきかく・てっかく)・明確

石－10画

磐

15画 人名 〔磐〕明朝 音 バン 訓 いわ

意味 いわ。たいらで大きないわ。「▽磐石・落▽磐」

参考 ふつう「盤」に書きかえる。「落▽磐→落盤」

名まえで使う読み いわ・いわお・わ

石－11画

磨

16画 常用 〔磨〕明朝 音 マ 訓 みがく

なりたち 形声 麻(もみほぐす)と石を合わせた字。玉や石をこすってなめらかにすることをあらわした。→麻1106

意味 ❶みがく。「研▼磨」 ❷すれあう。「▼磨滅」

注意 「摩」「魔」などとまちがえないこと。

名まえで使う読み おさむ・きよ・ま・みがく

【▼磨滅】まめつ すりへること。参考 「摩滅」とも書く。

【磨▼耗】まもう 機械や部品が、すりへること。例 歯車が磨耗する。

下につく熟語 切▽磋▽琢▼磨・練▼磨

石－12画

磯

17画 人名 〔磯〕明朝 音 キ 訓 いそ

意味 水ぎわの石の多いところ。海や湖の波うちぎわ。いそ。「▽荒▽磯」

石－12画

礁

17画 常用 〔礁〕明朝 音 ショウ 訓 —

意味 水中にかくれて見えない岩。「暗▼礁」

下につく熟語 岩▼礁・＊漁▼礁・座▼礁・＊サンゴ▼礁

石－13画

礎

18画 常用 〔礎〕明朝 音 ソ 訓 いしずえ

意味 ❶土台の石。「▼礎石・定▼礎」 ❷ものごとのもとになるもの。「基▼礎」

【▼礎石】そせき ①建物の柱の下におく石。土台石。例 寺院の礎石。②大きなものごとのもとになるもの。また、もとになる人。例 平和の礎石をきずく。

5画 示・ネ
しめす
しめすへん

なりたち
示
「神」や、神にたいする「祭り」「祭だん」に関係する字をあつめる。偏になると「ネ」(四画)の形になる。

この部首の字
0画 示 791 / 1画 礼 791 / 3画 祁 792 / 3画 社 792 / 3画 社 792 / 4画 祈 793 / 4画 祈 793 / 4画 祇 793 / 4画 祉 793 / 4画 祉 793 / 5画 祝 793 / 5画 祝 793 / 5画 神 794 / 5画 神 794 / 5画 祖 795 / 5画 祖 795 / 5画 祢 799 / 5画 祕 804 / 5画 祐 796 / 5画 祐 796 / 6画 祭 796 / 6画 祥 796 / 6画 祥 796 / 6画 票 796 / 7画 祷 799 / 8画 禁 797 / 8画 禄 798 / 8画 禄 798 / 9画 禍 798 / 9画 禍 798 / 9画 禅 798 / 9画 禎 798 / 9画 禎 798 / 9画 福 798 / 9画 福 798 / 12画 禪 798 / 13画 禮 791 / 14画 禱 799 / 14画 禰 799

ほかの部首の字
視→見部 938 / 款→欠部 621 / 奈→大部 268 / 宗→宀部 293 / 崇→山部 331

示－0画
【示】
5画
5年
〔示〕明朝
音 ジ・シ*
訓 しめす

示 示
横画は2画めを長く。3画めは2画めの中心の下から接して書く。5画めは止める。

一 二 亍 亓 示

なりたち 象形
祭だんをえがいた字。神がまっすぐに天からくだって、神意をあらわすところなので、「しめす」のいみをあらわした。

示のつく漢字グループ
「示」のグループは「まっすぐ」というイメージがある。常用漢字では「ネ」になる。
→視 938

意味 しめす。しらせる。おしえる。「▼掲示」

名まえで使う読み じ・しめ・しめす・とき・み

【示▼威】じい 考え方や、いきおいがあることを人々に見せつけること。例 力を示威する。

【示▼威運動】じいうんどう 大勢の人があつまって、考えやいきおいをしめそうとする大衆的行動。デモンストレーション。デモ。例 大規模な示威運動。

【示▼唆】しさ それとなく教えること。ほのめかすこと。例 引退の時期を示唆する。

【示談】じだん あらそいごとを裁判にかけないで、話し合いで解決すること。例 事故の示談が成立する。

下につく熟語 暗示・*教示・訓示・公示・告示・▼誇示・指示・図示・提示・展示・内示・表示・明示・例示

ネ－1画
【礼】
5画
3年
示－13画
〔禮〕
18画
人名
〔礼〕明朝
音 レイ・ライ*
訓 ―

礼 礼
「ネ」は2画めは折って左下にはらい、3・4画めは止め、右側をそろえる。

丶 ラ ネ ネ 礼

なりたち 形声
礻豊 → 禮 - 禮(礼)
もとの字は「禮」。豊と示(祭だん、神)を合わせた字。豊(ゆたか)とはべつで、豆(「たかつき」といううつわ)にそなえものをもりつけたようす。形よくととのうというイメージをもつ。禮は、形よくととのえた、神をまつる儀式をあらわした。

豊のつく漢字グループ
「豊」は「形よくととのう」というイメージがある。
→体(=體) 69

意味 ❶人間としておこなうべききまり。「礼

示・ネの部（しめす・しめすへん） 3画 祁・社

▼儀」②おれい。「礼状」③おじぎ。「敬礼」

参考 ひらがな「れ」、カタカナ「レ」のもとになった字。

難しい読み 礼賛・礼拝（らい・はい）（はい・れい）

名まえで使う読み あき・あきら・あや・いや・うや・かた・なり・のり・ひろ・ひろし・まさ・まさし・みち・ゆき・よし・れい

【礼賛】らいさん ①すばらしいと思って、ほめたたえること。例日本の美を礼賛する。②ほとけをおがみ、そのめぐみと力をたたえること。

【礼拝】一らいはい 仏教で、ほとけをおがむこと。二れいはい キリスト教で、神をおがむこと。例礼拝堂。

【礼▼儀】れいぎ 社会生活のうえでおこなわれる、人をうやまう気もちをあらわす作法。

【礼式】れいしき 礼儀にあった一定の方式。礼法。

【礼状】れいじょう お礼の手紙。

【礼節】れいせつ 人としてまもらなければならない礼儀と節度。例礼節をまもる。

【礼装】れいそう 儀式のときにきる、きまりに合った服装。

【礼服】れいふく 儀式のときにきる衣服。紋つきやモーニングなど。対平服

1【礼法】れいほう 礼儀のしめし方。礼儀作法。礼式。

2【礼▼砲】れいほう 軍隊で、敬意をあらわすためにうつ空砲。

下につく熟語 ▼虚礼・▼儀礼・*欠礼・▼婚礼・祭礼・失礼・謝礼・▼巡礼・洗礼・*▼葬礼・朝礼・*典礼・答礼・*拝礼・非礼・無礼・返礼・目礼・▼黙礼

示－3画

【祁】8画 人名 〈祁〉明朝

音 キ・ギ
訓 —

意味 ゆったりとして、ゆたかなようす。おおきいようす。

ネ－3画

【社】7画 2年

示－3画 〈社〉8画 人名 〈社〉明朝

音 シャ
訓 やしろ

※上にくる音により「ジャ」ともよむ。

社 社

「ネ」よりも「土」の縦はばを短くし、「土」の下に空間を作るとよい。

1	2	3	4	5	6	7
丶	ラ	ネ	ネ	ネ一	ネ十	社

なりたち 形声 土（もりあげた土）とネ（=示。神）を合わせた字。土をもりあげて、土地の神をまつるようすをあらわした。→土228

意味 ①おみや。やしろ。「社▼殿」②なかま。人々のあつまり。「社交・会社」③会社。「本社・社宅・入社・退社」

名まえで使う読み あり・こそ・しゃ・たか

【社員】しゃいん 会社につとめている人。例新入社員。

【社屋】しゃおく 会社の建物。例社屋を新築する。

【社会】しゃかい ①たがいにたすけあい、生活している人々のあつまり。②世の中。世間。例学校を卒業して社会へ出る。

【社会人】しゃかいじん じっさいの社会ではたらいている人。

【社会性】しゃかいせい ①社会や集団の中で、だれとでもなかよくしていこうとする性格や能力。例社会性がある人。②社会に広く関係する性質。例社会性をもったテーマ。

【社会的】しゃかいてき 社会に関係やつながりがあるようす。例社会的地位。／社会的なえいきょう。

【社会面】しゃかいめん 新聞の、おもに社会のできごとの記事がのっているページ。

【社会問題】しゃかいもんだい 社会のしくみの中でおこる、いろいろな問題。失業・非行・公害など。

【社交】しゃこう 世間の人々とのつきあい。例社交場。

【社交辞令】しゃこうじれい 四字熟語 人と人とのつきあいをうまくするための、あいそのいいことば。

【社交的】しゃこうてき ほかの人とじょうず

しめす・しめすへん
示・ネの部
4画 祈・祇・祉
5画 祝

につきあうようす。例 社交的な人がら。

【社寺】しゃじ　神社とお寺。

【社説】しゃせつ　新聞社や雑誌社が、その社を代表する意見として発表する記事。

【社宅】しゃたく　会社がもっていて、社員やその家族をすまわせるための家。

【社長】しゃちょう　会社を代表する人。また、その役。

【社▼殿】しゃでん　神社で、神をまつっておくたてもの。

【社日】しゃにち　二十四節季の一つ。春分または秋分にもっとも近いつちのえの日。

【社務所】しゃむしょ　神社のけいだいにあって、神社の事務をとりあつかうところ。

【社用】しゃよう　会社の用事。

下につく熟語 ＊結社・＊公社・支社・寺社・出社・商社・神社

【奈】8画　大部5画 → 268ページ

【宗】8画　宀部5画 → 293ページ

【祈】

ネ－4画【祈】8画 常用
示－4画【祈】9画 人名 〔祈〕明朝

音 キ
訓 いのる

なりたち 形声 斤(近づける)とネ(=示。神)を合わせた字。ねがいを近づけようと神にいのることをあらわした。→斤537

意味 神やほとけにいのる。「祈願」

【祈願】きがん　のぞみがかなうように、神やほとけにいのり、ねがうこと。例 合格を祈願する。

【祈▽禱】きとう　神やほとけにいのること。

【祈念】きねん　ねがいごとがかなうように、神やほとけにいのること。例 世界の平和を祈念する。

【祇】

示－4画【祇】9画 人名 〔祇〕明朝

音 ギ
訓 ―

意味 国や土地の神。くにつかみ。▽「神」は天の神、「▽祇」は地の神に対してつかう。「天神地▽祇」

名まえで使う読み けさ・つみ・のり・ひろ・まさ・もと

【▽祇園精舎】ぎおんしょうじゃ　むかし、インドで釈迦が仏教の教えを説き、修行をおこなった道場。

【祉】

ネ－4画【祉】8画 常用
示－4画【祉】9画 人名 〔祉〕明朝

音 シ
訓 ―

なりたち 形声 止(じっと止まる)とネ(=示。神)を合わせた字。神がその人の身に止まるようすをあらわした。→止623

意味 さいわい。しあわせ。「福▼祉」

名まえで使う読み し・とみ・よし

【祝】

ネ－5画【祝】9画 4年
示－5画【祝】10画 人名 〔祝〕明朝

音 シュク・シュウ＊
訓 いわう

祝

「口」よりも「儿」の横はばを広くする。9画めは曲がりで書いて上にはねる。

筆順：1 丶　2 ラ　3 ネ　4 ネ　5 ネ　6 ネ　7 ネ　8 ネ　9 祝

なりたち 会意 祝(祝)
兄(ひざまずいている人)とネ(=示。祭だん)を合わせた字。祭だんの前で神にことばをのべる神主のこと。また、神にめでたいことばをつげることをあらわした。

意味 めでたいことをよろこぶ。いわう。いわい。「祝福・祝勝会」

難しい読み 祝▼儀・祝言・祝詞(のりと・しゅくし)

名まえで使う読み い・いわい・とき・のり・はじ

5画

こたえ 必然。いみは，かならずそうなるときまっていること。

め・ほう・よし

【祝▼儀】しゅうぎ ①お祝いの式。②お祝いのとき、人におくる品物やお金。③心づけ。チップ。例祝儀をはずむ。

【祝言】しゅうげん ①お祝いのことば。②結婚式。例祝言をあげる。

【祝▼宴】しゅくえん お祝いの宴会。例祝宴をひらく。

【祝賀】しゅくが いわってよろこぶこと。お祝い。例祝賀会。

【祝祭日】しゅくさいじつ 祝日と祭日。

【祝辞】しゅくじ お祝いの気もちをあらわすことば。祝詞。例卒業式で市長が祝辞をのべた。

【祝日】しゅくじつ お祝いの日。例国民の祝日。

【祝典】しゅくてん お祝いの式。

【祝電】しゅくでん お祝いの電報。例祝電をうつ。

【祝▼杯】しゅくはい お祝いの酒をのむときのさかずき。例祝杯を上げる(=お祝いの酒をのむ)。

【祝福】しゅくふく ①人のしあわせをよろこびいわうこと。例前途を祝福します。②キリスト教で、神がしあわせをあたえること。

【祝▼砲】しゅくほう お祝いの気もちをあらわすためにうつ、空砲。

【祝詞】㊀のりと 神にいのるときに、神主が神前で読み上げることば。㊁しゅくし お祝いのことば。祝辞。例祝詞をあげる。

下につく熟語 ▼慶祝・▼奉祝

ネ－5画 【神】 9画 3年

示－5画 〔神〕 10画 人名 〈神〉明朝

音 シン・ジン
訓 かみ・かん*・こう*

※「か」ともよむ。上にくる音により「がみ」ともよむ。

神 神

「申」の書き出しは2画めの折れの右側を目安に。9画めは「ネ」より下にのばす。

、 ラ ネ ネ ネ| 初 祀 神 神

なりたち 形声 神(神)

申(いなずま)とネ(=示。神)を合わせた字。いなずまのような、自然のふしぎな存在、また、ふしぎな力をもつ「かみ」をあらわした。→申743

意味 ❶かみ。「神社」 ❷ふしぎな力。「神秘」 ❸心のはたらき。「精神」
▽県名でつかわれる。「神奈川県」

難しい読み 神楽・神無月・神主・神道・神酒

名まえで使う読み か・かむ・きよ・しの・しん・じん・たる・みわ

【神楽】かぐら 神をまつるためにおこなう、日本の伝統的な音楽や舞。

【神▼棚】かみだな 家の中で神をまつってある、たな。

神棚

【神業】かみわざ ①神でなければできないわざ。②人にできるとはとても思えないほど、すぐれたうでまえ。神技。

【神無月】かんなづき 陰暦の一〇月のよび名。

【神主】かんぬし ①神社にいて、神につかえる人。神官。②神官の中で、いちばん上の人。

【神域】しんいき 神社の境内。また、けがれがなくて、とうといところ。例神域をけがす。

【神学】しんがく キリスト教で、神の教えを研究する学問。

【神官】しんかん 神社にいて、神につかえる人。

【神宮】じんぐう とくに高い格式をもつ神社につけられるよび名。例伊勢神宮。

【神経】しんけい ①動物の脳や、せきずいから、からだじゅうに広がっている糸のような器官。いろいろの感じを脳に知らせたり、脳の命令をからだのあちこちにつたえたりする役目をする。②ものごとを感じとるはたらき。例神経のこまかい人。

【神経質】しんけいしつ ものごとに感じやすく、わずかのことでもひどく気にする性質。

【神事】しんじ 神をまつること。また、その儀式。

【神式】しんしき 神道のきまりでおこなわれる儀式。対 仏式

【神社】じんじゃ 神をまつった建物。やしろ。お宮。

【神出▼鬼▼没】しんしゅつきぼつ 四字熟語 鬼神のように、自由自在にあらわれたり、きえたりすること。例 神出鬼没の怪盗。

神職

【神職】しんしょく 神社の神主。神官。

【神▼髄】しんずい →「真髄」(777ページ)。

【神聖】しんせい けがれがなく、とうといこと。

【神前】しんぜん 神の前。例 神前でちかう。

【神▼託】しんたく 神の考えを知らせることば。

【神通力】じんつうりき どんなことでも思うとおりにできる、ふしぎな力。参考 ㋐「じんずうりき」とも読む。㋑もとは、ほとけやぼさつのもつ超能力のこと。

【神▼殿】しんでん 神をまつっている建物。

【神道】しんとう 日本古来の信仰。神社を建て、民族の神々をうやまい、祖先をとうとぶ。

【神童】しんどう ひじょうにすぐれた知恵をもつ子ども。

【神▼罰】しんばつ わるいことをした者に神があたえる罰。例 神罰がくだる。

【神秘】しんぴ 人間の知恵ではとても考えられないような、ふしぎなこと。例 宇宙の神秘。

【神秘的】しんぴてき 人間には理解できないほど、ふしぎなようす。例 神秘的な風景。

【神父】しんぷ キリスト教のカトリック教会で、信者を神の教えにみちびく人のよび名。参考 プロテスタントでは「牧師」という。

【神仏】しんぶつ ①神とほとけ。②神道と仏教。

【神▼妙】しんみょう ①すなおでおとなしいこと。②けなげで感心なようす。例 神妙な顔つき。

【神話】しんわ むかしからつたえられている、神を主人公にした話。例 ギリシャ神話。

【神酒】みき 神前にそなえる酒。参考 ふつう「お」をつけて「お神酒」と言う。

下につく熟語 氏神・＊男神(おがみ・だんしん)・▼鬼神(きじん・きしん)・＊祭神・七福神・＊失神・＊水神・＊天神・道祖神・＊入神・▼＊魔神(まじん・ましん)・＊明神・女神

ネ－5画

【祖】

9画 5年

示－5画 【祖】 10画 人名 〔祖〕明朝

音 ソ
訓 —

※上にくる音により「ゾ」ともよむ。

「且」の縦画は真下に下ろし、横画の間を等しくし、9画めを長く書く。

、 ラ ネ ネ 礻 礻丨 礻冂 礻冃 祖

なりたち 形声 且(つぎつぎにかさねる)とネ(＝示。祭だん、神)を合わせた字。何代もつづいている「せんぞ」のこと。→且21

意味 ❶父や母の、親。「祖母・祖父」 ❷自分よりずっと前の人。「祖先」 ❸はじめ。はじめた人。「元祖」 ❹もとになるもの。「祖国」

注意 「祖」「粗」とまちがえないこと。

名まえで使う読み おや・さき・そ・のり・はじめ・ひろ・もと

【祖国】そこく 自分の生まれた国。母国。例 生きて祖国の土をふむ。

【祖先】そせん 一家のはじめの人。また、今の家族より前の代の人々。先祖。対 子孫

【祖父】そふ 父または母の、父にあたる人。おじいさん。対 祖母

漢字クイズ 物に、重い力をくわえると、どうなるでしょう。

【祖母】そぼ 父または母の、母にあたる人。おばあさん。㊌祖父

下につく熟語 *遠祖・開祖・教祖・始祖・先祖・父祖

示(しめす・しめすへん)・ネの部 5画 祐 6画 祭・祥・票

祐

ネ－5画【祐】9画 人名 示－5画【祐】10画 人名 〈祐〉明朝

音 ユウ 訓 ―

なりたち 形声 右(かばってたすける)とネ(=示)を合わせた字。

意味 かばってたすける。「天▽祐」

名まえで使う読み う・さち・すけ・たすく・ち・まさ・ます・むら・ゆう・よし

【▽祐助】ゆうじょ →「佑助(72ページ)」。

祭

示－6画【祭】11画 3年 〈祭〉明朝

音 サイ 訓 まつる・まつり

2・6画めを長くはらい、その内部に「示」を組みこむ。5・6画めは交差させる。

1	2	3	4	5	6	7	8	9	10	11
ノ	ク	タ	タ	タフ	タヌ	タヌ	タヌ	祭	祭	祭

なりたち 会意 ー祭ー祭

夕(=肉)と又(手)と示(祭だん)を合わせた字。肉のよごれをきよめて、祭だんにそなえるようすを図にして、まつることをあらわした。

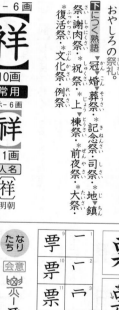

祭のつく漢字グループ

「祭」のグループは「よごれをきよめる」というイメージがある。これは「こすり合わせる」というイメージにつながる。

→察305 →際448 →擦521

意味 ❶まつる。まつり。「祭礼」 ❷にぎやかなもよおし。「体育祭」

【祭日】さいじつ ①神社のまつりの日。②「国民の祝日」のこと。法律できめられた休日。例 日曜・祭日は休みます。

【祭▼壇】さいだん まつりをとりおこなう、だん。例 祭壇をしつらえる。

【祭典】さいてん まつりの儀式。また、まつりのようにさかんな行事。例 オリンピックは民族の祭典といわれる。

【祭礼】さいれい 神社などのまつり。例 村のおやしろの祭礼。

下につく熟語 *▼冠▼婚葬祭・*記念祭・司祭・*地▼鎮祭・謝肉祭・*祝祭・*上▼棟祭・*前夜祭・*大祭・*復活祭・*文化祭・例祭

祥

ネ－6画【祥】10画 常用 示－6画【祥】11画 人名 〈祥〉明朝

音 ショウ 訓 ―

なりたち 形声 羊(めでたい)とネ(=示。神)を合わせた字。神がしめすめでたいしるしをあらわした。→羊865

意味 めでたいこと。めでたいしるし。「▼吉祥・不▼祥事」

名まえで使う読み あきら・さか・さき・さち・さむ・しょう・ただ・なが・やす・よし

【▼祥月】しょうつき なくなった人の、死んだ月と、同じ月。例 祥月命日。

下につく熟語 発▼祥

票

示－6画【票】11画 4年 〈票〉明朝

音 ヒョウ 訓 ―

※上にくる音により「ビョウ」「ピョウ」ともよむ。

2・3画めは内側に。4・5画めは1画めの下で接する。横画は8画めを一番長く。

1	2	3	4	5	6	7	8	9	10	11
一	冂	冂	襾	襾	西	覀	覀	覀	票	票

なりたち 会意 ー票

ふるい字は、䙴をりゃくしたものと火を合わせ

せた字。䙴は、囟と舁(上にあがる)と巳(しゃがむ人)を合わせたもの。囟は、赤ちゃんのひよめき(ずがい骨のやわらかいすきま)で、ふわふわとして軽いというイメージをもつ。䙴は、からだをぬけ出て、ふわふわとまいあがるたましいのこと。䙴の一部と火を合わせた票は、火の粉がふわふわとまいあがるようすを図にして、軽くひらひらとした紙片をあらわした。

票のつく漢字グループ
「票」のグループは「ふわふわとかるい」「高く上がる」というイメージがある。
→標614 →漂687

意味 ❶ものを書きこむ小さな紙。「伝票・投票」 ❷投票数をかぞえることば。ひょう。

【票決】ひょうけつ　投票によってきめること。例議会で票決する。

【票田】ひょうでん　候補者の選挙区の中で、とくに大量の票がとれると予想される地域。

参考 その地域の田んぼにみたてていう。

下につく熟語 開票・得票・白票・*浮動票

【崇】11画 山部8画→331ページ

【款】12画 欠部8画→621ページ

【視】11画 見部4画→938ページ

示－8画

【禁】

13画 5年 〔禁〕明朝 音キン 訓―

※「キンじる」ともつかう。

「林」は「示」より横広にする。2・6画めをはねても、8画めをはらってもよい。

1	2	3	4	5	6	7	8	9	10	11	12	13
一	十	オ	木	木一	村	林	林	林二	林亠	禁	禁	禁

なりたち 会意 禁－禁－禁

林(はやし)と示(祭だん)を合わせた字。神をまつった場所のまわりに林をめぐらして、自由に出入りできないようにするようすをあらわした。

禁のつく漢字グループ
「禁」のグループは「ふさぐ」というイメージがある。
→襟932

意味 してはいけないこと。さしとめる。

【禁煙】きんえん　①たばこをすうのを禁止すること。例禁煙席。②たばこをすうのをやめること。例禁煙して一〇年になる。

【禁句】きんく　①和歌・俳諧などで、つかわないきまりになっていることば。②人の感情をそこなわないために、つかうべきでないことば。例けっこん式のあいさつに「切れる」は禁句だ。

【禁固】きんこ　刑務所にとじこめるだけで、はたらかせない、けいばつ。例禁固刑。

【禁止】きんし　してはならないと、とめること。例この本は館外持ち出し禁止です。

【禁酒】きんしゅ　酒をのむのをやめること。例病気なので、禁酒しています。

【禁制】きんせい　法律や規則でさしとめること。また、その法律や規則。例禁制の品。

【禁足】きんそく　一定の場所にいさせて、外出をゆるさないこと。あしどめ。

【禁断】きんだん　してはならないと、さしとめること。禁止。例禁断の木の実。

【禁中】きんちゅう　宮中。皇居の中。

【禁物】きんもつ　してはいけないことがら。また、このましくないもの。例油断は禁物です。

【禁欲】きんよく　自分で自分の欲望をおさえて、がまんすること。例禁欲主義。

【禁猟】きんりょう　鳥やけものをとることを禁じること。例禁猟区。

【禁漁】きんりょう　魚をとることを禁じること。例禁漁期間。

使い分け「禁猟」と区別してつかおう。

禁漁

こたえ うご(動)く。(重＋力)。

示・ネの部（しめす・しめすへん）

8画 禄　9画 禍・禅・禎・福

【禁令】きんれい　あることを禁じる命令。例 禁令をおかす。

下につく熟語 解禁・*監禁・厳禁・軟禁・*発禁

禄

ネ－8画【禄】12画 人名　示－8画【祿】13画 人名　〈禄〉明朝

音 ロク　訓 ―

意味 ❶神からあたえられるしあわせ。「福禄」 ❷武士のうけとる給料。「俸禄・禄高」

名まえで使う読み さち・とし・とみ・よし・ろく

下につく熟語 貫禄・*余禄

禍

ネ－9画【禍】13画 常用　示－9画【禍】14画 人名　〈禍〉明朝

音 カ　訓 *わざわい

なりたち 形声 咼(まるい穴にはまりこむ)とネ(＝示。神)を合わせた字。神にたたられて、思いがけないおとし穴にはまりこむようすをあらわした。→過424

意味 わざわい。ふしあわせ。「禍福」 対 福

【禍根】かこん　さいなんや不幸のおこるもと。例 交通事故の禍根をたつ。／禍根をのこす。

【禍福】かふく　わざわいと、しあわせ。

【禍福はあざなえる縄のごとし】かふくはあざなえるなわのごとし　故事成語 世の中の不幸と幸福は、かわるがわるやってくるということ。参考「あざなえる」は、わらをよって縄をつくるといういみ。わざわいとしあわせは、よりあわせてあんだ縄のような表裏一体のものだということから。

【禍を転じて福となす】わざわいをてんじてふくとなす　故事成語 さいなんにであっても、それをぎゃくにうまく利用して、しあわせにかえてしまうこと。

禍を転じて福となす

下につく熟語 災禍・惨禍・*水禍・舌禍・戦禍・輪禍

禅

ネ－9画【禅】13画 常用　示－12画【禪】17画 人名　〈禅〉明朝

音 ゼン　訓 ―

なりたち 形声 もとの字は「禪」。單(うすくてたいら)と示(祭だん)を合わせた字。たいらな祭だんをきずいて、天をまつることをあらわした。→単449

意味 ❶心を集中して、真理をもとめること。「座禅・禅僧」 ❷仏教の禅宗のこと。

名まえで使う読み ぜん・よし

【禅宗】ぜんしゅう　ざぜんをして、ほとけの道をさとろうとする仏教の一つ。

【禅譲】ぜんじょう　天子が子や孫にではなく、ふさわしい人に位をゆずること。

【禅寺】ぜんでら　仏教の、禅宗の寺。

下につく熟語 *参禅

禎

ネ－9画【禎】13画 人名　示－9画【禎】14画 人名　〈禎〉明朝

音 テイ　訓 ―

なりたち 形声 貞(神の意思がまっすぐにやってくる)とネ(＝示)を合わせた字。

意味 ❶神のめぐみ。しあわせ。 ❷めでたい。

名まえで使う読み さだ・さだむ・さち・ただ・ただし・つぐ・てい・とも・よし

福

ネ－9画【福】13画 3年　示－9画【福】14画 人名　〈福〉明朝

音 フク　訓 ―

福　福

「畐」は「一」、「口」、「田」の中心を合わせ、「田」を「口」より大きく書く。

丶 ラ ネ ネ 衤 衦 衧 衩 福 福 福 福 福

なりたち 形声 畐とネ（＝示。神）を合わせた字。畐は、酒がたっぷりはいったとっくりをえがいた字。ふくれている、たっぷりとみちるというイメージをもつ。福は、神のめぐみがゆたかにみちているようすをあらわした。

畐のつく漢字グループ
「畐」は「ふくれる」「いっぱいにみちる」というイメージがあり、これは「すきまなく、くっつく」というイメージにつながる。
→副141 →富304 →幅345 →福798

意味 さいわい。しあわせ。「幸福」 対 禍

名まえで使う読み さき・さち・たる・とし・とみ・ふく・よ・よし

【福音】ふくいん よろこばしいたより。とくに、キリストによって世の中の人々がすくわれるという知らせ。

【福▼祉】ふくし 多くの人々のしあわせ。例 公共の福祉。

福祉

【福相】ふくそう しあわせをよぶような人相。対 貧相

【福利】ふくり 幸福と利益。例 社員の福利厚生施設をつくる。

【福▼禄▼寿】ふくろくじゅ 七福神の一つで、幸福と寿命の神。頭が長く、巻き物をつけたつえをもち、ツルをつれているすがたでえがかれる。参考 えがかれるすがたが寿老人とぎゃくになることがある。

下につく熟語 ▼禍福・祝福・▼冥福・▼裕福

禱
示－14画　19画　人名　ネ－7画 祷 11画 人名 〈禱〉明朝

音 トウ　訓 いのる

意味 いのる。いのり。「▼祈▽禱・▼黙▽禱」

名まえで使う読み いのる

禰
示－14画　19画　人名　ネ－5画 祢 9画 人名 〈禰〉明朝

音 ネ・デイ　訓 —

意味 父の霊をまつる建物。

参考 「祢」は、ひらがな「ね」のもとになった字。カタカナの「ネ」は、「祢」のへんからできた。

【▽禰▼宜】ねぎ 神官の中で、神主・宮司のつぎのくらいの人。また、神につかえる人のこと。

名まえで使う読み や

漢字博士になろう！

●むずかしい地名

地名は、その土地にすんでいる人にとってはだいじなものです。しかし、そのほかの人にとってはむずかしく、読みにくいものもあります。地方別に例をあげてみましょう。

〈北海道〉 歯舞 稚内 美唄 長万部 月寒 厚岸

〈東北地方〉 勿来 男鹿 寒河江 秋保 八戸 象潟

〈関東地方〉 足利 習志野 八街 潮来 福生 国府津

〈中部地方〉 設楽 糸魚川 新発田 石動 武生 石和

〈近畿地方〉 信楽 枚方 平群 吹田 伊丹 太秦

〈中国地方〉 出雲 安来 日置 米子 因島 美作

〈四国地方〉 祖谷 鳴門 小豆島 宿毛 今治 土庄

〈九州地方〉 指宿 西表 国東 日向 直方 千々石

漢字クイズ 「専□家」。□にはいる漢字は，門・問のどちらでしょう。

内の部（ぐうのあし）
8画 禽・
禾の部（のぎ・のぎへん）
0画 禾
2画 私

内の部

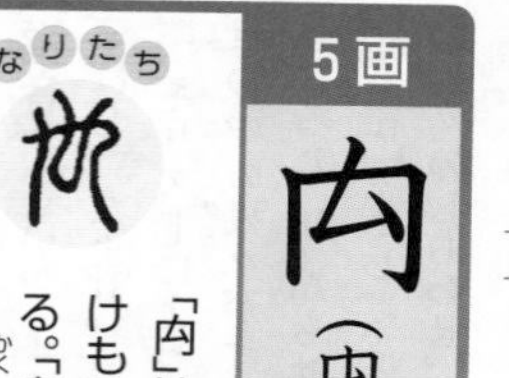

5画 内（内） ぐうのあし

なりたち

「内」は、けものの足と尾の形。けものに関係した字をあつめる。「内」の形とともにふつう五画にかぞえる。

この部首の字

8画 禽 800

内－8画

【禽】13画

人名 〔禽〕明朝 音キン 訓とり

意味 ❶とり。「▽禽▼獣・家▽禽・▼猛▽禽・禽類」 ❷とらえられた人。

【▽禽▼獣】きんじゅう 鳥やけもの。

禾の部

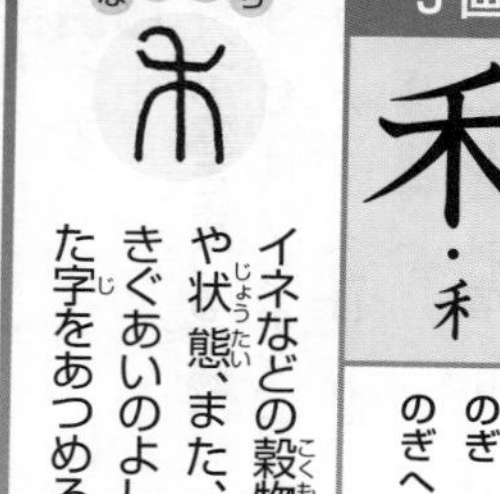

5画 禾・禾 のぎ のぎへん

なりたち

イネなどの穀物（作物）の種類や状態、また、農作やそのできぐあいのよしあしに関係した字をあつめる。

この部首の字

4画 科 802	5画 秦 803	7画 稀 805	8画 稜 806	10画 稼 808	10画 稲 807	13画 穣 809
4画 秋 802	5画 租 803	7画 税 805	8画 稟 806	10画 稽 808	11画 穏 808	17画 穰 809
0画 禾 800	4画 秒 803	5画 秩 804	7画 程 806	9画 穀 806	10画 稿 808	11画 積 809
2画 私 800	5画 称 803	5画 秘 804	8画 稚 806	9画 種 807	10画 穀 806	12画 穂 808
2画 秀 801	5画 秤 803	6画 移 804	8画 稔 806	9画 稲 807	10画 穂 808	13画 穫 809

ほかの部首の字

利→刂部 133　和→口部 207　委→女部 276　季→子部 285　香→香部 1085　愁→心部 476

禾－0画

【禾】5画

人名 〔禾〕明朝 音カ 訓のぎ

意味 ❶植物の、アワ。 ❷植物の、イネ。 ❸穀物のなかまをまとめたよび名。

名まえで使う読み いね・とし・のぎ・のぶ・ひいず・ひで

禾－2画

【私】7画

6年 〔私〕明朝 音シ 訓わたくし・わたし

「禾」は1画めはねかせ、2画めを左に長く、5画めは止める。右側をそろえる。

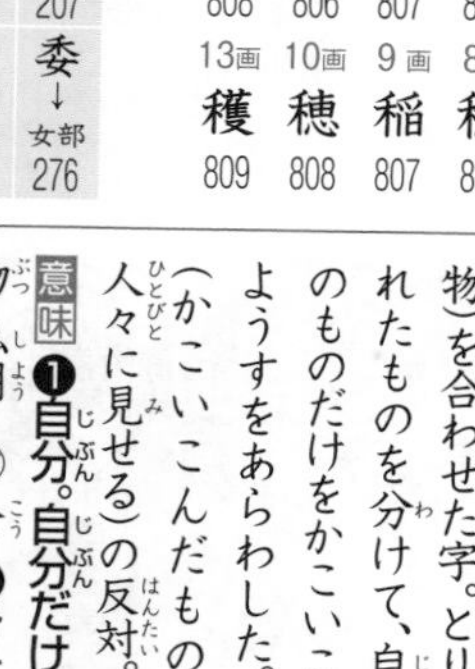

なりたち 形声 私

ム（かこいこむ）と禾（作物）を合わせた字。とり入れたものを分けて、自分のものだけをかこいこむようすをあらわした。公（かこいこんだものを人々に見せる）の反対。

意味 ❶自分。自分だけに関係のあること。「私物・私用」 対公 ❷ひそかに。「私語」

【私案】しあん 個人としての考え。また、個人の案。 使い分け 「試案」は、ためしにつくったかりの計画・意見。

【私営】しえい 民間の会社や個人が経営すること。 例 私営鉄道。

【私益】しえき 個人の利益。 対 公益

【私学】しがく 私立の学校。 対 官学

5画

【私見】しけん　自分だけの意見・考え。
【私語】しご　ひそひそ話。例 私語はつつしむ。

使い分け　しご　私語・死語

【私語】ひそひそ話。例 授業中の私語はやめましょう。

【死語】むかしはつかっていたが、現在ではほとんどつかわれなくなったことば。例「はばかり」は死語だ。参考 はばかりは古いことばでトイレのこと。

【私財】しざい　個人の財産。例 私財を寄付する。
【私事】しじ／わたくしごと　おおやけのことがらにたいして、個人のことがら。例 私事で恐れ入りますが…。
【私▼淑】ししゅく　ある人をひそかに先生としてうやまい、もはんとしてまなぶこと。
【私情】しじょう　おおやけの立場をはなれた、個人の気もち。例 判断に私情をはさむ。
【私書箱】ししょばこ　郵便局にそなえておく、個人や会社用の郵便箱。

【私心】ししん　①自分の考え。例 私心を去る。②自分のためだけを考える気もち。
【私信】ししん　個人の手紙。
【私製】しせい　ふつうは役所がつくるものを、個人でつくること。例 私製はがき。対 官製
【私生活】しせいかつ　その人の個人としての生活。例 私生活に立ち入るな。
【私設】しせつ　個人がお金を出してつくること。また、つくったもの。例 私設の美術館。
【私蔵】しぞう　個人がもっていること。例 私蔵本。
【私▼邸】してい　自分でもっているやしき。対 公邸
【私的】してき　自分だけに関係があるようす。例 会議では、私的な発言はつつしむ。対 公的
【私鉄】してつ　民間の会社が経営している鉄道。私営鉄道。
【私道】しどう　個人が、自分の土地につくった道。例 私道につき、通りぬけ禁止。対 公道
【私費】しひ　個人で出す費用。例 私費で留学する。対 公費・官費
【私服】しふく　①学校や会社などで、きめられている服でなく、ふつうにきる服。対 制服　②ふつうの人と同じ服をきた警察官。私服警官。
【私腹を肥やす】しふくをこやす　地位を利用して、自分の財産や利益をふやす。参考「私腹」は、自分の財産や利益のこと。

【私物】しぶつ　個人のもちもの。例 私物は持ち帰ること。
【私有】しゆう　個人のものとしてもっていること。例 私有財産。
【私用】しよう　個人の用事。対 公用
【私欲】しよく　自分の利益だけを考える心。
【私利私欲】しりしよく　四字熟語　自分だけの利益と、自分だけが利益をえようとする欲望。
【私立】しりつ　個人のお金でたてて、経営していること。また、そのもの。例 私立中学。対 国立・官立
注意「市立」とまちがえやすいので、「わたくしりつ」と読むこともある。

下につく熟語　公私・無私

禾－2画

【秀】

7画　常用　〔秀〕明朝
音 シュウ
訓 ひいでる

なりたち　形声　乃（まがってたれさがる）と禾（作物）を合わせた字。作物の穂が出るようすをあらわした。

意味　すぐれている。ひいでる。「▼秀才・優▼秀」

名まえで使う読み　さかえ・しげる・しゅう・すえ・ひで・ひでし・ほ・ほず・ほら・みつ・みのる・よし

【▼秀▼逸】しゅういつ　ほかのものよりとびぬけてすぐれていること。例 秀逸な作品。
【▼秀才】しゅうさい　知恵があり、学問などにとくにすぐれている人。例 学校一の秀才。

こたえ　門。「専門家には口をきくな」とおぼえておこう。

禾の部 4画 科・秋

【秀作】しゅうさく　すぐれている作品。例 今年の展覧会は秀作ばかりだ。

【秀麗】しゅうれい　すぐれていて、うつくしいようす。

【利】7画　刂部5画→133ページ
【和】8画　口部5画→207ページ
【委】8画　女部5画→276ページ
【季】8画　子部5画→285ページ

禾－4画

【科】

9画　2年　〔科〕明朝

音 カ　訓 —

「禾」の3画めをはねてもよい。6・7画めは縦に並べる。9画めを縦に長く書く。

1	2	3	4	5	6	7	8	9
丿	二	千	禾	禾	禾	禾	禾	科

なりたち 形声　禾(できばえ)と斗(ものをはかるます)を合わせた字。できあがったものを、よいものとわるいものとに区別するようすを図にして、ものの区分けをあらわした。

↓和207

意味 ❶区分け。「科目・学科」❷つみ。「前科・罪科」❸生物を分類する単位の一つ。

注意 「料」とまちがえないこと。

名まえで使う読み か・しな

【科学】かがく　①一定の方法によって、いろいろなことがらをふかくしらべ、その法則や原理をさがしだす学問。②とくに、自然科学のこと。例 科学博物館。

使い分け　かがく　科学・化学

【科学】自然の法則や原理を探し出す学問。例 自然科学を学ぶ。

【化学】物質の組み立て、性質、変化のしかたなどを研究する学問。例 化学の実験。

参考 「科学」と区別するために、「化学」ということがある。

【科学的】かがくてき　ものごとをりくつや道理をふまえて、順序だててあつかい、説明するようす。例 科学的に証明する。

【科挙】かきょ　むかし中国でおこなわれた、役人の採用試験。

【科目】かもく　①ものごとをいくつかに分けた一つ一つ。②学科の区分。

【科料】かりょう　法律で、かるい罪をおかしたものに罰として出させるお金。

下につく熟語 眼科・教科・外科・＊小児科・＊専科・内科・＊百科・文科・＊本科・理科

禾－4画

【秋】

9画　2年　〔秋〕明朝

音 シュウ　訓 あき

※上にくる音により「ジュウ」ともよむ。

8・9画めの接点は6・7画めをこえた所で、それまで8画めは真下に下ろす。

1	2	3	4	5	6	7	8	9
丿	二	千	禾	禾	禾	禾	秒	秋

なりたち 会意　(秋)　禾(作物)と火を合わせた字。作物のわらを火で焼いたり日光でかわかしたりするようすを図にして、ちぢこまる季節の「あき」をあらわした。

意味 ❶季節の、あき。「秋季・初秋・晩秋」❷としつき。「一日千秋」

名まえで使う読み あき・あきら・おさむ・しゅう・とき・とし・みのる

【秋口】あきぐち　秋になったばかりのころ。

【秋日和】あきびより　秋晴れのよい天気。

【秋刀魚】さんま　海にすむ魚の名。からだは細く、口先がとがっている。秋の味覚の一つ。

秋刀魚

【秋季】しゅうき　秋の季節。例 秋季運動会。

【秋▼霜▼烈日】しゅうそうれつじつ　四字熟語　秋のつめたい霜や、夏のはげしい日ざしのように、刑罰がひじょうにきびしいたとえ。また、信念がひじょうに強いことのたとえ。例 秋霜烈日の人。

秋霜烈日

【秋分】しゅうぶん　秋に、昼と夜の長さが同じになる日。秋のひがんの中日。毎年、九月二三日ごろ。対 春分

【秋冷】しゅうれい　秋のひややかな気候。

下につく熟語 *春秋（しゅんじゅう・はるあき）・中秋・麦秋（ばくしゅう・むぎあき）・立秋

禾－4画

【秒】

9画　3年　〔秒〕明朝

音 ビョウ　訓 ―

7画めは止めてもよい。8画めは止める。9画めは6画めに接してもよい。

なりたち 会意　禾（作物）と少（小さい）を合わせた字。イネの穂の先の毛のこと。のち、小さい単位のいみをあらわす。

意味 時間・角度をはかる単位。一秒は一分の六〇分の一。「秒針・寸秒」

【秒針】びょうしん　とけいで、秒の目もりをさししめすはり。

【秒速】びょうそく　一秒間にすすむ距離によってあらわす速さ。

【香】9画　香部0画 →1085ページ

禾－5画

【称】

10画　常用　〔称〕明朝

音 ショウ　訓 ―

※「ショウする」ともつかう。

意味 ❶ほめる。「▼称賛」❷となえる。よび名。「愛▼称」❸つりあう。「対▼称」

名まえで使う読み かみ・しょう・な・のり・みつ・よし

【▼称号】しょうごう　資格をあらわすよび名。例 博士の称号。

【▼称賛】しょうさん →「賞賛」（985ページ）。

下につく熟語 異▼称・一人▼称・改▼称・仮▼称・敬▼称・公▼称・呼▼称・三人▼称・自▼称・総▼称・▼俗称・尊▼称・*他▼称・通▼称・二人▼称・*美▼称・名▼称・略▼称

禾－5画

【秤】

10画　人名　〔秤〕明朝

音 ショウ　訓 はかり

※「ヒョウ」「ビン」ともよむ。

意味 ものの重さをはかる道具。はかり。「▽秤量（しょうりょう・ひょうりょう）」

難しい読み 天▽秤

【▽秤量】しょうりょう／ひょうりょう　はかりで重さをはかること。参考「ひょうりょう」は、まちがった読み方が定着したもの。

禾－5画

【秦】

10画　人名　〔秦〕明朝

音 シン　訓 はた

意味 中国の王朝の一つ。しん。

名まえで使う読み しん・はた

禾－5画

【租】

10画　常用　〔租〕明朝

音 ソ　訓 ―

なりたち 形声　且（上にかさねる）と禾（作物）を合わせた字。収入のほかに田にかかってくるぜい金のこと。→且21

漢字クイズ「うぐいすの宿」といえば，なんの木でしょう。

意味 ❶ねんぐ。ぜいきん。「▼租税・地▼租」❷代金をはらってかりる。「▼租借」

名まえで使う読み そ・つみ・みつぎ・みつぐ・もと

【▼租借】そしゃく 外国の領土の中に、ある地域を一定期間かりて、自国でおさめること。

【▼租税】そぜい 税金のこと。

禾－5画

【秩】

10画 常用 〔秩〕明朝

音 チツ 訓 —

なりたち 形声 失(横にずれる)と禾(作物)を合わせた字。取り入れた作物を横にずらして、つぎつぎとならべるようすをあらわした。→失266

意味 じゅんじょ。「▼秩序」

名まえで使う読み さとし・ちち・ちつ・つね

【▼秩序】ちつじょ ものごとの正しい順序。きまり。例 社会の秩序をまもる。

禾－5画

【秘】

10画 6年

示－5画 【祕】10画 人名 〔祕〕明朝

音 ヒ 訓 ひめる

※上にくる音により「ピ」ともよむ。／「ヒする」ともつかう。

8画めは反ってはねる。6・9・10画めの点を書きいれる位置に注意する。

なりたち 形声 祕－祕(秘) もとの字は「祕」。必(両がわから中のものをしめつける)と示(祭だん)を合わせた字。入り口をしめて、中がわからないように神をまつるようすを図にして、中がわからないようにすることをあらわした。→必454

意味 ❶かくす。「秘密・秘蔵」❷はかりしれない。「神秘」❸通じがわるい。「便秘」

【秘境】ひきょう 人があまり行ったことがなくて、よく知られていないところ。例 アラスカの秘境。

【秘▽訣】ひけつ ものごとをうまくおこなうためにもっともよい、とくべつの方法。例 父から花づくりの秘訣を教えてもらった。

【秘策】ひさく ひみつにしている、たいせつな計画。例 ライバルにかつための秘策をねる。

【秘術】ひじゅつ 人に知らせないで、ひみつにしているわざ。例 秘術をつくしてたたかう。

【秘書】ひしょ 高い地位の人について、事務や、文書をあつかう役の人。例 社長秘書。

【秘蔵】ひぞう ①だいじにしまっておくこと。例 おじいさんの秘蔵のつぼ。②たいせつにして、かわいがってそだてること。例 秘蔵っ子。

【秘伝】ひでん かぎられた人にしか教えたりつたえたりしないことがら。例 秘伝の製法。

【秘仏】ひぶつ だいじにしまっておき、ふだんは人におがませない仏像。

【秘法】[1] ひほう ひみつにして、人には教えない方法。例 家伝の秘法。

【秘宝】[2] ひほう 人に見せないたいせつな宝物。

【秘密】ひみつ 人に知らせないで、かくしておくこと。また、そのことがら。例 秘密をばらす。

【秘話】ひわ 世の中に知られていない話。例 戦争秘話。

下につく熟語 極秘・▼黙秘

禾－6画

【移】

11画 5年 〔移〕明朝

音 イ 訓 うつる・うつす

2つの「夕」は左右ではなく上下に組み立てて、縦長の字形にする。

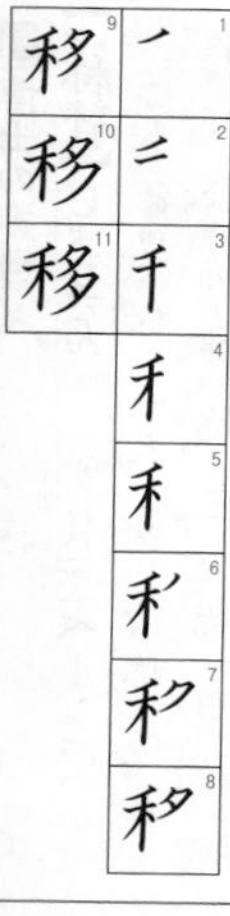

なりたち 形声 多(いくつもかさねる)と禾(イネ)を合わせた字。イネの穂が風にふかれて、かさなるようにしてなびくようすを図にして、横へずれてうごくことをあらわした。
→多254

意味 うつる。うつす。「移動・推移・転移」

名まえで使う読み い・のぶ・や・ゆき・よき・より・わたる

【移管】いかん 管理をほかにうつすこと。

【移行】いこう ものごとが、ほかの状態にうつっていくこと。例 新しい制度に移行する。

【移住】いじゅう よその土地や外国に行ってすむこと。例 ブラジルに移住した人。

【移出】いしゅつ 国内のある土地からほかの土地へ産物・商品をおくりだすこと。対 移入

【移植】いしょく ①草木をほかの場所にうえかえること。例 苗木を庭に移植する。②からだの健康な部分を、同じ人またはほかの人のからだに、手術してうつすこと。例 腎臓移植。／臓器移植。

【移▼籍】いせき 籍や所属を、ほかへうつすこと。例 海外のチームに移籍する。

【移送】いそう 人や物をある場所からべつの場所へ、うつしおくること。

【移転】いてん ①住所をかえること。引っこし。転居。例 工場を地方に移転させる。②権利をほかへうつすこと。例 移転登記。

【移動】いどう うごいて場所をかえること。例 移動図書館。使い分け いどう「異動・移動」→749ページ

【移入】いにゅう 国内のある土地からほかの土地へ産物・商品をはこび入れること。対 移出

【移民】いみん よその国へうつってすむこと。また、その人々。例 南米への移民。

禾-7画

【稀】

12画 人名 〔稀〕明朝 音 キ・ケ 訓 まれ

意味 まばらで少ない。めったにない。まれ。
「▽稀▼薄・▽稀少・▽稀有」

参考 ふつう「希」に書きかえる。「▽稀釈→希釈」「▽稀少→希少」「▽稀薄→希薄」→希341ページ

名まえで使う読み き・け・まれ

禾-7画

【税】

12画 5年 〔税〕明朝 音 ゼイ 訓 —

6・7画めは内側に向ける。「儿」を横広に。12画めは曲げてはねる。

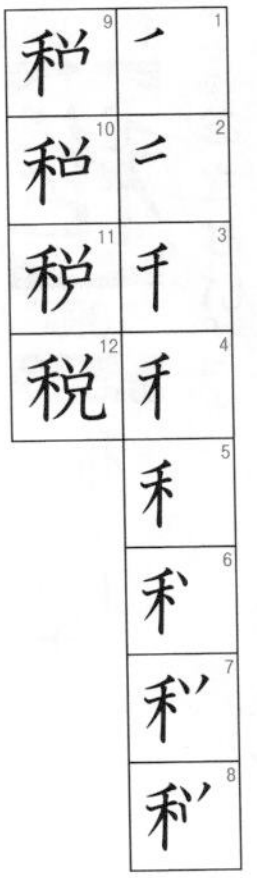

なりたち 形声 𥝧-税(税) もとの字は「税」。兌(なかみをぬきだす)と禾(作物)を合わせた字。とり入れた作物の一部をぬきとることをあらわした。→脱892

意味 国民が国などにおさめるお金。「税金」

名まえで使う読み おさむ・ぜい・ちから・みつぎ

【税関】ぜいかん 貿易のとりしまりや、輸入品・輸出品の税金のとりたてなどの仕事をする役所。港や飛行場などにある。

【税金】ぜいきん 国や地方公共団体が、仕事をするためにひつような費用として、国民にわりあてて、とりたてるお金。税。

【税制】ぜいせい 税金のわりあてや、どのようにしてとりたてるかなどについての制度。

【税務署】ぜいむしょ 国の税金をわりあてたり、とりたてたりする役所。国税庁の出先機関。

【税理士】ぜいりし 人からたのまれて、その人がおさめる税金の事務や計算をする人。

【税率】ぜいりつ 税金をかけるときのわりあい。例 消費税の税率を引き上げる。

下につく熟語 *印税・課税・関税・血税・減税・国税・重税・*住民税・*所得税・節税・増税・*相続税・*贈▼与税・▼租税・▼脱税・地方税・▼徴税・納税・*無税・▼免税

こたえ 梅。

禾の部（のぎ・のぎへん）
7画 程
8画 稚・稔・稜・稟
9画 穀

禾－7画

【程】

12画 5年 〈程〉明朝

音 テイ
訓 ほど

「口」の横はばと9・11画めの長さをほぼ合わせる。12画めを長く書く。

丿 ⺊ 千 禾 禾 和 和 和 和 和 程 程

なりたち 形声 呈（まっすぐのびる）と禾（こく物）を合わせた字。こく物をはかりにかけて、重さをまっすぐとしめすようすを図にして、一定の長さやきまりのいみをあらわした。↓廷360 ↓呈203

意味 ❶**ものごとのどあい。**「程度」❷**一定のきじゅん。**「課程」❸**きそく。きまり。**「規程」❹**みちのり。**「旅程」

名まえで使う読み しな・たけ・てい・のり・ほど・みな

【程度】ていど 高いひくい、強い弱い、よいわるいなどのどあい。例 生活程度が高い。

【程程】ほどほど ちょうどよいていど。例 運動も程々にしなさい。参考 ふつう「程々」と書く。

下につく熟語 音程・工程・行程・*射程・道程・日程・*旅程

禾－8画

【稚】

13画 常用 〈稚〉明朝

音 チ
訓 ―

意味 **おさない。**「幼▽稚」

難しい読み ▽稚児

名まえで使う読み ち・のり・わか・わく

【▽稚魚】ちぎょ たまごからかえったばかりの魚。

【▽稚児】ちご ①子ども。②むかし、武家や寺でつかわれた少年。③神社や寺のまつりの行列に、きかざって出る子ども。例 稚児行列。

【▽稚▽拙】ちせつ まだなれていなくて、へたなこと。例 稚拙な絵。

稚

禾－8画

【稔】

13画 人名 〈稔〉明朝

音 ネン
訓 みのる

なりたち 形声 念（中にとじこめる）と禾（こく物）を合わせた字。こく物の穂に実がつまることをあらわした。↓今52

意味 **穀物の実がよくみのる。**「豊▽稔・不▽稔」

名まえで使う読み じん・とし・なり・なる・みのる・ゆたか

禾－8画

【稜】

13画 人名 〈稜〉明朝

音 リョウ
訓 かど

なりたち 形声 夌（へ形にすじばる）と禾（こく物）を合わせた字。こく物のへ形にすじばった部分、「かど」をあらわした。

意味 ❶**すじめのついたかど。**「▽稜線」❷（算数で）**となりあった面がまじわってできる直線。**

名まえで使う読み いず・いつ・かど・たか・たる・りょう

【▽稜線】りょうせん 山の峰から峰につづく線。尾根。

禾－8画

【稟】

13画 人名 〈稟〉明朝

音 リン・ヒン
訓 ―

意味 **下の者が、上の者からうける。さずかる。**

名まえで使う読み うくる

【▽稟議】りんぎ・ひんぎ 官庁や会社などで、案を関係者に回して承認をもとめること。

【愁】13画 心部9画 ↓476ページ

禾－9画

【穀】

14画 6年

禾－10画 【穀】15画 人名 〈穀〉明朝

音 コク
訓 ―

1・3画めはどちらが長くても、同じでもよい。「冖」を横広にして「禾」を組む。

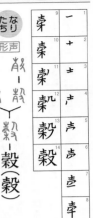

なりたち 形声 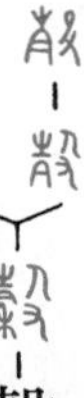 穀（穀）

もとの字は「穀」。㱿と禾（こく物）を合わせた字。㱿は、青（ひもでぶらさげた貝がら）と殳（たたく）を合わせて、からっぽでかたいものをこつんとたたくようす。かたい「から」というイメージをもつ。穀は、かたいからをかぶったこく物の実をあらわした。

意味 米・麦など、つぶ状の実。「穀物」

注意 「殻」とまちがえないこと。

名まえで使う読み こく・よし・より

【穀雨】こくう 二十四節気の一つ。四月二〇日ごろ。

【穀倉】こくそう ①こくもつを入れておく倉。②こくもつがたくさんとれる地方。例 穀倉地帯。

【穀物】こくもつ 米・麦・アワ・ヒエなど、主食になる農作物。穀類。

【穀類】こくるい 「穀物」と同じ。

下につく熟語 五穀・雑穀・＊新穀・▼脱穀・米穀

禾の部（のぎ・のぎへん） 9画 種・稲

禾－9画 【種】

14画 4年 〔種〕明朝

音 シュ 訓 たね

※上にくる音により「だね」ともよむ。

「重」は、6画めをねかせて左下へはらい、横画は7画めを一番長く書く。

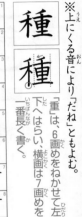

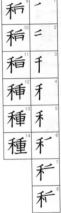

なりたち 形声 重（つき通す→上から下へうちおろす）と禾（作物）を合わせた字。作物をうえつけることをあらわした。→重1014

意味 ❶たね。「種子」 ❷分けたもの。なかま。「種類・同種」 ❸生物を分類する単位の一つ。

難しい読み 種油・種本

名まえで使う読み おさ・かず・くさ・しげ・しゅ・たね・ふさ

【種子】しゅし 植物のたね。例 種子植物。

【種種】しゅじゅ いろいろ。さまざま。例 種々の花。参考 ふつう「種々」と書く。

【種種雑多】しゅじゅざった 四字熟語 いろいろなものが、まじり合っているようす。例 種々雑多な商品をあつかう。参考 ふつう「種々雑多」と書く。

【種族】しゅぞく 同じ先祖から出た人間のあつまり。

【種▼痘】しゅとう 天然痘を予防するため、天然痘ウイルスを弱めてつくったワクチンを人のからだにうえつけること。

【種別】しゅべつ 種類によって区別すること。

【種目】しゅもく 種類によって分けた項目。例 種目別競技。

【種類】しゅるい 性質や形などの同じものをひとまとめにしたときの、一つ一つのまとまり。

【種油】たねあぶら アブラナのたねからとった、食用のあぶら。なたねあぶら。

【種本】たねほん 本を書いたり、話をしたりするときの、もとになっている本。

下につく熟語 異種・＊一種・各種・＊業種・雑種・職種・新種・人種・接種・多種・＊特種・菜種・火種・一▼粒種・品種・別種・変種

禾－9画 【稲】

14画 常用 禾－10画 【稻】 15画 人名 〔稲〕明朝

音 トウ 訓 いね・いな

なりたち 形声 もとの字は「稻」。舀（つく）と禾（こく物）を合わせた字。舀は、爫（手）と臼を合わせて、うすをつくようす。稲は、ついて食品にするこく物、つまり「イネ」をあらわした。

意味 いね。「水▼稲・陸▼稲」

難しい読み ▼稲妻・▼稲荷

名まえで使う読み いな・いね・しね・とう・ね

【▼稲作】いなさく ①イネをつくること。②イネのできぐあい。

5画

漢字クイズ 青くそまった心とは，いったいなんでしょう。

【稲妻】いなずま　かみなりがなるとき、空中に走る強い光。いなびかり。例 稲妻が走る。

【稲田】いなだ　イネをつくっているたんぼ。例 稲田のかかし。

【稲穂】いなほ　イネの穂。

【稲叢】いなむら　かりとったイネをつみかさねたもの。

【稲荷】いなり　①イネなどの穀物を支配する神。そのつかいはキツネとされる。また、その神をまつった神社。②油あげ。③いなりずし（＝キツネのすきな油あげをつかってつくったすし）。

下につく熟語 晩稲（ばんとう・おく）・早稲（わせ）

禾－10画

稼

15画 常用 〔稼〕明朝

音 カ　訓 かせぐ

なりたち 形声 家（上からかぶせる）と禾（作物）を合わせた字。作物のたねをまいて、土をかぶせるようすをあらわした。→家297

意味 ❶こくもつをうえる。❷かせぐ。はたらく。「稼業・稼働」

【稼業】かぎょう　生活するための商売や仕事。例 サラリーマン稼業。使い分け「家業」は、その家に代々つたわってきた商売や仕事。

【稼働・稼動】かどう　①かせぐためにはたらくこと。②機械をはたらかすこと。例 稼動日数。

禾－10画

稽

15画 常用 〔稽〕明朝

音 ケイ　訓 かんが*える

意味 かんがえる。思いをめぐらす。

名まえで使う読み とき・のり・よし

【稽古】けいこ　武道や芸能を習う。例 書道の稽古。／寒稽古（＝真冬の早朝や夜に、さむさの中でおこなう武道などの練習）。

下につく熟語 荒唐無稽・滑稽

禾－10画

稿

15画 常用 〔稿〕明朝

音 コウ　訓 —

なりたち 形声 高（かわく）と禾（作物）を合わせた字。かわいたイネのわらをあらわした。→高1092

意味 したがき。「原稿」

【稿料】こうりょう　「原稿料」のりゃく。書いた原稿にたいして、しはらわれるお金。

下につく熟語 遺稿・*寄稿・草稿・*脱稿・投稿

禾－10画

穂

15画 常用　禾－12画 穗 17画 人名 〔穂〕明朝

音 スイ　訓 ほ

なりたち 会意 恵（まるくつつむ）と禾を合わせた字。実をまるくつつむ「ほ」をあらわした。

意味 イネ・麦などの、ほ。「穂先」

名まえで使う読み お・すい・ひで・ひな・ほ・みのる

【穂先】ほさき　①イネ・麦などの、穂の先。②とがったものの、いちばん先。例 筆の穂先。／やりの穂先。

【穂波】ほなみ　風にゆられて波のように動く、イネなどの穂。例 穂波がゆれる。

下につく熟語 稲穂・*落ち穂・*初穂

禾－11画

穏

16画 常用 〔穏〕明朝

音 オン　訓 おだやか

意味 やすらか。おだやか。「穏健」

名まえで使う読み おん・しず・とし・やす・やすき・やすし

【穏健】おんけん　考えやおこないがおだやかで、いきすぎがないこと。例 穏健な人。

【穏当】おんとう　考えやおこないがおだやかで、むりがないこと。例 穏当な意見。

【穏便】おんびん　かどがたたず、おだやかなこと。例 穏便にすませる。

【穏和】おんわ　性格や考え方が、おだやかでおとなしいようす。例 穏和な人がら。

下につく熟語 安穏・不穏・平穏

禾－11画

【積】

16画 4年 〔積〕明朝

音 セキ
訓 つむ・つもる

※下にくる音により「セッ」ともよむ。

積　積

「責」は「禾」より縦長。6・8画めは同じで、9画めを長く。16画めは止め。

1	2	3	4	5	6	7	8
ノ	二	千	禾	禾	禾	秆	秆
9	10	11	12	13	14	15	16
秸	秸	積	積	積	積	積	積

なりたち 形声 責(ぎざぎざにかさなる)と禾(作物)を合わせた字。とり入れた作物をふぞろいにつみかさねることをあらわした。→責978

意味 ❶つむ。つもる。「山積・積雪」 ❷ひろさ。「体積」 ❸かけ算の答え。㊟商

注意 「績」とまちがえないこと。

名まえで使う読み あつ・かず・かつ・さ・さね・せき・つね・つみ・つむ・つもる・もち・もり

【積雲】せきうん おもに夏の天気のよい日などにあらわれる、わたのようにつみ重なった雲。

【積▼載】せきさい 荷物などを車や船などにつみこむこと。例 トラックにコンテナを積載する。

【積雪】せきせつ 雪がつもること。ふりつもった雪。

【積善の家には必ず余▼慶あり】せきぜんのいえにはかならずよけいあり 故事成語 よいおこないをつづけていくと、子孫にしあわせがやってくるということ。参考 「積善」は、よいおこないをつみかさねること。「余慶」は、子孫におよぶしあわせ。

【積年】せきねん つみかさなった、長い年月。例 積年のうらみ。

【積乱雲】せきらんうん 夏によくあらわれる、山のような形の雲。入道雲。

【積極】せっきょく 自分からすすんでものごとにはたらきかけること。例 積極採用。㊟消極

【積極性】せっきょくせい すすんでものごとにはたらきかける性質。例 積極性を見習う。㊟消極性

【積極的】せっきょくてき 自分からすすんで、ものごとをするようす。例 積極的に意見をのべる。㊟消極的

下につく熟語 集積・▼堆積・▼蓄積・面積・容積・▼累積

禾－13画

【穫】

18画 常用 〔穫〕明朝

音 カク
訓 ―

なりたち 形声 もとの字は「穫」。蒦(わくの中に入れこむ)と禾(作物)を合わせた字。作物をかりとって、なやに入れるようすをあらわした。→護969

意味 (穀物などを)かりとる。「収▼穫・乱▼穫」

注意 「獲」とまちがえないこと。

名まえで使う読み え・かく・みのる

禾－13画

【穣】

18画 人名

禾－17画

【穰】

22画 人名 〔穰〕明朝

音 ジョウ
訓 みのる

なりたち 形声 もとの字は「穰」。襄(中にわりこむ)と禾(こく物)を合わせた字。穂に種がわりこんで、やわらかくじゅくすることをあらわした。

意味 穀物がゆたかにみのる。ゆたか。「豊▽穣」

名まえで使う読み おさむ・しげ・じょう・みのる・ゆたか

漢字博士になろう！

●にた字のおぼえ方《積・績》

「イネ(=禾)ならばつむ(積)、糸ならばつむぐ(績)」

「のぎへん」は、イネなどの作物のいみをあらわす部首です。「績」は「糸をつむぐ」といういみがあります。

こたえ なさ(情)け。(青＋忄〔心〕)。

穴の部（あな・あなかんむり）

0画 穴　2画 究

5画　穴・宀　あな　あなかんむり

なりたち

「あな」や「くぼみ」の種類や状態に関係した字をあつめる。
▽「宀」の字とまちがえないように注意する。

この部首の字

0画 穴 810　2画 究 810　3画 穹 811
3画 空 811　3画 突 812　4画 窃 813　4画 突 812　4画 穿 813
5画 窄 813　6画 窓 813　6画 窒 813　8画 窟 814　9画 窪 814
10画 窮 814　10画 窯 814　11画 窺 814

ほかの部首の字　容→宀部 299

穴－0画

【穴】

5画　6年　〈穴〉明朝

音 ケツ*　訓 あな

※下にくる音により「ケッ」ともよむ。

4画めの書き出しは中心よりもやや左に、5画めは中心にすると整えやすい。

なりたち　会意　宀（いえ）と八（左右に分ける）を合わせた字。土をほってつくった、あなぐらの家をあらわした。

意味　あな。あなぐら。「穴居・墓穴（けっ・はかあな）」

注意　部首を「宀」とまちがえないこと。

使い分け　「穴」は、ほってそこがあるあな。「孔」は、つきぬけているあな。

名まえで使う読み　けつ・これ・な

【穴があったら入りたい】あながあったらはいりたい　句　体をかくしてしまいたいほどはずかしい気持ちのたとえ。

【穴蔵】あなぐら（物をたくわえておくために）地下にほったあな。参考「穴倉」とも書く。

【穴居】けっきょ　ほらあなの中にすむこと。また、そのすまい。

下につく熟語　*大穴・風穴（かざあな・ふうけつ）・▼洞穴（どうけつ・ほらあな）・*節穴・*横穴

穴－2画

【究】

7画　3年　〈究〉明朝

音 キュウ　訓 きわめる*

7画めは折ってから曲がりで書く。「あなかんむり」の1・5画めは点でもよい。

なりたち　形声　九（キュウ）（どんづまり）と穴（あな）を合わせた字。あなのおくまでさぐりもとめるようすをあらわした。→九34

意味　❶よくしらべる。きわめる。「研究」　❷ゆきつく。ゆきどまり。「究極」

使い分け　きわめる「極める・究める・窮める」→（603ページ）

名まえで使う読み　きゅう・きわみ・きわむ・さだ・すみ・み

【究極】きゅうきょく　ものごとがすすんでいって行きつく、さいごのところ。例 究極の目的。参考「窮極」とも書く。

【究明】きゅうめい　ものごとをふかくしらべて、はっきりさせること。

使い分け　きゅうめい　究明・糾明

【究明】ものごとをふかくしらべて、はっきりさせること。例 事故の原因を究明する。

【糾明】罪や不正をとい正して、あきらかにすること。例 犯人を糾明する。

5画

下につく熟語 *学究・*考究・探究・追究・*論究

穴-3画

【穹】

8画 人名 〔穹〕明朝 音 キュウ 訓 —

なりたち 形声 弓(⌒形にまがる)と穴(あな)を合わせた字。⌒形をした空をあらわした。→弓365

意味 ❶弓形に広くはったテント。❷大空。「▽蒼▽穹」

名まえで使う読み たか・たかし・ひろ・みひろ

穴-3画

【空】

8画 1年 〔空〕明朝 音 クウ 訓 そら・あく・あける・から

※上にくる音により「ぞら」ともよむ。

「穴」と「工」の中心をそろえる。「工」を「土」にしない。

なりたち 形声 工(つきぬける)と穴(あな)を合わせた字。つきぬけたあながからっぽなことをあらわした。→工334

意味 ❶そら。天。「空中・青空」❷何もない。からっぽ。「真空」❸なかみがない。うそ。「空想・空▽寝」❹むだ。むなしい。「空費」❺あける。あく。「空席」❻飛行機のこと。「空港」

難しい読み 空梅雨・空▽涙・空似・空▽寝・空耳

使い分け あける「明ける・空ける・開ける」→552ページ

名まえで使う読み くう・そら・たか

【空梅雨】からつゆ つゆの季節なのに、雨がほとんどふらないこと。

【空手】からて ①手に何ももたないこと。手ぶら。②沖縄からつたわった、手や足をつかってする武道。参考 ②は「唐手」ともかく。

【空手形】からてがた ①資金がなくて、しはらいのふたしかな手形。②実行するつもりのない約束。また、実行されない約束。

【空間】くうかん ①上下・左右・前後のはてしのない広がり。②あいていて、何もないところ。例 へやの空間を利用する。

【空気】くうき ①地球をつつんでいる、色もにおいもない気体。②まわりの気分。ふんいき。例 なごやかな空気。

【空▽虚】くうきょ ①なかみが何もないこと。②内容がなく、つまらないこと。例 空虚な生活。

【空軍】くうぐん 飛行機などをつかって、空からせめる軍隊。対 陸軍・海軍

【空港】くうこう 民間の飛行機がとびたったり、ついたりするところ。

【空▽襲】くうしゅう 飛行機をつかって、敵地をせめること。

【空席】くうせき あいている席。

【空前】くうぜん 今までに、そのような例がまったくないこと。例 空前の人出。

【空前絶後】くうぜんぜつご 四字熟語 今までにまったく例がなく、これからあともないだろうと思われるくらい、ひじょうにめずらしいこと。例 空前絶後の災害がおこった。参考「絶後」は、これからのち二度と同じ例がないといういみ。

【空▽疎】くうそ 形だけで、しっかりした内容がないこと。例 空疎な文章。

【空想】くうそう じっさいにはおこりそうもないことや、見たこともないことを考えること。また、その考え。例 空想にふける。

【空中】くうちゅう そら。空気の中。例 水しぶきが空中にとびちる。

【空転】くうてん ①車輪などがむだに回ること。から回り。②ものごとがなんの効果もあらわさず、むだにすすむこと。例 議論が空転する。

【空▽洞】くうどう からっぽで、何もないあな。

【空白】くうはく ①紙などの、何も書いてない白いところ。例 ノートの空白をうめる。②何もなくて、むなしいこと。何もおこなわれていないこと。例 政治の空白。

【空▽爆】くうばく 飛行機などによる空からの爆弾で攻撃すること。

漢字クイズ 夜になると出てくる水分は，なんでしょう。

穴の部（あな・あなかんむり） 3画 突

【空費】くうひ お金や時間などを、むだにつかうこと。例 時間を空費する。

【空腹】くうふく はらがすいていること。対 満腹

【空▼砲】くうほう たまをこめていない、鉄砲や大砲。また、そのうった音。例 空砲をうつ。

【空輸】くうゆ 「空中輸送」のりゃく。飛行機などで、人や荷物をはこぶこと。

【空▼欄】くうらん 文章や書類などで、書き入れるように、あけてある部分。

【空理空論】くうりくうろん 四字熟語 じっさいには役に立たない、ただ頭で考えただけの理くつや理論。参考「空理」も「空論」と同じいみで、じっさいの役に立たない理論のこと。

【空路】くうろ 飛行機がとぶ空の道。対 海路・陸路

【空論】くうろん じっさいの役に立たない議論。例 机上の空論。

空論

【空▼涙】そらなみだ かなしくもないのに、かなしいふりをしてながすなみだ。

【空似】そらに 血のつながりがないのに、顔かたちがよくにていること。例 他人の空似。

1 【空音】そらね ①人をだますためにまねる鳴き声。また、鳴きまね。②実際にはない音を聞いたように思うこと。そら耳。

2 【空▼寝】そらね ねむっていないのに、ねむったふりをすること。たぬきねいり。

【空耳】そらみみ ①じっさいには聞こえないのに、聞こえたように思うこと。②聞こえても、聞こえないふりをすること。例 空耳をつかう。

【空模様】そらもよう ①天気のようす。例 雨になりそうな空模様だ。②ものごとのなりゆき。例 会議がけんあくな空模様になる。

上につく熟語 ＊空き巣・＊空き地・＊空き家・＊空元気・＊空っ風

下につく熟語 大空・▼架空・▼滑空・航空・寒空・上空・真空・中空（ちゅう・なか・ぞら）・低空・天空・防空・＊星空・＊夜空・領空

穴－3画 【突】 8画 常用

穴－4画 【突】 9画 人名 〔突〕明朝

音 トツ
訓 つく

意味 ❶ぶつかる。「▼衝▼突」❷つき出る。「▼突起・▼突破」❸きゅうに。だしぬけに。「▼突然」

【▼突▼貫工事】とっかんこうじ ひじょうにいそいで、いっきにすすめる工事。

【▼突起】とっき ある部分がつき出ること。また、つき出たもの。

【▼突撃】とつげき 敵にむかって、いっきにせめこむこと。例 敵陣に突撃する。

【▼突出】とっしゅつ ①つき出ること。例 空に突出した塔。②ガスなどがとつぜん出てくること。例 ガスの突出事故。③とくに目立って、すぐれていること。例 突出した成績。

【▼突▼如】とつじょ 思いがけないことが、きゅうにおこるようす。だしぬけに。突然。

【▼突進】とっしん わきめもふらずに、いっきにすすむこと。例 敵陣めがけて突進する。

【▼突然】とつぜん 思いがけなく、きゅうにおこるようす。いきなり。突如。

【▼突然変異】とつぜんへんい 四字熟語 親になかった形や性質がとつぜん子にあらわれ、それが遺伝すること。

【▼突端】とったん ものの、つき出た先の部分。

【▼突▼堤】とってい 波をふせぐために、海につき出した堤防。

【▼突入】とつにゅう いきおいよく、中につきすすむこと。例 敵陣に突入する。

【▼突破】とっぱ ①つきやぶること。例 一次試験を突破する。②ある数や量をこえること。例 人口が一億を突破する。

【▼突発】とっぱつ 事件などが、だしぬけにおこること。

【▼突発的】とっぱつてき 思いがけないことが急におこるようす。例 突発的なできごと。

【▼突飛】とっぴ ひじょうにかわっていて、思

いもよらないこと。例 突飛な意見。

【突拍子も無い】とっぴょうしもない 句 ふつうとひどくちがっていて、へんである。例 突拍子も無い大声。

【突風】とっぷう とつぜん、ふく強い風。

下につく熟語 煙突・激突・追突・唐突

穴－4画

【窃】

9画 常用 〈窃〉明朝 音 セツ 訓 —

※下にくる音により「セッ」ともよむ。「窃盗」

意味 ❶ぬすむ。❷ひそかに。「窃視」

【窃視】せっし ひそかに、ぬすみ見ること。

【窃取】せっしゅ こっそりとぬすみとること。例 個人の情報を窃取する。

【窃盗】せっとう 人のものをぬすむこと。また、その人。例 窃盗のひがいにあった。

穴－4画

【穿】

9画 人名 〈穿〉明朝 音 セン 訓 うがつ

意味 ❶うがつ。穴をあける。「穿孔(＝穴をあけること)」❷はく。くつやズボンを身につける。

穴－5画

【窄】

10画 人名 〈窄〉明朝 音 サク 訓 すぼむ

意味 せまい。せばめる。「狭窄(＝すぼまってせまくなっていること)」

【容】10画 宀部7画 → 299ページ

あな・あなかんむり
穴の部
4画 窃・穿
5画 窄
6画 窓・窒

穴－6画

【窓】

11画 6年 〈窓〉明朝 音 ソウ 訓 まど

「穴」「ム」「心」の中心をそろえる。「心」を横広にして全体を支える。

1	2	3	4	5	6	7	8	9	10	11
丶	丶丶	宀	穴	空	空	空	窆	窓	窓	窓

なりたち 形声 窗－窻(窓)

むかしの字は「窻」。悤(通りぬける)と穴(あな)を合わせた字。囱は、こうしつきのまどをえがいた字。分散させないで、一か所にまとめて通すというイメージをもつ。囱(通りぬける)と心を合わせた悤は、心が通りぬけていくようで、そわそわしておちつかない気もち。窻は、空気を通すためにかべにあけられた穴、つまり「まど」をあらわした。

悤のつく漢字グループ

「悤」のグループは「スムーズに通す」、または「一か所にまとめる」というイメージがある。常用漢字では「忩」になる。

→窓813 →総854 →聡877

意味 ❶まど。❷まどのあるへや。「窓外」

【窓外】そうがい まどの外。

【窓際】まどぎわ まどのそば。まどから近い場所。窓辺。例 窓際の席。

【窓口】まどぐち 役所・郵便局・銀行などで、書類をうけつけたり、お金の出し入れをしたりするところ。

【窓辺】まどべ まどのそば。窓際。

下につく熟語 *学窓・車窓・*深窓・*出窓・天窓・同窓

穴－6画

【窒】

11画 常用 〈窒〉明朝 音 チツ 訓 —

なりたち 形声 至(行き止まり)と穴(あな)を合わせた字。あなのおくが行き止まりですすめないようすをあらわした。→至902

意味 ❶ふさがる。つまる。「窒息」❷元素の一つ。「窒素」

【窒素】ちっそ 空気の五分の四をしめる、色もにおいもない気体。肥料・火薬などの原料になる。例 窒素肥料。

【窒息】ちっそく いきがつまって、こきゅうができなくなること。

こたえ えき(液)。(氵〔水〕＋夜)。

穴の部（あな・あなかんむり）
8画 窟
9画 窪
10画 窮・窯
11画 窺

穴－8画

【窟】

13画 常用 〔窟〕明朝

音 クツ　訓 ―

なりたち 形声 屈（へこむ）と穴（あな）を合わせた字。土をほり下げたあな、また、横にほったほらあなのこと。→出123 →屈323

意味 ❶**ほらあな。いわや。**「洞窟」 ❷**人や物が集まる所。**「巣窟」

【窟居】くっきょ　ほらあな生活。例 石器時代の窟居あと。

下につく熟語 岩窟・*石窟

穴－9画

【窪】

14画 人名 〔窪〕明朝

音 ―　訓 くぼ・くぼむ

意味 **へこんだ低地。くぼ。また、くぼむ。**「窪地」

穴－10画

【窮】

15画 常用 〔窮〕明朝

音 キュウ　訓 きわめる・きわまる

なりたち 形声 躬と穴（あな）を合わせた字。躬は、弓（ゆみなりにまがる）と身を合わせて、からだをまげるようす。窮は、まがりつつ穴のおくまでいきつくようすをあらわした。→弓365

意味 ❶**きわまる。いきづまって動きがとれない。**「窮地」 ❷（生活が）**こまる。**「貧窮・困窮」

使い分け きわめる「極める・究める・窮める」→603ページ

名まえで使う読み きゅう・きわみ・きわむ・み

【窮極】きゅうきょく　→「究極」（810ページ）。

【窮屈】きゅうくつ　①せまくて、自由に動けないこと。例 窮屈な車。②かたくるしくて、のびのびできないこと。例 窮屈な家庭。

【窮状】きゅうじょう　ひどくこまっている状態。例 生活の窮状をうったえる。

【窮すれば通ず】きゅうすればつうず　句 行きづまってどうしようもないときに、かえって道がひらけるものだ。例 窮すれば通ずで、そのときいいアイデアがうかんだ。

【窮鼠猫をかむ】きゅうそねこをかむ　句 おいつめられると、弱い者でも死にものぐるいになってたたかうから、強いあいてをぎゃくにやっつけることがある。参考「窮鼠」はおいつめられたネズミのこと。にげ場をうしなったネズミが、ネコにかみつくといういみから。

【窮地】きゅうち　どうする方法もない、ひじょうにつらい立場。例 窮地におちいる。

【窮乏】きゅうぼう　ひどいびんぼうにくるしむこと。例 窮乏した生活。

【窮余の一策】きゅうよのいっさく　句 くるしまぎれに思いついた一つの方法。参考「窮余」は、ひじょうにこまるといういみ。

穴－10画

【窯】

15画 常用 〔窯〕明朝

音 ヨウ　訓 かま

意味 **かわらや陶磁器をやく、かま。**「窯業」

【窯元】かまもと　陶磁器をつくっているところ。また、その代表者。

【窯業】ようぎょう　ねんどや鉱物をやいて、陶磁器・ガラス・セメントなどをつくる工業。

穴－11画

【窺】

16画 人名 〔窺〕明朝

音 キ　訓 うかがう

意味 **うかがう。のぞく。そっと、ようすをさぐる。**「窺知（＝ひそかにうかがい知ること）」

5画 立・立

たつ たつへん

なりたち

「たつ」動作や状態に関係した字をあつめるが、たんに字形のうえで目じるしとなる字もあつめる。

この部首の字

0画 立 815　6画 章 816　7画 竣 817　7画 童 817　9画 竪 817　9画 端 817　15画 競 818

ほかの部首の字

位→亻部 66　辛→辛部 1006　泣→氵部 654　音→音部 1064　竜→竜部 1097　産→生部 739　粒→米部 834　翌→羽部 870　意→心部 472

立−0画

【立】

5画 1年

〔立〕明朝

音 リツ・リュウ*

訓 たつ・たてる

※上下にくる音により「リッ」「だつ」「だち」ともよむ。

1画めは点でもよい。3・4画めは内向きで、2・4画めに接していなくてもよい。

なりたち 会意

使い分け たつ 立つ・建つ

【立つ】すわったり横になったりしているものが、おきあがる。まっすぐたてになる。前に立つ。例 校門の前に立つ。／看板が立つ。

【建つ】たてものがつくられる。例 空き地にマンションが建つ。

参考 「けむりが立つ」「うわさが立つ」「思い立つ」「顔が立つ」のようにもつかえる。

大（両手両足を広げて立つひと）と一（大地）を合わせた字。人が両足をそろえて、じめんにしっかりとたつようすをあらわした。

立のつく漢字グループ

「立」のグループは「同じようなものがそろってならぶ」というイメージがある。

→泣 654 →粒 834

意味 ❶たつ。たてる。「起立」❷なりたつ。なりたたせる。「立証」❸はじまる。「立春」

名まえで使う読み たか・たかし・たち・たつ・たつる・たて・たる・はる

【立場】たちば ①考え方や意見のよりどころ。例 民主主義の立場。②その人がおかれている地位や状態。例 くるしい立場。

【立つ鳥跡を濁さず】たつとりあとをにごさず 句 さるときは、今までいたところを見ぐるしくないようにかたづけて、きちんとあとしまつをしていくべきだということ。例 首相の引きぎわは立つ鳥跡を濁さずで、みごとだった。参考 水鳥があとをにごさないでとびたつというい みから。

【立案】りつあん 計画を立てること。例 企画を立案する。

【立夏】りっか 二十四節気の一つ。こよみのうえで、夏がはじまる日。五月六日ごろ。

【立脚】りっきゃく 考え方や態度のよりどころにすること。例 経験に立脚した話。

【立候補】りっこうほ 選挙で、候補者として名のり出ること。例 市長選挙に立候補する。

【立志伝】りっしでん あることをしようと心にきめ、努力して成功した人の伝記。

【立秋】りっしゅう 二十四節気の一つ。こよみのうえで、秋がはじまる日。八月八日ごろ。

【立春】りっしゅん 二十四節気の一つ。こよみのうえで、春がはじまる日。節分のあくる日。二月四日ごろ。

【立証】りっしょう 証拠をもとに、あることがらをあきらかにすること。例 無罪を立証する。

【立身】りっしん 世の中に出て、高い地位につくこと。例 立身出世（＝高い地位につき、有名になること）。

【立錐の余地もない】りっすいのよちもない 句 人やものがぎっしりあつまっていて、すきまがまったくないようす。例 大勢の観客で館内は立錐の余地もない混雑ぶりだ。参考「錐」は、きり、「余地」は、あまったところのいみ。細いきりを立てるだけのあいているところもないといういみから。

立錐の余地もない

【立像】りつぞう 立っているすがたの像。対 座像

【立体】りったい 長さ・はば・あつさのあるもの。

【立体的】りったいてき ①長さやあつさがあって立体の感じをもっているようす。②ものごとをいろいろな角度からとらえるようす。例 問題を立体的にとらえる。対 ①②平面的

【立地】りっち 産業をおこなうのにてきした土地を、条件を考えてきめること。例 物流に適した立地。

【立冬】りっとう 二十四節気の一つ。こよみのうえで、冬がはじまる日。十一月七日ごろ。

【立派】りっぱ ①どうどうとしていて、正しいようす。例 立派なおこない。②すぐれているようす。例 立派なうでまえ。③かんぜんであるようす。例 立派につとめをはたす。

【立腹】りっぷく はらをたてること。

1【立方】りっぽう ①同じ数を三回かけること。三乗。②長さの単位の前につけて、体積をあらわすことば。例 立方メートル。

2【立法】りっぽう 法律をきめること。参考 ㋐立法は、国会がおこなう。㋑→「司法（191ページ）」・「行政（191ページ）」。

【立方体】りっぽうたい 六つの正方形の面でかこまれた立体。

立方体

上につく熟語 ＊立ち往生・＊立ち話・＊立て札・＊立て役者

下につく熟語 確立・県立・公立・国立・木立・▼孤立・▼献立・建立・出立・樹立・私立（しりつ・わたくしりつ）・自立・成立・設立・創立・存立・対立・中立・直立・▼倒立・独立・分立・並立・夕立・▼擁立・乱立・両立・林立・連立

【位】7画 亻部5画 → 66ページ

【辛】7画 辛部0画 → 1006ページ

【泣】8画 氵部5画 → 654ページ

【音】9画 音部0画 → 1064ページ

【竜】10画 竜部0画 → 1097ページ

立－6画

【章】

11画 3年 〔章〕明朝

音 ショウ
訓 —

横画の長さは、5画めが一番長く、10画めが次に長く見えるように書く。

なりたち 会意

辛（はもの）と曰（もようのしるし）を合わせた字。はものでもようをあらわしだすようすを図にして、はっきりあらわれた「もよう」「あや」「しるし」のいみをあらわした。

章のつく漢字グループ

「章」のグループは「はっきりあらわしだす」というイメージがある。また、印やスタンプをおしてもようを出すことから、「平面におしあてる」というイメージもあらわす。

→商（章＋冏）212 →彰 373 →障 448

意味 ❶書きつらねた文。「文章・章句」❷音

楽や、詩や文などの一区切り。「章節・楽章」❸しるし。「記章・校章・▼帽章・▼紋章」

名まえで使う読み あき・あきら・あや・き・しょう・たか・とし・のり・ふさ・ふみ・ゆき

【章節】しょうせつ 長い文章などの、章や節の区切り。

下につく熟語 *印章・▼勲章・憲章・*詞章・序章・*喪章・▼腕章

【産】11画 生部6画 → 739ページ

【粒】11画 米部5画 → 834ページ

【翌】11画 羽部5画 → 870ページ

立－7画

【竣】12画 人名 〔竣〕明朝

音 シュン 訓 おわる

なりたち 形声 夋(シュン)(高くぬき出る)と立(たつ)を合わせた字。すっくと立つことをあらわした。→俊78

意味 すっくと立つ。工事がおわる。「▽竣工」

【▽竣工】しゅんこう 建物が高くたつことから、工事が完成すること。落成。対 起工

立－7画

【童】12画 3年 〔童〕明朝

音 ドウ 訓 *わらべ

童 童

横画の長さは、5画めが一番長く、12画めが次に長く見えるように書く。

丶 亠 亡 产 立 产 咅 音 音 章 章 童

なりたち 形声 -童 重(チョウ)(つき通す)をりゃくした里と辛(はもの)をりゃくした立を合わせた字。はもので目をつきとおされて、目が見えないことから、ものごとがよくわからない子どものいみとなった。→重1014

> **童のつく漢字グループ**
> 「童」のグループは「つきぬく」というイメージがある。
> →瞳779 →鐘1034

意味 ❶男のめしつかい。「牧童」❷子ども。「童話・児童」

難しい読み 童歌

名まえで使う読み どう・わか・わらわ

【童画】どうが 子どものかいた絵。また、子どもむきにかかれた絵。

【童顔】どうがん 子どもっぽい顔つき。

【童子】どうじ おさない子ども。

【童心】どうしん 子どもの心。また、子どものように純真な心。例 童心にかえる。

【童▼謡】どうよう 子どものためにつくられた歌。

【童話】どうわ 子どものためにつくられた物語。例 グリム童話。

【童歌】わらべうた むかしから、子どもたちにうたわれてきた歌。

下につく熟語 *悪童・*怪童・学童・神童

【意】13画 心部9画 → 472ページ

童話

立－9画

【竪】14画 人名 〔竪〕明朝

音 ジュ 訓 たて

意味 ❶たてる。❷たて。「▽竪穴(じゅ・たてあな)」

名まえで使う読み たつ・なお

立－9画

【端】14画 常用 〔端〕明朝

音 タン 訓 はし・は・はた

※上にくる音によって「ば」「ぱ」「ばた」ともよむ。

意味 ❶つりあいがとれて、正しい。ととのっている。「端正・▼端麗」❷はし。すえ。「先端・▼端子・突▼端」❸はじまり。「発▼端」

難しい読み ▼端境期・▼端数

5画

名まえで使う読み ただ・ただし・ただす・たん・なお・はじめ・まさ・もと

【端午の節句】たんごのせっく 五月五日の男の子の節句。こいのぼりや武者人形などをかざり、男の子の成長をいのる。参考 ㋐「端午」は「月のはじめ(＝端)の午の日」のいみ。はじめは五月の最初の午の日におこなわれた。㋑「節句」は「節供」とも書く。

【端子】たんし 電気器具で、電流の出入り口につけてある金具。

【端緒】たんしょ／たんちょ ものごとをはじめたり、解決したりするための、きっかけ。例 解決の端緒をひらく。

1【端正】たんせい すがたやおこないに、みだれたところがなく、きちんとしていること。例 端正なかたちの花。

2【端整】たんせい すがたや顔かたちがととのっていること。例 端整な顔だち。

【端的】たんてき ①あきらかで、はっきりしているようす。例 練習の効果が端的にあらわれる。②てっとりばやくて、かんたんなようす。例 意見を端的に言う。

【端末】たんまつ ①電流の出入り口。②本体となるコンピューターから、情報を入れたり取り出したりする装置。端末装置。例 端末機。

【端麗】たんれい 形がきちんと、ととのっていてうつくしいこと。例 容姿端麗。

【端を発する】たんをはっする 句 ものごとのはじめになる。ものごとのきっかけになる。例 災害のニュースに端を発して、ボランティアの人が集まる。

【端境期】はざかいき 前の年にとれたやさい・くだものなどがなくなり、新しいものがまだじゅうぶんに出回らない時期。

【端書き】はしがき ①書物などのはじめに書く、その書物についての文章。序文。②手紙のはしに書きそえた文章。おって書き。

【端数】はすう はんぱの数。例 三でわった端数は切りすてる。

【端役】はやく 劇などで、重要でない役。

下につく熟語 異端・*一端・片端・*川端・極端・*上端・戦端・*途端・万端・末端・半端・道端・両端(りょうたん・りょうはし)・*炉端

立－15画

【競】

20画 4年 〔競〕明朝

音 キョウ・ケイ
訓 きそ*う・せ*る

競

左右のちがいは、10画めは折って右上にはらい、20画めは曲がりで書いてはねる。

なりたち 形声 競 音の部分は言がかわったもの。誩(キョウ)(言いあらそう)と儿(ひと)二つを合わせた字。ふたりの人が言いあらそうようすをあらわした。

意味 あらそう。きそう。「競争」

名まえで使う読み きそう・きょう・つよし

【競泳】きょうえい きめられた距離をおよいで、はやさをくらべる競技。

【競演】きょうえん 映画や演劇などで、いっしょに出演すること。

【競技】きょうぎ 勝ち負けをあらそったり、わざをくらべあったりすること。とくに、スポーツの試合。例 競技場。

競技

【競合】きょうごう きそいあうこと。例 新製品で二社が競合する。

【競作】きょうさく 作品を、きそいあってつくること。

1【競争】きょうそう 勝ち負けや優劣をあらそうこと。例 生存競争。

2【競走】きょうそう 走ってはやさをあらそうこと。例 一〇〇メートル競走。使い分け 「競争」「競走」は、とくに「走って」勝ち負けをあらそうところに注意。

【競売】きょうばい／けいばい 多くの買い手の

うちで、いちばん高いねだんをつけた人に売ること。競り売り。例 競売にかける。
【競歩】きょうほ 歩くはやさをきそう競技。
【競馬】けいば 馬にのっておこなう競走。客が勝ち馬を予想して、お金をかける。
【競輪】けいりん 自転車競走。客が勝者を予想して、お金をかける。

5画 罒 あみがしら よこめ

なりたち 柱の間に×型にはった「あみ」をあらわす。「あみ」の種類や状態に関係した字をあつめる。

この部首の字

8画 罪 819	9画 署 819
8画 署 819	9画 罰 820
8画 置 820	10画 罵 820
	10画 罷 820
	11画 罹 821
	14画 羅 821

ほかの部首の字
買→貝部 981
濁→氵部 691

【買】12画 貝部5画 → 981ページ

罒－8画
【罪】13画 5年
〈罪〉明朝
音 ザイ
訓 つみ

「罒」の縦画は内側に向けて横長に。6画めは止めてもよい。10画めは止める。

丶 冖 罒 罒 罒 罒 罒 罒 罪 罪 罪 罪 罪

なりたち 会意 罒(あみ)と非(わるいこと)を合わせた字。わるいことをして、法のあみにかかるようすをあらわした。

意味 わるいおこない。つみ。「犯罪」
注意 「罰」とまちがえないこと。

【罪悪】ざいあく 人としての道にはずれた、わるいおこない。例 罪悪感にさいなまれる。
【罪業】ざいごう 仏教で、罪となるわるいおこない。注意「ざいぎょう」と読まないこと。
【罪状】ざいじょう 犯罪がおこなわれたときのようす。犯罪の内容。例 罪状はあきらかだ。
【罪人】ざいにん／つみびと 罪をおかした人。
【罪名】ざいめい ①犯罪の名前。例 罪名をあきらかにする。②罪があるという、世の中の人々のうわさ。例 罪名をすすぐ。
【罪を憎んで人を憎まず】つみをにくんでひとをにくまず 句 その人がおかした罪は罪としてにくむべきだが、罪をおかした人自身をにくんではいけないということ。

下につく熟語 *軽犯罪・功罪・死罪・謝罪・重罪・*断罪・同罪・無罪・有罪・余罪・流罪

罒－8画
【署】13画 6年
罒－9画 【署】14画 人名 〈署〉明朝
音 ショ
訓 —

罒の部（あみがしら・よこめ） 8画 置 9画 罰 10画 罵・罷

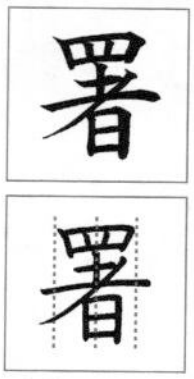
「田」の横はばより8画めを長く。9画めは長く。「日」は中心からやや右へずれる。

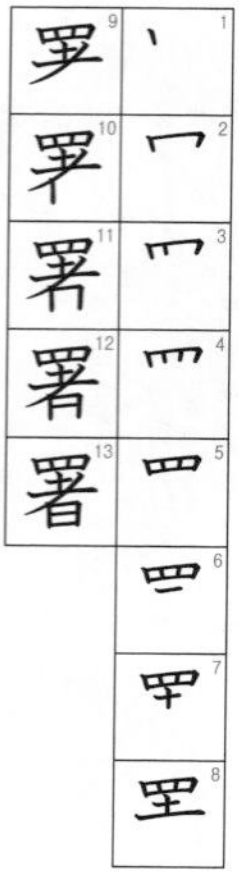

なりたち 形声 -署(署)

もとの字は「署」。者（一か所につける）と罒（あみ）を合わせた字。あみの目のように分かれた持ち場に、人をはりつけておくようすをあらわした。→者873

意味 ❶わりあてる。やくわり。「部署」 ❷役所。「消防署・税務署」 ❸書きしるす。「署名」

注意 「暑」とまちがえないこと。

【署員】しょいん 「署」と名のつく役所につとめている人。例 警察署員。

【署長】しょちょう 税務署や消防署・警察署などのいちばん上の役目。また、その役の人。

【署名】しょめい 自分の名前を書きしるすこと。サイン。例 けいやく書に署名する。

下につく熟語 自署・本署・*連署

罒－8画

【置】

13画 4年 〔置〕明朝 音 チ 訓 おく

「直」は「罒」より横広に。13画めは真下に下ろしてから折って右へ引いて止める。

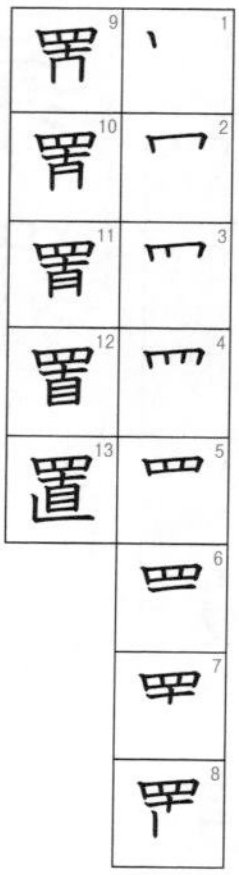

なりたち 形声 -置

直（まっすぐ）と罒（あみ）を合わせた字。鳥をとるあみをまっすぐに立てておくようすをあらわした。→直771

意味 ❶すえる。おく。「安置・設置」 ❷しまつする。「処置・▼措置」

難しい読み 置物・置▼換

名まえで使う読み おき・き・ち・やす

【置物】おきもの ①とこの間などにおいて、かざりとするもの。②地位や身分がりっぱなだけで、じっさいは役に立たない人のたとえ。例 会長といっても、かれは置物にすぎない。

【置▼換】ちかん 他のものに、おきかえること。

下につく熟語 位置・▼拘置・常置・装置・配置・放置・物置・留置

罒－9画

【罰】

14画 常用 〔罰〕明朝 音 バツ・バチ 訓 —

※「バッする」ともつかう。

意味 こらしめる。ばつ。ばち。「▼罰金」 対 賞

【▼罰金】ばっきん ①罰として出させるお金。②法律をおかした人から、罰としてお金をとりたてる刑。罰金刑。

【▼罰則】ばっそく 法律やきまりをやぶった人に、どういう罰をあたえるかをきめた規則。

下につく熟語 ▼刑罰・厳罰・賞罰・処罰・信賞必罰・神罰・体罰・懲罰・天罰

罒－10画

【罵】

15画 常用 〔罵〕明朝 音 バ 訓 ののしる

意味 ののしる。大声で非難する。また、ひどい悪口。「▼罵声・▼罵倒」

【▼罵声】ばせい 相手を非難する声。例 観客から罵声を浴びる。

【▼罵倒】ばとう 相手をひどく非難する。例 面と向かって罵倒する。

下につく熟語 *痛▼罵・*面▼罵

罒－10画

【罷】

15画 常用 〔罷〕明朝 音 ヒ 訓 や*める

意味 やめる。やめさせる。「▼罷免」

【▼罷業】ひぎょう やといぬしが労働者の要求を聞き入れないとき、要求を通す手段として、労働者がそろって仕事を休むこと。ストライキ。

5画

【罷免】ひめん 役目やつとめをやめさせること。例 大臣を罷免する。

罒－11画 【罹】16画 表外 〈罹〉明朝 音 リ 訓 かかる

意味 病気やわざわいを身に受ける。かかる。こうむる。

【罹患】りかん 病気にかかること。罹病。

【罹災】りさい 災害をうけること。

【罹病】りびょう 「罹患」と同じ。

【濁】16画 氵部13画→691ページ

罒－14画 【羅】19画 常用 〈羅〉明朝 音 ラ 訓 ―

なりたち 会意 隹(とり)と糸(いと)と罒(あみ)を合わせた字。とりをとらえる、糸で編んだあみをあらわした。

意味 ❶ならべる。つらなる。「羅列」 ❷あみでとらえる。「網羅」

【羅針盤】らしんばん じしゃくのはりがいつも北をさす性質を利用して、船や飛行機などのすすむ方向を知る器械。コンパス。

【羅列】られつ たくさんならべること。例 花の名を羅列する。

下につく熟語 *一張羅・甲羅

5画 旡(旡4) む むにょう

なりたち 「旡」は「腹いっぱい」「食べあきる」などのいみに関係する字をあつめる。もとは「旡」(四画)で書いた。

この部首の字 5画 既 821

ほかの部首の字 慨→忄部477 概→木部610

旡－5画 【既】10画 常用 〈既〉明朝 音 キ 訓 すでに

意味 ❶すでに。もう。「既定」 対 未 ❷…してしまう。つきる。「皆既食」

【既往】きおう すぎさったこと。前にあったこと。

【既往症】きおうしょう 前にかかったことのある病気。

【既刊】きかん すでに発行していること。また、その本。対 未刊

【既決】きけつ すでにきまっていて、しまつがついていること。例 既決の書類。

【既婚】きこん 結婚していること。例 既婚者は対象外です。対 未婚

【既視感】きしかん はじめて見るものや光景なのに、すでに見たことがあるように感じること。

1【既成】きせい すでにできあがっていること。例 既成の事実。

2【既製】きせい 注文してつくるのではなく、前もってできていること。例 既製服。

【既存】きそん すでにあること。例 既存の競技場を使用する。

【既知】きち すでに知っていること。また、すでに知られていること。例 既知の情報。対 未知

【既定】きてい すでにきまっていること。例 既定の計画どおりすすめる。対 未定

【既報】きほう すでに知らせてあること。すでに報道してあること。例 既報のとおり来月から料金を値上げいたします。

【慨】13画 忄部10画→477ページ

【概】14画 木部10画→610ページ

こたえ てんねん。「然」を「ねん」と読む例は少ない。

竹・⺮ 6画

たけ
たけかんむり

なりたち

「タケ」の種類や状態、タケでつくった製品などに関係した字をあつめる。

この部首の字

画数	字	ページ
0画	竹	822
2画	竺	822
3画	竿	822
4画	笈	822
4画	笑	822
5画	笹	823
5画	笙	823
5画	第	823
5画	笛	823
5画	符	824
5画	笠	824
6画	筋	824
6画	策	824
6画	筍	825
6画	筑	825
6画	答	825
6画	等	825
6画	筒	826
6画	筈	826
6画	筏	826
6画	筆	826
7画	節	827
8画	箇	828
8画	管	828
8画	箕	829
8画	算	829
8画	箋	829
8画	箔	829
9画	節	827
9画	箱	829
9画	箸	830
9画	範	830
9画	篇	830
10画	築	830
10画	篤	831
11画	篠	831
12画	簡	831
12画	簞	831
13画	簿	831
13画	簾	831
14画	籍	832
16画	籠	832

竹

竹－0画

【竹】

6画 1年 〈竹〉明朝

音 チク　訓 たけ

※上にくる音により「だけ」ともよむ。

横画2本は「ノ」下方右側で接する。3画めは止め、6画めははね、外には開かない。

なりたち 象形

二本のタケのえだをえがいた字。

竹のつく漢字グループ

「竹」のグループは「かたくてあつみがある」というイメージがある。

→築830　→篤831

意味 植物の、タケ。「竹林・真竹」

難しい読み 竹刀

名まえで使う読み たか・たけ・ちく

【竹刀】しない　剣道でつかう道具。四本のわり竹をたばねて、刀の形にしたもの。例 竹刀をかまえる。

【竹▽竿】たけざお　竹のみきでつくったさお。

【竹馬の友】ちくばのとも　句 おさななじみ。

参考 「竹馬（ちく・たけうま）」は、馬の頭の形をしたものをつけた竹にまたがってあそぶ、あそび道具。

【竹林】ちくりん／たけばやし　竹が、むらがりはえているところ。竹やぶ。

下につく熟語 ＊青竹・＊▼爆竹・＊破竹

⺮－2画

【竺】

8画 人名 〈竺〉明朝

音 ジク　訓 ―

意味 ❶太い、タケ。❷「天▽竺」と書いて」インドの古いよび方。

名まえで使う読み あつ・あつし

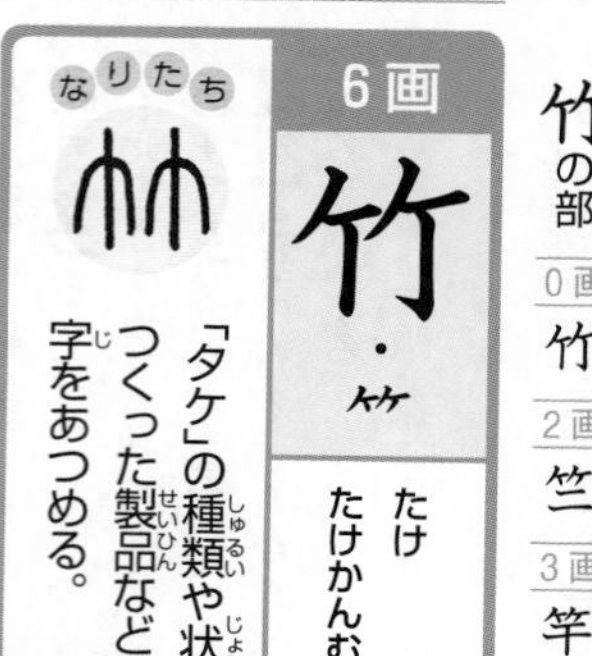

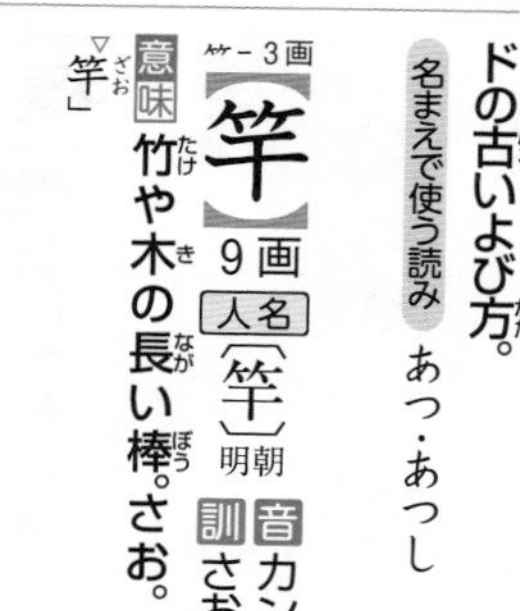

⺮－3画

【竿】

9画 人名 〈竿〉明朝

音 カン　訓 さお

意味 竹や木の長い棒。さお。「▽竿灯・▼釣り▽竿」

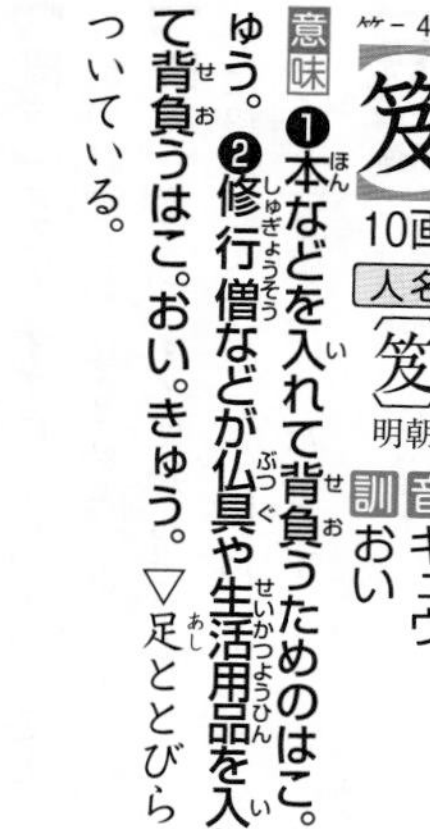

⺮－4画

【笈】

10画 人名 〈笈〉明朝

音 キュウ　訓 おい

意味 ❶本などを入れて背負うためのはこ。きゅう。❷修行僧などが仏具や生活用品を入れて背負うはこ。おい。きゅう。▽足とびらがついている。

⺮－4画

【笑】

10画 4年 〈笑〉明朝

音 ショウ＊　訓 わらう・えむ＊

笑

「竹かんむり」は3画めを右下の点にして止め、6画めは左下に短くはらう。

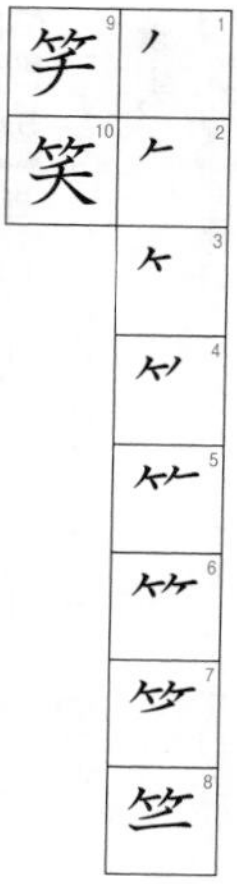

なりたち 会意

竹と夭を合わせた字。竹は、そのふしのように

丸くて細いというイメージをもつ。夭は、からだをしなやかにくねらせた人のすがた。笑は、口を細くすぼめて「ほほ」とわらうようすをあらわした。

意味 わらう。ほほえむ。「▼微笑」

難しい読み 笑顔

名まえで使う読み え・えみ・しょう

【笑顔】えがお わらっている顔。わらい顔。

【笑止】しょうし ばかばかしくて、おかしいこと。例 笑止千万。参考「千万」は、ていどがはなはだしいようす。

【笑納】しょうのう おくり物をするときに、うけとってもらうことの、けんそんした言い方。例 つまらない物ですがご笑納ください。

【笑覧】しょうらん 自分のものをほかの人に見てもらうときの、けんそんした言い方。例 ご笑覧ください。

【笑話】しょうわ 人をわらわせるようにつくられた、こっけいな内容の話。笑い話。

下につく熟語 苦笑・失笑・談笑・▼嘲笑・▼爆笑・冷笑

竹－5画

【笹】

11画 人名〔笹〕明朝 音 — 訓 ささ

なりたち 会意 国字 世（葉）と竹を合わせた字。大きな葉がめだつ「ささ」をあらわした。

意味 ささ。小形のタケ。「▽笹▼舟」

竹－5画

【笙】

11画 人名〔笙〕明朝 音 ショウ 訓 ふえ

なりたち 形声 生（すがすがしい）と竹を合わせた字。すがすがしい音を出す竹でつくった楽器をあらわした。↓生737

意味 管楽器の一つ。しょうのふえ。

竹－5画

【第】

11画 3年〔第〕明朝 音 ダイ 訓 —

第 第

「弓」を横長に。10画めは中心に書き、最後は次画に向けて左へはねてもよい。

1 ノ	2 ㇐	3 ケ	4 𥫗	5 𥫗	6 𥫗	7 笃	8 笃	9 笃	10 第	11 第

なりたち 形声 弟－竹－第

弟（下からだんだんと上にあがる）をりゃくした弟と竹を合わせた字。竹のふしが順序よくならんでいるようすをあらわした。↓弟366

意味 ❶順序。「第一位」「次第」 ❷順序をあらわすことば。 ❸試験。「▼及第・落第」

名まえで使う読み くに・だい・つき・つぎ・てい

【第一】だいいち ①いちばんはじめ。最初。②いちばんすぐれていること。例 健康が第一だ。また、いちばんたいせつなこと。③なによりも。まず。例 第一、実力に差がありすぎる。

【第一印象】だいいちいんしょう その人や物に、最初に会ったときにうける感じ。

【第一人者】だいいちにんしゃ あることについて、いちばんすぐれている人。

【第一線】だいいっせん ①戦場で、敵にいちばん近いところ。最前線。②もっとも活発におこなわれているところ。例 第一線でかつやくする。

【第一歩】だいいっぽ ①はじめのひと足。②ものごとのいちばんはじめ。例 実現への第一歩。

【第三者】だいさんしゃ あるものごとに、じかに関係していない人。対 当事者

【第六感】だいろっかん 目・耳・鼻・舌・ひふで感じる感覚（＝五感）のほかにある、ものごとのほんとうのすがたを感じとる心のはたらき。かん。例 第六感がはたらく。

竹－5画

【笛】

11画 3年〔笛〕明朝 音 テキ 訓 ふえ

※上にくる音により「ぶえ」ともよむ。

笛 笛

「竹」は「由」より横広。「由」は下にせばめ、9画めは8画めの上にはっきり出す。

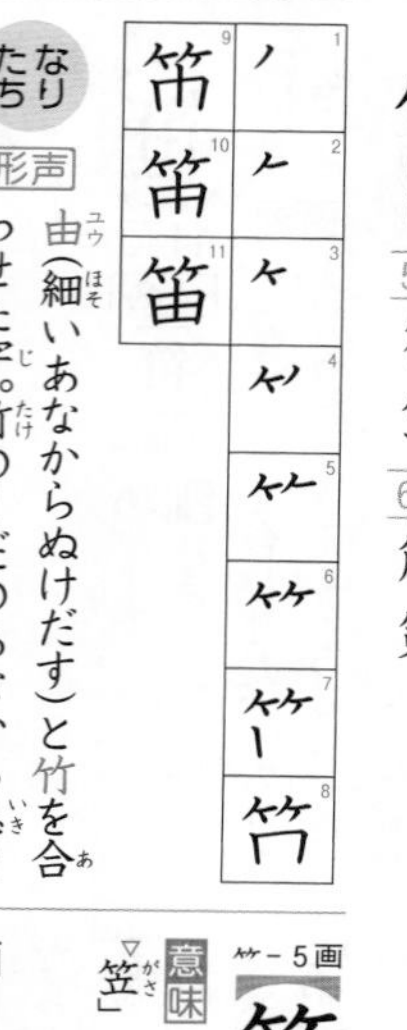

なりたち 形声 由(細いあなからぬけだす)と竹を合わせた字。竹のくだのあなから息を出してふく「ふえ」のこと。→由743

意味 ふえ。「汽笛・口笛」

【笛▼吹けども▼踊らず】ふえふけどもおどらず 句 いくらさそっても、いっこうに人がこたえてくれないたとえ。参考 キリスト教の「聖書」の中のことば。

下につく熟語 草笛・警笛・*鼓笛・縦笛・角笛・▼喉笛・麦笛・霧笛・横笛

⺮－5画

【符】

11画 常用 〔符〕明朝 音 フ 訓 —

なりたち 形声 付(くっつく)と竹を合わせた字。二つがぴたりとくっつく竹のふだ(わりふ)をあらわした。→付57

意味 ❶しるし。「符号」 ❷ふだ。「切符」

1【符号】ふごう しるし。記号。例 プラスの符号。

2【符合】ふごう 二つ以上のものがぴったりと合うこと。例 ふたりの話が符合する。

下につく熟語 音符・*感嘆符・疑問符・休止符・▼符・護符

⺮－5画

【笠】

11画 人名 〔笠〕明朝 音 リュウ 訓 かさ

意味 スゲなどであんだ、頭にかぶるかさ。「花▽笠」

⺮－6画

【筋】

12画 6年 〔筋〕明朝 音 キン 訓 すじ

「月」を細長くして、「力」の方をややはば広く書く。

なりたち 会意 竹と月(=肉)と力を合わせた字。竹にはふしがあり、肉にはすじがあり、力はうでをすじばらせて出す。ふしやすじのある三つのものを合わせて「すじ」のいみをあらわした。

意味 ❶からだのすじ。きんにく。「筋力」 ❷線のようにつづくもの。すじ。「血筋」

【筋骨】きんこつ きんにくとほね。また、からだつき。例 たくましい筋骨。

【筋肉】きんにく 動物のほねについたり、内臓のかべをつくったりするもの。のびちぢみしてからだを動かすはたらきをする。

【筋力】きんりょく きんにくの力。例 ずっと横になっていて、筋力が低下する。

【筋金】すじがね ①じょうぶにするために入れる、金属の線や棒。②考えをささえるしっかりしたもの。例 筋金入り(=ある考えにささえられ、しっかりしていること)。

【筋道】すじみち ①ものごとの道理。例 筋道の通った考え。②ものごとをする順序。例 筋道を立てて説明する。

【筋目】すじめ ①紙やぬのなどをおったときにできる線。おり目。②ものごとの道理。例 筋目を通す。③家がら。例 筋目の正しい家。

上につく熟語 *筋交い・*筋書き・*筋立て・*筋▼違い・*筋向かい

下につく熟語 青筋・▼粗筋・*大筋・川筋・首筋・背筋(せすじ・はいきん)・鉄筋・鼻筋・腹筋・*一筋・本筋・道筋

⺮－6画

【策】

12画 6年 〔策〕明朝 音 サク 訓 —

9画めをはば広く。10画めははねてもよく、11・12画めとの接点は9画めの下。

なりたち 形声 朿 竹 → 策

るいみ)」。「ハンムラビ法典」に出てくることば。

朿(ぎざぎざしている)と竹を合わせた字。ぎざぎざしたむちのこと。また、竹のふだをかさねて、ひもでつないだたんざくのこと。→刺135

意味 **はかりごと。計画。**「策略・国策」

名まえで使う読み かず・さく・つか

【策士】 さくし　はかりごとを考えるのが、じょうずな人。**例** 策士策におぼれる。

【策動】 さくどう　ひそかに計画して行動すること。

【策▼謀】 さくぼう　よくないことをたくらむこと。また、そのたくらみ。**例** 策謀をめぐらす。

【策略】 さくりゃく　はかりごと。計略。**例** 敵の策略にのる。

【策を▼弄する】 さくをろうする　**句** あれこれくふうして、手のこんだ計略を立てる。**例** 策を弄して、かえってしっぱいする。

下につく熟語 画策・金策・散策・*▼施策・失策・術策・政策・善後策・対策・得策・*万策・秘策・方策

竹−6画

【筍】 12画 表外 〔筍〕明朝

音 ジュン　**訓** たけのこ

意味 **たけのこ。竹の新しい芽。**

竹−6画

【筑】 12画 人名 〔筑〕明朝

音 チク　**訓** —

意味 **楽器の名。琴ににていて、弦を竹の棒でたたいてならす。**

名まえで使う読み つき

竹の部 たけ・たけかんむり
6画 筍・筑・答・等

竹−6画

【答】 12画 2年 〔答〕明朝

音 トウ　**訓** こたえる・こたえ

※上にくる音により「ドウ」ともよむ。

7・8画めの「へ」は左右に長くはらい、9画めはそれと接してもかまわない。

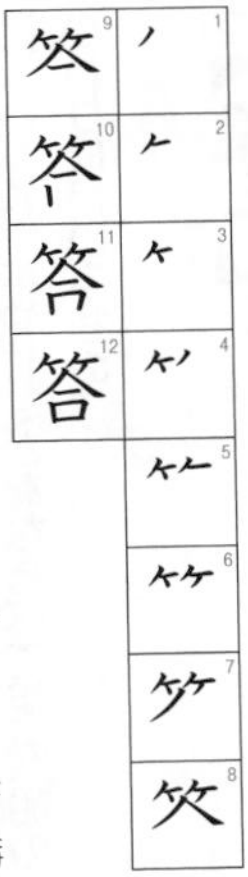

なりたち 会意　合(あわせる)と竹を合わせた字。竹の入れものに、ぴったりと合うふたをかぶせるようすを図にして、あいての問いに合わせて「こたえる」ことをあらわした。

意味 **こたえる。こたえ。へんじ。**「返答」

名まえで使う読み さと・とう・とし・とみ・とも・のり

【答案】 とうあん　試験などの問題にたいする答え。また、答えを書いた紙。**例** 答案用紙。

【答辞】 とうじ　式のとき、お祝いのことばにこたえてのべることば。**例** 代表で卒業生の答辞を読む。

【答申】 とうしん　上役や役所などからのそうだんに、答えや意見をのべること。**例** 国語審議会の答申。

【答弁】 とうべん　質問にこたえること。また、その答え。**例** 大臣の答弁をもとめる。

【答礼】 とうれい　あいてからうけた礼にたいして、礼をかえすこと。また、その礼。

下につく熟語 一問一答・応答・回答・解答・確答・*口答・自問自答・▼贈答・▼即答・筆答・名答・明答・問答

竹−6画

【等】 12画 3年 〔等〕明朝

音 トウ　**訓** ひとしい

※上にくる音により「ドウ」ともよむ。

「寺」の横画は9画めを一番長くし、さらに「竹」の横はより長く書くとよい。

なりたち 形声　寺(じっと止まる)と竹を合わせた字。竹のふだをひもでとめてそろえるようすを図にして、同じものをそろえてととのえることをあらわした。→寺307

意味 ❶**ひとしい。同じ。**「等分・平等」❷**じゅんい。**「等級・一等」❸**…など。…ら。ほかにも同じものがあることをあらわすことば。**

名まえで使う読み しな・たか・とう・とし・とも・ひとし

【等圧線】 とうあつせん　天気図で、気圧の同じ地点をむすんだ線。

こたえ　歯には歯を。「目には目を歯には歯を(＝害をくわえられたら，それにみあうしかえしをす

【等温線】とうおんせん 天気図で、同じ温度の地点をむすんだ線。

【等外】とうがい きまった等級や順位の中にはいらないこと。例 等外におちる。

【等級】とうきゅう ものごとをいくつかの段階に分けて、よしあしを区別したもの。例 上中下の等級に分ける。

【等号】とうごう 二つの数・式が、ひとしいことをあらわすしるし。イコール。「＝」。対 不等号

【等高線】とうこうせん 地図で、海面から同じ高さの地点をむすんだ線。

【等式】とうしき 二つの数または式を、等号でむすんだもの。対 不等式

【等質】とうしつ 成分や性質がどの部分もひとしいこと。

【等身大】とうしんだい 人の身長と同じ大きさ。例 等身大の人形。

【等分】とうぶん 同じ大きさや同じ数に、分けること。例 おかしを等分する。

【等量】とうりょう 分量がひとしいこと。同じ量。同量。例 水と等量のしょうゆを入れる。

下につく熟語 下等・均等・高等・上等・初等・*親等・対等・同等・特等・優等・▼劣等

竹－6画

【筒】

12画 常用 〔筒〕明朝

音 トウ 訓 つつ

なりたち 形声 同（穴をつき通す）と竹を合わせた字。竹のふしをつきぬいた「つつ」のこと。→同197

意味 つつ。くだ。「円筒」

【筒口】つつぐち つつの先のほう。

【筒▼袖】つつそで 着物のそでで、たもとのないつつのような形のもの。また、その着物。

下につく熟語 水▼筒・*茶▼筒・▼封筒

竹－6画

【筈】

12画 人名 〔筈〕明朝

音 ― 訓 はず

意味 ❶矢のはしにある、弓のつるをうけるみぞ。「矢▽筈」 ❷結果が当然そうなるということをあらわすことば。

竹－6画

【筏】

12画 表外 〔筏〕明朝

音 バツ 訓 いかだ

意味 いかだ。木や竹などをならべて組み、船のかわりに用いるもの。

竹－6画

【筆】

12画 3年 〔筆〕明朝

音 ヒツ 訓 ふで

※上下にくる音により「ピツ」「ヒッ」ともよむ。

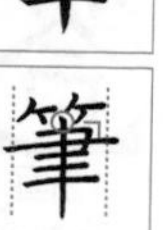

「⺻」は横画の間は等しく。8画めを長く、12画めは中心をつらぬいて下へ長く。

なりたち 会意 聿と竹を合わせた字。聿は、手でふでを立ててもつすがた。筆は、毛のたばに竹の「え」をつけたふでをあらわした。

意味 ❶ふで。「毛筆」 ❷（ふでで）書く。「筆順」 ❸（ふでで）書いたもの。文章。「絶筆」

難しい読み 筆無精・筆不精・筆忠実

【筆記】ひっき 書きしるすこと。

【筆算】ひっさん 書いて計算すること。

【筆紙】ひっし ふでと紙。例 筆紙に尽くしがたい（＝文章ではじゅうぶんにあらわせない）。

【筆写】ひっしゃ 書きうつすこと。書写。

【筆者】ひっしゃ ある文章や文字などを書いた人。

〇△先生サイン会

筆者

【筆順】ひつじゅん 文字、とくに漢字を書くときの順序。

【筆勢】ひっせい 文字や絵の上にあらわれる、ふでのいきおい。ふでづかい。例 力強い筆勢。

【筆▼跡】ひっせき 書かれた文字。また、そのと

くちょう、書きぐせ。例 筆跡をしらべる。
【筆舌】ひつぜつ 書くことと、話すこと。
【筆舌に▼尽くしがたい】ひつぜつにつくしがたい 句 文章やことばでは、とてもいいあらわすことができない。例 親をなくしたかなしみは、筆舌に尽くしがたい。
【筆談】ひつだん 口で話すかわりに、紙に字を書いて話をすること。
【筆答】ひっとう 文字で書いて答えること。
【筆頭】ひっとう 書きならべた名前の一番め。また、一番めのおもだった人・もの。例 筆頭者。
【筆法】ひっぽう ①習字のときの、ふでのはこび方や動かし方。例 みごとな筆法。②ものごとのやり方。例 いつもの筆法でだまされた。
【筆力】ひつりょく ①書かれた文字や文章のいきおい。②文章を書く力。例 君は筆力がある。
【筆先】ふでさき ①ふでの先のほう。②ふで書くことば。文章。例 筆先だけの謝罪。
【筆箱】ふでばこ えんぴつやけしゴムなどの筆記用具を入れる箱。ふで入れ。
【筆無精・筆不精】ふでぶしょう 手紙などを書くことを、めんどうがること。また、そのような人。

下につく熟語 悪筆・運筆・絵筆・▼鉛筆・加筆・健筆・▼硬筆・直筆・▼執筆・自筆・＊主筆・▼朱筆・＊真筆・▼随筆・代筆・達筆・特筆・肉筆・＊一筆(ひっ・ひと・ふで)・文筆・末筆・万年筆・乱筆

竹-7画
【節】
13画 4年
竹-9画 【節】 15画 人名 〈節〉明朝

音 セツ・セチ＊
訓 ふし
※上下にくる音により「セッ」「ぶし」ともよむ。

「即」は「卩」の方を下げる。11画めは止める。13画めは止めてもよい。

なりたち 形声 竹＋即→節(節)
もとの字は「節」。即と竹を合わせた字。卩は、ひざをまげた人のすがた。おれ目がつくというイメージをもつ。それと皀(ごちそうをもったうつわ)を合わせた即は、ひざをまげて、ごちそうを食べるようす。節は、足がひざのところでまがるように、一だんずつくぎれる竹のふしをあらわした。

意味 ❶もののつぎめ。ふし。「関節」❷ものの一区切り。「音節」❸音楽のちょうし。「曲節・節回し」❹気候のかわりめ。「節分」❺ころをかえないこと。「忠節」❻ほどよくする。おさえる。「調節・節約」❼いわいの日。

名まえで使う読み お・さだ・せつ・たか・たかし・たけ・とき・とも・のり・ふ・ふし・ほど・まこと・みさ・みさお・みね・もと・よ・よし

【節句・節供】せっく 季節のかわりめをいわう行事。また、その日。例 桃の節句。
【節減】せつげん 節約して、つかう量をへらすこと。例 経費節減する。
【節食】せっしょく 食べる量を、へらすこと。
【節水】せっすい 水を節約してつかうこと。
【節制】せっせい ものごとをひかえめにすること。ほどよくすること。例 食事の量を節制する。

使い分け せっせい 節制・摂生
【節制】欲求をひかえめにすること。度をこさないようにすること。例 あまいおかしを節制する。
【摂生】健康のために生活に気をつけること。養生。例 摂生につとめる。

漢字クイズ 秋になると、心にはどんな気もちが出てくるのでしょう。

竹(たけ・たけかんむり)の部 7画 節

6画

【節操】せっそう　自分の考えや立場を、かたくまもってかえないこと。例 節操をまもる。

【節電】せつでん　電気を節約してつかうこと。

【節度】せつど　(ことばやおこないが)ちょうどよいていど。例 節度ある態度。

【節分】せつぶん　①季節のかわりめ。立春・立夏・立秋・立冬の前の日。②とくに、立春の前の日。参考 わざわいや病気をはらう、豆まきをする風習がある。

【節約】せつやく　むだづかいをやめること。倹約。例 こづかいを節約する。

【節を曲げる】せつをまげる　句 それまでまもってきた自分の信念をかえる。

【節目】ふしめ　①木や竹などの節のあるところ。②区切りとなるところ。例 人生の節目。

下につく熟語 *一節(いっせつ・ひとふし)・季節・*苦節・使節・時節・章節・文節・*変節・末節・礼節

⺮－8画

【箇】

14画 常用 〔箇〕明朝

音 カ　訓 —

なりたち 形声 固(かたい)と竹を合わせた字。かたいものをかぞえることばをあらわした。→古189

意味 ❶**物をかぞえるときにつかうことば。**「三箇月」 ❷**ものごとを、一つ一つさししめすことば。**「箇所」

注意 「個」とまちがえないこと。

名まえで使う読み か・かず・こ・とも

【箇所】かしょ　あるかぎられたところや部分。

【箇条】かじょう　いくつかに分けて書きならべるときの、一つ一つのことがら。例 箇条書き。

⺮－8画

【管】

14画 4年 〔管〕明朝

音 カン　訓 くだ

「⺮」は「竹」より横広に。10画めの下を少し出す。「コ」は下の方をやや大きく。

なりたち 形声 官(まわりをまるくとりまく)と竹を合わせた字。まるくとりまいている竹のくだをあらわした。→官290

意味 ❶**くだ。**「血管」 ❷**とりしまる。**「管理」

注意 「官」とまちがえないこと。

名まえで使う読み うち・かん・すげ

【管轄】かんかつ　政府や役所などが、とりしまりさしずすること。また、そのはんい。

【管楽器】かんがっき　くだの中に、息をふきこんで音を出す楽器。参考 木管楽器と金管楽器がある。

【管弦楽】かんげんがく　管楽器・弦楽器・打楽器などで、えんそうする音楽。オーケストラ。

【管制】かんせい　①政府が、人々の自由な活動を禁止したり制限したりすること。例 報道管制をしく。②空港で、飛行機などの離着陸などについて、さしずをすること。例 管制塔。

使い分け　かんせい　管制・官製

【管制】①非常時に、政府が強制的に行動を管理、制限すること。②飛行機の離着陸などについて、指示をすること。例 管制塔からの指示を待つ飛行機。

【官製】政府がつくったもの。例 官製はがきに書く。

【管内】かんない　ある役所などの、うけもちのはんいの中。例 警察署管内の事件。

【管理】かんり　よい状態をたもてるように、全体に気をくばり、とりしまること。例 マンションの管理人。

下につく熟語 移管・気管・所管・*鉄管・土管・配管・保管

竹－8画

【箕】 14画 人名 〈箕〉明朝 音キ 訓み

意味 穀物(こくもつ)のからやごみをとりのぞくための、ちりとりの形(かたち)をした農具(のうぐ)。み。「▽唐(とう)▽箕(み)」

名まえで使う読み み・みる

竹－8画

【算】 14画 2年 〈算〉明朝 音サン 訓—

※上(うえ)にくる音(おん)により「ザン」ともよむ。

算 算

「目」は縦長(たてなが)。12画(かく)めを長(なが)く。13・14画(かく)めは「目」と接(せっ)しても接(せっ)しなくてもよい。

1 ノ	2 𠂉	3 ⺈	4 𠂉𠂉	5 ⺮	6 ⺮	7 竹	8 竹
9 筲	10 筲	11 筸	12 筸	13 笪	14 算		

なりたち 会意 廾(=具(ぐ)。そろえる)と竹(たけ)を合(あ)わせた字。竹の棒(ぼう)をそろえてかぞえるようすをあらわした。

意味 ❶かぞえる。「計算(けいさん)」 ❷そんかとくか、かんがえる。「算(さん)段(だん)・打算(ださん)」 ❸みこみ。「勝算(しょうさん)」

難しい読み 算▼盤(そろばん)

名まえで使う読み かず・さん・とも

【算木】さんぎ ①むかし、日本(にほん)や中国(ちゅうごく)で計算(けいさん)につかった、小(ちい)さな四角(しかく)い柱(はしら)のような木。②易(えき)でつかう、六本(ろっぽん)の細長(ほそなが)く四角(しかく)い木。

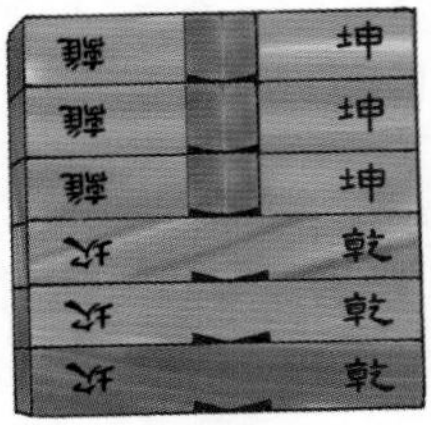

算木(さんぎ)②

【算出】さんしゅつ 計算(けいさん)して答(こた)えを出(だ)すこと。例 一年(ねん)の食費(しょくひ)を算出(さんしゅつ)する。

【算数】さんすう 小学校(しょうがっこう)で勉強(べんきょう)する、初歩(しょほ)の数学(すうがく)。参考 むかしは「算術(さんじゅつ)」といった。

【算段】さんだん 方法(ほうほう)をあれこれと考(かんが)えたり、くふうしたりすること。例 外出(がいしゅつ)する算段(さんだん)がつかない。

【算定】さんてい 計算(けいさん)してきめること。例 全(ぜん)体(たい)でいくらかかるかを算定(さんてい)する。

【算用数字】さんようすうじ 算数(さんすう)のときにつかう、1・2・3などの数字(すうじ)。アラビア数字(すうじ)。

【算▼盤】そろばん ①日本(にほん)や中国(ちゅうごく)で計算(けいさん)につかう道具(どうぐ)。②計算(けいさん)。例 算盤(そろばん)が合(あ)わない(=採算(さいさん)がとれない)。

下につく熟語 暗算(あんざん)・*運算(うんざん)・▼概算(がいさん)・加算(かさん)・合算(がっさん)・▼換算(かんさん)・起算(きさん)・逆算(ぎゃくさん)・決算(けっさん)・検算(けんざん)・公算(こうさん)・誤算(ごさん)・採算(さいさん)・▼珠算(しゅざん)・成算(せいさん)・清算(せいさん)・精算(せいさん)・通算(つうさん)・筆算(ひっさん)・目算(もくさん)・予算(よさん)・*和算(わさん)

竹－8画

【箋】 14画 常用 〈箋〉明朝 音セン 訓—

なりたち 形声 戔(サン・小(ちい)さい)と竹(たけ)を合(あ)わせた字(じ)。小(ちい)さい竹のふだをあらわした。 ↓残629

意味 ❶小(ちい)さくけずった竹(たけ)のふだ。「付(ふ)▼箋(せん)」 ❷手紙(てがみ)や詩(し)を書(か)くのにつかう、はばのせまいうつくしい紙(かみ)。「一筆(いっぴつ)▼箋(せん)」

竹－8画

【箔】 14画 人名 〈箔〉明朝 音ハク 訓—

※上(うえ)にくる音(おん)によって「パク」ともよむ。

意味 ❶すだれ。❷金(きん)や銀(ぎん)などを、たたいてうすくひきのばしたもの。「金(きん)▽箔(ぱく)」

【▽箔が付く】はくがつく 句 ねうちがあがる。例 フランスで修業(しゅぎょう)して、料(りょう)理人(りにん)としての箔(はく)が付(つ)いた。

竹－9画

【箱】 15画 3年 〈箱〉明朝 音— 訓はこ

※上(うえ)にくる音(おん)により「ばこ」ともよむ。

箱 箱

「相」は「竹」より横広(よこひろ)に。「目」の中(なか)の横画(よこかく)は12画(かく)めと接(せっ)していなくてもよい。

1 ノ	2 𠂉	3 ⺈	4 𠂉𠂉	5 ⺮	6 ⺮	7 竺	8 竿
9 笇	10 笜	11 箱	12 箱	13 箱	14 箱	15 箱	

なりたち 会意 相(ソウ)(向(む)かい合(あ)う)と竹(たけ)を合(あ)わせた字(じ)。車(くるま)の右(みぎ)と左(ひだり)につけた竹(たけ)かごをあらわした。のち、物(もの)を入(い)れるはこのいみにもちいた。 ↓相775

意味 はこ。「木箱(きばこ)・宝石箱(ほうせきばこ)」

こたえ うれ(愁)い(=もの悲(がな)しい思(おも)い)が出(で)てくる。(秋＋心)。

【箱庭】はこにわ　はこの中に、土や砂や模型で、自然のけしきをかたどったもの。

下につく熟語 *小箱・私書箱・重箱・巣箱・*玉手箱・筆箱・本箱

箱庭(はこにわ)

竹－9画

【箸】15画 常用

〔箸〕明朝　音 ——　訓 はし

※上にくる音によって「ばし」ともよむ。

なりたち 形声 者(一か所にくっつける)と竹を合わせた字。食べ物にくっつけてはさみとる「はし」をあらわした。→者873

意味 食事の時につかう、はし。「箸箱」

参考 はしは、一膳、二膳、…と数える。

名まえで使う読み あき・あきら・つく

下につく熟語 *菜箸・*火箸

竹－9画

【範】15画 常用

〔範〕明朝　音 ハン　訓 ——

※上にくる音によって「パン」ともよむ。

なりたち 形声 笵(おおいかぶせるわく)をりゃくしたものと車を合わせた字。笵は、氾(ハン)(わくからはみ出る)と竹を合わせて、材料がはみ出ないようにかぶせるわくをあらわした。範は、車の前のはこが落ちないようにしたわくをあらわした。

意味 ❶てほん。「模範」 ❷かぎられた、わく。かた。「範囲」

名まえで使う読み すすむ・のり・はん

【範囲】はんい　あるかぎられた広がり。また、その中。例 予算の範囲でつかう。

【範を垂れる】はんをたれる 句 模範をしめす。自分から先に立って、手本となることをする。

下につく熟語 規範・*広範・師範・垂範・典範

竹－9画

【篇】15画 人名

〔篇〕明朝　音 ヘン　訓 ——

※上にくる音により「ペン」ともよむ。

意味 ❶文字を書くためのたいらなふだ。また、本。「篇籍・長篇」 ❷詩や文を数えることば。 ❸本や文書の部分け。「続篇」

参考 ふつう「編」に書きかえる。「長篇→長編」「短篇→短編」

名まえで使う読み あむ・かく

竹－10画

【築】16画 5年

〔築〕明朝　音 チク　訓 きずく

※下にくる音により「チッ」ともよむ。

13画めを長く。14画めははねても、16画めは止めても、「木」は「ホ」でもよい。

なりたち 形声 竹(かたくてあつみがある)と巩(工事をするようす)と木を合わせた字。木の棒で土をつきかためて、土台をつくるようすをあらわした。→竹822

意味 建物などをつくる。きずく。「築城」

難しい読み 築地・築山

【築城】ちくじょう　城をきずくこと。

【築造】ちくぞう　石がき・堤防などをきずくこと。

【築港】ちっこう　船がとまれるように港をつくること。また、その港。

【築地】ついじ　柱を立て、板をしんにして土でぬりかため、かわら屋根をつけたへい。参考 むかしは土だけでつくった。例 築地べい。

【築山】つきやま　庭をうつくしく見せるために、土をもって山の形にかたどったもの。

下につく熟語 改築・建築・*構築・修築・新築・増築

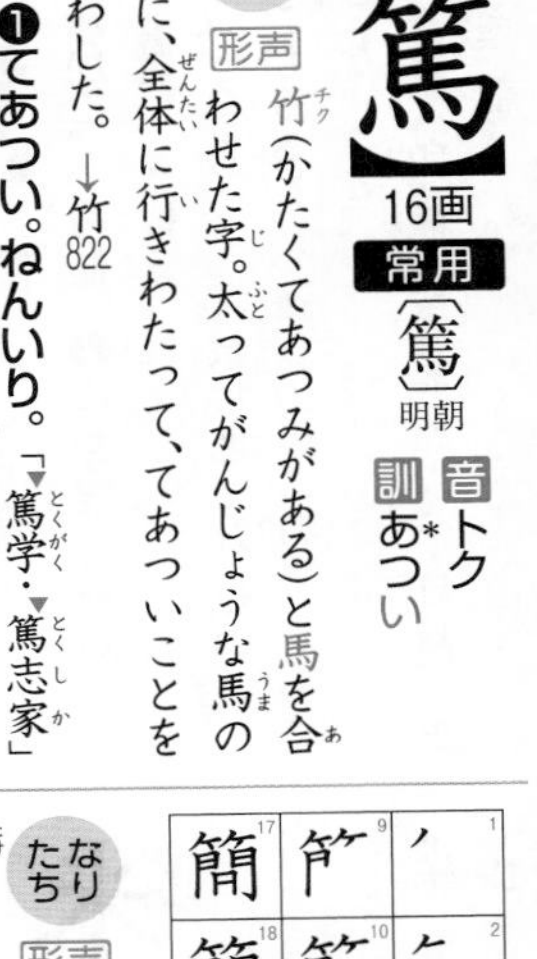

竹－10画

【篤】16画 常用 〔篤〕明朝

音 トク　訓 あつ*い

なりたち 形声 竹(かたくてあつみがある)と馬を合わせた字。太ってがんじょうな馬のように、全体に行きわたって、てあついことをあらわした。→竹822

意味 ❶てあつい。ねんいり。「▽篤学・▽篤志家」❷病気がおもい。「危▽篤・重▽篤」

名まえで使う読み あつ・あつし・しげ・すみ・とく

【▽篤学】とくがく 学問にねっしんなこと。

【▽篤志家】とくしか 社会事業などに、すすんで協力する人。例 篤志家からの寄付。

【▽篤実】とくじつ 人情にあつく、まじめなこと。

竹－11画

【篠】17画 人名 〔篠〕明朝

音 —　訓 しの

意味 植物の、ヤダケ。しの。しの竹。▽幹が細く、矢につかう。

竹－12画

【簡】18画 6年 〔簡〕明朝

音 カン　訓 —

簡　簡

「竹」と「門」はほぼ同じ横はばに。「日」を「門」の下から出さないように。

なりたち 形声 もとの字は「簡」。閒(すきまがあく)と竹を合わせた字。うすくけずった竹のふだを、すきまをあけてならべてとじたものをあらわした。→間1040

意味 ❶てがる。たやすい。「簡単」❷書いたもの。手紙。「書簡」

名まえで使う読み あきら・かん・ひろ・ふみ・やすし

【簡易】かんい てがるで、かんたんなこと。例 簡易裁判所。

【簡潔】かんけつ かんたんでむだがなく、まとまっていること。例 簡潔に説明する。

【簡素】かんそ かんたんで、かざりけのないこと。例 簡素な生活をおくる。

簡素

【簡単】かんたん こみいらず、あつかい方がてがるなこと。例 簡単な操作。

【簡便】かんべん てがるで、べんりなこと。例 簡便な方法。

【簡明】かんめい かんたんで、はっきりとしていてわかりやすいこと。例 簡明な文章。

【簡略】かんりゃく みじかくて、かんたんなこと。てみじか。例 表現を簡略にする。

竹－12画

【簞】18画 人名 〔簞〕明朝

音 タン　訓 はこ

意味 ❶竹であんだ、はこ。ひょうたんでつくった、容器。❷〔「▽簞▽笥」と書いて〕服などをしまっておく家具。

竹－13画

【簿】19画 常用 〔簿〕明朝

音 ボ　訓 —

なりたち 形声 もとの字は「簿」。溥(うすくたいらに広がる)と竹を合わせた字。文字を書くのにうすくたいらにけずった竹のふだをあらわした。→甫741 →博168

意味 ちょうめん。ノート。「名▽簿」

注意 「薄」とまちがえないこと

【簿記】ぼき お金の出し入れを帳面に書きつけて、整理する方法。

下につく熟語 *家計▽簿・*成績▽簿・帳▽簿・*通信▽簿

竹－13画

【簾】19画 人名 〔簾〕明朝

音 レン　訓 す・すだれ

意味 すだれ。竹やアシを糸であんでつらねたもの。▽日よけやへやのしきりにつかう。「玉

漢字クイズ 八つの口をもっている金属とは，なんでしょう。

竹の部（たけ・たけかんむり） 14画 籍 16画 籠 ・ 米の部（こめ・こめへん） 0画 米

▽簾・御▽簾」

名まえで使う読み きよし・せん・みす

竹－14画

【籍】 20画 常用 〔籍〕明朝

音 セキ 訓 ―

なりたち 形声 耤と竹を合わせた字。耤は、昔（かさねる）と耒（農具のすき）を合わせて、ほりおこした土を上にかさねるようす。籍は、文字を書いた竹のふだをつみかさねたもの、つまり書物をあらわした。→昔551

意味 ❶書物。「書▽籍」 ❷その人の生まれや家族の関係を書きしるした書類。「戸▽籍」 ❸ある団体にぞくしていること。「在▽籍・党▽籍」

名まえで使う読み せき・ふみ・もり・より

下につく熟語 移▽籍・学▽籍・*原▽籍・国▽籍・*除▽籍・*転▽籍・入▽籍・本▽籍

竹－16画

【籠】 22画 常用 〔籠〕明朝

音 ロウ 訓 かご・こもる

意味 ❶かご。「鳥▽籠」 ❷こもる。「▽籠城」

難しい読み ▽駕▽籠・魚▽籠

【▽籠城】ろうじょう ①敵に囲まれ、城の中にたてこもること。②建物の中に引きこもって出てこないこと。

下につく熟語 *印▽籠・*蒸▽籠（せいろう・せいろ）・灯▽籠・*虫▽籠・*薬▽籠

6画 米・⽶ こめ こめへん

なりたち 米

「こめ（＝こくもつ）」の種類や状態・性質、また、その加工食品などに関係した字をあつめる。

この部首の字

画数	字	ページ
0画	米	832
3画	籾	833
4画	粋	833
4画	粉	833
5画	粗	833
5画	粘	834
5画	粒	834
6画	粥	834
6画	粧	834
6画	粟	834
8画	粹	833
8画	精	835
9画	糊	836
10画	糖	836
11画	糠	836
11画	糞	836
12画	糧	836

ほかの部首の字 迷→辶部415 料→斗部536 奥→大部270

米－0画

【米】 6画 2年 〔米〕明朝

音 ベイ・マイ 訓 こめ・*よね

※上にくる音により「ごめ」ともよむ。

1・2画めは内向きに。4画めははねてもよい。5・6画めは4画めより下げない。

なりたち 象形 米－米 十じるしの四方にこめつぶがちらばっているすがたをえがいた字。

米のつく漢字グループ 「米」のグループは「こまかくちらばる」、また「こまかくて、見分けがつかない」というイメージがある。→迷415 →謎967

意味 ❶こめ。「白米」 ❷アメリカ、またはアメリカ合衆国のこと。「南米・米国」 参考 ❷は、アメリカを「亜米利加」「米利堅」と書いたことから。

名まえで使う読み こめ・べい・まい・みつ・よね

【米倉】こめぐら 米をたくわえておく倉庫。

【米俵】こめだわら 米を入れる、わらであんだふくろ。また、米のはいったたわら。

【米所】こめどころ よい米がたくさんとれる地方。

【米価】べいか 米のねだん。

[1]【米国】べいこく 「アメリカ合衆国」のりゃく。

[2]【米穀】べいこく 米。また、こくもつ。

【米作】べいさく ①米をつくること。②米のできぐあい。

【米寿】べいじゅ 八十八歳のこと。また、その祝い。参考「米」という字を分けると、八と十と八になることから。

【米食】べいしょく 主食に、米を食べること。

下につく熟語 欧米・*外米・玄米・新米・精米・▽渡

6画

米・*早場米

米 − 3画
【籾】
9画 人名 〔籾〕明朝
音 —
訓 もみ

なりたち 会意 国字 米と刃（は）を合わせた字。刃の先のようにとがった「もみ」をあらわした。

意味 ❶穀物の実の皮。もみがら。❷皮がついたままの米。

名まえで使う読み もみ

【迷】9画 辶部6画 ↓415ページ

米 − 4画
【粋】
10画 常用
米 − 8画 【粹】14画 人名 〔粋〕明朝
音 スイ
訓 いき

なりたち 形声 もとの字は「粹」。卒（ソツ・そろう）と米を合わせた字。めしの中に米だけがそろっていて、まじりけがないようすをあらわした。→卒166

意味 ❶まじりけがない。「純▼粋」 ❷人情をよく知っている。いき。「▼粋人」

名まえで使う読み いき・きよ・すい・ただ

【▼粋▼狂】すいきょう 人とはちがった、変わったものをこのむこと。

【▼粋人】すいじん 人情をよく知っている、風流な人。いきな人。

下につく熟語 *生▼粋・*精▼粋・▼抜▼粋・無▼粋

【料】10画 斗部6画 ↓536ページ

米 − 4画
【粉】
10画 5年 〔粉〕明朝
音 フン
訓 こ・こな

※上にくる音により「プン」ともよむ。

粉 粉

「こめへん」は、中心を右にずらし、6画めは止め、「米」の右側をそろえる。

なりたち 形声 分（フン・分けはなす）と米を合わせた字。米をばらばらに分けた「こな」をあらわした。→分128

意味 ❶こな。「粉末」 ❷こまかく、くだく。「粉砕」 ❸おしろいでかざる。「脂粉・粉▼飾」

【粉薬】こなぐすり こなになっている、くすり。

【粉粉】こなごな くだけて、ひじょうにこまかくなるようす。例 茶わんが粉々になる。 参考 ふつう「粉々」と書く。

【粉雪】こなゆき さらさらとしたこまかい雪。

【粉骨▼砕身】ふんこつさいしん 四字熟語 からだのつづくかぎり、力いっぱい努力すること。例 粉骨砕身努力する。 参考 「骨を粉にし、からだをくだく」のいみから。

【粉▼砕】ふんさい ①こなのように、こまかくくだくこと。例 粉砕機。②かんぜんにうちまかすこと。例 あいてチームを粉砕する。

1【粉食】ふんしょく 小麦粉などからつくった食品を主食とすること。

2【粉▼飾】ふんしょく うわべをかざりたてること。例 事実を粉飾する。／粉飾決算。

【粉乳】ふんにゅう 水分をとりのぞいた牛乳。粉ミルク。例 脱脂粉乳。

【粉末】ふんまつ こな。例 粉末のくすり。

下につく熟語 花粉・金粉・*小麦粉・受粉・*汁粉・製粉

米 − 5画
【粗】
11画 常用 〔粗〕明朝
音 ソ
訓 あらい

なりたち 形声 且（ソ・でこぼこ、ジグザグ）と米を合わせた字。形がでこぼこで精白されていない米をあらわした。→且21

意味 ❶あらい。くわしくない。「▼粗雑」 ❷そまつ。「▼粗食」

注意 「祖」「租」「阻」「組」とまちがえないこと。

難しい読み ▼粗壁・▼粗筋・▼粗品（しな・ひん）・▼粗相

【▼粗壁】あらかべ 土をぬったままで、しあげていないかべ。 参考 「荒壁」とも書く。

【▼粗筋】あらすじ 話・劇などのだいたいのすじ。例ドラマの粗筋。参考「荒筋」とも書く。

【▼粗悪】そあく そまつでわるいこと。例粗悪な品。

【▼粗衣】そい そまつな着物。例粗衣粗食（＝つつましいくらしのたとえ）。

【▼粗雑】そざつ おおざっぱで、いいかげんなこと。例粗雑な仕事ぶり。対精密

【▼粗品】そしな／そひん ①そまつな品物。②人におくる品物を、へりくだっていうことば。

【▼粗食】そしょく そまつな食事。例粗食だが、健康によい。

【▼粗製】そせい ぞんざいにつくること。対精製

【▼粗製▼濫造】そせいらんぞう 四字熟語 いいかげんなつくりの品物を、むやみやたらにたくさんこしらえること。参考「濫造」は、やたらに多くつくること。「乱造」とも書く。

【▼粗相】そそう ①不注意のために、あやまちをおかすこと。また、そのあやまち。例くれぐれも粗相のないように。②大小便をもらすこと。

【▼粗大】そだい あらくて大きなようす。例粗大ごみ。

【▼粗茶】そちゃ そまつな茶。参考客に出す茶を、へりくだっていうことば。

【▼粗暴】そぼう あらあらしくて、らんぼうなこと。例粗暴な性質。

【▼粗末】そまつ ①つくり方があらく、質がわるいこと。例粗末な品。②だいじにしないこと。例お金を粗末にしてはいけない。

【▼粗野】そや ことばや態度が、あらあらしくていやしいこと。例粗野なふるまい。

【▼粗略】そりゃく おろそかにすること。いいかげんなこと。例粗略にあつかう。

米－5画

【粘】

11画 常用 〔粘〕明朝 音ネン 訓ねばる

なりたち 形声 占（くっつく）と米を合わせた字。もち米のようにくっついてねばることをあらわした。→占169

意味 ねばる。ねばりつく。「▼粘着」

【▼粘液】ねんえき ねばねばした、しる。

【▼粘着】ねんちゃく ねばりつくこと。例粘着力。

【▼粘土】ねんど 岩石がひじょうにこまかく分解してできた、ねばりけのある土。例粘土で工作をする。

【▼粘膜】ねんまく 鼻・口・内臓などの内がわの表面をおおっている、うすくてやわらかなまく。例胃の粘膜があれる。

米－5画

【粒】

11画 常用 〔粒〕明朝 音リュウ 訓つぶ

なりたち 形声 立（同じようなものがそろってならぶ）と米（こめ）を合わせた字。同じ形をしてならんでいる米などのつぶをあらわした。→立815

意味 つぶ。「▼粒子・砂▼粒」

【▼粒子】りゅうし ①物をかたちづくっている、ひじょうに小さなつぶ。②画像をつくりだす小さな点。

【▼粒▼粒▼辛苦】りゅうりゅうしんく 四字熟語 ものごとをするのに、ひじょうに苦労すること。例粒々辛苦の末、司法試験に合格した。

参考 ふつう「粒々辛苦」と書く。

下につく熟語 大粒・小粒・*米粒・飯粒

米－6画

【粥】

12画 人名 〔粥〕明朝 音シュク 訓かゆ

意味 多めの水で米をにた食べ物。かゆ。

米－6画

【粧】

12画 常用 〔粧〕明朝 音ショウ 訓 —

意味 かざる。よそおう。「化▼粧」

米－6画

【粟】

12画 人名 〔粟〕明朝 音ゾク 訓あわ

意味 ❶穀物のなかまをまとめたよび名。❷穀物の、アワ。

名まえで使う読み あわ

う。

【奥】12画 大部9画 → 270ページ

米－8画

【精】

14画 5年

精 精 〈精〉明朝

音 セイ・ショウ*
訓 ―

7・9画めは同じ長さで10画めを長く。11画めは左下にはらっても誤りでない。

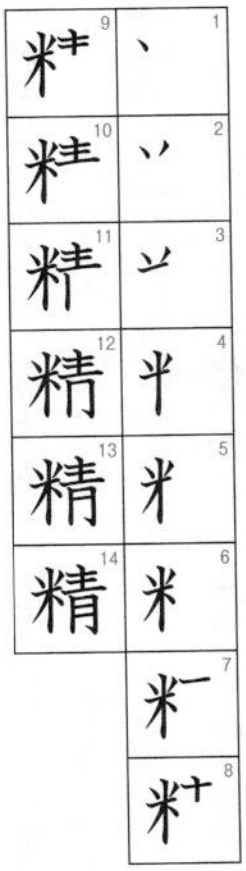

なりたち 形声 青(すみきってよごれがない)と米(こめ)を合わせた字。げん米をついてきれいにした白米をあらわした。→青1057

意味 ❶米をついて白くする。「精米」❷くわしい。こまかい。「精密」❸すぐれている。「精▼鋭」❹こころ。「精神」❺体力・気力のもとになるもの。「精力」❻まじりけがない。「精製・精油」

難しい読み 精進・精▼霊(せい・れい・しょう・りょう)

名まえで使う読み あき・あきら・きよ・きよし・くわし・しげ・しょう・すぐる・せい・ただ・ただし・つとむ・ひとし・まこと・まさし・よし

【精進】しょうじん ①いっしょうけんめい努力すること。例 おごることなく精進する。②肉類を食べないで、やさいだけを食べること。例 精進料理。③からだや心をきよめて、おこないをつつしむこと。

【精▼鋭】せいえい ①いきおいがさかんですぐれていること。また、その人。②とくに、えらばれた強い兵士。例 精鋭部隊。／人数は少ないが、少数精鋭でいどむ。

【精液】せいえき 人間の男性や動物のおすのからだから出る、精子をふくんだ液。

【精確】せいかく くわしくてたしかなこと。使い分け せいかく「正確・精確」→(624ページ)

【精気】せいき 生き生きとした活動のもとになる力。例 精気あふれる若者。

【精勤】せいきん 仕事や勉強に、まじめにはげむこと。例 精勤賞。

【精▼巧】せいこう こまかなところまで、よくできていること。例 精巧な時計。

[1]【精根】せいこん ありったけの元気と力。例 精根つきはてる。

精根

[2]【精▼魂】せいこん たましい。精神。例 仕事に精魂をこめる。

【精細】せいさい くわしくてこまかいこと。例 風景を精細にえがく。

【精▼彩を欠く】せいさいをかく 句 生き生きとしたところが見えない。元気がない。参考 ㋐「精彩」は、生き生きしているようすがきわだっていること。㋑「生彩を欠く」とも書く。

【精▼彩を放つ】せいさいをはなつ 句 はつらつとしていて、ほかのものとくらべてすぐれたところが目立つようす。参考「生彩を放つ」とも書く。

【精算】せいさん 費用などを、くわしく計算すること。例 運賃の精算。対 概算 使い分け せいさん「清算・精算・成算」→(674ページ)

【精神】せいしん ①人間の心。たましい。例 精神を集中する。対 肉体 ②もとになるたいせつな意義・目的。例 オリンピックの精神。

【精神一▼到何事か成らざらん】せいしんいっとうなにごとかならざらん 故事成語 心をこめていっしょうけんめいにやれば、どんなことでもなしとげられるということ。参考「一到」は、一つのことに集中すること。「成らざらん」は、できないことはないといういみ。

【精神的】せいしんてき 精神に関係するようす。また、精神について重んじるようす。例 精神的につかれた。／精神的支柱。

【精製】せいせい ①まじりけのない、品質のよいものにすること。例 砂糖を精製する。②とくに念入りにつくること。対 粗製

【精選】せいせん たくさんの中から、とくによいものをえらび出すこと。

【精通】せいつう ①そのものごとについて、くわしく知っていること。例 地理には精通している。②男性がはじめてけいけんする射精。

漢字クイズ 十二支の第一は「ねずみ」。これを漢字であらわすと，なんの字をあてるでしょ

米の部（こめ・こめへん）
9画 糊
10画 糖
11画 糠・糞
12画 糧

【精度】せいど　測定の方法や計器などの、精密さのていど。例 精度が高い。

【精読】せいどく　本や書類などを、すみずみまで気をつけて、ていねいに読むこと。例 教科書を精読する。

【精白】せいはく　米や麦などをついて、うす皮をとり白くすること。例 玄米を精白する。

【精米】せいまい　玄米をついて、白くすること。また、その米。例 精米機。

【精密】せいみつ　こまかくて、くわしいこと。例 胃の精密検査。対 粗雑

【精油】せいゆ　①石油から不純物をとりのぞいて、良質の石油をつくること。また、その石油。例 精油所。②植物の花や葉などからとれる、かおりのよい油。

【精力】せいりょく　からだや心をはたらかせるもとになる力。例 勉強に精力を注ぐ。

【精力的】せいりょくてき　元気にみちてつかれを見せないようす。ものごとを次々と積極的におこなうようす。例 精力的にこなす。

【精励】せいれい　いっしょうけんめい仕事にはげむこと。例 家の仕事に精励する。

【精霊】一 せいれい　草・木や山・川などにやどっているとされる、たましい。二 しょうりょう　死者のたましい。例 精霊流し。

1 【精練】せいれん　①動植物のせんいから不純物をとりのぞくこと。②→「精錬②」

2 【精錬】せいれん　①鉱石からとり出した金属を、まじりけのないものにすること。②（よく練習して）きたえあげること。精練。

【精を出す】せいをだす　句 いっしょうけんめいはたらく。例 畑仕事に精を出す。

下につく熟語 受精・*人工授精・丹精・無精

糊

米−9画　15画　人名　〔糊〕明朝　音 コ　訓 のり

意味 ❶ものをくっつける、のり。▽米の粉をといてつくる。❷〔「模▽糊」と書いて〕あいまいなようす。

名まえで使う読み のり

【▽糊▽塗】こと　いちじしのぎに、ごまかすこと。例 その場を糊塗する。

糖

米−10画　16画　6年　〔糖〕明朝　音 トウ　訓 —

11画めは10画めの右に出す。
13画めは10画めの上に出し、12画めの下に出ない。

なりたち 形声　唐（トウ）（大きく広げる）と米を合わせた字。米などに熱を加え、はり広げてどろどろにした食品、「さとう」をあらわした。→唐211

意味 さとう。あまみのあるもの。「糖類」

【糖尿病】とうにょうびょう　血液中の糖分がふえて、つかわれないまま尿に出てくる病気。

【糖分】とうぶん　物に成分としてふくまれている、さとうのなかま。

下につく熟語 *果糖・砂糖・製糖・麦芽糖

糠

米−11画　17画　表外　〔糠〕明朝　音 コウ　訓 ぬか

意味 ぬか。米や麦を精白したときに出るこな。「米▽糠」

【▽糠雨】ぬかあめ　ぬかのように細かくふる雨。小糠雨。

【▽糠に▽釘】ぬかにくぎ　句 いくらほねをおっても手ごたえや効きめのないことのたとえ。

【▽糠喜び】ぬかよろこび　せっかく喜んでいたのに、あてがはずれて喜びがむだになること。

糞

米−11画　17画　表外　〔糞〕明朝　音 フン　訓 くそ

意味 くそ。大便。「▽糞▽尿」

【▽糞▽尿】ふんにょう　大便と小便。

糧

米−12画　18画　常用　〔糧〕明朝　音 リョウ・ロウ　訓 かて

なりたち 形声 量(はかる)と米を合わせた字。おもさや分量をはかって食べる米をあらわした。

意味 食べ物。とくに、米。→量1017 「食▼糧・兵▼糧」

【▼糧道】りょうどう 軍隊などへ食糧をおくる道すじ。例 敵の糧道をたつ。

漢字博士になろう!

●「おおざと」と「こざとへん」

「阝」が、漢字の左がわにつくときは「こざとへん」、右がわにつくときは「おおざと」。同じ形なのになぜよび方がちがうのでしょうか。

「おおざと」は、もとは「邑」と書き、土地の区域をしめす「口」と、人がひざまずいたようす「巴」とを組み合わせた字で、人があつまってすんでいるところをあらわしています。

「こざとへん」は、もとは「阜」と書き、土地を高く、階段のようにつみあげた形をしめし、もりあがった土地をあらわしていました。

「おおざと」の漢字…都・郵・郡・部・郷など
「こざとへん」の漢字…院・階・陸・陽・降・防・除・険・隊・際・障など

6画 糸 いと いとへん

なりたち

「いと」や、糸をつくる動作、「つな」や「織物」など、糸からつくるものなどに関係した字をあつめる。

この部首の字

画数	字	ページ
0画	糸	837
1画	系	838
3画	紆	838
3画	紀	838
3画	級	839
3画	糾	839
3画	紅	839
3画	約	839
4画	紘	840
4画	紗	840
4画	索	840
4画	紙	840
4画	純	841
4画	素	841
4画	紐	842
4画	納	842
4画	紛	843
4画	紡	843
4画	紋	843
5画	経	844
5画	絃	845
5画	紺	845
5画	細	845
5画	終	846
5画	紹	847
5画	紳	847
5画	組	847
5画	紬	848
5画	絆	848
5画	累	848
6画	絵	848
6画	給	849
6画	結	849
6画	絢	850
6画	絞	850
6画	紫	850
6画	絶	851
6画	統	852
6画	絡	852
7画	継	852
7画	絹	853
7画	続	853
8画	維	854
8画	綺	854
8画	綱	854
8画	緒	854
8画	総	854
8画	綜	856
8画	綻	856
8画	綴	856
8画	緋	856
8画	綿	856
8画	網	856
8画	綾	857
8画	緑	857
8画	綠	857
8画	綸	857
8画	練	858
9画	縁	858
9画	緣	858
9画	緩	859
9画	緊	859
9画	緖	854
9画	縄	859
9画	線	859
9画	締	860
9画	編	860
9画	練	858
10画	緯	860
10画	縞	861
10画	縦	861
10画	緻	861
10画	縛	861
10画	繁	861
10画	縫	862
11画	縱	861
11画	縮	862
11画	績	863
11画	織	863
11画	繁	861
12画	繭	863
12画	織	863
12画	繕	863
13画	繰	864
13画	繋	864
13画	繡	864
14画	纂	864
15画	纏	864
17画	纖	863

糸－0画

【糸】

6画 1年 〔糸〕明朝

音 シ
訓 いと

全体を△形に。1・2画めは折る。4画めははねてもよい。6画めは止める。

く 幺 幺 糸 糸 糸

なりたち 会意 絲－絲(糸)

もとの字は「絲」。糸(きいと)を二つ合わせた字。細いきぬ糸をあらわした。

意味 いと。「綿糸・生糸」

【糸口】いとぐち ①糸のはし。②ものごとをはじめたり解決したりするときのてがかり。例 事件の糸口をつかむ。

【糸車】いとぐるま まゆやワタから糸を引き出したり、よりあわせたりする車のつい

糸車

こたえ 子。このばあい「ね」と読む。

た道具。糸くり車。

糸の部 1画 系 3画 紆・紀

【糸目】いとめ ①糸のように細い線。②陶器などにもようとしてつけたすじ。③たこの表面につける、つりあいをとるための糸。例 金に糸目をつけない（＝金をおしむことなくつかう）。

下につく熟語 ▼菌糸・毛糸・絹糸（けんし・いときぬ）・製糸・縦糸・▼抜糸・＊横糸

糸－1画

【系】

7画 6年 〔系〕明朝 音ケイ 訓―

1画めはねかせて左下にはらうが、左から右へ引く横画で書いても誤りではない。

なりたち 会意 ノ（引きのばすしるし）と糸を合わせた字。糸をつないで長くのばすことをあらわした。

系のつく漢字グループ 「系」のグループは「ひとすじにつなぐ」というイメージがある。→係77

意味 ひとつづきのつながり。「系列・太陽系」

名まえで使う読み いと・けい・つぎ・つら・とし

【系図】けいず 親子・兄弟などの、先祖からのつづきがらをあらわす図。系譜。

【系統】けいとう ①同じ血すじ。例 母方の系統。②ものごとの順序。すじ道。例 系統だてて話す。③同じ種類や流れにぞくしているもの。例 赤系統の花たばをつくってください。

【系▼譜】けいふ ①系図のこと。②ものごとの、つながり。また、それを表にしたもの。

【系列】けいれつ 統一のとれた、つながりをもっているものごと。また、その順序。

下につく熟語 家系・銀河系・大系・体系・＊直系・同系・日系・＊父系・＊▼傍系・母系

糸－3画

【紆】

9画 表外 〔紆〕明朝 音ウ 訓―

意味 まがる。また、まげる。「▽紆余」

【▽紆余】うよ 曲がりくねること。

【▽紆余曲折】うよきょくせつ 四字熟語 ①道が曲がりくねっていること。②いろいろに変化して、こみいっていること。例 紆余曲折を経て、やっと合意した。

糸－3画

【紀】

9画 5年 〔紀〕明朝 音キ 訓―

「糸へん」は、4〜6画めを全て右下方向の点にして左から順に書いてもよい。

なりたち 形声 己（キ）（目立つしるし）と糸を合わせた字。糸のはし（糸口）の目じるしをあらわした。また、糸口をもとにして、順序よくまいたり、おりはじめたりするようすをあらわした。→己337

意味 ❶書きしるしたもの。「紀行」❷きまり。「風紀・▼綱紀・軍紀」❸年代。「世紀」

注意 「記」とまちがえないこと。

名まえで使う読み あき・おさ・おさむ・かず・かなめ・き・こと・しるす・すみ・ただ・ただし・つぐ・つな・とし・のり・はじめ・もと・よし

【紀元】きげん 歴史のうえで、年数をかぞえるもとになる年。例 紀元一八〇〇年。参考 西暦では、キリストの生まれたといわれる年を、紀元一年とする。

使い分け きげん 「起源・紀元・期限」→（990ページ）

【紀行】きこう 旅行したときに見たり、聞いたり、感じたりしたことを書いたもの。例 紀行文。

紀行

6画

糸－3画

【級】

9画 3年 〈級〉明朝

音 キュウ 訓 ―

8画めは7画めより左から書き、3回折って7画めの下の高さとそろうようにはらう。

なりたち 形声 及（おいつく、つづく）と糸を合わせた字。糸が切れるとあとからおいつくようにして、つぎたすようすを図にして、一だん一だんとつづく順序をあらわした。↓及31

意味 ❶クラス。組。「学級」 ❷くらい。じゅんじょ。「等級」

名まえで使う読み きゅう・しな

【級友】きゅうゆう 同じ学級にいる友だち。例 級友とあそぶ。

下につく熟語 階級・下級・高級・▼昇級・上級・*初級・進級・*中級・低級・*同級・*特級

糸－3画

【糾】

9画 常用 〈糾〉明朝

音 キュウ 訓 ―

なりたち 形声 丩（よじり合わせる）と糸を合わせた字。ひもをより合わせるようすをあらわした。↓収179

意味 ❶よせあつめる。「▼糾合」 ❷みだれる。「▼紛▼糾」 ❸とりしらべる。「▼糾明」

名まえで使う読み きゅう・ただ・ただし・ただす

【▼糾合】きゅうごう ある目的のために人々をよせあつめること。例 なかまを糾合する。参考「鳩合」とも書く。

【▼糾▼弾】きゅうだん 罪や責任などをといただして、きびしくとがめること。

【▼糾明】きゅうめい 罪や不正をといただして、あきらかにすること。例 犯人を糾明する。

使い分け きゅうめい「究明・糾明」↓810ページ

糸－3画

【紅】

9画 6年 〈紅〉明朝

音 コウ・ク* 訓 べに・くれな*い

「糸」よりも「工」の縦はばを短くし、「工」の上下に空間を作る。

なりたち 形声 工（ふかくつき通す）と糸を合わせた字。糸をふかくそめる赤色をあらわした。↓工334

意味 あざやかな赤い色。べに色。「紅白」

難しい読み 紅葉（こうよう・もみじ）

名まえで使う読み あか・あき・くれ・こう・べに・もみ

【紅一点】こういってん 故事成語 たくさんの男の中に、女がひとりだけまじっていること。また、その女の人。参考 中国の漢詩、「万緑叢中紅一点（＝一面の青葉の中のたった一輪の赤い花）」↓15ページ」から。

【紅顔】こうがん 血色のよい、わかわかしい顔。例 紅顔の美少年。

【紅茶】こうちゃ 茶の一種。茶の葉をはっこうさせてつくる。湯をそそぐと赤茶色になる。例 午後の紅茶を楽しむ。

【紅潮】こうちょう はずかしがったり、こうふんしたりして、顔が赤くなること。例 ほおを紅潮させて、反対意見をのべる。

【紅白】こうはく 赤と白。例 紅白のもち。

【紅葉】こうよう／もみじ 秋になって、木の葉が赤くなること。また、赤くなった葉。例 紅葉の名所を歩く。

下につく熟語 口紅・真紅・深紅

糸－3画

【約】

9画 4年 〈約〉明朝

音 ヤク 訓 ―

※下にくる音により「ヤッ」ともよむ。

漢字クイズ 田んぼの上に雨がふっています。何がおきたのでしょう。

糸の部 いと・いとへん

4画 紘・紗・索・紙

約

8画めは7画めの下方右側で接し、折って内側に反ってはねる。9画めを忘れずに。

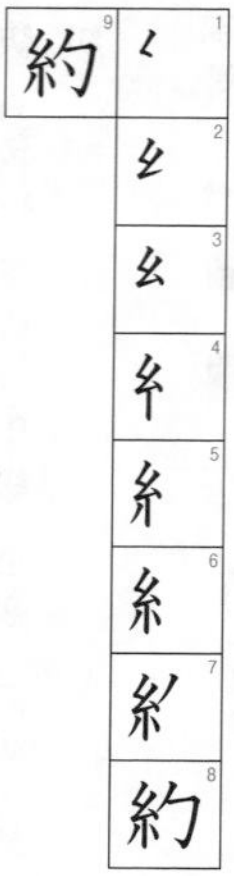

なりたち 形声 勺(目立つ)と糸を合わせた字。ひもを引きしめてむすび、目立つように目じるしをつけるようすをあらわした。→的762

意味 ❶やくそくする。「約束・条約」❷かんたんにする。「要約」❸おおよそ。「約三〇人」

【約定】やくじょう 約束してきめること。また、そのとりきめ。

【約数】やくすう ある数をわりきることができる数。たとえば、一六の約数は、一、二、四、八と一六。対倍数

【約束】やくそく たがいに、そのとおりにするときめること。また、きめたことがら。

【約分】やくぶん 分数の分母と分子を同じ数でわって、かんたんな分数にすること。たとえば、2/4を約分すると1/2になる。

下につく熟語 ▼違約・解約・確約・規約・▼契約・▼倹約・口約・公約・▼婚約・集約・*成約・制約・▼誓約・節約・先約・特約・破約・売約・密約・盟約・予約・*和約

糸－4画

【紘】

10画 人名 〔紘〕明朝

音 コウ 訓 ひろい

なりたち 形声 厷(わくをはり広げる)と糸を合わせた字。→宏290

意味 ❶はりわたしたつな。「八▽紘(=大地にはりわたした八本のつな。天下)」❷ひろい。

名まえで使う読み こう・つな・ひろ・ひろし

糸－4画

【紗】

10画 人名 〔紗〕明朝

音 サ・シャ 訓 —

なりたち 形声 少と糸を合わせた字。少は、沙をりやくしたもので、「こまかい」「小さい」というイメージをもつ。シルクの織物をあらわした。→少316 →沙651

意味 細い糸でおった、うすい絹織物。「▽紗▼羅(=うすぎぬ)」

名まえで使う読み さ・すず・たえ

下につく熟語 *錦▽紗・更▽紗

糸－4画

【索】

10画 常用 〔索〕明朝

音 サク 訓 —

意味 ❶ひも。なわ。「鉄▼索」❷さがしもとめる。「探▼索」

【▼索引】さくいん 本の中のだいじなことがらやことばなどを、すぐさがせるように、あるきまった順序にならべたもの。インデックス。例 音訓索引。

【▼索道】さくどう 空中に鉄の綱をはり、運搬器をつるして人や荷物をはこぶ機械。空中ケーブル。ロープウエー。

下につく熟語 暗中模▼索・検▼索・思▼索・捜▼索・模▼索

糸－4画

【紙】

10画 2年 〔紙〕明朝

音 シ 訓 かみ

※上にくる音により「がみ」ともよむ。

8画めは折って右上にはらう。9画めは右上がり。10画めは長く反って上にはねる。

なりたち 形声 氏(うすくてたいら)と糸を合わせた字。植物の中にある細い糸のようなものを、うすくたいらに、切れめなくのばしてつくった紙をあらわした。→氏638

意味 ❶かみ。「紙▼幣・和紙」❷新聞。「日刊紙」

【紙一重】かみひとえ 二つのものの差が、ほんのわずかであること。例 紙一重の差で勝負がついた。参考「紙一まいのあつさ」のいみ

から。

【紙質】ししつ　紙の性質や品質。参考「かみしつ」とも読む。

【紙上】しじょう　①紙の上。②新聞の記事の中。紙面。例新聞紙上をにぎわした事件。

【紙▼幣】しへい　紙でできたお金。札。対硬貨

【紙片】しへん　紙の切れはし。

【紙面】しめん　①紙のおもて。②新聞の、記事が書かれている面。紙上。例紙面をかざる。

下につく熟語　油紙(あぶら・ゆ)・印画紙・印紙・型紙・▼壁紙・*画用紙・▼唐紙(から・とう)・原紙・五線紙・色紙(しき・いろ)・製紙・台紙・千代紙・手紙・白紙・*鼻紙・半紙・表紙・別紙・方眼紙・巻紙・用紙・洋紙

糸－4画

【純】

10画　6年　〔純〕明朝

音 ジュン　訓 —

10画めは7～9画めの中心をつらぬき、右に曲げて進み、上にはねる。

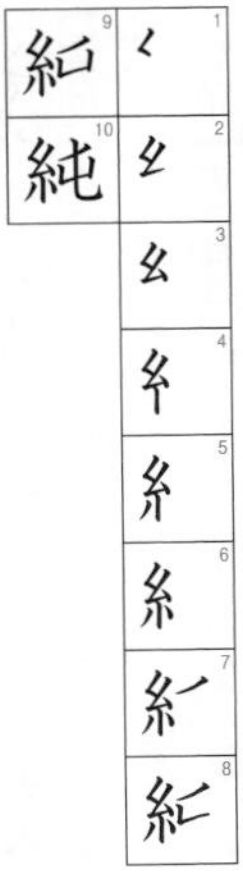

なりたち　形声　屯(トン)(ずっしりと重くたれる)と糸を合わせた字。ずっしりとたれた衣のふちどりをあらわした。

→屯326

意味　❶まじりけがない。「純情・清純」「純金・純銀」❷けがれがない。

名まえで使う読み　あつ・あつし・あや・いたる・いと・きよし・じゅん・すなお・すみ・つな・とう・まこと・よし

【純愛】じゅんあい　きよらかで、ひたむきな愛。

【純益】じゅんえき　売り上げた金額から、いろいろな費用を引いた、のこりのもうけ。

【純金】じゅんきん　まじりもののない金。

1【純血】じゅんけつ　動物の同じ種で、まじりけのない純粋の血統。例純血種。対混血

2【純潔】じゅんけつ　心やからだにけがれがなく、きよらかなこと。

【純情】じゅんじょう　すなおで、けがれのない心。また、そのようす。例純情な少女。

【純真】じゅんしん　心にいつわりやけがれのないこと。すなおできよらかなこと。

【純▼粋】じゅんすい　①まじりけのないこと。例純粋のアルコール。②欲がなく、心がきよらかなこと。例純粋な気もち。対①②不純

【純然】じゅんぜん　少しもまじりけがないようす。そのものにちがいないようす。

【純度】じゅんど　品質が、どのくらいまじりけがないかという度合い。例純度の高い油。

【純白】じゅんぱく　まじりけのない白。まっ白。

【純▼朴】じゅんぼく　すなおで、かざりけがないようす。例純朴な土地がら。

【純綿】じゅんめん　ワタだけでつくったもめん糸。また、もめん糸だけでおった織物。

【純毛】じゅんもう　まじりもののない毛織物。

【純良】じゅんりょう　まじりけがなく質がよいこと。

下につく熟語　単純・不純

糸－4画

【素】

10画　5年　〔素〕明朝

音 ソ・ス*　訓 *もと

1・3画めは同じ長さにして4画めを一番長く。2・8画めを縦に合わせる。

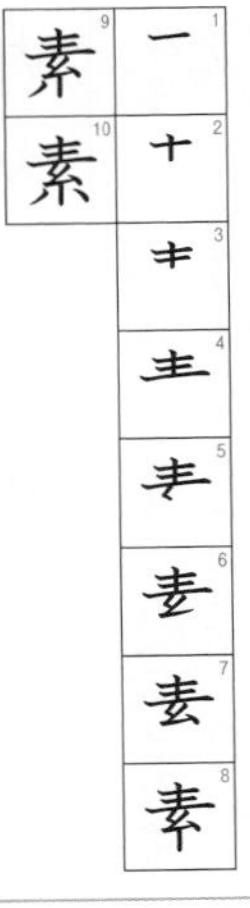

なりたち　会意　𠂹(スイ)(＝垂。たれる)と糸を合わせた字。一すじずつたれた、糸のもとになるせんいをあらわした。

意味　❶もとのままの。かざりけのない。「素質・素▼朴」❷もとになるもの。「要素」❸ほかになにもない。ただの。「素足・素顔」❹元素の名前につけることば。「酸素」

難しい読み　素面・素人

こたえ　かみなり(雷)。(雨＋田)。

糸の部（いと・いとへん）　4画　紐・納

名まえで使う読み　しろ・しろし・す・すなお・そ・はじめ・もと

【素面】しらふ　酒によってない状態。

【素人】しろうと　そのことを専門にしていなくて、なれていない人。例 素人考え。対 玄人

【素足】すあし　①くつ下やストッキングをはかない足。②はきものをはかない足。はだし。

【素顔】すがお　①けしょうしていない顔。②ありのままの状態。例 都会の素顔。

【素性・素▼姓】すじょう　家がらや血すじ。また、生まれやそだち。例 素性の知れない男。

【素手】すで　武器や道具などを手にもたないこと。例 素手でボールをとる。

【素敵】すてき　ひじょうにすばらしいようす。例 素敵な音楽を聞く。

【素直】すなお　①ひねくれたところがなく人にさからわないようす。例 素直な子。②まっすぐで、くせがないようす。例 素直な字。

【素▼肌】すはだ　①けしょうをしていない、はだ。②下着をきていない、じかのはだ。

【素因】そいん　あることを引きおこすもと。例 事故の素因をしらべる。

【素行】そこう　ふだんのおこない。例 素行のよくない男。

【素材】そざい　もとになる材料。例 作文の素材。

【素地】そじ　何かをするときのもとになるもの。下地。基礎。例 おどりの素地がある。

【素質】そしつ　生まれつきもっている性質や能力。例 画家としての素質がある。

【素数】そすう　一とその数だけでわりきれ、ほかの数ではわりきれない正の整数。二・三・五など。

【素▼描】そびょう　①もののだいたいの形を、一色でかいた絵。デッサン。②だいじなところだけをとらえて書きあらわすこと。また、その文。

【素▼朴】そぼく　①ありのままで、かざりけがないこと。例 素朴な人がら。②考え方がかんたんで、内容がふかくないこと。例 素朴な理論。

【素養】そよう　ふだんから勉強して、身につけている教養・技術・知識など。例 音楽の素養がある。

【素▼粒子】そりゅうし　物質をつくっている、もっとも小さな粒子。電子・陽子・中間子など。例 素粒子の発見。

下につく熟語　簡素・元素・▼酵素・色素・質素・毒素・平素・葉緑素

糸－4画

【紐】

10画　人名　〈紐〉明朝

音 チュウ　訓 ひも

意味 **ひも。また、むすぶ。**「▽紐帯（＝ものごとをむすびつける、だいじなもの）」

名まえで使う読み　くみ

糸－4画

【納】

10画　6年　〈納〉明朝

音 ノウ・ナッ*・ナ*・ナン*・トウ*

訓 おさめる・おさまる

7・8画めの縦画は真下に引いて「内」を縦長に。9画めははらい、10画めは止め。

なりたち 形声　内（中にしまう）と糸を合わせた字。布をくらに入れるようすをあらわした。↓入104 ↓内113

意味 **❶おさめる。中に入れる。しまう。**「納税・納骨」**❷おわりにする。**「納会・仕事納め」

使い分け　おさめる　納める・収める

【納める】お金や品物をあいてにわたす。例 月謝を納める。／税金を納める。

【収める】取り入れて自分のものにする。また、しまう。例 利益を収める。／はこに収める。

6画

難しい読み 納豆・納得・納屋・納戸

名まえで使う読み おさむ・とう・とも・な・のう・のり

【納豆】なっとう 食品の一つ。大豆をよくにて、なっとう菌をくわえ発酵させたもの。

【納得】なっとく よくわかること。りかいして、みとめること。例 先生の説明を聞いて納得する。

【納屋】なや 農家の、物をしまっておく小屋。ものおき。

【納戸】なんど 物をしまっておくためのへや。

【納会】のうかい 一年、または一期間のおわりにおこなう会。おさめ会。

【納▼棺】のうかん 死体をかんにおさめること。

【納期】のうき 品物や税金などをおさめる期限。

【納骨】のうこつ 火葬にした遺骨を墓などにおさめること。例 納骨堂。

【納税】のうぜい 税金をおさめること。

【納入】のうにゅう 品物やお金をおさめること。

【納品】のうひん 注文の品物をおさめること。また、その品物。例 全部の商品を納品した。

【納付】のうふ 役所などにお金をおさめること。例 税金を納付する。

【納▼涼】のうりょう 夏のあつい夜などに、外に出てすずむこと。例 納涼花火大会。

下につく熟語 出納・前納・*延納・完納・*帰納・収納・*受納・滞納・分納・返納・▼奉納・未納・結納

糸の部 いと・いとへん 4画 紛・紡・紋

糸－4画 【紛】 10画 常用 〈紛〉明朝

音 フン 訓 まぎれる・まぎらす・まぎらわす・まぎらわしい

なりたち 形声 分（分かれる）と糸を合わせた字。糸がばらばらに分散して、いりみだれるようすをあらわした。→分128

意味 ❶いりまじる。「▼紛▼糾」❷まぎれる。「▼紛失」

注意 「粉」とまちがえないこと。

【▼紛▼糾】ふんきゅう ものごとがいりみだれて、まとまらないこと。例 会議が紛糾する。

【▼紛失】ふんしつ まぎれてなくなること。また、なくすこと。例 学生証を紛失する。

【▼紛争】ふんそう もつれてあらそうこと。もめごと。あらそい。

上につく熟語 *▼紛▼紛

下につく熟語 内▼紛

紛争

糸－4画 【紡】 10画 常用 〈紡〉明朝

音 ボウ 訓 つむぐ

なりたち 形声 方（両がわにならぶ）と糸を合わせた字。綿などのせんいをならべて、より合わせるようすをあらわした。→方541

意味 せんいをより合わせて糸にする。つむぐ。「▼紡績・混▼紡」

【▼紡織】ぼうしょく 糸をつむぎ、ぬのをおること。例 紡織機械。

【▼紡▼錘形】ぼうすいけい 円柱形のりょうはしがほそくとがったかたち。

【▼紡績】ぼうせき 糸をつむぐこと。

紡錘形

糸－4画 【紋】 10画 常用 〈紋〉明朝

音 モン 訓 —

なりたち 形声 文（こまかいもの）と糸を合わせた字。こまかくいりまじったもようのこと。→文533

意味 ❶その家のしるしとするもよう。もん。「家▼紋・▼紋章」❷しるし。もよう。「指▼紋」

名まえで使う読み あや・もん

【▼紋章】もんしょう 家や団体などをあらわすしるし。

【▼紋所】もんどころ その家のしるしとする紋章。家紋。

【▼紋服】もんぷく 紋つきの服。

上につく熟語 *紋付き

漢字クイズ 兄ふたりが立ってならんでいます。何をしているのでしょう。

下につく熟語 *定▼紋・波▼紋・風▼紋

糸－5画

【経】

11画 5年

〔經〕明朝

音 ケイ・キョウ*

訓 へる

7・8画めのはらいを長く、それらの書き出しは接しても接しなくてもよい。

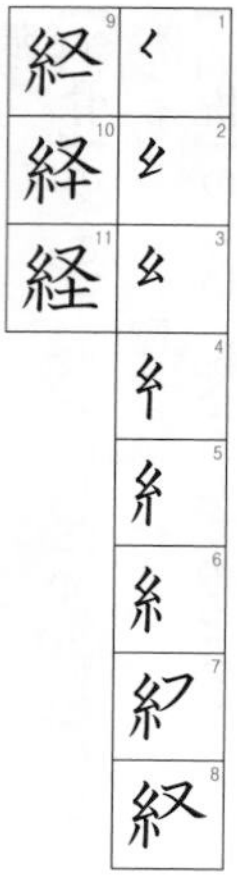

なりたち 形声  經(経)

もとの字は「經」。巠と糸を合わせた字。巠は、ぬのをおるとき、上のわくから下の台へ、まっすぐにたて糸をはったようす。經は、ぬのをおるときのたて糸をあらわした。

巠のつく漢字グループ

「巠」のグループは「たてのすじが、まっすぐに通る」というイメージがある。常用漢字では「圣」になる。

→径375 →茎390 →経844 →軽1001

意味 ❶たて糸。「経▼緯」対緯 ❷たて。「経度」対緯 ❸すじ道をたどる。「経営」 ❹ほとけの教えを書いたもの。おきょう。「経文」 ❺通りすぎる。へる。時間がたつ。「経路・経過」

使い分け たつ 経つ・発つ

【経つ】時が移る。例 時が経つと大事なことを忘れる。／月日が経つのは早いもので…。

【発つ】出発する。出かける。例 飛行機で外国に発つ。／泊まり客が、朝早く発つ。

難しい読み 経木・経典(きょう・けい てん)

名まえで使う読み おさむ・きょう・つね・のぶ・のり・ふる

【経木】きょうぎ スギ・ヒノキなどをうすくけずり、紙のようにしたもの。今は、食べ物を包むのにつかう。参考 むかしおきょうを書いたことから。

【経典】㊀きょうてん 宗教の教えを書いた本。とくに仏教の教えを書いた本。経文。㊁けいてん 『論語』など、むかしの聖人の教えを書いた本。

【経文】きょうもん ほとけの教えを書いた文章。おきょうの文句。また、おきょう。経典。

【経▼緯】けいい ①ものごとの、こみいったこまかい事情。例 事件の経緯を説明する。②経線と緯線。参考「たて糸と横糸」のいみから。

【経営】けいえい 事業をやっていくこと。

【経過】けいか ①時間がすぎること。例 五分経過した。②ものごとがうつりかわっていくようす。例 病状の経過をみる。

【経験】けいけん じっさいに見たり、聞いたり、おこなったりすること。また、それによって身につけた知識やわざ。

【経口薬】けいこうやく 口からのむくすり。

【経済】けいざい ①人間の生活にひつようなものをつくったり、売り買いしたり、つかったりする、すべてのはたらき。例 家の経済。②お金のやりくり。③お金やてまがかからないようす。例 中間地点で会えば、時間が経済だ。

【経済産業省】けいざいさんぎょうしょう 産業や経済にかかわる分野をあつかう国の役所。

【経済的】けいざいてき ①費用や時間を少なくてきるようす。むだがないようす。例 経済的な電球。／この車は経済的だ。②経済に関係するようす。例 経済的な理由。／経済的に豊かだ。

【経世済民】けいせいさいみん 四字熟語 世の中をおさめ、人民をすくうこと。

【経線】けいせん 南極と北極を通るように地球を切ったと考えたとき、地球の表面にできる切り口の線。子午線。対 緯線

【経度】けいど 経線の位置を度であらわしたもの。参考 イギリスのもとグリニッジ天文台があったところを〇度とし、東西をそれぞれ一八〇度に分ける。対 緯度

【経費】けいひ あることをするのにひつようなお金。例 経費をせつやくする。

【経由】けいゆ 目的地へ行くのに、ほかの場所を通って行くこと。例 仙台経由で青森へ行く。

【経理】けいり 会社や団体などで、お金の出し入れをとりあつかう事務。

【経歴】けいれき どのような学校を出て、どんな仕事についてきたかなど、今までにしてきたことがら。りれき。例 りっぱな経歴。

【経路】けいろ ものごとがたどるすじ道。例 魚が店頭にならぶまでの経路をしらべる。

下につく熟語 *写経・神経・西経・東経・読経

糸－5画

【絃】

11画 人名 〈絃〉明朝 音 ゲン 訓 いと・つる

なりたち 形声 玄(ちゅうづりになる)と糸を合わせた字。玄は、「ちゅうづりになる」というイメージをもち、ゆれると）形になることから「）形になる」というイメージになる。(⌒形にはりわたす、楽器の「げん」をあらわした。

→玄726

意味 ❶琴などの楽器にはった糸。げん。❷糸をはった楽器。「管▽絃(=管▽弦)」

参考 ふつう「弦」に書きかえる。「管▽絃楽→管弦楽」

名まえで使う読み いと・お・げん・つる

糸－5画

【紺】

11画 常用 〈紺〉明朝 音 コン 訓 —

※「コウ」ともよむ。

意味 青と紫を合わせた色。こん。「▽濃▽紺」

難しい読み ▽紺屋(こうや・こんや)・▽紺青・▽紺▽碧

【▽紺屋】こうや／こんや そめもの屋。

【▽紺屋の白▽袴】こうやのしろばかま／こんやのしろばかま 句 そのことについては専門家なのに、人のことでいそがしすぎて、自分のことをするひまがないことのたとえ。参考 「そめもの屋がはいている、そめてない白いはかま」のいみから。

【▽紺青】こんじょう こくて、あざやかな青色。

【紺▽碧】こんぺき すんだふかい青色。例 紺碧の空。

糸－5画

【細】

11画 2年 〈細〉明朝 音 サイ 訓 ほそい・ほそる・こまか・こまかい

細 細

「糸」よりも「田」の縦はばを短くし、「田」の上下に空間を作る。

1	2	3	4	5	6	7	8	9	10	11
く	纟	幺	糸	糸	糸	糹	紉	細	細	細

なりたち 形声 囟－細

田は囟がかわったもの。囟(小さくてこまかい)と糸を合わせた字。糸のようにほそいことをあらわした。→思460

意味 ❶ほそい。「細字(ほそじ・さいじ)・極細」❷こまかい。「細▽菌」❸くわしい。「▽詳細」

【細▽菌】さいきん 顕微鏡でなければ見えない、小さな生きもの。はっこう食品をつくるもの、物をくさらせるもの、病気のもとになるものなどがある。バクテリア。

【細工】さいく ①こまかいものを手でつくること。また、そうしてつくったもの。例 竹細工。②人目をごまかすために、いろいろとくふうすること。たくらみ。

【細心】さいしん 小さいことにまで注意すること。例 細心の注意をはらう。

【細則】さいそく とりきめた規則などについて、さらにこまかい点まできめた規則。対 総則

【細大▽漏らさず】さいだいもらさず 句 こまかいことも大きなことも、のこらずすべて。例 事件のようすを細大漏らさず話す。

【細部】さいぶ こまかいところ。小さな部分。

こたえ きそ(競)っている。(立＋兄＋立＋兄)。

例 細部にわたる説明。

【細▼胞】さいぼう／さいほう 生物のからだをつくっている、基本の単位。例 細胞分裂。

【細密】さいみつ こまかいところまでゆきとどいているようす。ひじょうにくわしいようす。例 細密な調査。／細密画。

【細目】一 さいもく こまかい点についてきめてある項目。例 細目についてけんとうする。二 ほそめ 少しひらいた目。

【細▼腕】ほそうで 細いうで。弱そうなうで。また、か弱い力。例 女の細腕。

【細面】ほそおもて ほっそりした顔。おもながの顔。例 細面の美人。

【細細】一 ほそぼそ どうやらこうやらつづいているようす。かろうじて。例 細々とくらす。参考 ふつう「細々」と書く。

二 こまごま ①こまかいようす。②くわしいようす。例 細々と話す。③ていねいで、行きとどいているようす。例 細々と世話をする。

参考 ㋐ふつう「細々」と書く。㋑多くかな書きする。

【細道】ほそみち 細い道路。細い道。

下につく熟語 委細・子細・精細・繊細・肉細・▼微細・明細・▼零細

糸－5画

終

11画 3年 〔終〕明朝

音 シュウ

訓 おわる・おえる

※上にくる音により「ジュウ」ともよむ。

「冬」は縦長に書く。「夂」の中心に10・11画めの点を縦に並べ、最後は止める。

なりたち 形声 冬(いっぱいたくわえる)と糸を合わせた字。糸を糸まきにいっぱいまきつけて、たくわえるようすを図にして、ものごとがさいごまでいきつくことをあらわした。

→冬249

意味 ❶おわり。「最終・臨終」対 始 ❷おわる。おえる。「終業」対 始 ❸おわりまでずっと。「終生」

名まえで使う読み しゅう・つき・つぎ・のち

【終演】しゅうえん しばいや音楽会などがおわること。また、おえること。対 開演

【終業】しゅうぎょう 仕事や勉強を、おえること。例 終業時間。対 始業

【終局】しゅうきょく ①碁のうちおわり。②ものごとのおわり。例 論争も、終局をむかえた。

【終結】しゅうけつ ものごとがおわること。例 戦争の終結をつげる。

1【終止】しゅうし おわること。おわり。

2【終始】しゅうし ①はじめからおわりまでかわらずにやりとおすこと。②いつも。例 つまらない議論に終始する。例 終始えがおをたやさない。

【終始一▼貫】しゅうしいっかん 四字熟語 はじめからおわりまでかわらないこと。例 終始一貫平和をとなえつづけた。

終始一貫

【終日】しゅうじつ 朝から夜まで。一日じゅう。

【終止▼符を打つ】しゅうしふをうつ 句 ものごとにきまりをつけて、そこでおわりにする。参考 「終止符」は、欧文のおわりにうつ点のピリオドのことで、「ピリオドを打つ」ともいう。

【終身】しゅうしん 死ぬまでの間。一生。例 終身、ひとりぐらしをつづけた。

【終生・終世】しゅうせい 死ぬまでのあいだ。一生。例 終生かわらぬ友情。

【終戦】しゅうせん 戦争がおわること。例 終戦記念日。対 開戦

【終息】しゅうそく すっかりおわること。例 インフルエンザの流行が終息する。

【終着】しゅうちゃく 電車・バスなどが、さいごの駅につくこと。例 終着駅。対 始発

【終点】しゅうてん ①ものごとのおわるところ。②電車・バスなどがさいごにつく駅。対

れないものです。

6画

①②起点。

【終電】しゅうでん　その日の、最終電車。

【終発】しゅうはつ　その日のさいごに発車する、電車・汽車・バスなど。対 始発

【終▼盤】しゅうばん　碁やしょうぎなどで、勝負のおわりに近い場面。また、試合やものごとの最終段階。例 終盤戦。対 序盤

【終幕】しゅうまく　①しばいの、さいごのひとまく。対 序幕　②しばいがおわること。閉幕。対 開幕　③ものごとのおわり。例 事件は、終幕をむかえた。

【終末】しゅうまつ　ものごとのおわり。はて。例 たたかいの終末。

【終夜】しゅうや　ひとばんじゅう。例 終夜運転。

【終▼了】しゅうりょう　すっかりおわること。また、おえること。例 試合終了。使い分け しゅうりょう「修了・終了」→(86ページ)

【終日】ひねもす　朝から晩まで。一日中。

下につく熟語 始終・有終

糸－5画

【紹】

11画　常用　〔紹〕明朝　音 ショウ　訓 —

なりたち 形声 召(よびよせる)と糸を合わせた字。糸のはしにべつの糸をまねくようにしてつなぐようすをあらわした。→召192

意味 つなぐ。ひきあわせる。「紹▼介」

注意「招」とまちがえないこと。

名まえで使う読み あき・しょう・つぎ・つぐ

【紹▼介】しょうかい　①知らない人どうしを、なかにたって引き合わせること。例 紹介状。②人に知らせること。広めること。例 日本の文化を紹介する。

注意「招介」と書かないこと。

使い分け　しょうかい　紹介・照会

【紹介】①知らない人どうしを、間にたって引き合わせること。②知られていないことを人に広めること。例 友達を紹介する。／新しい本を紹介する。

【照会】わからないことを、といあわせること。例 現地に天気を照会する。／残高照会。

参考「介」は、間にはいること。「照」は、てらしあわせること。

糸－5画

【紳】

11画　常用　〔紳〕明朝　音 シン　訓 —

なりたち 形声 申(長くのびる)と糸を合わせた字。はしの長くたれた男性用のおびをあらわした。→申743

意味 身分や、教養などがたかい人。「▼紳士」

注意「神」とまちがえないこと。

名まえで使う読み おな・おび・しん

【▼紳士】しんし　①学問があり、れいぎ正しい男性。対 淑女　②成人した男性。例 紳士服。

【▼紳士的】しんしてき　男の人がれいぎ正しくて、あいてを重んじるようす。例 紳士的なたいど。

糸－5画

【組】

11画　2年　〔組〕明朝　音 ソ　訓 くむ・くみ

※上にくる音により「ぐみ」ともよむ。

「且」の縦画は真下に下ろし、横画の間を等しくし、11画めを長く書く。

1	2	3	4	5	6	7	8	9	10	11
く	幺	幺	糸	糸	糸	糸	糸	組	組	組

なりたち 形声 且(いくつもかさなる)と糸を合わせた字。数本の太い糸をかさねるようにしてあんだ「くみひも」をあらわした。→且21

意味 ❶くむ。くみたてたもの。「組織」❷学校

糸(いと・いとへん)の部　5画　紹・紳・組

6画

のクラス。くみ。「二年一組」❸ひとまとまりになったものをかぞえることば。「一組み」❹組合のりゃく。「労組」

【組合】くみあい　おたがいの利益のために、多くの人があつまってつくる団体。例 労働組合。

【組曲】くみきょく　いくつかの小曲を組み合わせて一つにまとめたもの。

【組閣】そかく　総理大臣が、それぞれの大臣をきめて、内閣をつくること。

【組織】そしき　あるきまりにしたがって、しくみをつくること。また、そのしくみ。例 救助隊を組織する。注意「組識」と書かないこと。

【組織的】そしきてき　全体が一定のきまりにしたがって組み立てられているようす。例 組織的な犯罪。

【組成】そせい　いくつかの成分や要素を合わせて組み立てること。

下につく熟語 *改組・番組

糸－5画

【紬】

11画 人名 〔紬〕明朝 音 チュウ 訓 つむぎ

なりたち 形声 由(ぬき出す)と糸を合わせた字。糸をぬき出しておった「ぬの」をあらわした。→由743

意味 ❶つむぐ。まゆから糸をひきだす。❷太くて節のある糸でおった絹織物。つむぎ。

糸－5画

【絆】

11画 人名 〔絆〕明朝 音 ハン・バン 訓 きずな

なりたち 形声 半(二つに分ける)と糸を合わせた字。二つに分かれないようにつなぐひもをあらわした。→半163

意味 きずな。つなぐ。「▽絆創▽膏」

【▽絆創▽膏】ばんそうこう　きず口をまもり、ガーゼや包帯を固定するためにはりつけるぬのや紙。

糸－5画

【累】

11画 常用 〔累〕明朝 音 ルイ 訓 かさ*ねる・かさ*なる

意味 ❶かさねる。かさなる。「▼累計」❷つながる。かかわり。「係▼累」

【▼累計】るいけい　少しずつくわえたものを、全部合わせること。また、その合計。

【▼累進】るいしん　①だんだんすすんで上に行くこと。②数や量がふえるにつれて、比率がますこと。例 累進税。

【▼累積】るいせき　つぎつぎにかさなってつもること。例 赤字が累積する。

【▼累代】るいだい　何代もつづいていること。代々。例 先祖累代の墓。

【▼累を▼及ぼす】るいをおよぼす　句 悪い影響をあたえたり、めいわくをかけたりする。また、まきぞえにする。

糸－6画

【絵】

12画 2年 〔絵〕明朝 音 カイ・エ 訓 —

絵 絵

7・8画めは接する。10画めは9画めより長く。11画めは折る。12画めは止める。

1	2	3	4	5	6	7	8	9	10	11	12
𠃋	幺	幺	糸	糸	糸	糸	紒	紒	絵	絵	絵

なりたち 形声 會-繪(絵) もとの字は「繪」。會(たくさんよせ合わせる)と糸を合わせた字。いろいろな色の糸をよせ合わせて、ししゅうのもようをつくるようすを図にして、色どりをした「え」をあらわした。→会60

意味 物の形やありさまを、かきあらわしたもの。え。「絵画」

難しい読み 絵空事・絵馬・絵巻物

【絵図】えず　①絵。②建物や庭などの平面図。絵図面。

【絵空事】えそらごと　現実にはありえないこと。うそやおおげさなこと。

【絵地図】えちず　絵でかきあらわした地図。

【絵手紙】えてがみ　かいた絵に文章をそえて出す手紙。

【絵に▼描いた▼餅】えにかいたもち　句 計画や

想像だけで、実現の可能性がないことのたとえ。例そのアイデアは絵に描いた餅だ。

【絵の具】えのぐ　絵に色をつけるためにつかう材料。例水彩絵の具。

【絵筆】えふで　絵をかく筆。

【絵本】えほん　絵を中心にした本。

【絵馬】えま　ねがいごとをするとき、神社や寺におさめる小さな、がく。

【絵巻物】えまきもの　物語や伝説などを絵にかき、みじかい文をそえたまきもの。えまき。

【絵文字】えもじ　①むかし、絵をかいてことばをあらわしたもの。②かざりをつけたり絵であらわしたりした文字や文章。

【絵物語】えものがたり　絵を中心にした、物語の本。

【絵画】かいが　絵。図画。

下につく熟語　油絵・▼浮世絵・▼影絵・口絵・*下絵・▼墨絵・*大和絵

絵物語

糸－6画 【給】

給　給

12画　4年　〔給〕明朝

音 キュウ　訓 ―

7・8画めは、書き出しを付けて、9画めと接しても接しなくてもよい。

1	2	3	4	5	6	7	8	9	10	11	12
く	幺	幺	糸	糸	糸	糸	糸	給	給	給	給

なりたち　形声　合(ゴウ)(ぴったり合う)と糸を合わせた字。ぬのをおる糸のたりないところにぴったりつぎ合わせるようすをあらわした。→合195

意味　❶たす。たりるようにする。「給水・補給」❷あたえる。「給付・配給」❸給料のこと。「月給」❹ひつようにこたえる。「給仕」

名まえで使う読み　きゅう・たり・はる

【給仕】きゅうじ　食事のせわをすること。また、その人。

【給食】きゅうしょく　学校や会社などで、大勢の人に同じ食べ物を、いっせいに出すこと。また、その食べ物。例学校給食。

【給水】きゅうすい　水をくばること。例給水車。

【給湯】きゅうとう　必要な場所に湯を出すこと。例給湯設備。

【給付】きゅうふ　役所や会社などが、お金や品物などをあたえること。例補助金が給付される。

【給油】きゅうゆ　①機械などに、あぶらをさすこと。②ねんりょうのあぶらをつめること。例給油タンク。

【給▼与】きゅうよ　①お金や品物などをあたえること。例制服を給与する。②はたらいたことにたいして、しはらわれるお金。給料。

【給料】きゅうりょう　はたらいたことにたいして、しはらわれるお金。給与。

下につく熟語　恩給・供給・支給・*自給・▼需給・無給・有給

糸－6画 【結】

結　結

12画　4年　〔結〕明朝

音 ケツ　訓 むすぶ・*ゆう・*ゆわえる

※下にくる音により「ケッ」ともよむ。

4画めははねても、5画めは止めてもよい。5・6画めは4画めの下より上に。

1	2	3	4	5	6	7	8	9	10	11	12
く	幺	幺	糸	糸	糸	紅	紆	結	結	結	結

なりたち　形声　吉(キツ)(中につめてふさぐ)と糸を合わせた字。入れものに物をつめて、糸やひもで口をむすぶようすをあらわした。→吉194

意味　❶つなぐ。むすぶ。「結合・連結」❷しめくくり。おわり。「結末・結果」

こたえ　石橋。「石橋をたたいて渡る(＝注意ぶかく、しんちょうにものごとをおこなうたとえ)」。

糸の部 6画 絢・絞・紫

難しい読み 結納

名まえで使う読み かた・けつ・ひとし・ゆい

【結果】けっか あることをしたためにあらわれたことがら。例 調査の結果。対 原因

【結▼核】けっかく 結核菌によっておきる感染症。

【結局】けっきょく いろいろなことがあって、さいごに。ついに。例 結局、しっぱいした。

【結語】けつご ①文章や話の、むすびのことば。②とくに手紙で、「拝啓」「前略」に対し、むすびのいみでつかう「敬具」「草々」などのことば。対 頭語

【結構】けっこう ①それだけでじゅうぶんであること。例 これで、もう結構です。②すぐれていてりっぱなこと。例 結構な品物。③かなり。そうとう。例 この本は、結構役に立つ。

【結合】けつごう 二つ以上の物がむすびついて一つになること。また、一つにすること。

【結▼婚】けっこん 男と女が夫婦になること。

【結実】けつじつ ①草や木が実をむすぶこと。②ものごとが、りっぱな結果となってあらわれること。例 長年の努力が結実した。

【結集】けっしゅう ばらばらなものを、一つによせあつめること。また、よりあつまること。例 みんなの力を結集して町をきれいにする。

【結▼晶】けっしょう ①水晶や雪などに見られる、きそく正しい形。また、その形になること。②努力や苦心などがつみかさなり、形となってあらわれたもの。例 努力の結晶。

【結成】けっせい 多くの人や団体をあつめて、一つのグループをつくりあげること。例 サッカーチームを結成する。

【結束】けっそく 同じ考えの人が、一つにまとまること。例 全員結束して、ことにあたる。

【結▼託】けったく たがいに心と力を合わせせること。ぐるになること。参考 ふつう、わるいことをするときにつかう。

【結氷】けっぴょう 氷がはること。

【結▼膜▼炎】けつまくえん まぶたの裏がわと目の表面をおおう膜がはれ、いたむ病気。

【結末】けつまつ ものごとのおわり。さいご。

【結▼露】けつろ ひえた壁や窓ガラスなどに、空気中の水蒸気がつゆになってつくこと。

【結論】けつろん 話し合ったり考えたりして、さいごにそれをまとめた意見を出すこと。また、その意見。例 結論を出す。

【結納】ゆいのう 結婚の約束のしるしに、お金や品物をやりとりすること。例 結納をかわす。

下につく熟語 完結・帰結・起承転結・終結・集結・▼妥結・団結・直結・▼締結・凍結・氷結

糸－6画

【絢】

12画 人名 〔絢〕明朝

音 ケン 訓 あや

なりたち 形声 旬（ぐるりとまわる）と糸を合わせた字。ころもにもようをぐるりとめぐらすようすを図にして、目がくらむような美しいもようをあらわした。

意味 色糸をめぐらしたうつくしいもよう。また、うつくしいようす。「▽絢▼爛」

名まえで使う読み あや・けん・しゅん・じゅん

【▽絢▼爛】けんらん ひかりかがやいてうつくしく、はなやかなようす。例 豪華絢爛。

糸－6画

【絞】

12画 常用 〔絞〕明朝

音 コウ 訓 しぼる・しめる・しまる

なりたち 形声 交（交差する）と糸を合わせた字。ひもを交差させて、しめつけることをあらわした。→交46

意味 しめる。しぼる。「▼絞首・▼絞殺」

使い分け しぼる「搾る・絞る」→（517ページ）

【▼絞殺】こうさつ 首をしめてころすこと。

【▼絞首▼刑】こうしゅけい 首をしめてころす、刑罰。

糸－6画

【紫】

12画 常用 〔紫〕明朝

音 シ 訓 むらさき

なりたち 形声 此（ほかのものがまじる）と糸を合わせた字。赤と青をまぜた色をあらわした。

意味 むらさき色。「▼紫外線」

参考 「止」を「止」と書き、総画を11画とかぞえ

が，にたようなものです。

ることもある。

名まえで使う読み し・むら・むらさき

【紫煙】 しえん むらさき色のけむり。とくに、たばこのけむり。例 紫煙をくゆらす。

【紫外線】 しがいせん プリズムで日光を分けたとき、むらさきの外がわにある、目に見えない光線。

糸－6画

【絶】

12画 5年 〔絶〕明朝

音 ゼツ
訓 たえる・たやす・たつ

※下にくる音により「ゼッ」ともよむ。／「ゼッする」ともつかう。

12画めは真下に引いてから右に曲げ、9画めよりも右で止めて上にはねる。

なりたち 形声 -絶(絶)
もとの字は「絶」。卩(=巴。切れめがつく)と糸(いと)を合わせた字。⺈は、刀がかわったもの。巴は、節にふくまれる卩と同じで、ひざまずいた人のすがた。おれめや切れめがつくというイメージをもつ。絶は、刀で糸に切れめをつけるようすを図にして、つながっているものをたち切ることをあらわした。

意味 ❶**つながっているものを切る。たつ。やめる。**「絶交・断絶」 ❷**すぐれている。**「絶景」 ❸**ひじょうに。**「絶頂・絶賛」

使い分け たつ「断つ・絶つ・裁つ」→538ページ

【絶縁】 ぜつえん ①えんを切って、関係をやめること。例 絶縁状。②電流が通じないようにすること。例 絶縁体。

【絶海】 ぜっかい 陸から遠くはなれた海。例 絶海の孤島。

【絶叫】 ぜっきょう ありったけの声でさけぶこと。

【絶句】 ぜっく ①話のとちゅうで、ことばがつまって出なくなること。例 おどろきのあまり絶句した。②漢詩の形式の一つ。起・承・転・結の四句からできている。

【絶景】 ぜっけい ひじょうにすばらしいけしき。

1 **【絶交】** ぜっこう つきあいをやめること。例 友と絶交する。

2 **【絶好】** ぜっこう すばらしくよいこと。例 絶好のチャンス。

【絶賛】 ぜっさん このうえなく、ほめたたえること。例 評論家に絶賛される。

【絶唱】 ぜっしょう ①ひじょうにすぐれたできばえの詩歌。②すばらしい歌いぶり。

【絶食】 ぜっしょく 何も食べないこと。例 おなかをこわしたので一日絶食した。

【絶世】 ぜっせい この世に二つとないほど、すぐれていること。例 絶世の美女。

【絶対】 ぜったい ①くらべるもののないこと。対 相対 ②どうしても。かならず。例 絶対にかってみせる。③けっして。例 絶対に人に話すな。 注意「絶体」と書かないこと。

【絶大】 ぜつだい ひじょうに大きいこと。例 絶大な権力。

【絶体絶命】 ぜったいぜつめい 四字熟語 おいつめられて、どうすることもできないようす。例 絶体絶命のピンチ。 注意「絶対絶命」と書かないこと。

絶体絶命

【絶対的】 ぜったいてき ほかとは比べられない状態や存在であるようす。例 絶対的な信頼。

【絶頂】 ぜっちょう ①山のいちばん高いところ。②ものごとの、いちばんさかんなとき。例 幸福の絶頂。

【絶筆】 ぜっぴつ ①死んだ人が、生前、いちばんさいごに書いた作品。②文章や絵などを、以後書くことをやめること。筆を絶つこと。

【絶品】 ぜっぴん ひじょうにすぐれた品物・作品。例 日本絵画の絶品。

【絶壁】 ぜっぺき きりたった、けわしいがけ。

漢字クイズ 「□に巻く」。□にはいる漢字はなんでしょう。**ヒント** 雲や霧ではありません

例 断崖絶壁。

【絶望】ぜつぼう のぞみがなくなること。

【絶▼妙】ぜつみょう ひじょうにたくみなこと。例 絶妙な手綱さばき。

【絶無】ぜつむ まったくないこと。例 成功の可能性は絶無だ。

【絶命】ぜつめい 命がなくなること。死ぬこと。

【絶▼滅】ぜつめつ ほろびてなくなること。また、なくすこと。例 絶滅した動物。

下につく熟語 隔絶・気絶・▼拒絶・*根絶・謝絶・▼壮絶・中絶・▼廃絶

糸－6画

【統】

12画 5年 〈統〉明朝

音 トウ 訓 *すべる

7画めは点でもよい。11・12画めは、9画めと接しても接しなくてもよい。

なりたち 形声 統 充(なかみがいっぱいつまる)と糸を合わせた字。蚕のまゆから糸を引き出していっぱいにつめるようすを図にして、全体を一つにまとめることをあらわした。→充99

意味 ❶つづいているもの。つながり。「血統」 ❷まとめおさめる。「統一・統合」

名まえで使う読み おさむ・かね・すみ・すめる・つづき・つな・つね・とう・のり・むね・もと

【統一】とういつ 一つにまとめること。また、そのまとまり。例 意見を統一する。

【統▼括】[1] とうかつ ばらばらのものを一つにまとめること。例 事務を統括する。

【統▼轄】[2] とうかつ べつべつの仕事を一つにまとめて、とりしまること。例 総理大臣が政務を統轄する。

【統▼御】とうぎょ 全体をまとめて、自分の思いどおりに動かすこと。例 各支店を統御する。

【統計】とうけい 同じ種類のものやことがらなどを多くあつめて、それを数であらわすこと。例 人口のうつりかわりを統計にとる。

【統計的】とうけいてき 統計によってあらわれるようす。統計上。例 統計的な裏付け。

【統合】とうごう いくつかあるものを一つにまとめること。例 三つの小学校を統合する。

【統制】とうせい ①あるきまりにしたがって、とりしまること。②全体を一つにまとめおさめること。例 統制経済。

【統率】とうそつ 大勢の人をまとめて、ひきいること。例 兵士を統率する。 注意 「統卒」と書かないこと。

【統治】とうち 国土・国民をおさめること。

下につく熟語 系統・正統・伝統

糸－6画

【絡】

12画 常用 〈絡〉明朝

音 ラク 訓 からむ・からまる・からめる

なりたち 形声 各(つらなる)と糸を合わせた字。両がわを糸でつないでつらねることをあらわした。→各193

意味 ❶からむ。からまる。「▼絡み付く」 ❷つなぐ。つづく。「連▼絡」 ❸すじ道。「脈▼絡」

名まえで使う読み つら・なり・らく

下につく熟語 脈絡・連絡・*籠絡

糸－7画

【継】

13画 常用 〈継〉明朝

音 ケイ 訓 つぐ

なりたち 形声 もとの字は「繼」。㡭(つなぐ)と糸を合わせた字。

意味 つなぐ。うけつぐ。「▼継続・中継・後▼継」

使い分け つぐ「次ぐ・接ぐ・継ぐ」→(620ページ)

名まえで使う読み けい・つぎ・つぐ・つね・ひで

【▼継承】けいしょう 地位や財産などをうけつぐこと。例 王位を継承する。

【▼継走】けいそう 競走のリレーのこと。

【▼継続】けいぞく 前からしていることをつづ

まず「けむ」と読む。

けること。また、つづくこと。例 会議を継続する。

【継父】けいふ　母の再婚で、新しく父となった人。血のつながっていない父。対 実父

【継母】けいぼ　父の再婚で、新しく母となった人。ままはは。対 実母

糸－7画

【絹】13画　6年

〔絹〕明朝

音 ケン*　訓 きぬ

※上にくる音により「ぎぬ」ともよむ。

「口」と「月」の横はばはほぼ同じにする。10画めは左下にはらってもよい。

なりたち 形声 －絹

肙と糸を合わせた字。肙は、ぼうふら(カの幼虫)をあらわす字。細くて身をくねらせるというイメージをもつ。絹は、細くてしなやかな蚕の糸をあらわした。

意味 蚕のまゆからとった糸。きぬ。「絹糸(きぬいと・けんし)」

名まえで使う読み きぬ・けん・まさ

【絹糸】きぬいと／けんし　蚕のまゆからとった生糸でつくったねり糸。

【絹織物】きぬおりもの　きぬ糸でおった織物。

【絹布】けんぷ　絹織物。

下につく熟語 *正絹・*人絹

糸－7画

【続】13画　4年

〔続〕明朝

音 ゾク　訓 つづく・つづける

※下にくる音により「ゾッ」ともよむ。

7・9画めはどちらが長くても、同じでもよい。13画めは曲がりで書き、はねる。

なりたち 形声 －續(続)

もとの字は「續」。賣と糸を合わせた字。圥は、陸にふくまれ、土のあつまり。囧は、光をあつめてとる窓(「明」のむかしの字にふくまれている)。この二つを合わせた〓(＝睦)は、多くのものがよりあつまるようす。それに貝(むかしのお金)をつけた賣は、商品をたくさんあつめて取り引きするようす。商品が流通するように、つぎつぎに通るというイメージをもつ。それに糸をそえた續は、とぎれないように糸でつないで、つぎつぎにつづくことをあらわした。

賣のつく漢字グループ

「賣」のグループは「つぎつぎに通る」というイメージがある。常用漢字では「売」になる。

→続853　→読958

意味 つづく。つづける。「続発・接続・存続」

注意 「つずく」「つずける」と書かないこと。

名まえで使う読み ぞく・つぎ・つぐ・つづく

【続映】ぞくえい　予定期間をのばして映画の上映をつづけること。

【続演】ぞくえん　演劇などで、予定期間をのばして上演をつづけること。例 一か月の続演。

【続出】ぞくしゅつ　つぎつぎに出てくること。例 けが人が続出する。

【続続】ぞくぞく　つぎつぎに。あとからあとから。例 見物客が続々と集まってきた。参考 ふつう「続々」と書く。

【続発】ぞくはつ　つづけざまにおこること。例 交通事故が続発する。

【続編】ぞくへん　本などの、前の編のつづき。対 正編

【続報】ぞくほう　(前の知らせに)つづけて報道や報告をすること。また、その知らせ。例 続報がはいる。

【続刊】ぞっかん　雑誌などをひきつづき発行すること。

【続行】ぞっこう　つづけておこなうこと。例

こたえ 煙。「煙に巻く(＝大げさにしゃべって相手を混乱させる)」。このばあいは，「けむり」と読

糸の部（いと・いとへん） 8画 維・綺・綱・緒・総

雨がふってきたが、試合を続行する。

下につく熟語 永続・勤続・▽継続・後続・持続・相続・断続・連続

糸－8画

【維】14画 常用
〈維〉明朝 音イ 訓—

なりたち 形声 隹(一点に重みをかける)と糸を合わせた字。重みをささえる太いつなをあらわした。→推511

意味 ❶つなぐ。ひきしめる。「▽維持」❷いと。すじ。「▽繊▽維」❸あることばにつけて、それを強めることば。「▽維新」

名まえで使う読み い・これ・しげ・すけ・すみ・ただ・たもつ・つな・つなぐ・ふさ・まさ・ゆき

【▽維持】いじ 今のままの状態をもちこたえて、長くつづけること。例体力を維持する。

【▽維新】いしん すべてがあらたまり、新しくなること。とくに、明治維新のこと。

糸－8画

【綺】14画 人名
〈綺〉明朝 音キ 訓あや

なりたち 形声 奇(ななめ)と糸を合わせた字。ななめのもようをあらわした。→奇267

意味 ❶入りくんだもようをおりだした絹織物。あや。❷うつくしくはなやか。

名まえで使う読み あや・き

【▽綺▽羅】きら あや織りの絹と、うすものの絹。また、はなやかでうつくしい衣服。

【▽綺▽羅星】きらぼし うつくしくかがやく無数の星。参考「綺羅、星のごとく」をあやまってつづけたことば。

【▽綺▽麗】きれい ①うつくしいようす。例綺麗な花。②よごれがなく、さっぱりしているようす。例綺麗なへや。③なにものこらないようす。例綺麗に食べる。④きちんとととのっているようす。例綺麗な字。⑤せいせいどうどうとしているようす。例綺麗な試合。

参考「奇麗」とも書く。

糸－8画

【綱】14画 常用
〈綱〉明朝 音コウ 訓つな

※上にくる音により「づな」ともよむ。

なりたち 形声 岡(がっちりとかたい)と糸を合わせた字。かたくてじょうぶな大づなをあらわした。→岡329

意味 ❶つな。「綱引き」❷おおもとになるきまり。「▽綱領」❸大きな分類。「綱目」

名まえで使う読み こう・つな・つね

【綱紀】こうき 国をおさめるおおもとの規律。

【綱領】こうりょう 団体の、いちばんもとになる方針や立場。また、それをまとめたもの。

下につく熟語 命▽綱・＊大▽綱・手▽綱・要▽綱・横▽綱

糸－8画

【緒】14画 常用
糸－9画 【緖】15画 人名

〈緒〉明朝 音ショ・チョ 訓お

なりたち 形声 者(一か所にあつめる)と糸を合わせた字。糸まきにあつめた糸を引き出す先たん、つまり、糸口をあらわした。→者873

意味 ❶はじめ。「▽緒戦」❷つながり。「由▽緒」❸細長いひも。「鼻▽緒」

名まえで使う読み お・しょ・つぐ

【▽緒戦】しょせん 戦争や試合で、はじまったばかりのころのたたかい。例緒戦を突破して勝ち上がる。

【▽緒に就く】しょにつく 句 ものごとを、やり始める。また、ものごとがうまく進み始める。例計画は緒に就いたばかりだ。参考㋐「緒」は、物事のはじめの意味。㋑「ちょにつく」ともいう。

下につく熟語 ＊一▽緒・情▽緒(じょう・じょう／ちょ・しょ)・▽端▽緒(たん・たん／しょ・ちょ)・内▽緒

糸－8画

【総】14画 5年
〈総〉明朝 音ソウ 訓す＊べる

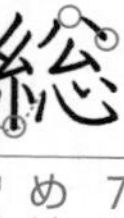

7・8画めは止めてもよい。8画めは付けない。「公」と「心」の中心をそろえる。

た」ではありません。

糸 いと・いとへん の部 8画 総

総

なりたち 形声 總ー總(総)
もとの字は「總」。悤(一か所にまとめる)と糸を合わせた字。数本の糸をまとめてくくった、ふさのこと。また、一つにまとめるいみをあらわした。→窓813

意味 ❶あつめ、たばねる。あつめて一つにする。「総合」 ❷まとめて、とりしまる。「総裁」 ❸すべての。全体の。「総額」

名まえで使う読み おさ・さ・すぶる・そう・のぶ・ふさ・みち

【総意】そうい すべての人の考え。全体の意見。

【総員】そういん ある団体の、すべての人数。全員。例 参加者は、総員五〇名です。

【総会】そうかい 全部の会員をあつめてひらく会。例 保護者会の総会。

【総画】そうかく 漢字をつくる点や線の全体の数。

【総額】そうがく 全体の金額。全額。

【総画▼索引】そうかくさくいん 漢和辞典・漢字辞典で、漢字を総画数でさがせるように、画数の少ないものから、順にならべてある表。

【総▼括】そうかつ 一つにまとめること。全体をしめくくること。例 クラスの意見を総括する。

【総計】そうけい 全体の数の合計。また、その計算をすること。

【総決算】そうけっさん ①ある期間内の、お金の出し入れの全体を計算すること。②ものごとのしめくくりをすること。例 練習の総決算のつもりで試合にのぞむ。

【総合】そうごう いろいろなものをよせあつめて、一つにまとめること。例 情報を総合する。／総合学習 対 分析

【総▼攻▼撃】そうこうげき 全軍または全員がいっせいにせめること。例 総攻撃をかける。

【総裁】そうさい 全体の仕事や、はたらくすべての人をまとめ、とりしまる役目。また、その人。例 日本銀行総裁。

【総辞職】そうじしょく 全員がその職を同時にやめること。例 内閣総辞職。

【総▼称】そうしょう いくつかのものをまとめてよぶこと。また、そのよび名。

【総数】そうすう 全体の数。

【総勢】そうぜい あつまった人全員。

【総選挙】そうせんきょ 議員や委員の全部を一度にえらびだす選挙。とくに、衆議院議員全員をえらぶ選挙。

【総則】そうそく 全体を通してのきまり。

【総体】そうたい ①そのものすべて。全体。②いっぱんに。だいたい。だいたいにおいて。

【総代】そうだい みんなの代表になる人。例 卒業生総代。

【総長】そうちょう ①全体をまとめて、とりしまる役目。また、その人。②総合大学の長。学長。

【総出】そうで ひとりのこらず出かけること。例 家族総出で潮干がりに行く。

【総統】そうとう ある国や政党をまとめて治める役。また、その人。

【総動員】そうどういん すべての人をあつめて仕事などにあたらせること。例 社員を総動員する。

【総評】そうひょう 全体について批評すること。その批評。例 合唱コンクールの総評。

【総身】そうみ 全身。例 大男総身に知恵が回りかね。

【総務】そうむ 役所や会社などで、全体の事務をしめくくる役目。例 総務部。

【総務省】そうむしょう テレビなどの電波の管理、都道府県の政治のやり方や選挙の管理運営などの仕事をする国の機関。また、各省庁の仕事についての調整などもおこなう。

【総覧】そうらん ①すべてを見ること。②ある分野に関係することがらを、整理した本。

【総理】そうり 内閣総理大臣のこと。

1【総量】そうりょう 全体の分量。または全体のおもさ。例 入荷総量一五〇トン。

2【総領】そうりょう ①いちばん先に生まれた

漢字クイズ 「手袋」は「てぶくろ」。では，「足袋」はなんと読むのでしょう。ヒント 「くつし

子ども。②家のあとをつぐ人。

【総力】そうりょく　すべての力。全体の力。例暴力追放に総力をあげる。

【総論】そうろん　全体をまとめてのべた意見。対各論

上につく熟語 *総▼監・*総▼督・*総本山・*総領事

糸－8画

【綜】14画 人名

〔綜〕明朝　音ソウ　訓すべる

意味 ❶はたおり機で、たて糸を上下させる道具。❷まとめる。統一する。

参考 ふつう「総」に書きかえる。「▽綜合→総合」など。

名まえで使う読み おさ・そう

糸－8画

【綻】14画 常用

〔綻〕明朝　音タン　訓ほころびる

意味 ❶ぬい目がとけてゆるむ。「破▼綻」 ❷つぼみが、少しひらく。

糸－8画

【綴】14画 人名

〔綴〕明朝　音テイ・テツ　訓つづる・とじる

意味 つなぎあわせる。つづる。かがる。とじる。つづり。「補▽綴・五枚▽綴り・袋▽綴じ」

糸－8画

【緋】14画 人名

〔緋〕明朝　音ヒ　訓あか・あかい

意味 あざやかな赤い色。ひいろ。

名まえで使う読み あか・あけ・ひ

【▽緋▽鯉】ひごい　コイの一変種。赤色または黄色と白のまだらのコイ。

糸－8画

【綿】14画 5年

〔綿〕明朝　音メン　訓わた

「白」は下せばめに。14画めは下にのばして書き、止めてもはらってもよい。

1	2	3	4	5	6	7	8	9	10	11	12	13	14
													綿

なりたち 会意 帛（おりもの）と糸を合わせた字。おりものをつくる「ワタ」をあらわした。

意味 ❶ワタ。「綿布」 ❷つらなる。長くつづく。「連綿」 ❸こまかい。「綿密」

名まえで使う読み つら・まさ・めん・やす・わた

【綿織物】めんおりもの　もめん糸でおったぬの。綿布。

【綿花】めんか　ワタの実についている白い毛。このせんいから綿織物をつくる。

【綿糸】めんし　ワタからつくった糸。もめん糸。

【綿布】めんぷ　もめん糸でおったぬの。綿織物。

【綿密】めんみつ　こまかくいきとどいて、ておちのないこと。例綿密な計画。

【綿綿】めんめん　長くつづいてとぎれないようす。例綿々とうったえる。参考ふつう「綿々」と書く。

【綿羊】めんよう　羊。

【綿雲】わたぐも　わたのようにもりあがってうかぶ白い雲。積雲。

【綿毛】わたげ　わたのようにやわらかい毛。例タンポポの綿毛。

【綿雪】わたゆき　わたをちぎったような、ふわふわした大きな雪。

下につく熟語 石綿（いしわた・せきめん）・海綿・純綿・▼脱▼脂綿・*真綿・木綿

糸－8画

【網】14画 常用

〔網〕明朝　音モウ　訓あみ

なりたち 形声 罔と糸を合わせた字。円は、网がかわったもの。网は、あみをえがいた字。のち、亡（すがたが見えない）をくわえて罔となった。鳥やけものに見えないようにしかけたあみのこと。罔が「ない」のいみにもちいられたので、糸をそえた網で「あみ」をあらわすようになった。→亡44

意味 ❶あみ。「漁▼網・地引き▼網」 ❷あみのよ

うに、はりめぐらされたもの。「交通▼網・通信▼網」❸あみでのこらずとる。「▼網▼羅」

【▼網▼棚】あみだな　電車などで、座席の上につくられた、荷物をのせるためのたな。

【▼網戸】あみど　虫がはいらないようにつくった、目のこまかいあみをはった戸。

【▼網目】あみめ　あみの、糸と糸とにかこまれた、すきま。あみの目。

【▼網元】あみもと　船や、魚をとるあみをもち、大勢の漁師をやとって漁業をする人。

【▼網▼膜】もうまく　目玉のおくにある、光を感じるうすいまく。

【▼網▼羅】もうら　のこらずとり入れること。例 自然科学についての知識を網羅した本。

下につく熟語 金▼網・＊交通▼網・鉄条▼網・＊天▼網・投▼網

糸－8画

【綾】

14画 人名 〈綾〉明朝

音 リョウ　訓 あや

なりたち 形声 夌（すじめがある）と糸を合わせた字。すじめのもようがあるおりものをあらわした。

意味 ❶もようがうきでるようにおった、うすい絹織物。あやぎぬ。あやおり。❷もよう。また、たくみな言い回し。「ことばの▽綾」❸入りくんだしくみ。「人生の▽綾」

名まえで使う読み あや

糸－8画

【緑】

14画 3年

糸－8画 【綠】 14画 人名 〈綠〉明朝

音 リョク・ロク＊　訓 みどり

※下にくる音により「リョッ」ともよむ。

緑　緑

7画めは折って内側へ向ける。9画めを長く。11・12画めを「フ」としない。

なりたち 形声 綠（緑）

もとの字は「綠」。彔と糸を合わせた字。彔は、草木のかわをはいで、くずがぼろぼろとおちるようす。表面をはぎとるというイメージをもつ。緑は、はいだかわでそめた糸の色をあらわした。

彔のつく漢字グループ

「彔」のグループは「表面をはぎ取る」というイメージがある。常用漢字では「录」になる。

→剝 140　→緑 857　→録 1032

意味 みどり。みどりいろ。「緑地・緑茶」

難しい読み 緑青

名まえで使う読み つな・のり・みどり・りょく

【緑色】みどりいろ　草や木の葉の色。

【緑▼陰】りょくいん　青葉のしげった、すずしい木かげ。

【緑樹】りょくじゅ　青葉のしげった木。

【緑地】りょくち　草や木がよくはえていて、青々としている土地。

【緑地帯】りょくちたい　①みどりの多い地域。②都市の中に草木を帯のようにうえた区域。

緑地帯①

【緑茶】りょくちゃ　茶の一種。茶の若葉をむしてつくる。湯をそそぐとみどり色になる。

【緑土】りょくど　草や木のしげった、うつくしい土地。

【緑肥】りょくひ　レンゲソウやクローバーなどを、青草のまま土にまぜて肥料にするもの。

【緑化】りょっか／りょくか　木や草をうえて、みどりのある土地にすること。例 緑化運動。

【緑青】ろくしょう　銅にできる、みどり色のさび。

下につく熟語 ＊浅緑（あさみどり・せんりょく）・深緑（しんりょく・ふかみどり）・新緑

糸－8画

【綸】

14画 人名 〈綸〉明朝

音 リン　訓 いと

こたえ たび（足袋）。

なりたち 形声 侖(きちんとそろえる)と糸を合わせた字。きちんと編んだひもをあらわした。

意味 ❶いと。よりあわせたひも。❷つかさどる。おさめる。「経▽綸」

名まえで使う読み いと・お・くみ・りん

【▽綸言】りんげん 帝王が臣下にむかって言うことば。みことのり。

故事成語 【▽綸言▽汗のごとし】りんげんあせのごとし 天子が一度言ったことばは、体からでた汗が体の中にもどることができないように、とりけすことはできない。

糸－8画 【練】 14画 3年

糸－9画 【練】 15画 人名 〈練〉明朝

音 レン
訓 ねる

「東」の「日」は下せばめに、12画めは中心をつらぬき、最後ははねてもよい。

なりたち 形声 もとの字は「練」。柬と糸を合わせた字。柬は、束(たば)と八(二つに分けるしるし)を合わせて、たばの中からよいものとわるいものをより分けるようす。練は、生糸をやわらかくしてより分け、よい質のものにすることをあらわした。

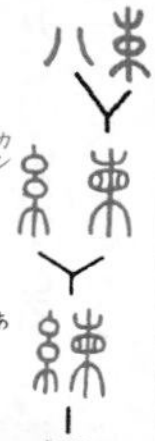

柬のつく漢字グループ
「柬」のグループは「より分ける」というイメージがある。常用漢字では「東」(東とは別字)になる。
→練 858 →錬 1031

意味 ねる。きたえる。「練習・訓練」

名まえで使う読み ねり・よし・れん

【練習】れんしゅう くりかえしてならうこと。例 テニスの練習。

【練達】れんたつ ものごとにじゅうぶんになれて、ひじょうにじょうずになること。例 武道に練達する。

【練炭】れんたん 石炭・コークス・木炭などの粉をねりかためた燃料。ふつう、つつ形で、あなをたくさん通してある。

【練▽磨】れんま くりかえし練習して、わざをみがくこと。例 百戦練磨。参考「錬磨」とも書く。

下につく熟語 修練・習練・熟練・手練(しゅれん・てれん)・試練・精練・洗練・＊▽鍛練・未練・老練

糸－9画 【縁】 15画 常用

糸－9画 【緣】 15画 人名 〈緣〉明朝

音 エン
訓 ふち

なりたち 形声 もとの字は「緣」。彖(たれ下がる)と糸を合わせた字。ころものへりにぶら下がるかざりをあらわした。

意味 ❶ふち。へり。「外▽縁」 ❷ゆかり。つながり。「▽縁談・▽縁故」 ❸えんがわ。「▽縁先」

名まえで使う読み まさ・むね・やす・ゆか・ゆかり・よし・より

【▽縁側】えんがわ 日本建築で、へやの外がわにつくった細長い板じきの部分。

【▽縁起】えんぎ ①神社や寺のできたいわれ。例 お寺の縁起。②よいこと、わるいことのおこりそうな前ぶれ。例 縁起がわるい。

【▽縁故】えんこ ①親類。えんつづき。例 縁故をたよる。②つながり。関係。例 縁故採用。

【▽縁先】えんさき えんがわのはしのあたり。

【▽縁者】えんじゃ 自分とえんのつづいている人。親類。例 親類縁者。

【▽縁台】えんだい 夕すずみなどに外でつかう、細長いこしかけ台。

【▽縁談】えんだん 結婚をすすめる相談。例 縁談がととのう。

【▽縁日】えんにち 神社や寺で、おまつりやくようがおこなわれる日。

は，ありません。

下につく熟語 因縁・額縁・奇縁・血縁・絶縁・遠縁・内縁・無縁・離縁・良縁

糸－9画

【緩】

15画 常用 〈緩〉明朝

音 カン
訓 ゆるい・ゆるやか・ゆるむ・ゆるめる

なりたち 形声 もとの字は「緩」。爰（ゆるめる）と糸を合わせた字。糸のむすび目をゆるくするようすをあらわした。→援515

意味 ❶**ゆるい。ゆるやか。**「緩急」対急 ❷**ゆるむ。ゆるめる。**「緩和・弛緩（しかん・ちかん）」

名まえで使う読み かん・のぶ・ひろ・ふさ・やす

【緩急】かんきゅう ①おそいことと、はやいこと。例緩急をつけて話す。②さしせまったありさま。例いったん緩急あれば…。

【緩衝】かんしょう 対立する二つのものの間にあって、その関係をやわらげること。また、やわらげるもの。例緩衝材。

【緩衝地帯】かんしょうちたい 対立する二つの国またはいくつかの国のあらそいをさけるために設けた、たたかいを禁じられた土地。

【緩慢】かんまん 動作や速度がゆっくりしているようす。例かれは動作が緩慢だ。

【緩和】かんわ きびしさやはげしさを、ゆるめ、やわらげること。例規制を緩和する。

糸－9画

【緊】

15画 常用 〈緊〉明朝

音 キン
訓 —

意味 ❶**引きしまる。引きしめる。**「緊張」❷**さしせまる。**「緊急」

【緊急】きんきゅう すぐにしなければならないようす。さしせまっているようす。例緊急の用事ができた。／緊急事態。

【緊縮】きんしゅく お金や費用などをけんやくすること。例緊縮財政。

【緊張】きんちょう ①気もちが引きしまり、心にゆるみがなくなること。例試験だと思うと、緊張する。②今にもあらそいがおこりそうになること。例両国のあいだの緊張が高まる。

【緊迫】きんぱく 今にもことがおこりそうであること。例緊迫した情勢。

【緊密】きんみつ むすびつきがしっかりしているようす。例緊密な関係。

下につく熟語 *喫緊

糸－9画

【縄】

15画 4年 〈縄〉明朝

音 ジョウ*
訓 なわ

2つの「日」は下の方をはば広く。15画めは曲がりで書き、「日」の中心を通す。

意味 **なわ。**「縄文・縄張り」

名まえで使う読み ただ・つぐ・つな・なお・なわ・のり・まさ

【縄文】じょうもん なわやむしろのあみ目のようなもよう。例縄文時代。／縄文土器。

【縄目】なわめ ①なわのむすんだところ。②罪をおかしたものが、なわでしばられること。例縄目の恥をうける。

下につく熟語 *一筋縄・*泥縄・火縄

糸－9画

【線】

15画 2年 〈線〉明朝

音 セン
訓 —

「泉」は「白」と「水」の中心を合わせる。「水」を「氺」と書かない。

なりたち 形声 泉（細く小さいすじ）と糸を合わせた字。細く小さい糸すじをあらわした。→泉655

意味 ❶**糸のように細長いもの。すじ。**「光線」

漢字クイズ 「天国」の反対は「じごく」。さて、漢字で書くと…。**ヒント** 地国なんてところ

❷長さがあって、はばのないもの。「直線」❸交通機関や通信機関の道すじ。「線路・路線」

【線画】せんが　線だけでかきあらわした絵。

【線香】せんこう　香料をねりかためて細い棒のようにしたもの。火をつけて仏前や墓にそなえる。例線香花火。

【線路】せんろ　汽車や電車などが通る道すじ。また、そこにしかれたレール。

下につく熟語 ▼緯線・沿線・回帰線・外線・▼架線・幹線・曲線・▼琴線・経線・混線・子午線・支線・*死線・視線・実線・▼斜線・三味線・垂線・水平線・戦線・前線・側線・第一線・対角線・打線・▼脱線・単線・地平線・点線・電線・導火線・内線・配線・▼伏線・複線・放射線・▼傍線・放物線・本線・無線・有線

糸－9画

【締】

15画　常用　〔締〕明朝

音 テイ　訓 しまる・しめる

意味 むすぶ。しめる。「▼締結・元▼締め」

【▼締結】ていけつ　条約や契約をむすぶこと。例条約を締結する。

糸－9画

【編】

15画　5年　〔編〕明朝

音 ヘン　訓 あむ

※上にくる音により「ペン」ともよむ。

「戸」の「コ」の縦はばをせまくして下部を広く。11・12画めの縦画は内側に。

なりたち 形声 糸扁―編―編(編)

もとの字は「編」。扁と糸を合わせた字。扁は、戸と冊を合わせた字。戸は一まいのとびらの形、冊は文字を書くふだの形で、どちらもうすくてたいらなものである。扁はうすくてたいらというイメージをもつ記号となった。編は、文字を書いたうすい竹のふだをあつめて、ひもでとじるようすをあらわした。→扁489

意味 ❶文章をあつめて書物にする。「編集」❷糸であむ。「編み物・編み目」❸組み入れて、ひとまとまりにする。「編入・編成」❹作品。作品の区分け。「後編・前編」

名まえで使う読み つら・へん・よし

【編曲】へんきょく　ある曲を、ほかの演奏の形にあうようにつくりかえること。また、その曲。

【編▼纂】へんさん　いろいろな材料をあつめ、一定の方針にしたがって整理し、一つの本につくりあげること。編集。例辞典を編纂する。

【編者】へんしゃ／へんじゃ　編集する人。

【編集】へんしゅう　資料や原稿をあつめて整理し、本・雑誌・新聞などをつくること。編纂。例学級新聞を編集する。

1【編成】へんせい　一つ一つのものをあつめて、大きなまとまりのものに組み立てること。例一〇両編成の電車。／番組を編成する。

2【編制】へんせい　軍隊や団体にまとめあげること。例部隊を編制する。

【編隊】へんたい　飛行機などが隊を組むこと。また、そのひとまとまりの隊。

【編入】へんにゅう　あるなかまに組み入れること。例六年四組に編入する。

下につく熟語 *詩編・*新編・全編・続編・短編・長編

糸－10画

【緯】

16画　常用　〔緯〕明朝

音 イ　訓 ―

なりたち 形声 韋(ぎゃく方向に行く)と糸を合わせた字。はたおりのとき、左に行ったり右に行ったりする横糸をあらわした。→囲223

意味 ❶よこいと。「経▼緯」❷よこ。「▼緯線」対❶❷経

【▼緯線】いせん　地球上で、同じ緯度の地点をむすんだ線。赤道に平行していて、経線と直角に交わる。対経線

【▼緯度】いど　地球上のある地点が赤道から

北または南に、どのくらいはなれているかをあらわす度合い。参考 赤道を〇度、北極・南極をそれぞれ九〇度とする。対 経度

下につく熟語 南▼緯・北▼緯

糸－10画
縞
16画 人名 〔縞〕明朝
音 コウ
訓 しま

意味 しまもよう。「▼縞▼柄」

糸－10画
縦
16画 6年
糸－11画 縱 17画 人名 〔縱〕明朝
音 ジュウ
訓 たて

縦 縦
10・11画めは内向きに。16画めのはらいを長く書いてバランスを取る。

1	2	3	4	5	6	7	8
ㄑ	幺	幺	糸	糸	糸	糹	糹
9	10	11	12	13	14	15	16
糹	糹	糹	糹	縦	縦	縦	縦

なりたち 形声 — 縱(縦)
もとの字は「縱」。從(たてにのびる)と糸を合わせた字。糸がつながってたてに長くのびるようすをあらわした。→従379

意味 ❶たて。南北。「縦断」対 横 ❷すきかって。思うまま。「放縦・操縦」

難しい読み 縦糸・縦笛
名まえで使う読み じゅう・しょう・たて・なお

【縦横】じゅうおう ①たてと、よこ。②東西南北。四方八方。例 道路が縦横に通じている。③思うまま。例 縦横にうでをふるう。
【縦横無▼尽】じゅうおうむじん 四字熟語 思うぞんぶんにふるまうこと。例 縦横無尽の大かつやく。
【縦▼貫】じゅうかん たて、または南北につらぬくこと。例 町を縦貫する道路。
【縦走】じゅうそう ①たて、または南北につらぬいていること。②登山で、いくつもの山を尾根づたいに歩き通すこと。例 北アルプスを縦走する。
【縦隊】じゅうたい たてにならんだ列。対 横隊
【縦断】じゅうだん ①たてにたちきること。例 縦断面。②たて、または、南北に通りぬけること。例 日本列島を縦断する。対 ①②横断
【縦覧】じゅうらん 〔ある場所や物などを〕思いのままに自由に見ること。例 縦覧禁止。
【縦列】じゅうれつ たての方向にならんだ列。例 縦列駐車。
【縦糸】たていと 織物の、たての方向に通っている糸。対 横糸
【縦▼軸】たてじく グラフで、目もりをつけたたての線。対 横軸
【縦笛】たてぶえ たてにかまえてふくふえ。尺八やクラリネット・リコーダーなど。対 横笛

糸－10画
緻
16画 常用 〔緻〕明朝
音 チ
訓 —

なりたち 形声 致(行きづまる)と糸を合わせた字。糸と糸のすきまがびっしりとつまるようすをあらわした。→至902

意味 こまかい。「▼緻密・精▼緻」
【▼緻密】ちみつ ①ぬのや紙などがきめこまかいようす。②こまかいところまで手ぬかりがないようす。例 緻密な細工。／緻密な計画。

糸－10画
縛
16画 常用 〔縛〕明朝
音 バク
訓 しばる

なりたち 形声 尃(たいらにしく→表面がうすくくっつく)と糸を合わせた字。ひもを表面につけてしばるようすをあらわした。→甫741 →博168

意味 しばる。「束縛」

下につく熟語 *自▼縛・▼呪▼縛・*捕▼縛

糸－10画
繁
16画 常用
糸－11画 繁 17画 人名 〔繁〕明朝
音 ハン
訓 *しげる

なりたち 形声 ふるい字は「緐」。毎(どんどんふえる)と糸を合わせた字。糸を集めてたらしたかざりをあらわした。それに攴(動詞の記号)を合わせて、糸がつぎつぎにふえるように、物がどんどんふえて多くなることをあらわした。→毎634

意味 ❶しげる。ふえる。「繁殖」❷にぎやか。さかん。「繁栄」❸回数が多い。「繁雑・頻繁」

難しい読み 繁盛

名まえで使う読み えだ・しげ・しげし・しげる・とし・はん

【繁栄】はんえい 国・家・団体などが、さかえてりっぱになること。例 大都会の繁栄。対 衰退

【繁華】はんか 人通りが多く、にぎやかなこと。例 繁華街。

【繁雑】はんざつ ふくざつで、ごたごたしていること。例 繁雑な手続き。使い分け「煩雑」は、こまごましていてめんどうなこと。

【繁盛】はんじょう 商売や事業などが、にぎわってさかえること。

【繁殖】はんしょく 動物や植物が、うまれふえること。例 トキを繁殖させる。

【繁忙】はんぼう 用事が多くて、いそがしいこと。例 繁忙期。

【繁茂】はんも 草木がよくそだって、さかんにしげること。例 雑草が繁茂する。

下につく熟語 頻繁

糸－10画

【縫】

16画 常用 〔縫〕明朝

音 ホウ 訓 ぬう

なりたち 形声 逢(⺮の形に出会う)と糸を合わせた字。二つのぬのを⺮の形にぬい合わせるようすをあらわした。→邦434

意味 ぬう。ぬいあわせる。「裁縫・縫い物」

【縫合】ほうごう きず口などをぬいあわすこと。

【縫製】ほうせい 服などを、ぬってつくること。例 縫製工場。

下につく熟語 天衣無縫

糸－11画

【縮】

17画 6年 〔縮〕明朝

音 シュク 訓 ちぢむ・ちぢまる・ちぢめる・ちぢれる・ちぢらす

縮 縮

「宿」は「宀」の中に「佰」を組みこむ。「百」より「イ」を縦長に。

1	2	3	4	5	6	7	8	9	10	11	12	13	14	15	16	17
く	幺	幺	糸	糸	糸	糸'	糸'	紵	紵	紵	紵	紵	紵	縮	縮	縮

なりたち 形声 宿(身をひきしめる)と糸(ひも)を合わせた字。ひもをしめて、ちぢめることをあらわした。→宿301

意味 小さくする。ちぢめる。ちぢむ。「縮小・短縮」

名まえで使う読み おさむ・しゅく・なお

【縮刷】しゅくさつ 版の大きさを、もとのものより小さくして印刷すること。例 縮刷版。

【縮写】しゅくしゃ もとの形をちぢめてうつすこと。また、ちぢめてうつしたもの。

【縮尺】しゅくしゃく 地図・設計図などで、じっさいの長さをちぢめて書いた長さと割合。

【縮小】しゅくしょう ものごとや、そのしくみがちぢまって小さくなること。また、ちぢめて小さくすること。例 軍備を縮小する。対 拡大 注意「縮少」と書かないこと。

【縮図】しゅくず ①じっさいのものの大きさを、あるきまった割合で、ちぢめてかいた図。②じっさいのようすが、小さくまとまってあらわれたもののたとえ。例 人生の縮図。

【縮緬】ちりめん 絹織物の一つ。たて糸によりのない生糸、よこ糸によりの強い生糸をつかっておりあげ、湯につけてちぢませたもの。

下につく熟語 圧縮・恐縮・*凝縮・緊縮・軍縮・収縮・伸縮・濃縮

にあります。

糸－11画

【績】

17画 5年 〈績〉明朝

音 セキ
訓 ―

7・9画めは同じ長さにして10画めを長く。「目」は縦長。17画めは止める。

なりたち 形声 責(セキ)(ぎざぎざとかさなる)と糸を合わせた字。いくつかの作業をつみかさねて、糸をつくることをあらわした。→責978

意味 ❶糸をつむぐ。「紡績」 ❷(つみかさねてきた)仕事のできばえ。「成績」

名まえで使う読み いさ・いさお・せき・つみ・なり・のり・もり

下につく熟語 業績・功績・実績・*戦績

糸－11画

【繊】

17画 常用

糸－17画 【纖】 23画 人名 〈纖〉明朝

音 セン
訓 ―

意味 ほそい。こまかい。「繊維」

【繊維】せんい ①生物のからだをつくっている、細い糸のようなすじ。例 神経繊維。②ぬのをつくる糸。例 繊維工業。

【繊細】せんさい ①細くてうつくしいこと。例 繊細なレース。②心のはたらきがこまかく、するどいこと。例 繊細な感覚。

【繊毛】せんもう ①細い毛。②細胞の表面にある、こまかい毛のようなもの。

下につく熟語 *化繊

糸－12画

【繭】

18画 常用 〈繭〉明朝

音 ケン
訓 まゆ

なりたち 会意 节(左右が同じ形)と虫と糸を合わせた字。カイコが糸を出す、左右が同じ形のだ円形の「まゆ」をあらわした。

意味 カイコのまゆ。「繭糸・繭玉」

【繭糸】けんし まゆとその糸。また、まゆからとった糸。

糸－12画

【織】

18画 5年 〈織〉明朝

音 ショク・シキ*
訓 おる

※下にくる音により「ショッ」ともよむ。

11画めは「戈」を書くために右へ長く引く。16画めは長く反って目立たせる。

なりたち 形声 戠(ショク)(見分ける目じるし)と糸を合わせた字。たて糸とよこ糸を見分けながら、ぬのをおるようすをあらわした。→識968

意味 ❶ぬのをおる。「織機」 ❷組み立てる。「組織」

名まえで使う読み おり・おる・しょく・り

【織り目】おりめ 糸をおったときのすきま。

【織り姫】おりひめ ①はたをおるわかい女の人。②織女星に同じ。

【織物】おりもの 糸でおったぬの。

【織女星】しょくじょせい こと座の中でいちばん明るい星。七夕の夜、東がわにある「けん牛星(=彦星)」に会うという伝説がある。織姫星。

【織機】しょっき ぬのをおる機械。はたおり機。

下につく熟語 *染織・羽織・紡織

糸－12画

【繕】

18画 常用 〈繕〉明朝

音 ゼン
訓 つくろう

なりたち 形声 善(ゼン)(たっぷりそろう)と糸を合わせた字。やぶれたところに、たっぷりぬの

をあてがっておぎなうこと。→善215

意味 なおす。つくろう。「修▽繕・営▽繕」

名まえで使う読み ぜん・よし

糸－13画

【繰】

19画 常用 〈繰〉明朝 音 ― 訓 くる

なりたち 形声 喿（表面をかすめる）と糸を合わせた字。まゆの表面から糸をたぐりよせることをあらわした。→操520

意味 **まゆだまから糸を手もとに引き出す。たぐる。くる。**「▽繰入金・▽繰り言（＝くりかえして言う、同じことば）」

【▽繰入金】くりいれきん　ある会計からほかの会計へまわすお金。

【▽繰▽越金】くりこしきん　その月、または、その年の収入や支出を計算し、次の月、または、次の年にくり入れるお金。

糸－13画

【繫】

19画 人名 〈繫〉明朝 音 ケイ 訓 つなぐ・かかる

意味 **つなぐ。つながる。**「▽繫留・連▽繫」

参考 ふつう「係」に書きかえる。「▽繫留→係留」「連▽繫→連係」

名まえで使う読み つぐ・つな・つなぐ

糸－13画

【繡】

19画 人名 〈繡〉明朝 音 シュウ 訓 ぬいとり

意味 **細い糸でもようをぬいこんだぬの。ぬいとり。**「刺▽繡」

名まえで使う読み ぬい

糸－14画

【纂】

20画 人名 〈纂〉明朝 音 サン 訓 ―

意味 **あつめる。あつめて整理する。**「編▽纂」

名まえで使う読み あつ

糸－15画

【纏】

21画 人名 〈纏〉明朝 音 テン 訓 まとう

意味 ❶**まとう。まきつけてしめる。**「▽纏綿」 ❷**さおの先にかざりをつけた、隊の目じるし。**

名まえで使う読み まき・まとむ

【▽纏綿】てんめん　①いつまでも心にまとわりついてはなれないようす。②心の動きがこまやかなようす。

6画 缶 ほとぎ

なりたち 腹の部分がふくれた土器（＝ほとぎ）の種類・状態などに関係した字をあつめる。この辞典では一字だけ。

この部首の字 0画 缶 864

ほかの部首の字 鬱→鬯部 1094

缶－0画

【缶】

6画 常用 〈缶〉明朝 音 カン 訓 ―

なりたち 象形 水を入れるうつわをえがいた字。

意味 ❶**金属でできた入れ物。**「▽缶詰」 ❷**かま。**「汽▽缶」

下につく熟語 *空き▽缶・*製▽缶・*石油▽缶・薬▽缶

【鬱】29画 鬯部19画→1094ページ

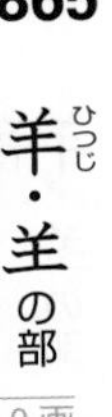

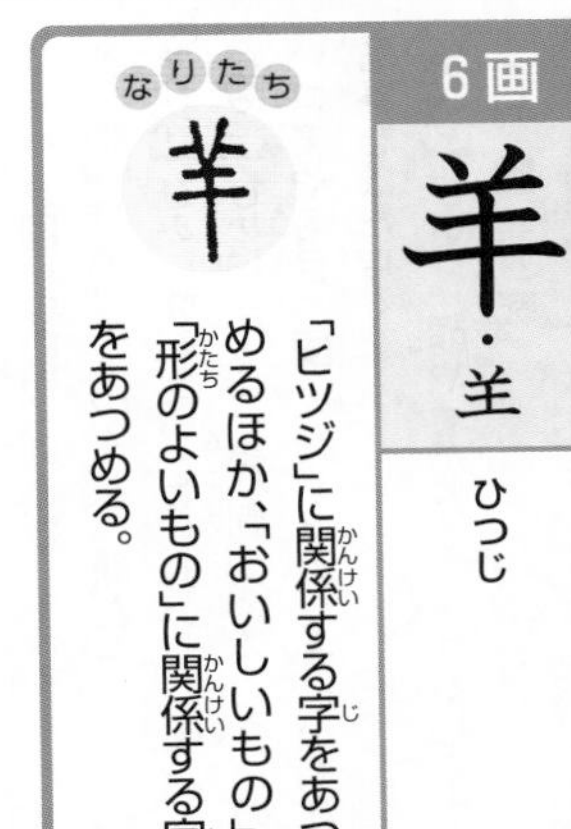

「ヒツジ」に関係する字をあつめるほか、「おいしいもの」、「形のよいもの」に関係する字をあつめる。

この部首の字

0画 羊 865
3画 美 865
5画 羞 866
5画 羚 866
6画 着 866
7画 義 867
7画 群 868
7画 羨 869

ほかの部首の字

善→口部 215
翔→羽部 871
窯→穴部 814
養→食部 1082
鮮→魚部 1099
洋→氵部 664
差→工部 336
祥→ネ部 796

羊－0画

【羊】

6画
3年
〔羊〕明朝
音 ヨウ
訓 ひつじ

1・2画めは内向き。3・4画めは同じで5画めを長く。6画めが中心、下に長く。

筆順：丶 丷 ⺷ ⺷ 兰 羊

なりたち 象形 ヒツジのすがたをえがいた字。

羊のつく漢字グループ

「羊」のグループは「おいしい」「めでたい」「たっぷりとゆたか」「形がよい」などのイメージがある。「⺷」は「羊」の変形である。

→養1082 →様612 →洋664 →祥796 →翔871 →詳954

意味 動物の、ヒツジ。「羊毛」

【羊▽羹】ようかん あんにさとうとかんてんを入れて、ねったりむしたりして固めたかし。

【羊水】ようすい 母親のおなかの中で胎児をまもっている液体。

【羊頭▽狗肉】ようとうくにく 四字熟語 りっぱな品物を見本にして、見本ににているが質のわるい品物を売ること。また、見せかけはりっぱだが、じっさいのなかみや内容がちがうこと。参考 ㋐「羊頭」はヒツジの頭のこと。「狗肉」は、犬の肉のこと。ヒツジの頭を看板にかかげ、下等な犬の肉を売ることから。㋑「羊頭を懸げて狗肉を売る」ともいう。

【羊皮紙】ようひし 紙がなかったころ、文字を書いた、ヒツジの皮。

【羊毛】ようもう ヒツジの毛。かりとって、毛糸や毛織物にする。

下につく熟語 *牧羊・綿羊・山羊

羊－3画

【美】

9画
3年
〔美〕明朝
音 ビ
訓 うつくしい

3・5・6画めは同じで7画めを長く書く。9画めは止めてもよい。

筆順：丶 丷 ⺷ 兰 ⺶ 𦍌 差 ⺶ 美

なりたち 会意 大（ゆったりしている）と羊を合わせた字。形がゆったりしているヒツジを図にして、見た目にうつくしいことをあらわした。

意味 ❶うつくしい。うるわしい。「美人」 対 醜 ❷よい。りっぱな。「美談・美点」 ❸おいしい。「美味」 ❹ほめる。「賛美」

参考 ひらがな「み」のもとになった字。

名まえで使う読み うま・うまし・きよし・とみ・はし・はる・び・ふみ・み・みつ・よ・よし

【美化】びか うつくしくすること。例 校内の美化をはかる。／美化運動。

【美観】びかん うつくしいながめ。例 美観をそこなう。

【美技】びぎ スポーツなどの、じょうずな技やすばらしい演技。ファインプレー。

【美▼醜】びしゅう 顔やかたちなどが、うつく

6画

こたえ 鼻。「鼻にかける（＝自慢する）」。「鼻を明かす（＝出しぬいて，あっとい わせる）」。

羊・⺷の部　5画　羞・羚　6画　着

しいこととみにくいこと。

【美術】びじゅつ　色や形で、うつくしさをあらわそうとする芸術。絵画・彫刻など。

【美食】びしょく　おいしいぜいたくな食べ物を、このんで食べること。例美食家。対粗食

【美辞▼麗句】びじれいく　四字熟語　うつくしくかざったことば。例美辞麗句をならべる。

【美人】びじん　顔やすがたのうつくしい人。

【美声】びせい　うつくしい声。対悪声

【美談】びだん　人が感心するような、りっぱなおこないについての話。

【美点】びてん　すぐれたところ。よいところ。

【美田】びでん　土地のこえた田。例児孫（＝子孫）のために美田を買わず。

【美徳】びとく　人間としてりっぱな考え・おこない。対悪徳

【美風】びふう　よい習慣。対悪風

【美文】びぶん　ことばでかざり立てた、たくみな文章。例美文調。

【美▼貌】びぼう　うつくしい顔だち。

【美味】びみ　味がよいこと。おいしい味。

【美名】びめい　①よい評判。②ていさいのよい口実や名目。例人だすけの美名にかくれて悪事をはたらく。

【美容】びよう　顔やすがたを、うつくしくすること。例美容院。

下につく熟語　▼華美・*甘美・賞美・真善美・優美

【洋】9画　氵部6画→664ページ

【差】10画　工部7画→336ページ

【祥】10画　ネ部6画→796ページ

漢字博士になろう！

「羊」は、りっぱなもの、すばらしいもの

草原や高原にすんでいる人々にとって、羊はむかしから重要な財産でした。そこで羊から生まれた字は、りっぱなもの、すばらしいもののいみをあらわします。この「羊」をふくむ漢字と、そのいみをあげてみましょう。（　）の中はそれぞれの部首をしめしてあります。

・美（羊）　大きな羊は、うつくしい。
・義（羊）　羊のように形がきちんとしていて、正しいいみ。
・群（羊）　羊のようにたくさんあつまり、むれをつくること。
・洋（氵）　水がいっぱいに広がる海。
・鮮（魚）　新しくていきのいい、なまの魚。
・養（食）　羊の肉のように、おいしくて栄養満点の食べもの。
・善（口）　おいしくて、よいといういみ。

羊－5画

【羞】

11画　常用　〔羞〕明朝

音シュウ　訓は*じる・は*ずかしい

意味　はじる。はずかしい。「▼羞▼恥」

【▼羞▼恥心】しゅうちしん　はずかしく思う気もち。

羊－5画

【羚】

11画　人名　〔羚〕明朝

音レイ　訓―

なりたち　形声　令（きよらか）と羊を合わせた字。きよらかなすがたの、ヒツジににた動物をあらわした。→令58

意味　角が長くてすがたがうつくしい、ヒツジのなかま。「▼羚羊」

羊－6画

【着】

12画　3年　〔着〕明朝

音チャク・ジャ*ク　訓きる・きせる・つく・つける

※下にくる音により「チャッ」ともよむ。

着　着

7画めは6画めの中心より左側の下で接する。「目」は中心から右へややずれる。

でも年齢が12～15，16歳になると，おとなのしるしに髪をゆい，冠をつけました。

なりたち 「著」がかわったもの。著は一か所にくっついてはなれないというイメージがあり、「かきつける」ことには「著」、「くっつける」ことには「着」と、書き分けるようになった。
→者873 →著397

意味 ❶衣服をきる。「着衣・着物」❷くっつく。くっつける。「密着」❸とどく。いきつく。「発着」対発 ❹おちついている。「着実」❺衣服の数、到着の順序などをかぞえることば。ちゃく。「一着」

【着心地】きごこち 衣服を身につけたときの感じ。例 着心地がいい。

【着物】きもの からだにきる物。とくに和服。

【着衣】ちゃくい ①きている衣服。②衣服をきること。対 脱衣

【着眼】ちゃくがん だいじな衣服に気がつくこと。また、目のつけ方。例 着眼点。／着眼がするどい。

【着実】ちゃくじつ おちついて、正確にものごとをするようす。例 着実に発展する。

【着手】ちゃくしゅ ある仕事にとりかかること。例 工事に着手する。

【着順】ちゃくじゅん ついた順番。

【着色】ちゃくしょく 色をつけること。対 脱色

【着水】ちゃくすい 空中から水面におりること。

着順

【着席】ちゃくせき 席につくこと。

【着想】ちゃくそう あるものごとをするときの、くふう。思いつき。例 ゆたかな着想。

【着▼脱】ちゃくだつ きたり、ぬいだりすること。また、物をとりつけたり、はずしたりすること。例 着脱自在。

【着地】ちゃくち ①とんでいたものが、おりて地面につくこと。②体操競技で、演技をおえて床におり立つこと。

【着着】ちゃくちゃく ものごとが、順序のとおりに確実にはかどるようす。例 工事は着々とすすむ。参考 ふつう「着々」と書く。

【着任】ちゃくにん 新しい役目につくこと。また、役目につくために、その土地につくこと。

【着服】ちゃくふく 人のものを、だまって自分のものにすること。例 公金を着服する。

【着目】ちゃくもく だいじなものとして、そこに注意をすること。例 新しい技術に着目する。

【着用】ちゃくよう 衣服などを身につけること。例 シートベルトを着用する。

【着陸】ちゃくりく 飛行機などが、空から陸におりること。対 離陸

【着工】ちゃっこう 工事にとりかかること。例 秋には着工するという。

下につく熟語 愛着(あいちゃく・あいじゃく)・厚着・▼薄着・上着・横着・帰着・決着・*結着・下着・▼執着(しゅうちゃく・しゅうじゃく)・終着・接着・先着・▼沈着・定着・▼到着・土着・▼粘着・肌着・必着・不時着・付着・古着・*水着・▼癒着・落着

【善】12画 口部9画 →215ページ

【翔】12画 羽部6画 →871ページ

羊－7画

【義】13画 5年

〔義〕明朝

音 ギ
訓 —

横画は3・5・6画めを同じ長さにして8画めを長く書く。11画めは長く反る。

なりたち 形声 我(きちんとしている)と羊(形のよいヒツジ)を合わせた字。きちんとしていて、かっこうがよいことをあらわした。→我484

義のつく漢字グループ
「義」のグループは「形がととのっている」というイメージがある。
→儀95 →犠718 →蟻917 →議969

ミニ知識 「元服」は，むかし男子が成人したしるしとしておこなわれた儀式です。中国でも日本

羊・羊の部 7画 群

意味 ❶人のおこなうべき正しいすじ道。「正義」❷わけ。いみ。「語義」❸血がつながらない。「義父・義母」❹かわりになるもの。「義手」

名まえで使う読み あき・いさ・ぎ・しげ・たけ・ただし・ちか・つとむ・とも・のり・みち・よし・より

【義▼捐金】ぎえんきん （不幸な人を）たすけるためにさしだすお金。

【義眼】ぎがん 病気や事故などでうしなった目玉のかわりにはめる、ガラスやプラスチックなどでつくった目玉。

【義兄弟】ぎきょうだい ①兄弟としてつきあうことを約束した人どうし。②血のつながっていない、義理の兄弟。

1【義士】ぎし 人のおこなうべき正しい道をかたくまもる人。

2【義歯】ぎし 「入れ歯」のこと。

【義手】ぎしゅ ゴム・合成樹脂などでできた手。

【義人】ぎじん 正義感が強く、自分をぎせいにしても正しいと思うことをやりぬく人。

【義足】ぎそく ゴム・合成樹脂などでできた足。

【義父】ぎふ 血のつながりのない父親。妻や夫の父親など。義理の父。

【義▼憤】ぎふん 人としての正しい道からはずれたことにたいするいかり。

【義母】ぎぼ 血のつながりのない母親。妻や夫の母親など。義理の母。

【義務】ぎむ 人として、しなければならないつとめ。また、法律できめられたつとめ。例 義務教育。／納税の義務。対 権利

【義勇軍】ぎゆうぐん （国や正義のために）自分で志願した人たちでつくられた軍隊。

【義理】ぎり ①道理に合った、正しいすじ道。例 義理をわきまえる。②つきあいをする上で、人としておこなうべきことがら。例 義理をかく。③血のつながりのない親子や兄弟の間がら。例 義理の母。

下につく熟語 異義・意義・▼奥義（おうぎ・おくぎ）・恩義・疑義・教義・▼狭義・原義・広義・講義・字義・主義・信義・仁義・＊大義・談義・忠義・定義・同義・＊道義・＊本義・名義・＊律義

羊－7画

【群】

13画 4年 〔群〕明朝

音 グン
訓 むれる・むれ・むら

「君」より「羊」を縦長に。「君」は、2・4画めを長くし、右側をそろえる。

1	2	3	4	5	6	7	8
㇇	㇇	㇋	尹	君	君	君	君
9	10	11	12	13			
君丷	君䒑	君兰	君羊	群			

なりたち 形声 -羣（群）

君（一つにまとめる）と羊を合わせた字。ヒツジがまるくまとまってむれをつくるようすをあらわした。→君201

意味 ❶むれ。あつまり。「群島・大群」❷むらがる。たくさんあつまる。「群▼雄」

注意 「郡」とまちがえないこと。

名まえで使う読み ぐん・とも・むら・むれ・もと

1【群衆】ぐんしゅう あつまった多くの人々。例 群衆にとりかこまれる。

2【群集】ぐんしゅう たくさんあつまること。また、そのあつまり。

【群集心理】ぐんしゅうしんり 群集の中にいって興奮し、自分で考える力をなくして、他人の行動にひきずられるような心の動き。例 群集心理でやじ馬たちが大さわぎする。

注意 「群衆心理」と書かないこと。

【群生】ぐんせい 同じ種類の植物があつまってはえていること。例 高山植物が群生する。

【群像】ぐんぞう 絵・彫刻などで、ひとかたまりになった人々を主題とした作品。例 青春群像。

【群島】ぐんとう ひとかたまりにあつまっている島々。参考 「諸島」の古い言い方。

【群発】ぐんぱつ ある時期、たえまなくつぎつぎにおこること。例 群発地震。

【群舞】ぐんぶ 大勢で、いっしょにおどること。また、そのおどり。例 小学生の群舞。

【群▼雄割▼拠】ぐんゆうかっきょ 四字熟語 た

多くの部族のことをさし，そこから，「多くの人々」のいみでつかわれていました。

6画

くさんの英雄が各地にあらわれ、たがいに勢力をあらそうこと。また、実力者がたがいにあらそうたとえ。

【群落】ぐんらく 同じ場所にむらがってはえている植物のあつまり。例 ミズバショウの群落。

【群を▼抜く】ぐんをぬく 句 多くのものの中で、とびぬけてすぐれている。例 学年で群を抜く成績。

【群雲】むらくも ひとところに多くあつまっている雲。

下につく熟語 *一群・魚群・▼抜群

羊－7画

【羨】

13画 常用 〔羨〕明朝

音 セン
訓 うらやむ・うらやましい

意味 うらやむ。「▼羨望」

名まえで使う読み のぶ・よし

【▼羨望】せんぼう うらやましがること。例 羨望のまなざし。

【窯】15画 穴部10画→814ページ
【養】15画 食部6画→1082ページ
【鮮】17画 魚部6画→1099ページ

6画 羽 はね

なりたち

「はね」や「つばさ」、とぶことなどのいみに関係した字をあつめる。

この部首の字
0画 羽 869
4画 翁 869
5画 習 870
5画 翌 870
6画 翔 871
8画 翠 871
8画 翡 871
11画 翼 871
12画 翻 871
14画 耀 871

ほかの部首の字
扇→戸部 489
濯→氵部 692
曜→日部 564

羽－0画

【羽】

6画 2年 〔羽〕明朝

音 ウ*
訓 は・はね

※上にくる音により「わ」「ば」「ぱ」ともよむ。

6画めは5画めと同じ向きの点で書いても正しい。
（「羽」は全て同じ）

なりたち 象形 －羽（羽） 二まいの鳥のはねをえがいた字。

意味 ❶はね。つばさ。「羽毛」 ❷鳥をかぞえることば。▽前にくる音によって「一羽」「三羽」「六羽」などのように、読み方がかわる。

難しい読み 羽二重

【羽化】うか こん虫のさなぎが、はねがはえて成虫になること。

【羽毛】うもう 鳥のからだをおおっているやわらかい毛。例 羽毛ぶとん。

【羽織】はおり 和服で、着物の上にきるみじかい上着。

【羽子板】はごいた 羽根つきでつかう、柄のある長方形の板。

【羽衣】はごろも 伝説の中で、天人がきるといわれる、鳥のはねでつくったころも。天人がきて空をとぶという。

【羽根】はね ①ムクロジの木のたねなどに、鳥のはねをつけたもの。羽子板でついてあそぶ。②機械などにとりつけた、鳥のはねの形をしたもの。例 扇風機の羽根。

【羽二重】はぶたえ なめらかでつやのある、絹織物。

【羽目】はめ ①板をはったかべ。例 羽目をはずす（＝調子にのって度を過ごす）。②こまった立場。例 むずかしい説明をする羽目におちいる。参考 ②は「破目」とも書く。

下につく熟語 合羽・*切羽

羽－4画

【翁】

10画 常用 〔翁〕明朝

音 オウ*
訓 おきな

ミニ知識 「百姓」は、農業をする人のいみですが、もともと中国では「ヒャクセイ」と読んで、

羽の部 5画 習・翌

なりたち 形声 公(両がわに分ける)と羽を合わせた字。鳥のあたまの両がわにたれた羽毛のこと。また、そのすがたによくにた老人をあらわした。→公106

意味 男の人の年よりをうやまった言い方。「老▼翁」

名まえで使う読み おう・おき・おきな・とし・ひと

【扇】10画 戸部6画→489ページ

羽－5画 【習】

11画 3年 〈習〉明朝

音 シュウ
訓 ならう

「羽」の1・4画めは、折った後やや内側に向けると、「白」と組み合わせやすい。

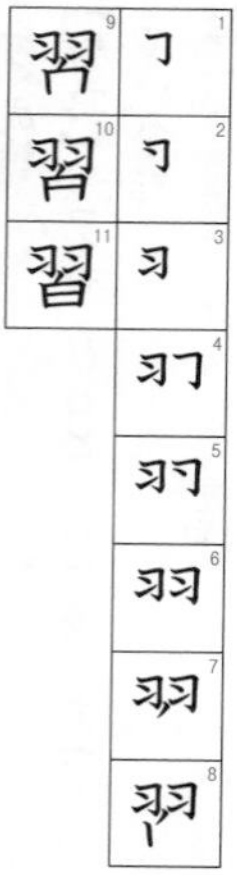

なりたち 会意 - 習(習) 羽と白(動詞の記号)を合わせた字。白は、白ではなく、皆の白と同じ。自(=鼻)を少しかえたもので、動作をしめす記号である。羽は、二つならんでいるので、同じものがかさなるというイメージをもつ。習は、同じことを何度もくりかえしておこなうことをあらわした。

意味 ❶くりかえし、ならう。まなぶ。「学習・習字」 ❷なれる。「習熟」 ❸なれたやり方。ならわし。「習慣・慣習」

名まえで使う読み しげ・しゅう

【習慣】しゅうかん ①ならわし。しきたり。慣習。例 お正月には、ぞうにを食べる習慣があります。②くりかえしているうちに、身についたことがら。例 早寝早起きの習慣。

【習作】しゅうさく 絵・彫刻・音楽などで、練習のために作品をつくること。また、その作品。

【習熟】しゅうじゅく ものごとによくなれて、じょうずになること。

【習性】しゅうせい ①習慣によってつくられた性質。くせ。②同じ種類の動物にふつうに見られる、生活や行動のしかた。例 クマは冬眠する習性がある。

【習▼俗】しゅうぞく むかしからおこなわれてきた、生活のならわし。習慣や風俗。

【習得】しゅうとく 学問やわざをならいおぼえること。

習得

【習練】しゅうれん じょうずになるために、けいこをすること。練習。

【習い性となる】ならいせいとなる 故事成語 習慣は、長くつづけていくと、生まれつきの性質のようになってしまうということ。

参考 「性」は性質のこと。「習い、性となる」と区切れる。

下につく熟語 悪習・因習・演習・▼奇習・＊教習・講習・自習・実習・独習・風習・復習・補習・予習・練習

羽－5画 【翌】

11画 6年 〈翌〉明朝

音 ヨク
訓 —

「羽」は「立」より横広にし、11画めを長く書いて全体を支えるとよい。

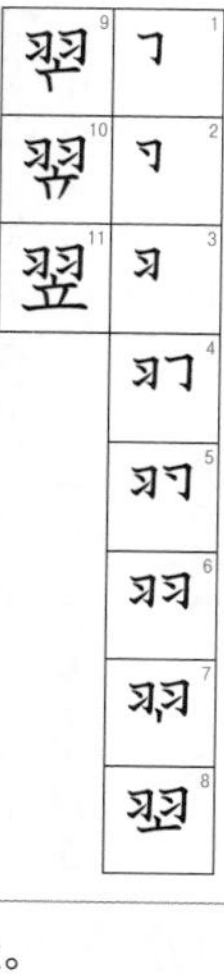

なりたち 会意 - 翌(翌) 羽と立を合わせた字。羽は、二つならんでいるはね。立は、両足をならべて立つこと。どちらも同じものがもう一つあるというイメージをもつ。翌は、今日のほかにもう一つある別の日、つまりあくる日のことをあらわした。

意味 つぎの。「翌月・翌日・翌週・翌年(よくねん・よくとし)」

名まえで使う読み あきら・よく

【翌朝】よくあさ／よくちょう 次の日の朝。

する人たちのことをさすことばでした。

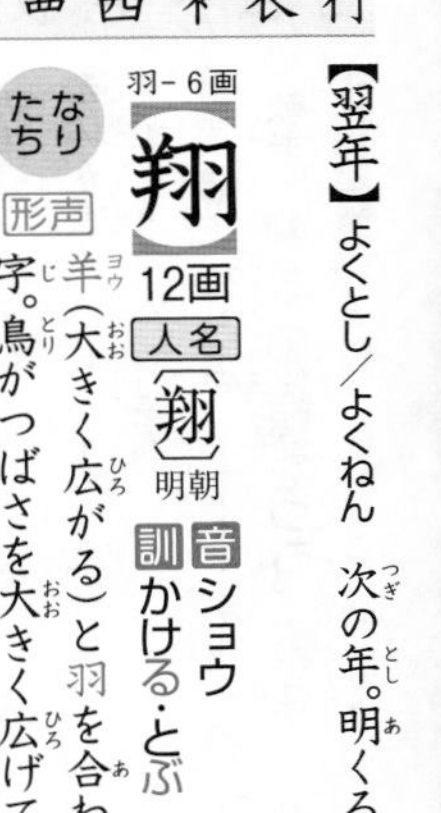

【翌年】よくとし／よくねん　次の年。明くる年。

羽-6画
【翔】12画
人名　〈翔〉明朝
音 ショウ　訓 かける・とぶ

なりたち 形声　羊（大きく広がる）と羽を合わせた字。鳥がつばさを大きく広げてとぶようすをあらわした。→羊865

意味 はねを大きく広げてとぶ。かける。「飛▽翔」

名まえで使う読み かける・しょう

羽-8画
【翠】14画
人名　〈翠〉明朝
音 スイ　訓 みどり

なりたち 形声　卒（細くひきしまる）と羽を合わせた字。細くひきしまってうつくしい鳥をあらわした。→卒166

意味 ❶［「▽翡▽翠」と書いて］青みどり色の小鳥の名。また、宝石の名。❷みどり色。青みどり色。「▽翠▽嵐（＝青々とした山のけはい）」

名まえで使う読み あきら・すい・みどり

羽-8画
【翡】14画
表外　〈翡〉明朝
音 ヒ　訓 ―

意味 →翠❶

羽-11画
【翼】17画
常用　〈翼〉明朝
音 ヨク　訓 つばさ

なりたち 形声　異（もう一つほかの）と羽を合わせた字。二つのはねのことで、「つばさ」のいみをあらわした。→異748

意味 ❶つばさ。また、左右につきでたもの。「尾▽翼・右▽翼」❷たすける。「▽翼賛」

名まえで使う読み すけ・たすく・つばさ・よく

【▽翼賛】よくさん　力をかして、たすけること。例 大政翼賛会（＝第二次世界大戦中、国民を統制した組織）。

下につく熟語 ＊一▽翼・＊銀▽翼・左▽翼・＊主▽翼・小心▽翼▽翼・＊両▽翼

【濯】17画　氵部14画→692ページ

羽-12画
【翻】18画
常用
飛-12画【飜】21画
人名　〈翻〉明朝
音 ホン　訓 ひるがえる・ひるがえす

なりたち 形声　番（平面がひらひらする）と羽を合わせた字。鳥がつばさをひらひらさせてとぶようすをあらわした。→番750

意味 ❶ひるがえる。ひるがえす。「▽翻然」❷ひっくりかえす。ひっくりかえる。「▽翻意」❸形をかえて、つくりなおす。「▽翻訳」

【▽翻案】ほんあん　原作のおもなすじはそのままにしておいて、時代・地名・人名などをかえて、つくりなおすこと。例 この物語は『ごんぎつね』の翻案です。

【▽翻意】ほんい　考えをかえること。決心をかえること。例 翻意をうながす。

【▽翻然】ほんぜん　きゅうに心をかえるようす。

【▽翻訳】ほんやく　ある国のことばで書かれたものを、ほかの国のことばになおすこと。また、そのなおした文章。

【▽翻▽弄】ほんろう　思いどおりにもてあそぶこと。例 あら波に翻弄される小舟。

【曜】18画　日部14画→564ページ

羽-14画
【耀】20画
人名　〈耀〉明朝
音 ヨウ　訓 かがやく

なりたち 形声　翟（高くあがる）と光（ひかり）を合わせた字。光が高くあがっててりかがやくことをあらわした。→曜564

意味 てりかがやく。かがやき。「栄▽耀」

名まえで使う読み あき・あきら・てる・よう

羽の部
6画 翔
8画 翠・翡
11画 翼
12画 翻
14画 耀

ミニ知識　「学生」は，奈良・平安時代には「ガクショウ」と読み，中国の書物で政治や文化を勉強

老・耂(おい・おいかんむり) の部

0画 老
2画 考

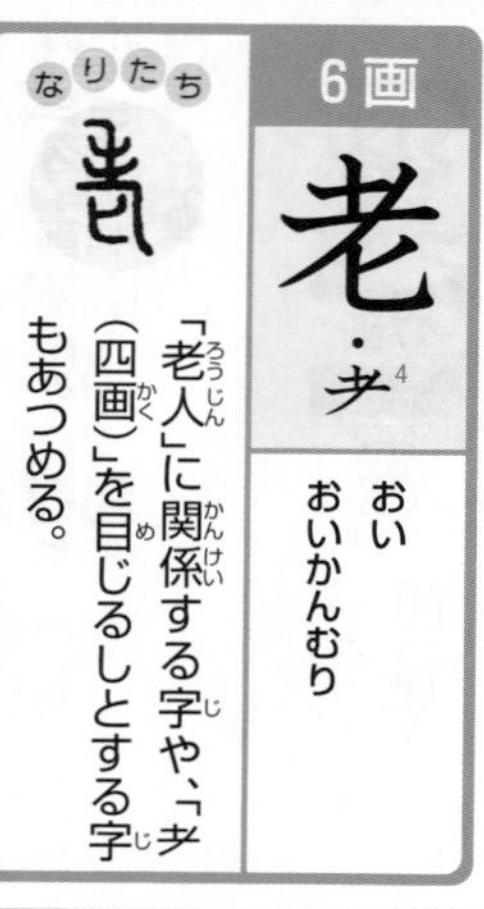
6画 老・耂 おい おいかんむり
なりたち
「老人」に関係する字や、「耂(四画)」を目じるしとする字もあつめる。

この部首の字
0画 老 872
2画 考 872
4画 者 873
5画 者 873

ほかの部首の字
孝→子部 283
煮→灬部 698

老－0画

【老】

6画 4年 〔老〕明朝
音 ロウ
訓 おいる・ふ*ける

一 十 土 耂 耂 老

「土」の3画めを長く。4画めは「土」の中心のすぐ右で交差させて長くはらう。

なりたち 象形 かみが長く、こしがまがり、つえをついた人のすがたをえがいた字。

意味 ❶年をとる。「老人・老化」 ❷年より。「敬老」 対 若 ❸経験をつむ。「老練・長老」

難しい読み 老▼舗(しにせ・ろうほ)・老若男女

名まえで使う読み おい・おゆ・とし・ろう

【老▼舗】しにせ/ろうほ むかしから、ずっとその商売をつづけていて、信用のある店。
【老化】ろうか ①年をとるにしたがって、からだのはたらきがおとろえること。例 老化現象。②ものが、時間がたつにしたがって性質がかわり、おとろえること。例 老化した建物。
【老眼】ろうがん 年をとって、視力がおとろえ、近くのものなどがよく見えなくなった目。
【老▼朽】ろうきゅう 年をとったり古くなったりして、役に立たなくなること。例 老朽した校舎。/老朽化。
【老後】ろうご 年をとって、はたらかなくなったのち。例 老後の生活。
【老▼巧】ろうこう 経験をつんで、ものごとによくなれてじょうずなこと。例 老巧な選手。
【老骨】ろうこつ 年をとったからだ。例 老骨にむちうって(=元気を出して)はたらく。
【老師】ろうし 年をとった先生。また、年をとった僧。例 老師の教えをまもる。
【老女】ろうじょ 年をとった女の人。老婆。
【老人】ろうじん 年をとった人。年より。
【老▼衰】ろうすい 年をとって、からだのはたらきがおとろえること。
【老成】ろうせい ①おとなびていること。②経験がゆたかで、じょうずであること。
【老体】ろうたい ①年をとったからだ。②年より。参考「ご老体」は、老人をうやまった言い方。
【老大家】ろうたいか そのことがらの専門家で、みんなから尊敬されている老人。
【老若男女】ろうにゃくなんにょ 年よりも若者も、男も女も。みんな。四字熟語 注意「ろうじゃくだんじょ」と読みまちがえないこと。
【老年】ろうねん 年をとっていること。年より。
【老▼婆】ろうば 年をとった女の人。おばあさん。老女。
【老▼廃物】ろうはいぶつ からだの中でいらなくなったもの。役に立たなくなったもの。
【老▼婆心】ろうばしん ひつよう以上に他人のことを気にし、せわをやく心。老婆親切。例 老婆心ながら申し上げます。
【老父】ろうふ 年おいた父親。対 老母
【老母】ろうぼ 年おいた母親。対 老父
【老木】ろうぼく 長い年月、はえている木。古木。
【老幼】ろうよう 年よりと子ども。
【老▼齢】ろうれい 年をとっていること。老年。
【老練】ろうれん 長く経験をつみ、なれてじょうずなこと。例 老練な船乗り。

下につく熟語 *家老・元老・*古老・初老・*養老

耂－2画

【考】

6画 2年 〔考〕明朝
音 コウ
訓 かんがえる

6画

考

5画めは左から右へ引く横画で書いてもよい。6画めは2回折って最後ははねる。

一 十 土 耂 耂 考

なりたち 形声

丂(つかえてまがる)がかわった𠄎と、老をりゃくした。耂を合わせた字。考は、こしがまがるまで長く生きた老人のこと。まがりくねりながら、とことんまでつきつめて「かんがえる」といういみにもちいられた。↓号190

意味 かんがえる。しらべる。「考案・考え事」

名まえで使う読み こう・たか・なか・なる・のり・やす・よし

【考案】こうあん　いろいろくふうして、考え出すこと。

【考古学】こうこがく　大むかしの人々がつかったものや、すまいのあとなどをしらべて、その時代の文化を研究する学問。

【考査】こうさ　学校で、生徒の学力をしらべること。試験。テスト。例 期末考査。

【考察】こうさつ　よく考えてしらべること。

【考証】こうしょう　文書などをしらべ、むかしのことを理解したり、説明したりすること。例 歴史的な考証をする。

【考▼慮】こうりょ　そのことだけでなく、関係することまでもふくめてよく考えること。

下につく熟語 一考・再考・参考・思考・熟考・選考・長考・備考・▼黙考

【孝】7画　子部4画↓283ページ

老・耂(おい・おいかんむり)の部　4画　者

耂－4画

【者】8画　3年

耂－5画【者】9画　人名

〔者〕明朝

音 シャ

訓 もの

※上にくる音により「ジャ」ともよむ。

「日」は中心から右へややずれる。「日」の縦画は真下に下ろして縦長に書く。

一 十 土 耂 耂 者 者 者

なりたち 象形

もとの字は「者」。多くのたきぎを集めてこんろでもやしているようすをえがいた字。近くの物をさししめすことばとしてつかわれ、のちにこの字をかりて「…するそのもの」といういみにもちいられた。

者のつく漢字グループ

「者」のグループは「多くのものが一点に集中する」というイメージがある。これは「一か所にくっつける」というイメージにつながる。

↓著397 ↓都436 ↓暑559 ↓猪723 ↓書(聿＋者)566 ↓渚672 ↓署819 ↓箸830 ↓煮698 ↓着(䒑＋者)866 ↓諸960 ↓緒854

意味 もの。とくに、人。「学者・記者」

名まえで使う読み しゃ・ひさ・ひと

下につく熟語 医者・易者・▼縁者・王者・行者・曲者・作者・使者・従者・＊儒者・信者・聖者・先覚者・走者・第一人者・第三者・打者・達者・長者・著者・当事者・筆者・▼猛者・役者・＊有識者・勇者・＊若者・＊笑い者

【煮】12画　灬部8画↓698ページ

ミニ知識　四字熟語に，「南船北馬」「東奔西走」ということばがあります。「南船北馬」は，あちこ

而(しこうして)の部
0画 而
3画 耐
・耒(すき・すきへん)の部
4画 耕

6画 而 しこうして

なりたち

「やわらかいひげ」に関係した字をあつめる。この部の字は少ない。

この部首の字
0画 而 874
3画 耐 874

ほかの部首の字
端→立部 817
需→雨部 1055

而－0画

【而】

6画 人名 〈而〉明朝

音 ジ
訓 しかして・しかるに

意味 ❶しかして。そして。❷しかるに。しかし。

名まえで使う読み しか・ゆき・なお

【▽而立】じりつ 故事成語 三〇歳のこと。参考 中国の『論語』という本の「三十にして立つ」による。

而－3画

【耐】

9画 常用 〈耐〉明朝

音 タイ
訓 たえる

意味 ❶もちこたえる。「▽忍▽耐」「▽耐火・▽耐水」❷がまんする。

【▽耐火】たいか 火や熱に強く、もえにくく、とけにくいこと。例 耐火建築。

【▽耐寒】たいかん 寒さにたえること。例 耐寒訓練。

【▽耐久】たいきゅう 長くもちこたえること。ながもちすること。例 耐久性。

【▽耐久力】たいきゅうりょく ①ものごとにたえられる、がまん強い力。例 マラソンをして耐久力をつける。②じょうぶで、長もちする性質。例 熱の変化にたいして耐久力のある材質。

【▽耐震】たいしん じょうぶで地震に強いこと。例 耐震構造。

【▽耐水】たいすい 水がしみとおったり水にぬれても、質がかわらないこと。例 耐水性。／耐水ペーパー。

【▽耐性】たいせい ①病原菌などが、あるくすりに抵抗して生きる性質。例 ウイルスの耐性。／薬剤耐性。②環境の変化に合わせて生きぬく性質。例 ストレス耐性。

【▽耐熱】たいねつ 高い熱にもたえられること。例 耐熱ガラス。

【▽耐乏】たいぼう 物やお金がとぼしい状態をがまんすること。例 耐乏生活。

【▽耐用】たいよう 機械などが、使用にたえること。

【端】14画 立部9画→817ページ

【需】14画 雨部6画→1055ページ

6画 耒・耒 すき すきへん

なりたち

農具の「すき」をあらわす。農具や耕作などに関係した字をあつめる。

この部首の字
4画 耕 874
4画 耗 875

耒－4画

【耕】

10画 5年 〈耕〉明朝

音 コウ
訓 たがやす

「耒」は右側をそろえ、3画めを長く、6画めは点にする。4画めははねてもよい。

なりたち 形声 井(ケイ)(四角のわく)と耒(土をほりおこす、すき)を合わせた字。すきで田や畑をほりおこして、たてよこの区切りを入れるようすをあらわした。→形371

意味 たがやす。「耕地」

名まえで使う読み おさむ・こう・たがやす・つとむ・やす

【耕▽耘機】こううんき 田畑をたがやすのにつ

し、『瓜』につめあり。」とおぼえました。２字のちがいがわかりますか？

耒の部（すき・すきへん）
4画 耗
耳の部（みみ・みみへん）
0画 耳

かう機械。参考「耕運機」と書くこともある。

【耕具】こうぐ　すき・くわなど、田や畑をたがやす道具。

【耕作】こうさく　田や畑をたがやして、作物をつくること。

【耕地】こうち　たがやして、作物をつくる土地。例 耕地整理。

下につく熟語 農耕・＊筆耕

耒－4画

【耗】

10画 常用 〈耗〉明朝

音 モウ・コウ　訓 ―

なりたち 形声 毛(こまかい)と耒(すき)を合わせた字。すりへって少なくなることをあらわした。→毛636

意味 **すりへる。すりへらす。すこしずつへらす。**「消▼耗・▼磨▼耗」

6画

耳・耳 みみ　みみへん

なりたち

「みみ」の状態・形・はたらきなどのいみに関係した字をあつめる。

この部首の字

画数	字	ページ
0画	耳	875
3画	耶	876
4画	耽	876
7画	聖	876
8画	聡	877
8画	聞	877
11画	聴	877
7画	聘	877
12画	職	878
16画	聽	877

ほかの部首の字　取→又部182　恥→心部465

耳－0画

【耳】

6画 1年 〈耳〉明朝

音 ジ＊　訓 みみ

2・6画めは真下。横画の間は等しく。5画めは2画めより左に出して6画めと交差。

なりたち 象形 みみのすがたをえがいた字。

意味 **みみ。**「耳鼻科・中耳▼炎」

名まえで使う読み あま・じ・に・み・みみ

【耳▼殻】じかく　耳の、頭の両がわに出ている部分。耳介。

【耳順】じじゅん　故事成語 六〇歳のこと。参考『論語』(六十にして耳したがう)からできたことば。

【耳鼻科】じびか　耳と鼻の病気をなおす医学。また、それを専門とする病院。

【耳目】じもく　①物音を聞く耳と、物を見る目。②世の中の人々の注意・関心。例 世間の耳目をあつめる。／耳目をおどろかす大事件。

【耳が痛い】みみがいたい 句 自分の悪いところやよわみを言われて、聞くのがつらい。例「近ごろ勉強しているかね。」と聞かれて、耳が痛かった。

【耳が早い】みみがはやい 句 物音やうわさをすぐに聞きつける。

【耳にたこができる】みみにたこができる 句 同じことをなんども聞かされて、いやになる。

【耳に▼挟む】みみにはさむ 句 ちらりと聞く。聞くともなしに聞く。例 友だちのうわさを耳に挟む。

【耳元】みみもと　耳のすぐそば。例 耳元でささやく。

【耳を疑う】みみをうたがう 句 意外なことを聞いておどろく。例 負けたと聞いて耳を疑う。

【耳を貸す】みみをかす 句 人の話を聞いてやる。たのみを受け入れてやる。

【耳を▼澄ます】みみをすます 句 心を落ち着

ミニ知識 「つめ」と「ウリ」は、漢字で書くとよくにています。そこで、むかしから「『爪』につめな

耳の部（みみ・みみへん）

3画 耶
4画 耽
7画 聖

けて、しずかに聞く。じっと聞く。例 虫の声に耳を澄ます。

【耳をそばだてる】みみをそばだてる 句 聞きおとさないように注意して、いっしょうけんめいに聞く。例 あやしい物音に、みんな耳をそばだてた。

【耳を▽揃える】みみをそろえる 句〔あるまとまった金額の〕全額をまとめる。例 かりた金を耳を揃えてかえす。

下につく熟語 *外耳・地▽獄耳・空耳・*中耳・*内耳・初耳・早耳

【取】8画 又部6画 ↓182ページ

耳－3画

【耶】9画 人名 〔耶〕明朝 音 ヤ 訓 か

なりたち 「邪」がかわったもの。邪は、くいちがうというイメージをもつ。耶は、くいちがいを問うときにもちいる。

意味 …か。…や。疑問・反語・感嘆などをあらわすことば。

【▽耶馬台国】やまたいこく 三世紀ごろ、日本にあった国の名。女王卑弥呼がおさめていたといわれる。参考「邪馬台国」とも書く。

耳－4画

【耽】10画 人名 〔耽〕明朝 音 タン 訓 ふける

意味 ものごとに熱中する。ふける。「▽耽▽溺(=よくないことにふけって、むちゅうになること)」

【恥】10画 心部6画 ↓465ページ

耳－7画

【聖】13画 6年 〔聖〕明朝 音 セイ 訓 ―

「王」よりも「耳」を横広にする。「王」は横長の字形にして、13画めを長く書く。

なりたち 形声 聖(聖)
壬(まっすぐ)と耳と口(ことば)を合わせた字。王は、壬がかわったもの。ことばが耳にまっすぐに通って、ものごとをすばやくとらえる、ちえのある人をあらわした。↓廷360

意味 ❶ちえや徳のすぐれた人。「聖人」 ❷その道で、とくにすぐれた人。「楽聖」 ❸きよらか。おごそか。「聖火」

名まえで使う読み あきら・きよ・さと・さとし・さとる・しょう・せい・たから・とし・ひじり・まさ

【聖域】せいいき けがれがなくて、とうとい場所。また、はいってはいけない区域。例 この島には聖域がある。

【聖職】せいしょく 人をみちびく、とうとい仕事。教師や僧・神父などをいう。例 聖職者。

1【聖火】せいか 神にささげるためにたく、きよらかな火。例 オリンピックの聖火。

2【聖歌】せいか 神やほとけをほめたたえる宗教歌。とくに、キリスト教の賛美歌。例 聖歌隊。

【聖▽賢】せいけん 聖人と賢人。また、おこないも知識も、すぐれた人。例 聖賢の教え。

【聖者】せいじゃ 「聖人」と同じ。

【聖書】せいしょ キリスト教の教えのもとになる本。バイブル。

【聖人】せいじん ちしきやおこないが、たいそうすぐれていて、人々から尊敬される人。聖者。

【聖人君子】せいじんくんし 四字熟語 聖人や君子(=人がらやおこないのりっぱな人)。例 お父さんは聖人君子ではないから、ときにはめをはずすよ。

【聖地】せいち 宗教で、きよらかなところとされている土地。その宗教のおこったところや信仰の中心となるところ。例 聖地巡礼。

【聖典】せいてん 宗教の教えや、まもるべきことなどが書いてある本。キリスト教の『聖書』や、仏教の経典など。

【聖堂】せいどう ①むかしの中国の学者、孔子をまつった建物。例 湯島の聖堂。②キリス

ろが飛行機にのるのは，「乗機」とはいわず「搭乗」といいます。

耳の部（みみ・みみへん）
7画 聘
8画 聡・聞
11画 聴

ト教で、教会堂。礼拝堂。

【聖母】せいぼ　キリストの母。例 聖母マリア。

【聖夜】せいや　クリスマスの前の夜。クリスマスイブ。

下につく熟語 *歌聖・*詩聖・神聖

耳－7画

【聘】13画 表外

〈聘〉明朝　音 ヘイ　訓 ―

意味 おくりものをして人をまねく。「招▽聘（＝礼をつくして人をまねくこと）」

耳－8画

【聡】14画 人名

〈聡〉明朝　音 ソウ　訓 さとい

なりたち 形声 もとの字は「聰」。悤（よく通りぬける）と耳を合わせた字。耳がよく通って、よく聞き分けることをあらわした。→窓813

意味 **耳からきいて、すばやくわかること。さとい。**「▽聡明」

名まえで使う読み あき・あきら・さ・さと・さとし・さとる・そう・ただし・と・とき・とし・とみ

【▽聡明】そうめい　ものごとがすばやくわかり、かしこいようす。例 聡明な女性。

耳－8画

【聞】14画 2年

〈聞〉明朝　音 ブン・*モン　訓 きく・きこえる

「耳」を「門」の下から出さない。14画めの最後は止めてもはらってもよい。

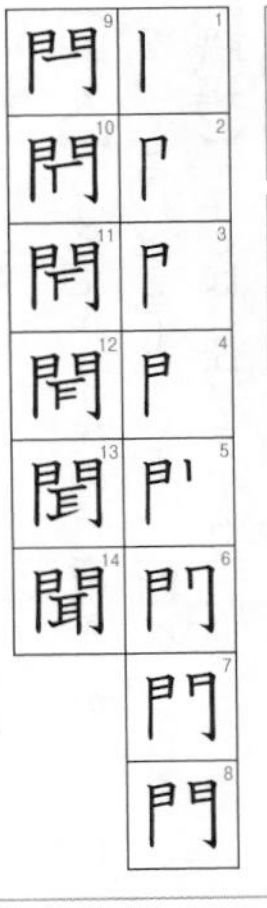

なりたち 形声 門（とじて見えない）と耳を合わせた字。よくわからないことや、遠くはなれたところのことを、耳でよくきこうとすることをあらわした。→門1037

意味 **❶きく。きこえる。❷きいて知った知識。**「見聞」**❸ひょうばん。うわさ。**「外聞・風聞」**❹においをかぐ。**「聞香（＝香を聞く）」

注意 部首を「門」とまちがえないこと。

名まえで使う読み か・ひろ・ぶん・もん

【聞いて極楽見て地▼獄】きいてごくらくみてじごく 句 話を聞いたときにはひじょうによく思えたものが、じっさいに見ると、話とはちがって、ひじょうに悪いこと。聞くと見るとでは大ちがいであることのたとえ。例 楽しいと聞いて参加したが、聞いて極楽見て地獄、とてもきびしくてたいへんな合宿だった。

【聞き耳を立てる】ききみみをたてる 句 〔人の話や物音を〕聞こうとして耳をすます。例 となりの人の話に聞き耳を立てる。

【聞くは一時の▼恥聞かぬは一生の▼恥】きくはいっときのはじきかぬはいっしょうのはじ 句 知らないことを人に聞くのははずかしいが、それはそのときだけで、聞かなければ知らないままで一生はずかしい思いをする。だから、わからないことはすぐに聞いたほうがよい、というたとえ。

上につく熟語 *聞き捨て・*聞き手・*聞き役・*聞き分け

下につく熟語 *異聞・旧聞・▼醜聞・新聞・前代未聞・*他聞・伝聞・内聞

耳－11画

【聴】17画 常用

耳－16画

【聽】22画 人名

〈聽〉明朝　音 チョウ　訓 きく

なりたち 形声 ―聽（聴）
もとの字は「聽」。壬（まっすぐ）と悳（まっすぐな心）と耳を合わせた字。耳をまっすぐに向けてききとることをあらわした。→廷360 →徳383

意味 **注意してよくききとる。**「静▼聴・視聴」

名まえで使う読み あき・あきら・ちょう・とし・より

【聴覚】ちょうかく　耳で音をきく感覚。例 聴覚がするどい。

【聴講】ちょうこう　講演や講義をきくこと。例 聴講生。

ミニ知識　自動車や電車にのるのは「乗車」、馬にのるのは「乗馬」、船にのるのは「乗船」。とこ

6画

耳の部 みみ・みみへん　12画 職

【▼聴視】ちょうし　きいたり見たりすること。視聴。例テレビの聴視率。

【▼聴取】ちょうしゅ　①ものごとのようすなどを、人からよくきくこと。例事情を聴取する。②ラジオなどをきくこと。例聴取料。／ラジオの聴取者。

【▼聴衆】ちょうしゅう　話や音楽などを、ききにあつまった人々。

【▼聴▼診器】ちょうしんき　医者が耳にあてて、患者のからだの中の音をききとる道具。

【▼聴聞会】ちょうもんかい　役所がものごとをきめるとき、関係のある人からいろいろな意見をきく会。例道路開発についての聴聞会がひらかれる。注意「聴問会」と書かないこと。

【▼聴力】ちょうりょく　音をききとる力。例聴力が回復する。

下につく熟語 ▼傾聴・清聴・▼盗聴・難聴・*拝聴・▼吹聴・▼傍聴

耳－12画

【職】

18画　5年　〔職〕明朝　音 ショク　訓 ―

※下にくる音により「ショッ」ともよむ。

職　職

11画めは「戈」を書くために右へ長く引く。16画めは長く反って目立たせる。

1	2	3	4	5	6	7	8	9	10	11	12	13	14	15	16	17	18
一	丅	F	F	E	耳	耳	耳	耳	耶	聍	聍	聕	聕	聕	職	職	職

なりたち 形声 職－職

戠（見分ける目じるし）と耳を合わせた字。耳できいて、仕事や役目をよく見分けるようすをあらわした。→識968

意味 ❶つとめ。しごと。また、やくめ。「職業・官職」❷手しごと。「職人」

注意「織」「識」とまちがえないこと。

名まえで使う読み しょく・つね・もと・よし・より

【職員】しょくいん　役所・団体・学校などにつとめている人。例職員室。

【職業】しょくぎょう　くらしをたてていくための、きまった仕事。例職業安定所。

【職種】しょくしゅ　職業の種類。

【職責】しょくせき　仕事をする上での責任。例職責をはたす。

【職人】しょくにん　手先の技術をつかって、物をつくる仕事をしている人。例職人気質。

【職場】しょくば　仕事をする場所。

【職務】しょくむ　それぞれがうけもっている仕事。つとめ。例職務にはげむ。

【職歴】しょくれき　今までしてきた仕事についての経歴。例履歴書に職歴を書く。

【職権】しょっけん　仕事をはたすための権限。例職権を乱用する。

下につく熟語 ▼汚職・解職・▼閑職・休職・求職・*教職・現職・公職・在職・辞職・失職・就職・住職・▼殉職・退職・定職・停職・天職・転職・内職・*復職・無職・▼免職・要職

漢字博士になろう！

●にた字のおぼえ方《畜・蓄》

「くってしまって草（＝艹）なしの家畜、草の下にたくわえる貯蓄」

草かんむりのあるなしで、おぼえよう。「畜」は、「人にかわれている動物」のいみ、「蓄」は、「ためる。たくわえる」いみです。

6画

力は，音読みからきていますが，カボチャはあて字です。「胡瓜・黄瓜」もあて字です。

6画 聿 ふでづくり

なりたち

手で「ふで」をもつようすをあらわす。「ふで」で書くことに関係した字をあつめる。

この部首の字

5画 粛 879　8画 肇 879

ほかの部首の字

建→廴部361　律→彳部378　津→氵部662　書→曰部566　筆→⺮部826

【建】9画 廴部6画→361ページ

【律】9画 彳部6画→378ページ

【津】9画 氵部6画→662ページ

【書】10画 曰部6画→566ページ

聿－5画

【粛】

11画 常用 〔肅〕明朝

音 シュク
訓 —

意味 ❶ひきしまる。きびしくする。「▼粛正」 ❷しずか。「静▼粛」

名まえで使う読み きよし・しゅく・すすむ・ただ・とし・まさ

1 【▼粛正】しゅくせい きびしくとりしまって、正しくすること。例 綱紀の粛正。

2 【▼粛清】しゅくせい きびしくとりしまって、よくないものをのぞくこと。例 反対派を粛清する。

【▼粛然】しゅくぜん おごそかにしずまりかえって、心が引きしまるようす。例 粛然として新年の夜明けをまつ。

下につく熟語 厳▼粛・自▼粛

【筆】12画 ⺮部6画→826ページ

聿－8画

【肇】

14画 人名 〔肇〕明朝

音 チョウ
訓 はじめる

なりたち 会意 聿(計画する)と啓(ひらく)をりゃくしたものを合わせた字。なにかを計画するために門をひらくようすをあらわした。

意味 (入り口をあけて)**ものごとをはじめる。**

名まえで使う読み こと・ただ・ただし・ちょう・とし・なが・はじめ・はじむ・はつ

聿の部
5画 粛
8画 肇

6画 肉・月(4) にく にくづき

なりたち

「にく」の状態・性質や、からだの部分・状態に関係した字をあつめる。偏になると「月」(四画)の形になる。

この部首の字

画数	字	ページ
0画	肉	880
2画	肌	880
2画	有	880
2画	肋	882
3画	肝	882
3画	肛	883
3画	肖	883
3画	肘	883
4画	育	883
4画	肩	883
4画	股	884
4画	肯	884
4画	肴	884
4画	肢	884
4画	肥	884
4画	肪	885
5画	胃	885
5画	胤	886
5画	胡	886
5画	胎	886
5画	胆	886
5画	背	887
5画	肺	887
5画	胞	888
6画	胸	888
6画	脅	889
6画	脇	889
6画	胱	889
6画	脂	889
6画	脊	890
6画	胴	890
6画	能	890
6画	脈	891
7画	脚	891
7画	脩	891
7画	脱	892
7画	脳	892
8画	腔	893
8画	脹	893
8画	腐	893
8画	腑	894
8画	腕	894
9画	腫	894
9画	腎	894
9画	腺	895
9画	腸	895
9画	腹	895
9画	腰	896
10画	膏	896
10画	膀	896
10画	膜	896
11画	膝	897
11画	膚	897
12画	膳	897
12画	膨	897
13画	臆	897
14画	臍	898
15画	臓	898
18画	臟	898

ほかの部首の字

青→青部1057　前→刂部137　宵→宀部299　骨→骨部1090　豚→豕部973　勝→力部152　筋→⺮部824　賄→貝部983

6画

ミニ知識 スイカは，西からきた瓜「西瓜」，カボチャは，南からきた瓜「南瓜」と書きます。スイ

肉・月の部

0画 肉
2画 肌・有

膳→言部967 騰→馬部1090

◆ここにあげたほかに、「月」のふくまれている字は、570ページの【月の部】にもあります。

肉－0画

【肉】 6画 2年 〔肉〕明朝

音 ニク
訓 —

1・2画めの縦画は真下に。3〜6画めは中心に。6画めは5画めの途中で接する。

丨 冂 内 内 肉 肉

なりたち 象形 －肉 動物のやわらかいにくの一きれをえがいた字。

意味 ❶動物のにく。また、それににたもの。「牛肉・果肉」❷人間のからだ。「肉体」❸ちょくせつ。「肉眼」❹血すじがちかい。「肉親」❺印に色をつけるもの。「▼朱肉」❻もののあつみ。「肉太・肉細」

【肉眼】にくがん めがねや望遠鏡などをつかわないで見る、人間の目。また、その見る力。例肉眼では見えないほど小さな虫。

【肉牛】にくぎゅう 食用にするためにかう牛。

【肉質】にくしつ ①葉や茎などにあつみがある性質。②人が食べる肉の品質。例肉質がよい。

【肉食】にくしょく ①動物がほかの動物を食べること。例肉食動物。対草食 ②食べ物として、おもに肉をとること。対菜食

【肉親】にくしん 親・兄弟など、血のつながりがふかい人。

【肉声】にくせい マイクロホンなどをつかわないで、人の口からじかに出る声。

【肉体】にくたい 人のからだ。対精神

【肉▼薄・肉▼迫】にくはく はげしくせめて、あいてのすぐ近くまでせまること。例首位に肉薄する。参考「薄」は「せまる」こと。「自分をぎせいにして敵地につきすすむ」いみから。

【肉筆】にくひつ 印刷などではなくて、じっさいに手でかいた文字や絵。

【肉太】にくぶと かいた文字や図の線が、太いこと。対肉細

【肉細】にくぼそ かいた文字や図の線が、細いこと。対肉太

下につく熟語 印肉・魚肉・筋肉・*苦肉・骨肉・*精肉・*生肉・皮肉

月－2画

【肌】 6画 常用 〔肌〕明朝

音 —
訓 はだ

なりたち 形声 几(キ)(こまかい)と月(=肉)を合わせた字。きめのこまかい「はだ」をあらわした。→机582

意味 ❶(からだの)表面をおおっているもの。はだ。「▼肌着・▼肌色」❷気質。「学者▼肌」

【▼肌色】はだいろ ひふの色あい。

【▼肌着】はだぎ はだにじかにつける衣類。下着。

【▼肌身】はだみ はだ。からだ。例いつも肌身はなさず(=身につけて、たいせつに)もっている。

下につく熟語 岩▼肌・地▼肌・素▼肌・鳥▼肌・山▼肌

月－2画

【有】 6画 3年 〔有〕明朝

音 ユウ・ウ*
訓 ある

※「ユウする」ともつかう。

筆順に注意。2画めを長く書く。「月」は1画めに接しても接しなくてもよい。

ノ ナ 𠂇 冇 有 有

なりたち 形声 又(ユウ)(手でわくをつくってかこう)と月(=肉)を合わせた字。手でわくをつくった中に肉をかかえこむようすを図にして、空間に物があることをあらわした。→又178

意味 ❶ある。「有害」対無 ❷もつ。「所有」

難しい読み 有▼為転変・有▽卦・有象無象・有頂

す。しかし，ダイヤモンドは「金剛石」で，玉ではなく石なのです!?

肉・月の部 にく・にくづき 2画 有

天・有無

名まえで使う読み あり・たもつ・とも・なお・みち・もち・ゆう

使い分け ある 有る・在る

【有る】ものをもっている。そなわっている。例財産が有る。／才能が有る。

【在る】場所・地位にいる。存在する。例蔵の中に在る。／総理大臣の地位に在る。

【有明】ありあけ ①まだ月が空に残っているうちに夜が明けること。②夜が明けてもまだ空に残っている月のこと。月の満ち欠けを基準にしたむかしのこよみで、一六日以降、とくに二〇日すぎの夜の月。

【有難迷▼惑】ありがためいわく 人のしんせつが、うける人にとってはかえってめいわくに感じられるようす。例有難迷惑なおせっかい。

【有▼為転変】ういてんぺん 四字熟語 この世の中のものごとはいつも変化していて、ちょっとの間でも同じ状態でいることがないということ。例有為転変は世のならい。参考㋐「有為」は、この世の中のすべてのものごとのいみ。「転変」は、うつりかわること。㋑もともとは仏教のことば。

【有▽卦に入る】うけにいる 句 運がむいてきて、好調になる。参考「有卦」は、陰陽道で幸福な年まわりのこと。七年つづくという。

【有象無象】うぞうむぞう 四字熟語 たくさんの、つまらない物や人。注意「ゆうしょうむしょう」と読まないこと。参考もとは、仏教からでたことばで「宇宙にあるすべてのもの」のいみ。

【有頂天】うちょうてん すっかりよろこんで、むちゅうになること。例入選の知らせに有頂天になる。注意「有頂点」と書かないこと。

【有無】うむ ①あるかないか。例犯罪の有無をたしかめる。②しょうちするかしないか。例有無を言わさない。

【有意義】ゆういぎ ねうちやいみがあること。例休みを有意義にすごそう。

【有益】ゆうえき 役に立って、ためになること。例時間を有益に使う。対無益

【有害】ゆうがい 害があって、ためにならないこと。例有害無益。対無害

【有▼閑】ゆうかん 財産があってはたらくひつようがなく、ひまがあること。

【有機】ゆうき ①生きていく、はたらきをもっていること。②炭素をおもな成分としているもの。また、そのもの。動物や植物。例有機体。有機化合物。対①②無機

【有機的】ゆうきてき 部分と部分、部分と全体とがたがいに深く結びついて、えいきょうしあっているようす。例有機的に結びつく。／組織が有機的に機能する。

【有給】ゆうきゅう 給料がしはらわれること。例有給休暇。対無給

【有形】ゆうけい 形があって、目に見えること。また、形のあるもの。例人は自然から、有形無形のめぐみをうけている。対無形

【有限】ゆうげん かぎりがあること。例有限な資源。対無限

【有権者】ゆうけんしゃ 選挙する権利がある人。例有権者の声。

【有効】ゆうこう ききめがあること。つかうことができること。例このくすりは、かぜには有効です。／有効期間。対無効

【有罪】ゆうざい 罪があること。とくに、裁判で、罪があるとみとめられること。例有罪判決。対無罪

1【有史】ゆうし 歴史として記録があること。例有史以来の大事件。

2【有志】ゆうし あることをしようという考えをもつ人。例有志だけで会をつくる。

【有事】ゆうじ 戦争や事件がおきること。例有事にそなえる。

6画

ミニ知識 「玉」には，宝石のいみがあります。サファイアは「青玉」，ルビーは「紅玉」とも書きま

肉・月の部

2画 肋
3画 肝

【有識】ゆうしき 学問があり、広い知識があること。また、その人。例有識者に意見をきく。

【有▼刺鉄線】ゆうしてっせん 針金のところどころに短い針金のとげをとりつけたもの。人や動物が通るのをふせぐのに使う。ばら線。

【有終】ゆうしゅう さいごまでやりとおすこと。例有終の美をかざる(=ものごとをさいごまでやりとげて、りっぱにおわらせる)。

【有▼償】ゆうしょう あるおこないにたいして、お金がしはらわれること。対無償②

【有数】ゆうすう かぞえられるほど数が少なくて、すぐれていること。例世界有数の科学者。

【有線】ゆうせん 放送や通信で、電線をつかっていること。例有線放送。対無線

【有毒】ゆうどく 毒があること。例有毒ガス。対無毒

【有能】ゆうのう すぐれた才能やはたらきをもっていること。例有能な人物。対無能

【有望】ゆうぼう これから先、もっとよくなる見こみがあるようす。のぞみがあるようす。例前途有望な青年。

【有名】ゆうめい 名前が広く知れわたっていること。名高いこと。例有名な学者。対無名

【有名無実】ゆうめいむじつ 四字熟語 名ばかりりっぱで、なかみや実力がそれにともなわないこと。例有名無実な規則。

【有用】ゆうよう 役に立ってひつようなこと。例有用な人材。対無用①

【有利】ゆうり ①利益があること。②立場や条件がよいこと。とくなこと。例①有利な投資。②有利な立場。対①②不利

【有料】ゆうりょう それをつかうのに、お金をはらわなければならないこと。例有料の駐輪場。対無料

【有力】ゆうりょく ①強いいきおいや権力をもっていること。例地元の有力者。対無力 ②たしかな見こみ・ききめ・ねうちなどがあること。例有力な証拠をつかむ。

下につく熟語 ▼含有・共有・*公有・国有・固有・私有・▼占有・専有・特有・保有・民有・領有

月－2画

肋

6画 人名 〔肋〕明朝 音ロク 訓あばら

意味 あばらぼね。「▽肋骨(=あばらぼね)」

月－3画

肝

7画 常用 〔肝〕明朝 音カン 訓きも

なりたち 形声 －肝 干(かたくて強い)と月(=肉)を合わせた字。からだの中心にあって、だいじなはたらきをする「かんぞう」をあらわした。→干347

意味 ❶きも。かんぞう。「▼肝油」❷たいせつなところ。「▼肝心」❸こころ。気力。「▼肝っ玉」

【▼肝心】かんじん 中心になっていて、たいせつなこと。肝要。例肝心かなめ(=ひじょうにたいせつなこと)。参考「肝心」は「肝腎」とも書く。

【▼肝臓】かんぞう 内臓の一つ。養分をたくわえるたいせつなはたらきをする。

【▼肝▼胆相照らす】かんたんあいてらす 故事成語 おたがいに心の底までうちあけて、したしくつきあう。参考「肝胆」は、肝臓と胆のうのことから、心の中、心のおくそこのいみ。

【▼肝油】かんゆ おもにタラの肝臓からとったあぶら。くすりにつかう。

【▼肝要】かんよう 中心になっていて、たいせつなこと。肝心。例なにごともしんぼうが肝要だ。

【▼肝が太い】きもがふとい 句 勇気がある。強い気力を持っている。例大観衆を前に落ち着いていられるなんて、かのじょは肝が太い。参考「肝っ玉が太い」ともいう。

【▼肝っ玉】きもったま しっかりした気力。度胸。例肝っ玉のすわった人。／肝っ玉かあさん。

【▼肝に▼銘じる】きもにめいじる 句 しっかりと心にきざみこむ。例先生の教えを肝に銘じる。

【▼肝を▼潰す】きもをつぶす 句〔意外なこと

6画

鮭・鯖・鰹……」。おすし屋さんには，もっと多くの魚へんの漢字があります。

がおこって」ひじょうにびっくりする。例 かみなりの音に肝を潰した。

【▼肝を冷やす】きもをひやす 句〔あぶないめにあって〕はっとおどろく。例 車の前に急に子どもがとび出してきて、肝を冷やした。

月－3画
【肛】7画 表外
〔肛〕明朝
音 コウ
訓 ―

意味 大便を出すしりのあな。「▽肛門」

月－3画
【肖】7画 常用
〔肖〕明朝
音 ショウ
訓 に*る・に*せる

なりたち 形声 小－肖
もとの字は「肖」。小（けずって小さくする）と月（＝肉）を合わせた字。ざいりょうをけずって、もとの形ににた小さな像をつくるようすをあらわした。→小313

肖のつく漢字グループ
「肖」のグループは「けずって小さくする」というイメージがある。常用漢字・人名用漢字では「肖」になる。
→削137 →宵299 →梢601 →消665 →硝788

意味 にる。にせる。「▽肖像・不▽肖」

名まえで使う読み あえ・あゆ・しょう・すえ・たか・のり・ゆき

【▼肖像】しょうぞう その人の顔やすがたににせてつくった、絵や彫刻。例 祖父の肖像画。

月－3画
【肘】7画 常用
〔肘〕明朝
音 チュウ*
訓 ひじ

意味 ひじ。「▽肘・▽枕」

【▼肘鉄▼砲】ひじでっぽう ①ひじで、相手を強くおしのけること。②相手のさそいや申しこみなどを強くはねつけること。ひじてつ。例 肘鉄砲を食らわす。

【▼肘▼枕】ひじまくら 自分のひじをまげたその上に、頭をのせて枕の代わりにすること。

上につく熟語 *▼肘▼掛け

下につく熟語 *▼肩▼肘・*片▼肘・*両▼肘

月－4画
【育】8画 3年
〔育〕明朝
音 イク
訓 そだつ・そだてる・はぐくむ

2画めを長く書き、「月」の横はばを「ム」よりせまくする。1画めは点でもよい。

なりたち 会意 －育
𠫓と月（＝肉）を合わせた字。𠫓は、充・流にもふくまれ、子のさかさ文字で、頭をさかさにして生まれてくる赤んぼう。育は、生まれた赤んぼうに、にくがついてふとるようすを図にして、にくづきよくそだつことをあらわした。

意味 そだつ。そだてる。「教育・保育」

名まえで使う読み いく・すけ・なり・なる・やす

【育英】いくえい すぐれたちえや才能をもった青少年をたすけ、教育すること。例 育英資金。

【育児】いくじ 小さい子どもや赤んぼうをそだてること。例 育児日記。

【育成】いくせい そだててりっぱにすること。例 選手を育成する。

【育毛】いくもう 髪の毛がはえるようにすること。

下につく熟語 *愛育・*訓育・飼育・生育・成育・体育・知育・*徳育・発育・養育

月－4画
【肩】8画 常用
〔肩〕明朝
音 ケン
訓 かた

意味 うでのつけねの部分。かた。「▽双▽肩」

【▼肩車】かたぐるま 人を両肩にまたがらせてかつぐこと。

【▼肩で風を切る】かたでかぜをきる 句 肩をそびやかして、いばって歩く。例 とくいそうに肩で風を切って歩く。

【▼肩の荷が下りる】かたのにがおりる 句 気

ミニ知識 魚屋さんで見かける身近な魚をあらわす漢字を読めますか？「鯛・鮃・鮪・鯵・鰯・

になることや責任がなくなって、ほっとする。楽になる。例 仕事がぶじに終わって、肩の荷が下りる。

【▼肩身】かたみ 世の中の人にたいしての面目。例 肩身がせまい(=世間の人にたいしてははずかしい)。

【▼肩を落とす】かたをおとす 句 肩の力がぬけて、両方のうでがたれさがる。参考 がっかりしたようすをあらわすことば。

【▼肩を並べる】かたをならべる 句 ①肩と肩を一列にそろえる。歩くとき、または、走るときにいっしょにならぶ。②おたがいに同じような地位や力をもつ。例 日本は、工業力でアメリカと肩を並べるまでになった。

【▼肩を持つ】かたをもつ 句 みかたをする。例 お母さんはいつも妹の肩を持つ。

【▼肩▼甲骨】けんこうこつ 肩のうらの左右にある、三角形をしている骨。かいがらぼね。

【▼肩章】けんしょう 制服の肩につける、役職や階級をあらわすワッペンやバッジ。

下につく熟語 *強▼肩・*比▼肩・路▼肩(ろけん・ろかた)

月－4画 【股】 8画 常用 〔股〕明朝

音 コ
訓 また

意味 ❶胴から足が分かれて出ている部分。また。「▼股間・大▼股」❷ものが二つ以上に分かれる部分。

【▼股間】こかん ももと、もものあいだ。またぐら。

【▼股関節】こかんせつ もものほねと、こしのほねをつなぐ関節。例 股関節を脱きゅうする。

【▼股▽肱】ここう もっともたのみとなる者。例 股肱の臣。参考 行動のかなめとなる、股と肱から。

【▼股上】またがみ ズボンなどで、またの分かれ目からこしまでの長さ。対 股下

【▼股下】またした ズボンやはかまなどで、またの分かれ目からすそまでの長さ。対 股上

下につく熟語 *内▼股・*小▼股・*刺▼股・*猿▼股・*四▼股

月－4画 【肯】 8画 常用 〔肯〕明朝

音 コウ
訓 ―

意味 うなずく。ききいれる。「▼肯定・首▼肯」

名まえで使う読み こう・さき・むね

【▼肯定】こうてい そのとおりであるとみとめること。例 うわさを肯定する。対 否定

【▼肯定的】こうていてき そのとおりだとみとめるようす。例 肯定的な見方。対 否定的

月－4画 【肴】 8画 人名 〔肴〕明朝

音 コウ
訓 さかな

意味 ❶料理をしてにた、さかな。❷酒を飲むときのつまみ。「酒▽肴」

月－4画 【肢】 8画 常用 〔肢〕明朝

音 シ
訓 ―

なりたち 形声 支(こまかく分かれる)と月(=肉)を合わせた字。胴体から分かれ出た部分をあらわした。→支522

意味 手と足。てあし。「四▼肢」

【▼肢体】したい 手足と胴体。また、からだ。

下につく熟語 *下▼肢・*義▼肢・*上▼肢

月－4画 【肥】 8画 5年 〔肥〕明朝

音 ヒ
訓 こえる・こえ・こやす・こやし

※上にくる音により「ピ」「ごえ」ともよむ。

肥 肥

「月」よりも「巴」の縦はばを短くする。8画めは底辺の長い曲がりで書く。

1 丿 2 刀 3 月 4 月 5 月 6 月 7 月 8 肥

なりたち 形声 －肥 配をりゃくした巴と月(=肉)を合わせた字。巴は、妃の右がわと同じで、配をりゃくしたもの。配はあるもののそばにくっついてならぶというイメージをもつ。肥は、脂肪が肉にくっつい

長の兄，「伯父」は父母の兄をさします。「叔父」なら，父母の弟にあたります。

て、からだがふとるようすをあらわした。↓配1010 ↓妃274

意味 ❶からだや土地がこえる。こやす。「肥満」 ❷こやし。「追肥・肥料」

注意 「肥える」は「え」からおくるが、「肥だめ」「下肥」などは「え」をおくらない。

名まえで使う読み うま・こえ・とみ・とも・ひ・みつ・ゆたか

【肥大】ひだい 太って大きくなること。また、はれて大きくなること。例 へんとうせん肥大。

【肥満】ひまん こえ太ること。例 肥満体。

【肥▼沃】ひよく 土地がこえていること。例 肥沃な大地をもとめて移動する。

【肥料】ひりょう 土地にあたえるこやし。例 化学肥料。／有機肥料。

下につく熟語 *金肥・*下肥・▼施肥・▼堆肥・緑肥

月－4画

【肪】

8画 常用 〔肪〕明朝

音 ボウ
訓 —

なりたち 形声 方（四方にはり出す）と月（＝肉）を合わせた字。からだにはりつめた「あぶら」をあらわした。→方541

意味 動物のからだの中のあぶら。「▼脂▼肪」

【青】 8画 青部0画 ↓1057ページ

月－5画

【胃】

9画 6年 〔胃〕明朝

音 イ
訓 —

「田」は下せばめに、「月」は縦長にする。「田」「月」とともに画の間を等しく。

なりたち 形声 ⊗-胃 ⊗（まるいいぶくろに、食べたこくもつがちらばっているすがた）と月（＝肉）を合わせた字。食べ物のはいる「いぶくろ」をあらわした。

意味 いぶくろ。「胃腸」

【胃液】いえき 胃から出る、食べ物を消化するすっぱいしる。

【胃炎】いえん 胃のねんまくがただれる病気。例 慢性胃炎。

【胃▼潰▼瘍】いかいよう 胃の内がわが、ただれて傷ができる病気。

【胃▽癌】いがん 胃にできる悪性のできもの。

1【胃散】いさん 胃病につかう、こなぐすり。

2【胃酸】いさん 胃液にふくまれている酸。

【胃腸】いちょう 胃と腸。例 胃腸病。

【胃▼袋】いぶくろ ①食道と腸の間にある、食べ物をこなすふくろのような器官。②「胃」の

漢字博士になろう！

●二つ以上の音をもつ漢字

一つで、いくつもの音読みをもつ漢字があります。これは、漢字が長い間に何回かにわたって中国から日本につたわったからです。

中国では時代や地域によって同じ漢字でも音がことなったので、漢字が日本につたわった時代によって、読み方もことなるのです。

・五～六世紀末につたわった音。
・六～八世紀ごろ、遣隋使、遣唐使によってもちかえられた、長安地方の音。
・鎌倉・室町時代にはいってきた音。
・あやまった読み方がひろまったもの。

左は音の多い漢字の例です。

▽行…銀行　改行　行脚
▽女…女子　天女　女房
▽従…服従　従容　従三位
▽石…岩石　磁石　百石
▽頭…頭領　頭痛　音頭
▽読…読者　読本　句読点
▽反…反射　謀反　反物
▽分…分数　分針　三割五分
▽歩…歩行　歩合　歩兵
▽納…納税　納得　納屋　納戸　出納
▽由…自由　由来　由緒

ミニ知識 兄弟の順序を，年齢の上から「伯・仲・叔・季」といいます。「伯兄」なら，いちばん年

くだけた言い方。

【胃壁】いへき 胃の内がわのかべ。

月－5画

【胤】 9画 人名 〈胤〉明朝 音イン 訓たね

なりたち 会意 幺(細い糸)と八(わかれる)と月(＝肉。肉体)を合わせた字。親からわかれて、糸のようにのびていく「血すじ」をあらわした。

意味 **祖先からうけついだ血すじ。また、血すじをうけつぐ子孫。たね。**「皇胤」

名まえで使う読み いん・かず・たね・つぎ・つぐ・つづき・み

月－5画

【胡】 9画 人名 〈胡〉明朝 音ウ・コ・ゴ 訓えびす

意味 **❶あごひげ。❷ぼやけて、いいかげんなようす。**「胡乱」**❸えびす。中国の北方にすむ遊牧民族。また、その地方のもの。**

難しい読み 胡坐・胡瓜・胡桃

名まえで使う読み う・こ・ご・ひさ

【胡散】うさん あやしくてうたがわしいようす。例 あのコマーシャルはどうも胡散くさい。

【胡乱】うろん ぼやけて、いいかげんなようす。また、あやしいようす。例 胡乱な男。

【胡桃】くるみ クルミ科の木。実のからは、とてもかたい。中の実を食用にする。

【胡弓】こきゅう 日本や中国でつかわれる、三味線ににた形の楽器。弓でひく。参考「鼓弓」とも書く。

胡弓

【胡椒】こしょう コショウの実を粉にした、かおりやからみをつける調味料。

【胡蝶の夢】こちょうのゆめ 故事成語 現実か夢か、夢か現実か、その区別がはっきりしないことのたとえ。また、人生が夢のようにはかないことのたとえ。参考「胡蝶」は、羽の大きなチョウ。むかし中国で、荘子という人がチョウになった夢をみたが、目がさめたあと、自分が夢のなかでチョウになったのか、チョウが夢のなかで自分になったのかわからなくなったという話による。

【胡麻】ごま ゴマ科の植物。たねを食べたり、油をとったりする。

月－5画

【胎】 9画 常用 〈胎〉明朝 音タイ 訓 —

なりたち 形声 台(動作をおこす)と月(＝肉)を合わせた字。おなかの中で赤んぼうが動きはじめるようすをあらわした。→台192

意味 **❶母のからだの中に子ができる。みごもる。**「胎児」**❷子どものやどるところ。**「母胎」

【胎児】たいじ 母親のおなかの中にいる子ども。

【胎生】たいせい 子どもが母親のおなかの中であるていどそだってから生まれること。例 胎生の魚もいる。

【胎動】たいどう ①母親のおなかの中で胎児がうごくこと。②ものごとのはじまるけはい。例 新時代の胎動。

下につく熟語 *懐胎・受胎

月－5画

【胆】 9画 常用 〈胆〉明朝 音タン 訓 —

なりたち 形声 もとの字は「膽」。詹(ずっしりとおもい)と月(＝肉)を合わせた字。からだの中心にあって、ずっしりとおもくおちつかせる役目をする内臓、「きも」をあらわした。→担501

意味 **❶きも。**「胆汁」**❷気力。勇気。きもったま。**「剛胆」**❸本心。**「魂胆」

【胆汁】たんじゅう 肝臓でつくられる液。食物中の脂肪の消化をたすける。

【胆石】たんせき 胆汁の成分が、胆のうや肝臓の中で、石のようにかたまったもの。

【胆力】たんりょく ものごとをおそれない、強い気力。

下につく熟語 *肝胆・*心胆・大胆・落胆

6画

は「いちばん上の兄とつぎの兄」という漢字のいみから出たことばです。

月－5画

【背】

9画 6年 〔背〕明朝

音 ハイ
訓 せ・せい・そむ*く・そむ*ける

※上にくる音により「ぜ」「ぜい」ともよむ。

「月」よりも「北」を横広に。4画めは横画でも、5画めの最後は止めてもよい。

なりたち 形声 北(せなかをむける)と月(=肉)を合わせた字。せなか、また、せなかをむけることをあらわした。→北157

意味 ❶せなか。うしろ。「背後」 ❷そむく。「背信」 ❸身長。せ。せい。「上背」

名まえで使う読み しろ・せ・せい・はい

【背筋】㊀せすじ ①せぼねにそって、たてに通っている筋肉。また、そのあたり。例 背筋をのばす。②着物のせなかのぬい目。㊁はいきん せきつい動物のせなかにある筋肉。例 背筋力。

【背▼丈】せたけ 身長。身のたけ。

【背中】せなか ①動物の、体の後ろがわ。胸・腹の反対がわ。②ある物の、後ろのほう。

【背に腹は▼替えられない】せにはらはかえられない 句 目の前にある問題をきりぬけるためには、あとのそんとくなどかまっていられないというたとえ。

【背番号】せばんごう 運動選手が、ユニホームの背につける番号。

【背広】せびろ 男の洋服の一つ。スーツ。

【背骨】せぼね 動物のせなかのまんなかをとおっているほね。

【背泳】はいえい あおむけになっておよぐ、およぎ方。せおよぎ。

【背景】はいけい ①絵や写真などのうしろのけしき。②ぶたいのうしろのけしき。③ある人や事件のうしろにかくされた事情。例 事件の背景。

【背後】はいご ①うしろ。②ものごとの表面に出てこない、かげにあるもの。例 背後関係をさぐる。

【背信】はいしん 約束をやぶって、信用にそむくこと。例 背信行為。

【背水の▼陣】はいすいのじん 故事成語 ①川や海をうしろにし、まけてもにげられないようにしたいくさのかまえ。②まけたら死ぬかくごでたたかうこと。また、そのようなかくごで、ものごとにあたること。参考 中国の漢の将軍韓信が、川を背にして陣をとり、兵士たちに決死のかくごをさせてたたかい、敵軍をやぶったという話から。

背水の陣

【背任】はいにん 仕事でのたちばを利用して、他人に害をあたえること。例 背任罪。

【背反】はいはん ①そむくこと。例 命令に背反する。②たがいに、なりたたないこと。例 二律背反(=二つの正しいことがらが、くいちがって両立しないこと)。

【背面】はいめん うしろ。うしろがわ。例 背面とび。

上につく熟語 *背比べ・*背▼伸び

下につく熟語 *光背・*紙背・▼猫背・腹背

月－5画

【肺】

9画 6年 〔肺〕明朝

音 ハイ
訓 ―

※上にくる音により「パイ」ともよむ。

5画めは点でもよい。9画めは下へ長くのばして、最後は止めてもはらってもよい。

なりたち 形声 市と月(=肉)を合わせた字。市は、朩がかわったもので、市場の市とも姉の市ともことなる。中

ミニ知識 「伯仲」ということばは，ふたりの間に力やわざの差がない，といういみですが，もと

(草の芽)と八(左右に分かれるしるし)を合わせて、草の芽がぱっとひらくようす。いきおいよく出る、左右に分かれるというイメージをもつ。肺は、左右に分かれていて、息をいきおいよく出して呼吸をする内臓をあらわした。

意味 **呼吸器官の、はい。**「肺▼炎」

【肺▼炎】はいえん　肺炎菌などのためにおこる肺の病気。

【肺活量】はいかつりょう　肺にすいこまれる空気の最大の量。

【肺結▼核】はいけっかく　結核菌によっておこる肺の感染症。肺病。

【肺臓】はいぞう　肺のこと。

【肺病】はいびょう　肺の病気。とくに肺結核のこと。

【肺▽腑】はいふ　①肺臓のこと。②心のおく。例 肺腑をえぐる(=くるしみやかなしみを強く感じる)。

下につく熟語 心肺(しんぱい)

月－5画

【胞】

9画 常用 〔胞〕明朝 音 ホウ 訓 —

なりたち 形声 包(まるくつつむ)と月(=肉)を合わせた字。おなかの子をつつむまくをあらわした。→包155

意味 ❶**おなかの子をつつんでいる膜。えな。** ❷**同じ親からうまれた人。**「同▼胞」❸**うすいまくにつつまれたもの。**「細▼胞」

【▼胞子】ほうし　かび・シダ・コケなどのように、花のさかない植物にできる、ふえるもとになる粉のようなもの。

前 9画 刂部7画→137ページ

月－6画

【胸】

10画 6年 〔胸〕明朝 音 キョウ 訓 むね・むな*

6画めは、折ってから内側に向けて反ってはね、その内部に「凶」を組みこむ。

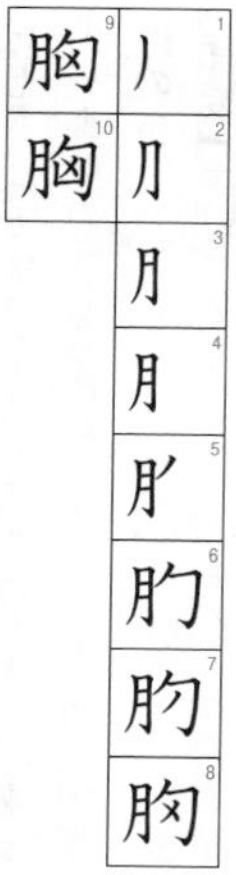

なりたち 形声 肉 匈 胸

匈と月(=肉)を合わせた字。匈は、凶(からっぽ。うつろ)と勹(つつむ)を合わせて、からっぽなあなを外からつつんだようす。胸は、ほねにかこまれたからだの中の大きなあな、つまり「むね」をあらわした。→凶123

意味 ❶**首とはらの間の部分。むね。**「胸囲・▽鳩胸」❷**心。心の中。**「度胸」

【胸囲】きょうい　むねのまわりの長さ。

【胸▼襟を開く】きょうきんをひらく　句 心からうちとけて、思っていることをかくさずにうちあける。例 胸襟を開いて語り合う。参考「胸襟」はむねとえりで、心の中のいみ。

【胸像】きょうぞう　人物のむねより上の部分をかたどった像。

【胸中】きょうちゅう　むねのうち。心の中。例 胸中をさっする。

【胸部】きょうぶ　むねの部分。

【胸裏】きょうり　胸の中。心の中。例 不安が胸裏をよぎる。

【胸板】むないた　むねの、ひらたい部分。例 あつい胸板。

【胸倉】むなぐら　着物の左右のえりがかさなるむねのあたり。例 胸倉をつかむ。

【胸▼騒ぎ】むなさわぎ　わるいことがおこりそうで、心がおちつかないこと。例 胸騒ぎがする。

【胸算用】むなざんよう　心の中でみつもりをたてること。こころづもり。

【胸元】むなもと　むねのあたり。むなさき。

【胸がすく】むねがすく　句 気もちがさっぱりしてせいせいする。例 一等になれて、胸がすく思いがした。

【胸が▼詰まる】むねがつまる　句 悲しみや感動などがこみあげてきて、息ができないように感じる。胸がいっぱいになる。例 わかれのあいさつに胸が詰まる。

【胸を痛める】むねをいためる　句 ひじょうに

ことがあります。

心をなやませる。心配する。例 災害のニュースに胸を痛める。

【胸を打つ】むねをうつ 句 心に強く感じる。深く感動する。例 胸を打つ友情物語。

【胸を▼躍らせる】むねをおどらせる 句 〔希望や期待などで〕心がうきうきする。胸を弾ませる。例 胸を躍らせて入場行進をした。

【胸を借りる】むねをかりる 句 ①すもうで、横綱など、せんぱいの力士にけいこの相手をしてもらう。②強い相手にけいこをつけてもらう。例 相手は優勝チームなのだから、胸を借りるつもりでたたかえ。

【胸を▽撫で下ろす】むねをなでおろす 句 心配なことがなくなって、ほっとひと安心する。例 むずかしい手術が成功して、みんな胸を撫で下ろした。

【胸を▼弾ませる】むねをはずませる 句 「胸を躍らせる」と同じ。

【胸を張る】むねをはる 句 胸を大きく広げて、どうどうとしたたいどをとる。例 胸を張って、質問にこたえた。

【胸を▼膨らませる】むねをふくらませる 句 うれしさや希望などで心がいっぱいになる。例 入学のよろこびに胸を膨らませる。

月－6画

【脅】

10画 常用 〈脅〉明朝

音 キョウ
訓 おびやかす・おどす・おどかす

なりたち 形声 劦(キョウ)(はさむ)と月(=肉)を合わせた字。人を両わきからはさんで、おどすようすをあらわした。

意味 おびやかす。おどす。「▼脅▼迫」

【▼脅威】きょうい おびやかされたり、おどされたりして感じるおそれ。例 脅威にさらされる。

【▼脅▼迫】きょうはく おどかして、むりにさせようとすること。例 脅迫状。

月－6画

【脇】

10画 常用 〈脇〉明朝

音 キョウ*
訓 わき

意味 わきばら。また、かたわら。「▼脇腹・両▼脇」

名まえで使う読み わき

【▼脇差】わきざし こしにさす、小さい刀。

【▼脇見】わきみ よそみ。例 脇見運転。

【▼脇道】わきみち ①本道からよこに入った道。②本筋からそれた方向。例 話が脇道にそれる。

【▼脇目も▼振らず】わきめもふらず 句 よそみもせず、いっしょうけんめい取り組むさま。

参考 「脇目」は、ほかの方を見ること。

【▼脇役】わきやく ①映画などで、主役をたすける役。例 名脇役。②中心となる人をたすける人。例 脇役にてっする。

【宵】10画 宀部7画 → 299ページ

【骨】10画 骨部0画 → 1090ページ

月－6画

【胱】

10画 表外 〈胱〉明朝

音 コウ
訓 ―

意味 〔「▽膀▽胱」と書いて〕尿をためておく内臓。

月－6画

【脂】

10画 常用 〈脂〉明朝

音 シ
訓 あぶら

なりたち 形声 旨(シ)(こってりしている)と月(=肉)を合わせた字。こってりしてうまい「あぶら肉」をあらわした。→旨548

意味 ❶動物のあぶら。「▼脂▼肪」❷木のやに。「樹▼脂」

【▼脂▼汗】あぶらあせ ひじょうにくるしいときに、からだからにじみ出てくるあせ。

【▼脂が乗る】あぶらがのる 句 ①〔魚が〕よく太って、うまそうになる。例 秋のサンマは、脂が乗っていておいしい。②仕事などに調子が出てくる。例 ようやく研究に脂が乗ってきた。

注意 「油」と書かないこと。

ミニ知識 「季」は、兄弟の順序で、すえの子のいみです。だから名前の「季子」は「すえこ」と読む

【脂粉】しふん　口紅とおしろい。

【脂肪】しぼう　動物や植物にふくまれているあぶら。例 脂肪分。

下につく熟語 *牛脂・*脱脂・油脂

月－6画

【脊】

10画 常用 〔脊〕明朝 音 セキ 訓 —

意味 ❶せぼね。せなか。「脊髄・脊柱」 ❷身長。せ。せい。

【脊髄】せきずい　せぼねの中を通っている、神経のたば。

【脊柱】せきちゅう　せぼね。

【脊椎】せきつい　せぼねをつくりあげている一つ一つのほね。例 脊椎動物。

月－6画

【胴】

10画 常用 〔胴〕明朝 音 ドウ 訓 —

なりたち 形声 同（つつ形）と月（＝肉）を合わせた字。つつの形をしたからだの部分をあらわした。→同197

意味 ❶からだのまんなかの部分。「胴体」 ❷つつ形のもの。「胴乱」

【胴体】どうたい　①人や動物の、手足と頭をのぞいた部分。②物の中心になる部分。

【胴乱】どうらん　植物採集のとき、とった植物を入れる、ブリキなどでつくった入れ物。

月－6画

【能】

10画 5年 〔能〕明朝 音 ノウ 訓 —

7・9画めを横画にしてもよい。8・10画めは曲がりで書き、最後ははねてもよい。

なりたち 象形 ―能

クマ（熊）のすがたをえがいた字。力強いというイメージをもち、ねばり強い力をもってはたらくことをあらわした。

意味 ❶よくできる。「可能」 ❷はたらき。力。「効能・技能」 ❸わざ。能楽。「芸能・能面」

名まえで使う読み ちから・のり・ひさ・みち・やす・よき・よし

【能ある▽鷹は▽爪を▽隠す】のうあるたかはつめをかくす 句 本当にすぐれた才能のある人は、むやみにそれを見せびらかさないということのたとえ。

【能書き】のうがき　①くすりなどのききめを説明したもの。効能書き。②よいところばかりをせんでんすること。例 能書きをならべる。

【能楽】のうがく　日本にむかしからつたわる演劇の一つ。ふえ・つづみなどのはやしに合わせて謡曲をうたい、舞をまうもの。能。例 国立能楽堂。

【能書】のうしょ　文字を書くのがじょうずなこと。また、その人。能筆。

【能動】のうどう　みずからほかにはたらきかけること。はたらきかけ。対 受動

【能動的】のうどうてき　自分からすすんで、ほかにはたらきかけるようす。例 能動的にふるまう。対 受動的

【能筆】のうひつ　文字を書くのがじょうずなこと。また、その人。能書。

【能弁】のうべん　話がじょうずでよくしゃべること。雄弁。

【能面】のうめん　能楽につかう面。

【能率】のうりつ　きめられた時間にできる仕事の分量。仕事のはかどりかた。例 能率を上げる。注意「態率」「能卒」などと書かないこと。

【能力】のうりょく　ものごとをすることができる力。例 自分の能力をはっきりする。

下につく熟語 機能・才能・性能・*全能・知能・万能・不可能・不能・*放射能・本能・無能・有能

能弁

でしょう。

月－6画

【脈】

10画 5年 〈脈〉明朝

音 ミャク 訓 ―

5・7・9画めは同じ角度ではらい、だんだん短く。8画めは右上にはねてもよい。

なりたち 形声 𠂢と月(=肉)を合わせた字。𠂢は、川がこまかくえだ分かれしてながれるすがたをえがいたもの。脈は、からだの中をこまかく分かれて通っている血管をあらわした。

𠂢のつく漢字グループ
「𠂢」のグループは「こまかくえだ分かれする」というイメージがある。
→派664 →脈891

意味 ❶血がながれるすじ。血管。「動脈・静脈」 ❷血がながれるときの動き。「脈▼拍」 ❸ひとすじにつづくもの。「山脈・人脈」 ❹ものごとの見こみ。手づる。

【脈が有る】みゃくがある 句 のぞみがある。 参考 「生きているしるしとして脈はくがある」というみから。

【脈動】みゃくどう 脈をうつように、生き生きと動いていること。例 都会は脈動する。

【脈▼拍】みゃくはく 心臓から血がおくりだされるたびに、血管につたわる波動。

【脈脈】みゃくみゃく ものごとがたえないでながくつづくようす。参考 ふつう「脈々」と書く。例 脈々とうけつがれる伝統。

【脈▼絡】みゃくらく すじ道。つづきぐあい。例 文章の脈絡をたどる。／脈絡のない話。

下につく熟語 一脈・鉱脈・水脈・文脈・命脈・葉脈・乱脈

月－7画

【脚】

11画 常用 〈脚〉明朝

音 キャク・キャ 訓 あし

なりたち 形声 却(うしろへへこんで引きさがる)と月(=肉)を合わせた字。ひざのところで、うしろにへこんでまがる「あし」をあらわした。→去176 →却171

意味 ❶あし。「▼脚力・健▼脚」 ❷ものの下の部分。下についてささえるもの。「橋▼脚」 ❸あしば。たちば。「失▼脚」 ❹あしのある道具をかぞえることば。きゃく。「いす五▼脚」

難しい読み ▼脚立・▼脚半

名まえで使う読み あし・きゃく・し

【▼脚色】きゃくしょく 小説や物語を、映画や劇にするために書きかえること。

【▼脚線美】きゃくせんび (女の人の)足がすらりと長く、うつくしいこと。

【▼脚注】きゃくちゅう 本で、本文の下につけた注意書き。対 頭注

【▼脚本】きゃくほん 劇や映画のせりふ・動きなどを書いたもの。台本。例 脚本家。

【▼脚力】きゃくりょく 歩いたり、走ったり、とんだりする、あしの力。

【▼脚立】きゃたつ 四本あしの、はしご形の高いふみ台。

【▼脚光】きゃっこう 舞台の前のほうの、下から俳優をてらす明かり。フットライト。

【▼脚光を浴びる】きゃっこうをあびる 句 人々から注目される。注目のまとになる。

【▼脚半】きゃはん 足のすねにまきつけるぬの。

下につく熟語 行▼脚・三▼脚・二人三▼脚・飛▼脚・立▼脚

月－7画

【脩】

11画 人名 〈脩〉明朝

音 シュウ 訓 おさめる

なりたち 形声 攸(細長い)と月(=肉)を合わせた字。細長く切った干し肉をあらわした。→修84

意味 ❶おさめる。❷すらりと細長い。

名まえで使う読み おさ・おさむ・さね・しゅう・すけ・なお・なが・のぶ・はる・もろ

漢字クイズ 「市役しょ」の「しょ」は「所」。では，「税務しょ」の「しょ」は，どんな漢字を書くの

月－7画

【脱】

11画 常用 〔脱〕明朝

音 ダツ
訓 ぬぐ・ぬげる

※下にくる音により「ダッ」ともよむ。／「ダッする」ともつかう。

なりたち 形声 脱（脫）

もとの字は「脫」。兌と月（＝肉）を合わせた字。兌は、兄（子ども）と八（両がわに分ける）を合わせて、子どもの着物をぬがせるようす。外がわのものをはぎとって、なかみをぬき出すというイメージをもつ。脱は、着物をぬいで肉体をぬき出すようすをあらわした。

兌のつく漢字グループ

「兌」のグループは「外がわの物をはぎとる」「なかみをぬき出す」というイメージがある。常用漢字では「兑」になる。

→悦 467 →税 805 →脱 892 →説 957 →鋭 1029 →閲 1043

意味 ❶ぬぐ。とりさる。とりのぞく。「脱衣・脱穀」 ❷ぬけ出す。のがれる。「脱走・脱退」 ❸ぬけおちる。ぬかす。「脱字・脱落」

【脱衣】だつい きているものをぬぐこと。例 脱衣場。対 着衣

【脱会】だっかい 会からぬけ出ること。対 入会

【脱却】だっきゃく ぬけ出ること。例 古い考えを脱却する。

【脱臼】だっきゅう ほねの関節がはずれること。

【脱穀】だっこく イネ・麦などの実を穂からおとすこと。また、もみがらをとりのぞくこと。

【脱獄】だつごく 囚人が刑務所からにげ出すこと。例 脱獄囚。

【脱字】だつじ 書きおとした字。

【脱脂綿】だっしめん あぶらをとりさって消毒した、わた。

【脱臭】だっしゅう におい、くさみをとりのぞくこと。例 脱臭剤。

【脱出】だっしゅつ のがれ出ること。ぬけ出すこと。例 国外へ脱出する。

【脱色】だっしょく ついている色やそめてある色を、ぬきとること。対 着色

【脱水】だっすい ①水分をとりさること。②からだの水分が少なくなること。例 脱水状態。

【脱税】だつぜい 税金をごまかして、おさめないこと。例 脱税容疑でつかまる。

【脱線】だっせん ①汽車や電車が、レールからはずれること。例 脱線事故。②話やおこないなどが、それること。例 話が脱線する。

【脱走】だっそう ぬけ出してにげること。例 集団で脱走する。

【脱退】だったい なかまや会などから、ぬけ出ること。例 グループを脱退する。

【脱兎のごとし】だっとのごとし 行動がひじょうにすばやいことのたとえ。句 参考「脱兎」は、にげ足のはやいウサギのこと。

【脱皮】だっぴ ①こん虫やヘビなどが、古い皮やからをぬぎすてること。②古い考えや習慣からぬけだして、よいほうへすすむこと。例 封建的な考え方から脱皮する。

【脱帽】だつぼう ①ぼうしをぬぐこと。②あいてに尊敬の気もちをあらわすことのたとえ。例 かれの努力には脱帽する。

【脱毛】だつもう 毛をとりのぞくこと。

【脱落】だつらく ①ぬけおちること。例 文字が脱落する。②ついていけなくなって、そのなかまからぬけおちること。例 先頭集団から脱落する。

【脱力】だつりょく からだの力がぬけること。例 脱力感。

下につく熟語 逸脱・虚脱・解脱・*洒脱・*超脱・離脱

月－7画

【脳】

11画 6年 〔脳〕明朝

音 ノウ
訓 ―

「凶」の縦画は下せばめに。10画めは折り、11画めは10画めより下に少し出す。

脳（筆順）：丿 刀 月 月 月 肜 肜 肜 脳 脳 脳

なりたち 形声 巛⊠－𡿺・肉→腦（脳）

もとの字は「腦」。𡿺と月（=肉）を合わせた字。囟は、赤んぼうのずがい骨にあるやわらかいすきま、「ひよめき」をえがいたもの（「思」のふるい字にもふくまれている）。それに巛（三本のかみの毛）をつけた𡿺は、赤んぼうのずがい骨のようにやわらかいことをしめす。腦は、やわらかくてしわのある「のうみそ」をあらわした。

𡿺のつく漢字グループ

「𡿺」のグループは「やわらかい」というイメージがある。常用漢字では「⺍凶」になる。

→悩467 →脳892

意味 ❶のうみそ。「大脳」 ❷あたまのはたらき。「頭脳」 ❸中心となるもの。「首脳」

【脳▼炎】のうえん　脳に炎症がおこる病気。日本脳炎など。

【脳死】のうし　脳のはたらきが完全にとまって、もとにもどらない状態。例 脳死状態になる。

【脳出血】のうしゅっけつ　脳の中の血管がやぶれて、出血すること。脳いっ血。

【脳▼震▽盪】のうしんとう　頭を強くうって、少しのあいだ、気をうしなうこと。

【脳▼髄】のうずい　ずがい骨の中にあって、ふくざつな精神のはたらきをつかさどる組織。

【脳天】のうてん　頭のてっぺん。

【脳波】のうは　脳の神経細胞のはたらきによってあらわれる、よわい電流。また、その変化を記録した図形。

【脳貧血】のうひんけつ　脳をながれる血液の量が、きゅうに少なくなっておこる症状。めまいや気をうしなう。

【脳裏】のうり　頭の中。心の中。例 恋人の顔が脳裏にうかぶ。

下につく熟語 *小脳・洗脳

【豚】11画 豕部4画 ↓973ページ

漢字博士になろう！

●**にた字のおぼえ方**《栽・載・裁》

「木は栽る、車は載る、衣裁つなり」

「栽」は、「植物のえだや葉を切ってそだてる」いみがあり、木へんの字。

「載」は、「車にのせる」いみがあり、車へんの字。

「裁」は、「ぬのなどをたって、服をしたてる」いみで、衣へんの字。

【腔】12画 人名 〔腔〕明朝

音 コウ・クウ　訓 —

意味 体の中でがらんどうになったところ。「口▽腔（こう・こう・くう）・鼻▽腔（びこう・びくう）・腹▽腔（ふっこう・ふくくう）」

月－8画

【脹】12画 人名 〔脹〕明朝

音 チョウ　訓 ふくれる

意味 ふくれる。「▽膨▽脹（=膨張）」

月－8画

【腐】14画 常用 〔腐〕明朝

肉－8画

音 フ　訓 くさる・くされる・くさらす

なりたち 形声 府（くっつく）と月（=肉）を合わせた字。肉がいたんで、べとべととくっつくようすをあらわした。→付57 →府356

意味 ❶くさる。くさらす。「▽陳▽腐」「腐敗」 ❷ふるくなる。 ❸心をなやます。「▽腐心」

【▽腐っても▽鯛】くさってもたい　句 ほんとうによいものは、おちぶれてもそれなりのねうちがある、というたとえ。参考 タイはくさっても高級な魚にかわりがない、ということから。

【▽腐▼臭】ふしゅう　物がくさったにおい。

【▽腐食】ふしょく　①くさって形がくずれること。②薬品などで金属の表面がくずれること。

【▽腐心】ふしん　ものごとがうまくいくよう

に、いろいろ苦心すること。例 赤字対策に腐心する。

【腐敗】ふはい ①物がくさること。例 食品が腐敗する。②心がゆるんで、わるいことが平気でおこなわれること。例 腐敗した世の中。

【腐乱】ふらん くさってただれ、形がくずれること。

下につく熟語 豆腐・＊防腐

月－8画

【腑】

12画 表外 〈腑〉明朝 音 フ 訓 ―

意味 ❶内臓。はらわた。「胃の腑」❷こころの中。はらの中。

【腑に落ちない】ふにおちない 句 よくわからない。なっとくがいかない。

【腑に落ちる】ふにおちる 句 よくわかる。なっとくがいく。

月－8画

【腕】

12画 常用 〈腕〉明朝 音 ワン 訓 うで

意味 ❶うで。「腕力」❷うでまえ。「手腕」

【腕が上がる】うでがあがる 句 じょうずになる。例 泳ぎの腕が上がった。参考「腕を上げる」ともいう。

【腕が鳴る】うでがなる 句 自分の能力や力をあらわそうとはりきる。

【腕自慢】うでじまん うでまえを自慢すること。

【腕相撲】うでずもう ひじをついて手をにぎりあい、あいてのうでをたおすあそび。

【腕によりを掛ける】うでによりをかける 句 うでまえをじゅうぶんにあらわそうとはりきる。

【腕前】うでまえ その仕事をすることのできる力。手なみ。例 料理の腕前。

【腕輪】うでわ うでにはめる輪かざり。

【腕をこまねく】うでをこまねく 句 何もしないで、なりゆきを見ている。例 腕をこまねいて、ただ見ているだけでは何も変わらない。参考「こまねく」は「こまぬく」ともいい、うで組みをするいみ。

【腕を振るう】うでをふるう 句 うでまえをじゅうぶんにあらわす。

【腕を磨く】うでをみがく 句 ねっしんに練習する。例 武者修行をして、腕を磨く。

【腕章】わんしょう うでにつけたり、まいたりするしるし。例 日直の腕章。

【腕白】わんぱく 子どもがいたずらで、いうことをきかないようす。また、その子ども。例 腕白ざかり。

【腕力】わんりょく うでの力。けんかなどをするときの力。例 腕力にものをいわせる。

上につく熟語 ＊腕組み・＊腕比べ・＊腕試し・＊腕っ節

下につく熟語 右腕（うわん・みぎうで）・鉄腕・敏腕・細腕・片腕・左腕（さわん・ひだりうで）

【勝】12画 力部10画 → 152ページ

【筋】12画 竹部6画 → 824ページ

月－9画

【腫】

13画 常用 〈腫〉明朝 音 シュ 訓 はれる・はらす

なりたち 形声 重（ずっしりとおもい）と月（肉）を合わせた字。うみなどがあつまって、むくんで、ずっしりとおもい感じのはれものをあらわした。→重1014

意味 はれる。はらす。はれもの。「腫瘍・腫れ物・血腫」

【腫瘍】しゅよう はれもの。できもの。例 脳腫瘍。

月－9画

【腎】

13画 常用 〈腎〉明朝 音 ジン 訓 ―

意味 じんぞう。内臓の一つ。「腎臓・肝腎」参考「肝腎」は、「肝心」とも書く。

【腎臓】じんぞう 内臓の一つで、にょうをつくるはたらきの器官。

月－9画

【腺】13画

常用　〈腺〉明朝

音 セン
訓 —

なりたち 形声 国字 泉(水分を出す)と月(＝肉)を合わせた字。

意味 動物の体内からいろいろな液体を出す器官。「乳▼腺・▼涙▼腺」

参考 今は中国でもつかう。

月－9画

【腸】13画

6年　〈腸〉明朝

音 チョウ
訓 —

「日」は小さめに。9画めを長く。11画めは折ってから内側に反り、はねる。

なりたち 形声 昜(長くのびる)と月(＝肉)を合わせた字。長くのびた「はらわた」をあらわした。→陽446

意味 長い消化器官。「小腸・大腸」

【腸液】ちょうえき 小腸から出る、食べ物を消化する液体。

【腸▼炎】ちょうえん 腸のねんまくが、炎症をおこす病気。

【腸▼詰め】ちょうづめ ブタや牛の腸などに、肉をつめて熱をくわえた食べ物。ソーセージ。

下につく熟語 胃腸・＊十二指腸・＊▼脱腸・＊断腸・直腸・▼盲腸

月－9画

【腹】13画

6年　〈腹〉明朝

音 フク
訓 はら

※上下にくる音により「フッ」「ぱら」ともよむ。

「日」の縦画は真下に、12画めの横画を「日」の横はばとほぼ同じにすると整う。

なりたち 形声 -腹 复(かさなってふくれる)と月(＝肉)を合わせた字。腸などがかさなってふくれた「はら」をあらわした。→復381

意味 ❶はら。おなか。「空腹・腹巻き」❷心の中。「腹案」❸ものの中ほど。「山腹・中腹」❹ふところ。「私腹」

難しい読み 腹芸・腹▼鼓(はらつづみ・はらづつみ)・腹八分

【腹芸】はらげい どきょうや経験で、ものごとをうまくとりはからうこと。

【腹▼鼓】はらつづみ／はらづつみ ふくらませたはらを、つづみのようにうちならすこと。例 腹鼓をうつ(＝じゅうぶんに食べて満足する)。

【腹に▼据えかねる】はらにすえかねる 句 いかりを、おさえられなくなる。しゃくにさわって、がまんできない。

【腹の虫が治まらない】はらのむしがおさまらない 句 しゃくにさわって、いかりがおさえられない。

【腹八分】はらはちぶ はらいっぱい食べずに、ほどよいところでやめること。

【腹を決める】はらをきめる 句 かくごする。決心する。例 正直に言おうと腹を決める。

【腹を探る】はらをさぐる 句 それとなく人の気持ちや考えをうかがう。例 相手の腹を探る。

【腹を割る】はらをわる 句 かくしだてをせず、本心をうちあける。例 腹を割って話す。

【腹案】ふくあん 心の中にもっている考えや計画。例 腹案を立てる。

【腹式呼吸】ふくしきこきゅう はらをふくらませながら息をすい、はらをへこますように息をはきだす呼吸方法。

【腹心】ふくしん ほんとうに信頼できて、たよりになること。また、その人。例 腹心の部下。

【腹蔵】ふくぞう 本心をつつみかくして外に出さないこと。例 腹蔵のない意見。

【腹痛】ふくつう／はらいた はらがいたむこと。

【腹背】ふくはい ①はらと背中。②前とうしろ。

【腹部】ふくぶ　はらの部分。

【腹▽膜】ふくまく　内臓の表面をおおっている、うすいまく。例 腹膜炎。

【腹話術】ふくわじゅつ　くちびるを動かさないで声を出す術。人形などが話しているように見せかける。

【腹筋】ふっきん　はらの筋肉。

下につく熟語 裏腹・割腹・業腹・*心腹・切腹・船腹・満腹・立腹

月－9画

【腰】

13画 常用 〔腰〕明朝

音 ヨウ　訓 こし

※上にくる音により「ごし」ともよむ。

なりたち 形声 要（細くしめつける）と月（＝肉）を合わせた字。細くしまった「こし」をあらわした。→要933

意味 ❶こし。「▽腰部」❷がんばり。ねばり。「弱▽腰・▽腰▽抜け」

【▽腰板】こしいた　①かべやしょうじなどの、下のほうにはってある板。②はかまのうしろの、こしの部分に当てる台形の板。

【▽腰が重い】こしがおもい　句 なかなか行動しようとしない。例 あの人は腰が重いので、計画はすぐには実現しないだろう。

【▽腰が軽い】こしがかるい　句 ①おっくうがらないで、よく動く。例 腰が軽くて、よく働く人。②深く考えないで、かるはずみな行動をする。例 腰が軽いので、失敗ばかりする。

【▽腰が▽抜ける】こしがぬける　句 ①腰の関節がはずれたり、腰の力がなくなったりして、立てなくなる。②ひどくおどろいたり、こわがったりして、立っていられなくなる。例 びっくりして腰が抜ける。

【▽腰が低い】こしがひくい　句 ほかの人にたいして、れいぎ正しくていばらない。例 あの人は、だれにたいしても腰が低い。

【▽腰▽巾着】こしぎんちゃく　いつもある人のあとを、ついてまわる人。例 部長の腰巾着。参考「巾着」は、むかしお金などを入れたふくろ。

腰巾着

【▽腰元】こしもと　①こしのあたり。②むかし、身分の高い人のそばにつかえた女性。

【▽腰を上げる】こしをあげる　句 ①すわっている人が立ち上がる。②あることにとりかかる。実行にうつす。例 重い腰を上げて宿題の作文を書きはじめた。

【▽腰を▽据える】こしをすえる　句〔ある場所に〕落ち着く。また、落ち着いて一つのことをする。例 腰を据えて仕事にはげむ。

【▽腰を▽抜かす】こしをぬかす　句 ひじょうにおどろいて足が立たなくなる。例 母はヘビを見ると腰を抜かす。

【▽腰痛】ようつう　こしのあたりにおきるいたみ。

【▽腰部】ようぶ　こしの部分。

下につく熟語 中▽腰・強▽腰・本▽腰・*丸▽腰・物▽腰・*柳▽腰

【賄】13画　貝部6画 →983ページ

月－10画

【膏】

14画 人名 〔膏〕明朝

音 コウ　訓 あぶら

意味 ❶あぶらののった肉。❷心臓の下の部分。「▽膏▽肓」❸ねりぐすり。「▽膏薬・▽軟▽膏」

【▽膏▽肓】こうこう　心臓の下（膏）で、横隔膜の上（肓）の部分。また、治らない病気。参考 からだのもっともおく深い場所で、ここが病気になると手がほどこせないとされる。→「病膏肓に入る（754ページ）」。

【▽膏薬】こうやく　紙やぬのにぬりつけて、きずや口やできものにはるあぶらぐすり。

月－10画

【膀】

14画 表外 〔膀〕明朝

音 ボウ　訓 ―

意味 〔「▽膀▽胱」と書いて〕尿をためておく内臓。

月－10画

【膜】

14画 常用 〔膜〕明朝

音 マク　訓 ―

なりたち 形声 莫(かくれて見えない)と月(=肉)を合わせた字。からだの中の器官をおおいかくす「かわ」をあらわした。→莫395

意味 ❶からだの中の器官をつつむ、うすいかわ。「腹▼膜」 ❷物の表面をおおう、うすいかわ。「被▼膜」

下につく熟語 横▼隔▼膜・角▼膜・鼓▼膜・粘▼膜・網▼膜・*▽肋▼膜

月－11画

【膝】

15画 常用 〔膝〕明朝 音 ― 訓 ひざ

意味 ももとすねをつなぐ関節。ひざ。「▼膝頭」

【▼膝下】しっか ひざもと。参考 親もとで生活していることをあらわす。

【▼膝頭】ひざがしら ひざの関節の前面。ひざこぞう。ひざ。

【▼膝が笑う】ひざがわらう 句 膝の力がぬける。

【▼膝小▼僧】ひざこぞう 「膝頭」と同じ。

【▼膝▼枕】ひざまくら 他人のひざをまくらにしてねること。

【▼膝元】ひざもと ①ひざのすぐ近く。②やしなってくれる人のもと。例 父母の膝元。③天皇や将軍など、高貴な人のいるところ。おひざもと。例 江戸は、将軍のお膝元。

【▼膝を交える】ひざをまじえる 句 おたがいに親しく話し合うようす。例 膝を交えて会談する。

下につく熟語 *片▼膝・*立て▼膝・*▽両▼膝

月－11画

【膚】

15画 常用 〔膚〕明朝 音 フ 訓 *はだ

意味 からだの表面をおおっているもの。はだ。「皮▼膚」 →肌(880ページ)。

月－12画

【膳】

16画 常用 〔膳〕明朝 音 ゼン 訓 ―

意味 ❶ごちそう。「▼膳部」 ❷料理をならべる台。「会席▼膳・配▼膳」 ❸茶わんのご飯や、はしをかぞえることば。「一▼膳飯・箸一▼膳」

注意 食べるときにつかう「はし」は、一本、二本…、ではなく、一膳、二膳…、とかぞえる。

名まえで使う読み かしわで・よし

【▼膳部】ぜんぶ ①料理して、ぜんにのせて出すごちそう。②料理人。

下につく熟語 *御▼膳(お・ご)・*客▼膳・*▽饗▼膳・食▼膳・*箱▼膳・*本▼膳・*横▼膳

月－12画

【膨】

16画 常用 〔膨〕明朝 音 ボウ 訓 ふくらむ・ふくれる

意味 ふくれる。ふくらむ。「▼膨張(=▼膨▽脹)」

【▼膨大】ぼうだい 数・量や、規模などが、ひじょうに大きいこと。例 膨大な研究資料をまとめる。

【▼膨張・▼膨▽脹】ぼうちょう ①ふくれて大きくなること。体積がふえること。例 空気が膨張する。対 収縮 ②広がって、数量がひじょうにふえること。例 予算が膨張する。

【▼膨満】ぼうまん 中がいっぱいになってふくらむこと。例 胃に膨満感を感じる。

月－13画

【臆】

17画 常用 〔臆〕明朝 音 オク 訓 ―

なりたち 形声 意(いっぱいこもる)と月(肉)を合わせた字。思いがいっぱいつまって、胸がつかえることをあらわした。→意472

意味 ❶おしはかる。「▼臆説・▼臆断」 ❷気おくれする。「▼臆病・▼臆面」

参考 「臆説」は「憶説」、「臆測」は「憶測」とも書く。

【▼臆説】おくせつ 想像や仮定などによる意見。こんきょのない意見。

【▼臆断】おくだん 事実にもとづかないで、かってにおしはかってきめること。

【▼臆病】おくびょう 小さなことにもこわがること。例 臆病なネコ。／臆病風にふかれる(=びくびくしてこわがる)。

【▼臆面も無く】おくめんもなく 句 気おくれしたようすもなく。ずうずうしくも。例 臆面

こたえ ひろ(拾)っている。(扌〔手〕+合)。

も無く言ってのける。参考「臆面」は、おじけづいたようす。

【謄】17画 言部10画 → 967ページ

月−14画
【臍】18画 表外 〈臍〉明朝
音 セイ
訓 へそ・ほぞ

意味 へそ。ほぞ。からだの真ん中にある小さなくぼみ。また、へそのように、ものの中央にあるくぼみ。

【臍繰り】へそくり 人に知られないように少しずつためた金。へそくり金。

【臍で茶を沸かす】へそでちゃをわかす 句 おかしくてたまらないこと。へそちゃ。

【臍を曲げる】へそをまげる 句 きげんを悪くして、人のいうことを聞かないこと。

【臍をかむ】ほぞをかむ 句 もうどうにもならないことをくやむ。後悔する。参考 自分のへそをかもうとしてもできないことから。

月−15画
【臓】19画 6年
月−18画
【臟】22画 人名 〈臟〉明朝
音 ゾウ
訓 ―

17画めを長く。19画めは9画めの右わきに書いてもよい。「臣」の筆順に注意。

1	2	3	4	5	6	7	8	9	10	11	12	13	14	15	16	17	18	19
ﾉ	刀	月	月	月⁻	肝	肝	肝	肝	肝	肝	肝	肝	臓	臓	臓	臓	臓	臓

なりたち 形声 蔵（しまっておく）と月（＝肉）を合わせた字。からだの中にしまいこまれているもの、つまり「はらわた」をあらわした。

↓壮247 ↓蔵403

意味 はらわた。「内臓」

【臓器】ぞうき 内臓器官。肺・心臓・胃など。例 臓器移植。

【臓腑】ぞうふ 内臓。はらわた。参考「腑」も「はらわた」のいみ。

【臓物】ぞうもつ はらわた。とくに、食用にする鳥・けものなどのはらわた。もつ。

下につく熟語 ▼肝臓・心臓・肺臓

【騰】20画 馬部10画 → 1090ページ

肉・月の部 14画 臍 15画 臓・自の部 0画 自

6画 自 みずから

なりたち

「はな」のいみに関係した字をあつめる。「鼻」は、「自」をふくむが、べつの独立した部首を立てる。

この部首の字
0画 自 898
3画 臭 901
4画 臭 901

ほかの部首の字
首 → 首部 1084
息 → 心部 464
鼻 → 鼻部 1113
憩 → 心部 480

自−0画
【自】6画 2年 〈自〉明朝
音 ジ・シ
訓 みずから

「目」の縦画は真下に、横画の間は等しく。1画めが「目」とはなれていてもよい。

1	2	3	4	5	6
′	ľ	冂	白	自	自

なりたち 象形 人の鼻をえがいた字。顔のつき出たところを図にして、ものが起こるところというイメージをもち、「じぶん」「じぶんで」のいみをあらわした。

意味 ❶じぶん。じぶんで。じぶんから。「自分・自習」❷思いのまま。「自由」❸ひとりでに。「自然」

難しい読み 自業自得・自然・自重(じちょう・じじゅう)

名まえで使う読み おの・これ・さだ・じ・より

【自愛】じあい 自分で、自分のからだをだいじにすること。例ご自愛をいのります。参考手紙などでつかうことば。

【自意識】じいしき 自分自身についての考えや気もち。例自意識過剰。

1【自営】じえい 事業などを独立して経営すること。例自営業。

2【自衛】じえい 自分で自分をまもること。例自衛隊。また、自分の国を自分でまもること。

【自我】じが ほかの人と、はっきり区別できる自分自身。また、自分を意識する気もち。例自我がめばえる。

【自▼戒】じかい 自分自身をいましめること。例自戒をこめて注意する。

【自害】じがい 「自殺」と同じ。参考古い言い方。

【自覚】じかく ①自分の力や、立場・責任をはっきり知ること。例責任を自覚する。②自分の感覚で知ること。例自覚症状。

【自画自賛】じがじさん 四字熟語 自分のしたことを、自分でほめること。参考「賛」とは絵の画面の一部にかきつける、その絵にかんする詩や文章のこと。「自分のかいた絵に、自分で賛をつける」のいみから。

【自家製】じかせい 自分の家でつくること。自分の家でつくったもの。例自家製のパン。

【自画像】じがぞう 自分の顔やすがたを、自分でかいた絵。

【自活】じかつ 人のたすけをかりないで、自分ではたらいてくらしをたてていくこと。例家を出て自活する。

【自家薬▼籠中の物】じかやくろうちゅうのもの 句いつでも自分の思いのままにつかえるもののたとえ。参考「薬籠」は、くすりばこのこと。自分のくすりばこの中のくすりのように、自由につかえるものというみから。

【自家用】じかよう 自分の家でつかうこと。また、自分の家でつかうもの。例自家用の車。

【自▼虐】じぎゃく 必要以上に、自分で自分の心やからだをいためつけること。

【自給自足】じきゅうじそく 四字熟語 自分のひつようなものを、自分でつくって、まにあわせること。

【自供】じきょう とりしらべなどにたいして、自分のしたわるいことをのべること。また、のべたことがら。自白。例犯人が自供する。

【自決】じけつ ①自分でこれからどうするかをきめること。例民族自決。②自殺すること。

【自己】じこ 自分自身。例自己紹介。

【自業自得】じごうじとく 四字熟語 自分のしたわるいおこないのむくいを、自分の身にうけること。

【自国】じこく 自分の国。対他国

【自己▼嫌悪】じこけんお 四字熟語 自分で自分がいやになること。例自己嫌悪におちいる。参考「嫌悪」は、ひどくきらったり、にくんだりすること。

【自己満足】じこまんぞく 四字熟語 自分自身や自分のしたことに、自分で満足すること。例弟はよく書けた作文だと自己満足している。

【自己流】じこりゅう 自分で考え出した、自分だけのやり方。例自己流のおよぎ方。

【自在】じざい 思いのままになること。また、思いのままにすること。例コンピューターを自在にあつかう。

【自作】じさく ①自分でつくること。また、自分でつくったもの。例自作の絵本。②自分の土地で作物をつくる農家。自作農。対小作

【自殺】じさつ 自分で自分の命をたつこと。自害。対他殺

1【自主】じしゅ 人からさしずをうけずに、自分のことを自分の力ですること。例自主独立。

2【自首】じしゅ わるいことをした人が、自分から罪をもうしでること。

【自習】じしゅう 先生に教えてもらわずに、自分で勉強すること。例自習時間。

【自▼粛】じしゅく 自分からすすんでつつしむ

漢字クイズ 「案」という漢字の部首は、「宀・女・木」のどれでしょう。

こと。例 深夜営業を自粛する。

【自主性】じしゅせい 人に言われてからではなく、自分できめてやろうとする気もちや性質。例 子どもの自主性を重んじる。

【自主的】じしゅてき ほかから指示されるのではなく、自分できめておこなうようす。例 自主的な取り組み。

【自署】じしょ 自分で自分の名前を書くこと。

【自▼称】じしょう ①自分で、かってに名のること。例 歌手を自称する男。②文中で、話し手が自分自身をさして言うもの。「わたし」「ぼく」など。一人称。

1 【自乗】じじょう 同じ数を二つかけ合わせること。二乗。例 三を自乗すると九になる。

2 【自▼浄】じじょう それ自身のはたらきで、きれいになること。例 海には自浄作用がある。

【自▼叙伝】じじょでん 自分の一生のできごとを、自分で書いた本。自伝。

1 【自身】じしん ①自分。おのれ。例 それは、自分自身の問題だ。②そのもの。それ自体。

2 【自信】じしん 自分のねうちや力を、自分でしんじること。また、その心。例 自信をもって話す。／自信満々。

【自▼炊】じすい 自分の食事を自分でつくって食べること。例 自炊生活。

1 【自生】じせい 植物が、ひとりでにはえること。例 クルミの木は山野に自生する。

2 【自制】じせい 自分の欲や、はげしい心の動きを、自分でおさえること。例 自制心。

3 【自省】じせい 自分のふるまいやおこないを、反省すること。例 深く自省する。使い分け「自制」と区別してつかおう。

【自説】じせつ 自分の説・意見。例 あの人はかんたんには自説をまげない。

【自然】しぜん ①山・川・草・木など、人間がつくったものでなく、この世にもともとあるもの。例 自然にしたしむ。②人の手がくわわらない、ありのままのようす。例 自然食品。対 人工・人造 ③むりをしないようす。例 自然なポーズをとる。④ひとりでに。しらずしらず。例 自然そういうことになる。／自然にカーテンが開いた。

【自然▽淘▼汰】しぜんとうた 四字熟語 生きていく条件に合った生物だけが生きのこって、条件に合わない生物はほろびていくこと。参考 イギリスのダーウィンの進化論でつかわれたことば。

【自然保護】しぜんほご こわされたり、よごされたりしないように、たいせつな自然をまもること。例 町ぐるみの自然保護運動。

【自尊心】じそんしん 自分で自分をすぐれていると思う心。例 自尊心の強い男。

【自他】じた 自分とほかの人。例 自他ともにみとめるうでまえ。

【自体】じたい そのもの。それ自身。例 言うこと自体はりっぱだ。

【自宅】じたく 自分の家。

【自▼堕落】じだらく 生き方が、だらしないこと。例 自堕落な生活。

【自治】じち 自分たちのことを、自分たちできめて、おこなうこと。例 自治会。／自治体。

【自重】一 じちょう ①自分のおこないに気をつけ、かるはずみなことをしないようにすること。例 自重して行動する。②自分で自分のからだに気をつけること。例 ご自重ください。

二 じじゅう そのもの自体のおもさ。

【自▼嘲】じちょう 自分自身をあざけりわらうこと。例 自嘲ぎみに話す。

【自転】じてん 天体が、直径を一つの軸として回ること。例 地球は自転している。

【自伝】じでん 「自叙伝」と同じ。

【自動】じどう 動力で、ひとりでに動くこと。例 自動車。／ドアが自動的にひらく。注意「自働」と書かないこと。

1 【自任】じにん 自分で、それにふさわしい資格があると思いこむこと。例 天才を自任する男。

2 【自認】じにん 自分のしたことを、自分でみとめること。例 金づかいがあらいと自認する。

【自白】じはく とりしらべにたいして自分のおかした罪を自分からのべること。自供。

【自発】じはつ ①自分からすすんですること。②自然におこること。例 自発の助動詞。

【自発的】じはつてき　ものごとを自分からすすんでするようす。例 自発的な態度。

【自腹】じばら　①自分の腹。②自分のお金。例 自腹を切る（＝自分のお金を出す）。

【自費】じひ　自分ではらう費用。例 自費出版。

【自筆】じひつ　自分で書くこと。また、自分で書いたもの。例 自筆のサイン。

【自負】じふ　自分の才能や力をしんじて、ほこりとすること。例 かけっこならだれにもまけないと自負している。

【自弁】じべん　自分で費用をしはらうこと。例 交通費は自弁です。

【自暴自棄】じぼうじき　四字熟語　思うようにいかなくて、なげやりな行動をすること。やぶれかぶれ。

【自慢】じまん　自分のことや自分のものを自分でほめて、いばること。例 成績がいいのを自慢する。

【自明】じめい　わかりきっていて、説明しなくてもよいほど、はっきりしていること。例 自明の道理。

【自滅】じめつ　①自分がおこなったことによって、自分がほろびること。例 エラーの連続で自滅する。②ひとりでにほろびること。例 ふえすぎて自滅した動物。

【自問自答】じもんじとう　四字熟語　自分で自分に問いかけて、自分で答えること。

【自由】じゆう　①自分の思いのままになること。例 自由に動く。②ほかからじゃまされたり、制限をうけたりしないこと。例 言論の自由。

【自由化】じゆうか　これまであった制限や管理をなくすこと。例 貿易の自由化。

【自由自在】じゆうじざい　四字熟語　何でも自分の思いどおりにできるようす。参考 ↓自在

【自力】じりき　自分ひとりの力。例 自力でよじのぼる。対 他力

【自立】じりつ　人にたよらないで、自分の力でものごとをやっていくこと。ひとりだち。例 自立して生活する。

下につく熟語 各自・*出自・独自

自－3画
臭
9画
常用
自－4画
【臭】
10画
人名
〔臭〕明朝

音 シュウ
訓 くさい・におう

意味 ❶（いやな）におい。「体臭」❷くさい。「臭気」❸それらしい、いやな感じ。「役人臭」

使い分け 「臭」は、いやなにおい、「匂（におう）」は、いいにおいのいみ。

【臭覚】しゅうかく　においを知る感覚。きゅう覚。

【臭気】しゅうき　いやなにおい。くさみ。例 臭気がただよう。

下につく熟語 悪臭・異臭・*口臭・脱臭・腐臭・防臭・無臭

【首】9画 首部0画→1084ページ
【息】10画 心部6画→464ページ
【鼻】14画 鼻部0画→1113ページ
【憩】16画 心部12画→480ページ

自 みずから 自の部 3画 臭

6画

こたえ 木（き）。

6画 至・𦤳 いたる いたるへん

なりたち 「いたる」「とどく」などのいみに関係した字をあつめる。

この部首の字 0画 至 902　4画 致 902

ほかの部首の字 到→刂部 137　室→宀部 296　窒→穴部 813　屋→尸部 323　倒→亻部 87

至－0画

【至】

6画　6年　〔至〕明朝　音 シ　訓 いたる

※上にくる音により「ジ」ともよむ。

2画めは折った後右上がり、3画めは止める。6画めは山なりに軽く反らせて長く。

筆順：一 𠄠 云 𠫔 䒑 至

なりたち 会意 矢が下にむかってすすむようすと一（めあての線）を合わせた字。矢が目標にとどくようすをあらわした字。

至のつく漢字グループ
「至」のグループは「これ以上すすめない行き止まり」というイメージがある。
→室 296　→窒 813　→緻 861　→致 902

意味 ❶とどく。いたる。「必至」 ❷きわまり。「夏至」 ❸この上なく。ひじょうに。「至急」

名まえで使う読み いたる・ちか・てつ・みち・むね・ゆき・よし

【至急】しきゅう ひじょうにいそぐこと。大いそぎ。例 至急お知らせください。

【至近】しきん いちばん近いこと。また、ごく近いこと。例 至近距離。

【至言】しげん 真理・道理を、うまくいいあらわしたことば。

【至極】しごく ①この上なく…であること。例 めいわく至極だ。②ひじょうに。この上もなく。例 至極ざんねんだ。

【至上】しじょう この上もないこと。最上。例 至上のしあわせ。／至上命令。

【至誠】しせい ひじょうに誠実な心。まごころ。

【至難】しなん ひじょうにむずかしいこと。例 あの山にのぼるのは至難のわざだ。

【至福】しふく この上ないしあわせ。例 至福のひととき。

【至便】しべん ひじょうに便利であること。

【至宝】しほう この上なくたいせつで、ねうちのある宝。例 国の至宝。

下につく熟語 冬至

【到】8画 刂部6画 →137ページ
【室】9画 宀部6画 →296ページ
【屋】9画 尸部6画 →323ページ

至－4画

【致】

10画　常用　〔致〕明朝　音 チ　訓 いたす

なりたち 形声 －致（致）
至（行き止まり）と夊（あし）を合わせた字。夊は、夂がかわったもの。致は、歩いて行き止まりまで行くようすをあらわした字。→至 902

意味 ❶こさせる。「▼誘▼致」 ❷いきつかせる。「▼致命傷・一▼致」 ❸おもむき。「風▼致」

名まえで使う読み いたす・いたる・おき・かず・ち・とも・のり・むね・ゆき・よし

【▼致死】ちし 死なすこと。

【▼致命】ちめい ①命をささげること。②死ぬこと。

【▼致命傷】ちめいしょう ①死ぬ原因となったきず。②とりかえしのつかないような、大きなしっぱいや損害。例 スキャンダルが致命傷となり落選した。

注意 「致命症」と書かな

臼の部
0画 臼
9画 興

いこと。

【▼致命的】ちめいてき ①命にかかわるようなようす。例致命的な大けが。②とり返しのつかないほど、ひどいようす。例致命的な失敗をしてかす。

下につく熟語 合▼致・極▼致・招▼致・*筆▼致

【倒】10画 亻部8画→87ページ
【窒】11画 穴部6画→813ページ

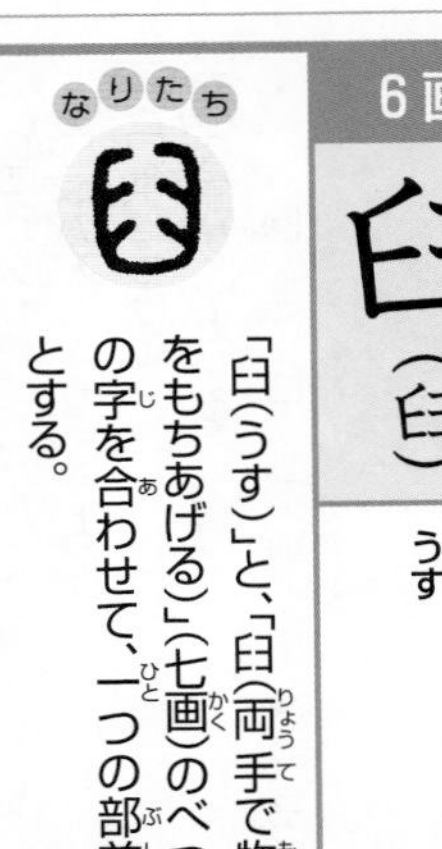

6画
臼（臼）
うす
なりたち
「臼(うす)」と、「𦥑(両手で物をもちあげる)」(七画)のべつの字を合わせて、一つの部首とする。

この部首の字
0画 臼 903
7画 與 16
9画 興 903

臼－0画

【臼】6画 常用

〈臼〉明朝 音キュウ 訓うす

なりたち 象形 －臼 「うす」をえがいた字。（へこんで曲がるというイメージをもつ。

意味 ❶もちなどをつく道具。うす。「石▼臼」❷うすのようなかたちをしたもの。

【▼臼歯】きゅうし うすのような形をしている、おく歯。

下につく熟語 ▼脱▼臼

臼－9画

【興】16画 5年

〈興〉明朝 音コウ・キョウ 訓おこる*・おこす*

興 14画めを長く書く。「同」は中心に細長く書き、内部の「一」は「口」と接してもよい。

なりたち 会意 －興 舁と同（そろう、いっしょ）を合わせた字。舁は、昇がかわったもの。舁は與（=与）にもふくまれ、四本の手の形。いっしょに手を組んでもちあげるというイメージをもつ。興は、いっしょにタッグを組んでものごとを立ちあげるようすをあらわした。

意味 ❶はじまってさかんになる。おこる。おこす。「興業・復興」❷おもしろみ。「興味」

名まえで使う読み おき・き・こう・さかん・とも

【興▼趣】きょうしゅ あじわいぶかい、おもしろみ。ものごとのおもむき。例興趣が増す。

【興味】きょうみ あることをおもしろいと感じて、それにひきつけられる気もち。例科学に興味がわく。

【興味▼津▼津】きょうみしんしん 四字熟語 興味があとからあとからわいてくるようす。例興味津々な話を聞く。参考 ㋐「津津」は、わき出てつきないようす。㋑ふつう「興味津々」と書く。

漢字クイズ 「海・酒・洗」の３字のうちで、部首が「氵（さんずい）」でない漢字はどれでしょう。

6画

舌の部 した・したへん

0画 舌

使い分け おこる 興る・起こる

【興る】いきおいが盛んになる。例 世界の歴史では大きな河の近くに文明が興る。／新しい産業が興る。

【起こる】ものごとが始まる。例 事件が起こる。／けんかが起こる。／地震が起こる。

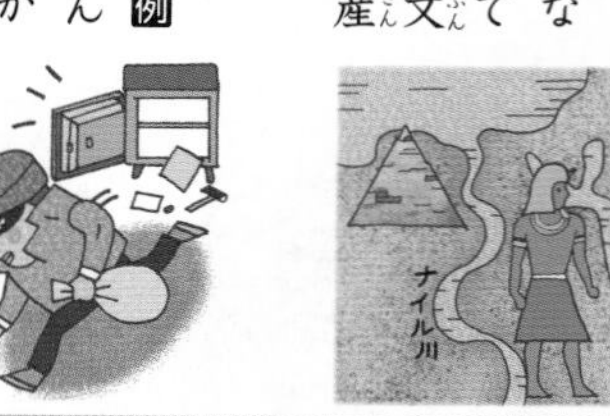

1【興行】こうぎょう しばい・すもう・映画などを、お金をとって見せること。例 引退興行。

2【興業】こうぎょう 新しく事業をおこすこと。

【興▼廃】こうはい さかんになることと、すたれること。例 国の興廃をかけてたたかう。

【興奮】こうふん ①あることがらに感動し、気もちが高ぶること。例 興奮して泣く。②しげきをうけ、からだのはたらきが活発になること。

【興亡】こうぼう さかえることと、ほろびること。例 文明の興亡。

【興▼隆】こうりゅう ものごとがおこり、そのいきおいがさかんになること。例 新しい文化の興隆。対 衰亡

下につく熟語 ＊一興・再興・座興・▼振興・新興・▼即興・不興・＊遊興・余興

漢字博士になろう！ 同じ音読みの漢字

小学校の六年間で学習する漢字の中で、「こう」と音読みする字をかぞえると、三四字もあります。

口 工 公 功 広 交 光 后 向
好 考 行 孝 効 幸 厚 後 皇
紅 候 降 格 校 耕 航 高 康
黄 港 鉱 構 興 綱 講

よくいみを考えて、正しい漢字をつかいましょう。では、小テスト！ 次の熟語につかわれる「こう」は右のどの字でしょう。

・□歌をうたう。
・親□行をする。
・太平洋を□海する。
・□白に分かれてたたかう。
・日本の人□は一億以上だ。
・□平にわける。
・技術が□上する。

〈こたえ〉校 孝 航 紅 口 公 向

6画 舌 した したへん

なりたち 「した」の動きやはたらき、「味わい」などのいみに関係した字をあつめる。

この部首の字 0画 舌 904

ほかの部首の字 乱→乚部 35 括→扌部 504 活→氵部 661 話→言部 955 辞→辛部 1006 憩→心部 480

舌－0画

【舌】

6画 6年 〔舌〕明朝

音 ゼツ＊ 訓 した

※下にくる音により「ゼッ」ともよむ。

1画めの左はらいはねかせる。5画めを長く書く。「口」の縦画は内側に向ける。

なりたち 会意 千(ふたまたの棒)がかわった千と口を合わせた字。口の中から自由に出入りする、棒のような「した」をあらわした。

意味 ❶口の中にある、した。「舌先」 ❷しゃべ

ること。ことば。「弁舌・毒舌」

【舌先】したさき ①したの先。②ことば。例 舌先で人をあやつる。／舌先三寸(=口先だけのたくみなことばで対応すること)。

【舌代】しただい／ぜつだい 口で言うかわりに書いたもの。口上書き。

【舌▼鼓】したつづみ／したづつみ 食べ物の味がよくて、したをならすこと。例 舌鼓をうつ。

【舌の根も▼乾かないうちに】したのねもかわかないうちに 句 そのことばをいいおわるかおわらないうちに。例 やくそくしたことを舌の根も乾かないうちに、もうやぶった。参考 ㋐多くはよくない意味につかう。㋑「舌の先も…」とまちがえないこと。

【舌を出す】したをだす 句 かげで相手をばかにする。

【舌を巻く】したをまく 句 ひどく感心する。例 小学生とは思えないみごとな演技に、みんな舌を巻いた。

【舌▼禍】ぜっか 自分が話したことばが他人をきずつけたことで、自分がうけるわざわい。

【舌戦】ぜっせん 言いあらそうこと。議論をしあうこと。例 はげしい舌戦をくり広げる。

下につく熟語 *長広舌・二枚舌・▼猫舌・筆舌

【乱】7画 乚部6画→35ページ
【括】9画 扌部6画→504ページ
【活】9画 氵部6画→661ページ
【話】13画 言部6画→955ページ
【辞】13画 辛部6画→1006ページ
【憩】16画 心部12画→480ページ

6画 舟・舟 ふね ふねへん

なりたち

「ふね」の種類、また、「ふね」の部分・状態に関係した字をあつめる。

この部首の字

0画 舟 905
4画 航 906
4画 般 906
5画 舷 906
5画 船 906
5画 舵 907
5画 舶 907
7画 艇 908
15画 艦 908

ほかの部首の字
搬→扌部 518
盤→皿部 768
磐→石部 790

舟－0画

【舟】

6画 常用 〔舟〕明朝

音 シュウ 訓 ふね・ふな

※上にくる音により「ぶね」ともよむ。

なりたち 象形 →舟 長方形のふねをえがいた字。

意味 ふね。「▼渡し▼舟」

使い分け 「舟」は小型のふね、「船」は大型のふねのいみ。

【舟運】しゅううん 人や荷物をふねではこぶこと。

【▼舟▼艇】しゅうてい 小型のふね。

【▼舟歌】ふなうた 船頭などが、船をこぎなが

舟の部 ふね・ふねへん

4画 航・般 5画 舷・船

らうたう歌。

参考 「船歌」「舟唄」とも書く。

下につく熟語 呉▼越同▼舟・*小▼舟・*▽笹▼舟・*丸木▼舟

舟－4画

【航】

10画 5年 〈航〉明朝

音 コウ 訓 —

「舟」の5画めは4画めと同じ点でよいが、短い縦画でもよい。10画めは曲がり。

なりたち 形声 亢－航

亢と舟を合わせた字。亢は、まっすぐにした首の、のどぶえの部分をあらわした字で、まっすぐにのびるというイメージをもつ。航は、舟が水上をまっすぐにすすむようすをあらわした。

亢のつく漢字グループ

「亢」のグループは「まっすぐ高く立つ」「まっすぐのびる」というイメージがある。

→坑233 →抗495 →航906

意味 **船や飛行機で、すすむ。わたる。**「航海」

名まえで使う読み かず・こう・つら・ふね・わたる

【航海】こうかい 船で、海をわたること。例 遠洋航海。

【航空】こうくう 飛行機などで、空をとぶこと。

【航行】こうこう 船で、海や川をわたること。例 太平洋を航行する。

【航跡】こうせき 船が通ったあとに、水面にのこる波。

【航程】こうてい 船や飛行機で行く道のり。

使い分け こうてい「工程・行程・航程」→(335ページ)

【航路】こうろ 船や飛行機の通る道すじ。例 外国航路。

下につく熟語 運航・帰航・欠航・*周航・就航・出航・*巡航・潜航・渡航・難航・密航・来航

舟－4画

【般】

10画 常用 〈般〉明朝

音 ハン 訓 —

※上にくる音により「パン」ともよむ。

意味 **ことがら。ぜんたいのようす。**「一▼般」

名まえで使う読み かず・つら・はん

【般若】はんにゃ おそろしい顔をした女のすがたの鬼。また、その面。

下につく熟語 *今▼般・諸▼般・*先▼般・全▼般・*万▼般・百▼般

舟－5画

【舷】

11画 常用 〈舷〉明朝

音 ゲン 訓 —

意味 **船体の左右のふち。ふなべり。**「右▼舷」

【舷側】げんそく 船の側面。船のよこばら。ふなべり。

下につく熟語 *左▼舷・*接▼舷

舟－5画

【船】

11画 2年 〈船〉明朝

音 セン 訓 ふね・ふな

※上にくる音により「ぶね」ともよむ。

「舟」を縦長に書く。7・8画めは付けてはいけない。8画めは止めてもよい。

なりたち 形声 船－船

㕣(一定のルートにしたがう)と舟を合わせた字。きまった水上のルートにしたがってすすむ「ふね」をあらわした。→沿653

意味 **ふね。**「船室・汽船」

使い分け 「船」と「舟」を区別してつかおう。→「舟」(905ページ)

【船医】せんい 船にのりこんでいて、客や船員

6画

の病気の予防や治療をする医者。

【船員】せんいん　船にのりこんで、はたらいている人。船乗り。

【船客】せんきゃく　船にのっている客。

【船橋】㊀せんきょう　船の上甲板で、船長がさしずをするところ。ブリッジ。㊁ふなばし　船をならべた上に板をのせてつくった橋。うき橋。

【船室】せんしつ　船の中のへや。とくに、船の中の、客室。例一等船室。

【船主】せんしゅ／ふなぬし　船のもち主。

【船首】せんしゅ　船の前のほうの部分。へさき。対船尾

【船倉】せんそう　船の中の、貨物をおく場所。

【船体】せんたい　①船のふぞく品や積み荷をのぞいた、船そのもの。②船のすがた・形。

【船団】せんだん　いくそうかの船のあつまり。例輸送船団。

【船長】せんちょう　①船で乗組員をまとめ、さしずをする人。②船の長さ。

【船底】せんてい／ふなぞこ　船のそこ。

【船頭】せんどう　①船をこぐことを仕事にしている人。②船乗りのかしら。

【船▽舶】せんぱく　(大型の)船。

【船▽尾】せんび　船のうしろのほうの部分。とも。対船首

【船腹】せんぷく　①船のどうたい。②船の中の、貨物をつみこむ部分。

【船足・船▽脚】ふなあし　①船のすすむはやさ。②船が水につかっている部分。例船足がはやい。

【船方】ふなかた　船頭。船乗り。

【船路・▽舟路】ふなじ　船の行き来する道。航路。

【船旅】ふなたび　船にのっていく旅。船の旅。

【船出】ふなで　①船が港を出ること。また、船にのって旅に出ること。②新しくものごとをはじめることのたとえ。例人生の船出。

【船荷】ふなに　船につんで、はこぶ荷物。

【船▽端】ふなばた　船のふち。ふなべり。

【船人】ふなびと　①船に乗っている人。②船に乗って船の仕事をする人。船乗り。

【船便】ふなびん　①船で、人や荷物を目的地まではこぶこと。②うまく利用できる船。例朝の船便にのる。

上につく熟語　＊船着き場・＊船▽酔い

下につく熟語　＊貨物船・客船・漁船・下船・商船・乗船・造船・▽帆船(はんせん・ほせん)・＊飛行船・風船・母船・＊連▽絡船・和船

舟－5画

舵

11画　人名　〈舵〉明朝　音ダ　訓かじ

意味　ふねのかじ。「操▽舵(＝かじをあやつること)」

【▽舵手】だしゅ　船のかじをとる人。

舟－5画

舶

11画　常用　〈舶〉明朝　音ハク　訓―

※上にくる音により「パク」ともよむ。

なりたち　形声　白(くっつく)と舟を合わせた字。水底につきそうなほど大きなふねをあらわした。→白759

意味　(大きな)ふね。「船▽舶」

【舶来】はくらい　外国でつくった品物が、船でわたってくること。また、その品物。例舶来の絹織物。／舶来品。

漢字博士になろう!

海のつく名前

次の熟語は、海に関係するものの名前です。いくつ知っていますか?

①海月　②海星　③海胆　④海扇
⑤海鼠　⑥海老　⑦海髪　⑧海苔
⑨海豚　⑩海豹　⑪海象　⑫海馬
⑬海女　⑭海士

〈答え〉①クラゲ　②ヒトデ　③ウニ　④ホタテガイ　⑤ナマコ　⑥エビ　⑦オゴノリ　⑧のり　⑨イルカ　⑩アザラシ　⑪セイウチ　⑫タツノオトシゴ　⑬あま　⑭あま

舟－7画

【艇】 13画 常用 〔艇〕明朝 音 テイ 訓 —

なりたち 形声 廷（まっすぐのびる）と舟を合わせた字。まっすぐにすすむ細長いふねをあらわした。↓廷360

意味 こぶね。「舟艇」

下につく熟語 艦艇・＊競艇・＊潜航艇・＊飛行艇

搬 13画 扌部10画 ↓518ページ

盤 15画 皿部10画 ↓768ページ

磐 15画 石部10画 ↓790ページ

舟－15画

【艦】 21画 常用 〔艦〕明朝 音 カン 訓 —

なりたち 形声 監（わくの中におさめる）と舟を合わせた字。かたいわくでかこった、たたかいをするふねをあらわした。↓監767

意味 **たたかいをする、ふね。**「軍艦」

【艦船】かんせん 軍艦と、ふつうの船。例 たくさんの艦船が入港する。

【艦隊】かんたい 二せき以上の軍艦でつくられる、海上の部隊。

【艦長】かんちょう 軍艦の乗組員をさしずする、いちばん上の人。例 艦長が指令を出した。

【艦艇】かんてい 大小さまざまな軍艦をまとめていうことば。例 艦艇が集結する。

下につく熟語 ＊旗艦・戦艦・潜水艦・＊母艦

6画 **艮** うしとら こんづくり

なりたち 「艮（＝動きがとれない、そむく）」をもとにするが、ここではたんに字形のうえで目じるしとする。

この部首の字

0画 艮 908
1画 良 909

ほかの部首の字

退↓辶部413　限↓阝部440　恨↓忄部464
食↓食部1079　根↓木部598　眼↓目部777　銀↓金部1027　墾↓土部245
懇↓心部481

艮－0画

【艮】 6画 表外 〔艮〕明朝 音 コン・ゴン 訓 うしとら

なりたち 会意 目と匕（あいくち）を合わせた字。小刀で、目のまわりにいつまでもとれない入れずみをするようす、あるいは視線をひと所にとめるようすをあらわした。「いつまでも消えないあとをのこす」「一定の所にとどまって、いつまでもとれない」というイメージをもつ。

意味 **うしとら。方角の、北東。**

道のこと。

良－1画

【良】

7画 4年 〔良〕明朝

音 リョウ
訓 よい

※「ら」ともよむ。

良 良 ㇔ ㇉ ㇌ ㇋ 㿝 㿝 良

1画めは点で書いて2画めとはなれてもよい。5画めは折って右上にはらう。

なりたち 象形 －良

○形のイネや麦のつぶをうつわに入れて、水であらってきれいにするようすをあらわした字。「よごれがなくてよい」ということをあらわした。

良のつく漢字グループ

「良」のグループは「よごれがなく、きれいにすむ」というイメージがある。常用漢字のつくりでは「良」のほかに「良」の形になる。

→娘279 →郎435 →朗573 →浪669 →狼722

意味 **すぐれている。よい。**「良書・良好」
▽県名でつかわれる。「奈良県」

参考 ひらがな「ら」、カタカナ「ラ」のもとになった字。

難しい読み 野良

名まえで使う読み あきら・お・かず・かた・すけ・たか・つかさ・つぎ・なおし・なが・ながし・はる・ひこ・ひさ・まこと・み・みよし・よし・ら・りょう・ろ・ろう

使い分け よい 良い・善い・佳い

【良い】すぐれていること。例 がんばって良い成績をとる。／お天気が良い。

【善い】りっぱであること。正しいこと。例 善い行いをすると喜ばれる。

参考 「佳い」は、めでたいといういみ。例 今日の佳き日。

【良▼縁】りょうえん よい縁組み。

【良家】りょうか／りょうけ 身分や家がらのよい家。例 良家の子女。

1 【良好】りょうこう 成績や、ものごとのようすがよいこと。例 できばえは良好だ。

2 【良港】りょうこう よいみなと。例 天然の良港。

【良妻▼賢母】りょうさいけんぼ 四字熟語 夫にたいしてはよい妻であり、子どもにたいしてはかしこい母である、女の人。

【良策】りょうさく よい計画やよい方法。例 良策をさがす。

【良識】りょうしき かたよらない考え方。正しくみきわめる力。例 良識にしたがう。

【良質】りょうしつ 品質がすぐれていること。例 良質の米。対 悪質

【良書】りょうしょ 内容のすぐれた、ためになる本。対 悪書

【良心】りょうしん ものごとのよしあしを見分け、よいことをしようとする心。例 良心にしたがって行動する。

【良心的】りょうしんてき ものごとを誠実におこなうようす。例 良心的な店。

【良性】りょうせい （病気などの）たちがいいこと。例 良性のできもの。対 悪性

【良導体】りょうどうたい 熱や電気をよくつたえるもの。導体。

【良否】りょうひ よいことと、わるいこと。ものごとのよしあし。例 ものごとの良否をはんだんする。

【良薬】りょうやく よくきくくすり。

【良薬は口に苦し】りょうやくはくちににがし 句 よくきくくすりは、にがくてのみにくい。ためになる忠告は、耳がいたくて聞きづらいものだというたとえ。参考 →「忠言耳に逆らう」(457ページ)。

【良友】りょうゆう よい友だち。例 良友にめぐまれる。対 悪友

下につく熟語 改良・最良・純良・善良・野良・

こたえ つづらおり。植物の「ツヅラフジ」のつるのように，くねくねといくつにもまがっている坂

不良・優良（ふりょう・ゆうりょう）

【退】9画 辶部6画 → 413ページ

【限】9画 阝部6画 → 440ページ

【恨】9画 忄部6画 → 464ページ

【食】9画 食部0画 → 1079ページ

【根】10画 木部6画 → 598ページ

【眼】11画 目部6画 → 777ページ

【銀】14画 金部6画 → 1027ページ

【墾】16画 土部13画 → 245ページ

【懇】17画 心部13画 → 481ページ

色（いろ）の部

0画 色

6画 色 いろ

なりたち

「いろ」に関係して、顔色やいろどりのさまなどをしめす字をあつめる。

この部首の字

0画 色 910

13画 艶 911

ほかの部首の字

絶 → 糸部 851

色－0画

【色】

6画 2年 〈色〉明朝

音 ショク・シキ

訓 いろ

※上にくる音により「ジキ」ともよむ。

1画めを長くはらう。6画めは底辺の長い曲がりで書いて最後は上にはねる。

筆順：1 ノ 2 ク 3 ⺈ 4 夕 5 刍 6 色

なりたち 会意 ⺈・巴 － 色

⺈（かがんでいる人）と巴（＝卩。ひざまずいている人）を合わせた字。ふたりの男女が楽しんでいるようすを図にして、人の顔やすがた、いろどりなどをあらわした。

意味 ❶**いろ。いろをぬる。**「色彩」 ❷**顔かたち。ひょうじょう。**「容色・喜色」 ❸**ありさま。ようす。**「景色・特色」 ❹**男と女の間の愛情。**「好色」 ❺**しゅるい。**「二色の品物」

名まえで使う読み いろ・くさ・しき・しな・しょく

【色色】いろいろ 種類が多いこと。また、そのようす。さまざま。例 色々なテープ。参考 ふつう「色々」と書く。

【色気】いろけ ①色あい。色の調子。②異性の心をひきつける魅力。③異性にたいして、関心をもつようになること。例 色気づく。④関心。興味。例 会長の地位に色気をしめす。

【色眼鏡】いろめがね ①レンズに色がついているメガネ。サングラス。②かたよった見方のたとえ。例 人を色眼鏡で見る。

【色を失う】いろをうしなう 句 おどろきやおそれなどのため、顔が青ざめる。

【色をなす】いろをなす 句 腹だたしいことがあって、おこった顔つきになる。

【色覚障害】しきかくしょうがい 色の一部、または全部を見わけることができないこと。参考 以前は「色盲」といったが、いまはつかわない。

【色感】しきかん ①それぞれの色からうける感じ。②色を見分ける感覚。

【色彩】しきさい ①色のぐあい。いろどり。例 つめたい色彩。②ものごとの性質・傾向。例 保守的な色彩がこい。

【色紙】一 しきし 短歌や俳句などを書きつけ

色の部 13画 艶・虍の部（とらかんむり・とらがしら）2画 虎 3画 虐

る、四角いあつでの紙。
二 いろがみ 色のついている紙。
【色素】しきそ 色の、もとになるもの。
【色調】しきちょう 色の調子。色合い。例 明るい色調の絵。

下につく熟語 異色・音色（おんしょく・ねいろ）・顔色（かおいろ・がんしょく）・気色（きしょく・けしき）・▼脚色・血色・原色・*巧言令色・極▼彩色・*古色・声色・▼彩色（さいしき・さいしょく）・*才色・出色・染色・*地方色・着色・天然色・難色・配色・敗色・旗色・物色・変色・*保護色・*補色

【絶】12画 糸部6画→851ページ

色－13画

【艶】19画 常用 〈艶〉明朝 音 エン 訓 つや

意味 ❶色気があり、なまめかしい。「▼艶書（=恋文）・▼艶聞（=男女のうわさ）・▼妖▼艶」❷つや。つややかなかがやき。「色▼艶・▼艶出し」

名まえで使う読み えん・おお・つや・もろ・よし

【▼艶▼麗】えんれい 女の人がはなやかでうつくしいさま。

6画 虍 とらかんむり とらがしら

なりたち 「トラ」の種類や性質、トラの皮の状態などに関係する字をあつめる。

この部首の字
2画 虎 911　3画 虐 911　5画 虚 912　6画 虛 912　6画 虜 913　7画 虞 912　7画 虜 913

ほかの部首の字
彪→彡部 373　劇→刂部 143　慮→心部 480　戯→戈部 487　膚→月部 897

虍－2画

【虎】8画 常用 〈虎〉明朝 音 コ 訓 とら

なりたち 象形 トラの全形をえがいた字。

意味 ❶動物の、トラ。▽勇ましさやきびしさなどにたとえる。「▼猛▼虎」❷よっぱらいのこと。

名まえで使う読み こ・たけ・とら

【▼虎穴に入らずんば▼虎子を得ず】こけつにいらずんばこしをえず 故事成語 危険をおかさなければ、大きな成果をあげることができないというたとえ。参考 「虎穴」は、トラがすむほらあなのこと。「虎子」は、トラの子どもで、「虎児」とも書く。

【▼虎口】ここう ひじょうに危険な場所・場面。例 虎口を脱する。

【▼虎視▽眈▽眈】こしたんたん 四字熟語 〔トラがえものをじっとねらっているように〕よい機会をねらって、ようすをうかがっているようす。参考 ふつう「虎視眈々」と書く。

【▼虎の▼威を借る▽狐】とらのいをかるきつね 故事成語 〔自分には力がないのに〕強い人のいきおいや力をかりて、いばる人のたとえ。

虎の威を借る狐

【▼虎の子】とらのこ たいせつにしまってあるお金や品物。例 虎の子の一万円をつかうはめになる。

【▼虎は死して皮を留め人は死して名を残す】とらはししてかわをとどめひとはししてなをのこす 句 トラは死ぬとうつくしい皮をのこすように、人は死後に名声をのこすようにいつも心がけなければならないという教え。

虍－3画

【虐】9画 常用 〈虐〉明朝 音 ギャク 訓 しいたげる

意味 むごくあつかう。「▼虐待・残▼虐」

6画

漢字クイズ 金と同じくらいのかちのある金属とは，なんでしょう。

虍の部（とらかんむり・とらがしら）

5画 虚　7画 虞

【▼虐殺】ぎゃくさつ　むごたらしい方法でころすこと。

【▼虐待】ぎゃくたい　〔人間や動物を〕ひどいとりあつかいをすること。

虍－5画

【虚】

11画 常用

虍－6画 【虛】12画 人名

〈虚〉明朝

音 キョ・コ*

訓 むなしい*

意味 ❶何もない。からっぽ。「空▼虚」 ❷うわべだけで、なかみがない。うそ。「▼虚栄」 対 実 ❸わるい心をもたない。「▼虚心」

難しい読み ▼虚空・▼虚無▼僧

【▼虚栄】きょえい　うわべをかざって、自分をよく見せようとすること。みえ。例 虚栄心。

【▼虚偽】きょぎ　うそ。いつわり。例 虚偽の申し立て。対 真実

【▼虚言】きょげん　うそ。うそをいうこと。例 虚言癖がある。

【▼虚構】きょこう　じっさいにはないことを、いかにもあるように表現したもの。つくりごと。

【▼虚弱】きょじゃく　からだが弱く、病気がちなこと。例 虚弱な体質。

【▼虚飾】きょしょく　なかみがないのに、うわべだけをかざりたてること。みえ。例 虚飾の生活。

【▼虚心】きょしん　心にわだかまりがないこと。すなおであること。例 虚心に人の話を聞く。

【▼虚心▽坦▼懐】きょしんたんかい　四字熟語　何ごとにもとらわれない、さっぱりとしたすなおな心で、ものごとにたいすること。例 虚心坦懐にあいての意見を聞く。参考「坦懐」は、広くたいらな心のいみ。注意「担懐」と書かないこと。

【▼虚勢】きょせい　からいばり。

【▼虚勢を張る】きょせいをはる　句　からいばりをする。うわべだけ強そうにふるまう。例 おくびょうなくせに、女の子の前だと虚勢を張る。

【▼虚像】きょぞう　①鏡やレンズの、むこうがわにあるように見える像。②じっさいとはちがう、見かけのすがた。対 ①②実像

【▼虚脱】きょだつ　力がぬけたり気がぬけたりして、ぼんやりすること。例 虚脱状態。

【▼虚無】きょむ　すべてのものに、なんの価値も見いだせず、むなしいこと。例 虚無感。

【▼虚名】きょめい　実力をともなわない、うわべだけの評判。例 虚名におどらされる。

【▼虚礼】きょれい　形だけの、心のこもっていないれいぎ。

虚礼

【▼虚を▼衝く】きょをつく　句　相手がゆだんしているところをやっつける。例 敵の虚を衝いてせめこむ。

【▼虚空】こくう　①そら。おおぞら。②空間。例 虚空をつかんでたおれる。

【▼虚無▼僧】こむそう　ふかい編みがさをかぶり、尺八をふいて諸国をまわりながら修行する、普化宗の僧。

下につく熟語 ▼謙▼虚

【彪】11画　彡部8画 ↓373ページ

虍－7画

【虞】

13画 常用

〈虞〉明朝

音 グ*

訓 おそれ

なりたち 形声 呉(くびをかしげる)と虍(トラ)を合わせた字。トラににた、用心ぶかいという動物をあらわした。のち、「まえもってしんぱいする」いみにもちいた。↓呉202

意味 しんぱいする。また、気づかい。「危▼虞(=あやぶんでしんぱいする)」

名まえで使う読み ぐ・すけ・もち・やす

【▼虞美人草】ぐびじんそう　植物のヒナゲシの別名。

虞美人草

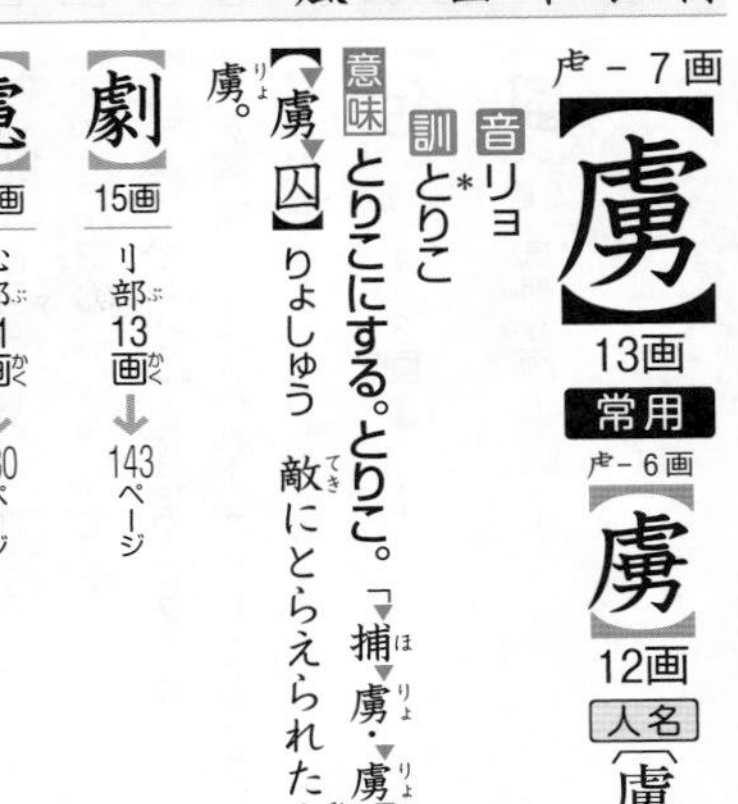
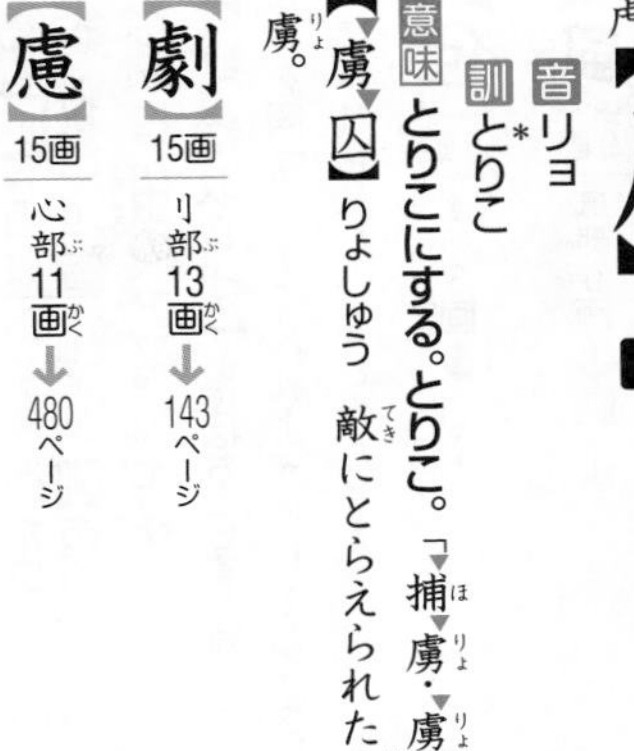

虍－7画

【虜】13画 常用

虍－6画 〔虜〕12画 人名 〈虜〉明朝

音 リョ
訓 とりこ*

意味 とりこにする。とりこ。「捕虜・虜囚」

【虜囚】りょしゅう 敵にとらえられた人。捕虜。

【劇】15画 刂部13画→143ページ
【慮】15画 心部11画→480ページ
【戯】15画 戈部11画→487ページ
【膚】15画 月部11画→897ページ

6画 虫 むし むしへん

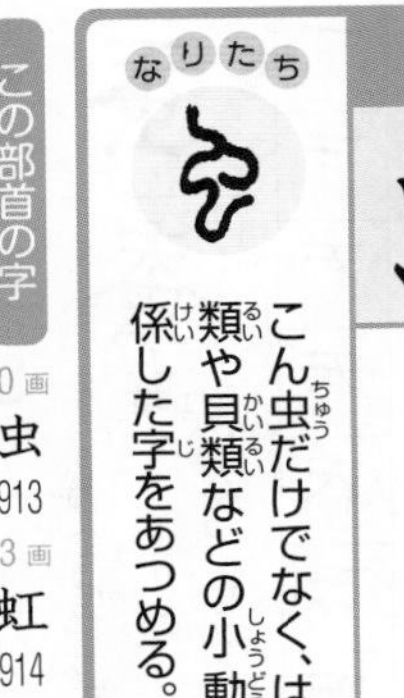

なりたち

こん虫だけでなく、はちゅう類や貝類などの小動物に関係した字をあつめる。

この部首の字

4画 蚊 914	4画 蚕 914	0画 虫 913	3画 虹 914	3画 虻 914
5画 蚤 915	6画 蛙 915	5画 蛍 914	5画 蛇 915	5画 蛆 915
7画 蜆 916	7画 蛸 916	6画 蛤 915	6画 蛮 915	7画 蛾 916
9画 蝦 916	9画 蝕 916	7画 蜂 916	7画 蛹 916	8画 蜜 916
11画 螺 917	12画 蟬 917	9画 蝶 917	9画 蝮 917	10画 融 917
13画 蠅 918	15画 蠟 918	13画 蟹 917	13画 蠍 917	13画 蟻 917

ほかの部首の字

独→犭部 721
風→風部 1075
触→角部 943
繭→糸部 863

虫－0画

【虫】6画 1年 〈虫〉明朝

音 チュウ
訓 むし

4画めは横長の「口」の中心をつらぬく。「口」と5画めの間は広くしすぎない。

筆順：1 丶 2 冂 3 口 4 中 5 虫 6 虫

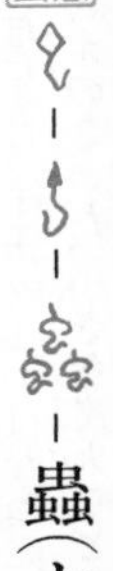

なりたち 会意 蟲（虫）

もとの字は「蟲」。虫（ヘビのすがたをえがいたもの）を三つ合わせた字。たくさんのむしをあらわした。のち、いろいろな動物をあらわした。

意味 ❶むし。「昆虫・毛虫」 ❷あることに熱中する人。「本の虫」 ❸人をののしっていうことば。「弱虫・泣き虫」

【虫害】ちゅうがい 虫のために、作物や木などがうける害。

【虫垂炎】ちゅうすいえん 盲腸にある虫垂が、炎症をおこす病気。参考「盲腸炎」ともいう。

【虫媒花】ちゅうばいか こん虫によって花ふんがはこばれ、めしべについて実をむすぶ花。

【虫がいい】むしがいい 句 自分につごうのよいようにばかり考える。自分勝手で、ずうずうしい。参考「虫のいい」ともいう。

【虫が知らせる】むしがしらせる 句 前もってなんとなく感じる。予感がする。例 虫が知らせたのか、いそいで帰ると、兄が交通事故にあったという知らせがきていた。

【虫の息】むしのいき 句 今にも息がとまって死にそうなこと。また、今にもとまりそうな息。

【虫眼鏡】むしめがね 小さなものを大きくして見る、凸レンズをつかった道具。拡大鏡。

下につく熟語 青虫・*芋虫・益虫・*回虫・害虫・

6画

こたえ 銅。（金＋同）。

虫 むし・むしへん の部

*寄生虫・▼甲虫・成虫・毒虫・幼虫

3画 虹・虻
4画 蚊・蚕
5画 蛍

虫－3画

【虹】

9画 常用 〔虹〕明朝 音 — 訓 にじ

なりたち 形声 工(つき通す)と虫を合わせた字。空をつき通してあらわれる「にじ」をあらわした。むかし、にじは生物の現象と考えられたので虫へんがついている。→工334

意味 ❶**雨あがりなどに、空にあらわれる光のおび。にじ。**▽日本では七色と考えられてきた。❷**橋。**▽にじの形から。

難しい読み ▼虹▼彩

【▼虹▼彩】こうさい 目のひとみのまわりにあって、光の量を調節するまく。茶目。

虫－3画

【虻】

9画 表外 〔虻〕明朝 音 ボウ 訓 あぶ

意味 **こん虫の、アブ。**「▼虻▼蜂」

【▼虻▼蜂取らず】あぶはちとらず 句 二つのものを同時に手に入れようとして、どちらも手に入れられないことのたとえ。

【独】9画 犭部6画→721ページ
【風】9画 風部0画→1075ページ

虫－4画

【蚊】

10画 常用 〔蚊〕明朝 音 — 訓 か

なりたち 形声 文(こまかい)と虫を合わせた字。こまかくて小さな虫、「カ」をあらわした。→文533

意味 **虫の、カ。**「▼蚊とり線香」

難しい読み ▼蚊帳

【▼蚊柱】かばしら 多くのカが、一か所にあつまって、はしらのように見えるもの。例 蚊柱が立つ。

【▼蚊帳】かや カをふせぐために、つり下げてふとんなどの上をおおう、あみ目のぬの。

【▼蚊帳の外】かやのそと 句 事情を知らされない立場。例 なんの話をしているのか、わたしは蚊帳の外だ。

虫－4画

【蚕】

10画 6年 〔蚕〕明朝 音 サン 訓 かいこ

蚕 蚕

1・2画めは一方が長くても同じでもよい。「天」と「虫」は接しても接しなくてもよい。

一 ニ チ 天 天 吞 吞 吞 蚕 蚕

なりたち 形声 もとの字は「蠶」。朁(すきまにもぐりこむ)と虫二つを合わせた字。クワの葉の間にもぐりこんで葉を食べる、カイコをあらわした。→潜689

意味 **カイコガの幼虫。カイコ。**「養蚕・蚕糸」

【蚕糸】さんし カイコのまゆからとった糸。生糸。

【蚕食】さんしょく カイコがクワの葉を食べるように、よその領分を少しずつうばうこと。

虫－5画

【蛍】

11画 常用 〔蛍〕明朝 音 ケイ 訓 ほたる

なりたち 形声 もとの字は「螢」。𤇾(光の輪がとりまく)と虫を合わせた字。光をはなつ虫、「ホタル」をあらわした。→栄590

意味 **虫の、ホタル。**「蛍狩り」

【蛍光灯】けいこうとう 電気をながすと紫外線が出て、ガラス管の内がわにぬった蛍光物質に当たって光る照明器具。

【蛍雪の功】けいせつのこう 故事成語 ひじょうにくろうして勉強し、成功すること。

参考 むかし、びんぼうで明かりにつかう油を買うことができないふたりの人が、ホタルの光や雪の明かりで勉強して、ともに出世したという話から。

【蛍火】ほたるび ①ホタルのはなつ光。②灰の中できえのこった、小さな炭火などのたと

6画

え。

虫－5画

【蛇】

11画 常用 〈蛇〉明朝

音 ジャ・ダ
訓 へび

なりたち 形声 它(うねうねとのびる)と虫を合わせた字。

意味 ヘビ。「毒▽蛇(どくじゃ・どくへび)・大▽蛇(だいじゃ・おろち)・長▽蛇」

【▽蛇口】じゃぐち 水道管の先にとりつけ、水を出したりしめたりする金具。

【▽蛇の道は▽蛇】じゃのみちはへび 句 同類の者のすることはよくわかるということ。参考 ふつう、よい意味ではつかわない。

【▽蛇腹】じゃばら かわや、ぬのなどをたがいちがいにおって、のびちぢみするようにしたもの。アコーディオンなどにつかわれている。

蛇腹

【▽蛇行】だこう (道や川などが)ヘビがはうように、くねくねまがってつづいていること。例 小川が蛇行して流れる。

【▽蛇足】だそく 故事成語 つけくわえた、よけいなもの。参考 むかし、中国でヘビの絵をはやくかく競争をしたとき、はやくかきあげた人がじまんして、ヘビに足をかきたしたため、ヘビとはみなされずごほうびの酒をのみそこねた、という話から。

【▽蛇ににらまれた▽蛙】へびににらまれたかえる 句 おそろしくて動けないようす。蛇に見込まれた蛙。

虫－5画

【蛆】

11画 表外 〈蛆〉明朝

音 ショ・ソ
訓 うじ

意味 うじ。ハエの幼虫。うじ虫。

虫－5画

【蛋】

11画 表外 〈蛋〉明朝

音 タン
訓 —

意味 鳥のたまご。「▽蛋白」

【▽蛋白】たんぱく ①たまごのしろみ。②「▽蛋白質」の略。

【▽蛋白質】たんぱくしつ 動物や植物のからだをかたちづくるたいせつな物質。また、動物のだいじな栄養素の一つ。たんぱく。

虫－6画

【蛙】

12画 表外 〈蛙〉明朝

音 ア
訓 かえる

なりたち 形声 圭と虫を合わせた字。カエルの鳴き声を圭にあててつくられた。

意味 両生類の、カエル。

【▽蛙鳴▽蟬▽噪】あめいせんそう 四字熟語 ①やかましくしゃべること。②つまらない文章や議論。

【▽蛙の子は▽蛙】かえるのこはかえる 句 子どもは親に似るものだということのたとえ。

【▽蛙の面に水】かえるのつらにみず 句 どんなことをされても、平気でいることのたとえ。参考 カエルは顔に水をかけられても平気なことから。

虫－6画

【蛤】

12画 表外 〈蛤〉明朝

音 コウ
訓 はまぐり

なりたち 形声 合(あわせてふさぐ)と虫を合わせた字。

意味 貝の、ハマグリ。

虫－6画

【蛮】

12画 常用 〈蛮〉明朝

音 バン
訓 —

なりたち 形声 もとの字は「蠻」。䜌(もつれる、みだれる)と虫を合わせた字。みなりや生活がみだれて、けじめのない動物のような人間をあらわした。→変250

意味 文化がひらけていなくて、あらあらしい。「野▽蛮・蛮族・南▽蛮」

【▽蛮人】ばんじん 文化のひらけていない土地にすんでいる人。未開人。

【▽蛮声】ばんせい あらあらしい声。例 蛮声をはりあげる。

【▽蛮勇】ばんゆう 後先を考えない、むこう見ずな勇気。例 蛮勇をふるう。

虫－7画

【蛾】 13画 表外 〈蛾〉明朝 音 ガ 訓 ―

なりたち 形声 我（きちんとしていて目立つ）と虫を合わせた字。目立つ色や形をしている「ガ」をあらわした。→我484

意味 **こん虫の、ガ。**

虫－7画

【蜆】 13画 表外 〈蜆〉明朝 音 ― 訓 しじみ

なりたち 形声 見（あらわれる）と虫を合わせた字。浅瀬にすがたがあらわれる、「シジミ」をあらわした。→見936

意味 **貝の、シジミ。**

虫－7画

【蛸】 13画 表外 〈蛸〉明朝 音 ショウ 訓 たこ

なりたち 形声 肖と虫を合わせた字。

意味 **水生動物の、タコ。**

虫－7画

【蜂】 13画 常用 〈蜂〉明朝 音 ホウ 訓 はち

なりたち 形声 夆（先たんが∧形をなす）と虫を合わせた字。∧形にとがった針をもつ虫、「ハチ」をあらわした。→邦434

意味 **虫の、ハチ。**「▼蜂起・蜜▼蜂」

【▼蜂の巣をつついたよう】はちのすをつついたよう 句 おおぜいの人がひどくさわいでおさまりがつかなくなるようす。参考 ハチのすをつつくと、多くのハチがとびだしてきてさかんにとびまわることから。

【▼蜂起】ほうき ハチのむれがいっせいに飛び立つように、大勢の人がいっせいに暴動などをおこすこと。例 反乱軍が蜂起した。

下につく熟語 ＊女王▼蜂・＊養▼蜂

虫－7画

【蛹】 13画 表外 〈蛹〉明朝 音 ヨウ 訓 さなぎ

なりたち 形声 甬（つつ形をなす）と虫を合わせた字。つつ形のさなぎや、まゆをあらわした。

意味 **さなぎ。こん虫の、幼虫と成虫の間の段階。**

触 13画 角部6画→943ページ

虫－8画

【蜜】 14画 常用 〈蜜〉明朝 音 ミツ 訓 ―

なりたち 形声 宓と虫を合わせた字。宓は、必（びっしりとしめつける）と宀（おおい）を合わせた字。びっしりとすきまなくおおうようす。蜜は、ハチが巣の中にびっしりととじこめたもの、「みつ」をあらわした。→必454

意味 **❶ハチが花からあつめてすにためた、みつ。はちみつ。**「▼蜜月・▼蜜▼蜂」**❷花の、みつ。**

【▼蜜▽柑】みかん くだものの、ミカン。

【▼蜜月】みつげつ 結婚したばかりのころ。ハネムーン。参考 英語の「honey moon」から。

【▼蜜▼蜂】みつばち ミツバチ科のこん虫。花のみつをすって、はちみつをつくり、すにたくわえる。

下につく熟語 ＊▼蜂▼蜜・＊糖▼蜜

虫－9画

【蝦】 15画 人名 〈蝦〉明朝 音 カ 訓 えび

なりたち 形声 叚（おおいかぶさる）と虫を合わせた字。かたいからをかぶった、「エビ」をあらわした。

意味 **かたいからをかぶった甲殻類の、エビ。**

参考 「蝦」は、「海老」とも書く。

【▼蝦▼夷】えぞ ①むかし、東北地方から北海道にすんで、大和朝廷にしたがわなかった人々。えみし。②北海道の古いよび名。

虫－9画

【蝕】 15画 表外 〈蝕〉明朝 音 ショク 訓 むしばむ

意味 **❶むしばむ。虫が人のひふに食いこむ。また、少しずつおかす。❷太陽や月がかける。**

参考 ふつう「食」に書きかえる。「日▽蝕→日食」「月▽蝕→月食」「侵▽蝕→侵食」「腐▽蝕→腐食」

虫－9画

【蝶】15画

人名　〈蝶〉明朝　音 チョウ　訓 ―

なりたち 形声 枼(うすい)と虫を合わせた字。はねのうすい、「チョウ」をあらわした。

意味 虫の、チョウ。「▽蝶番・▽蝶結び」

【▽蝶番】ちょうつがい／ちょうばん ①開き戸やふたなどを、あけしめできるようにとりつけた金具。②からだの関節のつなぎ目。例 あごの蝶番がはずれた。

虫－9画

【蝮】15画

表外　〈蝮〉明朝　音 フク　訓 まむし

なりたち 形声 复(ふくれる)と虫を合わせた字。

意味 は虫類の、マムシ。▽毒ヘビの一つ。

虫－10画

【融】16画

常用　〈融〉明朝　音 ユウ　訓 *とける

意味 ❶とける。「▽融解・▽溶▽融」❷とおる。ながれるようになめらかにとおる。「▽融資・金▽融」

名まえで使う読み あき・あきら・すけ・とお・とおる・みち・ゆう・よし

【▽融解】ゆうかい 固体が熱をうけて液体になること。例 氷河が融解した水。

【▽融合】ゆうごう 二つ以上のものが、とけあって一つになること。例 東西文化の融合。

【▽融資】ゆうし 商売や仕事の元手となるお金を、銀行などがかしだすこと。例 融資をうける。

【▽融通】ゆうずう ①お金や品物などをやりくりすること。例 兄にお金を融通してもらう。②その場に合わせて、じょうずにものごとをかたづけること。例 融通のきかないがんこ者。

【▽融点】ゆうてん 固体がとけはじめて、液体になるときの温度。融解点。

【▽融和】ゆうわ うちとけて、なかよくなること。例 民族の融和をはかる。

虫－11画

【螺】17画

人名　〈螺〉明朝　音 ラ　訓 つぶ・にし

なりたち 形声 累(つぎつぎに重なる)と虫を合わせた字。からが、らせんのようにまいてかさなった貝をあらわした。

意味 ❶サザエやタニシのような、うずまき状のからをもつ貝。❷うずまき。らせん。「▽螺旋・▽螺子」

虫－12画

【蟬】18画

人名　〈蟬〉明朝　音 セン　訓 せみ

なりたち 形声 單(うすくてたいら)と虫を合わせた字。うすいはねをもつ「セミ」をあらわした。→単449

意味 虫の、セミ。「油▽蟬」

名まえで使う読み せみ

【繭】18画

糸部12画 ↓ 863ページ

虫－13画

【蟹】19画

人名　〈蟹〉明朝　音 カイ　訓 かに

なりたち 形声 解(ばらばらに分ける)と虫を合わせた字。脱皮する、「カニ」をあらわした。

意味 かたいからをかぶった甲殻類の、カニ。

名まえで使う読み かに

虫－13画

【蠍】19画

表外　〈蠍〉明朝　音 カツ　訓 さそり

なりたち 形声 歇(さえぎりとめる)と虫を合わせた字。毒のとげで、行く手をさえぎる、「サソリ」をあらわした。

意味 虫の、サソリ。

虫－13画

【蟻】19画

表外　〈蟻〉明朝　音 ギ　訓 あり

なりたち 形声 義(形がよい)と虫を合わせた字。形よく列をつくる虫、「アリ」をあらわした。→義867

意味 こん虫の、アリ。

【▽蟻地▽獄】ありじごく ウスバカゲロウの幼虫。砂地にすりばち形の巣をつくり、すべり落ちたアリなどの虫をとらえて食べる。

こたえ 因。(大＋口)。

【▽蟻の▽這い出る▽隙もない】ありのはいでるすきもない 句 わずかなすきまもないほど、警戒がきびしいことのたとえ。

下につく熟語 ＊黒▽蟻(くろあり)・＊白▽蟻(しろあり)・＊羽▽蟻(はあり・はねあり)

虫－13画
【蝿】19画 表外 〈蠅〉明朝 音 ヨウ 訓 はえ

なりたち 会意 黽(8形によじれる)と虫を合わせた字。8形に飛びまわる、「ハエ」をあらわした。

意味 こん虫の、ハエ。

虫－15画
【蠟】21画 人名 〈蠟〉明朝 音 ロウ 訓 ―

意味 ❶みつばちが、すの中にあつめた物質。みつろう。❷ろうそくなどの原料にする、しぼうに似た物質。ろう。

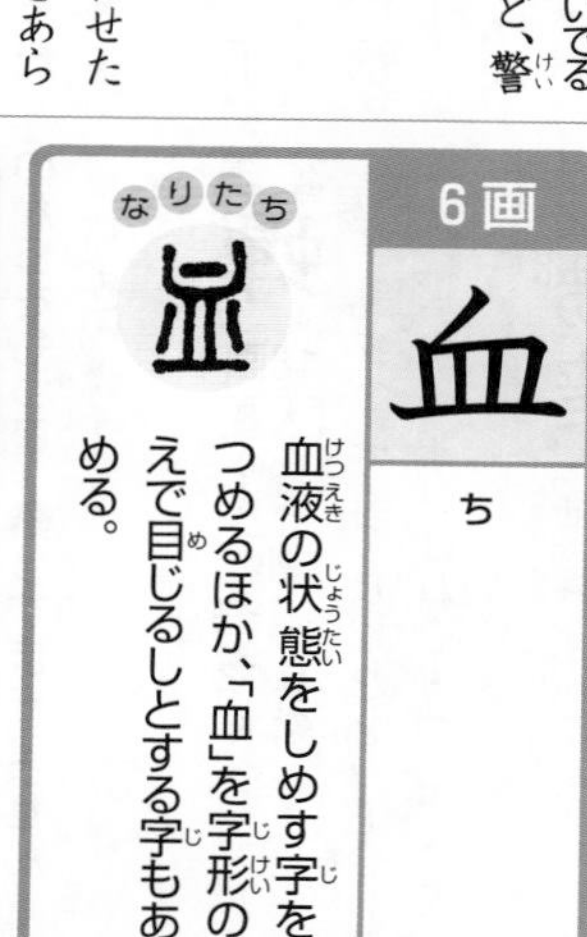

血液の状態をしめす字をあつめるほか、「血」を字形のうえで目じるしとする字もあつめる。

この部首の字
0画 血 918
6画 衆 919

血－0画
【血】6画 3年 〈血〉明朝 音 ケツ 訓 ち

※上下にくる音により「ケッ」「ぢ」ともよむ。

縦画は内側に向け、間を等しく。6画めを長く。1画めが「皿」とはなれてもよい。

なりたち 象形 ― ― 血

ふかい皿(さら)に神にささげる動物の「ち」を入れたすがたをえがいた字。

意味 ❶ち。「血液・▽献血」❷ちのつながり。「血▽縁」❸はげしい。「血気・熱血」

【血圧】けつあつ 心臓からおし出された血が、血管のかべをおす力。例 血圧が高い。

【血液】けつえき 動物のからだの中を回る、赤い液体。血。例 血液型。

【血▽縁】けつえん (親と子のように)血のつながりのあること。また、そのような人。

【血管】けっかん からだの中を回っている血液が通るくだ。例 毛細血管。

【血気】けっき あとさきのことを考えない、はげしい気性。例 血気さかんな若者。

【血気にはやる】けっきにはやる 句 はげしい元気にまかせて、いきおいこんで行動する。

【血球】けっきゅう 血液にふくまれる小さなつぶ。白血球や赤血球など。

【血行】けっこう 血のめぐり。例 血行が悪い。

【血▽痕】けっこん 血のついたあと。

【血色】けっしょく 顔のいろつや。例 血色がよい。

【血清】けっせい 血液がかたまるときにできる、黄色みがかったとうめいな液体。

【血税】けつぜい 血の出るようなつらい思いでおさめる、税金。

【血相】けっそう 顔つき。例 血相をかえる。

【血族】けつぞく 同じ祖先から出て、血のつながっている人々。

【血統】けっとう 祖先からの血のつながり。例 血統のよい馬。／血統証。

【血判】けっぱん 決意やちかいのしるしに指を切って、その血で自分の名前の下に印をおすこと。またその印。例 血判状。

血の部 6画 衆

【血便】けつべん 血液のまじった大便。

【血路】けつろ ①敵のかこみを切りやぶってつくる、にげみち。例 血路をひらく。②こんなんを切りぬける方法。活路。

【血が通う】ちがかよう 句 ①血が流れている。生きている。②人間らしいあたたかさが感じられる。例 血が通った福祉政策。

【血が▼騒ぐ】ちがさわぐ 句 気もちが高ぶる。こうふんして、じっとしていられなくなる。例 サッカーを見ていると、いつも血が騒ぐ。

【血▼煙】ちけむり (人や生きものが)切られたときにとびちる血。例 血煙をあげる。

【血潮】ちしお ながれ出る血。

【血筋】ちすじ 親子・兄弟・いとこなど、血のつながっている関係。例 源氏の血筋をひく。

【血で血を洗う】ちでちをあらう 句 ①血のつながっている者どうしが、おたがいに血をながしあうようなあらそいをする。②暴力にたいして暴力でしかえしをする。

【血のにじむような】ちのにじむような 句 ひじょうに苦労するようす。血の出るような。例 血のにじむような努力をかさねる。

【血眼】ちまなこ のぼせて、血ばしった目。例 血眼になってさがす(=むちゅうになって、さがし回る)。

【血も▼涙もない】ちもなみだもない 句 心がつめたくて、人情がまるでない。

【血わき肉▼躍る】ちわきにくおどる 句 からだがあつくなって、じっとしていられないほど、気もちが高ぶる。ひじょうに興奮する。

【血を分ける】ちをわける 句 血のつながりのある本当の親子、または、きょうだいの関係にある。例 血を分けた弟。

下につく熟語 凝血・混血・止血・▼充血・出血・純血・*心血・▼鮮血・脳出血・鼻血・貧血・輸血・流血

血－6画

【衆】

12画 6年

〔衆〕明朝

音 シュウ・シュ*
訓 おお*い

6画めを長く。8画めは止めてもはねてもよい。7・9～12画めの位置に注意。

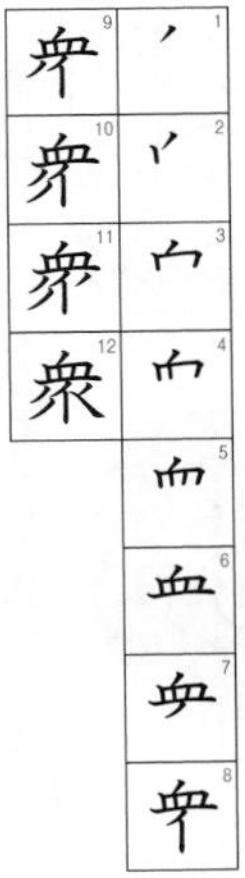

なりたち 会意

むかしの字は日(太陽)と众(三人の人)を合わせた字。太陽の下で大勢の人がはたらいているようすをあらわした。のちに、「日」が罒(=目)にかわり、まちがえて「血」と書いたもの。

意味 ❶おおい。「衆目」対 寡 ❷おおくの人。「群衆」

難しい読み 衆生

名まえで使う読み しゅう・とも・ひろ・もり・もろ

【衆▼寡】しゅうか 人数の多いことと少ないこと。

【衆▼寡敵せず】しゅうかてきせず 少ない人数で大勢の敵をあいてにしても勝ち目はない。

【衆議】しゅうぎ 大勢で相談すること。また、その意見。例 衆議一決。

【衆議院】しゅうぎいん 参議院とともに国会をつくっているしくみの一つ。全国の選挙区から、国民の選挙でえらばれた議員でつくられる。国の予算や法律などをきめる。

【衆人】しゅうじん 大勢の人。

【衆人▼環視】しゅうじんかんし 四字熟語 大勢の人がとりまいて見ていること。例 衆人環視の中で事件がおきた。

【衆知】しゅうち 大勢の人のちえ。例 衆知をあつめて計画する。使い分け しゅうち「周知・衆知」→(206ページ)

【衆望】しゅうぼう 大勢の人の信頼や期待。例 衆望をになって、全国大会に出場する。

【衆目】しゅうもく 多くの人の見るところ。例 衆目の一致するところ。

【衆生】しゅじょう 仏教で、あらゆる生きものの。

下につく熟語 観衆・群衆・公衆・大衆・▼聴衆・民衆

漢字クイズ 牛の角に刀でほりこんだ字は，なんという漢字でしょう。

行の部 いく・ぎょうがまえ・いくがまえ

0画 行

6画 行

いく
ぎょうがまえ
ゆきがまえ

なりたち 「みち(=道路)」や「歩行(=歩くこと)」などのいみに関係する字をあつめる。

この部首の字

0画 行 920
5画 術 921
6画 街 922
9画 衝 922
10画 衛 922
10画 衞 922
10画 衡 923

行−0画

【行】

6画 2年

〈行〉明朝

音 コウ・ギョウ・アン*

訓 いく・ゆく・おこなう

行 行

1・2画めは横ではなく縦に並べる。「亍」は「彳」より下がった位置に。

1 丿 2 ㇒ 3 彳 4 彳 5 行 6 行

なりたち 象形 十字路をえがいた字。「道」「道をいく」「おこなう」などのいみをあらわした。

意味 ❶いく。ゆく。「行進」 ❷おこなう。おこない。「実行」 ❸仏教の道理をおさめるおこない。「行者」 ❹ならんでいるもの。「行列」 ❺書体の一つ。「行書」

難しい読み 行火・行▼脚・行灯・行幸(ぎょうこう・みゆき)・行方

名まえで使う読み き・ぎょう・こう・たか・つら・のり・ひら・みち・もち・やす・ゆき

【行火】あんか 手足をあたためるための、小さなこたつ。

【行▼脚】あんぎゃ ①坊さんがいろいろなところを歩き回って、修行すること。②歩いていろいろなところを旅すること。例 行脚僧。

【行灯】あんどん むかしの照明器具の一つ。木や竹のわくに紙をはり中に油皿をおき、しんに火をともす。注意「ぎょうとう」と読まないこと。

行灯

【行間】ぎょうかん 文章の行と行の間。例 行間を読む(=文章に出ない作者の気もちをくみとる)。

【行▼儀】ぎょうぎ 立ったりすわったりするときの動作のしかた。例 行儀がよい。

【行幸】ぎょうこう 天皇がよそにでかけること。みゆき。

1【行司】ぎょうじ 土俵の上で、すもうの勝ち負けを見分ける役目の人。また、その役目。

2【行事】ぎょうじ 前もってきめておこなうも

漢字博士になろう!

●十二支と方角

昔の中国や日本では、時刻のあらわし方と同じように、方角も十二支を用いてあらわしていました。方角を十二等分し、北から東へ順番に十二支をあてはめてあらわし、「〇の方」などと呼びました。

子→北
丑→北北東
寅→東北東
卯→東
辰→東南東
巳→南南東
午→南
未→南南西
申→西南西
酉→西
戌→西北西
亥→北北西

また、北東・南東・南西・北西はそれぞれ漢字をあててあらわしました。

艮→北東
巽→南東
坤→南西
乾→北西

よおし。例学校の行事がある。

【行者】ぎょうじゃ　仏教などの修行をする人。

【行書】ぎょうしょ　文字の形を少しくずして書く書き方。対楷書・草書

【行商】ぎょうしょう　品物をもって売り歩くこと。また、その人。例野菜の行商にでかける。

【行状】ぎょうじょう　日常のおこない。例自分の行状を反省する。

【行水】ぎょうずい　たらいに湯や水を入れて、からだをあらうこと。例烏の行水(＝入浴時間が短い)。

【行政】ぎょうせい　法律にしたがって、国の政治をおこなうこと。例行政権。参考→「司法(191ページ)・立法(191ページ)」。

【行▼跡】ぎょうせき　日常のおこない。

【行頭】ぎょうとう　行のはじめ。対行末

【行末】ぎょうまつ　行のおわり。対行頭

【行力】ぎょうりき　ほとけの教えにしたがって心をみがき、行いを正す修行によって身につく力。

【行列】ぎょうれつ　大勢の人がならぶこと。また、その列。また、ならんですすむこと。例大名行列。

【行▼為】こうい　しようと思ってする、おこない。ふるまい。

【行軍】こうぐん　軍隊が列をつくり、長いきょりを歩いてすすむこと。

【行使】こうし　力や権利などを、じっさいにつかうこと。例武力を行使する。／実力行使。

【行進】こうしん　大勢の人が、列をつくってすすむこと。例行進曲。

【行程】こうてい　歩いたり車をつかったりして、すすむ道のり。使い分け こうてい「工程・行程・航程」→(335ページ)

【行動】こうどう　あることをおこなうこと。また、おこない。ふるまい。例団体行動。

【行楽】こうらく　野山・名所などに行って、楽しむこと。例行楽に良い季節だ。

【行路】こうろ　①道を歩いていくこと。また、その道。②この世を生きていくこと。世わたり。例人生行路。

【行方】ゆくえ　①すすんで行く方向。また、目的地。例行方も知れない旅。②さっていった先。例行方をくらます。③これから先。将来。

【行末】ゆくすえ　①(はるか遠くの)行き先。②これから先。将来。③これから先、のこっている命。

下につく熟語 悪行・＊▼荒行・一行(いっこう・いちぎょう)・運行・横行・改行・刊行・▼敢行・慣行・紀行・逆行・急行・▼凶行・強行・銀行・苦行・▼携行・決行・▼兼行・言行・現行・興行・孝行・航行・▼施行(しこう・せこう)・執行・修行・▼徐行・進行・▼遂行・▼随行・▼潜行・善行・＊▼壮行・素行・続行・代行・断行・直行・通行・同行・発行・犯行・非行・飛行・▼尾行・品行・▼奉行・平行・並行・暴行・歩行・夜行・洋行・▼履行・流行・旅行・▼励行・連行

行－5画

【術】

11画　5年　〔術〕明朝　音ジュツ　訓 —

※下にくる音により「ジュッ」ともよむ。

5画めの最後は止めても、はねても、6画めは止めてもよい。7画めは止める。

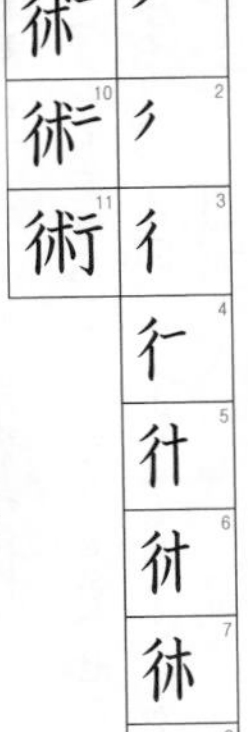

なりたち 形声　もとの字は「術」。朮(ジュツ)(くっついてはずれない)と行(みち。やり方)を合わせた字。人がそれにくっついてまもってきた、むかしからのやり方をあらわした。→述410

意味 ❶わざ。「技術・芸術」 ❷やり方。方法。「剣術・術策」

名まえで使う読み　じゅつ・てだて・みち・やす・やすし

【術語】じゅつご　学問や技術の上で、とくべつにきまったいみにつかわれることば。専門語。

【術策】じゅっさく　はかりごと。たくらみ。計略。例敵の術策におちいる。

【術数】じゅっすう　はかりごと。たくらみ。例権謀術数(＝たくみにあざむくはかりごと)。

こたえ 解。(角＋刀＋牛)。

【術中】じゅっちゅう あいてがしかけたはかりごと。例 敵の術中にはまる。

下につく熟語 医術・学術・▼奇術・*弓術・▼催▼眠術・*算術・*▼柔術・手術・仁術・戦術・▼忍術・馬術・秘術・美術・武術・▼魔術・話術

行－6画

【街】

12画 4年 〔街〕明朝

音 ガイ・カイ*
訓 まち

「圭」は9画めだけ右上にはらい、上下の「土」どうしが接しても接しなくてもよい。

なりたち 形声 圭（ケイ）（フ形をなしている）と行（みち）を合わせた字。町をフ形にきちんとくぎった通りみちをあらわした。→圭230

意味 **まち。商店などがならんだ、にぎやかな通り。**「街路・街角」

【街道】かいどう 中央から地方へ通じている、交通上たいせつな道。例 五街道。

1【街灯】がいとう 道をてらすため、道ばたにとりつけた電灯。街路灯。

2【街頭】がいとう 町の中。町の路上。例 街頭演説。

【街路】がいろ 町の中の、にぎやかな通り。例 街路樹。

【街角】まちかど ①町の中の、まがり角。②町の中。町の路上。参考 ①②は「町角」とも書く。

下につく熟語 市街・*住宅街・*商店街・*問屋街・*▼繁▼華街

行－9画

【衝】

15画 常用 〔衝〕明朝

音 ショウ
訓 つく*

なりたち 形声 重（チョウ）（つき通す）と行（みち）を合わせた字。四方につきぬけている大通りをあらわした。→重1014

意味 **❶つきあたる。**「▼衝▼突」 **❷だいじなところ。**「要▼衝」

名まえで使う読み しょう・つぎ・つく・みち・もり・ゆく

【▼衝▼撃】しょうげき ①はげしくつきあたったときの打撃。②はげしい感動・刺激。ショック。例 心に衝撃をうける。

【▼衝動】しょうどう ①きゅうに行動したくなるはげしい心の動き。例 衝動にかられる。②強く心を動かすこと。例 人に衝動をあたえる。

【▼衝▼突】しょうとつ ①物と物とがぶつかること。例 正面衝突。②くいちがって、たがいにあらそうこと。例 意見が衝突する。

下につく熟語 ▼緩▼衝・折▼衝

行－10画

【衛】

16画 5年

行－10画 【衞】 16画 人名 〔衞〕明朝

音 エイ
訓 まもる*

4～6画めは「五」の2～4画めと同じに。「口」と「井」が接していなくてもよい。

なりたち 形声 －衞（衛） 韋（イ）（まわりを回る）と行（いく）を合わせた字。周囲をぐるぐる回って中をまもるようすをあらわした。→囲223

意味 **まもる。まもり。**「護衛・防衛」

名まえで使う読み えい・ひろ・まもり・まもる・もり・よし

1【衛生】えいせい 清潔にして、病気にかからないようにすること。例 衛生検査をおこなう。

2【衛星】えいせい 惑星のまわりを回る星。例 月は地球の衛星です。／人工衛星。／衛星都市（＝大都市のまわりにあって、深くかかわりを

6画

もつ中小都市）。

【衛星放送】えいせいほうそう。放送衛星や通信衛星をつかって、直接電波を各家庭にとどける放送サービス。

【衛兵】えいへい 軍隊で、番をする兵士。

下につく熟語 ＊後衛・自衛・守衛・＊前衛・防衛

行－10画

【衡】

16画 常用 〈衡〉明朝

音 コウ

訓 —

なりたち 形声 行と大（おおきい）と角（つの）を合わせた字。ウシのつのに、ぼうをつけるようすを図にして、さおばかりのぼうをあらわした。のち、つりあいがとれるいみにもちいた。

意味 ❶はかりの横棒。また、はかり。「度量衡」 ❷つりあう。「均衡・平衡」

注意 「衡」のまん中を「魚」と書かない。

名まえで使う読み こう・ちか・はかる・ひで・ひとし・ひら・ひろ・まもる

6画 衣・ネ[5] ころも ころもへん

なりたち

「きもの」の種類・状態・部分に関係する字をあつめる。偏になると、「ネ（五画）」の形になる。

この部首の字

画数	字	ページ
0画	衣	923
2画	表	924
4画	衿	925
4画	衰	925
4画	衷	925
4画	袂	926
5画	袈	926
5画	袖	926
5画	袋	926
5画	被	926
6画	袷	926
6画	袴	926
6画	裁	926
6画	装	927
6画	裂	928
7画	裟	928
7画	裝	927
7画	補	928
7画	裕	929
7画	裏	929
7画	裡	929
8画	褐	929
8画	裳	929
8画	裾	930
8画	製	930
8画	裸	931
9画	複	931
9画	褒	932
13画	襖	932
13画	襟	932
16画	襲	932

ほかの部首の字

初→刀部131 依→亻部73 哀→口部208 壊→土部245 懐→忄部481

衣－0画

【衣】

6画 4年 〈衣〉明朝

音 イ

訓 ＊ころも

※上にくる音により「ごろも」ともよむ。

3画めは2画めの中心より左側の下で接する。4画めは折って右上にはらう。

筆順 丶 亠 ナ 衣 衣 衣

なりたち 象形 前のえりを合わせてはだをかくしている着物の、えりの部分をあらわした字。からだをかくす着物をあらわした。

衣のつく漢字グループ 「衣」のグループは「かくす」というイメージがある。→依73 →哀208

意味 着物。ころも。「衣服・脱衣・着衣」

参考 ひらがな「え」のもとになった字。

【衣装】いしょう ①着物。衣服。②しばいやおどりなどできる、衣服。例 衣装係。

【衣食】いしょく ①きるものと、食べるもの。②生活。くらし。

【衣食住】いしょくじゅう ①きるもの、食べるもの、すむところ。人間の生活になくてはならないたいせつなもの。②生活。くらし。

【衣食足りて礼節を知る】いしょくたりてれいせつをしる 故事成語 生活がゆたかになると、心にもゆとりができて、人はひとりでに礼儀をまもれるようになるということ。参考「礼節」は、礼儀と、ほどよい行動のいみ。

【衣服】いふく きるもの。着物。

【衣料】いりょう ①着物をつくる材料。②衣

6画

漢字クイズ 王さまがじっと見つめている漢字は、なんでしょう。

衣・衤の部 2画 表

類。

【衣類】いるい きるものをまとめていうことば。

上につく熟語 ＊衣紋・掛け・＊衣替え

下につく熟語 ＊更衣・僧衣・白衣(はくい・びゃくえ)・羽衣・＊法衣・浴衣

衣－2画

【表】

8画 3年 〈表〉明朝

音 ヒョウ

訓 おもて・あらわす・あらわれる

※上にくる音により「ピョウ」ともよむ。／「ヒョウする」ともつかう。

1・3画めは同じ長さで4画めを長く。5画めは4画めの中心より左側で接する。

なりたち 会意 毛と衣を合わせた字。

ふるい字は、毛と衣を合わせた字。毛皮の衣をおもてに出してきるようすを図にして、外にあらわれ出ることをあらわした。

意味 ❶おもて。おもてがわ。「表面」 対 裏 ❷あらわす。あらわれる。「表現・発表」 ❸ひと目でわかるように書いたもの。「年表」

難しい読み 表沙汰

名まえで使う読み あき・あきら・うわ・お・おも・きぬ・こずえ・と・ひょう・よし

【表側】おもてがわ おもてをむいた面。対 裏側

【表看板】おもてかんばん ①(劇場や映画館の)正面に出す看板。②世間に出す、うわべだけの名前。例 医者は表看板だが、じつは作家だ。

【表沙汰】おもてざた 公然と世間に知れわたること。例 事件が表沙汰になる。

【表意文字】ひょういもじ 漢字のように、一つ一つの文字がいみをあらわしている文字。対 表音文字

使い分け あらわす 表す・現す・著す

【表す】考えや気もちなどをはっきりしめす。例 喜びや悲しみを表す。／記号で表す。

【現す】かくれていたすがたや形が外に出る。例 ゆうれいがすがたを現す。

【著す】本にして世のなかに出す。例 物語を著す。／研究の成果を本に著す。

【表音文字】ひょうおんもじ かな文字やローマ字などのように、一つ一つの文字にいみはなく、音だけをあらわしている文字。対 表意文字

【表記】ひょうき ①おもてに書くこと。また、書かれたもの。例 このたび表記の住所に引っこしました。②ことばや文を、文字や記号で書きあらわすこと。例 表記法。使い分け ひょうき「標記・表記」→(614ページ)

【表具】ひょうぐ 紙やぬのをはって、びょうぶ・ふすま・まき物などをつくること。表装。例 表具師。

【表決】ひょうけつ 議題について、賛成か反対かの考えを、はっきりあらわしてきめること。使い分け「票決」は、投票によってきめるいみ。

【表現】ひょうげん ことば・動作や色・音・形などをもちいて、思ったことや感じたことをあらわすこと。

【表札】ひょうさつ 門または入り口にかけておく名ふだ。門札。参考「標札」とも書く。

【表紙】ひょうし 本や、ちょうめんの外がわについている、紙やぬのなどの、あついおおい。

【表示】ひょうじ ①よくわかるように、あらわししめすこと。例 価格を表示する。②表にしてあらわすこと。

衣・ネ の部 ころも・ころもへん
4画 衿・衰・衷

使い分け ひょうじ 表示・標示

【表示】はっきりと外にあらわすこと。例 意思表示。／画面に電話番号を表示する。

【標示】目じるしをつけて、人にしめすこと。例 道路標示をつける。／危険区域を標示する。

【表出】ひょうしゅつ 考えや思っていることを、ほかの人がわかるようにおもてに出すこと。例 感情を表出する。

【表▼彰】ひょうしょう よいおこないやりっぱな成績をほめたたえて、広く世の中に知らせること。例 ボランティア活動を表彰する。／表彰状。

【表情】ひょうじょう 自分の気もちを、顔にあらわすこと。また、その顔つき。例 明るい表情。

【表層】ひょうそう 表面をつくっている層。例 表層なだれがおきる。

【表題】ひょうだい ①本の表紙に書いてある名前。②演説・げきなどの題目。

【表皮】ひょうひ 動物や植物のからだの外がわをおおっているうすいかわ。

【表明】ひょうめい 考えなどを人前ではっきりとあらわすこと。例 意思を表明する。

【表面】ひょうめん ①ものの、外がわの面。または、上の面。②人に見えるところ。うわべ。対①②裏面

【表面化】ひょうめんか 内部にひそんでいたものが、はっきりとおもてにあらわれてくること。例 対立が表面化する。

【表面積】ひょうめんせき 立体の、表面の面積。

【表裏】ひょうり ①おもてと、うら。例 紙の表裏。／表裏一体。②うわべと、心の中がちがっていること。うらおもて。例 表裏のある人。

上につく熟語 *表書き・*表通り

下につく熟語 意表・裏表・公表・*時刻表・辞表・図表・代表・▼畳表・地表

【依】8画 イ部6画 → 73ページ

【初】7画 刀部5画 → 131ページ

【哀】9画 口部6画 → 208ページ

ネ－4画

【衿】 9画 人名 〔衿〕明朝 音 キン 訓 えり

意味 衣服の、えり。「▼衿帯(=えりとおび)」

名まえで使う読み えり・きん

衣－4画

【衰】 10画 常用 〔衰〕明朝 音 スイ 訓 おとろえる

意味 おとろえる。よわる。「▼衰弱」

【▼衰弱】すいじゃく おとろえ弱ること。例 病気で衰弱する。

【▼衰勢】すいせい いきおいがおとろえること。例 王朝が衰勢にむかう。

【▼衰退】すいたい いきおいが、だんだんおとろえること。例 王朝が衰退する。対 繁栄

【▼衰▼微】すいび いきおいのよかったものが、おとろえて弱くなること。例 銅山が衰微する。

【▼衰亡】すいぼう さかんだったものが、おとろえてなくなること。例 国家の衰亡。対 興隆

下につく熟語 盛▼衰・老▼衰

衣－4画

【衷】 9画 常用 〔衷〕明朝 音 チュウ 訓 ―

なりたち 形声 中(なか)と衣を合わせた字。中に下着を着るようすを図にして、心の中をあらわした。→中25

意味 ❶ほどよい。「折▼衷」 ❷心の中。「▼衷心」

名まえで使う読み あつ・ただ・ただし・ちゅう・よし

6画

こたえ 現。(王＋見)。

【▽衷心】ちゅうしん　まごころ。心のおくそこ。
例 衷心よりおくやみ申し上げます。

衤－4画
【袂】 9画 表外 〔袂〕明朝 音 ベイ 訓 たもと

意味 ❶たもと。和服の、ふくろ状になったそで。❷たもと。かたわら。そば。「橋の▽袂」

【▽袂を分かつ】たもとをわかつ 句 人とわかれる。また、関係をなくす。

衣－5画
【袈】 11画 人名 〔袈〕明朝 音 カ・ケ 訓 ―

意味 〔「▽袈▽裟」と書いて〕僧が左肩からななめにかけて、ころもの上をおおうもの。▽仏教のことば Kaṣāya に当てた漢字。

衤－5画
【袖】 10画 常用 〔袖〕明朝 音 シュウ 訓 そで

なりたち 形声 由(通りぬける)と衤(=衣)を合わせた字。うでを通す衣の「そで」をあらわした。↓由743

意味 服の、そで。「小▽袖・長▽袖・半▽袖」

名まえで使う読み そで

衣－5画
【袋】 11画 常用 〔袋〕明朝 音 タイ 訓 ふくろ

なりたち 形声 代(入れかえる)と衣を合わせた字。いろいろなものを入れかえてはこぶ、ぬのの「ふくろ」をあらわした。↓代56

意味 ふくろ。「胃▽袋」

【▽袋小路】ふくろこうじ　行き止まりになっている、細い道。

【▽袋の▽鼠】ふくろのねずみ 句 〔ふくろに入れられたネズミのように〕追いつめられて、にげ道がなくなること。参考「袋の中の鼠」ともいう。

【▽袋物】ふくろもの　さいふやバッグのような、ふくろ状の入れ物。

下につく熟語 *浮き▽袋・*紙▽袋・足▽袋・手▽袋・寝▽袋・風▽袋

衤－5画
【被】 10画 常用 〔被〕明朝 音 ヒ 訓 こうむる

なりたち 形声 ―被　皮(ななめにかぶる)と衤(=衣)を合わせた字。着物をかぶることをあらわした。↓皮764

意味 ❶おおう。きる。「▽被服」❷こうむる。うける。「▽被害・▽被災」

【▽被害】ひがい　損害をうけること。また、その損害。

【▽被疑者】ひぎしゃ　犯人ではないかと、うたがわれている人。容疑者。

【▽被告】ひこく　裁判で、うったえられたほうの人。対 原告

【▽被災】ひさい　災害をうけること。

【▽被子植物】ひししょくぶつ　たねでふえる植物のうち、たねになる部分が、めしべの中にある子房につつまれているもの。対 裸子植物

【▽被写体】ひしゃたい　写真にうつされるもの。

【▽被▽爆】ひばく　①ばくだんで攻撃されること。②原水爆の被害をうけること。

【▽被服】ひふく　きるもの。衣服。例 被服費。

下につく熟語 *外▽被・*法▽被

衤－6画
【裃】 11画 表外 〔裃〕明朝 音 ― 訓 かみしも

なりたち 会意 国字 上(うえ)と下(した)と衤(=衣)を合わせた字。上下に分かれた着物をあらわした。

意味 かみしも。▽むかしの武家の礼服の一つ。肩衣(そでのないうわぎ)と袴からなる。

衤－6画
【袴】 11画 人名 〔袴〕明朝 音 コ 訓 はかま

意味 和服の、はかま。

衣－6画
【裁】 12画 6年 〔裁〕明朝 音 サイ 訓 た*つ・さばく

裁

3画めは右へ長く引く。9画めは止める。10画めは長く反って強調する。

1	2	3	4	5	6	7	8	9	10	11	12
一	十	土	丰	圭	吉	幸	幸	表	裁	裁	裁

なりたち 形声 𢦏と衣を合わせた字。𢦏は、才（たち切る）と戈（はもの）を合わせて、はものでたち切るようす。裁は、着物をつくるためのぬの地をたち切ることをあらわした。→才493

意味 ❶ぬのを切る。たつ。「裁縫・和裁」 ❷よいわるいをきめる。さばく。「裁判」 ❸「裁判所」のりゃく。「最高裁・地裁・家裁」

注意 「裁」と「栽」をまちがえないこと。

使い分け たつ「断つ・絶つ・裁つ」→538ページ

【裁決】さいけつ ものごとのよしあしを、さばいてきめること。例 裁決をくだす。 使い分け さいけつ「採決・裁決」→510ページ

【裁断】さいだん ①紙やぬのをたち切ること。例 型紙に合わせて裁断する。②ものごとのよしあしを判断してきめること。例 裁断をくだす。

【裁定】さいてい よくとりしらべて、ものごとのよしあしをきめること。

【裁判】さいばん 法律にもとづいて、人々の生命・自由・財産をまもるために、あらそいごとをさばいたり、わるい人をばっしたりすること。

【裁判所】さいばんしょ 裁判をして、国できめた法律をまもるように、かんとくする役所。

【裁▼縫】さいほう ぬのをたち切って、着物などをぬうこと。ぬいもの。

【裁量】さいりょう ものごとを、自分の考えでとりはからうこと。例 自分の裁量で処理する。

下につく熟語 決裁・制裁・総裁・断裁・仲裁・体裁・独裁・洋裁

衣－6画

【装】

12画 6年

衣－7画 【裝】 13画 人名 〔装〕明朝

音 ソウ・ショウ*
訓 よそおう*

1～3画め筆順注意。7画めは点で書いてもよい。8画めを長く。

1	2	3	4	5	6	7	8	9	10	11	12
㇑	㇑	㇑	丬	壮	壮	壮	壮	装	装	装	装

なりたち 形声 壯と衣を合わせた字。壯（スリムな。スマートな）と衣を合わせて、身なりをスマートにととのえることをあらわした。→壮247

意味 ❶よそおう。かざる。「服装」 ❷とりつける。そなえつける。「装置」

【装束】しょうぞく おこなうものごとに合った着物。例 旅装束。／白装束。

【装▼飾】そうしょく よりうつくしく見せるために、かざりをつけること。また、そのかざり。

【装身具】そうしんぐ 指輪・首かざりなど、身につけるかざりもの。アクセサリー。

【装置】そうち 道具や、しかけをとりつけること。また、その道具や、しかけ。例 安全装置。

【装着】そうちゃく 身につけること。また、器具などをとりつけること。例 パラシュートを装着する。

【装丁】そうてい ①印刷した紙をとじたり、表紙をつけたりして本の形につくること。②本の外見をかざりととのえること。本のデザイン。

【装備】そうび ひつような品物や道具をそなえつけること。また、その品物や道具。例 登山の装備。

下につく熟語 衣装・改装・*外装・仮装・軽装・女装・新装・正装・盛装・*男装・▼塗装・武装・変装・包装・▼舗装・洋装・*旅装・礼装・和装

漢字クイズ 貝の字の代わりに書く漢字は，なんでしょう。

衣・衤の部
6画 裂
7画 裟・補

衣－6画

【裂】 12画 常用 〔裂〕明朝

音 レツ　訓 さく・さける

なりたち 形声 列(左右に分かれる)と衣を合わせた字。ぬの地を切りさくことをあらわした。→列130

意味 さける。さく。「破裂・裂け目」

【裂傷】れっしょう ひふがさけてできた傷。

下につく熟語 亀裂・決裂・四分五裂・支離滅裂・分裂

使い分け さく 裂く・割く

【裂く】力をくわえて切りはなす。例 ぬのきれを裂いてきずの手当てをする。／ふたりの仲を裂く。

【割く】あるもののために一部をわける。例 時間を割いて聞いてもらう。／学校建設に予算を割く。

衣－7画

【裟】 13画 人名 〔裟〕明朝

音 サ　訓 ―

意味 →袈(926ページ)。

衤－7画

【補】 12画 6年 〔補〕明朝

音 ホ　訓 おぎなう

「衤」の整え方は「ネ」と同じ。「甫」は、縦画を真下に下ろし、画の間を等しく。

なりたち 形声 甫(くっつく)と衤(=衣)を合わせた字。着物のやぶれめに、ぬのをぴったりあててつくろうことをあらわした。→甫741

意味 ❶たりない部分をおぎなう。「補強」❷つくろう。「補修」❸みならい。「候補・警部補」

名まえで使う読み さだ・すけ・たすく・ほ

【補給】ほきゅう たりなくなった分をおぎなうこと。例 ガソリンを補給する。

【補強】ほきょう 弱いところをおぎない、強くすること。例 台風にそなえて、やねを補強する。

【補欠】ほけつ ①たりない部分をおぎなうこと。例 補欠選挙。②人がたりなくなった場合にそなえて、用意しておく人員。例 補欠選手。

【補佐】ほさ ほかの人の役目や仕事をたすけること。また、その役の人。例 大統領補佐官。

1【補修】ほしゅう いたんだところをおぎないつくろうこと。例 こわれた堤防を補修する。

2【補習】ほしゅう 学校で、きまった時間のほかに、不十分なところをおぎなうために勉強すること。また、その勉強。例 補習授業。

【補充】ほじゅう たりない人や物を、おぎなってみたすこと。例 人員を補充する。

【補助】ほじょ たりないところをおぎない、たすけること。例 生活費を補助する。

【補償】ほしょう そんがいをおぎない、うめあわせをすること。例 災害の補償金。

使い分け ほしょう「保証・保障・補償」→(82ページ)

【補正】ほせい たりないところをたしたり、わるいところをなおしたりすること。例 写真の明るさを補正する。／補正予算。

【補足】ほそく たりないところをつけたすこと。例 補足説明。

【補聴器】ほちょうき 耳のよく聞こえない人が、聞きやすくするためにつかう器具や器械。

【補塡】ほてん たりないところをおぎなってうめること。例 損失を補塡する。

【補導】ほどう わるいおこないをしないように、めんどうをみて、正しいほうにみちびくこと。

下につく熟語 *増補

ネ－7画

【裕】 12画 常用

〈裕〉明朝

音 ユウ 訓 —

なりたち 形声 谷(ゆったりとうけいれる)とネ(=衣)を合わせた字。きものがきつくなくゆったりしているようすをあらわした。→谷971

意味 ❶ゆとりがある。「余裕」❷ゆたか。「裕福・富裕」

名まえで使う読み すけ・ひろ・ひろし・まさ・みち・やす・ゆう・ゆたか

【裕福】ゆうふく 金もちで、生活がゆたかなこと。例 裕福な家庭。対 貧乏

衣－7画

【裏】 13画 6年

ネ－7画 【裡】 12画 人名 〈裏〉明朝

音 リ* 訓 うら

10・13画めを長くして上部を支える。9画めを長く。1画めは点で書いてもよい。

なりたち 形声 里(すじめ)と衣を合わせた字。ぬいあとのすじがついた衣の「うら」をあらわした。→里1014

意味 ❶うら。うしろ。「裏面・表裏」対 表 ❷うちがわ。「脳裏・裏話」❸…のうちに。「盛況裏」

【裏表】うらおもて ①物のうらとおもて。②人が見ているところと見てないところで、おこないや態度がちがうこと。かげひなた。例 裏表のない人。③うらをおもてにしていること。うらがえし。例 セーターを裏表に着る。

【裏方】うらかた 劇場などで、舞台うらではたらく人たち。道具係・衣装係など。

【裏側】うらがわ うらをむいた面。対 表側

【裏口】うらぐち ①うらがわの出入り口。対 表口 ②不正な方法でものごとをおこなうこと。例 裏口入学。

【裏声】うらごえ ふつうは出せない、技巧をつかった高い声。対 地声

【裏作】うらさく おもな作物をとり入れたあとに、ほかの作物をつくること。また、その、ほかの作物。

【裏地】うらじ 衣服のうらにつけるぬの。

【裏手】うらて うら口のほう。うしろのほう。例 裏手にまわる。

【裏庭】うらにわ 家の裏がわにある庭。例 裏庭に通じる木戸。

【裏話】うらばなし 世の中には知られていない、かくされた話。例 事件の裏話。

【裏腹】うらはら じっさいのことやほんとうの気もちとぎゃくであること。あべこべ。

【裏町】うらまち 表通りのうらにある町。

【裏目】うらめ ①さいころで、ある目のうらにあたる目。②期待したのと反対の結果。例 裏目にでる(=よくない結果になる)。

【裏をかく】うらをかく 句 あいてが考えたことと反対のことをしてあいてをだしぬく。

【裏面】りめん ①うらがわの面。②おもてにあらわれていない部分。また、あまり人に知られていない部分。例 社会の裏面。対 ①②表面

下につく熟語 内裏・*屋根裏

ネ－8画

【褐】 13画 常用

〈褐〉明朝

音 カツ 訓 —

意味 黒ずんだ茶色。「褐色」

衣－8画

【裳】 14画 人名

〈裳〉明朝

音 ショウ 訓 も・もすそ

意味 下半身につける、長いスカートのような服。▽上半身につける「衣」に対

裳

6画

こたえ 貸。(貝＋代)。

していう。「衣▽裳」

参考 ふつう「装」に書きかえる。「衣▽裳→衣装」

衤－8画

【裾】 13画 常用

〈裾〉明朝 音 ― 訓 すそ

なりたち 形声 居と衣(ころも)を合わせた字。居は「しりを落ち着ける」→「下の方に下がる」というイメージがある。下にたれ下がる衣の「すそ」をあらわした。→古189 →居322

意味 **❶すそ。衣服の下にたれた部分。❷もののはし。**「▽裾野・山▽裾」

名まえで使う読み すそ

【▽裾野】すその 山のふもとに広がった野原。例 富士山の裾野。

衣－8画

【製】 14画 5年

〈製〉明朝 音 セイ 訓 ―

製 製

「制」は「刂」を下げないで書くと、「衣」と組みやすい。11・14画めを長く。

なりたち 形声 制(ほどよく切る)と衣を合わせた字。ぬのをほどよくたち切って着物をしたてるようすを図にして、材料をととのえて、物をつくることをあらわした。→制136

意味 **品物をつくる。**「製造・作製」

名まえで使う読み せい・のり

【製塩】せいえん 塩をつくること。

【製▽菓】せいか おかしをつくること。

【製材】せいざい 山から切り出した木を角材や板にすること。例 製材所。

【製作】せいさく 機械や道具など、品物をつくること。例 新しい機械を製作する。

1【製糸】せいし ①糸をつくること。②まゆから生糸をとること。

2【製紙】せいし 紙をつくること。

【製図】せいず じょうぎやコンパスなどをつかって、設計図などをかくこと。

【製造】せいぞう 商品として売るためのものをつくること。例 自動車を製造する。

【製鉄】せいてつ 鉄をつくること。例 製鉄工場。

【製糖】せいとう サトウキビやテンサイから、さとうをつくること。例 製糖業。

【製氷】せいひょう 氷をつくること。例 製氷器。

使い分け せいさく 製作・制作

【製作】品物をつくること。例 プラモデルの製作。

【制作】絵や彫刻など芸術作品をつくること。例 油絵を制作中だ。

参考 テレビ番組では「制作」をつかうことが多い。

【製品】せいひん 売るためにつくった品物。商品。例 新製品。／紙製品。

【製粉】せいふん 小麦などの穀物を、こなにすること。

【製法】せいほう つくり方。例 むかしながらの製法。

【製本】せいほん 紙や印刷物をとじて、本にすること。例 作文を製本して文集をつくる。

【製薬】せいやく くすりをつくること。

【製油】せいゆ ①植物の実や動物の油をとること。②原油からガソリンや灯油などの石油製品をつくること。例 製油所。

【製▽錬】せいれん 鉱石から金属をとりだすこと。

下につく熟語 官製・▽謹製・再製・自家製・私製・精

製・粗製・調製・手製・特製・複製

衤－8画

【裸】

13画 常用 〔裸〕明朝 音ラ 訓はだか

なりたち 形声 果(まるい)と衤(＝衣)を合わせた字。着物をぬいで、まるみのあるからだをむきだしにするようすをあらわした。

→果586

意味 はだか。はだかになる。「裸体」

難しい読み 裸一貫・裸足

【裸一貫】はだかいっかん 自分のからだよりほかに、何ももっていないこと。例 裸一貫から大金もちになる。

【裸馬】はだかうま くらをつけていない馬。

【裸足】はだし 足にはきものをはいていないこと。

【裸眼】らがん めがねやコンタクトレンズをつかわないで、ものを見るときの目。

【裸子植物】らししょくぶつ たねになる部分が、子房につつまれていない植物。松、イチョウなど。対 被子植物

【裸身】らしん 「裸体」と同じ。

【裸像】らぞう 彫刻などで、はだかの人の像。

【裸体】らたい はだかのからだ。裸身。

下につく熟語 赤裸・裸・全裸・半裸・丸裸

衤－9画

【複】

14画 5年 〔複〕明朝 音フク 訓—

「日」の縦画は真下に、13画めの横画を「日」の横はばとほぼ同じにすると整う。

1	2	3	4	5	6	7	8
丶	㇇	衤	衤	衤	衤	衤	衤

9	10	11	12	13	14
衤	衤	衤	複	複	複

なりたち 形声 复(かさなる)と衤(＝衣)を合わせた字。衣のぬのを二重にかさねるようすを図にして、二重になることをあらわした。→復381

意味 ❶かさなる。「複雑」対単 ❷二つ。二つ以上。「複数」対単 ❸もう一度する。「複写」

注意 「復」「腹」とまちがえないこと。

【複眼】ふくがん 小さな目がたくさんあつまって一つの目のようになっているもの。対 単眼

【複合】ふくごう 二つ以上のものが合わさって、一つになること。また、一つにすること。例 いくつかの要素が複合しておきたできごと。

【複合語】ふくごうご 二つ以上のことばが合わさって、べつの一つのことばになったもの。たとえば、「正反対」「見回る」「水力発電」など。

【複雑】ふくざつ こみいっていること。例 複雑な事情がある。／複雑な機能。対 単純

【複式】ふくしき 二つ、または二つ以上からできている方式。例 複式火山。

【複写】ふくしゃ ①写真や文書などを、機械でそのとおりにうつすこと。例 複写機。②同じものを同時に二まい以上うつしとること。

【複数】ふくすう 二つ以上の数。対 単数

【複製】ふくせい ある作品と同じようなものをつくること。また、その作品。例 複製画。

【複線】ふくせん 汽車や電車の上りと下りの線路が、べつべつにしかれているもの。対 単線

【複複線】ふくふくせん 複線が、二列ならんでいる線路。参考 ふつう「複々線」と書く。

【複文】ふくぶん 主語と述語の関係が二つ以上あって、その一方が他方にしたがう組み立てになっている文。対 単文・重文

【複葉】ふくよう ①小さい葉がいくつかあつまって一つの葉となっているもの。フジ・トチノキなどの葉。②飛行機の主翼が二重になっているもの。対 ①②単葉

【複利】ふくり あるきまった期間ごとに利息を計算し、それを元金にくり入れて、次の期間には、その全体を元金としてそれに利息がつくようにする計算の方法。

下につく熟語 重複(じゅう・ふく・ちょう・ふく)

漢字クイズ 「石」と「皮」がぶつかりました。どうなったでしょう。

衣－9画

【褒】15画 常用 〔褒〕明朝 音 ホウ 訓 ほめる

なりたち 形声 保（外からつつむ）と衣を合わせた字。ゆったりとからだをつつむ大きな衣をあらわした。のち、大げさにかざりたてほめるいみにもちいた。→保81

意味 ほめたたえる。「褒美・褒賞」

1【褒章】ほうしょう りっぱなおこないをした人に、国家があたえる記章。例 紫綬褒章。

2【褒賞】ほうしょう たたえること。また、ほめてあたえるほうび。

【褒美】ほうび おこないをほめて、あたえるお金や品物。

【壊】16画 土部13画 →245ページ

【懐】16画 忄部13画 →481ページ

衤－13画

【襖】18画 人名 〔襖〕明朝 音 オウ 訓 ふすま

意味 ❶着物の中に綿を入れた、防寒用の和服。❷へやをしきるため、木のほねぐみに紙やぬのをはってつくった戸。ふすま。

衤－13画

【襟】18画 常用 〔襟〕明朝 音 キン 訓 えり

なりたち 形声 禁（ふさぐ）と衤（＝衣）を合わせた字。むなもとをふさぐ衣のえりをあらわした。→禁797

意味 衣服の、えり。「開襟シャツ」

【襟足】えりあし 首の後ろの、かみのはえぎわ。

【襟首】えりくび 首のうしろの部分。首すじ。

【襟元】えりもと 衣服のえりのあたり。また、えりがあたる首のあたり。

【襟を正す】えりをただす 句 態度をきちんとして、気もちを引きしめる。例 襟を正して話を聞く。参考 衣服のみだれをととのえるといういみから。

下につく熟語 *胸襟・詰め襟

衣－16画

【襲】22画 常用 〔襲〕明朝 音 シュウ 訓 おそう

意味 ❶おそう。「襲撃」❷うけつぐ。「襲名」

【襲撃】しゅうげき 敵におそいかかること。例 敵の襲撃にそなえる。

【襲名】しゅうめい 親や師の名をうけつぐこと。例 襲名披露。／二代目を襲名する。

【襲来】しゅうらい おそってくること。例 台風の襲来。

下につく熟語 空襲・世襲・*因襲・奇襲・逆襲・急襲・踏襲・来襲

漢字博士になろう！

形の「思いちがい」が多い漢字

自分では正しく書いたつもりなのに、書き取りのテストで×印がついていたけいけんはありませんか。

漢字の形は、一度まちがえておぼえてしまうと、なかなか直しにくいものです。

次にあげる漢字は、形の書きあやまりの多いものです。あなたも、このミスのような思いちがいをしていないか、一字一字、じっくりたしかめてみましょう。（◯）の部分に注意!!

(誤った形)	(誤った形)	(誤った形)	(誤った形)	(誤った形)	(誤った形)	(誤った形)	(誤った形)
↓	↓	↓	↓	↓	↓	↓	↓
国	災	貿	示	分	念	易	均

(誤った形)	(誤った形)	(誤った形)	(誤った形)	(誤った形)	(誤った形)	(誤った形)	(誤った形)
↓	↓	↓	↓	↓	↓	↓	↓
寒	祖	冊	承	羊	当	勝	券

6画 西・覀 にし おおいかんむり

なりたち

おおいをかぶせるようすをあらわす。「覀」のほか、「西」「覀」など、形のにたものをあつめる。

この部首の字

0画 西 933
3画 要 933
12画 覆 934
13画 覇 935

ほかの部首の字

価→亻部 74
栗→木部 600
票→示部 796

【西】 西－0画

6画 2年 〔西〕明朝

音 セイ・サイ
訓 にし

※上にくる音により「ザイ」ともよむ。

両はしの縦画は下せばめにして、下を少し出す。4画めははらい、5画めは曲がり。

一 丆 丙 襾 西 西

なりたち 象形

ざるのすがたをえがいた字。ざるで水をすくうとながれでてしまうことから、日の光がきえていく方角の「にし」をあらわした。

意味 ❶方角の、にし。「西▼暦・関西」 対 東 ❷西洋のこと。「西経・▼泰西」

難しい読み 西国(さいごく・さいこく)・西域(せいいき・さいいき)

【西国】さいこく/さいごく ①西のほうの国。②京都より西のほうの国。中国・四国・九州地方。とくに九州。対 東国

【西▽瓜】すいか ウリ科の植物。つるは地上をはう。夏、大きな丸い実をむすぶ。赤色または黄色の果肉は水分が多く、あまい。

【西域】せいいき 西の地域。参考 ㋐「さいいき」とも読む。㋑中国から見て西の地域のいみから、中央アジアのこと。

【西▼欧】せいおう ①西ヨーロッパのこと。ドイツ・フランス・イギリスなど。②「西洋」と同じ。

【西経】せいけい イギリスのもとのグリニッジ天文台があった場所を通る子午線を〇度として、西のほうにかぞえていく経度。対 東経

【西高東低】せいこうとうてい 日本ふきんの冬の気圧のようすで、西のほうの大陸に高気圧、東のほうの海洋に低気圧があること。

【西方】せいほう 西の方角。対 東方

【西洋】せいよう ヨーロッパやアメリカの国々をさすことば。対 東洋

【西▼暦】せいれき キリストが生まれたとされる年を元年としてかぞえる、西洋のこよみ。西紀。

【西半球】にしはんきゅう 地球を東と西とに分けたときの西がわの半分。対 東半球

【西日】にしび 西にかたむいた太陽の光。

【価】8画 亻部6画 ↓ 74ページ

【要】 覀－3画

9画 4年 〔要〕明朝

音 ヨウ
訓 かなめ・いる*

4・5画めは縦画で書く。「女」の横画を一番長くして上部を支える。

一 丆 丙 襾 襾 覀 要 要 要

なりたち 会意

両手でこしをしめつけている形と、女を合わせた字。女の人がこしをしめつけて細くするようすを図にして、からだのかなめとなる「こし」をあらわした。

意味 ❶だいじなところ。かなめ。「要約」 ❷もとめる。「要求」 ❸いる。ひつよう。「▼需要」

名まえで使う読み かなめ・とし・め・もとむ・やす・よう

【要因】よういん ものごとをなり立たせてい

西・襾の部 12画 覆

る、一つ一つのこと。また、おもな原因。例 事件にはいろいろな要因がからんでいる。

【要員】よういん あることをするのにひつような人。例 作業要員。／代打要員。

【要害】ようがい ①地勢がけわしくて、敵をふせぐのにてきした場所。例 要害の地。②とりで。

【要求】ようきゅう 強くもとめること。例 賃上げを要求する。

【要件】ようけん ①たいせつな用事。②ひつような条件。例 入学するための要件をみたす。参考 ①は、「用件」とも書く。

【要▼項】ようこう ひつようで、たいせつなことがら。また、それを書いたもの。例 入学要項。

【要▼綱】ようこう たいせつなことがらをみじかくまとめたもの。例 計画の要綱を提出する。

【要▼塞】ようさい 敵のこうげきをふせぐために、大砲などをそなえつけた施設。

【要▼旨】ようし 文章や話のたいせつなところ。また、だいたいの内容。例 論説文の要旨。

【要式】ようしき きまったやり方。例 書類の要式。使い分け ようしき「様式・洋式・要式」→（612ページ）

【要所】ようしょ だいじなところ。例 警備の要所をかためる。

【要▼衝】ようしょう 交通や軍事などの上で、とてもたいせつな場所。例 東西を結ぶ交通の要衝。

【要職】ようしょく たいせつな役目。例 会社の要職につく。

【要人】ようじん たいせつな地位にいる人。例 要人を警護する。

【要▼請】ようせい ねがいでて、たのむこと。例 協力を要請する。

【要素】ようそ あるものごとをなりたたせる、おおもとの一つ一つのものやことがら。例 食事は健康をたもつための大切な要素です。

【要地】ようち ものごとをするのに、たいせつな土地や場所。例 交通の要地。

【要点】ようてん 中心になるたいせつなところ。例 要点をノートにまとめる。

【要望】ようぼう 強くのぞむこと。強くもとめること。例 要望にこたえる。

【要約】ようやく 話や文章などのたいせつなところを、みじかくまとめること。

【要領】ようりょう ①ものごとのたいせつなところ。例 要領をえない話。②ものごとをじょうずにおこなうやり方。こつ。例 要領をおぼえると勉強が楽しくなる。使い分け ようりょう「容量・用量・要領」→（300ページ）

【要路】ようろ ①たいせつな道路。例 交通の要路。②重要な地位。例 政界の要路。

下につく熟語 ▼概要・▼肝要・強要・重要・主要・所要・大要・▼摘要・必要・不要・法要

【栗】10画 木部6画 →600ページ

【票】11画 示部6画 →796ページ

襾－12画

【覆】18画 常用 〔覆〕明朝

音 フク

訓 おおう・くつがえす・くつがえる

なりたち 形声 復(フク)(かさなる)と襾(かぶせるしるし)を合わせた字。上からおおいかぶさって、下のものにかさなるようすをあらわした。→復381

意味 ❶おおう。「▼覆面」 ❷ひっくりかえる。くつがえる。「転▼覆」

故事成語 【▼覆水▼盆に返らず】ふくすいぼんにかえらず 離婚した夫婦は、二度ともとどおりになれないというたとえ。また、一度やってしまったことは、もうとりかえしがつかないというたとえ。参考 「盆」は、水などの入れもののこと。「覆水」は、ひっくりかえった盆からこぼれた水のこと。

覆水盆に返らず

【▼覆面】ふくめん 顔をおおいかくすこと。また、顔をおおうもの。

下につく熟語 転▼覆・＊反▼覆

覀－13画

【覇】

19画 常用 〈覇〉明朝

音 ハ
訓 —

なりたち 会意 ふるい字は「霸」。革（ぴんとはる）と雨（空のようす）と月（つき）を合わせた字。ぴんとはった月の弦が白くなることをあらわした。のち、白い部分がだんだんとふえるようすから、力でだんだんとかついみにもちいた。

意味 力でかつ。力でかった人。「連覇・制覇」

【覇気】はき ①自分からすすんで、ものごとをやりとげようとする気もち。意気ごみ。例君には覇気がない。②すぐれたものになろうとする気もち。野心。

【覇業】はぎょう 覇者としての事業。偉業。

【覇権】はけん すべてのものをうちやぶってえた権力。また、めいよ。

【覇者】はしゃ ①競技などで優勝した人。②武力で天下をとった人。

【覇道】はどう 武力や権力によって、力ずくで天下をおさめる政治のやり方。

下につく熟語 制覇・連覇

覇権

瓜の部

6画

瓜（瓜）うり

なりたち 瓜

つるにさがっているうりの形。うりの種類に関係した字をあつめる。もとは「瓜」（五画）で書く。

この部首の字 0画 瓜 935 11画 瓢 935

ほかの部首の字 弧→弓部 367

瓜－0画

【瓜】

6画 人名 〈瓜〉明朝

音 カ
訓 うり

意味 植物の、ウリ。またその実。「瓜二つ・苦瓜」

名まえで使う読み うり

故事成語 【瓜田に履を納れず】かでんにくつをいれず 人からうたがわれるような、まぎらわしいことはしないほうがよい、というたとえ。参考 ウリ畑の中で、かがんでくつをはきなおすと、人からウリをぬすむように見られるということいみから。

【弧】9画 弓部6画 → 367ページ

瓜－11画

【瓢】

17画 人名 〈瓢〉明朝

音 ヒョウ
訓 ひさご

意味 ひさご。ひょうたん。「瓢箪」

名まえで使う読み ひさご

【瓢箪】ひょうたん ウリの一種。まん中がくびれた実をつける。実は、中身をとりさって酒などを入れる容器にする。

瓢箪

ミニ知識 十二支の動物名がついたことば 「丑寅」は北東，「辰巳」は東南の方角をさします。

見(みる)の部

0画 見

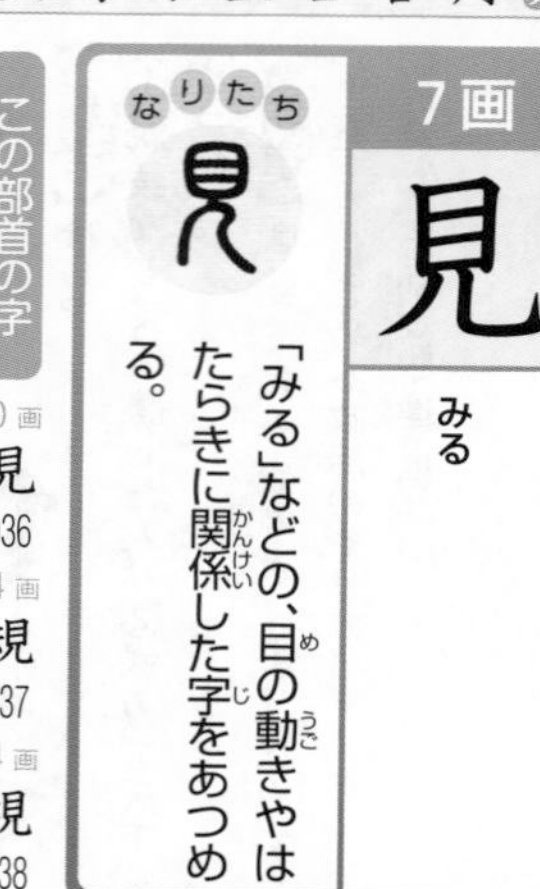

7画 **見** みる

「みる」などの、目の動きやはたらきに関係した字をあつめる。

この部首の字

0画 見 936　4画 規 937　4画 視 938　5画 覚 938　7画 視 938　9画 親 939　10画 覧 940　11画 観 940　15画 覽 940

ほかの部首の字

現→王部 731　寛→宀部 304

見－0画

【見】

7画 1年 〔見〕明朝

音 ケン
訓 みる・みえる・みせる

「目」の縦画は真下、横画の間は等しく。「儿」を横広に。7画めは曲げてはねる。

なりたち 会意 見

目と儿(人)を合わせた字。目立つものを人が目にとめること。また、目立って見えることから、「あらわれる」のいみになった。

見のつく漢字グループ

「見」のグループは「はっきり見える」というイメージがある。→見936 →現731 →蜆916

意味 ❶みる。みえる。「見学」 ❷人に会う。「会見」 ❸あらわれる。「▼露見」 ❹考え。「意見」

名まえで使う読み あき・あきら・けん・ちか・み・みる

【見解】けんかい ものの見方や考え方。例 見解の相違。

【見学】けんがく 工場・会社などを、じっさいに見て勉強すること。例 工場を見学する。

【見識】けんしき ものごとをよく理解し、それによって判断する力。りっぱな意見。例 見識のある人。

【見地】けんち ものをかんさつしたり、考えたりするときのもとになる立場。見方。例 教育的な見地から意見をのべる。

【見当】けんとう ①みこみ。めあて。例 将来の見当がつかない。②だいたいの方向。例 駅はこの見当です。③だいたいの数や量をあらわすことば。例 五〇〇円見当の品物。

【見物】一けんぶつ ものを見ること。とくに、楽しみのために、しばいやけしきなどを見ること。例 しばい見物。二みもの 見るねうちのあるもの。例 このとりくみは見物だ。

【見聞】けんぶん じっさいに見たり聞いたりすること。また、そうしてえた知識。例 見聞を広める。

【見料】けんりょう ①見物する料金。②手相・

使い分け みる 見る・観る・看る・診る

【見る】視覚をはたらかせてとらえる。例 おしべとめしべのちがいをよく見る。／夢を見る。

【観る】見物する。あじわって楽しむ。例 野球の試合を観る。

【看る】そばにいてよくせわをする。看護する。例 看護師が夜中に入院かん者を看る。／つきっきりで祖母を看る。

【診る】病気の状態をしらべる。例 医者がかん者を診る。／かん者の脈を診る。

7画

社の祭礼)」は，幸福や富をかきよせるというえんぎをかついで，熊手が売られます。

人相・運勢などを見てもらったときにはらう料金。

1【見栄】みえ　じっさい以上によく見せようとして、うわべをかざること。例見栄をはる。／見栄をすてる。

2【見得】みえ　歌舞伎で役者がわざと目立った動作や表情をして、いっしゅん動きを止める演技。例見得をきる。

【見栄を張る】みえをはる　句自分をよく見せようとして、うわべをかざる。参考「見栄」は、人の目を気にして、ていさいをとりつくろうこと。

【見事】みごと　①うつくしくて、りっぱである。例見事な花束。②じょうずで、あざやかである。例見事にやってのける。③完全である。すっかり。例見事にしっぱいした。

【見境】みさかい　くべつ。見分け。例前後の見境なく、あばれ回る。

【見所】みどころ　①見るねうちのあるところ。例この劇の見所はおわりの部分にある。②将来のみこみ。例見所のある人。

【見本】みほん　①買う人に、売る品物がどんなものかを知ってもらうために見せる品物。②手本。模範。

【見目】みめ　①外から見たようす。②顔だち。例見目のよい少女。／見目形(＝顔かたちと、すがた)。

下につく熟語 一見・*引見・▼謁見・外見・風見・形見・*▼愚見・*後見・*散見・私見・下見・所見・姿見・政見・先見・▼卓見・*達見・月見・*定見・拝見・発見・花見・▼偏見・雪見・予見

見－4画

【規】

11画　5年

〈規〉明朝　音キ　訓―

規　規

1・2画めは2画めを長く、4画めを点にして止め、「夫」の右側をそろえる。

1	2	3	4	5	6	7	8	9	10	11
一	ニ	キ	夫	夫	知	知	知	規	規	規

なりたち 会意 矢(まっすぐな棒)がかわった夫と見(すがたがあらわれる)を合わせた字。まっすぐな棒を利用して、まるい形をあらわし出すようす。円をかくコンパスをあらわした。

意味 ❶コンパス。じょうぎ。「定規」❷基準になるきまり。「規則」❸正しくする。「規正」

名まえで使う読み き・ただ・ただし・ちか・なり・のり・み・もと

【規格】きかく　品物の形・寸法・質などについてのきまり。例電池の規格。／日本工業規格。

【規格化】きかくか　①品物・部品などを、きめられた形や寸法などに合わせ、同じようにすること。例規格化された部品。②わくにあてはめ、それぞれのちがいをなくすこと。例行動が規格化される。

【規準】きじゅん　手本・標準となるもの。

使い分け きじゅん「基準・規準」→(236ページ)

1【規正】きせい　よくないところを、きまりによって正しくなおすこと。例政治資金規正法。

2【規制】きせい　きまりにしたがって、制限すること。例交通規制。／規制緩和。

【規則】きそく　きまり。例規則にしたがう。

【規則的】きそくてき　一定のきまりにしたがっているようす。例規則的なもよう。／規則的な生活。

1【規定】きてい　①きまり。規則。②あいまいなものを、はっきりとさだめること。

2【規程】きてい　きまり。とくに、役所の中で、仕事や手続きのしかたなどをきめたもの。

【規▼範】きはん　①ものごとの手本となるようなきまり。例行動の規範。②手本。模範。

【規模】きぼ　もののしくみの大きさ。例規模の大きな工場。

【規約】きやく　みんなで相談してきめたきまり。例児童会の規約をつくる。

【規律】きりつ　生活するうえでまもらなければならないきまり。例規律正しい生活。

下につく熟語 新規・正規・*内規・法規

ミニ知識 十二支の動物名がついたことば　「酉の市(＝毎年11月の酉の日におこなわれる鷲神

見－4画

【視】

11画 6年

見－5画 〔視〕 12画 人名 〈視〉明朝

音 シ
訓 み*る

「ネ」の右側はそろえる。「目」は、2画めの折った角の部分よりも下げない。

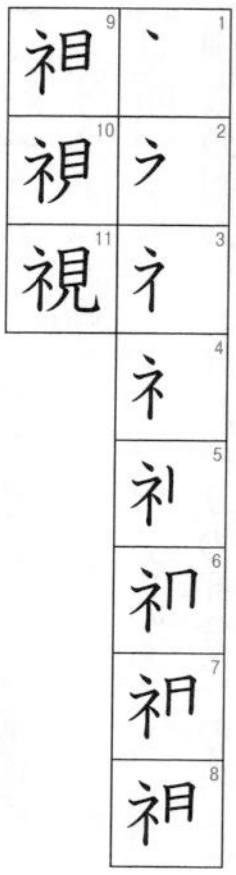

なりたち 形声 もとの字は「視」。示（まっすぐ）と見を合わせた字。まっすぐに目をむけて見ることをあらわした。→示791

意味 ❶みる。よくみる。「重視・敵視」「視察・視線・軽視」 ❷…とみなす。

注意 部首を「ネ」とまちがえないこと。

名まえで使う読み し・のり・み・みる・よし

【視界】しかい 目で見わたせるはんい。視野。例 雨の日は視界がわるい。

【視覚】しかく 目でものを見る感覚。五感の一つ。

【視察】しさつ その場に行って、こまかくしらべること。例 総理大臣が水害をうけた地方を視察する。

【視線】しせん ものを見る目の方向。目のむき。例 視線をそらす。

【視▼聴】しちょう 見ることと、聞くこと。

【視▼聴覚】しちょうかく 視覚と聴覚。目で見、耳で聞く感覚。

【視▼聴覚教育】しちょうかくきょういく テレビ・映画・CDなど、目で見たり耳で聞いたりするものをつかっておこなう教育。

【視▼聴率】しちょうりつ テレビの番組が、どのくらい見たり聞いたりされているかをあらわすわりあい。

【視点】してん ものを見たり判断したりするときの、立場や考え方。例 視点をかえて考える。

【視野】しや ①目で見ることのできるはんい。視界。例 視野いっぱいに海が広がる。②ものごとを見たり考えたりするはんい。例 広い視野。

【視力】しりょく 目でものを見る力。例 視力検査。

下につく熟語 遠視・▼監視・▼凝視・近視・座視・熟視・▼巡視・正視・注視・直視・▼透視・度外視・白眼視・無視・乱視

【現】11画 王部7画→731ページ

見－5画

【覚】

12画 4年 〈覚〉明朝

音 カク
訓 おぼえる・さます・さめる

上部は左から順に「ツ」と書く。「冖」は「目」よりも横広にする。

なりたち 形声 覺－覺（覚） もとの字は「覺」。學（＝学）をりゃくした𦥯と見（ものが見える）を合わせた字。学ぶとは、先生と生徒がまじわることなので、學は、×形に交差するというイメージをもつ。覺は、くらいいしきが明るいいしきとまじわって、ものが見えるようになる、つまり「さめる」ことをあらわした。→学284

意味 ❶感じる。おぼえる。「感覚」 ❷はっきりわかる。「覚悟」 ❸あらわれる。「発覚」 ❹目がさめる。「覚▼醒」

名まえで使う読み あき・あきら・かく・さだ・さと・さとし・さとる・ただ・ただし・よし

【覚悟】かくご ①さとって、心をきめること。例 死ぬ覚悟。②強く決心すること。例 最後までやりとおす覚悟です。

【覚▼醒】かくせい ①ねむりからさめること。②まよいからさめて自分のまちがいに気づくこと。例 覚醒をうながす。

下につく熟語 ▼幻覚・才覚・▼錯覚・視覚・自覚・▼臭

または午後11時から午前1時までの間をいいます。

覚・▼触覚・＊先覚・知覚・▼聴覚・不覚・味覚

【寛】13画 宀部10画→304ページ

見－9画

【親】16画

2年

〔親〕明朝

音 シン
訓 おや・したしい・したしむ

5・6画めは6画めが長くても、7画めははねてもよい。「亲」の右側をそろえる。

なりたち 形声 親－親

亲（はだにじかに接する）と見（みる）を合わせた字。いつも身近に見てしたしいこと、また、身近に接する人をあらわした。→辛1006

意味 ❶おや。「両親」(対)子 ❷みうち。「親類」 ❸したしい。したしむ。「親友・親善」 ❹自分でじかに。「親書・親展」

名まえで使う読み いたる・しん・ちか・ちかし・なる・み・みる・もと・よしみ・より

【親方】おやかた ①職人などのかしら。②すもうで、へやをもって弟子をそだてる人。年寄のこと。

【親子】おやこ ①親と子。②もとになるものと、それから分かれ出たもの。例 親子電話。

【親孝行】おやこうこう 親をたいせつにすること。また、そのような人。例 親孝行したいときに親はなし（＝死んでいない）。(対)親不幸

【親心】おやごころ 子どものことを思う親の気もち。例 けがのないようにねがう親心。

【親潮】おやしお 北海道の南がわから、東北地方の海岸をながれる寒流。千島海流。

【親の心子知らず】おやのこころこしらず 句 親がいっしょうけんめいに子どものことを心配しているのも知らないで、子どもはかってなことをするものだ。

【親の光は七光】おやのひかりはななひかり 句 親の地位や名声が大きいと、子がいろいろとくをすること。

【親不孝】おやふこう 親をたいせつにしなかったり、親にめいわくや心配をかけたりすること。また、その人。(対)親孝行

【親元】おやもと 親がすんでいるところ。親の家。例 親元をはなれてくらす。

【親指】おやゆび 手足の指で、内がわにあるいちばん太い指。

【親愛】しんあい したしみ愛すること。例 親愛の情をいだく。

【親衛隊】しんえいたい ①国王や元首などのそばにつきそって、まもる部隊。②芸能人などの熱心なファンのグループ。

【親近感】しんきんかん したしみを感じる気もち。例 親近感をもつ。

【親権】しんけん 親が未成年の子どもを教育したり保護したりする、権利と義務。

【親交】しんこう したしいつきあい。例 両国の親交をふかめる。

【親告】しんこく ①自分自身でつげること。②被害者本人がうったえること。

【親書】しんしょ 天皇・元首など身分の高い人が、自分自身で書いた手紙。

【親▼戚】しんせき 親類。

【親切】しんせつ 思いやりのふかいこと。例 友だちに親切にする。

【親善】しんぜん たがいに理解をふかめ、なかよくすること。例 国際親善。

【親族】しんぞく 血のつながりや、結婚などによってむすばれている人たち。

【親展】しんてん かならずあて名の人が自分でひらいて読むように、といういみで、手紙のあて名のわきに書くことば。

【親日家】しんにちか 日本をよく知り、日本にしたしみをもっている外国人。

【親王】しんのう 天皇の、男の子またはまご。(対)内親王

【親▼睦】しんぼく うちとけて、なかよくすること。例 会員間の親睦をはかる。

【親身】しんみ 肉親にたいするように、親切なようす。例 親身にせわをする。

【親密】しんみつ ひじょうになかがよく、した

ミニ知識 十二支の動物名がついたことば 「子の刻」は、むかしの時刻の名で、今の午前0時、

しいこと。例 親密な間がら。対 疎遠

【親友】しんゆう ひじょうにしたしい友だち。

【親類】しんるい 血すじのつながった人たち。親戚。身うち。

下につく熟語 片親・近親・▼懇親・里親・＊父親・肉親・母親・＊和親

見－10画

【覧】

17画 6年

見－15画 【覽】 22画 人名 〈覧〉明朝

音 ラン
訓 ―

「臣」と8～10画めの部分の間が字の中心で、「見」の中心をそれに合わせる。

なりたち 形声 覽－覽(覧)

もとの字は「覽」。監（上から下を見おろす。わくの中におさめる）と見（みる）を合わせた字。わくの中におさめられた全体を、高いところから見わたすようすをあらわした。→監767

意味 みる。みわたす。「回覧・一覧」

名まえで使う読み かた・ただ・み・みる・らん

下につく熟語 ▼閲覧・観覧・縦覧・総覧・＊展覧・内覧・＊博覧・便覧（びん・べん・らん）・遊覧・＊要覧

見－11画

【観】

18画 4年 〈観〉明朝

音 カン
訓 ＊みる

3画めを左に出し「隹」の右側をそろえる。「見」の書き始めは2画めの右側が目安。

なりたち 形声 雚－觀(観)

もとの字は「觀」。雚と見を合わせた字。雚は、艹（二つの頭）と吅（二つの口）と隹（とり）を合わせたもの。鳥のおすとめすが口をそろえて鳴くようすを図にして、いっしょに合わせそろえるというイメージをもつ。觀は、ものごとの全体を合わせそろえて見わたすことをあらわした。

雚のつく漢字グループ
「雚」のグループは「左右にそろう」「いっしょに合わせそろえる」というイメージがある。常用漢字では「隺」になる。
→勧153 →権613 →歓622 →観940

意味 ❶みる。「観客・観察」 ❷すがた。ありさま。「景観」「人生観」 ❸ものの見方。

難しい読み 観音

使い分け みる「見る・観る・看る・診る」→936ページ

名まえで使う読み あき・かん・しめす・み・みる

【観客】かんきゃく 映画・劇・スポーツなどを見る人。見物人。

【観劇】かんげき しばいを見ること。例 観劇会。

【観光】かんこう うつくしいけしきや、その土地の名所などを見て回ること。例 観光旅行。

【観察】かんさつ よく気をつけて見ること。また、自然のままのようすやなりゆきを、よく見てしらべること。例 野生の生き物を観察する。

【観衆】かんしゅう スポーツ・劇などを見ている、たくさんの人々。例 満員の観衆。

【観賞】かんしょう 草花や熱帯魚などのうつくしいものを見て楽しむこと。例 観賞用に栽培する。使い分け かんしょう「鑑賞・観賞」→1034ページ

【観戦】かんせん 試合やたたかいのようすを見ること。例 野球を観戦する。

から２時半のこと。つまり，真夜中，深夜をいみしました。

使い分け かんさつ　観察・監察

【観察】 自然のままのようすをくわしく見ること。例 アサガオの観察。

【監察】 きまりどおりにおこなわれているかをしらべて、とりしまること。例 警察官をかんとくする監察官。

【観測】 かんそく ①天文や気象のうつりかわりを、くわしくしらべること。例 流星群を観測する。②ものごとのなりゆきをおしはかること。例 希望的観測。

【観点】 かんてん ものを見たり、考えたりするときに、その人のとる立場。見地。例 いろいろな人の観点に立って考える。

【観念】 かんねん ①かくごしてあきらめること。例 もうだめだと観念する。②ものごとについて、頭の中にえがいている考え。例 善悪の観念をもつ。

【観念的】 かんねんてき 現実ばなれしていて、頭の中だけでの考えであるようす。例 観念的な話で心に響かない。

【観音】 かんのん 仏教で、人々のくるしみをすくってくれる、なさけぶかいぼさつ。観音ぼさつ。例 千手観音。参考「観世音」「観世音ぼさつ」ともいう。

【観覧】 かんらん 見物すること。例 観覧は無料です。／観覧席。

上につく熟語 *観桜・*観▼菊・*観梅

下につく熟語 ▼偉観・外観・▼概観・▼奇観・客観・参観・主観・静観・*世界観・先入観・▼壮観・達観・直観・拝観・悲観・美観・▼傍観・楽観

7画 角 つの かく つのへん

なりたち

「つの」の状態や形、また、「つの」でつくった製品などに関係した字をあつめる。

この部首の字

0画 角 941
6画 解 942
6画 触 943

角－0画

【角】

7画 2年 〔角〕明朝

音 カク
訓 かど・つの

※上にくる音により「ガク」ともよむ。

字形は縦長。3画めは真下に長く引いてからはらう。4画めは折ってから真下に。

なりたち 象形 動物のつのをえがいた字。

意味 ❶つの。「▼触角・角笛」❷かど。すみ。「三角形」❸角度。「▼鋭角」❹すもう。「角界（かく・かっかい）」

名まえで使う読み かく・かど・すみ・つぬ・つの・ふさ・み

【角界】 かくかい／かっかい すもうの世界。

角 つの・かく・つのへん の部 6画 解

【角材】かくざい 切り口の四角な材木。

【角質】かくしつ つめ・角・ひずめ・毛・羽などをつくっている物質。ケラチンというたんぱく質でできている。

【角▽錐】かくすい 算数で、底辺が多角形で先のとがっている立体。

【角柱】かくちゅう ①四角い柱。②上の面と底の面とが同じ形で、同じ大きさの多角形になっている、柱のような立体。

【角度】かくど ①二つの直線がまじわってできる、角の度数。角の大きさ。②見方。例 問題を別の角度から考えてみる。

【角▼膜】かくまく 目の玉の、前の部分をおおっている、すきとおったまく。

【角が立つ】かどがたつ 句 心がいらだち、おだやかでなくなる。例 ものも言いようで角が立つ。

【角地】かどち はじのとがった土地。

【角笛】つのぶえ 動物の角でつくった笛。

【角を▼矯めて牛を殺す】つのをためてうしをころす 句 そのものの小さな欠点をなおそうとして、かえってそのもの全体をだめにしてしまうたとえ。参考「矯める」は、わるい形を正しい形になおすいみ。牛のまがった角をまっすぐにしようとして、牛そのものをころしてしまうといういみから。

角を矯めて牛を殺す

下につく熟語 *一角・外角・*▼仰角・*口角・*広角・▼互角・*死角・*視角・*折角・頂角・直角・*頭角・▼鈍角・内角・方角・街角

角－6画

【解】 13画 5年

〔解〕明朝

音 カイ・ゲ*

訓 とく・とかす・とける

※上にくる音により「どけ」ともよむ。

「角」は縦長。「刀」を「力」に、「牛」を「午」にしない。13画めは止めてもよい。

なりたち 会意 角(つの)と牛と刀を合わせた字。刀で牛の角やからだを、ばらばらに切り分けるようすをあらわした。

意味 ❶もんだいをとく。答え。「解答」 ❷ばらばらにわける。「解散」 ❸わかる。さとる。「理解」 ❹ときほぐす。やめさせる。「解任・解約」 ❺とける。とかす。「解▼凍・▼融解」

難しい読み 解▼脱・解毒・解熱

名まえで使う読み かい・さとる・とき・ひろ

【解禁】かいきん 法律などで禁じていたことをゆるすこと。例 アユつりの解禁。

【解決】かいけつ 事件や問題などにきまりをつけること。また、きまりがつくこと。

【解決策】かいけつさく むずかしい問題などをかたづけることのできる方法。

【解▼雇】かいこ やとっている人をやめさせること。首切り。

【解散】かいさん ①あつまった人たちが、わかれること。例 五時に解散の予定です。②議員の任期が切れる前に、全員の資格をとくこと。参考 参議院には解散がない。

【解▼釈】かいしゃく ものごとやことばのいみ・内容を、考えてはっきりさせること。例 先生のことばをよいいみに解釈する。

【解除】かいじょ それまで、さしとめたり制限していたことをやめて、もとどおりにすること。例 大雨警報が解除された。

【解消】かいしょう 今までの約束や関係がなくなること、なくすこと。例 契約を解消する。

【解職】かいしょく それまでの仕事や役目をやめさせること。解任。

【解▼析】かいせき ことがらをこまかく分けて、しらべること。例 統計を解析する。

【解説】かいせつ 問題やできごとをわかりやすく説明すること。また、その説明。例 ニュース解説。

【解体】かいたい ①ばらばらにすること。②「解剖」と同じ。例 古くなった建物を解体する。

いみするので，地球の南北をむすぶ，「経線」のことになります。

参考 ②は古い言い方。

1【解▼凍】かいとう 冷凍食品などをとかして、もとにもどすこと。対冷凍

2【解答】かいとう 問題をといて答えること。また、その答え。対問題

使い分け かいとう 解答・回答

【解答】問題をといてこたえを出すこと。また、そのこたえ。例解答用紙にこたえを書く。

【回答】質問にたいしてこたえること。また、そのこたえ。例図書館から回答がくる。／アンケートの回答。

参考 テレビ番組では「回答」が多くつかわれる。

【解読】かいどく 暗号やむかしの文字などをといてよむこと。

【解任】かいにん 役目をやめさせること。解職。例サッカーチームの監督を解任する。

【解放】かいほう 制限をとりのぞいて、自由にすること。例どれいを解放する。使い分け かいほう「開放・解放」↓(1040ページ)

【解▼剖】かいぼう よくしらべるために、生物のからだを切りひらくこと。解体。

【解明】かいめい わからない点を、はっきりさせること。例事件のなぞを解明する。

【解約】かいやく 約束や契約をとりけすこと。

【解▼脱】げだつ 仏教で、さまざまなまよいやくるしみなどからぬけ出し、おちついたやすらかな気もちになること。例煩悩を解脱する。

【解毒】げどく からだの中の毒をけすこと。例解毒作用。

【解熱】げねつ 病気などで上がったからだの熱を下げること。例解熱剤。

下につく熟語 曲解・見解・誤解・*詳解・図解・正解・読解・難解・氷解・不可解・分解・弁解・*明解・▼溶解・▼了解・例解・和解

角－6画

【触】

13画 常用 〔触〕明朝

音 ショク 訓 ふれる・さわる

なりたち 形声 －觸(触) もとの字は「觸」。蜀(一か所にくっつく)と角(つの)を合わせた字。つのをものにおしあててふれるようすをあらわした。↓属325

意味 ふれる。さわる。「接▼触・手▼触り」

【触手】しょくしゅ イソギンチャク・ナマコなどの口のまわりにある、ひげのようなもの。ものにさわったり、食べものをつかまえたりする。例触手をのばす(＝めあてのものを手に入れようとして、はたらきかける)。

【触▼媒】しょくばい ①化学反応で、それ自身は変化しないが、ほかの物質の反応をはやめたりおくらせたりする物質。②物事の進行などを、はやめるたすけとなるもののたとえ。

【触発】しょくはつ あるものごとがしげきとなって、気もちや行動が引きおこされること。例友だちに触発されて水泳をはじめた。

1【触角】しょっかく こん虫やエビなどにある、ひげににた、ものを感じとるための器官。

2【触覚】しょっかく ひふが、ものにふれたときにおこる感覚。

下につく熟語 感触・▼抵触

言 ごんべん・いう 言の部

0画 言

7画

言

ごんべん
いう

なりたち 「ことば」の性質や作用などのいみに関係した字をあつめる。

この部首の字

2画 訃 946	3画 討 947	4画 設 948	5画 詞 950	5画 註 951	6画 誇 952	6画 誠 954	7画 語 955	7画 説 957	8画 課 959	8画 請 961	8画 調 962	9画 謁 959	9画 諜 964
3画 記 946	4画 訛 948	4画 訪 949	5画 証 950	5画 評 951	6画 詩 952	6画 詮 954	7画 誤 956	7画 読 958	8画 誼 960	8画 諾 961	8画 誹 963	9画 諧 964	9画 諦 964
0画 言 944	3画 訓 947	4画 許 948	4画 訳 949	5画 詔 951	6画 該 952	6画 試 953	6画 誉 955	7画 誌 957	7画 認 959	8画 諄 960	8画 誰 961	8画 諒 963	9画 諺 964	9画 謀 965
2画 計 945	3画 訊 947	4画 訣 948	5画 詠 949	5画 診 951	6画 詰 952	6画 詢 954	6画 話 955	7画 誦 957	7画 誘 959	8画 諸 960	8画 誕 961	8画 論 963	9画 諮 964	9画 諭 965
2画 訂 946	3画 託 947	4画 訟 948	5画 詐 950	5画 訴 951	6画 詣 952	6画 詳 954	6画 詫 955	7画 誓 957	8画 謁 959	8画 諏 961	8画 談 961	9画 謂 964	9画 諸 960	9画 謡 965

ほかの部首の字

9画 謎 967	10画 謄 967	12画 警 968	13画 譲 970
10画 謹 965	10画 謎 967	12画 識 968	15画 讃 970
10画 謙 965	10画 謡 965	12画 譜 969	17画 讓 970
10画 講 966	11画 謹 965	13画 議 969	
10画 謝 967	11画 謬 968	13画 護 969	

信→亻部 78
獄→犭部 725

言－0画

【言】 7画 2年 〔言〕明朝

音 ゲン・ゴン
訓 いう・こと

※上にくる音により「ごと」ともよむ。

言 言

1画めは点で、2画めに接してもよい。2画めを長く、3・4画めは同じ長さに。

1 丶 2 亠 3 ⺀ 4 亖 5 言 6 言 7 言

なりたち 会意 言－言

辛(するどいはもの)と口を合わせた字。はものではっきりと切れめをつけるように、ことばをはっきりと発音していうことをあらわした。

意味 ❶ことば。「言語・名言」 ❷いう。「言論」

難しい読み 言葉・言語道断・言上

名まえで使う読み あき・あや・げん・こと・ごん・とき・とし・とも・のぶ・のり・ゆき

【言うはやすく行うは難し】いうはやすくおこなうはかたし **故事成語** 口で言うのはかんたんだが、そのことを実行するとなると、なかなかむずかしい。

【言下】げんか 言いおわったすぐあと。例 言下にうちけす。

【言外】げんがい ことばにあらわされていない部分。例 言外のいみをとらえる。

【言▼及】げんきゅう 話が、そのことにおよぶこと。例 過去の事件には言及しない。

【言語】げんご 考えや気もちを、声や文字によってあらわし、他人につたえるはたらきをもつもの。ことば。

【言行】げんこう 言うことと、すること。例 言行の不一致をせめる。

【言質】げんち のちのしょうことなる、約束のことば。例 言質をとる。

【言動】げんどう ことばとおこない。例 言動に注意する。

【言文一▼致】げんぶんいっち **四字熟語** 文章を書くとき、話しことばにちかい形で書くこと。

【言明】げんめい はっきりとのべること。明言。例 法廷で言明する。

【言論】げんろん ことばや文章で考えを発表すること。また、その発表された考え。例 言論の自由。

【言葉】ことば ①考えや気もちを声や文字にあらわしたもの。言語。②単語。また、語句。③じっさいに言った 例

す。この土用は，立秋の前の18日間で，1年のなかでもっともあつい時期です。

り書いたりする内容。例 歓迎の言葉。④ことばづかい。言い方。例 目上の人と話すときは、言葉に気をつけなさい。

【言語道断】ごんごどうだん 四字熟語 ことばでは言いあらわせないほどに、ひどいこと。もってのほか。例 言語道断のふるまい。

注意 「げんごどうだん」と読まないこと。

【言上】ごんじょう もうしあげること。例 将軍に意見を言上する。

上につく熟語 *言い付け・*言い伝え・*言い値・*言い分・*言い訳

下につく熟語 一言(いちげん・いちごん・ひとこと)・格言・過言・▼甘言・▼換言・▼狂言・極言・金言・苦言・公言・広言・小言・至言・失言・祝言・証言・助言・進言・宣言・前言・*雑言・大言・他言(たげん・たごん)・断言・忠言・伝言・▼寝言・発言・方言・暴言・無言・明言・遺言(ゆいごん・いごん)・予言・流言

言－2画

【計】

9画 2年

〔計〕明朝

音 ケイ
訓 はかる・はからう

計 計

丶 二 亠 言 言 言 言 言一 計

「言」は2画めを左に出し、右側をそろえる(全て同じ)。9画めは止めてもよい。

使い分け はかる

計る・図る・測る・量る・謀る・諮る

【計る】数・時間をかぞえる。また、考えて計画する。例 タイムを計る。/ころあいを計る。/計り知れない愛情。

【図る】考えてこころみる。くわだてる。例 解決を図る。/チームの強化を図る。

【測る】長さ・深さ・面積をしらべる。また、おしはかる。例 水深を測る。/身長を測る。

【量る】重さ・容積・分量をしらべる。また、おしはかる。例 体重を量る。

参考 「謀る」は、よくない相談をする、だます、たくらむいみ。例 暗殺を謀る。「諮る」は、上の者が下の者にたずねるいみ。例 議会に諮る。

なりたち 会意 言(ことば)と十(多くのものを一つにあつめる)とを合わせた字。多くの数やものごとを、一つに合わせたりまとめたりして、考えることをあらわした。→十160

意味 ❶かぞえる。かんじょう。「計算」 ❷考えをめぐらす。はかりごと。「計画」 ❸はかり。「温度計」

参考 ひらがな「け」のもとになった字。

名まえで使う読み かず・かずえ・けい・はかる

【計画】けいかく 前もって予定を立てること。また、その予定。例 夏休みの計画を立てる。

【計画的】けいかくてき あらかじめきちんと予定がたててあるようす。例 計画的な犯罪。/計画的に宿題をする。

【計器】けいき ものの長さ・重さ・分量・はやさなどをはかるきかい。メーター。

【計算】けいさん ①かぞえること。②算数の式をといて、答えを出すこと。

【計上】けいじょう 全体の中にくわえて、かぞえあげること。例 予算に計上する。

【計測】けいそく 器械をつかって、ものの長さ・重さ・分量・はやさなどをはかること。例 身長を計測する。

【計略】けいりゃく だまして、ものごとをするための計画。はかりごと。例 計略をめぐらす。

【計量】けいりょう 重さ・量などをはかること。例 計量カップ。

下につく熟語 一計・会計・家計・寒暖計・合計・集

ミニ知識 十二支の動物名がついたことば 土用の「丑の日」にはウナギを食べる習慣がありま

言の部 ごんべん・いう
2画 訂・訃 3画 記

計・*小計・*推計・生計・設計・早計・総計・大計・統計・*時計・*妙計・余計・▼累計

言－2画

【訂】

9画 常用 〔訂〕明朝 音 テイ 訓 —

なりたち 形声 丁(うちつけて一つのところにさだまる)と言(ことば)を合わせた字。ことばや文字のあやまりを、一つにさだめてなおすようすをあらわした。→丁8

意味 なおす。ただす。「▼訂正」

名まえで使う読み ただ・ただす・てい

【▼訂正】ていせい ことばや文章などのあやまりをなおすこと。

下につく熟語 改▼訂・*校▼訂

訂正

言－2画

【訃】

9画 常用 〔訃〕明朝 音 フ 訓 —

意味 人の死の知らせ。「▼訃報」

【▼訃報】ふほう 人の死の知らせ。例 先生の訃報をきく。

【信】9画 亻部7画→78ページ

言－3画

【記】

10画 2年 〔記〕明朝 音 キ 訓 しるす

「己」の書き出しは2画めの右側を目安に。10画めは底辺の長い曲がりで書く。

なりたち 形声 -記

己(目立つしるし)と言(ことば)を合わせた字。手がかりとなることばや目じるしのこと。また、それを書きとめることをあらわした。→己337

意味 ❶かきとめる。しるす。「記録・手記」 ❷しるし。「記号」 ❸おぼえる。「記▼憶・暗記」

名まえで使う読み とし・なり・のり・ふさ・ふみ・よし

【記▼憶】きおく わすれずにおぼえておくこと。また、おぼえている内容。例 彼女の記憶は確かだ。

【記号】きごう あることがらをあらわすためのしるし。ふつう、文字にたいし、符号をいう。例 音声記号。

【記▼載】きさい 書類などに書きこむこと。例 通知表に欠席日数を記載する。

【記事】きじ 新聞や雑誌などで、じっさいにあったことを書いた文章。

【記者】きしゃ 新聞や雑誌などで、記事を書いたり、編集したりする人。

【記述】きじゅつ 書きしるすこと。例 会議の内容を記述する。

【記章】きしょう ①記念としてあたえる、しるし。メダル。②身分や資格などをあらわすために、衣服やぼうしにつける、しるし。バッジ。

【記帳】きちょう 帳簿に書き入れること。

【記入】きにゅう 書き入れること。例 申し込み書に生年月日を記入する。

【記念】きねん 思い出としてのこすこと。思い出となるしるし。例 記念の写真。

【記名】きめい 名前を書くこと。

【記録】きろく ①じっさいにあったことを書きしるすこと。また、その書いたもの。②競技などの成績。とくに、もっともすぐれた成績。例 世界新記録。

【記録的】きろくてき 記録に残るほどめずらしく、程度がはなはだしいようす。例 記録的な暑さ。

下につく熟語 下記・*後記・誤記・左記・*雑記・上記・書記・前記・速記・伝記・登記・特記・日記・博覧強記・筆記・表記・付記・▼併記・▼簿記・明記・▼銘記・*略記・列記・連記

言－3画

【訓】

10画 4年 〔訓〕明朝

音 クン 訓 —

「川」は縦長にして、書き出しをだんだん右上がりに。10画めは止めてもよい。

なりたち 形声 川（すじをなして通る）と言（ことば）を合わせた字。ものごとのすじを通して説明することをあらわした。→川332

意味 ❶おしえみちびく。おしえ。「教訓」 ❷漢字に、その字のいみをもつ日本語をあてた読み方。くん。「音訓・訓読」 対 音

名まえで使う読み くに・しる・とき・のり・みち

【訓▽戒】くんかい わるいことをしないように、教え、いましめること。

1【訓示】くんじ 上の人が下の人に、仕事の上での注意などをあたえること。

2【訓辞】くんじ 教えさとすことば。例 朝礼で校長先生の訓辞があった。

【訓読】くんどく 漢字を、日本の読み方で読むこと。「春」を「はる」、「花」を「はな」と読むなど。訓読み。対 音読

【訓令】くんれい 上の役所が、下の役所にたいし、仕事について命令を出すこと。また、その命令。

【訓練】くんれん あるものごとによくなれるように、よく練習させてきたえること。例 避難訓練をおこなう。

【訓話】くんわ よいおこないをするように教えさとすこと。また、その話。

下につく熟語 *家訓・*校訓・字訓・*難訓

言－3画

【訊】

10画 人名 〔訊〕明朝

音 ジン 訓 たずねる

意味 たずねる。とう。といただす。「▽訊問（＝といただすこと）」

参考 ふつう「尋」に書きかえる。「▽訊問→尋問」

言－3画

【託】

10画 常用 〔託〕明朝

音 タク 訓 —

※「タクする」ともつかう。

なりたち 形声 乇（上にのっかる）と言（ことば）を合わせた字。ことばでたのんで、他人の手にのせてあずけるようすをあらわした。→宅289

意味 ❶たのみ、まかせる。「▽託児所・▽託送」 ❷ほかのことのせいにする。かこつける。「仮▽託」

名まえで使う読み たく・より

【▽託児所】たくじしょ 親がつとめに出ているあいだ、小さい子どもをあずかってせわをするところ。

【託宣】たくせん 神のおつげ。

下につく熟語 委▽託・*寄▽託・*供▽託・結▽託・*受▽託・▽嘱▽託・信▽託・神▽託・付▽託・預▽託

言－3画

【討】

10画 6年 〔討〕明朝

音 トウ 訓 *うつ

「寸」の書き出しは3画めの右側を目安にすると整えやすい。「寸」の縦画を長く。

なりたち 形声 寸と言（ことば）を合わせた字。寸は、肘（ひじ）をりゃくしたもの。ひじは、かこんで引きしめるというイメージをもつ。討は、あいてのつみを言いたてて、周囲をとりかこんでせめるようすをあらわした。

意味 ❶といただす。しらべる。「検討」 ❷てきをせめる。うちとる。「討伐・敵討ち」

使い分け 「打つ・撃つ・討つ」は区別してつかおう。→打（493ページ）

【討議】とうぎ たがいに意見をのべあうこと。例 討議をかさねる。

【討幕】とうばく 江戸幕府をたおすこと。例

漢字クイズ 耳と口があたまについている王さまって，どんな人でしょう。

西郷隆盛は討幕運動にくわわった。

【討▼伐】とうばつ　兵を出して、したがわないものをうつこと。

【討論】とうろん　たがいに意見をのべあって、議論をすること。例 問題を討論によって解決する。

下につく熟語 ＊征▼討・＊追討

言－4画

【訛】

11画 表外 〈訛〉明朝 音 ガ・カ 訓 なまり・なまる

意味 標準とは異なる発音をする。なまる。また、標準とは異なる発音。なまり。

【▽訛音】かおん　なまった発音。なまり。

言－4画

【許】

11画 5年 〈許〉明朝 音 キョ 訓 ゆるす

「午」を「牛」にしない。9・10画めは10画めを長く。11画めは止めてもよい。

なりたち 形声 許

午(交差する)と言(ことば)を合わせた字。あいての意見とこちらの考えが交わって、それを聞き入れるようすをあらわした。→午163

意味 ききいれる。ゆるす。「許可」

難しい読み 許▼嫁・許▼婚

名まえで使う読み きょ・もと・ゆく

【許可】きょか　ねがいを聞き入れること。例 入学を許可する。

【許▼諾】きょだく　あいてのねがいごとや要求などを聞き入れ、ゆるすこと。例 写真の使用を許諾する。

【許否】きょひ　ねがいなどを、ゆるすこととゆるさないこと。

【許容】きょよう　大目にみて、ゆるすこと。例 許容量。／許容範囲。

下につく熟語 特許・▼免許

言－4画

【訣】

11画 人名 〈訣〉明朝 音 ケツ 訓 わかれる

意味 ❶人ときっぱりわかれる。「▽訣別」❷ものごとのいちばんだいじなところ。秘伝。「秘▽訣」

参考 ふつう「決」に書きかえる。「▽訣別→決別」

言－4画

【訟】

11画 常用 〈訟〉明朝 音 ショウ 訓 —

なりたち 形声

公(すかすかに通る)と言(いう)を合わせた字。言いたいことをずけずけと言い通すようすをあらわした。→公106

意味 うったえる。「▽訴▼訟」

言－4画

【設】

11画 5年 〈設〉明朝 音 セツ 訓 もうける

※下にくる音により「セッ」ともよむ。

「几」の2画めの横画は短めにして、最後は止めても上にはねてもよい。

なりたち 形声 設

殳(しっかり立てる)と言(ことば)を合わせた字。ことばを組み立てるように、物を組み立てて、しっかりそなえておくようすをあらわした。→投497

意味 つくる。そなえつける。「建設・設備」

【設営】せつえい　ある仕事をするため、建物や設備をもうけること。例 運動会のためにテントを設営する。

【設計】せっけい　建築・工事などの計画を立てること。例 設計図。

【設置】せっち　そなえつける。ある組織をもうけること。例 カメラを設置する。／特別委員会を設置する。

【設定】せってい　新しくものごとをつくりさだめること。例目標を設定する。

【設備】せつび　そなえつけること。また、そなえつけたもの。例入院の設備がある。

【設問】せつもん　問題をつくって出すこと。また、その問題。

【設立】せつりつ　学校・会社などを、新しくつくること。

下につく熟語　開設・仮設・公設・私設・▼施設・常設・新設・創設・増設・特設・付設・▼敷設・▼埋設

言－4画

【訪】

11画　6年　〔訪〕明朝

音 ホウ

訓 おとずれる*・たずねる

※上にくる音により「ボウ」「ポウ」ともよむ。

10画めは折って内側に反ってはねる。11画めは「亠」の中心の下からはらう。

なりたち　形声　－訪

方(左右にはりだす)と言(ことば)を合わせた字。右や左に歩いて、ことばでたずねてまわるようすをあらわした。→方541

使い分け　たずねる　訪ねる・尋ねる

【訪ねる】人の家やある土地に行く。例先生の家を訪ねる。／父の故郷を訪ねる。

【尋ねる】わからないことをききただす。また、さがしもとめる。例道を尋ねる。

意味　❶人をたずねる。「訪問」❷さがしもとめる。「探訪」

名まえで使う読み　こと・ほう・み・みる

【訪問】ほうもん　人をたずねていくこと。例恩師の家を訪問する。注意「訪門」と書かないこと。

下につく熟語　来訪・歴訪

言－4画

【訳】

11画　6年　〔訳〕明朝

音 ヤク

訓 わけ

※下にくる音により「ヤッ」ともよむ。

8画めは折ってから内側に向ける。10画めは真下に引いてから左下にはらう。

なりたち　形声　－譯(訳)

もとの字は「譯」。睪(つぎつぎとつなぐ)と言(ことば)を合わせた字。一つ一つえらんだことばをつないで、いみがわかるようにすることをあらわした。→駅1087

意味　❶わけ。理由。「言い訳」❷(外国語などを)ほかのことばになおす。「通訳・▼翻訳」

【訳語】やくご　外国語を翻訳したことば。

【訳詩】やくし　外国語の詩を翻訳すること。また、その翻訳した日本語の詩。

【訳者】やくしゃ　文章や作品を翻訳した人。翻訳者。

【訳文】やくぶん　外国語や古い時代の文章を、翻訳したり解釈したりした文章。

下につく熟語　*仕訳・*新訳・*意訳・内訳・英訳・誤訳・*▼抄訳・*全訳・対訳・*▼逐語訳・直訳・*名訳・和訳

言－5画

【詠】

12画　常用　〔詠〕明朝

音 エイ

訓 よむ

なりたち　形声

永(長くつづく)と言(ことば)を合わせた字。声を長く引きのばして歌う

こたえ　聖人。(耳＋口＋王と人)。

ことをあらわした。↓永646

意味 ❶詩や歌をつくる。また、その詩や歌。「遺詠」 ❷詩や歌をうたう。「朗詠・吟詠」 ❸声に出して感動する。「詠嘆」

名まえで使う読み うた・えい・かね・なが

【詠唱】えいしょう ①オペラの中の独唱曲。アリア。②ふしをつけて歌うこと。

【詠嘆】えいたん ものごとにふかく感じて、声に出したりほめたりすること。

言－5画

【詐】

12画 常用 〔詐〕明朝

音 サ　訓 *いつわる

なりたち 形声 乍(手をくわえる)と言(ことば)を合わせた字。ことばにわざと手をくわえてあざむくようすをあらわした。↓作67

意味 だます。いつわる。「詐欺・詐称」

【詐欺】さぎ 人をだまして、お金や品物をとったり損害をあたえたりすること。例 詐欺にあいそうになった。

【詐取】さしゅ お金や品物をだましとること。

【詐称】さしょう 住所・氏名・職業・経歴などで、うそを言うこと。

言－5画

【詞】

12画 6年 〔詞〕明朝

音 シ　訓 *ことば

「司」の書き出しは2画めの右側を目安に。8画めは折って真下に引いてはねる。

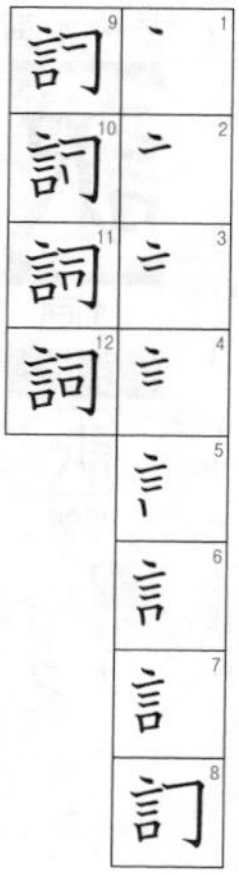

なりたち 形声 司(小さい)と言(ことば)を合わせた字。文を組み立てている、いちばん小さなことばの単位である、単語をあらわした。↓司191

意味 ことば。とくに、詩や歌につかわれることば。「名詞・歌詞・詞章」

注意 「詩」とまちがえないこと。

難しい読み 台詞・祝詞

名まえで使う読み こと・し・なり・のり・ふみ

下につく熟語 感動詞・形容詞・形容動詞・作詞・*自動詞・助詞・助動詞・数詞・接続詞・台詞(だい・し)・代名詞・他動詞・動詞・祝詞(のりと・しゅくし)・品詞・副詞・*訳詞

言－5画

【証】

12画 5年 〔証〕明朝

音 ショウ　訓 *あかし

「正」の書き出しは2画めの右側を、12画めの書き出しは7画めの右側を目安に。

なりたち 形声 もとの字は「證」。登(上にあがる)と言(いう)を合わせた字。お上に事実を告げて、あかしを立てるようすをあらわした。↓登758

意味 ❶あきらかにする。「証明」 ❷あかし。また、あかしとなるもの。「免許証」

名まえで使う読み あかし・あきら・しょう

【証券】しょうけん お金や物についての権利と義務をしるした書きつけ。例 証券会社。／証券取引所。

【証言】しょうげん ことばで、事実を証明すること。また、そのことば。とくに、裁判で証人ののべることば。例 裁判で証言する。

【証拠】しょうこ 事実を証明するよりどころとなるもの。まちがいでないというしるし。例 動かぬ証拠。

【証書】しょうしょ しょうこになるおおやけの書きつけ。例 卒業証書。／修了証書。

【証人】しょうにん ①ある事実を証明する人。例 歴史の生き証人。②裁判所で、自分の知っていることをのべる人。

【証明】しょうめい あることがらが事実だということを、はっきりと説明すること。例 かれの無罪を証明する。

【証文】 しょうもん　約束のしょうことしてつくる文書。

下につく熟語 確証・▼偽証・検証・*公証・考証・査証・実証・*心証・*通行証・*内証・認証・*物証・保証・立証・*領収証・*例証・論証

言－5画

【詔】

12画 常用 〔詔〕明朝

音 ショウ　訓 みことのり

なりたち 形声 召（よびよせる）と言（いう）を合わせた字。下の者をよびよせてつげることをあらわした。→召192

意味 **皇帝や天皇の命令。みことのり。**「▼詔書」

名まえで使う読み しょう・のり

【▼詔書】 しょうしょ　天皇のことばを書いた文書。例 改元の詔書。

【▼詔▼勅】 しょうちょく　天皇がその考えを国民にしめした文章。

言－5画

【診】

12画 常用 〔診〕明朝

音 シン　訓 みる

意味 **病状をしらべる。よくみる。**「▼診察」

使い分け みる「見る・観る・看る・診る」→936ページ

【▼診察】 しんさつ　医者が病人のからだをみて、病気の原因やようすをしらべること。

【▼診断】 しんだん　医者が病人のからだをしらべて、病気かどうか、また、病気の原因や治療法を判断すること。例 健康診断。

【▼診▼療】 しんりょう　医者が病人のからだを診察して治療すること。例 診療所。

下につく熟語 往▼診・回▼診・検▼診・誤▼診・*再▼診・*受▼診・初▼診・打▼診・問▼診・来▼診

言－5画

【訴】

12画 常用 〔訴〕明朝

音 ソ　訓 うったえる

意味 **うったえる。**「告▼訴」

【▼訴▼訟】 そしょう　裁判所に、裁判にかけてくれるようにもうしでること。例 訴訟をおこす。

【▼訴状】 そじょう　うったえの内容や理由を書いて、裁判所に出す文書。

下につく熟語 起▼訴・*公▼訴・▼控▼訴・直▼訴・*勝▼訴・*上▼訴・提▼訴・*敗▼訴

言－5画

【註】

12画 人名 〔註〕明朝

音 チュウ　訓 —

意味 **文中のことばに解説をつける。**「▼註解」

言－5画

【評】

12画 5年 〔評〕明朝

音 ヒョウ　訓 —

※上にくる音により「ピョウ」ともよむ。／「ヒョウする」ともつかう。

評　評

「平」の書き出しは2画めの右側を目安にして、12画めをのびやかに長く書く。

なりたち 形声 平（たいらにそろう）と言（ことば）を合わせた字。もののよいわるいをえこひいきをしないできめることをあらわした。→平347

意味 **よいわるいをきめる。ねうち。**「評判」

難しい読み 評定（ひょうてい・ひょうじょう）

【評価】 ひょうか　①ものごとの、よしあしやねうちなどをきめること。例 かれの研究は高く評価された。②品物のねだんをきめること。例 評価額。

【評議】 ひょうぎ　あつまって、考えをのべあい、そうだんすること。例 今後の方針を評議する。

【評決】 ひょうけつ　全員でそうだんしてきめること。また、そのきめたなかみ。

【評定】 一 ひょうてい　あるよりどころにしたがって、よしあしなどをきめること。例 勤務評定。
二 ひょうじょう　いろいろと意見を出し、そうだんしてきめること。例小田原評定(=いつまでもきまらないそうだん)。

【評伝】ひょうでん いろいろな意見をまじえて書かれた、ある人の伝記。

【評判】ひょうばん ①いろいろとひひょうすること。またそのひひょう。②世の中のうわさ。例わるい評判がたつ。③有名なこと。話題になること。例いま、評判の小説。

【評論】ひょうろん ものごとのよしあしやねうちについて意見をのべること。また、その文章。

下につく熟語 悪評・合評・*劇評・下馬評・好評・高評・*時評・書評・寸評・*世評・選評・短評・定評・批評・*品評・風評・不評・論評

言－6画

【該】

13画 常用 〔該〕明朝 音ガイ 訓―

なりたち 形声 亥(全体にはりわたる)と言(ことば)を合わせた字。ことばが全体に行きわたってそなわるようすをあらわした。→亥45

意味 ❶広くそなわる。「該博」 ❷それにあてはまる。「該当」

名まえで使う読み がい・かた・かね・もり

【該当】がいとう ある条件にぴったりとあてはまること。例答えに該当する記号をえらぶ。

【該博】がいはく 広くなんでも知っていること。例該博な知識をもつ。

下につく熟語 当該

言－6画

【詰】

13画 常用 〔詰〕明朝 音キツ 訓つめる・つまる・つむ

なりたち 形声 吉(中につめて出口をふさぐ)と言(いう)を合わせた字。言いわけできないように、あいてをおいこんで、といつめるようすをあらわした。→吉194

意味 ❶といつめる。「詰問」 ❷中に入れる。「詰め襟・詰所」

【詰問】きつもん 強くせめて、といただすこと。例ちこくの理由を詰問する。

【詰め襟】つめえり 立った形のえり(の服)。例詰め襟の学生服。

下につく熟語 *大詰め・*缶詰・*難詰・*箱詰め・*瓶詰・*理詰め

言－6画

【詣】

13画 常用 〔詣〕明朝 音ケイ 訓もうでる

意味 ❶神仏におまいりする。もうでる。「参詣・初詣」 ❷学問や芸術が、高いところまでいきつく。「造詣」

名まえで使う読み ゆき

下につく熟語 参詣・*造詣・*初詣

言－6画

【誇】

13画 常用 〔誇〕明朝 音コ 訓ほこる

意味 じまんして、おおげさにいう。「誇張」

【誇示】こじ とくいになって見せびらかすこと。例権力を誇示する。

【誇大】こだい おおげさなようす。例誇大広告。

【誇大妄想】こだいもうそう 四字熟語 自分のすがたや能力を、じっさいよりもおおげさに思いえがいて、他人よりもすぐれているとしんじこむこと。例かれの話は誇大妄想だ。

【誇張】こちょう おおげさにあらわすこと。例事件のようすを誇張してつたえる。

言－6画

【詩】

13画 3年 〔詩〕明朝 音シ 訓うた*

詩 詩

「言」より「寺」を縦長にする。「寺」の横画は「土」の3画めを一番長く書く。

なりたち 形声 詩-詩

寺(まっすぐすすむ)と言(ことば)を合わせた字。心の思いをまっすぐ表現したことばをあらわした。→寺307

意味 **心に感じたことを、ひびきのよい文章にしたもの。し。**「漢詩・詩集・詩才」

注意 「詞」とまちがえないこと。

名まえで使う読み うた・し

【詩歌】しいか ①詩や短歌。②漢詩と和歌。
参考 「しか」とも読む。

【詩▼吟】しぎん 漢詩にふしをつけてうたうこと。

【詩形】しけい 詩の形式。詩の組み立てや形。

【詩才】しさい 詩をつくる才能。

【詩作】しさく 詩をつくること。

【詩▼趣】ししゅ ①詩に書きあらわされた、あじわい。②詩にあるような、おもむき。例 詩趣にとんだ風景。

【詩集】ししゅう 詩をあつめた本。

【詩情】しじょう ①詩にうたわれるようなうつくしい気分やあじわい。例 詩情ゆたかな町。②心の感動を詩にあらわしたいと思う気もち。

【詩人】しじん 詩をつくることを職業とする人。また、詩をじょうずにつくる人。

【詩▼碑】しひ 詩がきざみつけてある石碑。

下につく熟語 作詩・*自由詩・▼叙事詩・▼叙情詩・*定型詩・訳詩

言-6画

【試】

13画 4年 〔試〕明朝

音 シ
訓 こころみる・ためす*

「式」の筆順に注意。12画めを長く反って目立たせる。13画めの点を忘れずに。

なりたち 形声 式(道具をつかって仕事をする)と言(ことば)を合わせた字。人や物をつかって仕事をやらせてみるようすをあらわした。→式364

意味 **❶ためす。やってみる。**「試合・試食」 **❷しけん。**「入試」

【試合】しあい スポーツなどで、たがいの能力や技術をきそい、勝ち負けをきめること。例 練習試合。

【試案】しあん あるものごとについて、ためしにつくった計画。例 試案を発表する。

【試飲】しいん ためしに、のんでみること。

【試運転】しうんてん 機械・電車・自動車・船などをじっさいにつかう前に、ぐあいをしらべるために動かしてみること。

【試供品】しきょうひん 宣伝のために、ためしにつかってもらう見本の品。

【試金石】しきんせき あるものの、ねうちやはたらきを判断するもとになるもの。参考 もとは、金属の品質をしらべる石のこと。

【試▼掘】しくつ 鉱石や石油などをほり出すために、ためしに土地をほってみること。

【試験】しけん ①ものの性質や力をためしてしらべること。例 飛行機の試験飛行をする。②問題を出して答えさせ、学力をしらべること。例 入学試験(=入試)。

【試験的】しけんてき ためしにおこなってみるようす。例 新しい機械を試験的に導入する。

【試行▼錯誤】しこうさくご 四字熟語 しっぱいを何度もくりかえしながら、だんだんと正しいやり方をおぼえていくこと。例 試行錯誤をかさねたすえに、ついに研究を完成させた。
参考 「試行」は、ためしにやるいみ。「錯誤」は、まちがい、あやまりのいみ。

【試作】しさく ためしにつくること。例 試作品。

【試算】しさん ためしに計算してみること。例 旅費を試算してみる。

1【試写】ししゃ 映画などをいっぱんの人に見せる前に、特定の人だけに見せること。例 試写会。

2【試射】ししゃ 性能などをしらべるために、鉄砲などをためしにうってみること。

こたえ いわ(岩)。(山＋石)。

【試乗】しじょう　性能や調子をしらべるために、ためしにのってみること。例 新車に試乗する。

【試食】ししょく　味をみるために、ためしに食べてみること。例 父の手料理を試食する。

【試▽聴】しちょう　レコードやCDなどをためしに聞くこと。例 試聴室。

【試問】しもん　学力などを知るために、問題を出して答えさせること。例 口頭試問。

【試用】しよう　ためしにつかってみること。例 試用期間。

【試料】しりょう　実験・検査などで、見本としてつかう物質。サンプル。

【試練】しれん　決心や実力などの強さをきびしくためすこと。また、そのためにうけるくるしみ。例 試練にたえる。

下につく熟語 *▽腕試し・*運試し・*▽肝試し・*力試し

言－6画

【詢】

13画 人名 〔詢〕明朝 音 ジュン 訓 はかる

意味 ❶とう。たずねる。❷はかる。みんなに相談する。「交▽詢」

名まえで使う読み しゅん・じゅん・まこと

言－6画

【詳】

13画 常用 〔詳〕明朝 音 ショウ 訓 くわしい

なりたち 形声 羊(たっぷりとゆたかな)と言(ことば)を合わせた字。ことばがこまごまとゆたかにあるようすをあらわした。→羊865

意味 くわしい。「▽詳細・▽詳報」

名まえで使う読み しょう・つま・みつ

【▽詳細】しょうさい　くわしく、こまかいこと。例 詳細な説明。

【▽詳述】しょうじゅつ　くわしくのべること。例 事故の原因を詳述する。対 略述

【▽詳説】しょうせつ　くわしく説明すること。また、くわしい説明。対 略説

【▽詳報】しょうほう　くわしい知らせ。くわしい情報。対 略報

下につく熟語 不▽詳・未▽詳

言－6画

【誠】

13画 6年 〔誠〕明朝 音 セイ 訓 まこと*

誠　誠

「成」の筆順に注意。11画めを長く反って目立たせる。13画めの点を忘れずに。

なりたち 形声 成(しあげてまとめる)と言(ことば)を合わせた字。ことばとおこないがまとまっていて、うそがないようすをあらわした。→成483

意味 いつわりのないこと。まこと。まごころ。「誠実・忠誠・至誠」

名まえで使う読み あき・あきら・かね・さね・しげ・すみ・せい・たか・たかし・たね・とも・なり・なる・のぶ・のり・まこと・まさ・み・もと・よし

【誠意】せいい　あいてにつくす、正直でまじめな心。まごころ。例 誠意ある行動。／誠意をもってあやまる。

【誠実】せいじつ　まじめで、あいてのためにつくすまごころがあるようす。例 誠実な人。

【誠心誠意】せいしんせいい 四字熟語 まごころをこめて。例 誠心誠意はたらく。

下につく熟語 至誠・*丹誠・忠誠

言－6画

【詮】

13画 常用 〔詮〕明朝 音 セン 訓 —

なりたち 形声 全(欠け目なくそろう)と言(ことば)を合わせた字。ことばをつくしてものごとを欠け目なく明らかにする(道理を解き明かす)ことをあらわした。日本ではっきつめて考えるいみにもちいる。→全62

意味 ❶ときあかす。「▽詮▽釈」❷つきつめていろいろと考える。「▽詮議・▽詮索」❸方法。

名まえで使う読み あき・あきら・さと・さとし・さとる・とし・とも・のり・はる

【▽詮議】せんぎ　①大勢で、話し合って決める

こと。②罪人を取りしらべること。

【▼詮▼索】せんさく　こまかい点までしつこくたずね、しらべること。例 けんかの原因について詮索する。

下につく熟語 *所▼詮

言－6画

【誉】

13画 常用 〔譽〕明朝

音 ヨ
訓 ほまれ

なりたち 形声 [古字]－譽(誉)

もとの字は「譽」。與(=与。いっしょにもちあげる)と言(ことば)を合わせた字。みんながことばをそろえてほめることをあらわした。→与16

意味 ❶ほめる。❷ほまれ。よい評判。「名▼誉・栄▼誉」

名まえで使う読み しげ・たか・たかし・のり・ほまる・ほまれ・もと・やす・よ・よし

言－6画

【話】

13画 2年 〔話〕明朝

音 ワ
訓 はなす・はなし

※上にくる音により「ばなし」ともよむ。

8画めの左はらいを立てすぎない。「言」と「舌」の「口」は、「舌」の方を大きく。

なりたち 形声 [古字]－話

𠯑(穴をあけてスムーズに通す)がかわった舌と言(ことば)を合わせた字。ことばが口をついてすらすら出るようすをあらわした。→活661

意味 ❶はなす。いう。「話術」❷はなし。ものがたり。「童話・世間話・笑い話」

注意 おくりがなは、「話し合う」「話し方」「お話しになる」などの場合には「し」をおくるが、「話」「先生のお話」などにはおくらない。

【話がつく】はなしがつく　句 話し合いがまとまる。決着がつく。例 おたがいに協力し合うということで話がついた。

【話が▼弾む】はなしがはずむ　句 おもしろかったり、楽しかったりして、会話が活発につづく。例 子どものころの思い出に話が弾む。

【話に花が▼咲く】はなしにはながさく　句 次から次へといろいろな話が出るようす。

【話の▼腰を折る】はなしのこしをおる　句 話そうと思っている人のじゃまをしていきおいを弱める。

【話芸】わげい　話術によって人をひきつける芸。落語・漫才・講談など。

【話術】わじゅつ　じょうずに話す、話のしかた。例 たくみな話術。

【話題】わだい　話をしているとき、話の中心になっていることがら。例 むかしの事件が話題にのぼった。

下につく熟語 ▼逸話・裏話・会話・訓話・講話・小話(こばなし・しょうわ)・*茶話(さわ・ちゃばなし・ちゃわ)・実話・手話・神話・説話・世話・対話・談話・通話・電話・長話・秘話・民話・昔話

言－6画

【詫】

13画 人名 〔詫〕明朝

音 ―
訓 わびる

意味 ❶あやしむ。❷あやまる。わびる。「▽詫び状」

言－7画

【語】

14画 2年 〔語〕明朝

音 ゴ
訓 かたる・かたらう

11画めは長く書き、12～14画めの「口」はそれよりも横はばをせまくする。

なりたち 形声 [古字]－語

吾(左右にまじわる)と言(ことば)を合わせた字。ふたりがことばをやりとりするようすを

漢字クイズ　お日さまが木にかかって見える方角は、どちらでしょう。

あらわした。↓五41 ↓吾202

意味 ❶かたる。はなす。「語気」 ❷ことば。「語句・国語」

注意 ㋐「話」とまちがえないこと。㋑おくりがなは、「語り」「語り手」などの場合には「り」をおくるが、「物語」にはおくらない。

名まえで使う読み かたり・ご・こと・つぐ

1【語意】ごい ことばのいみ。

2【語彙】ごい あるはんいでつかわれることばをあつめたものの全体。例 語彙をゆたかにする。

【語学】ごがく ①ことばを研究する学問。②外国語の学習。また、その学科。例 語学留学。

1【語幹】ごかん 動詞・形容詞などで、つかい方によって形のかわる部分にたいして、どのようにつかっても、形のかわらない部分。「行く（いかない・いきます・いく・いけば・いこう）」と形がかわるときの「い」の部分。対 語尾

2【語感】ごかん ①あることばからうける感じ。例 古くさい語感のことば。②ことばにたいする感じ方。例 するどい語感をもった詩人。

【語気】ごき 話すことばのいきおい・調子。語勢。例 語気を強める。

【語句】ごく 一つのことばや、一区切りのことば。例 語句のつかい方。

【語源・語原】ごげん そのことばのおこり。

【語順】ごじゅん ことばが、文や句の中でならべられる順序。例 日本語の語順。

【語勢】ごせい 話すときの、ことばのいきおい。語気。例 語勢を強めて話す。

【語調】ごちょう 話すときの、ことばの調子。例 語調がやわらかい。

【語尾】ごび ①ことばのおわり。ことばじり。例 語尾をにごす。②動詞・形容詞などの語幹の下について、つかい方で形のかわる部分。「走る」「走れ」の「る」「れ」など。対 語幹

【語弊】ごへい 言い方がわるいためにおこる、さしさわり。例 けちだといえば語弊があるが、かれは節約家だ。

【語法】ごほう ことばの組み立てのきまり。

【語呂】ごろ ことばを発音したときの、調子やつづきぐあい。例 語呂合わせ。

下につく熟語 ▼隠語・英語・*外国語・外来語・漢語・季語・*共通語・敬語・結語・言語・原語・口語・▼豪語・古語・死語・私語・熟語・主語・述語・新語・*専門語・▼俗語・大言▼壮語・対語（たいご・ついご）・単語・*独語・反語・標語・標準語・文語・物語・訳語・用語・落語・略語・類語

言－7画

【誤】

14画 6年 〔誤〕明朝

音 ゴ
訓 あやまる

11画めは2回折れて1画で書く。12画めを長く書いて上部を支える。

なりたち 形声 䛖－誤

呉（くいちがう）と言（ことば）を合わせた字。くいちがった話をすることをあらわした。↓呉202

意味 あやまる。まちがえる。あやまり。まちがい。「誤字」対 正

使い分け あやまる 誤る・謝る

【誤る】まちがう。失敗する。例 答えを誤る。／行く道を誤る。／誤ってコップを割ってしまった。

【謝る】悪かったと思ってわびる。例「ごめんなさい」と謝る。

【誤解】ごかい まちがって理解すること。思いちがい。例 誤解をまねく。

【誤記】ごき まちがって書くこと。また、そのまちがえた字やことば。

【誤差】ごさ　ほんとうの値と、計算したり、はかったりした値とのちがい。例 表示してある寸法と誤差がある。

【誤算】ごさん　予想やみこみがはずれること。みこみちがい。例 計画に誤算があった。

【誤字】ごじ　まちがった字。

【誤植】ごしょく　印刷で、まちがった文字を組むこと。また、そのまちがった文字。

【誤▼診】ごしん　病気をまちがって診断すること。また、まちがった診断。

【誤▼審】ごしん　まちがった判定・審判をすること。また、まちがった判定や審判。

【誤読】ごどく　まちがった読み方をすること。

【誤認】ごにん　まちがって、ちがうものをそのものとみとめること。例 事実を誤認する。／誤認逮捕。

【誤▽謬】ごびゅう　あやまり。まちがい。例 誤謬をおかす。

【誤報】ごほう　まちがって知らせること。また、まちがった知らせ。

【誤訳】ごやく　外国のことばや文章をまちがって訳すこと。また、まちがって訳したもの。

【誤用】ごよう　まちがってつかうこと。また、まちがったつかい方。例 敬語を誤用する。

下につく熟語 *過誤・▼錯誤・正誤

言－7画

【誌】

14画　6年　〔誌〕明朝　音 シ　訓 —

8・10画めはどちらが長くても、同じでもよい。「心」は平らにしてはば広く。

なりたち 形声　志(じっととまる)と言(ことば)を合わせた字。たいせつなことばを書物に書きとめたり、心の中にとめておいたりすることをあらわした。→志455

意味 ❶書きとめておく。また、書きしるしたもの。きろく。「日誌」 ❷ざっし。「週刊誌」

【誌上】しじょう　雑誌の記事の中。例 当選番号は誌上で発表します。

【誌面】しめん　雑誌の、文や絵などをのせるところ。例 スターの写真が誌面をかざる。

下につく熟語 *会誌・*機関誌・*月刊誌・雑誌・*情報誌・*書誌・地誌・本誌

言－7画

【誦】

14画　表外　〔誦〕明朝　音 ショウ・ジュ　訓 となえる・そらんじる

意味 ❶となえる。声を出して読む。また、ふしをつけて読む。❷何も見ないで、記憶によって言う。そらんじる。

参考 ふつう「唱」に書きかえる。「暗▽誦」→「暗唱」

下につく熟語 *詠▽誦・*口▽誦・*伝▽誦

言－7画

【誓】

14画　常用　〔誓〕明朝　音 セイ　訓 ちかう

なりたち 形声　折(二つに切り分ける)と言(ことば)を合わせた字。よしあしをはっきり分けて、うそのないことを告げるようすをあらわした。→折496

意味 ちかう。かたく約束する。「▼誓約・宣▼誓」

【▼誓願】せいがん　神やほとけにちかいを立て、ねがいごとがかなうようにいのること。

【▼誓詞】せいし　ちかいのことば。例 誓詞をかわす。

【▼誓約】せいやく　かならずまもると、かたく約束すること。また、その約束。例 誓約書。

言－7画

【説】

14画　4年　〔説〕明朝　音 セツ・ゼイ*　訓 とく

※下にくる音により「セッ」ともよむ。

8・9画めは内側に向ける。14画めは曲げてはねる。「儿」を横広に。

こたえ　ひがし(東)。(日＋木)。

なりたち 形声 兌―説(說)

もとの字は「說」。兌(なかみをぬき出す)と言(ことば)を合わせた字。むずかしくてわからないことばをぬき出して明らかにすることをあらわした。→脱892

意味 ❶ときあかす。とく。「説明」 ❷考え。意見。「学説」 ❸はなし。物語。「小説」

名まえで使う読み かね・こと・せつ・つぐ・とき・のぶ・ひさ

【説教】せっきょう ①目下の人に注意をして、言い聞かせること。また、その話。例 いたずらをして、先生にお説教された。②神やほとけの教えを、わかるように話して聞かせること。

【説得】せっとく よく説明して、しょうちさせること。例 意見のちがう人を説得する。

【説得力】せっとくりょく 自分の意見や考えなどを話して、相手をなっとくさせるちから。例 彼の話は、なかなか説得力がある。

【説法】せっぽう 仏教の教えを話して聞かせること。例 釈迦に説法(=よく知っている人に教えることはおろかだといういみ)。

【説明】せつめい あることのいみや内容を、よくわかるようにのべること。例 説明文。

【説▼諭】せつゆ わるいところをなおすように、言い聞かせること。

【説話】せつわ むかしの人々が、かたりつたえた話。神話・伝説など。例 仏教説話。

下につく熟語 異説・*一説・演説・*▼憶説・解説・▼概説・仮説・逆説・高説・自説・持説・社説・諸説・新説・図説・▼俗説・▼卓説・通説・定説・伝説・風説・*弁説・遊説・力説・論説

言－7画

【読】

14画 2年 〔讀〕明朝

音 ドク・トク・トウ

訓 よむ

8・10画めはどちらが長くても、同じでもよい。14画めは曲げてはねる。

なりたち 形声 もとの字は「讀」。賣(つぎつぎに通る)と言(ことば)を合わせた字。ことばをA→B→Cというぐあいにつぎつぎにつづけて、よみ通していくようすをあらわした。→続853

意味 文や字をよむ。「読書・読み物」

難しい読み 読点・読経・読本

名まえで使う読み おと・とく・どく・とみ・よし・よみ

【読点】とうてん 文章がよみやすいように、とちゅうで入れる切れ目のしるし。「、」であらわす。

【読経】どきょう 声を出してお経をよむこと。

読経

【読後】どくご 本などをよみおわったあと。例 読後の感想。

【読者】どくしゃ 本や新聞・雑誌などをよむ人。よみ手。

【読書】どくしょ 本をよむこと。例 読書週間。

【読書百▼遍義自ずからあらわる】どくしょひゃっぺんぎおのずからあらわる 故事成語 どんなにむずかしい本でも、何度もくりかえし読めば自然にいみがわかってくるということ。

【読破】どくは むずかしい本や長い文章を、おわりまでよみとおすこと。

【読本】とくほん ①国語・漢文などの教科書の、古い言い方。②やさしく解説した本。入門書。例 文章読本。

【読解】どっかい 文章をよんでそのいみを理解すること。例 読解力。

下につく熟語 愛読・*一読・音読・訓読・▼購読・再読・熟読・晴耕雨読・精読・*素読・代読・*通読・

拝読・判読・必読・味読・▼黙読・乱読・輪読・朗読

言－7画

【認】

14画　6年　〔認〕明朝

音 ニン*　訓 みとめる

「刃」より「心」を横広に。10画めの点を忘れずに。

なりたち 形声 忍（ねばり強い）と言（ことば）を合わせた字。人のことばをねばり強く見きわめるようすをあらわした。→刃127 →忍456

意味 ❶見さだめる。「認識」 ❷よいとして、ゆるす。「認可・承認」

【認可】にんか　ねがいでたことを、役所などが、よいとみとめること。例 建築が認可された。

【認識】にんしき　ものごとをよく知り、見分け、はんだんすること。また、そのような心のはたらき。例 認識をあらたにする。／認識不足。

【認証】にんしょう　ある文書や行動が、正当な手つづきでおこなわれたかを、おおやけに証明すること。例 大臣の認証式。

【認知】にんち　①はっきりとみとめること。②法律の上で、夫婦でない人の間にうまれた子を、その父または母が自分の子であるとみとめること。

【認定】にんてい　おおやけの機関が、内容やていどをしらべて、資格があるかないかを決定すること。例 合格を認定する。／認定証。

【認否】にんぴ　みとめるか、みとめないかということ。例 罪状の認否をとう。

【認め印】みとめいん　ふだんつかう、略式のはんこ。みとめ。対 実印

下につく熟語 確認・公認・誤認・自認・▼是認・追認・否認・▼黙認・容認

言－7画

【誘】

14画　常用　〔誘〕明朝

音 ユウ　訓 さそう

意味 ❶さそう。すすめる。「▼誘導・▼勧▼誘」 ❷おびきよせる。「▼誘▼拐」 ❸引きおこす。「▼誘因」

【▼誘因】ゆういん　あることを引きおこす原因。例 冷えが病気の誘因となる。

【▼誘▼拐】ゆうかい　人をだまして、つれだすこと。むりやりつれていくこと。

【▼誘▼蛾灯】ゆうがとう　夜、「ガ」などの害虫をさそいよせてころすしかけの灯火。

【▼誘致】ゆうち　さそって、自分のところへ引きよせること。例 地方へ大企業を誘致する。

【▼誘導】ゆうどう　人やものをさそって、ある場所やある状態にみちびくこと。例 先生に誘導されて避難する。

【▼誘発】ゆうはつ　あることがおこると、それにさそわれて、ほかのことがおこること。例 落雷が火災を誘発した。

【▼誘惑】ゆうわく　まどわして、人をわるいほうへさそうこと。例 誘惑にまける。

【獄】14画　犭部11画 →725ページ

言－8画

【謁】

15画　常用

言－9画　【謁】16画　人名　〔謁〕明朝

音 エツ　訓 ―

意味 身分の高い人にあう。「▼謁見・拝▼謁」

名まえで使う読み えつ・つく・ゆく

【▼謁見】えっけん　身分の高い人に会うこと。

言－8画

【課】

15画　4年　〔課〕明朝

音 カ　訓 ―

※「カする」ともつかう。

12画めは長く。13画めは左にはねてもよい。「木」を「ホ」としてもよい。

1	2	3	4	5	6	7	8	9	10	11	12	13	14	15
丶	亠	亖	言	言	言	言	言	訂	訂	訂	誀	誀	課	課

なりたち 形声 果(実をむすぶ)と言(ことば)を合わせた字。しあげた仕事のできばえをたずねてしらべることをあらわした。→果586

意味 ❶よしあしをしらべる。「考課」❷わりあてる。わりあて。「課題」❸役所や会社などの仕事のくぶん。「総務課」❹本の中のくわけ。「第一課」

【課外】かがい 学校で、勉強するようにきめられていることの、ほかのもの。例 課外活動。

【課税】かぜい 税金をわりあてること。

【課題】かだい 問題をあたえること。また、あたえられた問題。

【課長】かちょう 役所や会社などの課の中で、いちばん上の地位。また、その地位の人。

【課程】かてい 学校などで、ある期間に学ぶようにわりあてられた教育の内容。例 中学校の課程をおえる。 使い分け かてい「過程・課程」→(424ページ)

【課目】かもく ①しなければならないものとしてあたえられている項目。②学課の種類。

下につく熟語 *学課・正課・日課

言－8画

【誼】

15画 人名 〔誼〕明朝

音 ギ 訓 よしみ

意味 ❶ぴったりあっていてふさわしい。よろしい。❷したしいつきあい。よしみ。「友▽誼」

参考 ふつう「義」に書きかえる。「恩▽誼→恩義」「情▽誼→情義」

名まえで使う読み ぎ・こと・よし

言－8画

【諄】

15画 人名 〔諄〕明朝

音 ジュン 訓 ねんごろ

意味 ていねいに教えるようす。ねんごろ。

名まえで使う読み あつ・いたる・さね・しげ・じゅん・とも・のぶ・まこと

【▽諄▽諄】じゅんじゅん よくわかるように、くりかえしていねいに説明するようす。例 諄々とさとす。 参考 ふつう「諄々」と書く。

言－8画

【諸】

15画 6年

言－9画

【諸】

16画 人名 〔諸〕明朝

音 ショ 訓 *もろもろ

諸 諸

11画めは「土」の中心のすぐ右で交差し、長くはらう。また、8画めと接してもよい。

1	2	3	4	5	6	7	8	9	10	11	12	13	14	15
丶	亠	亖	言	言	言	言	言	計	計	訬	諸	諸	諸	諸

なりたち 形声 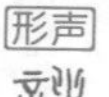 －諸(諸) もとの字は「諸」。者(多くあつまる)と言(ことば)を合わせた字。一か所にあつまることばやものごとが多いことをあらわした。→者873

意味 多くの。いろいろの。「諸国・諸氏」

名まえで使う読み しょ・つら・もろ

【諸行無常】しょぎょうむじょう 四字熟語 世の中のものはいつも変化していて、とどまっているものなどないということ。 参考「諸行」は、この世のすべてのもの。「無常」は、変化しないものはないといういみ。仏教の考え方。

【諸君】しょくん あなたがた。みなさん。 参考 ふつう、目下または自分と同じ地位の大勢の人にむかってよびかけることば。

【諸国】しょこく いろいろな国。多くの国。

【諸事】しょじ いろいろなことがら。例 諸事をととのえる。

【諸説】しょせつ いろいろな説。例 そのことばの語源には諸説ある。

【諸相】しょそう いろいろなすがたやありさま。例 日本文化の諸相。

【諸島】しょとう ある地域にあつまっている、いくつかの島々。例 伊豆諸島。

【諸▼般】しょはん さまざま。いろいろ。例 諸般の事情でおくれました。

言－8画

【諏】

15画 人名 〈諏〉明朝

音 ス・シュ　訓 —

意味 あつまってそうだんする。はかる。とう。

言－8画

【請】

15画 常用 〈請〉明朝

音 セイ・シン　訓 こう・うける

なりたち 形声 青(すみきっている)と言を合わせた字。すなおな気もちでものごとをたのむことをあらわした。→青1057

意味 ❶ねがいもとめる。「請求」 ❷引きうける。「請負・下請け」

使い分け うける「受ける・請ける・承ける」→(183ページ)

【請負】うけおい　費用や期限をきめて、仕事のいっさいを引きうけること。例 請負仕事。

【請願】せいがん　①ねがいでること。②国民が、法律できめられた方法によって、国や役所などに、ねがいでること。例 請願デモ。

【請求】せいきゅう　とうぜんもらえるお金や品物などを、あいてにもとめること。例 請求書。／代金を請求する。

下につく熟語 懇請・*招請・申請・普請・要請

言－8画

【諾】

15画 常用 〈諾〉明朝

音 ダク　訓 —

なりたち 形声 若(したがう)と言を合わせた字。「はい、そのとおり」と言ってあいてにしたがうようすをあらわした。→若390

意味 はい、と返事をする。しょうちする。「承諾・快諾・応諾」

【諾否】だくひ　しょうちするかしないか。例 諾否を問う。

下につく熟語 許諾・受諾・内諾

言－8画

【誰】

15画 常用 〈誰〉明朝

音 —　訓 だれ

意味 名前を知らない人、または、はっきりきまってない人をしめすことば。だれ。

名まえで使う読み これ

言－8画

【誕】

15画 6年 〈誕〉明朝

音 タン　訓 —

誕　誕

13・14画めの横画部分は短く。15画めは上部を支えるように長くはらう。

なりたち 形声 延(ずるずると長くのびる)と言(ことば)を合わせた字。おおげさにひきのばした、でたらめなことば。また、母のおなかからずるずると出てくることをあらわした。→延361

意味 うまれる。「誕生・生誕」

名まえで使う読み たん・のぶ

【誕生】たんじょう　①子どもがうまれること。例 誕生日。②ものごとが新しくはじまること。例 駅前に店が誕生した。

言－8画

【談】

15画 3年 〈談〉明朝

音 ダン　訓 —

※「ダンじる」ともつかう。

談　談

「炎」の中心をそろえ、14・15画めを左右に長く。11画めははらってもよい。

なりたち 形声 炎(うすっぺら)と言(ことば)を合わせた字。うすい舌をぺらぺらと動かして、さかんにしゃべることをあらわした。→炎696

意味 はなす。はなし。「相談・談話」

【談義】だんぎ　ものごとの道理などを説明して聞かせること。また、その話。例 音楽談義。／旅行談義。

こたえ おや(親)。(木＋立＋見)。

【談合】だんごう あつまって、話し合ったり、そうだんしたりすること。また、そのとりきめ。例 談合して価格をきめるのは違法だ。

【談笑】だんしょう わらいながら、なごやかに話し合うこと。

【談判】だんぱん 要求を通すために、強い態度であいてと話すこと。また、その話し合い。

【談論風発】だんろんふうはつ 四字熟語 さかんに話し合ったり、議論をたたかわせたりすること。話や議論が活発におこなわれること。例 談論風発して会議がもりあがる。参考「談論」は、談話と議論のいみ。「風発」は、風がふきおこるようにことばがいきおいよくつぎつぎと出ること。

【談話】だんわ ①話をすること。また、話。②責任のある立場の人が話す、あることがらについての意見。例 首相の談話を発表する。

下につく熟語 ▼縁談・会談・▼怪談・▼歓談・▼奇談・講談・▼懇談・座談・雑談・示談・▼冗談・対談・美談・筆談・▼漫談・密談・面談・余談

言－8画

【調】

15画 3年

〔調〕明朝

音 チョウ

訓 しらべる・ととのう*・ととのえる*

2画めと9画めの横画をほぼ一直線上にそろえるとよい。8画めは止めてもよい。

なりたち 形声 周（シュウ）－調

周（まんべんなくいきわたる）と言（ことば）を合わせた字。ことばをくまなくいきわたらせて、全体をきちんとととのえることをあらわした。→周205

意味 ❶ととのえる。つりあいがとれる。「調節・調和」❷そろえる。そろう。「調達」❸しらべる。「調査」❹音楽のしらべ。「長調」❺もののぐあい。ちょうし。「口調・順調」

使い分け ととのえる「整える・調える」→533ページ

名まえで使う読み しげ・つぎ・つぐ・なり・のり・みつぎ

【調印】ちょういん 条約や協定などのおおやけの文書に、それぞれの代表が、取りきめた証拠として印をおすこと。例 条約に調印する。

調印

【調教】ちょうきょう 馬・犬・けものなどをかいならし、訓練すること。

【調合】ちょうごう いくつかの薬品を、きめられた割合でまぜあわせること。例 かぜ薬を調合する。

【調査】ちょうさ しらべること。例 遺跡の調査に参加する。

【調▼剤】ちょうざい 薬品をまぜあわせて、くすりをつくること。例 処方せんどおりに調剤する。

【調子】ちょうし ①音楽で、音の高いひくいや、強い弱いなどのぐあい。例 ピアノの調子がくるう。②ことばの言い回し。口調。例 はげしい調子でひなんする。③ものごとのはずみ。いきおい。例 仕事の調子がでてきた。④からだや機械のぐあい。例 テレビの調子がわるい。

【調書】ちょうしょ とりしらべたことを書きしるした文書。

【調製】ちょうせい （注文におうじて）ととのえつくること。例 どんな料理でも調製します。

【調整】ちょうせい あるきまりに合わせて、ものごとの調子を正しくととのえること。例 意見を調整する。

【調節】ちょうせつ ものごとのていどを、ほどよくととのえること。例 音の大きさを調節する。

【調達】ちょうたつ ひつような品物やお金などをとりそろえること。例 資材を調達する。

【調停】ちょうてい 意見のちがう両方の間にはいって、うまくまとめること。

【調度】ちょうど　家の中でふだんつかっている道具。たんす・つくえなど。例 調度品。

【調▼髪】ちょうはつ　かみの毛を切って、形をととのえること。散髪。

【調味料】ちょうみりょう　料理の味をととのえるもの。しお・さとう・す・しょうゆなど。

【調理】ちょうり　食物を料理すること。

【調理師】ちょうりし　調理の仕事をする人。

【調律】ちょうりつ　楽器の音をしらべて正しくととのえること。例 ピアノを調律する。

【調和】ちょうわ　ほどよくつりあいがとれていること。例 色の調和がとれている。

下につく熟語　快調・格調・基調・協調・強調・好調・語調・色調・新調・単調・短調・低調・同調・復調・不調・歩調・*乱調・論調

言－8画

【誹】

15画　表外　〔誹〕明朝　音 ヒ　訓 そしる

意味 人のことを悪く言って非難する。そしる。

【▽誹▽謗】ひぼう　人の悪口を言うこと。例 誹謗中傷。

言－8画

【諒】

15画　人名　〔諒〕明朝　音 リョウ　訓 まこと

意味 ❶まこと。❷はっきりと知る。また、そうだとみとめる。「▽諒解」

参考 ふつう「了」に書きかえる。「▽諒解→了解」「▽諒承→了承」

名まえで使う読み　あき・あさ・まこと・まさ・りょう

言－8画

【論】

15画　6年　〔論〕明朝　音 ロン　訓 ―

※「ロンじる」ともつかう。

11・12画めの縦画は内側に。14・15画めは12画めの横画の上に出ない。

なりたち 形声　侖(すじが通るようにじゅんじょよくならべる)と言(ことば)を合わせた字。ことばをきちんとならべて、すじを通してのべることをあらわした。→倫88

意味 ❶すじみちを立ててのべる。「論争」❷もっている考え。意見。「世論」

名まえで使う読み　とき・のり・ろん

【論外】ろんがい　議論をする価値がないこと。例 そんな提案は論外だ。

【論議】ろんぎ　あることについて、めいめいが意見をのべあうこと。議論。

【論客】ろんきゃく／ろんかく　①議論にたくみな人。②議論ずきで、よく議論をする人。

【論▼及】ろんきゅう　議論がすすんで、べつのことにまでふれること。例 世界情勢に論及する。

【論▼拠】ろんきょ　意見のもとになることがら。例 論拠をはっきりさせる。

【論語】ろんご　孔子の死後、孔子のことばや弟子との問答などを、あつめてまとめた本。儒教の聖典として尊重されている。

【論功行賞】ろんこうこうしょう　四字熟語　てがらがあるかないか、どのていどのてがらかなどを議論して(＝論功)、そのてがらにふさわしい賞をあたえること(＝行賞)。

【論告】ろんこく　裁判で、検事が被告の罪についてのべ、刑をあたえるように裁判官にもとめること。

【論▼旨】ろんし　議論のおもな内容。例 論旨がはっきりした文章。

【論証】ろんしょう　あることを、証拠をあげ、すじみちを立てて、証明すること。

【論▼陣】ろんじん　議論をたたかわせるための、態度やしせい。例 論陣をはる。

【論説】ろんせつ　あることがらについて説明し、意見をのべること。また、その文章。例 新聞の論説委員。

【論戦】ろんせん　議論をたたかわせること。例 はげしい論戦。

【論争】ろんそう　ちがった考えをもつ人が、たがいに意見を強く主張して、言いあらそうこ

漢字クイズ　止まることが少ないとは、何をしているのでしょう。

言の部 9画 謂・諧・諺・諮・諜・諦

と。例 邪馬台国の場所について論争する。

【論題】ろんだい 議論や論文の題。

【論調】ろんちょう 議論や論説の立て方・すすめ方や調子。例 きびしい論調の新聞。

【論点】ろんてん 議論の中心となるところ。例 論点をしぼる。

【論破】ろんぱ 議論して、あいてを言いまかすこと。

【論評】ろんぴょう あるものごとや、作品のよしあしなどを、説明してひひょうすること。また、その文章。

論破

【論文】ろんぶん あることがらについての研究や考えを、すじ道を立てて書いた文章。例 卒業論文。

【論法】ろんぽう 議論のしかた。

【論より証▼拠】ろんよりしょうこ 句 いろいろと議論するよりも、じっさいのしょうこを出すほうが、ものごとをはっきりさせるということ。

【論理】ろんり 考えをすすめていくときの正しいすじ道。

【論理的】ろんりてき 考え方や話のすじ道などが、理にかなっているようす。例 論理的な思考。

下につく熟語 異論・▼概論・各論・議論・激論・結論・言論・口論・*国論・序論・持論・推論・総論・討論・反論・評論・弁論・*暴論・本論・無論・理論

言－9画

【謂】

16画 人名 〔謂〕明朝 音 イ 訓 いう・おもう

意味 ❶声に出して、いう。❷おもう。かんがえる。❸いわれ。由来。

難しい読み 所▽謂

言－9画

【諧】

16画 常用 〔諧〕明朝 音 カイ 訓 —

なりたち 形声 皆(ならびそろう)と言を合わせた字。ことば(音声)の調子やリズムが、きちんとそろっているようすをあらわし、調和する、おだやかにやわらぐいみにもちいる。→皆763

意味 おどける。また、じょうだん。「俳▼諧」

名まえで使う読み かのう・なり・ゆき

言－9画

【諺】

16画 人名 〔諺〕明朝 音 ゲン 訓 ことわざ

意味 ことわざ。「▽諺語」

名まえで使う読み おう・こと・たけし

言－9画

【諮】

16画 常用 〔諮〕明朝 音 シ 訓 はかる

なりたち 形声 咨と言(ことば)を合わせた字。咨は、次(ならぶ)と口を合わせて、みんなの意見をならべて議論するようす。諮は、みんなに意見を出させてそうだんすることをあらわした。→次619

意味 上の人が下の人にそうだんする。はかる。「▽諮問」

使い分け はかる「計る・図る・測る・量る・謀る・諮る」→(945ページ)

【▽諮問】しもん (政府などが)政策などについて、専門家や関係者に考えを聞くこと。例 大臣から諮問を受ける。

言－9画

【諜】

16画 表外 〔諜〕明朝 音 チョウ 訓 —

意味 敵のようすをさぐる。うかがう。

【▽諜者】ちょうじゃ 敵のようすをさぐり、味方に知らせる者。スパイ。間者。

【▽諜報】ちょうほう 敵のようすをさぐって、味方に知らせること。また、その知らせ。

言－9画

【諦】

16画 常用 〔諦〕明朝 音 テイ 訓 あきらめる

意味 あきらめる。「▽諦観」

名まえで使う読み あき・あきら

【▽諦観】ていかん さとって、あきらめること。道理をわきまえて、さとっ

【▽諦念】ていねん

た心。また、あきらめの心。

言－9画 【謀】 16画 常用 〔謀〕明朝 音 ボウ・ム 訓 はかる

意味 ❶そうだんする。計画。「▼謀議」 ❷(わるいことを)たくらむ。たくらみ。「▼陰▼謀」

難しい読み ▼謀反

使い分け はかる「計る・図る・測る・量る・謀る・諮る」→(945ページ)

【▼謀議】ぼうぎ 犯罪の計画や手段をそうだんすること。また、そのそうだん。

【▼謀略】ぼうりゃく 人をだまそうとする、わるいたくらみ。例 敵の謀略にひっかかる。

【▼謀反】むほん けらいが主君にそむくこと。

下につく熟語 *遠▼謀・共▼謀・策▼謀・参▼謀・首▼謀・無▼謀

言－9画 【諭】 16画 常用 〔諭〕明朝 音 ユ 訓 さとす

なりたち 形声 もとの字は「諭」。兪(なかみをぬいて、よそにうつす)と言(ことば)を合わせた字。ことばのわからない点をとりのぞき、わかるように教えるようすをあらわした。→輸1004

意味 いいきかせる。さとす。「説▼諭」

名まえで使う読み さと・さとし・さとす・つぐ・ゆ

【▼諭▼旨】ゆし 理由やもののどうりを、言いきかせること。例 諭旨退学。

下につく熟語 教▼諭・*勅▼諭

言－9画 【謡】 16画 常用 言－10画 【謠】 17画 人名 〔謡〕明朝 音 ヨウ 訓 うたい・うたう

意味 声を長くのばして、ふしをつけてうたう。また、そのうた。「民▼謡・童▼謡・歌▼謡・▼謡曲」

【▼謡曲】ようきょく 能楽で、ふしをつけてうたうことば。また、それをうたうこと。うたい。

言－10画 【謹】 17画 常用 言－11画 【謹】 18画 人名 〔謹〕明朝 音 キン 訓 つつしむ

なりたち 形声 もとの字は「謹」。菫(こまかい)と言(ことば)を合わせた字。ことばやおこないにこまかく気をつけることをあらわした。→勤152 →漢682

意味 かしこまる。つつしむ。こまやかに気を配る。「謹賀新年」

名まえで使う読み きん・すすむ・ちか・なり・のり・もり

【▼謹賀新年】きんがしんねん 四字熟語 年賀状などに書く、あいさつのことば。「つつしんで新年のおよろこびをもうしあげます」のいみ。

【▼謹▼啓】きんけい 手紙のはじめに書くあいさつのことば。「つつしんでもうしあげます」のいみ。

【▼謹厳】きんげん つつしみぶかく、まじめで、きびしいこと。例 父は謹厳な人であった。

【▼謹厳実直】きんげんじっちょく 四字熟語 つつしみぶかく、まじめでしょうじきであること。例 謹厳実直な人。

【▼謹告】きんこく つつしんでもうしあげること。参考 広告文などにつかう。

【▼謹▼慎】きんしん わるいことをした罰などで、家に引きこもったり、おこないをつつしんだりすること。例 目下、謹慎の身です。

【▼謹製】きんせい つつしんでつくること。また、その品物。

【▼謹▼呈】きんてい つつしんでさしあげること。

謹製

言－10画 【謙】 17画 常用 〔謙〕明朝 音 ケン 訓 ―

なりたち 形声 兼(V形にへこむ)と言を合わせた字。一歩うしろに下がってしゃば

こたえ ある(歩)いている。(止＋少)。

らないことをあらわした。

意味 **へりくだる。でしゃばらない。**「謙遜」

名まえで使う読み あき・かた・かね・しず・のり・ゆずる・よし

【謙虚】 けんきょ 自分のことをほこらず、ひかえめで、すなおなこと。例 年をとっても謙虚な態度は変わらない。

【謙譲】 けんじょう へりくだって、ひかえめにすること。例 謙譲の美徳。

【謙譲語】 けんじょうご へりくだる気もちをあらわすことば。「見る」を「はいけんする」、「言う」を「申し上げる」というなど。

【謙遜】 けんそん へりくだること。例 本人は謙遜しますが、とても才能ある人なのです。

言－10画 【講】 17画 5年

〔講〕明朝 音 コウ 訓 —

※「コウじる」ともつかう。

12・17画めを長く。15画めは14画めの上に出して17画めの下に出さない。

なりたち 形声 講（講）

もとの字は「講」。冓（上下に同じ形に組み立てる）と言（ことば）を合わせた字。両方がわかり合うように話し合うことをあらわした。→構610

意味 **❶はなす。かたる。**「講演」 **❷なかなおりをする。**「講和」 **❸神やほとけをしんじる人のあつまり。また、お金をゆうずうし合う人のあつまり。**「無尽講」

名まえで使う読み こう・つぐ・のり・みち・みな

【講演】 こうえん 大勢の人の前で、ある問題について話をすること。例 講演会。

【講義】 こうぎ ある学問上のことがらについて、教え聞かせること。また、その話。

【講座】 こうざ ①大学で、教授などがうけもつ学科。例 民法の講座。②いっぱんの人をあいてに、きめられた期間、同じ勉強をつづける講習会。例 市民講座。

【講師】 こうし ①会などで、講演をしたり教えたりする人。②大学で、教授・准教授の次のくらいの先生。

【講釈】 こうしゃく ①語句や文章のいみを、わかりやすく説明すること。②「講談」と同じ。

【講習】 こうしゅう 大勢の人をあつめて、あるきまった期間、学問や技術などを教えならわせること。例 ダンスの講習を受ける。

使い分け **こうえん** 講演・公演・好演

【講演】 大勢の人の前で、ある問題について話すこと。例 博士の講演を聞く。

【公演】 大勢のお客の前で、音楽・げき・おどりなどを演じること。例 オーケストラの公演をきく。

【好演】 うまく演技や演奏をすること。例 子役が好演した。

【講談】 こうだん むかしのかたきうちやいさましい話などを、おもしろく調子をつけて話す演芸。また、その話。講釈。

講談

【講堂】 こうどう 学校などで、大勢の人をあつめて話やぎ式などをする、広いへやや建物。

【講読】 こうどく 文章をよんで、そのいみをあきらかにすること。また、講義。例 古典の講

試問」

読。

【講評】こうひょう 理由を説明しながら、ひひょうすること。例 研究発表について講評する。

【講和】こうわ 国と国とが戦争をやめて、なかなおりをすること。例 日米講和条約。

【講話】こうわ わかりやすく話して聞かせること。また、その話。例 お寺で講話を聞く。

下につく熟語 ▼聴講・*開講・休講・受講・*▼頼母子講・

言－10画

【謝】

17画 5年 〔謝〕明朝

音 シャ 訓 あやま*る

おおよそ「言」「身」「寸」を3等分に。14画めは10画めの右に出なくてもよい。

なりたち 形声 謝－謝 射(はりつめたものをゆるめる)と言(ことば)を合わせた字。お礼やおわびをいって、はりつめた気もちをゆるめることをあらわした。

→射311

意味 ❶あやまる。わびる。「謝罪」 ❷お礼をいう。お礼。「感謝」 ❸ことわる。「謝絶」

使い分け あやまる「誤る・謝る」→(956ページ)

【謝意】しゃい ①お礼の気もち。例 謝意をあらわす。②おわびの気もち。例 ふかく謝意を表します。

【謝恩】しゃおん せわになったことに、ふかく感謝すること。例 謝恩セール。

【謝恩会】しゃおんかい せわになったことに感謝しておこなわれる会。

【謝罪】しゃざい あやまちや罪をわびること。例 謝罪文を書く。

【謝辞】しゃじ ①お礼のことば。②おわびのことば。

【謝絶】しゃぜつ ことわること。例 面会謝絶。

【謝肉祭】しゃにくさい キリスト教のカトリックで、四旬節(=肉を食べてはいけない四〇日)の前におこなう祭り。

【謝礼】しゃれい お礼の気もちをあらわすためにおくる、お金や品物。例 謝礼金。

下につく熟語 月謝・深謝・新▼陳代謝・*多謝・▼陳謝・▼薄謝

言－10画

【謄】

17画 常用 〔謄〕明朝

音 トウ 訓 ―

なりたち 形声 朕(上にあがる)と言(ことば)を合わせた字。原本の文字をべつの紙の上にうつしとることをあらわした。→朕572

意味 うつしとる。「▼謄写版」

注意 「騰」とまちがえないこと。

【▼謄写版】とうしゃばん 先が鉄でできているペンで、ろう紙に字や絵をかき、上からローラーでこすってインクを出させる印刷機。ガリ版。

【▼謄本】とうほん 原本をそのままうつしとった文書。例 戸籍謄本。対 抄本

言－10画

【謎】

17画 常用

言－9画 【謎】 16画 常用許 〔謎〕明朝

音 ― 訓 なぞ

なりたち 形声 迷(見分けがつかない)と言(ことば)を合わせた字。よくわからないことをあてるあそびをあらわした。→米832

意味 ❶ことばの中にかくされた、べつのいみを当てる遊び。なぞなぞ。❷実体がよくわからない、ふしぎなこと。なぞ。

参考 常用漢字表では「謎」を正字とするが、「謎」もつかってよいとされる字。

【▼謎▼謎】なぞなぞ ことばの中に意外ないみをかくし、それを当てさせるあそび。参考「なんぞなんぞ」とたずねるいみから。

漢字クイズ まちがいさがし 次の四字熟語で、まちがっている漢字はどれでしょう。「口答

【謬】 言－11画 18画 表外

〔謬〕明朝 音ビュウ 訓あやまる

意味 まちがう。あやまる。また、まちがい。あやまり。「誤▽謬（＝まちがえること。まちがい）」

【▽謬見】びゅうけん まちがった意見。あやまった考え。

【警】 言－12画 19画 6年

〔警〕明朝 音ケイ 訓—

14画めを長く書いて「敬」を支える。12画めは止めてもよい。

なりたち 形声 もとの字は「警」。敬（身をひきしめる）と言（ことば）を合わせた字。ことばで注意して、あいての身をひきしめさせることをあらわした。

→敬529

意味 ❶注意をして、用心させる。とりしまる。「警▼戒」❷警察や警察官のこと。「県警」

【警▼戒】けいかい わるいことがおきないように注意して、用心すること。例大雨への警戒を強める。

【警句】けいく みじかいなかに、ものごとの真実のすがたやすぐれた考えを、するどくあらわした文句。

【警護】けいご 危険のないように、よく注意してまもること。例要人の警護に当たる。

【警告】けいこく 注意するように、前もって知らせること。また、その知らせ。例燃料不足の警告を発する。

【警察】けいさつ 人々の命・財産や、社会のきまりなどをまもることを役目とするしくみ。また、その役所。例警察官。

【警察署】けいさつしょ 都道府県内の受け持ちの区域で、警察の仕事をおこなう役所。

【警▼鐘】けいしょう ①災害などの危険を知らせるために鳴らす、かね。②人々の注意をうながすことのたとえ。例社会に警鐘をならす。

【警笛】けいてき 人々に注意をあたえるために鳴らす、汽車・自動車などのふえ。

【警備】けいび よくないことがおこらないように、前もって用心してまもること。例警備員。

【警報】けいほう ひじょうに危険なことがおこりそうなとき、用心するように出す知らせ。例地震警報。

下につく熟語 *自警・婦警・夜警

【識】 言－12画 19画 5年

〔識〕明朝 音シキ 訓しる*

12画めは「戈」を書くために右へ長く引く。17画めは長く反って目立たせる。

なりたち 形声 戠と言（ことば）を合わせた字。戠のむかしの字は、⾳（ひょうしきの形。のちに「音」の形にかわった）と戈（ほこ）を合わせて、武器でひょうしきをうちつけるようす。見分けるための目じるしというイメージをもつ。識は、目じるしや名前で区別して知ることをあらわした。

戠のつく漢字グループ
「戠（シキ・ショク）」のグループは「見分ける目じるし」というイメージがある。
→織863 →職878 →識968

意味 ❶よく見分けて知る。「識別」❷はんだんのしかたや、考えやけいけん。「常識」❸目じるし。「標識」❹知り合い。「面識」

名まえで使う読み　さと・しき・しょく・つね・のり

【識見】しきけん／しっけん　ものごとを正しく見分けて、判断する力。また、それにもとづく意見。例 識見ゆたかな人。

【識字】しきじ　文字を知らない人が、文字が読めるようになること。

【識者】しきしゃ　ものごとをよく知っていて、正しい判断力とすぐれた意見をもっている人。例 識者の意見を聞く。

【識別】しきべつ　ものの性質や、種類などのちがいを見分けること。例 善悪を識別する。

下につく熟語　意識・一面識・学識・▼鑑識・眼識・見識・常識・知識・認識・博識・非常識・無意識・有識・良識

言－12画

【譜】

19画　常用　〔譜〕明朝　音 フ　訓 ―

意味 ❶じゅんじょだてて書いたもの。「系▼譜」 ❷音楽のふしや調子を符号で書いたもの。「楽▼譜」 ❸代々つづく。「▼譜代」

【▼譜代】ふだい　関ケ原の戦いの前から徳川氏につかえていた大名。例 譜代大名。

【▼譜面】ふめん　音楽の曲を音符や記号をつかって紙に書いたもの。

下につく熟語　新▼譜・＊図▼譜・年▼譜

言－13画

【議】

20画　4年　〔議〕明朝　音 ギ　訓 ―

※「ギする」ともつかう。

10・12・13画めを同じ長さにして15画めを長く強調。18画めも長く。

なりたち　形声　義(ギ)(形がととのっている)と言(ことば)を合わせた字。話のすじみちをととのえて話すことをあらわした。→義867

意味 ❶はなしあう。そうだんする。「会議」 ❷意見。そうだんした結果。「決議」

名まえで使う読み　かた・ぎ・のり

【議案】ぎあん　会議に出して、話し合う案。例 議案を提出する。

【議員】[1] ぎいん　国民からえらばれて、国会や県・市・町・村議会を構成し、いろいろ議論したり、きめたりする人。例 県会議員。

【議院】[2] ぎいん　国会。また、国会をひらくところ。参考 日本では衆議院と参議院とがある。

【議会】ぎかい　国民からえらばれた人々が、国や地方の政治について、いろいろな取りきめをする会。国会・県議会・市議会など。

【議決】ぎけつ　会議にかけてきめること。また、会議できまったことがら。

【議事】ぎじ　会議でそうだんすること。また、そうだんすることがら。例 会議の議事録を作成する。

【議場】ぎじょう　会議をする場所。

【議席】ぎせき　議場にある、議員がすわる席。また、議員の資格。例 議席をあらそう。

【議題】ぎだい　会議でとりあげて、話し合う題目。

【議長】ぎちょう　会議で、議事の進行やまとめなどをする人。

【議論】ぎろん　意見をのべあうこと。また、その意見。例 議論をたたかわせる。

下につく熟語　異議・閣議・協議・＊建議・▼抗議・合議・衆議・▼審議・争議・＊談議・討議・動議・発議（はつ・ぎ・ほつ）・評議・不思議・物議・▼謀議・密議・論議・＊和議

言－13画

【護】

20画　5年　〔護〕明朝　音 ゴ　訓 ＊まもる

13画めは点でもよい。19画めの横画部分は「隹」の横はばよりも短く。

こたえ　答→頭。「口頭試問」。

なりたち 形声 護（護）

もとの字は「護」。蒦と言（ことば）を合わせた字。蒦は、雈（ミミズク）と又（手）を合わせて、ミミズクをうでの中に入れるようす。わくの中に入れこむというイメージをもつ。護は、外からとりまいて、中のものをたすけまもるようすをあらわした。

蒦のつく漢字グループ

「蒦」のグループは「わくの中に入れこむ」というイメージがある。常用漢字では「蒦」になる。

→獲 725 →穫 809 →護 969

意味 **まもる。たすける。**「護衛」

名まえで使う読み ご・まもる・もり

【護衛】ごえい ある人やものにつきそって、まもること。また、そのまもる人。

【護岸】ごがん 川や海の岸をじょうぶにして、水害などからまもること。例 護岸工事。

【護持】ごじ たいせつにまもり、たもつこと。

【護身】ごしん きけんから、自分の身をまもること。例 空手は護身術に役立つ。

【護送】ごそう まもって、おくりとどけること。例 犯人を護送する。

【護符】ごふ 神社や寺でもらうおふだ。おまもり。

下につく熟語 愛護・▼援護・▼介護・*加護・看護・救護・警護・守護・弁護・防護・保護・養護

言－13画 **【譲】** 20画 常用

言－17画 **【讓】** 24画 人名 〔讓〕明朝

音 ジョウ 訓 ゆずる

なりたち 形声 もとの字は「讓」。襄（ジョウ）（中にわりこむ）と言（ことば）を合わせた字。話にわりこんできた人に、ゆずって身をひくことをあらわした。

意味 **ゆずる。**「▼譲位・▼譲▼与」

名まえで使う読み じょう・のり・まさ・ゆずり・ゆずる・よし

【譲位】じょうい 君主がくらいをゆずること。

【譲▼渡】じょうと 財産や権利などを人にゆずりわたすこと。譲与。例 財産を譲渡する。

【譲歩】じょうほ 自分の主張をさしひかえて、あいての言い分をうけいれること。

【譲▼与】じょうよ ものを、ゆずりわたすこと。譲渡。例 土地の権利を譲与する。

下につく熟語 委▼譲・割▼譲・謙▼譲・禅▼譲・分▼譲

言－15画 **【讃】** 22画 人名 〔讃〕明朝

音 サン 訓 ほめる・たたえる

意味 **ほめる。**「賞▽讃・▽讃歌・自▽讃」

参考 ふつう「賛」に書きかえる。「▽讃辞→賛辞」「▽讃美→賛美」「賞▽讃→賞賛」「称▽讃→称賛」「絶▽讃→絶賛」

名まえで使う読み ささ

7画 谷

なりたち

谷

たに
たにへん

「たに」の状態などに関係した字をあつめる。この辞典では「谷」の一字しかない。

この部首の字

0画 谷 971

ほかの部首の字

俗→亻部 80
容→宀部 299
浴→氵部 667
欲→欠部 620
裕→衤部 929

谷－0画

【谷】7画 2年

〔谷〕明朝

音 コク*
訓 たに・や*

※上にくる音により「だに」ともよむ。

1画めははらって2画めは止める。3・4画めの接点は1・2画めより上に出ない。

谷 谷

ノ ハ ハ 爫 爫 谷 谷

なりたち 会意

谷－谷－谷

八（分かれ出るしるし）を二つと口を合わせた字。水が穴から分かれてながれ出る「たに」をあらわした。

谷のつく漢字グループ

「谷」のグループは「くぼんだ穴」というイメージがある。これは「ゆったりと、うけ入れる」というイメージにつながる。

→俗 80 →容 299 →欲 620 →浴 667 →溶 685 →裕 929

意味 山と山のあいだの、ひくくくぼんだところ。たに。「▼渓谷」

名まえで使う読み こく・たに・ひろ・や

【谷風】たにかぜ 谷間から、山のいただきにむかってふく風。㊟山風

【谷川】たにがわ 山の谷間をながれる川。

谷川

【谷底】たにそこ 谷のいちばんふかいところ。谷の底。例谷底を見おろす。

【谷間】たにま／たにあい ①谷になっている、せまいところ。例谷間の村。②まわりよりひくいところ。例ビルの谷間。

下につく熟語 ▼峡谷・＊空谷・▼渓谷・▼幽谷

【浴】10画 氵部7画→667ページ
【欲】11画 欠部7画→620ページ
【裕】12画 衤部7画→929ページ
【俗】9画 亻部7画→80ページ
【容】10画 宀部7画→299ページ

谷 たに・たにへん の部
0画 谷

漢字クイズ まちがいさがし 次の四字熟語で、まちがっている漢字はどれでしょう。「半真

豆の部

0画 豆　6画 豊

7画 豆 まめ

なりたち

「たかつき（=足のついたうつわ）」などの食器類や、「太鼓」「豆」などに関係した字をあつめる。

この部首の字

0画 豆 972
6画 豊 972

ほかの部首の字

痘→疒部 755
登→癶部 758
短→矢部 782
頭→頁部 1070

豆－0画 【豆】 7画 3年

〔豆〕明朝

音 トウ・ズ
訓 まめ

5・6画めは内側に向け、また、7画めと接しなくてもよい。7画めは長く書く。

筆順：一 𠄌 冖 𠃍 𠮛 亘 豆

なりたち 象形 豆－豆－豆

食べ物を入れる、ふたがついて、上の部分はまるく、下の部分は足のついたうつわ「たかつき」をえがいた字。頭がまるいというイメージがあり、こくもつの「まめ」のいみもあらわした。

豆のつく漢字グループ

「豆」のグループは「まるい」、また「一か所に、じっと立つ」というイメージがある。

→痘 755 →頭 1070

意味 ❶まめ。「豆▼腐・大豆」 ❷小さいもの。「豆電球・豆本」

【豆乳】とうにゅう すりつぶした大豆をにて、こしてつくる白いしる。そのままのんだり、かためて豆腐にする。

【豆▼腐】とうふ 大豆をすりつぶし、にてかすをとり、にがりを入れてかためた食べ物。

【豆▼粒】まめつぶ まめのつぶ。また、ひじょうに小さいことのたとえ。例 高いところから見ると自動車が豆粒のようだ。

【豆本】まめほん きわめて小さくつくられた本。

下につく熟語 小豆・*枝豆・*黒豆・*空豆・納豆・*煮豆

【痘】12画 疒部7画 → 755ページ
【登】12画 癶部7画 → 758ページ
【短】12画 矢部7画 → 782ページ

豆－6画 【豊】 13画 5年

〔豊〕明朝

音 ホウ
訓 ゆたか

「曲」は横長、1・2画めの縦画は内側に。13画めを長くして全体を支える。

筆順：丨 冂 巾 巾 曲 曲 曲 曲 曹 曹 豊 豊 豊

なりたち 形声 豐－豐（豊）

もとの字は「豐」。丰が二つと山と豆（食べ物を入れる、足のついたうつわ）を合わせた字。丰は∧形にもりあげるというイメージをもつ。うつわの上に食べ物を山もりにするようすを図にして、山もりにするほどたっぷりあって、ゆたかであることをあらわした。→邦 434 →奉 269

意味 ❶たくさんある。ゆたか。ふっくらしているようす。「豊富」 ❷作物のみのりがよい。「豊作」

名まえで使う読み あつ・かた・て・と・とよ・のぼる・ひろ・ひろし・ほう・みのる・もり・ゆたか・よし

【豊作】ほうさく 作物がよくみのり、収穫が多いこと。豊穣。対 不作・凶作

【豊▼潤】ほうじゅん ゆたかでうるおっているようす。例 豊潤な大地。

【豊▽穣】ほうじょう　作物、とくに穀物がゆたかにみのること。豊作。例 五穀豊穣をいのる。

【豊年】ほうねん　作物のよくみのる年。例 豊年満作（＝農作物がゆたかにみのり、たくさんとれること）。対 凶年

【豊富】ほうふ　ゆたかなこと。たくさんあること。例 資源が豊富にある。

【豊満】ほうまん　肉づきがよいこと。例 豊満なからだつき。

【豊漁】ほうりょう　魚や貝などが、たくさんとれること。大漁。対 不漁

【頭】16画　頁部7画→1070ページ

7画　豕

いのこ
いのこへん
ぶた

なりたち　「イノシシ」や「ブタ」、また、それににた動物などに関係した字をあつめる。

この部首の字
4画 豚 973
5画 象 973
7画 豪 974

ほかの部首の字
家→宀部 297
逐→辶部 417
塚→土部 240

【家】10画　宀部7画→297ページ

【逐】10画　辶部7画→417ページ

豕－4画

【豚】

11画　常用　〈豚〉明朝

音 トン
訓 ぶた

なりたち　会意　豕（イノシシ）と月（＝肉）を合わせた字。食用にするブタをあらわした。

意味　動物の、ブタ。「▼豚肉・養▼豚」

【▼豚舎】とんしゃ　ブタをかってそだてる小屋。

【▼豚肉】ぶたにく　食べるための、ブタの肉。

【▼豚に真▼珠】ぶたにしんじゅ　句 いくらねうちのあるものでも、それがわからない者には役に立たないというたとえ。参考 キリスト教の「聖書」のことば。

豕－5画

【象】

12画　5年　〈象〉明朝

音 ショウ・ゾウ
訓 —

1〜6画めの部分を平たく、「豕」の縦はばを高くする。12画めは止めてもよい。

なりたち　象形　－象

動物のゾウをえがいた字。ゾウは大きな目立つ形をしていることから、「かたち」「すがた」のいみもあらわした。

象のつく漢字グループ
「象」のグループは「目立つすがた」というイメージがある。
→像95

意味　❶動物の、ゾウ。「象▼牙」　❷あらわれたかたち。すがた。「気象」　❸かたちをにせる。「象形文字」

名まえで使う読み　かた・きさ・しょう・ぞう・たか・のり

【象形】しょうけい　①物の形をかたどること。

こたえ　真→信。「半信半疑」。

豕の部 7画 豪

②象形文字のこと。

【象形文字】しょうけいもじ ①物の形ににせてつくった文字。「日」「月」「人」などの漢字や、エジプト文字など。②漢字のなりたちを分類する、六書のひとつ。ものの形をえがいてつくった漢字。→「六書(109ページ)」・付録「漢字について(1116ページ)」

象形文字

【象▼徴】しょうちょう 考えや感じなど、形のないものを、それと関係のふかい色・音・形などであらわすこと。また、あらわしたもの。例ハトは平和の象徴です。

【象▼徴的】しょうちょうてき 形のないものごとを、それと関係のあるだれでもわかりやすい形にして示すようす。例勉強をペンであらわした、象徴的なデザイン。

【象眼】ぞうがん 金属などにもようをきざんで、その中に金や銀などをはめこむこと。また、はめこんだもの。

【象▼牙】ぞうげ ゾウのきば。

下につく熟語 印象・有象無象・*巨象・具象・*形象・現象・*事象・対象・▼抽象

【塚】12画 土部9画→240ページ

豕－7画

【豪】

14画 常用 〔豪〕明朝

音 ゴウ
訓 ―

なりたち 形声 高(たかくあがる)をりゃくした亠と豕(動物)を合わせた字。かたいとげのある「やまあらし」をあらわした。→高1092

意味 ❶強くて、すぐれている。「▼豪▼傑・▼剣▼豪」❷なみはずれている。「▼豪雨・▼豪雪」❸オーストラリアのこと。「日▼豪・豪州」❹動物の、ヤマアラシ。▽敵にあうとかたいとげを逆立てて身を守る。

参考 ❸は、オーストラリアを「濠(=豪)太剌利亜」とあてたことから。

名まえで使う読み かた・かつ・ごう・すぐる・たけ・たけし・つよ・つよし・とし・ひで

【▼豪雨】ごうう はげしくふる雨。例集中豪雨。

1【▼豪家】ごうか 財産があり、勢力のある家。

2【▼豪華】ごうか ぜいたくで、はでなようす。例豪華な食事。

【▼豪快】ごうかい 小さなことにこだわらず堂々としていて、ここちよいようす。例いつも豪快にわらう。

【▼豪気】一 ごうき 気もちが大きく、こまかいことにこだわらないようす。二 ごうぎ することがはでで、すばらしいようす。参考「剛気」とも書く。

【▼豪▼傑】ごうけつ ①武勇にすぐれていて、力の強い人。②勇気があって、だいたんなことをする人。例あの男はたいした豪傑だ。

【▼豪語】ごうご いばって、えらそうなことを言うこと。例ぜったい優勝すると豪語する。

【▼豪商】ごうしょう たくさんのお金をつかって、手広く商売をしている商人。大商人。

【▼豪勢】ごうせい ひじょうにりっぱで、ぜいたくなこと。例豪勢な生活。

【▼豪雪】ごうせつ ひじょうにたくさんの雪がふること。大雪。例新潟県の豪雪地帯。

【▼豪▼壮】ごうそう かまえが大きくてりっぱなこと。例豪壮なやしき。

【▼豪族】ごうぞく むかし、地方で、財産や勢力をもっていた一族。

【▼豪▼胆】ごうたん だいたんで、少しのことにはおどろかないようす。例豪胆な人。参考「剛胆」とも書く。

【▼豪▼邸】ごうてい 大きくてりっぱなやしき。

【▼豪放▽磊落】ごうほうらいらく 四字熟語 小さなことにこだわらない太っぱらな性格やようす。例豪放磊落な人物。参考「豪放」も「磊落」も、心が広くて、小さなことにこだわらないこと。

1【▼豪勇】ごうゆう ひじょうに強くて、勇気があること。参考「剛勇」とも書く。

2【▼豪遊】ごうゆう お金をたくさんつかって、ぜいたくにあそぶこと。

下につく熟語 強▼豪・酒▼豪・富▼豪・文▼豪

同音」

7画

7画 豸 むじな むじなへん

なりたち 豸

「けもの」に関係した字をあつめる。「むじなへん」とよぶのは、「貉(むじな)」に代表させたもの。

この部首の字

3画 豹 975　7画 貌 975

墾→土部 245　懇→心部 481

豸－3画

【豹】

10画 人名 〔豹〕明朝

音 ヒョウ　訓 —

なりたち 会意 勺(高くあがる。めだつ)と豸(動物)を合わせた字。高くとびあがり、めだつもようをもつ「ヒョウ」をあらわした。

↓的 762

意味 動物の、ヒョウ。「▽豹変」

名まえで使う読み はだら

【▽豹変】ひょうへん 態度や考え方などが、がらりと変わること。参考 ㋐君子(人格者)は、自分のまちがいをすぐに改め、はっきりと行動を変える。それはまるでヒョウのからだのもようのように、あざやかではっきりしているということから。「君子は豹変す」とも。㋑今は、悪いいみでの変化をいうことが多い。

豸－7画

【貌】

14画 常用 〔貌〕明朝

音 ボウ　訓 —

意味 ❶かたち。顔のかたちやすがた。「美▼貌・容▼貌」 ❷目に見えるありさま。「外▼貌・全▼貌」

名まえで使う読み かた・とお

下につく熟語 *概▼貌・*風▼貌・*変▼貌・*面▼貌

【墾】16画 土部13画 ↓245ページ

【懇】17画 心部13画 ↓481ページ

7画 貝 こがい かい かいへん

なりたち 貝

「たから」「お金」「品物」や「うりかい」などの経済の活動に関係した字をあつめる。

この部首の字

画数	字	ページ
0画	貝	975
2画	貞	976
2画	負	976
3画	貢	977
3画	財	977
4画	貨	977
4画	貫	978
4画	責	978
4画	貪	978
4画	販	979
4画	貧	979
5画	賀	979
5画	貴	980
5画	貰	980
5画	貸	981
5画	貯	981
5画	貼	981
5画	買	981
5画	費	982
5画	貿	982
6画	資	982
6画	賊	983
6画	賃	983
6画	賂	983
6画	賄	983
7画	賑	983
7画	賓	986
8画	賛	984
8画	賜	984
8画	質	984
8画	賞	985
8画	賠	985
8画	賣	248
8画	賓	986
8画	賦	986
9画	賢	986
9画	賭	986
9画	頼	1071
10画	購	986
11画	贈	987
12画	贈	987
12画	贋	987

ほかの部首の字

則→刂部 139　頁→頁部 1066　員→口部 210　側→亻部 90　敗→攵部 528　測→氵部 679

貝－0画

【貝】

7画 1年 〔貝〕明朝

音 かい　訓 —

※上にくる音により「がい」ともよむ。

漢字クイズ まちがいさがし　次の四字熟語で，まちがっている漢字はどれでしょう。「異句

貝の部（かい・かいへん）

2画 貞・負

「目」の縦画は真下、横画の間は等しく、「八」を左右に開く（「貝」は全て同じ）。

丨 冂 冂 月 目 貝 貝

なりたち 象形 ―貝

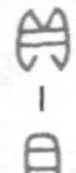

われめのあるタカラガイ、または、二まい貝をえがいた字。▽むかし、貝はお金としてもちいた。

貝のつく漢字グループ

「貝」のグループは「二つにわれる」というイメージがある。

→敗 528

意味 **かい。かいがら。**「貝塚」

【貝殻】かいがら　貝類の外がわをおおっている、かたいから。

【貝塚】かいづか　大むかしの人が食べた貝がらや、けものや魚のほねなどをすてたあと。

【貝柱】かいばしら　二まい貝の、貝がらをあけたりしめたりする筋肉。

下につく熟語 ＊桜貝・＊真珠貝・二枚貝・＊帆立貝・巻き貝

貝－2画

【貞】

9画 常用 〔貞〕明朝

音 テイ　訓 ―

なりたち 形声 鼎（まっすぐ）と卜を合わせた字。まっすぐに神の意思をとうことをあらわした。

意味 **ただしい。心がまっすぐである。動揺しない。みさおがかたい。**「貞淑・貞女・不貞」

名まえで使う読み さだ・ただ・ただし・ただす・てい・みさお

【貞淑】ていしゅく　女の人が、おこないや心が正しく、しとやかなこと。例 貞淑な妻。

【貞節】ていせつ　女の人が、多くの男の人に心を動かすことがないこと。例 貞節をまもる。

【貞操】ていそう　男女の間のきよい関係をたもつこと。

貝－2画

【負】

9画 3年 〔負〕明朝

音 フ　訓 まける・まかす・おう

※上にくる音により「ブ」ともよむ。

負　負

「⺈」は1画めを長めに。「貝」の「八」は「目」に接しても接しなくてもよい。

ノ ⺈ ⺈ 負 負 負 負 負 負

なりたち 会意 ―負

⺈（しゃがんだ人）と貝（お金）を合わせた字。人が財産をせおうようすをあらわした。

意味 ❶**身にうける。おう。**「負担・背負う」❷**たのみとする。**「自負」❸**まける。**「勝負」対 勝 ❹**数学で、0よりも小さい数。マイナス。**「負数」対 正

名まえで使う読み え・おい・ひ・ふ・ます

【負荷】ふか　機械などが仕事をするときの、つかうエネルギー量。また、その仕事の量。例 蛍光灯より電球のほうが、負荷が高い。

【負債】ふさい　かりていて、かえさなければならないお金や品物。例 多額の負債をかかえる。

【負傷】ふしょう　けがをすること。例 ころんで負傷する。

【負数】ふすう　数学で、0よりも小さな数。マイナスの数。対 正数

【負託】ふたく　たのんで、まかせること。例 国民の負託にこたえる。

【負担】ふたん　①責任や仕事などを引きうけること。例 費用はみんなで負担する。②責任や仕事がおもすぎること。例 この仕事は、わたしには負担だ。

下につく熟語 請負・抱負

【則】9画 刂部7画→139ページ

【頁】9画 頁部0画→1066ページ

貝－3画

【貢】10画 常用 〔貢〕明朝

音 コウ・ク

訓 みつぐ

※上にくる音により「グ」ともよむ。

なりたち 形声 工(まっすぐつきぬけて通る)と貝(たからもの)を合わせた字。地方でとれた産物をまっすぐにとどけて、朝廷におさめることをあらわした。→工334

意味 品物をおさめる。みつぎもの。「貢献」

名まえで使う読み こう・すすむ・つぐ・みつ・みつぎ・みつぐ

【貢献】こうけん あることのために力をつくし、役に立つこと。例 世界の平和に貢献した人。

上につく熟語 *貢ぎ物

下につく熟語 *朝貢・年貢・*来貢

貝－3画

【財】10画 5年 〔財〕明朝

音 ザイ・サイ*

訓 —

財 財

「貝」を縦長に書く。10画めの書き出し部分が9画めの右側から出なくてもよい。

1 丨 2 冂 3 月 4 目 5 目 6 貝 7 貝 8 貝一 9 財 10 財

なりたち 形声 才(ほどよく切る)と貝(お金)を合わせた字。ほどよくやりくりをして生活に役立てるお金や品物をあらわした。→才493

意味 たから。おかね。「財産・財布・私財」

名まえで使う読み ざい・たから

【財貨】ざいか お金や、ねうちのある品物。

【財界】ざいかい 品物の生産やその売り買い、または、お金の貸し借りなどをおおがかりにおこなっている人々の社会。経済界。

【財源】ざいげん 事業をしたり、品物を買ったりするもとになるお金。また、お金をうみだすもとになるもの。例 環境整備の財源をさがす。

【財産】ざいさん 個人や団体がもっている、土地・建物・お金など、ねうちのあるもの。例 財産をたくわえる。

【財政】ざいせい ①国や県、市町村などをおさめていくための、お金のやりくり。例 財政難。／財政再建。②個人や家庭のお金のやりくり。例 財政がくるしい。

【財団】ざいだん ①ある目的のために出し合った財産の集まり。②ある目的のために出された財産をはたらかせる団体。「財団法人」の略。

【財閥】ざいばつ 大きな資本をもち、いろいろな事業をしている人々の一族。

【財布】さいふ お金を入れてもち歩く入れ物。

【財宝】ざいほう 財産やたからもの。

【財務省】ざいむしょう 国の役所の一つで、国の財政をとりあつかうところ。参考 もとは「大蔵省」といった。

【財力】ざいりょく ①財産によって人や物を動かす力。金力。②お金を出せる力。

下につく熟語 家財・散財・資財・借財・*浄財・*蓄財・文化財

【員】10画 口部7画 →210ページ

貝－4画

【貨】11画 4年 〔貨〕明朝

音 カ

訓 —

貨 貨

「化」は「貝」より横広に。7・8画めの最後が縦画に接しなくてもよい。

1 ノ 2 イ 3 イ一 4 化 5 化 6 化 7 化 8 化 9 貨 10 貨 11 貨

なりたち 形声 化(すがたをかえる)と貝(お金)を合わせた字。いろいろな品物にかえることができるお金をあらわした。→化156

意味 ❶おかね。「貨幣」❷しなもの。「貨物」

名まえで使う読み か・たか

【貨車】かしゃ 鉄道で、貨物をはこぶ車。対 客車

こたえ 句→口。「異口同音」。

【貨▼幣】かへい 物と物との交換の、なかだちをするもの。お金。参考 硬貨と紙幣がある。

【貨物】かもつ 車や船などではこぶ大きな荷物。例 貨物列車。

下につく熟語 ＊悪貨・外貨・金貨・銀貨・▼硬貨・財貨・雑貨・▼滞貨・通貨・銅貨・▼邦貨・＊良貨

貝－4画

【貫】

11画 常用 〔貫〕明朝 音 カン 訓 つらぬく

なりたち 形声 -貫

毌(カン)と貝(お金)を合わせた字。毌は、まるいものを横線でつらぬくようす。つらぬくというイメージをもつ。貫は、穴のあいた銭に、ひもを通した銭さしをあらわした。

貫のつく漢字グループ
「貫」のグループは「つらぬく」というイメージがある。
→慣478

意味 ❶つらぬく。やりとおす。「▼貫通・▼貫▼徹」❷日本で、むかしつかっていた重さの単位。一貫は三・七五キログラム。

名まえで使う読み かん・つら・とおる・ぬき・やす

【▼貫通】かんつう つきぬけること。例 銃弾がかべを貫通した。

【▼貫▼徹】かんてつ さいごまでやりとおすこと。例 初志を貫徹する。

【▼貫流】かんりゅう 川が、ある地域をつらぬいてながれること。例 川が平野を貫流する。

【▼貫▽禄】かんろく その役目や身分にふさわしい、どっしりとしたおもみ。例 横綱の貫禄がある。

下につく熟語 ＊一▼貫・縦▼貫・終始一▼貫・＊▼突▼貫

貝－4画

【責】

11画 5年 〔責〕明朝 音 セキ 訓 せめる

1・3画めは同じ、4画めを長く。「八」の10画めははらって11画めは止める。

1 一　2 十　3 キ　4 主　5 丰　6 青　7 青　8 青　9 青　10 青　11 責

なりたち 形声 -責

朿(シ)(ぎざぎざしている)がかわった龶と貝(お金)を合わせた字。ふぞろいにかさなってたまった借金をかえすようにせめたてるようすをあらわした。→刺135

責のつく漢字グループ
「責」のグループは「ぎざぎざした」「ぎざぎざとかさなる」というイメージがある。
→債93 →漬687 →積809 →績863 →責978

意味 ❶とがめる。せめる。「自責・責め苦」❷しなければならないつとめ。「責任」

【責任】せきにん ①自分がしなければならないつとめ。例 責任をはたす。②自分がしたことの、あとしまつ。例 事件の責任をとる。

【責務】せきむ はたさなければならないつとめ。責任と義務。例 議長の責務をはたす。

下につく熟語 引責・▼叱責・重責・職責・文責・＊問責

貝－4画

【貪】

11画 常用 〔貪〕明朝 音 ドン 訓 むさぼる

なりたち 会意

今(かぶせて中をふさぐ)と貝(財貨)を合わせた字。財貨をとりこんで自分のものにするようすをあらわした。→今52

意味 むさぼる。いくらでもほしがる。よくばり。「▼貪欲」

【▼貪欲】どんよく たいへん欲が深いこと。満足せずにどこまでも欲しがること。例 貪欲にとりくむ。／先生から貪欲に学ぶ。参考 知識や技をひたむきに求めようとする場合にもつかう。

絶命」

貝－4画

【販】

11画 常用 〈販〉明朝

音 ハン
訓 —

なりたち 形声 販
反(はねかえる)と貝(お金)を合わせた字。出した品物にお金がはねかえってくること、つまり「うる」ことをあらわした。↓反180

意味 **品物を売る。**「▼販売・市▼販」

【▼販売】はんばい　品物を売ること。例 定価の二割引きで販売する。

【▼販路】はんろ　商品を売りさばく方面。売れくち。例 海外に販路を広げる。

貝－4画

【貧】

11画 5年 〈貧〉明朝

音 ヒン・ビン*
訓 まずしい

1・2画めは「ヘ」とせず、はなす。「刀」を「力」にしない。

※「ヒンする」ともつかう。

1 ノ　2 八　3 分　4 分　5 分　6 分　7 貧　8 貧　9 貧　10 貧　11 貧

なりたち 形声 貧
分(二つに分ける)と貝(お金)を合わせた字。お金を全部分けてしまって、たりないようすをあらわした。↓分128

意味 ❶**まずしい。**「貧▼乏」対 富 ❷**少ない。たりない。**「貧弱・貧血」

【貧▼窮】ひんきゅう　まずしくてひじょうに生活にくるしむこと。例 貧窮にくるしむ。

【貧苦】ひんく　まずしいため、くるしむこと。びんぼうのくるしみ。例 貧苦にあえぐ。

【貧血】ひんけつ　血液、とくに、赤血球がたりないこと。参考 めまいなどをおこす。

【貧困】ひんこん　①びんぼうで生活にこまること。②たりないこと。例 知識の貧困をはじる。

【貧者】ひんじゃ　まずしい人。びんぼうな人。

【貧弱】ひんじゃく　①みすぼらしくて、見おとりすること。とくに、からだがやせて弱々しいこと。②ほかのものとくらべて、おとっていること。まずしいこと。例 貧弱な才能。

【貧者の一灯】ひんじゃのいっとう 句 たとえたった一つでも、まずしい人のそなえる心のこもった明かりはとうといものだということ。↓「長者の万灯より貧者の一灯」(1035ページ)

貧者の一灯

【貧▼賤】ひんせん　まずしくて、身分のひくいこと。対 富貴

【貧相】ひんそう　顔かたちやすがたが、まずしそうで、みすぼらしいこと。例 ぶしょうひげをはやしていると貧相に見える。

【貧富】ひんぷ　まずしいことと、富みさかえていること。また、びんぼう人と金もち。例 貧富の差がはげしい。

【貧▼乏】びんぼう　財産や収入が少なく、まずしくて生活がくるしいこと。対 裕福 例 貧乏人。／貧乏くじ(=損な役まわり)。

【貧民】ひんみん　まずしい人々。

下につく熟語 *極貧・清貧・*赤貧

【側】11画 亻部9画 ↓90ページ

【敗】11画 攵部7画 ↓528ページ

貝－5画

【賀】

12画 4年 〈賀〉明朝

音 ガ
訓 —

「加」は横長にして、さらに「貝」より横広に書く。

※「ガする」ともつかう。

1 フ　2 カ　3 カ　4 加　5 加　6 加　7 智　8 智　9 賀　10 賀　11 賀　12 賀

なりたち 形声
加(上にのせる)と貝(お金や品物)を合わせた字。お礼の品物を盆などに

貝の部(こがい・かい・かいへん) 5画 貴・貰

のせておくるようすを図にして、いわうことをあらわした。→加145

意味 いわい、よろこぶ。「祝賀」

名まえで使う読み か・が・しげ・のり・ます・よし・より

【賀詞】がし 新年や長寿のいわいなどのときにのべる、いわいのことば。

【賀▼寿】がじゅ ながいきをいわうこと。

【賀春】がしゅん 年賀状などに書くことば。賀正。参考「新春(＝新年)を賀す(＝いわう)」のいみ。

【賀正】がしょう 正月をいわうこと。年賀状などに書くことば。賀春。

【賀状】がじょう 年のはじめをいわうたより。年賀状のこと。

下につく熟語 *謹賀・*慶賀・参賀・年賀

賀状

貝－5画

【貴】

12画 6年 〔貴〕明朝

音 キ

訓 *たっとい・*とうとい・*たっとぶ・*とうとぶ

貴 貴 「口」は平らに書く。5画めを長く書く。4画めは5画めの下から出さない。

1	2	3	4	5	6	7	8	9	10	11	12
丶	冂	口	中	虫	冉	冑	冑	貴	貴	貴	貴

なりたち 形声 臾と貝(おたから)を合わせた字。臾は、臾がかわったもので、土を入れてはこぶ道具の「もっこ」をえがいた字。あいたところに入れてみたすというイメージをもつ。貴は、おたからがいっぱいみちているようすを図にして、ねうちがあることをあらわした。

意味 ❶身分やくらいが高い。「貴族」❷ねうちがある。「貴重」❸(あいてに関することばにつけて)尊敬のいみをあらわす。「貴国」

難しい読み 貴重

使い分け とうとい「尊い・貴い」→(312ページ)

名まえで使う読み あつ・あて・き・たか・たかし・たけ・よし

【貴金属】ききんぞく 化学変化をほとんどうけない金属。とれる量がひじょうに少ないので、ねうちが高い。金・銀・白金など。

【貴君】きくん 男子が、同じくらいの人や、目下の人をうやまってよぶことば。参考「君」よりもていねいなことばで、手紙文でつかう。

【貴兄】きけい 男子が、自分と同じくらいの地位の人や目上の人をうやまってよぶことば。あなた。参考 手紙文でつかう。

【貴公子】きこうし 身分の高い家がらの、わかくて上品な男子。

【貴様】きさま 男子が、自分と同じくらいまたは目下の人をよぶことば。また、男子があいてをさげすみ、ののしっていうことば。

【貴社】きしゃ あいての会社をうやまっていうことば。あなたの会社。例 貴社のご発展をおいのりします。参考 手紙文でつかう。

【貴人】きじん 身分や地位の高い人。

【貴▽賤】きせん とうといことと、いやしいこと。例 職業に貴賤はない。

【貴族】きぞく 身分が高く、とくべつな権利をあたえられている階級。また、その人。

【貴重】きちょう ねうちがあって、ひじょうにたいせつなこと。例 貴重品をあずける。

【貴▼殿】きでん おもに手紙や文章で、あいてをうやまってよぶことば。

【貴▼賓】きひん 身分の高い客。例 貴賓席。

【貴婦人】きふじん 身分の高い、上品な女の人。

下につく熟語 兄貴・高貴・▼騰貴・富貴(ふうき・ふっき)

貝－5画

【貰】

12画 人名 〔貰〕明朝

音 セイ

訓 もらう

意味 もらう。また、たすけをうける。

7画

貝－5画

【貸】

12画 5年 〔貸〕明朝 音 タイ* 訓 かす

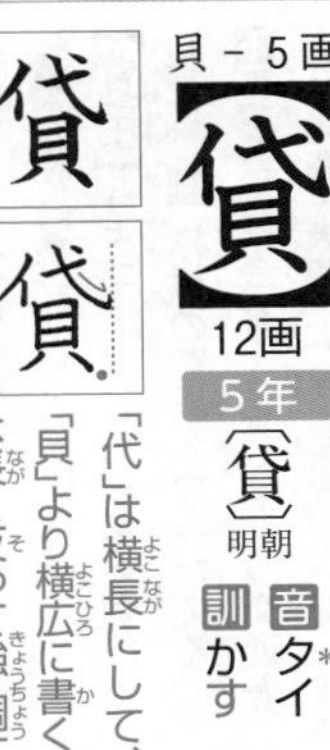

「代」は横長にして、さらに「貝」より横広に書く。4画めは長く反って強調する。

なりたち 形声 代(入れかわる)と貝(お金や品物)を合わせた字。財産のもちぬしが、いちじべつの人に入れかわることをあらわした。→代56

意味 **かす**。「賃貸・貸本」 対 借

【貸室】かししつ　お金をとって人にかすへや。

【貸本】かしほん　お金をとって人にかす本。例 貸本屋。

【貸家】かしや　お金をとって人にかす家。例 貸屋に住む。

【貸借】たいしゃく　かすことと、かりること。例 貸借の契約を結ぶ。

【貸▼与】たいよ　かしあたえること。例 アルバイトの人には、制服を貸与します。

貝－5画

【貯】

12画 5年 〔貯〕明朝 音 チョ 訓 たくわえる・*ためる

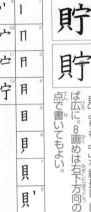

「貝」よりも「宁」を縦長に、はば広に。8画めは右下方向の点で書いてもよい。

なりたち 形声 宁(一か所に置いておく)と貝(お金や品物)を合わせた字。お金やねうちのある品物を一か所に置いておくようすをあらわした。

意味 **たくわえる。ためる**。「貯金」

名まえで使う読み おさむ・ちょ・もる

【貯金】ちょきん　お金をためること。また、ためたお金。例 貯金箱。

【貯水】ちょすい　水をためること。また、ためた水。例 貯水タンク。

【貯水池】ちょすいち　飲み水や、田畑などに引く水をためておくいけ。

【貯蔵】ちょぞう　たくわえておくこと。しまっておくこと。例 やさいを貯蔵する。

【貯▼蓄】ちょちく　お金など、財産をたくわえること。また、たくわえた財産。

下につく熟語 *貯木場

貝－5画

【貼】

12画 常用 〔貼〕明朝 音 チョウ 訓 はる

なりたち 形声 占(一定の場所にくっつく)と貝(お金や品物)を合わせた字。商品にねふだをはりつけるようすをしめす。→占169

意味 **はる。つける。つく**。

【▼貼付】ちょうふ／てんぷ　紙などをはりつける。

貝－5画

【買】

12画 2年 〔買〕明朝 音 バイ 訓 かう

「罒」は横長にして、さらに「貝」より横広に書く。「罒」を「四」と書かない。

なりたち 会意 罒(ない)と貝(お金や品物)を合わせた字。手元にない物をお金でもとめることをあらわした。→売248

意味 **かう**。「買収・買い物」 対 売

【買値】かいね　品物を買うときのねだん。また、仕入れるときのねだん。買価。対 売値

こたえ　対→体。「絶体絶命」。

貝の部 こがい・かい・かいへん 5画 費・貿 6画 資

【買価】ばいか 「買値」と同じ。対売価

【買収】ばいしゅう ①大きな物などを買いとること。例会社を買収する。②こっそりとお金などをあたえて、あいてを自分の味方にすること。例買収工作。

下につく熟語 ▼購買・仲買・売買・不買

貝－5画 【費】 12画 5年 〔費〕明朝

音 ヒ 訓 つい*やす・つ*いえる

※上にくる音により「ピ」ともよむ。

「弓」は横長に、そして「貝」より横広に。4・5画めは「弓」を上下につらぬく。

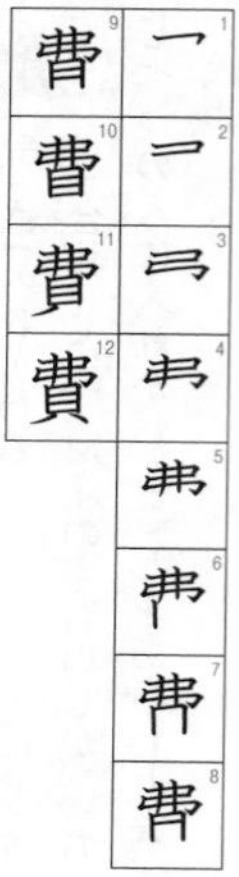

なりたち 形声 弗(左右に分ける)と貝(お金)を合わせた字。しはらって、お金をばらばらにするようすをあらわした。→払494

意味 ❶つかってへらす。ついやす。「消費」❷ものごとにかかるお金。「学費」

名まえで使う読み ひ・もち

【費用】ひよう あることをするためにかかるお金。例旅行の費用をつみたてる。

下につく熟語 会費・空費・経費・*交通費・公費・国費・雑費・失費・実費・私費・出費・食費・*人件費・*生活費・*乱費・旅費・▼浪費

貝－5画 【貿】 12画 5年 〔貿〕明朝

音 ボウ 訓 —

「卯」は横長に、そして「貝」より横広に。3画めは止め。「刀」を「力」にしない。

なりたち 形声 卯(両がわにあける)と貝(お金や品物)を合わせた字。くらやさいふをあけて、品物をとりひきするようすをあらわした。→卯170

意味 物と物、物とお金などをとりかえる。「貿易」

【貿易】ぼうえき 外国と品物の売り買いをすること。例貿易の自由化。／南蛮貿易。

【貿易風】ぼうえきふう 緯度三〇度ふきんから赤道にむけてふく、東よりの風。参考むかし、外国と貿易をする船が、この風を利用して航海したことから名づけられた。

【測】12画 氵部9画→679ページ

貝－6画 【資】 13画 5年 〔資〕明朝

音 シ 訓 —

※「シする」ともつかう。

「次」は横長に、そして「貝」より横広に。6画めの最後は止めてもよい。

なりたち 形声 次(ならぶ)と貝(お金や品物)を合わせた字。役立てるために、ならべそろえておいたお金や品物をあらわした。→次619

意味 ❶もとで。もとになるもの。「資金」❷生まれつきもっているからだや能力。「資質」❸みぶん。よりどころ。「資格」

名まえで使う読み し・すけ・ただ・とし・もと・やす・よし・より

【資格】しかく ①ものごとをするときの、身分や地位。例委員の資格で会に出席する。②その仕事や地位にひつような条件。例兄はパイロットの資格をとった。

【資金】しきん 事業などをするもとになるお金。元手。例住宅資金。／資金を調達する。

【資源】しげん 自然界からとれて、物をつくるもとになるもの。例 地下資源。

[1]【資材】しざい 物をつくるもとになる材料。例 建築資材。

[2]【資財】しざい お金・土地・品物など、生活や事業のもとになる財産。

【資産】しさん 土地・家・お金などの財産。例 資産家。

【資質】ししつ 生まれたときからもっている性質や能力。例 音楽家の資質がある。

【資本】しほん ある事業をはじめるもとになるお金。元手。資本金。例 資本家。

【資料】しりょう 研究やしらべごとのもとになる、記録や書物。例 研究資料。使い分け しりょう「史料・資料」→(192ページ)

【資力】しりょく 事業をやっていくための、元手を出せる力。また、元手になるお金。例 資力のある会社。

下につく熟語 外資・学資・＊原資・＊減資・出資・増資・投資・物資・▼融資・労資

貝－6画

【賊】

13画 常用 〔賊〕明朝

音 ゾク 訓 —

意味 ❶ぬすみや暴力など無法なおこないをすること。また、その人。ぞく。「▼賊徒・▼盗▼賊」 ❷むほんにん。「▼賊軍・▼賊将」

【▼賊軍】ぞくぐん 天皇や政府がわに、はむかう軍隊。参考 古い言い方。対 官軍

下につく熟語 海▼賊・＊義▼賊・＊逆▼賊・＊国▼賊・山▼賊・＊馬▼賊

貝－6画

【賃】

13画 6年 〔賃〕明朝

音 チン 訓 —

「任」は横長にして、さらに「貝」より横広に書く。

なりたち 形声 任(ジン)(荷物をかかえもつ)と貝(お金)を合わせた字。お金をはらって、人をやとうことをあらわした。→壬247

意味 ❶はたらいたことにたいして、しはらうお金。「賃金・賃上げ」 ❷代金として、しはらうお金。「運賃・家賃」

【賃金】ちんぎん 労働者が、はたらいたことにたいして、うけとるお金。

【賃借】ちんしゃく お金をはらって、物をかりること。ちんがり。

【賃貸】ちんたい お金をとって、他人に物をかすこと。ちんがし。例 賃貸マンション。

下につく熟語 工賃・▼駄賃・＊船賃・無賃・宿賃・＊労賃

貝－6画

【賂】

13画 常用 〔賂〕明朝

音 ロ 訓 —

なりたち 形声 各(カク)(連絡をつける)と貝(財貨)を合わせた字。連絡をつけるために、わいろをおくるようすをあらわした。→各193

意味 利益を得るために、不正におくり物をする。また、わいろ。「▼賄▼賂」

貝－6画

【賄】

13画 常用 〔賄〕明朝

音 ワイ 訓 まかなう

なりたち 形声 有(ユウ)(わくの中にかこう)と貝(お金)を合わせた字。ひそかにお金をとりこむようすをあらわした。→有880

意味 自分の利益のために、お金や品物をおくる。「▼賄▼賂・収▼賄・▼贈▼賄」

【▼賄▼賂】わいろ 自分に有利にしてもらうために、不正におくるお金や品物。そでの下。

貝－7画

【賑】

14画 人名 〔賑〕明朝

音 シン 訓 にぎわう

意味 にぎわう。にぎやか。「▽殷▽賑(＝にぎやかで活気があること)」

漢字クイズ 「訓」の「くん」という読みは，音読み・訓読みのどちらでしょう。

貝－8画

【賛】

15画 5年 〔贊〕明朝

音 サン
訓 —

※「サンする」ともつかう。

賛 賛

上部は横長に、そして「貝」より横広に。4画めは止める。8画めは止めてもよい。

なりたち 形声 贊（賛）

もとの字は「贊」。兟と貝（お金や品物）を合わせた字。兟は、先（足さき）を二つならべて、合わせてそろえることをあらわす。賛は、力になるものをそえて、あいてをたすけることをあらわした。

意味 ❶わきからたすける。「賛助」 ❷同意する。「賛成」 ❸ほめる。「賛美」 ❹絵にかきそえることば。「画賛」

名まえで使う読み あきら・さん・じ・すけ・たすく・よし

【賛意】さんい 賛成の気持ち。例 両手をあげて賛意をしめす。

【賛歌】さんか ほめたたえる気もちをあらわした歌。例 山の賛歌。／オリンピック賛歌。

【賛辞】さんじ ほめることば。

【賛助】さんじょ そのことに賛成して、力をそえてたすけること。例 賛助会員。

【賛成】さんせい 人の考えや意見に同意すること。例 あなたの意見に賛成する。対 反対

【賛▼嘆】さんたん 感心してほめること。例 賛嘆の声をあげる。

【賛同】さんどう 人の考えに賛成し、同意すること。例 原案への賛同をもとめる。

【賛美】さんび ほめたたえること。例 賛美歌。

【賛否】さんぴ 賛成と不賛成。賛成することと、反対すること。例 賛否両論があって、まとまらない。

下につく熟語 協賛・＊自賛・▼称賛・賞賛・絶賛・礼賛（らいさん・れいさん）

貝－8画

【賜】

15画 常用 〔賜〕明朝

音 シ
訓 たまわる

なりたち 形声 易（たいらにはってのびる）と貝（お金や品物）を合わせた字。品物をあいてにおしやってあたえることをあらわした。

→易549

意味 身分の高い人から物をもらう。たまわる。「恩賜・下▼賜」

難しい読み ▼賜物

名まえで使う読み し・たま・たもう・ます

【▼賜▼杯】しはい 天皇や皇族からおくられる優勝カップ。

【▼賜物】たまもの ①いただきもの。②あるおこないにたいして、あらわれたよい結果。例 努力の賜物。

貝－8画

【質】

15画 5年 〔質〕明朝

音 シツ・シチ＊・チ＊
訓 —

※上下にくる音により「シッ」「ジチ」ともよむ。

質 質

上部は横長に、そして「貝」より横広に。3・7画めを一直線上にそろえると整う。

なりたち 会意 質

斦と貝（お金や品物）を合わせた字。斦は、斤（おの）を二つならべて、めかたがつりあうことをあらわす。質は、お金につりあうだけのなかみをもつものをあらわした。

意味 ❶生まれつき。「性質」 ❷おおもとのもの。もののなかみ。「本質・物質」 ❸かざりけがない。「質素」 ❹たずねる。「質問」 ❺やくそくのしるしとして、あずけるもの。「人質」

名まえで使う読み かた・さだ・さだむ・しち・しつ・すなお・ただ・ただし・み・もと

【質屋】しちや　品物をあずかり、そのかわりに、きまった利子をとってお金をかす店。

【質感】しつかん　材料がもともっているものから受ける感じ。例 あたたかみがある質感の生地。

【質疑】しつぎ　会議に出された問題の、わからないことや、うたがいのあるところをたずねること。質問。例 質疑応答。

【質実】しつじつ　かざりけがなくて、まじめなこと。例 質実な校風。

【質実▼剛健】しつじつごうけん　四字熟語 かざりけがなく、まじめで、心も体もたくましいこと。

【質素】しっそ　ぜいたくでなく、かざりけがないこと。例 質素な服装。

【質問】しつもん　わからないことや、うたがいのあるところをたずねること。

【質量】しつりょう　①質と量。例 質量ともにすぐれている。②物体がもっている物質の量。参考 ふつう、そのものの重さと考えてよい。

下につく熟語 悪質・異質・音質・気質(きしつ・かたぎ)・均質・言質・▼硬質・材質・資質・実質・水質・素質・体質・地質・等質・同質・特質・品質・変質・良質

貝－8画

【賞】

15画　5年

〔賞〕明朝

音 ショウ

訓 —

※「ショウする」ともつかう。

上部は「ツ」ではなく、1画めは真下に下ろして5画めと接する。「冖」を横広に。

なりたち 形声 尚(ぴったりあたる)と貝(お金や品物)を合わせた字。尚は、たいらに広がるというイメージをもち、それは平面にぴったりあたるというイメージにつながる。賞は、手がらにぴったりあたるだけのお金や品物をあたえることをあらわした。→尚318

意味 ❶ほうび。ほうびをあたえる。「賞品・恩賞」対 罰 ❷ほめる。「賞賛・賞▼揚」❸よさをたのしむ。「▼鑑賞」

名まえで使う読み しょう・たか・たかし・ほむ・よし

【賞金】しょうきん　ほうびとしてあたえるお金。

【賞賛】しょうさん　ほめたたえること。例 勇気のある行動を賞賛する。参考「称賛」とも書く。

【賞状】しょうじょう　りっぱな成績やおこないなどをほめたたえることばを書いた文書。

1【賞▼杯】しょうはい　ほうびとしてあたえるさかずき。カップ。

2【賞▽牌】しょうはい　ほうびとしてあたえる記章。メダル。

【賞▼罰】しょうばつ　ほめることと、ばっすること。例 賞罰なし。

【賞美】しょうび　ほめたたえること。例 紅葉を賞美する。参考「称美」とも書く。

【賞品】しょうひん　ほうびとしてあたえる品物。

【賞味】しょうみ　料理などをほめあじわうこと。例 賞味期限。

【賞与】しょうよ　①ほうびとして、お金や品物をあたえること。また、そのお金や品物。②役所や会社などで、月給のほかに、六月・十二月などに、とくべつにあたえるお金。ボーナス。

下につく熟語 観賞・*激賞・▼懸賞・受賞・授賞・入賞

賞杯

貝－8画

【賠】

15画　常用

〔賠〕明朝

音 バイ

訓 —

なりたち 形声 咅(くっついてならぶ)と貝(お金)を合わせた字。そんをした分に見あう

こたえ 音読み。

だけのお金をあてがうようすをあらわした。→倍87

意味 つぐなう。うめあわせる。「賠償」

【賠償】ばいしょう ほかの国や人にあたえた損害をつぐなうこと。例 事故の賠償をする。

貝－8画

【賓】15画 常用 貝－7画 【賔】14画 人名 〔賓〕明朝

音 ヒン
訓 ―

意味 うやまってもてなす客。「賓客」

名まえで使う読み うら・つぐ・つら・ひん

【賓客】ひんきゃく／ひんかく だいじな客。例 外国から賓客をむかえる。

下につく熟語 貴賓・国賓・主賓・来賓

貝－8画

【賦】15画 常用 〔賦〕明朝

音 フ
訓 ―

なりたち 形声 武(むりに求める)と貝(お金)を合わせた字。ぜい金や品物をむりにとりたてることをあらわした。→武625

意味 ❶わりあてる。「月賦」 ❷分けあたえる。「賦与」

【賦役】ふえき むかしの税の一種。年貢や、はたらくことではらう税。

【賦課】ふか 税金などをわりあてて、引きうけさせること。

【賦与】ふよ くばりあたえること。例 天から才能を賦与される。

下につく熟語 ＊割賦・＊天賦・＊年賦

貝－9画

【賢】16画 常用 〔賢〕明朝

音 ケン
訓 かしこい

なりたち 形声 臤(かたく引きしまる。いっぱいつまる)と貝(財宝)を合わせた字。財宝がいっぱいつまっているようすから、かちのある才能がいっぱいある人をあらわした。

意味 ❶かしこい。かしこい人。「賢明・賢者」 対 愚 ❷あいてにかかわることばにつけて尊敬をあらわす。「賢察」

名まえで使う読み かた・けん・さか・さかし・さと・さとし・さとる・すぐる・たか・ただ・ただし・とし・のり・まさ・まさる・ます・やす・よし

【賢察】けんさつ あいてが想像したり考えたりすることを、うやまっていうことば。例 ご賢察のとおりです。

【賢者】けんじゃ かしこくて、人格のすぐれた人。賢人。対 愚者

【賢母】けんぼ かしこい母。例 良妻賢母。

【賢明】けんめい ものごとのすじ道がよくわかっていて、かしこいこと。例 みんなの意見を聞いておこなうのが賢明なやり方だ。

下につく熟語 聖賢・＊先賢

貝－9画

【賭】16画 常用 〔賭〕明朝

音 ト
訓 かける

※「トする」ともつかう。

意味 ❶お金などを、かける。また、運命にまかせて、ためしてみる。❷かけごと。ばくち。「賭場・賭博」

名まえで使う読み と

【賭場】とば かけごとをする場所。

【賭博】とばく 金や品物をかけて勝負するあそび。

貝－10画

【購】17画 常用 〔購〕明朝

音 コウ
訓 ―

なりたち 形声 もとの字は「購」。冓(上下同じ形に組み立てる)と貝(お金や品物)を合わせた字。売り手と買い手がなっとくして品物をとりひきすることをあらわした。→構610

意味 買いもとめる。「購読」

【購読】こうどく 新聞・雑誌などを買って読むこと。例 購読料。

【購入】こうにゅう 物を買い入れること。例 産地からちょくせつ購入する。

【購買】こうばい 商品を買い入れること。品物を買うこと。例 コマーシャルで、購買意欲

をかきたてられる。

注意「購売」と書かないこと。

貝－11画 **【贈】** 18画 常用
貝－12画 **【贈】** 19画 人名 〈贈〉明朝

音 ゾウ・ソウ
訓 おくる

なりたち 形声 もとの字は「贈」。曾（上にかさなる）と貝（お金）を合わせた字。あいての財産の上にものをくわえて、ふやしてやるようすをあらわした。→増244

意味 **品物などを人におくる。**「▼贈呈・▼贈り物」

使い分け おくる「送る・贈る」→（412ページ）

【▼贈▼呈】 ぞうてい　人に品物をおくること。例 先生に記念品を贈呈した。

【▼贈答】 ぞうとう　おくりものをしたり、おかえしをしたりすること。おくりもののやりとり。例 贈答品。

【▼贈与】 ぞうよ　①おくりものとしてあたえること。②自分の財産をただであいてにあたえること。例 子どもに財産を贈与する。

【▼贈▼賄】 ぞうわい　自分に有利なようにしてもらうために、お金や品物を人におくること。例 贈賄の罪にとわれる。対 収賄

下につく熟語 寄▼贈（きぞう・きそう）・恵▼贈・*追▼贈

貝－12画 **【贋】** 19画 表外 〈贋〉明朝

音 ガン
訓 にせ

意味 **本物に似せてつくったもの。にせもの。にせ。**

【▼贋作】 がんさく　にせものの作品をつくること。また、その作品。

【▼贋造】 がんぞう　本物ににせてつくること。偽造。

7画 **赤** あか

なりたち 「あかい」色に関係した字をあつめる。たんに字形のうえの目じるしとなる字もあつめる。

この部首の字
0画 赤 987
4画 赦 988

赤－0画 **【赤】** 7画 1年 〈赤〉明朝

音 セキ・シャク*
訓 あか・あかい・あからむ・あからめる

※下にくる音により「セッ」ともよむ。

赤　赤

3画めを長く。4～7画めの間を等しく。4画めは止めてもよい。7画めは止める。

一　十　土　产　赤　赤　赤

なりたち 会意 大（大きく広がる）と火を合わせた字。あかあかと大いにもえる火の色をあらわした。

意味 ❶**あか。あかい。**「赤面」❷**ありのまま。**「赤▼裸▼裸」❸**よぶんなものがない。**「赤貧」

難しい読み 赤銅色・赤▼裸▼裸

漢字クイズ 「肉」の「にく」という読みは、音読み・訓読みのどちらでしょう。

赤の部 4画 赦

名まえで使う読み あか・か・せき・はに・はにう・わに

【赤子】あかご 生まれてまもない子。赤んぼう。

【赤字】あかじ ①校正で、訂正して赤色で書いた字。 例赤字を入れる。②収入よりも支出のほうが多いこと。例 今月も赤字だ。参考 ちょうぼにつけるとき、足りない金額を赤い字で書くことから。対 黒字

【赤潮】あかしお 海水の中のプランクトンがふえ、赤茶色にかわった海水。

【赤信号】あかしんごう ①「止まれ」をしめす赤色の交通信号。②きけんな状態であることをしめす合図。例 ぼくの成績に、赤信号がともる。対 青信号

【赤土】あかつち 鉄分をふくんだ赤茶色の土。

【赤の他人】あかのたにん 句 自分とまったく関係のない人。例 同姓だが赤の他人だ。

【赤▼恥】あかはじ 人前でかく、ひどい恥。あかっぱじ。例 ズボンのおしりがやぶれていて赤恥をかいた。

【赤旗】あかはた ①赤色のはた。②危険を知らせる赤いはた。

【赤札】あかふだ ①安売りをする品物につける、赤いふだ。②買い手のきまった品物につける、赤いふだ。

【赤▼帽】あかぼう ①赤いぼうし。②駅などで手荷物をはこぶ仕事をした、赤いぼうしをかぶった人。今はいない。

【赤銅】しゃくどう 銅と金、またはさらに銀をまぜた合金。黒みがかったむらさき色をしていてつやがある。例 日にやけた赤銅色の肌。

【赤外線】せきがいせん 日光をプリズムで分けたとき、赤の外がわにある目に見えない光。ものをあたためる力がある。例 赤外線カメラ。

【赤▼褐色】せきかっしょく／せっかっしょく 赤みがかった茶色。

【赤十字】せきじゅうじ ①白地に赤の十字形をあらわしたしるし。②「赤十字社」のこと。

【赤十字社】せきじゅうじしゃ 人間を平等に愛するという考えにしたがい、戦争・災害などで苦しむ人々を助ける活動をおこなう国際的組織。

【赤道】せきどう 地球の表面で、南極と北極から同じ距離にある地点をむすんだ線。緯度は〇度。

【赤飯】せきはん 小豆をにて、もち米にまぜ、ふかしてつくったごはん。おいわいのときに食べる。おこわ。

【赤貧洗うがごとし】せきひんあらうがごとし 句 ひじょうにまずしくて、何もないようす。参考 「赤貧」は、ひどいびんぼうのこと。「洗うがごとし」は、何もかもすっかりあらいながしてしまったように、何一つないというい み。

【赤面】せきめん はずかしく思って顔が赤くなること。例 声をかけたら人違いで、赤面した。

【赤▼裸▼裸】せきらら 率直で、いつわりや、かざりのないこと。ありのまま。例 赤裸々に告白する。参考 ふつう「赤裸々」と書く。

【赤▼痢】せきり 赤痢菌でおこる大腸の病気。はげしい腹痛・下痢や血便が出る。

【赤血球】せっけっきゅう 血液にふくまれる赤い色をした、まるくひらたいつぶ。からだじゅうに酸素をはこび、二酸化炭素をはこび出すはたらきがある。

赤－4画

【赦】

11画 常用 〈赦〉明朝

音 シャ 訓 —

意味 罪をゆるす。「恩▼赦・特▼赦・大▼赦・容▼赦」

【▼赦▼免】しゃめん 罪やあやまちをゆるすこと。

7画

7画 走 そうにょう はしる

なりたち

「はしる」動作や、「はしる」状態に関係する字をあつめる。

この部首の字

0画 走 989
2画 赴 989
3画 起 989
3画 赳 990
5画 越 991
5画 超 991
8画 趣 992

走－0画

【走】

7画 2年 〔走〕明朝

音 ソウ
訓 はしる

3画めを長く。2・4画めの縦画をそろえる。6画めは立てて7画めは長くはらう。

一 + 土 キ 丰 走 走

なりたち 会意 夭(両手をふる人)と止(足)を合わせた字。人が両手をふってはしるようすをあらわした。

意味 ❶はしる。「走者・競走・力走」 ❷にげる。「逃走・▼脱走」

名まえで使う読み そう・ゆき

【走行】そうこう 自動車などが走ること。例 車の走行距離。

【走者】そうしゃ ①走る人。とくに、陸上競技で、リレーのそれぞれの区間を走る人。②野球で、塁に出ている人。ランナー。例 走者一掃の三塁打。

【走破】そうは 予定の全コースを走り通すこと。例 フルマラソンを走破する。

【走馬灯】そうまとう 中に明かりを入れて、まわりの紙にかげ絵をうつし、それが回るようにつくったとうろう。回りどうろう。

【走▼塁】そうるい 野球やソフトボールで、走者が次の塁へ走ること。

【走路】そうろ 競技者が走る道すじ。コース。

下につく熟語 快走・▼滑走・完走・▼疾走・縦走・助走・師走・東▼奔西走・徒競走・独走・敗走・▼帆走・暴走・▼奔走

走－2画

【赴】

9画 常用 〔赴〕明朝

音 フ
訓 おもむく

意味 おもむく。いそいで行く。「▼赴任」

名まえで使う読み はや・ふ・ゆく

【▼赴任】ふにん 新しいつとめ先のある土地に行くこと。例 校長先生が赴任してこられた。

走－3画

【起】

10画 3年 〔起〕明朝

音 キ
訓 おきる・おこる・おこす

7画めは「己」を支えられるように長くはらう。10画めの最後は止めてもよい。

一 + 土 キ 丰 走 走 走 起 起

なりたち 形声 己(おきあがる)と走(足の動作)を合わせた字。ねていたものや目立たなかったものがおきあがることをあらわした。→己337

意味 ❶おきる。おこす。「起立・▼隆起」 ❷はじまり。おこり。「起源」 ❸はじめる。「起工」

使い分け おこる「興る・起こる」→(904ページ)

名まえで使う読み おき・おこす・かず・き・たつ・ゆき

【起案】きあん (文書や条文の)もとになる案や文をつくること。

【起因】きいん それが原因となって、なにごとかがおこること。また、そのことがおこった原因。例 不注意に起因する事故。

【起居】ききょ ①立つ

起居②

こたえ 音読み。

ことと、すわること。動作。②毎日のくらし。例合宿で友だちと起居を共にする。

【起源・起原】きげん ものごとのはじまり。おこり。例文字の起源。

使い分け きげん 起源・紀元・期限

【起源】ものごとのおこり。例種の起源。／漢字の起源。

【紀元】歴史の上で年数をかぞえる元になる年。いっぱんに、キリストが生まれたとされる年を紀元一年とする西暦紀元がつかわれている。例紀元前三世紀。

【期限】きめられている期間。例食品には賞味期限がある。

【起工】きこう 工事をはじめること。例校舎新築の起工式。

【起算】きさん （あるところから）かぞえはじめること。例着工日から起算して一年になる。

【起死回生】きしかいせい 四字熟語 今にもほろびそうな状態から、生きかえること。例起死回生のホームラン。

【起▼床】きしょう 目をさましておきること。例七時に起床する。対就寝

【起承転結】きしょうてんけつ 四字熟語 ①漢詩の組み立て方の一つ。起句（はじめの句）で詩をよみはじめ、承句（次の句）でそれをうけつぎ、転句（第三句）で詩の内容を変化させ、結句（さいごの句）で全体をまとめる。②ものごとの順序や組み立てのたとえ。例話に起承転結があって、わかりやすい。

【起▼訴】きそ 検察官が裁判所にうったえをおこすこと。例容疑者が起訴された。

【起草】きそう げんこうや文書などの、下書きを書きはじめること。文案をつくること。例法律の原案を起草する。

【起点】きてん ものごとのはじまるところ。対終点

【起動】きどう モーターやコンピューターなどの運転をはじめること。始動。例システムを起動させる。／再起動。

【起▼伏】きふく ①土地などが、高くなったり、ひくくなったりしていること。例起伏がはげしい住宅地。②さかんになったりおとろえたり、変化のはげしいこと。例起伏の多い人生をおくる。

【起用】きよう 人を、ある役につかせること。例みごと起用にこたえる。

使い分け きてん 起点・基点

【起点】ものごとの始まるところ。出発点。例マラソンの起点は、市役所の前だ。

【基点】きょりをはかったり、図をかいたりするときに、もとになるところ。例木を基点にきょりを測る。

【起立】きりつ 立ち上がること。例かけ声を合図に起立する。

下につく熟語 ▼縁起・▼喚起・決起・再起・提起・▼突起・奮起・▼躍起

走-3画

【赳】 10画 人名 〔赳〕明朝

音 キュウ　訓 —

なりたち 形声 丩（引きしまる）と走（足の動作）を合わせた字。筋肉がひきしまって力強くうごくようすをあらわした。

意味 **強く、いさましいようす。**「▽赳▽赳」

名まえで使う読み きゅう・たけ・たけし

走－5画

【越】12画 常用 〈越〉明朝

音 エツ
訓 こす・こえる

なりたち 形声 戉（形にそりかえる）と走を合わせた字。（形にとびこえることをあらわした。

意味 こす。こえる。のりこえる。「越冬」

使い分け こえる「超える・越える」→991ページ

名まえで使う読み えつ・お・おち・こえ・こし

【越境】えっきょう さかいをこえること。とくに、国境をこえること。

【越権】えっけん 自分の権限をこえたことをすること。出すぎたことをすること。例 越権行為。

【越冬】えっとう 冬をこすこと。例 南極越冬隊。

【越年】えつねん 年をこし、新しい年をむかえること。年越し。例 事件は未解決のまま越年した。

下につく熟語 卓越・超越・*優越

走－5画

【超】12画 常用 〈超〉明朝

音 チョウ
訓 こえる・こす

なりたち 形声 召（形にまがる）と走（足の動作）を合わせた字。（形に物の上をとびこえることをあらわした。→召192

使い分け こえる 超える・越える

【超える】ある分量や基準を上回って、先へいく。例 千人を超える応援団。／想像を超える。

【越える】あるものの上を通り、ほかへ移っていく。例 山を越える。／国境を越える。

意味 ❶限度をこえる。「超過」 ❷かけはなれている。なみはずれている。「超満員・超人」

名まえで使う読み おき・き・こえる・こゆる・とお・ゆき

【超越】ちょうえつ ①ものごとのていどなどが、ふつうよりはるかにこえていること。②それをのりこえて、問題にしないこと。例 損得を超越して社会のためにはたらく。

【超音速】ちょうおんそく 音が空気中をつたわるより、はやい速度。例 超音速旅客機。

【超過】ちょうか きまった数・量・時間などをこえること。例 予定の時間を超過した。／超過料金。

【超現実的】ちょうげんじつてき じっさいのものごとからかけはなれ、ありえないようす。

【超高層】ちょうこうそう たてものなどが、ひじょうに高いこと。例 超高層ビル。

【超自然】ちょうしぜん 自然の法則やりくつでは説明できないこと。例 超自然現象。

【超常現象】ちょうじょうげんしょう 科学では説明できない、ふしぎなこと。

【超人】ちょうじん ふつうの人にはできないようなことができる、ひじょうにすぐれた能力をもつ人。

【超人的】ちょうじんてき ふつうの人ができないようなことをするようす。例 超人的な働きをする。

【超絶】ちょうぜつ くらべられないほど、とびぬけてすぐれていること。例 超絶技巧。

【超然】ちょうぜん （わずらわしい）ものごとにこだわらず、そこからぬけ出ているようす。例 超然としてふるまう。

【超特急】ちょうとっきゅう ①特別急行列車（=特急）よりもはやい列車。②ものごとをするのが、ひじょうにはやいことのたとえ。例 仕事を超特急でしあげる。

【超能力】ちょうのうりょく ふつうでは考えられないようなことができる、ふしぎな力。例 超能力者。

【超満員】ちょうまんいん きめられた人数をこえて、もうこれ以上はいれないほど、人がぎ

走の部 8画 趣・足の部 0画 足

っしりつまっていること。例超満員の会場。

下につく熟語 ＊出▼超・＊入▼超

走－8画

【趣】

15画 常用 〔趣〕明朝

音 シュ
訓 おもむき

なりたち 形声 取（ちぢめる）と走（足の動作）を合わせた字。時間をちぢめて、いそいで行くようすをあらわした。→取182

意味 ❶めざすところ。ねらい。「▼趣▼旨」❷おもしろみ。あじわい。「▼趣味・詩▼趣」❸向かう。

【▼趣意】しゅい ものごとをしようと思ったときの考えや目的。例趣意書。

【▼趣向】しゅこう ものごとをおこなったり、つくったりするときに、おもしろみが出るようにくふうすること。また、そのくふう。例趣向をこらす。

【▼趣▼旨】しゅし ものごとをする、めあて。ねらい。例会の趣旨を説明する。使い分け しゅし「主旨・趣旨」→（29ページ）

【▼趣味】しゅみ ①ものごとのほんとうのあじわいを知り、楽しむこと。また、そのあじわい。例趣味のよいきもの。②本業ではなく、楽しみとしてするものごと。例ぼくの趣味は切手の収集です。

下につく熟語 ＊意▼趣・＊雅▼趣・興▼趣・＊情▼趣・＊風▼趣・＊妙▼趣・野▼趣

7画 足・⻊ あし あしへん

なりたち

「あし」の動作・状態・部分などに関係した字をあつめる。

この部首の字
0画 足 992 ／ 5画 距 993 ／ 6画 跨 993 ／ 6画 跡 993 ／ 6画 践 993 ／ 6画 跳 994 ／ 6画 路 994 ／ 7画 踊 994 ／ 8画 踪 995 ／ 8画 踏 995 ／ 9画 蹄 995 ／ 11画 蹟 995 ／ 12画 蹴 995 ／ 14画 躍 995

ほかの部首の字 促→亻部80

足－0画

【足】

7画 1年 〔足〕明朝

音 ソク
訓 あし・たりる・たる・たす

※上下にくる音により「ゾク」「ソッ」ともよむ。

「口」の縦画は内側に向ける。4画めは「口」の中心に書く。7画めは長くはらう。

なりたち 象形 ひざから足先までをえがいた字。

足のつく漢字グループ
「足」のグループは「ちぢめる」というイメージがある。
→促80 →捉508

意味 ❶あし。「足▼跡（そくせき・あしあと）」❷あるくこと。「遠足」❸たりる。たす。「満足・補足」❹はきものをかぞえることば。そく。「くつ三足」

難しい読み 足▼跡（あしあと・そくせき）・足袋

名まえで使う読み あし・たらし・たり・たる・なり・みつ・ゆき

【足▼跡】一 あしあと ①歩いたあとにのこる足の形。そくせき。例犯人の足跡をさがす。②やりとげて、のこしたもの。例小学校時代の足跡をふりかえる。二 そくせき ①足あと。②あとにのこした業績。例科学者として、りっぱな足跡をのこす。

【足音】あしおと ①歩いたり走ったりするときの足の音。②近づいてくるけはいのたとえ。例冬の足音が近づく。

【足が出る】あしがでる 句 予定していたお金では足りなくなる。また、そんをする。例買い物をしすぎて、足が出た。

【足が棒になる】あしがぼうになる 句 長い間立ちつづけたり歩きつづけたりして足がひじょうにつかれる。例山道を歩きつづけたので足が棒になってしまった。

【足軽】あしがる ふだんは雑役などをし、たたかいのときは歩兵になった、身分のいちばんひくいさむらい。

【足▼駄】あしだ　雨や雪のふったときにはく、はの高いげた。たかば。

【足代】あしだい　のりものにのる費用。交通費。

【足の▼踏み場もない】あしのふみばもない　句　足をふみ入れる場所もないほど、いろいろな物がちらばっているようす。

【足場】あしば　①足をかけるところ。足がかり。例 足場がわるい道。②ものごとをするときの、よりどころ。例 活動の足場をかためる。③交通のべん。例 駅まで近くて足場がよい。

【足早】あしばや　歩き方がはやいようす。例 足早に立ちさる。

【足▼拍子】あしびょうし　足をふんで、ひょうしをとること。対 手拍子

【足元】あしもと　①足のそば。例 足元にかれ葉がおちる。②身近なところ。例 生活の足元をかためる。③歩きぐあい。例 足元がふらつく。参考「足下」とも書く。

【足元から鳥が立つ】あしもとからとりがたつ　句　①とつぜん、思ってもみなかったことがおこるたとえ。②きゅうに思いたって物事をはじめるたとえ。

【足元を見る】あしもとをみる　句　あいての弱いところにつけこむ。

【足を運ぶ】あしをはこぶ　句　出かける。例 少し遠かったが友人の家まで足を運んだ。

【足を引っ張る】あしをひっぱる　句　物事がうまくすすまないようにじゃまをする。ほかの人の成功をさまたげる。

【足▼袋】たび　先が二つに分かれた、ふくろ状のはきもの。

下につく熟語　*雨足・▼襟足・義足・客足・禁足・下足・充足・俊足・素足・▼蛇足・長足・手足・*出足・土足・人足（にんそく・ひとあし）・早足・不足・*船足・発足・*無▼駄足

【促】9画　亻部7画→80ページ

足－5画

【距】

12画　常用　〈距〉明朝　音 キョ　訓 *へだてる

意味 へだてる。はなれる。「▼距▼離」

【▼距▼離】きょり　二つのものの間の長さ。へだたり。例 距離感。／長距離。

足－6画

【跨】

13画　人名　〈跨〉明朝　音 コ　訓 またぐ

意味 またぐ。またがる。「▽跨下（＝またの下）・▽跨線橋」

足－6画

【跡】

13画　常用　〈跡〉明朝　音 セキ　訓 あと

なりたち 形声　亦（点々とつづく）と足を合わせた字。きまった間隔をおいて同じ形がつづく「あしあと」をあらわした。→亦45

意味 ❶あしあと。「追▼跡」❷ものごとがおこなわれた、あと。「遺▼跡」❸家をつぐこと。あと。「▼跡取り・▼跡▼継ぎ」

名まえで使う読み　あと・せき・ただ・と・みち

【▼跡形】あとかた　以前、何かがそこにあったことをしょうこだてるもの。例 跡形もない。

【▼跡始末】あとしまつ　→「後始末（376ページ）」

【▼跡地】あとち　①作物をつくったあとの土地。②建物などが、とりこわされたあとの土地。

【▼跡目】あとめ　あとの人がうけつぐ家・地位・財産など。また、それをうけつぐ人。例 跡目相続。

下につく熟語　足▼跡（あしあと・そくせき）・▼奇▼跡・▼軌▼跡・旧▼跡・形▼跡・古▼跡・史▼跡・*城▼跡・*人▼跡・筆▼跡

足－6画

【践】

13画　常用　〈践〉明朝　音 セン　訓 *ふむ

なりたち 形声　もとの字は「踐」。戔（小さい）と足を合わせた字。小さい歩はばで歩くようすをあらわした。→残629

意味 じっさいにおこなう。ふむ。「実▼践」

こたえ　音読み。

足 − 6画

【跳】

13画 常用 〔跳〕明朝

音 チョウ
訓 はねる・とぶ

なりたち 形声 兆（はなれる）と足を合わせた字。足ではねて地面からはなれることをあらわした。→兆101

意味 とびあがる。はねる。「▼跳▼躍・▼幅▼跳び」

使い分け とぶ「飛ぶ・跳ぶ」→（1078ページ）

【▼跳馬】ちょうば 馬の胴体をかたどった台。また、それをつかった体操競技。

【▼跳▼躍】ちょうやく ①とびあがること。また、おどりあがること。②走り高跳び・走り幅跳び・三段跳びなどの、運動競技。

【▼跳び箱】とびばこ 体操用具の一つ。木でつくった四角いわくをかさねて、いちばん上にマットをはった台をのせたもの。この上をとびこす。

足 − 6画

【路】

13画 3年 〔路〕明朝

音 ロ
訓 じ・みち*

路 路

「あしへん」は、6画めを縦画にして、7画めは6画めより左下から右上にはらう。

1 丶 2 ㇆ 3 口 4 ⻊ 5 ⻊ 6 ⻊ 7 ⻊ 8 ⻊ 9 跁 10 跤 11 路 12 路 13 路

なりたち 形声 各（横に連絡する）と足を合わせた字。二点の間を連絡する横みちをあらわした。→各193

意味 ❶みち。「道路」❷ものごとのすじ道。「理路」❸たいせつな地位。「要路」❹たび。「路銀」

名まえで使う読み じ・のり・みち・ゆく・ろ

【路▼肩】ろかた／ろけん 道路の両はしの部分。とくに、下ががけなどになっている道路のはし。例 車を路肩によせる。

【路銀】ろぎん 旅行の費用。参考 古い言い方。

【路地】ろじ 家と家の間にある、せまい道。

【路上】ろじょう ①道の上。道ばた。②歩いて行くとちゅう。例 路上で友だちに会った。

使い分け ろじ 路地・露地

【路地】家と家の間のせまい道。例 路地うらをあるく。

【露地】やねのない地面。例 露地栽培のイチゴ。

参考 「露」は、さらす、雨ざらしにするのいみ。

【路線】ろせん ①電車・バスなどが、そこを通って目的地へ行くようにきめられている道すじ。例 新しいバス路線。②ものごとをすすめるやり方。方針。例 平和路線をつづける。

【路頭】ろとう 道ばた。例 路頭にまよう（＝くらしにこまり、どうしてよいかわからなくなる）。

【路▼傍】ろぼう 道ばた。例 路傍の石仏。

【路面】ろめん 道路の表面。道の上。例 路面電車。

下につく熟語 ＊悪路・家路・一路・遠路・往路・＊大路・回路・海路・街路・活路・岐路・帰路・空路・経路・血路・＊小路・行路・航路・血路・＊険路・順路・針路・進路・水路・線路・退路・旅路・通路・鉄路・＊波路・難路・＊船路・▼遍路・末路・迷路・山路・夢路・陸路

足 − 7画

【踊】

14画 常用 〔踊〕明朝

音 ヨウ
訓 おどる・おどり

なりたち 形声 甬（つきとおす）と足を合わせた字。地面をとんとんとついておどるようすをあらわした。→通417

意味 おどる。おどり。「▼舞▼踊」

上につく熟語 ＊踊り子・＊踊り字・＊踊り場

下につく熟語 ＊盆踊り

することをうらなう行事をおこないました。

足の部 あし・あしへん
8画 踪・踏
9画 蹄
11画 蹟
12画 蹴
14画 躍

使い分け おどる 踊る・躍る

【踊る】リズムに合わせて、おどりをおどる。例 フラダンスを踊る。／盆おどりを踊る。

【躍る】はねあがる。また、わくわくする。例 波間に魚が躍る。／胸が躍る。／血湧き肉躍る。

𧾷−8画

【踪】

15画 常用 〔踪〕明朝 音 ソウ 訓 あと*

なりたち 形声 宗と足を合わせた字。宗は、「中心の筋をなす」→「たてにまっすぐとおる」というイメージをもつ。踪は、たての筋をつくって点々とつづいていく足跡をあらわした。→宗293

意味 あと。足あと。「失▽踪」

【▽踪▽跡】そうせき ①足あと。②何かがおこなわれた、あと。③ゆくえ。例 踪跡をたずねる。／踪跡をくらます。

下につく熟語 失▽踪

𧾷−8画

【踏】

15画 常用 〔踏〕明朝 音 トウ 訓 ふむ・ふまえる

意味 足でふむ。ふんで歩く。「▽踏破・▽踏み石」

【▽踏査】とうさ じっさいに、その場へ行ってしらべること。例 無人島の踏査をする。

【▽踏▽襲】とうしゅう それまでのやり方をうけつぐこと。例 前の社長の方針を踏襲する。

【▽踏破】とうは 長く、くるしい道のりをさいごまで歩き通すこと。例 全行程を踏破した。

【▽踏切】ふみきり ①道路が鉄道の線路をよこぎっているところ。例 踏切の事故。②運動競技で、とびあがるいきおいをつけるため、地面を強くけること。また、その場所。例 とびばこの踏み切り。参考 ②は「踏み切り」と書く。

下につく熟語 雑▽踏・人▽跡未▽踏・▽舞▽踏

足−9画

【蹄】

16画 人名 〔蹄〕明朝 音 テイ 訓 ひづめ

意味 ひづめ。牛や馬の、くっついて一つになったつめ。「▽蹄鉄」

【▽蹄鉄】ていてつ 馬のひづめがきずつかないように、そのうらに打ちつけるU字形の鉄具。

下につく熟語 馬▽蹄

足−11画

【蹟】

18画 人名 〔蹟〕明朝 音 セキ 訓 あと

意味 あと。何かがあったりおこなわれたりした、しるし。「史▽蹟・筆▽蹟」

参考 ふつう「跡」に書きかえる。「史▽蹟→史跡」「奇▽蹟→奇跡」「筆▽蹟→筆跡」「旧▽蹟→旧跡」「古▽蹟→古跡」「遺▽蹟→遺跡」

名まえで使う読み ただ

𧾷−12画

【蹴】

19画 常用 〔蹴〕明朝 音 シュウ 訓 ける

なりたち 形声 就（ちかづく）と足を合わせた字。目標にちかづけるようにけることをあらわした。

意味 ける。「▽蹴球・一▽蹴（＝あいてにせずに、あっさりことわること）」

名まえで使う読み け

【▽蹴球】しゅうきゅう サッカー。

𧾷−14画

【躍】

21画 常用 〔躍〕明朝 音 ヤク 訓 おどる

※下にくる音により「ヤッ」ともよむ。

なりたち 形声 もとの字は「躍」。翟（高くあがる）と足を合わせた字。足ではねて、高くとびあがることをあらわした。→曜564

意味 とびあがる。おどる。「▽跳▽躍」

使い分け おどる「踊る・躍る」→（995ページ）

【▽躍如】やくじょ いきいきとして、目に見え

ミニ知識 1月7日は、七草がゆを食べる習慣がありますが、中国では「人日」といい、人間に関

るようにあらわれているようす。例面目躍如（＝世間の評判どおりに活躍する）。

【▼躍進】やくしん すばらしいいきおいで、進歩すること。例めざましい躍進をとげる。

【▼躍動】やくどう 力強く、生き生きとうごくこと。例躍動する若さ。

【▼躍起】やっき あせって、むきになること。また、そう見えるぐらい熱心にすること。例躍起になって言いわけをする。

下につく熟語 暗▼躍・一▼躍・活▼躍・飛▼躍・勇▼躍

身の部（み・みへん）

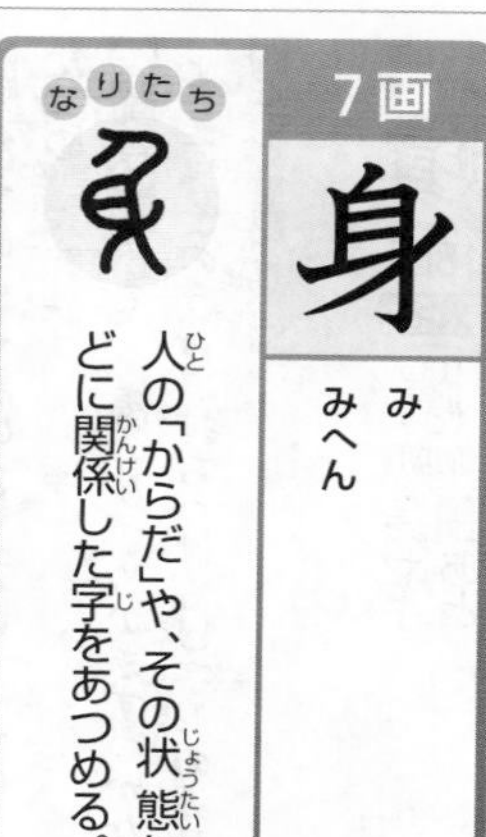

人の「からだ」や、その状態などに関係した字をあつめる。

この部首の字
0画 身 996
射→寸部 311
窮→穴部 814

身－0画

【身】

7画 3年

〔身〕明朝

音 シン
訓 み

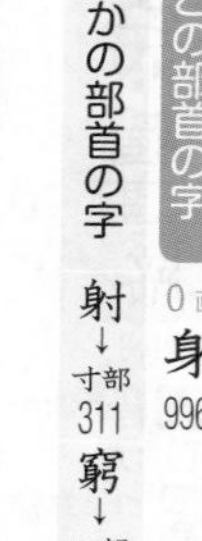

2・3画めの縦画は真下に。6画めは2画めより左から。7画めは長くはらう。

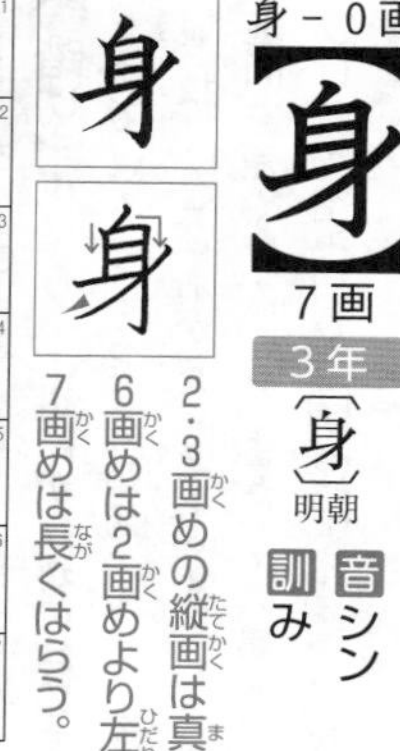

なりたち 象形 身

女の人のおなかに子どもがはいっているすがたをえがいた字。肉やほねのつまっているなまみの「からだ」をあらわした。

意味 ❶からだ。「身長」 ❷その人。自分。「独身・自身」 ❸なかみ。「刀身」

難しい読み 身上（しんしょう・しんじょう）・身支度

名まえで使う読み これ・ただ・ちか・のぶ・み・む・もと・よし

【身上】㊀しんしょう 生活のためのたくわえ。財産。例身上をくいつぶす。㊁しんじょう ①身の上。②よい点。とりえ。例かれの身上はまじめなことだ。

【身体】しんたい からだ。

【身代】しんだい 家の財産。身上。例身代をきずく。

【身体検査】しんたいけんさ ①からだの発育や、からだに異常がないかなどをしらべること。②服装やもち物をしらべること。

【身長】しんちょう せいの高さ。

【身辺】しんぺん 身の回り。例身辺を守る。

【身命】しんめい からだと、いのち。例身命をなげうって、仕事をなしとげる。

【身内】みうち ①からだじゅう。全身。②親類。みより。例身内のあつまり。

【身重】みおも おなかに子どもがいること。

【身勝手】みがって 自分につごうのいいように考えたり、おこなったりするようす。自分勝手。例身勝手な行動。

【身▼柄】みがら その人のからだ。例身柄を引きとる。

【身から出た▽錆】みからでたさび 句 自分がした悪いおこないのために、あとで自分が苦しむことのたとえ。

【身軽】みがる ①からだの動きがすばやいこ

って，川のほとりでからだをあらいきよめ，けがれをはらう日でした。

と。②みじたくがかんたんで楽に動けること。例 身軽な服そう。③役目や責任がなくて気が楽なこと。例 身軽な立場。

【身支度】みじたく 外出や仕事などにあわせて、それにふさわしい服装をすること。参考「身仕度」とも書く。

【身銭】みぜに 自分のお金。例 身銭を切る(=自分のお金を出して、はらう)。

【身近】みぢか 自分のからだに近いところ。また、自分に関係がふかいこと。例 地球の温暖化は身近な問題だ。

【身に余る】みにあまる 句 自分のねうち以上である。例 身に余る光栄です。

【身にしみる】みにしみる 句 ①心に深く感じる。②からだに強くこたえる。例 寒さが身にしみる。

【身につまされる】みにつまされる 句 人の不幸や苦しみなどが自分のことのように(かわいそうに)思われる。例 身につまされる話。

【身の上】みのうえ ①その人がおかれている状態。例 身の上そうだん。②その人の運命。例 身の上をうらなう。

【身分】みぶん ①その人の、世の中での地位や資格。例 身分証明書。②その人の、くらしのようす。例 ぜいたくのできる身分ではない。

【身元】みもと その人の生まれや、そだち。例 身元不明のそうなん者。

【身も▼蓋も無い】みもふたもない 句 あまりにはっきり言いすぎて、おもしろみやおもむきがない。例 それを言っては身も蓋も無い。

【身を入れる】みをいれる 句 心をこめて、いっしょうけんめいにする。例 習いごとに身を入れる。

【身を固める】みをかためる 句 ①身じたくをする。例 よろいかぶとに身を固める。②決まった職につく。③けっこんする。

【身を切られるよう】みをきられるよう 句 ①ひじょうにさむいようす。例 身を切られるようなさむさ。②ひどくつらいようす。例 家族とわかれるのは身を切られるようにつらい。

【身を▼削る】みをけずる 句 からだがやせ細るような苦労や心配をする。例 祖父は身を削るような努力をして大学を卒業したそうだ。

【身を粉にする】みをこにする 句 苦労をいやがらず、いっしょうけんめいに働くようす。例 身を粉にして働く。注意「みをこなにする」と読まないこと。

下につく熟語 *赤身・一身・▼肩身・黄身・化身・▼献身・護身・*修身・終身・出身・白身・心身・*人身・親身・全身・前身・単身・長身・転身・投身・中身・生身・病身・不死身・粉骨▼砕身・分身・変身・保身・満身・立身

【射】10画 寸部7画 → 311ページ

【窮】15画 穴部10画 → 814ページ

7画

車 くるま くるまへん

なりたち

「くるま(=車輪)」の種類・状態・部分などに関係した字をあつめる。

この部首の字

画数	字	ページ
0画	車	997
2画	軌	998
2画	軍	998
3画	軒	999
4画	転	1000
4画	軟	1001
5画	軽	1001
5画	軸	1003
6画	較	1003
6画	載	1003
7画	輔	1003
8画	輝	1003
8画	輩	1003
8画	輛	1004
8画	輪	1004
9画	輯	1004
9画	輸	1004
10画	轄	1005
10画	輿	1005
11画	轉	1000
12画	轍	1005
14画	轟	1005

ほかの部首の字

字	部	ページ
庫	广部	357
連	辶部	419
陣	阝部	442
斬	斤部	537
撃	手部	519
暫	日部	563

車－0画

【車】7画 1年

〔車〕明朝

音 シャ 訓 くるま

※上にくる音により「ぐるま」ともよむ。

車 車

6画めを最長に、間を等しく。7画めは中心をつらぬき、最後は止めてもよい。

車 くるま・くるまへん

車の部 2画 軌・軍

なりたち 象形 車輪を軸どめでとめた、二輪車をえがいた字。

意味 ❶**くるま。**「滑車・車輪」 ❷**くるまをつけた、のりもの。**「乗車・電車」

名まえで使う読み くら・くるま・しゃ・のり

【車座】くるまざ 大勢の人が輪のようになり、内がわをむいてすわること。

【車代】くるまだい ①車を買ったり、のったりした代金。例 車代をはらう。②来てもらった人に出す謝礼。例 出席者に車代をわたす。

【車庫】しゃこ 電車や車をしまっておく建物。

【車軸を流す】しゃじくをながす 句 大雨がふるようす。参考 車軸(=車のしんぼう)のように太い雨あしの雨がふるといういみから。

【車掌】しゃしょう 電車などの中で、料金をとったり発車の合図などをする人。

【車上】しゃじょう のりものにのっていること。例 車上の人になる。

【車線】しゃせん 車を走らせることができる、道路のはば。レーン。例 車線をへんこうする。／三車線ある道路。

【車窓】しゃそう 電車や自動車などのまど。例 車窓から富士山が見える。

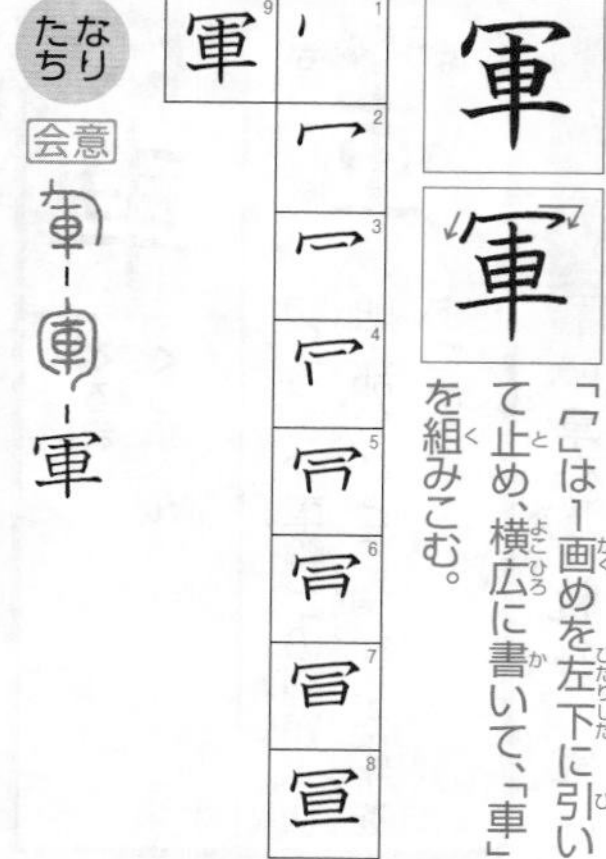
車窓

【車体】しゃたい 電車や自動車などの、人や荷物をのせる部分。

【車中】しゃちゅう 電車や自動車などの中。車内。例 車中で駅弁を食べる。

【車道】しゃどう 道路で、車両が通るようにきめられているところ。対 歩道

【車内】しゃない 「車中」に同じ。対 車外

【車両】しゃりょう 電車や自動車などのこと。例 車両通行禁止。

【車輪】しゃりん 車の輪。

下につく熟語 糸車・外車・貨車・肩車・汽車・客車・牛車(ぎゅうしゃ・ぎっしゃ)・*空車・口車・下車・降車・*自転車・*自動車・*終車・水車(すいしゃ・みずぐるま)・戦車・操車・山車・単車・駐車・停車・荷車・配車・歯車・馬車・*拍車・発車・風車(ふうしゃ・かざぐるま)・矢車・横車・列車

軌

車－2画 9画 常用 〔軌〕明朝 音 キ 訓 ―

なりたち 形声 九(キュウ)(まがる)と車を合わせた字。まがりくねってつづく車輪のあとをあらわした。→九34

意味 ❶**車輪のあと。**「軌跡」 ❷**せんろ。左右の車輪のはば。**「軌道」 ❸**きまり。わく。**「常軌」

名まえで使う読み き・のり

【軌条】きじょう 線路。レール。

【軌跡】きせき ①車の輪の通ったあと。②人やものごとがたどってきたあと。例 祖先の軌跡をたどる。③数学で、一定のきまりにしたがって点が動いたときにできる線や図形。

【軌道】きどう ①汽車・電車の通るみち。線路。レール。②星や月が動いていく、きまったみち。例 地球の軌道。

【軌道に乗る】きどうにのる 句 計画したり予想したとおりに、調子よくすすみはじめる。例 新しくはじめた商売がようやく軌道に乗る。

【軌を一にする】きをいつにする 句 考え方や方針などが同じである。参考 通った車輪のあとが同じだといういみから。

下につく熟語 *狭軌・*広軌

軍

車－2画 9画 4年 〔軍〕明朝 音 グン 訓 ―

「冖」は1画めを左下に引いて止め、横広に書いて、「車」を組みこむ。

なりたち 会意

(=武をたっとぶ)とかけて，ショウブや武者人形をかざります。

ク(外がわをとりかこむ)と車を合わせた字。車で円形にとりかこみ、じんちをつくるようすを図にして、ぐんたいのあつまりをあらわした。

軍のつく漢字グループ
「軍」のグループは「まるくめぐる」「まるくとりまく」というイメージがある。
→運423 →揮516 →暉561 →輝1003

意味 ❶ぐんたい。「軍人」 ❷戦争。「軍備」

名まえで使う読み いく・いくさ・いさ・すすむ・むら・むれ

【軍医】 ぐんい 軍隊にぞくしている、軍人の医者。

【軍歌】 ぐんか 軍隊で、兵士の士気を高めるためにつくった歌。

【軍拡】 ぐんかく 「軍備拡張」のりゃく。戦争のための兵器や軍人をふやすこと。対軍縮

【軍▼艦】 ぐんかん 大砲などをそなえて、たたかいをする船。

1 **【軍紀】** ぐんき 軍隊のきまり。参考「軍規」とも書く。

2 **【軍記】** ぐんき ①いくさや武士の生活をえがいた本。軍記物語。②戦争の話を書いた本。

3 **【軍旗】** ぐんき 軍隊でつかう、はた。

【軍港】 ぐんこう 海軍の基地になっていて、軍艦が出入りするみなと。

【軍国主義】 ぐんこくしゅぎ 国の政治・経済・法律などを戦争のためにおこない、軍の力で国を発展させようとする考え。

【軍事】 ぐんじ 戦争・軍隊に関係することがら。

【軍資金】 ぐんしきん ①軍備や戦争などにひつようなお金。②あることをするためにひつようなお金。例開店のための軍資金。

【軍▼需】 ぐんじゅ 軍隊に必要であること。例軍需品。

【軍縮】 ぐんしゅく 「軍備縮小」のりゃく。戦争のための軍のそなえを小さくすること。例軍縮会議。対軍拡

【軍人】 ぐんじん 軍隊にはいっている人。

【軍政】 ぐんせい ①軍隊の力で、国の政治をおこなうこと。②戦争にかんする国の仕事。

【軍勢】 ぐんぜい ①軍隊。②軍隊のいきおい。

【軍隊】 ぐんたい あるきまりによってつくられた、軍人のあつまり。

【軍手】 ぐんて もめんの白い太い糸でつくった作業用の手ぶくろ。

【軍配】 ぐんばい ①むかし、武将がいくさの指揮をとるのにつかったうちわ形の道具。②すもうの行司がつかう、うちわ形の道具。参考「軍配うちわ」のりゃく。

軍配

【軍備】 ぐんび 国をまもるためや、戦争をするための兵や武器のじゅんび。例軍備縮小。

【軍服】 ぐんぷく 軍人がきる制服。

【軍門にくだる】 ぐんもんにくだる たたかいにまけて、降参する。参考「軍門」は、軍隊のじんちの出入り口のことで、そこに降参をしにいくといういみから。

上につく熟語 ▼援軍・海軍・官軍・*強行軍・空軍・行軍・従軍・将軍・進軍・▼賊軍・大軍・敵軍・*敗軍・*冬将軍・友軍・*遊軍・陸軍

車－3画

【軒】

10画 常用 〈軒〉明朝

音 ケン
訓 のき

なりたち 形声 干(高くあがる)と車を合わせた字。ながえが高くそりあがっている、身分が高い人ののる車をあらわした。→干347

意味 ❶屋根のはしで、建物からはり出した部分。のき。「▼軒下・▼軒先」 ❷家。家をかぞえることば。「一軒」 ❸高くあがる。「軒▼昂」

【軒▼昂】 けんこう 気もちが、ふるいたつようす。例意気軒昂(=希望にみちて、元気いっぱいなようす)。

【▼軒先】 のきさき 家の、のきのはし。また、のきの下。軒端。例軒先で雨宿りをする。

【▼軒下】 のきした のきの下あたり。

【▼軒▼端】 のきば のきのはしのほう。また、のきに近いところ。軒先。例軒端にかざりつけられた七夕のささ。

ミニ知識 5月5日は端午の節句で男の子の祭りです。ショウブ(=菖蒲)の季節であり，尚武

車の部 くるま・くるまへん 4画 転

【庫】10画 广部7画→357ページ

【連】10画 辶部7画→419ページ

【陣】10画 阝部7画→442ページ

車－4画 【転】11画 3年

車－11画 【轉】18画 人名 〔転〕明朝

音 テン
訓 ころがる・ころげる・ころがす・ころぶ

「車へん」は右側をそろえ、7画めは止める。「云」より「車」を縦長に。

なりたち 形声 轉－轉(転) もとの字は「轉」。專(まるく回る)と車を合わせた字。車輪が回ることをあらわした。→専309

意味 ❶まわる。「回転」 ❷ひっくりかえる。「転▼倒」 ❸うつる。うつす。「転校」

名まえで使う読み うたた・たた・てん・ひろ

【転移】てんい 場所がうつること。また、場所をうつすこと。例 がんが転移する。

1【転化】てんか ほかの状態にかわること。変化。例 栄養素をエネルギーに転化する。

2【転▼嫁】てんか 罪や責任を、ほかの人になすりつけること。例 責任を転嫁する。

【転回】てんかい ぐるっと回って、むきがかわること。また、むきをかえること。

【転▼換】てんかん ①方向や方針などをかえること。②入れかえること。例 気分転換。

1【転記】てんき (帳簿などに)ほかから書きうつすこと。

2【転機】てんき ある状態からべつの状態になるきっかけ。例 人生の転機をむかえる。

【転居】てんきょ すまいをかえること。引っこし。

【転業】てんぎょう 「転職」と同じ。

【転勤】てんきん 同じ会社・役所などで、つとめの場所がかわること。例 支社へ転勤になる。

1【転向】てんこう ①立場や方向をかえること。例 歌手から俳優に転向する。②権力にまけて、それまでもっていた思想をかえること。とくに、共産主義や社会主義の思想をすてること。

2【転校】てんこう ほかの学校にうつること。

【転▼載】てんさい すでに印刷物に発表された文章や写真を、そのままほかの印刷物にのせること。例 無断転載を禁ず。

【転写】てんしゃ 文章や絵などを、そのままうつしとること。コピー。例 地図を転写する。

【転出】てんしゅつ ①ほかの土地へ住所をうつすこと。例 役所に転出届を出す。対 転入 ②ほかの土地・職場などにうつること。

【転職】てんしょく ほかの職業にかわること。転業。

【転身】てんしん 考え方や生活のしかたなどを、がらりとかえること。例 歌手に転身する。

【転戦】てんせん (試合や戦争など)場所をかえながらたたかうこと。また、そのたたかい。

【転送】てんそう 一度うけとったものを、そのままほかへおくること。例 手紙を転送する。

【転地】てんち 病気などをなおすため、すむ場所をかえること。例 転地して療養する。

【転注】てんちゅう 漢字のなりたちを分類する六書のひとつ。漢字の使い方で、漢字を、同じ音でべつのいみの漢字で書きあらわすこと。→「六書(109ページ)」・付録「漢字について(1116ページ)」

【転▽轍機】てんてつき 電車をある線路から、べつの線路に切りかえるための装置。

【転転】てんてん 次から次へとうつり動くようす。例 職業を転々とかえる。参考 ふつう「転々」と書く。

【転▼倒】てんとう ①ころぶこと。②さかさまになること。例 本末転倒の考え。③うろたえること。例 おどろきのあまり、気も転倒した。

【転入】てんにゅう ①ほかの土地からうつっ

つに米を入れてながす風習がありました。

使い分け てんてん 転転・点点

【転転】 次々とうつりかわっていくようす。例 転々と居をかえる。／父の転勤について、町を転々とした。

【点点】 点をうったように、あちこちに散らばってあるようす。また、ぽたぽたとしたたるようす。

例 点々と家の明かりが見えた。

参考 ふつう「転々・点々」と書く。

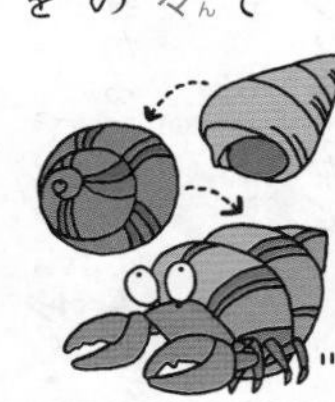

【転任】 てんにん ほかの役目にかわること。例 転任のための書類。

【転売】 てんばい 買った物を、ほかに売りわたすこと。例 土地を転売する。

【転覆】 てんぷく ①船・汽車・自動車などがひっくりかえること。また、ひっくりかえすこと。②政府などがたおれること。また、たおすこと。

【転変】 てんぺん ものごとが、うつりかわること。例 有為転変(=この世のものごとは常に変化し、いつも、同じ状態にはないということ)。

【転用】 てんよう もともとの目的とちがった目的のためにつかうこと。例 農地を宅地に転用する。

【転落】 てんらく ①ころがりおちること。例 バスががけから転落する。②わるい状態におちこむこと。例 転落の道をたどる。

下につく熟語 暗転・一転・移転・運転・栄転・横転・機転・逆転・*急転・空転・公転・好転・自転・心機一転・動転・反転・変転・陽転・流転

てくるること。例 転入届。対 転出 ②ほかの学校からうつってくること。例 転入試験。

【軟】 車－4画 11画 常用 〔軟〕明朝

音 ナン 訓 やわらか・やわらかい

意味 やわらかい。「▼柔▼軟・▼軟球・▼硬▼軟」 対 硬

【▼軟化】 なんか ①かたいものが、やわらかくなること。②はげしい意見・態度がおだやかになること。例 態度を軟化させる。対 ①②硬化

【▼軟球】 なんきゅう 野球やテニスにつかうボールのうちで、やわらかいボール。対 硬球

【▼軟禁】 なんきん ある場所にとじこめ、外部とのれんらくをさせないこと。

【▼軟▽膏】 なんこう しぼう・ワセリンなどをくわえ、やわらかくしたぬりぐすり。

【▼軟骨】 なんこつ やわらかいほね。人の耳や鼻のほねなど。

【▼軟式】 なんしき 野球やテニスなどで、やわらかいボールをつかうやり方。対 硬式

【▼軟弱】 なんじゃく ①やわらかで、弱いこと。例 軟弱な地盤。②しっかりした信念をもっていないようす。例 軟弱な男。

【▼軟水】 なんすい カルシウム塩やマグネシウム塩を、あまりふくんでいない水。対 硬水

【▼軟体動物】 なんたいどうぶつ ほねのない、やわらかいからだの動物。貝やタコ・イカなど。

軟体動物

【▼軟派】 なんぱ ①自分の考えを強くおしとおさない人たち。②異性とのつきあいをこのむこと。対 ①②硬派

【斬】 11画 斤部7画 ↓537ページ

【軽】 車－5画 12画 3年 〔軽〕明朝

音 ケイ 訓 かるい・かろやか

「圣」より「車」を縦長に。8・9画めの書き出しは接しても接しなくてもよい。

1	2	3	4	5	6	7	8	9	10	11	12
一	亓	百	亘	亘	亘	車	車フ	軣	軽	軽	軽

なりたち 形声 輕－輕(軽)

もとの字は「輕」。巠(まっすぐ)と車を合わせた字。まっすぐみがるに走る戦車のようすを図にして、「みがるな」「かるい」といういみをあらわした。→経844

意味 ❶かるい。少ない。「軽量」対重 ❷かるい。手間やふたんが少ない。「軽便」 ❸みさげる。かろんじる。「軽視」 ❹かるがるしい。「軽薄」

難しい読み 軽業・軽挙・軽率・軽重(けいちょう・けいじゅう)

名まえで使う読み かる・きょう・けい・とし

【軽石】かるいし たくさんの小さなあながあり、かるくて水にうく石。

【軽軽】かるがる ①いかにもかるそうなようす。例軽々とにもつを運ぶ。②いかにもかんたんそうに。例仕事を軽々とかたずける。参考 ふつう、「軽々」と書く。

【軽口】かるくち ①かるい調子の、ちょっとした話。例軽口をたたく。②よく考えないで、なんでも話すこと。例軽口な人。

【軽業】かるわざ つなわたりや空中ぶらんこなど、きけんなことを身がるにやってみせる芸。

【軽音楽】けいおんがく 大衆的で、気がるに聞ける音楽。ジャズ・ダンス音楽など。

【軽快】けいかい ①かろやかで、気もちがよいこと。例軽快な行進曲。②身がるで、すばやいこと。例軽快な動作。

【軽挙妄動】けいきょもうどう 四字熟語 ふかい考えもなしに、かるはずみな行動をすること。例軽挙妄動をつつしむ。参考「妄動」は、考えもなしに行動すること。

【軽金属】けいきんぞく 比重が小さい、かるい金属。アルミニウム・マグネシウム・ナトリウムなど。対重金属

【軽減】けいげん 仕事や負担を少なくすること。また、少なくなること。例税金を軽減する。

【軽工業】けいこうぎょう ぼうせき工業など、ふだんの生活につかわれるものをつくる工業。対重工業

【軽視】けいし みくびること。ものごとをかるく見ること。例基本を軽視する。対重視

【軽少】けいしょう ほんの少しであること。例被害は軽少だった。

【軽症】けいしょう 病気がかるいこと。対重症 使い分け「軽傷」とまちがえないこと。

【軽傷】けいしょう かるいけがやきず。対重傷

【軽食】けいしょく かるい食事。手がるな食事。

【軽装】けいそう 身がるで活動しやすい服装。

【軽率】けいそつ ふかく考えないで、ものごとをおこなうようす。かるはずみ。例装備をせずに山に登るのは、軽率な行動だ。注意 ㋐「けいりつ」と読まないこと。㋑「軽卒」と書かないこと。

軽率

【軽重】けいちょう/けいじゅう かるいことと、おもいこと。また、だいじなことと、そうでないこと。例命に軽重はない。

【軽佻浮薄】けいちょうふはく 四字熟語 することがかるはずみで、おちつきがなく、心がうわついていること。参考「軽佻」は、かるはずみなこと。「浮薄」は、うわついていること。

【軽度】けいど ものごとのていどがかるいこと。

【軽薄】けいはく ことばやおこないがかるがるしく、いいかげんなようす。例軽薄な人。

【軽微】けいび ものごとのていどが、かるくてわずかなこと。例損害は軽微だ。

【軽蔑】けいべつ 人をばかにして、見さげること。例軽蔑のまなざしで見る。

【軽便】けいべん 手がるで、べんりなこと。例軽便なかみそり。

【軽妙】けいみょう かろやかで、気がきいていて、うまみがあること。例軽妙なしゃれを言う。

【軽油】けいゆ 原油からとれる油の一種。発動機の燃料などにつかう。

【軽量】けいりょう 目方がかるいこと。対重

のぼりキクの花をうかべた酒をのみました。

量

下につく熟語 足軽・気軽・手軽・身軽

車－5画

【軸】

12画 常用 〔軸〕明朝

音 ジク 訓 —

なりたち 形声 由（通りぬける）と車を合わせた字。車輪と車輪の間を通って、両はしにぬけ出る心棒のこと。→由743

意味 ❶車のしんぼう。「車軸」 ❷活動の中心になるもの。「中軸」 ❸まきもの。「軸物（＝かけじく）」 ❹ふで・マッチなどの柄。「軸木」

【軸足】じくあし 自分のからだをささえる、じくになるはたらきをする足。例 体重を軸足にかける。②判断のささえとなるもの、のたとえ。例 市民のがわに軸足をうつす。

【軸木】じくぎ ①かけじくのじくにつかう木。②マッチのじくにつかう細い木。

下につく熟語 *回転軸・車軸・*主軸・新機軸・枢軸・縦軸・地軸・*横軸

車－6画

【較】

13画 常用 〔較〕明朝

音 カク 訓 —

なりたち 形声 交（交差する）と車を合わせた字。車の両わきに、たがいちがいにさし出した横木。のち、いろいろなものをまじえてくらべることをあらわした。→交46

意味 （つきあわせて）くらべる。「比較」

名まえで使う読み あつ・かく・とお・なお

車－6画

【載】

13画 常用 〔載〕明朝

音 サイ 訓 のせる・のる

なりたち 形声 𢦏（とちゅうでとめる）と車を合わせた字。荷物がずりおちないように、わくやなわでおさえて車にのせることをあらわした。→才493

意味 ❶車にのせる。「満載」 ❷記事としてのせる。「連載」 ❸年。「千載一遇」

名まえで使う読み こと・さい・とし・のり・はじめ

下につく熟語 記載・掲載・積載・転載

車－7画

【輔】

14画 人名 〔輔〕明朝

音 ホ 訓 たすける

なりたち 形声 甫（くっつく）と車を合わせた字。車輪のこしきを補強する部分をあらわした。のち、「ささえて、たすける」いみにもちいた。→甫741

意味 ❶車のそえ木。「輔車」 ❷たすける。「輔佐」

参考 ふつう「補」に書きかえる。「輔佐→補佐」「輔導→補導」

名まえで使う読み すけ・たすく・たすけ・ふ・ほ

車－8画

【輝】

15画 常用 〔輝〕明朝

音 キ 訓 かがやく

なりたち 形声 軍（まるくとりまく）と光（ひかる）を合わせた字。光源のまわりをとりまいてひかるようすをあらわした。→軍998

意味 かがやく。「光輝」

名まえで使う読み あきら・かがやき・き・てる・ひかり・ひかる

【輝石】きせき カルシウム・鉄・マグネシウムなどをふくむ鉱物。くらい緑や黒い色をしている。火成岩などの中でとれる。

車－8画

【輩】

15画 常用 〔輩〕明朝

音 ハイ 訓 —

※上にくる音により「パイ」ともよむ。

なりたち 形声 非（ならぶ）と車を合わせた字。車がいくつもならぶように、つぎつぎにならぶことをあらわした。→非1060

意味 ❶なかま。「先輩」 ❷つぎつぎとならぶようす。「輩出」

名まえで使う読み とも・はい

【輩出】はいしゅつ すぐれた人が、つぎつぎに世の中にあらわれ出ること。例 すぐれた音楽家が輩出した時代。

下につく熟語 後輩・若輩・弱輩・同輩・*年輩・朋輩

車－8画

【輛】

15画 表外 〈輛〉明朝

音 リョウ 訓 ―

意味 ❶くるま。「車▽輛」 ❷くるまの数をかぞえることば。

参考 ふつう「両」に書きかえる。「車▽輛→車両」

車－8画

【輪】

15画 4年 〈輪〉明朝

音 リン 訓 わ

11・12画めの縦画は内側に。14・15画めは12画めの横画の上に出ない。

なりたち 形声 侖（順序よくならぶ）と車を合わせた字。中心のじくのまわりに、細い棒がきちんとならんだ「わ」をあらわした。→倫88

意味 ❶車のわ。わの形をしたもの。「車輪」 ❷まわる。「輪唱」 ❸もののまわり。「輪▼郭」 ❹花をかぞえることば。りん。「バラ一輪」

【輪▼禍】りんか 自動車などにひかれたり、はねられたりするわざわい。例 輪禍にあう。

【輪▼郭】りんかく ①物の形をあらわす、まわりの線。例 顔の輪郭。②ものごとのだいたいのようす。あらまし。例 事件の輪郭を話す。

【輪作】りんさく 同じ土地に、種類のちがう作物を順番につくること。対 連作

【輪唱】りんしょう 音楽で、同じふし（＝メロディー）をおいかけるように歌う、歌い方。

【輪転機】りんてんき 大きなつつ形の印刷版が回って、みじかい時間にたくさんの印刷ができる機械。

【輪読】りんどく 何人かで、同じ本をかわるがわるよみ、感想や意見をのべあうこと。

【輪▽廻】りんね 仏教で、人は死んでも、つぎつぎと生まれかわりつづけること。

【輪番】りんばん 大勢の人が、順番にそのことをすること。例 学級日誌を輪番で書く。

【輪を▼掛ける】わをかける 句 ものごとのていどをはげしくする。もっとおおげさにする。例 妹は、姉に輪を掛けた目立ちたがりやだ。

上につく熟語 ＊輪切り・＊輪投げ

下につく熟語 内輪・▼腕輪・銀輪・首輪・競輪・＊後輪・五輪・＊前輪・大輪・日輪・年輪・＊花輪・＊耳輪・指輪・両輪

【撃】15画 手部11画 →519ページ

【暫】15画 日部11画 →563ページ

車－9画

【輯】

16画 人名 〈輯〉明朝

音 シュウ 訓 あつめる

意味 あつめる。あつめて整理する。「編▽輯」

参考 ふつう「集」に書きかえる。「編▽輯→編集」「特▽輯→特集」

名まえで使う読み あつむ・むつ

車－9画

【輸】

16画 5年 〈輸〉明朝

音 ユ 訓 ―

「ヘ」は9画めを長くして下部を組みこむ。11画めははらってもよい。

なりたち 形声 輸（輸）

もとの字は「輸」。兪と車を合わせた字。兪は、舟（ふね）と亼（道具）と巜（けずりくず）を合わせたもの。木をくりぬいて丸木舟をつくるようすを図にして、なかみをごっそりぬいてよそにうつすというイメージをもつ。輸は、ある場所の品物をそっくりとりだして、車でほかの場所にうつすことをあらわした。

兪のつく漢字グループ

「兪」のグループは「なかみをぬいて、よそにうつす」というイメージがある。常用漢字では「俞」になる。

→喩216 →愉476 →癒756 →諭965 →輸1004

意味 **うつす。はこぶ。**「輸送」

注意 「輸」「諭」「愉」などとまちがえないこと。

【輸血】 ゆけつ 病人や大けがをして出血した人に、その人にあう血液型の血をそそぎ入れること。

【輸出】 ゆしゅつ 国内の品物を外国に売ること。注意 「輸出」と書かないこと。対 輸入

【輸送】 ゆそう 自動車・船・飛行機などで、人や品物をはこぶこと。

【輸入】 ゆにゅう 外国から品物を買い入れること。注意 「輸入」と書かないこと。対 輸出

下につく熟語 運輸・空輸・密輸・*陸輸

車−10画 **【轄】** 17画 常用 〈轄〉明朝 音 カツ 訓 ―

なりたち 形声 害(とちゅうでとめる)と車を合わせた字。車輪がはずれないようにとめる「くさび」をあらわした。→害298

意味 **とりしまる。**「管轄」

下につく熟語 *所▼轄・総▼括・直▼轄・統▼轄

車−10画 **【輿】** 17画 人名 〈輿〉明朝 音 ヨ 訓 こし

意味 ❶**こし。さおでかつぐ乗り物。**「▽輿入れ」 ❷**大地。**「▽輿地」▽万物をのせる台のいみから。 ❸**みんなの。**「▽輿論」

名まえで使う読み こし

車−12画 **【轍】** 19画 表外 〈轍〉明朝 音 テツ 訓 わだち

なりたち 形声 徹(とおりぬける)をりゃくした𢿊と車を合わせた字。車がとおりぬけたあとをあらわした。

意味 **わだち。車が通ったあとに残る車輪のあと。**

【▽轍を▼踏む】 てつをふむ 句 前の人と同じ失敗をくりかえす。前車の轍を踏む。参考 前の車のわだちを後の車がたどる意味から。

車−14画 **【轟】** 21画 人名 〈轟〉明朝 音 ゴウ 訓 とどろく

なりたち 会意 車を三つ合わせた字。多くの車ががらがら、ごろごろと大きな音を出すようすをあらわした。

意味 ❶**とどろく。大きな音が鳴りひびく。**「▽轟音」 ❷**とどろく。名が知れわたる。**

漢字博士になろう！

●動物のもつイメージ 牛

牛は、食肉用や乳から乳製品をつくるほか、田畑を耕す道具を引いたり、荷物を運んだり乗り物を引くなど、人の役に立つ動物として、古くから人とともに暮らしてきました。日本に仏教が広まり、牛の肉を食べることが禁じられてからは、もっぱら仕事をする家畜として親しまれてきました。

牛は「うごきがおそい」「のんびりしている」というイメージがあります。

■牛の歩み

意味 牛の歩き方のように、ものごとの進み方が遅いことのたとえ。

■馬を牛に乗り換える

意味 すぐれたものを捨てて劣っているものをとったり、不利なほうを選んだりするたとえ。足の速い馬からわざわざのろい牛に乗り換えることから。

■牛も千里馬も千里

意味 遅いか速いかのちがいはあっても、同じ目的地に到達できるということ。努力を続ければ、成果が上がることをいう。ゆっくり歩く牛でも、馬と同じように、千里の道のりを行くことができるという意味から。

漢字クイズ 田を火でやくと，どうなるのでしょう。

辛の部（からい・しん）

0画 辛　6画 辞

辛　7画

からい　しん

なりたち　するどい刃物の形をあらわす。「つみ」「ばつ」などに関係した字をあつめる。

この部首の字　0画 辛 1006　6画 辞 1006　7画 辣 1007

ほかの部首の字　宰→宀部 299　壁→土部 245

辛－0画

【辛】

7画　常用　〔辛〕明朝

音 シン　訓 からい・つら*い・かのと*

なりたち　象形　するどい刃物をえがいた字。刃物でちくっとさすことから、さすようないたい感じをあらわした。

辛のつく漢字グループ　「辛」のグループは「なまみに、しげきをあたえる」というイメージがある。それは「なまなましい」「はだにじかに接する」というイメージにつながる。
→新 404　→新 539　→親 939

意味　❶からい。「香辛料」　❷つらい。「辛苦」　❸やっとのことで。「辛勝」　❹十干の八番め。かのと。

難しい読み　辛口・辛党

【辛口】からくち　①味のからいもの。また、からいものをこのむこと。対甘口　②批判的で、きびしいこと。例辛口の批評。

【辛党】からとう　酒のすきな人。酒のみ。対甘党

【辛苦】しんく　つらい思いをして、くるしむこと。例粒粒辛苦（＝こまかい点までひじょうに苦心すること）。

【辛酸をなめる】しんさんをなめる　句　多くのひじょうにくるしい経験をする。参考「辛酸」は、いろいろなくろうのいみ。

【辛勝】しんしょう　競技などで、わずかの差でかっこと。対楽勝

【辛抱】しんぼう　つらさを、がまんすること。例辛抱強く待つ。

【辛辣】しんらつ　言うことが、ひどく手きびしいこと。例あの人は辛辣なことを言う。

辛抱

【宰】10画　宀部7画→299ページ

辛－6画

【辞】

13画　4年　〔辞〕明朝

音 ジ　訓 やめる*

※「ジする」ともつかう。

「舌」の右側をそろえる。7画めは点でも。11・12画めはどちらが長くてもよい。

なりたち　会意　辭－辭（辞）　もとの字は「辭」。𤔔と辛（するどい刃物）を合わせた字。𤔔は、亂（＝乱）の左がわと同じで、もつれてみだれることをあらわす。辭は、みだれたことがらをじょうずにさばいて処理する「ことば」をあらわした。

意味　❶ことば。「辞典・賛辞」　❷ことわる。やめる。「辞退・固辞」　❸そこをさる。「辞去」

【辞意】じい　役目や仕事をやめようという気もち。例辞意を表明する。

【辞去】じきょ　あいさつをして、その場所をさること。

【辞書】じしょ　「辞典」と同じ。

【辞職】じしょく　今までつとめていた職を、自分からやめること。辞任。例病気のため辞職する。／内閣総辞職。

7画

肥料にする農業がおこなわれていたことから。「畑」は日本でつくられた漢字。

【辞世】じせい　死ぬまぎわにのこす、和歌や俳句。例辞世の句。参考この世にわかれをつげるいみから。

【辞退】じたい　ほかの人からの申し出などを、ことわること。例役員を辞退する。

【辞典】じてん　ことばをあつめて、きまった順序にならべ、その読み方・いみ・つかい方などを説明した本。辞書。字引。

【辞任】じにん　それまでしていた役目を、自分からやめること。例会長を辞任する。

【辞表】じひょう　つとめや役目をやめたいとき、そのわけを書いてさしだす書きつけ。例辞表を出す。

【辞令】じれい　①人や国・団体などに応対するときのあいさつ。例外交辞令。／社交辞令。②役所・会社などで、ある人を仕事や役目につけるときなど、そのことを書いてわたす書きつけ。

使い分け じてん　辞典・字典・事典

【辞典】ことばをきまった順序にならべ、読み方やいみなどを説明した本。例国語辞典。

【字典】漢字をきまった順序にならべ、その読み方やいみなどを説明した本。例漢字字典。

【事典】いろいろなことがらをあつめてくわしく説明した本。例百科事典。

参考　三つを区別するために、事典を「ことてん」、辞典を「ことばてん」ということもある。

あか
あき
あさ
あし……

松 枝 杉 板 枚 林 材

下につく熟語　訓辞・式辞・謝辞・祝辞・世辞・弔辞・答辞・＊美辞

辛－7画

【辣】

14画　常用　〔辣〕明朝　音ラツ　訓―

意味 ❶ひどくからい。❷きびしい。きつい。「悪辣・辛辣」

難しい読み　辣油

【辣腕】らつわん　仕事をてぎわよく処理する能力が、すぐれていること。例辣腕をふるう。

【壁】16画　土部13画 ↓ 245ページ

7画　辰　しんのたつ

なりたち　二まい貝をえがいた字で、古代には貝がらを農具につかったことから、「農業」に関係する字をあつめる。

この部首の字　0画 辰 1007　3画 辱 1007　6画 農 1008

ほかの部首の字　唇→口部 210　娠→女部 279　振→扌部 507　震→雨部 1055

辰－0画

【辰】

7画　人名　〔辰〕明朝　音シン　訓たつ

なりたち 象形　舌を出している、大きな二枚貝をえがいた字。

意味 ❶十二支の五番め。時刻では午前八時、またその前後二時間にあてる。動物では、たつ。❷方角で、東南東。❸星。「北辰（＝北極星）」

名まえで使う読み　しん・たつ・とき・のぶ・のぶる・よし

辰－3画

【辱】

10画　常用　〔辱〕明朝　音ジョク　訓はずかしめる

意味 はずかしめる。はじ。「侮辱」

こたえ　はたけ（畑）になる。（火＋田）。大むかしは「焼き畑」といって，雑草やかれ草を火でやいて

辰の部（しん・しんのたつ）

6画 農

下につく熟語 *汚辱・屈辱・国辱・雪辱・恥辱

【唇】10画 口部7画→210ページ

【娠】10画 女部7画→279ページ

【振】10画 扌部7画→507ページ

辰－6画 【農】 13画 3年

〔農〕明朝

音 ノウ

訓 ―

「曲」は横長に、「辰」は下に広がる字形に。11画めは折って右上にはらう。

なりたち 会意 農

古い字は、林(はやし)と辰(かいがら)を合わせて、林をやき、貝がらで土をほりおこしてやわらかくするようすをあらわした。のち、林のかわりに囟となった。囟は票にもふくまれ、赤んぼうのひよめき(ずがい骨にあるすきま)のようにふわふわとやわらかいことをしめす記号である。これと辰を合わせた農は、かたい土をやわらかくすることをあらわした。

農のつく漢字グループ

「農」のグループは「やわらかい」というイメージがある。

→濃691

意味 田畑をたがやし、こくもつや、やさいをつくる。「農家・農業」

名まえで使う読み あつ・たか・たみ・つとむ・とき・とよ・なる

【農園】のうえん おもに、やさい・草花・くだものをつくるところ。

【農家】のうか 農業でくらしをたてている家。

【農閑期】のうかんき おもに冬など、農家で、田畑の仕事がひまになる時期。対 農繁期

【農機具】のうきぐ 農業につかう、機械や道具。

【農協】のうきょう 「農業協同組合」のりゃく。農家の人々が、くらしを高めるためにつくった団体。作物の共同出荷などをおこなう。

【農業】のうぎょう 土地をたがやして、作物をつくる仕事。参考 酪農をふくめる場合もある。

【農具】のうぐ くわ・かま・すきなど、農業につかう道具。

【農芸】のうげい ①農作物をつくる技術。②農業と園芸。

【農耕】のうこう 田畑をたがやして、作物をつくること。

【農作業】のうさぎょう 田畑に出てする仕事。のら仕事。

【農作物】のうさくぶつ 田畑でつくられる米・麦・やさいなど。作物。参考「作物」といっしょで、「のうさくもつ」と読むことがあるが、正しくは「―ぶつ」。

農作業

【農産物】のうさんぶつ 農業によってつくられるもの。参考「農作物」よりいみが広く、綿・茶・まゆ・たまごなどもふくまれる。

【農事】のうじ たねまき・草とり・とりいれなど、農業に関係のある仕事。

【農場】のうじょう 農地・農機具・家畜などをもち、大じかけに農業をするところ。

【農政】のうせい 農業についての行政・政策。

【農村】のうそん すんでいる人々の多くが、農業をしている村。

【農地】のうち 田や畑など、作物をつくる土地。

【農繁期】のうはんき 農家で、田植えや、とりいれなどがあって、いちばんいそがしい時期。対 農閑期

【農夫】のうふ 農業を仕事としている男の人。参考 女の人は「農婦」と書く。

【農民】のうみん 農業で生活をしている人。

【農薬】のうやく 農作物の病気をふせいだり、害虫をころしたりするくすり。

【農林水産業】のうりんすいさんぎょう 農業・林業・水産業・畜産業などの仕事のこと。

【農林水産省】のうりんすいさんしょう 農業・林業・水産業・畜産業などをあつかう国の役所。

下につく熟語 *豪農・*大農・*篤農・*貧農・▽酪農

【震】15画 雨部7画→1055ページ

酉 7画

とりへん
ひよみのとり

なりたち

「さけ」の種類や性質、また、つくり方などのいみに関係した字をあつめる。

この部首の字

画数	字	ページ
0画	酉	1009
3画	酌	1009
3画	酒	1009
3画	酎	1010
3画	配	1010
4画	酔	1011
5画	酢	1011
6画	酬	1011
6画	酪	1011
7画	酵	1011
7画	酷	1012
7画	酸	1012
8画	醇	1012
8画	醉	1011
9画	醐	1012
9画	醍	1013
9画	醒	1013
10画	醜	1013
11画	醤	1013
13画	醸	1013
17画	釀	1013

酉－0画

【酉】7画 人名 〔酉〕明朝 音 ユウ 訓 とり

なりたち 象形 酒を入れるつぼをえがいた字。

意味 ❶十二支の一〇番め。時刻では午後六時、またその前後二時間にあてる。動物では、とり。「▽酉の市」 ❷方角で、西。

名まえで使う読み とり・なが・みのる・ゆう

酉－3画

【酌】10画 常用 〔酌〕明朝 音 シャク 訓 くむ

なりたち 形声 勺（高くあがる）と酉（さけ）を合わせた字。酒をくみあげることをあらわした。→的762

意味 ❶酒をつぐ。酒をのむ。「晩▽酌」「▽酌量・▽斟▽酌」 ❷あいての気もちを考えにいれる。

【▽酌量】しゃくりょう あいての立場や事情を考えに入れて、手かげんをすること。例 情状（＝事情）を酌量する。

下につく熟語 *手▽酌・*独▽酌・▽媒▽酌

酉－3画

【酒】10画 3年 〔酒〕明朝 音 シュ 訓 さけ・さか

※上下にくる音により「さか」「ざけ」ともよむ。

酒

5・6画めの縦画は真下に下ろして下を少し出し、8画めは曲げて止める。

1	2	3	4	5	6	7	8	9	10
丶	冫	氵	汀	汀	沔	洒	洒	酒	酒

なりたち 形声 酒－酒

酉（さけつぼ）と氵（＝水）を合わせた字。つぼの中のしるをしぼってつくった「さけ」をあらわした。

漢字クイズ 「三十一文字」，なんと読むでしょう。また，どんないみでしょう。

酉の部 とりへん・ひよみのとり 3画 酎・配

意味 さけ。「清酒・▼甘酒・洋酒・禁酒・飲酒」
注意 部首を「氵」とまちがえないこと。
難しい読み 酒手・神酒
名まえで使う読み さか・さけ・しゅ・み

【酒手】さかて ①酒の代金。②むかし、賃金や代金以外にあたえる、心づけのお金。例 酒手をはずむ。
【酒場】さかば 客に酒をのませる店。
【酒は百薬の長】さけはひゃくやくのちょう
故事成語 酒はほどよくのめば、どんなくすりにもまさる、すぐれたくすりだということ。
参考 「百薬」はすべてのくすり、「長」はいちばんすぐれているのいみ。
【酒▼宴】しゅえん 酒をのむえん会。さかもり。
【酒気】しゅき 酒をのんだあとの酒くさいにおい。例 酒気をおびて帰る。
【酒▼豪】しゅごう 酒の強い人。大酒のみ。
【酒造】しゅぞう 酒をつくること。
【酒乱】しゅらん 酒にようと、あばれること。また、そのようなくせのある人。
【酒量】しゅりょう その人がのむ酒の量。
下につく熟語 *梅酒・白酒・*新酒・*▼濁酒・*断酒・*美酒・神酒・*銘酒

酉－3画
【酎】
10画 常用 〔酎〕明朝
音 チュウ
訓 ―
意味 強いさけ。「焼▼酎」

酉－3画
【配】
10画 3年 〔配〕明朝
音 ハイ
訓 くばる
※上にくる音により「バイ」「パイ」ともよむ。／「ハイする」ともつかう。

「酉」は「己」より縦長にする。10画めは底辺の長い曲がりで書く。

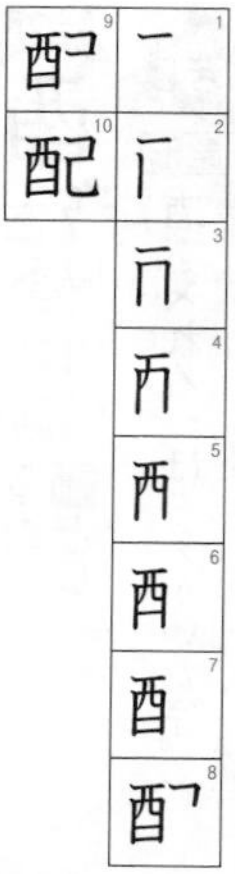

なりたち 会意
酉（さけつぼ）と卩（人がひざまずいているすがた）がかわった己を合わせた字。人が酒つぼのそばにくっついてはなれないようすを図にして、めいめいにくっつけるいみをあらわした。 

意味 ❶わりあてる。くばる。「配役・心配」❷とりあわせる。「配色」❸したがえる。「支配」
名まえで使う読み あつ・とも・はい

【配下】はいか てした。部下。
【配管】はいかん 水道やガスなどを通すくだを、とりつけること。例 配管工事。
【配給】はいきゅう わりあててくばること。例 食糧を配給する。
【配▼偶者】はいぐうしゃ 夫にたいして妻。また、妻にたいして夫。つれあい。
【配合】はいごう いくつかのものを組み合わせること。また、その組み合わせぐあい。例 肥料を配合する。
【配車】はいしゃ 自動車などを、ひつようにおうじてわりあてること。例 タクシーを配車する。
【配色】はいしょく 色のとりあわせ。いろどり。
【配水】はいすい 車やくだなどをつかって、水をくばること。例 配水車。
【配線】はいせん ①電流をながすために電線を引くこと。例 電話の配線工事。②（ラジオ・テレビなどの）電気器具。各部分を電線でつなぐこと。例 配線図。
【配▼膳】はいぜん 食事を人々の前にくばること。
【配送】はいそう くばりおくること。配達と発送。
【配属】はいぞく 人をいろいろな係に分けて、その係につかせること。例 新入社員を各部に配属する。
【配達】はいたつ 物をくばりとどけること。例 郵便配達。
【配置】はいち 人・物などを、てきとうな場所におくこと。例 室内のつくえの配置をかえた。
【配点】はいてん 試験問題で、それぞれの問題に点数をわりあてること。また、その点数。

【配電】はいでん　電気をほうぼうにおくりくばること。

【配当】はいとう　①わりあてること。例 給食当番の配当表。②元手を出した人に利益を分けること。また、そのお金。例 株の配当金。

【配備】はいび　手配して準備をととのえておくこと。例 新型救急車を配備する。

1【配付】はいふ　めいめいにくばりわたすこと。例 申しこみ用紙を希望者に配付する。

2【配布】はいふ　多くの人にくばること。広くくばること。例 パンフレットを配布する。

【配分】はいぶん　わけてくばること。分配。例 利益を配分する。／時間配分をまちがえる。

【配本】はいほん　出版した本を、取次店や本屋にくばること。

【配役】はいやく　劇や映画などで、はいゆうに役をわりあてること。また、わりあてられた役。

【配▼慮】はいりょ　人のために、気をつかうこと。心づかい。例 地域住民への配慮。

【配列】はいれつ　順序よくならべること。また、そのならべ方。例 アイウエオ順に配列する。

下につく熟語 軍配・気配・交配・▼采配・差配・集配・宅配・*遅配・手配・分配

酉－4画

【酔】

11画 常用

酉－8画 【醉】 15画 人名

〔酔〕明朝

音 スイ
訓 よう

なりたち 形声 もとの字は「醉」。卒(こまかい)と酉(さけ)を合わせた字。酒をのんでしきがかぼそくなるようすをあらわした。→卒166

意味 ❶酒などによう。「心▼酔」 ❷心をうばわれる。

【酔▼狂】すいきょう　かわったことをこのむこと。ものずき。参考「粋狂」とも書く。

【酔態】すいたい　よっぱらったときの、みっともないかっこう。例 酔態をさらす。

下につく熟語 *酒▼酔い・*泥▼酔・陶▼酔・*船▼酔い・▼麻▼酔

酉－5画

【酢】

12画 常用

〔酢〕明朝

音 サク
訓 す

なりたち 形声 乍(かさなる)と酉(さけつぼ)を合わせた字。月日をかさねてはっこうさせた「す」をあらわした。→作67

意味 す。すっぱい。「▼酢酸」

【▼酢酸】さくさん　酢にふくまれている、強いにおいのある液体。

下につく熟語 *甘▼酢・*梅▼酢・*三▼杯▼酢

酉－6画

【酬】

13画 常用

〔酬〕明朝

音 シュウ
訓 むく*いる

なりたち 形声 州(まわりをとりまく)と酉(さけ)を合わせた字。主人が客の席をまわって、酒をついでおかえしすることをあらわした。→州333

意味 あいてのしたことにたいして、お返しをする。むくいる。「応▼酬・報▼酬」

名まえで使う読み あつ・しゅう

酉－6画

【酪】

13画 常用

〔酪〕明朝

音 ラク
訓 ―

なりたち 形声 各(かたい)と酉(さけつぼ)を合わせた字。牛乳などをはっこうさせて、かためた食品をあらわした。→各193

意味 牛などの乳を加工してつくった、のみ物や食べ物。「▼酪農」

【▼酪農】らくのう　牛や羊などをかって、乳をとったり、それを加工して、バターやチーズなどをつくったりする農業。

酉－7画

【酵】

14画 常用

〔酵〕明朝

音 コウ
訓 ―

なりたち 形声 孝(だいじにやしなう)と酉(さけつぼ)を合わせた字。酒つぼの中で、だ

こたえ 「みそひともじ」。5音・7音・5音・7音・7音(＝合計31音)でよまれた短歌のこと。

いじにねかせておく、酒をつくるもとになるものをあらわした。→孝283

意味 酒をつくるときのもとになるもの。「▼酵母・発▼酵」

【▼酵素】こうそ　生物のからだの中でおこるいろいろな化学変化をたすけるもの。例 消化酵素。

【▼酵母】こうぼ　酵母菌のこと。糖分をアルコールと二酸化炭素に分解するはたらきがある菌。酒やみそをつくったり、パンをふくらませたりするのにつかう。

酉－7画

【酷】

14画 常用 〔酷〕明朝

音 コク
訓 むご＊い・ひど＊い

※下にくる音により「コッ」ともよむ。

なりたち 形声 告(きつくしばる)と酉(さけ)を合わせた字。酒の味が舌をきゅっとしめつけるほどきついようすをあらわした。→告202

意味 ❶むごい。ひどい。きびしい。「▼酷使・残▼酷」❷はなはだしい。ひどく。「▼酷暑・▼酷寒」

【▼酷使】こくし　ひどく、はたらかせること。こきつかうこと。例 からだを酷使する。

【▼酷似】こくじ　ひじょうによくにていること。

【▼酷暑】こくしょ　きびしい暑さ。対 酷寒

【▼酷評】こくひょう　きびしくひひょうすること。また、そのひひょう。例 酷評をうけた作品。

【▼酷寒】こっかん　きびしい寒さ。対 酷暑

下につく熟語 過▼酷・冷▼酷

酉－7画

【酸】

14画 5年 〔酸〕明朝

音 サン
訓 す＊い

酸 酸

「夋」は「酉」より縦長に。11画めは点でもよい。12・13画めの下をそろえる。

なりたち 形声 夋(ほそくすらりとしている)と酉(さけ)を合わせた字。きんにくやほねをやわらかくして、すらりとしたからだにするすっぱい液体をあらわした。→俊78

意味 ❶すっぱい。す。「酸味」❷つらい。かなしい。いたましい。「▼辛酸」❸青色のリトマス試験紙を、赤色にかえる性質のあるもの。「酸性・塩酸」

【酸化】さんか　ものが酸素とむすびついて、ほかのものにかわること。対 還元

【酸欠】さんけつ　「酸素欠乏」のりゃく。ある場所の空気中や水中の酸素が足りなくなること。例 酸欠状態。

【酸性】さんせい　酸の、青色リトマス試験紙を赤色にかえる性質。例 酸性雨。

【酸素】さんそ　色も、味も、においもない気体。空気中にふくまれていて、呼吸や、ものがもえるためになくてはならない。例 酸素吸入。

【酸鼻】さんび　むごく、いたましいこと。例 酸鼻をきわめる事故現場。

【酸味】さんみ　すっぱいあじ。

下につく熟語 胃酸・▼酢酸・＊青酸・炭酸・乳酸・▼硫酸

酉－8画

【醇】

15画 人名 〔醇〕明朝

音 ジュン
訓 ―

なりたち 形声 享(重みがある)と酉(さけ)を合わせた字。こってりとしたあじをあらわした。→淳672

意味 ❶こってりと味のこい酒。「▼芳▽醇」❷まじりけがない。「▼醇化・▽醇▼朴」

名まえで使う読み あつ・あつし・じゅん

酉－9画

【醐】

16画 人名 〔醐〕明朝

音 ゴ
訓 ―

なりたち 形声 胡(おおいかぶさる)と酉(さけつぼ)を合わせた字。バターのうえにおおいかぶさってできるクリームをあらわした。

意味 →醍❷

酉の部 とりへん・ひよみのとり
9画 醒・醍
10画 醜
11画 醤
13画 醸
●
釆の部 のごめ・のごめへん
4画 釈

酉－9画

【醒】

16画 常用 〔醒〕明朝

音 セイ　訓 さめる*・さま*す

なりたち 形声 星（すみきっている）と酉（さけ）を合わせた字。よいからさめて意識がすみきることをあらわした。→生737

意味 〔ねむりやまよい、酒のよいなどから〕**さめる。また、さます。**「覚醒」

【醒悟】せいご まよいがとけて、はっとさとる。

酉－9画

【醍】

16画 人名 〔醍〕明朝

音 ダイ　訓 —

なりたち 形声 是（まっすぐ）と酉（お酒）を合わせた字。牛乳をにるとき、表面にまっすぐはるまくをあらわした。→是554

意味 ❶**赤くてすんだ、さけ。**❷〔「醍醐」と書いて〕**牛や羊の乳でつくった、あまい乳製品。**

【醍醐味】だいごみ ①「醍醐」の味。②ものごとのほんとうのおもしろさ。例 つりの醍醐味。

酉－10画

【醜】

17画 常用 〔醜〕明朝

音 シュウ　訓 みにくい

意味 **みにくい。**「醜悪・美醜」対 美

【醜悪】しゅうあく みにくくて、けがらわしいこと。例 醜悪な行為。

【醜態】しゅうたい みぐるしいようす。例 よっぱらって醜態を演じる。

【醜聞】しゅうぶん 人のおこないについての、よくないうわさ。スキャンダル。例 醜聞が流れる。

酉－11画

【醤】

18画 人名 〔醤〕明朝

音 ショウ　訓 ひしお

意味 ❶**肉や魚のしおから。**❷**米・麦・大豆などと、塩・こうじをまぜて発酵させた食品。**「醤油」

酉－13画

【醸】

20画 常用

酉－17画

【釀】

24画 人名 〔釀〕明朝

音 ジョウ　訓 かもす

意味 **発酵させてつくる。かもす。**「醸造」

【醸成】じょうせい ①酒などを、かもしてつくること。②ある気分や状態をだんだんとつくりあげること。例 不安感が醸成される。

【醸造】じょうぞう 酵母菌などをつかって、米や大豆などを発酵させ、酒・みそ・しょうゆなどをつくること。

7画 釆・釆 のごめ のごめへん

なりたち 米

穀物のたねをまきちらすさまをあらわす。「まく」「わける」などに関係した字をあつめる。

この部首の字　4画 釈 1013　5画 釉 1014

ほかの部首の字　番→田部 750　翻→羽部 871

釆－4画

【釈】

11画 常用 〔釈〕明朝

音 シャク　訓 —

なりたち 形声 もとの字は「釋」。睪（つぎつぎと引きつづく）と釆（まきちらす）を合わせた字。もつれたところをばらばらにときほぐして、すじが通るように、一つ一つつなぎ合わせることをあらわした。→駅1087

意味 ❶**いみをあきらかにする。ときあかす。**「解釈」❷**ゆるす。ときはなつ。**「釈放」❸**おしゃかさま。**「釈尊」

【釈迦】しゃか 仏教をはじめた人。おしゃかさま。「釈迦牟尼」のりゃく。

【釈迦に説法】しゃかにせっぽう 句 専門家に教えを説くことのおろかさのたとえ。

7画

漢字クイズ 「税を□める」。□にはいる漢字はつぎのどれでしょう。収・修・納・治。

釆の部（のごめ・のごめへん） 5画 釉・里の部（さと・さとへん） 0画 里 2画 重

参考 おしゃかさまに仏教を教えるいみから。

【釈然】しゃくぜん うたがいやうらみがとけて、心がさっぱりするようす。例 かれの説明には釈然としない点が多い。

【釈尊】しゃくそん おしゃかさまをうやまっていうことば。

【釈放】しゃくほう とらえた人をゆるし、自由にすること。例 容疑者を釈放する。

【釈明】しゃくめい わかってもらうために、自分の立場やことのなりゆきを説明すること。例 釈明をもとめる。

下につく熟語 会▼釈・講▼釈・*語▼釈・注▼釈・*評▼釈・保▼釈

釆－5画

【釉】

12画 人名 〔釉〕明朝

音 ユウ 訓 ―

意味 **陶磁器の表面にぬる、つやをだすためのくすり。うわぐすり。**「▽釉薬」

名まえで使う読み つや

【▽釉薬】ゆうやく 陶磁器をつくるとき、表面にぬって焼き上がりにつやを出すための溶液。うわぐすり。

【番】12画 田部7画 → 750ページ

【翻】18画 羽部12画 → 871ページ

7画 里・里 さと さとへん

なりたち 里

「むらざと」に関係する字のほか、「里」を字形のうえの目じるしとする字もあつめる。

この部首の字

0画 里 1014
2画 重 1014
4画 野 1016
5画 量 1017

ほかの部首の字

厘→厂部 174
埋→土部 235
理→王部 732
黒→黒部 1108
童→立部 817
裏→衣部 929
墨→土部 244
黙→黒部 1109

里－0画

【里】

7画 2年 〔里〕明朝

音 リ 訓 さと

※上にくる音により「ざと」ともよむ。

「日」の部分の縦画は内側に向ける。5画めは中心に。7画めを長く書いて支える。

1 丨 2 冂 3 冃 4 日 5 甲 6 甲 7 里

なりたち 会意 田＋土－里

田（四角に区切りをつけた田）と土を合わせた字。たて横に区切ってきちんとせいりした、田畑や、人がすむ場所をあらわした。

里のつく漢字グループ

「里」のグループは「たて横に、きちんとすじを通す」というイメージがある。

→理 732 →裏 929

意味 **❶さと。むらざと。**「郷里」 **❷生まれそだった家。さと。**「里心」 **❸むかしの道のりの単位。一里は、約四キロメートル。**「里程」

名まえで使う読み さと・さとし・のり・り

【里▼芋】さといも サトイモ科の植物。いもを食用にする。葉は大きく、水をよくはじく。

【里親】さとおや よその子をあずかってそだてる親。対 里子

【里子】さとご よそにあずけて、そだててもらう子。例 里子に出す。対 里親

【里心】さとごころ 肉親やふるさとをなつかしがり、帰りたくなる気もち。例 里心がついて、なき出した。

【里山】さとやま 人里にちかく、雑木林・湿地などがある自然環境。

【里程】りてい 里を単位としてはかる距離。また、道のり。例 里程標。

下につく熟語 海里・人里・村里・山里

里－2画

【重】

9画 3年 〔重〕明朝

音 ジュウ・チョウ

訓 え・おもい・かさねる・かさなる

重

1画めはねかせて左下へはらう。横画は、2画めを一番長く書く。

（筆順）1 一　2 二　3 千　4 キ　5 舌　6 旨　7 盲　8 重　9 重

なりたち 形声 ‐重

むかしの字は、東(つきとおす)と土と人(ひと)を合わせた字。東は、つき通るというイメージをしめす記号である。人が足に重みをかけて、とんと地面をつくようすを図にして、「おもい」ことをあらわした。→東587

重のつく漢字グループ

「重」のグループは「つき通す」というイメージがある。→働94 →動151 →種807 →腫894 →衝922

意味 ❶おもい。おもさ。「重量」対軽 ❷おちついている。「慎重」 ❸ひどい。はなはだしい。「重病」 ❹たいせつにする。「重要・尊重」 ❺かさねる。かさなる。「二重」 ❻かさなったものをかぞえることば。え。「二重・七重」

難しい読み 重複(ちょうふく・じゅうふく)・重宝(ちょうほう・じゅうほう)・重用(ちょうよう・じゅうよう)

名まえで使う読み あつし・え・おもし・かさね・かず・かたし・しげ・しげし・しげる・じゅう・のぶ・ふさ

【重荷】おもに ①目方のおもい荷物。②自分の力以上の仕事や責任。例 この仕事は重荷だ。

【重湯】おもゆ 水を多くして米をたいてつくった、のりのようなしる。

【重圧】じゅうあつ 強くおさえつけること。上からおさえる強い力。例 打者に重圧をかける。

【重金属】じゅうきんぞく 比重が大きい、おもい金属。鉄・金・銀・銅など。対 軽金属

【重▼刑】じゅうけい おもい刑罰。死刑など。

【重厚】じゅうこう どっしりとして、おちついていること。例 重厚な作風。

【重工業】じゅうこうぎょう 鉄鋼・船・車両など、おもく、大きなものをつくる工業。対 軽工業

【重罪】じゅうざい おもい罪。

【重視】じゅうし たいせつであるとして、おもんじること。おもく見ること。重要視。例 能力よりも人がらを重視する。対 軽視

【重重】じゅうじゅう かさねがさね。よくよく。例 重々おわびする。参考 ふつう「重々」と書く。

1【重▼症】じゅうしょう 病気がおもいこと。対 軽症 使い分け 「重傷」と区別してつかおう。

2【重唱】じゅうしょう 音楽で、ひとりずつちがう高さの部分をうけもって合唱すること。二重唱・三重唱など。

3【重傷】じゅうしょう 命にかかわるような、ふかいきず。対 軽傷

【重職】じゅうしょく 責任がおもい役目。重要な役目。例 議長の重職につく。

1【重心】じゅうしん もののおもさの中心となる点。例 重心がかたむく。／重心を低くする。

2【重臣】じゅうしん たいせつな役目についている、けらい。例 徳川家の重臣。

【重税】じゅうぜい 負担のおもい税金。

【重責】じゅうせき おもい責任。例 重責をはたす。

【重体・重態】じゅうたい 病気やけががおもく、命があぶないこと。

【重大】じゅうだい ①ふつうでない、たいへんなこと。例 重大な事件。②とくにたいせつなこと。例 重大な会議。

【重▼鎮】じゅうちん ある方面でおもんじられて、中心となる人。例 政界の重鎮。

【重点】じゅうてん だいじなところ。とくに力を入れるところ。例 守備に重点をおいた練習。

【重点的】じゅうてんてき だいじなところを優先し、そこに集中するようす。例 不得意科目を重点的に勉強する。

【重▼篤】じゅうとく 病気の状態がひどくおもく、死にそうなこと。例 病状が重篤におち

里の部 さと・さとへん 4画 野

いる。

【重任】じゅうにん ①重大な任務。②任期がおわったあとも、つづいてその仕事につくこと。

【重箱】じゅうばこ 食べ物を入れてかさねる、はこがたの入れ物。例重箱の隅をようじでほじくる(＝こまかいことまで口うるさいこと)。

【重箱読み】じゅうばこよみ 二字で書く熟語で、上の漢字を音で、下の漢字を訓で読む読み方。「重箱・粗品・台所」など。対湯桶読み

【重病】じゅうびょう おもい病気。

【重文】じゅうぶん ①主語と述語をそなえた文が、二つ以上ならんでいる文。対単文・複文 ②「重要文化財」のりゃく。

【重役】じゅうやく 会社などの重要な役目。取締役・監査役など。また、その人。

【重油】じゅうゆ 原油から、きはつ油・軽油などをとったのこりの油。ディーゼル機関などの燃料につかう。

【重要】じゅうよう たいせつなこと。例重要な任務につく。

【重要視】じゅうようし たいせつだと見なすこと。重視。

【重要文化財】じゅうようぶんかざい 法律によって指定されてまもられている、高い価値をもつ建物・美術工芸品・書物など。重文。
参考 それらのうち、とくに価値が高くて国民の宝といえるものは、さらに「国宝」とされる。

【重量】じゅうりょう ①物のおもさ。例重量制限。②目方がおもいこと。例重量級。対軽量

【重力】じゅうりょく 地球が物を引きつける力。ふつう、物のおもさとして感じる。例無重力。

【重労働】じゅうろうどう 力をつかう、はげしい仕事。例草かりは重労働だ。

【重複】ちょうふく／じゅうふく 同じものやことがらが、かさなること。例話が重複する。

【重宝】一 ちょうほう 役に立って、べんりなこと。例重宝な道具。参考「調法」とも書く。二 じゅうほう たいせつな宝物。

【重用】ちょうよう／じゅうよう 重要な役目につけて、責任のある仕事をしてもらうこと。例若手を重用する。

下につく熟語 ▼幾重・*加重・*荷重・*過重・貴重・軽重(けいちょう・けいじゅう)・厳重・九重・自重(じちょう・じじゅう)・▼荘重・尊重・体重・▼珍重・丁重・十重二十重・▼鈍重・比重・*一重・▼偏重・身重・八重

【厘】9画 厂部7画 → 174ページ

【埋】10画 土部7画 → 235ページ

里－4画
【野】
11画 2年

土－8画 【埜】 11画 人名 〈野〉明朝

音 ヤ
訓 の

「里」の右側をそろえる。「里」と「予」の上側をそろえ、下側は「予」を低くする。

なりたち 形声 予(横にのびる)と里(田畑)を合わせた字。横に広がった田畑や、野原をあらわした。→予37

意味 ❶のはら。はたけ。「山野」 ❷はんい。「分野」 ❸しぜんのまま。「野生」 ❹ぶさほう。あらあらしい。「野▼蛮」 ❺民間。権力にたいする。「在野・野党」

難しい読み 野良・野分(のわき・のわけ)・野暮

名まえで使う読み とお・なお・ぬ・の・ひろ・や

【野▼菊】のぎく 秋に野原や道ばたにさくキクのこと。ヨメナ・ノコンギク・ユウガギクなど。

【野宿】のじゅく 野外でねること。

【野天】のてん 家の外の、屋根のないところ。露天。

【野中】のなか 野原の中。例野中の一軒家。

7画

【野原】のはら 草や木がはえた、広くたいらな土地。例 野原であそぶ。

【野火】のび 春のはじめごろ、野山のかれ草をやくこと。また、その火。

【野武士】のぶし むかし、山などにかくれて、強盗などをはたらいた武士の集団。

【野辺】のべ 野原のあたり。例 野辺のレンゲソウ。／野辺のおくり（＝死んだ人を火葬場、また、墓場まで見おくること）。

【野放図】のほうず ①やることにしまりがないこと。例 野放図な生活。②おわりがないこと。はてしがないこと。例 野放図に広い海。

【野山】のやま 野と山。山野。

【野良】のら ①田や畑。例 野良仕事。②野原。

【野分】のわき／のわけ 秋にふく強い風。とくに、台風。参考 古い言い方。

【野営】やえい ①野原や山で、テントをはるなどしてとまること。例 野営地。②軍隊が、野原や山に陣をしくこと。露営。

【野外】やがい 建物のそと。例 野外音楽会。

【野球】やきゅう 九人一組みとなった二チームが、あいてのなげたボールをうちあって得点をあらそう競技。

【野犬】やけん かいぬしのいない犬。のら犬。

【野菜】やさい 食用にするため、畑などでつくる植物。

【野次】やじ 大声で非難したり、からかったりすることば。例 心ない野次をあびせる。

【野次馬】やじうま 自分に関係のないことを、人のあとについて、むやみにさわぎたてる人。例 野次馬根性。

1【野手】やしゅ 野球で、内野手と外野手を合わせたよび名。

2【野▼趣】やしゅ しぜんのままの、そぼくなおもむき。例 野趣にあふれた山菜料理。

【野▼獣】やじゅう 野生の、性質のあらいけもの。

【野心】やしん ①身分にふさわしくない、大きなのぞみ。野望。例 野心家。②新しいことをこころみようとする心。例 野心作。

【野人】やじん れいぎや身なりなどにかまわない、ぶさほうな人。

1【野生】やせい 動物や植物が、山や野で、しぜんにそだつこと。例 野生の草花。／野生馬。

2【野性】やせい 動物などがもつしぜんのままの、あらあらしい性質。例 動物園のクマの野性が目ざめる。使い分け「野生」と区別してつかおう。

【野草】やそう 野原にはえている草。

【野鳥】やちょう 山や野にすむ、野生の鳥。

【野党】やとう 政権を担当していない政党。対 与党

【野に下る】やにくだる 句 おおやけの職務をやめて、民間の人になる。また、政権をはなれる。

【野▼蛮】やばん ①文化がひらけていないこと。未開。例 野蛮人。②らんぼうで、ぶさほうなこと。例 野蛮なおこない。

【野▼卑】やひ 下品で、いやしいこと。

【野暮】やぼ ①気がきかなくて、ものわかりがわるいこと。また、その人。例 野暮用（＝つまらない用件）。②このみや言動が、あかぬけしないこと。例 野暮な服装。

【野望】やぼう 今の能力や実力では達成できそうにない、大きなのぞみ。だいそれたのぞみ。例 世界記録達成の野望をもつ。

下につく熟語 外野・原野・▼荒野・視野・▼粗野・内野・平野・林野

【理】11画 王部7画 → 732ページ

【黒】11画 黒部0画 → 1108ページ

里－5画

【量】

12画 4年 〔量〕明朝

音 リョウ 訓 はかる

2つの「日」の縦画は内側に向け、ともに横長に。横画は、5画めを一番長く。

漢字クイズ 「図書委員を□める」。□にはいる漢字はつぎのどれでしょう。勤・努・務。

臣の部 0画 臣

なりたち 形声 -量

良（まるい穀物のつぶをりゃくした日と重がかわった重を合わせた字。穀物の重さをはかるようすをあらわした。

意味 ❶かさ。大きさ。「量感」 ❷能力の大きさ。「力量」 ❸はかる。おしはかる。「測量」

使い分け はかる「計る・図る・測る・量る・謀る・諮る」→（945ページ）

名まえで使う読み かず・さと・とも・はかり・はかる・りょう

【量感】 りょうかん そのものからうける、めかたや量のある感じ。ボリューム。例 量感たっぷりの料理。対 質感

【量産】 りょうさん ある製品を大量に生産すること。大量生産。例 機械で量産をはかる。

【量▼販店】 りょうはんてん ある種類の商品を、大量に売る店。大量販売の店。例 大型量販店。

【量目】 りょうめ はかりではかった品物のめかた。例 量目をごまかされた。

下につく熟語 雨量・音量・▼狭量・器量・技量・計量・軽量・減量・裁量・質量・＊収量・重量・小量・少量・水量・推量・数量・＊声量・大量・多量・定量・適量・度量・▼微量・分量・容量

【童】 12画 立部7画→817ページ

【裏】 13画 衣部7画→929ページ

【墨】 14画 土部11画→244ページ

【黙】 15画 黒部4画→1109ページ

7画 臣 しん

なりたち

「目をふせる」や「けらい」に関係した字をあつめる。学習漢字では七画だが、もとは六画で書いた。

この部首の字

0画 臣 1018
2画 臥 1019
11画 臨 1019

ほかの部首の字

姫→女部 279
堅→土部 239
監→皿部 767
緊→糸部 859
賢→貝部 986
覧→見部 940

臣－0画

【臣】 7画 4年 〔臣〕明朝

音 シン・ジン 訓 —

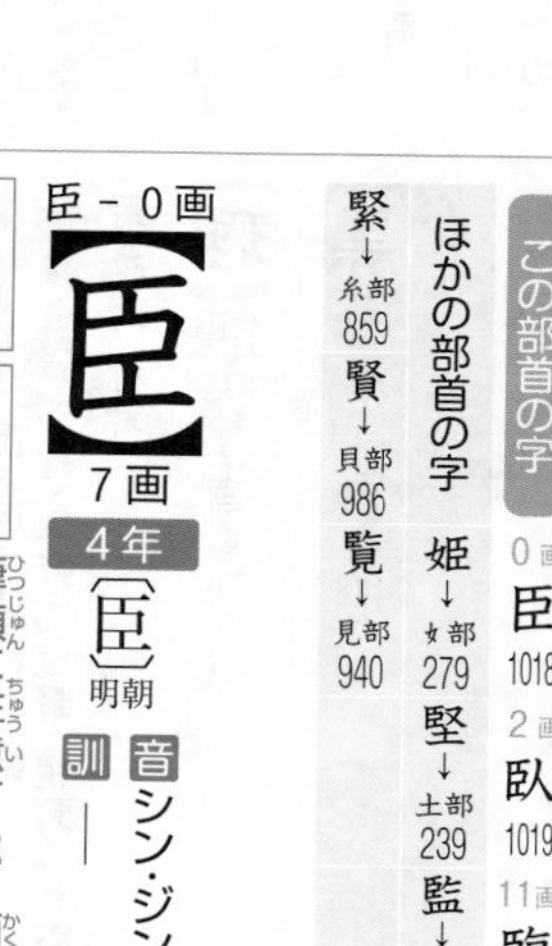

筆順に注意する。1画めは真下に下ろして下を少し出す。横画の間を等しくする。

なりたち 象形 -臣

かたく見はっている目玉をえがいた字。からだをかたくしてひかえる「けらい」をあらわした。

意味 けらい。「臣下」

7画

名まえで使う読み お・おみ・おん・きん・しげ・しん・たか・とみ・み・みつ

【臣下】しんか 主君につかえる者。けらい。

【臣民】しんみん 君主国の、人民。

下につく熟語 家臣・君臣・重臣・大臣・忠臣

臣－2画

【臥】

9画 人名 〈臥〉明朝

音 ガ 訓 ふす

意味 ふす。ふせる。うつぶせになる。また、横になる。「▽臥▽薪▽嘗▽胆・▽坐▽臥」

名まえで使う読み お

【▽臥▽薪▽嘗▽胆】がしんしょうたん 四字熟語 目標をはたすために、長い間つらい試練や苦労にたえぬくこと。参考「臥薪」は、かたい薪の上にねること。「嘗胆」は、苦い肝をなめること。むかし、中国の王、夫差は、たきぎの上にねて、からだをいためつけて、父のかたきである勾践という王をうつことをわすれないようにした。勾践は夫差に敗れると、毎日苦い肝をなめて、しかえしをわすれないようにしたという話から。

【姫】10画 女部7画↓279ページ
【堅】12画 土部9画↓239ページ
【監】15画 皿部10画↓767ページ
【緊】15画 糸部9画↓859ページ
【賢】16画 貝部9画↓986ページ
【覧】17画 見部10画↓940ページ

臣－11画

【臨】

18画 6年 〈臨〉明朝

音 リン 訓 のぞ*む

臨 臨

「臣」を縦長にして右側をそろえる。9画めは8画めの途中で接する。

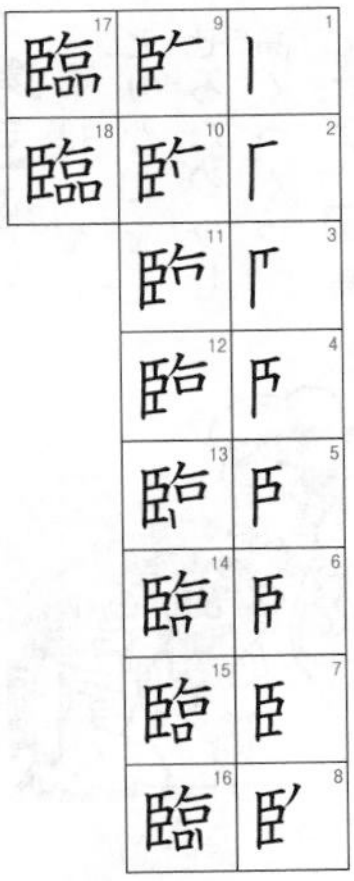

1 丨	2 𠂆	3 𠂆	4 𦣞	5 𦣞	6 𦣞	7 臣	8 𦣝
9 𦣝	10 𦣝	11 臨	12 臨	13 臨	14 臨	15 臨	16 臨
17 臨	18 臨						

なりたち 形声 𦣝－臨

監(上から下を見おろす)をりゃくしたものと品(いろいろなもの)を合わせた字。人が下のいろいろなものを見おろすようすをあらわした。

意味 ❶下を見おろす。「君臨」 ❷のぞむ。むかいあう。その時期にであう。「臨海・臨終・臨時」 ❸ある場所に出る。「臨席」

使い分け のぞむ「望む・臨む」↓(573ページ)

1【臨海】りんかい 海のすぐ近くにあること。例 臨海学校。

2【臨界】りんかい 物質が、ある状態からべつの状態になる、さかい目。例 臨界実験。

【臨機応変】りんきおうへん 四字熟語 思いがけないできごとにであっても、その場その場で、それにあったやり方をとること。例 臨機応変に処置する。

【臨月】りんげつ 子どもが生まれる予定の月。うみ月。

【臨時】りんじ ①時間や日をきめないで、ひつようなときにおこなうこと。例 臨時に委員会をひらく。②まにあわせであること。その場かぎりであること。例 臨時やとい。

【臨終】りんじゅう 死ぬまぎわ。死にぎわ。

【臨▼床】りんしょう 医学で、病人をじっさいにしんさつしたり、ちりょうしたりすること。

【臨場】りんじょう その場に来ること。例 事故現場へ臨場する。

【臨場感】りんじょうかん その場にいるような感じ。例 臨場感があじわえる、ステレオ装置。

【臨席】りんせき その席に来ること。その場所に来ること。例 市長のご臨席をたまわる。

参考 あらたまった言い方。

下につく熟語 ＊光臨・降臨・＊来臨

こたえ 務。

舛の部 6画 舜 8画 舞・麦の部 0画 麦

舛 7画

舛（舛6） まいあし

なりたち

両足が左右にひらいたようす。おもに「両足」に関係した字をあつめる。もとは「舛」（六画）で書いた。

この部首の字

6画 舜 1020
8画 舞 1020

【舜】 舛－6画

13画 人名 〈舜〉明朝

音 シュン
訓 ―

なりたち 会意 炃（すばやい）と舛を合わせた字。炃は、炎がゆらゆらと燃えるようす。舜は、咲いてすぐ散る「ムクゲ」をあらわした。また、機敏な帝王をあらわした。

意味 ❶古代中国の、伝説上の聖天子の名。❷花の名前で、ムクゲ。

名まえで使う読み きよ・しゅん・とし・ひとし・みつ・よし

【舞】 舛－8画

15画 常用 〈舞〉明朝

音 ブ
訓 まう・まい

なりたち 形声 舞－舞

無（両手にかざりをもっておどるようす）と舛（両足をひらいたようす）を合わせた字。幸福をもとめて神の前でおどる「まい」をあらわした。→無700

意味 ❶おどる。おどり。「鼓舞」「舞踊」 ❷はげます。

【舞楽】ぶがく 舞をともなう雅楽（＝むかしから宮廷でおこなわれた音楽）。

【舞曲】ぶきょく おどりにつかう音楽。また、その形式の曲。

【舞台】ぶたい ①しばいやおどりなどを見せるため、少し高くつくったところ。②活躍する場所。例 舞台装置。

舞台②

【舞踏】ぶとう 音楽に合わせておどること。ダンス。例 仮面舞踏会。

【舞踊】ぶよう おどり。まい。例 日本舞踊／民族舞踊。

【舞姫】まいひめ 舞をまう女の人を、うつくしくいうことば。

下につく熟語 *円舞・*歌舞・群舞・*剣舞・*日舞・洋舞・乱舞・*輪舞

麦 7画

麦（麥11） むぎ

なりたち

「ムギ」の種類や、それを加工した食品などに関係した字をあつめる。もとの形は「麥」（十一画）で、この辞典では「麥」の形の字もこの部におさめる。

この部首の字

0画 麦 1020
4画 麸 1021
8画 麹 1021
9画 麺 1021

【麦】 麦－0画

7画 2年 〈麦〉明朝

音 バク*
訓 むぎ

1・3画めは同じ長さにして4画めを一番長く。5・6画めの下の高さをそろえる。

筆順：一 十 キ 主 丰 麦 麦

なりたち 形声 麥－麥（麦）

もとの字は「麥」。來と夂（あし）を合わせた字。來は、ムギをえがいた字。麥は、遠くからやってきたムギをあらわした。むかしの人はムギは

量。

神によってもたらされた穀物と考えたことから。→来585

意味 穀物の、ムギ。「麦芽」

【麦芽】ばくが 大麦の種に芽を出させてかわかしたもの。ビール・水あめなどの原料につかう。

【麦芽糖】ばくがとう 麦芽にふくまれる酵素のはたらきで、でんぷんからできる糖分。

【麦秋】ばくしゅう/むぎあき 麦をとりいれるころ。五月のおわりから六月ごろ。

【麦茶】むぎちゃ からのついた大麦をいったものを、お湯でせんじたのみもの。

【麦笛】むぎぶえ 麦のくきでつくったふえ。

【麦飯】むぎめし 大麦などを米にまぜて、たいたごはん。また、麦だけでたいたごはん。

【麦▽藁】むぎわら 麦のほをとりさったあとの、くき。例 麦藁帽子。

下につく熟語 大麦・*▽押し麦・小麦

麦－4画

【麩】15画 表外〔麩〕明朝 音 フ 訓 ふすま・ふ

意味 ①小麦を粉にするときに出る、かわのかす。ふすま。②小麦粉にふくまれるグルテンでつくった食品。「生▽麩」

麦－8画

【麴】19画 表外〔麴〕明朝 音 キク 訓 こうじ

意味 米・麦・豆などをむしてコウジカビをはんしょくさせたもの。こうじ。

参考 酒・みそ・しょうゆなどをつくるのに使う。

麦－9画

【麺】16画 常用〔麵〕明朝 音 メン 訓 —

意味 ❶麦の粉。❷そば、うどんの類。「▽麺類」

【▽麺類】めんるい 小麦粉やそば粉でつくった、細長い食品。うどん・そば・ラーメン・スパゲッティなど。

下につく熟語 *▽乾▽麺・*▽製▽麺・*▽拉▽麺・*▽冷▽麺

漢字博士になろう！

動物のもつイメージ 狐と狸

狐と狸は人を化かす動物のイメージがあります。どちらも、昔の物語や言い伝えに多く登場する動物です。そのなかで、昔話の『かちかち山』にえがかれるように、狸は人をだましてひどい目にあわせておもしろがる悪者のイメージがあります。これに対して狐は不思議な力で人をまどわすほか、農耕の神さまのおつかいともいわれます。

■狐七化け狸八化け

意味 狐は七つのものに化けられるが、狸は八つのものに化けられる。狸のほうが狐よりも化けることにかけてはじょうずだということ。

■虎の威をかる狐

意味 権力のある人の力をかさに着ていばる人のたとえ。虎につかまえられた狐が「わたしは百獣の長になるように神様に命じられた。うそだと思うならわたしのあとについてくればわかる」というので、虎が狐について行くと、狐のうしろの虎を見てみんなにげだした。ところが、虎はみんなが狐をおそれてにげたのだと思いこんだという話から。

■狸が人に化かされる

意味 相手を軽くみてゆだんしてかかったために、だまそうとした人が反対に相手にだまされるたとえ。人をだますといわれる狸が、反対に人にだまされる意味から。

漢字クイズ「100m走のタイムを□る」。□にはいる漢字はつぎのどれでしょう。図・計・測・

金の部（かね・かねへん）

0画 金

8画

金・金 かね かねへん

なりたち 金属の種類や状態、製法・製品、また鉱物などに関係する字をあつめる。

この部首の字

0画 金 1022	2画 釘 1024	3画 釧 1024	3画 釣 1024	2画 釜 1024	2画 針 1024
5画 鉱 1025	5画 鉄 1026	5画 鉢 1027	4画 鈍 1025	5画 鉛 1025	6画 銃 1028
6画 銭 1028	6画 銑 1028	5画 鈴 1027	6画 銀 1027	6画 銘 1029	7画 鋏 1029
7画 鋭 1029	6画 銚 1028	6画 銅 1028	8画 鋸 1030	8画 錦 1030	8画 錮 1030
7画 鋳 1030	7画 鋒 1030	8画 錠 1031	8画 錐 1031	8画 錘 1031	8画 鋼 1030
8画 錯 1031	8画 錬 1031	8画 録 1032	8画 錄 1032	8画 錆 1031	8画 錫 1031
9画 鍛 1032	9画 鍋 1032	9画 鍊 1031	9画 鍵 1032	9画 鍬 1032	10画 鎖 1033
10画 鎮 1033	10画 鎭 1033	10画 鎧 1033	10画 鎌 1033	14画 鑄 1030	15画 鑑 1034
11画 鏡 1033	12画 鐘 1034				

金－0画

【金】 8画 1年 〔金〕明朝

音 キン・コン　訓 かね・かな

※上にくる音により「ゴン」「がね」ともよむ。

1・2画めの書き始めは接する。5画めは3画めの上から出ない。8画めを長く。

ノ 八 亼 今 今 余 金 金

なりたち 形声 今（中にふくむ）と八（金属のつぶ）と土を合わせた字。土の中にふくまれている小さいつぶの「きん」をあらわした。→今52

意味 ❶金・銀・銅・鉄などの鉱物。かね。「金属」 ❷黄色で、うつくしいつやのある金属。こがね。きん。「黄金（おう・ごん・こがね）」「金▽髪・金言」 ❸きん色。ねうちがある。「金額」 ❹おかね。「金額」 ❺きんをふくむ度合いをあらわすことば。「一八金」

難しい読み 金気（け・かなけ・かね）・金高（きん・かね・だか）・金色（きん・こん・いろ・じき）

名まえで使う読み か・かな・かね・きん・こん

【金▽網】かなあみ 針金でつくった、あみ。 注意 「金網」と書かないこと。

【金具】かなぐ 器具などについている、金属でつくった小さな部品。

【金気】かなけ／かねけ 水にとけこんでいる鉄分。 例 この水は金気くさい。

【金▽槌】かなづち ①頭の部分が鉄でできている、つち。たたいてくぎをうちこむ。とんかち。②およぎができないこと。また、その人。 参考 金槌は、水にしずむことから。

【金▽床】かなとこ かなものをたたくときにつかう、鉄の台。金敷。

【金棒】かなぼう 鉄でできた棒。 例 鬼に金棒（＝強いものが、さらに強くなるたとえ）。

【金物】かなもの 金属でつくられている道具。

【金目】かねめ お金にすれば高いねだんになるような、ねうち。 例 金目のものは何もない。

【金色】きんいろ／こんじき 金のような、つやのある黄色。こがね色。

【金貨】きんか 金でできているお金。

【金▽塊】きんかい 金のかたまり。 例 金塊をさがす。

【金科玉条】きんかぎょくじょう 四字熟語 かならずまもらなければならないだいじなきまり。 例 先生の教えを金科玉条とする。 参考 「科」「条」は、法律のこと。黄金や宝玉のようにりっぱな法律というみから。

【金額】きんがく お金のあたい。

【金管楽器】きんかんがっき 金属でできた管楽器。ホルン・トランペットなど。

【金▽環食】きんかんしょく 月が、太陽と地球との間にはいって、太陽の中心部をかくすため、太陽のまわりが金の輪のように見える日食。

【金看板】きんかんばん ①金文字で書いて、目立つようにした看板。②世間にほこらしげにしめす考え方・主張や、りっぱな代表者のたとえ。 例 金看板がはげる。

【金魚】きんぎょ　フナの変種で、見て楽しむように赤い色などにかえた魚。

【金銀】きんぎん　①金と銀。②お金。

【金券】きんけん　①金貨ととりかえられる紙幣（＝お札）。②ある地域の中で、お金のかわりにつかうことができる券。印紙・商品券など。

【金言】きんげん　むかしから言いつたえられ、いろいろな教えをふくんでいることば。ためになることば。例 金言耳に逆らう（＝ためになることばは、素直に受け入れられないことが多い）。

【金庫】きんこ　①お金や、たいせつな品物を入れておく、かぎのかかる入れもの。②国や地方公共団体の現金を出し入れする機関。例 農林中央金庫。

1【金工】きんこう　金属にさいくをすること。また、その職人。

2【金鉱】きんこう　①金をふくんでいる鉱石。②金がほりだされる鉱山。金山。

【金策】きんさく　ひつようなお金を、用意すること。例 金策にかけまわる。

【金山】きんざん　金の鉱石をほる鉱山。金鉱。

【金糸】きんし　ししゅうなどにつかう、金ぱくをつかった金色の糸。

【金字▼塔】きんじとう　①「形が金の字ににているところから」ピラミッドのこと。②いつまでもねうちをうしなわない、りっぱな業績のたとえ。例 学界に金字塔をうちたてた偉大な研究。

【金賞】きんしょう　展覧会・コンクールなどでもっとも優れたものにあたえられる賞。

【金城鉄▼壁】きんじょうてっぺき　四字熟語　ひじょうにまもりのかたいことのたとえ。例 金城鉄壁の内野のまもり。参考 金でつくった城と、鉄でつくった城壁のいみから。

【金城湯池】きんじょうとうち　四字熟語　ひじょうにまもりがかたくて、よそからはいりこむことのできないもののたとえ。参考 金でつくった城と、熱湯をたたえた城のほりのいみから。

【金銭】きんせん　お金。

【金属】きんぞく　金・銀・銅・鉄などのこと。また、それらのなかま。

【金属▼疲労】きんぞくひろう　金属に、外からくりかえし力がくわわって、もろくなること。

【金高】きんだか／かねだか　お金であらわした、がく。金額。

【金▼泥】きんでい／こんでい　金のこなを、にかわでといたもの。

【金的】きんてき　金色の板のまんなかに小さい円をえがいた弓の的。例 金的を射止める（＝みんながほしがっているものを自分のものにする）。

【金▽箔】きんぱく　金をたたいて、紙のようにうすくのばしたもの。

【金▼髪】きんぱつ　金色のかみの毛。ブロンド。

【金肥】きんぴ　お金をはらって買う肥料。化学肥料など。

【金品】きんぴん　お金と品物。

【金▼縁】きんぶち　めがねのふちを、金、または金色につくったもの。例 金縁のめがね。

【金粉】きんぷん　金のこな。また、金色のこな。

【金星】一きんぼし　①すもうで、平幕の力士が横綱に勝つこと。また、その勝ち星。②思ってもいなかった大きなてがら。二きんせい　水星の次に太陽に近いわく星。

【金脈】きんみゃく　①金の鉱脈。②資金などを出してくれる人や所。

【金▼融】きんゆう　銀行などが、お金をかしたりあずかったりすること。金回り。

【金利】きんり　かしたお金の利息。例 高い金利。

【金▼剛】こんごう　①かたくて、こわれないもののたとえ。②「金剛石」のりゃく。ダイヤモンドのこと。

1【金堂】こんどう　お寺で、本尊がまつってある建物。本堂。

2【金銅】こんどう　銅に金めっきをしたもの。例 金銅の仏像。

下につく熟語　頭金・内金・▼換金・元金（がんきん・もときん）・基金・*給金・口金・▼繰▼越金・▼献金・現金・公金・合金・砂金（さきん・しゃきん）・残金・地金・資金・借金・集金・純金・賞金・筋金・税金・送金・代金・貯金・賃金・入金・年金・白金・▼罰金・針金・*返金・▼募

こたえ　計。

金の部　かね・かねへん

金・預金・料金・*礼金
2画　釜・針・釘
3画　釧・釣

金－2画

【釜】

10画　常用　〔釜〕明朝

音 ―
訓 かま

※上にくる音により「がま」ともよむ。

意味 **飲食物をにたきする、金属製・土製の大なべ。**「▽釜飯・茶▽釜」

下につく熟語 *後▽釜・*塩▽釜・*土▽釜・▽鍋▽釜・*初▽釜・▽風▽呂▽釜

金－2画

【針】

10画　6年　〔針〕明朝

音 シン
訓 はり

※上にくる音により「ばり」ともよむ。

針　針

2画めは止め、「金」の右側を縦にそろえる。10画めの最後は止めてもよい。

なりたち 形声 十(まとめてしめくくる)と金(金属)を合わせた字。ぬの地をぬってとじあわせる「はり」をあらわした。→十160

意味 **はり。はりの形をしたもの。**「運針」

【針小棒大】しんしょうぼうだい 四字熟語 ちょっとしたことを大げさに言うこと。参考「針のように小さなことを、棒のように大きく言う」のいみから。

【針葉樹】しんようじゅ　松・スギなどのように、はりのような形の葉をもっている木。対 広葉樹

【針路】しんろ　①らしんばんのはりのむきによってきめた、船のすすむみち。例 船は西に針路をとった。②めざす方向。例 針路を誤る。

【針金】はりがね　金属を糸のように細長くしたもの。

【針仕事】はりしごと　さいほう。針をつかう、ぬいもの。例 母は針仕事がとくいだ。

【針のむしろ】はりのむしろ　句〔「針を植えたむしろ」にすわっているように〕まわりからせめられたり、自分で自分をせめたりして、心が少しも安まらないことのたとえ。

【針箱】はりばこ　さいほうの道具を入れておく箱。

下につく熟語 指針・磁針・短針・長針・秒針・▽避雷針・方針

> **使い分け　しんろ**　針路・進路
>
> 【針路】らしんばんの針の向きからきめた、船や飛行機がすすむみち。例 針路を北にとる。
>
> 【進路】すすんで行く道。例 台風は西よりの進路をとる。／卒業後の進路をきめる。

金－2画

【釘】

10画　人名　〔釘〕明朝

音 テイ
訓 くぎ

意味 **たたいてさしこみ、物を固定する、くぎ。**「五寸▽釘」

【▽釘を▽刺す】くぎをさす　句〔まちがいのないように〕前もって強く言いわたしておく。

金－3画

【釧】

11画　人名　〔釧〕明朝

音 セン
訓 くしろ

意味 **宝石に穴をあけてひもを通した、アクセサリー。ネックレスやうでわ。くしろ。**

金－3画

【釣】

11画　常用　〔釣〕明朝

音 チョウ
訓 つる

なりたち 形声 勺(高くあがる)と金(金属)を合わせた字。金属のはりで魚をつりあげるようすをあらわした。→的762

意味 **さかなをつる。**「▽釣魚・▽釣り船」

【▽釣果】ちょうか　つりをして、えたもの。つりの成果。例 きょうの釣果はゼロだった。

【▼釣魚】ちょうぎょ　魚をつること。つり。

【▼釣▼瓶】つるべ　いどの水をくみあげるための、なわやさおの先につけたおけ。また、そのしかけ。

上につく熟語 ＊▼釣り糸・＊▼釣り▼鐘・＊▼釣り▽竿・＊▼釣り銭・＊▼釣り針

金－4画

【鈍】

12画 常用 〔鈍〕明朝

音 ドン　訓 にぶい・にぶる

なりたち 形声 屯(ずっしりと重い)と金を合わせた字。はものが重くとどこおり、通りにくいようすをあらわした。→屯326

意味 ❶刃物のきれあじがわるい。「▼鈍器」対▼鋭 ❷とがっていない。「▼鈍角」対▼鋭 ❸おろか。のろま。「▼鈍感・愚▼鈍」

【▼鈍化】どんか　それまでのいきおいやはたらきがにぶくなること。例 人口ののびが鈍化する。

【▼鈍角】どんかく　九〇度よりも大きく、一八〇度よりも小さい角。対 鋭角

【▼鈍感】どんかん　ものごとの感じ方がにぶいこと。対 敏感

【▼鈍器】どんき　①よく切れない刃物。②(人をきずつけるためにつかう)刃のついていない、かたくておもいもの。例 鈍器でなぐられる。

【▼鈍行】どんこう　各駅にとまる列車や電車。

【▼鈍才】どんさい　才能がとぼしいこと。また、そのような人。

【▼鈍重】どんじゅう　動作などがにぶくて、のろのろしていること。例 鈍重な男。

【▼鈍足】どんそく　足がおそいこと。対 俊足

【▼鈍痛】どんつう　おもくるしいいたみ。にぶいいたみ。対 激痛

金－5画

【鉛】

13画 常用 〔鉛〕明朝

音 エン　訓 なまり

なりたち 形声 㕣(くぼみにそってながれる)と金(金属)を合わせた字。とけると型にそってながれる金属の「なまり」をあらわした。→沿653

意味 金属のなまり。「▼鉛筆」

【▼鉛管】えんかん　なまりでつくったくだ。ガス管・水道管などにつかわれた。

【▼鉛直】えんちょく　糸におもりをつるしたとき、糸がしめす方向。重力の方向。

【▼鉛毒】えんどく　①なまりにふくまれている毒。②なまりによっておこる中毒。

【▼鉛版】えんばん　本や新聞をいんさつするときにつかう版。なまりの合金をとかしてつくる。

【▼鉛筆】えんぴつ　字を書く道具の一つ。木のじくの中にしんをはめこんだもの。

下につく熟語 亜▼鉛・＊黒▼鉛

金－5画

【鉱】

13画 5年 〔鉱〕明朝

音 コウ　訓 —

9画めは点でもよい。12画めは折った後は右上がりにし、13画めの点は止める。

なりたち 形声 古い字は「礦」。黄(きいろ)と石を合わせた字。金や銅をふくんだ、黄色に光る石のこと。のち、金属をふくむことを強めるため金へんをつけて「鑛」となり、鑛がりゃくされて「鉱」になった。→黄1107

意味 金属をふくんでいる石。「鉱石」

【鉱業】こうぎょう　鉱物をほりだしたり、その鉱物から役に立つ金属をとりだしたりする産業。使い分け 「工業」と区別してつかおう。

【鉱山】こうざん　鉱物をほりだすせつびのある山。

【鉱産物】こうさんぶつ　鉱業による生産物。また、鉱山からとれるもの。

【鉱石】こうせき　鉄・銅など、役に立つ金属をふくんでいる石。例 鉱石をほりだす。

【鉱泉】こうせん　二酸化炭素や鉱物性イオンなどが、きまった量より多くふくまれている、わき水。参考 温度のひくいものをいう。

漢字クイズ 「喜びを□す」。□にはいる漢字はつぎのどれでしょう。表・現・著。

【鉱毒】こうどく　鉱物をほり出したり、鉱石から金属をとり出したりするときにでる、からだに害のある毒物。

【鉱物】こうぶつ　岩石・鉱石・石油など、しぜんにできて、おもに地中にあるもの。

【鉱脈】こうみゃく　岩のさけめなどに、板のようにつまった鉱物のあつまり。例 鉱脈をほりあてる。

下につく熟語 金鉱・採鉱・炭鉱・鉄鉱

鉱脈

金－5画

【鉄】

13画　3年　〈鉄〉明朝　音 テツ　訓 ―

※下にくる音により「テッ」ともよむ。

「失」を「矢」にしない。3画めが1・2画めと接してもよい。

1	2	3	4	5	6	7	8
ノ	𠆢	亼	仒	全	牟	余	金

9	10	11	12	13
釒	釒	鈼	鉄	鉄

なりたち 形声　もとの字は「鐵」。𢧜(チツ)(つきとおす)と金(金属)を合わせた字。物をつきとおす、するどい金属の「てつ」をあらわした。▽「鉄」は、もとべつの字であったが、古くから「鐵」のかわりにつかわれてきた。↓延360

意味 ❶かたくて強い金属。てつ。「鉄柱」 ❷かたくて強いこと。「鉄則」 ❸「鉄道」のりゃく。「地下鉄」 ❹はもの。「寸鉄」

名まえで使う読み かね・きみ・てつ・とし

【鉄火】てっか　①鉄をまっ赤にやいたもの。②気性がさっぱりして、しかもはげしいこと。例 鉄火はだの人。③なまのマグロをつかう、すし料理。例 鉄火巻き。

【鉄器】てっき　鉄でつくった道具。

【鉄橋】てっきょう　鉄でつくった橋。とくに、鉄道の橋。

1【鉄筋】てっきん　①コンクリートづくりの建築物で、しんとして入れる鉄の棒。②「鉄筋コンクリート」のこと。建築物で、鉄筋をしんにし、コンクリートでかためてつくったもの。

2【鉄▼琴】てっきん　打楽器の一つ。大小の鋼鉄の板をならべて、たまのついたばちでならす。

【鉄▼拳】てっけん　げんこつ。あいてをなぐるためににぎりしめたこぶし。例 鉄拳がとぶ。

1【鉄工】てっこう　鉄をつかって機械や器具などをつくる仕事。

2【鉄鉱】てっこう　鉄をとり出すことができる鉱石。鉄鉱石。

3【鉄鋼】てっこう　はがね。

【鉄格子】てつごうし　鉄の細い棒を、たて、またはたて横に組んだ戸。

【鉄骨】てっこつ　建築物のほね組みにする鉄材。

【鉄▼索】てっさく　鉄の太い針金をよりあわせたつな。ケーブル。

【鉄条▼網】てつじょうもう　とげのついた針金をめぐらした、さく。

【鉄人】てつじん　鉄のように、強いからだをもつ人。例 鉄人レース(＝トライアスロン)。

【鉄製】てつせい／てっせい　鉄を材料にしてできていること。

【鉄線】てっせん　鉄の針金。

【鉄則】てっそく　動かすことのできない、たいせつなきまり。例 民主主義の鉄則。／メモをとりながら話を聞くのは、鉄則だ。

【鉄▼塔】てっとう　鉄材でつくった高い塔。

【鉄道】てつどう　レールをしいて汽車や電車を走らせるようにした、せつび。

【鉄は熱いうちに打て】てつはあついうちにうて　句 わかいときにからだや心をきたえなさいというたとえ。また、ものごとをおこなうにはチャンスをうしなってはいけないというたとえ。参考 鉄はまっ赤に焼いて、打って強くきたえることから。

【鉄板】てっぱん　鉄の板。例 鉄板やき。

【鉄筆】てっぴつ　とうしゃばんの原紙に字を書くときなどにつかう、先が鉄でできているペン。

【鉄▼瓶】てつびん　鉄で作った、湯をわかす入れ物。

【鉄分】てつぶん あるものにふくまれている鉄の成分。

【鉄▼砲】てっぽう 火薬の爆発する力で、たまをうちだすしくみの武器。

【鉄棒】てつぼう ①鉄でつくった棒。②二本の柱の間に、鉄の棒をわたした器械体操の道具。また、それをつかっておこなう体操競技。

【鉄▼砲玉】てっぽうだま ①鉄砲のたま。②行ったまま、帰ってこないこと。例 弟は、いつも鉄砲玉だ。参考 発射された鉄砲のたまは、もどってこないことから。

【鉄面皮】てつめんぴ あつかましくて、はじ知らずであること。ずうずうしいこと。例 平気でうそをつく鉄面皮な人。

【鉄路】てつろ 鉄道の線路。また、鉄道のこと。

【鉄▼腕】てつわん なかなかつかれない、鉄のように強いうで。例 鉄腕投手。

下につく熟語 鋼鉄・砂鉄(さてつ・しゃてつ)・私鉄・製鉄・▽銑鉄

金－5画

【鉢】

13画 常用 〔鉢〕明朝

音 ハチ・ハツ
訓 —

※上にくる音により「バチ」ともよむ。

意味 ❶坊さんの食器。「▽托▼鉢」 ❷ふかくて大きいさら。「植木▼鉢・金魚▼鉢」

【▼鉢物】はちもの ①植木ばちにうえた草や木。鉢植え。②はちにもった料理。

下につく熟語 *衣▼鉢・*乳▼鉢・火▼鉢

金－5画

【鈴】

13画 常用 〔鈴〕明朝

音 レイ・リン
訓 すず

なりたち 形声 令(きよらかにすんでいる)と金(金属)を合わせた字。すんだねいろを出す「すず」をあらわした。→令58

意味 すず。ベル。「風▼鈴・呼び▼鈴」

【▼鈴虫】すずむし コオロギ科の虫。秋になると、おすはリーンリーンと羽で音を出す。

下につく熟語 *金▼鈴・*銀▼鈴・電▼鈴・予▼鈴

鈴虫

金－6画

【銀】

14画 3年 〔銀〕明朝

音 ギン
訓 *しろがね

9画めは折って内側へ向ける。14画めは止めてもよい。

なりたち 形声 艮(あとまでのこるようす)と金(金属)を合わせた字。刃物で細工をしたり、ものにはめこんだりして、いつまでものこしておく金属の「ぎん」をあらわした。→根598

意味 ❶白くてつやのある金属。しろがね。ぎん。「銀貨」 ❷おかね。「銀行」 ❸ぎん色。また、ぎんのように白いこと。「銀幕・銀河」

難しい読み 銀▽杏(いちょう・ぎんなん)

名まえで使う読み かね・ぎん・しろがね

【銀▽杏】一 いちょう 中国原産のイチョウ科の木。葉はおうぎ形。二 ぎんなん イチョウの実。また、イチョウ。

【銀貨】ぎんか 銀でできたお金。

【銀河】ぎんが ①宇宙にある星のあつまり。②天の川。

【銀河系】ぎんがけい 銀河をかたちづくっている、ひじょうに多くの恒星の集まり。参考 太陽系もこの中にある。

【銀行】ぎんこう 人々からお金をあずかったり、お金をかしたりする金融機関。

【銀座】ぎんざ ①江戸時代に、銀貨をつくり管理した役所。今は東京都中央区にある繁華街の地名。②その町でいちばんにぎやかな通りにつけられた名前。例 戸越銀座。

【銀山】ぎんざん 銀の鉱石をほる鉱山。例 石見銀山。

【銀世界】ぎんせかい 雪がいちめんにつもっ

こたえ 表。

て、まっ白になったけしき。例 一面の銀世界。

【銀白色】ぎんはくしょく 銀色がかった白色。

【銀▼髪】ぎんぱつ 銀色のかみの毛。うつくしい白髪。白髪。

【銀▼盤】ぎんばん アイススケートをする、氷の表面。例 銀盤の女王。

【銀幕】ぎんまく 映画をうつすまく。スクリーン。また、映画のこと。例 銀幕のスター。

1【銀輪】ぎんりん ①銀色の輪。②自転車。また、銀色にかがやく車輪のこと。参考 自転車をほめていう言い方。

2【銀▽鱗】ぎんりん 魚の銀色に光るうろこ。また、魚。例 銀鱗がおどる(=魚がとびはねる)。

下につく熟語 金銀・＊純銀・水銀・白銀・路銀

金－6画

【銃】

14画 常用 〈銃〉明朝 音 ジュウ 訓 —

なりたち 形声 充(なかみがいっぱいつまる)と金を合わせた字。つつにたまをつめこんではっしゃする「てっぽう」をあらわした。↓充99

意味 てっぽう。「▼銃声・短▼銃」

【▼銃▼撃】じゅうげき 鉄砲でうつこと。

【▼銃口】じゅうこう 鉄砲の、つつ先。

【▼銃殺】じゅうさつ 鉄砲で、うちころすこと。

【▼銃身】じゅうしん 鉄砲で、その中を通ってたまが発射される、つつ形の細長い部分。

【▼銃声】じゅうせい 鉄砲をうったときの音。

【▼銃創】じゅうそう 鉄砲のたまでうけたきず。

【▼銃▼弾】じゅうだん 鉄砲のたま。

【▼銃▼砲】じゅうほう 鉄砲や、大砲。

下につく熟語 ＊機関▼銃・＊空気▼銃・▼拳▼銃・小▼銃・▼猟▼銃

金－6画

【銭】

14画 6年 〈銭〉明朝 音 セン 訓 ぜに＊

9～11画めは右上がりにし、11画めを長く。12画めは反りながら長く書く。

なりたち 形声 もとの字は「錢」。戔(小さくけずる)と金(金属)を合わせた字。土や石をけずる鉄製の農具をあらわした。のち、それと形のにた銅貨のいみにもちいた。↓残629

意味 ❶お金。「金銭」 ❷お金の単位。一銭は一円の一〇〇分の一。

【銭湯】せんとう 料金をとって湯にはいらせる店。ふろや。公衆浴場。

下につく熟語 ＊悪銭・＊口銭・小銭・＊古銭・＊釣り銭・無銭

金－6画

【銑】

14画 人名 〈銑〉明朝 音 セン 訓 —

意味 鉄鉱石をとかしてとりだした、もろい鉄。「▽銑鉄」

【▽銑鉄】せんてつ 溶鉱炉からとりだしたままの鉄。かたくてもろい。いものにつかう。

金－6画

【銚】

14画 表外 〈銚〉明朝 音 チョウ 訓 —

意味 つり手のついた小なべ。▽地名でつかわれる。「▽銚子市」

【▽銚子】ちょうし ①びん状の酒の容器。とっくり。②結婚式などで使われる、長い柄のついた酒の容器。

金－6画

【銅】

14画 5年 〈銅〉明朝 音 ドウ 訓 —

「同」は2画めの右側から書き出し、「金」と下部をそろえると整えやすい。

なりたち 形声 同(あなをあけてつき通す)と金(金属)を合わせた字。あなをあけやすい、やわらかい金属の「どう」をあらわした。

感心・歓心。

↓同197

意味 黒みがかった赤色の金属。どう。「銅像」

【銅貨】どうか　銅でつくったお金。

【銅器】どうき　銅や青銅でつくった物。

【銅山】どうざん　銅をふくんだ鉱石をほりだす山。例 足尾銅山。

【銅線】どうせん　銅でつくった針金。

【銅像】どうぞう　銅に、すず・なまりなどを入れた合金で、人のすがたなどを形づくったもの。

【銅▽鐸】どうたく　弥生時代につくられた、つりがねにた形をした青銅器。

銅鐸

【銅版】どうばん　銅の板に絵や文字をほったもの。いんさつして版画をつくる。例 銅版画。

下につく熟語 *黄銅・金銅・赤銅・青銅・白銅・分銅

金－6画

【銘】

14画 常用 〈銘〉明朝

音 メイ
訓 —

なりたち 形声 名（はっきりしめす）と金（金属）を合わせた字。金属に名（文字）をきざみこみ、はっきりさせることをあらわした。↓名199

意味 ❶金属や石などにきざみつけた名前や文章。「墓▽碑▽銘」 ❷心にしるす。「▽銘記」 ❸心にきざみこんでおくことば。「座右の▽銘」 ❹上等な。有名な。「▽銘菓・▽銘茶」

名まえで使う読み あき・かた・な・めい

【▽銘▽菓】めいか　とくべつな名まえのついた、上等な菓子。

【▽銘▽柄】めいがら　商品につける名前。とくに、有名な会社がつくる信用のある商品の名前。

【▽銘記】めいき　はっきりと、心にきざみこんでわすれないこと。例 父のいましめを心に銘記する。使い分け めいき「明記・銘記」↓552ページ

【▽銘刀】めいとう　つくった人の名前がきざみつけてある、すぐれたかたな。

【▽銘文】めいぶん　いわれなどを石や金属などに、きざんだ文章。

下につく熟語 感▽銘・▽碑▽銘・*▽墓誌▽銘

金－7画

【鋏】

15画 表外 〈鋏〉明朝

音 キョウ
訓 はさみ

意味 ❶はさみ。二枚の刃を合わせて物を切る道具。❷はさみ。きっぷなどにあなをあけたり切れこみを入れる道具。パンチ。

金－7画

【鋭】

15画 常用 〈鋭〉明朝

音 エイ
訓 するどい

なりたち 形声 もとの字は「銳」。兌（なかみをぬき出す）と金を合わせた字。刃物の先が物をぬき通すほどよく切れるようすをあらわした。↓脱892

意味 ❶刃物のきれあじがよい。「▽鋭利」 対 鈍 ❷とがっている。「▽鋭角」 対 鈍 ❸すばやい。すぐれている。「▽鋭敏」

名まえで使う読み えい・さとき・さとし・とき・とし・はや

【▽鋭意】えいい　いっしょうけんめいはげむようす。例 鋭意、研究にはげむ。

【▽鋭角】えいかく　直角より小さい角。対 鈍角

【▽鋭気】えいき　はげしいいきごみ。例 相手の鋭気をくじく。使い分け えいき「英気・鋭気」↓388ページ

【▽鋭▽敏】えいびん　①感じ方がするどいこと。例 鋭敏な犬の鼻。②頭のはたらきがするどいこと。例 頭脳の鋭敏な人。

【▽鋭利】えいり　刃物などが、するどくて、よく切れるようす。

鋭利

下につく熟語 気▽鋭・新▽鋭・精▽鋭・*先▽鋭

漢字クイズ 「エジソンの発明に□□する」。□□にはいる熟語はつぎのどれでしょう。関心・

金（かね・かねへん）の部
7画 鋳・鋒
8画 鋸・錦・錮・鋼

釒−7画

【鋳】

15画 常用

釒−14画 【鑄】 22画 人名 〈鋳〉明朝

音 チュウ
訓 いる

意味 金属を型にながしこんでつくる。「▽鋳造」

【▽鋳型】いがた　いものをつくるとき、とかした金属をながしこむ型。

【▽鋳物】いもの　金属をとかし、鋳型にながしこんでつくったもの。

【▽鋳造】ちゅうぞう　金属をとかし、型にながしこんで、いものをつくること。

下につく熟語 *改▽鋳

釒−7画

【鋒】

15画 人名 〈鋒〉明朝

音 ホウ
訓 ほこ・ほこさき

意味 とがった、ほこさき。きっさき。「舌▽鋒（＝あいてをせめたてる、はげしいことば）・先▽鋒」

釒−8画

【鋸】

16画 人名 〈鋸〉明朝

音 キョ
訓 のこぎり

意味 のこぎり。木材などを切る道具。

釒−8画

【錦】

16画 常用 〈錦〉明朝

音 キン
訓 にしき

なりたち 形声 金（キン）（中にとじこめる）と帛（絹織物）を合わせた字。美しい模様を織りこんだ絹織物、つまり「にしき」をあらわした。→今52 →金1022

意味 ❶金糸や色糸をおりこんだ、うつくしいもようの絹織物。にしき。❷うつくしい。「▽錦秋・▽錦絵」

【▽錦旗】きんき　にしきでつくった、はた。赤地のにしきに日月をえがいた、天皇のはた。

【▽錦秋】きんしゅう　もみじが、錦のように美しい秋。

【▽錦上花を▽添える】きんじょうはなをそえる 故事成語 美しいものや、りっぱなものを、さらによくすることのたとえ。参考 ㋐「錦」は、金や銀などの糸でもようを織り出した絹の織物のこと。㋑美しい錦の上にさらに美しい花をそえるといういみから。

【▽錦絵】にしきえ　多くの色ですった、うつくしい浮世絵の木版画。

【▽錦▽鯉】にしきごい　美しいもようのある、コイの総称。

錦鯉

釒−8画

【錮】

16画 常用 〈錮〉明朝

音 コ
訓 —

なりたち 形声 固（周囲をかたくかこむ）と金（金属）を合わせた字。かたくとじこめることをあらわした。→固224

意味 ❶溶かした金属で、すきまをふさぐ。❷罪人などを、閉じこめる。「禁▽錮」

釒−8画

【鋼】

16画 6年 〈鋼〉明朝

音 コウ
訓 *はがね

整え方は「銅」と同じ。9・10画めの縦画は真下に下ろす。

なりたち 形声 岡（コウ）（かたい）と金（金属）を合わせた字。かたい金属の「はがね」をあらわした。→岡329

意味 きたえて強くした鉄。はがね。「鋼鉄」

【鋼玉】こうぎょく　ダイヤモンドの次にかたい宝石。赤いものはルビー、青いものはサファイアという。

【鋼材】こうざい　鋼鉄を板や棒のような形にしたもの。機械・建築などの材料にする。

【鋼鉄】こうてつ かたくてじょうぶな鉄。はがね。

下につく熟語 *製鋼・*精鋼・鉄鋼・*特▼殊鋼

金－8画

【錯】

16画 常用 〈錯〉明朝 音サク 訓—

なりたち 形声 昔(かさねる)と金(金属)を合わせた字。一つの金属の上にべつの金属をかさねてめっきをするようすをあらわした。→昔551

意味 ❶いりまじる。「交▼錯・▼錯乱」 ❷まちがう。「▼錯覚・▼倒▼錯」

【▼錯誤】さくご ①まちがい。例 試行錯誤。②事実と、考えていることとが、くいちがっていること。例 時代錯誤。

【▼錯乱】さくらん 気もちや考えがいりみだれて、わけがわからなくなること。例 精神が錯乱する。

【▼錯覚】さっかく ①あるものを、まちがって見たり聞いたり感じたりすること。例 目の錯覚。②思いちがい。例 錯覚をおこす。

金－8画

【錠】

16画 常用 〈錠〉明朝 音ジョウ 訓—

なりたち 形声 定(固定する)と金(金属)を合わせた字。→定294

意味 ❶かぎをかけてとじまりする金具。じょうまえ。「手▼錠」 ❷くすりをかためたつぶ。また、それをかぞえることば。じょう。「▼錠▼剤」

【▼錠▼剤】じょうざい つぶになっているくすり。

【▼錠前】じょうまえ 戸・入れものなどにつけて、あかないようにする金具。

金－8画

【錐】

16画 人名 〈錐〉明朝 音スイ 訓きり

意味 ❶先のとがった、穴をあけるための工具。きり。❷底面の周囲と底面外の一点をむすんだ立体。「円▽錐」

金－8画

【錘】

16画 人名 〈錘〉明朝 音スイ 訓つむ

意味 ❶おもり。❷糸をつむぐ道具。「▼紡▽錘(=糸をつむいでまきとる道具)」

金－8画

【錆】

16画 人名 〈錆〉明朝 音セイ 訓さび・さびる

意味 金属の表面にできる、さび。

金－8画

【錫】

16画 人名 〈錫〉明朝 音セキ・シャク 訓すず

意味 金属の、スズ。「▽錫▽杖(=坊さんや山ぶしがもちあるくつえ)」

名まえで使う読み あとう・すず・たまう・ます・やす・ゆたか

金－8画

【錬】

16画 常用

金－9画 【鍊】17画 人名 〈鍊〉明朝

音レン 訓ね*る

なりたち 形声 もとの字は「鍊」。柬(より分ける)と金(金属)を合わせた字。金属をとかして、まじりものをより分け、質のよいものをつくることをあらわした。→練858

意味 金属をねりきたえる。「精▼錬」

【▼錬金術】れんきんじゅつ ①むかし、銅やなまりを金や銀につくりかえようとした化学技術。②お金をふやす技術の、たとえ。例 錬金術にたけている。

【▼錬成】れんせい 心やからだをきたえて、すぐれた人間にすること。例 心身を錬成する。参考「練成」とも書く。

【▼錬磨】れんま 練習して、わざをみがくこと。ねりきたえること。例 百戦錬磨(=多くの経験をつんで、わざがきたえあげられること)。参考「練磨」とも書く。

下につく熟語 *修▼錬(=修練)・精▼錬(=精練)・洗▼錬(=洗練)・*鍛▼錬(=鍛練)

こたえ 感心。

金（かね・かねへん）の部
8画 録
9画 鍵・鍬・鍛・鍋

釒－8画

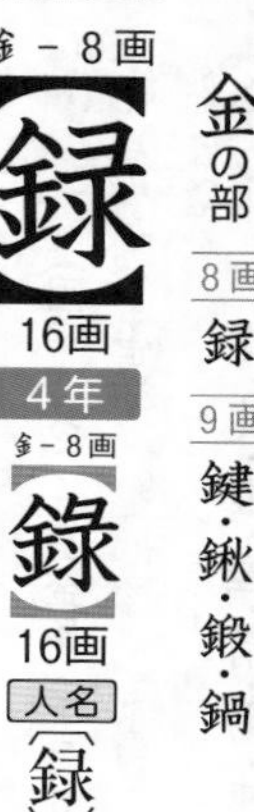

【録】16画 4年

釒－8画 【錄】16画 人名 〈録〉明朝

音 ロク
訓 —

録 録

9画めは折って内側へ向ける。11画めを長く。13・14画めを「フ」としない。

なりたち 形声 もとの字は「錄」。彔（表面をはぎとる）と金を合わせた字。青銅でつくったうつわの表面をけずって、文字を書くようすをあらわした。→緑857

意味 ❶書きしるす。書きしるしたもの。「記録」 ❷音声や形を、うつしとる。「録音」

名まえで使う読み とし・ふみ・ろく

【録音】ろくおん CDやハードディスクなどに、音を記録すること。また、その音。例 録音機材。／演奏を録音する。

【録画】ろくが 映像をDVDやハードディスクなどに記録すること。また、その画面。

下につく熟語 *議事録・*言行録・*語録・*再録・採録・*▼載録・*実録・*住所録・収録・集録・新記録・*図録・登録・備忘録・付録・目録

釒－9画 【鍵】17画 常用 〈鍵〉明朝

音 ケン
訓 かぎ

なりたち 形声 建（まっすぐ立てる）と金（金属）を合わせた字。金属の棒をまっすぐ地面まで差しこんで門を閉める道具をあらわした。転じて、錠前に差しこむ「かぎ」のいみにもちいた。→建361

意味 ❶かぎ。❷ピアノなどの、指でたたくところ。「▼鍵▼盤」▽英語のキーの訳。❸問題解決の手がかり。

名まえで使う読み かぎ

【▼鍵穴】かぎあな かぎをさしこむためにあけてある、あな。

【▼鍵▼盤】けんばん ピアノやオルガンの、指でたたいたりおしたりする部分。例 鍵盤ハーモニカ。

下につく熟語 合▼鍵・*▼黒▼鍵・*白▼鍵

釒－9画 【鍬】17画 人名 〈鍬〉明朝

音 シュウ
訓 くわ

意味 くわ。田畑を耕す道具。たいらな鉄に柄がついたもの。

名まえで使う読み くわ・すき

釒－9画 【鍛】17画 常用 〈鍛〉明朝

音 タン
訓 きたえる

なりたち 形声 段（上から下にたたく）と金（金属）を合わせた字。上から下にたたいて、金属をきたえることをあらわした。→段631

意味 きたえる。「▼鍛練・▼鍛造」

難しい読み ▼鍛冶屋

名まえで使う読み かじ・きたえ・たん

【▼鍛▼冶】かじ 金属をやいたりうったりしてきたえ、いろいろの道具や器械をつくること。また、その職人。例 刀鍛冶。／鍛冶屋。参考「たんや」とも読む。

【▼鍛練・▼鍛▼錬】たんれん 心やからだを、強くきたえること。例 心身を鍛練する。参考 もとは、「金属をきたえる」いみ。

釒－9画 【鍋】17画 常用 〈鍋〉明朝

音 —
訓 なべ

なりたち 形声 咼（まるいあなにはまりこむ）と金（金属）を合わせた字。車の車軸がはまりこむまるい鉄のくだをあらわした。転じて、金属製のまるい「なべ」にもちいた。→過424

意味 なべ。食べ物をにたきするための、料理道具。「▼鍋料理」

名まえで使う読み なべ

【▼鍋▼釜】なべかま ①なべと、ごはんをたくかま。②生活するのに最低必要なもの。

【▼鍋底】なべぞこ ①なべのそこの部分。②もっともわるい状態。例 鍋底景気。

隊形。

【▼鍋物】なべもの　なべ料理。

下につく熟語 ＊圧力▼鍋・＊牛▼鍋・＊中華▼鍋・＊鉄▼鍋・＊土▼鍋

金−10画

【鎧】

18画 人名 〈鎧〉明朝

音 ガイ　訓 よろい

意味 からだを守るための、よろい。▽革でつくったよろいは、「▼甲」。

【▼鎧▼袖一▼触】がいしゅういっしょく 四字熟語 かんたんにあいてをたおしてしまうことのたとえ。参考 よろいのそでがちょっとふれるほどの小さな力で、あいてをたおしてしまうことから。

金−10画

【鎌】

18画 常用 〈鎌〉明朝

音 ―　訓 かま

意味 三日月形の鉄板に、直角に柄をつけた、草をかる農具。かま。

名まえで使う読み かた・かね・かま・れん

【▼鎌首】かまくび かまの形のようにまがった首。参考 ヘビが、頭をもちあげた形などにいう。

金−10画

【鎖】

18画 常用 〈鎖〉明朝

音 サ　訓 くさり

意味 ❶金属の輪を長くつなぎ合わせたもの。くさり。「連▼鎖」 ❷とざす。とじる。「▼鎖国」

【▼鎖国】さこく 外国とのつきあいや、とりひきなどを禁止すること。対 開国

【▼鎖骨】さこつ 胸の上部の左右にある、胸と肩をつなぐ長いほね。

下につく熟語 ＊鉄▼鎖・▼封▼鎖・閉▼鎖

金−10画

【鎮】

18画 常用

金−10画

【鎭】

18画 人名 〈鎮〉明朝

音 チン　訓 しずめる・しずまる

なりたち 形声 もとの字は「鎭」。眞（なかみがいっぱいつまる）と金（金属）を合わせた字。中がいっぱいつまっておもい金属の「おもし」をあらわした。→真776

意味 ❶しずめる。おさえつける。しずかにさせる。「▼鎮火・▼鎮圧」 ❷おさえ。「文▼鎮・重▼鎮」

使い分け しずめる「静める・鎮める・沈める」→（1059ページ）

名まえで使う読み おさむ・しげ・しず・しずむ・しずめ・しん・たね・ちん・つね・まさ・まもる・やす・やすし

【▼鎮圧】ちんあつ さわぎを、おさえしずめること。例 暴動を鎮圧する。

【▼鎮火】ちんか 火事がきえること。また、火事をけすこと。

【▼鎮▼魂】ちんこん 死んだ人のたましいをしずめ、おちつかせること。例 鎮魂歌。

【▼鎮座】ちんざ ①神が、その場所にまつられてとどまっていること。②人がどっかりとすわっていることのたとえ。

【▼鎮守】ちんじゅ その土地をまもる神。また、その神をまつった神社。例 鎮守の森。

【▼鎮静】ちんせい 心がしずまり、おちつくこと。心をしずめ、おちつかせること。例 鎮静剤。

【▼鎮痛▼剤】ちんつうざい いたみをしずめるくすり。例 鎮痛剤をうつ。

金−11画

【鏡】

19画 4年 〈鏡〉明朝

音 キョウ　訓 かがみ

9画めは点でもよい。「日」の縦画は内側に向ける。19画めは曲がりで書く。

なりたち 形声 竟（区切りをつける）と金を合わせた字。青銅をよくみがいた、明暗のさかいめがはっきりうつる「かがみ」をあらわした。→境243

漢字クイズ 「ダンスの□□にならぶ」。□□にはいる熟語はつぎのどれでしょう。体形・体型・

金（かね・かねへん）の部 12画 鐘 15画 鑑

意味 ❶かがみ。「鏡台・銅鏡」 ❷レンズをつかって見る道具。「望遠鏡・顕微鏡」

名まえで使う読み あき・あきら・かがみ・かね・きょう・とし

【鏡開き】かがみびらき 正月にそなえた鏡餅をわって、おしるこなどにして食べる行事。

参考 多く、一月一一日におこなう。

【鏡餅】かがみもち まるくひらたいもちを、大小二つ重ねたもの。正月などにそなえる。

【鏡台】きょうだい けしょうにつかう、かがみのついた台。

下につく熟語 *拡大鏡・*三面鏡・潜望鏡・双眼鏡・手鏡・天眼鏡・万華鏡・眼鏡（めがね・がんきょう）

金 −12画

【鐘】

20画 常用 〔鐘〕明朝

音 ショウ
訓 かね

なりたち 形声 童（つつぬけに通す）と金を合わせた字。中をつつぬけにした銅製の楽器「かね」をあらわした。→童817

意味 かね。つりがね。「半鐘」

名まえで使う読み あつむ・かね・しょう

【鐘楼】しょうろう つりがねがつるしてある堂。かねつき堂。

鐘楼

下につく熟語 警鐘・*早鐘・晩鐘・*梵鐘

金 −15画

【鑑】

23画 常用 〔鑑〕明朝

音 カン
訓 かんがみる

なりたち 形声 監（わくの中におさめる）と金を合わせた字。わくの中に顔をうつすかがみをあらわした。むかしは水かがみをつかったが、のち、青銅をみがいてつくったかがみをつかったので「金」をつけた。→監767

意味 ❶かがみ。❷見分ける。「鑑定」 ❸手本や資料になる本。「名鑑・図鑑」

名まえで使う読み あき・あきら・かた・かね・かん・しげ・のり・み・みる

【鑑札】かんさつ 役所のゆるしをうけたしるしのふだ。例 犬の鑑札。

【鑑識】かんしき ①本物かにせものか、また、よいかわるいかなどを見分けること。また、そのカ。例 鑑識眼。②犯罪に関係のある指紋・血液型・筆跡などを見分けること。

【鑑賞】かんしょう 文学・絵画・映画・音楽などを見たり聞いたりして、そのよさをあじわうこと。

【鑑定】かんてい 本物かにせものか、また、よいかわるいかなどを見分けること。例 筆跡の鑑定を依頼する。

【鑑別】かんべつ 本物かにせものか、どんな種類かなどを見分けること。例 にせ札を鑑別する。

下につく熟語 印鑑・年鑑

使い分け かんしょう 鑑賞・観賞

【鑑賞】芸術作品を見たり聞いたりして楽しむこと。例 美術館で西洋絵画を鑑賞する。／わたしのしゅみは、音楽鑑賞です。

【観賞】見て、楽しむこと。例 池の金魚を観賞する。／観賞魚。

ながい 長の部 0画 長

8画 長 ながい

なりたち

「ながい」のいみに関係する字をあつめるが、「髟(=かみのけ)」はべつの部首で、「長」だけがこの部首になる。

この部首の字

0画 長 1035

ほかの部首の字

帳→巾部 345　張→弓部 369　髪→髟部 1094

長－0画

【長】

8画　2年　〔長〕明朝

音 チョウ　訓 ながい

筆順：1 丨　2 ｢　3 ｢　4 ｢　5 ｢　6 ｢　7 ｢　8 長

横画の間を等しく、5画めを長く。6画めは1画めより左側、折って右上にはらう。

なりたち 象形

かみの毛をながくのばした老人のすがたをえがいた字。

長のつく漢字グループ

「長」のグループは「長くのびる」というイメージがある。

→帳 345　→張 369

意味 ❶ながい。「長身」㊟短 ❷のびる。のばす。「延長」 ❸かしら。「長官・町長」 ❹年が多い。めうえ。「年長」 ❺すぐれている。「長所」㊟短

難しい読み 長談義

名まえで使う読み おさ・たけ・たけし・たつ・つかさ・つね・なが・ながし・のぶ・ひさ・ひさし・まさ・まさる

使い分け　ながい　長い・永い

【長い】長さ・きょり・時間などがながい。例 待ち時間が長い。／学校までの長いたんぼ道。

【永い】はてがないほど、時間がひじょうにながい。例 永い間の苦労がむくわれる。

参考 「永」は「長」よりも「ながい・永遠に」のいみが強い。

【長音】ちょうおん　ながくのばす音。「ー」で書く。

【長歌】ちょうか　和歌の形式の一つ。五音と七音の句をいくつもつづけ、さいごを五・七・七でむすぶ歌。㊟短歌

【長官】ちょうかん　役所などでいちばんくらいの上の人。例 最高裁判所長官。

【長期】ちょうき　ながい期間。例 長期入院。㊟短期

【長▼距▼離】ちょうきょり　①遠くはなれていること。距離がながいこと。例 長距離列車。②陸上競技で五〇〇〇メートル以上、水泳で一五〇〇メートル以上の競技。㊟①②短距離

【長兄】ちょうけい　いちばん上の兄。

【長考】ちょうこう　長い時間、考えること。例 二時間にわたる長考。

【長子】[1] ちょうし　いちばんはじめに生まれた子。また、とくに、長男のこと。㊟末子(ばっし・まっし)

【長姉】[2] ちょうし　いちばん上の姉。

【長者】ちょうじゃ　お金や財産をたくさんもっている人。例 億万長者。

【長者の万灯より貧者の一灯】ちょうじゃのまんとうよりひんじゃのいっとう　句 金持ちがそなえるたくさんの明かりより、まずしい人のささげる心のこもった一つの明かりのほうがまさっているということ。金額の多い少ないでなく、まごころがだいじなのだということ。

参考 「貧者の一灯」ともいう。

【長▼寿】ちょうじゅ　寿命がながいこと。長生き。

こたえ　隊形。

長の部

0画 長

【長所】ちょうしょ　性質などで、すぐれているところ。対短所

【長女】ちょうじょ　いちばんはじめに生まれた、むすめ。対長男

[1]【長上】ちょうじょう　目上の人。

[2]【長城】ちょうじょう　①長くつながりつづいた城。②中国にある、万里の長城。

[1]【長身】ちょうしん　せいが高いこと。また、その人。

長上

[2]【長針】ちょうしん　時計の、分をさすながいほうのはり。対短針

【長水路】ちょうすいろ　プールで、たてのながさが五〇メートル以上あるもの。対短水路

【長足】ちょうそく　ものごとのすすみ方がはやいこと。例長足の進歩をとげる。

[1]【長打】ちょうだ　野球やソフトボールで、二塁打・三塁打・本塁打のこと。

[2]【長▼蛇】ちょうだ　ながくて大きなヘビ。列などがながいことにたとえる。例長蛇の列。

【長▼蛇を▼逸する】ちょうだをいっする　句　大きなえものや絶好のチャンスを、おしいところでとりにがしてしまうことのたとえ。

参考「長蛇」は、ここでは大きな敵のたとえ。

【長短】ちょうたん　①ながいことと、みじかいこと。ながいものと、みじかいもの。②よいところと、わるいところ。長所と短所。

【長調】ちょうちょう　音楽で、長音階でつくられた曲の調子。明るいひびきがある。対短調

【長▼途】ちょうと　旅の、ながい道のり。例長途の旅に出る。

【長男】ちょうなん　いちばんはじめに生まれた、むすこ。対長女

【長波】ちょうは　電波のうち、波長が一～一〇〇〇キロメートル以上、周波数が三～三〇〇キロヘルツのもの。船や飛行機の無線通信につかわれる。対短波

【長▼髪】ちょうはつ　ながくのばしたかみ。

参考とくに男性についていうことが多い。対短髪

【長物】ちょうぶつ　よけいなもの。むだなもの。例無用の長物。

【長文】ちょうぶん　ながい文章。例長文の試験問題。対短文

【長編】ちょうへん　詩・小説・映画などのながいもの。例長編小説。対短編

【長方形】ちょうほうけい　四つの角がすべて直角の、細長い四辺形。

【長命】ちょうめい　ながく生きていること。対短命

【長幼】ちょうよう　年上と年下。例長幼の序（＝年下の者は年上の者をうやまい、でしゃばってはならないというきまり）。

【長老】ちょうろう　①年をとって、多くの経験をつんだ人。②徳の高い坊さん。

【長雨】ながあめ　なん日もふりつづく雨。

【長▼靴】ながぐつ　ゴムまたは革でつくった長いくつ。〔雨ふりのときなどにはく〕

【長談義】ながだんぎ　まとまりのない、ながながとした話。

【長月】ながつき　陰暦の九月のよび名。

【長年】ながねん　ながい年月。例長年の習慣。

参考「永年」とも書く。

【長話】ながばなし　ながいおしゃべり。ながい話。例電話で長話をする。

【長屋】ながや　細長い建物をしきって、何げんにも分けたすまい。

下につく熟語　*委員長・院長・駅長・*園長・面長・*会長・*学長・*家長・議長・気長・*級長・局長・校長・*座長・市長・社長・▼塾長・▼冗長・*所長・署長・助長・身長・生長・成長・船長・全長・増長・村長・体長・隊長・*縦長・*団長・特長・波長・班長・*日長・*部長・*横長・夜長

【帳】11画　巾部8画
↓345ページ

【張】11画　弓部8画
↓369ページ

【髪】14画　髟部4画
↓1094ページ

門の部（もん・もんがまえ）

0画 門

8画 門 もん もんがまえ

なりたち

とびらのついた「出入り口」や「出入り」のほか、「外囲い」などに関係した字をあつめる。

この部首の字

画数	字	ページ
0画	門	1037
2画	閃	1038
3画	閉	1038
4画	開	1038
4画	間	1040
4画	閑	1041
4画	閏	1041
6画	閣	1042
6画	関	1042
6画	閤	1043
6画	閥	1043
7画	閲	1043
9画	闇	1043
10画	闘	1043

ほかの部首の字

問→口部 213　聞→耳部 877

門－0画

【門】 8画 2年

〔門〕明朝

音 モン

訓 かど*

門門門門門門門門

左右の縦画を内側に向けない。横画をほぼ同一線上、右上がりにすると整えやすい。

なりたち 象形

二まいのとびらがついた、人の出入りするもんをえがいた字。

門のつく漢字グループ

「門」のグループは「とじて見えない」「かくれてわからない」というイメージがある。

→問 213　→聞 877

意味 ❶出入り口。「正門・関門」 ❷家がら。「名門」 ❸同じ先生から教えをうけるなかま。「門人」 ❹いくつかに分けたもの。「部門・専門」 ❺大砲の数をかぞえることば。もん。

難しい読み 門口・門出・門松

名まえで使う読み かど・かな・と・ひろ・ゆき・もん

【門口】かどぐち 門の出入り口。家の出入り口。

【門出】かどで ①旅をするために家を出発すること。②新しい生活をはじめること。例 人生の門出をいわう。

【門松】かどまつ 正月に、家の入り口にかざる松。松かざり。

【門衛】もんえい 役所や会社などの門のそばにいて、みはりをする役目。また、その人。門番。

【門下】もんか ある先生について、教えをうけること。また、その人。弟子。門人。門弟。例 門下生。

【門外】もんがい ①門のそと。例 門外に車をとめておく。②専門でないこと。専門外。

【門外漢】もんがいかん ①そのことを専門にやっていない人。例 外国文学にはまったくの門外漢でわからない。②そのことに、ちょくせつ関係のない人。例 その件については門外漢だ。

【門外不出】もんがいふしゅつ 四字熟語 もっているたいせつな品物を、めったに人に見せたり、かしたりしないこと。例 門外不出の家宝。

【門限】もんげん 夜、門をしめる、きまった時刻。また、夜帰っていなければならない時刻。例 門限をまもる。

【門戸】もんこ ①門と戸。家の出入り口。②一家。一派。例 門戸をかまえる。

【門戸開放】もんこかいほう 四字熟語 国が、どの国にも自由なとりひきをゆるすこと。

【門札】もんさつ 門にかける名ふだ。表札。門標。

【門歯】もんし 前歯。歯の列のまんなかにある歯。上下四本ずつある。

【門人】もんじん ある先生について教えをうける人。弟子。門弟。門下。

【門前】もんぜん 門のまえ。

【門前市を成す】もんぜんいちをなす 句 やってくる人がひじょうに多いた

門前市を成す

漢字クイズ 「以□伝□」。□の中にはいる同じ漢字はなんでしょう。

とえ。例 商売が当たって、門前市を成す大はんじょう。参考 たくさん人があつまって、市場のようだというみから。

【門前町】もんぜんまち 寺や神社の門前に発達した町。

【門柱】もんちゅう/かどばしら 門の両がわのはしら。

【門弟】もんてい 弟子。門人。門下。

【門徒】もんと 仏教で、ある宗派の信者。とくに、浄土真宗の信者。

【門灯】もんとう 門につけてある電灯。

【門番】もんばん 門のそばにいて、門のあけしめをしたり、出入りする人を見はったりする役目。また、その人。門衛。

【門▼扉】もんぴ 門のとびら。

下につく熟語 一門・開門・*軍門・*校門・山門・*城門・水門・*通用門・同門・登▼竜門・入門・破門・仏門・閉門

門－2画

【閃】10画 人名 〔閃〕明朝

音 セン 訓 ひらめく

意味 一瞬頭にうかぶ。一瞬光る。「▽閃光」

門－3画

【閉】11画 6年 〔閉〕明朝

音 ヘイ 訓 とじる・と*ざす・しめる・しまる

※上にくる音により「ペイ」ともよむ。

「才」を「門」の下から出さない。11画めは10画めの右側から出なくてもよい。

なりたち 会意 才(たち切って止める)と門を合わせた字。門をとじて、人の出入りを止めることをあらわした。→才493

意味 ❶とじる。「閉門」 ❷おえる。やめる。「閉会」 対❶❷開

【閉会】へいかい 会がおわること。会をおえること。対 開会

【閉館】へいかん 図書館・美術館・映画館などが、館をとじて仕事をおわること。例 午後五時に閉館する。対 開館

1 【閉口】へいこう もてあまして、こまること。例 毎日の長雨に閉口する。

2 【閉校】へいこう ①学校が、ある期間授業を休むこと。例 インフルエンザで三日間閉校します。②学校がなくなること。廃校。例 学生数の減少により閉校する。対 開校

【閉▼鎖】へいさ ①とじて、ふさぐこと。例 出入り口を閉鎖する。②施設をとじて、仕事をやめてしまうこと。例 鉱山を閉鎖する。

【閉山】へいざん ①その年の登山の期間を、おわりにすること。②炭鉱や鉱山などで、石炭や鉱石をとる仕事をやめること。

【閉▼廷】へいてい その日の裁判がおわって、法廷をとじること。対 開廷

【閉店】へいてん ①店をしめて、その日の仕事をおわりにすること。例 夜九時閉店です。②商売をやめること。例 今月をもって閉店いたします。対①②開店

【閉幕】へいまく ①しばいや映画などがおわって、まくをしめること。②ものごとがおわること。例 オリンピック大会が閉幕する。／首脳会議が閉幕する。対①②開幕

【閉門】へいもん 門のとびらをとじること。対 開門

下につく熟語 開閉・密閉・▼幽閉

【問】11画 口部8画 →213ページ

門－4画

【開】12画 3年 〔開〕明朝

音 カイ 訓 ひらく・ひらける・あく・あける

「門」の下から9～12画めの部分を出さない。11・12画めは止めてもよい。

なりたち 形声 开-開

幵(左右に同じようにそろってならぶ)がかわった开と門を合わせた字。門のとびらを左右に同じようにひらくことをあらわした。

↓研784

意味 ❶ひらく。あく。「開花・公開」対閉 ❷はじめる。「開始」対閉 ❸ほりおこす。ひらける。「開▼拓」 ❹文化がすすむ。ひらける。「開化」

難しい読み 開眼(かいがん・かいげん)

使い分け あける「明ける・空ける・開ける」↓(552ページ)

名まえで使う読み さく・はる・はるき・ひら・ひらき・ひらく

【開運】かいうん 幸運にむかうこと。運がひらけること。例 初もうでで開運をいのった。

【開演】かいえん しばいや音楽会などがはじまること。また、はじめること。例 開演は夜七時です。対 終演

1【開化】かいか 学問や文化がひらけ、世の中がすすむこと。例 文明開化。

2【開花】かいか 花がひらくこと。例 開花予想。

【開会】かいかい 会をはじめること。会がはじまること。例 開会式。対 閉会

【開館】かいかん 図書館・美術館・映画館などが、館をひらいて仕事をはじめること。例 開館は午前九時です。対 閉館

【開眼】一 かいがん ①目が見えるようになること。また、見えるようにすること。例 開眼手術。②「かいげん③」と同じ。
二 かいげん ①新しくできた仏像や仏画に、たましいを入れること。例 大仏の開眼。②仏道の真理をさとること。③学問や芸術のほんとうの心がわかること。かいがん。例 美術に開眼する。

【開業】かいぎょう ①新しく仕事をはじめること。例 新しい病院が開業した。②仕事をしていること。例 開業は夜九時までです。

1【開校】かいこう 新しく学校をつくって、授業をはじめること。対 閉校

2【開港】かいこう ①ぼうえきなどをするため、外国の船がみなとに自由に出入りするのをゆるすこと。②空港・みなとを新しくつくり、つかいはじめること。

【開口一番】かいこういちばん 四字熟語 口をひらくと、まっさきに。例 開口一番におれいを言われた。

【開国】かいこく ①外国とつきあいをはじめること。対 鎖国 ②新しく国をたてること。建国。

【開▼墾】かいこん 山や野をたがやして、田畑をつくること。開拓。

開墾

【開▼催】かいさい 会やもよおしものなどをおこなうこと。例 てんらん会を開催する。

【開始】かいし はじめること。はじまること。例 試合を開始する。

【開場】かいじょう 入り口をひらいて、会場に人々を入れること。

【開設】かいせつ 新しく施設や設備をつくって、つかいはじめること。例 ラジオ放送局が開設された。

【開戦】かいせん 戦争をはじめること。対 終戦

【開祖】かいそ ①宗教・芸能などで、一つの流派をひらいた人。②その寺院を、はじめてひらいた人。開山。

【開▼拓】かいたく ①山や野を切りひらいて田畑にすること。開墾。②新しいやり方を見つけたり、分野をきりひらくこと。

開拓①

【開通】かいつう 道・鉄道・電話などが通じること。例 高速道路が開通した。

【開▼廷】かいてい 法廷をひらいて、裁判をはじめること。対 閉廷

【開店】かいてん ①店をあけて、その日の仕事をはじめること。例 朝九時開店です。②店を新しくはじめること。例 あす開店です。対 ①②閉店

こたえ 心。「以心伝心(＝口に出さなくても, おたがいの気もちがつたわること)」。

門の部（もん・もんがまえ） 4画 間

【開発】かいはつ ①新しく土地を切りひらいて、産業などをおこすこと。②新しいものを考え出して、じっさいにつかえるようにすること。例新しい技術を開発する。

【開票】かいひょう 投票ばこをあけて、投票のけっかをしらべること。例市長選挙は即日開票する。

【開▼封】かいふう 手紙など、ふうがしてあるものをあけること。

【開閉】かいへい ひらいたり、とじたりすること。あけたて。例ドアを開閉する。

【開放】かいほう ①窓・戸などをあけはなすこと。例窓を開放する。②だれでも、自由につかえるようにすること。例日曜日には校庭を開放する。

【開幕】かいまく ①劇や映画などがはじまること。②ものごとがはじまること。例プロ野球の開幕。対①②閉幕

【開門】かいもん 門のとびらをひらくこと。対閉門

下につく熟語 再開・切開・全開・▼疎開・打開・展開・非公開・満開・未開

使い分け かいほう 開放・解放

【開放】あけはなして自由につかえるようにすること。例校庭開放で友だちと遊ぶ。

【解放】からだや心が自由になること。例リンカーンはどれいを解放した。／民族解放運動。

参考「解」は、制限や不自由からときはなつこと。「開」は、あけひろげて、出入り自由にすること。

門－4画

間

12画 2年 〈間〉明朝

音 カン・ケン
訓 あいだ・ま

※上にくる音により「ゲン」ともよむ。

「日」を「門」の下から出さない。「日」の縦画は真下に下ろす。

なりたち 会意 もとの字は「閒」。月と門を合わせた字。門のとびらのすきまから月が見えるようすをあらわした。

閒のつく漢字グループ
「閒」のグループは「すきまがあく」というイメージがある。常用漢字では「間」になる。→簡831

意味 ❶すきま。あいだ。「間食・時間」❷むかしの長さの単位。一間は、約一・八メートル。

難しい読み 間▼柄・間際・間近

名まえで使う読み かん・けん・ちか・はし・ま

【間▼柄】あいだがら 人と人との関係。つきあい。例かれとはしたしい間柄だ。

【間一▼髪】かんいっぱつ ひじょうにさしせまっていて、あぶないこと。例間一髪のところでたすかった。参考「髪の毛一本がはいるだけの、ひじょうにわずかなすきま」のいみから。注意「間一発」と書かないこと。

【間▼隔】かんかく 二つのものの間のへだたり。

【間▼隙を▼縫う】かんげきをぬう 句 ①物と物とのすきまをとおりぬける。②いそがしい仕事の中で、ちょっとしたひまを見つけて、あることをする。例仕事の間隙を縫って、ランニングであせをながす。参考「間隙」は「すきま・ひま」のいみ。

【間食】かんしょく きまった食事と食事とのあいだに、食べること。また、その食べ物。

【間接】かんせつ じかでないこと。例間接に聞いた話。対直接

【間接照明】かんせつしょうめい 光をかべや天

井にあてて、その反射した光を利用する照明。やわらかい光になる。

【間接税】かんせつぜい　税金をおさめる人と税金をじっさいに負担する人が、ちがっている税金。ものを買ったことで税金をはらったことになる消費税など。

【間接的】かんせつてき　じかにではなく、間に何かある状態でかかわりがあるようす。例 間接的な知り合い。

【間断】かんだん　たえま。切れめ。例 風が、間断なく(=とぎれることなく)ふきつける。

【間道】かんどう　はやく行ける、わき道。

【間▼髪を入れず】かんはつをいれず　故事成語　時間をおかないですぐさま。すぐに。ただちに。例 先生の質問に、間髪を入れずに答える。参考 間に一本のかみの毛を入れるすきまもないといういみから。注意「間一髪」ということばから、「かんぱつをいれず」と読まないこと。

【間が▼抜ける】まがぬける　句 ①ものごとのだいじなところに手ぬかりがある。②ばかげてみえる。例 間が抜けた返事。参考「間の抜けた」の形でも使う。

【間が悪い】まがわるい　句 ①運が悪い。また、その場のぐあいが悪い。例 間が悪いときに友だちが来た。②なんとなく少しはずかしい。気がひける。例 人ちがいをして知らない人に声をかけ、間が悪い思いをした。参考「間の悪い」ともいう。

【間際】まぎわ　ものごとをはじめる、すぐまえ。例 出発の間際になって、あわてて用意する。

【間口】まぐち　①家や土地の、正面のはば。例 間口がせまい家。②仕事や趣味などのはんい。例 間口を広げる。

間口①

【間近】まぢか　ちかづいていて、すぐであること。例 しめきりが間近にせまる。注意「真近」と書かないこと。

下につく熟語 合間・居間・期間・客間・行間・空間・区間・雲間・山間（さんかん・やまあい）・週間・▼瞬間・世間・谷間（たにま・たにあい）・中間・手間・土間・仲間・＊波間・人間（にんげん・じんかん）・＊年間・昼間（ひるま・ちゅうかん）・幕間・民間・夜間・林間

門－4画

【閑】

12画　常用　〔閑〕明朝　音 カン　訓 —

意味 ❶しずか。「▼閑静・安▼閑・森▼閑」❷ひま。「農▼閑期・有▼閑」対 忙

名まえで使う読み かん・しず・のり・もり・やす・より

【▼閑居】かんきょ　①しずかなすまい。②することがなく、ひまなこと。例 小人閑居して不善をなす(=つまらない人間は、ひまだとついわるいことをしたくなる)。

【▼閑散】かんさん　人が少なく、ひっそりとしているようす。例 閑散とした海水浴場。

【▼閑▼寂】かんじゃく　さびしいほどひっそりとしているようす。

閑散

【▼閑職】かんしょく　重要でない、ひまな仕事。

【▼閑静】かんせい　ものしずかなようす。例 閑静なすまい。

【▼閑談】かんだん　①むだ話をすること。②しずかに話をすること。また、その話。閑話。

【▼閑話休題】かんわきゅうだい　四字熟語 横道にそれたむだ話はこれくらいでやめて、話を本すじにもどしますといういみで、手紙の文章の話題をかえるときにつかうことば。それはさておき。さて。参考「閑話」は、むだ話のいみ。「休題」は、話をやめること。

門－4画

【閏】

12画　人名　〔閏〕明朝　音 ジュン　訓 うるう

意味 一年のきまった日数や月数が、いつもの年よりも多いこと。「▽閏年」

名まえで使う読み うる

漢字クイズ 「□信□疑」。□の中にはいる同じ漢字はなんでしょう。

門－6画

【閣】14画 6年

〔閣〕明朝 音 カク 訓 ―

「各」を「門」の下から出さない。11画めは止めてもはらってもよい。

なりたち 形声 各(かたいものにつきあたって止まる)と門を合わせた字。あけた戸が動かないようにするためにおく、石やくいをあらわした。のち、戸をとめるしかけのついたりっぱな門がある家のことから、上部をささえる足のある、高いごてんのいみになった。

↓各193

意味 ❶**身分の高い人のすむ、高いごてん。**「天守閣」 ❷**内閣。**「閣議」

名まえで使う読み かく・はる

【閣議】かくぎ 大臣があつまっておこなう会議。

【閣▼僚】かくりょう 内閣をつくっている大臣。

【閣下】かっか くらいの高い人を、うやまってよぶよび方。

下につく熟語 ＊高閣・＊城閣・組閣・内閣・＊入閣・＊仏閣・▼楼閣

門－6画

【関】14画 4年

〔関〕明朝 音 カン 訓 せき・かかわる

「門」の下から「关」を出さない。13画めは11画めの上に出ない。

なりたち 形声 -關(関)

もとの字は「關」。𢇇と門を合わせた字。𢇇は、丱(つらぬき通すしるし)と𢆶(いと)を合わせて、はたをおるときに横糸を通すようす。つらぬき通すというイメージをもつ。關は、門の戸が外からあけられないように横木をさしこんでしめるようすをあらわした。

意味 ❶**出入りをとりしまるところ。出入り口。**「▼玄関」 ❷**かかわる。**「関係」 ❸**しくみ。しかけ。**「関節・機関」

名まえで使う読み かん・せき・とおる・み・もり

【関係】かんけい ①かかわりあうこと。例 父が関係している会社。②つながり。あいだがら。例 親子の関係。

【関心】かんしん あるものごとに心をひかれること。きょうみ。例 国際社会の動きに関心をもつ。

使い分け かんしん 関心・感心・歓心

【関心】あるものごとに心をひかれること。きょうみ。例 動物に関心がある。／関心をよせる。

【感心】①心をふかく動かされること。②りっぱで、ほめるべきであるようす。例 エジソンの発明に感心する。／感心な心がけ。

【歓心】よろこんでうれしいと思う気もち。例 人の歓心を買う。(あいてによろこんでもらおうとすること)

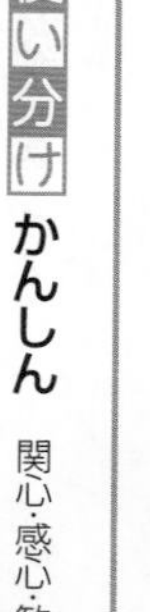

【関税】かんぜい 外国からもってきたり、輸入したりする品物にかける税金。

【関節】かんせつ ほねとほねとがつながっていて、おりまげられるところ。

【関知】かんち あることに関係していて、事情を知っていること。例 その件には関知していない。使い分け かんち「感知・関知」→(475ページ)

【関白】かんぱく むかし、天皇をたすけて、国の政治をおこなったおもい役目。また、その人。

【関門】かんもん ①関所。②通るのがむずかしいところ。例 入学試験の関門を突破する。

【関▼与】かんよ ある仕事・事件などに、関係をもつこと。例 父は社会事業に関与している。

【関連】かんれん つながりやかかわりのあること。例 台風関連のニュース。／生き物の減少と川のよごれとの関連をしらべる。

【関所】せきしょ むかし、国ざかいや交通上たいせつな場所につくられ、通行人や荷物をしらべたところ。

【関取】せきとり （十両から上の）すもうとり。

上につく熟語 *関西・*関東

下につく熟語 *大関・税関・*相関・難関

門－6画

【閤】

14画 人名 〔閤〕明朝 音 コウ 訓 —

意味 大門の横についた小門。くぐりど。

下につく熟語 *太▽閤

門－6画

【閥】

14画 常用 〔閥〕明朝 音 バツ 訓 —

意味 出身が同じで団結している人々のあつまり。「派▼閥・学▼閥・財▼閥・門▼閥」

【聞】

14画 耳部8画 →877ページ

門－7画

【閲】

15画 常用 〔閲〕明朝 音 エツ 訓 —

なりたち 形声 もとの字は「閱」。兌（なかみをぬき出す）と門を合わせた字。門のところであやしい者をぬき出してしらべるようすをあらわした。→脱892

意味 よく見てしらべる。「▼閲覧・検▼閲・校▼閲」

名まえで使う読み えつ・かど・み

【▼閲兵】えっぺい 兵隊を整列させて、しらべあらためること。例 閲兵式。

【▼閲覧】えつらん 図書館などで、しらべるために、書物などを見ること。例 閲覧室。

門－9画

【闇】

17画 常用 〔闇〕明朝 音 — 訓 やみ

なりたち 形声 音（ふさぐ）と門を合わせた字。入り口をふさいで暗くするようす。→音1064

意味 ❶くらい。「▼闇夜・暗▼闇」❷おろか。❸正当でない。「▼闇市・▼闇物資」

【▼闇市】やみいち 売り買いが禁止されたものを、取引する市場。

【▼闇雲】やみくも 考えもなしに行動するようす。むやみ。参考 闇の中で雲をつかむいみから。

【▼闇夜】やみよ 月の出てない、まっくらな夜。

下につく熟語 夕▼闇・宵▼闇

門－10画

【闘】

18画 常用 〔鬪〕明朝 音 トウ 訓 たたかう

意味 たがいにあらそう。たたかう。たたかい。「▼闘志・格▼闘」

使い分け たたかう「戦う・闘う」→（486ページ）

【▼闘牛】とうぎゅう ①人と牛がたたかう競技。②牛と牛とをたたかわせる競技。例 闘牛士。

【▼闘魂】とうこん あくまでもたたかおうとする強い心。例 闘魂がみなぎる選手。

1【▼闘士】とうし ①戦争などで、いさましくたたかう人。戦士。②しんじていることのために活動する人。例 平和運動の闘士。

2【▼闘志】とうし たたかってかとうとする、強い気もち。ファイト。例 闘志満々。

【▼闘争】とうそう たたかうこと。あらそうこと。例 賃上げ闘争。

【▼闘病】とうびょう 自分の病気をなおそうと努力すること。

下につく熟語 ▼敢▼闘・苦▼闘・決▼闘・健▼闘・▼拳▼闘・死▼闘・戦▼闘・奮▼闘・乱▼闘・力▼闘

こたえ 半。「半信半疑（＝なかば信じ、なかば疑うこと）」。

隶の部 8画 隷・隹の部 2画 隼・隻 3画 雀

隶 8画 れいづくり たいづくり

なりたち 手で尾をつかんだようすをあらわす。「つかまえる」いみの字をあつめるが、この辞典では「隷」の一字だけ。

この部首の字 8画 隷 1044

ほかの部首の字 康→广部358 逮→⻌部423

【康】11画 广部8画→358ページ

【逮】11画 ⻌部8画→423ページ

隶－8画

【隷】16画 常用 〔隷〕明朝 音レイ 訓―

意味 ❶つきしたがう。「▽奴隷」「▽隷属」 ❷めしつかい。

【▽隷従】れいじゅう 人の手下となって、したがうこと。

【▽隷属】れいぞく つきしたがって、いいなりになること。

隹 8画 ふるとり

なりたち 尾のみじかい「とり」をあらわす。おもに小鳥の種類や状態に関係した字をあつめる。

この部首の字

2画 隼 1044 2画 隻 1044 3画 雀 1044 4画 雁 1045 4画 雇 1045 4画 集 1045 4画 雄 1046 5画 雅 1046 5画 雉 1047 6画 雑 1047 6画 雌 1048 10画 雜 1047 10画 雛 1048 10画 難 1048 11画 難 1048 11画 離 1050

ほかの部首の字 唯→口部214 堆→土部237 進→⻌部421 推→扌部511 椎→木部606 焦→灬部699 準→氵部684 稚→禾部806 維→糸部854 誰→言部961 錐→金部1031 礁→石部790 顧→頁部1075

隹－2画

【隼】10画 人名 〔隼〕明朝 音ジュン 訓はやぶさ

なりたち 会意 一(まっすぐ)と隹(とり)を合わせた字。一直線にまっすぐ飛ぶ「ハヤブサ」をあらわした。

意味 鳥の、ハヤブサ。▽タカの一種。

名まえで使う読み しゅん・じゅん・たか・とし・はや・はやし・はやと・はやぶさ

【▽隼人】はやと／はやひと 大むかし、九州の南部にすんでいた種族。いさましく機敏であった。例 薩摩隼人。参考 のちに、その地方の出である男子をいった。

隹－2画

【隻】10画 常用 〔隻〕明朝 音セキ 訓―

意味 ❶かたほう。「▽隻手・▽隻腕」「一▽隻」 対 双 ❷船をかぞえることば。せき。

【▽隻語】せきご ちょっとしたことば。→「片言隻語(712ページ)」

隹－3画

【雀】11画 人名 〔雀〕明朝 音ジャク 訓すずめ

なりたち 形声 小(ちいさい)と隹(とり)を合わせた字。→小313

意味 鳥の、スズメ。「▽雀躍・▽雀羅」

名まえで使う読み す・さぎ

【▽雀躍】じゃくやく 〔スズメがおどるように〕おどりあがってよろこぶこと。

【▽雀羅】じゃくら スズメをとるあみ。

【▽雀の▽涙】すずめのなみだ 句 ひじょうに少ないことのたとえ。ほんのわずか。例 予算は、雀の涙ほどしかない。

下につく熟語 *▽燕▽雀

【唯】11画 口部8画→214ページ

【堆】11画 土部8画→237ページ

【進】11画 辶部8画 →421ページ

【推】11画 扌部8画 →511ページ

隹－4画

【雁】12画 人名 〈雁〉明朝

音 ガン 訓 かり

意味 鳥の、カリ。▽渡り鳥で、かぎ形の列をつくって飛ぶ。「▽雁首・初▽雁」

名まえで使う読み かり

隹－4画

【雇】12画 常用 〈雇〉明朝

音 コ 訓 やとう

なりたち 形声 戸(かこいこむ)と隹(とり)を合わせた字。鳥をわくに入れてかうように、人をやとい入れることをあらわした。→戸487

意味 **お金をはらって人をつかう。やとう。**「▽雇用」

【▽雇用】こよう 人をやとうこと。例 社員を雇用する。

上につく熟語 *雇い人・*雇い主

下につく熟語 解▽雇

隹－4画

【集】12画 3年 〈集〉明朝

音 シュウ 訓 あつまる・あつめる・*つどう

「隹」の横画の間を等しく。9画めを長く。「木」をカタカナの「ホ」としてもよい。

集 集

1	2	3	4	5	6	7	8	9	10	11	12
ノ	イ	イ'	亻	什	仹	件	隹	隹	隼	集	集

なりたち 会意 雧(集)

古い字は「雧」。隹(とり)が三つと木を合わせた字。木の上に鳥がたくさんむれているようすをあらわした。

意味 ❶**あつまる。あつめる。**「集合・招集」❷**作品などをあつめたもの。**「文集・画集」

注意 「集まる」「集める」のおくりがなを「る」だけにしないこと。

名まえで使う読み あい・い・しゅう・ため・ちか・つどい

【集荷】しゅうか 荷物をあつめること。

【集会】しゅうかい 多くの人が、ある目的をもってあつまること。また、そのあつまり。

【集魚灯】しゅうぎょとう 夜、魚をとるために、海上や海中でともすあかり。魚が光にあつまる性質を利用したもの。

【集金】しゅうきん 品物の代金などをあつめること。また、あつめたお金。

【集計】しゅうけい あつめて合計すること。また、あつめて合計したもの。例 投票の集計を

漢字博士になろう！ 動物名クイズ

漢字で動物名を書くと、とてもむずかしい漢字がつかわれています。答えをきくと、なーんだと思うでしょうが、ここはひとつ、かんをはたらかせましょう。

▽鳥の名前
①孔雀 ②鳶 ③梟 ④朱鷺 ⑤山雀 ⑥啄木鳥 ⑦信天翁

▽虫などのなかまの名前
①蝗 ②百足 ③水馬 ④守宮 ⑤蝮 ⑥蜥蜴

▽海の生き物の名前
①蟹 ②牡蠣 ③秋刀魚 ④蛸 ⑤蜆

▽そのほかの動物の名前
①土竜 ②河童 ③蝙蝠 ④泥鰌 ⑤犀 ⑥駱駝 ⑦獅子 ⑧麒麟

〈答え〉〔鳥〕①クジャク ②トビ ③フクロウ ④トキ ⑤ヤマガラ ⑥キツツキ ⑦アホウドリ 〔虫などのなかま〕①イナゴ ②ムカデ ③アメンボ ④ヤモリ ⑤マムシ ⑥トカゲ 〔海の生き物〕①カニ ②カキ ③サンマ ④タコ ⑤シジミ 〔そのほかの動物〕①モグラ ②かっぱ ③コウモリ ④ドジョウ ⑤サイ ⑥ラクダ ⑦しし ⑧キリン

漢字クイズ 「□眠□休」。□の中にはいる同じ漢字はなんでしょう。

する。

【集結】しゅうけつ （勢力などを）一か所にあつめること。また、あつまること。例 軍勢が集結する。

【集合】しゅうごう ①一か所にあつまること。また、あつめること。例 八時に集合する。②算数で、同じ性質をもったもののあつまり。

【集散】しゅうさん ①あつまることと、ちることと。あつめることと、ちらすこと。②ものを産地からあつめ、そこから消費地へ出荷すること。例 農産物の集散地。

【集積】しゅうせき あつめて、まとめておくこと。また、あつめてつみかさねること。例 人口が都市部に集積する。／集積回路。

【集大成】しゅうたいせい 多くのものをあつめて、一つにまとめあげること。例 研究の集大成となる論文。

【集団】しゅうだん 多くの人やもののあつまり。例 集団生活。

【集中】しゅうちゅう 一つのところにあつめること。また、あつまること。例 質問が集中する。／集中講義。

【集配】しゅうはい （郵便物などを）あつめることと、くばること。

【集約】しゅうやく よせあつめて、まとめること。例 みんなの意見を集約する。

【集落】しゅうらく 人家があつまっているところ。

【集録】しゅうろく あつめて、書きしるすこと。また、書きしるしたもの。 使い分け しゅうろく「収録・集録」→180ページ

下につく熟語 歌集・句集・群集・結集・採集・参集・詩集・収集・▼召集・選集・全集・*▼徴集・特集・編集・▼募集・密集

隹－4画

雄

12画 常用 〔雄〕明朝

音 ユウ 訓 お・おす

なりたち 形声 厷（ㄥ形にはり広げる）と隹（とり）を合わせた字。大きくつばさをはり広げた鳥の「おす」をあらわした。→宏290

意味 ❶おす。「▼雌▼雄」 対 雌 ❷どうどうとしている。「▼雄大」 ❸すぐれた人物。「英▼雄」

名まえで使う読み お・かず・かた・かつ・たか・たけ・たけし・のり・ゆう・よし

【▼雄花】おばな おしべだけで、めしべのついていない花。対 雌花

【▼雄姿】ゆうし どうどうとした、りっぱなすがた。

【▼雄大】ゆうだい 規模が大きくて、りっぱなこと。例 雄大ながめ。

【▼雄途】ゆうと いさましい出発。例 太平洋横断の雄途につく。

雄姿

【▼雄飛】ゆうひ 意気さかんに活やくすること。例 海外に雄飛する。対 雌伏

【▼雄弁】ゆうべん 力強く、すらすらと、じょうずに話すこと。また、その話しぶり。例 雄弁な医者。

下につく熟語 *群▼雄・*両▼雄

【椎】12画 木部8画 →606ページ

【焦】12画 灬部8画 →699ページ

隹－5画

雅

13画 常用 〔雅〕明朝

音 ガ 訓 *みやび

なりたち 形声 牙（かみ合う）と隹（とり）を合わせた字。もとはカラスをあらわした。のち、かみ合ってかどがとれているというイメージをもち、かどがとれて上品なようすをあらわした。→芽389

意味 上品なようす。みやびやか。「優▼雅」

名まえで使う読み か・が・ただ・ただし・つね・なり・のり・ひとし・まさ・まさし・まさり・まさる・みやび・もと

【▼雅楽】ががく おもに平安時代に宮中でおこなわれた音楽。今でも宮中や神社につたわる。

【▼雅語】がご ①上品で正しいとされることば。②和歌などにつかわれた古いことば。

【▼雅号】がごう　画家・書家・文学者などが仕事の上でつかう、本名のほかにつけた名前。号。

下につく熟語　*温▼雅・*高▼雅・*典▼雅・風▼雅

隹－5画

【雉】13画　表外　〈雉〉明朝

音 チ　訓 きじ

意味 鳥の、キジ。

【▼雉も鳴かずば▼撃たれまい】きじもなかずばうたれまい　句 よけいなことを言ったためにわざわいをまねくことのたとえ。

【準】13画　氵部10画→684ページ

【稚】13画　禾部8画→806ページ

隹－6画

【雑】14画　5年　隹－10画【雜】18画　人名　〈雜〉明朝

音 ザツ・ゾウ　訓 ―

※下にくる音により「ザッ」ともよむ。

雑　雑

2・4画めの最後は止めてもはねてもよい。9画めは点で書いてもよい。

なりたち　形声　𨿸－雑（雑）

もとの字は「雜」。集（多くあつまる）と衣（きもの）がかわった衣を合わせた字。いろいろな色の糸をあつめて衣をつくるようすを図にして、いろいろなものがいりまじることをあらわした。→集1045

意味 ❶いろいろなものがいりまじる。いろいろなものをまぜる。「雑種」「混雑」 ❷ごたごたして、ととのっていない。 ❸いろいろあって、たいせつでない。「雑草」

難しい読み　雑魚・雑作

【雑魚】ざこ　①いろいろな種類が入りまじった、小さな魚。②たいした人物ではない人。

【雑魚▼寝】ざこね　同じへやで大勢の人がまじって、ねること。例 山小屋で雑魚寝をする。

【雑役】ざつえき　こまごました、いろいろな仕事。

【雑音】ざつおん　いろいろなうるさいおと。

【雑貨】ざっか　ふだんの生活にいりような、こまごました品物。例 雑貨屋。

【雑学】ざつがく　いろいろなことがらについての、広くまとまりがない知識や学問。

【雑感】ざっかん　まとまりのない、いろいろな感想。

【雑記帳】ざっきちょう　いろいろなことを書きつける帳面。

【雑居】ざっきょ　一つの家に、いくつもの家族がすんでいること。また、一つの建物にいろいろな店などがはいっていること。例 雑居ビル。

【雑▼菌】ざっきん　いろいろな細菌。

【雑穀】ざっこく　米・麦以外の穀類。豆・ソバ・ヒエ・アワなど。

【雑誌】ざっし　いろいろなことがらをあつめて編集し、きめられた日に発行する本。

【雑事】ざつじ　いろいろなこまかい用事。例 雑事にかまける。

【雑種】ざっしゅ　動植物で、種類・品種のちがう、おすとめすとの間に生まれたもの。

【雑収入】ざっしゅうにゅう　おもな収入のほかの、こまごまとした収入。

【雑食】ざっしょく　動物性のものも植物性のものも、食べること。例 人間は雑食動物だ。

【雑節】ざっせつ　二十四節気以外のきせつの変わり目。節分、土用、彼岸など。

【雑然】ざつぜん　いりみだれて、まとまりのないようす。例 雑然としたへや。対 整然

【雑草】ざっそう　さいばいする植物にたいして、自然にはえる、いろいろな草。

【雑多】ざった　いろいろなものが、入りまじっているようす。例 種々雑多なものがある。

【雑談】ざつだん　いろいろなことを、思いつくまま気がるに話すこと。また、その話。

【雑▼踏】ざっとう　大勢の人でこみあうこと。また、こみあっているところ。人ごみ。例 雑踏にまぎれる。

こたえ　不。「不眠不休（＝ねむることも休むこともしないこと）」

【雑念】ざつねん あることを考えようとするとき、それをじゃまするような、ほかの考え。例 雑念をはらう。

【雑費】ざっぴ おもな費用以外の、こまごまとした費用。

【雑文】ざつぶん 気楽に書いた、かるいなかみの文章。

【雑務】ざつむ おもな仕事以外の、いろいろなこまかい仕事。例 雑務におわれる。

【雑用】ざつよう いろいろなこまかい用事。

【雑木】ぞうき／ざつぼく 材木として役に立たない（細い）木。まき・すみなどにする。

【雑木林】ぞうきばやし いろいろな木がまじりあってはえている林。例 雑木林を散歩する。

【雑▼巾】ぞうきん よごれをふきとるぬの。

【雑作】ぞうさ 手のかかること。めんどう。例 雑作もない（＝かんたんである）。参考「造作」とも書く。

【雑▼炊】ぞうすい やさいを入れ、みそ・しょうゆなどで味つけしたおかゆ。おじや。

【雑▼煮】ぞうに やさいや肉などを入れたしるに、もちを入れた食べ物。おもに正月に食べる。

下につく熟語 ▼粗雑・▼煩雑・▼繁雑・複雑・乱雑

隹－6画

【雌】

14画 常用 〔雌〕明朝

音 シ 訓 め・めす

意味 ❶めす。「▼雌▼雄」対 雄 ❷めめしい。ひかえめな。「▼雌▼伏」

参考「止」を「⺊」と書き、総画を13画とかぞえることもある。

【▼雌▼伏】しふく 力をたくわえながら、活やくする機会をじっとまつこと。例 雌伏一〇年、ついに活やくするときがきた。対 雄飛

【▼雌▼雄】しゆう ①めすと、おす。②すぐれていることと、おとっていること。勝ち負け。

【▼雌▼雄を決する】しゆうをけっする たたかって勝ち負けをきめる。優劣をきめる。句 例 雌雄を決する大一番。参考 おすとめすの区別をはっきりさせるといういみから。

【▼雌花】めばな めしべだけで、おしべのついていない花。対 雄花

【維】14画 糸部8画 →854ページ

【誰】15画 言部8画 →961ページ

【錐】16画 金部8画 →1031ページ

【礁】17画 石部12画 →790ページ

隹－10画

【雛】

18画 人名 〔雛〕明朝

音 スウ 訓 ひな

なりたち 形声 芻（小さくひきしまる）と隹（とり）を合わせた字。小さくひきしまった、ひなをあらわした。

意味 ❶ニワトリの子。ひよこ。また、鳥の子。ひな。❷小さくつくった模型。「▽雛型」 ❸小さく愛らしい。「▽雛人形・▽雛▼菊」

名まえで使う読み す・すう・ひな

【▽雛型】ひながた ①実物ににせて、小さくつくったもの。もけい。②書物などの、書き方をしめした見本。例 契約書の雛型をつくる。参考「雛形」とも書く。

【▽雛人形】ひなにんぎょう 三月三日のひな祭りにかざる人形。だいり様、右大臣と左大臣、三人官女などがある。おひな様。

隹－10画

【難】

18画 6年

隹－11画 【難】19画 人名 〔難〕明朝

音 ナン 訓 かたい＊・むずかしい

難 難

9画めは「口」の上から出ない。10画めは止める。「隹」の2画めの下を少し出す。

画	形	画	形	画	形
1	一	9	莫	17	難
2	十	10	莫	18	難
3	艹	11	莫		
4	廿	12	𦰩		
5	廿	13	𦰩		
6	苎	14	難		
7	苎	15	難		
8	苎	16	難		

なりたち 会意 もとの字は「難」。𦰩と隹(とり)を合わせた字。𦰩は、かわくというイメージをもち、火であぶることをあらわす。難は、鳥が火であぶられるようすを図にして、いっぱんに「わざわい」をあらわした。→漢682

意味 ❶むずかしい。「難題」 対 易 ❷わざわい。「災難」 ❸人をせめる。「非難」 ❹欠点。「難点」

難しい読み 難行(なんぎょう・なんこう)・難▼癖

使い分け かたい「固い・堅い・硬い・難い」→(224ページ)

【難易】なんい むずかしいことと、やさしいこと。また、むずかしさのていど。例 難易度が高い技。

【難解】なんかい わかりにくいこと。むずかしいこと。例 難解な文章。

【難関】なんかん なかなか通ることのできない、むずかしいところ。例 難関を突破する。

【難▼儀】なんぎ ①くるしみなやむこと。例 大雪で難儀する。②むずかしいこと。めんどうなこと。難渋。例 難儀な問題がおこる。

【難行】一 なんぎょう ひじょうにつらい修行。
二 なんこう ものごとが、なかなかはかどらないこと。参考 二 は「難航」とも書く。

【難行苦行】なんぎょうくぎょう 四字熟語 ①多くのいろいろなくるしみや困難にたえて、修行をすること。②ひじょうなくろうをすること。例 難行苦行のすえ、ついに研究は完成された。参考「苦行」も「難行」と同じいみ。

【難局】なんきょく めんどうで、しまつをつけるのがむずかしい状態。困難な場合。例 難局に直面する。

【難▼癖】なんくせ わるいところ。欠点。例 難癖をつける(=欠点をとりあげて非難する)。

【難航】なんこう ①あらしなどのために、船や飛行機がなかなかすすまないこと。②ものごとが、なかなかはかどらないこと。例 工事が難航している。参考 ②は「難行」とも書く。

【難▼攻不落】なんこうふらく 四字熟語 ①せめるのがむずかしくて、城などがなかなかおちないこと。例 難攻不落の山城。②いくらはたらきかけても、なかなかこちらの思いどおりにならないこと。例 難攻不落の会社で、売りこみがむずかしい。

【難産】なんざん ①お産のとき子どもがなかなかうまれないでくるしむこと。対 安産 ②何かをつくり上げるのに、すんなりとうまくいかないこと。例 難産の末に完成させたダム。

1【難事】なんじ しまつをするのがむずかしいことがら。例 すすんで難事にあたる。

2【難治】なんじ/なんち 病気やけがが、なおりにくいこと。例 難治の病におかされる。

【難▼渋】なんじゅう ①ものごとがうまくはかどらないこと。②くるしむこと。難儀。例 知らない土地で道にまよい、難渋した。

【難所】なんしょ 道などがけわしく、通るのにあぶないところ。

難所

【難色】なんしょく それはむずかしい、また、不賛成だというようす。例 提案に難色をしめす。

【難船】なんせん ①船が、あらしなどのために、こわれたりひっくりかえったりすること。②難破した船。

【難題】なんだい ①むずかしい問題。難問。②むりな要求。いいがかり。例 無理難題をつきつける。

【難▼聴】なんちょう ①音や声がよく聞こえないこと。例 難聴者。②ラジオ・テレビなどの音が、聞きとりにくいこと。例 難聴地域。

【難点】なんてん 欠点やしっぱいなど、問題となるところ。例 この本はおもしろいが重いのが難点だ。

【難読】なんどく 漢字の読みが、むずかしいこと。

【難破】なんぱ あらしのために、船がこわれたり、ひっくりかえったりすること。難船。

【難病】なんびょう なおりにくい病気。

【難物】なんぶつ とりあつかいにこまるもの。

漢字クイズ 「□存□栄」。□の中にはいる同じ漢字はなんでしょう。

また、そのような人。

【難民】なんみん　戦争などのさいなんにあい、にげてきた人々。

【難問】なんもん　むずかしい問題。難題。

【難路】なんろ　けわしくて、通るのがむずかしい道。

下につく熟語 海難・*危難・救難・苦難・困難・至難・受難・水難・▼遭難・多難・▼盗難・*万難・▼避難・無難

隹－11画

【離】

19画 常用 〔離〕明朝

音 リ　訓 はなれる・はなす

意味 ❶はなれる。はなす。「分▼離」 ❷わかれる。「▼離婚」

名まえで使う読み あき・あきら・つら・り

【▼離▼縁】りえん　夫婦や養子の関係をとりけすこと。

【▼離宮】りきゅう　皇居・王宮のほかにつくられた宮殿。

【▼離郷】りきょう　ふるさとをはなれること。

【▼離合集散】りごうしゅうさん 四字熟語 人々があつまって一つになったり、ばらばらにわかれたりすること。例 政党の離合集散がはげしい。

【▼離▼婚】りこん　夫婦が、法律上の手続きをしてわかれること。離別。

【▼離散】りさん　はなればなれになること。例 一家が離散する。

【▼離職】りしょく　つとめをやめて、職場をはなれること。例 父は離職した。

【▼離▼脱】りだつ　自分がはいっていたところから、ぬけでること。例 所属していた党から離脱する。

【▼離着陸】りちゃくりく　飛行機が地上からはなれてとびたつことと、地上におりること。

【▼離島】りとう　陸地から遠くはなれている島。離れ島。例 船で離島に物資をはこぶ。

【▼離乳】りにゅう　乳児が、母乳やミルクをのむのをやめて、だんだんふつうの食べ物を食べるようになること。乳ばなれ。例 離乳食。

【▼離任】りにん　任務をはなれること。例 離任式。

【▼離反】りはん　それまでしたがっていた人やものにそむいて、はなれること。例 政治から人々の心が離反する。

【▼離別】りべつ　①人とわかれること。別離。②「▼離婚」と同じ。

【▼離陸】りりく　飛行機などが、地上をはなれ、とびあがること。対 着陸

下につく熟語 ▼隔▼離・▼距▼離・短▼距▼離・長▼距▼離・不即不▼離・別▼離

【顧】21画 頁部12画 → 1075ページ

漢字博士になろう!

略語

「入試」とは、「入学試験」をみじかくしたことばです。このように、ことばの一部をはぶいてみじかくしたことばのことを、「略語」といいます。よく使われる略語をあげてみましょう。(740ページの「略称」も参考にしましょう)

- 図工(=図画工作)
- 家裁(=家庭裁判所)
- 卒論(=卒業論文)
- 特撮(=特殊撮影)
- 空輸(=空中輸送)
- 終電(=終電車)
- 化繊(=化学繊維)
- 原発(=原子力発電所)
- パソコン(=パーソナルコンピューター)

うぞんきょうえい」とも読む。

8画 雨・⻗

あめ
あめかんむり

なりたち 雨

「あめ」をはじめとする、おもに「気象」に関係する字をあつめる。

この部首の字

0画 雨 1051
3画 雫 1051
3画 雪 1051
4画 雲 1052
4画 雰 1053
5画 電 1053
5画 雷 1054
5画 零 1054
6画 需 1055
7画 震 1055
7画 霊 1055
9画 霞 1056
9画 霜 1056
11画 霧 1056
12画 霰 1056
13画 露 1056

ほかの部首の字
漏→氵部 688
曇→日部 564

雨－0画

【雨】 8画 1年

〔雨〕明朝

音 ウ
訓 あめ・あま

2・3画めの縦画は内側に向ける。点は右下方向に打ち、縦にそろえる。

一 ｜ 冂 币 雨 雨 雨 雨

なりたち 象形

空からあめがふるようすをえがいた字。

意味 あめ。あめふり。「雨天」

注意 訓読みには「あめ」「あま」と二つがある。

名まえで使う読み う・さめ・ふる

【雨脚・雨足】あまあし ①雨がふりながらうつっていくようす。例 雨脚がはやい。②線のように見える雨。例 白い雨脚。

【雨音】あまおと 雨が屋根や地面などに当たる音。

【雨具】あまぐ 雨にぬれないようにつかうもの。かさ・長ぐつ・レインコートなど。

【雨雲】あまぐも 雨をふらせる、ひくく黒い雲。参考 ふつう「乱層雲」をさす。

【雨戸】あまど 雨風をふせいだり防犯のために、ガラス戸の外がわにたてる戸。

【雨水】一 あまみず／うすい ふった雨の水。雨がふってたまった水。二 うすい 二十四節気の一つ。二月一八、一九日ごろ。

【雨降って地固まる】あめふってじかたまる 句 雨がふったあとは、地面がしまってかたくなるように、悪いことやいやなことなどがあったあとは、かえって前よりもよくなるというたとえ。

【雨模様】あめもよう／あまもよう 今にも雨がふりそうな空のようす。

【雨季・雨期】うき 一年のうちで、いちばん雨のふりつづくきせつ。対 乾季・乾期

【雨天】うてん 雨のふる天気。また、雨のふる日。例 雨天決行。対 晴天

【雨量】うりょう ふった雨の量。例 雨量を測定する。

下につく熟語 大雨・*▼甘雨・▼霧雨・降雨・▼豪雨・小雨・五月雨・▼慈雨・時雨・*秋雨（しゅう・あき）・晴雨・長雨・梅雨（ばい・つ）・春雨（しゅん・はる）・風雨・暴風雨・村雨・雷雨

雨－3画

【雫】 11画 人名

〔雫〕明朝

音 —
訓 しずく

意味 しずく。水のしたたり。

⻗－3画

【雪】 11画 2年

〔雪〕明朝

音 セツ
訓 ゆき

※下にくる音により「セッ」ともよむ。

「⻗」の3画めの最後は左下へはねる。「ヨ」の横画は「雨」よりせまく。

一 ｜ 冖 帀 帀 帀 雨 雨 雪 雪 雪

なりたち 形声

䨮－䨮（雪）

古い字は「䨮」。彗（ほうきではいてきれいにする）と雨を合わせた字。空からふってきて地上を白くきれいにする「ゆき」をあらわした。

意味 ❶ゆき。「雪原・初雪」 ❷ぬぐいきよめる。「雪▼辱」

こたえ 共。「共存共栄（＝べつべつのものが，ともに生き，たすけあい，さかえること）」。「きょ

雨の部（あめ・あめかんむり） 4画 雲

難しい読み 雪▼隠・雪▼崩・雪合戦

名まえで使う読み きよ・きよみ・きよむ・せつ・そそぐ・ゆき

【雪害】せつがい 大雪やなだれなどによってうける被害。例雪害で鉄道が不通になる。

【雪▼渓】せっけい 一年じゅう雪のある、高い山の谷間。

【雪月花】せつげつか 日本の四季おりおりの美しいながめ。参考冬の雪、秋の月、春の桜の花を四季の風物の代表とすることから。

【雪原】せつげん ①雪でいちめんにおおわれた平野。②北極・南極や高山などで、一年じゅう雪でおおわれている、たいらなところ。

【雪上車】せつじょうしゃ 雪や氷の上を走る、キャタピラがついた車。

【雪▼辱】せつじょく 前に受けたはじをすすいで、名誉をとりもどすこと。例雪辱をとげる。／雪辱戦。

【雪▼隠】せっちん 便所。トイレ。参考禅宗から出たことば。

【雪▼崩】なだれ 山につもったたくさんの雪が、一度に斜面をくずれおちること。例雪崩をうつ（＝大勢が、一度にどっと動きだす）。

【雪女】ゆきおんな 雪国の伝説で、雪のふる夜に、白い着物をきた女のすがたであらわれるという、雪の精。

【雪合戦】ゆきがっせん 雪をかためて、ぶつけあうあそび。雪なげ。

【雪国】ゆきぐに 雪がたくさんふる地方。

【雪雲】ゆきぐも 雪をふらせる雲。

【雪化▼粧】ゆきげしょう ものが雪で美しくおおわれたようす。例野山は一面の雪化粧だ。

【雪▼煙】ゆきけむり 雪がまいあがってけむりのように見えるもの。

【雪空】ゆきぞら 今にも雪がふりだしそうな空。

【雪達▼磨】ゆきだるま 雪をかためてころがし、だるまの形につくったもの。

【雪達▼磨式】ゆきだるましき 〔雪のかたまりがころがされてどんどん大きくなるように〕ものごとがどんどんふえていくようす。

【雪見】ゆきみ 雪げしきをながめて楽しむこと。

【雪模様】ゆきもよう 今にも雪がふりだしそうな空のようす。雪もよい。

下につく熟語 ▼淡雪・大雪（おおゆき・たいせつ）・降雪・▼豪雪・粉雪・残雪・除雪・＊深雪・新雪・積雪・根雪・初雪・＊氷雪・風雪・▼吹雪・万年雪・＊▼融雪・綿雪

雨－4画

【雲】

12画 2年 〔雲〕明朝

音 ウン
訓 くも

※上にくる音により「ぐも」ともよむ。

雲 雲 「雨」の2画めは左下方向に書いて止める。10画めを長く。11画めは折る。

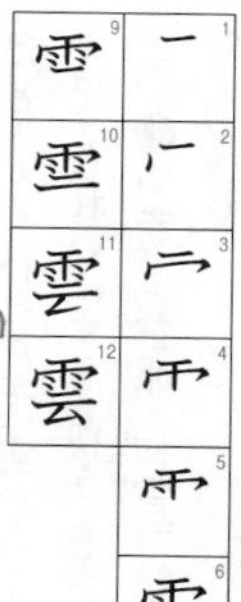

なりたち 形声

云と雨を合わせた字。云は、くもが空中にもやもやとただようようす。雲は、「くも」をあらわした。

云のつく漢字グループ
「云」のグループは「もやもやと、ただよう」というイメージがある。
→雲1052 →魂1096

意味 空にうかぶ、くも。「雲海・雨雲・雪雲」

注意 「くもる」は「雲る」と書かないで、「曇る」と書く。

難しい読み 雲母

名まえで使う読み うん・くも・も・ゆく

【雲海】うんかい 高いところから見おろしたとき、海のように広がって見える雲。

【雲散▼霧消】うんさんむしょう 四字熟語 雲や霧がちってきえるように、あとかたもなくきえさること。例疑惑が雲散霧消する。

【雲水】うんすい ところをさだめず、ほうぼうを旅して修行する坊さん。

【雲▼泥の差】うんでいのさ 故事成語 くらべものにならないほどの、大きなちがいや差。

例 合格するのと不合格とでは雲泥の差がある。参考「空にある白い雲と、地面にあるよごれたどろとのちがい」のいみから。

【雲母】うんも 鉱物の一つ。板のようにうすくはがれ、熱や電気を通しにくい。きらら。

【雲量】うんりょう 空に出ている雲の量のわりあい。参考 空全体を雲がおおっているときを10、雲がまったくないときを0とする。

【雲▼脚・雲足】くもあし 雲の動きぐあい。例 雲脚がはやくなった。

【雲間】くもま 雲が切れて、晴れた空が出ているところ。雲の切れめ。

【雲をつかむよう】くもをつかむよう 句 ぼんやりしていてつかまえどころがないようす。例 雲をつかむような話。

【雲を▼衝く】くもをつく 句 ひじょうに背が高く大きいようす。雲つく。例 雲を衝くような大男。

下につく熟語 暗雲・巻雲・*黒雲・*青雲・星雲・積乱雲・*層雲・入道雲・風雲・群雲・▼雷雲（らいうん・かみなりぐも）・*乱層雲・綿雲

雨－4画

【雰】

12画 常用 〔雰〕明朝 音 フン 訓 —

なりたち 形声 分（分散する）と雨を合わせた字。大気の中に分散して立ちこめる「もや」をあらわした。→分128

意味 もやもやとたちこめる空気。「▼雰囲気」

【▼雰囲気】ふんいき その場の気分や状態。例 明るい雰囲気。

雨－5画

【電】

13画 2年 〔電〕明朝 音 デン 訓 —

電 電

「日」部分の縦画は内向き。13画めは曲がりで書き、「日」の上に出さない。

一 1 ｀ 2 ｰ 3 干 4 干 5 雨 6 雨 7 雨 8 雫 9 雫 10 雫 11 雷 12 電 13

なりたち 形声 申ー雷ー電

申（長くのびる）がかわった电と雨を合わせた字。さっと空に長くのびる「いなずま」をあらわした。→申743

意味 ❶いなびかり。「電光」 ❷電気。「電流」 ❸「電信」「電報」のりゃく。「祝電」 ❹「電車」のりゃく。「市電」

名まえで使う読み あきら・でん・ひかり

【電圧】でんあつ 電流をながすはたらきの強さ。単位は、ボルト（V）。

【電化】でんか 生活にひつような熱や明かりをつくりだしたり、機械をうごかしたりするエネルギーに、電気を利用すること。例 電化製品。

【電気】でんき ①毛皮でこすったエボナイトが紙を引きつけるなど、電気現象をおこすもとになるもの。②電灯のこと。例 電気をつける。

【電気分解】でんきぶんかい 電流を通して化学反応をおこさせ、物質の成分を分けること。

【電球】でんきゅう 電灯のたま。

【電極】でんきょく 電池などで、電流の出入りする口。電流のながれでるほうが＋（＝プラス）、はいるほうが－（＝マイナス）。

【電▼撃】でんげき ①からだに電流がながれるときにうける、はげしい感じ。②すばやくはげしい攻撃をすること。例 電撃作戦。

【電源】でんげん ①電気をつくりだすもとになるところ。例 電源開発。②電流がひつようなときに、すぐにつかえるようになっている、電流のとりだし口。コンセントなど。例 テレビの電源を切る。

【電光】でんこう ①いなびかり。②電灯の光。

【電光石火】でんこうせっか 四字熟語 動作がひじょうにすばやいことのたとえ。例 電光石火の早わざ。

【電子】でんし 原子をつくっている粒子の一つ。原子核のまわりにあり、マイナスの電気をもっている。エレクトロン。

【電磁石】でんじしゃく 軟鉄にコイルをまいた磁石。コイルに電流がながれているときだ

漢字クイズ 「一□が万□」。□にはいる同じ漢字はなんでしょう。

け、磁石としてのはたらきをする。

【電磁波】でんじは　電波・光・紫外線・エックス線など、空間を波となってつたわるもの。

【電車】でんしゃ　人や荷物をのせてはこぶのりもの。電気でレールの上を走る。

【電車賃】でんしゃちん　電車に乗るために必要なお金。

【電信】でんしん　電気のはたらきを利用し、ことばのかわりに信号をおくったりうけたりして、遠くはなれたところと通信すること。

【電線】でんせん　電流を通すための、金属の線。

【電送】でんそう　遠くはなれた土地に、電流や電波をつかって写真の像などをおくること。例 電送写真。

【電池】でんち　化学反応などを利用して、電流をおこすしかけ。例 乾電池。

【電柱】でんちゅう　電線をささえるはしら。電信柱。

【電灯】でんとう　電気を利用して光を出すしかけ。また、その明かり。

【電動機】でんどうき　電磁石のはたらきで、じくが回る機械。この動力でほかの機械をうごかす。モーター。

【電熱】でんねつ　電流によっておこる熱。例 電熱器。

【電波】でんぱ　空間を光と同じはやさでつたわる、電気のなみ。電磁波。

【電文】でんぶん　電報の文章。

【電報】でんぽう　電信ではやくおくる通信。また、その通信文。例 電報をうつ。

【電流】でんりゅう　電気のながれ。単位は、アンペア(A)。

【電力】でんりょく　電流があるきまった時間に仕事をする力。単位は、ワット(W)。

【電▼鈴】でんれい　電磁石をつかって、ベルを鳴らすしかけ。ベル。

【電話】でんわ　①声を電流や電波にかえて、話ができる機械。電話機。②電話機をつかって話すこと。例 電話をかける。

下につく熟語　外電・感電・終電・▼充電・節電・送電・帯電・打電・＊▼蓄電・＊▼弔電・停電・入電・配電・発電・＊返電・放電・＊無電・▼漏電

雨－5画

【雷】

13画 常用 〔雷〕明朝

音 ライ　訓 かみなり

なりたち　形声　もとの字は「靁」。畾(ライ)(かさなる)と雨を合わせた字。雲がかさなっておこる「かみなり」をあらわした。

意味　❶かみなり。「▼雷雨」　❷ばくはつする兵器。「魚▼雷」

注意　「電」とまちがえないこと。

雷

名まえで使う読み　あずま・いかずち・らい

【▼雷雨】らいう　かみなりをともなう雨。

【▼雷雲】らいうん／かみなりぐも　かみなりや雨をともなう雲。

【▼雷同】らいどう　→「付和雷同」(58ページ)。

1【▼雷名】らいめい　世の中になりひびいている名声や評判。例 雷名を天下にとどろかす。

2【▼雷鳴】らいめい　かみなりの音。

下につく熟語　遠▼雷・＊春▼雷・地▼雷・万▼雷・落▼雷

雨－5画

【零】

13画 常用 〔零〕明朝

音 レイ　訓 ―

なりたち　形声　令(レイ)(つぎつぎにならぶ)と雨を合わせた字。小さな雨つぶがじゅずつなぎにおちるようすをあらわした。→令58

意味　❶おちぶれる。「▼零落」　❷ちいさい。すくない。「▼零細」　❸ゼロ。「▼零下・▼零度」

【▼零下】れいか　零度よりもひくい温度。

【▼零細】れいさい　しくみが小さいこと。例 零細企業。

【▼零度】れいど　(温度や角度など)度数をはかるときの、もとになる度。例 セ氏零度。

【▼零敗】れいはい　①試合で得点をあげられないで、まけること。ゼロ敗。②まけた数がゼロであること。例 六勝零敗二引き分け。

【▼零落】れいらく　おちぶれること。例 零落し

8画

いうこと)」。

た旧家。

雨－6画

【需】14画 常用 〈需〉明朝

音 ジュ
訓 ―

意味 ひつようとしてもとめる。「需要」

名まえで使う読み じゅ・まち・みつ・もと・もとむ・もとめ

【需給】じゅきゅう 物をもとめることと、あたえること。需要と供給。例 物のねだんは需給の関係によってきまる。

【需要】じゅよう ①品物をひつようとすること。②品物を買いたいという要求。対①②供給 参考 電気・ガスなどについては「需用」と書く。

下につく熟語 外需・軍需・*特需・内需・*必需

【漏】14画 氵部11画→688ページ

雨－7画

【震】15画 常用 〈震〉明朝

音 シン
訓 ふるう・ふるえる

なりたち 形声 辰(ふるえる)と雨を合わせた字。

意味 ❶ふるえうごく。「震動・地震」❷じしんのこと。「震災・震度」

名まえで使う読み おと・しん・なり・なる・のぶ

【震源地】しんげんち 地震がおこった地点。

【震災】しんさい 地震のためにうけるわざわい。

【震度】しんど 地震のゆれの強さ。参考 地震計だけに感じるゆれを0とし、1・2・3・4・5弱・5強・6弱・6強・7の10階級に分ける。

【震動】しんどう ゆれ動くこと。ふるえ動くこと。例 大地が震動する。

【震幅】しんぷく 地震計で記録された、地震のゆれのはば。使い分け「振幅」は、振動している物が、止まっている状態からもっともふれる状態までのふれはば。

下につく熟語 *激震・耐震・余震

雨－7画

【霊】15画 常用 〈霊〉明朝

音 レイ・リョウ
訓 たま

なりたち 会意 もとの字は「靈」。霝(レイ)(つぎつぎにつらなる)と巫(みこ)を合わせた字。神のことばをつぎつぎに伝えるみこをあらわした。

意味 ❶死んだ人のたましい。精神。「霊魂」❷人の力をこえた、ふしぎな力。「霊感」

【霊域】れいいき 神社や寺などのある、けがれのない場所。

【霊園】れいえん 公園のようにつくられた、広い共同の墓地。

【霊感】れいかん ふしぎな力による、するどい心のはたらき。インスピレーション。

【霊気】れいき ふしぎで、神秘的なふんいき。

【霊柩車】れいきゅうしゃ 遺体をおさめたひつぎをはこぶ車。

【霊験】れいげん/れいけん いのりによってあらわれる、神やほとけのふしぎな力。例 霊験あらたかな神。

【霊魂】れいこん 心のはたらきのもとになり、その人が死んだあとでもほろびないと考えられているもの。たましい。

【霊場】れいじょう 神やほとけをまつってある、けがれのない場所。霊地。

【霊前】れいぜん 死んだ人のたましいがまつってあるところのまえ。例 霊前に花をささげる。

【霊長】れいちょう ふしぎな能力をもつ、もっともすぐれたもの。例 人間は万物の霊長だ。

【霊廟】れいびょう 先祖やえらい人をまつった建物。みたまや。例 孔子霊廟。

【霊峰】れいほう 神やほとけがまつられていて、信仰されている山。例 霊峰富士。

下につく熟語 *悪霊(あくりょう・あくれい)・*慰霊・英霊・*御霊(ごりょう・みたま)・*死霊(しりょう・しれい)・*心霊・*神霊・*聖霊・精霊(せいれい・しょうりょう)・亡霊・幽霊

【曇】16画 日部12画→564ページ

こたえ 事。「一事が万事(＝ある一つのことによって，すべてのことをおしはかることができると

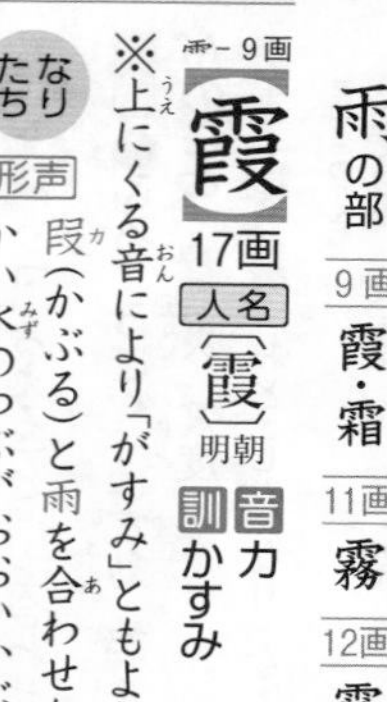

雨－9画

【霞】

17画 人名 〈霞〉明朝 音 カ 訓 かすみ

※上にくる音により「がすみ」ともよむ。

なりたち 形声 叚（かぶる）と雨を合わせた字。こまかい水のつぶがおおいかぶさるようすをあらわした。→仮59

意味 ❶かすみ。こまかい水のつぶが空中にただよう、うすい雲のようなもの。「春▽霞」 ❷物がぼんやりしてよく見えなくなる。かすむ。

雨－9画

【霜】

17画 常用 〈霜〉明朝 音 ソウ 訓 しも

※上にくる音により「じも」ともよむ。

なりたち 形声 相（べつべつにはなれてならぶ）と雨を合わせた字。氷のはしらがならんで立つ「しもばしら」をあらわした。→相775

意味 ❶しも。「▽霜害」 ❷としつき。「星▽霜」

【▽霜月】しもつき 陰暦の一一月のよび名。

【▽霜柱】しもばしら 土の中の水分がこおって、こまかい氷のはしらになったもの。

【▽霜害】そうがい しものために農作物がうける害。

【▽霜降】そうこう 二十四節気の一つ。一〇月二三、二四日ごろ。

上につく熟語 *▽霜枯れ・*▽霜焼け

下につく熟語 *朝▽霜・*降▽霜・初▽霜・*晩▽霜

雨－11画

【霧】

19画 常用 〈霧〉明朝 音 ム 訓 きり

※上にくる音により「ぎり」ともよむ。

なりたち 形声 務（困難をおかしてつきすすむ）と雨を合わせた字。手さぐりですすまなければならないほど、ふかくたちこめた水蒸気をあらわした。→矛780

意味 きり。「▽霧笛」

【▽霧雨】きりさめ きりのようにこまかいあめ。

【▽霧消】むしょう きりのように、たちまちきえてなくなること。例 悲しみが霧消する。／雲散霧消。

【▽霧笛】むてき きりがふかいとき、事故をふせぐために船や灯台でならす汽笛。

【▽霧氷】むひょう きりにふくまれる水分がこおって、木のえだなどについたもの。

下につく熟語 朝▽霧・▽濃▽霧・*▽噴▽霧・夕▽霧・夜▽霧

雨－12画

【霰】

20画 表外 〈霰〉明朝 音 サン 訓 あられ

意味 ❶大気中の水分がつぶ状にこおってふるもの。あられ。 ❷食べ物の、あられもち。「▽霰▽餅」

雨－13画

【露】

21画 常用 〈露〉明朝 音 ロ・ロウ 訓 つゆ

なりたち 形声 路（とおりぬける）と雨を合わせた字。すきとおった水の玉「つゆ」をあらわした。→各193 →路994

意味 ❶つゆ。「▽露命・朝▽露」 ❷おおいがない。「▽露天」 ❸あらわす。むきだしの。「▽露出」 ❹ロシアのこと。「▽露語（＝ロシア語）」

参考 ❹は、もと、「ロシア」に「露西亜」という字をあてたことから。

名まえで使う読み あきら・つゆ・ろ

【▽露営】ろえい ①野外に陣をはること。野営。②野や山に、テントをはってねること。

【▽露見・▽露顕】ろけん かくしていたひみつや、悪事が人に知れること。例 悪事が露見する。

【▽露骨】ろこつ ありのままで、少しもかくさないようす。むきだし。例 露骨にいやな顔をされた。

【▽露地】ろじ 屋根などのおおいがない地面。

使い分け ろじ「路地・露地」→（994ページ）

【▽露出】ろしゅつ ①むきだしにすること。むきだしになること。例 うでを露出する。②写真をうつすとき、シャッターをひらいてフィルムに光を当てること。

【▽露台】ろだい 建物の外にはりだした、手すりのついた屋根のない台。バルコニー。

【露呈】ろてい　かくれていたものが、むきだしになること。例 欠点が露呈する。

1【露天】ろてん　屋根のないところ。家の外。野天。例 露天ぶろ。

2【露店】ろてん　道ばたに品物をならべて売るみせ。

【露命をつなぐ】ろめいをつなぐ　句 わずかな収入で、細々と生活するようす。参考「露命」は、つゆのようにはかない命のいみ。はかない命をやっとたもっているというい みから。

下につく熟語 *甘露・玉露・結露・吐露・暴露・*発露・披露・*夜露

8画

青（青）　あお

なりたち 青

すみきった「あお」色から、「きよい」「すむ」「よい」などのいみに関係した字をあつめる。

この部首の字

0画 青 1057
5画 靖 1059
6画 静 1059
8画 靜 1059

ほかの部首の字

情→忄部 468
清→氵部 674
晴→日部 559
精→米部 835
請→言部 961

青－0画

【青】

8画　1年

〔青〕明朝

音 セイ・ショウ*
訓 あお・あおい

1・3画めは同じ長さに、4画めを長く。中心をそろえる。5画めをはらってもよい。

一　十　キ　主　丰　青　青　青

なりたち 形声　青－青－青（青）

もとの字は「青」。主は生、円は井がかわったもの。生（あおい草のめばえ）と井（いどの中にしみずがたまったようす）を合わせた字。あおい草やしみずのようにすみきったあお色をあらわした。→生 737

青のつく漢字グループ

「青」のグループは「けがれがなくすみきっている」というイメージがある。これは、「じっとおちつく」というイメージにつながる。常用漢字では「青」になる。

→情 468 →晴 559 →清 674 →精 835 →請 961
→靖 1059 →静 1059

意味 ❶あお。あおい。「青空・青果」❷わかい。じゅくしていない。「青年・青二才」

参考 ❶は、みどり色もふくむ。

名まえで使う読み あお・きよ・しょう・せい・はる

【青息吐息】あおいきといき　四字熟語 ひじょうにこまってくるしむようす。例 借金がふくらみ青息吐息だ。

【青海原】あおうなばら　青々とした広い海。例 はてしない青海原。

【青草】あおくさ　みどり色をした草。

【青写真】あおじゃしん ①青色の紙に、図面が白い線であらわれるようにやきつけた写真。設計図によくつかう。②将来の見通しや計画。例 新しい生活の青写真。

【青信号】あおしんごう ①安全をしめすあおみどり色の交通信号。②ものごとをすすめてもよいという合図。対 ①②赤信号

【青筋】あおすじ　ひたいなどのひふの上から、青くうきでて見える血管。例 青筋を立てる（＝

漢字クイズ 「□には□を入れよ」。□にはいる同じ漢字は，なんでしょう。

青 あお 青の部 0画 青

青筋がうきでるほど、はげしくおこる)。

【青空】 あおぞら ①晴れて青く見える空。②(ことばの上につけて)「野外」「屋外」のいみをあらわすことば。例 青空市。/青空教室。

【青田】 あおた イネがまだみのっていない、みどりの田んぼ。

【青田買い】 あおたがい イネがまだみのっていないときに、取れ高をみこしてその田の米を買うこと。また、会社が、卒業前の学生に、就職の約束をすること。

【青天井】 あおてんじょう ①青々とした空を天じょうに見たてたことば。②物価や株価がとどまることなく上がることを、はてしない空にたとえたことば。

【青菜】 あおな おもに、みどり色をした葉を食べるやさい。例 青菜に塩(=元気がなくなることのたとえ)。

【青二才】 あおにさい 年がわかく、まだ一人前になっていない男を、ばかにしていうことば。

【青葉】 あおば みどり色の木の葉。とくに、初夏のころの葉。若葉。例 青葉がしげる。

【青は▼藍より出でて▼藍より青し】 あおはあいよりいでてあいよりあおし 故事成語 弟子が先生よりすぐれることのたとえ。参考 ㋐青い染料は、藍という植物からとるが、この染料の青がもともとのアイより青さがこいということから。㋑「出藍の誉れ」ともいう。

【青虫】 あおむし チョウやガなどの幼虫で、毛がなくみどり色をしたつつ形の虫。

【青物】 あおもの ①やさいをまとめていうことば。②イワシ・サバなど、皮の青い魚。例 青物は足がはやい(=くさりやすい)。

【青雲の志】 せいうんのこころざし 句 出世して高い地位につきたいとのぞむ心。例 青雲の志をいだいて上京する。参考「青雲」は、晴れた高い空にある雲のことから、高い地位のたとえ。

【青果】 せいか やさいと、くだもの。例 青果市場で仕入れる。

【青山】 せいざん ①木がしげっている山。②死んで、骨をうずめるところ。はかば。

【青磁】 せいじ 鉄分をふくんだうわぐすりをかけてやいた、あわい青みどり色の磁器。

青磁

【青春】 せいしゅん 年のわかい時代。例 青春時代は柔道にあけくれた。

【青少年】 せいしょうねん 青年と少年。

【青天】 せいてん 晴れた空。青空。例 本日は青天なり。

【青天の▽霹▽靂】 せいてんのへきれき 故事成語 とつぜんおこった思いがけない大事件。例 あの人が結婚するなんて青天の霹靂だ。参考「霹靂」は、かみなりのこと。青空にとつぜんなりわたるかみなりのいみから。

【青天白日】 せいてんはくじつ 四字熟語 うたがいがなくなって、無罪が明らかになること。例 青天白日の身となる。参考「青空に太陽がかがやいている」のいみから。

【青銅】 せいどう 銅とすずをまぜあわせた金属。銅像などをつくるのにつかう。例 古墳から青銅器が出土した。

使い分け せいねん 青年・成年・盛年

【青年】 二十才前後のわかい男女。例 りっぱな青年にそだつ。/文学青年。参考 青年は男をさすことが多い。

【成年】 心やからだが発達し、成人となる年。法律では満二十才になる年。例 成年に達する。/未成年。

【盛年】 わかくて元気なとしごろ。例 盛年の時代は二度ともどらない。

20才

成人式

8画

【青年】せいねん 二〇歳前後のわかい元気な男女。また、おもに、そのような男のこと。

下につく熟語 *群青・▼紺青・緑青

【情】11画 忄部8画 → 468ページ

【清】11画 氵部8画 → 674ページ

【晴】12画 日部8画 → 559ページ

青－5画

【靖】13画 人名 〈靖〉明朝

音 セイ 訓 やすらか・やすんずる

なりたち 形声 青(じっとおちつく)と立を合わせた字。おちついて立っていられるようすをあらわした。→青1057

意味 しずか。やすらか。「▽靖国」

名まえで使う読み おさむ・きよし・しず・のぶ・やす・やすし

青－6画

【静】14画 4年

青－8画 【靜】16画 人名 〈静〉明朝

音 セイ・ジョウ*

訓 しず・しずか・しずまる・しずめる

4画めを左に長くし「青」の右側をそろえる。12画めを11画めの縦画から出す。

なりたち 形声 青(じっとおちつく)と争(あらそう)を合わせた字。あらそいがやんで、おちつくようすをあらわした。→青1057

意味 ❶しずか。しずかになる。「静▼粛」 ❷うごかない。「静止・安静」 対動

名まえで使う読み きよ・しず・しずか・せい・ちか・つぐ・ひで・やす・やすし・よし

使い分け しずめる 静める・鎮める・沈める

【静める】音がしないようしずかにさせる。おちつかせる。例 心を静める。／気を静める。

【鎮める】おさえつけて、勢いをとめる。やわらげる。また、神をその地にとどまらせる。例 暴動を鎮める。／痛みを鎮める。／神を鎮める。

【沈める】水中にしずむようにする。例 海底に船を沈める。／からだを風呂に沈める。

【静脈】じょうみゃく 血液を、からだの各部分から心臓におくりかえす、血管。対動脈

【静観】せいかん 自分ではちょくせつ手をくださず、ものごとのなりゆきを、しずかに見ていること。例 事態を静観する。

【静止】せいし とまって、動かないこと。対運動 使い分け せいし「制止・静止」→136ページ

【静▼寂】せいじゃく 物音一つせず、ひっそりとしていること。

【静▼粛】せいしゅく 声や音を立てず、しずかにしていること。例 静粛にねがいます。

【静▼聴】せいちょう (人の話や講演などを)しずかにきくこと。例 ご静聴ねがいます。使い分け せいちょう「清聴・静聴」→675ページ

【静的】せいてき 動かないようす。止まっているようす。対動的

【静電気】せいでんき こすったときにおきる電気。まさつ電気。

【静物】せいぶつ 絵画で、くだもの・花びんなどのように、じっとしていて動かない題材。例 静物画。

【静養】せいよう 病気になったり、つかれたりした人が、心やからだをしずかに休めるこ

こたえ 念。「念には念を入れよ(＝じゅうぶんに注意した上にもさらに注意しなさい)」。

と。例 温泉で静養する。

下につく熟語 ▼閑静・▼沈静・▼鎮静・動静・平静・冷静

【精】14画 米部8画→835ページ

【請】15画 言部8画→961ページ

非の部 0画 非

8画

非

あらず

なりたち

鳥のはねが左右に分かれて反対になっている形。「非」のつく字をあつめるが、この辞典では、「非」の一字だけ。

この部首の字

0画 非 1060

ほかの部首の字

俳→亻部87　排→扌部514　悲→心部470　扉→戸部489　斐→文部535　罪→罒部819　輩→車部1003

非－0画

【非】

8画　5年　〔非〕明朝

音 ヒ　訓 ―

※「あらず」ともよむ。

横画の間は等しく。1画めの最後は止めてもよい。5画めの最後は止める。

なりたち 象形 鳥のはねが左右に分かれて、反対になっているようすをあらわした字。手や首を左右にふってうちけすことをあらわした。

非のつく漢字グループ

「非」のグループは「左右に分かれる」というイメージがある。これは「二つならぶ」というイメージにつながる。

→俳87 →悲470 →扉489 →排514 →輩1003

意味 ❶正しくない。「非行」 ❷とがめる。「非難」 ❸ほかのことばの上について、「…でない」のいみをあらわすことば。「非礼・非常識」

注意 「否(＝うちけす)」とまちがえないこと。

難しい読み 非業・非力(ひりき・ひりょく)

【非運】ひうん　運がわるいこと。ふしあわせ。例 わが身の非運をなげく。使い分け ひうん「悲運・非運」→(470ページ)

【非金属元素】ひきんぞくげんそ　金属でない元素。酸素・水素・炭素など。対 金属元素

【非行】ひこう　(社会のきまりなどからはずれた)わるいおこない。例 非行少年。

【非業】ひごう　思いがけない災難や事故によるものであること。例 非業の最期をとげる。

【非公開】ひこうかい　ふつうの人には、見せたり聞かせたりしないこと。例 非公開の裁判。対 公開

【非公式】ひこうしき　おおやけでないこと。おもてむきでないこと。例 レースの非公式の記録。対 公式

【非合法】ひごうほう　法律にそむいていること。例 非合法な活動。対 合法

【非合理】ひごうり　りくつに合わないこと。例 非合理な意見だ。

【非国民】ひこくみん　国民としての義務をおこたったり、国に害をあたえたりする人。

1 【非常】ひじょう　①いつもとちがっていること。例 非常の場合。②ていどがはなはだしいこと。たいへん。例 成績が非常によい。

2 【非情】ひじょう　人間らしい感情をもたないで、心がつめたいこと。例 非情なふるまい。

【非常識】ひじょうしき　考え方や、することが、ふつうの人とちがっていて、よくないこと。常識はずれ。例 非常識な行動をする。

【非道】ひどう　人間としての道にはずれていること。例 極悪非道。／非道なふるまい。

【非難】ひなん　人のあやまちや、欠点などをせめとがめること。例 反則プレーを非難する。

【非の打ち所がない】ひのうちどころがない　句 ひじょうにすぐれていて、わるいところがまったくない。例 非の打ち所がない満点の答案。

【非売品】ひばいひん　ふつうの人には売らな

い品物。

【非番】ひばん　自分の当番でないこと。

【非▼凡】ひぼん　人なみでなく、ひじょうにすぐれていること。例 非凡な才能。対 平凡

【非力】ひりき／ひりょく　すぐれた力やうでまえがないこと。例 非力な選手。

【非礼】ひれい　れいぎにはずれて、よくないこと。例 非礼をわびる。

下につく熟語 ▼是▼是非非・▼是非・＊前非・＊理非

【俳】10画　亻部8画→87ページ
【排】11画　扌部8画→514ページ
【悲】12画　心部8画→470ページ
【扉】12画　戸部8画→489ページ
【斐】12画　文部8画→535ページ
【罪】13画　罒部8画→819ページ
【輩】15画　車部8画→1003ページ

8画 斉（齊14） せい

なりたち

「そろえる」「ひとしい」などのいみに関係する字をあつめる。

この部首の字
0画 斉 1061
0画 齊 1061
3画 斎 1061

ほかの部首の字
剤→刂部 140
済→氵部 671

斉－0画

【斉】8画 常用
齊－0画
【齊】14画 人名
〔斉〕明朝

音 セイ・サイ＊
訓 ひとしい＊

なりたち 会意 ―齊（斉）

もとの字は「齊」。そろいの三つのものと二（ならぶしるし）を合わせた字。同じようなものがそろってならぶようすをあらわした。

齊のつく漢字グループ

「齊」のグループは「そろう」というイメージがある。常用漢字では「斉」になる。

→剤140 →済671 →斎1061

意味 そろう。ひとしい。「▼斉唱・一▼斉・均▼斉」

名まえで使う読み きよ・さい・せい・ただ・ただし・とき・とし・なお・なり・ひとし・まさ・むね・よし

【▼斉唱】せいしょう　ふたり以上の人が、同じ歌を同じふしで歌うこと。例 国歌斉唱。

【剤】10画　刂部8画→140ページ

斉－3画

【斎】11画 常用
〔斎〕明朝

音 サイ
訓 ―

なりたち 形声

もとの字は「齋」。齊（そろう）を略くしたものと示（さいだん、神）を合わせた字。神をまつるとき、身のまわりをととのえるようすをあらわした。→斉1061

意味 ❶つつしんでけがれをきよめる。❷しずかにものごとをするへや。「書▼斎」「▼斎場」

名まえで使う読み いつ・いつき・いわい・きよ・さい・ただ・とき・ひとし・よし

【▼斎▼戒▽沐浴】さいかいもくよく 四字熟語 神やほとけにいのるときなどに、飲食やおこないに気をつけ、水をあびて心やからだをきよめること。

【▼斎場】さいじょう　葬式をおこなう場所。

【済】11画　氵部8画→671ページ

漢字クイズ 「□挙手□投足」。□にはいる同じ漢字はなんでしょう。

9画 面 めん

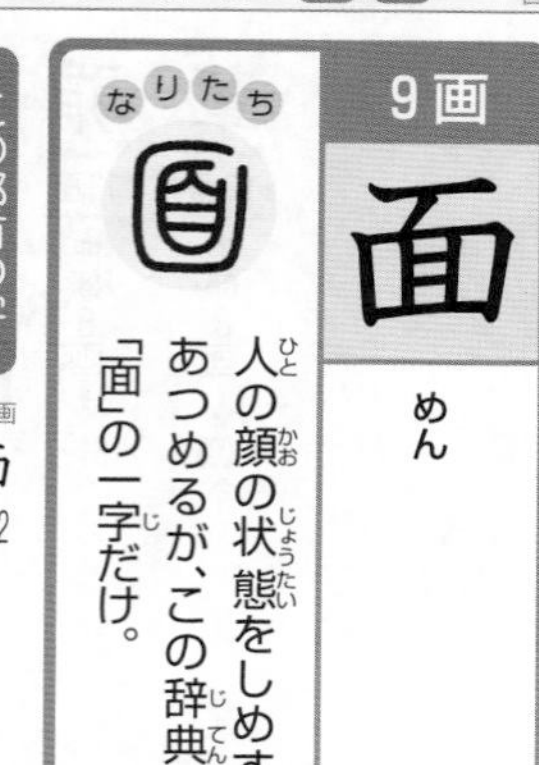

人(ひと)の顔(かお)の状態(じょうたい)をしめす字(じ)をあつめるが、この辞典(じてん)では、「面」の一字(じ)だけ。

この部首の字
0画 面 1062

面－0画

【面】

9画 3年 〔面〕明朝

音 メン 訓 おも*・おもて*・つら*

3・4画(かく)めの縦画(たてかく)は内側(うちがわ)に向(む)ける。5・6画(かく)めは、4・9画(かく)めの横画(よこかく)に接(せっ)する。

一 丆 丅 丙 而 而 而 面 面

なりたち 会意 －面

百(あたま。首の下部(かぶ)。頁の上部(じょうぶ))と外(そと)がわをかこむ線(せん)を合(あ)わせた字(じ)。あたまを線(せん)でかこむようすを図(ず)にして、「かお」をあらわした。

意味 ❶かお。「面相(めんそう)・洗面(せんめん)」❷人(ひと)と会(あ)う。むかいあう。「面会(めんかい)」❸ほうこう。「正面(しょうめん)」❹ものの外(そと)がわ。「表面(ひょうめん)・面積(めんせき)」❺かおにかぶるもの。めん。「仮面(かめん)」❻ひらたいもの。「帳面(ちょうめん)」

難しい読み 面(めん・もく・ぼく) 面▼影(おもかげ)・面長(おもなが)・面▼魂(つらだましい)・面子(めんつ)・面目

名まえで使う読み おも・つら・めん・も

【面▼影】おもかげ ①心(こころ)にうかぶ顔(かお)かたち。例 母(はは)の面影(おもかげ)。②心(こころ)に思(おも)いうかぶありさま。例 むかしの面影(おもかげ)をのこす町(まち)。

【面長】おもなが 顔(かお)が、ややたて長(なが)なようす。

【面▼魂】つらだましい 顔(かお)つきにあらわれた、その人(ひと)の強(つよ)い意志(いし)。

【面会】めんかい 人(ひと)と会(あ)って話(はなし)をすること。例 面会謝絶(めんかいしゃぜつ)(＝人(ひと)に会(あ)うのをていねいにことわること)。

【面識】めんしき その人(ひと)に会(あ)って知(し)っていること。顔見知(かおみし)り。例 その人(ひと)とは面識(めんしき)がありません。／一面識(いちめんしき)もない。

【面積】めんせき 平面(へいめん)や曲面(きょくめん)の広(ひろ)さ。

【面接】めんせつ ①その人(ひと)にちょくせつ会(あ)うこと。②受験者(じゅけんしゃ)にちょくせつ会(あ)っていろいろと質問(しつもん)をすること。例 面接試験(めんせつしけん)。

【面前】めんぜん 人(ひと)の見(み)ているところ。目(め)のまえ。例 人(ひと)の面前(めんぜん)ではじをかく。

【面相】めんそう 顔(かお)のようす。顔(かお)つき。

【面談】めんだん じかにその人(ひと)に会(あ)って話(はなし)をすること。例 面談(めんだん)のうえできめる。

【面子】めんつ 「面目(めんもく)①」と同(おな)じ。例 面子(めんつ)が立(た)たない。参考 もと、中国語(ちゅうごくご)。

【面体】めんてい 顔(かお)のようす。顔(かお)つき。

【面▼倒】めんどう ①てまがかかってやっかいなこと。例 面倒(めんどう)な仕事(しごと)。②せわ。例 面倒(めんどう)をみる。

【面目】めんぼく 「めんもく」に同(おな)じ。

【面面】めんめん ひとりひとり。おのおの。めいめい。例 個性的(こせいてき)な面々(めんめん)がそろった。参考 ふつう「面々(めんめん)」と書(か)く。

【面目】めんもく ①人(ひと)にたいするめいよ。面子(めんつ)。体面(たいめん)。例 約束(やくそく)をやぶって面目(めんもく)ない(＝はずかしい)。②もののようす。例 面目(めんもく)を一新(いっしん)した(＝すっかり新(あたら)しくした)町(まち)。参考 ①②とも、「めんぼく」とも読(よ)む。

【面目▼躍▼如】めんもくやくじょ 四字熟語 世間(せけん)の評判(ひょうばん)どおりの活(かつ)やくをするようす。例 名二塁手(めいにるいしゅ)としての面目躍如(めんもくやくじょ)たるファインプレー。参考 「躍如(やくじょ)」は、生(い)き生(い)きとあらわれているようす。

【面目を失う】めんもくをうしなう 句 しっぱいなどをして、評判(ひょうばん)をおとしたり、めいよをなくしたりする。例 落選(らくせん)して面目(めんもく)を失(うしな)う。

面目(めんもく)を失(うしな)う

【面目を▼施す】めんもくをほどこす 句 りっぱにやりとげて、めいよをたもつ。また、よい成績(せいせき)をあげて、評判(ひょうばん)をよくする。例 試験(しけん)に合格(ごうかく)して面目(めんもく)を施(ほどこ)す。

下につく熟語 一面・海面・外面（がいめん・そとづら）・額面・画面・川面（かわも・かわづら）・顔面・＊曲面・局面・工面・四面・地面・▼斜面・＊▼渋面・書面・水面・図面・赤面・全面・前面・側面・対面・体面・他面・多面・断面・直面・底面・当面・内面・能面・背面・鼻面・場面・反面・半面・▼覆面・仏頂面・文面・平面・▼壁面・方面・細面・満面・矢面・裏面（りめん・うらめん）・両面・路面

9画 革 かくのかわ かわへん

なりたち 革

動物の「かわ」の状態や、「かわ」でつくった製品などに関係した字をあつめる。

この部首の字

0画 革 1063
4画 靴 1063
5画 鞄 1064
6画 鞍 1064
7画 鞘 1064
8画 鞠 1064
9画 鞭 1064

革－0画

【革】

9画 6年 〈革〉明朝

音 カク 訓 ＊かわ

※上にくる音により「がわ」ともよむ。

「廿」と「口」の縦画は内側に向ける。8画めを長く書く。9画めは止めてもよい。

一 ᅩ 廿 廿 廿 苎 苫 苣 革

なりたち 象形

動物のかわをはいで、ぴんとはったようすをえがいた字。動物のなめしたかわをあらわした。たるんだものをぴんとはって、たてなおすことから、「あらためる」いみもあらわした。

意味 ❶なめしがわ。「皮革」 ❷あらたまる。あらためる。「革命・革新」

使い分け 「革」と「皮」を区別してつかおう。→「皮」（764ページ）

【革新】かくしん 今までのやり方をかえて、新しくすること。例 技術の革新。対 保守

【革新的】かくしんてき 制度・仕組み・方法などを大きくかえて、新しくするようす。例 革新的な治療法。

【革命】かくめい 国の政治や社会のしくみを、きゅうに大きくかえること。例 産業革命。

【革▼靴】かわぐつ かわでつくったくつ。例 革靴をはいて出かける。

下につく熟語 沿革・改革・変革

革－4画

【靴】

13画 常用 〈靴〉明朝

音 カ 訓 くつ

意味 くつ。「▼靴屋・製▼靴」

【▼靴下】くつした 足にじかにはく、ふくろの形をした衣料品。

【▼靴▼墨】くつずみ かわぐつにぬって、かわが長もちするようにしたり、つやを出したりするためのクリーム。

【▼靴▼擦れ】くつずれ くつと足がこすれて、足のひふにきずができること。また、そのきず。

こたえ 一。「一挙手一投足（＝わずかな努力のこと。また，こまかな一つ一つのどうさ）」。

革の部(かくのかわ・かわへん)

5画 鞄 / 6画 鞍 / 7画 鞘 / 8画 鞠 / 9画 鞭

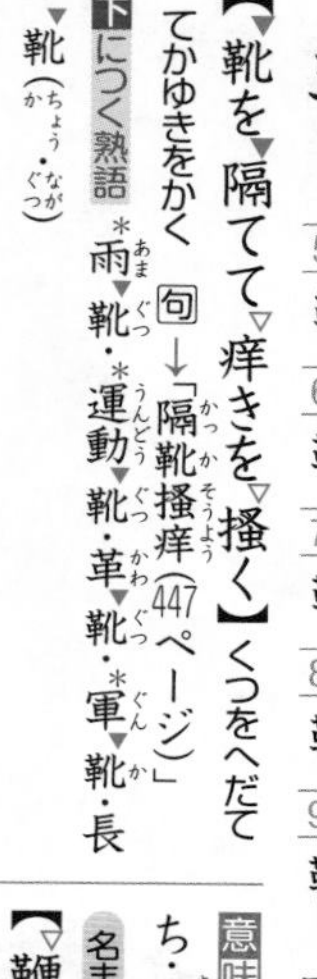

【▽靴を▽隔てて▽痒きを▽掻く】くつをへだててかゆきをかく 句→「隔靴掻痒(447ページ)」

下につく熟語 *雨▽靴・*運動▽靴・革▽靴・*軍▽靴・長▽靴(ちょうか・ながぐつ)

革-5画 【鞄】14画 人名 〈鞄〉明朝 音 — 訓 かばん

意味 かばん。「革▽鞄」

革-6画 【鞍】15画 人名 〈鞍〉明朝 音 アン 訓 くら

意味 人がすわったり物をのせたりするために、馬や牛の背につける道具。

名まえで使う読み くら

革-7画 【鞘】16画 人名 〈鞘〉明朝 音 — 訓 さや

意味 ❶かわひも。❷刀をおさめるつつ形のおおい。さや。

名まえで使う読み さや

革-8画 【鞠】17画 人名 〈鞠〉明朝 音 キク 訓 まり

意味 まり。けまり。「▽蹴▽鞠」

名まえで使う読み きく・つぐ・まり・みつ

革-9画 【鞭】18画 人名 〈鞭〉明朝 音 ベン 訓 むち

意味 むち。また、むちで打つ。「▽鞭▽撻・▽鞭打ち・教▽鞭」

名まえで使う読み むち

【▽鞭▽撻】べんたつ ①むちで打つこと。②つよくはげますこと。例 ご指導ご鞭撻のほど、よろしくお願いいたします。

韭の部

3画 韮

9画 韭 にら

なりたち

「韭」をふくむ字や、ニラ・ニラににた植物に関係する字をあつめる。この辞典では、「韮」の一字だけ。

この部首の字 3画 韮 1064

韭-3画 【韮】12画 表外 〈韮〉明朝 音 — 訓 にら

意味 植物の、ニラ。

音の部

0画 音

9画 音 おと

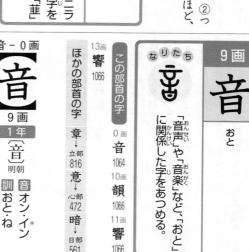

なりたち

「音声」や「音楽」など、「おと」に関係した字をあつめる。

この部首の字 0画 音 1064 10画 韻 1066 11画 響 1066 13画 響 1066

ほかの部首の字 章→立部 816 意→心部 472 暗→日部 561

音-0画 【音】9画 1年 〈音〉明朝 音 オン・イン* 訓 おと・ね

※上にくる音により「ノン」ともよむ。

1画めは点でもよい。5画めを長く書く。「日」の縦画は真下に引く。

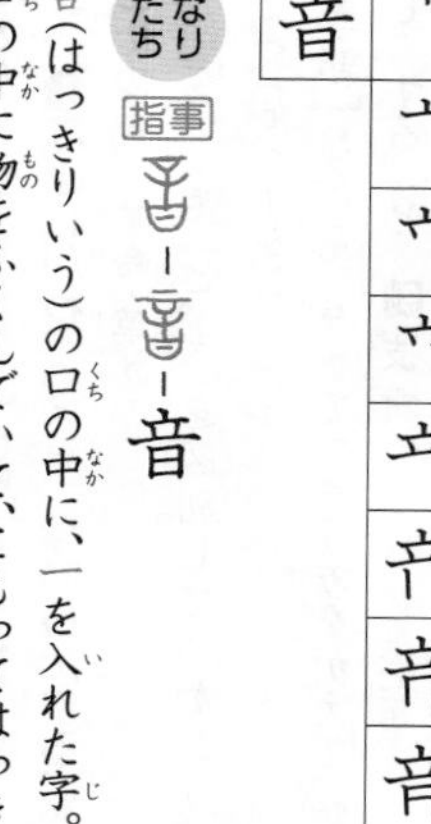

なりたち 指事 言(はっきりいう)の口の中に、一を入れた字。口の中に物をふくんでいて、こもってはっき

りしない声をあらわした。

音のつく漢字グループ
「音」のグループは「中にこもる」「中に入れてふさぐ」というイメージがある。
→暗 561 →闇 1043

意味 ❶おと。「音楽・発音」❷たより。「音信」❸むかしの中国の読み方をもとにした、漢字の読み方。おん。「音訓」対 訓

難しい読み 音・沙▼汰・音頭・音色(ねいろ・おんしょく)

名まえで使う読み いん・お・おと・おん・と・なり・ね

【音▼沙▼汰】おとさた ようすを知らせるたより。例 あれ以来、音沙汰がない。

【音に聞く】おとにきく 句 いつもうわさに聞いている。名高い。例 ここが音に聞く箱根の関所あとです。参考 古めかしい言い方。

【音域】おんいき 人や楽器が出すことができる、高いおとひくいおとのはんい。

【音▼韻】おんいん ことばを形づくっている、一つ一つのおと。

【音階】おんかい おとを高さの順にならべたもの。例 長音階。/短音階。

【音楽】おんがく おとを組み合わせて、感情や考えなどをあらわす芸術。

【音感】おんかん おとの高低・音色などを聞き分ける力。例 音感がするどい。

【音▼響】おんきょう おと。おとのひびき。例 音響設備を整える。

【音訓】おんくん 漢字の読み方で、むかしの中国の発音をもとにした音読みと、その字を日本語のいみにあてた訓読み。参考 たとえば「海」という字には、「かい」と「うみ」の読み方があるが、「かい」は音で、「うみ」は訓。

【音▽叉】おんさ U字形の金属の棒に柄をつけたもの。金属の先をたたくと一定の高さのおとが出る。楽器の調律やおとの振動数をはかる。

【音質】おんしつ おとや声の性質。また、おとのよしあし。例 音質がよい。

【音信】おんしん たより。手紙。例 音信不通。

参考 「いんしん」ともいう。

【音声】おんせい ①人の出すこえ。②テレビなどで放送される、おと。例 音声多重放送(=一画面に二つ以上の音声を流す放送)。

【音節】おんせつ ことばをつくっているおとのひと区切り。参考 日本語では、ふつう、かな一つが一つの音節をあらわす。「春」は「は」と「る」の二音節。

【音速】おんそく おとのつたわるはやさ。

【音▼痴】おんち ①音感がにぶく、歌が正しく歌えないこと。また、その人。②あることにたいする感覚がにぶいこと。また、その人。例 方向音痴。参考 ②は、くだけた言い方。

【音程】おんてい 音楽で、二つのおとの高低の差。例 音程がくるう。

【音頭】おんど ①大勢で歌うとき、調子をそろえるために、はじめに歌うこと。例 音頭をとる。②大勢で歌にあわせておどること。また、そのときの歌。

【音読】おんどく ①声を出してよむこと。対 黙読 ②漢字を音でよむこと。音読み。対 訓読

【音波】おんぱ 空気中などをつたわっていく、おとのなみ。

【音便】おんびん 「読みて」が「読んで」、「知りて」が「知って」などとかわるように、発音しやすいようにおんがかわること。参考 「読んで」は、撥音便、「知って」は、促音便という。

【音▼符】おんぷ[1] 音楽で、楽譜に書きあらわすとき、おとの長さのわりあいをしめすしるし。全音符・二分音符・四分音符・八分音符など。

【音▼譜】おんぷ[2] 音楽で、曲を記号であらわしたもの。楽譜。例 音譜を読む。

【音量】おんりょう おとの大きさ・ゆたかさ。例 ステレオの音量をちょうせつする。

【音色】ねいろ/おんしょく 楽器などがもつ、おとのとくべつなひびき。例 やさしい音色。

【音を上げる】ねをあげる 句 まいる。こうさんする。例 そんなことで音を上げるようでは、この先が思いやられる。参考 苦しくてなき声をあげるいみから。

下につく熟語 足音・異口同音・漢音・観音・▼擬音・高音・*▼呉音・雑音・子音・字音・弱音(じゃく・よわ)(おん・ね)・

漢字クイズ 「因」と、反対のいみの漢字を組み合わせてできる熟語は、なんでしょう。

音の部
10画 韻
11画 響・頁の部
0画 頁
2画 頃

声音（せい・おん・ね・こわ）・清音・全音・▼騒音・▼促音・▼濁音・長音・低音・同音・*羽音・▼爆音・半音・半▼濁音・鼻音・福音・母音（ぼいん・ぼおん）・防音・本音・*物音・録音・和音

【章】11画 立部6画 ↓ 816ページ

【意】13画 心部9画 ↓ 472ページ

【暗】13画 日部9画 ↓ 561ページ

音－10画

【韻】19画 常用 〈韻〉明朝

音 イン
訓 ―

なりたち 形声 員（まるい）と音（おと）を合わせた字。まろやかに調和した音のひびきをあらわした。→員210

意味 ❶音や声のひびき。「音▼韻」 ❷詩や歌。「▼韻文」

【▼韻文】いんぶん 詩や歌など、ことばの調子のととのった文。㊥散文

【▼韻律】いんりつ 詩や歌の、ことばの音楽的な調子。リズム。

下につく熟語 ▼押▼韻・*▼脚▼韻・余▼韻

音－11画

【響】20画 常用

音－13画

【響】22画 人名 〈響〉明朝

音 キョウ
訓 ひびく

なりたち 形声 郷（むき合う。かよい合う）と音（おと）を合わせた字。音が一方から他方へむかってかようようすをあらわした。→郷436

意味 ひびき。ひびく。「音▼響」

名まえで使う読み おと・きょう・なり

下につく熟語 ▼影▼響・音▼響・*残▼響・反▼響

9画

頁

おおがい
いちのかい

なりたち 人の頭を大きくかき、下に両足を小さくつけた形。人の「頭」や「顔」「すがた」などに関係した字をあつめる。

この部首の字

画数	字	ページ
0画	頁	1066
2画	頃	1066
2画	頂	1067
3画	項	1067
3画	順	1067
3画	須	1068
4画	頑	1068
4画	頌	1068
4画	頓	1069
4画	頒	1069
4画	預	1069
5画	頗	1069
5画	領	1070
7画	頭	1070
7画	頰	1071
7画	頼	1071
8画	頻	1071
9画	額	1072
9画	顎	1072
9画	顔	1072
9画	顕	1073
9画	題	1073
9画	類	1074
10画	願	1074
10画	顚	1075
10画	類	1074
12画	顧	1075
14画	顯	1073

ほかの部首の字

傾→亻部 93
煩→火部 704
瀬→氵部 692

頁－0画

【頁】9画 人名 〈頁〉明朝

音 ―
訓 ページ

意味 ❶人の頭。❷本を開いたときの、かたがわの紙。また、その順番をあらわす数字。ページ。

頁－2画

【頃】11画 常用 〈頃〉明朝

音 ―
訓 ころ

※上にくる音により「ごろ」ともよむ。

意味 ❶だいたいの時刻や時期を指していうことば。「近▼頃」 ❷ちょうどよい時期。「▼頃合い・食べ▼頃」

下につく熟語 *今▼頃・*先▼頃・*常日▼頃・*手▼頃・年▼頃・*中▼頃・*値▼頃・*日▼頃・*見▼頃

頁－2画

【頂】

11画 6年 〔頂〕明朝

音 チョウ 訓 いただく・いただき

「丁」より「頁」を縦長に書く。「丁」の2画めを軽く反ってもよい。

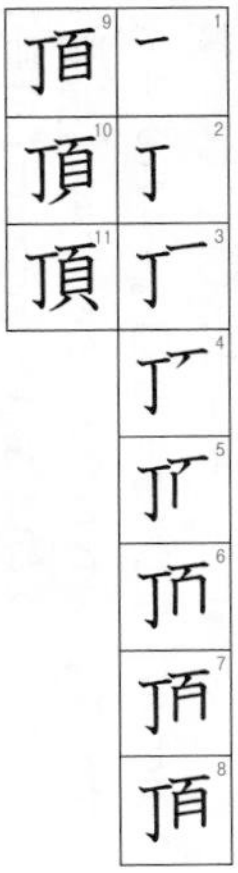

なりたち 形声 丁(丁形に立つ)と頁(あたま)を合わせた字。丁形になった頭のてっぺんをあらわした。→丁8

意味 ❶もののいちばん高いところ。いただき。「頂上」 ❷頭の上にのせる。いただく。「頂▼戴」

注意 「項」とまちがえないこと。

名まえで使う読み かみ・ちょう

【頂角】ちょうかく 三角形の、底辺にむかいあう角。

【頂上】ちょうじょう ①山のいちばん高いところ。山のてっぺん。例 富士山の頂上。②それより上のない状態。例 きびしい暑さも、今が頂上だ。

【頂▼戴】ちょうだい ①いただくこと。ものをもらうことをけんそんした言い方。例 おみやげを頂戴する。②(文のおわりにつけて)ください。例 とってちょうだい。参考 ②は、多くかな書きにする。

【頂点】ちょうてん ①いただき。てっぺん。②二つの直線がまじわって、角をつくっている点。③ものごとのいちばんさかんなとき。例 人気の頂点。

【頂門の一針】ちょうもんのいっしん 句 急所をするどくつく、てきびしい教訓のたとえ。参考 「頂門」は、頭のてっぺんのこと。頭のてっぺんにさした、いたいけれどもよくきく治療用の一本のはりのいみから。

下につく熟語 骨頂・山頂・絶頂・登頂(とちょう)・*頭頂

頁－3画

【項】

12画 常用 〔項〕明朝

音 コウ 訓 ―

なりたち 形声 工(Ｉ形につき通る)と頁(あたま)を合わせた字。頭と胴体のあいだをＩ形につらぬいている「うなじ」をあらわした。→工334

意味 ことがらの一つ一つ。「▼項目」

注意 「頂」とまちがえないこと。

【▼項目】こうもく 記事や記録などの内容を小さく分けたもの。

下につく熟語 事▼項・条▼項・*別▼項・要▼項

頁－3画

【順】

12画 4年 〔順〕明朝

音 ジュン 訓 ―

「川」より「頁」を縦長に書く。「川」の上の部分はだんだんと右上がりにする。

なりたち 形声 川(ルートにしたがう)と頁(あたま)を合わせた字。頭を道の正面にむけ、道すじにしたがってすすむようすをあらわした。→川332

意味 ❶したがう。さからわない。「順応」 対 逆 ❷うまくいく。「順調」 ❸じゅんばん。「席順・筆順・道順」

名まえで使う読み あや・あり・おさ・おさむ・かず・しげ・したがう・す・すなお・とし・なお・のぶ・のり・はじめ・まさ・みち・みつ・もと・やす・ゆき・よし・より

【順位】じゅんい きめられたくらいをあらわす、順番。例 順位がさがった。

こたえ 因果。いみは，原因と結果。

【順延】じゅんえん 前もってきめた日から、順々に日をのばしていくこと。例 遠足は、雨天順延で水曜日になった。

【順化】じゅんか 生き物が、その土地の気候や風土にだんだんなれて、かわっていくこと。例 環境に順化する。

【順境】じゅんきょう すべてが思いどおりにはこぶような、しあわせな身の上。例 順境に育つ。対 逆境

【順次】じゅんじ 順々に。だんだんと。例 順次説明する。

【順守】じゅんしゅ →「遵守(432ページ)」

【順順】じゅんじゅん ものごとを、順序をおってするようす。例 配布物を順々にうしろへおくる。参考 ふつう「順々」と書く。

【順序】じゅんじょ ①あるきまったならび方。②ものごとをするときのだんどり。例 順序がいれかわる。例 順序よく仕事をする。

【順接】じゅんせつ 二つの文で、前の文でのべたことがらが、しぜんに予想できる結論で、あとの文につづくときの関係。対 逆接

【順調】じゅんちょう ものごとがすらすらと調子よくすすむようす。例 夏休みの宿題は順調にすすんでいる。

【順当】じゅんとう 順序にあっていて、そうなるのがとうぜんであるようす。例 順当に勝ち上がる。

【順応】じゅんのう そのときのまわりのようすや条件に、うまく合うようにかわること。例 環境に順応する。

【順番】じゅんばん ①ものごとをするときの順序。例 順番がくるう。②順序どおりにおこなうこと。例 順番にミカンをもらう。

【順風】じゅんぷう 船などのすすんでいく方向にむかってふくかぜ。おいかぜ。例 順風を受けて進む。対 逆風

【順風満▼帆】じゅんぷうまんぱん 船が帆にいっぱいのおいかぜをうけてすすむように、ものごとが順調にいくようす。

【順法】じゅんぽう →「遵法(432ページ)」

【順路】じゅんろ 順序よくすすめる道すじ。例 順路にしたがって参拝する。

下につく熟語 *温順・▼柔順・従順・打順・手順・不順

頁－3画

須

12画 常用 〔須〕明朝 音 ス 訓 —

意味 ❶もとめる。ぜひ必要とする。「急▼須・必▼須」 ❷かならず…しなければならない。

参考 カタカナ「ス」のもとになった字。

名まえで使う読み しゅ・す・まつ・もち・もとむ

頁－4画

頑

13画 常用 〔頑〕明朝 音 ガン 訓 かたく*な

なりたち 形声 元(まるい)と頁(あたま)を合わせた字。まるい頭がかたいというイメージをもつので、頭がかたくてゆうずうがきかないことをあらわした。→元97

意味 ❶ゆうずうがきかない。かたくな。「▼頑固」 ❷がんじょうな。がっしりしている。「▼頑健」

【▼頑強】がんきょう ①ごうじょうで、考えや行動をなかなかかえないようす。例 自分の説を頑強にいいはる。②がっしりしていてじょうぶなようす。頑健。

【▼頑健】がんけん からだががっしりしていて、じょうぶなこと。頑強。例 頑健な肉体をもつスポーツ選手。

【▼頑固】がんこ ある一つの態度や考えをかたくまもっていて、人の意見をなかなかうけいれないようす。例 頑固な人。

【▼頑▼丈】がんじょう ①しっかりしていて、こわれにくいようす。例 頑丈なとびら。②からだつきが、がっしりしてじょうぶであるようす。例 頑丈なからだ。

【▼頑迷】がんめい がんこで、ものの道理がわからないこと。例 頑迷な老人。

頁－4画

頌

13画 人名 〔頌〕明朝 音 ショウ 訓 たたえる

意味 ほめたたえる。「▽頌詞・▽頌歌」

名まえで使う読み うた・おと・しょう・じゅ・つ

ぐ・のぶ・よむ

【▽頌歌】しょうか　神のすばらしさなどをほめたたえる歌。

【▽頌春】しょうしゅん　新春をたたえること。参考 年賀状につかう、あいさつのことば。

頁－4画

【頓】

13画 常用 〈頓〉明朝 音 トン 訓 ―

なりたち 形声 屯(ずっしりと重くたれる)と頁(=頭)を合わせた字。頭を地面までたらしておじぎすることをあらわした。↓屯326

意味 **❶頭を地におしあてておじぎをする。**「頓首」**❷どすんと、こしをすえる。❸急に。**「頓挫・頓死」

【頓▽挫】とんざ　うまくいっていた計画などが、急に行きづまること。例 建設計画が頓挫する。

【頓死】とんし　急に死ぬ。例 旅先で頓死する。

【頓首】とんしゅ　①むかしの中国で、頭を地におしつけておじぎをすること。②手紙の最後に、あいてに敬意をあらわしてつけることば。

【頓知】とんち　場面に応じてすばやくはたらく、ちえ。例 頓知をはたらかせる。

【頓着】とんちゃく／とんじゃく　あることにこだわって、気にする。例 服装に頓着しない。

【頓▽珍漢】とんちんかん　的はずれで、でたらめなこと。例 頓珍漢なことを言うな。

【頓服】とんぷく　①くすりを、何回分のように分けてのむのではなく、必要なそのときだけのむこと。②必要に応じて、一回分ごとに包まれたくすり。「頓服薬」のりゃく。

頁－4画

【頒】

13画 常用 〈頒〉明朝 音 ハン 訓 ―

なりたち 形声 分(わける)と頁(あたま)と合わせた字。あたまかずにあわせて分けることをあらわした。↓分128

意味 **分けあたえる。**「頒布」

【頒布】はんぷ　多くの人に分けてくばること。例 頒布されたチラシ。

【頒価】はんか　有料でわけるときの値だん。

頁－4画

【預】

13画 6年 〈預〉明朝 音 ヨ 訓 あずける・あずかる

「予」は縦長。「頁」の縦画は真下に、9・10画めは8画めに接しなくてもよい。

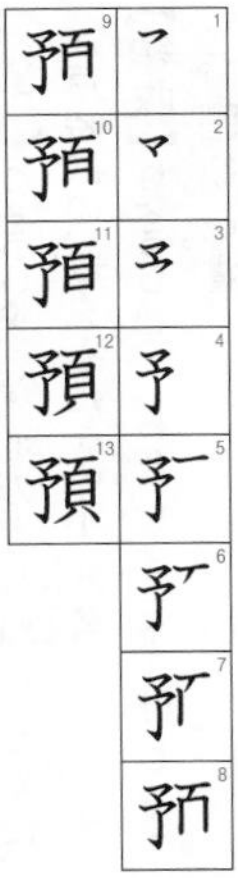

なりたち 形声 予(ゆとりをとる)と頁(あたま)を合わせた字。頭かずがゆったりとよゆうがあるようすを図にして、何かをするのに前もってゆとりをとっておくことをあらわした。「あらかじめ」「あずける」のいみにもちいる。↓予37

意味 **あずける。あずかる。**「預金」

名まえで使う読み さき・まさ・やす・よ・よし

【預金】よきん　お金を、銀行などにあずけること。また、そのあずけたお金。参考 郵便局へあずける場合は、「貯金」という。

【預言】よげん　キリスト教などで、神のお告げをつたえること。また、そのことば。例 預言者。使い分け よげん「予言・預言」↓(38ページ)

【預▽託】よたく　お金や財産を、一時的にあずけてまかせること。例 保証金を預託する。

【傾】13画 亻部11画 ↓93ページ

【煩】13画 火部9画 ↓704ページ

頁－5画

【頗】

14画 人名 〈頗〉明朝 音 ハ 訓 すこぶる

意味 **❶かたよる。**「▽偏▽頗」**❷すこぶる。非常に。**

漢字クイズ 「生」と，反対のいみの漢字を組み合わせてできる熟語は，なんでしょう。

頁－5画

【領】

14画 5年 〔領〕明朝

音 リョウ
訓 —

※「リョウする」ともつかう。

3画めは横画でもよい。5画めは縦画で書いてもよい。4画めの最後ははねない。

なりたち 形声 令（ならびつながる）と頁（あたま）を合わせた字。頭と胴体をつなぐ「くびすじ」のこと。→令58

意味 ❶たいせつな部分。「要領」 ❷おさめる。「領地・▼占領」 ❸うけとる。「領収」

名まえで使う読み おさ・むね・りょう

【領域】りょういき ①その国がおさめている区域。②あるものが関係するはんい。例 他人の領域をおかす。

【領海】りょうかい ある国のまわりにあって、その国が主権をもっている海。例 領海侵犯。

【領空】りょうくう その国の領土と領海の上空。対 公海

【領事】りょうじ 外国にいて、自分の国とのぼうえきをすすめたり、そこにすんでいる自分の国の人を守ったりする役人。例 領事館。

【領主】りょうしゅ 領地のもちぬし。とくに、江戸時代の、城をもたない小大名。

1【領収】りょうしゅう お金などをうけとること。例 領収書。

2【領▼袖】りょうしゅう 多くの人の上に立つ人。かしらとなる人。例 政党の領袖。参考「領」は、着物のえり。「袖」は、そで。えりとそでが、人の目につくだいじな部分であることから。

【領地】りょうち ①むかし、大名などがおさめていた土地。②その国がおさめている土地。領土。

【領土】りょうど その国がおさめている土地。

【領内】りょうない 領地の中。

【領分】りょうぶん ①その国やその人のもっている土地。②その人の力のおよぶはんい。例 水泳ならぼくの領分だ。

【領有】りょうゆう 土地や物などを、自分のものとしてもつこと。例 広い農地を領有する。

下につく熟語 横領・▼綱領・首領・受領・総領・大統領・天領・頭領・本領

頁－7画

【頭】

16画 2年 〔頭〕明朝

音 トウ・ズ・ト*
訓 あたま・かしら*

※上にくる音により「ドウ」「がしら」ともよむ。

1画めと8画めの高さをほぼそろえるようにする。7画めは右上にはらう。

なりたち 形声 豆（じっと立つ）と頁（あたま）を合わせた字。首の上に立っている「あたま」をあらわした。→豆972

意味 ❶あたま。「頭▼髪」 ❷いちばん上の人。かしら。「船頭」 ❸もののはじめ。「年頭・先頭」 ❹そのあたり。付近。「店頭」 ❺大きい動物をかぞえることば。とう。「一頭の牛」。

名まえで使う読み あき・あきら・かみ・とう

難しい読み 頭文字・頭寒足熱・頭▼巾・頭取

【頭金】あたまきん 買う約束ができたときに、代金の一部として、さいしょにはらうお金。

【頭が上がらない】あたまがあがらない 句 〔能力がおとっていたり、弱みを知られていたりするため〕いつも相手におさえられている。例 あの人にだけは頭が上がらない。

【頭▼隠して▼尻▼隠さず】あたまかくしてしりかくさず 句 一部分が見えているのに、全部かくしたつもりになっていることのたとえ。参考 あいてのおろかさをあざけっていう。

【頭が下がる】あたまがさがる 句 感心して、しぜんにうやまう気持ちになる。例 かれの働きぶりには頭が下がる。

【頭を▼抱える】あたまをかかえる 句 〔こまったことや心配なことがあって〕ひどく考えこ

む。ひどくなやむ。例 むずかしい問題に、頭を抱える。

【頭をもたげる】あたまをもたげる 句 ①「かくれていたことが」あらわれてくる。例 いくつかの疑問が頭をもたげてきた。②いきおいをましてくる。

【頭文字】かしらもじ ヨーロッパの各国の文字や、ローマ字などで、文のさいしょや、固有名詞のさいしょにつかう大きな文字。

【頭▼蓋骨】ずがいこつ／とうがいこつ 人や動物の、顔とあたまを形づくっているほね。

【頭寒足熱】ずかんそくねつ 四字熟語 あたまをひやして、足をあたたかくすること。参考 よくねむれ、健康によいとされる。

【頭▼巾】ずきん ぬのでつくった、あたまにかぶるもの。

【頭上】ずじょう あたまの上。例 頭上に注意。

【頭▽陀▼袋】ずだぶくろ ①坊さんが行脚をするとき、お経や食器などを入れて、首から前にさげるふくろ。②なんでも入れられる、だぶだぶした大きなふくろ。

【頭痛】ずつう ①あたまがいたむこと。また、そのいたみ。②心配。なやみ。例 どうやって、借金をかえすかが、頭痛の種だ。

【頭脳】ずのう 考える力をもった、あたま。また、そのもちぬし。例 優秀な頭脳。

【頭角を現す】とうかくをあらわす 故事成語 すぐれた才能や知識が、ほかの人をぬいて目立つようになる。例 日本代表チームに入って頭角を現す。

【頭▼括】とうかつ 文章で、結論を最初にまとめること。例 頭括型の小論文。対 尾括

【頭語】とうご 手紙で、書き出しに使うあいさつのことば。「拝啓」や「前略」など。対 結語

【頭数】一 とうすう 動物のかず。例 牛の飼育頭数。二 あたまかず 人のかず。人数。例 頭数をそろえる。

【頭注】とうちゅう 本などで、本文の上のあいた部分につける説明。対 脚注

【頭取】とうどり 銀行などの代表者。

【頭▼髪】とうはつ かみの毛。

【頭部】とうぶ 人のあたまの部分。また、物のあたまの部分。例 くぎの頭部をうつ。

【頭目】とうもく 悪人のなかまのかしら。

【頭領】とうりょう 団体などの、いちばん上のくらいの人。かしら。参考「統領」とも。

下につく熟語 石頭・駅頭・音頭・街頭・巻頭・＊教頭・▼巨頭・口頭・地頭・出頭・＊初頭・＊心頭・＊陣頭・念頭・旗頭・波頭（はとう・なみがしら）・番頭・▼冒頭・▼没頭・目頭・毛頭・路頭

頁－7画

【頰】

16画 常用 〔頰〕明朝

音 ―
訓 ほお・ほ＊

意味 ほお。ほっぺた。「▼頰▽杖・▼頰骨・▼頰張る」

頁－7画

【頼】

16画 常用

貝－9画 【賴】16画 人名 〔賴〕明朝

音 ライ
訓 たのむ・たのもしい・たよる

なりたち 形声 剌（はねかえす）と頁を合わせた字。自分でやらないで、人にやらせることをあらわした。

意味 たのむ。たよりにする。「▼依頼・信▼頼」

名まえで使う読み たのむ・のり・よ・よし・より・らい

下につく熟語 無▼頼

頁－8画

【頻】

17画 常用 〔頻〕明朝

音 ヒン
訓 ＊しきりに

意味 しきりに。しばしば。「▼頻▼繁」

【頻出】ひんしゅつ 同じことやものが、くりかえしあらわれること。例 入学試験に頻出する問題。／頻出漢字。

【頻度】ひんど 同じことが、くりかえしおこる度数。例 使用される頻度が高い。

【頻発】ひんぱつ 同じ事件や事故などが、しきりにおこること。例 犯罪が頻発する。

【頻▼繁】ひんぱん 次から次へとつづくようす。例 頻繁にこしょうする機械。

こたえ 生死。

【▼頻▼頻】ひんぴん 同じようなよくないものごとが何度もつづいておこるようす。例 とうなん事件が頻々とおこる。参考 ふつう「頻々」と書く。

頁－9画

【額】

18画 5年 〈額〉明朝

音 ガク 訓 ひたい

1画めは点で書いてもよい。「客」は、縦長に書き、6画めは止める。

なりたち 形声 客(かたいものにあたってとまる)と頁(あたま)を合わせた字。頭のうち、とくにかたくて、こつんとものをうけとめる「ひたい」をあらわした。→各193 →客296

意味 ❶ひたい。おでこ。「前額部」 ❷分量。金銭のたか。「金額・価額」 ❸絵などを入れてかけるもの。「額▼縁」

名まえで使う読み がく・ぬか

【額▼縁】がくぶち 絵や写真などを入れてかざるための外わく。

【額面】がくめん ①債券や株券などのおもてに書かれた金額。②ことばの表面のいみ。みかけ。例 かれの話は額面どおりにはうけとれない。③かべなどにかける書画のがく。

【額を集める】ひたいをあつめる 句 より集まって、相談する。例 三人は、額を集めて話しあった。

下につく熟語 ▼巨額・減額・高額・差額・残額・小額・少額・＊税額・全額・総額・増額・多額・低額・定額・同額・倍額・半額

頁－9画

【顎】

18画 常用 〈顎〉明朝

音 ガク 訓 あご

意味 あご。

【▼顎が干上がる】あごがひあがる 句 お金がなくなって生活ができなくなる。口が干上がる。

【▼顎で使う】あごでつかう 句 〔あごをうごかして人に命令をする意味で〕いばったたいどで人をつかう。例 下級生を顎で使う。

【▼顎を出す】あごをだす 句 ひどくつかれて、どうにもならない。例 マラソンに出場したが、とちゅうで顎を出してしまった。

下につく熟語 ＊上▼顎・＊下▼顎・＊二重▼顎

頁－9画

【顔】

18画 2年 〈顔〉明朝

音 ガン 訓 かお

※上にくる音により「がお」ともよむ。

1画めは点で書いてもよい。「彡」はだんだん長くしてはらう。

なりたち 形声 もとの字は「顏」。彦(ゲン)(フ形にととのっている)と頁(あたま)を合わせた字。くっきりとしたうつくしい男のひたいをあらわした。のち、かお全体をさすようになった。→彦372

意味 ❶かお。かおつき。「顔面」 ❷いろどり。「顔料」

【顔色】かおいろ ①けんこうをあらわす、かおの色つや。例 顔色がわるい。②きげんのよしあしをあらわす、かおのようす。例 他人の顔色をうかがう〔＝あいてのきげんを読みとる〕。参考 「がんしょく」とも読む。

【顔が売れる】かおがうれる 句 広く世間に知られる。有名になる。例 テレビドラマに出て顔が売れた。

【顔が利く】かおがきく 句 〔信用や力があって〕相手にむりを言っても聞き入れてくれる。

【顔が広い】かおがひろい 句 多くの人とつき

あいがある。例 父は、この地元ではとても顔が広い。

【顔から火が出る】かおからひがでる 句 ひじょうにはずかしくて、顔がまっかになる。

【顔に▼泥を▼塗る】かおにどろをぬる 句 めいよをきずつけて、はじをかかせる。例 親の顔に泥を塗る。

【顔役】かおやく ある土地や、あるなかまの中で、勢力のある人。ボス。例 土地の顔役。

【顔色無し】がんしょくなし 故事成語 圧倒されて、すっかり元気がなくなること。例 さすがの父も顔色無しだった。参考「元気な顔色がなくなって、青くなる」のいみから。白居易の詩「長恨歌」の一節から。

【顔面】がんめん かおの表面。例 顔面そう白になる。

【顔料】がんりょう ①物に色をつける物質。けしょう品・塗料・印刷インキなどの原料にする。②絵の具。

下につく熟語 笑顔・*温顔・厚顔・紅顔・新顔・素顔・洗顔・*尊顔・童顔・似顔・*拝顔・古顔・真顔・横顔

顕

頁－9画 【顕】 18画 常用

頁－14画 【顯】 23画 人名

〈顕〉明朝

音 ケン

訓 —

なりたち 形声 もとの字は「顯」。㬎（すがたをはっきりとあらわす）と頁を合わせた字。㬎は、日（太陽）と絲（いと）を合わせて、太陽の下でそめた糸をさらすようす。顯は、かくれていた頭がはっきりとあらわれることをあらわした。

意味 ❶あらわれる。おもてに出す。「▼顕現・▼露▼顕」 ❷はっきりしている。あきらか。「▼顕著」

名まえで使う読み あき・あきら・けん・たか・てる

【▼顕在】けんざい ものごとが、はっきり形にあらわれていること。例 外交上の問題点が顕在化する。

【▼顕示】けんじ ほかの人にわかるように、はっきりと示すこと。例 自己顕示欲（＝自分が目立つようにしたい欲求）。

【▼顕著】けんちょ とくに目立ってはっきりしているようす。例 成績の向上が顕著だ。

【▼顕▼微鏡】けんびきょう ひじょうに小さくて、ふつうでは見えないものを、大きくして見る器械。例 電子顕微鏡。

題

頁－9画 【題】 18画 3年

〈題〉明朝

音 ダイ

訓 —

5画めは「日」のはばより長く書く。9画めは「頁」を支えられるよう長くはらう。

1	2	3	4	5	6	7	8	9
丨	口	日	日	旦	早	早	是	是

10	11	12	13	14	15	16	17	18
是	是	是	題	題	題	題	題	題

なりたち 形声 是（まっすぐにのびる）と頁（あたま）を合わせた字。まっすぐ正面につきでたひたいをあらわした。のち、見出しとして正面にだす「だい」のいみにもちいる。→是554

意味 ❶詩・歌・文章などの内容をあらわした、みじかいことば。「題名・主題」 ❷解決しなければならないことがら。「問題・議題」

【題▼詠】だいえい はじめに題をきめ、それに合わせて詩や歌をつくること。

【題材】だいざい 作品の内容となる材料。例 あの人の絵は、花を題材にしたものが多い。

【題字】だいじ 本の巻頭や石碑の上部などに書く、題をあらわす字。

【題名】だいめい 本・映画などの作品の名前。

【題目】だいもく ①本・話・文章などの題。例 講演の題目。②話し合いなどのめあてとなる問題。例 討論の題目。③日蓮宗でとなえる、「南無妙法蓮華経」のこと。例 朝夕に、お題目をとなえる。

下につく熟語 演題・*改題・課題・宿題・出題・*名題・難題・表題・標題・本題・命題・例題・論題・話題

漢字クイズ 「賛」と，反対のいみの漢字を組み合わせてできる熟語は，なんでしょう。

頁－9画

【類】

18画 4年

頁－10画 【類】 19画 人名 〈類〉明朝

音 ルイ
訓 たぐい

「米」と「大」の中心は右寄りにし、右側を縦にそろえる。6・9画めは止める。

なりたち 形声 もとの字は「類」。頪(にていて、区別がつかない)と犬(イヌ)を合わせた字。イヌのように、見分けがつかないほどにた「なかま」をあらわした。

意味 ❶同じなかま。「種類・魚類」 ❷にかよう。「類似」 ❸同じことがおこる。「類焼」

名まえで使う読み とも・なお・なし・よし・るい

【類が無い】るいがない 句 ほかに、くらべるものがない。例 世界にも類が無い事件がおきた。

【類義語】るいぎご 「類語」と同じ。

【類型】るいけい ①にかよった型や形式。例 全国に類型の多い民話。②ありふれた型。きまりきった型。

【類型的】るいけいてき ありふれているようす。例 この作品は類型的でつまらない。

【類語】るいご にかよったいみのことば。たとえば、「悪習」と「悪風」、「推測」と「推量」など。類義語。同類語。

1【類字】るいじ 形のにている字。「拾」と「捨」、「綱」と「網」など。

2【類似】るいじ おたがいによくにていること。例 類似の作品が多い。

【類書】るいしょ にかよった種類の本。同じような内容の本。

【類焼】るいしょう よその家から出た火事によってやけること。例 火元の家から五軒が類焼した。

【類人猿】るいじんえん サルの中でもっとも人間に近いなかま。ちえがすすんでいる。ゴリラ・チンパンジー・オランウータンなど。

【類推】るいすい にているところをもとにして、あるものごとからほかのものごとをおしはかること。例 実験の結果から類推する。

【類は友を呼ぶ】るいはともをよぶ 句 気の合った人や、性格などが似通った人は自然により集まる。

【類別】るいべつ いろいろまじっているものを、種類によって分けること。分類。例 牛肉を産地ごとに類別する。

【類例】るいれい そのものごとと、よくにている例。例 類例のない事件。

下につく熟語 衣類・穀類・書類・親類・人類・鳥類・同類・比類・部類・分類・無類

頁－10画

【願】

19画 4年 〈願〉明朝

音 ガン
訓 ねがう

「原」と「頁」の横はばと縦はばをおおよそ同じ大きさで組み立てる。

なりたち 形声 原(まるい)と頁(あたま)を合わせた字。まるい頭は頑(ゆうずうがきかない)と同じようなイメージをもつので、きまじめで、いちずに考えることをあらわした。

→原 174

意味 ねがう。ねがい。「願書・志願」

【願書】がんしょ 許可をえるために、ねがうことを書いた書類。例 入学願書を提出する。

【願望】がんぼう／がんもう ねがい。ねがいのぞむこと。例 英語をつかった仕事がしたいという願望。参考 「がんもう」は古い言い方。

【願力】がんりき 神やほとけにいのりながら、目的をとげようとする強い力。念力。

【願を懸ける】がんをかける 句 ねがいごとがかなうように神仏にいのる。願を立てる。例 合格をねがって願を懸ける。

下につく熟語 哀願・依願・祈願・懇願・志願・宿願・出願・誓願・請願・*大願・嘆願・念願・悲願・*本願・*満願

頁－10画

【顛】 19画 人名

〈顛〉明朝 音 テン 訓 たおす

意味 ❶頭のてっぺん。また、もののはじめ。「顛末」❷たおす。たおれる。「顛倒」

名まえで使う読み あき・かみ

【顛倒】てんとう ①ひっくりかえること。ひっくりかえすこと。例 本末顛倒。②うろたえること。例 気が顛倒してことばがでない。

参考 「転倒」とも書く。

【顛末】てんまつ ものごとのはじめから終わりまでのありさま。いきさつ。例 事の顛末を語る。

【瀬】 19画

氵部16画→692ページ

頁－12画

【顧】 21画 常用

〈顧〉明朝 音 コ 訓 かえりみる

なりたち 形声 雇（わくの中にぐるっとかこう）と頁（あたま）を合わせた字。頭をぐるっと回して見わたすようすをあらわした。

↓戸487

意味 ❶うしろをふりかえる。「後顧」❷むかしを思いかえす。「回顧」❸心にかける。「顧慮」

【顧客】こきゃく／こかく ひいきにしてくれる客。とくい客。例 顧客をだいじにする。／顧客名簿。

【顧問】こもん 会社や団体などで、そうだんをうけて意見をのべる役目。また、その人。例 顧問弁護士。

【顧慮】こりょ 気をつかって、あれこれと考えること。例 客の希望を顧慮する。

下につく熟語 *愛顧・*一顧・*恩顧

9画 風 かぜ

なりたち 「かぜ」の種類や状態に関係した字をあつめる。

この部首の字 0画 風 1075　5画 颯 1078

ほかの部首の字 嵐→山部 332

風－0画

【風】 9画 2年

〈風〉明朝 音 フウ・フ* 訓 かぜ・かざ

※上にくる音により「プウ」ともよむ。

「虫」は「几」の下から出ない。
2画めは折って内側に反る。
3画めは横画でもよい。

（筆順）1 丿 2 几 3 凡 4 凧 5 凨 6 凬 7 凮 8 風 9 風

なりたち 形声 －風 凡（広くおおう）と虫（動物の代表である、むし）を合わせた字。広くおおいかぶさって、動物たちにしげきをあたえる「かぜ」をあらわした。

こたえ 賛否。いみは，賛成と不賛成。「否」は，反対のいみ。同じいみの熟語に「可否」がある。

風（かぜ）の部 0画 風

↓凡121

意味 ❶空気のながれ。かぜ。「風雨」❷世の中のうごき。ならわし。「風習・風潮」❸ようす。けしき。「風景」❹おもむき。すがた。「風味・風流」❺せけん。「風評・風聞」❻いきおい。「▼威風」❼遠回しにおしえる。「風▼刺」

難しい読み 風見・風▼邪・風▼袋・風情

【風穴】かざあな ①山などにある、つめたい風のふきでるふかいあな。②空気をかよわせるためのあな。参考 ①は「ふうけつ」とも読む。

【風上】かざかみ 風のふいてくる方向。対 風下

【風上にも置けない】かざかみにもおけない 句〔くさいものが風上にあると、におうことから〕同じなかまとしてあつかえないほど、ひきょうだ。参考 おこないや性質が、いやしい人をののしっていうことば。

【風下】かざしも 風がふいていく方向。対 風上

【風花】かざはな／かざばな 晴れた日に、風にふかれてちらつく雪。

【風見】かざみ 屋根の上などにとりつけて、風のふいてくる方向を知る道具。例 風見鶏。

【風▼邪】かぜ 呼吸器がおかされ、熱・せき・鼻水などが出る病気。例 風邪がはやる。

【風の便り】かぜのたより 句 どこからともなくつたわってくるうわさ。例 風の便りに、あなたが留学したと聞きました。

【風を切る】かぜをきる 句 いきおいがよいようす。例 列車が風を切って走る。

【風圧】ふうあつ 風が物をおす力。例 強い風による風圧で、かさがこわれた。

【風雨】ふうう ①風と雨。②強い風といっしょにふる雨。あらし。例 風雨注意報。

【風雲】ふううん ①風と雲。②大きくかわろうとする、世の中のありさま。

【風雲急を告げる】ふううんきゅうをつげる 句 大きな事件や変化が、今にもおこりそうなけはいになる。例 風雲急を告げる国際情勢。参考「急を告げる」は、事態がさしせまるいみ。

【風雲児】ふううんじ 世の中のうつりかわりのはげしいときにあらわれ、活躍する人。

【風化】ふうか ①岩石が、長い間の気温の変化や風雨のために、くずれていくこと。②記憶などがうすれていくこと。例 戦争体験を風化させてはならない。

【風▼雅】ふうが 品があって、おもむきがあること。また、そのおもむき。

【風害】ふうがい 風によってうける害。

【風格】ふうかく ①その人のもっている品位。人がら。例 かれには、大人物の風格がある。②とくべつのあじわい。おもむき。例 風格のある書道の文字。

風格①

【風紀】ふうき きちんと生活するための、きまりや習慣。とくに、男女のつきあいのきまり。例 風紀をみだす。

【風景】ふうけい ①けしき。ながめ。例 風景画。②ものごとのある場面。例 一家だんらんのほほえましい風景。

【風向】ふうこう 風のふいてくる方向。風向き。

【風向計】ふうこうけい 風のふいてくる方向をしらべる器械。風むきをしめす器械。

【風光明▽媚】ふうこうめいび 四字熟語 自然のけしきがひじょうにうつくしいようす。例 風光明媚な土地。参考「風光」は、けしき。「明媚」は、けしきがうつくしいこと。

【風▼采】ふうさい 人の見かけのすがた。身なり。ようす。例 風采のあがらない(=見かけのさえない)男。

【風▼刺】ふうし それとなく遠回しに、世の中のことや他人の欠点などをひょうすること。例 政治家を風刺したまんが。

【風車】一 ふうしゃ 風の力で羽根車を回すそうち。粉をひいたり、水をくみあげたりするのにつかう。かざぐるま。二 かざぐるま ①羽根が風をうけて回るようにした、おもちゃ。②「ふうしゃ」と同じ。

【風習】ふうしゅう その国やその地方に、むかしからつたわっているくらし方や習慣。しき

れは「甲骨文字」といわれ，約3000年もむかしの，中国最古の文字といわれています。

たり。ならわし。

【風樹の▼嘆】ふうじゅのたん 故事成語 親孝行をしようと思ったときには父母が死んでしまっていて、親孝行することができないというなげき。参考「風樹」は、風にゆれ動く樹木のいみから、死んでしまった親を思う心のたとえ。「嘆」は、なげくこと。

【風水害】ふうすいがい 大風や大水によってうける害。

1【風雪】ふうせつ ①風と雪。また、強い風といっしょにふる雪。例風雪注意報。②世の中のくるしみやつらさ。例世の風雪にたえる。

2【風説】ふうせつ うわさ。風評。

【風船】ふうせん 紙やゴム・ビニールなどのふくろに空気や水素ガスを入れて、ふくらませたもの。

【風前の灯】ふうぜんのともしび 句 ものごとが、今にもだめになりそうなことのたとえ。また、ひじょうな危険がせまっていることのたとえ。参考 風のふいている中では、ろうそくなどの火がきえやすいことから。

【風速】ふうそく 風のふくはやさ。一秒間にすすむきょりであらわす。例瞬間最大風速。

【風▼俗】ふうぞく その国やその地方につたわっている、くらしの上でのならわし。しきたり。

【風▼袋】ふうたい 品物を入れた入れ物・ふくろなどの重さ。例風袋ともで二キログラムです。

【風▼致地区】ふうちちく 自然のおもむきやおもしろさを、たいせつにする地域。

【風潮】ふうちょう うつりかわっていく世の中のけいこう。

【風体】ふうてい／ふうたい すがた。身なり。例おかしな風体の男が通る。

【風土】ふうど その土地の、気候や地形などのありさま。例日本の風土にあった家。

【風▼洞】ふうどう 人工的に空気のながれをおこさせる、トンネル形のしかけ。例風洞実験。

【風土病】ふうどびょう その地方だけにおこる病気。マラリア・つつがむし病など。

【風波】ふうは ①風と波。また、強い風のためにおこる波。②あらそいごと。もめごと。例家の中は、いつも風波がたえない。

【風▼媒花】ふうばいか 風によって花粉がはこばれて実をむすぶ花。松・トウモロコシなど。

【風評】ふうひょう うわさ。評判。例わるい風評がたつ。

【風物】ふうぶつ ①その土地のけしき。例四季の風物。②その土地や、その季節にふさわしいもの。例夏の風物。

【風物詩】ふうぶつし その季節・土地のおもむきをよくあらわしているもの。例風鈴の音は夏の風物詩だ。

【風聞】ふうぶん どこからとなくつたわってくるうわさ。また、そのうわさを聞くこと。例きみょうな風聞がささやかれている。

【風味】ふうみ 食べ物の、上品なあじわい。例バニラ風味。

【風▼紋】ふうもん 風がふいて、すな地の上にできるもよう。

【風来▼坊】ふうらいぼう ①どこからかふらりとやってくる人。②気まぐれでおちつかない人。

【風流】ふうりゅう ①上品なおもむきやあじわいがあること。例風流な家のたたずまい。②詩歌・茶道・絵画などの、上品なしゅみ。また、それをこのむこと。例風流を楽しむ。

【風力】ふうりょく 風の強さ。例風力計。／風力発電。

【風▼鈴】ふうりん 金属・ガラス・せとものなどでつくった、つりがね形のすず。夏、のき下などにつるして、すずしげな音を楽しむ。

【風▼浪】ふうろう 風と波。また、風にふかれておこる波。

【風情】ふぜい ①けしきなどのよいあじわい。おもむき。例もみじのちる山道には、何ともいえない風情がある。②ようす。例だれかをまつような風情。③他のことばの下につけて、「…のような者」のいみをあらわすことば。例わたくし風情にそんな大役はつとまりません。

下につく熟語 悪風・＊雨風・＊▼欧風・大風・＊学風・家風・画風・＊神風・川風・寒風・季節風・＊北風

ミニ知識 19世紀の末，中国でカメの甲らや，動物の骨にきざまれた文字が発見されました。こ

(きたふう・ほくふう)・気風・逆風・強風・校風・古風・作風・潮風・*▼疾風・*春風(しゅんぷう・はるかぜ)・順風・新風・▼涼風(すずかぜ・りょうふう)・▼旋風・台風・*中風(ちゅうぶ・ちゅうふう・ちゅうぶう)・通風・*痛風・▼突風・熱風・▼爆風・馬耳東風・美風・▼微風・貿易風・*防風・暴風・無風・山風・洋風・夜風・和風

【嵐】12画 山部9画 → 332ページ

風－5画

【颯】14画

人名 〈颯〉明朝 音 サツ 訓 —

なりたち 会意 立(たつ)と風を合わせた字。

意味 ❶風がさっとふくようす。「▽颯▼爽」 ❷きびきびとうごくようす。

【▽颯▼爽】さっそう きびきびして、気もちのよいようす。

9画 飛 とぶ

なりたち ものが「とぶ」状態をあらわす字をあつめる。

この部首の字
0画 飛 1078
12画 飜 871

飛－0画

【飛】9画

4年 〈飛〉明朝 音 ヒ 訓 とぶ・とばす

※上にくる音により「ピ」ともよむ。

△形に。1・7画めは右上がり、折って内側に反る。4画めははねてもよい。

なりたち 象形 鳥がはねを左右にひらいてとぶすがたをえがいた字。

意味 ❶空をとぶ。「飛行」 ❷はねあがる。「飛▼躍」 ❸とぶようにはやい。「飛▼脚」

名まえで使う読み たか・ひ

使い分け とぶ 飛ぶ・跳ぶ

【飛ぶ】空中をすみやかに移動する。例 鳥が飛ぶ。／つばが飛ぶ。／野次が飛ぶ。

【跳ぶ】足ではね上がる。例 ウサギが跳ぶ。／なわとびを跳ぶ。／跳びはねる。

【飛んで火に入る夏の虫】とんでひにいるなつのむし 句 自分から進んで、あぶないところにはいって、わざわいをうけることのたとえ。 参考 夏の夜、明るい火によってきた虫が、火に焼かれて死ぬことからいう。

【飛▼脚】ひきゃく むかし、いそぎの手紙・品物・お金などをとどけることを仕事にしていた人。

飛脚

【飛球】ひきゅう 野球で、高くうちあげたボール。フライ。

【飛行】ひこう 空中をとぶこと。

【飛散】ひさん とびちること。例 ガラスの破片が飛散する。

【飛▽翔】ひしょう　空を高くとぶこと。
【飛▽沫】ひまつ　こまかくくだけてとびちる水たま。しぶき。
【飛躍】ひやく　①高くとびあがること。②きゅうに進歩すること。例成績の飛躍がいちじるしい。③正しい順序をふまないで、はなれたところにとぶこと。例君の話は飛躍しすぎる。
【飛▼躍的】ひやくてき　きゅうに大きく進歩したりふえたりするようす。例技術が飛躍的に発展する。
【飛来】ひらい　とんでくること。例ジャンボ機が飛来する。／白鳥が沼に飛来してきた。
下につく熟語 ▼突飛・▼雄飛

9画 食・飠・飠 しょく しょくへん

なりたち
「食べ物」「飲食すること」に関係する字をあつめる。偏は「飠」(八画)や「飠」(九画)の形になる。

この部首の字
0画 食 1079
2画 飢 1080
4画 飲 1080
4画 飯 1080
5画 飴 1081
5画 飼 1081
5画 飾 1081
5画 飽 1081
6画 餌 1082
6画 餌 1082
6画 餅 1082
6画 餅 1082
6画 養 1082
7画 餓 1083
7画 餐 1083
8画 館 1083
13画 饗 1083

食－0画
【食】
9画 2年
〔食〕明朝
音 ショク・ジキ*
訓 くう・くらう*・たべる
※下にくる音により「ショッ」ともよむ。／「シヨクする」ともつかう。
1・2画めは接する。3画めは点や横画で書いてもよい。9画めははらってもよい。
筆順：ノ 𠆢 亼 今 今 今 食 食 食

なりたち 会意
亼(あつめる)と皀(ごちそうをうつわにもったすがた)を合わせた字。たくさんのごちそうをうつわにもったようすをあらわした。

食のつく漢字グループ
「食」のグループは「手をくわえる」というイメージがある。
→飾 1081

意味 ❶たべる。「食物」 ❷たべもの。食事。「朝食・夕食」 ❸すこしずつだめにする。「腐食」 ❹太陽や月などがかける。「日食」

名まえで使う読み あき・あきら・うけ・くら・け・しょく・みけ

【食塩】しょくえん　食べるためにつかう塩。
【食後】しょくご　食事のあと。対食前
【食事】しょくじ　毎日、食べ物を食べること。また、その食べ物。例食事時間。
【食指が動く】しょくしがうごく　故事成語 ①食べたいと思う気もちがおこる。②あることがしたいという気もちがおこる。例耳よりなもうけ話に食指が動く。参考「食指」は、人さし指のこと。むかし中国で、宋という人が自分の人さし指がぴくぴく動くのを見て、これはごちそうにありつける前ぶれだといった、という話から。
【食傷】しょくしょう　①食べあきること。②同

ミニ知識 「甲骨文字」は，うらないにつかわれた甲らや骨に，そのいきさつを記録するためにき

じことのくりかえしや、かわりばえがしないことのためにあきていやになること。例すきな歌も毎日聞かされては食傷する。

1【食前】しょくぜん 食事のまえ。対食後

2【食▼膳】しょくぜん 食事をするとき、食べ物をのせる台。おぜん。

【食▼卓】しょくたく 食事をするための、つくえ。

【食中毒】しょくちゅうどく 飲食物によっておこる中毒。食品の中の細菌や毒物によっておこる。食あたり。

【食通】しょくつう 料理の味や知識に、くわしいこと。また、その人。例食通をうならせるすばらしい料理。

1【食堂】しょくどう ①食事をするためのへや。②食事をさせる店。例駅前にある食堂。

2【食道】しょくどう 食べ物が、口から胃にいくときに通るくだ。

【食肉】しょくにく ①鳥やけものの肉をたべること。②食用につかわれる肉。例食肉店。

【食費】しょくひ 食事につかう費用。

【食品】しょくひん 食べるためにつくられた品物。食料品。

【食物】しょくもつ 食べ物。

【食用】しょくよう 食べ物としてもちいること。食べられること。例食用の花。

【食欲】しょくよく 食べたいと思う気もち。例食欲をそそる。

1【食料】しょくりょう 食べ物。おもに加工したものをいう。例食料品。

2【食▼糧】しょくりょう 食べ物。おもに主食となる、米・麦などをいう。例食糧を確保する。

【食器】しょっき 食事をするときにつかう道具。さら・茶わん・はしなど。例銀食器。

【食券】しょっけん 食堂などでつかわれる、飲食物とひきかえにわたす券。

上につく熟語 *食い意地・*食い気・*食い道楽・*食べ物

下につく熟語 衣食・飲食・会食・外食・間食・牛飲馬食・給食・軽食・*欠食・減食・菜食・雑食・試食・弱肉強食・主食・小食・*少食・▼浸食・▼寝食・草食・▼粗食・大食・断食・定食・昼食・肉食・美食・▼偏食・夜食・洋食・和食

飠－2画

【飢】

10画 常用 〈飢〉明朝

音 キ
訓 うえる

なりたち 形声 几(小さい。わずか)と飠(=食)を合わせた字。食べ物が少ないようすをあらわした。→机582

意味 食べ物がなくてくるしむ。「▼飢▽饉」

【▼飢▼餓】きが 食べ物がなくて、腹がすいてくるしむこと。うえ。

【▼飢▽饉】ききん ①作物がみのらないで、食物が足りなくなること。②物がひじょうに足りなくなること。例水飢饉。

飠－4画

【飲】

12画 3年 〈飲〉明朝

音 イン
訓 のむ

2・8画めは止める。12画めは11画めの途中で接し、最後は止めてもよい。

1	2	3	4	5	6	7	8	9	10	11	12
ノ	𠆢	今	今	今	今	飠	飠	飠	飲	飲	飲

なりたち 会意 飠(=食)と欠(口を大きくあける)を合わせた字。「のむ」ことをあらわした。

意味 のむ。

【飲酒】いんしゅ さけをのむこと。

【飲食】いんしょく のむことと、食べること。

【飲用】いんよう のむためにつかうこと。例飲用水。

【飲料水】いんりょうすい のむための水。

上につく熟語 *飲み物

下につく熟語 *愛飲・*牛飲・*鯨飲・*誤飲・試飲・*痛飲・*暴飲

飠－4画

【飯】

12画 4年 〈飯〉明朝

音 ハン
訓 めし

ときにできるわれめによって、吉凶(=えんぎがよい、わるい)を判断しました。

※上にくる音により「パン」ともよむ。

飯 飯

7画めは折って右上がりに。10・11画めのはらいの下の高さをそろえるとよい。

（筆順）1 ノ 2 𠆢 3 亽 4 今 5 今 6 今 7 食 8 食 9 飠 10 飣 11 飯 12 飯

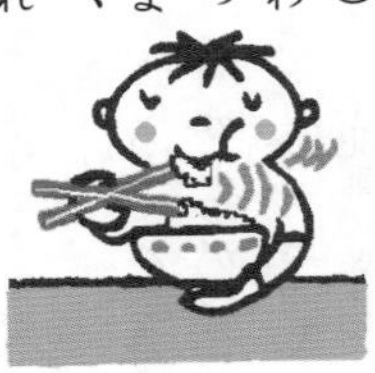

なりたち 形声 反（はねかえる）と飠（＝食）を合わせた字。食べ物に、はしをつけ、口にはこんで食べるようすをあらわした。のち、「めし」のいみにもちいられた。→反180

意味 ごはん。食事。「赤飯」

名まえで使う読み いい・はん

【飯▽盒】はんごう アルミニウムでつくった、野外でめしをたくための容器。

【飯台】はんだい 何人かの人がいっしょに食事をする台。ちゃぶ台。

【飯場】はんば 鉱山や土木工事ではたらく人たちが、はたらく場所近くでねとまりするためのしせつ。

【飯▽粒】めしつぶ ごはんのつぶ。ごはんつぶ。

【飯▽櫃】めしびつ たきあがったごはんを入れておく、木製のうつわ。おひつ。

下につく熟語 *朝飯（あさめし・あさはん）・*御飯・*五目飯・残飯・*炊飯・*晩飯・*米飯・*昼飯・麦飯・夕飯（ゆうめし・ゆうはん）・

飠－5画

【飴】14画 表外

〔飴〕明朝 音 — 訓 あめ

意味 食べ物の、あめ。「水▽飴・▽飴玉」

【▽飴色】あめいろ 水あめのような、うすい黄色みをおびた茶色。

【▽飴玉】あめだま 玉のような丸い形のあめ。

飠－5画

【飼】13画 5年

〔飼〕明朝 音 シ 訓 かう

飼 飼

9画めは、書き出しを1画めより下げ、折ってから真下に引き、左上にはねる。

（筆順）1 ノ 2 𠆢 3 亽 4 今 5 今 6 今 7 食 8 食 9 飣 10 飼 11 飼 12 飼 13 飼

なりたち 形声 司（小さい穴）と飠（＝食）を合わせた字。小さい穴からかちくにえさをやるようすをあらわした。→司191

意味 （えさをあたえて）動物をかう。「飼育・羊飼」

【飼育】しいく 動物をかい、そだてること。例 飼育係。／飼育小屋。

【飼料】しりょう かっている動物にあたえる食べ物。えさ。

上につく熟語 *飼い犬・*飼い▽桶・*飼い殺し・*飼い鳥・*飼い主・*飼い葉

飠－5画

【飾】13画 常用

〔飾〕明朝 音 ショク 訓 かざる

なりたち 形声 飠（＝食。手をくわえる）と𠂉（＝人）と巾（ぬの）を合わせた字。人が布地に手をくわえてかざるようすをあらわした。→食1079

意味 かざる。かざり。「装飾」

名まえで使う読み あきら・しょく・よし

上につく熟語 *飾り気・*飾り棚・*飾り羽・*飾り窓・*飾り物

下につく熟語 *髪飾り・*首飾り・修飾・服飾・粉飾・*松飾り

飠－5画

【飽】13画 常用

〔飽〕明朝 音 ホウ 訓 あきる・あかす

なりたち 形声 包（中に物をまるくつつむ）と飠（＝食）を合わせた字。おなかがいっぱいになるほどたくさん食べて、あきることをあらわした。→包155

意味 いっぱいになる。あきる。「▽飽和・▽飽食」

名まえで使う読み あき・あきら・あく・ほう

【▽飽食】ほうしょく あきるほど、腹いっぱい

ミニ知識 うらないにつかわれる甲らや骨は，小さな穴をあけ，そこに焼け火ばしをつき入れた

食べること。また、食べ物や生活に不自由しないこと。例 今は、飽食の時代といわれる。

【▼飽和】ほうわ いっぱいになってしまって、その中に、それ以上とかしこんだり入れたりすることができなくなること。例 飽和食塩水。／飽和状態。

飠－6画 【餌】 15画 常用 飠－6画 【餌】 14画 常用許 〔餌〕明朝

音 ジ

訓 えさ・え

意味 鳥・けもの・魚・虫の食べ物。えさ。「▼餌付け・▼釣り▼餌」

参考 常用漢字表では「餌」を正字とするが、「餌」もつかってよいとされる字。

【▼餌食】えじき ①ほかの動物に、えさとして食べられてしまう生き物。例 カエルがヘビの餌食になる。②わるがしこい者の、ぎせいになるもの。例 インターネット犯罪の餌食になる。

【▼餌付け】えづけ 野生の動物にえさをあたえて、人間になれさせること。

下につく熟語 ＊擬▼餌・＊好▼餌・＊食▼餌

飠－6画 【餅】 15画 常用 飠－6画 【餅】 14画 常用許 〔餅〕明朝

音 ヘイ

訓 もち

意味 ❶小麦粉などをこねて焼いた、まるくて平たい食べ物。「月▼餅」 ❷もち米などをむして、ついてつくった食べ物。「▼餅屋」

参考 常用漢字表では「餅」を正字とするが、「餅」もつかってよいとされる字。

【▼餅は▼餅屋】もちはもちや 句 物事には、それぞれの専門家がいて、その人がいちばんじょうずであるということ。参考「もちをつくるのは、やはりもち屋にかぎる」のいみから。

上につく熟語 ＊▼餅▼網・＊▼餅▼菓子・＊▼餅草・＊▼餅米・＊▼餅▽搗き・＊▼餅▼肌・＊▼餅屋

下につく熟語 鏡▼餅・＊画▼餅・＊草▼餅・＊桜▼餅・▼尻▼餅・煎▼餅・＊大福▼餅・＊焼き▼餅

食－6画 【養】 15画 4年 〔養〕明朝

音 ヨウ

訓 やしなう

6画めを長く書く。7・8画めを「ヘ」としない。15画めははらってもよい。

なりたち 形声 羊－養 羊(おいしい)がかわった⺷と食を合わせた字。おいしい食べ物をあたえて、力をつけさせることをあらわした。→羊865

意味 ❶体力のつく食べ物。「栄養」 ❷そだてる。やしなう。「養護・養子」 ❸心をゆたかにする。「教養・修養」

難しい読み 養生

名まえで使う読み おさ・かい・きよ・すけ・のぶ・まもる・やす・よう・よし

【養育】よういく せわをして、子どもをそだてること。例 養育費。

【養魚】ようぎょ 魚をそだてたり、たまごをうませてふやしたりすること。例 養魚場。

【養▼鶏】ようけい 肉やたまごをとるために、ニワトリをかうこと。

【養護】ようご からだの弱い子どもや老人などをまもり、せわをすること。例 養護学校。

【養蚕】ようさん まゆをとるために、蚕をそだてること。

【養子】ようし じつの親子ではないのに、親子の関係をむすんで子になった人。対 実子

【養女】ようじょ 養子になった女の子。

【養生】ようじょう ①食べ物に気をつけたり、てきとうな運動をしたりして、健康に注意すること。②病気やけがをなおすよう

養生②

一文があります。「史部」とよばれた人たちのことです。

につとめること。例 養生のかいあって、病気が全快した。

【養▼殖】ようしょく 魚・貝・海そうなどを、人工的にそだててふやすこと。

【養成】ようせい 教えみちびいて、りっぱにそだてあげること。例 コックを養成する学校。

【養父】ようふ 養子にいった先の父。やしない親である父。対 養母

【養分】ようぶん 栄養になる成分。例 養分の多い土。

【養母】ようぼ 養子にいった先の母。やしない親である母。対 養父

【養老院】ようろういん 高れい者のせわをし、生活のめんどうをみるところ。参考 今は、「老人ホーム」という。

下につく熟語 休養・供養・孝養・滋養・静養・素養・▼培養・▼扶養・保養・▼療養

飠－7画

餓

15画 常用 〔餓〕明朝

音 ガ
訓 *うえる

なりたち 形声 我(ぎざぎざしている)と飠(=食)を合わせた字。食べ物がたりなくて、ほねがぎざぎざに出るようすをあらわした。→我484

意味 食べ物がなくてはらがへる。うえる。「▼餓死・▼飢▼餓・▼餓▼鬼」

【▼餓▼鬼】がき ①仏教で、死んで地獄におち、いつも腹をへらし、のどのかわきにくるしんでいる人。②子どもをののしっていうことば。

【▼餓▼鬼大将】がきだいしょう 子どもたちのなかで、とくに力が強く、いばっている子。

【▼餓死】がし 食べ物がなくて死ぬこと。うえじに。

食－7画

餐

16画 表外 〔餐〕明朝

音 サン
訓 ―

意味 ❶食べたり飲んだりする。❷ごちそう。「晩▽餐」

飠－8画

館

16画 3年 〔館〕明朝

音 カン
訓 やかた

館 館

9画めは点でもよい。「官」は「宀」の横はばの方を広く。12画めの下を出す。

なりたち 形声 官(ぐるりととりまく)と飠(=食)を合わせた字。食事で客をもてなすための、かきねをめぐらした大きなたてものをあらわした。→官290

意味 ❶やしき。いえ。「旅館」 ❷おおやけの仕事につかわれる建物。「大使館」 ❸大勢の人がつかう、大きな建物。「図書館・会館」

名まえで使う読み いえ・かん・たて

【館長】かんちょう (公民館・図書館・博物館など)館と名のつくしせつの、いちばん上の責任者。例 館長のあいさつ。

下につく熟語 開館・休館・*公館・*公民館・商館・*新館・*体育館・博物館・美術館・閉館・別館・*本館・洋館

食－13画

饗

22画 人名 〔饗〕明朝

音 キョウ
訓 もてなす

意味 向かい合って食事をする。ごちそうで、客をもてなす。また、ごちそう。「▽饗▽宴・▽饗応」 参考 ふつう「供」に書きかえる。「▽饗応→供応」。

名まえで使う読み あえ

【▽饗▽宴】きょうえん 客をまねいてもてなす、えんかい。参考 「供宴」とも書く。

【▽饗応】きょうおう 酒や食事をふるまってもてなすこと。例 饗応を受ける。参考 「供応」とも書く。

ミニ知識 『日本書紀』には、5世紀ごろに「漢字をつかって記録する役人」がおかれていたという

9画 首 くび

なりたち

「くび」「あたま(頭)」などに関係した字をあつめるが、この辞典では、「首」の一字だけ。

この部首の字 0画 首 1084

ほかの部首の字 道→辶部 426 導→寸部 313

首－0画

【首】

9画 2年 〔首〕明朝

音 シュ 訓 くび

1・2画めは内側に。3画めを長く。「自」の縦画は真下に引き、横画の間は等しく。

なりたち 象形 かみの毛のはえた頭ぜんたいをえがいた字。

首のつく漢字グループ 「首」のグループは「ある方向へのびていく」というイメージがある。

→導313 →道426

意味 ❶くび。あたま。「絞首刑」 ❷はじめ。いちばんめ。「首位・首席」 ❸かしら。「首相」 ❹はくじょうする。「自首」 ❺和歌をかぞえることば。しゅ。「一首」

名まえで使う読み おびと・かみ・さき・しゅ・はじめ

【首が回らない】くびがまわらない 句〔借金などがたまって〕やりくりがつかない。

【首筋】くびすじ 首のうしろの部分。うなじ。えり首。

【首輪】くびわ ①首にかけてかざりにする輪。首かざり。②ペットなどの首にはめる輪。

【首をかしげる】くびをかしげる 句〔ふしぎに思ったときなど〕考えこむ。へんだと思う。

【首を突っ込む】くびをつっこむ 句〔自分から進んで〕そのことに関係する。例 何にでもすぐに首を突っ込む人。

【首を長くする】くびをながくする 句 今か今かとまつ。まちこがれる。例 あなたが来られるのを首を長くしてまっています。

【首位】しゅい 第一位。一番。例 首位打者。

1【首相】しゅしょう 内閣総理大臣のこと。内閣の最高責任者。国会議員の中からえらばれる。

2【首唱】しゅしょう ものごとにたいする意見をまっ先にいいだすこと。

【首席】しゅせき ①同じ役の人の中で、いちばん上のくらいの人。例 首席奏者。②成績のいちばんよい人。例 首席で卒業する。

【首長】しゅちょう 団体などの長。また、とくに地方公共団体の長。知事・市長など。

【首都】しゅと その国をおさめる役所のある都市。首府。

【首脳】しゅのう 国・会社・団体などの、中心となってはたらく、おもだった人。例 首脳会談。

【首班】しゅはん 内閣でいちばん上の人。内閣総理大臣のこと。例 首班指名選挙。

【首尾】しゅび ①はじめと、おわり。②もののなりゆきや、けっか。例 首尾よく合格する。

【首尾一貫】しゅびいっかん 四字熟語 はじめからおわりまで、考えやおこないなどが、すじ道だっていて、かわらないこと。例 首尾一貫した主張。

【首府】しゅふ 「首都」と同じ。

【首謀】しゅぼう わるいことを、中心となって計画すること。例 犯罪の首謀者。

【首領】しゅりょう なかまのうちでもっともおもだった人。かしら。

下につく熟語 *足首・*襟首・*機首・元首・船首・乳首・手首・党首・百人一首・部首

【道】12画 辶部9画 ↓426ページ

【導】15画 寸部12画 ↓313ページ

との交流の中で、いろいろな文化とともに日本にはいってきました。

9画 香

か かおり

なりたち

「かおり」や「(よい)におい」などの状態に関係した字をあつめる。

この部首の字

0画 香 1085
11画 馨 1085

香－0画

【香】9画

4年 〔香〕明朝

音 コウ・キョウ*

訓 か・かおり・かおる

※上にくる音により「が」ともよむ。

香 香

1画めは左はらいでねかせる。4・5画めを長く書く。「日」の縦画は内側に向ける。

一 二 千 禾 禾 禾 香 香 香

なりたち 会意 黍(キビ)をりゃくしたものと甘(口にふくむ)がかわったものを合わせた字。キビを口にふくんであじわうようすを図にして、ただよってくるよい「かおり」をあらわした。

意味 ❶よいにおい。かおり。かおる。「香水」 ❷たくとよいにおいのするもの。「線香・香▼炉」

難しい読み 香▼華・香味

名まえで使う読み か・かおり・かおる・かが・こう・たか・よし

【香車】きょうしゃ しょうぎのこまの一つ。前へだけ何マスでもすすむことができる。

【香気】こうき よいかおり。

【香▼華】こうげ 仏前にそなえる、香と花。

【香▼辛料】こうしんりょう からみやかおりなどを、食べ物につけるための調味料。カレー粉・コショウ・カラシなど。

【香水】こうすい けしょう品の一つ。からだや衣服などにつける、よいにおいのする液体。

【香草】こうそう かおりのある草。おもに料理などにつかう。

【香典】こうでん 死んだ人の霊前にそなえるお金。香料。

【香味】こうみ 食べ物のよいにおいと味。例 香味料(=料理に香味をそえるもの。シソ・ネギ・ユズ・ショウガなど)。

【香料】こうりょう ①よいにおいをつけるもの。②「香典」と同じ。

下につく熟語 焼香・*(お)新香(しんこ・しんこう)・▼芳香・▼抹香

香－11画

【馨】20画

人名 〔馨〕明朝

音 ケイ

訓 かおる・かおり

なりたち 形声 殸(ケイ)(すんだ音色が聞こえる)と香を合わせた字。よいかおりがとどくことをあらわした。参考「かおりを聞く」というように、耳と鼻の感覚は近い。

意味 よいにおいがする。よいかおり。▽よいえいきょうや、よいひょうばんにたとえることがある。

名まえで使う読み か・かおり・かおる・きよ・けい・よし

ミニ知識 日本人が漢字を知ったのは、3世紀ごろのことだと考えられます。大陸の中国や朝鮮

10画 馬 うま うまへん

なりたち

「ウマ」の種類や状態、また、「ウマ」のはたらきや動作などに関係した字をあつめる。

この部首の字

4画 駅 1087	5画 駒 1088	8画 騒 1089	12画 驛 1090
4画 駆 1087	5画 駐 1088	10画 騷 1089	13画 驗 1089
0画 馬 1086	4画 駄 1088	7画 駿 1088	10画 騰 1090
3画 馴 1087	5画 駕 1088	8画 騎 1089	12画 驚 1090
3画 馳 1087	5画 駈 1087	8画 験 1089	12画 驍 1090

ほかの部首の字 篤→⺮部 831

馬－0画

【馬】

10画 2年 〔馬〕明朝

音 バ 訓 うま・ま

馬 馬

横画は6画めを長く。6画めは折って内側に反ってはね、「灬」を中におさめる。

筆順：1 丨 2 ┌ 3 ㄇ 4 ㄇ 5 ㄇ 6 馬 7 馬 8 馬 9 馬 10 馬

なりたち 象形 ウマのすがたをえがいた字。

意味 動物の、ウマ。「馬車・乗馬」

難しい読み 馬子・馬手

名まえで使う読み うま・たけし・ば・ま

【馬が合う】うまがあう 句 気があう。気もちがぴったりとあう。例 あの二人は馬が合うようだ。

【馬方】うまかた 荷物をはこぶ馬を引くことを仕事にしている人。馬子。

【馬の耳に念仏】うまのみみにねんぶつ 句 いくら注意されても少しもそれを聞き入れようとしないようす。また、いくら言ってもききめのないことのたとえ。

【馬屋】うまや 馬をかっておく小屋。馬小屋。

【馬▼脚を現す】ばきゃくをあらわす 句 かくしていたよくない正体があらわれる。参考 「しばいでつかう作りものの馬の下から、中にはいっている人の足があらわれてる」のいみから。

【馬具】ばぐ 馬につける、くら・くつわ・たづな・あぶみなどの道具。

【馬耳東風】ばじとうふう 四字熟語 人の意見や忠告などを、少しも気にせずに聞きながして、うけいれようとしないこと。参考 「東風」は春風のこと。人間は春風がふくとよろこぶが、馬はなんとも思わないことから。「馬の耳に念仏」ともいう。

【馬車】ばしゃ 馬に引かせて、人や荷物をはこぶくるま。

【馬術】ばじゅつ 馬をじょうずにのりこなすわざ。

【馬上】ばじょう 馬の背のうえ。例 馬上の人となる(=馬にのる)。

【馬▽蹄】ばてい 馬のひずめ。例 馬蹄形(=馬のひずめににたU字形)。

【馬主】ばぬし／ばしゅ 馬のもちぬし。とくに、競馬の馬のもちぬし。

【馬場】ばば 乗馬の練習や、競馬をする場所。

【馬力】ばりき ①機械が出す力をあらわす単位。きまった時間内にする、仕事の量であらわす。一馬力は、一秒間に七五キログラムのものを一メートルはこぶ仕事量。②がんばる力。元気。例 馬力のある人。

【馬▼齢を重ねる】ばれいをかさねる 句 むだに年をとる。例 馬齢を重ねて、はや七〇になる。参考 ㋐「馬齢」は、自分の年齢をへりくだっていうことば。㋑「馬齢を加える」ともいう。

【馬子】まご 「馬方」と同じ。

【馬手】めて 馬のたづなをとる、右手のこと。参考 古い言い方。対 弓手

下につく熟語 *愛馬・絵馬・▼騎馬・競馬・出馬・千軍万馬・*竹馬(ばちく・たけうま)・▼駄馬・*天馬・南船北馬・

した。」

＊名馬・＊木馬・落馬

馬－3画 **【馴】** 13画 人名 〈馴〉明朝
音 ジュン
訓 なれる

意味 **なれる。ならす。**「▽馴化・▽馴れ合い」

名まえで使う読み なれ・よし

馬－3画 **【馳】** 13画 人名 〈馳〉明朝
音 チ
訓 はせる

意味 **馬や車をはやく走らせる。はせる。**「▽馳▽駆」

名まえで使う読み とし・はやし

【▽馳走】 ちそう 人をもてなすこと。また、りっぱな料理。ごちそう。参考 用意のために走りまわることから。

馬－4画 **【駅】** 14画 3年 〈駅〉明朝
音 エキ
訓 ―

駅 駅

「馬」を縦長にし、右側をそろえる。13画めは真下に引いてから左下にはらう。

なりたち 形声 驛－驛（駅）　もとの字は「驛」。睪と馬を合わせた字。睪は、罒（＝目）と幸（手じょう）を合わせて、手じょうをかけた人をつぎつぎに面通しして、はんにんをしらべるようす。—。—。—の形につぎつぎと引きつづくというイメージをもつ。驛は、—。—。—の形につぎつぎに馬をのりついでいく宿場をあらわした。

睪のつく漢字グループ
「睪」のグループは「つぎつぎと引きつづく」「一定の間をあけてつながる」というイメージがある。常用漢字では「尺」になる。
→択497 →沢651 →訳949 →釈1013 →駅1087

意味 ❶**停車場。えき。**「駅長」 ❷**むかし、街道にあった、馬ののりつぎ場。**「宿駅」

【駅長】 えきちょう 駅のいちばん上の責任者。

【駅伝】 えきでん ①むかし、宿場と宿場の間を、人や荷物をのせてはこんだ馬。②「駅伝競走」のりゃく。

【駅伝競走】 えきでんきょうそう あるきめられた長いきょりをいくつかに区切り、何人かの選手がたすきを受けつぎながら、走る競走。駅伝。

【駅頭】 えきとう 駅のあたり。例 駅頭に立つ。

【駅馬車】 えきばしゃ むかし、アメリカやヨーロッパなどで、大きな都市をむすんで客や荷物をはこんで行き来した馬車。

【駅弁】 えきべん 「駅売り弁当」のりゃく。駅で売る弁当。

下につく熟語 ＊始発駅・＊終着駅

馬－4画 **【駆】** 14画 常用　馬－5画 **【駈】** 15画 人名 〈駆〉明朝
音 ク
訓 かける・かる

なりたち 形声 もとの字は「驅」。區（まがる）と馬を合わせた字。人が背をかがめて馬を走らせるようすをあらわした。→区159

意味 ❶**馬にのってかける。人が走る。**「▽疾▽駆（＝車や馬にのって、はやく走ること）」 ❷**追いはらう。追いたてる。**「▽駆除」

【▽駆使】 くし 人や物などを、自分の思ったとおりにつかいこなすこと。例 英語を駆使してビジネスをする。

【▽駆除】 くじょ とりのぞくこと。おいはらうこと。例 害虫を駆除する。

【▽駆▽逐】 くちく 敵などをおいはらうこと。例 外来生物が日本固有の生き物を駆逐する。

【▽駆虫】 くちゅう 寄生虫や害虫などをとりのぞくこと。例 駆虫剤。

下につく熟語 先▽駆・＊長▽駆

漢字クイズ まちがいさがし　つぎの文の漢字のまちがいはどれでしょう。「後半戦で大逆点

馬－4画

【駄】 14画 常用 〔駄〕明朝 音 ダ 訓 ―

なりたち 形声 太(たっぷりと大きい)と馬を合わせた字。にもつをはこぶからだの大きい太った馬をあらわした。↓大257 ↓太262

意味 ❶にもつをはこぶのにつかう馬。「駄馬」 ❷つまらない。質がわるい。「駄作・駄菓子」

【駄菓子】だがし 安い材料でつくった、そまつな菓子。

【駄作】ださく できのわるい作品。つまらない作品。例 この小説は駄作だ。

【駄駄】だだ 子どもなどがあまえて、わがままをいうこと。例 駄々をこねる。参考 ふつう「駄々」と書く。

【駄賃】だちん おつかいや手つだいなどをさせたときに、ほうびとしてあたえるお金。例 行きがけの駄賃(=何かをするついでに、ほかのこともすること)。参考「馬で荷物をはこぶ料金」のいみから出たことば。

【駄馬】だば ①荷物をはこぶのにつかう馬。②役に立たない下等な馬。

【駄目】だめ ①むだであること。例 注意しても駄目だ。②役に立たないこと。例 くつが駄目になる。③できないこと。例 問題はむずかしくて駄目だった。④してはいけないこと。例 ろうかを走っては駄目です。参考 碁で、どちらがうってても自分のものにならない目を「駄目」といったことから。

下につく熟語 足駄・下駄・無駄

馬－5画

【駕】 15画 人名 〔駕〕明朝 音 ガ・カ 訓 ―

意味 ❶馬や牛に引かせるのりもの。また、馬車にのること。「駕籠」 ❷上にのせる。「凌駕」

【駕籠】かご むかし、人をのせて、人がかついでいくのりもの。

馬－5画

【駒】 15画 常用 〔駒〕明朝 音 ― 訓 こま

※上にくる音により「ごま」ともよむ。

なりたち 形声 句(小さい)と馬を合わせた字。小形の馬、また子馬をあらわした。↓句189

意味 ❶馬のこと。また、わかい元気な馬。「若駒」 ❷将棋でつかうこま。「持ち駒・手駒」

馬－5画

【駐】 15画 常用 〔駐〕明朝 音 チュウ 訓 ―

なりたち 形声 主(じっと止まる)と馬を合わせた字。馬がじっと止まっていて、動かないようすをあらわした。↓主29

意味 とどまる。とどめる。「駐留」

【駐在】ちゅうざい ①役人などが、命令によって、あるきまった場所に長くとどまること。例 駐在大使。②「駐在所」のりゃく。また、そこにいる警察官。例 村の駐在さん。

【駐在所】ちゅうざいしょ 警察署から遠くはなれたところにあって、その地区のとりしまりにあたる警察官がいるところ。ふつう、警察官の住宅と交番がいっしょになっている。駐在。

【駐車】ちゅうしゃ 自動車などを、ある場所にとめておくこと。例 入り口近くに駐車する。

【駐屯】ちゅうとん 軍隊が、ある場所にながくとどまること。例 駐屯地。

【駐留】ちゅうりゅう 軍隊が、ある土地にしばらくとどまること。例 駐留軍。

【駐輪】ちゅうりん 自転車をとめておくこと。例 駅前の駐輪場。

下につく熟語 常駐・進駐

【篤】 16画 竹部10画 ↓831ページ

馬－7画

【駿】 17画 人名 〔駿〕明朝 音 シュン 訓 ―

なりたち 形声 夋(高くぬき出る)と馬を合わせた字。すっくと立ったせの高い馬をあ

らわした。→俊78

意味 ❶足のはやいすぐれた馬。「駿馬」 ❷すぐれてりっぱである。「駿才」 ❸すばやい。「駿足」

参考 ふつう「俊」に書きかえる。「駿才→俊才」

名まえで使う読み しゅん・たかし・とし・はやお・はやし

【駿足】しゅんそく ①馬の足がはやいこと。また、その馬。②人の足のはやいこと。また、その人。参考 ②は「俊足」と書くことが多い。

【駿馬】しゅんめ 足のはやいすぐれた馬。

馬－8画 【騎】

18画 常用 〈騎〉明朝

音 キ
訓 —

なりたち 形声 奇（ななめにかたむく）と馬を合わせた字。からだをななめにして、馬にまたがってのるようすをあらわした。→奇267

意味 ❶馬にのる。「騎馬」 ❷兵士がのった馬をかぞえることば。き。「一騎当千」

名まえで使う読み き・のり

【騎虎の勢い】きこのいきおい 故事成語 いきおいがついてしまって、とちゅうでやめるわけにいかなくなることのたとえ。参考 「騎虎」は、トラの背中にのること。おりたらその場でくいころされるので、そのまままたがって走りつづけるということから。

【騎士】きし ①馬にのってたたかう、さむらい。②中世ヨーロッパの、武士のくらいの名。ナイト。

【騎射】きしゃ 走る馬に乗りながら弓を射ること。やぶさめなど。

【騎手】きしゅ 競馬などの、馬ののり手。ジョッキー。

【騎乗】きじょう 馬にのること。例 堂々とした騎乗の武士。

【騎馬】きば 馬にのること。また、馬にのっている人。例 騎馬戦。

【騎兵】きへい 馬にのってたたかう兵士。

下につく熟語 *単騎・*鉄騎

馬－8画 【験】

18画 4年 馬－13画〈驗〉23画 人名 〈験〉明朝

音 ケン・ゲン*
訓 —

17画めを13画めの上から出さない。18画めは止めてもはらってもよい。

なりたち 形声 驗（験） もとの字は「驗」。僉と馬を合わせた字。僉は、亼（あつめるしるし）と口二つと人二つを合わせて、多くのものを一か所によせあつめてまとめるようす。あつめそろえるというイメージをもつ。驗は、馬をあつめてそろえて、のりごこちをしらべてみるようすをあらわした。→検604

意味 ❶ためす。しらべる。「実験」 ❷しるし。ききめ。「霊験」

【験算】けんざん →「検算（604ページ）」

下につく熟語 経験・試験・受験・体験

馬－8画 【騒】

18画 常用 馬－10画〈騷〉20画 人名 〈騒〉明朝

音 ソウ
訓 さわぐ

意味 さわぐ。さわがしい。「騒音」

【騒音】そうおん やかましいおと。

【騒然】そうぜん がやがやとしていて、さわがしいようす。例 場内が騒然としてきた。

【騒動】そうどう 大勢の人がさわぎたてること。また、そのさわぎ。事件。例 むかし、米騒動があったそうだ。

【騒乱】そうらん 大きな事件などがおこって、世の中がさわぎみだれること。例 盛り場

こたえ ×点。「ぎゃくてん」は，「逆転（＝ようすがすっかり反対になる）」と書く。

馬の部（うま・うまへん）

10画 騰 12画 驚・驍・驒 ● 骨の部（ほね） 0画 骨

では、たびたび騒乱がおきる。

下につく熟語 潮騒（しおさい・しおざい）・物騒

馬－10画

【騰】 20画 常用 〔騰〕明朝

音 トウ
訓 —

なりたち 形声 朕（上にあがる）と馬を合わせた字。馬が高くおどりあがるようすをあらわした。→朕572

意味 あがる。のぼる。「高騰」

注意 「謄」とまちがえないこと。

名まえで使う読み とう・のぼる

【騰貴】とうき 物のねだんが上がること。例 物価が騰貴する。

下につく熟語 ＊急騰・沸騰・暴騰

馬－12画

【驚】 22画 常用 〔驚〕明朝

音 キョウ
訓 おどろく・おどろかす

なりたち 形声 もとの字は「驚」。敬（身を引きしめる）と馬を合わせた字。馬がびっくりして、からだをきんちょうさせるようすをあらわした。→敬529

意味 おどろく。びっくりする。「驚異」

注意 「警」とまちがえないこと。

【驚異】きょうい おどろいて、ふしぎに思うこと。また、そのおどろき。例 大自然の驚異。

【驚異的】きょういてき おどろくほどすばらしいようす。目を見はるようす。例 驚異的な記録が誕生した。

【驚喜】きょうき おどろいてよろこぶこと。例 思いがけない好運に驚喜する。

【驚嘆】きょうたん ①ひじょうにおどろき、感心すること。例 かれの行動に、一同驚嘆した。②ショックをうけて、なげくこと。

【驚天動地】きょうてんどうち 四字熟語 世の中をひじょうにおどろかせること。例 驚天動地の大事件がおこる。参考 天をおどろかし、地を動かすといういみから。

馬－12画

【驍】 22画 人名 〔驍〕明朝

音 ギョウ
訓 —

意味 ❶すぐれた馬。❷強くて勇ましい。

名まえで使う読み いさ・たかし・たけし・すぐる・つよし

馬－12画

【驒】 22画 表外 〔驒〕明朝

音 ダ
訓 —

意味 まだらもようの馬。あしげ。

▽地名でつかわれる。「飛驒」

10画 骨 ほね ほねへん

なりたち

「ほね（骨格）」の種類や名前、また、製品などに関係した字をあつめる。

この部首の字

0画 骨 1090
6画 骸 1091
9画 髄 1091

ほかの部首の字 滑→氵部 682

骨－0画

【骨】 10画 6年 〔骨〕明朝

音 コツ
訓 ほね

※上下にくる音により「コッ」「ぼね」ともよむ。

1・2画めの縦画は内側に、「月」の縦画は真下に。7画めは左下にはらってもよい。

なりたち 形声 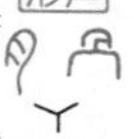 冎と月（⺼肉）を合わせた字。冎は、過の一部にもふくまれ、関節のほねをえがいた字。骨は、自由

など血のつながった人を肉身という。」

にうごく関節の「ほね」をあらわした。

骨のつく漢字グループ
「骨」のグループは「なめらかに動く」というイメージがある。
→滑 682

意味 ❶**ほね。**「骨格」 ❷**ものごとの中心になるもの。**「骨子」 ❸**人がら。気力。**「気骨」 ❹**くろう。**「骨折り」

【骨格】こっかく　からだのささえとなっている、ほねぐみ。

【骨子】こっし　中心となる、だいじなところ。要点。例 計画の骨子を説明する。

【骨髄】こつずい　①ほねの中にある、赤血球・白血球・血小板などをつくりだすやわらかい組織。例 骨髄バンク。②心のおく。例 うらみ骨髄に徹す(=うらみが骨のしんまでしみとおるほど、ひじょうにうらみに思う)。

【骨折】こっせつ　ほねがおれること。例 ころんで骨折する。

【骨頂】こっちょう　ていどが、いちばん上であること。例 愚の骨頂(=ひじょうにおろかなこと)。/真骨頂(=そのものが、本来もっている真のすがた)。

【骨董品】こっとうひん　美術品としてねうちのある、古い書画や道具。骨董。

【骨肉】こつにく　血のつながりのある者。親子や兄弟など。例 骨肉のあらそい。

【骨肉相食む】こつにくあいはむ　親子や兄弟など、肉親どうしがたがいにあらそう。例 遺産相続をめぐって、骨肉相食むあらそいをする。参考「相食む」は、くいあうのいみから、たがいにあらそうということ。

【骨盤】こつばん　こしの部分にある、じょうご形のほね。

【骨がある】ほねがある　句 困難にくじけない強い心がある。しっかりしている。例 かれは、思ったより骨があるね。

【骨が折れる】ほねがおれる　句 ものごとをするのにくろうが多い。例 骨が折れる仕事。

【骨太】ほねぶと　①ほねが太くて、体格がいいこと。例 骨太のからだつき。②内容などがしっかりしていること。例 骨太な政策。対 骨細

【骨身】ほねみ　からだ全体。全身。例 骨身にこたえる。

【骨身を削る】ほねみをけずる　句 からだがやせほそるほどのくろうや苦心をする。例 骨身を削ってはたらく。

【骨をうずめる】ほねをうずめる　句 ①その土地で一生を終わる。例 アメリカに骨をうずめる。②一生をささげる。例 わたしはこの仕事に骨をうずめるかくごです。

【骨を折る】ほねをおる　句 苦心して、いっしょうけんめいにする。例 そんなにまでたのむなら、ひとつ骨を折ってみよう。

下につく熟語 遺骨・筋骨・*人骨・接骨・背骨・鉄骨・土性骨・軟骨・納骨・白骨・反骨・無骨・*屋台骨・老骨・露骨

【滑】 13画　氵部10画 → 682ページ

骨－6画

【骸】
16画　常用　〔骸〕明朝　音 ガイ　訓 —

なりたち 形声 亥(全体にはりわたる)と骨(ほね)を合わせた字。体全体にはりわたる骨組みをあらわした。→亥45

意味 ❶**死体。また、死者のほね。**「骸骨」 ❷**ほねぐみ。組み立て。**「形骸化」

【骸骨】がいこつ　ほねだけになった死体。

下につく熟語 遺骸・死骸

骨－9画

【髄】
19画　常用　〔髄〕明朝　音 ズイ　訓 —

意味 ❶**動物のほねの中にある、やわらかいもの。**「骨髄」 ❷**植物のくきの中心にある、やわらかいもの。** ❸**中心となるもの。**「神髄」

名まえで使う読み ずい・すね・なか

下につく熟語 *精髄・脳髄

漢字クイズ まちがいさがし　つぎの文の漢字のまちがいはどれでしょう。「兄弟・姉妹・親子

高（たかい）の部 0画 高

10画 高 たかい

なりたち

「たかい」のいみに関係した字をあつめるが、この部首の字は、もともと少ない。

この部首の字

0画 高 1092

ほかの部首の字

稿→禾部 808

高－0画

【高】

10画 2年 〔高〕明朝

音 コウ

訓 たかい・たかまる・たかめる

1画めは点でもよい。6・7画めの縦画は内側に向け、「口」をその中におさめる。

なりたち 象形

たかいたてものをえがいた字。

高のつく漢字グループ

「高」のグループは「たかい」というイメージがある。また、「たかくあがってかわく」→「かわいてかたくなる」というイメージにつながる。→稿808 →豪（高＋豕）974

意味 ❶たかい。「高原」対低 ❷身分や、ていどがたかい。「高級」対低 ❸いばる。たかぶる。「高言」 ❹ものの量。たか。「生産高」

名まえで使う読み うえ・こう・すけ・たか・たかし・たけ

【高圧】こうあつ ①ひじょうに強い圧力。例高圧ガス。対低圧 ②ひじょうにたかい電圧。

【高圧的】こうあつてき 力や権力をもとにして、頭からおさえつけようとするようす。例高圧的なものの言い方。

【高位】こうい たかい地位。たかいくらい。例高位の役人。対低位 使い分け こうい「皇位・高位」→（763ページ）

1【高音】こうおん ①たかい音や声。②音楽で、女性の声のもっともたかい音域。ソプラノ。対①②低音

2【高温】こうおん 温度がたかいこと。たかい温度。対低温

1【高価】こうか ねだんがたかいこと。ねうちのあること。例高価な絵。対安価

2【高架】こうか 線路や橋などを、たかくかけわたすこと。例高架線。／高架橋。

【高額】こうがく たかい金額。例高額所得者。

【高学年】こうがくねん おもに小学校で、順位の高い学年。五、六年。

【高官】こうかん たかい地位の役人。

【高貴】こうき 身分がたかく、とうといこと。例高貴な婦人。

【高気圧】こうきあつ まわりより気圧がたかいところ。中心ふきんでは天気がよい。対低気圧

1【高級】こうきゅう ていど・内容などが、ふつうよりもたかく、すぐれていること。例高級家具。／高級ホテル。対低級

2【高給】こうきゅう 世の中の水準から考えて、たかい給料。例高給取り。対薄給

【高潔】こうけつ 心がけがたかく、きよらかなこと。例人格高潔の士。

【高血圧】こうけつあつ しずかにしているときの血圧が、標準よりたかい状態。対低血圧

1【高言】こうげん いばって、大きなことをいうこと。また、そのことば。例高言をはく。

2【高原】こうげん たかい場所にある、野原のように広々としたところ。

【高校】こうこう 「高等学校」のりゃく。中学校を卒業した人に、もっとたかい教育や技術をあたえる三年制の学校。

【高座】こうざ 話などをするためにつくられた、いちだんたかい座席。とくに、寄席で、芸をするためのぶたい。

【高札】こうさつ　むかし、人々にたいするおふれ(=命令)を書いて、町中に立てたけいじ板。

【高山】こうざん　たかい山。例高山植物。

【高姿勢】こうしせい　あいてを上からおさえつけるような強い態度。対低姿勢

【高所】こうしょ　①たかいところ。②ものを考えるときの、たかい立場。例大所高所(=小さなことにこだわらず、全体を見わたすような立場)から、判断する。

【高尚】こうしょう　上品で、ていどがたかいこと。例高尚な趣味。

【高性能】こうせいのう　機械などの性質や能力が、すばらしくよいこと。例高性能の自動車が売り出される。

【高説】こうせつ　人の意見を、うやまっていうことば。例ご高説をうけたまわる。

1【高僧】こうそう　地位がたかく、知識もおこないもすぐれた坊さん。

2【高層】こうそう　①空のたかいところ。例高層雲。②いくつにもたかくかさなっていること。例超高層ビル。

【高速】こうそく　①ひじょうにはやいこと。対低速　②「高速道路」のりゃく。

【高速道路】こうそくどうろ　高速で走れる、自動車専用の道路。

高座

【高地】こうち　たかいところにある土地。例高地トレーニング。対低地

1【高弟】こうてい　弟子の中で、とくにすぐれた人。例芭蕉の高弟。

2【高低】こうてい／たかひく　①たかいことと、ひくいこと。例土地の高低。②ねだんなどの、上がり下がり。例やさいのねだんは、日によって高低がある。

【高度】こうど　①海水面からのたかさ。②ていどのたかいこと。例高度の技術。

1【高等】こうとう　知能・等級・品位などのていどがたかいこと。例高等動物。／高等裁判所。

2【高騰】こうとう　物のねだんなどが、たかく上がること。例ねだんが高騰する。

【高熱】こうねつ　①病気などのために出る、たかい熱。例高熱にうなされる。②たかい温度。

【高評】こうひょう　あいてのひひょうをうやまっていうことば。例ご高評をたまわる。

【高木】こうぼく　高さ三メートル以上になる木。スギ・アカマツ・ケヤキなど。対低木

【高慢】こうまん　うぬぼれて、人をばかにするようす。例高慢な態度。

【高名】こうめい　①世の中に名前がよく知られていること。例高名な文学者。②あいての名をうやまっていうことば。例ご高名はかねがねうかがっております。

【高揚】こうよう　気分や心がまえなどが、たかまって強くなること。例チームの士気(=意気ごみ)が高揚する。

【高利】こうり　ふつうよりたかい利子。例高利貸し。対低利

【高率】こうりつ　わりあいが、たかいこと。また、たかい比率。対低率

【高齢】こうれい　年をとっていること。例高齢化社会(=その国の人口のうち高齢者のわりあいが、たかくなっていく社会)。

【高冷地】こうれいち　標高がたかく、気温がひくくさむい土地。例高冷地農業。

【高が知れている】たかがしれている　句　ていどがわかっている。たいしたことはない。例いくら数が多いといっても、高が知れている。

【高潮】一 たかしお　台風のときなど、海の波がたかく陸地におしよせてくるもの。風津波。二 こうちょう　①潮がもっともみちること。②〔①のいみから〕ものごとのいきおいがたかまり、はげしくなること。例最高潮。

【高台】たかだい　まわりより少したかいところにある、たいらな土地。

【高波】たかなみ　たかく立つ波。大きな波。

1【高値】たかね　たかいねだん。対安値

2【高根】たかね　たかい山。また、そのちょうじょう。例富士の高根。参考「高嶺」とも。

【高根の花】たかねのはな　句　見ているだけで、とても自分の手に入りそうもないものの

こたえ　×身。「にくしん」は，「肉親」と書く。

たとえ。

【高飛車】たかびしゃ　あいての気もちを少しも考えずに、頭からおさえつけようとするようす。例 高飛車な態度。

【高をくくる】たかをくくる 句 たいしたことはないだろうとかるくみる。例 相手は小学生だと高をくくっていたら、しょうぎに負けてしまった。

下につく熟語 金高（きん・かね・だか）・石高・▼孤高・声高・最高・座高・残高・*至高・▼崇高・標高・割高

【稿】15画 禾部10画 → 808ページ

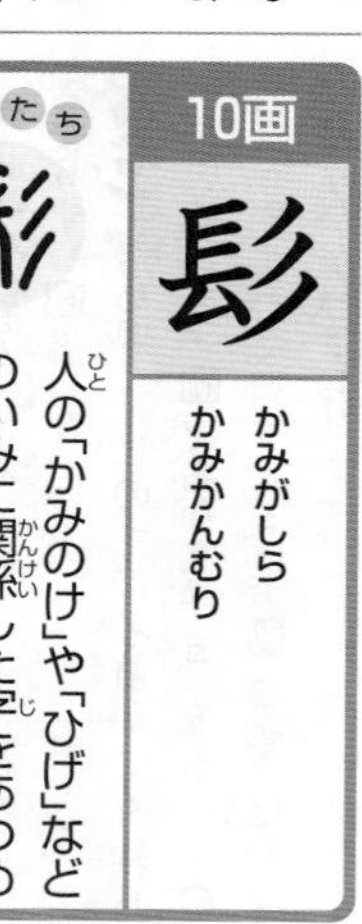

10画 髟 かみがしら かみかんむり

なりたち

人の「かみのけ」や「ひげ」などのいみに関係した字をあつめる。

この部首の字
4画 髪 1094
5画 髮 1094

髟－4画 【髪】14画 常用
髟－5画 【髮】15画 人名 〔髮〕明朝

音 ハツ　訓 かみ

※上にくる音により「パツ」「がみ」ともよむ。

意味 頭の毛。かみ。かみがた。「頭▼髪」

【▼髪型・▼髪形】かみがた　結ったり切ったりしたかみの形。かみかたち。ヘアスタイル。

参考 「かみかたち」と読むときは「髪形」と書く。

下につく熟語 間一▼髪・危機一▼髪・金▼髪・銀▼髪・黒▼髪・散▼髪・白▼髪（しら・はく）・整▼髪・洗▼髪・短▼髪・長▼髪・調▼髪・*日本▼髪・前▼髪・毛▼髪・*理▼髪

10画 鬯 においざけ

なりたち

「かおりのよい酒」をあらわす字。この部首の字は、もともと少ない。

この部首の字
19画 鬱 1094

鬯－19画 【鬱】29画 常用 〔鬱〕明朝

音 ウツ　訓 ―

なりたち 形声 鬱（かおりがこもる）と林（立ちならぶ木）を合わせた字。鬱は、臼（両手）と缶（土器）と冖（おおい）と鬯（薬草のお酒）と彡（かおりが広がるようす）を合わせて、うつわに薬草のお酒を入れて、気がぬけないようにしているようす。鬱は、樹木がしげって、気がこもっているようすをあらわした。

意味 心がはればれしない。うつ。「▼鬱積・▼憂▼鬱」

名まえで使う読み しげる

【▼鬱屈】うっくつ　不満やなやみがたまって、心がはれずふさぎこむこと。例 鬱屈した感情。

【▼鬱血】うっけつ　一か所に血がたまること。

【▼鬱▽蒼】うっそう　まわりがくらくなるほど、

たばこを禁止されている。」

木がおいしげっているようす。例 鬱蒼とした森。

【鬱積】うっせき 不平や不満が心にたまること。例 長い間鬱積した不満。

【鬱憤】うっぷん がまんしていたために、心の中にたまったいかりや不満。例 鬱憤をはらす。

下につく熟語 *陰鬱

10画 鬲 れき れきのかなえ

なりたち 三本足の土器の「むし器」をあらわした字で、「土器」に関係した字をあつめる。

ほかの部首の字 隔→阝部447 融→虫部917

【隔】13画 阝部10画→447ページ

【融】16画 虫部10画→917ページ

10画 鬼 おに きにょう

なりたち 「たましい(=霊魂)」や、その作用、死者やばけものなどに関係した字をあつめる。

この部首の字 0画 鬼1095 4画 魁1096 4画 魂1096 5画 魅1096 8画 魏1096 11画 魔1096

ほかの部首の字 塊→土部241 醜→酉部1013

鬼－0画

【鬼】10画 常用 〔鬼〕明朝 音キ 訓おに

なりたち 象形 頭がまるくて大きい人をえがいた字。死者のたましいをあらわした。

意味 ❶死者のたましい。「鬼籍」❷角やきばがある、想像上のかいぶつ。おに。「悪鬼」❸強くて、いさましいもの。「鬼将軍」❹ざんこくな人。「殺人鬼」

【鬼瓦】おにがわら 屋根のむねの両はしにつける、おにの顔ににせてつくったかわら。参考 魔よけにした。

【鬼が笑う】おにがわらう 句 ほんとうにおこりそうもない、これから先のことを言ったときに、その人をからかうことば。例 来年のことをいうと鬼が笑うよ。

【鬼に金棒】おににかなぼう 句 もともと強いものが、さらに強くなることのたとえ。参考 ただでさえ強いおにに金棒をもたせる意味から。

【鬼の霍乱】おにのかくらん 句 いつもひじょうに健康な人が、めずらしくかかった病気のたとえ。例 お父さんが熱をだすなんて、鬼の霍乱だね。参考「霍乱」は、日射病または夏の暑い時期に下痢や嘔吐をおこす病気のこと。

【鬼の首を取ったよう】おにのくびをとったよう 句 すばらしいてがらをたてたように、とくいになってよろこぶようす。参考 強いおにの首をとることから。

【鬼火】おにび 夜、しめった土地や墓地などで見られる青い火の玉。きつね火。

【鬼気】きき 思わず身ぶるいしそうな、おそろしい感じがすること。例 鬼気せまる演技。

【鬼才】きさい 人間のものとは思えないほどのすぐれた才能。また、その才能をもった人。例 映画界の鬼才。

【鬼子母神】きしもじん／きしぼじん 信仰すると、お産や子そだてによいことがあるという女の神。もともとは、人の子どもを食べてしまうわるい神だったが、心を入れかえ、子どものためにつくすよい神になったといわれる。

【鬼神】きしん／きじん ①あらあらしくおそ

漢字クイズ まちがいさがし つぎの文の漢字のまちがいはどれでしょう。「未青年は，酒やろしい神。おにがみ。②死者のたましい。

【鬼籍に入る】きせきにいる　句　死ぬ。死亡する。例 八〇歳で鬼籍に入る。参考「鬼籍」は、死んだ人の名を記入する帳面。その帳面に書かれるといういみから。

【鬼畜】きちく　ひどいことを平気でする人。人間らしい心をもたない人。

【鬼面】きめん　おにの顔。おにのようにこわい顔。また、おにの面。

【鬼門】きもん　①ものごとをするとき、さけたほうがよいといわれる、うしとら(=北東)の方角。②いやなあいてや、ものごと。にがて。例 外国語は鬼門だ。

下につく熟語 *青鬼・*赤鬼・天の邪鬼・餓鬼・疑心暗鬼・*吸血鬼

【塊】13画　土部10画 ↓241ページ

【魁】

鬼－4画　14画　人名　〔魁〕明朝　音 カイ　訓 さきがけ

なりたち 形声 鬼(頭がまるくて大きい)と斗(ひしゃく)を合わせた字。長いえに、まるい頭がついたひしゃくをあらわした。

意味 ❶かしら。「首魁」 ❷さきがけ。その道をはじめてひらいた人。❸大きい。「魁偉」

名まえで使う読み いさお・いさむ・さきがけ・つとむ・はじめ

【魁偉】かいい　からだが目立って大きく、りっぱなこと。

下につく熟語 *花魁・*巨魁・*首魁

【魂】

鬼－4画　14画　常用　〔魂〕明朝　音 コン　訓 たましい

なりたち 形声 云(もやもやとただよう)と鬼(死者のたましい)を合わせた字。空中にとびさる死者のたましいをあらわした。↓雲1052

意味 ❶たましい。「霊魂」 ❷こころ。「商魂」

名まえで使う読み こん・たま・もと

【魂胆】こんたん　心のおくそこで考えているたくらみ。例 何か魂胆がありそうだ。

下につく熟語 商魂・精魂・鎮魂・面魂・闘魂・入魂・霊魂

【魅】

鬼－5画　15画　常用　〔魅〕明朝　音 ミ　訓 —

なりたち 形声 未(はっきり見えない)と鬼(ばけもの)を合わせた字。はっきりとすがたを見せない自然界のばけものをあらわした。↓未581

意味 人をひきつけてまよわす。「魅力」

【魅入る】みいる　とりつかれる。たましいがうばわれる。参考 多く「魅入られる」の形で用いる。

【魅了】みりょう　人の心をひきつけ、むちゅうにさせること。例 観客を魅了する演技。

【魅力】みりょく　人の心をひきつける力。例 魅力のある声。

【魅惑】みわく　人の心をひきつけまよわせること。例 魅惑的な音楽。

【醜】17画　酉部10画 ↓1013ページ

【魏】

鬼－8画　18画　表外　〔魏〕明朝　音 ギ　訓 —

意味 中国の三国時代(二二〇〜二八〇)にあった国の一つ。ぎ。

参考 邪馬台国の女王卑弥呼が使者をつかわした国。

【魔】

鬼－11画　21画　常用　〔魔〕明朝　音 マ　訓 —

なりたち 形声 麻(しびれる)と鬼(ばけもの)を合わせた字。心やからだをしびれさせるばけものをあらわした。↓麻1106

意味 ❶あやしい力をもっていて、人をまどわすもの。「魔術・悪魔」 ❷人に害をあたえるもの。「放火魔・通り魔」

注意 「摩」とまちがえないこと。

【魔王】まおう　人の心をまよわせたり、わるいことをさせたりする悪魔の王。
【▼魔界】まかい 悪魔が住んでいる世界。魔境。
【▼魔が差す】まがさす 句 ふとわるい心をおこす。わるい考えがふっとうかぶ。参考 悪魔が心の中にはいりこむといういみから。
【▼魔手】ましゅ 人に害をあたえようとするもののたとえ。参考 悪魔の手のいみから。
【▼魔術】まじゅつ ①人をまどわす、ふしぎなわざ。魔法。②大がかりなてじな。
【▼魔女】まじょ ①女の、魔法使い。②わるいことをしたり、男をまどわせたりする女。
【▼魔法】まほう 人間にはできないことをおこなう術。例 魔法使い。
【▼魔物】まもの ふしぎな力をもち、人をまどわす、おそろしいもの。ばけもの。
【▼魔力】まりょく 人をまどわす、ふしぎな力。魔法の力。
下につく熟語 ▼邪▼魔・睡▼魔・断末▼魔・病▼魔

10画 **韋**（韋9） なめしがわ

なりたち 「なめしがわ(=毛やあぶらをとりのぞいて、やわらかくした、動物の皮)」の製品に関係した字をあつめる。もとは「韋」と九画で書いた。

この部首の字 8画 韓 1097

韋－8画 **【韓】** 18画 常用 〔韓〕明朝

音 カン 訓 から*

意味 ❶むかし、中国にあった国。かん。❷むかし、朝鮮半島にあった国。「三▼韓」❸大韓民国のこと。韓国。「▼韓国・日▼韓会談」

名まえで使う読み から

【▼韓信の▼股くぐり】かんしんのまたくぐり 故事成語 大きなのぞみをもつ者は、目的をはたすためには、どんなはずかしめをうけても、じっとがまんしなければならないということのたとえ。参考 むかし中国で、韓信という武将が、わかいころ、町のならず者にいいがかりをつけられたが、韓信は大きなのぞみをいだいていたため、はじをこらえてあいてのまたをくぐり、争いをさけたという話による。

10画 **竜**（龍16） りゅう

なりたち 「たつ」「りゅう」に関係した字をあつめるが、この辞典では「竜」の字だけをおさめた。もとの字は「龍」。

この部首の字 0画 竜 1097　0画 龍 1097

ほかの部首の字 滝→氵部 684

竜－0画 **【竜】** 10画 常用　龍－0画 **【龍】** 16画 人名 〔竜〕明朝

音 リュウ 訓 たつ

なりたち 象形 もとの字は「龍」。「たつ」のすがたをえがいた字。

意味 天にのぼって雨をふらせるという、ヘビににた想像上の動物。りゅう。「▼竜神・▼恐▼竜」

難しい読み ▼竜頭・竜▼胆

名まえで使う読み きみ・しげみ・たつ・とおる・りゅう・りょう

【▼竜巻】たつまき 局部的におこる強風のうず。

こたえ ×青。「みせいねん」は，「未成年」と書く。「青年」は，わかい人のいみ。

【竜宮】りゅうぐう　海の底にあるという、竜神や乙姫がすむ宮殿。竜宮城。

【竜神】りゅうじん　雨をふらせ、水をつかさどるという神。

【竜頭】りゅうず　うで時計などにある、つまみ。ねじをまいたり、針を動かしたりする。

【竜頭蛇尾】りゅうとうだび　四字熟語　はじめはいきおいがよいが、おわりはまったくいきおいがなくなること。参考 りゅうの頭とヘビの尾のいみから。

【竜胆】りんどう　秋、つりがね形の青むらさきの花をつける野草。

竜胆

【滝】13画　氵部10画 ↓ 684ページ

魚の部　うお・うおへん

0画　魚

11画　**魚**　うお　うおへん

なりたち　「さかな」の種類や名前、また、その状態、魚体の部分、製品などに関係した字をあつめる。

この部首の字

5画 鮒 1099	6画 鮫 1099	8画 鯖 1100	9画 鰐 1100	10画 鰯 1101	12画 鰹 1101	
5画 鮃 1099	6画 鮨 1099	8画 鯱 1100	9画 鰈 1100	10画 鰤 1101	12画 鱒 1101	
0画 魚 1098	5画 鮑 1099	6画 鮮 1099	8画 鯣 1100	9画 鰆 1101	11画 鰺 1101	13画 鱗 1101
4画 魯 1099	6画 鮪 1099	7画 鯉 1100	8画 鯛 1100	9画 鰌 1101	11画 鰻 1101	
5画 鮎 1099	6画 鮭 1099	8画 鯨 1100	8画 鯰 1100	9画 鰊 1101	11画 鱈 1101	

ほかの部首の字　漁 → 氵部 686

魚－0画

【魚】

11画　2年

〔魚〕明朝

音 ギョ

訓 うお・さかな

※上にくる音により「ざかな」ともよむ。

「田」は下にせばめる。「灬」は「田」より横はばを広くし、最後は全て止める。

なりたち　象形　―魚　さかなのすがたをえがいた字。

意味　さかな。うお。「魚肉・魚屋」

難しい読み　魚河岸

名まえで使う読み　いお・うお・お・な

【魚市場】うおいちば　さかなを売買する市場。

【魚河岸】うおがし　船からおろしたさかななどを売り買いする市場。例 魚河岸直送のさかな。

【魚心あれば水心】うおごころあればみずごころ　句 あいてが自分に好意をもってくれれば、こちらも好意をもってあいてとつきあう、ということ。参考 さかなに水としたしくしようという気もちがあれば、水にもその気もちがわかるといういみから。

【魚介】ぎょかい　さかなや貝など、海でとれるものをまとめていうよび方。例 魚介類。

【魚群】ぎょぐん　さかなのむれ。例 魚群探知機。

【魚拓】ぎょたく　つったさかなにすみをぬって、そのすがたを和紙などにうつしとること。また、そのうつしとったもの。

【魚肉】ぎょにく　食用にする、さかなのにく。

答らんに正しく答えを書くこと。」

魚の部 うお・うおへん
4画 魯
5画 鮎・鮒・鮃・鮑
6画 鮪・鮭・鮫・鮨・鮮

【魚粉】ぎょふん　さかなをかわかして、粉にしたもの。食品・肥料・飼料などにつかわれる。

【魚▼網】ぎょもう　→「漁網」(686ページ)

【魚▼雷】ぎょらい　「魚形水雷」のりゃく。水中をすすんで、あいての軍艦や船を爆破する兵器。

【魚類】ぎょるい　さかなのなかま。

【魚屋】さかなや　さかななどを売る店。また、売る人。

下につく熟語 *川魚・金魚・雑魚・*白魚・*成魚・▼鮮魚・*淡水魚・▼稚魚・人魚・木魚・幼魚・養魚

漁 14画　氵部11画→686ページ

魚－4画
魯
15画　人名　〈魯〉明朝　音 ロ　訓 おろか

意味 ❶頭のはたらきがにぶい。おろか。「▽魯▼鈍(＝頭のはたらきがにぶい)」 ❷むかし、中国にあった国の名。ろ。

魚－5画
鮎
16画　人名　〈鮎〉明朝　音 ―　訓 あゆ

なりたち 形声 会意　占(くっつく)と魚を合わせた字。ねばねばする「なまず」をあらわした。→占169 ▽日本では、占(うらなう)と魚を合わせた字。むかし、皇后が「あゆ」で占いをしたことから作られた。

意味 ❶川魚の、アユ。❷中国で、ナマズ。

参考 「あゆ」は、「年魚(あゆ・ねんぎょ)」「香魚(あゆ・こうぎょ)」とも書く。

魚－5画
鮒
16画　表外　〈鮒〉明朝　音 フ　訓 ふな

なりたち 形声　付(くっつく)と魚を合わせた字。→付57

意味 淡水魚の、フナ。

魚－5画
鮃
16画　表外　〈鮃〉明朝　音 ―　訓 ひらめ

なりたち 会意　平(たいら)と魚を合わせた字。

意味 海水魚の、ヒラメ。

参考 「平目」「比目魚」とも書く。→「平目」(348ページ)

魚－5画
鮑
16画　表外　〈鮑〉明朝　音 ―　訓 あわび

意味 貝の、アワビ。

魚－6画
鮪
17画　表外　〈鮪〉明朝　音 ―　訓 まぐろ

なりたち 形声　有(外のわくが大きい)と魚を合わせた字。日本では「マグロ」のいみにもちいる。

意味 海水魚の、マグロ。

魚－6画
鮭
17画　表外　〈鮭〉明朝　音 ―　訓 さけ

なりたち 形声　圭(へ形にとがる、形がよい)と魚を合わせた字。日本では「サケ」のいみにもちいる。

意味 海水魚の、サケ。しゃけ。

魚－6画
鮫
17画　表外　〈鮫〉明朝　音 ―　訓 さめ

なりたち 形声　交(まじわる)と魚を合わせた字。まじわるように、からだをくねらせる魚をあらわした。→交46

意味 海水魚の、サメ。

魚－6画
鮨
17画　表外　〈鮨〉明朝　音 ―　訓 すし

意味 酢で味をつけた飯に魚や貝などをそえた食べ物。すし。

参考 「寿司」「鮓」とも書く。

魚－6画
鮮
17画　常用　〈鮮〉明朝　音 セン　訓 あざやか

意味 ❶なまのさかな。「▼鮮魚」 ❷新しい。「新▼鮮・生▼鮮」 ❸あざやか。「▼鮮明」

名まえで使う読み　あきら・せん・まれ・よし

【▼鮮魚】せんぎょ　とりたての、新しい魚。

【▼鮮血】せんけつ　ながれ出たばかりのまっ赤

漢字クイズ　まちがいさがし　つぎの文の漢字のまちがいはどれでしょう。「テスト用紙の回な血。例 鮮血がほとばしる。

【▽鮮度】せんど　やさい・肉・魚などの、新しさのていど。例 鮮度がいい魚。

【▽鮮明】せんめい　あざやかで、はっきりしていること。例 鮮明な画像。

【▽鮮▽烈】せんれつ　ひじょうにあざやかで、はっきりしているようす。例 鮮烈な印象。

魚－7画

【鯉】

18画 人名 〈鯉〉明朝 音 リ 訓 こい

なりたち 形声 里（すじがとおる）と魚を合わせた字。うろこにすじがある「コイ」をあらわした。

意味 淡水魚の、コイ。「真▽鯉」

【▽鯉の▽滝登り】こいのたきのぼり　立身出世のたとえ。参考 →「登竜門」（758ページ）

魚－8画

【鯨】

19画 常用 〈鯨〉明朝 音 ゲイ 訓 くじら

なりたち 形声 京（大きい）と魚を合わせた字。大きなさかな「クジラ」をあらわした。

↓京47

意味 クジラ。▽魚偏の字だが、哺乳類。「▽捕▽鯨」

【▽鯨尺】くじらじゃく　むかしつかわれたものさしの一つ。おもに、ぬのの寸法をはかる。

【▽鯨飲馬食】げいいんばしょく 四字熟語 クジラがのんだり、馬が食べたりするように、一度にたくさんのんだり食べたりすること。

参考 にたことばに「牛飲馬食」がある。

【▽鯨油】げいゆ　クジラの肉や内臓などからとれるあぶら。

魚－8画

【鯖】

19画 表外 〈鯖〉明朝 音 ― 訓 さば

なりたち 形声 青（＝青。あおい）と魚を合わせた字。日本では「サバ」のいみにもちいる。

意味 海水魚の、サバ。

【▽鯖雲】さばぐも　白い小さな雲が、サバの背のもようのように点々と広がっているもの。うろこ雲。

【▽鯖を読む】さばをよむ 句 自分に都合がよいように、数をごまかして言う。

魚－8画

【鯱】

19画 表外 〈鯱〉明朝 音 ― 訓 しゃち・しゃちほこ

なりたち 会意 国字 虎（トラ）と魚を合わせた字。

意味 ❶海にすむ動物の、シャチ。❷想像上の魚の、しゃち。しゃちほこ。

参考 ❷は、その形をかたどったものを城や寺などの棟に付けて、火災よけとする。

魚－8画

【鯣】

19画 表外 〈鯣〉明朝 音 ― 訓 するめ

意味 するめ。▽イカを切り開いてほした食べ物。

魚－8画

【鯛】

19画 人名 〈鯛〉明朝 音 ― 訓 たい

なりたち 会意 周（調和する）と魚を合わせた字。人びとを調和させるめでたい魚、「コイ」をあらわした。

意味 海水魚の、タイ。▽日本ではめでたい魚とされる。

魚－8画

【鯰】

19画 表外 〈鯰〉明朝 音 ― 訓 なまず

なりたち 形声 国字 念と魚を合わせた字。ナマズをあらわす鮎の占を念にかえた字。

意味 淡水魚の、ナマズ。

魚－9画

【鰐】

20画 表外 〈鰐〉明朝 音 ガク 訓 わに

なりたち 形声 咢（がくがくと、かみあわせる）と魚を合わせた字。

意味 は虫類の、ワニ。

魚－9画

【鰈】

20画 表外 〈鰈〉明朝 音 ― 訓 かれい

なりたち 形声 枼（うすくてたいら）と魚を合わせた字。

意味 海水魚の、カレイ。

は，「回答」と書く。

魚－9画

鰆

20画 表外 〔鰆〕明朝

音 ―
訓 さわら

なりたち 会意 春（はる）と魚を合わせた字。春によくとれる魚、「サワラ」をあらわした。

意味 海水魚の、サワラ。

魚－9画

鰌

20画 表外 〔鰌〕明朝

音 ―
訓 どじょう

なりたち 形声 酋（しまって細い）と魚を合わせた字。

意味 淡水魚の、ドジョウ。

魚－9画

鰊

20画 表外 〔鰊〕明朝

音 ―
訓 にしん

意味 海水魚の、ニシン。

魚－10画

鰯

21画 人名 〔鰯〕明朝

音 ―
訓 いわし

なりたち 会意 国字 弱（よわい）と魚を合わせた字。

意味 海水魚の、イワシ。

【▽鰯の頭も信心から】いわしのあたまもしんじんから 句〔イワシの頭のような〕つまらないものでも、信じればありがたいものに思われるというたとえ。

魚－10画

鰤

21画 表外 〔鰤〕明朝

音 ―
訓 ぶり

意味 海水魚の、ブリ。

参考 成長するにつれて、関東ではワカシ・イナダ・ワラサ・ブリ、関西ではツバス・ハマチ・メジロ・ブリなどとよばれる。

魚－11画

鰺

22画 表外 〔鰺〕明朝

音 ―
訓 あじ

意味 海水魚の、アジ。

魚－11画

鰻

22画 表外 〔鰻〕明朝

音 ―
訓 うなぎ

なりたち 形声 曼（細長くのびる）と魚を合わせた字。

意味 淡水魚の、ウナギ。

【▽鰻の▽寝▽床】うなぎのねどこ 句〔ウナギはからだが細長いので〕建物や場所の、はばがせまく奥行きが長いようす。

【▽鰻登り・▽鰻上り】うなぎのぼり 句 ものごとの程度や回数などがどんどん高まること。参考 ウナギが川を休みなくのぼることから。

例 人気が鰻登りに上がる。

魚－11画

鱈

22画 表外 〔鱈〕明朝

音 ―
訓 たら

なりたち 会意 国字 雪（ゆき）と魚を合わせた字。雪国の深海にすむ魚、「タラ」をあらわした。

意味 海水魚の、タラ。

魚－12画

鰹

23画 表外 〔鰹〕明朝

音 ―
訓 かつお

なりたち 形声 堅（肉がしまっている）と魚を合わせた字。日本では「カツオ」のいみにもちいる。

意味 海水魚の、カツオ。

【▽鰹木】かつおぎ 神社などの棟木の上に直角にならべて置くかざりの木。参考 形が鰹節に似ていることから。

【▽鰹節】かつおぶし カツオの身をよく乾燥させて、カビをつけてかたくした食べ物。うすくけずり、そのまま食べたり、料理のだしに用いたりする。

魚－12画

鱒

23画 人名 〔鱒〕明朝

音 ―
訓 ます

なりたち 形声 尊（ゆうがでかっこうがよい）と魚を合わせた字。日本では「マス」のいみにもちいる。

意味 海水魚の、マス。▽サケににているがサケより小さい。

魚－13画

鱗

24画 人名 〔鱗〕明朝

音 リン
訓 うろこ

なりたち 形声 粦（てんてんとつらなる）と魚を合わせた字。

意味 魚やヘビなどのからだをおおう、うろこ。「▽鱗粉・逆▽鱗・片▽鱗」

こたえ ×回。問題の答えを「解く」ばあいは，「解答」と書く。質問やアンケートに答えるばあい

鳥の部 0画 鳥 2画 鳩 3画 鳶・鳳

鳥 とり 11画

なりたち

「とり」の種類や名前に関係した字をあつめる。「隹」にくらべて、尾の長い「とり」をあらわす。

この部首の字

3画 鳳 1102	8画 鶉 1103	10画 鶴 1104	13画 鷺 1105
3画 鳴 1103	8画 鶏 1103	10画 鷄 1103	
0画 鳥 1102	5画 鴨 1103	8画 鵯 1104	11画 鷗 1104
2画 鳩 1102	6画 鴻 1103	8画 鵬 1104	12画 鷲 1105
3画 鳶 1102	7画 鵜 1103	10画 鶯 1104	13画 鷹 1105

ほかの部首の字　鳥→灬部 698　梟→木部 601　蔦→艹部 402

鳥－0画

【鳥】

11画 2年 〈鳥〉明朝

音 チョウ　訓 とり

※上下にくる音により「とっ」「どり」ともよむ。

横画の間を等しく。7画めを長くし、折って内側に反り、「灬」を中におさめる。

なりたち 象形 尾の長いとりをえがいた字。

意味 とり。「小鳥・鳥獣・渡り鳥」▽県名でつかわれる。「鳥取県」

難しい読み 鳥居・鳥肌

【鳥瞰図】ちょうかんず　高いところから見おろしたようにかいた図。

【鳥獣】ちょうじゅう　とりや、けだもの。

【鳥類】ちょうるい　とりのなかま。

【鳥居】とりい　神社の入り口にたっている門。

【鳥肌】とりはだ　寒さやおそろしさなどのために毛あながちぢんで、つぶつぶが出たはだ。

【鳥肌が立つ】とりはだがたつ　句 寒さやおそろしさ、こうふんや強いしげきなどのために、鳥肌になる。例 ぞっとして、思わず鳥肌が立つ。

下につく熟語 *愛鳥・一石二鳥・益鳥・*怪鳥・害鳥・*白鳥(はく・しら)・*飛鳥・*不死鳥・水鳥・野鳥・山鳥・*留鳥

【烏】10画 灬部6画→698ページ

【梟】11画 木部7画→601ページ

鳥－2画

【鳩】

13画 人名 〈鳩〉明朝

音 キュウ　訓 はと

なりたち 形声 九(多い)と鳥を合わせた字。多くあつまる鳥をあらわした。→九34

意味 ❶鳥の、ハト。「▽鳩舎」▽平和のしるしとされる。❷あつめ、まとめる。「▽鳩合」

名まえで使う読み きゅう・はと・やす

【▽鳩合】きゅうごう　→「糾合(839ページ)」

【▽鳩舎】きゅうしゃ　ハトをかう小屋。

【▽鳩首】きゅうしゅ　何人かの人があつまって相談すること。例 鳩首会談。

【▽鳩尾】きゅうび／みずおち／みぞおち　胸のまんなかあたりの、すこしくぼんだところ。

参考 「みずおち」「みぞおち」は「水落ち」のいみ。

鳥－3画

【鳶】

14画 人名 〈鳶〉明朝

音 エン　訓 とび

なりたち 形声 弋(8の字にたがいちがいにまわる)と鳥を合わせた字。8の字にまわってとぶ鳥をあらわした。→代56

意味 鳥の、トビ。トンビ。

【▽鳶が鷹を生む】とびがたかをうむ　句 へいぼんな親からすぐれた子どもが生まれるたとえ。

鳥－3画

【鳳】

14画 人名 〈鳳〉明朝

音 ホウ　訓 おおとり

策を相談する。」

9画以上

鳥の部
3画 鳴
5画 鴨
6画 鴻
7画 鵜
8画 鶉・鶏

なりたち 形声 凡（広くおおう）と鳥を合わせた字。

意味 **想像上の鳥の一つ。おおとり。**▽おすを「▽鳳」、めすを「▽凰」という。

名まえで使う読み たか・ほう

【▽鳳▽凰】ほうおう 「クジャク」ににた、想像上のめでたい鳥。▽むかし中国で、りっぱな天子があらわれる前ぶれのしるしと考えられていた。

鳳凰

鳥－3画

【鳴】

14画 2年 〈鳴〉明朝

音 メイ
訓 なく・なる・ならす

「口」は小さくし、6画めの横画よりやや低い位置に書く。

なりたち 会意 口と鳥を合わせた字。鳥がなくことをあらわした。

意味 ❶**鳥がなく。虫やけものがなく。**「悲鳴」 ❷**音が出る。音を出す。**「鳴動」

注意 部首を「口」とまちがえないこと。

使い分け なく「泣く・鳴く」→654ページ

名まえで使う読み なき・なり・なる・めい

【鳴子】なるこ 作物をあらす鳥をおいはらうために、田や畑にはりめぐらしたしかけ。つなを引っぱると音が出るようになっている。

【鳴動】めいどう 地ひびきがして、ゆれ動くこと。例 鳴動とともに家がゆれた。

上につく熟語 *鳴き声・*鳴り物

下につく熟語 共鳴・*鶏鳴・▼雷鳴

【蔦】14画 艹部11画→402ページ

鳥－5画

【鴨】

16画 人名 〈鴨〉明朝

音 オウ
訓 かも

なりたち 形声 甲（わくをかぶせる）と鳥を合わせた字。わくの中でてなづける鳥、「アヒル」をあらわした。

意味 ❶**鳥の、カモ。** ❷**カモをかいならした、アヒル。**「家▽鴨（あひる・かお）」

名まえで使う読み かも・まさ

鳥－6画

【鴻】

17画 人名 〈鴻〉明朝

音 コウ
訓 おおとり

なりたち 形声 江（つきとおす）と鳥を合わせた字。大空をつきぬけて飛ぶ鳥をあらわした。

意味 ❶**おおとり。大形のハクチョウのこと。**「▽鴻▽鵠（＝大きな鳥。また、大人物）」 ❷**大きい。**「▽鴻業（＝大きな事業のこと）」

名まえで使う読み こう・とき・ひろ・ひろし

鳥－7画

【鵜】

18画 人名 〈鵜〉明朝

音 ―
訓 う

なりたち 形声 弟（たれさがる）と鳥を合わせた字。くちばしの下にたれさがったふくろをもつ鳥、「ペリカン」をあらわした。日本では「ウ」のいみにもちいる。

意味 ❶**鳥の、ペリカン。** ❷**鳥の、ウ。**「▽鵜▼匠・▽鵜▽呑み」

名まえで使う読み う

【▽鵜の目▽鷹の目】うのめたかのめ 句 〔ウやタカがえものをさがすときのように〕ねっしんにものをさがすようす。また、その目つき。

鳥－8画

【鶉】

19画 表外 〈鶉〉明朝

音 ―
訓 うずら

なりたち 形声 享（ずんぐりしている）と鳥を合わせた字。→淳672

意味 **鳥の、ウズラ。**

鳥－8画

【鶏】

19画 常用

鳥－10画 【鷄】21画 人名 〈鷄〉明朝

音 ケイ
訓 にわとり

漢字クイズ まちがいさがし つぎの文の漢字のまちがいはどれでしょう。「列車事故の前後

なりたち 形声 もとの字は「鷄」。奚（ひもでつなぐ）と鳥を合わせた字。ひもでつないで、かいならした鳥、「ニワトリ」をあらわした。

意味 にわとり。「▼鶏卵」

難しい読み ▼鶏▼冠（けいかん・とさか）・▼鶏肉（とりにく・けいにく）

参考 「とさか」とも読む。

【▼鶏▼冠】けいかん ニワトリのとさか。

【▼鶏口となるも牛後となるなかれ】けいこうとなるもぎゅうごとなるなかれ 故事成語 大きな団体の下っぱになるよりも、小さな団体のかしらになったほうがよいということ。 参考 「鶏口」は、ニワトリの口のいみから、小さな団体の長のたとえ。「牛後」は、牛のしりのいみから、大きな団体につきしたがう者のたとえ。「鶏口牛後」ともいう。

【▼鶏舎】けいしゃ ニワトリをかっている、こや。

【▼鶏鳴▽狗▼盗】けいめいくとう 四字熟語 ニワトリの鳴きまねをして人をだましたり、犬のまねをして物をぬすんだりする、心のいやしい者のたとえ。 参考 「鶏鳴」は、ニワトリが夜明けに鳴くこと。また、その声。「狗」は、犬。むかし中国で、斉の国の孟嘗君が秦の国にとらわれたとき、犬のようにぬすみがうまい者にぬすませた白ギツネの毛皮を、王さまがかわいがっている女の人におくって釈放されたり、ニワトリの鳴き声をうまくまねる者を使って関所の門を開かせたりして、無事に秦からのがれたという話による。

【▼鶏卵】けいらん ニワトリのたまご。

【▼鶏肉】とりにく/けいにく ニワトリの肉。

【▼鶏を割くにいずくんぞ牛刀を用いん】にわとりをさくにいずくんぞぎゅうとうをもちいん 故事成語 小さなことをするのに、大げさなやり方をするひつようはないということ。 参考 「いずくんぞ」は、どうしてのいみ。ニワトリを料理するのに、どうして牛を料理するための大きな刃物をつかうひつようがあるだろうかといういみから。

下につく熟語 *闘▼鶏・養▼鶏

鵯

鳥－8画　19画　表外　〈鵯〉明朝　音 ―　訓 ひよどり

意味 鳥の、ヒヨドリ。

鵬

鳥－8画　19画　人名　〈鵬〉明朝　音 ホウ　訓 おおとり

なりたち 形声 朋（横にならぶ）と鳥を合わせた字。鳳凰を合わせて鵬とよぶ。

意味 おおとり。想像上の巨大な鳥。

名まえで使う読み とも・ほう・ゆき

鶯

鳥－10画　21画　表外　〈鶯〉明朝　音 オウ　訓 うぐいす

なりたち 形声 𤇾（まわりをとりまく）と鳥を合わせた字。→栄590

意味 鳥の、ウグイス。

鶴

鳥－10画　21画　常用　〈鶴〉明朝　音 カク*　訓 つる

なりたち 形声 隺（かたい。白い）と鳥を合わせた字。全身が白い鳥、「ツル」をあらわした。

意味 鳥の、ツル。「折り▼鶴・千羽▼鶴」▽「▼亀」とともに、長寿のめでたい動物とされる。

難しい読み ▼鶴首

名まえで使う読み ず・たず・つ・つる

【▼鶴首】かくしゅ 〔ツルのように首を長くしてまついみから〕今か今かとまつこと。

【▼鶴の一声】つるのひとこえ 句 多くの意見をおさえつける、力のある人のひとこと。例 社長の鶴の一声できまった。

【▼鶴は千年▼亀は万年】つるはせんねんかめはまんねん 句 長生きで、めでたいことのたとえ。

鷗

鳥－11画　22画　人名　〈鷗〉明朝　音 オウ　訓 かもめ

なりたち 形声 漚（あわ）をりゃくした區と鳥を合わせた字。あわのように海にうかぶ鳥をあらわした。→区159

意味 鳥の、カモメ。

名まえで使う読み かもめ

鳥の部 12画 鷲 13画 鷹・鷺・鹵の部 13画 鹼・鹿の部 0画 鹿

鳥−12画

【鷲】

23画 人名 〈鷲〉明朝

音 シュウ・ジュ 訓 わし

なりたち 形声 就（ちかづく）と鳥を合わせた字。死体の肉にちかづいて食べる鳥、「ハゲワシ」をあらわした。のち、「ワシ」にもちいた。

意味 **鳥の、ワシ。**▽くちばしとつめがするどく、性質がたけだけしい。

名まえで使う読み わし

鳥−13画

【鷹】

24画 人名 〈鷹〉明朝

音 オウ・ヨウ 訓 たか

なりたち 形声 䧹（うけとめる）と鳥を合わせた字。かいならして狩りにつかう鳥、「タカ」をあらわした。

意味 **鳥の、タカ。**▽くちばしとつめがするどい。かいならして、狩りにつかった。「▽鷹狩り・▽鷹匠」

名まえで使う読み おう・たか・よう

【▽鷹▽揚】おうよう こまかなことを気にかけず、ゆったりとおちついているようす。例 鷹揚にうなずく。

【▽鷹▽匠】たかじょう タカをかいならし、タカをつかって小動物をつかまえる役。また、その人。

鳥−13画

【鷺】

24画 人名 〈鷺〉明朝

音 ロ 訓 さぎ

なりたち 形声 路（スムーズにとおる）と鳥を合わせた字。すきとおるように白い鳥、「サギ」をあらわした。

意味 **鳥の、サギ。**▽くちばしが長くてするどく、水べで魚をとって食べる。「白▽鷺（はくろ・しらさぎ）」

11画 鹵

ろ
しお
しおへん

なりたち

点々とアルカリのふき出たようすを表す。「鹵」をふくむ字や、しおに関係する字をあつめる。この辞典では、「鹼」の一字だけ。

この部首の字
13画 鹼 1105

鹵−13画

【鹼】

24画 表外 〈鹼〉明朝

音 ケン 訓 —

意味 **灰をとかした水にできる、上のほうのすんだ水。あく。**「石▽鹼」

参考 むかし、洗たくや染め物に使われた。

11画 鹿

しか

なりたち

「シカ」や、それににた動物、また、その状態などに関係した字をあつめる。

この部首の字
0画 鹿 1105
8画 麒 1106
8画 麗 1106
8画 麓 1106
13画 麟 1106

ほかの部首の字
塵→土部 243

鹿−0画

【鹿】

11画 4年 〈鹿〉明朝

音 ロク* 訓 しか・か

※上にくる音により「じか」ともよむ。

4画めは内側に折る。1画めは点でも、10画めは横画でも、11画めははねてもよい。

なりたち 象形 シカのすがたをえがいた字。

意味 **動物の、シカ。**「鹿の子」

難しい読み 鹿▽苑（ろくえん・ろくおん）

こたえ ×前。「ぜんごさく」は、「善後策」と書く。あとしまつをうまくするやり方のいみ。

名まえで使う読み か・しか・しし・ろく

【鹿を▽逐う者は山を見ず】しかをおうものはやまをみず 故事成語 一つのことにむちゅうになっている人は、他のことは気にかけないものだ、ということ。

【塵】14画 土部11画 ↓243ページ

鹿－8画

【麒】19画 人名 〈麒〉明朝 音 キ 訓 ―

意味 〔「▽麒▽麟」と書いて〕❶めでたいことの前ぶれのしるしとしてあらわれるという、想像上の動物。からだは「シカ」、尾は牛、ひづめとてがみは馬ににて、五色にかがやくといわれる。▽「▽麒」は おす、「▽麟」は めすという。聖人やすぐれた能力のもちぬしにたとえる。「▽麒▽麟児（＝才能がずばぬけてすぐれた子ども）」❷動物の、キリン。ジラフ。

麒麟

鹿－8画

【麗】19画 常用 〈麗〉明朝 音 レイ 訓 うるわしい

なりたち 会意 丽（二つならぶ）と鹿を合わせた字。角が二つならぶようすから、形がととのって美しいことをあらわした。

意味 形がととのっていて、うつくしい。うるわしい。「▽華▽麗」

名まえで使う読み あきら・かず・つぐ・よし・より・れい

【▽麗句】れいく うつくしい、調子のいい文句。例 美辞麗句（＝うつくしいことばをうまくくみあわせた、聞いてここちよく感じる語句）。

【▽麗人】れいじん きれいな女の人。美人。

下につく熟語 ▽秀▽麗・＊▽壮▽麗・▽端▽麗・＊▽流▽麗

鹿－8画

【麓】19画 常用 〈麓〉明朝 音 ロク 訓 ふもと

意味 やますそ。「▽山▽麓」

鹿－13画

【麟】24画 人名 〈麟〉明朝 音 リン 訓 ―

意味 →「▽麒」（1106ページ）。

11画 麻 あさ あさかんむり

なりたち 麻

「アサ」に関係する字をあつめるほか、たんに「麻」を字形のうえで目じるしにする字もあつめる。

この部首の字 0画 麻 1106 7画 磨 1107

ほかの部首の字 摩→手部 519 磨→石部 790 魔→鬼部 1096

麻－0画

【麻】11画 常用 〈麻〉明朝 音 マ 訓 あさ

なりたち 会意 もとの字は「麻」。𣏟（アサの茎の皮をはぐ）と广（やね）を合わせた字。屋根の下でアサの茎の皮をはぐようすをあらわした。「やわらかく、もみほぐす」「こすって、もむ」というイメージをもつ。

麻のつく漢字グループ

「麻」のグループは「やわらかく、もみほぐす」「こすって、もむ」というイメージがある。また、「しびれる」というイメージもある。

→摩 519 →磨 790 →魔 1096

的だ。」

意味 ❶植物の、アサ。「▼麻糸」 ❷しびれる。「▼麻▼酔」

名まえで使う読み あさ・お・ぬさ・ま

【▼麻布】あさぬの アサの糸でおったぬの。

【▼麻▼酔】ますい 手術などのために、くすりでからだの感覚をなくすこと。例 全身麻酔。

【▼麻▽痺】まひ ①しびれてからだの感覚がなくなること。②活動しているもののはたらきが、にぶくなること。例 交通が麻痺する。

【▼麻薬】まやく いたみをとめたり、ねむらせたりするのにつかうくすり。例 麻薬中毒。

下につく熟語 *亜▼麻・*快刀乱▼麻・▽胡▼麻

【摩】15画 手部11画 →519ページ

【磨】16画 石部11画 →790ページ

麻－7画

【麿】18画 人名 〈麿〉明朝

音 —
訓 まろ

なりたち 会意 国字 「まろ」という音をあらわすため、麻と呂を合わせて一字にした漢字。「麿」は「麻」「呂」と二字にわけて書くこともある。

意味 ❶わたし。まろ。▽むかしつかわれた、自分をさししめすことば。❷人名にそえたことば。「▼柿本人▽麿」

【魔】21画 鬼部11画 →1096ページ

11画 黄（黃）12 き

なりたち 「きいろい」ようすに関係した字をあつめる。古い字体では「黃」（十二画）になる。

この部首の字 0画 黄 1107 0画 黃 1107

ほかの部首の字 横→木部 612

黄－0画

【黄】11画 2年

音 コウ・オウ*
訓 き・こ*

黄－0画 【黃】12画 人名 〈黃〉明朝

2・3画めと「日」の縦画は内側に向ける。4画めが一番長く見えるように書く。

なりたち 象形 黄－黄（黃） もとの字は「黃」。火矢をえがいた字。廿は、炗（＝光）をりゃくしたもの。寅は演にもふくまれ、矢をえがいたもの。あぶらをもやして火矢をとばすようすを図にして、きいろい色をあらわした。

黄のつく漢字グループ
「黄」のグループは「四方に発散する」というイメージがある。常用漢字では「黄」になる。
→広（＝廣）353 →拡（＝擴）499 →横 612 →鉱（＝鑛）1025

意味 きいろ。「黄金（おう・こ ごん・がね）」

難しい読み 黄金（おう・こ ごん・がね）・黄▽昏・黄泉

名まえで使う読み かつみ・き・こう

【黄金】おうごん／こがね きいろく光る金属。きん。

【黄金時代】おうごんじだい 四字熟語 国や社会などの、いちばんさかんな時代。

【黄金分割】おうごんぶんかつ 四字熟語 一つの線を一対一・六一八の比に分けること。長方形のたてと横をこの比にすると、安定してもっともうつくしいとされる。

【黄▽疸】おうだん 胆汁の色素が血液にはいり、からだがきいろくなる症状。

【黄鉄鉱】おうてっこう 硫黄と鉄をふくむ鉱物。硫黄や硫酸などをつくるのにつかう。

【黄熱病】おうねつびょう／こうねつびょう 熱帯地方に多い感染症。原因は、「カ」がうつすウイルス。かかると死ぬことが多い。

漢字クイズ まちがいさがし つぎの文の漢字のまちがいはどれでしょう。「新しい家は，快

黒の部
0画 黒

【黄身】きみ　たまごの中の、きいろい部分。卵黄。対白身

【黄緑】きみどり　きいろがかった、みどり。

【黄河】こうが　中国の北部にある中国第二の大河。水がきいろい土をふくんでいるので、きいろにごっていることから。例黄河文明。

【黄砂】こうさ　①きいろい、すな。②春先に、中国北部できいろいすながふきあげられ空をおおう現象。日本にも影響がある。

【黄土】こうど／おうど　中国の北部地方に多いきいろの土。例黄土地帯。

【黄道】こうどう／おうどう　地球からの見かけ上、太陽が一年かかって動くと考えられる、円形の道すじ。

【黄葉】こうよう　秋になって木の葉がきいろくなること。また、そうなった葉。参考「紅葉」は、木の葉が赤くなること。

故事成語

【黄▽粱一▼炊の夢】こうりょういっすいのゆめ→「一炊の夢(5ページ)」

【黄▽昏】たそがれ　①日がくれて、人の見分けがつかなくなるころ。夕暮れ。②さかりをすぎたことのたとえ。例人生の黄昏。

【黄泉】よみ／こうせん　死んだ人のたましいが行くというところ。あの世。よみのくに。

下につく熟語 ▼硫黄・*卵黄

【横】15画　木部11画→612ページ

11画

黒（黑）12

くろ

なりたち

「くろい」色のものや、状態などに関係した字をあつめる。古い字体では「黑」(十二画)になる。

この部首の字　0画 黒 1108　0画 黑 1108　4画 黙 1109　4画 默 1109　5画 黛 1109

ほかの部首の字　墨→土部244

黒－0画

【黒】
11画　2年

音 コク

訓 くろ・くろい

黑－0画

【黑】
12画　人名　〈黑〉明朝

「日」部分の縦画は内側に向ける。「灬」が「里」を支えるよう横はばを広くする。

なりたち　会意　-黑(黒)

もとの字は「黑」。囮(えんとつにすすがついたようす)と炎(ほのお)を合わせた字。物をもやしたときに出るすすの色をあらわした。

黒のつく漢字グループ

「黒」のグループは「くろい」というイメージがある。これは「くらい」→「見えない」というイメージにつながる。常用漢字では「黒」になる。

→墨244　→黙1109

意味　くろ。くろい。「黒板」対白

難しい読み　黒幕・黒子(こ・くろ・ご・ほくろ)・黒白

【黒帯】くろおび　①くろい色の帯。②柔道や空手で段位をもっている人がしめる、くろい帯。また、段位をもっている人。

【黒▼髪】くろかみ　くろく、つやつやした髪。

【黒子】一くろこ／くろご　しばいで、くろい服をつけて俳優のせわをする人。二ほくろ　ひふにできる、くろい小さなはん点。

【黒字】くろじ　収入が支出より多く、あまりが出ること。対赤字

【黒潮】くろしお　日本列島の太平洋がわを、南から北東にむけてながれる暖流。水温が高く、くろみをおびている。日本海流。

【黒土】くろつち／こくど　植物がくさってくろくなった、こえている土。

【黒船】くろふね　江戸時代のおわりごろ、アメ

リカやヨーロッパから日本に来た、軍艦などの汽船。参考 鉄製の船で、くろくぬってあったことからいう。

【黒星】くろぼし ①くろ丸のしるし。②すもうで、まけたことをあらわすためにくろ丸でつけるしるし。③しっぱい。対①〜③白星

【黒幕】くろまく ①しばいのぶたいで、場面のかわりめなどにつかう、くろい幕。②かげで計画をしたり、人をあやつったりする、実力のある人。例 政界の黒幕。

【黒目】くろめ 目の中央のくろい部分。対 白目

【黒山】くろやま 人がたくさんあつまっているようす。例 黒山の人だかり。

【黒衣】こくい くろい色の着物。とくに、僧がきるくろい衣服。

【黒▼煙】こくえん くろいけむり。

【黒人】こくじん ひふの色がくろい人種。また、その人種の人。

【黒点】こくてん くろい点。とくに、太陽の表面にくろく見える点。

【黒板】こくばん チョークで字を書く板。ふつう、くろやくろいみどり色でぬってある。

【黒白】こくびゃく ①くろと、しろ。②正しいことと、わるいこと。例 裁判で黒白をあらそう。

下につく熟語 暗黒・▼漆黒・*白黒・*腹黒

【墨】14画 土部11画 → 244ページ

黒－4画
【黙】15画 常用
黒－4画
【默】16画 人名 〈默〉明朝

音 モク
訓 だまる

なりたち 形声 もとの字は「默」。黑(見えない)と犬を合わせた字。犬が見えないように人についていくようすを図にして、声をたてないことをあらわした。→黒1108

意味 だまる。「▼黙読・沈▼黙」

【▼黙殺】もくさつ 知っていて、あいてにしないこと。まったくとりあわないこと。例 少数派を黙殺する。

【▼黙視】もくし だまって見ていること。例 不正を黙視するわけにはいかない。

【▼黙想】もくそう だまって、しずかに考えること。

【▼黙▽禱】もくとう (かるく頭を下げた姿勢で)声を出さずに、心の中でいのること。例 黙禱をささげる。

【▼黙読】もくどく 声を出さないで、目でよむこと。対 音読

黙禱

【▼黙認】もくにん よくないことだとわかっていても、何もいわないで、ゆるすこと。例 いたずらを黙認する。

【▼黙然】もくねん／もくぜん だまっているようす。例 黙然とすわりつづける。

【▼黙秘】もくひ (とりしらべなどにたいして)だまっていて、何も話さないこと。例 黙秘権。

【▼黙▼黙】もくもく だまってものごとをするようす。例 黙々と仕事にはげむ。参考 ふつう「黙々」と書く。

【▼黙礼】もくれい だまったまま、おじぎをすること。また、そのおじぎ。

【▼黙考】もっこう だまって考えこむこと。例 沈思黙考。

下につく熟語 *暗▼黙・▼寡▼黙

黒－5画
【黛】16画 人名 〈黛〉明朝

音 タイ
訓 まゆずみ

意味 ❶まゆずみ。まゆをかくのにもちいるすみ。「粉▽黛(＝おしろいと、まゆずみ)」❷こい青色。「▽黛青」

名まえで使う読み たい・まゆずみ

こたえ ×的。「かいてき」は，「快適」と書く。「適」は，気にいるといういみがある。

11画 **亀** かめ

なりたち

「かめ」に関係した字をあつめるが、この辞典では、「亀」の一字だけ。

この部首の字 0画 亀 1110

亀－0画

【亀】

11画 常用 〔龜〕明朝 音 キ 訓 かめ

なりたち 象形 → 龜（亀）

意味 龜（＝亀）は、カメの全形をえがいた字。**はちゅう類の、カメ。**▽長寿のめでたい動物とされる。甲らはうらないにつかわれた。

名まえで使う読み あま・あや・かめ・き・すすむ・ながし・ひさ・ひさし

【▽亀の▽甲より年の功】かめのこうよりとしのこう 句 長い間の経験で身につけたものはとうといという教え。参考「亀の甲」はカメのこうらのこと。「年の功」と音が似ているので使われている。「年の功」は経験の力。

【▽亀▽鑑】きかん 見ならうべき手本。模範。

【▽亀▽甲】きっこう／きこう ①カメの甲ら。②カメの甲らのような、六角形のもよう。亀甲形。例 亀甲の家紋。

【▽亀▽裂】きれつ ひびができて、さけること。ひびわれ。例 ふたりの仲に亀裂がはいる。／コンクリートに亀裂が生じる。

12画 **黍** きび

なりたち

穀物の「キビ」に関係する字をあつめる。

この部首の字 0画 黍 1110 3画 黎 1110

黍－0画

【黍】

12画 表外 〔黍〕明朝 音 ショ 訓 きび

意味 **穀物の、キビ。**

黍－3画

【黎】

15画 人名 〔黎〕明朝 音 レイ 訓 くろ・くろい

意味 **あさぐろい。くろい。**「▽黎明（＝夜明け。明け方）」

名まえで使う読み たみ・れい

12画 **歯** は はへん

なりたち

「は」の状態、「かむ」動作、年齢などに関係する字をあつめる。

この部首の字 0画 歯 1110 5画 齢 1111

歯－0画

【歯】

12画 3年 〔齒〕明朝 音 シ 訓 は

※上にくる音により「ば」「ぱ」ともよむ。

歯 歯

「凵」の横ははば4画めよりせまく。「木」部分を「ホ」としてもよい。

なりたち 形声 → 齒（歯）

もとの字は「齒」。止（とめる）と㐫（まえばの形）を合わせた字。物をかみ切って口の中にとめる、まえばをあらわした。→止 623

意味 ❶**食べ物をかみくだく役をする、は。**「歯科」❷**はの形をしたもの。**「歯車」❸**年齢。**「歯

かすなんて，前代見聞だ。」

9画以上

「▼尚歯(=年よりをうやまうのいみ)」

名まえで使う読み かた・し・とし・は

【歯科】しか 歯の病気をなおす医学。

【歯▼牙にもかけない】しがにもかけない 句 まったく問題にしない。あいてにしない。

【歯石】しせき 歯のまわりにたまって、石のようになった石灰分。

【歯列】しれつ 歯ならび。例 歯列矯正(=歯ならびをなおすこと)。

【歯医者】はいしゃ 歯の病気をなおす医者。歯科医。

【歯痛】はいた/しつう 歯がいたむこと。

【歯が▼浮く】はがうく 句 ①歯の根がゆるむ。②軽はずみなおこないを見たり聞いたりして、ふゆかいになる。例 歯が浮くようなおせじをいう。

【歯形・歯型】はがた ①歯でかんだあと。例 歯形がつく。②石こうなどで、歯のならびをかたどったもの。参考 ②は、「歯型」と書く。

【歯が立たない】はがたたない 句 ①かたくてかめない。②力がおよばない。かなわない。例 何をやっても兄には歯が立たない。

【歯▼茎】はぐき 歯のねもとをつつんでいる肉。

【歯車】はぐるま まわりに歯をきざんだ車。じくにとりつけて、そのじくの動きを他のじくにつたえたり、回る方向をかえたりする。例 歯車がかみ合わない(=おたがいの動きがくいちがってうまくいかないこと)。

【歯に衣を着せない】はにきぬをきせない 句 えんりょしないで、思うことをずけずけと言うようす。例 歯に衣を着せないひひょうをする。

【歯の▼抜けたよう】はのぬけたよう 句 あるはずのものがなくなって、さびしいようす。例 何人もかぜで休んでいて、教室は歯の抜けたようだ。

【歯の根が合わない】はのねがあわない 句 寒さやおそろしさなどのためにふるえるようす。

下につく熟語 ＊入れ歯・＊永久歯・▼奥歯・義歯・▼臼歯・犬歯・＊切歯・乳歯・▼抜歯・前歯・＊虫歯・門歯・＊八重歯

歯－5画

齢

17画 常用 〔齡〕明朝

音 レイ 訓 ＊よわい

なりたち 形声 令(次々にならぶ)と歯を合わせた字。次々にならぶ年月をあらわした。

→令58

意味 とし。「年▼齢」

参考 小学校段階では、「年齢」の「齢」のかわりに「令」をもちいて、「年令」と書いてもよい。

名まえで使う読み とし・なか・よ・れい

下につく熟語 学▼齢・月▼齢・高▼齢・樹▼齢・＊適▼齢・＊馬▼齢・妙▼齢・老▼齢

13画 鼎 かなえ

なりたち 鼎

器の「かなえ」に関係する字をあつめる。

この部首の字 0画 鼎 1111

鼎－0画

鼎

13画 人名 〔鼎〕明朝

音 テイ 訓 かなえ

なりたち 象形 三本足のかなえをえがいた字。

意味 三つ足と二つの耳のある、青銅などでできた器。「▽鼎談・▽鼎立」

名まえで使う読み かなえ・かね

鼎

【▽鼎の軽重を問う】かなえのけいちょうをとう 人の実力や能力をうたがうことのたとえ。また、人の力をうたがって、その地位をうばおうとすることのたとえ。参考 むかし中国で、鼎は王位のしょうちょうとされた。楚の国の王が、周の国の王の力を軽くみて、周

漢字クイズ まちがいさがし つぎの文の漢字のまちがいはどれでしょう。「おへそで茶をわ

鼓の部 0画 鼓・鼠の部 0画 鼠

の王室の宝である鼎の大きさと重さをたずねたという話による。

【▽鼎談】ていだん　三人がむきあって話し合うこと。三者会談。参考「鼎」は、三本の足があることから。

【▽鼎立】ていりつ　鼎の三本足のように、三つのものがおたがいに対立すること。例三国鼎立。

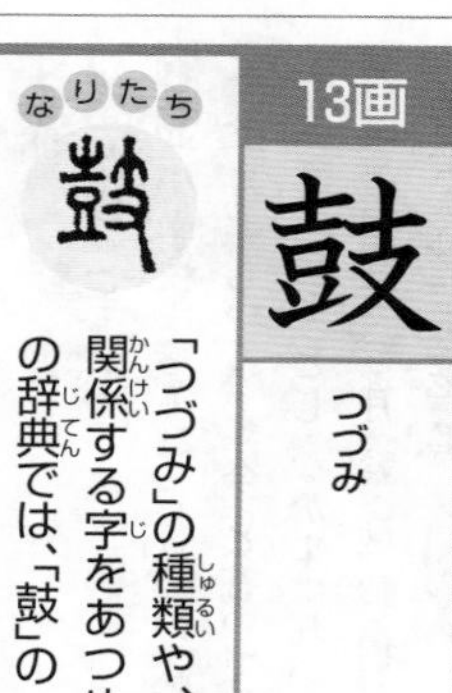

13画 鼓 つづみ

なりたち

「つづみ」の種類や、音などに関係する字をあつめるが、この辞典では、「鼓」の一字だけ。

この部首の字 0画 鼓 1112

鼓－0画

【鼓】13画 常用 〔鼓〕明朝 音コ 訓つづみ

意味 ❶つづみ。たいこ。「太▼鼓」❷つづみをうつ。たいこをうちならす。「▼鼓動」❸はげます。力づける。「▼鼓▼舞」

【▽鼓▼吹】こすい ①元気づける。②ある意見を、多くの人にさかんにふきこむこと。参考太鼓をならし笛をふくいみから。

【▽鼓笛隊】こてきたい　太鼓と笛をつかってえんそうする楽隊。

【▽鼓動】こどう ①血液をおくり出す心臓の動き。②ふるえ動くこと。

【▽鼓▼舞】こぶ　はげまし元気づけること。例選手を鼓舞する。

【▽鼓▼膜】こまく　耳のあなのおくにあって、音をとらえるはたらきをする、うすいまく。

下につく熟語 *大▼鼓・*小▼鼓・舌▼鼓・腹▼鼓

13画 鼠 ねずみ ねずみへん

なりたち

「ネズミ」の種類やネズミにに た動物に関係する字をあつめるが、この辞典では「鼠」の一字だけ。

この部首の字 0画 鼠 1112

鼠－0画

【鼠】13画 表外 〔鼠〕明朝 音ソ 訓ねずみ

なりたち 象形 ネズミのすがたをえがいた字。

意味 動物の、ネズミ。

【▽鼠算】ねずみざん　みじかい期間で数がはげしく増えること。参考もとは、ネズミが子を産んでどんどんふえることをふまえた数学の問題のこと。

「見聞」と書けば，見たり，聞いたりするいみになる。

14画

鼻

はな

なりたち 鼻

「はな」の状態をあらわす字をあつめるが、この辞典では「鼻」の一字だけ。

この部首の字

0画 鼻 1113

鼻－0画

【鼻】

14画 3年

〈鼻〉明朝

音 ビ*
訓 はな

※上にくる音により「ばな」「ぱな」ともよむ。

12画めを長く。「自」は縦長、「田」は横広。13・14画めは12画めの上に出す。

なりたち 形声 －畀－鼻(鼻)

もとの字は「鼻」。畀(＝畁)と自(はなの形)を合わせた字。畀は、両手で入れ物からしるをしぼり出すようすをえがいた字。しるをしぼり出すというイメージをもつ。鼻は、せまいあなからしるを出す「はな」をあらわした。

意味 ❶呼吸をしたり、においをかいだりする器官。はな。「鼻孔」 ❷はじめのもの。「鼻祖」

【鼻息】はないき ①はなでするいき。②いきごみ。例 たいへんな鼻息だ。③人のきげん。例 鼻息をうかがう。

【鼻歌】はなうた うきうきとしたときなどに、はなにかかった小さな声でうたう歌。

【鼻緒】はなお げた・ぞうりにつける、足の指をかけるひも。例 鼻緒をすげる。

【鼻が高い】はながたかい 句 ほこらしく思う。とくいである。

【鼻薬】はなぐすり ①はなの病気につかうくすり。②少しのわいろ。例 鼻薬をかがせる。

【鼻声】はなごえ ①はながつまったときの声。例 かぜで鼻声になった。②はなにかかった、あまえた声。例 鼻声でねだる。

【鼻筋】はなすじ みけんからはなの先までの線。例 鼻筋のとおった顔立ち。

【鼻高高】はなたかだか いかにもとくいそうなようす。参考 ふつう「鼻高々」と書く。

【鼻血】はなぢ はなから出る血。

【鼻面】はなづら はなの先の部分。また、はなのすぐ前。はなっつら。

【鼻に掛ける】はなにかける 句 じまんする。とくいがる。例 成績がよいのを鼻に掛ける。

【鼻に付く】はなにつく 句 あきあきしていやになる。例 あいそ笑いが鼻に付く。

【鼻柱】はなばしら ①はなの二つのあなの間にあるかべのような肉。②はなの中心を通っているほね。はなっぱしら。はなすじ。③気性の強さ。はなっぱしら。例 鼻柱が強い。

【鼻水】はなみず はなから出る水分の多いしる。はなじる。

【鼻を明かす】はなをあかす 句 人のすきをついて相手をびっくりさせる。例 まんまと相手の鼻を明かす。

【鼻を折る】はなをおる 句 とくいになっている人をやりこめて、はじをかかせる。例 高慢の鼻を折る。参考 意味を強めて「鼻をへし折る」ともいう。

【鼻音】びおん いきがはなを通って出る音。ナ行・マ行の子音など。

【鼻孔】びこう はなのあな。

【鼻祖】びそ ものごとを最初にはじめた人。元祖。また、第一代の先祖。始祖。

【鼻濁音】びだくおん いきがはなを通って出る「ガ」行の音。

下につく熟語 *小鼻・*出鼻・目鼻・*隆鼻

こたえ ×見。「ぜんだいみもん」は，「前代未聞」と書く。いみは，これまでに聞いたことがない。

漢字博士になろう

とくべつな読み方をする熟語

一つ一つの漢字の音や訓には関係なく、二字以上の漢字をひとまとめにしてとくべつな読み方をすることばがあります。「熟字訓」といわれるものです。ここでは、「常用漢字表」の「付表」に掲げられた語を掲載しています。

＊…小学校で学習する語　◆…中学校で学習する語

＊明日（あす）
◆小豆（あずき）
◆海女（あま）・海士（あま）
◆硫黄（いおう）
◆意気地（いくじ）
◆田舎（いなか）
◆息吹（いぶき）
◆海原（うなばら）
◆乳母（うば）
◆浮気（うわき）
◆浮（うわ）つく
◆笑顔（えがお）
◆叔父（おじ）・伯父（おじ）
＊大人（おとな）
◆乙女（おとめ）

◆叔母（おば）・伯母（おば）
◆お巡（まわ）りさん
◆お神酒（みき）
◆母屋（おもや）・母家（おもや）
＊母（かあ）さん
◆神楽（かぐら）
河岸（かし）
◆鍛冶（かじ）
◆風邪（かぜ）
◆固唾（かたず）
◆仮名（かな）
蚊帳（かや）
◆為替（かわせ）
＊河原（かわら）・川原（かわら）
＊昨日（きのう）

＊今日（きょう）
＊果物（くだもの）
玄人（くろうと）
＊今朝（けさ）
＊景色（けしき）
◆心地（ここち）
居士（こじ）
＊今年（ことし）
◆早乙女（さおとめ）
雑魚（ざこ）
桟敷（さじき）
◆差（さ）し支（つか）える
◆五月（さつき）
◆早苗（さなえ）
◆五月雨（さみだれ）

◆時雨（しぐれ）
◆尻尾（しっぽ）
◆竹刀（しない）
◆老舗（しにせ）
◆芝生（しばふ）
＊清水（しみず）
◆三味線（しゃみせん）
◆砂利（じゃり）
数珠（じゅず）
＊上手（じょうず）
◆白髪（しらが）
素人（しろうと）
師走（しわす（しはす））
数寄屋（すきや）・数奇屋（すきや）

◆相撲（すもう）
◆草履（ぞうり）
山車（だし）
◆太刀（たち）
◆立（た）ち退（の）く
＊七夕（たなばた）
◆足袋（たび）
稚児（ちご）
＊一日（ついたち）
築山（つきやま）
◆梅雨（つゆ）
◆凸凹（でこぼこ）
＊手伝（てつだ）う
伝馬船（てんません）
投網（とあみ）

＊父（とう）さん
十重二十重（とえはたえ）
読経（どきょう）
＊時計（とけい）
＊友達（ともだち）
仲人（なこうど）
◆名残（なごり）
◆雪崩（なだれ）
＊兄（にい）さん
＊姉（ねえ）さん
野良（のら）
祝詞（のりと）
＊博士（はかせ）
◆二十（はたち）・二十歳（はたち）

＊二十日（はつか）
◆波止場（はとば）
＊一人（ひとり）
◆日和（ひより）
＊二人（ふたり）
＊二日（ふつか）
◆吹雪（ふぶき）
＊下手（へた）
◆部屋（へや）
＊迷子（まいご）
＊真面目（まじめ）
＊真（ま）っ赤（か）
＊真（ま）っ青（さお）
◆土産（みやげ）
◆息子（むすこ）

＊眼鏡（めがね）
◆猛者（もさ）
◆紅葉（もみじ）
◆木綿（もめん）
◆最寄（もよ）り
八百長（やおちょう）
＊八百屋（やおや）
◆大和（やまと）
◆弥生（やよい）
◆浴衣（ゆかた）
◆行方（ゆくえ）
寄席（よせ）
◆若人（わこうど）

資料編

漢字について……1116
1 漢字の歴史となりたち……1116
2 漢字の読み方……1120
3 漢字のくみたてと部首……1123
4 漢字の画数と筆順……1129
5 漢字の形……1132

熟語について……1134
1 熟語とその読み方……1134
2 熟語のくみたて……1135

漢字であらわすさまざまなことば……1138

中国の古典……1142
1 論語のことば……1142
2 故事成語……1144

漢字について

1 漢字の歴史となりたち

❶ 漢字は中国生まれ

漢字はずっとむかし、中国で生まれました。漢字をつくったのは、今の中国人の遠い先祖たちで、その人たちは、古い中国語を話していました。漢字は、むかしの中国人たちが自分たちのことば、つまり古い中国語を書きあらわすためにつくりだした文字です。

❷ 漢字はいつ生まれたか

漢字がいつ生まれたかは、はっきりとはわかりません。今から三千年あまり前に中国でさかえていた殷の国の遺跡から、漢字の先祖にあたる文字をきざみつけた、カメの甲らやけものの骨がたくさんほり出されました。

学者たちがこれらの文字を研究してみると、書きたいものが何でも書ける、完成された文字であることがわかりました。

これだけ完成された文字ができるには、ずいぶん時間がかかったはずです。その時間は千年より短いことはないだろうと、学者たちは考えています。もし、千年だとしたら、漢字の最初の形が生まれたのは、少なくとも今から四千年以上前ということになります。

❸ 漢字のなりたち

いちばん古い漢字は、カメの甲らやけものの骨にきざみつけられていたので、「甲骨文字」とよばれています。では、むかしの中国人がどのようにしてその文字をつくったのかを、しらべてみましょう。

(1) 象形文字

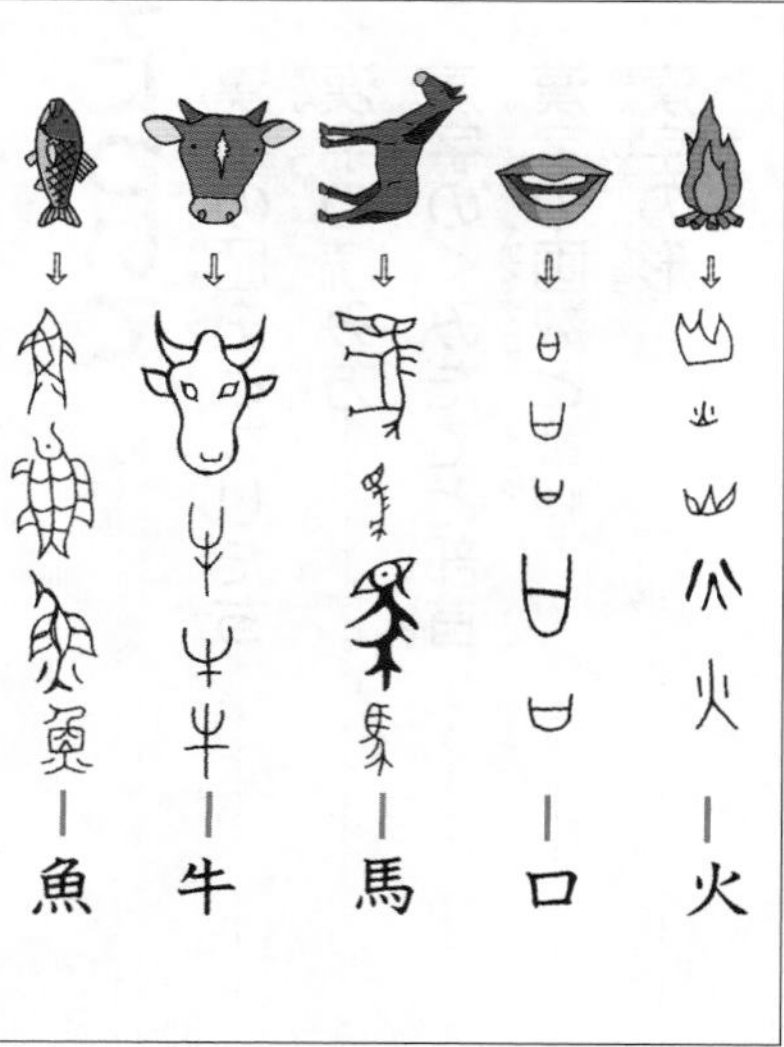

図１　**象形文字**　むかしの文字のいちばん下は、2200年前の形。この形は今でもはんこに使われています。それ以外は、3000年あまり前から、2200年前までの間の形（だいたい上の方が古い）。

まず、形あるものをあらわすことばは、そのものの絵であらわしました。「魚」ということばをあらわすには魚の絵をかき、「鳥」ということばをあらわすには鳥の絵をかきました。このようにしてつくられた文字を「象形（＝ものの形を象る）文字」といいます。

図1は、象形文字の例です。字の大きさや太さがまちまちなのは、いろいろな物にきざまれた字をそのまま写しとったからです。

(2) 指事文字

数や位置や物の部分の名のように、絵ではあらわしにくい意味は、簡単な線や点を使ってあらわしました。

鳥一羽でも、ちゃわん一つでも、「ひとつ」はすべて横線一本であらわしました。「ふたつ」なら横線二本です。「うえ」をあらわすには、まず長い線を引き、その上に物がのっているようにあらわすため、短い線を引きました。「した」はその反対です。

「すえ」ということばをあらわすには、まず「木」の字を書き、その上の部分、つまり木のこずえのはしにあたるところに━または・の印をつけました。この印が長い横線にかわったのが、「末」の字です。

このように、簡単な印を使ってつくった字を、「指事（＝事がらを指ししめす）文字」（図2）といいます。「指事文字」には、「一・二・三・上・下」のように、印だけでできたものと、「末・本」のように、象形文字を土台にして、そこに印をつけたものとの二種類があります。

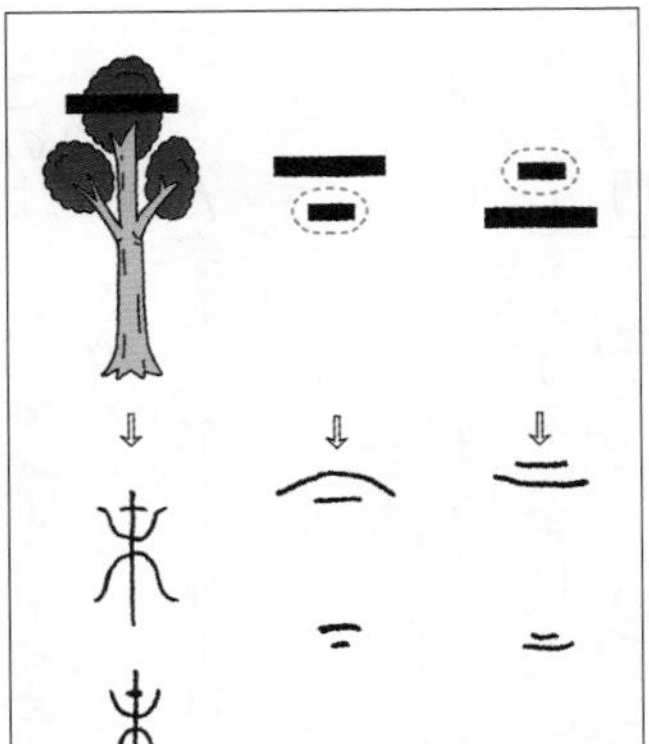

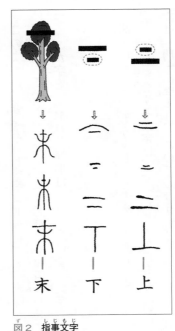

上　下　末

図2　指事文字

(3) 会意文字

「見る」ということばをあらわすのに、むかしの人は、なかなかうまい手を使いました。「見る」ということは、人が目を使ってすることです。そこで、「儿」（立った人を横から見た形）の上に「目」の字をのせて、「見」という字をつくったのです。

「（鳥が）鳴く」ということばをあらわすのにも同じ方法を使いました。「鳴く」ということは、鳥が口（＝くちばし）を使ってすることですから、「鳥」と「口」を組み合わせて、「鳴」という字をつくりました。

このように、一つのことばを二つの字の意味の組み合わせであらわした字を、「会意（＝意味をあわせる）文字」（図3）といいます。

「休」は、「亻」（人と同じ）と「木」を組み合わせて、人が木かげでやすむこと、つまり「やすむ」ということばをあらわした字です。

「林」は、「木」を二つならべて木がたくさんはえている「はやし」ということばをあらわしました。

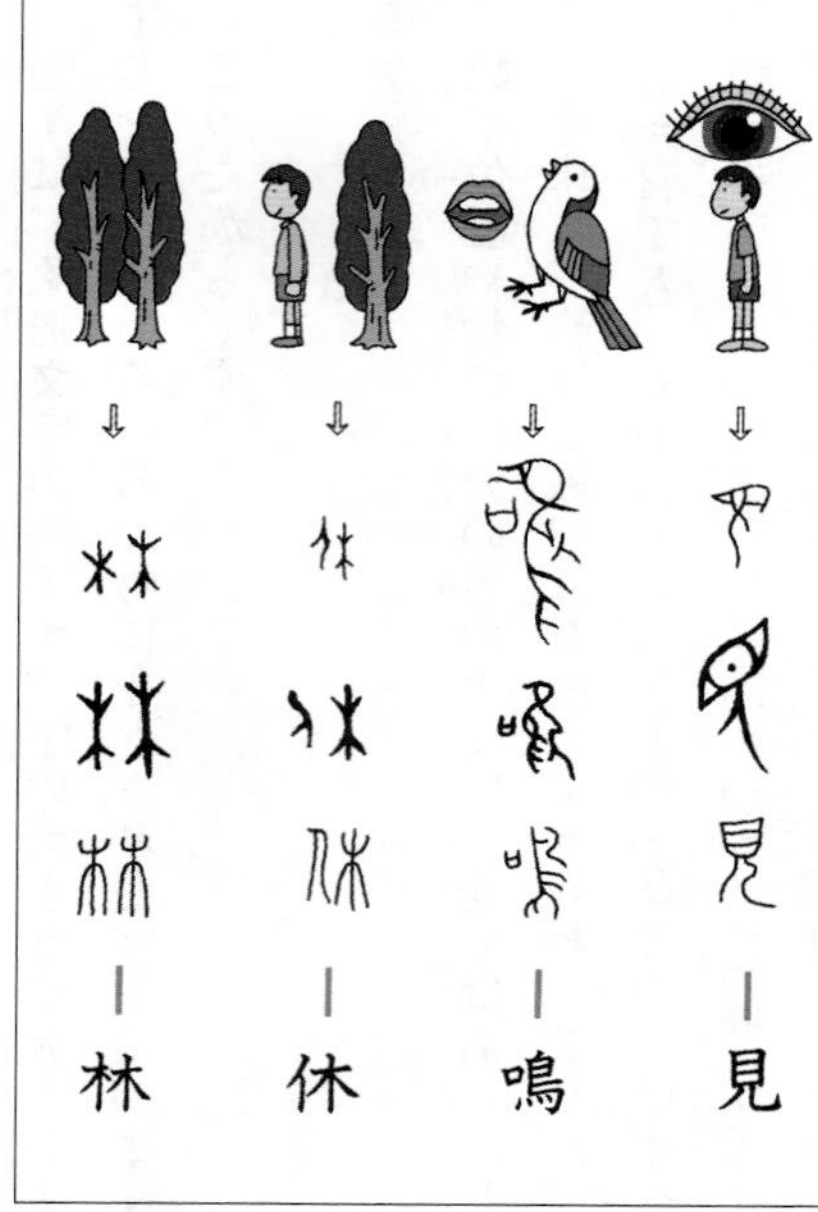

図3　会意文字

(4) 形声文字（会意兼形声文字）

古い中国語では「たずねる」ということばは「モン」と発音していました。これを文字であらわすには、どうすればよいのでしょうか。

むかしの中国人は、これまでの三つのやり方とは別のやり方で字をつくりました。

まず、「モン」という発音をあらわすために「門」と書きます。しかし、これだけだと、学校や家の門と思われてしまいます。どうしたらよいでしょう。そこで「たずねる」ときには口を使います。そこで初めに書いた「門」の字に「口」を組み合わせて、「問」と書いてみます。こうすれば、同じ「モン」でも学校や家の門ではなくて、口に関係のある「モン」だということがよくわかります。

このように、音をあらわす字（＝音符）と、意味が何に関係があるかをあらわす字（＝意符）を組み合わせてつくった字を、「形声（＝形は意味、声は音）文字」といいます。

「問」について、もう少し深く考えてみましょう。「モン」と発音する文字は、「文」などほかにもあるのに、なぜ「門」の字を使ったのでしょうか。

それは、「門」には「とじて中を見えなくする」という役割があるためです。この「門」の役割をイメージして、「口」と「門」を組み合わせて、「（かくれていてわからないことを、口で）たずねる」という意味をあらわしました。これは、(3)の会意文字でみた、二つの字の意味を組み合わせるやり方です。

このように、「門」は一字だけで発音もイメージもあらわすことができるため、「問」は、「形声文字と会意文字の両方の性質を兼ねそなえている」ことがわかります。

このような漢字を「会意兼形声文字」ともいい、漢字のほとんどはこのつくられ方です。形声文字（会意兼形声文字）には次のようなものがあります。

持（もつ）
- 寺＝「ジ」という音。「じっと止まる」イメージ。
- 扌＝手に関係がある。

泳（およぐ）
- 永＝「エイ」という音。「ながくつづく」イメージ。
- 氵＝水に関係がある。

冷（つめたい）
- 令＝「レイ」という音。「すみきっている」イメージ。
- 冫＝氷に関係がある。

校（がっこう）
- 交＝「コウ」という音。「まじわる」イメージ。
- 木＝木に関係がある。

味（あじ）
- 未＝「ミ」という音。「こまかい」イメージ。
- 口＝口に関係がある。

(5) 転注という漢字の使い方

「転注」とは、「変化して、注釈しあう」という意味です。転注は文字をつくる方法ではなく、ある文字を、そのもとの意味に関係のある別の意味に使うことをいいます。

たとえば、「楽」はもともと「音楽」の意味をあらわした文字ですが、音楽を聞くと心がうきうきしてたのしいことから、「たのしい」という意味にも使うようになり、「ラク」という読みができました。また、「わるい」という意味の「悪」を「にくむ」という意味に使うのもこの例です。

ただし「転注」がどの字をさすかについてはいろいろな説があり、はっきりしていません。

(6)仮借という漢字の使い方

漢字の書き取りテストで「デンシャ」を「田車」と書いたら×です。「電車」と書かなくてはなりません。「電車」の「電」を音の同じ「田」と書くような書き方を、「当て字」といいます。

「当て字」とは、一つの漢字を、その意味を無視して、同じ発音の別のことばをあらわすのに使うことです。今ではでたらめな漢字の使い方と思われていますが、大むかしの人々は、文章を書くときに、さかんに当て字を使い、その用法の一部が今日でものこっています。このむかしから行われている当て字のことを「仮借（＝仮に借りる）」とよんでいます。

「仮借」の字は多くありません。

(7)日本でつくられた漢字＝国字

日本人は、中国から漢字をかりてきて、自分たちの日本語を書きあらわすのに使っただけでなく、漢字のつくり方をまねて、自分たちで新しい漢字をつくりました。日本でつくられた漢字を中国から伝わった漢字と区別して「国字」とよびます。

中国では会意兼形声文字の漢字が多いのですが、日本人がつくった漢字はほとんどが会意文字です。漢字のつくり方や考え方が、ずいぶんとちがいますね。

左は国字の例で、（ ）の中が読み方です。このうち、「畑」「働」は小学校で、「峠」「込む」は中学校で習います。

なお、大部分の国字には音読みがありませんが、「働」の字にはあります。

樫（かし）　榊（さかき）　裃（かみしも）
鴫（しぎ）　躾（しつけ）　峠（とうげ）
辻（つじ）　辷（すべる）　込（こむ・こめる）
褄（つま）　凪（なぎ）　凩（こがらし）
鱈（たら）　鰯（いわし）　畑（はた・はたけ）
麿（まろ）　俤（おもかげ）　働（ドウ・はたらく）

2 漢字の読み方

❶漢字の音と訓

「春」という字は、「早春」のときは「シュン」と読み、「春が来た。」のときは「はる」と読みます。「シュン」という読み方は、中国から「春」という漢字といっしょにつたわってきたもので、もともとは中国語です。これに対して「はる」ということばは、大むかし、日本人が漢字を知らなかった時代からある日本語です。このような日本語を「やまとことば」といいます。漢字が日本につたわってきたとき、「春」という字は日本語の「春」という意味をあらわしているので、「はる」とも読むようになったのです。

「春」の「シュン」のように、中国からつたわった中国式の読み方を「音」といい、「はる」のように、その字の意味にあたる、やまとことばで読む読み方を「訓」といいます。日本語での漢字の読み方には、音と訓の二種類があるわけです。

■音と訓の見分け方

その読み方が音か訓かを見分けるいちばん簡単な方法は、耳で聞いて意味がわかるかどうかで区別する方法です。意味がわかるものは訓で、わからないものは音です。

水―すい→意味がわからない　⬇音
　　みず→意味がわかる　⬇訓

犬―けん→意味がわからない　⬇音
　　いぬ→意味がわかる　⬇訓

ただし、次のような例もあります。

肉―にく→意味がわかる　⬇音
愛―あい→意味がわかる　⬇音

耳で聞いて、意味がよくわかるけれど音である字は、漢字全体の数から比べたら少ないのですが、数えあげていくとかなりの数になります。一・二・三・四・五・六・七・八・九・十はみな意味がよくわかりますが、音です。反対に、「家路」の「じ」や「問屋」の「とん」は訓なのに、「じ」「とん」だけ聞いたのでは意味がわかりません。ですから、音訓を正確に知るには、一つ一つ辞書を調べなくてはなりません。

❷音が二つ以上ある字

漢字の中には、音が一つのものと、二つ以上のものとがあります。また、「畑」のように日本でできた字（＝国字）には、ふつう訓だけで音はありません。

「人」という字は、「人間」のときは「ニン」、「人類」のときは「ジン」と読みます。つまり、「人」には音が二つあるわけですが、「ニン」と読んでも「ジン」と読んでも意味は「ひと」で同じです。音が二つ以上ある字の大部分は、音はちがっていても意味は同じです。

「前後」の「ゴ」も「後期」の「コウ」も、意味は同じで「あと」ですし、「神話」の「シン」も「神社」の「ジン」も意味は「かみ」で同じです。しかし、次のような字だけは例外で、音がちがうと意味もちがいます。つまり、意味によって、音を使い分ける例です。

【楽】(1)ガク　おんがく。例音楽　楽隊
(2)ラク　たのしい。たのしむ。つらくない。例楽をする　楽園　快楽

【画】(1)カク　①くぎる。くぎり。例画する　画期的　区画
②はかる。くわだて。例計画
③漢字を構成している点や線。例点画　字画　画数　総画索引
(2)ガ　絵。絵をかく。例絵画　画家

【易】(1)エキ　①とりかえる。かわる。例貿易　不易
②うらない。例易者
(2)イ　たやすい。やさしい。例平易　容易　簡易

【読】(1)ドク・トク　よむ。例読書　読本
(2)トウ　文を区切る「、」の印。例読点　句読点

「読」のドクとトクの音は、「人」のジン・ニンと同様に意味の区別には関係がなく、どちらも「よむ」ことですが、トウは意味がちがいます。

この四字のほか、「率」リツ／ソツ、「殺」サツ・セツ／サイ、「切」セツ／サイ、「説」セツ／ゼイ、「暴」ボウ／バクなどの字も、／の上の音と下の音で意味がちがいます。

❸ 訓が二つ以上ある字

漢字の中には、訓を二つ以上持つものがあります。しかし、それらの大部分は、次の例のように、送りがなにあたる部分がちがうだけで、漢字であらわす部分の読み方は同じというものです。

広い　広まる　広める　広がる　広げる
縮む　縮まる　縮める　縮れる　縮らす

これ以外には、次のようなものがあります。

(1) 同じ意味の訓

魚　うお・さかな

食　たべる・くう

後　うしろ・あと・のち

入　いる・はいる

好　すく・このむ

(2) 意味に深い関係のある訓

上　うえ――あがる（上にうつる）

表　おもて――あらわれる（表に出る）

冷　つめたい――ひやす（冷たくする）

指　ゆび――さす（指でしめす）

(3) 意味がたがいに無関係の訓

足　あし――たりる

行　いく・ゆく――おこなう

(4) ローマ字で書くと最後の字だけがちがう訓

雨　あめ　ame ――あま　ama（雨ぐつ）

酒　さけ　sake ――さか　saka（酒屋）

3 漢字のくみたてと部首

❶ 漢字の部分

漢字の大部分は、二つの部分に分けることができます。

漢字をつくっている部分は、それが漢字の中のどの位置にあるかによって、次のように名前が決まっています。

(1) へん

左右に分けられる字の左側

休　妹　性　張　階

(2) つくり

左右に分けられる字の右側

列　都　印　教　顔

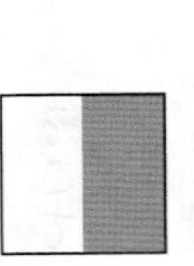

(3) かんむり

上下に分けられる字の上側

花　室　空　置　雲

(4) あし

上下に分けられる字の下側

先　弁　息　熱　盟

(5) たれ

上と左をかこむ部分

原　底　属　病

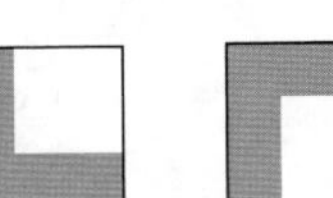

(6) にょう

下と左をかこむ部分

道　建　起　題　勉

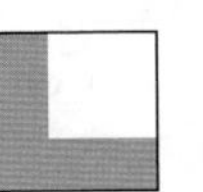

(7) かまえ　まわりをかこんでいる形

次のようにいろいろなものがあります。

①上と右をかこむ部分　気（きがまえ）

②左・上・右をかこむ部分　関（もんがまえ）

③まわりをかこむ部分　国（くにがまえ）

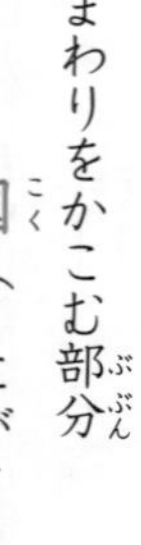

④左右をはさむ部分　術（ぎょうがまえ）

⑤上・左・下をかこむ部分　医（かくしがまえ）

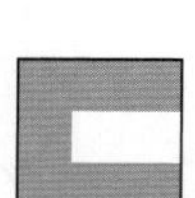

❷ 部と部首

ふつうの漢字の辞典では、漢字を二百四十あまりのグループに分けています（小学生用の辞典ではそれより少ない。この辞典では、二百九）。このグループを「部」といいます。グループの最初の字を「部首」といい、「部」の代表として検索のめじるしとしています。

「部」とは、漢字の辞典で、漢字の並び順を整理し、漢字をすばやく引く目的で考え出されたものです。

多くの辞典は、読み方でならべることができます。たとえば、国語辞典は五十音順に、英語の辞典はアルファベット順にならべています。ところが、古い中国語は、読み（＝音）の種類が少ないため、読みが同じ漢字がたくさんありました。その漢字を読み方でならべてしまうと、とてもさがしにくくなってしまいます。そこで「部」という考えが生み出されました。

すべての漢字は、「部首」の部分と、それ以外の部分に分けられます。部首が共通する漢字はまとめて一つのグループである「部」に入れて、ならべたのです。

たとえば、閉・順・開・頭・題・間の六字を部に分けると、次のようになります。

①門（もんがまえ）の部……閉・開・間

②頁（おおがい）の部……順・頭・題

①では「門（もんがまえ）」の部分が部首、②では「頁（おおがい）」の部分が部首です。

❸ 部首の形

「部」のグループとしてまとめるときに、形が異なっていても同じ意味をあらわしているものは、同じグループに入れました。

たとえば、「水の部」には形の異なる「水」「氵」「氺」が入っています。「水」「氷」は「水」、「波」「泳」は「氵」、「求」は「氺」などと形はちがいますが、「みず」に関わるもの、あるいは「水」の形が変化したものとして、同じ部首に入れています。

形の変わる部首には、次のようなものがあります。

水の部
- 水（氷・泉）
- 氵（池・海）
- 氺（求・泰）

人の部
- 人（人）
- 亻（作・住）
- 𠆢（今・会）

心の部
- 心（思・悪）
- 忄（性・情）
- ⺗（恭・慕）

火の部
- 火（災・炭）
- 火（灯・焼）
- 灬（照・熱）

刀の部
- 刀（切・分）
- 刂（判・刻）

手の部
- 手（手・挙）
- 扌（指・持）

犬の部
- 犬（犬・状）
- 犭（犯・独）

玉の部
- 玉（玉・璽）
- 王（球・理）

肉の部
- 肉（肉・腐）
- 月（胃・脈）

衣の部
- 衣（表・製）
- 衤（補・複）

これらは、一つの部の目印になる部首の形が、二つあるいは三つある場合ですが、逆に、一つの形が二つの部の目印になることもあります。

(1)「月」のつく字

服・朗・望・朝・期……月の部
肥・肺・脈・胸・脳・腸・腹・臓……肉の部

右側の、月に関係のある意味をもつ字は「月の部」、左側の、体に関係のある意味をもつ字は「肉の部」です。そして、肉の部の字の中の「月」のことを、特に「にくづき」とよびます。

(2)「阝」のつく字

郡・部・都・郵・郷……邑(阝)の部
防・限・院・階・降……阜(阝)の部

このように、字の右側(つくりの位置)につく「阝」は「邑(阝)の部」で「むら」の意味をあらわし、左側(へんの位置)につく「阝」は「阜(阝)の部」で「おか」の意味をあらわします。

❹ 部首の意味

部首は多くの場合、その字の意味がどういうものやどういうことに関係があるかをしめします。たとえば「木」という部は、その字の意味が木に関係あることをしめします。

例 樹……木という意味。
林……木がたくさんはえた所。
根……木の下の部分。
板……木をうすくひらたく切ったもの。
末……木の梢のはし。
柱……屋根をささえる細長い材木。

しかし、中には、部首が「木」であっても木とどんな関係があるのかわからない字もたくさんあります。たとえば、「校」は、「知識をさずける所」つまり「学校」という意味ですが、木と関係があるとは思えません。――変ですね。

辞書で調べてみると、「校」のもともとの意味は、なんと「かせ」、つまり悪者の手足や首にはめて自由をうばう道具で、これが木でつくられていたので「木」がついているというわけです。

「木」「土」「口」「女」「石」などの部首があらわす意味は、これらの字の意味と同じなのですぐわかります。しかし、「止(=とまる)」が、部首として「足、歩く」の意味をあらわすように、ふだん使う意味とちがう意味をあらわすものもあります。

また、「宀」のように、ふだん一字として使わない部首もあります。そこで、それらがどんな意味をあらわすか(何と関係があるか)を知るには、一つ一つ調べなければなりません。

● 意味のわかりにくい部首

亻(にんべん)　人に関係がある。　住・優
冫(にすい)　氷。　冷
刂(りっとう)　はもの。切る。　刻・割

囗（くにがまえ）	かこむ。かこむ所。	囲
宀（うかんむり）	住居。	家・室
尸（しかばね）	すわる。住む。	屋・居
巾（はば・きんべん）	ぬの。	布・幕
广（まだれ）	家。建物。	店・庫
彳（ぎょうにんべん）	道。歩く。	往・復
艹（くさかんむり）	くさ。植物。	草・花
辶（しんにょう（ゆ）う）	みち。行く。	道・運
阝（おおざと）村。	地域。	都・郷
阝（こざとへん）	①はしご。かいだん。	階
	②おか。高い所。	陸
忄（りっしんべん）	心。	情・快
扌（てへん）	手を使ってすること。	持・技
氵（さんずい）	水。	泳・海
斗（とます）	ます。	料
斤（おのづくり）	おの。切る。	断
欠（あくび）	口。息。声。	歌
止（とまる）	足。あるく。	歩・歴
歹（かばねへん）	しぬ。殺す。	死
灬（れんが・れっか）	火。	熱・照
月（にくづき）	肉。体。	腹・胃
示・ネ（しめす・しめすへん）	神。祭り。	神・祭
疒（やまいだれ）	びょうき。	病・痛
禾（のぎへん）	こくもつ。	秋・種
衤（ころもへん）	きもの。	補
耒（すきへん）	畑をたがやすすき。	耕
舟（ふねへん）	ふね。	船・航
行（ぎょうがまえ）	通り。	街
酉（ひよみのとり）	さけつぼ。	酒・酸
貝（かいへん）	たから。お金。	財・貯
頁（おおがい）	あたま。かお。	顔・額

右にあげたものは、意味によって部首を分けたものですが、どの部首にも入れられない漢字もあります。それらの漢字は、たんに形が似ているということで、むりやりどこかの部首に入れたものもあります。それでも、どの部首にも入れられない漢字は、あらたに部首をつくりだしたものもあります。たとえば「ノ」や「亅」などです。

❺ 部首の名前

部首は、もともと中国で考え出されたものです。たとえば、「木」のグループは「木部」というように、「漢字一字＋部」で書きあらわされていました。日本に入ってきたとき、よび名がなくて不便であったことから、部首の読み方と漢字のくみたてとを組み合わせてよび名をつけることにしました。

　漢字のくみたては、漢字の中の位置によって「へん」「つくり」「かんむり」「あし」「たれ」「にょう」「かまえ」の七つに分けました。そのほか、分けられないものは、むりに分けていません。

　部首のよび名は、同じグループの中で、いちばん多く使われている位置を代表としてつけています。

　たとえば、「人部」は「へん」の位置にある「亻」の形がいちばん多いことから、「人」の音読みの「にん」と「へん」を組み合わせて「にんべん」とよび名をつけました。「艸部」は「かんむり」の位置にある「艹」の形がいちばん多いことから「艸」の意味である「くさ」と「かんむり」を組み合わせて「くさかんむり」とよび名をつけました。

　また、たとえば「蚕」は「むしへん」の漢字ということがあります。部首のよび名と、漢字の中の位置が一致していません。しかし、あくまで代表をよび名にしていることから、このように一致しないことがありえます。

　部首の名を覚えておくと、漢字の形を説明するときにとても便利です。ここにあげたものはとくにたいせつなものですから、確実におぼえるようにしましょう。

亠	なべぶた／けいさんかんむり	交・京
亻	にんべん	作・体
儿	ひとあし／にんにょう	先・児
冖	わかんむり	写
冫	にすい	冷
刂	りっとう	判・列
勹	つつみがまえ	包
匚	かくしがまえ	区・医
厂	がんだれ	厚・原
囗	くにがまえ	園・国
宀	うかんむり	安・客
巾	はば／きんべん	帳・常
广	まだれ	庭・店
廴	えんにょう	延・建
辶	しんにょう／しんにゅう	過・達
彳	ぎょうにんべん	待・律
艹	くさかんむり	苦・英
阝	おおざと	部・郡

阝	こざとへん	院・防
忄	りっしんべん	快・情
扌	てへん	拾・投
氵	さんずい	河・湖
犭	けものへん	独・犯
攵	ぼくにょう／のぶん	改・放
斤	おのづくり	新・断
月（肉）	にくづき	腸・胃
灬	れんが（れっか）	照・然
ネ	しめすへん	神・祖
王	おうへん（たま）	理・球
耂	おいかんむり	者・考
疒	やまいだれ	病・痛
癶	はつがしら	発・登
禾	のぎへん	科・秒
穴	あなかんむり	空・究
衤	ころもへん	複・補
行	ぎょうがまえ／ゆきがまえ	術・衛
言	ごんべん	課・説
隹	ふるとり	集・難
頁	おおがい	領・頂

4 漢字の画数と筆順

❶ 漢字の点画と画数

漢字は、いろいろな形の点や線の組み合わせでできています。これらの点や線をまとめて「点画」とよびます。

一つの漢字や漢字の部分をくみたてている点画の数を、「画数」といいます。画数を数えるときは、複雑におれ曲がった線でも、ひと続きに書くものは一画に数えます。

たとえば、「上」の字は、「丨 ⺊ 一」の三つの点画からできていますので、三画です。

次の表は、基本的な点画をしめしたものです。

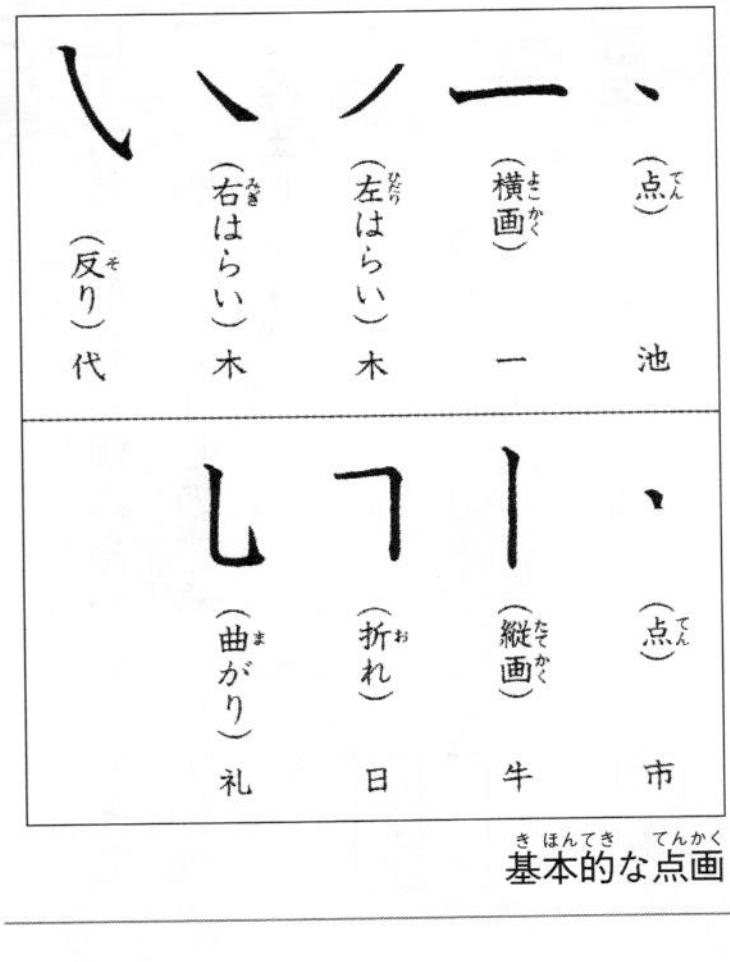
（点）池
（横画）一
（左はらい）木
（右はらい）木
（反り）代
（点）市
（縦画）牛
（折れ）日
（曲がり）礼

基本的な点画

❷ 漢字の筆順

「水」という字を書くときには、まず亅、次にフ、その次に／、そして最後に＼を書きます。このように、文字を書くときには、どんな順番で書くかが決まっていて、その順番のことを、「書き順」とか「筆順」といいます。

「水」という字を、たとえば「フオ才水」のような順で書いても、できあがってしまえばちゃんと「水」の形になり、だれにも読めます。そこで、「筆順なんかどうでもいい。」と考える人もでてきます。

しかし、漢字の筆順は、長い歴史の中で、多くの人々が、実際にたくさんの漢字を書くことを通して、「いちばん書きやすい書き方」をして決まってきたものですから、漢字をはやく、読みやすい形で書くうえで、たいせつなことなのです。

さらに、筆順をきちんとおぼえると、漢字を正しくおぼえることに役立つともいわれています。この辞典では、漢字の筆順が全コマ表示されています。一字ずつ確認してみましょう。

❸ 漢字のくみたてと筆順

たいていの漢字は、二つの部分の組み合わせでできています。では、この二つの部分どうしの順番はどうなっているかを、調べてみましょう。

(1) **左右に分けられる字**
左を先に書く。
例 暗　院　球　親　他

(2) **上下に分けられる字**
上を先に書く。
例 安　界　息　然　費

(3) **たれのある字**
たれを先に書く。
例 原　庫　居　歴　病

(4) **にょうのある字**
① **先に書くにょう**　夂　走　免　是
例 処　起　勉　題
② **後に書くにょう**　乚　辶　廴
例 直　迷　道　建

(5) **かまえのある字**
① **先に書くかまえ**　𠃌　勹　气　冂　門　冂
例 司　句　包　気
同　円　内　周

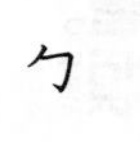

向　聞　閣　関

② 初めと終わりに分けて書くかまえ

例 ㋐ 一 丆 可　一 二 式

㋑ ノ 厂 万 成

㋒ 一 矢 医

㋓ 彳 往 街

㋔ 丨 国 国

③ 後に書くかまえ

例 メ 凶

㋐ ㋑ ㋒ ㋓ ㋔

❹ 点画と筆順

点画のならび方や組み合わさり方と筆順の関係がどうなっているかを、調べてみましょう。

(1) 主なきまり

① 上下にならんだ点画は、上から下への順。

例 一 ニ 三　一 T 工

② 左右にならんだ点画は、左から右への順。

例 ノ 八　丿 川 川

注意 このきまりには例外が多い。

③ 外側の点画と内側の点画では、外側が先。

例 ノ 夕　冂 月　冂 円

丨 冂 内　冂 肉

④ 縦画と横画が交わるときは、横画が先。

例 一 十　一 艹（花）

冂 月 用　𠂉 𠂉 無 無（無）

丷 䒑 羊 羊　一 二 手

注意 このきまりには例外が多い。

⑤ 字や字の部分全体をつらぬく横画は最後に書く。

例 く 夂 女　く 口 母 母

⺆ 舟 舟　冂 冊 冊

注意 「世」は例外。一 十 廾 廿 世

⑥ 左はらい（ノ）と右はらい（＼）が交わるときは、左はらいが先。

例 ハ 乂 父

(2) 筆順のわかりにくい字

「主なきまり」の例外や、「主なきまり」では説明できない筆順の形のうち、大切なものをまとめておきます。

❶ 「主なきまり」②の例外

㋐ 中・左・右の順に書くもの

例　亅 小 小　｜ ⺌（光）
亅 刂 刂（赤）　⺍ ⺌（業）
亅 才 水　彐 录（緑・録）
了 丞 丞（蒸）　了 手 承 承
亻 乗（乗）　白 泊 泊（楽）

㋑左・右・中の順に書くもの
丶 忄 忄（性）　丷 火

㋒右・左の順に書くもの
例　丨 丬（将）　丨 丩（収）
丿 彐（非）　丿 兆（兆）
一 ち（考）　㇇ 勹（万）
㇇ 勹（方）　㇇ 勹（別）

❷「主なきまり」④の例外（横画が後）

㋐「子」とそれににた形
例　㇇ 了 子　㇇ 了 手 承

㋑「田」とそれににた形
例　冂 冊 田　冂 由 曲（曲）
冂 円 冉 再（再）

㋒「王」とそれににた形
例　丅 干 王　十 丰 主（青・責）
什 隹 隹（集）　一 艹 井（構・寒）
丨 匚 馬　丷 兰 美（美・着）

日 甲 甲 里　亩 亩 重 重

❸左はらいと横画が交わるとき

㋐横画が長く、左はらいが短い字では、左はらいを先に書く。…右・若・有・布・希
例　ノ ナ 右　メ ヌ 希

㋑横画が短く、左はらいが長い字では、横画を先に書く。…左・友・存・在・大・夫・春
例　一 ナ 左　一 ナ 才（存）

❹「弋」とそれににた形
例　一 七 弋（代）　一 七 戈（戦）

❺「厂」とそれににた形
例　一 厂（厚）　亠 广（庫）
亠 广 疒（病）　㇇ コ 尸（居）
丨 卜 广（劇）　㇇ 卩 𠬝（服・報）
ノ 尸 皮 皮　丨 F 巨 長 長 長
ノ 厂 万 成 成（減）

5 漢字の形

❶漢字の字体

ことばを漢字で書きあらわすとき、まず気をつけなくてはならないのは、一つ一つの漢字の形です。この漢字

の形を、漢字の字体といいますが、字体は、漢字の顔にあたります。人間の顔には、それぞれ特徴があって、だれそれと見分けることができますが、漢字も字体によって、何の字か見分けることができます。

ですから、字体があいまいだったり、まちがえていたりすると、何の字かわからなかったり、読みまちがえたりします。

「士」と「土」、「千」と「干」などは、点画の長さや方向が少しちがう字ですね。「未」と「末」、「見」と「貝」などもにていますが、別の字です。

漢字を書くとき、正しい字体で書かなければならないことがわかるでしょう。では次に、字体がにていてまちがえやすい漢字の例をあげてみましょう。

王（おう）―玉（ぎょく）　委（い）―季（き）　因（いん）―困（こん）　往（おう）―住（じゅう）　貨（か）―貸（たい）
市（し）―布（ふ）　度（ど）―席（せき）　従（じゅう）―徒（と）　計（けい）―討（とう）　考（こう）―孝（こう）
氏（し）―民（みん）　力（りき）―刀（とう）　友（ゆう）―反（はん）　失（しつ）―矢（し）　夫（ふ）―天（てん）
人（じん）―入（にゅう）　九（きゅう）―丸（がん）　思（し）―恩（おん）　朝（ちょう）―期（き）　熱（ねつ）―熟（じゅく）
氷（ひょう）―永（えい）　支（し）―文（ぶん）　問（もん）―間（かん）　目（もく）―月（げつ）　着（ちゃく）―看（かん）
拾（しゅう）―捨（しゃ）　大（だい）―太（た）　苦（く）―若（じゃく）　金（きん）―全（ぜん）　率（りつ）―卒（そつ）
牛（ぎゅう）―午（ご）　録（ろく）―緑（りょく）　小（しょう）―少（しょう）　積（せき）―績（せき）　申（しん）―由（ゆ）
枝（し）―技（ぎ）　特（とく）―持（じ）　輪（りん）―輸（ゆ）　眼（がん）―眠（みん）　字（じ）―宇（う）

❷ 漢字の書体

字体をもとにして、実際に書きあらわしたり、印刷に用いられたりする文字の形を、書体といいます。

人が書きあらわす書体は、わたしたちがふつうに使っている「楷書」のほかに、書道などで使う「行書」と「草書」があります。行書は、早く書くために、漢字の点や線を続けて書く書体で、草書は、早く書くためにもっともくずした書体です。

例　喜（行書）　喜（草書）

また、印刷に用いられる書体は、小学校の教科書で用いられている「教科書体」のほかに、新聞や雑誌・単行本にもっとも多く用いられている「明朝体」、全体に太い線でがっしりとした「ゴシック体」などのほかに、広告などで用いられるいろいろな書体がつくられています。

書体（明朝）

書体（ゴシック）

書体（ゴナM）

書体（ゴナE）

書体（ナールD）

熟語について

1 熟語とその読み方

❶ 熟語とは

「学校」「新幹線」のように、二つ以上の漢字が組み合わされて、ある意味をあらわしていることばを、「熟語」といいます。熟語には、二字・三字・四字などのものがあります。

❷ 熟語の読み方

二字の熟語の一字一字を音で読むか訓で読むか調べてみると、次のように四種類の読み方があることがわかります。

(1) 二字とも音で読むもの

学校（ガッコウ）　列車（レッシャ）
女子（ジョシ）　森林（シンリン）

(2) 二字とも訓で読むもの

草花（くさばな）　大声（おおごえ）
米倉（こめぐら）　弱虫（よわむし）

(3) 上の字を音で、下の字を訓で読むもの

駅前（エキまえ）　台所（ダイどころ）
毎月（マイつき）　新型（シンがた）

このような読み方を「重箱読み」といいます。「重」（ジュウ）は音読み、「箱」（はこ→ばこ）は訓読みなので、こう名づけられました。

(4) 上の字を訓で、下の字を音で読むもの

荷物（にモツ）　身分（みブン）
古本（ふるホン）　油絵（あぶらエ）

このような読み方を「湯桶読み」といいます。「湯」（ゆ）は訓読み、「桶」（トウ）は音読みなので、こう名づけられました。

「湯桶」は、食後に飲む湯を入れる木製の容器で、今ではふつうの家では使いませんが、おそば屋さんでは、そば湯を入れるのに使っています。

❸ 読み方に注意する熟語

同じ字で書かれた熟語を、二通りに読み分けなくてはならないことがあります。こういう熟語は、ことばの意味によく注意しなくてはなりません。

目下 ｛ 目下の者をかわいがる。
　　　 目下調査中である。

一行 ｛ 調査団一行がやってくる。
　　　 あわてて一行読み落とす。

市場｛市場で買い物をする。
　　｛市場を開放する。

これ以外に、「水車」（すいしゃ・みずぐるま）、「工場」（こうじょう・こうば）のように、どちらで読んでも意味があまりちがわないものもあります。文章の感じに合った読み方をえらぶようにしましょう。

2 熟語のくみたて

熟語の意味を正しく理解するためには、それぞれの漢字が、意味のうえで、どのようなつながりをもっているかを知っておくことが大切です。熟語のくみたて方には、次のようなものがあります。

(1) 同じ漢字を二つ重ねたもの

例 山山　青青　日日　人人　国国　年年

※このようなことばを、「畳語」といいます。ふつう、「人々」のように、二字めは「々」（おどり字）を使います。

(2) 意味の似ている漢字を組み合わせたもの

例 衣服　学習　活動　寒冷　行進　簡単　生産
戦争　尊敬　道路　表現　勉強

(3) 反対、または対になる意味をもつ漢字を組み合わせたもの

例 遠近　親子　左右　上下　前後　大小　男女
天地　売買　発着　父母　明暗

(4) 上の漢字が、下の漢字の意味を説明するもの

例 高山（高い山）　海上（海の上）
急用（急ぎの用）　多数（多くの数）
新人　大国　深海　親友　美人　黒板

(5) 下の漢字の意味が、上の漢字の意味にかかっていくもの

例 読書（書を読む）　登山（山に登る）
投球（球を投げる）　防音（音を防ぐ）
加熱　開会　集金　出席　就職　沿岸

(6) 上に、打ち消しの意味の漢字をつけるもの

例 「不」―「…しない」「…でない」という意味となる。
不通（通らない）　不満（満足でない）
不安　不便　不幸　不可能　不完全

「無」―「…がない」という意味となる。
無色（色がない）　無限（かぎりがない）
無人　無理　無意味　無造作

「未」―「まだ…しない」「まだ…でない」という意味となる。
未知（まだ知らない）

未成年（まだ成年でない）
未開　未完　未定　未完成

「非」―「…ではない」という意味となる。
非常（いつもと同じではない）
非番　非凡　非公式　非常識

(7) 下の漢字が、上の漢字に意味をそえ、助けるもの

例 「化」―「…ようする（なる）」という意味をそえる。
強化　美化　消化　緑化　民主化

「的」―「…のような」「…の性質をもつ」という意味をそえる。
知的　美的　劇的　代表的

「然」―「ようす」「状態」の意味をそえる。
整然　雑然　平然　公然　当然

「性」―「生まれつき」「性質」などの意味をそえる。
人間性　安全性　社会性　可能性

※「化・的・然・性」などのように、他のことばについてある意味をくわえたり、ことばの調子をととのえたりすることばを、「接尾語」といいます。

(8) 長い熟語をりゃくしたもの

例 国連（国際連合）
特急（特別急行列車・特別急行電車）

(9) 漢字一字一字の読みに関係なく、あることばを二字以上の漢字であらわしたもの

例 下手（へた）　七夕（たなばた）
田舎（いなか）　時雨（しぐれ）

※このような読み方を、「熟字訓」といいます。「常用漢字表」付表に定められた熟字訓は「とくべつな読み方をする熟語」として1114ページに掲載しています。

入試（入学試験）
万博（万国博覧会）

(10) 故事成語―むかしからつたわる、いわれのある語句や、むかしの人がつくった語句

例 矛盾（つじつまがあわない）
蛇足（よけいなものをつけくわえること）
圧巻（もっともすぐれているところ）

(11) 長い熟語のでき方

㋐ 一字ずつの漢字の意味をならべてできたもの
例 衣食住　市町村　都道府県
山川草木　春夏秋冬　東西南北

㋑ 二字と一字のことばが組み合わさったもの
例 学級会　無線機　自然美　日本人
有権者　物理学　裁判所　深海魚

ウ　一字と二字のことばが組み合わさったもの

例　小学校　全世界　低気圧　新学期
正比例　絹織物　気苦労　旧大陸

⑿いろいろな四字熟語

ア　数字を使ったもの

例　一挙両得（一つのことをして二つのりえきを得ること）
一朝一夕（わずかの月日）
海千山千（いろいろな経験をつんで、悪がしこい人）
三拝九拝（なんどもおじぎをして、ひどくかしこまっているようす）
三々五々（そこここにちらばっているようす）

イ　上の熟語と下の熟語が似た意味で、対になっているもの

例　完全無欠（すこしの欠点もないこと）
公明正大（心が公平で、正しいようす）
千差万別（さまざまにちがいがあるようす）

ウ　二つの熟語の意味がつながっているもの

例　意気投合（おたがいの気もちがぴったり合うこと）
終始一貫（初めから終わりまで変わりがないこと）
先手必勝（あいてより先にせめれば必ず勝てるということ）

エ　反対、または対になる漢字を組み合わせた熟語を、さらに対にして上下にならべたもの

例　栄枯盛衰（世の中のさまざまなものごとや、人生には、さかんなときとおとろえるときがある）
古今東西（いつでも、どこでも）

オ　一字ずつの漢字を組み合わせたもの

例　喜怒哀楽（よろこび、いかり、悲しみ、楽しみなど、人間がもつさまざまな感情）
起承転結（文章やものごとの、はじまりからおわりまでの組み立て）

漢字であらわすさまざまなことば

「日米決戦」、「日米野球」など、日本対アメリカの試合を「日米」という漢字であらわすことがあります。これはむかし、「アメリカ」を「亜米利加」という漢字で書きあらわしていたことからきています。

「タバコ（＝tabaco)」はもともとポルトガルからはいってきたことばですが、日本ではこれに「煙草」という漢字を当てはめました。また、「向日葵」と書いて「ひまわり」と読むなど、中国からもたらされたものの名前（向日葵＝漢字）と、日本風の呼び名（ひまわり＝和語）を結びつけたものもあります。春に芽をだす「つくし」（＝和語）は、その姿から漢字で「土筆」とあらわしました。

今ではおもにカタカナやひらがなで書かれる植物や動物の名前、外国の地名や国名、外来語（＝外国から日本にはいってきて日本語として使われるようになったことば）などの中には、漢字で書くことのできることばがたくさんあります。

ここではそれらの一例を集めました。

＊漢字表記は代表的なものをしめしています。

動物・鳥・虫

虫

漢字表記	読み
水馬	あめんぼ
芋虫	いもむし
蝸牛	かたつむり
甲虫	かぶとむし
螳螂	かまきり
鍬形虫	くわがたむし
天道虫	てんとうむし
蜻蛉	とんぼ
竹節虫	ななふし
飛蝗	ばった
蓑虫	みのむし
百足	むかで

鳥

漢字表記	読み
家鴨	あひる
信天翁	あほうどり
鸚鵡	おうむ
金糸雀	カナリア
翡翠	かわせみ
雉・雉子	きじ
啄木鳥	きつつき
水鶏	くいな
小啄木	こげら
四十雀	しじゅうから
七面鳥	しちめんちょう
軍鶏	シャモ
十姉妹	じゅうしまつ
玄鳥	つばめ
雲雀	ひばり
時鳥	ほととぎす
三十三才	みそさざい
百舌	もず
葦雀	よしきり

動物

漢字表記	読み
海豹	あざらし
海豚	いるか
河童	かっぱ
蝙蝠	こうもり
斑馬	しまうま
海象	セイウチ
馴鹿	トナカイ
樹懶	なまけもの
海狸	ビーバー
土竜	もぐら
山羊	やぎ
豪猪	やまあらし
冬眠鼠	やまね
守宮	やもり
海獺	らっこ
栗鼠	りす

魚・海の生き物

漢字表記	読み
望潮魚	いいだこ
烏賊	いか
岩魚	いわな
海胆・海栗	うに
海老	えび
虎魚	おこぜ
旗魚・梶木	かじき
堅魚・松魚	かつお
水母・海月	くらげ
小女子	こうなご
栄螺・拳螺	さざえ
青魚	さば
針魚・細魚	さより
秋刀魚	さんま
柳葉魚	シシャモ
章魚	たこ
太刀魚	たちうお
田螺	たにし
大口魚	たら
海鼠	なまこ
海苔	のり
海星	ひとで
河豚	ふぐ
海扇	ほたてがい
馬尾藻・神馬藻	ほんだわら
水蚤・微塵子	みじんこ
海松・水松	みる
眼張	めばる
寄居虫	やどかり
山女	やまめ
公魚	わかさぎ
若布・和布	わかめ

植物

漢字表記	読み
梧桐	あおぎり
通草・木通	あけび
牽牛花	あさがお
紫陽花	あじさい
翌檜	あすなろ
馬酔木	あせび
独活	うど
車前草	おおばこ
含羞草	おじぎそう
白粉花	おしろいばな
女郎花	おみなえし
万年青	おもと
杜若	かきつばた
木耳	きくらげ
胡桃	くるみ
慈姑	くわい
秋桜	コスモス
榊・賢木	さかき
山茶花	さざんか
百日紅	さるすべり
蒲公英	たんぽぽ
土筆	つくし
柘植・黄楊	つげ
石蕗	つわぶき
満天星	どうだんつつじ
団栗	どんぐり
滑子	なめこ
接骨木	にわとこ
合歓木	ねむのき
繁縷	はこべ
向日葵	ひまわり
天糸瓜・糸瓜	へちま
鬼灯	ほおずき
木天蓼	またたび
寄生木	やどりぎ
交譲木	ゆずりは
山葵	わさび
勿忘草	わすれなぐさ
吾木香・吾亦紅	われもこう

野菜・果物

漢字表記	読み
無花果	いちじく
隠元豆	いんげんまめ
南瓜	カボチャ
甘藍	キャベツ
胡瓜・黄瓜	きゅうり
牛蒡	ごぼう
西瓜	すいか
蚕豆	そらまめ
冬瓜	とうがん
玉蜀黍	とうもろこし
茄子	なす
人参	にんじん
大蒜	にんにく
鳳梨	パイナップル
実芭蕉	バナナ
蕃瓜樹	パパイヤ
凸柑	ポンカン
葡萄	ぶどう
林檎	りんご
檸檬	レモン

スポーツ

漢字表記	読み	競技名
羽球	うきゅう	バドミントン
鎧球・米式蹴球	がいきゅう・べいしきしゅうきゅう	アメリカンフットボール
拳闘	けんとう	ボクシング
蹴球	しゅうきゅう	サッカー
杖球	じょうきゅう	ホッケー
水球	すいきゅう	ウォーターポロ
送球	そうきゅう	ハンドボール
打球	だきゅう	ゴルフ
卓球	たっきゅう	テーブルテニス
庭球	ていきゅう	テニス
闘球	とうきゅう	ラグビー
撞球	どうきゅう	ビリヤード
排球	はいきゅう	バレーボール
避球	ひきゅう	ドッジボール
氷球	ひょうきゅう	アイスホッケー
門球	もんきゅう	ゲートボール
野球	やきゅう	ベースボール
籠球	ろうきゅう	バスケットボール

外来語

漢字表記	読み
氷菓子	アイスクリーム
手風琴	アコーディオン
酒精	アルコール
風琴	オルガン
瓦斯	ガス
型録	カタログ
合羽	カッパ
硝子	ガラス
歌留多	カルタ
煙管	キセル
倶楽部	クラブ
凝乳	クリーム
木栓	コルク
混凝土	コンクリート
円規	コンパス
金平糖	コンペイトー
如雨露	ジョウロ
果蜜	シロップ
粗描	スケッチ
洋袴	ズボン

漢字表記	読み
車厘	ゼリー
曹達	ソーダ
煙草	タバコ
乾酪	チーズ
素描	デッサン
天麩羅	テンプラ
隧道	トンネル
馬穴	バケツ
牛酪	バター
洋傘	パラソル
麺麭	パン
手巾	ハンカチ
把手	ハンドル
洋琴	ピアノ
麦酒	ビール
乾蒸餅	ビスケット
天鵞絨	ビロード
刷子	ブラシ
喞筒	ポンプ
燐寸	マッチ

漢字表記	読み
鍍金	メッキ
菜単	メニュー

単位

漢字表記	読み
吋	インチ
瓩	キログラム
粁	キロメートル
竏	キロリットル
瓦	グラム
甅	センチグラム
糎	センチメートル
竰	センチリットル
打	ダース
瓱	ミリグラム
粍	ミリメートル
竓	ミリリットル
米	メートル
立	リットル

外国の地名

＊代表的な表記を示しています。略字は、漢字一字であらわした場合にもちいられる代表的な漢字です。

漢字表記	略字	国・地域
氷島	氷	アイスランド
愛蘭土・愛蘭	愛	アイルランド
亜米利加	米	アメリカ
亜爾然丁	亜	アルゼンチン
英吉利	英	イギリス
伊太利	伊	イタリア
印度	印	インド
埃及	埃	エジプト
濠太剌利亜	豪・濠	オーストラリア
墺太利	墺	オーストリア
和蘭	蘭	オランダ
加奈陀	加	カナダ
希臘	希	ギリシャ
新嘉坡・星加坡	星	シンガポール
瑞西	瑞	スイス
瑞典	典・瑞	スウェーデン
西班牙	西	スペイン
泰	泰	タイ
智利	智	チリ
丁抹	丁	デンマーク
独逸	独	ドイツ
土耳古	土	トルコ
新西蘭	乳・新	ニュージーランド
諾威	諾	ノルウェー

漢字表記	略字	国・地域
洪牙利	洪	ハンガリー
緬甸	緬	ビルマ（現在のミャンマー）
比律賓	比	フィリピン
芬蘭	芬	フィンランド
伯剌西爾	伯	ブラジル
仏蘭西	仏	フランス
勃牙利	勃	ブルガリア
越南	越	ベトナム
秘露	秘	ペルー
白耳義	白	ベルギー
波蘭	波	ポーランド
葡萄牙	葡	ポルトガル
墨西哥	墨	メキシコ
羅馬尼亜	羅	ルーマニア
露西亜	露	ロシア
亜細亜	亜	アジア
阿弗利加	阿	アフリカ
阿西亜尼亜		オセアニア
西比利亜		シベリア
爪哇		ジャワ島
蘇格蘭		スコットランド
巴爾幹		バルカン半島
布哇		ハワイ
馬来		マレー半島

漢字表記	略字	国・地域
欧羅巴	欧	ヨーロッパ
呂宋		ルソン島
安特堤		アムステルダム
維納		ウィーン
改羅		カイロ
剣橋		ケンブリッジ
桑港		サンフランシスコ
寿府		ジュネーブ
那波里		ナポリ
紐育		ニューヨーク
巴奈馬		パナマ
河内		ハノイ
巴里		パリ
聖林		ハリウッド
漢堡		ハンブルク
伯林		ベルリン
花瑠瑠		ホノルル
馬徳里		マドリード
馬耳塞		マルセイユ
里斯本		リスボン
里昂		リヨン
羅馬		ローマ
羅府		ロサンゼルス
倫敦		ロンドン
華盛頓		ワシントン

中国の古典・論語のことば

『論語』は、儒教の祖である孔子のことばや弟子との問答などを、孔子の死後に集めてまとめた書物です。

孔子は今から二五〇〇年ほど前の中国、魯の国に生まれました。そのころ、中国はいくつかの国にわかれていました。孔子ははじめ魯につかえましたが、その後、自分の理想とする政治をもとめて、弟子とともに諸国をめぐりました。しかし、結局は故郷の魯に帰り、教育や学問に専念しました。

『論語』は、孔子の考えを知る重要な書物で、社会には「礼」とよぶ秩序（ものごとの正しい順序）が必要であり、それには人を思いやる「仁」とよぶ心が大切だと説いています。孔子の教えは「儒教」とよばれ、むかしから日本の政治や社会にも大きな影響をあたえてきました。その経典である『論語』は、今でも多くの人たちに愛読されています。

原文

子曰、学而時習之、不亦説乎。
有朋自遠方来、不亦楽乎。
人不知而不慍、不亦君子乎。
《学而》

書き下し文

子曰はく、「学びて時に之を習ふ、亦た説ばしからずや。朋有り遠方より来たる、亦た楽しからずや。人知らずして慍らず、亦た君子ならずや」と。

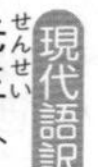

現代語訳

先生（＝孔子）が言われた、「学んでときおりそれを復習する、何とも喜ばしいことではないか。友人が遠くからやってくる、何とも楽しいことではないか。人がわかってくれなくても不満に腹を立てたりしない、何とも徳の高い（＝人がらのすぐれた）人ではないか」と。

原文

子曰、巧言令色、鮮矣仁。
《学而》

書き下し文

子曰はく、「巧言令色、鮮なし仁」と。

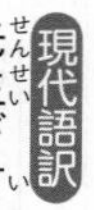

現代語訳

先生が言われた、「（あいてに気に入られようとする）たくみな話しぶりと、人あたりのよさには、めったにないものだよ、仁（＝まごころ）は」と。

原文

子曰、吾十有五而志于学。
三十而立。
四十而不惑。
五十而知天命。
六十而耳順。
七十而従心所欲、不踰矩。
《為政》

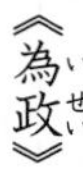

書き下し文

子曰はく、「吾十有五にして学に志す。三十にして立つ。

四十にして惑はず。
五十にして天命を知る。
六十にして耳順ふ。
七十にして心の欲する所に従ひて、矩を踰えず」と。

現代語訳 先生が言われた、「わたしは一五歳で学問に目標を定めた。三〇歳で自分の立場をたしかなものにした。四〇歳であれこれまよわずに判断を下せるようになった。五〇歳で天がわたしにあたえた使命をさとった。六〇歳で人の言うことに、すなおに耳を傾けられるようになった。七〇歳で心の思うままにふるまっても道をはずれなくなった」と。

ポイント 「志学（一五歳）」「而立（三〇歳）」「不惑（四〇歳）」「知命（五〇歳）」「耳順（六〇歳）」「従心（七〇歳）」ということばは、ここからきている。

原文 子曰、温故而知新、可以為師矣。《為政》

書き下し文 子曰はく、「故きを温めて新しきを知る、以って師と為るべし」と。

現代語訳 先生が言われた。「古いことにじっくりなれ親しんで、新しいことに気づけるようになる、それによって人の師となることができるのだ」と。

ポイント 「温めて」は、「たずねて」と読む場合もある。

原文 子貢問曰、有一言而可以終身行之者乎。子曰、其恕乎。己所不欲、勿施於人。《衛霊公》

書き下し文 子貢問ひて曰はく、「一言にして以って終身之を行ふべき者有りや」と。子曰はく、「其れ恕か。己の欲せざる所、人に施すこと勿かれ」と。

現代語訳 子貢（＝孔子の弟子のひとり）が（先生に）おたずねして言った、「ひとことで一生それを行っていかなければならないようなことがありますか」と。（すると）先生が言われた、「まあ、思いやりだろうね。自分の望まないことは、人にもしてはいけないよ」と。

原文 子曰、過而不改、是謂過矣。《衛霊公》

書き下し文 子曰はく、「過ちて改めざる、是を過ちと謂ふ」と。

現代語訳 先生が言われた、「まちがったことをしても改めない、これを（ほんとうの）まちがいというのだ」と。

中国の古典・故事成語

みなさんは「五十歩百歩」という故事成語を聞いたことがありますか？もちろん、家から学校まで五十歩、百歩？…ということではありません。では「五十歩百歩」とは、どのような意味でしょうか。

故事成語とは、むかしあったことがらや、むかしの文章の中のことば、古くからの言いつたえなどをよりどころにしてできた、ことわざや熟語のことです。中国でつくられたものがほとんどで、ことばの背景に深いいわれ（＝もとになった話）のある語句が多く、短いことばの中に、いつの時代にもあてはまる教えや真理をふくんでいます。

故事成語の意味を理解するには、そのいわれもあわせて知ることが大切です。

杞憂

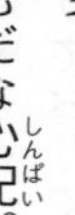

読み きゆう

意味 むだな心配。

もとになった話 むかし中国の杞という国に、天地がくずれるのではないかと、ねることも食べることもわすれるほど心配している人がいた。そこである人が、「天地がくずれることはない」といって不安をとりのぞいてやった。その話を聞いた列子は、「天地がくずれるというのもくずれないというのも、どちらもまちがっている。先のことなど、だれにもわかるものではない」といった。

出典 『列子』＝戦国時代（紀元前四〇三年～前二二一年）の思想家、列禦寇が書いたとされる書物。八巻。

詳しい出典 《列子・天瑞》

漁父の利

読み ぎょふのり

意味 ふたりがあらそっているすきに、ほかの人が得る利益。

もとになった話 むかし中国で、趙という国の王が燕という国をせめようとした。そのとき、蘇代という人が、「ここへ来るとちゅう、易水（＝川の名）を通りかかると、鷸（しぎ）が蚌（どぶがい）を食べようとしてくちばしをはさまれ、どちらもゆずらずにいるうち、ともに漁師につかまってしまいました。趙と燕があらそって、秦の国が漁父（＝漁をするおやじ）になるのが心配です」といった。これを聞き、趙の王は計画を中止した。

参考 「漁夫の利」とも書く。

出典 『戦国策』＝前漢の劉向（紀元前七七年～前六年）によってつくられた書物。三三巻。戦国時代のできごとが国別に書かれている。

詳しい出典 《戦国策・燕策》

蛍雪の功

読み けいせつのこう

意味 ひじょうにくろうして勉強し、成功すること。

もとになった話 むかし中国で、車胤という人はまずしくて油が買えず、夏になると絹のふくろにたくさんのホタルを入れて、その明かりで毎晩読書にはげんだ。そしてのちに桓温という将軍の目にとまり引き立てられた。孫康という人もまずしくて油が買えず、冬の夜は雪明かりで本を読み、その後出世した。

出典 『蒙求』＝唐の李瀚が書いた書物。三巻。七四六年成立。古い時代の人の伝記やエピソードを子どもむけに書いたもの。

詳しい出典 《蒙求》

五十歩百歩

読み ごじっぽひゃっぽ

意味 ちがうように見えても、じっさいはほとんど同じであること。

もとになった話 むかし中国で、梁の恵王が孟子にたずねた。「自分はよい政治をおこなうよう努力している。それなのに、となりの国から民が移りすんでこないのはどういうわけか」。孟子はいった。「いくさにたとえておこたえしましょう。戦場でにげ出した兵士たちがおりました。このとき、五十歩にげた者が百歩にげた者をひきょう者といって笑ったとしたら、いかがでしょうか」。すると恵王は、「五十歩も百歩も、にげたことにかわりはない」といった。このことから孟子は、民が移りすんでこないのは恵王の政治も、となりの国の政治も同じようなものだからで、王は人口がふえることを望むよりもまず、きちんとした政治を心がけることが大切だとといている。

出典 『孟子』＝戦国時代の思想家、孟子（前三七二年～前二八九年）の教えや、孟子とさまざまな人との対話などを弟子がまとめた書物。七（上下一四）編。

詳しい出典 《孟子・梁恵王上》

助長

読み じょちょう

意味 ①力をかして、成長や発展をたすけること。②あるようすをいっそう強くすること。

もとになった話 むかし中国で、宋の国のある人が、自分のなえが育たないのを心配して引っぱってまわり、つかれて家に帰ってきて「なえを助けて長くのばしてやった」といった。それを聞いた子があわてて見に行くと、なえはかれてしまっていた。ここから孟子は、修養をあせってはいけないといている。

出典 『孟子』

詳しい出典 《孟子・公孫丑上》

推敲

読み すいこう

意味 文章や詩をよくするために、何度も考えてなおすこと。

もとになった話 むかし中国で、唐の時代の詩人賈島がみやこをロバにゆられて行くうちに、詩を思いついた。その一節を「僧は推す月下の門」としようか、「僧は敲く月下の門」にしようかとまよったが決められない。むちゅうになっていると、思いがけずみやこの長官である韓愈（＝有名な詩人）の一行にぶつかってしまった。そこで事情を話したところ、韓愈は「『敲く』とするのがよい」といった。こうしてふたりはたがいに馬をならべ、詩を論じあいながら行ったという。

出典 『鑑戒録』＝一〇世紀なかばごろに成立した書物。一〇巻。唐および五代のころのできごとをしるしている。

詳しい出典 《鑑戒録》

蛇足

読み だそく

意味 つけくわえた、よけいなこと。

もとになった話 むかし中国の楚の国に神をまつる人がいた。そのめしつかいに大きなさかずきにいっぱいの酒をあたえた。めしつかいたちは、「数人で分けて飲むには足りないが、一人で飲めばあまるほどだ。地面にヘビの絵をいちばんはやくかきあげた者が飲むことにしよう」と話しあった。いちばんになった者が左手にさかずきを持ち、「自分は足もかくことができるぞ」といって右手でヘビに足をかきくわえているあいだに、つぎにかきあげた者が、「ヘビに足なんてないのに、どうして足をかくことができるだろう」といってさかずきをうばい、酒を飲んでしまった。ヘビに足をかいた者は、結局酒を飲むことはできなかった。このたとえばなしを聞いた楚の国の将軍は、自分のてがらが出世するにはもうじゅうぶんだと思い、いくさをやめて帰った。

出典 『戦国策』

詳しい出典 《戦国策・斉策》

断腸の思い

読み だんちょうのおもい

意味 ひじょうにつらくかなしい思い。

もとになった話 むかし中国で、桓温という将軍が長江（＝川の名）をさかのぼって蜀の国をせめた。そのとき部下が、三峡という川の難所で子ザルをつかまえた。絶壁にそってなきさけびながら子ザルを追いかけてきた母ザルは、百里をすぎても去ろうとしない。そしてようやく船にとび移ったものの、そのまま死んでしまった。その腹をさいてみると、腸は悲しみでちぎれ、ずたずたになっていた。これを聞いた桓温はいかり、この部下をくびにした。

出典 『世説新語』＝南北朝時代、五世紀なかばごろに成立した書物。三巻。古い時代の知識人のエピソードがあつめられている。

詳しい出典 《世説新語・黜免》

登竜門

読み とうりゅうもん

意味 なかなかむずかしいが、そこを通りぬけることができれば、出世が約束されるというところ。

もとになった話 むかし中国で、李膺という高官がいた。品格にすぐれ、世間の評判も高い李膺に認められ、かれの屋しきの表ざしきにあがることを許された者は、人々から「竜門を登った者」とよばれたという。竜門は黄河（＝川の名）の難所とされるところで、ここを登ることができた魚は竜になって天にあがるという伝説がある。このことから、「登竜門」ということばを出世への関門のいみで使うようになった。

出典『後漢書』＝南北朝時代、四二六年ごろに成立した書物。一二〇巻。後漢の歴史をしるした歴史書。

詳しい出典《後漢書・李膺》

傍若無人

読み　ぼうじゃくぶじん

意味　そばに人がいないかのように、えんりょなく、かって気ままにふるまうこと。

もとになった話　むかし中国で、荊軻というさましい男がいた。なかまたちと酒を飲んでは、傍らに人がいないかのように、好きかってに楽しんだり泣いたりしたという。

参考　「傍らに人無きがごとし」ともよむ。

出典『史記』＝前漢、司馬遷（紀元前一四五年～前八六年）が書いた歴史書。一三〇巻。人物の伝記を中心とするスタイルは、のちの歴史書の手本となった。

詳しい出典《史記・刺客》

良薬は口に苦けれども、病に利あり。

読み　りょうやくはくちににがけれどもやまいにりあり

意味　（よくきくくすりはにがいのいみから）人からうける忠告は聞き入れにくいが、聞き入れれば自分のためになることのたとえ。

もとになった話　かしこい者はにがいくすりでも努力して飲む。すぐれた君主は耳のいたい忠告を聞き入れる。それもきき目を見ぬく力があればこそだという、一種のおだて文句。人に忠告をあたえるときに使うたとえ話のひとつ。

参考　「良薬は口に苦し」ともいう。

出典『韓非子』＝戦国時代末（紀元前三世紀ごろ）に成立した書物。二〇巻。きびしい法律で政治を行うべきという思想家の韓非子とその一派の思想がまとめられている。

詳しい出典《韓非子・外儲説左上》

この辞典をつくった人たち

● 監修

加納喜光（茨城大学名誉教授）

● 指導

佐藤英樹（毛筆・硬筆・書き方指導／早稲田大学高等学院非常勤講師）

改訂第６版

● 指導

柏野和佳子
（国立国語研究所准教授）

深谷圭助
（中部大学教授）

● 紙面設計・デザイン

クラップス
　佐藤かおり

● 別冊デザイン

青橙舎
　高品吹夕子

● イラスト

いけべけんいち。
かつまたひろこ
高品吹夕子
どいまき
村山尚子
もちつきかつみ
安田雅章
結城嘉徳
クラップス
　平良　舞（口絵イラスト）
いぢちひろゆき（別冊・まんが）

● 編集協力

倉本有加
松尾美穂
渡辺美智子
渡辺泰葉

● 写真

アフロ
後藤昌美／アフロ
倉下生代／アフロ
中島洋祐／アフロ
学研写真資料センター
東京国立博物館
公益財団法人　白鶴美術館

● 組版

図書印刷株式会社
　鈴木栄一郎・斉藤　諒
　井上和樹・斉藤伸哉
　青木悦子

● 製作管理

学研プロダクツサポート
　久保田道夫・市村康史
　山口敏宏・中野忠昭

● 販売

マーケティング部
　森　康文・橋本美鈴

● 編集

鈴木かおり
森川聡顕
松橋　研
髙山春花

改訂第５版までの協力者（指導・執筆）

氷田光風（毛筆指導／元文教大学教授）
米本美雪（硬筆・書き方指導／文教大学講師）

梅澤　実（帝京科学大学教授）
長岡　襄（漢字研究家）
松原洋子（東京学芸大学附属小金井中学校教諭）
林真由美（杉並区立済美教育センター調査員）

新レインボー小学漢字辞典
改訂第６版新装版　ワイド版（オールカラー）

1980年４月１日　初版発行
2023年12月19日　改訂第６版新装版第１刷発行

発行人　土屋　徹
編集人　代田雪絵
発行所　株式会社Ｇａｋｋｅｎ
〒141-8416　東京都品川区西五反田2-11-8
印刷所　図書印刷株式会社
製本所　図書印刷株式会社
製函所　森紙販売株式会社

製紙　日本製紙パピリア株式会社
表紙　大比良工業株式会社

この本に関する各種お問い合わせ先
●本の内容については、下記サイトのお問い合わせフォームよりお願いします。
https://www.corp-gakken.co.jp/contact/
●在庫については　Tel 03-6431-1199
●不良品（落丁、乱丁）については　Tel 0570-000577
学研業務センター
〒354-0045　埼玉県入間郡三芳町上富279-1
●上記以外のお問い合わせはTel 0570-056-710（学研グループ総合案内）

学研グループの書籍・雑誌についての新刊情報・詳細情報は、下記をご覧ください。
学研出版サイト　https://hon.gakken.jp/

本書に関するアンケートにご協力ください。

右のコードかURLからアクセスし、以下のアンケート番号を入力してご回答ください。当事業部に届いたものの中から抽選で年間200名様に、「図書カードネットギフト」500円分をプレゼントいたします。

アンケート番号　305671　https://ieben.gakken.jp/qr/rainbow/

7700

この辞典にのっている さくいんとつかい方

『新レインボー小学漢字辞典改訂第6版』には、12種類のさくいんがのっています。

それぞれのさくいんのつかい方を知ると漢字やことばをさがしやすく、辞典を引くのがとてもはやくなります。

さくいんをつかいこなして、漢字辞典つかいの達人になりましょう。

＊（　）は、さくいんがのっているところ（ページ）です。

漢字を調べるさくいん

部首さくいん（前見返し）

部首がわかるときにつかおう

部首さくいんは、この辞典にのっている漢字の部首ごとのまとまりがどのページにのっているかを示しています。部首は、画数の少ない順にならべています。

調べたい漢字の部首がわかるとき、部首さくいんでその部首の漢字のまとまりが何ページからはじまるか調べられます。同じ部首のまとまりの中では、総画数の少ない順にならべています。

音訓さくいん（11）

漢字の読み方がわかるときにつかおう

音訓さくいんは、この辞典にのっている全部の漢字の読みをあいうえお順にならべています。たくさんの読み方のある漢字は、何回もでてきます。

調べたい漢字の読み方がわかるとき、音訓さくいんでその漢字が何ページにのっているか調べられます。同じ読みの漢字がたくさんあるときは総画数の少ない順、総画数が同じのときは部首の順にならべています。

総画さくいん（57）

漢字の読み方も部首もわからないときにつかおう

総画さくいんは、この辞典にのっている全部の漢字を総画数の少ない順にならべています。同じ画数の中は部首の順です。

調べたい漢字の部首も読み方もわからないとき、総画数をかぞえて総画さくいんで調べることができます。かぞえ方がちがっていて自分で考えた総画数が正しくないこともありますから、調べたい漢字が見つからないときも前後の総画数で調べてみるとよいでしょう。